荣 获

第二届国家图书奖

首届国家辞书奖

تأليف لجنة التأليف للموسوعة الإسلامية الصينية

الموسوعة الإسلامية الصينية

نشر دار النشر للمعجم بسيتشوان - الصين ١٩٩٤م

تأليف لجنة التأليف للموسوعة الإسلامية الصينية

中国伊斯兰百科全书

中国伊斯兰百科全书编辑委员会 编

四川辞书出版社
2007·成都

نشر دار النشر للمعاجم بسيتشوان-الصين

总目录

تأليف لجنة التأليف للموسوعة الإسلامية الصينية

国家“七·五”期间哲学社会科学重点研究项目

国务院批准的“1988—2000 年全国辞书编写出版规划”项目

中华社会科学基金会资助项目

نشر دار النشر للمعاجم بسيتشوان - الصين

中国伊斯兰百科全书编辑委员会

前　言

《中国伊斯兰百科全书》为国家"七·五"期间哲学社会科学重点研究项目之一，是我国编写的第一部全面、系统地介绍伊斯兰教基本知识的大型专科工具书。这项工程从1987年起规划设计，组织撰写，编辑加工，曾三次修订框架体系，历时6年编纂成书。

伊斯兰教是世界三大宗教之一，它自7世纪初由穆罕默德在麦加首传，迄今已有1380多年的历史。它的兴起体现了阿拉伯民族由原多神崇拜向唯一神信仰的思想升华，反映了当时阿拉伯各部落实现社会政治统一的愿望。穆罕默德以伊斯兰教作为社会革命的思想旗帜，打破氏族壁垒，实现了阿拉伯半岛政治、经济和社会的统一，创建了第一个政教合一的伊斯兰国家。随着阿拉伯伊斯兰国家的向外扩张、经商交往和文化交流，伊斯兰教遂由民族宗教发展为世界性宗教。它作为一种思想信仰和意识形态传入世界各地后，在不同的历史和文化背景下，对许多国家和民族的社会发展、政治结构、经济形态、文化风尚、伦理道德、生活方式和习俗等都产生了不同程度的影响。在亚非一些奉伊斯兰教为国教的国家中，伊斯兰教在其政治、经济、文化和社会生活中占主导地位，成为维系其民族群体凝聚力及文化传统的精神支柱和纽带。它作为一种文化体系，博大精深，与中国文化、印度文化、希腊与罗马文化并称为古代四大文化体系。它汲取、融汇古代东、西方多民族及多样性的文化遗产为一体，创造了富有伊斯兰特色的物质和精神文化的丰硕成果，为世界文化做出了重大贡献。伊斯兰教的学理深刻地反映着历史上人的现实生活、人与现实世界的各种关系，是探索人生的真善美和对理想社会的追求。它蕴藏着丰富多彩的内容，也包含和积淀了人类认识史上一些理性思维的经验教训，尤其是那些体现人类智慧的、作为理性思维纽结的概念、范畴、命题，以及对人与自然、人与社会的关系的思辨认识，具有相当的学术价值。伊斯兰文化作为东方文明史上一个巨大的思想宝库，在世界宗教史、哲学思想史和文化史上占有重要地位。

7世纪中叶，伊斯兰教通过海陆“丝绸之路”传入中国，它是中国同阿拉伯伊斯兰国家人民传统友谊和经济文化交流的纽带。千百年来，伊斯兰教成为中国回、维吾尔、哈萨克、乌孜别克、塔吉克、塔塔尔、柯尔克孜、撒拉、东乡、保安等10个少数民族几乎是全民信仰的宗教。伊斯兰教对各民族穆斯林的历史文化、伦理道德、生活方式及风俗以深刻影响。伊斯兰文化与中国传统文化交流融合，既保持原有的特点，又经过长期的发展演变，具有了显著的中国特点和民族色彩，成为民族文化不可分割的组成部分。历史上，中国各族穆斯林凝结集体智慧和创造，在哲学、历史学、民族学、语言学、文学艺术、医药学、天文学、数学、建筑学和历法等方面做出了重大贡献，丰富了中华民族的思想文化宝库。因此，开展伊斯兰学术研究，向广大读者全面系统地介绍伊斯兰教的基本知识，正确认识、理解宗教存在和发展的必然规律，对于全面贯彻执行党和国家的宗教信仰自由政策，对于加强国内各民族之间的相互了解和团结，对于维护祖国的统一和促进民族地区经济文化的发展，对于实行改革开放，增进我国同世界伊斯兰国家及地区人民的相互了解、传统友谊和经济文化交流，都是十分必要的和有益的。为此，我们编写这部辞书，供民族宗教工作者、社会科学工作者、外事工作者、中学及大专院校师生、各族穆斯林及广大读者查阅、参考。

《中国伊斯兰百科全书》参照当代世界编纂百科全书的通例和经验，在条目选择、知识结构体系、条目分类、编纂方式及检索系统等方面力求简明、完备和科学化。条目的收集范围,古今中外兼有,以伊斯兰教基本知识体系为核心,兼收与伊斯兰文化有密切关系的学科知识,由世界伊斯兰教和中国伊斯兰教两大部分条目组成。全书按本学科的体系和知识结构层次,分别设立大、中、小和参见条四类不等的条目。大条是全书的主要骨架,体现知识的系统性、综合性和学术性;中条体现知识的层次性和覆盖面;小条体现知识的广泛性和普及性;参见条体现可检索性和可读性。各类条目,有纲有目,纵横交错,相辅相成。其基本内容包括:伊斯兰教传播、发展的历史和现状,基本信仰,经训典籍,教义学说及社会思潮,教法制度和礼仪,派别与社团组织,中外人物,历史事项,圣地寺院和古迹,各国伊斯兰教及传播地区,文化教育,主要穆斯林民族,常用术语等部分。在伊斯兰文化方面,介绍了伊斯兰教的宗教学科、哲学、伦理、史学、文学、艺术、建筑、语言、文字、书法及各门自然科学等方面的知识。全书以思想、文化史为主线,贯穿于各类条目中。

《中国伊斯兰百科全书》编纂的原则和方法是,将伊斯兰教作为人类社会历史客观发展过程中的一种意识形态、社会实体和文化现象,并将它与不同国家和地区以及不同的历史发展阶段的政治、经济、社会物质生活过程联系起来加以考察。本着实事求是的原则,注重客观性、科学性、知识性、准确性,尊重伊斯兰文化传统,力求确切地反映伊斯兰教本来的真实面貌。对条目的释义,尽可能选择第一手翔实资料,据此作出有理有据的援引和客观介绍。力求将凝重的历史感和鲜明的时代感加以结合,汲取当代中外伊斯兰教学术研究的新成果,以新的资料、观点、方法反映时代的新信息。备举各历史阶段及朝代的史实,以揭示伊斯兰教演进的历史轨迹。多角度介绍当代各国伊斯兰教概况,展现当代伊斯兰教发展的新特点、影响及作用。对伊斯兰教与当代国际政治生活有关的问题以及伊斯兰教的社会思潮和社会运动也作了扼要的介绍。力求突出反映中国伊斯兰教的特点和风格，中国的条目在全书中占有相当比重。书中对伊斯兰教传入中国的历史、派别与门宦、宗教制度、清真寺与道堂、代表人物、著述文献、文化教育、穆斯林民族、礼仪习俗以及伊斯兰文化与中国传统文化的关系等均作了介绍，释义时体现中国学者研究的新成果。凡世界伊斯兰教的共有条目，在释文中也注意了它在中国的运用、演变和发展，以及所赋予的新含义。力求用现代科学语言准确表述伊斯兰教的专用名词、术语、概念的语义及内涵。对过去沿用的一些专用词语、人物译名不确切的，现作了接近原音义的新译，使其规范。对外国人物除通译名外，释文中大多增补了全名或本名，以免混同。

本书是我国学术界实行学际之间共同协作的产物，是集体智慧和辛勤劳动的结晶。在老一代著名学者的指导下，由 80 多位在高等院校、科研机构、宗教工作部门从事宗教、民族、哲学、历史、语言、文学等学科教学和科研的老、中、青年学者参加编纂。本书由西北民族学院西北民族研究所组织编写。主要编写人员的所属单位有：中国伊斯兰教协会、甘肃工业大学社会科学系、中国伊斯兰教经学院、中国社会科学院世界宗教研究所、新疆维吾尔自治区社会科学院宗教研究所、中央民族学院、宁夏回族自治区社会科学院回族伊斯兰教研究所、甘肃省民族研究所、青海民族学院民族研究所、福建省社会科学院历史研究所、陕西教育学院、西北大学历史系、新疆大学、上海市伊斯兰教协会、昆明伊斯兰教经学院、中国人民大学清史研究所、上海外国语学院、中南民族学院民族研究所、中国科学院科学技术史研究所、贵州省伊斯兰教协会、广州市伊斯兰教协会等。本书在编委会的统一组织和协调下，分工撰写，编委会讨论了总体框架和主要条目的书稿，全部书稿由杨克礼、杨宗山、马忠杰、罗万寿等共同进行修改加工、审定和统稿。

本书在编写过程中，得到国家民族事务委员会、国务院宗教事务局、国家新闻出版署、中华社会科学基金会的指导和资助;得到许多专家学者、穆斯林知名人士的帮助和支持,受到全国各地一些穆斯林人士热诚的致书关注;四川辞书出版社为这部书的编辑出版提出了宝贵的修订意见,付出了巨大的精力;在此一并谨致诚挚的敬意和感谢。本书在编写时,参考了数百种中外几种文字的著名百科全书、伊斯兰教专科辞书、学术专著、论文、史籍文献及手稿口碑资料等,限于篇幅和体裁,未能一一注出,谨向其作者表示谢忱。

伊斯兰教的历史源远流长,具有国际性、多民族性和复杂性。其知识涉及面广,文献浩如烟海,派别庞杂众多,不同国度的研究者对其学科的每一个问题、概念、命题的观点各异,大量文献资料未译成中文,这给本书的编写带来了极大困难。而编写者才力微薄,所具备的知识素质很难达到纵横多学科的广泛领域,深感力不从心、筚路蓝缕之艰难。故本书所收条目的选择、内容的准确性、文体的规范等,难免有疏漏、错误和失当之处。本书仅作为尝试和探索,为读者了解和研究伊斯兰教提供铺路的一块石子,恳请专家、学者和广大读者赐以批评指正。

《中国伊斯兰百科全书》编辑委员会

1993年9月

凡　例

1、本书共收条目约3360条，分经训典籍、教义学说、教法制度、宗教功修、教派学派、中外人物、历史事项、《古兰经》人物及传说、组织团体、教职称谓、圣地寺院、陵墓碑铭、著作文献、文化教育、各国伊斯兰教、传播地区、穆斯林民族、节日礼俗18类。

2、本书的编排，按条目标题的第一字汉语拼音字母顺序排列。第一字相同时按第二字音序依次排列，余类推。同音字以四声先后为序，并按汉字笔画由少到多的顺序排列，笔画相同的按起笔笔形一(横)、丨(竖)、丿(撇)、丶(点)、乛(折，包括亅㇆乚㇛等)的顺序排列。

3、本书正文前列有全部条目的分类目录，以便读者了解全书的框架和学科体系全貌。

4、条目标题多数是一个词，例如“逊尼派”、“礼拜”；一部分是词组，例如“伊斯兰教法”、“伊斯兰现代主义”。

5、多数条目标题附有对应的外文或拉丁字母对音；无通用译名或纯属中国内容的条目标题，一般不附注音。凡人名大多注明生卒年。释文中出现未收专条的外国人名、地名、名词术语等，根据需要酌注原文，人名一般夹注生卒年或在位年。

6、外国条目的译名，大多采用“约定俗成”或较通行的译法，少数条目予以新译，使其接近原音，并附有常见的旧译或异译名。

7、本书条目的释文力求使用规范化的现代汉语语体文(引文除外)，条目释文开始一般不重复条目标题。

8、一个条目的内容涉及其他条目并由其他条目的释文作补充的，在该条释文末尾写明参见某条。凡以通行的译名为正条标题的，其旧译或异译名酌列参见条，不再加释文。所参见的条目标题，用楷体字排印。

9、对学术上的问题，凡有定论的按定论介绍；尚无定论和有争议的，则采取诸说并列，或以一说为主，兼及其他。

10、凡一词多义的条目，用①②③等分项释文，但以属于伊斯兰教的义项为限。

11、本书所采用的有关学科的名词以有关部门审定的为准，未经审定和尚未统一的，从习惯。地名以中国地名委员会审定的为准，常见的旧译名，必要的加括号注出今名。

12、本书字体除必须用繁体字的以外，凡已简化的字，一律以1986 年 10 月重新公布的《简化字总表》为准。

13、本书所用数字，除习惯用汉字表示的以外，一般用阿拉伯数字。

14、条目释文中凡引用的《古兰经》文，均采用马坚汉译本《古兰经》（中国社会科学出版社 1981 年版），只注章节号，用括号标出（冒号前为章数，后为节数），如第 5 章第 3 节为（5∶3）。

15、本书附彩色图片 164 幅，汇编成插页。书末附有《条目汉字音序目录》、《条目首字笔画索引》、《伊斯兰教大事年表》、《伊斯兰教主要王朝世系表》、《什叶派十二伊玛目世系表》、《中国信仰伊斯兰教少数民族概况表》。

16、本书所采用的各类资料，一般截至 1992 年。

伊斯兰教

宛耀宾

伊斯兰教是世界性的宗教之一，与佛教、基督教并称为世界三大宗教。中国旧称大食法、大食教度、天方教、清真教、回回教、回教等。伊斯兰（al-Islām）系阿拉伯语音译，原意为“顺从”、“和平”，指顺从和信仰宇宙独一的最高主宰安拉及其意志，以求得两世的和平与安宁。信奉伊斯兰教的人统称为“穆斯林”（Muslim，意为“顺从者”）。7世纪初兴起于阿拉伯半岛，由麦加人穆罕默德（约570～632）首传。主要传播于亚洲、非洲，以西亚、北非、中亚、南亚次大陆和东南亚最为盛行。20世纪以来，在西欧、北美和南美一些地区也有不同程度的传播和发展。它自兴起迄今已有1390多年的历史，它作为一种宗教信仰、意识形态和一种文化体系，传入世界各地后，与当地传统文化相互影响和融合，在不同的历史条件下，对许多国家和民族的社会发展、政治结构、经济形态、文化风尚、伦理道德、生活方式等都发生了不同程度的影响。据统计，全世界穆斯林有9.21027亿人（1985），占同期世界人口总数48.82042亿人的18.54%，分布在162个国家和地区。在亚非40多个伊斯兰国家中，穆斯林占全国总人口的大多数。在30多个国家中，伊斯兰教被定为国教。在当代，伊斯兰国家和穆斯林人民在国际政治生活中发挥着愈益重要的作用。

兴 起 史

伊斯兰教是在阿拉伯半岛社会经济、政治和宗教发展演变的关键时刻兴起的。6世纪末至7世纪初，阿拉伯半岛正处在原始氏族部落解体、阶级社会形成的大变革时期。半岛由于自然环境的差别，社会经济、政治发展极不平衡。居民主要是以游牧为生的贝都因人，逐水草而居，分成许多氏族部落，各氏族部落各据一方，彼此之间经常为争夺牧场、水源、土地而发生战争，血亲复仇盛行。连年战争使社会动荡，生产停滞，氏族内部阶级分化加剧，部落贵族应运而生，他们占有大量绿洲和草地，拥有许多奴隶和牲畜，而大批游牧民濒于破产。半岛沿红海海岸的希贾兹(汉志)地区，自古就是东、西方贸易的重要商业要道。坐落在古商道南北交通中心的麦加，因受过境贸易之利发展为繁荣的商业城镇。麦加古莱什部落的商业贵族执掌着多神崇拜的中心克尔白神殿的管理大权，每年从克尔白祭祀庙会的集市贸易中，谋取巨额收入，垄断了麦加的商业贸易。城镇中的商业贵族伙同游牧部落的贵族，通过经营商队、贩卖奴隶、放高利贷等手段，牟取暴利，对城镇贫民和农牧民进行高利贷盘剥，大批中小商人破产，沦为商业贵族的债务人，造成阶级对立加剧，社会经济危机四起。

外来的侵略和传统商道的改变，加剧了半岛的经济危机和社会矛盾。拜占庭和波斯两大帝国，为争夺和控制阿拉伯商道，对半岛进行了长期的掠夺战争。公元525年，埃塞俄比亚人在拜占庭的支持下派兵侵占也门。570年埃塞俄比亚驻也门总督亚布拉哈率兵进犯麦加，途中因遭瘟疫而退兵，但战乱破坏了当地的社会生活。575年，波斯出兵逐走埃塞俄比亚人，在也门确立了统治。频繁的战争和掠夺，使阿拉伯南部的社会经济遭到严重破坏，土地荒芜，灌溉工程被毁，道路淹没，商旅不前，人口锐减，使富庶的也门地区迅速衰落。同时，波斯为了垄断东西方贸易，废止原由也门经半岛西部红海岸到达叙利亚的商路，另辟一条经波斯湾和两河流域到达地中海的商路。商路的改变，造成了半岛南部和西部经济的衰退，麦加、麦地那等城镇的过境贸易急剧衰败，商业贵族收入骤减，许多靠商队谋生的贝都因人和城市居民生路断绝，从而加深了社会危机。

伊斯兰教兴起前，半岛上的阿拉伯人主要信仰原始宗教，相信万物有灵和灵魂不死，盛行对大自然、动植物、祖先、精灵和偶像崇拜等多神信仰。其中拉特(即太阳神)、乌扎(即万能神)和默那(即命运神)三大女神尤受崇拜。麦加城中心的克尔白神殿供奉有360多尊各氏族部落神的偶像，向其祭祀、祈祷、献牲。信奉一神的犹太教和基督教早已传入半岛，在也门地区及一些城镇和农业区流行，其一神观念、经典、传说、礼俗对伊斯兰教也有一定影响。因犹太教和基督教不适应阿拉伯社会变革的需要，未能得到广泛传播。在阿拉伯社会变革和一神教观念的影响下，阿拉伯人由多神信仰向一神教信仰过渡，产生了一神倾向的哈尼夫派。他们承认独一神，反对偶像崇拜，相信天命、复活、惩罚和报应，注重个人隐居修炼，过着禁欲的生活。哈尼夫思想成为伊斯兰教思想的先驱和中介。

阿拉伯日益加剧的社会危机，外族的不断入侵，促进了阿拉伯民族的觉醒，社会各阶级都在寻求出路。阿拉伯贵族为维护其统治，企望打破氏族壁垒，夺取新的土地和重新控制商道；广大的下层人民和奴隶要求和平与安宁，渴望摆脱经济剥削和政治压迫，改善自己的贫困地位。伊斯兰教的兴起，正是阿拉伯半岛各部落要求改变社会经济状况和实现政治统一的愿望在意识形态上的反映。穆罕默德正是顺应了历史发展的需要，开始了伊斯兰教的传播活动，在宗教革命的旗帜下，领导了阿拉伯的社会变革运动，统一了阿拉伯半岛。

伊斯兰教的先知穆罕默德是一位伟大而杰出的历史人物。生于麦加城古莱什部落哈希姆家族。自幼父母双亡，由祖父和伯父抚养。早年失学替人放牧，12 岁时跟随伯父及商队，曾到叙利亚、巴勒斯坦和地中海东岸一带经商，并广泛接触和目睹了阿拉伯半岛和叙利亚地区的社会状况，了解到半岛原始宗教、犹太教、基督教的情况，为他后来的传教活动提供了大量社会知识和宗教素材。25 岁时他同雇主麦加富孀赫蒂彻结婚，婚后生活富裕安定，社会地位日益提高。后他受哈尼夫派思想的影响，经常隐居潜修，思索和探求阿拉伯民族摆脱困境的出路。相传，610 年穆罕默德 40 岁时的一天，当他在麦加城郊希拉山的山洞潜修冥想时，安拉派天使吉卜利勒向他传达"启示"使之"受命为圣"。此后，他宣布接受了真主给予的"使命"，便开始了历时 23 年的传播伊斯兰教的活动。起初在麦加是秘密传教，一些至亲密友成为最早的信奉者。612 年，穆罕默德转为公开向麦加一般群众传教。穆罕默德在早期的宣教中，告诫人们放弃多神信仰和偶像崇拜，宣称安拉是宇宙万物的创造者，是唯一的主宰，要求人们信奉独一无二的安拉；谴责多神信仰给阿拉伯人带来的愚昧和社会道德的堕落，宣讲末日审判和死后复活的观念，警告多神教徒如不归顺安拉，将在末日审判时遭到惩罚，堕入火狱，归顺安拉者将在后世得到奖赏，进入天园。他还提出了凡穆斯林不分氏族部落，皆为兄弟，应联合起来，消除血亲复仇，并提出禁止高利贷盘剥，行善施舍，赈济贫弱孤寡和善待、释放奴隶等一系列社会改革的主张，受到广大下层群众的拥护，许多人纷纷归信伊斯兰教。由于穆罕默德所传教义从根本上动摇了部落传统多神信仰的地位，触犯了麦加古莱什贵族和富商掌管克尔白的宗教特权和经济利益，因而遭到他们的强烈反对和迫害，使穆罕默德和穆斯林在麦加难以立足。

622 年 9 月，穆罕默德同麦加穆斯林迁徙麦地那，标志着伊斯兰教进入新的历史发展阶段。穆罕默德领导穆斯林进行了政治、经济、宗教等一系列改革。穆罕默德首先以伊斯兰教作为统一和团结的思想旗帜，号召穆斯林"顺从安拉和使者"，并派出门弟子到麦地那各阿拉伯部落传教，当地绝大多数居民很快归信了伊斯兰教。他制定了作为穆斯林和犹太人在处理内部民事和对外关系中共同遵守的《麦地那宪章》，在信仰自由和结盟的基础上同犹太人各部落达成某些协议，实行和平共处。在实现了麦地那的统一后，以伊斯兰教共同信仰代替部落血缘关系，建立了以"乌玛"（意为"民族"、"国家"）为形式的政教合一的政权，穆罕默德成为麦地那宗教、政治、军事和司法的最高领袖。艾布·伯克尔、欧麦尔、奥斯曼及部分著名的圣门弟子组成上层领导集团。在"凡穆斯林皆兄弟"的号召下，将迁士和辅士团结在乌玛的周围。穆罕默德依循安拉的"启示"，完成了伊斯兰教义体系及各项制度的建立。他完整地确立了以信奉独一安拉为核心的五大信仰纲领，规定了穆斯林必须履行的五项天命功课及仪则；制定了包括宗教教规、民事、刑事、商事、军事等方面的法律制度；确定了以止恶扬善为核心的一系列行为规范和社会道德准则。为巩固麦地那政权，穆罕默德组织了穆斯林武装。在"为安拉之道而战"的号召下，于公元 624～627 年间，他领导穆斯林武装同麦加贵族进行了著名的白德尔之战、吴侯德之战和壕沟之战等三大战役，打击了麦加贵族的锐气，从此，穆斯林由防御转入战略进攻。628 年，穆罕默德以朝觐为由，率军至麦加近郊，麦加贵族被迫妥协，同穆罕默德签订了《侯代比亚和约》，决定双方休战 10 年。穆罕默德利用休战时机，向邻国和半岛上的一些阿拉伯部落派出使节，携带国书，向其国王和部落首领宣传伊斯兰教，以扩大影响;同时派出武装讨伐海巴尔等地聚居的犹太人,以扫除反对势力的侵扰。

630年,穆罕默德以麦加贵族违背协议为由,率领一万多人的穆斯林大军,进逼麦加城下,以艾布·苏富扬为首的麦加贵族被迫请降,接受伊斯兰教,并承认穆罕默德的先知地位,麦加全城居民宣布归信伊斯兰教。进入麦加后,穆罕默德下令捣毁克尔白殿内全部偶像,只保留黑色陨石,并改克尔白殿为清真寺,宣布克尔白为禁地。从此,麦加克尔白成为世界穆斯林礼拜的朝向和朝觐的中心。631年末,半岛各部落相继归信伊斯兰教,承认穆罕默德的领袖地位,基本上实现了半岛的政治统一。632年3月,穆罕默德率10万穆斯林到麦加进行了一次经过改革的朝觐,史称"辞别朝觐"。穆罕默德亲自确立了朝觐的一系列仪典,成为尔后穆斯林朝觐所遵循的范例。他发表了辞朝演说,以安拉"启示"的名义,宣布伊斯兰教的胜利,"我已选择伊斯兰作你们的宗教",强调穆斯林之间团结和统一的重要性。同年6月8日穆罕默德在麦地那病逝。至此,伊斯兰教已形成在半岛占主导地位的宗教,成为阿拉伯民族的精神支柱,揭开了阿拉伯历史新篇章。

传 播 与 发 展

伊斯兰教由阿拉伯地区性单一民族的宗教发展成世界性的多民族信仰的宗教,是阿拉伯伊斯兰国家通过不断对外扩张、经商交往、文化交流、向世界各地派出传教师等多种途径而得到广泛传播的结果。632年,穆罕默德逝世后,伊斯兰教进入"四大哈里发时期",随着统一的阿拉伯国家的对外征服,伊斯兰教向半岛以外地区广泛传播,史称"伊斯兰教的开拓时期"。661年起,伊斯兰教进入阿拉伯帝国时期,历经伍麦叶王朝和阿拔斯王朝,地跨亚、非、欧三大洲,伊斯兰教成为帝国占主导地位的宗教,经济和学术文化得到空前的繁荣和发展,史称"伊斯兰教发展的鼎盛时期"。13世纪中期随着异族的入侵,帝国境内东、西部诸多地方割据王朝的独立,阿拉伯帝国解体。中世纪晚期,伊斯兰世界并立着奥斯曼、萨法维、莫卧儿三大帝国,其中奥斯曼帝国版图和影响最大。史称"伊斯兰教第三次大传播的时期"。18世纪中叶以后,西方殖民主义者相继侵入伊斯兰世界,许多国家逐步沦为殖民地和半殖民地。伊斯兰世界各国人民在"圣战"和教派运动的旗帜下,多次掀起反抗殖民压迫的民族斗争，给殖民主义者以沉重打击。二次世界大战后，各伊斯兰国家相继独立，大致形成当今伊斯兰世界的格局。伊斯兰教在各个历史时期的传播和发展，有着不同的特点。

四大哈里发时期(632～661)。632年，穆罕默德逝世后，由他的最亲近的门弟子艾布·伯克尔、欧麦尔、奥斯曼、阿里先后继承他的事业，称“哈里发”(意为安拉使者的继承人)。四大哈里发执政的30年间，对伊斯兰教的传播和发展做出了重大贡献。艾布·伯克尔执政期间，平息了也门南部、叶麻麦、哈达拉毛及巴林东部以伪先知图莱哈、穆赛利迈、赛贾赫(女)等为首所发动的武装叛乱，征服了变节者，重新统一了阿拉伯半岛，巩固了麦地那政权。同时建立了一支强大的军队，开始对外征战和扩张。欧麦尔执政时，乘波斯、拜占庭连年战争力量削弱之机，先后征服了叙利亚、巴勒斯坦、伊拉克、波斯、埃及等地，并采取凡归信伊斯兰教者免交人丁税的政策，吸引被征服地的居民多改奉伊斯兰教，使伊斯兰教发展成世界多民族信仰的宗教。他初步确立了国家的行政管理制度、司法制度、军事制度、土地制度和年俸分配制度。他还制定了伊斯兰教历，以622年7月16日作为纪年元旦，以纪念穆罕默德由麦加迁徙麦地那这一重要历史事件。奥斯曼执政时，继续西进征服北非，攻占伯尔克、的黎波里、迦太基；在东部征服亚美尼亚，重新平定了波斯和呼罗珊地区的叛乱，远征军在中亚到达巴尔赫、喀布尔和伽色尼，并促使这些地区的众多居民改奉了伊斯兰教。为统一伊斯兰教思想、指导宗教活动和立法，在艾布·伯克尔时期所辑录的《古兰经》原抄本的基础上，经再次搜集、反复对照、核订和考证、编纂成奥斯曼定本《古兰经》，为伊斯兰教和阿拉伯语向世界的传播提供了经典依据。阿里执政时，因伊斯兰教上层领导集团争夺哈里发权位的斗争进一步激化，导致了穆斯林之间的内战，发生了骆驼之战、隋芬之战和纳赫拉万战役，出现了彼此对立的政治派别，此后，伊斯兰教在政治和宗教思想上陷于分裂。661年，阿里被刺后，四大哈里发时期结束，继之而起的是以家族掌权的王朝时代。

伍麦叶王朝(661～750)时期。661年，由伍麦叶家族出身的穆阿维叶(600～680)所创建，定都大马士革。王朝在稳定局势并残酷镇压了异己力量的反抗后，从7世纪中叶起，继续大规模向外扩张。在东部，沿波斯前进，先后占领了阿富汗和印度西北部，继而征服了外高加索，控制了中亚大部分地区，势力直达帕米尔高原。在西部，首先占领迦太基，后征服了马格里布地区，消灭了拜占庭在北非的残余势力，柏柏尔人接受了伊斯兰教。711年，以柏柏尔人为主力的阿拉伯军队，渡过直布罗陀海峡进攻西班牙的西哥特王国，占领比利牛斯半岛大部分地区，将伊斯兰教传入西南欧。732年，阿拉伯军队袭击高卢（今法国）西南部，战败后撤回比利牛斯山以南，伊斯兰教向西方的传播，遂到此为止。8世纪中叶，其版图东起印度河流域，西临大西洋，北界咸海，南至尼罗河，成为地跨亚、非、欧三洲的大帝国。在政治上，改哈里发的选举制为世袭制，使哈里发国家成为一个君主专制的封建国家。在经济上，游牧的阿拉伯人开始迁徙新征服的地区，由游牧转入定居，从事农耕和经商。分封土地、统一币制、完善税收，封建制度进一步发展。在文化上，王朝法定阿拉伯文为官方和各地通用的语言，促进了阿拉伯语的广泛传播。吸收被征服地区，包括希腊、拜占庭、波斯、印度等地的先进科学与文化，开始形成多民族的"阿拉伯—伊斯兰文化"。在宗教上，采取减免人丁税，招募军队等政策，鼓励异教徒改奉伊斯兰教。在各地兴建庄严的清真寺，作为宗教活动和教育的中心，著名的有大马士革伍麦叶清真寺、耶路撒冷的阿克萨清真寺、凯鲁万的欧格白清真寺等，并附设有宗教学校，赐封有大量瓦克夫土地。以《古兰经》和圣训立法，向各地派出教法官和传教师，主持司法和宗教活动。反映政治和宗教思想斗争的各种派别相继出现。什叶派等派别形成。王朝末期，统治者横征暴敛，宫廷生活腐化，各种社会矛盾日趋尖锐，哈瓦利吉派和什叶派多次举兵反抗，各地爆发了大规模的人民起义。750年王朝被呼罗珊艾布·穆斯林领导的起义所推翻。由穆罕默德叔父阿拔斯的后裔艾布·阿拔斯夺取了哈里发地位，建立了阿拔斯王朝。

阿拔斯王朝（750～1258）时期。750年，由艾布·阿拔斯（722～754）所创建，定都巴格达。在政治上，哈里发自诩为"安拉在大地上的影子"，奉行宗教和世俗并重的政策。承袭波斯的行政管理制度，加强中央集权制，哈里发为最高领袖。由于任用波斯人担任首相，使波斯人取得了实际的统治地位。以哈里发为首的官僚体制，代替了阿拉伯的贵族统治。王朝在最初的100年间，因对外大规模征战的结束，出现了安定的政治局面，生产力有较大的发展，经济和对外贸易繁荣。国内主要城市商旅云集，对外垄断海上贸易，阿拉伯商人的足迹遍及亚、非、欧各地。随着阿拉伯语的广泛传播，各族穆斯林共同创造的伊斯兰文化蓬勃发展，出现了黄金时代。王朝在各地创办宗教学校、图书馆、天文台和医院，促进了学术文化的发展。哈里发马蒙创办巴格达“智慧馆”掀起集体翻译运动的高潮。广罗各族不同信仰的学者，收集、保存、翻译、研究古希腊、波斯、印度的古典科学文化著作，取得杰出成就。这一时期，在医学、数学、天文学、化学、哲学、历史学、地理学、文学、语法学等方面，成就辉煌，穆斯林人才辈出。在宗教上，王朝已经完成了征服地区阿拉伯化和伊斯兰化的过程，伊斯兰教成为帝国占主导地位的宗教，渗透到政治、经济、文化的各个领域，成为穆斯林的社会生活方式。伊斯兰教的宗教学术如教法学、古兰经学、圣训学、凯拉姆学、苏菲学等都有较大发展。逊尼派、什叶派已由早期的政治派别转变为宗教派别，形成了各自独立的教义和学说。穆尔太齐赖派得到很大发展，在马蒙统治时期其学说被奉为国教。艾什尔里派教义逐渐发展成占统治地位的宗教学说。以安萨里为代表的教义学家将苏菲派思想引入正统信仰，成为伊斯兰教宗教哲学的一种形式。9 世纪中叶后，由于王朝实行封建分封制，各地总督和封建主割据一方，帝国逐渐四分五裂。10 世纪时，北非、埃及什叶派的法蒂玛王朝(909～1171)、西班牙的后伍麦叶王朝(756～1031)同阿拔斯王朝形成三足鼎立的局面。945 年什叶派的布韦希王朝入主巴格达，哈里发仅保留宗教领袖的地位。1055 年，塞尔柱突厥人进入巴格达，哈里发成为塞尔柱素丹手中的傀儡。继之而来的是十字军东侵(1096～1291)和蒙古人的西征，阿拔斯王朝终于在 1258 年被蒙古旭烈兀所灭亡。

奥斯曼帝国(1299～1922)时期。13 世纪初，奥斯曼土耳其人在中亚细亚兴起。1299 年，其部落首领奥斯曼一世称素丹，正式建立奥斯曼国家。1453 年，素丹穆罕默德二世攻陷君士坦丁堡，灭拜占庭帝国，并迁都于此，更名为伊斯坦布尔。15 世纪末，帝国已占领整个小亚细亚及巴尔干半岛，将伊斯兰教传入西南欧地区。16 世纪是帝国的强盛时期，先后占领了亚美尼亚、格鲁吉亚、叙利亚、埃及、巴格达、美索不达米亚、的黎波里、阿尔及利亚、希贾兹和也门等国家和地区。伊斯兰圣地麦加、麦地那和耶路撒冷也在帝国的控制之下。其疆域已包括以前的拜占庭帝国和阿拉伯帝国的大部分领土，成为横跨亚、非、欧三大洲的伊斯兰帝国。从素丹赛利姆一世始，素丹自称哈里发，雄踞伊斯兰世界的领袖地位。帝国奉逊尼派教义为国教，以哈乃斐学派教法为立法、司法的准则。制定了以伊斯兰教法为核心的行政、刑法、瓦克夫等实体法规，完善了伊斯兰立法体系。政府设“伊斯兰委员会”作为国家管理宗教的权力机构，起维护信仰和监督教法实施的职能和作用。帝国大力倡导和赞助伊斯兰教育和学术文化，在各地建有大量华丽的清真寺、各类宗教学校、苏非道堂、图书馆，并培养宗教学者和官吏。比克塔希教团和毛拉维教团等苏非教团得到广泛传播和发展。17世纪，帝国随着统治者内部的腐败和外部条件的变化而日趋衰落。18世纪，西方资本主义国家在亚非两大洲展开了掠夺殖民地的斗争，奥斯曼帝国成为欧洲列强的角逐场。1798年，法国拿破仑一世率领的侵略军占领了埃及，欧洲列强掀起了一场“瓜分奥斯曼帝国遗产”的激烈争斗，导致了奥斯曼帝国的彻底崩溃。1922年凯末尔领导的资产阶级革命推翻帝国，废除了素丹和哈里发制。

16世纪，伊斯兰世界出现了与奥斯曼帝国相抗衡的波斯萨法维王朝和印度的莫卧儿王朝。16世纪初在伊朗兴起的什叶派的萨法维王朝(1502～1736)，其版图东至阿富汗，西达幼发拉底河，北抵阿姆河，南临波斯湾，立什叶派为国教，掀起了波斯伊斯兰文化的复兴。16世纪中期帖木儿六世孙巴布尔在印度建立的莫卧儿帝国，其领土达南亚次大陆的整个北半部，确立了伊斯兰教在该地区的统治地位。

伊斯兰教早期向世界的传播，与阿拉伯帝国的向外征服有着密切的联系。但自10世纪后，伊斯兰教在非洲、亚洲和东南亚的广泛传播，以及伊斯兰化的过程，通常是通过商人的贸易活动、文化交流和传教师的传教活动而实现的。在东非，通过阿拉伯移民和商人，伊斯兰教沿苏丹和尼罗河渐渐向东传入内地，迄13世纪，索马里及东非沿海地区和海上许多岛屿的居民接受了伊斯兰教。在西非和中非，穆斯林商人、学者和苏非传教师穿越撒哈拉沙漠，把伊斯兰教传入内地部族。13世纪末，定居中亚的蒙古人后裔改奉了伊斯兰教。14世纪后，苏非派传教师将伊斯兰教传播到中亚的哈萨克斯坦和南亚次大陆的孟加拉等地区。7世纪中期，阿拉伯、波斯和中亚的穆斯林商人及学者，通过海陆的“丝绸之路”将伊斯兰教传入中国。13世纪末，西印度古吉拉特的穆斯林商人将伊斯兰教带入印度尼西亚群岛，17世纪伊斯兰教在印尼和马来半岛占优势。14～15世纪，伊斯兰教通过商人和传教师传入菲律宾南部。20世纪以来，通过穆斯林移民、劳工、商人和学者传入西欧和北美，并取得较大进展。

经典、教义和礼仪

《古兰经》是伊斯兰教最神圣的经典。它是在穆罕默德 23 年的传教过程中陆续宣布的安拉“启示”的汇集。起初，这些经文由穆罕默德的弟子们零散地记载在兽皮、骨片、枣椰叶、石板上，并加以背诵熟记。第一任哈里发艾布·伯克尔令专人搜集整理，辑缮保存。第三任哈里发奥斯曼令组织专人小组统一各地抄本内容，加以订正编纂，并销毁各地其他传本，史称“奥斯曼定本”，流传至今。《古兰经》被视为伊斯兰教信仰和教义的最高纲领，是伊斯兰教法的源泉和立法的根本原则，是穆斯林社会生活和道德行为的规范，也是伊斯兰教各种学说和思潮的理论依据。《古兰经》共计 30 卷，114 章，6200 余节。它的编排，大体长章在前，短章在后。在麦加时期降示的为“麦加篇章”，多以教义为主题，占全经的 2/3；麦地那时期降示的为“麦地那篇章”，多以教律和社会问题的主张为主题，占全经的 1/3。《古兰经》的内容十分丰富，大致包括：伊斯兰教基本信仰纲领和宗教义务；教法律例与各项制度；宗教伦理和行为规范；对社会问题进行改革的主张；对多神信仰与偶像崇拜的驳斥；当时流行的各种宗教历史传说、寓言、神话、谚语等。《古兰经》为阿拉伯语韵体散文，其文字、语法、修辞、风格成为阿拉伯语文的典范。背记和经常诵读《古兰经》为穆斯林的首要宗教功修和教法嘉许的行为。《古兰经》的广泛传播和研究，推动了阿拉伯语言文学和伊斯兰教的各学科迅速发展起来。《古兰经》在阿拉伯文学史上和伊斯兰文化史上都占有极其重要的地位，是研究伊斯兰教、阿拉伯历史、文化及社会的一部经典文献。

圣训是仅次于《古兰经》的伊斯兰教经典，是穆罕默德的言行及其所默许的门弟子言行的汇集。它是伊斯兰教义和创制教法的重要源泉和根据之一，是穆斯林效法和遵从的行为规范的准则。起初，圣训由穆罕默德的亲属和门弟子口传，代代相授。9 世纪初，通过圣训学家的长期收集、整理、鉴别，最后完成圣训的编纂工作。圣训的基本单位称作“段”（或条），每段圣训由传述世系（即伊斯纳德）和传述本文（即麦特乃）两部分组成。伊斯兰教圣训学家将圣训分为三类：(1)言语的圣训，为穆罕默德有关宗教、社会问题的论述。(2)行为的圣训，是穆罕默德的活动及行为品德的记述。(3)默认的圣训，是穆罕默德对门弟子言行的默许。圣训的主要内容包括：对《古兰经》某些经文的阐释和补充；对伊斯兰教教义、教法和礼仪的阐述；对各种社会问题的主张，穆斯林应遵行的道德行为规范；对穆罕默德品德、情操、传教活动和家庭生活的记述；对学习和求知的论述等。由于伊斯兰教内部政治和宗教派别不同，圣训的传述世系、内容和编排方式各异，曾出现大量"伪圣训"，故形成了研究辨别圣训真伪的"圣训学"。在各家各派所辑录的圣训集中，为逊尼派穆斯林推崇的是由布哈里、穆斯林、艾布·达乌德、提尔密济、奈萨仪和伊本·马哲6人分别汇编的圣训集，其中尤以《布哈里圣训实录》和《穆斯林圣训实录》享有广泛声誉。什叶派穆斯林推崇他们的"四大圣训经"和《辞章典范》（也译《辞章之道》）等。

伊斯兰教的教义由三部分组成：即基本信仰（即伊玛尼），指信安拉、信天使、信经典、信使者、信后世；宗教义务（即伊巴达特），指穆斯林必须履行的五项宗教功课；善行（即伊赫桑），指穆斯林必须遵守的道德行为规范。承认和虔信基本信条，身体力行宗教功课和止恶扬善合为一体，构成伊斯兰教的基本教理。伊斯兰教最基本的信条是："万物非主，唯有真主；穆罕默德是主的使者"。中国穆斯林称其为"清真言"。信奉独一无二的最高主宰安拉，是信仰的最高原则和总纲，其他一切信仰由它派生和规定。穆罕默德是安拉派遣的使者，他是凡人，不是崇拜的对象，而只是在人间为安拉"报喜讯"、"传警告"。

伊斯兰教教义中的五大基本信条是：（1）信安拉。承认和信奉安拉是宇宙和人类社会最高的独一主宰，是宇宙万物的创造者、恩养者；是全知全能、至仁至慈、无形象、无方位、无所不在、无生育也不被生、无始无终、永生自存、独一无二、无有匹敌。（2）信天使。相信天使是安拉以"光"创造的一种精灵和妙体，为人类肉眼所不能见。天使专供安拉驱使，执行安拉的命令，各司其职。它们无神性，只承认它的存在，对其不能膜拜。天使数目颇多，著名的四大天使有吉卜利勒、米卡勒、阿兹拉伊勒、伊斯拉菲勒，其中传达安拉"启示"的天使吉卜利勒的品位最高。（3）信经典。安拉曾给每个民族的使者先后降示过许多部经典，其中包括《讨拉特》、《引支勒》、《宰逋尔》，但有的散失，有的被讹传或篡改。而《古兰经》是安拉最后降示给穆罕默德的一部最完整最可靠的神圣经典，是"安拉的语言"，是一部原本"天经"的复制品。穆斯林应予确信，并加以遵行。(4)信使者。安拉在不同历史时期向每一个民族派遣过传布“安拉之道”的使者或先知。最杰出的六位是阿丹、努哈、易卜拉欣、穆萨、尔撒和穆罕默德。穆罕默德是使者序列中的最后一位，即“封印使者”，他是以往使者和宗教的集大成者，其言行代表了安拉的意志，应顺从他奉行的崇高使命。(5)信后世。相信今世短暂，后世长存，它是人们的真正归宿。世界终将有一天要毁灭，世界末日到来后，一切生命都会停止，所有在世界上生活过的人都被复活，接受安拉根据各人在世上的行为进行裁判，予以总清算，行善者进入天园，作恶者堕入火狱。中世纪伊斯兰教义学家还将“信前定”列为第六条信仰，认为人生的富贵贫贱、吉凶祸福、生死寿限，皆由安拉意志先天决定，人们无法改变。此外，伊斯兰教各派别除共同遵奉五大基本信条外，还提出了各自独有的具体信条和教义。

穆斯林必须履行的五项宗教功课简称“五功”。它既是功修和制度，又是法定的宗教义务，被视为体现虔诚信仰的柱石。五功是：(1)念功。是穆斯林对信仰的公开表白，以示“口舌招认”。内容是用阿拉伯语念诵：“我作证：‘万物非主，唯有真主，独一无偶’；我作证‘穆罕默德是真主的仆人与使者’”。任何人只要承认和念诵这一证言，并当众表白，即可成为穆斯林。(2)礼拜。是穆斯林向安拉表示归顺、感恩、赞颂、祈求、忏悔的一种宗教仪式。穆斯林必须每日面朝麦加克尔白做五次礼拜，每周举行一次星期五聚礼(即主麻拜)；每年开斋节和古尔邦节到清真寺举行集体会礼。礼拜有规定的仪则和拜数。礼拜前必须按规定作小净或大净。(3)斋戒。每年伊斯兰教历 9 月(即莱麦丹月)斋戒 1 个月，此间每日从黎明至日落禁止饮食、房事及放血等。凡老、弱、病、残、孕妇和旅行者例外，以延缓补斋或以施舍罚赎。斋戒以达清心寡欲，体恤饥寒贫困者，锻炼忍耐精神。(4)天课。是穆斯林个人财产的收入达到一定数量时，以不同税率应缴纳的一种宗教课税，用以净化个人的财产。起初作为一种用以济贫的自愿施舍，后来发展成一种按财产不同种类以一定比例征收的用于社会公益事业的法定宗教税。(5)朝觐。凡身体健康，旅途方便，经济条件许可的成年男女穆斯林，一生中至少应到麦加朝觐克尔白 1 次。正朝在每年伊斯兰教历 12 月上旬举行。凡朝觐过的穆斯林称为“哈吉”。

伊斯兰教的主要节日有：开斋节(伊斯兰教历 10 月 1 日)、古尔邦节(伊斯兰教历12月10日)、圣纪(穆罕默德诞辰,伊斯兰教历3月12日)。什叶派的节日有:阿舒拉日(侯赛因殉难日,伊斯兰教历1月10日)、法蒂玛纪念日(伊斯兰教历6月15日)等。伊斯兰教的三大圣地是麦加、麦地那和耶路撒冷。此外,什叶派的圣地是:纳贾夫、卡尔巴拉、库姆和马什哈德。

派别与学说

伊斯兰教政治宗教派别的出现是哈里发国家内各种政治势力斗争的产物。而教派产生后在教义上的不同论争,又使各派政治势力之间的斗争更加激烈和复杂,贯穿于伊斯兰教整个历史发展过程中。穆罕默德逝世后,麦地那穆斯林公社上层集团围绕在哈里发(继承人)的继位问题上发生意见分歧,出现了迁士派、辅士派和合法主义派,各方都认为自己这一派的人最有资格担任哈里发。这是伊斯兰教内部分歧的最初反映。公元656年,第三任哈里发奥斯曼被害后,阿里继任哈里发,得到大多数人的承认,但以伍麦叶家族出身的叙利亚总督穆阿维叶为代表的一部分人,拒不承认阿里的哈里发地位,遂先后发生骆驼之战和隋芬之战。657年,阿里同穆阿维叶在隋芬之战中,阿里即将取得最后胜利,但他接受了对方以《古兰经》裁决的和谈要求,在阿里队伍中约有4200人反对阿里向对方妥协,遂脱离阿里的队伍出走,形成哈瓦利吉派。661年,阿里被哈瓦利吉派成员所杀。穆阿维叶自立为哈里发,建伍麦叶王朝。从此,伊斯兰教发生分裂,各派政治力量斗争日趋激烈,各种派别相继出现,逐渐形成伊斯兰教的两大政治宗教派别:拥护阿里的一派称什叶派,穆斯林主体发展为逊尼派。

哈瓦利吉派是伊斯兰教的第一个政治派别。他们多由阿拉伯中部台米姆部落的穆斯林军人组成。因提倡政治和经济平等的思想,故又称“军事民主派”。其基本主张是:哈里发应由穆斯林民主推选,平均分配战利品,土地归穆斯林公有,认为信仰要纯正且必须伴以行为,应履行宗教功课和严格遵守教律。该派将“吉哈德”(即圣战)作为第6条宗教义务。661年该派成员暗杀了阿里,并刺伤穆阿维叶。在伍麦叶王朝,该派在各地多次举行武装起义,反对哈里发政权。因其起义遭残酷镇压,在各地分化出采取不同活动方式的若干小派别,主要有阿扎里加派、纳吉迪耶派、苏夫里耶派等20多个分支派别。在阿拔斯王朝前期,哈瓦利吉派运动已趋低落。

逊尼派是伊斯兰教的主要政治宗教派别之一。全称为“逊奈和大众派”，自称正统派。它是伊斯兰教中人数最多、分布最广的主流派，世界穆斯林大多属逊尼派。该派早期作为穆斯林的主体派别，由于得到历代哈里发的支持和保护，在反对哈瓦利吉派、什叶派、穆尔太齐赖派等派别的思想论争中，于 9～10 世纪确立和完善了其教义学说体系，遂发展成占主导地位的宗教派别。在政治上，该派承认艾布·伯克尔、欧麦尔、奥斯曼、阿里四大哈里发为先知穆罕默德的合法继承人，同时也承认伍麦叶王朝和阿拔斯王朝历代哈里发的宗教政治领袖地位，并形成了以哈里发制度为核心的政治学说。在经典上，该派认为《古兰经》是安拉无始的语言，是穆斯林信仰和立法的最高原则，圣训是对《古兰经》的补充和阐述，也是穆斯林行教和言行的准则。9～10 世纪该派形成了“古兰经注学”和“圣训学”，确立了该派学者所辑录的“六大圣训集”的权威，七大诵经家的诵读法为穆斯林所公认和接受。在教法上，该派在早期圣训派和意见派的基础上，逐渐形成以哈乃斐、沙斐仪、马立克、罕百里为代表的四大教法学派，并系统地确立了教法学和法理学体系。在教义学上，该派在反对穆尔太齐赖派和什叶派的斗争中，于 11 世纪正式接受艾什尔里派的教义学为本派的正统教义，后伊斯兰教权威学者安萨里将苏菲派神秘主义引入正统思想，最终完成了逊尼派完整的教义体系，它为世界大多数穆斯林所奉行，逊尼派约占全世界穆斯林总数的 80％以上。

什叶派是伊斯兰教的主要政治宗教派别之一。只承认阿里及其直系后裔为穆罕默德合法继承人，是与逊尼派相对立的派别。在反对伍麦叶王朝的斗争中逐渐形成，在阿拔斯王朝时，发展为宗教派别，其教义学说已臻完备。该派确立了与逊尼派哈里发学说相异的伊玛目教义。认为伊玛目是穆斯林政教领袖和统帅，其地位和权力由安拉确立；伊玛目一贯正确，永不会犯错误，继承了穆罕默德的一切美德和学问；他们是安拉与人之间的“中介”，穆斯林通过伊玛目的指引才能通向“安拉之道”，只有他们才有创制教法的权利；阿里是穆罕默德的合法继承人，只有阿里和法蒂玛的后裔才有资格为伊玛目。主张《古兰经》有表义和隐义之分，只有伊玛目才能通晓和解释《古兰经》的隐义。允许在遇到危险和迫害时可隐瞒自己的信仰和某些宗教习俗。允许临时婚姻等。奉行本派辑录的圣训和制定的教法律例。什叶派内部因对伊玛目继承人的世系发生意见分歧，又产生许多支派。主要的有十二伊玛目派、伊斯玛仪派和栽德派。其中十二伊玛目支派为什叶派人数最多的主流派，从1502年起为伊朗的国教。9～12世纪，什叶派曾在中亚、西亚和北非建立过卡尔马特国、布韦希王朝、法蒂玛王朝、伊德里斯王朝等。现在主要分布在伊朗、伊拉克、也门、黎巴嫩、巴基斯坦、印度等地，占全世界穆斯林15%～20%。

从伍麦叶王朝开始，伊斯兰教内部在政治斗争和教派斗争的基础上，教义学家对信仰和教义问题展开了论争，后在希腊哲学和其他宗教哲学思想的影响下，相继形成了不同的教义——哲学学派，促进了伊斯兰教义学说和文化的发展。在伊斯兰教历史上影响较大的学派主要有：苏菲派、穆尔太齐赖派、艾什尔里派。

苏菲派是伊斯兰教的神秘主义派别。它产生于7世纪末至8世纪初。它是以《古兰经》的某些经文为依据，并吸收新柏拉图主义和外来的宗教思想而逐渐形成。早期的苏菲是一些虔诚的穆斯林奉行以苦行禁欲为特征的个人修行方式。从8世纪后期起逐渐发展为神秘主义，以宗教理论的形式出现。该派宣扬神秘的直觉经验和对安拉的至爱而达到认识安拉和接近安拉，最后与安拉融合为一。认为人同安拉之间的关系不仅是敬畏和希望，而是一种炽热的喜爱。人对安拉的认识，不是通过理智而是通过不同阶梯的精神修炼，沉思入迷，净化心灵，最后达到"无我"，直接认识并与安拉结合。12世纪起，苏菲派在世界各地先后建立了互不隶属的教团组织，通过游方传教师将伊斯兰教传播于世界各地。伊斯兰教权威教义学家安萨里将苏菲派的神秘教义引入正统信仰，使苏菲学说同正统教义相调和。苏菲派对伊斯兰教逊尼派与什叶派的教义思想起到了沟通作用。

穆尔太齐赖派是伊斯兰教中带有唯理论倾向的派别。它产生于8世纪初，在吸收反宿命论的盖德里叶派思想，并在希腊唯理主义思想影响下逐渐形成理论学说。该派提倡运用理智，自由讨论信仰和教义，反对宿命论的前定说，以理性论证信仰。该派坚持安拉的绝对独一性，认为安拉除本体外，不具有人格化的各种属性。强调理性是知识的主要来源，理性是阐释信仰的准则，是判断善恶行为的标准。认为人有意志自由，能选择自己的善恶行为，人应当对自己的行为负责。认为安拉是独一的永恒的存在，《古兰经》作为真主的语言，只能是受造的。该派从伍麦叶王朝后期开始地位渐高，阿拔斯王朝哈里发马蒙在位时(813～833)其学说被立为国教,后被哈里发穆台瓦基勒(847～861在位)宣布为非法。12世纪左右,该派的活动消失,但其所倡导的注重理性和人有意志自由的思想,对伊斯兰教学术思想领域产生了深远的影响。

艾什尔里派是伊斯兰教正统的教义学派。10世纪由从穆尔太齐赖派中分化出来的艾什尔里(873～935)所奠基。11世纪艾什尔里学说的追随者们形成艾什尔里派,后受到入主巴格达的塞尔柱王朝首相尼扎姆·穆勒克的支持,得以发展,其学说被宣布为正统的官方信条。该派袭用思辨的方法,为正统派信仰辩护,反对穆尔太齐赖派的主张,以理性为正统派信仰作论证。该派认为安拉是全知全能的宇宙造物主,自然界中的事物无因果联系,安拉每时每刻在创造因与果,规律是安拉施于自然界中的"习惯"和"情状",安拉经常任意改变事物的"情状"而创造奇迹。自然界是由安拉创造的原子及偶性所构成的。认为人对真主的认识主要靠"天启",理性仅是认识真主存在的工具,它不能使人获得关于真主的知识。反对人有绝对的意志自由,主张真主前定说,但又认为人应当对自身的行为负责。主张《古兰经》是真主永恒的语言,它不是受造的。该派的学说后由安萨里继承和发展,形成了伊斯兰教正统教义学的理论基础和最终形式。

近现代社会思潮和运动

18世纪末起,伊斯兰教进入近代历史的发展时期。伊斯兰国家虽出现资本主义的因素,但封建的生产关系仍占主导地位,生产力落后,人民生活普遍贫困,伊斯兰教受到外来文化的渗透出现异端倾向,社会风尚趋向颓败。处于伊斯兰世界统治中心的奥斯曼帝国濒于解体和崩溃,西方殖民国家乘虚而入,相互争夺和瓜分了其大部领土。1798年,法国殖民军侵占埃及。从此,伊斯兰国家受到西方殖民主义的侵略、瓜分和奴役,先后沦为殖民地和半殖民地。在殖民主义和本国封建主义的统治下,伊斯兰国家的社会危机和民族矛盾日趋尖锐,各国人民反抗殖民统治的斗争不断出现高潮,多数是在伊斯兰教的旗帜下以教派斗争的形式出现。19世纪苏丹的马赫迪教派运动和伊朗的巴布教派运动是伊斯兰教近代史上具有反帝反封建斗争性质的宗教社会运动。

苏丹的马赫迪教派运动由出身贫苦家庭的伊斯兰教学者穆罕默德·艾哈迈德(约1844～1885)领导。1881年,他自称为“马赫迪”,提出要铲除不义和一切腐败现象,反对压迫,均贫富,纯化伊斯兰教的口号,号召人民起来积极参加“圣战”,赶走英国殖民者和异族的统治,建立平等、正义的理想之国。他领导苏丹人民举行大规模的武装起义,接连击败英埃联军后,于1885年攻占喀土穆,击毙英国殖民军头子戈登,并统一各部落,建立马赫迪国家。他以伊斯兰教法治国,奉行马赫迪教义。马赫迪运动前后坚持斗争10余年,1896年遭英埃联军镇压而失败。

伊朗巴布教派由设拉子谢赫派首领米尔扎·阿里·穆罕默德所创建。他自称“巴布”(即信仰之门)和新时代的“先知”,宣称马赫迪即将降临,并将在人间建立起平等、公正和幸福的“正义王国”。他主张废除封建剥削,实行财产公有,新制度和法律保障人身自由和人民财产,保障贸易和商业利益。他宣扬人类社会依次更替而发展,要以他的《默示录》取代《古兰经》,创巴布教派,信众日增。1847年巴布被捕后,其追随者在毛拉和下层商人的领导下在伊朗各地发动起义,1852年相继失败,巴布派信众惨遭杀害。巴布教派起义反映了下层群众对封建统治和伊斯兰教现状的不满。

近代,伴随着西方殖民主义的入侵和本国资本主义生产关系的不同程度发展,西方的政治法律思想、科学文化及生活方式渐渐渗透和传入一些伊斯兰国家,使其社会生活、宗教信仰、价值观念、文化传统等均发生了激剧的变化,受到世俗化和西方文化的冲击和挑战。面临伊斯兰社会重大变革和危机,为寻求伊斯兰世界发展的出路和去向,以捍卫国家独立和摆脱经济文化落后的状况,遂相继出现了复古主义、泛伊斯兰主义、现代主义和伊斯兰社会主义等不同色彩的伊斯兰社会思潮及运动。旨在复兴伊斯兰教,维护伊斯兰教的文化传统,使伊斯兰教与现代生活相协调,以适应社会经济发展的新变化。

18世纪中叶出现于阿拉伯半岛的瓦哈比派运动是伊斯兰教近代复兴运动的先驱。该派的创始人是穆罕默德·本·阿卜杜勒·瓦哈卜(1703～1792)。他在思想上接受罕百里教法学派和14世纪著名教义学家伊本·泰米叶(1263～1328)的复古主义思想影响,提出“恢复正教”、“回到古兰经去”的口号。该派主张恢复早期伊斯兰教的精神,严格奉行“认主独一”的教义,反对苏菲派对圣徒、圣墓的崇拜，清除不符合伊斯兰教律的礼仪习俗，反抗外来侵略和奥斯曼帝国的奴役和压迫。20世纪，内志部落酋长伊本·沙特（1880～1953）以瓦哈比派教义为旗帜，并用武力重新统一内志和汉志，于1932年创建沙特阿拉伯王国，瓦哈比派随之振兴，成为该国占统治地位的教派。瓦哈比派的复古主义思想，对北非的赛努西运动、印度的圣战者运动、印度尼西亚的比达里派运动及泛伊斯兰主义的代表人物都产生过巨大影响。

19世纪兴起的赛努西运动是在北非影响最大的伊斯兰社会运动。运动领导人为阿尔及利亚的苏菲派谢赫穆罕默德·本·阿里·赛努西（1791～1859），19世纪30年代在麦加近郊创建苏菲派赛努西教团，后迁至利比亚，在北非各地创建的扎维叶（即修道场所）发展到100多个，信众遍及北非。赛努西运动主张恢复伊斯兰教早期的原旨教义，要求教民实行禁欲、苦行并积极参与社会生活，绝对遵行经、训和伊斯兰教法，重视精神修炼，提倡圣战，反对奥斯曼帝国的统治和西方殖民主义的入侵。其思想基础是复古主义，具有民族主义的性质。

19世纪中叶在伊斯兰世界兴起泛伊斯兰主义思潮，创导者是哲马鲁丁·阿富汗尼（1838～1897）。他活动于阿富汗、埃及、印度、伊朗和土耳其。他主张全世界穆斯林不分民族，共同拥戴一个哈里发，建立一个统一的伊斯兰大帝国，以抗御西方殖民主义的进攻，并主张进行经济自强和宗教社会改革，实现“伊斯兰教复兴”。他还认为伊斯兰教的精神和文化传统适合于任何时代，能回击任何挑战。泛伊斯兰主义一定程度上反映了伊斯兰国家人民反对西方侵略，要求社会进步的愿望。

伊斯兰现代主义是以宗教改革为基本内容的具有资产阶级民主主义性质的社会思潮，主张对伊斯兰教实行某种改革，以适应时代发展的需要。现代主义运动的代表人物有印度的赛义德·艾哈迈德汗（1817～1898）、穆罕默德·伊克巴尔（1873～1938）、埃及的穆罕默德·阿布笃（1849～1905）。现代主义虽未形成统一的运动，但有许多共同特点。他们主张在坚持伊斯兰教基本信仰的前提下，倡导运用理性和科学对《古兰经》作新的解释，使传统的宗教观念理性化，使宗教和科学、信仰和理性相协调。在教法上，主张打开“演绎教法被关闭”的大门，依据《古兰经》和圣训的基本精神，教法学家可运用理智和独立判断，创制新的教法律例，改革旧的教律，以适应社会发展的新变化。主张采用新的思想和科学方法,对政治、经济和社会弊端进行适度的改良。认为伊斯兰文化是伊斯兰社会活力的源泉之一,在发扬伊斯兰传统文化的同时,应吸取当代先进的科学文化,进行教育改革,将发展宗教教育视为社会进步和复兴伊斯兰教的重要途径。土耳其的凯末尔所领导的世俗主义宗教改革运动,于1922年废除了素丹制度,1923年建立起土耳其共和国,1924年最后废除哈里发制度。至此,伊斯兰现代主义运动进入了一个高潮。

二次世界大战后,伊斯兰各国相继摆脱了殖民统治,赢得了独立。为捍卫国家独立和发展民族经济,摆脱经济文化落后状况,在科学社会主义的理论和实践的影响下,一些伊斯兰国家的政党和领导人相继提出"伊斯兰社会主义"的不同理论和纲领,作为国家发展的道路。这种社会主义是以伊斯兰教的传统信仰和民族主义作为基础,与科学社会主义有质的区别。其特点是:认为伊斯兰教教义是社会主义原则的源泉,《古兰经》中关于反对聚敛财富和高利贷、主张施舍和济贫、公平正义,凡穆斯林一律平等的思想,就包含了社会主义的原则;认为伊斯兰社会主义必须以伊斯兰教义为指导,弘扬伊斯兰文化传统,抵制非伊斯兰思想和异端邪说;主张通过阶级合作调整社会关系,允许有限制的私有制的存在;实施部分生产资料的国有化,通过土地改革、建立农业合作社、工人自治、公费医疗等措施治理社会,作为发展经济的手段。伊斯兰社会主义在一些国家的实践中对经济和社会发展起过一定的积极作用,但遭到许多困难和挫折。

近几十年来,伊斯兰国家在政治、经济、文化、教育等领域加强联系和合作,开展广泛的国际交往,并建立了三个国际性的泛伊斯兰组织:伊斯兰会议组织、世界伊斯兰大会和伊斯兰世界联盟。它们以促进各成员国之间的团结及在经济、社会、文化、科学等领域内的合作,弘扬伊斯兰文化,反对殖民主义,消除种族隔离和歧视,支持巴勒斯坦人民的斗争,维护伊斯兰精神为宗旨。另外还成立了伊斯兰发展银行、伊斯兰国际通讯社、国际伊斯兰发展基金会等组织,并经常举行伊斯兰国际学术讨论会。1979年,伊朗伊斯兰革命成功后,在国内实行"全盘伊斯兰化"的政策,对整个伊斯兰世界产生了重大影响,推动和鼓舞伊斯兰复兴运动日益活跃,伊斯兰教在许多国家政治、经济、文化生活中的地位有所加强。

条目分类目录

［思想学说］

［伦理道德］

教法制度

[教法概念、术语]

宗教功修

教派学派

［教派］

［学派］

中外人物

［外国人物］

［伊斯兰教创始人及其家属、门生等］

［历代伊斯兰王朝君主、将相］

[宗教学者、教派领袖]

［科学家、哲学家、史地学家等］

［诗人、作家、语言学家等］

《古兰经》人物及传说

［古代先知故事及其他传说］

组织团体

圣地寺院

陵墓碑铭

［陵墓］

文化教育

各国伊斯兰教

穆斯林民族

节日礼俗

彩图插页目录

A

阿巴拜克（？～1514） 中国明代新疆喀什噶尔阿巴拜克王朝素丹。《明史》作阿巴·儿乞儿。出身于喀什噶尔杜格拉特部贵族。信奉逊尼派哈乃斐学派。1480年趁察合台后王内讧之机攻占喀什噶尔，驱逐其叔父米尔扎·穆罕默德·海达尔，并击退优努斯汗的进攻，脱离东察合台汗国的隶属，自称素丹。阿巴拜克王朝统治疆域"阿尔蒂沙尔"（即6城：喀什噶尔、叶尔羌、于阗、英吉沙、阿克苏、乌什），首府喀什噶尔。在位时拥有5万兵力，曾多次进行征战，占领费尔干纳、博罗尔等地。对内实行高压政策，横征暴敛。以信仰虔诚为名，强迫穆夫提（教法解释人）制定教法、律例，残酷镇压不满的臣民，并严禁人民迁徙。据《中亚蒙兀儿史—拉失德史》载，阿巴拜克曾将反对其统治的3000多人处死，数千人被处刖刑。他统治时期，暴敛财富，曾对喀什噶尔、于阗、叶尔羌等地的古城址进行大规模挖掘，获得无数珍宝；在叶尔羌城修建了坚固、高大的城堡，富丽堂皇的官邸和花园。同时亦在上述各地兴建了一批清真寺、经学院等。1514年被赛义德汗打败，逃至喀喇昆仑山里时被杀。（李进新）

阿巴德王朝（al-Sulālah al-‘Abbādiyyah） 11世纪安达卢西亚的塞维利亚伊斯兰王朝（1023～1091）。塞维利亚原为后伍麦叶王朝行省。1023年，塞维利亚伊斯兰教法官穆罕默德·伊本·阿巴德（1023～1042在位），趁科尔多瓦哈里发国分裂之机，脱离哈里发统治而独立，建立阿巴德王朝。奉行逊尼派教义和教法。其子阿巴德·穆尔台迪德（1042～1069在位）继位后称"埃米尔"，进一步扩张疆土，健全政治制度，发展经济，倡导伊斯兰文化，此时为王朝的鼎盛时期。他先后兼并了梅尔图拉、涅夫拉、韦尔瓦、萨尔特斯、锡尔维什、德阿尔加维、阿戈斯、莫龙、龙达等小国和穆斯林酋长国。用巧计同基督教卡斯提尔和莱昂王国国王谈判，以免遭到他们的进攻。在末代埃米尔阿巴德·穆尔台米德（1069～1091在位）执政时，创建了塞维利亚宗教大学和图书馆，赞助学术研究，庇护学者和诗人，塞维利亚继科尔多瓦后成为安达卢西亚伊斯兰学术文化中心。阿巴德·穆尔台米德于1071和1078年两次从哲赫沃尔人手中夺取科尔多瓦，其大臣伊本·欧麦尔征服了穆尔西亚。为抵御基督教卡斯提尔王国军队向阿拉贡和巴伦西亚的侵入，1086年向北非的穆拉比特王朝埃米尔伊本·塔什芬求援出兵，在萨拉卡战役中穆斯林联军打败基督教军队。从此，阿巴德王朝沦为穆拉比特王朝的臣属。1091年，伊本·塔什芬再次率军攻占塞维利亚并作为陪都，王朝灭亡。穆尔台米德被俘后解到摩洛哥艾格马特囚禁，在狱中写诗，生活悲惨，于1095年死去。（杨克礼）

阿巴黑雅经文学校 中国新疆阿勒泰地区哈萨克人的经文学校。"阿巴黑雅"为哈萨克语，意即哈萨克阿巴克克烈部落的经文学校。位于新疆阿勒泰地区克兰河畔伊特吾尔村。约于1880年由当地哈萨克人朱尔特比建立。该学校主要课程为《古兰经》和伊斯兰教基本知识，专门培养毛拉。曾在该校学习，后成为毛拉的人有：朱尔特比、阿斯里别克·柯别西、乌勒斯特木等。1904年该校首批学生马米对学校进行了扩建，增设了现代教育内容，即数学、历史、地理和哈萨克语文等课程。（贾合甫）

阿拔斯宫（Abbasid Palace） 阿拉伯帝国阿拔斯王朝（750～1258）遗存的著名建筑。位于伊拉克首都巴格达的拉希德大街。传为哈里发纳绥尔（1179～1225在位）所建。其原有复杂而精美的建筑式样，仍保存整个宫殿呈长方形的双层建筑，中有430平方米的宽敞厅院。东翼中部有9米高的拱顶大厅，与双层楼等高，拱顶和两侧支柱都饰以砖雕，其花纹宛如挂毯上的纹路。庭院四周长廊上，有精美的蜂窝状饰物。此宫经修复后，现辟为伊斯兰遗迹博物馆，收藏有大量珍贵文物。（杨克礼）

阿拔斯派（al-‘Abbāsiyyah） 伊斯兰教早期派别之一。约产生于8世纪初期，原为哈希姆派（al-Hāshimiyyah）的分支，为早期什叶派内部的一支派。

认为什叶派第一代伊玛目阿里之子穆罕默德·伊本·哈奈菲叶并未亡故，是阿里的合法继承人，并把伊玛目位及全部知识传授予其子艾布·哈希姆（Abu Hāshim，？～717）。据说该派首先提出《古兰经》有表、里两义之别，而隐含的"里义"更为重要。艾布·哈希姆去世后，该派又分裂为若干支派。其中阿拔斯派宣称，艾布·哈希姆于侯迈麦村（al-Ḥumaymah，今巴勒斯坦境内）临终前，已把伊玛目位传给穆罕默德·伊本·阿里（Muḥammad ibn'Ali），后又传给阿拔斯家族的后裔。阿拔斯家族推翻伍麦叶王朝后，为证明阿拔斯政权的合法性、正统性，乃割断同什叶派的联系，宣称阿拔斯哈里发为先知穆罕默德的合法继承人，标榜要建立"安拉在大地上的统治"。此后该派已从宗教派别转化为政治派别。（吴云贵）

阿拔斯王朝（al-Sulālah al-'Abbāsiyyah）

阿拉伯帝国第二个封建王朝（750～1258）。亦称"阿巴斯哈里发帝国"。欧洲人称"东萨拉森帝国"。因其旗帜尚黑，中国史籍称"黑衣大食"。750年，由阿拉伯贵族艾布·阿拔斯（750～754在位）创建，故名。艾布·阿拔斯出身于麦加古莱什部落哈希姆家族，为穆罕默德叔父阿拔斯的玄孙。在反对伍麦叶王朝的斗争中，阿拔斯的后裔提出还权于先知家族，推翻"窃权"、"叛教"的伍麦叶人，以恢复伊斯兰教政体为号召，同什叶派、呼罗珊人结成同盟，以死海南岸的侯迈麦为根据地，取得秘密"布道会"的领导权，组织力量，进行武装夺权斗争，后将活动中心转移到伊拉克库法。747年，在阿拔斯派首领易卜拉欣（？～749）的指使下，呼罗珊艾布·穆斯林发动了声势浩大的人民起义，750年攻占大马士革，推翻伍麦叶王朝统治。艾布·阿拔斯利用起义的胜利成果，被拥立为哈里发，建立阿拔斯王朝。初暂时建都于伊拉克北部的安巴尔，改称"哈希姆城"。艾布·阿拔斯执政后，将王朝的统治中心由叙利亚移至伊拉克。为争取各地贵族、宗教学者和广大穆斯林的支持，自称为"安拉在大地上的影子"、"正统信仰的保护者"。在宗教节日与主麻聚礼时，身着先知穆罕默德穿过的斗篷，以示其政权的正统性和虔诚的信仰，奉行宗教与世俗并重的政策。他对伍麦叶家族成员采取斩尽杀绝政策，并以"谋反"罪名杀害开国元勋之一的艾布·赛莱迈，震慑反对者，迫使各省长官及部落首领向其效忠，服从其统治。754年，艾布·阿拔斯之弟艾布·贾法尔（754～775在位）继任哈里发，自称"曼苏尔"（意为"胜利者"）。他多谋善变，在政治上消灭异己，镇压反对派的武装起义，在宗教上坚持伊斯兰教正统信仰，反对"异端"和"伪信者"。他执政后相继杀害了王位的竞争者、其叔父易卜拉欣和开国元勋艾布·穆斯林，消除了政治隐患。后又举兵镇压了阿曼及叙利亚哈瓦利吉派、北非艾巴德派和中亚各地的农民起义。他在宗教上与圣训派结盟同什叶派作斗争，并密令麦地那和伊拉克总督，追捕和拘禁阿里家族成员，杀害哈桑两个重孙穆罕默德·本·阿卜杜拉（？～762）和易卜拉欣（？～763）。这些高压政策，对王朝统治的巩固起了重要作用。762年，曼苏尔迁新建的巴格达新都，时称"和平之城"，成为王朝的政治、经济及宗教学术文化中心。并在巴格达城郊建造了豪华的宫殿、府邸及清真寺。曼苏尔成为阿拔斯王朝的真正奠基者。

阿拔斯王朝最初的近100年（750～842），特别是在哈里发哈伦·拉希德（786～809在位）和马蒙（813～833在位）执政时期，是阿拉伯帝国的极盛时期。其疆域横跨亚、非、欧三洲。哈伦·拉希德依据波斯萨珊王朝的统治经验，健全行政体制，加强中央集权，扩大法官权力，完善司法制度；设驿站，建立中央情报机构，加强对地方的控制和监督；实行新税制，发展农业、手工业、商业和对外贸易，国库充盈，经济繁荣；奖掖学术文化，重用各族不同信仰学者，倡导自由讨论学术，使文学、艺术得到发展。马蒙执政时，重用波斯显贵掌管军政大权；为缓和同什叶派的矛盾，立什叶派第八代伊玛目阿里·里达为哈里发继承人，并以女嫁之，继而宣布以什叶派的绿衣、绿旗代替阿拔斯人的黑衣、黑旗。他重视兴修水利，减轻土地税，使农业得以发展，手工业和商业随之而兴隆。海陆商道畅通无阻。他大力奖励学术，发展伊斯兰文化。830年，在巴格达创建综合学术机构"智慧馆"，集藏书、研究、翻译为一体。他派人将各方搜集到的古籍汇集到巴格达，并重金聘请东西方翻译家，把希腊、罗马、波斯、印度和叙利亚的哲学及科学古籍译为阿拉伯文，出现了延续百余年的"翻译运动"。他在宗教上支持穆尔太齐赖派的宗教和哲学观点，并奉该派的"《古兰经》被造说"为官方信仰，设立宗教裁判所（米哈奈），审判不同意此主张的官吏和学者。对政治上的反对派，他仍坚持武力镇压措施。马蒙的政策为其后几位继任者所袭用。

阿拔斯王朝实行政教合一的封建制度。在行政管理方面，多采用波斯的政治体制。王朝启用波斯显贵盘踞要职，并吸收各地非阿拉伯民族的穆斯林贵族、学者参政。哈里发集政教大权于一身，具有最高权威。哈里发竭力为其统治赋予神圣的性质，声称自己为"安拉的代理人"，王朝是先知穆罕默德家族的合法继承者和正统派教义的捍卫者。哈里发之下，设维齐尔（即首相），具有较大的权力。除王储的确定外，王朝的一切行政和宗教事务，首相均可秉承哈里发意志全权处理。王朝健全了司法制度。法官由笃信伊斯兰教、精通教义和教法、品学兼优的法学家担任。教法官只审理穆斯林的诉讼。王朝建有经过严格训练的10万人的哈里发近卫军，由骑兵、步兵和弓弩队等组成，另设有海军舰队。全国军队总司令称"大埃米尔"。近卫军初由呼罗珊人组成，后又新组建突厥奴隶近卫军。在征战时从各地区征募的军队称"穆特瓦尔"（Muṭawwi'ah，意为"志愿者"）。王朝始设严密的警察组织，全国警察署长兼任哈里发警卫长，后由突厥近卫军将领代替。全国划分为24个行省，设总督管理，总督在其辖区内具有绝对权力。

阿拔斯王朝全面确立了封建的生产关系，仍实行土地分封制，各地总督和封建主拥有大量伊克塔土地，后伊克塔多变为世袭的私人领地，成为地方割据政权的经济基础。王朝极盛时，哈里发大力发展生产，农业、工业、商业和运输业都很发达，帝国经济相当繁荣。纺织业、采矿业、玻璃业、珠宝业和其他传统手工业生产为商业贸易提供了丰富的产品。8世纪中叶，中国的造纸术传入阿拉伯后，在一些主要城市均建有造纸厂，其中大马士革生产的纸张远销欧洲。商业和过境贸易的发展，促使繁华的大城市兴起。撒马尔罕、大不里士、内沙布尔、哈马丹为“丝绸之路”中段的贸易交通重镇。首都巴格达成为帝国最大的商业贸易中心，东西商旅云集，店铺林立，商品丰富，设有专卖中国丝绸、瓷器等货物的市场。对外垄断海上交通贸易和国际市场，巴格达、巴士拉、西拉夫(已毁)、开罗、亚历山大、阿曼等为水陆贸易口岸，阿拉伯商人的足迹遍及亚、非、欧各地，从而沟通了东西方贸易和经济交流。

阿拔斯王朝是伊斯兰学术文化广泛传播和发展的全盛时期。哈里发奉行正统派(逊尼派)教义为国教，全面推行伊斯兰教法，大批欧莱玛(宗教学者)被吸收参政，享有较高的社会地位。哈里发采取政治、经济、法律、教育等措施，大力传播和强化伊斯兰教，吸引各地顺民大量归信了伊斯兰教，完成了伊斯兰化的过程，伊斯兰教渗透到政治、经济、文化领域，变成穆斯林的生活方式。在各地兴建清真寺和宗教学校，培养了大批官吏、学者和教职人员。阿拉伯语逐步在帝国境内推广，它不仅为宗教语言，而且成为学术研究、著书立说、社会交际的通用语言。伊斯兰教的古兰经学、圣训学、教法学、凯拉姆学、诵经学完整体系已经建立。逊尼派和什叶派已由早期的政治派别发展为宗教派别，各自确立了教义学说体系。逊尼派的四部《古兰经》注、六部圣训集编纂成书，四大教法学派学说形成。什叶派的四大圣训经辑录成册，教法学说和伊玛目教义日趋完善。穆尔太齐赖派由于马蒙的推崇得到很大发展，其学说曾一度占统治地位。苏非派的学理得到广泛传播，后被安萨里引入正统派教义，成为正统信仰的组成部分。艾什尔里派的学说，经塞尔柱王朝首相尼扎姆·穆勒克的推崇，变成正统的官方信仰，后成为占主导地位的思想。教派分化加剧，学派林立，教义论争同教派间的政治斗争交织进行。哈里发大力倡导和赞助学术文化的发展。在全国主要城市建立了图书馆、天文台、各类学校和医院，以巴格达“智慧馆”为学术中心，开展了大规模的翻译运动。在各族人民的共同努力下，创造出光辉灿烂的伊斯兰文化。穆斯林学者辈出，巨著珠联，丰富多彩，在哲学、医学、天文学、数学、化学、物理学、农学、历史学、地理学、文学、语言学和艺术等方面均取得了辉煌的成就，丰富了世界文化宝库。伊斯兰学术文化传入欧洲，对近代科学文化的兴起产生过深远影响。中国的造纸术、指南针、火药、印刷术先被阿拉伯人所吸收，后通过他们辗转传入西欧。

9世纪后半期起，阿拔斯王朝进入分裂和逐渐衰落时期。突厥奴隶将领握有军权，专横跋扈，任意废立或杀害哈里发。836年迫使哈里发迁都萨马拉达56年之久。各地封建主或总督拥兵割据，独占一方，脱离中央而独立。波斯、中亚、西亚先后建立了塔希尔王朝、萨法尔王朝、萨曼王朝、伽色尼王朝、布韦希王朝、塞尔柱帝国；北非建立了伊德里斯王朝、艾格莱卜王朝；叙利亚等地建立了哈姆丹王朝和赞吉王朝；埃及建立了图伦王朝和阿尤布王朝。其中北非及埃及的法蒂玛王朝及西班牙的后伍麦叶王朝同阿拔斯王朝相抗衡，形成三足鼎立的局面。王朝对各族人民的残酷剥削，使民族和阶级矛盾十分尖锐，教派和农民起义此起彼伏。著名的有穆盖奈尔起义、巴贝克起义、赞吉起义、卡尔马特起义等，给王朝统治以沉重打击。10世纪中叶，王朝直接统辖的地域只剩巴格达及其周围的一小块地区。945年，布韦希人入主巴格达，迫使哈里发授予其“最高统帅”称号，剥夺哈里发的政治权力，仅保存宗教领袖地位。1055年，塞尔柱突厥人率军占领巴格达，迫使哈里发授予“素丹”称号，发号施令，哈里发由其完全控制。1258年，成吉思汗之孙旭烈兀率领蒙古军队攻陷巴格达，杀死哈里发，阿拔斯王朝遂亡。

(杨克礼)

阿卜代斯(Ābdast)　见小净。

阿卜德(‘Abd)　伊斯兰教义学用语。亦译“阿卜杜”。阿拉伯语音译，意为“仆人”、“奴仆”。与波斯语“板德”同义。伊斯兰教用以表达人类与真主之间关系的用语。《古兰经》云：“假若我们有古人所遗留的教诲，那末，我们必是真主的纯洁的仆人”(37：168～169)。即凡世人均为真主的仆人。故穆斯林常命名为阿卜杜拉(真主的仆人)或阿卜杜·拉赫曼(慈主的仆人)等。

(马忠杰)

阿卜德·瓦德王朝(Sulālah‘Abd al-Wād)　13世纪马格里布中部柏柏尔族扎纳塔人建立的伊斯兰封建王朝(1235～1554)。亦称“吉亚尼德王朝”。1235年由亚格穆拉桑·伊本·阿卜德·瓦德(1235～1283在位)所建立，领有今阿尔及利亚的西北部的疆土，首都特莱姆森。扎拉塔人原臣服于摩洛哥的穆瓦希德王朝，后该王朝的哈里发阿卜杜·拉希德二世任命伊本·阿卜德·瓦德为特莱姆森地区总督，将马格里布中部赐为封地。1235年，趁穆拉比特王朝内讧分裂之机，宣布独立，自称“埃米尔”。同哈夫斯王朝、马林王朝并立。伊本·阿卜德·瓦德执政48年，在宗教上，遵奉逊尼派马立克学派教法，设立卡迪，全面推行伊斯兰教法。在首都特莱姆森建造大清真寺并附设宗教学校，聘请马格里布及埃及宗教学者在此讲学，培养宗教人才和法官，促进了伊斯兰文化的发展。在政治上，健全行政管理机构，加强军队建设，抗击哈夫斯人、马林人和穆瓦希德人的进攻，保卫首都。并不断平息一些部落的叛乱，维持国内安定。在经济上，减轻赋税，修筑道路，鼓励发展农业、牧业和商业，同欧洲一些国家的商业联系加强，成为西地中海航海的主要基地。对外同格拉纳达素丹和卡斯提尔国王结盟。1283年他逝世后，其子奥斯曼(1283～约1306在位)继位，除维护国内安定外，领导全国各部落抗击马林王朝素丹艾布·叶尔孤白军队的围攻达8年之久。由于王朝缺乏牢固的政治和经济基础，国内各部族酋长分裂自立，致使王朝衰落。1337年特莱姆森为摩洛哥马林王朝素丹艾布·哈桑占领，成为殖民地。15世纪初沦为突尼斯哈夫斯王朝的属国，称臣纳贡。1554年，奥斯曼帝国军队占领特莱姆森，阿卜德·瓦德王朝灭亡。阿尔及利亚沦为奥斯曼帝国的行省。（杨克礼）

阿卜杜拉(‘Abdullāh，544～570) 伊斯兰教先知穆罕默德之父。全名阿卜杜拉·本·阿卜杜勒·穆塔里布·本·哈希姆。生于麦加。出身于古莱什部落的哈希姆(Hāshim)家族。其父阿卜杜勒·穆塔里布为麦加古莱什族长，曾许愿在世时如生10子，便在克尔白天房宰杀其中一个献给真主，阿卜杜拉即为其所宠爱的第十子。经在克尔白最大的胡白勒偶像前抽签决定，阿卜杜拉应被宰杀献祭，后经族人劝阻才得幸免，改由100峰骆驼代之赎身，因而得名“宰比赫”(al-Dhabiḥ，意为“被宰杀者”)。570年同名门闺秀阿米娜结婚，不久即赴叙利亚经商，返回途中病故于麦地那，时年26岁。外出前其妻已有身孕，穆罕默德即为其遗腹子。（杨宗山）

阿卜杜拉·本·艾巴德(‘Abdullāh ben Abāḍ，约650～705) 伊斯兰教艾巴德派的主要代表人物之一。对该派的传播、发展起了重要作用，故该派因其姓而得名。生于巴士拉，出身于阿拉伯泰米姆族。聪明好学，为人刚直，有“硬石头”的外号。曾从师伊玛目贾比尔·本·栽德求学，擅长教法学，接受贾比尔的政治和学术主张，成为贾比尔学说和思想的积极支持和传播者。贾比尔去世后，在巴士拉讲经传道，发展其师的思想及其所组建的“穆斯林归信者团体”(亦称“穆斯林同仁”)。经历了哈里发阿里及伍麦叶王朝初期4代哈里发时期的宗教风波、政治斗争和社会变革，还亲自参加过伊本·祖拜尔与哈里发耶济德一世争夺麦加的战争。为了反对伍麦叶王朝对哈瓦利吉派的镇压，曾上书哈里发阿卜杜勒·麦利克(646～705)，陈述“穆斯林归信者团体”的主张，驳斥了把此团体列为哈瓦利吉派的错误，指出该团体本身就反对哈瓦利吉派的过激思想和行为等。由此在贾比尔的追随者当中进一步赢得了声誉和信任。当时阿曼属巴士拉总督管辖，贾比尔在阿曼的支持者都拥护他。其他人包括当权者，遂称贾比尔的追随者为“艾巴德派”或“艾巴德人”，但仍认为他们是哈瓦利吉派的一支。直到哈里发欧麦尔二世(718～720在位)时代，该派才接受了别人加于自己的这一称呼，并见之于他们的著作之中。（马　贤）

阿卜杜拉·本·赛尔德(‘Abdullāh ben Sa‘d，? ～657) 伊斯兰教第三任哈里发奥斯曼执政时期的埃及总督、军事将领。又称“伊本·艾比·赛尔赫”(Ibn Abi Sarḥ)。全名阿卜杜拉·本·赛尔德·本·艾比·赛尔赫·阿米里。出身于麦加古莱什部落阿米尔(‘Āmir)家族，奥斯曼的同乳兄弟。早期曾信奉伊斯兰教，并成为穆罕默德身边负责记录古兰经文的文书之一。后叛教投向麦加贵族，曾篡改过穆罕默德口授的“真主默示”的有关内容，并引以为荣。630年，穆罕默德亲率穆斯林军队攻克麦加后，对曾经反对过伊斯兰教的古莱什等部落的多神教徒宣布赦免，但对14名罪大恶极者则下令处以极刑，阿卜杜拉·本·赛尔德即为其中之一。当时，他躲在奥斯曼家中不敢露面，后经奥斯曼向穆罕默德再三恳求，方才得以赦免。据阿拉伯史书记载，当奥斯曼把阿卜杜拉领至先知穆罕默德面前请求赦免时，先知曾几度转过脸去，表示回绝，经奥斯曼一再请求才勉强同意赦免。事后，先知对众弟子说：“我几次转过脸去，是想让你们动手砍下阿卜杜拉的头。”阿卜杜拉悔罪再度成为穆斯林后，曾多次参加对外征战。639年末，著名穆斯林将领阿慕尔·本·阿斯出征埃及时，阿卜杜拉任右翼指挥官。644年奥斯曼当选为哈里发后，阿卜杜拉受到重用，645年被任命为埃及总督，还一度担任过财务长官。他曾率军向西经由利比亚的黎波里，征服了突尼斯及阿尔及利亚东北部；向南直抵栋古拉(今苏丹境内)，迫使努比亚基督教王国签订了和约。阿卜杜拉与穆阿维叶同为第一支穆斯林海军的缔造者。652年其埃及舰队曾在亚历山大港外击败拜占庭舰队，655年舰队又同穆阿维叶的叙利亚舰队联合作战，在土耳其南部的列西亚海岸(Lycian coast)外击溃由500多只战舰组成的拜占庭舰队，阿拉伯史书称此役为“船桅之役”(Dhāt al-Ṣawāṛi)。656年，阿卜杜拉获悉奥斯曼遇害和阿里继任哈里发的消息后，曾欲前往叙利亚投奔穆阿维叶，时值穆阿维叶与阿里之间的隋芬战役爆发，遂避居于巴勒斯坦的阿什克伦，657年在该城病逝。（杨宗山）

阿卜杜拉汗二世(‘Abdullāh Khan II，约1533～1598) 中亚布哈拉汗国君主。生于乌兹别克穆斯林贵族家庭，其父伊斯坎达尔为米安卡里地区领主。他从小受伊斯兰教传统教育，精通武略。16世纪中期布哈拉汗国处于封建割据的混战状态。1551年阿卜杜拉率军在喀尔米奈城挫败塔什干领主巴拉克汗的进攻。此后，他在当地苏菲派长老的赏识和支持下，成为同巴拉克汗相抗衡的军事领袖，并在逐鹿河中的斗争中最终获胜。1557年，他攻占布哈拉，使该城变成汗国的政治和伊斯兰文化中心。1561年，他拥立其父伊斯坎达尔为汗，自己握有实权，并以强大的兵力削平地方割据势力。1583年，阿卜杜拉继承汗位，加强中央集权，推行伊斯兰教法，健全行政管理制度，使汗国日趋强盛。后他向外扩张，深入钦察草原腹地，在吉兰努乌提峡谷立有远征碑文。1584～1586年，先后征服帖木儿后裔统治的巴达克山和伊朗萨法维王朝统治的呼罗珊大部分土地，并占领赫拉特、谋夫和麦什特等城市。1591～1595年间3次远征花剌子模，使其就范。他对外同印度莫卧儿帝国和奥斯曼帝国结盟，同萨法维王朝相对抗，并注意发展同中亚、西亚各国的经济和文化联系。他对内鼓励发展农业和商业，改善灌溉工程，修筑道路，改革币制，减轻赋税，使经济复兴。他奉伊斯兰教逊尼派教义为国教，宫廷中聘有伊斯兰教学者担任宗教顾问，对苏非派道堂赐有瓦克夫土地。在布哈拉兴建有伊斯兰教经学院、清真寺和其他宗教建筑，奖掖学术文化，学者荟萃，在史学、文学等方面均做出了贡献。史学家称其为“乌兹别克杰出的政治家和军事家”。1598年在内忧外患中去世。

（杨克礼）

阿卜杜·拉赫曼·本·奥夫（‘Abdal-Raḥman ben‘Awf，580～652） 伊斯兰教先知穆罕默德的门弟子。全名阿卜杜·拉赫曼·本·奥夫·本·阿卜德·奥夫·祖赫里。生于麦加，出身于古莱什部落的祖赫拉(Zuhrah)家族。610年穆罕默德在麦加开始传教时期，经艾布·伯克尔引荐，成为少数最早信奉伊斯兰教者之一。信教前原名为“阿卜德·克尔白”、“阿卜德·阿姆尔”，信教后被穆罕默德起名为“阿卜杜·拉赫曼”，意为“普慈真主之奴仆”。为免遭麦加多神教徒迫害，曾奉穆罕默德之命，同少数穆斯林一起迁居阿比西尼亚(今埃塞俄比亚)。因其在艰苦条件下信教，信仰虔诚、坚定，而成为穆罕默德以天园相许诺的十大弟子之一。622年随穆斯林大众迁徙至麦地那后，即以其早年经商经验做生意，盈利资助伊斯兰教事业。参加了穆罕默德领导的所有战役，在624年的吴侯德之战中，为保护穆罕默德而身负重伤。632年穆罕默德逝世后，受艾布·伯克尔委托，每年负责陪同穆罕默德众遗孀前往麦加朝觐。644年第二任哈里发欧麦尔临终前，被提名为由6位候选人组成的协商确定哈里发人选委员会成员之一，在互不相让的情况下，他主动放弃竞选，并成功地主持了协商会议，为推选哈里发的顺利进行起了决定作用。以慈善好施著称，曾将多年经商积累的巨额财富捐献给伊斯兰教事业。毕生传述圣训60余段。652年病故于麦地那。

（杨宗山）

阿卜杜·拉赫曼·凯瓦基比（‘Abd al-Raḥmān al-Kawākibi，1854～1902） 近代叙利亚阿拉伯民族主义思想家、伊斯兰学者、阿拉伯文化复兴运动倡导人之一。生于阿勒颇。早年受过正规的宗教和文化教育。曾从事新闻工作，担任《幼发拉底报》编辑，后在教育和司法部门任职，因对奥斯曼帝国素丹哈米德二世的专横统治不满而辞职。后又主编《灰城报》、《端正报》，鼓吹阿拉伯民族主义，抨击土耳其当局，主张实行社会和宗教改革。两报先后被查封，曾被捕入狱。后流亡埃及，在开罗结识了伊斯兰教改良派领袖哲马鲁丁·阿富汗尼、穆罕默德·阿布笃、拉希德·里达等，深受其思想影响，参加伊斯兰改革活动，并编辑《拥护者报》，撰文宣扬进行宗教改革、复兴阿拉伯文化的主张。曾到阿拉伯各国以及东非、南亚等地旅行，广交学者。在埃及先后发表、出版了《专制的本质》、《诸镇之母》等著作，系统地阐述了其阿拉伯民族主义思想，对当时社会和政治上的各种弊端进行了剖析和揭露，强烈抨击奥斯曼素丹对阿拉伯的专制统治和民族压迫政策。强调阿拉伯民族在创立和传播伊斯兰教文化方面做出了特殊的贡献，因而认为伊斯兰世界的领导权应由阿拉伯人掌管，其领导中心应在诸镇之母——麦加，而不是伊斯坦布尔。主张复兴伊斯兰文化遗产和阿拉伯民族的光荣传统，自立自强，反对土耳其人对阿拉伯人实行的愚民政策和文化专制主义，重建以共同语言、信仰、历史、文化为基础的阿拉伯民族的统一国家。其著作对唤起阿拉伯各国人民的民族意识，以摆脱土耳其人愚昧、黑暗的封建统治方面起了很大作用，对以后的阿拉伯民族主义者产生了重大影响，被誉为“泛阿拉伯主义知识分子的先驱”。

（杨克礼）

阿卜杜·拉赫曼三世（‘Abd al-Raḥmān III，891～961） 安达卢西亚后伍麦叶王朝第一代哈里发。生于科尔多瓦。出身于后伍麦叶王族，为第七任埃米尔阿卜杜拉之孙，系一基督教女奴所生。其父穆罕默德在宫廷斗争中被杀。受过宫廷良好教育和训练，通晓希腊和伊斯兰文化，刚毅勇敢。912年，继其祖父阿卜杜拉为埃米尔。继位时，后伍麦叶王朝分裂，地方割据势力争雄，各地暴乱不断发生，中央辖地仅科尔多瓦及其近郊地区。他为了中兴王朝，励精图治，审时度势，加强中央集权，实行雇佣兵制。913～918年，对内镇压了各地的叛乱，削弱割据势力，逐一收复了丧失的省区，使政局趋于稳定。在对外方面，亲自率军北征。920年，打败基督教莱昂国王奥多诺二世，夷平要地塞圣·埃斯特班。924年，摧毁纳瓦纳王国首都潘普洛拉，迫使该王国向其称臣纳贡。928年，攻陷南部伊本·哈弗逊称雄的波巴斯特罗要塞，所有西哥特的权贵被俘到科尔多瓦。929年1月晓谕全国，自立为哈里发，建立科尔多瓦哈里发国。规定在公文中采用“保卫安拉宗教的哈里发”的头衔，获得了“信士们的长官”的尊号。931年占领北非休达，迫使摩洛哥内地一些地方首领表示归顺，后又乘机将其势力扩张到阿尔及利亚的提阿雷特。932年攻占长期动乱的中心托莱多。至此恢复了伍麦叶人对安达卢西亚的统治。加强海军建设，其舰队抑止了法蒂玛王朝海军对西班牙南部沿岸的袭击，掌握了西部地中海的商业和军事霸权，拜占庭、法兰西等国派使节与其修好。在位50年间，政治昌明，经济文化相当繁荣，史学家誉他为后伍麦叶王朝的“伟大中兴者”。善于治国，集行政、军事、司法和宗教大权于一身，建立政教合一的中央集权制，各地总督、军事将领和法官由哈里发直接任命。对基督教徒采取宽容政策，允许其进行宗教活动，并在政府中任职。拨巨资兴修水利，开垦荒地，改进耕作技术，发展农业；奖掖商业和手工业者，发展海上交通和贸易，国库收入递增，使西班牙成为欧洲最富庶的地区之一。倡导伊斯兰文化教育，鼓励学术研究，创办科尔多瓦大学，吸引西班牙和北非的穆斯林及基督教徒学生前来学习。在科尔多瓦创办免费高等学校27所。下令在各地建清真寺、图书馆、书店、天文台、医院、公共澡堂。修建的宰赫拉宫，雄伟华丽，为全欧最富于魅力的宫廷。首都科尔多瓦东西方学者荟萃，大批穆斯林学者在学术文化的各个领域做出了贡献。 （杨克礼）

阿卜杜·拉赫曼一世（‘Abd al-Raḥmān I，731～788） 安达卢西亚后伍麦叶王朝的创建者。全名阿卜杜·拉赫曼·伊本·穆阿维叶。为阿拉伯伍麦叶王朝第十任哈里发希沙姆之孙，系柏柏尔女奴所生。自幼在大马士革宫廷受到良好的宗教和文化教育。750年，伍麦叶王朝被阿拔斯王朝所取代，他躲过阿拔斯人的搜捕屠杀，伪装出逃，途经巴勒斯坦和埃及，历经艰辛，于755年到达北非休达，在母族柏柏尔人的罗斯图姆王朝的宫廷中避难。为重振伍麦叶王室，周密策划，先派遣随从白德尔渡海到西班牙，同叙利亚旧部军队谈判，和也门阿拉伯人进行联系，并取得当地阿拉伯人的支持，形成一支强大的力量。755年末，率柏柏尔人组成的卫队在格拉纳达南部海岸登陆，附近诸诚守军开门迎降。756年初，率部从塞维利亚北进，于同年5月同阿拔斯王朝驻西班牙总督优素福决战于瓜达尔基维尔河畔，优素福败逃。他攻入科尔多瓦，自称埃米尔，建立后伍麦叶王朝。757年，下令停止聚礼日为阿拔斯王朝哈里发祈祷。后又追奔逐北，攻陷托莱多城，彻底消灭了优素福的残余势力。把分散的伊斯兰教力量联合在一起，组建了一支训练有素的4万多人的军队，加强中央集权，曾先后击退阿拔斯王朝新总督阿拉·穆伊斯的军事进攻和基督教法兰克查理大帝军队入侵，从而控制了安达卢西亚的局势。西班牙全境初定后，着手国内的经济、文化建设。下令整修城市，开凿运河，引种稀有植物，改进农业技术，鼓励商业贸易，自铸统一银币。786年，建造科尔多瓦清真寺，成为西方伊斯兰教的教育和文化中心。致力于伊斯兰文化运动，在各地建立宗教学校，传播逊尼派教义和教法，推广阿拉伯语，奖励学术研究。对异教徒采取宽容政策，允许基督教徒和犹太教徒在遵守法纪和缴纳人头税的情况下，自由进行宗教活动，占有财产和从事正当职业。大量下层基督教徒和奴隶归信伊斯兰教，促进了伊斯兰教的广泛传播。史学家誉其为“古莱什族之鹰”。 （杨克礼）

阿卜杜拉·鲁特菲（1366～1465） 中国穆斯林诗人、翻译家。又名大毛拉·鲁特菲。意为“得到真主恩惠的人”。维吾尔族。生于今阿富汗西北境赫拉特。也有学者推断出生于噶什噶尔，后移居赫拉特。精通诗学、医学和音乐。由和田著名文人毛拉·艾斯木图拉·穆吉孜于1854年撰写的《乐师简志》，将其列入古代17位著名乐师之一，称为“时代的饱学之士”。曾到过中亚、克里米亚、阿塞拜疆等地。一生中著有20余部著作，题材广泛，其中爱情长诗《古丽与诺柔孜》（《花与春》）长达4200余行，以民间传说为素材创作而成，在中国新疆及中亚各国广为流传，甚至远到伊拉克。擅长写格则勒14行诗、坎思旦颂诗和鲁拜四行诗，为按照察合台时期伊斯兰文风写作的典范。诗作继承了维吾尔语言文学的优良传统，并从阿拉伯—伊斯兰文化中汲取了丰富营养。以想象丰富奇特、语言精美、富于伊斯兰哲理著称于世。曾将波斯史学家谢里夫·爱丁·耶思德的巨著《帖木儿武功记》译成维吾尔文。对提高维吾尔文学语言的地位做出了贡献，被誉为“维吾尔语言的泰斗”。 （杨金祥）

阿卜杜勒·阿齐兹（‘Abd al-‘Aziz） 见伊本·沙特。

阿卜杜勒·卡迪尔（‘Abd al-Qādir，1808～1883） 近代阿尔及利亚伊斯兰教学者，抗法斗争民族英雄。生于西部穆阿斯凯尔附近的瓦迪埃尔·汉曼村。其父穆希丁是哈希姆部落酋长，苏菲派卡迪里兄弟会谢赫。幼年曾在阿尔泽城的法官伊本·塔希尔处学习经训、法学、哲学、文学和历史。14岁时到瓦赫兰经学院上学，因不满土耳其当局的歧视政策，一年后辍学回乡。1827年随其父去麦加朝觐，并到麦地那拜谒了先知陵墓。他沿途游历了突尼斯、埃及等一些伊斯兰国家，并拜访了一些知名的穆斯林学者。埃及统治者穆罕默德·阿里富国强兵的改革措施，给其以深刻的影响。

1830年6月，法国殖民者侵入阿尔及利亚。同其父穆希丁以用“圣战”来保卫国家民族独立为号召，以宗教长老为骨干，组成义勇军，用游击战抗击侵略者。1832～1834年，奉父之命率军在瓦赫兰地区多次击败法军，显示出非凡的军事才能，被参加抵抗运动的各部落推举为“埃米尔·穆米宁”（即正统统治者）。1834年法军被迫乞和，同其签订了《瓦赫兰条约》，承认其对阿尔及利亚西部地区的主权。1835年法国重新挑起战争,他率军在马克塔河战役中再次击败法军。1837年迫使法国签订《塔夫那条约》,承认其对中部地区的主权。

在抗法斗争期间,团结组织各部落人民,敉平了那些反叛的或降敌的封建首领,逐步把西部和中部广大地区统一起来,建立了埃米尔国,定都穆阿斯凯尔。革新政治、经济、司法和教育。改组行政机构,选举产生最高咨询会议,讨论决定国家重大问题,建立政府机构"迪万"。建立正规军和义勇军,并建兵工厂。鼓励发展农牧业,降低税额。改革司法制度,实行伊斯兰教法,废除部落习惯法,法官由迪万统一任免,废止部落酋长对地方法律事务的干涉。兴建学校和图书馆,号召人民学习宗教知识和科学文化,诵读《古兰经》,遵守伊斯兰教法,维护各部族的团结。

1841年,法国重新挑起战争,集结重兵,采取"焦土政策",残酷镇压人民的抗法运动。他率军继续抵抗,因寡不敌众,接连失利,于1843年被迫退入摩洛哥。次年法、摩两国媾和,他继续战斗。1847年在摩、阿边境被俘,在法国被监禁4年。1852年获释,到土耳其布尔萨。从1855年先到伊斯坦布尔,后定居大马士革,研读伊斯兰教历史和文学。著有《对聪明者的召唤,对漠视者的劝告》,书中阐述了其宗教哲理以及对政治、历史和种族等问题的看法。写有抒怀和战斗性的诗歌多篇。恩格斯曾称颂他是阿尔及利亚一位"孜孜不倦和大胆无畏的领袖"(《马克思恩格斯全集》第14卷,第108页)。 (杨克礼)

阿卜杜勒·卡迪尔·维吾里(1862～1924) 中国伊斯兰学者、诗人。维吾尔族。新疆阿图什人。幼年就学于阿图什经文学堂,后赴布哈拉经学院深造,回国后执教于喀什噶尔罕勒克经学院。曾游历埃及、土耳其、印度等国。知识渊博,在教义学、法学、史学、文学、语言等方面有较深的造诣。终生从事宗教活动和文化教育。主要著作有《伊斯兰教信仰大纲》、《伊斯兰教的礼拜》、《道德入门》、《词法与句法学》、《阿拉伯语语法》、《文学入门》、《启蒙教育》、《对青年一代的教诲》、《劝喻民众》等。以阿拉伯诗人阿兰穆·希木勒诗作中的挽歌、讽刺诗、散文诗的体裁格律为借鉴,主张在维吾尔文学、语法学中加以运用。洞察当时喀什噶尔一带的社会政治形势,以高昂的激情撰就许多诗篇,揭露和讽刺顽固的保守派。《劝喻民众》一书,对启发民众抵御外国文化侵略曾产生重要影响。作品洋溢着爱国主义激情,表达了对祖国的无限热爱与忠诚。

(阿吉努尔·阿吉)

阿卜杜勒·麦利克('Abd al-Malik,646～705) 伍麦叶王朝第五任哈里发。全名阿卜杜勒·麦利克·本·麦尔旺·本·哈凯姆·伍麦维。为哈里发麦尔旺之子。生于麦地那。师从著名学者,受过良好的伊斯兰教育,通晓伊斯兰教经籍、教义和教法,爱好诗歌。683年随其父由麦地那迁到大马士革。685年其父去世后,继哈里发位。当时王朝面临着分裂和内乱,伊拉克、也门和叶麻麦等地区被叛乱势力和地方割据势力控制,什叶派和哈瓦利吉派举行起义,麦加伊本·祖拜尔自称哈里发,控制希贾兹地区,严重威胁王朝的统治。他命著名军事将领哈贾吉统率叙利亚大军,于689～692年,先后镇压了大马士革、伊拉克阿拉伯部落和哈瓦利吉派的叛乱,打败了伊拉克穆斯阿卜和麦加伊本·祖拜尔的割据势力,王朝趋于安定和统一。693年派伊本·努尔曼重新占领凯鲁万城,697年攻克拜占庭的迦太基城。他统治时期,为伍麦叶王朝的强盛阶段。他健全国家行政制度,以加强中央集权。在哈里发之下,设各部大臣,分管政务、税收、司法和宗教;所辖地区划分为5个省区,总督和法官直接由哈里发任命;通讯邮政局发展为兼以搜集情报的机构,并将管理文书的登记局发展成国家档案处。他下令实行文字和货币的统一,确立阿拉伯文为官方通用的文字,凡公文、教育、记事、账目等必须使用阿拉伯文。695年在大马士革建造中央铸币局,铸造统一规格和价值的第纳尔(金币)及迪尔汗(银币),铸有《古兰经》文,严禁各地仿造。为增加国库收入,规定凡穆斯林均要缴纳土地税,地方税收的结余部分全部上缴国库。691年拨巨资在耶路撒冷建筑了壮丽的萨赫莱清真寺。因伊本·祖拜尔占领麦加,故将耶路撒冷变为当时穆斯林朝觐的第三圣地,并对麦加和麦地那两圣寺进行了修葺。705年在大马士革去世。 (杨克礼)

阿卜杜勒·穆敏('Abd al-Mu'min,?～1163) 北非穆瓦希德王朝的创建者、首任哈里发。全名阿卜杜勒·穆敏·本·阿里·本·麦赫卢夫·库米。生于奥兰附近的塔格拉村(今属阿尔及利亚),属柏柏尔部族的扎纳塔部落,出身于寒微的穆斯林陶工家庭。早年在当地清真寺受传统的伊斯兰教育,后到各地投师求教,谙熟伊斯兰教经籍和教义,精通阿拉伯语。约1120年当伊本·突麦尔特在麦斯木达部族宣传"陶希德"(即"信仰独一无二的安拉")教义时,他成为其忠实的门弟子和助手,深受器重,为伊本·突麦尔特在廷·麦拉勒宣教中心设立的穆瓦希德运动十人会议组织的领导成员及军事负责人。因信仰虔诚,有组织和军事指挥才能,被伊本·突麦尔特生前指定为继承人。1130年伊本·突麦尔特逝世后,继承其传教事业,自称哈里发,以苏斯地区为根据地,以纯洁伊斯兰教为号召,为推翻穆拉比特王朝的统治,率军东征西讨,南攻北伐。1144～1146年,他亲自率军攻克了特莱姆森、法斯、休达、丹吉尔和艾格马特,击溃了穆拉比特王朝镇守各地的驻军。1147年率重兵攻占马拉喀什,灭穆拉比特王朝,处死年幼的埃米尔伊本·阿里及其臣僚,并定都于此。1149年征服了敌对的柏柏尔部落,镇压了各地的叛乱。1151年征服君士坦丁周围地区时,在塞提夫附近与阿拉伯部落联盟军决战,大获全胜。他派由柏柏尔人和阿拉伯骑兵组成的强大的远征军往西班牙,攻占了穆拉比特王朝统治时期的各穆斯林割据王朝的辖地,阻止了基督教卡斯提尔国王阿尔封索七世的南侵。1158~1159年征服突尼斯,并从西西里信奉基督教的诺曼人手中夺取从摩洛哥到的黎波里的北非沿海地区。从此,王朝版图包括北非及西班牙的大部分穆斯林地区。在位时,初步确立了中央行政管理制度,设立由伊斯兰长老、高级将领和部落首领组成的会议组织,进行决策。各省实行军事总督制,组建了正规军,创建了海军。在各地兴建清真寺和宗教学校,派出传教师宣传伊本·突麦尔特的原旨教义,禁止违犯教律的陈规陋习,向各地派出教法官推行伊斯兰教法,限制各部落原有的习惯法。1163年在摩洛哥的拉巴特逝世。 (杨克礼)

阿卜杜勒·穆塔里布('Abd-al-Muṭṭalib,约500~579) 伊斯兰教先知穆罕默德的祖父,阿拉伯半岛麦加城古莱什部族领袖。全名阿卜杜勒·穆塔里布·本·哈希姆·本·阿卜德·麦纳夫。原名"谢拜"(Shaybah,即白发)。出身于富有的库塞伊(Quṣayy)家族,生于麦地那。其父哈希姆和伯父穆塔里布先后为古莱什部族首领,享有掌管麦加克尔白天房的职权。520年,在贾希利叶时期,阿卜杜勒·穆塔里布继承其伯父的领袖地位,并在每年朝觐的日子里负责供应朝拜天房者的饮水和膳食。任职期间,曾亲自挖掘渗渗泉,以解决朝觐者饮水之需。因曾许愿在世时如生10子便在克尔白天房宰杀其中一个献给真主,故有以100峰骆驼自刀下赎回爱子阿卜杜拉之传说。570年,曾组织古莱什部落抵抗也门国王艾卜莱亥·艾什赖姆(Abrahah al-Ashram)象军的入侵,保卫克尔白天房免遭破坏。晚年曾亲自抚养其孙穆罕默德。579年,在麦加病故。 (杨宗山)

阿卜杜·赛迈德('Abd al-Ṣamad) 印度莫卧儿王朝细密画派的奠基人、书法家。一译"阿卜杜勒·萨玛德"。生卒年代不详,活动于16世纪。生于波斯法尔斯的设拉子,出身于穆斯林望族家庭。为当地享有盛名的细密画家,擅长阿拉伯文书法。1548年被印度莫卧儿王朝皇帝胡马雍邀到喀布尔,后又成为德里宫廷画家,并指导胡马雍之子阿克巴作画。阿克巴继皇帝位后,任宫廷画室总管,为宫廷建筑作画,设计清真寺的室内装饰图案和阿拉伯文书法,并培养了达斯万德和巴萨厄等高足,形成了印度莫卧儿画派。其画先以风景植物装饰图案为主,后转向创作人物画,多为文学作品插图。画工精细,色调明快,形象逼真,情景交融,手法多变。他设计指导的为《埃米尔汉斋故事集》所作的一组插图,共约1400幅,被誉为"莫卧儿细密画巨幅杰作"。1595年为波斯诗人内扎米著的《五卷诗》作大量插图,其画风更加印度化,该作品由不列颠博物馆收藏。 (杨克礼)

阿布·穆斯里姆 见艾布·穆斯林。

阿布·穆斯里姆起义 见艾布·穆斯林起义。

阿布·威法 见艾布·瓦发。

阿布扎比(Abu Dhabi) 阿拉伯联合酋长国首都,组成该国的7个酋长国中最大的阿布扎比酋长国的首府。在波斯湾南岸三角形的阿布扎比岛西部,面积60平方公里。人口30万(1985)。20世纪60年代初,还是一个约1万人口的沙漠城镇,居民住土房,从事放牧和采集珍珠,过着中世纪简陋的生活。1962年以来,随着石油大规模的开采和收入的增加,一跃成为现代化城市。市内高楼林立,市中心公园有巨大的喷水池。市区各个角落布满清真寺,其建筑小巧玲珑,各有特色,较大的清真寺一般附设经文学校。规模最大的是阿布扎比清真大寺,建筑宏伟,是一座具有阿拉伯建筑风格及现代化设施的建筑。寺院门前有喷水池和精心修饰的花园。市内有几处皇宫,引人注目的是扎耶德酋长居住的曼哈宫及其西邻的西宫。最古老的埃米尔宫,因破旧已改作他用。 (杨克礼)

阿达卜(Ādāb) 见五大教法体系。

阿代 见阿德人。

阿丹(Ādam) 《古兰经》中记载的人类始祖。是安拉用泥土造化的第一个男人。《古兰经》第2章30~37节、第7章11~27节、第17章61~65节、第18章50节、第20章115~124节,多处提到阿丹的故事:安拉用泥土创造了阿丹,赋予他智慧,使他熟悉各种事物的名称,并号召众天使向他致敬,只有易卜劣厮拒绝这个召唤。安拉让阿丹和他的妻子(名叫"哈娃",但经文中未出现此名)居住在乐园中,可以随意采食园中的果实,但告诫他俩千万不可接近园中的一棵树。不久,由于魔鬼的教唆诱惑,他俩违背了安拉的禁令,采食了那棵禁树的果实,致使他俩全身裸露,羞体无可掩蔽,终于被驱逐出乐园。阿丹后悔莫及,表示真诚求恕,安拉便命令阿丹夫妇和教唆他俩的魔鬼一起进入大地凡尘。从此,阿丹便成为人类的始祖、安拉在人间的代理者,并使一起下地的魔鬼和人类结为仇敌。只有意志坚定的人头脑清醒,不受魔鬼诱惑;而意志薄弱者,却经不起魔鬼的教唆。阿丹为《古兰经》提到名字的20多位先知中品级很高的先知之一。《古兰经》中呼告全人类时,都称之为"阿丹的子孙啊!"如第7章第26、27、31、35节的起始句,都使用这样的称呼。有些宗教学者认为,阿丹即《圣经》中的"亚当"。在《旧约全书·创世纪》第2章中说:"神用地上的尘土造人,将生气吹在他鼻孔里,他就成了有灵的活人,名叫亚当。"又说:

"神吩咐他说：园中各样树上的果子，你可以随意吃，只是分别善恶树上的果子，你不可吃。"第3章中说由于蛇的引诱，女人和丈夫吃了那棵树的果子，顿觉"赤身露体"，"神便打发他出伊甸园去，耕种他所自出之土"等，与《古兰经》的记述大体相近，但同中有异。

（林　松）

阿丹二子（Ibnā Ādam）　《古兰经》中所载人类最早发生的兄弟自相残杀的故事。阿拉伯语"易卜纳·阿丹"的意译。故事见于《古兰经》第5章第27～31节。据载，安拉命令先知穆罕默德向其族众讲述如下故事：人类始祖阿丹的两个儿子哈毕勒（Habil）和嘎毕勒（Gabil）同时向安拉敬献祭礼，前者因为人忠厚，虔信安拉，其所宰之牲被安拉悦纳（即为天火吞噬），而后者因心存邪念，献祭出于被迫，故其所献之小麦未被接受。后者出于妒恨，便杀死了前者，但不知如何处置尸体，遂负尸到处奔走，后从安拉昭示的乌鸦掘土掩埋死鸦的事例中方才领悟埋葬亡人之法，便掘坑掩埋了人间的第一个被杀身死者。据经注学家解释，兄弟的矛盾起因于婚姻。安拉启示阿丹为其二子择偶，并规定同胞兄妹不得婚配。而嘎毕勒原想同美丽的孪生妹妹结为夫妇，不甘心把她嫁给兄弟哈毕勒，遂暗起杀机。阿丹夫妇因调解无效，便奉安拉之命采取敬献祭礼的做法以决定命运，结果哈毕勒获得了美满的婚姻，随即发生了上述悲剧。伊斯兰教严禁人类自相残杀，并规定"除非因为正义"，不得"违背真主的禁令而杀人"，即使为"无辜而被杀者"复仇亦"不可滥杀"（4：29～31，6：151，17：33）。《古兰经》讲述阿丹二子故事之意义即在于：追溯人类自相残杀的渊源，阐明伊斯兰教严禁杀人的起因，重申"除因复仇或平乱外"不得"枉杀一人"的禁令（5：32）。　（杨宗山）

阿德勒（'Adl）　伊斯兰教伦理道德术语，穆斯林修身准则之一。阿拉伯语音译，意为"公正"、"公道"、"正直"等，与"吉斯特"（Qisṭ）同义。《古兰经》第4章第135节和第5章第8节等多处明文涉及，强调穆斯林在处事待人时必须具备公正无私的道德品质；法官在处理诉讼案件和调解纠纷时，更应主持正义，秉公执法，不得营私舞弊；作证者，即使于已和亲属不利，亦应秉公作证，绝不允许因个人恩怨而偏私或为被证一方的社会地位所左右。　（马恩信）

阿德人（'Ād）　《古兰经》中记载的古代部落之一。一译"阿代"。阿拉伯语音译。因先知呼德出身并曾劝教于该部落，故亦称"呼德的宗族"。相传为居住在也门与阿曼之间艾哈嘎夫（al-Aḥgāf，意为"沙丘"）地区的古阿拉伯部落，一说居于阿拉伯半岛西部希贾兹高地。因其酋长名阿德，故名。"阿德人"一词在《古兰经》中共出现23次。据载，他们是继先知努哈的宗族灭亡之后安拉在大地上的"代治者"，安拉使他们身强体壮（7：69），赏赐他们"牲畜和子嗣"，"园圃和源泉"（26：133～134），但他们在兴旺富足之后，却骄纵挥霍，贪图享受，大兴土木，尽情玩乐，以强凌弱，实行暴政（26：128～130）。他们因狂妄自大，否认呼德是安拉派遣的使者，坚持偶像崇拜，拒不信仰独一万能的安拉，拒不改恶从善，终于受到安拉"严厉的惩罚"；"好像被拔出的海枣树干一样"，为连续数日的暴风所殄灭（41：15～16，11：50～60，54：18～21）。其全族灭绝的结局，为《古兰经》用以警告世人的几项重大鉴戒之一。参见呼德。　（杨宗山）

阿杜德·道莱（'Aḍud al-Dawlah，936～983）　布韦希王朝统治者。阿杜德·道莱为称号，意为"国之股肱"。原名法纳胡斯鲁。其父为鲁克恩·道莱（意为"国家的栋梁"）。信奉什叶派教义，恪守宗教功修。949年继其叔父穆仪兹·道莱为素丹，后被巴格达阿拔斯王朝哈里发穆蒂尔封为"诸王中之王"（Shāhinshāh）的头衔。娶哈里发塔伊尔之女为妻，并将自己的女儿嫁给哈里发，结成政治联姻。到979年，从其家族兄弟们的手里夺取被割据的诸小王朝的领土，重新统一了伊朗和伊拉克，恢复了稳定的社会秩序和繁荣。宫廷设在设拉子，并在巴格达建有豪华的宫邸。美化和修饰巴格达城，修浚运河，创建阿杜德医院，附设学校培养医生，捐赠10万第纳尔作为经费。在许多城市修建了清真寺、宗教学校、医院和公共工程设施（水坝、道路、驿站、澡堂、客栈）。为伊拉克卡尔巴拉的阿里坟墓修建了建筑物和清真寺，作为朝觐圣地之一，并倡导纪念什叶派的节日。实行宗教宽容政策，对非什叶派的穆斯林和宗教学者允许各行其是，开展教义学术研究。在宫廷中任用基督教徒担任大臣和御医，并授权建设和修理了几座教堂和修道院。奖励和赞助伊斯兰学术文化，首都设拉子为东西方学者荟萃之地，宫廷聚集有不少著名诗人和学者。著名史学家米斯凯韦担任宫廷财政大臣，诗人穆泰纳比作颂诗为他歌功颂德，语法学家艾布·阿里·法西尔在他的赞助下编写成《语法解释》，将著作题赠给他，医学家阿里·麦朱西为纪念他而写成《王书》（一译《医学全书》）。　（杨克礼）

阿尔·阿沙里　见艾什尔里。

阿尔巴尼亚伊斯兰教　阿尔巴尼亚位于东南欧巴尔干半岛西岸，面积28748平方公里。人口310万（1988），以阿尔巴尼亚族为主（97%），其余为希腊族、南斯拉夫族等少数民族。首都地拉那。宪法曾规定，国家不承认任何宗教。实际上不少居民一直信奉伊斯兰教。穆斯林人口160多万，大部分为逊尼派，主要居住在中部广大地区，其中有20万苏菲派拜克塔什教团的穆斯林居住南部地区。15世纪初，土耳其军侵入阿尔巴尼亚，统治阿尔巴尼亚长达500年，伊斯兰教随土耳其奥斯曼军团传入。到17世纪中叶，多数阿尔巴尼亚人改奉伊斯兰教，在各地建有清真寺和宗教学校。19世纪，主张简化宗教仪式的苏菲拜克塔什教团传入阿尔巴尼亚。1946年新政权建立后，全国250万人口中，穆斯林占2/3，他们的宗教活动受到禁止，关闭清真寺，但私下一直实行礼拜、封斋、割礼、庆祝伊斯兰节日。1990年5月8日，阿尔巴尼亚人民议会宣布解除对宗教的禁令。1991年1月18日，地拉那市中心的哈希·爱特海姆·贝清真寺首次举行聚礼。此后斯库台、爱尔巴桑、培拉特、科尔察、都拉斯等地10余座清真寺相继开放。1991年6月阿尔巴尼亚穆斯林180人首次赴麦加朝觐。（黄陵渝）

阿尔·白伦尼 见比鲁尼。

阿尔布玛扎（Alb Umazar） 见艾布·麦尔舍尔。

阿尔戈利兹姆（Algorismus） 见花剌子密。

阿尔汗布拉宫 见艾勒哈卜拉宫。

阿尔及尔（Alger，al-Jazā'ir） 阿尔及利亚首都和最大港口。人口260万(1987)。位于乌艾德·哈腊希和乌艾德·马扎法兰两海湾之间。公元前2世纪，腓尼基人在此建立港口。后罗马人在这里建立名叫依科西奥姆的城市。4世纪被汪达尔人破坏。7世纪中叶，阿拉伯人进入北非，伊斯兰教随之传入，并使这里成为繁华的商港。10世纪，博洛吉纳·伊贝里·济里国王在此建立名为“杰扎伊尔”的新城。15世纪，成为阿尔及尔公国的首都。1830年7月被法国殖民军占领。1962年独立后，为阿尔及利亚首都。市内建筑多为白色，故有“白色之城”之称。市内除古老、传统的建筑外，有大量现代化建筑。数百座清真寺星罗棋布，其中著名的有：赛义德·拉姆丹清真寺，土耳其人占领前修建；赛义德·阿卜杜·拉赫曼清真寺，建于1696年；萨菲尔清真寺，初建于1534年，重建于1791～1827年；德加玛·卡比尔清真寺，为弧形大拱顶，是阿尔及尔最古老的大清真寺；还有建于1660年的清真寺，其建筑形式模仿土耳其君士坦丁城堡。1570年兴建的一座宫殿至今保存完好。（杨克礼）

阿尔及利亚伊斯兰教 阿尔及利亚位于非洲西北部。面积238.1741万平方公里，人口总数为2370万(1988)。主要居民为阿拉伯人，占77%，柏柏尔人占21%，欧洲侨民有5万人。穆斯林占全国人口97%。伊斯兰教为国教。阿拉伯语为国语，通用法语。首都阿尔及尔。公元前3世纪，柏柏尔人建立王国。公元前6世纪被拜占庭帝国占领。7世纪中叶，阿拉伯军事将领赛义德·欧格白率军进入，当地居民被迫纳贡，并不断进行反抗。8世纪初，伍麦叶王朝伊弗里基叶长官穆萨·本·努赛尔再次征服马格里布，确立阿拉伯人在北非的统治，柏柏尔人开始接受伊斯兰教和阿拉伯语。8～9世纪，大量阿拉伯移民迁入，与当地柏柏尔人通婚融合，使伊斯兰教和阿拉伯语广为传播。此期间，艾巴德教派的教义开始传入。9～10世纪初，处于艾格莱卜王朝统治下，建立国家行政机构，实行伊斯兰教法，兴建清真寺及宗教学校，促进了伊斯兰文化的发展。10世纪被法蒂玛王朝占领。11世纪后，相继处在穆拉比特王朝和穆瓦希德王朝统治下，完成了伊斯兰化过程，伊斯兰教在政治、经济、文化等社会生活各个领域中，都占有极为重要的地位。13世纪，在今境内的特莱姆森，柏柏尔人建立了阿卜德·瓦德王朝，促进了伊斯兰教的发展。突尼斯的哈夫斯王朝曾一度占领阿尔及尔。16世纪，沦为奥斯曼帝国的一个省。后柏柏尔人建立了哈尔·艾德登王朝。1830年成为法国属地。1832～1871年，在伊斯兰教领袖阿卜杜勒·卡迪尔、艾哈迈德、穆罕默德·莫克兰尼等领导下，相继发动“圣战”，反抗法国殖民主义的侵略，给入侵者以沉重打击。1905年，沦为法国殖民地。1931年，伊斯兰教爱国领袖伊本·巴迪斯创建了“伊斯兰学者联合会”，主张保卫阿拉伯民族文化，复兴纯正的伊斯兰教，反对法国殖民当局对穆斯林的强行同化政策。在争取民族独立的斗争中，伊斯兰教获得了相应发展。1962年宣布独立。穆斯林绝大多数属于逊尼派，遵奉马立克学派教法。约有6万名穆斯林属于艾巴德教派。苏菲派的卡迪里教团、提加尼教团、沙兹里教团等，有广泛的社会影响。现政府强调阿拉伯化和伊斯兰化，把伊斯兰教和阿拉伯社会主义作为发展经济、复兴伊斯兰文化、增强民族团结的指导原则。为发展伊斯兰学术文化，政府在阿尔及尔大学等3所大学设立了伊斯兰教研究院，在君士坦丁创建了1所伊斯兰大学。政府每年举办1次较大规模的国际性伊斯兰思想学术讨论会。据1975年统计，全国已有清真寺3200余座，在职的伊玛目1500余名，每年赴麦加朝觐的穆斯林达10万人以上。阿尔及利亚为：阿拉伯国家联盟、伊斯兰会议组织、世界伊斯兰大会、伊斯兰世界联盟的成员国。（杨克礼）

阿尔加惹尔（Algazel） 见安萨里。

阿尔·加扎利 见安萨里。

阿尔摩哈德王朝（Almohades） 见穆瓦希德王朝。

阿尔摩拉维德王朝（Almoravdes） 见穆拉比特王朝。

《阿尔泰》 中国伊斯兰民族宗教学术刊物。1944

年1月在重庆创刊，主编艾沙。社址设重庆两浮支路91号。分维吾尔文和汉文两种版本，维文版发行了5期，汉文出版了2期。该刊是关于边疆问题的综合性刊物，其宗旨是：对新疆历史、地理、政治、经济、文化，尤其对伊斯兰教和近东各伊斯兰民族进行研究。内容包括有关新疆古代及近代历史文化、中国文化史、抗战消息、历代内地与新疆之关系简史、新疆古代与近代之地理知识。发表有新疆民族、语言、文字和风土人情的记述，新疆人民近代社会生活及民族需要的报导，以及伊斯兰教与穆斯林的消息等，刊载新疆穆斯林名人介绍及新疆记事等资料。第2期为《新疆突厥民族问题论战》专辑。（余振贵）

阿尔腾麻札 中国明末清初新疆伊斯兰教黑山派和卓家族和叶尔羌汗国王室的陵园。在新疆维吾尔自治区莎车县城东北郊。“阿尔腾”系突厥语，又译“阿勒通”、“阿勒屯”等，意为“金子”，引申为“高贵”、“尊贵”，以示该麻札地位之尊。始建于16世纪初期。19世纪中后期，曾进行过全面整修。原建筑规模宏大，富丽堂皇。现仅存土坟数十座，其中有土墙围护的3座，相传为黑山派创始人伊斯哈格（实际葬于中亚撒马尔罕）及其子和卓萨迪、孙叶海亚之坟。附属清真寺1座，土木结构。寺内原有1块高1.5米、宽0.7米的石碑，上面刻有阿尔腾麻札和麻札寺的历史及有关情况。1935年，石碑被苏联一考察队携走。麻札内有：主管谢赫2名，穆德里斯4名，海推布、伊玛目各1名，穆泰瓦利若干。黑山派穆斯林视此为“圣地”，拜谒者甚众。

（马品彦）

阿尔图格王朝(al-Artuqiyyūn) 11世纪末土库曼人在伊拉克北部迪亚巴克尔地区建立的伊斯兰王朝。其创建者为土库曼军事将领阿尔图格·伊本·伊克塞卜（？～约1113）。该王朝有两个分支：一在希斯恩·凯法和阿米德地区（1098～1232）；一在马尔丁和马亚法里津地区（1104～1408）。阿尔图格原为塞尔柱帝国将领，曾驻军伊拉克北部，并领有巴勒斯坦等地区，1098年趁塞尔柱帝国分裂之机宣告独立。1113年阿尔图格去世，其后裔执政时，巴勒斯坦被埃及法蒂玛王朝占领，他们重返伊拉克北部，后又沿幼发拉底河向东北扩张。12世纪中叶，赞吉王朝兴起后出兵遏制了其继续扩张的野心。后来，努尔丁吸收他们参加抗击十字军的战争。1174年，他们成为赞吉王朝的封臣。1185年，埃及阿尤布王朝统治者萨拉丁攻占马亚法里津后，又向萨拉丁称臣纳贡。1232年，阿尔图格王朝在希斯恩·凯法、阿米德和哈尔普特地区的一支被塞尔柱人所灭。1408年，在马尔丁地区的一支最后被土库曼黑羊王朝所灭。王朝信奉逊尼派教义，苏菲教团较为盛行，苏菲长老在宫廷有较高的政治地位。王朝在宗教上无突出建树。实行军事分封制，手工纺织品较为发达。据史载，迪亚巴克尔的王宫富丽堂皇，为塞尔柱式的建筑风格。（杨克礼）

阿芬帕斯(Avenpace) 见伊本·巴哲。

阿富汗圣战者伊斯兰联盟(Islamic Unity of Mujahedin of Afghanistan) 阿富汗7个伊斯兰政治组织结成的联盟。为抵抗苏军入侵，“消除分歧，共同对敌”，于1983年5月签署联合宣言，决定成立该联盟。七个组织是：伊斯兰党、阿富汗伊斯兰协会、伊斯兰党（哈里斯派）、伊斯兰民族解放阵线、伊斯兰民族阵线、伊斯兰革命运动和解放阿富汗伊斯兰联盟。故又称“七党派联盟”。前三个组织曾于1982年加入与本联盟同名的阿富汗圣战者伊斯兰联盟，成员大多是伊斯兰原教旨主义者。后三个组织曾在1982年成立阿富汗圣战者伊斯兰阵线，成员大都是逊尼派穆斯林。新联盟即是由原阿富汗圣战者伊斯兰联盟和阿富汗圣战者伊斯兰阵线合并而成。新联盟宣布以前的联盟组织均告解散，由它领导全国抵抗运动。领导机构是最高领导委员会，由原七个组织的领导人组成。最高委员会不设主席，只设1名发言人作为对外活动的代表。主席由七个组织的领导人萨亚夫、古尔布丁和哈里斯等人轮流担任，每人任期为3个月。下设军事委员会和非军事委员会。军事委员会负责联盟的军事行动和训练任务。非军事委员会负责行政事务和协调各组织间的关系。总部设在巴基斯坦的白沙瓦。新联盟组织上比较松散，各组织名称不变，有独立处理内部事务的权力。该联盟的宗旨是，强烈要求苏联军队立即无条件撤出阿富汗，号召阿富汗人民进行“圣战”，抵抗苏联侵略军，推翻卡尔迈勒政权，实行国家的真正独立，维护不结盟的性质，建立伊斯兰政府。该联盟是阿富汗人民抵抗苏联军队最主要的力量，有武装10万多人，在国内开辟了许多抗苏根据地和游击区，坚持9年的武装斗争，得到国内广大穆斯林和国际上广泛的支持。1989年苏联军队撤出阿富汗后，七党联盟军继续同政府军进行战斗。1991年表示接受国际调解，结束对政府的对抗，达成各派政治力量之间的协议，和平解决阿富汗问题。（杨克礼）

阿富汗伊斯兰教 阿富汗是中亚南部内陆国，位于伊朗高原东北部。面积为65.23万平方公里。人口1581万（1989）。主要民族有普什图人占40%，塔吉克人占30%，还有乌兹别克人、哈扎拉人、土库曼人、俾路支人等。居民98%信奉伊斯兰教。官方语言为普什图语和达利语（波斯语的一种）。首都喀布尔。

7世纪中叶，在伊斯兰教第三任哈里发奥斯曼执政时，阿拉伯穆斯林军占领波斯后，于650～651年进入阿富汗，曾攻下巴尔赫、喀布尔，伊斯兰教开始传入，后未长期占领。705～715年，伍麦叶王朝呼罗珊总督古太白·伊本·穆斯林率军征服中亚时，先攻占吐火罗斯坦首府巴尔赫，后其部又占领赫拉特、喀布尔、伽兹尼，毁佛教寺院，迫使一部分城市居民归信伊斯兰教，后深入传播到阿富汗的主要中心地区。阿拔斯王朝初期，置于河中总督奈斯尔·伊本·赛雅尔的治理下，当地一些土著王公归信伊斯兰教，伊斯兰教逐渐传播到广大农村。9世纪初，穆斯林学者伊本·卡拉姆传播逊尼派哈乃斐学派教法，形成卡拉米叶派。9世纪后期，阿拉伯帝国开始解体，在塔吉克人建立的萨曼王朝(874～999)统治下，广建清真寺，发展伊斯兰文化，波斯人和突厥人迁入主要城市，加速了伊斯兰化的进程。10世纪中期，萨曼王朝突厥将领艾勒布特勤率军南下，占领伽兹尼城，建立伽色尼王朝(962～1186)，统一阿富汗，实行政教合一制，奉逊尼派为国教，在各主要城市兴建清真寺和宗教学校，伊斯兰教广泛传播到游牧部落，伽兹尼城成为阿富汗的宗教和文化中心。1152年古尔王朝取代伽色尼王朝。古尔王朝分裂后，阿富汗被花剌子模沙占领。13世纪初，蒙古成吉思汗攻入中亚和阿富汗。后，突厥人建立克尔特王朝，臣属于蒙古的伊儿汗国。14世纪，帖木儿帝国征服其大部分地区，在沙哈鲁执政时，迁都赫拉特，该城成为商业和伊斯兰文化的中心。16～18世纪，东部的兴都库什山以南地区属印度莫卧儿帝国统治。在喀布尔和伽兹尼修建了清真寺和苏非派道堂；赫拉特及法拉赫地区为伊朗什叶派的萨法维王朝所控制，什叶派教义开始传入，但收效甚微；坎大哈则成为双方长期互相争夺的地区。1736年纳迪尔登上波斯王位，后占领整个阿富汗。1747年纳迪尔沙被刺身亡，坎大哈地区萨多查依氏族酋长艾哈迈德·阿布达利率阿布达利人部队返回阿富汗，被各部落酋长会议推选为国王，建立阿富汗历史上第一个穆斯林王朝——萨多查依王朝(1747～1818)。后经过征战收复失地，统一了阿富汗，其领土西起伊朗的马什哈德，东至克什米尔，北达阿姆河，南到阿拉伯海。初建都坎大哈，后迁都喀布尔。王朝实行政教合一制，推行伊斯兰教法，最后完成了伊斯兰化。1819年，伽兹尼的多斯特·穆罕默德汗率军攻占喀布尔，建立巴拉克查依王朝，发动圣战使东部地区的努里斯坦的居民最后归信伊斯兰教。后英国殖民者入侵。1919年，阿曼努拉国王发动“圣战”，打败英国入侵者，宣布独立。

伊斯兰教在社会政治生活中占有重要地位。政府设有欧莱玛(宗教学者)委员会，监督和管理宗教事务。宪法规定，逊尼派的哈乃斐学派教法为国家立法的基础。实行伊斯兰教法，首都喀布尔设有最高伊斯兰法院，各地设有伊斯兰法庭。全国有1·5万多座清真寺，首都喀布尔有150多座大清真寺。全国的毛拉、宗教学者10多万人，享有较高的社会地位。清真寺多附设有小学，对儿童进行宗教教育。全国设有专门的宗教学校10多所，著名的有阿萨迪伊斯兰经学院、欧莱玛沙里亚学院、喀布尔大学伊斯兰法学系等。其穆斯林90%为逊尼派，遵奉哈乃斐学派教法。什叶派穆斯林占10%，大多为十二伊玛目派，少数属伊斯玛仪派。坎大哈附近建有麻札，有阿里的纪念冢，据传还珍藏有先知穆罕默德的圣袍，被视为圣地。阿富汗为：伊斯兰会议组织、伊斯兰世界联盟、世界伊斯兰大会成员国。

(杨克礼)

《阿嘎伊德》(al-‘Agā’id) 见《奈赛斐教典诠释》。

阿格拉布王朝 见艾格莱卜王朝。

阿格勒(‘Aql) 伊斯兰教法学名词。阿拉伯语音译，意为“理智”、“理性”。安拉启示和理性相结合，构成教法的渊源。逊尼派教法学家在释法过程中，将人类理性活动的“类比推理”方法(Qiyās，格亚斯)运用于立法，以扩大创制的范围，但推理必须以经、训为前提，其结论不得悖逆经、训原文，并经教法学家们的公议核准后方为有效。什叶派的乌苏勒教法学派尤为重视理性的作用，理性为该派教法的四大渊源之一，并认为理性高于一则虚弱的圣训。阿格勒又是释法者、执法者必须具备的基本条件，也是教法对证人、法人资格规定的一项基本要求。只有理智健全、知识渊博的教法学家才有资格解释称之为“安拉之法”的伊斯兰教法，为一般穆斯林提供法律指导和咨询服务。理智健全的穆斯林才能承担法律责任和义务。按逊尼派的哈里发学说，国家元首哈里发一般也必须具有良好的视力、听力和健全的理性判断的能力。此外，在诉讼中被传唤出庭作证的证人，必须是理智健全、能判断是非曲直的成人；在婚姻家庭、遗产继承等民法领域，作为权利主体的法人，也都必须是理智健全、有行为能力者。理智不健全者、未成年者一般不能结婚，无权处理财产。

(吴云贵)

阿根廷伊斯兰教 阿根廷位于南美洲东南部。面积2776889平方公里。人口3150万(1987)。官方语为西班牙语。首都布宜诺斯艾利斯。居民87%信奉天主教。穆斯林人口约45万，占全国人口1.5%，分布在首都布宜诺斯艾利斯、卡多巴等地，多为中东各国移民及其后裔。1880年，伊斯兰教由叙利亚移民传入阿根廷。20世纪初，为逃避战乱，大批黎巴嫩、叙利亚、巴勒斯坦、土耳其等国穆斯林移居阿根廷，他们被当地人统称为“图尔克”(即土耳其人)。约80%的阿根廷穆斯林属逊尼派，10～12%属什叶派，其余为阿拉维派或德鲁兹派。主要组织是阿根廷伊斯兰理事会。阿根廷以天主教为国教。1989年当选的卡洛斯·梅内姆总统原为叙利亚穆斯林移民，后为参政改奉天主教，其夫人依然信奉伊斯兰教。个别穆斯林任将军、州长之职。绝大多数穆斯林从事商业，生活富裕。全国有为数不多的清真寺，首都的伊斯兰文化中心附设礼拜堂，供主麻日、伊斯兰节日聚礼用。全国有6个由伊斯兰世界联盟创建的伊玛目和宣教师培训中心，还有

1所伊斯兰学校，约有300名穆斯林儿童入学。每年有为数不多的穆斯林去麦加朝觐。1985年阿根廷伊斯兰理事会与世界穆斯林青年联盟在布宜诺斯艾利斯联合举办了培训青年领导人的“国际穆斯林青年营”活动。阿根廷穆斯林与伊斯兰世界联盟保持联系。

（黄陵渝）

阿古柏（Ya'qūb，1820～1877）　19世纪中期中亚浩罕汗国的高级军官。亦称“穆罕默德·叶尔孤白”、“叶尔孤白帕夏”。阿古柏即叶尔孤白的转音。中亚浩罕汗国安集延人。1845年任浩罕国王侍从。借助其姐夫塔什干长官纳尔·穆罕默德汗的帮助逐步升迁。1847年任阿克摩斯德要塞守将要职。1853年起，在对俄作战中屡败。1864年在浩罕内部王位争夺中，因其背弃过的国王呼达雅尔汗复位，无法在浩罕立足。恰在这时，中国新疆各地爆发了各族穆斯林反清运动。占据南疆喀什噶尔四城的柯尔克孜伊斯兰教领袖萨迪格伯克向浩罕乞师求援，在浩罕统治集团支持下，原白山派和卓张格尔之子布素鲁克与阿古柏统率一支浩罕队伍入侵喀什噶尔，接着对其他各地穆斯林反清势力展开攻势，先后攻占喀什噶尔、阿克苏、叶尔羌、库车等地，1867年建立起“哲德莎尔”（即7城）汗国，自立为“毕条勒特”汗（即洪福之王），并将布素鲁克囚禁，随后驱逐回浩罕。1870年阿古柏攻占吐鲁番，入侵乌鲁木齐，一时天山南路与北路部分地区均为其占据。阿古柏以“圣战”名义入侵新疆后，建立起名义上的伊斯兰教统治，实施封建采邑制度。常以参拜“麻札”（即圣墓）为名，入侵各地。以扩大或新建清真寺、麻札和办经学院为名，笼络各族穆斯林。今喀什阿帕克和卓麻札，就是在入侵期间按照中亚的麻札式样改建的。他废除了清朝政府在新疆的法律和行政制度，以伊斯兰教的“沙里亚法”推行其统治。派往各地的军事长官和地方官吏，对人民实行严酷的压迫剥削。仅他本人就拥有3000名奴隶。为了巩固其统治，1872年与俄国签订《俄国与喀什噶尔条约》，1873年与英国签订《英国与喀什噶尔条约》，出卖新疆的权益以换取帝国主义的支持。1875年清政府派军进入新疆，各地人民纷纷奋起，打击侵略者，阿古柏节节败退。1877年于库尔勒服毒自杀（一说中风而死，一说为其部下击毙），汗国随之崩溃。

（马汝珩）

阿合特·乌娄木吉（1867～1940）　中国穆斯林诗人。哈萨克族。新疆维吾尔自治区富蕴县人，出身贫苦。自幼从师当地毛拉学习阿拉伯语、波斯语和伊斯兰教经典、教义。1908年以新疆阿勒泰地区朝觐团译员身份赴麦加朝觐。1910年回国，在家乡萨里托海兴办经文学校，并亲自任教。1940年因积极支持富蕴县人民反抗盛世才反动统治的暴动而被捕入狱，在狱中逝世。一生中创作了大量诗歌，其早年作品多数仿阿拉伯诗歌体裁，宣传伊斯兰伦理道德，号召作虔诚的穆斯林。后期诗风有所变化，开始认识到科学文化教育的重要意义。在《致毛拉》一首诗中写道：“真正的毛拉犹如明灯，科学是照亮世界的灯塔。从科学中汲取营养，使自己变得更加完善。”其主要作品有《吉汗夏》、《末世》、《赛甫尔木力克与加玛丽》、《生命的价值》等。其中，长诗《吉汗夏》于1897年由俄国喀山大学出版社出版。

（纳比坚）

阿赫德·法吉尔（'Ahd al-Fajr）　见黎明时期。

阿赫马德·图干汗　见艾哈迈德·托干汗。

阿黑赖（al-Ākhirah）　见后世。

阿黑麻·卡桑尼　见麦赫杜姆·阿扎姆。

阿衡　见阿訇。

阿訇（Akhond）　中国伊斯兰教教职称谓。波斯语音译，意为“教师”、“学者”。亦译“阿衡”、“阿洪”、“阿宏”等。约自明代后期胡登洲开办经堂教育时起，中国穆斯林开始称教授经文的教师为“阿訇”，后逐渐流行。其地位名列“三道”制或“五道”之下。18世纪末，随着“三道”制的衰落，阿訇才基本上取代“三道”制，跃居首位，成为清真寺的主要负责人。今为由清真寺经堂大学或经学院“穿衣”毕业，具有较高宗教学识的宗教人员的通称。一般担任小寺阿訇的条件是：必须受过经学教育；懂得基本教义和教法；能诵读、通晓《古兰经》；能为经堂中小学生授课。担任大寺阿訇的条件是：通晓13本大学经典；熟悉教法、教义；能胜任教授大学学生；品德兼优。阿訇在中国受到穆斯林的尊敬和享有较高的社会地位。因教众大多不通阿拉伯文，对于诵经、了解经义都有很大困难，对教法礼仪也知之甚少，故需阿訇来教育、讲解、引导并代为执行。阿訇的职责是“替圣传道”，领导穆斯林从事宗教活动。按照宗教学识素养、地位、职责等的不同，历史上曾有如下几种阿訇称谓：①掌教阿訇。即清真寺的伊玛目，亦称“掌教”，一般由本地人担任，专管本坊一切宗教事宜并带领礼拜。历史上曾一度变成世袭，近代已变为推举聘任。②开学阿訇。即向外地寺坊聘请的为经文大学授经的高级讲学阿訇，或称“统教”，其讲学期间称之为“开学”。以上两种阿訇颇受尊敬，地位较高，俗称“阿訇老人家”。③三道阿訇。即协助掌教负责唤拜的穆安津（Mu'adhdhin）、念“呼图白”和对儿童进行启蒙教育的海推布（Khaṭib）及阐释和执掌教法的穆夫提（Mufti），亦称“鸣教”、“督教”、“副教”，合称“三掌教”或“三道”。14世纪以来形成世袭，18世纪后已不复存在。④住学阿訇。凡上经堂大学称为“住学”，其学员则称为“住学阿訇”或“海里凡”、“满拉”。⑤小学阿訇。

即专教经文小学的阿訇。⑥二阿訇。较大清真寺内专管宰牲和教经堂小学的阿訇。未设“三道”和小学阿訇的清真寺，二阿訇便一身兼数职。⑦散班阿訇。即不在职的阿訇，多以为本坊穆斯林举办婚丧、诵经等宗教仪式之所得维持生活。新疆地区突厥语系的穆斯林还将“阿訇”作为“先生”的尊称，或用作复合人名，如“肉孜阿訇”、“努尔阿訇”等。（冯增烈）

阿洪 见阿訇。

阿吉和卓（约1855～1932） 中国新疆维吾尔族苏菲主义哲赫林耶派首领。名马立克（Mālik），因曾去麦加朝觐而被其信徒尊称为“阿吉（即哈吉）和卓”。系拉希丁和卓长子。生于新疆库车。1867年其父被杀时，他仅12岁，被浩罕入侵者阿古柏软禁于阿克苏，令其向当地宗教学者学习伊斯兰教经典。1877年清军收复新疆后获释。不久去麦加朝觐，其间曾受教于苏菲派纳格什班迪耶教团长老。回国后传播苏菲派学理和修持，信徒分布于库车、阿克苏、新和、尉犁、焉耆等地。自称所传是哲赫林耶的修道方式，其道乘功修形式是反复高声念“清真言”，念100遍为一段落，然后重新开始，连续数小时方休。其宗教传系现已无传人。1932年去世后，其子孙相继为教团首领。因其为额什丁和卓第13世孙，故该派十分重视位于库车的额什丁和卓麻札，每年额什丁和卓忌日都要在麻札前举行盛大纪念活动。（谭吴铁）

阿迦汗（Agha Khan） 近代伊斯兰教伊斯玛仪派尼扎尔支派宗教领袖的世袭称号。至今共传4代，在该派信徒中影响较大。原为19世纪波斯宫廷授予克尔曼地区总督哈桑·阿里·沙（1800～1881）的封号。他曾参与一次起义，失败后逃往印度孟买定居，在印度期间经法院认定为尼扎里耶派的46代伊玛目，为阿迦汗一世。死后由其长子继位，为阿迦汗二世。阿迦汗三世（1877～1957）是阿迦汗二世的独生子，于1885年继位。他曾留学英国，并获得英王授予的爵位。于1908年当选为印度穆斯林联盟主席。现已发展为世界各地尼扎里耶派穆斯林的精神领袖，被尊为“活主”，在亚洲、非洲拥有众多的虔诚信徒。叙利亚、印度、巴基斯坦、阿曼和坦桑尼亚等地的信徒每年都要向其奉献财物，其财富之多惊人。阿迦汗三世设立了“阿迦汗基金会”，在世界各地进行商业贸易活动，并配合开展宣教事业。他指定其孙卡里姆在其死后继位，是为阿迦汗四世。印、巴分治后，其活动中心移往巴基斯坦。1949年以前，阿迦汗与中国新疆地区为数不多的伊斯玛仪派穆斯林有一定联系，并从国外派“热依斯”（阿迦汗的代理人）指导他们的宗教生活，还定期派人到塔什库尔干等地区收取信徒的宗教奉献。1949年以后，这种关系逐渐断绝。（郭承真）

阿迦·米拉克（Āqā Mirak） 伊朗萨法维王朝细密画家。生卒年不详，活动于16世纪。生于伊斯法罕，自称圣裔，信奉什叶派教义。为萨法维王朝资历较深的宫廷画家，曾担任过王子古利的老师。在大不里士作画，曾与画家素丹·穆罕默德共同创作过宫廷大型壁画、宫廷装饰画和波斯地毯图案，与主管皇室藏书的艺术家贝赫扎德交往甚密。晚年应奥斯曼帝国素丹苏莱曼之邀到伊斯坦布尔，任宫廷艺术家，为清真寺、宫殿、陵墓设计内部装饰，享有优厚的待遇。（杨克礼）

阿贾瓦人 见尧人。

阿捷尔拜疆人 见阿塞拜疆人。

阿卡德（‘Abbās Maḥmūd al-‘Aqqād，1889～1964） 埃及现代著名伊斯兰学者、诗人、评论家。《穆罕默德的天才》和《欧麦尔的天才》的作者。生于阿斯旺一穆斯林家庭。中学毕业后靠自学成材，博览群书，精通教义学、文学、历史学、哲学。1903年去开罗，先后担任过教师、电报局职员。1907年任《宪章报》、《公报》的编辑。1921年与马齐尼合作出版《笛旺》诗集，和马齐尼、舒克里等人形成一个深受西方文学影响的浪漫主义流派，即诗集派。1930年因发表反对西德基政府、讥讽国王法鲁克的政论文章被判刑。获释后专门从事写作，其作品包括诗歌、小说、文学评论、政论、人物传记、宗教哲学和专著等。诗歌集有《阿卡德诗集》、《西方的旋风》、《四十的启示》、《过路人》等；长篇小说有《萨拉》等；文学评论和研究报告有《批评与文学专集》、《文学艺术之见》、《阿拉伯文学的新倾向》、《古今阿拉伯文学对外国文学的态度》等。政论专著有《二十世纪的极权统治》、《监狱和镣铐的世界》等。还写有关于《古兰经》的哲学思想研究、政治和社会哲学的论文，撰写了中世纪穆斯林哲学家、诗人和学者，如伊本·西那、伊本·路世德、伊本·鲁米、艾布·努瓦斯和军事家哈立德·本·瓦利德等人的评传，以及介绍莎士比亚、萧伯纳等作家的专著。在埃及和阿拉伯文学界影响较大。曾担任阿拉伯语言学会委员和伊拉克科学协会通讯会员、埃及政府文学艺术和社会科学最高委员会委员。1960年获埃及国家文学表彰奖。（杨克礼）

阿克（Akko，‘Akka） 巴勒斯坦北部古城。巴哈教派的圣地。亦称“阿克雷”。西濒地中海，坐落在长约25公里的阿克湾北端。有5000多年的历史，最早为迦南人的一个部落所建。638年阿拉伯人攻占，后伍麦叶王朝哈里发穆阿维叶在位时对该城进行修缮和扩建；1104年埃及图伦王朝统治者伊本·图伦建为港口，逐渐发展成为从地中海东岸通往西亚内陆的重要商业口岸。它是十字军东侵时所建立的耶路撒冷王国的最后据点，1291年被马穆鲁克王朝穆斯林军队收复，至此十字军东侵以失败告终。1848 年 5 月被以色列占领。城内多古迹。有 12 座伊斯兰教古清真寺，最宏伟的是贾扎尔清真寺及其浴室，还有阿卜杜拉帕夏的宫苑。巴哈教派创始人巴哈乌拉的陵墓，被巴哈派信徒视为圣地，均具有伊斯兰教建筑风格。

（杨克礼）

阿克巴（Akbar，1542～1605） 印度莫卧儿帝国第三代皇帝，著名的政治和宗教改革家。一译“亚格伯”。全名艾布·乌尔法特·哲拉鲁丁·穆罕默德·阿克巴。出生于信德的欧麦尔古德村。胡马雍的长子。少年时受教于波斯苏菲派学者米尔·阿卜杜·拉蒂夫。13 岁时任旁遮普总督。1556 年初其父胡马雍去世后在卡拉瑙尔继皇帝位，由培拉姆汗摄政。当时莫卧儿王朝政权不稳固，其辖地只限于旁遮普及德里附近地区。1556 年 11 月，与培拉姆汗率军向德里进军，在帕尼帕特战役中，打败阿富汗人喜穆的军队，攻占德里。1560 年解除专权骄横的培拉姆汗的宰相职务，亲自掌握大权。1567 年率军攻占拉齐普特人的要塞，并采用怀柔政策，包括和亲手段争取了大部分拉齐普特领袖人物为他服务。1573 年，征服了古吉拉特，控制了印度和西亚的贸易。1579 年，颁布《马赫札尔》（无误法令），宣布自己为政教最高领袖。1586～1595 年，先后征服了克什米尔、信德和坎大哈，并镇压了地方割据势力和王族内部的多次叛乱。在统一印度北部以后，又征服了西、南部的部分地区，将巴赫曼尼的 5 个小素丹国并入其版图，形成了疆域辽阔的莫卧儿帝国。

执政期间，当帝国相对稳定后，集中力量从事国内政治、经济、文化和宗教方面的改革。主要有：（1）建立了君主专制的中央集权制。皇帝有至高无上的权力，中央设 4 大臣，分管财政、军事、宗教司法和工商业等。全部政府官员均授予军阶，军队将领和各省总督由皇帝任命。将全国划分为 15 个省，实行行政、司法、军事分治，由中央派出的情报员监督各级官吏。（2）改革税制，促进农业和工商业发展。将穆斯林贵族原分封的采邑（贾吉尔）收归国有，改付他们以薪金。废除原有的包税制度，将土地按质分为 4 等，规定每一等级土地的税收标准。规定对印度教徒和穆斯林商人实行统一税率，废除对非伊斯兰教徒征收的人头税。此外，还采取了统一度量衡和货币的措施。（3）改革司法。实行伊斯兰教法和世俗法相结合的制度，规定司法系统独立，中央大法官任命各省法官。凡死刑判决必须由皇帝批准，案件断决必须重证据，禁止官员徇私枉法。宣布自己为伊斯兰教法的最高解释者。（4）实行宗教宽容政策，倡导印度各宗教一律平等，各奉其事，消除相互间的对立。规定印度教、琐罗亚斯德教和基督教按各自的教规进行宗教活动，修建宇宙教堂，允许原强迫改宗伊斯兰教的人可恢复原来的信仰。印度教徒可在政府和军队中担任要职。在法特普尔·西克里城修建一座礼拜堂，挑选各宗教的学者举行宗教学术自由辩论。为调和各宗教间的矛盾，促进印度各种宗教文化的融合，1582 年创立了“神圣的宗教”。主要教义是：信奉一神论，强调道德和理性，阿克巴为最高长老；倡导俭朴清廉，不食肉，对一切人行“善”；崇拜太阳等。它糅合了伊斯兰教、印度教、基督教和拜火教的一些礼俗。但该教未得到发展，仅有数十名信徒。（5）废除一些陈规陋习。下令允许寡妇改嫁，废除“萨提”（即妻子为亡夫殉葬自焚）制度。禁止童婚、大办嫁妆，提倡男女婚姻自主，近亲不宜结婚，倡导一夫一妻制。提倡和赞助学术研究，宫廷学者荟萃，文化教育事业得到发展。在其统治下，印度达到空前的统一和繁荣。史学家誉他为“阿克巴大帝”，“伊斯兰东方最贤明、正义的伟大君主”。1605 年 10 月卒于亚格拉。

（杨克礼）

阿克巴尔（Allahabadi Akbar，1846～1921） 印度穆斯林诗人。本名赛义德·阿克巴尔·侯赛因·里兹维。出身于穆斯林贵族家庭，自称圣裔。生于德里。从小受传统的伊斯兰教育，精通乌尔都语和阿拉伯语。信奉伊斯兰教逊尼派教义。曾担任地区行政长官和法官。1903 年离职从事文学创作。以创作讽刺诗著名，许多诗词已成为乌尔都语的谚语和俗语。在作品中嘲讽西方的文化，主张维护伊斯兰文化的传统，反对西方文化对伊斯兰教的渗透，并对穆斯林妇女走向社会持有异议。大量作品都以伊斯兰教哲学及伦理学为题材，采用带格律的抒情诗体。诗歌多收入《阿克巴尔·阿拉哈巴迪诗选》（共 3 集）。晚年创作了一部关于甘地的长诗，赞颂甘地反殖民主义的斗争。

（杨克礼）

阿克巴神圣信条 印度伊斯兰教历史事件。指印度莫卧儿王朝皇帝阿克巴（1556～1605 在位）颁布的“宗教信条”（Din－i Ilahi）。1578 年，阿克巴结识了苏菲长老塔杰丁·阿尤德哈尼，在其影响下，思想信仰上开始转向泛神论和苏菲派的“完人”观念，其时适值伊斯兰教千年诞辰，社会上广泛流传着即将出现一位千年不遇的伊斯兰教复兴者的说法，江普尔地区甚至兴起了马赫迪运动。其后宫廷内部正统派在与改良派的斗争中失败，从而使阿克巴断然割断同以伊斯兰教总教法官为首的正统派的联系。这时阿克巴原为崇拜契斯提教团长老而兴建的皇家道堂，成为讨论宗教信仰问题的场所。他经常召集印度教、耆那教、基督教、犹太教、袄教和伊斯兰教的代表，同他一起探讨信仰问题。朝臣亲信们故意提出一些荒谬的观点，供他批驳，借以取悦皇帝。1579～1581 年，阿克巴在颁布“不谬敕令”（即皇帝的敕令是不谬的）、剥夺伊斯兰学者（即欧莱玛）和教法学家的权力之后，发布了一系列关于宗教改革的法令，其中以 1581 年发布的“神圣信条”最为重要。该信条宣称，理性是探索宗教信仰问题的基础，并据此规定了伊斯兰教的“十诫”和“十德”。十诫包括伊斯兰教提倡的戒绝淫荡、欲念、私吞、欺诈、诽谤、剥削、威胁、傲慢8种邪恶，汲取了耆那教的不杀生和天主教的独身主义。十德是心胸豁达、克制恶行、戒除物欲、净化心灵、断绝色欲、恪守虔信、忠诚、谨慎、文雅、慈善。阿克巴颁布“神圣信条”，旨在约束朝廷中因循守旧、不容异己的伊斯兰教封建贵族，尚未推行到一般穆斯林民众之中。其追随者则乘机恭维，尊他为“完人”、“千年复兴者”和“时代的主宰”，以“安拉的阿克巴”相称，向他行叩拜礼。由于“神圣信条”侵害了正统欧莱玛阶层的权益，伤害了穆斯林民众的宗教感情，阿克巴去世后即被宣布取消，以希尔信迪为首的正统派伊斯兰学者，还对阿克巴的“异端”思想展开批判。

（吴云贵）

阿克雷 见阿克。

阿克萨清真寺（al-Masjid al-Aqṣā） 伊斯兰教第三大圣寺。仅次于麦加圣寺和麦地那先知寺。位于耶路撒冷东区旧城东部沙里夫内院的西南角。阿拉伯语“阿克萨”，意为“极远”，故又称“远寺”。该名称来源于伊斯兰教先知穆罕默德于621年7月一个夜晚由天使吉卜利勒陪同自麦加乘天马到耶路撒冷登霄夜游七重天的传说。该寺于705年由伍麦叶王朝哈里发阿卜杜勒·麦利克·本·麦尔旺主持始建，后由其子瓦利德于709年建成。该寺建在原圣殿教堂残存的基墙上，教堂的完好部分也被修建在寺中。780年毁于地震，后几经翻修，现保存的大部分建筑为10世纪阿拔斯王朝第十九任哈里发嘎希尔时代留下的。该寺建筑宏伟，气势壮观。礼拜大殿长90米，高88米，宽36米，内耸立有53根大理石圆柱和49根方柱相擎。圆顶和北门为11世纪增建。西方历史学家称该寺是“地球上最豪华最优美的建筑物和历史遗产”。1099年，十字军占领耶路撒冷后，将该寺的一部分改为教堂，另一部分当作神庙及骑士团的营房和武器库。1187年，埃及阿尤布王朝素丹萨拉丁从十字军占领下收复耶路撒冷后，下令修复该寺，用彩石镶嵌的图案修饰圆顶，重建凹壁，殿内安装精制木刻宣教台。寺内还有1座长方形的礼拜殿，内有大小厅堂各1间，大厅称阿齐兹厅，小厅极华丽，内设凹壁，称宰凯里雅凹壁。清真寺的北门有1座高大的门廊，系阿尤布王朝素丹伊萨于1217年所建，由7个独立的拱门组成，每一座拱门又与清真寺大殿的一扇门遥遥相对。寺前有“卡斯”水池，为人们礼拜前作小净处。1948年以色列当局侵占耶路撒冷后，不断拆毁阿克萨周围的大部分建筑。1969年8月21日又放火烧毁了清真寺的主要建筑物，名贵文物宣教台化为灰烬，遭到阿拉伯人民和世界穆斯林的强烈谴责。

（杨克礼）

阿拉伯大起义（Intifāḍah al-‘Arab） 20世纪初阿拉伯半岛爆发的反对奥斯曼帝国统治、争取民族独立的起义。领导人为麦加谢里夫侯赛因·伊本·阿里。他系伊斯兰教创始人穆罕默德之女法蒂玛及阿里的后裔，属哈希姆家族。1908年被奥斯曼素丹任命为希贾兹总督和麦加谢里夫，掌管圣地的宗教活动。他对受制于奥斯曼帝国早就不满，企图摆脱其统治，在阿拉伯半岛和“肥沃新月”地带建立由他统治的独立的阿拉伯国家。任职期间，抵制奥斯曼政府干涉其政务，主麻日聚礼时拒绝向素丹祝福，处于半独立状态。1914年，奥斯曼政府撤销侯赛因的总督职务，废除其享有的一切特权，并秘密派人对其监视，并任命艾哈迈德·杰马勒帕夏为第四军军长，执掌西里西亚、叙利亚、黎巴嫩、巴勒斯坦、希贾兹等省的军政大权，残酷镇压阿拉伯民族主义运动，进一步激起阿拉伯人的反抗。20世纪初，叙利亚的一些民族主义组织提出建立独立的阿拉伯国家的政治纲领，为这次起义作了思想和组织准备。1915年9月，侯赛因派其三子费萨尔到大马士革，同阿拉伯民族主义秘密组织结盟，并组建阿拉伯武装力量准备发动起义。1916年6月，侯赛因提出要对“叛教”的奥斯曼人发动“圣战”，以捍卫伊斯兰教，争取阿拉伯人的民族独立为号召，举兵向驻扎在麦加附近的土耳其军队发动进攻。在阿拉伯军队、部落武装的联合猛烈打击下，土耳其在希贾兹的军队迅速瓦解。起义军连克麦加、麦地那、吉达、塔伊夫等城。1916年10月，侯赛因宣布自己为阿拉伯国王，但英、法、意等3国只承认他为希贾兹的统治者。1917年7月，侯赛因派其子费萨尔率兵北上，占据亚喀巴，包围马安，向叙利亚豪兰和德鲁兹山区推进，与叙利亚民族主义军队汇合。1918年10月，费萨尔统领联军攻占大马士革，成立以他为首的阿拉伯政府，结束奥斯曼帝国长达4个世纪的统治。1920年3月7日，叙利亚国民大会宣布叙利亚独立，立费萨尔为国王。同年7月，法国殖民军队攻占大马士革。阿拉伯人民刚刚获得的民族独立便被帝国主义扼杀。阿拉伯大起义表明阿拉伯民族解放运动已发展到一个新的阶段。

（杨克礼）

阿拉伯帝国（al-Imbarāṭūriyyah al-‘Arabiyyah） 中世纪阿拉伯人建立的政教合一制的伊斯兰哈里发国家（622～1258）。亦称“哈里发帝国”。中国史书称“大食”。西方史籍称为“萨拉森帝国”（Sara-Cehs）。其历史可分为以下几个时期：

四大哈里发时期（632～661）。632年穆罕默德逝世后，阿拉伯国家的领袖称“哈里发”（即真主使者的继承人）。最初的四大正统哈里发由穆斯林公社选举产生，他们是：艾布·伯克尔（632～634在位）、欧麦尔（634～644在位）、奥斯曼（644～656在位）、阿里（656～661在位）。前后执政29年，原以麦地那为都，后在阿里时迁都库法。这个时期随着对外大规模的军事扩张，伊斯兰教向阿拉伯半岛以外广泛传播，史称“阿拉伯开拓时代”。在此期间，平息了各地的部落叛乱和伪先知叛教活动，在伊斯兰教旗帜下加强了部落的联合，恢复了阿拉伯半岛的统一。利用拜占庭帝国和波斯长期战争后两败俱伤的有利时机，在“圣战”的旗帜下，发动了一系列对外征服战争，先后征服拜占庭统治下的叙利亚、巴勒斯坦、埃及及北非的昔兰尼加，东部大败波斯军，灭萨珊王朝，占领伊拉克、波斯，为阿拉伯帝国奠定了基础。被征服地区的居民逐渐改奉伊斯兰教，使伊斯兰教由单一民族的信仰，发展成多民族信仰的世界宗教。将《古兰经》汇集成册，使阿拉伯语得以传播。国家行政制度开始建立，在新征服地迅速建立了新的统治秩序。到阿里执政时，阿拉伯统治阶级内部争权夺利的斗争和教派分歧日趋激烈，并爆发了3次内战。661年，阿里遇刺身亡，四大哈里发时期遂告结束，代之而起的是阿拉伯家族统治的王朝时期。包括伍麦叶王朝时期(661～750)、阿拔斯王朝时期(750～1258)。

10世纪时，北非和埃及的法蒂玛王朝(909～1171)和西班牙的后伍麦叶王朝崛起，同阿拔斯王朝形成三足鼎立的局面。945年，布韦希人入主巴格达，控制了哈里发。1055年，塞尔柱突厥人占领巴格达，哈里发丧失一切世俗权力，仅保留宗教领袖的地位。1258年，成吉思汗之孙旭烈兀率蒙古军攻陷巴格达，杀死末代哈里发穆斯泰尔绥姆，阿拉伯帝国遂亡。

(杨克礼)

阿拉伯帝国征服中亚(Fatḥ al-Imbarāṭūriyyah al-ʻArabiyyah Li Āsiyā al-Wusṭā) 阿拉伯哈里发帝国向东方开拓疆土的重要历史事件。阿拉伯哈里发帝国于7世纪末～8世纪末逐步征服并占领了中亚地区。中亚是欧亚大陆的腹地，一些城镇为东西商旅运转地，并连接欧亚大陆的贸易线——丝绸之路。6～7世纪，阿姆河和锡尔河流域的河中地区存在着粟特昭武9姓(康、安、曹、石、米、何、火寻、戊地、史)诸国的割据政权，归附中国唐朝。在信仰上，多以奉佛教为主，少则信奉祆教和萨满教等。中亚政治分裂，汗国间常兵戎相见，使彼此力量削弱。阿拉伯人利用这种形势，采取分化瓦解、各个击破的策略，征服了中亚地区。阿拉伯征服中亚历时近一个世纪，大体经历了两个阶段。

伍麦叶王朝时期，于663～671年间完成了对今伊朗东北部呼罗珊的征服。此间以呼罗珊首府木鹿(今马里)为基地，于644年占领喀布尔，后不断侵袭中亚的河中地区，并于674年侵入布哈拉，因各地王公的反抗和山地自然障碍，只抢掠财富和奴隶，索取贡赋，而未占领。8世纪初，在哈里发瓦利德一世(705～715在位)执政时，哈贾吉举荐其杰出裨将古太白·伊本·穆斯林为呼罗珊总督。他率大军于705年攻占吐火罗斯坦首府巴尔赫。706～709年，征服布哈拉及其周围地区；710～712年，攻陷撒马尔罕和花剌子模；713～715年，深入到锡尔河流域。粟特人的昭武九姓诸国王公臣服。同时掠去大量财富，将数万人沦为奴隶。至此，阿拉伯人征服了中亚河中地区。715年，古太白·伊本·穆斯林遇害后，各地王公举兵反抗，农民起义此起彼伏，突厥诸部相继介入，中亚地区动乱不已。阿拉伯人只控制布哈拉和撒马尔罕。在哈里发希沙姆(724～743在位)执政时，任命纳斯尔·伊本·赛雅尔为河中地区首任总督，派重兵镇压各地的反抗。他在738～740年逐步重新夺取忒耳迷、珂咄罗、石汗那、费尔干纳等古太白曾拥兵征服之地。这一时期，伍麦叶王朝向中亚征服地区委派长官，以军事镇压和聚敛贡赋为务，民事权力仍由各地土著王公掌管。

阿拔斯王朝时，750年任命艾布·穆斯林为呼罗珊总督，统领河中地区。他派部将齐亚德·本·萨利赫率军向北推进。751年7月，应石国求援，齐亚德率兵在怛逻斯(今江布尔)战役中打败中国唐朝安西四镇节度使高仙芝的大军。唐朝在此次战役中失利后，不久爆发“安史之乱”，无力西顾，从此失去对河中地区的控制。此后取代唐朝在中亚与阿拉伯对抗的是突骑施和吐蕃。751年后，突骑施代替西突厥势力，对阿拉伯人继续向东扩张进行猛烈抵抗。与此同时，吐蕃人也向中亚扩张，与阿拉伯人形成对抗，乌古斯人亦从蒙古高原西迁来到锡尔河下游地区(约775～785)，并在820年前后占领该地区。虽然如此，但在阿拔斯王朝统治的前期，阿拉伯人完成了对中亚主要地区的“伊斯兰征服”。

阿拉伯人在征服中亚时伊斯兰教随之传入该地区。布哈拉的王公最早归信了伊斯兰教，布哈拉遂成为向中亚传播伊斯兰教的基地。古太白在征服中，焚毁各地佛教、祆教庙宇、圣地和文物，强制当地居民改宗伊斯兰教，下令各地建造清真寺，奖赏改宗者。伍麦叶王朝哈里发欧麦尔二世(717～720在位)规定凡新改宗的穆斯林可免交人丁税等，于是中亚大量下层佛教、祆教徒改宗伊斯兰教。阿拉伯统治者为巩固新占领区，大批阿拉伯人迁移到中亚的城市和富庶乡村定居，并与当地人通婚，在各地修建清真寺，毛拉传教布道，使伊斯兰教进一步传播。布哈拉和撒马尔罕两城逐渐发展成伊斯兰教文化中心。 (杨克礼)

阿拉伯国家联盟(Rābiṭah al-Duwal al-ʻArabiyyah) 阿拉伯伊斯兰国家的国际合作组织。简称“阿拉伯联盟”。1944年9月，在埃及政府的倡议下，7个阿拉伯国家的代表在埃及亚历山大举行会议，拟定了《亚历山大议定书》，决定成立该组织。1945年3月22日，埃及、黎巴嫩、沙特阿拉伯、叙利亚、伊拉克、约旦和阿拉伯也门共和国7国代表在开罗举行会议，签订了《阿拉伯联盟宪章》，联盟正式成立。埃及的成员国资格于1979年3月被中止，1988年恢复。至1983年，成员除上述6国外，还有阿尔及利亚、巴林、科威特、利比亚、摩洛哥、卡塔尔、苏丹、突尼斯、也门民主人民共和国、阿拉伯联合酋长国、阿曼、索马里、毛里塔尼亚、吉布提和巴勒斯坦解放组织，共21国。宪章规定，联盟的宗旨是：致力于促使成员国之间建立密切的关系，协调彼此间的政治活动；捍卫阿拉伯国家的独立和主权；全面考虑阿拉伯国家的事务和利益，各成员国在经济、财政、交通、邮电通讯、文化、国籍、社会事务和卫生保健等方面进行密切合作。宪章强调，成员国互相尊重国家的政治制度，成员国之间的争端不得诉诸武力解决，成员国与其他国家缔结的条约对其他成员国无约束力。该联盟的最高权力机构是"阿拉伯国家首脑会议"，由成员国首脑或全权代表参加，讨论联盟的重大问题，并可应成员国要求召开紧急首脑会议。1978年以来首脑会议每年11月举行。从1964年以来共举行过16次首脑会议和3次紧急首脑会议。领导机构是理事会，由全体成员国代表组成，每年3月和10月举行例会。例会由成员国轮流主持。经协商一致的决议对所有成员国均有约束力。理事会下设政治、经济、社会、法律、文化、新闻、人权、财政、妇女、交通、卫生、石油等14个专门机构。设有秘书处，负责执行理事会决议，处理日常事务。1989年3月阿盟理事会选举突尼斯的谢德利·凯勒比续任秘书长。从属于联盟的还有下述专门组织：联合防御理事会、经社理事会、阿拉伯经济统一理事会、阿拉伯教育、文化和科学组织、阿拉伯国家广播联盟、阿拉伯新闻部长理事会、阿拉伯劳工组织等。联盟总部原设在开罗，1979年3月总部迁到突尼斯。出版物有《阿拉伯事务》(月刊)、《新闻公报》。 (杨克礼)

阿拉伯货币基金组织(Ṣundūq al-Naqd al-'Arabi) 阿拉伯伊斯兰国家平衡国际收支，促进阿拉伯经济一体化的区域性金融机构。1975年2月在巴格达举行的阿拉伯各国中央银行行长全体会议和阿拉伯经济统一委员会中央银行行长第七次会议通过决议，决定成立该组织。1977年4月在阿拉伯联合酋长国首都阿布扎比正式成立。成员国为阿拉伯国家联盟的21个成员国。总部原设埃及开罗，1979年4月埃及因与以色列签订和约而被冻结会员国资格后，总部迁至阿布扎比。其宗旨是向阿拉伯联盟成员国中国际收支有困难的国家提供援助；给财政上有赤字的国家提供优惠贷款；使所有成员国获得经济和社会的均衡发展；增加阿拉伯国家的财源，实现阿拉伯的经济一体化。该组织的最高权力机构是理事会，由各成员国指派理事2名组成。下设执行董事会，负责日常业务工作。1983年4月，基金组织的核定资本由2.88亿阿拉伯记账第纳尔增至6亿，分为5260股。资金主要用于向成员国发放中、短期贷款。成员国为平衡国际收支，有权提取数额为其实缴额75%的贷款。如出现国际收支危机，借款数额可提高到100%。任何成员国一年中获得的贷款总数为实交资本的1倍。贷款在3年内偿还，按统一的优惠利率(3～7%)计息。

(杨克礼)

阿拉伯联合酋长国伊斯兰教 阿联酋位于阿拉伯半岛东南部，濒临波斯湾，海岸线长643公里。由阿布扎比、迪拜、沙迦、阿治曼、富查伊拉、乌姆盖万和哈伊马角7个酋长国组成。面积8.5万平方公里。人口176万(1988)。居民主要为阿拉伯人，此外还有伊朗、印度、巴基斯坦等国的移民。居民97%信仰伊斯兰教。国语是阿拉伯语，通用英语。首都阿布扎比。7世纪30年代，隶属阿拉伯帝国，当地的阿拉伯部落开始伊斯兰化。10～15世纪为艾巴德派的阿曼伊玛目国家领土。17～18世纪，由阿曼雅里巴王朝统治。从16世纪起，葡萄牙、荷兰、法国等殖民主义相继入侵。1820年沦为英国的"保护国"。19世纪中期，七个酋长国同阿曼的马斯喀特国和阿曼教长国分开，称为"特鲁西尔阿曼"，1971年12月，阿拉伯联合酋长国宣告成立。94%的穆斯林为逊尼派，分别遵奉哈乃斐、沙斐仪、马立克、罕百里四大教法学派。什叶派占穆斯林总数的3%，分别信奉十二伊玛目派和伊斯玛仪派教义。信奉瓦哈比派教义的居民有几万人，大部分谢赫、酋长、贵族和官员信奉瓦哈比派教义。实行政教合一制，伊斯兰教对其政治、法律、教育有着深刻的影响。各酋长国的统治者掌握着宗教和世俗的权力，沙里亚法庭掌管全国的全部法律事务。阿联酋为：阿拉伯国家联盟、伊斯兰会议组织、世界伊斯兰大会和伊斯兰世界联盟的成员国。 (杨克礼)

阿拉伯人(al-'Arab) 泛指讲阿拉伯语的民族。主要分布在西亚和北非阿拉伯国家，占这些国家居民的大多数，还有一小部分分布在土耳其、伊朗、阿富汗、印度尼西亚、埃塞俄比亚、索马里、乍得、坦桑尼亚等国，估计2.3亿人。6世纪起使用源于阿拉米字母的阿拉伯文字。绝大多数信仰伊斯兰教，多数属逊尼派，少部分属什叶派。此外，黎巴嫩、叙利亚、巴勒斯坦、约旦的极少数人信仰基督教。7世纪初，伊斯兰教兴起后，阿拉伯人崛起于西亚，在伊斯兰教的旗帜下，迅速完成了阿拉伯各部落的统一，并积极向外扩张，建立起横跨亚、非、欧三洲的阿拉伯帝国。四大哈里发时期(632～661)建都麦地那，后移至库法。伍麦叶王朝(661～750)建都大马士革，阿拔斯王朝(750～1258)建都巴格达。10世纪后东部分裂成许多独立的割据政权，1258年蒙古人攻占巴格达，阿拔斯王朝遂亡。西部哈里发国也随之先后覆灭。随着阿拉伯帝国的扩张，阿拉伯人把伊斯兰教和阿拉伯语言、文化传到帝国各地，取代了当地的语言和宗教。同时，吸收了被征服民族的语言和文化，形成了以巴格达、开罗和科尔多瓦为阿拉伯文化的中心，在医学、数学、历法、建筑、文学等方面都有重大的成就，对中世纪亚、非、欧一些地区科学文化的发展起了巨大的促进作用。中国和阿拉伯人很早就通过"丝绸之路"进行贸易往来，7世纪阿拔斯王朝时，阿拉伯人的友好使者和商人，通过陆路与海上，前来进行经济和文化交流。此后阿拉伯人来华络绎不绝，把伊斯兰教带入中国，在各地修建清真寺和公共墓地。有的深入学习中国文化，在文学、艺术、建筑、天文历算等方面成为名家，有的久居不归，与中国一些民族通婚，自然融合。现在阿拉伯人绝大多数从事农业；部分人仍过着游牧或半游牧生活（亦称“贝都因”人），部分人经营商业和手工业，一些阿拉伯国家已有了现代化石油工业。传统住宅一般为泥土房、四合院。南阿拉伯人多住塔式和堡垒式多层楼房，南伊拉克、巴勒斯坦及其他沿海地区，居民多住用棕榈叶和芦苇搭成的茅屋或用珊瑚礁砌成的小房，游牧民住羊毛或帆布四角帐篷。传统服装为白长衫，粗毛呢斗篷，黑色灯笼裤；戴白布或方格布的头巾或缠头，大部分地区的妇女外出戴面纱。妇女喜欢戴戒指、项链或鼻环等首饰，有的还在前额、脖颈、双唇、双颊、胸部、脚掌黥染蓝色花纹。16 世纪以来，绝大部分阿拉伯人受奥斯曼帝国的统治，19 世纪又相继受英、法、葡萄牙、意大利等殖民主义国家的侵略和压迫，阿拉伯人掀起了前仆后继的反殖民主义运动。第二次大战后，许多阿拉伯国家纷纷独立。（罗万寿）

《阿拉伯人对教育的贡献》（The Contribution of the Arabs to Education） 伊斯兰教育通史专著。亦译《回教教育史》。其主旨在研究和介绍 7～15 世纪阿拉伯—伊斯兰教育的沿革、发展、历史传统、教育制度、教育宗旨和方法。作者哈利勒·托太（Khalil A. Totah），叙利亚人，曾在贝鲁特美国大学学习，毕业后赴美国哥伦比亚大学攻读哲学博士学位。此书是他的博士论文，用英文写成，1926 年由哥伦比亚大学师范学院出版部出版，风行阿拉伯、欧、美各国，曾一度被一些大学作为伊斯兰教育史讲义的蓝本。共分 9 章，分别论述“学校”、“教员与学生”、“课程”、“教授法与学校礼仪”、“阿拉伯文的教育学名著”、“阿拉伯的妇女与教育”、“阿拉伯教育哲学”等。作者以客观、公允的态度，对各时期阿拉伯—伊斯兰教育的发展状况、著名学校与基金、教学人员的社会地位与称号、学生受教育的机会与奖学金、课程与文凭、循环教案与学习时间、教育宪章与宗旨等问题进行了科学的分析和研究，总结出这一教育的功绩与缺点。作者认为其功绩一是造就了诸如肯迪、花剌子密、伊本·西那、法拉比、泰伯里、伊本·路世德、安萨里、伊本·赫勒敦、艾布·阿拉、穆泰纳比等著名学者数百人，他们的著作对伊斯兰文化都有很大影响；二是它的民主精神，即无论贫富子弟都受同样的教育；三是重视教授的能力与功绩，主张教授既要有人格又要有德望；四是鼓励学生求得知识，不辞艰辛而负笈游学的精神。其缺点在于教育为信条所支配，过分注重教义学的研究；教授方法的形式主义使得学生只重视死记硬背而忽视理解的重要性等等。作者在论述了阿拉伯人对于欧洲的社会教育有一种实质的贡献之后声明，他不相信任何民族能有垄断人类的特权，或垄断对于学术文化的贡献。东方已经用种种的方法为西方服务了很长的时期，现在西方的文化，对于古文化的策源地可给以显著的报答。但此种报答，应该以思想、学术、人道为目标，不可以战争、压迫、剥削为手段。该书在中国有马坚的中译本，译名《回教教育史》，1941 年由商务印书馆出版发行。马坚因有感于书中未论及中国伊斯兰教的教育情况而写了一篇较长的“译者序”，指出中国伊斯兰教的教育只注重宗教教育而不注重普通教育和职业教育，学生只学阿拉伯文和波斯文而不学汉文和科学文化知识，这是一种缺点。他认为中国穆斯林不仅需要宗教师，而且还需要教员、医生、律师、裁缝、木匠、铁匠、银匠等，文明愈进步，分工愈细密，则社会所需要的人才就愈多。因此，凡穆斯林所缺少的技术和工艺，都应有一部分人去专攻，才能满足社会的要求。所以中国穆斯林应当创办适合自己情况的学校，以培养所需要的穆斯林青年人才。（马忠杰）

《阿拉伯人》杂志（al-‘Arabi） 当代阿拉伯—伊斯兰的综合性学术月刊。科威特新闻指导部主办。1957 年创刊，为 16 开本，约 200 页。阿拉伯文本，面向全世界，发行量约 25 万。主要内容为传播探讨伊斯兰教义、教理和学术文化，介绍各国穆斯林的历史和文化传统，并就当代伊斯兰教所面临的新问题发表评论，报导当前世界经济、政治动态及科学技术信息，反映阿拉伯、伊斯兰国家建设成就。撰稿人多为伊斯兰国家知名学者，并经常派记者到世界各地采访调查，及时报导第一手资料。题材广泛，内容丰富，图文并茂，是介绍伊斯兰学术文化、增进阿拉伯世界与各国人民相互了解与友谊的刊物，在各国学术界有一定影响。1980 年 12 月号起，曾连载了《安拉在中国》的长篇报导，介绍了中国各族穆斯林的宗教信仰、教派特点与生活习俗。（马忠杰 赛生发）

阿拉伯三女神 阿拉伯人在蒙昧时期所崇拜的许多偶像中的 3 个女神之泛称。她们的名字是：拉特（al-Lat）、欧萨（al-‘Uzzā）和默那（Manāt）。在《古兰经》斥责多神教徒的明文中曾提到这 3 个女神的名字：“你们告诉我吧！拉特和乌扎，以及排行第三，也是最次的默那，怎么是真主的女儿呢？难道男孩归你们，女孩却归真主吗？然而，这是不公平的分配。这些偶像只是你们和你们的祖先所定的名称，真主并未加以证实，他们只是凭猜想和私欲。正道确已从他们的主降临他们。难道人希望什么就有什么？后世和今世，都是真主的”（53：19～25）。女神被尊为偶像是原始社会相传以母系为中心的意识之延续与反映。三女神，在特定环境下各自有其地盘和影响：(1)拉特的禁地在沙特阿拉伯的塔伊夫附近，麦加等地的人都到那里朝拜和献祭。在禁地中，砍伐树木，猎取禽兽，杀人流血，都被严禁。以色列人的逃难城与此类禁地有共同的根源。希罗多德《历史》一书中曾提到这个女神的古名叫艾里拉特，是奈伯特人的一个神灵。(2)欧萨的崇拜流行于麦加东部的奈赫莱。据凯勒比的传说，她在古莱什人中是最受尊崇的。她的圣坛由三棵树组成，杀人去献她，是祭仪的特点。相传她是欧宰彦夫人，一个南部的阿拉比亚人为自己生病的女儿艾麦特·欧宰彦曾向她献过金身。(3)默那是一个司命运的女神。其名字可以代表宗教生活的一个比较早的阶段。她的主要圣坛包括有由麦加通向麦地那之间的古戴德的一块黑石。作为一个神灵，在希志尔发现的奈伯特铭文中，记载着她的名字。由于在闪族人中，构成亲属原始关系是母亲的血统；家庭的组织，最初是女族长制，因此，阿拉伯人崇拜的偶像中，首先是女神，后来才崇拜男神。在穆罕默德传播伊斯兰教之际，古莱什族人依然把3个女神抬得很高，称她们是“真主的女儿”。为此，《古兰经》予以严斥批驳。630年(伊斯兰教历8年)年初，穆罕默德率领穆斯林军光复麦加，为坚信“万物非主，唯有安拉”的“认一论”，就把林立在麦加克尔白寺中包括三女神在内的360个偶像全部摧毁。《古兰经》第17章“夜行(伊斯拉)”第81节说：“真理已来临了，虚妄已消灭了；虚妄却是易灭的。” （林　松）

阿拉伯书法(al-khaṭṭ al-‘Arabi)　伊斯兰艺术表现形式之一。是在伊斯兰创传前后逐渐形成、发展起来的阿拉伯文书写艺术形式。它在阿拉伯伊斯兰文化史和世界文化艺术领域中占有重要地位，是阿拉伯人民用智慧为人类文明创造的精神财富。

阿拉伯书法的形成经历了漫长的历史过程。原阿拉伯半岛各部落有各自不同的方言，未形成统一的阿拉伯文字。4世纪初叶，阿拉伯人在各种不同方言的基础上，采用奈伯特文字来充实、改进自己的新字体。蒙昧时期诗人们将自己用艺术手法书写的诗歌如《悬诗》带到集市进行宣扬，从而推动了书法艺术的发展。当时，阿拉伯书法分为北部和南部书法两种。前者系指塔达穆尔、豪拉山地区，其形式多呈圆滑清秀、潇洒飘逸之状。主要用于快速记录，史称“软体”、“草体”、“盘曲体”，亦即早期的“纳斯赫”体(Naskh，即誊抄体)。后者指南部也门一带的书法，其形式多为有棱有角，雄健豪放，安稳周正。主要用于重要事件的记载与整理，史称“硬体”、“希木叶体”、“棱角体”，被认为是阿拉伯文字的正宗字体。7世纪初，伊斯兰教传播后，以古莱什族语言为主的《古兰经》的语言无疑使阿拉伯语地位荣升，而成为整个阿拉伯人通用的语言。《古兰经》的书写遂成为当务之急。《古兰经》中有100多处强调了书写的重要性，如经文曰：“你应当宣读，你的主是最尊严的，他曾教人用笔写字，他曾教人知道自己所不知道的东西”(96：3～5)。穆罕默德也十分重视书写。白德尔之战以后，他曾命令每个有文化的俘虏必须教10个穆斯林学习读与写。以后，他还用“库法”体(一说书信体)致函邻国君主及各部落酋长，劝其归信伊斯兰教。穆罕默德为了以优美的书法记录书写《古兰经》，他鼓励改进书法，美化字体。由于伊斯兰教义禁止绘画动物和偶像，而为了美化和装饰环境，一种为信仰所鼓舞的书法艺术遂受到历代哈里发的重视。哈里发欧麦尔效法先知关心书法，继续同文盲作斗争。奥斯曼为辑录和书写《古兰经》作了大量的工作；阿里则强调：“好的书法，会使真理更明晰”。伍麦叶王朝时期，阿拉伯书法更加受到重视。最初盛行库法体，之后纳斯赫体有了进一步的发展，被认为是当时最规范、最优美、最容易认读的书法体。这一时期，著名书法家首推古特白·穆哈兰(？～770)，著有《将大地人类融入阿拉伯书法》一书。他摆脱了传统书法的约束，提出了创新的灼见，为后来阿拉伯书法进一步发展奠定了基础。阿拔斯王朝时期，阿拉伯书法随着伊斯兰文化的繁荣而达到鼎盛时期。首都巴格达被视为阿拉伯书法之都，号称书法“三杰”的伊本·穆格莱(866～940)、伊本·巴瓦卜(？～1022)和雅古特·穆斯泰尔绥姆(？～1298)是这一时期的代表人物。伊本·穆格莱素有“书圣”之称，因书法出众曾得到哈里发穆格泰迪(1057～1094)的赏识，出任宫廷大臣。他制定了“纳斯赫”体、“苏鲁斯”体(Thulth，即三一体)的书法原则，予以规范、定型，大大超过了前人的风格。伊本·巴瓦卜则继承并进一步完善了伊本·穆格莱的书写原则，使之更趋规范化、艺术化，故被誉为“安拉在大地上的笔”。雅古特·穆斯泰尔绥姆更是技艺超群，被视为“书法家的朝向”(即楷模)。他的书法细腻隽秀，袅娜多姿，超出前代名师而独树一帜，其书体以其名字命名，称“雅古特体”(al-Khaṭṭ al-Yāqūti)。此外，还出现了“莱哈尼”(al-Rayḥāni，以书法家之名命名的一种书体)、“迪瓦尼”(Diwāni，即公文体)、“卢格尔”(Ruq‘，即行书)等书体，均系这一时期书法家们创立的新书体。此后，阿拉伯书法由于得到各地区、各王朝穆斯林君主的重视而在伊斯兰世界继续发展。埃及的法蒂玛王朝和马穆鲁克王朝时期，大力提倡发展阿拉伯书法艺术，并开设了许多专门教授书法的学校、书院，因而书法人才辈出。如宰因丁·舍尔巴尼·本·穆罕默德(？～1424)和阿卜杜·本·沙伊格(？～1439)就是埃及历史上著名的书法明星。奥斯曼帝国对阿拉伯书法艺术亦颇为重视，使这门艺术在土耳其得到了很大的改进和升华。16世纪被尊为土耳其“书坛泰斗”的哈姆杜拉·玛西和曾经在麦地那圣寺中留下笔迹的阿卜杜拉·宰赫迪(？～1878)，即是土耳其最杰出的书法大师。近现代以来，以土耳其的哈米德·阿梅迪(1891～1981)和伊拉克的哈希姆·穆罕默德(1917～1973)为代表的两位书法巨匠，代表了20世纪阿拉伯书法的最高水平，其墨宝被视为阿拉伯和伊斯兰书法艺术的珍品。在沙特阿拉伯、叙利亚、马格里布、伊朗、印度、巴基斯坦、印度尼西亚等国，阿拉伯书法艺术也出现了百花齐放、争雄斗艳的局面。有些阿拉伯书法的变体与流派，也在某些国家盛行。中国穆斯林在伊斯兰教传入后的近千年历史中，将汉字书法融入阿拉伯书法艺术中，创造了具有中国风格的阿拉伯文书法艺术，如毛笔体字、仿汉草书、经字画等，为阿拉伯—伊斯兰文化艺术谱写了新曲。

阿拉伯书法的特点主要是：(1)按其书体的不同及每个字母和每个词在语句中的位置，即词首、词中、词尾和句首、句中、句尾而有不同的写法。其中有些字母如："卡夫"(Kāf)、"俩目、艾里夫"(Lām Alif)、"哈乌"(Hā')、"努尼"(Nūn)等变化多，差别大，是点缀或增加书法花样的多体字母。(2)由于书体不同，书写各类书体的字母可大可小，可长可短，可宽可窄，可曲可直，各执其能，起着协调书体松紧、行距的作用。(3)从右向左，是书写阿拉伯字母的正规方向。但在书法艺术上，除以此为主外，还可使用从上到下、从下至上、上下交错、左右交叉的写法进行组合。(4)在造型艺术上，利用字体的不同特点、形态和规则，可组成各种造型艺术字。如花押型、对仗型以及各种象形字、艺术字等。(5)在书法的字体行间适当添加一些有关的音符、字母、特定标志，以协调书法的布局，衬托其字体的立体感。但书写《古兰经》册本时，不用此法。(6)装饰艺术是阿拉伯书法的孪生姐妹，没有装饰，不能称为完善的书法艺术，这在《古兰经》的书写和清真寺的建筑中尤为突出。现代阿拉伯书法艺术的创作、美化与应用，更是离不开装饰。(7)书写阿拉伯书法的笔与一般的笔不同，一般由书写者因地制宜、自编自制。有竹笔、苇笔、叶柄笔、草茎笔、麻秆笔、木板尼龙笔等。不同的笔，能写出不同的字体。它是阿拉伯书法的重要工具。

阿拉伯书法的用途和实用价值极为广泛，主要有以下几点：(1)用于书写《古兰经》和伊斯兰先贤的名言佳句。从伊斯兰教创传至今的14个世纪，一切版本的《古兰经》字体，均为手抄，这在书法史上是没有先例的。(2)用于伊斯兰建筑装饰，如清真寺凹殿、墙壁、梁柱、门厅等均饰以经文书写艺术，或彩绘，或雕刻，给人以庄严、肃穆、华丽之感。此外，钱币铸造、墓碑雕刻、拱北修缮，也运用阿拉伯文书法表现其魅力。(3)用于书写哈里发、素丹宫廷的敕令、文告，以及重要文献、契约、庆典贺词等，一般由书法家专司。(4)用于书写国家机关、学校、商店、工矿企业的牌匾，各类书籍、报刊、影视戏剧的标题与广告，各种艺术性展览，会场布置，工艺品装饰等，以美化环境，美化生活。(5)在现实生活中，阿拉伯书法艺术更是走进了穆斯林的千家万户。各种饰有阿拉伯书法的挂毯、铜盘、陶瓷、珐琅、贝壳备受欢迎。中国穆斯林创造的经字画，用中堂、对联等形式裱褙装帧，甚为中外穆斯林所喜爱，成为中阿文化交汇融合的象征。

现代阿拉伯书法已成为世界最著名的书法艺术体系之一，其发展的深度与广度都是历史上任何一个时期所不能比拟的。各种国际性的书法研讨会、展览会、大奖赛等时有举办，以切磋技艺，交流成果。一批批带有时代色彩的阿拉伯书法新秀应运而生，他们师古创新，各显神通，使阿拉伯书法重放异彩，蔚然生辉。阿拉伯书法的种类、形体纷繁多样，被广泛推崇和使用的书法体就有10余种，即纳斯赫体、苏鲁斯体、库法体、波斯体、卢格尔体、迪瓦尼体、迪瓦尼·杰利体、马格里布体、莱哈尼体、伊扎宰体，还有各种花押字、对仗字、艺术字、象形字等。（陈进惠）

《阿拉伯通史》(al-Tārikh al-'Arabi)　综述阿拉伯伊斯兰国家历史的著名学术专著。美国东方学家希提著。用英文写成。1937年成书，后经多次修订重版。全书从阿拉伯贾希利叶时期讲起，全面系统地记述了阿拉伯哈里发帝国时期诸王朝的历史及阿拉伯处于奥斯曼帝国统治下共长达千年以上的历史全貌。全书分6编，共52章。第一编为1～7章，记述6世纪以前阿拉伯半岛的历史、自然环境、物产，阿拉伯人的游牧生活、语言、习俗和多神信仰；麦加城的宗教历史地位；综述了伊斯兰教产生的社会历史背景。第二编为8～16章，重点记述伊斯兰教的创立，穆罕默德传教的经过和历史功绩；伊斯兰教的经典，基本信仰和宗教制度；阿拉伯伊斯兰国家的创立及四大哈里发时期对外的征服。第三编为17～33章，记述了政教合一的阿拉伯帝国的形成发展和分裂，重点综述了伍麦叶王朝和阿拔斯王朝的政治沿革、疆域，对外征服和政治、经济、军事制度；各族人民和教派起义；伊斯兰教向亚、非、欧的广泛传播，形成世界性的宗教；阿拉伯的翻译运动、科学、文化、教育和艺术的伟大成就；伊斯兰教各教派、学派的形成及学说；哈里发帝国的分裂，东、西部诸割据王朝的相继出现，蒙古人的西征及阿拉伯帝国的灭亡。第四编为34～42章，记述阿拉伯人对西班牙和西西里岛的征服，综述了西班牙后伍麦叶王朝的历史及科学文化的成就，阿拉伯文化的西传对西欧文艺复兴运动的影响。第五编为43～49章，重点记述了西亚、北非法蒂玛王朝和马穆鲁克王朝的政治制度和学术文化成就；阿拉伯人抗击十字军入侵的业绩和东西方文化的联系；阿拉伯国家被奥斯曼帝国占领的经过。第六编为50～52章，主要概述16世纪奥斯曼帝国统治下的埃及及叙利亚等中东地区的政治状况，近代伊斯兰教的社会思潮，以及17～19世纪这些地区同西方列强殖民势力的角逐。全书结束语强调了中世纪阿拉伯各国人民"高举开明火炬"，对欧洲文艺复兴运动的兴起和对世界科学文化做出的伟大贡献。全书结构严谨，历史脉络清晰，资料丰富翔实，文字生动活泼，分析客观公允，广征博引，图文并茂。此书出版后被译成多种文字，被世界学者广泛引用，称为"研究阿拉伯—伊斯兰教历史的权威性著作"。中国伊斯兰学者马坚根据原本1970年第10版翻译成中文。分上、下2册，计74万多字，1979年由商务印书馆出版。（杨克礼）

阿拉伯亚里士多德学派(Arabia Aristotelians)　中世纪阿拉伯哲学派别。阿拉伯语称"侯凯玛”派(Ḥukamā’,意为“智者”,即哲学家)。是 9～12 世纪阿拉伯伊斯兰国家一些具有自由思想的哲学家兼自然科学家,汲取以亚里士多德为代表的古希腊哲学和自然科学观,用哲学解释自然界,以理性阐述伊斯兰教教义所形成的使哲学独立于宗教神学的新学派。9 世纪,阿拉伯哈里发国家为适应经济和文化蓬勃发展的需要,在阿拔斯王朝哈里发哈伦·拉希德和马蒙的倡导和赞助下,以首都巴格达为中心,形成了有组织、大规模的搜集整理、翻译研究古希腊哲学和科学著作的运动。9 世纪,古希腊的大量哲学和科学著作已被翻译成阿拉伯文出版,其中亚里士多德的《形而上学》、《范畴篇》、《伦理学》、《物理学》、《工具论》、《解释篇》等已被译注成阿拉伯文。波菲里的《亚里士多德范畴篇导论》、阐述新柏拉图主义流溢说的哲学著作《亚里士多德神学》和《原因篇》也被译为阿拉伯文,在各地流传。与此同时,阿拉伯东方的伊斯兰文化和希腊哲学科学著作阿拉伯文译本,已在阿拉伯后伍麦叶王朝统治下的西班牙也得到广泛传播和发展,科尔多瓦已成为伊斯兰第二个学术文化中心,使西班牙出现了文化繁荣的新局面。翻译运动所译注的大量外来著作,把阿拉伯哲学和科学研究推向了高潮,古希腊的哲学和科学思想,给阿拉伯思想界以深刻的影响,为阿拉伯哲学的发展提供了丰富的思想资料。

9～12 世纪,在翻译传播希腊哲学和东方(波斯、印度)哲学思想的过程中,在阿拉伯伊斯兰教国家统治下的广大地区,先后出现了众多的具有自由思想的哲学家。他们的思想深受希腊哲学和自然科学思想的影响,尤其推崇亚里士多德,称其学说为“最高的真理”,“人类智力所能达到的极限”,并注释、研究和评论其哲学和科学著作,从中汲取了丰富的思想营养,形成了具有唯理主义倾向的自然观、宗教观及社会历史观。他们以亚里士多德和新柏拉图主义相调和的哲学观点,解释《古兰经》和论证伊斯兰教义,并同伊斯兰教正统派经院哲学家展开长期激烈的论战,使哲学独立于宗教神学,具有明显的世俗倾向。这些哲学家形成了中世纪阿拉伯哲学的主体,被称为“亚里士多德学派”。

阿拉伯亚里士多德学派,分为东方和西方两大支。东方支派以巴格达为中心,于 9～12 世纪最为活跃,代表人物有肯迪、法拉比、伊本·西那和拉齐;西方支派以科尔多瓦为中心,活跃于 11 世纪以后,以伊本·巴哲、伊本·图菲利、伊本·路世德和伊本·赫勒敦为代表。该派的哲学家一般都精通各门自然科学,谙熟伊斯兰教义,多为百科全书式的学者。他们注重研究自然科学和逻辑学,推崇自然哲学,强调理性的作用。该派在伊斯兰教正统思想占统治地位的条件下,以不违背宗教信仰为前提,力图使哲学脱离宗教教义学,变为理性的知识体系。在本体论上,一方面承认安拉是宇宙万物的第一因和目的因,安拉是无始的、最高的精神存在;世界万物是安拉通过理性、灵魂一系列精神实体而流出的,安拉从总体上主宰世界,但不直接干预具体事物的活动。另一方面,又承认世界是物质的,物质世界是永恒的,质量和形式构成了具体事物;运动和变化是物质的特性,事物之间有着普通的因果联系,事物发展变化的必然性便是宇宙的规律。在理性和信仰的关系上,推崇理性和知识。法拉比认为,纯理性的价值高于宗教的价值。他把理性分为功能理性、能动理性、习得理性和积极理性 4 类,提出积极理性是对世界必然性认识的总汇。肯迪认为,哲学是提高人们对事物本质认识的理性知识,在一定程度上它把神学排除在外。伊本·巴哲认为,哲学和科学是认识自然界的唯一道路;一切正确认识的产生、幸福的获得和止恶扬善等道德行为的形成,都要诉诸理性,而不是完全来源于宗教信仰。在灵魂观上,该派对灵魂赋予生理和心理学的解释,把灵魂视为人脑的一种智力精神状态和普遍的理性。伊本·西那认为,灵魂是心理状态并超出一般事物物理属性的潜能,灵魂与肉体结合使人完备,人有了灵魂才进行思维、想象和判断,认识未知。肯迪认为,人类的灵魂是从宇宙灵魂流出,人死后肉体消失,个人灵魂不能独立存在,必归向宇宙灵魂。伊本·路世德否认“个人灵魂不灭说”,他认为灵魂和肉体是不能分离的,个体灵魂和肉体同时灭亡,只有人类统一的、普遍的理性才是永恒的。在逻辑学上,强调逻辑推理在认识上的重要作用,发展了“共相”(一般)问题。法拉比认为,逻辑学是哲学的导论,是从已知推断未知的科学,矛盾律是逻辑学中的最高定律;逻辑的形式和概念是达到理性认识的思维工具。伊本·西那系统地讨论了“共相”问题,他认为“共相”(一般)有 3 种存在方式:共相作为“理念”存在于真主的理性中,先于个别事物而存在;共相作为个别事物的“本质”,存在于个别事物之内;共相作为“概念”,却存在于事物之后。在真理观上,倡导“双重真理论”。法拉比认为,哲学、科学与宗教是两种不同领域内的知识和真理,哲学和科学是人们探索自然的因果关系和为人类谋求幸福进步的知识,是普遍意义上的真理;而宗教是属于人们的思想信仰和社会道德准则范围内的真理。伊本·路世德认为,宗教和哲学二者并不相悖,是属于不同范围内的真理。宗教真理来自“天启”,是对人们的训诫和约束人们道德行为的规范,旨在止恶扬善,维系世道人心;哲学的真理来自“理性”,它是真理的最高表现形式,旨在认识宇宙万物,并推证造物主的存在,哲学理论高于宗教信条。但二者可能有分歧,在哲学上认为是真理的东西,宗教上认为是错误的,反之亦然。当哲学的论证与宗教教义不相符合时,应相信哲学的论断。在社会历史观上,深受亚里士多德《政治学》和柏拉图《理想国》的影响,法拉比和伊本·巴哲等,均提出了理想国的模式。他们认为,在“美德城邦”社会里,君主应是贤明、睿智和完美的人,公民应具有文化素质和教养。人们之间平等、公正占有财产,和睦相处,社会(国家)的职责是为了满足公民的福利。伊本·赫勒敦提出了具有开创性的历史哲学观点,他强调自然条件、社会生产活动、生活方式等因素对社会历史发展起决定性影响。他们的哲学思想不但恢复了被新柏拉图主义曲解了的亚里士多德学说本来面目，且发展了亚里士多德在自然观和科学观方面的朴素唯物主义和辩证法思想，为尔后哲学思想的发展做出了重大贡献。12 世纪，该派学者的大量论著，通过西班牙等途径传入欧洲，沟通了东西方文化交流，给西欧哲学和科学的发展以深远影响。伊本·路世德的哲学著作西传后，在意大利和法国形成了阿威罗伊主义学派，在欧洲思想界占有重要地位。（杨克礼）

《**阿**拉伯—伊斯兰文化史》（Tārikh al-Thaqāfah al-'Arabiyyah wa al-Islāmiyyah） 论述中世纪阿拉伯—伊斯兰文化形成、发展及对世界文化巨大贡献的百科性学术专著。埃及开罗大学教授艾哈迈德·爱敏（? ～1954）著。著者是现代阿拉伯世界最负盛名的伊斯兰学者之一。早年曾在爱资哈尔大学和伊斯兰高等法学院学习。1911 年毕业后，即致力于阿拉伯历史文化研究。1926 年他到开罗大学任教后，即同其挚友、盲人文豪塔哈·侯赛因和著名历史学家阿巴迪商定，分工撰写 3 部多卷本的阿拉伯历史著作。阿巴迪写《政治史》，塔哈·侯赛因写《文学史》，艾哈迈德·爱敏写《文化史》。后来仅艾哈迈德·爱敏的《文化史》写成。共分 3 卷 8 册，3 卷的书名分别为《伊斯兰的黎明时期》（Fajr al-Islām）、《伊斯兰的近午时期》（Ḍuḥā al-Islām）、《伊斯兰的中午时期》（Zuhr al-Islām）。译者纳忠将书名统一为《阿拉伯—伊斯兰文化史》，将原来 3 卷的书名作为副标题刊印。

该书从世界文化史的高度审视阿拉伯—伊斯兰文化，系统全面地论述了阿拉伯—伊斯兰文化产生的历史背景、文化源流、形成与发展的特点及其在世界文化史上的地位。其范围涉及了文化的各个领域，介绍了伊斯兰文化各学科的成就、代表人物及著述，对各种文化间的关系进行了比较研究。认为阿拉伯—伊斯兰文化是阿拉伯民族和其他信仰伊斯兰教的各民族共同创造的文化结晶。是由阿拉伯人的固有文化、伊斯兰教文化以及罗马、希腊、波斯、印度等文化源流汇合而成，这 3 种源流互相影响，融会贯通，直至发展创造，形成了光辉灿烂的阿拉伯—伊斯兰文化。著者广证博引大量原始史料，叙述了伊斯兰教产生前阿拉伯社会、文化、宗教活动及伊斯兰教初期阿拉伯人接触到外来文化后，从伍麦叶王朝开始了翻译波斯和印度的著作。这种翻译规模小，缺乏计划性与系统性，是阿拉伯文化的“黎明时期”。8 世纪中叶，阿拔斯王朝建立后，由于哈里发的鼓励提倡，开展了近百年大规模的“翻译运动”，希腊、波斯、印度等古典著作被译为阿拉伯文，并进行了广泛、深入的研究。穆斯林成为东西方古代文化的继承和发展者，学术成果累累，形成了阿拉伯—伊斯兰文化的“近午时期”。阿拉伯人在翻译中，对东西方古籍进行了大量的考证、勘误、增补、诠释，使之更为完善。翻译运动推动了伊斯兰学术文化的全面发展与兴旺，成为 9～11 世纪阿拉伯—伊斯兰文化的“中午时期”，即繁荣灿烂时期。当时巴格达、撒马尔罕、布哈拉、伊斯法罕、麦地那、库法、巴士拉、大马士革、开罗、拉巴特、凯鲁万、非斯、马拉喀什、科尔多瓦、西西里等城市成为阿拉伯—伊斯兰文化的中心。大批穆斯林学者如医学家拉齐，天文学家白塔尼，数学家花剌子密，化学家贾比尔·本·哈彦，历史学家泰伯里、麦斯欧迪、伊本·艾西尔，地理学家伊德里斯，哲学家肯迪、法拉比、伊本·西那、伊本·路世德等，人才辈出，学术成果闻名于世。穆斯林对人类历史文化做出了卓越贡献。12～15 世纪西方人翻译阿拉伯典籍始终不衰，对文艺复兴运动产生了巨大影响。著者认为，阿拉伯—伊斯兰文化是在伊斯兰教的思想旗帜下产生的。全书介绍了伊斯兰教义对各学科的深刻影响，论述了各教派、学派产生的政治、思想根源，概述了各派别的学说和主张。对古兰经注学、圣训学、凯拉姆学、教法学、诵经学及语言文学的发展进行了系统的论证。著者认为，学术文化是人类共同享有的，各民族在自己的文化发展中，必须互相学习、吸收和继承，这是人类文化发展的必然规律。

本书史料翔实，立论公允，见解精辟。出版后受到阿拉伯及国际学术界的普遍重视与高度评价，被誉为“阿拉伯文化史的光辉巨著”、“阿拉伯文化的知识宝库”，被称为“艾哈迈德·爱敏百科全书”。该书已陆续刊印 9 版。汉译本由纳忠教授译出第一册，商务印书馆 1982 年出版，其余各册在纳忠主持下，由朱凯等继续翻译出版，现已出至第 3 册。（罗万寿）

阿拉伯语（al-Lughah al-'Arabiyyah） 伊斯兰教根本经典《古兰经》的语言，西亚、北非阿拉伯民族的通用语。属阿非罗—亚细亚语系闪米特语族，源出阿拉伯半岛。现使用人口近 2 亿，为沙特阿拉伯、埃及等 21 个阿拉伯国家的官方语言，联合国和重要国际会议的工作语言之一，亦系世界穆斯林通用的宗教语言。已知最早的书面语是 328 年一个国王的墓志铭。统一的文学语言形成于 5 世纪左右，其后有著名作品《悬诗》被追录成文传世。自 7 世纪上半叶第一部阿拉伯文典籍《古兰经》问世后，语言始规范化。随着阿拉伯帝国的向外扩张和伊斯兰教的广泛传播，规范的阿拉伯语逐步在亚、非、欧三大洲的广大穆斯林地区得到普及。它不仅成为阿拉伯人以外信奉伊斯兰教的各民族为学习《古兰经》和伊斯兰教理而必须学会和掌握的语言，而且成为伊斯兰教各学科学者用以从事学术研究和著书立说的工具。自 8 世纪至当代，用阿拉伯语编纂成册的各家各派的圣训经、《古兰经》注、教法典籍、凯拉姆学著作以及后世各类伊斯兰学术研究成果相继问世，浩瀚宏丰，广为流传，为传播伊斯兰教理和弘扬伊斯兰文化发挥了重要作用。9～13 世纪，阿拉伯语还曾是保存希腊文化和沟通东西方文化的媒介语，用阿拉伯语写成的哲学、医学、天文学、数学、化学、光学等方面的著作传入西欧后，其中不少成为高等学校的教科书，为欧洲近代自然科学的兴起奠定了科学思想基础。阿拉伯语借助《古兰经》的广泛传播，逐步发展形成了自己的语法学、修辞学、韵律学等学科，并对亚、非信奉伊斯兰教各民族的语言产生了不同程度的影响。如在波斯语、土耳其语、乌尔都语、印度尼西亚语、斯瓦希里语、豪萨语等 36 种语言中都有大量的阿拉伯语借词，其中波斯语、乌尔都语以及中国的维吾尔语等均用阿拉伯语字母拼写。因《古兰经》以及各种赞主颂圣词、祈祷词均系阿拉伯语，为操各种不同语言的穆斯林礼拜和履行各种宗教仪式时所必读，故阿拉伯语又成为近 10 亿人口的世界穆斯林通用的宗教语言。在中国，不少阿拉伯语词汇或短语，还被广泛应用于伊斯兰教经堂教育和各族穆斯林的日常生活中。

阿拉伯语是一种综合型语言。其文字系一种音位文字，4 世纪由闪语族西支的音节文字发展而成，自右而左横写。共有 28 个辅音字母，除其中有 3 个可兼起元音作用外，无专作元音用的字母。为便于认读，可在字母上、下方加各种元音符号表示。语音的特点是：(1)喉音、顶音和咝字音多。(2)有长音和短音的区别。(3)有叠音。(4)有冠词的不同读法。因在世界语种中独具ḍād(达德)这一顶音而有“达德语”(al-Lisān al-Ḍādiy)之称。语法分为词法和句法两大类：词法主要研究词的构成、分类、性质及其变化规律；句法主要研究句子结构、类型、特点及句子中各种成分的语法格位。词汇分为名词、动词和虚词 3 大类。名词有性、数、格、式(即确指或泛指)的区别，其在语句中的地位由词尾的各种变化来显示。动词有人称、性、数、时态和语态等各种变化。语序有较大的灵活性，但修饰语只能紧跟在被修饰语之后。阿拉伯语的构词法有独特的规则，每一词汇大都有其内部词根和派生关系上的曲折变化，通常一个词根可派生出若干含有不同时态的动词和不同含义的名词。构词时先由几个辅音搭成词根框架，然后填进不同的元音，或附加词缀，便形成表示各种不同概念的派生词。例如表示“书写”这一概念的词根，其基本音素是 k－t－b3 个辅音，填进不同的元音或附加词缀后，构成 Kataba(即他写了)、Yaktubu(即他正在写)、Uktub(即你写！命令式)、Lam Yaktub(即他未写)、La Yaktubu(即他不写)等各种派生动词，又可构成 Kātib(即书写者、作家、文书)、Maktūb(即被书写的、书信、文章)、Kitāb(即书、经、作品)、Maktab(即书房、办公室、书桌)等各种派生名词。由以上派生动词和名词又可继续演变出意义相同而人称和性、数各异的诸多词汇。阿拉伯语中的借词主要来自波斯、土耳其、古希腊、印地、拉丁以及希伯来等语言，近现代的外来语主要是西方的科学技术词汇。阿拉伯语还有以《古兰经》语言作为规范的标准阿拉伯语(al-Lughah al-Fuṣḥā)和各地方言土语(al-Lughah al-‘Āmiyyah)的重大区分。标准语通用于阿拉伯各国的文学、教育、书刊、广播、会议、公文、函件以及各种国际交往场合。方言多用于各国民间的日常口语，有埃及、叙利亚、伊拉克、沙特阿拉伯、也门、突尼斯、阿尔及利亚、摩洛哥 8 大支，其中以埃及方言影响最大。

（杨宗山）

阿拉伯早期宗教 阿拉伯半岛伊斯兰教兴起前各部落的原始宗教。主要是自然崇拜和偶像崇拜。阿拉伯人认为石头、树木、泉水中，住着一些神灵，其中有些是助人的，有些是害人的。他们称害人的神灵为“精灵”(Jinn，亦译为“镇尼”)，精灵统治着人迹罕至的荒野，而神灵则主宰人迹常到的地方。每个部落都有自己的神灵，每年春秋都集合在固定地点举行崇拜仪式。其仪式通常是围绕着神灵的住所“别季尔”(一般是一块石头)举行献祭。举行仪式的周围区域是禁地。对神灵的崇拜方式包括围绕神灵的住所转圈(往往是裸体的)，触摸“别季尔”，杀牲以至杀人向神灵献祭，把血涂到神灵的住所上。游牧的贝都因人把圣石等神灵的住所安放在骆驼背上，随自己行动。这些神灵都有名字，只有在呼唤了它们的名字之后，它们才能作出反应。个人家中也有家神，在人们外出或归来时，都要绕它转圈。

在伊斯兰教兴起前期，阿拉伯人的原始信仰有了新的发展。有些神灵已成为许多部落都崇拜的共同神，其中尤为著名的是阿拉伯三女神——被称为“女主宰”的拉特、欧萨“大能者”、默那“命运”。三女神被奉为“安拉”的女儿。在麦加人心中，安拉是克尔白的主神，安拉是造物主，是最高的养育者，是契约的守护神，客居人的保护者，是在特别危急时可以呼唤的唯一神灵。三女神被认为可以替人向安拉求情。当时，人们认为安拉的住所是克尔白。在阿拉伯语中，当时已经对“神灵的住所的石头”(即别季尔)和“雕塑的偶像”有了区别。偶像是指克尔白神殿中的易卜拉欣像(反映了祖先崇拜)和月神胡白勒像。据说胡白勒的立像是用肉红玉髓雕制成的，酷似真人，一度是克尔白的主神。像前设 7 种神签，又称“断生死”之神。麦加在当时已经成为半岛上的宗教中心，在三个朝觐月(1、11、12)中，半岛各地的人都涌入麦加，到克尔白去举行典礼，祭祀各自的神灵，在自己部落的圣石或偶像上宰杀祭牲，把血洒在圣石朝向克尔白的那一面上，肉块供奉在圣石上，血涂在克尔白的墙上。克尔白中央还有一个灰坑，显然可以做祭，鲜血遂被涂到人的唇上和身上，以示与神灵沟通。据说当时克尔白周围有 360 尊“别季尔”或偶像。

在阿拉伯人的部落宗教中，充斥各色巫士，但不存在真正的祭司职务和阶层。卡欣(Kahin)的职能是发布神谕和预言，用神签决疑，主持朝觐或求雨一类的迎神仪式。萨丁(Sadin)只是圣地的世袭监护人，他不主持献祭，因为每人都有权宰杀自己的祭牲。阿伊夫(‘Aif 或 Qaif)从飞鸟和走兽的动向解释预兆，裁决棘手的内部争执和血统问题。

伊斯兰教兴起前，半岛上出现了反对多神崇拜的哈尼夫运动。哈尼夫们主张禁欲主义的生活，提倡隐修，以求与神“合一”。他们发展了模糊的一神概念，穆罕默德曾受到哈尼夫运动的影响。

伊斯兰教前的阿拉伯半岛上还存在一些外来的宗教，包括萨比教、琐罗亚斯德教、摩尼教、犹太教、基督教。萨比教膜拜星辰，主要在也门、哈兰和伊拉克。琐罗亚斯德教盛行于巴林地区。犹太教徒主要集中于叶斯里布(即麦地那)、太马、斐德克、海巴尔和瓦迪古拉等地，特别是也门有一个强大的犹太教社团，希木叶尔国王优素福·艾斯阿尔(外号祖·努瓦斯)奉犹太教为国教。523年，他对纳季兰基督徒的迫害，招致了外族入侵，王朝灭亡。基督教于4世纪后传入半岛，主要是两大教派——聂斯脱列派(景教)和雅各派(一性派)。半岛北部的加萨尼王国和莱赫米王国先后归信了基督教。6世纪初，纳季兰成了基督教的主要据点，南部佐法尔、亚丁、阿曼都有教堂。在希贾兹，基督徒主要是小商、酒贩、屠夫和奴隶，还有一些异端的隐修士。当伊斯兰教兴起后，一些原始宗教的遗迹留到了伊斯兰教中，而外来的宗教也对伊斯兰教产生了一些影响。

(郭承真)

阿拉丁·穆罕默德(‘Alā’ al-Din Muḥammad，？～1220)　花剌子模沙王朝著名素丹。生于玉龙杰赤(今伊朗戈尔甘)，出身于突厥贵族，为素丹帖基什之子。早年在宫廷受到良好的宗教和文化教育，通晓经训、教法。后随父征战，智勇双全，屡立战功。1200年其父死后继素丹位，加强政权和军队建设，重振朝纲，削弱地方割据势力，继续向外扩张。1206年，打败阿富汗古尔王朝军队，夺取巴尔赫、也里等地，迫使古尔国王臣服。1209年，杀死其宗主国西辽催贡使，宣布摆脱西辽统治而独立。同年率大军攻入西辽属地，攻占中亚布哈拉和撒马尔罕，后以撒马尔罕为京城。西喀喇汗王朝斡思蛮汗叛西辽依附他。1210年他战胜西辽军队，夺得讹答剌、讹迹邗等城。1212年，攻杀斡思蛮，灭掉西喀喇汗王朝，建立了一个包括波斯、中亚、阿富汗的庞大帝国，被称为“第二个亚历山大大帝”。奉逊尼派教义为国教，实行伊斯兰教法，尊重伊斯兰学者，在首都撒马尔罕及各地兴建清真寺、宗教学校和图书馆，使花剌子模语逐渐突厥化，伊斯兰学术文化得到发展。他制定发展农牧业和手工业政策，鼓励商业和过境贸易，使东西交通畅通，经济繁荣。1219年秋，蒙古成吉思汗借口派往花剌子模国的商队被杀害、使臣受辱，亲率大军西征。因阿拉丁与各地突厥贵族矛盾很深，对其所属将领不予信任，未集中兵力与成吉思汗决战，采取分兵把守各城镇的战术，其40万大军被蒙古15万军队各个击破。1220年初，蒙古军占领许多城市后进逼撒马尔罕，阿拉丁·穆罕默德在粮草用尽的情况下，率军从撒马尔罕退驻阿姆河南岸，企图偏安一隅。在军事失利的情况下，康里诸将领不服从他的调遣，并随时想把他除掉。他被迫从阿姆河南岸逃退，辗转逃至里海的一个小岛上，1220年12月病死。

(杨克礼)

阿拉法特(Yāsir ‘Arafāt，1929～2004)　巴勒斯坦解放组织执行委员会主席、巴勒斯坦民族权力机构主席。原名穆罕默德·阿贝德·阿鲁夫·阿拉法特，1951年始用亚西尔·阿拉法特之名。出身耶路撒冷一富商家庭。其父阿卜杜拉·劳夫·古德瓦，担任过穆斯林兄弟会加沙地区的负责人。阿拉法特早年师从当地一位《古兰经》学者优素福，接受逊尼派宗教教育，能背诵全部《古兰经》。1938年入开罗巴勒斯坦学校接受正规世俗教育，但每天仍跟优素福上宗教课。1939年随父母迁居加沙，入泽托恩中学学习，此间受到自称是“收复巴勒斯坦神圣团体”成员麦吉德·哈拉比的影响，这对他在政治上的成长起了重要的启蒙作用。1945年加入巴勒斯坦阿拉伯党。在同学中秘密组织了“殉教者艾布·哈立德团体”。1947～1948年，率领此团体和其他阿拉伯游击队一起，向犹太人发动了一次联合进攻。1950年就读于开罗福阿德国王大学(今开罗大学)土木工程系，积极参加穆斯林兄弟会组织的学生运动，当选为巴勒斯坦学生总联盟主席。1955年入埃及军事学院学习。1960年在贝鲁特成立“巴勒斯坦民族解放运动”(简称“法塔赫”)，并出版刊物《我们的巴勒斯坦》。1968年6月当选为“法塔赫”中央委员会主席。随后，“法塔赫”加入了巴勒斯坦解放组织，成为该组织占主导地位的政治派别。1969年2月，当选为巴解组织执行委员会主席，后又兼任巴勒斯坦革命武装力量总司令，成为巴勒斯坦抵抗运动的主要领导人。1974年应邀出席第二十九届联合国大会，得到了联合国的承认，并通过决议，确认巴勒斯坦人民享有自决、民族独立和返回家园的权利。1989年宣布要创建巴勒斯坦国。阿拉法特是个虔诚的穆斯林，无论走到哪里都要礼拜祈祷。他性情温和，生活简朴，办事稳健，务实。善于团结各派，并强调巴解组织内部的团结，始终与群众同甘共苦。他将毕生精力奉献给巴勒斯坦争取民族独立和解放的艰苦卓绝的斗争。

(沙秋真)

阿拉法特大寺(Jāmi‘ ‘Arafah)　见乃米拉清真大寺。

阿拉法特山(Jabal ‘Arafāt)　伊斯兰教朝觐圣地之一。位于沙特阿拉伯麦加以东40公里处，为一座小山。山下平原约7公里宽，13公里长，亦名阿拉法特平原。相传阿丹和哈娃(即《古兰经》中所载的人类始祖)因犯禁被安拉处罚离天园后失散，后在此山重逢。阿拉伯语“阿拉法特”(‘Arafāt)含“相认”之意，此山因而得名。进驻阿拉法特山(Wuqūf ‘Arafāt)是穆斯林朝觐者集体参加的大典仪式，俗称“站山”。伊斯兰教历10年(632)12月9日，先知穆罕默德曾站在阿拉法特山上，向由麦地那前来麦加朝觐的10多万穆斯林作生前最后一次宣教演说，史称“辞朝演说”，并传达《古兰经》中的最后一次启示。按伊斯兰教法规定，朝觐者在伊斯兰教历12月8日晚从麦加来到这里搭帐篷宿夜，伊斯兰教称为“守祖”。翌日，即12月9日(宰牲节前一天)为“阿拉法特日”，朝觐者身穿白色戒衣，整日诵读《古兰经》和默祷。午后伊玛目登上山顶，作宣教演讲，率众礼拜和恭默念主。大典仪式至日落后结束。入夜，朝觐者队伍启程向米那进发，去完成朝觐功课的另一项仪式。 (杨克礼)

阿拉弗(al-‘Allāf) 见艾布·胡栽勒。

阿拉玛·希里(‘Allāmah al-Ḥilli，1248～1325) 伊斯兰教什叶派著名教义学家和教法学家。全名哈桑·本·优素福·本·阿里·希里。阿拉玛·希里为尊称，意为“希拉的圣者”。生于阿拔斯王朝统治下的伊拉克什叶派学术中心希拉城，出身于什叶派学者世家，其父为教法学家。早年在希拉城随其父并从师学习经训、教义和教法。后到伊拉克和波斯各地游学，曾从师于什叶派学者纳绥尔丁·图西(？～1274)，深受教益，后成为著名的学者。博学多才，通晓经训、教义学、教法学、哲学，尤精于教法原理学和圣训学，谙熟各教派的学说，精通阿拉伯语和波斯语。1305年，迁居蒙古伊儿汗国统治下的伊朗，到各地讲学，宣传什叶派教义，培养门生，成为伊朗什叶派学者的领袖。在伊儿汗国宫廷担任过宗教教师，与可汗及宫廷大臣交往甚密。曾劝说第八代伊儿可汗完者都·库达班达(1305～1316在位)改奉什叶派教义，1310年完者都宣布立什叶派为汗国国教。曾与逊尼派艾什尔里学派及罕百里教法学派的学者进行辩论，论证什叶派的教义和教法主张，颇有盛名。一生著述宏富，据传多达500多部。伊本·苏莱曼的《学者故事集》中列有其书名75部，重要著作有《穆民的统帅美德实录》，介绍阿里的品德和功绩；《明灯书简释》，讨论礼拜和应尽的宗教义务；《认识伊玛目的光荣道路》，系统地论证了什叶派的伊玛目教义；《宗教原理的正确方法》，阐述了什叶派信仰及教义的基本原则，确立了伊智提哈德(创制)为什叶派教法的主要方法，并引进了圣训学辨伪的方法；《教律学家传记》，评述了著名教法学家的不同主张，论证了什叶派的教法原理。其中《宗教原理的正确方法》一书，至今作为伊朗宗教学校的教科书。他被什叶派尊为“伊斯兰教大长老”。1325年去世，葬于什叶派圣地马什哈德。 (杨克礼)

《阿拉姆吉尔教法汇编》(Fatwā-i-Alam giri) 印度伊斯兰教逊尼派教法权威著作之一。原著阿拉伯文名“阿拉姆吉尔法特瓦”。成书于1663年。系奉印度莫卧儿皇帝阿拉姆吉尔·奥朗则布的旨意，由一批著名的教法学家集体汇编。以分类摘录、选编哈乃斐派教法著作为基础，汇集该派的学说、判例和法特瓦(正式发表的法律见解)，对该派教法传统作出解释，作为沙里亚法院的审判依据。本书为最完整的教法历史文献之一，对研究哈乃斐派实体法有重要参考价值。但部分印度穆斯林学者认为，该汇编过分迎合莫卧儿皇帝的旨趣，未能充分展现哈乃斐派教法学说的全貌。有英译本。 (吴云贵)

阿拉维派(al-‘Alawiyyūn) 见努赛里耶派。

阿拉维王朝(al-Sulālah al-Alawiyyah) 摩洛哥阿拉伯人建立的伊斯兰教封建王朝(1666～1859)。亦称“谢里夫王朝”、“塔菲拉勒王朝”。13世纪初，阿拉伯的阿拉维人移居摩洛哥的塔菲拉勒绿洲，由游牧转入定居，从事牧业、农业和商业，建立清真寺、宗教学校，传播伊斯兰文化。信奉逊尼派教义，遵奉马立克学派教法。其部落政教领袖自称圣裔(谢里夫)，受到尊崇。17世纪初，趁萨阿德王朝内乱衰亡之际崛起，组建军队，扩张势力范围。1666年，阿拉维人首领谢里夫·拉希德(1666～1672在位)，以推翻萨阿德王朝统治、捍卫伊斯兰教为号召，率军发动“圣战”，攻占非斯，并以此为都，自立为素丹，称“穆斯林的长官”，建立阿拉维王朝。他先后进占丹吉尔和萨累，摧毁马拉布特人的军队，1668年攻占马拉喀什，最后灭萨阿德王朝残部，统一全国。1672年，穆拉·伊斯玛仪(1672～1727在位)继素丹位。他加强了中央集权，组建了一支由黑人穆斯林组成的训练有素的军队，对内平息王族争权而引起的动乱，对外反对西方殖民主义的入侵和奥斯曼帝国的控制，先后光复了西班牙人侵占的马穆拉和英国侵占的丹吉尔等地。从1691年起，解放了大西洋沿岸外国入侵者占领的土地，初步赢得了摩洛哥的民族独立。他执政期间，王朝复兴，经济繁荣，同欧、亚一些国家贸易频繁；伊斯兰学术文化昌盛，非斯和马拉喀什仍保持着马格里布伊斯兰学术文化中心的地位，同阿拉伯伊斯兰各国保持着经济和文化交流。被誉为“伟大的素丹”。他死后30年间(1727～1757)，国内政治陷于混乱，有7位素丹相继在位，其中素丹阿卜杜拉曾4次登位，4次被逐。1757年在素丹伊本·阿卜杜拉(1757～1790在位)执政时，王朝政治暂时稳定，经济有所复兴。不久遭英国和荷兰殖民主义者的军事干涉和经济入侵，国内出现经济危机和政治动乱。在素丹阿卜杜·拉赫曼(1822～1859在位)执政时，王室内讧，地方势力割据，加之法国等殖民主义的侵入和掠夺，致使统治者政令不出，王朝基本衰亡。1860年，西摩战争中，西班牙侵占了德士安。1912年《非斯条约》签订后，素丹屈从法国殖民统治，沦为附庸。

(杨克礼)

阿莱希·塞拉姆(‘Alayhi al-Salām) 伊斯兰教用语。阿拉伯语音译,意为“祝愿他平安”、“愿他得到安宁”。虔诚的穆斯林在提到先知穆罕默德的名字时常用的祝福用语,如“穆圣阿莱希·塞拉姆”、“圣人阿莱希·塞拉姆”等。伊玛目在讲“卧尔兹”时因常提到先知之名,故使用这一祝福用语的频率也最高。该用语因句式较短,便于记忆,故广为穆斯林大众使用。其他祝福用语还有“阿莱希·索拉特·沃·塞拉姆”(‘Alayhi al-Ṣalāt wa al-Salām,即“愿他得到祝福与安宁”)、“索兰拉乎·阿莱希·沃·赛莱迈”(Ṣallallāhu ‘Alayhi wa Sallama,即“愿真主赐福给他,并使他平安”)等。 (杨宗山)

阿老丁(‘Ala’al-Din,? ～1313) 中国元代入华的伊斯兰教大师。亦译“阿拉乌丁”。原籍波斯人。蒙古人西征时,曾同其弟以大量资财助元世祖(1260～1294 在位)征西域,后随元军入华,获敕赐田宅于元京师,享有较高的政治地位。元延祐(1314～1320)年间,担任“回回大师”教职,敕赐在杭州文锦坊南建真教寺(即今凤凰寺),封有田产,并免征徭役和赋税。其子苫思丁、孙马禄丁、曾孙丁鹤年均为中国穆斯林著名人物。 (杨克礼)

阿勒·仪姆兰(Āl‘Imrān) 见仪姆兰的家属。

阿里(‘Ali,600～661) 伊斯兰教史上的第四任正统哈里发。与艾布·伯克尔、欧麦尔和奥斯曼并称为穆罕默德的四大贤配。穆罕默德的堂弟和女婿。全名阿里·本·艾比·塔利卜·本·阿卜杜勒·穆塔里布。出身于麦加古莱什部落哈希姆家族。其父艾布·塔利卜是穆罕默德的伯父,曾抚养和保护过穆罕默德,其母法蒂玛贤惠善良。幼年丧父后由穆罕默德抚养。610 年穆罕默德传播伊斯兰教时,阿里仅有 10 岁,同赫蒂彻、艾布·伯克尔、栽德等首批信奉伊斯兰教。是艾尔盖姆秘密会的成员之一。据传,622 年 9 月,麦加贵族阴谋迫害穆罕默德,阿里为掩护他安全迁徙麦地那,曾冒着生命危险睡在他的床上做替身,并办完他委托的经济事务之后,才迁往麦地那。穆罕默德将其女法蒂玛许配阿里为妻,后生子哈桑和侯赛因。阿里是穆斯林公社领导集团成员之一,并担任穆罕默德的录事,记载“启示”和先知的训示。聪颖笃学,通晓经训、教法,酷爱文学,擅长军事韬略和武艺。在穆罕默德领导的向麦加贵族进行斗争的白德尔、吴侯德、壕沟等历次重大战役中,冲锋陷阵,多次负伤,屡立战功,故有“安拉的雄狮”之称。受穆罕默德委托到各地进行宣教活动。630 年攻克麦加后,奉命带领穆斯林军捣毁和清除了克尔白殿内的多神偶像。631 年随艾布·伯克尔到麦加朝觐,奉命宣布麦加为禁地,非穆斯林不许进入克尔白殿内。632 年穆罕默德逝世后,为争夺哈里发权位,领导集团内部出现了分裂倾向,阿里的追随者支持他争夺哈里发位,但他没有坚持其权力要求,对前 3 任哈里发尽到了辅弼之责。此间,他集中力量按年代顺序整理、汇集《古兰经》,并搜集研究圣训。

656 年 6 月,奥斯曼被害后,阿里被穆斯林推举为第四任哈里发。在执政期间(656～661),伊斯兰教领导集团内部离心力量增长,各派权力之争激烈。为整顿内部、维护穆罕默德和前 3 任哈里发已开拓的疆土,把首都从麦地那迁至经济、文化较发达的库法城,重新任命了一批地方新总督,撤换了与奥斯曼有血亲关系的军政要员,削弱了伍麦叶家族成员的权力,从而遭到各派政治势力的反对。麦加古莱什贵族为要挟阿里退位,以给“奥斯曼复仇”为由,要他惩办杀害奥斯曼的凶手及幕后支持者,阿里表示拒绝。从此先后爆发了 3 次内战。656 年 10 月,祖拜尔、泰勒哈联合穆罕默德遗孀阿伊莎在巴士拉附近举兵发动了反对阿里的骆驼战役,被阿里击败。叙利亚总督穆阿维叶拒不承认阿里的哈里发地位,于 657 年起兵反抗,双方发生了隋芬之战。阿里在军事上占优势的情况下,接受穆阿维叶以《古兰经》裁决的停战和谈建议,招致政治上失利,阿里阵营中分裂出哈瓦利吉派。660 年哈瓦利吉派举兵反对阿里同穆阿维叶议和,发生了纳赫拉万之战。穆阿维叶乘此机会出兵占领了埃及和希贾兹,阿里的力量遭到很大削弱。661 年 1 月 24 日,阿里在去库法清真寺礼拜的途中,被哈瓦利吉派的阿卜杜·拉赫曼·本·穆勒杰姆杀害,葬于库法附近的纳贾夫。阿里的被害标志着伊斯兰教四大哈里发时期的结束,导致什叶派的形成。后什叶派尊奉阿里为第一代伊玛目。其陵墓被称为“圣墓”,其信徒经常拜谒。11 世纪,什叶派的学者阿里·本·侯赛因·谢里夫·穆尔塔达将阿里生前的言论、书札、祷辞及其有关资料整理汇编成书,命名《辞章之道》(Nahj al-Balāghah),被奉为圣训经之一。 (杨克礼)

阿里·阿尔斯兰汗(‘Ali Arslan Khan,? ～998) 喀喇汗王朝可汗。全名阿里·阿尔斯兰汗·舍希德·艾布·哈桑·本·巴伊塔什·阿尔斯兰汗。回鹘族,喀什噶尔(今新疆喀什市)人。出身于喀喇汗王朝王族,祖父萨图克·布格拉汗是第一位归信伊斯兰教的可汗,父亲穆萨·阿尔斯兰汗是王朝大可汗。自幼受到宫廷和伊斯兰教的教育和熏陶。约于 10 世纪 70 年代即位。当时,喀喇汗王朝在同于阗佛教王朝的宗教战争中处于劣势,国内佛教徒也不断举行反对强制改宗伊斯兰教的暴动,西部又有其宿敌萨曼王朝的威胁。执政后,在镇压佛教徒的反抗、稳定国内局势的同时,继续同于阗佛教徒作战。992 年,乘萨曼王朝动乱之机,派其堂兄弟、副可汗哈桑·布格拉汗出兵河中地区,进攻萨曼王朝,并一度占领其首都布哈拉,给萨曼王朝以沉重打击。亲自率军进攻于阗。998 年初(伊斯兰教历 388 年 1 月),在发生于今新疆维吾尔自治区英吉沙县东北的一次战斗中，被于阗佛教徒所戕，成为喀喇汗王朝可汗中第一个“殉教者”。据12世纪阿拉伯历史学家伊本·艾西尔《全史》记载，死后被葬在喀什噶尔的喀喇汗王朝王室墓地，其陵墓名为奥当麻札。阿里·阿尔斯兰汗殁后，其后裔形成“阿里系”，统治着分裂后的西部喀喇汗王朝。（马品彦）

阿里·阿尔斯兰汗麻札 中国新疆地区伊斯兰教麻札名。为喀喇汗王朝可汗阿里·阿尔斯兰汗的陵墓。在新疆喀什市东南郊。始建于998年。据成书于14世纪初的《苏拉赫辞典补编》记载：阿尔斯兰汗殁于伊斯兰教历388年穆哈兰月（998年1月），葬于喀什噶尔穆斯林可汗墓地。民间传说埋葬的只是其头颅，无首尸体葬于殉教地英吉沙。麻札在一高台地上。墓室系由砖与土坯混建，底部方形，顶作穹隆式，高约15米。室内有一座伊斯兰式坟头，通体以白底蓝花瓷砖贴面。属阿拉伯式建筑。现存墓室是叶尔羌汗国时期的建筑物。（马品彦）

阿里·本·侯赛因（‘Ali ben al-Ḥusayn，658～712） 伊斯兰教什叶派十二伊玛目支派尊奉的第四任伊玛目。别号栽因·阿比丁。系伊斯兰教第四任哈里发阿里之孙，侯赛因之子。出身于古莱什部落哈希姆家族。出生并卒于麦地那。他自幼受家庭宗教教育和道德思想陶冶，以信仰虔诚、慷慨大度著称。680年任伊玛目后，曾领导麦地那伊斯兰学院的教育和扩建工作，被誉为该学院的“第二创建人”。他精通经、训和教法，在创制教法律例方面具有独到见解；对早期什叶派思想理论的发展曾做出过突出贡献，并主张释放奴隶、抵制伍麦叶王朝哈里发政权推行世俗化政策，在理论上进行了顽强斗争。他以韵体散文编成诵祷书《叩拜集》（al-Ṣaḥifah al-Sajādiyyah）一册，收入赞主赞圣为中心内容的祷词54篇，深受什叶派敬重，被广泛吟诵。（马忠杰）

阿里·哈迪（‘Ali al-Hādi，829～868） 伊斯兰教什叶派十二伊玛目支派尊奉的第十任伊玛目。全名阿里·哈迪·本·穆罕默德·贾瓦德·本·阿里·里达·侯赛尼。第九任伊玛目穆罕默德·贾瓦德之子。生于麦地那。7岁时其父逝世后被什叶派穆斯林拥立为伊玛目。及长，因信仰笃诚并乐善好施而深受人们尊敬。阿拔斯王朝哈里发穆泰瓦基勒为削弱其在麦地那人中的影响，将其密召至王朝新都萨马拉予以监视。此后，阿里·哈迪主要通过其特别代理人奥斯曼·阿慕里（？～约873）同什叶派穆斯林进行联系，直至逝世。（杨宗山）

阿里·卡普宫（Ali Qapu Palace） 伊朗伊斯兰著名故宫。高耸于伊斯法罕市中心广场的西面。系萨法维王朝阿拔斯大帝（1587～1629）和后妃们居住的地方。二楼上的游廊是阅兵、观看马球的场所。登上六楼，可俯瞰全城。六楼有“音乐厅”，其四面墙壁拢音，墙上布满刻花图案，建筑精巧，引人入胜。对面的谢赫·鲁特福拉清真寺造型十分壮丽，为阿拔斯的皇后谢赫·鲁特福拉建造。据说，阿里·卡普宫有一地道通向清真寺，皇后做礼拜时无需抛头露面从广场上通过。现保存完好。（杨克礼）

阿里·里达（‘Ali al-Riḍā，765～818） 伊斯兰教什叶派十二伊玛目支派尊奉的第八任伊玛目。本名阿里·本·穆萨·卡兹姆。系该派第七任伊玛目穆萨·卡兹姆之子。生于麦地那。为伊斯兰教第四任哈里发阿里后裔中有影响、有学识的人物之一。自幼受其父亲传，通晓经训、历史和贾法里学派教法，后在什叶派中影响日增，颇受信众拥护。遂引起阿拔斯王朝第五任哈里发哈伦·拉希德的次子、第二继位人马蒙的重视。马蒙出于政治考虑，于813年夺取其兄艾敏的哈里发职位后，为了争取波斯什叶派的支持，对阿里·里达作出亲善姿态，并从受封省区呼罗珊首府木鹿派卫队接阿里·里达前来，以亲女嫁之。817年，马蒙宣布阿里·里达为自己的继承人，并将阿里·里达的名字铸在钱币上，还以什叶派的绿色标志代替阿拔斯王朝的黑色标志。此举遭到巴格达逊尼派的反对，动乱迭起。818年，马蒙举兵征讨巴格达以其叔易卜拉欣·本·马赫迪为首的暴动时，阿里·里达亦随同前往，途中暴病殁于图斯。据什叶派传述，由马蒙密令女奴将其毒死，厚葬于波斯马什哈德哈伦·拉希德墓旁，后被什叶派确认为圣地。（马忠杰）

阿里·沙里亚提（‘Ali al-Shari‘ah，1933～1977） 伊朗伊斯兰教现代主义思想家、社会学家。出身于什叶派宗教学者家庭，从小受伊斯兰传统教育，曾就学于马什哈德、德黑兰宗教学院。青年时赴法国留学获社会学博士学位。归国后在马什哈德大学、德黑兰侯赛因·伊尔沙德伊斯兰学院任教授，重点讲授伊斯兰学、古兰经学、宗教发展史、宗教社会学等课。他用现代科学、哲学和政治概念研究和解释伊斯兰教义，并用伊斯兰教观点解释社会学，始创伊斯兰社会学。其现代主义学术观点在伊朗世俗知识分子和青年学生中有很大影响。后因宣传反对巴列维王朝专制统治的观点而被当局驱逐，流亡英国。1977年由英准备赴美前被暗杀。沙里亚提认为，早期的伊斯兰教是革命的政治性的意识形态，而现存的伊斯兰因固守中世纪的教法而变为保守的宗教制度。为使伊斯兰适应现代社会的要求，必须清除中世纪教法学家对伊斯兰教精神的曲解和陈腐的观念，改造传统的宗教制度，从伊斯兰文明中发掘它的真正精神，用平等、正义、进步等永恒价值和原则指导社会生活，但这并不意味着应建立教权统治。既要汲取现代科学和文化中适应伊斯兰的成分，又不要盲目照搬。他还认为，伊斯兰现代社会的领导责任应由人民选举那些“最能干、最高尚、最忠诚、最明智”的人来承担，欧莱玛在这方面并不占据特殊地位。沙里亚提学识渊博，其著述达100多部，其中主要的有《宗教史》、《了解伊斯兰》、《伊斯兰教史》、《伊斯兰研究方法》、《伊斯兰教对人生的看法》、《什叶派的责任》、《信仰与科学》、《“完人”阿里》（一译《阿里评传》）、《什叶派真相》、《妇女的社会权利》、《知识分子在社会中的责任》、《朝觐》、《伊斯兰学》等。其中《伊斯兰学》，被称为伊斯兰社会学的代表作，被译成英语。

（杨克礼）

阿里伊拉希派（‘Ali Ilahis） 见艾赫勒·哈格派。

阿力麻里 中国新疆古地名。又作阿里马。“苹果城”之意。遗址在今新疆维吾尔自治区伊犁霍城县境内东北端。古代为信仰萨满教和景教诸突厥游牧部族的活动场所。13世纪初，哈剌鲁部斡匝儿始建城池立国，信仰伊斯兰教，为新疆北部最早出现的伊斯兰王国。1211年并入蒙古。1221年长春真人在西行途中记云：“九月二十七日至阿里马城，铺速满国王及蒙古塔剌忽只领诸部人来接。”后为察合台汗国禹尔惕（都帐），成为当时西域政治、经济和宗教中心。考古发现大量察合台汗国时期印有《古兰经》经文的古钱币出土。西北藩王叛乱时代屡遭兵燹，14世纪初逐渐复兴。欧洲天主教会派遣教士在该城宣教，教会属东方契丹国总牧师管理区统辖。建有豪华大教堂。1340年发生察合台后王素丹阿里（为穆斯林）杀害主教李嘉德及教士弗朗西斯、巴斯卡尔、雷曼德等人事件。1359年前后，当地蒙古部民因反对秃黑鲁帖木儿汗强制改奉伊斯兰教而发生暴动。14世纪末在帖木儿的进攻下变为废墟。

（李进新）

阿林（‘Ālim） 见欧莱玛。

阿迈勒运动（Ḥarakah al-Amal） 见黎巴嫩被剥夺者运动。

阿曼伊斯兰教 阿曼素丹国位于西亚阿拉伯半岛东南端，濒临阿拉伯海与阿曼湾。面积30万平方公里。人口165万（1988）。居民90%是阿拉伯人，国内有100多个部落，每个部落由谢赫掌握宗教和世俗权力。外籍人占居民总数的10%，其中有俾路支人、伊朗人、印度人及东非的移民等。98%的居民信奉伊斯兰教，伊斯兰教为国教。官方语言为阿拉伯语，通用英语。首都马斯喀特。7世纪30年代，阿曼成为阿拉伯帝国的一部分，伊斯兰教传入。8世纪，阿曼形成了反对哈里发世袭制的艾巴德教派，在广大穆斯林中传播其教义，信众日增，754年选举出第一任教长，被一些部落拥戴为宗教领袖。10世纪艾巴德派形成独立的教义主张和教法制度，得到广泛传播。913年，阿曼被卡尔马特派攻占。卡尔玛特派被阿拔斯王朝镇压后，阿曼仍由艾巴德派教长控制。1507年葡萄牙殖民者入侵。1649年建立亚里巴王朝，其势力远达东非沿海和桑给巴尔岛。后波斯人侵入，1749年赶走波斯人，建立了赛义德王朝。1792年，赛义德家族的素丹·本·艾哈迈德教长（1792～1804在位）把驻地从鲁斯塔克迁往马斯喀特，自称素丹，创立马斯喀特素丹国。阿曼内地各部落拒绝马斯喀特素丹统治，遴选自己的教长作为统治者。1828年，马斯喀特素丹赛义德·本·苏勒坦到非洲桑给巴尔后，控制了东非海岸，成为桑给巴尔统治者。至19世纪中叶，阿曼地区已形成马斯喀特素丹国、阿曼教长国和阿曼海岸诸酋长国（后成为阿拉伯联合酋长国）3部分。1913年阿曼内地部落在教长赛利姆·本·拉希德·哈鲁斯领导下举行起义，使马斯喀特素丹承认阿曼教长国独立。1960年，阿曼教长国教长迦利布·本·阿里发动反英起义失败，阿曼教长国并入马斯喀特素丹国。1970年改为阿曼素丹国。阿曼90%的穆斯林属于艾巴德教派，9%属于逊尼派，主要遵奉罕百里教法学派。另外有极少数什叶派穆斯林为外来的移民，如伊朗人等。清真寺遍布全国各地，儿童多在清真寺受宗教教育。阿曼设有国家总穆夫提，为素丹宗教和法律助手。实行伊斯兰教法，法规由素丹颁布。政府设司法、宗教基金和伊斯兰事务部，主管司法和宗教事务。阿曼为：阿拉伯国家联盟、世界伊斯兰大会、伊斯兰世界联盟、伊斯兰会议组织成员国。

（杨克礼）

阿门门宦 中国伊斯兰教苏菲主义嘎迪林耶学派支系门宦之一。传教人穆罕默德·努尔丁，阿拉伯人，为云游的苏菲传教者。故该门宦以传教人籍贯取名。努尔丁于清咸、同年间（1851～1862）来到兰州，宣教传道，受到兰州穆斯林的尊重。逝世后，穆斯林感念他是个远离家乡的人，又来自圣地，遂隆重举行了葬礼，埋于兰州潘家坝，为他修建了墓冢，名为“阿门拱北”。日常到拱北悼念者不多，只是每逢开斋节、古尔邦节，有一些穆斯林去上坟。原有守墓人，但无接替人，信奉者多在兰州。

（马　通）

阿米娜（Āminah，？～576） 伊斯兰教先知穆罕默德之母。全名阿米娜·宾特·瓦赫卜·本·阿卜德·麦纳夫·祖赫里娅。生于麦加，出身于古莱什部落的祖赫拉（Zuhrah）家族。其父瓦赫卜系家族首领，本人为名门闺秀，因聪慧过人而享有“部族才女”之称。幼年丧父，由叔父乌海卜抚养成人。569年同麦加古莱什族长阿卜杜勒·穆塔里布之子阿卜杜拉结婚，约570年生穆罕默德。576年带其子赴麦地那探亲，返回途中病故。

（杨宗山）

阿敏（Āmīn） 伊斯兰教用语。系阿拉伯语音译，源自希伯来语，意为“祈主准我所求”。穆斯林在诵完《古兰经·法蒂哈》后，均诵此语。伊玛目领拜诵完“法蒂哈”后，跟拜者有的默诵，有的高声诵，中国穆斯林大多默诵。此外，穆斯林在纪念亡人或举行集会等场合结束后作“都阿”抹脸时，也诵此语。教法规定，诵此语为“圣行”，表示穆斯林在面向安拉时，应有所祈求和感恩。 （达应庚）

阿默达巴德 见艾哈迈德·阿巴德。

阿姆·吾夫德（‘Ām al-Wufūd） 见代表团之年。

阿慕尔·本·阿斯（‘Amr ben al-‘Āṣ，约572～663） 伊斯兰教早期著名军事将领，穆罕默德的门弟子。出身于麦加古莱什部落，其家为商业贵族。精明强悍，足智多谋，善于习武，多次带领商队到叙利亚及埃及经商。曾追随麦加贵族首领艾布·苏富扬，对穆斯林采取敌视态度。约于629年离开麦加到麦地那归信伊斯兰教，后受到穆罕默德的器重，成为穆斯林军的将领之一。穆罕默德曾派他率小股军队远征阿曼，在他的劝说下，阿曼地区首领贾法尔和阿巴德·本·朱奈德兄弟信奉伊斯兰教，其所属部落遂之归信。在第一任哈里发艾布·伯克尔执政时，曾率军讨伐了阿曼、哈达拉毛等地的部落叛乱。633年平息半岛叛乱后，担任三支军队的总司令远征巴勒斯坦和叙利亚，在死海南边战败拜占庭驻巴勒斯坦总督塞尔阿斯，并在加沙附近歼其残部。634年在哈立德所率军队的增援下，组成穆斯林联军，在艾季纳代因一役击败拜占庭军队的反击。第二任哈里发欧麦尔执政时，在哈立德的节制下，率其部协同穆斯林联军转战叶尔穆克战役，打败拜占庭军队，征服了巴勒斯坦和叙利亚。639年，阿慕尔奉命率4000人军队从巴勒斯坦滨海路线出发向埃及进军，先后攻占阿里什、培琉喜阿姆（法拉玛）、阿因·舍姆斯等城。641年，经欧麦尔从麦地那派来的援军助战，先攻占巴比伦堡（今开罗附近），接着又率2万人大军围攻埃及首府亚历山大港，埃及主教兼总督居鲁士被迫接受其提出的条件签约投降，至此埃及落入穆斯林之手。641～642年，在巴比伦堡附近修建弗斯塔特营地，作为埃及的新首府，并在该营地中心修建埃及第一座清真寺，命名为阿慕尔清真寺，后屡经扩建，至今犹存。为开辟埃及到阿拉伯半岛的近航道，征调大量劳工疏浚了古代的法老运河，将尼罗河与红海西岸的古勒祖木（今苏伊士城）联结起来。642～643年，奉欧麦尔之命率军西进昔兰尼加北部，占领巴尔卡，包括莱瓦塔在内的的黎波里的柏柏尔人纷纷投降。后因涉嫌向国库少上缴埃及税收，欧麦尔另派收税官，一度离职。645年，拜占庭军队攻占亚历山大港，穆斯林军受挫。第三任哈里发奥斯曼重新起用阿慕尔为埃及总督。646年初，率军收复亚历山大港。不久奥斯曼任命阿卜杜拉·本·赛尔德为埃及总督。因不满奥斯曼重用亲信，遂辞去总督，回麦地那。在叙利亚总督穆阿维叶与阿里争夺哈里发位的斗争中，投靠穆阿维叶，成为军事助手。657年在隋芬之战中，向穆阿维叶献计，让叙利亚军将《古兰经》挑在枪头上，迫使阿里接受“依《古兰经》裁判”的和议并罢兵。658年穆阿维叶派其夺取埃及，被任命为总督。661年阿里遇刺后，他将埃及领拜的伊玛目职位交由哈列杰·本·胡载法担任。663年在埃及去世。 （杨克礼）

阿慕尔·本·欧拜德（‘Amr ben‘Ubayd，？～762） 伊斯兰教穆尔太齐赖学派的创始人之一。与瓦绥勒·本·阿塔（700～748或749）同为该派的领导人。青年时代在库法（今伊拉克境内）学习宗教知识，师从著名圣训学家、教法学家哈桑·巴士里，原为圣训派成员。他从事政治、学术活动的年代，主要是在伍麦叶王朝哈里发希沙姆（Hishām，724～743在位）至哈里发瓦利德二世（al-Walid II，743～744在位）时期。当时什叶派、哈瓦利吉派和阿拔斯派都在酝酿着推翻伍麦叶王朝的起义，不同教派、学派之间亦经常发生激烈争论。因此前发生的刺杀哈里发阿里和称之为“骆驼之战”的流血事件，在穆斯林中间引发出有关犯大罪的穆斯林是否仍为信士的争论。哈瓦利吉派持否定态度。穆尔吉埃派持肯定态度，认为犯有大罪的穆斯林仍不失为信士。哈桑·巴士里学派认为，这样有罪的穆斯林为“伪善者”（Munāfiq）。但哈桑·巴士里的弟子瓦绥勒·本·阿塔提出，《古兰经》里提出的信士和叛教者的概念不适用于犯有大罪的穆斯林，这种人的地位介于信士和叛教者之间，称之为“伊尔提扎勒”（I‘tizāl）。后在瓦绥勒的说服下，阿慕尔也赞同此说，故与其师之说（伪善者在未被揭露前仍不失为信士）相左，遭师训斥后离去，共同创建了一个独立的穆尔太齐赖学派。阿慕尔改变观点后，又把圣训派中盖德里耶派的大量反宿命论的观点带入穆尔太齐赖学派，壮大了该派的力量，不久以瓦绥勒为首领的盖德里耶派与穆尔太齐赖派合而为一。该派反对宿命论的前定说，认为人有“意志自由”，可以安拉赋予的能力，用理性主义观点检验宗教信仰及人类行为的善恶，以决定自己的行为。反对“安拉与人同形同性”之说，认为安拉无影无形，除本体外，无任何属性；相信《古兰经》系“受造之作”，不可与安拉本体相提并论。 （吴云贵）

阿慕尔清真大寺（Jāmi‘al-‘Amr） 埃及伊斯兰教著名清真寺。位于埃及弗斯塔特（开罗旧城）中心，尼罗河左岸。642年由征服埃及的阿拉伯将领阿慕尔·本·阿斯（约572～663）所建，为伊斯兰教在埃及始建的第一座清真寺。大寺建造初期，结构简单，长只有25米，宽15米。672年，伍麦叶王朝哈里发穆阿维叶派驻埃及的长官穆赛利迈为寺院筑起了砖墙，并在寺的四角修建了4座宣礼塔。710年舍里克之子古拉又对这座大寺进行了翻建，扩大了面积，增设了凹壁和讲坛，端正了殿内礼拜朝向。827年，阿拔斯王朝驻埃及长官阿卜杜拉·伊本·塔希尔再次扩建，其格局大体似现在的风貌。大寺面积为13750平方米，墙内周围走廊环绕，院中心有小净池，另一端是宣礼塔。礼拜殿共120间，内有讲坛、凹壁，朴实肃穆。全寺共有石柱126根，采用希腊、罗马建筑形式，柱与柱的上端用环拱衔接，形如马蹄。1172年，阿尤布王朝素丹萨拉丁时代曾将大寺整修一新，保持了原有格局。现被埃及政府列为历史文物保护单位。　　（杨克礼）

阿难答（？～1307）　中国元代信奉伊斯兰教的蒙古贵族。元世祖忽必烈之孙，安西王忙哥剌之子。于世祖至元十七年(1280)袭封为安西王，统辖唐兀之地（今宁夏、甘肃、陕西、四川等地）。据拉失德《史集》记载：阿难答自幼受一穆斯林家庭抚养，“木速蛮（即穆斯林）的信仰在他心中已经巩固起来，不可动摇”。“他在自己的营地上建立清真寺，经常念诵《古兰经》，沉湎于祈祷”。“他还使依附于他的15万蒙古军队的大部分归信了伊斯兰教”。元成宗笃信佛教，认为他背叛“祖宗之道”，将其拘捕下狱，迫令归信佛教。阿难答与之进行了激烈的辩论，并以他的兄长合赞汗改信伊斯兰教的先例替自己辩护。成宗鉴于他领地广阔，属下军队与居民大都信奉伊斯兰教，强之恐激而生变，遂抚慰放还。元成宗于大德十一年(1307)病逝后，阿难答在帝位之争中，被武宗处死。阿难答及其部下的改宗伊斯兰教，对唐兀之地该教的传播发展和回族的形成起了很大作用。　　（林　松）

阿帕克和卓（Afaq Khwadja，1625～1694）　中国明末清初新疆伊斯兰教白山派著名领袖。原名希达叶图拉（Hidāyatullāh），一译“伊达耶图拉”，“阿帕克”为其尊号，意为“宇宙之主”。出生于库木勒（今哈密）。早年随其父穆罕默德·优素福在哈密旅居，1638年回喀什噶尔，协助其父领导白山派。其父去世后，接替了白山派教权，并支持亦兀勒巴儿思汗于1667年夺得叶尔羌汗国政权。但为时不久，伊斯玛仪汗（1670～1680在位）从阿克苏进攻喀什噶尔，亦兀勒巴儿思汗被杀，阿帕克和卓亦被逐出天山南路。1670～1680年间，曾流亡于中亚、天山北路准噶尔地区，后又赴中国内地甘肃、青海等省，以“巡游传教”为名，组织力量企图东山再起。他在甘、青地区宣教时广泛传授了纳格什班迪耶学理和虎非耶的修持仪式，其中受其所传的穆尔希德有西宁的李太巴巴、毕家场门宦始祖马宗生、穆夫提门宦创始人马守贞，以及鲜门道祖鲜美珍等人。中国虎非耶门宦的主要来源，为其所创，对其他某些门宦（如嘎迪林耶大拱北）的形成亦有影响。1678年进入西藏，经达赖引荐，于1680年勾结准噶尔贵族噶尔丹出兵占领南疆，1682年靠准噶尔人的支持废除了叶尔羌王朝后裔，在天山南路4城（阿克苏、喀什噶尔、叶尔羌、和田）建立起和卓家族封建的政教合一统治。以伊斯兰教《古兰经》立法施政，大力传布苏菲派神秘主义，使白山派信徒达到30万人。同时对黑山派乃至一切非白山派群众实行残酷镇压，使叶尔羌王朝时代繁荣兴旺的维吾尔文化遭到严重破坏。执政10年，阶级矛盾不断加深，终于导致1692年由黑山派领导的穆斯林起义，一度被迫下野，不久又复出执政。但因其对黑山派进行血腥报复，同时又大兴土木，修复其父的陵墓，征收繁重的徭役和捐税，故再次激起人民强烈反抗。1694年在叶尔羌黑山派的暴动中，被杀身亡。阿帕克和卓对新疆伊斯兰教苏菲派的传播发展起过很大作用，在中国伊斯兰教史上亦有一定影响。

（陈国光）

阿帕克和卓麻札　中国清代新疆伊斯兰教白山派首领阿帕克和卓及其家族的陵园。亦称“哈兹拉特麻札”（即圣者之墓），俗称“和卓坟”。因近代讹传为清乾隆皇帝的维吾尔族妃子（容妃，传说中的香妃）葬于此，故又称“香妃墓”。在新疆维吾尔自治区喀什市东北郊。始建于1670年，最初埋葬着阿帕克和卓之父和卓优素福，建筑规模不大。1694年，麻札被黑山派信徒焚毁后，阿帕克和卓又耗费白银数万两，动用数万名民工进行重建。翌年，阿帕克和卓被暴动群众杀死后，也埋葬在其父坟旁。阿帕克和卓因担任白山派首领，其地位和声誉显赫，故麻札即以其名字命名。后其家族成员均葬于此。1811年扩建时，墓室由圆形改为方形，新增了大门楼。1874年，浩罕入侵者阿古柏下令按照中亚麻札的式样改建。改建后的主要建筑有拱北、清真寺（4座）、教经堂、门楼（2座）、管理人员住房、水房等。各部分自成一体，建筑风格各异，但又相互辉映，组成一个布局合理、完整精美的建筑群。拱北为建筑群体的主体建筑，位于陵园东侧，属阿拉伯式建筑。底部略呈正方形，宽35米，纵深29米。上部为直径17米的巨大穹隆。通高26米。穹隆下是宽敞的墓室，里面排列着阿帕克和卓家族5代72座（现存58座）拱形坟墓。四隅各有1座半嵌入墙中的圆柱形邦克楼，内有阶梯可供登临。通体以苍绿色间以蓝、黄等色琉璃砖贴面，使整个建筑更显得巍峨宏丽，庄严肃穆。伊德贾依（Id-gah，即举行斋月仪式的地方）大清真寺在陵园西端。礼拜大殿平面呈凹形，正殿和左右侧殿间以拱形门洞相互连通，顶部形成19个缓斜的圆屋顶，全部用砖建造。大殿长廊由3排70余根雕花木柱支撑，顶端用小拼木构件相衔接。该寺建筑形式和风格具有特点，在中国伊斯兰建筑中较为鲜见。该麻札发展最盛时，占有土地16000余亩，房屋500余间，以及店铺、水磨、果园等大量宗教寺产。有谢赫、阿訇等教职和管理人员40余人。1948年，麻札的大拱北毁于地震。1956年该麻札被列为新疆维吾尔自治区重点文物保护单位，由政府出资按1874年的式样予以重建，占地200余亩，已面目一新。　　（马品彦）

《阿帕克和卓传》 中国明末至清代新疆伊斯兰教白山派和卓的传记之一。作者佚名，现存有毛拉热依木·尼买图拉1908年察合台文抄写本。该书记载了喀什噶尔和卓家族先祖麦赫杜姆·阿扎姆的家族世系，记述了白山派创始人伊禅卡朗与其子马哈茂德·优素福的生平，详细描述了阿帕克和卓一生的经历及其宗教政治活动，并对和卓后裔也有记载。特别是对萨赫甫卡朗阿孜游历传教活动的记载，是研究新疆伊斯兰教史和依禅派的重要资料。 （陈国光）

阿皮孜 见哈菲兹·古兰。

阿萨哈拉宫（Medina Azahara） 10世纪西班牙后伍麦叶王朝的宫殿遗址。位于科尔多瓦城西北的阿鲁斯山麓。936年，由王朝第八任埃米尔、首任哈里发阿卜杜·拉赫曼三世下令动工兴建，当时征调10000多名工匠和15000头运料牲口，历时20年方告竣工。后经历代哈里发扩建，俨然成为一座皇城。为阿卜杜·拉赫曼三世及其继承者的行宫，供朝廷议事和接受觐见之用。宫殿依次铺展在山麓的3级台阶上，底层为御花园和凉亭，中层为宫廷侍从及官员住房，上层为哈里发宫殿，庄严豪华。宫殿用彩色大理石砌成，体积从东到西为128立方英尺。有4300多根石柱，从非洲和法兰克运入。大门8扇，门边装以彩色大理石，门旁竖有水晶石制成的柱子，门顶成拱形，由镶有宝石的黑檀木和象牙制成。拥有400多套厅房，哈里发的寝室金碧辉煌，光彩夺目，所用一水盆上饰有12个赤金动物像，在宫殿大厅中央挂有一颗巨大夺目的珍珠，是拜占庭皇帝利奥所赠的礼物。宫殿内共有1500扇门，均用镀金的铁、铜包饰。11世纪初，宫殿大部毁于战乱。20世纪初发掘所余部分，所存各种文物闳富，现为科尔多瓦考古博物馆所在地。

（杨克礼）

阿萨辛派（Assassins） 见尼扎里耶派。

阿塞拜疆人（Azerbajanians） 西亚和高加索地区跨国界的穆斯林民族。旧译“阿捷尔拜疆人”。人口1377万（1985），其中一半以上居住在伊朗西北部地区，其余主要居住在高加索阿塞拜疆共和国和中亚地区。种族属欧罗巴人种西亚类型。语言属阿尔泰语系突厥语族西南语支。方言和土语较多。伊朗的阿塞拜疆人仍使用阿拉伯字母文字，中亚阿塞拜疆人曾使用拉丁字母文字，后来改用斯拉夫字母的一种新文字。阿塞拜疆人的族源复杂，至今尚无定论。一般认为，其远祖可追溯到青铜时代已居住在南高加索东部地区古代居民阿尔巴尼人、米地亚人、卡斯比亚人。后来，这些古代部落又吸收了公元前后入侵的斯基泰人、保加尔人、突厥人等民族成分。18世纪中期以后，曾建立过10多个封建国家。由于分布地区和社会发展不同，经济和文化形成为各具特点的民族支系，如沙赫谢文人、卡拉帕帕赫人、帕达拉人等。有的从事单纯的畜牧业，有的从事半农半牧业。在苏联，有些居住在城镇的阿塞拜疆人已转向工业部门，其中以石油开采、纺织和食品加工为主。但大多数阿塞拜疆人仍保留半游牧式的生活方式和古老的传统习俗。阿塞拜疆人信奉伊斯兰教什叶派，属十二伊玛目支派。7～10世纪，伊斯兰教在阿塞拜疆人中传播。16世纪初，逊尼派占优势。伊朗萨法维王朝建立后，奉什叶派的十二伊玛目派为国教，阿塞拜疆人也改信了什叶派。至今，伊斯兰教的拜功、天课、斋戒和朝觐及其他各种教律义务在其社会生活中仍很突出。在阿塞拜疆共和国，许多清真寺和宗教活动已逐渐恢复，信徒日益增多，并出版有阿塞拜疆文版的《古兰经》译本。同时，他们还与世界不少国家的穆斯林团体保持友好关系，相互进行访问，开展伊斯兰文化交流。 （伊力奇）

阿塞拜疆伊斯兰教 阿塞拜疆共和国位于中亚西北部外高加索东部。面积8.66万平方公里。人口714.56万（1990）。主要有阿塞拜疆、亚美尼亚、俄罗斯等民族。居民70～80%为穆斯林。阿塞拜疆语为官方语言。首都巴库。7世纪下半叶，随着阿拉伯哈里发国家的对外扩张，已有数千名阿拉伯穆斯林移居至此，后阿塞拜疆全境为阿拉伯军队占领，加速了伊斯兰教的传播。11～14世纪先后遭到塞尔柱突厥人、蒙古鞑靼人和帖木儿的入侵。16～18世纪为萨法维王朝统治，成为伊朗和土耳其争夺的对象。18世纪中期分裂为附属伊朗的诸多封建王朝。1813年后北部地区被并入俄国。1920年成立阿塞拜疆苏维埃社会主义共和国，1936年成为苏联一加盟共和国。1991年8月30日宣告独立，易名为阿塞拜疆共和国。穆斯林多属什叶派（十二伊玛目派），东北部的塔特人属逊尼派的沙斐仪教法学派。苏联解体前，伊斯兰教事务由设在巴库的外高加索及全苏什叶派穆斯林宗教事务管理委员会负责，解体后建有独立的管理机构。伊斯兰教对阿塞拜疆穆斯林的日常生活影响很深。他们遵循什叶派的典制、法规、礼俗，过“阿舒拉”节，上演纪念什叶派殉教伊玛目的剧目，严守什叶派教法传统，具有较强的团结意识。全国有1000多座清真寺（1991），以巴库的梅切特清真大寺和巴库清真寺最为古老。大多数清真寺设有古兰经学习班，约有80万穆斯林参加学习。巴库还建有沙达比经学院，优秀毕业生保送到伊朗深造。巴库电视台每周播放1次《古兰经》专题节目。因文化亲缘关系，独立后更加重视同伊朗的关系。1991年12月9日，在伊朗的大力支持下，被接纳为伊斯兰会议组织成员国。 （黄陵渝）

阿师格（al-‘Āshiq） 中国明末来华的印度苏菲派传教师。亦称“大西天欣度师”。生卒年不详。《欣度师以麻呢解缘起疏》记其外貌、事迹云:隆准环眼,高额长髯,雄奇魁伟;行程10万余里,遨游13载,从印度来华传教,至南京,被时人目为云游胡僧,独临潼著名经师张少山识之为有道之士。聪明天纵,知颖迈伦,每于松风月露之下,晤言性道,考证古今,言天人之奥,穷性命之微,究理道之旨,谈修证之功,评圣贤之往事,剖身世之真幻,以至经史百家,大叩则大鸣,小叩则小鸣,豁然若发蒙又邃然莫可测也。崇祯十一年(1638)春,收年过半百游学南京的张中为弟子,传授伊斯兰教认主学《以麻呢穆直默勒》(al-Imān al-Mujmal,总信词)。主要观点:认为伊斯兰教"最要莫先乎认主,而认主之窍妙处曰以麻呢",即坚定信仰;真主是超物质的客观存在,每个人的存在都是真主妙用的体现,"我归顺真主就如他",故"真主不必他求,而我可证",只须认识自己,即可认识真主。后张中据其所授内容及个人体会,写出了《归真总义》一书,成为中国伊斯兰教汉文译著的早期代表作者之一,在中国穆斯林中有一定影响。

(冯今源)

阿师格·帕夏('Āshiq Pāshā,约1272～1333) 奥斯曼王朝早期伊斯兰教学者、诗人。一译"阿舍克·帕夏"。活动在小亚细亚的科尼亚等地,用土耳其语从事文学创作。著名作品《异乡苦修者的故事》,是长篇的苏菲主义劝善训世诗。全书逾1.1万联押韵诗行,分10章,每章10节。每章有突出的主题,如第5章叙述"五种官能",讲直觉认识活动和精神修炼;第7章写"七行星",以天体的运动现象借比人事。全书以伊斯兰教逊尼派的观点,评述苏菲主义的学理、苦修者的直觉内心感受及道德情操,书中大量引用《古兰经》和圣训中关于伦理道德的经文,以告诫人们扬善抑恶,顺从真主。书中借用各种自然现象作比喻,寓意深刻,富有哲理,被誉为早期土耳其文学作品的"楷模之一"。其诗作还有《贫寒之书》。逝世后受到穆斯林的崇敬,尊为"帕夏",其墓地经常有人拜谒。

(杨克礼)

阿舒拉日(Yawm al-'Āshūrā') 伊斯兰教纪念日。阿拉伯语"阿舒拉"与序数词"阿希尔"('Āshir,意为"第十")词义相近,专指伊斯兰教历1月10日。据伊斯兰教传说,真主于该日创造天园、火狱和人类(阿丹及其妻哈娃);该日又是十大先知在危难中获救之日:(1)人祖阿丹(亚当)及其妻哈娃(夏娃)原住天园,因受易卜劣斯(魔鬼)诱惑,违犯真主禁令,摘吃了禁果,真主于阿舒拉日饶恕其所犯过失,罚降到大地传衍人类。(2)先知努哈(诺亚)奉真主之命造方舟,以拯救其教众免遭洪水淹没,方舟于阿舒拉日被洪水冲到朱迪山上,人们由此而得救。(3)先知易卜拉欣(亚伯拉罕)在巴比伦宣扬安拉正道,并砸毁神庙里的大小偶像,被族人捆绑投入烈火中。真主护佑他安然无恙,时值阿舒拉日。(4)先知优素福(约瑟夫)遭到十个兄长暗算坠落深井后获救,被变卖到埃及,几经坎坷,终于在阿舒拉日与久别的老父叶尔孤白先知重逢。(5)先知穆萨(摩西)及其希伯来教众被法老军队追赶至红海海边时,穆萨奉真主默示以手杖击海,海水立即分出多条陆路,援救穆萨等人脱险,而追兵全部被海水淹没,该日即阿舒拉日。(6)先知达乌德(大卫)欲以国王的权威强娶戍边士兵乌里亚的未婚妻萨比娥,经真主派天使点化后省悟,真主赦宥了他的过失,时值阿舒拉日。(7)先知苏莱曼(所罗门)被其兄长夺取了王位,后于阿舒拉日复得。(8)先知艾优卜(约伯)以顽强的毅力战胜魔鬼的折磨和多种重病的痛苦,坚定不移地信仰真主,终于在阿舒拉日病愈。(9)先知优努斯(约拿)因在传教过程中一度失去耐心,渡海时被巨鲸吞入腹内,经向真主祈求宽恕,于阿舒拉日脱离鱼腹获救。(10)先知尔撒(耶稣)在被犹太权贵追捕时,于阿舒拉日被真主派天使解救升入天园,而叛徒犹大被误认为尔撒钉死在十字架上。在以上传说中,以穆萨在阿舒拉日获救流传最广,犹太人于此日封斋,以示纪念。622年穆罕默德由麦加迁往麦地那后,为团结、争取当地的犹太人,曾仿效其教习,定该日为斋戒日,以示重视。623年伊斯兰教历9月定制为斋月后,该日遂改作自愿斋戒日。中国一些地区的格迪目派穆斯林,为纪念先知努哈拯救人类,有在阿舒拉日诵经祈祷并食杂豆的习俗。

阿舒拉日又是伊斯兰教什叶派的纪念日。680年,先知穆罕默德的外孙、阿里次子侯赛因被伊拉克人拥立为哈里发后,自麦地那赴库法就任。10月10日行至卡尔巴拉时被伍麦叶王朝重兵包围,由于寡不敌众,侯赛因一行200余人全部殉难。时值伊斯兰教历61年1月10日,即阿舒拉日,每年这一天遂成为什叶派纪念侯赛因的哀悼日,又称"阿舒拉节"。什叶派穆斯林每逢此日便举行隆重的纪念活动,有的在清真寺或家中举行祈祷仪式,朗诵悼念侯赛因的诗;有的专程赴卡尔巴拉侯赛因墓举行谒陵活动,以示对这位伟大的"舍希德"(殉教者)的敬仰。今伊朗穆斯林集会常以高呼"大地啊,大地啊,所有地方都是卡尔巴拉!"进行游行哀悼。

(杨宗山 达应庚)

《阿斯凯里经注》(Tafsir al-'Askari) 见什叶派经注。

阿斯凯里清真寺(al-Masjid al-'Askari) 伊拉克伊斯兰教著名清真寺。位于底格里斯河东岸的萨马拉城。为什叶派伊玛目陵墓为主体的清真寺群体建筑。寺内有什叶派伊玛目阿里·哈迪与其子伊玛目哈桑·阿斯凯里的陵墓。阿里·哈迪于868年逝世,葬于寺内。873年伊玛目哈桑·阿斯凯里逝世,遂埋葬在其父墓侧。944年哈姆达尼在这两个陵墓上面修建穹顶,陵墓周围建筑高墙,内壁覆以挂毯。什叶派布韦希王朝入主巴格达阿拔斯王朝时,再次进行整修,增建了礼拜大殿、经堂及附属建筑和宣礼尖塔。现今墓上的穹顶由7·2万块金板铺砌，阳光下灿烂夺目。两座镏金尖塔，各高36米，远望极为壮观。什叶派穆斯林视该清真寺为“圣寺”，每逢宗教节日前去拜谒。

（杨克礼）

阿斯瓦德 见艾斯沃德。

阿塔尔（Farid al-Din Muḥammad Attar，1145～1230） 波斯伊斯兰教苏菲派著名诗人和思想家。出生并成长于内沙布尔。青年时期曾跟库布林耶教团创始人奈季姆丁·库布里学习苏菲学，并受伊斯兰教学者马吉德丁·巴格达迪、海达尔和伊斯哈格等人的思想影响，成为苏菲主义学者。曾游历埃及、大马士革、麦加以及印度和中亚各地，最后回到故乡从事诗歌研究和创作。蒙古人入侵时死于乱军之中。他博览群书，潜心致力文学创作，著述甚丰。多年中收集了大量苏菲派名士的诗篇和格言，相传创作的诗有几十万行，但有不少系后人托名伪作。著名寓言叙事诗《百鸟朝凤》，共9200行，通过描写百鸟为寻找鸟中之王——凤凰所经历的种种艰难险阻，借以说明苏菲苦修者只有经过自我修炼过程的七阶段（祈祷、热爱、认知、禁欲、认主、困惑和寂灭），才能使精神达到与真主合为一体。此诗构思奇特，寓意深刻，娓娓动人，成为波斯诗歌中的名著之一。颂诗和抒情诗诗集也具有较高的文学地位。作品还有叙事诗《霍斯鲁记》、《格言集》、《神秘论》、《苦难记》、《自由意志说》、《真主颂》、《心灵的话》、《夜莺颂》、《奇迹》、《遗嘱》等。他的诗摒弃了歌功颂德的颂体诗风格，力主以诗赞美真主，阐述苏菲主义的学理，并善于引用成语、典故及《古兰经》中的词句阐明哲理，劝戒世人。诗作从思想上、文学主题和风格上都给波斯文学以强烈影响，而且在伊斯兰世界文学史上也占有重要地位。著名散文作品《长老传》，记载96位苏菲主义学者和长老的生平和言论，介绍他们宗教修行的内心体验、崇高品德、爱好和思想观点等，被视为苏菲主义的经典之作。苏菲派尊他为伟大诗人和穆尔希德（导师）。他有关赞颂真主的诗篇被苏菲派信徒选作念“迪克尔”的内容。 （杨克礼）

阿威罗伊（Averroes） 见伊本·路世德。

阿维森纳（Avicenna） 见伊本·西那。

阿西菲叶清真寺（Masjid al-Asifiya） 伊拉克伊斯兰教清真寺。位于底格里斯河东岸巴格达城内的穆斯坦绥里耶和苏哈达桥之间。最早为穆斯坦绥里耶书院的附属清真寺建筑，后仅存一拱顶大厅。至奥斯曼帝国统治时期，经巴格达总督达乌德帕夏（1817～1826在位）全面修复，并增建了两个高大穹顶的礼拜大厅。寺内建有两座尖塔，挺拔高耸，十分壮观。清真寺曾以穆斯林捐赠的基金附设有济贫院，向孤寡老人及贫困的穆斯林赈济施舍。寺名“阿西菲叶”，取自达乌德帕夏的别名阿西弗·达乌拉。 （杨克礼）

阿西叶（Āsiyah） 《古兰经》中所载古代先知穆萨故事中的人物。埃及法老之妻。据载，其夫极端仇视以色列人，强令屠杀其所有男婴。穆萨诞生后，其母因怕被察觉，便将其装在箱内投入大河顺水漂流，后为人所获送入宫中。阿西叶对婴儿十分怜爱，经向其夫求情，获准将婴儿收养于宫中，又雇乳母（即穆萨生母）为其哺乳（28：3～13）。在穆萨成长的过程中，阿西叶曾多次保护他免遭法老的迫害。法老侦知妻子已在暗中归信穆萨后，便对她施以酷刑：钉手足，在胸膛上置以巨石，放在烈日之下曝晒。但阿西叶信仰坚定，毫不动摇，祈求安拉为她在天园里建一住室，拯救她脱离法老及其不义的民众（66：11）。据经注学家解释，《古兰经》讲述阿西叶的故事有双重含义：(1)将其与两位古代先知之妻因作恶而遭到惩罚作鲜明对比（66：10），阐明一个人的善恶及结局并不取决于其所处环境，而完全取决于其个人的思想信仰和行为。(2)阿西叶在遭到残酷迫害时的坚定表现，堪称“信道的人们的模范”（66：11），对于正在遭到古莱什贵族同样迫害的麦加穆斯林，具有现实的教育意义。 （杨宗山）

阿亚特（Āyāt） 见阿耶蒂。

阿亚图拉（Āyātullāh） 伊斯兰教什叶派十二伊玛目支派高级教职人员的职衔和荣誉称号。阿拉伯语音译，意为“安拉的迹象”。十二伊玛目派现行教职制度为欧莱玛（伊斯兰学者）制度。通常一位毛拉或阿訇只有在纳贾夫、卡尔巴拉、马什哈德、库姆等著名宗教学院受过长期、系统的教育，并精通经、训、教法和教义学，才有资格获得欧莱玛称号。其中少数学术造诣甚高，在信众中颇有威望者，被尊为穆智泰希德，并有资格就有争议的宗教问题发表“法特瓦”（即正式见解），作出权威性的法律结论。19世纪，穆智泰希德阶层中极受尊敬的权威大师，常被誉为“侯哲特·伊斯兰”（即伊斯兰的明证）。自20世纪，这一尊称渐为阿亚图拉所代替。目前阿亚图拉分为三级。进取的穆智泰希德，即未来的阿亚图拉，称为“侯哲特·伊斯兰”；阿亚图拉，即在信众中已确立其地位和威望的、杰出的宗教领袖；其上则是“阿亚图拉·欧兹玛”，意为“安拉最伟大的迹象”，亦称“大阿亚图拉”或“麦尔杰尔·泰格利德”（伊斯兰教法的权威学者）。获得最高称号的阿亚图拉，有资格就有争议的教法问题作出最后的结论。其地位相当于逊尼派的总穆夫提（权威教法说明官），但其权威和在信众中的实际影响则大于总穆夫提。

（吴云贵）

阿耶蒂（Āyāt） 《古兰经》各章中按经文内容、语句或音韵划分的基本单位。中国穆斯林对阿拉伯语“阿亚特”的俗称，意为“节”。全经114章，每章均分为多寡不同的若干节。长章如第2章《黄牛（百格勒）》多达286节，第3、7章均达到或超过200节。短章如第103、108、110、114等章，仅各有3节。一般说来，每节多由完整的句子组成，节末的词汇亦多为结构近似、音调和谐的字样收尾，但偶或也有一些较短的节，只有一、两个词汇、词组或几个字母。各节的篇幅比重不尽相同，如第2章中较长的第282节，在沙特阿拉伯王室刊印数量最多的版本中占有整页共15行的位置；而同一版本中的短节一页可达30多节，甚至一行容纳4节。至于《古兰经》全经节数的总和，由于各国各时期出版的各种版本对节的划分有时小有出入，总节数不尽一致。我国清代伊斯兰学者刘智、马注等在所撰汉文论著中说，全经共计6666节，不知当时所据版本。据现在流传较广泛的阿拉伯地区的不同版本，按塞尔氏译的《古兰经》序言所统计，分别为：(1)麦地那版：6214节。(2)麦加版：6219节。(3)库法版：6236节。(4)巴士拉版：6214节。(5)叙利亚版：6226节。(6)普及或通俗版：6225节。但也有人统计上述版本而发表的数字，略有增减。现在一般常见统计数字，多为6236节。尽管总节数有不同，但主要是划分节次的起止存在细微的差异，在内容实质上，任何版本的全经内容完全一致，绝无丝毫增减。分节的作用，在于掌握语气停顿，或突出句尾音韵，或查阅方便，因此，划分偶有出入，将某一节分开，或某两节合并，无损于经文内容的畅通表达。阿拉伯文版《古兰经》均在节尾用数字标明节次。中国清代刊印的两种木刻本及各地流传的手抄本，多在节尾标有符号，不注数字。（林　松）

阿耶蒂·库尔西（Āyah al-Kursi）　《古兰经》中描述安拉之德性的一节经文名称。指第2章《黄牛》中的第255节，为广大穆斯林经常诵读熟背的一节，多作为《古兰经》语录被摘抄、悬挂或陈列于重要场所。经文内容为：“真主，除他外绝无应受崇拜的；他是永生不灭的，是维护万物的；瞌睡不能侵犯他，睡眠不能克服他；天地万物都是他的；不经他的许可，谁能在他那里替人说情呢？他知道他们面前的事，和他们身后的事；除他所启示的外，他们绝不能窥测他的玄妙；他的知觉，包罗天地。天地的维持，不能使他疲倦。他确是自尊的，确是至大的。”虔诚的穆斯林对此不仅反复恭诵，仔细领会，甚至认真统计这一节包括多少句子，多少词汇，多少字母；书法家、艺术家则将它精心抄写，或设计成多种庄严的经文图案，使之广泛流传。

（林　松）

阿伊莎（‘Ā’ishah，613～678）　伊斯兰教先知穆罕默德的妻子，圣训的主要传述人之一。又译“阿依莎”、“阿以涉”等，全名阿伊莎·宾特·阿卜杜拉·本·奥斯曼。生于麦加，是艾布·伯克尔的幼女。620年，穆罕默德结发妻赫蒂彻亡故后1个多月，艾布·伯克尔将其许配穆罕默德为妻，623年在麦地那完婚。由于她聪明机敏，且勤奋好学，深受穆罕默德宠爱，有时出征也相伴而行。626年教历8月，阿伊莎随穆罕默德参加讨伐叛逆的穆斯泰莱格（Muṣṭalaq）部落，返回途中掉队，由一个名叫萨夫瓦的穆斯林护送返回麦地那，她因此事遭到了流言蜚语的攻击，经穆罕默德向穆斯林大众宣读了安拉的启示（《古兰经》24：11～21）后，事实才得以澄清，并由此而产生了对诬告贞节妇女者处以笞刑的律例（24：4）。632年穆罕默德重病期间，主动要求到阿伊莎房间进行护理，她一直守护在先知身旁，直到他临终归真。以后她以“信士之母”的地位闭门家中，直到656年阿里继任第四任哈里发后，经有人挑动，她参加了祖拜尔和泰勒哈的反对阿里的政治联盟。同年12月9日双方在巴士拉发生战斗，因阿伊莎乘坐一头驼轿督战，故史称“骆驼之战”。阿伊莎被俘后，阿里以最高礼遇将其护送回麦地那，并给予优厚的物质待遇，她从此再未参与政治。阿伊莎毕生传述了大量有关宗教信仰、制度、礼仪以及日常生活等方面的圣训，共2210段，在传述圣训千段以上的圣门弟子中居第四位。参见圣妻。（冯增烈）

阿以涉　见阿伊莎。

阿尤布　见艾优卜。

阿尤布王朝（al-Sulālah al-Ayyūbiyyah）　埃及和叙利亚地区库尔德人建立的伊斯兰教王朝（1171～1250）。一译“艾优卜王朝”。王朝的创建者为库尔德人萨拉丁·优素福·本·阿尤布（1138～1193）。萨拉丁原在赞吉王朝任军事将领并在其叔父希尔库麾下供职。1164年、1168年两次应埃及法蒂玛王朝哈里发请援，奉努尔丁之命，随希尔库率军迎战十字军，荣立战功。1169年任法蒂玛王朝首相，执掌埃及军政大权。1171年，在法蒂玛王朝哈里发阿迪德病危之机，萨拉丁宣布废除什叶派的哈里发，自立为素丹，在埃及建立阿尤布王朝。不久他即命令开罗及大马士革各清真寺在主麻聚礼的呼图白中恢复对阿拔斯王朝哈里发的祝福，后在钱币上再次铸上哈里发的称号，从此埃及重归伊斯兰教逊尼派的统治。但仍臣属于努尔丁。1174年，趁赞吉王朝素丹努尔丁暴卒统兵北上，宣布阿尤布王朝独立。1175年，萨拉丁重申效忠阿拔斯王朝哈里发，哈里发穆斯坦绥尔册封萨拉丁为“埃及、叙利亚、马格里布、希贾兹及也门素丹”称号。迁都大马士革。1183年攻占阿勒颇，灭赞吉王朝。1185年攻克摩苏尔，实现了埃及、叙利亚、苏丹、伊拉克北部、巴勒斯坦、希贾兹和也门的政治统一，形成了对十字军各公国的包围，成为竭力抵抗十字军入侵的唯一穆斯林王朝。1187年，萨拉丁率阿拉伯联军6万人向耶路撒冷王国发起“圣战”，在哈丁战役大败十字军，俘虏耶路撒冷国王，乘胜进占地中海东部沿海要塞及内陆诸城镇，最后收复圣城耶路撒冷。后又多次打败十字军的进攻，迫其签订和约。他完善行政和司法制度，重建军队和防御工程，发展经济和教育文化，是王朝强盛时期。萨拉丁生前将领土分封给他的3个儿子及其弟统辖。其长子麦利克·艾弗达勒以大马士革为中心，领有叙利亚南部地区；次子阿齐兹以开罗为中心，领有埃及；三子扎希尔以阿勒颇为中心，领有叙利亚北部地区；萨拉丁之弟阿迪勒领有卡拉克和邵伯克。1193年萨拉丁去世后，诸子争位，互相倾轧，阿尤布王朝陷于分裂。1196～1199年间，阿迪勒利用这种混乱局面，夺取了埃及、叙利亚大部和美索不达米亚的统治权，自立为素丹。1218年阿迪勒去世后，王朝进一步瓦解，阿迪勒的后裔卡米勒等分别统治埃及、大马士革和美索不达米亚；萨拉丁的后裔支系则控制霍姆斯、也门和哈马。法兰克人利用王朝的分裂和内乱，重又夺回贝鲁特、萨费德、太巴列、阿什克伦等城市。此时，十字军在埃及本土登陆。1229年，埃及阿尤布王朝统治者卡米勒（1218～1238在位）与十字军缔结和约，将耶路撒冷及阿卡走廊割让给十字军。1244年，卡米勒的第二继任者麦利克·萨利赫·奈季姆丁（1242～1249在位）借助中亚花剌子模突厥人的力量，收复了耶路撒冷。1249年11月，萨利赫逝世，其宠妾谢杰莱·杜尔秘不发丧。3个月后，萨利赫前妻之子穆阿扎姆·突兰沙从美索不达米亚率军返回开罗后继其父位。突兰沙的军队俘虏法王路易九世，将十字军赶出埃及。1250年，王朝的马穆鲁克卫队首领艾伊贝克与谢杰莱·杜尔合谋，将突兰沙杀害，马穆鲁克首领掌握军政大权，从此阿尤布王朝名存实亡，后被马穆鲁克王朝所取代。

阿尤布王朝素丹是行政和军事的最高领袖。在萨拉丁执政时，国家政令统一。王朝设大臣会议及政府各部，协助素丹掌管政务和军务。中央设最高司法机构，素丹任命总法官（大卡迪），并授命管理全国教法的实施和地方法官。王朝建有强大的正规军（包括步兵、骑兵和舰队）和宫廷近卫军，由素丹直接统率和调遣，高级将领由素丹任命。在宗教上，以伊斯兰教逊尼派教义为国教，素丹均自称为伊斯兰教的捍卫者，尊崇阿拔斯王朝哈里发的宗教领袖地位，修葺和保护圣地麦加、麦地那和耶路撒冷的宗教建筑，由国库拨付巨额宗教基金，资助圣地的宗教活动。为弘扬逊尼派教义和学说，萨拉丁曾下令在各地清真寺派逊尼派长老主持教务，在爱资哈尔大学及其他宗教学校传授逊尼派教义和四大法学派的学说。在全国各地建立济贫院、里巴特（扎维亚）等，接待游方的苏菲派苦行者，供苏菲派传教师讲经布道，培养门徒，并给各道堂赐予瓦克夫土地。对埃及和叙利亚的基督教徒采取宽容政策，允许其修建教堂和进行正常宗教活动。在开罗、大马士革、希贾兹、也门等地创建独立的或由清真寺附设的伊斯兰大学，免费提供食宿，仅大马士革就有高等学校20所，以开罗的沙斐希叶学校最为有名。爱资哈尔大学得到扩建和发展，成为逊尼派的教育学术中心。阿尤布王朝捍卫了古埃及的文明和伊斯兰文化。

（杨克礼）

阿扎里加派（Azāriqah） 伊斯兰教哈瓦利吉派的分支之一。一译“爱萨里格派”。该支派是哈瓦利吉派中人数最多、政治主张最极端的派别。其首领为纳菲尔·本·艾兹赖格（Nāfi‘ ben al-Azraq，？～685）。因艾兹赖格的复数词译音为阿扎里加，故名。684年，伊本·艾兹赖格在巴士拉城击毙该城总督并准备同伍麦叶王朝军队进行武装斗争时，城内的哈瓦利吉人发生分裂。伊本·艾兹赖格率部撤离该城前往伊拉克南部沼泽地及阿拉伯半岛一些地区进行分散的武装斗争，其追随者形成阿扎里加派。伊本·艾兹赖格曾以《古兰经》中一段经文昭示人们：“努哈说：‘我的主啊！求你不要留一个不信道者在大地上，如果你留他们，他们将使你的众仆迷误，他们只生育不道德的、不感恩的子女’”（26：27）。该派认为，凡哈瓦利吉派以外的穆斯林均是叛教者，如不重新履行他们这一派的入教仪式，就连同妻儿一起杀戮；不准本派成员同敌人作任何妥协，也反对实行“塔基亚”原则，否则，也以叛徒论罪；对能作战而逃避参加战斗的本派穆斯林视为叛教者，而所有叛教者都应被杀掉；不准本派信徒与他派穆斯林发生婚姻和财产继承关系；不准食用他派成员屠宰之牲。认为在任何情况下，均可集体占有敌人的财物，但禁止个人私吞。该派对异教徒比较宽容，禁止无辜杀害犹太人和基督教徒等。阿扎里加派曾在波斯南部建立过独立国家，一度控制克尔曼、法里斯和东方各省，对伍麦叶王朝造成严重威胁。因其教义主张偏激，失去广大穆斯林的支持，加之内部阿拉伯人和麦瓦利的分裂，致使该支派在哈里发军队的多次镇压下，力量削弱。7世纪末，被伊拉克总督哈贾吉的军队所消灭，其残余部分组成了一些更小的派别。（杨克礼）

阿宰尔（Āzar） 《古兰经》中记载的古代先知易卜拉欣之父。阿拉伯语音译。据记载，阿宰尔是偶像崇拜者，而其子易卜拉欣则虔信唯一的造物主安拉，并捣毁偶像。《古兰经》第6章第74节云：易卜拉欣劝他父亲阿宰尔道：“你把偶像当作主宰吗？据我看来，你和你的宗族，的确在明显的迷误中。”第19章41～48节较具体地记述了易卜拉欣和他父亲之间的对话。阿宰尔拒绝了儿子的规劝，并驱逐他。易卜拉欣祈求安拉饶恕其父，未获应允（60：4）。第9章113～114节还讲到信士不该为多神教徒求饶，“即使他们是自己的亲戚”；易卜拉欣当知道其父是真主的仇敌后，“就与他脱离了关系”。《古兰经》讲述古代先知易卜拉欣从为其父求饶到与其脱离关系的转变过程，旨在说明先知穆罕默德的处境与古代先知易卜拉欣有相似之处，故对多神教徒亦应采取与易卜拉欣同样的立场。有些宗教学者认为，阿宰尔即《旧约全书·创世纪》第11章

24～32 节中提到的"他拉"，似不足为据。

（林　松　杨宗山）

阿宰，沃·占莱（'Azza Wa Jalla）　见占莱·哲拉卢乎。

阿兹拉伊勒（'Azrā'il）　《古兰经》中记载的著名天使之一。阿拉伯语音译。亦称"麦莱库勒毛特"（Malak al-Mawt），意为"死神"、"司命天使"，中国通用汉语的穆斯林俗称"取命天仙"。基督教《圣经》称"乌列"（Uriel）。与吉卜利勒、米卡勒和伊斯拉菲勒并称为安拉的四大天使。其专职使命是奉安拉派遣，掌管死亡，负责索取人的性命。《古兰经》中未提及其名，只有一处以"死神"（麦莱库勒毛特）称之："你说：'奉命主管你们的生命的死神，将使你们死亡，然后你们将被召归于你们的主。'"（32：11）伊斯兰教认为，阿兹拉伊勒与每个人的关系至为密切。人之有生命是因体内有灵魂的存在，一旦灵魂被取出，人即死亡。阿兹拉伊勒正是每个人的灵魂的索取者。相传他体大无边，一脚站在第四（或七）重天，另一脚站在架设于火狱之上、通往天园的天桥上。他生有 4000 个翅膀，因职责的需要，身上遍布眼与舌，其数目始终保持与在世人数相等。10 世纪伊斯兰教劝世箴言名著《呼图白集》，曾多次以人类在其灵魂被阿兹拉伊勒提取时所遭遇的痛苦为鉴，告诫人们要抓紧时间履行拜功，行善止恶，以免灵魂被抽取时遭受那种"犹如在致命的荆棘上抽取柔软的丝绸"一样"难熬的剧痛"。阿兹拉伊勒作为令人生畏的天使之一，在伊斯兰教义中起着警告世人的作用：切勿贪恋今生，要时刻想到死亡。为求得后世的永久幸福，应坚定认主独一的信仰，恪守教规，并多做善功。

（杨宗山）

阿兹姆宫（El Azem Palace）　叙利亚伊斯兰建筑形式的故宫。位于首都大马士革城的伍麦叶清真寺附近。为 1750 年大马士革总督阿萨德·阿兹姆所建，故名。全宫包括两部分："哈拉姆利克"，为总督的妻室专用；"萨拉姆利克"，用于公务活动。广阔的长方形庭院中有两个大水池。厅堂及其露天部分都用大理石、瓷砖和精美的木刻装饰，富丽多彩。宫中四壁上方雕刻着《古兰经》文的镶板和阿拉伯学者著名的诗句、格言。其他地方还有镶嵌和镀金的雕刻。宫内的汉曼浴室，包含几个温度不同的小浴室。宫廷中卧着一只赫梯式的用火成岩石凿成的狮子。此宫现为叙利亚民间历史博物馆馆址。

（杨克礼）

阿祖吉教团（al-Ṭariqah al-'Azzūziyyah）　见拉赫曼教团。

哀凯人（Aṣḥāb al-Aykah）　见丛林的居民。

《埃及九年》　中国伊斯兰教汉文著作。作者系伊斯兰教著名学者、曾任埃及爱资哈尔大学中国文化讲座讲师的庞士谦阿訇。1946 年写成，1947 年在《月华》陆续发表过一部分，1951 年结集由北京月华文化服务社出版。1988 年中国伊斯兰教协会再版。全书 98000 字，前有《再版前言》与作者《自序》，后有附录《1939 年中国留埃学生朝觐团日记》。正文分 10 章：第 1 章详述爱资哈尔大学的简史、学制、院系、设置、课程、教学设备及图书馆集存等情况。第 2 章略述中国留埃学生简史，并将 1932～1945 年间的中国留埃学生制表列存。第 3 章详述在埃及国王法鲁克资助下中国留埃学生团的组建经过及出国赴埃的经历。第 4 章概述在埃及 9 年的种种活动与主要收获。第 5～10 章是作者从埃及返回祖国途中的随笔。既有沿途风物的描述，又有文化交往的记载；既有当时的见闻，又有往事的追忆；既有忧国忧教的慨叹，又有兴国兴教的议论；既有对当时社会形势的分析，又有对教派分歧利弊的思考。书中有不少有关伊斯兰教的调查，如印度、香港的一些宗教社团，福建、广州的回民分布，上海清真寺一览表等，均有重要的史料价值。作者在 40 多年前已提出"治贫治愚是我们奋斗的两大目标，多提倡教育，尤其是职业教育，鼓励回民生产"，并引述先知穆罕默德的圣训："经济优裕的人，强过多礼拜多封斋的人"，具有现实意义。

（郭清祥）

《埃及瓦克夫条例》　埃及政府为消除瓦克夫制度的混乱而制定的有关法规。1946 年颁布实施。主要内容为：（1）对各类瓦克夫作了明确的限定。规定供清真寺受益用的慈善捐赠必须是永久性的；用于其他公益事业的捐赠可为暂时性的或永久性的；供家属受益用的私人瓦克夫必须是暂时性的，受益期限不超过两代受益人或 60 年。（2）对家庭瓦克夫捐赠人的权限作了新的规定。捐赠人（原所有人）有权全部或部分地收回所赠产业，亦可变更原定用益条件。如用益期满而原所有人仍然在世，产业所有权应归原所有人；如原所有人已死亡，其产业可转归受益人或其继承人所有。（3）维护法定继承人的权益。规定法定继承人除有权继承法定部分（亡人全部净资产的 2/3）中各自应得的遗产份额外，亦有权接受赠予（瓦克夫为赠予的形式之一）；而亡人临终前的遗赠（包括家庭瓦克夫），亦不得损害法定继承人的权益。如果捐赠人无视此规定，受害人有权依法恢复产权。上述规定理顺了瓦克夫制度同遗嘱继承、法定继承的关系，有利于维护直系亲属的权益。该法的许多条款经少许修改，后来成为 1947 年通过的黎巴嫩《瓦克夫条例》的基础。

（吴云贵）

埃及伊斯兰教　阿拉伯埃及共和国位于非洲东北部，领土还包括亚洲西南边缘的西奈半岛。面积 100.2 万平方公里。人口 5400 万（1989 年 3 月）。主要民族有：阿拉伯人占 87%，还有科普特人、努比亚人等。居民 90% 信奉伊斯兰教，科普特人信奉基督教，占总人数的7.5%。伊斯兰教为国教。官方语言为阿拉伯语，通用英语和法语。首都开罗。

埃及是一个具有悠久历史的文明古国，居民原多信奉基督教。7世纪中叶，阿拉伯军队先征服叙利亚，继而征服埃及。639～642年，第二任哈里发欧麦尔派军事将领阿慕尔·本·阿斯率大军征服埃及，先后攻占阿里什、法尔马、阿因·舍姆斯、巴比伦堡、亚历山大港，拜占庭驻埃及总督、主教居鲁士被迫向阿慕尔签约投降，埃及遂成为阿拉伯帝国的一部分，伊斯兰教和阿拉伯语开始传播。阿慕尔建营地弗斯塔特为首府，建造了埃及第一座清真寺——阿慕尔清真寺，一些城市的科普特人开始改奉伊斯兰教。后哈里发欧麦尔向埃及派出教法官和传教师，促进了伊斯兰教的传播。在伍麦叶王朝时，埃及置为行省，派总督管理，推行伊斯兰化的各项政策，使大量居民改宗伊斯兰教，大批阿拉伯人迁入埃及，与科普特人融合。埃及成为伊斯兰教向北非和西非传播的基地。阿拉伯人直接统治埃及约两个半世纪，埃及基本上实现了阿拉伯化和伊斯兰化，成为伊斯兰文化的中心之一。随着阿拔斯王朝的衰微，自9世纪中叶迄16世纪初的600余年间，在埃及先后出现5个伊斯兰教的封建王朝：图伦王朝（868～905）、伊赫什德王朝（935～969）、法蒂玛王朝（969～1171）、阿尤布王朝（1171～1250）和马穆鲁克王朝（1250～1517）。前两个王朝创始者为突厥人，版图包括叙利亚等地。法蒂玛王朝崛起于突尼斯，969年征服埃及后于972年迁都开罗，以埃及为统治中心，疆域东起叙利亚、巴勒斯坦、希贾兹（包括麦加、麦地那）和也门，西至马格里布。以什叶派伊斯玛仪派教义为国教，广大居民仍信奉逊尼派教义。王朝创建爱资哈尔清真寺和开罗科学宫，社会经济和伊斯兰教文化高度发展，与巴格达阿拔斯王朝相对峙。阿尤布王朝创始人萨拉丁重新恢复逊尼派在埃及的统治，承认阿拔斯王朝哈里发的宗主权，实行伊斯兰教法，大力修建清真寺和宗教学校，支持苏非派传教师到各地游牧部落传教，设罕尼卡，伊斯兰教得到巩固和发展。他率领阿拉伯联军抗击十字军，收复耶路撒冷及其他失地，挫败第三次十字军东侵，成为阿拉伯人拥戴的民族英雄。马穆鲁克王朝统治时期，巴格达的阿拔斯王朝被蒙古人所灭，伊斯兰世界的文化中心转移到埃及。王朝大力发展宗教教育和伊斯兰学术，全面推行阿拉伯化的政策，教法上确立了逊尼派四大法学派的平等地位。在王朝的支持下，苏非主义盛行，巴达维、杜苏基、沙兹里、卡迪里、里法伊等苏非教团在埃及广泛传播。王朝恢复了哈里发制度，哈里发作为宗教的象征，巩固了逊尼派的统治地位。王朝初期的素丹以遏制了蒙古人的西侵和消灭十字军的残余势力而闻名。后又战胜蒙古伊儿汗国旭烈兀的军队，拔除了地中海东岸的最后几个十字军据点，捍卫了西亚伊斯兰文明。1517年，奥斯曼帝国占领埃及，设行省，派总督管理。1798～1801年法国拿破仑·波拿巴入侵埃及。1805年埃及总督穆罕默德·阿里执政，统一全国，对封建农奴制实行自上而下的改革，使埃及资本主义经济得到发展，后实际上赢得独立。1882年英军占领埃及，沦为殖民地。在近代史上，埃及成为伊斯兰教复兴和改革运动的中心，其中以穆罕默德·阿布笃（1849～1905）等发起的现代主义改革运动影响较大。1922年宣布独立，实行君主立宪制，政府规定伊斯兰教为国教，伊斯兰教法为国家立法的主要依据。20世纪30年代，埃及穆斯林兄弟会发起了复兴伊斯兰的原教旨主义运动，波及西亚和北非。1952年以纳赛尔为首的"自由军官组织"推翻法鲁克王朝，建立埃及共和国。后埃及政府对司法、教育、宗教组织进行了自上而下的改革，逐步实行政教分离政策，在经济上推行"伊斯兰社会主义"，其宗旨在于实现埃及社会生活及伊斯兰教的现代化。

埃及穆斯林属于逊尼派，绝大多数遵奉马立克教法学派，少量属于哈乃斐、沙斐仪学派。苏非派教团组织有里法伊、卡迪里、沙兹里、赛努西、苏哈拉瓦迪耶教团等，均在各地设有中心道堂。伊斯兰教在政治、社会生活中占有重要地位。据1979年统计，全国有清真寺19000余座，其中国家管理的清真寺5000余座，首都开罗有260多座，著名的古老清真寺有阿慕尔清真寺、图伦清真寺和爱资哈尔清真寺。有宗教职业者53.35万多名。国家设有总穆夫提。创建于970年的爱资哈尔大学仍为埃及宗教教育的中心和伊斯兰世界的最高学府，附设有多所学院，并管理全国的各级宗教学校，出版有《伊斯兰论坛》和《爱资哈尔杂志》。埃及在伊斯兰国家间的国际活动中起着重要作用。政府积极倡议和参加泛伊斯兰国际组织，为"阿拉伯国家联盟"的发起国，是：伊斯兰会议组织、世界伊斯兰大会、伊斯兰世界联盟的成员国，为"伊斯兰教事务最高理事会"的东道主国。 （杨克礼）

《埃及遗嘱处分法》 埃及政府为弥补传统继承制度的缺陷就遗嘱继承所制定的新法规。1946年颁布执行。埃及曾于1943年颁布了《继承法》，就伊斯兰教的法定继承（按《古兰经》规定的固定份额继承遗产）作了某些修改，但该法未涉及遗嘱继承。本法为1943年立法的补充，旨在协调遗嘱继承与法定继承，使遗产处分更趋合理，以维护亡人三代直系血亲的合法权益。其中收入了两项重要规定。一是确认被继承人有权以遗嘱方式将不超过其全部净资产（扣除安葬费用、清偿亡人生前所负债务后的资产）的1/3转让予任何人，包括直系血亲，而按照传统伊斯兰继承法，直系血亲作为份额继承人无权继承按遗嘱转让的部分遗产，仅有权领取法定继承（不超过亡人全部净资产的2/3）中各自应得的份额。另一新规定称为"义务遗嘱"原则，即确认祖父母生前有义务为失去双亲的孤孙子女立遗嘱，准许其以父母的身份继承各自应得的份额。如被继承人生前未留有遗嘱，法律上将以立过遗嘱对待。这项规定同样有悖于伊斯兰继承法的基本原则。中世纪权威教法学家们的公议(即伊智玛尔)认为,为直系血亲立遗嘱的“定制”(《古兰经》2:180),已为经中(《古兰经》4:11~13)后来提出的固定份额继承制(法定继承制)所废止。但埃及的立法者们以“独立判断”原则(伊智提哈德)为据,对这节经文作了新的解释。

(吴云贵)

埃米尔(Amir) 伊斯兰教国家对上层统治者、王公、军事长官的称号。又译“艾米尔”,旧译“异密”。中国《旧唐书·大食传》译为“异密莫末腻”。阿拉伯语音译,原意为“统帅”、“长官”。从第二任哈里发欧麦尔起,哈里发又称“穆民的长官”(Amir al-Mu'minin),从伍麦叶王朝起,哈里发所属各地封建领主及各行省总督被称为埃米尔,后哈里发宫廷卫队总监(兼都城军事长官)也袭用此称号。9世纪起,一些半独立和独立的地方封建王朝统治者仍用以自称。塞尔柱帝国和埃及马穆鲁克王朝时期(1250~1517),又成为封建领主和各省军事长官的称号。在今阿拉伯国家中,也用以称呼王子、亲王、君主或酋长。如摩洛哥国王仍被称作“穆民的埃米尔”。有些国家(如巴林、科威特、卡塔尔等)的元首亦称“埃米尔”。 (马启成 丁 宏)

埃米尔·穆民(Amir al-Mu'minin) 见信士的长官。

埃塞俄比亚伊斯兰教 埃塞俄比亚位于非洲东北部。原名“阿比西尼亚”,曾是非洲古国之一。面积122·36万平方公里。人口4951万(1989)。全国有50多个部族,主要有奥罗英人、阿姆哈拉人,占总人口的75%,其他有提格雷人、索马里人、贝扎人等。阿姆哈拉语为国语,通用英语。全国居民中有35%信奉伊斯兰教,其余信基督教和原始宗教。首都亚的斯亚贝巴。7世纪初,伊斯兰教先知穆罕默德在麦加传播伊斯兰教时,就对埃塞俄比亚非常熟悉。后麦加贵族对穆斯林大肆进行迫害,约于614~615年间,他即令部分穆斯林分两批迁徙到埃塞俄比亚境内去避难,受到国王礼遇。628年,穆罕默德致国书给埃塞俄比亚国王宣传伊斯兰教。8~9世纪,阿拉伯商人和移民到达海岸城市泽拉城(今属索马里)和达拉克群岛活动,伊斯兰教的学者遂到此传教。后在南部沿海及绍阿等地出现了一些割据的伊斯兰教小素丹国。13世纪由阿里·伊本·阿斯建立的奥法特伊斯兰王国所统一。15世纪,伊斯兰领袖艾哈迈德·易卜拉欣·加齐率军征服埃塞俄比亚大片领土,建立统一王国达16年之久,促使南部居民改奉伊斯兰教。后由于葡萄牙的军事干预,只控制少数据点。16世纪,奥斯曼帝国出兵占领了马萨瓦等沿海港口,还支持阿达勒王国。1678年,埃塞俄比亚国王下令隔离穆斯林,并加以种种限制。19~20世纪,受伊斯兰文化长期影响的加拉人和厄特里亚人的一部分相继归信了伊斯兰教,使伊斯兰教在社会中占有一定地位。埃塞俄比亚的穆斯林绝大多数属于逊尼派的沙斐仪教法学派,极少数属什叶派的栽德派。苏菲教团有较大影响,主要有卡迪里耶教团、艾哈迈迪耶教团等。宗教团体有:埃塞俄比亚伊斯兰协会、埃塞俄比亚伊斯兰中心,在穆沙湾建有1所伊斯兰经学院。 (杨克礼)

艾巴德派(al-Abāḍiyyah) 伊斯兰教早期派别之一。亦称“易巴德派”。因该派主要领袖阿卜杜拉·本·艾巴德而得名。因其政治主张与哈瓦利吉派相近,故被伊斯兰史学家视为哈瓦利吉派的一分支。但该派否认此说,自称为“穆斯林归信者集体”、“穆斯林同仁”等。该派在第三任哈里发奥斯曼当政时期(644~656)开始形成。奥斯曼重用亲族伍麦叶人,掌管各地军政大权,赐封土地,社会生活日趋世俗化,排斥一些曾为协助先知穆罕默德传教并创建麦地那穆斯林公社而非古莱什贵族出身的有功的先知门弟子,从而形成宗教和政治上的反对派。阿曼人贾比尔·本·栽德是先知再传门弟子,曾被委派到巴士拉城负责教法解释工作,并讲学传教,得到一些人的拥护。他曾对奥斯曼任人唯亲的政策不满,提出非古莱什出身的圣门弟子也可担任要职,应公平分配战利品,凡有功的穆斯林应一律平等,并组成社团,为后来艾巴德派的形成奠定了基础。伍麦叶王朝建立后,贾比尔反对哈里发的世袭制和世俗化,遂被巴士拉总督哈贾吉流放回阿曼。贾比尔的学生阿卜杜拉·本·艾巴德、艾布·欧拜德·穆斯林、艾布·努哈、迪马姆·本·萨伊卜和赖比尔·本·哈比布等人在巴士拉和阿曼等地继续宣传和捍卫老师的主张,公开谴责伍麦叶人的统治,否认他们任哈里发的合法性,阿拉伯半岛一些部落纷纷归顺。艾巴德因反对伍麦叶王朝最坚决,遂得到巴士拉和阿曼穆斯林的拥护,成为该派的著名领袖,故称艾巴德的追随者为“艾巴德派”。

艾巴德派为反对伍麦叶和阿拔斯王朝的统治而举行过多次起义,较著名的有747年由阿卜杜拉·本·叶海亚领导的反对伍麦叶王朝起义和751年反对阿拔斯王朝哈里发赛法哈的起义。由于起义失败,屡遭镇压,起义者逃散,该派内部发生分裂。约751年前后,几乎同时在阿曼、也门和马格里布3个地区分别拥立了3个互不隶属的伊玛目,各自领导当地的传教活动。761年,艾巴德派传教师阿卜杜·拉赫曼在北非建立了罗斯图姆王朝(首府提阿雷特),延续了140余年,对向柏柏尔人传播伊斯兰教起了重要作用,后被什叶派的法蒂玛人所灭。艾巴德派在政治、军事斗争失败后,被迫放弃武装斗争,遂将活动重点放在伊斯兰历史、教法学的研究和伊斯兰思想文化的传播上,向逊尼派教义靠拢。阿曼作为艾巴德派活动的中心,培养了众多的著名伊斯兰学者。将该派学说传播到也门,进而传到北非和东非的桑给巴尔等地。在阿曼,千余年来,艾巴德派的教义始终占据主导地位,至今阿曼的统治家族及绝大多数穆斯林仍尊崇此派。

该派在政治方面，认为先知穆罕默德及哈里发艾布·伯克尔、欧麦尔执政时期是伊斯兰的最理想时代，应以实际行动发扬和恢复这个时期古朴纯正的风尚和传统，对阿里在隋芬之战中接受穆阿维叶提出的仲裁持否定态度，也对伍麦叶和阿拔斯王朝的大多数统治者持反对态度，认为他们在信仰和个人品德上不具备担任穆斯林领袖的资格。该派反对领袖的世袭制，主张穆斯林社会应公开推选自己的领袖，被选者不一定必须是古莱什族人；任何虔诚信徒只要能主持正义并有公认的才能，均有资格被推举为领袖。一旦领袖不能主持公正，丧失民心，或本人“背离正道”、“多行不义”，则可由穆斯林罢免，甚至依教法兴师问罪。认为领袖(即哈里发或伊玛目)的职责是：忠于安拉的诫命，执行教法，主持正义、公道、抗击敌人，保护教民。任何领袖包括该派伊玛目贾比尔和阿卜杜拉·本·艾巴德在内，在教法规定的权利和义务方面同一般穆斯林一律平等。

在宗教信仰方面，主张“五项天命功课”是伊斯兰教的基础；强调信仰的要素包括：口头表白、内心坚信和行为实践。认为信仰的口头表白仅能使个人生命财产在穆斯林社会中得到保护；履行宗教功课才能以示信仰的虔诚。通过信念而达到的信仰是真诚的信仰，这种信仰只可增不能减。主张严奉《古兰经》中关于安拉“任何物不似像他”的启示，坚信安拉的本体存在及其各种行为和德性，认为安拉的德性既非本体，也非本体以外之物。反对按照《古兰经》字面意义为安拉塑造形象。对于经文中有关表述安拉有感觉、思维以及手脸等拟人的借比用词，应以“最符合安拉完美性”的意义加以解释。主张无论今世或后世，安拉是人类不能看见的。对穆尔太齐赖派关于“《古兰经》被造之说”持反对态度，认为《古兰经》乃安拉无始之言语，而安拉的言语不是有始的被造之物。并指责哈瓦利吉派对不同意他们观点的穆斯林的严酷和对多神教徒的特别宽容，与多神教徒对待穆斯林并无两样。

在教法方面，奉行贾比尔的法学主张，视《古兰经》和可靠的圣训为立法的首要依据。该派尊崇伊玛目赖比尔·本·哈比布辑录的《圣训实录》，也承认其他教派圣训中所公认的可靠圣训。除经、训外，它还认为“公议”(即先知门弟子或某一时代宗教家们的一致意见)亦是立法的依据之一。同时，主张必要时可运用“推理”进行立法，并把“类比”和艾布·哈尼法的“唯善”及马立克的“公益”等原则包括在“推理”范畴之内。它极力提倡变通，以简单易行为原则。在教法学主张上接近于哈乃斐学派。在宗教伦理方面，它力主以圣训规定的一切道德规范为行为准则，把“命人行善、止人作恶”列为每一穆斯林必尽的宗教及社会义务，而且倡导人际间相亲相爱、和睦共处。艾巴德派主要分布阿曼和非洲的桑给巴尔等地区。 (马　贤)

艾布·阿拔斯(Abū al-‘Abbās，约 702～754)　阿拉伯帝国阿拔斯王朝的创建者、首任哈里发。自称赛法哈(al-Saffāḥ，意为“屠夫”)。出身于麦加古莱什部落哈希姆家族，为穆罕默德叔父阿拔斯的玄孙。阿拔斯家族原居希贾兹，后迁居大马士革，在伊拉克巴士拉国库领取年金，并占有大量土地。其父穆罕默德·本·阿里(？～743)为阿拔斯家族族长，并自称什叶派“布道会”的伊玛目，以巴勒斯坦死海南岸的侯迈麦村为根据地，组织反对伍麦叶王朝的斗争。艾布·阿拔斯生于该地，长大后追随其父。743 年，其兄易卜拉欣(？～749)继任族长和伊玛目职位。746 年，派遣密使艾布·穆斯林到呼罗珊组织发动反对伍麦叶王朝的起义，艾布·阿拔斯协助其兄策划。749 年 9 月，伍麦叶王朝派兵到侯迈麦拘捕家族成员时，易卜拉欣已事先打发族人迁往库法避难，并将族长之位交给其弟艾布·阿拔斯继任。艾布·阿拔斯率家族 14 名成员到达库法后，秘密隐蔽。749 年 10 月，艾布·穆斯林的起义军攻占波斯和伊拉克后，率呼罗珊 12 位首领来到库法，在库法清真寺向艾布·阿拔斯宣誓效忠。750 年 4 月，阿拔斯军攻占大马士革，推翻伍麦叶王朝统治。艾布·阿拔斯利用人民起义的成果，被拥立为哈里发，建立阿拔斯王朝(750～1258)。他上台伊始，对伍麦叶家族成员采取斩尽杀绝的政策，命部将阿卜杜拉在艾布·弗斯特斯城，以其名义邀请伍麦叶皇族 80 人赴宴，将他们杀害，唯希沙姆之孙阿卜杜·拉赫曼幸免于难。并令各地将伍麦叶已死哈里发陵墓挖掘、焚尸。他统治后，将王朝的统治中心由叙利亚移至伊拉克，建都于库法北部的安巴尔，改称“哈希姆城”。为震慑政治上的反对派，以“谋反”罪名杀害开国元勋之一的艾布·赛莱迈，迫使各省长官及部落首领向其效忠。他自诩其统治为“道莱”(al-Dawlah，即国家)以示有别于“窃权”、“叛教”的伍麦叶人。为争取各地贵族、宗教学者和广大穆斯林的支持，自称为“安拉在大地上的影子”、“正统信仰的保护者”，聘用大批著名教法学家为宗教顾问。在宗教节日和主麻聚礼时，身着先知穆罕默德穿过的斗篷，以示其政权的正统性和虔诚的信仰。他效法波斯萨珊王朝的行政体制，在哈里发的高度集权下，设立中央和地方的行政管理机构，启用波斯显贵及麦瓦利出身的文人担任各级要职，采取新的税收政策，以利农业发展。754 年因患天花在安巴尔去世。 (杨克礼)

艾布·阿塔希叶(Abū al-‘Atāhiyah，748～825)　阿拉伯阿拔斯王朝穆斯林著名诗人、苏菲派学者。本名艾布·伊斯哈格·本·卡西姆。生于伊拉克安巴尔的一个释奴家庭，在库法长大。因家境贫穷，未受正规教育。青少年时代刻苦自学阿拉伯语、文学，酷爱诗歌。曾师从著名诗人伊本·伊利亚斯和瓦利伯。早期在库法时开始写情诗，逐渐赢得声誉。后去巴格达，成为宫廷诗人。因爱上马赫迪王后的随身侍女欧特白而遭监禁。但他仍对欧特白留恋不舍，常赋诗抒情，哈里发马赫迪说他“简直是个白痴”，于是以艾布·阿塔希叶的绰号而闻名。后又受哈里发哈伦·拉希德的赏识，在宫廷图书馆阅读了各类图书，广交大臣和学者，从而积累了丰富的知识，成为著名的诗人和学者。通晓阿拉伯、波斯古代文化，精通希腊哲学，熟悉各宗教的基本教义和经院哲学各学派的观点，并深受摩尼教善恶二元论教义的影响，认为造物主创造了善与恶两个相对立的实质，用以调和摩尼教二元论同伊斯兰教认主独一论的基本矛盾。796年前后，放弃奢侈、放纵的生活，成为苏菲派的苦修者。早期的作品主要是颂诗、情诗、饮酒诗和悼诗，后期的大量作品是宗教劝世诗。劝世诗反映了他的神秘主义思想和苦修生活的变化，同时也反映了阿拔斯王朝的社会情况、阶级矛盾和宗教派别的思想论争。他所代表的苏菲苦修派诗人虽多是御用文人，但劝世诗客观上反映了下层人民的痛苦和希望，引起了人民的共鸣。1071年安达卢西亚穆斯林学者伊本·阿卜杜勒·拜尔搜集了他的宗教诗，编成《艾布·阿塔希叶诗集》，加以传播。诗歌脍炙人口，常被谱成乐曲，备受苏菲派学者的推崇。后世学者誉他为“阿拉伯宗教诗的大师”。　（杨克礼）

艾布·伯克尔（Abū Bakr al-Ṣiddiq，573～634）　伊斯兰教史上的第一任正统哈里发。与欧麦尔、奥斯曼和阿里并称为穆罕默德的四大贤配。本名阿卜杜拉·本·奥斯曼·本·阿米尔。出身于麦加古莱什部落台姆（Taym）家族。麦加富有的布匹商。阅历丰富，刚直善良，谦恭持重，颇有威望。早期受到哈尼夫一神论思想影响，对多神崇拜的陈规陋习深为不满。在穆罕默德传播伊斯兰教初期，与赫蒂彻、阿里、栽德等首先信教，是艾尔盖姆秘密会的主要成员，成为穆罕默德的挚友和助手。为反对麦加贵族对穆斯林的人身迫害和经济封锁，将大部分财产捐给传教事业，资助部分穆斯林迁往阿比西尼亚（今埃塞俄比亚）。他施舍济贫，释放和庇护奴隶。在他的感召和影响下，一些下层群众归信了伊斯兰教。622年迁徙麦地那时，为避开麦加贵族的追杀，不畏强暴，只身护卫穆罕默德安全到达麦地那，完成了伊斯兰教史上具有战略意义的迁徙。在麦地那政权初建时期，为领导集团的核心成员，全力辅佐穆罕默德，参与创建穆斯林公社、组建军队、制定制度、确定作战方案等决策，并率军参加了白德尔、吴侯德、壕沟战役及攻克麦加等所有同麦加贵族的战斗。他还将其女阿伊莎许配穆罕默德为妻，结成政治联姻。631年代表穆罕默德率穆斯林到麦加朝觐。穆罕默德临终前，委托他担任总伊玛目，领导穆斯林礼拜祈祷，宣讲教义，并主持穆斯林公社领导集团会议、群众集会，处理重大教务和行政事务，是当时伊斯兰教中影响较大的人物。

632年穆罕默德逝世后，在各首领出席的“塞基法会议”上，被推选为第一任哈里发（Khalifah Rasul Allah，意为“安拉使者的继任者”）。在就职宣誓时向穆斯林宣布：你们信任推举我为执事，但我的能力不强难以胜任。今后，我做得对，你们就支持我；我做得不对，你们就提醒和纠正。我们要抓住安拉的绳索，忠诚地遵循真主使者的遗训，为安拉之道而奋斗，决不背叛。执政期间（632～634），团结领导集团成员和圣门弟子，集结军队，首先平息了各地部落首领脱离麦地那政权、抗缴天课、反对伊斯兰教的武装叛乱。艾布·伯克尔晓示反叛者，必须无条件投降，否则即遭毁灭。他决定立即派兵出征讨伐，指派哈立德·本·瓦利德率师出征，先后击败了半岛中部的泰伊族、艾塞德族、盖特芳族和叶麻麦地方的哈尼法族，处决了自称先知的哈尼法族首领穆赛利迈。在派出的其他穆斯林将领的指挥下，巴林、阿曼、哈达拉毛、也门等地的平叛也先后告捷。从而巩固了麦地那政权，维护了半岛的统一，粉碎了分裂伊斯兰教的阴谋，动摇的部落表示归顺，恢复了各地区的安定局面。为开拓疆域，使伊斯兰教广泛传播，制定了征服波斯和拜占庭帝国的战略计划。633年，派哈立德为主将，穆桑纳·哈里斯为副将，先征服了伊拉克南部各部落，尔后又占领了希拉城。634年春，他派3支军队征服叙利亚，在巴勒斯坦境内的艾季纳代因与拜占庭军队决战，结果穆斯林获胜。

执政期间，主持了《古兰经》的首次汇集工作。任职的第二年，在叶麻麦平叛战争中数十名能背诵《古兰经》的圣门弟子阵亡，他采纳欧麦尔关于收集汇编《古兰经》的建议，责成栽德·本·萨比特为首，伍百耶、阿里、奥斯曼等人协助，将当时流传的《古兰经》的零星散片收集整理完毕。艾布·伯克尔主持汇编的《古兰经》，史称“穆斯哈福”本。此本由他收藏，为尔后《古兰经》的保存整理和统一定本奠定了基础。生前还传有部分圣训。634年因病在麦地那逝世。葬于“先知清真寺”内穆罕默德墓北侧。　（杨克礼）

艾布·达乌德（Abū Dāwud，817～889）　中世纪伊斯兰教逊尼派著名圣训学家、“六大圣训集”的汇编者之一。本名苏莱曼·本·艾什阿斯·本·伊斯哈格。原籍锡吉斯坦（今伊朗、阿富汗之间的锡斯坦），故又以锡吉斯塔尼闻名。自幼受到良好的家庭教育和宗教教育，酷爱知识，敬重学者，经常参加本地各种宗教知识讲习会。成年后，为了广求学识，搜集圣训，不辞艰辛，负笈游学埃及、叙利亚、杰吉拉、伊拉克、呼罗珊等地，并在许多学校学习、听讲，攻读经训和教法。曾师从伊本·罕百勒等12位硕学名宿学习圣训和圣训学，并同布哈里、穆斯林·本·哈贾吉和古太白·本·赛义德交往密切，经常同他们切磋、探讨圣训学上的疑难问题。后期在巴格达设帐讲学，圣训学家奈萨仪即其弟子之一。他集中精力开展圣训与教法关系的研究，治学严谨，尤注重圣训正文形式的完整和传述线索的连贯，并坚持以经、训明文演绎教法律例的主张。

一生集录圣训 50 万段，从中精选出有关教法的圣训 4800 段，辑录成书，定名为《艾布·达乌德圣训集》。有《前定书》、《废止与被废止的经文》、《隐修篇》、《哈瓦利吉史》等多种著述，大都毁于兵燹。889 年卒于巴士拉，当地穆斯林为他举行了隆重的葬礼。因之，有的西方学者以为他是巴士拉人。（马忠杰）

《艾布·达乌德圣训集》（Sunan Abū Dāwud） 9 世纪伊斯兰教逊尼派著名圣训经籍。属该派权威的"六大圣训集"之一。为锡吉斯坦圣训学家艾布·达乌德（817～889）汇编，故以其名命名。该集分上、下两卷，共收录圣训 4800 段。系编者从所收集的 50 万段圣训中经过精选、考证、汇编而成，并以圣训所涉及的问题划分类目。主要篇目和内容有：（1）教法系列，内容居多，包括穆斯林的宗教功修、社会义务和行为准则。（2）品德修养，包括顺主顺圣和处世做人等内容。（3）故事逸闻，供人学习和借鉴。（4）宣教劝化，教人行善戒恶，扶危济困。（5）礼法制度，要人遵守良好的仪规，树立高尚的节操。编者在辑录过程中十分重视考查圣训的真实性，并注重圣训正文的各种录写格式和多种传述渠道。脱稿后，编者即呈送其师伊本·罕百勒（780～855）审阅订正，受到好评，后在伊斯兰学界产生很大影响。20 世纪以来在中国亦有流传。后世学者为该集所作的注释共有 8 种，其中阿富汗人哈穆德·赫塔比（929～998）的《圣训悬标》和埃及人哲拉鲁丁·苏尤蒂（1445～1505）的《艾布·达乌德圣训集的升华》等较为详尽。（马忠杰）

艾布·法德勒·阿拉米（Abū al-Faḍl ‘Allāmi，1551～1602） 印度莫卧儿帝国历史学家、国务活动家。他出身于德里穆斯林望族，其父为著名的伊斯兰学者。早年随父学习《古兰经》和教义，后来到其父办的宗教学院受正规教育。学成后留校执教。1574 年，经其兄、宫廷诗人斐伊济引荐给皇帝阿克巴，其渊博的宗教和历史知识深受阿克巴赏识，不久被诏入宫廷任书记官，后擢升为宫廷大臣，掌管枢密院，曾协助阿克巴进行各项改革。信奉逊尼派教义，曾在亚格拉阿克巴主持的各宗教辩论会上阐述伊斯兰教正统派学说，颇受好评。曾劝谏阿克巴暂缓下令推行所创立的新宗教，以免引起穆斯林的不满。1599 年被改任为德干军队司令。1602 年，阿克巴之子贾汗季叛乱时，他奉召回朝途中，被贾汗季派人暗杀。在宫廷任职期间，查阅史籍，整理宫廷档案，编纂成历史著作《阿克巴的光荣》。全书分两大部分：前一部分记述阿克巴祖先的谱系，后一部分为全书的重点，记述阿克巴朝历史。后一部分曾单独刊行，以《阿克巴王朝史》（一译《阿克巴大帝传》）题名。该书分 4 部分：（1）对阿克巴的赞颂及传记（武功文治）。（2）阿克巴朝的制度，述及政府机构、军队组织、财政税收及宫廷管理。（3）阿克巴执政时王朝所辖 12 行省的简史。（4）印度伊斯兰文化和科学成就的记述，上溯到伊斯兰教传入、德里素丹国、古尔王朝，下迄阿克巴统治时期。据传，他曾将《圣经》译成波斯语。现还存有他的书信集。（杨克礼）

艾布·菲达（Abū al-Fidā’，1273～1332） 阿拉伯历史学家、地理学家。全名艾布·菲达·伊斯玛仪·本·阿里。原籍叙利亚哈马，生于大马士革。出身于库尔德贵族。系阿尤布王朝素丹萨拉丁兄弟的后裔。从小受到宫廷正规的宗教和文化教育，通晓伊斯兰教义、历史、文学，精通军事韬略。信奉逊尼派教义。曾在马穆鲁克王朝军队中任将领，参加过麦尔盖卜和的黎波里抵抗十字军的战役。1310 年任哈马总督，并领有大量封地。1320 年护卫素丹纳绥尔·穆罕默德去麦加朝觐，素丹赐予他"麦利克·穆艾叶德"（Malik Mu’ayyad，意为"受拥戴的国王"）称号。后从事学术研究。所著《人类史纲要》一书，上起伊斯兰教以前的阿拉伯，兼论古代犹太、波斯及希腊等民族，下迄 1329 年，重点记述了阿拉伯伊斯兰教各王朝的历史、事件、人物、宗教和文化等。该书参考了伊本·艾西尔的《历史大全》，阐发了作者的创见，对伊斯兰学术文化的叙述为尔后东西方学者所采用。另一部名著《地名辞典》，综述了当时地理学研究的成果，每个地名列有经纬度、气候区及地理位置、历史沿革和物产等，内容丰富。其序论部分，论述了地理学的理论及东方穆斯林学者对地理学的贡献。所收地名中关于中亚和中国许多重要城市的记载，其资料甚为珍贵。上述二书有英、法、德文等译本。他被称为"王子兼学者"。（杨克礼）

艾布·菲拉斯·哈姆达尼（Abū Firās al-Ḥamdānī，932～968） 阿拉伯哈姆丹王朝诗人。生于摩苏尔穆斯林贵族家庭。幼年丧父，由其堂兄阿勒颇哈姆丹王朝素丹赛弗·道莱扶养。自幼受到良好的宗教和文化教育，信奉什叶派教义。后习文练武，能诗善骑。曾受托管理门比季、哈兰一带地方。959 年跟随赛弗·道莱出征拜占庭，受伤被俘，逃脱后于 962 年再次被俘，被解往君士坦丁堡监禁，后获释。赛弗·道莱死后，与其子发生争夺王位的战争，在霍姆斯附近的战场上阵亡。他对阿拉伯诗歌、韵律学、语法均有研究，其诗作精练、流畅。有许多诗篇记述他的生活经历和尚武精神，有些颂诗赞伊斯兰教，也为赛弗·道莱和自己的王族歌功颂德。他最著名的诗《罗马集》写于被俘期间，诗中有对真主的赞颂和祈求，并抒发了他对社会、人生的哀怨、悲愁的情怀。他也有一些悼念亲人，特别是悼念其母的挽歌，非常动人。被称为"王子诗人"。《哈姆达尼诗集》于 1873 年在贝鲁特首次出版。（杨克礼）

艾布·哈尼法（Abū Ḥanifah，700～767） 伊

斯兰教逊尼派哈乃斐教法学派创始人，教义学家。全名艾布·哈尼法·努尔曼·本·萨比特。他创制的教法学说灵活、宽容、公正，受到穆斯林的爱戴，系伊斯兰教第一位和影响最大的教法学家，被尊为“大伊玛目”。故其教法学派亦称“大伊玛目派”。生于伊拉克库法一穆斯林家庭。青年时代以卖布为生。后受教于教法学家哈马德（Ḥammād ben Abi Sulaymān，？～737），教义学家、哲学家伊本·阿塔（699～748）和库法圣训学家阿米尔·沙尔比（‘Amir al-Sha‘bi，？～728），并从师什叶派第六代伊玛目贾法尔·萨迪格（约700～765）学习教法。终生致力于宗教学术研究和讲学，培养了大批弟子。坚持司法的独立性，反对当权者干预立法。伍麦叶王朝末期，曾拒绝接受叙利亚总督耶济德委派他为库法法官的职务。后因不愿为阿拔斯王朝效力而屡遭迫害。767年在巴格达狱中逝世。在立法思想上，一贯倡导运用“推理”原则和个人意见创制教法实体，在教法体系中尤以重视个人意见和灵活创制法律著称，从而确立了哈乃斐教法学派的地位，故该派又有“意见派”之称。他认为，在创制教法时，应主要根据《古兰经》律例，审慎引用圣训律例，只有众人共同传述，并已得到教法学者普遍承认的真实圣训，才可作为立法的依据；主张灵活运用“公议”，即把公议解释为某一地区某一世代权威法学家的“协议”，认为公议是不谬的，尤为重视法学家和执法者的个人意见和判断，认为对于法律争端，执法者的个人见解具有举足轻重的作用，也为判断过程所必需。要具体案例具体研究解决，不应囿于经训原文。他依据“推理”原理创立了“优选”（al-Istiḥsān）辅助立法原则。认为在审理案件时，如无经、训和公议可循，教法官出于平衡和公义考虑，可不受类比的约束，而根据案情本身的是非曲直，作出合理的判决。最初致力于伊斯兰教哲学，后转入教义学和教法学研究。一贯治学态度严谨，热衷于教法体系的创立而轻视司法实践，在创制教法学派过程中从未参与司法工作。培养了大批教法学家，其中最著名的是艾布·优素福（？～798）和穆罕默德·谢巴尼（？～805）。其法学思想和主张主要通过其弟子的几十部著作保留和传播至今。其中有：《大学》（al-Fiqh al-Akbar）和《穆斯奈德·艾布·哈尼法》（Musnad Abu Ḥanifah）。哈乃斐教法学派的最早法典《论税赋》（al-Kharāj）系由艾布·优素福根据其法学观点编纂而成。《教法大全》（al-Mabsūṭ）是该派的另一部重要法律文献。它经过艾布·哈尼法的几代学生修改、补充而成。全书计30册，汇集了该派全部教法主张。全世界约半数以上的逊尼派穆斯林遵奉该派，目前在伊拉克、伊朗、印度、也门、埃及、叙利亚等国有很大影响。中国穆斯林大多遵行该学派的主张。　（张广麟）

艾布·哈尼法清真寺（Masjid Abū Ḥanifah）　伊拉克伊斯兰教著名清真寺。位于巴格达城内。为伊斯兰教逊尼派哈乃斐法学派创始人艾布·哈尼法（699～767）陵墓所在地的清真寺。艾布·哈尼法因拒绝与阿拔斯王朝哈里发曼苏尔合作而被监禁，767年殁于巴格达狱中。其遗体葬于此地，当时名“凯祖兰墓地”。以后此地筑墙围绕，并名为艾布·哈尼法。经千余年变迁，建筑物迭经兴毁。奥斯曼帝国统治时期曾多次加以修葺，并扩建为清真寺。20世纪80年代伊拉克政府又全面加以扩建和重修。现此地名为“阿德哈米亚”。陵墓上建有穹顶，其旁的清真寺规模甚大，主体建筑为礼拜大厅，亦有穹顶，厅内有彩色镶嵌的花纹与几何图形以及《古兰经》的节文。还有一宣礼尖塔，饰以彩砖。寺中另有回廊及房屋多处。艾布·哈尼法的陵墓为穆斯林拜谒的古迹之一。　（杨克礼）

《艾布·哈尼法圣训集》（Musnad Abū Ḥanifah）　古代伊斯兰教有关教法的圣训集。哈乃斐教法学派代表作。艾布·哈尼法的门弟子辑录，约成书于9世纪末。内容多涉及伊斯兰教法的渊源、理论基础和实体法学说。为伊斯兰教法重要历史文献之一，对研究该派教法传统有重要参考价值。有多种不同版本和注释本。最权威的为花剌子密（伊斯兰教历665年卒）本，1332年出版于印度海德拉巴，书中汇集了15个不同版本。　（吴云贵）

艾布·胡莱赖（Abū Hurayrah，601～678）　穆罕默德的门弟子，圣训背记家和传述家。原名阿卜杜·舍姆斯·本·艾斯沃德，又名阿卜杜·拉赫曼·本·萨赫尔，信奉伊斯兰教后由先知穆罕默德改称“阿卜杜拉”。因其喜爱小猫，故又以艾布·胡莱赖（小猫之父）的绰号著称。也门道斯部落人。跟随穆罕默德宣教多年，曾任先知寺教师。穆罕默德逝世后，曾协同艾布·伯克尔参与平定部落叛教的战役，以后还曾担任巴林、麦地那长官，主持麦加的司法工作。学识渊博，精通《旧约》，热心搜集、传播穆罕默德言行，记忆力强，一生背记、传述圣训5374段，曾有800多人听他传述过圣训。其中包括早期苏菲主义的苦行楷模、格言家哈桑·巴士里。艾布·胡莱赖十分好学，重视道德修养，被誉为“惜才不惜财，求明不求名，爱学不爱乐”的典范。辑有《穆斯奈德》圣训集一稿，由艾布·伊斯哈格·本·易卜拉欣（Abū Isḥāq ben Ibrāhim，767～850）整理成书，六大圣训集中均有收录，其中有不少段是后人假托的，土耳其柯普吕律图书馆藏有该书的抄本。　（马忠杰）

艾布·胡栽勒（Abū al-Hudhayl，752～850）　伊斯兰教穆尔太齐赖派著名代表、哲学家。一译“阿布·胡栽里”。以“阿拉弗”（al‘-Allāf，意为“草料商”）绰号著称于世。生于伊斯兰学术文化名城巴士拉，出身于商人家庭。早年在清真寺受传统的伊斯兰教育，后成为穆尔太齐赖派创始人瓦绥勒·本·阿塔学说的信徒。他精通《古兰经》、圣训和教法，谙熟各学派学说，善于辞章和论辩。他将瓦绥勒的学说进一步发展，提出了该派早期教义的"五项基本原则"，即信仰安拉独一；信仰安拉的公正与正义；信仰安拉许诺的奖赏和惩罚的威胁；承认犯大罪者居于信与不信道的中间地位；真主责令行善止恶为穆斯林的一项宗教义务。他奠定了该派学说体系的理论基础。他的学说被追随者广泛接受后，遂代替迪拉尔·本·阿慕尔(约730～800)的地位，成为该派巴士拉支派的领袖。后他迁居巴格达，广交著名学者讨论教义，研究希腊哲学和逻辑学，并讲学培养门弟子。曾多次参加巴尔马克官邸举办的"凯拉姆"讨论会，因其学识辩才出众在巴格达学术界享有盛名。阿拔斯王朝哈里发马蒙(813～833在位)执政后推崇穆尔太齐赖派的学说，他便活跃于巴格达清真寺宗教学校的讲坛，大力宣传该派的教义主张，从而取得马蒙的赏识和器重，经常应邀到宫廷讨论希腊哲学和教义。他与该派巴格达教法学家、大法官伊本·艾比·杜尔德(776～854)交往甚密，共同为推行马蒙发布的宗教敕令"《古兰经》是受造之说"的信条起了重要作用。他撰有多学科的大量宗教著作，但大多失传，散见于后世学者的著作中。被誉为"将希腊哲学引入伊斯兰教凯拉姆学的第一人"、"运用逻辑推理的典范"。850年卒于巴格达。

在宗教哲学思想上，艾布·胡栽勒在继承瓦绥勒学说的基础上，以希腊哲学的唯理主义为武器，运用逻辑推理论证教义问题，赋予论题以思辨的性质，阐发了与该派其他学者不同的见解。其主要思想观点是：(1)关于安拉的本体与德性的关系。他认为，安拉是纯精神的、超绝万物的绝对存在，他与其被造物之间无任何相似之处，安拉没有形体，无所不知，无所不在，无所不能，能洞察和主宰宇宙及人世间的一切。他否认安拉本体外还有诸多拟人化的德性，认为安拉的德性就是其本体，德性和本体是统一的，仅是名异而实同。他说，安拉有其超然的知觉、生活和能力三种德性，但三者不是独立于安拉本体之外的单独存在，而是安拉独一本体的三个方面。安拉的德性是纯精神的，而不是实体的。(2)关于意志自由问题。认为真主是无始的，但真主的意志不是无始的，因为意志不是真主的本体，也不是真主意欲的事物，而是无始的真主本体与真主所创造的物质世界间的桥梁。真主责令人们应行善止恶，但真主并不预先造化人们的善恶行为，因为真主是大智、大慧、大慈、大悲的，决不会命定人们去作恶。认为人有意志自由，人是自己善恶行为的主宰者，他可以凭借自己的选择和意志自由决定自己的行动。天赋的理性是人的意志自由的前提，人凭借理性判断善恶，人若失去了理智就会作恶，故人们要对自己的行为后果负责。人们按真主的诫命约束自己的行为，借助理性判断是非，就能趋善避恶。(3)关于知识问题。他把知识分为理性知识和"天启"知识。理性知识包括哲学、自然科学，它是人们在思维中对各种事物的概念关系所作出的判断和推理。"天启"知识是指《古兰经》及信条，它是通过安拉的启示而获得的关于信仰的知识。他说："知识是真主所赐的恩惠。一部分知识是'天启'的效果，一部分知识是'天赋'的良知。未有天启的时候，人类往往以良知认识其义务，故人类能认识真主，能辨别善恶，能趋善避恶。"但信仰必须建立在理性基础上，才能"确信和顺从"真主。(4)关于《古兰经》的性质问题。他认为安拉是独一的、无始的、永恒的存在，凡被创造的万物都是有始的，《古兰经》是安拉从无始中创造的，故也是有始的，它是穆斯林信仰、立法的源泉和行为的准则，必须经常诵读。还认为安拉是世界运动的推动者，现世一切事物的运动都是有始有终的。世界末日之后，将无运动可言，人类将复活，在天园或火狱中分别享有永久的幸福或刑罚。艾布·胡栽勒的学说对伊斯兰教学术界产生了深远的影响，其门弟子奈萨姆等进一步发展了其学说。　　(杨克礼)

艾布·加齐·巴哈杜尔(Abū al-Ghāzi Bahadur，1603～1663)　中亚基华汗国可汗、历史学家。生于玉龙杰赤。为穆罕默德可汗之子。早年受过良好的伊斯兰宗教及文化教育，通晓阿拉伯文、波斯文和察合台文。其父去世后，诸兄弟为争夺王位斗争激烈，其长兄伊斯芬迪亚尔即汗位，因兄弟反目，他被迫逃往伊朗伊斯法罕城。此间，广交萨法维王朝的著名学者，在当地图书馆阅读收集波斯和阿拉伯历史资料，从事突厥历史的研究。后布哈拉汗国因内乱失去对基华汗国的军事控制，他组织力量在咸海地区起兵，占领基华汗国领地。1644年他登上基华可汗位，在位约20年，他除治理国家外，积极发展伊斯兰教育文化，赞助学术研究，他也从事学术著述。最著名的著作是《土库曼人世系谱》和《突厥人世系谱》，对研究中亚穆斯林民族宗教史有重要的史料价值。

(杨克礼)

艾布·贾法尔(Abū al-Ja'far，707～775)　阿拔斯王朝第二任哈里发。一译"阿布·哲耳法尔"。自称曼苏尔(al-Manṣūr，胜利者)。为柏柏尔女释奴所生。哈里发艾布·阿拔斯之弟。曾任省督。754年，其兄艾布·阿拔斯去世后继任哈里发(754～775在位)，富于谋略，手段多变，政治上消灭异己，镇压反对派的武装起义。执政后利用艾布·穆斯林击败同他争夺哈里发职位的叔父阿卜杜拉·伊本·阿里，并将其囚禁致死，接着杀害了开国元勋艾布·穆斯林，消除了政治隐患。后又派兵镇压了阿曼及叙利亚哈瓦利吉派、北非艾巴德派、波斯及中亚各地的农民起义。将昔日的同盟什叶派视为最危险的反对派，密令希贾兹和伊拉克总督追捕、拘禁阿里后裔及追随者，相继杀害了哈桑的两个重孙穆罕默德·本·阿卜杜拉(？～762)和易卜拉欣(？～763)，并悬挂首级示众。这些高压政策，对王朝政治的巩固起了重要作用。762年，将首都从安巴尔迁往历时4年建成的巴格达新城，时称"和平之城”。在圆形城的紫禁城内建有豪华的宫殿、官邸、清真寺和花园，成为王朝的政治、宗教和学术文化中心。在宗教上，以“正统信仰的捍卫者”自诩，推崇圣训派的教义和教法主张，视什叶派为“异端”。任用正统派教法学家为宫廷宗教顾问和各行省教法官。下令各地清真寺在主麻聚礼日要为自己祝福。为表示其信仰的虔诚，多次亲率王室成员及官吏到麦加朝觐，主持克尔白揭幕及大典仪式。将持不同宗教见解的著名学者，如伊本·穆卡法等以“伪信者”（穆纳菲格）的罪名处以死刑。仿效波斯萨珊王朝的行政管理制度，加强和完善中央集权制。实行财政改革，调整税率，兴修水利，发展灌溉，修筑道路，促进了农业、手工业和商业的发展，从而国库充盈。据载，在曼苏尔生前国库存款达6亿迪尔汗和1400万第纳尔。他继续扩张疆土，派兵征服里海南岸的泰伯里斯坦和阿富汗的坎大哈地区，毁祆、佛教寺院，使伊斯兰教在该地传播。史学家称他是阿拔斯王朝的真正奠基者。775年10月在朝觐途中殁于麦加附近。（杨克礼）

艾布·贾法尔·图西（Abū Ja‘far al-Ṭūsi，995～1067） 伊斯兰教什叶派著名古兰经注学家，四大圣训经汇编者之一。全名艾布·贾法尔·穆罕默德·本·哈桑·本·阿里·图西。生于波斯呼罗珊古城图斯（Ṭūs）。青年时代到巴格达求学，先后从师于什叶派著名学者穆菲德和谢里夫·穆尔塔达，继其师之后成为巴格达什叶派长老。博学多识，听其讲学的学生有时多达300余名，什叶派的影响和地位因其威望而大为提高。1055年塞尔柱人灭什叶派布韦希王朝进入巴格达后，什叶派处境日趋困难，图西在巴格达的住房及其经书均被焚毁。他被迫移居纳贾夫后，开创了该地的学术研究活动，并创建了纳贾夫大学，被誉为“教团长老”。图西接受并发挥其师穆尔塔达的宗教思想，在其著述中反复论证了伊玛目存在的必要性，认为由于真主的仁慈，人世间才有伊玛目的存在，因为任何一个民族，都需要由有才智的人去引导他们走上正道，而伊玛目正是真主派来的引导人；先知穆罕默德的律法需要有监护人，《古兰经》中隐晦的经文意义需要正确解释，而伊玛目正是真主派来的监护人和权威的诠释者。其著述几乎涉及伊斯兰教的所有学科，多为经典注疏，除大量有关信仰原则、教法原理、遗产继承学、人物传记等书外，最著名的为其汇编的两部圣训集《法规修正》（Tahdhib al-Aḥkām）和《圣训辨异》（al-Istibṣār Fi Mā Ukhtulifa Fihi Min al-Akhbār）。这两部经原系对其师穆菲德所著《教法学菁华》的注释，因其文体为圣训汇编，且内容十分广泛，而被什叶派推崇入四大圣训经之列。其他主要著作还有《古兰经注释大全》、《什叶派书目》、《沙菲概要》（一译《摘要》）、《关于什叶派学说的30个问题》、《教义学家常用语》等。1067年在纳贾夫病逝。（杨宗山）

艾布·麦尔舍尔（Abū Ma‘shar，787～886） 阿拉伯著名占星学家。拉丁文名阿尔布玛扎（Alb Umazar）。本名贾法尔·本·穆罕默德·本·欧麦尔。生于波斯呼罗珊的巴尔赫城。早年生平不详。后到巴格达从事天象观测和神秘主义占星学研究，并从事著述，享有盛名。曾出入阿拔斯朝宫廷占星观象，为几代哈里发器重。他在著作中用占星术的自然现象来比附社会现象和人的命运，认为星辰的变化能影响万物的生死和人的祸福，月亮的出没能影响地球潮汐浮沉变化。在论述天体运动时，他指出：世界之始正当七大行星交合于白羊座一度，世界末日将发生在七大行星交合于双鱼座末度之时。其主要天文学著作有《占星学入门》、《天体互合之书》和《世界年来复之书》等。12世纪他的著作被赛维勒人约翰和巴斯人阿德拉译成拉丁文，传入欧洲，被人们广泛引用。欧洲人称其为“占星学的权威学者”、“潮汐成因理论最早的提出者”。（杨克礼）

艾布·穆萨·艾什尔里（Abū Mūsā al-Ash‘ari，602～665） 伊斯兰教先知穆罕默德的门弟子，四大哈里发时期的著名军政长官之一。全名阿卜杜拉·本·盖斯·本·赛利姆·艾什尔里。艾布·穆萨为其尊称。生于也门扎比德，出身于盖哈坦（Qaḥṭān）部落艾什尔里家族。少年时在麦加信奉伊斯兰教，为较早信教者之一。在古莱什贵族多神教势力加剧迫害穆斯林时，曾奉先知穆罕默德之命迁徙至阿比西尼亚（今埃塞俄比亚）避难，后被派往其家乡扎比德和亚丁任宣教师，曾为伊斯兰教在也门地区的传播做出了贡献。第二任哈里发欧麦尔执政时期（634～644），被任命为巴士拉军政长官，曾率穆斯林军征服波斯伊斯法罕和阿瓦士地区。后任库法军政长官。657年伊斯兰教上层争夺哈里发权位的骆驼战役在巴士拉爆发，因拒绝派兵增援第四任哈里发阿里而被免职。后在阿里与穆阿维叶之间的政治斗争中，曾应库法穆斯林的请求，作为阿里一方的代表，出席隋芬战役之后的裁决会议。擅长古兰经读法，是圣门弟子中杰出的诵经家之一，毕生传述圣训355段。（杨宗山）

艾布·穆斯林（Abū Muslim，718～755） 中世纪波斯呼罗珊农民起义领袖，阿拔斯王朝开国功臣。一译“阿布·穆斯里姆”，中国史籍曾译作“并波悉林”。全名艾布·穆斯林·阿卜杜·拉赫曼·本·穆斯林。波斯呼罗珊人，释奴出身。据传他为什叶派的追随者，信仰虔诚，精明强干，精通武略。后在麦加朝觐时，与伊拉克阿拔斯族人建立了联系，参加了“阿拔斯传道会”，成为传教师。743年，被阿拔斯人首领易卜拉欣委派到呼罗珊，进行反对伍麦叶王朝的宣传和组织活动。先到呼罗珊的胡扎阿部族进行活动，后到麦赫万，得到波斯农民的拥护；并把呼罗珊的一些贵族争取过来归信了伊斯兰教。经过长期的组织和策划之后，747年6月，高举阿拔斯家族的黑色旗帜，在呼罗珊地区发动推翻伍麦叶王朝的起义。旗帜上写着《古兰经》的一段话："被进攻者，已获得反抗的许可，因为他们是受压迫的"（22∶39）。他主张必须以先知穆罕默德的后裔为伊斯兰国家的哈里发，并提出减轻赋税、取消劳役、凡穆斯林一律平等、推翻"叛教的"伍麦叶人统治的斗争目标。参加者有波斯和中亚的农民、什叶派和哈瓦利吉派信众，以及对伍麦叶王朝统治不满的波斯封建主和阿拉伯部落，起义队伍在其助手卡赫塔巴的指挥下，748年在内沙布尔、尼哈万德、伊斯法罕等地多次击败哈里发军队，后占领呼罗珊首府木鹿，该地60个村庄农民揭竿而起，参加了义军。749年攻占了伊拉克首府库法，后彻底摧毁伍麦叶王朝的军队。749年10月，其代表率呼罗珊12名酋长到库法拥戴艾布·阿拔斯为哈里发。起义的胜利果实被阿拔斯攫取，建立了阿拔斯王朝。艾布·穆斯林被任命为呼罗珊总督。751年，其部将齐亚德在中亚怛罗斯（今江布尔城）大败中国唐朝将领高仙芝军，2万人被俘，势力遂达中亚地区。753年，经艾布·阿拔斯准许率旅队到麦加朝觐，并以哈里发代表人的身份出现。754年曼苏尔继任哈里发，其叔父阿卜杜拉·阿里争哈里发职位，被艾布·穆斯林率军击败于奈绥宾（今土耳其纳西宾）。因其在波斯和中亚的势力日增，遭曼苏尔猜忌，遂调他改任埃及总督，他拒不接受新的委任。755年被宣召回京，在抵达时以图谋反叛之罪，惨遭杀害。他被杀后，其在呼罗珊的追随者，曾以他的名字为号召，举行过多次起义，均遭镇压。其中胡拉米派称其为"真主的化身"，并认为他没有死，将要复返人间，铲除邪恶，恢复正义。（杨克礼）

艾布·穆斯林起义（Intifāḍah Abū Muslim）波斯呼罗珊地区人民推翻伍麦叶王朝的武装起义。一译"阿布·穆斯里姆起义"。领导人为呼罗珊释奴出身的艾布·穆斯林，故名。747年6月起义得到各方响应。呼罗珊和河外地区的农民，纷纷携带武器，涌向起义据点。麦尔夫（木鹿）附近60个村庄的农民同时暴动。参加起义的除农民、手工业者和商人外，一些封建主（德赫干）和什叶派、哈瓦利吉派的宗教领袖也加入起义队伍。起义军首先打败呼罗珊总督军队，占领木鹿作为基地，迅速向各地进军。748年6月，艾布·穆斯林率军占领内沙布尔。8月，起义军将领卡赫塔巴在朱尔占打败伊拉克总督耶济德的援军。749年3月，卡赫塔巴又在伊斯法罕附近击败由基尔曼总督阿密尔·穆里率领的叙利亚援军，不久驻扎在尼哈万德的守军也被迫向起义军投降。同年8月，卡赫塔巴乘胜西进伊拉克，途中在安巴尔附近战斗中牺牲，其子阿卜杜拉·伊本·哈桑率起义军转攻库法，库法城守将投降。10月，艾布·阿拔斯等到库法，艾布·穆斯林派代表率12个呼罗珊部落酋长去库法宣誓拥戴艾布·阿拔斯。11月，艾布·阿拔斯在库法清真寺宣誓称哈里发，建立阿拔斯王朝。750年，起义军彻底消灭伍麦叶王朝军队残部，伍麦叶王朝覆灭。但艾布·穆斯林领导人民起义的胜利果实，却被伊拉克封建贵族所攫取，当做改朝换代的工具。（杨克礼）

艾布·奈斯尔·萨曼尼（Abū Nasr al-Sāmāni）10世纪中亚萨曼王朝王子。喀喇汗王朝可汗萨图克·布格拉汗改宗伊斯兰教的启蒙者和导师。全名曼苏尔·本·奈斯尔·萨曼尼。生卒年无可考。塔吉克族，中亚河中人。出身于萨曼王朝王族，其父奈斯尔·本·艾哈迈德为萨曼王朝埃米尔，但后来在同其弟伊斯玛仪争夺统治权失败后，王朝实权为伊斯玛仪所掌握。892年他死后，王位亦由其弟伊斯玛仪所继承。10世纪初曼苏尔为躲避叔父的迫害，逃奔到喀什噶尔（今新疆喀什市），向喀喇汗王朝统治者乌古尔萨克·卡迪尔汗寻求庇护。据11世纪喀喇汗王朝穆斯林史学家阿勒马伊《喀什噶尔史》记载，乌古尔萨克·卡迪尔汗友好地接待了曼苏尔，不久又任命他为阿图什地区长官，并允许在那里建立阿图什清真大寺。乌古尔萨克·卡迪尔汗之侄萨图克常去阿图什看布哈拉的商队运来的各种货物。他见到穆斯林商人的礼拜活动受到很大影响，便去访问曼苏尔王子寻求伊斯兰知识，曼苏尔便多次向他讲述伊斯兰教教义，指导学习《古兰经》，劝说他改宗了伊斯兰教。终于使萨图克成为第一个信奉伊斯兰教的喀喇汗王朝可汗。又据维吾尔族传记文学作品《萨图克·布格拉汗传》载，曼苏尔王子因夜梦先知穆罕默德命其前往东突厥斯坦（今新疆地区）引导萨图克加入伊斯兰教，遂率领商队到阿图什，终使萨图克接受伊斯兰教，并为他取经名为阿卜杜勒·凯里姆。以后又帮助他推翻乌古尔萨克·卡迪尔汗，登上汗位。萨图克·布格拉汗执政后，曼苏尔仍为其宗教导师，受到尊崇，共同致力于伊斯兰教在王朝各地的传播。死后葬于阿图什萨图克·布格拉汗麻札旁，其墓至今尚存。（马品彦）

艾布·努瓦斯（Abū Nuwās，约757～814）阿拉伯阿拔斯王朝著名诗人。原名哈桑·伊本·哈尼。生于波斯阿瓦士，在巴士拉长大。幼时曾随香料商学艺，但志在诗文。后在巴士拉和库法求学，先后师从诗人瓦利卜·伊本·侯巴卜和海莱夫·艾哈迈尔。他研读过《古兰经》、圣训，通晓阿拉伯文法、修辞、诗律。初到巴格达阿拔斯王朝王宫时，与某些大臣多有牵连，在政局发生突变时潜往埃及避难。30岁时辗转返回巴格达，撰写颂诗多篇，博得哈伦·拉希德和艾敏两位哈里发的赏识，成为宫廷诗人。长于作饮酒歌，有"酒诗人"之称。思想豁朗，性格豪放，主张充分享受现实人生的欢乐，反对宗教禁欲和苦行。诗作题材广泛，除歌颂阿拔斯朝廷和劝善的诗篇外，尤以赞美青春、美酒、爱情的抒情诗和描写宫殿、花园的写景诗以及调侃权贵、嘲弄群小的讽刺诗最为著名。语法严谨，辞藻优美，热情奔放，富于想象，诙谐生动，突破了传统诗歌的题材和形式，为阿拉伯诗歌的发展开辟了新天地，对当时和后世的诗人影响很大。阿拉伯文学评论界认为他是阿拉伯文学黄金时代最伟大的新派诗人。遗留的诗篇经10世纪文学家伊斯法哈尼搜集整理，传世的有12000多句。《一千零一夜》中记载了许多他和哈里发哈伦·拉希德幽默有趣的故事。（杨克礼）

艾布·欧拜岱（Abū ʻUbaidah，584～639） 伊斯兰教先知穆罕默德的门弟子，著名军事将领。全名阿米尔·本·阿卜杜拉·本·贾拉赫·菲赫里。生于麦加，出身于古莱什部落的菲赫尔（Fihr）家族。在古莱什部落中享有较高声誉，与艾布·伯克尔并称为“古莱什两贤能”（Dāhiyatā Quraish）。610年穆罕默德开始在麦加秘密传教时期，经艾布·伯克尔引荐，成为少数最早信教者之一。为免遭多神教徒迫害，曾奉穆罕默德之命，同少数穆斯林一起迁徙阿比西尼亚（今埃塞俄比亚）避难。因其在麦加贵族残酷迫害穆斯林的艰苦条件下信教，并在其父威胁追杀时坚定不移，故成为穆罕默德以天园相许诺的十大弟子之一，并被誉为“艾敏·乌玛”（Amin al-Ummah，意为“民族忠良”）。622年迁徙至麦地那后，成为辅佐穆罕默德创建穆斯林公社的重要领导成员之一，曾参加过这一时期的全部战役。在吴侯德之战中，他曾拼死护卫穆罕默德，并用牙齿为其拔除因中箭而穿透双颊的头盔环时而损落全部门牙。他还曾以“最忠实可靠者”的身份，被派往南方纳季兰地区进行传教。632年，在穆罕默德逝世后出现的哈里发权位之争中，他是麦加“迁士派”的主要代表人物，并曾被艾布·伯克尔提名为候选人之一。艾布·伯克尔执政时期，成为军事将领，曾率领一支先遣队向叙利亚的霍姆斯进军。欧麦尔执政后，又被任命为北征叙利亚地区的穆斯林军队总指挥，曾率军先后占领大马士革、太巴列、巴勒贝克、霍姆斯、哈马、阿勒颇、安塔基亚等地，东抵幼发拉底河畔，北至小亚细亚。他还协助欧麦尔向各地派遣驻军，任命官员，制定管理新征服领土的各项规章条例。639年，在耶路撒冷附近的阿姆瓦斯（ʻAmwās）村因染瘟疫而死，葬于太巴列以南的拜桑（Baysān）村。（杨宗山）

艾布·苏富扬（Abū Sufyān，576～652） 伊斯兰教初期麦加古莱什部落贵族统治集团的代表人物和多神教徒的头领之一。出身于伍麦叶富商家族，是后来的伍麦叶王朝开国君主穆阿维叶（603～680）之父。相传在伊斯兰教创传以前，古莱什部落的战旗一直由他保存，曾多次率驼队前往叙利亚、巴勒斯坦等地区贩运经商，在麦加商业贵族阶层中颇具影响。7世纪20年代初起，穆罕默德在初期的传教过程中多次受到以他为首的麦加贵族和多神教徒的强烈反对，他们对宣布信教的穆斯林进行残酷打击和迫害，致使初期的穆斯林生命难保，不得已遂于614～615年分批迁往阿比西尼亚（今埃塞俄比亚）避难。622年，穆罕默德迁徙麦地那以后，艾布·苏富扬为了打通北上叙利亚的商道，先后于625年和627年两次率领多神教徒武装进犯麦地那，发动了吴侯德之战和联盟之战（即壕沟之战），企图消灭麦地那穆斯林公社，但均遭失败。从此，麦加在军事上由优势转为劣势，故不得不同穆罕默德于628年签订了著名的《侯代比亚和约》。629年，因该和约遭到对方破坏，穆罕默德遂率大军攻克麦加，艾布·苏富扬见大势已去，只得出城欢迎穆斯林军队，并当众宣布归信伊斯兰教，终成为穆罕默德的门弟子。630年，随军参加了针对多神教徒的侯奈因和塔伊夫之战，此后双目失明。（马忠杰）

艾布·塔利卜（Abū Ṭālib，540～620） 伊斯兰教先知穆罕默德的伯父，第四任哈里发阿里之父。全名阿卜德·麦纳夫·本·阿卜杜勒·穆塔里布·本·哈希姆，“艾布·塔利卜”为其尊称。生于麦加，在古莱什部族中享有一定地位，为哈希姆家族首领之一。受其父阿卜杜勒·穆塔里布临终前嘱托，将其侄穆罕默德抚养成人，并曾带领他赴叙利亚等地经商。后因家庭人口众多，生活拮据，其子贾法尔和阿里曾分别由阿拔斯和穆罕默德抚养。生前虽未信奉伊斯兰教，但对支持其侄穆罕默德传教，保护他免遭古莱什贵族迫害，曾起过积极作用。620年在麦加病故。（杨宗山）

艾布·泰马姆（Abū Tammām，788～约845） 阿拉伯阿拔斯王朝诗人。全名哈比卜·伊本·奥斯·塔伊。生于大马士革附近的贾希姆，其父是信奉基督教的商人。艾布·泰马姆幼年时当过织布工。17岁到埃及开罗一清真寺当杂役，归信伊斯兰教，信奉逊尼派教义。勤奋自学，掌握了阿拉伯语言文学和伊斯兰教经训、教义。后游历巴格达、摩苏尔、希贾兹、亚美尼亚、呼罗珊和阿塞拜疆等地，投师求学，为创作诗歌积累了大量知识和素材。在哈里发马蒙（813～833在位）、穆尔台绥姆（833～842在位）执政时，被招聘为宫廷诗人，受到重用，并专心从事创作。后担任摩苏尔邮政长官。他深受希腊哲学思想的影响，诗作寓有深刻的哲理，题材多以歌颂王公贵族功德及战争为主，兼以写景。形式上沿袭阿拉伯古诗风格，多为长律，语言纯正，辞藻华丽。以描写穆斯林圣战为题材的长诗《阿穆里耶战役》，取材于838年阿拔斯王朝军队攻占拜占庭的阿穆里耶一役，记述了战争的经过并颂扬了穆斯林军的战功。编选诗集多部，传世的有两部：一部是《穆法德勒诗选》，影响最大的一部是《坚贞诗集》，收入伊斯兰教史前至阿拔斯王朝近400年间阿拉伯诗人的优秀诗篇882首，分成10类，各类有一主题，展现了阿拉伯古代诗歌中的丰富智慧遗产。

（杨克礼）

艾布·瓦发(Abū al-Wafā',940～998) 中世纪阿拉伯著名天文学家、数学家。一译"阿布·威法"。全名艾布·瓦发·穆罕默德·本·穆罕默德·本·叶海亚·布兹加尼。生于波斯呼罗珊的布兹占(Buzjan),一说系内沙布尔人。出身于一穆斯林学者家庭。小时受过传统的宗教和文化教育。后到内沙布尔、撒马尔罕从师学习数学和天文学,对花剌子密的《代数学》有深入的研究,并作过注释。曾在阿拔斯王朝巴格达智慧馆附设天文台工作多年,从事希腊数学、天文学著作的翻译研究和天文观察,建立了第一座观测星球的象限仪台。卒于巴格达。在天文学方面,他把正切和余切这两种三角函数用到天文观测上,最早发现了月球的"二钩差",即月球的中心差和出差不仅在朔望和上下弦,在弦望之间也有盈缩之差。他的这一重大发现被人们误认为是600年后弟谷·布拉赫的功绩。他根据月球运动的速度差,发明了月球运行的加速方程。他还提出了地球绕太阳运转的初步假说,论证了地球是一个球体,纠正了古希腊托勒密地球中心说的错误。在三角学方面,他首先发现了球面三角形的正弦定理,并证明了它的普遍性;设计了开三、四、五次方根计算的新方法,引入了"正割线"、"余割线"的概念。他编制的正弦表、正切表精确到$1/60^4$。近代西方著名数学家笛卡儿称艾布·瓦发是"解析几何的先驱"。据传,他还对欧几里德的《几何原本》有关部分作了重译和注释。其主要著作有《天文学大典》、《综合天文历表》、《文书和商人算术科学须知》、《工匠的几何制图法须知》等。 (杨克礼)

艾尔盖姆(al-Arqam,594～675) 穆罕默德的门弟子,最先信奉伊斯兰教者之一。全名艾尔盖姆·本·阿卜德·麦纳夫·本·艾塞德。生于麦加,出身于古莱什部落的麦赫祖姆(Makhzūm)家族。610年穆罕默德开始在麦加秘密传播伊斯兰教时,他为最早的7位信教者之一。其信仰坚定,对穆罕默德十分忠诚。他家住在麦加赛法山附近,当时信教的穆斯林常在他家聚会,他担负联络和保卫工作。因其家成为穆罕默德秘密传教据点,故被誉为"伊斯兰之家"。初期穆斯林所组成的团体亦被称为"艾尔盖姆会"。艾尔盖姆曾被穆罕默德委派主管施济品。迁徙麦地那后,他参加了穆罕默德领导的反对麦加贵族的全部战役。675年在麦地那病故。 (杨宗山)

艾尔盖姆会(Nadwah Dār al-Arqam) 伊斯兰教创传初期的秘密宗教组织。为穆罕默德于611年在麦加创立。因该会设在其第七个信教的门弟子艾尔盖姆家中,故名,后亦被尊为"伊斯兰之家"(Bayt al-Islām)。该会为秘密传教场所,传授安拉的"启示",宣传反对多神崇拜,研究、讨论形势和如何公开传播伊斯兰教等问题,故在伊斯兰教初创时期曾起过重要宣传、推动作用。最初门弟子只有7人,后不断增加,第二任哈里发欧麦尔等人即在这里信奉伊斯兰教。该会还曾是传教资费(Ṣadaqāt)的秘藏所。据艾敏·塞鲁德《圣训人物介绍》载:穆罕默德的门弟子按入教先后,是否参加过"希吉来"(迁徙)和贡献大小,被分为12级,凡参加过该会活动的人,被列为第二等级,在宗教上享有很高的地位。现代一些国家的穆斯林在组织社团和会所时亦常以"艾尔盖姆"命名。 (马忠杰)

艾菲里亚·谢莱比(Ahvlya Celebi,1611～约1684) 奥斯曼帝国伊斯兰教学者、著名旅行家。一译"艾弗里雅·埃芬迪",西方称"门克赛德"。生于伊斯坦布尔。为宫廷首席宝石工艺技师之子,家庭十分富有。曾在首都伊斯坦布尔《古兰经》学校和伊斯兰经学院受过正规的宗教教育,信奉逊尼派教义。通晓伊斯兰教经典、教义、阿拉伯语,擅长书法和音乐。为著名的《古兰经》诵读家,被誉为"谢赫·泰吉威德"(意为《古兰经》诵读长老)。后被素丹穆拉德四世诏入宫廷,担任诵经大师,并任宫廷学校负责人。曾随素丹参加过征服匈牙利和特兰西尼亚的战争。其后40年间,在宫廷的资助下,先后多次到奥斯曼帝国在亚、非、欧的辖地和邻国的城市及伊斯兰教圣地进行旅行和考察,积累了大量第一手资料。1679年,将其见闻笔记整理编成10大卷巨著《一个旅行家的编年史》。该书记述了奥斯曼帝国及其邻国的历史、地理、人种、物产、交通、宗教、名胜、民俗及轶事,还对奥斯曼宫廷的内幕和政治纷争有所披露。全书资料丰富,文风优美,语言流畅,描述引人入胜,堪称为"百科全书式的游记"。1846～1850年,该书被译成英文节本多卷,在欧洲流传并被史学家所引用。史学家称他为"穆斯林世界伟大的旅行家之一"。 (杨克礼)

艾弗里雅·埃芬迪 见艾菲里亚·谢莱比。

艾格莱卜王朝(Sulālah al-Aghlab) 北非东部易弗里基叶地区建立的伊斯兰教王朝(800～909)。一译"阿格拉布王朝"。奠基人为易卜拉欣·伊本·艾格莱卜(800～811在位),故名。易卜拉欣为台米姆族,其父艾格莱卜曾任易弗里基叶省总督。他生于突尼斯,后参加埃及穆斯林军。795年被任命为阿尔及利亚扎布地区总督。799年,突尼斯城军事将领泰玛姆·伊本·台米木率呼罗珊和叙利亚军发动叛乱,占据凯鲁万城。易卜拉欣奉命率部协助易弗里基叶总督穆罕默德·伊本·穆卡齐勒击败叛军有功,800年阿拔斯王朝哈里发哈伦·拉希德任命他为易弗里基叶总督,并将该地区赐封予他治理。后他自称埃米尔,名义上承认哈里发宗主地位,实际上独立行使行政、军事、司法和税收权力,每年只向哈里发缴纳4万第纳尔的贡赋,成为独立王朝。该王朝以凯鲁万为首都,其疆域东起的黎波里,西迄阿尔及利亚的安纳巴港,易卜拉欣建立行政管理机构，任命各地行政和军事长官，改建旧军队，招募黑人充实新军，并在凯鲁万南部建新城阿巴西亚，作为宫廷和兵营驻地。在埃米尔齐亚德·阿拉一世(817～838在位)执政时期，进一步扩张领土。他以优势的海上舰队，并借助穆斯林海商力量，袭击了法兰西、意大利、科西嘉和希腊海岸。从827年起派海军侵占了西西里岛、马耳他岛和撒丁岛，派总督管理。他兴修水渠，发展农业，鼓励商业和对外贸易，控制着地中海的商业。在埃米尔易卜拉欣二世(874～902在位)时期，除继续向外扩张外，修筑宫殿、清真寺、宗教学校和浴室，使城市建筑和伊斯兰文化有较大发展。他还一度亲自坐镇西西里岛，阻击外来的侵袭。在末代埃米尔齐亚德·阿拉二世(903～909在位)时，因王室生活奢侈，对外征服耗巨资，从而加重赋税，激起柏柏尔人的反抗，王朝衰落。他将从叙利亚到北非的伊斯玛仪派首领、法蒂玛人赛义德·伊本·侯赛因捕获，投入地牢。909年，艾布·阿卜杜拉·侯赛因率柏柏尔人起义，推翻艾格莱卜王朝，建法蒂玛王朝。

艾格莱卜王朝实行中央集权制，埃米尔为最高行政和军事领袖。王朝奉伊斯兰教逊尼派教义为国教，实行伊斯兰教法，遵奉马立克法学派学说。居民大多为柏柏尔人，阿拉伯人占统治地位，还有基督教徒和犹太人。王朝派出大批宣教师到各地传播伊斯兰教，使该地区逐渐阿拉伯语化和伊斯兰化，并将伊斯兰文化传播到西西里岛。王朝奖励学术，保护学者，重用艺术家，使伊斯兰文化得到发展。首都凯鲁万为马格里布的学术文化中心和伊斯兰教第四圣地。该城学者荟萃，学术研究昌兴，建有近百座清真寺及宗教学校，其中经该王朝重建后的凯鲁万欧格白大清真寺宏伟庄丽，具有阿拉伯建筑风格。 （杨克礼）

艾格麦尔清真寺(Masjid al-Aqmar) 埃及伊斯兰教著名古寺。位于首都开罗贾马利亚区埃米尔·朱尤什大街。1025年为什叶派法蒂玛王朝第七任哈里发扎希尔(Ẓāhir，1021～1035)敕建。该寺规模较小，露天庭院仅10平方米，围绕庭院有4处厅廊建筑。清真寺全部面积被高大宽厚的围墙所环绕，入口处为别具一格的高大拱门。最引人注目的是寺殿正面建筑，系仿照波斯宫殿造型，并在穹隆中增加了钟乳石状的装饰，显得十分新颖，当时在埃及还是第一次出现。整个厅堂的弓架结构，俱用多束大理石柱支撑。礼拜大殿为钟乳石状的三角穹隆，正面深处凹壁亦为钟乳石状，其下垂为石制齿轮。全部建筑饰有凸出的花纹和几何图案。石方或木质镶板上多刻有阿拉伯文优美库法体书法图案，间有回文状雕饰，寺内宣礼塔及殿内讲坛为马穆鲁克王朝素丹拜尔古格(1382在位)修建。古寺建筑系法蒂玛王朝建筑艺术珍品。显示出它特有的风格。 （赛生发）

艾哈德(Aḥad) 见独一。

艾哈卡姆(al-Aḥkām) 伊斯兰教教法学术语。阿拉伯语音译，“侯坤”(al-Ḥukm)的复数词，意为“判决”、“判断”，旧称“断法”。指教法根据经训原则对穆斯林行为性质的分析和判断。逊尼派教法学家把穆斯林行为判断、划分为五类，称为“艾哈卡姆·赫姆塞”(al-Aḥkām al-Khamsah，意为“五判决”)。这五类行为是：

(1)义务的行为。阿拉伯语称“法雷兑”(Fariḍah)或“法尔德”(Farḍ)，意为“义务”、“天职”，旧译“天命”、“主命”。指《古兰经》明文以命令的形式责成穆斯林必须履行的宗教义务。教法认为，凡认真履行应尽的义务者，必将受到安拉加倍的赏赐，反之则必将受到严厉的惩罚。“法雷兑”分为“法雷兑·艾因”(Fariḍah‘Ain)和“法雷兑·基法叶”(Fariḍah Kifāyah)两种。前者意为“绝对义务”或“个人义务”，要求每个穆斯林都必须履行，如“五功”。后者意为“相对义务”或“集体义务”，系针对穆斯林整体而言，只要有一部分人去做，其他人即可免除其责，如参加“吉哈德”、参加殡礼等。“法雷兑”与“瓦吉卜”(Wājib，意为“义务”、“职责”)有时意义相同，但二者的性质却有差别，前者系以《古兰经》明文为据，从直觉上可以判断其性质；而后者则为教法学家根据毋庸置疑的论据而定，不一定须有经典的明文，如男性成年穆斯林每年应集体参加两次会礼拜等，即为“瓦吉卜”。

(2)嘉许的行为。阿拉伯语称“穆斯泰哈卜”(Mustaḥabb)或“曼杜卜”(Mandūb)，意为“值得赞许的”、“令人满意的”。指教法提倡和劝导人们去做的可嘉的行为。例如经常施济贫困者、照顾鳏寡孤独、集资修建清真寺及办宗教公益事业、尽力而为做好事、热情待客、说话和蔼可亲、静听和不打断别人的讲话、宗教节日期间注意仪表的庄重等，均为“穆斯泰哈卜”。教法认为，此类行为虽不属于必须遵守的“天命”或“圣行”，但却表现出一个人的品德和修养，因此遵行者应受赏，违者亦不受罚。

(3)准许的行为。阿拉伯语称“札伊兹”(Jā’iz)或“穆巴哈”(Mubāḥ)，意为“允许的”、“准行的”。指教法在特殊情况下破例准许的行为。例如根据教法规定，成年穆斯林每年莱麦丹月必须斋戒，但对于患病者、旅行者、产妇等斋戒有困难的人，教法则准许可以暂不斋戒，待日后方便时再补；再如乞讨本为教法严加禁止的丑恶行为，但在因遭灾蒙难而生活窘困，不行乞便不能维持生命等特殊情况下，教法则准许可以乞讨，但只要具备了自食其力的条件便应立即终止行乞。此外，一些不触及信仰的无关紧要的行为亦属此类。

(4)可恶的行为。阿拉伯语称“麦克鲁赫”(Makrūkh)，意为“可憎恶的”、“令人讨厌的”。指经训虽未明文严禁而教法认为应受谴责的言行，例如在拜中诵读《古兰经》时，颠倒了先后顺序；礼拜鞠躬时不读法定的赞词，而读《古兰经》；食用非穆斯林制作的糖果食品；仪表不雅等。“麦克鲁赫”的程度，因其性质不同又分为“麦克鲁赫·坦齐赫”（Makrūkh Tanzih）即“一般可恶”和“麦克鲁赫·泰哈里姆”（Makrūkh Taḥrim）即“十分可恶”。前者如食牛、羊、驼之脏腑；后者近于“哈拉姆”，如在清真寺里吵架斗殴等。根据教法规定，违犯“麦克鲁赫”之禁律，虽不受惩罚，但应受谴责；如果对后一种“麦克鲁赫”一犯再犯，则应受惩罚。

（5）违禁的行为。阿拉伯语称“哈拉姆”（Ḥarām），意为“禁忌”、“被禁止的”、“非法的”、“违反教律的”，与“哈拉勒”（Ḥalāl，意为“合法的”）相对。指《古兰经》和圣训以明文禁止的一切，包括思想、言论以及日常生活中一切不正当、不纯洁、不健康的行为以至罪恶。教法认为，凡犯“哈拉姆”者后世将遭受安拉的彻底清算和严厉惩罚。也有在现世便受到教法制裁的，如偷盗要剁手；饮酒要受笞刑等。

上述行为的划分，不仅涉及到教法概念上的令行与禁止，合法与非法，如（1）、（3）、（5），而且还涉及到伦理道德观念上的美与丑，善与恶，嘉许与谴责，如（2）、（4）。教法与道德二者相辅相成，互为补充，从不同角度调节着穆斯林之间的关系；而穆斯林本身的道德和行为，则是判断其信仰是否纯真的重要依据。

（杨宗山　马恩信）

艾哈迈德（Aḥmad）　《古兰经》中所载先知尔撒预言降世的使者。又译“艾哈默德、阿罕默德”等。阿拉伯语音译。该名称见于《古兰经》第61章第6节：“当时，麦尔彦之子尔撒曾说：‘以色列的后裔啊！我确是真主派来教化你们的使者，他派我来证实在我之前的《讨拉特》，并且以在我之后诞生的使者，名叫艾哈默德的，向你们报喜。’”在阿拉伯语中，艾哈迈德与穆罕默德源于同一词根“哈姆德”（Ḥamd），故经注学家一致认为，尔撒所预言在其之后诞生的使者，即指先知穆罕默德。此节经文系针对麦地那的犹太教徒和基督教徒而言，旨在阐明先知穆罕默德与他们所尊崇的先知穆萨和尔撒有着一脉相承的关系，均系安拉派遣的使者，并早已为他们的先知所预言和确认。

（杨宗山）

艾哈迈德·阿巴德（Ahmadabad）　印度第六大城市。今称“阿默达巴德”。位于古吉拉特邦，在阿拉伯海坎贝湾以北，萨巴尔马蒂河畔。1411年古吉拉特邦国王艾哈迈德·沙阿一世在阿尚瓦尔城基础上扩建。曾为该王国伊斯兰文化中心。城内伊斯兰教建筑众多，造型各异，其清真寺和陵墓多具有印度古建筑风格。建于1423年的大清真寺是全市最著名的建筑，寺内有密集如林的260根精雕石圆柱，入口处是建于1441年的艾哈迈德·沙陵墓，墓为圆拱顶形，墓前还建有1座纪念艾哈迈德·沙的3层拱门式的凯旋门。圣雄甘地是古吉拉特人，曾在这里发动著名的“不合作运动”，现今保存一所“甘地修行所”，作为对他的纪念。

（杨克礼）

艾哈迈德·爱敏（Aḥmad Amin）　见《阿拉伯—伊斯兰文化史》。

艾哈迈德·巴巴（Aḥmad Bābā，1556～1627）

马里伊斯兰教学者、马立克学派法学家。曾在西苏丹地区传教，后定居在廷巴克图，担任宗教学校教师。1591年摩洛哥萨阿德王朝素丹穆罕默德·曼苏尔占领廷巴克图后，因不满入侵者当局的统治，组织穆斯林进行斗争，1594年以“谋反罪”被押赴摩洛哥首都马拉喀什。他在软禁期间，以顽强的毅力从事教法著述，编成逊尼派马立克法学派的教法学辞典，系统地汇集了该派的法学理论、实体法规、律例、著作及著名法学家传略。1603年摩洛哥素丹去世后获释，返回廷巴克图，从事伊斯兰学术研究，编成《阿拉伯语法》一书，此书被列为宗教学校的教科书。撰有西苏丹地区穆斯林各民族的历史及伊斯兰文化的论著多篇，记载了有关廷巴克图伊斯兰学术文化的第一手珍贵资料。

（杨克礼）

艾哈迈德·巴达维（Aḥmad al-Badawi，约1200～1276）　伊斯兰教苏菲派巴达维教团创始人。生于摩洛哥非斯一阿拉伯人家庭，自幼能背诵《古兰经》。1206～1211年曾随全家到麦加朝觐并在希贾兹定居。他从师钻研《古兰经》及沙斐仪教法，并经常到艾布·嘎比斯山洞静修，研习苏非教义。后到伊拉克，成为里法伊教团的信徒，并在那里受到导师的专门教育。1234年，里法伊教团在埃及的传教师艾布·法斯·瓦西提逝世后，受命赴埃及继任这一职务。他在坦塔定居下来，培养门弟子，并在乡村穆斯林中传播其学理和仪式，取得了很高的声誉。1236年赴叙利亚参谒苏菲派圣墓。1237年创建艾哈迈迪耶教团。为避免与同名的教团相混淆，故以其名称为“巴达维教团”。1249年，在法王路易九世率十字军东侵时，曾积极发动该教团群众进行抵抗，从而提高了他的威望。1276年逝世，由其门弟子萨利赫继位。他在坦塔的陵墓成了埃及苏菲派著名的圣地之一。后其墓修建为清真寺，是信众修炼的中心。寺内大厅存巴达维的遗物有赞珠、拐杖、缠头巾等。每年伊斯兰教三大节日，埃及穆斯林常去瞻仰，以表纪念。著有两本苏菲祈祷赞词和一本指导精神修炼的著作，提倡苦行，坚持独身、隐修和长期斋戒。所建立的教团吸收和保持了埃及的民族习俗，在乡村得到了广泛传播。　（王怀德）

艾哈迈德·格兰（Aḥmad Gran，约1496～1543）　索马里抵抗外族入侵的穆斯林运动领袖。出身于游牧部落的穆斯林家庭，为清真寺教长，后任阿达尔部落联盟首领。他担任阿达尔国首领后，以保卫伊斯兰教、收复被埃塞俄比亚占领的领土为口号，将阿达尔地区的游牧部落联合起来，组成军队，在首都哈勒尔宣布向埃塞俄比亚发动“圣战”。1526年他率军运用土耳其的火器，在阿达尔地区打败埃塞俄比亚入侵军，收复了失地，巩固了阿达尔穆斯林国家。后重整军队，为统一各部落政令，组成部落首领会议，决定重大问题，推行伊斯兰教法，力量日增。1533年借埃塞俄比亚再次侵扰边境之机，以反击为由，在土耳其人的支持下，率兵攻入埃塞俄比亚的南部和中部一些地区，将皇帝赶出国外。1541年又击败葡萄牙人的援军。1543年埃塞俄比亚新王克劳迪乌斯重整旗鼓，招募大批军队，收复失地，双方在塔纳湖附近的一次激烈战斗中，艾哈迈德·格兰阵亡，穆斯林军退出埃塞俄比亚。

（杨克礼）

艾哈迈德墓碑 中国元代居华穆斯林墓碑。1956年发现于泉州东郊津头埔村，现藏厦门大学人类学博物馆。辉绿岩石碑，高56厘米、宽36.5厘米、厚8厘米，双面雕刻。一面刻阿拉伯文和波斯文，译文为：“人人都要尝死的滋味（《古兰经》3：185）。艾哈迈德·本·和卓·哈基姆丁·拉延，舍赫尔巴兹人，于（伊斯兰历）692年（1292年12月12日～1293年12月1日），即龙年，生于宰桐城。现年30岁。”另一面刻汉文六竖行：“先君生于壬辰六月二十三日申时（1292年7月8日，伊斯兰历691年7月21日），享年三十岁。于至治辛酉九月二十五日卒（1321年10月16日），遂葬于此。至治二年岁次壬戌七月（1322年8月13日～9月11日），阿含抹谨志。”根据波斯文，艾哈迈德祖籍舍赫尔巴兹，即古代阿姆城，1258年后属伊儿汗国，现属中亚土库曼共和国，故城已毁。艾哈迈德具有“拉延”这一贵族的头衔，其后代熟悉汉文化，随汉俗撰墓碑文。该碑是现存唯一用波斯文刻记泉州古称“宰桐城”（意译“油橄榄”）的墓碑。此碑还是中国人民与伊朗穆斯林互通婚姻，中、伊古代文化交流的见证。

（陈达生）

艾哈迈德·穆萨（Aḥmad Mūsā） 波斯细密画的开创者。生卒年不详，活动于14世纪。生于大不里士穆斯林画师世家。从小跟其父学画，后研究了各种知名画稿，汲取了东方画师的绘画技巧，创立了具有波斯民族风格的细密画艺术。曾被聘为蒙古伊儿汗国宫廷画师，多为宫廷作装饰画。在艾布·赛义德汗（1316～1335）统治时期，曾为著名的长诗《动物寓言集》作插画，表现了他创新的艺术才能。后依伊斯兰教传说，给《穆罕默德登霄记》作插画，其精心的构思和精湛的画技展现了作者的丰富想象力，从此，他名扬当时的伊斯兰世界。尽管伊斯兰长老对画先知穆罕默德的肖像持异议，但其所画的天马升霄图却传遍穆斯林世界。现土耳其托普卡勒宫图书馆收藏有他的画卷，为艺术珍品。

（杨克礼）

《艾哈迈德·穆斯奈德圣训集》（Musnad Aḥmad） 伊斯兰教著名圣训集之一。为逊尼派罕百里教法学派创始人艾哈迈德·伊本·罕百勒辑录，故名。1313年出版于开罗，共6册。该集所收30000条圣训是从辑录者一生搜集的75万条圣训中精选而来。在篇章结构和圣训数量等方面都超过其他圣训集。集中提到传述圣训的穆罕默德门弟子千余人；提到向辑录者传授过圣训的老师283人。所收圣训全部按传述者的等级排列先后次序，突出了圣训在教法上的地位和效用。伊本·罕百勒去世后，他的儿子阿卜杜拉对这部圣训集又作了补充。该集在逊尼派法学家和穆斯林中享有很高的声誉。

（张广麟）

艾哈迈德·帕夏·布尔萨尼（Aḥmad Pāshā al-Bursāni，？～1497） 奥斯曼帝国伊斯兰学者、诗人。生于布尔萨。出身于土耳其穆斯林名门，受过正规的伊斯兰教育，通晓伊斯兰教义、教法，谙熟阿拉伯语和土耳其语，擅长作诗。曾在奥尔汗创办的布尔萨伊斯兰经学院担任教师，讲授逊尼派教法学。1451年被任命为埃迪尔内城首席教法官，并在清真寺讲学，曾对教法律例和新法问题提出过改革建议，受到素丹的赏识。素丹穆罕默德二世（1451～1481）即位后，他擢升为首席军事法官兼素丹法律顾问。1453年随素丹参加征服君士坦丁堡的军事行动。素丹巴耶济德二世继位后，仍在朝廷供职，担任教法说明官（总穆夫提），直至去世。他参与过宫廷有关法规的起草和制定，撰有教法律例方面的著作，散见于有关法律文献中。创作有颂词、言情诗、劝善诗数十首，主题突出，铿锵有力，韵律悠扬，寓意深刻，表达了他对宗教、哲学和人生的观点。他在土耳其文学史上占有重要地位，被称为“土耳其古典诗歌的第一位大师”。（杨克礼）

艾哈迈德三世（Aḥmad III，1673～1736） 奥斯曼帝国第二十三任素丹（1703～1730）。全名艾哈迈德·本·穆罕默德·本·易卜拉欣。曾接受传统的伊斯兰教教育，信奉逊尼派教义。1703年在其兄穆斯塔法二世被废黜后即位。执政期间，帝国开始走向衰落，国内政局不稳。在对外征战中，虽先后击败过俄国和威尼斯，收复了部分失地，但在1716年后屡败于奥地利军队，先后失去蒂米什瓦拉（今罗马尼亚境内）和贝尔格莱德。1718年被迫签订《波扎雷瓦兹条约》，将匈牙利和塞尔维亚部分地区割让给奥地利。在亚洲则多次遭到波斯什叶派军队的攻击。1718年后，艾哈迈德将国事交由首相达乌德·易卜拉欣帕夏治理。达乌德首次在政府和军内开展了西方化的尝试，从法国引进印刷、消防、造船等先进技术，并按照法军模式改组帝国军队，同时亦将法国生活方式引入宫廷。艾哈迈德率先追求法兰克方式与风格，开始养花与玩鸟，并请法国名画师为自己画像。18世纪初，郁金香盛开于首都伊斯坦布尔，因艾哈迈德酷爱此花，并在后宫专设有郁金香花园，故其统治时期被称为“郁金香时代”。1730年，近卫军发动政变，艾哈迈德被废黜，在伊斯坦布尔终其余生。（杨宗山）

艾哈迈德沙·杜兰尼（Aḥmad Shāh al-Durrāni，1724～1773） 阿富汗萨多查依王朝的创建者。原为坎大哈的阿布达里部族萨多查依氏族的世袭酋长，信奉伊斯兰教逊尼派教义。青年时被波斯军队俘虏，后在波斯国王纳迪尔沙军中服役，因军功擢升为国王卫队中阿布达里部队的指挥官。1747年，纳迪尔遇刺身亡，他趁波斯陷于内乱之机，率军从波斯手中夺回坎大哈，被当地部落酋长推为“沙赫”（即国王），采用“杜兰尼”（Durrāni，即珍珠中的珍珠）称号，定都坎大哈，建立了萨多查依王朝。他在位期间，率兵打败波斯和印度的入侵者，收复伽兹尼、喀布尔、巴尔赫和巴达赫尚，于1751年实现了全国的统一。曾向外扩张，4次入侵印度，2次入侵波斯。1761年和1762年分别击败了马拉塔人和锡克人，奠定了阿富汗历史上第一个中央集权的伊斯兰独立国家的基础。他建立了国家行政和司法管理制度，将全国分为若干个行省，从中央到地方设立伊斯兰法官，部落酋长充任部落军事领袖，部落联军组成正规军，设立酋长组成的议事会，协助国王管理国家。他还在各地修建清真寺和宗教学校，发展伊斯兰文化教育。1773年因病去世，葬于阿马德舍希。被阿富汗人民尊为“国父”。（杨克礼）

艾哈迈德·托干汗（Aḥmad Tughan Khan，?～1017） 喀喇汗王朝可汗。一译“阿赫马德·图干汗”。全名艾布·奈斯尔·艾哈迈德·托干汗·本·阿里。回鹘（今维吾尔）族，喀什噶尔（今新疆喀什市）人。出身于喀喇汗王朝王室。其父阿里·阿尔斯兰汗是在征服于阗的“圣战”中“殉教”的第一位喀喇汗王朝可汗。艾哈迈德自幼受到宫廷教育和伊斯兰教的熏陶。998年即可汗位。当时，喀喇汗王朝同于阗佛教王朝的宗教战争正在激烈进行。他一面继续同于阗作战，一面派其弟奈斯尔·伊利克汗出兵河中地区，于999年占领布哈拉，灭萨曼王朝。旋遣优素福·卡迪尔汗赴中亚，募得4万名（一说2.4万）穆斯林志愿军，全力进攻于阗。11世纪初攻陷和田城，灭于阗李氏王朝，把伊斯兰教推进到和田地区。从此，喀喇汗王朝版图扩大，成为当时中亚和新疆地区伊斯兰强国。约1005～1011年间，被优素福·卡迪尔汗从喀什噶尔逐往巴拉沙衮（今中亚哈萨克斯坦托克马克附近）。在巴拉沙衮期间，曾打退30万帐（一说10万）“异教徒游牧人”联军的入侵，追敌约3个月，大获全胜。执政期间（998～1017），承认巴格达阿拔斯王朝哈里发的宗主地位，并在钱币上铸上哈里发的名字和表示伊斯兰附庸身份的名称：“信士长官的保护民”（Mawla Amir al-Mu'minin）。从此，喀喇汗王朝承认巴格达阿拔斯王朝哈里发最高宗教统治权。艾哈迈德因此获得哈里发授予的伊斯兰封号：“真理的支持者和国家的宝剑”（Nāṣir al-Ḥaqq wa Saif al-Dawlah）、“国家的支柱和宗教的辅助者”（Quṭb al-Dawlah Wa Nāṣir al-Millah）等，成为喀喇汗王朝第一位正式享有伊斯兰封号的可汗。12世纪阿拉伯著名史学家伊本·艾西尔《全史》称赞他“公正、善良，笃信宗教，热爱科学和从事科学的人们，听取宗教徒的建议，同他们交往并亲近他们”。1017年（伊斯兰教历408年）病殁于巴拉沙衮。（马品彦）

艾哈迈德·希尔信迪（Aḥmad al-Sirhindi，1563～1624） 见希尔信迪学派。

艾哈迈德·谢莱比（Aḥmad Shalbi，1915～） 当代国际知名伊斯兰学者、埃及开罗大学教授、开罗大学科学院伊斯兰历史文化系主任。生于埃及东部省阿里姆镇。早年就读于扎加济格九年制宗教学院，1943年毕业于开罗大学科学院，获学士学位。1945年获教育心理学文凭。1946年由开罗大学选送到伦敦大学学习，1948年毕业，获硕士学位。1951年在剑桥大学获博士学位。掌握多种语言，尤精通英语、印度尼西亚语和马来西亚语。曾先后在爱资哈尔大学和沙特、苏丹、利比亚、印度尼西亚、马来西亚等国大学，伊斯兰研究院、外交研究院等研究机构任教或讲学。曾代表埃及参加许多国际会议和国际学术会议，并对美国和欧洲、亚洲许多国家进行访问，进行讲学。他具有丰富的历史、文化、哲学、宗教、伦理、文学、教育学等方面的知识和写作经验。著作有50多部，主要有《伊斯兰历史百科全书》10卷、《伊斯兰文化百科全书》10卷、《伊斯兰历史与伊斯兰文化百科全书》10卷、《比较宗教》4卷、《伊斯兰历史知识百科》100册、《怎样写硕士、博士论文》等。英文著作有《伊斯兰教法与伊斯兰伦理》、《伊斯兰教育史》、《如何对非阿拉伯人教授阿拉伯语》等。还用印度尼西亚语和马来西亚语写了许多关于伊斯兰教的著作。其中部分被译成乌尔都语、土耳其语和波斯语。其著作具有语言通俗、观点客观、科学性、学术性强等特点。（张志华）

艾哈迈德·亚萨维（Aḥmad Jesevi，?～1167） 中亚伊斯兰教苏菲派学者、诗人，亚萨维教团创立者。又译作“牙撒吾沙赫”。著名谢赫易卜拉欣之子。出生于中亚地区的赛兰（伊斯弗贾勃）。早年在布哈拉求学，曾师从突厥语族苏菲主义学者阿尔斯兰·巴巴。他一生大部分岁月在哈萨克斯坦南部的亚萨（锡尔河右岸突厥斯坦城）度过。他是最早在操突厥语诸族中传播苏菲派的波斯传教师优素福·哈姆达尼之后的第三任哈里发（代理人），一生致力于传播苏菲主义学说，用通俗易懂的突厥语写诗宣教，受到中亚游牧民的欢迎，被奉为中亚突厥语族最著名的贤人之一，有

"阿塔·亚萨维"(即父亲亚萨维)的尊称。他所创立的苏菲派教团以其名命名为亚萨维教团,是12世纪广泛流传于中亚各地(包括中国新疆地区)的逊尼派苏菲教团之一,后来其分支比克特西教团还传播于奥斯曼帝国统治下的阿尔巴尼亚。他一生著述甚丰,有数十种著作传世,其代表作为《智慧集》(Diwān Ḥikmah),是一部著名的宗教箴言诗集。由于他在苏菲主义理论上的建树和贡献,在中亚地区伊斯兰教史上被视为是继安萨里(1058~1111)之后又一伟大苏菲派学者。他把苏菲神秘主义和伊斯兰逊尼派教义结合起来,加以协调、折中。他认为,今世及大自然相对于永恒的真主和来世来说,是暂时的,即逝的,毫无价值的,人们应当对今世的豪华弃之而掉头不顾;人生的主要目标是接近真主,成为"无我"者,以求纯洁的灵魂与真主合一;为达此目的,穆斯林必须履行伊斯兰教教义和教法,在苏菲导师引导下,通过"教"(Shari'ah)、"道"(Ṭariqah)、"识"(Ma'rifah)、"理"(Ḥaqiqah)等阶段,舍弃今世与自我,使灵魂得到纯净和升华;这一道路也就是离群索居,冥想苦修,借助于直觉的内感认识真主。他在《箴言》中写道:"行事要严守'教乘',处世要经历'道乘',心魄要聚于'认',方能够找到'理'"。"事事要遵从真主之命,长老之指引,坚忍不拔,时时要抑制自己的欲念,然后才能把真主追寻"。"如是则灵魂方能清醒,以清醒灵魂与主合拢"。亚萨维自诩为"曼苏尔·哈拉智第二",宣称自己的功修已达到与真主合一的最高精神境界。其学说曾是12~14世纪中亚伊斯兰教占主导地位的思想,后传播到伊朗、阿富汗和印度等地。1167年殁后葬于亚萨城。14世纪末,帖木儿王朝奠基者帖木儿曾在其陵墓修建清真寺,后经历代统治者重建,该地已成为中亚伊斯兰教重要圣地。其门弟子苏莱曼·巴克尔哈尼(1192年卒)与赛义德·阿塔继承了他的学说,在各地传经讲道,信徒大增。在中国新疆地区伊斯兰教史上,亚萨维的苏菲主义学说曾在维吾尔、哈萨克、柯尔克孜、乌孜别克、塔塔尔等穆斯林中有深刻影响。(陈国光)

艾哈迈德一世(Aḥmad I,1590~1617) 奥斯曼帝国第十四任素丹(1603~1617)。全名艾哈迈德·本·穆罕默德·本·穆拉德·本·赛利姆。在其父穆罕默德三世死后即位。执政期间,各地接连发生暴乱,政局日益不稳。艾哈迈德先以高官厚禄诱使小亚细亚叛军首领赴欧洲前线作战,继而派军镇压叙利亚库尔德族首领阿里·本·侯赛因(?~1611)发动的兵变,并处决和流放了一批贪赃枉法的大臣和显贵,使政局有所好转。在同波斯的战争中,为阿拔斯大帝(1571~1629)所败,先后失去其父辈夺得的大不里士、美索不达米亚、摩苏尔、迪亚巴克尔、格鲁吉亚和阿塞拜疆等大片属地。在欧洲,经过同奥匈联军几年较量,被迫放弃奥地利人向其缴纳贡款的权利,并在所属领地范围内向法国、威尼斯、荷兰等国提供商业上的优惠待遇。年轻的艾哈迈德虔信伊斯兰教,恪守逊尼派教义和教法,对圣地麦加和麦地那捐款颇多。他还在首都伊斯坦布尔建有一座以其名字命名的清真寺,又称"蓝色清真寺"。1617年病故。(杨宗山)

艾哈迈迪清真寺(al-Masjid al-Aḥmadi) 伊拉克伊斯兰教清真寺。坐落在首都巴格达城。于1796年由巴格达总督艾哈迈德帕夏主持建成,并以其名字命名。因靠近马伊丹广场,又名马伊丹清真寺。该寺礼拜大殿建有高耸的穹顶,用雕有花卉图案的彩砖铺砌墙面,清新雅致,并镶有刻着《古兰经》文的饰带。穹顶旁另有两个较小穹顶,并有彩砖铺砌的尖塔突兀而立,壮观秀丽。(杨克礼)

《艾哈迈迪耶的论证》(Barāhin-i Aḥmadiyyah) 艾哈迈迪亚教派的代表作。该派创始人米尔扎·古拉姆·艾哈迈德(Mirza Ghulām Aḥmad,?~1908)著。共4卷,乌尔都文,1880年起陆续出版于印度旁遮普。作者撰著此书,意在论证艾哈迈迪耶教派的"新发现"、新教义,以扩大影响,寻求支持。书中宣称,古拉姆·艾哈迈德为安拉差遣的"新先知"、穆斯林期待的伊斯兰教历14纪的"革新者"、"复兴者"和救世主马赫迪的化身,同时又是基督教的救世主弥赛亚(Messiah)和印度教的至上神毗湿奴(Viṣṇu)的化身;宣称先知穆罕默德并非"封印使者",在他之后还有使者,而耶稣未钉在十字架上遇难,他在天仙的解救下逃亡至阿富汗和克什米尔的交界地,并向当地居民传播福音。而古拉姆·艾哈迈德并非耶稣肉体的复活,而是具有耶稣"精神和力量"的弥赛亚的再现,其使命是拯救全人类。书中提出的某些教义主张有,否认穆罕默德为"封印使者",自称救世主马赫迪转世和宣称只能以和平方式对异教徒举行圣战及自称艾哈迈迪耶派教义为"真正的伊斯兰教"等。因背离公认的伊斯兰教信仰,自1893年在印度发表第一个谴责该派首领的"法特瓦"(即正式教法见解)起,一直遭到印巴穆斯林的批驳。又因书中提出的种种预言直接有悖于基督教信条,遭到印巴传教士的抗议,并曾以谋杀的罪名在拉合尔法院对古拉姆·艾哈迈德提出起诉,后被法院宣判无罪。此书对传播艾哈迈迪耶派教义有重大影响,该派于1924年以英文出版的《艾哈迈迪耶或真正的伊斯兰教》(Aḥmadiyya or the True Islam),就是以该书为底本而撰著的。(吴云贵)

艾哈迈迪耶教派(al-Aḥmadiyyah) 从印度伊斯兰教中分化出的具有混合教义的宗教派别。19世纪下半叶创建于印度。创始人米尔扎·古拉姆·艾哈迈德(1835~1908),印度旁遮普省人,早年受过高等教育,因不愿为英国殖民当局效力,隐居故乡卡迪安,致力于比较宗教研究,提出一些新思想。1880年,发表乌尔都文《艾哈迈迪耶的论证》一书,阐释其教义主张,为该派的创建奠定了思想基础。1889 年，艾哈迈德自称为受安拉启示的新先知，开始收徒传教，标志着该派的形成。其基本教义是在综合伊斯兰教、基督教和印度教教义的基础上形成的，包括：(1)相信艾哈迈德为安拉差遣的“新先知”、“新圣人”，为穆斯林期待的伊斯兰教历 14 世纪的“革新者”、“复兴者”和救世主马赫迪的化身。(2)相信艾哈迈德同时又是基督教的救世主弥赛亚(Messiah)和印度教的至上神毗湿奴(Viṣṇu)的化身。宣称耶稣基督未遇难钉于十字架上，他在天神的解救下逃至克什米尔地区，并向当地居民传播福音，死后葬于那里。认为艾哈迈德并非耶稣基督肉身的复活，而是具有耶稣基督“精神和力量”的弥赛亚的再现，其使命是解救全人类脱离火海苦难。(3)宣称伊斯兰教的先知穆罕默德并非“封印使者”，在他之后还有使者，艾哈迈德即是“新使者”，经其改造完善后的伊斯兰教为“纯正”的伊斯兰教，相信其说者为“真正”的穆斯林。(4)认为世界各大宗教同出一源，各教信仰者应互相尊重、和睦相处；否认伊斯兰教的“圣战”观念，主张与西方殖民者和平共处。1900 年该派被英国政府承认为独立教派，但印度广大穆斯林和国际伊斯兰教界一直视该派为非穆斯林，拒绝与其交往。艾哈迈德去世后，由毛拉维·努尔丁(Maulavi Nur Din，？～1914)继位，改称哈里发。后因内部意见分歧，该派于 1914 年分裂为两派。卡迪安支派遵循初创时的教义，自称有信徒 50 万，约半数在巴基斯坦，其余分布于印度及世界各地。该支派总部设在巴基斯坦的拉布瓦(Rābwah)，办有实业，资金雄厚，组织严密，建有许多学校，出版发行大量书刊，向世界各地派有众多传教师，影响广泛。以拉合尔为总部的拉合尔派，只承认艾哈迈德为首领，而否认其先知身份。该派人数较少，但成员文化水平较高，在政界及出版、传教方面尤为活跃，曾在内部发起现代改良主义运动。1953 年春，曾在拉合尔和旁遮普地区发生过针对艾哈迈迪耶教派的动乱，要求解除该派信徒在政府中所任的一切职务，宣布该派为“非穆斯林少数”，导致大规模流血冲突，巴基斯坦政府被迫对该地区及拉合尔市实行军法管制。自 1970 年后，巴历届政府均宣布该派为“异端”和“非法”，对其活动严加管制，但该派仍坚持自己是伊斯兰教的教派之一。 (吴云贵)

艾赫巴尔教法学派(al-Akhbāriyyah) 伊朗什叶派十二伊玛目派教法学派之一。阿拉伯语音译，意为“圣训派”。与乌苏勒教法学派相对。产生于 17 世纪初，在萨法维王朝时期一度为十二伊玛目派内部的主流派，到卡加尔王朝初期为乌苏勒教法学派所取代。初创之时，原为一种分离主义的思想运动，其特点是拒绝以理智作为教法学之基础，并否定以理性思辨作为什叶派教义学之基础，倾向逊尼派艾什尔里教义。在教法渊源上，只承认经、训两大基本法源，甚至仅承认什叶派圣训，认为《古兰经》要按圣训观点加以解释，而对圣训，则不问其渊源和内容是否可靠，凡收入四大圣训经的即深信不疑，但在释义上仅以伊玛目的解释为据，相信源自经、训的法律知识永远优于源自理性的法律知识。在教法原理上，否认创制(伊智提哈德)的地位和作用，认为只能以伊玛目传述的圣训明文为立法和执法的依据，一切判决和“法特瓦”(法律见解)也只能以此为基础。在教法学家的地位和作用上，相信世人对伊玛目皆有服从的义务，穆智泰希德亦无例外，故在教法事务上禁止向穆智泰希德求教，而穆智泰希德只能通过直觉和神秘体验来了解神圣法律知识，但无权随意发布“法特瓦”，而必须服从伊玛目的决断，包括已故伊玛目的决断。 (吴云贵)

艾赫勒·哈格派(Ahl al-Ḥaqq) 伊斯兰教什叶派的分支之一。系阿拉伯语音译，意为“真理派”。因该派相信阿里为“永恒真理”的化身、天启的唯一传达者、诸先知需通过阿里才能获得天启，故名。旧译“阿里伊拉希派”，为“艾赫勒·哈格派”的讹误。该派原属早期什叶派中的极端派“欧鲁扬派”(‘Ulyāniyyah)，相信阿里为“天神”，穆罕默德为天神的使者，因其偏颇观点，经常遭到正统的什叶派的谴责，但仍得以生存和发展。艾赫勒·哈格派的名称约出现于 15 世纪，为中亚黑羊王朝(1380～1468)的突厥部落民首次使用。该派为秘密教派，其教义中既有什叶派信仰成分，也有苏菲派、摩尼教、琐罗亚斯德教的影响。宗教组织较为松散，分为许多社团，据说有 12 个谱系和诸多分支。主要信仰为化身之说，相信在太初之前，天神隐藏于一颗珍珠里，经过 7 次化身，显现为创世神哈万达加、阿里等 7 代天神；天神的每次显现皆为世人带来宗教知识，依次为伊斯兰教法、苏菲修持方法、神智知识、真理知识等，伴之以四五位天使，自天神的神质中流溢而出。该派将世人区分为两类：一类由黄泥做成，是好人；一类由黑土做成，是坏人。有信仰转世和末日审判之说，认为世人要经过 1001 次转世：好人每转世一次便得到一次净化，受苦愈多，离天神愈近，前景愈光明，并终将进入天园；而坏人将永久处在黑暗之中，并在末日审判时被消灭。该派有一系列独特的礼仪、制度。强调集体生活、集体礼拜，便于克服困难。经常举行迪克尔赞念仪式，伴以音乐，达到心醉神迷状态，甚至在炽热的火炭上穿行。礼拜时还举行献祭，祭品分为生祭(雄性的牛、羊、鸡等)和熟祭(糖、面包等，由参加者分享祭品)。严守斋戒，斋期为 3 日，在冬季举行。开斋时举行欢宴。内部实行导师制，选定导师的仪式在婴儿出生时举行，确认与导师的血亲关系，不得与导师的家属通婚。男女信徒之间互以兄弟姊妹相称，团结互助，一致对外。信徒主要分布于伊朗西部的库尔德人及伊拉克北部和土耳其西南部的土库曼人和库尔德人中间。

(吴云贵)

艾赫勒·克塔卜(Ahl al-Kitāb) 见有经人。

艾赫泰勒(al-Akhṭal,约 640～710)　阿拉伯伍麦叶王朝诗人。与哲利尔、法拉兹达格并称“三诗王”。生于美索不达米亚北部台额利卜族的一个基督教部落。青年时即成为本部族优秀的诗人,后为伍麦叶王朝王储耶济德·本·穆阿维叶引荐至大马士革,成为可自由出入宫廷的“哈里发的诗人”,从此深受阿拉伯文学和伊斯兰文化的影响。信仰基督教,但在政治上积极支持伊斯兰王朝。他写了很多诗赞美伍麦叶家族血统高贵,政绩辉煌,为哈里发政权的合法性进行辩护;并写诗赞颂伊斯兰教。此外还写有饮酒诗、咏物诗和情诗。晚年卷入哲利尔和法拉兹达格的诗歌论争,写过许多辩驳诗,阐述自己的诗歌主张。诗人观察敏锐,想象丰富,描写细致,选材广泛;特别是政治诗,生动地记录了伍麦叶王朝伊斯兰各教派的纷争及各政治集团的利益冲突和权力斗争。诗集同艾布·赛义德·哈桑·苏克里校订编纂,于 1891～1892 年在贝鲁特出版。辩驳诗集于 1922 年出版。　(杨克礼)

艾季纳代因战役(Ma'rakah Ajnādain)　7 世纪伊斯兰教四大哈里发时期阿拉伯穆斯林军与拜占庭军队之间的一次战斗。634 年 7 月发生在巴勒斯坦境内耶路撒冷与腊姆拉之间的艾季纳代因地区,故名。为伊斯兰教发展初期的著名战役之一。633 年秋,伊斯兰教首任哈里发艾布·伯克尔在平息阿拉伯半岛部落叛乱之后,随即派遣 4 路穆斯林军向北方进发,开始了对陈兵在那里的拜占庭人的军事行动。由阿慕尔·本·阿斯率领的一支分遣队约 3000 人,由西路向巴勒斯坦进军,于 634 年 7 月在艾季纳代因与拜占庭皇帝希拉克略之弟西奥多拉斯统率的军队遭遇。因拜占庭军多达数万,阿慕尔遂采取迂回战术,避实就虚,不与敌军正面冲突,等待援军到来。由哈立德·本·瓦利德率领的援军赶到后,双方展开激战。穆斯林军士气旺盛,他们高颂清真言:“万物非主,唯有安拉,穆罕默德是安拉的使者”和“主啊,求你襄助穆罕默德的教民”等口号,同拜占庭军浴血奋战,终以敌军溃退而告结束。据阿拉伯史书载,拜占庭军在此役中死伤达 1.5 万人,600 余人被俘,穆斯林军仅阵亡 130 人。拜占庭皇帝希拉克略因获悉穆斯林军锐不可当,便将前线指挥部由霍姆斯后撤至安塔基亚(今土耳其境内)。此役之胜利打开了巴勒斯坦的门户,为其后穆斯林全面占领该地区奠定了基础。从此,伊斯兰教随之传入巴勒斯坦,并得到广泛传播。　(杨宗山)

艾勒卜·艾尔斯兰(Alb Arslān,约 1030～1072)　塞尔柱王朝著名素丹、军事家。“艾勒卜·艾尔斯兰”为称号,突厥语意为“英勇的狮子”。本名穆罕默德·艾布·舒贾尔。为塞尔柱王朝呼罗珊统治者卡格里贝格·达乌德之子。早年受过伊斯兰教育,信奉逊尼派教义。他尚武善骑,机智果断,善于用兵。在其叔图格鲁勒·贝克执政时,任锡吉斯坦总督,协助平息了易卜拉欣的叛乱。1063 年,图格鲁勒去世,他继任素丹,迁都伊斯法罕,后期由呼罗珊总督尼扎姆·穆勒克协助执掌朝政。他整顿朝纲,重新任命各级官员,扩充军队,首先镇压了亲族地方割据势力的叛乱,然后开始对外征战。在东部,他降服了喀布尔和布斯特之间的苏布兰小王朝。在西部,于 1064 年占领拜占庭帝国亚美尼亚省首府阿尼,后双方发生了多次战争。1071 年 8 月,艾尔斯兰率大军在亚美尼亚的凡湖以北的曼齐卡特,大败拜占庭军队,俘获拜占庭皇帝麦纽斯·戴奥哲尼斯。从此,大量突厥人迁往小亚细亚,使该地区开始突厥化和伊斯兰化。1070 年,艾尔斯兰攻陷阿勒颇,其势力扩展到大马士革和耶路撒冷,并从法蒂玛王朝手中光复了圣城麦加和麦地那,从此打通了从中亚到西亚穆斯林到麦加朝觐的道路。他在征战的同时,按大臣尼扎姆·穆勒克的建议,对王朝的政治、经济、税收制度进行了初步改革,创办宗教学校,发展伊斯兰教育,并赞助学术文化的发展。在宗教上,仍尊阿拔斯王朝哈里发为宗教领袖,不多加干预哈里发的活动。在各地宗教学校宣传逊尼派艾什尔里学派的教义,并向各地派出伊斯兰法官掌管司法。他为大塞尔柱帝国奠定了基础。1072 年 12 月,在进军中亚河外地区途中,被谋反者刺杀。死后由 13 岁的儿子麦利克沙继素丹位,由首相尼扎姆·穆勒克摄政。　(杨克礼)

艾勒哈卜拉宫(Alhambra)　中世纪西班牙著名伊斯兰建筑古迹。一译“阿尔汗布拉宫”。为摩尔人在格拉纳达建立的奈斯尔王朝的故宫。阿拉伯语称 al-Ḥamrā',或 al-Qal'ah al-Ḥamrā',意为“红宫”,因宫壁所涂红色灰泥得名。坐落在格拉纳达城东南险要高地上,占地 30 英亩,四周环以高厚的城垣和数十座城堡。约在 1248 年由该王朝奠基人穆罕默德·本·优素福·本·奈斯尔兴建,后经 3 位继任者扩建和修饰。是穆斯林的摩尔人抵御西班牙基督教徒的最后要塞。1492 年摩尔人被逐出西班牙后,建筑物开始荒废,19 世纪初加以修复。现存最早的摩尔人建筑包括称为艾勒哈卜拉城堡及附属建筑,前为摩尔王宫的宫殿,后为其官员的住地。宫中有两个宽敞的庭院,主要建筑由月桂花宫、群狮宫、大使厅、两姐妹殿、萨拉兹府邸、宗教法庭及清真寺组成。宫院有数百根大理石圆柱廊,拱门、圆顶和天花板均用木板和铁条连接。墙壁、柱子、拱顶、凹壁都饰以钟乳状图案,地面用白色大理石铺砌,室内有布满色彩鲜艳的几何图形镶嵌、装饰,有凸出的阿拉伯文铭刻图案和精美绘画。宫院中心是狮子泉,造型雄劲。宫外围的建筑物,以建于 13 世纪的“营造商花园”中的别墅最为有名。此宫为摩尔人留存在西班牙的伊斯兰建筑艺术古迹的精华。

(杨克礼)

艾勒哈姆杜·利拉(al-Ḥamdu Lillāh)　见凯

利玛特·迪克里拉。

艾勒·叶赛(al-Yasaʻ) 见业赛尔。

艾玛奈(Amānah) 伊斯兰教伦理道德术语，穆斯林修身准则之一。阿拉伯语音译，意为"忠实"、"信义"、"信托物"等。伊斯兰教认为，"艾玛奈"作为每一位穆斯林必须恪守的行为准则之一，犹如真主寄托给人们的一件"信托物"，人们既要对它"忠实"地加以保管，在一定的时间又要原物奉还，以守"信义"。艾玛奈大致可分为人与真主之间、人与人之间和自身方面3种。例如：认主独一、信仰后世、礼拜、斋戒、完纳天课、朝觐天房、为正教出征、不发妄言等，均为人对真主应尽的"艾玛奈"；保管他人信托物、严守秘密、履行约言、偿还欠债、公平交易、以诚待人等，则为人与人之间应尽的"艾玛奈"；保持节操、洁身自爱、应用理智、忠于职守等，则系每个人对自身应尽的"艾玛奈"。其中又因人的身份、职务之不同，而其应尽的"艾玛奈"也各不相同。如国家元首应关心大众疾苦，造福于民，建立公正的社会；人民应服从领袖，遵纪守法；教师应善于施教，言教身传，培育人才；学生应尊敬师长，刻苦学习等，皆因人而异。虔诚的穆斯林对各自应尽的"艾玛奈"都谨敬遵循。该词也出现在部分地区的穆斯林口语中。

(马恩信)

艾米尔 见埃米尔。

艾米尔·阿里(Sayyid ʻAmir Ali，1849～1928) 印度伊斯兰教历史学家、教法学家、社会活动家。生于加尔各答郊区一什叶派穆斯林贵族家庭。青少年时代受教于英语学校，精通英语、波斯语和乌尔都语。后入加尔各答大学，1868年获法学、史学硕士学位，并获印度政府颁发的奖学金，赴英国伦敦留学，继续攻读法学，1873年取得高级律师资格。学成归国后，一度从事政治活动，于1876年创建"全印伊斯兰教协会"，有50多个分支机构，为印度第一个穆斯林政治组织。1890～1904年，任加尔各答高等法院法官。退休后居住英国。在伦敦创建"英国红新月会"，出版宗教刊物，宣传伊斯兰教义和文化。1909年直至去世，长期为英国皇家枢密院法律委员会委员。在宗教思想上，主张伊斯兰教现代主义，提倡在遵循基本信仰的前提下，根据不断变化的时代条件，对伊斯兰教的精神加以进化论和理性主义的解释；反对因循守旧、墨守传统，曾对蓄奴制、一夫多妻制、苏菲崇拜、苏菲神秘主义等展开批判；在法学思想上，主张以灵活变通的观点解释四大法源，使伊斯兰教法实体适应英国司法制度和审判程序，曾为流行于英属印度的伊斯兰教法的发展做出过贡献。宗教政治思想上，一度倾向于正统观念，反对政教分离，1924年曾与阿迦汗联名致书土耳其政府，要求保留哈里发制度。主要著作有《撒拉逊简史》(Short History of the Saracens)、《伊斯兰教之精神》(The Spirit of Islam)、《穆罕默德生平和学说评考》(The Critical Examination of the Life and Teachings of Mohammad)等。

(吴云贵)

艾敏(Amin) 阿拉伯麦加人对伊斯兰教先知穆罕默德的尊称之一。阿拉伯语音译，意为"忠实者"、"诚实者"。因穆罕默德一贯以诚挚淳朴、信实不欺著称，故名。在《古兰经》中，"艾敏"这个词汇出现较多，用以指先知穆罕默德者，以自称口吻较普遍，如第7章《高处》第68节有："我把我的主的使命传达给你们，我是你们的忠实的劝告者"；第26章《诗人们》第107、125、143、162和178节中，都反复重申这样一句话："我对于你们确是一个忠实的使者"。此外，如第44章《烟雾》第18节也有："你们把真主的仆人交给我吧！我确是一个忠实的使者，奉命来教化你们的"。据载，早期一些接受伊斯兰教信仰的人，正是由于受先知朴素的忠实诚恳所感召而归信的。

(林 松)

艾奈斯·本·马立克(Anas ben Mālik，612～712) 伊斯兰教先知穆罕默德的门弟子，辅士。别号艾布·哈姆扎(Abū Ḥamzah)。麦地那人。10岁时由其母乌姆·赛利姆(Umm Salim)送交穆罕默德培养教育，622～632年间作他的侍从。在伊斯兰教传播过程中随穆罕默德历经大小战役8次，故对他的思想主张和道德风貌都有很深的了解。632年穆罕默德逝世后，他在麦地那致力于圣训的传述和研究，为早期圣训教法提供了不少经典性资料。后迁居大马士革，继又定居巴士拉，从事宣教和讲学。后期曾因政治上支持反叛伍麦叶王朝、僭称哈里发的阿卜杜拉·本·祖拜尔(622～692)而遭该王朝驻伊拉克总督哈贾吉(665～714)拘禁。一生传述圣训2286段，大都在艾哈迈德·伊本·罕百勒(780～855)的《穆斯奈德》圣训集中保存下来，布哈里采纳了83段，穆斯林·本·哈贾吉采纳了71段。卒后葬于巴士拉，穆斯林学者尊称他为"圣训传述家"和"百岁老人"。

(马忠杰)

艾什尔里(al-Ashʻari，873～935) 伊斯兰教逊尼派著名教义学家，凯拉姆学的奠基者，艾什尔里学派的创始人。一译"阿尔·阿沙里"。全名艾布·哈桑·阿里·本·伊斯玛仪·艾什尔里。生于伊拉克巴士拉，出身于阿拉伯贵族家庭，其先祖为担任过阿里和穆阿维叶在隋芬之战中的仲裁者艾布·穆萨·艾什尔里。早年受传统的伊斯兰教育，及长到巴格达、库法等地投师求学，后师承巴士拉穆尔太齐赖派的领袖艾布·阿里·祝拜伊(850～915)，为其得意门生。潜心研习经训和沙斐仪学派教法，接受其师关于安拉独一、公正的教义和《古兰经》被造说的主张，成为穆尔太齐赖派的理论先锋。当时阿拔斯王朝哈里发推崇正统派教义和罕百里派教法，压制穆尔太齐赖派的学者，该派内部迫于政治压力发生分化。据传述，约913年，艾什尔里在40岁时，同其师祝拜伊在讨论关于安拉前定问题时发生重大分歧，遂当众反对师说，在巴士拉清真寺公开宣布脱离穆尔太齐赖派，并宣称要“自悔前非”，严格遵从经训，奉罕百里派教法学说，反戈一击，转向正统派。915年，其师逝世后，他迁居巴格达，先企图联合罕百里学派未果，不久独立门户，专事正统教义学的研究和著述，抨击穆尔太齐赖派、哈瓦利吉派、什叶派、穆尔吉埃派等，反对希腊哲学和异教思想对伊斯兰教的渗透，并招收门徒，传播自己的教义主张，其信徒日增。他调和信仰和理性的主张，既被穆尔太齐赖派斥为“叛徒”、“伪君子”，又被逊尼派教义学家和罕百里派法学家抨击为“异端”而加以排斥，他生前其学说未被正统派所承认。935年，卒于巴格达。他死后100年，经巴格达迪、安萨里等发展了其学说，终于取得主导地位，他才被称为“正统派教义的权威”、“新凯拉姆学的奠基者”。他一生的著作达300多种，传世的主要著作有《宗教原理诠明》（一译《宗教原理大全》）、《伊斯兰教学派言论集》、《左道通砭》（一译《对异端思想的驳斥》）等。

艾什尔里的宗教哲学思想，以维护伊斯兰教正统信仰为宗旨，既反对穆尔太齐赖派的“唯理论”倾向，又反对正统学者的极端形式主义，而采取折中主义的方法，以调和哲学与宗教、理性和信仰，以理性思辨及逻辑方法论证教义，使哲学弥合正统信仰。在宇宙形成问题上，他认为“真主是全能的，真主是万物的创造者”，凭借其万能的“本体”直接创造了万物的实体，而这种创造是无限的、任意的、偶性的。真主创造的实体就是“原子”，它是有始的，世界万物是由真主创造的原子和偶性构成的，物体是原子的结合。事物的“产生只不过是原子之间的结合，消灭只不过是原子之间的分离”。原子无空间而只有位置，它借其位置充满空间，它是不可分割的。两原子之间无原动和被动关系，它们之间的组合分离是偶性的，是由造物主任意安排的。艾什尔里否认世界的永恒性和规律性。他认为真主的意志不仅创造了世界，而且不断地支配一切，真主的意志是一切现象发生的唯一原因，可瞬间创造新的世界。事物在因果关系上无任何必然联系，规律是真主安排在自然界中的“习惯”或“经常的情状”，真主可随时任意改变而创造奇迹。在真主的本体与德性问题上，反对穆尔太齐赖派关于安拉无德性的主张。他认为真主的本体是超绝万物的精神实体，它的本体就是它的存在。真主独一、万能的本体就具有超乎万物的永存无始的诸德性，即知识、能力、意志、生命、言语、听觉、视觉等。但真主的这些德性是创造者的德性，与被造物——人类的属性有着本质的区别，不能等同，并把真主的德性视为一种无方式的信条。在真主的前定与人的意志自由问题上，基本倾向是主张定命论，但不完全排除人的意志自由。他认为世界上的一切事物都是真主主宰的，人的命运和行为都是预定的。在支配事物方面，真主有绝对的意志自由，而人是无意志自由的。在善恶问题上，凡真主命令当行之事就是善的，凡真主禁止当戒之事就是丑恶的。真主赋予人以理智，故人有能力选择和掌握自己的行为，而恶的行为不是真主强制人们所干的，故人要对自己的行为负责，善者受赏，恶者受罚。如承认人有绝对的意志自由，就否定了真主的前定和万能。在理性和信仰的关系问题上，主张信仰（天启）高于理性。他认为，真主对人的“启示”是获得真理性认识的源泉。人类认识的对象和目的就是体认造物主的存在、独一和万能，以坚定信仰，绝对顺从真主的意志。对真主的认识，个人的认识能力是无法达到的，只能通过启示和信仰才能认识。认为人的理性仅能作为认识真主实在的工具，理性无法获得可靠的知识。但知识不能违背信仰，理性必须顺从和维护信仰。他还主张对一切事物的认识和判断应以《古兰经》和圣训为准则，反对用理性思想注释《古兰经》。他还认为在末日审判时人的肉体能复活，在后世虔信者亦可见安拉。但这种“见”不受方向、位置、形式及距离的限制，“见”主者需有宗教功德，凡作恶者和叛教者不能“见”主。艾什尔里坚决反对穆尔太齐赖派关于《古兰经》被造说的主张，主张《古兰经》是“安拉本体的无始语言”，是永恒的绝对真理，它包含着神圣的信仰准则和全部知识，只能遵奉，决不能怀疑。至于用来表述它的语言形式和记录它的书是被创造的，不能把二者混同，否则就会背离信仰。艾什尔里的学说对西方亦有一定影响，德国哲学家黑格尔的《哲学史讲演录》和犹太哲学家迈蒙尼德的《迷路指津》对其学说亦有评论。

（杨克礼）

艾什尔里派（al-Ashʻariyyah）　中世纪伊斯兰教逊尼派经院哲学派别。亦称“新凯拉姆学派”（al-Kalām al-Jadid）。10世纪初，由艾布·哈桑·阿里·艾什尔里（873～935）奠基。艾什尔里原为巴士拉城穆尔太齐赖派著名教义学家祝拜伊（al-Jubba'i，850～915）的学生，在宗教思想上曾崇奉其师关于安拉绝对独一、公正的教义和《古兰经》被造说的主张，成为穆尔太齐赖派的理论先锋。艾什尔里40岁时，同其师祝拜伊在教义问题上发生重大分歧，公开反对师说，并宣称要“自悔前非”，奉罕百里派教法学说，遂脱离穆尔太齐赖派，转向正统派。后迁居巴格达，独立门户，专事正统教义学的研究和著述，抨击穆尔太齐赖派和哈瓦利吉派等，并招收门徒，传播自己的教义主张。他所著的《教义学原理的说明》和《伊斯兰教学派言论集》，奠定了该派学说的理论基础。他强调“天启”高于理性，反对意志自由论而主张前定说，以哲学、逻辑方法论证教义，弥合正统派信仰，成为同穆尔太齐赖派学说相对立的新凯拉姆。其追随者后被称为“艾什尔里派”。该派在初期，采取以调和宗教与哲学、理性与信仰、定命论与意志自由的折中主义的面目出现，既遭到穆尔太齐赖派的抨击，也受到逊尼派教法学者的怀疑和强烈指责。罕百里法学派指责其学说背离“安拉的正道”，“要像避开狮子那样避开任何形式的凯拉姆”。马图里迪学派指责其阐释教义理性成分过多，不符合先知穆罕默德时期的原旨教义。该派曾一度被视为“异端邪说”。后该派的学者为适应阿拔斯王朝哈里发政治和宗教斗争的需要，在宗教思想斗争中完全倒向逊尼派罕百里法学派，且信众较多，社会影响较大，故颇受逊尼派著名教义学家艾布·伯克尔和艾斯法拉尼等人的推崇，称该派为伊斯兰教“正道的重建者”。10世纪末期，该派的学说由巴基拉尼（al-Bāqillāni，？～1013）等进一步加以完善和发展。该派主要的代表人物还有巴格达迪（？～1038）、库萨伊里（？～1074）、朱韦尼（？～1085）、舍赫拉斯塔尼（1086～1153）等。他们在教义学、经注学、圣训学、教法学、伦理学和原子论等方面撰有大量著作，在论证教义学问题时阐发其宗教哲学思想，形成了该派的宗教哲学思想体系。该派的学者被称为“穆台凯里姆”（辩证学家）。11世纪后期，塞尔柱王朝首相尼扎姆·穆勒克（1019～1092）奉艾什尔里派的学说为官方信条，并在巴格达、内沙布尔等地创办的尼采米亚大学专门传授该派的学说和主张，从此，该派的学说播及到整个伊斯兰世界，发展成为占主导地位的思想。伊斯兰教权威学家安萨里（1058～1111）继承了该派的宗教哲学思想体系，并使之与苏菲派的神秘主义相结合，形成伊斯兰教逊尼派教义学的最终理论形式，成为历代正统的官方信仰。

艾什尔里派的宗教哲学思想，以维护伊斯兰教基本信仰为宗旨，主要讨论安拉的本体与德性的关系、安拉的前定与人的意志自由的关系、理性与信仰的关系、《古兰经》性质、原子论与偶性等问题。采用调和折中的方法，博采各派别之说，以哲学阐释教义，用理性弥合信仰，使哲学为信仰服务。其主要观点是：(1)在本体论上，主张安拉直接创世说。认为安拉是超自然、超时空的永恒的精神存在，安拉是世界万物的直接创造者和唯一主宰者，是一切事物存在和变化的目的因。认为世界万物是由安拉直接创造的原子和偶性构成的。原子本身是实体，而物体是原子的组合。实体既不是物质，也不是形式，而是思想中的概念范畴。事物因它具有偶性，所以变化无常，没有固定的特性，原子和偶性在每一瞬间均由安拉的意志决定不断地创造或消灭。认为事物在因果关系上没有必然联系，事物之间相互分离，物体原子的运动因偶性在空间上不断地由一点转移到另一点，无原动和被动的关系。该派否认客观世界的永恒性和自然界的规律性，认为世界在空间上是有限的，时间上是有始的，自然界是短暂的、即逝的，只有安拉是永恒存在的。“规律”是安拉安排在自然界的“习惯”或“经常的情状”，安拉的意志可任意改变“习惯”，而随时创造新的奇迹。(2)在安拉的本体与德性的关系上，主张其本体包含有诸多德性。该派既反对穆尔太齐赖派否定安拉具有诸多德性的主张，又不完全赞同卡拉米叶派学者将安拉的诸德性完全拟人化的观点。认为安拉的本体是超绝万物的独一精神实体，安拉万能的本体有知觉、能力、生活、意志、言语、听觉和视觉等超乎万物的诸德性。其德性是它的本体所具有的，不能把本体和德性分开。如果否认安拉的诸多德性，就是否定安拉的万能和存在。但安拉的德性是创造者的德性，人的属性是被创造者的属性，二者有本质的区别，如果把安拉的德性拟人化，就会破坏信仰的统一，走向多神论。(3)在定命论和人的意志自由关系问题上，该派既反对穆尔太齐赖派否定安拉定命论的主张，也不完全同意贾卜利耶派完全否认人的意志自由的观点。该派认为世界上的一切事物都是由安拉的意志所主宰和支配的，人类的命运和行为的准则是由安拉创造和前定的。在主宰事物方面，安拉是有绝对意志自由的，而人类是无意志自由的。在善恶问题上，认为安拉前定了善恶行为准则，并告诫人们要抑恶扬善。安拉赋予人以理智，人有能力掌握自己的行为。但其行为或恶或善是由自己的意志所选择的，故人类应对自己的行为负责，善者受赏，恶者受罚。人类的意志与其说是因为行动自由而受恩惠，毋宁说是因为受安拉的恩惠而取得自由。(4)在理性和信仰的关系上，主张信仰高于理性。该派认为，所谓信仰，就是信安拉、使者、天经。人对独一的安拉的信仰和认识，靠其本身的认识能力是达不到的，只能通过对安拉“启示”的坚定信仰，才能认识安拉的万能，绝对顺从之。人们对一切事物的认识和判断，必须以《古兰经》和圣训为依据，理性仅作为认识真主的一种工具，它无法获得真理性的认识。理性的运用不能违背信仰，必须以理性维护信仰。该派还认为，对安拉的正确认识就是真理，安拉的“启示”是真理的源泉和标准，只有对“启示”坚信才能掌握真理。该派把知识分为三类：教义学、哲学和自然科学。认为教义学是关于信仰的知识，是超出理性之外由安拉“启示”的真理，它高于哲学和自然科学知识。哲学是世俗的理性知识，它可以在有限的范围内为论证教义提供方法，使教义条理化，用以驳斥各种异端邪说，但哲学离开安拉的“启示”是不能认识真理的。自然科学往往与教义学相悖，致使人们对信仰产生动摇和怀疑，对其内容必须以“启示”和教义加以“限定”，用来说明万物为安拉所创造。(5)关于《古兰经》的性质问题，该派反对穆尔太齐赖派关于《古兰经》被造说的主张。认为《古兰经》是“安拉本体的无始言语”，是永恒的绝对真理，它包含着安拉“启示”的神圣内容，是信仰的全部准则，决不能怀疑和动摇。至于用来表述《古兰经》神圣内容的语言形式（阿拉伯文）、词句及记载它的书是有始的和被创造的。艾什尔里派将伊斯兰教逊尼派的教义学用哲学进行了论证和综合，使宗教信条哲理化，成为教义学的重建者和革新者，其学说受到普遍尊崇，长期以来在伊斯兰思想史上占主导地位。（杨克礼）

艾斯玛·侯斯纳·利拉（al-Asmā' al-

Ḥusnā Lillāh) 见安拉的美名。

艾斯迈伊(al-Asma'i,约 740～828) 阿拉伯著名语言学家、文集编纂家。初为巴士拉语言学派创始人艾布·阿姆尔·伊本·阿拉厄的高足,后成为该派的著名学者,从事教学和语言学研究。他精通古典阿拉伯语语法、辞典编纂学和古籍校勘整理,偏爱哀歌和祷诗。曾被阿拔斯王朝哈里发哈伦·拉希德诏入巴格达宫廷,从事讲学和研究,并掌管宫廷图书馆,深受恩宠。809 年哈伦·拉希德逝世后,仍返回巴士拉,指导门弟子,并从事著述。他的著作《艾斯迈伊诗文集》,收有他关于《古兰经》语法结构、宗教祷诗、语法理论、辞书编纂原则等方面的诗歌和文章。现存 15 篇有关动植物和语法形式的专题论文。指导门弟子编注有几部阿拉伯古典诗歌的选集。 (杨克礼)

艾斯泰厄菲鲁拉(Astaghfirullāh) 见凯利玛特·迪克里拉。

艾斯沃德(al-Aswad,? ～632) 7 世纪也门部落叛乱首领,伊斯兰教贬称的"伪先知"之一。其名又译"艾斯瓦德"、"阿斯瓦德"等,意为"黑人"。全名阿卜海赖·本·凯尔卜·本·奥夫·安西,绰号"祖勒黑马尔"(Dhu al-Khimār,意为"蒙面人")。出身于也门麦兹希吉(Madhḥij)部落的安斯('Ans)家族。原为巫士,631 年伊斯兰教传入也门时随众表面信教,不久即叛离。自 632 年 2 月起,他自命"先知",先以其巫术手法赢得族人崇拜,被拥戴为部族领袖;继而以"也门的拉赫曼",即"大仁大慈真主在也门的代言人"的身份,策动了南阿拉伯半岛历史上首次反抗麦地那穆斯林公社新政权的部落叛乱。他率领麦兹希吉等部族,首先占领纳季兰(Najrān),驱逐了穆罕默德派驻那里的行政长官阿慕尔·本·哈兹姆('Amr ben Ḥazm,? ～673)和哈立德·本·塞伊德(Khālid ben Sa'id,? ～635),继而攻占萨那,杀害了该地波斯籍穆斯林总督舍赫尔·本·巴赞,并占其妇阿扎德为妻,其势力和影响扩展到哈达拉毛乃至阿拉伯半岛的西南部。穆罕默德闻讯后下令将其消灭,初未能得手,后其内部发生利害冲突,经由穆罕默德的门弟子穆阿兹·本·杰拜勒(Mu'ādh ben Jabal,603～639)等人在各部落中进行分化瓦解而终为其部下将领所暗杀。据阿拉伯史书记载,这是发生于穆罕默德病逝前的唯一一次部落叛乱,历时约 4 个月。在穆罕默德逝世之后,阿拉伯半岛随即发生了范围更广的部落叛乱。见里达暴动、伪先知叛教。 (杨宗山)

艾苏哈卜·哀凯(Aṣḥāb al-Aykah) 见丛林的居民。

艾苏哈卜·菲勒(Aṣḥāb al-Fil) 见象军。

艾苏哈卜·凯赫夫(Aṣḥāb al-Kahf) 见山洞人。

艾苏哈卜·兰斯(Aṣḥāb al-Rass) 见兰斯的居民。

艾苏哈卜·奈比(Aṣḥāb al-Nabiy) 见圣门弟子。

艾苏哈卜·希吉尔(Aṣḥāb al-Ḥijr) 见石谷的居民。

艾提卡尔清真寺 中国伊斯兰教著名清真寺。位于新疆维吾尔自治区喀什市解放路。"艾提卡尔"是阿拉伯语'Id(节日)与波斯语 Kar(地方)的复合词,一译"艾提尕尔",意为"节日活动场所"。新疆特指穆斯林举行会礼的大清真寺,宗教教育和文化的中心。该寺始建年代与早期历史已不可考。相传该寺址原系阿拔斯王朝大将屈底波所遣阿拉伯伊斯兰教传教师的麻札。明正统(1436～1449)年间喀什噶尔统治者沙克色孜·米尔扎后葬于此,其后裔建造了一座小清真寺,即艾提卡尔清真寺之前身。16 世纪上半叶,叶尔羌汗国的喀什噶尔统治当局,将该寺扩建为可礼主麻拜的大清真寺。1798 年,英吉沙维吾尔族女穆斯林古丽热娜在前往巴基斯坦途中病故于喀什噶尔,人们以其所遗旅费扩建该寺,并取名艾提卡尔。后经一位名叫卓丽皮亚汗的维吾尔族女布维(依禅派女信徒的通称)捐资扩建,并购置了约 600 亩地作寺产。1809 年,喀什噶尔阿奇木伯克(官吏名)伊斯坎达尔对该寺进行扩建,增盖了拱北式寺门,并在院内开掘了人工湖和水渠。清道光年间(1821～1850)喀什噶尔城扩建时,一直处于城外的艾提卡尔清真寺被划入城内,同时得到全面修葺和扩建,种植了各种树木,美化了环境。1872 年,浩罕入侵者阿古柏下令对该寺进行大规模扩建。除增建了寺院用房、暖室、澡堂、宣礼塔、人工湖之外,还改建了寺门、礼拜殿,重新规划了全寺布局,方形成今之规模。

该寺占地约 25 亩。主要由门楼、礼拜大殿、宣礼塔、寺院用房、人工湖等组成。正门东向,门前为以寺命名的艾提卡尔广场。门楼属阿拉伯式建筑。顶作穹隆式,上建小尖塔。门厅呈八角形,通往院内的两侧各开一拱形门洞。两座高约 18 米的圆柱形砖砌宣礼塔,耸立在寺院东南和东北隅,塔身由下至上逐层收分,并利用砖砌手法变化形成多种花纹图形。塔与门楼间以短墙相连。墙与门楼均为淡黄色,砖缝和墙上凹壁全部以白灰勾勒,线条清晰流畅,增加了平面的立体感。礼拜大殿坐落在寺院西端,砖木结构,平顶,长 160 米,进深 16 米。由内、外殿和长廊组成。全部采用廊柱式,由 158 根成网络状排列的雕花木柱,支撑白色密肋顶棚。顶棚藻井彩绘各种花卉和几何图案。院内湖光粼粼，绿荫婆娑，景色清幽。全寺布局合理，建筑工艺精细，装饰古朴典雅，风格独特，是我国阿拉伯式伊斯兰教清真寺建筑的典范。礼拜大殿、寺院和艾提卡尔广场总计可容纳近10万人做礼拜。寺院拥有3000余亩土地、116间店铺及果园、水磨等寺产。负有任命喀什市各经文学校教师之权。20世纪50年代以前，寺内曾设有宗教法庭和可供400人住读的进行初、中级教育的经文学校。寺院管理人员有：海推布（总掌教）、伊玛目（领礼五番拜）、穆泰瓦列（掌财务）、穆安津（宣礼人）、加尔甫开西（勤杂工）等。自近代以来，该寺一直是喀什市各族穆斯林宗教活动的中心。中华人民共和国成立后，人民政府曾多次拨款进行修缮，面貌焕然一新。现为新疆维吾尔自治区重点文物保护单位。

（马品彦）

艾因·塔姆尔（'Ayn al-Tamr） 伊拉克南部古城。亦名舒萨萨。2～3世纪时即已兴盛。7世纪阿拉伯帝国兴起后，发展为重要的军事和贸易中心。曾建有多座清真寺和《古兰经》学校，早期的哈瓦利吉派及什叶派的分支派别曾在该城活动。这里人才辈出，伍麦叶王朝著名军事将领穆萨·本·努赛尔即出生于此。13世纪蒙古人征服伊拉克后，该城逐渐衰微，今为伊拉克西部高原中最大的绿洲，以风光驰名。

（杨克礼）

艾因·扎鲁特战役（Ma'rakah 'Ayn jālut） 13世纪埃及马穆鲁克王朝抗击蒙古人入侵的一次战役。1258年，蒙古伊儿汗旭烈兀率军攻陷巴格达，1259年进攻叙利亚，攻占了阿勒颇，由于其兄蒙哥大汗的逝世，被迫返回波斯，行前派遣了大将怯的不花（景教徒，鞑靼人）留守并授意伺机攻打埃及。1260年，蒙古人遣使到开罗，要马穆鲁克王朝素丹古突兹（Qutuz，1259～1260在位）投降，古突兹不堪侮辱，经与臣僚商议，毅然杀掉来使，并随即动员12万军队迎击蒙古入侵先遣军，经过奋战将入侵者驱赶到阿昔河畔。这时，蒙古大将怯的不花闻讯后，即率数千骑兵，反扑应战。1260年9月3日，两军在约旦河左岸贝桑附近的艾因·扎鲁特相遇。开始，剽悍的蒙古骑兵冲杀、射箭，所向无敌，埃及军左翼败北撤退，蒙古军自鸣得意趁势追击，杀死了许多埃及兵士，不料他们却陷入埃军伏击圈。埃军从三面冲杀，双方从清晨肉搏厮杀到中午，蒙古军终于不敌溃逃。其将领怯的不花拒不退却，最后因战马跌倒被俘，后被处死。在这次战役中，埃军名将拜伯尔斯统率了先锋队，素丹古突兹亲自指挥，抓住有利战机，大败蒙军，有力地阻止了蒙古人向西南的扩张，使埃及文明古国免遭掠夺和破坏。因此，史学界对这次战役给予了高度评价，称其为世界文明史上一次"拯救伊斯兰教"的重要事件。

（赛生发）

艾优卜（Ayyūb） 《古兰经》中记载的古代先知之一。又译"安优伯"、"阿尤布"等。阿拉伯语音译。《旧约全书》称"约伯"（Job）。该人物在《古兰经》中共提到4次：两次系作为曾接受过安拉"启示"和"引导"的使者之一，被排名在众先知之列（4：163，6：84）；另两次则作为历经磨难而坚贞不屈的典型，被予以陈述（21：83、84，38：41～44）。前者系针对异教徒对先知穆罕默德身份的置疑而言，指出他确系安拉的使者，其之接受"启示"和"引导"，如同其以前的众先知，其圣系与他们一脉相承。后者则通过对艾优卜本人事迹的讲述，阐明更深一层的道理。这部分经文内容简略、扼要，结合经注学家的解释，其事迹的主要情节是：魔鬼对艾优卜虔心拜主极为仇视，认为与其环境优越有关，遂伺机对其施加迫害，以动摇其信仰。魔鬼先使其倾家荡产，儿女夭亡，继而使其周身长满毒疮，长年不愈，备受折磨，但其对安拉的信仰毫不动摇。后魔鬼又挑拨其妻对丈夫产生埋怨情绪，致使艾优卜一气之下发出要抽打其妻一百鞭的誓言，并呵斥她自谋生路。艾优卜在极度痛苦中始终信念不移，赞主不绝。后仁慈的真主令其以足踏地，用地下涌出的清澈泉水涤除其病痛，并恢复其往日的幸福，还令其以草代鞭抽打妻子以实践前言。经文以"你应当记忆"的语气，颁降于先知穆罕默德在麦加传教的最艰难时期，旨在激励他应以古代先知艾优卜那种极大的忍耐精神和百折不挠的毅力为榜样，面对麦加多神教徒的迫害，不畏传教上的暂时艰难，坚定必胜的信念。 （杨宗山）

爱萨里格派 见阿扎里加派。

爱薛（'Isā，1227～1308） 中国元初入华的阿拉伯天文学家、医学家。今译"伊萨"。据考证，本名穆哈伊·米赖·艾比·舒克尔·马格里布·安达卢西亚。又称"阿什克岱"。拂林（叙利亚）人，出身于基督教聂思脱里派教徒世家。父名不鲁麻失，为著名天文学家。爱薛继承家学，通晓阿拉伯语、古叙利亚语和蒙古语，擅长阿拉伯星历、医药之术。代父应召，入侍蒙古贵由汗。忽必烈即汗位，仍当侍从，后被擢升为秘书监卿、翰林学士、平章政事。1263年（蒙古中统四年），忽必烈任其管西域星历、医药二司，领导扎马鲁丁编回回《万年历》，成书后曾由元政府下令颁行。1270年（至元七年）西域医药司改为广惠司，秩正三品，仍由其执掌。还创办京师回回医药院，由其妻撒剌主持。1271年（至元八年）元政府正式在大都（今北京）设立回回司天台，隶属于西域星历司，爱薛同扎马鲁丁主持编制了回回历，供元境内的穆斯林使用。1265～1286年间，曾3次出访波斯伊儿汗国，在马拉格天文台参与纳绥尔丁·图西主持的国际科学协作。曾在马拉格代表中国学者作了《中国和维吾尔的历法》的报告，协同纳绥尔丁·图西、艾布·法拉吉等人共同译编过欧几里得、托勒密的天文学著作，进行算弧三角法和占星术的研究。元朝秘书监搜藏的23种回回书籍，有些是爱薛和扎马鲁丁从国外搜罗的，有些是他本人编订的著作。侨居中国期间，传播阿拉伯医学和天文学，推动元朝改进推广回回历，为促进中国和阿拉伯科学文化交流做出了重大贡献。（杨克礼）

爱亚索菲亚清真大寺 土耳其伊斯兰教著名清真寺。"爱亚索菲亚"系希腊语，意为"神圣智慧"。坐落在土耳其伊斯坦布尔（旧称"君士坦丁堡"）城。原是拜占庭帝国查士丁尼皇帝（527～565）所建的希腊正教的大教堂，也是皇帝举行加冕仪式的地方。原建筑为淡黄色的石砌立方体，拱形大圆顶直径33米，涂以金彩画，由4根24.3米高的柱子支撑，顶上有40扇窗子。殿内面积7570平方米，内壁装饰华丽，用大理石、云斑石、花岗石和宝石及黄金镶嵌而成，并饰以壁画，四周圆柱林立，外观宏伟富丽。1453年，奥斯曼帝国素丹穆罕默德二世（1433～1481）攻陷君士坦丁堡后，下令将该教堂改为清真寺。在东南面半圆形的后殿中间修造了朝向麦加的凹壁（即米哈拉布），凹壁右边增设了宣教讲坛（即敏白尔），讲坛对面设置有专供素丹祈祷的配间（即麦格苏赖）。将殿内原有的生物壁画及圣像彩绘涂抹遮盖，重新予以装饰，取掉了十字架。从穆罕默德一世开始到赛利姆二世时，先后修建了4座宣礼尖塔。素丹穆拉德四世执政时，在殿内的墙壁和圆柱的圆形盾牌上，用绿底金字书写着阿拉伯文的安拉的尊名、穆罕默德及四大哈里发的名字，有些字约9米高。素丹赛利姆二世在大拱顶上建造了一个直径约30米的青铜制的新月。1935年，土耳其共和国总统穆斯塔法·凯末尔下令将清真寺改为军事博物馆，其名称一仍其旧。（杨克礼）

爱资哈尔大学（Jāmi'ah al-Azhar） 埃及伊斯兰教古老高等学府。为伊斯兰世界规模最大、地位最高、享有盛名的宗教大学。其前身为法蒂玛王朝将领昭海尔建于972年的开罗清真大寺，后为纪念穆罕默德之女法蒂玛·宰赫拉（意为"佳丽的"法蒂玛）而易名爱资哈尔。在法蒂玛王朝（909～1171）统治埃及的两百多年中，爱资哈尔曾是宣传什叶派教义思想和进行教育及学术活动的中心，因之使开罗取代了巴格达的学术文化地位而成为世界伊斯兰文化的中心。1171年法蒂玛王朝瓦解后，埃及阿尤布王朝素丹萨拉丁将其确立为逊尼派的教育阵地和阿拉伯—伊斯兰学术的中心。12～13世纪，爱资哈尔的学科增多，吸引了各方著名教授、学者、文豪和著作家前来讲学，世界各地穆斯林学子亦纷至沓来，求学深造。爱资哈尔进一步发展成为具有较大规模的伊斯兰教育、研究中心。18世纪至20世纪初，法国拿破仑军队和英国殖民主义者先后入侵埃及，爱资哈尔屡遭破坏，大量伊斯兰文物被毁，遂使爱资哈尔成为埃及教育界反对侵略，争取民族独立斗争的思想宣传阵地。19世纪后期，爱资哈尔长老穆罕默德·阿布笃对其经院式的古老教育制度和教学方法进行了全面的改革，使学科设置增多，教学内容、方法和教学设施焕然一新。以后校舍进一步得到扩建，大学与大寺逐步分开，统一管理。至目前已发展为自成独立教育体系的综合性伊斯兰大学。爱资哈尔的办学宗旨是：保护、研究、传播伊斯兰文化遗产和伊斯兰贤哲的思想主张，并对各民族行使伊斯兰使命承担责任；传播阿拉伯和阿拉伯民族的学术、思想遗产；加强同伊斯兰世界包括阿拉伯各国在伊斯兰教义、教法、文化、阿拉伯语言和《古兰经》研究等方面的联系。

爱资哈尔大学现共有36所学院，开罗有14所：伊斯兰基础学院、伊斯兰宣教学院、伊斯兰研究与阿拉伯语学院、法学院、商学院、农学院、工学院、阿拉伯文学院、医学院、牙医学院、语言与翻译学院、教育学院、科学院、制药学院。另在开罗建有女子学院1所，设有伊斯兰研究系、商学系、阿拉伯语系、医学系、基础科学系、人文学研究系、欧洲语言文学系等。在开罗以外其他城市有分院22所，主要分布在亚历山大、索哈杰、阿西尤特、坦塔、少尔库姆等地，包括伊斯兰基础、宣教、伊斯兰研究、阿拉伯语等学院和女子学院。该校建筑规模庞大，各学院均设若干系，有教学楼、图书馆和其他辅助设施。爱资哈尔大学的学位制分学士（4～5年）、硕士（2年）、博士（2～12年）3种。根据规定，未获得该校学士学位者不得在该校攻读硕士学位，攻读博士学位者亦要有该校硕士学位证书。关于该校课程设置，伊斯兰基础学院的课程主要有：《古兰经》与古兰学、圣训与圣训学、教义学、伊斯兰哲学、逻辑学、道德功修、西方语言学等。伊斯兰法学院的课程主要有：《古兰经》、圣训、伊斯兰教法基础、逊尼派四大法学派教法、法律学科入门、宪法观点、伊斯兰立法史、阿拉伯语等。医学院、商学院、工学院、农学院等一般院系的课程，按规定除开设各自专业课程外均要开设《古兰经》、圣训、教法3门宗教课程。毕业考试时宗教课不及格者，不能毕业。爱资哈尔大学在教学上采用现代化教学方法；理工科学院有较先进的实验室和场地；农学院有较大规模的农场；医学院仅开罗就有5个附属医院供学生实习，其中最大的哈赛因医院有12个科，400张病床。目前该校在校学生一般保持在12万人左右，学校规定只招收穆斯林学生。学校有来自75个国家和地区的12000名外国留学生。全校共有教职员工19000人，其中教授、副教授和助教6000人，职工13000人。该校在全国各地设有附属小学600所，初中396所，师范学校18所，古兰经诵读学校19所。20世纪30年代，中国昆明的明德中学、上海伊斯兰师范学校、成达师范学校和其他组织先后派遣了6批穆斯林青年在该校学习；80年代初中国伊斯兰教协会继续向该校派遣留学生。

该校设"爱资哈尔长老"（副总理级职衔）1人，其最高行政领导机构是"大学委员会"。该委员会由大学校长(委员会主席)、副校长、各院系主任、埃及国家高等教育部代表、伊斯兰研究院3名研究员和有教学经验的3名教授等人员共45人组成。其任务是:对学校系统的教学、科研、行政组织、管理制度等重大问题进行决策。大学委员会下设8个技术委员会为职能机构,分工管理各项工作。爱资哈尔大学制定了包括教育方针、培养目标及教学、科研和行政管理的法规《爱资哈尔法》,并办有综合性伊斯兰学术月刊《爱资哈尔杂志》。对生活困难的学生给予奖学金。

爱资哈尔大学自古以来对培养造就穆斯林人才、传播伊斯兰思想和学术文化做出了巨大贡献,成为世界穆斯林有志之士学习深造的园地,它在伊斯兰教育和学术文化方面有较高的地位和威望,被誉为"世界伊斯兰学术文化的灯塔和朝向"。 (马云福)

爱资哈尔法(Qānūn al-Azhar) 埃及政府颁布的关于爱资哈尔大学教育方针、培养目标及教学、科研和行政管理的法规。由于该大学规模宏大、人数众多、自成体系,在国家教育中占有重要地位,故其管理的规章条例用立法的形式加以规定实行,任何人都必须遵守。第一部爱资哈尔法于1872年为埃及国王伊斯玛仪·巴沙授权制定实施。该法在长期的执行过程中曾经历过多次修改和更名。其重大修改有3次:(1)1911年修改的法规。随着爱资哈尔的改革,当时政府发布命令,对原来的法规进行修改和补充。新法规确定爱资哈尔为15年一贯制,分初级(初中)、中级(高中)、高级(大学)3部分。还规定在教学内容上增加现代学科、确定建立爱资哈尔最高委员会,领导全校的教育、教学工作。(2)1930年修改并经政府批准公布的爱资哈尔法。该法规定爱资哈尔大学增设3个学院,即伊斯兰教法学院、伊斯兰基础学院和阿拉伯文学院,并规定爱资哈尔大学招收硕士和博士研究生。(3)1961年修改的法规。由纳赛尔总统签署,改名为《发展爱资哈尔103号法》,进一步对该校体制和教学、工作任务作了详细的规定。该法共6章,101条。第1章(1～8条)总纲,确定爱资哈尔为正规的伊斯兰大学,它负有研究、保护伊斯兰文化遗产,向人类传播伊斯兰教,发展阿拉伯文化、艺术、思想和阿拉伯伊斯兰民族精神的使命。第2章(9～14条)是关于爱资哈尔最高委员会成员、任务、职责分工及其附属机构的规定。第3章(15～32条)是关于伊斯兰研究院的研究任务、人员编制、人选条件及其任命以及组织机构、会议制度等的规定。第4章(33～82条)是关于爱资哈尔大学以下各方面的具体规定:大学委员会成员的条件、职责和任命办法;大学委员会的基本任务;院系设立的审批手续和基本任务;校长和各院系领导人选的提名和批准手续及其职权范围;教授、副教授和讲师的条件及工资待遇;各院系的招生、考试制度及奖学金的设立和发放;教职员工的休假及奖惩的规定等。第5章(83～93条)是关于各附属中、小学的办学宗旨、学制、教学科目、考试制度、毕业文凭、学龄、招生条件和行政组织机构等规定。第6章(94～101条)是关于爱资哈尔大学各附属中、小学所应具备的水平、文凭的效用,招收同等学历学生的暂行方法,研究生取得双学位的条件、爱资哈尔各级领导人的权限,大学招生条件、学习、考试及休假制度等规定。该法自公布于官方报纸之日起,便具有法律效力,体现了该大学管理上的特殊性。

(马云福)

《爱资哈尔杂志》(Majallah al-Azhar) 埃及伊斯兰最高学府爱资哈尔大学校刊。1929年创刊于开罗,为综合性伊斯兰学术月刊。原名《伊斯兰之光》(Nūr al-Islām),从1936年第6期起改为现名。该杂志宣称,它一贯高举宗教、科学、知识和文化的旗帜,为人类服务。其宗旨是:阐述伊斯兰思想,传播伊斯兰文化知识,研究、探讨伊斯兰教所面临的新问题。该杂志自创刊以来一直重视刊载爱资哈尔大学及伊斯兰各国著名学者对伊斯兰教义、教法、历史、哲学、文化遗产等方面的学术研究成果,介绍当代伊斯兰国家及世界各地穆斯林的政治、经济、文化、教育及宗教方面的现状、动态和调查报告。杂志辟有伊斯兰教论述、消息与建议、纰漏与调查、世界伊斯兰图书、伊斯兰教法说明等栏目。其中伊斯兰教论述栏目所占篇幅较大,包括《古兰经》、圣训释义、古兰学和圣训学研究成果,认主学阐述,以及对历代宗教学家和历史人物及其思想的研究、评价等。近年来曾发表过阿拔斯·马哈茂德·尔格得撰《近代历史上的伊斯兰教》、穆哈伊丁·艾勒瓦伊博士撰《爱资哈尔与爱资哈尔人对科学与宗教的贡献》、阿卜杜勒·贾利勒·舍勒比博士撰《古埃及宗教研究》、萨米尔·阿卜杜勒·哈米德教授撰《伊克巴尔心目中的埃及爱资哈尔》、陶菲格·穆罕默德·沙希博士撰《论伊斯兰家庭之地位》等重要文章,受到学术界的重视。该杂志历任主编均由著名学者和宗教思想家担任;其编辑人员也多为专家、学者和教授。1988年聘任的主编为阿里·艾哈迈德·海推布博士。该杂志为伊斯兰世界著名学术理论刊物,用阿拉伯文出版,印刷精制,图文并茂。发行量为12000册,向国内外发行,重点为中东和伊斯兰各国,在伊斯兰学术界有很高声望。 (马云福)

安徽界首清真寺 中国伊斯兰教古寺。位于安徽省界首市境内。始建年代不详。清朝咸丰二年(1852)曾重修扩建。全寺占地面积近7亩。5层院落,宏伟壮观。大门上方悬黑底金字大匾,上书"清真古寺"4字。入门为一道长廊,两旁绿树成荫。二门内有"迎客松"巨大画面屏幅。过二门即进入天井院,为全寺主体建筑部分。迎面北屋5间,西面大殿10间,对殿5间,配称适当。大殿为一座宏伟古典式建筑,上方悬有"无像宝殿"、"浩荡难铭"、"道源无极"3块金字大匾。有五脊六兽,殿内抱厦明柱,油漆彩画绚丽夺目，宽敞明亮，可容200人礼拜。北屋两旁套房为满拉室。对殿两边套房为讲经室及会议室等。大殿后一小院建有沐浴室等。该寺东部原有女寺1座，“文化大革命”中被毁，现已修复。（罗万寿）

安徽寿县清真寺 中国伊斯兰教古寺。位于安徽省寿县城南。相传寺址原在寿县西门外，清初由于当地穆斯林人口日增，经济繁荣，故将该寺迁至今地。据考证，现寺大殿系康熙年间所建，殿前为一开敞庭院，正中用石砖铺砌成宽大路面，古木荫森。正面大殿5间重檐，巍峨庄严、肃穆。前后殿同为重檐歇山带拱形制。周围廊并用石廊柱，以勾连搭做成，同为5间11檩。屋顶瓦件使用筒板瓦，正脊微有升起，两端用大吻，重脊头上用坐兽。大殿内部用“彻上露明”造，梁、枋、柱、墩全露于外，不用天花遮盖，使殿内高度直到脊檩，并利用斗拱等作装饰，显得高敞华丽。殿内凹壁以阿拉伯文作装饰。“呼图白”亭顶用三重檐式，制作精美。此寺整体建筑宏伟壮观，构思精巧，装潢华美。《中国伊斯兰教建筑》一书称为“国内较为少见的巨大华丽的伊斯兰教建筑”。（罗万寿）

安卡拉（Ankara） 土耳其共和国首都，安卡拉省行政中心。位于安纳托利亚高原中部安卡拉河畔。人口340万(1985)。公元前13世纪，赫蒂部落在此修建城堡，形成村落。此后，先后被佛里克人、吕底亚人、马其顿人占领。公元4世纪为拜占庭帝国占领，成为基督教在安纳托利亚的中心。11世纪被突厥人占领。14世纪初处在蒙古伊儿汗国统治之下。1356年并入奥斯曼帝国版图，发展为经济、文化中心。20世纪初，凯末尔以这座古城为中心，领导土耳其资产阶级革命。1923年成为共和国的首都，进行了大规模的扩建。市区为新、旧两部分。市区的古建筑反映了该城发展的不同历史阶段。其中包括罗马时代的朱利安圆柱和奥古斯都神庙、拜占庭时期的城堡和墓地、塞尔柱帝国时期的阿拉丁清真大寺。奥斯曼帝国时期留存的古迹更多，其中包括200多座清真寺、苏非道堂、浴池、宗教学校等建筑，还有建于1464年，已改为赫蒂博物馆的穆罕默德帕夏商场等。这里还有著名的安卡拉大学，专设有伊斯兰经学院；以及中东技术大学等高等学府。有藏书50余万册的国家图书馆，内藏有伊斯兰教经籍的手抄本和珍贵文物。居民大多为土耳其人，信奉伊斯兰教。现大小清真寺遍布全城。（杨克礼）

安卡拉战役（Ma ‘rakah Ankara） 15世纪初帖木儿同奥斯曼帝国间为争夺领土而发生的一次重大战役。因双方决战于安卡拉附近，故名。奥斯曼素丹巴耶济德(1389～1442在位)统治时，对外扩张，向东吞并了小亚细亚东部小国，侵入亚美尼亚及两河流域，占领瓦希斯，直接威胁到帖木儿藩国，同帖木儿向西扩张发生了冲突。1400年，帖木儿洗劫了瓦希斯，在小亚细亚一些不满奥斯曼人统治的小国君主援助下，大规模向小亚细亚进军。巴耶济德率强悍军队迎战帖木儿。帖木儿统领中亚和小亚细亚军队进攻奥斯曼帝国，取道开塞利，直取安卡拉，于1402年7月20日双方决战于安卡拉城东北部的赤布哈巴德。双方参战达百万大军，并配有战象，土耳其军队占优势。双方鏖战从拂晓至夜半颇为激烈。后土军由于兵力分散且小亚细亚埃米尔国背叛被击败，撤退中素丹巴耶济德马蹶不能驰脱，他本人及两个儿子被俘，次年巴耶济德囚禁中病死。小亚细亚广大地区遂成为帖木儿帝国一部分，后将小亚细亚归还给巴耶济德的几个儿子统治，向帖木儿称臣纳贡。帖木儿的胜利，使拜占庭帝国的危机得以缓解。其后帖木儿与欧洲、非洲国家来往密切；热那亚和英国欣然与之通商；埃及和西班牙等国派特使前来朝贺并建交，促进了欧亚经济和文化的交流。（关意权）

安拉（Allāh） 伊斯兰教所信仰的创造宇宙万物的独一主宰的名称。阿拉伯语音译。通用波斯语、乌尔都语和突厥语的穆斯林称之为“胡达”（意为“自有者”），中国通用汉语的穆斯林在沿用安拉、胡达称呼的同时，还将其译称为“真宰”、“真主”等。安拉一词的来源，一说是古代闪米特人对造物主的尊称；一说是由阿拉伯语中意为神的Ilāh加冠词al组合而成的。根据《古兰经》记述，伊斯兰教兴起前，一部分阿拉伯人和“有经人”都用安拉一词称呼所信奉的最高神，他们相信安拉是“天地的创造者，日月星辰的支配者”，是“人类生计的赐予者，灾难的解救者”。但他们在信仰和崇拜安拉的同时，还为安拉树立了名目不同的配神，并加以崇拜。伊斯兰教兴起时，先知穆罕默德根据启示宣布“你们所应当崇拜的是唯一的受崇拜者”(16：22)，“除他外，绝无应受崇拜的”(2：163)，否定了当时人们除安拉之外所崇信的所有神像和圣物的神性，肯定了安拉是创造并主宰宇宙万物的唯一真宰。并通过宣布启示，向人们指出，安拉是天地万物的创造者，是绝对独一的，“既无匹配”，“又无对手”，“也无子嗣”，“既不生物，也非物所生”，“任何东西都不与他相似”，并说：“除真主外，假若天地间还有许多神明，那末，天地必定破坏了”(21：22)。故相信安拉的唯一是伊斯兰教信仰的核心和基础。还说安拉“前无始，后无终，是表（极显著的），也是里（极隐微的）”，是无所不知、无所不听、无所不能、洞察一切的，一切大权均属他有，天地万物皆是他存在和伟大的“迹象”，“万物皆朽灭，唯安拉的本体则永存不灭”。一切美好的赞颂皆归于他，他有许多美好的名称，可用安拉、“拉赫曼”（大仁者）或其他美好的名字称呼他。

后来伊斯兰教教义学家们根据《古兰经》和圣训中有关对安拉的表述，对安拉的认识更加系统化。他们提出安拉是本体存在者，而不是抽象的概念，更不是人们的主观臆想，人们的理智和思维只是达到认识安拉的一种媒介。安拉创造了万物，而又超绝于万物，不依赖于万物，不受任何限制和制约而主宰“众世界”，小则如人类世界、精灵世界、动物世界、植物世界；大则如宇宙变化、天体银河系统的运行等。不论是宏观世界或微观世界、物质世界或精神世界，均在安拉的意志与掌握之中。安拉造化了人类，赋予人类以理智，使之具有思维、判断与行为的自由，人类的一切也超不出安拉的旨意和预定。因而伊斯兰教要求人们不仅要顺从安拉的旨意，应相信他的仁慈和对人类的恩德而感激他，崇拜他；同时要相信他的威严和惩罚而敬畏他，对他的命令和禁诫不能违反。

中国清代伊斯兰教学者刘智按照苏菲主义哲学观点，作了如下表述：安拉乃“冥冥不可得而见之中的真一”，“隐然无象，确然实有”，“其本然有体有用有为。寂然无着谓之体，其觉察无遗者谓之曰用，其分数不爽者谓之曰为”；“体立于二气未肇之先，用著于万象既形之后”，“其体，隐寂难知；其用，微妙难测；其为，则依稀可见也”。安拉不单是“生天生地”、“生人生物”、“纲维数理，掌握天人”的皇皇主宰，而且是“天地人物之本原”，“主万化而不化，莫非其化；妙万迹，而无迹，孰非其迹”，“作焉而不待，化焉而不穷，育焉而不遗，予焉而不竭”；是“一切理气之所资始，亦一切理气之归宿”。“所谓尽人合天者合于此也，所谓归根复命者，复于此也”。有些伊斯兰教的神哲学家也称安拉为“第一因”、“本来当有者”、“绝对存在”或“绝对真理”，而将安拉的旨意称之为“自然规律”等。（马　贤）

安拉的美名（al-Asmā’al-Ḥusnā Lillāh）《古兰经》中关于称颂安拉种种崇高德性的名称。亦称“真主的尊名”。阿拉伯语“艾斯玛·侯斯纳·利拉”的意译。中世纪伊斯兰教经注学家根据《古兰经》经文的内容，认为安拉除本名外，还有 99 个美名，即经文中关于对安拉的种种称呼。《古兰经》云：“真主有许多极美的名号，故你们要用那些名号呼吁他”（7∶180）。在安拉的 99 个美名中，一类属于受人敬畏的称呼（al-Asmā’ al-Jalāliyyah），另一类属于令人赞美的称呼（al-Asmā’ al-Jamāliyyah）。各个美名的用词都有其引申的内涵意义。

安拉的 99 个美名是：(1)拉赫曼(al-Raḥmān)，普慈的主。(2)拉希姆(al-Raḥim)，特慈的主。(3)马立克(al-Mālik)，掌权的主。(4)古杜斯(al-Quddūs)，圣洁的主。(5)色兰(al-Salām)，赐安宁的主。(6)穆民(al-Mu’min)，护佑的主。(7)穆海敏(al-Muhaymin)，监护的主。(8)阿齐兹(al-‘Aziz)，万能的主。(9)贾巴尔(al-Jabbār)，强大的主。(10)穆泰凯比尔(al-Mutakabbir)，至尊的主。(11)哈利格(al-Khāliq)，创造万物的主。(12)巴雷厄(al-Bāri’)，创世的主。(13)穆萨维尔(al-Muṣawwir)，赋形万物的主。(14)阿法尔(al-Ghaffār)，宽恕的主。(15)盖哈尔(al-Qahhār)，统治的主。(16)瓦哈卜(al-Wahhāb)，厚施的主。(17)拉扎克(al-Razzāq)，普施的主。(18)法塔赫(al-Fattāḥ)，明断的主。(19)阿利姆(al-‘Alim)，彻知的主。(20)嘎比德(al-Gābiḍ)，控制一切的主。(21)巴西特(al-Bāsiṭ)，赐喜的主。(22)哈菲德(al-Khāfiḍ)，使人降级的主。(23)拉菲尔(al-Rāfi‘)，使人擢升的主。(24)穆伊兹(al-Mu‘izz)，使人尊贵的主。(25)穆济勒(al-Mudhill)，使人卑贱的主。(26)塞米尔(al-Sami‘)，全聪的主。(27)拜绥尔(al-Baṣir)，明察的主。(28)哈凯姆(al-Ḥakim)，公断的主。(29)阿德勒(al-‘Adl)，公正的主。(30)拉蒂夫(al-Laṭif)，仁厚的主。(31)海比尔(al-Khabir)，深知的主。(32)哈利姆(al-Ḥalim)，宽容的主。(33)阿齐姆(al-‘Aẓim)，伟大的主。(34)厄富尔(al-Ghafūr)，至赦的主。(35)舍库尔(al-Shakūr)，善报的主。(36)阿利伊(al-‘Aliy)，崇高的主。(37)凯比尔(al-Kabir)，尊大的主。(38)哈菲兹(al-Ḥāfiẓ)，荫庇穆民的主。(39)穆基特(al-Muqit)，赐人食禄的主。(40)哈西卜(al-Ḥasib)，末日审判的主。(41)杰利勒(al-Jalil)，威严的主。(42)凯里姆(al-Karim)，尊贵的主。(43)拉基卜(al-Raqib)，监察的主。(44)穆吉卜(al-Mujib)，有求必应的主。(45)瓦西尔(al-Wāsi‘)，宽恩的主。(46)哈基姆(al-Ḥakim)，至睿的主。(47)瓦杜德(al-Wadūd)，至爱的主。(48)麦吉德(al-Majid)，光荣的主。(49)巴伊斯(al-Bā‘ith)，起死复生的主。(50)沙希德(al-Shāhid)，见证的主。(51)哈格(al-Ḥaqq)，实有的主。(52)瓦基勒(al-Wakil)，可信赖的主。(53)盖维伊(al-Qawiy)，强有力的主。(54)麦提尼(al-Matin)，坚定的主。(55)吾里(al-Waliy)，监护的主。(56)哈米德(al-Ḥamid)，受赞的主。(57)穆哈绥(al-Muḥṣi)，察定善恶的主。(58)穆卜迪(al-Mubdi)，肇造的主。(59)穆伊德(al-Mu‘id)，再造的主。(60)穆哈伊(al-Muḥyi)，赋予生命的主。(61)穆米特(al-Mumit)，主宰死亡的主。(62)哈伊(al-Ḥayy)，永生的主。(63)盖尤姆(al-Qayyūm)，不灭的主。(64)瓦吉德(al-Wājid)，丰足的主。(65)马吉德(al-Mājid)，卓越的主。(66)瓦希德(al-Wāḥid)，独一的主。(67)赛迈德(al-Ṣamad)，万物仰赖的主。(68)嘎迪尔(al-Gādir)，全能的主。(69)穆格台迪尔(al-Muqtadir)，大能的主。(70)穆盖迪姆(al-Muqaddim)，前定的主。(71)穆阿希尔(al-Mu’akhkhir)，无终的主。(72)奥沃勒(al-Awwal)，元始的主。(73)阿希尔(al-Ākhir)，独存的主。(74)扎希尔(al-Ẓāhir)，显迹的主。(75)巴推尼(al-Bāṭin)，隐秘的主。(76)瓦利(al-Wāli)，统管的主。(77)穆泰阿利(al-Muta‘āli)，至高无上的主。(78)巴尔(al-Barr)，廉洁的主。(79)塔瓦卜(al-Tawwāb)，承领悔过的主。(80)蒙泰基姆(al-Muntaqim)，惩治邪恶的主。(81)阿夫吾(al-‘Afuww)，至恕的主。(82)拉乌夫(al-Rawūf)，怜悯的主。(83)马立克·穆勒克(al-Mālik al-Mulk)，统治一切的主。(84)祖勒杰拉勒·沃勒伊克拉姆(Dhu al-Jalālwa al-Ikrām)，尊严与大德的主。(85)穆格西特(al-

Muqsiṭ)，公道的主。(86)贾米尔(al-Jāmi‘)，聚集万物的主。(87)厄尼伊(al-Ghaniy)，无求的主。(88)穆厄尼(al-Mughni)，赐富的主。(89)穆尔推(al-Mu‘ṭi)，博施的主。(90)马尼尔(al-Māni‘)，止恶的主。(91)达尔(al-Ḍārr)，惩恶的主。(92)纳菲尔(al-Nāfi‘)，施益于人的主。(93)努尔(al-Nūr)，光辉的主。(94)哈迪(al-Hādi)，引导的主。(95)拜迪尔(al-Badi‘)，杰出的主。(96)巴基(al-Bāqi)，永存的主。(97)瓦雷斯(al-Wārith)，收缴遗产的主。(98)拉希德(al-Rashid)，智慧的主。(99)赛布尔(al-Ṣabūr)，坚忍的主。

（杨宗山　达应庚）

安拉的使者(Rasūlullāh)　见使者。

安拉乎，艾克拜尔(Allāhu Akbar)　见泰克比尔。

《安宁史》　中国新疆的历史著作。新疆维吾尔族历史学家毛拉·穆萨·赛拉米著。成书于1903～1904年。为《伊米德史》的姊妹篇。主要内容：有关宇宙、人类起源的传说；古代突厥部落的兴起；13世纪初成吉思汗的西征及其后裔在各地的统治；13～16世纪蒙古杜格拉特部落在南疆的活动；东察合台后王秃黑鲁帖木儿汗及其后代归信伊斯兰教；16～19世纪下半叶新疆赛义德王朝的建立经过及后期活动；19世纪60年代新疆的重大历史事件；19世纪80年代阿帕克和卓宗教政治活动；南疆乌什、阿克苏、喀什噶尔、叶尔羌、英吉沙、和田等六城的地理环境，居民概况和风俗习惯以及伊斯兰教教法的执行情况。本书对研究新疆伊斯兰教史具有重要价值。原文为察合台文手抄本。1904年中亚喀山出版维吾尔文本。　（宝文安）

安庆清真寺　中国伊斯兰教清真寺。原名礼拜堂，后"沿各省旧例"易今名。位于安徽省安庆市南关镇海门内忠孝街。明成化五年(1469)，原安庆卫指挥使，骠骑将军马义由广西致仕还乡后，以"敦悦堂马氏"名义捐资创建。据传，明宪宗朱见深曾敕赐"百字匾"。明末毁于战乱。清康熙(1662～1722)中叶至咸丰二年(1852)多次重建。咸丰三年(1853)再遭兵燹，陶瓦无存。光绪二年至二十二年(1876～1896)，依旧基摹图并陆续集资重建，悉复旧观。20世纪70年代"文化大革命"中被毁。1983年，经当地人民政府资助全面修建。具有中国南方传统建筑风格，采用小天井艺术手法，因地制宜，布局合理。全寺分为3区，经大门、石窟门、垂花门，曲折而入，过几层小天井，即达大殿。庭院整齐，建筑完备。原有大殿、明德堂、养正堂、望月八角亭(今已毁)、南北讲堂、经学堂、洗心所(水房)、客厅、"超泉"(水井)等。大殿雄伟高大，面积600多平方米，高20余米，有殿柱36根，可容千人礼拜；重檐斗拱出四跳，外带围廊，硬山山墙外加一道短檐的歇山做成；门窗镂格丹朱，精丽难得。从设计、布局到施工，建筑艺术水平很高。　（冯今源）

安萨尔(al-Anṣār)　见辅士。

安萨里(al-Ghazzāli，1058～1111)　伊斯兰教权威教义学家、哲学家、法学家、教育家，正统苏菲主义的集大成者。一译"阿尔·加扎利"。拉丁名阿尔加惹尔(Algazel)。全名艾布·哈米德·穆罕默德·伊本·穆罕默德·图西·安萨里。生于波斯呼罗珊的图斯，出身于纺毛工匠家庭。"安萨里"由"纺毛者"一词派生而来，并以此名著称于世。其父为一虔诚苏菲。他幼年丧父，由其父之密友、一苏菲派学者抚育成人。早年受传统伊斯兰教育，能背诵全部《古兰经》和背记圣训名段。他求知欲甚强，思想颇为敏锐，记忆力出众。青年时先到戈尔甘投师求学，学习沙斐仪派教法。后到内沙布尔尼采米亚经学院，师从艾什尔里派著名学者、"两圣地教长"朱韦尼(1028～1085)，学习教义、教法、哲学和逻辑学，博览群书，成绩优异，成为艾什尔里派学说的继承者。他还常到内沙布尔苏菲派谢赫法尔玛基(？～1084)处求教，深受其神秘主义思想的影响。1085年其师逝世后，他应邀到巴格达担任塞尔柱王朝首相尼扎姆·穆勒克(1030～1106)的宗教及教育参事，颇受尊重，享有大臣俸禄。1091年，应聘在巴格达尼采米亚大学担任首席教授，讲授艾什尔里派教义学、沙斐仪派教法学和哲学，开设宗教专题讲座，门徒甚众。因其学识渊博，思想开阔，见解精辟，善于辞令和论辩，且学术上成就卓著，闻名遐迩。他在执教的同时，并潜心研究希腊哲学、伊斯兰教各派学说和苏菲主义，使他的思想处于各种矛盾的困惑之中。他深感伊斯兰教在受到希腊哲学和外来各种异教思想的渗透下，破坏了信仰的统一，出现"信仰危险"，为此，他一方面著书反驳希腊哲学和伊斯兰教内部的"异端邪说"，另一方面对伊斯兰教各派的教义和教律产生大胆怀疑，企图寻求捍卫"正统信仰"以复兴伊斯兰教的途径。1095年，他毅然辞去教职，以苦行苏菲的身份，先后游访大马士革、耶路撒冷、希伯伦、开罗、亚历山大等地，并于1096年去麦加朝觐，到麦地那拜谒了穆罕默德陵墓。随后在大马士革苏菲扎维叶(道堂)隐修10年之久，体验苏菲的精神修炼，并继续著书立说。1106年应塞尔柱王朝新首相法赫尔·穆勒克的邀请返回内沙布尔尼采米亚经学院任教。他任职3年后，再次返回家乡图斯隐修，过清贫的苦修宗教生活，从事著述，并培养门弟子。1111年12月19日歿于图斯。

安萨里的宗教哲学思想，以信仰独一的安拉为核心，以《古兰经》和圣训为依据，博采并综合历代伊斯兰各派学说之精华，将苏菲神秘主义引入正统信仰，采用逻辑概念和思辨方法，论证正统教义，将哲学与宗教、正统信仰与苏菲主义、理性和直觉内心体验加以弥合，完成了艾什尔里派学说体系的最终形式，从理论上构筑了伊斯兰教正统的宗教世界观和人生观，把伊斯兰教经院哲学推进到全盛时期，被视为正统教义思想的"真理台柱"。安萨里在其著作中，采取同各派学说论战的形式，阐发其哲学思想，澄清来自伊斯兰教内部的各种"思想危险"，以维护正统信仰的权威。

在本体论上，安萨里反对哲学家法拉比和伊本·西那等所主张的新柏拉图主义的"流溢说"及物质时空的永恒及无始性观点。他认为，安拉是宇宙唯一的主宰和万能的造物主，是永恒的，无始的，宇宙一切是安拉创造的；造物主创造了因，以后又创造了果，是一切被造物的"终极原因"，因果乃是造物主"意志"的体现，而被造物之间无必然的因果联系。他强调宇宙是有始的，并不是永恒存在的。世界是在时间中被创造的，离开了时间就没有世界；但时间不是实在的，它是一种"纯粹关系"，是相对于世界运动而存在，空间也是如此。世界是有始的，说明时间、空间和运动都是造物主的创造。安拉具有超绝万物的诸多德性，大知、大能，能预知和洞察一切事物，能主宰和驾驭一切运动变化。真主的意志决定着自然和人类的生灭、祸福及变化，故人们必须顺从真主的意志。

在信仰和理性的关系问题上，安萨里主张信仰高于理性，但不完全排斥理性及逻辑思维的方法。他沿袭艾什尔里派关于信仰的观点，即信仰是指信独一的安拉、信天启(《古兰经》)、信安拉的使者(包括圣训)。但他把信仰分为两类：一是外在的信仰(Imān al-'Awwām，即"大众的信仰")，指遵从教法，履行宗教义务，但仅是一种外表的形式，还不能领悟信仰的真谛。这类信仰者称"穆斯林"。二是内在的信仰(Imān al-Yaqin，即"坚定实在的信仰")，它是把外在的信仰升华为内在心灵的信仰，即敞开心扉而产生的对安拉直觉的信仰。这是通过个人的内在的心灵直觉感受和内心体验来认识"真主的真理"，用行为、感情、意志力来净化灵魂。这类信仰者称为"穆民"。安萨里把理性称为"知"('Ilm)的领域，它是由逻辑的必然性构成，它所显示的命题对任何人都不会产生歧义。但理性仅在有限定的领域起作用，它对人类精神生活的整体没有权威性。哲学只能诠释真理，但它不是真理本身。人的理性活动和逻辑推理只能认识现象界的事物，却不能达到认识"真主的真理"和通往心灵信仰的道路，只有通过严格的修持和苦行，限制感官的欲望，才能通过直觉证悟理性所不能认识的真理。但理性只有从属或转向信仰，可以作为论证"思辨神学"的方法或手段。

关于苏菲主义，安萨里把苏菲派神秘主义引入正统信仰之中，使之融为一体。他尽力排斥苏菲派的泛神论、漠视法定宗教功课和崇拜圣徒、圣墓的礼俗。他否认一些逊尼派学者注重信仰的外在形式，视苏菲派学说和修持为"异端"的观点。他认为对伊斯兰教信仰的破坏除来自希腊哲学和异教思想外，最为危险的是来自内部，诸如伊斯玛仪派等背离基本信仰的邪说。认为清除异端思想的唯一方法，只能是在正统信仰的基础上，建立一种新的信仰体系和新的宗教生活，这就是个人通过对"安拉的知识"亲身内在的直觉感受和内心的精神体验，才能维持信仰的真诚性和持久性。他提出，苏菲的宗教生活，正是大众虔诚的热忱和内心对安拉信仰的体现，应在履行教法规定的义务和礼仪的基础上，向更高的修持阶段递进，是由外在信仰向内在信仰的升华，而不是什么"异端"。对苏菲派的内学(巴颓尼叶)，安萨里认为，对《古兰经》和哈迪斯(圣训)的隐义(内涵的精神实质)的解释是必不可少的，但它不能取代外在明文的教法和体现教义的表义解释。他还提出信仰需要真实性的宗教生活，同时应以苏菲的实践生活来检验这种真实性。他还认为苏菲内心精神修炼不能背离经训和教法，要排除异教礼俗，旨在抛弃私欲，净化灵魂，真正信仰独一的安拉。

在伦理思想上，安萨里把"对真主之爱"作为宗教伦理的核心，把摒弃一切欲望，净化灵魂，达到对真主的彻悟，绝对信仰真主，作为道德修养准则和人生的最终目的。他认为，推动人类行动的力量和通向真主的道路，不是理性，而是"爱"(Ḥubb)。他把"爱"分为3种：(1)自爱，即对自己的爱。它包含自尊、自重、自省、修心、养性、求知、近贤、弃恶、维护生存，这是一种本能的爱。(2)真爱。它以自然的审美力和健康的理智，施爱于所爱的对象，它包括对周围事物的真、善、美的爱，对所爱之人的形体美、品德高尚及知识渊博所唤起的爱慕，这是自然的爱。(3)对真主的爱。它是从内心绝对信仰安拉的独一、永恒、大能，遵奉安拉的诫命，领悟"真主的真理"，通过爱达到与安拉的合一，并爱安拉所造之物。它使人们慈善、纯洁、安贫、避恶、近贤、谦逊、顺从，并不断接近安拉，达到至善，求得安宁、幸福。这是一种神圣的最高之爱。因此，"对安拉之爱"是道德的最高原则，无限热爱安拉是最高的美德，其他之爱及一切德性如果不是以充满对安拉的爱为核心，就没有任何价值。安萨里认为品德是人的灵魂潜在意识的表现。人的道德有先天和后天之分，真主之使者(先知)生来就具有完美的道德品质，其他人则是经过后天修身而培养的道德。人最重要的品德应该是理智、勇敢、纯洁和公正。处理万事以"适中"为止，走向偏狭的两极，都不是美德。他指出，"美德和劣德的区别在于知识，知识的取得要通过逻辑。逻辑学的作用在于掌握知识，掌握了知识才能得到真正的(现世)幸福。"品德的培养靠知识和教育，必须从小做起，对青少年的道德培养是建立健康社会的重要组成部分，这种培养是多方面的，重要的是以伊斯兰教义、教法作为道德培养的尺度。教育的目的首先是培养人的高尚道德，其次是本领，它不是为了取得荣华富贵。在道德与行为的关系上，安萨里认为，人的行为是建立在道德基础上，道德是评判行为的准则，而道德准则就是教法规定的人类的"五种行为"(参见艾哈卡姆条)。人的行为受意志的控制，意志源于"心"(即意念、意愿)，培养意志的过程，就是修身养性，同邪恶的意念作斗争，达到择善祛恶。他还指出道德的社会作用是用来规范和调整各种社会关系和矛盾，而君王的贤明、仁慈、公正、爱民、品行高尚尤为重要，可使社会和谐与统一。

安萨里一生撰有教义学、教法学、哲学、伦理学、教育学等方面的著作约400种，大多已散失。其中最重要的著作有《宗教学科的复兴》、《哲学家的矛盾》、《哲学家的宗旨》、《光的壁龛》、《救迷者》等，还有《〈古兰经〉的精神实质》、《心灵的发现》、《幸福之道》、《四十书》、《伊斯兰教与叛逆者的根本区别》、《公平秤》、《致孩子们》等。安萨里的宗教哲学思想成为伊斯兰教的正统教义的理论基础，并对犹太教哲学家迈蒙尼德和基督教神学家托马斯·阿奎那等有一定影响。他的重要著作被译成多种文字出版。伊斯兰教学者誉他为"伊斯兰教的伟大复兴者"、"圣教的光采"、"伊斯兰教权威"。西方学者称他为"伊斯兰教的奥古斯丁"、"苏菲神秘哲学的大师"。（杨克礼）

安瓦里（Ouhadodin Muḥammad Anvari，?～约1187） 波斯穆斯林诗人、学者。生于呼罗珊北部哈瓦兰地区的巴亚那。其父在当地的穆斯林可汗的宫中任职。早年曾在图斯宗教学校上学，通晓伊斯兰教义学、哲学、天文学和数学。在哲学思想上，是伊本·西那的追随者，倡导理性和知识。他曾作诗赞颂塞尔柱王朝素丹桑贾尔，被聘为宫廷诗人，并于1149年随桑贾尔征讨花剌子模。1153年因遭谗言而被迫离开王宫。曾漫游过呼罗珊、巴尔赫、木鹿等地。晚年生活贫困，四处流浪。他一生写了大量诗歌，大多散佚。他以颂诗闻名，被称为"伊朗颂诗大师"。诗中修辞及各种技法的运用均很高超。他还写了不少劝善诗和讽喻诗，劝告君王、官吏主持正义，体察民情，秉公行事。他还写有一些关于宗教道德方面的劝善诗，充满哲理，劝诫穆斯林虔信真主，履行善功，洁身自爱，慷慨公正，坦率诚实等。此外，还写有抒情诗和散文，反映了作者对社会现实的看法和对自然的情怀。（杨克礼）

安西大湾太爷 见马方。

安优伯 见艾优卜。

凹壁 见米哈拉布。

奥当麻札 10世纪中国新疆地区喀喇汗王朝可汗阿里·阿尔斯兰汗的陵墓。在新疆维吾尔自治区英吉沙县东北沙漠中。"奥当"是突厥语Ordo的音译，亦译"斡耳朵"，意为"宫廷"、"汗帐"等。因阿里·阿尔斯兰汗在位时同于阗佛教徒作战，曾在此设立营帐，作为临时行宫，故名。998年初（伊斯兰教历388年1月），阿里在此地同于阗佛教徒作战时被杀，成为喀喇汗王朝第一位"殉教"的可汗。据成书于14世纪的贾玛尔·卡尔施《苏拉赫词典补编》记载，阿里死后葬于喀什噶尔可汗墓地，即今喀什市东南郊的阿尔斯兰汗麻札。民间传说该麻札只葬有阿里的头颅，其无首尸体则被葬在其阵亡之地，即今奥当麻札。据传，当时该麻札拥有大量瓦克夫地，并由40余人进行管理。现原址已为流沙掩埋，仅见一道数十米高的沙梁，无坟墓、拱北等建筑遗构，仅有一个由朝拜者敬献的小旗旗杆围成的高大旗桩。旗桩呈圆锥形，底部直径约5米，高约20米。距麻札2公里处的一片较平坦的洼地，建有附属于麻札的清真寺和罕尼卡各1座，谢赫（麻札管理人）住房10余间和两个旗桩。罕尼卡系土木结构，半埋入地下，面积约100平方米。内有一土坑，旁插小旗，凡献牲者均在此宰杀，滴血坑内。靠后墙处并列3口煮"稀酿"用的铜锅，最大者直径2米，锅沿有铭文，传为清代之物。朝拜者都要在此领取"稀酿"。奥当麻札被视为"圣墓"，是新疆地区社会影响最大、朝拜人数最多的麻札之一。伊斯兰教历每年1月（为阿里·阿尔斯兰汗"殉教"之月）为朝拜活动高潮，每天的朝拜者达数千至万人以上。（马品彦）

奥地利穆斯林社会服务社（Der Moslemische Sozialdinestder Ostereich） 奥地利全国性伊斯兰教文化组织。1962年由旅居奥地利的波希米亚籍穆斯林知识分子在维也纳建立。其宗旨和任务是：增强中欧、西欧穆斯林的宗教意识，促进穆斯林与其它宗教社团进行联系、对话；负责照顾全国5万多穆斯林的宗教事务，关心其他讲德语的穆斯林移民的经济、文化生活需要；协调奥地利各穆斯林社团的社会、文化、宗教活动。该社建有伊斯兰文化中心和清真寺等设施，开办伊斯兰知识讲座，出版发行《大道》、《伊斯兰与西方》季刊（德文版）。该社为世界穆斯林大会的成员组织，同伊斯兰世界联盟、世界伊斯兰宣教协会（利比亚）有密切联系，并同前南斯拉夫、德国、瑞士、土耳其等国的穆斯林建有友好往来关系。（黄陵渝）

奥尔汗（Orhan，约1288～1360） 奥斯曼王朝第二代统治者。奥斯曼一世之子。早年随父征战，为军队的副统领。1324年其父病危时继其位，后攻占了围攻多年的拜占庭的布尔萨。1326年其父死后继位，迁都布尔萨，自称素丹。他审时度势，制定灵活的对外政策，对穆斯林的突厥邻国保持友好，对波斯伊儿汗国称臣纳贡，集中力量攻占拜占庭帝国领土。1331年征服尼西亚，1337年夺取尼兹米特等地，1345年吞并卡拉西公国，控制了马尔马拉海南岸地区，1346年长驱直入巴尔干半岛。后利用拜占庭王室权力之争，娶皇室约翰六世之女狄奥多拉为妻。1354年以援其岳父为由，从塞尔维亚人手中夺取加利波利半岛，作为奥斯曼人在欧洲的立足点。他在位时期，建立正规的步兵和骑兵，初步确立了国家行政组织，中央设立迪万（国务会议），任命其兄阿拉丁为维齐尔（大臣），向城镇派遣伊斯兰教法官，铸造统一钱币。实行伊斯兰化政策，使伊斯兰教在新征服地区得以传播。在首都和各地兴建了许多清真寺,在布尔萨建立了第一所伊斯兰经学院,任命著名教法学家达乌德·卡伊沙里为院长,培养法官、传教师和政府官员。他身边聘有著名教法学者多人作顾问,制定了第一部世俗法典,规定了法律程序、司法准则和世俗实体法规的律例作为沙里亚教法的补充。他主持制定了军队训练条例,规定了训练科目、军纪、管理和军容方面的内容。1360年因病逝世。史学家称他为“奥斯曼国家真正的缔造者”。

(杨克礼)

奥朗则布(Aurangzeb,1618～1707) 印度莫卧儿帝国皇帝。为沙·贾汗第三子。自幼受到宫廷良好教育,学识渊博,通晓经训和伊斯兰教法,足智多谋,尤精于武略。其父执政时,曾率军同乌兹别克人和波斯人作战,军功卓著,1636年被任命为德干诸省总督。后其父患病,兄弟四人为争夺王位展开斗争。1658年,他囚禁其父于亚格拉,并杀死其兄弟3人后夺得王位。1659年正式称帝,号称“世界征服者”。他执政期间(1659～1707),加强中央集权,注重军队建设,巩固了政权,政局尚稳定,经济有一定发展。他遵奉伊斯兰教逊尼派教义,推行伊斯兰教法,主持编纂有《奥朗则布法特瓦汇编》,广建清真寺和宗教学校,赞助伊斯兰学术文化。曾下令禁止穆斯林采用印度教的习俗,不准在钱币上铸造“清真言”,宣布恢复使用伊斯兰教历。1675年以煽动暴乱罪处死锡克教领袖得格·巴哈都尔,遭到锡克人的不断反抗。1686～1687年先后征服比贾普尔和戈尔康达王国,版图一度几乎包括全部次大陆。在南方,长期与新兴的西瓦杰领导的马拉塔国家作战。因与印度教封建主矛盾尖锐,曾下令不许印度教徒新建寺庙,禁止举行印度教的节日等。他统治后期,因推行苛政,向非穆斯林征收人头税和加重土地税,实行宗教歧视政策,国家内有马拉塔人和锡克教徒等起义,外有英国殖民主义的入侵,帝国内外交困,加之长年的战争,财政枯竭,国力大减。1707年他卒于阿马德拉加尔。历史学家米尔扎·穆罕默德·卡兹姆撰有《奥朗则布武功记》记述了他一生的事迹。

(杨克礼)

奥马尔 见欧麦尔。

奥马尔·哈亚姆 见欧麦尔·赫亚姆。

奥斯曼(‘Uthmān,577～656) 伊斯兰教史上的第三任正统哈里发。与艾布·伯克尔、欧麦尔和阿里并称为穆罕默德的四大贤配。全名奥斯曼·本·阿凡。出身于麦加古莱什部落伍麦叶(Umayyah)家族,贵族富商。据阿拉伯文献载,他是在艾布·伯克尔的影响下,于615年信奉了伊斯兰教,成为穆罕默德的忠实支持者。故多次受到麦加贵族首领艾布·苏富扬的责难。穆罕默德先后将赫蒂彻所生的两个女儿鲁基娅和乌姆·库勒苏姆嫁他为妻,故有“双光者奥斯曼”之称。在穆罕默德传教初期,为保护穆斯林免遭麦加贵族的残酷迫害,他奉命两次率众迁移到阿比西尼亚(今埃塞俄比亚)避难。622年迁徙麦地那后,成为麦地那穆斯林公社领导集团成员之一,协助穆罕默德处理外交事宜,并一度担任过穆罕默德的书记,草拟过有关重要文件。穆罕默德曾派他出使各邦国修好,扩大伊斯兰教的影响。他参加了白德尔、吴侯德等战役,并以巨大的财力支持穆罕默德的传教和政权建设的大业。在艾布·伯克尔执政时,曾协助栽德·本·萨比特收集整理《古兰经》。

644年欧麦尔遇刺后,奥斯曼被6人组成的舒拉会议推举为第三任哈里发。他执政期间(644～656),在欧麦尔扩疆的基础上,加强军队建设,继续进行军事征战,并巩固已被开拓的地区。649～650年,波斯地区发生了动乱,奥斯曼派大将阿斯攻克了伊斯泰赫尔,派巴士拉地方长官阿卜杜拉·本·阿米尔占领呼罗珊,重新平定了这些地区,并使其周围地区也归信了伊斯兰教。后阿拉伯军队向东扩张,远征军在中亚到达了巴尔赫、喀布尔和阿富汗的伽兹尼。652年又征服了阿塞拜疆和亚美尼亚的部分地区。647～648年,奥斯曼派阿慕尔和阿卜杜拉·伊本·赛尔德从埃及西部边境出发向西推进,先后征服了伯克尔地区、的黎波里,扩大了哈里发国家的版图。为抵抗拜占庭帝国海上进攻,奥斯曼命令分别在叙利亚和埃及首建了两支阿拉伯海军。649～650年,命穆阿维叶率海军夺取拜占庭海军基地塞浦路斯岛和艾尔瓦德岛。655年,埃及和叙利亚海军联合作战,在菲尼克斯附近海面,击败由拜占庭皇帝君士坦丁二世率领的由500多只战船组成的舰队,从此确立了阿拉伯军队在海上的优势。651年(唐高宗永徽二年),奥斯曼曾遣使到长安与唐朝修好。为阿拉伯与中国首次正式邦交之始。

奥斯曼对伊斯兰教的传播和发展的最大贡献是汇集了《古兰经》定本。为使《古兰经》文得到正确的传播,避免口头传述之误和读法的分歧,653年,他决定组织专人汇编《古兰经》,统一经文内容,确定正式文本。他命令栽德·本·萨比特为首,由伊本·祖拜尔、赛义德·阿斯、阿卜杜·拉赫曼组成四人委员会完成这项神圣任务。他们依据艾布·伯克尔的最初原本为基础,将各种抄本及私人保留的经文搜集到一起,经反复对照、核实、考订,编排成册。奥斯曼命令复制7部标准本。一部保存麦地那,其他六部分送麦加、大马士革、也门、巴林、巴士拉和库法。其余手抄本全部烧毁。他主持汇集的《古兰经》,史称“奥斯曼定本”,世界穆斯林一直沿用至今。

奥斯曼执政后,改变前两任哈里发时期的民主协商制度和依靠圣门弟子的政策,任人唯亲,委任伍麦叶家族的成员担任中央和地方的军政要职,并赐予大量封地,企图依靠他们加强统治。这一政策致使朝政腐败，世俗化严重，引起圣门弟子和各地军政官员的强烈不满。各地起义及军队反叛不断发生，社会动荡不安，领导集团内部矛盾重重。656年，阿卜杜拉·本·赛伯伊在埃及揭竿而起，率军攻到麦地那，得到当地人的响应，威逼奥斯曼退位，但遭拒绝。4月在内乱中奥斯曼被杀于宅邸。（杨克礼）

奥斯曼·丹·弗迪奥（'Uthmān dan Fodio，1754～1817） 西非伊斯兰教领袖、富拉尼帝国的创立者。生于豪萨族戈比尔国（Gobir，今尼日利亚西北部）境内的马拉塔。富拉尼族人。早年在清真寺受传统的伊斯兰教育，熟悉豪萨语和阿拉伯语，通晓《古兰经》、圣训和教法，信奉逊尼派教义。曾去麦加朝觐，受瓦哈比派思想影响。1775年在赞姆法拉担任伊斯兰教师，后到戈比尔公国任素丹纳法塔之子云发的教师，并协助素丹进行宗教和政治方面的改革，后又在各地巡回讲学和传教，其声誉日增，发展了大批信徒，在德格勒建立了教团组织。1802年戈比尔国王子云发即素丹位后，怕其势力的扩大会威胁到自己的统治，将其驱逐。后在各地发动和组织反对豪萨城邦贵族的斗争。1804年，弗迪奥以纯洁伊斯兰教，恢复正统的逊尼派教义和教法，反对异端邪说为号召，领导富拉尼、豪萨诸族贫民和奴隶起义，被推举为“谢赫”（长老），宣布护教“圣战”，反对豪萨君主非正统的伊斯兰教统治。他率军相继攻克扎里亚、卡齐拉、卡诺，统一豪萨地区。1808年10月，攻陷戈比尔公国首都阿尔卡拉瓦后，建都索科托，被推为素丹，取号为“忠诚者的统帅”，创建了政教合一的富拉尼帝国。他向各地派出传教师和法官，确立伊斯兰教在豪萨地区的统治地位。1812年，弗迪奥引退，将国家政权改组，由两名大臣阿卜杜拉和穆罕默德·比罗分别主管西、东两大地区。弗迪奥名义上仍任素丹，将主要精力用于伊斯兰教育和写作。著有《告诫弟兄们》、《心灵之光》、《圣行的复兴》、《吉哈德》、《苏菲主义》等，还编有关于教义和教法的教材多种。他被豪萨族穆斯林尊奉为“马赫迪”和“民族英雄”。（杨克礼）

奥斯曼帝国（al-Imbarāṭūriyyah al-'Uthmāniyyah） 奥斯曼土耳其人以小亚细亚为核心建立的横跨亚、非、欧地区的伊斯兰教国家（1299～1922）。亦称“奥托曼帝国”、“土耳其素丹国”。奥斯曼人原属中亚阿姆河一带（突厥斯坦）西突厥乌古斯人的卡伊部落，从事游牧，逐水草而居。13世纪初，蒙古人大举入侵中亚，卡伊部落首领埃尔图格鲁尔率部400多帐被迫西迁，进入安纳托利亚，信奉伊斯兰教（一说在中亚时已信伊斯兰教）。归顺塞尔柱突厥人的罗姆素丹国，受封安纳托利亚北部的卡拉贾达地区，并委以守卫边境重任。埃尔图格鲁尔从毗邻拜占庭手中夺取瑟于特、多马尼奇等地，这成为奥斯曼国家的发祥地。1281年，奥斯曼一世（'Uthman I，1258～1324）继其父担任部落首领后，继续兼并拜占庭领土卡拉贾希萨尔、比莱吉克、亚尔希萨尔等地，定都耶尼谢希尔。1289年罗姆素丹国被迫承认他夺取的领土为其封地。1299年，奥斯曼趁罗姆素丹国分裂，正式宣布独立，称号“加齐”，奠定了奥斯曼国家的雏形，故名。1324年，奥斯曼之子奥尔汗（1324～1360）继位后，首先攻占布尔萨，并迁都于此，正式宣布使用“素丹”称号，立伊斯兰教为国教，实行伊斯兰教法，建清真寺和宗教学校。他继续向外扩张，先后又攻占尼西亚、尼科美底亚、斯库塔里、安卡拉等地，其势力达于马尔马拉海南岸地区及加利波里半岛。他开始建立常备军队，组建近卫军团（即童子军团），确立国家行政组织，中央设立迪万（即国务会议），任命维齐尔（即大臣），向各地派遣贝伊（即行政军事长官）和卡迪（即教法官），铸造统一钱币，成为奥斯曼国家的真正缔造者。1360年素丹穆拉德一世（1360～1389在位）继位后，向东南欧扩张取得决定性的进展。1362年，采取大规模军事进攻，占领埃迪尔内，并以此为都。接着又征服西色雷斯、马其顿、索菲亚、萨罗尼和整个希腊北部，迫使保加利亚和塞维利亚统治者称臣纳贡。1389年在科索沃战役中大败塞尔维亚、保加利亚、匈牙利联军。素丹巴耶济德一世（1389～1402在位）征服多瑙河以南的巴尔干地区，初步统一安纳托利亚突厥塞尔柱各埃米尔公国。1394年，迫使埃及马穆鲁克王朝扶植下的哈里发穆泰瓦基勒赐封他为“罗姆素丹”。1402年，帖木儿率军侵入小亚，奥斯曼军队战败，巴耶济德一世被俘后身亡，其后代陷入内争。素丹穆罕默德一世（1403～1421在位）结束分裂局面，收复帖木儿征战时丧失的领土。1444年，穆拉德二世（1421～1451在位）对欧洲基督教王国作战，再次征服波斯尼亚和塞尔维亚，确立了在欧、亚所辖地区的统治。

1451年，素丹穆罕默德二世（1421～1481在位）执政后，帝国步入强盛时期。1453年攻克君士坦丁堡，灭拜占庭帝国。君士坦丁堡（后改名伊斯坦布尔）成为帝国的新都，并将圣索菲亚大教堂改为清真寺。他制定伊斯兰法典，完善行政管理制度，扩建用先进武器装备的军队，对新征服地区实行伊斯兰化的各项政策，对其他宗教团体实行自治的“米勒特制”，发展经济，从而巩固了统治，增强了向外扩张的实力。1459～1478年，最终占领了塞尔维亚、波斯尼亚、克里木、阿尔巴尼亚、伯罗奔尼撒半岛等，并统一了小亚细亚。自称“两地（指罗梅利亚和安纳托利亚）和两海（指爱琴海和黑海）的主人”。16世纪初，素丹赛利姆一世（1512～1520在位）先后打败伊朗萨法维王朝和埃及马穆鲁克王朝，从开罗俘虏哈里发穆泰瓦基勒予以监禁，自称哈里发。他占领了埃及、叙利亚、巴勒斯坦等阿拉伯地区。麦加圣地谢里夫表示臣服，并将大量伊斯兰教圣物供奉给素丹。赛利姆遂取得“两圣地护卫者”称号。素丹苏莱曼一世（1520～1566在位）统治时期，奥斯曼帝国国势臻于极盛。他励精图治，整顿朝纲，加强中央政权,发展经济,国库充盈。他先后征服和控制了伊拉克、黎巴嫩、希贾兹、也门等地,辖有除摩洛哥外的马格里布地区,并向东南欧派驻军事长官、伊斯兰教法官、传教师,使伊斯兰教在东南欧广泛传播。帝国极盛时,其领土东迄高加索和波斯湾,南抵非洲内地,西达非洲摩洛哥,北迄奥地利边界直到俄国境内,囊括今欧、亚、非近 40 个国家和地区的土地,领土面积 600 多万平方公里。

自苏莱曼一世死后的 200 多年间,奥斯曼帝国渐趋衰落。在内部,地方封建割据加强,土地高度集中,对农民的徭役赋税加重,国家财政危机。国内民族压迫严重,阶级矛盾和民族矛盾日趋尖锐,小亚及西亚各地先后爆发了数十次农民起义和教派起义,尤以 16～17 世纪的杰拉勒运动、18 世纪初伊斯坦布尔的帕特罗纳・哈利勒起义时间长、规模大,动摇了帝国的统治基础。1683 年,围攻维也纳失败,丧失大量土地。18 世纪末两次俄土战争失利,帝国所属黑海北岸土地划归俄国。19 世纪初,境内民族解放运动兴起,埃及、叙利亚、也门脱离控制,巴尔干半岛诸国先后独立。在帝国衰败时,促使一些政治家寻求摆脱危机的出路。曾实行的主要内政改革有:1789～1839 年的“新秩序运动”、1839～1856 年的“坦志麦特”运动、1876～1878 年的立宪运动等,素丹哈米德二世(1876～1909 在位)又鼓吹泛伊斯兰主义,企图维护帝国摇摇欲坠的统治。但均收效甚微,却扩大了西方列强对土耳其政治和经济上的影响。后英、法、俄、奥、意等加紧争夺和瓜分了帝国在欧、非、西亚的大部分领土。第一次世界大战参加同盟国作战失败后,其领土仅保有土耳其本部。1919 年国内爆发凯末尔领导的资产阶级革命。1922 年,国民政府宣布罢黜素丹穆罕默德六世,废除素丹制,奥斯曼帝国告终。

奥斯曼帝国为政教合一的军事性封建国家,设有完整的中央集权的行政管理制度。素丹为最高统治者,集政治、军事、司法、宗教权力于一身,实行世袭制。作为宗教领袖,采用“埃米尔・穆米尼”(即正统派的长官)称号,从素丹赛利姆一世起自诩为世界穆斯林的“哈里发”,但未得到伊斯兰世界的承认。国家实行封建的土地制度,国有土地占 80%,称“米里”。此外还有封给清真寺、宗教社团的瓦克夫地和私有地(即穆尔克)。国有地分为哈斯、泽美德、梯马尔 3 类。哈斯为王室成员领地和高级文武官员的禄田,其收入在 10 万阿克切(即银币单位)以上。泽美德和梯马尔是以服军役为条件赐给有军功人员的土地,其收入分别为 2 万以上及不足 2 万阿克切为区别。帝国的主要财政收入是土地税、贡赋、天课、人丁税和战争掠夺。其经济主要为农业、手工业和商业,政府不注重发展对外贸易往来,本土经济发展处于封闭状态。

奥斯曼帝国统治时期,伴随着向外扩张,促进了伊斯兰教在世界的第三次大传播。在 15～19 世纪成为伊斯兰世界的盟主。帝国立伊斯兰教逊尼派教义为国教,哈乃斐学派教法为官方立法、司法的准则。帝国为了推行伊斯兰化的各项政策,在中央设立“伊斯兰委员会”作为最高宗教权力机构,由伊斯兰长老、大法官、穆夫提、学者组成。其职责是从事宗教立法、司法的教律裁决;管理清真寺、宗教基金和社会慈善事业;领导和管理宗教学校和全国的宗教事务。素丹任命一伊斯兰教大长老担任宗教助手,奉素丹之命发布宗教政令和法特瓦(教律意见),核审政府法令,主持素丹登基仪式。下设“欧莱玛会议”和“教律裁判委员会”附属机构,以伊斯兰教长老为首的欧莱玛阶层享有崇高的社会政治地位和特权。帝国以沙里亚教法为依据,制定了民事、刑事、瓦克夫、商事及行政实体法规,完善和全面实施伊斯兰教法。从中央到各地建立了伊斯兰法院(庭),还设有司法监督检查机构。16～18 世纪,帝国境内苏菲教团十分活跃,受到官方尊崇的有毛拉维教团、比克特西教团、里法伊教团等,素丹赐以大量瓦克夫地和宗教基金。卡迪里教团、亚萨维教团、哈尔瓦提教团、纳格什班迪耶教团、契斯提教团等广泛传播于民间,各地建有大量苏菲扎维叶(即道堂)和苏菲长老陵墓,盛行吾里和圣墓崇拜。帝国对麦加及分布在各地的圣裔赐封有土地,仍享有宗教特权。

奥斯曼帝国重视发展伊斯兰学术文化,保护伊斯兰文物古迹。帝国以大量的宗教基金在各主要城市兴建规模宏大华丽的清真寺、宗教大学、图书馆,仅首都伊斯坦布尔就建有 400 多座清真寺,其中素丹艾哈迈德清真寺堪称杰作。素丹以巨资扩建了麦加圣寺、麦地那先知寺,修葺了阿里的陵墓等。在新征服的东南欧建造了大量清真寺,如在塞尔维亚的赛拉吉夫城建有著名的“加齐清真寺”。在阿尔巴尼亚建有多所清真寺和教法学校。在布达佩斯城建有 61 座清真寺、10 所伊斯兰学校及图书馆。在原希腊各地建有 300 多座清真寺。在南斯拉夫建有 20 多所清真寺及宗教学校。16～18 世纪是帝国伊斯兰文化大发展的时期,先后将《古兰经》、圣训、哈乃斐学派的教法著作及阿拉伯文学、历史、地理古典名著翻译成土耳其文广泛传播。17 世纪起土耳其学者用土耳其文从事著述。在宫廷和各地统治者的赞助下,在教义学、教法学、历史、地理、文学等领域均有建树,涌现出大批著名学者。国家组织学者编写了《土耳其文伊斯兰大百科全书》以及教权主义刊物《大东方杂志》。19 世纪中叶,素丹哈米德二世极力鼓吹泛伊斯兰主义,宣称自己为世界穆斯林领袖,并向各地派出代理人,在印度掀起“哈里发运动”,但收效甚微。帝国对本土和属地的其他宗教实行“米勒特制度”,允许信奉其他宗教社团实行民族、宗教、语言、文化上的自治,保留原有的风俗习惯和法律制度,政府不加干涉。 (杨克礼)

奥斯曼帝国法规 奥斯曼帝国素丹颁布的国家行政法规的统称。不同时代内容不尽相同。其立法的理论依据沿袭了自阿拔斯王朝时期即得到教法学家们承认的原则，称为“希亚沙·沙里亚”，意即统治者有权在不违背伊斯兰教法的前提下，制定国家的行政法规，以补充伊斯兰教法。奥斯曼帝国素丹赛利姆一世(1512～1520 在位)和苏莱曼一世(1520～1560 在位)都极为重视伊斯兰教法，他们不仅将哈乃斐派定为官方教法学派，还以伊斯兰法院为基础，建立了从中央到地方的完善的司法制度，并力图在教法的基础上完善国家的行政建制和行政立法。第一部行政法规系由素丹穆罕默德二世(1451～1481 在位)所颁布，其中大量援引伊斯兰教法的原则、概念，内容涉及朝廷官职的设立、宫廷礼仪、财政制度和刑法。其中刑法的立法指导思想认为，伊斯兰教法的“固定刑罚”(即侯杜德)已经过时，故以更加灵活的“酌定刑”(即塔吉尔)代之，这实际上已经超出了补充教法的范围。后由素丹苏莱曼一世颁布了一部完善的行政法规，内容包括军事采邑制度、非穆斯林臣民的地位、社会治安和刑法、土地法、战争法等。该法规在奥斯曼帝国总穆夫提艾布·苏尤蒂(1545～1574 在位)主持下编纂，他极力使国家的行政立法符合伊斯兰教法，这尤为明显地体现在司法制度上。该法规规定，各地区的伊斯兰教法执行官(即卡迪)为当地的司法首脑，地方警官和市场检查官为其下属官员；卡迪的司法权根据素丹委任状中的规定行使，并根据素丹的敕令实施伊斯兰教法。素丹的指令共32 条，其中最重要的两点是：卡迪在审理案件时只能以哈乃斐教法学派确认的各种意见之一为依据，并仅有权受理其职权范围内的民事诉讼。为统一审判标准，还规定，卡迪仅有权受理 15 年以内提起诉讼的案件，这项规定后来成为奥斯曼帝国境内伊斯兰法院受理民事诉讼的基本原则之一。（吴云贵）

《奥斯曼家庭权利法》 伊斯兰国家第一部以国家名义制定的关于穆斯林婚姻家庭关系的基本法规。1917 年由奥斯曼帝国素丹颁布实施。以哈乃斐派法律学说为基础，参照、吸收了逊尼派其他 3 个教法学派的某些原则、主张。其突出特点是对传统伊斯兰教法作了许多重大修改，如首次明确规定了法定适婚年龄，并指出一夫多妻制为“邪恶”，准许妻子以婚前不了解夫方患有性病、精神病或丈夫长期外出不归、下落不明而妻子无法维持生活等理由，依法解除婚姻关系等。除土耳其本土外，该法还曾适用于叙利亚、约旦、黎巴嫩、巴勒斯坦和以色列的逊尼派穆斯林社团，并对西亚、北非伊斯兰国家的法制改革产生过重要影响。（吴云贵）

《奥斯曼民法典》(Majalla-i-Adliya-i-Othmaniya) 近代土耳其第一部由国家制定的、以伊斯兰教法为基础的民事基本法规。简称《麦加拉》(Majalla)。编纂于 1869～1876 年，系土耳其行政、立法、司法改革的产物。以被奉为官方法学派的哈乃斐派学说为基础，参照、吸收了逊尼派其他三个教法学派的原则、主张。内容涉及债务、契约、民商交易、民事侵权行为、审判程序等民事关系，但不含婚姻家庭、遗产继承、瓦克夫(慈善捐赠)等属人法内容。为指导民事诉讼、民事审判的基本法，由同沙里亚法院分立的现代世俗法院(即尼采米亚法院)实施。除适用于土耳其本土的穆斯林属民外，还曾一度适用于叙利亚、黎巴嫩、约旦、巴勒斯坦等领地。（吴云贵）

奥斯曼一世(‘Uthmān I，1258～约 1326) 奥斯曼帝国的创建者。生于小亚细亚北部的瑟于特，原属中亚西突厥乌古斯人卡伊部落，为埃尔图格鲁尔之子。早年随父习武，协助其父为罗姆素丹国守卫边境。曾在当地苏菲派长老埃德巴利约处学习苏菲学理，并与其女玛尔哈顿结婚。1281 年继其父担任部落首领，袭边境贝伊职位。他与苏菲教团首领和加齐社团(自由民的组织)结盟，逐步提高自己的政治威望。他招募军队，壮大军事力量，不断向外扩张，率军多次打败拜占庭帝国雇佣军，先后占领卡拉贾希萨尔、比莱吉克、亚尔希萨尔等要塞，定首府于耶尼谢希尔。1289 年罗姆素丹被迫承认他夺取的全部领土为其封地。13 世纪末，罗姆素丹国王室衰微，境内各突厥小公国的贝伊纷纷独立。1299 年，奥斯曼利用这一时机，正式宣布独立，称“加齐”，建立奥斯曼国家，成为小亚强大的公国之一。他执政时，宣布逊尼派教义为正统信仰，遵奉哈乃斐学派教法，国内宗教问题由教法学家协商决定。奥斯曼本人信仰虔诚，恪守宗教功修，生活俭朴，圣战精神强烈。他曾代表小亚突厥各公国向波斯伊儿汗国纳贡。据史载，奥斯曼去世后其家产只有数十件武器、10 多匹马和 200 多只羊。土耳其史籍称其为“部落首领，加齐英雄”。（杨克礼）

奥托曼帝国 见奥斯曼帝国。

奥扎仪教法学派(al-Awzā‘iyyah) 伊斯兰教早期法学派之一。为 8 世纪叙利亚学者奥扎仪(al-Awzā‘i，707～773)所创。亦称“叙利亚教法学派”。创建之际，教法实体学说的系统化和伊斯兰教规范化已经开始，但尚未形成系统的理论和严谨的规范，其理论、学说反映了早期的法学传统。在创制律例时，注重教法学家的个人意见，但推理水平不高，不很严谨，重形式甚于内在联系。尤为重视当地穆斯林的民俗习惯，笼统地称之为“先知的逊奈”，即“圣训”、“圣行”，认为这些民俗习惯世代相传、连绵不断，为先知的言行在当时的继续和体现，故为立法的依据，而不问“圣训”、“圣行”是否有可靠的传述线索(伊斯纳德)。其法学思想近于同代的教法学家艾布·哈尼法，但其法律学说以战争法为主，其他题材涉及不多。该派还曾在马格里布和安达卢西亚一度流传。它未留下法学著作，只能从马立克的《穆宛塔圣训集》、《泰伯里编年史》等史料中了解其教法传统。（吴云贵）

澳大利亚伊斯兰教 澳大利亚是大洋洲最大的国家，由澳大利亚大陆和塔斯马尼亚等岛屿组成。东濒太平洋，北、西、南三面临印度洋。面积7682300平方公里。人口1675万(1989)，其中95%是英国及欧洲移民的后裔。通用英语。首都堪培拉。居民98%信奉基督教，少数人信奉犹太教、伊斯兰教和佛教。穆斯林人口约30万，占全国人口2%。分布在首都堪培拉、悉尼、新南威尔士州、维多利亚州等地，全部是来自世界各地的穆斯林移民及其后裔。19世纪下半叶，伊斯兰教随阿富汗移民传入澳大利亚。第一次世界大战中，有阿尔巴尼亚、南斯拉夫、黎巴嫩、土耳其等国穆斯林难民移入。1959～1975年，亚非各国的穆斯林大批移入，形成当今澳大利亚穆斯林社团主体。他们大多遵循逊尼派的哈乃斐学派。主要组织有：澳大利亚伊斯兰教理事会联合会、澳大利亚伊斯兰教同盟、澳大利亚穆斯林学生协会联合会。全国有20多座清真寺，以阿德莱德清真寺(1889)最为古老，奥伯恩清真寺(1988)为太平洋地区最大的清真寺之一。一些地区建有伊斯兰文化中心。设有专门的经文学校，仅在墨尔本有1所伊斯兰教学校。仅20%的穆斯林儿童在家接受宗教教育。英文版《古兰经》随处供应，但其他伊斯兰教书刊很少。仅有《洞察力》季刊等少数介绍伊斯兰教知识、指导穆斯林宗教活动的刊物。每年有少数穆斯林去麦加朝觐。澳大利亚的3个穆斯林组织均与伊斯兰世界联盟、世界伊斯兰大会保持联系。二者均在澳大利亚设有办事处。 (黄陵渝)

B

巴巴坟 见卜哈提亚尔巴巴坟。

巴巴窑 见普哈丁墓。

巴贝克起义（Intifāḍah Bābik） 9世纪初中亚阿塞拜疆人民反对阿拔斯王朝统治的起义。领导人为胡拉米叶派首领巴贝克（Bābik，或Bābuk，巴布克），故名。巴贝克生于伊朗阿塞拜疆小商人家庭，早年以放牧和为商队赶脚为生。18岁时参加由贾维丹·本·萨赫勒为首领的胡拉米叶教派，该派思想深受琐罗亚斯德教和马兹达教派教义影响，以为被阿拔斯王朝哈里发曼苏尔处死的呼罗珊总督艾布·穆斯林复仇为宗旨。贾维丹死后，巴贝克被拥为该派首领。他在亚南山区的巴兹继续宣传胡拉米叶派的思想，宣称艾布·穆斯林及其后裔并没有死，而是隐遁起来，将重返人间，"使世界充满正义"；宣称神的启示并未中断，他接受神的新启示，继承和发扬贾维丹精神，以铲除人间暴虐为己任；提出以暴力平分大封建主的土地，实行人间平等，取消捐税，号召人民起来推翻阿拔斯王朝统治。因而获得群众拥护。816年，巴贝克在巴兹发动武装起义，各地纷纷响应，参加者有农民、手工业者和奴隶，多达30万之众，因以身穿红衣为标志，故被称为"红衣军"。起义军先攻占拉恩和比勒干附近城镇，很快便席卷阿塞拜疆，后扩展到亚美尼亚、伊朗西部和里海各地，控制北部商业要道，并与拜占庭皇帝结盟，对阿拔斯王朝造成了严重威胁。自820～827年，起义者曾粉碎哈里发穆尔台绥姆军队3次大的进攻。起义军所到之处，除劣绅，废暴政，豁免赋税，将封建主土地没收分给农村公社。后因阿塞拜疆等地大封建主的叛变，使起义力量遭到削弱。833年，起义军在哈马丹附近被哈里发军队所打败，损失6万人，被迫退入巴兹固守。837年，起义中心巴兹城堡陷落，起义遭残酷镇压。巴贝克逃往亚美尼亚，后被当地长老萨赫勒·苏卡特出卖，将其解交王朝军队将领阿夫信（Afshin），于838年1月被肢解处死。后其信徒自称为"巴贝克党"（Bābikiyyah），直到11世纪仍有活动。（杨克礼）

巴比伦堡战役（Mawqi'ah Ḥiṣn Bābalyūn） 7世纪伊斯兰教四大哈里发时期阿拉伯穆斯林军与拜占庭军队之间在埃及的一次重要决战。640年7月～641年4月发生于今开罗附近的巴比伦城堡，故名。为伊斯兰教发展初期著名战役之一。埃及地处亚非两洲交接点，邻近伊斯兰中心希贾兹地区，具有重要战略地位；且土地肥沃，有"拜占庭粮仓"之称。阿拉伯穆斯林在征服巴勒斯坦、叙利亚地区后，埃及便成为主要进攻目标。639年，曾率军征服巴勒斯坦的穆斯林将领阿慕尔·本·阿斯，以保卫麦地那后方为由，倡议出征拜占庭帝国属地埃及。在征得哈里发欧麦尔原则同意后，便率领一支由4000名骑兵组成的穆斯林纵队，沿历史上有名的滨海路线，从巴勒斯坦向埃及进军。阿慕尔因早在伊斯兰教兴起之前便多次率领麦加古莱什商队到过埃及，故对通往那里的道路十分熟悉，进军迅速。639年12月，穆斯林军到达埃及境内阿里什（al-'Arish）。翌年2月，经过1个多月的战斗，攻克埃及东部门户法拉玛（al-Faramā）。随后，比勒拜斯（Bilbays）等城市经过激烈战斗，也相继为穆斯林军占领。埃及总督居鲁士（Cyrus）主教火速偕同拜占庭军总司令奥古斯塔里斯·西奥多拉斯（Augustalis Theodorus）集重兵于巴比伦城堡设防，企图阻止穆斯林军继续前进。由著名圣门弟子祖拜尔等人率领的援军抵达巴比伦堡后，穆斯林军人数增加到1万人左右，拜占庭军约2.5万人。640年7月，穆斯林军在扫清城堡外围的阿因·舍姆斯（'Ayn al-Shams）一战中击溃拜占庭军队后，开始了对巴比伦堡的围攻。西奥多拉斯逃往亚历山大港，居鲁士被困于巴比伦城堡内。双方相持期间，曾互派代表谈判媾和，居鲁士同意缴纳贡税，并携带和约条款回到亚历山大，派人呈送拜占庭皇帝希拉克略（Heraclius）审批。皇帝因见条款中有缴纳贡税内容，便以卖国罪将居鲁士革职流放。媾和未成，穆斯林军遂加紧对城堡的围攻，但因缺乏工程机械而久攻不克。641年4月初，祖拜尔率军填平一段城壕，使用云梯攀登城墙，终于打败守军，攻克巴比伦城堡。持续达10个月之久的巴比伦堡战役的胜利，瓦解了拜占庭军队的斗志，为阿拉伯穆斯林军最后征服埃及奠定了基础。从此，伊斯兰教开始传入埃及，并逐步得到了传播和发展。 （杨宗山）

巴布尔（Bābur'，1483～1530） 印度莫卧儿帝国的创建者。一译“巴卑尔”。原名扎希鲁丁·穆罕默德。巴布尔为绰号，突厥语意为“老虎”。生于中亚大宛的突厥贵族家庭，为帖木儿的六世孙。相传其母为成吉思汗后裔。其父欧麦尔沙·米尔扎为中亚费尔干纳王朝素丹。1494年，11岁时其父卒后继位，成为王朝的统治者，曾一度占据撒马尔罕。1500年为乌兹别克汗昔班尼所败，被驱逐出中亚。率部逃往费尔干纳南部山区，聚集力量。1504年率领由突厥和蒙古人组成的军队越过艰险的兴都库什山南下攻占喀布尔，不久又占领伽兹尼，控制了阿富汗。1507年，采用“帕迪沙”（即王之王）的称号。1511年在波斯萨法维王朝军队的帮助下，占领布哈拉和撒马尔罕。因支持推行什叶派教义，遭到当地逊尼派穆斯林的反对，乌兹别克人趁机攻取布哈拉和撒马尔罕，巴布尔兵败后撤回阿富汗。1522年夺取通往信德的战略要地坎大哈。1524～1525年先后两次攻入旁遮普，但未能控制局势。1526年率军队12000人在帕尼帕特战役中击败罗第王朝军队，先后攻占德里及亚格拉，灭德里素丹国，自称为“印度斯坦皇帝”，建立莫卧儿王朝。1527年在卡努亚战役中打败拉那·桑加率领的拉其普特人的联盟军队。1528年，在亚格拉战役中打败地方割据势力组成的联军。1529年消灭了孟加拉的阿富汗人，占领比哈尔。经过上述决定性的战役，征服了北印度大部分地区，其疆域西起阿姆河，东至亚格拉河，北起喜马拉雅山麓，南至瓜廖尔，奠定了帝国的基础。在德里执政4年，初建了政府体制，修定和改革了法律，以伊斯兰教法治国。沿用了德里素丹国的行政管理、军事采邑制和税收制度。加强军队建设，实行军事统治。提倡文学艺术，美化城市。他有相当高的文化修养，用突厥文写的《自传》是一部有价值的史学和文学著作。其中不仅记载了他亲历的重要事件，还记述了各地的自然景物和风土人情。他还著有一部突厥文的诗集，并创造了一种诗体。1530年卒于亚格拉。 （杨克礼）

巴布尔陵墓（Bābur's Tomb） 印度莫卧儿帝国创建者巴布尔（1483～1530）的陵墓。位于阿富汗首都喀布尔城外的高岩上。四周是古塔和城堡残迹。用砖墙卫护的古柏和枫杨树矗立在陵旁。“巴布尔”，突厥语意为“老虎”。1526年他从阿富汗喀布尔率中亚突厥、蒙古等各族人组成的军队占领印度北部，建立庞大的莫卧儿帝国。其陵墓用大理石修筑，高大雄伟，墓碑上铭刻着：“印度和阿富汗蒙古王朝创建者穆罕默德·巴布尔于（伊斯兰教历）937年（1530）逝世于亚格拉。遵其遗嘱，遗体运回喀布尔，安葬于此。”现在这里辟为巴布尔公园，每逢阿富汗新年（在3月的春风节），到此拜谒者络绎不绝。 （杨克礼）

巴布教派起义（al-Intifāḍah al-Bābiyyah） 19世纪中叶伊朗巴布教派穆斯林谋求宗教社会改革、反对封建统治的起义。19世纪初，在卡扎尔王朝统治时，欧洲资本通过对伊朗的商品输出大量涌入，本国民族工商业遭到打击，封建统治集团趁机兼并土地，大批农民流离失所，积怨日深。设拉子商人出身的伊斯兰教谢赫学派领袖米尔扎·阿里·穆罕默德企图通过宗教改革来改造社会，反对封建统治。1844年他自称是通向隐遁伊玛目的“巴布”（即门），宣称穆斯林唯有通过伊玛目引领之“门”才能认识真主。1845年，他自称“马赫迪”（即救世主），创立巴布教派。宣称要以他写的《默示录》代替《古兰经》，改革宗教和社会制度，主张新时代的制度和法律保障人身自由和人民财产，保障贸易和商业利益，反对封建压迫；新社会中男女平权，人人平等而幸福。巴布最初企图在伊朗统治集团中传教，通过劝诫使他们接受他提出的宗教社会改革的主张，但未获成功，反遭压制。伊朗国王慑于巴布威望的提高和信徒的大增，1847将巴布捕押。巴布教派的著名毛拉穆罕默德·阿里·巴尔福鲁什和侯赛因·布什鲁耶到伊朗马赞德兰省等地深入群众，宣传巴布教义，并提出废除私有制、财产公有、人人平等的口号，信徒颇众。由于统治阶级派兵镇压，从1848年9月起，各地的巴布教派信徒纷纷举行起义，后全国起义队伍发展到10余万人。起义的主力为农民、手工业者和商人，领导者为巴布派的毛拉、学者和商人。最大的3次起义为：1848～1849年在伊朗北部的马赞德兰起义、1850年在里海西南的赞詹尼起义和同年在伊朗西南的尼里士起义。国王惊恐，于1850年7月9日将巴布处死，并调集重兵对各地起义进行镇压。因力量悬殊，到1852年各地起义据点先后被击破，起义领袖阵亡，无数巴布派信徒惨遭杀害，起义失败。1852年该派谋杀国王未遂，又遭大规模镇压，幸免的信徒转入隐蔽活动，有的亡命异国。巴布教派起义所提出的社会改革的主张，也具有反抗外国殖民者、争取民族独立的性质。 （杨克礼）

巴布教派运动 见巴布派。

巴布派（al-Bābiyyah） 近代伊斯兰教派别。亦称巴布教派运动。19世纪中叶，由伊朗设拉子商人出身的什叶派谢赫学派学者米尔扎·阿里·穆罕默德（1820～1850）创立。因他自称“巴布”（即信仰之门），故名。巴布派的思想先驱是18世纪初在伊朗产生的什叶派的谢赫学派。阿里·穆罕默德曾到伊拉克卡尔巴拉朝谒侯赛因陵墓，结识了谢赫学派领袖赛义德·卡兹姆·拉西提（？～1843），成为该学派忠实信徒。1843年被推举为谢赫学派首领。1844年，阿里·穆罕默德提出:"第十二伊玛目和他的信徒之间,存在着中介,这个中介的原型即四道相继的'巴布',通过这些门,第十二伊玛目在其隐遁期间保持与其信徒的联系",并公开宣称自己就是"巴布",人们通过这座"知识之门",即可了解期待降临的"马赫迪"的旨意。1845年,他公开宣称自己为"马赫迪",其使命是铲除人间不平,建立平等、公正与幸福的"正义王国"。他的传教遂吸引了大批下层毛拉和商人成为其追随者。他派18人的传教师到伊朗各省传布其教义,信众日增。阿里·穆罕默德企求通过道德感化的方式,使伊朗卡扎尔王朝统治者接受其关于社会和宗教改革的主张,但未成功,反遭压制。官方什叶派学者则视其教义为"异端",予以抨击。伊朗国王慑于该派日益增长的势力,于1847年将阿里·穆罕默德逮捕囚禁。

1847~1848年,阿里·穆罕默德在大不里士狱中,仿照《古兰经》用波斯文写成《默示录》(《白彦》,意为"宣言")。该书系统阐述了巴布派的教义学说、律法、礼仪及宗教社会改革的主张,被该派信徒视为与《古兰经》同样神圣的经典。巴布在该书中宣称,伊斯兰教旧时代已结束,巴布教派开创的新纪元已经到来。认为人类社会各个时期依次按周期循环,当一个旧周期循环结束之时,取而代之的是新周期循环的开始。安拉在每一个历史时期周期循环结束时,派遣一位新先知,引领世人毁灭旧世界,重建一个新世界。每个时代皆有特定的制度和律法,旧的制度和律法必将随着时代的结束而被废止,代之以新的制度和律法。但新的制度和律法不能由"凡人"制定,只能由真主派遣的"新先知"颁布。认为摩西及《旧约全书》、耶稣及《新约全书》、穆罕默德及《古兰经》都曾代表一个时代,但都以相继被取代而成为过去。巴布宣称他即是真主派遣而降世的新先知,《默示录》是高于一切而代替《古兰经》的新经典,现存的一切制度和律法都应按照《默示录》的精神加以修订。巴布教派认为,安拉的本体是绝对存在的、超自然的,它有7种属性,即前定、注定、意定、意愿、允准、末日与启示。安拉利用这7种属性,创造自然界、人和现象世界。该派认为,数字"19"是表示神性和圣性的统一的数字,是安拉本体的数量表征。故将每年定为19个月,每月为19天,每天都用表征安拉德性的19个名称命名,并组成19人为成员的宣教组织。该派否认伊斯兰教法规定的宗教功课及教律,主张简化教法中有关礼拜、斋戒、净礼等规定,主张不必要在规定的时间或在清真寺举行集体礼拜,各人可在其方便的时候就地礼拜;规定每年只需斋戒19天;净礼不属教法规定,仅属于嘉许行为,故可以简便。该派严禁信徒饮酒、赌博和乞讨,禁止向乞丐施舍,禁止随意伤害人命、破坏社会治安和违犯社会公德。允许男女均可离异及再婚,男女有同等财产继承权,废除妇女戴面纱。该派还提出了一系列有关社会改革的主张,如承认贸易和签订合同的绝对自由;允许对赊欠的货款收取一定利息;废除一切苛捐和劳役;主张消灭私有制,没收统治者财产分给贫民;统一币制等。

1847年巴布被捕后,更加激起其信徒的反抗斗争。接替他领导巴布派运动的侯赛因·布什鲁耶和穆罕默德·阿里·巴尔福鲁什(?~1849)在波斯各地继续宣传其教义,争取大批支持者,并转入发动武装起义。1848年9月,侯赛因在伊朗北部马赞德兰省比德什特首先发动武装起义,迅速发展到全国。到1849年2月,各地起义队伍发展到10万余人。巴布在狱中仍与外界保持联系,号召信徒为建立神圣的正义王国战斗到最后一滴血。后起义领袖侯赛因、阿里·赞詹尼等相继在战斗中阵亡。1850年7月,巴布在大不里士监狱遇难,大批巴布信徒惨遭杀害。1851年,各地巴布教派的起义被卡扎尔王朝军队镇压下去。1852年8月,伊朗国王纳希鲁丁·沙被巴布派信徒刺伤,国王遂下令在全国范围内对巴布教徒进行了更大规模的镇压。此间,巴布信徒大批亡命伊拉克。巴布信徒到伊拉克后分裂为两派。一派为阿里派,由米尔扎·叶海亚领导,坚持原来教义,但人数很少;另一派为巴哈派,由叶海亚之兄米尔扎·侯赛因·阿里领导,后提出不同教义,在巴勒斯坦阿克城另创独立的巴哈教派。1868年,米尔扎·叶海亚则在塞浦路斯岛另立苏布赫·艾泽里(即永恒的早晨)新派别,作为巴布教派的精神继承者。目前巴布派的教义仍流行于伊朗德黑兰、设拉子、克尔曼和尼里兹等地。在伊拉克、巴基斯坦仍有极少数信徒。(杨克礼)

巴达维教团(al-Ṭariqah al-Badawiyyah) 伊斯兰教苏菲派兄弟会组织。由艾哈迈德·巴达维(Aḥmad al-Badawi,约1200~1276)于13世纪创立于埃及,故名。他创立的独立教团以"艾哈迈迪耶教团"(Aḥmadiyyah)著称,但为了与同名的另一教团相区别,故称巴达维教团。该教团在教义和教法上持逊尼派观点,是一个传播很广的乡村教团,带有苦行特色。坚持独身、避世、长期斋戒。其宗教仪式受到正统派欧莱玛的非难。据有关史料记载,源于巴达维教团的独立分支曾有16个之多,有些已不复存在,有一半至今仍在活动,传播广泛的巴尤米教团(al-Bayyūmiyyah)即为其最著名的一支。该教团除遍布埃及外,还相继传入希贾兹、叙利亚、土耳其、的黎波里和突尼斯。

(王怀德)

巴德利教派运动 见比达里教派起义。

巴德夏希清真寺(Masjid Badshashi) 巴基斯坦伊斯兰教最大的清真寺。"巴德夏希"系波斯语"国王"的音译,故又称"皇家清真寺"。位于拉合尔古城北部,为印度莫卧儿王朝皇帝穆哈依·乌德丁·穆罕默德·阿迈提尔(1658~1707)于1673~1674年主持建成。18世纪遭英国殖民主义者破坏,1856年由穆斯林收回,1961年巴基斯坦政府进行了大规模的整修。寺院占地面积3万平方米，基本上为阿拉伯建筑风格。寺前是宽阔的草坪，右侧为大理石结构的巴基斯坦著名诗人和思想家伊克巴尔的陵墓。寺院位于高陡地势，外观宏伟壮丽，整个建筑由拱门、广场、礼拜殿3部分组成。拱门高大，围墙由红砂岩砌成。登上22级红色台阶，进入寺院内，为一南北长160米、东西宽159米的方形大理石广场，可供5万人同时做礼拜。广场正中有一见方的水池，供穆斯林做净礼用。主体建筑礼拜大殿位于广场西侧，呈长方形，殿顶中央和两侧建有3个圆顶，正中大圆顶高约18米。圆顶上有3只巨大银球在阳光下光芒四射，同围墙四周的4座高57米的乳白色宣礼尖塔形成一体。礼拜殿的圆顶上，镌刻着各种美丽的花纹和涂金粉的《古兰经》文，光彩夺目。殿内大理石铺地，凹壁由红色砖石砌成，别具匠心。墙壁的瓷嵌饰带，具有浓厚的波斯和莫卧儿风格。大殿中间正门高阔，两侧各有5个旁门，内有走廊相通。寺内珍藏有用金丝线绣成的长45厘米、宽30厘米、计30卷1228页的阿拉伯文《古兰经》，蝌蚪似的经文绣在天蓝色锦缎上，绣工极为精湛。据传寺内还藏有先知穆罕默德的披风、法蒂玛的手帕及阿里手抄的《古兰经》珍本等大量伊斯兰珍贵文物。（杨克礼）

巴尔（Ba‘l） 《古兰经》中所载多神教徒崇拜的偶像之一。阿拉伯语音译，意为“丈夫”、“主人”、“掌权者”。亦译“巴拉”、“白耳利”。阿拉伯多神教徒因视其崇拜的偶像为主宰，故亦以“巴尔”称之。指古叙利亚——腓尼基人所崇拜的太阳神。据《古兰经》载，古代先知易勒雅斯曾劝导其族人信仰独一的安拉，放弃对巴尔的崇拜，但遭到族人的拒绝，因此，“他们必定要被监禁”（37：123～127），意即必将遭受火狱的刑罚。《古兰经》讲述以上故事，旨在将古喻今，告诫麦加古莱什多神教徒应以此为鉴，及早放弃偶像崇拜，信仰以认主独一为核心的伊斯兰教。（杨宗山）

巴尔马克家族（al-Barmak） 阿拉伯帝国阿拔斯王朝初期显赫一时的波斯籍大臣世家。巴尔马克（即大和尚）系波斯萨珊王朝后裔，袄教徒，为巴尔赫（今阿富汗境内）袄教寺院的大长老。巴尔马克之子哈立德·伊本·巴尔马克是这个家族的第一个重要人物，信奉伊斯兰教什叶派教义。青年时曾在艾布·穆斯林麾下任职，参加过反对伍麦叶王朝的战役。曾任阿拔斯王朝创始人艾布·阿拔斯（750～754在位）的部将。哈里发曼苏尔执政时哈立德继续担任田赋大臣，并得到“维齐尔”称号。哈立德的儿子叶海亚也升任阿塞拜疆总督。在哈里发马赫迪（775～785在位）时，叶海亚又被任命为通讯大臣，兼任王储哈伦·拉希德（786～809在位）太傅。哈里发哈迪（785～786在位）即位后，任命叶海亚为宰相。哈伦·拉希德即位后，亦任命叶海亚为宰相，授予其无限的权力。曾随哈伦远征拜占庭，辅佐他管理西方诸省。哈伦将朝政完全委托他和他的两个儿子法德勒和贾法尔，在786～803年期间，该家族实际上控制了阿拔斯王朝的朝政。法德勒能征善战，统领东部各省，贾法尔善于辞令，是哈伦的宠臣，执掌国玺，留在首都巴格达。巴尔马克家族执掌帝国大权时，他们利用职权，聚敛财富，修筑宫苑，过着帝王般的生活，并豢养了一批文人墨客，为他们歌功颂德。叶海亚同他两个儿子一起独揽大权，将哈里发撇在一边。哈伦·拉希德对其权势过大十分忌恨，因为“哈里发的天空中不允许有两轮太阳”。803年，哈伦·拉希德借口贾法尔违抗他的旨意，私自同他妹妹结婚，生下两个儿女，将贾法尔斩首。旋即，逮捕了巴尔马克家族的重要成员，查抄了他们的全部家产，仅动产就有3067万第纳尔（金币）。叶海亚和法德勒也被逮捕入狱，先后死在狱中。从此，巴尔马克家族退出政治舞台，史称“罢黜巴尔马克家族”。巴尔马克家族对巩固阿拉伯帝国的统治起过重要作用。他们广建清真寺，传播伊斯兰教；官邸网罗学者文人，讨论伊斯兰学术；掘运河，兴水利，对帝国的繁荣多有建树。

（郭承真）

巴格达（Baghdād） 伊拉克首都，伊斯兰世界历史文化名城。旧译“报达”、“八哈塔”。位于国土中部，跨底格里斯河两岸，距幼发拉底河仅30多公里。面积860平方公里，人口530万（1988）。市区主要部分在河东，称为“鲁萨法”（al-Rusafah），河西部分称为“卡尔赫”（al-Karkh），东西两岸之间有5座大桥相连。公元前18世纪巴比伦《汉穆拉比法典》提到巴格达（意为“天赐”）为一重镇。755～762年，阿拔斯王朝哈里发曼苏尔下令在底格里斯河西岸始建新城，历时4年，耗资480多万迪尔汗。命名为“和平城”（Madinah al-Salam），作为阿拉伯帝国都城。城为圆形，故有“团城”之称。城分外城、内城和紫禁城3层，有3道城墙。以紫禁城为圆心，城墙构成3个同心圆。城墙各有等距离的4道城门，4条大街从中心区伸向城门，形似车轮辐条。紫禁城内有皇宫、官邸、清真寺、图书馆、花园等。773年，曼苏尔又在城郊另建1座宫殿“永恒宫”（Qasr al-Khuld），并在河东岸为皇太子建营垒、府邸和清真寺，河东西两岸用浮桥连接，互为犄角之势。8世纪中期至9世纪，在哈里发哈伦·拉希德和马蒙执政时，扩建巴格达城，广建清真寺、宗教学校、图书馆、天文台、客栈、驿馆、市场、澡堂及市政交通设施，使该城进入全盛时期，成为哈里发帝国的政治、经济、贸易、文化和宗教中心。经济繁荣，交通四通八达，商贾辐辏云集，市场店铺林立，并设有专卖中国丝绸、瓷器等商品的市场。学者荟萃，文化昌盛。830年，哈里发马蒙在巴格达创建国家学术研究机构“智慧馆”，聚集不同民族及宗教信仰的著名学者，将希腊、波斯、印度等国的古典著作加以收藏、整理并翻译成阿拉伯文，促进了阿拉伯科学文化的发展。9～11世纪，巴格达伊斯兰学术方兴未艾，苏菲派、穆尔太齐赖派、艾什尔里派及阿拉伯语言学派的学术活动十分活跃，各派别的学者在宫廷的赞助和庇护下，著书立说，在古兰经学、圣训学、教法学、凯拉姆学及文学艺术方面均作出了重大成就。据载，巴格达曾建有30多所各类宗教学校，其中于11世纪塞尔柱朝首相尼扎·姆·穆勒克建立的尼采米亚大学和13世纪哈里发建立的穆斯坦绥里耶大学最为著名，曾培养出大批著名学者和官吏。同开罗、科尔多瓦并称为伊斯兰世界三大文化名城。1258年和1401年，巴格达曾遭蒙古旭烈兀和帖木儿军的两次洗劫，大量建筑古迹文物遭到摧毁。后置于伊儿汗国和帖木儿帝国统治下。1534年被奥斯曼帝国军队攻占。1917年被英国殖民军占领。

1921年，伊拉克宣布独立，定都巴格达，现发展为现代化的城市，是全国政治、经济、商业、交通和文化的中心，为西亚最大的城市。市区现代化建筑和古老建筑遗风共存，交相衬托。据史载，巴格达曾建有560多座清真寺，现有清真寺100多座，著名的有卡兹米耶清真大寺、伊玛目·阿德哈姆清真寺、阿卜杜勒·卡迪尔·吉拉尼清真寺等。城内有多所大学（包括宗教大学），其中著名的有古老的穆斯坦绥里耶学院。有阿拔斯宫、伊拉克博物馆、伊斯兰博物馆、国家图书馆等古迹。在统一公园屹立着阿拉伯历史名人大型石像，在萨阿敦大街和艾布·努瓦斯大街各矗立着取材于《一千零一夜》故事人物的大型铜塑像。闹市区有一座构思奇巧的无名英雄纪念碑。近10多年来，巴格达新添了许多现代化建筑，著名的有国王费萨尔一世陵墓、白宫（政府宾馆）、共和宫、国际会议中心大厦、巴比伦饭店等。（杨克礼）

巴格达迪（al-Baghdādi，？～1037） 伊斯兰教艾什尔里学派著名教义学家、教法学家。早年生平不详。一说出生于巴格达，故名巴格达迪。青少年时代随父迁居并求学于伊朗的内沙布尔，攻读数学和宗教学科，曾因发表一部数学著作而成名，但对伊斯兰教义学更感兴趣。1027年，其师艾布·伊斯哈格·伊斯法拉因（Abu Ishaq al-Isfarā'ini）去世后，承其职而从事教学工作，后因土库曼人在呼罗珊举行起义，被迫迁居伊斯法拉因，直至去世。一生曾培养大批弟子，呼罗珊的知名学者多为他的学生。代表作有《穆斯林教派与宗派》和《宗教原理》，前者较客观地评述了伊斯兰教各教派的主张，后者系统论述了伊玛目（哈里发）学说，对后世学者如马沃尔迪、安萨里等有重要影响。巴格达迪在教义主张上遵循和发展了艾什尔里教义学，提倡用理性主义观点来阐释、论证伊斯兰教基本信仰，驳斥唯理派穆尔太齐赖派的观点，维护艾什尔里学派的正统地位。有人认为，《大学》书之二实为巴格达迪之作。在教法思想上，巴格达迪尤为重视伊斯兰教政治学说，曾在著述中详尽论述国家首脑伊玛目（哈里发）的资格、推举方式、就职方式、职责、继承权及历史上的伊玛目（哈里发）制度，维护逊尼派政治学说，批驳哈瓦利吉派、什叶派和穆尔太齐赖派的理论观点。他的《宗教原理》为中世纪伊斯兰教有代表性的政治文献之一，广为后世学者引证。（吴云贵）

巴哈丁·阿米利（Bahā'al-Dīn al-'Āmili，1546～1622） 伊斯兰教什叶派教义学家、教法学家。全名穆罕默德·伊本·侯赛因·巴哈丁·阿米利。叙利亚阿米尔人，出身于什叶派学者家庭。早年受传统的伊斯兰教育。1559年为逃避奥斯曼人的宗教迫害，随家迁到伊朗，先后居住在赫拉特和伊斯法罕，从著名学者受教。他曾到麦加朝觐，广交学者并求教，后又到伊拉克、埃及、希贾兹、巴勒斯坦等地游学，从而丰富了他的宗教和自然科学知识。他博学多才，通晓伊斯兰教各学科的知识，尤精于圣训学和教法学，对伊斯兰教各派的学说颇有研究，谙熟苏菲主义学理和道乘修持，还精通天文学和数学。他曾在伊斯法罕清真寺和宗教学校讲学，培养了大批门弟子，如穆拉·萨德拉等，颇有盛名。在萨法维王朝国王阿拔斯一世执政时，被聘入宫廷任宗教顾问，获"伊斯兰长老"称号，并被任命为首都伊斯法罕最高宗教法庭的首席法官。他在宗教思想上，坚持十二伊玛目派正统教义，反对异端邪说；在教法上主张以《古兰经》和什叶派圣训为立法的依据，不赞成运用类比和公议原则创制教律。他著述甚多，涉及到很多学科领域。著名的教法著作《阿拔斯文集》，为什叶派教法原理和律例的手册，并对宗教功课如礼拜仪式作了教律规定。在《有经人宰牲禁律》一书中阐述了禁食教律，规定禁止吃非穆斯林所宰的肉食。汇编有阿里的言论集《神圣训示》，并作了注释。汇集的阿拉伯文的轶事集《布施碗》，载有故事和诗歌，主要介绍苏菲派苦行禁欲的宗教功修。诗歌有《面包与甜食》、《奶与糖》，描述穆斯林的宗教和社会生活。天文学著作有《剖析天空》，阐述了宇宙结构学说。他的《算术撮要》概述阿拉伯、波斯数学研究的新成果，作为初等数学的教科书，被译成波斯文和德文。阿米利被什叶派和苏菲派同尊为"大长老"，受到推崇。伊朗史学家称他为萨法维王朝时期"伊斯兰教复兴运动的主要代表人物之一"。1622年去世，葬于马什哈德。（杨克礼）

巴哈派（al-Bahā'iyyah） 曾为伊斯兰教派之一。"巴哈"系阿拉伯语，意为"光辉"、"荣耀"。是巴布教派中衍生出的世界性伊斯兰教新兴派别。19世纪中叶伊朗人米尔扎·侯赛因·阿里（1817～1892）所创。他自称"巴哈乌拉"（Bahā'ullah，意为"安拉的光辉"），故称为"巴哈派"。米尔扎是巴布的最早信徒，1852年巴布派起义失败被捕，次年被释放后流亡到巴格达，同年4月宣布他是巴布所预言的"新使者"。后因与其族弟争夺教权到达土耳其，旋被奥斯曼政府监禁于巴勒斯坦的阿克。1871～1874年写成阐述其教义的《克塔布·艾格代斯》（al-Kitāb al-Aqdas）即《至圣书》,共472节,据称可取代《古兰经》和巴布的《默示录》(al-Bayān)。该派教义崇拜独一、全知、全能的安拉,认为"一切宗教基础相同",故无论哪一宗教,信仰的都是安拉,只是其名称不同而已。因此,该派承认伊斯兰教、印度教、犹太教、琐罗亚斯德教、佛教、基督教的创始人和巴布、巴哈都是安拉的使者,一切人都是安拉的"儿女",因之人类应该统一和谐,实现世界大同。该派也有天园、火狱、灵魂、神迹、永生等说,但阐释不同,如能顺从安拉赋予的法则行事从而获得幸福,便是"天园",反之产生苦恼即是"火狱"。它也重视今世,其社会、伦理主张主要有:拥护政府的法律和政策,以维护社会秩序和社会发展;发扬各民族文化,以丰富人类新的综合文化;实行男女平等,放弃一切偏见和争斗,提倡个人道德和友爱精神,以维护和平,实现人类大同,建立其"世界新秩序"和"正义王国";认为宗教和科学并行不悖,主张寻求真理,普及教育。在教仪方面,简化了伊斯兰教的礼仪,如"净礼"只洗手、脸、脚或清水浸浴;"念礼"可诵上述先知或该派的任何经典;礼拜每日只礼晨、晌、霄礼,旅途中甚至只叩一头等。该派将一年分为19个月,每月19天,另有闰日,每年最后一月为斋月,期满过元旦。此外不主张施舍,反对苦修,提倡生活享受;婚礼可不诵祷词,仅由"灵体会"派人证婚。《至圣书》还制定了遗产法,要求每人必须预立遗嘱,主张自由贸易、开银行、放高利贷、严惩盗窃等。该派还规定信徒必须履行9项宗教义务:每日祈祷;斋戒;勤奋工作;传播"安拉的事业";禁烟禁毒;遵守该派婚姻制;服从政府;不参与政治;不得中伤他人。奉行该派"圣日",即巴哈受命纪念日、巴布受命纪念日和巴布、巴哈的诞辰与忌日,均称为"灵宴节"。该派的主要经典有:《至圣书》、《默示录》、《意纲经》(al-Iqān)、《隐言经》(al-Kalimāt al-Maknūnah)和《哈夫·瓦迪》。本世纪70年代末,该派宣布为独立宗教。

巴哈派的基层组织为"地方灵体会",设有国家或地区性的"总灵体会",均可根据需要设各种委员会。各总灵体会之上为国际性的"世界正义院"或"万国灵体委员会"即中央长老会,均按届选举产生。该派礼拜之所称"灵曦堂",为九面形建筑,附设有文化教育机构,分6所建于亚、欧、非、美、澳五大洲,称各洲"母堂"。巴哈派传播较快、较广。据1981年统计,全世界已有总灵体会132所,活动中心111600个,其中地方灵体会26100个,教徒已超过百万人。1954年,该派在中国台南开始传播,创活动中心或地方灵体会160所,信徒2000余人,现设有"大同教台湾总灵体会"机构。 (冯增烈)

巴哈长老会(Bahā'i Spiritual Assembly) 巴哈教派管理教务的领导机构。19世纪末由该派创始人巴哈乌拉(1817～1892)创立,国际最高长老会总部设在巴勒斯坦的阿克城。其职责是:主持传教、制定教法、出版书刊、举办教育及社会慈善事业等活动。20世纪30年代,随着巴哈教派在世界各地的广泛传播,长老会分为3级:(1)国际性的最高长老会,为该教派的最高领导和权力机构,由9人组成,由各国长老会选举产生。宣称长老会成员的权力是由安拉所亲授,具有绝对的决定权和裁判权。它由巴哈教派的领袖(总监事)领导,制定教法,任命各国长老会,管理国际教务。(2)国家一级长老会,由该国地方长老会选举产生,由9人组成,领导和协调地方的教务活动。20世纪80年代,这种国家一级的长老会有130个。(3)地方性的长老会,规定在9人或9人以上的巴哈教徒中,可建立地方长老会,为群众性宗教社团组织,80年代共有地方性的长老会26000个左右。国际最高长老会对各国长老会直接行使领导权,各国长老会有独立管理地方教务的权力。各级长老会在每年列德旺节(4月21日～5月2日)期间选举产生。1892年巴哈乌拉逝世后,国际最高长老会由其子阿卜杜·巴哈(1844～1921)和其外孙邵吉·埃芬迪·拉巴尼(1897～1957)相继行使领导权。1957年拉巴尼去世后,教权承袭再不下传。从1963年起该教派世界范围的领导权由各国长老会所选出的最高长老会行使。其活动经费,国际长老会由所属的企业和金融机构提供,各国及地方长老会由教徒自愿捐献提供。国际长老会总部设有宣教、组织、新闻、出版、电台及慈善等附属机构,免费向各国信徒赠送宣教书籍和报刊。在40多个国家和地区设有宣教中心。 (杨克礼)

巴赫曼尼素丹国(Salṭanah al-Bahmani) 中世纪印度德干北部的伊斯兰教国家(1347～1526)。亦译"巴曼王朝"。1347年,由原阿富汗的突厥贵族后裔哈桑(Ḥasan,1347～1359在位)创建。他宣称其祖先系波斯王巴赫曼,故名。德干地区原为德里素丹国领地,在图格鲁克王朝素丹穆罕默德统治末期,国家开始分裂。当时任古尔巴加地区军事将领的哈桑趁机宣布独立,自称素丹,取号为阿拉·穆扎法尔·乌德丁·巴曼·沙,建都于阿萨拉巴德(即古尔巴加)。以古尔巴加地区为基地,先后征服了果阿、达波尔、科尔哈浦尔和德林加纳等印度教王公统治的小邦,迫其称臣纳贡。将领地划分为古尔巴加、德拉塔巴德、比拉尔和比达尔4省,派总督管理。王朝信奉逊尼派教义,实行伊斯兰教法,将伊斯兰教传播到新征服地区。穆罕默德·沙(1357～1373在位)执政时,多次与南部信奉印度教的维查耶那伽尔国等抗衡,巩固了王朝的疆土。穆罕默德·沙二世(1378～1397在位)执政时,王朝由征战转入安邦治国。他励精图治,健全国家制度,始设宰相和大臣会议;休养生息,减轻赋税,发展农业和商业;修建清真寺,开办宗教和世俗学校,资助和庇护穆斯林学者,兴办伊斯兰文化教育;尊奉苏菲派著名学者为朝廷宗教导师,在各地敕建"扎维叶",传经布道,使苏菲主义学理得到广泛传播。艾哈迈德·沙(1422～1435在位)统治时,再次征讨维查耶那伽尔国,兼并瓦兰加尔国部分领土，并征服了德林加纳的印度教王公，掳获大量战利品。1424年，迁都于新城比达尔，后发展为伊斯兰教文化中心。自素丹胡马雍执政时，任用军事将领马哈茂德·加旺(1463～1481在位)为宰相，连续辅佐3代素丹，握有实权，励精图治，在政治、军事、经济和外交等方面政绩卓著，此时，为王朝的鼎盛时期。国土横跨印度中部，东西均达于海，其势力伸入南北部分地区。1490～1518年间，地方割据势力崛起，王朝无力控制，各行省总督相继宣布独立，国力日衰。王朝分裂为比贾布尔、阿赫默德拉加尔、戈尔康达、贝拉尔、比达尔等5个独立小邦。1526年，王国大臣阿米尔·巴里德推翻素丹，自立为王，巴赫曼尼王朝灭亡。至1687年，5个小邦先后被莫卧儿帝国素丹奥朗则布征服。（杨克礼）

巴赫纳尔(Muhammad Javad Bahonar，1933～1981) 伊朗政治活动家、什叶派宗教学者。曾任伊朗共和党总书记、政府总理。生于伊朗克尔曼一手工业者家庭。1953年进库姆伊斯兰经学院研究伊斯兰教义和教法。后在德黑兰大学学习文学、教育学和教法学等，获博士学位。1957年从事新闻出版工作，同时在大学任教。1963年起，在霍梅尼的领导下从事伊斯兰宣教活动。1963年因在清真寺发表反对巴列维国王的演说而被捕，此后连续6次被捕。1971年被当局判处"无言论自由"罪。1978年参与组织反国王的罢工和游行示威活动。1979年2月参与创建伊斯兰共和党。"伊斯兰革命"胜利后，参加革命委员会和宪法起草委员会，并任教育部长。1981年6月接替贝赫什提任伊斯兰共和党总书记。同年8月5日任政府总理。8月30日在总理府爆炸事件中身亡。

（杨克礼）

巴基斯坦国际伊斯兰大学(Pakistan International Islamic University) 现代南亚次大陆国际性伊斯兰学府和学术研究中心。坐落在巴基斯坦首都伊斯兰堡西北隅费萨尔大清真寺旁。其前身为巴基斯坦伊斯兰堡伊斯兰大学，始建于1976年。1980年接受沙特阿拉伯及伊斯兰世界联盟的资助，改为现名，并开始大规模的扩建工程，于1985年竣工，该校独立办学，不隶属巴基斯坦教育部。其权力机构为最高会议，由17人组成，主席和副主席分别由巴基斯坦总统和伊斯兰世界联盟秘书长担任，成员中除7名为巴基斯坦人外，其他分别是麦加大学、利雅得大学、开罗大学、爱资哈尔大学、马来西亚及麦地那国际伊斯兰大学等校校长和科威特及摩洛哥国际伊斯兰教科文基金组织负责人等。

该校为综合性大学，下设14个学院和研究机构：教法及司法学院、宗教原理学院、宣教学院、伊斯兰研究会、国际伊斯兰经济学院、语言学院、教育学院、社会知识学院、应用知识学院、教法教律研究所、宣教及伊玛目培训中心、医学院、工程技术学院、女子学院。学校的教师既有巴基斯坦学者，也有聘自阿拉伯国家的专家。大学使用英、乌尔都、阿拉伯3种语言教学，要求教师和学生必须掌握这3种语言中的两种，特别是阿拉伯语。大学学制有本科、专科、预科、培训班、单科夜大等。大学设有国际奖学金，面向各国尤其是非伊斯兰国家的穆斯林青年招生，以培养伊斯兰学者和宣教人员。1988年在校生有1000多名，其中2/3为本国人，其余为来自包括中国在内的30多个国家的外国留学生。（马智雄）

巴基斯坦皇家清真寺 见巴德夏希清真寺。

《巴基斯坦穆斯林家庭法法令》 巴基斯坦第一部现代穆斯林婚姻家庭关系基本法。巴基斯坦婚姻家庭关系法起草委员会制定，1961年3月由国家总统颁布法令，批准执行。共13条。包括婚姻登记、一夫多妻、休妻(塔拉格)、离异、赡养费、聘礼、婚姻仲裁委员会等有关规定。其突出特点是对传统的婚姻家庭法加以修订和补充，包括：(1)结婚须经有关部门批准，颁发婚姻证书，违者处以短期徒刑或罚款。(2)任何人在婚姻存续期间，未经婚姻仲裁委员会批准，不准缔结另一桩婚姻。仲裁委员会审核申请理由并征得现有妻子同意后，可酌情批准纳二房妻子。(3)夫方以"塔拉格"方式宣布休妻，须预先通知婚姻仲裁委员会，经审核批准后生效。以其他方式(夫方委托妻方自动解除婚姻或协商离婚)终止婚姻关系，须经有关部门审核批准。(4)夫方拒绝赡养妻子或给予妻子以不公平的待遇，受虐待的妻子有权向婚姻仲裁委员会申诉。该法还收入了两项修正案，对英国殖民统治时期颁布的《童婚限制条例》(1929)和《穆斯林离婚条例》(1939)作了少量修改。该法亦适用于孟加拉共和国，为孟加拉国1974年颁布的《穆斯林婚姻法》之基础。（吴云贵）

巴基斯坦穆斯林联盟(Pakistan Moslem League) 巴基斯坦伊斯兰教政治组织。前身为全印穆斯林联盟，1906年建立，原为领导创建巴基斯坦国的政党。1920年真纳当选为该联盟主席。1940年3月在拉合尔联盟代表大会上，真纳提出印度穆斯林应建立一个分治的伊斯兰国家的主张。1947年巴基斯坦建国后，联盟分裂，建立巴基斯坦穆斯林联盟，并执政。1962年由阿尤布·汗主持联盟工作。此后，该联盟再度分裂为大会派穆斯林联盟和理事会派穆斯林联盟。大会派穆斯林联盟于1969年又分出加尧姆派穆斯林联盟。大会派穆斯林联盟主席是前总统阿尤布·汗，主要领导成员是中央政府各部部长。1964年提出建国"十四点纲领"，内容包括执行1962年宪法，维护国家统一，发展重工业，鼓励私营企业，反对帝国主义和殖民主义，加强同伊斯兰国家的联系等。1969年3月法兹鲁尔·卡德尔·乔德里接任联盟主席。

1970 年在议会选举中该联盟只得两个席位。1971 年 11 月该联盟参加国会反对党联盟即统一联盟党，反对布托的人民党。1973 年 3 月参加统一民主阵线。理事会派穆斯林联盟于 1962 年 10 月成立，得到了真纳妹妹法蒂玛·真纳的支持，成员多为著名政治活动家和学者，第一任主席是巴基斯坦前总督、总理卡沃杰·拉希姆丁。其基本纲领是坚持以伊斯兰教治国，坚持伊斯兰教主张的平等，建立公正的社会和经济秩序，反对军人政权，实行民主政治。该盟在几次大选中失败，失去了国会中最大反对党的地位。1971 年 11 月参加国会反对党联盟统一联盟党，批评人民党的政策。加尧姆派穆斯林联盟又称“真纳穆斯林联盟”、“全巴穆斯林联盟”，于 1969 年 3 月成立。1970 年 8 月通过联盟章程，主张加强中央集权，消灭贫困，实行合理的农业税收，基本工业归国有。在 1970 年大选中，在国会赢得 10 个席位。支持叶海亚·汗对东巴采取的行动，支持布托政府，与人民党积极合作，曾组成西北边境省联合政府。1985 年，巴基斯坦前总理居内久重新组建穆斯林联盟，并任主席。主张建立伊斯兰民主政治体制。

（杨克礼）

巴基斯坦伊斯兰教 巴基斯坦伊斯兰共和国位于南亚次大陆的西北部。面积 79.6095 万平方公里。人口 1.07 亿（1989 年 1 月）。主要民族有旁遮普人，占 63%，信德人占 18%，巴丹人占 11%，还有普什图人、俾路支人等。乌尔都语为国语，通用英语。穆斯林占全国总数的 97%，伊斯兰教为国教。首都伊斯兰堡。

巴基斯坦和印度原为一个国家。7～8 世纪，少量阿拉伯移民和穆斯林商人在印度西南部沿海城市定居，并与当地人通婚，将伊斯兰教传入居住地。7 世纪末，阿拉伯军队征服波斯、中亚时逼近印度边界。711 年，伍麦叶王朝军事将领穆罕默德·伊本·卡西姆率军攻入印度河下游，占领信德和旁遮普北部地区，713 年征服木尔坦，并置行省，为伊拉克总督辖区，伊斯兰教开始传入印度西北部。阿拔斯王朝初期，卡尔马特派遭镇压后，一部分信徒逃到印度西北部定居。881 年，什叶派伊斯玛仪派传教师伊本·法德勒和海萨姆到印度信德地区传教布道，对当地居民改宗伊斯兰教起过重要作用。10 世纪下半叶，阿富汗伽色尼王朝（962～1186）建立后，多次发动“圣战”，征服信德地区，修建清真寺，传播逊尼派教义，许多印度教的封建主改奉伊斯兰教，大量已信奉伊斯兰教的突厥人、阿富汗人迁入定居，并与当地居民融合，成为印度穆斯林的主体。12 世纪中期，阿富汗的古尔王朝灭伽色尼王朝，夺取印度西北部地区后，继续向朱穆拉河和恒河流域扩张，伊斯兰教得到广泛传播。13 世纪起，在德里素丹国（1206～1526）诸王朝统治时期，推行伊斯兰化的政策，印度北部的大部分居民改信伊斯兰教，广建清真寺和宗教学校，伊斯兰文化得到广泛传播和发展。13～16 世纪，中亚和阿拉伯的苏菲派契斯提教团、苏哈拉瓦迪耶教团、卡迪里教团、库布拉维教团、纳格什班迪耶教团等先后传入印度北部各地，建立道堂，发展信徒，对伊斯兰教在下层居民中的广泛传播起了突出作用。16～19 世纪，在莫卧儿帝国（1526～1857）统治时期，确立了政教合一的制度，伊斯兰教成为印度占统治地位的宗教，立逊尼派教义为国教，实行伊斯兰教法，发展伊斯兰文化，为伊斯兰发展的强盛时期。18 世纪，以瓦利·阿拉沙为代表的宗教学者创立学派，主张复兴伊斯兰教，重振宗教道德，恢复伊斯兰教各项制度，对后来印度的伊斯兰复兴运动产生了深远的影响。1858 年，整个印度次大陆沦为英国的殖民地。英印殖民当局歧视和排斥穆斯林，促使一批穆斯林学者开始致力于伊斯兰社会的复兴。1863～1886 年，赛义德·艾哈迈德汗等人先后创立加尔各答伊斯兰教协会、全印伊斯兰教中心协会、伊斯兰教育协会及阿里迦英国—东方伊斯兰教学院，倡导伊斯兰现代主义，改革伊斯兰传统教育和教法。1906 年，印度穆斯林的政治组织“全印伊斯兰教联盟”在达卡成立。1940 年，全印伊斯兰教联盟在拉合尔举行会议，通过建立“巴基斯坦”的决议，提出在旁遮普、信德、西北边省和俾路支斯坦建立一个“单独的穆斯林国家”的纲领。1941 年，伊斯兰学者毛杜迪创建“伊斯兰促进会”，倡导伊斯兰改革运动。1947 年，印巴分治，巴基斯坦宣告独立，为英联邦自治领，穆斯林联盟主席真纳任总督。1956 年颁布新宪法，定国名为巴基斯坦伊斯兰共和国。1979 年政府颁布一系列法令，重建伊斯兰思想顾问委员会，恢复征收传统的宗教课税，修订刑法，使之符合经、训的有关规定。

巴基斯坦的穆斯林分属逊尼派和什叶派。逊尼派占 90%，大多属于哈乃斐教法学派。什叶派占 10%，多为十二伊玛目派，少数为伊斯玛仪派。还有少数人属艾哈迈迪亚教派。1974 年巴基斯坦国民议会通过决议，正式取缔艾哈迈迪亚派，但该派仍在秘密活动。伊斯兰教在巴基斯坦的政治、经济、文化教育、社会生活等方面，都有着极其重要的影响。宪法规定，国家元首必须是穆斯林；《古兰经》和圣训是国家立法和制定一切法规的主要依据。总统下设伊斯兰思想顾问委员会，由教法官和伊斯兰学者组成，监察法律的制定和执行。在普通的大、中、小学开设宗教课程，设有几所伊斯兰教学院。宗教研究机构有：中央伊斯兰研究院（伊斯兰堡）、伊斯兰文化研究所（拉合尔）。宗教出版物有：《伊斯兰研究》、《伊斯兰文化》、《准则》、《伊斯兰之声》等。宗教组织有：伊斯兰促进会、伊斯兰学者协会等。巴基斯坦在维护、增进伊斯兰国家间的团结、互助和合作方面，发挥着重要作用。世界伊斯兰组织曾在巴基斯坦召开过一系列国际伊斯兰会议。巴基斯坦为“伊斯兰会议组织”、“世界伊斯兰大会”、“伊斯兰世界联盟”的成员国，为“伊斯兰事务最高理事会”（开罗）理事。“世界伊斯兰大会”总部设在卡拉奇。

（杨克礼）

巴基斯坦伊斯兰教学者协会（Pakistan Jamial Ulemae Islam） 巴基斯坦伊斯兰教政治组织。其前身为印度伊斯兰教学者协会，1945年10月在加尔各答成立。1950年在巴基斯坦重建时改称现名。乌斯玛尼任主席。该会认为1956年巴宪法是伊斯兰宪法，持不同意见者于1956年在木尔坦另立一派，艾哈迈德·阿里任主席，哈札尔维任总书记。两派不断协商消除分歧无效，哈札尔维派遂声明支持大选和左派政党，于是两派断绝关系。1962年取消军管后，乌斯玛尼派没有恢复活动，哈札尔维派则恢复活动，并选毛拉·德尔哈斯迪为新的主席，哈札尔维仍任总书记。1968年在拉合尔召开全巴大会，选举穆夫提·马哈茂德为总书记。该协会曾参加反阿尤布政府的群众运动。1973年3月与民族人民党组成西北边境省和俾路支省联合政府。1973年8月，又分裂为哈札尔维派和马哈茂德派。哈札尔维派坚持实行伊斯兰政治，主张全巴团结、统一、完整，支持布托政府及其各项政策。马哈茂德派对民族人民党在西北边境省和俾路支省的主张未提出异议，支持其分裂活动，坚持反布托政府的立场。1979年10月，哈克总统宣布禁止一切政党活动，取消所有政党，该协会转入秘密状态。1981年2月，巴基斯坦9个反对党不顾当局禁令，成立恢复民主运动九党联盟，协会为其成员。该会在纲领中声称，要“捍卫伊斯兰教的纯洁性”，反对财产过多地集中在少数人手里，要求把国会中资本家代表减少到5%，提倡在国内实行公正的秩序，用法律保障工农及穆斯林的利益。

（杨克礼）

巴基斯坦中央伊斯兰教研究所（The Central Institute of Islamic Studies） 巴基斯坦伊斯兰教研究机构。1958年由阿尤布·汗军政府创建于卡拉奇，后迁移至首都伊斯兰堡。系为满足国家政治生活的需要而建立。1947年巴基斯坦建国后，执政党穆斯林联盟同在野的伊斯兰教政党和组织在国体、政体问题上长期存有严重分歧，致使立宪工作陷于困境。为使政治分歧得以解决，1958年阿尤布·汗总统在坚持建国基本原则（即《目标决议》）的同时，对巴宗教界作出一些让步，并根据1956年宪法精神，成立了作为总统宗教事务顾问的“伊斯兰意识形态顾问委员会”和权威研究机构“中央伊斯兰教研究所”，协助政府“在真正的伊斯兰教基础上重建一个穆斯林社会”。该所在研究工作中坚持现代主义方向，主张根据时代和社会环境灵活变通地解释伊斯兰教，协调宗教信仰与国家建设的需要，曾对社会舆论起了导向作用；除通过研究所机关刊物《伊斯兰研究》（英文季刊）和著述活动宣扬伊斯兰现代主义外，还经常协助政府制定宗教政策，曾参与起草《巴基斯坦穆斯林家庭法法令》（1961）等文件。布托执政时期，该所支持执政的人民党的土地改革和企业国有化政策，曾大力宣传伊斯兰社会主义思想。齐亚·哈克执政时期，因标榜全面实行国家体制和社会生活的伊斯兰化，提出重建有名无实的“伊斯兰意识形态顾问委员会”，对中央伊斯兰教研究所不予重视，而直接依靠宗教界人士，从此该所不再是国家级研究机构，但其影响犹在。

（吴云贵）

巴克利教团（al-Ṭariqah al-Bakriyyah） 见拉赫曼教团。

巴拉（Ba ʻl） 见巴尔。

巴黎伊斯兰中心（al-Markaz al-Islāmi fi Baris） 法国伊斯兰教社团组织。1922年，由旅居巴黎的阿尔及利亚、摩洛哥、突尼斯、尼日利亚等国穆斯林侨民发起创建。其宗旨是：在巴黎社会上开展伊斯兰活动，宣传、发扬伊斯兰教精神，教育穆斯林履行教法规定的宗教功课，提高他们的宗教思想和知识水准，为当地穆斯林举办各种宗教仪式和社会公益事业，并为他们提供各种服务。该中心包括：（1）清真寺。系欧洲地区兴建的第一座大寺，占地面积1万平方米，随着穆斯林的不断增加，增设了男女小净室和沐浴室。共耗资350万新法郎，其中一部分为法国政府资助。（2）伊斯兰学院。专为培养穆斯林青年开办，设阿拉伯文、《古兰经》、圣训和伊斯兰教法等课程。院长由中心负责人兼任。（3）伊斯兰图书馆。藏有大量阿拉伯文、法文和英文等各种文字的书籍。（4）接待厅。专门接待新信教的穆斯林，为他们举行入教仪式。该中心的主要活动和工作任务是：（1）安排每日的5次礼拜、星期五的聚礼和开斋节、古尔邦节的会礼。（2）主持宣教活动。通过“主麻”聚礼的机会向穆斯林宣讲教义、教法、道德修养，并回答穆斯林提出的各种有关伊斯兰教的问题。（3）按伊斯兰教法规定为穆斯林举办婚礼。（4）接纳新入教的穆斯林，教他们念“作证词”和礼拜时必须诵读的阿拉伯语《古兰经》经文，讲解伊斯兰教义、原则。不少人受过该中心的教育和培养。（5）为亡故的穆斯林举行葬礼。中心设有穆斯林专用墓地并为死者举行洗礼、站礼和埋葬仪式。埋葬费用除死者支付少量外，大部由中心支付。（6）指导和管理法国现有的1000座清真寺，各寺伊玛目、海推布的聘任，伊斯兰书籍及参考资料的刊行等均由该中心负责。埃及爱资哈尔大学亦给予支援。其经费除中心筹集外，阿尔及利亚和部分伊斯兰国家的宗教机构也给予资助。

（马云福）

巴列维王朝（al-Sulālah al-Pahlaviyyah） 伊朗最后一个伊斯兰封建王朝。1925年，伊朗近卫军团哥萨克旅旅长礼萨汗·巴列维（Reza Khan Pahlavi，1878～1944）在英国的支持下，发动军事政变，推翻卡扎尔王朝，建立巴列维王朝(1925～1979)。首都德黑兰。礼萨汗(1925～1941在位)执政后，向国民议会表示尊重1906年制定的宪法，实行君主立宪制，但他采取一系列手段扩大王权，实行世俗化和政教分离政策。他首先用武力消灭了半独立的地方封建势力，将全国划分为49个州，由他直接委派官员充任，以加强中央集权。为扩充王权，他实行政治、司法、教育和经济改革，严格控制和限制什叶派欧莱玛对政治的影响。他逐渐削减宗教界人士在议会中的代表比例；限定伊斯兰法院仅有权审理涉及穆斯林私人身份方面的民事诉讼，禁止宗教学者(即欧莱玛)在国民法院中任职；关闭大批宗教学校，用世俗的国民学校来代替传统的宗教教育；对清真寺、宗教学校的宗教公产(即土地、资产)大部收归国有等，从而遭到宗教界的反对。对外为摆脱英国的控制，他转向亲近德国，德国势力遂逐渐深入伊朗全境。第二次世界大战初，伊朗虽宣布中立，但德国积极活动使伊朗加入轴心国。1941年8月，英、苏两国指责伊朗国王勾结德国，派联军分别从南北两面进入伊朗。9月16日，礼萨汗被迫退位，出走南非。其子穆罕默德·礼萨·巴列维继承王位。

礼萨·巴列维(1941～1978在位)执政后，国内局势动荡，北方的阿塞拜疆和北库尔德斯坦宣布自治，后被镇压。1951～1953年，民族阵线领导任命穆罕默德·摩萨台出任首相时，宣布实行石油国有化，反对英国对石油的垄断地位，并要求掌握绝对权力，同国王发生冲突。1953年8月，国王试图解除摩萨台职务未成，被迫出走。不久在美国的支持下亲国王的军队势力逮捕了摩萨台，国王回国。1954年8月，国王同外国石油公司达成协议，将石油公司归还外商。国王重新上台后，实行亲美政策。此后在美国的帮助下扩充军备，设立秘密警察机构国家安全局(即萨瓦克)，实行独裁专制统治。特务肆意横行，逮捕政治上的反对派和宗教上层人士，监狱人满为患。一切言论、集会和组织政党的自由都被取消。在宗教上，严加限制宗教界的权力，以世俗法律代替伊斯兰教法，接管宗教基金、关闭宗教学校代以世俗教育，实行“自由化”和“世俗化”的政策，西方文化和生活方式涌入，使伊朗传统文化和生活方式受到冲击。礼萨·巴列维为巩固其王朝的统治，在经济上，利用石油收入和美国的援助，推行社会经济发展计划。1963年1月，他提出“六点社会改革方案”(称为“白色革命”)。其主要内容包括土地改革(规定地主占有的限额，多余的土地由国家赎买，分给少地、无地的农民；寺院土地收归国有)、工人在企业中入股分红、给妇女以选举权和被选举权、城乡实行现代教育替代传统宗教教育，发展工业、交通和文教事业等。因计划片面追求高速度，超过人力、物力、财力的可能，加之石油跌价，军费开支过大，造成经济严重失调。同时未能彻底实行土改政策，使大量农民流入城市，大批工人失业。通货膨胀，物价飞涨，贫富悬殊加剧，各种社会矛盾激化。在这种情况下，各阶层人民及社会集团暂时联合起来，而什叶派的宗教领袖霍梅尼成为反国王独裁统治的群众运动的一面旗帜，在国外领导反国王的斗争。从1977年起，各地爆发大规模的反对国王的群众运动，到1988年下半年，各地动乱不断升级，达到高潮，国王任命艾资哈里为首相，组成以军人为主的临时政府，以挽回残局。1979年1月，国王被迫出国，委任沙普尔·巴赫齐亚尔组织内阁。2月1日流亡国外的什叶派领袖霍梅尼回到伊朗，2月11日任命马赫迪·巴扎尔甘为总理接管政权，组织临时政府，巴列维王朝覆亡。4月1日，霍梅尼宣布成立伊朗伊斯兰共和国。（杨克礼）

巴林伊斯兰教 巴林国位于亚洲波斯湾西部，在卡塔尔和沙特阿拉伯之间，由巴林岛及其附近33个小岛屿组成。原名巴林酋长国，后改为巴林国。面积662平方公里。人口约49万(1989)。居民多数是阿拉伯人，还有伊朗人、印度人、孟加拉人和巴基斯坦人等。75～80%的居民住在城市。居民95%信奉伊斯兰教。阿拉伯语是国语。首都麦纳麦。7世纪中叶成为阿拉伯帝国巴士拉省的一部分，伊斯兰教在当地居民中广泛传播。巴林最初传播的是伊斯兰教逊尼派教义。894年，什叶派支派卡尔马特教派举行起义，反对阿拔斯王朝哈里发的统治，占领巴林。9世纪末，在巴林的哈萨(今胡富夫)建卡尔马特国，艾布·赛义德·哈桑·加纳比(899～913在位)被选为该国政教合一的领袖，奉行卡尔马特派教义，大部分居民成为该派信徒。930年，卡尔马特派攻占圣地麦加，将克尔白殿的“黑石”运到巴林，并在那里保存了20多年之久。11世纪中叶，卡尔马特国被阿拔斯王朝灭亡。14世纪20年代，巴林成为霍尔木兹埃米尔国的一个省，在巴林群岛上重新恢复了逊尼派的政治统治，但基本群众仍然信仰什叶派教义。1602年，伊朗萨法维王朝出兵攻占巴林，宣布巴林划归法尔斯省。推行什叶派十二伊玛目派教义。1783年，以酋长艾哈迈德为首的阿特班部族的阿拉伯人攻入巴林，赶走波斯人，创立了阿特班部族哈利法家族王朝。1871年巴林沦为英国的殖民地。1971年宣布独立。现巴林逊尼派穆斯林占25%，大部分属于马立克教法学派，少数属于罕百里派；什叶派穆斯林占75%，大部分属于十二伊玛目派。瓦哈比派大约有几千人，宗教上层、高级官员及统治家族遵奉其教义。伊斯兰教在巴林政治和社会生活中起着重要作用。巴林实行伊斯兰教法，各类学校将《古兰经》和伊斯兰教法作为必修课，设有专门的宗教学校，培养宗教教职人员。伊斯兰教职人员在社会生活中享有很高的地位。巴林为“阿拉伯国家联盟”、“伊斯兰会议组织”、“世界伊斯兰大会”、“伊斯兰世界联盟”的成员国。

（杨克礼）

巴鲁迪(Maḥmūd Sāmi al-Bārūdi，1838～1904) 埃及近代穆斯林诗人。生于开罗塞加西亚族一富有的穆斯林家庭，是马穆鲁克的后裔，父亲曾任苏丹官员。巴鲁迪在12岁时进入开罗军事学校学习，1854年在军中任职。从小酷爱文学，阅读了大量阿拉伯古代诗人的名著，深受教益和影响。20岁左右开始创作诗歌。后到土耳其伊斯坦布尔，掌握了土耳其文和波斯文，研读了阿拉伯的历史、宗教、哲学及文学的大量珍贵典籍。返回埃及后仍到军界任职，曾赴英、法参观军事检阅和进行军事考察；1877年参加了俄土战争。1882年参加埃及阿拉比领导的抗英武装斗争，成为领导成员之一，后事败受审，遂被英国殖民当局放逐锡兰岛(今斯里兰卡)。1900年获赦后重返埃及，从事阿拉伯古诗的选辑和注释工作，并在继承阿拉伯古诗传统的基础上，创作了大量有时代精神的诗歌，尤其在题材、风格和思想内容上较之同代诗人大大跨进一步。他的诗歌多为记录个人曲折而丰富的生活经历，表述诗人爱国主义的民族感情，深刻反映了当时埃及的社会现实。他的诗结构严谨，语言淳朴、简练，在艺术风格上有所创新。巴鲁迪可谓近代阿拉伯诗歌复兴的先锋，对后来各流派诗歌的发展影响较大。著有《巴鲁迪诗集》2卷，编有《古代诗选》4卷。（杨克礼）

巴曼王朝 见巴赫曼尼素丹国。

巴姆达德(Bāmdād) 波斯语音译，意为“晨礼”。见礼拜。

巴沙尼(al-Bhashni，1880～1976) 孟加拉国伊斯兰教大毛拉、民族民主主义者。全名阿卜杜勒·哈米德·汗·巴沙尼。生于迈门辛格县一农民家庭。早年受过专门的伊斯兰宗教教育，后从事宗教活动，信奉伊斯兰教逊尼派教义。从1919年起领导迈门辛格、巴布纳、拉杰沙希等县的农民反对柴明达尔(即封建主)和英国殖民主义的斗争，为此被捕并被驱逐出孟加拉。1935～1947年印巴分治前，任阿萨姆地区穆斯林联盟主席；分治后任全巴穆斯林联盟理事会理事。1949年底在东孟加拉成立人民穆斯林联盟，即后来的人民联盟。1952～1957年任人民联盟主席。1957年7月建立民族人民党，任主席。1964年组织并领导东巴反独裁统治、争取民主权利的群众运动。1971年独立战争期间，流亡加尔各答，参加筹建各民族民主力量组成的孟加拉国解放斗争协调委员会，任主席。1974年4月组织以民族人民党为首的6个反对党的联合阵线，任终身主席。同年6月因发动反政府的群众运动，被当局软禁。巴沙尼认为，伊斯兰教义同社会主义意识形态没有矛盾，并身体力行，被称为“红色毛拉”。对内他主张实行民族主义和民主，消除封建主义，发展民族经济。对外主张维护民族独立和国家主权，在和平共处五项原则基础上同第三世界国家发展友好关系。他致力于世界和平事业，1954年11月率代表团出席斯德哥尔摩世界和平会议。1959年被选为世界和平理事会理事。1964年率巴基斯坦代表团出席世界宗教徒和平会议。主张同中国友好，50年代和60年代曾两次访问中国。1967年6月曾被选为东巴基斯坦巴中友好协会名誉主席。（杨克礼）

巴什基尔人(Bashkirs) 苏联穆斯林民族之一。自称“巴什科尔特人”。人口222万(1985)，主要分布在南乌拉山西部的巴什基尔自治共和国及车里雅宾斯克、奥伦堡、库尔干、古比雪夫等地。属欧罗巴与蒙古人种的混合类型。语言分南部和东部两大方言，属阿尔泰语系突厥语族。少数居民兼通俄语和鞑靼语。使用斯拉夫字母的文字。巴什基尔人是以来自中亚的突厥诸部落为主形成的。9～10世纪时融合了居住在邻近乌拉尔草原地区的游牧部落保加尔人和马扎尔人的成分。在乌拉尔地区，同原来定居在这里的操芬兰—乌戈尔语的部落、萨尔马特—阿兰语的部落发生混合。主要从事农业和畜牧业。在东部山区，林业是主要副业。近几十年来，石油、机器制造、电力、化学和煤矿等工业发展也较迅速。据文献记载，8～10世纪时，已有大批阿拉伯穆斯林商人到伏尔加河—卡玛河流域经商。10世纪伊斯兰教传入，并得到广泛传播，一度成为保加尔王国的国教，王国鼓励宗教教育和文化，支持学者的学术活动。多数巴什基尔人为逊尼派信徒，属哈乃斐教法学派，他们信仰虔诚，严格遵从教法规定。当代，巴什基尔人仍坚持传统宗教礼仪和习俗，穆斯林人口日趋增加。（伊力奇）

巴什科尔特人 见巴什基尔人。

巴士拉(al-Baṣrah) 伊拉克最大海港，巴士拉省首府。中国旧译“勃萨罗”、“弼斯罗”。位于阿拉伯河西岸，哈马尔湖出口处。人口85.4万(1977)。635年阿拉伯军队征服伊拉克，636年第二任哈里发欧麦尔(634～644在位)建为军营，后遂发展为城镇。在8～9世纪时，成为阿拔斯王朝的贸易和宗教学术文化中心。自阿拉伯—伊斯兰文化兴起以来，这里哲人辈出，文风蔚然，伊斯兰教的穆尔太齐赖派、早期的苏菲神秘主义皆产生于该城。阿拉伯语法学家哈利勒·伊本·艾哈迈德和西拜韦、文学家艾布·努瓦斯和艾布·欧拜德均出生于巴士拉，伊斯兰教教义学家哈桑·巴士里和伊本·阿拉，文学家伊本·穆卡法、贾希兹等，均在该城从事学术研究和著述，招收门徒，传播伊斯兰学术文化，遂形成了圣训学、教法学、语法学和文学的巴士拉学派，其影响波及各地。10世纪宗教哲学团体“精诚兄弟社”也创建于该城。巴士拉曾是伊斯兰教各教派和学派学术文化汇集和交流的中心之一，在伊斯兰文化史上占有重要地位。市内清真寺林立，著名的有巴士拉清真大寺等。巴士拉新城由巴士拉、阿沙尔和马吉勒组成。现为工业、金融和对外贸易中心。中国古籍《太平寰宇记》、《四夷路程》等对巴士拉均有记载。（杨克礼）

巴士拉黑奴起义 见赞吉起义。

巴士拉清真寺（Masjid al-Baṣrah） 伊拉克伊斯兰教最古老的清真寺。为中世纪阿拉伯人在被征服地区最先修建的清真寺之一。位于东南部巴士拉省之阿拉伯河西岸离港口约10公里（今巴士拉旧城祖拜尔区）处。636年为穆斯林将领欧特拜·伊本·盖兹旺奉哈里发欧麦尔之命兴建巴士拉城时所建。据哈里发欧麦尔要求，建造清真寺不仅要选择军事要地，而且还要以居民聚居地为中心，适应社会生活的需要。为此，在该寺建立前，首先建造了海雷巴、扎卜奈、白尼·萨利姆、阿兹德等7个村庄，而清真寺位于7个村庄之中心。该寺初期建造在一块空地上，四周用芦苇做的篱笆围起来，后由巴士拉地方长官艾布·穆萨·艾什尔里用土坯和泥重新修建了这座大寺。伍麦叶王朝哈里发穆阿维叶时期的齐亚德则扩建用砖重修了大寺。大寺建筑规模可观，其面积仅比当时的麦加禁寺略小一些，同禁寺一样，建有7座宣礼塔。迄今巴士拉大寺仅存遗址。中世纪巴士拉大寺作为宗教及学术文化中心，培养了不少著名伊斯兰学者，沟通了波斯和阿拉伯两大伊斯兰文化发展的渠道。穆尔太齐赖派始形成于该寺。著名圣训学家哈桑·巴士里等曾在该寺讲学。以阿拉伯语言大师哈利勒·本·艾哈迈德（718～786）及其弟子西拜韦（765～796）为代表的巴士拉语言学派亦发源于该寺。 （赛生发）

巴士拉语言学派（Madrasah al-Baṣrah） 阿拉伯语法学主要流派之一。8世纪中叶产生于伊拉克历史文化名城巴士拉。随着伊斯兰国家疆域的扩大，阿拉伯语成为国际性语言，在政治、外交、宗教、商业以及科学文化领域被广泛使用。同时，也受到叙利亚、波斯等被征服地区各民族语言的影响。为了维护阿拉伯语言的纯洁性，帮助新入教的穆斯林学习《古兰经》、掌握阿拉伯语，担任政府公职，巴士拉的语言学家们开展了阿拉伯语法的研究工作，创立了阿拉伯语法学的基本理论，遂形成了巴士拉学派。其奠基人和主要代表人物有伊萨·本·欧麦尔·赛盖菲（‘Isāben ‘Umar al-thaqafi，？～766）、哈利勒·本·艾哈迈德（718～786）、大艾赫法什（al-Akhfash al-Akbar，？～793）、西拜韦（？～796）。但阿拉伯语法的研究实际上始于第四任哈里发阿里及其弟子艾布·艾斯沃德·杜艾里（？～688）。据传，阿里曾给在巴士拉的杜艾里写了一张便条，其意为：词分3类：名词、动词、虚词。名词亦分3类：明显的、暗示的和二者之间的。并要求他根据这条原理写一篇论文。杜艾里补充了形容词、连接词、疑问词等，写出了《阿拉伯语法原理》一书。他还创制了标点音符，表示阿拉伯语词尾不同的读音及不同的语法变格，并为《古兰经》经文的全部词尾标了音符。故阿里和杜艾里被认为是阿拉伯语法的创始人。巴士拉语言学派奠基人和主要代表人物当推伊萨、哈利勒和西拜韦。据传，伊萨曾写过70多部语法著作，大多散失，唯《大全》、《补充》二书保存下来，被哈利勒誉为学术的“太阳”与“月亮”。哈利勒编辑了第一部阿拉伯语词典，名《阿因书》。西拜韦先师承伊萨，后师承哈利勒。他根据哈利勒的讲述，兼采别家的见解，对《大全》加以充实，扩展，编写了第一部阿拉伯语法教科书，即著名的《西伯韦之书》。此书长达千言，分上下两卷，上卷及下卷前一部分讲句法；下卷后一部分讲词法。书中把词分为名词、动词、虚词3类，而统领全书的则是格位论。这部书至今被公认为阿拉伯语法研究的基础，曾被译成德文。巴士拉学派强调语言的普遍性和阿拉伯语的基本规律，以《古兰经》、阿拉伯古诗歌、谚语以及阿拉伯半岛腹地和红海沿岸若干游牧部族比较规范的语言为标准，采用亚里士多德逻辑学原理，运用分析、推理、类比法，探索阿拉伯语的一般规律，为阿拉伯语法学奠定了坚实的理论基础。该派虽然曾受到后来出现的库法学派百年的挑战，但其基本论点却一直未被动摇。 （张志华）

巴推勒（Bāṭil） 伊斯兰教用语。阿拉伯语音译，意为“虚伪的”、“假的”、“无价值的”、“无效的”。有以下意义：①与“哈格”（真理）相对，即指一切违背伊斯兰教教义的异端邪说而言。如《古兰经》第17章第81节“真理已来临，虚妄已消灭”一句中的“真理”，即指伊斯兰教，“虚妄”（巴推勒）则指违背“认主独一”信条的偶像崇拜及由此而产生的一切谬误。②指教法判为无效的事物。如“尼卡哈·穆特阿”（Nikāḥ al-Mut-‘ah，意为“临时婚姻”），即被逊尼派教法断为无效。③泛指一切不真实的东西。如不可靠的传说、许诺和缺乏真心实意的表情等。④亦指现世生活。伊斯兰教认为现世是短暂的，而后世才是长存的。故虔诚的穆斯林亦称现世的浮华为“巴推勒”。 （马恩信）

巴托尔德（Bartold，1869～1930） 苏联东方学家。又名威廉·巴托尔德。生于彼得堡，1891年毕业于彼得堡大学东方语言系。1900年因两卷本成名作《蒙古入侵时代的土耳其斯坦》获得博士学位。1913年起先后任彼得堡科学院通讯院士，《伊斯兰世界》、《穆斯林世界》刊物组织者兼编辑，苏联突厥研究所所长、科学院院士。一生撰写了400多部学术著作。他认为，一切宗教都必然要适应实际生活状况，但较之其他一些宗教，在物质文化和精神文化领域，伊斯兰社团曾在文明民族里具有显著的优越地位。研究伊斯兰教的主要著作有：《关于法国—穆斯林关系问题》（1915）、《伊斯兰教》（1918）、《里海沿岸地区在穆斯林世界史上的地位》（1925）、《穆赛里姆》（1925）、《古兰经与大海》（1925）等。为《伊斯兰教百科全书》撰有250多条辞目。苏联东方文献出版社出版了9卷本《巴托尔德文集》，其中第6卷是有关伊斯兰教和阿拉伯哈里发国历

史的著作。他是世界公认的最杰出的伊斯兰研究学者、东方学家。尤其对中亚地区伊斯兰教研究做出了巨大的贡献。（黄陵渝）

巴伍米教团 见巴尤米教团。

巴希尔派(al-Bashiriyyah) 伊斯兰教什叶派早期支派之一。约于8世纪由库法(今伊拉克)什叶派学者伊本·巴希尔(Muḥammad ibn Bashir)所创。该派相信什叶派的第七代伊玛目穆萨·卡兹姆(Musa al-Kazim,？～799)未被囚禁,亦未死亡,而是处于"隐遁"之中,他曾任命伊本·巴希尔为其代理人,相信穆萨以马赫迪身份重返人间前,伊本·巴希尔为该派的伊玛目,并由其后裔承袭其位,代代相传。只履行每日5次礼拜和封斋的宗教义务,否认其他礼仪规定。据说该派相信灵魂转宿之说,认为世界上只有一个伊玛目,当伊玛目去世后,其灵魂便脱离肉体而转宿于继任伊玛目的躯体之中。相信安拉权能可由授命的先知代行,主张社会财产公有等。（吴云贵）

巴夏 见帕夏。

巴依(Bay) 见贝伊。

巴尤米教团(al-Ṭariqah al-Bayyūmiyyah) 埃及伊斯兰教苏菲派兄弟会组织。一译"巴伍米教团"。由阿里·巴尤米('Ali al-Bayyūmi,1696～1769)于18世纪中期在其家乡巴尤姆创立。据传巴尤米系穆罕默德外孙哈桑后裔,自幼接受伊斯兰教育,精通"圣训"与《古兰经注》,通达伊斯兰教法,属沙斐仪法学派。他强调"认主独一"、遵从教法,主张精神修炼、净化心灵,提倡生活简朴、远离尘世。曾先后加入过哈尔瓦提、巴达维、纳格什班迪耶等教团。其中,巴达维教团对他影响最深,他经常身着巴达维式服装(身穿白衫,头戴白色呢帽,帽上缠着羊毛织的红色缠头)。巴尤米起初主要在家乡讲经布道,其学说得到许多人赞同,遂创建独立的巴尤米教团。他曾在开罗爱资哈尔大学讲学,著有《巴尤米兄弟会手册》等著作,以扎希尔清真寺为宣教中心,培养门徒,其成员多为下层穆斯林。该教团在教义上强调"认主独一"和高声念诵"迪克尔"。为表达他们"认主独一"的信念,在通往清真寺的路上便放声高呼"万物非主,唯有真主"、"真主至尊",甚至光着脚,挥舞着旗子和木棍。在宗教修持上,该教团除主麻日在清真寺集体聚礼外,主张隐居独修。举行仪式时,全神贯注,忘我般地高念迪克尔,直到精疲力竭,被反对派称为"狂人"。巴尤米殁后葬于开罗附近,其陵墓处建有清真寺,为该教团的中心寺。由于巴尤米教团在教义和修持方法上接近巴达维教团,故常被视为巴达维教团的分支。（郭宝华）

巴章国 见马打蓝素丹国。

把斋 见斋戒。

白德尔丁起义(Intifāḍah Badr al-Din) 15世纪初小亚细亚西部和巴尔干半岛反对奥斯曼帝国统治的人民起义。一译"贝得拉丁起义"。因主要领导者为伊斯兰教苏菲派长老白德尔丁(Badr al-Din ibn Qaḍi Simawnā,1358～约1416)而得名。1415～1416年先后爆发于马尼萨、伊兹密尔、巴尔干半岛的瓦拉几亚和多布罗加穆斯林地区。参加者有农民、手工业者和小采邑封建主。起义者要求财产公有,减轻赋税和徭役,反对宗教歧视,实现3个一神教(伊斯兰教、基督教和犹太教)及伊斯兰教各教派的地位一律平等。小亚细亚西部的起义者曾联合卡俄斯岛、萨摩斯岛的希腊基督教农民,共同反对土耳其封建主。1420年,起义被素丹军队镇压。（杨克礼）

白德尔之战(Ghazwah Badr) 穆罕默德自622年迁徙麦地那后与麦加古莱什贵族进行的第一次武装战役。白德尔位于麦地那西南,是通向麦加商路的必经之地。624年3月,穆罕默德获悉麦加伍麦叶族富商艾布·苏富扬率领的庞大商队(Qāfilah)将从叙利亚经过白德尔前往麦加。这支商队由40多名古莱什人组成,带着近千峰骆驼和价值约5万第纳尔的货物。穆罕默德决定截击这支商队。他率领有穆斯林公社主要领导人参加的一支约320人的武装提前到达白德尔。艾布·苏富扬闻讯,派人急向麦加求援,并改变商队行进路线,绕道返回麦加,故穆斯林军未与麦加商队相遇。3月中旬,麦加援军首领艾布·哲赫勒率军1000人抵达白德尔,与穆罕默德率领的穆斯林军决战,企图一举歼灭之。在双方力量悬殊的情况下,穆罕默德命令穆斯林军在沙丘后面埋伏,当麦加先头部队临近时,穆斯林军出其不意,突然袭击,将沙土撒向敌军眼睛,致使敌军乱作一团,各自逃散。穆罕默德率军追杀,消灭麦加敌军50余人,俘获70余人,艾布·哲赫里及其他首领12人死于乱军之中,而穆斯林军只伤亡15人,夺得战利品有战马、骆驼以及其他军事装备和给养。穆罕默德规定战利品的分配原则是:抽1/5供国库和赈济穷人之用,其余由参战者均分。战后麦加贵族所付的被俘人员赎金,也归擒获者个人所有。这个规定成为以后分配战利品的基本准则。白德尔之战在伊斯兰教史上有着重要的意义,极大地鼓舞了穆斯林的士气,提高了穆罕默德在阿拉伯各部落的声望,巩固了伊斯兰教在麦地那的地位,为穆斯林公社的巩固和发展打下了坚实基础。参加过这次战役的穆斯林,在伊斯兰教中享有崇高的荣誉,阵亡者被尊称为"舍希德"(意为"殉教者")。（杨克礼）

白耳利(Ba'l) 见巴尔。

白拉米教团(al-Ṭariqah al-Bairamiyyah) 伊

斯兰教苏菲派纳格什班迪耶教团的分支之一。土耳其安卡拉人哈吉·白拉姆(Hajji Bairam,? ～1429 或1430)创立,属遵法派苏菲教团。教义上近于逊尼派,只是礼仪、组织形式不同。在安卡拉建有谢赫白拉米的陵墓和纪念碑,为该教团的圣地。教团一度得到奥斯曼素丹的支持,领有封地,在当时的首都伊斯坦布尔城区有该派的 4 个居住区,建有道堂。1924 年土耳其革命后,同其他苏菲教团一起被土耳其政府解散,今已不复存在。 (吴云贵)

白拉特夜(Laylah al-barā'ah) 伊斯兰教对安拉"赦免之夜"的称谓。指伊斯兰教历 8 月 15 日的夜晚。"白拉特"系阿拉伯语"白拉艾"或"白拉艾特"的转音,原意为"清白"、"无辜",引申为"赦免"、"无罪"。相传,穆罕默德在将近 60 岁的那年 8 月 15 日夜晚,独自前往麦地那的白格尔墓地作祈祷。事后,他对圣门弟子说,这一夜安拉降临到距离世间最近的天体,并晓谕凡穆斯林在该夜诚意悔罪、祈求饶恕、祈求福禄者都可以得到允准。另一种说法是,按照《古兰经》的训诫,每个人平日的善恶言行,由两位天使记录在各人的"文卷"(Kitāb)之中,以作为末日审判时赏罚的依据。因之穆罕默德曾说,每个穆斯林每年都要换一次这种"文卷",即把旧的储存起来,用新的继续记录。伊斯兰教教义学家认为,这一夜是更换文卷并祈求安拉赦免罪责的夜晚,是忏悔的夜晚,一般亦称"换文卷的夜晚"。穆斯林为求得安拉对自己过错的饶恕,便在该晚主动礼两拜"副功拜",并诵经祈祷,次日封一天"副功斋"。也有在此夜忏悔并诵经为亡灵祈求安拉饶恕的。经世代相传,遂成为习俗。中国部分穆斯林还将"白拉特夜"扩大为"白拉特月",即从进入伊斯兰教历 8 月以后便开始了宗教纪念活动。阿訇走家串户,先以阿拉伯语带领全家穆斯林念"讨白",表示对一年中过失的忏悔,然后高诵用波斯语编成的"劝善词",其内容为关于穆斯林的诚信和礼拜的重要性及其"回赐"等。这种活动一直持续到白拉特夜为止,俗称"转白拉特"。

(冯增烈)

白拉左里(al-Balādhuri,约 820～892) 阿拉伯著名历史学家。又译"贝勒祖里"。全名艾哈迈德·本·叶海亚·本·贾比尔·白拉左里。祖籍麦加,生于巴格达,为阿拔斯王朝哈里发家族穆尔塔兹之子。自幼受到正规的宗教和文化教育,精通教义学、历史学、地理学和文学,担任过阿波达拉赫的教师。他与阿拔斯王朝第十代哈里发穆泰瓦基勒和十二代哈里发穆斯泰恩交往甚密,经常出入宫廷,并结交了许多著名学者。他曾在巴格达和叙利亚各地投师,并从事伊斯兰教军事史的研究和著述。主要著作有编年体的《各地的征服》(《Futūḥ al-Buldān》),记述了四大哈里发和伍麦叶王朝时期阿拉伯人征服各地的军事活动,对第一任哈里发艾布·伯克尔命令穆斯林军出征叙利亚情况的记述较为详尽,并对哈里发国家早期的社会、经济和文化均有涉及,还兼述了各省的历史。另一部传记体的著作《贵族谱系》(《Ansāb al-Ashrāf》),记载了先知穆罕默德的生平、圣迹和品德,介绍了阿拉伯主要部族和家族的历史,记述了伍麦叶王朝的政治、经济和宗教情况,并对哈瓦利吉派反对王朝的军事活动也有所反映。他的著作是研究早期伊斯兰教史的珍贵资料。

(杨克礼)

白帽派 见白山派。

白努里大学(al-Jāmi'ah al-Banūriyyah) 巴基斯坦民办的综合性伊斯兰高等学府。位于卡拉奇白努里·塔温区,坐落在该区大清真寺内。1954 年,由印度籍伊斯兰教学者、圣训学家穆罕默德·优素福·白努里创建。该校初创时条件十分简陋,没有教室,教师义务授课,学生们在大树下及寺廊内上课。原定名为"伊斯兰阿拉伯语学校",后改为伊斯兰经学院。20 世纪 70 年代改现名。其宗旨是:培养信仰虔诚、宗教知识丰富的宗教学者及宣教师;加强与国内外宗教大学及学术团体之间的联系和交流;活跃伊斯兰学术研究,译著经学书籍,弘扬伊斯兰教。该大学经费主要靠国内外穆斯林团体和人士捐赠。大学的权力机关是全体教职员大会,其常设机构为教师代表组成的特别协商会议。1988 年有学生约 2000 人,其中 1/10 为外国学生。教师有 50 余人,其中大多数既教书又做管理工作。大学设有本科、专科、高中、初中、短训班及夜校等部分。本科下设各系。本科及专科开设的主要课程有:《古兰经》及注释、圣训、教法、认主学、伊斯兰教史、哲学、宗教基础、先知传史、《古兰经》诵读、逻辑、地理、数学、手工技艺、阿拉伯语言文学等。学校使用阿拉伯语及乌尔都语教学,大专学生必须选修一门第三外语,即英语或波斯语。此外,该校还设有图书馆、创作室、教法推理论证室、校刊编辑部。学生必须严守伊斯兰教功修、道德,刻苦学习各门宗教功课。该大学实行免费教育,高中及大专生一律住校。该校艰苦创业,勤俭办学,其严谨的学风和较高的教学质量,博得了伊斯兰世界的好评。 (马智雄)

白旗起义 见张凌翔、马河图反清起义。

白沙瓦(Peshawar) 巴基斯坦西北边境省首府。旧译"布路沙布逻"。位于西北部喀布尔河支流巴拉河西岸,开伯尔山口东。人口 56 万(1981)。"白沙瓦"古梵文意为"百花之城"。自古以来,该地是一个大的商队集散地。2 世纪初,崇尚佛教的贵霜帝国伽腻色伽王曾在此建都,为佛教文化的中心之一。4～6 世纪,中国晋朝高僧法显、北魏使者宋云和唐朝高僧玄奘曾先后到此。玄奘在《大唐西域记》中称这里是"花果繁茂"的天府之国。从 12 世纪起,伊斯兰文化逐渐代替了佛教文化。在莫卧儿王朝统治时，该城极盛，经济和文化得到发展。城区为新、旧两部分。东部旧城，保留有古老的市场和数十座大小清真寺。西部新城是一座现代化高层建筑的花园城市。城郊多古迹和古建筑。有莫卧儿王朝巴布尔大帝所建的巴拉希萨城堡；有建于16世纪的麦罕白·赫尼清真大寺；有浓郁地方色彩的白沙瓦清真大寺等。历史悠久的白沙瓦伊斯兰大学坐落在新城西部文教区。白沙瓦还是座英雄城市，历史上曾抗击过马其顿亚历山大远征军的侵略。19世纪初到20世纪初，当地人民为抗击英国殖民主义者入侵，曾进行过多次武装斗争。（杨克礼）

白山派 17世纪中国新疆喀什噶尔和卓家族分裂形成的伊斯兰教苏菲主义派别。与黑山派相对称。系维吾尔语Ak-taghlik的汉译。喀什噶尔和卓家族先祖麦赫杜姆·阿扎姆是中亚著名教义学家，在中亚土库曼、哈萨克、塔吉克、乌兹别克等地享有盛名。他于16世纪中叶逝世后，留有13个儿子，长子依禅卡朗与弟伊斯哈格吾里因争夺教主继承权而分立门户，在中亚马维阑纳儿（河中地区）形成对立两派。16世纪末至17世纪初，随着两派和卓进入新疆传教，这种斗争扩大到新疆各信仰伊斯兰教的民族中。由于两派矛盾不断加深，其斗争形式也由宗教分歧演化为政治权力的角逐，以致发生武装冲突。这种对立从旗帜、标志和帽子颜色等外部特征上直接表现出来。以依禅卡朗为教祖的一派称为“白柳派”、“白帽派”，以伊斯哈格吾里为教祖的一派称为“黑柳派”、“黑帽派”。两派并分别与不同地区骁勇善战的柯尔克孜部落结盟。当时居住在喀什噶尔以北天山山脉西部的柯尔克孜部落追随依禅卡朗后裔，以“白山派”闻名；居住在帕米尔一带的柯尔克孜人则追随伊斯哈格系和卓，以“黑山派”闻名。因此，两派便分别被称作“白山宗”、“白山派”和“黑山宗”、“黑山派”。17世纪80年代初，白山派领袖阿帕克和卓勾结准噶尔封建贵族出兵南疆后，开始了和卓封建教权统治，先后两次执政共16年半，并与黑山派分治南疆，管辖喀什噶尔地区7年。清代统一新疆时（1759），镇压了白山派大小和卓之乱，大和卓波罗尼都长子萨木萨克逃至中亚浩罕，其后裔和卓自嘉庆末年（1820）起即开始不断举事入境肇乱，与黑山派纷争不休，直到近代白山派和卓败亡，白、黑两派间的宗教政治斗争方渐平息。两派在新疆地区的斗争及其家族在南疆地区的统治，影响极为深远：(1)导致了和卓封建贵族势力的形成和察合台后王诸政权的削弱与灭亡。(2)两派之间长期的教派斗争与权力之争，对南疆地区的社会生产与安定造成很大危害。(3)一些和卓以“圣裔”名义出游内地，传播苏菲主义，对甘肃、宁夏、青海门宦的产生与形成起了重要作用。在苏菲主义道乘上，该派源自纳格什班迪耶教团。因其修道方式称“米斯克耶”，故为新疆早期依禅派别之一。主张“教乘”与“道乘”并重，静修默念“迪克尔”（即赞词）；实行依禅世袭制度；设有依禅（即首领、导师）、谢赫（即麻札管理人）、哈里发（即弟子）、苏皮（即修士弟子）、阿皮孜（即领导诵经）等教职；每年在5～6月、8～9月间举行两次朝谒麻札活动。与甘肃、宁夏、青海的虎非耶学派的一些支系门宦有道统师承渊源关系。（陈国光）

白寿彝（1909～2000） 中国著名史学家、回族史和伊斯兰教史专家。回族。河南开封人。早年在河南中州大学和上海文治大学读书。1929年考入燕京大学国学研究所，1932年毕业。30年代主要从事中国伊斯兰教史、回族史和中国交通史的研究。1939～1949年，先后在云南大学、中央大学执教。1949年应邀到北京参加中国人民政治协商会议。新中国成立后，曾任北京师范大学教授、历史系主任、史学所所长、校学术委员会及学位委员会主任，并任国务院学位委员会委员、全国高等院校古籍整理研究工作指导委员会副主任、中国历史学会主席团成员、北京历史学会会长、中国民族研究学会副会长、《中国大百科全书·中国历史》编辑委员会副主任等职。历任第三、四、五、六届全国人民代表大会代表及第四、五、六届全国人大常务委员会委员，并任人大民委会委员、副主任、国家民族事务委员会委员及中国伊斯兰教协会副会长。

白寿彝是中国伊斯兰教史和回族史研究的奠基人。他认为“中国回教史的研究，是一门很艰苦的学问”，研究者“须具备几种语言上的工具，须理解回教教义和教法，须熟悉中国史料以及阿拉伯文、波斯文、土耳其文中的有关记载，须明了欧美学者在这方面已有的成绩”，更须“见到过各处的回教社会”，“各处的碑刻和私家记载”，“更要懂得回教的精神，懂得中国回教人的心”。他一直从事中国伊斯兰学术文化的研究与振兴工作，40年代就与马坚、纳忠等回族学者在昆明发起出版伊斯兰文化丛书和穆斯林丛刊。他还指导《回族人物志》和《回族简史》的编纂工作。1962年2月，在巴基斯坦历史学会第十二届年会上宣读的论文《中国穆斯林的历史传统》，介绍了中国穆斯林在经济、政治和学术文化上的重大贡献，赢得广泛好评。在中国史学方面的研究颇有成就，治史着眼于“发展的观点，全局的器识和创新的精神”。主持编写的小型、中型、大型3种中国通史各具特色。其中小型的《中国通史纲要》，被译为英、日、西班牙文出版。大型多卷本《中国通史》从1989年开始陆续出书。著述主要有《中国回教史研究》、《中世纪中国书中的回教记录》、《回教文化研究之意义》、《中国回教小史》、《回教先正事略》、《中国伊斯兰史》、《咸同滇变见闻录》、《穆民文选》、《跋吴鉴清净寺记》、《回回民族的历史和现状》等，还主编了《回族简史》，编辑了《回民起义》资料集（4册）。

（林　松）

白塔尼（al-Battāni，约850～929） 中世纪阿拉伯著名天文学家和数学家。本名穆罕默德·本·贾比尔·本·希南·哈拉尼。拉丁语名为 Al-Bategnius。生于美索不达米亚的哈兰城。其父是一位享有盛名的天文仪器制造家。白塔尼幼年受到良好的文化教育，随父学习天文、历算，深受希腊哲学和科学思想的影响，通晓拉丁语和阿拉伯语。原系萨比教徒，后归信伊斯兰教。877～918 年，他在阿拔斯王朝的腊卡天文台从事天文观测达 41 年之久，积累了丰富的观测资料，并进行了独创性的研究和理论综合，取得了辉煌成绩。他汲取古希腊天文学理论的合理部分，并根据新的观测资料和实践经验，运用精确的数学计算和逻辑推理，写成了巨著《恒星表》(一译“萨比天文历表”)。该书收有 60 多篇论文和资料。他测定的黄赤交角值为 23°35′，岁差值为 55″，比托勒密星表更为精确。他计算的回归年长度值为 365 日 5 时 46 分 24 秒，比儒略历还要精确。他记述的关于恒星的位置，太阳和月球的运行及其与地球的距离、日食月食的视差、月朔黄道交角的观测和计算都比前人准确。在天文计算中，引入了三角学的正切和余切。该书还叙述了各种天文仪器及其制作方法，详细比较了阿拉伯、罗马、波斯、科普特的不同历法。白塔尼在天文理论上最重大的贡献是发现了地球近日点的运动，即地球的轨道是一个经常在变动着的椭圆。据阿拉伯文献记载，白塔尼还在《恒星表》一书中引用了《古兰经》中关于太阳、月球按其轨道运行的经文，用其天文观测的事实予以解释，以说明真主创造万物之大能。白塔尼是阿拉伯天文学的奠基人，他的著作于 12 世纪传入欧洲后，在几百年内成为欧洲各大学、天文台的权威教科书。他积累的实测资料和主要观点，哥白尼在《天体运行论》一书中多处加以引用作为例证。拉普拉斯也在他的《世界体系》一书中引用白塔尼的实测来证实地球轨道偏心差的减少。为此，白塔尼被著名天文学家拉朗德誉为“全世界著名的 20 位天文学家之一”。白塔尼的《恒星表》原为阿文手抄本，后被译成拉丁文、西班牙文、英文、德文、法文等。1899 年经天文学家卡尔罗·拉利诺根据几种文本校订在罗马出版，为公认的较好刊本。

（杨克礼）

白彦虎(约 1841～1882)　中国清代同治至光绪初年西北回族穆斯林反清起义领袖之一。经名穆罕默德·阿尤布。陕西省泾阳县人。出身于阿訇家庭。同治元年(1862)初夏，陕西回民为反抗清廷的民族压迫、宗教歧视和当地汉族地主武装的屠杀，在太平天国革命影响下，以清真寺教坊为基础组织，以阿訇为骨干，发动了轰轰烈烈的捍卫民族生存和维护宗教信仰尊严的反清起义。不久，白彦虎即参加起义军，与清军周旋转战于省城一带。次年，清军进攻节节得手，起义军民被迫退至甘肃东部董志原，组成十八大营。由于白彦虎作战机智勇敢，善用伏兵，屡给清军以重创，1866 年后便被举为十八大营副帅之一。尔后，清政府大军压境，十八大营另组成新四营，白彦虎仍任副帅，并于 1869 年率 50 万军撤退至今宁夏地区，主要转战于南线，且返回陕西战场发动攻势，造成全省震动。1871 年初，宁夏哲赫林耶派穆斯林起义领袖马化龙败降被杀，白彦虎率部撤至甘肃河州(今甘肃省临夏)，后转赴西宁，联络当地回族、撒拉族和卡力岗藏族穆斯林义军继续奋战。1873 年初，陕西回军领导人禹德彦、崔伟等降敌，西宁战役失败，白彦虎即率部及追随他的甘、宁、青穆斯林毅然西撤，为马文禄解肃州围未成，遂出嘉峪关围攻玉门、安西后，经敦煌、哈密进抵新疆红庙子、古牧地至玛纳斯一线。至此，他又联络当地回族穆斯林军同清军、地方团练和浩罕入侵者阿古柏轮番作战达 3 年之久。据《伊米德史》记载，1876 年夏，白彦虎部同时遭到西面阿古柏军和东面清军夹击，败退玛纳斯。同年秋，玛纳斯再败南逃。当时白彦虎处于东临强敌，西遭截堵，北去遐荒的窘境，而他及其所部又誓不降清，只有选择利用阿古柏借南路逃亡的一条出路，故又同阿古柏结成形式上的暂时联合。阿古柏对白彦虎“遇之甚倨，勒其部傍三城以居”，而白彦虎则“给其(指阿古柏)死党与土回坚拒官军，自观成败，伺间脱走”(《平回志》卷 7、《钦定平定陕甘新疆回“匪”方略》卷 301)。同时，白彦虎还曾派人赍金银财货向俄属中亚疏通买路，相传拟逃往阿拉伯麦加。其间白彦虎虽曾防守吐鲁番，但闻阿古柏军达坂城失利，即弃城退至库尔勒。1877 年 7 月，清军统帅刘锦棠按照清廷“毋任釜底游魂，再行漏网”和“要须阵前(对白彦虎)殪毙，乃为了局”的严旨，对白部发动了最后的强大攻势。白彦虎遂下令凿决开都河阻敌，旋即率余部经库车、阿克苏、乌什至喀什噶尔。11 月，在清军紧追、两军首尾相接的情况下，白彦虎被迫携 5000 余名军(号为十三营)、眷向西北疾渡纳林河桥，逃亡俄境，旋为当地哈萨克和柯尔克孜族穆斯林收留，遂定居于今中亚吉尔吉斯共和国及哈萨克共和国境内，分驻地为 48 坊，即今中亚的“东干人”。白彦虎在流亡期间，曾受到沙俄政府就地“严加禁锢”，且因内部分裂，无力打回老家，而流亡异邦，郁郁寡欢，于 1882 年秋患食道癌逝世。临危，还遗言子孙将来返回祖国，其第三子因于 1933 年携眷回到新疆伊犁，完成先人遗愿。白彦虎领导陕西和西北回族穆斯林反清起义长达 16 年之久，转战数万里，英勇顽强，誓死不屈，赢得后人的景仰。但最后一年多时间里与浩罕入侵者阿古柏联合，也造成了其晚期的失误。

（冯增烈）

白羊王朝(Ak Koyunlu)　中世纪土库曼人在伊朗西部建立的伊斯兰王朝(1378～1508)。“白羊”系突厥语意译，音译为“阿克—科雍鲁”。因其旗帜上绘有白羊图案为标志，故名。原为土库曼游牧部落松散的联盟。据拜占庭编年史载，这一联盟约于 1340 年在安纳托利亚东部出现，各部落的首领多与拜占庭联姻。东与黑羊王朝为邻，二者长期互相敌对。1378 年，各部落拥立卡拉·奥斯曼(1378～1435 在位)为联盟首领创建白羊王朝，为帖木儿帝国隶属。1402年，卡拉·奥斯曼率军参加帖木儿的安卡拉战役，帖木儿将伊拉克北部迪亚巴克尔（Diyar Bakr）地区封于他。1408年，卡拉·奥斯曼正式脱离帖木儿帝国，定都迪亚巴克尔。尊奉伊斯兰教逊尼派教义为国教。1453～1478年，在乌宗·哈桑（Uzun Ḥasan，约1420～1478）统治期间，进一步扩大疆域，国势强盛。1467年打败黑羊王朝统治者贾汉·沙赫，1468年打败呼罗珊帖木儿埃米尔艾布·赛义德，占据亚美尼亚、阿塞拜疆、伊拉克北部和伊朗西部。迁都大不里士。王朝在国际事务中起相当作用，各国使节来往频繁。1464年对外与突尼斯修好，企图抵御奥斯曼帝国军事进攻。1469年曾一度占领伊朗大部。1473年乌宗·哈桑因未得到威尼斯的武器援助，在泰尔詹为奥斯曼军队所败。乌宗·哈桑信仰虔诚，严格奉行教法和宗教功课，器重宗教学者，发展伊斯兰文化。他主持将《古兰经》译成突厥文。此间，伊朗萨法维人在土库曼诸部落间传播什叶派教义，动摇其原来的逊尼派信仰，以致众心涣散。15世纪末，王朝分裂，素丹阿尔万德（al-Wand）和素丹穆拉德（Murad）瓜分国土，分别占据阿塞拜疆、亚美尼亚和伊朗中、西部。1502年，阿尔万德在纳希切万附近的沙鲁尔被什叶派萨法维王朝创建者伊斯玛仪一世打败，丧失伊朗。翌年王朝末代素丹穆拉德又被萨法维王朝伊斯玛仪一世击败，一度退据巴格达4年之久。1508年他退居迪亚巴克尔后，王朝覆亡。

（杨克礼）

白衣大食 见后伍麦叶王朝。

白益王朝 见布韦希王朝。

百科全书派 见精诚兄弟社。

柏柏尔人（Berbers） 北非穆斯林民族集团。人口约869.5万（1978）。属欧罗巴人种地中海类型。讲柏柏尔语，属闪含语系柏柏尔语族。主要分布在摩洛哥（称“里灰人”、“塔马齐格特人”和“施卢赫人”）、阿尔及利亚（称“卡比尔人”和“沙维亚人”）、利比亚（称“乔夫拉人”）、马里（称“图阿雷格人”）等国家和地区。柏柏尔人的经济生活方式现已不统一，有的是以农业为主的定居民，有的则是以畜牧业为主的游牧民或半游牧民。曾有过制陶、编织等较发达的手工业，但在殖民时期衰落了。柏柏尔人大多保持父系大家族制，族长对家族中的产品分配、婚姻、对外交涉等一切重大问题有绝对权威。实行一夫一妻制，妇女社会地位较高，出门不戴面纱，行动较为自由。柏柏尔人是非洲较古老的民族，7世纪阿拉伯人进入北非后，开始归信伊斯兰教，接受阿拉伯文化，经过十几个世纪的发展变化，大部分柏柏尔人都接受了伊斯兰教和阿拉伯文化，而成为穆斯林民族之一。大部属逊尼派，但有少部分山区和沙漠绿洲地带的柏柏尔人仍保持原有的语言和风俗习惯。柏柏尔人在接受伊斯兰教的过程中，还保留本民族的许多古代宗教残余，如对岩石、高地、树木等物进行祭祀，并把它们看作“守护神”。许多部落还都有自己的圣徒。部分柏柏尔人的清真寺建筑亦与阿拉伯人有所不同，尖塔不是圆形的，而是四角形或六角形的。

（王庆仁）

拜伯尔斯（Baybars，约1223～1277） 埃及马穆鲁克王朝第四任素丹，著名军事家和政治家。全名麦利克·扎希尔·鲁克恩丁·拜伯尔斯。原为里海北岸钦察部落的一突厥奴隶。约1242年被出卖给哈马的弩炮队队长，因名“拜伯尔斯·奔杜格达里”。后阿尤布王朝素丹萨利赫把他买到开罗编入卫队受训后获得自由。初任宫廷近卫队长，后擢升军队将领。1250年，他率军在曼苏拉城打败法王路易九世率领的十字军，俘虏路易九世。同年，他受指使，伙同奴隶近卫军杀死素丹穆阿扎姆·突兰沙。后又因触犯马穆鲁克素丹，逃往叙利亚。1259年素丹古突兹执政后恢复他的军职。1260年9月，素丹古突兹率将士12000人，拜伯尔斯为先锋官，在约旦河左岸贝桑附近的艾因·扎鲁特大败蒙古军队，击毙统帅怯的不花，阻止了蒙古人的西侵，占领了叙利亚全境。拜伯尔斯请求素丹古突兹封他为阿勒颇城长官，结果未允，他与埃米尔伯克突特密谋，在返回埃及途中杀死古突兹。1260年11月在开罗宣布自立为马穆鲁克王朝第四代素丹。他执政后，立志以萨拉丁为榜样，抵抗十字军在西亚的侵略势力，遏制蒙古伊儿汗国的军事威胁。对内，他将埃及和叙利亚穆斯林力量统一起来，加强政权和军队建设，重建叙利亚城堡和军事要塞，修筑公路，新建武器库，重建海军，造战舰和货船。对外，实行“远交近攻”的外交政策。他与钦察汗国结盟，同拜占庭皇帝修好，与西西里国王曼弗雷德、法王子夏尔进行友好贸易，与西班牙阿拉贡和塞维尔的国王签订了通商条约，孤立了十字军，增强了经济实力。1263～1271年，他率军多次抗击十字军在地中海沿岸的势力，首先从阿尤布后裔手中夺取卡拉克，并先后攻克和收复恺撒里亚、艾尔苏夫、萨费德、雅法、舍基夫·艾尔农、安提俄克、希斯尼·艾克拉德。1271年，摧毁了与十字军慈善骑士团结盟的阿萨辛派的盖德木斯等要塞。在这期间，他与波斯境内的蒙古军队进行了9次较大的战役，遏制了蒙古人的进攻。为了扩张埃及的版图，拜伯尔斯派兵远征利比亚和努比亚地区，亲自指挥了15次战役。从此，马穆鲁克王朝成为西亚强大的伊斯兰国家。

拜伯尔斯在进行征战的同时，还从事国内的经济文化建设。他开凿运河，疏浚港湾，鼓励发展商业和手工业，开展对外贸易，使开罗成为东西方转口贸易的中心。在开罗和大马士革之间建立快速驿站传递制度，互通两地的情报。他信奉逊尼派教义，实行伊斯兰教法，各地法官由素丹任命。他在开罗任命了4名伊斯兰法官，代表逊尼派的四大法学派。伊斯兰著名学者伊本·赫里康被任命为叙利亚总法官，任职达 14 年。他将巴格达、大马士革、摩苏尔的建筑家和工匠招聘到埃及，修饰了开罗古老的清真寺，并兴建了以他的名字命名的清真寺和宗教学校，使埃及的伊斯兰建筑同叙利亚—美索不达米亚建筑学派艺术风格相融合。他还建立了许多宗教基金和慈善基金团体，赞助伊斯兰学术文化和社会福利事业。1261 年他将阿拔斯王朝末代哈里发的叔父穆斯坦绥尔迎到开罗拥立为哈里发，为他主持就职典礼，册封他统治埃及、叙利亚、迪亚巴克尔、希贾兹、也门等地。他每年组织官吏和穆斯林有组织地到麦加朝觐，并精工制作克尔白丝绒幕罩，由专门驼轿从开罗护送到麦加，这一传统沿袭至今。史学家称他为“伊斯兰教的捍卫者”、“伊斯兰世界东方出色的君主”。（杨克礼）

《拜达维古兰经注》（Tafsir al-Bayḍāwi） 13 世纪伊斯兰教逊尼派经注之一。为波斯《古兰经》注释家纳绥尔丁·拜达维（？～1286）编著。原名《启示光辉和经义奥秘》，后以《拜达维经注》闻名于世。编著者在研究《古兰经》和编此经注的过程中，汲取了宰迈赫舍里的《凯沙甫古兰经注》和法赫鲁丁·拉齐的《拉齐经注》的精华，取二者之长，对《古兰经》经文的语言文字、修辞章法及所涉及的各种问题进行全面注释，并涉及各家对《古兰经》的不同读法。该经注文字流畅，结构严谨，逻辑性强，东方逊尼派经院教育和中国西北地区清真寺经堂教育多将其作为讲学教材。因该经注学术价值较高，故先后有谢赫·扎德（？～1544）、希哈卜·赫法吉（1569～1659）和萨迪·埃芬迪等学者分别为其作注，其中以谢赫·扎德的脚注最为详尽。《拜达维经注》已由一英国学者择要译为英文本。（马　贤）

拜功 见礼拜。

拜克塔什教团（al-Ṭariqah al-Baktāshiyyah） 土耳其伊斯兰教苏非派兄弟会组织。亦译“比克特西教团”。系中亚突厥部落形成的亚萨维教团的一个分支教团。13 世纪末由呼罗珊人哈吉·拜克塔什（al-Ḥājj Baktāsh，？～1335 或 1337）创立。13 世纪在蒙古人西征后，有一支突厥人向西迁徙至安纳托利亚，该教团即在当地传播和活动，是一个乡村教团。16 世纪末，奥斯曼帝国素丹穆拉德一世建立的童子军团加入该教团后，其势力大增。1826 年童子军团被当局取消，拜克塔什教团随之衰落。逊尼派学者宣布该教团为“异端”组织，教团被迫解散，修道院被毁，财产被移交给纳格什班迪耶教团，有的成员被放逐，或转入其他教团。由于该教团扎根于乡村，其组织解散后便转而采取秘密活动的方式保存下来，其影响依然存在。19 世纪中叶，当局采取较宽容的宗教政策，该教团正式得到恢复并获得广泛传播。该教团的教义比较复杂。由于土耳其当局信仰逊尼派教义，故它自称为“逊尼派教团”，但实际上保留了突厥人古老的信仰传统并深受什叶派的侯鲁菲派和基督教的影响。它对阿里家族十分崇拜，故人们称之为“什叶派教团”。它相信十二伊玛目，视穆罕默德·阿里为安拉在大地上的代理人。在宗教仪式上，不完全遵守伊斯兰教法和礼拜仪式，妇女礼拜时不带面纱，有些信徒还抱独身主义。教团的道堂在安纳托利亚，地拉那一度曾是其活动中心之一。（王怀德）

拜里迷苏剌 见伊斯坎达尔·沙。

拜特·穆盖代斯（Bayt al-Muqaddas） 见耶路撒冷。

拜星教徒（al-Ṣābi'ūn） 见沙便人。

拜伊阿（Bay'ah） 伊斯兰教用语。阿拉伯语音译，意为“宣誓效忠”，引申义为“契约”、“许约”。《古兰经》云：“你们要为自己缔结的契约而高兴。那正是伟大的成功。”（9：111）。在伊斯兰教四大哈里发时期及以后的各王朝，专指对新任哈里发的臣服和效忠。第四任哈里发阿里（656～661 在位）的次子侯赛因，即因拒绝臣服伍麦叶王朝哈里发耶济德一世而在 680 年 10 月 10 日爆发的卡尔巴拉之战中被杀害。（马忠杰）

班查尔人（Banjares） 印度尼西亚穆斯林民族之一。亦译“巴查尔人”。又称“沿海马来人”。人口 269 万（1985）。主要分布在加里曼丹南部和东南部沿海一带。另约 13 万人居住在马来西亚沙捞越地区。种族属蒙古人种马来类型。语言属南岛语系西部语族。与马来语相近。班查尔人主要由马来人、爪哇人混合而成并有达雅克人和布吉人的成分。特别在加里曼丹内地，达雅克人体质和文化特征更为明显。通用印度尼西亚国语。经济生活以旱稻农业和渔业为主，并种植胡椒、橡胶等热带经济作物。手工业以镶嵌珠宝、钻石首饰著名。文化受爪哇人和当地土著居民达雅克人的影响较大。一些地区仍保留古老的原始氏族公社制残余。14 世纪伊斯兰教开始传入。班查尔人逐步归信，属逊尼派的沙斐仪教法学派，较大的村寨中都建有清真寺。在婚礼和葬俗中，按教规举行仪式。但还保留某些传统影响，其宗教仪式含有权衡善恶、抚慰圣灵和祈求好运的成分。（伊力奇）

搬阿訇 中国伊斯兰教用语。指清真寺聘迎开学阿訇的仪式。凡应聘阿訇到清真寺任教，俗称搬“开学阿訇”。事前由该清真寺教坊穆斯林同意延聘某位阿訇来寺主持教务，须先派人携带礼品前往约聘，应聘后择日迎接，均称为“搬阿訇”。是日教坊穆斯林举行专门仪式迎接，然后在清真寺内诵经，演讲并设宴款待。邻近寺坊一般也要为之挂匾，以示庆贺。开学阿訇辞职或聘约期满离职，同样设宴饯行，予以欢送，称为“送阿訇”。（冯增烈）

板德(Band) 见阿卜德。

板桥道堂 中国伊斯兰教哲赫林耶板桥门宦道堂。位于宁夏回族自治区吴忠市金积堡西北 10 余公里处。建于 1943 年。整体建筑由道堂、拱北、清真寺 3 部分组成。道堂为古代城堡式，大门高大起脊，门内为道堂院。道堂正厅较高，带前廊、平顶。其左为平房住宅院，主要装饰集中在走廊、桶子墙、雀替、檐端花板上，以砖雕、木雕技法雕成麦穗、葫芦、瓜、茄子等图案。拱北在道堂及城堡住宅之东。有下厅房、正厅及马腾霭父母之墓。均为砖砌，一为六角平面，一为方形平面，砖斗拱，精致可观。清真寺在道堂、拱北的正北面，有大殿、水房、阿訇室、学员室等。（冯今源）

板桥门宦 中国伊斯兰教苏菲主义哲赫林耶学派所属支系门宦之一。因以宁夏金积堡板桥为传教基地，故名。创建人马达天(1757～1812)，经名穆罕默德·杰拉勒，尊号古土布·阿兰。马达天是哲赫林耶派第二任教主穆宪章的学生。穆宪章逝世后他继任第三任教主，遂在金积堡设立道堂，秘密传教。后被告发，清廷以“夜聚明散”的罪名将他捕押兰州，后发配黑龙江，行至吉林船厂身亡，故称“船厂太爷”。马达天被捕时，由于来不及选择接替人，就在狱中将教权传给其子马以德。马以德(1780～1849)，经名穆罕默德·索菲耶，尊号哈格古拉。他是哲赫林耶派品学兼优的著名阿訇。他接任第四任教主后，鉴于前几代教主遭遇之惨，遇事比较慎重，加之清廷对哲派的严禁有所松动，故建有洪乐府道堂，逝世后葬于洪乐府拱北，称“四月八太爷”。他临终时将教权交给了长子马化龙，开创了该派“父传子受”的先例。马化龙(1810～1871)，利用经商机会，经常往来于同心、海固、盐池以及平凉、庆阳和陕西、内蒙等地，宣教传道。因而信众增多，传教地区扩大，成为继马明心之后，该派的第二次大发展时期。他在金积堡修建的东、西两府邸和道堂，是当时吴忠地区较大建筑之一。1871 年马化龙在宁夏灵州(今灵武、吴忠地区)反清起义失败遇害后，家属全部被杀，道堂化为焦土。后来他的唯一遗孙马进西在马元章的营救下，得到清廷赦免，先在张家川的南川修建道堂，后留子主持南川道堂，他迁居吴忠，重建了板桥道堂。1940 年马进西逝世后，南川道堂由其子马腾霓主持，通称“南川门宦”；板桥道堂由其子马腾霭主持教务，通称“板桥门宦”。板桥门宦的教义和礼仪，仍以马明心的教旨为准则，和沙沟门宦、北山门宦、南川门宦相同，只是各有自己的传教地区。板桥门宦至 1949 年在宁夏吴忠等地约有 120 教坊，新疆约有 20 教坊，甘肃、青海以及江苏等地约有 10 多坊，共计约有 150 多教坊，6 万余人。道统传承依次为马明心、穆宪章、马达天、马以德、马化龙、马进城。此后相继由马进西、马腾霭主持。（马　通）

邦答(Bamdād) 见礼拜。

邦克 见宣礼。

邦克楼 见米厄宰奈。

包尔汉·沙希迪(Burhan al-Shahidi，1894～1989) 中国穆斯林知名学者、社会活动家。中国伊斯兰教协会的发起筹建者之一。维吾尔族。祖籍新疆阿克苏，生于俄国喀山省特铁什县。自幼学习俄语、阿拉伯语，研习伊斯兰教知识和《古兰经》。1912 年回到新疆。1929 年留学德国柏林大学，攻读政治经济学。1935 年参加新疆民众反帝联合会。1938～1944 年被新疆军阀盛世才监禁近 7 年。1945～1949 年先后任新疆省民政厅副厅长、迪化(今乌鲁木齐市)专区专员、新疆省政府副主席、国民政府委员、新疆省政府主席。1949 年 9 月，他同陶峙岳将军一起通电和平起义。中华人民共和国成立后，曾任新疆省人民政府主席兼省高等人民法院院长、新疆大学校长。1953 年后，历任中国人民政治协商会议第二、三、五、六届全国委员会副主席、新疆维吾尔自治区政协主席、中国伊斯兰教协会主任、名誉会长、第一、二届全国人大民族委员会副主任委员等职，并任中国印尼友好协会会长、中国阿联友好协会会长、中国人民保卫世界和平委员会副主席、中国亚非团结委员会副主席、中国非洲人民友好协会副会长、中国亚非学会副会长。曾出访亚、非、欧十几个国家，并率中国穆斯林朝觐团到麦加朝觐。多次参加国际性和平会议，为增进中国人民同世界各国人民，特别是阿拉伯、伊斯兰国家人民的友谊，为维护世界和平做出了重要贡献。包尔汉·沙希迪是一位卓有成就的维吾尔族学者，曾任中国科学院哲学社会科学部学部委员、民族语言研究所所长、民族研究所所长、中国科学院新疆分院院长、新疆大学校长、中国政法学会副会长等职。他通晓维吾尔、汉、俄、德、土耳其等多种语言文字，重视民族文化教育和语言研究，并致力于中国突厥学的研究和发展。主要著作有《维汉俄辞典》、《新疆五十年》、史学论文《论阿古柏政权》、《再论阿古柏政权》、剧本《火焰山的怒吼》等。包尔汉·沙希迪一生追求光明，追求真理。他热爱祖国和自己的民族，为维护祖国统一和民族团结，为促进中国人民同世界各国人民和穆斯林兄弟的团结贡献了自己毕生的精力。他在中国人民和各族穆斯林中享有很高的威望。

（苏　娅）

保安回 见保安族。

保安族 中国信仰伊斯兰教的少数民族之一。亦称"保安回",自称"保安"。主要聚居于甘肃省临夏回族自治州积石山保安族东乡族撒拉族自治县大河家、刘集一带,少数散居于临夏自治州各县及青海省循化县。人口1.6505万(2000)。使用保安语,无文字。属阿尔泰语系、蒙古语族。语言中夹杂约40%汉语借词,大多数人通用汉语。根据民间传说、习俗和语言特点,一般认为保安族是元、明以来一些信奉伊斯兰教的蒙古人和中亚回回人,在青海省同仁地区戍边屯垦,同当地的藏、土、汉等民族融合而成。据史载和口碑资料,1225年成吉思汗第一次西征归来时,将中亚的各族大批俘虏编入探马赤军,1227年蒙古灭西夏,占领了积石州。包括今同仁在内的河州地区,成了蒙古军的重要军事据点。1259年元世祖忽必烈统一中国后,探马赤军就地驻扎屯垦,其中的回回士兵,就成了今日保安族的先民。明朝万历年间(1573~1620),在同仁隆务地区设置"保安营",并修建"保安堡",置都指挥管理同仁12"工"(工相当于乡)。当时的保安人,主要聚居在隆务河畔的保安城、下庄和尕撒尔3处,时称"保安三庄"。保安的地名发展为民族名称。约在清朝咸丰、同治年间前后,由于清统治阶级挑拨土、藏、汉等族与保安人之间的关系,部分藏族和土族人持械驱赶保安人,在他们逃往循化途中,得到藏族朗加部落的友好帮助,顺利到达循化后,又受到撒拉族的热情接待,把他们安置在循化城以西的5个"工"居住。3年以后,保安人再次东迁,来到了今积石山下的大河家地区,定居于大墩、梅坡和干河滩,重新建立起自己的家园,仍沿旧习称为"保安三庄"。保安族信仰伊斯兰教,属逊尼派,遵行哈乃斐教法学派。原所居住的30多个村庄,村村有清真寺。大河家的清真寺,建于清同治年间(1862~1874),是典型的大屋顶式建筑,雄伟壮观,是保安地区的"海乙"寺。附有阿拉伯语经文学校。近代以来,在甘肃省、青海省出现了苏菲主义门宦,在保安地区也产生了崖头门宦与高赵家门宦。崖头门宦以其创始人阿卜杜勒·法塔赫的原籍在大河家的崖头坪而得名。高赵家门宦是保安族人马叶哈雅创建的一个门宦,因他是积石山自治县高赵家地方人而得名。保安族人的婚丧节日、家庭生活及习俗等方面和四周的回族、撒拉族、东乡族一样受伊斯兰教的影响较深。

(罗万寿)

保定清真西寺 中国伊斯兰教清真寺。坐落在河北省保定市南市区清真寺街。该寺始建于明万历四十四年(1616),由当时守营都司官法某捐资购置12亩土地,遂建起礼拜大殿和沐浴室。后由掌教吴天元、伊玛目马玉麟主持集资盖起南北讲堂及对厅。清光绪三十二年(1906)由马绍良、马国仁出资改建了沐浴室等。该寺坐西朝东,面积南北长100米,东西宽50米。寺正门上端嵌书有"清真寺"的汉白玉石匾,两侧各有旁门。进正门有3间对厅,顺旁廊直通大殿。礼拜殿有3门,正门上横木匾题:"普慈今世独慈后世",两旁抱柱楹联:"贵圣贤在西域创经典创古教认主独一"、"众穆民来东土遵圣行守清真归信无二"。礼拜殿共21间,后窑殿为八角古亭建筑形式,高7米,上横匾题:"天房在望",柱联题:"主总无形心可悟"、"事留退步品真高"。殿内可容400人礼拜。殿北拱门上方嵌刻有"建礼拜寺记"方形石碣。南北讲堂各6间,沐浴室13间,左右配房各2间。该寺曾是当地经堂教育中心,培养了大批宗教人才和学者。1987年由政府资助进行了全面维修。1984年被列为保定市文物保护单位。保定市伊斯兰教协会设在寺内。 (杨克礼)

保加利亚伊斯兰教 保加利亚位于欧洲巴尔干半岛东南部。面积110911.5平方公里。人口875.2万(1988)。保加利亚语为国语。首都索非亚。居民主要信奉东正教。穆斯林人口约120万,占全国总人口的13%。分布在东南部色雷斯平原、多瑙河平原和西南部的罗多彼山地。分属于土耳其族、波马克族和吉卜赛族。1396年保加利亚被土耳其奥斯曼帝国侵占,大批土耳其垦荒者移居至此,其后裔形成当今保加利亚穆斯林的主体(80万人)。14~15世纪,大批吉卜赛人自西亚、北非迁居保加利亚各地,他们多属逊尼派穆斯林(20万人)。17世纪,罗多彼山地的波马克部族人改宗伊斯兰教至今。保加利亚的穆斯林分属于逊尼派的哈乃斐和沙斐仪教法学派。全国性组织有保加利亚最高伊斯兰教理事会。保加利亚政府对人数较多的土耳其族穆斯林长期采取强制性的民族同化政策,否认其宗教信仰和民族特性,甚至强迫他们改用斯拉夫名字。有近40万穆斯林因不堪忍受迫害,逃亡至邻国土耳其。1989年12月,保政府宣布改变对穆斯林的强制同化政策,承认其部分权利。在1960年,全国曾有1200多座清真寺和许多经文学校,并发行若干伊斯兰教书刊。后均被关闭、查封。1990年,保加利亚穆斯林强烈要求政府改善穆斯林的处境,要求修订、增补国家宗教法,重新开放清真寺、经文学校,恢复伊斯兰教出版物,允许穆斯林封斋,将古尔邦节列为公共节日。同年10月,第一所伊斯兰学院——保加利亚伊斯兰教高等教育学院在舒曼城重新开放。欧洲议会、伊斯兰会议组织、伊斯兰世界联盟、世界穆斯林大会曾通过多种途径,给予保加利亚穆斯林以精神上、道义上的支持。 (黄陵渝)

报应日(Yawm al-Din) 见末日审判。

北京东四清真寺 中国伊斯兰教清真寺。初名"礼拜寺",又名"法明寺"。在北京市东城区东四南大街路西。据传该寺初建于元至正六年(1356),已无可考。据记载，明正统十二年(1447)，由当时任后军督都府同知的穆斯林陈友独资创建。明景泰元年(1450)，代宗皇帝朱祁钰敕题“清真寺”匾额，故有“官寺”之称。全寺建筑分前中后3进院落，面积约10000平方米。寺内主要建筑有礼拜殿、南北讲堂、水房和图书馆等。主体建筑礼拜殿位于西侧，高15米，建筑面积约500平方米，可容500人做礼拜。其前部为木质结构，造型古朴，具有中国宫殿式建筑特点。殿内20根直径约48厘米的大彩柱，均饰以赤金绘制的大型荷花，中央3根横梁上绘有金色的阿拉伯文库法体的《古兰经》文。后部窑殿是砖砌圆拱顶，不用木架，故称“无梁殿”。明成化二十二年(1486)曾建有一座2层方形攒尖顶邦克楼，清光绪末年毁于地震，现仅存楼上铜顶，顶内铸阳文“成化丙午年造”6字。寺院南北各有厢房3小间及5大间，大间为讲经堂，俱带前廊。院庭中有明代碑石2方，字迹模糊。在二碑之间，原有1座六角形攒尖亭，中置明代大香炉，名曰“香炉亭”，现已无存。大殿抱厦南侧立有明万历七年(1579)清真法明百字圣号碑记，碑阳刻汉文，以100字称颂先知穆罕默德的圣迹，故称“至圣百字赞”。碑阴为阿拉伯文，中间刻“理本无极”4字。寺还建有图书馆，收藏有伊斯兰经典和文物，其中藏有一部元延祐五年(1318)由穆罕默德·伊本·艾哈迈德手抄的《古兰经》珍本，文字工整清秀，被学者誉为“世界罕见珍品”。还收藏有一块直径为30厘米的明代瓷牌，烧就白底蓝字，中间绘有阿拉伯文的“清真言”。寺院整个建筑具有明代建筑特点，又兼有阿拉伯建筑装饰风格。该寺历来为北京伊斯兰教的宗教文化活动中心。1926年曾创办清真中学；1929年续办由山东济南迁北平的成达师范学校；1936年成立了福德图书馆；1947年创办了北平伊斯兰经学院；还出版发行过《月华》和《回民大众》等伊斯兰学术文化刊物。中华人民共和国成立后，人民政府先后两次拨款对寺院进行大规模修缮。该寺现为中外穆斯林礼拜与节日会礼的场所。北京市伊斯兰教协会、北京伊斯兰教经学院均设在寺内。1984年被列为北京市文物保护单位。　　(杨克礼)

北京牛街礼拜寺　中国伊斯兰教清真寺。在北京市宣武区广安门内牛街。是北京规模最大、历史最久的清真寺。据《北京牛街岗上礼拜寺志》记载，该寺始建于北宋至道二年(996)，明宣德二年(1427)扩建，明正统七年(1442)整修。明成化十年(1474)，都指挥詹升题请名号，奉敕赐名“礼拜寺”，故有“明寺”之称。清康熙三十五年(1696)再次大修。该寺坐东朝西，面积6000多平方米，建筑面积3000多平方米。全寺建筑集中对称，其格局采用中国宫殿式的木结构形式为主，其细部带有浓厚的阿拉伯建筑的装饰风格。由礼拜殿、望月楼、宣礼楼、讲堂、碑亭、对厅、沐浴室等组成。寺门对面一大影壁，长40米，高5米，汉白玉底座，灰色大方砖镶面。寺的主体建筑为礼拜殿，面积600平方米，坐西朝东，它与其他清真寺所不同的是，进寺东门绕大殿左右两侧再迂回入殿，故称“珍珠倒卷帘”。大殿结构由3个勾连搭式屋顶和1座六角形攒尖顶亭式建筑组成，左右衬以抱厦，古朴宏丽。殿南北五楹，东西3进共42间，纵深30余米，由18根立柱组成21个拱门，殿内可供千余人礼拜。梁柱间用尖拱形，天花梁柱上以粉贴金绘成阿拉伯图案，门楣饰以各种文体的《古兰经》文。殿后部穹隆藻井系宋代建筑，两侧用阿拉伯文组成的雕空门窗，笔法苍劲，属“库法体”。大殿前的左右两侧建有两座碑亭，右亭建于明弘治元年(1488)，为敕赐礼拜寺碑记。左亭建于明弘治九年(1496)，有汉阿两种文字刻的《敕赐礼拜寺记》碑，但碑文字迹大多无法辨认。宋熙宁(1068～1077)年间，有坎马丁之子马哈木所建的宣礼楼，为歇山重檐方亭建筑，前身为宋、元年间修建的尊经阁，与两座碑亭三足鼎立。望月楼高约10米，平面呈六角形亭式阁楼，重檐歇山顶，亭顶盖覆有上黄下绿色琉璃瓦，周围有窗扇，窗外绕以走廊。寺内东侧有与大殿、宣礼楼成一次形的对厅7间，建于明正统七年(1442)，是聚会议事之所。大殿南端有名为“涤虑处”的男、女分设沐浴房，供穆斯林洁身净心之用。寺院东南跨院内有两座“筛海坟”，据现存元至元十一年(1274)和二十年(1283)两块阿拉伯文墓碑记载，系宋末元初前来中国传教的波斯人艾哈迈德和布哈拉人阿里之墓。中华人民共和国成立后，先后于1955年和1979年两次拨款进行全面修缮。现中外穆斯林经常到此进行宗教活动和参观访问。北京市宣武区伊斯兰教协会和北京穆斯林建设牛街基金会均设在寺内。1988年列为国家重点文物保护单位。　　(杨克礼)

北京牛街礼拜寺札副　中国明朝礼部发给牛街礼拜寺三掌教为冠带住持、协教、赞礼的公文(札子)。初颁之札久佚。现有崇祯三年(1630)牛街教民许林等呈请礼部再颁札副给王永寿、八(巴?)继德、白汝瑾3人继任三掌教的申请书。主要内容是：“职等俱系回回教门，切遵旧制，原为敕建礼拜寺，坐落宣南地方，历蒙部给住持、协教、赞礼各1人，领众焚修，祝延圣寿无疆，祈祷地方宁静。凡遇有本寺有缺，许本教官员士庶人等保举。代代相传，遵奉年久。今因本寺协教八光祚去年病故，赞礼王永寿师兄白继祖今年病故；见今王永寿系先年已过住持王相之嫡孙，自幼习读经书，深通教典，乡评雅众(?)，精研焚修，身家良善，毫无违碍，堪合顶补已过师兄白继祖冠带住持名缺；八继德礼合顶补故父八光祚协教名缺；白汝瑾礼合顶补赞礼王永寿名缺。皆系顺挨，交无搀(潛?)越……”。此札子是研究中国伊斯兰教世袭掌教制度的重要资料。

(冯今源)

北平回民抗敌守土后援会　1937年北平地区回族穆斯林抗日救亡群众团体。卢沟桥事变后，北平地区的工人、农民、学生以及各界爱国人士纷纷支援二十九军抗战。北平地区的回民亦“感于生死关头已至”，为卫国御侮，迅速组织了“北平回民抗敌守土后援会”，并于7月29日通电全国：“国家兴亡，匹夫有责，誓本牺牲到底精神为我政府及二十九军后盾”。表达了平津前线回民群众抗日的决心和高度的爱国热情。后援会同其他抗日团体一起，组织募捐团、看护队、战地服务团，向前线送饭、送水。7月26日，后援会会员同民先队队员，在广安门内将两卡车日军团团围住，最后迫使其全部投降。后日方称此为“广安门事件”。该会对动员回族穆斯林群众抗战起了积极的作用。

（马云山）

《北平教案始末记》 中国伊斯兰教教案资料集。20世纪30年代，由于国民党当局实行民族压迫和宗教歧视，并竭力挑拨各民族之间的关系，以致接二连三地发生几起报刊侮辱穆斯林的严重事件。1932年，由国民党要员直接主持的《南华文艺》与“北新书局”，先后因出版了有侮辱穆斯林的文字而引起公愤，“北新书局”被捣毁，《南华文艺》因此停刊。1936年初，这类侮辱和歧视穆斯林的事件又在北平发生。3月30日《全民报》刊载了侮辱穆斯林妇女及伊斯兰教长的文章《哈密出美女》，《时言报》随即转载，引起在京穆斯林的不满，经交涉并严斥后，两报即行更正道歉。4月5日的《世界晚报》及6日的《公民报》又将该稿重载，遂被认为故意挑衅，从而引起广大穆斯林公愤。一部分群众在天桥清真寺聚会后，与两报社的人员发生冲突，酿成流血事件，仅穆斯林受伤20余人，后经军警弹压，陆续散去。由于此事影响扩大，使国民党当局不得不出面斡旋解决，由两报自行用大字在要闻栏内更正道歉3日，并在《世界日报》、《晨报》上披露此事经过。根据穆斯林的强烈要求，北平当局还保证：(1)由市政府根据民国约法及《二十一年度行政院通令》，严禁侮辱回民。(2)由北平市新闻记者公会自动约束同业，绝不再刊登侮辱伊斯兰教的文字，并就此事向各清真寺道歉。1936年7月“北平市回民各团体临时联合会”将事件经过、处理办法、善后措施、各地穆斯林声援情况及一些重要发言内容汇辑整理成册，一一加以小标题，并配上照片，以“北平教案始末记”之名刊印散发。全书15000余字，反映了抗日战争前中国穆斯林的遭遇。

（余振贵）

北平清真书报社 现代中国伊斯兰教经书出版、发行单位。1922年由北京牛街马魁林阿訇创办。社址在牛街寿刘胡同。是辛亥革命以来中国伊斯兰教“新文化运动”的产物。其宗旨是：传播伊斯兰教文化，扩大穆斯林的知识视野。最初只代销伊斯兰教经书刊物，经销穆斯林生活特需品。嗣后，委托当时北平的中华书局和穆光印刷所以清真书报社名义印制部分经书，满足各地穆斯林对宗教读物的需求。30年代中至40年代初，该社先后购置了石印机和小型铅印机等印刷设备，使印刷、发行业务不断扩大，汉文经书的印刷种类和数量逐渐增多，并面向全国发行。1943年，马魁林去世后，清真书报社由其第四子马中道负责经营。该社印刷、出版和经销的经书包括《古兰经》及经、训选译本和有关伊斯兰教义、教法、哲学、历史、文学、伦理、常识及语言、修辞等各类经书刊物，尤以明清以来著名的汉文译著所占比重较大。新中国成立后，改名为北京清真书报社，还自编出版了《穆罕默德的生平》，出版发行了王静斋译的《中阿双解中阿新字典》和陈克礼译的《圣训经》(上册)等。1956年停办。（马忠杰）

北平新报事件 中国民国时期侮教案。亦称“九·一六教案”。1947年9月16日，《北平新报》在第2版文艺栏目刊登一篇不署名文章《猪》，诋毁伊斯兰教“敬猪为亲”，严重伤害了穆斯林的感情，引起北平(今北京)广大回族穆斯林的极大愤慨，当即组织“为北平新报事件护教大会”进行斗争。护教大会和“北平回协”一起，掀起各种形式的抗议活动。翌日，北平数千回族穆斯林头戴礼拜帽，由牛街直奔《北平新报》报馆，进行示威游行。沿途高呼口号，并提出惩凶除恶等6项要求。北平一些报刊无视广大穆斯林的强烈要求，于9月18日一齐刊出“报业公会”支持北平新报的文章。国民党中央社“新闻报道”也以“系误解教义发生误会”予以偏袒，更引起回族穆斯林的不满，齐向政府请愿抗议，要求面见市长进行控诉。在北平回族穆斯林的强烈要求和各地回族穆斯林的有力声援下，北平市当局才不得不承认错误。北平新报亦登报检讨，并派负责人到北平回协道歉。市政府就此重申尊重宗教，严禁侮蔑的命令。市长发表谈话，对回族穆斯林表示“极致抚慰”之意。此案才告结束。

（马启成　丁　宏）

北平伊斯兰学友会 中国现代穆斯林民间文化团体。1929年由北平各大中学校回民学生联合发起组织。其宗旨是：“联络感情，砥砺学行，发扬教义”。会址在北平。下设常务、研究、组织、宣传、监察等5个委员会。委员有刘柏石、薛文波、杨敬之、王梦扬、杨新民、王蔚华等人士。主要工作包括举办学术讲演会，发行《伊斯兰学友会丛刊》，举办伊斯兰学生招待所，开办国际通讯业务等。曾配合上海回民反对《南华文艺》和北新书局侮教事件。曾因《世界日报》副刊发表侮辱回族之文字，发动和领导上千回民群众捣毁《世界日报》社。据1932年第五届常年大会报告，会员已发展到来自15个省的回族男女青年学生96人，西北公学、成达师范的主要教职员均为会员。1932年改组为“中国回族青年会”，主张加强回族民族意识，争取回族在中国的自由平等，要求给西北回民聚居的省份以自决自治。编辑出版《回族青年》月刊，薛文波为主要编辑及撰稿人。自1929年起编辑出版了《月华》杂志，在继承和发

扬伊斯兰文化方面做出了一定贡献。1934年，该会因部分成员转赴西北而停止活动。（冯今源）

北山拱北 见宣化岗拱北。

北山门宦 中国伊斯兰教苏菲主义哲赫林耶学派所属支系门宦之一。因以甘肃张家川北山的宣化岗为传教基地，故名。主持人马元超(1859～1929)，是马明心的四世孙、马元章之弟。1871年马元章、马元超等从云南逃出，于1875年到达张家川(今甘肃省张家川回族自治县)，暗中找到马化龙父子的头骨，埋葬于张家川北山，后来修建了拱北，取名宣化岗，由马元超看守，拱北一切事务均由他独自处理，马元章只在重大节日时前来主持宗教活动。1920年马元章逝世后，马元超将马元章的遗体埋葬于宣化岗，并以此地作为道堂，主持教务，管辖所属的教坊，遂分为沙沟与北山两支派，北山门宦即此产生。马元超虽不以教主自居，但掌握了宣化岗拱北，教民也以教主相对待。马元超逝世后，教统未传，由其侄主持教务。北山门宦的教义及礼仪与沙沟门宦一样，严守马明心的教旨，分立门户，仅仅是教权势力的划分。他们管辖的教坊，计张家川有108教坊，天水、秦安、徽成、两当、清水、礼县等地25教坊，齐齐哈尔市、河南汝州市、南京市、陕西省陇县、固关等地14教坊，总计约200教坊，5万多人。道统传承依次为：马明心、穆宪章、马达天、马以德、马化龙、马进成、马元章、马元超。（马　通）

北新书局侮教案 1932年上海发生的侮辱伊斯兰教事件。是在《南华文艺》侮教案后不久，上海北新书局刊行林兰著《小猪八戒》一书，书中对伊斯兰教与信教回民进行侮辱。事件发生后，一回民持书到该书局质问，局方态度强硬，并将回民逐出书局。上海回民闻讯大哗，集会商定由上海10坊礼拜寺组织联合会，一面向南京政府呼吁，一面聘请律师为法律顾问，依法起诉。10月26日北新书局被捣毁，报载系回民所为。回民举行记者招待会，宣布真相，公开否认。此时南京政府内政部电复上海回民教长达浦生协助查办此案。回民方面遂选派代表达浦生、马天英、伍诚霞、穆华庭4人赴南京请愿。此间，因《南华文艺》侮教案，华北回民护教团亦到达南京。南北两地代表团遂联合向南京政府申述南华、北新两教案情由，要求公正处理。经国民党中央执委会开会讨论，宣布政府"爱重回民，维护宗教"，并令《南华文艺》停刊；惩办撰稿人；查封北新书局；惩办负责人。同时禁止北新书局、南华文艺社举行记者招待会。当局并令有关部门对教科书中有侮回教内容者加以修正。行政院于11月8日宣布"民族平等、信教自由"。此事件遂平息。（罗万寿）

北庄门宦 中国伊斯兰教苏菲主义虎非耶学派支系门宦之一。创始人马葆真(1772～1826)，甘肃东乡北庄人，故名。马葆真原系华寺门宦的阿訇，1800年后曾两次去新疆莎车拜访穆罕默德二十八世后裔乌尼亚，接受了虎非耶学理，开始在河州地区传教。他宗教知识广博，能潜心修行，曾3次去麦加朝觐，故受到穆斯林的特别尊重，教众曾一度发展到10多万人。他委任5个弟子管理各地教坊，指导教务。哈比布拉引导东乡巴苏池等地教众；敏松迪格引导洮州的教众；杨阿巴斯引导临洮、康乐等地的教众；达乌德引导新疆的教众；井沟伊斯玛仪引导临夏等地的教众。清同治年间西北回族发动反清起义时，马葆真的长孙马悟真首先率领北庄门宦教众在河州起义。同治十一年初(1872)，他随同马占鳌一起降清，充任马占鳌的左旗管带，后其侄马麒又出任了甘州镇守使，对巩固北庄门宦起了很大作用。1928年，马仲英发起反国民军刘郁芬事件后，马麒的士兵哗变，他随即解甲归田，北庄门宦也开始衰落。其后渐有恢复，宗教活动始转活跃。马葆真5个学生的后裔也先后各立门户，自成一派，但名义上仍属北庄门宦。哈比布拉形成的一支，为"巴苏池门宦"；敏松迪格形成的一支，称"达子沟拱北"；阿巴斯形成的一支，称"小杨门"；马达乌德在吐鲁番形成的一支，称"妥爷老人家派"；伊斯玛仪逝世后在井沟修建了拱北，称"井沟拱北"。北庄门宦的主要教义和礼仪以《古兰经》和圣训为信仰基础，还主张：对传教人称"老人家"，不称"教主"。老人家必须具有"哈吉"身份和莎车道堂的传教凭证"伊尔夏提"。教权实行家族世袭制。对天命五功和坐静念"迪克尔"同等重视。教众婚丧大事必须先取得老人家的同意，名曰领受"吩咐"。对死者主张用《古兰经》转"费底耶"(赎罪，部分信众也用现金转)。主张为亡人站"者那则"时脱鞋。北庄门宦至1949年已传6代，历代老人家依次为马葆真、马哈三、胎里会、艾哈迈德、马绍宗、马进成。信众8万余人，主要分布于甘肃东乡、临夏、和政、临潭以及青海西宁和新疆等地。（马　通）

《北庄追远亭碑记》 中国伊斯兰教北庄门宦碑记。亦名修建北庄马太公追远亭碑记。清光绪八年八月(1882)立于今甘肃省东乡族自治县北庄拱北内。刘翼武文，马中律书。碑文记述北庄门宦创始人马葆真生平事迹及赴新疆叶尔羌求道与创立北庄门宦简要过程。全文557字。主要内容如下：马葆真自幼学习经义，研习苏菲修持的常道、中道、至道时，毅然于清朝嘉庆五年(1800)赴新疆叶尔羌道堂深造，在穆圣32世裔奥利雅门下深研修身、立命、显性之学。一年后归来，"初以身体常道，以心体中道，尽以性体至道"达到了"天人浑化，化化有不能以语言传者"。嘉庆十八年(1813)再次去新疆面师求教，师以其学有所成，命仍归故里开学传道。门下受教者甚多，著名弟子4人，得其薪传。马氏有子3人，唯长子恒福从其4位弟子处继承道统。马葆真于道光六年(1826)11月26日归真。享年54岁，葬于其生前指定的墓地。碑记以简洁古汉语写成，通畅明晓，系研究北庄门宦历史的重要资料。与该碑记内容相仿的另一用阿拉伯文和波斯文写成的碑记，也立于北庄拱北内，二者可相互对照印证。

（罗万寿）

贝得拉丁起义 见白德尔丁起义。

贝都因人（al-Badawi） 西亚和北非的阿拉伯游牧民。"贝都因"为阿拉伯语音译，意为"荒原上的游牧民"、"逐水草而居的人"，是阿拉伯民族的一部分。1976年统计约为1000万人，分别处于由游牧转向定居的不同阶段。贝都因人以畜牧业为生，按传统分为：(1)骆驼游牧人，在撒哈拉、叙利亚、阿拉伯沙漠地区组成一些大部落。(2)山羊绵羊游牧人，主要生活在约旦、叙利亚和伊拉克附近的游牧地带。(3)牛群游牧人，主要生活在南阿拉伯及苏丹。其中生活在沙特阿拉伯的人数最多，属欧罗巴人种地中海类型。在伊斯兰教兴起前，贝都因人是阿拉伯半岛部落氏族社会的主要组成部分。伊斯兰教先知穆罕默德传教期间，贝都因人纷纷皈依。他们剽悍、骁勇、顽强，成为穆罕默德统一阿拉伯半岛及其以后哈里发政权向外扩张的基本力量，并随之而散布于西亚、北非的广大地区。贝都因人笃信伊斯兰教，多属逊尼派。四大教法学派都有信奉者。在沙特阿拉伯，以罕百里与沙斐仪教法学派居多，在北非遵奉马立克教法学派者居多。北非的贝都因人与当地的柏柏尔人自然融合，在他们中信奉苏菲派的较多。各地的贝都因人均使用当地的阿拉伯语方言。居住毛毡帐篷，主要食品是鲜奶、酸奶、奶酪等乳制品，副食是枣椰与粮食制品，肉食与咖啡只用于节日或待客。20世纪20年代开始，有一小部分人开始定居，但多数人对农业生产不适应，至今仍沿袭世代相传的游牧生活方式，保留着传统的族长制、父系社会、族内通婚、一夫多妻制等。（罗万寿）

贝格（Bak） 见贝伊。

贝赫什提（Muḥammad Ḥusain Beheshti，1929～1981） 伊朗政治活动家、什叶派宗教理论家。生于伊斯法罕，受过伊斯兰高等教育。巴列维国王执政时期，曾任教育部宗教顾问。1965～1970年在联邦德国汉堡市任伊朗侨民的宗教顾问，并主持当地穆斯林的宗教活动。1970年回国后跟随霍梅尼参加反国王巴列维的斗争。1979年2月"伊斯兰革命"胜利后，参与创建伊斯兰共和党并出任总书记。他还曾任伊朗革命委员会秘书长、专家制宪委员会副主席、建设部主管和革命委员会驻司法部全权代表。1980年2月任最高法院院长。1981年6月巴尼萨德尔总统被解职后，任三人临时总统委员会成员。他精通伊斯兰教什叶派教义和教法，曾校订霍梅尼《伊斯兰政府》一书，并参与起草伊朗伊斯兰新宪法，他被认为是伊斯兰什叶派的理论家和伊斯兰法学权威。他对内主张政教合一，实行伊斯兰宗教学家治政，推行全面"伊斯兰化"政策。认为应着重发展革命卫队，主张坚决镇压反对派。对外主张"不要东方，不要西方"和"输出伊斯兰革命"。1981年6月28日在伊朗共和党总部爆炸事件中身亡。（杨克礼）

贝克尔（Becker Carl Heinrich，1876～1933） 德国东方史学家。生于荷兰的阿姆斯特丹。历任海得尔堡大学、汉堡大学、波恩大学和柏林大学教授。1921年调入普鲁士教育部工作，1925～1930年担任教育部长。在此期间曾改革大学学制，新设立教育学院。他一生主要从事埃及历史和伊斯兰教史的研究工作。其主要著作有：1902～1903年出版的两卷本《伊斯兰教统治下的埃及史论》、1924～1932年出版的两卷本《伊斯兰教研究》等。1910年以后还担任过《伊斯兰》杂志的主编工作。（杨克礼）

贝勒祖里 见白拉左里。

贝伊（Biy，Bak） 奥斯曼帝国时对统治者的称谓。亦译"贝格"、"巴依"、"伯克"。系突厥语音译，意为"首领"、"头目"、"统治者"、"官吏"、"老爷"、"先生"等。在奥斯曼帝国时，此词先是对贵族或旁系王子的尊称，次于汗或帕夏，一般置于名前；后泛指各省区执政者。1705年突尼斯王朝的统治者称"贝伊"。1934年土耳其共和国政府明令将"贝伊"改为巴依(Bay)，置于名后为一般尊称，相当于"先生"。中国新疆维吾尔族穆斯林称为"伯克"，泛指官吏或统治者；对一些封建主或宗教上层人士有时也称"巴依"或"巴依老爷"。

（杨克礼）

贝扎人（Beja） 东北非穆斯林民族之一。一译"别扎人"。人口约110万(1978)。主要分布在苏丹境内，有少部分居住在埃及和埃塞俄比亚。属黑白混血的埃塞俄比亚人种。使用贝扎语，属闪含语系库希特语族。贝扎人的南支操蒂格雷语，大多数贝扎人兼通阿拉伯语。经济生活主要从事饲养骆驼和牛羊畜牧业，以群体为单位逐水草而居。亦有部分从事种植业。按父系续谱、居住和继承财产。流行嫡堂婚。允许一夫多妻，男子行割礼。7世纪，阿拉伯人从埃及沿尼罗河南下后与贝扎人开始接触。8世纪贝扎王国曾与移居来的阿拉伯穆斯林签订友好共处条约。10世纪后，阿拉伯人逐渐占统治地位，并建立了一些穆斯林小国。16世纪又建立了芬吉伊斯兰素丹国(1504～1821)。贝扎人逐渐接受了阿拉伯—伊斯兰文化，从13世纪起便由基督教改宗伊斯兰教，属逊尼派，成为非洲的穆斯林民族之一。（王庆仁）

孛哈里·撒亦的 见不阿里。

奔走(Sa ʻy) 伊斯兰教朝觐仪式之一。阿拉伯语"赛尔伊"的意译。指朝觐者绕天房克尔白环行7周后往返奔走于赛法和麦尔卧两丘之间的仪式。据传，古代先知易卜拉欣之妻哈哲尔当年在麦加为儿子伊斯玛仪寻找泉水解渴时，曾在赛法和麦尔卧两丘之间往返奔走7次，最后流水自伊斯玛仪脚下石隙涌出，即今之"渗渗泉"。穆斯林根据《古兰经》关于要遵奉易卜拉欣的正教的明谕，朝觐时按规定举行此仪式，以示尊崇和纪念。朝觐者奔走后向真主的祈祷词为："我们的养育之主啊！求您接受我们，求您护佑我们，求您宽恕我们。求您护佑，我们只顺从于您，感恩于您；求您不要把我们委托于别人，我们只信赖您；求您以正信和完美的伊斯兰凝聚我们，成全我们；愿您喜悦我们。主啊！求您慈悯我，让我在您赋予我的有生之年永不悖逆；求您慈悯，使我不去承揽与我无关之事；对于我所做出的蒙喜悦之事，求您施予我美好的食品，至仁至慈的主啊！" (达应庚)

本分 中国伊斯兰教哲学概念。亦称"用"。意指真主在动、静之间创造天地万物的大能。王岱舆《清真大学》称"所谓本分者，乃本然之动静，虽长守而浑一，其理显则不同"。其后刘智在《天方典礼》用中国宋明理学加以阐释："动静不常，其生生之本也。""动静者，就造化而言也。先天之造化，起於一理之动；后天之造化，起於一气之动；""万物无以为生，而生於理气之动静；万物无以为化，而化於真宰之显隐，故曰其生生之本也。"中国伊斯兰学者把真主造化天地万物的奥秘同宋儒理、气之说结合起来，使伊斯兰教认主学具有中国特色。 (罗万寿)

本然(Dhāt) 中国伊斯兰教哲学概念。亦称"体"，意为"无始之原有"。与本分、本为同是阐明真主的绝对独一，永恒存在，至尊至大，全知全能的基本概念。首先提出这一概念的是明末清初伊斯兰教学者王岱舆。他说："所谓本然者，原有无始，久远无终，不属阴阳，本无对待，独一至尊，别无一物"(《清真大学》)。又说："盖真一之本然，非从所生、亦无所从生。无似象，无往来，无始终，无处所，无时光，无依赖，无气质，不囿物，不同物，所以智慧之觉悟，声色之拟议，皆无能为矣"(《正教真诠》)。其后刘智又作了进一步阐述："无物之初，唯一真宰之本然，至清至静，无方所，无形似，不牵于阴阳，不属于造化，实天地人物之本原也"。并指出"真宰之本然，隐于用，见于为，妙于理，形于象。妙用未显，其体不可见也，妙用既显，则万事万物孰非其本体之征哉?"从体、用、为三个方面系统阐明认证真主之原理与途径，是伊斯兰教认主学在中国的发展。 (罗万寿)

本为 中国伊斯兰教哲学概念。亦称"为"。其意是指在真主本体中，具有创造世界、创造一切的玄妙，能"代理"真主创造万事万物。王岱舆《清真大学》曰："所谓本为者，乃其单另之余，总具无形之妙，是为能有。""万事万物，本非原有，皆受命於真主保养之本然，与其本为之动静也。"其后刘智又根据"大世界、小世界"的理论，作了进一步的阐发："盖人之所以为人者，大约四去尽之，有本然焉"，"有妙用焉"，"有本为焉"，"有作为焉"。"主宰所以为主宰者，亦四去尽之。"并进一步指出："明夫自己体用之所以然，即知主宰之所以然矣。"对穆斯林"当体，足以证真主之全品"作了形象阐释。 (罗万寿)

本用 中国伊斯兰教哲学术语。表征真主本体及认识真主属性的概念。马注《清真指南·本用》指出："本者，真主之本然也。用者，真主之全能也。本然显于己，谓之清真。全能显于物，谓之保养，故称本用。"伊斯兰教认为，真主的本然，是无始而原有的本体，无色无象，无方位，无表里，不囿物，不同物，无处不在无处在。其本体有二品：(1)本然之品，即能够视、听、言、动，自为、自立，能察知万物，洞悉一切。(2)维持之品，即能够造化天地万物，调养天地万物，主宰人类及天地万物的命运。真主本然之品是至妙至玄的，维持之品是至妙至能的，而人的感官作用是有限的，不可能全面认识。只有心是"众理之归处"，是认识真主的"真镜"，通过"会理以心"，对照人自身的视、听、言、动、生死贵贱，去体察"机微"，即可达到"真主之本同我矣"的境地。这是中国伊斯兰教界继王岱舆之后，系统论述真主属性及认证真主的理论。 (罗万寿)

比达里教派起义(Intifāḍah Paderi) 19世纪上半叶印尼比达里教派穆斯林抗击荷兰殖民者入侵的武装起义。亦称"巴德利教派运动"。1803年，印尼从麦加朝觐回来的3名哈吉传播瓦哈比教派教义，在其思想影响下形成新教派，因其领导者多是从亚齐比达里港去朝觐归来的传教师，故名。伊斯兰教改革家穆罕默德·沙哈布(1772～1864)在朋佐尔建立比达里教派中心，向米南加保地区大力传播该派教义。他提出"纯洁伊斯兰教"的口号，主张恢复伊斯兰教早期的原旨教义，恪守伊斯兰教法和道德规范，反对老教派及封建领主的统治，提出以父系家长制代替母系家长制，抨击背离伊斯兰教的陈规陋习，得到广大下层穆斯林的拥护。后组建军队，经过激烈持久的宗教战争，打败旧教派代表的贵族势力，占领米南加保地区。沙哈布被拥为领袖，自称伊玛目·朋佐尔。1819年，荷兰殖民者侵占西苏门答腊巴东等地，以旧教派为代表的封建势力投靠荷兰殖民当局，企图靠荷军力量消灭比达里教派，恢复自己的传统权力。1821年4月，荷兰殖民当局派兵进攻比达里教派控制的地区。伊玛目·朋佐尔遂率5万人军队，发动抗荷起义，并号召人民奋起，参加抗击荷兰侵略军的"圣战"，起义波及米南加保大部分地区。在苏里特艾尔、西马旺、塔拉达塔、林陶、巴东希里尔等重要战役中，起义军沉重打击了荷兰侵略军。1824 年，荷兰殖民者为争取喘息时间，重新部署兵力，同伊玛目·朋佐尔签订了《马桑和约》，承认比达里教派所占据领地的统治权，不干涉居民的宗教信仰和事务。1830 年，荷兰殖民者镇压了爪哇蒂博·尼哥罗起义后，调兵遣将，加强对比达里起义军的攻势。1832 年荷军先后占领了起义军的军事据点阿加姆、朋佐尔和利马普鲁科托，大肆抢劫杀戮，毁坏清真寺和穆斯林墓地。1833 年 1 月，伊玛目·朋佐尔率领起义军夺回朋佐尔地区。同年 4 月，老教派的一些爱国领袖和比达里教派联合发表《巴卡尔鲁荣号召书》，号召两大教派穆斯林联合抗荷。从此，起义军力量壮大，多次击退荷军对朋佐尔发动的进攻。于是，荷兰殖民者一方面采取分化瓦解政策，收买旧教派上层及封建贵族；另一方面采取碉堡战术和壕沟战术，切断起义军各地之间的联系。1837 年 8 月，荷军集中优势兵力，终于攻占朋佐尔。10 月 28 日，荷军以举行和谈为名，在达巴鲁普将朋佐尔逮捕，后流放安汶。比达里教派长达 16 年的抗荷斗争，是印尼人民争取民族独立斗争运动的光辉历史篇章。（杨克礼）

比德阿（Bid'ah） 伊斯兰教法用语。阿拉伯语音译，原意为"新生"、"新事"、"创新"，引申为"异端"、"标新立异"，带有贬义，故为"逊奈"（Sunnah，公认的伊斯兰传统）的反义词。一般指违背伊斯兰教教义、仪礼、制度以及道德规范、传统习尚的言行和后来附加的成分。其含义及界限的划定因教派、教法学派而别，因时代变化而异。某一教派、学派视为合乎教义、教法的言行、事物，另一教派、学派可能持有异议，斥之为"比德阿"。中世纪视为"标新立异"的事物，近现代亦可能有新的解释，视为"逊奈"而予以宽容。原则上判定某一言行和事物是否为"比德阿"，主要看它们是否合理、有据，是否符合伊斯兰教法和伊斯兰传统。近现代主要有两种解释：现代派较为宽容、灵活，强调用新的观点来看待宗教传统和现代生活，而把中世纪的许多诸如圣徒崇拜、蓄奴制等，视为"比德阿"，并主张：随着现代科学技术的发展而出现的新生事物和物质文明，只要不违背教义，都可以接受。而尊古派则较为刻板、守旧，一方面继续维护伊斯兰教初期的传统，另一方面则把近现代以来因受西方思想文化影响而纳入穆斯林社会的某些新因素，如世俗主义、政教分离的理论和实践等，斥之为"比德阿"而予以拒绝。

对"比德阿"的另一种解释为：泛指一切不见经传的事物。穆罕默德曾说："你们当谨防不见经传的事物，因为凡是不见经传的事物，都是异端；凡异端都是迷误；凡迷误都将使人堕入火狱。"又说："凡穆斯林大众视为美好的事物，在真主看来，也是美好的；凡穆斯林大众视为丑恶的事物，在真主看来，也是丑恶的。"教法学家由于对上述两段圣训理解不同，对"穆斯林大众"一词解释不一，因而对"比德阿"得出了两种不同的概念和结论。主张以《古兰经》和圣训为主要立法依据的"经典派"（Ahl al- Ḥadith）认为，圣训中所说的"穆斯林大众"是狭义的，专指那些曾亲身受教于先知的圣门弟子，因而把一切未见经传而又未经圣门弟子认可的事物，均视为异端。主张以经训为主要立法依据，同时又兼重个人意见的"意见派"（Ahl al-Ra'y）则认为，圣训中所说的"穆斯林大众"是广义的，泛指所有信奉伊斯兰教的人，而且认为两段圣训并不矛盾，因为异端是指背离信仰原则的所谓"创新"。至于诸如创立学校、集体礼副功拜等，虽然先知和圣门弟子在世时尚未发生过，但这些创新有利于伊斯兰教学术文化、教育的发展和穆斯林更加便利地举行宗教活动，且不背离信仰原则，因而不能视为异端。根据这一学派的见解，"比德阿"作为"不见经传的事物"，不一定均属"异端"，相反还包含有大量值得提倡的事物。它大致可分为五类。除第一类为"迫切需要的"（Ḍarūriyyah），例如学习语法修辞以精通《古兰经》、圣训，编纂法典以普及教法，批判异端邪说等外，其余的即为"可嘉许的"（穆斯泰哈卜）、"被允许的"（穆巴哈）、"可憎恶的"（麦克鲁赫）和"被禁止的"（哈拉姆）。（吴云贵）

比赫巴哈尼（Vahid Bihbahāni，1706～1792） 18 世纪伊朗伊斯兰教什叶派著名教义学家、教法学家，乌苏勒教法学派创始人。生于伊斯法罕附近的比赫巴罕（Bihbahān）一宗教学者家庭。早年在伊拉克的卡尔巴拉从父和当地知名学者学习伊斯兰教知识，结业后返回故乡。1746 年重返卡尔巴拉，成为继麦吉利西之后最著名的学者和卡尔巴拉什叶派学者的首领。18 世纪下半叶，领导一批教法学家批判当时仍居主导地位的艾赫巴尔教法学派，渐占上风，后以"异端派"罪名将该派学者逐出卡尔巴拉、纳贾夫等圣城，确立乌苏勒学派的统治地位。在教义学上，继麦吉利西之后，继续清除苏菲神秘主义和神智哲学的影响；在教法理论上，提出包括理性和创制原则在内的法源理论体系，抬高穆智泰希德的社会地位，为什叶派教法学家司法、参政铺平了道路。比赫巴哈尼因其影响巨大，后被尊为"导师"、"布道者"和伊斯兰教"复兴者"。一生培养著名弟子多人。代表作《论创制与圣训》（Risalāt al-Ijtihād wa'l-Akhbar），为乌苏勒学派基础法理著作，影响广泛。（吴云贵）

《比较宗教》（Muqāranah al-Adyān） 当代埃及宗教学研究专著。开罗大学教授、伊斯兰历史学家艾哈迈德·谢莱比编著。全书 4 卷。第 1 卷论述犹太教，涉及犹太人的历史，从古代先知易卜拉欣到犹太复国主义的产生、以色列后裔中的先知、以色列信奉的真神雅赫维、犹太教的一神论、约匮、圣殿、祭司、《旧约》、《犹太法典》及受其影响的现代伊斯兰国家中的共济会、巴布教派、巴哈教派等。第 2 卷论述耶稣基督、犹太人和西方思想家对耶稣和基督教的看法、耶稣被钉于十字架、基督教的实际奠基人保罗以及基督教派和基督教的改良运动等。第3卷论述伊斯兰教，伊斯兰教观念中的安拉、先知、伊斯兰社会中的非穆斯林、妇女、奴隶及伊斯兰教对他们的基本态度，伊斯兰教的政治与经济等。第4卷论述印度三大宗教——印度教、佛教和耆那教，涉及印度的地理、民族、语言、教派、梵书、印度教的基本教义：轮回说、善恶因果论、"梵我同一"论及印度教创建人的生平等。该书是用比较宗教学的观点，系统研究世界三大宗教的学术名著。资料丰富，介绍客观全面，具有较高的学术价值。开罗埃及复兴出版社出版。至1990年，各卷已分别出至第9版。（张志华）

比克特西教团 见拜克塔什教团。

比拉勒（Bilāl，？～638或641） 伊斯兰教第一位宣礼员、穆罕默德的门弟子。原籍埃塞俄比亚，曾是古莱什贵族伍麦叶·本·哈肖夫的奴隶。是早期秘密归信伊斯兰教者之一，后被他人告发，遭到主人伍麦叶的一再残酷拷打，几近致死，但他信仰坚定，默颂"安拉"，毫不屈服。旋被艾布·伯克尔以重金赎身，派往随身侍奉穆罕默德。他身材高大，体魄健壮，忠诚地紧随先知传教、出征，闲暇时则谨守拜功，从不懈怠。622年穆罕默德在麦地那宣布他为150名侍从的首席侍从。接着，确定了礼拜的"宣礼"。由于他声音洪亮，先知即命阿卜杜拉·本·栽德将他所写的"宣礼词"教给比拉勒，由比拉勒宣唤。于是，比拉勒遂成为伊斯兰教史上的第一位宣礼员。相传，他站在清真寺旁一家最高的屋顶上，手指按着双耳，身体向左右转动，高声唤拜。又据说在晨礼时，他给宣礼词"快来走获救之路"后加上了两句"礼拜胜过睡眠"，曾得到先知赞同，也成为定制。他曾因感情真挚，在叙利亚的一次宣礼时动情而泣，使闻者无不落泪。630年，穆罕默德的传教事业已经取得了巨大成就，各部落首领纷纷前往麦地那"入教朝拜"，比拉勒遂又被任命为"礼宾官"，专门负责招待工作。他是被先知列为与艾布·伯克尔、欧麦尔等同等地位的14名主要助手之一，是必然进入后世乐园的人。穆罕默德逝世以后，埋葬毕，最后给坟丘上洒水的仪式由比拉勒担任，完成了他对先知最后的一次"侍奉"。他曾要求艾布·伯克尔批准他为主道出征，艾布·伯克尔以宣礼任重而未加允许。欧麦尔执政后，他再次要求，遂被派往叙利亚，以后因染疫病故于该地。20世纪美国黑人穆斯林组织以比拉勒的名字命名，称"比拉勒派"。（冯增烈）

比拉勒穆斯林 见美国穆斯林传教会。

比利时伊斯兰教 比利时王国位于欧洲西部。面积30519平方公里。人口987.6万（1988），其中讲荷兰语区568.5万，讲法语区320.5万，操荷法两种语区97.3万。官方语为法语和荷兰语。首都布鲁塞尔。90%的居民信奉天主教，穆斯林人口约25万，分布在布鲁塞尔等城市，分属于摩洛哥、土耳其、阿尔及利亚、突尼斯、南斯拉夫等国移民。二次世界大战后，伊斯兰教随外籍穆斯林移民传入比利时。穆斯林大多属逊尼派，遵奉沙斐仪、哈乃斐和罕百里教法学派。他们多从事体力劳动，妇女又因宗教—文化传统的原因，很少出外工作。作为外籍劳工，穆斯林仅有地方委员会选举权。1973年比利时政府承认伊斯兰教为受国家法律保护的宗教之一，穆斯林可以享受宗教信仰自由。至20世纪90年代初，各地已建起140座清真寺，在布鲁塞尔还建有伊斯兰文化中心。在伊斯兰世界联盟的资助和支持下，比利时穆斯林设立了欧洲大陆清真寺委员会，为世界最高清真寺理事会的下属机构，与英、德、法、意、丹、荷、南斯拉夫、罗马尼亚、瑞士、奥地利等国伊斯兰社团与机构联系，并在布鲁塞尔设立了伊玛目培训与进修中心和伊斯兰广播电台。（黄陵渝）

比鲁尼（al-Birūni，973～1048） 阿拉伯著名科学家、史学家、哲学家。一译"阿尔·白伦尼"。本名艾布·赖哈尼·穆罕默德·本·艾哈迈德·比鲁尼。生于波斯花剌子模城的比伦郊区，故以比鲁尼著称。据传比鲁尼出身于一突厥贵族后裔家庭。信奉伊斯兰教什叶派教义。青年时曾到朱尔占师从艾布·纳西尔·曼苏尔等著名学者。他博览群书，广交学者，学识渊博，富有创造性，对史学、地理、天文、数学和医学均有很深的造诣。他还通晓希腊及东方各宗教哲学，谙熟伊斯兰经典及各教派学说，并掌握阿拉伯语、波斯语、突厥语、希伯来语、叙利亚语和梵语。原在花剌子模沙宫廷中供职，并从事东方各国历史的研究和著述。1017年伽色尼王朝素丹马哈茂德沙征服花剌子模国后，比鲁尼被召入伽兹尼宫廷，受到马哈茂德的庇护和尊重。后随马哈茂德征服印度，在那里留居多年，并到各地考察旅行，掌握了梵语。从印度回到伽兹尼后，在素丹麦斯欧迪的宫廷从事天文学研究和著述。1048年12月在伽兹尼去世。

比鲁尼一生从事多学科的研究，著述宏富。约于1000年所著的《古代遗迹》（一译《东方民族编年史》）记载了东方各国人民的历史、地域、文化及宗教，着重讨论了古代各族的历法和纪元。并在该书的序言中指出：智慧只有在完全不受传统、政治影响及主观意志不受束缚时才能得到发挥。1030年成书的《印度志》（一译《印度考察记》）记述了印度的自然地理、历史、古迹、宗教信仰、哲学、文学、天文学、法律、税制、风俗习惯，尤其对佛教哲学的基本观点进行了系统的阐述，并与希腊哲学及其他宗教哲学进行了对比研究，指出了佛教哲学对伊斯兰教苏非派思想的影响。1037年写有《麦斯欧迪天文学和占星学原理》，是对当时天文学研究的总结，将天文学与地理学结合，提出了地球以地轴为中心自转的理论，并推测到地球是绕太阳运转的，还对地球的经纬度作了精密的测量。《占星学入门解答》是一部关于数学、几何、天文和占星的基本知识的问答。他还著有《药学》以及矿物学、物理学方面的著作。他用流体静力学的原理对泉水的喷涌作出解释，并用物理原理解释地质现象，指出印度河谷曾是一个盆地。他还将欧几里得和托勒密的数学天文著作择要翻译介绍给印度。在哲学思想上，比鲁尼追随伊本·西那，推崇理性和知识，主张双重真理论，有朴素的唯物主义思想。他认为物质本身在创造和支配自然界中所发生的，一切活动都是属于物质的；物质是在不断演变和发展着，并不断改变具体物体的形态；自然界是判断人们对它的认识正确与否的标准；精神的能力（灵魂、思维等）都是肉体的特性；哲学是一种最高的理性认识，而宗教是约束人们思想行为的一种道德准则，旨在扬善止恶；宗教和科学是两个不同范围的问题，宗教不要过多地干涉科学。比鲁尼被后世学者誉为“百科式的学者”、“各种文化交流的使者”，在阿拉伯科学文化史上享有崇高的声誉。（杨克礼）

比论 见类比。

比斯米拉（Bismillāh） 见泰斯米叶。

比斯塔米（Abū Yazid al-Bisṭāmi，？～874） 伊斯兰教早期苏菲主义学者、教义学家。又以巴耶济德（Bāyazid）闻名。波斯库米省比斯塔姆人。其祖先据说是琐罗亚斯德教徒。早年学习哈乃斐学派教法，后向苏菲派苦修者讲授《古兰经》，同时向苏菲学者艾布·阿里·辛迪学习苏菲修持理论。后受到逊尼派学者的仇视，曾一度流亡呼罗珊各地讲经传道，但多半在家乡隐居。同宗教学者伊本·哈尔布、叶海亚·拉齐等人是莫逆之交。他把苏菲神秘主义“爱主”加以发展。其以前的神秘主义学者认为，爱的主体是人类，真主则是爱的对象。爱是单向的。但比斯塔米认为，既是我爱真主，又是真主爱我；我需要真主，真主也需要我。爱是互相的。对于这种爱，现象地说是 Eros，本质地说是 Agape。而在超验的最高层次里，两者是一致的。在“爱”的激励下，走完神秘修道全过程的苏菲修士，则可以自如地把握真主所赐予的“真知”（王岱舆称做“真赐”），在终极上同真主合一，丧失自我意识，即真主把我的“己性”改造为他的“彼性”。于是在某种意义上说，人的精神升华为真主的宇宙精神，人主合一。这是其有名的“醉语”。他还把通常赞美真主时所使用的“光荣归于真主”（Subḥānallāh）改为“光荣归于我自己”（Sub ḥāni）。比斯塔米首倡“无我”与“万有单一论”。他把“人主合一”的境界叫作“单一中的无我”（fanā' bi-at-tawḥid），又叫“无我境”（fanā'）。比斯塔米的观点曾被逊尼派教义学家斥为“异端”。（秦惠彬）

俾路支人（Belouchis） 南亚和西亚地区的穆斯林民族之一。自称“巴鲁奇人”（即游牧民）。人口约432万（1985）。主要居住在巴基斯坦的俾路支省和信德省，占总人口的2/3强，其余约120万人居住在伊朗、阿富汗、印度等国境内。属欧罗巴人种地中海类型。语言属印欧语系伊朗语族，分东北和西南两大方言。俾路支人文化受波斯和阿拉伯文化影响较深，许多部落名称都来自阿拉伯语。俾路支人一直是一个游牧民族，主要饲养牛、羊、骆驼。在信德地区，他们多从事灌溉农业，种植小麦、大麦、玉米和豆类。11世纪，伊斯兰教已传入俾路支地区，由于传统袄教及其他原始宗教残余的影响，伊斯兰教的传播很缓慢。一小部分俾路支人中仍保留神鬼观念。现在95%的俾路支人归信伊斯兰教，绝大多数属逊尼派的哈乃斐教法学派，只有托姆布卡部落中的少数穆斯林属什叶派。在俾路支人的社会和文化生活中，也有原始宗教残余的影响。俾路支人严守伊斯兰教教法规定，妇女出门时必须穿戴有“网眼”面罩及肥大长衫。在农村，清真寺到处可见。巴基斯坦广播、电视和报刊经常报导俾路支人毛拉从事宗教活动、讲解《古兰经》和穆斯林祈祷的内容。（伊力奇）

毕家场门宦 中国伊斯兰教苏菲主义虎非耶学派所属支系门宦之一。以其创始人马宗生之墓地毕家场命名。马宗生（1639～1719），回族。陕西长安人。曾任甘肃河州（今临夏市）八坊北寺开学阿訇。清康熙十一年（1672），据传穆罕默德二十五世后裔和卓·希达叶图拉·阿法格·迈什胡勒（即阿帕克和卓），从新疆来到青海湟中凤凰山传教。马宗生会同八坊上二舍清真寺阿訇大巴巴、祁寺满拉祁静一和商人马十万等前往青海拜会。希达叶图拉见其虔诚，遂给马宗生等分别传授了虎非耶的教旨和“迪克尔”仪式，嘱咐他们认主赞圣，传教修道。马宗生回到河州后，遵奉师传，静修功课，并结合自己的见解，先向北寺阿訇、满拉传授教理，随后向当地穆斯林广泛宣教，追随者日益增多，逐渐形成一派。他逝世后，经长子马一清、长孙马达乌德两位阿訇的传播，教众一度发展到2000余户。为扩大发展毕家场门宦的影响，为马宗生修建了拱北，重修了八坊的祁寺、北寺和西寺3座清真寺，进一步吸引了大批信众。其后，该门宦继任者不力，同时，大拱北、穆夫提门宦相继兴起，从此开始衰落。从第四代阿卜杜拉开始，只称“主持”，不再称“教主”。清光绪年间拱北已被拆毁，至1949年仅有墓庐，无守墓人。1985年以来，重建了拱北八卦亭。毕家场门宦的主要教义、礼仪是：(1)《古兰经》、圣训是传教之本。履行念、礼、斋、课、朝五项天命功课。(2)传教必须应天理（顺主顺圣），遵守国法（顺从国家及执政者），重视人伦（孝顺父母、爱护骨肉、和睦邻居）。(3)在遵守天命五功的前提下，专事静修，默念“迪克尔”，两者不能偏废。但这只是对传教者的要求，教众只要履行“五功”，就是虔诚的信徒。(4)主张教派各行其是，反对随意贬低别派或与之争夺教众及教权。(5)实行教主世袭和凭印信传教的制度。该门宦1949年已传至十代。教主或主持人依次为马宗生、马一清、马达乌德、马阿卜杜拉、马易卜拉欣、马伊德里斯、马堃、马尕麻、马侯赛尼、马国珍。信徒近万人，主要分布于甘肃临夏市阳洼山、临夏八坊、临潭旧城以及四川松潘和宁夏西吉等地。

（马　通）

闭斋　见斋戒。

《边铎》　中国伊斯兰教边疆问题专刊。1934年3月创刊于南京。原为半月刊，第1卷共4期，自第2卷起改为月刊，又出2期。社址在大石桥25号。主编艾沙。刊头为汪兆铭所题，封面常以边疆地图作背景装饰。后编辑部因内部分歧而改组，并于1934年10月15日改刊名为《天山》月刊，刊期另起。该刊侧重于研究新疆史地及现实问题，在改刊名启事中，曾提出将“侧重新疆问题，其解决之道，则以民族平等，共荣共存，扶助边民，脱离黑暗统治，解除帝国主义之羁绊，实现国策为宗旨”。发表的文章内容包括：新疆历史地理及新疆民族宗教风俗习惯之研究，提高新疆文化教育之探讨，如何使当时新疆摆脱政治上的压迫及新疆人民所受苦痛之实际调查，开发新疆交通与富源之具体计划，开展新疆古代文化之研究。该刊分汉文和维吾尔文两种版本，内容不尽相同。每期卷首都刊有大幅新闻照片，卷末登有国内外伊斯兰消息。该刊对20世纪中期新疆的政治、经济、文化、教育和民族、宗教等问题以及地理状况，曾作过不少介绍。　（余振贵）

辩证学家　见穆台凯里姆。

别失八里事件　中国元代初年别失八里畏兀儿佛教上层屠杀境内穆斯林的未遂事件。据《拉失德史》记载，该事件发生于伊斯兰教历650年9月(1252年11月5日至12月4日)。《世界征服者史》载：蒙哥即位初年，窝阔台系宗王联合察合台系部分宗王阴谋发动政变，夺取汗位。蒙哥合罕朝中的书记八剌必阇赤(佛教徒)受窝阔台系宗王的派遣，前往别失八里联络畏兀儿亦都护萨仑的斤，计划组织5万人的军队，以策应政变。萨仑的斤、八剌及畏兀儿佛教贵族仳理伽忽底、孛勒迷失、不花、撒浑、爱的情赤等为了消灭境内的伊斯兰教势力，便密谋商定，用畏兀儿军队埋伏在清真寺周围，于某星期五聚礼时出动军队，将别失八里及邻近的穆斯林全部杀光，抢劫财产和子女。他们的密谋被仳理伽忽底的家奴帖格迷失窃听。后帖格迷失在与一穆斯林争吵中泄露了秘密。穆斯林们告到别失八里监治官赛甫丁处，帖格迷失亦立文书作证，而萨仑的斤及其同伙矢口否认，赛甫丁遂将案情上报蒙哥合罕。经过严刑审问，萨仑的斤、八剌等一一招供。根据合罕的命令，萨仑的斤被押回别失八里，在预谋举事的那个星期五，被当众处决，亦都护位由其弟斡根赤继承。其余同伙也受到惩处，帖格迷失归信了伊斯兰教。

（李进新）

殡礼　见者那则。

并波悉林　见艾布·穆斯林。

波罗泥都　见大和卓。

波斯人(Persians)　伊朗穆斯林主体民族。亦称“伊朗人”。人口2041万(1985)，约占全国总人口的46%。主要居住在伊朗中部和东部诸省。另有60多万散居在阿富汗和伊拉克等国境内。属欧罗巴人种南支地中海类型。语言属印欧语系伊朗语族。标准波斯语起源于巴列维地区。使用这种语言的人常称之为法尔西语，有时也称为中古波斯语。波斯人有记载的历史和文化始于公元前2700年。公元前2000年时，古波斯人游牧部落自中亚进入今伊朗地区，排挤了当地土著居民而定居下来。古波斯人包括许多部落，有梅德人、波斯人、帕提亚人、萨西亚人和西徐亚人等。公元前6～5世纪时，梅德人建立了厄克巴坦城邦，公元前8世纪，波斯人占领了今法尔斯地区后从这个地名获得了本族的名称，并建立了强大的波斯帝国。现代波斯人都是定居民，其中一半为农民，他们多从事灌溉农业，粮食作物主要是小麦、大麦和豆类。经济作物为烟草、甜菜、芝麻等。现已有部分农民转向石油和建筑业。工艺手工业历史悠久，地毯、陶瓷等闻名于世。波斯人在归信伊斯兰教前，多信仰祆教。642年阿拉伯哈里发帝国灭波斯萨珊王朝后，波斯人逐渐改信伊斯兰教。11世纪，伊斯兰教在波斯中占据了统治地位。16世纪初前逊尼派居优势地位。1502年波斯人建立萨法维王朝，立什叶派的十二伊玛目教派为国教。并采取一切行政措施推行什叶派，排斥逊尼派。现代波斯人中98%信仰什叶派。伊朗宪法规定，十二伊玛目派为国教，并规定立法会议颁布的一切法律必须符合伊斯兰教教义。伊斯兰法还规定有关穆斯林的婚丧礼俗、财产继承、子女抚养、宗教课程、教派争端等事宜都一律由教法裁决。政府不承认国内存在穆斯林少数派，但却承认有非穆斯林民族。什叶派宗教教职人员分有公职和无公职的两类，一般著名毛拉都具有半官方地位。伊朗穆斯林的初级教育，一般在大清真寺内进行。主要学习《古兰经》和波斯文经训常识。经学院属中等宗教学校。此外还有高级宗教学院，由著名毛拉任教，系统讲授伊斯兰教义学、哲学和法学。大毛拉和阿亚图拉均出自库姆神学院。波斯人信教虔诚，极重视一年一度的朝觐、斋戒和哀悼日(阿舒拉日)的宗教仪式。妇女外出必须饰面纱。日常生活亦受教法的

严格制约。（伊力奇）

波斯体（al-Khaṭṭ al-Fārsi） 阿拉伯文书法体之一。15世纪形成于波斯(今伊朗)的阿拉伯书法体，故名。发明者为15世纪波斯著名阿拉伯文书法家米尔·阿里·大不里士(约1360～1420)，并使该体成为波斯历代相传的一种新书体。16世纪起，该体先后传到土耳其、阿富汗、印度、马来西亚、菲律宾、中国等地，影响广泛。波斯体来源于纳斯赫体，后集“纳斯赫”与“塔里格”(Ta'liq，悬体)于一体，自成一派，该体属草书，一般不标音和点缀。字母大小长短悬殊，词句间隔松紧不等，其中曲线笔画较为突出，书写时要随时变换笔头，以随势运笔。从整体看，该体自上而下向右倾斜，字形圆润、潇洒，有如行云流水，跌宕多姿。最初，广泛用于皇家及日常通信，抄写伊斯兰经籍，后发展到文化艺术的各个领域。传统上被看作最优雅的书法体。（陈进惠）

波斯诸语（Persian Language） 伊朗的国语和阿富汗的两种官方语言之一，中亚塔吉克共和国的主要语言。在阿富汗和中亚又称为“塔吉克语”。中国称为“法尔西语”。中国的塔吉克族使用东部伊朗语的瓦罕和萨里库尔方言，与此不同。伊朗约有4000万人使用；阿富汗约500万人使用。全世界操波斯语的人口约5000万。波斯语属于印欧语系之印度—伊朗语族。约公元前2000年操印度—伊朗原始母语的雅利安人西迁，经中亚分别进入伊朗和印度本土。其语言逐渐形成印度、伊朗两大系统。伊朗(Iran)的名称即来自雅利安这个词。伊朗语言的发展分为3个阶段：古伊朗语、中古伊朗语、新波斯语。古伊朗语的代表为“阿维斯塔语”(Avesta)和锲形铭文语。“阿维斯塔语”为东部波斯语，是祆教经典所使用的语言。锲形铭文语为西南部波斯语，是波斯帝国的官方语言，也是现代波斯语的直系祖先。公元前4世纪，古希腊马其顿亚历山大东征灭波斯帝国后，古伊朗语逐渐停止使用。中古伊朗语分为东、西两大系统。东部中古伊朗语包括花剌子模语、粟特语和中国发现的和田塞语。西部中古伊朗语包括巴列维语、摩尼中古波斯语、摩尼安息语等。其中巴列维语和摩尼中古波斯语是锲形铭文语的后裔，属于同一个语言系统；安息语属于伊朗本土东部方言。巴列维语是波斯萨珊王朝的官方语言，它的文献在中国发现的只有现存西安碑林博物馆的“唐苏谅妻马氏墓志”，摩尼中古波斯语和摩尼安息语只发现于中国吐鲁番地区，它们是古代入华的信奉摩尼教的波斯人和安息人所使用的语言。

公元7世纪阿拉伯人灭萨珊王朝后，推行阿拉伯语及文化，中古波斯语逐渐被废弃。原来的巴列维与安息语融合后产生了新波斯语，又称为“达里语”。“达里”(Dari)意为“宫廷”。由于新波斯语是萨曼王朝宫廷中通行语言，故由此得名。它后来取代阿拉伯文，在公元9～10世纪成为东部穆斯林世界通行的书面语。新波斯文采用阿拉伯文字母体系，又在以阿拉伯字母B、J、Z和K的基础上创造了P、ch、zh和G4个字母，还从阿拉伯语中借入了大量的词汇。其语法与中古波斯语很接近，要点为：名词、代词、形容词无性和格的差别；波斯语本族名词单复数按规则变化，但阿拉伯语借词则按阿拉伯语变化；不使用冠词。动词一般有两个词干；现在词干和过去词干，其变化规则分为规则变化和不规则变化两类，有6种人称变位形式。时态有：将来时、现在进行时、现在完成时、过去时、过去进行时、过去完成时、假定时等。语态有：陈述式、命令式等。句法上与印欧语系其他语言大同小异，都有从句结构。元代中国把波斯文称为“回回字”或“蒲速蛮字”。元政府各级机构都设有“回回译史”等专职译写文书。中国穆斯林的宗教用语和经堂教育用语中有大量的波斯语语汇。（刘迎胜）

伯克（Bak） 见贝伊。

伯克制度 18～19世纪中国清朝政府在新疆推行的一种封建统治制度。“伯克”系突厥语音译，意为“首领”、“管理者”等。原为突厥汗国的官号，初见于8世纪的突厥文碑铭，为显贵和统治者的尊称。古代汉文献中译作“孛阔”、“孛可”、“别乞”、“别吉”等。其语源说法不一，一说源于波斯语，一说汉语中的“匐”即是“伯克”的异音。古代维吾尔族中，“伯克”这一称号一直被沿用，系世袭地方官吏或头人们的通称。乾隆二十四年(1759)，清朝平定大小和卓叛乱时，将“伯克”制度加以改革，废除世袭制，作为对新疆地区统治的基层行政制度。经和田参赞大臣舒赫德奏请朝廷批准，首先任命了阿克苏原有的阿奇木伯克为三品官，伊什罕(亦作伊沙噶)伯克为四品官，噶匝纳奇伯克为五品官，其余伯克密喇布等为六、七品官，并宣布“其余各城，具一体办理”。从此，伯克制度便在除哈密、吐鲁番以外的南疆维吾尔地区普遍确立、沿袭，遂形成清代在新疆的一种官吏制度。据《西域图志》、《西域见闻录》和《回疆志》等记载，这一时期南疆各维吾尔地区所设伯克名目达35种之多，并仿内地官吏分别厘以三品至七品不等的品级。最高者为阿奇木伯克，大都由哈密、吐鲁番王族及先前归附清军的有功伯克担任，分别管理当地城乡大小事务，设立公署，并设伊什罕伯克以佐之。其下复设各种伯克分任田赋、租税、水利、匠役(手工业)、商务、军事、交通、宗教等诸务，各有专司。其中，管理伊斯兰教务者达5种，即哈孜伯克(教法官，总管一切刑名事务)、茂特色布伯克(教习经典、整饬教务、领导礼拜)、帕察沙布伯克(按教法监督刑罚的法官之一)、拉雅哈孜伯克(办理穆斯林财产词讼事务)和斯帕哈孜伯克(办理民事纠纷)。各城的伯克初无固定名额，视城市大小和事务繁简而定其额。其任免升调，规定三品至五品的伯克，由本城大臣提名报送喀什噶尔参赞大臣复审，奏报军机处审批；六、七品伯克，年终汇奏参赞大臣补放。大小伯克在任期内，可根据自己的品级、职掌，领得养廉地亩和称作"燕齐"的种地奴仆。如三品伯克拨付200帕特玛(一帕特玛约合四石五斗)籽种地，种地奴仆100名；四品伯克拨付150帕特玛籽种地，奴仆50名；五品伯克拨付100帕特玛籽种地，奴仆30名；六品伯克拨付50帕特玛籽种地，奴仆15名；七品伯克拨付30帕特玛籽种地，奴仆8名。另外，对有军功者则可豁免一切田赋与差徭。伯克们对维吾尔族群众的剥削压迫十分残酷，多次激起农民的武装反抗。光绪十年(1884)新疆改建行省后，清朝政府废止了维吾尔地区的伯克制度，代之以州县制。但仍保留伯克的品级，以"士绅"相待；有的伯克后来还充当州、县衙门的官吏和乡约。（马启成　丁　宏）

伯纳德·路易斯(Bernad Lewis，1916～)　当代英国著名东方学家。生于伦敦。在伦敦和巴黎接受高等教育，获得博士学位。曾在英国外交部和军方部门工作。从1950年起陆续撰著出版了十几部有关阿拉伯—伊斯兰教的研究专著。70年代初任英国伦敦大学中近东史教授，1974年到美国普林斯顿大学执教，1989年被美国全国人文学科基金会选为当年杰弗逊人文学科主讲人。其主要著作有：《历史上的阿拉伯人》、《剑桥伊斯兰教史》、《伊斯坦布尔与奥斯曼帝国的文明》、《中东与西方》、《穆斯林对欧洲的发现》、《伊斯兰教的政治语言》等，多被译成阿拉伯文、中文等。他的学术观点公允、客观，是东、西方学术界公认的阿拉伯问题与伊斯兰教研究权威和伊斯兰教—中东问题的多产作家。（黄陵渝）

泊镇清真寺　中国伊斯兰教清真寺。坐落在河北省泊头市泊头镇街南头，即渤海之滨隋朝开凿的大运河西堤。建筑年代尚无定论，据传始建于明洪武年间(1368～1398)，后经建文、永乐、万历时几经修葺，崇祯年间扩建。现寺内匾额有清"康熙四十一年"(1702)的题字，后殿墙砖上有："光绪三十四年(1908)重修"题字，另有砖刻记有清代嘉庆、咸丰和民国十七年重修的字样。据建筑专家根据大殿结构和细部型制推断，认为约清初所修建。全寺占地11200平方米。寺正门仿北京紫禁城午门式样，门楼巍峨。正门两侧有雕刻的扇形八字墙陪衬，墙两边各有一便门，朱红门扇，上端为武式古栅出厦。前院南北各有义学堂10间，中间有近20米高的邦克楼，为二层重檐轿子顶。后院有南北陪殿20间，有明代木构特色的花殿阁，饰以木雕字画和花纹图案。穿过殿阁门，为花墙丹樨，丹樨两边有南北讲堂20间，专设经堂小学和经堂大学。礼拜大殿前有月台，月台前部正中建有屏门1座。屏门左右沿月台有砖栏杆围护。大殿东西长55米，南北宽29米，面积为1950平方米。大殿分前、中、后3殿合一，称"九九八十一间"。建筑构架高大，前部为起脊屋顶，突起高耸，中部较低为歇山卷棚，后窑殿呈方形为攒尖顶。殿顶架起六角形亭子，顶部用方木叠落成藻井形式，突然高起，飞檐四起，角亭对立。后庭院有沐浴室16间，对厅4间及女寺。大殿正门两侧悬有明、清皇帝及名人题匾18块。全寺楼台殿阁，成垂一线，布局合理，对称协调，具有中国宫殿式建筑风格。1981年由政府资助全面修缮。1982年被列入河北省重点文物保护单位。（杨克礼）

渤泥国(Saltanah Borneo)　15世纪在东南亚加里曼丹岛北部文莱一带建立的伊斯兰教国家。亦译"勃泥"、"佛尼"、"婆罗乃"。原为一古国。据中国史籍《诸蕃志》、《岛夷志略》等记载，13世纪时渤泥共辖14州，首都居民达万人。盛产龙脑香，百姓"煮海为盐，酿秫为酒"。14世纪，渤泥人"崇奉佛像唯严"。14世纪末，渤泥被爪哇的麻喏巴歇国占领，成为其附属国。来自阿拉伯和印度的穆斯林商人已在该地进行贸易。15世纪初，马六甲素丹国兴起后，渤泥为其藩属国，伊斯兰教在渤泥得到传播和发展，王室成员贵族和大商人多改奉伊斯兰教。15世纪中叶，渤泥国王已改奉伊斯兰教，宣布脱离马六甲国独立，国王改称素丹，立伊斯兰教为国教，正式建立素丹国。素丹为宗教和世俗领袖，宫廷设四位大臣和八位副大臣，处理政务。素丹实行伊斯兰教法，设立教法官(卡迪)，建清真寺和宗教学校，传播伊斯兰文化。16世纪初，在第五世素丹博尔基亚当政时，国势昌盛，经济发展，商业繁荣，伊斯兰文化得到广泛传布和发展。版图除加里曼丹岛外，还有侵占了的苏禄群岛。史称这一时期为渤泥历史的"黄金时代"。17世纪初，因王室内讧转衰。18世纪下半叶，英国殖民势力侵入。19世纪初，仅领有沙捞越和加里曼丹岛北部。1888年，沦为英国保护国。渤泥国同中国在历史上往来密切。宋至道三年(997年)和宋元丰五年(1082年)两次遣使节到中国通好。明洪武三年(1370年)中国亦派使节至该国访问。明永乐三年(1405年)，渤泥国王麻那惹加乃携家眷陪臣来华访问，1408年病殁，明朝厚葬于南京安德门外，建有陵墓。明永乐十年(1412年)，继任国王遐旺又来中国访问。（杨克礼）

渤泥国王墓　15世纪渤泥国王麻那惹加乃之墓。亦称"回回坟"。在今江苏省南京市郊乌龟山南麓。渤泥国即今文莱素丹国。旧译"婆罗乃"。中国史籍称"渤泥"。渤泥是Brunei的音译，阿拉伯语为Dar al-Salam，即"安乐世界"或"和平之国"。该国居民原信奉佛教，后归信伊斯兰教，15世纪以后国王奉伊斯兰教为国教。北宋太平兴国二年(977)即与中国建立友好往来，明洪武四年(1371)国王马哈谟沙曾遣使祝贺明王朝的建立，明永乐三年(1405)渤泥国王麻那惹加乃(1380～1408)遣使入贡，明成祖朱棣"遣官封为国王，赐印诰、敕符、勘合、锦绮、彩币"。永乐六年(1408)麻那惹加乃率其妻、弟妹、子女、陪臣等150多人，来明都南京作亲善访问，受到朱棣的热烈欢迎。同年10月麻那惹加乃病故于南京，年仅28岁。临终前嘱咐妻子等，希望"体魄托葬中华"。朱棣感其诚，赐谥"恭顺王"，用王礼葬于今南京市郊雨花区铁心桥乡东乡花村的乌龟山南麓。并在墓侧立祠，每年春秋二季，派人祭扫。明代著名文学士胡广曾为之撰写《渤泥国恭顺王墓碑》。当地群众世代称渤泥国王墓为"回回坟"。该墓在1958年全国文物普查时被发现并修复，被定为江苏省文物保护单位。渤泥国王墓现存文物有：石马2座（高1.35米，长2.05米）、石马伕2座（身高1.60米）、石羊2座（身高0.91米）、石虎2座（身高1.40米）、石翁仲（武将）2座（身高2.30米）。《渤泥恭顺王墓碑》高4米，宽1.09米，厚0.30米，另有华表石柱础和祀祠石柱础若干方。渤泥国王墓神道石刻的人像面部，均为高鼻梁、拱嘴唇、胡须为八字形翘起，胸前打领结，系模拟外国人形象之作，它异于其他明代石刻，十分引人注目。该墓及其文物反映出中国同文莱国之间的友好往来源远流长。　（米寿江）

晡礼（Ṣalāt al-'Asr）　见礼拜。

卜哈提亚尔巴巴坟　中国伊斯兰教古墓。相传卜哈提亚尔是一位阿拉伯名医，南宋时携二高徒来华，居留杭州。他们用西域医术为回、汉百姓治病，颇有名声，受到百姓爱戴，归真后葬于江苏省杭州市古城边。民国时期拆城墙发现该墓，一穴三坟，一大二小，均为青石砌造。遂迁葬于南山路清波门北面转角处，后人敬其高洁，尊称"筛海坟"，"巴巴坟"，并筑墓园一座。白云居士《游杭快览》云："外围以铁栏，石棺堆立，花纹极细，古意盎然"。墓园是半圆形，占地145平方米，青石铺地，前有剑形铁栅门，背有雕花砧样，园内种植松柏及花草。古墓3冢，均用整块太湖石和大青石凿刻组装而成，上有万团花、玫瑰花、云牙花，祥云万朵，雕刻极为精细。陇右马福祥曾捐金修建该墓，并勒石题词。碑文云："杭州拆城时，出古墓三冢。据阿拉伯文碑，为天方先贤哲卜哈提亚氏及从者之墓。当道拨清波门外隙地付邑绅改葬。丁卯夏余游西湖，为捐金以落其成。九月偕内子书诚重来敬题三绝，付金敬秋刊之石，以志敬仰。陇右马福祥拜记。"丁卯夏，当即民国十六年（1927）。所题三绝，题名"天方先哲卜哈提氏墓"，曰："临安处古繁华地，南渡君臣一瞬间；七百年来五气歇，独留荒冢对青山。穆教千年万化宗，宣扬经典肆东封，清波门外西湖路，却胜骊山几万重。天方先哲留三冢，其产出自中亚西；阿拉伯文传姓字，不烦冥漠为君题"。"文化大革命"期间，该墓被拆毁，马福祥碑及其所言阿拉伯文碑均不复见。尚存奠基石2方，一方为"清真先贤卜哈提亚尔墓"，一方为"回教清真凤凰寺"，字迹清晰可见。为缅怀先贤，抢救古迹，杭州市伊斯兰教协会进行了修复工作。　（丁云山）

不阿里（1250～1299）　中国元代居华穆斯林官员。又名"孛哈里·撒亦的"。西域合剌合底城人。其父是马八儿国（Maābar元代南印度半岛东部伊斯兰王国）国王的六弟。朝鲜《东国通鉴》称其为"马八儿王子"。不阿里曾任马八儿国宰相，为沟通元朝与伊儿汗国之间的政治、经济交往做出过积极贡献。后受其伯父们的排斥，于至元二十八年（1291）来华定居于泉州，受到元世祖忽必烈的保护，授以资德大夫、中书右丞、商议福建等处行中书省事，赏赐巨款，并赐妻蔡氏，生子1人、女2人。不阿里于大德三年（1299）奉旨入朝，十月在京城去世。元成宗铁穆耳"诏赐宝钞贰万伍千缗，以驿传负其梓归葬泉州。"详载于元代刘敏中撰《景义公不阿里神道碑铭》之中（见《中庵集》卷4）。

（陈达生）

不鲁罕丁（Burhān al-Din，1229～1370）　中国元代居华著名伊斯兰教学者。今译"布尔汗丁"。原籍伊朗卡泽伦城（Kāzarūn），皇庆年间（1312～1313）随贡使到泉州，住在排铺街，被聘为泉州清净寺的掌教。1345年时曾在泉州城郊主持一座小道堂。至正九年（1349）他虽已120岁高龄，仍精健如中年人，以其博学和德才被任命为"摄思廉"（即伊斯兰教长老），成为泉州穆斯林的最高首领。时值清净寺年久失修，寺产被人霸占，不鲁罕丁率穆斯林诉讼获胜，在穆斯林富商金阿里的资助下，重新修葺了该寺。以其"摄思廉"称号的首音"摄"（Shaikh，今译"谢赫"），而取"夏"字为汉姓。其子夏敕继承父业，继任泉州"摄思廉"。夏敕次子夏文南，明永乐年间随郑和三次下西洋，担任总旗官。明洪武三年（1370）去世，享年142岁。

（陈达生）

布尔萨（Bursa）　土耳其西北部古城，布尔萨省首府。位于乌卢山北麓，北面临近马尔马拉海。据传于公元前3世纪就已建城镇，当时名布鲁萨。在拜占庭帝国统治时，为一军事要地。14世纪，奥斯曼帝国素丹奥尔汗在此首次建都，修建了土耳其第一座清真寺和伊斯兰教经学院，为当时宗教和文化中心。17世纪，是帝国的三京之一，仅次于伊斯坦布尔的第二大城市。1855年大地震时受到严重破坏。该城多伊斯兰教古迹。城东有著名的清真寺和古墓，其中建于1421年的清真大寺，规模宏大，是一座有20个圆顶的建筑，以多种花纹装饰的墙壁闻名。在寺的附近，有土耳其素丹穆罕默德一世的陵墓。城西有建于15世纪的穆拉迪耶清真大寺，寺旁是素丹及其眷属的陵墓。市郊台地上有奥斯曼帝国的创立者奥斯曼一世及其子奥尔汗的墓地。其他名胜古迹还有布尔萨城堡、切基尔盖温泉、考古博物馆，18世纪素丹故宫、墓地等。

（杨克礼）

布哈拉（Bukhara）　中亚细亚古老名城，乌兹别克共和国布哈拉州首府。旧译“蒲华”、“不花剌”等。位于泽拉夫尚河下游，居布哈拉绿洲中心。“布哈拉”一词，为梵文“修道院”之意，长期为宗教中心。公元前1世纪建城。8世纪初，阿拉伯伍麦叶王朝哈里发瓦利德派兵征服了中亚一带，占领了布哈拉，伊斯兰教随之传播。9～10世纪时为中亚萨曼王朝(875～999)国都，成为中亚伊斯兰教的学术文化中心。学者云集，人才辈出，如著名圣训学家布哈里出生于此，哲学家、医学家伊本·西那曾在此就学和从医。后由喀喇汗王朝和黑契丹人所控制。1220年为蒙古成吉思汗占领，1370年又落入帖木儿帝国之手。15世纪后期，蒙古帖木儿帝国瓦解，游牧部落的乌兹别克人从北部进占中亚，16世纪初建立布哈拉汗国，定都于此。布哈拉汗国以伊斯兰教为国教，布哈拉城成为伊斯兰教学术文化中心，并同中国、印度和俄罗斯建立了商队贸易。1740年被伊朗占领。1920年以后为中亚乌兹别克共和国布哈拉州的首府。历代王朝修建了许多的建筑物，使其成为宫殿、清真寺、陵墓、经学院和市场交错的名城，享有“博物馆城”之称。现尚存有140处富有伊斯兰特色的古建筑物，最著名的是10世纪初的伊斯玛仪·萨曼陵墓，它是中亚伊斯兰建筑艺术的代表作。12世纪所建的卡梁清真寺及旁立的46.3米的尖塔为该城最高建筑物。此外还有查尔清真寺、拉希姆汗清真寺、谢伊费德丁·布哈尔兹陵墓等。在阿尔卡禁城内有宫殿、造纸厂、国库等建筑物。埃米尔宫占地3公顷，是布哈拉汗王的宫院。布哈拉曾是伊斯兰学术研究的中心，先后建有多所经文学校和伊斯兰教高等学府。1417年创建的兀鲁伯经学院，1509年建立的库克尔达什经学院、1536年建立的米尔·阿拉伯伊斯兰经学院，均为中亚地区最大的宗教院校。在萨曼王朝时代，文学和科学都很发达。其时布哈拉宫廷图书馆藏有很多珍贵手稿和伊斯兰经籍，每一门科学和文学书籍都设专门陈列室藏存。 （杨克礼）

布哈拉埃米尔国 见布哈拉汗国。

布哈拉汗国(Bukhara Khanates) 中亚河中地区乌兹别克人建立的伊斯兰教国家(1500～1920)。亦称“布哈拉埃米尔国”。位于阿姆河东北地区。汗国历经3个王朝。1500年，乌兹别克首领昔班尼(1451～1510)率兵自北进入河中地，占领撒马尔罕，推翻帖木儿后裔在中亚的统治，建立昔班尼王朝(Shaybani，1500～1598)。原设都于撒马尔罕，1561年迁都布哈拉，遂称布哈拉汗国。1505年，昔班尼夺取花剌子模，1507年攻取赫拉特，灭帖木儿帝国。1510年，昔班尼为费尔干纳统治者巴布尔和萨法维王朝联军所败，阵亡于木鹿(今马里)。1512年其侄欧拜杜拉汗执政时，率军在尼尔杜万战役中打败萨法维王朝和巴布尔的军队，恢复和巩固了乌兹别克人在河中地区的统治。在阿卜杜拉汗二世统治时，国势强盛，重新征服呼罗珊、花剌子模，夺取费尔干纳和塔什干，并侵入哈萨克草原腹地。1598年阿卜杜拉汗二世死后，国内动乱，呼罗珊等地复失。1599年，阿斯特拉罕王朝(Astrakhan，1599～1753)开始统治布哈拉汗国。该朝伊玛目库里汗在位时，加强中央集权，以伊斯兰教法治国，政治经济相对稳定，商业繁荣，纺织品、陶器、纸张远销国外。其后乌兹别克各氏族割据势力日渐强大，王族内讧加剧，印度莫卧儿王朝和希瓦汗国也乘机频繁入侵。苏布罕库里(1680～1702在位)在抵御外部入侵和平定内乱中取得一定成就，但汗国日趋衰落和陷于分裂。1740年，伊朗纳迪尔沙入侵，艾布·哈兹汗(1711～1747在位)投降。1753年，汗国大臣穆罕默德·拉希姆篡汗位，建曼格特王朝(Mangyt，1753～1920)。在第三任统治者沙穆拉德(1785～1800在位)执政时，采用“埃米尔”称号，他实行行政和财政方面的改革，兴修水利，发展农业，加强了汗国的中央政权。埃米尔纳斯鲁拉(1827～1860在位)统治时期，加强军队建设，不断扩张领土，力图称霸河中，多次对浩罕进行军事干涉。1868年，在穆扎法尔(1860～1885在位)统治时期，汗国沦为俄国的附庸。1920年9月，当地人民和红军推翻曼格特王朝，布哈拉汗国灭亡。

布哈拉汗国为政教合一的军事封建国家。汗国奉伊斯兰教逊尼派教义为国教，实行伊斯兰教法和部落习惯法相结合的司法制度，和卓家族、伊斯兰教长老在宗教和政治上享有较高的社会地位。苏菲派纳格什班迪耶教团和库布拉维耶教团受到汗国的尊崇，赐封有大量土地，建有豪华的麻札。汗国将伊斯兰文化加以继承和发展，撒马尔罕和布哈拉仍为中亚伊斯兰学术文化中心，除对原有的清真寺、图书馆、天文台修葺扩建外，汗国新建有多所清真寺和伊斯兰教经学院，其中撒马尔罕的希尔达尔伊斯兰经学院为中亚地区伊斯兰教育中心，培养了大批学者。苏菲派学者对《古兰经》和圣训作了注释和考证。文学、史学盛极一时，建筑、绘画、书法等也达到较高的艺术水平。 （杨克礼）

布哈里(al-Bukhāri，810～870) 9世纪伊斯兰教圣训学家、圣训集录家。全名穆罕默德·本·伊斯玛仪·本·易卜拉欣·布哈里。因出生于中亚布哈拉，故得此名。祖上系波斯农家，其父伊斯玛仪是著名伊斯兰学者，曾被誉为“虔敬善良的学士”。布哈里幼年丧父，由母抚养、教育。10岁时在家乡各地投师求学，背记圣训，学习教义学和教法学。18岁即设帐讲学。后他为进一步辑录、研究圣训，曾游学巴里黑(今阿富汗巴尔赫)、木鹿(今土库曼斯坦境内马里)、内沙布尔、巴格达、巴士拉、库法、麦加、麦地那、希贾兹、大马士革以及埃及等地，寻访圣训传述家、收藏家和背记人，全面搜集圣训正文和圣训传述世系，并同他们探讨、切磋圣训学上的疑难问题。据穆斯林学者考证，他用16年时间，从1080位谢赫那里听取、记录了60万段圣训素材，经过筛选和剔除，把穆罕默德的言行与其门弟的言行和再传弟子的判例加以区别，精选出9397段他认为真实可靠的圣训，并按内容进行综合分类，划分为97章，汇编为《布哈里圣训实录》集。布哈里所处的时代正值阿拔斯王朝第七任哈里发马蒙（786～833）等执政时期，当时帝国首都巴格达和大马士革、开罗以及中亚各城市科学文化繁荣发达，同时各种学术思想和政治倾向间的斗争也十分激烈，各家各派为标榜自己的思想主张，或为政治上迎合权贵而无不假托伊斯兰教先贤之口伪造圣训。故布哈里把自己一生的精力用于甄别真假圣训、订正圣训传述世系的工作上。他搜集圣训的指导思想是"全面考证圣训的来源，深入考察传述人的历史，用以区分良莠，反对异端邪说"。

布哈里早年敬奉沙斐仪教法学派的主张，后来他在研究圣训和完成他的《实录》集的过程中，引用《古兰经》中有关教法的原则规定，并结合圣训演绎出自己与众不同的一些教法主张，他提出：一桩生意能否在教法上成立，应依据社会公众的惯例而定；可以背谈坏人和嫌疑犯的罪恶行为；妇女可以对一般男人进行礼节性拜访等几十种通权达变的主张。布哈里在圣训学上具有独到见地，他综合各家见解并在他们研究成果的基础上提出了自己有关集录和考证圣训的原则和方法，拟定了规范的学科概念和研究对象。他主张：圣训传述人都必须公正可靠；传述世系必须前后联结而无中断和遗漏传述人的现象；传述世系还要上溯到一位著名的圣门弟子；传述人和受传人必须是同时代的人，且要当场口耳相传；传述世系中的人物应不少于4人等等。因此，他所辑录的圣训受到普遍公认和重视，在他的同辈学者中常被广泛引述和应用。

布哈里在伊斯兰经学史上享有很高地位和声誉，被称为"圣训学的伊玛目"，他的弟子穆斯林·本·哈贾吉（821～874）称他是"老师之老师"。他长期在外游学，晚年回归故里后，因涉嫌"《古兰经》被造"问题而被布哈拉王驱逐，后卒于撒马尔罕附近的哈尔坦克。他的陵墓至今犹存，世界各地穆斯林常往参谒和凭吊。他的重要著述还有《圣门弟子和再传弟子的教法判例》、《人的行为被造问题》、《孝顺父母》、《大史》、《小史》等。　　（马忠杰）

《布哈里圣训实录》（Ṣaḥīḥ al-Bukhārī）　9世纪伊斯兰教逊尼派权威圣训经典。由中亚布哈拉圣训学泰斗伊玛目布哈里（810～870）辑录汇编，在伊斯兰世界与《穆斯林圣训实录》并称为"圣训两真本"（al-Ṣaḥīḥān），并作为范本排列在该派著名的"六大圣训集"之首。该书系编者从长期搜集、笔录的60万段圣训素材中经过考证、核实，精选出9397段他认为最真实可靠的圣训，按内容性质进行综合平衡，分门别类予以辑录定本，共分9卷，题名为《布哈里圣训实录》集。第1卷卷首附有编者的长序，用传述材料讲述伊斯兰教所强调的诚意、忠诚和天启的意义，简略介绍了穆罕默德初期的传教活动和拜占庭皇帝希拉克略（？～641）的反映与评论。该集章节的划分，因版本不一而略有出入，大体分为97章，3420多节。每章开头都引用与其主旨相关的《古兰经》经文，以相互印证；每节前面又有编者所加的内容提要。全集内容概括起来主要有：信仰、知识；洁净、月经与病血；拜功、聚礼、会礼、天课、朝觐、斋戒；丧事与殡礼；麦加和麦地那两圣地的尊贵与地位；商业经营、租赁、典押；汇兑、转账、合营、代理、借贷；农耕、水利；诉讼、作证、调解；馈赠、遗嘱、继承；圣战、历次战役、致部分邻国君主书；《古兰经》与注释；婚姻、离异、家庭生活、子女；饮食、禁酒；宰牲、狩猎；看望病人、医药卫生；衣饰、仪节、处世做人；刑律、血金、祸患；前定、坚持经训、认主独一等方面的论述、判断和行为范例。该集问世后，在伊斯兰教界和学界影响广泛，不少学者发表了评论，给予充分肯定和赞扬，成为学者们进行讲学、教育、宣教和创制律例的依据。伊拉克伊斯兰经学家伊本·萨拉赫（1181～1245）曾说：《布哈里圣训实录》所收圣训均系编者经过严格考证后精选的圣言圣行，且都附有完整连贯的传述人物线索，最为真实可靠。该集在伊斯兰经学文化史上占有重要地位，流传和影响范围极广。后世学者为其所作的通注和简注多达82种，其中巴勒斯坦学者伊本·哈杰尔·阿斯格拉尼（1372～1449）的《法塔赫巴利》（Fatḥ al-Bārī）和叙利亚阿勒颇圣训学家白德伦丁·艾尼（1361～1451）的《欧姆代图嘎利》（'Umdat al-Qārī，11册）最有影响。该集现有1894～1896年埃及埃米尔出版社出版的4册合订本，20世纪以来在中国亦有流传，并在西北地区一些清真寺经堂教育中讲授。其选编本《布哈里圣训实录精华》和《圣训真宝》等已被译为汉文出版。

（马忠杰）

《布哈里圣训实录精华》维吾尔文本　中国维吾尔文伊斯兰教经籍。维吾尔族伊斯兰教学者穆罕默德·萨利赫根据埃及幸福出版社阿拉伯文第3版首次译成维吾尔文。呼加·阿卜杜拉·奥斯曼校订。民族出版社于1981年在北京刊印。译者参考了多种阿拉伯文注释本，对原文作了精细推敲。同时根据读者需要，对有些术语和短语在括号内加了详注，对原文所引《古兰经》中的文句，在括号内注明了章节，对部分词语还作了脚注。对原文中在先知名字后附加的"阿莱希·塞拉姆"（意为"祈安拉赐给他平安"）及在圣门弟子名字后附加的"拉迪耶拉乎·艾奈乎"（意为"愿安拉喜悦他"）两个特有的阿语后缀修饰语，按维吾尔语传统译法，仍以原音译写，既反映了阿拉伯语的典雅特色，又尊重了维吾尔族穆斯林读者的思想感情。

（马维汉）

布基纳法索伊斯兰教　布基纳法索位于非洲西部内陆沃尔特河上游，面积27.4万平方公里。全国人口为850万（1978）。全国有60多个部族，沃尔特族系中的莫西人占半数，还有格鲁西人、富拉尼人等。全国居民中有30%的人信奉伊斯兰教，穆斯林人数为250万(1985)。其余信原始宗教及天主教。居民多数讲沃尔特语和曼丁哥语，官方语言为法语。首都瓦加杜古。9世纪曾建立莫西王国。13～15世纪是马里王国的一部分。15世纪莫西帝国开始同信奉伊斯兰教的桑海人发生联系，1497年桑海帝国统治者阿斯吉亚·穆罕默德向莫西帝国发动了“圣战”，企图使莫西帝国接受伊斯兰教，但收效甚微。16世纪时，从北部来到这里经商的亚尔赛人积极传播伊斯兰教。18世纪莫西的统治者逐渐地接受了伊斯兰教。19世纪中期，伊斯兰教学者哈吉·马哈茂德·卡朗多，在这里积极进行传教活动，建立清真寺，并发动“圣战”，使伊斯兰教推广到许多地区的居民中间。另外，19世纪时，非洲北部和东部地区信仰伊斯兰教的一些游牧部族相继移居上沃尔特境内，增加了穆斯林居民的人数。1909年沦为法国殖民地，将领土分割，划归马里和尼日尔等。1960年独立，定国名为上沃尔特共和国。1984年改现名。布基纳法索的穆斯林属于逊尼派，教法上遵奉马立克学派。在宗教仪式上受苏菲派影响较大，主要教团有嘎迪林耶、提加尼、哈马利教团等。全国建有30多座清真寺，有古兰经学校80多所。全国性的伊斯兰教组织有上沃尔特伊斯兰团体和穆斯林青年和文化委员会。布基纳法索是“伊斯兰世界联盟”的成员国。

（杨克礼）

布吉人(Buqinese)　印度尼西亚穆斯林民族之一。又译“布吉斯人”。人口395万(1985)。主要分布在苏拉威西岛西南部、加里曼丹岛东南部和小巽他群岛部分地区。语言属南岛语系印度尼西亚语族。通用印度尼西亚国语和马来语，有拉丁字母拼音文字。据认为，他们与望加锡人、爪哇人、巽他人和马都拉人等民族同为公元最初几个世纪由亚洲大陆进入马来群岛的新马来人的后裔。属蒙古人种马来类型。是苏拉威西岛上7个民族群体中最大的民族。在经济和文化上与望加锡人相近。绝大多数人种植稻米或在近海捕鱼。布吉人自古以来擅长航海。他们的历史故事、神话、传说在印度尼西亚民间文学宝库中占有一定地位。14世纪末叶，在苏门答腊、爪哇等地曾相继建立了一系列素丹国家。伊斯兰教发展十分迅速，并传入苏拉威西岛南部。15～16世纪，以布吉人为主的苏拉威西岛的民族几乎全部归信了伊斯兰教。现布吉人中约80%以上信奉伊斯兰教，遵奉逊尼派沙斐仪学派教法。布吉人的婚礼一般在清真寺举行，由毛拉主持，朗诵《古兰经》以示祝福。丧葬、割礼等习惯也都遵守教法规定。在生产和家庭生活中时有崇信神灵，相信黄道吉日等传统观念。（伊力奇）

布拉敦　见大和卓。

布拉格(al-Burāq)　伊斯兰教传说中的天马之名。阿拉伯语音译，意为“天马”、“仙马”。据《列圣故事》说，621年，伊斯兰教先知穆罕默德约于伊斯兰教历7月27日夜晚在大天使吉卜利勒陪同下，乘布拉格天马由麦加行空飞至耶路撒冷，稍作停留后遂在萨赫莱清真寺的岩石上重乘此马升霄，遨游七重天。据一些古兰经注学家称，布拉格天马为一天仙，貌似人形，体同马形，生有两翼，飞速如光，它奉真主之命前来载乘穆罕默德升霄。曾在萨赫莱清真寺旁留有拴马柱。这一传说至今仍在世界穆斯林中广泛流传，有的还根据传说和想象绘制有不同形态的天马行空图。

（马忠杰）

布拉灰人(Brahuis)　南亚和西亚的穆斯林民族。人口81.5万(1985)。绝大多数分布在巴基斯坦西南俾路支省。此外，尚有10多万人居住在阿富汗、伊朗及土库曼共和国。语言属达罗毗荼语系西北语族的一支，含有大量俾路支语、信德语和波斯语的借词。没有文字。部分居民兼通俾路支语。布拉灰人的民族起源可追溯到公元前2500～1500年印度河流域文明创造者——古达罗毗荼人时期。当古达罗毗荼人受北方民族排挤，进入印度南部后，少数滞留原居住地的古达罗毗荼人则与后来迁到这里的外来民族长期融合形成为今日的布拉灰人。现在，他们多与早先来自西部克尔曼地区的俾路支人相杂居。在一些地区(阿富汗和伊朗)已被俾路支人和信德人同化。在巴基斯坦，布拉灰人社会还保留许多氏族部落和部落联盟组织。据巴基斯坦20世纪50年代人口调查，他们分为萨纳瓦纳、热拉瓦纳、混合部落和核心部落四大部落联盟。大部分布拉灰人从事灌溉农业。在山地部落民中则以畜牧业为主。布拉灰人95%以上信仰伊斯兰教逊尼派教义，遵奉哈乃斐学派教法，少数人信奉什叶派的伊斯玛仪派。布拉灰人遵守《古兰经》和《圣训》的规定，学校教育中也普遍开设宗教课程。在一些仍保留浓厚部落组织残余的边远地区，尚保留万物有灵论和袄教的影响。（伊力奇）

布鲁吉尔迪(al-Burujirdi，1875～1962)　伊朗伊斯兰教什叶派著名学者、阿亚图拉和宗教领袖。出生于伊朗布鲁吉尔德(Burujird)小镇一宗教学者家庭，所属塔巴塔巴伊家族为伊朗什叶派名门望族之一。青年时代受教于伊斯法罕和纳贾夫的伊斯兰教高等学院，毕业后获“穆智泰希德”尊号，不久成为知名学者。1910年返归故乡任教，成为当地宗教领袖。1944年转至圣城库姆任教，1947年库姆的阿亚图拉库姆尼去世，布鲁吉尔迪承袭其位，成为全国最著名的阿亚图拉，被尊称为“唯一的效仿榜样”，库姆的地位亦随之超过圣城纳贾夫和马什哈德。布鲁吉尔迪终生以博学、虔诚、宽容著称。主张伊斯兰学者的职责是弘扬正道，为一般信众提供精神指导，不应直接参政、干预国事。晚年态度上有所改变。1960年曾公开发表演说，抨击巴列维国王之土地改革政策的虚伪性。一生培养了大批弟子,包括霍梅尼在内的高级毛拉、穆智泰希德,伊朗伊斯兰革命的骨干大多是他的学生。代表作是《宗教学大全释解》(Ḥāshiyya al-kifāya)和《尼哈亚释解》(Ḥāshiyya al-Nihāya),前者是对库莱尼的什叶派教义学名著所作的注疏,后者系对塔伊法(Shaykhut-Ta'ifa,955～1067)的什叶派教法名著《尼哈亚》(即结论)所作的浅释。（吴云贵）

布韦希王朝(al-Sulālah al-Buwayhiyyah) 中世纪在伊朗西部和伊拉克建立的伊斯兰教王朝(945～1055)。亦译"白益王朝"。由里海西南岸的德莱木部落联盟首领艾布·舒扎尔·布韦希的第三子艾哈迈德·伊本·布韦希(Aḥmad ibn Buwayh)同其阿里、哈桑兄弟所创立,故名。约930年阿里任卡拉季总督,占领伊斯法罕和法尔斯。935～936年,哈桑与艾哈迈德又夺得吉巴勒、胡泽斯坦、设拉子和克尔曼等地。定都设拉子。尊奉什叶派的栽德派教义(一说十二伊玛目派)。945年,艾哈迈德率军从克尔曼出发,趁阿拔斯王朝突厥将领内讧之机,攻占首都巴格达,赶走突厥近卫军,迫使哈里发穆斯泰克菲封他为大元帅(Amir al-Umarā'),并授予穆伊兹·道莱(Mu'izz al-Dawlah,意为"国之干臣")称号,掌管了哈里发的最高权力,遂建立布韦希王朝。同年征服哈姆丹王朝。946年艾哈迈德废黜哈里发穆斯泰克菲,并以通哈姆丹人的罪名挖掉其双眼。立穆蒂尔为哈里发。下令在钱币上铸上他的名字,命令在聚礼日的祈祷中,将他的名字与哈里发并列。在阿杜德·道莱('Adud al-Dawlah,949～983)统治时期,布韦希王朝势力达到鼎盛时期。他夺取其兄割据的领土,实现了王朝的统一,领有伊朗西部、南部和伊拉克等地,被拥为"诸王之王"(Shāhanshāh)。他兴建公共设施、医院和库尔河水坝,经济发展,文化繁荣。布韦希王朝利用执政的贵族,选派信奉什叶派的官员担任要职,向各地派出宣教师(达伊)宣传什叶派教义和宗教仪式,并规定全国穆斯林必须纪念什叶派的宗教节日。修建了纳贾夫阿里的陵墓。为安抚占大多数的各地逊尼派穆斯林,把阿拔斯王朝哈里发的名义予以保留。王朝大力赞助伊斯兰宗教学科的研究,什叶派的圣训学家伊本·巴拜韦·库米(918～991)辑录的什叶派第二部圣训集《教法学家不予光顾的人》正式成书。阿杜德·道莱倡导发展伊斯兰学术文化,宫廷中聘有不少诗人和学者,首都设拉子为东、西方学者文人荟萃之地。在巴格达、设拉子、赖伊、奈欣等地兴建清真寺,创办宗教学校、科学院、医院、天文台和图书馆,奖励学者进行学术研究。著名历史学家米斯凯韦和语法学家艾布·阿里·法里西等皆在该王朝的庇护下取得学术成就。11世纪后,因王族内战,宫廷纷争,王朝日趋衰败。1029年,王朝所属东部领土被伽色尼王朝吞并。1055年,塞尔柱人攻占巴格达,王朝末代统治者艾布·奈斯尔·麦利克·拉希姆被塞尔柱首领图格鲁勒·贝克废除,王朝灭亡。（杨克礼）

布札尔(Buzar) 见斡匝儿。

C

裁决会议（Ijtimā‘ al-Taḥkim） 659年初伊斯兰教上层领导集团以仲裁方式调解哈里发权位之争的会议。阿拉伯语“伊智提玛·泰哈基姆”的意译。656年伊斯兰教第三任哈里发奥斯曼在权位斗争中被杀害后，与其同属伍麦叶家族的叙利亚总督穆阿维叶拒不承认第四任哈里发阿里的合法地位，拒不接受阿里对其官职的罢免，并以为奥斯曼复仇、要阿里交出凶手为由，兴师向阿里问罪，双方于657年7月发生了隋芬之战。在阿里一方即将获胜时，穆阿维叶军队指挥官阿慕尔·本·阿斯使用计谋，令士兵将《古兰经》拴在长矛上，高举于空中，示意中止交战，由《古兰经》裁决双方是非。阿里从大局出发，接受了停火建议，双方决定互派代表进行仲裁。659年1月，双方派出的仲裁人（Ḥakam，哈凯姆）各带400名见证人，在麦地那至大马士革之间商道上的杜迈·占达勒（Dūmah al-Jandal）举行会晤。穆阿维叶派出的私人代表为富于韬略、惯用计谋的阿慕尔·本·阿斯，而阿里方面的代表则是曾因在骆驼之战中未派兵增援阿里而被其免去库法长官之职的艾布·穆萨·艾什尔里。裁决会议以两位仲裁人一致同意废除阿里和穆阿维叶的哈里发资格而告结束。这一裁决貌似公允，实则剥夺了阿里作为哈里发的实际合法地位，而对穆阿维叶不仅毫无损害，反而把其身价提高到了与阿里平等的地位，只是剥夺了他的尚未成为事实的权位要求。裁决结果在阿里阵营中激起强烈反响，导致了其内部的分裂和哈瓦利吉派的产生，从而使伊斯兰教内部的派系斗争更加激化。

（杨宗山）

参悟 中国伊斯兰教认主学术语。俗称“猜悟”。本指对某一事物进行考究验证，从而达到对其了解。后专指穆斯林认主的方式，即通过对客观世界的推究以证实安拉的存在。该词首见于明代伊斯兰教学者王岱舆所著《正教真诠·参悟》。他说：“经云：‘尔等在己身，如何不参悟也？’圣曰：‘尔等参悟真主内外之恩赐，不可参悟真主之本然。’”意即人们通过对安拉的被造物（自然与社会现象）加以参究，从自身和万物的存在和运动中，以悟觉造物主安拉的确实存在，而不必再去追求“不干声色，不落有无，至玄至妙，无始无终”的安拉之“本然”。清代刘智在《天方典礼》（卷三继王岱舆之说，通过生动比喻进一步解释其义，他说：“今夫见草木之偃仰，而知有风；睹绿翠之萌动，而知有春；视己身之灵明，而知有性；参天地之造化，而知直主，必然之理也。”中国伊斯兰教嘎迪林耶派把“参悟”作为一项静修功课，即通过静思冥想以“接近”安拉，故该派认为“一时的参悟，胜过千年的功修”。

（冯增烈）

查比尔·伊本·海扬 见贾比尔·本·哈彦。

查鲁特 见札鲁特。

察合台汗国 蒙古四大汗国之一。成吉思汗次子察合台的封地。成吉思汗二十年（1225）西征东还后所封。领有天山南北路及中亚阿姆河与锡尔河之间的地区。居民从事农业、畜牧业。建都阿力麻里（今新疆霍城），后分裂为东、西两部。东部领有窝阔台汗国旧地；西部领有河中地，定都撒马尔罕。1348年，秃黑鲁帖木儿在阿克苏继汗位，他在统一汗国东部后，于1360、1361年两次西征，平定河中，命其子亦里牙思火者镇守其地，汗权一度有所恢复。1362年秃黑鲁帖木儿死，亦里牙思火者东归，西部贵族帖木儿将亦里牙思火者军队逐出河中。帖木儿势力逐渐发展为帖木儿帝国，并在1370年统一河中，西察合台汗国灭亡。东部汗国自1241年察合台死后，即分裂为若干小国，汗权旁落，虽有秃黑鲁帖木儿短期统一，其后亦为帖木儿帝国所灭。10世纪后，伊斯兰文化逐渐从河中向锡尔河以北草原和葱岭以东传播。成吉思汗时代，伊斯兰教在天山南北传播更为广泛。《长春真人西游记》载，长春在畏兀儿城昌八里（今昌吉）了解到“西去无僧道，回纥但礼西方耳”。在阿力麻里，他又受到“铺速满国王及蒙古塔剌忽的迎接”。由于蒙古人在中亚的统治是依靠当地穆斯林贵族的支持，他们对伊斯兰文化逐渐加深了了解，许多穆斯林成为他们统治的有力助手。入居中亚的蒙古人，也日渐为当地突厥穆斯林居民所同化。忽必烈时代，察合台后裔木八剌沙、八剌即改宗了伊斯兰教。1331～1334年第十六代汗答儿麻失里时，下令弃佛教改信伊斯兰教，并加强与西部穆斯林地区的通商往来。1346年，察合台汗国分裂为东西两部时，西部早已盛行伊斯兰教。据《中亚蒙兀儿史》记载，东部汗秃黑鲁帖木儿1348～1362年在位时，他在谢赫哲马鲁丁的劝导下，“扑倒在大毛拉脚下，高声朗诵信仰真主的祷词”，此时“人们大声欢呼，当天有16万人剪掉了长发，皈依了伊斯兰教。当时这位汗行了割礼”，于是“伊斯兰教在察合台汗国的这一整个地区传播开来”。从此伊斯兰教最终取代各种宗教，成为新疆地区的主要宗教。（罗万寿）

忏悔派 见悔罪者。

昌言报馆事件 中国民国时期山东省回族穆斯林的爱国运动。1919年，五四运动的革命风暴席卷全国，山东省府济南学生及各界人民群众掀起声势浩大的反帝、反封建的爱国运动。当时，济南各家报刊都在头版报道了山东学生和各界民众的爱国救亡活动，日本在济南的舆论工具《日商济南日报》和亲日军阀段祺瑞的《昌言报》辱骂学生和爱国民众“狂热”、“闹事”，激起学生和各界民众的极大愤慨。7月21日，济南各界爱国组织联合召开数千人大会，愤怒声讨这两家报纸的罪行。会后集队涌入这两家报馆。济南回民爱国领袖马云亭阿訇带领回族青年砸了报馆，捣毁机器，并揪出了社长、主编等游街示众。山东督军张树元于22日召开了军警首脑紧急会议，决定对运动严行镇压。张又以“近日暴民猖狂作乱，多有回民参加，应予严厉镇压，否则后患无穷”，责济南镇守使马良（回民）平日训导无方及疏于防戒之咎。会后，马良派兵捣毁了山东“回教救国后援会”等爱国团体，逮捕并杀害了该会会长马云亭及朱春焘、朱春祥等3位回民爱国团体的领导人，从而激起了山东及全国各族人民的愤怒。在全国人民的压力下，反动派被迫将马良调离山东。

（马启成　丁　宏）

《长春真人西游记》 记述中国元代全真道道首丘处机（1148～1227）西行经过的著作。为丘处机的随行弟子李志常所著。全真道是中国道教的一支，金元之际在山东等地有一定影响。当时丘处机隐居栖霞山中。1219年成吉思汗西征途中，遣使召丘处机赴西域相见。1221年丘率门徒18人，取道漠北西行。当年11月抵邪米思干（今乌兹别克共和国的撒马尔罕），次年4月于大雪山（今阿富汗兴都库什山）八鲁湾行宫晋见成吉思汗，被赐以小虎符与玺书，并被尊称为“神仙”。1223年东归，住燕京太极宫，1227年病故。长春真人等西行路线大致是：自山东至燕京，出居庸关，北上至克鲁伦河的南岸，西行渡鄂尔浑河，经和林，沿杭爱山，取道科布多，经阿尔泰山东南行折入新疆，经天山北路至古城，西行经乌鲁木齐至伊犁，渡伊犁河，至中亚之塔什干，渡锡尔河至今撒马尔罕，南渡阿姆河至大雪山。回程时路线有所不同。该书记载了他们西行途中历经艰险，所经各地山川地理名胜以及风土人情。其中关于新疆伊斯兰教的情况，如在昌八剌城（今新疆维吾尔自治区昌吉市）所记“西去无僧，回纥但礼西方耳”；到达阿里马城（今新疆维吾尔自治区霍城）时所记“铺速满国王及蒙古塔剌忽赤领诸部人来迎”等。记邪米思干城（今撒马尔罕）“国中有称大石马者，识其国字，专掌簿籍。遇季冬，设斋一月，比暮，其长自到羊为食，与席者同享，自夜及旦”。“上构虚亭”，“每朝夕，其长登之，礼西方，谓之告天。不奉佛，不奉道，大呼吟于其上，丁男女闻之，皆趋拜其下，举国皆然”。反映了成吉思汗时中亚归信伊斯兰教的情况。又记该城“其中大率多回纥人，田园不能自主，须附汉人及契丹、河西等。其官长亦以诸色人为之，汉人工匠杂处”等等，对研究13世纪漠北西域史地及各民族关系史具有史料价值。该书过去少为人知，乾隆年间大昕氏从《道藏》中抄出，加以宣扬，才引起学术界重视。现在流行的是王国维1926年校注本。（罗万寿）

常巴巴 见常志美。

常道 见三乘。

常德回教教育辅助会 中国湖南省伊斯兰教民间教育组织。1920年由常德的伊斯兰教上层人士发起，成立于常德清真古寺。该会宗旨和任务有三：(1)革新经堂教育，变旧式经堂教学为中、阿文并授的教学，并设立时事讲座等课程。(2)促进城乡各寺成立普通小学，以满足穆斯林子弟学习文化知识的需要。(3)开展伊斯兰经书编译工作，为不谙阿拉伯语的穆斯林群众提供宗教常识性读物。该会经过一个时期的工作，在改革经堂教育、促进伊斯兰教文化的传播等方面做出了一定成绩，并编辑出版了阿、汉文对照的初级《回语读本》12册，高级《回语读本》1册。其经费来源依靠穆斯林群众捐助，并在各寺设有乐捐箱。该会设有总务股、教育辅助股、翻译编辑股、筹募基金股等机构开展日常工作，对推动和改革常德地区伊斯兰教育发挥过一定作用。后因经费困难而解散，其翻译编辑股及其人员移交四川省万县伊斯兰师范学校，后继续编辑出版了阿、汉文对照的高级《回语读本》第2、3、4册。（马忠杰）

常德市清真寺 中国伊斯兰教古寺。原名常德清真古寺。位于湖南省常德市武陵区内。据传，始建于明代永乐年间（1403～1424）。原址在回民聚居区沙河街（亦名“回回街”、“民族街”）。清顺治二年（1645）迁建于东门外二铺街回、维吾尔族穆斯林聚居区。该寺占地面积3000余平方米，建筑面积2000余平方米。

原建筑为“工”字形，前有牌楼，南为宫殿式3进大厅，即殿前厅、礼拜大殿和讲经楼。大殿前为花园。殿檐高悬“古今唯一”、“教传真统”、“无极真源”3块大金字匾额。西侧为阿訇、海里凡宿舍。内进为南北对峙的两排教室，左侧厢房为客厅。北端有井亭、水房等。清真古寺曾培养了大批伊斯兰教经学人才。20世纪30年代被誉为“培养阿訇的摇篮”。国内著名学者张秉铎、纳子嘉、方少斋与现任台北清真寺阿訇定中明和旅居印度的海维谅等均在此寺就读过。民国以来，此寺先后支持或创办了“常德清真寺高级小学”、“常德清真国民小学”、“常德伊斯兰师范学校”、“常德伊斯兰阿文专修班”等多所学校，并编辑出版过《回文课本》8册，《回文高级读本》4册。1981年以来先后举办了“常德市回民职工讲习班”、“常德市伊斯兰教经文讲习班”、“常德市伊斯兰教女老师傅培训班”等多期。1990年被中国伊斯兰教协会清真寺图列为全国100座著名清真寺之一。（罗万寿）

常志美（1610～1670） 中国明清之际伊斯兰教著名经师、经堂教育山东学派创始人。字蕴华，亦作永华，被尊称为“常仙学”、“常筛海”、“常巴巴”。回族。祖籍中亚撒马尔罕，9岁时随其叔父来华进贡，先留居陕西，后落居山东济宁，与当地常姓联宗而改姓常。他自幼聪慧过人，学习经书过目不忘。早年在陕西投师于胡登洲数传弟子马真吾及著名经师张少山门下学习经学。学成后回山东济宁，先后在东大寺及西寺设帐讲学，培养经师。他熟谙阿拉伯语、波斯语并在讲学中交替运用，精讲多练，循序渐进，使弟子掌握广博的基础知识，以能熟练运用。他学识渊博，对凯拉姆学和苏菲哲学造诣尤深。在讲授《古兰经》时兼授教法及教法学，进而讲授凯拉姆学原理。时人称道他讲学的特色为“博而熟，重兼授”，逐渐形成为不同于陕西学派的山东学派。从此山东学派与陕西学派交相辉映，形成当时中国伊斯兰教经堂教育中的两大学派，对伊斯兰教在中国的传播和发展影响较大。他所著《海瓦依·米诺哈吉》一书，是学习波斯语语法的教本，不仅受到国内穆斯林学者的推崇，也受到国外穆斯林学者的好评。他的门弟子遍及山东、河北、东北、中南及陕西、甘肃地区，其中不少人是著名学者，如舍蕴善、米万济、马伯良、伍遵契等，都在经堂教育和学术研究中产生了较大影响。（罗万寿）

朝觐（al-Ḥajj） 伊斯兰教五项基本功课之一。阿拉伯语“罕吉”的意译。旧译“朝功”。中国穆斯林称“朝天房”、“朝克尔白”。朝觐者称“哈吉”（al-Ḥājj）。朝觐为“天命”功课，是每一具备条件的穆斯林所应履行的宗教义务。《古兰经》云：“凡能旅行到天房的，人人都有为真主而朝觐天房的义务”（3：97）。先知穆罕默德说：“谁为真主而朝觐，并在朝觐中不做违禁之事，不作恶，则他朝毕回归时，便宛如其母生养他时那样的纯洁无染”。伊斯兰教法规定，凡具备以下条件的穆斯林，毕生应朝觐克尔白一次：(1)身体健康，理智健全。(2)旅途安全有保障。(3)有往返旅费，并能安置好家属的生活。妇女朝觐除具备以上条件以外，还须由丈夫或至亲陪同。朝觐圣地原系闪族古老的制度。伊斯兰教兴起前，麦加克尔白即是信奉多神拜物教的阿拉伯各部族人进行宗教活动的中心。每年朝觐季节，他们从四面八方来到克尔白圣寺举行朝拜偶像的集会，并进行宰牲献祭等活动。伊斯兰教规定朝觐为天命，始于先知穆罕默德迁徙麦地那后的626年12月。关于如何完成朝觐功课，则主要依据630年先知率穆斯林攻克麦加，并亲自捣毁阿拉伯各部落供奉在克尔白内所有偶像之后率众履行的朝觐仪式。632年他再次率穆斯林自麦地那赴麦加朝觐，因这是他生前最后一次，故史称“辞朝”。随行众弟子关于先知此次朝觐全过程的详尽传述，即是穆斯林朝觐者遵行的重要依据。

朝觐于伊斯兰教历每年12月上旬举行，其仪式和程序是：(1)受戒（Iḥrām，“伊哈拉姆”）。它是朝觐者向真主表示虔诚和敬畏的一种仪式（《古兰经》2：189，196～197，203）。受戒前先洗漱沐浴，以涤身心。男性穆斯林换下常服，披围两幅未经缝制、洗涤的新的素质戒服，赤足或穿拖鞋。妇女仍着常服。男女受戒者可喷洒香水或佩香囊，有发者可涂脂抹油。然后正身面向克尔白，虔诚站礼两拜，祈希真主准佑，以示入戒。入戒后要戒除以下行为：着艳服、喷擦香料、理发、剪须、剪指甲、行房事、争吵、杀伤一切生灵等（《古兰经》2：197）。伊斯兰教早期规定受戒地点有五处：东面为匝特·伊尔格（Dhāt‘lrq），系从伊拉克方向来朝觐者受戒之地；南面为叶兰兰（Yalamlam），系从也门方向来朝觐者受戒之地；西面为艾勒·侯志法（al-Hujfah），系从叙利亚方向来朝觐者受戒之地；北面为盖尔乃勒·麦那济勒（Qarna al-Manāzil），系从内志方向来朝觐者受戒之地；中部为祖勒·侯乃法（Dhu al-Ḥunafah），为麦加周围朝觐者受戒之地。今交通现代化，朝觐者抵达麦加前在任何地方受戒均可。(2)巡礼天房（al-Ṭawāf bi al-Ka‘bah，“塔瓦夫·比勒·克尔白”）。伊斯兰教历12月7日，受戒者汇集到麦加天房的广场中央，自玄石处按逆时针方向环绕天房7圈（22：26）。每绕行一圈过玄石时，必以手抚摩或吻之，以示尊崇。朝觐者边绕行边高念各种赞词。游毕天房，到东面先知“易卜拉欣立足处”礼两拜，再至南面“渗渗泉”饮水并至穆尔泰兹姆墙作“都阿”。(3)奔走（Sa‘y，“赛尔伊”）。这是朝觐最重要的仪式之一。朝觐者作完“都阿”后，接着在天房东面赛法和麦尔卧两座小山之间往返奔走7次（2：158），两脚必须奔踏到山丘，不要求登高。每次奔走时都要赞颂真主。据传此仪式源自易卜拉欣之妻哈哲尔为其子伊斯玛仪寻找泉水，她曾在赛法、麦尔卧两山之间奔走7次，最后回到麦加见清水涌自伊斯玛仪脚下，后人称此泉为“渗渗泉”。朝觐者奔走以示纪念。(4)驻米那山。伊斯兰教历12月

8日正朝开始，朝觐者皆到麦加城东郊6.5公里处的米那山做晌礼、晡礼、昏礼和宵礼，并宿夜于此。(5)站阿拉法特山(Wuqūf,"吾古夫")。12月9日晨，朝觐者离开米那到离麦加乐25公里处的阿拉法特山，面向克尔白，诵读《古兰经》，为本人和亲友祈祷或做讨白。正午，朝觐者集体举行隆重的礼拜仪式，晌礼和晡礼合并举行。礼拜前由麦加大伊玛目效法先知穆罕默德632年"辞朝"时的做法，站在拉赫曼山头(意为"仁慈山")一块巨石上宣讲教义，此即阿拉法特('Arafāt,"相识")庆祝大典(2：188～200)。据传，此式是为纪念阿丹和哈娃因犯禁被真主自天园贬下人间后在这里相会。礼毕，朝觐者须在阿拉法特山上等候日落，方可离山。入夜后，朝觐者在礼炮声中，奔向距麦加约12公里的穆兹代里法山，露宿山麓，采集射石。在返麦加途中再次经过米那山时，停留一下，至此完成朝觐仪式。(6)射石驱邪(魔鬼)。10日在米那山向3根象征易卜劣斯(魔鬼)的巨石柱投射石子，并口诵："奉万能的真主之名，我憎恶易卜劣斯及其阴谋诡计"。11日和12日亦可再向3根巨石投射石子。相传易卜拉欣(一说阿丹)曾在此投石驱邪，故穆斯林仿效，以石击柱表示纪念。(7)宰牲(al-Qurbān)。12月10日为宰牲日。规定供宰的牲畜只限于驼、牛和羊。宰驼(6岁)最佳，其次是牛(2岁)，再次为羊(山羊为1岁，绵羊为6个月)(22：34～37)。其条件必须是健康、完整的牲畜。凡有残疾或生疥癣和瘦弱有病的牲畜不许宰杀。牲羊为1人1只，牲牛7人1头，驼同于牛。宰牲地点可在麦加或米那山或麦尔卧山，原则上应由本人亲自宰牲，亦可请人代宰。宰牲时应将牛或羊侧卧。宰牲肉分为3份：自食、赠送和施舍各占1/3。此即穆斯林共同庆祝的宰牲节。(8)开戒。在宰牲日射石之后，朝觐者即可剃头或剪发、剪指甲和修胡须，以示开戒。妇女只象征性地剪发即可，禁剃光头。(9)辞朝。在宰牲日，朝觐者再次到天房绕行七圈。此为朝觐的主要仪式，不绕行者朝觐无效。

朝觐的类别可分为：(1)正朝(al-Ḥajj)。伊斯兰教历每年12月上旬在麦加姐拜克尔白(天房)，完成教法规定的全部仪式，称为"正朝"，亦称"大朝"。(2)副朝(al-'Umrah)。在大朝以外的任何时间到麦加朝觐，只完成部分朝觐仪式，称为"副朝"，亦称"小朝"(2：196)。(3)小朝、大朝接连举行的仪式，谓之联朝(2：196)。(4)代朝。凡具备经济条件，但因健康原因不能朝觐者，可请人代朝，但代朝者必须曾经朝觐过。凡生前曾举意朝觐，由于种种原因未能成行而先行去世者，可由其晚辈代朝完成其意愿。(5)心朝。《天方典礼·五功篇：朝觐》记述《道行经》云："朝觐为言，会其纷散，而返乎其本也。省亲，亲贤，阅心念主，其亦犹之乎朝也"。中国穆斯林对此认为："父母生身之本，夙夜省视，居家之朝也。贤学，明教之本，晨夕亲近，在境之朝也。心，百务之本，动定检阅，当体之朝也。主宰，万化之本，语默思念，至切之朝也。凡人不得朝于天方，遵此数事，亦可以当朝之功矣。既得朝于天方，遵此数事，可谓日日朝，时时朝，终身无间者矣"。

朝觐的意义：(1)朝觐是世界各地穆斯林的大聚会。穆斯林齐集天房履行朝觐仪式，赞礼真主，斋赎己欲，施舍净尘，参悟正道，向真主献祭，借有形之朝，以启无形之朝，以示穆斯林对真主之敬畏和忠诚，是虔诚穆斯林顺从真主集五功之总归，表达穆斯林的坚贞信仰，以此获得真主的宽恕。(2)朝觐乃真主使世人省悟开辟之初，人祖阿丹阐主明命，修道立教，及化行日久，子孙繁衍，流于四方，流被渐远，日趋于迷，旁枝侧派，隔阂失亲。真主念悯世人离散，忘己之从来，乃命朝觐天房，平生一次，割爱离家，克去己私，勤修苦行，得还其真，为不忘来历之根本，相承明道之遗踪。及至此间，行其庭宇，不见先人，朝阅天房，复思原主，自然开悟。天地之造化，前人之所归，有无如梦，富贵如尘，先天何处，后天何所？知尘世若客途，非吾人所长住。是时省悟，随即斩断万缘，脱胎换骨，重为新人，纯化灵魂，涤罪返始，归命复真，一心向主，自我认识。(3)朝觐体现了全世界穆斯林本着"你们当全体坚持真主的绳索不要自己分裂"(3：103)的启示，聚会在伊斯兰教的中心——天房，不分种族、肤色、民族，"信士们皆为教胞"(49：10)一律平等之精神，相互认识，相互了解，相亲相爱，消除隔阂，增进友谊，交流思想，访念人生始地，统一认识，精诚团结。(达应庚)

《朝觐途记》 19世纪中叶中国穆斯林朝觐天房的见闻录。清代伊斯兰教学者马德新用阿拉伯文写成，其门生马安礼译成汉文，清咸丰十一年(1861)在云南昆明首次刻版发行。该书反映了19世纪50年代中国至阿拉伯和西亚各国的海、陆交通概况，记载了沿途各地的古代传说、遗迹、地理状貌和风俗人情。当时，由于中英鸦片战争的影响，中阿直达海道不通。作者乃由昆明出发，陆行至缅甸仰光，再航海西行，经印度、孟加拉、锡兰、也门，最后抵吉达港登陆。又"驼行二夜，马与驴一夜"，方抵麦加。旅程历时一年之久。书中如实记述了当时克尔白(天房)及其附属建筑的风貌，表达了人们巡礼天房和亲抚玄石的虔敬之情，记述了克尔白殿每月定期开放二日，男女穆斯林可以自由瞻仰的实况。书中还记述了麦地那先知穆罕默德陵墓的规模和建筑群体的状貌。对于当时埃及国王锐意改革，引进西方技术，发展本国经济的概况也有所介绍。该书对研究近百年来阿拉伯和西亚的地理沿革有一定的参考价值。(纳国昌)

朝向(al-Qiblah) 伊斯兰教法规定穆斯林礼拜时所面对的方向。阿拉伯语"格卜莱"的意译。亦称"正向"，系"礼拜方向"的简称。据伊斯兰教传说，朝向自古先知阿丹(亚当)历努哈(诺亚)、易卜拉欣(亚伯拉罕)以来，皆以麦加克尔白为朝向。穆萨(摩西)时，埃及法老王侵践天房，礼拜遂改向耶路撒冷。沿至达乌德(大卫)、苏莱曼(所罗门)、伊萨(耶稣)诸先知皆依此向。先知穆罕默德在麦加受真主之命传教时,沿袭易卜拉欣之向,朝向克尔白礼拜。622年(即伊斯兰教历元年),穆罕默德由麦加迁徙麦地那后的16个月中,为团结麦地那犹太人和尊重麦地那人的朝向习惯,曾沿袭犹太教惯例,面向耶路撒冷礼拜。624年1月(伊斯兰教历2年7月)遵照《古兰经》:"我确已见你反复地仰视天空,故我必使你转向你所喜悦的朝向。你应当把你的脸转向禁寺。你们无论在哪里,都应当把你们的脸转向禁寺"(2∶144),遂决定更向克尔白礼拜。从此,世界各地穆斯林礼拜皆以克尔白为正向,礼拜仪式朝向构成以克尔白为中心点辐射状的同心圆,清真寺礼拜殿内的凹壁(al-Miḥrāb,米哈拉布)即表示礼拜的朝向,伊玛目领拜的正中位置。阿拉伯学者认为,朝向的改变其义有三:(1)为遵行真主原设克尔白作为万方之朝向之初意。(2)是穆罕默德欲复先知易卜拉欣朝拜克尔白之向。(3)标志着穆罕默德振兴统一阿拉伯民族,已同旧制度决裂,开始确立新的教制。

(达应庚)

车臣人(Chechens) 高加索地区的穆斯林民族之一。又称"切钦人"。自称"纳赫乔人"。主要居住于在北高加索地区的中部和东部。人口约86.5万人(1985),另有约5万人散居在西亚地区,种族属欧罗巴人种高加索类型。语言属高加索语系东部语族,或称"钠赫—达格斯坦语族。"有自己的文字。车臣人是高加索东北部的土著居民与外来阿兰人和突厥人长期混血形成的古代民族的后裔。中世纪时,车臣人分布于黑海东北部,13世纪后蒙古人入侵,他们才移居到捷列克河及其支流松日河、阿尔贡河流域。平原地区的车臣人主要从事农业,种植小麦、玉米、向日葵等;山地居民则以畜牧业为生,饲养绵羊和山羊等。家庭手工业较发达。现在工商业发展较快,主要工业为石油加工业。在车臣—英古什自治共和国首府格罗兹尼有最大的石化中心。7~8世纪随着阿拉伯人的远征,伊斯兰教传入高加索。13世纪蒙古人入侵,伊斯兰教才在达格斯坦民族中巩固下来。16世纪时伊斯兰教从达格斯坦传入车臣。车臣人中逊尼派穆斯林占绝大多数,属于哈乃斐教法学派。其宗教事务主要由北高加索与达格斯坦的穆斯林宗教组织统一管理。

(伊力奇)

陈克礼(1920~1970) 中国伊斯兰教学者、译著家。经名优素福。回族。河南襄城人。小学毕业后即在清真寺学习伊斯兰经学。日本侵华期间流亡西北,曾在甘肃省平凉陇东师范学校学习。抗日战争胜利后到北平回教经学院学习深造。先后受教于著名伊斯兰学者王静斋阿訇与庞士谦阿訇,笃志钻研《古兰经》、圣训及伊斯兰哲学、法学、教义学和伊斯兰史,对阿拉伯文学亦有所涉猎,对圣训学的钻研尤为精深。1952~1957年间,先后在北京大学东方语言文学系和中国伊斯兰教经学院任教。译著较多,约20种,已出版的有《从穆罕默德看伊斯兰教》、《圣训经》(分上中下3册)、《回教信仰基础》、《回教与社会》、《红色信笺》等。未能出版而毁稿于1966~1976"文化大革命"中的有《伊斯兰文化史》和自己写的长诗。代表作品是《从穆罕默德看伊斯兰教》。全书20篇,1~4篇讲述伊斯兰教创传前阿拉伯半岛的社会状况及穆罕默德的传教活动;5~8篇讲述《古兰经》、圣训、教义学及五功精义;9~18篇讲述伊斯兰教的伦理思想、道德观及各种制度;19~20篇引述世界名流学者对穆罕默德及伊斯兰教的评价。书前有庞士谦、闪伯和序及作者自序。1970年受迫害蒙难。

(马忠杰)

陈垣(1880~1971) 中国现代著名历史学家、教育家。字援庵。汉族。广东新会人。早年在广州参加反清斗争。后从事历史研究和教育工作。曾任京师图书馆、故宫博物院图书馆馆长,北京大学、北平师范大学、辅仁大学等校教授。中华人民共和国成立后,任北京师范大学校长,兼任中国科学院历史研究所第二所所长。治学严谨缜密,富于创见。对元史、年代学、校勘、辑佚、史讳等方面以及火袄、摩尼、佛、道、天主、伊斯兰等宗教历史的研究均有突出的成就。早在清光绪三十三年(1907),他便有编纂《中国回教志》的庞大计划,并已拟定总目,内容包括:宗教志、典礼志、氏族志、户口志、寺院志、古迹志、金石志、经籍志、人物志和大事志等10项。此外,还准备附录有关年表4种,包括中回历对照年表、历代哈里发世系表、唐宋辽大食交聘表和元明清回回科第表。此书虽因其后来致力于其他课题之研究未能完成,但所列框架、结构、线索有如完整蓝图,且其中有不少课题,已反映在他后期的论著中。在研究中国伊斯兰教和回回历史文化方面,他的创造性劳动开辟了新的领域,奠定了后人继续深入研究的基础,具有开拓性的意义。主要著作有:《中西回史日历》、《元典章校补》、《元西域人华化考》、《史讳举例》、《中国佛教史籍概论》、《明清滇黔佛教考》等。

(林 松)

晨礼(Ṣalāt al-Fajr) 见礼拜。

《**晨**熹》 中国伊斯兰教学术刊物。初为旬刊,后改为月刊。1935年1月在南京创刊。主编刘伯余。刊址设在下浮桥清真寺。该刊内容主要为宗教学术论著,亦有涉及政治、经济、文化、教育、社会等方面问题的论文;亚非各国伊斯兰学者的专论;中国边疆宗教动态、消息;伊斯兰教义论著和翻译;诗歌、小说、游记;名人事迹及时事,各地伊斯兰建筑艺术介绍及照片。曾刊载过《回教入华考》、《古兰经上所讲的回教施济制度》、《由中国文献看古代中土关系和土耳其民族的固有文化》等重要文章。其"国内外通讯"专栏专门刊登特约通讯员对海内外伊斯兰文化、习俗的介绍或评述，曾刊登过林凤梧从开罗发来的《埃及的三部影片》、《金字塔》、振明撰的《谈谈开封的回教》等。此外，每期刊尾都辟有“要闻一束”、“时事日志”、“旬间边事”、“国外回教要闻”等新闻专栏。由于该刊涉猎知识面广，动态性强等特点，故除穆斯林群众订阅外，一些学校、图书馆、机关也多有订阅。（余振贵）

成达师范学校 中国现代伊斯兰教新型学校。1925年由马松亭、唐柯三、法镜轩、穆华庭等人创办。校址设在山东省济南市西关杆石桥穆家车门清真寺内。校名取“成德达才”之意。以“造就健全师资、启发回民智识、阐扬回教文化”为宗旨。主要培养三长（校长、教长、会长）。实行校董事会领导下的校长负责制，下设有专门委员会（包括编译委员会、回文课程设计委员会和毕业生服务指导委员会）、教务部、训育部、事务部、出版部等机构。为培养经、汉兼优的师资，其课程设置打破陈规，以有利于培养学生直接诵读阿拉伯语经典、对《古兰经》、圣训有全面的认识和理解、具备研究伊斯兰哲学、法学、伦理学和历史等方面的能力为出发点，除开设各种基础课与专业课如古兰经注、圣训、阿拉伯文学、文法、教法、教史等课程外，还开设汉语、中国史地、自然科学知识、教育学、心理学、教学法等课程。学制为四二制，前4年为初级师范，后两年为高级师范。学校成立的前4年曾招收了两班预备班学生。1929年秋，该校迁往北平（今北京），校址设在东四清真寺内，并招收了第三班学生。在社会各界穆斯林的赞助下创办了《月华》杂志。北平回族知识青年发起组织的伊斯兰学友会会址也设在校内。学校经常邀请各清真寺教长和北平学术界名流，如顾颉刚、冯友兰、张星烺、白寿彝等来校演讲或作学术报告。为活跃学术空气，有的专业课的讲授，由学生自讲，并大力提倡讲演活动，内容涉及宗教理论、宗教与科学、宗教与人生、回族文化与中国文化的关系以及伊斯兰与现实社会等许多方面。学校出版有《成达校刊》，刊载学校的教学活动和学生的论文、译文。这一期间，学生人数增至200多人，教职工也由6人增至20余人。1932年第一班毕业，其中一部分人被派往埃及爱资哈尔大学深造，是中国伊斯兰教史上第一批留学生。一部分人担任了清真寺教长，还有的被派往西北各地从事回族文化教育工作，对中国伊斯兰教育、回民教育和现代阿拉伯语的教学发挥了重要作用。学校还十分重视图书馆的建设。1932年马松亭阿訇赴埃及接受福阿德国王赠书，回国后倡议建立福德图书馆。1936年8月图书馆建成，馆址设在北平东四清真寺，还组成了蔡元培、陈垣、顾颉刚、白寿彝、马松亭等27位学术界、伊斯兰教界知名人士参加的福德图书馆筹备委员会，发表《征书启事》，向中外各界征集阿拉伯文、中文书籍。福德图书馆的建成，为师生提供了良好的学习、研究条件。该校还曾聘请埃及教师来校讲学，增进了中阿文化学术交流。1937年，日本帝国主义侵华战争爆发，学校决定南迁桂林。在桂林期间恢复出版了《月华》，开办了几所附小。1940年，国民政府接管学校，改名为“国立成达师范学校”，在安徽阜阳设分校，1944年秋因桂林沦陷迁往重庆。1945年秋抗日战争胜利后迁回北平。1949年10月，人民政府接管，与北平的西北中学、燕山中学、西北女中合并，成立了国立回民学院，继续发挥培养回族人才的作用。（张广麟）

《成达文荟》 中国成达师范学校学员论著选集。《成达文荟》编辑委员会选编，1932年3月由该校出版部首次发行。《文荟》共分4集，第1集系由1929年9月4日至1930年9月26日的《学生周刊》中选录的，其中分文艺类、宗教类和政治社会类；第2集为1931年斋月演讲团所作的“斋月演问”汇编，主要是教义、社会、政治、伦理、经济和中外伊斯兰教史；第3集选自1930年2月至1931年10月刊登在《月华》刊物上的一些学员作品，其中有教律、教义、教务、社会等内容；第4集为1930年11月至1931年6月在成达《旬刊》及《月刊》上发表的由学生会收集的论文，其中有教义、教务、社会、文艺等。《文荟》卷前有总目、校长唐柯三的“弁言”，并附有校旗、校歌、校景和学生活动照片以及校董、校长、各部主任的肖像和全体师生员工的合影等。卷末为附录，并收辑了《成达师范学校第一次宣言》、《本校沿革略》、《本校总章》、《学生会总章》、《职教员题名录》、《学生题名录》等。文集反映了成达师范的基本情况，是了解20世纪20～30年代中国伊斯兰教新式教育的重要资料。（余振贵）

成都鼓楼南街清真寺 中国伊斯兰教清真寺。在四川省成都市鼓楼南街155号。创建于明初，清乾隆年间重建。原建筑规模较大，由礼拜殿、邦克楼、经文讲堂、牌坊、浴室及左右厢房等组成。邦克楼原置庭院正中，作六角2层亭状，1941年被日本飞机炸毁。现存主要建筑为礼拜殿，呈长方形。殿周围做卷棚式双步廊，连廊进深31.55米，面阔16.86米。房顶在长方形平面间架上落重檐爪角顶，再在檐顶前后两端做3重檐歇山式样，屋脊平面呈工字形，是其建筑构造上独特之处。房顶盖筒瓦，脊端以鸱吻为饰。殿的后部砌砖墙，三面装木格门，格心花纹古朴大方，镂空雕刻图案，制工精巧。殿内纵置金柱2列；装有格门和天宫罩，将殿分为两进，前后各有1藻井，顶棚彩绘卷草花卉。整个建筑具有清初蜀中风格。（杨克礼）

成都皇城清真寺 中国伊斯兰教清真寺。坐落在四川省成都市市中心永靖街80号。因临原明蜀王宫皇城，故名。为四川最大的清真古寺。该寺始建年代尚无定论，据传建于明代中叶；一说建于清康熙五年（1666）；另一说为清初云南籍穆斯林契巴巴捐资修建。原占地5138平方米。寺门对面立有清中叶所建的照壁,大门3楹,正中门楣悬"皇城清真寺"横匾,左右为斗门,门外有栅栏。门内过道两侧各有银杏树1株,高大挺拔。再进为3道圆拱门,越横廊,为礼拜大殿,面积约380平方米,为中国庭院式建筑,典雅宏伟,古朴端庄,可容纳700人礼拜。大殿南北为沐浴室。寺内二门悬"开天古教"横匾,系清雍正七年(1729)所立。寺内有藏经楼。寺内原存有碑匾楹联名人题额多方,"文化大革命"中大多被毁。藏经楼现存有残存的阿拉伯文、汉文经书刻版数百方。该寺曾是四川清真寺经堂教育的中心,培养了大批阿訇。1979年该寺由政府资助翻修、扩建,面貌一新。四川省伊斯兰教协会、成都市伊斯兰教协会均设在该寺内办公。国际穆斯林友人曾多次到此参观。（杨克礼）

《成师月刊》 中国伊斯兰教教育刊物。1934年4月15日创刊,由北平成达师范学校编印出版。从第3卷起改名为《成师校刊》,并由月刊改为5日刊。该刊的任务是向社会宣传、介绍成达师范的教育方针和教学活动,以扩大影响,争取各界支持;发表关于经训译注、伊斯兰历史、教义、学术文化方面的研究论文和译作,介绍世界和国内伊斯兰的动态;为学生提供学习和发表习作的园地,提高写作和宗教知识水平。该刊内容丰富,辟有古兰经译注、至圣遗嘱、评论、论著、教义、报告、校闻、文艺、杂俎、通讯、调查、译丛、学校教学情况等专栏,对学校的重大活动,常配以新闻照片。该刊曾发表过马金鹏《回教入华》、马继高《回教复兴的时代背景与理论基础》、马宏毅译作《回教发展的奥义》等重要文章。该刊报导消息及时,内容充实。它是现代中国伊斯兰教育界影响较大的宗教教育刊物之一。（余振贵）

敕赐清真寺掌教札副 中国明弘治年间礼部发给敕赐清真寺(今北京市东四清真寺)掌教为冠带住持的公文(札子)。获此札者社会地位尊贵,蠲免一切差徭。据嘉靖二十六年(1547)英国公张溶撰《敕赐清真寺住持马公世德记》载,马氏初祖为西域来华穆斯林定(赛)义德,明太祖赐汉姓名马信;子马义任中书舍人,直内译写制敕文字;孙马健任光禄寺署正,亦直内阁中书译写制敕,并"领众拜天,祝延圣寿"。弘治十六年癸亥(1503),健殁,子颙被众推为敕赐清真寺住持,向礼部申请领取冠带住持札副。此后,马氏家族凭此札世代掌教该寺达数百年。清顺治元年(1644),因明札已佚,经马承业掌教申请,礼部祠祭清吏司复向其颁发新札。原文云:"礼部祠祭清吏司为恳恩给札冠带住持以便焚修事。据中城仁寿坊四铺清真寺掌教马承业呈称,年五十七岁,系顺天府大兴县人,自幼习读经典,素守清规,并无过犯,乞给札冠带等情到司。据此,相应给札。为此札仰本教照札事理,即便冠带前去,本寺掌教领众焚修,祝延圣寿,多要安分守礼,毋得混乱清规。未便须至札副者。右札副清真寺掌教马承业。准此。顺治元年十月十八日。"（冯今源）

敕修大梁清真寺 见开封清真东寺。

《重建怀圣寺记》 中国元代清真寺重要汉文碑记之一。石碑位于广州怀圣寺内。元至正十年(1350)八月初一日,奉议大夫、广东道宣慰使司、都元帅府经历郭嘉撰文,政议大夫、同知广东宣慰使司、都元帅撒的迷失书丹,中奉大夫、江浙等处行中书参知政事僧家讷篆额,当代主持哈只哈三及中顺大夫、同知广东道宣慰使司、都元帅府副都元帅马合谋立碑。碑文记述了怀圣寺及其光塔建筑的年代、寺名的来历及寺的发展历史,介绍了伊斯兰教的教义,赞颂了先知穆罕默德,并对该寺的重建者予以表彰。先述寺塔"其制则西域,嵘然石立,中州所未睹。世传自李唐迄今。蜗旋蚁陟,左右九转,南北其局。其肤则混然,若不可级而登也。其中为二道,上出惟一户。古碑漶漫,而莫之或纪"。再简述寺之重建及来历:"寺之毁于至正癸未也,殿宇一空。今参知浙省僧家讷元卿公实元帅,是乃力为辇砾树宇,金碧载鲜"。"至者,其弟子撒哈八,以师命来东。教兴,岁计殆八百。制塔三,此其一尔"。"选于众,得哈只哈三使居之,以掌其教"。在赞"西天大圣擗奄八而马合麻",令徒渡海立教于中国之功业后,感叹伊斯兰教"不立像教,惟以心传,亦髣髴达磨。今觇其寺宇空洞,阒其无有像设。与其徒日礼天祝厘,月斋戒惟谨,不遗时刻晦朔,匾额'怀圣'。其所以尊其法,笃信其师教,为何如哉"!"西东之异俗,古今之异世,以师之一言,历唐宋五代,四裂分崩,而卒行乎昭代四海一家之盛世于数十万里之外,十百千年之后,如指如期,明圣已夫"!称赞重建者在灰烬之余"使如创初",令"殿宇宏敞,广厦周密","常住无隐,徒众有归"之功。最后以20句四言韵辞对上述内容进行总结。碑记对于研究中国伊斯兰教史具有重要学术价值,历来为中外伊斯兰史家所重视。著名回族史学家白寿彝教授曾两次为之作《跋》。（冯今源）

《重立清净寺碑》 中国修葺泉州艾苏哈卜寺纪念碑。明正德二年(1507)由许清、丁仪篆书。现存泉州艾苏哈卜寺内。花岗岩石琢成,长方形,高260厘米,宽110厘米,阴刻22竖行文字。碑文包含两部分:一部分为吴鉴所撰《清净寺记》全文;另一部分记载其所翻录的《清净寺记》的来源和对寺业有贡献者。碑中记:"按旧碑年久朽敝无征。掌教夏彦高……录诸郡志全文,募众以重立石。"碑与寺同时毁灭于元末。掌教夏彦高募款重刻吴鉴碑记立于艾苏哈卜寺内,是误以为清净寺即艾苏哈卜寺。碑文还记载:"如尚书赵公荣立匾清净寺三大金字以辉壮之。"赵荣为艾苏哈卜寺题匾当在1449～1475年之间。赵荣所题"清净寺"匾显然是使艾苏哈卜寺在汉文中被称为清净寺的依据之一。《重立清净寺碑》完整地保存了元代《清净寺记》全文，但将清净寺和艾苏哈卜寺混同为一，致使泉州艾苏哈卜寺享有两种截然不同的寺名、修寺人物和年代。此误解经考证得到澄清，但数百年来艾苏哈卜寺在汉文中被称为清净寺已约定俗成地沿袭下来。

（陈达生）

出征塔布克(Ghazwah Tabūk) 631年穆罕默德率军向希贾兹以北拜占庭帝国属地的一次远征。亦称"塔布克之战"。因行进止于今约旦亚喀巴湾附近的塔布克境内，并在此扎营，故名。为穆罕默德生前亲自参加的最后一次军事行动。该年伊斯兰教历7月，穆罕默德获悉罗马人准备向麦地那穆斯林公社进攻，其部队正在塔布克境内集结，遂决定前往迎战。经向阿拉伯各部落进行全面动员，筹集了大批军费和军事物资后，穆罕默德便亲率3万人马出征。行至塔布克，并未与敌遭遇，只同艾伊莱(Aylah)、艾兹鲁哈(Adhruḥ)、麦格纳(Maqnā)、哲尔巴(al-Jarbā')等地(今约旦境内)一些基督教部落分别签订了协议书。协议规定：穆斯林公社保证各部落生命财产不受侵害；各部落保证每年向麦地那缴纳数额不等的赋税。穆斯林军在塔布克扎营20天后，仍不见罗马军队的踪影。穆罕默德经与圣门弟子团商议，认为出征塔布克虽未发生战事亦是胜利，因显示了穆斯林公社的军威，扩大了影响，遂决定不再继续向叙利亚方向进军，班师返回了麦地那。

（杨宗山）

《楚拉斯史》 中国新疆叶尔羌汗国的历史著作。原书无正式名称，因按编年体例接续《拉失德史》而写，故又称《拉失德史续编》。作者谢赫·马哈茂德·楚拉斯。该书系作者应伊斯玛仪汗的宠臣艾尔克伯克的约请，于1672～1676年间在叶尔羌写成后奉献给伊斯玛仪汗之作。该书前半部分主要摘录《拉失德史》，追述叶尔羌汗国统治者祖先的历史。后半部分记述从阿卜杜·拉失德汗(1510～1559)至末代伊斯玛仪汗(？～1680)9位可汗时期的历史。主要记述汗国王位更替、宫廷权力斗争、内外战争、名人轶事、伊斯兰教内部的派别斗争及黑山派和卓的活动；并涉及了这一历史时期维吾尔族的社会、政治、经济、宗教等制度。作者生活于17世纪新疆南部政治形势动荡、宗教派别斗争剧烈的时代，曾经历了9年叶尔羌汗的统治，目睹了许多重大事件，亲自参与了黑山派与白山派争夺教权的斗争，故大部分史实为第一手资料，较为真实。但作者带有明显的宗派倾向，记述不够全面。该书所提供的16世纪后半期至17世纪新疆南部的社会历史情况，弥补了汉文和其他文字史料的不足。原稿为波斯文，后有察合台文，共有两种抄本传世。1976年由苏联学者阿基穆什金根据波斯文抄本将后半部分译成俄文，并作了专篇研究性导论和详细的注释出版，是目前学术价值较高的一种版本。

（李进新）

楚瓦伊尼 见朱韦尼。

穿心街礼拜寺 见上海福佑路清真寺。

穿衣挂幛 中国伊斯兰教用语。指清真寺所设经堂大学学员毕业典礼仪式。在经堂大学教育中，学员需学习10年以上，学完规定的经训、教义、教法、语言等13本经典书籍，并具备讲经、独立宣教能力，品学兼优者经教长考核，达到阿訇资格，即可毕业。举行毕业仪式时，毕业学员穿上本寺坊教民赠送的绿袍和戴斯塔尔(缠头巾)，邻近寺坊也送挂幛庆贺，故又称此仪式为"挂幛"。届时，开学阿訇或主持人讲话祝贺，毕业学员也要登台演讲"卧尔兹"(经义演讲)，对寺坊的培养表示谢忱。已穿衣挂幛的学员，便具有了被其他寺坊聘请为开学阿訇的资格。

（冯增烈）

《穿衣节略章程》 见《考试清教穿衣节略章程》。

传贤制 中国伊斯兰教苏菲主义各门宦的一种道统世系传授制度。在开始传教时，中国伊斯兰教门宦或教派的前几代教主大都实行这种制度，即在自己身后，将该教门的教统安排为由教内的杰出人物承袭，而不考虑自己家族的世袭，如哲赫林耶门宦的前三代教主马明心、穆宪章、马达天及嘎迪林耶教派的前七代教主都实行过这种制度。

（余振贵）

创造与营谋 伊斯兰教教义学一组相对而又相联系的哲学范畴。逊尼派教义学家认为，真主是人的一切行为的创造者，而人仅仅是营谋者。创造专属于真主，营谋专属于人。人运用其能力和意志于行为是"营谋"；在人的营谋之后，真主创造其行为，即是"创造"。二者区别在于：(1)营谋需求工具；创造无需工具。(2)营谋是一种所能，发生于具有能力者之本体；创造也是一种所能，但不发生于具有能力者的本体。(3)营谋是具有能力者所不能单独成事的；创造是具有能力者所能单独成事的。一件行为的完成，既需人的营谋，又需真主参与创造；人有行为的自由意志，但又受到真主创造行为的约束。人的营谋行为是相对的，不能独立存在，必须依赖于真主的创造行为；真主的创造行为是绝对的，可使人的营谋行为得以最终完成。赛尔顿丁在所著《教典诠释》('Aqā'id al-Nasafi)中云："例如田土，就创造方面而论，是真主的所有物，就业权方面而论，是人的所有物。又如人的行为，就创造方面而论，归于真主，就营谋方面而论，归于人。"盖德里耶派强调人应对自己的行为负完全的责任，在涉及人的行为及其责任问题时与真主无关。穆尔太齐赖派认为真主绝对独一或统一，完全排斥真主有能力、知识、生命等诸多属性，故真主并不前定或创造人的行为，人的行为由人自身负责。

（冯今源）

创制(al-Ijtihād) 伊斯兰教法学概念和立法的原则之一。阿拉伯语“伊智提哈德”的意译,原意为“努力”,引申为“创制”。中国穆斯林学者也译作“演绎”。特指教法学权威依据《古兰经》、圣训的总精神,运用理智,通过推理、比较、判断等方法,对新的历史条件下出现的新情况、新事物以及特殊情况等,推演出与整个教法宗旨并行不悖的法律结论与条规的整个思维过程。包括对《古兰经》、圣训选择、释义、应用,直至形成新的判例。

穆斯林法学家指出,创制的基本精神和要求实际上在伊斯兰教初期的教法史上已确立,穆罕默德及其四大哈里发都曾用创制方法断案、解答有关教法问题。穆罕默德说:“在无天启的情况下,我常凭借见解在你们当中进行裁判。”这一方法也为各地的门弟子和教法主持人所奉行不背。后因伊斯兰国家的版图不断扩大,一方面穆斯林社会的生活日益复杂,另一方面在科学文化相对发达的被征服地区所遇到和新出现的许多问题大都前所未闻,故运用创制方法制定新律例已为多数教法学家所无法回避,于是创制成为整个教法学的中心问题。8～9世纪在伊斯兰法学领域相继出现了各种学派和思想倾向,虽然都主张以经、训为立法的指导原则,但由于所在地区的经济、文化水平和历史传统不一,各派对创制的态度、原则和方法也各不相同。在逊尼派内部主要有两种倾向和四个法学派。一种倾向是坚持凭借个人的见解并运用“择善”原则创制律例,不采纳再传弟子的言论,酌情使用“公益”原则和健康的惯例。它以伊拉克地区意见派的领袖人物艾布·哈尼法(697～767)为代表,后形成了哈乃斐学派。另一种倾向是广泛使用麦地那圣门弟子传述的圣训创制律例,或将圣训条文直接制成律例条规,或者依循当初麦地那居民的行为准则。在无相应的圣训条文和行为准则时才主张使用“类比”和“公益”原则。它以希贾兹地区的圣训派旗手马立克(712～795)为代表,后形成了马立克法学派。处于两派之间起缓冲作用的沙斐仪法学派,把经、训同时看作教法的第一源泉,创制律例时广泛使用“公议”,并援用以经、训明文所判之法例进行“类比”。同时又将哈乃斐和马立克两派的观点加以协调,故该派在教法原理学方面颇有建树。罕百里法学派则主张严格按经、训的规定行事,但它同时又注重将圣训与教法、经外传述与圣门弟子的判例加以结合,对“公议”原则持审慎态度,对难以决断的新生事物则取维持现状的态度,反对使用个人见解和“类比”原则进行创制。什叶派中栽德派的教法思想与逊尼派四大法学派在指导原则方面基本相同,认为创制律例的大门始终敞开,但主张执法和释法的权利在该派伊玛目手中。什叶派中的贾法里学派承认穆罕默德门弟子的“公议”,拒绝“类比”,认为他们的教法体系渊源于各时代伊玛目的判断,在第十二代伊玛目“隐遁”以后教法的实施主要依靠各时代教法“权威”(Mujtahid,穆智泰希德)的解释和指导。艾巴德派的法学理论较为温和,认为“公议”是教法律例的源泉之一,其法学主张和对创制的态度最接近哈乃斐法学派。扎希里法学派则固执按经、训明文的字面意义创制律例,反对使用一切灵活原则。自10世纪(一说1258年)以后,随着教法理论和教法学说日渐完善,逊尼派大部分教法学家认为,创制教法学体系的大业已告完成,由此导致一种“创制之门关闭说”。13世纪,蒙古人的西征灭阿拔斯王朝,伊斯兰教法学丧失了继续发展的社会条件,教法学家们为了捍卫伊斯兰文化遗产,尤为强调遵循古代法学家的学说和著作,而无权进行“创制”,这就使创制受到了很大限制。

伊斯兰教法原理学规定,创制教律者必须具备一定的条件,主要有:(1)精通阿拉伯语及其语法、修辞学,借以正确理解经典的含义。(2)掌握《古兰经》与古兰学,深知废止与被废止的经文。(3)通晓圣训及圣训学,用以解明与《古兰经》的规定有关的律例。(4)熟悉教法原理学,以便按其规程创制律例。(5)具备把握创制的能力,以便审时度势,客观地进行创制。具备以上条件者即有创制的义务,而不应因循现成律例。从历史上看,穆斯林法学家在创制方面实际呈现出以下几种情况:(1)独立创制者。(2)学派一家创制者。(3)具有鉴别能力而只能部分增补者。(4)守护学派定规者。(5)因袭前人者。

自近代以来,学者们对是否有创制的权利看法不一。也门萨那现代主义教法学家邵卡尼(Muḥammad ben' Ali al-Shawkani,? ～1834)坚决反对“创制之门关闭说”,指出“坚持创制教法律例的大门关闭论,将导致整个教法的被废止”。埃及著名伊斯兰教改革家穆罕默德·阿布笃(1849～1905)则明确提出,用理智来判断真理与谬误,以重新解释经、训里的原理为教法改革的基础。后巴基斯坦著名哲学家伊克巴尔进而提出,“创制”为伊斯兰教的基本原则,称之为“运动原理”,认为创制既是当代穆斯林的权利,也是应尽的义务。这些观点曾被传统派学者斥之为“比德阿”(异端)而加以拒绝。20世纪70年代以后,随着国际伊斯兰复兴运动的发展,许多逊尼派学者纷纷著书立说,批判中世纪的因循守旧思想,主张重开“创制之门”,发扬伊斯兰教所固有的理性主义传统,用当代的观点重新解释以经、训为基础的教法基本原理,以恢复其活力,使之适应当代的条件和国家现代化建设的需要。科威特大学伊斯兰法学博士穆罕默德·法鲁克·奈布汉据此主张应建立专门的“伊斯兰法学会”,根据当代社会生活,运用集体智慧,创制新的律例,作为整个伊斯兰法的补充,并辑为专门教法百科全书,使之成为新的源泉之一。 (马忠杰 吴云贵)

辞朝(Ḥajj al-widā') 632年初伊斯兰教先知穆罕默德率领穆斯林进行的最后一次朝觐。阿拉伯语“罕吉·维达尔”的意译。亦称“希哲·瓦达”,“辞别朝觐”之简称。为穆罕默德传教时期具有重大历史意义的事件。继631年阿拉伯半岛各部落纷纷派代表团前往麦地那表示信教之后，为了进一步扩大影响，穆罕默德于632年初率领麦地那附近各部落穆斯林10万余人，前往麦加履行朝觐功课。在阿拉法特山盛大庆典上，穆罕默德发表了生前的最后一次纲领性重要讲话，史称“告别演讲”（Khuṭbah al-Wadā‘，呼图白·瓦达）。他以安拉的名义宣布了伊斯兰教的胜利：“今天，我已为你们成全你们的宗教，我已完成我所赐你们的恩典，我已选择伊斯兰做你们的宗教”（《古兰经》5：3）。他在讲话中重申了伊斯兰教的基本教义，阐述了该教的礼仪制度和社会原则，再一次明确号召穆斯林加强团结，反对和谨防内部分裂，呼吁人类不分种族、部落，应一律平等，强调在古莱什贵族和阿比西尼亚（今埃塞俄比亚）奴隶之间绝无贵贱之分。他说：“世人们！你们信仰的是同一个真主，你们有着同一个祖先。你们都是受造于泥土的阿丹之后代。在真主看来，你们最尊贵者，是你们中最敬畏者。阿拉伯人绝非比外人高贵，惟凭敬畏。”辞朝标志着穆罕默德传教使命的完成，他的告别讲话进一步阐明了伊斯兰教的原则和纲领，对其后伊斯兰教的传播和发展具有深远的指导意义。他在辞朝中履行的一系列宗教仪式，历经圣门弟子传述和圣训学家的搜集、整理，已载入圣训和教法经籍中，成为穆斯林朝觐时遵循的规范。（杨宗山）

《辞章之道》（Nahj al-Balāghah） 伊斯兰教第四任哈里发阿里言论汇集。又译《雄辩之路》。什叶派奉为重要圣训经籍，一说为该派五大圣训经之一。由巴格达什叶派学者、诗人谢里夫·里达（970～1016）辑录汇编。分上、下两卷，选收阿里的重要谈话、演说、信函、指令和嘱咐等500余篇。长篇有的达万言，短篇有的千言、数百言或百余言。其中一部分是阿里对伊斯兰教的信仰、教义、教理、伦理和创世说、使者论等根本问题的阐发；一部分是他对7世纪中期哈里发国家内部重大政治与宗教斗争、民族与氏族矛盾和社会问题的论述；有些是他对当时的突发事件及与其有关人物的评说。全书文辞凝练、优美，富有哲理，故称《辞章之道》，反映了阿里对当时阿拉伯政治、宗教等问题的主张与观点，以及他处理政治、军事和战争的雄才大略。该集主要内容有：（1）关于基本信仰。阿里指出：“宗教的首要问题，是认识真主，全面的认识是达到确信，而真正的确信乃是认主独一和对真主的忠诚。”并说：“知足，是永不枯竭的精神宝库。”（2）关于早期伊斯兰内部纷争的问题。不少篇章是在第三任哈里发奥斯曼被刺杀和骆驼之战、隋芬之战前后致各方对手的信函。阿里在给穆阿维叶的信中指出：“奥斯曼的被刺杀与我毫无干系”，进而指出：“战争已吞噬了阿拉伯人，使其奄奄一息。”并说：穆阿维叶“通过‘依经裁判’所要达到的目的，无异于儿童为了杯奶所玩弄的把戏而已”。（3）关于对高级官员的诫令。在给各地军事将领的指令中要求他们勇敢善战，禁止侵害妇女；在给各地省督的指示中命令他们“敬畏真主，严守经、训戒律，主持公道和正义”。（4）关于对政治上反对派的驳斥。有些篇章对哈瓦利吉派进行了严厉的谴责，指责他们不服从命令；还说他自己担任哈里发是“经过舒拉协商会议确定的”等等。该集汇编定本后，有各种抄本流传各地，亦有不少人为其作了注释，其中最著名的有伊拉克穆尔太齐赖派学者、诗人伊本·艾比·哈迪德（1190～1257）的注释本。现代埃及印刷本附有埃及现代派伊斯兰学者穆罕默德·阿布笃的大量注文，他把该集作为伊斯兰文化遗产，给予了高度评价。（马忠杰）

慈悯（Raḥmah） 伊斯兰教用语。阿拉伯语“拉赫迈”的意译，系“怜悯”、“慈恩”之意。《古兰经》云：“假如没有真主赏赐你们的恩惠和慈恩，你们必定变成亏折者。”（2：64）伊斯兰教认为，真主是普慈特慈的，真主创造了宇宙万物，使其各得其所，自然和谐。真主创造了人，赋予他们以物质的恩养与心灵的智慧，并为他们降示了经典，派遣了使者，引领他们走上正道。在真主的99个美名中，有“至仁者”、“至慈者”、“善慈者”，都是表达真主对人类的恩典和人类的感戴之情的。穆斯林为了赞颂真主的恩德，在日常生活中，经常诵念“奉普慈特慈真主之名”，中国穆斯林在交往中，多用“真主慈悯你”表示对对方的良好祝愿。

（罗万寿）

丛林的居民（Aṣḥāb al-Aykah） 《古兰经》中记载的古代部落之一。阿拉伯语“艾苏哈卜·哀凯”的意译，一译“哀凯人”。相传他们居住在红海西岸西奈山（今埃及境内）距麦德彦不远的丛林中，一说住在距麦地那不远的一处森林里。《古兰经》中有4处提到该部落，主要内容是：安拉派遣先知舒阿卜到那里传教，要求族人放弃偶像崇拜，信仰独一万能的安拉；劝导他们“应当以公平的秤称货物”，“不要克扣他人所应得的财物”，“不要在地方上为非作歹”。他们非但不听劝告，反而刁难舒阿卜，要他“使天一块块”地落下来，以确证其为使者，终于遭到了安拉的惩罚：被云中突燃的烈火全部烧死（26：176～190）。舒阿卜传教时所面临的困难与先知穆罕默德的处境有相似之处，故丛林居民遭毁灭的事件遂成为《古兰经》用以警告世人的几项重大鉴戒之一。参见舒阿卜。（杨宗山）

存在单一论（Waḥdah al-Wujud） 见万有单一论。

D

达尔·盖拉尔(Dār al-Qarār) 见天园。

达尔·哈尔卜(Dār al-Ḥarb) 伊斯兰教用语。阿拉伯语音译,意为"非穆斯林居住区"、"非伊斯兰教地区"。与"达尔·伊斯兰"相对。专指非伊斯兰国家和地区。在伊斯兰教早期,教法学家将那些同伊斯兰教国家交战的异教国家和地区,称为"达尔·哈尔卜",又称"战争地区"。现代以来,将居民中穆斯林占极少数的国家,称为"穆斯林少数国家",将这些国家信奉伊斯兰教的民族称为"穆斯林少数民族"。

(马忠杰 杨克礼)

达尔·杰拉勒(Dār al-Jalāl) 见天园。

达尔·色兰(Dār al-Salām) 伊斯兰教用语。阿拉伯语音译,意为"和平之宅"、"平安的区域"。有3义:①穆斯林所追求的天园。《古兰经》中有多处明文称天园为"达尔·色兰"。②地名,指坦桑尼亚首都达累斯萨拉姆,斯瓦希里语意为"平安之港"。③有时也指伊拉克首都巴格达,称为"麦地那·色兰"(Madinah al-Salām),即"和平之城"。还有将国名冠以"达尔·色兰",东南亚国家文莱就称为"达尔萨兰文莱素丹国"(Sal ṭanah Buruni Dār al-Salām)。 (马恩信)

达尔·伊斯兰(Dār al-Islām) 伊斯兰教用语。阿拉伯语音译,意为"穆斯林居住区"、"伊斯兰教地区"。与"达尔·哈尔卜"相对。专指伊斯兰教国家和地区。据伊斯兰教法著作称,凡以伊斯兰教为国教,穆斯林占绝对多数,以《古兰经》为立法原则,实行伊斯兰教法,国家首脑为穆斯林的国家通称为"达尔·伊斯兰"。近现代以来,将那些穆斯林虽占少数,但国家首脑为穆斯林的国家,亦称为"达尔·伊斯兰"。现将加入"伊斯兰会议组织"的国家,均称为"伊斯兰国家"。

(马忠杰 杨克礼)

达凤轩 见达浦生。

达格斯坦人(Dagestanese) 苏联穆斯林民族之一。达格斯坦自治共和国各民族的统称。包括大小民族共有30多个,其中较大的有:阿瓦尔人、达尔金人、列兹金人、拉克人和塔巴萨兰人等。人口共166万(1979)。属欧罗巴人种高加索类型。语言属高加索语系达格斯坦语族。中古时期,在达格斯坦人中的一些大的族群曾建立过封建国家,如阿瓦尔人曾建立了以洪扎赫村为中心的阿瓦尔汗等国。13～14世纪,先后遭受鞑靼人和乌兹别克等人的入侵。1859年,沙皇俄国政府兼并了达格斯坦。1921年,达格斯坦成立了达格斯坦自治共和国。平原地区达格斯坦人主要从事农业,种植小麦、玉米、向日葵、瓜果(葡萄、杏)和各种蔬菜。山地居民主要从事畜牧业,饲养绵羊、牛和马。手工业也很发达。7～8世纪伊斯兰教开始传入达格斯坦。13世纪以后,随着蒙古突厥人的到来,伊斯兰教广泛传播。直到19世纪初,达格斯坦人才完成了伊斯兰化。达格斯坦人约80%以上信奉伊斯兰教逊尼派,极少数人信奉什叶派。20世纪初,在达格斯坦共有清真寺1500多座。达格斯坦人平时保持着穆斯林的生活方式,妇女多戴面纱,穿黑色外套,一般活动与男子分开进行。斋月期间,达格斯坦人都实行斋戒。家庭保留有宗法大家族残余,家长制仍占统治地位。

(伊力奇)

达加勒(al-Dajjāl) 伊斯兰教对反面人物的贬称。阿拉伯语音译,意为"骗子"、"假救世主"。语出欧麦尔·奈赛斐的《教典诠释》。指世界末日到来之时所要出现的假救世主。他将统治人间达40天或40年,还伪造安拉的启示,让穆斯林离开"安拉的正道"和法度,并给人类带来黑暗和灾难。然后被安拉派降于世的马赫迪(救世主)所消灭,世界充满光明和正义,届时普世穆斯林将归向真主。 (杨克礼)

达拉齐(Muḥammad b. al-Bukhāri al-Darazi

?～1019） 伊斯兰教什叶派支派伊斯玛仪派传教师，德鲁兹派始创人之一。中亚布哈拉的突厥人，学术上属于“内学派”，他承认哈姆扎的伊玛目地位后，于1017～1018年由波斯来到埃及，在法蒂玛王朝哈里发哈基姆（996～1021在位）为传授什叶派教义而创设的智慧馆（Dār al-Ḥikmah）中任职。他曾在宫廷内外宣传伊斯玛仪派教义，约于1019年，在哈姆扎的指使下，支持和宣传哈里发哈基姆自称“真主化身”的说法，得到哈里发的赏识。他沿袭伊斯玛仪派中盛行的“流溢说”解释哈基姆神性的由来。提出真主将精神传给阿丹，由阿丹传给诸先知，再传至阿里及其家属，哈基姆的神性是由其父法蒂玛王朝第五代哈里发阿齐兹（975～996在位）传来，视哈基姆为真主的体现，是唯一的神。他派人去北非和西亚各地宣传这一教义，并给伊斯玛仪派传教师及一些名人写信，要求加入他的行列。并亲自去开罗各清真寺宣传和诵读他所编写的神化哈基姆的经书。其举动却激起许多逊尼派信徒和什叶派温和派的强烈谴责。他被迫逃到黎巴嫩山区太姆谷地，继续从事神化哈基姆的宣传活动，吸引了信仰什叶派教义的广大农民群众，其追随者逐渐形成了以其名命名的德鲁兹派。对于他的死说法不一，一说他曾利用哈基姆的势力和厚爱，废黜哈姆扎的伊玛目地位，自己取而代之，后被哈姆扎密谋杀害；一说他在黎巴嫩山区与土耳其人作战中身亡。 （郭宝华）

达米里（al-Damiri，1341～1405） 埃及马穆鲁克王朝伊斯兰教义学家、动物学家。全名穆罕默德·本·穆萨·本·伊萨·达米里。生于开罗。早年从名师受传统的伊斯兰教育，精通教义学、教法学和自然科学，对《古兰经》中所涉及的关于自然界和动物的论述颇有研究。他曾在开罗的著名清真寺和宗教学校（如爱资哈尔大学）定期讲学和布道，享有盛誉。他在宗教思想上信奉逊尼派教义，推崇苏菲主义，以苦行、禁欲和长期静修斋戒而著称。一生中曾6次赴麦加朝觐，并在沿途布道。1371年所著《动物学词典》是一部百科全书，全书条目按阿拉伯字母排列，记述了《古兰经》中提到的931种动物，书中描述动物的特性，阐发哲理，借动物之比喻叙述王朝的历史、教义、伦理道德及自然科学问题，旨在通过对动物的描述显示真主的睿智和万能的创造。该书现存有3种篇幅不同的阿拉伯文版，尚有波斯文、土耳其文和拉丁文译本。还著有论述伊斯兰教各派学说主张的专著多种。（杨克礼）

达浦生（1874～1965） 中国伊斯兰教著名阿訇、教育家。与哈德成、王静斋、马松亭并称为中国四大名阿訇。名凤轩，以字行，经名努尔·穆罕默德。回族。先祖西域人，后裔数迁至江苏六合定居。出身伊斯兰经学世家。7岁入蒙馆学汉文，10岁始习阿拉伯文和波斯文，攻读伊斯兰经籍，曾入六合南寺义学和南京常巷清真寺义学学习。1894年赴北京牛街礼拜寺师从王宽阿訇学习教义、教法，1896年学成“穿衣”。1899年返回六合任清真寺阿訇，并创办广益小学。1905年再次赴北京任牛街礼拜寺阿訇。1907年，应王宽之邀协助其创办回文师范学堂，后任北京笤帚胡同礼拜寺阿訇。1912年，受甘肃提学使马邻翼之聘，任甘肃省回民劝学所所长兼省视学6年，在各地倡办回民小学。1921～1927年间数次赴南洋考察伊斯兰教育。1928年，与哈德成阿訇创建“上海伊斯兰师范学校”和“中国回教公会”，任该校校长。1932年，被推举为“上海回教礼拜寺联合会”代表和“上海穆斯林护教团”团长，为《南华文艺》侮教案进行斗争。抗日战争时期，在上海筹款救济回族难民。1938年12月，赴南亚、中东宣传中国抗日战争，在埃及《金字塔》报发表《告世界穆斯林书》，揭露日寇侵华罪行，呼吁世界穆斯林支持中国抗战。次年2月，出席了在沙特阿拉伯麦加召开的“世界回教大会”，当场揭露日本与会代表的阴谋活动。归国后继续积极进行抗日救亡工作。1939年将上海伊斯兰师范学校迁至甘肃平凉，改名私立伊斯兰师范学校，任校长，为西北各省区培养了一批穆斯林教育人才。1940年任民国政府参议员。1942年，作为社会贤达参加了南京旧政协会议。抗日战争胜利后，潜心写作《伊斯兰六书》。1952年，作为中华人民共和国代表赴赫尔辛基参加了“维也纳世界和平大会”，同年率团前往麦加朝觐并任团长。历任中国伊斯兰教协会副主任、中央民族事务委员会委员、中国人民政治协商会议第二届全国委员会委员、常务委员，1955年担任中国伊斯兰教经学院院长。曾多次出访巴基斯坦、印度、埃及等伊斯兰国家。1956年，以宗教顾问身份参加了周恩来总理率领的中国代表团出席“万隆会议”。达浦生爱国爱教，毕生致力于穆斯林事业，为发展中国伊斯兰教育和宗教领域的对外友好工作做出了重要贡献。1965年6月21日在北京逝世。

（达应庚）

达瓦尼（al-Dawānī，1427～1503） 波斯伊斯兰教法学家和哲学家。全名哲拉鲁丁·穆罕默德·本·艾斯阿德·达瓦尼。早年生平不详。曾活动于帖木儿帝国统治时期，在各地游学，并担任司法和教学职务。晚年曾任法尔斯省教法官和设拉子伊斯兰经学院院长。他对波斯伊斯兰教各学派的宗教哲学颇有研究。据载，他著有哲学著作约75种，大致分为两类：一是对苏菲派著名学者苏哈拉瓦迪的照明学说和马库尔的宗教哲学思想的介绍和评价；另一类是关于伊斯兰教教法、教义和伦理道德的著述。著名的有《穆斯林实用哲学》，该书是一部论述治国之道的专著，书中论述了作为贤明公正的穆斯林统治者应具备的品德、才能和处世的行为准则，介绍了建立理想的伊斯兰社会的各种成分及如何治理理想社会的方法，反映了他对建立公正、平等、友爱的理想社会的向往和追求。在宗教思想上，他主张将苏菲神秘主义和逊尼派教义结合起

来，用哲学理论论证和解释教义。（杨克礼）

达乌德（Dāwud）《古兰经》中提到的古代先知之一。一译“达五德”。阿拉伯语音译。《旧约全书》称“大卫”（Davia）。据《古兰经》载，他是一个能使群山和鸟群听命的有能力的国君（38∶17～20），在随国王塔鲁特同查鲁特作战中，杀死巨人查鲁特，从而得到了安拉赏赐的国权和智慧（2∶246～251）。安拉还使他精于冶炼术，能“使铁柔软”，并能制造完善的铠甲，设计其宽度（34∶10～11，21∶80）。安拉把四部天经之一的《宰逋尔》降示给他（17∶55，4∶163），并任命他为“大地的代治者”，告诫他要“替人民秉公判决，不要顺从私欲”（38∶26）。据传，达乌德曾欲把应征入伍的士兵乌里亚之未婚妻萨比娥娶为第一百个妻子。有一天，两个诉讼者逾墙而入其内殿请求裁决，纠纷的起因是一方已有羊群99只之多，却坚持要另一方把仅有的一只羊让给他，以便凑成100只整数。达乌德恍然大悟，意识到这是安拉对他的点化和考验，遂令萨比娥出宫，同前线归来的战士乌里亚完婚（38∶21～26）。从此，他反躬自省，处理国政更谨慎，执法更严格公正。后来传位给其子苏莱曼。有人认为达乌德即《旧约全书》中的大卫，他杀死的敌人查鲁特即歌利亚（Goliath），达鲁特即扫罗王（Soul），“宰逋尔”经典即《旧约全书·诗篇》。尽管情节有类似之处，但穆斯林经学家认为不宜将它们完全等同。（林　松）

达伊（al-Dā‘i）伊斯兰教教职称谓。阿拉伯语音译，意为宣教人员。①伊斯兰教第二任哈里发欧麦尔在被征服地区划分省区、任命总督进行治理的同时，选派伊斯兰教学者到各地，宣传伊斯兰教的教义、教法和宗教知识，以加强伊斯兰教的宣传，提高穆斯林公社的威望，这些学者即称“达伊”。后泛指逊尼派的宣教人员。②指什叶派阿萨辛支派的宣传员。③指什叶派伊斯玛仪支派的传道师和总传道师（Dā‘i al-Du‘āt）。④当代世界性伊斯兰组织和宗教院校培养、派往各地的专业宣教人员。（马忠杰）

怛逻斯　见江布尔。

怛逻斯之战（Ḥarb al-Talas）8世纪中期中国与大食在中亚的一场战争。亦称“塔拉斯战役”。8世纪阿拉伯阿拔斯王朝与中国唐王朝是雄踞亚洲的两大帝国，国势在今中亚一带接壤。当时昭武九姓胡的康国（撒马尔罕）、石国（塔什干）、安国（布哈拉）等，于7世纪中期唐高宗时，即已向唐朝纳贡。唐玄宗天宝十年（751），因石国国王“无藩臣之礼”，安西节度使高仙芝（？～755）奏请讨伐，遂率兵临其城下，石国国王乞和，仙芝趁其不备引兵袭击。据《通鉴》载：“安西四镇节度使高仙芝伪与石国约和，引兵袭之。虏其王及部众以归，悉杀其老弱。”高仙芝还把石国王带至唐朝京城，杀之以请功，激起西域各国愤怒。石国王子请求大食共同攻唐。大食及各胡国联军，由呼罗珊总督艾布·穆斯林派部将齐亚德统率，唐将高仙芝率蕃汉兵五六万人迎战于怛逻斯（今江布尔）。该城在楚河西岸，城周是各国商胡杂居之地。两军在此相持5日，未分胜负。后因高仙芝麾下的葛逻禄部众阵前倒戈，与大食军夹攻唐军，高仙芝军大败，其军卒大多被歼灭，部分被大食俘虏，遣往中亚、西亚为奴，高仙芝率几千士卒逃回。同时，在被俘唐军将士中，有“画匠”、“织络者”与造纸工人，他们将中国的造纸术等传入中亚、西亚，再经阿拉伯人传入欧洲。此次战争被俘的杜环在大食旅居十数年后回国，将其在各地见闻撰成《经行纪》一书，对大食国伊斯兰教的信仰、教义、教规、各地的风土民俗等作了客观的记载。战后大食便遣使与唐朝修好。756年唐肃宗借大食兵平定了“安史之乱”。（罗万寿）

答失蛮　中国元代对伊斯兰教教职人员的称谓。指伊斯兰教经师、学者等宗教职业者。亦作大石马、达失蛮、达识蛮。宋代曾作打断蛮。波斯语“有知识者”一词的音译。蒙元时期，中亚、西亚的大批各族穆斯林进入中国。其中经师和学者多在礼拜寺中任掌教或在穆斯林中从事传教活动。元朝的官方文书中把答失蛮与和尚、先生（道士）、也里可温大师同被看作“告天祝寿的人”，给以免除赋役的特权，但只限于“在寺内住坐”者。《元典章》云：“和尚、先生、也里可温、答失蛮，不教当差发，告天咱每根底祝寿者道来。”并罢革了他们“归断的勾当”（审判事务）。元朝历代皇帝几乎都有豁免他们差役与兵役的圣旨。除在清真寺担任教职者外，答失蛮有经商的、种田的，朝廷规定对他们不以宗教职业者对待，种田的纳租，经商的纳税。元代答失蛮一词有时也用以指称一般伊斯兰教教徒，《元史·仁宗纪》曰：“延祐五年（1318）王子诸王答失蛮部乏食，敕甘肃行省给粮赈之。”也有用作人名的，至元二十二年（1285）元世祖“诏复立泉府司，秩从二品，以答失蛮领之”。（罗万寿）

鞑靼人（Tatars）苏联穆斯林民族之一。又译“塔塔尔人”。人口662.5万（1985）。主要分布在伏尔加河流域鞑靼、巴什基尔两自治共和国境内和彼尔姆、阿斯特拉罕、哈萨克斯坦、中亚、西伯利亚等地。种族属蒙古人种和欧罗巴人种的混合类型。语言分中、西和东部三大方言，属阿尔泰语系突厥语族。1927年前使用阿拉伯字母的文字，后来一度改用拉丁字母的文字，1939年起又改用斯拉夫字母文字。“鞑靼”一词源于7～9世纪时在贝加尔湖以南地区游牧的蒙古部落。现代鞑靼人在成吉思汗及其后继者西征前，系指南俄罗斯干旱草原讲突厥语的民族。后来又吸收了邻近各民族的成分，形成为喀山鞑靼人、阿斯特拉罕鞑靼人、克里米亚鞑靼人、西伯利亚鞑靼人等分支。15世纪金帐汗国灭亡，在伏尔加河卡马河一带建立了喀山汗国。16世纪中期，被沙俄兼并。1920年建立自治共和国。鞑靼人主要从事农业，阿斯特拉罕鞑靼人从事畜牧业和渔业。十月革命后，在石油开采、机械加工和采矿业等部门工作的人较多。伊斯兰教从10世纪开始就在伏尔加河流域广泛流传，曾是保加尔王国的国教。但在乡村，关于森林神、水神和家神的信仰却依然存在。现代鞑靼人绝大多数信奉逊尼派哈乃斐教法学派。10月革命前，在鞑靼人居住地区清真寺到处可见，在一些穆斯林家庭中也设有礼拜点。并出版了本民族文字的《古兰经》译本。（伊力奇）

打算 中国伊斯兰教经堂教育用语。系指安拉在后世使人复活，然后对其善恶进行审判的过程，又称“考算”、“清算”。据《古兰经》第75章(《复活章》)所述，世界末日来临，安拉将使所有的人复活，然后宣告他们生前的善行或罪恶，为善者将得到安拉的恩典，作恶者将受到惩罚。《古兰经》还在其他章节提到“复活日”、“复活时”或“报应日”。伊斯兰教经注学家根据《古兰经》的这些“经文”，描述了复生日来临之际，安拉使人们复活，然后依据各人生前的功过记载使其接受审判。审判的地方称为“打算场”，有一条细如发丝的“绥拉特桥”，为善者如电闪而过，进入被恩赐的乐园；作恶者则难以逾越，堕入火狱。末日复活、接受审判、受赏受罚这些“后世”事件和生活，是伊斯兰教“伊玛尼”(信仰)的一部分，穆斯林必须确信无疑。“复活”的音译为“格雅迈蒂”(Qiyāmat)，故经堂语也称复活日的清算为“立格雅迈蒂”。（冯增烈）

大不里士(Tabriz) 伊朗西北边陲古城，东阿塞拜疆省首府。旧译“帖必力思”、“低廉”。位于雷扎耶湖盆地东北侧山麓，距德黑兰约530公里。始建于公元前3世纪，历史上多次成为王朝都城。古代为四方往来通衢，在军事及交通上居重要地位。8世纪初，阿拉伯军队征服波斯、中亚后，大不里士被占领，成为军事要地。后被波斯和中亚一带割据的伊斯兰诸王朝先后分属管辖。1258年，成吉思汗孙旭烈兀攻克巴格达灭阿拔斯王朝后，建立蒙古人统治的伊儿汗国，大不里士被定为国都，成为伊儿汗国的政治、经济和文化中心。在该城附近建有马拉格天文台，编制了《伊尔汗历》，附设有规模较大的图书馆。在合赞汗统治时，该城学者荟萃，伊斯兰学术文化得到发展，建有多所清真寺和宗教学校，为什叶派和苏菲派的学术中心之一。并在沟通欧洲和中亚两地区经济文化上起了桥梁作用。14～18世纪，中亚土库曼部落建立的黑羊王朝、白羊王朝和波斯人建立的萨法维王朝均先后建都于大不里士。伊斯兰古迹有城内著名的蓝色加米清真寺，为白羊王朝贾汗王于1465～1466年建成，后多次修葺，外观宏伟，且嵌饰以蓝色瓷瓦，光彩瑰丽。（杨克礼）

大厂北坞清真寺 中国伊斯兰教清真寺。根据寺内所存的明万历四十五年(1617)所刻石碑记载，北坞原名“东务”。位河北省大厂回族自治县境内北坞村。始建年代，难以考定。这座清真寺在明代以前已初具规模。寺院整个建筑群结构紧凑，布局严整，基本上是中国式的殿、厦、亭、堂建筑风格。寺门前有名曰“天心桥”的石桥，寺门内迎面有3间宽大对厅，其两侧各立石碑1块。穿过对厅是长方形天井。天井南北两侧对峙着南北讲堂。西面是礼拜大殿，面积660多平方米，可容2000人礼拜。殿前有抱厦，后有窑殿，3部分浑然一体。殿脊起伏，呈马鞍形，在西端的窑殿顶上耸立着塔式四角高亭，名曰望月亭。大殿西墙上，有砖雕凹壁拱形门洞状，以示礼拜朝向。西北角上是结构精巧的“敏拜尔”。大殿北面，是沐浴室、水井房和学堂等建筑。寺内存有清代名人所书写的许多匾额。（杨克礼）

大朝(al-Ḥajj) 见朝觐。

大拱北门宦 中国伊斯兰教苏菲主义嘎迪林耶学派支系门宦之一。创建人祁静一(1656～1719)，经名希拉勒，号称希拉鲁丁。回族。甘肃省临夏(河州)八坊小西关人，出身于城市贫民家庭。该门宦初以创建人之姓取名“祁家拱北”，后因其拱北增多，建筑又宏伟壮丽，故名大拱北。

1672年，自称穆罕默德25世后裔的和卓·希达叶图拉来青海湟中传教，祁静一随毕家场马宗生阿訇去西宁求教，希达叶图拉对祁说：“余非尔师，故吾道不可传尔。”1674年，一位名和卓·阿卜杜拉的传教师来到河州传教，祁静一即去拜见，被收为门弟子。祁静一听从师命，绝离尘俗，不求婚配，先在河州杨妥家静室静修，后随同其师马纯一在陕西西乡北寺、滴水崖、沙河坝、蔡家岭、留坝紫柏山等深山老林与风景幽雅之地，“出则箪食瓢饮”，“入则辟谷绝粒，慎独静修”达10年之久，受师赏识，尽传其道。1686年和卓·阿卜杜拉去四川阆中传教，祁静一则受师命仍留西乡，他遵五时参拜之典，重七日朝向之礼，遵行虔诚，生活简朴，受到当地穆斯林的尊重。1689年和卓·阿卜杜拉殁于阆中，祁静一为其师修建了墓庐，名曰“久照亭”。从此，祁静一往来阆中、西乡等地，足迹踏遍四川、甘肃、陕西三省，宣传苏菲学理，发展了门宦。1719年祁静一殁于西乡鹿龄寺，次年迁葬于河州，教众为其修建了拱北，成为该门宦信众瞻仰之地。协助祁静一主持大拱北教务的有两人。一为马如恒(1657～1744)，河州八坊人，回族，教众以“大太爷”称之。他逝世后葬于河州，教众为他修建了墓庐，称“大太爷拱北”。二为马腾翼(1694～1758)，东乡族，东乡县黑水泉沟平庄人，精通阿拉伯文和波斯文，经典知识广博，教众以“阿訇太爷”称之。原与祁静一对立，后为祁之修道理论和平易近人的态度所感化,自谓:“吾过矣,今后愿以师生相称”,终成为祁静一的坚强支持者。他逝世后,葬于河州八坊之西,教众为他修建了墓庐,称“台子拱北”。

大拱北门宦的教义和礼仪,除遵奉《古兰经》和圣训外,主要还有:(1)主张先“道”而后“教”。道者“定性复命也”。修道之法即以绝尘俗为入道之门,清心寡欲为修道之功,故凡修道者,皆以淡泊持其志,宁静守其身。(2)以童子出家修行为首要宗旨,中途可以还俗,但不能二次再出家。(3)不设“教主”和“掌教”,而从出家人中推选德高望重者主持教务,名曰“当家人”,当家人一般实行终身制,但不能由其学生或家族人世袭。(4)每个出家人都有自己的弟子,实行师徒相传,承先启后。(5)当家人和出家人的财产属宗教公产,为大拱北所有。(6)以静修和默念“迪克尔”为日常功课,重视晨礼和向先贤墓早晚点香。(7)教众婚丧之事须先到拱北做“祈求”。(8)凡举行大小宗教活动,必须敬香。

大拱北为了使道统相继,不致中断失传,祁静一在生前就拟定了“一清风云月,道传永世芳”10字,为前10代之取名次序。同治年间,当家人祁道和又加续了“敬诚先哲远,克念悟真常”10字,为后10代之取名次序。到1949年传至前第十代,即“芳”字辈。历代当家人为:第一代祁静一;第二代马开清、马长清、妥化清;第三代祁瑞风;第四代高祥云;第五代马贵月;第六代祁道和;第七代穆中传、马顺传、马承传;第八代马永观;第九代马世德、喇世慧;第十代没有产生,由杨世俊代行当家人。大拱北门宦所属拱北数十处,大半在深山老林中,或靠山依水的寂静地方,都是出家人的墓冢或静修地。分布在西北及四川等省区,统由大拱北选派出家人管理,其中以四川阆中巴巴寺、陕西西乡鹿麟寺和甘肃河州大拱北为最大。教众有8万多人,主要分布于甘肃省临夏市、陕西省西乡县、四川省阆中市及青海、新疆等地。 (马 通)

大和卓(?～1759) 中国新疆伊斯兰教白山派和卓。名波罗泥都,亦作布拉敦。据说其先祖麦赫杜姆·阿扎姆系来自中亚具有“和卓”(圣裔)身份的伊斯兰教长老,为叶尔羌汗国察合台后王所尊崇,逐渐形成伊斯兰教贵族势力而掌握世俗权力。其曾祖父白山派领袖阿帕克和卓,勾结北疆准噶尔部首领噶尔丹推翻叶尔羌王国而统治新疆近20年之久。其父艾哈迈德时,因欲摆脱准噶尔部控制而“自立一国”,被准噶尔部首领策妄阿拉布坦拘禁于伊犁。艾哈迈德在伊犁生二子,波罗泥都为长,新疆穆斯林称其为“大和卓”,称其弟霍集占为“小和卓”。艾哈迈德死后,波罗泥都兄弟仍被禁锢于伊犁。清政府平定准噶尔部达瓦齐割据势力后,将大小和卓释放。清政府以大和卓为“回部头目,令其仍归故土”。大和卓返回新疆,镇压了黑山派的反抗后,占据南疆一些城镇。清政府本想利用大和卓的宗教影响,去招顺叶尔羌、喀什噶尔等地穆斯林群众,和平统一南疆地区。起初大和卓也主张“招集回人投顺天朝”,但其弟小和卓极力反对,主张“自立国”而实行分裂割据。1757年,大和卓在其弟怂恿下杀死清廷派往新疆进行招抚的使臣阿敏道及兵丁百余人,发动叛乱,史称“大小和卓之乱”。1758年,清政府派兵征讨,经过一年多时间将其击溃。大和卓及其弟遁走巴达克山,被当地首领擒杀,其尸首交还清政府。

(马汝珩)

《大和卓传》 中国伊斯兰教人物传记。为明末至清代新疆喀什噶尔和卓家族传记之一。作者不详,原文系波斯文,手抄本,英吉沙县罕阿勒克村毛拉·尼牙孜抄写于1864年。该书收存了新疆喀什噶尔和卓家族先祖麦赫杜姆·阿扎姆的宗教世系(道统)与家族世系(血统),记述了以“大和卓”著称的白山派创始人依禅卡朗及其后裔几代著名和卓的生平。传记最后列有白山派对79名弟子的排列等次、所封尊号等,可称为是白山派和卓传记的封山之作。 (陈国光)

大华寺 见临夏老华寺。

《大化总归》 中国伊斯兰教教义学译著。清代马复初弟子马开科译,马复初校订,于同治四年(1865)刊印。是马复初所著《四典要会》的续作。该书要旨在于阐明“大化”乃真主化育万世,化生万物。其造化之至奇,神化之莫测者,此为先天。至中天则由无形之理,而著为有形之象,人生行事,皆著为形迹。“总归”指万事万物都要“返本还原”,“复命归真”,故以“大化总归”为书名。译者称“王(岱舆)刘(智)诸公于后世复生一节各有阙略”,故奉复初师命译此经,“欲为真主了一造化之大局也”。全书分上下两卷,着重论述后世及死后复生,喻今世为梦,后世为醒;今世非后世不显,后世非今世不彰;天堂乃“真主报答一切善人之所造”,“地狱”乃“好恶者”之所归。该书论理透彻,被后人喻为“谈理之妙如抽茧,以一丝而弘万绪”。每段论述后还有几句小结,强调了文章的内涵。该书常与《四典要会》同刊,流传的有清同治四年刊本、1923及1933年北平清真书报社刊本、1929年马福祥刊本。 (余振贵)

大净(Ghusl) 伊斯兰教净礼之一。阿拉伯语“渥斯勒”的意译,原意为“洗浴”、“洗涤”,即冲洗全身。据《古兰经》“如果你们是不洁的,你们就当洗周身”(5∶6)的经谕和有关圣训,凡房事、遗精、妇女月经和产后,都必须冲洗全身,称为“天命的大净”。洗过大净后,如果再发生上述情况,大净即失效,称为“坏大净”,必须重新冲洗;否则,不得进入礼拜殿,不得抚摸、诵读《古兰经》,不得接近亡人尸体和参加其他宗教活动。至于每逢聚礼、会礼、朝觐受戒以及洗亡人前洗大净,则是先知的圣行,也多为穆斯林所遵守。大净的主要要求是漱口、呛鼻和冲洗周身,并遵先知穆罕默德之圣行,则其程序是:洗手后先举意,然后漱口、呛鼻各3

遍，再自右至左冲洗全身，要求将秽处、甲缝、须发至根部、两耳内外、腋窝、脐孔和鼠蹊部位、肛门均搓洗周到。大净和小净也可以合并进行，其程序为洗双手、举意、然后洗下身及秽处，再以小净顺序洗至摩头，另加灌耳3遍，冲洗全身，最后离开大净处洗脚，吻水。以上除下身洗完后，其他每洗一处都须默念祷词或“作证言”，故不许与人闲谈。中国穆斯林大净的传统用具为水壶和吊罐，一般先以水壶进行小净，然后将一个盛满水的吊罐罐底木塞拔掉，以冲洗全身。现多用自来水淋浴。大净是穆斯林的基本净礼，俗称“带水”。也只有在“带水”的条件下才能进行小净以履行念、礼、斋、课、朝5功。其意义在于“除污净体以洁诚敬事真主”，因而是一切宗教行为的首要条件。 （冯增烈）

《大路》 中国伊斯兰教综合性月报。1948年7月16日创刊，由大路报社编辑发行。社址设南京牛首巷10号。创刊号由包尔汉、达浦生等题词。每月16日出版，8开版面，每期两个版面，只有第4期为4个版面。约出版9期，最末一期为1949年3月16日刊印。该报在其发刊词《我们的态度》一文中说：“我们创办本报只凭宗教的热忱和勇气”，“我们将在全中国同胞努力争取生存的大前提下，为宗教为国家而奋斗到底”，“我们对于目前正泛滥于亚、非各地之回教民族反抗的斗争，表示最深挚的关切与同情”，“我们欢迎和各地教胞尽量讨论各项疑难的问题”，“我们将尽力报道国内外各地教胞之生活动态，借以了解今日穆斯林大众之境遇”。该报登载的文章内容有各地教务状况、教胞生活、专访、穆斯林人物介绍、伊斯兰教事迹介绍、伊斯兰事物考据、教义阐释、文艺、读者服务等。该报反映了20世纪40年代末期华东穆斯林的宗教与社会生活、学术活动。 （余振贵）

大路特 见塔鲁特。

大马士革（Damascus，Dimashq） 叙利亚首都，伊斯兰世界著名古城。人口136万（1988）。古代有“东方珍珠”、“天国里的城市”等称誉。位于叙利亚西南部巴拉达河右岸。公元前15世纪阿拉美亚人曾在此建立沙马尔王国。此后，又先后被埃及人、亚述人、波斯人占领。公元前333年，亚历山大帝打败波斯，征服叙利亚占领该城，标志着希腊化的开始。4世纪末，成为拜占庭帝国的军事前哨。636年伊斯兰教第二任哈里发欧麦尔（634～644在位）派穆斯林军将领哈立德征服了叙利亚，遂占据该城，并设叙利亚总督管理，大马士革成为重要的军事基地。661年，叙利亚总督穆阿维叶自称哈里发，建立伍麦叶王朝，定都大马士革，该城遂发展成为阿拉伯帝国的政治、经济和文化中心。早期各宗教的不少学者聚集大马士革，翻译希腊哲学和科学著作，从事宗教和学术研究，为伊斯兰文化的发展奠定了基础。750年后该城属阿拔斯王朝，在哈伦·拉希德（786～806在位）任哈里发时，从撒马尔罕招来大批中国造纸工匠，在大马士革建立了造纸厂，几百年间该城成为供应欧洲用纸的主要产地。1076年成为塞尔柱王朝的一个省会。1174年萨拉丁从十字军手中夺得该城。在马穆鲁克王朝统治时期，大马士革在科学、文化和手工业方面得到进一步发展。1516年起，奥斯曼帝国占领该城达400年之久，独立前法国殖民主义者统治了30多年。全市有250多座清真寺，其中最著名的是建于705年的伍麦叶清真寺，其建筑富丽堂皇，是伊斯兰世界著名的古清真寺之一。城内有穆阿维叶和打败十字军的民族英雄萨拉丁的陵墓及阿兹姆宫等古迹。旧城内建于1155年的努尔丁医院，经修复后成为阿拉伯医学博物馆，保存有阿尤布王朝时代的医学文献和资料。 （杨克礼）

大马士革博物馆（Damascus Museum） 叙利亚国家级历史文物研究、展览机构。坐落在叙利亚首都大马士革巴达拉河畔，是按照已坍毁的阿拉伯帝国伍麦叶王朝哈里发阿卜杜勒·麦利克的行宫式样，并利用行宫旧材料建成的。为淡黄色方形建筑，正门用大石块砌成，左右和四角筑有圆形碉堡，每个碉堡上刻有精致花纹。馆内陈列着公元前2000年前定居叙利亚的亚孟人、迦南人、腓尼基人和从公元前2000年到公元后600年间先后征服过叙利亚的亚述人、埃及人、波斯人、希腊人和罗马人的各种文物。陈列品中最出色的是按原样仿建的公元前200多年的一座庙宇和公元前100多年的一个皇陵，其神龛、神像、壁画形态各异。在罗马时代陈列室里，有2～3世纪的罗马式雕刻和大幅彩色壁画，有2～4世纪的金饰和象牙雕刻。在拜占庭文化陈列室里，有拜占庭金币和彩色壁毯。有几个陈列室用来陈列7世纪伍麦叶王朝的大量文物和8世纪的铜器、碑铭、石刻。在博物馆的伊斯兰时期部分，陈列着12～13世纪的玻璃窗、玻璃地板和花纹精致的玻璃、陶瓷用品和工艺品。 （杨克礼）

大马士革清真大寺 见伍麦叶清真寺。

大欧特 见塔乌特。

大圣 见使者。

大石马（Danishmand） 中国元代史籍中对穆斯林的称谓。波斯语音译。元《长春真人西游记》卷下一九页：“远行踰三月，亦听他适。异者或有须髯，国中有称大石马者，识其国字，专掌簿籍。遇冬季设斋一月，比暮，其长自刲羊为食，与席者同享，自夜至旦。”参见穆斯林。 （达应庚）

大食 中国唐代史籍对阿拉伯帝国的称谓。其后演变为对阿拉伯人及伊斯兰化了的波斯人的泛称。系波斯语 Tazi 或 Taziks 的音译。1 世纪后，阿拉伯部落之一“塔伊”(Tayyi，Tai)迁徙到邻近波斯地区。“塔伊”在中波斯语(婆罗钵语)中作 Tacik，在近代波斯语中作 Tazi，“塔吉”就成为波斯人对“阿拉伯族”或“阿拉伯人”的通称。中国早期多从波斯而知阿拉伯，故因袭其称译为“大食”。初见于唐垂拱年间(685～688)慧超《往五天竺国传》作“大寔”，其后《唐大和上东征传》及《册府元龟》作“大石”，《旧唐书》、《新唐书》、《宋史》、《辽史》等均作“大食”。也有学者认为“大食”系两汉史籍中“条支”之对音。651 年，阿拉伯哈里发帝国征服波斯后，宋代汉文史籍如《宋史》、《宋会要辑稿》、《辽史》等都不再为波斯等国立传，而视其为阿拉伯帝国一部分列入《大食传》或《大食国传》，大食的含义遂扩大为含有穆斯林之意。11 世纪 70 年代，中国喀什著名学者马哈茂德·喀什噶里所著《突厥语词典》及另一著名学者优素福所著《福乐智慧》中，既有 Tazi 又有 Tazik。据后来学者指出，突厥文献中的 Tazi 系指狭义的阿拉伯人，Tazik 或 Tajk 系泛指包括波斯人在内的各穆斯林民族。此外，在中国汉文史籍中将伍麦叶王朝称为“白衣大食”，将阿拔斯王朝称为“黑衣大食”，将法蒂玛王朝称为“绿衣大食”，这是根据其旗帜的颜色而区分的。唐宋时期，大食与中国通过“丝绸之路”与“香料之路”交往频繁。651 年(唐永徽二年)八月，大食国使者在唐首都晋见了唐高宗。至 789 年(唐德宗贞元五年)，大食遣使至唐通好达 37 次之多。755 年(唐天宝十四年)，受唐朝邀请，大食曾派兵助唐平定了“安史之乱”。宋代从 968 年(宋太祖开宝元年)至 1168 年(南宋乾道四年)，大食使节来华达 49 次，并经常派使节前往与宋并存的辽朝。据《辽史》载，应大食请求，契丹族王室曾遣嫁公主与大食王子通婚。大食商人纷纷到中国东南沿海商埠广州、泉州、杭州、扬州及长安等地经商，人数多时曾达到数万，史称“蕃客”、“蕃商”或“胡贾”，并在广州建有“蕃坊”，自选“蕃长”管理内部宗教事务及帮助中国地方当局收取赋税。大食商人在中国经营的商品有宝石、珊瑚、象牙、丁香、玛瑙等，从中国运购的商品有蚕丝、丝绸、瓷器、茶叶等。不少大食人留居中国不归，有“家资数百万缗者”，有居官至“左班殿直者”，甚至还有留居“五世”的，史称“土生蕃客”、“五世土生蕃客”。他们在各地修建了许多礼拜寺，如广州怀圣寺、泉州清净寺(圣友寺)等。宋代，大食与中国的贸易更为频繁，除传统商品外，还运来各种香料药物如乳香、没药、芦荟、血竭、阿魏及膃肭脐等名贵药物等。唐代以来大食的火油及猛火油相继传入，并逐渐用于战争。中国的造纸术，怛逻斯之战后即传入大食，后又从阿拉伯传入埃及、西班牙和欧洲。罗盘针传入大食，继而传入欧洲，促进了近代航海事业的发展。中国人关于大食的见闻录如唐代的《经行记》、宋代的《岭外代答》、《诸蕃志》等，对伊斯兰教及大食帝国的风土、民情、地理、物产等都有翔实的记录与叙述。大食人撰述的《中国印度见闻录》、《道里与郡国志》等，也都留下了大食人对中国的亲身了解和珍贵的历史资料。

(马启成)

大食法 中国唐代对伊斯兰教的称谓。“大食”系波斯语“条支”的变音。泛指阿拉伯人、地区或国家。一说为阿拉伯语“塔吉尔”(Tājir，商人)的音译。“法”即伊斯兰教，此说始见于杜环《经行记》。原书早佚。杜祐《通典》卷 193、194 引用其所记的伊斯兰教的信仰教义、功修、饮食习俗等方面的情况，谓：诸国“有大食法，有大秦法，有寻寻法”，“其大食法者，以弟子亲戚而作判典，纵有微过，不致相累。不食猪狗驴马等肉，不拜国王父母之尊，不信鬼神，祀天而已”。“一日五时礼天，食肉作斋”等。这是唐代中国人对伊斯兰教的客观记述，史学界誉为“中国典籍记回教事最早而又最正确者”。

(罗万寿)

大食教度 中国宋代对伊斯兰教的称谓。宋代海上交通发达，大食使臣及商人来华者较多，中国人通过对居留沿海一带阿拉伯、波斯穆斯林的了解，对伊斯兰教有较多记载，但他们习惯上多与佛教相比而称作“大食教度”。赵汝适撰《诸蕃志》记大食“王与官民皆事天。有佛名麻霞勿。七日一削发剪甲，岁首清斋，念经一月。每日五次礼天。”记“白达国”有“七日一次削发，剪指甲，一日五次礼拜天，遵大食教度”。这是继唐代《经行记》之后，对伊斯兰教较为客观的记叙和概括。

(罗万寿)

大食助唐平定安史之乱 中世纪阿拉伯帝国军队帮助唐王朝平定安史之乱的历史事件。8 世纪中国唐朝与西亚阿拔斯王朝为雄踞亚洲东西的两大帝国，国势在今中亚接壤，两国间有友好交往。唐玄宗时由于政治腐败，天宝十四年(755)十一月，平卢、范阳、河东三镇节度使安禄山与其部将史思明，以诛宰相杨国忠为名，在范阳举兵叛乱，史称“安史之乱”。叛军南下，击败唐将，占领洛阳，次年称帝，攻陷长安。唐玄宗于天宝十五年(756)六月与太子李亨等仓皇离京向西避乱，玄宗逃往四川。李亨不愿入蜀，率 3000 人马北上，七月到达宁夏灵武，承继皇位，号肃宗。改天宝十五年为至德元年，并组织军事力量，光复王业，但当时仅有郭子仪、李光弼所属 5 万步骑，势单力薄。肃宗除调动安西都护府、北廷都护府等守边将士外，并向边疆回纥、拔汗那及西域各国许以厚赏，请兵援助。至德二年，陇右、河西、安西、西域各路兵马到达。据《旧唐书·肃宗本纪》载，至德二年九月，“元帅广平王统朔方、安西、回纥、南蛮、大食之众二十万，东向讨贼。”唐军是一支包括阿拉伯士兵在内的联合部队，人多势众，战斗力强，经过两个月激战，击溃叛将安守忠、李归仁部众，于十月先后收复长安、洛阳，安史之乱逐步平息。大食兵助唐平乱，中国史书有正式记载。但这支部队由阿拔斯王朝哈里发还是波斯、中亚地方当局派遣，派兵多少，部队在叛乱平定后留居中国还是遣返阿拉伯，历来中外学者众说纷纭。在内地回族穆斯林中广泛流传的说法是，唐代安史之乱时，大食王曾派3000（或4000）回兵助唐平乱，事后唐王将这批士兵赐居长安，为其修建清真寺，准其娶中国妇女婚配。他们谨守伊斯兰教教义和礼俗，子孙繁衍，世代相传，成为今日回回民族的先民。这一传说成为中阿友谊的历史佳话，至今仍为回族穆斯林所乐道。（罗万寿）

大世界 中国伊斯兰教哲学概念。与“小世界”对称。认为由先天的“理世”（精神世界）与后天的“象世”（自然界）构成。黑鸣凤《天方性理本经》云：“大世界自无初之初，分体分用，显为著命，以至人性、物理无所不备，是为先天，凡六品；自元气显著，剖阴阳，分四象，位天地，育万物，以至金石草木、鸟兽鱼虫无所不显，是为后天，凡六品。通十二品，而造化之功成焉。先天为降，后天为升，升到极尽，尽终返始，则谓大世界造化循环也。”“大世界先其所先而后其所后，故其后天尽于后天而已。小世界先其所后而后其所先，故其后天返于先天也。此小世界所以贵于大世界也。”（冯今源）

大西天欣度师 见阿师格。

《大学》（al-Fiqh al-Akbar） 伊斯兰教义学古典著作。系哈乃斐教法学派创始人艾布·哈尼法论述伊斯兰教义学的大纲。其开头部分提出，教义学的根本及正确信仰的表白是：“信仰真主、天仙、经典、圣使、复生、前定、后世清算和称功过，信仰天园和火狱”等。《大学》涉及伊斯兰教义学和哲学的许多根本问题，指出：“真主是独一的，真主无似象无如何”；他有若干无始的德性，《古兰经》中提到的“真主的脸、手及喜、怒等均是他无方式的德性”；《古兰经》是真主的言语，非为被造者，但人们对《古兰经》的书写、诵读行为是被造的。作者主张，人的行为为人们所“营谋”（Kasb）、为真主所创造，“顺从”是依真主的命令而当行的，是真主喜爱和意欲的；“违抗”不是他所喜爱和命令的；关于信士犯罪问题，作者主张不能说犯罪对信士无妨碍，也不能说他不入火狱或永居火狱。《大学》强调，“信仰”即是口头承认和内心确信，伊斯兰教就是顺从真主的命令，“舍伊斯兰而无信仰、舍信仰而无伊斯兰”，二者的关系正如事物的表和里一样。《大学》对伊斯兰教凯拉姆学上的一系列问题，作出了符合伊斯兰教早期信仰原则的回答，也是作者自己创制教法的思想和实践的指导。后来哈乃斐派的学者满拉·阿里·嘎里（？～1001）专门撰写了一本注释，全面系统地评注和介绍了《大学》的思想内容。该著对当时伊斯兰学界和以后欧麦尔·奈塞菲（1068～1142）的教义学思想产生过很大影响。1909年，经开罗阿拉伯大书局校订委员会校订，将《大学》和嘎里的注释合刊出版。此书在我国西北地区流传较广。（马忠杰）

大伊斯兰主义 见泛伊斯兰主义。

大罪（Kabirah） 伊斯兰教教法专用语。阿拉伯语“凯比莱”的意译，指“严重罪行”。伊斯兰教法规定穆斯林违反《古兰经》、圣训和教义、教法而犯的罪行分为大罪和小罪两大类。大罪是以物配主、相信巫术、忤逆父母、活埋女婴、无故杀人、男盗女娼、放高利贷、侵吞孤儿财产、临阵脱逃、诬陷贞女、制造伪证和饮酒赌博等。犯了大罪的人应受各种不同惩罚，其中“以物配主”被认为是失去“伊玛尼”（信仰）的重罪，必须予以严惩。（马恩信）

代表团之年（‘Ām al-Wufūd） 631年阿拉伯半岛各部落纷纷派代表团到麦地那觐见穆罕默德，表示信仰伊斯兰教的历史事件。阿拉伯语“阿姆·吾夫德”的意译。630年，穆罕默德率领穆斯林占领原为阿拉伯半岛多神拜物教神权统治中心的麦加，标志着伊斯兰教已经在半岛上取得支配地位和决定性胜利。消息传开，在整个半岛产生了深远的影响。翌年，来自遥远的阿曼、巴林、哈达拉毛、也门等地各贝都因部落所派的代表团，纷纷抵达穆斯林公社首府麦地那，向穆罕默德表示归信伊斯兰教，接受统一领导，缴纳天课。一些基督教、犹太教地区的居民，也派代表团同穆罕默德签订和约，有的则表示改宗伊斯兰教。穆罕默德向所有表示归顺的部落派出了宣教师，伊斯兰教的影响进一步扩大。《古兰经》云：“当真主的援助和胜利降临，而你看见众人成群结队地崇奉真主的宗教时，你应当赞颂你的主超绝万物，并且向他求饶，他确是至宥的”（110：1～3）。经文所记述的，正是穆斯林占领麦加后阿拉伯半岛各部落群起响应先知穆罕默德的召唤，踊跃归信伊斯兰教的这一重大史实。来自各地的部落代表团纷纷前往麦地那的盛况标志着自古以来以血统划分的部落群体正在向着以宗教为社会组织基础的方向转化，一个万众一心，团结在伊斯兰教旗帜下的政治统一的局面，在阿拉伯半岛开始形成。（杨宗山）

代净 见土净。

代位继承 伊斯兰教引进的外来法律名词。继承法的普通原则之一。源自英文Representation Right，意即有优先顺序的继承人在继承开始前先亡于被继承人时，其继承权可由继承人的直系血亲卑亲属代位取得。伊斯兰教法原无此原则。20世纪50年代后，巴基斯坦和埃及等国的立法予以确认，以维护孤孙子女的合法权益。巴基斯坦采取在伊斯兰教继承法中直接引进代位继承原则，确认孤孙子女有权以已故父母的身份继承祖父母的遗产。埃及采取“义务遗嘱”原则，责成祖父母生前必须为孤孙子女立遗嘱，准许孤孙子女继承已故父母在遗嘱处分遗产（净资产的1/3）中各

自应得的份额；如祖父母生前未留遗嘱，法律上以立有遗嘱对待。（吴云贵）

待婚期 见伊达。

戴胜鸟(al-Hudhud) 《古兰经》中所载先知苏莱曼故事中传递信息的神鸟。阿拉伯语“胡德胡德”的意译。俗称“呼呼哱”、“山和尚”，类似啄木鸟。据载，在苏莱曼劝化也门赛伯邑女王拜勒吉斯放弃崇拜太阳而信仰独一安拉的过程中，它曾起过纽带作用。先是由它向苏莱曼国王报告了赛伯邑女王崇拜太阳神的信息，继而把苏莱曼的亲笔信送交到女王御前，并将窥听到的女王及其臣僚对信函的反映及派使臣进贡的意图禀告苏莱曼。后苏莱曼又在它的协助下，获悉女王亲自离宫前来的情报。根据戴胜鸟多次提供的信息，苏莱曼动员精灵做了精心准备和安排，终于使赛伯邑女王在安拉佑助苏莱曼所显示的奇迹面前受到感化，放弃拜物教而归信了独一万能的安拉(27：20～44)。参见苏莱曼与赛伯邑女王。（杨宗山）

戴斯塔尔(Dastār) 穆斯林宗教头饰之一。波斯语音译，意为“缠头巾”，阿拉伯语称“尔玛麦”(‘Imāmah)。原为阿拉伯人防暑用的头巾。伊斯兰教兴起后，缠用此巾被列为圣行。世界各地穆斯林尤其宗教界人士礼拜时同“准白”大褂同时用。缠头巾多用薄纱织成，有长形和方形，从右往左缠在头上。但各地区、各教派缠头的款式各异。沙特阿拉伯地区多戴白色、黄花色、红花色的方巾，上加黑色头箍；埃及地区多在一种高帮红毡帽上加缠白巾；伊朗、阿富汗等地区则左右上下交叉缠。中国穆斯林习惯用白、黄二色，各地款式也略有不同。《藩部要略》谓：“回人自呼白帽，曰‘达斯塔尔’。”缠头巾礼拜如同戴冠敬事礼拜，冠服整洁庄严，以示敬畏真主和信仰的虔诚。（达应庚）

单一教坊制 中国伊斯兰教教坊管理方式之一。即各教坊之间分别自主，互不隶属，除部分地区的大寺管辖当地一些小寺，以便按照教义开展聚礼活动，帮助人少的教坊进行日常宗教礼仪外，大致上各寺处于平等地位。其教众通称“高目”，在中国格迪目派和伊赫瓦尼派中，都普遍实行这一制度。（余振贵）

淡目国(Demak) 印度尼西亚第一个伊斯兰教王国(1478～1586)。旧译“宾塔腊”。位于爪哇岛东北部，原为信奉印度教的麻喏巴歇国的领地。15世纪前期由印度、波斯、阿拉伯穆斯林商人传入伊斯兰教，因商业利益，该地的商业贵族及封建领主也改宗了伊斯兰教。1478年，淡目太守拉登·帕塔(Raden Patah，?～1518)，趁麻喏巴歇国瓦解之机，在穆斯林商人的支持下，宣告独立，自称为淡目素丹。王室信奉伊斯兰教逊尼派教义，遵奉哈乃斐学派教法。1513年，拉登·帕塔派其子、海军提督优努斯率舰进攻葡萄牙人统治下的马六甲未果。1513～1518年先后征服了西达尤和麻喏巴歇国的其他前属地，使伊斯兰教传播到这些地区。1518年，优努斯(Yunus，1518～1521在位)继任素丹，占领麻喏巴歇国首都杜马板，扩展王国疆土。在素丹特林加纳(Pangeran Trenggana，1521～1546在位)执政时，国势兴盛，先后征服了苏比特乌朗国、马打蓝国和答哈国，控制了爪哇大部。他对印度教徒的小王国诉之于宗教宽容和武力征服两手政策。对信奉伊斯兰教的独立小邦采取联姻的合并政策。王国经济、对外贸易及文化有较大发展。在主要商业港口城镇，修建清真寺和宗教学校，对伊斯兰教长老分封领地，掌握宗教权力。1546年特林加纳在作战时被刺后，王族中发生争夺王位的混战。1546年，特林加纳之婿、巴章地方领主阿迪·威查亚(Adi wijaya，1546～1582在位)夺取王位，迁都巴章(今梭罗西南)，史称“巴章王国”。1568年，阿迪·威查亚在吉里的伊斯兰教长苏南·吉里主持下，正式称素丹。巴章国属各地领主的联盟国家，领土除直辖领地巴章本土外，还拥有自由领地和藩属，包括中爪哇和东爪哇。后各地领主相互战争，巴章王国分裂。1586年在素丹阿里亚·潘吉里(Aria Pangiri)执政时期，为马打蓝素丹国森纳帕提所灭。（杨克礼）

当代穆斯林世界研究所(Atlasraisonne du Monde Musulman Contemporian) 法国伊斯兰学术研究机构。设在巴黎。其前身是始建于1936年的伊斯兰行政高等研究中心，1973年易名，为非洲和现代亚洲高等研究中心的直属机构，由中心主任直接领导。由法国国家政治学基金会提供经费。以研究亚非伊斯兰国家政治及现状为宗旨。研究领域包括伊斯兰国家行政体制、现状、趋势。并绘制穆斯林世界地图集。为法国较重要的伊斯兰研究机构，在西方学术界有一定影响。（黄陵渝）

当然拜(Ṣalāt al-Wājib) 见礼拜。

导师制(Niẓām al-Irshād) 伊斯兰教苏菲派师徒相授的宗教传承制度。亦称“师承传系制度”。阿拉伯语“尼扎姆·伊尔沙德”的意译。导师在伊斯兰世界称谓不一，阿拉伯语称“穆尔希德”、“谢赫”，波斯语称“辟尔”，突厥语称“巴巴”，中亚和中国新疆称为“依禅”。导师是苏菲各教团高品位的精神领袖，是以扎维叶(道堂)为中心传授苏菲神秘教义和精神修炼的指导者。苏菲派认为，导师是达到认主、近主之途的引路人，一般穆斯林非经导师的指引，无法获得经典的奥义及秘传的真知，实现人主合一的最高精神境界。中国汉文译著《天方正学》谓：“五功本自然之功，无为之为也。但有明师启迪，方能透彻机微，则隐显机微，甚是分晓，触类旁通。”《道行究竟》曰：“是以君子当修身明道，清心显性，庶不负真宰特生之意耳。欲求清心显性者，须得真人为师，方能得乎真宰之真光。”《归真要道》云：“道有内外，外凭计较者的学问看守，内凭行道的筛核引领长存”。导师一般由年高德劭、学识渊博、通晓苏菲神秘学理、创有独到的功修方式的苏菲高级修士充任。据《天方道程启经浅说》谓：“穆勒师德乃受主慈悯，从身命割断，恶欲无干。内受真学知识，外感美行诚实，堪为世人表率。”导师的职责是，向道堂的穆里德（寻道者）讲授《古兰经》的隐秘奥义和苏菲学理；指导门弟子领悟道乘精神修炼要旨和循级而进的阶梯；秘传自己精神修炼的直觉内心体验；点授念诵迪克尔的内容和仪则；秘传该教团的道统谱系，使门弟子获得真传的依据。各教团的导师除讲经传道外，注重功修仪式，多为心传口授，以个人的内在经验为依据。门弟子入道堂修行时，必须举行严格的收徒授道仪式，奉行沐浴、斋戒、祈祷和避俗，经过见习期严格考察才被收为正式门徒。门弟子受教之后，按照导师所规定的禁律和功修程序，潜心领悟和苦修，循级而进，经过若干年，完成各项道乘功课，达到所谓“欲尽理纯，功到大定，道合自然”，“由渡己的地位，上升到渡人的地位”时，方可称为“得道者”，成为苏菲高级修士，即有资格独立宣教传道。导师根据各个门弟子学习和功修的品级，将学业优秀者留道堂作继承人或派往各地作哈里发，领导和组建教团分支组织，并秘传道谱，封授道号，授以“依扎孜”（意为“凭证”，即证书、印信、经典、信物等），使道统得以传继。一般门弟子可隐居独修，或到各地云游苦行传教。历史上各教团的道统传承，一般为传贤制，有的为父传子受。导师在教团内享有崇高的地位，其教诫，门弟子必须绝对服从，其著作、传道词和祈祷词被奉为经典，并汇集传播。导师被尊称为“谢赫”、“吾里”、“古土布”。导师去世后，其陵墓被尊为圣墓，信徒如期前往祈祷和拜谒。（杨克礼）

道乘（Ṭariqah） 见三乘。

道号 中国伊斯兰教苏菲主义门宦教主或老人家、当家人的一种传教称号。门宦的创始人、继承人除了有汉语名号外，还根据本派别的情况另取一个能表示其道行品位的阿拉伯语称号，如哲赫林耶教派第一代道祖马明心称维尕叶・图拉（意为“维护主道的人”），其他如撒希卜・宰玛尼（意为“掌握时代者”）、古土布・瓦隋勒（近主者的领袖）等。教众则把这些创始人或继承人称为“道祖”、“太爷”或“老人家”。

（余振贵）

道谱（Nisbah） 中国伊斯兰教苏菲主义门宦历代教主传教谱系。亦称“道统”。哲赫林耶记载其各辈教主名字及其传教活动的系谱，叫“热什哈”，又叫“尼斯拜”。在主麻日往往通过向教众诵读的方式，赞颂它所崇敬的也门道堂的七代教主，又称为星期五的“尔麦里”（宗教活动）。见道统。（余振贵）

道堂 中国伊斯兰教苏菲主义各门宦静修传道和管理教民的场所。一般由拱北（陵墓）、静修室、讲经堂、藏经亭以及附设的清真寺等建筑组成。历史上较有影响的道堂有甘肃河州的花寺道堂、定西的官川道堂、宁夏金积堡的洪乐府道堂、西吉的沙沟道堂等。道堂直接由教主或老人家主持。道堂内设有管家、账房、勤杂等管理人员。担负有收徒传教、宣讲教理、坐静修行、举行宗教纪念日、管理所属清真寺、委派教坊阿訇等职责。同时还有接待教民、收受“乜贴”、维护陵墓、管理宗教公产和经营商业贸易等有关事务。道堂的宗教财产属于全体教众，教主有权支配。（马　通）

道统（Silsilah，Ijāzah） 伊斯兰教主要代表人物承袭系统。亦称“教统”。①主要指伊斯兰教宣教的“正道”、“正教”的传统世系。蓝子羲《天方正学》谓：“天方道统，始于人祖阿丹。自阿丹大圣至穆至圣，为道统十一代”。②中国伊斯兰教各苏菲主义门宦历代教主承袭系统，称作“道统”，亦称“道谱”。如在哲赫林耶学派中流行“里七外八”的道统世系传说，即该派曾在也门传七辈封印（指此后再无道统相传和道祖之类的传道人），又在中国传八代后封印。记述这种承袭过程的情况被称为《道统史传》。嘎迪林耶学派则传说，其道统始于盘龙山道祖，经祁静一与云南道祖、周道祖、马道祖、冯道祖、安道祖、杨道祖等七辈（一说八辈）即封印。苏菲门宦的教众对此种道统十分崇敬和虔信。（余振贵）

《道行究竟》 伊斯兰教哲学著作。作者欧赖尔・本・穆罕默德・奈赛菲（Orayr ben Muḥammad al-Nasafi），以波斯文写成。清同治二年（1863）中国穆斯林著名学者马复初译为阿拉伯文，后又译成汉文。汉文刊刻本有两种：一是清同治九年（1870）马如龙捐资刊印本；另一种是清光绪二十七年（1901）成都敬畏堂周明德主持刊印本。阿拉伯译文本曾在云南印行，今佚。全书分为2卷。上卷有9章，分别论述明道复命之境，礼、道、真三乘之定义，所谓“全人”者须备善言、善行、谦和、认识四德，隐士之修养，相伴道长之理，弃绝之理，道乘之所成者，修功之效，尘世之不常。下卷有5章，分别论述认识真主和性命之通形体之理（即论证灵魂问题），真一之显化，真主之诸事，人之信仰有3等（即父传子受者，师教徒受者，先天领悟继之刻苦自学而有卓越认识者），礼乘、道乘之学者。书后附有译者的撰述，分为6节：前5节论述认己之道、人身各种器官之用、万化出于真主之大命、人与修功所转升之品级、行道之升腾与归宿之品级等，第6节总括全书主旨：“此经专言修道者正身清心尽性之法乘，克己定真之功夫，明我教复命归真之真谛”。附加部分表明译者对原著曾经反复诵习，深入钻研，有所更张。如在大小世界应如何认识这一问题上，马复初援引刘智所著《天方性理》的观点对穆罕默德·奈赛菲的论点作了必要的订正。其撰述与阐释，重点论证了伊斯兰教哲学不仅属于社会伦理道德范畴，而且属于人们认识世界本源及真主独一的范畴。译者对伊斯兰教苏菲派的某些见解有独到之处，颇受中外伊斯兰学者重视。

（赛生发）

德尔杰(Darajah) 伊斯兰教用语。阿拉伯语音译，意为"品级"、"等级"、"品位"等。专指伊斯兰教所尊奉的天使、使者、先知的品级，泛指一般穆斯林宗教修行的等级。此词语在《古兰经》文中多次出现，指在末日审判时，依安拉之诫命，按穆斯林生前的信仰真伪、善恶行为和履行宗教功修的不同状况，分为性质不同的等级，予以赏善罚恶。伊斯兰教义学家和经注学家，将天使、使者、先知按其使命和品位，分为若干品级，如将天使分为四大天使、十二位著名天使，将使者(圣人)分为至圣、大圣、钦圣、列圣。苏菲派将其功修达到最高精神境界的长老分为吾里和古土布两大品级，古土布又分为7个等级。中国清代刘智在《天方性理》中将人分为9个品级：至圣、大圣、钦圣、列圣、大贤、智者、廉士、善人、庸常。（杨克礼）

德尔维什(Darwish) 伊斯兰教苏菲派教职称谓。波斯语音译，意为"寻找门户"者，即沿门乞讨者。亦音译为"德尔维希"、"迭里威士"。西方意译为"托钵僧"、"苦行僧"。阿拉伯语称"法吉尔"(Faqir)，意为"贫穷者"。在摩洛哥和阿尔及利亚，则广泛地用来指称"Ikhwān"(兄弟)。在伊斯兰世界，该词原泛指各苏菲派兄弟会组织的成员，现专指苏菲派教团的高级成员。初期德尔维什的活动是无组织的，以个人的行乞苦修为主。后来形成了以导师为核心的集体修道场所，并发展为教团组织。修道者根据所属教团导师的指导完成一定阶段的修炼功课，穿特制的服装"赫尔克"(Khirq)，手拄拐杖，拿着钵器收取食物。有的还随身带着据说可以消除饥饿感的"幸福石"，出外巡游行乞，靠别人施舍为生，也有的靠自己劳动所得维持生活。有时他们还到集市上去宣传苏菲派的学说，以吸引信徒。在中世纪有些地方出现了单独的女修道院，由女性导师指导，进行不同阶梯的修炼，并形成自己独特的念"迪克尔"(Dhikr)的仪式。（王怀德）

德国伊斯兰教 德国位于欧洲中部。面积35.7万平方公里。人口约8160万(1995年两德人口相加)，主要是德意志人，另有少数丹麦人、斯拉夫人和吉普赛人，还有463万外籍人。首都柏林。居民主要信奉基督教新教和天主教。穆斯林人口180余万，约占总人口的2.4%。分布在汉堡、科隆、法兰克福、斯图加特、纽伦堡、汉诺威、明斯特、慕尼黑、不莱梅、柏林等地。多为土耳其(150万人)、南斯拉夫、阿尔巴尼亚、摩洛哥、突尼斯、约旦、巴基斯坦的客籍工人、家属和难民相组成；另有5.2万本国穆斯林。1732年，普鲁士国王弗里德里希一世的土耳其卫队首次将伊斯兰教传入德国。第一次世界大战中，德国政府招募了一支"穆斯林军团"，由1.5万名鞑靼、塞尔维亚、印度、北非穆斯林士兵组成，扩大了伊斯兰教的影响。1924年，第一个德国穆斯林社团在柏林—沙尔—罗腾堡地区建立。二次世界大战后，6千名来自南斯拉夫、阿尔巴尼亚、苏联中亚地区的穆斯林难民在原西德南部定居，其中一半已成为德国公民。60～70年代，又有大批外籍穆斯林劳工自土耳其等国涌入，许多人获得居留权和工作许可，每年有8～10万家属来德。德国穆斯林大多属于逊尼派的哈乃斐学派，少数属马立克学派。全国性组织有：世界伊斯兰大会德国分会、德国伊斯兰教协会、德国穆斯林大会、德国穆斯林难民伊斯兰教行政管理委员会等。它们大多是外籍移民组织，未被德国政府视为宗教团体。此外，欧洲穆斯林学生联合会总部设在德国。他们在文化传统上深受土耳其宗教文化的影响。全国有800多座清真寺，历史最悠久的是1785年建于海德堡旁、莱茵河畔的施韦琴根公园的"红寺"，它也是欧洲首座巴洛克风格清真寺。柏林的波茨坦清真寺为另一久负盛名的古寺。现代最著名的清真寺是汉堡清真寺、亚琛清真寺、慕尼黑清真寺、黑森林清真寺。此外柏林、亚琛、汉堡、慕尼黑都建有大型伊斯兰文化中心。全国还有数十所经文学校和一些全日制穆斯林小学。公立学校专门为穆斯林儿童开设有宗教教育课。近年来为提高穆斯林的宗教知识，德国政府尤为重视伊玛目的培养，要求候选者必须通过严格考试并具有大学文凭。现任伊玛目有350余名，皆来自土耳其，负责清真寺的日常事务。已有10余种《古兰经》德译本，还发行《黎明》杂志等伊斯兰教书刊。德国穆斯林与土耳其、沙特阿拉伯等国关系密切。与伊斯兰世界联盟、世界伊斯兰大会有直接的联系。

（黄陵渝）

德加维教团(al-Ṭariqah al-Darqawiyyah) 伊斯兰教苏菲派兄弟会组织。沙兹里教团的分支。18世纪末艾布·哈米德·艾哈迈德·阿拉比·德加维(Abu Ḥāmid Aḥmad al-ʻArabi al-Darqawi，1760～1823)创立。德加维运动与提加尼领导的运动并行，但前者比后者更为广泛而普遍。德加维在世时没有建立独立的教团，他宣称其念迪克尔的仪式源于其老师阿里·阿姆兰·加麦尔(ʻAli al-ʻAmran al-jamal，？～1779)。德加维卒后，其组织发展成为一个有自己独特念迪克尔形式的新教团，在摩洛哥非斯北部布别里哈(Bu-Berih)建有扎维叶。此后，它广泛吸收成员，成为摩洛哥人数众多、最具影响的重要教团，传播到马格里布各地以及埃及和希贾兹。各地原有的小型苏菲兄弟会组织也隶属于该教团。据记载，该教团有9个主要分支，有的分支又分出不同的小支系。德加维强调不参与世俗事务，但他本人作为一种政治和宗教运动的领导人则引起人们的注意。素丹穆莱·苏莱曼（Mulay Sulaiman，1793～1822）曾企图利用这一运动加强其反对土耳其人的地位。德加维后因支持反素丹起义被监禁，阿卜杜·拉赫曼（1822～1829）继任素丹后才获释，但该教团已日趋削弱。19世纪至20世纪初，德加维教团参加了阿尔及利亚人民反对法国殖民者的斗争，影响有所扩大。该教团要求信众苦修，蔑视世俗权力和财富，主张回到"纯正的苏非主义"。德加维本人曾过着巡游苦修者的生活，其众多门弟子效法他，有的执拐杖，身着褴褛衣衫，颈上挂有大念珠，口诵《古兰经》和赞词，到各地巡游传道，过着苏非苦行的生活。其宗教仪式的特点是在念迪克尔时，伴以音乐舞蹈和高声赞念。阿玛吉米特为教团圣地，每年9月在那里举行节庆宗教活动。（王怀德）

德拉伊耶（al-Dir'iyyah） 沙特阿拉伯古都遗址。前沙特王国（1774～1818）首府。位于首都利雅得西北16公里处的哈尼法谷地。它是沙特家族的发祥地。18世纪中叶，德拉伊耶是内志地区的政治、宗教和教育中心。该城建有许多清真寺，曾是穆罕默德·本·阿卜杜勒·瓦哈卜传播哈比派教义的根据地，他在部落中推行逊尼派罕百里学派教法，大批宗教学者云集，学生纷至。1818年，奥斯曼帝国驻埃及总督穆罕默德·阿里率军镇压瓦哈比教派运动，该城被摧毁。（杨克礼）

德里素丹国（Salṭanah Delhi） 中世纪突厥人在印度北部建立的伊斯兰教国家（1206～1526）。因各王朝均以德里为首都，统治者称作素丹，故名。1206年，古尔王朝素丹吉亚斯丁·穆罕默德在出征花剌子模时被杀，国家陷于分裂。古尔王朝驻德里的总督、突厥奴隶出身的库特布丁·艾伊拜克（1206～1216）宣布独立，自立为素丹，占有以德里为中心的广大地区，建立印度历史上第一个伊斯兰教国家。德里素丹国经历了5个朝代，它们是奴隶王朝（1206～1290）、卡尔基王朝（1290～1320）、图格鲁克王朝（1321～1414）、赛义德王朝（1414～1451）和罗第王朝（1451～1526）。德里素丹国有320年的历史，大致可分为两个阶段：前130年由小到大，为不断扩张其版图的阶段；后190年中各种矛盾交错，政治不稳定，为逐渐衰落的阶段。14世纪前半期其疆域最强盛时，西起印度河流域，东至今孟加拉地区，北抵喜马拉雅山下，南至科佛里河流域。它奠定了伊斯兰教在印度次大陆的地位，对后来的印度社会政治制度和社会生活产生过重要的影响。1398年，帖木儿率大军侵占德里，劫掠财富，杀死俘虏约10万名，促成图格鲁克王朝崩溃。在赛义德王朝素丹阿拉姆沙在位（1445～1451）时，其统辖范围只限于德里城及周围的一些村镇。阿富汗人的罗第王朝统治前期，曾恢复中央权力，领土一度重获统一，但不久走向衰落。北印度分裂为孟加拉、古吉拉特、马尔瓦、克什米尔、拉其普坦等小国，彼此混战；各地信奉伊斯兰教及印度教的农民和市民纷纷起义。1526年，帖木儿后裔巴布尔趁罗第王朝内乱之机，统率莫卧儿军队在德里附近的帕尼帕特战役中打败罗第王朝军队，占领德里，德里素丹国灭亡。

德里素丹国是一个军事封建贵族统治的国家。素丹是国家的最高统治者，拥有行政、军事、立法、司法和宗教大权。素丹下设行政会议，由大臣、高级军事将领和穆斯林贵族组成。将占领的地区划分为省，派遣穆斯林总督进行管理；所有高级军、政官职统由穆斯林贵族充任，印度教徒只能担任下级官吏。土地归素丹国家所有。素丹把占领的土地划分为一些"伊克塔"，分给穆斯林贵族管理。素丹国在强盛时，修筑运河，发展灌溉，改进农业和手工业技术，发展城市和国内外商业贸易，促进了社会经济的发展。首都德里成为印度的政治、经济和文化中心。

德里素丹国奉伊斯兰教为国教，早期的素丹承认阿拔斯王朝哈里发的宗教领袖地位。素丹和穆斯林贵族属于逊尼派，许多下层穆斯林为什叶派和苏非派。历代王朝采取政治和经济措施，大力传播伊斯兰教，素丹下令在各地修建许多清真寺和宗教学校，推行伊斯兰教法，大量印度教徒改宗伊斯兰教，中亚穆斯林成批迁到各地，使伊斯兰教在印度获得很大发展。随着伊斯兰文化的传播，传入印度的波斯语和印地语长期融合，形成了乌尔都语。素丹宫廷诗人埃米尔·霍斯鲁（1253～1325）最先用乌尔都语创作诗歌。素丹修建的许多清真寺、宫殿和陵墓，体现了波斯和印度建筑风格的结合。德里附近的库特布·米纳尔清真寺的尖塔建于奴隶王朝，是印度早期伊斯兰建筑的典型。北印度的音乐、舞蹈和绘画等艺术，受到中亚伊斯兰文化的影响，而有新的变化发展。（杨克礼）

德鲁兹派（al-Daruziyyah） 伊斯兰教什叶派的伊斯玛仪派分支派别之一。11世纪初，产生于埃及法蒂玛王朝第六任哈里发哈基姆（996～1021在位）统治的末期。哈基姆执政后，成为伊斯玛仪派的精神领袖，但他暴虐无道，精神失去自控，晚年竭力神化自己，暗示他就是信徒所崇拜的第七代伊玛目（"活主"）降临。中亚布哈拉突厥人的传教师德拉齐（？～1019）和波斯人哈姆扎·伊本·阿里（985～约1022）先后来到开罗，支持迎合哈基姆自我神化的主张，受到哈基姆的恩宠。1017～1018年，德拉齐在开罗清真寺公开宣传哈基姆具有超凡的神性，是最高宇宙灵魂的化身，是安拉在现世的代理人，是穆斯林的"活主"。其宣传引起开罗伊斯玛仪派官方传道会长老的反对和信徒的骚动。德拉齐遂被迫转移到叙利亚—黎巴嫩山区德鲁兹人中传教，以后逐渐形成以其名字命名的德鲁兹派。1019年，德拉齐卒后，哈基姆密令哈姆扎为总传教师，继续宣传神化哈基姆的教义，并派出传教师到各地传教。

哈姆扎自称是哈基姆授命的代言人和伊玛目。他完善了该派的教义,建立了组织,并自称其追随者为“穆瓦希敦”(Muwaḥḥidūn,意为“认主独一者”),从而使德鲁兹派定型。1021年哈基姆失踪后,开罗的伊斯玛仪派将德鲁兹派逐出埃及,哈姆扎逃往叙利亚—黎巴嫩山区该派的传教地,追随者日增。约1022年,哈姆扎“隐遁”后,该派由传教师巴哈尔丁·穆丹纳担任首领,被信徒尊为“谢赫”。他以黎巴嫩的瓦迪·泰姆地区为传教中心,整顿组织,奉行“塔基亚”原则,以保存力量。1034年,巴哈尔丁·穆丹纳“隐遁”。由于遭到当局的镇压,该派的组织和首领不予公开,并停止向外发展信徒,不对外进行宗教宣传,成为封闭式的宗教社团。该派汇集有一本名《智慧书》的法规,收有包括哈基姆、哈姆扎、伊斯玛仪·台米姆、巴哈尔丁·穆丹纳等人的111封信件,被德鲁兹派奉为经典。该派的教义长期以来鲜为人知,19世纪,埃及总督穆罕默德·阿里的军队从叙利亚德鲁兹派的宗教活动场所缴获许多手抄本经书后,其信条才逐渐为世人所知。

德鲁兹派是在伊斯玛仪派的宇宙论和十二伊玛目派的“隐遁伊玛目教义”的基础上,经过演变发展,形成了该派新的教义和礼仪。其主要的教义是:(1)信仰独一的安拉,反对多神崇拜。认为安拉仅具有唯一的至高的“神性”,而没有其他的属性,安拉的灵知(神智)是人的理智所不能领悟的,只有安拉在人间的唯一代理人,才能领悟安拉的旨意。(2)信奉哈基姆是安拉在大地上的代理人,安拉赋予他具有唯一的神性,他是宇宙智慧的最完美的化身,超越一切名义与善恶,是唯一的“活主”。他并没有死,而是“隐遁伊玛目”,在世界末日时,将以“时代救世主”的身份重新出现,惩治“雅各”和“马格”(指《古兰经》中所预示的两支乱世的恶魔人群)。(3)认为宇宙万物是安拉通过宇宙智慧依等级次序流溢出来的。认为该派上层成员的品位有五大宇宙等级(“哈德”),即阿赫勒、宇宙智慧、先知及左右助手,每个等级都有一位宗教领袖。在五级以下还有三级:达伊(传教师)、马遵(讲经者)、穆卡西尔(劝道者)。(4)相信灵魂转世说。认为凡德鲁兹派的一个信徒死亡与本派的一个婴儿出生时间正好相符,死者的灵魂迅即转入母腹内的婴儿身上。完善的人死后灵魂上升为星星,恶人转世为猪、狗等动物。(5)信守哈姆扎提出的7条箴言:忠于所信仰的真理,弃绝多神教,不向外泄露教内秘密,拒小人而远离邪恶,承认神的原则存在于人性中,坚决信守哈基姆的思想,绝对服从哈基姆通过其代理人传达的旨意。

德鲁兹派不履行伊斯兰教法所规定的五项宗教功课,主张免去礼拜、朝觐、天课、圣战等义务,不设清真寺,简化宗教礼仪。该派将信徒分为“知秘者”(欧格拉)和“无知者”(朱海拉)两个等级。“知秘者”为宗教上层,通晓该派的隐秘教义和礼仪,其德高望重者任首领,称为“谢赫”,拥有特殊权利,为“无知者”的精神导师,主持教务和信徒的婚丧仪式。“知秘者”在每星期四晚上举行宗教活动,诵读《智慧书》和规定的祷词,讨论哈基姆的奥秘教义,阅读秘密经籍等。而“无知者”只参加该派规定的一般仪式。其节日只过宰牲节和阿舒拉节。信徒只朝拜本教派圣徒的坟墓。德鲁兹派长期以来被逊尼派和其他教派视为“异端”,其信徒经常实行“塔基亚”的原则以保护自己。德鲁兹派的教义至今还在叙利亚、黎巴嫩、巴勒斯坦、约旦的德鲁兹人中奉行,人口约100多万。　　(杨克礼)

德性　见隋法特。

德伊(Dey)　见台伊。

登霄(al-Mi'rāj)　见升霄。

登霄之夜(Laylah al-Mi'rāj)　见升霄。

低廉　见大不里士。

低念派　见虎非耶。

迪克尔(dhikr)　伊斯兰教苏菲派赞颂安拉的宗教祷词和功修仪式。亦译“则克勒”、“寂克尔”、“齐克尔”。“迪克尔”系阿拉伯语音译,原意为“怀念”、“想往”、“记念”、“赞颂”,即时刻记念、赞颂安拉。对安拉的赞词、颂诗也称“迪克尔”,亦称“记主词”。该词在《古兰经》中多次出现,如经文云:“信士们啊!你们应当常常记念真主,你们应当朝夕赞颂他超绝万物”(33:41～42)。伊斯兰教各派别的穆斯林均把时刻记念真主、赞颂真主视为信仰虔诚的体现和五项宗教功课的首要功修,是教法嘉许的虔敬行为。12世纪随着苏菲派教团组织的出现,念诵迪克尔成为各教团独特的功修仪式,并赋予神秘的奥义。苏菲派认为,念诵迪克尔是对真主的思慕、想往和喜爱,它可以“隔闭过虑,清静己性”,清除一切私欲和妄念,打开心灵之门,获得真主之光明,一心想往真主,一心专事真主,实现人主合一的最高精神境界。

苏菲派将人的心灵分为肉体的和精神的两座门,通过念迪克尔可启迪这两座门。故相应的将迪克尔分为两类:一是“迪克尔·加里”(dhikr Jali),意为高声赞念,它可以打开肉体之门,以示诚信和赞念真主,“扬明正道”;二是“迪克尔·哈菲”(dhikr Khafi)意为低声赞念或默颂,低声赞颂真主,可启迪精神之门,以示“静虔爱主”;默颂以示内心“暗悟真主的玄机和真知”。这两种不同的赞念方法后来发展成高颂派和低颂派。苏菲派学者将赞颂分为3阶段:(1)舌心并用的迪克尔。苏菲修道者在导师的指导下,学习和领会赞词的内容,掌握仪则、赞念音调及伴以动作,将内心诚信和口舌念颂结合起来,然后连续不断的赞颂。(2)内心的迪克尔。即将外在的口舌赞念转化为内在的心灵和精神的修炼,内心时刻只赞念独一的真主。(3)意念中的迪克尔,即是赞念达到忘我的最高精神境界时,迪克尔的内容、形式和表示迪克尔的字母从心灵中消失,“心不纳物”,只在意念中唯有独一的真主。

苏菲派念迪克尔的内容,主要包括:(1)清真言、作证词。(2)《古兰经》中关于安拉的尊名和选段。(3)赞主、赞圣词,祈祷词。(4)神秘主义的诗歌和散文作品。常念的赞词有:“万物非主,唯有真主”、“安拉至大”、“赞颂全归真主”、“真主与我同在”、“我祈求万能的真主的宽恕”、“主啊!我们祝福先知穆罕默德”等。赞念上述内容的次数少则数百次,多则数万次连祷进行。在念诵迪克尔时,除按赞词的内容掌握声调的高低和抑扬顿挫外,还伴之以身体有关部位(头、肩、眼、手、足等)各种协调的动作,发音时配合以呼气、吸气、闭气等。如念赞词“万物非主,唯有真主”时,前半部分称为否定词,赞念时应将气吐出,后半部分为肯定词,赞念时应将气纳入,赞念应发出有节奏的声调。

苏菲派迪克尔的仪式,分为单独和集体念诵。单独念迪克尔为修道者个人的修炼活动,有的同其他宗教功修结合进行,有的无休止的连祷赞颂,按其所尊奉的道乘修炼方式而定。集体念迪克尔,一般是在主要宗教节日、纪念日或重要宗教活动中进行,由数人或数十人组成念诵迪克尔的圈子,分领念、轮念和合念,穿插进行,称“打意儿·迪克尔”。赞念的形式因不同的导师或教团而异。有的赞念者跪坐或站立,或围成圆圈,相互手搭肩部,或列排进行;有的赞念时闭眼、闭气,头部左右摇动。苏菲派还将音乐、歌唱和舞蹈引入迪克尔仪式。他们认为,和谐悦耳的音乐,婆娑旋转的萨玛哈舞,可使赞念者达到喜悦和入神的精神状态,增强宗教情感,加速忘我的入神境界的来临。中国苏菲主义的各门宦均将迪克尔作为功修的仪式之一。哲赫林耶和新疆黑山派属高念学派,库布林耶和新疆的白山派等均属于低念学派。中国汉文伊斯兰译著《天方道程启经浅说》、《天方正学》、《归真要道》等均记述了苏菲派念迪克尔与道乘修持的关系,迪克尔的内容、念迪克尔的形式和仪则,对苏菲各门宦穆斯林有深远的影响。 (杨克礼)

迪奈瓦里(al-Dinawari,? ~约 895) 阿拉伯历史学家、植物学家、语言学家。全名艾布·哈尼法·艾哈迈德·本·达乌德·本·旺德·迪奈瓦里。生于波斯迪奈瓦尔,故以出生地为名。出身于穆斯林学者世家,信奉逊尼派教义。他博览群书,博学多才,精通教义学、语言学、天文学、数学、会计学、气象学,尤对植物学、历史学和修辞学有较高的造诣,对希腊和印度文化均有研究,通晓波斯文和阿拉伯文。849 年曾在伊斯法罕天文台观察星相,后到伊拉克的拜尔萨和库法师从语言和文学家伊本·西基特学习语法。他的名著《植物学手册》,是一部用优美的散文体写成的植物学百科词典,书中搜集了阿拉伯及波斯关于植物的口头传说及书面材料,并借助其修辞技巧,对各种植物进行了描述,记述了各种植物的形状、特性、产地及新旧名称。该书还记载了植物生长与气候土壤的关系。还著有《历史长篇》,是采集其他史书中的各家之言,经筛选而编成的一部波斯历史,其中记载波斯古代及伊斯兰时期的文化颇为详细,阐发了作者对伊斯兰文化形成的新见解。史学家誉他为“阿拉伯植物学的泰斗”、“各种文化融合为一身的学者”。 (杨克礼)

迪特里奇(Dieterici Frierdich,1821~1903) 德国东方史学家、研究中世纪阿拉伯学术文化的专家。生于柏林。1847~1849 年,到埃及和近东一些伊斯兰国家访问考察,回国后担任柏林大学教授,专门从事阿拉伯历史、伊斯兰教学术文化的教学和研究工作。其著作在推进欧洲人对于中世纪阿拉伯人哲学思维的认识方面起过很大促进作用。其主要著作有《伊本·马立克的文法诗》、《9~10 世纪阿拉伯哲学》、《所谓亚里士多德的神学》、《论阿尔·法拉比的哲学》、《阿尔·法拉比的理想国家》等。 (杨克礼)

迪瓦尼·杰利体(al-Khaṭṭ al-Diwāni al-Jali) 阿拉伯文书法体之一。“迪瓦尼·杰利”一词是阿拉伯语的音译。“迪瓦尼”有宫廷、衙署和行政机关之意,“杰利”意为清晰的、明显的,合起来译为“公文凸体”或“宫廷凸体”。16 世纪末起,为土耳其奥斯曼帝国广泛推行,首创者为土耳其人舍赫兰·帕夏(生卒年不详)。后来一位叫穆斯塔法·加兹兰·贝克的土耳其人成为擅长此体的著名书法家。迪瓦尼·杰利体丰满华丽,艺术性强,书写时需用两支竹笔,一支是齐头宽笔,用以书写字母;一支笔头宽度是前一支的 1/4,用以修饰、完善字母。此种书写体的突出特点是在字体空间填满圆点和音符标志,以使字体醒目、突出。该体多用于书写《古兰经》和伊斯兰警句等,造型优美,装点丰富,受到广泛推崇。 (陈进惠)

迪瓦尼体(al-Khaṭṭ al-Diwāni) 阿拉伯文书法体之一。“迪瓦尼”为阿拉伯语音译,意为王朝宫廷、衙署、行政机关,故称公文体或宫廷体。15 世纪形成于奥斯曼帝国的土耳其,创始人为胡萨姆·鲁米(生卒年不详),曾被定为官方正式公文如王室敕令、签署文件等的书写体,在苏莱曼一世(1520~1566)统治时期最为流行。该体字形委婉清柔,潇洒飘荡,书写过程中,其字母的形状大都要运用圆弓形予以表现,且不加标音和装饰符号,使其整体有如浮云滚滚,波浪起伏,令人赏心悦目,该体既有文字作用,又有装饰作用,在土耳其和阿拉伯各国都有多种书写方式。现在,阿拉伯国家的官方书信、文告或节日庆贺之词仍多沿用此体。 (陈进惠)

迪万(Diwān) 伊斯兰教国家政府管理机构的称

谓。亦译为“狄万”。阿拉伯语音译，意为“名册”、“诗集”、“登记籍”。在伊斯兰教创立早期，凡参加征战的穆斯林按军功大小登记造册，分配战利品，此登记簿称为“迪万”。伊斯兰教第二任哈里发欧麦尔执政时，专门设立“迪万”财政机构。该机构的职能是统一管理国库岁入，除用于国家统一的开支外，其剩余部分按穆斯林军功大小，分等造册，予以分配。在伍麦叶王朝时则指政府专管税收、邮政等的一些职能部门。伊朗各穆斯林王朝直至19世纪通常还用“迪万”专称中央政府。印度莫卧儿王朝则从16世纪起指政府财政部门及其官员。在奥斯曼帝国时，“迪万”指国家最高法庭，有时把素丹主持的国务会议也称“迪万”。在现代土耳其共和国，“迪万”指农村的一个基层行政单位。

（杨克礼）

迪叶(Diyah) 见血金。

底盖尔(Deegar) 波斯语音译，意为“晡礼”。参见礼拜。

的黎波里(Tripoli) 利比亚首都和港口。阿拉伯语称为“塔拉布卢斯·哥尔卜”(Tarabulus al-Gharb)，即西的黎波里。人口100万(1987)。西北部临地中海南岸。是腓尼基人在公元前814年时建立的古城，后由罗马人，汪达尔人和拜占庭人所占领。645年，阿拉伯人占领该城，伊斯兰教开始传播，该城遂成为重要贸易中心，战略要地和伊斯兰文化名城。910年，什叶派法蒂玛王朝占领该城。11世纪中期当地居民推翻了法蒂玛王朝的统治，收回的黎波里，恢复了逊尼派的势力，并承认阿拔斯哈里发的权力。16世纪被奥斯曼帝国占领，1912年沦为意大利殖民地，1951年为伊德利斯王国首都，1969年为共和国首都。该城保留有古老的伊斯兰建筑，城内外有28座著名的古清真寺，以阿慕尔·本·阿斯清真寺最为古老。还有早期伊斯兰王朝的文物，如用阿拉伯文库法体书写的墓碑和马舒里古体书法书写的墓碑。该城设有国际性的“伊斯兰宣教协会”总部，利比亚大学设有阿拉伯语和伊斯兰研究及教法等专业，出版的宗教学术刊物有《吉哈德》(圣战)等。 （杨克礼）

第五教法学派 伊斯兰教什叶派贾法里学派的别称。相传阿拔斯王朝哈里发嘎伊姆(al-Ga'im，1031～1075)曾召见什叶派第七代伊玛目穆萨·卡兹姆(Musa al-Kazim，？～799)的玄孙赛义德·穆尔塔达(Sayyid Murtada)，提出拟将什叶派定为逊尼派公议中确认的“第五教法学派”，称为“贾法里学派”，与逊尼派四大教法学派并列，这样什叶派便可放弃“塔基亚”(必要时可隐瞒真实信仰)的原则。为此，穆尔塔达须交纳20万枚波斯金币作为交换条件，因未能筹集到足够款项，计划终未实现。1736年，中亚的阿富沙尔王朝(1736～1795)兴起，占领伊朗萨法维王朝(1502～1732)大部领地，成为伊朗的实际统治者后，为消除什叶派十二伊玛目派的政治影响，改善同邻国奥斯曼帝国的关系以巩固王权，国王纳迪尔·沙(Nadir Shah，1736～1747在位)遂着手重新界定什叶派教义。他下令在传教中不再谴责前三代正统哈里发为非法的“篡权者”，宣布逊尼派伊斯兰教为国教，取消十二伊玛目派的国教地位。他还企图将什叶派降格为仅次于逊尼派四大教法学派的“第五教法学派”，以该派第六代伊玛目贾法尔·萨迪格的名字相称。纳迪尔·沙虽以暴力胁迫少数伊斯兰学者赞同其主张，但他重建什叶派的方案未能取悦于奥斯曼素丹，亦未取得大多数什叶派学者的支持，最后予以放弃。 （吴云贵）

谛言 中国伊斯兰教认主学术语。指阐明伊斯兰教信仰真谛的概念。首见于刘智《天方典礼·谛言》：“穷理审物之谓谛，发微彰义之谓谛言。”反映了穆斯林从思想上认识真主“止一无二”的过程。共分为五个步骤：(1)从“我证”起始，“我证一切非主，惟有真主，止一无二。我证穆罕默德是主差使”。这是从我自身“参证真主而识其本然”，达到认主顺圣的第一步。(2)诵读“清真言”，即“一切非主，惟有真主，穆罕默德是主钦差”。这是超越自我，无对待地认识“浑然天理”，进入理性认识，是认识的深化。(3)为“总信”，即信真主的“本然”。从“体”与“用”两个范畴，认识“本体无朕”及无所不在，无所不能的“体用之妙”。(4)为“分信”，即“信真主，信一切天神，信一切经书，信一切圣人，信善恶有定自主，信死后复生”，即通常所说的“六大信仰”，是认识真主“造化万物”的“功用之妙”。(5)为“大赞”，即“清哉真主，世赞归主！万物非主，惟有真主。真主至大，无时无力，惟以赞主”。是信仰达于极至而自内心发出的对真主的最高赞颂。从念“作证词”到“清真言”是对真主与先知穆罕默德的认识过程，“总信”即信真主的本然，系对真主体用的认识，递进为对真主造化天地万物之大能的认识。它是伊斯兰教信仰的总纲。

（罗万寿）

蒂博·尼哥罗(Panqeran Dipo Neqoro，1785～1855) 印尼爪哇伊斯兰王国素丹、抗荷斗争民族英雄。生于日惹穆斯林王族家庭，为日惹王国素丹阿莽古·布勿诺三世(1810～1814在位)之子。自幼受到正规的伊斯兰教育，博览群书，精通伊斯兰教经典和教义，通晓武略。曾领有德加列查领地。为驱逐荷兰殖民势力，他积聚力量，组建军队，决心重建伊斯兰强国。1825年7月，以保卫伊斯兰教，争取民族解放和独立为号召，宣布以武装向荷兰殖民者进行“圣战”，举行起义。1825年10月宣布建立爪哇伊斯兰教王国，自任素丹。荷兰殖民军总指挥德·科克，在对起义军加强镇压的同时，玩弄和谈阴谋，分化瓦解起义军。1830年3月，他在同荷兰殖民军谈判时被捕流放，起

义失败。1855年病故于望加锡(今乌戎潘当)狱中。 (杨克礼)

蒂博·尼哥罗起义(Intifāḍah Dipa Negoros，1825～1830) 19世纪上半叶印尼爪哇人民反对荷兰殖民统治的民族起义。领导人为日惹王国亲王、伊斯兰教领袖蒂博·尼哥罗(1785～1855)，故名。1816年，荷兰殖民当局重新恢复对印尼的统治。残酷的殖民经济剥削和掠夺，政治上的欺压和对穆斯林的宗教歧视，致使日益尖锐的民族矛盾全面激化。1825年7月，荷兰殖民者借口开辟公路，在爪哇的蒂博·尼哥罗领地德卡列佐地区，破坏伊斯兰教墓地，后又炮轰王宫清真寺和讲经堂，并企图逮捕蒂博·尼哥罗。蒂博·尼哥罗率穆斯林突出重围，7月20日以斯拉朗为基地，以保卫伊斯兰教为旗帜，号召穆斯林拿起武器，向荷兰殖民者进行"圣战"，驱逐荷兰殖民势力，重建伊斯兰教强国。梭罗著名的伊斯兰长老奇阿依·摩佐也率其门徒归附起义军。起义军以伊斯兰教长和穆斯林贵族为核心，各地有6万多农民、手工业者争相参加起义。1825年7月～1826年10月，起义军解放了中爪哇广大地区和东爪哇部分地区。1825年10月，蒂博·尼哥罗在日惹的德格索宣布成立爪哇伊斯兰王国，自称素丹和宗教领袖。1826年4月，起义军分别开辟东北部、中部和南部3个新战场，荷军被迫龟缩在日惹、梭罗的几个军事据点。后起义军内的一些封建主放弃游击战，主张阵地战，致使起义军在卡窝克地区战败。反荷起义处于相持阶段。1827～1828年3月，荷军总指挥德·科克利用"堡垒战术"，一方面加强镇压力量，另一方面运用和谈阴谋，分化瓦解起义军，使起义军处于分割和被包围状态。1827年8月，荷兰殖民者收买起义军首席顾问奇阿依·摩佐，一些领导人相继阵亡，削弱了起义军力量。后荷兰加紧诱降活动，封建主纷纷叛变。1829年8月，起义军被迫转移到格利尔山区。1830年3月28日，荷兰假意谈判，诱捕蒂博·尼哥罗，将他流放到万鸦老。起义虽失败，但加深了荷兰殖民统治的危机。 (杨克礼)

蒂穆里人 见哈扎拉人。

吊罐 中国穆斯林沐浴器具。亦称"吊桶"。伊斯兰教净身、净手皆用"活水"，即边洗边流走。故洗"阿卜代斯"(小净)用汤瓶，洗"渥斯勒"(大净)必用吊罐或吊桶。称为"吊罐"者多系陶器或瓦器，有的用瓷器或以铜铁制成。状如卷耳鬲，腹大，底小，上口小于腹部而大于底部。上口缘有对称的两个卷耳，穿绳为系，可以悬挂。称为"吊桶"者直如桶形。罐与桶在底部中央都有一个小孔。盛水时以木塞塞孔；淋浴时将木塞自下而上捅开，塞留罐(桶)内，水自流出。(郭清祥)

迭里威士 见德尔维什。

迭内(Djenne) 马里南部古城。一译"杰内"。位于尼日尔河支流巴尼河左岸。建于765年，13世纪曾是黄金和奴隶市场。在马里帝国和加奥帝国统治时期，该城发展成伊斯兰文化中心之一，建有多所宗教学校、图书馆，许多宗教学者聚集该城研究伊斯兰经籍。城内多摩尔式的古建筑，并有大型阿拉伯市场，出售传统的手工艺品。市内有数十座古老的清真寺，著名的是迭内大清真寺，为萨赫勒—苏丹式建筑，它不用一砖、一石，唯用一种特制的黏土和树枝修建。礼拜大殿的屋顶由数百根四方形的泥柱支撑，屋顶上开有许多通气孔。这座清真寺历史悠久，其结构、色彩和式样别具一格，被称为精美杰作。此外还有一些摩尔式的建筑散落在市中心，使该城蔚有古风。 (杨克礼)

丁拱辰(1800～1875) 中国近代穆斯林军工科学家。又名君轸，字淑原，号星南。福建省晋江市人。回族，为元代定居泉州的穆斯林丁姓家族后裔。自幼入私塾读书，11岁时因家庭经济拮据而辍学，尔后务农，并坚持自学。17岁时随父到浙东经商，20岁随叔父到广东。他爱好天文，曾对古代天文仪璇玑玉衡进行改造，制成象仪全周仪。道光十一年(1831)，他在赴吕宋岛(今菲律宾)、伊朗和阿拉伯等地途中曾用此仪器测量度数和推算时辰，十分准确。1840年鸦片战争爆发后，他积累各种西洋武器资料，编著《演炮图说》，并制作放炮时用的象限仪一具，呈送林则徐。1842年因按其设计图纸制作大炮的滑车绞架获得成功，他被清廷授予六品军功顶戴。后修订、重刊《演炮图说辑要》，全书共4卷，50篇，附有110多种图样，对各种西式武器以及轮船、战舰的制法和运用都绘图详细说明。1849年在广西桂林铸造各类大小武器，并完成《演炮图说后编》1册2卷。1863年在江苏、上海编撰《西洋军火图编》6卷，绘图150幅，被清廷授予广东候补县丞官衔，随后升任知县，并受赐五品花翎。他还与其他科学家一起设计了一批轮船模型，并亲手制作了中国最早的蒸汽机车模型"小火轮车"。丁拱辰的研究和发明对近代中国军火工业的发展和抗击外来侵略发挥了积极的作用。 (陈达生)

丁国栋(? ～1650) 中国清代顺治年间西北穆斯林起义领袖之一。回族。原为明朝驻防甘州(今张掖)军官，清初朝廷在甘肃各地推行剃发令，严令军中剃发，激起了甘肃降清各族将士的不满。丁国栋与米喇印等人便于顺治五年(1648)三月设计杀死甘肃巡抚张文衡等，据甘州起义，废顺治年号，拥立明延长王朱识𨰻，以"反清复明"相号召。起义后丁国栋留守甘州，米喇印领兵东进，连克凉州(今武威)、兰州、狄道(今临洮)、渭源、河州(今临夏)、洮州(今临潭)、岷州(今岷县)等城镇，进围巩昌府城(今陇西县)，"关陇大震"。起义军发展到10余万人，号称百万，与陕西总督孟乔芳所率清军战于巩昌等地，被迫西退。五月，米喇印阵亡。为保存力量，丁国栋率余部退守甘州，孟乔芳于八月间挖壕围困，丁国栋将城内汉民老幼妇女3000余人送出城外，免遭城破受戮。然后严阵固守。顺治六年(1649)二月，清军攻入城内。丁国栋于激战之后率余部突围，撤往肃州(今酒泉)。新疆哈密等地维吾尔族、回族数千人前来援应，同时大同总兵姜镶(汉族)举兵反清，占据山西10余州县，西北高原再次震动。丁国栋趁部分清军调往山西，分兵出没于甘州、凉州等地。十一月十八日，清军攻入肃州城内。丁国栋指挥义军拼死抵抗，后退据西南角楼，高垒墙垣，坚守10昼夜不下。二十八日，清总兵张勇援军至肃州。次日黎明，西南角楼失陷。丁国栋及义军主将黑承印(黑二)被清军参将刘国玉、游击赵良栋等俘虏。顺治七年(1650)正月十五日，多尔衮下谕："丁国栋、黑二着就地立斩"。丁国栋等被清军凌迟处死。　(杨怀中)

丁门门宦　中国伊斯兰教苏菲主义虎非耶支系门宦之一。创建人丁祥(又称丁香)，回族，甘肃临潭人，出身于农民家庭。以创建人的姓取名。清嘉庆年间，丁祥在新疆沙车求学时受教于一号称奥里亚·温拉的传教师，接受了苏菲派纳格什班迪耶学理。回到甘肃后，先后在兰州、河州和洮州等地宣教，受到一些信徒的拥护，信众日渐增多。他逝世后，葬于兰州华林山，族人和信众为其修建了墓庐，称"华林山拱北"，又称"丁门拱北"。丁祥临终时没有指定继承人，因此，他的宗教主张和功修方法没有完全传下来。但他的后裔仍相继接替教务，一直延续至今。他们凭《古兰经》宣教，主张履行教法功课和道乘修持并重；低念"迪克尔"；教主每年游坊一至二次，届时为教民做"祈祷"、念"讨白"，收取束脩赠送。丁门道统依次为奥里亚·温拉、丁祥、塔志丁、丁世福、丁占魁、丁述堂。教民数千人，主要分布于甘肃临潭、兰州、宁夏和新疆等地。20世纪40年代已逐渐衰落。　(马　通)

丁氏族谱　中国元代以来定居于福建省晋江市陈埭乡的穆斯林丁姓家族的谱牒。传世的抄本有《晋泉丁氏族谱》，丁仪初纂于正德乙亥(1515)，续修于康熙二十六年(1687)；《执斋公图谱》，道光十六年(1836)重修抄本；《陈江雁沟里丁氏族谱》，光绪十二年(1886)重修抄本。丁姓第十世祖丁衍夏(1516～1594)的《感纪旧闻》援引《元史》，推测丁姓是元代著名的穆斯林政治家赛典赤·赡思丁的后裔(此说尚难定论)。丁姓始祖丁慎思(即阿拉伯文赡思丁 Shams al-Din，以丁为姓，反读之)于元初来泉州经商，明初传至第四世丁善举家迁居陈埭乡。谱中丁衍夏撰的《祖教说》详细记录了丁姓家族16世纪时的信仰和风俗情况。丁姓家族是泉州穆斯林后裔中汉文化程度最高的一支。明清两代丁姓族人受命于朝廷的官员有24人，文人辈出，撰写的汉文诗、文集达26种、65卷之多。居住陈埭乡及其附近的丁姓人口达13000余人。明清时期不少人迁居浙江、台湾以及东南亚国家。丁氏族谱提供了元代以来阿拉伯穆斯林在中国定居，与当地人民通婚衍代，学习汉文化，以及他们家族政治、经济活动和迁徙的宝贵史料。　(陈达生)

定然　见前定。

定县城关镇清真寺　见定州礼拜寺。

定州《重建礼拜寺记》　中国元代清真寺汉文碑记。石碑立于河北省定州市清真寺内。元至正八年(1348)二月，承务郎真定路安喜县尹兼管诸军奥鲁杨受益撰文并书丹。碑文19行，足行59字，楷书。主要内容：先叙奉命统领中山府兵马的普公率众捐资重建礼拜寺的经过；再叙作者对伊斯兰教历史、教义、经典、清真寺制度的基本看法。关于元代定州穆斯林及礼拜寺，碑记云："回回之人遍天下，而此地尤多，朝夕亦不废礼。但府第之兑隅，有古刹寺一座，堂宇止三间，名为礼拜寺，乃教众朝夕拜天、祝延圣寿之所。其创建不知昉于何时，而今规模狭隘，势难多容"。论及清真寺建筑制度时云："惟回回之为教也，寺无像设，惟一空殿，盖祖西域天方国遗制。其房四面环拜，西向东，东望西，南面北，北朝南。中国在西域之东，是教中拜者则咸西向焉"。"今近而京城，远而诸路，其寺万余，俱西向以行拜天之礼，而殿则空焉"。关于教史，碑记云："考之舆图曰，默德那国即回回祖国也。初，国王谟罕蓦德，生而神灵，有大德，臣服西域诸国，诸国尊号为'别谙拔尔'，犹华言天使云"。"隋开皇中，国人撒哈伯撒哈的斡葛思始传其入中国"。论及教义时云："其教专以事天为本，而无像设"。"盖造物之主不可以形迹求，若拟之像，则类物，殆亦渎矣。惟有想无像以表其诚，其遗风流俗之美盖可知也"。"且其拜天之礼一日五行，斋戒之事每岁一举，与夫沐浴无间于寒暑，施与不问其亲疏，则又其笃信力行而无所訾议焉者也"。与儒、释、道教进行比较后，认为佛教、道教"虚无寂灭，不免于妄；且其去人伦，逃租赋，率天下之人而入于无父无君之域"。赞美伊斯兰教"奉正朔，躬庸租，君臣之义无所异；上而慈，下而孝，父子之亲无所异；以至于夫妇之别、长幼之序、朋友之信，举无所异乎！夫不惟无形无像与《周雅》无声无臭之旨吻合，抑且五伦全备，与《周书》五典五惇之义又符契而无所殊焉。较之释、老，不大有间乎？""予因普公之请，而嘉是教之真且纯也，乃为之记"。开伊斯兰教附会儒家学说之先河，对后代穆斯林学者有很大影响。作为迄今中国伊斯兰教最早的汉文碑记之一，具有重要的文物和学术价值。

(冯今源)

定州礼拜寺　中国伊斯兰教著名清真古寺。位于河北省定州市城关镇回民街(解放街)西口路北。明代称“清真礼拜寺”;清代称“清正寺”;现称“定县城关镇清真寺”。该寺始建年代已不可考,原有“堂宇止三间”,“规模狭隘”,已不敷应用。后经多次重修扩建,其规模扩大。据元至正八年(1348)重建礼拜寺碑记载:元至正三年(1343),中山府兵马统领普公“首捐俸金百两,并谕教之同志者各出赀以营治之。于是鸠工度材,大其规制,作之二年,正殿始成。但见画栋雕梁,朱扉藻棁,而壮丽华彩有不可以言语形容者。”明正德十五年(1520)碑记谓:明弘治年间(1488～1505),武平伯陈勋率众集资重修和增建,“正宇既新,而前厦、后室、堂陛、两庑、仪门、复道,以次而毕;复植柏于院之内外,以广其荫;凿井于殿之巽隅,以便其汲。一时修治,视前诚为增辉,而后有作者莫之与京矣。”清雍正九年(1731),副掌教马崇文“劝化亲友,不分贫富,各出分金”,集资修葺四厦及周围根基,天津卫杨村千总锁怀业独资修理窑内棚板,遂使寺院建筑渐臻完善,“远望焕然一新”,形成中国传统四合院式之布局,结构协调。民国时不断翻新和添建,并创办回民小学于寺北部。寺门原南向(今东向),门前旧有牌楼1座。寺内建筑有礼拜大殿、南北讲堂、学员室、沐浴室、厨房、葬仪工具房、仓库、走廊、水井等,占地面积2565平方米。大殿有前厦后室,门楣旧悬清乾隆“圣谕”匾;前厦内悬历代木匾8方、楹联2副、石联1副。殿堂正面,木质门牖雕刻剔透,花卉图案精美别致。殿内各式吊灯,造型奇特;窑殿四隅起圆拱顶,砖砌斗拱,为典型无梁殿结构,世所罕见。后窑殿的凹壁(米哈拉布)用木精雕做成,上为垂柱及斗拱门,罩下为栏杆,中心部分为“圆光形”,另加9个小圆光状物,拱卫周绕。凹壁刻有涂金阿拉伯文赞主赞圣词,并配以花朵图案,红底金花,刻工精细,大殿前有历代石碑13座,其中元至正八年(1348)杨受益撰《重建礼拜寺记》,为中国最早的伊斯兰教汉文碑记之一;明正德十六年(1521)马谦撰《重修清真礼拜寺记》,清雍正九年(1731)白璟撰《重修定州清正寺碑记》,也均有重要文物价值。 (冯今源)

《东北回教周报》 中国伊斯兰教地区性的周报。20世纪40年代后期,东北回教协会主办,每星期五主麻日出版,社址设在长春市珠江路5段11号。该报为8开两个版面,有重要新闻及文章时出4版。该报主要宗旨为报道东北各地回教协会活动和国内外伊斯兰教动态,介绍伊斯兰教知识。辟有国内外新闻、教义探讨、特写、每周一题、新月(文艺栏)、读者信箱、短评、现代学生、学术论著等栏目。曾刊载过《王岱舆阿衡轶事》、《中国回教之学术》、《回教出版界之春秋》等文章。该报是东北光复后唯一反映穆斯林宗教、社会、文化生活的报纸。 (余振贵)

东察合台汗国 14世纪中叶至16世纪初中国新疆地区封建游牧政权。亦称“蒙兀儿斯坦汗国”。《明史》称为“别失八里国”、“亦力把里国”。统治者为察合台后裔秃黑鲁帖木儿支系。疆域东起哈密与明朝相接,西抵巴尔喀什至费尔干纳,北自额尔齐斯河,南到喀喇昆仑山。境内主要居民为维吾尔、哈萨克、柯尔克孜、蒙兀儿等部族。天山以南为维吾尔聚居区,生产以农业为主;天山北部诸游牧部族从事畜牧业。奉伊斯兰教为国教。

14世纪中期,察合台汗国分裂,西部兀鲁思为兴起的封建诸侯所分割,不久,巴鲁剌思部的埃米尔帖木儿(1336～1405)崛起,于1370年废除察合台后王的世袭统治权,建立以撒马尔罕为中心的帖木儿王朝。其东部兀鲁思于1347年由控制新疆南部的杜格拉特部埃米尔播鲁只扶立都哇汗之孙秃黑鲁帖木儿为可汗,设都帐于阿力麻里(今新疆维吾尔自治区霍城县境内),确立察合台后王在东部兀鲁思的统治。秃黑鲁帖木儿汗于1360年与1361年两次出兵征服撒马尔罕,统一察合台汗国,1362年卒。帖木儿起兵与继汗位的也里牙思火者在细浑河(锡尔河)右岸展开“泥沼之战”,也里牙思大胜,围攻撒马尔罕,但军内瘟疫流行,被迫东返。国内杜格拉特部埃米尔怯马鲁丁乘机发动政变,屠杀也里牙思及宗嗣18人,仅幼子黑的儿火者幸免。帖木儿借口讨伐怯马鲁丁5次攻入东部汗国,兵锋及于各地,阿力麻里成为废墟。1388年播鲁只子忽歹达拥立黑的儿火者即位,迁都帐至别失八里(今新疆吉木萨尔),汗国渐衰,形成许多割据政权,《明史》称“地面”。喀什噶尔、于阗、阿克苏等地均为杜格拉特部埃米尔所控制。这些割据的地区仍向可汗称臣纳税,隶属汗国。黑的儿火者以武力征服吐鲁番地区,并其地于汗国版图。洪武二十四年(1391)首次遣使与明朝修好。继黑的儿火者之后继汗位的有:沙米查干(1399～1407)、马哈麻(1407～1415)、纳黑失只罕(1415～1418)、失儿・马黑麻(1421～1424)。在乌韦斯汗时(1418～1421,1424～1428复位)又徙其帐于亦力把里(今新疆伊宁)。继续与明朝通好。曾与瓦剌部也先大石交战61次,但屡为所败。乌外斯死后,诸子争位,也先不花取得汗位领有别失八里,优努斯为部将押立于亦力把里,1468年继立汗位。1480年杜格拉特部埃米尔阿巴拜克在喀什噶尔拥兵自立,称素丹,统治南疆6城(喀什噶尔、叶尔羌、于阗、阿克苏、英吉沙、乌什)。1487年优努斯汗卒,其子穆罕默德居亦力把里,称“长汗”,艾哈迈德居察力失(今焉耆)—吐鲁番,称“幼汗”。此时汗国已四分五裂,不相统属。15世纪末,乌兹别克昔班尼汗率部大举南下,1500年灭帖木儿王朝,继而大败察合台后王的联军,幼汗和长汗先后于1504、1508年卒,其领地大部也被哈萨克、瓦剌诸部占领,汗国遂亡。

东察合台汗国是伊斯兰教在新疆获得重大发展的时期。察合台后王在境内强制推行伊斯兰教,蒙兀儿人亦逐步改宗伊斯兰教并融合到维吾尔等民族中,以额什丁家族为代表的和卓宗教贵族在新疆南部兴起。1354年秃黑鲁帖木儿汗接受额什丁和卓父子的宣传,归信伊斯兰教，并带动16万蒙兀儿属下集体信教；随后，额什丁和卓又在库车地区展开宣教活动，当地居民改宗伊斯兰教。黑的儿火者汗则以“圣战”征服佛教占统治地位的吐鲁番地区。优努斯汗时，蒙兀儿人被承认为伊斯兰教的成员。艾哈迈德及其子曼苏尔长期对明朝控制的哈密进行争夺，终使其成为伊斯兰教地区。在推行伊斯兰化的过程中，察合台后王与伊斯兰教上层教职人员紧密结合，支持伊斯兰教的社团组织，对不愿改宗伊斯兰教的民众进行镇压，流放佛教僧侣，拆毁佛寺，焚烧佛经，用刑罚迫使人民遵守伊斯兰教法教规。16世纪，伊斯兰教在新疆确立了统治地位，成为维吾尔族全民信仰的宗教。 （李进新）

《东方五史》 中国记述中亚及新疆民族、宗教的历史著作。由新疆塔城塔塔尔族伊斯兰学者库尔班·阿里·哈立德编撰。成书于1896年。作者自言“在《古兰经》的启迪下，本着把昔日人民的景况编成故事加以传播，把当代民族的状况陈述于世的愿望”，历时21载，以搜集的第一手资料写成。全书共12章，约52万字。主要内容包括中亚费尔干纳浩罕、阿通布旭克汗至胡大亚尔汗末期的重大历史事件；新疆南部六城可汗政权的创建和更迭；喀喇汗朝可汗萨图克·布格拉汗归信伊斯兰教的经过，及其传播、弘扬伊斯兰教的活动；秃黑鲁帖木儿汗和阿帕克和卓的传记；浩罕入侵者阿古柏政权的建立及其覆灭；哈萨克、乌孜别克、柯尔克孜、塔塔尔、巴什基里等民族的族源与概况；诺阿依人与克普恰克人；成吉思汗及其谱系；蒙古人与西藏人的关系；新疆伊犁、塔城等地维吾尔、回、哈萨克等族人民反清起义的经过；巧且克（塔城）的由来；有关“回回”与东干等词的解释；回族在塔城地区的宗教生活及其与哈萨克族、蒙古族的相互关系；俄国入侵中亚与新疆；各地一些城堡和清真寺的兴建；哈萨克斯坦概况及哈萨克人的风俗习惯；中亚和新疆著名山川、河流名称的由来和介绍；朝觐行程记；西亚及欧洲名城的介绍；蒙古族、塔塔尔族补遗；日本概况；中国诸朝与清朝；1881年签订的中俄条约等。该书较详尽、客观地记述了新疆和中亚突厥语系诸民族的族源、历史、伊斯兰教传入天山南北等新疆历史上的重大事件，内容涉及有关语言、文学、天文、地理等学科领域，是研究新疆及中亚的重要史籍。1910年中亚喀山模范出版社出版。新疆社会科学院于1970年从塔塔尔文原著译为现代维吾尔文，1980年又从维文转译为汉文。

（宝文安）

东干人 ①中亚一些国家的穆斯林民族之一。自称回族，系迁居俄国的中国西北回民后裔。其迁居过程主要有两次：一次是18世纪末，清朝乾隆皇帝将居于伊犁河谷的回民安置俄国。一次是1877～1878年陕西、甘肃回民反清大起义失败后，由起义领袖白彦虎率领余部迁居而去。人数5000多，最初住在七河地区（谢米列契耶），其后10年间又有一些甘肃籍回民，因逃避清廷迫害而陆续迁往。现有人数51694人（1979），分为两支：一支为陕西东干人，住在哈萨克斯坦江布尔州的马山青镇、朔尔—提别镇与奥克提亚勃尔集体农庄，22491人。一支为甘肃籍东干人，住在吉尔吉斯斯坦的德鲁日巴集体农庄与米粮樊镇，26661人，其余散居在乌兹别克斯坦和阿拉木图、伏龙芝等城市。农村主要为农民和手工业者，城市中有些是工人和知识分子。所操语言为东干语，系中国汉语北方方言中的陕西方言与甘肃方言的混合，其中甘肃方言是官方语言，被广泛应用于广播、电视及学校。由于与其他民族杂居，中年人均能讲流利的俄语，有的通用哈萨克语、吉尔吉斯语或乌兹别克语。东干人早先多不识字，只有少数人能用阿拉伯文拼写“小经”，以后又用过拉丁字母，1953年以后，推广使用一种与俄文相近的文字，并用这种文字刊印报纸、教科书及其他书籍。东干人信仰伊斯兰教，最初移居俄国时，逊尼派的陕西籍回民与苏菲派门宦的甘肃籍回民各行其是，以后逐渐趋同。现均属逊尼派，信仰虔诚，遵守哈乃斐学派教法。白彦虎在世时，东干人即在七河地区修建了40多所清真寺，均为中国建筑风格的砖木结构。生孩子后请阿訇取经名。生活中严格禁酒，不食禽鸟、鱼类，严禁吃猪肉。清真寺的阿訇有东干人、吉尔吉斯人、乌兹别克人，他们在群众中普遍受到尊敬。东干人的名字男性一般为哈桑、阿卜杜拉，女的为法蒂玛等。姓氏则以“马”为主，按照中亚人习惯，男的称“阿卜杜拉·马基耶夫”，女的称“法蒂玛·马基耶娃”。100多年来，东干人既能与周围的民族友好相处，适应当地的一些风土民情，又能将中国回族文化中的习俗、语言保留下来。如喜食面食，仍用筷子吃饭，食品也保留原来名称，如莲花白、黄瓜、凉粉、卤面、面片儿、馍馍、胡椒等。大多数东干人都能讲简单的汉语，语调中仍有淳朴浓重的陕西、甘肃方言和一些北方汉语成分。结婚时讲究嫁妆、彩礼、闹新房。现在东干人的文化已相当发达，已有一些著名的东干语言学家、历史学家、作家。出版了一些著作，如《19世纪下半叶的东干起义及白彦虎在其中的作用》、《苏维埃东干史纲》、《现代东干语词汇统计、后缀统计与计量单位的语法特点》等，受到学术界的重视。国际学术界已将东干人作为一个单一的民族共同体进行考察研究。②俄罗斯文献和突厥文献中对中国回族的通称。 （罗万寿）

东古·阿卜杜·拉赫曼（Tunku ‘Abd al-Raḥmān，1903～） 马来西亚政治活动家，伊斯兰教学者。习称“东古·拉赫曼”。曾为该国首任总理、马来民族统一机构（简称“巫统”）第二任主席。生于马来吉打州一穆斯林学者世家，早年受到伊斯兰文化和宗教教育。1920年赴英国剑桥大学攻读法律，后转修历史。1925年获文学士学位。1946年再度留学英国，1949年考取法学学位，获得律师资格。曾获剑桥大学以及其他外国大学名誉博士学位。在英国学习期间，创办英国—马来协会，初任秘书长，后任会长。回国后于1931～1951年间任县长之职。1951～1970年任巫统主席。1955年7月马来亚首次大选后，出任政府首席部长兼内政部长。1956年1月率代表团赴伦敦谈判，并同英国签订马来亚独立协议。1957年8月31日马来亚宣布独立，出任政府首任总理兼外交部长。1963年9月马来西亚成立时，仍任总理兼外交部长。1970年9月辞去政府总理及巫统主席职务，保留巫统党籍。退出政坛后从事伊斯兰社会活动，现任马来西亚伊斯兰福利机构主席，东南亚及太平洋地区伊斯兰教理事会主席。主张复兴伊斯兰教，发展伊斯兰各民族的经济和文化，加强伊斯兰国家之间的团结。1982年8月率马来西亚伊斯兰教友好代表团访华。著作有《五·一三事件前后》、《回顾过去—马来亚与马来西亚的历史性年代》。（杨克礼）

东萨拉森帝国 见阿拔斯王朝。

东乡语小经 中国东乡族穆斯林用阿拉伯字母拼写东乡语的一种拼音体系。主要用以记录东乡族民间诗歌、札记和书信等。据收集到的资料说明，它于清朝初年开始运用。有36个字母、9个附加符号和4个标音符号。表示小舌清送气塞音q的字母不见于阿拉伯、波斯文字母表，是东乡语小经的独创。字母有单写、词首、词中和词尾4种书写形式，有些字母还有变体或改笔形的写法。正字法不健全，不是一种成熟的语言文字。没有字母表，字母的名称一般沿用阿拉伯语、波斯语的习惯称法；有一字母多音值和一音值多字母现象；不分词连写，基本上按音节为单位连写；元音主要用附加符号表示，用元音字母时也必须同时用附加符号。为手写体，无印刷品读物。目前，东乡语小经的运用范围已缩小。（易卜拉欣）

东乡族 中国信仰伊斯兰教的少数民族之一。因世居河州（今临夏）东乡而得名。人口51.3805万（2000）。主要聚居在甘肃省临夏回族自治州东乡族自治县境内，并散居在临夏州的广河、和政、康乐及兰州、定西等县市内，在甘肃省境内共311459人（1990），其余部分散居于新疆维吾尔自治区的伊犁、塔城、昌吉及青海、宁夏等地。语言属阿尔泰语系蒙古语族。词汇中有不少突厥语、阿拉伯语、波斯语借词，无文字，现使用汉语文。东乡族的族源说法不一：一为西来说，即回回色目人说；一为蒙古人说，认为东乡族主要源于蒙古族；又有三族混合说，认为东乡族系由回回、汉人和蒙古人混合而成。近年来学术界渐趋于回回色目人说，认为东乡族源的主体是回回色目人。其根据为东乡族中流传的其先祖系来自中亚的“撒尔塔”人，13世纪时随成吉思汗西征军返回时来中国并在东乡定居下来，其后繁衍生息并融合了当地汉、蒙古、回回等民族成分而形成的。现有的东乡人还保存着先民自中亚携来的《古兰经》手抄本，波斯文的“色者勒”（模屏）等，可作为东乡族先民系来自中亚的穆斯林之佐证。日本学者羽田亨在《西域文化史》中，考察了“萨尔塔”一词的来源后说：“现在萨尔塔人仍具有伊斯兰种和突厥种的混合特征”可与此说相印证。东乡族笃信伊斯兰教，教派分化较多，习惯分老教、新教。老教中的四大苏菲主义学派及其所属的10个支派门宦在东乡同时存在。属哲赫林耶学派的有沙沟门宦；属虎非耶学派的有北庄、胡门、花寺、穆夫提、丁门5个门宦；属嘎迪林耶学派的有大拱北、海门、灵明堂、撒拉教4个门宦；属库布林耶学派的有张门门宦。新教（伊赫瓦尼）又派生出三抬（赛来菲耶）。在以上学派及其门宦中，由东乡人创立并在东乡地区流传的主要有：(1)伊赫瓦尼。(2)北庄门宦。(3)胡门门宦。(4)张门门宦。其余都由外地传入，但教务主持人中由东乡族人担任的亦不少。各派都有自己的清真寺，各门宦的拱北有70余处。伊斯兰文化深入该族社会生活的各个方面，其习俗在许多方面与信伊斯兰教的其他各民族大体相同，但在婚姻、礼仪等方面保留着不少独特的习惯。淳笃、倔强、吃苦、好客是其特征之一。

东乡族社会是以父系血缘关系连结起来的家族组成的，家族关系一直沿袭到今，为维护血缘关系的纯洁性，实行族内婚制。社会经济长期处于小农经济为主的社会，主要从事农业，兼营畜牧业和商业。东乡族有丰富多彩、形式多样的口头文学，古老的英雄史诗、传说、儿歌、谚语、歌谣和日常生活中妙趣横生、富有哲理的笑话、寓言、童话以及高亢嘹亮、人人会唱的“花儿”体民歌，组成独具特色的民间文学。东乡族人民富有反抗精神，清顺治五年（1648）以闯塌天为首的东乡族群众，参加了米喇印、丁国栋为首的反清斗争的队伍。乾隆四十六年（1781），部分东乡族群众积极参加了苏四十三领导的撒拉族人民反抗清王朝民族压迫的斗争，作出了重大牺牲。咸丰九年（1859），以阿布杜为首的东乡族人民率先起义，反抗清王朝的暴虐统治，到同治元年（1862），东乡族人民又大规模地参加了陕西、甘肃各族穆斯林反抗清王朝民族压迫的斗争。1900年，八国联军侵占天津，进逼北京，入卫京师的甘军董福祥部中的东乡族将军马福寿率领东乡族和各民族子弟兵，扼守正阳门，英勇战斗，不少人献出了生命。1942年以穆特菲勒、马撒尔东为首的东乡族人民参加了陇南数县各族人民反抗国民党暴政的斗争，是其中的一支重要力量。中华人民共和国成立后，1950年建立了东乡族自治县。从此，东乡族走上了新生的道路。

（马国忠）

东亚穆民教育总会 见东亚清真教育总会。

东亚清真教育总会 中国清末穆斯林民间教育团体。原名“东亚穆民教育总会”，光绪三十二年

(1906)由童琮在镇江发起组织，受到留日学生的支持和赞助，“乃相与磋商，始易今名”。光绪三十四年(1908)秋，在江苏镇江穆原学堂召开第一次大会，选举金印鼎为会长，杨正龄、哈礼堂、金恒义等赞助其事。后各地相继设立分会。其宗旨是：“盖欲为中国全体回教谋教育普及也”。其任务是：先成立总会，“集合教门之精粹，立一教育之标准，劝各处同教设立分会，则而效之，务使教门聚落之区皆有学堂，凡教中子弟俱入学受业。其间附编辑一部，凡诸学科，精选纂述，以供学堂需要；并辑时事及关于宗教诸说，随时刊发，以为同教开通智识一助”。它是中国伊斯兰教史上第一个“为全国之同教提倡公益”的组织，推动了回族穆斯林教育的发展，留东清真教育会也是在其影响下成立。并对以后各地回族和伊斯兰社团的兴起，起了先驱作用。

（冯今源）

都阿(Du‘ā’)　伊斯兰教的功修和礼俗用语。阿拉伯语音译，意为“祈祷”。亦译“都哇”、“杜阿义”。其含义有：(1)“做都阿”和“接都阿”：当礼拜或诵经完毕，领拜者或诵经者双手展开，手心向上，默念祈求真主赐福的祷词，谓之“做都阿”；在场的穆斯林做同样手势，并不断地轻念“阿敏”(愿主准我所求)，谓之“接都阿”。最后，“做都阿”者率众一起，双掌自上而下抹脸，口诵赞主词，礼即成。(2)“吹都阿”：穆斯林患病时，请阿訇念诵祈求早日痊愈的祷词；在中国西北某些地区，当幼儿于4岁4月又4日入学时，穆斯林家长请阿訇面授启蒙课本首页的4个阿拉伯文字母之后，再念诵祈求真主赐给幼儿智慧的祷词。诵毕，阿訇即在病人两腮或幼儿两耳处自右及左吹三口气，即谓“吹都阿”。(3)“喝都阿”：请阿訇将阿拉伯文祷词写在纸上，把纸烧成灰，或将祷词写在陶瓷盘碟上，然后给病人冲服，即谓之“喝都阿”。(4)“催生都阿”：在开斋节、古尔邦节和圣纪三大节日或盖德尔之夜，尤其在“双尔德日”(即逢三大节日之一又适逢主麻日)，将红糖、小米或茶叶之类用纸包好，请阿訇念诵祈求真主赐予产妇及将要出生的婴儿平安的祷词，然后向此包吹三口气，俟产后服用，谓之“催生都阿”。(5)“驱邪都阿”：请阿訇在纸片上写上祈求平安的祷词，缝成小包悬于婴儿胸前，或缝于婴儿帽顶，即谓“驱邪都阿”，以便驱逐邪祟，保祐婴儿健康成长。

（郭清祥）

独一(Aḥad)　伊斯兰教认主学的基本概念。阿拉伯语“艾哈德”的意译，指“真主独一”。是伊斯兰教“认主独一论”的基础，用以表白安拉既不是三位一体中的一位；也不是善恶二神中的一神；更不是多神中的“最高神”，而是独一无偶、至高无上的主宰。《古兰经》云：“除真主外，假如天地间还有许多神明，那末，天地必定破坏了”(21：22)。近代伊斯兰教哲学家从本体、德性与作为三方面加以论证。即真主的本体是独一的，永恒的。《古兰经》云：“他是真主，是独一的主；真主是万物所仰赖的；他没有生产，也没有被生产；没有任何物可以做他的匹敌”(112：1～4)。中国清初伊斯兰教学者王岱舆在其著作中概括为“独一至尊，别无一物，无岁月、无方所、无形象、无搀杂、无阻碍、无远近、无伴侣、无比肩、无如何、能命有无而不落有无，造化万物而不类万物，绝无比似，此真主原有之本然也”。其后马注又结合宋明理学作了进一步概括：“太极未生，阴阳未有之前，穆穆清清，无色无声，惟有独一之真主。无比配、无伴侣、无起初、无尽限、无帮衬、无求祈、固有永活，惟一清净，至玄至能，要为无阻，其色象妙明之始”。刘智在《天方典礼》中，将独一概括为“超天地万物”与“包天地万物”。进一步阐明了真主永恒存在，真主独一无偶，真主至尊至大，至能至慈。真主造化天地万物而又不落有无。

（罗万寿）

堵什蛮(Doshman)　中国穆斯林用语。波斯语音译，原意为“仇敌”，与“朵斯提”(Doostee，意为“朋友”)相对。中国穆斯林多用于指称自己所憎恨的人和事，以示气愤和与之水火不相容的对立情绪。如说：“哼，这件事准是那个死堵什蛮干的！”有时亦用于指称因发生利害冲突或意见不和而产生对立情绪的双方。如说：“马乡老和张乡老平时关系很好，怎么最近见了面就像堵什蛮似的?!”

（杨宗山）

杜安沙墓碑　中国元代居华波斯穆斯林墓碑。1952年出土于泉州古城墙基之中，原藏泉州海外交通史博物馆，后散失。辉绿岩石碑，顶部呈尖弓状，高83厘米，宽44.5厘米。双面阴刻阿拉伯文和波斯文：一面刻“圣训”和祷词；另一面刻6行文字，译文为：“殉教者布哈拉人艾米尔·赛典赤·杜安沙·本·赛典赤·欧麦尔·本·赛典赤·艾米兰·本·艾米尔·伊斯法赫萨拉尔·杜尔比克里。愿真主照耀他们的阴宅，并使乐园成为他们永久的归宿。他卒于(伊斯兰历)702年2月9日(1302年10月3日)。”“艾米尔”系称号，意即“首领”；“赛典赤”意为“尊贵的主人”，是穆罕默德女儿法蒂玛后裔特有的头衔；“杜安沙”是波斯文和突厥文混合名字，意即“鹰王”，是死者的名字；“伊斯法赫萨拉尔”是波斯文将军的官衔。布哈拉(Buk-hāra)位于今乌兹别克斯坦境内，是中世纪中亚重要的贸易和伊斯兰教文化名城，与我国有着密切的贸易往来。杜安沙墓碑是这一经济文化交往的实物见证。1966年在泉州市还出土了属于杜安沙墓建筑的另外两方阿拉伯文档垛石。

（陈达生）

杜兰尼王国(al-Mamlakah al-Duraniyyah)

见萨多查依王朝。

杜文秀(1827～1872)　中国清代咸丰、同治年间云南回族穆斯林起义领袖。字云焕，云南省永昌府治(今保山市)金鸡村人。生于杨姓商贩家庭，后过继给姨母为嗣，改姓杜。道光十五年(1835)考中秀才。通晓伊斯兰经典。道光二十五年(1845)永昌汉族地主团练“香把会”勾结官府残杀回民，杜于道光二十七年(1847)代表回民赴北京控告，无结果。咸丰六年(1856)临安(今建水县)汉绅侵占回民银矿，焚劫回民村寨，云南巡抚密令各地“聚团杀回”，激起各地回民的反抗。杜在蒙化(今巍山)联合汉、彝、白等各族人民起义，攻占大理，建立政权，被推为“总统兵马大元帅”。宣布“遥奉太平天国南京号召，革命满清”，“救民伐暴”，提出联合各族人民共同反清的正确主张和民族政策。杜文秀提出了“重用汉人”和团结其他民族参加政权。大理政权十八大司中，回族大司7人，而汉、白、彝族就有11人之多。他还尊重各民族宗教信仰和风俗习惯，在《管理军政条例》中规定：“族分三教，各有根本，各行其是。均宜一视同仁，不准互相欺虐。违者，不拘官兵，从重治罪”。又明令保护寺庙，“军官所过地方，有毁拆庙宇，扰害民房者，斩”。大理政权以回族将领为核心，以宗教上层组成起义中坚，以伊斯兰教作为团结群众的思想旗帜。在文职官员中，设有维持清真教掌教、都掌教、副都掌教、都掌教典籍等宗教领袖的官衔。杜本人“通回教经典”，常劝导回民“当遵守教义，能照圣经所行”。大力资助和发展经堂教育，并“设回文学校于帅府，时常亲自课读，出题使各生作文”。同治元年(1862)颁刊大元帅杜新镌的《宝命真经》阿拉伯文版30卷，为中国最早的《古兰经》木刻本。还下令修复和新建清真寺，仅大理城内便有清真寺五六座。为防止回族将领在起义胜利后搞民族报复和居功骄傲，不利民族团结，故严格规定其将领和回族群众犯法从严处理。大理政权用甲子纪年，通令民间一律蓄发，饰明朝衣冠；减轻税赋，鼓励农耕，促进商业贸易；建立廉洁的吏治和严格的军事纪律，人民生活“安居乐业，夜不闭户”。大理政权全盛时，辖有云南53州县，6次粉碎清军的大规模进攻。同治六年(1867)，组织20余万人东征，围攻昆明。后因太平天国革命失败，清军调集优势兵力并分化瓦解义军，致使东征失败。同治十一年(1872)清军又集重兵围攻大理，起义军坚持斗争，直至粮尽弹绝。12月，杜文秀为免清军屠城，自服毒药后赴清营，被清军将领岑毓英、杨玉科所杀，葬在大理城郊下兑村。其墓近年修葺一新。云南穆斯林将杜文秀罹难日作为“亡人节”予以纪念。　(杨怀中)

《对回族人民的宣言》　中国抗日战争前夕中国共产党中央委员会在延安向全国回族穆斯林发表的文告。全称“中华苏维埃中央政府对回族人民的宣言”。发表于1936年5月25日。宣言针对日本帝国主义的侵略已向绥远、宁夏、甘肃、新疆等穆斯林聚居地区步步进逼的局势，号召回族人民“当此紧急存亡的关头，望即奋起！”宣言对回族人民长期遭受的压迫剥削，表示了深切的同情：“回民在千余年以来，历受中国统治阶级的压迫与剥削”，“陷于艰难困苦不能生存的地位”。重申中华苏维埃人民政府和红军坚决反对帝国主义，特别是日本帝国主义的入侵，把彻底解放中华民族及其他各弱小民族作为其基本任务。宣言的主要内容是：(1)根据民族自决的原则，建立回民自治政府。(2)根据信仰自由的原则，保护清真寺，保护阿訇，担保回民信仰的绝对自由。(3)武装为一个独立自主的民族所不可少的条件，成立独立的回民抗日军。(4)取消军阀、官僚、民团的一切苛捐杂税，改善回民的生活。(5)保护回文，发扬回民的教育文化，举办回民报纸，提高回民政治文化水平。宣言积极热情地向回族人民宣传了抗日救国、建立抗日民族统一战线的主张。对团结、动员回族人民共同抗日，争取民族解放，产生过深远影响。　(马云山　马启成)

顿白尔的族人(Qawm Tubba‘)　见图白的宗族。

多哈(Doha，al-Dawḥah)　卡塔尔国首都。位于海湾地区卡塔尔半岛中部东海岸。人口约35万(1995年)。多年以前，此地仅是一个以采集珍珠和打捞鱼虾等为主的城镇。随着石油工业的发展，一跃而成为繁荣的现代化城市和大港。全国59.3万(1994年)人口中近60%的人集中于此。市区街道两旁新建的楼房掩映在浓荫之中。多哈宫富丽堂皇，是埃米尔办理国务和居住之处。1973年落成的国家博物馆，展品以万件计，内容丰富。多哈的清真寺密集，造型美观，外表多饰以彩色玻璃。最著名的多哈艾布·伯克尔清真大寺，规模宏伟，礼拜殿宽敞高大，采用现代化建筑构件和伊斯兰教装饰，顶部呈穹窿形，回音效果良好，一人诵经，如空谷传声，万壑共鸣。大寺前建有一座挺拔的具有伊斯兰教建筑风格的钟楼，耸立于海滨。规模宏大的多哈图书馆，藏书3.6万册，有古阿拉伯文手抄本1000多卷，其中包括伊斯兰教经籍、天文、医学、文学、历史等书籍的珍本，外文书籍6000多册。内设宽敞的阅览厅。市区还设有多所伊斯兰教学校、卡塔尔大学等。共有宗教建筑物120多座。　(杨克礼)

多哈艾布·伯克尔清真大寺(Jāmi ‘Abū Bakr fi al-Doha)　卡塔尔著名清真寺。位于首都多哈市国际机场大道边。1980年在原址上拆旧建新。1983年建成。由于建筑规格较高，耗资达1330余万卡塔尔“里亚尔”(约折合230万美元)。为拜占庭古典式建筑。独一的大圆顶直径22米，圆周有32个窗户。一道直径为30米的连环花式围墙，拱卫着大圆顶。大殿两层：上层面积725平方米，可容1400人礼拜，并辟出一角供妇女礼拜，可容纳200人。下层面积480平方米，可容千人礼拜。殿内由4根粗大的柱子支撑，柱子饰以阿拉伯式花纹雕刻，装置声光及空调设施。四壁修成环廊式，每个廊廓内开1扇长窗，具有深度空间的立体感。殿内悬挂水晶玻璃大吊灯，四壁装有精美壁灯,地铺饰特别礼拜毯。正向壁上装有大型石英钟,每天极准确地报出五时礼拜的时间。寺侧建有宣礼塔,高 50 米,塔顶环形室装有扩音器。寺内建有图书馆,藏有伊斯兰各学科经典名著。寺旁还建有双层停车场,可停 100 多辆汽车。清真寺设有管理会,主持寺务,经费由国家宗教基金部门支付。 (马智雄)

多哈卧克拉清真大寺(Jāmi'al-Wakrah fi al-Doha) 卡塔尔第三大清真寺。位于首都多哈以南靠近东海岸的卧克拉新兴工业区。1981～1984 年建成,耗资 1100 多万卡塔尔"里亚尔"。建筑面积 3000 平方米。寺正面(东面)为 4 柱 3 开间外门廊,两侧为耳房,组成一道主次分明颇有气势的门面。南北两面与正面基本相同。北面门廊西边建有宣礼塔,高约 50 米,塔顶新月内装有红色信号灯。南北东 3 面各有 3 个大门为主要入口,门庭内有回廊相通。寺院铺以白色大理石。大殿屋顶是以圆顶为主的混凝土廊柱式结构,具有典型的伊斯兰建筑特色。中间是一个直径 12 米的白色拱顶,圆周有 26 个玻璃窗,四角拱卫着 4 个直径各为 6 米的白色小圆顶,各有 6 个玻璃窗,拱顶下吊有水晶琉璃灯。大殿正面是"米哈拉布"及"敏拜尔",南北东 3 面均有入口。大殿面积 1200 平方米,四面开窗,光线充足,可容纳 2000 多人礼拜。其后部建有半层楼,用花饰屏风分隔开,为妇女礼拜处,面积 225 平方米,可容 400 多名妇女礼拜。礼拜殿内有现代化音响和空调设备。寺内还设有男女沐浴室、图书馆、办公室、大型停车场等附属建筑。清真寺四周装有反射聚光灯,晚间向主体建筑辐射银光,景色壮观。

(马智雄)

多罪海 见火狱。

朵斯提(Duost) 中国伊斯兰教称谓。波斯语音译,原意为"朋友",在中国演化为"教友"之意。中国穆斯林之间多以此语互称,以表示穆斯林身份和团结友爱之情。 (罗万寿)

垛子海 见火狱。

E

莪默·伽亚谟 见欧麦尔·赫亚姆。

额敏和卓报恩塔 见苏公塔。

恶魔 见晒衣陀乃。

恶行簿(Sijjin) 见信禁。

恩霖阴('Illiyyūn) 《古兰经》中所载记录世人善行的文卷。阿拉伯语音译,原意为"高处",伊斯兰教指后世天园中的最高处,为善人的永久归宿。《古兰经》中所载"恩霖阴"则指善人们赖以进入天园的凭证——善行记录,译作"文卷"、"善行簿",与"信禁"(Sijjin,恶行簿)相对。《古兰经》云:"真的,善人们的记录,确在善行簿中。你怎能知道善行簿是什么?是一本封存的簿子,真主所亲近的天神们将作证它"(83∶18~21)。"善人们必在恩泽中,靠在床上注视着,你能在他们的面目上认识恩泽的光华"(83∶22~24)。意即凡被载入善行簿者,在后世必进天园,永享福乐。

(杨宗山)

恩图曼(Omdurman) 苏丹名城。今称"乌姆杜尔曼"。位于白尼罗河左岸同青尼罗河汇合处,隔河与首都喀土穆和北喀土穆相望,构成首都"三镇"。此城原为小村,1885年苏丹民族英雄马赫迪病逝后,他的继承人哈里发·阿卜杜拉在喀土穆对岸兴建新城,即恩图曼。1885~1898年曾为马赫迪国都城,1898年毁于英国侵略战争,后重建。市内多清真寺、宗教学校和名胜古迹。东口有著名的马赫迪陵墓,为伊斯兰风格的淡黄色建筑,室内陈列有马赫迪的墓椁、画像以及他领导苏丹人民反侵略斗争的实物、图片、资料等。市中心有著名的哈里发·阿卜杜拉清真寺及哈里发博物馆。博物馆原为阿卜杜拉故居,后来成为他指挥苏丹民族武装抵抗英军的司令部。该城是苏丹的经济、文化中心。

(杨克礼)

恩图曼战役(Ma'rakah Omdurman) 19世纪末苏丹马赫迪国家的军队抗击英国、埃及联军的一场血战。战斗在恩图曼近郊,故名。1881年,苏丹马赫迪运动兴起后,马赫迪军队多次击败英、埃军队,并于1885年攻陷恩图曼城,杀死侵略军头目英国总督戈登,从而控制了整个苏丹。1896年,埃及军总司令基钦纳奉派镇压马赫迪运动,他精心准备,小心翼翼向前推进,并修铁路,以保证运输线。1898年9月2日,英、埃联军约2.6万人同马赫迪军队4万人在恩图曼近郊相遇,英埃联军以优良的武器击退马赫迪军队的两次进攻,用机关枪和现代武器大量屠杀手执原始武器的马赫迪军队,然后以骑兵战横扫战场,马赫迪军队在哈里发·阿卜杜拉率领下退出战场。在英埃联军追击下,阿卜杜拉于1899年11月29日遇难。在此战中,马赫迪军队死伤约1万人,被俘5千人,英军死伤约500人。该战役摧毁了马赫迪军队的主力,苏丹马赫迪国家随之覆灭,其后英国殖民势力统治了苏丹。但是,马赫迪派长时间同英国殖民统治进行斗争。

(郭承真)

尔德·艾祖哈('Id al—Aḍḥā) 见宰牲节。

尔德·菲图尔('Id al—Fiṭr) 见开斋节。

尔玛麦('Imāmah) 见戴斯塔尔。

尔买里('Amal) 伊斯兰教用语。系阿拉伯语音译,意为"善行"、"善事"、"善举"。《古兰经》中多处把"行善"与"信主"同时并提,如:"信主且行善的人将永居天园"。据经注学家解释,善行的涵义很广,它既包括穆斯林履行天命的宗教功课、圣行的功修和各种副功,也包括凡有利于社会群体的一切慈善事业和个人行为。圣训中把施济贫困、抑强扶弱、主持公道、维护正义、反对强权和压迫等均列为善行。中国穆斯林则将宗教节日、苏菲门宦创始人及先祖生辰纪念日和死亡忌日所举行的诵经、赞圣、宴请宾客的活动均称"尔买里"。

(冯增烈)

尔母兰的家眷（Āl ‘Imrān） 见仪姆兰的家属。

尔撒（‘Isā） 《古兰经》中记载的著名古代先知。一译“伊萨”。阿拉伯语音译。与阿丹、努哈、易卜拉欣、穆萨和穆罕默德并称为安拉的六大使者。据载，他是纯贞的处女麦尔彦之子，被称为“麦西哈·尔撒”，安拉曾赐予他《引支勒》经典，以印证在此之前曾赏赐先知穆萨的《讨拉特》经典，并奉命传播基督教，“教化以色列的后裔”（3∶45～49，5∶46）。他在传教过程中受安拉启示和佑助，曾显示过若干奇迹，如“医治天然盲、大麻风，又能使死者复活”；能使泥制的鸟状物通过吹气而飞动（3∶49；5∶110）；曾预言“在他之后诞生的使者名叫艾哈默德”，即先知穆罕默德（61∶6）；曾应门徒们的请求而祈祷安拉降赐筵席（5∶112～115）等。其门徒都确信安拉、经典和使者（3∶52～53），在他们的协助下，尔撒的宣传收到良好的效果，信仰安拉的人与日俱增，却遭到某些犹太教徒的忌恨，他们阴谋策划，暗寻杀机，想根除尔撒及其信徒。在他被门徒掩护秘密转移后，歹徒们四处查访搜捕。但尔撒的队伍里出现叛徒，向敌人告密并出卖他，歹徒们杀死和俘虏不少人。结果，被误认为是尔撒而被钉死在十字架上的家伙，并非尔撒，却是告密的叛徒犹大。关于尔撒之死，据《古兰经》记载，扬言“已杀死麦尔彦之子麦西哈·尔撒”的人，实际上并“没有杀死他，也没有把他钉死在十字架上，但他们不明白这件事的真相。为尔撒而争论的人，对于他的被杀害，确是在迷惑之中。他们对于这件事，毫无认识，不过根据猜想罢了。他们没能确实地杀死他”（4∶157）。又一段记载是：“当时，真主对尔撒说：‘我必定要使你寿终，要把你擢升到我那里，要为你涤清不信道者的诬蔑，要使信仰你的人，在不信仰你的人之上，直到复活日。’”（3∶55）表明尔撒也像一般使者和凡人一样有生有死，并非永生不灭。有人认为尔撒即《圣经》中的耶稣（Jesus），穆斯林经学家一致认为：尔撒绝不是主，更非安拉之子，他并未被杀死，也没有被钉死在十字架上。他像历代的先知一样，是安拉的仆人和使者，任何人都不能同独一的至高无上的安拉并列。这个人物形象已被篡改歪曲，而且面目全非，故决不能把尔撒与《圣经》中的耶稣等量齐观。

（林　松）

二位谢赫（al-Shaykhān） 见二位长老。

二位长老（al-Shaykhān） 伊斯兰教尊称。亦称“二位谢赫”。在伊斯兰国家，专用以尊称在继承先知穆罕默德使命过程中在武功文治方面政绩卓著的二位哈里发；或在伊斯兰学术文化领域有较高造诣，共同做出开创性贡献的二位著名学者。其二人得到穆斯林或学术界的公认和推崇，知名度较高，可并称齐名，相互关联，承前启后。如在四大哈里发时期，在巩固麦地那穆斯林公社政权、开拓疆域、建立政教合一制方面，用以尊称政绩卓著的二位正统哈里发艾布·伯克尔和欧麦尔；在圣训学领域用以尊称逊尼派的二位圣训学家布哈里和穆斯林·本·哈贾吉；在认主学领域用以尊称承前启后的二位权威学者艾什尔里和安萨里；在哈乃斐教法学派内用以尊称艾布·哈尼法和其高足艾布·优素福；沙斐仪教法学派前期，用以尊称该派二位著名学者易卜拉欣·本·艾哈迈德·麦尔卧兹（？～951）和艾布·哈米德·艾斯法拉因（955～1015），后期用以尊称该派另二位著名学者阿卜杜勒·凯里姆·拉斐仪（？～1226）和穆哈伊丁·瑙威（1233～1277）；在阿拉伯语法、修辞学领域用以专称语法学大师哈利勒和杜艾利；在历史学领域用以尊称著名历史学家泰伯里和麦斯欧迪。在中国西北地区穆斯林经堂教育中，也沿用此尊称，如称布哈里和穆斯林·本·哈贾吉为“圣训家二谢赫”、称艾布·优素福和穆罕默德·谢巴尼为“菲格亥二谢赫”。

（马忠杰）

F

法谛海 见法蒂哈。

法蒂哈(al-Fātiḥah) 《古兰经》首章的篇名。一译“法谛海”。阿拉伯语音译,意为“开端”。因此章被列入全经之卷首,起“开宗明义”的作用,故以此为章名。全章共7节,其译文为:“奉至仁至慈的真主之名。一切赞颂,全归真主,全世界的主,至仁至慈的主,报应日的主。我们只崇拜你,只求你祐助,求你引导我们上正路,你所祐助者的路,不是受谴怒者的路,也不是迷误者的路。”其中第1节为本章的正文,在《古兰经》全经114章中,除第9章《忏悔(讨白)》外,其余113章都列在章首作为“起始”句。在穆斯林日常生活中,这一节的全文或前半句“奉真主之名”,被广泛诵读运用,如饮食起居、宰牲、远行或舟车启动之际,均以“奉真主之名”句开始。全章内容主要是概括并赞颂造物主安拉的全能和无与伦比的权威,并以呼告祈求的口吻表示认主独一的坚定忠诚,求主给予祐助和指引,引向正轨而不致歧途迷路。它为《古兰经》的总纲,表述了伊斯兰教“认主独一、唯主是依”的基本信条。据《拜达维古兰经注》解,此章经文曾先后被颁降启示过两次,一次在麦加,一次在麦地那。在穆斯林宗教礼仪和社会生活中,这是必读的、首要的一章,也是反复诵读最广泛、最频繁的一章。在拜功中,每一拜都要诵读它;在喜庆、悼亡、集会、节日、祈祷等各种仪式中,也多以此章开头。伊斯兰世界刊行的各种宗教读物、名著被传诵的频率,都远远不及《法蒂哈》章诵读人次之多。操不同语言的穆斯林,几乎老弱妇孺,皆能背诵之。

(林 松)

法蒂玛(Fāṭimah al-Zahrā',605～632) 伊斯兰教先知穆罕默德之女。旧译“法图麦”、“法帖梅”。全名法蒂玛·宰赫拉·宾特·穆罕默德·本·阿卜杜拉·哈希米娅。因系圣裔,被尊称为“圣女”及法蒂玛·宰赫拉(意为“佳丽的法蒂玛”)。为赫蒂彻在麦加所生。18岁时与阿里在麦地那结婚,生有两男两女,两男为哈桑(624～670)、侯赛因(625～685);二女为乌姆·库勒苏姆(Umm Kulthūm)、栽娜卜(Zaynab,? ～约685)。法蒂玛聪颖贤惠,富有主见,且善言、善诗。曾随其父参与攻克麦加和辞别朝觐等重大活动。632年穆罕默德逝世后,她极为悲恸,写有挽歌数行,以寄深切哀思。在处理其父遗产过程中曾同第一任哈里发艾布·伯克尔发生过纷争。穆罕默德逝世后6个月,因悲伤过度而亡故。后受到伊斯兰世界普遍尊崇,不少国家的穆斯林妇女于伊斯兰教历每年6月15日大都举行纪念活动,称为“法蒂玛节”。中国穆斯林亦举行纪念活动。什叶派尤为尊崇,为她撰写了不少动人的故事和传说。10世纪初,什叶派在北非建立了以她的名字命名的法蒂玛王朝。布哈里和穆斯林二人汇编的《圣训实录》均收有她传述的圣训18段。

(马忠杰)

法蒂玛忌日 伊斯兰教先知穆罕默德之女、阿里之妻法蒂玛的逝世纪念日。法蒂玛病故于632年其父穆罕默德归真之后,具体时间说法不一。一说为半年之后,即希吉来历10年9月(莱麦丹月)的后4日(一说14日),另一说为3个月之后,即该年6月(Jumāda al-Ākhirah,朱马达·阿黑赖)15日。世界各地穆斯林尤其妇女组织,都按照各自确定的日期举行纪念活动。什叶派尊法蒂玛为“圣母”,故对纪念其忌日尤为重视,在清真寺诵经祈祷,举行演讲报告会,有条件者专程拜谒法蒂玛陵墓,还演出有关宗教内容的文艺节目。因法蒂玛是先知的爱女,哈里发阿里的贤妻,颇多懿德贤行,故中国穆斯林称其忌日为“法蒂玛太太节”或“姑太太节”。届时,穆斯林妇女请阿訇诵经、赞主、赞圣,或到清真女寺聆听讲述法蒂玛的品德、事迹,捐献乜贴,以示纪念。 (冯增烈 达应庚)

法蒂玛太太节 见法蒂玛忌日。

法蒂玛王朝(al-Sulālah al-Fāṭimiyyah) 中世纪伊斯兰教什叶派在北非及中东建立的封建王朝(909～1171)。因其旗帜、服饰尚绿,故中国史书称“绿衣大食”。西方史称“南萨拉森帝国”。阿拔斯王朝建立后,什叶派屡遭统治者的镇压和迫害,一部分人集体迁往北非。约893年,也门的什叶派伊斯玛仪支派宣教师艾布·阿卜杜拉·侯赛因在麦加朝觐时,接受北非柏柏尔部落朝觐者的邀请,并受伊斯玛仪派总部派遣,随这批朝觐者到达突尼斯,在基塔麦部落中传播伊斯玛仪派教义,宣称"马赫迪"即将复临人间,号召穆斯林起来摧毁现存秩序,建立公平正义的伊斯兰社会。他在宣教过程中赢得众多信徒拥戴,遂趁机组建了一支武装力量,成为当地的政教领袖。不久,伊斯玛仪派伊玛目赛义德·伊本·侯赛因为逃避哈里发镇压,乔装商人,从叙利亚北部赛莱木叶伊斯玛仪派总部赴突尼斯,同艾布·阿卜杜拉会合,但被艾格莱卜王朝埃米尔齐亚达图拉二世捕获入狱。从902年起,艾布·阿卜杜拉率柏柏尔军发动起义,向艾格莱卜王朝在各地的军队发动猛烈进攻。909年3月,攻占首都拉卡达(今凯鲁万城),推翻艾格莱卜王朝,将赛义德·伊本·侯赛因从狱中救出,并被拥戴为哈里发。赛义德自称是先知穆罕默德女儿法蒂玛的子孙,什叶派第七代伊玛目伊斯玛仪的后裔,号称伊玛目欧拜杜拉·马赫迪,故立国名为法蒂玛朝。初建都拉卡达,920年迁都新建的马赫迪亚城(在今凯鲁万东南海岸)。赛义德即哈里发(909～934)位后,在政治上与巴格达的阿拔斯王朝相抗衡。在宗教上,奉什叶派伊斯玛仪派为国教,在聚礼日祈祷词中为阿里和哈里发祝福,成为伊斯玛仪派的宗教领袖。他东征西战,对内镇压了艾布·阿卜杜拉的反叛,对外将版图扩张至阿尔及利亚、摩洛哥、利比亚及西西里岛,为法蒂玛王朝奠定了基础。934年赛义德殁后,其继任者仍奉行向外扩张政策。第四代哈里发穆仪兹(952～975)执政后期,派大将昭海尔·绥基利(Jawhar al-Siqilli,?～992)率海陆军多次发动西征,967年肃清了科尔多瓦后伍麦叶王朝在马格里布的影响。968年,昭海尔率领10万大军东征埃及。969年,占领埃及伊赫什德王朝首都弗斯塔特,原属伊赫什德王朝的领土叙利亚、巴勒斯坦和希贾兹,随之并入法蒂玛朝版图。970～972年在弗斯塔特北郊营建新都开罗。973年6月哈里发穆仪兹迁都开罗,王朝统治中心遂转到埃及。在第五代哈里发阿齐兹(975～996)统治时期,国势极盛,成为版图横跨亚非两大洲的强大伊斯兰国家,同巴格达的阿拔斯王朝和西班牙后伍麦叶王朝形成鼎足之势。

法蒂玛王朝的政治制度与阿拔斯王朝相似。哈里发是政治、军事、宗教的最高领袖。在王朝极盛时期,工商业及城市都很发达,物产丰足,经济繁荣,社会稳定。开罗为王朝的政治、经济、文化、宗教中心,亚历山大、迪米亚特、的黎波里、凯鲁万等城市和港口商贾云集,成为连接亚、非、欧对外贸易的枢纽。王朝继承和发展了阿拉伯东方伊斯兰文化,奖励科学研究,发展教育事业,文化发达,学术繁荣。972年在开罗创建爱资哈尔清真寺,后发展成著名宗教大学,世界各地学生来此求学,人才辈出,成为伊斯兰教什叶派宗教及学术文化中心。哈里发阿齐兹在开罗建立了皇家图书馆,藏书达20万册,收藏有大量各种文字珍本,仅用金泥书写的《古兰经》就达2400册。1005年哈里发哈基姆为传授和宣传什叶派教义,弘扬伊斯兰学术文化,创办了科学馆(Dar al-Hikmah),延聘各地著名学者进行学术研究,其领域包括宗教、哲学和自然科学的各学科。并附设学校、图书馆和天文台,其附设的学校专门培养什叶派宗教学者和官吏,除宗教各学科外,还设有医学、天文学等。天文学家伊本·优努斯、光学家伊本·海赛姆等皆在此取得科学成就。王朝文化名城开罗、凯鲁万、非斯与巴格达齐名。在宗教上,伊斯兰教得到进一步传播和发展。王朝在各地修建了大量清真寺,均附设宗教学校;派出传教师和法官到各地传播什叶派教义、教法,主持宗教事务;哈里发下令在各地清真寺聚礼日为阿里和哈里发祝福,并严禁饮酒、音乐和娱乐;在经、训研究上,强调其隐义,并按什叶派观点阐释教义和教法,形成巴颓尼叶派(内学派);在王朝末期从伊斯玛仪派中分化出阿萨辛派。对基督教及其他异教徒多采取宽容政策。

11世纪后期,法蒂玛王朝开始衰落。王朝军政大权落入大臣和马穆鲁克禁卫军军官手中,争权夺势,内讧不已。军队统帅控制国家大权,官制发展为世袭制,哈里发处于被保护的地位。各地总督割据,税收锐减,国库空虚。伊斯玛仪派内部分裂,波斯、伊拉克和中亚地区的伊斯玛仪派断绝与法蒂玛王朝的联系。突尼斯和阿尔及利亚相继脱离王朝控制。1096～1144年间叙利亚和巴勒斯坦大部分属地先后被塞尔柱王朝和十字军占领。1071年,诺曼人占领西西里岛,并蚕食了非洲大陆一些土地。十字军入侵埃及后,西亚赞吉王朝素丹努尔丁应法蒂玛王朝末代哈里发阿迪德之请,派部将希尔库及其侄子萨拉丁率军往援。1171年萨拉丁推翻法蒂玛王朝哈里发阿迪德(1160～1171),自立为素丹,灭法蒂玛王朝,建立阿尤布王朝,从此在埃及恢复了伊斯兰教逊尼派的地位。　(杨克礼)

法定继承　伊斯兰教法概念。系遗嘱继承的对称。指继承人的范围、顺序、所继承遗产的份额皆由法律规定的继承方式。因这种继承制度的特点是各类继承人依法各得其固定的份额,亦称"份额继承制"。其有关规定以《古兰经》律例(4∶7～12)为基础。继承人的范围即法律规定与亡人有一定亲属关系的人为合法继承人,包括丈夫、妻子、父亲、祖父、母亲、祖母、女儿、孙女等12类继承人,为领取固定份额的第一等级;亦包括儿子、孙子、父亲、祖父(有双重身份)、同胞兄弟、异母兄弟、叔伯父等14类父系继承人和远亲,分别为第二等级和第三等级。以上3个等级为主要继承人。此外,还有作为次要继承人的四个等级。继承顺序即法定继承遗产的先后次序,顺序在先的优先于顺序在后的继承遗产。但继承顺序在先的并不绝对排除继承顺序在后的,其实际继承顺序和所承遗产的份额根据分割遗产的基本原则和排除原则而定。这些原则是：(1)法定继承人不超过亡人全部净资产(清偿亡人生前债务、扣除安葬费用后的余额)的2/3,其余1/3适用遗嘱继承。(2)优先满足作为第一等级的份额继承人的份额,"余产"在作为第二等级的父系继承人中间分配(因份额继承人多为女性亲属,其固定份额有限,"余产"实为遗产的大部分,故父系男性至亲实际上有优先权)。(3)同一级第的男子得两倍于女子的份额(《古兰经》4∶11)。(4)卑亲优先于尊亲,尊亲优先于旁系,同一级第内部以血缘关系的亲疏来决定继承顺序。所承遗产的固定份额,即各类继承人根据经、训的规定各自应得的部分,如丈夫为1/4,妻子为1/8,父亲为1/6,母亲1/6,祖父1/6,女儿1/2等。但实际所得份额则依共同继承人的组合不同而有增减,执行中极为复杂、灵活多变。逊尼派除遵循法定继承外,还承认遗嘱继承,认为《古兰经》律例是对伊斯兰教前的遗嘱继承制的修改、补充。什叶派只遵循法定继承制,不承认遗嘱继承制,认为《古兰经》(2∶180)里关于"应当为双亲和至亲而秉公遗嘱"的"定制",已为经中后来降示(4∶7～12)的份额继承制所"停止"。 (吴云贵)

法国伊斯兰教 法兰西共和国位于欧洲西部。面积55.1602万平方公里。人口5630万(1990)。其中法兰西人约占90%,其余为少数民族。通用法语。首都巴黎。居民中79%信奉天主教,20%的人信奉基督教新教、犹太教和伊斯兰教等宗教。穆斯林人口约400万,其中250万已获法国国籍,占全国人口的5%。分布于全国各地,主要聚居在巴黎、马赛、里昂、南特等大城市。由本国人及摩洛哥(50万)、阿尔及利亚、土耳其、伊朗等外籍人组成。第二次世界大战前,已有北非的少数穆斯林移居法国。20世纪60年代,法国为补充劳力不足,先后吸收了数以百万计的来自前法属非洲的穆斯林劳工,他们及其后裔构成当今法国穆斯林的主体,伊斯兰教也因此在法国产生影响,现已成为仅次于天主教的第二大宗教。法国穆斯林多属逊尼派,遵循马立克教法学派,也有少部分人属于苏菲派或什叶派。全国性伊斯兰教组织有:法国伊斯兰最高理事会(1981)、全法穆斯林联盟(1985)、法国伊斯兰教大会(1985)、法国穆斯林协会、伊斯兰世界联合会等。法国是以天主教为主的国家,穆斯林多从事繁重的体力劳动,生活水平较低,有几十万季节工,无固定住所,流动性很大。伊斯兰教仅作为一种文化传统受到学术界、教育界的重视。法国设有许多研究伊斯兰教的机构,著名高等院校开设伊斯兰教课程。全国约有450座清真寺,大部分是借用私人住宅或租用的房屋改造的,有的是在海湾国家资助下兴建的。富丽堂皇的巴黎清真大寺,建于1921年,能容纳千人礼拜,它是为纪念第一次世界大战中为法国捐躯的穆斯林战士,由政府出资修建的。最大的是南特城雷诺兹汽车制造厂清真大寺。在法国出版有阿拉伯文、法文版《古兰经》、《布哈里圣训》等宗教典籍。每年大约有300人去麦加朝觐。法国穆斯林组织与伊斯兰世界联盟、世界伊斯兰大会保持联系,伊斯兰世界联盟在巴黎设有办事处。 (黄陵渝)

法赫鲁丁·拉齐(al-Fakhr al-Din al-Rāzi,1149～1209) 12世纪波斯伊斯兰教逊尼派经注学权威、教义学家和哲学家。本名穆罕默德·本·欧麦尔·本·哈桑,别名艾布·阿卜杜拉。原籍泰伯里斯坦,生于德黑兰附近赖伊(今伊朗腊季)的一穆斯林书香世家。其父迪亚乌丁·欧麦尔是赖伊的宗教学者,学识渊博,尤通法理学,门下弟子众多。拉齐青年时代随父学习教义、教法和法理学。后周游花剌子模、中亚河外地及呼罗珊等地区,学习、钻研教义学和哲学,搜集、整理早期有关注释《古兰经》的资料。在呼罗珊重点研读法拉比(870～950)和伊本·西那(980～1037)的哲学著作,兼学医学和诗韵学,写出了《伊本·西那〈指要与提示〉形而上学诠释》一书。学成后回故乡赖伊,从事讲学和研究,并集中对《古兰经》分段分节详加注释,完成了其成名作《幽玄之钥》(Mafātīḥ al-Ghayb)经注(共12册)。其哲学著作《古今科学家、哲学家和凯拉姆学家思想成就》也是这一时期的成果之一。除精通伊斯兰教各基本学科和苏非学外,还精通几何学和古代史学。他酷爱医学,所著《医学大全》(al-Ṭibb al-Kabir)是他的医学理论和治疗方法的研究成果。他在文学上的造诣也很深,写有不少阿拉伯文和波斯文的古诗。拉齐在哲学上主张:"有形的世界是受真主支配的","真主具有独一、固有与永生"等德性。关于《古兰经》的注释问题,他注重采用穆罕默德门弟子、再传弟子、甚至三传弟子对经文的口头解释材料,但也吸收他那时代的天文、地理、医学和解剖学等科学方面的有关知识,用以论证经文的"天启性",具有把宗教同科学、哲学加以协调的思想倾向。在学术观点上,他同安萨里(1058～1111)一样,重苏非主义的"真知"论而轻理性思辨的原则,这在他的《理性的终结》(Nihāyah al-'Uqūl)一文中较为突出。因此,他在同花剌子模的穆尔太齐赖派辩论时遭驱逐。但他的思想主张引起了同代学者的关注,其著作30多种常为各地学子竞相阅读、研究,受到各方人士敬仰。拉齐晚年定居阿富汗的赫拉特,继续从事讲学和宣教活动,声望日高,因而获得"伊斯兰长老"的尊称。1209年卒于该城。他的著作还有《凯拉姆学五十问题》、《宗教原理四十题》、《东方论题》、《科学范例》、《几何书》、《非难哲学家》等传世。 (马忠杰)

法吉尔(Faqir) 伊斯兰教称谓。阿拉伯语音译。①指穷人、贫民。最初指穆斯林迁士中的贫民。《古兰经》云:"那些逆产一部分归迁士中的贫民,他们曾被驱逐出境,以致丧失自己的房屋和财产"(59∶8)。伊斯兰教认为,这类"法吉尔"都是说实话的,因此同情、爱护和帮助一切"法吉尔",是每个穆斯林应尽的社会义务。②苏菲派长老、苦修者、教团领导人的谦称。

（马忠杰）

法拉比(al-Fārābi,874～950)　中世纪阿拉伯著名哲学家、自然科学家、音乐理论家。亚里士多德学派的主要代表之一。全名艾布·奈斯尔·穆罕默德·本·穆罕默德·本·泰尔汉·法拉比。生于中亚突厥斯坦的法拉卜城附近的瓦西吉村。其父是波斯人,为中亚喀剌汗王朝军事将领,母亲是突厥人。早年曾到中亚伊斯兰文化名城撒马尔罕、布哈拉寻师求学,受到良好的宗教和文化教育。40岁时随父定居巴格达,先投伊斯兰学者学习经训、教义,后受教于基督教哲学家约翰纳·伊本·海兰,学习希腊哲学、逻辑学和自然科学,并从事著述活动和教学工作。除通晓伊斯兰教义学、哲学、逻辑学、伦理学外,还对医学、数学、物理学、化学和音乐乐理都有较深的研究。941年到大马士革进行学术活动,晚年迁居阿勒颇,受到哈姆丹王朝素丹赛弗·道莱的礼遇,在宫廷内从事学术研究。对亚里士多德、柏拉图、托勒密、欧几里德、盖伦的主要著作写了注释,特别对亚里士多德的《形而上学》与《工具论》作了全面注释,成为"百科全书式"的学者,被誉为继亚里士多德后的"第二导师"、"伊斯兰东方最伟大的哲学权威"。950年随赛弗·道莱外出旅行,途中卒于大马士革。

在哲学上,他受亚里士多德和新柏拉图主义思想影响,吸收了苏菲派自然泛神论的成分,并与自然科学的成果相结合,力图调和理性与信仰,用哲学论证宗教信条,使哲学冲破伊斯兰教义学的禁锢而得到独立发展。他认为哲学是研究宇宙万有关系的科学,只有通过哲学才能获得对宇宙整体的认识,也只有精通哲学才能达到认主的目的。他把哲学分成理论的哲学和实用的哲学。理论的哲学包括物理学和数学等;实用的哲学就是伦理学。在本体论上,他受新柏拉图派"流溢说"的影响,认为安拉是宇宙万有第一因和目的因,它是永恒的、纯粹精神的必然实在,安拉的本体和外部世界是同一的,宇宙万有源自造物主流出,安拉流出了理智、世界灵魂和物质,安拉通过万有表征其存在。外部世界是物质的,它是由土、水、火、空气4种物质元素和干、湿、热、冷4个基本特性所构成的物体组成。运动和变化是物体的特性,发展是变化的过程,变化是发展的结果。事物的必然性便是宇宙的规律,宇宙万有同一于安拉的纯粹精神。在认识论上,他认为人类是自然界的一部分,人具有认识能力是区别于动物的基本特性,人类是认识的主体,人同外部世界的事物发生关系是认识的首要条件。认识起源于感觉,但要获得知识,要借助于人类能动的理性。他把理性分为功能理性、能动理性、习得理性和积极理性4类。功能理性是人借助感觉器官去认识世界的可能性;能动理性是人自我认识能力向现实的转变,主要是语言和思维;习得理性是人们逻辑思维能力的一定形式和概念;积极理性是人类知识的总汇,是人类共同认识能力对世界规律的整体认识。他主张逻辑学是哲学的导论,是从已知推求未知的科学,矛盾律是逻辑学中的最高定律。在科学、哲学和宗教的关系问题上,他强调哲学和自然科学知识的重要性,认为纯理性的价值高于宗教的价值。他认为科学和宗教是两种不同领域内的真理,宗教是属于人们的思想信仰和社会道德准则范围内的真理,而科学是人们探索自然的因果关系和为人类谋求幸福进步的知识,是广泛意义上的真理。逻辑是区分哲学和神学的基本手段。在灵魂观上,他认为人的灵魂同肉体是相联系的整体,人的肉体死亡后,个体灵魂将回归宇宙灵魂,而宇宙灵魂是不灭的。在社会政治观上,他受柏拉图《理想国》和亚里士多德《政治学》的影响,在著述中提出了一个理想国的模式,在这个理想国中,君主应是贤明、睿智和完美的人,公民应具有科学、哲学知识和政治上有教养,社会的目的是为了公民的幸福,而人生活的最高目的是要参悟与真主的同一。法拉比还奠定了阿拉伯音乐理论的基础。他在《音乐大全》中确立了音乐的基本概念,阐述了音乐理论的物理和生理学原理,对曲谱进行了分类,记述了各种乐器的演奏法。他创作的赞颂安拉及伊斯兰教的诗歌成为苏菲派修道者念"迪克尔"的内容。

法拉比的哲学思想和音乐理论对以后阿拉伯哲学家和欧洲文艺复兴时代的哲学家产生了深刻影响。他的主要哲学著作有:《知识大全》、《论灵魂》、《论理智》、《哲学入门必读》、《美德城居民阶层分析》、《柏拉图和亚里士多德的哲学》、《论政治》、《科学分类》、《逻辑学入门》、《幸福之道》,音乐理论著作有《音乐大全》等。

（杨克礼）

法拉伊迪耶运动(al-Farā'iḍiyyah)　近代孟加拉伊斯兰改革复兴运动。由孟加拉人哈吉·舍里阿图拉(Hāji Shari'atullāh)于1822年在东孟加拉倡导。"法拉伊迪耶"系阿拉伯语的音译,意即"天命功课",因该运动初期的目标在于改革穆斯林中因受印度教思想影响而产生的带有多神崇拜和异端色彩的宗教修持和陈规陋俗,提倡恢复伊斯兰教早期的纯正信仰和天命功课,故名。后来发展为政治上反对地主剥削,具有反封建压迫剥削的社会性质。该运动在当时吸引了一大批追随者和同情者,尤其在农民中得到广泛响应和支持。它在形式上与沙特阿拉伯的瓦哈比运动有很大相似之处,其思想基础是尊崇理性和平等原则,提出净化伊斯兰教、回到伊斯兰教经、训上去等主张,故也具有原教旨主义特征。曾在孟加拉伊斯兰教史上产生过较大影响。

（马忠杰）

法拉兹达格(al-Farazdaq,约641～约728)　阿拉伯伍麦叶王朝著名诗人。与哲利尔、艾赫泰勒并称"三诗王"。生于巴士拉城一穆斯林贵族家庭。从小接受伊斯兰教育，少年时随父学诗，青年时已有盛名，常出入巴士拉、库法总督府第。他对达官贵人时而夸赞，时而讥诮，表现出一种玩世不恭的态度。后在伍麦叶王朝都城大马士革写诗颂扬哈里发，因在宗教上持什叶派思想观点，未受重视。诗作题材广泛，除悼亡、咏物、言情诗外，最著名的是矜夸诗和讽刺诗。矜夸诗大多宣扬门庭的高贵和祖先的光荣，气势宏大，具有贝都因人的粗犷风格。讽刺诗主要是在与哲利尔论诗对驳中创作的。他和哲利尔的诗歌之争长达半个世纪，有不少诗人参与，促进了阿拉伯诗歌、特别是讽刺诗的发展。他的辩驳诗记录了伍麦叶王朝的社会、政治、经济情况，反映了当时的民族、部族及伊斯兰教派之间的矛盾和斗争。他的诗作语言丰富，哲利尔称他为“诗的泉源”。（杨克礼）

法老（Fir‘awn） 《古兰经》中所载古代先知穆萨故事中的人物。阿拉伯语音译，又译“斐尔傲”、“匪喇傲”等。迫害先知穆萨的埃及国王。法老为古埃及国王的尊称，注疏家认为与先知穆萨同时代并相互较量的法老名叫葛布斯（Qabus），但经文中只称法老，未确指其名。据载，他专横骄纵，以神灵主宰自居，仇视并迫害以色列后裔，曾下令扼杀以色列人生下的男婴，只许留下女孩当奴婢（28：4）。其妻收养穆萨后，他曾几度怀疑穆萨是以色列人，欲加害之，因其妻保护而未遂。穆萨接受安拉启示成为先知，偕其兄哈伦劝化他停止作恶，不再迫害以色列人，归信造物主安拉时，他执迷不悟，依靠其心腹大臣哈曼，组织大批魔术师与穆萨较量比试，当场遭到惨败。他恼羞成怒，变本加厉地迫害追随穆萨的以色列信徒，以致遭到安拉降下的各种天灾的惩罚，但他始终不肯改恶从善（7：103～136）。穆萨率领信徒们撤离埃及时，他带兵追赶至海边，穆萨的队伍安全渡海抵达彼岸，而他的官兵却全军覆没，被海水淹死（20：77～79）。《古兰经》还记述了他濒于淹毙时的情景，他表示愿意归信说：“我确信，除以色列人所归信者外，绝无应受崇拜的；同时，我是一个顺服者”，其“遗体”从而得到“拯救”，并成为“后来者的鉴戒”（10：90～92）。（林 松）

法雷兑（Fariḍah） 见艾哈卡姆。

《法令修正篇》（Tahdhib al-Aḥkām） 见四大圣训经。

法门门宦 中国伊斯兰教苏非主义虎非耶学派支系之一。创建人法贞（？～1956）。回族。甘肃临夏人，出身于城市贫民。以创建人姓取名。法贞是临夏原格迪目派著名阿訇、哈吉，曾先后在临夏磨川清真大寺和临夏八坊老王寺任教长多年。20世纪40年代，他遵循虎非耶学理，自己行教、静修，不收门徒传授，也不发展信徒。只允许他的学生自学自修，不得传授。因此，他的信奉者除一些阿訇、满拉外，没有普通信众。法贞逝世后，他的学生中未有人自立门户，进行传教。但由于他学识渊博，教门遵守严谨，声望高，影响大，故法门之称传遍河湟。他主张“先教而后道”，认为苏非功修属于自己的虔诚意愿，应当自修而不外传，反对创立门户、发展信徒。（马 通）

法明寺 见北京东四清真寺。

法纳（al-Fana’） 伊斯兰教苏非神秘主义哲学概念。阿拉伯语音译，意为“无我”、“寂灭”，亦称“无我主义”、“寂灭论”（Madhhad al-Fanā’），为9世纪呼罗珊苏非派著名学者巴叶齐德·比斯塔米（？～875，又名泰夫尔）与其“万有单一论”（Waḥdat al-Wujūd）同时提出。系指苏非虔修者通过苦修、禁欲的修炼，在认主“入神”（Wajd）达到陶醉和狂爱而忘却自我时的一种精神状态，即通过精神修炼，摆脱俗欲，求得灵魂纯洁与升华，以图达到“人主合一”（Wiṣāl al-Ḥaqq）最高境界的阶段之一。他们修道至此，往往口出“我即真主，真主即我”等无节制性的言语。正统苏非派学者认为，在“法纳”阶段后，即需进入“索哈瓦”（Ṣaḥwah，即觉醒）阶段，否则便是“泛神论”。（马忠杰）

法纳胡斯鲁（Fannākhusrū） 见阿杜德·道莱。

法特瓦（Fatwā） 伊斯兰教法用语。阿拉伯语音译，意为“法律意见”。指伊斯兰权威教法学家或教法说明官就新产生的或有争议的教法疑难问题发表的正式法律见解或判断。它对穆斯林具有法律效力，通常以法律文告的形式公诸于众。伊斯兰国家将各朝代发布的“法特瓦”按不同教法学派分类汇集成书，作为伊斯兰法院重要的审判律例依据之一。在逊尼派中有资格发表法特瓦的是穆夫提、总穆夫提，而在什叶派中，则是穆智泰希德、阿亚图拉和大阿亚图拉。通过权威伊斯兰学者和教法说明官发表法特瓦，是法律咨询活动的方式之一，也是伊斯兰教法为适应时代和情况的变化，经常采取的自我调整和完善的一种手段。（吴云贵）

法帖梅 见法蒂玛。

法图麦 见法蒂玛。

法西格（Fāsiq） 伊斯兰教用语。阿拉伯语音译。有“恶人”、“放荡者”、“奸夫”、“不虔诚者”、“不信教者”等多种含义。《古兰经》中有近30处提到该词，斥责上述各类人的恶行。中国穆斯林口语中使用该词，则泛指不遵守教法、胡作非为的穆斯林。（马恩信）

《法源论纲》（Risālah） 伊斯兰教古典法学名

著,沙斐仪教法学派的代表作之一。原著为阿拉伯文,音译《雷沙来》。阿拔斯王朝时期著名教法学家穆罕默德·沙斐仪(767～820)著,成书于9世纪初,为沙斐仪晚期关于教法原理的著作。以论纲的形式写成,计825条纲要。以介于意见派与圣训派之间的折中观点著称,系统地论述了伊斯兰教法的渊源和理论基础,即《古兰经》立法、圣训立法、公议(伊智玛尔)和类比(格亚斯),并对早期流行的意见、创制、逊奈、类比、公议、优选、公益等立法原则和方法作了辨析和界定,从而提出了更严谨、带有一定权威性的法学理论体系。保存至今最完整、最古老的版本是1321年开罗版本。有英译本,1906年出版于美国巴尔的摩。本书为伊斯兰教重要法学文献之一,历史上曾对教法学理论的系统化、规范化产生过广泛的影响,为这一领域的权威著作之一。 (吴云贵)

蕃坊 中国唐宋时期阿拉伯、波斯穆斯林侨民在华聚居区,伊斯兰教传入中国的早期组织形式。又作"番坊"、"蕃巷"。当时来华的阿拉伯(大食)、波斯商贾被称作"蕃商"、"蕃客",故名。为便于商贾出海,多位于沿海港埠,如地临晋江的泉州城南,珠江北岸的广州府城西南部之海山楼等地。坊内设有清真寺(麦斯吉德)、养育院、市场、公共墓地等。领袖称"蕃长"或"都蕃长",由侨商中推荐德高望重、有才干、有宗教学识的穆斯林长老(Shaykh)选充,经中国皇帝审批后诏命认可。就任后,与中国官吏享受同样待遇,并须穿中国官服,"巾袍履笏如华人"。蕃长的职责是管理坊内一切公务,为中国政府招邀海外蕃商来华贸易,既是处理俗务的政治领袖,又是处理教务的宗教领袖伊玛目(I-mam)和宗教法官卡迪(Qadi)。节日时蕃长率众礼拜、为众讲经、为其国君(Sultan)祈福;平日则在其办公机构"蕃长司"中,依据《古兰经》及伊斯兰教法处理解决蕃商穆斯林之间的矛盾与纠纷,中国官员一般不予干涉。据北宋朱彧《萍洲可谈》记述,外侨犯徒刑以上重罪者,由中国地方政府判之;若为徒刑以下轻罪,则直送蕃坊,一任蕃长处断。坊内蕃商一般"皆富有",所在地方官每有仰其资助者。坊内有穆斯林妇女,被华人称作"波斯妇"或"菩萨蛮"(Mussulman或其讹形Bus-sulman);亦有被蕃商娶为妻室之汉女。作为伊斯兰教传入中国的早期组织形式,坊内伊斯兰教与政治、经济、文化、习俗密切结合,有类似"政教合一"的性质,与中世纪阿拉伯地区伊斯兰教的组织制度相似;同时蕃坊在一定程度上接受中国政府管辖和领导,为中国政府服务。这是蕃坊组织的一大特点。故史学家认为,蕃坊的伊斯兰教虽属外来民族或侨民之宗教,但它是中国伊斯兰教史上最早的穆斯林组织形式。

(冯今源)

"蕃客墓"碑 中国宋代居华阿拉伯穆斯林墓碑。1965年发现于泉州东岳山西麓的金厝围村,现藏福建省博物馆。碑由花岗岩石琢成,呈梯形,高139厘米、宽60厘米、厚15厘米。阴刻"蕃客墓"3大字和6行库法体阿拉伯文。译文为:"碑柱。'以前和以后,凡事归真主主持'(《古兰经》30:4)。航海者伊本·欧拜杜拉·叶海亚·穆罕默德·本·哈桑。真主啊!""蕃客"一词始见于《隋书》,专指来华的外国人,而后常见于7～14世纪的汉文典籍中。根据对阿拉伯碑文书法的年代鉴定,该碑约刻于公元10世纪末,是国内现存最早的阿拉伯文刻石。此碑是研究北宋时期阿拉伯穆斯林在华活动的珍贵史料,被列为国家一级保护文物。

(陈达生)

蕃人冢 见广州先贤古墓。

翻译运动(Ḥarakah al-Tarjamah) 中世纪阿拉伯帝国开展翻译介绍古希腊和东方科学文化典籍的大规模、有组织的学术活动。从8世纪中叶起,阿拔斯王朝哈里发为适应帝国政治、经济、文化和宗教发展的需要,实施博采诸家、兼容并蓄的文化政策,大力倡导和赞助将古希腊、罗马、波斯、印度等国的学术典籍译为阿拉伯语,汲取先进文化遗产,以丰富和发展伊斯兰文化。翻译活动初始自伍麦叶王朝,哈里发哈立德和阿卜杜·阿齐兹出于个人的爱好和社会生活的实际需要,命令宫廷学者将一些希腊语和科普特语的炼金术、占星术和医学书籍译成阿拉伯语。当时翻译活动的特点是以零散的个人译述为主,缺乏统一的规划和领导。阿拔斯王朝时期,翻译活动在国家规划下有组织、有领导的开展起来。哈里发曼苏尔和哈伦·拉希德奖掖学术,倡导翻译,设立宫廷图书馆,下令搜集东西方学术古籍,延聘各地不同宗教信仰的著名学者在宫廷从事希腊、波斯、印度的天文学、数学、医学、炼金术和文学部分著作的翻译,并特设专门机构管理学术研究工作。830年,哈里发马蒙(813～833在位)在宫廷小规模的翻译研究机构的基础上,在首都巴格达创建了国家级的综合性学术机构"智慧馆",由翻译局、科学院和图书馆组成,统一组织和集中领导全国的翻译和学术研究活动,从此,翻译活动进入新的高潮。智慧馆以重金延聘了各地不同民族、不同宗教信仰的近百名著名学者和翻译家,如伊本·穆卡法、艾布·叶海亚、叶海亚·伊本·马赛维、侯奈因·伊本·易斯哈格、萨比特·伊本·古赖、白塔尼、花剌子密、伊本·麦台尔、叶海亚·伊本·阿迪、肯迪等。他们集体从事译述、研究活动,将用重金从各地所搜集的一百多种各学科古籍进行了整理、校勘、译述,并对早期已译出的有关著作进行了校订、修改和重译工作。在译述过程中,将翻译和研究紧密结合,做出了开创性的贡献。主要有:(1)在对原著直译的基础上,作了大量校勘、注释、质疑、补正、摘要、评论等,借题发挥了自己新的创见。(2)确立了各学科的阿拉伯语名词、术语、概念、范畴体系。凡译文中涉及阿拉伯语已有的词汇,用阿拉伯语进行意译;凡译文中阿拉伯语无准确词汇表达的，引进外来词汇，进行音译；凡无法用阿拉伯语表征的词汇，创造新的词汇并赋予确定含义予以表述。在天文学、数学、医学、化学（炼金术）领域的大量名称、概念、范畴，是在翻译过程中用阿拉伯语逐步确立的。(3)依据社会不同层次读者的需要，除对大量名著全译外，还对一些著作进行了选译、节译、摘译、译编、改编。(4)对一些著作经多次转译而被曲解或失传的部分，经校勘改译恢复了原著本来的面目。对原著的错误，进行了纠正。(5)在译述的基础上，对有关学科根据观察实验研究所取得的新资料，撰写了大量新的各学科学术著作，阐发了新的创见。(6)开创了集体协作译述的先例。凡大部头的著作由多人分工译述和注释，初稿译出后，集体讨论通审校译，最后由主译审定。有些著作经几代人初译、重译而完成。

阿拉伯翻译运动从 8 世纪中叶到 9 世纪的 100 多年中，据统计，被译成阿拉伯语的古典名著有数百部之多。希腊语著作占首位，其次是古叙利亚语、波斯语、梵语、希伯来语、奈伯特语等。其中，从希腊语译过来的有关哲学、逻辑学、政治学、天文学、数学、物理学、医学、炼金术、地理学等方面的著作达 100 多部，包括亚里士多德的《形而上学》、《工具篇》、《范畴篇》、《解释篇》、《逻辑学》、《物理学》、《伦理学》等；柏拉图的《理想国》、《法律篇》；毕达哥拉斯的《金色格言》；波尔菲利的《逻辑学入门》；欧几里德的《几何学原理》；托勒密的《四部集》和《天文集成》；普林尼的《自然史》；普罗提诺的《九章集》；希波克拉底和盖伦的医学著作等。从波斯语翻译过来的有关历史、语言、文学、宗教方面的作品 20 多部，包括《波斯历代国王史》、《阿因纳迈》、《玛兹德达克》、《波斯古经》、《卡里莱和笛木乃》等。从印度梵语翻译过来的有关天文学、数学、医学方面的著作约 30 部，包括《信德罕德》、《波罗门正宗》、《艾尔坎德》、《艾尔杰伯海尔》等。从奈伯特语翻译过来的有关农业、园艺方面的著作约 20 部，从古叙利亚语、希伯来语翻译过来的有关文学、艺术和科技方面的著作也有几十部。阿拉伯翻译运动不仅保留、吸收和继承了古代东西方科学文化的优秀遗产，而且促进了阿拉伯—伊斯兰学术文化的全面发展和繁荣，对伊斯兰哲学的兴起、各门自然科学的开创、宗教各学派不同学说的创立均产生了深刻的影响。（杨克礼）

樊城清真寺 中国伊斯兰教清真寺。位于湖北省襄樊市樊城教门街（今友谊街）。始建具体年代不详。据寺内残碑载："樊城清真寺……肇自前明永乐年间，规模整齐"。乾隆五十七年(1792)，由 220 多户回民捐款重修。道光二十三年(1843)重修樊城清真寺碑记云：该寺"建自前明，至清初及乾隆年，规模宏广，殿宇辉煌"。据同治六年(1867)重修樊城清真寺碑所述，该寺建筑年代及规模与残碑相同。寺门为 3 层飞檐的排式门楼，门楼两端为双龙捧寿的封火墙头，门楼正中上方为一长方形青石，上刻"清真寺"3 字，苍劲醒目。门壁左右各镶有壁花及 5 尺见方的阿拉伯文字屏。寺内主要建筑有礼拜殿、望月楼、南北讲堂等。卷棚、大殿、后窑殿系采用"勾连搭"方式联为一体的宫殿式建筑，可容纳 500 人礼拜。道光至清末期间，寺内曾多次举办经堂教育，为鄂西北地区培养了不少宗教人才。1982～1984 年，人民政府对该寺多次拨款进行全面维修，更为古朴典雅、雄伟壮观。现为湖北地区最古老的大寺之一。（答振益）

反宿命论派 见盖德里耶派。

泛伊斯兰主义(Pan-Islamism) 近现代伊斯兰教社会思潮与社会运动之一。亦称"大伊斯兰主义"。强调全世界信奉伊斯兰教的各族人民有共同的历史文化传统、共同的利益、愿望和要求，应团结起来，捍卫、复兴伊斯兰信仰。其思想基础源自伊斯兰教义，认为伊斯兰教为普世性宗教，不受民族、肤色、语言、国界的限制。号召全世界穆斯林在共同信仰基础上联合为一个广泛的共同体（即乌玛），在一个德高望重的哈里发领导下，对入侵的欧洲殖民者举行"圣战"（吉哈德），直至取得胜利。

近代历史上的泛伊斯兰主义系特定历史环境下的产物，是伊斯兰国家各族人民反抗西方殖民主义统治、争取民族独立的一种传统思想武器。19 世纪下半叶，西亚、北非、南亚和东南亚的伊斯兰国家大部分沦为帝国主义的殖民地，而昔日强极一时的奥斯曼帝国，在西方列强的打击下亦日趋没落。面临着民族危机的各国穆斯林为自己的独立和生存寻求出路，泛伊斯兰主义正是为摆脱民族危亡所作的政治选择之一。其创始人为哲马鲁丁·阿富汗尼(1839～1897)，他曾目睹过英国殖民者对印度的侵略暴行，亲身感受到各国穆斯林人民在西方列强奴役下贫困、愚昧、落后的处境，从而萌生出统一伊斯兰世界、共同反抗基督教欧洲进攻的思想，并为此奋斗了终生。1857 年，阿富汗尼开始在麦加朝觐者中间宣传"伊斯兰世界大联盟"思想，并在麦加成立了名为"温姆·古拉"(Umm al-Qurā)的泛伊斯兰会社，还创办了同名刊物。他认为，政治分裂是伊斯兰教衰落的根本原因，而出路在于实行宗教改革，包括重新解释以经、训为基础的基本教义，重建各项宗教制度，复兴伊斯兰教法，以适应现代社会发展潮流。为此，首先需要实现伊斯兰世界的政治统一，在一个统一的哈里发的领导下进行宗教改革和社会改革。他曾寄希望于麦加的圣族后裔谢里夫·侯赛因，并拟以伊拉克的库法为哈里发国家的首府。后因奥斯曼素丹的干预，计划未能实现，在麦加的泛伊斯兰组织亦被取缔。此后，阿富汗尼周游阿富汗、印度、伊朗、中亚、俄国、土耳其、埃及、阿拉伯半岛等地，到处宣传其主张。1871 年，阿富汗尼定居埃及，任教于爱资哈尔大学，其思想曾对其弟子穆罕默德·阿布笃等一批进步青年产生过很深的影响。1884 年阿富汗尼同流亡巴黎的阿布笃共同创建了“坚柄协会”并创办了同名阿拉伯文周刊，继续从事泛伊斯兰宣传鼓动，对唤起伊斯兰各国人民的民族觉醒曾产生过巨大的影响。阿富汗尼的泛伊斯兰主义带有强烈的反帝色彩，但同时又主张保存封建制度，其活动仅限于上层人物中，同下层人民缺乏联系，故以失败告终。

泛伊斯兰主义的另一鼓吹者是奥斯曼帝国的素丹，企图以此来维护其摇摇欲坠的统治。自赛利姆一世(1512～1520 在位)起，哈里发制已不复存在，统治者多称为素丹。19 世纪 60～70 年代，素丹阿卜杜勒·阿齐兹和素丹阿卜杜勒·哈米德二世才开始自诩为全世界穆斯林的“哈里发”，以增强其地位，防止内部解体，并以虚假的统一同欧洲列强抗衡，并将哈里发制载入 1876 年《奥斯曼宪法》。但哈米德二世的泛伊斯兰哈里发运动，从一开始就遇到了巨大的障碍。不仅什叶派穆斯林历来不承认其地位，摩洛哥、桑给巴尔、阿曼、菲律宾苏禄群岛等地各自为政的素丹及阿拉伯半岛的瓦哈比派也都不予承认；而麦加的圣族后裔谢里夫·侯赛因、苏丹的马赫迪、埃及的海迪夫也都企图争夺哈里发地位。为此，哈米德二世向世界各地派遣了大批代理人，联络各地的教派首领、毛拉、圣族后裔、苏菲派导师、圣地领袖、各地素丹等，并以重金收买印度、爪哇、苏门答腊等地的伊斯兰王公贵族的子弟进行培训，作为“圣战”的基干力量。他还派特使同什叶派的伊朗国王秘密磋商，以加强逊尼、什叶两派的团结。条件是奥斯曼素丹承认伊朗国王为全世界什叶派信众的首脑，伊朗什叶派承认奥斯曼素丹为世界穆斯林的哈里发。但泛伊斯兰主义未能挽救奥斯曼帝国的危亡，哈里发制亦随着土耳其资产阶级民主革命的胜利而被废除。

泛伊斯兰主义与哈里发运动虽遭到失败，但这一传统的宗教社会思潮在当代仍有广泛的影响。继阿富汗尼之后，巴基斯坦著名的宗教理论家伊克巴尔曾提出过一种新的泛伊斯兰主义观点，认为泛伊斯兰主义与哈里发制是两回事，后者已经过时，而前者仍然有效；在当代条件下，泛伊斯兰主义的组织形式只能是松散的、自由协会式的国家联盟，即在尊重各国主权与领土完整的基础上建立一个伊斯兰国家联合体。二次世界大战后，出现了 3 个泛伊斯兰国际组织：伊斯兰大会(1955)、伊斯兰世界联盟(1962)、伊斯兰会议组织(1971)。这些组织有力地促进了泛伊斯兰主义在世界各地的传播，在国际政治生活中有一定的影响。

（吴云贵）

仿效 见泰格利德。

非斯(Fes,Fez) 摩洛哥北部著名古都。位于阿特拉斯山麓高地上，西距首都拉巴特 190 公里。是摩洛哥国土上最早建立的阿拉伯城市。非斯分为新城和老城两部分，人口 40 多万。老城始建于公元前 808 年。8 世纪中期，哈桑的曾孙伊德里斯来到摩洛哥传播伊斯兰教，于 788 年建立了伊德里斯王朝。9 世纪初，该王朝的第二代素丹伊德里斯二世(804～828 在位)在被汪达尔人毁坏的罗马一古城址上，兴建了非斯城作为都城。此后发展为一座繁荣的阿拉伯城市，对传播伊斯兰教和伊斯兰文化起了重要作用。据考证，新城为 1276 年始建，1912 年又经大规模扩建而成。985 年法蒂玛王朝军队打败伊德里斯王朝后占领该城。13 世纪后由马林穆斯林王朝管辖。非斯是马格里布地区伊斯兰教文化中心和圣地之一，以精湛的伊斯兰教艺术著称于世。12 世纪为全盛时期，繁华富裕，建有清真寺 785 座，现存 360 座。其他反映伊斯兰建筑艺术特色的古城堡、宫殿、博物馆，亦比比皆是。建城初期兴建的第一座布阿拉尼亚清真寺现在还保存完好。初建于 859 年的卡拉维因清真寺暨同名大学，是世界上最古老的高等学府，比英国的牛津大学早 390 年，比法国巴黎大学早 291 年。卡拉维因大学由大学、清真寺、图书馆 3 部分组成，图书馆珍藏有伊斯兰教经籍几十万册。其中珍贵手抄本约有 8000 册。16 世纪萨阿德王朝时期在城南北山坡上修建的两个城堡，现改为兵器博物馆，珍藏有历代制造和外国赠送的宝剑、马刀、大炮等，其中还有刻有汉字的宝剑，传说是中国皇帝送给摩洛哥国王的礼品。另一座巴塔博物馆，原是王宫，里边收藏着各代王朝的珍品，是研究伊斯兰文化的宝贵资料。这里多清泉，有“圣水”之称。

（杨克礼）

非正常婚姻(Nikāḥ Fāsid) 伊斯兰教法概念。阿拉伯语“尼卡哈·法西德”的意译。指不完全符合教法规定的婚姻条件或法律程序的不完备的婚姻。由早期逊尼派教法学家根据经、训教法提出的法律规范，仅适用于逊尼派穆斯林，什叶派不予承认，而只承认有效婚姻和无效婚姻两种规范。按教法规定，构成不正常婚姻的因素，为非永久性、可排除的因素，包括：(1)证婚人未出席婚礼。(2)违反“待婚期”(‘Iddah,伊达)的规定。(3)娶妻超过法定限度。《古兰经》规定娶妻以 4 房为限(4∶3)。(4)同时纳两姐妹为妻。《古兰经》禁止同时娶两姐妹为妻(4∶23)。(5)违反“门当户对”原则。凡违反上述规定之一，则构成不正常婚姻。原则上这类有缺陷的婚姻只要按教法规定采取补救措施，如重新举行婚礼，待“待婚期”结束后完婚，与一房妻子离异后再行娶妻等，在法律上仍被视为有效婚姻。但违反“门当户对”原则的婚姻，则取决于婚姻监护人的态度，监护人如提出异议，通常会解除婚约(马立克教法学派)。

（吴云贵）

非洲保留伊斯兰传统研究中心(African Research Centre for the Preservation of Islamic Heritage) 非洲伊斯兰学术研究机构。1989 年 2

月成立于乌干达坎帕拉，由若干国际伊斯兰组织与乌干达人士联合创建。其领导机构董事会下设：研究出版、古迹古物和展览、非洲—阿拉伯合作、投资计划等部门；设秘书长1人，副秘书长若干人，主持常务工作。其宗旨是：维护和保留乌干达及非洲伊斯兰文化传统，造福人民。主要任务和活动：翻译、出版各种非洲文版本的伊斯兰著作；研究非洲伊斯兰传统诸学科，发行有关资料；建立各种文化机构，举办体现这一地区伊斯兰传统的研讨会、展览会、书法比赛会。主要研究课题：乌干达的阿拉伯—乌干达文明，乌干达土著非洲文化对阿拉伯穆斯林的影响，阿拉伯语对斯瓦希里语的影响，20世纪的乌干达和伊斯兰世界的关系，阿拉伯穆斯林对乌干达文献、教育、音乐的贡献及对乌干达非洲传统音乐的影响，该中心已开始对非洲伊斯兰教研究发挥作用。（黄陵渝）

非洲伊斯兰中心（al-Markaz al-Islāmi al-Ifriqi） 非洲地区性的伊斯兰文化教育组织。1972年由苏丹政府倡议，在喀土穆成立，亦称“喀土穆非洲伊斯兰中心”。沙特阿拉伯、埃及、科威特、阿拉伯联合酋长国、卡塔尔和摩洛哥等国作为成员国应邀加入。其宗旨是在非洲不通用阿拉伯语的各国传播伊斯兰教，推广和发展伊斯兰文化，培养造就宣教员，为穆斯林社会提供服务。该中心的领导机构是中心理事会，下设中心执行机构——行政委员会。理事会由各成员国政府代表组成，设理事长1人，副理事长2人，每年开会两次。其职权有商定正、副理事长人选，任免行政委员会成员；制定该中心的方针、任务和规划；决定机构增设、批准年度经费预算、研究计划和奖学金名额分配方案等。行政委员会受中心理事会领导、监督，其成员由中心理事会正、副理事长、中心各职能机构主任以及喀土穆大学、恩图曼伊斯兰大学、工学院、苏丹教育部和伊斯兰宣教部门等方面的名流、专家组成。其职权是实施行政管理；制定各种规章制度；拟定年度经费预算、研究计划和奖学金名额分配方案等；颁发文凭；任免教学机构成员。行政委员会下设的职能机构有：(1)教育部。负责实施中心举办的各类教育，管理指导伊斯兰各类学校。(2)宣教部。负责培训宣教员和同非洲各国伊斯兰组织、团体在宣教和阿拉伯伊斯兰文化等领域加强联系与合作。(3)研究部。负责调查研究非洲穆斯林的现状、文化教育机构、经济生活和社会地位等情况，并针对非洲穆斯林所面临的各种问题提出援助意见，出版发行《非洲研究》专业性学术刊物，发表有关伊斯兰信仰、基础知识等方面的系列文章和各种思想倾向的论述。主办图书馆。(4)社会服务部。(5)中心印刷厂，拥有成套现代化印刷设备，负责印刷经籍、书刊和其他读物。（马忠杰）

菲达（Fidā） 伊斯兰教法专用语。阿拉伯语音译，意为“赎金”、“身价”。①赎回奴隶或战俘自由的代价。伊斯兰教早期为解放阿拉伯当时盛行的畜奴，主张由奴隶本人或其亲族，或由乐意行善的其他人，以一定数量的身价交付奴隶主，为奴隶赎身，取得自由。对战争中的俘虏，《古兰经》则规定：“或释放他们，或准许他们赎身”(47∶4)。②罚赎过错的代价。穆斯林在履行宗教义务过程中，如果发生错误或因故损害了功修，按照《古兰经》规定，必须以金钱或食物济贫以作为“赎金”，称为“菲达”或“菲德叶”(Fidyah)。（马恩信）

菲达因（al-Fidā'iyyun） 伊斯兰教什叶派秘密军事组织的称谓。该词源自阿拉伯文，中国汉译为“义侠”、“刺客”、“暗杀者”、“敢死队”。该组织历史上最早由活跃于今伊朗和叙利亚的伊斯玛仪派的阿萨辛支派所组建，与朝廷作对，常在该派的城堡或深山老林里从事暗杀、恐怖活动。现代亦有同名组织，尤以伊朗的“伊斯兰敢死队”(Fida'yyin-i Islam)组织影响为大。该组织于1945年成立于伊朗首都德黑兰，成员以青年为主。领导者穆杰泰巴(Mujtaba Nawwab Safawi, 1923～1955)，青年时代受过高等教育，曾在英国伊朗石油公司供职，后因不满巴列维国王的统治，转向伊斯兰复兴运动，成为一名演说家和运动的主要领导人之一。该组织确信，伊斯兰教为包容一切的信仰体系，足以规范、指导人类生活，能解决当今穆斯林面临的各种问题，曾号召以武力推翻巴列维政权，建立伊斯兰国家、伊斯兰社会。其宣传鼓动曾在下层市民中产生很大影响。1946年，敢死队暗杀了伊朗知识界的知名人士卡斯拉维及政府官员多人，引起震惊。1955年，敢死队被伊朗政府镇压，主要领导人被处以死刑，以后日趋衰亡。对这种极端派恐怖组织，穆斯林学者和大部分教派持反对态度。（吴云贵）

菲尔多西（al-Firdawsi，940～约1020） 中世纪波斯著名穆斯林诗人。原名艾布·卡西姆·曼苏尔。生于波斯呼罗珊省图斯城郊菲尔多斯一没落贵族家庭。早年受过良好的宗教和文化教育，通晓古波斯语（巴利维语）和阿拉伯语，曾对多种波斯历史和文学古籍进行过深入研究，熟知波斯古史和民间传说故事。信奉伊斯兰教什叶派教义。他的代表作是《王书》(《Shah Nameh》)。始作于975年，历时35年，1010年问世。《王书》是一部卷帙浩繁的民族英雄史诗巨著，叙述波斯古代王朝的文治武功和民族英雄的功勋业绩。在菲尔多西之前，曾有人用散文体裁和诗体创作的《王书》，共有1000行。菲尔多西是在前人成果的基础上进行《王书》再创作，长达5万行（双行）。《王书》介绍了波斯历史上50个帝王公侯的生平事迹，还收集了4000多年间流传在民间的神话、故事和传说。其内容可分为三部分：(1)神话故事。最出色的章节是铁匠卡维反抗暴君的故事，塑造了不少英勇不屈起义者的形象，歌颂了人民群众的抗暴斗争。(2)英雄故事。书中描述的主要英雄是勇士鲁斯坦姆，歌颂他英勇拒敌，保卫祖国，并谴责了一切暴君，表达了作者向往贤明君主的心情。(3)历史故事。书中生动地描述了萨珊王朝国王巴赫拉姆·古尔的故事、将军巴赫拉姆·楚平的叛乱以及马资达克教派的起义，并对宫廷内部错综复杂的斗争进行了揭露。《王书》用波斯文写成，夹杂有大量阿拉伯语汇，语言生动，情节曲折，人物栩栩如生，充满伊斯兰教伦理观念。费尔多西将这部史诗稿呈献给伽色尼王朝素丹马哈茂德，因《王书》抨击暴君苛政，未被赏识，反而遭到迫害。他被迫流浪到赫拉特和巴格达等地。在此期间，他选取《古兰经》中的故事为题材，写成长诗《优素福与朱利卡》。《王书》在波斯及伊斯兰世界广泛流传，影响很大。已先后被译成英、法、俄、德等多种语言。它的部分章节，如《鲁斯坦姆与苏赫拉布》，已译成中文出版。（杨克礼）

菲鲁扎巴迪(al-Firuzabadi，1329～1415) 波斯语言学家、词典编纂家。生于波斯。早年受传统伊斯兰教育，通晓经训、教法，尤精阿拉伯语言学、修辞学、语法学和文学。1349～1359年在耶路撒冷清真寺及宗教学校任教，后游历西亚和埃及，进行学术访问。1368年定居麦加，担任教法学和语言学教师，并从事学术研究和著述。1395年，被任命为也门地区首席教法官，从事讲学活动。其著作达40多种，名作有百科式的《阿拉伯语词典》，约60卷，原书已佚。其摘要本《词洋》，收有伊斯兰教专用词语，于19世纪初期在加尔各答和开罗印行，并有土耳其语和波斯文译本。（杨克礼）

菲律宾伊斯兰教 菲律宾共和国是位于亚洲东南部的群岛国家。全国由7107个大小岛屿组成，面积29.97万平方公里。人口6010万(1989)。主要民族为马来人。国语是以他加禄语为基础的菲律宾语，通用英语。首都马尼拉。居民约85%信奉天主教，4.9%信奉伊斯兰教。穆斯林人口约288万，分布在南部的棉兰老、苏禄、巴兰望、巴都洛诸岛及首都马尼拉。多属马来人种(史称"摩洛人")，包括陶索格、马京达瑙、马拉瑙、伊拉农等民族。13世纪下半叶，伊斯兰教随阿拉伯商人传入菲律宾。其后，印尼穆斯林移民又在南部诸岛传播伊斯兰教。14～16世纪，在南部和马尼拉相继兴起苏禄、马京达瑙、棉兰老和马尼拉4个素丹国。16世纪下半叶，西班牙殖民者入侵并建立殖民统治，扼阻了伊斯兰教向北部传播的势头。菲律宾穆斯林多属逊尼派，遵循沙斐仪教法学派。主要组织有：菲律宾穆斯林协会(马尼拉)、菲律宾伊斯兰教协会(马拉威)、菲律宾伊斯兰皈依者协会(马尼拉)、菲律宾穆斯林联盟。主要政党有：摩洛民族解放阵线(即摩解)、菲律宾穆斯林团结党。其中以摩洛民族解放阵线影响最大，建有武装，自1960年起长期领导穆斯林分离主义运动，主张建立自治的"摩洛民族共和国"。80年代末，经过谈判，与政府的关系趋于缓和。全国有200～300座清真寺，主要建在南部，马拉威城的棉兰老伊斯兰中心清真寺久负盛名。有1000多所经文学校。马拉威城的菲律宾伊斯兰研究学院为宗教教育的最高学府，棉兰老省立大学也开设有关伊斯兰研究、阿拉伯语的专业学科。南部一些穆斯林聚居地区实行伊斯兰教法。菲律宾穆斯林协会是世界伊斯兰大会成员，与伊斯兰世界联盟多有联系。（黄陵渝）

菲·塞比利拉(Fi Sabilillāh) 伊斯兰教用语。多为学者、阿訇讲解经训时所常用。阿拉伯语音译，该语在《古兰经》中曾出现70多次，意为"为了真主"、"在真主的道路上"、"为真主而战斗"、"为真主而施舍"、"为真主而献身"、"为真主而迁移"、"为真主而奋斗"等等。伊斯兰教认为，凡一切"为了真主"而从事的正义和慈善事业，都将得到真主的报偿。清真寺里的伊玛目在宣讲教义时，常以该语劝导穆斯林群众要为教门多做善功。因此，在中国穆斯林的口语和观念中，"菲·塞比利拉"则成为泛指一切为伊斯兰教，不带任何私心杂念的言行，如筹资修建清真寺，培养伊斯兰教事业接班人，主动为穆斯林排难解纷等。（马恩信）

菲突赖图拉(Fiṭratullāh) 伊斯兰教义学术语。阿拉伯语音译，意为"真主的禀赋"、"天赋"、"天性"等。教义学家认为，伊斯兰教的真理寓于真主所赋予人类的天然的禀赋中，因此，人类完全可以依据这一本性去认识真主的独一，恪守伊斯兰教的真理。而现实生活中，有的人坚定地信奉了伊斯兰教；而另外一些人则成为犹太教徒、基督教徒或祆教徒。伊斯兰教认为，这是由于人类先天的本性受到了后天的干扰所致。（马恩信）

菲图尔乜贴 见赛德盖·菲图尔。

匪喇傲 见法老。

斐尔傲 见法老。

斐济穆斯林同盟(The Fiji Muslim League) 斐济伊斯兰教全国性协调组织。1926年创立，总部设在苏瓦。其宗旨是满足斐济穆斯林的宗教需求，关心他们的命运和前途，协调各地区伊斯兰组织的工作。主要活动有：开展宣教和穆斯林文化生活活动，兴办伊斯兰教育事业，监督建造、管理清真寺、经文学校，营办30多所能同时提供伊斯兰教育与世俗教育的中、小学；组织男女穆斯林进行社会、文化、经济福利活动，每年组织穆斯林赴麦加朝觐；定期出版发行乌尔都文、英文机关刊物《穆斯林之声》月刊。该盟是南太平洋地区伊斯兰宣教理事会和世界伊斯兰大会的成员，并与东南亚和太平洋地区伊斯兰理事会及伊斯兰世界联盟建立联系。该盟在斐济穆斯林中享有很高威信。（黄陵渝）

费底耶(al-Fidyah) 中国穆斯林丧葬仪式之一。阿拉伯语音译,意为"罚赎"。亦称"伊斯嘎特"(al-Isqāṭ),意为"推掉"、"去掉",指消除罪过。费底耶是后辈法学家根据《古兰经》第2章184和196两节经文的精神,对亡人生前因故未能斋戒、朝觐等所采取的一种罚赎方式,即以钱财或实物等作为罚赎补偿,施舍给穷人。由死者亲属代亡人赎罪、祈求真主恕饶生前所缺的宗教功课和所犯的过失。这是死者亲属对亡人表示哀念心意和自我慰藉的一种形式。中国多数穆斯林为亡人丧葬时举行这种仪式,因教派不同,举行的方法亦不同:(1)由教长或阿訇组织若干人,站成一椭圆形圈递转《古兰经》,边转边念"都阿",称为"转经"。(2)由死者亲属举意一定金额,由阿訇领导进行递转,称为"转钱"。此两种方法统称转"费底耶"。所转金额数,施散给穷人或归清真寺作为基金。 (达应庚)

费萨尔国王伊斯兰学术研究中心(King Faisal Center for Research and Islamic Studies) 沙特阿拉伯政府赞助的伊斯兰学术研究机构。1983年成立于利雅得,是费萨尔国王基金会的附属机构,曾得到联合国教科文组织的帮助。其宗旨是:为各伊斯兰国家提供学术服务。其主要任务与活动是:研究伊斯兰文明对世界文明的贡献及其自身特色,支持并增强对伊斯兰文化与文明诸领域的研究,在资料方面为研究者提供必要的帮助;通过专题项目的研讨班等方式,培训致力于伊斯兰各学科、阿拉伯语、社会科学的学者,以满足各伊斯兰国家对研究者的需求;为研究者了解伊斯兰传统提供图书分类等方面的目录;征集尽可能多的原稿、复本、书籍、刊物及其他印刷品与文献,丰富中心的图书馆、文献部;翻译与中心目的相应的作品。中心包括费萨尔国王纪念大厅、伊斯兰艺术展览厅、手稿展览厅、修复手稿展览厅以及盲文部、手稿部、声像室、儿童图书馆和大型数据资料库等。另外还有现代化会议厅及印刷、装订车间。出版报道中心活动消息的通讯及介绍世界各地研究伊斯兰文化状况与成果的期刊。该中心是伊斯兰学术成果收藏和研究机构,在伊斯兰世界较有影响。 (黄陵渝)

费萨尔清真寺(Jāmi‘ al-Faiṣal) 巴基斯坦伊斯兰教清真寺。坐落在首都伊斯兰堡西部巴基斯坦国际伊斯兰大学旁。由沙特阿拉伯费萨尔国王基金会资助8000万沙特里亚尔(约合1500万美元),于1982～1986年建成。占地面积18.9705万平方米,设计别致,宏伟壮观,是巴基斯坦规模最大的清真寺。整个建筑群由礼拜殿、宣礼尖塔、院内广场、回廊、办公楼、宿舍和沐浴室等组成。主体建筑礼拜大殿,是一座大跨度无柱帐篷式结构,用钢筋水泥铸成。顶部和四壁修有通气孔道,状似蜂房。拱形圆顶高达40米,中央悬挂一盏3吨重的大系列吊灯,由近百根镀金管组装而成,装有几百只灯泡,辉煌耀目。大殿的两根下弓形十字交叉混凝土大梁,四端抵着4座灯塔的基根,4片菱形殿脊呈对角分担在下弓形梁上。大殿的四面各呈立三角形,有很清晰的立体几何感。大殿南、北、东3面开门,地面用花岗石铺砌。殿内除可容纳1.3万人做礼拜外,还设有可容纳1000多人的妇女专用礼拜厅。殿外四角各建有1座200米高的宣礼尖塔,塔尖顶端轻托着一勾银亮的新月。整个寺院呈长方形,中间设一方形喷水池,地坪铺以白色大理石,南、北、东3面为宽阔的回廊及办公用房。礼拜殿连同广场和回廊,可容纳20余万人同时做礼拜。该寺系由巴基斯坦工程技术人员设计,并使用本国材料建成。白色的宏伟建筑,成为"清真之国"首都的主要象征。

(马智雄 杨克礼)

费信(1388～?) 中国明代穆斯林航海家。字公晓,自号玉峰松岩生。吴郡(今苏州)昆山(今属江苏)人。回族。出身于穆斯林世家,通晓阿拉伯语。永乐五年(1407)十月至宣德八年(1433)七月,以通事身份先后4次随郑和下西洋,历览海外诸国人物、风土、特产。每至一地,即伏几濡毫,叙缀篇章,标其山川、夷类、物候、风光诸光怪奇诡事,以备采纳。在此基础上,编撰了《星槎胜览》2集:"前集者,亲监目识之所至也;后集者,采辑传译之所实也。""一览之余,则中国之大,华夷之辨,山川之险易,物产之珍奇,殊方末俗之卑陋,可以不劳远涉而尽在目中矣。"(《星槎胜览·自序》)文中记述了东南亚等国伊斯兰国家的礼俗。

(冯今源)

分离派 见穆尔太齐赖派。

《分歧》(al-Khilāf) 伊斯兰教什叶派著名教法典籍。又名《分歧问题》(Masā’l al-Khilāf)。为该派教法家艾布·贾法尔·穆罕默德·本·哈桑·图西(995～1067)的代表作之一,与其编辑的《圣训辨异》和《教法修正》两经齐名。1950年,在德黑兰正式出版。全书3卷,共分73章,约3680条规定,每章所含律例都标有序号。该书系什叶派教法细则范本,体例格式完整统一,文字简明凝练,内容十分浩繁。第1卷7章,共1252条,主要是与宗教功课有关的律例,包括清洁、净仪、月经与恶露、各类拜功、天课、斋戒和朝觐等。第2卷32章,共1156条,主要是有关商事活动、农耕经营、宗教公产、馈赠、遗嘱、战利品分配、婚姻等方面的规定。第3卷34章,共1280条,主要是有关民事、刑事诉讼等方面的规定,包括作证与反作证、诬告、刑律、命金、叛教、偷盗、抢劫、人丁税、圣战、饮食禁忌,以及执法规则等。经中全部条例,均依照什叶派贾法里学派的法学思想和演绎原则制定。其篇章划分及各章名称,与伊斯兰教传统的教法分类法基本相同。每条规定,大都引证《古兰经》、圣训的有关明文和圣门弟子、再传弟子的各种言论和传述进行表述，并将逊尼派各教法学家与其相同和不同的各种见解和主张，亦予以附列，不加批驳，以资对比。经中有的规定还附有具体案例，用以说明该项规定在什么样的条件下可以施行或不予施行。（马忠杰）

芬吉素丹国（Salṭanah Funj） 东非苏丹地区芬吉人建立的伊斯兰教王国（1504～1821）。亦译“丰吉王朝”。芬吉黑人是尼罗河中上游的吉齐拉地区从事游牧的部落，后来，定居的部分人从事农耕。原奉多神信仰，13世纪阿拉伯部落迁入该地，使伊斯兰教得到广泛传播，14世纪，芬吉人改奉了伊斯兰教。后来，在其部落酋长伊玛拉·敦古斯与北部阿拉伯部落首领阿卜杜拉·贾玛哈的领导下，联合组建穆斯林军队，于1504年灭亡以索巴城为中心的基督教统治的阿尔瓦王国，建立芬吉素丹国，首都赛纳尔。统辖两条尼罗河之间地区，北抵第三瀑布。在素丹达丁·瓦立德·奈斯尔（约1561～1576在位）执政时，加强法制，任命地方法官，将伊斯兰教法与部落习惯法结合，颁布了芬吉第一部法典。17世纪中叶，素丹巴迪二世（1645～1680在位）率军越过白尼罗河将西部疆域扩展到科尔多凡东部，大力推行伊斯兰化的各项政策。在素丹巴吉·艾布·苏卢克统治时期，约于1744年，同阿比西尼亚国王和科尔多凡部族作战，先后取得胜利，使领土向东、西部大加扩展。在国内，他镇压各地贵族反叛，废除法律，实行个人专权，引起各地贵族的反抗，国家权力削弱，各地贵族割据。1762年，科尔多凡总督、哈马杰人艾布·列凯立克举兵反叛，废除素丹，掌握国家实权，操纵素丹的任免。从此国家陷入内乱，国势大衰。1821年被埃及总督穆罕默德·阿里的军队所灭。

芬吉素丹国是苏丹地区第一个伊斯兰教国家。设协商会议为权力机构，通过协商推选王室家族成员即素丹位。实行封建分封制，素丹任命部落首领和地方长官，并赐予封地。芬吉素丹国以伊斯兰教逊尼派为国教，遵奉哈乃斐学派教法，沙斐仪派学说亦有传播。伊斯兰教著名长老为素丹的宗教顾问，被素丹授予“加希”称号，主持素丹和各地总督的就职仪式。16世纪，在素丹的支持下，苏菲派谢赫易卜拉欣·本·贾比尔和谢赫塔吉丁在各地建立扎维叶，创办学校，讲经布道，将卡迪里教团和沙兹里教团的教义传入苏丹。王国各地建有一批不同风格的清真寺、宗教学校和扎维叶。首都赛纳尔和索巴等城市成为伊斯兰学术文化的中心，来自希贾兹、埃及、伊拉克、马格里布的伊斯兰教学者云集于此，并到各地讲学布道，培养了大批人才。国家还派遣留学生到埃及爱资哈尔大学、麦加和麦地那去学习。素丹赐封给清真寺、宗教学校和扎维叶的大量土地和财产，免缴税赋，并资助学者著书立说，促进了芬吉伊斯兰学术文化的发展。（杨克礼）

份额继承制 伊斯兰教法据《古兰经》规定的法定继承制度。与遗嘱继承制相辅相成、互为补充。伊斯兰教史前的阿拉伯部落实行父系继承制，否认女子的继承权。伊斯兰教兴起后，对旧制予以修改，承认女子和从前被剥夺继承权的部分男子的权益，依据《古兰经》、圣训、教法规定形成新的法定继承制，以各人应得份额为处分遗产的依据。《古兰经》规定：男子得享受父母和至亲所遗财产的一部分，女子也得享受父母和至亲所遗财产的一部分，无论他们所遗财产多寡，各人应得其法定的部分（4∶7）。经文中所言的基本原则和就各类亲属在各种情况下应得份额的规定（4∶11～12），构成“真主的法度”和不容修改的“定制”，后经圣训和教法的补充、诠释而更加完善和明确。但在提出份额继承制的同时，并未废止遗嘱继承习惯，而是以份额继承制为主、遗嘱继承制为辅。由此形成处分遗产的三大基本原则：（1）遗嘱处分遗产不超过被继承人全部净资产的1/3，按份额制处分遗产限于亡人净资产的2/3，法定继承人无权按遗嘱继承遗产。（2）分割遗产时，优先满足以女性亲属为主的份额继承人的权益，父系男性亲属参加余额的处分。（3）同一亲等的男子得2倍于女子的份额（2∶11）。此外，由于父系继承制仍有广泛影响，部分父系继承人兼有份额继承人身份，致使遗产处分极为复杂而又灵活多变，尚有一系列具体原则、规定，通常按排除原则，以个例方式确定各类继承人的实际顺序和所承遗产的份额。（吴云贵）

丰吉王朝 见芬吉素丹国。

封斋 见斋戒。

冯瑞生（1881～1934） 中国陕西穆斯林实业家。名梦麟，以字行。回族。西安市人。出身贫寒，幼时就学私塾，家贫辍学，改习武术。清光绪二十七年（1901）西安府乡试时中武举。辛亥革命时，积极拥护共和。后他致力于兴办实业，发展民族教育，举办回族穆斯林的社会公益事业。曾先后创办“西安德泰光美孚煤油股份有限公司”、“西北棉花机器打包厂”，是西北地区规模较大的现代民族工商业。为发展回民新式教育，1932年起，先后在西安市清真寺内投资创办了“精一学校”、“精一夜校”、“淑德女子学校”及第一、第二两所小学。此后，他又在回民聚居区域设立了“陕西省立第一实验小学”。还资助回族青年上大学，培养专业人才。曾资助北平成达师范学校，为发展回民教育作了贡献。1930年发起组织了“中国回教公会陕西分会”，并被公推为主席。1931年“九一八”事变后，他组织了“西安回教救国会”，广泛发动各界回族穆斯林，积极开展抗日救亡活动。他编著有《穆罕默德传》，并资助马君图等刊印《古兰经》。曾先后担任过陕西省政府参议、陕西石油业同业公会主席、陕西省赈务会顾问等职。（罗万寿）

凤凰寺 中国伊斯兰教清真寺。原名真教寺，俗称“回回堂”、“礼拜寺”。与怀圣寺、圣友寺、仙鹤寺同为伊斯兰教传入中国后最早兴建的四大著名清真寺。在浙江省杭州市中山中路。宋时称“文锦坊”，俗称“羊坝头港”。因其原建筑群布局似凤凰形，故清道光十八年(1838)改今名。关于该寺的始建年代说法不一，据北宋苑祖述在南宋初年所撰《杭俗遗风》曰：“回回堂在南大街文锦坊地方，系回回教民聚众礼拜之所，故一名礼拜寺。其堂四方壁立，高五六仞，迎面彩画，有回教寺匾额，中间圆门，上造鸡笼顶。”明田汝成《西湖游览志》载：“真教寺在文锦坊南，元延祐间，回回大师阿老丁所建”。清康熙九年(1670)重修真教寺碑记载：“寺创自唐、毁于季宋，元代辛巳年有大师阿老丁者，来自西域，息足于杭，瞻遗址而慨然捐金，为鼎新之举，表以崇闳，缭以修庑，焕然盛矣”。据上述记载，该寺可能始建于唐、宋时期，元延祐间阿老丁重建，明清时重修。1929年因改建马路，拆除原5层塔式大门，使寺院地盘缩小。全寺面积约2600平方米，建筑面积2203平方米。现存大殿中3组并排的后窑殿，据中国建筑学家鉴别，中间一组为宋时所建，其余两组为元代增建，后由明代依原型重修。全用砖砌成，四壁上端转角处砌菱角牙子叠涩收缩，上覆半球形拱顶，不用梁架，故称“无梁殿”。殿中通面阔28.15米，以拱券门分隔成3大间，每间有半球形穹隆顶，穹顶建有3座中国式攒尖顶，中间为八角重檐，南北次间为六角单檐，筒瓦板垅，翼角起翘。殿内礼拜朝向墙砌有凹壁，壁面装有精湛的明代木雕，镌刻有书法精美的《古兰经》文。朱漆贴金，富丽堂皇。殿后墙有青砂石制“经香台”4座，两侧为雕竹节望柱，束腰刻有花草，构图洗练，刀法遒劲，当是元代遗物。殿中间为木制“经函”，雕刻阿拉伯文，工艺精致，可能是明景泰二年(1451)重修时设置，是我国伊斯兰教艺术珍品。进正门，穿门厅，为1953年新建之礼堂。寺北墙内建有碑廊，存有阿拉伯文，波斯文碑石24块，还存有明永乐，弘治敕谕碑以及清顺治、康熙年间重修寺碑记等文物。该寺建筑具有伊斯兰教与中国建筑风格相结合的特点，是中国和阿拉伯文化交流的历史见证。中华人民共和国成立后，人民政府曾先后3次拨款进行了全面修缮，面貌焕然一新。现被列为国家重点文物保护单位。　(杨克礼)

佛莲(？～1293)　中国元代居华穆斯林海商。《癸辛杂识》续集卷下记载：“泉南(泉州城南)有巨贾回回佛莲者，蒲氏(蒲寿庚)之婿也。其家富甚。凡发海舶八十艘。癸巳岁殂。女少无子，官没其家资，见在珍珠一百三十石，他物称是。”日本学者桑原骘藏考证认为“佛莲”是地名Baḥrain(巴林)，阿拉伯人有取地名为姓的习惯。宋代巴林已与中国有贸易人员往来。《宋会要》记载熙宁六年(1073)大食俞卢和地国有使者蒲啰洗入贡事。藤田考证“俞卢和地国”即巴林的卡提夫港(al-Katif)。亨利·玉尔(H·Yule)考证《诸蕃志》卷上大食国的“白莲”即巴林之音译。　(陈达生)

弗鲁尔·菲格亥(Furū ʻal-Fiqh)　伊斯兰教教法学专用语。阿拉伯语音译，意为“教法分枝”或“教法细则”，与“乌苏勒·菲格亥”(Uṣūl al-Fiqh，即教法根源)相对而言。研究对象为逊尼派各教法学家的“麦扎希卜”(al-Madhāhib，各家学说主张)、“法特瓦”(al-Fatāwa，教法意见)和“里瓦亚特”(al-Riwāyāt，各种传述)等。　(马恩信)

弗斯塔特(al-fusṭāṭ)　见开罗。

福尔刚(al-Furqān)　《古兰经》的别称之一。阿拉伯语音译，意为“准则”、“规范”、“区别善恶”、“鉴别真伪”等。《古兰经》第25章以此为章名，该章第1节为：“圣洁哉真主！他降示准则(福尔刚)给他的仆人。”此外，第2、3、8和21等章中多次涉及“福尔刚”字样。15世纪埃及经注家哲拉鲁丁·苏尤蒂认为“福尔刚”是《古兰经》多种别称之一。穆斯林常用“福尔刚”一词表示辨别忠奸，判断真伪，明辨是非的概念。　(林　松)

《福乐智慧》　中国伊斯兰教哲理性的劝喻长诗作品。原名《库达德卢比利克》(Kutadolu Bilik)，意为“赐予幸福的知识”。11世纪喀喇汗王朝维吾尔族著名诗人优素福·哈斯·哈吉布(约1019～1092)著。于1068～1069年先后在巴拉沙衮和喀什噶尔用回鹘文写成，献给喀喇汗王朝东部副可汗桃花石·布格拉汗·艾布·阿里·哈桑·本·苏莱曼。全书以阿鲁孜韵律中的木塔卡里甫格律，采用中世纪波斯诗歌中的玛斯纳维(双行诗)形式，并掺以鲁拜体(四行诗)写成。诗作计13290行，由85章正文和3篇箴言诗组成。另有两篇序言。其主要内容以伊斯兰教的伦理思想为准则，劝喻人们用知识和智慧消除愚昧和无知，以正义、幸运、智慧、知足为箴言去修身养性，做人处世，协调社会关系，治理国家，求得幸福。长诗的结构，前11章是对伊斯兰教的安拉、先知穆罕默德及四大哈里发的赞颂，对布格拉汗的歌颂，论七曜和黄道12宫，论知识、智慧和善行，以及书名的含义等。12章到85章，故事情节是通过4个具有象征意义的人物形象之间的关系和大量对话展现出来的。这4个人物形象的寓意是：(1)国王日出，象征正义和法度。(2)大臣月圆，代表幸运。(3)大臣的继任者贤明，象征智慧的化身。(4)伊斯兰教苦修者觉醒，象征知足或后世。长诗以生动的描述和哲理性的对话，展现了喀喇汗王朝当时的政权结构、社会生活、阶级关系、伊斯兰教的地位、道德风尚以及与中原的关系等诸方面的情况，表达了作者对宇宙、人生、社会、法度、伦理、哲学、治国等问题的看法。在自然观上，作者用自然哲学的观点解释了宇宙的生成和结构。认为自然界的事物是由水、气、火、土4种元素相互作用而形成的。自然界的本体是物质，自然界是长存的。生命现象是物质决定的，没有物质世界的存在便没有生命。作者把可观察到的宇宙空间，以太阳为中心分为12道宫：白羊座、金牛座、双子座、巨蟹座、狮子座、室女座、天秤座、天蝎座、人马座、摩座、宝瓶座、双鱼座。将12道宫每3个座划为一组，并与四元素结合，分别为春星（空气）、夏星（火）、秋星（土）、冬星（水）。季节因此划分为春、夏、秋、冬。在伦理观上，以伊斯兰教的止恶扬善为核心，倡导正义、贤明、慷慨、无私、清廉、谦虚、人性、友爱、公正、善良，反对自私、奸诈、妄行、贪婪、暴虐、悖逆、欺骗、谗言。认为人生暂短坎坷，而善行使人永乐，恶行犹如堕入火狱。还认为可汗、伯克们道德品质的优劣对整个社会道德风尚具有决定性影响。在知识论上，作者认为知识是智慧的源泉，真理的结晶，正义和高尚品德的根本，迷路者的明灯，理智的核心；文化、知识是求得社会发展和国家强大的重要因素。主张应由品德高尚而贤明博学的人，借助法律来治理国家，才能长治久安。知识必须用来为社会和人民造福，才能实现它的价值，否则将得不到人们的珍视。在认识论上，作者认为，人们有知或无知，并非命中注定；人的知识只有在后天成长过程中，随着学习的深入和亲身经验的积累才能获得，也才能使认识和思维能力不断发展。从实际中获得知识，并在实践中证明其正确性，这种知识才算是智慧。书中对许多民间格言、谚语、哲理警句、箴言，广征博引，语言精练，寓意深刻，给人以启迪。该书是突厥传统文化与阿拉伯伊斯兰文化及中原汉文化有机结合的结晶。

《福乐智慧》的原手稿迄今尚未发现。传世的手抄本有维也纳本、开罗本和费尔干纳本。维也纳本是1439年在今阿富汗的赫拉特城用回鹘文抄写的，1474年在伊斯坦布尔被发现，现藏维也纳国立图书馆。开罗本是用阿拉伯文抄写的，现藏开罗卡迪温图书馆。费尔干纳本亦用阿拉伯文抄写，是最完整的抄本，于1914年在今中亚费尔干纳地区的纳曼干城被发现。中国新疆人民出版社于1979年出版了汉文节译本。民族出版社于1984年出版了现代维吾尔文版本，1986年又出版了汉文全译本。（杨克礼）

福州回教会 中国福州穆斯林群众团体。1937年秋成立，会址设在福建省福州市南大街清真寺。该会以"兴教救国为目的，以生产教育为途径"。其领导机构为理事和监事会，下设经学、教养、调查、文书、会计、庶务6股。还设有"教养董事会"和"养老扶助金"，举办"清真公学"1所。该会在永安、三元等地设立了分会。经费来源主要是穆斯林群众捐助和寺产收入等。该会在兴办回民教育、管理穆斯林公产、公墓，经办公益慈善事业方面很有成效。1939年12月，并入中国回教救国协会福建省分会。（郭清祥）

福州清真寺 中国伊斯兰教古寺。位于福建省福州市八一七北路西侧。据寺内明嘉靖二十八年（1549）《重建清真寺记》碑记载，该寺初创于唐贞观二年（628），但已无据可考。寺址在城南"东邻宫衢，西抵邑庠，南至民房，北依万寿，纵横深广计有三十余丈"。元至正年间（1341～1368）廉访使张孝思曾捐俸重修。明嘉靖辛丑（1541）寺毁于火灾，后由古里国（印度卡利卡特 Culicut）使臣葛卜满的后裔葛文明（时侨居福州）主持重建，历时9年完成。寺的建筑布局类似传统四合院，分为3进。大殿四面环绕长廊，殿中部原为一座面阔5间、进深4间的中殿，后改建成一座穿堂式中殿，形成了工字形大殿平面。寺内保存着明永乐五年（1407）《敕谕》碑，以及清康熙五十九年（1720）、乾隆二十二年（1757）、嘉庆十七年（1812）、道光二十三年（1843）福州穆斯林集资重修寺时所立的碑。1979年福州市人民政府曾拨款重修该寺。1983年该寺被列为市级文物保护单位。（陈达生）

福州谢赫墓 中国元代居华波斯穆斯林先贤的坟墓。位于福州市西北郊井边亭村清真公墓内。墓亭南门、北门拱券中的阿拉伯文和波斯文碑记载：墓主名伊本·穆尔菲德·艾米尔·阿莱丁，殁于伊斯兰教历705年11月3日（1306年5月17日），是一位波斯穆斯林。清道光二十六年（1846）的一方汉文石刻匾称之为"西域武公舍黑之墓"。清初，墓亭圆顶坍毁。乾隆二年（1737）宁夏人马骧任福建台澎水陆等处地方挂印总兵官，捐资重修，改为悬山式屋盖。现存的主要建筑是一座方形拱北式墓亭，四壁洞开4个拱形石门，拱券中嵌安雕刻阿拉伯文和波斯文的纪念碑。亭内墓穴之上铺盖石板，安放一座伊斯兰式石墓盖。墓亭东北侧建有祈祷间和盥洗室。1983年，福州市人民政府拨款重修，环筑围墙，并列为市重点文物保护单位。（陈达生）

辅士（al-Anṣār） 伊斯兰教荣誉称谓。阿拉伯语"安萨尔"的意译。原意为"辅助者"。指早期麦地那的穆罕默德门弟子，与"迁士"对称。据刘智《天方至圣实录》载：先知穆罕默德迁徙麦地那后，曾选用韩泽等"文武兼全、道德充富者"45人为辅士，以"辅助圣教"，后演化为对麦地那当地穆斯林的通称。希吉来初期，辅士们在安置迁士生活、宣扬教义以及对多神教徒的战争中，与迁士建立了超过同胞的手足之情。《古兰经》称赞道："他们喜爱迁居来的教胞们"，"他们虽有急需，也愿把自己所有的让给那些教胞。能戒除自身的贪吝者，才是成功的"（59：9）。辅士们在伊斯兰教中有崇高的地位。穆罕默德逝世后，在继承问题上，他们是仅次于迁士的竞争者。后来与迁士联合组成圣门弟子团。其中不少人在四大哈里发时期都是学者和干才。（罗万寿）

复古派 见赛莱菲耶派。

复生日(Yawm al-Qiyāmah) 见死后复活。

副朝(al-‘Umrah) 见巡礼。

副功(Taṭawwu‘) 伊斯兰教用语。阿拉伯语"泰脱吾尔"的意译。原意为"志愿"。伊斯兰教法规定穆斯林在履行天命(安拉命令)的、典礼(教法规定)的、圣行(穆罕默德做过)的宗教功课之外,自愿举行的其他宗教功课,教法上称为嘉许的善功,被认为"为之则美,不为则无过",如副功拜,"登霄节"之夜举行的礼拜;副功斋,自愿斋戒等皆是副功。若舍弃天命的、典礼的和圣行的功课,而仅行单独的副功,伊斯兰教法学家一般认为是违背教律的。 (达应庚)

副功拜(Ṣalāt al-Taṭawwu‘) 见礼拜。

副功斋(Ṣawm al-Nāfil) 见斋戒。

傅统先(1910～1985) 中国当代穆斯林学者。生于湖南常德。回族。祖上世代信奉伊斯兰教。他在上海读中学时寄居小桃园寺,学习阿拉伯文及教义。1926年6月,同上海穆斯林知识界同仁创办"上海回教青年研究社",出版《回教青年》月报。1932年毕业于上海圣约翰大学哲学系,1933年参与创办穆斯林刊物《改造》。1934年参与发起组织"上海回教文化协会",任常务理事,并出版发行《中国回教》丛书。1940年秋任正风文学院英文教授,并先后兼任大夏大学、光华大学、东吴法学院、圣约翰大学教授,讲授哲学、教育哲学、逻辑学等课程。1948年赴美国哥伦比亚大学深造,1950年获哲学博士学位后回国。1952年任山东师范大学教授。1980年11月应联合国教科文组织邀请出席了巴黎举行的教育专家会议。他是一位爱国爱教的穆斯林学者。日本侵华战争期间,在上海积极宣传抗日,激发学生的爱国思想,遭到日伪的胁迫。曾参加了上海穆斯林反对"北新书局"及《南华文艺》侮教案的斗争以及组织穆斯林社团、出版刊物等活动。他的长篇论文《追求中的真宰》是以黑格尔哲学探讨伊斯兰教苏菲主义之作。其专著《中国回教史》系商务印书馆中国文化史丛书之一。其体例以历史时代为序,对伊斯兰教在中国的传播及穆斯林对政治、经济、文化教育的贡献均作了阐述。1979年以来,历任中国教育学会常务理事、山东省教育学会名誉主席、山东省政协常委。著作还有《哲学与人生》、《哲学概论问答》等20多部。译有杜威的《经验与自然》、《自由与文化》等,并写有论文多篇。 (罗万寿)

富拉尼帝国(Imbarāṭūriyyah Fulani) 19世纪西非豪萨城邦富拉尼人建立的伊斯兰教国家(1808～1903)。亦称"索科托素丹国"。分布在今尼日利亚北部和尼日尔南部的豪萨人,于11～13世纪以城镇为中心,建立了各自独立的豪萨诸城邦国。13世纪伊斯兰教传入,至18世纪,绝大部分豪萨城邦已伊斯兰化,少数城邦还保留有多神信仰的残余。18世纪末,戈比尔城邦国的富拉尼族伊斯兰教领袖奥斯曼·丹·福迪奥(1754～1817)去麦加朝觐,受瓦哈比派教义影响,他回国后发动伊斯兰复兴运动,号召穆斯林"坚持安拉的正道",反对崇拜圣徒、圣墓和多神信仰的残余,放弃不符合教律的陈规陋习,把分散的富拉尼人组织起来,形成坚强的穆斯林群体。1804年,他自称"信士的长官",以赞比尔和昆比为基地,领导富拉尼人各部落和豪萨族的穆斯林发动圣战,推翻戈比尔等豪萨城邦贵族的统治,相继攻克戈比尔、卡齐纳、卡诺、扎里亚、阿尔卡拉瓦、达乌拉等诸小公国,统一豪萨诸城邦。1808年,他自称哈里发,以索科托为首都,建立政教合一的富拉尼帝国。其辖地包括今尼日利亚北部、贝宁(达荷美)东北部、尼日尔西南部和喀麦隆北部,面积约达50万平方公里。1809年,奥斯曼宣布退位,担任宗教领袖,以索科托为传教中心,专门从事传教和著述立说。他将帝国分为索科托和格万杜两个王国;其子穆罕默德·巴拉鲁统治索科托王国,统辖东部诸酋长国;其弟阿卜杜拉统治格万杜王国,统辖西部和南部诸酋长国。1817年奥斯曼逝世后,其子穆罕默德·巴拉鲁被拥立为索科托第一任素丹,采用"信士的长官"称号,成为帝国的政治和宗教领袖。他建立国家各项制度,发展农业和商业,倡导扩大对外贸易,奖励伊斯兰学术文化,为帝国的强盛时期。1831年,索科托王国与格万杜王国合并,使政令得到统一。1837年,穆罕默德·巴拉鲁去世后,其后裔一直继承素丹位,多次发动"圣战",镇压各地的叛乱和宗教异端活动。帝国以伊斯兰教逊尼派为国教,大力传播瓦哈比派教义,遵奉罕百里派教法学说,以伊斯兰教法治国,压制苏菲派各教团的活动。禁止拜谒圣墓,严禁饮酒、赌博、放高利贷和多神崇拜的习俗。在各地兴建有大量清真寺、宗教学校,刊印《古兰经》、圣训及阿拉伯语等经籍向各地发行。首都索科托为伊斯兰学术文化中心,建有宫殿、皇家清真寺、图书馆、书店、古兰经学校,聘请希贾兹、埃及的伊斯兰学者来此传教和讲学,促进了伊斯兰学术文化的发展。1853年,索科托素丹同英国签订商务条约,经济上依附英国。1903年,英国殖民军击败索科托军队,帝国大部分领土并入英属北尼日利亚保护国,其余小部分被法、德两国瓜分。 (杨克礼)

富图瓦(Futuwwah) 伊斯兰教名词、称谓。泛指"武士精神"、"武士"、"武士团体"。系阿拉伯语的音译,原指值得赞许的各种高尚品质,尤指青年(Fata)应具有的高尚品格。《古兰经》里曾提及具有这类品格的青年和奴隶(18：10,12：60)等,圣训中多有赞扬武士的言辞,有的还称赞武士为天使吉卜利勒所差遣,帮助穆斯林军战胜顽敌。最初先知家族成员被视为武士精神的体现者，为承自祖先的一种高尚品格，在其后的词义演变中才泛指一切除暴安良的“侠义精神”、“武士精神”。该词后来亦指“武士”或“武士团体”。阿拔斯王朝哈里发纳绥尔(al-Nasir，1180～1225 在位)曾把“富图瓦”称号授予几个卓有战功的穆斯林王族显贵，享有封地和种种特权。授衔有固定的仪式，以赠送特制的“武士裤”，敬赠专酿的“武士酒”为标志，称号世代相袭。约自 13 世纪，小亚细亚出现的行会性质的武士团体，亦称“富图瓦”。据《伊本·白图泰游记》载，这些团体的成员多从事同一种行业，在其首领的领导下，共同劳动，共同生活。他们身披斗篷，头戴白帽，腰系一把两刃长刀，以除暴安良为己任，经常护送过往客商和旅行者，建有集体生活和设防的“扎维叶”。在苏菲派的语汇中，“富图瓦”通常用以描绘“置他人于己之上”的一种心态，即慷慨大度、充满自信、宽以待人等品质，安萨里称之为“最高尚的品格”。（吴云贵）

富祖里(Fuzüli，1495～1556) 中亚突厥穆斯林著名诗人。祖籍中亚，生于伊拉克的希拉城，为突厥人后裔。精通阿拉伯语和波斯语，但主要用阿塞拜疆突厥语写作。他早期受伊朗萨法维王朝的奠基者伊斯玛仪一世的庇护，为宫廷写颂诗。1534 年奥斯曼素丹苏莱曼占领巴格达后，意欲取宠新主人，便给奥斯曼素丹写颂诗。他的著名作品是长诗《莱伊拉和马季农》(1536～1537)、劝善诗《心灵之友》、小说《怨诉之书》等。《莱伊拉和马季农》描写一对被封建道德扼杀的情人的恋爱悲剧，对传统陈规礼俗进行了批评。《怨诉之书》歌颂了劳动人民的智慧和理想，揭示了土耳其素丹苏莱曼宫廷的腐败和横暴。他的诗歌内容深刻，富有宗教哲理，旋律优美，抒情浓郁，技巧纯熟，高雅流畅。他还著有诗集 2 卷，一为阿塞拜疆突厥语，一为波斯语。他的抒情诗篇，描写神秘的爱情；另一些诗则哀叹今世短促，人生无常。他的遗著有 16 卷，对土耳其文学及近东其他伊斯兰国家文学的发展影响很大。曾被列为世界文化名人加以纪念。（杨克礼）

G

嘎毕勒(Gābil) 见阿丹二子。

嘎迪林耶(al-Gādiriyyah) 中国伊斯兰教苏菲主义四大学派之一。阿拉伯语音译,源于其创始者阿卜杜勒·卡迪尔·吉拉尼(1078~1166)名字中的"卡迪尔"一词。创传于12世纪,盛行于巴格达,是苏菲派中较大的教团之一。清康熙初年,一自称穆罕默德29世后裔的和卓·阿卜杜拉将该教团苏菲学理首先传入甘肃、宁夏、青海。后分化为3派,一为祁门,二为鲜门(后改宗虎非耶),三为马门(即云南马所传)。后又演化出若干分支,各行其是,互不隶属。除阿卜杜拉所传的3支外,还有人直接从新疆、麦加受传回国后在甘、青原籍传播的。该派在中国西北的支系有:大拱北、后子河、韭菜坪、香源堂、齐门、阿门、灵明堂、明月堂、文泉堂、通贵、崖头、高赵家、撒拉教等门宦。嘎迪林耶在教义上属逊尼派,在教法上属哈乃斐学派。在长期发展过程中受到中国传统文化的影响较深,与其他苏菲主义学派有明显区别。在遵奉《古兰经》、圣训的同时还主张必须静修参悟,否则不能达到认主近主的目的。认为"道中有教","教"是通过真主使者穆罕默德的言行所形成,而"道"则是超自然的,非创造的,永恒不变的。为了求"道",只有割断夫妻恩爱,抛弃功名利禄,漫游四方,拜访名师,进行苦修苦炼,才能大彻大悟真主之玄机。认为静修悟道是求道的捷径,故有"一时的参悟,胜过千年的功修"之说。其修持理论是"定性复命"和"修身养性",认为"性"是根本,是永恒的,"命"是形,是暂时的。修身克己,清心寡欲,都是为了养性。嘎迪林耶的各代道祖被认为是"古土布"(轴心),是出家修行者的引路人和导师,他们是各种"奇迹"的显示者。道统继承者由前辈导师从出家修行者中指定。出家人分为3等,第一等必须是童子出家,并且要经过长期的巡游行乞,以及果腹苦练和入山修行;第二等是"清廉人"(亦称"勤练人")或计较人,他们可以是童子出家,也可以是半路出家,但只限他们住拱北修行,不再巡游行乞或入山修行;第三等是拱北的当家人或主持人,主持教务与修持兼而行之。嘎迪林耶一般都要早晚敬香和默念"迪克尔";各类出家人事先都需"吾里"、"穆尔希德"认可,出家后必须遵行禁欲的3条戒律(戒色、戒"六贼"、戒荣华富贵)和5条节守(勤学戒规、乞讨口粮、勤苦炼、晨点香、勤沐浴);阿訇和一般教众被视为俗人,他们只是信道者,不履行修道的各种戒律和功课,只要求朝谒拱北和参加"尔买里"活动;以拱北、先贤静修地为宗教活动中心。该派的清真寺实行单一教坊制,阿訇由教众选聘,是一坊的宗教领导人。纯属该派教众的清真寺较少。教众主要分布于西北五省区和四川等地,约有20万人。 (马 通)

嘎希赖(al-Gāhirah) 见开罗。

嘎最 见卡迪。

盖德尔(Qadar) 见前定。

盖德尔之夜(Laylah al-Qadr) 伊斯兰教对《古兰经》始降之夜的敬称。"盖德尔"系阿拉伯语音译,意为"前定"、"定命"、"高贵"等。该词始见于《古兰经》第97章,译作"高贵的夜晚"或"珍贵之夜"。专指伊斯兰教历9月(莱麦丹月)第27夜。全章共有以下5节经文:"我在那高贵的夜间确已降示它,你怎能知道那高贵的夜间是什么?那高贵的夜间,胜过一千个月,众天神和精神,奉他们的主的命令,为一切事务而在那夜间降临,那夜间全是平安的,直到黎明显著的时候。"根据经注学家的解释,该夜为安拉开始向先知穆罕默德颁降《古兰经》文之夜,即把"记录在一块受保护的天牌上"的全部《古兰经》经文按其原形总降到距离世间最近的天体,以引导世人从迷惘中走向安拉的正道,故称"高贵之夜";该夜还是安拉预定世间万事万物的命运之夜,并于该夜派遣众天使降临世间料理事务,显示了安拉作为最高唯一主宰的绝对权威,故又称"前定之夜"或"权力之夜"。关于盖德尔之夜的具体日期,教法学家说法不一。以布哈里、穆斯林所辑圣训为依据的3种说法是:(1)在莱麦丹月下旬的单日之中。(2)在该月的后七天之内。(3)该月的第29夜。另外

4 种说法是:(1)以其尊贵而言,应在莱麦丹月之始,即第一夜。(2)该月 17 日为先知穆罕默德受命为圣之日,故应为是日之夜。(3)先知曾说该月中旬为安拉宽恕众生、解救亡灵的日子,故应在中旬最后一天的 19 日夜晚;(4)"盖德尔之夜"一词由 9 个阿文字母组成,在《古兰经》第 97 章中共出现 3 次,合起来为 27 个字母,故应为莱麦丹月的第 27 夜。因最后一种说法既符合圣训精神,故被世界穆斯林所公认。伊斯兰教历以日落为一天之始,而中国穆斯林习惯上沿用公历或中国农历的计日法,故常把莱麦丹月的第 28 夜误认为盖德尔之夜。由于《古兰经》明示盖德尔之夜"胜过一千个月",天使降临,彻夜平安,穆罕默德也说过:"谁使该夜充满生气,谁就有资格进入乐园",故全世界穆斯林每逢此珍贵之夜均依各自民族方式举行庆祝纪念活动。中国穆斯林或汇集在清真寺内,或在各自家中,举行礼拜、诵经、赞主赞圣、施舍、为亡人祈祷等各种活动,有的以佳肴美食款待亲朋,有的穆斯林妇女还打开箱柜,以示迎接安拉恩降给养和吉祥。是夜,一些穆斯林聚居的地方还张灯结彩,以示庆祝。这种为求得安拉的回赐而彻夜不眠的纪念活动,亦称"守夜"或"坐夜"。 (冯增烈 达应庚)

盖德里耶派(al-Qadariyyah) 伊斯兰教早期教义学派之一。亦称"反宿命论派"、"意志自由派"。"盖德里耶"系阿拉伯语音译,原意为"前定"、"定命"。伊斯兰教史上却反其义,将那些在教义学辩论中否定宿命论而主张人类有意志自由的学者,称为"盖德里耶"。7 世纪末至 8 世纪初,在基督教神学论争的影响下,伊斯兰教学者就安拉的前定和人的意志自由的关系问题展开了长期的激烈论争。一些学者认为,安拉是全能的,人的生死祸福、贫富贵贱、善恶行为全由安拉前定,人是不能改变的。另一些受外来哲学思想影响的学者则反对此说,其观点相近的人,逐渐形成该派。据传述,最早提出反对宿命论、主张人有意志自由的是教义学家欧拜德·尤哈尼(? ~699),被认为是该派的理论奠基者。该派的学者从维护伊斯兰教信仰的立场出发,认为真主是至慈至善的,人的恶行不是真主预先定命的,人有能力决定自身的行为,人应当对自己的善恶行为后果负责,而不应将人的作恶归之于真主的前定;人具有自由意志,并有自由选择善恶的能力,人之行善或作恶,是人自身选择的结果,在后世受赏或受罚,完全咎由自取,而不是真主对人的罪恶负责,否则后世的奖罚毫无意义。反之,如果承认不义者、叛教者、作恶者的行为是由安拉前定,无疑是纵容作恶者,而视真主为不义者,是违背信仰的。因该派反对一些教义学家所持宿命论的观点,故又称该派为"反宿命论派"。该派主要活动于伊拉克的巴士拉和叙利亚的大马士革,多在宗教学者中流行。该派分为两支:巴士拉支派以教义学家哈桑·巴士里(642~728)及其弟子卡塔达·本·吉尔马(? ~735)为代表,其主张比较温和;大马士革支派以加伊兰·吉马斯基(? ~743)为代表,其主张比较激进,由于他坚持自由意志的观点而受到哈里发欧麦尔二世的谴责,后因参与反伍麦叶王朝的斗争被哈里发希沙姆杀害。伊斯兰史学家认为,该派的教义主张是穆尔太齐赖派的思想先驱,是伊斯兰教最早出现的凯拉姆学派,对后来伊斯兰教义学的发展产生了一定影响。 (杨克礼 吴云贵)

盖迪尔·胡木节(Yawm Ghadir Khumm)
伊斯兰教什叶派的主要节日之一。是该派为纪念先知穆罕默德生前曾宣布阿里是其合法继承人的日子。"盖迪尔·胡木"是麦加与麦地那之间的一个水草地带,亦译作"沼泽地"、"水泉"或"胡木河"。据什叶派圣训学家传述,632 年(伊斯兰教历 11 月)穆罕默德到麦加辞别朝觐后,在返回麦地那时,于教历 12 月 18 日途经盖迪尔·胡木,在那里宣布了"我是谁的主子,阿里就是谁的主子"的圣训,故他们以此段圣训为依据,提出阿里即是穆罕默德生前指定的合法继承人的主张。在阿拔斯王朝第二十三任哈里发穆蒂尔(al-Muti‘,946~974 在位)执政期间,布韦希人入主巴格达后,奉行什叶派教义,下令规定了什叶派的主要节日,将侯赛因忌日(阿舒拉日)和"盖迪尔·胡木节"定为什叶派的两大节日。此后,什叶派穆斯林便在伊斯兰教历 12 月 18 日举行节日纪念活动。届时,诗人身穿黑色"阿巴艾"(Abaah)装,头缠白色布巾,在清真寺、广场、集市以至私人家中宣读有关阿里及其他伊玛目的宣讲词,即兴宣传,讲故事,隆重庆祝此节。 (冯增烈)

盖斯拱北 中国伊斯兰教古墓。亦称"圣人坟"、"绿拱北"。7 世纪初阿拉伯伊斯兰宣教师盖斯的陵墓。在新疆维吾尔自治区哈密市城郊。相传,唐太宗时盖斯奉伊斯兰教第三任哈里发奥斯曼之命,偕吾艾斯、宛葛斯由阿拉伯来中国传播伊斯兰教。宛葛斯、吾艾斯先后病逝于广州和甘肃回回堡。贞观九年(635),盖斯亦于返回途中病逝于今甘肃、新疆交界处的星星峡。随行者当时就地取石筑坟安葬。迄至清代其墓尚存。《新疆图志》载:"星星峡山麓有回纥墓","土人醵金建屋,复其垄,祷辄响应,匾额充栋,亦有施锦障墓上者,恒积至尺汗。"清代哈密回王曾出资于墓地上加盖拱北。1939 年,拱北被毁,盖斯的遗骸亦被暴露于山沟之中。据传,遗骸呈木乃伊状,长 2 米余,颏下胡须犹存。1945 年,由哈密各族穆斯林集资,将其遗骸迁至今址安葬,不久又加盖了拱北。拱北融维吾尔族和汉族建筑风格于一体,底部为木结构,亭式。顶作穹隆式,以苍绿色玻璃砖贴面,通高 15 米。迁入新址以来,新疆、甘肃、宁夏、青海等地的各族穆斯林瞻仰者络绎不绝。该拱北对研究中外交通史、伊斯兰教史、中国人民同阿拉伯人民友好交往及文化交流,以及中国伊斯兰建筑艺术都有重要意义。 (马品彦)

盖特勒(Qatl) 伊斯兰教法用语。阿拉伯语音译,意为"杀害"。伊斯兰教法视"杀害"为大罪之一,并将其分为谋杀、误杀、有意致残和误伤等几种。《古兰经》针对杀害的性质和不同情况制定了具体的治罪刑律。如谋杀罪必须偿命,但不得株连亲族、扩大范围(2∶178~179)。又如致伤罪必须抵偿,"自愿不究的人,得以抵偿权自赎其罪愆"(5∶45)。再如误杀罪必须以释放奴隶和向死者亲属交付血锾作为罚赎(4∶92)等。 (马恩信)

盖头 见面纱。

甘州清真寺 见张掖南关清真寺。

冈比亚伊斯兰教 冈比亚共和国位于非洲西部。面积1.0367万平方公里。全国人口81.7万(1988)。主要民族有曼丁哥人,约占全国人口的42%,其次是富拉尼人、沃洛夫人、朱拉人等。通行曼丁哥语,官方语言为英语。居民中90%以上信奉伊斯兰教。首都班珠尔。13~14世纪冈比亚是马里帝国的一部分,伊斯兰教由穆斯林商人和传教师传入,主要在各部落上层人物中传播。16~19世纪时,由曼丁哥人建立的巴拉、孔博等穆斯林小王国统治,伊斯兰教在城镇和农业区获得了发展,但在游牧部落中其发展速度比较缓慢。至1820年,全国只有5个穆斯林聚居地区,1866~1870年,西非伊斯兰教领袖哈吉·欧麦尔发动"圣战",向非穆斯林地区推行伊斯兰化政策,使一些游牧部落归信了伊斯兰教,使穆斯林聚居地区增至10个。后又打破了原先的部落社会结构,实行新的行政管理体制,使伊斯兰教在全体居民中广泛传播。1843年沦为英国殖民地。1965年宣告独立,成立共和国,冈比亚的穆斯林属于逊尼派的马立克教法学派,但受苏菲派的影响较大,卡迪里教团的传入对伊斯兰教的传播起了直接的推动作用。冈比亚实行政教分离政策,政府保障宗教信仰自由。但伊斯兰教仍然在社会的各个领域中居重要地位。全国主要城市建有多所《古兰经》学校。首都班珠尔设有总伊玛目,领导和管理全国的宗教活动和事务,并参与国事。全国设有伊斯兰文化联盟、冈比亚朝觐协会等社团,为伊斯兰会议组织、世界伊斯兰大会、伊斯兰世界联盟成员国。

(杨克礼)

《冈志》 北京牛街志书。因牛街地区旧称"冈儿上",故名。约成书于清乾隆初年。作者为康熙六十年(1721)"侍值乾清宫"的佚名穆斯林,一说即书中所提到的"赵公士英"。全1册。记述康熙时期(1662~1722)人物、事件详尽具体,是此书的主要特色。内容丰富翔实,文字朴实生动。目录:图考、星野、建置沿革、疆域、形胜、风俗、寺宇、街巷、人物、儒林、隐逸、名师、灵征、武勇、技巧、烈女、教礼议[仪]、灾异、食物、杂志。作为北京牛街回民聚居区形成与发展史的首次记录,开编撰北京街道志及地区回族志之先河,对了解明清之际回族穆斯林的社会地位、经济状况、宗教礼仪与习俗,有重要的史料价值。其中"风俗"、"名师"、"教礼议"、"马永和摘误"、"舍公谈性理"及康熙三十三年(1694)奸细案等节,对研究当时北京伊斯兰教的历史、教派、经堂教育及牛街礼拜寺的掌教、建筑等情况,具有重要资料价值,填补了正史之空白。原本已佚。今存两种内容均不完整的手抄本:(1)清道光十一年(1831)春二月五日燕山沈凤仪抄录本,57页,毛笔工楷,有朱笔圈读痕迹和批注,原藏张次溪、张叔文家。(2)1955年7月8日,哈吉·易卜拉欣·刘仲泉依据古绍宸家藏残本抄录并补志,名曰《北京牛街冈上礼拜寺志(草稿)》,简称《冈上志》,有刘氏序言、眉批、补充续写的部分人物志及尹伯清的某些批注意见。原件亦佚,其转录本现存北京图书馆地方文献部。1990年4月,北京出版社出版了上述两种手抄本的合编注释本《北京牛街街志书——〈冈志〉》,北京市政协文史资料研究委员会、北京市民族古籍整理出版规划小组编,刘东声、刘盛林注释。 (冯今源)

高附 见喀布尔。

高贵之夜 见盖德尔之夜。

高目(Qawm) 伊斯兰教称谓用语。阿拉伯语音译,意为"民众"、"教众"、"宗族"。《古兰经》云:"我这样为能了解的民众解释我的迹象"(30∶28)。①泛指早期麦地那穆斯林公社的成员。②《古兰经》中称古代先知穆萨等人的宗族为高目(2∶54)。③中国通用汉语的穆斯林用以指清真寺教坊的教众,以表示内部团结、友爱的关系。义同哈万德。 (马忠杰)

高念派 见哲赫林耶。

高赵家门宦 中国伊斯兰教苏菲主义嘎迪林耶学派支系门宦之一。创始人马叶哈雅。保安族。甘肃临夏高赵家人,出身于农民家庭。故以其始传人籍贯高赵家取名。马叶哈雅原系崖头门宦的教民,1920年左右和本村王若木赞、马五九等9人从崖头门宦分离出来开始在本村传教,马五九、马立克等6人首先参加,并经常在河谷静地念"迪克尔"。崖头门宦教主法塔赫得知后大怒,让他立即退出崖头门宦。于是马叶哈雅和王阿布杜等9人迁往青海贵德莫士沟,一面从商,一面继续宣教。5年后又回到原籍宣教,不久高、李两村保安族基本上参加了该门宦。1928年以来,教主马叶哈雅、王阿布杜先后被地方官吏杀害后,其宗教活动被迫秘密进行,但该门宦并未消失,反而增强了内部凝聚力。1985年以来还修建了拱北。高赵家门宦的主要教义和礼仪是：除遵奉《古兰经》和圣训，履行“五功”外，一般在夜间聚会举行“尔麦里”活动；主张集体念“迪克尔”；盛行向拱北敬香祈祷。女教主只负责教务，不亲自念“亥听”和主持“尔麦里”。历任教主依次为：马叶哈雅、王阿布杜、马桃花、马尕伊西。教众千余人，主要居住在甘肃省临夏高赵、李家等地。

（马　通）

戈尔德戚厄（Goldziher Ignaz，1850～1921）　匈牙利东方学家。西方研究伊斯兰教的著名学者之一。全名伊格纳兹·戈尔德戚厄，又译“戈德齐赫”。犹太教徒。他自幼研习基督教和犹太教经典，青年时代受教于布达佩斯大学，留学德国莱比锡大学和柏林大学，后赴荷兰莱顿伊斯兰研究院进修。1873年出访大马士革和开罗，被破例接纳为爱资哈尔大学第一个非穆斯林学生。次年，在奥地利帝国研究院学报上发表了一篇研究伊斯兰教学术论文，从此出名。毕业后从事伊斯兰教学术研究。他在搜集、研究阿拉伯文原始资料基础上，对伊斯兰教历史、教义、教法、哲学、教派的起源和发展，以及著名历史人物的思想观点作了较客观的探讨，提出了有见地的看法和公允的评论，不仅为西方现代伊斯兰教学术研究奠定了基础，而且也博得了阿拉伯穆斯林学者的好评。戈尔德戚厄发表过研究伊斯兰教的专著和论文多种。主要著作有《现象论学说及其历史》（1884年出版）、《伊斯兰教研究》（两卷本，圣训考证）、《穆斯林之古兰经注学派》等。其中《伊斯兰教信仰和教法》（原著为德文），又名《伊斯兰教讲演录》为其代表作，其资料多被西方学者在著作中所引用。埃及学者穆罕默德·优素福·穆萨曾将其译成阿拉伯文出版，并对所引阿拉伯原始资料作了校订和补充。此前，这本著作曾相继被译为俄文、匈牙利文、英文、法文，后又译成希伯来文等。　（赛生发）

戈伦（Qārūn）　《古兰经》中所载古代先知穆萨故事中的人物。阿拉伯语音译，一译“葛伦”。原属先知穆萨的族人。拥有巨额财富，其宝库的钥匙连几个大力士也难于举起。他沾沾自喜，自认为阔绰富豪是由于自己有“特殊的知识”，曾“盛装出游”，炫耀于人，随从前呼后拥，车马服饰宛如王室贵族。由于为非作歹，怙恶不悛，终于遭到安拉的惩罚，“使他和他的房屋沦陷在地面下”（28∶76～84）。有人认为戈伦即《圣经》中提到的“可拉”（Korah），但所述亦有差异，不宜将二者混同。

（林　松）

哥疾宁王朝　见伽色尼王朝。

割礼（Khatnah）　伊斯兰教礼仪。阿拉伯语“赫特乃”的意译，亦称为“割包皮”。指穆斯林男孩割掉阴茎包皮的仪式。据传，古代先知易卜拉欣曾奉安拉之命，要求其后裔所有男子都必须履行割礼。阿拉伯人视他们为古先知易卜拉欣的后裔，便沿袭了割礼这一礼俗。根据阿伊莎所传的一段圣训说，先知穆罕默德认为属于人类赋性的有10件大事，即剪髭须、割包皮、用牙刷、呛鼻、剪指甲、洗趾节、拔腋毛、剃阴毛、节约用水和漱口。穆斯林便将割礼作为“圣行”而遵守。教法规定穆斯林男孩7～8岁或12岁时须举行割礼。割礼没有固定仪式，只要割去包皮即可。在中国，割礼时多先请阿訇祈祷，然后由专人将孩子包皮割去（现在均改作外科手术）。新疆地区尤为重视。行过割礼的人，从此就可免于包茎中蓄积污秽而便于洗大、小净。北非马格里布地区的穆斯林流行女性割礼（割去大阴唇）的习俗，它是当地民族固有的传统习俗，与伊斯兰教明确规定男子所行的割礼没有联系。　（冯增烈）

格卜莱（al-Qiblah）　见朝向。

格迪目（Qadim）　中国伊斯兰教派别之一。亦译“阁的木”、“格底木”。阿拉伯语音译，意即“老教”、“古行”、“遵古派”等。它是中国伊斯兰教中流传较早、传播广泛、信众较多、影响较大的派别和基本形式。因固守唐宋代以来穆斯林世代相承之教义思想、礼仪制度，故名。伊斯兰教自唐初传入中国至明末以来，从未发生教派分化。明末清初由于苏菲主义相继传入新疆、甘肃、青海等地区，其思想学说在维、回、东乡、撒拉、保安等民族穆斯林中广泛传播，出现了一些对传统的礼仪制度、教规、组织等的变革现象，派别分化逐渐明显。将新出现的苏菲学派各门宦称之为“新派”、“新教”。拒不参加新派的则被称为“老派”或“旧派”，有的自称为“格迪目”或“老格迪目”。格迪目派坚奉逊尼派教义思想，以《古兰经》为其宗教思想基础，严格遵守“六大信仰”、“教门原根八件”和传统的礼制。对其他教派、教法学派均表示尊重，持宽容态度；对中国社会流行的各种宗教也能和平相处。自唐代以来，历经宋、元、明、清，自成一家，我行我素，具有一定正统思想与保守性，成为中国伊斯兰教的主流派别。格迪目派的主要特点为：(1)严格恪守伊斯兰教的基本信仰和“天命五功”，因袭前人的传统，如斋月期间，每日先礼“昏礼”，然后开斋，被称为“后开”；主麻日聚礼时，除礼六拜“主麻拜”外，还要礼当天的晌礼10拜；每年斋月前一月，家家都要宰牲念经，即转“白拉特”（赎罪）；给危重病人念“讨白”，在婚丧方面也有某些传统特点等等。形成与其他教派、门宦的显著区别，群众中教派观念多以这些为标志，历史上引起过不少争论与纷争。(2)格迪目实行教坊制。教坊以礼拜寺为中心，形成独立的、单一的松散群体，即无上下隶属关系，又无横向联系，既是本坊教民宗教生活的中心，又是教育文化、经济与社会活动的中心。清真寺实行“三掌教制”，由伊玛目、开学阿訇与穆安津分管教务与寺务。开学阿訇实行聘任制，伊玛目由教众选举。它是适应穆斯林在全国范围内散杂居的实际需要而形成的，对中国伊斯兰教的传播、发展，对回回民族的形成都起过一定的作用。(3)格迪目的经堂教育。明末伊斯兰教陷于衰微境地，陕西著名经师胡登洲为了振衰起颓，弘扬教门，乃继承伊斯兰教在清真寺传授教义的古老传统与中国开办私塾的特点，创办起经堂教育，招收门徒，教授阿拉伯文、波斯文经籍，开互聘经师讲学、兴办经堂教育的先河。其后各地纷纷效法，形成了西北、江南、山东、河北、河南、云南等地穆斯林经师设帐讲学的中心和特点，建立了寺院经堂教育初、高两级学制，改变了历史上父传子受、师徒单传的旧方式，为培养阿訇、经师接班人，兴办学术研究，做出了贡献。(4)开展“以儒诠经”的译著活动。明末清初以来，回族穆斯林中“学通四教”的知识分子，由于将阿拉伯伊斯兰文化与中国传统文化相融合，广泛宣传、介绍教义、教规，他们以伊斯兰教基本教义学说为本，吸取并融合了中国传统文化主要是宋明理学的某些义理，著书立说，系统阐释伊斯兰教的教义、教律、伦理思想与哲学原理，建立起了中国伊斯兰教的宗教哲学、法学与伦理学体系。使中国伊斯兰教打破了在中国思想界的千年沉寂，跻身于儒、释、道、耶各教的行列。不仅得到了汉族知识界的普遍认同，收到了良好的社会效果，而且也使通晓汉语的各族穆斯林得以普遍学习教义，深入开展对伊斯兰教学术文化的探讨，将中国伊斯兰教推进到完备与成熟阶段。

历史上格迪目曾是中国伊斯兰教的主体，经历了独立发展的道路，但也受到什叶派的某些影响；它把苏菲的道乘修持看作副功，不崇拜圣徒、圣墓，但也不断然反对；在礼俗方面也受到汉族的一些习俗的影响。

（冯今源）

格底木 见格迪目。

格拉纳达大学(Madrasah Granada) 中世纪安达卢西亚伊斯兰高等学府之一。坐落在格拉纳达城，故名。14世纪中期由奈斯尔王朝第七代素丹优素福·艾布·哈贾吉(1333～1354在位)所创办。王朝任命宫廷大臣、诗人兼史学家利桑丁·伊本·海推布为第一任校长。学校门口的铭文是：“世界的支柱，只有四根：哲人的学问，伟人的公道，善人的祈祷，勇士的汗马功劳”。课程包括《古兰经》注释、圣训学、教义学、教法学、哲学、阿拉伯语、诗学、历史学、地理学、医学、化学、天文学和数学等。主要培养宗教学者、法官、政府官员和自然科学家。学校附设有清真寺、大型图书馆、学术会堂等，经常举行公共集会、学术报告等。经费由政府拨款，对学生免收食宿和学习费用。用重金聘请著名学者(包括基督教徒)任教。除招收安达卢西亚各地的穆斯林青年外，还吸收卡斯提尔王国等地的基督教青年入学。学生人数曾达千人以上，同科尔多瓦大学相媲美，成为该王朝的伊斯兰学术文化中心。1492年基督教王国占领格拉纳达后，该大学经改造变为基督教的学校。

（杨克礼）

格亚斯(Qiyās) 见类比。

葛伦 见戈伦。

公道派(Ahl al-‘Adl) 见精诚兄弟社。

公议(Ijmā‘) 伊斯兰教法学概念和立法原则之一。与《古兰经》、圣训和类比并称为教法的四个主要渊源和理论基础。阿拉伯语“伊智玛尔”的意译。中国穆斯林学者译作“佥议”、“公决”、“决议”等。即在穆罕默德逝世后，伊斯兰教法学家和思想家对于《古兰经》、圣训中无明文规定的宗教、社会行为所作出的一致意见和判断，无论是肯定的或否定的，穆斯林社会的全体成员都必须遵守，违者即违反教法。在历史上，教法学家对公议有不同的解释，主要有：(1)广义的公议。产生于穆罕默德去世后早年麦地那哈里发国家的社会现实需要，指全体穆斯林民众就基本信仰问题，如《古兰经》的神圣性、先知穆罕默德的使命等形成的共同信念和一致意见，体现了民意或社会舆论对宗教传统习惯的确认。亦称“麦地那的公议”或“逊奈”。四大哈里发时代，每遇疑难问题，他们都采取公议的方式进行决断。(2)狭义的公议。指教法学家在创制、解释律例或遇有分歧意见时，如在经、训中无先例可循，则以某一地域、某一代权威法学家的一致意见为依据，作出判断，以便有所遵循。早期的公议作为一种自发的法学思想倾向，反映了教法学家们对社会习惯的确认或规范，具有兼收并容性质，不具有强制性。在伍麦叶王朝和阿拔斯王朝前期，当局为巩固和维护统治秩序，大力推行用公议原则制定国法的主张，一些正直的教法学家因拒绝与王朝当局合作而遭迫害。自10世纪(一说1258年)以后，在逊尼派教法学家中间逐渐形成“公议不谬说”，其根据是以下圣训：“我的教界的一致意见是不谬的”，“凡穆斯林大众视为正义的，在安拉看来也是正义的”。历史上逊尼派四大教法学派一般都承认公议的不谬性和约束力，认为法学家个人根据经、训所作的类比判断，只有经公议核准方为有效。同时又认为，只有早年才智超群的权威宗教学者们(穆智泰希德)才有资格形成公议。在具体执行公议原则时，各教派也有不同态度。有的教法学家只限于援用圣门弟子公议的案例进行类比推论；沙斐仪法学派在创制律例时广泛使用公议，尤其崇尚圣门弟子的公议；罕百里法学派则采取审慎态度；艾巴德派认为公议是律例的渊源之一；扎希里派反对使用公议。什叶派在理论上拒绝公议，而遵循其伊玛目或其代理人穆智泰希德的个人决断。而近代兴起的瓦哈比派，只承认那些同穆罕默德共过事的、直传圣门弟子们的公议。

公议为教法的第三个理论基础和最重要的渊源，它不仅决定对经、训原文的选择和释义，也决定类比是否有效，并为教法学提供了权威的理论依据。但历史上随着公议应用范围不断扩大，类比判断的领域日益受到限制，许多教法问题已有一成不变的结论，这使教法实体难以适应时代的发展。因此，进入近代以后，伊斯兰教内部的现代主义派和原教旨主义派的部分学者一方面否认中世纪的“公议不谬说”，另一方面则对公议的形式和职能作了新的解释。当前伊斯兰国家教法界较流行的一种解释，认为经穆斯林推举产生、有各阶层、各派别教法学者代表参加的穆斯林立法会议为公议的最高体现，具有权威性。其职能是为在集中指导下的伊斯兰民主政体表达民意提供一条适当的渠道和机制。当代法学家亦极力主张“重开创制教法律例的大门”，把公议原则视为集体创制律例的发展而加以倡导，这是伊斯兰法学领域出现的一种新的发展趋势。

（吴云贵　马忠杰）

公议不谬说　伊斯兰教逊尼派教法概念。指在立法和判定律例时穆斯林法学家、断案人一致赞同的意见即公议，是正确的和可行的。约于 10 世纪，在教法学发展过程中形成的一种公认的理论观点。8 世纪末 9 世纪初，教法实体形成之际，各地教法学家多以当地穆斯林社团的民俗习惯为法学的理论基础，称为“逊奈”，形成某一法学派既定的学说，后又以法学家们的一致意见（公议）为立法的依据。对此，著名教法学家沙斐仪曾提出过异议。他认为随着穆斯林社团规模的不断扩大，难以集中各地法学家们的各种不同的意见、主张，其公议是不现实的，而主张以全体穆斯林的统一意志为立法的权威依据，它通过权威教法学家的一致决议来体现。9 世纪以后，法学家们出于社会立法的需要，恢复了原有的公议的地位，但仍以沙斐仪的公议概念作为论证其不谬性的理论依据。认为穆斯林大众蒙安拉之恩典，具有明善恶、辨是非的特殊品格。其论据有两则单传的圣训：“我的教民绝不会就谬误取得一致”；“凡穆斯林大众视为公正的，在安拉看来也是公正的”。“公议不谬说”为教法学理论提供了依据，提高了权威教法学家的地位，其决议为神圣沙里亚教法精神之体现，成为一成不变的结论，而限制了教法学的进一步发展。历史上罕百里教法学派曾对此说有保留意见。13～14 世纪，该派著名学者伊本·太米叶曾对此说提出过尖锐的批评，主张后世的法学家们有创制（伊智提哈德）律例的自由，不受传统公议的约束。自近代以来，为恢复伊斯兰教法的活力，许多学者都对“公议不谬说”持异议，认为此说为中世纪教法学家们所崇尚。他们还把公议解释为伊斯兰教所固有的一种民主传统，认为现代的公议应是经推举产生的有各教法学派、各党派、团体和各界人士代表参加的穆斯林立法会议。

（吴云贵）

公益（Istiṣlāḥ）　伊斯兰教法专用语。马立克教法学派辅助立法、司法原则。阿拉伯语“伊斯提斯拉赫”的意译，原意为“公共利益”或“福利”，亦称“麦斯莱哈”（Maṣlaḥah）。指法学家在创制律例、教法官在审理案件、决定法律适用时，出于社会公共利益的需要，可不拘泥于法律词句，而采取灵活变通的方法、原则，以求得更公正的结论或判决。例如，为了维护社会治安，使人们能够安居乐业，可以不受同态复仇原则（基萨斯）的限制，而将情节恶劣、手段残忍但只谋杀一人的合伙杀人犯全部处以死刑。此方法、原则系对公认的类比方法一种有条件的保留，只限于特殊情况下运用，它反映了重视当地民俗习惯的古代麦地那法学派的司法传统。

（吴云贵）

公正派（Aṣḥāb al-ʻAdālah）　见穆尔太齐赖派。

攻克麦加（Fatḥ Makkah）　630 年穆罕默德对麦加的一次具有决定意义的战略进军。麦加系伊斯兰教发源地，在穆罕默德开始传教活动之前，它原为阿拉伯半岛多神拜物教神权统治的中心。古莱什部落贵族垄断着麦加城内敬神献祭场所克尔白古寺的管理大权，获取巨大的经济利益。伊斯兰教关于反对多神崇拜、号召认主独一的基本教义，使古莱什贵族的既得权益面临危机，因而他们竭力反对和破坏穆罕默德的传教活动，残酷迫害早期信教的穆斯林。穆罕默德深知麦加在阿拉伯半岛的特殊宗教地位，因此当他于 622 年率领穆斯林迁徙麦地那，并在那里建立和巩固了自己的政权之后，便着手为重返麦加进行了一系列政治、军事等各种准备：如 623 年把礼拜朝向由一度为团结犹太人而改定的耶路撒冷恢复为麦加克尔白；624～627 年亲自指挥了对麦加古莱什贵族的多次重大战役；628 年亲率 1500 名穆斯林前往麦加朝觐，受阻后同古莱什人签订了具有战略意义的《侯代比亚和约》；629 年再次率领 1000 余名穆斯林赴麦加朝觐以扩大影响等。这一切均为最终占领麦加创造了有利条件。此后，麦加古莱什贵族中具有影响的哈立德、阿慕尔等人纷纷率众归信伊斯兰教，穆斯林队伍进一步壮大。630 年 1 月，麦加古莱什人支持伯克尔（Bakr）部落同信奉伊斯兰教的胡扎阿（Khuzāʻah）部落作战，公然破坏了《侯代比亚和约》。穆罕默德认为重返麦加的时机已经成熟，遂抓住战机，兴师 1 万人马向麦加进军。古莱什部族首领艾布·苏富扬等人见大势已去，出城归信了伊斯兰教。为争取以和平方式进入麦加，穆罕默德除明令确保闭门不出者的安全和禁止处死不持械抵抗者外，明确阐明了保障古莱什贵族入教后原有地位的立场，指出：凡进入清真寺（指克尔白古寺）和艾布·苏富扬家中者，均可保障其安全。政治攻势产生了明显效果，穆斯林大军除在城南短时受阻，发生小规模战斗外，未遇抵抗便顺利占领了麦加。穆罕默德下令捣毁克尔白及其周围的 360 尊偶像，并亲自动手。他一面捣毁，一面高呼：“真理已来临了，虚妄已消灭了；虚妄确是易灭的”（《古兰经》17∶81）。古莱什部族的多神教徒纷纷表示信奉伊斯兰教；少数曾因迫害过穆斯林而被宣判死刑的人，在被宽赦后也成为穆斯林；曾坚决反对伊斯兰教的贵族商人在个人权益未受到损害的感召下，也表示接受伊斯兰教，承认穆罕默德的使命。穆罕默德将克尔白明确定为伊斯兰教的朝拜中心，并承认古莱什贵族在宗教和经济上的既得权益，将克尔白仍交由他们管理。他在麦加居留19天后率穆斯林军队返回麦地那。攻克麦加在整个阿拉伯半岛产生了深远影响，它宣告了多神拜物教中心的崩溃，标志着伊斯兰教已经在半岛上取得支配地位和决定性的胜利，从而为整个半岛政治上的统一奠定了基础。

（杨宗山）

拱北（Qubbah） 中国伊斯兰教先贤陵墓建筑称谓。阿拉伯语音译，原意为拱形建筑物或圆拱形墓亭。中亚、波斯及中国新疆地区称“麻札”（Mazār），意为“先贤陵墓”、“圣徒陵墓”。原为流行于阿拉伯、波斯及中亚地区的伊斯兰教建筑形式。后专指苏菲派在其谢赫、圣裔、先贤坟墓上建造的圆拱形建筑物，供人瞻仰拜谒，称为“拱北”。在中国内地主要指苏菲学派的传教师、各门宦的始祖、道祖、先贤等陵墓的建筑。早在元代以前，来华的伊斯兰教传教师的墓庐多为圆拱形建筑，具有阿拉伯建筑风格。著名的有广州宛葛思的响坟、泉州的先贤墓、扬州的普哈丁墓等。中国内地穆斯林把这类坟墓称为“拱北”，以区别于一般坟墓，以示对先贤、圣者的尊崇。中国伊斯兰教苏菲学派各门宦在其创传人、道祖的坟墓上建造拱北，始于清代乾隆、嘉庆年间。其建筑形式已与明清时的中国传统建筑相融合，除墓庐多用阿拉伯建筑圆拱墓盖形式外，附设的礼拜殿、坐静室、诵经堂和居室等建筑多为中国庭院式建筑形式。现代以来，拱北多建有六角形重檐塔楼，雕梁画栋，底层墙壁为砖雕图案，镌刻有《古兰经》经文和植物花卉。历史上较大的各门宦的拱北有四川阆中的“久照亭”；宁夏金积洪乐府拱北、韭菜坪拱北；甘肃张家川宣化岗拱北、兰州大拱北、灵明堂拱北；临夏花寺拱北、大拱北、穆夫蒂拱北；青海后子河拱北等。拱北不但是教众纪念先贤的拜谒之地，也是传教、管理教坊、行教及举行重大宗教活动的中心。这些拱北的教务，一般都由墓主的继承人或亲属主持管理。还设有拱北管理机构，并由专人负责接待教民，组织宗教活动，维护陵墓等。 （马 通）

古巴义清真寺（Masjid Qubā’） 见库巴清真寺。

古代教法学派 见早期教法学派。

古德斯（al-Quds） 见耶路撒冷。

《古尔阿尼》（al-Qur’ān） 《古兰经》称谓之一。阿拉伯语音译，在中国简译作“古兰”。为伊斯兰教最根本的经典。它有50多个名称，主要和常用者为“古兰”、“福尔刚”等。“古尔阿尼”这一名称在《古兰经》中出现次数最多，约在37个章中有70处涉及它。因而，所有名称中以此最为流行。参见《古兰经》。

（林 松）

古尔·埃米尔陵墓（Gur Amir Mazār） 帖木儿帝国创建者帖木儿汗（1336～1405）的陵墓。在中亚乌兹别克斯坦撒马尔罕城。帖木儿在世时下令建造。陵墓建有阿拉伯式球锥形大圆拱顶，四周镶嵌着用玛瑙方砖组成的金碧辉煌的壁画，彩砖、金饰交相辉映，浑然一体。底部建筑用各种颜色的砌面装饰。墓门和栏杆都有精细的石、木雕刻，陵墓内壁下部全用大理石砌成，上部用彩砖嵌成各种几何图案和《古兰经》经文。从一条窄梯拾级而下，通往地下墓室。墓室由优质砖砌成，下面还有4米深的地基。墓室里安放着9具石造棺柩，安葬着帖木儿及其两个儿子、两个孙子，兀鲁伯的两个儿子、帖木儿的国师和一个不知姓氏者。1941年考古学家曾开棺验证，证实是此9人，其中帖木儿的尸体保存完好，他的右腿在20岁左右时曾经骨折，由于正骨手术有误，使他终生跛行。兀鲁伯的头颅被斩。尸体形象和有关历史记述都吻合一致。

（杨克礼）

《古尔邦》 中国伊斯兰教文化月刊。1947年创刊，由北平回民青年联谊会主办。社址设在北平西城锦什坊街路西清真寺。约发行两期。该刊宗旨为：希望中国穆斯林保持伊斯兰信仰；为了取得穆斯林自由平等生存的保障，不仅要争取法律上的平等，而且要争取政治、经济、教育上的平等；为达到“两世幸福”，要以“古尔邦”的牺牲精神（即为忠于安拉之道而献身）作为自己的旗帜。刊物登载的内容主要有：时事评论、海里凡问题探讨、国内穆斯林介绍、教门杂说、宗教常识、国内外伊斯兰教消息、穆斯林名人轶事等。

（余振贵）

古尔邦节（‘Id al-Qurbān） 见宰牲节。

古尔王朝（al-Sulālah al-Ghūriyyah） 12～13世纪突厥人在阿富汗和印度北部建立的穆斯林王朝（1148～1215）。亦译“廓尔王朝”，又称“古尔素丹国”。古尔原是阿富汗希尔曼德山谷与赫拉特之间的一座山名，这里地旷人稀，气候寒冷。首府设于菲鲁兹库。居住在当地的古尔萨木族系从中亚地区迁来的突厥人，他们在伽色尼王朝的巴拉姆（伯海拉姆）当政时期（1118～1152）建立了古尔王朝。第一任素丹库特布丁·穆罕默德（又称萨曼·侯赛因）臣属伽色尼王朝，并曾两相结亲，后因故结怨，古尔王被伽色尼王巴拉姆杀害。库特布丁之子赛弗丁·苏里曾于1148年先后两次兴兵复仇，战败被俘致死。1155年赛弗丁之弟阿劳丁又组织一次强大攻势，占领并焚毁了伽色尼首都，城内王宫、图书馆、花园、学校和一些尖塔式建筑均被烧毁，故阿劳丁被贬称为"世界焚毁者"。1160年，阿劳丁病故，其侄吉亚斯丁·穆罕默德接位，于1173年占领伽色尼城，任命其弟希哈卜丁·穆罕默德担任伽色尼城和东部边界的总督。希哈卜丁(印度史称穆罕默德·古尔)在夺取印度境内原伽色尼王朝的属地后，继续向印度朱木拿河和恒河流域扩张，经过1191年塔劳里战役，取得了征服印度次大陆的胜利，伊斯兰教从此亦更深入印度。自1160年起，古尔王朝势力日强，吉亚斯丁主要治理古尔王国本土，其弟希哈卜丁·穆罕默德·古尔则致力于开拓疆界。这时，其版图已包括阿富汗、伊朗的呼罗珊、吐火罗斯坦和印度大部分地区。王朝遵奉伊斯兰教逊尼派教义，承认巴格达阿拔斯王朝的宗主权，以"伊斯兰教的捍卫者"自诩。1202年，吉亚斯丁故去。1204年花剌子模军队在黑契丹(中国史称"西辽")突厥人帮助下，击溃古尔军队。穆罕默德·古尔本人于1206年在杰卢姆县的达米克被伊斯玛仪派一信徒暗杀。1215年古尔王朝为花剌子模人所灭。（赛生发）

古莱什部落(Quraysh) 伊斯兰教兴起时统治麦加城的阿拉伯部落。"古莱什"系阿拉伯语音译，意为"聚敛财富"。《阿拉伯大辞书》谓："称他们为古莱什人，是因为他们从事商业，没有从事畜牧与农业。"又一说，古莱什意为"小集团"。由于该部落首领库赛伊·本·克拉布从胡扎尔部落分离出来时，将其追随者集合到克尔白禁地，形成一个小集团而得名。阿拉伯宗谱学家把古莱什人划入"归化的阿拉伯人"一类，属于伊斯玛仪的后裔阿德南系统。库赛伊为该部落的创始人，他曾娶统治麦加的胡扎尔部落首领哈利勒之女为妻，后经过战争击败胡扎尔人，成为麦加人的首领。他扩充了克尔白周围居住区，修建了部落的议事厅，划分了各氏族的居住范围。库赛伊的后代围绕对麦加领导权展开争夺，到他的孙子时代，古莱什部落中出现了3个集团，即以哈希姆·本·阿卜杜勒·麦纳夫为首的哈希姆家族；以哈希姆的同胞兄弟舍姆斯为首、后舍姆斯传位于其子伍麦叶为首的伍麦叶家族；以库赛伊之子阿卜杜·达尔的后代为首的家族。后两派因商业利益而结盟，互相合作。到穆罕默德诞生时，古莱什中麦赫祖姆和伍麦叶两族最富有，最有势力。

麦加克尔白神殿的祭祀活动是古莱什人赖以生存的经济来源，他们为各地前来朝拜者提供饮水和食物，并将克尔白四周的地区列为"禁地"，不许在禁地内厮杀格斗。古莱什人在克尔白内外供奉了各个部落的360多尊偶像，凡来求签算卦、占卜吉凶者，都要交费，侨居者要交纳居留费。古莱什部落共有15个职位，分配给各个家族，由各家族首领担任。其中主要的是管理克尔白，为朝拜者供水、供食，充当出征时的旗手，管理部落议事厅等。在穆罕默德时代，古莱什部落分为12个以上的家族，占统治地位的是"内部古莱什人"，他们住在天房附近，原是古莱什的各家族和近亲，他们中包括高利贷者、大商人、祭坛主和执掌过境贸易牛耳者，组成了社会上层；还有"外部古莱什人"，住在远离天房的地方，包括新定居和地位较低的小商人；最后是古莱什贝都因人，即依附于古莱什人的游牧部落。

伊斯兰教先知穆罕默德出身于哈希姆家族，系古莱什先祖奈达尔的13世孙，为库赛伊后裔，其祖父、伯父均管理朝拜克尔白者的饮水和食宿，为族长。当他在麦加开始宣传伊斯兰教时，遭到古莱什部落有权势的伍麦叶等家族的迫害，他出走麦地那之后，古莱什权势集团的代表人物艾布·苏富扬又多次率古莱什军队与穆斯林作战。630年，穆斯林大军兵临城下，多数古莱什人才放弃多神教而改奉伊斯兰教。此后，古莱什人为伊斯兰教的发展建立了功劳，成为各地的统治者。艾布·苏富扬之子穆阿维叶建立了伍麦叶王朝，哈希姆家族的后裔又继伍麦叶王朝之后建立了阿拔斯王朝，以后历史上又有一些哈希姆家族建立的王朝，而伍麦叶人还建立了西班牙的后伍麦叶王朝。四大哈里发都出身于古莱什部落。此后逊尼派主张哈里发必须由出身于古莱什部落的人担任，而什叶派主张作伊玛目必须由出身于古莱什部落哈希姆家族的先知的后裔担任。（郭承真）

《古莱什少女》('Adhrā' Quraysh) 伊斯兰历史小说。黎巴嫩历史学家和小说家乔治·宰丹著。原著为阿拉伯文，成书于19世纪末。该书以伊斯兰教第三任哈里发奥斯曼被杀、阿里继任第四任哈里发为历史背景，通过古莱什少女阿斯玛的故事，描述了伊斯兰早期著名的骆驼之战、隋芬之战以及阿里与穆阿维叶之间的斗争等重要历史事件，生动而形象地揭示了伊斯兰早期各政治派别之间曲折复杂的斗争和教派逐步形成的过程。书中描写的主人公阿斯玛，忠于伊斯兰教事业，不畏权贵，主持正义，坚持真理，为防止穆斯林之间的相互残杀，同其未婚夫穆罕默德·本·艾比·伯克尔往返奔波于各教派之间，以图消除分歧，停止内战，虽几经奋斗但无结果，她(他)们本身也在内战中被杀。该书情节曲折，语言生动，叙事基本符合史实，对从侧面了解伊斯兰教早期历史及教派的形成，颇有参考价值。1982年由唐杨、黄封白译成中文，由新华出版社出版。（杨克礼）

《古兰经》(al-Qur'ān) 伊斯兰教唯一的根本经典。它是穆罕默德在23年的传教过程中陆续宣布的"安拉启示"的汇集。"古兰"一词系阿拉伯语Qur'ān的音译，意为"宣读"、"诵读"或"读物"。中国旧译为《古尔阿尼》、《可兰经》、《古兰真经》、《宝命真经》等。中世纪伊斯兰经注学家根据经文的表述，说它有55种名称，其中常以"克塔布"(书、读本)、"启示"、"迪克尔"

(赞念)、“真理”、“光”、“智慧”等来称呼。据载，610年(伊斯兰教历9月)，安拉在“盖德尔”的吉祥夜晚，命令天使吉卜利勒向穆罕默德开始陆续启降《古兰经》文，632年穆罕默德逝世，“启示”中止。伊斯兰教认为《古兰经》是安拉“神圣的语言”，是一部“永久法典”。它是伊斯兰教信仰和教义的最高准则，是伊斯兰教法的渊源和立法的首要依据，是穆斯林社会生活、宗教生活和道德行为的准绳，也是伊斯兰教各学科和各派别学说赖以建立的理论基础。《古兰经》是阿拉伯有史以来第一部用阿拉伯文书写的典籍，其文体是一种非常绝妙的韵体文，具有独特优美的风格。

《古兰经》的基本内容。它的全部内容确立了伊斯兰教的基本教义和制度，同时也反映了穆罕默德时代阿拉伯半岛希贾兹地区的社会现实和伊斯兰教传播过程中的斗争概况，其主要内容有如下几个方面：

(1)与多神教和“有经人”的论争。《古兰经》的内容中约有1/5是记述伊斯兰教同当时阿拉伯半岛上多神教徒和“有经人”(犹太教徒和基督教徒)的论争和斗争的。论争的焦点是：关于安拉的独一性、穆罕默德的先知地位和《古兰经》是否为安拉的“启示”等问题。《古兰经》提出：“除了安拉，再没有神”，要求人们放弃多神崇拜，只尊独一的安拉。而麦加的多神教徒则说，他们崇拜众神或者是为了通过众神而接近安拉，或者是遵守祖辈的宗教，故将《古兰经》提出的“只拜唯一神安拉”视为“怪事”；他们认为放弃多神崇拜是背离自己祖先的异端行为，而持怀疑和反对态度。当时“有经人”虽曾用安拉一词称呼自己所信奉的最高主宰，但并不同于《古兰经》中所说的安拉。《古兰经》一再宣称，“穆罕默德是安拉的使者”，即圣经中早已预言将要降世的先知，而且强调是继承已往先知一神教传统的最后使者。但多神教徒和“有经人”都拒不承认穆罕默德是安拉的使者的地位。前者说他是一个世俗凡人，神不可能选凡人作为使者；后者则说，只有他们是安拉的“儿女”和“选民”，神的使者只能在他们中产生。《古兰经》还说，安拉曾为已往的一些先知降示过经典如《讨拉特》、《引支勒》等，阿拉伯人是一个没有经典的“文盲民众”，故为“引导”和“劝化”他们而以阿拉伯语降示了古兰；并说古兰有证实已往诸经的作用，要求人们信仰它，并遵从其中的劝告。然而，多神教徒和“有经人”则说，古兰经文是诗人或卜者的言辞，是“古人的神话”，既不相信它是安拉的启示，也不相信穆罕默德这个凡人能得到安拉的启示等。围绕上述有关宗教信仰问题，穆罕默德同他们进行了长期的论争。他用所宣布的启示驳斥反对者的论点，同时还申述并确立了伊斯兰教关于信仰安拉、经典和使者的基本思想。据记载，双方除了宗教信仰方面的论争外，还涉及政治、经济和军事等各个方面。由于宗教思想的论争贯穿于穆罕默德传教活动的整个过程，故《古兰经》着重作了记述，同时，也不同程度地涉及其他方面的斗争情况。

(2)信仰纲领。主要是信安拉、天使、经典、众先知和末日赏罚。1.信仰独一的安拉。据《古兰经》记述，伊斯兰教出现前，麦加等地就信奉安拉为最高神灵，他们相信安拉“创造了天地”、“支配着日月”、“降了甘霖”，还“救人于危难”，故不少人以“安拉的奴仆”作名字，称为阿卜杜拉。但他们在敬奉安拉的同时，也崇拜偶像，如拉特、欧扎、麦那三女神等。说崇拜偶像是为了使他们“接近安拉”。而《古兰经》则认为安拉是绝对独一的。他既无伙伴和对手，也无子嗣，并说如果天地万物由多神共同主宰，那必将引起诸神之间的争夺，导致宇宙的毁坏。安拉是具有绝对权能的，他无求于任何东西。天地万物的创造，日月星辰的运行，昼夜的循环，风云雷雨的发生，植物的生长，人类的产生和繁衍以及人生的富贵贫贱和生死祸福等，都是安拉的意志决定的。安拉是永恒的，先于万有而存在，无始无终，一切东西都会消亡，而安拉的本体永存不灭。安拉是绝对完美的，具有超乎万物的一切完美的德性，他的高超完美是人类语言无法形容的，“任何东西都与他不相似”，由于安拉具有上述的特性，人类在这个唯一和高超的主宰面前是弱小的。故人们应诚心诚意地顺从他，敬拜他，祈求他的怜悯和恩赐。2.信仰天使。《古兰经》认为天使是安拉用光创造的妙体，它们的本能就是顺从和忠实地执行安拉的命令。天使行动神速，数量众多，各司其职。有的肩负安拉的宝座，赞颂安拉的高超；有的传达安拉的启示于众先知，并襄助先知们传教；有的记录人们的善恶言行；有的为信徒向安拉说情求饶，或在人的寿命将尽时索取其性命以及专司末日号角和管理火狱等。在《古兰经》中，特别提到一位被称作“圣灵”和“忠实的精神”的天使吉卜利勒，是专门将启示传达给先知穆罕默德的。3.信仰先知。《古兰经》要人们相信安拉曾在不同时代从各民族中特选作为使者或先知的人，到本民族中去劝告人们趋善避恶，信仰一神。这些使者同样是有生有死的普通人，而不同的是他们蒙安拉的指引，接受他的启示，能显示奇迹。《古兰经》中提到名字或事迹的先知有28位。其中最著名的是努哈、易卜拉欣、穆萨、尔撒和穆罕默德。而穆罕默德则是继承已往先知使命的“封印先知”，在他之后，再无先知。4.信仰安拉的启示。安拉既然是异常超越的，而先知却和普通人一样，因之两者之间的联系就必须通过颁降启示来实现。《古兰经》认为，有些先知曾接受安拉的启示，其汇集被称为经典，信仰经典也就是相信它的神启性，同时要遵守其中的戒律。《古兰经》宣称这些经典的基本思想是一脉相承的，后经都是证实前经的。但是在它之前的一些经典如“易卜拉欣的典籍”业已失传，《宰逋尔》、《讨拉特》和《引支勒》因已被人“遗忘”、“隐瞒”或“篡改”，也失去原旨；而《古兰经》将受到安拉的保护，不会变更。5.信仰末日的报应。《古兰经》认为天地是要毁灭的，人生是有限的，今生不是人们的最终归宿，后世才是最美好、最长久的。早期的一些启示在描绘末日来临的时候，说天地万物经过大的动荡之后，尽行毁灭，然后“号角一响”，一切原来有生命的东西都将死而复生，接受审判。每个人将根据自己生前的行为得到赏罚。受赏者进入天园，受罚者进入火狱。《古兰经》还用了不少文字描述了天园的幸福和火狱的痛苦。以上的五条信仰，以信安拉、信先知穆罕默德和信启示《古兰经》为其教义学思想的核心。

(3)宗教义务和社会义务。《古兰经》在维护信仰独一安拉的基础上，规定了几项宗教义务：1.属于个人对安拉的敬拜仪式，如净仪、礼拜、斋戒和朝觐。2.为缓和社会贫富对立和维护穆斯林集体利益，对财产占有者规定有一定的疏捐制度，如天课。3.为保卫伊斯兰社会及其发展而对穆斯林集体规定的疏捐献身的兵役制度。但是，这些义务在《古兰经》中只提出一些原则，未作出具体规定，其细则是由后来的圣训和教法加以补充而系统化的。如礼拜仪式，早期的启示只提到向安拉鞠躬、叩头，早晚的赞颂、祈祷和夜晚站立等，后来在传教的过程中逐渐把这些动作连接起来，形成名为“索拉特”的正式仪式，而礼节上的清洁条件以及面向麦加禁寺等要求，也是在先知迁到麦地那以后才规定的。至于斋戒和朝觐，是在古代宗教传统仪式的基础上加以改进的宗教功修。《古兰经》肯定了这种传统，排除了其中与多神崇拜有关的内容，将其定为敬拜安拉和效法先圣的仪式。在早期的启示中，天课只作为一种个人善行而受到鼓励，后来由于穆斯林社会和武装的建立，需要一定的财力解决作战费用和迁士(622年及其以后从麦加迁往麦地那的穆斯林)的生活补给等问题，天课遂被定为穆斯林的必尽义务。《古兰经》要求信士“为安拉之道而战”的兵役制度，开始时只是穆斯林为反对暴力迫害而采取的一种自卫手段。穆罕默德迁出麦加不久，即宣布对进犯的敌人允许进行战斗的启示，接着建立武装，又宣布了“为安拉之道而牺牲的人，虽死犹生”、“并将获得巨大的报酬”等启示，鼓励参加战斗。但同时又宣布“宗教无强迫”，只要对方“停止战争”，“倾向和平”，穆斯林也要停止战争，倾向和平，而且“不要侵犯任何人”。后来随着斗争的发展，这种自卫手段逐渐转变为主动讨伐的军事行动，以实现“一切宗教全归安拉”的目的。另外，还就处理战利品和战俘问题，作出具体的规定。

(4)伦理道德。麦加时期的启示提出了孝敬双亲、主持公正、接济亲属、怜恤孤贫、释放奴隶、慷慨助人、称量公平，反对浪费和狂妄骄傲，禁止淫乱，禁止高利贷，禁止虐杀女婴和杀害他人及无故杀人等一系列伦理道德方面的主张。后来又根据新的情况提出诸如恕人、诚实、友爱、命人行善、止人作恶、加强团结以及礼貌规范等属于个人品德修养的内容，逐渐形成为调整伊斯兰社会内部关系的重要准则。

(5)教法律例。《古兰经》承袭古代阿拉伯社会的习惯法和仲裁惯例，提出了如下几种法规：1.无息借贷法。《古兰经》在禁止高利贷后，为了确保债权人的利益，规定借债时要由债务人请人立据，如找不到代书人，可以用实物作抵押。2.遗嘱继承法。规定死者的父母及亲属(包括子女、弟兄和姐妹)和具有结盟关系的人均有继承其财产的权利，但女子原则上只能获得男子应得份额的一半。如遗孤多，按规定递次增减遗产的分配，必须在执行死者的遗嘱偿还债务之后进行。3.婚姻法。伊斯兰教兴起前，阿拉伯半岛虽已实行一夫一妻，但是由于缺乏稳定的婚姻制度以及战争造成男子的相对减少和可买奴为妾等原因，一般生活较富裕的人以及部落和家族头人，大多过着多妻的生活，甚至多妻是无限的，妻子随时可遭到丈夫的虐待或遗弃。《古兰经》虽提出“男子比妇女高一级”，在作证和继承财产时，两个妇女只等于一个男子，但它又认为“男女互为对方的衣服”，在安拉的面前都是平等的，因而在婚姻问题上鼓励一夫一妻并有条件、有限制地允许多妻或纳婢作妾。另外，为了消除旧婚姻残余习俗的影响和确保以男系血统为准的夫权制，禁止同母辈、同辈、卑辈中有血统关系或有乳缘关系的妇女以及有夫之妇结婚，同时规定穆斯林不能同多神教徒婚配，以维护伊斯兰教的权益和促使多神教徒改信伊斯兰教。4.刑律。为了维护、稳定已确立的社会关系和社会秩序，《古兰经》规定杀人者要抵命；对叛教后又反抗安拉和使者以及进行破坏者，将如同对强盗一样，处以极刑或断其手足，或驱逐出境；对犯淫乱的男女和诬蔑贞节妇女者，处以鞭刑，对男女窃犯要断其手，以儆效尤；对犯罪后悔罪自新者，可以免刑(见伊斯兰教法)。此外，在生活习惯等方面，还针对古代阿拉伯人对食物的过多禁戒，规定只有自死物、流出的血液、猪肉以及非诵安拉之名而宰的动物不能食用；针对阿拉伯人嗜酒以及因酒醉影响宗教活动而对饮酒加以禁止，同时对迷信和引起不和的求签、占卜和赌博等亦予以禁止。

(6)传说人物故事。关于对古代先知即“安拉使者”或与之有关人物的叙述，其中包括阿丹及其妻子哈娃、易德立斯、努哈、呼德、撒立哈、易卜拉欣及其二子伊斯玛仪、伊斯哈格、达乌德及其子苏莱曼、叶尔孤白及其子优素福、舒阿卜、穆萨及其兄哈伦、鲁特、艾优卜、优努斯、易勒雅斯、宰凯里雅、叶哈雅、尔撒及其母麦尔彦、艾勒·叶赛、左勒基福勒、左农、鲁格曼、赫迪尔和“双角人”等。这些人物除呼德、撒立哈和舒阿卜外，其余人的故事情节均可在《圣经》中看到类似的记述。《古兰经》中除了有一章对优素福的故事讲得比较完整并具有故事性外，其余人物的事迹有的断断续续散见于数章之中，有的只提及人物的某事或某言，有的甚至只提及其名而未讲述其任何事迹。这些人物中除了阿丹妻子哈娃和尔撒之母麦尔彦和“双角人”外，均被《古兰经》称为“先知”或“使者”，连同穆罕默德共为28人。《古兰经》在将这些人物作为人类的典范加以推崇的同时，还提及一些凭借权势阻挠先知们传教或加害于他们的反面人物和氏族，如法老、戈伦、札鲁特以及滥斯人、阿德人和赛莫德人等的故事。另外，还提到为逃避多神教迫害，躲进山洞沉睡三百年后重临人间的“山洞人”(亦称“七眠子”)的故事。《古兰经》将这些不同时期的传说人物用一条反对多神、信仰一神的线索加以串联，构成一个一神教的道统，而穆罕默德则是这个被认为已经中断的道统继承者和集大成者，他所宣传的伊斯兰教是对过去众先知所奉行的宗教的恢复和继续。

《古兰经》成书的过程。1.记录。启示颁降时期，希贾兹地区虽有少数著名而重要的文献和诗歌用文字铭刻在石头上，但一般文学作品、演说词和冗长的宗谱，却靠人们的记忆保存流传，因而早期的启示主要是靠口传和背诵记忆的。据记载，穆罕默德在麦加传教时期，就有人记录他宣布的启示，而正式设置启示记录人则是在迁到麦地那之后。专司记录者将所听到的启示记录在皮革、石片、兽骨或椰枣叶肋上，同时其他人也有记录自己所听到的启示的。穆罕默德去世后，记录启示的皮革、石片等散乱地保存在各记录者的手中，尚未整理成帙。当麦地那的伊斯兰政权还未来得及整理启示的记录时，阿拉伯半岛上便发生了“叛教”事件。哈里发艾布·伯克尔等人从平息叛教的斗争中体会到，只有将安拉启示的《古兰经》保存下来，以它为思想旗帜，先知开创的伊斯兰事业才能继续得到发展。于是决定由曾经担任过专司启示记录的栽德·本·萨比特主持其事，搜集、整理分散的记录，并加以核对、誊清。规定凡采纳一段经文，必须有另外的文字或口头材料作为旁证，单方的记录不予接受。经缀辑成册后，命名为“穆斯哈夫”(意为汇集本)，交给第一任哈里发艾布·伯克尔；艾布·伯克尔去世，移交给第二任哈里发欧麦尔；欧麦尔遇刺后，由他的女儿、先知的妻子哈芙赛保管。2.统一定本。644年奥斯曼任哈里发时，伊斯兰教已随同阿拉伯人的远征传播到半岛以外的广大地区。为了向人们阐述教义，就需要有经典为根据。但在艾布·伯克尔时期汇集的“穆斯哈夫”仅有一部，并保存在麦地那，难以发挥指导各地区统一启示的作用；而保留在人们记忆中的经文和个别人手抄的经文片断，既不完整，也难免有错漏；加之当时记录经文的文字还很简陋，同义词又多，各部落的方言也很复杂，因而又出现了各传抄本在编排、个别用词以及某些词的读法和断句等方面不一致的现象。此外，在远征阿塞拜疆地区的胡泽法军队中的叙利亚人同伊拉克人，因各遵自己的读法而发生的严重斗争事件，震动了麦地那的当权者，使他们进一步认识到统一抄本对增进团结和宣传教义的重要性。于是奥斯曼又指派栽德等人，以艾布·伯克尔时期搜集起来的汇集本为依据，重新进行订正、整理，统一《古兰经》的内容和章次编排，并以古莱什语统一《古兰经》文字。整理成书后，定为“标准穆斯哈夫”，亦称“奥斯曼定本”，以区别于艾布·伯克尔时期的汇集本，并令抄出数部，除麦地那保存一部外，分送麦加、大马士革、库法、巴士拉等重镇，并宣布其他抄本一律无效，予以焚毁。至今，全世界穆斯林都通用这个定本。3.章节编排。奥斯曼定本的《古兰经》包括114章，各章长短不一。最长的有286节，最短的只有3节。每章的长短和节次，据说是由先知通过诵读、教读的方式基本确定下来的。奥斯曼定本没有采取按启示时间先后顺序编排，而是将一篇具有伊斯兰教义纲领性的祷词作为全经之首，将一些同当时穆斯林的宗教生活和社会生活联系密切的长篇编排在前，将那些阐述一神思想、谴责多神崇拜和叙述古代先知事迹的较长篇章编排在中间，而将一些早期降示的短篇置于末尾。后来，《古兰经》的诵读家和研究者以先知迁徙麦地那为界限，将迁徙前降示的称为“麦加章”，迁徙后降示的称为“麦地那章”。前者约占整个《古兰经》的2/3，后者约占1/3。至于经文的分节，不完全是根据一段完整的意思，有些是按读时的句读来划分，有些又以句尾出现词性相同、音律和谐的词作为分节的标志，所以各节长短不一。由于对某些经文的分节标准有不同的主张，故对《古兰经》节数就有近10种不同说法，其中最少者为6204节，最多者为6666节，中国明、清两代的穆斯林学者都采用后一说法。埃及是较早印刷《古兰经》的伊斯兰国家之一，它的官方版本采用库法派的分节法，为6236节。现在巴基斯坦和沙特阿拉伯等国出版的《古兰经》多沿用这种标节法，所以《古兰经》的节数也已趋于统一。4.改进书写文字。《古兰经》原用古体阿拉伯文即库法体书写。这种文字只有辅音字母，没有元音及音符，读音全靠老师传授。然而，《古兰经》在哈里发国家初期是唯一的宗教经典，也是唯一成书的阿拉伯语和宗教课教材。为了便于学习《古兰经》和阿拉伯语，就必须设法改进和健全阿拉伯语的拼音和书写。首先是伍麦叶王朝派驻巴士拉省的总督齐亚德提出，在保持《古兰经》原貌的原则下改进其书写方法，并委派艾布·艾斯沃德·杜埃里从事这项工作。杜埃里遂按阿拉伯人的标准读法一字一句地朗读，让助手根据他的读音和口形给每个词尾的字母标上元音。这种在词尾加元音符号的方法，初步解决了阿拉伯语语法中心内容的尾变问题。但是阿拉伯语中有几个形同音异的字母，书写上仍不易区别，同时每个词除了词尾字母外其他字母仍无读音符号，读时还会发生错误。到了阿卜杜勒·麦利克任哈里发时期，伊拉克总督哈贾吉便委托奈斯尔·本·阿绥姆和叶哈雅主持解决这一问题。他们改进了杜埃里的标音，把那些读音不同而形状相似的字母用点加以区别。到了8世纪中叶，阿拉伯语法学家哈利勒创造出静符、长音、叠音等符号，并改进了杜埃里标点的元音符号。随着阿拉伯文正楷体的出现及其在官方文书中的广泛使用，《古兰经》文字遂由库法体改为容易辨认和书写的正楷体。这种文字书写的改进过程，经历了200多年，到10世纪上半叶开始，由阿拔斯王朝两个善于书法的大臣伊本·穆格莱和伊本·伊萨在博学的穆贾希德的协助下最后完成统一的书写定本。以后，历代《古兰经》的研读者，在经文上又逐渐增加了一些符号，指出每节的句读和读音的长短以及字母的同化，并在每章前注明本章章名、节数、降示次第等。所以当今各种版本的《古兰经》，同当年奥斯曼定本在书写形式上已有所不同。

《古兰经》的影响和地位。《古兰经》既是一部宗教经典，也是第一部韵体散文形式的阿拉伯文献，在阿拉伯思想文化史上占有重要的地位。由于它的内容直接反映了7世纪初发生于阿拉伯半岛并对后来阿拉伯民族发展有着深远影响的一场伟大社会变革，故又是研究穆罕默德和伊斯兰教以及当时半岛社会情况极重要的历史文献。阿拉伯语《古兰经》是带韵的散文，语言凝练，节奏明快，铿锵有力，其语言辞藻和表达形式，至今仍被奉为阿拉伯文学的典范。该经中的某些命题和典故，一直是伊斯兰教和阿拉伯文学的创作题材。由于《古兰经》在语言文字上的权威性，使阿拉伯语得以统一和规范化，这对散居于许多不同国家的阿拉伯人维护其语言和心理上的统一，曾经产生过巨大作用。《古兰经》的哲理是伊斯兰教义学和阿拉伯哲学思想的重要组成部分；它的法制思想和道德规范，成为中世纪以来伊斯兰国家当权者经世治国的依据。历史上，伊斯兰国家的人民也曾以《古兰经》的有关内容为思想旗帜，进行反对封建专制和外来侵略的斗争。在中世纪，围绕《古兰经》，形成了经注学、古兰学、诵经学等专门学科。穆斯林学者曾写过不少介绍、评价和赞颂该经的专著；西方文艺复兴运动后，不少的社会科学家、文学家以及近代的一些东方学家，对《古兰经》也进行研究，相继发表过评论，肯定了它在阿拉伯—伊斯兰文化史上的影响和地位。（马　贤）

《古兰经辞义精华》(Rūḥ al-Bayān)　见苏菲派经注。

《古兰经大义》　《古兰经》汉语文言体译本。杨敬修（仲明）译，1947年8月北平伊斯兰出版公司初版。平装32开本，分上、中、下3册。正文456页，竖排。译文间夹杂有经堂语气。译者强调尽量直译，认为翻译《古兰经》“必须兼顾字面，盖其字句分别，连缀次第，以及穿插映带，一一皆宜注意，以示尊经”，主张译义重在“贴切”，声称自己“对中阿字句，彻底搜求，必使二者意义，吻合无间而后已。一或牵强，或迁就，必失本来，而无所遗憾”。对译文确实颇费心思，甚至在每句话的词序排列方面，也力求与阿拉伯文原句相近。熟悉《古兰经》原文的读者，感到阅读译文时大体能想见原句构造及其用以组合之词序。译本印数不多，流传不广。有译文而无注释，文字较深奥，且夹杂有不少音译语汇，一般读者不易读懂。但仍不失为一种独具特色的译本。试举第2章《摆格赖》（黄牛章）最后一节为例，以见其译风之一斑：“主不责个己，维其容。为之作者，在之所作。我养主啊！勿讯我！若忘，或误。我养主啊！勿担在我累！如尔担之在夫自我前者。我养主啊！勿著我担一非为我堪之者！祈由我饶！为我宥！慈我！尔我主！而祈援我在昧党！”（参见马坚译《古兰经》2∶286）。此译本前有《例言》，后附《勘误表》。章名均直接采用音译，仅在总目中用括弧注以汉文译义。（林　松）

《古兰经》翻译　将《古兰经》译为世界各国和各民族语文的学术活动概况。《古兰经》是以“明白的阿拉伯语言”(26∶195)降示和录写成集的。穆斯林相信《古兰经》作为安拉的启示，包括文辞和意义两个方面。其义理既“广泛又深奥”，特别是其中的“隐晦经文”，历来对其含义存在不同的解释，加之其文辞妙绝超凡，在修辞、韵脚、节奏、感人动听方面具有“神韵”和“天籁”的特点，所以任何译者都认为自己的译本不可能在文辞与意义两方面达到与原文一致的地步。因此，历来逊尼和什叶两大教派的多数宗教学者，尤其是出身于阿拉伯民族的学者都不主张将《古兰经》译成其他文字。在这种思想的支配下，历代哈里发国家尽管所属臣民中的穆斯林包括操不同语言的不同民族，哈里发们却未将翻译《古兰经》作为宣传和介绍伊斯兰教的手段予以运用。穆斯林学者很早开始的译经活动，长期以来只是一种个人行教门的学术努力，很少得到官方的主动鼓励和支持。甚至到了18世纪奥斯曼帝国素丹阿卜杜勒·哈米德还反对翻译《古兰经》，禁止土耳其文译本的印行。故长期以来穆斯林介绍《古兰经》的传统方式是鼓励人们直接学读原文和听取宗教学者的口头译讲，而不是靠文字译本求得其知识。

先知穆罕默德逝世后，随着伊斯兰教的发展，许多非阿拉伯民族相继信奉伊斯兰教，单纯靠直接学习原文和口头译解的方式，已不能完全适应伊斯兰教在新信教民族中传播的需要，于是开始出现了《古兰经》的文字翻译。最早开始用非阿拉伯语翻译《古兰经》的是先知门弟子波斯人赛勒曼(？～655)，他应新奉教的波斯人之求译出《古兰经》首章，供他们礼拜时诵读。出身于非阿拉伯民族的大伊玛目艾布·哈尼法(699～767)曾认为可以翻译《古兰经》，礼拜中诵读原文确有困难者，可以诵读译文。后有哈乃斐派的教法学者赛尔赫西(？～1097)等人曾赞同并发挥大伊玛目的这一主张。据说布哈里(810～870)曾用波斯语译注过部分《古兰经》经文。这可能是最早的《古兰经》译本之一。

此后，《古兰经》虽经某些学者翻译成波斯、乌尔都等语文，但在《古兰经》不可翻译这一主流思想的影响下，穆斯林未能对《古兰经》翻译给予应有的重视。然而，由于欧洲各种文字译本陆续出版及有些译者怀有偏见，借译本滥加评注，并对伊斯兰教进行歪曲，故穆斯林译本亦日益增多。但由于其中出现的缺点失误，特别是有的译者借注释《古兰经》宣扬自己的主张和教派门户之见等情况，又引起了穆斯林学者的担心和反对。他们认为这样下去将会把神圣的经典译得五花八门，失去其本来的面目。到20世纪20～30年代，《古兰经》是否可以翻译的问题在一些伊斯兰国家报刊上重新被提出来进行讨论。埃及爱资哈尔大学里的辩论结果,对解决问题起着决定作用。1932年前后,埃及有关报刊发表了反映这一争论的文章,最后主译派的意见因适应时代要求而占上风。主译派的主要理由是,《古兰经》虽是用阿拉伯语降示的,但其中所宣传的伊斯兰教使命是针对全人类的。将它译成其他各种语文,使那些不会阿拉伯语的人直接了解经文内容,便是对"派先知慈悯众世界"这一广泛使命的最好体现。后来该大学校长穆斯塔法·穆拉额长老结合这次辩论,写了《关于〈古兰经〉的翻译及与之有关的教法规定的研究》一文(《爱资哈尔大学学报》1936年第7期),表达了主译派的部分意见。爱大还根据他的建议制定了一个翻译《古兰经》的计划。这件事对东西方穆斯林知识界是一件喜讯,冲破了多年来禁锢翻译《古兰经》的思想。于是,各国穆斯林学者便大胆地用本国或本民族语文翻译《古兰经》,使《古兰经》翻译成为介绍和研究伊斯兰文化必不可少的环节。

早在8～9世纪时,伊斯兰已从一个单纯的宗教发展成为一种包括宗教在内的文化形态,即人们通常所说的阿拉伯—伊斯兰文化,并开始在人类文化史上产生重大影响,引起人们的重视。穆斯林认为,《古兰经》是一部空前绝后的天启圣典,概括了伊斯兰教的全部内容;而非穆斯林知识界则认为《古兰经》既是一部宗教典籍,更是反映阿拉伯—伊斯兰文化的一部重要著作,因而对《古兰经》不具有穆斯林所具有的那种神圣感,不受一些伊斯兰教法学家关于不许翻译《古兰经》主张的约束,有人出于介绍一种文化思想,有人出于批驳《古兰经》的内容,甚至有人出于讨好当时穆斯林的当权者等等动机,开始将《古兰经》译成其他语文。据传,11世纪在巴格达出现了一部被官方承认的《古兰经》译本。12世纪,在美索不达米亚北部地区先后出现了两个古叙利亚语的译本,一是埃得萨主教巴西勒翻译本,另一个是迪亚巴克尔的主教伊本·萨勒比译本。前者为通译本,后者则译出部分章次。此后,由于安达卢西亚伊斯兰文化在伊比利亚半岛上与西欧文化的角逐,以及基督教十字军的东侵,引起欧洲人对伊斯兰教和《古兰经》研究的重视,接着出现了欧洲非穆斯林所翻译的各种语文的《古兰经》译本。

欧洲非穆斯林的《古兰经》译本。《古兰经》被译成西方文字,首先是西欧教会为配合十字军行动,企图批驳《古兰经》,歪曲丑化伊斯兰教及其先知穆罕默德而开始的。拉丁文是当时欧洲文化和宗教的通用语言,因此,在1141～1143年间,在法国克律尼修道院院长彼得的倡导下,由英国人罗伯特、法国人赫尔曼和西班牙的一个阿拉伯人首先将《古兰经》翻译成拉丁语文,其动机是反对伊斯兰教。但是这个译本当时未能印刷,过了400年后,于1543和1550年才在瑞士的巴塞尔,由比布连德印刷过两次。但没有保存下来,人们只在一些文献资料中得到对它的印象。据有的考证者说,按照当时的社会条件来说,此译本的文字还算比较忠实。

15世纪奥斯曼帝国的兴起及其向欧洲的扩张,引起欧洲人对伊斯兰教和《古兰经》的重视。为对付奥斯曼人所奉行的宗教及其经典,"为了满足细究土耳其神灵之目的",从16世纪以来,西欧各国陆续翻译出版了法文、英文、拉丁文、日耳曼文、俄文等各种文字的《古兰经》译本。但是译文内不加批判内容的,一般不允许流传。在这些译本中,最早的法文译本由杜立叶根据阿拉伯原文译出,称为《穆罕默德的古兰》,1647年出版于巴黎,杜曾是一名外交官,在君士坦丁堡(今伊斯坦布尔)和埃及生活过多年,懂阿拉伯文和土耳其文。他的译本中选译了不少东方穆斯林经注学家对《古兰经》的解释,从而该译本享有一定的学术声誉。出版后5年内,在巴黎和荷兰的阿姆斯特丹再版过5次。1783年出现了克劳迪尤·萨瓦利的译本。该译本胜杜译本一筹。据法国学者格罗斯让说:"此译本以通俗易懂为特点,但其中引证古代法国的内容多于伊斯兰教的内容。"后来,卡西米尔斯基又将《古兰经》译为法文,并于1840年编入由保悌尔主编的《东方圣书》丛书中出版问世。次年,译者进行修订,单独印行,受到东方学家的好评。法国殖民主义者征服北非后,加强伊斯兰教的研究,此译本一再重印,被认为是流传最广泛的《古兰经》法文译本之一。

第一个英文译本是英国牧师亚历山大·罗斯根据杜立叶的法文译本转译的,沿用法译本的题名为《穆罕默德的古兰》,1649年出版于伦敦。罗斯的译本是站在基督教立场上,以反对和歪曲伊斯兰教为目的。1734年出版的乔治·赛尔的译本,附有译者的一篇长序,介绍翻译宗旨、伊斯兰教产生的历史及主要原则,他不仅从宗教角度,而且从哲学角度看待伊斯兰教和《古兰经》,引起了18世纪法国社会学家和哲学家的重视。但是,译者也受马拉齐译本中某些观点的影响,对伊斯兰教怀有偏见,持批驳态度。该译本在西方殖民主义大举入侵东方的时代,被称为标准的英译本,多次出版,并编入《占多斯丛书》。1861年在伦敦出版了译文较典雅的路德维尔的译本,1880年在牛津出版了帕麦尔的译本,1937年和1939年出版了马尔马杜和理查帕尔等人的译本。

最早的意大利文译本是安德烈·艾尔法宾的译本,也题名为《穆罕默德的古兰》,1547年出版。译者在序言中介绍了穆罕默德的生平和伊斯兰教的开创史,还对一些章节加了注释和评论。1913年和1929年在米兰城还先后出版了弗莱科西和波纳利的译本。

最早的德文译本是施维格根据艾尔法宾的意大利文译本转译的,1616年出版于巴伐利亚的纽伦堡。1641年有人据此译本译为荷兰文。1773年出版了布义森译本,后经奥赫利曼等人校核订正,重新再版,流行较广。1826年和1840年先后出版了哈勒(译本署名为瓦尔)和乌尔曼的德译本。

意大利天主教神父马拉齐的拉丁文译本系根据阿

拉伯文原版译出，1698年印行于帕多瓦。译者从一些阿拉伯文经注中断章取义地摘录了一些注释，此译本曾成为欧洲各种语文译本的重要参考。译者是教皇英诺森十一世的忏悔者，译出后献给神圣罗马帝国的皇帝列奥波德一世。译者通过自己作的一篇驳斥《古兰经》的绪论，企图"使欧洲人对伊斯兰教得出一个最坏的观念"。据法国《古兰经》研究者勃拉希尔说，该译本在出版后的一个多世纪里，一直被西欧传教士和神职人员用作批判伊斯兰教的依据。但是他对《古兰经》和伊斯兰教所进行的反对和攻击，在18世纪就引起了法国知识界的异议和反对。其中反对最力者是位将伊本·卡西姆的《先知传略》译成拉丁文的卡尼叶，他认为马拉齐根本不懂阿拉伯文，指责他"粗暴生硬地将穆罕默德生平译成拉丁文，语无伦次又欠风雅，批评又不中肯"，"其作品可以说是胡诌瞎说，充满了对穆罕默德及其捍卫者的种种谩骂，只能算是一种供人消遣的笑料而已。"

最早的俄文译本是波斯尼科夫从西欧译本转译的，1716年出版于圣彼得堡。而首先从阿拉伯原文直接译为俄文者有鲍古斯拉夫斯基（1871年完成，未出版）和萨勃鲁卢科夫（1878年出版于喀山）二人的译本。最近的译本是柯拉契柯夫斯基完成的，1963年出版于莫斯科。

这些欧洲文字的《古兰经》译本，有的由于译文低劣，有的借译注妄加评论和批判，不为穆斯林所接受，甚至引起他们的强烈反对。

近代，随着殖民主义的衰落以及科学文化的发展和东西文化交流的加强，西方的东方学者对伊斯兰教和《古兰经》的研究逐渐采取了较为公正的态度，随之出现了不少较为客观并具有学术价值的《古兰经》译本。其中较有名的法文译本为1957年和1967年先后出版于巴黎的勃拉希尔和马松的译本；较为著名的英文译本有：(1)1937～1938年间出版于爱丁堡的贝尔的译本，被重视伊斯兰研究的东方学者誉为最佳的英译本。(2)英国东方学者阿泰尔·杰·阿勃利根据大英博物馆收藏的一部古本《古兰经》原文译的英译本，1955年出版。(3)次年出版了由大卫用现代英语译出的《古兰经》。后两个译本出版后到1972年分别重印了4次和8次。

各国穆斯林对《古兰经》的翻译。波斯人是继阿拉伯人之后最早接受伊斯兰教的民族。故波斯穆斯林学者很早就开始了《古兰经》的翻译。由于中世纪伊斯兰文化著述中的匿名倾向，译本虽多，但译者鲜为后人所知。据德黑拉尼《媒介》(Kitab al-Dhari'ah)一书所记，波斯文译本知其译者的，仅有毛拉·穆罕默德·达瓦尼、哲马鲁丁·赫扎仪、米尔扎·穆·努赛里、米尔扎·塔·卡沙尼、穆法希尔·马赞德拉尼等人的译本。波斯文《侯赛尼〈古兰经〉译解》的译者是莫卧儿帝国时期印度学者侯赛尼·卡希斐。译笔简练流畅，译者还用正统派苏非主义哲理阐释有关经文内容，是一部带有文学色彩的《古兰经》译解。据译者称，这个译注本从1491年着手翻译，历时5年完成。该译本除在印度、巴基斯坦、阿富汗和中亚等穆斯林地区广为流传外，中国有些地方清真寺将它列为学习《古兰经》和波斯语的教材。所有波斯文译本都是将译文附在原文行下，并列刊印。后来乌尔都等文译本均仿此办理。这不单是为了便于对照，而主要是为说明译文不等于原文，只供读者学习参考，译文不能单独成经，不具有原文的神圣性。

16～17世纪以来，西欧非穆斯林译本的不断出现和其中存在的有意歪曲及无意错漏，给坚持认为《古兰经》不可翻译的穆斯林学者提供了新的反对借口，然而又促使更多的穆斯林认识到自己翻译《古兰经》的重要性和必要性。他们开始认识到，为传播伊斯兰教，介绍《古兰经》的内容，纠正欧洲各种译本中的错误和对伊斯兰教的歪曲，必须重视介绍工作，而《古兰经》的翻译，正是重要的介绍方式之一。现代，各国穆斯林开始将《古兰经》译成本国或本民族语文，随之出现了波斯文以外其他穆斯林民族文字的个人译本。印巴次大陆的穆斯林中出现过许多精通本民族语言和波斯语、阿拉伯语及英语的学者，他们很早就重视《古兰经》等伊斯兰教经典的翻译。第一个乌尔都文译本是沙·阿卜杜勒·卡迪尔(1752～1813)根据原文并参考波斯文译本译出的。沙是印度伊斯兰教改革运动思想家瓦利阿拉·沙的儿子，擅长经注学和圣训学，从事过教法说明工作，其译本出版于1826年，至今仍然畅行。此后有沙·拉斐尔丁、富格·比勒克拉米、穆罕默德·本·赛义德、沙·艾什拉夫·萨奈威和纳迪尔·艾哈迈德等人的译本。1887年出版了由哈吉·阿里·白哈宛克里的古吉拉特语译本。他们为抵制西方译本的影响，自己起来将《古兰经》译为英语。1905年和1919年在德里先后出版了阿卜杜勒·哈齐姆和哈拉特的英译本。1930年在印度出版了英国穆斯林穆罕默德·马·比克萨尔的英译本。比克萨尔对正文未加注释，而在每章之前加了说明该章主题和主要事件的提示。他对《古兰经》的思想，进行了文学的描绘，说她是"无与伦比的交响曲，发出催人泪落和狂喜的真正乐声"。起源于印度的艾哈迈迪亚派，在信仰问题上与穆斯林大众派大相径庭，但该派却积极主张将《古兰经》译成世界各种语文。该派学者穆罕默德·阿里的译本于1917出版，流传较广。印度学者英译本影响最大的是逊尼派学者优素福·阿里的译本，初版于1934年，后多次再版。巴基斯坦建国后，该国学者又出版了乌尔都语和英语的新译本。

土耳其早有用现代土耳其语译的《古兰经》。1956年在沙特阿拉伯出版了一部"土耳其斯坦语"(察合台语)的《古兰经译注》。据译者马哈茂德·塔拉济说：这是第一部用土耳其语译的《古兰经》。《古兰经》在印度尼西亚、马来西亚、孟加拉和缅甸等国也均有多种本国语文的译本。

19世纪末、20世纪初，日本通过翻译中国和西方文献对伊斯兰教有所了解。1925年前后，日本的世界圣典刊行会出版了从西欧译本转译的日语《古兰经》译本。1954年3月，日本穆斯林宇川治美将自己译的《古兰经》作为礼品送给巴基斯坦政府。1950年和1957年前后，出版了大川周明和井筒俊彦分别翻译的两个日语译本。1972年，日本穆斯林协会出版了三田了一的译本后，发现其中有不少错误，引起穆斯林和一些伊斯兰国际组织的非议，遂停止发行。1980年，该会组织专门人才，经过一年多时间的校对修订，于1983年重新印刷出版，题名为《日阿对照附注古兰经》。

1955年前后，出版了两个由穆斯林学者翻译的西班牙语译本。一个由阿拉伯人艾哈迈德·哈桑·阿米里所译，另一个由赛福丁·热哈勒和斯特尼亚贡·比尔拉教授合译。后一译本附有译者用阿、西两种文字写成的绪论，介绍《古兰经》的超绝性、先知史略、伊斯兰教精神以及《古兰经》对"科学、社会和建设"的看法等。与此同时，尼日利亚总法官艾布·伯克尔·朱米将《古兰经》先后译成约鲁巴语和豪萨语，在西非各国影响较大。另外，早在1914年，一个名叫哈立德·谢勒德利克的穆斯林将《古兰经》译为世界语在伦敦出版。

据统计，目前《古兰经》在世界上已有60～70多种文字的译本。其中除世界语外，亚洲有：汉、维吾尔、哈萨克、柯尔克孜、土耳其、波斯、乌尔都、孟加拉、普什图、库尔德、印地、克什米尔、泰米尔、旁遮普、古吉拉特、卡纳里、马拉地、马拉诺、马拉亚拉姆、泰卢固、马来、印度尼西亚、爪哇、亚美尼亚、哈萨克、乌兹别克、塔吉克、塔塔尔、迪瓦里、僧加罗、缅甸、泰、日本、朝鲜等各民族语文的译本。欧美有：拉丁、英、法、德、西班牙、卡斯提尔、意大利、葡萄牙、瑞典、荷兰、丹麦、芬兰、捷克、保加利亚、匈牙利、塞尔维亚、克罗地亚、波斯尼亚、阿尔巴尼亚、罗马尼亚、波兰、俄罗斯等各民族语文的译本。非洲有：斯瓦希里、豪萨、约鲁巴、卢干达和塞内加尔等各民族语文的译本。而当今为世界通用或使用人数较多的大语种如波斯、乌尔都、孟加拉、英、法、西、德、俄、汉等语文的译本都各有数种到数十种之多。

这些译本中，除土耳其文译本曾被官方审定为正式译本外，其他译本均被列为个人作品，只可作他人了解或学习《古兰经》的参考，在宗教上不像《圣经》译文那样具有同原文相等的地位。近年来，一些伊斯兰国际组织和伊斯兰教国家的宗教和宣传部门正在设法组织人力试图靠集体智慧翻译出版一些译文准确无误，并附有简要注解的各种文字的译本。1985年，埃及宗教部和伊斯兰最高理事会宣布成立一个委员会将《古兰经》译成各种通用语文，还决定把70年代由该部和该理事会所属古兰与圣训委员会编纂出版的《古兰经注撷英》(al-Muntakhab fi Tafsir al-Qur'ān al-Karim)列为各种语文翻译的标准蓝本，以期所有译者能根据此蓝本理解原文和确定注释内容，从而有助于实现译义和加注方面的基本统一。

《古兰经》翻译在中国。《古兰经》随着伊斯兰教传入中国，迄今已有1300多年的历史。长期以来，其内容流传同样靠学习原文和教职人员的口头讲解，而且仅限于穆斯林当中。明末清初伊斯兰学者在自己的著作中曾对所引证的《古兰经》段落进行过汉译，但还未发现有人进行过通译。19世纪中、末叶出现了马致本翻译的《孩提解释》(即《古兰经》节选本)和马复初的《宝命真经直解》5卷。后随着海禁大开，欧洲文字译本的传入，以及中国新文化运动的发展，才开始了《古兰经》通译的尝试。

最早的《古兰经》通译本是由非穆斯林翻译的，1927年在北京出版的李铁铮根据日文转译的《可兰经》和1931年在上海出版的姬觉弥等人根据英文转译的《汉译古兰经》即属于此类。

中国非穆斯林翻译《古兰经》促使穆斯林认识到有必要自己将经典译成汉文，以供教内外人士了解和研究。20世纪20年代，在京、津、沪等地，开始出现了由穆斯林学者集体或个人进行的译经活动。王静斋从1914年开始先后用文言、白话体进行了3次尝试，于1932年、1943年和1946年印出甲、乙、丙3个译本，而以1946年出版于上海的《古兰经译解(丙)》洋洋百余万言，较为完善。用白话体，除列举参考著名经注著作，编译章节综合注释"略解"和1943条注解外，还对经文涉及的一些问题旁征博引，阐发自己的见解，称之为"附说"。除王的译本外，尚有以下几种译本：(1)1943年出版于北平的刘锦标译本《可兰经汉译附传》。(2)杨敬修译《古兰经大义》，1947年由北平成达师范出版部印行，为文言体。(3)马坚的译本。于1950年由北京大学出版部印刷了他译的《古兰经》(上)，包括前8卷，6章，附有译者编译的《古兰经简介》。1980年中国社会科学出版社出版了题名《古兰经》的全译本，不附任何注释。1986年麦地那法赫德国王古兰经印刷局将此译本译文与阿文原文合璧，印刷分赠各国，流传较广。(4)时子周的《古兰经国语译解》，1958年出版于台北。(5)林松的《古兰经韵译》本，1988年中央民族学院出版社出版。(6)美籍华人闪目氏·仝道章根据数种英文、汉文译本转译的《〈古兰经〉中阿文对照详解译本》，1989年南京译林出版社出版。另外，新疆穆斯林过去主要使用中亚地区出版的察合台文或老塔塔尔文的译文。随着突厥语系各语种的发展变化，要求本民族学者按照自己民族语言进行新的翻译，以满足本民族穆斯林的需求。因此，在新疆曾出现过维吾尔语文的翻译本，其中以舍姆斯丁大毛拉的《古兰经注释》较为有名。近年来，新疆宗教研究所买买提·赛来将《古兰经》译为现代维吾尔文，阿卜杜勒·阿齐兹和马哈茂德二人将《古兰经》译为哈萨克文，分别于1987年和1989年由北京民族出版社出版。（马　贤）

《古兰经国语译解》 中国汉译本《古兰经》之一。时子周译。主要从英文本转译，并由常子萱、熊振宗、定中明等据阿拉伯文本及有关经注予以校正。全经用白话文译述。每卷都另起页码，30 卷总页码共 908 页。用繁体字竖排，每章均按节编排，每节抬头另起，查阅方便。每隔若干节附以注释。全经注释累计为 2117 条。目录前有译者《自序》及《凡例》。书后附有买德麟编译的《中文古兰索引》，包括笔画索引及教法索引两部分。该译本特点除章节编排显目大方以外，注释较具体、新颖。注释主要以常见的经注《特福西尔噶最》为据，但也引述了不少现代学者的新观点。试举第 112 章译文及其部分注释为例，以见译风之一斑："1.你说：他，安拉，是独一的。2.安拉是受依赖的。3.他不产生，也非被产生。4.无一是他的对等。"[注](2111)："第一节是宣告真主是绝对独一的，排斥了各种多神的思想，连三位一体之说也包括在内。第二节是说真主不依赖人与物，但任何人与物都依赖他。第三节是说明主对任何人都没有父子的关系。第四节是驳斥化身之说，如说某某是主的肉体的化身。"该译本于 1958 年 2 月由台湾省中华学术院回教研究所理事会出版。以后几次再版，重印于台北。香港伊斯兰联会曾重印发行。 （林 松）

《古兰经》汉语译本 中国翻译伊斯兰教经典《古兰经》的各种汉语译本的通称。伊斯兰教自 7 世纪中叶传入中国至明代的近 10 个世纪中，《古兰经》既没有阿拉伯文印本，也没有汉语译本，只是手抄经文予以流传。其因有二：一、尚未出现兼通阿拉伯文和汉文的学者从事译经工作。二、《古兰经》系阿拉伯文"降示"的经典，用其他文字译经难以表达经文的真谛奥义，故怕失去伊玛尼(信仰)不敢译经。随着伊斯兰教的发展，通汉语的广大穆斯林迫切要求以汉文讲经、解经，了解经义。后清真寺经堂教育兴起，由经师用经堂语解其大义，口传心授。同时一些兼通中阿文的经师和学者开始了译经的尝试。从 17 世纪至今，中国的译经活动，经历了不同的发展阶段，大致可分抽译(编译)、选译、通译和全译 4 种类型。

(1)抽译。17 世纪初至 18 世纪前半叶，清初一些兼通中阿文的穆斯林学者，在其汉文译著中，因探本溯源、引经据典之需要而引述《古兰经》中的有关章节，曾抽译过经中的片断文字，如王岱舆所撰《正教真诠》，自称"其中道理悉本尊经"，马注所撰《清真指南》中，称他"纂辑真经，抽译切要"。刘智所撰《天方典礼》及《天方至圣实录》等译著中，偶或引用《古兰经》中的局部内容，出现过片断汉译文字。其中第 1 和第 112 两个较短的章，仅寥寥数语，其余摘译文字更短。译述者均持慎重态度，多认为天经奥意深妙，不敢贸然揣译，唯恐"涉伪词以背主"，仅限于意译或转述。因此，抽译段落极少。

(2)选译。18 世纪后半叶至 20 世纪初，中国穆斯林中广泛流传一种《古兰经》阿文选本，名为《海特姆·古拉尼》(简称《亥听》或《十八个苏赖》等)，主要是选辑了《古兰经》首章，第 2、3、9 各长章中的若干节，第 36、68 两个篇幅中等的章，以及第 86、87、93、94、97、99、102、103 和 105～114 等 18 个短章(共涉及 24 章)，作为精读常诵的选本。以此为蓝本的汉译选本可分两类：一是音译本，使不懂阿拉伯文的穆斯林读者据汉字注音拼读，如 1882 年刻本《汉字赫听》，稍后又有《赫听真经》；另一类是译注本，除对音外，附有经堂语之译文与注释，如 1866 年出现的《经汉注解赫听》。20 世纪以来，属于此类选译本的有马魁麟、杨德元、马联元、杨敬修、李廷相等人的《宝命真经》、《天经译解》、《古兰经选》等。上述选译本，起初多半是用经堂语翻译，有的则在汉语词汇中夹有阿拉伯文译音的词汇，对以后的译经活动有一定影响。

(3)通译。19 世纪末叶，马复初开始按《古兰经》卷次试行通译，据传已完成 20 卷，原稿毁于火灾，幸存者是前 5 卷，已付印问世，名为《宝命真经直解》。20 世纪以来，通译尝试者也有局部译本问世，如上海《回教学会月刊》发表过哈德成、伍特公、沙善余等用文言文翻译的《古兰经》3 卷。张秉铎出版过前两卷韵译本。此外，由李宗庆口述、成达师范师生笔录的经堂语译本虽未正式出版，但原稿受到珍藏，并有复印本被保存。以上通译本，广大读者虽未见到全貌，但已表明通译全经的工作早已开始。为适应穆斯林需求，通译已成为译经活动发展的必然趋势。

(4)全译。20 世纪 20～80 年代的 60 多年间，《古兰经》的全译本陆续刊刻出版，包括下列 9 位译者的 11 种全译本问世。有李铁铮的《可兰经》，姬觉弥的《汉译古兰经》，王静斋的《古兰经译解》甲、乙、丙 3 种译本，刘锦标的《可兰经汉译附传》，杨敬修的《古兰经大义》，时子周的《古兰经国语译解》，马坚的《古兰经》，林松的《古兰经韵译》，仝道章的《古兰经》等。上述译者中，李铁铮和姬觉弥是汉族人，主要依据日文、英文译本转译，约请了穆斯林学者参与核校；其余都是回族穆斯林。除李铁铮、姬觉弥和杨敬修 3 种译本外，其余诸家译本均有注释。马坚原译本前 8 卷有注解，因全部注释尚未完成，译者去世，为保持体例协调，全译本未附注释，现有伊斯兰世界联盟印行的阿文、汉文合刊本。这些全译本，或用凝练典雅的文言体，或用通俗畅达的白话文，或用寺院教学的经堂语，或用顺口悦耳的押韵体，各具风格，供广大读者自行择取或参照阅读。《古兰经》选译本和全译本以多样化的译笔问世，受到通用汉语的各族穆斯林的热烈欢迎，也标志着译经活动在学术上有可喜的进展。 （林 松）

《古兰经》教律(Fiqh al-Qur'ān) 伊斯兰教立法的最高原则，穆斯林伦理道德和行为准则的规范。亦称"安拉的法度"、"安拉的定制"。西方称"《古兰经》

立法”。为伊斯兰教法的基本渊源，与圣训、公议、类比并称为教法的四大渊源和立法依据。将《古兰经》作为教法最根本的原理主张，于8世纪下半叶，由当时最权威的教法学家共同提出。632年先知穆罕默德逝世后，安拉启示随之中断，而穆斯林社会面临的各种社会问题和民事问题日趋复杂，人们遂以《古兰经》教导，作为明辨是非、区分善恶行为、排解纠纷的依据。自伍麦叶王朝末期，教法学家们开始以《古兰经》中的“律例”来审核当时的行政法规、司法实践和民俗习惯，以决定取舍。他们通过解释、扩展律例，从中抽引出带有普遍性的法律原则，应用于各种案件中去，积累了大量的判例，构成教法实体的基础。到阿拔斯王朝初期，随着意见、公议、类比等法源理论的提出，教法学家们以各种方法来创制律法，解释、扩展、增补《古兰经》律例，形成教法体系。后经法学家沙斐仪系统论述，将《古兰经》立法作为最重要的法理依据，为广大教法学家所遵循。因《古兰经》为最高经典，故其权威性要高于以类比等方法推出的间接律例。以《古兰经》为立法的最高原则，从法理上确定了教法的神圣性质、地位和作用，使教法成为安拉意志的体现。它不同于一般世俗立法的法律条文，而以教法权威著作、学说、判例为教法的主要形式。凡精通经、训的宗教法学家，即为教法的权威诠释者。

《古兰经》教律，包含有极为丰富的法律思想、法律原则。经文中具有法律内涵的律例有600余节，约占全部经文的1/10，其中关于教义、礼仪制度的教律，约400节(以麦加篇章为主)；关于社会立法的律例200余节(以麦地那篇章为主，除婚姻家庭、遗产继承律例集中于第2、4章外，其余律例散见于各章节)，涉及民商、刑事、婚姻家庭、遗产继承、司法与审判程序、国家体制、国际关系、战争与和平等各个领域。据统计，关于婚姻家庭、遗产继承法规有70节；民商法规70节；刑事法规30节；司法与审判程序法规13节；宪法法规10节；国际关系法规25节。尤以婚姻家庭、遗产继承、民商、刑事法等，为教法各门类实体法的基础。其基本法律原则是：(1)婚姻家庭律例。涉及婚姻、离异、聘礼、离仪、待婚期、夫妻双方的权利与义务等。限制伊斯兰教前的一夫多妻制习俗，纳妻以4房为限(4∶3)；禁止近亲通婚(4∶23)；规定丈夫在同妻子结婚时，必须赠予妻子一份聘礼，离异时不得取回(4∶20)；离异的妻子或遗孀再婚，必须恪守4个月待婚期的规定(2∶228,234)。旨在改善妇女在婚姻家庭中的地位，建立平等、和睦、美满的家庭，以利于社会的安定、发展。(2)遗产继承律例。涉及遗产的管理、处分、遗嘱、遗赠、遗嘱继承与法定继承等原则、规定。《古兰经》中规定以“份额继承制”(4∶7～12)为基础来处分遗产，在清偿亡人生前债务后男子和女子皆有权“享受父母和至亲所遗财产的一部分”，“各人应得法定的部分”(4∶7)。亦可以遗嘱方式处分遗产，责令亡人生前要“为双亲和至亲而秉公遗嘱”(2∶180)，不得随意更改遗嘱，严禁侵吞孤儿财产，劝诫人们团结互助，以部分遗产周济远亲、孤儿、贫民。在维护伊斯兰教前的父系继承制的前提下，对从前没有继承权的女性亲属和部分男性亲属给予适当照顾，使遗产继承更趋合理。(3)民商律例。涉及贸易、契约、利息、信贷、债务、信托、抵押、担保、租赁、雇佣等规定。提倡正当的商业活动，允许通过合法经商获取利润，主张买卖公平、等价交换，禁止弄虚作假、投机取巧、欺行霸市，禁止放债取利及放高利贷，鼓励恪守商业道德，信守契约合同等。(4)刑事律例。《古兰经》中规定的“固定刑罚”(Ḥudūd，侯杜德)为主要规范，涉及酗酒、偷盗、通奸、诬陷通奸、抢劫、叛教6种不可宽恕的“大罪”及其刑罚，视为必须恪守的“安拉之法度”。这些罪行以外的犯罪行为，包括故意杀人和伤害罪等，因侵犯了私人的权利，适用“酌定刑罚”(Ta‘dhir，塔吉尔)、同态复仇(Qiṣāṣ，基萨斯)和赎罪血金(Diyah，迪叶)。

《古兰经》立法有其固有的特点：(1)神圣性。《古兰经》立法确立了神圣立法原则，法自安拉启示而出，一切立法皆以安拉启示为据，安拉为神圣立法者，世人没有立法权，而必须恪守“安拉之法度”。《古兰经》不仅是一部宗教典籍，世世代代以来它也是法律、权威和秩序的象征。(2)广泛性。《古兰经》立法从劝善戒恶的基本原则出发，以律例的形式全面论述和规定了每个穆斯林在宗教、道德、法律上必须遵循的一整套原则、定制、禁令，它不是某个方面的条规，而是一部诸法一体、包罗万象的“法典”。其规定高度概括，相当于教法的总纲，从而为后世的注释、扩展、充实留有广阔的余地。(3)灵活性。《古兰经》立法将人的全部行为区分为5种行为规范(义务性的、可嘉的、无关紧要的、受谴责的、禁止和受罚的行为)，但哪种行为归于哪一类，只明确了基本原则，并未有一成不变的标准。原则性与灵活性相结合，增强了律例的适用性和活力。《古兰经》立法在当代仍占有重要地位。近代以来在社会法制改革中，伊斯兰国家虽颁布了许多单行法规，涉及婚姻家庭、遗产继承、民商等领域，但这些现代立法仍以《古兰经》立法为基础。以《古兰经》立法为基础的伊斯兰教法(沙里亚)，作为一种传统律法，仍被许多伊斯兰国家的宪法确认为国家立法的主要依据。

(吴云贵)

《古兰经解总汇》(Jāmi‘al-Bayān fi Tafsir al-Qur’ān) 中世纪伊斯兰教逊尼派著名经注之一。为里海南岸阿莫勒经注学家泰伯里(838～922)编著，简称《泰伯里经注》。它汇集了大量的传闻资料，并吸收了不少以色列传说和当时阿拉伯—伊斯兰文化的其他一些成果。后世学者择其要者编成《泰伯里经注择要》。近年来，法国人皮埃尔·戈德又将其择要译为法文。该经注是阿拉伯—伊斯兰文化的重要遗产之一，保存了有关《古兰经》解释的大量材料，为以后注解《古兰经》奠定了资料基础，后世的经注学家无不受其影响。唯独叙利亚经注学家艾布·菲达·伊本·凯西尔(1302～1373)对该经注大量引用以色列传说持否定态度,提醒人们警惕这种传说对伊斯兰教的曲解。

(马　贤)

《古兰经》立法　见《古兰经》教律。

《古兰经》名称　伊斯兰教对其根本经典《古兰经》的各种称谓。"古兰"系阿拉伯语 al-Qur'ān 的音译,本义为"诵读"。该词在《古兰经》中出现频率较高,近 70 处,专指伊斯兰教所信奉的安拉降示给先知穆罕默德的经典,意即"诵读之经"。专指该经的其他称谓,见之于《古兰经》的还有《克塔卜》(al-Kitāb,经典、天经)、《瓦哈伊》(al-Waḥy,默示之经)、《坦齐勒》(al-Tanzil,赐降之经)、《苏侯福》(al-Ṣuḥuf,经籍、天经)、《迪克尔》(al-Dhikr,赞念之经)、《福尔刚》(al-Furqān,规范之经)、《希克迈》(al-Ḥikmah,智慧之经)、《哈格》(al-Ḥaqq,真经)等。伊斯兰教义学家、《古兰经》注释家哲拉鲁丁·苏尤蒂(1445～1505)在其名著《古兰经学通论》中,根据《古兰经》的明文及其内涵,将该经的名称归纳为 55 种。除《古兰经》及上述 8 种名称外,其他 46 种名称是:①《阿德勒》(al-'Adl,正义之经)、②《阿杰卜》(al-'Ajab,绝妙之经)、③《阿拉比》(al-'Arabi,阿拉伯文经典)、④《阿利伊》(al-'Aliy,崇高之经)、⑤《阿齐兹》(al-'Aziz,万能之经)、⑥《艾姆尔》(al-Amr,指令之经)、⑦《白拉厄》(al-Balāgh,宣示之经)、⑧《白萨伊尔》(al-Baṣāir,启蒙之经)、⑨《白希尔》(al-Bashir,报喜之经)、⑩《白亚恩》(al-Bayān,阐明之经)、⑪《布尔罕》(al-Burhān,明证之经)、⑫《布什拉》(al-Bushrā,福音之经)、⑬《哈卜勒》(al-Ḥabl,准绳之经)、⑭《哈迪》(al-Hādi,导正之经)、⑮《哈基姆》(al-Ḥakim,哲理之经)、⑯《哈桑·哈迪斯》(al-Ḥasan al-Ḥadith,美言之经)、⑰《胡达》(al-Hudā,指南之经)、⑱《伊勒姆》(al-'Ilm,知识之经)、⑲《凯拉姆》(al-Kalām,真言之经)、⑳《凯里姆》(al-Karim,仁爱之经)、㉑《麦吉德》(al-Majid,卓越之经)、㉒《麦尔福阿》(al-Mar fu',高尚之经)、㉓《麦苏恩》(al-Maṣūn,背记之经)、㉔《毛伊最》(al-Maw'iẓah,训诫之经)、㉕《穆巴拉克》(al-Mubārak,福佑之经)、㉖《穆宾》(al-Mubin,开导之经)、㉗《穆海敏》(al-Muhaymin,监护之经)、㉘《穆凯拉姆》(al-Mukarram,尊贵之经)、㉙《穆纳迪》(al-Munādi,晓谕之经)、㉚《穆萨迪格》(al-Muṣaddiq,确立真理之经)、㉛《穆泰海尔》(al-Muṭahhar,圣洁之经)、㉜《穆泰沙比赫》(al-Mutashābih,类似之经)、㉝《奈拜厄·阿齐姆》(al-Naba' al-'Aẓim,警世之经)、㉞《奈济尔》(al-Nadhir,传警告之经)、㉟《努尔》(al-Nūr,光明之经)、㊱《盖伊姆》(al-Qayyim,珍贵之经)、㊲《盖塞斯》(al-Qaṣaṣ,叙事之经)、㊳《高勒·法斯勒》(al-Qawl al-Faṣl,杰出之经)、㊴《拉赫迈》(al-Raḥmah,慈悯之经)、㊵《鲁哈》(al-Rūḥ,灵知之经)、㊶《希法厄》(al-Shifā',医治之经)、㊷《隋德格》(al-Ṣidq,真理之经)、㊸《隋拉特·穆斯泰基姆》(al-Ṣirāṭal-Mustaqim,正道之经)、㊹《泰兹基赖》(al-Tadhkirah,诫言之经)、㊺《欧尔沃·伍斯嘎》(al-'Urwahal-Wuthgā,固索之经)、㊻《宰布尔》(al-Zabūr,诗章之经)。在上述 55 种名称中,除《古兰经》广为人知并沿用于世外,穆斯林较为普遍使用的还有《穆斯哈福》(al-Muṣḥaf,天经,与"苏侯福"同义)、《克塔卜》、《福尔刚》、《坦齐勒》等。

(杨宗山　达应庚)

古兰经诵读学('Ilm al-Tajwid)　伊斯兰教关于研究《古兰经》诵读方法和音韵规则的专门学科。简称"诵经学"。《古兰经》云:"你应当讽诵《古兰经》"(73:4),"蒙我赏赐经典而切实地加以遵守者,是信那经典的"(2:121)。《古兰经》是伊斯兰教最高经典,故圣门弟子和历代的经学家认为,用悦耳动听的音调准确地诵读《古兰经》,是穆斯林应履行的神圣义务和功修,为信仰虔诚的体现和教法上嘉许的善行。凡能准确背诵全部经文者称为"哈菲兹"而受到赞扬和尊敬。在伊斯兰教早期,奥斯曼定本《古兰经》仅解决了经文内容的统一,但尚未确定统一的诵读方法。由于阿拉伯字母缺少母音字母和标音符号,阿拉伯语法读音规则尚未确定,故各地用不同的方音教读、朗读和背诵。诵经家主要是根据圣门弟子相传的背记法诵读经文,形成种种不同的读音方法。从伍麦叶王朝末期始到阿拔斯王朝初期,语法学家哈利勒创造出静符、长音、叠音等符号,并改进了杜埃里标点的元音符号。随着这些标音符号在经文写法上的应用和诵读法与语法学的初步结合,先后在各地出现了著名的七大诵经学家,他们是:伊本·凯西尔(665～738)、阿绥姆(?～745)、伊本·阿米尔(630～736)、艾布·阿慕尔(690～771)、哈姆扎(700～773)、纳菲(?～785)、基萨伊(?～805)等。这些诵经大师在各地都广有弟子传播各自的独特诵读法,逐渐形成为七个诵经学派。9 世纪初,经学家开始对早已流行的诵读法做出理论的解释。随着阿拉伯语法学的发展和读音规则的确定,在经文写法统一的基础上,于 10 世纪产生了诵经学。10 世纪初,博学的经学家伊本·穆贾希德(859～936)对在穆斯林中流传的 7 种诵读法分别撰写专著予以阐释,受到官方的重视。从此,七种诵读法即被接受为正式的读法。933 年,在穆贾希德的主持下,阿拔斯王朝两名专长阿拉伯文书法的大臣伊本·穆格莱和伊本·伊萨,按照经文的语法结构和读音规则,确定了句读、读音长短高低、韵律及字母的同化等标音符号,最后完成了《古兰经》文标音的统一写法。巴格达著名学者、诗人艾布·穆扎希姆·穆萨·本·欧拜杜拉·本·叶海亚·哈嘎尼(862～937)所著的《哈嘎尼诗集》,共收 51 首诗,研讨了诵读学的知识,重点记述了诵读经文时的韵律问题。此后随着诵经学的发展,研究诵经学知识的著述丰富多彩,诵经学家层出不穷,涌现出如安达卢西亚的艾布·哈彦(Abu Ḥayyān,? ～1334)等被尊为"谢赫·泰吉威德"(意为《古兰经》诵读长老)的学者,遍布伊斯兰世界各地。谢赫·穆罕默德·本·穆罕默德·加扎里(1350～1429)在总结前人研究成果基础上撰著的《加扎里概论》,系统地阐述了诵经的基本知识,在《古兰经》诵读学领域颇负盛名。当代诵经学已发展成语法学、语言学、声韵学、音乐学相结合的综合学科,诵读《古兰经》已是一种严格规范的专业吟唱艺术。有些伊斯兰国家开办了诵经学校,设立了研究机构,组建了诵经团体,并通过舆论媒介广泛传播诵经学的知识。

《古兰经》诵读学研究的主要内容,包括《古兰经》字、词及句子的拼写特色;经文读音的规则,音调轻重、高低,音节长短,抑扬顿挫等不同声调的确定;韵律的应用;对某些特定章节的段落中有关应答、低祷、跪拜、叩首的认可;经文分段、标点、边注的知识;经文中词、句及不同段落之间读音的连贯性知识等。其中诵读的音韵是按每一个字母的准确发音去讽诵古兰经文。诵读规则主要有:静符"nun"和鼻音符的诵读,包括抑、扬、并、变4种诵读方法;带叠音的"nun"的规则;静符"mim"的规则,包括抑、扬、并3种诵读法;延长"madd"与短读"Qaṣr"的诵读规则,包括自然延长与派生延长两大类;休止"waqf"与起读"Ibtidā"的规则,包括完整休止、可以休止、最佳休止和不完整休止4种规则。此外还有其他各种表示休止和不可休止等符号。

根据圣训和圣门弟子的传述,经历代权威教法学家和诵经学家确认,要达到准确地诵读和领会《古兰经》,必须具备若干条件和遵奉一定礼仪。其条件是:(1)要正确地、全面地理解经文的意义和内涵,了解经文下降的时代背景。(2)熟悉《古兰经》整体结构,了解其组成的字母、词、词组、句子、节、段落、单元、章、卷的构成及相互关系。(3)通晓阿拉伯语法学、音韵学、修辞学和各种诵读的标音符号。(4)了解《古兰经》的文体(即韵体散文)、语法结构、修辞和语言特色。(5)在不同的场合运用不同的声调、节律。如礼拜中诵读经文,音调应当适中。其礼仪是:(1)诵读前必须作小净。(2)读经文之前,先读"泰斯米叶"(即称名句"奉至仁至慈的真主之名")。(3)要谦虚地、有礼地、敬畏地跪着或坐着读。(4)要读音准确优美,态度要稳重、从容不迫和思维敏捷,使每个字母读得恰如其分。(5)依照所读经文的不同内容,要表现出喜、怒、哀、乐之情感,把握抑扬顿挫和强弱刚柔的谐调。(6)听诵者要虔诚地静听,思索领悟,默念应和;达到启迪智慧,以经文的奥义打开"迷惘的心灵之窗",净化灵魂,坚信真主。

(杨克礼　马云福)

《古兰经》维吾尔文译注本 中国维吾尔文《古兰经》译本之一。维吾尔族伊斯兰学者穆罕默德·萨利赫译注。维吾尔族信仰伊斯兰教有近千年的历史,但该族穆斯林群众长期以来对《古兰经》内容知之甚少,只能诵读部分原文和靠听伊玛目口头译解来学习。虽曾有过察合台文和乌孜别克文的译本,但流传有限。1939年和1945年,新疆阿图什学者毛拉·沙比提阿吉和伊犁学者孜日甫喀里阿吉大毛拉曾先后把《古兰经》译成了维吾尔语,但均不曾刊印,仅有手抄本流传。穆罕默德·萨利赫的《古兰经》翻译本历时6年。他仔细研读了《古兰经详解》、《古兰全释》、《降启事实揭秘》、《注释精华》、《降启之光》、《光塔经注》等27种不同时代和地区的穆斯林权威经注家的著作,参阅了阿伯文、波斯文、土耳其文等多种版本的《古兰经》词语大全和百科全书,力求保持《古兰经》原貌,体现其独特的艺术风格,每一节经文都与原文严格对应,逐词直译,尽可能地保证内容的准确。在重要的词语后,加括号选译了权威经注家们的注释,对部分词语还作了脚注。对有关的传说人物、历史人物和部分专名、典故写了附注。译本既重视了《古兰经》的典雅风格,又符合现代维吾尔文学语言的表达习惯,语言精练,文字流畅。译注本附有新疆伊斯兰教界13位知名教长和学者集体所写的一篇署名评论,并附有译者序言。序言写道:"《古兰经》原文在艺术风格、表现技巧上都绝妙超凡。任何语种的译文都比不上原文,甚至离原文有很大差距。这是译经家们的共同看法。我的译文自然也不例外。"译本于1986年由民族出版社与原文对照刊印,受到广泛欢迎,并荣获伊斯兰世界联盟嘉奖。

(马维汉)

《古兰经选》 中国编译的阿、汉文《古兰经》节选本。中国伊斯兰教协会研究部、上海外国语学院阿拉伯语言文化研究室译注。选译了《古兰经》中《法谛哈》等21个整章和《百格勒》等3章中的若干节,以传统的《亥听》选本为依据。选本以102页篇幅影印了中国经师手书的阿拉伯原文,书法工整显目,遒劲有力。后面附有所选章节的全部译文,计48页,均带有简明扼要的注释。译文流畅易懂,通俗清新,试举第113章《黎明》为例,以见译文特色之一斑:"你说吧:我求黎明之主的保佑,免受他所造之物的害,免受夜黑时之害,免受巫婆们破坏团结之害,也免受嫉妒者的妒火之害。"上海外语教学出版社于1981年2月出版。

(林　松)

《古兰经学通论》(al-Itqān Fi'Ulūm al-Qur'ān) 伊斯兰教经学理论专著。15世纪埃及伊斯兰教著名经学家、历史学家哲拉鲁丁·苏尤蒂著。约成书于1470年以后。该书在吸收并总结早期古兰经学研究成果的基础上,进行综合归纳、系统研究,肯定了各家见解,扩大了研究范围,并将经注学纳入这一研究领域。其资料之丰富,理论之深广,都超过前人,历来被认为是这一学科的权威著作。其主旨在于研究和论述《古兰经》的天启性质及其在伊斯兰教中的经典地位和对教义、教法的指导作用。内容共分80章,主要阐述和介绍《古兰经》中麦加时期章节与麦地那时期章节的内容、特点和意义；各章节经文降示的时间、地点和所涉及的问题、事件及其背景；经文的搜集、编排过程；各章章名和部分章首字母的含义；《古兰经》诵读法；经文中阿拉伯化了的外来语、专有名词；语法及修辞；经文中信条和教法的神圣性；意义明确与意义隐晦的经文，意义无限制与意义有限制的经文，意义普遍与意义个别的经文，废止与被废止的经文，首降与末降的经文；经文书写法；《古兰经》注释及注释者应具备的条件、应遵守的规则等。该书分两卷，脱稿后即流传各地，引起学术界普遍重视。曾在开罗出版过几个未经校勘的版本，至 1935 年始有阿卜杜·纳比·塞伊德·侯赛因的校勘本在开罗出版，并将 11 世纪伊拉克伊斯兰教义学家艾布·伯克尔·巴吉拉尼的《古兰经的超绝性》(I'jāz al-Qur'ān)一书作为该著旁注予以合刊。20 世纪 30 年代开始在中国流传。（马忠杰）

《古兰经义精华》(Rūḥ al-Ma'ānī) 见苏菲派经注。

《古兰经译解》 中国汉译本《古兰经》之一。王静斋译。译者为现代知名阿訇，是涉猎甚广、译述颇丰的学者，仅《古兰经》之全译，曾奉献 3 种译本问世，其中流传较广，影响较大，再版、重印次数亦较多者为 1946 年译本。其特点为用汉语体文直译兼意译。译文中有不少夹注，译文后有编码释文共 1943 条，另有不少“附说”或“略解”。系大 16 开精装本，书眉有眉批式内容提要，每页均标有卷次和章节序数。译者治学严谨，一丝不苟。他在后记中说，古兰译文很难做到“语无晦文，字无晦义”，因为原经法微旨远，言简意赅，其深邃处，决非人的语言文字所能形容到尽处，对译经甘苦有深切体会，感到“冒昧译经，只不过稍具轮廓而已”。试举第 2 章第 255 节为例，以见译文特色之一斑：“安拉，除他永生支撑的以外，再无有主，他不被打盹与睡眠所制。天地间所有的惟他执掌。除去奉他的命令，谁是在他御前告赦的？他知道他们前面与后面的。除去他所意欲(使知)的以外，他们不深悉他的一些知识。他的尊威包容了天地，保护它俩在他不觉疲乏。他是尊大的，玄高的。”3 种译本按其出版先后，被称为“甲种本”、“乙种本”和“丙种本”。甲种本于 1932 年在北平出版，是中国伊斯兰学者直接译自阿拉伯原文的第一个全译本，用文言体翻译，由北平中国回教俱进会刊行，精装本，署名王文清译。乙种本完成于抗日战争时期，多用经堂语，带注释，1942 年在宁夏由私人捐资石印，为线装本，一函 10 册，字迹工整清晰，自称“非定稿”，仅印制 60 部，私人迄今尚有全套珍藏者，诚不可多得之珍本。丙种本系在乙种本基础上充实改译、不断完善而成，于 1946 年由上海永祥印书馆出版。即今流行之版本。（林 松）

《古兰经韵译》 中国汉译本《古兰经》之一。林松译。系以句末协韵的语体文译成。译者认为，“《古兰经》原文本是一种辞章优美，韵散凝结的文体”。他对韵译更有兴趣，故曾试译过《古兰经文选》1 册，于 1977 年刊行。后译者又根据埃及官印局 1952 年刊印本译出此韵译本。译文流畅、凝练，琅琅上口。各章有题解，页尾附有简要注释。译本由中央民族学院出版社于 1988 年出版。有两种版本，一为阿拉伯文与汉文对照精装本，分上、下两册；一为汉译精装本。经末附有《〈古兰经〉韵译各卷章节一览表》”及《六十年来汉译〈古兰经〉版本简介》。（罗万寿）

《古兰经》章首字母(Fawātiḥ al-Qur'ān) 《古兰经》有关章首经文所排列的阿拉伯文字母。亦称“含义隐秘的字母”。它分别孤立地出现在 29 个章的章首，所列字母构不成单词。这些经文由 14 个阿拉伯文字母分别组成，即艾列弗、俩目、米目、拉仪、萨德、卡弗、哈、雅、阿因、塔、辛、嘎弗、努奈。其中太阴字母 8 个，太阳字母 6 个。共分成 13 组，各组字母不等，多者 5 个，少者 1 个。有的章以此类字母为章名(如第 20 章《塔哈》)。这些单独的字母多见于麦加后期所降示的经文所成各章章首，其含义和作用现已无从查考。伊斯兰教历代经注学家对此解释意见不一。多数经注学家认为，它具有隐秘深奥的含义，并非人人皆能通晓，故“主张阙疑，不宜妄加揣猜和解释”，否则就会失去“伊玛尼”(信仰)。有些经注学家对其作了诸多解释。如有人认为，“艾列弗”是安拉的略称，“俩目”是吉卜利勒天使的略称，“米目”是穆罕默德的略称。将 3 个字母相连，其意表示《古兰经》是安拉命天使吉卜利勒传示给先知穆罕默德的。有人认为，这些字母分别象征真主的许多美名。有人认为，它代表经文下降时的某些概念或指示章别的简写。另外，苏菲派和什叶派的经注学家对其还有诸多神秘主义的解释。但因上述解释无据可考，纯属个人见解，故难以为广大穆斯林所公认。附表于后。（杨克礼）

《古兰经》章首阿拉伯文字母表

章 序	阿拉伯文字母	汉 文 译 音
第 2 章	Alif、Lām、Mīm	艾列弗、俩目、米目
第 3 章	Alif、Lām、Mīm	艾列弗、俩目、米目
第 7 章	Alif、Lām、Mīm、Ṣād	艾列弗、俩目、米目、萨德

章　序	阿拉伯文字母	汉 文 译 音
第 10 章	Alif、Lām、Rā'	艾列弗、俩目、拉仪
第 11 章	Alif、Lām、Rā'	艾列弗、俩目、拉仪
第 12 章	Alif、Lām、Rā'	艾列弗、俩目、拉仪
第 13 章	Alif、Lām、Mīm、Rā'	艾列弗、俩目、米目、拉仪
第 14 章	Alif、Lām、Rā'	艾列弗、俩目、拉仪
第 15 章	Alif、Lām、Rā'	艾列弗、俩目、拉仪
第 19 章	Kāf、Hā'、yā'、'Aīn、Ṣād	卡弗、哈、雅、阿因、萨德
第 20 章	Ṭā'、Hā'	塔、哈
第 26 章	Ṭā'、Sīn、Mīm	塔、辛、米目
第 27 章	Ṭā'、Sīn	塔、辛
第 28 章	Ṭā'、Sīn、Mīm	塔、辛、米目
第 29 章	Alif、Lām、Mīm	艾列弗、俩目、米目
第 30 章	Alif、Lām、Mīm	艾列弗、俩目、米目
第 31 章	Alif、Lām、Mīm	艾列弗、俩目、米目
第 32 章	Alif、Lām、Mīm	艾列弗、俩目、米目
第 36 章	yā'、Sīn	雅、辛
第 38 章	Ṣād	萨德
第 40 章	Hā'、Mīm	哈、米目
第 41 章	Hā'、Mīm	哈、米目
第 42 章	Hā'、Mīm、'Aīn、Sīn、Gāf	哈、米目、阿因、辛、嘎弗
第 43 章	Hā'、Mīm	哈、米目
第 44 章	Hā'、Mīm	哈、米目
第 45 章	Hā'、Mīm	哈、米目
第 46 章	Hā'、Mīm	哈、米目
第 50 章	Gāf	嘎弗
第 68 章	Nūn	努恩

《古兰经注》(Tafsir al-Qur'ān) 见苏菲派经注。

《古兰经注撷英》(al-Muntakhab fi Tafsir al-Qur'ān al-Karim) 现代伊斯兰教逊尼派简明经注。为埃及伊斯兰事务最高理事会所属"古兰圣训委员会"编辑。1988 年出版,1 大册,100 多万言。每页上部为经文,下部为释文,对经文逐段进行解释,便于与经文查对。该经注内容新颖,观点明确,对不少疑难问题亦能按当代观点加以诠释。据序言所述,其特点是:文体用现代阿拉伯语,简而不缺,全而不繁,不列举各学派见解,不采用烦琐术语,只扣准经文本意予以直接解释。同时,亦不进行语法、修辞方面的解释,而便于读者直接了解经文含义,并为将《古兰经》译为其他文字提供蓝本,以使各文种的译本内容和译法基本趋于一致。该经注在《古兰经》每章之前均附有一简要提示,说明各该章的基本大意和内涵,是当代颇具特色的《古兰经》注释本。 (马　贤)

古兰经注学('Ilm al-Tafsir) 伊斯兰教宗教学科之一。除对古兰经文降示的背景、读法、语法、修辞、词义等进行技术性的研究和解释外，还根据每个时代学术文化发展的情况，以及人们对经文认识程度的深化，对《古兰经》所包括的哲理、教义、律例、历史事件、寓言、典故等内容进行研究和阐释。《古兰经》曾用"太厄维勒"(Ta'wil,3：7)和"太弗西尔"(Tafsir,25：33)两词表示对启示的解释，在穆罕默德门弟子及其以后一个时期曾用"太厄维勒"表示这一概念。如泰伯里就用这个词称自己的经注，并将经注学者称为"艾赫勒·太厄维勒"(Ahl al-Ta'wil)。后来，随着对经文解释的范围不断扩大，以及对经文研究的程度不断加深，有些人尤其是苏菲主义学者，认为以上两词虽然都是对经文的解释，但含义并不完全相同。苏尤蒂说："'太弗西尔'系指对经文表面意义的揭示，而'太厄维勒'则指那些在宗教知识上有特殊造诣或从事修行的学者对经文内在的微妙意义进行的探索。"因之，一般伊斯兰学者都将自己对经文的解释，称之为"太弗西尔"，该词遂逐渐成为《古兰经》注释的专用名称，现已为世界各国穆斯林所通用。

穆罕默德逝世后，随着哈里发国家的建立及其向外扩张，伊斯兰教传播到了阿拉伯半岛以外的广大地区，居住在这些地区的波斯人、叙利亚人、埃及人、犹太人和柏柏尔人等相继信奉了伊斯兰教。在当时，《古兰经》是伊斯兰教唯一的经典，是宣传伊斯兰教主张的唯一根据，所以无论从对新征服地区进行传教来看，还是从被征服地区人民接受和了解伊斯兰教的需要来看，学习和研究《古兰经》都是十分重要的。哈里发本人及派到各地的传教师多是穆罕默德的门弟子，他们根据自己掌握的宗教知识和有关阿拉伯诗歌、谚语、典故等知识，向人们宣讲经文的涵义、降示的背景及教义、教法的规定，于是出现了早期的口头经注。但在这些人中能从事这一工作，并能取信于人者为数不多。在穆罕默德门弟子中能解释《古兰经》的除了四大哈里发外还有伊本·阿拔斯、伊本·麦斯欧德、伍班伊等人，其中流传下来的以阿里和伊本·阿拔斯所作的注解较多。这同他们出身于古莱什族，具有一定的读写能力和他们与穆罕默德接触较多有关，也同后来什叶派崇奉阿里、阿拔斯王朝尊伊本·阿拔斯为始祖有关。在穆罕默德门弟子之后，在各地从事《古兰经》讲解的多是门弟子的学生或追随者，称为再传弟子。其中较著名的，在麦加有仪克雷玛、穆贾希德、伊本·朱拜尔等；在麦地那有栽德·本·艾斯兰、艾布·阿利亚等；在伊拉克有马斯茹格·本·阿吉丹、格塔岱·本·迪阿玛以及哈桑·巴士里等。他们继承了穆罕默德及其主要门弟子传下来的宗教和社会文化知识，包括对《古兰经》有关内容的解释和伊斯兰教出现前后的诗歌、谚语方面的知识，同时他们按照自己的理解或读经体会向人们宣讲教义，解释《古兰经》。这样，就逐渐扩大了对《古兰经》内容的注解范围。当时他们多是口头传授，而且只限于零散说明经文中个别词句，某个问题，或某段经文降示的具体背景，还没有形成对全部《古兰经》的系统注解。后来，有人将穆罕默德及其门弟子对《古兰经》的直接解释和间接的说明搜集起来，汇集成书或编入各家各派的"圣训集录"中，通称为"传闻材料"。与此同时，随着"有经人"(犹太教徒和基督教徒)中的一些知识分子相继改信伊斯兰教，通过他们的传言立说，以色列民族的某些宗教传说便被大量地带进伊斯兰教和《古兰经》注释中来。伍麦叶王朝时期，提倡说书讲故事，以及后来把《讨拉特》译成阿拉伯文，为借用《圣经》内容解释《古兰经》提供了条件。什叶派人和苏菲主义者为了深化对《古兰经》内容的研究和推行圣徒崇拜，也吸取了基督教的某些思想，这就使犹基二教的民间传说和宗教思想涂上了伊斯兰教色彩得以在伊斯兰社会和文化领域内广泛流传。这种来源于"有经人"的材料被称为"以色列传说"。尽管不少伊斯兰学者对引用这些传说持慎重甚至批判态度，但在客观上这种传说对丰富《古兰经》注释内容起了一定作用。8世纪初，阿拉伯哈里发国家政治经济有了发展，文化学术领域出现了繁荣景象。哈里发国家奉行的伊斯兰—阿拉伯化的政策，推动了《古兰经》和宗教学的研究，而《古兰经》的研究又促进了阿拉伯语文的研究和语法学、修辞学、字典学的出现。在这个时期，以《古兰经》中故事传说和"先知战功"为主要对象的历史学研究和以《古兰经》中的律例规定为主题的教法研究，还有以《古兰经》中关于安拉、末日、后世内容为基础的信仰学研究大大发展起来，各自形成了不同的学派，并编写了许多专著。9世纪，以天文学、地理学、数学、医学为主的自然科学，也相继发展起来，并取得了很大的成就。这些学科的发展和不同学派的争鸣，给注解《古兰经》提供了新的内容。与此同时，由于伊斯兰教内部分裂日益加深，随着各种教派、学派思想体系的相继建立和发展，编著《古兰经注》不仅是一桩阐发天经经义、传播伊斯兰教义、整理伊斯兰文化遗产的重要活动，而且也是当时教派和学派斗争的一种宣传手段。各派学者均按照自己的观点对《古兰经》有关内容加以注解，以期从神圣的启示中找到有利于自己的依据。

古兰经注从穆罕默德门弟子开始的零散的口头解释，到9世纪叶海亚·本·赛兰(742～815)和泰伯里(838～922)的成部的文字经注的出现，经历了100多年的漫长过程，逐渐形成了一门独立的伊斯兰文化学科，并随之出现了一些专门从事研究、整理《古兰经》注解的学者，他们根据各自获得的传闻材料和文化知识，加上自己的教派、学派观点以及自己对经义的理解，撰写出了具有不同特点的古兰经注之作。经注内容，因注者之所长而异，有的侧重于从语法修辞、句法结构等语言文字方面解释经文，有的侧重于从信条和神学思想方面进行注解，有的侧重于从教法律例和道德规范方面进行注解，有的侧重于从历代先知们的故事等历史传说方面进行注解，而后来的经注大师则兼收并蓄、旁征博引并吸收当代其他学科之有益因素，将古兰经注编写成包罗万象的伊斯兰知识文库。穆斯林学者通常将主要的古兰经注按注文内容特点分为3类:一是“传闻经注”,即以前人世代相传下来的有关知识或材料注释经文,包括以经文相互诠释,以圣训解释古兰经、以先知门弟子和再传门弟子言行及其对经文的理解等材料注解经文。这类经注中很难看到注者本人的见解。如泰伯里的《古兰经解总汇》(Jāmi'al-Bayān fi Tafsir al-Qur'ān)、撒马尔干迪的《经注学海》(Baḥr al-'ulūm)、艾布·哈米德·拜格威的《启示华貌》(Ma'ālim al-Tanzil)、伊本·阿蒂耶的《天经注解简编》(al-Muḥarrar al-Wajiz fi Tafsir al-Kitāb al-'Aziz)、伊本·卡西尔的《伟大的古兰经注解》(Tafsir al-Qur'ān al-'Aẓim)和费茹孜·阿巴迪的《伊本·阿拔斯经注》等都属此类。二是“见解经注”或称“意见经注”,即指在包括经、训在内的传述材料中找不到解释经文的依据时,可按注者个人的理解或见地对经文作阐释性的解释,但这类解释者必须具备高深的宗教学造诣并对阿拉伯语文和先知历史有相当根底等条件。多数经注著作,皆属此类。如以拉齐经注著称的《奥秘之钥》(Mafātiḥ al-Ghayb)、以白达维经注著称的《启示的光辉和经义奥秘》(Anwār al-tanzil wa Asrār al-Ta'wil)、以哈津经注著称的《启示真义释萃》(Lubāb al-ta'wil fi Ma'āni al-Tanzil)、以海推布经注著称的《明灯》(al-Sirāj al-Munir)、艾布·哈扬的《经义海洋》(al-Bāḥr al-Muḥiṭ)以及近现代学者所编著的各种经著等。三是示意经注,即专事潜心修炼且对《古兰经》有研究的学者(其中包括苏菲主义学者)越过经文表面意思而根据自己内心体悟对经文作出的特殊解释。突斯特里的《古兰经注解》(Tafsir al-Qur'ān al-Karim)、赛勒米的《经注究竟》(Ḥaqā'iq al-Tafsir)、伊本·阿拉比的《启示义理综述》(al-Jam 'wa al-tafṣil fi Ibda 'Ma'āni al-Tanzil)、阿路西的《古兰经义精华》(Rūḥ al-Ma'āni)和所有苏菲派和内学派的古兰经注皆属此类。由于不同教派的经注学者在经注中宣传了作者自己派别的神学和政治观点,各派学者都以本派正宗信仰为标准衡量每部经注的可靠性,因而又把经注分为“可赞扬的”和“可贬斥的”两类。正统派学者将内学派和部分苏菲主义的经注称之为“可贬斥的”,要求人们谨防受其中错误注解的影响。

古兰经注是随着伊斯兰—阿拉伯文化发展而形成的一门学科,因而它是这个文化的一个组成部分。通过为经作注,不仅反映了作者对《古兰经》从文字到思想的研究成果及其学术思想,而且还吸收了同时代与伊斯兰教有联系的哲学、神学、历史学、伦理道德学等领域的学术成果,从而丰富了古兰经注的内容,深化了经义的研究。每一部完整的经注都是在某一时代的文化学术活动的影响下出现的,它不仅保存了古兰经研究和伊斯兰文化的有关资料,并为穆斯林学习《古兰经》提供了必要的知识,而且它还从某一个侧面反映了那个时代的教派和学派的斗争情况,因而古兰经注历来被认为是研究伊斯兰教必不可少的方面。

(马　贤)

《古兰经注之准衡》(al-Mizān)　见什叶派经注。

古兰学('Ulum al-Qur'ān)　伊斯兰教的基本学科之一。以《古兰经》为研究对象,故名。其内容主要包括:经文的降示概况、经文的记录、搜集、整理、统一定本、章节划分和排列,经文的分期、不同的读法、说文解字、具体经文降示背景,经文的相互废止、相互印证和相互解释等,意义明确的经文和意义隐晦的经文,经文中的词法、语法修辞的特点以及对经文的研究和注释等。同时还包括各个时代围绕《古兰经》的天启性、无始性和不可拟作性等问题争论的答辩。古兰学的主要宗旨在于通过对上述问题的研究,使人们了解《古兰经》的来历和内容,确立其天启性和其辞章、义理的超绝性,以及统一定本的可靠性,以维护《古兰经》的神圣地位。

9世纪下半叶,古兰学尚未形成,而流传于当时伊斯兰学术界的只是有关《古兰经》的降示和降示原因、不同读法、经文抄写和元音标记以及单词注释、词法、语法等方面知识的零散传述和单题考究。伊斯兰教的广泛传播,使越来越多的人产生了学习了解《古兰经》的要求,而形势的发展也要求有专人对《古兰经》进行研究,以便把有关知识传给后人。与此同时,伊斯兰教其他学科的普遍发展又给《古兰经》研究提供了新的见解和方法,为古兰学的形成奠定了理论基础。大约从10世纪开始出现了有关《古兰经》知识单一题目的研究作品,如:阿里·本·麦地尼(生卒年不详)的《经文降示的各种原因》、卡西姆·本·色兰(生卒年不详)的《废止与被废止的启示》、艾布·伯克尔·锡吉斯塔尼(?～941)的《古兰经冷僻词语》和瓦希迪·内沙布里(?～1076)的《启示的诸因由》、豪斐(?～1039)的《古兰单词尾变问题》、达尼(?～1052)的《七家读法易知》等。同时还先后出现了如古兰故事、古兰比喻、古兰律例等单一题目的分类研究,并将每个单一题目的研究称之为一门学科,如“先后经文废止学”、“降示原因学”、“经文词汇学”、“经注学”等。因此,古兰学是随着阿拉伯—伊斯兰文化的发展逐步发展和系统化的一门学科。

12～13世纪,一些学者在前人的资料及其研究成果的基础上进行综合归纳,编写了一些较为系统的著作,如伊本·朱济(?～1200)的《经学艺术撷精》和《古兰诸学之撮要》、艾布·沙麦(?～1266)的《古兰学简引》。从他们的著作中可以看出“古兰经诸学问”一词的内涵包括当时已经出现的有关古兰的各种问题。多数学者遂认为古兰学正式形成于13世纪。

8～11世纪是阿拉伯—伊斯兰文化学术发展和昌盛的时期,也是伊斯兰各教派、学派的思想主张相继建立并逐步系统化的时期，随着阿拉伯一伊斯兰文化包括语言文学、哲学、历史地理和逻辑学等的发展，古兰学研究的内容也得到了充实。各学派围绕安拉是否具备言语的德性、这种德性是无始的还是有始的、《古兰经》是被造的还是安拉的无始言语、《古兰经》的超绝性及奥斯曼定本的全面性等问题开展过讨论和争论，其中有些观点已成为各教派、学派的主张而延续于后世。维护伊斯兰教正统信仰的学者们如何回答某些违反伊斯兰正统主张的争论并如何以理反驳，遂成为以捍卫《古兰经》天启地位为宗旨的古兰学的新任务，随之产生了“古兰超绝性”这样一个专题的讨论，不少学者写了有关这方面的专题著作，其中巴格达大法官巴格拉尼(？～1013)所著《古兰经的超绝性》批驳了当时否认古兰天启性的某些主张，起到了维护穆斯林大众派对《古兰经》的信仰的作用。

14世纪，由于将伊斯兰思想文化发展过程中产生的新的学术概念和见解引入《古兰经》研究领域，古兰学的研究进一步深化，趋于成熟阶段。泽尔克西(1344～1392)、卡斐济(？～1468)和布勒盖尼(生卒年不详)等学者在这方面做出了贡献，他们一方面将分散的单一题目的研究改为综合研究，并将研究的内容系统化，如布勒盖尼的《群学星照》一书，主要讲述经文降示的时间、空间及与之有关的事件；经文的口授、背记、传述及传述人；习读经文及习读规则；经文的用语及修辞；经文中的律例及其类别；《古兰经》的分与合、简与繁、长与短等不同章法。15世纪下半叶，埃及著名学者苏尤蒂(1445～1505)吸收泽尔克西、卡斐济及自己老师布勒盖尼等人的成果，将古兰学的研究又推进了一步，使此学科进入了成熟时期，他博览群书兼收并蓄，于1467年最后完成了《经注学大观》一书，其中涉及古兰学的内容大大超过布勒盖尼的著作。后又在此基础上完成了《古兰经学通论》名著，涉及了几个世纪以来先后提出的有关此学科领域的基本问题，为后来研究此学科的人不仅提供了丰富的资料，而且在某些方面提出了新的论点和论据。《古兰经学通论》及他的另一著作《古兰降示的诸因由》被后人认为是古兰学的空前成就。

现代以来，古兰学研究从方法到涉猎的问题都有了新的发展。原因一是伊斯兰国家和地区科学文化的发展进步以及伊斯兰文献的挖掘整理和印行，使伊斯兰学者的研究思路有了更新，所能依据的材料更为丰富；二是西方殖民主义者及其传教士对《古兰经》的歪曲和诋毁，激发了伊斯兰学者对古兰学的重视，迫使他们不得不对那些反伊斯兰的论点进行辩驳，从而拓宽了研究范围，丰富了古兰学的内容；三是19世纪以来，西方一些较公正的东方学家出于要研究先知穆罕默德的生平事迹及其思想主张等目的，对《古兰经》进行历史的和学术的研究，如《古兰经》的历史背景、经文降示的时间顺序以及某些经文的社会意义等，并编写出了一些不同于伊斯兰学者观点和写作方法的作品，其中德国诺尔迪克·修杜尔(1836～1930)的《古兰经历史》和法国学者勃拉尔(1900～?)的《古兰经的启示、成书、翻译及其影响》较为有名。这类作品的内容和研究方法对伊斯兰学者产生了一定影响。因此，伊斯兰教内有些人对古兰学的研究产生了影响，他们开始改变过去那种只引证前人尤其“前三代”的言论，不加分析地堆积资料的老传统，而采取筛选资料，去粗存精，为我所用，综合分析，并能结合当代人们对《古兰经》提出的异议或问题进行研究。这方面的著作有布塔希尔·阿尔及里于1916年前后完成的《古兰学辨析》、穆·阿里·赛兰的《古兰学纲领》、什叶派学者赞加尼(1891～1941)的《古兰经历史》、前爱资哈尔大学副校长穆·马赫鲁夫的《古兰学提要》、穆·萨布尼的《古兰学辨析》等。此外，什叶派学者对古兰学的研究有许多独到之处。如艾布·阿卜杜拉·赞贾尼的《古兰经历史》和伊玛目胡毅的《古兰学阐释》，都具有相当高的学术参考价值。

近几十年来，古兰学更为突出的一个特点就是与经注学结合起来，通过对《古兰经》分类，选择其中与现实生活联系较为密切的某个主题或一部分经文，用现代语言和现代方法进行分析，以求调和经文与现代思想的矛盾，使《古兰经》抛掉历史加给它的各种注释的旧包袱，以适应时代的新发展。如阿卜杜拉·达拉孜的《古兰经的道德宪章》、萨利赫·西德基的《古兰经鹄旨》等著作以现代社会学观点，根据如何治理现代社会问题的要求阐释古兰有关经文，说明经文中有关社会问题的主张仍不失为医治现代社会某些弊端的良方。又如昭海里的《古兰经与现代科学》、马哈茂德·易卜拉欣的《从地层学看古兰经的超绝性》等则是从自然科学知识观点出发，观察某些经文的含义，说明当人们占有一定的文化知识，掌握一定的科学道理时，才能更确切地认识某些古兰经文的真正意义。利用现代科学观点探索古兰经文的含义并不是使《古兰经》借科学之光得以生存，而在于说明古兰的超绝性既表现于其文词优美、结构严谨、修辞富于雄辩等外形方面，而更主要的是表现于其内容博大精深、富有启迪性和适应性等内含方面。（马　贤）

《古力斯坦》(Kulistān)　见《蔷薇园》。

《古洛司汤》(Ḳulistān)　见《蔷薇园》。

古纳赫(Gunākh)　伊斯兰教用语。波斯语音译，意为“罪恶”。阿拉伯语称“赞卜”(Dhanb)或“朱纳赫”(Junāḥ)。（马恩信）

古太白·伊本·穆斯林(Qutaybah ibn Muslim，约670～715)　阿拉伯帝国伍麦叶王朝将领，中亚地区的征服者。中国史籍称孤特拔、异密·屈底波。阿拉伯人，生于叙利亚。其祖父即先知穆罕默德妻子哈芙赛之兄弟。古太白原为伍麦叶王朝伊拉克总督哈贾吉部下军官。7世纪末因协助哈贾吉镇压伊拉克库法和巴士拉的反抗运动有功,大受宠信。8世纪初,哈贾吉奉命开始向中亚扩张。此时中亚的河中地区原存在昭武九姓政权,内附唐王朝。居民以信仰佛教为主,一些部落、民族还信仰袄教和萨满教。此前阿拉伯军队虽常出兵河外地区,但均以掠夺为目的。704年经哈贾吉推荐,古太白被哈里发瓦利德一世任命为呼罗珊总督,首府谋夫(木鹿)。他力图彻底征服中亚地区,遂统率5万阿拉伯军队东征。705年攻占吐火罗斯坦(巴里赫)。706～709年征服粟特的布哈拉及其周围地区。710～712年攻陷撒马尔罕和花剌子模。713～715年深入到锡尔河流域,特别是拔汗那(今费尔干纳)地区,完成了对中亚的征服,建立了穆斯林政权。古太白在征服过程中采取了分化瓦解、各个击破的策略。712年,花剌子模军队曾帮助阿拉伯军围攻撒马尔罕,当地的一些封建上层人物与阿拉伯军队合作,联合镇压了农民的反抗。阿拉伯人竭力在中亚传播伊斯兰教,古太白曾命其部焚毁撒马尔罕等城市的佛寺,袄祠及神像、经卷、文物均被焚毁,在一些废墟上建清真寺,允许居民信仰伊斯兰教后可免纳贡税。对坚持原来宗教信仰者课以人丁税,大量的佛、袄教徒随之归信了伊斯兰教。古太白在中亚大肆破坏和掳掠,仅从粟特地区就俘掠了10万人,把他们沦为奴隶。同时把大批阿拉伯人迁移到中亚的城市和乡村,他们到处兴修清真寺,开办经文学校。后布哈拉、花剌子模、撒马尔罕变成了中亚伊斯兰文化中心。714年,古太白再度远征费尔干纳时,哈里发瓦利德一世逝世,其弟苏莱曼继位。古太白与苏莱曼素有嫌隙,遂谋叛变,未果,715年为部下所杀。古太白的军事扩张活动为阿拉伯帝国彻底征服中亚奠定了基础。他大力推行伊斯兰教,故死后被中亚地区穆斯林尊为"殉教者"。

(关意权)

古土布(al-Quṭub) 伊斯兰教苏菲派高级称谓之一。亦译"库特布"、"古托布"。阿拉伯语音译,原意为"地极"、"轴心",引申为"巨头",指该派隐匿于世间的"要人",亦即特殊的"吾里"。据埃及艾哈迈德·迪亚乌丁·穆斯塔法编写的《苏菲原理集》称:古土布分为8类:(1)"古土布奥斯",意为解救人的"古土布",亦称"古土布·艾格塔布",意为最大的古土布,被认为是人们痛苦的解救者。(2)"古土布·伊尔沙德",意为指导人的"古土布"。(3)"古土布·比拉德",意为一国或一洲范围的要人。(4)"古土布·穆泰赛里夫",意为一方"古土布"。(5)"古土布·奥塔德",意为柱石式的"古土布",共有4个,相当于东南西北的4根柱子。(6)"两伊玛目",一在古土布之右,一在古土布之左,含有两大臣佐之意。(7)"白迪勒",意为替班人,共有7个,他们分别代替阿丹(亚当)、易卜拉欣(亚伯拉罕)、穆萨(摩西)、哈伦(亚伦)、伊德里斯(以诺)、优素福(约瑟)、伊萨(耶稣)等先知。(8)"奈给布"(检查员),共有12个。上述8类古土布,苏菲派认为是特殊的"吾里",匿于世间。

(马　通)

古行 见格迪目。

固定刑(Ḥadd, Ḥudud) 伊斯兰教法学概念。阿拉伯语"哈德"或"哈杜德"的意译,原意为"界限"、"限制"、"规定"、"障碍"等。①泛指安拉对其诫命和禁令的规定的界限、范围,即《古兰经》中所言"真主的法度"(2:187,229)或"真主的定制"(2:178、180、182),必须严格遵行。②伊斯兰教刑法用语。与酌定刑(Ta'zir)对称。特指安拉对几种不容宽恕的"大罪"规定的固定刑罚,如鞭刑、断手刑、削足刑、以石击毙刑、斩首刑、绞刑等,分别适用于酗酒、偷盗、私通、诬陷私通、抢劫、叛教6种"大罪"(一说为前5种)。这些刑罚在《古兰经》和圣经中皆有明文规定,被视为"安拉的权利",世人无权染指,既不能重罪轻罚,亦不得轻罪重罚。原则上固定刑重于由教法官裁定的酌定刑,在卡迪监督下实施。近代以来,固定刑在大部分伊斯兰国家已弃之不用,代之以由国家制定的新刑罚。(吴云贵)

惯例 见欧尔夫。

《光的海洋》(Biḥār al-Anwār) 什叶派十二伊玛目派圣训集之一。什叶派著名教义学家、圣训学家麦吉利西汇编。成书于17世纪下半叶至18世纪初,共26卷,前17卷由麦吉利西编,后9卷由其弟子阿卜杜拉·埃芬迪('Abd Allāh Efendi)续成。内容涉及什叶派教义各个方面,诸如认主独一、安拉的德性和美名、知识的类别和获取方式、纯正信仰和非信仰、自由意志和前定之说、《古兰经》在信仰中的地位、伊斯兰教法的实在性、对诸先知和众伊玛目的信仰、信仰者对安拉的义务、朝觐圣地、圣墓等。本书取材广泛,汇录的圣训内容远远超出什叶派的"四圣书"(早期汇编的四部圣训集),具有广收博录的特点,按题材分卷汇编。编者汇编此书,意在弘扬什叶派正统教义和历史文化传统,批驳逊尼派、苏菲派和神秘主义哲学学派(神智学派)观点,此举曾得到萨法维王朝(1501～1732)国王的资助,得以收购手稿、散本等珍贵资料。本书的第一个平版印刷本完成于1885～1897年,同期还出版了一部多卷本(110卷,德黑兰)波斯文译本。本书有多种节选本、缩编本、注释本和续补本。此外,还有一英文节选译本,威廉·齐提克(William C,Chittick)选译,书名为《什叶派文选》(A Shi'te Anthology),1981年纽约版。《光的海洋》对研究什叶派圣训、教义和文化传统有重要的参考价值。

(吴云贵)

《光塔古兰经注》(Tafsir al-Manārah) 见近现代经注。

光塔寺 见怀圣寺。

光阴派(Dahriyyah) 公元前6世纪至公元4世纪盛行于波斯的哲学思想派别。阿拉伯语"德赫林耶"的意译,原意为"时间"、"光阴"。波斯文仅指"时间"。在古阿拉伯诗歌中,已有视光阴为人类起源的内容,往往将它同命运相联系。中世纪阿拉伯帝国时期,该派思想成为伊斯兰学者批判的主要对象之一。该派相信世界的永恒性,认为宇宙万物及其变化均为无限光阴的各种表现。除物体外,没有其他实在之物;否认造物主的存在,不相信天园、火狱、灵魂不灭之说及末日审判后的奖罚。故在中世纪被称为"无神论者",近代亦称"唯物论者"。《古兰经》转述并批驳了该派思想:"他们说:'只有我们的今世生活,我们死的死,生的生,只有光阴能使我们消灭。'"指出他们"一无所知","专事猜测"(45:24)。一些伊斯兰学者在解释此段经文时,将"光阴"一词与"安拉之光"一词等同,有的指出它是安拉的99种美名或德性之一。在中世纪,该派思想被伊斯兰教的一些学者吸收并改造后而得到传播;在近现代,该派思想在伊朗和阿拉伯的文学、诗歌及民众思想中仍有反映。 (吴云贵)

光照学派 见照明学派。

广东回教慎终会 中国广州穆斯林的互助慈善组织。1925年初成立,会址设于南胜清真寺,主持人有傅慎之、萨赞臣和马庆云等。该会拥有部分动产和不动产,以"爱群裕后为宗旨"进行丧济互助,这一方式具有宗教特点的人寿保险性质,深受当地穆斯林群众欢迎。一年后,发展会员达500多名,约占当时广州回民成人总数的一半,在社会上有一定影响。1934年该会改组,更名为"广东回教同益会",又吸收了不少新会员,主持人为刘玉臣和杨瑞瑜等。1938年抗日战争期间,由于广州沦陷,会员逃散,因而产业无人管理,会务瘫痪。1945年抗日战争胜利后,产业归四坊清真寺代管,会员仍按章领取公助费。 (杨 棠)

广惠司 中国元代所设的掌管回回医药的机构。元代中亚、西亚的移民和宿卫大量入华,阿拉伯医药也随之传入。蒙古中统四年(1263)忽必烈任命回回天文学家和医学家爱薛掌管西域星历、医药二司,阿拉伯医药在宫廷中极受重视。至元七年(1270)将西域医药司改为广惠司,秩正三品,设立于元大都(今北京),仍由爱薛执掌。据《元史·百官志》载,广惠司的职责有二:一是掌修制宫廷用回回药物与和剂(配方);二是治疗诸宿卫士和大都的孤寡及贫寒之士。广惠司均为回回医生,按阿拉伯传入的各种香药配制有特效的良方,以阿拉伯医术治疗。该司还翻译回回药方,推广回回医药。著名的医生有爱薛、撒剌、聂只耳、答里麻等。回回医生医术高明,陶宗仪撰《辍耕录》卷22记载了回回外科奇术。至元二十九年(1292),在太医院下专设回回药方院和回回药物局两个药学机构,分管大都(北京)和上都(多伦)两所回回药物院。至治二年(1322),将大都和上都药物院划归广惠司统一掌管。广惠司主要职官有20多人,内设提举、卿、少卿、司丞、经历、知事、照磨等官职。可见回回医药在元代占有相当重要的地位。 (杨怀中)

《广西回教》 中国伊斯兰教地方性学术文化刊物。1933年10月由广西各地穆斯林代表集资创办。社址设在广西南宁市礼拜寺。总编陈焕文,编撰人员全系义务工作。《发刊词》云:"近十年来,全国穆民咸以本教日渐衰微,广西伊斯兰教之情形,当与他处相同,同人等以为整理教务,宜从宣传教义着手;因教义不明,即教民不健,且亦无以得教外人之同情也,此所以有本刊之发行。"刊物登载有:关于伊斯兰之真义,指导穆民咸具爱国爱教之观念;关于穆圣复兴伊斯兰伟绩之纪逸,历代圣贤之传记;关于伊斯兰各项事业之改良与发展;关于伊斯兰青年思想之训练;关于伊斯兰传入广西之考证;关于广西伊斯兰建设与组织之改进;关于国内外伊斯兰新闻。创刊号刊登有《广西省清真寺一览表》、山国庆撰《教刊失败之原因及其挽救之方法》、马之骥《今后伊斯兰之教育原则》、尔思曼译作《穆罕默德圣人与回教信仰》、纳子嘉长篇纪实散文《征程——从昆明到开罗》、定耀仁宗教历史小说《圆梦》、幼仁《过去时期的云南省回民》、马骥君《南宁穆民情况调查之感想》等。 (余振贵)

广州回教青年会 中国广州穆斯林青年的宗教文化组织。1925~1926年间,由何敏衡、陈焕文等回族青年发起筹备,有马志超、马永华和萨旭云等10多人响应并组成。该会以小东营清真寺为活动中心,举办伊斯兰基本知识讲座、学术讨论和出版刊物等,进行学术文化交流,并经常举办纪念会和文化活动,以增进团结,联络友谊。该会培养、锻炼了一些具有新思想、新文化的回族青年,后来有的成为清真小学的校长、外事译员和清真寺的教长等,也有的走上了革命道路。曾在广州回族中有一定影响。 (杨 棠)

广州先贤古墓 中国伊斯兰教古墓。旧称"蕃人冢",俗称"回回坟"或"响坟"。坐落在广东省广州市城外流花桥畔。相传为唐时阿拉伯伊斯兰教传教师艾布·宛葛斯来华传教逝世后,营葬于此。墓园拱门嵌额为唐贞观三年(629)所建,据陈垣考证,当为唐永徽三年(652)。后经多次修葺,清代重建。据清代蓝子羲所撰《天方正学》卷7《旺各斯大人墓志》谓:"旺各斯,天方人也,西方至圣之母舅也,奉使护送天经而来。于唐贞观六年行抵长安。唐太宗见其为人耿介,讲经论道,有实学也。""因敕建大清真寺","嗣后生齿日繁,太宗敕江宁、广州亦建清真寺分驻。厥后大人期颐之年，由粤乘海船，放洋而去”。“大人在船中复命归真，真体大发其香，墓于广州城外。”“昔者舍西德四十位，同时归真，皆墓于大人墓次”。又据《西来宗谱》称：“挽个士果于粤东无常，教主等奉葬于围墙内，仿西域坟形，立滚白石亭一间，四围合陇，坟立中间，以为后人响祀之所，故又呼曰响坟”。（附《敬录先贤苏哈爸遗迹》）地面上墓室建筑为砖砌正方形，上覆半圆拱顶，四角以菱角牙砖与方砖叠涩14层。墓室上圆下方，内成洞形，入内诵经时回声响亮，移时方止，故有“响坟”之称。墓园以高墙围绕，南面设门。墓前建有礼拜殿及牌坊、方亭、客厅、水房等房舍，院内古木参天，清幽雅洁。大门前铺砌石路，路旁竹木繁茂。墓旁为明清以来知名穆斯林人士墓地，以明末抗清殉难的回回穆斯林人士羽凤麟、缴子浮、马承祖合葬的“教门三忠墓”最著名。墓园内立有1924年广东省省长廖仲恺保护回族坟场布告的石牌。（杨克礼）

归还（Radd） 伊斯兰教逊尼派继承法处分遗产的原则之一。阿拉伯语“拉德”的意译。该法规定，分割遗产（析产）时，应首先满足有优先顺序的份额继承人依法应得的份额，余额在第二顺序的父系继承人中间分配。由于份额继承人中多为女性亲属，所承遗产份额较小，余额有时为遗产的大部分，这部分遗产如无父系继承人继承，则应归还给份额继承人，按各自应得份额的比例分配，但遗偶（丈夫或妻子）无权参加余额的再分配。马立克教法学派主张将余额收归国有。什叶派继承法实行男女平等的继承原则，否认父系男性血亲的优先顺序和特权，故无此原则。（吴云贵）

《归途的干粮》（Zād al-Maʻād） 中世纪伊斯兰教著名教义、教法学著作。为伊本·泰米叶的高足、复古主义理论家伊本·盖仪姆·昭齐（1292～1350）编著。是作者的代表作。全书共5卷，包括有429个专题，计2995页。该书的主旨是以《古兰经》、圣训的大量明文为依据，以伊斯兰教先知穆罕默德在23年的传教活动为历史线索，从教义、教法、教规、伦理道德等方面系统地阐述了其复古主义主张，对渗入伊斯兰教内的各种异端邪说进行了驳斥。该书在伊斯兰教思想史上产生了很大影响。全书内容：第1卷为总论，主要叙述天地万物的创造、人品的分类与修养、穆罕默德为圣、传教活动与遭遇，以及有关衣着、待人态度、探望病人、殡葬等方面的问题115项。第2卷主要讲述施舍及天课、斋戒、朝觐的功课和结交往来礼仪等方面的问题97项。第3卷主要讲述穆罕默德的军事行动，包括圣战、征服阿拉伯半岛各部落的行动及接受各部落代表团前来归附的详细情况、穆罕默德派使宣教并向各邻国君主致书等方面的问题66项。其中对致各邻国君主书的内容亦作了较详细的介绍。第4卷主要讲述穆罕默德关于医药、治病及饮食卫生方面的问题70项。第5卷主要讲述穆罕默德在麦地那的法制建树，包括执法断案和有关婚姻、离异的规定及商事活动等方面的律例问题81项。其中还论述了伊斯兰教法的普遍性及执法断案的特殊性。书中对所列举的各种问题，既以经、训为依据，又以伊斯兰教先贤的言论为佐证，论述充分，观点明确，反映了复古派关于净化伊斯兰教的基本主张。原书用阿拉伯文“纳斯赫”书写体写成。近现代以来有多种印刷本，其中科威特印刷本，由阿拉伯学者舒艾卜·艾尔奈乌特和阿卜杜·嘎迪尔·艾尔奈乌特根据大马士革查希里耶图书馆1897年珍藏的抄本进行勘正，并为之作序，书前有编者简历介绍。1979年，由科威特光塔伊斯兰出版社出版发行，至1986年已印刷14次，销行世界各地。在中国亦有流传，为马坚汉译《古兰经》的主要参考典籍之一。（马忠杰）

归真 见无常。

《归真要道》 伊斯兰教苏菲派教义学著作。全称《归真要道释义》，波斯文原著名为《米尔萨德》。原作者阿卜杜拉·艾布·伯克尔。成书于13世纪中叶。清初伍遵契将其按中国经堂口语译为汉语白话文，并加扼要注释。汉文译著与波斯文原本一并被中国伊斯兰经堂教育选为教本，影响较大。汉语译作约完成于清康熙十一年（1672），现有康熙十七年（1678）撰就的多篇序文留存，光绪十七年（1891）由蒋春华增加注释付梓刊印，分4册，约15万字。1934年太原“中国伊斯兰布道会”重印。《归真要道》是苏菲主义的名著，除论述性命之微，死生之故，造人造物之原，以及穷己知化之学等理论外，重点讲述了苏菲主义的修行、养性、近主之道，分述三世（初时、今时、离体时）的根源，善人、恶人的归宿，士农商工所应遵循的正道等。该书卷首依次刊有蒋春华、沙炳、马士章、伍遵契、伍嘉璇等人的序言和小引。正文共4卷，其中分为5个门类共40篇，第1门为“解明本经纲目大义”，共3篇，要求行道者每日将本经内容或读或听两三页，就可“满受真机，实得妙理”。还说明人有3时，乃初时、今时、命尽之时，该书统言其中妙理，故取名《归真要道》，从中可了解“死生性命之理，及人之贵相”。第2门为“解明万有造化根源”，共5篇，指出人担负着认主的职责，“一切性由至圣性命而来，属主的令旨”；“色界凭六日成全，妙界凭主要有即有”；“主上作用人胚”，“吹命入人祖腔内，致活此中，而魔鬼寻机报仇，以致人祖受诱出世”。第3门系“解明今世中正事业”，共20篇，论述“命清而体浊，命世高而尘世低，命入身躯，渐生好恶”，须凭圣教、圣道、至道净心修理，并分别剖析了修道的途径及要领，本部分是全书的重点。第4门阐述“善恶归结”问题，共4篇，包括“悔罪之人归向”，“醒会之人归着”，“定静之人归真”，“纵恶之人归去”。第5门论述“士农工商修齐”之事，共8篇，内容包括“君王行止法正”，

“教化普照万生”，“宰官忠恕摄政”，“学者言行表率”，“富贵德义行持”，“农家志在参读”，“商贾循理经营”，“工人究修归真”等。《归真要道》内容丰富，后人评价其“可谓行道人之路径，归真人之试金石也，在上者可增问答，初学者可为导引。”该书的译者只能“译其大旨”，但在苏菲派的“人主合一”、修炼道路和寻求导师等问题上，提供了大量的苏菲主义思想素材，对了解苏菲主义学理和西北伊斯兰教门宦的某些特殊宗教礼仪具有一定参考价值。（余振贵）

《归真要道释义》 见《归真要道》。

圭亚那伊斯兰联合总会（the Guyana United Sad'r Islamic An juman） 圭亚那全国性穆斯林民间组织。1936年由印度孟买大毛拉舍姆斯丁·尼扎姆丁创立。宗旨：领导全国穆斯林，严格履行伊斯兰教义务；照顾穆斯林需求，维护穆斯林的合法权益。主要活动：营办伊斯兰教学校、穆斯林孤儿院，积极开展宣教活动。该会与伊斯兰世界联盟、世界伊斯兰大会保有联系。1989年9月曾在乔治敦主办首届南美次大陆国际伊斯兰大会。（黄陵渝）

贵阳市清真寺 中国伊斯兰教清真寺。坐落在贵州省贵阳市云岩区夏状元街41号。据《贵阳府志》载，清真古寺建于清代雍正二年（1724），道光十七年（1837）重修。占地面积620平方米。礼拜殿约100平方米，为钢筋水泥结构，宫殿式，琉璃绿色瓦面，四角翘飞。殿门木质雕花，典雅肃穆。西墙正中系“米哈拉布”窑殿，书有阿拉伯文经文。殿南侧有一5层水泥楼房，每层面积80余平方米，房顶一角建有圆顶“唤拜楼”。清真寺大门临街，门两边为石方柱，柱上刻有汉文行书体对联1副，上联：“清净中孚恒乐同人而集福”，下联：“真诚无妄咸謌大有以延庥”。门上面为单墙，顶端盖瓦，有脊有顶。墙中间嵌1石碑，碑上刻正楷“清真寺”3字，笔锋苍劲有力。进门是一通道巷，约30米处有1道二门，为条石砌成，上雕花纹，门上部有一块刻有阿拉伯文的石碑。1983年9月3日，该寺被列为贵阳市文物保护单位，并刻石立碑于大门外。（保健行）

桂林崇善街清真寺 中国伊斯兰教古寺。位于广西桂林市西门内。据载，该寺始建于清代雍正末年（1735），后于嘉庆、道光及民国时期数度扩建或重修。整体建筑由甬道、礼拜大殿、厅堂、沐浴室等组成。甬道两旁用阿拉伯文书写有“求主开阔吉庆慈祥的门”（右）与“真主是最伟大最尊贵的”（左）等字样。大殿正门上方有一巨匾，上书阿文“清真言”。两侧有汉文对联“经纬乾坤绕众妙而威归清妙；弥纶造化了万源而悉返真源”，以中国古代哲学阐释了伊斯兰教基本教义，并巧妙地嵌入了“清真”2字，以示与其他宗教的区别。庭院较小，使用十字形穿廊，使礼拜殿显得开阔。殿上部为八角形“弥盖雷式”拱顶。正窑殿书写《古兰经》文。该寺是桂林市规模较大、保存完整的清真寺，被列为桂林市重点文物保护单位。（罗万寿）

桂林清真古寺 中国伊斯兰教清真寺。位于广西桂林市西门外大街。据清康熙三十九年（1700）《重建西门清真寺并学堂养膳碑记》和嘉庆三年（1798）《重建清真寺碑记》记载，该寺大殿建于康熙年间，两廊及邦克楼建于嘉庆年间。整体建筑为四合院式，邦克楼居中，左右为讲堂，大殿在后。后窑殿面阔两间。在后窑殿左右与大殿后部，又有左右后廊，作为礼拜后向外远眺用。此一建筑手法，在清真寺建筑中较为罕见。《中国伊斯兰教建筑》称：“此寺大殿的宏大国内少见。”寺内原设经文大学、小学及女学各1所。抗日战争期间，成达师范学校迁桂林，校址即设于寺内。清末民初曾在寺旁建一女寺。此寺“文化大革命”中被拆毁，现已修复。（罗万寿）

《衮衣颂》（al-Burdah） 见《天方诗经》。

郭崇礼 中国明代穆斯林航海家。生卒年不详。杭州仁和人。回族。素习“西域天方教”，与马欢一起被人誉为“奇迈之士”。因通晓阿拉伯语，遂入选为郑和远航使团“通译”，“三随軿轺，跋涉万里”，并参加了对天方国（今沙特阿拉伯麦加）、麦地那圣寺和圣墓的巡礼。为马欢《瀛涯胜览》一书的编写、刻板印刷及请人作序做出了很大贡献。（冯今源）

郭氏族谱 中国元代以来定居于泉州市惠安县白奇乡的穆斯林郭姓家族的谱牒。传世的抄本有明郭萌修《泉州郭氏族谱》、丁惠之重修《郭氏奇山义房家谱》（1896）、郭其五撰《郭氏外引分支世系》（1891）、佚名重抄本《温陵螺阳奇山郭氏族谱》（1925～1931）、佚名重抄本《华山里顶前架郭氏家谱》（1940～1950）。郭氏族谱称其迁居泉州始祖为郭德广，他于元代因经商来泉州。族谱世系上溯郭姓，源于汾阳王郭子仪（697～781），但谱中郭子仪以下至郭德广近600年间世系缺载。1974年泉州发现了一方雕刻波斯文和汉文的墓碑，波斯文为人名：“伊本·库斯·德广贡·纳姆”，（lbn Qūs Daqqāq Nām），汉文为：“晋坡庭、惠白奇，元郭氏世祖坟茔。”据考证，这是郭姓定居泉州的二世祖，即郭德广的儿子郭子洪（？～1367）的墓碑。郭子洪的次子郭泰迁居惠安县白奇乡，三子居晋江坡庭，因此谱称其为“晋坡庭、惠白奇”的始祖。从此确定了白奇郭姓是元代居住泉州的波斯籍穆斯林后裔。族谱中关于郭氏源于郭子仪的记载，是明代回族修谱时所常用的伪托名宦大姓的做法。郭其五的《郭氏外引分支世系》收录17世纪时郭梦祥撰写的《遵回回教序》，记载了郭姓迁居惠安县白奇乡后伊斯兰教门的兴衰状况。郭姓家族保存着明清以来的《古兰经》抄本和汉文伊斯兰教经典。郭姓后裔擅长航海经商，民间还保存着数百年前的航海图、针路簿、罗盘等航海器具。现聚居在白奇乡及其周围 14 个村子里的郭姓后裔有 1.1 万余人。根据族谱记载进行的调查表明：明清以来，郭姓后裔分支迁居晋江市、龙海市、宁德县、平潭县，浙江省的苍南县、富阳市，台湾省的鹿港以及菲律宾等地。

（陈达生）

国际伊斯兰银行协会（al-Ittiḥād al-Dawli Li al-Bunuk al-Islāmiyyah） 伊斯兰国家协调、研究、指导国际金融活动的联合组织。1981 年创建于埃及开罗市郊米斯尔·贾吉达，秘书长为艾哈迈德·纳贾尔（埃及人）。由埃及、苏丹、约旦、科威特、巴林、阿联酋、巴基斯坦、几内亚、塞内加尔、尼日尔等 10 国的 22 家伊斯兰银行和投资公司联合组成。第一成员组织出资 3 万美元，另有伊斯兰合作基金会（隶属伊斯兰会议组织）等组织的少量资助作为日常活动经费。会员资格以 5 年为限，期满另行申请。由各行行长和公司总经理联合组成最高管委会和总秘书处，为领导机构。下设最高教法监察和裁判委员会，负责审批现行法规，按教法规定统一财政事务和银行业务工作。其宗旨是：(1)为拟建立伊斯兰银行的穆斯林社团介绍经验、提供技术指导。(2)继续筹建地区性、国际性伊斯兰银行。(3)在不干预内部事务的前提下，协调各伊斯兰银行间的活动，帮助成员组织解决各种困难。(4)代表、维护所有成员组织的共同利益。(5)创造条件逐步统一各伊斯兰银行的行规和工作制度。(6)就成员组织的投资、集资项目举行协商和可行性研究。(7)努力提高银行业务人员的素质和水平。(8)就地区性、国际性伊斯兰银行的保险、货币等问题开展研究，提出建议。协会成立后，曾于 1982 年在塞浦路斯（土耳其属）创办国际伊斯兰银行与经济学院，为之培养人才，开展伊斯兰经济思想研究，以扩大影响。现已出版一套 5 卷本的《伊斯兰银行学术与业务百科全书》（阿拉伯文），定期出版的《伊斯兰银行》周刊（阿拉伯文），是该组织的机关刊物。

（吴云贵）

《国家政权与伊斯兰教法》（al-Siyāsah al-Shar'iyyah fi Islāh al-Rā'i wa al-ra'iyyah） 伊斯兰教法学著作。罕百里学派著名教法学家伊本·太米叶（1263～1328）著。成书于 1309～1314 年间。该书继安萨里之后，提出了"符合教法精神的国家政权"（al-Siyāsah al-Shar'iyyah）的思想，系统论述了王权与教权的关系，全面修正了逊尼派教法学家关于普世哈里发的学说。主要内容包括：(1)普世哈里发制度不复为义务性的制度。安拉责成先知代行其绝对主权，但先知去世后，代行主权的重任已转移到伊斯兰学者，虔诚、博学的欧莱玛有资格重新解释安拉之法，以适应新的时代条件的要求。(2)伊斯兰教需要有一个权威的执法机构。伊斯兰教要求穆斯林遵从安拉和使者，只有靠"命人行善、止人作恶"才能实现，故必须有一个强制性的司法机构（素丹制），"60 年不义伊玛目的统治胜似一日没有素丹"。(3)理性和信仰要求有一位哈里发或素丹。一方面世人的福利只有在安定有序的社会中才能实现，另一方面，若无权威者，宗教信仰亦难以维持。(4)与"一个时代只能有一位哈里发"的观点相反，认为一个时代可同时有几位哈里发。(5)哈里发不一定是出身于古莱什族，无需具有完美的品德、渊博的宗教知识，对此，应不予苛求。哈里发可通过同精通教法的欧莱玛的精诚合作来弥补知识上的缺陷。(6)以契约制代替哈里发的推举制。哈里发的产生离不开民众的支持，通过互相承诺权利和义务的契约，可确立哈里发的地位。(7)伸张正义是哈里发或素丹最重要的品格。"安拉最喜爱者莫过于正义的伊玛目，安拉最讨厌者莫过于暴虐无道的伊玛目"。该书提出的以安拉之法为国家政权最高指导原则及欧莱玛释法、参政的政治思想，为教权与王权的妥协提供了法理依据，受到阿拔斯王朝后历代封建统治者的赞赏，亦是当代伊斯兰原教旨主义政治原则之一，对穆罕默德·阿布笃、拉希德·里达、赛义德·毛杜迪等人的政治学说有重要影响。

（吴云贵）

H

哈毕勒(Hābil) 见阿丹二子。

哈卜卢拉(Ḥablullāh) 伊斯兰教用语。多为阿訇、学者讲经或宣教时所常用。阿拉伯语音译，意为"真主的绳索"。源于《古兰经》第3章第103节："你们当全体坚持真主的绳索，不要自己分裂"。意即穆斯林应在共同信仰独一安拉的基础上加强团结，而不要分裂。根据《古兰经》诫命，坚持团结，而不要分裂，便成为穆斯林应尽的宗教义务之一。特指《古兰经》。穆罕默德曾说过："《古兰经》确是真主的一根牢不可破的绳索"(《伊本·麦尔杜迪圣训集》)。据经注学家称，《古兰经》中"坚持真主的绳索"一句，应理解为：穆斯林要严格遵循《古兰经》诫命，以《古兰经》作为一切言行和判断是非、善恶的准绳。 (马恩信)

哈查只 见哈贯吉·本·优素福。

哈德(Ḥadd) 伊斯兰教法用语。阿拉伯语音译，意为"限度"、"界限"等。指法度、处罚和刑罚。即凡事物都有其限度，越限即为违法，违法应受处罚，情节严重者则处以刑罚。教法规定刑罚只用于奸淫、杀人、诬告、酗酒、偷窃、抢劫、叛教及迫害他人等8种罪行，统称为"应受刑罚之诸罪"(Jara 'im Ḥudūd)。但各种罪行应受何种刑罚，因其情节、危害程度而各不相同，如犯诬告妇女不贞者，打80鞭，并永远不能作其他见证(《古兰经》24：4)；犯盗窃罪者，断其手(5：38)；犯抢劫罪者处以死刑，或驱逐出境(5：33)。哈德构成伊斯兰教刑事法('Uqūbāt)的重要内容，旨在阻止人们以身试法。 (马恩信)

哈德成(1888～1943) 中国现代伊斯兰教学者、教育家。与王静斋、达浦生、马松亭并称为现代中国四大名阿訇。名国祯，以字行。经名希拉勒丁(Hilāl al Dīn，即宗教的新月)。原籍陕西南郑，早年随父哈希龄移居上海。幼年曾读儒书，并由其父学阿拉伯语。16岁时，到江苏镇江和河南投伊斯兰教经师深造。后担任上海浙江路清真寺(俗称"外国寺")教长，仍孜孜深研经义，自修阿拉伯语、英语、波斯语和乌尔都语。1913年赴麦加朝觐，翌年回国，与教内同仁共谋筹款、兴学大计，发起成立协兴公司，经营海外贸易，以盈余为培养人才之资。1919年出任驻锡兰(今斯里兰卡)、埃及经理，以博学多闻而深得外邦穆斯林敬重。1924年回上海，与马刚侯等筹组"中国回教学会"，并发行该会《月刊》，翻译《古兰经》，相继刊出第1～3卷译文。1928年与达浦生等创办上海伊斯兰师范学校，并选派优秀生赴埃及留学。1937年抗日战争爆发后，在上海租界筹办慈善事业。1941年拒绝日寇利诱威胁，化名马国成，只身辗转逃抵重庆，并谢绝国民党政府聘任，到云南边疆穆斯林村庄沙甸，协助其学生马坚翻译《古兰经》，并任教于养正阿拉伯语专科学校高级班。1943年10月25日因病归真于沙甸，终年56岁。

哈德成爱国爱教，毕生献身于伊斯兰教文化教育事业，对教义研究较深，对《古兰经》微言大义，理解尤精。在上海时，对耶稣教会刊印的《回教考略》一书中对伊斯兰教诬蔑不实之词，一一辨误，引经据典，义正辞严，使作者李佳白理屈词穷，焚书毁版以谢。他在上海外国寺任教期间，每逢主麻聚礼或尔德会礼宣讲"卧尔兹"，面对各国操不同语言的穆斯林，当场交替用汉语、英语、阿拉伯语和乌尔都语宣讲，博得称赞。曾在寺内设《古兰经》讲座，一时中外穆斯林执经求教者络绎于途。他桃李满门，所选送到埃及爱资哈尔大学深造的优秀生马坚等，在学术、教学上均有显著成就。在学术上，早年参与主持编辑《中国回教学会月刊》、《上海伊斯兰师范校刊》和普及读物《回教初步浅说》等。20世纪20年代上海《申报》总主笔伍特公等翻译的文言本《古兰经》，40年代马坚翻译的白话文《古兰经》，均由他口授指导，为之诠释。抗日战争期间，他赤诚的爱国气节和行动，忧国忧民的精神，抵制日伪当局威胁利诱、拒绝官位厚禄而清贫自守，倾心于伊斯兰学术文化研究的高尚情操，深受中国穆斯林的赞佩。

(林　松)

哈迪斯(al-Ḥadith) 见圣训。

哈的 见卡迪。

哈尔瓦提教团(al-Ṭariqah al-Khalwatiyyah) 土耳其伊斯兰教苏菲派民间兄弟会组织。对该教团的产生说法不一。有的学者认为,它是一个起源于中亚的独立教团,具有突厥民族传统,开始传播于希尔万(Shirwan)和阿塞拜疆的黑羊土库曼人中间。有的学者则认为,它是苏哈拉瓦迪耶教团的分支,由欧麦尔·哈尔瓦提('Umaral-Khalwati,? ～1398)创立于呼罗珊(在今伊朗境内)。15世纪初,穆罕默德·舍姆斯丁(? ～1439)由布哈拉迁移布尔萨定居,将其教义传入安纳托利亚。还有一种意见认为,叶海亚·希尔瓦尼(Yahya al-Shirwani,? ～1460)制定了哈尔瓦提教团的教规,他才是该教团的真正创始人。随着奥斯曼人的对外征服和扩张,该教团传至希贾兹、也门、埃及、苏丹、索马里、阿尔及利亚等地。该教团对信众训练严格,领导人深受尊崇,但也鼓励其门弟子学成后另立门户,故在其发展过程中内部形成了许多分支。据史料载,该教团初为什叶派苏菲主义,崇拜阿里和伊玛目学说。欧麦尔·哈尔瓦提规定12天斋戒是为了纪念什叶派的十二伊玛目。但传至安纳托利亚以后,为适应奥斯曼统治者逊尼派观点,对什叶派的某些教义和观点作了调整和修改,主要教义遂持逊尼派观点。该教团教规严格,强调静修(Khalwah,即哈尔瓦)。

(王怀德)

哈菲兹(Hāfiẓ,1320～1389) 14世纪波斯著名诗人、苏菲主义学者。本名舍姆斯丁·穆罕默德。生于伊斯法罕商人家庭,后破产,全家迁居设拉子。幼年丧父,生活贫困,不辞艰辛,勤奋好学,曾受传统的宗教教育,能背诵全部《古兰经》,人们称他为"哈菲兹"(即熟背《古兰经》的人)。后拜师结友研读伊斯兰教义学、教法学和阿拉伯文学,曾在设拉子伊斯兰学校讲授《古兰经》及教义学专题,对伊斯兰教的一些经典著述作有诠释。少年时开始学写诗歌,20岁时便在抒情诗和劝善诗方面显示出才华。他的劝善诗引起当权者的注意,曾受到设拉子穆扎法尔王朝统治者的保护,邀为宫廷诗人。他在宗教思想上,是苏菲派的虔诚信徒。1387年帖木儿占领设拉子时,他已沦为极度贫穷的苏菲苦修者,两年后因贫困和愤懑死于设拉子。哈菲兹进行诗歌创作时,正是蒙古人统治波斯的时期。他的诗对当权者的专制和暴虐、社会道德的沉沦,尤其是对社会的虚伪、教派的偏见,进行了无情的揭露和嘲讽。他还在大量的诗篇中,咏叹春天、鲜花、美酒和爱情,呼唤自由、公正和美好的新生活,对于贫困的人民寄予深厚的同情。他的诗不同程度地阐发了苏菲主义的观点,颂扬了苏菲派的虔修苦行的生活方式。哈菲兹的诗,主要是近500首抒情诗体的"嘎扎勒"(ghazāl),一般由7～12联句组成,只有一个韵脚,通常在最后一联点出主题。其诗主题清新,联想丰富,寓意深刻,富有哲理,比兴新奇,充满浪漫主义精神。他也写过一些颂诗、鲁拜诗(即四行诗)和短诗。六个世纪以来,哈菲兹的诗歌以手抄本和民间艺人吟唱的方式,在阿拉伯世界广为流传,被称为"隐遁者的心声"。在伊朗,人们常以他的诗卜算。他的波斯文《哈菲兹诗集》(Diwān Hafiẓ)8000余行,于1791年第一次正式出版,在中国西北地区的清真寺经堂教育中亦有流传和讲授。从18世纪起,他的诗被译成多种外国文字。许多东、西方著名诗人对哈菲兹给予高度评价和赞赏。后世伊斯兰学者誉他为"诗人中的神舌"、"设拉子夜莺"。德国大诗人歌德盛赞他道:"你是一艘张满风帆劈波斩浪的大船,而我则不过是在海涛中上下颠簸的小舟。"哈菲兹在波斯文学史上占有重要的地位。 (杨克礼)

哈菲兹·阿卜鲁(Ḥāfiẓ Abrū,? ～1430) 帖木儿帝国著名历史学家。原名希哈布丁·阿卜杜·拉蒂夫·喀瓦菲。生于今阿富汗赫拉特。早年生平不详。他曾跟随帖木儿参加过征服西亚的多次战役,担任书记官。帖木儿死后,他在赫拉特沙哈鲁宫廷中任史官,从事史书的编纂。他最著名的著作《历史精华》(一译《沙哈鲁遣使中国记》)是一部4卷本的通史,书中记载了1419～1421年沙哈鲁遣使团访问中国的详细经过和见闻。哈菲兹·阿卜鲁根据使团成员之一吉亚斯丁的日记,整理出详尽的史实,对所经各地的历史地理、政治经济、法律制度、风土人情、宗教文化都有记载。他还将宫廷所存3部旧史书的合集加以整理、编纂、续写,并作了导言、索引和注释。 (杨克礼)

哈菲兹·古兰(Ḥāfiẓ al-Qur'ān) 伊斯兰教职称谓。阿拉伯语音译,原意为"监护人"、"保护人"、"看守人"、"保管者"。维吾尔语作"阿皮孜"或"哈皮兹"。①《古兰经》中关于安拉的99个美名之一,意为"监护者"、"保佑者"或"荫庇信士的主"。②伊斯兰教对能背诵全部《古兰经》者的尊称,意为"熟背《古兰经》的人"或"善诵者",多指盲人经文背诵家。有些能熟背《古兰经》的学者也以此作笔名。③中国新疆及中亚地区依禅派的代言者。依禅派教徒在举行祈祷仪式时,由哈菲兹主持领念"迪克尔"赞词,在跳萨玛哈舞时要有哈菲兹合唱队伴唱或伴奏。④穆斯林用以给男性命名,如中国维吾尔族就有以"阿皮孜"(即哈菲兹)命名的习惯。 (马维汉)

哈夫斯王朝(Sulālah Ḥafṣ) 中世纪突尼斯柏柏尔人建立的伊斯兰王朝(1229～1574)。亦称"哈夫西德王朝"。13世纪,统治马格里布地区的穆瓦希德王朝先后分裂为3个国家。其中统治突尼斯地区的总督艾布·宰凯里雅·叶海亚(1229～1249在位)于1229年宣布独立,定都突尼斯城,建哈夫斯王朝。因叶海亚系柏柏尔哈夫斯部落人,故名。信奉伊斯兰教逊尼派教义，遵奉马立克法学派教法。其疆域除今突尼斯外，还包括的黎波里塔尼亚及阿尔及利亚的部分领土。叶海亚统治的20年间，王朝经济繁荣，曾将权力扩展至摩洛哥北部和西班牙部分地区。其子穆斯坦绥尔（1249～1277在位）执政时，自称哈里发，为王朝的强盛时期。他发展农业、畜牧业和手工业生产，经济繁荣。凯鲁万、突尼斯城、加贝斯和斯法克斯等成为当时著名的城市，商业和对外贸易相当活跃。首都突尼斯城新建了多座清真寺、宗教学校、图书馆和宫殿，成为伊斯兰学术文化中心。1270年打败法国国王路易九世发动的"十字军远征"。王朝的影响扩大到北非的广大地区。此后一度发生内部纷争。在艾布·哈夫斯（1284～1295在位）及艾布·伯克尔（1318～1346在位）统治时期，一度恢复统一，但其国势转衰。在艾布·阿拔斯（1370～1394在位）统治下一度又重新获得振兴。14～15世纪，马格里布3国间不断发生掠夺战争，削弱了各自的力量。1535年突尼斯沦为西班牙的藩属。西班牙入侵者侵占城市和港口，垄断贸易，强制穆斯林改奉基督教，限制穆斯林的宗教活动，激起突尼斯人的强烈反对。16世纪初期，王朝内讧使其国势衰弱，土耳其人趁机向突尼斯扩张。1574年，奥斯曼帝国占领突尼斯，哈夫斯王朝灭亡。　（杨克礼）

哈夫西德王朝　见哈夫斯王朝。

哈芙赛（Ḥafṣah，604～665）　伊斯兰教先知穆罕默德的妻室之一。全名哈芙赛·宾特·欧麦尔·本·哈塔卜·阿岱维娅。生于麦加，出身于古莱什部落的阿迪（'Adiy）家族，为第二任哈里发欧麦尔之女。原系胡奈斯·本·侯扎法之妻，穆罕默德在麦加传教时期，她同其夫一起信奉伊斯兰教，并于622年随穆斯林大众迁徙至麦地那。623年其夫在白德尔战役中牺牲，翌年改嫁穆罕默德。史学家称其为"政治联姻"。632年穆罕默德逝世后，哈芙赛继续定居麦地那，逊尼派"六大圣训集"均收有其传述的圣训多段。644年其父欧麦尔临终前曾将艾布·伯克尔时期汇集整理的《古兰经》手抄本交其保存，后经奥斯曼时期订正、誊抄而成定本，即今本《古兰经》。665年在麦地那病故。见圣妻。　（杨宗山）

哈格（Ḥaqq）　伊斯兰教用语。阿拉伯语音译，意为"真理"、"真实的"、"正确的"、"权利"、"义务"等。①指伊斯兰教。《古兰经》中多处明文称该教为"丁·哈格"（al-Din al-Ḥaqq，即真教）。②安拉的99个尊名之一。③指教法所赋予的"权利"。如债权人有权向债务人讨还债务，被杀害者亲属有权要求严惩凶手以及获得财产继承权等。有"权利"者是否享用教法所赋予的权利是完全自由的，享用合理，放弃亦无过。④指必须履行教法规定的义务和道德准则。如孝敬父母、教育子女、尊长爱幼、恪尽职守等，均称为"哈格"。如穆斯林为子女办完了婚事，口头常说："我的哈格交待了"，言即尽到了做父母的责任。不履行上列义务者，被视为违背伊斯兰教伦理道德，且受到舆论谴责，其情节严重者，还将依据教法受到处罚。　（马恩信）

哈给格（Ḥaqiqah）　见三乘。

哈基姆（al-Ḥākim，985～1021?）　埃及法蒂玛王朝第六代哈里发。全名艾布·阿里·曼苏尔·哈基姆。为哈里发阿齐兹之子，其母为俄罗斯人。996年他11岁时继承哈里发位，由宫廷大臣和柏柏尔人组成的军团掌握实权。他年长亲政后，独断专行，暴虐无道。他残酷迫害持有不同政见的大臣，下令白天关闭市场、商店和手工业作坊，禁止出售妇女皮鞋、多种蔬菜和贝壳类的水产品。他实行宗教迫害政策，下令拆毁基督教和犹太教的圣陵教堂，强迫他们穿黑袍。限制伊斯兰教逊尼派的宗教活动，严禁宴会、饮酒、音乐和娱乐。哈基姆为传播什叶派的伊斯玛仪派教义，于1005年在开罗创设了科学馆（Dār al-ḤiKmah），内设讲经堂、研究机构和图书馆，附天文台，开设伊斯兰教课程，还讲授天文学和医学。培养了大批达伊（即宣教师）和教法官。为了加强自己的统治地位，在宫廷招揽什叶派激进学者，组成传教组织，宣传神化他的统治。他自称是"真主的化身"，为人间绝对的主宰者。以传道师哈姆扎和达拉齐为首的伊斯玛仪派信徒，承认他为"活主"，形成德鲁兹支派。哈基姆于1021年2月13日夜晚在开罗附近的荒野游逛时失踪。此后德鲁兹派尊他为"隐遁伊玛目"，并将其失踪之日作为纪念日。　（杨克礼）

哈基姆清真寺（Masjid al-Ḥākim）　埃及伊斯兰教清真寺。位于首都开罗伊本·图伦清真大寺的西侧。990年由法蒂玛王朝第五任哈里发阿齐兹（al-'Aziz，975～996在位）始建，1013年其子哈基姆（al-Ḥākim，996～1021在位）执政时建成，以其名命名。系法蒂玛王朝继爱资哈尔清真大寺之后所建的又一座清真大寺。寺院面积约15960平方米，全部建筑俱以石料砌成，并以砖柱承重。礼拜大殿依照爱资哈尔大寺模式，有一用砖砌成的拱形圆顶，由殿内凹壁上面的一个八边形鼓状部件支撑，大殿左右建有厢殿陪衬。大寺靠前墙建有两座宣礼尖塔。1302年，开罗发生地震，两座尖塔顶部掉落，1304年复修。整个尖塔呈马蹄形，底部为四角形，各层均为八角形，在尖塔建造艺术上别具特色。该寺附设有宗教学校和图书馆。曾是什叶派伊斯玛仪支派的宣教中心，培养了大批达伊（即宣教师）。　（赛生发）

哈吉（al-Ḥājj）　伊斯兰教称谓。亦译"哈只"、"哈志"、"罕志"。阿拉伯语音译，意为"朝觐者"。专用以尊称前往伊斯兰教圣地麦加朝觐、并按教法规定履行了朝觐功课的男女穆斯林。凡到圣地麦加朝觐过的穆斯林,均被视为信仰虔诚者,因他(她)们亲身完成了神圣的天命功课,瞻仰了圣地克尔白,缅怀了先知穆罕默德的圣迹,从而坚定了认主独一的信念,净化了心灵,并同世界各国穆斯林会聚,增进了团结和友谊,因此受到人们的尊敬,故在其名前冠以"哈吉"的尊称。如非洲西苏丹地区提加尼教团创始人欧麦尔·本·赛义德·本·奥斯曼·塔尔(1797～1864),于1826年赴麦加朝觐后,在其名前冠以哈吉·欧麦尔的尊称。中国穆斯林将这一称谓列姓后,以张哈吉、李哈吉尊称之。中国穆斯林称"哈吉"有文字可考的记载见于明代的墓志铭。如明代回族航海家郑和之父及祖父均赴麦加朝觐过,故明永乐三年(1405)所撰立的"故马公墓志铭"碑载:"哈字(哈吉),姓马氏,世为昆阳人。"其陵墓称为"马哈只墓"。 (达应庚)

哈吉布(Ḥājib) 中世纪北非和西班牙的伊斯兰王朝对政府高级官员的称谓。原指埃米尔或素丹的侍卫长、统领宫廷卫队的军官。在安达卢西亚的后伍麦叶王朝(756～1030)时期,哈吉布专指首席大臣,代表哈里发(或埃米尔)主持国务会议,管理中央政务。在北非的一些伊斯兰王朝,将分管军事、税收、枢密和宫廷事务的大臣统称为哈吉布。在埃及马穆鲁克王朝(1250～1517)时,在军队内设哈吉布,负责调解军队长官和士兵之间的纠纷。后专指军事法庭的首席法官,由素丹任命。 (杨克礼)

哈吉·欧麦尔(al-Ḥājj ʻUmar,1797～1864) 19世纪非洲西苏丹地区伊斯兰教改革运动领袖,提加尼派图库洛尔王国的创建者,抗法斗争民族英雄。全名哈吉·欧麦尔·本·赛义德·本·奥斯曼·塔尔。生于塞内加尔河下游富塔托罗地区的哈尔瓦尔村。图库洛尔族人。其父是一位伊斯兰教学者。欧麦尔早年在清真寺学习阿拉伯语和经训,后师从富塔贾隆地区苏菲学者阿布杜勒·凯里姆学习提加尼派学说。1826年,欧麦尔去麦加朝觐。在麦加,他晋见了提加尼兄弟会谢赫西迪·穆罕默德·加利,因其对宗教的虔诚和博学而受到加利的赏识,被收为门弟子,指导他潜心钻研苏菲派学理。3年学成之后,被任命为西苏丹地区提加尼派的哈里发。在返回非洲途中,欧麦尔到开罗爱资哈尔大学同知名的学者建立联系。然后,他取道北非,经费赞南下博尔努,1832年到达尼日利亚的索科托,宣传提加尼派学说,信众日增,名声大著,当地统治者也改宗提加尼派。同时与王室联姻,娶博尔努素丹和索科托埃米尔贝洛之女为妻。1837年离开索科托,先后到哈姆达拉希和塞古传教,他受到马西纳帝国统治者冷遇和卡迪里派首领的嫉恨排挤。1848年率弟子到富塔贾隆地区的丁魁雷,组建军队,为建立提加尼派国家,进行"圣战"的准备工作。

欧麦尔首先向各地派出大量传教师,广泛宣传提加尼派的学说和宗教社会改革的主张。他认为提加尼派是真正遵奉安拉之道、受真主启示而引导穆斯林摆脱异端邪说和贵族奴役的代表。他还认为造成以往穆斯林社会内部分裂的祸根,就在于卡迪里派的首领和部落酋长背离了伊斯兰教的宗旨,贪图私欲和享乐,使穆斯林处于灾难和贫穷的境地。最好的出路就是改宗提加尼派,进行圣战,改革非伊斯兰教的弊端,推翻各地统治者,建立公平、和睦和安宁的伊斯兰国家。欧麦尔认为,所谓"圣战",乃是包含几个内容的全过程。第一步是"心的圣战",要求生活清苦,净化灵魂,同各种世俗欲望作斗争;然后是"字的圣战",要求严格实践《古兰经》和圣训的训谕;最后才进入"剑的圣战阶段",即用武力推翻背叛安拉之道的统治者。欧麦尔的上述主张得到各地广大下层群众的拥护,大批人来投奔他,改宗提加尼派。

1852年9月,欧麦尔正式发动"圣战"。他指挥大军北上,征服和控制了尼日尔和塞内加尔河流域的班巴拉和马林凯人的小国家。1854年,进入班巴拉国家首都尼奥罗。为抗击当时法国殖民者的入侵,1857～1859年,欧麦尔率图库勒尔、富拉尼和班巴拉等地区的各族穆斯林组成的1.5万人的大军,转战各地,同法国殖民军进行多次激烈战斗,遏制了法军向西苏丹内陆的扩张。1861年,他征服了班巴拉族的塞古王国。接着,又借口马西纳统治者援助异教徒国家塞古对抗他的"圣战",于1862年灭马西纳帝国。1863年,欧麦尔占领古城廷巴克图。此时,西起塞内加尔,东至廷巴克图,北起盖穆,南至丁魁雷,形成了以索科托、塞古为中心的索科托素丹国(亦称"图库洛尔王国")。不久,马西纳信仰卡迪里派的贵族发动叛乱,并在1864年初将欧麦尔杀死。但是,欧麦尔的宗教改革运动,使伊斯兰教传入西苏丹广大地区,成为团结西苏丹人民抵抗和遏制法国殖民者侵略的纽带。 (杨克礼)

哈加尼(Afzaloddin Badil Khaqani,约1106～1190) 波斯穆斯林诗人。生于阿塞拜疆希尔万城。父为木匠,信奉伊斯兰教,母为基督教聂斯托利派信徒。哈加尼幼年丧父,家境贫寒,由其学识渊博的叔父资助学习宗教和文化知识。25岁时开始写抒情诗,效法著名诗人艾布·阿拉·冈贾维,并由他引荐给希尔万王曼努契尔,聘为宫廷诗人。1157年和1173年曾两次到麦加朝觐。第一次朝觐途中写有著名叙事长诗《伊拉克途中的礼品》(一译《两个伊拉克人的礼物》),分5部分,描述旅途见闻,表达了作者对伊斯兰教信仰的虔诚。第二次朝觐后,归途中经泰西封,见到古波斯帝国都城建筑遗迹,写成颂诗《麦都因的拱顶》。后因擅自出走而被囚禁。1175年由于叔父、妻子和儿子相继去世,他又去麦加朝觐,后定居大不里士,写了一些悼亡诗,其中以哀悼其叔父和爱子的诗最有名。他的作品题材广泛,所著《诗集》收有颂体诗、抒情诗、鲁拜诗、短诗(警句)、讽刺诗等多种体裁的诗3.4万余行。他生前是波斯诗歌创作较繁荣的时代，由于前代诗人沿袭传统的格律，颂诗逐渐衰落。哈加尼大胆采用新的手法，运用新颖的比喻、奇特的结构和新的词语，表达新的内容和新的思想。他的作品对后世影响较大，在波斯文学史上也占有一定的地位。但因用语奇特，有些诗晦涩费解。（杨克礼）

哈贾吉·本·优素福（Ḥajjāj ben yūsuf，661～714） 伍麦叶王朝著名军事将领。一译"哈查只"。生于希贾兹的塔伊夫，系塞基夫族人。原为塔伊夫伊斯兰学校教师，后投笔从戎，在王朝军队任职。692年，奉哈里发阿卜杜勒·麦利克（685～705在位）之命，率精兵攻占麦加，杀死僭称哈里发达9年的阿卜杜拉·伊本·祖拜尔，灭其军队及家属，克尔白天房亦遭战火毁坏。因这次重大战功，深受哈里发赏识，被任命为希贾兹总督。后在两年之内，又平定了希贾兹、也门和叶麻麦各部落的叛乱，重新实现了半岛的统一。694年被哈里发委派为伊拉克总督，曾先后镇压伊拉克库法的什叶派和巴士拉哈瓦利吉派的反抗，并平定了东方各省的动乱。702年建新首府瓦西特（Wāsiṭ），作为政治和军事重地，控制所辖的伊拉克和波斯领土。704年向哈里发推荐任命部将古太白·伊本·穆斯林为呼罗珊总督，由哈贾吉统辖。705年哈里发阿卜杜勒·麦利克逝世，在瓦利德同阿卜杜勒·阿齐兹争夺哈里发地位的斗争中，拥立瓦利德继位，从而深得新哈里发信任，将王朝东部领土的实权交他掌管。705～713年，派其部将率兵先后征服了喀布尔、中亚和印度西北部地区，从而确立了伍麦叶王朝在这些地区的实际统治。他在任职的20年内，除开拓疆域外，还对其辖地进行治理，开凿运河和堰坝，发展灌溉；实行新的财政税收政策，增加国库岁入；统一货币制度和度量的标准，铸造阿拉伯文的银币；鼓励文学和科学的发展，庇护学者、诗人，为其歌功颂德；修建清真寺和学校。为使《古兰经》的传播及诵读不发生歧义，他曾委托著名学者奈斯尔·本·阿绥姆和叶海亚主持统一《古兰经》书写字母的读音符号，改进了杜埃里词尾字母的标音，把那些读音不同而形状相似的字母用点加以区别。因他在平息各地动乱中大量残杀不忠顺者，故阿拉伯史学家称他为"残暴的尼罗"（尼罗为罗马帝国的暴君）。714年6月因病在瓦西特逝世。（杨克礼）

哈凯姆（Ḥakam） 伊斯兰初期对解决内部纠纷的仲裁者的称谓。阿拉伯语音译，意为"公断人"、"仲裁人"、"公正人"。原为伊斯兰前阿拉伯氏族部落按照传统习惯处理内部纠纷或争端的一种有约束力的裁决方式。交付仲裁的问题，主要涉及财产所有权、继承权、债务纠纷、契约纠纷及伤人、杀人等案件，凡发生这类法律纠纷，通常由当事人双方私下协商了结，当争端得不到解决时，当事人双方则选定一位仲裁人，并提出共同交付仲裁的问题，双方以财产或人质作为担保。仲裁人根据传统的惯例仲裁，说明双方争执点的是非曲直，裁决结果当事人可以服从，亦可以不服从。仲裁人的条件是遵循部落传统习惯（Sunnah，即逊奈），如诚实、公正、有威信等。仲裁人通常由拜物教的占卜者担任。在伊斯兰初期，沿用了自由选择仲裁人的传统习惯。《古兰经》规定，可以由"公正人"出面来排解家庭纠纷（4∶35）。先知穆罕默德也提出在调解民事、家庭纠纷等问题时，可由公正人按惯例和穆斯林公社的有关规定进行裁决。新的公正人一般由穆斯林学者和圣门弟子担任。据载，657年阿里同穆阿维叶之间的"隋芬之战"，即由穆萨·艾什尔里和阿慕尔·本·阿斯担任双方的仲裁人。伊斯兰教法形成后，其职能渐为卡迪（即教法官）所取代。（吴云贵）

哈拉勒（Ḥalāl） 伊斯兰教法用语。亦译"哈俩里"。阿拉伯语音译，意为"合法的"。①与"哈拉姆"相对，指教法所允许的思想、言论等观念和行为。圣训规定："凡是真主在其经典里允许的，都是哈拉勒"。（《哈凯姆圣训集》）。②合法的夫妇关系，也称"哈拉勒"，故一般又指"妻子"。（马恩信）

哈拉姆（Ḥarām） 见艾哈卡姆。

哈拉提人墓碑 中国宋代居华阿拉伯穆斯林墓碑。1965年出土于福建泉州，原藏泉州海外交通史博物馆，后散失。花岗岩石碑，呈方形，高44厘米、宽42厘米、厚10厘米。阴刻6行库法体阿拉伯文，译文为："这是哈拉提人侯赛因·本·穆罕默德之墓。愿真主怜悯他。卒于（伊斯兰历）567年4月18日（1171年12月19日）"。哈拉提（Khalāṭ）曾是中亚古国亚美尼亚的首府，652年阿拉伯人征服该地。在阿拔斯王朝（750～1258）时期属阿拉伯帝国24个省区之一。侯赛因可能因来泉州经商逝世葬于此。此碑为国内现存早期的阿拉伯文碑铭之一，是研究宋代阿拉伯穆斯林居华历史的珍贵文物。（陈达生）

哈拉智（al-Ḥusayn ibn Manṣūr al-Ḥallāj，857～922） 伊斯兰教苏菲派著名代表人物。生于波斯法尔斯地区巴伊德附近的图尔镇。其父原为袄教徒，后改信伊斯兰教。早年当过梳毛工人，故名"哈拉智"。先在库齐斯坦的舒斯达从师于苏菲派导师赛海勒·库斯塔里，学习苏菲派教义。后到巴格达投入大苏菲祝奈德（？～910）门下，隐居修炼达6年之久，因与导师祝奈德的正统观点相左，断绝了师生关系。后成为苦行游方的苏菲，到各地传播苏菲教义，远至印度。据传他曾在旅途中遇到过当时著名医生和哲学家拉齐，对希腊哲学有所了解。曾与卡尔马特派的领袖有过接触。为表明其信仰的虔诚与纯正，多次去麦加朝觐。908～909年在巴格达开始传道，宣扬禁欲主义和人主合一的"入化说"，吸引了一部分信徒。因触犯了正统派的教义，遭到欧莱玛阶层的反对，被法官伊本·达乌德判以拘禁。910年越狱逃跑。913年被穆尔太齐赖派指控为“骗子”，再次被捕，并被判处8年徒刑。后经连续7个月的审讯，由各教法学派一致认定，犯有“叛教大罪”，922年3月由阿拔斯王朝最高法庭判决，处以磔刑。死后被苏菲派尊为“殉道者”，其巴格达的陵墓被尊为“圣墓”。在宗教哲学思想上，他发展了比斯塔米神秘主义泛神论思想。著有哲学文集《塔瓦辛之书》(Kitāb al-Tawasin)和《诗集》。他认为，真主是广义的存在，现实世界是狭义的存在，广义的存在超越并高于狭义的存在。真主的本体是以其纯神性而存在，他对现实世界的各个组成部分来说是超验的，其超验性来源于他的万能、绝对和永存性。“他的存在就是奇迹，因为他没有存在的形式”。除真主的本体外，别无实在，现实世界只不过是一种幻象。世界万物统一于真主。人对真主的万能和超绝性无法用理性方法加以认识，所以“没有一个哲人能认识真主的教诲，没有一个哲人能了解真主的观点，真主不对任何人打开创世之秘”。哈拉智认为，只有通过长期的修炼，净化灵魂，达到无我(fanā')的精神状态，使灵魂的本质由一实有变为完全不同的另一实有，使人类的灵魂化入真主的本体，以达到人主合一的最高精神境界。他还指出，当人的灵魂与真主的本体化为一体时，人的个体意识已经消失，成为真主统一的本体，这样可以说“我就是真理”(Ana al Ḥaqq)。他在《诗集》中进一步明确提出：“他我分彼此，同是一精神；他想我所想，我想他所思”；“我即我所爱，所爱就是我。精神分彼此，同寓一躯壳。见我便见他，见他便见我”。（王怀德）

哈莱比(al-Ḥalabi，约1460～1549)　奥斯曼帝国时期伊斯兰教法理学家。生于哈莱卜(今阿勒颇)。青年时曾在哈莱卜和开罗学习伊斯兰教义和教法，并专门研究哈乃斐教法学派的著作，精通阿拉伯文和土耳其文。后在伊斯坦布尔定居40多年，任素丹穆罕默德清真寺教长，并招收学生传授哈乃斐派教法理论。主要著作《伊斯兰教法》，成书于1517年，系阿拉伯文，介绍了伊斯兰教法的立法根据和原则，比较系统地评述了哈乃斐教法学派法学家的各种律例。该书译成土耳其文，成为研究哈乃斐派教法理论及其在奥斯曼帝国内具体运用的重要文献资料。（杨克礼）

哈里发(Khalifah)　伊斯兰教职称谓。中国穆斯林俗称“海里凡”。阿拉伯语音译，原意为“代理人”或“继位人”。《古兰经》中有“我必定在大地上设置一个代理人”(2∶30)的经文。穆罕默德及其以前的众先知即被认为是安拉在大地上的代理人、代治者。后该词被用于指称穆罕默德逝世后继任伊斯兰教国家政教合一领袖的人，伊斯兰教初期执政的四大哈里发即属此范围。其后又为伍麦叶、阿拔斯等王朝的统治者所袭用。中国伊斯兰教是指：①中国内地穆斯林以哈里发称呼在清真寺学习宗教知识，力求达到阿訇水平的学生，类同“满拉”。②中国伊斯兰教苏菲门宦中的一种教职名称。如在虎非耶学派中，将其教主特殊培养和指定接班的人称为“哈里发”，意为“高足弟子”或“替位人”，亦被尊称为“老人家”。哈里发诵念“迪克尔”的功夫必须精深，并且要进行一种“连三九”的坐静，就是在门窗紧闭的房屋或窑洞中，连续静坐默念“迪克尔”27天，只有渡过这个俗称的“铁门槛”，才能有资格担任“哈里发”，并获得一枚传教印章或教主的衣物及宗教用品作为凭证。教主在世时，可以传若干个哈里发，并委派他们到各地区主持教务。教主去世后，哈里发可升任为该地区的新教主。此外，哲赫林耶门宦早期亦曾将“热依斯”称作“哈里发”。（余振贵）

哈里发帝国　见阿拉伯帝国。

哈里发运动(Naz'ah al-Khilāfah)　印度穆斯林反对英国殖民统治、保卫伊斯兰教哈里发领袖地位的政治运动。亦称“基拉发运动”。19世纪奥斯曼帝国素丹哈米德二世(1876～1909在位)为了维持其统治，鼓吹泛伊斯兰主义，自诩为伊斯兰教的捍卫者，全世界穆斯林的最高宗教领袖——哈里发。并向印度和东南亚派出代表同各地伊斯兰组织联系，求得支持，共同反对西方列强对土耳其的瓜分。第一次世界大战中，英国政府为争取印度穆斯林的支持，假意允诺战后保证土耳其的主权完整和保持土耳其素丹的哈里发地位。1918年土耳其战败投降，英国便伙同其他帝国主义国家制定瓜分土耳其的计划。1919年，印度成立了“全印哈里发运动委员会”，以赛德·卡塔尼为主席，国大党人穆罕默德·阿里兄弟为首席发言人。参加这一运动的有印度穆斯林各阶层的群众。该委员会领导印度穆斯林反对英国等西方列强瓜分土耳其，掀起保卫哈里发的宗教领袖地位的浪潮，旨在争取印度的民族独立和穆斯林的社会政治地位。国大党也全力支持这个运动。1920年8月，协约国逼迫土耳其素丹签署《色佛尔条约》，正式瓜分土耳其原所占据的伊斯兰国家的领土，促使这一运动进一步发展。9月，国大党决定将哈里发运动的要求作为“不合作运动”的一部分。1919年，英国侵入阿富汗，在英印军队中服役的印度穆斯林，倒戈转向支持阿富汗。1920年，印度大批穆斯林迁徙到阿富汗，以消极抵抗的态度，反对英国对阿富汗的战争。1921年，1万名莫普拉穆斯林发动反英起义，在马拉巴尔海岸建立了哈里发王国，与英国殖民当局对抗。起义遭到英军残酷镇压，3000名起义者被杀。1921年12月，英国殖民当局逮捕了加尔各答的哈里发运动和国大党著名领袖。1923年，随着不合作运动的低落和1923年土耳其革命的胜利，宣布废除素丹和哈里发称号，印度哈里发委员会停止工作，哈里发运动自行结束。（杨克礼）

哈里发制度(al-Khilāfah)　伊斯兰教历史上的政治制度。指早期伊斯兰国家的首脑领导制度而言。担任国家政治、军事、司法、宗教首脑的人物称为“哈里发”(al-Khalifah),故这样的国家称为“哈里发国家”。“哈里发”一词系阿拉伯语的音译,意为“代理者”、“继任人”。《古兰经》云:“我必定在大地上设置一个代理人”(2∶30),“达乌德啊!我确已任命你为大地的代治者,你当替人民秉公判决,不要顺从私欲,以免私欲使你叛离真主的大道”(38∶26)。穆罕默德传教时,是真主派遣到人间的使者,是天启的传达者,后来是麦地那公社宗教、行政、司法和军事的最高领袖,即真主在大地上的代治者。他去世后,艾布·伯克尔、欧麦尔、奥斯曼和阿里相继被选为“真主使者的继任人”,或经指定选为哈里发,哈里发制度遂形成。伍麦叶王朝开始后,哈里发制度便转化为世袭制。

哈里发制度有两层意思:一、穆罕默德去世后,在麦地那建立并延续千年历史的政教合一的哈里发政治制度。二、伊斯兰教关于理想政治体制哈里发制的一系列教义规定和理论学说。在伊斯兰教历史上,逊尼派、什叶派和哈瓦利吉等派对哈里发的人选,即哈里发的资格、产生方式和主要职责等均有不同的主张,各有其特色。逊尼派认为,哈里发应具备下列资格:(1)出身于古莱什族,但不必是哈希姆家族,也不必是阿里的后裔。(2)成年的男性穆斯林。(3)身心健全的自由人。(4)有勇气和魄力及保卫伊斯兰领土所必需的其他性格特点。(5)为公众所拥戴,并举行臣服仪式(Bay‘ah)。逊尼派强调哈里发不必像什叶派的伊玛目那样具有免罪性,也不必是最尊贵、最有学问的人。逊尼派主张四大哈里发以后的哈里发不是真正的哈里发,奈赛斐(1068～1142)所著《教典》说:“继承圣位的期限是30年,在30年后的,是帝国和王国。”他们还主张哈里发的职责和权利是:(1)保卫伊斯兰教的信仰和领土(特别是麦加和麦地那两大圣地)。(2)必要时宣布圣战(Jihād)。(3)任命国家官员。(4)征收赋税,管理公共基金。(5)讨伐叛逆。(6)执行法律。(7)主持聚礼和会礼。什叶派主张,穆罕默德的继承人应被称为“伊玛目”,并认为这一职位应由阿里及其后裔担任,头三任哈里发篡夺了这个职位,不是合法的继承人。他们认为,哈里发不能通过选举产生,而是真主通过先知或某一位伊玛目指定而产生,是真主的意志。他们强调,伊玛目主要负责宗教事务,即引导穆斯林的信仰和宗教事务,教育穆斯林以知识和救世说,复兴伊斯兰教,创制律法等。哈瓦利吉派主张,任何信仰虔诚、行为端正的穆斯林,无论是自由人还是奴隶,均可当选为哈里发。他们认为哈里发是推选的,这一推选权是安拉赋予全体穆斯林的,是包含神意的,选出的哈里发如果把自己的职位让给他人或随意放弃,都是背离主道的罪行。以上三派理论上的分歧是四大哈里发时代的产物,逊尼派的哈里发理论基于承认四大哈里发的合法性,什叶派只承认阿里的合法性,而哈瓦利吉派则承认头两任哈里发是合法的,奥斯曼的前半期是合法的,后半期是不合法的,阿里开始是合法的,自从他接受“以《古兰经》裁判”以后就不合法了。

逊尼派的权威人士除了承认四大哈里发的合法性外,多数人也认为阿拔斯王朝的哈里发及伍麦叶王朝的欧麦尔二世(646～705)是合法的哈里发。但在实践上,早期的四大哈里发、伍麦叶王朝和阿拔斯王朝时代的哈里发以及阿拔斯王朝灭亡后的哈里发有极大的差异。四大哈里发维护阿拉伯部落首领的传统,他们依靠对先知传统的尊重,对伊斯兰教的忠诚,个人高尚的道德、智慧和在群众中的威望来实现对伊斯兰事业的领导。他们衣着朴素,没有大臣、随从、仪仗、卫士,没有宫廷、宝座;在清真寺或家里议事,形同一般百姓。虽然他们并不都是以选举方式产生的,但却得到群众拥戴。如第二任哈里发欧麦尔是被艾布·伯克尔指定的,第三任哈里发奥斯曼是仲裁产生的,但都得到群众的欢呼认可,以实力来决定哈里发的归属问题在阿里时代已经开始。奥斯曼被杀后,阿里被推举为第四任哈里发,但祖拜尔、泰勒哈不服,拥穆罕默德遗孀阿伊莎率兵进攻阿里,爆发了“骆驼之战”,祖拜尔、泰勒哈二人被杀后,哈里发的都城也从麦地那迁到了库法。阿里死后,叙利亚总督穆阿维叶拥兵迫使阿里长子哈桑放弃哈里发职位,退居麦地那养老,迫使宗教知名人士向他儿子叶齐德宣誓效忠,其后,叶齐德杀死前去库法接受当地居民效忠的阿里次子侯赛因。此后,哈里发的“遗嘱继承”(‘ahd)方式取代了选举方式,宣誓效忠成为选举制的遗迹和遗嘱继承的装饰,哈里发已成为事实上的帝王。

伍麦叶王朝的哈里发们多数不虔诚,对伊斯兰信条十分随便,阿拔斯王朝的哈里发对宗教比较认真。在阿拔斯时代,哈里发还有一些礼仪,如大臣见到哈里发时要跪下来吻他的手或脚踩的地面,当哈里发外出时,他前面有仪仗官。阿拔斯哈里发手中还保留象征哈里发职位的各种标志,如先知的斗篷、手杖、印信等。阿拔斯王朝中期,近卫军统领们实际控制了哈里发,阿拉伯编年史家称拉迪(934～940)为“最后的、实际的哈里发”。在他之后,哈里发不再主持主麻日的聚礼,也不能真正主持国家政务了。1058年,拥护法蒂玛王朝的军队占领了巴格达,强迫哈里发嘎伊姆(1031～1075)签署文件,把自己和所有阿拔斯人哈里发的权利转让给开罗法蒂玛王朝的统治者穆斯坦绥尔(1035～1094)。在阿里及其以后的年代里,哈瓦利吉派不断选出他们自己的哈里发,其中有黑人,有奴隶,于是出现了两个哈里发并存的局面。8世纪末至9世纪初,在伊斯兰世界有3位哈里发并存,即巴格达的阿拔斯王朝哈里发,开罗的法蒂玛王朝哈里发,西班牙的伍麦叶王朝哈里发。1258年,蒙古军队攻占巴格达,杀害了阿拔斯王朝最后一位哈里发穆斯泰尔绥姆(1242～1258)。以后,作为伊斯兰世界最高领袖的哈里发已不复存在。

其后还有一些名义上的哈里发，如 1261～1516 年之间，埃及的马穆鲁克王朝在开罗先后将一批阿拔斯王室后裔扶上哈里发宝座，哈里发的名字也像以前那样铸在货币上，但其职能仅是主持素丹的加冕仪式和大型宗教活动，接见学者，在聚礼日为素丹祈福，无任何军事、政治权力，形同傀儡，在穆斯林世界无什么大影响，麦加大寺聚礼日的“呼图白”中也不再提到哈里发的名字。奥斯曼素丹赛利姆于 1517 年征服埃及后，关押了开罗哈里发穆泰瓦基勒，自称哈里发，然而，在其领土以外，无人承认他的地位。1774 年以后，西方国家逐渐承认了奥斯曼哈里发。以后，奥斯曼素丹努力使自己成为公认的哈里发，以求统一伊斯兰世界。但第一次世界大战后奥斯曼帝国崩溃，发生凯末尔革命，1924 年 3 月 3 日，土耳其国民议会通过决议，取消了哈里发制度，奥斯曼帝国最后一位哈里发阿卜杜勒·麦吉德被放逐出国。从 632 年艾布·伯克尔当选哈里发至此，哈里发制度断断续续延续了近 1300 年。

19 世纪末，泛伊斯兰主义倡导者哲马鲁丁等人主张所有民族和国家的穆斯林都应当在哈里发的领导下联合成为一个世界伊斯兰国家，这一主张曾得到奥斯曼素丹的支持，但没有什么结果。土耳其革命后，一些伊斯兰人士先后在麦加和开罗召开泛伊斯兰代表会议，研讨恢复哈里发制问题，麦加的谢里夫·侯赛因和埃及国王法鲁克也曾提议自己当哈里发，但这一切活动皆无成效。 （郭承真）

哈立德·本·瓦利德（Khālid ben al-Walid，？～642） 伊斯兰教早期著名军事将领。麦加古莱什部落人。原为麦加贵族艾布·苏富扬的部下，早年曾参加麦加多神教徒挑起反对穆罕默德的吴侯德和壕沟等战役。629 年初到麦地那归信伊斯兰教，同年参加栽德率领的部队攻打拜占庭帝国属地叙利亚，在穆厄泰（Mu'tah）战役中栽德战死后，他率残部突围返回麦地那，穆罕默德为表彰其英勇，赐“安拉之剑”称号。630 年随穆罕默德攻克麦加。632 年被哈里发艾布·伯克尔任命为司令官，率军平定阿拉伯半岛中部地区各部落的暴动，战功卓著。633 年率军征服伊拉克，占领希拉城。后率军转赴叙利亚，任叙利亚阿拉伯军最高统帅。635 年攻占大马士革，趁势攻陷安条克、阿勒颇等军事要塞。636 年 8 月在雅穆克河战役中，以较少军队大败拜占庭军队，重占大马士革，征服叙利亚北部。638 年进占耶路撒冷。他一生转战各地，功绩卓著。据说他因给一个诗人赏 1 万金币，而于 639 年被第二任哈里发欧麦尔革职。卒于霍姆斯，一说卒于麦地那。 （杨克礼）

哈利勒（al-Khalil） 见希伯伦。

哈利勒·伊本·艾哈迈德（al-Khalil ibn Aḥmad，约 718～791） 阿拉伯著名语言学家、巴士拉语言学派创始人之一。生于阿曼，早年师从艾巴德派学者学习经训、教义和语言学。后移居伊拉克学术文化名城巴士拉，改宗逊尼派教义。他活跃于巴士拉学术讲坛，与著名学者结交研讨圣训学和语言学。他同当时著名的翻译家伊本·穆卡法交往甚密，从他那里学习了亚里士多德的逻辑学和古希腊乐理学等。他还对数学和梵文语法的研究方法有所探讨。他研读了语言学的大量书籍，搜集了大量古诗、传说、谚语及部落方言等语言资料，成为博学的语言学家。后半生以教书为生，生活清贫，信仰虔诚，并潜心致力于语言学研究和著述。他编写的《阿因书》是阿拉伯历史上的第一部语言辞书。该辞书系按字母的发音部位排列先后次序，以喉音字母“阿因”（‘ayn）为首，故名。他依据亚里士多德逻辑学，运用归纳法研究了阿拉伯语言及《古兰经》的语法结构、音韵特点；采用惯用法、分析法和类比法等，全面系统地探讨了阿拉伯诗歌的韵律，一直被阿拉伯诗人所沿用。他改进了杜埃里关于阿拉伯文字标点的元音符号，创造出静符、长音、叠音等符号，规范了《古兰经》的标准写法和读音。他对阿拉伯语法学的重大贡献是拟定了“阿拉伯语法学大纲”初稿，后由其学生西拜韦充实发展，编成语法著作《西拜韦之书》，流传至今。另著有《诗律学之书》，已佚，但若干例句散见于他人著作中。哈利勒为阿拉伯语法学奠定了坚实的理论基础，被称为“阿拉伯语法学的鼻祖”。

（杨克礼）

哈利里（al-Ḥariri，1054～1122） 阿拉伯阿拔斯王朝著名文学家、语言学家。全名艾布·穆罕默德·卡西姆·本·阿里·本·穆罕默德·本·奥斯曼·哈利里。生于伊拉克巴士拉，出身于一穆斯林丝绸商人家庭。自幼在巴士拉从名师学习语言、修辞、文学、历史和伊斯兰教义。他天资聪颖，笃学善记，能言善辩，知识渊博，学冠一方。信奉逊尼派教义，崇尚理性和知识。曾在巴格达阿拔斯王朝宫廷担任新闻、情报方面的职务，并潜心从事文学创作。卒于巴士拉。他于 1103 年开始仿效白迪尔·泽曼·哈马达尼，创作“麦卡玛特”（Maqāmāt）。于 1113 年创作了 50 篇“麦卡玛特”韵文故事，借用说书人的话，叙述了主人公艾布·栽德·苏鲁吉在流浪中亚和阿拉伯半岛各地时运用智谋摆脱生活困境的经历，故事幽默，充满情趣，反映了当时下层人民的生活，对现实的时弊提出了批评。他在仿效旧体裁“麦卡姆”的同时，作了挖掘、改造和创新，使其成为骈文，排句整齐，词章绚丽，语汇丰富，音韵和谐典雅，形成完美的“麦卡姆”文学体裁。他还著有阿拉伯语法长诗《语法分析妙言》及关于阿拉伯语表达方式的错误例句等书。对《古兰经》的语法、修辞、韵律进行了研究、分析和高度评价。他在阿拉伯语言学和诗法上均有很深的造诣，被誉为“阿拉伯文坛的明星”、“巴士拉语言学派的佼佼者”。 （杨克礼）

哈利卢拉(Khalilullāh) 伊斯兰教对安拉六大使者之一易卜拉欣的尊称。阿拉伯语音译,意为“真主的挚友”、“真主的至交”。该称谓源于《古兰经》:“真主曾把易卜拉欣当做至交。”(4:125)。见易卜拉欣。
(马恩信)

哈俩里 见哈拉勒。

哈烈国 见帖木儿帝国。

哈鲁里耶派(al-Ḥarūriyyah) 见纳吉迪耶派。

哈鲁特和马鲁特(Hārūt wa Mārūt) 《古兰经》中提到的两个天使。阿拉伯语音译。见于《古兰经》第2章102节。据经注学家解释,此节经文是为驳斥麦地那犹太教徒从诬蔑古代先知苏莱曼进而否认穆罕默德的先知身份而颁降的。经文斥责了那些“信奉天经者”的离经叛道行径,驳斥了他们诬蔑苏莱曼靠魔术夺取王权的谰言,指出:苏莱曼没有叛道,众恶魔却叛道了,他们教人魔术,并将巴比伦的两个天神哈鲁特和马鲁特所得的魔术教人。进而指出:“他们俩在教授任何人之前,必说:‘我们只是试验,故你不可叛道。’”意即哈鲁特和马鲁特虽擅长魔术,但绝不以此教唆别人作恶,而教唆者则是恶魔,故绝不可轻信恶魔的谎言。经文中提到的哈鲁特和马鲁特,相传系安拉派往人间的两个天使。起初,众天使见世人崇拜偶像、酗酒、赌博、凶杀、奸淫,无恶不作,便嘲笑他们意志薄弱,经不起考验。安拉指出:在同样环境下,天使亦不会比世人的意志更坚强。众天使不信,安拉遂选派哈鲁特和马鲁特来到人间,以示比较。二天使在巴比伦专门教人“邪术”,离间他人夫妇,以此考验世人能否不为“邪术”所惑而遵守正道,结果自己反为一美女所引诱,与之通奸,并杀死见证人灭口。此刻,众天使方承认安拉所言极是。堕落的二天使后遭到安拉的严厉惩罚,被绑起双足倒悬在巴比伦的一口井内。据说直到末日来临,方可得到解脱。
(杨宗山)

哈伦(Hārūn) 《古兰经》中记载的古代先知之一。先知穆萨之兄,亦系穆萨故事中的重要人物。据载,他曾作为穆萨的助手同其一起传教。在穆萨规劝法老并同其公开斗法的过程中,在法老追击穆萨及其部族而被海水淹没的过程中,在穆萨率领12支队伍跋涉沙漠,驻扎西奈山并粉碎妖人蛊惑群众崇拜金牛犊的过程中,哈伦都同其弟穆萨在一起。《古兰经》中多次提到其名,说他是奉命传教的先知,是忠于穆萨的助手。有人认为他即是《旧约全书》中的亚伦(Aaron)。穆斯林经学家认为决不能将二者混淆。因圣经已被篡改,失却原貌。例如:《古兰经》中讲述金牛犊事件发生时,哈伦由于善良软弱,未能制止,但态度明确;而《旧约全书》中的亚伦却是金牛犊事件的支持者,情节完全不同,故不能等量齐观。
(林 松)

哈伦·拉希德(Ḥārūn al-Rashid,约766～809) 阿拉伯阿拔斯王朝第五任哈里发(786～809在位)。又译“诃伦”、“哈伦·赖世德”。全名艾布·贾法尔·哈伦·本·穆罕默德·马赫迪。其父为阿拔斯王朝第三任哈里发马赫迪,母亲海祖兰,原为也门女奴。哈伦生于伊朗德黑兰附近的赖伊,在波斯巴尔马克家族的哺育下长大。自幼天资聪颖,受到宫廷良好的宗教和文化教育,通晓伊斯兰教义、教法,酷爱哲学、诗歌、音乐,且文武双全。780和782年,他两次率军远征拜占庭帝国。第二次远征直抵博斯普鲁斯海峡,逼近君士坦丁堡,拜占庭摄政女皇爱利尼被迫乞和纳贡。其父为表彰他的战功,特赐予“拉希德”(即正直者)的称号,立他为第二王储,并任命他为突尼斯、埃及、叙利亚、亚美尼亚和阿塞拜疆诸省的总督。786年因其兄穆萨·哈迪突然死去而继承哈里发位。在他统治的23年间,国势强盛,经济繁荣,文化发达,首都巴格达成为阿拉伯哈里发帝国政治、经济、文化中心和文人学士荟萃的著名城市。在政治上,哈伦继续信用波斯上层贵族,委任善于施政的巴尔马克家族头领叶海亚为宰相(即大维齐尔),把管理帝国的大权交给他及其两个儿子法德勒和贾法尔。哈伦根据波斯萨珊王朝的统治经验,加强中央集权,重视司法工作,扩大法官权力,在中央设立大法官职位,并在全国各地要道设立驿站,建立严密的情报网,加强对地方的控制。在经济上,十分重视兴修水利,发展农业。为保证国库收入,制定了新的赋税法《地租》,改土地税和原“面积制”为“分成制”,即按当年的农业收成好坏征收赋税,促进了农业生产的发展。手工业生产也遍及全国各地,纺织品、玻璃器皿、瓷器、宝剑和铠甲在欧洲享有盛名。首都巴格达成为国际贸易中心。商道辐辏四方,直达遥远的东方、西北非乃至西欧。当时阿拔斯王朝和中国唐朝的经济及文化往来十分频繁,穆斯林商人通过海、陆的“丝绸之路”进行贸易,两国都城巴格达和长安均设有专卖对方商品的市场。两国还互派使节出访。793年哈伦下令效仿中国的造纸术,在巴格达建立起第一座造纸作坊。在文化上,哈伦对学术文化的发展采取宽容和热情赞助的政策,对于学者、诗人不分民族和宗教信仰都给予庇护,鼓励著书立说,进行古希腊哲学和科学著作的翻译,给予学术自由,在生活上赐予优裕的物质待遇,使大量学者云集都城。宫廷中藏有用重金收集的大量珍贵图书,供自己和御用文人阅读,并聘有一批著名诗人、文学家、艺人,为他歌功颂德。哈伦对学术文化的积极倡导和支持,促进了阿拉伯科学文化的发展。但王朝内部矛盾重重,斗争激烈。全国各地教派和部落反对阿拔斯王朝统治的起义此起彼伏。巴尔麦克家族独揽大权,聚敛财富,将哈伦撇在一边。803年,哈伦借口贾法尔违抗他的旨意,将其斩首,并逮捕了巴尔麦克家族的重要成员，查抄了全部家产。805年波斯呼罗珊地区人民不满王朝统治揭竿而起，许多阿拉伯人加入起义行列，并占领撒马尔罕等地。809年哈伦领兵镇压，行至图斯，病发而亡，终年44岁。

（杨克礼）

哈伦·赖世德 见哈伦·拉希德。

哈马达尼（al-Hamadhāni，969～1007） 阿拉伯阿拔斯王朝著名散文作家、诗人。全名艾布·法德里·艾哈迈德·本·侯赛因·白迪尔·泽曼·哈马达尼。生于波斯西北部的哈马丹城，出身于一阿拉伯血统的穆斯林家庭。自幼在原籍学习语言、文学和伊斯兰经典，成绩优异。990年，离开哈马丹，师从著名语言学家伊本·法里斯和文学家艾布·卡西姆，提高了他的文学知识水平和素养。曾先后到朱尔占、内沙布尔、呼罗珊、锡吉斯坦、加兹尼等地游学，拜访著名学者，广交社会贤达，结交什叶派和苏菲派长老和诗人，并对各地劳动人民的生活有广泛的接触和了解，这些，对他的创作生涯产生了重要影响。他曾与内沙布尔大诗人艾布·伯克尔·花剌子密书信往来，讨论学术，以诗论辩而成名。以其辞章、背记、演说、故事而著称。后定居阿富汗的赫拉特城，受到岳父艾布·阿里的资助，潜心写作。1007年，不幸中毒身亡，时年近40岁。哈马达尼是阿拉伯"麦卡姆"(Maqām)韵文体裁的奠基者。"麦卡姆"原意为"集会"、"聚会"，引申为在集会场所讲述的韵律散文故事，颇似中国的"评书"、"评话"。哈马达尼以伊本·杜莱德所辑的阿拉伯传说故事集的素材为基础，经过加工、充实和再创作，写出了400篇"麦卡姆"，传世的只有51篇。每篇麦卡姆是一个单独成篇的短小故事，以说书人的口吻讲述，通过虚构的主人公艾布·法塔赫·伊斯坎德里展现故事情节。全部麦卡姆故事的基本情节是描写人物如何运用智谋随机应变以摆脱生活中的各种困境，富有哲理。故事刻画出社会各个阶层的人物，形象栩栩如生。作者通过麦卡姆的故事，记述人间的不平，展现社会的苦难，揭露和讽刺现实的罪恶与丑行，对下层人民深表同情。麦卡姆多用韵律散文写成，间以诗歌、谚语、箴言形式，采用借喻、暗指、对偶、双关、反衬、巧借等修辞技巧，结构严谨，词汇丰富，语言幽默诙谐，修辞优美，节奏明快，音韵和谐。阿拉伯文学评论家认为，哈马达尼创作的"麦卡姆"是"阿拉伯文学的典范"，"取之不尽的语言知识源泉"，"是心灵的话语，良知的启示"。历史上有不少诗人、作家模仿"麦卡姆"进行创作，但有成就的只有哈利里、赛阿莱比和近代黎巴嫩作家纳绥夫·叶齐德。哈马达尼的麦卡姆被翻译介绍到欧洲各国。

（杨克礼）

哈马德·拉维耶（Hammād al-Rāwiyah，约694～772） 阿拉伯古籍编纂家、诗人。原籍为波斯达兰地区人，后移居伊拉克库法城。出身于一穆斯林学者家庭。幼年受到传统的伊斯兰经学教育，后师从库法著名诗人学习诗歌。广交伊斯兰学者、诗人，他们经常聚会赋诗并讨论学术，使他深受教益。他勤奋笃学，博览群书，学识渊博，搜集和记诵了阿拉伯的大量著名诗歌。8世纪初，将阿拉伯贾希利叶时期的7篇诗歌精华加以搜集整理，编成著名的《悬诗集》，广泛流传，从而一举成名。他还搜集和研究了伊斯兰教传播前后的重要历史事件、阿拉伯贵族谱系（主要为伊斯兰教名人的家族谱系）、民间传说和故事，并分别整理编纂成书，成为伍麦叶王朝时期文坛中享有盛名的学者之一。曾被伍麦叶王朝第十一任哈里发瓦利德二世聘为大马士革宫廷诗人，后又受到三世哈里发的赏识和重用，享有较高的社会地位。750年，阿拔斯人推翻伍麦叶王朝后，为免遭迫害，退隐库法。 （杨克礼）

哈曼（Hāmān） 《古兰经》中所载古代先知穆萨故事中的人物。埃及国王法老的心腹大臣。据载，当穆萨劝告法老归信安拉时，法老竟声称"我不知道除我外还有别的神灵"，以主宰自居，并下令让哈曼"烧砖"、"建筑一座高楼"，以"窥见穆萨的主宰"（28：38，40：36～37）。哈曼同法老、戈伦一起咒骂穆萨是"谬妄的术士"（40：24），还到处招集魔术师同穆萨斗法较量。法老和哈曼的军队迫害以色列人，屠杀其男婴，后又在穆萨率部族撤离埃及时穷追猛逼，终于自食恶果，其官兵在红海全军覆没。《古兰经》曾把哈曼与法老、戈伦并列，称该三人都是仇视、对抗先知穆萨的劲敌。

（林　松）

哈梅内伊（al-Khamina'i，1939～　） 伊朗伊斯兰共和国最高领袖。全名赛义德·阿里·哈梅内伊。生于伊朗东北部马什哈德伊斯兰什叶派学者家庭。早年在俾路支斯坦和伊拉克什叶派圣地纳贾夫学习伊斯兰经籍、教义，通晓波斯文和阿拉伯文。1958年进库姆伊斯兰经学院深造，师从霍梅尼，研究什叶派教义和教法学，成绩优异，获得仅次于阿亚图拉的宗教职衔"霍加·伊斯兰"（Hujjah al-Islām，即伊斯兰权威）。从1963年起跟随霍梅尼从事反对巴列维国王独裁统治的宗教政治活动。1964～1968年，他先后被当局逮捕和监禁6次，后又被流放到沙赫尔和吉罗共特等地。1979年伊朗伊斯兰革命爆发时，他积极参与组织工作，并参加了反国王的巷战。巴列维王朝垮台后，他参加了革命委员会的领导工作，担任国防部副部长、"革命卫队"司令和德黑兰市主持主麻礼拜的总伊玛目。1980年10月被任命为霍梅尼的代表，参加伊朗最高国防委员会工作。1980年9月任执政的伊斯兰共和党秘书长。1981年8月他接替巴霍拉尔担任该党第三任总书记。同年10月当选为共和国总统。1983年5月，在伊斯兰共和党一届一中全会上再次当选为总书记。1985年再次当选为总统。1989年7月霍梅尼逝世后，被推为伊朗最高领袖，辞去总统职务。他是霍梅尼“伊斯兰革命”思想的忠实信徒，坚决推行霍梅尼的伊斯兰化和宗教学者执政的国策，奉行中立和不结盟的外交政策，调整同西方一些国家的关系，加强同伊斯兰国家的合作。1989年5月曾访问中国。

（杨克礼）

哈密回王 中国清朝册封于新疆哈密的维吾尔族“和硕亲王”。清代史籍称维吾尔为“回部”，“哈密回王”即指哈密维吾尔王。哈密回王的由来，据《清史稿·藩部世表三》记载，清朝统一新疆时，叶尔羌汗国已灭亡，天山南北信仰伊斯兰教的维吾尔族处于准噶尔汗国统治下。哈密达尔罕伯克额贝都拉（亦译“欧拜杜拉”）是叶尔羌汗国创建者赛义德汗的后裔，他不甘心受制于准噶尔汗国，当清朝大军西进，平定准噶尔之乱时，额贝都拉率军从征。康熙三十六年（1697）清朝封额贝都拉为“札萨克”（即旗长），其死后由其子郭帕伯克承袭。雍正五年（1727）封郭帕伯克之子额敏为“镇国公”。乾隆三十四年（1769）封额敏之子优素福为“多罗贝勒”，赐“郡王”。此即“哈密回王”王衔的由来。其后伊萨克、额尔德锡尔均袭郡王衔。咸丰三年（1853）赐额尔德锡尔之子博锡尔“亲王”衔，后“追封和硕亲王”，历经卖哈莫特、沙木胡索特两世至1930年沙木胡索特死后被取消回王，历9世234年。历代哈密回王均是虔诚的穆斯林，以“圣裔”身份实行政教合一的统治。仅王府内就有3座清真寺，回城城墙上建有1座高大的宣礼塔，每日黎明，全城人民在高亢的唤拜声中起而诵经礼拜。卡迪（即宗教法官）、穆夫提掌握宗教裁判权，按教法裁决民、刑事。阿訇、伊玛目、谢赫、依禅等宗教人士均由回王任免，在社会上享有较高地位。礼拜寺内附设经文学校，培养宗教人员。哈密回王强化伊斯兰教统治，对伊斯兰教在天山东路的巩固发展和向嘉峪关内传播起了重大作用。

（高自厚）

哈密回王墓 中国清代新疆哈密历代回王及其家族的陵园。俗称“回王坟”、“王爷坟”。在新疆维吾尔自治区哈密市西南郊之回城（原回王府所在地）。清康熙三十五年（1696），哈密维吾尔族达尔罕汗伯克欧拜杜拉归附清朝，翌年擒献准噶尔叛乱首领噶尔丹之子，被清圣祖封为哈密回部“一等札萨克”（即第一世哈密回王）。哈密回王共历9世计231年。在其领地内，回王集政权和教权于一身，对维吾尔族人民实行政教合一的统治。清同治六年（1867），七世回王博锡尔被哈密维吾尔族农民起义军杀死。1868年，清政府追封其为“和硕亲王”，并赐银2万两为其建陵墓，历时20年始成。此墓为阿拉伯式建筑，拱北下方上圆，高约25米，四隅建半嵌入墙中的邦克楼，墓后右侧邦克楼中空，内有螺旋式阶梯通往墓顶平台，可供游人登临绕行眺望。外部以白底蓝花瓷砖贴面，内壁通体彩绘花卉和几何图案，穹隆顶则覆以苍绿色琉璃砖。整个建筑高大雄伟，色泽素雅，为新疆著名伊斯兰建筑。其余回王墓多已坍毁，现仅存木结构3层亭式拱北2座，附属清真寺1座。清真寺名为“艾提卡”，坐落在大拱北西侧，相传为四世回王优素福（1740～1766在位）所建。砖木结构，方体平顶。内部由100根木柱支撑密肋式顶棚。墙壁和藻井或彩绘花卉、图案，或以阿拉伯文艺术体书写《古兰经》文。可容纳1800余人礼拜。是哈密地区最大的清真寺和维吾尔族穆斯林举行会礼的场所。

（马品彦）

哈密王室 中国新疆哈密地区统治家族由信奉佛教到归信伊斯兰教的历史事项。哈密地处天山东部战略要地，曾是新疆和中亚各地派往北京的贡使及往来内地商旅必经之路。元代曾属维吾尔亦都护管辖，后封为成吉思汗后裔纳忽里镇守之地。明朝永乐二年（1404）封纳忽里之继位者安克帖木儿为忠顺王。王室及居民多信佛教。永乐四年（1406）明朝在其地建立哈密卫，以入居内地较久之脱脱（即安克帖木儿之侄）为忠顺王，并任命马哈麻火者等为指挥、千户、百户等，哈密地区自此成为明朝的一个行政区。哈密种落杂居，有回回、维吾尔、哈剌灰，各有头目，不相统属，王权衰落。安克帖木儿受封不久，即为人刺杀。明朝曾几次封王，多方经略，都未获稳定。正统四年（1439）封已故忠顺王之子倒瓦塔失里为忠顺王，据《明史·英宗实录》载，倒瓦塔失里亦名哈力素丹，表明王室成员已有归信伊斯兰教者。但不久他又修建佛寺。同时，吐鲁番兼并柳城、火州后，国势强大，屡犯哈密。至武宗正德九年（1514），吐鲁番王满速儿吞并哈密。明朝政府虽尽力支持哈密王室，封王赐印，但在吐鲁番不断侵扰下，三立三绝，政局始终不稳定。孝宗弘治十八年（1505）哈密忠顺王陕巴卒，立其子苏丹拜牙即为忠顺王。嘉靖二十四年（1545）吐鲁番素丹满速儿弟马黑麻分据哈密，亦称素丹，至此哈密王室实现了伊斯兰化。很大一部分维吾尔、蒙古人都接受了伊斯兰教。该教遂传遍整个新疆。

（高自厚）

哈姆丹·卡尔马特（Ḥamdān Qarmaṭ，？～约900） 伊斯兰教什叶派的伊斯玛仪派传教师，卡尔马特运动领导人。生于伊拉克库法附近，系农民出身。为伊斯玛仪派总传教师阿卜杜拉·伊本·麦蒙·盖达哈（？～874）的学生，接受其师关于隐遁伊玛目教义和内学思想，并加入库法秘密布道会，成为达伊（dā‘i，即传教师）。其师逝世后，他在伊斯玛仪派教义的基础上创立卡尔马特派。878年在库法地区秘密传播该派教义和内学主张，发展信徒。约890年初，哈姆丹在库法建造一座称为“迁士之家”的会所，作为领导运动的总部。他向各地派出其助手发展秘密会社，向农民和手工业者宣传他的教义和主张。哈姆丹宣称，隐遁的伊玛目即将来临，号召起来推翻叛教的阿拔斯王朝的统治，建立一个财产公有、人人平等的美好社会，得到大批农民、手工业者和黑奴的积极响应。890年末，他派助手齐克拉瓦尼·丁达伊(？～906)在今叙利亚的瓦希特(Wasett)领导卡尔马特派进行反对阿拔斯王朝的起义，进攻叙利亚各地城市，起义遭到镇压。899年，哈姆丹的另一助手艾布·赛义德·加纳比在巴林地区建立卡尔马特国。同年卡尔马特同设在叙利亚萨拉米亚的伊斯玛仪派总部的新领袖发生分歧，其主要助手阿布丹被杀。后不久，卡尔马特在卡尔瓦迪(Kalwadha)失踪，一说被叙利亚总部派人暗杀。卡尔马特派由艾布·阿卜杜拉·穆罕默德(？～904)继任首领。

（杨克礼）

哈姆丹王朝(al-Sulālah al-Ḥamdāniyyah) 10世纪阿拉伯人在伊拉克北部和叙利亚建立的伊斯兰教什叶派王朝(905～1003)。890年，泰格利卜部落首领哈姆丹·伊本·哈姆敦(Ḥamdān ibn Ḥamdūn)同哈瓦利吉派结成军事联盟，发动反对阿拔斯王朝的起义，攻占美索不达米亚北部的马尔丁要塞。后哈姆丹被哈里发军俘虏，其长子侯赛因归顺哈里发后，率军打败哈瓦利吉派，哈姆丹得到特赦。905年，哈姆丹的次子艾布·海扎·阿卜杜拉被哈里发穆克泰菲任命为摩苏尔总督(905～929在位)，后趁巴格达哈里发无力控制而独立，自称埃米尔，创建哈姆丹王朝。929年阿卜杜拉之子哈桑(929～968在位)继位后，将势力范围扩大到北美索不达米亚和叙利亚北部。941年，趁哈里发穆泰基和其总埃米尔伊本·拉伊克逃至摩苏尔避难之机，强迫哈里发穆泰基封他为“纳绥尔·道莱”(Nāṣir al-Dawlah，即国之辅弼)称号，同时授给他兄弟阿里姆以“赛弗·道莱”(Sayf al-Dawlah，即国之利剑)。从此，纳绥尔·道莱以哈里发总埃米尔的名义，横征暴敛，将大部分土地攫为己有。945年后，沦为布韦希王朝的藩臣。979年摩苏尔被布韦希军队占领。944年，其弟赛弗·道莱率军西进叙利亚另避领地。945年，从埃及伊赫什德王朝手中夺取阿勒颇，创建叙利亚北部的哈姆丹王朝(945～1004)。赛弗·道莱在位期间(944～967)，武功文治卓著。他多次率军向拜占庭帝国威胁进行“圣战”。953年，在马尔阿什附近打败拜占庭摄政王巴尔祖斯所率庞大联军的进犯。他兴建清真寺、宗教学校、图书馆和宫殿，大力倡导伊斯兰学术文化，庇护和奖励学者著书立说，阿勒颇成为宗教学术文化中心。宫廷招贤纳士，学者诗人荟萃。如桂冠诗人穆泰纳比、哲学家伊本·法拉比、文学家伊斯法罕尼等人，在赛弗·道莱的庇护和赞助下均取得了重大学术成就。艾布·菲拉斯·哈姆达尼是与穆泰纳比齐名的诗人，其赞美什叶派的诗作，被称为“阿里党人的心声”和“绝唱”。王朝遵奉伊斯兰教什叶派教义，在聚礼日为阿里祝福，选派什叶派学者担任法官和清真寺的伊玛目。967年，其子塞伊德·道莱(967～991在位)继位后，为保阿勒颇，曾同拜占庭帝国结盟，共同抵御法蒂玛王朝的威胁。1004年，哈姆丹王朝被法蒂玛王朝所吞并。

（杨克礼）

哈姆扎(Ḥamzah，985～1041) 伊斯兰教什叶派伊斯玛仪支派德鲁兹派创始人之一。全名哈姆扎·本·阿里·本·艾哈迈德。波斯人，经营皮毛生意。早年信奉伊斯玛仪派教义，为该派的传道师(达伊)。1017年到埃及开罗，成为法蒂玛王朝第六代哈里发哈基姆的宗教代言人，尊奉哈基姆为伊玛目。1019年，哈姆扎与德拉齐在开罗公开宣称，哈里发哈基姆是真主最完满的化身，真主赋予他一切灵知，他应被尊崇为“活主”，遭到埃及穆斯林的反对。哈姆扎在开罗附近秘密建立传教组织，训练传道师，派到西非和北非宣传神化哈基姆的教义。1021年哈基姆失踪后，哈姆扎自称伊玛目，向信徒宣称哈基姆是永恒的“活主”，他没有死，仅仅是为了考验信徒而暂时隐退，他是“隐遁的伊玛目”，将会再返人间，给世间带来正义和光明。德鲁兹教派在埃及被视为异端受到迫害，故德拉齐被派到黎巴嫩和叙利亚山区传播哈姆扎的教义，获得成功。哈姆扎在埃及转入地下活动，后因病逝世。后哈姆扎的学说成为叙利亚德鲁兹人多次举行起义的思想旗帜。

（杨克礼）

哈穆德王朝(al-Sulālah al-Ḥammūdiyyah) 11世纪柏柏尔人在西班牙建立的穆斯林小王朝。其统治地区为马拉加(1022～1057)和阿尔赫西拉斯(1039～1058)。1013年，科尔多瓦后伍麦叶王朝哈里发苏莱曼·穆斯台因将萨布塔赐给阿里·伊本·哈穆德，将阿尔赫西拉斯、丹吉尔和阿西拉赐给伊本·哈穆德的兄弟卡西姆，以报答他们帮助二次恢复王位的功劳。然而，伊本·哈穆德却声称他是前哈里发希沙姆二世的合法继承人，遂于1016年7月进军科尔多瓦，废黜了哈里发苏莱曼，接着又宣布苏莱曼是谋杀前任哈里发希沙姆的凶手，将其处决。伊本·哈穆德自称哈里发，并采用“纳绥尔”的称号。他在位不久(1016～1018)即被宫廷奴隶刺杀。在此期间，卡西姆一直统治着塞维利亚。哈穆德王室通过卡西姆的后嗣统治着阿尔赫西拉斯，直到1058年。王朝信奉逊尼派教义，实行伊斯兰教法。

（杨克礼）

哈乃斐教法学派(al-Ḥanafiyyah) 伊斯兰教法学派之一。与马立克、沙斐仪、罕百里学派并称为逊尼派四大教法学派。由8世纪艾布·哈尼法教长所创。因该派学说最初盛行于今伊拉克的库法等地，又称“伊拉克学派”或“库法学派”。该派在创制教法律例时，主要以《古兰经》为据，审慎引用圣训，重视类比和公议。对类比和公议的运用比较灵活变通，尤为强调执法者个人的意见和判决，故以“意见派”著称。该派在释法时，重教法精神甚于教法词句，认为在特殊情况下，可不受类比推理的约束，而以教法官(即卡迪)的优选原则为据，作出更近于公正的判决。艾布·哈尼法初创该派教法体系时，重宗教伦理准则，轻司法实践，拒绝为阿巴斯王朝效力，并因此而蒙受迫害。其著名弟子艾卜·优素福（731～约798）和穆罕默德·谢巴尼（约749～805）等，继续发展其学说，并转而与统治者合作，使该派得到阿拔斯王朝和奥斯曼帝国的支持，大批教法学家被任命为司法官，该派遂成为影响最广泛的一个学派。主要著作有艾布·哈尼法的《穆斯奈德》、艾卜·优素福的《论税赋》、谢巴尼的《原理之书》（Kitāb al-Aṣl）、布尔汗丁·阿里的《希大亚教法》、希格纳吉（al-Sighnākī）的《尼哈亚教法》（al-Nihāyah）、沙德尔·安瓦尔的《维卡亚教法》、《阿拉姆吉尔教法汇编》、《奥斯曼民法典》等。该派现盛行于土耳其、伊拉克、阿富汗、埃及、突尼斯、印度、巴基斯坦、中亚等地。中国穆斯林大多遵奉该派学说。（吴云贵）

哈尼夫派 见哈尼夫思想。

哈尼夫思想（Ḥanifism） 伊斯兰教创传之前在阿拉伯人中出现的一种反对偶像崇拜、寻求正统一神教的思想观念。亦称"哈尼夫派"、"哈尼夫运动"。"哈尼夫"（Ḥanif），阿拉伯语，原意为"正统的"、"正确的"。该词在《古兰经》中多次出现，专指阿拉伯古代先知易卜拉欣的宗教，译为"信奉正教者"，即信仰独一无二的安拉，反对偶像崇拜的人。易卜拉欣所传播的宗教即被称为"哈尼夫的宗教"，即"正统的宗教"，简称"正教"。6世纪末，阿拉伯社会氏族制度解体，各种社会矛盾加剧，各部落原有的多神信仰和道德观念越来越不合时宜。在当时犹太教和基督教的一神观念影响下，一些有识之士寻求由多种信仰向真正的一神信仰升华，决心屏弃偶像崇拜，摆脱"贾希利叶"（即蒙昧时期）时代的各种陋习，主张恢复和遵循易卜拉欣的正教，只信仰独一无二的安拉。坚持这种主张的人自称为"哈尼夫"，其一神论思想即谓"哈尼夫思想"。据阿拉伯文献记载，阿拉伯人系易卜拉欣之子伊斯玛仪的后裔。据传，易卜拉欣和伊斯玛仪曾为崇拜唯一的安拉而重建了麦加的克尔白。故哈尼夫即不接受犹太教，也不信仰基督教，而以遵循先知易卜拉欣的正教为荣。《古兰经》云："易卜拉欣既不是犹太教徒，也不是基督教徒。他是一个崇信正教、归信真主的人，他不是以物配主的人"（3：67）。哈尼夫思想在麦加、麦地那、也门等地均有所传播，麦加克尔白成为其宣传活动中心，代表人物有先知穆罕默德的一位先祖凯尔布·本·卢艾伊（Ka'b ben Lu'ayy，？～332）、穆罕默德妻子赫蒂彻的堂兄沃莱盖·本·瑙费勒（Waraqah ben Nawfal，？～610）等。哈尼夫提倡远离尘世生活，到幽静之所隐修，通过苦思冥想，以求接近真主，寻求宗教哲理。当时把这种个人修心养性的行为称作"哈尼菲叶"。哈尼夫没有形成系统、严格的教义和仪式，不注重布道说教，亦未建立正式的组织，信徒很少，故未形成一种新的信仰一神的宗教，仍旧不能成为统一阿拉伯民族的思想旗帜。穆罕默德在创传伊斯兰教前，曾参加哈尼夫隐修活动，深受哈尼夫思想影响。因此哈尼夫思想是伊斯兰教创传的思想先驱，是阿拉伯人由多神教信仰过渡到一神教的重要环节。（杨克礼）

哈皮兹 见哈兹·古兰。

哈萨克斯坦伊斯兰教 哈萨克斯坦位于中亚。面积2.7173万平方公里。人口1669万（1990）。主要有哈萨克、乌克兰、俄罗斯等民族。近50%的人口为穆斯林。哈萨克语为官方语言。首都阿拉木图。6世纪中叶至8世纪相继在这里兴起、建立过突厥汗国、突厥人和卡尔卢克人的国家。8世纪初伊斯兰教由突厥人传入，逐渐成为当地游牧民族的主要信仰。11～13世纪初叶，塞尔柱突厥人、契丹人和蒙古鞑靼人相继入侵。15世纪末成立哈萨克汗国，下辖老、中、小茹兹。16世纪初哈萨克部族基本形成。18～19世纪中叶，上述茹兹领地先后被并入俄国。1925年成立哈萨克自治共和国，1936年加入苏联。1991年12月16日宣告独立，易名为哈萨克共和国。哈萨克的穆斯林属于逊尼派的哈乃斐教法学派，但苏菲神秘主义派别也有很深的影响。苏联解体前，伊斯兰教事务由中亚暨哈萨克斯坦穆斯林宗教事务管理委员会负责。解体后，出现众多的伊斯兰教和民族主义运动组织，以宣扬泛突厥主义的穆斯林青年组织最为活跃。1990年成立独立的哈萨克穆斯林宗教事务管理局。负责人是同年当选为哈萨克大穆夫提的乌雷·内桑巴耶夫。哈萨克穆斯林仍保持着古朴的伊斯兰教传统习俗，重视对中亚境内的先贤和苏菲圣徒的麻札崇拜，并习惯于在草原上就地礼拜。全国有90余座清真寺（1991），以阿拉木图中央大寺最为著名。1990年9月，新建1所经学院，并发行出版伊斯兰报纸，还准备出版哈萨克文《古兰经》。因历史文化传统相近，哈萨克穆斯林与土耳其关系密切。（黄陵渝）

哈萨克族 中国信仰伊斯兰教的少数民族之一。人口125.0458万（2000）。主要分布于新疆维吾尔自治区伊犁哈萨克自治州的伊犁、塔城和阿勒泰3个地区及木垒哈萨克自治县、巴里坤哈萨克自治县。有少数人居住在甘肃省阿克塞哈萨克族自治县。大部分人历来以畜牧业为主，兼营农业，现已有产业工人和商人。使用哈萨克语，属阿尔泰语系，突厥语族。哈萨克族是青铜时期的塞种人。由两汉时期的匈奴、乌孙、阿兰、康居以及中世纪的突骑施、乌故孜、葛逻禄、克列、乃蛮、杜剌惕、乞卜恰克（钦察）等部落经过长期的发展融合而成，至15世纪中叶，哈萨克首领克烈和贾民别克举脱离乌兹别克汗国至楚河流域，建立哈萨克汗国，哈萨克民族最终形成。17世纪初，哈萨克人根据居住地域和血缘关系分成大、中、小3个玉兹（即部落联盟——小汗国),清朝文献称之为右、左、西 3 部。18 世纪中叶,清朝统一新疆,哈萨克大、中玉兹归附清朝,并同内地开展广泛的贸易活动,加强了政治、经济联系。18 世纪 60 年代以后,哈萨克大、中玉兹的一部分迁回故土伊犁、塔城、阿勒泰等地。

伊斯兰教于 8 世纪从中亚七河地区传入哈萨克草原,居民主要信奉逊尼派哈乃斐教法学派。葛逻禄汗国时期(766～940),伊斯兰教在哈萨克地区进一步传播。据巴里托尔德记述,伊斯兰教历 349 年(960)有 2 万户突厥人归信伊斯兰教。这批突厥人是 10 世纪在七河地区游牧的乌孙、杜拉惕、阿尔根以及其他哈萨克部落。至 11 世纪,伊斯兰教已经广泛传播。1043 年秋,在哈萨克草原上又有 1 万户突厥人改信伊斯兰教。11 世纪以后,伊斯兰教逐渐向东传播。15～18 世纪哈萨克人基本上都接受了伊斯兰教,同时涌现出一批通晓阿拉伯语的毛拉和学者。哈萨克人从事畜牧业,流动性很大,一日 5 次的礼拜都以户为单位,在毡房、土屋内或旷野举行。毛拉掌握宗教方面的事务,并为群众领拜念经,主持婚丧礼仪。在哈萨克社会组织中,部落头目的权力高于毛拉,但有的封建头目本人就是毛拉,政教权集于一身。伊斯兰教义于 18 世纪载入哈萨克族《头克法典》,其中规定"漫骂胡达者有 7 人作证即可以石块击死"。婚姻遵守伊斯兰教法规定,如哈萨克男女结婚要办理"尼卡哈"(即宗教婚姻程序)。即出嫁姑娘之父的亲朋好友中得有一位为其姑娘当"全权父亲",以作证他们是经过阿訇念尼卡哈的合法婚姻。此人以后遂受新婚夫妇的尊敬和报答。毛拉念尼卡哈时首先当着男女亲人之面问新郎:"你是否情愿娶她为妻?"然后问新娘:"你是否愿意嫁给他?"双方给予肯定回答后,毛拉翻开《古兰经》,面对放糖的一碗清水念经,然后让男女分饮。哈萨克人认为自己祖先的英灵会护佑他们,为求助祖先英灵而去他们的墓地露宿,也常到伊斯兰教圣贤墓地过夜祈祷。长年不育之妇和牲畜大量患病死去之家更常露宿墓地,祈求真主赐予孩子,让祖先英灵排除他家的灾难。丧葬习俗是先用清水沐浴亡人,再用白布缠身,按伊斯兰教习俗土葬。主要节日有肉孜节、古尔邦节和"诺鲁孜"节。逢节日喜庆时,都举行传统的叼羊、赛马和姑娘追等游戏,民间流行许多古老的诗歌、故事、谚语、格言。阿肯是民间诗歌的传播者和演唱者。人民爱好音乐,能歌善舞,民间乐器有"冬不拉"。 (贾合甫)

哈三 中国明初西安羊市清真大寺掌教。生卒年不详。回族。陕西西安人。永乐十一年(1413)四月,受郑和聘请参加第四次下西洋船队,远航西域阿拉伯诸国,任船队的翻译及宗教顾问。据《万历重修清净寺碑记》载:在随访期间曾"榆扬威德,西夷震詟。及回旆,海中风涛横作,几至危险,乃哈三吁天,恳恳默祷于教宗马圣人(指穆罕默德)者。已而,风恬波寂,安妥得济。"发挥了"通国语"、"佐信使"及于危难之际安定人心的重要作用。为此,郑和遂发宏誓重修西安清净寺(即羊市清真大寺)以资鼓励。归真后,掌教位传马兴。 (冯今源)

哈桑(al-Ḥasan,624～670) 伊斯兰教什叶派尊奉的第二任伊玛目。全名哈桑·本·阿里·本·艾布·塔利卜·哈希米,尊称艾布·穆罕默德。先知穆罕默德的两外孙之一,第四任哈里发阿里之长子。生于麦地那。自幼深受其外祖父的宠爱,同其弟侯赛因一起,被预许为"天园中青年人的领袖"。661 年在其父逝世后曾被伊拉克人拥立为合法继任者,故享有第五任哈里发之称。曾参加过穆斯林军远征波斯。为人宽厚,信仰笃诚。曾徒步往返数百里到麦加朝觐达 20 次之多。他厌弃穆斯林内部的政治派系斗争。为避免内战,曾主动致函觊觎哈里发权位的叙利亚总督穆阿维叶请求和解,并表示愿以让位换取宁静生活。后遂以穆阿维叶提供的优厚待遇隐居麦地那。46 岁时不幸遭毒害身亡,被什叶派穆斯林尊称为"舍希德"(即殉教者)。其后代被尊为圣门后裔。享有"赛义德"(al-Sayyid,即领袖、主人)之称。在麦加和麦地那地区亦称"谢里夫"(al-Sharif,即贵人),以示同其弟侯赛因直系后裔之区别。其后裔曾于 8～10 世纪在摩洛哥建有伊德里斯王朝,自 10 世纪起至 20 世纪初,一直担任麦加及其周围地区的世袭埃米尔。 (杨宗山)

哈桑·阿斯凯里(al-Ḥasan al-'Askari,846～873) 伊斯兰教什叶派十二伊玛目支派尊奉的第十一任伊玛目。全名哈桑·本·阿里·哈迪·本·穆罕默德·贾瓦德·侯赛尼。第十任伊玛目阿里·哈迪之子。生于麦地那。因随其父长住当时名为"麦地那·阿斯凯尔"(Madinah al-'Askar,即军营城)的萨马拉,故有"阿斯凯里"(即阿斯凯尔人)之称。其父被迫移居阿拔斯王朝新都萨马拉时,他随同前往,长期生活在阿拔斯人的监视之下。其父逝世后被什叶派穆斯林拥立为伊玛目。因行动不自由,故同什叶派穆斯林群众的联系仍通过特别代理人进行。他恪守前辈遗训,虔修宗教功课,且举止谦恭,乐善好施,因而受到穆斯林的尊敬。逝世后萨马拉曾举城为之送葬。

(杨宗山)

哈桑·巴士里(al-Ḥasan al-Baṣri 642～728) 伊斯兰教早期圣训学家、教法学家,穆罕默德的再传弟子。全名哈桑·艾布·赛伊德·本·叶萨尔·巴士里。其祖父为波斯籍的释奴。他生于麦地那,为栽德·本·萨比特的释奴。早年师从栽德等著名学者学习《古兰经》、圣训和教法,遂成为学者,曾一度做过法官。他学识渊博,善于辩论和演说,精于教法,属早期的"意见派"。后迁居巴士拉定居,研究圣训及教法律例。曾在巴士拉大清真寺讲学,讲授圣训和教法,吸引了大批门弟子。据载,他在讲述圣训、解释律例时,主张犯大罪者只是罪人，但不失为信士。其学生瓦绥勒·本·阿塔和阿慕尔·本·欧拜德则认为犯大罪者既不是信士，也不是叛教者，其地位居于信与不信道者之间。因与其师意见分歧，二人便另设讲席，后创立穆尔太齐赖派。他倡导穆斯林的宗教生活应是虔诚、宁静、守贫，蔑视世俗的荣华富贵，视金银为粪土。他说："了解真主者必须热爱真主，了解尘世者必抛开尘世"，"只有放弃人世的幸福，才能摆脱火狱的苦难"。他提出应沉思、自我审慎，完全顺从安拉的意志，履行宗教功修，使个人的灵魂纯净，最终达到人与安拉意志之间的完美和谐的统一。他主张人类有意志自由，能辨别真伪是非，选择自己的善恶行为。他认为，在教法上无《古兰经》和圣训的明文可据时，就用自己的"意见"(Ra'y)解释律例，使之与经、训相辅而行。他一生过着简朴、苦修、贫寒的生活，潜心宗教功修，为人刚正、耿直，敢于抨击伍麦叶王朝统治者的奢侈和世俗化的弊端。由于他信仰虔诚和学术上的声誉，赢得各方的尊敬。苏菲派推崇他的简朴和苦修生涯，尊为"谢赫"；穆尔太齐赖派推崇他在学术上重视理性，尊他为本派的"思想先驱"；逊尼派的学者赞扬他的虔诚和德行，并常引用其宗教格言。其著作未保留下来，其思想主张散见于后世学者的著作中。728年，他在巴士拉逝世。据传，巴士拉穆斯林倾城参加其殡礼。一些犹太和基督教徒深受感动，遂归信了伊斯兰教。　　（杨克礼）

哈桑·班纳（Ḥasan Bana，1906～1949）　埃及穆斯林兄弟会创始人、苏菲派学者、原教旨主义的代表。生于开罗西北部的布哈拉小镇的钟表匠家庭。其父精通伊斯兰经训、教义，被当地穆斯林拥戴为非专职的教长和海推布。班纳自幼受伊斯兰宗教思想的熏陶，是逊尼派苏菲主义的信徒。1923年入开罗师范学院受高等教育，系统地学习了伊斯兰教义、教法和苏菲派学理，并深受老师拉希德·里达（1865～1935）伊斯兰复兴思想的影响。1927年毕业后，到伊斯梅利亚当小学教师。1928年3月，他会同6名在英国军营中任职员的穆斯林知识分子，发起了以他的名字命名的"班纳运动"，后改名穆斯林兄弟会。其主要活动是用"博爱结识"的方式，宣传伊斯兰教义，主张回到《古兰经》和圣训的原旨教义，反对埃及社会的西方化和世俗化，为实现伊斯兰复兴的使命而战。1932年班纳把穆斯林兄弟会的总部由伊斯梅利亚迁往开罗，并在埃及各地建立了50多个分会。1933年在穆斯林兄弟会第一次全国代表大会上，班纳被选为兄弟会的"总指导"。1935年在兄弟会第三次全国代表大会上，班纳确定了兄弟会的组织原则和会员条件。1939年在兄弟会的"五大"上，班纳又确定了兄弟会新的组织原则和会员条件。通过了班纳提出的穆斯林兄弟会以《古兰经》为基础，恢复伊斯兰原旨教义、实行伊斯兰教法，建立伊斯兰国家的基本政治纲领。1942年他创立秘密军事机构"保卫伊斯兰社团"，其成员接受军事训练。1948年，他组成兄弟会的志愿军参加了巴勒斯坦战争，后因战争失败，国内动乱，政府宣布解散兄弟会组织。同年12月，兄弟会军事"秘密机构"成员暗杀了政府内阁首相诺克拉希。1949年2月，哈桑·班纳被当局情报机构暗杀。　　（杨克礼）

哈桑·本·萨巴赫（al-Ḥasan ben al-Ṣabāḥ，？～1124）　伊斯兰教什叶派的伊斯玛仪派支派尼扎里耶派创始人。生于波斯库姆，自称是南阿拉伯希姆叶尔王朝的皇族后裔。早年在赖伊攻读经训和教义，17岁后归信伊斯玛仪派，并受过专门的传道训练，成为达伊（即传道师）。他精通数学、几何、天文等学科。据载，他求学时与尼扎姆·穆勒克和欧麦尔·赫亚姆为同窗学友，颇为亲密。1076年（一说1072年）受波斯伊斯玛仪派总传教师（即达伊）伊本·阿塔什（Ibn'Attash）派遣，由波斯前往埃及开罗法蒂玛王朝官方布道总会取得联系并游学。法蒂玛王朝哈里发穆斯坦绥尔（1085～1094在位）废长立幼，指定小儿子穆斯塔利为继承人，伊斯玛仪派上层发生分裂，形成两个派别。伊本·萨巴赫原拥立哈里发长子尼扎尔为哈里发，穆斯塔利继哈里发位后，将尼扎尔监禁起来，并把伊本·萨巴赫驱逐出埃及。他先到叙利亚，后到波斯各地宣传他的教义主张。他声称伊玛目是安拉赋予了其无上的权力，是绝对正确的，信徒必须无条件服从伊玛目。宣称他自己是伊斯玛仪派伊玛目尼扎尔的代理人，他奉命传道。许多农民、手工业者和丧失权力的部分波斯封建主加入了该派组织，其力量迅速扩大。他在马赞达兰巩固了地位后，其传教活动由秘密转向公开。1090年，他率信徒夺取了波斯加兹温西北的阿拉木特堡（意为"鹰巢"），置重兵驻守，后其助手在波斯北部又占领了几处战略要塞，建立了组织严密的伊斯玛仪派国家（中国史称"木乃夷国"），与塞尔柱王朝分庭抗礼。他一方面靠堡垒险要地势据守，另一方面建立武装组织"菲达伊"（即敢死队、义侠）四处出击，去暗杀他们的政敌。1092年指使菲达伊暗杀了塞尔柱王朝首相尼扎姆·穆勒克。埃及尼扎尔被其弟杀害后，他派人从埃及救出尼扎尔的幼子，秘密抚养。他自称"霍加"（即宣传领袖），成为该派的最高长老。他派出传道师到叙利亚布道，发展信徒，他晚年潜心讲经布道，培养门徒，禁欲修行，排除世俗享乐。著有波斯文教义学论文多种，强调在宗教信仰问题上要服从伊玛目的绝对权威，不要向世俗的权力屈服。

（杨克礼）

哈桑·布格拉汗（Ḥasan Bughra Khan，？～993）　喀喇汗王朝首领，河中地区征服者。全名艾布·穆萨·哈桑·本·苏莱曼。回鹘（今维吾尔）族。喀什噶尔（今新疆喀什市）人。出身于喀喇汗朝王族。祖父萨图克·布格拉汗是喀喇汗王朝第一位信仰伊斯兰教的可汗，父亲苏莱曼是巴拉沙衮（今哈萨克斯坦之托克马克附近)的统治者。早年经历不详。在10世纪后期喀喇汗王朝的征服活动中,哈桑作为副可汗,与大可汗阿里·阿尔斯兰汗分兵向东、西两面扩张。990年出兵中亚河中地区,夺回被萨曼王朝占领一个多世纪的白水城。992年,趁萨曼王朝内乱,一举占领首都布哈拉,与该王朝的呼罗珊总督艾布·阿里·本·穆罕默德·辛古里秘密达成瓜分萨曼王朝的协议。根据协议,喀喇汗王朝将获得河中地区。不久,因病被迫撤离布哈拉。993年,在返回喀什噶尔途中死于科斯喀尔巴西。据12世纪阿拉伯历史学家伊本·艾西尔著《全史》记载,哈桑曾支持"在东方非官方的伊斯兰教职人员中受到称赞"的阿拔斯王朝艾布·阿卜杜拉·本·奥斯曼·瓦提基夺取哈里发职位的活动。他是喀喇汗王朝最早铸造钱币和拥有伊斯兰封号的首领,其封号是:"国家之光和信仰的支柱"。据11世纪伊斯兰学者比鲁尼著《东方各民族年表》载,其封号不是阿拔斯王朝哈里发赐予,而是自封的。其后裔形成"哈桑系",从此喀喇汗王朝分裂为东西二部分,他统治了东部喀喇汗王朝。 (马品彦)

哈桑二世清真寺(Jāmi' al-Ḥasan II) 摩洛哥伊斯兰教新建清真大寺。位于海滨城市卡萨布兰卡,为始建于20世纪80年代,至今仍在兴建中的清真寺。该寺以现任国王哈桑二世命名,举国上下参加捐资。占地面积9公顷,建筑面积2公顷,其宽度为100米,长200米,高60米,包括地下室在内共1.88万平方米。寺内分设男女沐浴室,面积共为6000平方米,可容纳1400人沐浴。宣礼塔高达200米,设有楼梯和电梯通上,为世界最高的宣礼塔。礼拜大殿宏伟壮观,包括广场在内可容纳10万人同时礼拜。寺内的附属建筑有:拥有4000平方米面积的伊斯兰教经学院、图书馆、博物馆、讲演厅、会议室等。停车场面积达3.8万平方米,分上、下两个轨道,可停车1100辆。整个工程浩大,采用现代化工序分期分批进行。清真寺建成后,将是西北非地区最大的一座清真寺。 (赛生发)

哈桑·哈立德(Ḥasan Khālid,1921～1989) 黎巴嫩伊斯兰教大穆夫提。1946年毕业于埃及爱资哈尔大学法学院。曾任中学教师、宣教师、伊斯兰教法院推事、法官。1966年被选为黎巴嫩全国伊斯兰教逊尼派大穆夫提,兼黎巴嫩伊斯兰最高司法会议主席、伊斯兰最高理事会主席。并当选为伊斯兰世界联盟创建委员会委员及世界清真寺最高理事会、世界伊斯兰法学会议的理事。与沙特阿拉伯关系密切,受到沙特历任国王的厚待。在黎巴嫩10余年内战中,一直主张与基督教徒和平共处,深受本国人民爱戴。1989年5月15日,在贝鲁特被人谋杀,时年68岁,引起黎巴嫩和全世界穆斯林的愤怒与哀悼。 (黄陵渝)

哈桑·伊本·萨比特(Ḥasān ibn Thābit,约563～674) 阿拉伯蒙昧时期末、伊斯兰早期著名诗人。生于叶斯里布(今麦地那)海兹拉吉部落名门,是穆罕默德母系家族的后裔。祖父和父亲均为蒙昧时期诗人。因受家庭的熏陶,早年成为部落诗人。青年时曾到叙利亚基督教迦萨王国和伊拉克希拉城的莱赫米王朝任宫廷诗人,并与诗人纳比厄和阿勒盖玛结识。后返回麦地那定居,622年,穆罕默德率麦加穆斯林迁徙到麦地那后不久,他便归信伊斯兰教。此后,他一直追随穆罕默德,写诗宣传、捍卫伊斯兰教,歌颂穆罕默德的功绩,受到人们的器重,被誉为"先知的诗人"。晚年双目失明。一生留下诗篇甚多,前期以自豪诗和讽刺诗居多,以颂扬部落的美德和夸耀自己门第高贵为主。后期的作品主题是宗教赞颂诗,诗中宣传了伊斯兰的基本教义和伦理道德,驳斥和讽刺了多神教徒;对当时重大的历史事件(如白德尔之战、伍侯德之战)作了描述,歌颂了穆斯林军在真主佑助下克敌制胜的功绩;以浓厚的宗教感情,引用《古兰经》文,颂扬穆罕默德是"闪耀发亮的星","普照寰宇的满月","静谧的明灯"。他的诗篇幅短小明快,豪迈奔放,语言精练,音韵和谐,具有浓郁的宗教气息。他的诗作,由后人伊本·哈比卜搜集,编成《哈桑诗集》传世。 (杨克礼)

哈少夫(1856～1934) 中国穆斯林知名人士、金石书画收藏家。名麐,字少甫,别名观津。回族。江苏南京人,后迁居上海。幼习儒籍,因受家教,熟悉金石书画瓷铜古玩。青年时期弃儒经商,从事珠宝业。他刻苦好学,广交海内外名流,收藏了许多文物珍品。1910年任上海书画研究会协理。1914年任上海穆斯林珠玉汇市总董(即会长)。1919年被选为全国美术展览会参考部委员。哈少夫虔信伊斯兰教,热心穆斯林公益事业。1900年和1905年曾两次捐款扩建上海福佑路清真寺,并于1909年倡议成立上海清真董事会,为该会总协董(即副会长)。1925年,同哈德成等一起发起组织中国回教学会,任干事。1929年,又同达浦生等发起组织中国回教公会及伊斯兰进德会。为发展伊斯兰教育,他捐资创建和举办了上海伊斯兰师范学校和回民敦化小学,并募捐建成了具有相当规模的新校舍和供出租以自养的民房6幢。后将毗邻校舍的弄堂取名"观津里",以示纪念。他还倡议并集资建成了上海日晖巷清真别墅、真如清真第二别墅、小沙渡清真义冢等。哈少夫还热心社会救济事宜,历任上海红十字会、华洋义赈会、妇孺救济会、江宁(今南京)水灾义赈会、上海筹募各省水旱赈灾会、"一·二八"上海战区难民救济会、东北难民联合会、上海赈济黄河水灾会等慈善组织的董事、执行委员、执行审核委员等职。

(张志诚)

哈申家族(Banū Hāshim) 见哈希姆家族。

哈斯比叶拉(Ḥasbiyallāh) 见凯利玛特·迪克

里拉。

哈特兰人墓盖石 中国元代居华穆斯林墓盖石。现存泉州海外交通史博物馆。辉绿岩整石雕琢而成，长114厘米、宽58厘米、高41厘米。分为4层，底层六座脚，间刻如意云纹图案；第二层雕刻莲花瓣图案；第三层环刻阿拉伯文；顶石截面呈尖弓状，一面浮雕卷云纹烘托一轮圆月，另一面浮雕是一朵盛开的莲花。阿拉伯文为《古兰经》第2章第255节，其余的译文为："这是哈特兰人马哈茂德·本·穆罕默德·艾布·法蒂勒的坟墓。他卒于(伊斯兰历)752年6月8日(1351年8月2日)。"哈特兰是阿富汗巴达赫尚省的一个行政区。该墓盖石是在泉州发现的宋、元时代保存完整的穆斯林墓盖石之一，是研究中亚穆斯林墓葬建筑艺术在中国发展和演变的见证。 (陈达生)

哈提夫(Hātif) 伊斯兰教先知穆罕默德诞生前其他经典中的有关预言。阿拉伯语音译。在阿拉伯民间故事中，常指夜间的神秘声音，有时这声音也预言未来。据《旧约全书·以西结书》载："你要向耶路撒冷和圣所滴下豫言"(21∶2)；"你要豫言，耶和华吩咐我如此说"(21∶8)。有人认为所谓"豫言"即"哈提夫"，是预示穆罕默德将担负先知的使命。《古兰经》中有关穆罕默德诞生的预言，见第61章《列阵》第6节："当时，麦尔彦之子尔撒曾说：'以色列的后裔啊！我确是真主派来教化你们的使者，他派我来证实在我之前的《讨拉特》，并且以在我之后诞生的使者，名叫艾哈默德的，向你们报喜。'"经文中所说的"艾哈默德"，即"穆罕默德"之别称。在现行《新约全书·约翰福音》中，多少还保留有预告先知穆罕默德将诞生传教的类似内容，如："我还有好些事要告诉你们，但你们现在担当不了。只等真理的圣灵来了，他要引导你们明白一切的真理，因为他不是凭自己说的，乃是把所听见的都说出来，并要把将来的事告诉你们。"(16∶12～13)。《古兰经》注疏家认为"真理的圣灵"及文中的代词"他"，即指穆罕默德而言。现代阿拉伯语汇中的"哈提夫"，意为："高喊者"、"无形的呼唤者"。此外，在阿拉伯语中，"电话"也叫"哈提夫"。 (林　松)

哈娃(Ḥawwā') 《古兰经》中记载的人类始祖阿丹之妻。据《古兰经》记载，她跟丈夫阿丹同住在乐园中，随意享用园中的各种果实，因受魔鬼教唆，采食了安拉禁止他俩接近的一棵树上之果实，顿觉衣不蔽体，全身裸露，夫妇二人被罚降入尘世，魔鬼也被驱逐到大地上，与人类成为仇敌。伊斯兰教认为，阿丹和哈娃，即人类之始祖。《古兰经》中多次提及此事，但经文仅涉及阿丹之名及其妻子，经注学家认为其妻名为哈娃。《旧约全书·创世纪》第3章第20节中说："亚当给他妻子起名叫夏娃，因为他是众生之母。"有些宗教学者认为，夏娃与伊斯兰教称为"哈娃"者，均指同一个人。见阿丹。 (林　松)

哈瓦利吉派(al-Khawārij) 中世纪伊斯兰教历史上最早出现的宗教政治派别。"哈瓦利吉"，阿拉伯语意为"出走者"，即指从伊斯兰教第四任哈里发阿里的队伍中分裂出走的一个派别。一说该词源于《古兰经》："谁从家中出走，欲迁至真主和使者那里，而中途死亡，真主必报酬谁"(4∶100)。该派的基本群众是阿拉伯台米姆部落的游牧民，曾在四大哈里发时期参加军队，驻守巴士拉。其中有一批诵经学家，平时以背诵《古兰经》为职责，指导穆斯林的宗教生活，战时进行宣传鼓动。他们原是阿里的追随者，曾加入了反对奥斯曼的行列。656年第三任哈里发奥斯曼被杀后，阿里被推选任第四任哈里发，奥斯曼的堂弟、叙利亚总督穆阿维叶不承认阿里的哈里发地位，举兵反抗，657年双方在幼发拉底河畔的隋芬平原发生激战。穆阿维叶在面临失败的情况下，提出"以《古兰经》裁判"的停战议和要求。当时在阿里的营垒中主战派占少数，大部分人主张媾和，阿里本人也倾向和解，遂接受了穆阿维叶依经裁决的要求，由双方分别派出的公断人进行裁判。裁决的结果是罢免双方领导人所任的职务，把正统哈里发阿里置于和穆阿维叶同等地位。因此引起主战派的极端不满。他们认为奥斯曼被杀后阿里被推选为哈里发乃系穆斯林公社的集体决定，即是安拉的裁决，是神圣的，"除安拉外，别无裁判"；认为阿里接受仲裁，就是"违犯真主的法度"，是"叛教行为"。当时约有1.2万人退出阿里队伍出走，被称为"哈瓦利吉派"。658年，他们在库法附近的哈鲁拉村推举一虔诚的普通士兵阿卜杜拉·本·瓦哈布·拉西比(？～658)为第一任哈里发，宣布不承认阿里和穆阿维叶在伊斯兰社会中的领袖地位。起初阿里为了对付穆阿维叶，曾亲自去哈鲁拉村说服该派归队，虽使很多人离开了哈瓦利吉派，但仍有约3000人坚持与阿里为敌。其后因哈瓦利吉派杀死支持阿里的麦达因总督和阿里的使者，迫使阿里率兵围歼，从而导致658年的纳赫拉万之战。结果哈瓦利吉派惨败，拉西比阵亡，阿里取得了决定性的胜利。纳赫拉万之战后，哈瓦利吉派不但未屈服，反而激起他们复仇的精神，他们自称是唯一正确信仰安拉之道者，是最有资格享有伊斯兰社会领导权的派别。他们决心除掉阿里、穆阿维叶和阿慕尔·本·阿斯。661年派人暗杀了阿里，刺伤了穆阿维叶。此后该派的力量逐渐得到恢复和发展，他们以巴士拉以西的沼泽地为基地，分股采用游击战术，继续进行武装斗争。在伍麦叶王朝时期，该派在各地的支派曾先后举行过35次反对哈里发统治的武装起义，一度占领库法、叶麻麦、哈达拉毛和塔伊夫城等，其势力最大时曾扩展到波斯、伊拉克、阿拉伯半岛的希贾兹和也门地区，对当时的政治局势有相当影响，但终被镇压下去。在阿拔斯王朝时期，由于该派反对压迫和提倡平均主义思想，通过散居各地信徒的传播，得到广大贫苦穆斯林的响应和支持，发动过规模不等的起义。8世纪中至10世纪初其支派在北非建立过哈塔卜王朝、罗斯图姆王朝和萨杰拉马赛王朝。866年该派领导巴士拉赞吉起义，反对阿拔斯王朝哈里发的统治。以后又有士兵、贝都因人、自由农民参加，使这场起义先后持续达14年之久，但最后终于失败。此后，该派便把注意力从政治和军事斗争转向教义学的研究方面。其思想家提出不同于正统派和什叶派的宗教和政治主张，对当时伊斯兰教的政治生活和教义学说的发展有一定影响。

哈瓦利吉派在政治纲领上，主张凡穆斯林一律平等，通过民主选举哈里发。该派认为哈里发应由全体穆斯林推选，当选者不应只限于古莱什人，任何一个信仰虔诚、熟知教义教法和行为端正的穆斯林，不分民族和种族，甚至奴隶都有资格当选。哈里发应绝对遵奉“安拉之道”，代表全体穆斯林的利益，否则就应废除，甚至被处死。他们既反对伍麦叶王朝和阿拔斯王朝的贵族专政，也反对只有先知穆罕默德及阿里的后裔才能当哈里发的主张。他们只承认艾布·伯克尔和欧麦尔两位哈里发的合法地位。他们提倡原始的经济平等思想，主张在所有穆斯林中平等分配土地和战利品，“消除奴隶和奴役制”，故又被称为“军事民主派”。但该派还反对不赞同他们政治观点和教义的穆斯林，认为除哈瓦利吉派的信徒外，其他穆斯林都是“背离主道”的叛教者，异己的穆斯林在后世不能得救；处死“背离主道”的人不仅无罪，而且是信徒的职责，是“安拉喜悦的事情”。故该派中的的极端支派经常迫害和屠杀不赞同他们教义的穆斯林平民，而却对基督教徒、犹太教徒和拜火教徒表示宽容，禁止杀害非穆斯林。

在宗教教义学说上，哈瓦利吉派是虔诚严格的派别，它与栽德派、穆尔太齐赖派的观点大体相同。该派认为，安拉是独一的，无形无影，无方位；对安拉必须笃信和虔诚，任何怀疑和动摇都是大罪，是叛教者，今世应给予严厉的惩罚，死后将堕入火狱。它认为《古兰经》除第12章(即优素福章)为被造之作外，其他章节均属安拉言语，必须按原意信守，不得擅自加以解释和变动。在信仰与行为的关系上，它强调信仰必须伴以行为，认为穆斯林仅有信仰是不够的，必须以宗教行为表明自己的信仰。认为宗教行为包括履行五项宗教功课、参加圣战和遵守教法教规，强调“礼拜、斋戒、诚实、公正都是信仰的一部分”。同时也严格要求信仰的纯正，认为必须思想纯净，斋戒、礼拜才能有效。因此该派成员为表明自己信仰虔诚而加重苦行，延长礼拜时间，增加叩头次数，直至额生胼胝，故又被称为“有胼胝者”。念诵《古兰经》，当读到天园时就激动流涕，企望天园泽降于自己；读到火狱时，就喘息唏嘘，表示恐惧。在前定与自由问题上，该派的一些主要支派主张有意志自由，认为人的行为决定于自己的意志，人类应对自己的行为负责，不承认定命论。该派还规定了苦修和禁欲的有关教规，如禁止烟酒，禁止一切娱乐活动，禁止剃须，禁止哀悼亡人，禁止说谎，禁止与本派以外的人通婚和发生继承关系等。

该派在反对哈里发国家统治者的长期斗争中，因遭当局的迫害镇压，被迫分成小股在各地进行活动，其内部在政治、军事和宗教等方面经常产生分歧和矛盾，先后分裂为20多个支派，在教义上各有差别。主要的支派有阿扎里加派、纳吉迪耶派、苏夫里耶派、哈兹米叶派等。有的学者认为，艾巴德派也是该派的一个分支。（杨克礼）

哈万德(Hāwand) 中国伊斯兰教称谓用语。系波斯语音译，原意是“为公共事务操劳的人”。在中国西北地区演变为以下两种意思：①指清真寺寺坊管理人员，义同“乡老”，即现今清真寺民主管理委员会成员。②泛指寺坊的穆斯林大众，义同高目。

（马忠杰）

哈希姆家族(Banū Hāshim) 阿拉伯半岛麦加地区古莱什部落主要家族之一。又译“哈申家族”。因系伊斯兰教先知穆罕默德的家族，故又被称为“圣族”。其族名起源于古莱什部落的创立者库赛伊之孙阿慕尔。他掌管了祖先留下的四项权利(管理天房、召集部落议事会、接待朝觐者和掌管部落战旗)之一的接待朝觐者之权，由于他慷慨好施，人称“哈希姆”(Hāshim，即掰碎面食者)。哈希姆是穆罕默德的曾祖父，到穆罕默德出生时，哈希姆家族已经衰落。当穆罕默德在麦加开始宣传伊斯兰教时，其伯父、族长艾布·塔利卜(540～620)尽管没有信奉伊斯兰教，但以全力保护了穆罕默德的安全。古莱什其他家族曾协议断绝与哈希姆家族的一切往来达数年之久，企图迫使该家族放弃对穆罕默德的保护，但没有成功。穆罕默德去世后，哈希姆家族认为应由其家族成员为穆罕默德事业的合法继承人，从此开始了各政治派别争夺哈里发地位的斗争。其最著名的人物有阿里和其子哈桑、侯赛因及穆罕默德的叔父阿拔斯的后裔。作为圣族哈希姆家族的代表，阿里于656年被选为第四任哈里发。661年阿里被刺杀之后，哈里发的地位被伍麦叶家族的穆阿维叶夺去，建立了伍麦叶王朝。阿里的后裔被迫退居麦地那，但他们一直没有放弃继承哈里发地位的权利，因而围绕他们形成了什叶派。由于680年侯赛因在卡尔巴拉殉难，什叶派特别尊重侯赛因的后代，尊称他们为“赛义德”。也门的栽德王朝就是侯赛因的后代于864年创建的王朝，909年创立的法蒂玛王朝也称自己是侯赛因的子孙。什叶派的十二伊玛目支派中，有10位伊玛目是侯赛因系的哈希姆人，尼扎尔派的伊玛目也自称是法蒂玛王朝伊玛目的后代。今天印度的阿迦汗就是尼扎尔派的传人。而也门(前阿拉伯也门共和国)在1962年革命前，一直从赛义德中选举伊玛目来管理国家。阿里的后裔强调只有圣裔即阿里与穆罕默德的女儿法蒂玛所生的后代才有哈里发继承权，但阿拔斯的后人则强调只有圣族哈希姆家族才有哈里发地位的权利。在什叶派支持下,阿拔斯人艾布·穆斯林于747年在呼罗珊起义,750年建立了阿拔斯王朝,直到1258年阿拔斯王朝被蒙古军队消灭以前,哈希姆家族的后代一直占据着哈里发的宝座。

哈希姆家族在当今世界上最著名的是哈桑的后裔,人称“谢里夫”(Sharif,即贵人)。在中世纪时,第一个什叶派王朝伊德里斯王朝是由哈桑系所创立。从10世纪起,哈桑的后裔成为麦加及其周围地区世袭的埃米尔,管理克尔白,直到1893年奥斯曼帝国的素丹阿卜杜勒·哈米德二世把麦加的谢里夫侯赛因·伊本·阿里驱逐到伊斯坦布尔。第一次世界大战爆发后,侯赛因·伊本·阿里领导了反奥斯曼的阿拉伯民族起义,成为麦加的埃米尔和希贾兹国王(1916～1924)。1925年沙特家族把麦加的谢里夫家族逐出希贾兹,但侯赛因的儿子费萨尔于1921年成为伊拉克国王,另一个儿子阿卜杜拉于1946年成为约旦哈希姆王国的国王,建立了当代哈希姆王朝。1958年7月伊拉克革命后,哈希姆家族的著名代表只剩下约旦国王侯赛因了。(郭承真)

哈希姆派(al-Hāshimiyyah) 见阿拔斯派。

哈扎拉人(Hazaras) 阿富汗穆斯林民族之一。称“泰穆里人”或“蒂穆里人”,一译“赫扎那人”。人口约176万(1985),40%以上居住在阿富汗境内,分东西两部,西哈扎拉人居住在柏勒帕迈塞斯山北部地区;东哈扎拉人集中住在哈扎腊贾特山区。其余分布于伊朗和巴基斯坦境内。属欧罗巴人种地中海类型。但混有明显的蒙古人种成分。13～14世纪,曾占据阿富汗广大草原地区,16世纪初,征服了当地众多的讲伊朗语族语言的塔吉克农业民族,并定居下来。西哈扎拉人主要操波斯语方言,东哈扎拉人讲一种特殊的波斯语,其中杂有蒙古语和突厥语词汇。东哈扎拉人中保留有民族部落组织,其中较大的部落组织有乌鲁兹加尼人、贾古里人、别苏特人、歹昆迪人、弗拉提人等。主要从事山地灌溉农业,种植小麦、大麦、黑麦等。西哈扎拉人则以畜牧业为主,住蒙古包,饲养山羊、绵羊,兼营农业,手工业比较发达。哈扎拉人最早信仰祆教和其他自然崇拜。9～10世纪,伊斯兰教通过本地区封建统治者和部落首领的大力提倡,逐渐从城市传入农村和山区。广大东部哈扎拉人主要信奉什叶派,多属十二伊玛目派。一切宗教活动由半官方的宗教职业学者掌握,他们在人民中有绝对的权威。西部地区哈扎拉人信奉逊尼派,属哈乃斐教法学派。历史上哈扎拉人曾多次在伊斯兰教旗帜下举行起义,以什叶派教派形式团结各部落,反对封建贵族。(伊力奇)

哈只 见哈吉。

哈兹拉特麻札 见阿帕克和卓麻札。

哈兹拉特·毛拉麻札 见马哈茂德·喀什噶里麻札。

海白尔之战(Ghazwah Khaybar) 628年穆罕默德领导的穆斯林公社同犹太人之间的一次武装战斗。为穆罕默德传教期间的著名战役之一。因发生在麦地那以北约100公里处的海白尔,故名。此役为穆斯林公社武力驱逐犹太人的一系列行动之一,其起因源于麦地那3个犹太教部落先后破坏同穆斯林公社的盟约而在穆斯林中激起的极大愤慨。曾因两次暗杀穆罕默德未遂而被逐出麦地那的奈迪尔(Naḍir)部落逃至海白尔后,与当地犹太人一起,于627年煽动沙漠地区各阿拉伯多神教部落参加古莱什部落联军入侵麦地那的“壕沟之战”。曾同穆斯林公社缔结了共同保卫麦地那盟约的古莱扎(Qurayẓah)部落则暗中与联军勾结,企图里应外合,一举消灭穆斯林公社。穆罕默德在取得“壕沟之战”的胜利后,先派军3000人围攻古莱扎部落,将其成年男人全部处死,继而于628年亲自率军出征海白尔。他派阿里为旗手,带领穆斯林先后向犹太人的三道各自独立的堡垒群发起围攻。由于犹太人顽强抵抗,穆斯林久攻不克。最后切断通往镇内的水源,才迫使犹太人投降。此役历经一月有余,共歼犹太人93名,缴获了大量战利品,穆斯林阵亡15人。犹太人请求继续留住在海白尔,并以缴纳收成之半为条件从事农耕,穆罕默德同意了他们的请求。此役对战败者的处理,为以后哈里发如何对待被征服者提供了范例。战役结束后,海白尔周围其他各犹太人部落亦纷纷以类似条件表示归顺。海白尔之战的胜利,标志着武力驱逐犹太人的结束,为穆斯林集中全力同古莱什多神教徒作斗争并最终攻克麦加,起到了稳固后方的作用。(杨宗山)

海达尔哈纳清真寺(Masjid Ḥaydar Khana) 伊拉克著名清真寺。位于巴格达城内海达尔哈纳区拉希德大街。1826年为奥斯曼帝国统治时期巴格达省长达乌德帕夏始建。寺呈长方形,中间围着一个宽敞的庭院。礼拜大殿上有大穹顶覆盖,系用雕有花卉图案的彩砖铺砌,工艺精致。大穹顶旁边又有两个较小的穹顶,造形十分壮观。清真寺内附设有一所伊斯兰教经学院和图书馆,还设有露天的祈祷广场和其他建筑。(杨克礼)

海迪耶(al-Hadiyyah) 中国伊斯兰教用语。阿拉伯语音译,原意为“礼物”、“赠品”、“馈赠”等,该词一般用于人际交往中的一种礼仪表示。中国穆斯林将该词引申并赋予宗教的含义,把自愿向清真寺、拱北、道堂及阿訇、满拉捐赠的财物、礼品称“出散海迪耶”,以示善举。此外,在葬埋亡人时向贫困者施散钱物也称“散海迪耶”。并常常将该词与“乜贴”作同义语用。参

见乜贴。（达应庚）

海夫清真寺（Masjid Khaif） 沙特阿拉伯伊斯兰教著名清真寺。仅次于麦加禁寺和麦地那先知寺，居第三位。位于麦加米那山下，距射石处不远，故又称米那大寺。它是一座有1300多年历史的古寺，始建于632年先知穆罕默德由麦地那到麦加朝觐进驻米那时。当时只是一座用石块作围墙的露天礼拜场地，后由于朝觐者的日益增加，占地不断扩大。据传，在第二任哈里发欧麦尔执政时期，礼拜场的前部才建起了米哈拉布、敏拜尔及宣礼塔。以后历代均有改建，规模逐渐扩大。20世纪70年代，朝觐者急剧增加，沙特阿拉伯政府拨巨款，实施全面开发和建设米纳的宏大工程，海夫清真寺为其重点项目之一。重建后的海夫清真寺，占地面积3.6万多平方米，加上东、北两广场，可容10万人同时做礼拜。礼拜大殿呈长方形，采用排柱支撑的大跨度横梁结构，平顶开气窗，通风采光。四角各有一尊高60米的宣礼塔。大殿米哈拉布向西，敏拜尔设在殿中央，系两米高、有精致栏杆的方形木台，备有扩音设施。殿内白色大理石铺地，顶装日光灯及吊扇。东南角另辟一小厅供妇女礼拜。妇女浴室也设在殿外这一角，有专门入口与大殿相通。大殿正门东向，门廊高大雄伟，南北两侧各开数门。男沐浴室在大殿东侧，中间有一个缓梯形广场。男女沐浴室均装有一排排揿压式自喷龙头供小净用；另设许多小隔间，装有软管水龙头，可用来净下与做大净。海夫清真寺设有管理处、图书馆等。伊玛目及其他教务人员、技术人员等，均由沙特政府宗教朝觐部任命或招聘。（马智雄）

海富润事件 中国清代乾隆时期对回族穆斯林进行的一起文字狱迫害。海富润，回族。海南岛崖州三亚村人。虔信伊斯兰教。曾在广西、湖南、湖北、安徽、陕西等省回民地区游学8年，并在陕西大荔、渭南等地长期居留。乾隆四十六年(1781)自陕西返乡，途经汉口，居住礼拜寺内，结识附近一热心刊印汉文经籍的南京回民袁国祚。袁赠送他《天方至圣实录年谱》一部10本及《天方字母解义》、《清真释疑》、《天方三字经》各1本。回归海南途中，在桂林被知府贵中孚搜查出阿拉伯文经籍21本及上述各书后当即逮捕，并上报广西巡抚朱椿。朱椿一面行文通报江南各省查办，一面上奏朝廷，以“各书内大义，通系揄扬西域回教国王穆罕默德之语”为由，罗织3条罪状：(1)“其书名《至圣实录》已属僭妄”。(2)“于庙讳不知敬避”。(3)“序、引、凡例、纪事、辩论等类，狂悖荒唐之处，不一而足”。且怀疑海富润是“漏网甘肃番回”（即苏四十三起义分子），要各省对向他传经供饭之人逐一查处，并焚毁书籍版本，法办著者、译者、刻版者、散发者。湖北巡抚接到朱椿行文后，即将袁国祚逮捕。江南巡抚即明令江宁、镇江、松江各地查办。将袁国祚之兄袁国裕及有关人士谈在文、改绍贤抓捕解往北京。各地回民闻讯惊恐不安。乾隆皇帝接朱椿奏折后，立即严词训斥，认为“所办殊属过当”，指出“旧教回民，各省多有”，“其平日所诵经典多系相沿旧本，并非实有谤毁，显为悖逆之语”。下旨释放被捕人士，发还书籍，“俱不必查办”并不得“借端需索滋扰”。袁国祚在汉口被释放后，北上京师，以《至圣实录》敬呈乾隆，经御批布告天下，使此类书籍得以合法印行。乾隆四十七年(1782)内阁奉旨将朱椿革职留任，有关省份将奉旨办理此案详情上奏。此案处理对清代前期一些地方大吏迫害各少数民族穆斯林之风有所遏止。（罗万寿）

海固事变 中国抗日战争时期宁夏固原地区回族农民反抗国民党暴政和民族压迫的起义。抗战期间，国民党消极抗日，对内实行镇压，横征暴敛，大肆征兵派款，并对回族穆斯林实行大汉族主义政策，侮教事件时有发生。固原、海原、西吉一带回民无法忍受，先后发动了3次起义。第一次于1938年农历十一月二十五爆发，起义者在进攻隆德途中消灭敌人1个营1个连，缴获步枪百余支和部分弹药。但起义不到一个月即被敌军击败。第二次爆发于1939年农历四月初九，领导人为马国瑞。起义在西吉县白崖子和小坡两村发动后，一夜之间即将住在村内的胡宗南部35师一个连歼灭，缴获步枪70余支，继而攻打海原、化平、隆德，发展到2万余人，编为8团，其中有部分汉族农民参加，并杀死当地一些汉、回地主。国民党先派回族上层人士前来谈判，拖延时间，暗里则调动飞机、大炮、步骑兵加紧包围，旋即发动进攻。这次起义坚持了1个月，亦遭失败。第三次是在1941年农历四月初八，人数多达3万余人，领导人为马国林和马思义。起义者曾提出“单独组织自己的抗日武装”，消灭国民党1个营，缴获百余支步枪和一些弹药、马匹。后由马思义带领24营由西吉投奔中国共产党领导下的陕、甘、宁边区红军，途中牺牲很大，只剩下二三百人。马国林留在西吉，被敌捕获杀害。起义领导人在边区受到毛泽东主席的接见，起义者参加红军后，扩编为“回民骑兵旅”。

（杨怀中）

海兰达尔（Kalandar） 中亚伊斯兰教苏菲派苦修者的称谓。波斯语音译，亦译“卡兰答尔”、“海连塔尔”。原指中亚苏菲派海兰达里耶教团成员，类似游历传教的“德尔威什”或云游苦行者。海兰达尔身着独特服装，携带独特道具，不受社会制约，为防身而携有武器，剃掉头发，为修行而巡游各地。他们信仰虔诚，经常步行到麦加朝觐。在萨法维王朝灭亡后，海兰达尔中大部分逊尼派信徒离开伊朗，参加到中亚、印度、新疆等地各苏菲派组织中，并保持了自己独特的生活与修行方式，其中大多数人是文盲和职业行乞者。1220年蒙古军队西征攻占沙瓦时，一批海兰达尔由沙瓦逃难到大马士革，成为以沙瓦吉(al Sawaji，? ～1232)为首的苏菲派组织信徒。在中国新疆，海兰达尔多以念

经、求雨、治病、禳灾、祈福等活动为生。(陈国光)

海里凡 见哈里发。

海门门宦 中国伊斯兰教苏菲主义嘎迪林耶学派支系门宦之一。创建人海阔(生卒年不详)。回族。兰州人。出身于城市贫民。故该门宦以其创建人姓取名。1857年清廷镇压新疆大和卓波罗尼都和小和卓霍集占叛乱时,有一名叫"巴巴爷"的被俘,被解押北京,路过兰州时,适逢海阔在皋兰县班房当衙役,被派去临管囚犯。因"巴巴爷"被认为是圣裔,海阔甚为尊重,故获巴巴爷秘传的苏非学理,后创建"海门"。海阔殁后葬于银川。他临终前,将所存手杖、念珠等派人送交兰州市西津桥门生沙满拉,作为传教的凭证。后沙满拉将其师的信物修建了纪念冢,名曰"香原堂"。沙满拉殁于河州,教民为他修建了墓庐,称"沙家拱北"。海门除以《古兰经》和圣训为传教准则外,最主要的一条是"信义高于一切"。凡信其教旨者必须以信义为第一,如失信背义即失去海门信徒的资格。教民不多,主要散居甘肃省兰州市和临夏广河等地。(马　通)

海姆达尼(al-Hamdāni,约893～945) 阿拉伯地理学家、历史学家、诗人。全名哈桑·本·艾哈迈德·海姆达尼。生于也门一穆斯林贵族家庭。受过传统的伊斯兰文化和宗教教育,博学多才,通晓历史、地理、天文、语法、文学等。他一生大部分在阿拉伯半岛各地游历,进行实地考察,拜访学者,搜集资料,对阿拔斯王朝的政治、经济、宗教及社会情况有广泛的接触和了解。后在萨那从事学术研究和著述。他撰写的《阿拉伯半岛志》(《Ṣifah Jazirah al-'Arab》),是一部历史地理著作,概述了阿拉伯半岛各地的历史沿革、山川、沙漠及河流的地理分布,区域划分,历史古迹,物产和风土人情,尤其对伊斯兰教创立后也门的历史地理和宗教文化状况的记载较为详细。其撰写的百科著作《花冠》(《al-Iklil》),收有历史事件、地名及城市、伊斯兰教基本知识、历史人物、著名家族谱系、历史古迹、风土人情、传说轶事等方面的重要资料,对研究中世纪阿拉伯的社会情况和伊斯兰教的历史很有价值。他还创作了大量叙事诗、抒情诗、写景诗和宗教赞美诗,在当时有广泛的社会影响;并辑有南阿拉伯当时流行的著名诗歌集,被誉为"南阿拉伯的喉舌"。海姆达尼在统治者争权斗争中被押,945年卒于萨那狱中。

(杨克礼)

海南岛伊斯兰古墓群 中国海南省穆斯林古代墓葬遗迹。海南岛地处中国南海,为中国古代海外交通的枢纽,也是海外穆斯林商人与贡使来华的通道。据《唐大和上(尚)东征传》载,唐玄宗天宝年间,鉴真和尚东渡日本前漂流到此岛时,曾记此有一"南北三日行,东西五日行,村村相次"的波斯奴婢居处。《蒲寿庚考》载:"唐宋两代时海南岛实为蕃舶往来之所必经"。据20世纪30年代中国伊斯兰教《人道》杂志刊载的《崖州三亚里回人之来历》一文称,崖州、儋州、万州"三处皆有古迹坟墓可考"。1975年海南岛文化局、陵水县文化馆曾对两处古墓做过调查。1983年12月广东省民族研究学会、广东省政协民族宗教组及地方有关部门共同组织专家进行实地发掘,考察出海南省现有伊斯兰古墓群3处:(1)陵水县境内的干教坡。(2)崖县境内的番岭坡。(3)崖县西南的角头鼻。3处古墓群均在滨海沙滩上,数十座古墓鳞次栉比。墓穴基本坐北朝南,亡人大体面向西方。每座坟头都有一块用珊瑚石刻制的墓碑。从已挖掘的10多方墓碑看,墓主都是来自国外的穆斯林,碑上用阿拉伯文镌刻着墓主的名字和去世日期。如"艾斯玛尔死于斋月吉日","他叫伊本·赛义德·宛尔圣,卒于12月"。碑上花纹一般较为简朴粗糙。1958年前,崖县角头鼻沙滩上有古墓上百座。现辟为公共坟地。在一座汉族坟墓旁,发现一块古代穆斯林的墓碑,顶部呈拱状,四角有浮雕边框,中间一轮圆月,月圈内刻有阿拉伯文"清真言":"万物非主,唯有真主,穆罕默德是主的使者"。刻工精致,构思巧妙。此墓碑被作为垫石放置在一座汉族墓碑旁边。这些发现是研究唐宋时期伊斯兰教经海上丝绸之路传入中国的重要文物佐证。(罗万寿)

海推布(Khaṭib) 伊斯兰教职称谓。阿拉伯语音译,意为"宣讲教义者"、"宗教演说家"。旧译"鸣教"、"唱教"。伊斯兰教先知穆罕默德在世时,经常率众主持礼拜,并在公众场合宣讲教义。后来四大哈里发亦效法此作法,故当时海推布亦指领袖。后来海推布逐渐演变为清真寺的教职人员,除宣教外,还代表伊玛目接受归信者。埃及爱资哈尔大学1911年规定,在该校三级学习中,必须学完二级才有资格任此职。中国伊斯兰教的海推布,在早期是清真寺的"三掌教"(即掌教、穆安津、海推布)制成员之一,多实行世袭制,是宣讲教义、教法的人,或主麻日聚礼在清真寺讲坛上念"呼图白"的人。明末以来,随着"三掌教"制的解体而逐渐消失,近代以来,原海推布的职责被阿訇、二阿訇或满拉所代替,也不存在世袭问题。(马　通)

海也勒(Ḥiyal) 伊斯兰教法用语。阿拉伯语音译,意为"计谋"、"手段"。指以表面上合法的手段达到不合法的目的。指教法学家根据变化了的新情况,不拘泥于教法词句而采取的一种灵活变通方法,亦称为"法律虚构"。一般用于处理商业交易和不动产的转让律例。例如,为绕过教法禁止利息的规定,历史上穆斯林商人经常采取一种"计谋",称为"双重买卖"。办法是:贷方甲以丙元的价格自借方乙购买一件商品,当面付款,然后乙某再同甲某成立契约,以丙元十丁元(丁元为双方商定的息金)的价格购回同一件商品,按约定的日期付款。这样的交易既符合教法原则(即允许买卖，而禁吃重利），又达到了日常借贷的目的，而利息禁令则被巧妙地绕过去了。历史上不同教法学派对这种变通手段态度各异。哈乃斐派重法律形式甚于法律精神，对此毫无保留。晚期沙斐仪派法学家们亦接受此说。而马立克派和罕百里派则强烈反对这种实用主义方法，马立克还专门制定了一项禁止海也勒的规定。

（吴云贵）

海乙教坊制 中国伊斯兰教历史上的一种地区性教坊管理制度。指一个地区的大清真寺“麦斯吉德·海乙”管理和领导若干小寺（即稍麻尔）。为了便于推动穆斯林较少的地区开展宗教活动，有些地方的小寺隶属于某所大寺管辖，小寺的阿訇亦由大寺委派。每逢主麻日聚礼、节日会礼及其他大型宗教活动，穆斯林均汇集到大寺举行。中国各地穆斯林聚居区均建有大寺或中心寺。如新疆喀什的艾提卡尔清真寺，宁夏同心县的韦州清真大寺、永宁县的纳家户大寺、平罗县的宝丰大寺，青海循化县的街子大寺等，历史上都是本地区管理、领导所属清真小寺宗教活动的海乙大寺。

（余振贵）

海乙寺(Masjid Ḥayy) 见教坊。

《亥帖》 见《亥听》。

《亥听》(Khatm al-Qur'ān) 《古兰经》选读本。阿拉伯语“亥听·古兰”音译的简称。又译“亥帖”、“赫听”等。其原意为“封印古兰”，引申为“读完全部古兰经”、“通读全部古兰经”，即读完这个选本，有如通读全经。为18世纪后半叶至20世纪初，在中国穆斯林中广泛流传并精读常诵的一种《古兰经》原文节选本。选辑者无可考。该选本内容包括：《古兰经》首章（法蒂哈），第2、3、9各长章的节选，第36（雅辛）、67（姆勒克）两个篇幅中等的章，以及第86、87、93、94、97、99、102、103和105～114等18个短章（俗称“18个苏赖”或“18段”）。由于《古兰经》卷帙浩繁，不懂阿拉伯语的穆斯林不易通读，故有以短章为主的选读本问世，以便于穆斯林大众背诵熟记和在礼拜时选择默诵。因选辑者的着眼点在于提供诵读上的方便，而并非从内容上全面考虑，故选读本对《古兰经》内容并不起提纲挈领之作用。由于《亥听》在中国各族穆斯林中流传较广，故其影响之深已远远超出其他伊斯兰教经籍。其中不少章节，如《古兰经》首章、第2章前5节和最后10个短章（俗称“10个苏赖”）等，几乎家喻户晓，虽目不识丁的老叟妇孺，亦能熟背如流。流传至今的原文刊刻版本有：清同治十三年（1874）汉南马晋锡印本、光绪二十五年（1899）云南棋阳马联元刻本和镇江西大寺藏版本。所有选本除个别节选于长章者之节数略有出入外，其余大体相同。所选短章与出自叙利亚、巴基斯坦、印度等国的选本近似。较早的汉译本有1882年刊印的《汉字赫听》和《赫听真经》，皆属音译本，旨在使不懂阿拉伯文的穆斯林可据汉字注音拼读。20世纪以来，用汉字注音并附加经堂语译注的汉译本有《宝命真经》、《天经译解》、《古兰经选》等。中国当今较为流行的版本有：中国伊斯兰教协会研究部和上海外国语学院合作译注的汉阿对照本《〈古兰经〉选》（1981年2月上海外语教育出版社出版）、林松译注的汉阿对照本《古兰经文选》（1981年11月外语教学与研究出版社出版）、北京市伊斯兰教协会1982年12月印行的附有汉文注音和经堂语译义的《古兰经选（亥帖）》等。

（杨宗山）

韩哈济 中国清代雍正、乾隆时撒拉族伊斯兰教世袭总掌教。今青海省循化县人。撒拉族。出身于富有的伊斯兰掌教世家。掌管循化撒拉族十二工各清真寺教坊的教务、教法及委派阿訇等权力。曾赴麦加朝觐，被教众尊称为“哈济”（即哈吉），以此为名。雍正年间（1723～1735）马来迟在循化传播华寺门宦苏非学理，以马为师。后马明心在循化传哲赫林耶学理，韩持坚决反对态度。乾隆年间华寺门宦（即老教）与哲赫林耶门宦（即新教）之间发生教争，韩站在华寺门宦一边。乾隆三十四年（1769），同华寺门宦教主马国宝向甘肃按察司控告马明心弟子贺麻路乎“邪教惑众”，贺被清廷发往新疆给兵丁为奴。

（孔祥录）

韩家集海乙礼拜寺 中国伊斯兰教清真寺。坐落在甘肃省临夏县韩家集磨川村。俗称“磨川大寺”。据寺内现存的《重修西乡韩家集三头十方海一大礼拜寺碑记》称，此寺始建于清代初期（17世纪中叶），曾被誉为“求雨寺”。清光绪六年（1880）及二十八年（1902）两次扩建。有正殿5间，后殿3间，两廊10间，对庭各7间，仓房10间，大门3间，唤醒楼1座，高3层，牌坊2座，镶嵌砖雕照壁1幢。1949年9月以前曾是韩家集附近13个回族穆斯林聚居村落的总寺，故称“海乙礼拜寺”。“文化大革命”中被拆除。今磨川寺是1982年由当地穆斯林捐资新建。该寺有大殿1座，面积约480平方米，呈连卷式两面坡结构。殿门前有纵深1.8米的廊檐，有檐挂10根，连同檐顶皆为钢筋混凝土结构。厢房10间，是阿訇居室及住寺满拉学习处所。浴室5间，灶房3间，为土木结构简易平房。1917年所立碑记，由马福祥撰，记述了明末清初该地穆斯林的分布发展和该寺修葺和扩建的历史及下属的教坊。

（马成化　罗万寿）

汉口广益桥清真寺 见汉口民权路清真寺。

汉口民权路清真寺 中国伊斯兰教清真寺。原名广益桥清真寺。位于湖北省武汉市汉口民权路。据宣统元年（1909）所立清真寺碑刻载：该寺于清“雍正年间（1723～1735）置产建造”。整个建筑面积1200平方米。系宫殿式木质结构，斗拱飞檐，雕梁画栋、蔚为壮观。辛亥年(1911)遭大火焚毁后，又在原地复建如初。1930年拓展汉口马路时，被拆重建。建筑面积750平方米，为砖木结构的3层楼房建筑。1986年，由政府资助进行了加层及全面维修。现该寺为一座具有阿拉伯建筑特色的5层楼房建筑，面积达940平方米，五楼坪台上耸立着3个穹顶式的“邦克楼”。一楼系现代化设备的水房。二楼为客厅和诵经房。三楼为礼拜大殿，面积360平方米，可容纳500人礼拜。四楼为武汉市伊斯兰教协会办公地点。五楼是平时用作会场，节日用作会礼的大殿。该寺曾培养出一批知名阿訇，兴办过回民新型学校。抗日战争初期是回民抗日救亡活动的中心，汉口市回民战地服务团所在地(后改名为中国回民青年战地服务团)，中国回教救国协会青年服务团亦在该寺成立。1949年后，武汉市回民联合会、武汉市回民文化协进会、武汉市伊斯兰教协会均先后设于该寺。 (答振益)

汉口清真自治公益会 中国清末地方性的穆斯林民间社团组织。约于宣统年间成立。以提倡社会公益和地方自治为宗旨。会长马刚侯，会员50余人。辛亥武昌首义之前，该会“联合各团整顿商团、同时反正，大张义旗”。辛亥武昌首义爆发后，汉口清廷地方散兵流盗趁机滋扰，秩序混乱。汉口各界各团体联合会总干事马刚侯，邀集各团体负责人集会，商讨维护地方治安和协助国民军事宜，清真自治公益会带头响应。该会负责维持汉江之滨地段社会治安、消防和支援民军工作。他们“外侦敌情，内缉奸宄，或时祝融肆威，极力灌救，或时战场缺食，踊跃输将(浆)。屈指约二十余日，而地方得以安宁，人心得以鼓舞”。因该会为维护地方治安，支援民军做了大量工作，受到湖北军政府的嘉奖和社会各界的好评。该会还为发扬回族传统武术，资助发展回族教育，维护汉口民权路清真寺房地产的合法权益等做出了一定贡献。该会继任会长马积缨(号冠周)于1920年5月8日为扑灭汉口大火以身殉职。同时遇难的有回民杨德山、马焕奎，被称为回族“三义士”。 (答振益)

《汉文伊斯兰教文献》 外国学者对中国伊斯兰教汉文文献的评介集。撰述人为澳大利亚学者唐纳德·丹尼尔·莱斯利(Donald Daniel Leslie)，原书名为ISLAMIC LITRATURE IN CHINESE，LATE MING AND EARLY CH'ING：BOOKS，AUTHORS AND ASSOCIATES。1981年澳大利亚堪培拉高等教育学院出版。16开，192页。该书正文部分收录了晚明及清前期汉文伊斯兰教文献59种，74本(包括书名、作者、序言作者、版本、写作年代等)以及汉文文献中所提到的人物传记和传记中涉及的人物。附录部分对刘智《天方至圣实录》书中的地名、人名、碑文和明清两朝的敕令进行了考证和研究，并介绍了世界各主要国家图书馆以及台湾等地各种版本的汉文伊斯兰教文献的收藏情况。该书有助于读者了解海内外汉文伊斯兰教文献的分布情况，还可作为研究汉文伊斯兰教文献的工具书。 (金云峰)

汉学派 见西道堂。

《汉译古兰经》 中国汉译本《古兰经》之一。姬觉弥总纂，上海爱俪园广仓学馆印刷并发行，1931年初版。是中国用汉语翻译的第2部全译《古兰经》。此书《凡例》中说，译本“取材以阿拉伯文为主体，以欧译、日译为参考，务使简明了当，不失其真”。主译人姬觉弥，由英国籍犹太人欧司爱哈同夫妇资助，聘请通晓英文、阿拉伯文及日文的学者参证，历时3年而完成。全经用文言体译述，各章章名一律为音译，每节均有节次标号，长章都有分段，并按段落编排。译文中直译与意译兼而有之，除个别字句略附说明外，一般都未作注释。试举首章《法蒂哈》为例，以窥其译述风格之一斑：“是赞咸归于主，普世赖其化育。大仁大慈，宰制赏罚之日。余辈但知拜主，望主默助，主导余辈以正道。是道也，受主眷者由之，非触主怒者背道而驰之。”此书系线装刻印本，书中开缝鱼尾处标注经名、卷次、章名及译校单位名称。全书分装8册。第1册为序言，分别石印了原序文之手迹，计有岑春煊、郑沅、夏寿田、哈麟、欧司爱哈同、罗迦陵和姬觉弥撰写的序言；正文则刊刻于第2～8册之中，第8册后附有薛天辉《跋》之墨迹。 (林 松)

罕百里教法学派(al-Ḥanbaliyyah) 伊斯兰教法学派之一。与哈乃斐、马立克、沙斐仪学派并称为逊尼派四大法学派。由9世纪巴格达人伊本·罕百勒教长所创。该派在创制教法律例时，严格遵循《古兰经》和圣训，很少应用类比和公议，反对以个人意见推断教法问题，尤其反对穆尔太齐赖派的“意志自由”论，甚至拒绝接受艾什尔里的教义学主张。认为源自经、训的知识是不谬的，而源自理性判断的间接知识是不可信的。在四大教法学派中，素以经典派著称。因其主张正本清源，恢复伊斯兰教的本来精神，故有时亦被称为“原教旨主义派”。该派系在“圣训派”的基础上发展而成，其创始人伊本·罕百勒曾因否认穆尔太齐赖派的“古兰经受造说”而遭到支持此说的阿拔斯王朝哈里发马蒙的迫害。圣训派得势后，罕百里学派亦曾进行报复，压制其他教法学派，甚至温和的艾什尔里学派亦被压制3个世纪之久。该派著名教法学家有哈拉基(Abu al-Qāsim ʻUmar al-Kharaki，? ～945)、贾法尔(ʻAbd al-ʻAziz ben Jaʻfar，895～974)、贾沃齐(Abu al-Faraj ben al-Jawzi，1114～1200)、库达玛(Muwaffaq al-Dinb. Qudāmah，? ～1223)和伊本·泰米叶等。伊本·泰米叶因坚持教法学家有创制的权利，并对苏菲崇拜等“异端”行为提出批判，坚持纯正的一神教义，被后世视为新罕百里学派的代表，其思想对近代的瓦哈比教派和当代伊斯兰复兴运动有重要影响。罕百里学派初创时在叙利亚和伊拉克有少数追随者，现盛行于沙特阿拉伯等国。 （吴云贵）

罕吉（al-Ḥajj） 见朝觐。

罕吉·维达尔（Ḥajj al-Widā‘） 见辞朝。

罕里克经学堂 中国新疆喀喇汗王朝时期的伊斯兰教经文学校。“罕里克”系维吾尔语，意为“王室”，同阿拉伯语“麦德莱赛”组合，可译作“王室经学堂”。位于新疆喀什市东北角。10世纪中期由喀喇汗王朝可汗萨图克·布格拉汗始建，叶尔羌汗国素丹阿卜杜·拉失德汗重建。与依西勒经文学校、拉希丁经文学校、萨吉耶经文学校等著名宗教院校齐名。迄今犹存。该校占地20余亩，建筑庄严朴实，砖木结构。设有大讲堂、礼拜殿、教师备课室、图书室、3排学员宿舍及沐浴室等。该校曾为南疆地区培养各级伊斯兰教职人员。课程以学习《古兰经》为中心，开设经注学、教义学、教法学、圣训学、伊斯兰教史、哲学、伦理学、文学、书法、音乐及数学、物理、化学、天文学和医学。教师多为具有高水平的伊斯兰学者，由伊斯兰法庭聘任。学员来自新疆各地，自费就读。毕业时，由学校邀请喀什噶尔其他经文学校的教师进行分科考核，按品学优劣聘任不同的教职。有600余名学员曾在此深造结业。该校在中亚一带亦有一定影响。

（阿吉努尔·阿吉）

杭州回回坟 中国古代穆斯林墓园。坐落在浙江省杭州市清波门与涌金门外。据周密《癸辛杂识·续集上卷》云：“回回之俗，凡死者……瘗葬于聚景园，园亦回回主之。”另据《乾道临安志》载：聚景园，又名西园，是宋孝宗时（1163～1189）的皇家苑囿。宋宁宗时（1195～1224）已荒芜不修，遂成为当时侨居或久居杭州的穆斯林的公共墓地。元明两代称为“回回坟”，清代称为“番回冢墓”。由于元末明初（1297～1320前后）回族穆斯林著名诗人丁鹤年及其亲长瘗葬于此，当地人亦称“丁氏陇”。1911年辛亥革命后，地方政府正式命名为“南园回教公墓”。墓地辽阔，面积共百余亩，千百年来埋葬着中外的亡故穆斯林。自1924年杭州市政府修筑环湖公路时起，到1953年杭州市人民政府为建设西湖风景区另拨山地125亩作为回民公共墓地时止，先后发掘地下古墓碑70余方，多数镌刻阿拉伯文、波斯文。就已译明碑文来看，所葬亡者多为来自波斯伊斯法罕及阿拉伯地区的王子、长老、学者和富商。他们多亡于伊斯兰教历707～752年间，时值中国元代。其中知名者除丁鹤年外，尚有卜合提亚氏及其二位从者，当地穆斯林称为“三巴巴坟”。据传墓地一侧曾建有清真寺1座，今已不存。1927年，由回族穆斯林将领马福祥捐银重修，并题七言绝句诗3首，勒石为碑。在杭州回回坟发掘出的古代墓碑，除已散失者外，余均存于凤凰寺内。杭州回民墓地还有莲花峰、桃园岭、金沙港、洪春桥、小方井、双吊坟及今植物园等多处。 （赛生发）

杭州穆兴中学 中国伊斯兰教新式学校。由杭州凤凰寺董事会于1928年集资在银洞桥绸业会馆创办。其宗旨是提高穆斯林文化素质，振兴伊斯兰教事业。校长由穆斯林知名人士、医务工作者孙吉士（名忠伟）担任，有专职教师8名，并聘请穆斯林学者兼职任教。按照教育部颁布标准施教，课程设置有语文、数学、物理、化学、历史、地理、美术、体育、常识等，并定期为回族学生开设简明伊斯兰教义及阿拉伯语入门。建校初期设初中3个班，因校舍、师资不足，分设春秋季班。学生250余人，回汉子弟兼收，回族子弟一律免收学杂费。该校注重教学质量，学生杨嗣业在杭州市中学统考中曾荣获第一名。1937年抗日战争爆发后停办。 （丁云山）

豪萨人（Hausa） 西非穆斯林民族之一。人口约1845万（1978）。主要分布在尼日利亚北部和尼日尔南部。少数居住在喀麦隆、乍得、加纳、布基纳法索、多哥、中非共和国、贝宁和利比亚等国。属尼格罗人种苏丹类型。讲豪萨语，属闪含语系乍得语族。19世纪前用阿拉伯字母书写，19世纪末用拉丁字母书写。以农业为主，一部分从事饲养羊、驴、马等畜牧业。近代以来，民族工业和商业有了较大的发展。按父系续谱、居住和继承财产，允许一夫多妻制。男子实行割礼。少数保留宗族大家庭形式。14世纪下半叶，信奉伊斯兰教的马里王国势力开始渗透到豪萨人地区，在卡诺城等地传播《古兰经》，修建清真寺。伊斯兰教遂在豪萨人中逐渐传播开来。19世纪初富拉尼伊斯兰帝国时期，伊斯兰教在豪萨人地区得到广泛发展。1964年，尼日利亚北部的伊斯兰教首领为了在豪萨人中推行伊斯兰化，发动了“彻底皈依伊斯兰教运动”，在一年时间里约有40万人改信伊斯兰教。现在90%以上的豪萨人信奉伊斯兰教。因之伊斯兰教使豪萨人长期实行的氏族酋长制社会结构基本上消失。豪萨人穆斯林信奉逊尼派教义，遵奉马立克学派主张，部分人属于提加尼教团和卡迪里教团。 （王庆仁）

壕沟之战（Ghazwah al-Khandaq） 穆罕默德自622年迁徙麦地那后同麦加贵族进行的第三次武装战役。因穆斯林军在麦地那城四周挖壕沟据守，故名。麦加古莱什贵族因白德尔之战的失败和吴侯德之战徒劳无功，不甘罢休，经过两年的加紧备战，纠集各种反穆罕默德的力量，妄图摧毁麦地那穆斯林政权。627年3月他们联合贝都因的俄土芳部落和海白尔的犹太人，计11个部落1万余人（一说2.4万人）的联军，其中包括600名骑兵和一部分阿比西尼亚(今埃塞俄比亚)的雇佣军,由艾布·苏富扬率领,围攻麦地那,并准备由麦地那城内犹太古赖祖部落做内应,故又称"联盟之战"。穆罕默德立即动员穆斯林应战,但只集结了3000人和几十匹马。力量对比的优势在麦加军一方。此时新改信伊斯兰教的波斯人赛勒曼向穆罕默德献策:可在麦地那城郊周围据险挖壕沟予以固守。穆罕默德采纳其建议,命令穆斯林军在环城20里挖掘又宽又深的防卫战壕,派3000军士把守周围。麦加联军骑兵多次设法通过壕沟,被守卫者集中优势兵力给予重创,迫使他们溃退下去,步兵若接近壕沟,守军则以弓箭射击。联军无法越过壕沟,乃隔壕扎营,并每日向穆斯林守军射箭。其时虽发生穆斯林守军中犹太古赖祖部落倒戈事件,但双方对峙一个多月,联军始终未能突破穆斯林军的壕沟防线。最后,联军因遭飓风袭击,帐篷、锅灶、军械多被狂风摧毁,联军陷于混乱,军心涣散,联军瓦解,麦加人被迫星夜收兵撤退。穆罕默德抓住战机,命令穆斯林军趁乱出击,大败联军,取得了决定性的胜利,俘虏敌军400多人。这一战役的胜利是麦地那穆斯林军在战略上由防御转入进攻,制服麦加古莱什贵族,进而统一阿拉伯半岛的转折点。

(杨克礼)

浩罕汗国(Khanate Khanates)　中亚地区乌孜别克人建立的伊斯兰教国家(1710～1876)。其领地包括以浩罕、安集延、马尔吉兰、纳曼干等城为核心的费尔干纳盆地。16～17世纪时,费尔干纳属布哈拉汗国,后逐渐脱离其控制,建立割据地方政权。1710年,乌孜别克明格氏族首领沙鲁赫推翻伊斯兰教和卓家族掌握的政权,建立以浩罕为都城的独立国家。1760年(清乾隆二十五年),浩罕统治者艾尔迪尼曾归附清朝。纳尔布塔(1770～1800在位)执政时,继续对中国称臣纳贡。阿利姆(1800～1809在位)正式采用"汗"的称号,他在同布哈拉汗国争夺霍占特和乌拉·丘别的战役中获胜,并征服了塔什干和奇姆肯特,实现了费尔干纳的政治统一。在欧麦尔汗(1809～1822在位)和穆罕默德·阿里汗(1822～1842在位)统治时,汗国进入强盛时期,一些游牧民开始定居,经济繁荣,文化发达。其疆域西北临咸海,包括锡尔河下游附近的哈萨克草原;东北扩展到巴尔喀什湖以南地区;南达喀拉提锦等山区。19世纪初,人口达到150万,居民多为乌孜别克人,其次为塔吉克人、吉尔吉斯人和哈萨克人。穆罕默德·阿里汗曾多次侵犯中国新疆喀什噶尔地区,竭力支持该地和卓家族后裔进行叛乱活动。1842年,布哈拉埃米尔纳斯鲁拉趁汗国内乱,拥兵攻陷浩罕城,穆罕默德·阿里汗被杀。后明格家族首领希拉里(1842～1845在位)率兵赶走布哈拉人,被拥立为汗。在胡德亚尔汗(1845～1858在位)统治时,半游牧的基普哈克部族贵族和定居的封建领主集团之间争权斗争激烈,王族内讧和宫廷政变不断发生。此时,汗国的统治者趁新疆动乱之际,企图入侵中国领土。1865年,前阿克曼吉特要塞守军司令阿古柏率军侵入中国南疆地区,并自立为汗,多年战乱,给新疆人民带来了重大灾难。1876年(清光绪二年),清朝政府派左宗棠进军新疆,粉碎企图分裂中国的阿古柏反动政权。1863和1865年,布哈拉汗国的穆扎法尔曾两次占领浩罕城,从而削弱了浩罕汗国的力量。1876年初,俄国吞并了浩罕。浩罕汗国为半游牧的军事封建政权,以伊斯兰教为国教,居民大多信仰逊尼派教义,少数信奉什叶派教义,和卓家族和苏菲派长老在汗国占有重要的政治地位。据统计,浩罕国建有360座清真寺,12所伊斯兰经学院。浩罕和塔什干城建有多所清真寺和宗教学校,为当时中亚伊斯兰文化和工商业中心,与中国、俄国贸易关系密切。19世纪汗国伊斯兰文化发达,涌现出大批各族穆斯林学者和诗人,编写了大量有学术价值的历史和文学著作。

(杨克礼)

诃伦　见哈伦·拉希德。

合法主义派　伊斯兰教早期政治派别。约于8世纪上半叶在反对伍麦叶王朝(661～750)斗争中形成,主要包括支持阿里的什叶派人和企图借什叶派力量夺取政权的阿拔斯派,他们同属圣族哈希姆家族的后裔。两派在什叶派内部伊玛目的传系上虽有分歧,但都主张推翻伍麦叶家族的统治。伍麦叶王朝建立后,阿里派人曾多次发动起义,遭到残酷镇压。该派认为,阿里为合法的哈里发,而伍麦叶家族为非法的篡权者,并曾长期从事"还权于先知家族"的合法主义的宣传活动,以积蓄力量、等待时机,故名。以先知的叔父阿拔斯的后裔为主的阿拔斯派,长期坐等时机,图谋利用什叶派的力量夺取政权。先知家族指的是阿里及其直系后裔,因此阿拔斯派只能以"还权于先知家族"的口号为号召,以取得正统的合法地位。但阿拔斯家族在夺取政权、建立阿拔斯王朝后,不仅未兑现"还权于先知家族"的承诺,反而对同盟者阿里派人实行镇压,最终导致两派分裂。后来阿拔斯统治者为证明其合法地位,一面自称为先知穆罕默德的合法继承人,一面向逊尼派靠拢,宣称阿拔斯家族的根本目的在于推翻不义的伍麦叶家族的统治,实现"安拉在大地上的统治"。该派后从政治派别演化为宗教派别。

(吴云贵)

合赞汗(Ghāzān Khan Maḥmūd, 1271～1304)　蒙古伊儿汗国第七代统治者。一译"加赞汗"。生于里海东南岸的阿巴斯昆。阿鲁浑(1284～1291在位)的长子。童年在祖父阿八哈汗身边度过,受过宫廷良好的文化教育。他勤奋笃学,通晓博物、医药、天文及化学。除通本民族蒙古语外,兼懂阿拉伯语、波斯语、印地语、藏语和汉语。原信奉佛教。早年曾任波斯呼罗珊总督。1295年,以追究拔都汗谋杀海合都之叛臣名义起兵争位,于同年10月杀拔都汗,即伊儿汗位。他为取得波斯伊斯兰教上层和穆斯林的支持，放弃佛教，宣布改奉伊斯兰教，改名马哈茂德，称素丹。随即下令宫廷大臣、贵族、军队和汗国境内的蒙古人都改信伊斯兰教，后立什叶派教义为国教。据史载，约有15万帐蒙古人改信伊斯兰教。他的即位和改信之事，都得到了元成祖铁穆耳的承认和允许。1298年任命拉施特丁（1247～1318）为首相，实行社会改革。主要措施是：（1）改革税制，废除包税制，规定统一的征税范围和税率，禁止任意征税和放高利贷。（2）裁减和废除驿站，免去沿途人民的沉重负担。（3）奖励垦荒，修复灌溉工程，减轻赋税，发展农业。（4）统一币制和度量衡制度。铸造金银新币统一流通，新币铸有《古兰经》文和合赞名字，以大不里士的度量衡为全国的标准。（5）实行军事封地制度（伊克塔），受封者只有收税权。（6）以伊斯兰教法取代蒙古简单的习惯法，在首都设立伊斯兰教高等法院，由教法学家担任法官，并向各省和大城市派驻法官。他奖励发展伊斯兰学术文化，在宫廷重用和庇护穆斯林学者。由国库拨款在首都大不里士和各地修建清真寺及附属经文学校，并在首都创建了研究实用科学的学校和1座天文台，培养了大批学者和官员。他授命拉施特丁主持编纂了蒙古史巨著《史集》。波斯语被确立为汗国的官方语言。对外于1299～1303年3度进军叙利亚，同埃及的马穆鲁克王朝作战，终失败。1304年病逝。（杨克礼）

和加 见和卓。

和平城（Madinah al-Salām） 见巴格达。

和卓（Khwaja） 伊斯兰教对有威望人物的尊称。中国《元史》、《明史》译作“火者”，清代史籍多译为“和卓”。又译“和加”、“华者”、“华哲”、“虎者”、“霍加”、“呼加”、“霍查”等。波斯语音译，释义主要指：老爷、先生；长官、官吏；宦官、太监；富人、财主；商人；老师；长者、老人等。该词原为波斯萨曼王朝的官职称谓，后演变为对权贵和有身份之人的尊称。该词引入维吾尔语是从察合台语开始的，使用历史很长，已成为维语的基本词汇。现代维语中该词释义为“主人”、“主子”、“东家”、“掌柜”；加bol构成动词后，有“作主”、“主宰”、“当家”、“称霸”之意。在突厥语族的维吾尔、乌孜别克等民族中，还用以作复合男名，有时在前，有时在后，例如和加尼亚孜、安尼瓦尔和加。该词在新疆和中亚地区史料中曾被广泛运用，凡学者、长者、富有者、显贵、伊斯兰教导师等，均用此尊称。依禅派上层人物、享有特权者、地位显赫者，亦常以此自称。维吾尔语还在“和卓”之后附加单数第一人称词尾“木”，成为“和卓木”（和加木），含有尊敬和亲密之意。“和卓”一词在中亚和新疆的伊斯兰教用语中一般专指“圣裔”，与阿拉伯语中的“赛义德”（Sayyid）为同义语。伊斯兰教什叶派崇奉阿里的后代为“赛义德”，即圣裔。“和卓”一词在中国新疆则成为“喀什噶尔和卓家族”的别称或特称，以表明他们即是圣裔。但有不同说法：一说他们是四大正统哈里发的前三位的后裔，其地位不如赛义德；一说他们是阿里的后裔，“是从先知的女儿法蒂玛追溯下来的”。（马维汉）

和卓·班答吉·塔吉丁（？～1524） 中国明代新疆吐鲁番地区伊斯兰教教长。《明史》作“火者他只丁”。苦先（即库车）人。为毛拉额什丁和卓的后裔。曾前往图斯（今伊朗迈谢德西北），在大毛拉阿里·哈兰门下学习伊斯兰教经典教义，后到撒马尔罕和卓纳速拉丁·欧拜杜拉门下修习纳格什班迪耶教团苏菲学理，逾3年。在新疆南部享有很高声誉。据《中亚蒙兀儿史—拉失德史》记载，他是整个吐鲁番地区（包括库车、焉耆）的“谢赫·伊斯兰”（即伊斯兰长老），被统治该地的察合台后王艾哈迈德汗、曼苏尔汗奉为宗教导师，担任教职达50年之久，并通过农商兼营成为大封建主，对吐鲁番汗政权具有很大的影响力。艾哈迈德和曼苏尔为了扩大统治地区，控制通往中原的“贡路”，曾多次争夺明朝边镇哈密，塔吉丁是主要的策划者和组织者之一。《明史》载，正德八年（1513）曼苏尔夺取哈密，令塔吉丁守城掌印，塔吉丁遣使入甘肃，言忠顺王拜牙即不能守国，请为代守，乞稿赐；明朝政府给予重赐，而塔吉丁亦不肯退，复要重赏，始以城归。哈密回部都督写亦虎仙与塔吉丁暗中勾通，经常密告甘肃边务，引使曼苏尔、塔吉丁掠夺边镇。明朝为打击其气焰，将其弟和卓撒者儿拘留，塔吉丁怒，复又夺哈密城，要明朝政府重金赎还。嘉靖三年（1524）秋，塔吉丁在指挥攻打肃州时被明军射杀。（李进新）

和卓坟 见阿帕克和卓麻札。

《和卓传》 中国新疆喀什噶尔和卓家族的历史传记作品。穆罕默德·萨迪克·喀什噶里著。成书于1769年。用维吾尔文写成。该书作者曾任喀什噶尔城阿奇木伯克奥斯曼的首席书记官。奥斯曼伯克系清代著名伯克鄂对之子。其母名热依姆·阿哈恰，在乌什暴动（1765）期间，她曾赴叶尔羌协助鄂对稳定局势，卓有功绩，彪炳史册。据《和卓传》作者记述：“她同情弱者、贫者，爱护有学问的人和行善者。因为鄂对家族祖辈相承地作了伊斯哈克吾里及其后裔的信徒，我心中遂升起了写一部有关伊斯哈克派和卓们历史的念头。”作者出于为黑山派和卓树碑立传的动机，在书中记述了喀什噶尔和卓家族的谱系，伊斯哈克吾里在新疆的传教活动，白山派与黑山派之间的斗争，叶尔羌汗国的灭亡，和卓统治时期的内外矛盾冲突等。是了解16～18世纪中叶新疆伊斯兰教历史情况的基本文献之一。1859年俄国学者乔汗·瓦里汉诺夫在喀什噶尔获得该书的维吾尔文手抄本后，引起了中外学术界的重视。此后有哈特曼的详注译本，沙敖的英文节译

本与瓦里汉诺夫的俄文片断译本问世。（陈国光）

河坝林清真寺 见拉萨清真大寺。

河北大名《礼拜寺碑记》 中国明代伊斯兰教重要碑记。立于河北人名南关小东街礼拜寺。明正德十四年（1519），大名府知府江宁人金贤应该寺教长杨济民之请而撰。全文收入《大名县志》卷25《宗教篇》。碑记赞颂了先知穆罕默德的圣迹，阐述了伊斯兰教的基本信仰、宗教功课、伦理道德，并记述了伊斯兰教传入中国及其发展的过程。首先介绍穆罕默德和伊斯兰教义，“尝考其教，大要以敬天为主，以清心寡欲为训，而正纲常、辨义利、审取舍、昭淑慝，以劝戒者，大抵皆归于道也，其异于诸夏之圣人者盖寡矣。”再叙“隋开皇中，其教始入中国。厥后流衍于天下，日益以蕃。及我国奄有万方四夷来享，而是国之奉珍入贡者独多。从而内徙者，遂建寺以处之，俾崇其教。”继以对话形式阐述作者对礼拜意义的认识：“予惟万物之生本乎天，而所以事天者，一言以蔽之曰：敬事”，“自古圣贤未有不以敬天为急者。然敬天之意存于中，而礼拜者所以将其敬也，建寺者所以洁其地也。圣人之制礼，其所以正人心、扶世教者，此为大。”称赞杨济民阿訇为“率群众而从事于此，可谓能崇其教也。”作者强调“天道善善而恶恶，故《易》以遏恶扬善为顺天。五典克从，敦天叙也；五礼克庸，顺天秩也；无敢戏豫，敬天怒也；无敢驰驱，敬天渝也；于时保之，畏天威也。信斯言也，则其静与天游，动与天俱，诚中达外，纯于善而不杂于恶，而所以事天者有其本矣。不然，虚礼虽隆，而实德以泯，圣人立教之意孤矣。子当求其本而谨之，使无孤圣人之意可也。”该碑记对研究明代伊斯兰教史有一定参考价值。（冯今源）

河湟起义 中国清代光绪年间甘肃河湟地区撒拉族、回族穆斯林的反清起义。约发生在光绪七年（1881）。华寺门宦的马如彪要改革该门宦的一些礼仪，引起其叔即华寺门宦重要头人马永琳等的反对。从此华寺门宦分成两派，马永琳一派被称为“老派”，马如彪一派被称为“新派”。两派经常发生摩擦。光绪二十年（1894）秋，以韩努力阿訇为首的“老派”与以韩穆萨阿訇为首的“新派”因讲经争执，发生械斗。在教争发生之初，“新派”向循化厅上诉，官府袒护“老派”，歧视“新派”，不予处理。械斗发生后，河州镇总兵汤彦和派马永瑞和马永琳兄弟前往循化调解，马永琳暗中支持循化“老派”头人韩努力，调解无效。1895年，两派斗争愈烈，陕甘总督杨昌浚派西宁知府陈嘉绩和道员徐锡祺等前往查办，一改从前护“老派”、抑“新派”的政策，进入循化厅城后，便将“老派”腊月保等11人在城头“枭首示众”，激起“老派”群众无比愤怒，在韩努力领导下，万余群众从阴历三月初八起围攻循化厅城，揭开了河湟反清起义的序幕。清军在镇压起义中“不分新老，一律剿办”，于是两派停止教争，联合起来共同反抗，起义迅猛展开。继循化起义后，马永琳率众在河州围攻州城。自三月至九月间，狄道马维翰、海原李昌发、西宁韩文秀、化隆马成林、乐都冶主麻、哆吧马大头三三、大通刘四伏、北大通（今门源）刘辅等先后奋起响应，起义群众达10多万人。起义发生后，甘肃全省震动。因地方镇压不力，清廷将总督杨昌浚“革职留任”，继而令其回籍，调喀什噶尔提督董福祥督办甘肃军务，董率部从北京前往镇压。十月中旬，董部抵达河州，派先行官马安良诱降起义首领，并每日出队搜缉，先后将马永琳、周七十、马显文、闵伏英等600余人杀害。镇压河州起义后，董福祥令其部将何得彪、张铭新率部于十二月间扑向西宁府属地区。因清廷兵力剧增，且枪炮精良，起义者虽然进行了顽强的斗争，但西宁南川、北川、哆吧、北大通、米拉沟、巴暖营等处起义军据点相继失守。在镇压起义过程中，董部“肆行杀戮，所部弁兵，任意淫掳，惨不可言”，屠杀起义群众近3万人，韩文秀、马大头三三、马成林、冶主麻等重要首领均遭残杀。光绪二十二年（1896）阴历二月，起义军余部转战于青海柴达木和河西等地。由刘四伏带领的万余起义军退往河西后，又转移到新疆罗布淖尔。在甘州南山活动的起义者坚持到九月最后失败。这次起义历时1年半，削弱了清朝在甘肃的统治力量，清廷也承认“此次回乱由地方官审断不公而引起”。（孔祥录）

河州 中国穆斯林聚居地区之一。旧称“枹罕”、“导河”，今名“临夏”。现为甘肃省临夏回族自治州所在地。元、明以来形成回族聚居区之一。素有“中国小麦加”之称。它是中国伊斯兰教派与门宦的主要传播地，是丝绸之路甘肃段南线青藏路必经之地，又是唐番古道上藏、回、汉贸易的中转站和茶马互市的重地。十六国时，前凉分凉州置州，治所在枹罕。辖境屡变，元改河州路。明洪武初先后置河州卫、府，不久并府入卫；成化中复分卫置州，清雍正中并卫入州，1913年改为导河县。中华人民共和国成立后，于1956年建立临夏回族自治州，辖临夏市及临夏、永靖、康乐、和政、东乡、积石山等一市六县。人口143.87万（1984），穆斯林74.9万，占52%。其中回族穆斯林50.45万，东乡族穆斯林23.18万，保安族穆斯林0.83万，撒拉族穆斯林0.44万。占甘肃全省穆斯林的61.86%。穆斯林不仅为开发河州的农林畜牧业做出了贡献，而且在发展商业、繁荣市场方面，贡献尤为显著。《河州志·风俗篇》记载：“商则汉民贸易不出乡关，回民负贩远及新疆、川、陕。”明初设茶马司于河州卫以来，河州一直为茶马互市的重镇。1981年实行改革开放以来，河州三甲集等地再度成为陕西、甘肃、宁夏、青海4个省区较大的木材、药材、毛皮及茶叶市场之一，再度重现了古代丝绸之路南线经济中枢之一的繁荣景象。18世纪初叶，中国西北伊斯兰教的中心由长安西移巩昌再移河州。穆罕默德25世后裔希达叶图拉·阿法格·

迈什胡勒与29世后裔和卓·阿卜杜拉来到河湟传播伊斯兰教苏菲主义学派以来，先后形成穆夫提、毕家场、大拱北、华寺等20多个门宦。此后马启西创建了西道堂，马万福创建了伊赫瓦尼，尕白庄创建了赛莱菲耶，成为西北伊斯兰教中心。河州地区有清真寺1700多座，拱北110处。据马通《中国伊斯兰教派门宦史略》记述：清代初期（17世纪下半叶）100多年间，河州朝觐麦加的穆斯林有200多人，居全国各地之首。1986～1987年间已有86人去麦加朝觐。河州大阿訇辈出，如马明心、马来迟、祁静一、马宗生、马葆贞、马则地、马文泉以及马万福、祁明德、马国珍等，皆生长于河州。河州穆斯林的民间文学亦丰富多彩，尤其是被称作“花儿”的山歌，曲调丰富多彩，歌词通俗形象，深为国内外文学工作者所重视。河州穆斯林亦很重视教育。20世纪30～40年代，马福祥、马鸿宾等人都曾捐资兴学。苏青女士于1947年在河州八坊首创回民女子学校。自治州成立后，民族教育发展更快。1983年与1950年相比，小学在校学生增长12.2倍；中学在校学生增长59.6倍。1984年起创办了第一所大专学校——临夏教育学院。同年起出版了文学季刊《河州》，又有《民族报》向全国发行。穆斯林国家驻华使节、访华团体以及伊斯兰世界联盟等组织来华人员，曾来河州旅游参观，进行文化交流。

（马效融　马成化）

河州砖雕　中国伊斯兰教建筑砖雕装饰工艺。因甘肃临夏（旧称“河州”）回族穆斯林擅长此项工艺，故称“河州砖雕”。河州砖雕历史，源远流长，明代已渐趋成熟，至清末而完善，具独特艺术风格。砖雕工艺多以青砖为料，主要用于伊斯兰清真寺、拱北及民用建筑影壁、照壁、门楼、券门、墀头和饰脊、山花等装饰。因伊斯兰教反对偶像崇拜，在造型艺术上禁止刻制人物与动物形象，故题材多表现为以花卉、草木，如牡丹、松柏、荷花、葡萄、石榴等植物为主的图案，以及阿拉伯文字图案。穆斯林在艺术实践中，把中国古代山水花鸟画的艺术传统与临夏地区优美的自然风貌、人民的审美情趣相结合，形成了自己的独特艺术风格。在技法上以精巧细腻见长，以圆雕半圆雕突出主题，以浮雕相衬，运用各种刀法并吸收中国画的“皴”法技巧。明清时建筑的临夏大拱北、清真北寺内的《泰山日出图》、《碧波荷花图》、《五松图》与建于20世纪30年代的“东公馆”（即军阀私邸）内的砖雕，立意新颖，构图严谨，造型生动，雕功精湛。其题材之广泛、装饰领域之广阔、吸收国画艺术技巧程度之高，均蔚为大观，深受艺术界的赞赏。河州砖雕可分为两种工艺：(1)捏制。系用黏土泥巴以手捏成或用模具制成各种花鸟虫鱼的造型，后入窑焙烧成砖，然后装饰于古典建筑的屋脊飞檐上。(2)刻制。即在青方砖上用刻刀雕镂成各种浮雕图案和画幅，然后块块对接，拼成画屏。其工艺制作过程要经烧制、打磨、格方、落样、雕刻、安装6道工序。所用工具主要有镩、平刀、斜刀3种。明清以来，这种雕刻艺术除了应用于临夏地区清真寺及拱北建筑外，并广泛流传于青海、甘肃等地藏、汉各族的寺观庙宇、官廨和私邸的建筑装饰中。20世纪80年代，水泥钢筋建筑普及后，又出现了仿砖雕水泥雕塑图案。如临夏老王寺的阿拉伯文“赞圣词”、南关大寺的“御赐连根古寺图”，老华寺、大西关寺、前河沿清真寺、华寺拱北等建筑中的各种《古兰经》节文图案、花卉等，均用水泥捏刻砌制而成。清代至今，回族中有砖雕世家，如绽成元、周普声等技艺精湛，世代相传，远近闻名。

（罗万寿）

荷兰莱顿大学伊斯兰研究院（Academy of Islamic Studies，University of Leiden）　荷兰著名的伊斯兰教高等教育与研究机构。约于19世纪下半叶始建于荷兰的莱顿城，原为独立的研究机构，后并入莱顿大学，兼有教学与研究双重职能，为西方最早的伊斯兰教研究机构之一。19世纪下半叶，西方在对外殖民扩张过程中，开始接触包括伊斯兰教在内的东方文明，引起对东方学广泛的兴趣，随着西方的东方学家人数的不断增加和对外扩张的需要，相继在西方的著名大学开办“伊斯兰教讲座”，后发展为研究机构，而以莱顿伊斯兰研究院最负盛名，在二次世界大战前在学术研究中一直居领导地位。该院在向学生教授阿拉伯语和伊斯兰教知识的同时，吸引了一批知名伊斯兰专家学者，系统地收集、整理、出版伊斯兰教典籍文献，研究伊斯兰教的经典、圣训、教义、教法、教派、历史、现状，培养了一批学识渊博的专家和学者，出版了一批颇有影响的学术专著和工具书。其中最负盛名的学者有：史努克·许尔格龙涅，曾任荷兰殖民事务顾问，著有2卷本的《亚齐人》等著作；伊格纳兹·戈德齐赫，匈牙利籍犹太学者，曾任教于莱顿伊斯兰研究院，著有《伊斯兰教神学和法学导论》等著作；文辛克，荷兰闪语学家、伊斯兰学家，曾任《伊斯兰教百科全书》学术秘书，著有《圣训手册》、《穆斯林信纲》等著作。莱顿伊斯兰研究院又是世界最著名的伊斯兰文献出版中心之一，该院组织各国知名学者编辑、出版的《伊斯兰教百科全书》和《伊斯兰教小百科全书》为国际学术界公认的权威工具书，流行极为广泛，有力地推动了伊斯兰学术研究。

（吴云贵）

荷兰伊斯兰教　荷兰王国位于欧洲西部。东邻德国，南接比利时，西、北濒北海。面积4.1864万平方公里。人口1480万（1989）。90%以上为荷兰族。官方语言为荷兰语。首都阿姆斯特丹。居民36%信奉天主教，26%信奉基督教新教。穆斯林约40万人，主要分布在阿姆斯特丹、鹿特丹、海牙、乌得勒支等大城市。其中包括本土的穆斯林，自印尼迁居的穆斯林（为“永久居民”），自摩洛哥（17万）、土耳其（16万）、南斯拉夫、巴基斯坦等国迁居的穆斯林（为“临时移民”）。

17 世纪，印尼马鹿加群岛、苏里南等荷属殖民地的一批穆斯林将伊斯兰教传入荷兰。20 世纪 40 年代，他们开始公开举行宗教活动。60～80 年代中期，荷兰经济发展较快，劳力不足，大批摩洛哥、土耳其籍穆斯林临时工移居荷兰，使穆斯林人数剧增。荷兰穆斯林大多属逊尼派的哈乃斐教法学派，另有什叶派及艾哈迈迪亚派少数信徒。主要宗教组织有：荷兰伊斯兰协会、荷兰伊斯兰大会、荷兰穆斯林组织联盟等。伊斯兰教作为一种外来文化，受到荷兰学术界、教育界的高度重视。荷兰是最早研究伊斯兰教的欧洲国家之一，莱顿大学伊斯兰研究院享有盛誉，曾培养大批知名伊斯兰专家学者，出版有权威的《伊斯兰教百科全书》(大小百科两部)，加深了西方文化界对伊斯兰教的了解。荷兰全国约有 200 座清真寺，最早建立的是海牙清真寺(1955)。荷兰没有伊斯兰教经文学校，一些公立学校聘用摩洛哥、土耳其籍教师，向穆斯林学生传授宗教基础知识。各地的伊斯兰组织也经常举办伊斯兰教知识讲座和阿拉伯语讲习班。《古兰经》早已有荷兰文译本，但其他伊斯兰书刊不多。穆斯林团体大多与原籍国保有联系，其中土耳其社团影响最大，有 3 个宗教团体。荷兰穆斯林组织与伊斯兰世界联盟、世界伊斯兰大会保持联系。荷兰于 1954 年同中国建立代办级外交关系，1972 年升为大使级。　　(黄陵渝)

赫蒂彻(Khadijah，约 555～620)　伊斯兰教先知穆罕默德的原配夫人。又译“赫底澈”、“赫蒂杰”等，全名赫蒂彻·宾特·胡韦利德。生于麦加，出身于古莱什部落阿卜杜勒·乌扎(‘Abd al-‘Uzzā)家族。其父胡韦利德(Khuwaylid)在古莱什部落同海瓦津部落的菲扎尔之战(Ḥarb al-Fijjār)中阵亡。她曾同麦赫祖姆(Banū Makhzūm)人结过两次婚，后成为麦加富孀，独立经营商业，许多有权势的人向她求婚均遭拒绝。穆罕默德曾受雇为她经理前往叙利亚的商队，其才干和美德赢得了她的信任和好感，最后两人相互爱慕，在赫蒂彻 40 岁时由其叔父欧麦尔主持，同 25 岁的穆罕默德结婚。15 年后，穆罕默德接受安拉启示传教，赫蒂彻成为第一个虔诚的穆斯林，从物质和精神上给穆罕默德以极大的支持，并以其家族的威望护卫他免遭麦加多神教徒迫害。他们伉俪甚笃，共生有两男四女。赫蒂彻于 620 年 65 岁时病逝于麦加，使穆罕默德终生怀念不已。穆罕默德称她为“信士之母”(Umm al-Mu’minin)。　　(冯增烈)

赫蒂彻哈通墓碑　中国元代居华阿拉伯穆斯林墓碑。发现于泉州艾苏哈卜清真寺内，现存该寺伊斯兰史迹陈列室。辉绿岩石碑，顶部呈尖弓状，高 61 厘米、宽 38 厘米、厚 8 厘米。双面浮雕阿拉伯文，一面刻文为《古兰经》第 3 章第 185 节，另一面刻文译文为：“由虚幻的世界转移至永恒的世界，抵达真主的慈恩之下。这位幸运的、善良的、叩拜圣地的亡故者是赫蒂彻哈通(Khadijah Khātūn)，她是已故丞相提哈迈人胡瓦尔·穆艾努丁(Ḥuwār Mu‘ayn al-Dīn al-Tihāmī)的女儿。她卒于(伊斯兰历)736 年 10 月 6 日(1336 年 5 月 18 日)”。提哈迈(Tihāmah)位于沙特阿拉伯希贾兹地区以西的红海沿岸。该碑是中国现存唯一记录阿拉伯半岛穆斯林于元代定居泉州的墓碑，是研究中国与阿拉伯半岛海上贸易往来的重要文物。　　(陈达生)

赫拉特(Herat，Harāt)　阿富汗西北部历史名城，赫拉特省首府。人口约 18 万。位于喀布尔西约 600 公里处，赫里河中游右岸。历史上为中亚、南亚同西南亚各地区交通、贸易的枢纽，战略地位重要。始建于 6 世纪。从 7 世纪后期开始，先后被阿拉伯、波斯、中亚和北印度的伊斯兰教诸王朝所占据。帖木儿在中亚建立帖木儿帝国时，此城为伊斯兰文化和学术中心之一。1405 年帖木儿临终时，封第四子沙哈鲁于此，后建为首都。明永乐帝曾遣使通帖木儿帝国，沙哈鲁亦派使访华。赫拉特有些古建筑上还留有中国式的图案。这里清真寺布满全城。始建于 11 世纪初著名的贾米清真寺，经 15 世纪重建，可容 8 万人同时礼拜，是世界上最大的清真寺之一。清真寺北门后有豪华的古尔王国国王的陵墓。城郊有帖木儿帝国素丹·侯赛因·拜哈拉创建的伊斯兰教经学院，4 座尖塔高耸挺拔，为本城的标志之一。城西的郭瓦夏古学府系沙哈鲁之后裔建于 1420 年，历经 22 年完工，现只剩废墟，但遗存的高塔六柱，外层以蓝绿琉璃瓦镶嵌，规模宏伟。东北郊的加扎尔加赫有一座苏菲派修道院，内有 11 世纪苏菲派诗人阿卜杜拉·安萨里的大理石陵墓，是著名的苏菲派圣地。西北郊有加瓦尔·沙德皇后墓和 6 座尖塔。从皇后墓北行不远，还有苏菲派诗人贾米的陵墓，也是该城的主要古迹。城北以 15 世纪波斯艺术家的名字命名的比札德公园，有 500 年历史。园中有帖木儿儿媳高哈尔·萨德的陵墓，建造精巧，蓝色拱顶别具一格。　　(杨克礼)

《赫听》　见《亥听》。

《黑鞑事略》　中国宋代撰述的蒙古见闻录。彭大雅撰，徐霆作疏。该二人分别于 1232 年与 1235～1236 年随奉使到蒙古。彭大雅先行撰文，后经徐霆根据自己的见闻进行核校，以彭文为定本加以注疏，合成本书。书中对蒙古的自然状貌、主要人物、语言文字、宗教礼俗、典章制度、军事装备、作战布局、差拨徭役、商贾贸易及被征服各国的名称等均有记载，全系作者亲身见闻，有很高的史料价值，是研究 13 世纪前半期蒙古史的珍贵资料。书中多处提到“回回”一词，如“回回百工技艺极精，攻城之具尤精”，“燕京市学多教回回字及鞑人译语”，“自鞑主以下只以银与回回令其自去贾贩以纳息”等等，是继《梦溪笔谈》之后，宋人著述中涉及“回回”及伊斯兰教最多的撰著，对研究回族史、维吾尔族史及蒙、回、维吾尔等各民族关系史，都有一定参考价值。近人王国维曾博引群书作了笺证，见其《蒙古史料》4种。（罗万寿）

黑的儿火者汗（1361～1399） 东察合台汗国可汗。秃黑鲁帖木儿汗之幼子。1362年其父死后，杜格拉特部埃米尔哲马鲁丁因不满秃黑鲁帖木儿任命其幼侄忽歹达为“兀鲁思别乞”（即埃米尔之首），遂起兵篡位，屠杀汗宗室18个子嗣。黑的儿火者被忽歹达及其母藏匿，并于1388年被扶上汗位。当时阿力麻里已为帖木儿蚕食，黑的儿火者建牙帐于别失八里（今吉木萨尔境内），故《明史》称其为别失八里王。洪武二十四年（1391）首次遣使朝贡，历成祖未绝。据《中亚蒙兀儿史—拉失德史》记载，黑的儿火者在位时曾举兵进攻明朝边境，攻占了哈剌和卓和吐鲁番，当地居民归信了伊斯兰教。从此，这一地区便成了“达尔·伊斯兰”（伊斯兰地区）。后继续向明朝管辖的哈密等地进攻，均被明军击退。最后中箭而亡。陈诚《西域番国志》载：盐泽“城中有高冢二处”，“盖故国王黑的儿火者夫妻之坟”。（李进新）

黑韩王 见优素福·卡迪尔汗。

黑汗王朝 见喀喇汗王朝。

黑帽派 见黑山派。

黑鸣凤 中国清代康熙年间（1662～1722）穆斯林武将。字羽辉。清源（今辽宁省沈阳市）人。回族。生卒年不详。貌温雅，性谦和，喜文好客。幼攻章句，好程朱理学；更兼习武，娴韬略，成文武之才。康熙四十二年（1703）癸未，联捷登武进士科。康熙四十六年（1707）春，扈驾南巡，奉命驻节江浙，旌旗精明，器械坚利，军容为一时之冠。时人皆以儒将目之，内外公卿大夫交口称道。他热心伊斯兰教性理学的研究与宣传，认为伊斯兰教本体论“本乎实有，归于一真，理有一定，言确可徵”；“其说也，造化之源流，性命之底蕴，无复见精于此，信乎，天方之学之有本也。”高度赞赏刘智为“通人”，以“参阅”、“较梓”之身份协助《天方性理》刻板印行，不仅为其作序，而且以清畅之文字对该书详加注释，形成《性理本经注释》一书。（冯今源）

黑山派 17世纪中国新疆伊斯兰教苏菲主义派别。喀什噶尔和卓家族成员伊斯哈格为其首领。与白山派相对称。维吾尔语Karataghlik的汉译。该派在和卓统治时期（1682～1759），曾在反对白山派的斗争中借助叶尔羌王室残余势力和哈萨克、柯尔克孜族部分部落的支持分治南疆，管辖叶尔羌地区7年，后奉准噶尔为宗主，独揽南疆统治权35年。清朝统一新疆时，黑山派和卓因遭受以波罗尼都为首领的白山派剿杀，其后裔幸存者避居中亚玛尔噶朗。在清代，黑山派曾支持清政府反对白山派分裂叛乱活动，客观上起到了维护祖国统一的作用，影响较大。该派在苏菲主义道乘上源自纳格什班迪耶教团。因其修道方式由该派创始人伊斯哈格倡导，故名伊斯哈格派。主张高声诵念“迪克尔”，“道乘”、“教乘”并重；每日礼拜以苏皮（即修炼弟子）为首，聚集一起，环状围坐，诵念《古兰经》，然后诵赞词或“迪克尔”；每逢朝拜麻札诵念《古兰经》及赞词时，还伴之以舞蹈；实行依禅世袭制度；设有依禅、苏皮、哈里发、阿皮孜等教职。与甘肃、宁夏、青海等地哲赫林耶学派的支系门宦有一定渊源关系。（陈国光）

黑石（al-Ḥajar al-Aswad） 麦加禁寺内的圣迹之一。为克尔白东南角墙上镶嵌的一块微红泛褐色的陨石。亦称“玄石”。直径约30厘米，呈光滑不规则的椭圆形，上面有一些红色斑点和黄色波纹，并有一道因被击打而形成的接缝裂痕，用一道宽0.1米的银箍箍着。相传此石系古代先知易卜拉欣父子修建天房时，在附近的艾布·古拜斯山所采。另一传说是，易卜拉欣率其子伊斯玛仪在阿丹原建造的天房克尔白被洪水冲毁后的遗址上重建时，因缺少一块石头曾命伊斯玛仪去找，天使吉卜利勒递过一块黑石镶置在克尔白东南墙角外。易卜拉欣以这块黑石证明这座房子是献给真主的，是人们的祈祷之所，成为巡游者、修行者、跪拜者、鞠躬者的礼拜之地。黑石被安放在靠近大门的一隅，让其成为天房的最早边界。巡游者以此为起点。632年，穆罕默德率众到麦加克尔白举行辞别朝觐时，曾巡游了天房，并且抚摸和亲吻了黑石。据传，他曾说：“这（指黑石）是真主在大地上的誓约。真主让我们借抚摸它、亲吻它得到益处，让每个渴慕它的人，都可来此受益”。后来黑石被穆斯林视为“神圣之石”，抚摸和亲吻黑石也为世界穆斯林朝觐者所遵行。但在《古兰经》中未提到黑石，伊斯兰教只把抚摸黑石作为朝觐功课中的圣行沿袭下来。930年，卡尔玛特派首领艾布·塔希尔·苏莱曼在巴林建立了国家，他派兵攻占麦加时，曾劫走克尔白黑石作为战利品运往巴林。20多年后，在埃及法蒂玛王朝哈里发曼苏尔督促下，黑石才被送还克尔白。送还时间一说为949年，系麦加穆斯林用重金赎回；另一说为951年，经法蒂玛王朝哈里发坚决要求，由阿拔斯王朝政府付出一大笔赎金后，黑石才被送还，安放在麦加圣寺原处。（达应庚）

黑羊王朝（Kara koyunlu） 中世纪土库曼人在伊朗西北部建立的伊斯兰教什叶派王朝（约1375～1468）。“黑羊”系土耳其语意译，音译为“卡拉—科雍鲁”。因其旗帜上绘有黑羊图案，故名。黑羊土库曼游牧部落原居亚美尼亚的凡湖东部地区，约于1375年建立部落联盟，为统治巴格达和大不里士的贾拉伊尔王朝的藩属。在首领卡拉·穆罕默德（1380～1389在位)时开始强大,据有小亚东部和上美索不达米亚。1390年其首领卡拉·优素福(1390～1400、1406～1420在位)率兵夺取大不里士,并定都于此,该王朝获得独立。尊奉伊斯兰教什叶派的十二伊玛目派为国教。1400年卡拉·优素福被帖木儿帝国军队击败,失大不里士后,到埃及避难。1406年卡拉·优素福率兵重新占领大不里士,后又夺取阿塞拜疆南部、亚美尼亚、库尔德斯坦。1410年打败贾拉伊尔王朝军队,占领巴格达,扩境南至巴士拉。1420年优素福死后,其子伊斯坎达尔(1420～1438在位)和贾汉·沙(1438～1467在位)先后继位,暂时维持了已扩展的领土,并加以治理。1435年,同帖木儿帝国素丹沙哈鲁作战时失败,被迫称臣。1447年,在贾汉·沙统治期间,趁帖木儿帝国衰落之机,夺取了伊朗西部,取得了原属帖木儿帝国的统治权,采用"素丹"称号。后又兼并了伊拉克部分领土和阿拉伯半岛东部沿海地带,成为西亚的伊斯兰大国,在政治、军事、文化和行政组织各方面都达到高度发展的水平。1466年,贾汉·沙企图夺取白羊王朝属地迪亚巴克尔,结果战败被杀。1468年被白羊王朝素丹乌宗·哈桑的兵力打败,黑羊王朝灭亡。

(杨克礼)

黑衣大食 见阿拔斯王朝。

黑秩尔人(Aṣḥāb al-Ḥijr) 见石谷的居民。

洪门门宦 中国伊斯兰教苏菲主义虎非耶学派支系门宦之一。创始人洪海儒(? ～1936),尊号苏哈白·卡麦尼·阿齐兹。回族。宁夏同心县人,出身农民。以创始人之姓取名。清末,有一"凉州庄太爷"在甘肃、青海、宁夏传播虎非耶学理,门徒较多,教众只称其为凉州庄太爷。当时在兰州求学的洪海儒接受了他所传的学理。凉州庄殁后,他得到了传教凭证,遂在同心洪岗子设立道堂,开始传教,受到一些人的尊崇,形成为虎非耶的一支。1936年洪海儒逝世后,教众与家属为其修建了拱北。他的学生周兆仁和丁万明被推举为"海理凡"(即代理人),分为两支派,继续传播其师的主张。这两人逝世后分别由马伯华、王进录继承。洪门的教义和礼仪,除遵奉《古兰经》、圣训,履行五项宗教功课外,主要有:(1)凡受传者,须先接受"十条戒律"(即戒烟酒、戒赌博、戒高利贷、戒搬弄是非、戒买卖妇女、戒贩毒、戒忤逆父母、戒盗窃、戒色、戒欺骗孤儿)。(2)念"讨白"(即悔罪),立志遵行戒律,成为忠实的信守者。(3)念"迪克尔"。(4)遵"守头"(即秘传的道统传系),暗记前代尊号,即是父母妻子亦不得外泄。据传洪门的道祖是马方(称"安西太爷"),甘肃安西大湾人。乾隆二十二年(1757),清政府调大军平定新疆准噶尔部叛乱时,马方随军进入新疆,在总兵高天喜部下任千总。乾隆二十四年(1759)平定了大小和卓之后,马方驻扎于阿克苏,常去阿克苏的阿印科地方听卡里·阿格德讲道。后弃官从教,取名努尔·穆罕默德·阿里·苏菲。并在卡里·阿格德的指导下,在阿印科巴什河岸的山洞中静修40天,获得了海里凡的资格,并往返于鄯善、吐鲁番、乌鲁木齐、伊犁等地传教。殁后葬于伊犁,后迁葬于安西大湾。之后继其传教者依次为:康成太爷、大通太爷、碱沟井太爷、凉州庄太爷、洪海儒。教众10多万人,主要分布于宁夏同心、海原固原等地,具有一定的社会影响。 (马 通)

鸿乐府道堂 中国伊斯兰教哲赫林耶沙沟门宦道堂。位于宁夏回族自治区吴忠市金积堡西北数里处,建于1922～1923年。系一中国古典三合院式建筑群。庭院中部加盖一永久性平顶天棚,用侧面天窗采光,将左右厢房变成廊屋,与天棚连为一体,宽敞宏大。正面大厅前后檐均使用大玻璃窗,可远眺后院的拱北群。堂内全用本色木面,雕刻精致。大厅外围廊,上为平顶及楣子,加小垂柱,装饰华丽。道堂左侧为住宅区,分成许多院落,均为平房。其南部为客房、厨房等。道堂右侧为果树园,中建凉亭一座。周围廊式,下为高台,上为平顶。每逢该派重大宗教节日,远近教民均来此举行纪念活动。 (冯今源)

《侯代比亚和约》(Ṣulḥ al-Ḥudaybiyyah) 公元628年初穆罕默德同麦加古莱什贵族签订的一项具有战略意义的和约。因在麦加近郊侯代比亚村签订,故名。是年,穆罕默德为了扩大麦地那公社的影响,亲率1500名穆斯林前往麦加朝觐,行至距麦加约9英里的侯代比亚村时,受到古莱什多神教徒的阻拦。派往麦加城内进行谈判的奥斯曼·本·阿凡亦被扣留。愤怒的穆斯林在距侯代比亚不远的里德万(Riḍwān)驻地的一棵树下盟誓,决心同多神教徒作战到底。古莱什人在两次突袭穆斯林驻地失败后,同意放回奥斯曼。后双方在穆斯林驻地进行了谈判,由阿里执笔,签订了著名的《侯代比亚和约》。当时,穆罕默德从最终占领麦加的战略目的考虑,未计较表面上一时的得失,接受了包括有不平等内容在内的全部条款,并同意对方的要求,亲手涂去了和约上在自己名字前面的"安拉的使者"的尊衔。和约的主要内容有:(1)双方休战10年。(2)未经主人允许而投奔穆罕默德信奉伊斯兰教的古莱什人,由穆罕默德负责退回。古莱什人不负责退回来自穆罕默德方面的人。(3)愿与古莱什人缔结盟约者可自便;愿与穆罕默德缔约者亦可自便,但古莱什人除外。(4)穆罕默德率众朝觐一事改在翌年进行。届时进入麦加只能停留3天,除随身佩刀外,不得携带任何武器。《侯代比亚和约》的签订,集中体现了穆罕默德在策略上的灵活性。尽管其深远意义未能为当时绝大多数穆斯林所理解,他们甚至竭力反对和约的签订,但其后事态的发展,证实此项和约确为穆斯林最终占领麦加创造了以下有利条件:(1)缓和了同麦加古莱什多神教徒的对抗状态,争取了集中力量对付麦地那犹太人的时机，以巩固后方，积蓄力量。(2)穆罕默德传播伊斯兰教的合法性以及率穆斯林到麦加朝觐的权利，第一次以文件形式为麦加古莱什贵族所确认，从而产生了有利于穆斯林方面的影响。(3)条款的不公正反而衬托出穆斯林一方的博大胸怀，从而赢得了人心。《侯代比亚和约》签订后，在麦加古莱什贵族中颇有影响的哈立德·本·瓦利德和阿慕尔·本·阿斯等人纷纷率众归信伊斯兰教，穆斯林队伍进一步壮大。《古兰经》云："我确已赏赐你一种明显的胜利"(48：1)，即指穆罕默德签订《侯代比亚和约》而言。首任哈里发艾布·伯克尔亦对此历史事件给予高度评价，称它是"伊斯兰教史上最大的胜利"。（杨宗山）

侯吉维里(al-Hujwiri，? ～1072) 伊斯兰教苏菲派早期著名学者。生于阿富汗的加兹尼，早年受过传统的宗教教育，青年时曾师从艾布·法德尔(Abu al-Faḍl)等多名苏菲学者学习苏菲学理，进行修炼，转向苏菲神秘主义信仰。后曾游学于波斯、叙利亚、伊拉克、安纳托利亚、里海沿岸等地，拜访各地的苏菲大师，研讨苏菲奥义，并瞻仰比斯塔米等苏菲谢赫的陵墓，信仰极为虔诚。他遵从逊尼派的哈乃斐教法学派。晚年旅居印度，传播苏菲学理，培养门弟子，卒于今巴基斯坦的拉合尔。侯吉维里属于苏菲派中的"遵法派"，曾提出许多理论观点，论证苏菲信仰的正统性。认为苏菲信仰与伊斯兰教法只是形式有别，并无矛盾。他把世人分为3类：世俗主义者(Ahl al-Dunya)、宗教信仰者(Ahl al-Din)和"特殊者"(Ahl al-Khuṣūṣiyyat，即苏菲)。认为追求安拉知识的苏菲最爱慕安拉，他们终将以安贫、沉思的方式而在寂灭于安拉的德性中求得"永生"，而那种自称可与安拉的本体合一者则是"异端"之见。他把苏菲知识的三种类别等同于教法的三种知识，认为关于安拉的本质和独一的知识即《古兰经》，关于安拉的德性的知识即圣训，关于安拉的行为和智慧的知识即公议，因而苏菲神秘知识与教法知识各有侧重、互为补充。他在著作中曾以是否遵从伊斯兰教法为据，将早期12个苏菲学派区分为受安拉"赞许"的和受安拉"谴责"的学派，成为后世学者区分苏菲遵法派与苏菲非遵法派的主要依据。他还把苏菲的道统追溯到伊斯兰教四大哈里发，认为开创默祷传统的是艾布·伯克尔，以圣洁著称于世的是欧麦尔，被尊为"安拉之友"的是奥斯曼，深谙安拉真理知识的是阿里，他们为早年的苏菲大师。侯吉维里的著作和思想主张，在历史上对苏菲派产生了广泛的影响。一生著有10部著作，留传至今的只有阐述苏菲派教义的《神秘的启示》(Kashf al-Mahjub)一书，为波斯文。（吴云贵）

侯凯玛派(Ḥukamā') 见阿拉伯亚里士多德学派。

侯坤(al-Ḥukm) 伊斯兰教法专用语。阿拉伯语音译，"艾哈卡姆"(al-Aḥkām)的单数词，意为"判决"、"断法"。指依教法对人们的思想、言行作出是非善恶的具体判决。见艾哈卡姆。（马恩信）

侯鲁菲派(al-Ḥurūfiyyah) 伊斯兰教什叶派支派之一。阿拉伯语音译，意为"字母派"。因该派崇尚字母和数字，认为认识真主的根源是由字母组成的单词，故名。14世纪由什叶派神秘主义学者法德卢拉(Faḍlullāh，1340～1394)创于波斯阿斯塔拉巴。法德卢拉为阿里后裔，早年师从苏菲派学者学习经训和苏菲主义学理。后在清真寺从事苏菲功修，并培养门弟子。他将什叶派的教义和苏菲神秘主义结合，创立了新的教义学说，其追随者形成该派。1386年自称是继什叶派第十一任伊玛目哈桑·阿斯卡里(845～874)后的末代伊玛目，是真主的化身。1394年被逊尼派指控为"异端信仰"，被撒马尔罕当局处死。后其门弟子赛义德·伊玛德丁·内西米(? ～1419)担任该派首领，自称阿里·阿拉，先迁居叙利亚阿勒颇传教，后到安纳托利亚设立传教中心，培养达伊(即传教师)，将该派教义传到奥斯曼帝国境内，为苏菲派比克塔西等教团所信奉。该派教义认为，安拉是宇宙永恒的、独一的存在，宇宙万物由安拉依次流出和不停地转动，形成一切变化；历史的变化分为若干周期，每个周期之始有阿丹出现，终有末日审判；真主不断显灵知于先知和圣者，穆罕默德是封印的先知，阿里及其直系后裔是圣者；法德卢拉是继第十一任伊玛目后的末代圣者，是安拉灵知的化身及人间代理人。相信《古兰经》具有隐义，其章首一些阿拉伯字母的组合和某些神秘数字具有奥义，只有先知和圣者才能知晓其义。该派首领撰有波斯文和土耳其文的著作多部，包括教义学、教法学、宗教哲学、宗教诗歌等，被信徒奉为本派经典。该派宗教领袖称为"巴巴"(突厥语，意为"德高望重者")。该派传入安纳托利亚后，深受当地基督教徒礼俗影响，每周在首领居住地聚会，有领圣餐及忏悔等宗教仪式。伊朗阿兰扎克建有法德卢拉的陵墓，被信徒视为圣地，每年信徒前往拜谒。（杨克礼）

侯鲁勒派(al-Ḥulūliyyah) 伊斯兰教对极端教派的统称。"侯鲁勒"(Ḥulūl)一词原为哲学术语，其词根"哈拉"(Halla)意为"放松"、"展开"、"降落"、"定居某地"。后被应用于伊斯兰教义学，借以说明人的躯体与它的位置的关系，尤指人的肉体与灵魂的结合或天神的魂灵附身于人的肉体之中，类似基督教的化体说。早期的一些穆斯林因受希腊哲学和基督教的影响，认为安拉具有精神和形体，或相信他们中的领袖人物(如阿里)为"安拉的化身"，并相信灵魂转世之说。后来兴起的辩证学派学者(穆塔凯里蒙)否认此说，原子论者和艾什尔里虽承认天使和恶魔具有灵魂和形体，但否认真主流溢说和灵魂转世说。逊尼派和什叶派对诸如此类的说法严加谴责，认为其观点背离了伊斯兰教的基本信仰，斥为基督教观点，并把持有这类观点的派别贬称为"极端派"。逊尼派将苏菲派非尊法者、胡拉曼尼派(Hulamaniyyah)、法尔斯派(Farisiya)和舍巴斯派(Shabbasiyyah)划为"极端派"。什叶派内的"极端派"包括沙巴派、巴彦派(Bayāniyyah)、贾纳赫派(Janāhiyyah)、哈塔布派(Khaṭṭābiyyah)、巴颓尼派(Bāṭiniyyah,"内学派")、纳米尔派(Namiriyyah,努赛里派)、穆卡纳派(Mukanna'iyyah)、里札姆派(Rizamiyyah)、阿札吉拉派('Azakirah)和德鲁兹派。

(吴云贵)

侯奈因和塔伊夫之战(Ghazwah Ḥunayn wa al-Ṭā'if) 630年穆罕默德占领麦加后同邻城塔伊夫多神教部落之间的两次连续性武装战斗。因先后发生在麦加城东的侯奈因山谷和塔伊夫城，故名。这是穆罕默德传教期间同多神教徒的最后一战。穆罕默德占领麦加后，邻城塔伊夫信奉多神教的海瓦津(Hawāzin)部落惶恐不安，遂联合塞基夫(Thaqif)等另外一些多神教部落组成联军，共2万多人，企图切断穆斯林自麦加返回麦地那的归路。穆罕默德亲率1.2万人迎战于侯奈因山谷。据史载，由于多神教联军首领马立克·本·奥夫责令族人携带家眷、畜群随军出征所导致的败退时的混乱，穆斯林在此役中大获全胜，俘敌6000余人，缴获白银4000两、骆驼2.4万峰、羊4万余只等大量战利品。《古兰经》中提及的"侯奈因日"(Yawm Ḥunayn)即指此役(9∶25)。海瓦津、塞基夫等部落大败后退守塔伊夫城，穆罕默德率军乘胜追击，派哈立德·本·瓦利德为指挥，包围了塔伊夫。经15昼夜的激战后攻陷该城，迫使多神教徒投降。侯奈因和塔伊夫之战的胜利，摧垮了多神拜物教最后的顽固势力，巩固了占领麦加的成果，对进一步确立伊斯兰教在阿拉伯半岛上的统治地位产生了较大的影响。

(杨宗山)

侯奈因·伊本·伊斯哈格(Ḥunayn ibn Isḥāq,809～873) 阿拔斯王朝著名学者、翻译家，巴格达智慧馆馆长。别号艾布·栽德。生于伊拉克的希拉城，属伊巴德部落。其父伊斯哈格为信奉景教的阿拉伯人。他早年受教于叙利亚基督教医学家伊本·马赛维，并担任药剂师。曾先到罗马去学习希腊语，后又到巴士拉师从哈利勒·本·艾哈迈德学习阿拉伯语。随后到巴格达任宫廷御医吉卜利勒的助手，不久被哈里发马蒙以重金聘任为巴格达智慧馆的图书馆馆长和研究院院长，主持科学研究和翻译工作。后又受到穆尔台绥姆、瓦西格和穆泰瓦基勒3位哈里发的重用和庇护，担任过宫廷御医。他精通希腊科学和伊斯兰文化，通晓希腊语、古叙利亚语、阿拉伯语和波斯语。他曾到伊拉克、亚历山大和罗马各地游学，收集各种图书珍本。他一生除指导翻译局的全部科学著作的翻译外，还亲自翻译了希腊的医学、物理学、天文学、哲学等著作，如盖伦和希波克拉底的全部医学著作、柏拉图的《理想国》、亚里士多德的《范畴篇》、《物理学》、《伦理学》，还将《旧约》译成阿拉伯文。他在翻译过程中，将希腊著作由希腊文译成古叙利亚文，再转译成阿拉伯文。其译法是对词义逐字直译，文字精练优美，对原文作了大量注释、评介、增订，对已译出的著作作了重译和修订。译文对阿拉伯语所没有的自然科学词汇，引进希腊新词汇或创造出适应阿拉伯语的新词汇予以准确的表达，使外来语汇阿拉伯化。他的著述涉及到各个学科领域，主要的有：《太阳和月亮的作用》、《天空与世界》、《论彩虹》、《创造人类说》、《击石取火》、《耕作篇》、《逻辑学》、《哲学家、智者轶事及学子的礼貌》、《宗教的真谛》、《世界历史——创世、先知、帝王、民族、哈里发》、《希腊人的语法规划》、《费尔夫里尤斯的逻辑学序言》、《相书》等。侯奈因是向阿拉伯翻译介绍希腊科学文化的杰出代表人物，为促进希腊文化和阿拉伯文化交流融合做出了重大贡献。阿拉伯学者称他是"翻译家的最高长老"、"科学的源泉，道德的矿井"；西方学者誉他为"九世纪最伟大的学者"，"希腊文化和伊斯兰文化融合的最优秀代表"。

(杨克礼)

侯赛因(al-Ḥusayn,625～680) 伊斯兰教什叶派尊奉的第三任伊玛目。全名侯赛因·本·阿里·本·艾布·塔利卜·哈希米，尊称艾布·阿卜杜拉。先知穆罕默德的两外孙之一，第四任哈里发阿里之次子。生于麦地那。自幼深受其外祖父的宠爱，同其兄哈桑一起，被预许为"天园中青年人的领袖"。661年其父逝世后，他在麦地那过隐居生活。679年伍麦叶王朝首任哈里发穆阿维叶宣布其子耶济德为继承人时，他曾同圣门弟子伊本·欧麦尔和伊本·祖拜尔等人坚决予以抵制，指出该作法旨在使哈里发世袭制合法化，严重违反哈里发应由穆斯林推选的原则。680年耶济德继位后，他拒不向其宣誓效忠。后接受伊拉克人的再三恳求，在200名警卫护送下，携眷前往库法继任其父的哈里发职位。行至库法北部卡尔巴拉时，为伍麦叶王朝重兵所包围，终因寡不敌众而全部罹难，史称"卡尔巴拉惨案"。他的牺牲成为什叶派的起源，而为其复仇则成为导致伍麦叶王朝被推翻的原因之一。其后什叶派尊侯赛因为"舍希德"(即殉教者)，并将其殉难日(伊斯兰教历61年1月10日)定为哀悼日，每年在这一天举行纪念活动，卡尔巴拉亦被视为圣地。侯赛因的后代被尊为圣门后裔，享有"赛义德"(al-Sayyid,即领袖、主人)之称，曾在也门建有王朝。什叶派十二伊玛目支派尊奉的第四至第十二任伊玛目均系其直系后裔。

(杨宗山)

侯赛因清真寺(Masjid Ḥusayn) 伊拉克著名清真寺及什叶派圣墓。位于宗教名城卡尔巴拉旧城。侯赛因是伊斯兰教先知穆罕默德的外孙，阿里和法蒂玛的次子。680年他因反对伍麦叶王朝世袭哈里发叶济德，率随从由麦地那前往库法城，图与其支持者会合。行抵卡尔巴拉时，遭伍麦叶王朝伊拉克总督的4000骑兵阻击，其全家及随行人员全部蒙难。卡尔巴拉遂成为什叶派圣地，后该派在埋葬侯赛因的地方建立了陵墓和清真寺。阿拔斯王朝哈里发蒙泰绥尔时进行了重建。后哈桑·伊本·法德勒又在陵墓周围建墙。陵墓位于寺中心，是一个木制平台，用象牙镶嵌。顶部围有两层防护栏杆，一层为铜制，一层为银制。墓上有许多镶嵌宝石的金饰物。清真寺的镀金穹顶和3个高耸入云的宣礼尖塔十分夺目。清真寺于1801年曾被瓦哈比派拆毁，后很快修复。它是伊拉克著名的圣墓之一，每年伊斯兰教历1月10日侯赛因殉难日，有百万什叶派穆斯林从各地来此拜谒。（杨克礼）

侯赛因王朝（al-Sulālah al- Ḥusayniyyah） 18世纪初在突尼斯建立的伊斯兰封建王朝。1705年由希腊血统的土耳其军事将领侯赛因·本·阿里（Ḥusayn ben'Ali，？～1740）创建。侯赛因原为奥斯曼帝国委任统治突尼斯的贝伊，他在当地封建主和伊斯兰教上层的支持下，推翻土耳其近卫军的统治，建立侯赛因王朝。在承认奥斯曼素丹宗主权的条件下，推行独立的内外政策。侯赛因改组国家政治机构，中央设置迪万会议决定国事，设法律会议作为立法咨询机构，设首相和大臣，分管财政、军事、外交、内务等，全国划分为若干行政区。他发展农业，振兴经济，修建清真寺和学校，颇得人心。1740年，其侄阿里帕夏举兵反叛，侯赛因被杀，王朝陷于内乱。1756年，其子伊本·侯赛因夺取贝伊之职，重建侯赛因王朝。18世纪后期，因王位继承之争力量削弱。王朝奉行逊尼派教义，教法上遵从马立克学派。苏菲派沙兹里教团、提加尼教团广为传播。统治者称“贝伊”（即总督），实为君主。1837年法国开始入侵突尼斯。19世纪中叶，突尼斯君主艾哈迈德·贝伊（1837～1855在位）执政时，推行社会改革，创建一批现代学校，按欧洲方式训练新军，改善军事装备，并在西方列强的压力下建立立宪制政府。后突尼斯首相海亚尔·帕夏（1873～1877）推行现代改革运动，提出在保留伊斯兰文化传统的同时，实行现代教育，传播西方的科学知识，为此创办了教授欧洲语言和科学的萨迪克学院。1881年，突尼斯沦为法国的“保护国”，王朝统治者成为法国殖民者的傀儡。1896年，“青年突尼斯人”的社团创办了伊本·赫勒敦学院，按现代方式进行宗教教育，以维护伊斯兰教。20世纪初，以阿布杜·塔勒布为代表的伊斯兰复兴思潮兴起。为反对法国殖民主义的统治，一批不满于社会日益世俗化、西方化的伊斯兰学者，倡导恢复伊斯兰原旨教义和宗教礼仪。1907年，伊斯兰公产委员会主席巴希尔·萨法尔创建了突尼斯青年党（即宪政党前身），主张由突尼斯人自己管理国家，在组织青年知识分子反对法国当局侵犯伊斯兰教权力的斗争中起了很大作用。1920年由民族资产阶级组成宪政党，要求参加议会和政府，后分裂。1934年，以哈比卜·布尔吉巴为代表的现代主义者组建新宪政党，反对法国殖民当局所推行的民族“归化”（即穆斯林可取得法国公民资格，不受教法约束）政策，实现民族独立的要求，成为突尼斯民族独立运动的中坚。后遭法殖民当局镇压。1954年，由萨拉赫·本·优素福领导的新宪政党，组织民族解放军，以南部和中部为根据地展开武装斗争。1956年突尼斯独立，仍保留君主制。1957年7月25日制宪会议决定废除君主（即贝伊）制，成立突尼斯共和国，王朝遂告终。（杨克礼）

后世（al-Ākhirah） 伊斯兰教义学概念。阿拉伯语“阿黑赖”的意译。指人死后要回归的彼岸世界。伊斯兰教认为人生包括今世与后世两个部分。人的寿限有定，灵魂不灭，死后要经受复生日真主的审判。若在今世崇奉“正教”、“信道而且行善”，就会进入天园，享受无尽的幸福，否则即将堕入火狱，永受痛苦。故信仰后世为伊斯兰教的六大信条之一。并认为今世短暂，如同客栈，后世永远，乃归宿之所，教人既重今世，更重后世，中国穆斯林根据《古兰经》“你应当借真主赏赐你的财富而营谋后世的住宅，你不要忘却你在今世的定分”（28：77）。强调重后世，也不轻今世，主张今世后世双修的“两世吉庆”观。（罗万寿）

后伍麦叶王朝（al-Umawiyyūn Fi al-Andalus） 中世纪阿拉伯人在安达卢西亚建立的伊斯兰教王朝（756～1031）。亦称“西班牙埃米尔公国”、“科尔多瓦哈里发国”、“科尔多瓦伍麦叶王朝”等。中国史籍称“白衣大食”、“西大食”。西方史籍称“西萨拉森帝国”。712年阿拉伯军队占领安达卢西亚（今西班牙南部），伊斯兰教随之传入，仅北部和东部的部分地区由基督教西哥特王国控制。伍麦叶王朝时派埃米尔（即省督）管辖，受马格里布总督节制。首府设在科尔多瓦。750年，阿拔斯人对伍麦叶家族进行大屠杀时，伍麦叶王朝第十任哈里发希沙姆之孙阿卜杜·拉赫曼·伊本·穆阿维叶（731～788）幸免于难，伪装逃走。他途经巴勒斯坦、埃及，于755年到达北非的休达，受到其母舅所属的柏柏尔部落的保护，并组织军事力量。他派遣其随从白德尔渡海到西班牙，争得原叙利亚伍麦叶王朝旧部军队的帮助和支持。755年末，阿卜杜·拉赫曼率柏柏尔军从格拉纳达南部海岸登陆，附近诸城守军迎降。756年，率军自塞维利亚北进，在瓜达尔基维尔河畔，同阿拔斯王朝驻西班牙总督优素福的军队决战，优素福败逃，遂攻占科尔多瓦，自称“埃米尔”，建立后伍麦叶王朝。757年，他下令停止在聚礼日为阿拔斯王朝哈里发祈祷。后又追奔逐北，攻陷托莱多城，歼灭了优素福残部，并平定了各地的暴动。他制定各种政策，发展经济、文化、教育、城市，收效显著，为王朝奠定了基础。788年阿卜杜·拉赫曼逝世后，其继任者因治国无方，各地新归信的穆斯林和基督教徒不断暴动，一些省区的封建首领宣布独立，王朝处于内乱和分裂割据的局面。912年，阿卜杜·拉赫曼三世(891～961)继任埃米尔。他足智多谋，励精图治，善于用兵，逐一收复了丧失的省区，扩展了版图，使王朝得到中兴。920年，他率军北征，向基督教莱昂国王奥多诺二世的联军进行圣战，攻占圣·埃斯特班要塞。924年又摧毁那发尔首都潘普洛纳。928年，摧毁西班牙南部西哥特王朝的波巴斯特罗要塞，俘虏王室权贵。929年1月，阿卜杜·拉赫曼三世宣布称哈里发，下令在聚礼日的祈祷和公文中，以“保卫安拉宗教的哈里发”称呼他，并获得“信士们的长官”的尊号。从此后，史学家又称该王朝为“科尔多瓦哈里发帝国”。932年，阿卜杜·拉赫曼三世攻占托莱多城，叛军宣布投降。他还向南部的法蒂玛王朝和北方的基督教诸王国发动军事攻势。931年，攻占休达，将领土扩张到北非的提阿雷特。海军称霸西地中海，以优势的船队抑制了法蒂玛王朝海军对半岛沿岸的袭击。同时与欧洲国家修好。阿卜杜·拉赫曼三世和继任者哈凯姆二世(961～976)以及侍从长曼苏尔(977～1002)统治时期，与阿拔斯王朝和法蒂玛王朝相抗衡，成为西方强大的伊斯兰国家。

后伍麦叶王朝统治西班牙近300年，成为欧洲最繁荣富庶的地区，使伊斯兰教及其学术文化得到广泛传播和发展。王朝最高统治者为哈里发(或埃米尔)，掌握着全国的军事、行政、司法和宗教大权。以逊尼派为国教，以马立克学派的教法学说立法和执法。哈里发之下设侍从长，行使首相职权，由各部大臣和枢密院官员组成最高行政会议(迪万)。全国分6个省区，由瓦利(al-Wali，即省长)负责军政事务，司法权由哈里发委派教法官执行，朝廷设总法官。全国有10万名常备军，战时出征，平时执行交通和对外贸易任务。王朝采取一系列政策，兴修水利，开垦土地，改良耕作技术，发展畜牧，植桑养蚕，鼓励手工业和商业，开发矿产资源，进行东、西方贸易，促进了经济的发展。王朝大力倡导和赞助科学文化教育事业，在各主要城市创办各种学校、图书馆、书店、天文台、医院，阿拉伯语得到传播和使用，促进了阿拉伯伊斯兰文化的发展。在10世纪时，首都科尔多瓦有居民11.33万户，40～50万人。前3任埃米尔在此创办免费高等学校27所，并在最大的科尔多瓦清真寺创办欧洲第一所科尔多瓦大学，吸引着东西方的穆斯林及信奉基督教的学生来此学习。这所大学的图书馆藏有40万册图书，许多书籍都是珍本。在该城还建有清真寺700座，公共澡堂300所。科尔多瓦与君士坦丁堡和巴格达齐名，成为世界三大文化中心之一。王朝聘请和鼓励不同信仰的东西方学者从事哲学、自然科学和宗教学术研究，并通过翻译活动将阿拉伯东方伊斯兰文化与希腊文化相结合，在伊斯兰教义学、教法学、哲学、天文学、医学、数学、语言学、史学和文学等领域取得大量成就，涌现出许多著名的学者，其著述丰富多彩，在中世纪伊斯兰学术文化史上占有重要地位。伊斯兰科学文化通过科尔多瓦和托莱多两城传到西欧，促进了欧洲“文艺复兴运动”的兴起。

11世纪起，王室内部争权夺利，禁卫军专权，哈里发更迭频繁，政局陷于混乱。1031年，哈里发希沙姆三世(1027～1031)被废黜，哈里发国家分裂为20多个由封建主掌权的小国，后大多被穆拉比特王朝和穆瓦希德王朝所灭。 (杨克礼)

后子河门宦 中国伊斯兰教苏菲主义嘎迪林耶学派支系门宦之一。创建人杨保元(1780～1873)，经名塔吉丁。回族。青海大通良教沟人，出身农民家庭。以拱北所在地后子河取名。1672年自称穆罕默德29世后裔的和卓·阿卜杜拉在甘肃、宁夏、青海传教时，收云南马(云南碧江县人)为门弟子。云南马又六传至安裕和后，由弟子杨保元接替为第七代传教人。杨保元早年在民和大滩牙河清真寺阿訇王通之处攻读阿文。1798年经王通之推荐，拜陕西邠州北吉原安裕和为师。从此，在安裕和与刘邠州的培育下，出家修道，专心探求性命之学。1800年随刘邠州去麦加朝觐，游历了西域各国，访贤求学，获益匪浅。回国后，曾在玉门昌马尔石洞坐静3年，继到陕西北吉原坐静达6年之久。1812年继安裕和而成为云南马一支的第七辈老人家。1831年杨保元遵师命，漫游甘肃、陕西、四川、贵州、广东及新疆南北等地，他不拘民族之别，亦不避教道之殊，只要是名人贤哲，不辞艰辛以登门求教。1841年他返回西宁，开设“中和堂”，凭经宣道，教人为善，回、汉、藏族人士慕名来访者络绎不绝，改宗归信者为数不少。于是受到华寺上层马桂源等的干预，被甘肃按察使萧某以“邪法惑众，图谋不轨”罪判处死刑，遂激起教众反对。后改判充发山西林石县。1855年刑满返家，继续潜修。1861年隐居后子河。1872年刘锦棠进军西宁，镇压回民起义时，他以全家性命担保具结，保全了北川回汉人民的生命财产，受到河湟人民的拥护。他逝世后葬于后子河，教众为他修建了墓庐，名曰“后子河拱北”。1895年河湟事变中，被清军纵火焚烧。杨保元临终时遗言，在他之后不再续传，故其后虽有出家守护拱北者，也有称师收徒者，但都没有成为公认的老人家。后子河杨门遵奉《古兰经》、圣训为信仰的基本准则，主要教义和礼仪有：(1)主张“道”中有“教”。认为伊斯兰教有表有里，“表”是教，“里”是道。所谓“教”，是指念、礼、斋、课、朝。所谓道，就是本然独一、真一，就是动静、呼吸、性命和阴阳，从里及表。(2)在修持形式上与其他苏菲派有不同之处。(3)要求童子出家，也允许半路出家，但必须与妻室割断联系。(4)重视漫游，访师求道。(5)道统实行师徒传授制，倡导传贤，反对父传子受。(6)遇婚丧事须先去拱北做“祈求”，盛行敬香。杨门的道统传系及历代老人家为：第一代盘龙山道祖(即和卓·阿卜杜拉)；第二代云南道祖(即云南马)；第三代巩昌北山周道祖；第四代西宁马道祖(广德门);第五代西安疙瘩山冯道祖;第六代陕西邠州北吉源安道祖(安裕和);第七代青海大通后子河杨保元。教众万余人,主要分布于青海民和、大通;宁夏海原、固原以及甘肃河州等地。 (马 通)

呼德(Hūd) 《古兰经》中记载的古代先知之一。一译"葸代"。阿拉伯语音译。相传为居住在也门和阿曼之间艾哈嘎夫地区的阿德部族人。该部族人身强体壮,通过挖渠引水,变不毛之地为肥沃良田。日益兴旺后,便逐渐骄纵挥霍,追求享受,大兴土木,以供玩乐,以强凌弱,道德沦丧。他们崇奉偶像,迷信神灵掌握吉凶福祸。据《古兰经》记载,安拉派遣呼德为使者,对他们进行劝化,要求他们抛弃偶像崇拜,行善止恶,信仰唯一的造物主安拉,并警告他们:如果不改恶从善,顽固不化,必将遭到毁灭之灾。他们不听劝告,继续倒行逆施,并对呼德进行嘲弄和迫害。一天,天空出现彩云,阿德人以为将降甘霖喜雨,呼德警告说:灾祸即将降临,希望族人及早悔悟,归信安拉,引起一阵嘲讽。后安拉拯救了呼德及其信徒,而使"妄自尊大"的阿德人尝试了"凌辱的刑罚",全族为暴风所殄灭(41∶15~16)。《古兰经》中多处记载了呼德向阿德人进行劝化的故事(7∶65~72,11∶50~60,26∶123~140,46∶21~25),其中第11章即以呼德作为章名。这些经文均颁降于先知穆罕默德在麦加传教时期,具有将古比今对多神教徒进行警告的意义。有人以为呼德即《圣经》中的人物希伯(Heber),穆斯林经学家认为不宜将二者混淆等同。 (林 松)

呼德的宗族(Qawm Hūd) 见阿德人。

呼德王朝(al-Sulālah al-Hūdiyyah) 11世纪统治西班牙萨拉戈萨的阿拉伯穆斯林小王朝。1039年图吉布王国埃米尔孟迪尔二世被刺,其盟友之一穆罕默德·伊本·呼德(通称穆斯台因)占领图吉布王国的首都萨拉戈萨,建立新王朝。呼德原是后伍麦叶王朝著名军事将领,曾任莱里达长官,控制着占据伊比利亚半岛东北部大部地区的王国。1046年他逝世后,其子穆格台迪尔继承王位。1065年收复了诺曼人从穆斯林手中夺取的巴瓦斯特罗,名声大振,并先后占据了托尔托萨和德尼亚。在穆斯台因在位期间(1085~1110),呼德王朝与基督教王朝的战争连绵不断。1096年他在阿尔科拉与基督教徒作战时遭惨败,被穆拉比特王朝派兵援救。1110年穆斯台因在巴尔蒂埃拉与基督教军队作战时死亡。穆拉比特人于当年6月占领该城,逼迫他的继承人伊玛德·道莱逃往鲁埃达,1130年死于该地。伊玛德的儿子穆斯坦绥尔于1144年以托莱多一部分领土为基地,召集全半岛的穆斯林组成一支军队,举行了反对穆拉比特王朝的起义,着手收复科尔多瓦、哈恩、格拉纳达、穆尔西亚等地。但在1146年2月在钦契利亚附近的一次战斗中,穆斯林军队被基督教军队击败。穆斯坦绥尔被杀,呼德王朝灭亡。王朝信奉逊尼派教义,以马立克学派教法为立法依据。 (杨克礼)

呼和浩特清真大寺 中国伊斯兰教清真寺。坐落在内蒙古自治区呼和浩特市旧城北门外。清乾隆年间(1736~1795),大批新疆等地的回族穆斯林迁到呼和浩特,遂集资兴建。初时建筑规模较小,后屡经修葺重建,方形成今之宏大规模。寺门殿西向,门额用阿拉伯文塑出寺名,并塑有各种图案装饰。门殿为歇山式屋顶,前有廊檐,中开大门,两边开间是墙面,两侧开有便门。寺内主体建筑是礼拜大殿,南北面宽5间,东向;殿内东西长由5个大小进深的勾连搭形式构成。殿前檐下由6个砖柱分为5楹,中为殿门,两侧4楹皆装雕棂方窗,殿屋上部有5个攒尖式的顶阁。殿前建有穿通过厅,寺院南北设有讲堂。寺后院坐北朝南为沐浴室;西南角是望月楼,高约15米,下部是六角形3层砖楼,上部是六角形飞檐攒顶凉亭,内有环形旋梯可以登临。整个建筑以中国传统建筑风格为主,兼容伊斯兰教装饰艺术,庄严肃穆,工艺精细,布局严整。寺内有匾额多方,藏有阿拉伯文手抄《古兰经》30卷。 (杨克礼)

呼兰县清真寺 中国伊斯兰教清真寺。位于黑龙江省哈尔滨市呼兰区呼兰河畔。据《呼兰县志》载,该寺始建于清嘉庆十五年(1810)。初时仅草房3间。光绪元年(1875),由当地回民集资扩建,历时3年竣工。寺院占地面积5000平方米。青砖围墙,大门内外有木刻"清真古道"与"认主独一"匾额两块。整体建筑为四合庭院。东面为对厅,礼拜大殿坐西,殿门前高悬九龙匾和左宝贵题书匾额。拾阶而上,殿为"明三(间)暗六(间)"结构,可容300人礼拜。其建筑交错起伏,飞檐四翘。窑殿为2层方形,殿脊中间有银白锡窑顶,顶上镶月牙,青灰色垄瓦复顶。殿内壁有木雕花卉与古兰经文,殿门及窗户多为木雕花卉及砖雕、石雕。对厅南面有一栋砖砌小暖殿,系冬天礼拜场所。东侧砖房为沐浴室、厨房等。对厅北面为教长室、讲经堂等。东侧草房,分别为女礼拜殿、女浴室等。整体建筑对称、协调、雅静。1956年由于呼兰河水东浸,危及寺院,将寺址迁建于和平街。依原图纸施工,比原寺多建一层窑殿,北面5间砖瓦房为小暖殿、接待室、教长室,东面3间为掌教宿舍、沐浴室。青砖围墙,大门建于南面。 (罗万寿)

呼图白(al-Khuṭbah) 伊斯兰教的宣教仪式。阿拉伯语音译,意为"宣讲"、"演说"。专指发表宣教演说。穆罕默德于622年迁移麦地那后始定制呼图白于聚礼日。623年又定制呼图白于开斋节会礼和宰牲节会礼。发表呼图白的程序是:先上讲台(al-Minbar,即敏白尔)坐下,由宣礼员朗诵宣礼词,之后,起立持杖宣教，复坐，静默片刻，复起宣教。当时宣教内容主要是伊斯兰教义，其次是针对社会上的某些实际问题发表的演说。早期呼图白由四大正统哈里发遵循圣行进行宣教。之后，政教合一的哈里发王朝，在聚礼和会礼日的呼图白由哈里发主持宣讲，内容主要是颂主赞圣，告诫穆斯林忠职守法，履行善事。哈里发下属的各地埃米尔、总督皆依此例主持，并在呼图白中向哈里发祝福。后世各伊斯兰国家呼图白则由卡迪（即宗教法官）、穆夫提（即教法解释官）和宗教学识渊博的学者主持宣讲。呼图白一般宣讲1次，2次宣讲属圣行。宣谕内容：先颂主德，次颂圣功，再颂群贤美行并祝福哈里发，后告诫众穆斯林，次颂当代长官善政，讲解臣吏戒律。聚礼呼图白为天命，故置于聚礼前进行；会礼呼图白为圣行，故置于会礼后进行。后来逊尼派教法学家主张呼图白宣讲《古兰经》的章节和圣训选段，或改为宣读相应的祷词，不断补充、丰富，经历代学者不断地提炼、归纳、筛选，汇编成册，名《呼图白集》，供世界各地穆斯林的伊玛目、毛拉、阿訇朗诵呼图白时选用，久之，形成例行的仪式。什叶派的呼图白则由教法学家、传道师主持宣读，内容除宗教劝诫外，常涉及政治形势和教派、学派斗争。

呼图白包括“卧尔兹”（即劝导）。随着伊斯兰教传播发展，非阿拉伯民族的穆斯林听不懂阿拉伯文的呼图白内容，就以自己的民族语言用“卧尔兹”形式弥补或作为呼图白，讲经劝导穆斯林。当前世界各国、各地区由于民族语言等情况的不同，各地的毛拉、阿訇使用的呼图白版本不同，其内容如赞主、赞圣，祈主护佑和饶恕等有共同之处，亦有其不同之处。伊斯兰国家的呼图白由卡迪或穆夫提宣读。非伊斯兰国家、地区的呼图白，则由伊玛目、毛拉或阿訇宣读。中国穆斯林则由大清真寺的“海推布”（al-Khaṭib，即宣讲者）主持宣读，一般清真寺由教长或满拉（即经堂学生）宣读，有些地方的阿訇在宣读呼图白当中，也有的用当地通用的语言加以解说。中国的阿訇为弥补呼图白，聚礼和会礼前，都要讲“卧尔兹”，已形成定制。　（达应庚）

《呼图白集》（Diwān al-Khuṭab al-Minbariy-yah）　10世纪伊斯兰教劝世箴言名著。又译《讲坛演说集》、《讲坛文集》。为著名伊斯兰学者、演讲大师伊本·努巴泰（Ibn Nubātah，946～984）所编著。作者生于迈亚法里津（今土耳其迪亚巴克尔境内），后迁居叙利亚阿勒颇。他精通阿拉伯文学，曾长期担任“海推布”（即宣教师），具有丰富的宣教经验。《呼图白集》系他多年宣教演说的汇编，共收有“呼图白”（即演讲词）52篇，按照伊斯兰教历每年1～12月的先后顺序编排，每月4～5篇，专供每星期五聚礼前宣读时使用。专用于开斋节和宰牲节会礼后宣读的各1篇。另有1篇名曰《呼图白·奈尔特》（Khuṭbah Na‘t，意为“附加讲话”），主要是赞主颂圣，并为圣门弟子等先贤祝福、祈祷。各篇“呼图白”的主要内容为劝诫穆斯林要坚定信仰、遵守教义和教规、履行天命五功等，其主旨在于规范穆斯林的道德和言行，劝导他们行善戒恶。每篇讲话均以文字迥异的赞主颂圣词作为导言，中心段各有针对性和侧重面，篇末均援引圣训阐明主题。该集文风典雅，文字精湛，富于哲理，在伊斯兰世界被公认为是一部最佳演讲集。它在中国10个信仰伊斯兰教的少数民族中亦有较大影响，各地清真寺的阿訇大多以其为宣教的范本。《中国穆斯林》杂志于1990～1992年全文连载有译自埃及穆斯塔法·巴比出版社1946年版本的汉文译注。　（杨宗山）

呼图白楼　见敏白尔。

忽鲁谟斯　见霍尔木兹。

胡阿里·布迈丁（Houari Boumediene，1925～1978）　阿尔及利亚国务活动家，前革命委员会主席兼总理、总统。原名穆罕默德·布哈鲁巴。生于君士坦丁省格勒马附近克劳泽尔村。其父系小土地所有者，为虔诚的逊尼派穆斯林。布迈丁6岁时到格勒马法国人开办的小学读书，同时在本地伊斯兰学校学习阿拉伯语和《古兰经》。1946年进君士坦丁的凯塔尼亚伊斯兰学校学习，加入人民党。1949年入突尼斯齐杜纳伊斯兰大学学习经训、教法。翌年到达开罗，进入爱资哈尔大学学习。在4年学习期间，他除学习教义、教法外，还阅读了大量政治、经济、哲学和历史书籍，开阔了眼界。埃及的社会政治变革和纳赛尔提出的“阿拉伯社会主义”理论，给布迈丁思想以很大影响。1954年他在开罗加入了本·贝拉领导的阿尔及利亚民族解放阵线。1955年受本·贝拉派遣，经摩洛哥边境回到阿尔及利亚，在奥兰一带打游击。他改称胡阿里·布迈丁。1957～1958年任民族解放军第五军区司令及民族解放阵线全国委员会委员。1960年任民族解放军总参谋长。1962年阿尔及利亚宣告独立，总理本·贝拉任命布迈丁为国防部长。后本·贝拉为控制军权，准备解除布迈丁军队首脑职务。1965年6月，布迈丁发动军事政变，逮捕了本·贝拉，成立了以军人为主的革命委员会，自任主席，并组成新政府，任总理兼国防部长。布迈丁宣称：新政权要重建革命原则，消除殖民主义，结束国内纷争，巩固民族独立；以伊斯兰教思想为宗旨，建设一个“正义将主宰一切的社会主义社会”。布迈丁在执政期间，为实现他的“社会主义思想”，提出了“三大革命”的改革主张：(1)“工业革命”，实行工业、石油开采国有化运动。(2)“土地革命”，取消大地主土地占有制，把土地分给农民。(3)“文化革命”，发展科学文化教育，推行阿拉伯化和培养本国干部。这些改革的措施促进了阿尔及利亚经济和文化的发展。布迈丁对外奉行和平中立和不结盟政策，反对帝国主义和殖民主义，维护民族独立和国家主权。1974年2月布迈丁曾访问中国。1976年11月，布迈

丁主持制定国家新宪法，并当选为共和国总统。1978年12月病逝。（杨克礼）

胡达（Khuday） 伊斯兰教信奉的唯一主宰。波斯语音译，意为“自在者”、“永生者”、“永恒者”，义同阿拉伯语“安拉”，伊朗、中亚及中国等地区的穆斯林至今仍用此词称呼安拉。见安拉。（罗万寿）

胡达·台阿拉 见台阿拉。

胡登洲（1522～1597） 中国伊斯兰教经堂教育的奠基人、著名经师。字明普，经名穆罕默德·阿卜杜拉·伊勒亚斯。回族。陕西省咸阳市渭城胡家沟人。被穆斯林尊称为“胡太师巴巴”。据1718年《建修胡太师祖佳城记》碑文载：胡登洲幼时习儒，长大后随其同乡著名阿訇高某潜修波斯文、阿拉伯文及伊斯兰教经籍。精通伊斯兰教哲学、教义学和哈乃斐教法学。据康熙十六年(1677)抄本《经学系传谱》载：胡氏家道殷实，经营商业。一次赴京售货，行至西安以东新丰一带，路遇一位从西域赴京朝贡的回回老人，遂相与讲经论道，并阅读了老人所带中国穆斯林学者尚未见过的一些经典。在京期间，胡登洲还曾以“延国学名士”为之讲学。以后二人又联袂离京，送老人出嘉峪关，相别于“玄圃之麓”。他鉴于长期以来中国伊斯兰教“经文匮乏，学人寥落，既传译之不明，复阐扬之无自”，“遂慨然以发明正道为己任”，立志兴学，以倡导宗教教育，培养人才。他在继承前人传播宗教方式的基础上，将伊斯兰教以清真寺为中心的教学形式与中国传统的私塾教育结合起来，先在家中后移在清真寺设帐讲学，免费招收学员，讲授阿拉伯文和伊斯兰教经典。办学初，“吴楚燕齐之彦，负笈载道，接踵其门而求学焉”。他始用经堂语言讲解，并在教学结构、课程设置、授课方式、学习考察等方面初步形成了一套制度，从而奠定了中国伊斯兰教经堂教育的基础。

胡登洲亲传弟子有“冯、海二门父子祖孙得受宗旨”。冯氏名少川，陕西人，著有《纳直问》(Masā'il al-Naj)，是以阿拉伯文所写的问答体教义著述。海氏名东阳，字文轩，西安人，后在宁夏地区有所发展，成为经学世家。他的再传弟子据传有兰州马、摆阿訇等人。一说从兰州马开始，才将他创建的教育形式移在清真寺专设的讲堂内进行，并且加以完善，后遂称“经堂教育”，也称“寺院教育”。胡登洲再传弟子在清代活跃于各地，比较著名的有山东常志美、陕西周良隽、云南马德新、河南张万东和杨泰恒、杨泰贞等。由于胡登洲及其传弟子几代人的努力，经堂教育在中国穆斯林居住地区普遍兴起，培养了大批宗教人才，从而为伊斯兰教在中国的传播、巩固和发展做出了重大贡献。殁后葬于渭城渭河岸边。清康熙元年(1662)渭河泛滥，旋被迁葬于原上胡家沟。渭城里清真大寺旁，其墓至今犹存。（冯增烈）

胡拉米派（al-Khurramiyyah） 8～9世纪流行于伊朗和中亚的民间神秘主义派别。其起源有不同说法。一说系艾布·穆斯林惨遭阿拔斯王朝哈里发杀害后，其追随者在伊朗胡拉木地区组成的秘密教派组织。该派认为艾布·穆斯林并没有死，他奉真主的启示，预言他将重返世间，铲除邪恶，伸张正义。另一说认为，该派受琐罗亚斯德教异端派马兹达克教派思想影响，并与摩尼教、伊斯兰教某些教义相结合，认为世界上存在着两种本原，即光明与黑暗，善与恶，彼此处于不断的斗争中。该派相信神的启示，认为穆萨（即摩西）、伊萨（即耶稣）、穆罕默德和胡拉米派的“先知”，都是神在人间的使者。反对社会压迫和财富不均，认为现存的社会制度是宇宙黑暗或恶魔的产物。主张土地公有，免除赋税徭役，建立平等社会。参加该派的主要是贫苦农民、游牧民和奴隶，有袄教、摩尼教信徒，也有大批新归信伊斯兰教的下层群众。该派的教义和政治主张对中亚穆盖奈尔起义和巴贝克起义都有很大影响，被作为反对阿拔斯王朝统治的思想旗帜。（杨克礼）

胡门门宦 中国伊斯兰教苏菲主义虎非耶学派支系之一。因其创始人马福海蓄有长胡须，故名。马福海经名艾布·栽德(1715～1812)，甘肃东乡红泥滩人。幼年在家乡学习阿拉伯文、波斯文和伊斯兰教知识。及长，赴西安崇文巷清真寺拜玉尕锥阿訇为师，学习教义、教法和经典。1749年返回家乡，声称他通晓宗教奥义，深知“天人合一和浑化的奥妙”，开始宣讲苏菲学理。由于他通晓阿拉伯文和波斯文，经学知识渊博，且通晓天文、地理，同时行教严谨，能言善辩，故受到附近8个村庄穆斯林群众的拥戴，追随者日众。80岁时又因胡须变黑，引起更多人的惊奇，尊为“谢赫”，信者激增，教众发展到4万余人，为胡门的鼎盛时期。后其重孙马万有参加同治年间反清斗争，失败降清后，子孙中从政为官者不少，对胡门教权起了一定的巩固作用。胡门的主要教义和礼仪，除信守《古兰经》和圣训外，还有：(1)对阿拉伯文第一个字母“艾列弗”解释为“一字分三，三字归一”，表示真主、圣人、穆民三者合而为一。(2)主张“教、道并重”，即天命五功的“教乘”和坐静修行的“道乘”都要履行；念“都阿”时须抹两次脸面。(3)信众在临终时，要请阿訇反复念“讨白”（即悔罪词），直至停止呼吸为止。(4)重视天文气象研究，自谓有祈雨之术，但已失传。(5)教权实行“父传子受”的世袭制。胡门自马福海于1749年传教至1949年，共传6代。从第三代起又分化为两支系，即红泥滩胡门和太子寺胡门。红泥滩胡门教主依次为：马福海、阿里、哲马鲁丁、艾布·伯克尔、八爷、易卜拉掀。太子寺胡门教主依次为：马福海、阿里、嘎迪尔、七阿訇、伯克二师夫、马国忠。教众约10万人，主要分布于甘肃临夏、东乡、康乐、广河、兰州和青海西宁等地。马福海著有《艾布·栽德的道路就是古教》一书。（马　通）

胡太师 见胡登洲。

虎非耶(al-Khufiyyah) 中国伊斯兰教苏菲主义四大学派之一。阿拉伯语音译,原意为“隐藏的”、“悄声的”。因该派主张低声念诵赞词,故名。为中亚人穆罕默德·白哈乌丁(1318～1388)所传,源于纳格什班迪耶教团。约于16世纪由阿扎姆之孙穆罕默德·优素福传入中国新疆,被称为“白山派”,而阿扎姆的另一孙伊斯哈格也来到新疆叶尔羌发展势力,被称为“黑山派”。17世纪虎非耶分别从新疆和阿拉伯传入甘肃、宁夏、青海等地(从新疆传入甘宁青者较多),经过二百余年的传播和发展,与中国传统文化相融合,逐渐形成了许多支系门宦。主要有:毕家场门宦、鲜门门宦、穆夫提门宦、华寺门宦、临洮门宦、刘门门宦、明德堂、胡门门宦、北庄门宦、洪门门宦、凉州庄门宦、碱沟井门宦、丁门门宦、法门门宦等。各门宦之间,互不隶属,各有其传授人,独立传教和行教。虎非耶在教义上属逊尼派,教法学上属哈乃斐学派。其主要教义和礼仪是:(1)以《古兰经》和圣训为信仰的根本依据,遵行天命五功,重视隐修和默念“迪克尔”。但所属支系门宦,因其传授者不同,念诵方式亦各有异。(2)教内分为3级:最高一级是“穆尔希德”,称“太爷”或“教主”,被认为是得道者、导师,具有“吾里”的品级,并能显示各种“奇迹”;次一级是“海里凡”,即“穆尔希德”的接替人,被认为是办教门的人,具有“谢赫”的品级;再一级是上两者的忠实信徒,称为“穆里德”,即追随者,被认为是学习教门的人。(3)实行教主制。在继承方式上,教主在世时,精心培养几个“海里凡”,作为掌教的候选人。临终时选择其中一人,交给掌教印章或几件信物,作为继承教统的凭证而成为下一代教主,后大多演变为“子袭父职”的世袭制。(4)随着教坊的增多,将若干教坊联为一体,由教主指派“海里凡”主持教务。同时,以教主委派教长制,代替了单一教坊教长的推选聘任制,从而奠定了教主权力集中制的教权结构。(5)教主被认为生前能显示各种“奇迹”,是引领教徒走上正道的导师,逝世后尊信者为其修建拱北,进行祷念。(6)教众要给教主奉献钱财和礼物,名曰送“海迪耶”。教众主要分布于西北各地,尤以河湟地区为最多。

(马 通)

虎夫坦(Khoftan) 波斯语音译,意为“宵礼”。见礼拜。

虎夫耶 见虎非耶。

虎嵩山(1880～1955) 中国伊斯兰教著名经学家。原名镇林,以字行。经名赛尔敦丁。宁夏回族自治区同心县人。其父为虎非耶门宦经师。自幼从父学习伊斯兰教经典、阿拉伯语和虎非耶门宦的宗教功修。后到海原县拜王乃必阿訇为师。精研《沙米》、《伊尔沙德》、《米什卡特·麦萨比哈》等经典及教法,历时5年之久,从此学业大进。22岁时应聘为同心县清真小寺阿訇。后接受伊赫瓦尼派创始人马万福倡导的“凭经立教”、“遵经革俗”的主张,遂不愿继承父业,脱离虎非耶门宦。在同心县穆斯林中大力宣传伊赫瓦尼派教义,提出一切言行皆以《古兰经》和圣训为准则,对不符合经训的一些礼俗进行改革,声望日著,成为宁夏及陇东地区伊赫瓦尼派知名阿訇。他博览各种伊斯兰经籍和汉文译著,融会贯通,富有独立见解。通晓阿拉伯语、波斯语及语法、修辞,对《古兰经》学、圣训学、凯拉姆学、教法学、苏菲主义、逻辑学等均有较深造诣。1924年经上海赴麦加朝觐,翌年归国后即在湖南常德应聘为开学阿訇。1927年回原籍提倡回民新式教育,主张学经兼学汉文化,联合各界推动回民教育的发展,并对清真寺经堂教育的内容、方法实行改革。1937年在宁夏吴忠创办中阿讲习所,从事伊斯兰教经典的研究和讲学,并自任所长;后改名为吴忠中阿师范学校,任副校长。抗日战争爆发后,他提出“国家兴亡,穆民有责”,既爱教又爱国的主张,积极发动穆斯林参加抗日活动。1949年新中国成立后,他主张穆斯林内部应消除教派分歧,各行其是,团结一致,共同建设新中国。他曾任中国回民文化促进委员会委员、甘肃省政协委员、宁夏西海固回族自治州政协副主席等职。编写有《伊斯兰三字课本》、《波文之源》、《月论释难》、《拜功之理》、《阿文教科》等教材和著作。

(杨怀中 余振贵)

扈代 见呼德。

花巴巴 19世纪中国伊斯兰教教长,阿拉伯文书法家。生平不详。据《震宗报》第5卷第2期时辰忠文载,以擅长抄写《古兰经》名闻一时。所写之经数量多,质量好。其中一部手抄本,曾由珍藏者刘仲泉交马松亭阿訇转赠埃及前国王福德一世,深受其珍爱。福德殁后,该经被珍藏在福德陵墓正殿。故后人以“《古兰经》书法家”誉之。

(冯今源)

花剌子密(al-Khuwārizmi,约780～850) 阿拉伯阿拔斯王朝著名数学家、天文学家、地理学家。全名穆罕默德·本·穆萨·花剌子密。拉丁名阿尔戈利兹姆(Algorismus)。花剌子模人。据泰伯里考证,花剌子密可能生在幼发拉底河流域的库特鲁布里镇,其先辈为琐罗亚斯德教徒,后改信伊斯兰教。他在阿拔斯王朝哈里发马蒙(813～833在位)在巴格达创办的智慧馆所属的沙马西亚天文台工作,长期从事数学研究和天文观测,直至逝世。他汲取和综合了古巴比伦、希腊和印度数学论著的成果,促进了数学向深度和广度的发展。其所著《算术》一书,系统地叙述了十进位值制记数法和小数的运算法,对世界普及十进位值制起了很大作用。他的另一部具有划时代意义的著作是《代数学》(《al-Jabr Wa al-Muqābalah》,一译《积分和方程计算法》)。书中阐述了解一次和二次方程的基本方法及二次方根的计算公式(即:x2+10x=39),明确提出了代数、已知数、未知数、根、移项、并项、无理数等一系列概念,并载有例题800多道,提供了代数计算方法,把代数学发展成为一门与几何学相提并论的独立学科。代数学(Algebra)一词即由此书名称的一个词(al-Jabr,原意为"还原",现称"移项")演变而来。印度数码(1~9、0)也借其著作传入西方,欧洲人称为"阿拉伯数字"。12世纪《代数学》被译成拉丁文,成为欧洲各大学的教科书,一直延用到17世纪。花剌子密还曾汲取印度、波斯和古希腊天文历算的成就,并根据新的观测资料,编制了阿拉伯最早的天文历表,称为《花剌子密历表》,普及于当时的伊斯兰世界。此天文表使用100多年后,西班牙天文学家麦斯莱麦编制的《托莱多星表》曾加以校正。1126年,由英国人艾德拉译成拉丁文,成为东方和西方各种天文历表的蓝本。他依据托勒密的《地理学》及实地勘察计算,编纂了《大地形状》一书,并附有绘制的一幅地图,记载了地名537处及其经纬度,并划分了各地的地形和气候区,阐发了对地球偏圆形状的创见,为阿拉伯地理学的发展奠定了基础。西方史学家誉他为"伊斯兰世界最伟大的穆斯林科学家之一"。 (杨克礼)

花剌子模汗国 见希瓦汗国。

花剌子模沙王朝(Sulālah Khuwārazm Shāh) 10~13世纪中亚突厥人建立的伊斯兰教王朝。中国史称"火寻"或"货利习弥"。951年始建于北花剌子模,首府玉龙杰赤(今伊朗戈尔甘),1017年被伽色尼王朝素丹马哈茂德所征服,沦为藩属。1043年塞尔柱王朝创建者图格里勒伯克占领花剌子模,隶属于塞尔柱王朝。1097年,突厥奴隶出身的军事首领忽特布丁(1097~1128在位),被塞尔柱王朝素丹封为花剌子模总督,建立大花剌子模沙王朝,以玉龙杰赤为首府,在其统治30年间始终为塞尔柱王朝的藩臣。1128年,其子艾尔西特(1128~1156在位)继位,初效忠于塞尔柱素丹,后宣告独立,自称"沙"(即国王)。并征服锡尔河下游坦吉(即毡的)等地。1142年,西辽军队攻打花剌子模,艾尔西特被迫向西辽称臣纳贡,成为西辽藩属。1156年伊尔·阿尔斯兰(1156~1170在位)继位,趁塞尔柱王朝势衰,率兵向波斯东部扩展势力。1172年塔卡什(1172~1200在位)继位后,继续扩张疆土。1194年,塔卡什率军打败控制巴格达的塞尔柱王朝末代素丹,占领其领土,自称素丹。1196年,阿拔斯王朝哈里发纳绥尔(1180~1225在位)正式封塔卡什为素丹,独揽巴格达世俗大权,哈里发依然是个傀儡。1200年,阿拉乌丁·穆罕默德(1200~1220在位)继素丹位后,继续对外扩张,先后打败古尔王朝、西喀喇汗王朝和西辽,征服锡尔河、阿姆河流域及阿富汗、波斯地区,建立庞大的帝国,建都撒马尔罕。1214年,占领加兹拉后企图挥师巴格达,推翻阿拔斯王朝,因故未遂。1217年,花剌子模沙召开宗教会议,拥立阿里后裔阿拉·穆尔克为哈里发,但未能实现。1219年秋,蒙古成吉思汗借口派往花剌子模的蒙古商队被杀、使臣受辱,亲率大军西征,花剌子模境内大部分城寨被蒙古军攻陷。1220年,穆罕默德因各地将领离心,队伍溃不成军,被迫从阿姆河南岸逃至里海一小岛而死。同年,其子哲拉鲁丁·明格布努继位,继续抵抗蒙古军,因国家分裂瓦解,战败后退入印度,其辖地为蒙古人占领。1231年,哲拉鲁丁·明格布努卒,该王朝遂亡。

花剌子模沙王朝是一个军事封建国家。自古据中西交通要塞,城市商业繁荣,10世纪玉龙杰赤为北花剌子模的工商业中心。在所辖城市周围建有堡寨式的封建庄园和农村村社,多为突厥军事贵族封地,农业比较发达,手工业闻名中亚。王朝以伊斯兰教逊尼派为国教,库布拉维耶教团受到宫廷尊崇,得到广泛传播。圣族后裔和欧莱玛被赋予各种特权。实行伊斯兰教法,卡迪发布"法特瓦",指导国家法律的执行。清真寺、宫殿和陵墓建筑具有伊斯兰造型艺术特征。10世纪时,玉龙杰赤伊斯兰学术文化繁荣,著名的伊斯兰学者比鲁尼和伊本·西那均一度在宫廷的庇护下从事学术活动。在阿拉乌丁·穆罕默德统治时,撒马尔罕仍保持中亚伊斯兰学术文化的中心地位,清真寺、宗教学校、图书馆得到修葺,宫廷学者荟萃。花剌子模语(属波斯语东支)广泛使用,后逐渐突厥化。 (杨克礼)

花剌子模王裔墓碑 中国元代居华穆斯林墓碑。1983年出土于泉州艾苏哈卜清真寺,现藏该寺伊斯兰史迹陈列室。辉绿岩石碑,顶部呈尖弓形,高54厘米、宽39厘米、厚12厘米。碑面阴刻6行阿拉伯文和波斯文,译文为:"这是异乡殉教者穆罕默德·沙赫·本·沙赫·花剌子模。赞感真主,愿主怜悯他和男女信徒们。他死于(伊斯兰历)670年斋月星期四(1272年4月7日)。""沙赫"是波斯文"国王"的称号,与"花剌子模"组合则为花剌子模王。花剌子模国(Khuwārizm)是中世纪中亚伊斯兰教强国之一,其版图沿阿姆河两岸直至里海,1220年被蒙古人所灭。其末代国王穆罕默德·沙赫战乱逃亡病死,其次子战死,唯有长子扎兰丁(Djalāl al-Din)逃脱(后死于1231年),可能留下后裔。史籍中未见有关王裔来中国的记载。泉州发现的这方墓碑可能是研究花剌子模王扎兰丁后裔的重要史料。 (陈达生)

花牌楼清真寺 见南京太平路清真寺。

华北回民朝觐团 中国抗日战争时期日伪朝觐团。由北平日伪组织"中国回教总联合会"派遣,于

1938年12月19日由北平出发。团员有唐易尘、刘德润、马良璞、张英、苏瑞祥。该团声称:此行"纯粹为教","绝对没有任何使命"。次年1月28日抵麦加后,受到爱资哈尔大学中国"留埃学生朝觐团"领队庞士谦及诸同学监视与质问。该团在朝觐期间,未行"辞朝"仪式便离开了麦加,于同年3月28日返回北平。后唐易尘依据见闻编写《麦加巡礼记》一稿,同年《新民报》曾分期刊载,1943年由北平《震宗报》社合订出版。

(郭清祥)

华寺拱北 中国伊斯兰教陵墓。为苏菲主义虎非耶学派华寺门宦创始人马来迟墓地。在甘肃省临夏市西郊新村。始建于清乾隆三十一年(1766)。初建时主体建筑为3层八卦亭墓庐,后续建了清真寺、客房、宿舍、伙房、花园及门楼牌坊等设施,因建筑装饰为彩绘图案,美观华丽而得名。占地60多亩。嘉庆二年(1797),第三代教主马光宗被清廷赐"协镇"之职,并赐琉璃瓦等材料,扩建了华寺拱北。光绪二十一年(1895)华寺门宦主持人马永龄发动教众反清失败后,华寺拱北被清军马安良领兵拆毁,所有财物被没收,从此华寺门宦衰退。20世纪40年代,第六代教主马显福主持修建了华寺拱北墓庐等主要设施。1958年又被拆毁。1980年后由教众集资再建了3层八卦飞檐翘角亭式墓庐及水房、厨房等设施,为砖木结构,建造精美,雕饰精湛。墓亭高32.67米,内室面积110平方米,宏伟壮丽。

(王学仁)

华寺门宦 中国伊斯兰教苏菲主义虎非耶学派支系门宦之一。因该门宦早期所建清真寺、拱北多系雕梁画栋,以彩色花卉装饰,故名。创始人马来迟(1681~1766)。1727年他去麦加朝觐时,曾到大马士革、巴格达和开罗等地游学,先后研究过沙兹林耶、纳格什班迪耶和苏哈拉瓦迪耶等苏菲派学理,并拜麦加苏菲学者艾哈迈德·阿格勒和毛拉·麦赫杜姆为师。1734年返回河州后,融合苏菲各派教义,在河湟地区传播虎非耶学理。经过近30年的宣教,河湟地区的一些回族、撒拉族、东乡族和部分藏族信众多达10余万人,成为清乾隆年间河湟地区人数最多的门宦之一。当时因与哲赫林耶学派发生教争,引发了乾隆四十六年(1781)严重的教派流血事件,地方官府参与其中,挑拨离间,导致哲赫林耶派苏四十三反清起义,遭到清廷的残酷镇压,但华寺门宦势力仍很强大。清同治年间西北回民发动反清起义时,华寺门宦的第六代教主马桂源等在河湟率教众起义,失败后,教众惨遭杀害,教主马桂源被枭首示众,该门宦受到很大削弱。此后,华寺门宦即分裂为以青海循化马如彪为首和以甘肃河州马永琳为首的新、老两派。光绪二十一年(1895),华寺门宦内的新、老两派发生流血事件,因地方官吏处理不公,导致马如彪同马永琳及其家族绝大多数人被杀害,教众遭到残酷镇压,拱北被拆除,财产被洗劫一空。该门宦从此一蹶不振。光绪末年马来迟的六世孙马显福欲重振华寺门宦,并给马来迟墓重修了八卦亭,但并未能挽回衰落局面。至马克里木(?~1976)接替传教后有一些发展,受到信众的拥护。华寺门宦的主要教义和礼仪是:(1)以《古兰经》和圣训为信仰之本,同时主张"闹中求静",力行静修功课,低声反复念"迪克尔"。(2)专门从事宣教的穆勒什德、谢赫、海里凡要做到"教乘"、"道乘"修持并重,要求一般"穆里德"履行"天命五功",经常拜谒拱北。(3)每逢圣忌和历代教主的生辰忌日要宰牲举行"尔麦里"活动。除念《古兰经》外,还要念《卯路德》、《冥沙》经。(4)信众逝世后,家属要先到拱北报丧作祈求,念"亥听"。逢信众忌日悼念时,其家属须先去拱北上坟。(5)用《古兰经》为亡人转"费底耶"(即赎罪),给死者站"者那则"(即殡礼)时要脱鞋。埋葬亡人时要求阿訇、满拉跪在墓前,各捧一本《古兰经》,分别朗诵完为止。(6)实行"父传子受"的教统继承制和选派"海里凡"管理区域教务的教坊制。华寺门宦至1949年已传7代,教主依次为:马来迟、马国宝、马光宗、舍姆斯丁、努伦丁、马桂源、马克里木。教众约15万人,主要散居于甘肃临夏西、南两乡,广河三甲集,和政买家集、牙当、大小南岔;青海循化、西宁;宁夏银川及新疆乌鲁木齐等地。

(马　通)

华哲 见和卓。

化觉寺 中国伊斯兰教清真寺。原名清修寺,因坐落在陕西省西安市化觉巷内,故名。该寺始建年代,据寺内碑石及《西安府志》等所载,多为明洪武年间(1368~1398)。重修于成化二年(1466)。十八年(1482)奏请改寺名为"敕赐清修寺"。此后历经嘉靖元年(1522)、万历三十四年(1606)和清乾隆三十年(1765)相继修葺扩建,遂成今日之规模。全寺占地计1.2万平方米,建筑面积4000多平方米,呈4进院落布局。第一进大门南北开,东墙为一砖雕花卉照壁,院中心高耸异角飞檐、斗拱重叠木牌楼1座,两厢新建有接待厅。穿过"五间楼"二门,二进院中心为一精致石牌坊,中镌"天监在兹"4字。其后两侧有雕龙碑楼两座,碑楼前面分别为万历三十四年(1606)《敕赐重修清修寺碑》和乾隆三十三年(1768)《敕修清真寺碑》;后面各为米芾"道法参天地"和董其昌"敕赐礼拜寺"斗书。三道门相传为早期"敕修殿",是该寺最早的礼拜殿,与两侧垂花门连成一体。该殿现已成为过道,内藏阿拉伯文、波斯文、汉文碑石数方,其中以明景泰六年(1455)《长安礼拜寺天相记碑》及清雍正十年(1732)所立阿文"月碑"较为名贵。第三进院内两厢为北讲堂、南接待厅和沐浴室等。院中心耸立1座3层八角攒顶木构"省心楼",其后两侧各建有碑楼。第四进院门俗称"连三门",满花砖雕,堪称珍品。入内即为全寺主体院落,分为前后两部分。前院为一庭院布局,正中建有形似凤凰展翅之"凤凰亭"1座,两旁为南北议事厅。

亭西石栏甬道外侧建有海棠形鱼池各1个，另有碑亭两座。碑亭及南议事厅内藏有王鉷碑、明嘉靖五年(1526)《敕赐清修寺重修碑》和洪武二十五(1392)年创寺敕命碑等。后院高起处是一宽敞月台，由5座石门和石栏围起，正面即明七暗九开间礼拜大殿，碧瓦琉璃，锥形鎏金顶，明柱雕花隔扇殿门，极为肃穆壮观。殿前两侧内山墙为巨幅砖雕花卉。檐内斗拱内外悬有阿文"清真言"及明成祖保护清真寺敕谕等牌匾。大殿前殿系勾连搭建构，正西相接3间正方形后殿，深邃幽幽，可供2000人礼拜。殿内满布藻井天花600余幅，各呈花叶图案，中心为阿文经文，形似篆体。入殿门有"钦若昊天"和"能有有有"两匾，明柱上悬有80字瓦形牌长联，以"独"、"无"称颂安拉德性，颇涵哲理。后殿"米哈拉布"周围，由满花图案与库法体经文饰满墙壁，庄严超凡，使人凝息。由殿前两侧月洞门进入，有石栏围绕大殿两侧，殿后堆起高阜1座，相传为建寺时所遗余土，以作斋月前后登望新月之处。该寺月台外南墙处有一"六月雪石"，状如雪峰。月台上还有日晷盘、清宫石等。寺内还藏有手抄本《古兰经》、宗教绘画、阿文书法中堂和条幅、示意《麦加图》、各种经匣和香炉以及大殿内楠木"虎图白楼"等，均为中国伊斯兰教珍贵文物。相传该寺过去有教民800余户，有完整的管理制度。寺内曾设有经文大学，清代以来经学人才辈出，为经堂教育"陕西学派"的中心。新中国成立后，政府曾几次拨款修葺添建。现列为陕西省文物保护单位。

（冯增烈）

《怀宁马氏宗谱》 中国宋代入华穆斯林马姓家族的谱牒。据此谱记载，怀宁马氏之先祖是西域鲁穆(一作"罗姆")人，据《多桑蒙古史》考证，鲁穆今属土耳其共和国辖地。宋建隆二年(961)，穆斯林天文学家马依泽应召来华，修天文、治历法，2年成书，经王处讷(译音)代呈皇帝御览，宋太祖颇满意，授马依泽司天监监正的官职，且诰封给侯爵。遂居于陕西泾阳永安镇李尚书塔旁。后徙山西大同。至明洪武二十七年(1394)前，已传30代。其简史在宗谱中均有记载。洪武二十八年(1395)自马哈直一代起由山西大同迁居怀宁(今安徽安庆)。此家谱历来鲜为人知，1968年中国学者罗香林在美国首次发现，遂著论文公之于世。据明宪宗成化二十二年(1486)创谱的《河北青县马氏门谱》创谱序及水子立所著《中国历代回教先贤事略汇编》中都有相似的记载，证明来自西域鲁穆地区的穆斯林马依泽参与了宋代《应天历》的编订，据查，《应天历》之前，中国历法没有星期制(只有"旬"制，各级官吏一旬休假一日，以便沐发浴身，故又称"旬"为"浣")，《应天历》首先引进了星期制，且以伊斯兰教的"主麻"日为一星期之始。再据宗谱载明，马依泽长子马额曾于宋太宗(赵光义)至道三年(997)袭侯爵，任司天监监正；次子马怀亦于宋真宗(赵恒)咸平四年(1001)奉旨授承德郎、司天监监副。而《宋史·方技志》中所载天文学专家无一人任司天监之监正、监副，益证此谱有充分可信性。此宗谱于清光绪二年(1876)修订成书，并用木刻版刊印83套。全书除卷首外共分15卷，现美国哥伦比亚大学东亚图书馆藏有该书当年的木刻版本。

（马肇曾）

《怀圣》 中国伊斯兰教综合性学术月报。1948年7月5日创刊，由中国回教协会广州分会光塔寺(怀圣寺)文化部主办。总编辑熊振宗。社址设广州光塔路56号。出版过10余期，现存第10期为1949年4月1日刊印。每期4版，为8开版，刊名系叶恭绰题写。该刊的命名及宗旨，马维驹在其《为〈怀圣〉创刊有感》一文中称："传道之方，以不费跋涉之劳而能家喻户晓，传诵不忘者，则刊物尚矣"，"顾有为之士，感于侮教事件之层出不穷，教胞之昧于真理者难屈指数，迺其不屈不挠，破釜沉舟之志，毅然以阐扬教义、启迪愚顽者，效法至圣之大无畏精神，播扬真理为己任，使迷者悟之，醉者醒之，斜者正之，疑者释之之宏愿，遂决续办小型报章，颜曰〈怀圣〉"。该刊辟有教义讲座、伊斯兰文化、伊斯兰教史、世界伊斯兰介绍、各地伊斯兰动态、文艺、家庭与卫生、学生园地、伊斯兰圣地游记、教义问答等专栏。曾刊登过《回教简史》、郑师许的《中古时代阿剌伯民族在广州活动情形》、陈克礼的《穆罕默德·伊戈巴理》、岑家悟的《琼崖三亚回教考》、熊振宗的《中古时期回教学术思想》、《从阿拉伯文籍看伊斯兰与中国的关系》等重要文章。该刊反映了40年代末广州地区穆斯林的宗教活动、社会生活及学术研究状况，介绍了许多历史资料。

（余振贵）

怀圣寺 中国伊斯兰教清真寺。又称"光塔寺"。在广东省广州市中山六路光塔街。与圣友寺、凤凰寺、仙鹤寺并称为伊斯兰教传入中国后最早创建的四大著名清真寺。寺称"怀圣"，即怀念伊斯兰教先知穆罕默德圣人之意。寺院始建年代已不可考，相传由唐初来华的阿拉伯伊斯兰教传教师宛葛斯主持，为当时侨居广州的阿拉伯穆斯林商人捐资所建。有关该寺的记载，最早见于9世纪中叶阿拉伯旅行家苏莱曼的《东游记》，记述了广州"蕃访"穆斯林的生活及建有寺院1所。南宋岳珂撰《桯史》记他在绍熙三年(1192)于广州所见有祀堂(即礼拜堂)和光塔。南宋方信孺在《南海百咏》中"咏蕃塔"诗后记曰："蕃塔始于唐时，曰怀圣寺塔。"根据现存碑刻记载，该寺在元至正十年(1350)、明成化三年(1467)、清康熙三十四年(1695)及1935年皆经重修。现该寺由寺门、望月楼、水房、长廊、碑亭、客室、礼拜殿和光塔组成。礼拜殿为寺的主体建筑，置于庭院的正面，造形为中国宫殿式。为3间带周围廊、歇山重檐绿琉璃、带斗拱的砖砌水泥建筑，耸立在带雕石栏杆的大平台上，庄严肃穆。石栏杆栏板上雕刻各异，有葫芦、扇子、伞盖、花卉等图案。大殿内洁白明亮、铺有木地板，三面有拉门。殿内可容1000多人做礼拜。

大殿梁下题字为“唐贞观元年岁次丁亥鼎建，民国二十四年岁次乙亥三月二十一日辛未第三次重建”。在大殿左侧碑亭内有元至正十年(1350)八月郭嘉重建怀圣寺碑，保存尚好，但石质有所风化。还有清康熙及同治时重修寺的碑记。在大殿右侧，原有清真寺经堂小学2层楼房建筑，后另辟新校址，迁离古寺。寺院的西南角，建有高达36.6米的砖塔，呈圆筒形，塔中为石心柱，塔内有石阶梯道可供登临，塔顶有“邦克楼”。塔表圆形灰饰，望之如光洁之银笔，故称“光塔”。该寺对研究中国海外交通史、建筑史、伊斯兰教史以及中国同伊斯兰国家人民的经济文化交流，都有重要意义。中华人民共和国成立后，人民政府曾拨款进行过两次较大修缮，已焕然一新，并被列为全国重点文物保护单位。现为中国穆斯林和伊斯兰教国家来华友人进行宗教活动的场所，广州市伊斯兰教协会设在寺内。

(杨克礼)

怀圣寺光塔 中国伊斯兰教古迹。在广东省广州市中山六路光塔街怀圣寺院西南隅，与寺并立。原名呼礼塔，波斯语音读作“邦克塔”，据说因“邦”与“光”在粤语中音近，遂误称为“光塔”。一说因塔呈圆筒形，耸立珠江边，古时每晚塔顶高竖导航明灯而得名。一说塔表圆形灰饰，望之如光洁银笔，故名。该塔建筑年代说法不一。南宋岳珂在《桯史》中记载有此塔。至于唐贞观时建塔的说法似不可信，因为那时伊斯兰教未传入中国。所以始建时间约为唐末或南宋初年。塔高36.6米，用砖石砌成，建筑平面为圆形，中为实柱体。有梯两条各自连通前后塔门，沿螺旋形梯级而上可登塔顶露天平台。在平台正中又有一段圆形小塔，塔顶原有金鸡一具，可随风旋转以测风向，明洪武和清康熙八年(1669)两次为飓风所坠，后遂改为今状的葫芦形宝顶。据《羊城古钞》载，古代“每岁五、六月，番人望海舶至，以鼓登顶呼号，以祈风信”。当时建塔的目的大约有四：(1)作为船舶的指示探照灯用。(2)指示风向用。(3)登塔顶召唤穆斯林做礼拜用。(4)显示伊斯兰教的威力，使人起敬。该塔是中国伊斯兰教最大的邦克楼之一，与新疆吐鲁番的苏公塔大小相仿佛。光塔形体独特，为我国塔林所罕见。虽屡经修建，仍具阿拉伯伊斯兰的建筑风格。

(杨克礼)

幻有 中国伊斯兰教哲学概念。又作“虚无”。与“真有”相对。说人世间的富贵荣华是暂时的，犹如幻象空花，皆非真有，切勿贪恋。王岱舆《正教真诠·体察章》云：“若认己与认主”“真有之与幻有，似此诸类，毫厘之分，相隔甚远，切勿混为一体”。《正教真诠·前定》又云：“梦中富贵，本是虚无；眼前贫贱，的非真有。超越生死关头，始得如如常在。此乃幻象空花，本是长途一寓，岂为实据哉?”

(冯今源)

《黄金草原与珠玑宝藏》(Murūj al-Dhahab wa Maʻādin al-Jawhar) 10世纪伊斯兰教百科式历史地理著作。为阿拉伯历史学家、旅游家麦斯欧迪(？～957)所著。又译《金牧场》。约成书于943年。原书共30册，又名《历代编年史》，主要是著者依据自己遍游亚非各地40年间所记录的第一手资料写成。保存到现在的只有其中第二部的摘要，即《黄金草原》一书。后世学者认为，该书是一部不朽的历史名著，主要记述了中亚各国的历史地理，为了解和研究世界通史提供了丰富的资料和新的见解，因而博得普遍称誉。全书共4卷，在中国流传的有埃及幸福书店1948年阿拉伯文刊行本。其前言分2章，正文130章。前言阐述全书主题与宗旨，附有该著章目和著者其他主要著作书目。第1卷共30章，记远古至埃及亚历山大国王时期的历史，包括阿拉伯古代史，东方各地的史地和文物，述及了印度的科学知识、宗教思想和政体，其中第13章记述了中国历史，是阿拉伯史学著作中难得的宝贵史料。第2卷共52章，记述了高加索、叙利亚、巴比伦、西亚、北非等地的情况及伊斯兰教前阿拉伯历史社会状况。从第68章起，记叙了先知穆罕默德的身世、谱系和使命及传教旨等史料。最后一章讲哈里发阿里被害事件。第3卷共29章，讲述阿里长子哈桑继位至阿拔斯王朝第六代哈里发艾敏时期的史实。第4卷共19章，从阿拔斯王朝第七代哈里发马蒙时期(813～833在位)至第二十三代哈里发穆蒂尔时期(946～974在位)为止，最后一章为历代朝觐纪事。该书的特点是，将其实地考察所得的材料与可靠的史料相结合，并根据《古兰经》和圣训经文，又参照了希伯来圣经及古代有关自然、历史、地理、人种学、宗教学、医学等方面的著作，其中作者的博学见闻、精辟见解尤为突出，后广为世界史学家所参考和引用。该著第1册最早由英国人斯卜林基译成英文，1848年出版了法文全译本。此后，又译成其他多种文字，流传于世。

(赛生发)

湟中邦巴清真寺 中国伊斯兰教清真寺。位于青海省湟中县上五庄乡。始建于1896年。当时仅有平房5间，礼拜殿3间，阿訇住房2间。1911年重建“五转七”式大殿和两座宣礼塔，北辟土门，扩修宿舍、经学讲堂、水房等15间。1942年因年久失修，再次重建为明9间、暗7间的3架9檩大殿，可容千人礼拜。并维修了宣礼塔及大门，使该寺方具规模。“文化大革命”中寺遭破坏。1980年，由穆斯林集资，政府资助，在原地重建深20米、宽30米的礼拜大殿，殿门为典型阿拉伯式圆拱形，嵌饰以交错组合的各种几何图形，蕴含伊斯兰建筑艺术风格。大寺正门由3个拱形大门组成，两侧各建六角攒顶式3层宣礼塔，巍巍凌空，显示了中阿文化合璧的特色。邦巴寺虽坐落峡谷，且历经沧桑，但经堂教育颇有影响，其历任教长多系哈吉。伊赫瓦尼教派创始人马万福于1924年起曾在该寺讲学8年，致力于宣传伊赫瓦尼派学理，并培养了一批阿訇。他们分别在青海省贵德、循化、化隆、民和、大通等

县以及甘肃、新疆等地清真寺讲学，宣传伊赫瓦尼教派思想。（喇秉德）

湟中洪水泉清真寺 中国伊斯兰教清真寺。位于青海省平安县洪水泉乡(原属湟中县)。相传，该寺于清乾隆年间，由当地回族穆斯林集资兴建，历时13年方竣工。建筑面积4200平方米，为中国传统四合院式建筑。因地处深山，地形窄偏，故布局紧凑、别致。寺门前有一宽约5米、高约4米的水磨青砖照壁，其正面用六角形绣球式花卉雕成，千姿百态，华丽大方，被称为"百花图"。寺门朝南，门左右八字墙布满砖雕，其花卉饰纹立体感很强，工艺精湛。进大门即3层式邦克楼，整个楼体由两根"通天巨柱"支撑，斗拱设计精巧，富于变化。礼拜大殿为宫殿式建筑，由前卷棚、正厅、后窑殿组成。殿内顶部为"天落伞"状结构。后窑殿内壁及天花板均为木镶。整个寺院建筑为砖木结构，淡黄色木料，配以淡青色砖雕，层次分明，精工细刻。其建筑工艺在中国伊斯兰教寺院中具有独特风格。（喇秉德）

湟中鲁沙尔清真寺 中国伊斯兰教清真寺。坐落在青海省湟中县鲁沙尔镇。建于清同治年间。该寺为4进院落格局，一、二进院为经堂教育小学和中学所在，中间以月门为隔，月门砖雕精巧；三进院为礼拜大殿庭院，是聚礼和会礼场所；三、四进院之间建有门楼，上有琉璃瓦起脊的宣礼塔，进门楼即礼拜大殿。大殿进深20米，宽30米，高10米，可容纳1000人礼拜。为中国古典殿宇式建筑风格，前檐门扇木雕有冬梅争艳、牡丹竞芳、秋菊傲霜等图案，制作精美，更以镏金铜饰点缀其上。殿脊中央立有本镇塔尔寺当时住持僧人贺赠的镏金铜质宝瓶，高1米，底座直径50厘米。宝瓶在"文化大革命"中丢失。鲁沙尔清真寺兴建以来对青海、甘肃地区的其他宗教建筑有较大的影响。

（喇秉德）

徽县东关清真寺 中国伊斯兰教古寺。位于甘肃省徽县东关回族聚居的东关村。据寺内现存明朝万历十四年(1586)所立《重修礼拜寺碑记》载，该寺始建于明成化年间(1465～1487)，因"岁久易湮"，曾于嘉靖(1522～1566)年间修葺。后以"寺宇复圮"，于万历年间(1573～1620)"因废拓新"。后又经清朝道光四年(1824)和1913、1982年数次扩建和重修。现寺占地面积3500平方米，整体布局为中国传统殿宇式建筑风格。全寺3进5院，多采用砖木结构，遍施精巧雕作及艳丽彩饰。礼拜大殿名"崇一殿"，宽5间，深8间，面积520平方米，宏伟庄严，殿前设花坛。临街为"怀源阁"即唤拜楼，木质结构，高15米，主楼3檐3层歇山顶，上覆筒瓦和火珠脊兽等饰物，称"狮子海马倒栽鱼"，美观别致。另有水房、花园及住宅院等附属建筑。该寺几度毁损重修，始终保持中国传统建筑特色，为甘肃省清真寺中历史悠久、规模较大、建筑技艺精湛的古寺之一。（王学仁）

回赐 见塞瓦布。

回回 中国古代对信仰伊斯兰教的人、民族、地区和国家的泛称。现为对回回民族的称谓。简称"回族"或"回民"。①"回回"一词始见于北宋人沈括《梦溪笔谈·边兵凯歌》："旗队浑如锦绣堆，银装背嵬打回回。"据考证，上文中的"回回"系指7世纪以来唐人所称的"回纥"或"回鹘"，此时回回民族未形成，亦同伊斯兰教没有联系。②南宋以来"回回"主要泛指西域穆斯林民族、国家和地区。彭大雅、徐霆《黑鞑事略》中多处提到"回回人"、"回回国"、"回回地面"、"回回诸种"。③蒙元时代东西交通大开，西亚及中亚的穆斯林大批来华，此时"回回"指迁居中国的中亚、波斯、阿拉伯等信仰伊斯兰教的诸民族(即回族的先民)及其文化。元初周密《癸辛杂识》中把来自海道的穆斯林称"南藩回回"，并称"今回回皆以中原为家，江南尤多"。元代史籍中还有"回回军"、"回回炮"、"回回工匠"、"回回药方"、"回回司天监"、"回回国子学"等记载，说明"回回"已遍布各地，"回回"文化已广泛流传。④明代既是对信仰伊斯兰教的民族的通称，也逐渐成为对回回民族的定称。明初马欢《瀛涯胜览》中多次提到"回回教"，如"祖法儿：国滨海依山……人皆崇回回教"，"阿丹国：滨海……崇回回教"。随着回回民族的形成，史籍中有"回回大师"、"归属回回"、"寄居回回"、"回回堡"等记载。明末农民大起义中，还有一支"老回回率领的队伍"，此时"回回"专指一个有共同的宗教信仰、独特的生活方式与文化心理素质的民族共同体，即现在的回回民族。清初顾炎武在《日知录》中说："唯回回守其国俗终不肯变"，表明伊斯兰教已是回回全民信仰的宗教。⑤晚清至民国，将信奉伊斯兰教的其他民族也称为"某某回"。如将畏吾儿称"缠回"、将东乡族称"东乡回"、将撒拉族称"撒拉回"及将信奉伊斯兰教的蒙古人称"蒙古回"等，但未普遍流传。（罗万寿）

回回大师 中国元代对伊斯兰教掌教长老的尊称。亦称"大师"，相当于后来清真寺的教长或开学阿訇。田汝成《西湖游览志》及《杭州府志》都记载了元代回回大师阿老丁建真教寺的资料，阿老丁的事迹不详，但已知他有"回回大师"之称。明时袭用此称，《明史》卷37中记述，洪武十五年(1382)秋，太祖"命翰林李翀，吴伯宗同回回大师马沙亦黑等译其书(即明译《回回天文书》等)"。但含义更为广泛，不专指宗教界人士，已包括对穆斯林知名人士及学者的尊称。

（余振贵）

回回坟 见哈密回王墓。

《回回馆译语》 中国明代官办波斯语言教学遗

留至今的代表性资料。明代官方从事波斯语文教育、翻译工作的是“四夷馆”和“会同馆”中之“回回馆”。其所编之波斯语教材，保存在《华夷译语》中的部分，称为《回回馆译语》。这种“译语”从19世纪末开始，通过不同渠道流出国外，目前世界各地许多大图书馆都有收藏。《回回馆译语》分为两种版本系统：即“永乐本”和“会同馆本”。“永乐本”系统中最好的本子包括“杂字”和“来文”两个部分。其中“杂字”即《回回馆杂字》。编成年代晚于“会同馆本”。北京图书馆藏本《回回馆译语》属于“永乐本”系统，但只包括“杂字”，无“来文”部分。“来文”包括明代哈密、吐鲁番、撒马尔罕、白勒黑（阿富汗巴里黑）、白思勒（今伊拉克巴士拉）、敌米石（今叙利亚大马士革）、天方国（今沙特阿拉伯）、小密思儿（今埃及）等中亚、西亚各地“使臣”入明“进贡”时所献的“贡表”26篇。其中一些贡表的语言生搬硬译、错误百出，并不是使臣出使时由其本国政府颁发的。可能进呈者本人不是官方使臣。进入汉地后找懂波斯语的汉人（或回回人）临时书写伪造，被汇入回回馆文档，存留至今。伪造撰写者具有某种波斯语方言背景，但波斯语程度不高，生造的痕迹明显。“会同馆本”《回回馆译语》只有“杂字”部分，没有“来文”部分。其“杂字”只有“正文”部分，没有“杂字补”。近年来中国学者在进行“华夷译语”的调查中，发现了一种清袁氏贞节堂抄本的“译语”，书无序，封面题“译语”。这部《译语》第69～80页为“回回译语”。全书一般每页横分3栏，竖11行，每行包括译语3个词，共分为17门，收波斯语词汇673个，只有汉字音写和意译。其最后一页上有原抄者手书的一方八思巴字篆体“太尉之印”官印。此印铸于北元宣光元年(1370)。它就是“会同馆本”《回回馆译语》的祖本，其编成年代应在元朝。“会同馆本”内容虽少，但不是“永乐本”的删节本。这两种《回回馆译语》是分别相对独立编成的。（刘迎胜）

《回回馆杂字》 中国明朝永乐年间“四夷馆”中的“回回馆”所编撰的《回回馆译语》的组成部分。“永乐本”《回回馆译语》包括“杂字”和“来文”两部分。其中“杂字”即《回回馆杂字》。完整的《回回馆杂字》包括“正文”和“补”两部分。北京图书馆藏本只有“杂字”的“正文”部分，没有“杂字补”。采用分类排列法，与《华夷译语》的其他语种大同小异，相当于今天的分类字典。《回回馆杂字》的“正文”成书较早，其分类顺序为：天文门、地理门、时令门、人物门、人事门、身体门、宫室门、鸟兽门、花木门、器用门、衣服门、饮食门、珍宝门、声色门、文史门、方隅门、数目门、通用门，计18门，最好的本子共收波斯语语汇777个。“杂字补”大约是从“来文”部分检出来的，其分类序号同“杂字”的“正文”部分，唯声色、文史、方隅3门没有补充词语。“杂字补”总共333条语汇。“正文”与“补”合计共收波斯语汇1110条。除了“永乐本”《回回馆译语》外，还有一种“会同馆本”《回回馆译语》，明茅瑞征（伯符）所辑，是明“会同馆”编辑的《华夷译语》的一部分。这种“回回馆译语”仅有“杂字”而无“来文”，而且“杂字”只有汉字注音而未附原文，所以实际上也是一种《回回馆杂字》。“会同馆”《回回馆译语》分类与“永乐本”不一致。其分类序号如下：天文门、地理门、节令门（对比：“永乐本”作“时令门”）、花木门、鸟兽门、宫室门、器用门、人物门、人事门、身体门、衣服门、饮馔门（对比：乙种本分类名称为“饮食门”）、珍宝门、文史门、声色门、数目门、通用门。“会同馆”本分为17门，共收674条词语。

（刘迎胜）

回国子监 中国元代培养译员的高等学府。蒙古时期(1206～1259)王朝文牍只使用察合台文字与汉文字；世祖至元六年(1269)始颁行蒙古新字；至元九年(1272)改蒙古国号为“元”，迨至元二十六年(1289)，为了适应中国与西域各国经济文化交流日臻频繁和中西海陆交通逐年发达的需求，乃在大都（今北京）始设“回回国子学”，元仁宗延祐元年(1314)改名为“回回国子监”。设监官，授予学士之职称，教习“亦思替非”文字。当时虽已颁行蒙古新字，但在中国本部的朝廷公文中仍沿用汉字；对葱岭以东各国行文则沿用察合台文字；对葱岭以西所有伊斯兰国家行文则用亦思替非文字。“亦思替非”，一作“亦思替”，有关专家考证认为是波斯文；一说是粟特文；还有一说是阿拉伯文与波斯文的统称。回回国子监的生员皆系公卿大夫及豪富之家子弟，朝廷供给廪膳。学后派充中央及地方政府机关的译事。当时的回回学者益福的哈鲁丁，精通亦思替非文字，在回回国子监任职，专门教授此种文字。

（杨怀中）

回教门 中国明代史籍对伊斯兰教的称谓。简称回回教、回教。明初随郑和下西洋的马欢在其所著《瀛涯胜览》中，对今南洋、西亚的一些国家宗教民俗进行描述时，多次出现“国中大半皆奉回回教门”、“国王国人皆奉回回教门”、“婚丧之礼悉遵回回教规”等语，为首次用“回回教门”称伊斯兰教。明嘉靖年间(1522～1566)，郎瑛著《七修类稿》（卷18）中简称为“回回教”。元代以来，在汉文史籍及民间交往中，对来自西域的穆斯林，一般都称作“回回”，把他们信奉的伊斯兰称作“回教”，一些穆斯林也自称信奉“回教”，年长日久，广泛流传，“回教”遂成为社会俗称。1956年6月中华人民共和国国务院发布《关于伊斯兰教名称的通知》指出：“伊斯兰教是一种国际性宗教。伊斯兰教也是国际通用的名称”，并规定“今后对伊斯兰教一律不要使用‘回教’这个名称，应该称伊斯兰教”。

（罗万寿）

《回教入中国史略》 中国伊斯兰教简史著作。陈垣撰。是研究伊斯兰教在中国传播及回回民族形成与发展史的提要。系1927年作者在北京大学研究所国学门的讲演稿。原名《回回教进入中国的源流》。作者首先从中国历法与伊斯兰教历的不同，纠正过去史书记载中关于两种历法换算中的误差，确定大食与中国正式通使的时间起自唐高宗永徽二年(651)，并从唐时大食使者来华起，引证史书及前人著述，历述唐、宋、金、元、明各代有关伊斯兰教的记载，以及清政府对回回的迫害及回回的反抗斗争等历史事实。主要内容为：(1)根据中国农历与伊斯兰教历的不同及换算方法，提出“欲治中国回教史，必先明白回历与中历不同始”的意见，此后学术界一般都以唐高宗永徽二年(651)为伊斯兰传入中国的标志。(2)引用多种历史著作，简要概述中国历代对回回和伊斯兰教的不同称谓。(3)阐述了伊斯兰教得以在中国传布的原因。(4)指出了以往伊斯兰研究者引证古书不检原本及任意篡改古本之弊病。全书贯穿了作者治学谨严、实事求是和认真缜密的学风，对研究伊斯兰教史及回族史有重要的参考价值。1927年9月发表于《北京大学研究所国学门月刊》。1928年1月《东方杂志》第25卷第1号重新发表，改为现名。1982年白寿彝将此文收入其《中国伊斯兰史存稿》。1985年宁夏人民出版社出版的《中国伊斯兰史参考资料选编》作为首篇选入。

(罗万寿)

《回 回历》 中国编纂的伊斯兰教历书。作者马以愚。1946年上海商务印书馆发行。全书包括绪言、历法、求闰、字图(值年、值月、值曜)、立成(总年、零年)、历表(伊斯兰教历1351～1380年伊斯兰教历、公历、农历3历对照表)、附录(辨正明史何以误算伊斯兰教历及伊斯兰教隋时入华)。伊斯兰历法包括太阳历及太阴历两种。太阳历以地球绕日一周为一岁，岁365日5时48分45秒，置年365日，每年尚余5时48分45秒，故置闰，凡128年而闰31日。回回宫分历每年较实际时间少1秒，积86400年而差1日，而格利高里历每年多26秒，积3323年而多1日。太阴历以月绕地球一周而又与太阳相会，需29日12时44分2.841秒，年354日8时48分34.092秒，年12个月，单月大30日，双月小29日，尚余8时48分34.092秒，故需置闰，大约3年一闰，年355日，闰年12月加1日。月分历以30年为一周年，周年闰11日，周年内逢2、5、7、10、13、16、18、21、24、26、29诸年皆置闰，周年内置闰后尚差17分2.76秒，是积84周，即2520年又差1日，实际因30年又多了0.0118375日，但有的书中误为30年多出0.0124日，故认为积81周年多，即2439年积足1日，这是不正确的。自清代康熙以来，回回历在中国失传，但穆斯林进行正常宗教活动及对中国伊斯兰史研究又离不开回回太阴历(即教历)，作者自中国史、算诸书及各处考察中，归纳出推算教历的置闰(即闰年)与置曜(即教历元旦或某月初是星期几)的三种推算方法的原理及具体推算法。利用格列高里历虽然也可推算每年元旦是星期几，但所需参数较多，推算过程也较繁琐，不如以教历推算，简便而又准确，且三种推算方法同时应用，可以避免推算过程所发生的错误。其中求闰法推算公式如下：[(教历年份-1)×133＋194]÷30＝整数商(1)＋余数(1)所得余数(1)等于或大于19，该年即教历闰年。整数商(1)÷7＝整数商(2)＋余数(2)，所得余数(2)即教历该年元旦的置曜日，余数(2)等于零(即无余数)，则该年元旦为土曜，即星期六。余数(2)、曜日与星期几的关系如下：余数(2)：1、2、3、4、5、6、0。曜日：日、月、火、水、木、金、土。星期几：日、一、二、三、四、五、六。聚礼：一、二、三、四、五、日、初。用字图法尚可求教历各月首是星期几。回回宫分历求闰推算公式为：[(宫分历年份-1)×159＋15]÷128＝整数商＋余数，凡余数等于97大于97，该年置闰，加一日。以上式中133、194、159、15均是推算中所需的常数。

(马肇曾)

回 回历公历换算公式 回回历分动的月和不动的月两种，亦即希吉来历和古波斯历。希吉来历以公历622年为元年，以十二个朔望月为一年，每32个公历年相当于33个希吉来年，故二者纪年的换算公式为：公历纪年＝希吉来历纪年×3233＋622年。古波斯历为太阳历，它以公元632年为元年，故二者纪年的换算公式为：公历纪年＝古波斯历纪年＋632年。同时，还可以计算希吉来历与公历的对照日期。因希吉来历的元旦为儒略历622年7月16日(金曜日)，若统一以格里历(现行公历)表示，则为622年7月19日。将月日都以单位年表示，则为622.5476年。又希吉来历每年日数为354·11/30日，格里历一年日数为365.2425日，一希吉来历年相当于0.970223格里年。则任何一年希吉来历元旦的公历日期可以用下式求出：0.970223×(希吉来纪年-1)＋622.5476。所得整数即该年的公历纪年，以小数乘以公历年长365.2425日，再将所得日数化成该公历年的月日，便可得该年元旦的公历日期。例如，求希吉来历1410年元旦的公历日期，即将1410年代入公式：0.970223×(1410-1)＋622.5476＝1989.5918。可知希吉来历1410年相当于公历1989年，再以所得小数乘以公历年长：0.5919×365.2425＝216.15。将此所得216日化成公历月日，便得希吉来历1410年元旦为1989年8月4日。求出元旦的公历日期以后，任何一天的公历日期也容易求出。以上计算偶然会发生一日误差，可以用该日的星期数来校正，即以任何一天为星期几的推算方法来校正。

(陈久金)

《回 回民族问题》 中国研究回族历史和现状的论著。20世纪30年代成书。中国共产党中央西北工作委员会编。全书共9章。第1～2章简述回族的族源和形成发展的历史；第3～4章概述伊斯兰教对回族的影响和清代西北、西南回民起义；第5～7章叙述回族的现状，指出在当时中华民族严重的危机下回回民族的出路;第8～9章阐述了中国共产党的民族政策及陕甘宁边区回民的现状。书后附录有中共中央和陕甘宁边区政府关于民族工作的4个文件。全书论证了“回回是民族”;“回回问题是民族问题”。在回族与伊斯兰教的关系方面,认为:(1)“伊斯兰教不只是一种宗教信仰”,而且“还包括着社会制度和风俗习惯”。(2)“门宦制度就是一种更集中的扩大的教坊”。(3)历史上回族穆斯林的新、旧教争“是广大回族农民反对内部压迫阶级与反对清朝统治者的运动”。同时还驳斥了“回回是汉人信奉了回教”、“回回问题是宗教问题”等观点。并深刻揭露了当时日本侵略者利用“回教民族说”推行“回教民族运动”,煽动极少数民族败类搞民族分裂主义,炮制“回回国”的阴谋。该书1941年4月由延安解放出版社出版。后由山东、渤海等地先后翻印。1980年民族出版社再版发行。 （罗万寿）

回炮 中国元代回回穆斯林军匠制造和使用的以机械发石的武器。亦称“西域炮”。以其制造技术传自“西域回回”而得名。至元八年(1271),元世祖忽必烈遣使至波斯(今伊朗),要伊儿汗阿八哈派遣炮匠支援灭南宋的战争,阿八哈派旭烈(今阿富汗赫拉特)人亦思马因和木发里(今伊拉克摩苏尔)人阿老瓦丁应征,两人举家东来。先在大都(今北京)造炮竖立于午门前试验,后教习回回军士执掌,专门用以攻击重要目标。一般能抛发二三百斤巨石。使用时在梢头安放大石,后座只用少数人操作机关,猛压梢头,巨石随竿抛掷空中,坠入目标。这种以机械抛发原理制成的武器,比宋代《武经总要》中记载的只能发几十斤重石头的抛石机摧毁力更大。据载,至元十年(1273)元军攻襄阳时,该炮“所击无不摧,陷入地七尺”。后来,元军攻陷潭州(今长沙)、静江(今桂林)及击溃宋朝舟师都使用该炮。灭南宋后,元朝下令征集全国回回炮工匠于大都,于至元十一年(1274)设置官署即“回回炮手总管府”领其事。终元一代,回回炮的制造和使用几乎都掌握在回回穆斯林手中,明代初年,大将徐达攻苏州城时仍沿用回回炮。 （马启成　丁　宏）

回炮手军匠上万户府 中国元代在大都(今北京)所置掌理回回炮的官署。由回回穆斯林炮匠执掌。“回回炮”在征宋的战争中发挥作用很大,故元朝政府统一全国后,对训练和管理回回炮手极为重视,不断从各地征集回回炮手军匠集中大都,于至元十一年(1274)建置“回回炮手总管府”,以木发里(今伊拉克摩苏尔)人阿老瓦丁为管军总管、宣武将军。十八年(1281)改为“回回炮手都元帅府”,以布伯为回回炮手都元帅,荣膺三珠虎符,加镇国上将军。二十二年(1285)改元帅府为“回回炮手军匠上万户府”,秩正三品,以布伯的弟弟亦不剌金为万户,以阿老瓦丁的儿子富谋为副万户。他们死后,其职位均由其后代世袭。

（马启成　丁　宏）

回司天监 中国元朝政府设置的掌管和研究回回天文历算的机构。其职责是主持观测天象,推算日月五星的行度,预报日月食,并负责历年回回历的编印工作,供中外穆斯林宗教活动使用。回回司天监的建制,在至元初年开始筹建,正式成立于元世祖至元十七年(1280)。据载,至元四年(1267),回回天文学家札马鲁丁撰进万年历。至元八年(1271)在上都设立回回司天台,同年札马鲁丁进7件西域观象仪(测春秋分时刻的春秋分晷影堂、测冬夏至时刻的冬夏至晷影堂、天球仪、地球仪、星盘、浑天仪、测天体天顶距的测星器),在回回司天台使用,并被任命为提点。时在大都(今北京)又有金朝遗留的司天台1座,故有南北司天台之称。至元十六年(1279)将两台合并置行监,皇庆元年(1312)改称“回回司天监”。据《元史·百官志》记载:“回回司天监,秩正四品,掌观象衍历。提点一员,司天监三员,少监二员,监丞二员,品秩同上(同司天监)。知事一员,令史二员,通事兼知印一人,奏差一人,属官教授一员,天文科管勾一员,算历科管勾一员,三式科管勾一员,测验科管勾一员,漏刻科管勾一员,阴阳人一十八人。”据考证,回回司天台设立在元上都,位于现今内蒙锡林郭勒盟正蓝旗五一牧场所在地。遗址尚存,台址在都城正北,与城墙相连,台东西长132米,南北宽52米,高约12米。台址由东中西三部分组成,呈凹字形,名为“承应阙”,又称为“紫极三台”。三台即三能,为紫宫星名,大约取《史记·天官书》“三能色齐君臣和,不齐为乖戾”之义。据记载,回回司天监曾收藏有大批西域天文书籍。据至元十年(1273)统计,有“经书二百四十二部”,属“本台见合用经书一百九十五部”。元亡明兴以后,这批西域天文书仍有“数百册”被送交京师。原回回司天监官员黑的儿、阿都剌、郑阿里等,都被征调至京师译回回天文书,《回回历》和明译《回回天文书》,就是他们翻译的成果。 （陈久金）

回堂 中国伊斯兰教部分清真寺或墓地的别称。因中国自南宋时期以来泛称中外信仰伊斯兰教的人为“回回”,故“回回人”、“回回教”、“回回国”等称谓较为流行。宋末元初人周密著《癸辛杂识》中把来自海道的穆斯林称“南蕃回回”,并称“今回回皆以中原为家,江南犹多”,“回回堂”一称即源出于此。见于史载或碑铭称“回回堂”的寺院或墓地有:杭州凤凰寺、嘉兴清真寺和扬州普哈丁墓等。 （杨宗山）

回屯田 13世纪中国元代征调西域穆斯林来华屯聚牧养、建立家业的历史事迹。自1219年崛起于中国漠北的蒙古贵族成吉思汗首次西征,到1258年旭烈兀攻陷巴格达,灭亡阿拔斯王朝,蒙古贵族先后3次大举入侵西域,征服了葱岭以西、黑海以东信仰伊斯兰教的国家和各民族。每次战争胜利后,大批中亚各族人、波斯人、阿拉伯人被编入蒙古各部的“探马赤军”,

来华参加蒙古征服中国的战争。按蒙古人规定,“探马赤军”的任务为“上马则备战斗,下马则屯聚牧养”。元朝建立后,元世祖于至元十年(1273)下令“探马赤军,随地入社,与编民等”。此后,大批回回军士在社的编制下进行农垦,取得普通农民身份。少部分人仍过着兵农合一的生活,即“屯戍”人口。入社编民有的聚族而居,有的同其他民族杂居。其分布地区,从属于当时军队驻防需要而散处于西北、西南及中原各地,主要是:(1)河西:包括今宁夏回族自治区和甘肃省河西走廊的张掖、酒泉等地,是一个重要的农垦区。元英宗至治二年(1322)曾下令“免回回人屯戍河西者银税”。陕西也有回垦区,今宁夏纳家户、长安拉家村都是回族聚居区。(2)云南:当时在金沙江流域的中庆、威楚、武定、鹤庆、大理;属盘江流域的曲靖、澄江、临安;怒江和陇川流域的金齿及滇东北的昭通等地,都有回回军士屯田其间。至元十年(1273)“探马军随处入社”后,许多回回军户脱离行伍定居于田土之上,今云南回族聚居区许多村庄所保留的名称,即是由当时的屯田组织延续下来的。(3)河南、山东一带:元世祖至元十八年(1281)下令征调散居各地的回回炮手到开封一带屯田,又以“河洛、山东居天下腹心,则以蒙古探马赤军列大府以屯之”,大批穆斯林遂在这一带安家落户。(4)江南各地:这里元代有探马赤军屯戍,当有回回屯戍农户。明初随沐英入云南的回回军士多为江南人。以上各地回回农户都是穆斯林,他们在各地都建有礼拜寺。规模较大的寺内,已设“三掌教”制度,“回回哈的”在社会上尤有影响。穆斯林一词译作“木速蛮”、“木速儿蛮”、“谋速鲁蛮”等多种名词广泛流行。元代回回屯田户,是元代东来穆斯林的一个重要组成部分,也是元代回回的重要社会阶层,对伊斯兰教在中国各地的普遍传播,对回回民族“大分散、小集中”地域分布状况的形成等,都产生了重要的作用。（罗万寿）

《回回药方》 中国元、明两代回回医药方剂汇编。于元末由阿拉伯文译成,在明初木刻印刷成书。著、译者均未署名。北京图书馆善本书库收藏。现存的《回回药方》为残本,共有4册。第1册是目录卷之下,包括19～36卷的目录,计58页,记各科及方剂37门,70余种病症。第2册是卷之12,计目录4页,正文63页,为中风门。第3册是卷之30,计目录3页,正文63页,为杂症门之下。第4册是卷之34,计目录3页,正文49页,为金疮门、折伤门、针灸门、汤火门、棒疮门、治人齿所伤门。载方剂450余个,兼以病理治疗分析。药物名称多为阿拉伯文和波斯文音译。其中提及古希腊、罗马及阿拉伯10余名著名医学家及其验方。药方译文中将阿拉伯的量剂折合成中国量制,以两、钱、分计。关于该书的原本,中国学术界有二说:一说是来源于埃及药物学家伊本·贝塔尔的《简救法》(一译《药方集成》)的手抄本;另一说是根据元秘书监回回书籍中唯一的一种医书《忒毕医经十三部》编译而成。忒毕(tibb)是阿拉伯语的音译,意为《医典》,它就是中世纪阿拉伯著名医学家伊本·西那的医学百科全书《医典》。中国医学科学院图书馆也藏有4卷《回回药方》,上标有“民国二十八年(1939)据明刻书本馆钞本”字样,其内容与卷数均同。（宋岘）

回回药物院 中国元代设置的掌管回回医药事务的机构。西域回回人的医药学堪称发达,元初大批回回人被征调进入中国后,医药学也随之传入。元世祖至元二十九年(1292),元政府分别在大都(今北京)和上都(内蒙古正蓝旗)设置回回药物院,研究推广回回医药,并专为宫廷、达官贵族及宿卫炮制回回药物及和剂。由拂林(今叙利亚)人爱薛掌管。回回药物与验方在当时社会上引起普遍重视。在秘书监中还保存有《忒毕医经十三部》(忒毕 Tibb,阿拉伯语,意为“医典”)。有60多种回回药物由中亚传入,可治多科疾病。据《常德西使记》载,中亚的几种特效回回药物和剂方是:阿只儿,状如苦参,治马鼠疮;妇人损胎及打扑内损,用豆许咽之自消。阿息儿,状如地骨皮,治妇女产后衣不下;又治金疮脓不出,嚼碎敷疮上即出脓痊愈。奴哥撒儿,形似桔梗,治金疮。肠与筋断者,嚼碎敷之自续。陶宗仪撰《辍耕录》载,当时回回药物和剂方有的“可治一百二十种症,每症有汤引”。《元史·百官志》载:“大都、上都回回药物院二,秩从五品”。设置达鲁花赤1员,由蒙古人担任,设大使及副使3员,均由西域回回医药学家担任。元英宗至治二年(1322)药物院隶属广惠司。（杨克礼　杨怀中）

《回回原来》 中国伊斯兰教历史传说读物之一。作者不详,曾伪托著名伊斯兰学者刘智之父刘三杰之名所作。该书宗旨是,追溯回族起源,而其内容则来自民间传说,包括康熙赠书之说,都反映出传说痕迹而无事实根据。但此传说在民间广泛流传,经有心人加工而更为生动。目前流行的版本全1册,约4.5万字。书后有“光绪甲午年(1894)鲍闲庭抄录”字样。该书内容大致为:唐王夜梦妖怪入宫,召来西域缠头人镇妖,通过一系列诗歌说唱方式,西域缠头人向唐王介绍伊斯兰教的基本教义和各种功修,以及与儒、释、道诸教的比较。唐王感佩于伊斯兰教义,知清真为“两世大道”,伊斯兰教为“天外之天”,于是敕封“清真可谓正教”,敕封来使掌管钦天监。唐王还“即选三千唐兵留止西域,选换三千回兵来中国,生育无穷”。书中还记述了明代燕王扫北,定都北京,北京出现妖怪,搅乱朝纲,朝廷又从南京换过回民400户,并盖了4座清真寺镇守北京各处,4座寺的名字分别为普寿寺、法明寺、清真寺、礼拜寺。全书分为12段,大部分段落列有篇名:《奉旨西域取真经》、《回王修表赴唐》、《敕封掌印钦天监》等。但第1、第7段缺篇名,或许是传抄过程中脱落而致。《回回原来》作为回族民间传说,家喻户晓,它注重交代事件的大致过程和始末,通篇以叙述为主,

富有感情色彩。（余振贵）

《回疆志》 中国清代乾隆年间新疆地区方志著述。尚书都统永贵、观察使固世衡编撰。苏尔德对该书“详加考略，广为搜罗，删冗补阙”，并于乾隆三十七年(1772)作序。四十九年(1784)嘉木湖达福在新疆再次校正并作序。后重新刊刻，书名题为《新疆回部志》(但未刊印原书中的舆图)。《回疆志》对18世纪前期和中期新疆社会各方面的状况作了全面的介绍，其中关于新疆伊斯兰教的录述颇为翔实。全书共4卷。卷之一收辑御制碑文2篇，一为《平定回部勒铭叶尔奇木之碑》；一为《平定回部纪功伊西洱库尔淖尔之碑》。其后有回疆地理图说、回疆全舆图、天时、地理、山河、城池。分别概述新疆回部的地理位置和特点，气候变化，山川河流以及各城池方位规模等。卷之二分为回教、经字、祷祀、风俗、年节、乐器、戏嬉、面貌、性情、房屋、衣冠、饮食、婚姻、丧葬、耕种、织纴、交易、畋渔及五谷等条目，分别加以说明。在“回教”中概述了新疆伊斯兰教概况，说明阿訇“不受职，不阵战，不饮酒，不吃烟，惟诵经讲礼，劝人行善学好，回人咸尊敬之，虽伯克头目不敢以势加之”。在“经字”中主要记载有关学习伊斯兰教经典的情况。在“祷祀”中记载：“天地日月乃复载循环者，当为上祭；山川水土乃资养万物利于人者，当为中祭；家堂坟茔乃人之根本，且有暗中保佑之灵，当为下祭”。系当时喀什噶尔地区穆斯林的祭祀仪式，上祭是指每天在村落里的麻札举行的乃玛孜(即礼拜)和在城东高台上举行的迎送太阳仪式所组成；中祭主要是指把喀什噶尔北面图舒塔克山洞作为拜谒的对象，每年岁首举行酬谢图舒塔克山的山水礼拜仪式；下祭是指在家中或祖坟举行祭祀仪式。这些反映了18世纪喀什噶尔地区伊斯兰教有苏菲派圣徒崇拜及自然崇拜和祖先崇拜的残余。卷之三主要有官制和户口两部分，分别记述各城伯克员数及其品级和各城所属户口人口数字等。卷之四分赋役、钱法、刑法、隘卡、邮驿、外夷等条目。该书是研究这一时期新疆伊斯兰教和维吾尔族社会生活状况的重要资料之一。

（吴万善　陈国光）

回教 见回回教门。

《回教大众》 中国伊斯兰教综合性月刊。1938年2月创刊于武汉。主编沙蕾。通讯处设在武昌紫阳村5号，后迁至汉口。后因日本帝国主义侵占武汉，同年末又迁往重庆。该刊由回族知识分子创办。主要任务是宣传穆斯林大众的抗日救国活动。其《发刊辞》说，在中国全民抗战之时，全国教胞以爱教爱国的精神，承担起神圣卫国之使命，动员起来，投入抗战，献身于中华民族，并唤起世界回教大众的同情和援助。该刊还登载有伊斯兰史、圣贤传略、教义研究、民族论丛等。该刊曾登载沙蕾等人的《前进哟，伊斯兰大众》、《伟大的征战者——穆圣》、《挥起正义的利剑》、《火药味中我们诞生了》、《我那北方的家》等抗日诗作以及小说《勇士日记》、独幕剧《回民的怒吼》等。该刊还编发了《古兰经教训撮要》、《至圣先知穆罕默德》等专著。

（余振贵）

《回教法学史》(Tārikh al-Tashri‘al-Islāmi) 现代伊斯兰教法学著作。埃及学者胡祖利著。阿拉伯文。全书共分20章，主要阐述了伊斯兰教法从萌生到形成体系以来的演变发展过程。将伊斯兰教法史分6个阶段予以叙述：(1)穆罕默德时代，是教法萌芽的时期。(2)、(3)两个阶段，为穆罕默德门弟子和再传弟子时期，是教法奠基时期。(4)2世纪初到4世纪初，是教法登峰造极时期。(5)自伊斯兰教历4世纪初到7世纪中，是法学界盲从时期。(6)自伊斯兰教历7世纪末至现代，是教法衰落时期。该书对伊斯兰教法的立法原理、主要内容及特点作了概述，并引证了《古兰经》和圣训中的大量经文，作为立论的根据。对教法中各门类一些重要问题，分别作了重点阐述，如五功、宣誓、饮食、战争、条约、俘虏、战利品、婚姻、离异、孤儿、遗嘱、探友礼节、闺中礼节、继承法、商事法、刑法等。书中对伊斯兰教法学的形成、完善和演变，各教法学派的产生、分歧和各派法学家的思想及其著作也有较深的探讨。本书内容丰富，材料充实，在伊斯兰世界较有影响，被一些伊斯兰国家的学校作为教法参考书。有庞士谦汉译本。译稿于20世纪30年代曾在《月华》杂志上连载，1950年由月华文化服务社发行，1953年出了第2版，北京西单清真寺回民大众书社还刊印有单行本。1978年台北“回教经书研究整印社”再版发行。

（余振贵）

《回教继承法与其他继承法之比较》 伊斯兰教法学著作。作者阿卜杜勒·穆泰阿迪，原作为阿拉伯文。全书共分4章：第1章介绍伊斯兰继承法的基本内容和理论。第2、3章介绍古埃及、古代东方民族、阿拉伯蒙昧时代、犹太、古希腊、西罗马的继承法以及现代继承法，包括法兰西式和社会主义式的继承法。第4章则通过21个分节从各个方面将伊斯兰继承法和古代、现代的各种继承法作比较，从而论证作者关于伊斯兰教继承法优于其他继承法的基本观点。作者的立论原则是：表明某种法律优良的理由，不能靠信仰，而必须有理论依据。该书是关于伊斯兰教法学为数极少的著作之一，是了解和研究伊斯兰教法学思想的重要材料。该书还曾于1942年由熊振宗翻译，在重庆出版的《回教文化》季刊第1卷2～4期连载，但未成册印行。后由林兴智译，1946年11月由商务印书馆初版发行。

（余振贵）

《回教教育史》 见《阿拉伯人对教育的贡献》。

《回教考》 中国伊斯兰教史论著述。又名《回教考证》。清末回族学者白铭庵撰。全文连同注疏4000多字，20世纪初曾在广东《岭南日报》刊载，后应友人之求辑录成册。现有宣统元年（1909）西安大林石印局印本，以及由马福祥题署书名、与《据理质证》一书合刊的1922年清真书报社铅印本。据梅逊《中国回教书目》称，该书还有1916年重印本。作者在《序言》中谈此书宗旨时说："回教入中国久矣，其门墙高峻，其戒律谨严，教外无由参其宗旨，故中国只知有回教而不知回教为何如教也。夫吾回为西域之儒宗，立教七千余年，行教九万余里，地球各教，莫与比伦。今居中国服教者虽有十五兆人（注：中国回人其数原无稽考，此不过据西书所载而云），然徒子孙世守，未能彰明较著，令人共喻吾道之渊源，岂非一憾事耶，因不揣固陋，略考中西书史，以叙其道统，以证其源流。"全书不分段落，首先叙述伊斯兰教的基本情况，列举了当时许多信奉伊斯兰教的国家，接着追述伊斯兰教道统，从阿丹（亚当）、努海（诺亚）一直下溯到穆罕默德，介绍伊斯兰教的五功和五典，以及《古兰经》和其他礼仪规定。随后提出，伊斯兰教在隋朝开皇年间传入中国，斡葛思在广州建"怀圣寺"，其所葬之地称"回回坟。"作者还依次叙述了唐、宋、元、明、清历代伊斯兰教在中国的发展情况及地位，所引资料皆来自当时史志文献记载，如《广东通志》、《广州志》、《通典》、《七修类稿》、《南海百咏》等。书中批驳了伊斯兰教于明英宗天顺年间传入中国之说，并介绍了西安清真寺的建造，提到维吾尔族由信佛教而归信伊斯兰教的历史变化。作者认为由于唐代以后西亚地区的政治和历史变迁，当时信奉基督教等教的民族纷纷改奉伊斯兰教，"故中国大秦波斯等寺亦尽弃其教而变为回教寺，所以今日各省绝不见唐之袄教、景教、波斯经教等寺，而只见有唐之回教寺也。"《回教考》辑录了中国古籍中关于伊斯兰教传华历史记载要点的精华，勾勒出唐至清代伊斯兰教在中国的发展、影响及社会地位等基本情况，并运用史实澄清了一些误传。对清代伊斯兰教政策也有所记载。（余振贵）

《回教论坛》 见《回民言论》。

《回教青年》 中国伊斯兰教综合性月刊。原名《回教青年月报》，后改此名。1936年4月创刊于南京，主编石觉民。社址设在南京健康路31号净觉寺内。先后出版过16期。1938年初社址迁往兰州后，开始印行"抗战特刊"，即新1卷1～4期。抗战胜利后出"还都号"，期数另起。该刊的宗旨是："沟通回汉感情，传递边地消息，发扬回教真义，灌输回民知识"。刊登的文章内容比较广泛，包括"边地及各地回民之消息、教义及各种常识之释疑、回教史传之介绍、回民生活之调查"等。该刊辟有论著、教义、教史、调查、时评、译作、各地教闻和文艺专栏。登载过白寿彝的《中国伊斯兰之发展》、杨志玖的《释阿訇》及有关西北伊斯兰教派的论著和调查。该刊迁至兰州后，积极开展爱国抗日舆论宣传，连载杨敬之撰《日本回教政策之全貌》等文章，揭露日军侵华的欺骗宣传。还用文艺形式刊载漫画与新闻。（余振贵）

《回教文化》 中国伊斯兰教学术性季刊。由中国回教救国协会于1941年夏在重庆创办，社址设在张家花园62号。出版发行约4期，第3～4期合刊，于1942年7月出版。该刊宗旨为研究中外伊斯兰文化，弘扬伊斯兰教义，沟通中国文化与伊斯兰文化，建设中国伊斯兰教的新文化。其刊载内容主要为关于伊斯兰文化的学术论著、译述、介绍、史乘；《古兰经》、圣训研究；教萃选辑等，曾发表了希拉伦丁的《经堂用语研究》、白寿彝的《滇南丛话》、薛文波的《明代与回民之关系》、熊振宗译的《回教财产继承法》、庞士谦译的《认主学与认主学家》、马继高译的《中国与伊斯兰艺术》、马志程译的《回教与哲学》、张兆理译的《至圣穆罕默德婚史》等文章。该刊具有鲜明的伊斯兰文化研究特色，受到当时学术界的重视。（余振贵）

《回教信仰与儒学之关系》 见《回教与尊孔》。

《回教一神论大纲》 见《回教哲学》。

《回教与尊孔》 中国伊斯兰教学术文化著作。亦名《回教信仰与儒学之关系》。作者唐崇正。1941年9月由北京世界回教书局出版，震宗报社发行。系1940年作者针对日伪新民学会部分成员在复兴东方文化的旗号下，提出"尊孔读经"，并主张学生参拜文庙，学校悬挂孔子像，行叩拜礼一事，所作的发言和广播稿。作者认为此事"有不合于回教人之地方"，如强行实施叩拜偶像，轻者造成回民学生退学，重者容易导致事端，遂获得教内外人士的广泛支持。不久，迫使当局答应修改上述各条款之后，唐崇正应社会要求，就尊孔与民族协和、回民教育与回教信仰的三重关系作了广播演讲，此后，他将此稿整理成书，名为《回教与尊孔》。该书分为三部分：第一部分为照片和名流题词。第二部分为资料附录，收集了伪新民学会审议"尊孔读经"提案的各种新闻报道与舆论反映情况。第三部分为正文《回教信仰与儒学之关系》，除导言外，共分7章。第1～2章论述"回教之信条"、"回教之义典"（即开道五功）。第3章为"回民之特性"，阐述回民具备的四种美德：坚信真主不拜别物，尊主明命忌食禁物，尊护团体爱护回教，畏主靠主忍耐知足。第4章分析"回儒之学术思想"，包括求知、教育、崇学、尊师、哲理、科学。第5章叙述"回儒之政教宗旨"，包括宣教施政、民权服从、尚武自卫、睦邻和平。第6章为"回儒之道德教训"，包括孝亲、弟和、尽忠、守信、遵礼、仁义、廉洁、明耻、仁爱、省恕。第7章为结论，提出7条建议，即回教政策亟宜树立实施，回教信仰宜予维护尊重，回教文化宜予提倡阐扬，回民教育制度宜重新制定，回民生计宜予培植提携，回民武力宜予训练组织，孔子道德应勿称为宗教。该书对中国伊斯兰教的社会特性、伦理道德、民族教育、文化科学、哲理思想都有较完整的论述，是了解中国伊斯兰教思想文化发展的参考资料。

（余振贵）

《回教月刊》 ①中国伊斯兰教宣教刊物。1939年8月在上海创刊。社址设在重庆路余庆里6弄12号，后迁至重庆路马安里5弄13号。由上海清真肉食行业穆斯林组织的中国回教宣道所主办。主编完捷三。后因资金缺乏，改出双月刊，每期4个版面，约刊印了16期，另外还出过两期古尔邦节专刊和一期斋月特刊，约于1941年12月停办。该刊宗旨为："为发展宣传大道的力量，为要彻底贯彻本来的志向，为要仰附真诚真道教胞们的企求，特行集中各方志同道合的一切多斯梯，共同组织这中国回教宣道所发行回教月刊，醒觉提示教胞们对于伊斯兰的地位和责任上的一切认识，增进灌输穆民们所必须知道的一切教规，并欲使非回教的各界人们明白认识我回教的真理和公道"。该刊主要登载伊斯兰教义和教律研究、圣贤历史、诫言、故事、寓言、随笔、国内外教务简况、婚丧礼仪、教典知识问答、短诗等。②日伪"西北回教联合会"主办的反动刊物，也称《回教月刊》。又名《西北钟声》。双月刊，1941年创办。以所谓"成吉思汗历"作纪年。社址设在厚和市（即今呼和浩特）大马路58号。该刊注明为"非卖品"，自称其宗旨是"发扬回教文化，提高民族地位，开发西北，兴教灭共，以期促成东亚共荣圈及世界回教民族共同携手"。每期目录前都用整页刊载该会的反共亲日六大纲领，是日本帝国主义卵翼下的卖国宣传品。其目的是为日本帝国主义妄图制造"回教国"，分裂中华民族，以奴役和控制中国穆斯林的罪恶阴谋服务。

（余振贵）

《回教葬礼述要》 中国伊斯兰教丧葬礼仪著述。许昌张清林著。马松亭作序。1944年由桂林回教文化出版同志会印行。作者针对当时穆斯林"丧礼事务每多不合教规"，且"常见有人不识教礼，囿于风气沾染陋俗，甚且恣意奢侈，专务外观"，遂据《泰哈塔威》(al-Ṭaḥṭāwi)、《伟嘎业教法经解》(Sharḥ al-Wigāyah)等教法典籍，介绍了关于穆斯林丧葬的有关规定和仪则。全书除"引言"外，主要讲述了3个问题：(1)弥留之际应注意的事项，病人从临危到断气后应注意的朝向，提醒念"伊玛尼"，顺肢停放及其做法。(2)死后的料理。按伊斯兰教葬礼顺序，讲述洗亡人、穿葬衣、行殡礼、送葬时男女穆斯林的规则、条件、注意事项及具体做法等。(3)结论。列举"教胞中易染恶俗"，即看风水、择时刻、出殡用仪仗、散寿饭、散寿碗、散寿褂、穿孝服、葬衣写经、坑内放经、坑内围帐、吃丧饭、为尚未洗浴的亡人念《古兰经》、所用幔堂石或木头的数目必须是单数、冲洗亡人用过的水要泼到干净地方以及其他有形、无形的迷信等15个问题，并指出"这都是绝不合(教)法的"陋习，告诫教胞应遵从教法规定，从速、从俭、从薄举行葬礼，革除陈规陋习。该书"从病危至埋葬条分缕析，简单明了"，是一本广大穆斯林举行葬礼的应急实用指南。

（郭清祥）

《回教哲学》 伊斯兰教宗教哲学论著。亦译《回教一神论大纲》或《回教一神论》。原作者为埃及近代伊斯兰著名学者穆罕默德·阿布笃。该书原为作者在贝鲁特皇家学校任教时的讲义稿，后经作者整理汇集成册，曾被爱资哈尔大学作为哲学课教材。1933年马坚在埃及开罗将全书译为汉文，由纳忠帮助誊清后寄回国内。后由译者修订原稿后，于1934年由商务印书馆出版发行。

《回教哲学》开头有译者和埃及光塔月刊社负责人穆罕默德·拉希德·里达所作的两篇序文和作者原序。译者序指出："一神论是回教哲学的基础，回教的各种宗教学科，无一不以一神论为最后的根据的，所以信奉回教者，必习一神论，研究回教者亦当从一神论入手"。拉希德·里达序认为："数百年来，从没有一位作者，本着一神论家注重思想的原则，以研究思考的方法来宣传回教；当代的泰斗穆罕默德·阿布笃先生著一神论大纲，才有准乎原则合乎时代以阐明回教教旨的著作，这是前人所不及的"。作者在自序中表示，书中所述的信条"虽以先贤的学说为依归，却不斥后贤的见解为谬妄"。正文共20章。第1章《绪论》论述了伊斯兰教一神论的产生与发展过程，其研究的目的是坚信真主独一。作者说明"一神论"阿文原名"讨希德"，本义是信仰真主的独一无偶，故又称为"凯拉姆"，因为一神论的基础是伊斯兰教理论的依据，它是以言语形式表达的，用以论证穆斯林所诵读的"真主的言语"。伊斯兰教一神论研究的对象是"真主的实在"与"应当为真主肯定的"、"可以叙述真主的"以及"应当对真主否定的"种种德性的学问，同时也研究"列圣的使命"，与"列圣所当有的"、"可有的"及"不可有的"种种德性的学问。第2章为全书的重点，论述了"可知之物的分类"，包括"本来当无者的定律"、"本来可有者的定律"、"本来当有者的定律"以及无始、无终、非复合体、生活、知觉、意志、能力、自由、独一等真主的德性。第3～20章，分别论述真主的德性和行为、人类的行为与行为的美丑、人类对于列圣的需求、默示的可能及使命的实现、列圣的职责、穆罕默德的使命、《古兰经》和伊斯兰教、宗教随人类而进化至伊斯兰教而完全、伊斯兰教传播之速空前未有、信仰穆罕默德圣人的传述及解答疑难等，从各个侧面，运用事例论证伊斯兰教一神论。

《回教哲学》用逊尼派的观点系统地论证了伊斯兰教教义学的基本问题，旨在用哲学讨论基本信仰和教义，以维护伊斯兰教的纯洁性，反对各种异端学说，提出了一整套概念、范畴和原理。还对伊斯兰一神论研究中的各种观点作了概括介绍，"从远处指示各家学说的分歧”而不加深入剖析与评价。据作者透露，“鄙人当日避免各学派的分歧，一如避免酿祸的风潮。”因此缺乏伊斯兰基本知识的人，一般不易读懂。但从伊斯兰哲学角度看，该书的问世，推动了本世纪以来伊斯兰一神论的研究，影响颇广。为中国穆斯林提供了一部了解伊斯兰哲学的重要资料。（余振贵）

《回教真相》 伊斯兰教教义学著作。作者侯赛因·吉斯尔（Ḥusain al-Gisr，1845～1910），系叙利亚特利波里（Tripoli）人。该书出版后，曾在叙利亚、埃及、土耳其、印度、高加索等地多次重印。汉文译者马坚。1938年1月初版，曾多次再版，1951年11月修订后出了第4版。该书未分章节，是按问题叙述的。其主要内容为阐明伊斯兰教的基本信仰，调和宗教与科学。作者认为凡是理智的证据，如科学家由实验得来的原理，虽与伊斯兰教经典明文的字面意义有所抵触，穆斯林也应当承认它。达尔文生物进化论的四大定律：变异、遗传、物竞、天择都不违背伊斯兰教的基本信条。一个主张进化论的人，如果承认生物的进化是依靠真主的安排，那么，他仍是一个忠实虔敬的穆斯林。因为由参悟全宇宙的秘密而推证认识真主的实在与独一，比因袭的信仰更为可贵。该书对伊斯兰教义中的特点以及多妻、蓄奴、宗教战争等问题也有较详细的阐述，对于研究伊斯兰教义有一定参考价值。

（余振贵）

回历 见希吉来历。

回民抗日救国总会 中国抗日战争时期冀鲁边区回族穆斯林抗日救国团体。主要任务是宣传和组织抗日救亡活动，有效地团结回族穆斯林群众，同日本侵略者、回奸进行斗争。1940年初，由王连芳、刘震寰和刘喜三等人发起筹备，于同年7月20日在宁（津）乐（陵）地区的魏家庵正式开会成立。王连芳被选为总会主任，刘震寰任组织部长，丁溪野任宣传部长，李玉池任青年部长，张文林任武装部长，曹逵任教务部长，刘喜三任生活改善部长，刘树人任秘书长。总会下设4个分会，分别在边区各县积极配合渤海回民支队进行抗日救国活动。为了加强抗日宣传教育，总会还创办了《正道报》，由韩道仁主持出版，不久又增办《正道杂志》，出版发行至1944年。1946年重版改为《伊斯兰周报》和伊斯兰出版社。同时又开办了回民干部学校，为抗日回民支队培养了大批干部。在当时有很大影响。（马云山）

《回民起义》 中国近代回族穆斯林反清起义史料汇编。编者白寿彝。本书资料搜集广泛，包括：(1)回族穆斯林自己关于反清斗争的记述。(2)汉族学士的私人见闻笔录。(3)官方文书或半官方文书有系统的记载。(4)某些零散有价值的资料等。全书共分4册，25开本，正文2074页，插图24幅。前两册是关于云南回民起义的资料，包括清道光（1821～1850）、咸丰（1851～1861）、同治（1862～1874）年间的几次起义。后两册是关于西北回民的起义。近代史上的西北回民起义，多是在同治、光绪年间（1875～1908）。因这次起义和清初顺治年间（1644～1661）米喇印、丁国栋起义，以及乾隆四十六年（1781）和四十九年（1784）苏四十三、田五起义有密切关系，故该书把顺治、乾隆年间回民起义的记载，也选收了两篇放在第3册卷首。辑入本书的资料排列，按史事发生的先后，总叙在先，分述在后。史料都以原文照录。原来没有标点和分段的，一律加标点和分段。而且在每一种资料之前，都冠有简要的题记，说明主要内容、作者和版本。本书对研究中国近代回族穆斯林反清起义提供了大量珍贵的第一手资料。本书系中国近代史资料丛刊第4种，1952年12月由神州国光出版社出版。

（马启成　丁　宏）

《回民言论》 中国伊斯兰教政论性半月刊。1939年1月在重庆创刊，后改名《回教论坛》。刊址设在重庆上清寺聚兴新村4号，在重庆和兰州两地出版。其宗旨是：集中纯学术性质的回民救国言论，供全国同胞研究、批评和采纳，并作回民救国工作之推动的力量。该刊的主要内容有：关于推进中国回民救国之论著；关于伊斯兰教文化之译著；关于研讨中国及近东各国穆斯林政治、经济、教育等问题之著述；关于促进中国与近东各伊斯兰国家邦交之评述等。该刊还注重国内外时事述评和报导，第1卷第1期载有《回教民众抗日武装的兴起》，第2期出过“回教教育专辑”，每期篇首还辟有半月论坛。同时也登载过诸如《暴日利用回教阴谋的一斑》、《严防敌人在近东的新阴谋》等文章。该刊以消息迅捷、材料翔实为其特点。（余振贵）

《回声月刊》 中国伊斯兰教地方性刊物。1946年5月1日创刊。由中国回教协会豫北各支县联合会创办。社址设在河南省新乡县疏河街96号。该会理事长张国彦任发行人，买韵公为总编辑。共出版8期。白崇禧题写刊头。该刊自述其宗旨有三项：“第一项是兴教，阐扬宣传伊斯兰教，讨论教内应兴应革的事项，不分新旧，知所适从，做到教外无隔阂，教内无派别；第二项是建国，提高教胞的知识水准，养成现代国民共同一致地负起复兴建国的重责；第三项是交流民族知识，沟通中阿文化，融合民族情感，互亲互助，精诚团结。”辟有教义讲坛、要闻专载、大众园地（诗文、漫画）、会务动向、国内外伊斯兰教消息等专栏。该刊的动态性消息报导，提供了40年代中期有关河南伊斯兰教的发展、各地穆斯林的宗教活动和社会生活等情况。

（余振贵）

回王坟 见哈密回王墓。

《回协》 中国伊斯兰教社团月刊。中国回教协会北平分会主编,1947年3月创刊。社址在北平广安门大街100号。封面由"青年伊斯兰社"设计。该刊的《发刊词》称:"本分会鉴于阐扬回教教义,发展回教文化,沟通国内外回教消息之重要,尤以分会成立以来,会务工作,外界教胞恐有未详,兹为报导本分会工作情形,以告慰教中同道之热望,爰决定发行回协月刊。"该刊登载内容有:(1)有关政治、经济、教育、文化等论文。(2)伊斯兰哲学、教律、伦理、教史之论述、讨论及译著。(3)国内外伊斯兰教名著的翻译、介绍。(4)伊斯兰世界各国宗教概况及各伊斯兰国家之动态。(5)国内各地教胞活动情形之报导。(6)分会会务活动。创刊号刊载的主要文章有马坚《西方学者关于天使穆罕默德的评论》、庞士谦《回民教育与留埃学生》、王世清《埃及回忆杂写》。该刊还以大量篇幅报导了抗战胜利后北平伊斯兰教的重要活动情况。 (余振贵)

回族 中国信仰伊斯兰教的民族之一。回回民族的简称。亦称"回回"或"回民"。人口981.6805万(2000),通用汉语汉文,崇尚中华文化传统,富有爱国精神。除聚居在宁夏回族自治区,甘肃省临夏回族自治州,新疆维吾尔自治区昌吉回族自治州,甘肃省张家川,青海省门沅和化隆,河北省孟村和大厂等6个回族自治县,云南、贵州两省与其他民族联合建立的两个自治县外,散居全国各地,是分布最广的少数民族。

回族是在中国封建社会里,以伊斯兰教为纽带,经过数百年时间的融合而于元末明初形成的少数民族之一。早在唐高宗永徽二年(651)伊斯兰教就正式传入中国。唐、宋两代阿拉伯、波斯的穆斯林商人、使节、旅行家、传教师等先后来华。他们沿着古丝绸之路和香料之路,从陆路和海道进入我国的西北地区和沿海城市,来往经商。在长安、开封、广州、泉州、扬州、杭州等城市落居。有的娶妻生子,安家落户,久居不归。史书称他们为"蕃客"或"土生蕃客"。他们所居之处,都建有礼拜寺,以寺为中心而居称为"蕃坊",并建有公共墓地。基本上保持伊斯兰教和阿拉伯文化传统。他们是回回民族的先民。13世纪初叶蒙古西征期间,一批批信奉伊斯兰教的中亚各族人,先后被蒙古征服者签发或迁徙到中国来,主要以驻军屯牧的形式或以工匠、商人、学者、官吏、传教士、旅行家的身份散布全国各地,被称为"回回",是元代色目人中的一种。他们与唐宋时期来华的阿拉伯人、波斯人的后裔,由于共同信仰伊斯兰教,有共同的风俗习惯,又都适征异国他乡,经历着共同的命运,逐渐形成共同的心理状态与民族意识。在这一过程中,由于通婚和其他原因,中国的维吾尔人、蒙古人和汉人等,也有一部分人融合进来,经过长时间的共同生产、共同劳动生息,在一定的经济基础上,约在元末明初形成了回回民族。在回族形成的过程中,伊斯兰教起了重要的凝聚和融合的作用。东来的各个不同国籍、不同民族的人们之间或者他们与汉族和其他民族杂居共处,逐步相融,首先是以是否信仰伊斯兰、保持伊斯兰文化传统为前提。在长期的发展过程中,伊斯兰教的信仰教义、宗教功修、宗教伦理、教法规定等,对回族人的世界观、人生观、善恶观以及心理素质、行为规范的形成,都起着潜移默化的作用,并经过世代相传而形成为回回的民族传统。在婚丧嫁娶、饮食习惯、节日礼俗等方面无一不打上伊斯兰教的烙印。在语言方面,回族早在明代就已通用了汉语,但沿袭下来的经堂语中所保存的阿拉伯、波斯语语汇,至今仍在清真寺及一部分人中普遍应用。清代学者称"唯回回守其国俗,终不肯变",主要就是指它对伊斯兰教教义的诚笃信仰,对宗教功课的忠实奉行,对礼俗(即开斋节、古尔邦节、圣纪及殡葬礼仪等)和宗教伦理的严格遵行,这些都是伊斯兰文化在回族中所形成的民族传统。回族由于人口少且与汉族交错杂居,生产、交换上相互依存,思想文化上互相交流,在历代封建统治阶级压迫剥削下共同斗争,相互支援。中国传统文化与伊斯兰文化经过长期的交融互补,构建了回族的文化内涵。如回族在明代就通晓了汉语文,回族人既有阿拉伯语名称,又有汉名汉姓,衣饰服装也与汉族基本趋同。明末清初伊斯兰文化同中国传统文化互相结合,各地礼拜寺多以清净、清修、净觉、真教等为名,明代逐渐改称为"清真寺",伊斯兰教称为"清真教"。在江南出现了一批"回而兼儒"的学者,他们"以儒诠经",编译和撰写出许多伊斯兰学术文化著作。如王岱舆的《正教真诠》、马注的《清真指南》、《清真大学》、刘智的《天方性理》、《天方典礼》、金天柱的《清真释疑》等,对教内教外阐释伊斯兰教义、哲学和学术文化,丰富了中国思想史和文化史的宝库。这一时期为适应宗教发展的需要,先后在陕西、山东兴起了由清真寺掌教招收"满拉"传习经典,以培养宗教继承者的经堂教育制度。中国的伊斯兰教主要是逊尼派,遵行哈乃斐教法学派教法。回族穆斯林为"格迪目"(遵古)。明末清初由朝觐者或由伊斯兰教传教师来华,在西北地区传播了苏菲派学说,兴起了"门宦"制度。同时伊赫瓦尼教派与汉学派"西道堂"兴起,形成了三大派别与四大门宦(哲赫林耶、嘎迪林耶、虎非耶、库布林耶)的新格局,伊斯兰教在西北地区得到广泛的发展。

回族是勤劳勇敢、富于智慧的民族。居住在农村的以经营农业为主兼营商业和小手工业;城市回民以小商小贩居多,兼营饮食、珠宝玉器、皮毛业等,以善于经营和经商公道著称。历史上回族人民为祖国的发展和中华民族经济、政治、文化事业做出了杰出的贡献。元代天文学家札马鲁丁撰万年历,制成7种天文仪器,促进了中国天文历算的发展。阿老瓦丁和伊斯玛仪领导研制的用机械发石的"回回炮",在元朝统一战争中起了重要作用。建筑家亦黑迭儿丁依照中国传统建筑艺术,设计元大都建筑规划和具体领导施工修建,为北京的城市建筑奠定了基础。元朝初期的政治家赛典赤，对开发云南和巩固西南边疆作了大量有益的工作。明代航海家郑和在历时29年先后7次率领庞大舰队下西洋，访问了亚非地区30多个国家，促进了中国航海事业的发展和亚非国家间经济文化的交流。明代进步思想家李贽、为官清正的海瑞，都是回回。元、明以来，回族中还涌现了诗人萨都剌，画家高克恭、改琦，学者赡思、诗人丁鹤年、戏剧家马锦等人。他们深入学习中国文化艺术传统，创造出独特的艺术成就，为丰富中国文化做出了贡献。回族人民富于反压迫斗争精神，明末农民大起义中，“老回回”马守应率领数万起义军，为推翻明王朝的封建统治做出了贡献。清代中后期回族人民奋起反对清廷的民族压迫与宗教歧视，乾隆四十六年(1781)以苏四十三为首的撒拉族、回族大起义、四十九年(1784)以田五为首的回民起义与同治年间陕甘回民大起义遍及西北各地，有力的打击了封建统治势力。咸丰、同治年间(1856～1874)云南杜文秀领导的回民反清大起义，联合汉、回、白各族人民并肩战斗，在大理地区坚持战斗达18年。1840年后，在反对帝国主义侵略的斗争中，回族人民英勇献身。1894年中日甲午战争中，回族将领左宝贵率部援朝，以身殉国。1900年八国联军攻打北京，马福录将军率领主要由回族官兵组成的甘肃军队血战正阳门，马氏一门子侄辈十数人及数百名回汉族官兵英勇牺牲。辛亥革命前后，回族留日学生、上海商界、四川、武汉工商学界等回族人士，积极响应革命，拥护共和，为推翻封建帝制，建立民国，做了应有的贡献。五四运动时期，回族青年马骏、刘清扬、郭隆真等积极参加新文化运动，后来为中国人民的解放斗争献出了自己的宝贵生命。抗日战争期间，陕甘宁边区及各抗日根据地的回民，在中国共产党领导下，组建了大小数十支抗日武装及各种抗日团体，在华北、山东及西北边区展开了武装斗争及抗日救国活动。解放战争期间，各地回民武装编入野战军，为解放全中国继续战斗，迎来了中华人民共和国的建立和回回民族的新生。 (罗万寿)

《回族文化》 中国伊斯兰教地区性文化月刊。于1948年1月15日创刊，为新疆回族文化促进总会主办。刊址设在迪化(今乌鲁木齐)中正路宽街北巷5号。社长马次伯，主编马力克。该刊称其宗旨为“五个铁的原则：一是发扬宇宙真理，二是维护人类正义，三是拥护国家统一，四是保障新疆和平，五是发扬回族文化”。有论著、专论、短评、传记、报告、宗教、文化等专栏。曾刊载过刘耀藜《伊斯兰教名考正》、马国义《一年的回族文化促进总会》、吴寿彭《穆罕默德传》、马兴兰《武迈尔传》、王静斋译作《古理斯坦诗选》、马次伯《重修西大寺序》、汪沛《回教世界大事记》等。该刊反映介绍了20世纪40年代新疆回族穆斯林的社会、文化和宗教状况。 (余振贵)

悔罪者(Tawwāb) 伊斯兰教史对库法什叶派的专称。又译作“忏悔派”。680年，库法什叶派致书在麦加的阿里之子侯赛因，敦请他到库法继承哈里发位。侯赛因派部分信徒先赴库法联系。伍麦叶王朝驻伊拉克总督欧拜杜拉闻知，率军抵库法，搜捕和镇压了侯赛因的先遣队及其主要拥护者。迫于恐惧，库法大多数什叶派人不承认曾拥戴侯赛因，反倒向欧拜杜拉一边，从而为其杀害侯赛因提供了口实。侯赛因在卡尔巴拉遇难后，库法什叶派人十分震惊，对自己的背义行为悔恨不已，决心悔罪并为侯赛因复仇，故名。7世纪80年代初，他们在苏莱曼领导下起义，反对伍麦叶政权，后在哈里发麦尔旺(Marwān，683～685在位)镇压下失败。以悔罪为特点的库法什叶派，迄今在伊拉克仍有一定势力。他们悔罪的主要方式是：在阿舒拉日(伊斯兰教历1月10日)集会悼念侯赛因殉难，悲切而狂热地吟诵诗歌，捶胸顿足或以匕首击打自己头部、胸部至流血，以此方式来弥补、悔罪。他们甚至认为将血滴进吸吮过侯赛因鲜血的大地，既可悔罪，又很荣幸。 (冯今源)

会礼(Ṣalāt al-‘Idayn) 伊斯兰教对每年两大节日集会礼拜的专称。阿拉伯语“索拉特·尔代因”的意译，即“两节日的礼拜”。每年开斋节和宰牲节隆重举行。共两拜，教法规定为“当然的拜功”(al-Wājib，瓦吉卜)，即凡成年男性穆斯林均必须参加的仪典。艾布·哈尼法的大弟子穆罕默德主张，会礼属圣行拜。会礼与平时的礼拜有两点不同：(1)会礼前不念宣拜词和成拜词，旨在区别于天命拜。(2)会礼时每拜抬手和念大赞的次数多于平时拜，以示在节日对真主的敬畏和感恩。中国大多数穆斯林的习惯做法为“第一拜四抬手，第二拜三抬手”。会礼一般在各地中心清真寺或野外广阔场合举行，多数教法学家主张最好在郊外举行，以示欢乐和隆重。其仪式先后顺序与主麻拜相反，即首先由宗教领袖人物或伊玛目领导穆斯林大众举行会礼，然后宣读“呼图白”。在中国则先由阿訇用本民族的语言宣讲“卧尔兹”，然后率众礼拜，最后用阿拉伯语念“呼图白”。在世界各地，会礼的进行均标志着群众性节日庆祝活动的高潮。 (达应庚)

会社制度 中国清代初年清政府在甘肃河州(今临夏市)回、东乡、撒拉等族穆斯林聚居地区设立的一种基层社会组织形式。当时河州地区各族穆斯林屡起反抗，原来的里甲制度已不能有效地进行统治，清政府在整顿地方行政机构时，于康熙四十四年(1705)改“里甲制”为“会社制”。每会辖20～30个自然村不等，会下辖社数亦不等。会置练总1人，会长三四人，社置社长1人，均由地方上层豪绅充任，惟不得世袭。其职责仅为“稽察盗贼，巡警地方”。会社制度的建立，加强了清廷对这一地区的统治。清中叶改会社制度为乡约制。 (马启成 丁宏)

昏礼(Ṣalāt al-Maghrib) 见礼拜。

婚姻对等(Kafā'ah) 伊斯兰教法规定的择偶标准。阿拉伯语"凯法艾"的意译。即配偶双方在社会地位上必须基本对等,相似于中国的"门当户对"。最初由库法的哈乃斐教法学派提出,计有六条标准:(1)家庭出身。只有地位相当的家庭或部落的成员准许通婚。(2)宗教信仰。穆斯林原则上不得与非穆斯林通婚。(3)职业。男方应与女方的父亲从事类似的职业。(4)身份。自由人不得与奴隶通婚。(5)品格。男方应与女方的父亲同样虔诚、正派。(6)经济状况。男方的资产不低于女方的父亲。上述原则后为马立克教法学派所接受,但该派因历来重视婚姻监护人的作用,故被视为婚姻监护权的体现,监护人有权据此解除不般配的婚约。近代以来,有关伊斯兰国家的立法大多对"婚姻对等"条款作了修订,不作为法定择偶的标准。

(吴云贵)

婚姻家庭法 伊斯兰教法主要门类之一。关于穆斯林婚姻家庭关系法律规范的统称。亦称"穆斯林家庭法"、"家庭权利法"、"私人身份法"等。简称"家庭法"。因教派而异。逊尼派与什叶派均有自己的家庭法规,自成体系。逊尼派四大教法学派之间对此亦有细微的差异。其有关规定以《古兰经》律例为基础,不同时代解释不尽相同。其主要内容一般包括婚姻(即婚姻形式、法律效力、婚姻障碍)、离异(即休妻方式、法律效力、协议离婚)、配偶双方的权利与义务、待婚期(即伊达)、聘礼(即麦亥尔)、离仪、合法子女与非法子女、妻子赡养费、对子女的监护义务等有关规定。为沙里亚法院审理婚姻家庭民事诉讼的基本依据。以婚姻、离异的有关规定更为重要。婚姻按其法律效力不同,分为有效婚姻(即尼卡哈)、无效婚姻(即巴提勒)、不正常婚姻(即法西德)3种形式。有效婚姻指符合教法规定的合法婚姻,由此产生夫妻间一定的权利和义务。无效婚姻指违反规定的非法婚姻。导致无效婚姻的因素即婚姻障碍,包括近亲通婚、以不合法方式复婚、重婚等。不正常婚姻指结婚的条件或手续不完备,如证婚人不在场、违反待婚期的规定等。这类非实质性婚姻障碍排除后,仍被视为有效婚姻。离异通常有3种方式:(1)可挽回休妻。丈夫在妻子非月经期宣布休妻(即塔拉格),之后如连续3个月同妻子分居,即为解除婚姻,但丈夫亦可收回休妻决定,而重归于好。(2)不可挽回休妻。丈夫连续在3个月内宣布3次"塔拉格",即为正式离婚,不得自行随意复婚。(3)"标新立异"式休妻。即丈夫在一个场合连续宣布3次"塔拉格"。这种方式虽被称为"比德阿"(即标新立异),但仍然有效。历史上婚姻家庭法虽为教法的组成部分,但并未加以系统的汇编,仍为诸法一体。近代特别是二次世界大战后,由于传统的婚姻制度同时代的发展不相适应,许多伊斯兰国家都对之加以修订。修订后的新法仍以《古兰经》律例和旧法为基本框架,但根据各国的现实情况作了许多修改,并采取了更明确的现代条规的款式。其基本倾向是限制童婚,限制或禁止一夫多妻,限制夫方在法律上和事实上的休妻特权,限制或禁止对成年女子的婚姻包办,给予妻子以同等的离婚自由等。除基本法外,一些国家还颁布某一方面的法规、法令、条例等。其中有些系由欧洲殖民者所颁布,有些是独立后的伊斯兰国家所颁布。如埃及为限制沙里亚法院审判权而颁布的1920年第25号法令、印度1929年颁布的《童婚限制条例》、1939年颁布的《穆斯林离婚条例》、巴基斯坦1961年颁布的《穆斯林家庭法法令》等。

(吴云贵)

婚姻障碍 伊斯兰教法学概念。教法关于禁止通婚的原则规定。英语为 The bars to marriage,意即法律上对不适宜通婚规定的限制条件。计有6项:(1)配偶数目。一个穆斯林男子娶妻以4房为限,一个穆斯林女子只能择一偶,违反此规定者构成非法婚姻。(2)宗教信仰。遵循不同教法学派的穆斯林男女之间,准许自由通婚,婚后任何一方不必改变身份,但穆斯林男子只能同穆斯林女子或信奉天经的女子(基督徒、犹太教徒)通婚,而穆斯林女子只能同穆斯林男子通婚。(3)血缘、姻亲关系。一个穆斯林男子不得同有血缘关系的穆斯林女子通婚,包括母亲、祖母、姑母等尊亲,同胞姊妹、异母姊妹、同宗姊妹等同辈亲属和女儿、孙女、侄女等卑亲,亦不得同妻子的女性尊亲或卑亲通婚。(4)哺育关系。哺育关系虽非血缘、姻亲关系,但习惯上亦属禁婚范围,一个穆斯林男子不得同继母及其女儿或养女通婚。(5)娶二姊妹为妻。一个穆斯林男子不得同时娶二姊妹为妻,包括同胞姊妹、堂姊妹、表姊妹和继姊妹。(6)违反待婚期(即伊达)规定。离异妻子或寡妇再婚,须严守待婚期的规定,期限未满,禁止再婚。此外,违反婚姻对等原则的婚姻,亦被视为不合法的婚姻。

(吴云贵)

火狱(Jahannam) 伊斯兰教信仰的后世惩罚处所。亦译"炼狱"。阿拉伯语"哲罕南"的意译。中国穆斯林多沿用波斯语 Duozakh 一词的译音,称作"垛子海",或谐音译意为"多罪海"。在阿拉伯语中,用于指称火狱并见之于《古兰经》的词汇还有哲希姆(al-Jaḥīm)、侯泰迈(al-Ḥuṭamah)、"纳尔"(Nār)、"塞伊尔"(al-Sa'ir)、"塞盖尔"(Saqar)等。与"天园"相对,同为伊斯兰教六大信仰之一——信后世的重要内容,被视作刑罚严酷、阴森恐怖的地方,为拒不信奉伊斯兰教并作恶多端者复生后的永久归宿。根据《古兰经》和圣训明文,结合经注学家的解释,伊斯兰教关于火狱有如下论述:

一、关于火狱的阴森恐怖情景。《古兰经》中描绘火狱的经文,在数量上与描述天园的经文大体相等,在内容上形成鲜明对照。被罚下火狱者将永世受刑，其惨状令人恐惧。据《古兰经》载，火狱共分7层，"有七道门"，每道门内将收容"被派定的一部分人"（15：44），层层充满了燃烧的烈火（39：16），其燃料是人和石头，"主持火刑的，是许多残忍而严厉的天神"（66：6）。被戴上枷锁投入火狱的人，被"穿在一条七十臂长的链子上"（69：30～32），生活在"毒风和沸水中"，处于"黑烟的阴影下"（56：42～43）；他们穿着用沥青制作的衬衣（14：50），"垫火褥"，"盖火被"（7：41）；他们以荆棘和花篦似魔头的欑楛木果实充饥，食下后腹中像油锅和开水一样沸腾（37：64～66，44：43～46，88：6）；他们不能睡眠，得不到饮料，喝的只有难以下咽的"沸水和脓汁"（14：16～17，78：24～25）。被投进火狱者将遭受各种酷刑，如用沸水浇头，以致"内脏和皮肤将被沸水所溶化"（22：19～20，44：48）；用铁鞭抽打（22：21）；用被火烧红的金银烙前额、肋下和脊背（9：35）；烧焦一层皮肤后另换一层再烧（4：56），等等。身陷火狱者悔恨和求饶均将无济于事（23：104～108，35：36～37，40：47～50，67：8～11），他们将永居其中，无法逃出（33：64～65，22：22）。圣训对火狱中的情景亦有诸多描述，如说："现在世人所用的火，只是火狱热力的七十分之一"，"火狱里最轻的刑罚，是火鞋。足穿火鞋，脑子沸滚"。

二、关于什么人将堕入火狱。《古兰经》明确指出以下几种人将永居火狱：(1)不信真主及其使者的人。这方面的经文很多，如："不信真主和使者的人，我确已为他们这等不信者预设火狱了"（48：13），"不信道，而且否认我的迹象的人们，是火狱的居民，他们将永居其中。那归宿真恶劣"（64：10）。(2)多神崇拜者。如："火狱将被陈列在邪恶者的面前。将要向他们说：'你们以前舍真主而崇拜的，如今在哪里呢？他们能助你们呢？还是他们能自助呢'"（26：91～93）。(3)贪恋今世的人。如："悖逆而且选择今世生活的人，火狱必为他的归宿"（79：37～38）。(4)犯罪、作恶的人。如："犯罪者的确在迷误和烈火中。他们匍匐着被拖入火狱之日，将对他们说：'你们尝试火狱的烧灼吧'"（54：47～48），"作恶者每作一恶，必受同样的恶报"，"这些人是火狱的居民，将永居其中"（10：27）。(5)伪信者（Munāfiq，即穆纳菲格）。如："伪信者必堕入火狱的最下层，你绝不能为他们发现任何援助者"（4：145）。综合以上经文，伊斯兰教认为：凡未真正做到认主独一，没有坚定的伊玛尼（imān，指以认主独一为核心的六大信仰），并且作恶多端的人，经过末日审判后，必将受到安拉极其严厉的惩罚：被投入火狱备受酷刑之苦，而永无逃出之日。伊斯兰教还认为：穆斯林如在履行教规方面有欠缺或者犯有罪行，亦将根据其情节轻重，先入火狱受刑一定时期以示惩罚。但因其认主独一的信仰没有动摇，故刑满后仍可获赦而进入天园。

在伊斯兰教义中，令人恐惧的火狱作为一种警告，无疑在穆斯林心理上会产生一种无形的压力，从而起到维系其信仰，规范并约束其行为的作用。在这一点上，它与令人神往和追求的天园，对于穆斯林具有同等教育意义，即旨在劝诫他们要坚定信仰，恪守教规，行善戒恶。（杨宗山）

火者 见和卓。

火者他只丁 见和卓·班达吉·塔吉丁。

霍查 见和卓。

霍尔木兹（Hormuz） 伊朗古城和古海港。在霍尔木兹海峡北部霍尔木兹岛上。中国明代记载中称"忽鲁谟斯"、"霍尔木兹"，系波斯语，意为"光明之神"。古代从印尼的马鲁古群岛经爪哇海、马六甲海峡到达霍尔木兹的"香料之路"通航后，这里成为东西方贸易的中转站之一。阿拉伯各地的商人和伊斯兰学者聚集于此，古城原建有多座清真寺和伊斯兰教经学院，伊斯兰文化比较发达。据载，意大利旅行家马可·波罗于1271年从威尼斯前往中国即先到达霍尔木兹，然后沿着伊朗—阿富汗—巴基斯坦—中国新疆南部的"丝绸之路"到达中国内地。其后，马可·波罗又于1292年伴送一位蒙古公主嫁给波斯国王为妃，由泉州放洋至此登陆。明代郑和七下"西洋"，曾于1412年、1417年、1421年3度到过霍尔木兹岛，把中国多种精美的瓷器运到波斯湾沿海地区。随行的费信、马欢等所写的旅行记中，有专条描写这个海港。近年来，在海港遗址中发现大批中国瓷器碎片，标有明代"宣德年制"、"万福攸同"等字样，表明在数百以至一千多年前，通过这条"香料之路"，中国和阿拉伯、伊朗人民就有频繁的往来。霍尔木兹在1515～1622年间被葡萄牙占领，后贸易转向对岸的阿伯斯港，它日趋衰落，今仅余废址。

（杨克礼）

霍集占 见小和卓。

霍加 见和卓。

霍梅尼（al-Khumaini，1902～1989） 伊朗伊斯兰共和国最高精神领袖。全名鲁霍拉·穆萨维·霍梅尼。什叶派穆斯林尊称为伊玛目霍梅尼。原姓尹迪，名鲁霍拉（意为"真主的灵魂"）。因生于库姆霍梅恩小镇，故于1930年改名霍梅尼，意为霍梅恩人。他出身于伊斯兰教什叶派欧莱玛世家，其外祖父、父亲和兄长均为宗教学者、毛拉。幼年父母先后辞世，由婶母和兄长穆尔特萨养育长大。他从小受到家庭严格的伊斯兰教育，能背诵《古兰经》和圣训。15岁中学毕业后，到阿拉克拜什叶派著名宗教学者阿亚图拉·哈伊埃里·叶兹迪为导师，学习经训、教义和教法，深受其师赏识和器重。1922年随其导师叶兹迪到库姆经学院继续深造。由于他信仰虔诚,恪守宗教功修,善于论辩,博学多才,精通伊斯兰教义、经训、教法、伦理、哲学、历史、政治等学科,于 50 年代末,被学院授予高级教职"阿亚图拉"称号。他在库姆经学院任教授达 30 多年,讲授教法和伦理学,并从事宗教与社会政治问题的研究和著述。1942 年他出版了第一部涉及伊朗政治的书籍《揭露秘密》,揭露了伊朗社会世俗化和西方化的时弊,抨击了礼萨国王的独裁统治。1963 年他因反对巴列维国王提出以剥夺清真寺瓦克夫地为内容的土地改革的纲领,即"白色革命",并支持宗教上层的抗议示威活动而一度被捕。1964 年 10 月又因抨击政府给美国驻伊朗的军事顾问以外交特权,被当局逮捕并流放土耳其,后定居伊拉克什叶派圣地纳贾夫,继续从事宗教学术研究,发表了大量宗教和政治专论,并招收门弟子,讲课、传教,宣传在伊朗进行伊斯兰革命的政治主张。1970 年 6 月,库姆 48 位阿亚图拉集体致电,宣布拥戴霍梅尼为"大阿亚图拉",坚决支持他在伊朗进行伊斯兰革命的政治纲领。1978 年 10 月,伊拉克当局出于政治和宗教的原因,宣布霍梅尼为"不受欢迎的人",他再次被迫流亡到法国巴黎郊区。在此期间,他关注国内局势的发展,通过库姆的伊斯兰抵抗运动总部,指导和号召群众进行反对国王专制统治的游行和各种形式的斗争。1979 年 1 月,声势浩大的群众斗争迫使国王巴列维离开伊朗流亡。同年 2 月,霍梅尼结束 15 年的流亡生活,从巴黎返回德黑兰,宣布成立伊斯兰革命委员会,废除帝制。霍梅尼指示拉夫桑贾尼、巴霍拉尔、哈梅内伊、贝赫什提等伊斯兰活动家创建伊斯兰共和党,其领导成员多为他在库姆经学院任教时的学生,他们在政府中掌管立法、司法和行政大权。为巩固新政权,在中央和地方建立了"伊斯兰革命法庭"和"伊斯兰革命卫队"。1979 年 3 月,通过公民投票,成立了政教合一的伊朗伊斯兰共和国。同年 12 月制定了新宪法,霍梅尼被确定为伊朗宗教和政治的终身最高领袖。1989 年 7 月在德黑兰病逝。

霍梅尼关于伊朗"伊斯兰革命"的理论,是以伊斯兰"信仰复兴精神"为旗帜,以政教合一的教权政体为核心,其目的是为了寻求建立"伊斯兰世界秩序"。其主要思想观点是:(1)要以《古兰经》和先知穆罕默德的圣训为依据,在伊朗建立政教合一的国家:"主权归于真主。伊斯兰教高于一切,它既是穆斯林唯一的信仰,又是一种'总体社会生活方式'"。(2)《古兰经》是最高法典,是国家立法、司法的最高原则,是穆斯林思想和行为的准则。伊斯兰社会是宗教—政治社会,是在真主的旨意和伊斯兰教法指导下的社会。为建立"伊斯兰世界秩序",必须以伊斯兰教法取代一切世俗法律,只有伊斯兰教法才是穆斯林社会真正的蓝图和行为准则。(3)主张政治是宗教合乎逻辑的延伸,在"隐遁的"第十二伊玛目尚未出现期间,应由一位权威的高级教法学者掌管政治权力,统揽一切,以防止伊斯兰社会受西方腐朽价值观念的影响,保持伊斯兰的纯洁性。所有的高级教法学者都要直接参政执政,在政府中行使政治权力。(4)主张在国家政治、司法、教育、文化、新闻等领域,必须"全盘伊斯兰化"。认为世俗化和西方化是伊斯兰社会的敌人,是导致穆斯林社会衰落的根源,必须加以反对和抵制。(5)要建立"伊斯兰世界秩序",第一步必须进行"伊斯兰革命",采取革命的方式夺取政治权力。第二步必须输出"伊斯兰革命"。"伊朗担负着'人类解放'的神圣使命","直到它将伊斯兰传播到全世界",争取全世界伊斯兰化。但"我们不需要用'剑'来输出我们的革命"。(6)认为国际格局分为两大阵营:即"压迫者"阵营和"被压迫者"阵营。美苏超级大国在世界体系中寻求霸权,属于"压迫者"阵营,广大伊斯兰世界和第三世界属于"被压迫者"阵营。伊朗主张既反对西方、也反对苏联的霸权主义和对伊斯兰国家的渗透,奉行中立和不结盟的"伊斯兰外交政策",伊朗所代表的是"被压迫者的伊斯兰"。霍梅尼关于"伊斯兰革命"的理论及在伊朗的实践,对整个伊斯兰世界产生了深远的政治影响。霍梅尼著有伊斯兰教义学、教法学、哲学、伦理学及政治等方面论著达 20 多种,最著名的著作是《伊斯兰政府》(1970),集中地阐明了其"伊斯兰革命"的思想主张,被译成多种文字出版。

(杨克礼)

J

基尔瓦(Kilwa,Kisiwani)　坦桑尼亚著名古城。位于坦桑尼亚南部沿海地区的马坦杜河口。相传于975年波斯设拉子素丹王子阿里·本·哈桑迁此后所建,是东非海岸的一座穆斯林贸易城镇。当时阿拉伯与波斯湾移民来此定居落户,与沿海班图人一起发展了斯瓦希里—伊斯兰文化。9世纪起,由于出口非洲象牙、黄金,进口布匹、陶器,获得繁荣。13世纪末或14世纪初,穆斯林商人在垄断了莫桑比克的索法拉港的黄金贸易后,更日趋强盛。据记载,当时街道整洁,市容美丽,市内建有多所清真寺和供净礼用的大型浴室,其中沿海用石建砌的清真寺和胡苏尼·库布瓦大宫殿最为著名。1505年,此城被葡萄牙殖民者占领,遭大肆掠劫,城市转趋衰落。约在1700年为阿曼人挟制。1843年,基尔瓦穆斯林素丹国灭亡。1958～1965年期间,英国著名学者奇蒂克在此进行大规模发掘,挖掘出许多重要遗迹。有宫殿、清真寺、大浴池、素丹陵墓和大型房屋建筑等。同时还出土了很多古代钱币、进口陶瓷、象牙制品等。　(杨克礼)

基尔瓦王朝(Sulālah Kilwa)　中世纪东非沿海城邦阿拉伯人建立的伊斯兰教王朝。从7世纪末起,信奉伊斯兰教的阿拉伯人和波斯人多批移居东非沿岸地带,建立商业城邦,成为控制黑人的统治阶级。约975年(一说950年),波斯设拉子素丹王子阿里·本·哈桑率领一批阿拉伯人乘船由海湾来到桑给巴尔岛定居,并建立基尔瓦城,伊斯兰教在当地黑人(僧祇)中得到广泛传播。12世纪,在僧祇诸城邦中,基尔瓦最为强大和繁荣。约1150年,在达乌德·本·苏莱曼统治时期,正式建立王朝,称素丹,以基尔瓦为首府,其势力从索法拉扩展到奔巴沿海,并控制蒙巴萨城。素丹为最高政教领袖,设大臣、法官(即卡迪)、宣教师、税收、市场检查官等官员辅佐执政。所属各地的黑人部落,仍保留原有的"长老会"部落政权。经济以商业为主,并从事农业。基尔瓦同地中海沿岸诸国、阿拉伯半岛、波斯、印度和中国贸易频繁。13世纪中叶,控制了索法拉的黄金、象牙贸易。基尔瓦深受伊斯兰文化的影响,建有阿拉伯风格的清真寺和宗教学校,伊斯兰教在黑人部落中得到广泛传播。阿拉伯文化与当地文化相结合,形成了独特的斯瓦希里文化。15世纪衰落。1502年,葡萄牙殖民者侵入,迫使基尔瓦素丹纳贡。1505年葡萄牙舰队占领基尔瓦等城,沦为殖民地。中国元代汪大渊曾访问过此地。　(杨克礼)

基华汗国　见希瓦汗国。

基拉发运动　见哈里发运动。

基马尔　见凯末尔。

吉巴维教团(al-Ṭariqah al-Jibāwiyyah)　见赛尔德教团。

吉卜利勒(Jibril)　《古兰经》中记载的著名天使之一。又译"吉卜利里"、"直布勒来"等。阿拉伯语音译。亦称"哲卜拉伊勒"(Jabrā'il)。《旧约全书》称"加百列"(Gabriel)。中国通用汉语的穆斯林俗称"哲布勒伊来天仙"。与米卡勒、伊斯拉菲勒和阿兹拉伊勒并称为安拉的"四大天使"。因其在众天使中品位最高,故有"天使长"之称。其专职使命是奉安拉派遣,向众先知传达安拉的启示。他曾先后将安拉赐降的经典《讨拉特》(al-Tawrāt)、《宰逋尔》(al-Zabūr)和《引支勒》(al-Injil)分别传达给古代先知穆萨、达乌德和尔撒。后在先知穆罕默德23年传教期间,又将安拉降示的《古兰经》文传达给穆罕默德。据经学家注疏和伊斯兰教史载,当吉卜利勒于610年首次向正在麦加希拉(Ḥirā')山洞虔修的先知穆罕默德传达安拉启示:"你应当奉你的创造主的名义而宣读"(96：1～5)时,穆罕默德听到来自空中的吉卜利勒的洪亮声音,曾十分惊恐,迅即奔回家中。当吉卜利勒再次出现于他面前时,他又因畏惧而以被蒙头,吉卜利勒遂向他宣读了安拉的命令:"盖被的人啊！你应当起来,你应当警告,你应当颂扬你的主宰"(74：1～7)。此即安拉派遣吉卜利勒最早降示的《古兰经》文,先知穆罕默德亦从此成为安拉派遣的使者，开始了秘密传教。《古兰经》中有两处提到吉卜利勒之名，称他是先知穆罕默德的保护者(66∶4)，说他之所以受到不信教者的仇视，系因他奉安拉之命把启示降在穆罕默德的心上，并指出：凡仇视安拉、众天使、众使者以及吉卜利勒者，必然遭到安拉的仇视(2∶97～98)。吉卜利勒还享有“圣灵”(Rūḥ al-Qudus，鲁哈·古杜斯)和“忠实的精神”(al-Rūḥ al-Amin，鲁哈·艾敏)等美称，亦均见于《古兰经》中(16∶102，26∶193)。（杨宗山）

吉卜特(al-Jibt) 《古兰经》中所载多神教徒崇拜的偶像之一。一译“滞布特”。阿拉伯语音译。相传为麦加古莱什部落所崇拜。见于《古兰经》第4章51节：“难道你没有看见吗？曾受一部分天经的人，确信偶像(即吉卜特)和恶魔。他们指着不信道的人说：‘这等人的道路，比信道者的道路还要正当些。’”据经注学家解释，此节经文系指麦地那以凯尔卜(Ka‘b)为首的一批犹太教学者与麦加古莱什多神教徒相勾结的丑行而言。凯尔卜等人为表达其与多神教势力合作反对先知穆罕默德的诚意，竟背叛自己的信仰，向多神教徒所崇拜的吉卜特和塔乌特两尊偶像叩头，并恭维多神教徒为得正道者。故经文在揭露他们的丑行之后随即予以严厉的斥责(4∶52)。（杨宗山）

吉布(Gibb Hamilton Alexander Rosskeen，1895～?) 英国东方史学家，牛津大学劳德纪念讲座的阿拉伯语教授。毕业于伦敦东方研究学院。1921年，因发表《阿拉伯人征服花剌子模国》专题论著而获得博士学位。1923年出版《阿拉伯人征服中亚细亚》一书，作为对《阿拉伯人征服花剌子模国》的修订补充本而问世。以后转向，专门研究伊斯兰文化、阿拉伯文学等，出版许多著作。其中主要有：1926年出版的《阿拉伯文学》和1932年出版的《大马士革十字军志略》等。为荷兰莱顿出版的《伊斯兰教百科全书》的主编之一。（杨克礼）

吉布提伊斯兰教 吉布提共和国位于非洲东部亚丁湾西岸。面积2.3万平方公里。全国人口46万(1988)。主要民族伊萨人占全国人口一半，阿法尔人口占40%，另有阿拉伯人等。官方语言为法语和阿拉伯语，居民通用索马里语和阿法尔语。伊斯兰教为国教，穆斯林占全国人口的95%。首都吉布提市。8世纪后，阿拉伯人移往非洲之角北部亚丁湾沿岸。伊萨人、阿法尔人、索马里人定居在吉布提一带，从事游牧业。阿拉伯移民多在沿海经营商业，建立城镇，传播伊斯兰教，并与当地居民通婚，形成索马里文化与伊斯兰文化的结合。伊萨人在阿拉伯商人和伊斯兰传教师的影响下最先归信伊斯兰教，14世纪阿法尔人接受了伊斯兰教，但保留部落旧的礼仪和习俗。这两个主要民族一向自认为是虔诚的穆斯林，但由于长期进行逐水草而居的游牧生活，对伊斯兰教的教义了解甚少，对宗教功课尚未严格遵行。他们对少数精通阿拉伯文和伊斯兰教义的人(多为传教师和部落酋长)非常尊敬，聘请其传授教义，指导宗教活动，主持婚葬仪式，教授子女学习阿拉伯文和宗教知识。宗教学者(即清真寺教长、宗教法官等)有较高的社会地位和威信，参与部落和国家政治活动，有的被尊为“谢赫”。城镇建有清真寺和宗教学校，居民一般能履行法定的宗教功课。吉布提的穆斯林多属于逊尼派，苏菲派有影响的教团是卡迪里教团和沙兹里教团，另有少数栽德派。1888年沦为法国殖民地。1977年独立后，宪法规定伊斯兰教为国教。吉布提政府宣布参加“阿拉伯国家联盟”，为伊斯兰会议组织、世界伊斯兰大会、伊斯兰世界联盟成员国，并派代表出席许多世界性的伊斯兰会议。（杨克礼）

吉大港(Chittagong) 孟加拉国第二大城，国际海港之一。人口138万(1981)。位于首都达卡东南约37公里，卡纳富利河下游右岸。建城历史悠久，在古代蒂佩拉王朝时是一座小渔村，6～7世纪，是佛教文化中心。7世纪，中国唐代高僧玄奘在《大唐西域记》中曾盛称此城。阿拉伯著名旅行家伊本·白图泰称它为“绿色之城”。后为诸多王朝竞相争夺。17世纪，归入莫卧儿帝国的版图，伊斯兰文化得到很大发展，1760年割让给东印度公司。1864年建新城。市内多清真寺和古迹。有著名的昌丹普拉清真寺；1336年建造的卡达姆·穆巴拉克清真寺；1670年建造的沙希·詹姆清真寺，为孟加拉总督纳瓦布·夏伊斯坦汗所建。在城周小丘上建有素丹·巴耶济德·比斯塔米陵墓；在老城区有巴达·沙阿的修道堂，为伊斯兰教苏菲派谢赫巴达·沙阿于1336年到吉大港后坐静隐修之处。市中心有伊斯兰传教师沙阿·阿玛拉特陵墓，主麻日有大批穆斯林来此朝谒。市内山丘上，有17世纪所建的伊斯兰经学院。（杨克礼）

吉尔吉斯斯坦伊斯兰教 吉尔吉斯位于中亚东北部。面积19.85万平方公里。人口437.2万(1990)，主要有吉尔吉斯、乌兹别克、俄罗斯、乌克兰等民族，92%的吉尔吉斯人、乌兹别克人信奉伊斯兰教。吉尔吉斯语为官方语言。首都比什凯克。6～12世纪先后隶属于突厥汗国、突厥格什国、卡尔卢克国、喀喇汗国。13～16世纪受蒙古鞑靼人、卫拉特人统治，15世纪下半叶吉尔吉斯民族基本形成。18世纪伊斯兰教传入，成为吉尔吉斯民族的主要信仰。19世纪上半叶属浩罕汗国，60～70年代被并入俄国。1926年成立吉尔吉斯自治共和国，1936年成为苏联加盟共和国的一员。1991年8月31日宣告独立，易名为吉尔吉斯斯坦共和国。吉尔吉斯的穆斯林多属逊尼派，遵循哈乃斐教法学派，苏菲派亦有较深的影响。苏联解体前，国家实行民族区域自治政策，伊斯兰事务由中亚暨哈萨克斯坦穆斯林宗教事务管理委员会负责。解体后，受当代伊斯兰复兴运动的影响，出现原教旨主义的派别组织伊斯兰复兴党。吉尔吉斯的穆斯林信仰较为虔诚，在婚丧嫁娶、日常生活中严守伊斯兰教的戒律和习俗，圣徒、圣墓崇拜较为流行。至1991年已在境内建立数百座清真寺，还出版了少量《古兰经》、教历等宗教书刊。（黄陵渝）

吉哈德(al-Jihād) 伊斯兰教规定的穆斯林应尽的宗教义务之一。阿拉伯语音译，意为“尽力”、“奋斗”，引申为“为安拉之道而奋斗”。西方学者译为“圣战”。指穆斯林为安拉的事业尽量发挥自己的能力，为传播和捍卫对安拉的信仰而奋斗。伊斯兰教认为，吉哈德是安拉指引的通向天园的直接道路，穆斯林通过履行吉哈德义务，便可得到后世的拯救和幸福。吉哈德的思想源于伊斯兰教经典《古兰经》和圣训。《古兰经》云：“你们信仰真主和使者，你们以自己的财产和生命，为真主而奋斗，那对于你们是更好的，如果你们知道。他将赦宥你们的罪过，并且使你们入下临诸河的乐园和常住的乐园中的许多优美的住宅，那确是伟大的成功”(61：11～12)。穆罕默德说：“我岂能不把事情的尖顶、支柱和最重要部分告诉你们？事情的尖顶就是伊斯兰；支柱就是祈祷；它的最重要部分就是吉哈德”(《布哈里圣训实录》)。伊斯兰教法学家们一般将吉哈德视为穆斯林应尽的宗教义务，并从广义上阐释吉哈德为尽力和奋斗，包括为促进伊斯兰教事业所做的一切努力，它可以通过和平的手段来实现，也可通过非和平的方式来完成。他们将穆斯林履行吉哈德义务的方式分为4种：用心、用舌、用手(笔)、用剑。“用心”指穆斯林依据《古兰经》的教导，不断同内心的邪恶意念作斗争，清除私欲，抵制诱惑，净化心灵，达到虔信真主、止恶扬善，称为“大吉哈德”(al-Jihād al-Kabir)。“用舌”和“用手(笔)”，指穆斯林通过宣传、劝说、辩论、自身榜样及著书立说等和平方式传播伊斯兰教，既对教内的“异端邪说”进行说理斗争，又驳斥异教徒对伊斯兰教的歪曲和攻击，以维护伊斯兰教信仰的纯洁性。“用剑”指穆斯林用军事或战争方式，同来自异教徒的威胁、迫害、对抗和军事进攻进行武装战斗，以“生命和财产”来弘扬和保卫伊斯兰教。

吉哈德在伊斯兰教发展史上占有重要地位。各教派、学派都十分重视吉哈德对维护伊斯兰教的作用。各派教义和教法经典均立专章，讨论吉哈德的经训依据、目的任务、统帅的人选、行军纪律、兵员对象等。逊尼派各教法学派一致认为，吉哈德是穆斯林的“集体义务”，只要部分穆斯林履行这一义务可代表全体穆斯林。哈瓦利吉派则认为，吉哈德与念、礼、斋、课、朝五项宗教功课同等重要，为每个穆斯林应履行的第六项宗教义务。什叶派和苏菲派则重视圣训中所提出的关于两种吉哈德的观点：战时同外在的公开敌人进行战争，名曰“小吉哈德”；平时同内在的敌人即人的私欲及由此产生的一切恶行进行斗争，称为“大吉哈德”。有的苏菲派教团将杜绝私欲、摒弃邪恶、注重内心精神修炼、净化灵魂、专一事主作为履行吉哈德义务的主要体现。伊斯兰教法规定，为捍卫伊斯兰教而向异教徒发动军事进攻的“吉哈德”，其动员令要由政教合一的领袖哈里发或伊玛目亲自发布，并亲任统帅；在行军和作战中要经常朗读《古兰经》文，高呼“真主伟大”；提倡作战时应发扬勇往直前、忘我牺牲的精神。伊斯兰教称在“吉哈德”战斗中阵亡的人为“舍希德”(Shahid，即殉教者、烈士)。《古兰经》中有不少节文称道他们为教捐躯虽死犹生，必将得到真主的重赏。如：“为主道而阵亡的人，你绝不要认为他们是死的，其实，他们是活着的，他们在真主那里享受给养”(3：169)。“谁为主道而战，以致杀身成仁，或杀敌致果，我将赏赐谁重大的报酬”(4：74)。

在伊斯兰教早期，为反对麦加多神教徒的迫害及军事进攻，保卫传教事业，吉哈德多采取军事反击的形式。《古兰经》云：“被进攻者，已获得反抗的许可，因为他们是受压迫的。真主对于援助他们，却是全能的”(22：39)。“你们当为主道而抵抗进攻你们的人，你们不要过分，因为真主必定不喜爱过分者”(2：190)。故先知穆罕默德领导麦地那穆斯林，同麦加古莱什贵族为首的多神教各部落的联合进攻进行了数十次武装战役，并取得了决定性的胜利，统一了阿拉伯半岛，使伊斯兰教成为占统治地位的宗教。从四大哈里发时期(632～661)起，吉哈德的主要形式变为巩固穆斯林公社政权或保卫和扩大疆土的军事手段。632～633年，第一任哈里发艾布·伯克尔在“吉哈德”的旗帜下，组织穆斯林大军对阿拉伯半岛各部落的大规模叛乱和伪先知的叛教行径进行了军事讨伐，巩固了麦地那穆斯林政权。此后在一个世纪内，哈里发国家对外征服了西亚、中亚和北非等地区。对新征服地区的异教徒首先规劝他们归信伊斯兰教；凡不愿放弃原来的宗教信仰，只要政治上服从和缴纳人丁税，对其信仰和财产予以保护；对既不归信伊斯兰教，又拒绝缴纳人丁税者，穆斯林可发起进攻。伊斯兰学者认为，吉哈德所采取的战争手段是不得已而用之的“最后手段”，“对于宗教，绝无强迫”(2：256)。

在伊斯兰教史上，不同的阶级、政治集团和教派出于不同的目的，都将“吉哈德”作为思想旗帜。中世纪阿拉伯帝国境内的农民起义、教派起义以“吉哈德”为号召，反对统治者的暴政、剥削和压迫，反对宗教迫害，具有进步和正义性质。11～13世纪，中亚、西亚和北非的穆斯林，在“吉哈德”的旗帜下，举兵抵抗蒙古人的西征和十字军的东侵，收复失地，具有反侵略性质，保卫了伊斯兰文明。历代统治者为镇压各族人民的反抗和排斥异己势力，封建统治阶级内部争权夺利，多以“卫教者”自居，借口打出“吉哈德”的旗号，以标榜自己诉诸武力的“正确性”。近代以来，大部分伊斯兰国家先后沦为西方列强的殖民地。各国穆斯林以“吉哈德”

为号召，掀起了反对外国殖民统治、争取民族独立的斗争，如印尼的比达里教派起义、蒂博·尼哥罗起义、苏丹的马赫迪起义等，“吉哈德”又具有了为争取民族解放而斗争的性质。（杨宗山）

吉拉尼（‘Abd al-Qādir al-Jilāni，1078～1166） 伊斯兰教逊尼派罕百里学派法学家，苏菲派卡迪里教团创始人。又名吉里（al-Jili）。生于波斯的吉兰。最初是一名虔诚的逊尼派信徒，18岁赴巴格达学习。早年学过圣训、哲学、罕百里学派教法，后习苏菲主义教义。他一生以巡游的苦修者在伊拉克荒漠地区度过大约25年。1127年，他在50岁时开始在巴格达布道，传播罕百里学派的教法主张，从此名声日增。据传，他的宣传活动曾使许多犹太人和基督教徒也改宗伊斯兰教。其子和门徒在巴格达为他修建了一座附有住所（Ribāṭ，即里巴特）的学校（Madrasah），由他担任院长。他除要求门徒履行苏菲派的宗教仪式并理解神秘教义外，还要求他们遵行逊尼派的宗教义务。其教法主张和罕百里学派无大区别。他主张穆斯林应从内心清除各种邪恶念头，净化心灵，做到绝对顺从安拉。他的主要著作有《正道探索者的满足》（al-Ghunyah Li-Ṭālibi Ṭariq al-Ḥaqq），这是一本罕百里学派法学教科书，结尾部分论述了苏菲派的教义和修持道路。他的著作还有62讲的《讲经集》。他在世时并未建立正式的教团，死后，门弟子将其推崇，并创立了以他的名字命名的卡迪里教团。在巴格达的“里巴特”由其后裔管理，成为该教团的宣教中心。其在巴格达的陵墓曾屡遭破坏，1535年奥斯曼帝国素丹苏莱曼一世（1520～1566在位）下令重修后颇为壮观，至今常有大批穆斯林前往参谒。（王怀德）

吉兰人（Gilanese） 伊朗穆斯林民族之一。人口240万（1985）。主要居住在伊朗北部的吉兰省、里海南岸萨非德河低地。属欧罗巴人种地中海类型。操吉兰语，属印欧语系伊朗语族。无文字。一般认为，他们与相邻的马赞德兰人同为这一地区古波斯人的后裔。居民主要种植水稻、小麦、大麦、玉米、甘蔗、棉花、烟草和柑橘等；山地居民从事畜牧业和林业，饲养山羊、绵羊、马和水牛；沿海居民兼营渔业。过去吉兰人主要信奉袄教、基督教和犹太教。7世纪阿拉伯哈里发帝国占领伊朗以后开始传播伊斯兰教逊尼派教义。1502年，伊朗建立了萨法维王朝，确定什叶派为国教。此后，什叶派的伊斯玛仪派在吉兰人中得到传布。后由于蒙古人的入侵，伊斯玛仪教徒多数迁往巴基斯坦，吉兰人开始信奉了白哈教派。但伊朗不承认白哈派为正式宗教派别，吉兰人信奉白哈派的信徒日益减少。现代吉兰人大部分信奉什叶派的诺克塔维教派（栽德派的一个支派）。在偏僻山区的居民中仍保留万物有灵论的原始信仰。自1979年通过《伊斯兰宪法》后，在吉兰人居住地区的学校中加强了宗教教育，成立中等宗教学校，系统传授什叶派教义和伊斯兰教法。吉兰人在社会生活中严守“五功”，也保留某些传统民族习俗，不戴面纱，实行婚姻自由、一夫一妻制，妇女社会地位与男子相等。（伊力奇）

吉里（al-Jili） 见吉拉尼。

吉玛（Cheema，1913～ ） 巴基斯坦伊斯兰教法学家、政治家，国际伊斯兰教界知名人士。全名穆罕默德·阿夫扎尔·吉玛。生于旁遮普省费萨尔阿巴德（原莱亚普尔）古吉拉镇附近。信奉逊尼派教义。在旁遮普大学获硕士、法学士、神学士等学位，通晓英语、波斯语、乌尔都语等。1948年起从事律师业务。1951年当选为旁遮普省立法议会议员。1962年当选为巴基斯坦国民议会议员，不久被选为国民议会副议长，曾3次代理议长，1963年曾代理总统。1965年任西巴基斯坦高等法院首席法官，1974年任巴基斯坦最高法院法官，1977年退休。1977～1980年任巴基斯坦伊斯兰意识形态委员会主席。自1979年起任伊斯兰世界联盟亚洲协调会秘书长。曾在巴基斯坦有关法律、经济、伊斯兰教、学术等各种委员会兼职。多次参加或率领巴基斯坦代表团出席联大及各种国际会议，代表世界伊斯兰联盟出访各国或出席各种国际伊斯兰会议及宣教会议，先后访问过亚洲、非洲、美洲的20多个国家。曾多次来中国访问，对中国人民和中国穆斯林怀有诚挚友好的感情，1981年6月曾代表伊斯兰世界联盟访华，通过中国伊斯兰教协会向中国穆斯林赠送《古兰经》2万册。曾监督、指导巴基斯坦多种伊斯兰法规的制定和修改，主持编写有宗教法规的律例。主要论著有《伊斯兰教法之应用》、《伊斯兰教、和平与人类的困难》、《伊斯兰教中清真寺的作用》、《伊斯兰法的补充——巴基斯坦的经验》等。（陆水林）

吉亚尼德王朝 见阿卜德·瓦德王朝。

吉兹耶（Jizyah） 中世纪伊斯兰教哈里发国家税收制度之一。阿拉伯语音译，由“杰扎”（Jazā’，即报酬、惩罚）一词演变而来，成为“贡品”、“人丁税”、“人头税”之意的专用语。早期穆斯林公社税收入来源之一。阿拉伯人的军事势力向外扩张时，曾依据《古兰经》第9章第29节“你们当与那些不信真主和末日，不遵真主及其使者的戒律，不奉真教的人，即曾受天经的人战斗，直到他们依照自己的能力，规规矩矩地交纳丁税”的启谕，向被征服地区非穆斯林征收吉兹耶。第二任哈里发欧麦尔（634～644）执政时，规定每次向外征战时，向被征服地区提出3种选择：（1）归信伊斯兰教，可享受穆斯林待遇，免征包括人丁税在内的一切贡赋。（2）立约投降（Ṣulḥan，苏勒哈），求得伊斯兰教的保护，作为“顺民”（Ahl al-Dhimmah），可以保持原来的宗教信仰。顺民即“受天经的人”（Ahl al-Kitāb），指基督教徒、犹太教徒和萨比教徒，后扩及袄教徒、摩尼教徒和其他教徒，唯对偶像崇拜的多神教徒例外。但必须交纳人丁税在内的一切贡税，不服兵役。(3)抵抗则杀，战俘或被处死，或为奴隶，或以现金赎身。被征服土地的非阿拉伯人民大量改宗，称为“麦瓦利”(Mawāl)，即非阿拉伯人穆斯林。伍麦叶王朝欧麦尔二世(717～720在位)执政时，很多麦瓦利离开农村进入城市，要求享有穆斯林的一切待遇，结果国家税收减少。后哈里发政府修改了纳税制度，凡麦瓦利仍须交纳人丁税和土地税。早期人丁税和土地税交换征收，至此才有了差别，税率按地区贫富征收。税率从穆斯林内部来分，阿拉伯人的税率低于非阿拉伯人的税率；从穆斯林和异教徒来分，穆斯林的税率低于异教徒的税率。人丁税按其财产占有和贫富情况，税率分为3等，即富裕人交4枚第纳尔(金币)，中等人交2枚第纳尔，贫寒人交1枚第纳尔。不征和豁免的对象：(1)鳏、寡、孤、独。(2)丧失劳动力的残疾患者和精神失常者。(3)妇女、儿童、乞丐。(4)舍希德(al-Shahid，即殉教者)的家属。(5)圣裔及阿拉伯贵族。(6)有重大战功的军人及其家属。(7)高级宗教人士及其寺院。(8)宗教学校教职人员。阿拔斯王朝前期仍沿袭此制，中期制度更加完善，国家岁入主要来自天课、人丁税、土地税和什一税。人丁税由各地专门税收机构征收，按规定地方留一部分自用，其余上交国库作为行政、军事及宗教公益事业的开支，一年征收一次，交迪万(Diwān al-Kharāj，税收机构)统一掌管开支。 (达应庚)

几内亚比绍伊斯兰教 几内亚比绍共和国位于非洲西部。面积3.6125万平方公里。全国人口90万(1988)。全国有13个部族，主要有巴兰特人、富拉尼人、索宁克人、曼丁戈人等。通行克里奥尔语(无文字)，官方语言为葡萄牙语。全国居民中有36%信仰伊斯兰教。首都比绍。12～14世纪，几内亚比绍属马里帝国版图，13世纪伊斯兰教开始传入，只限于在酋长及商人阶层中传播。15～16世纪，信仰伊斯兰教的富拉尼人开始移居几内亚比绍的内地平原，传播伊斯兰文化，并建立了一个伊斯兰教小王国。18世纪时，几内亚富塔贾隆地区的富拉尼人建立的伊斯兰小国，发动“圣战”，向外扩张，推进了伊斯兰教的传播和发展。另外，随着西非伊斯兰教传教师和穆斯林商人的来往不断增加，促使伊斯兰教在许多居民中传播发展。19世纪末期，几内亚民族英雄萨摩利·杜尔统一几内亚各部落，建立伊斯兰教的乌阿苏鲁王国，在抗击法国侵略者的斗争中，不断扩大领土，使伊斯兰教扩展到内地的一些地区，不少人改信了伊斯兰教。后沦为葡萄牙的殖民地，1974年宣布独立。几内亚比绍的穆斯林属于逊尼派的马立克教法学派。但受苏菲派教团的影响较大，主要有卡迪里教团的西迪亚支派和法迪里支派。几内亚比绍是伊斯兰会议组织、世界伊斯兰大会、伊斯兰世界联盟的成员国。 (杨克礼)

几内亚伊斯兰教 几内亚共和国位于非洲西部大西洋沿岸。面积24.5857万平方公里。全国人口650万(1988)。全国有28个部族，主要有富拉尼人，占全国总人口的40%，马林凯人约占18%，苏苏人占8%等。官方语言为法语。居民约有85%信奉伊斯兰教，其余信奉原始宗教及天主教。首都科纳克里。9～15世纪曾为加纳王国及马里王国的一部分，马林凯人和苏苏人来此定居。约在12世纪，伊斯兰教从马里帝国传入几内亚东部地区，只限于在国王、贵族和商人中传播，后逐渐波及到部分居民中。15世纪中叶，信奉伊斯兰教的富拉尼人迁入境内，修建清真寺，传播伊斯兰文化。16世纪末，西非的伊斯兰教学者大批到几内亚讲学和定居，开办学校，讲授《古兰经》和教义，培养了不少教职人员，领导各地的宗教活动。后曼丁戈人建立了康康伊斯兰王国。17～18世纪，富拉尼人在几内亚的富塔贾隆和富塔托罗地区，先后建立了3个伊斯兰教小王国，并不断向外扩张势力，伊斯兰教在几内亚广泛传播。19世纪中叶，伊斯兰教提加尼教团领袖哈吉·欧麦尔传播苏菲派教义，以几内亚的丁吉拉伊为基地创建军队，发动“圣战”，征服马里的尼奥罗和塞古，灭了马西拉王国，建图库洛尔王国，其统治范围及于今几内亚、马里、毛里塔尼亚和塞内加尔，使伊斯兰教成为几内亚占主导地位的宗教。1870～1875年，几内亚民族英雄萨摩利·杜尔统一境内各穆斯林酋长国，建立了乌阿苏鲁王国，领导穆斯林进行抗法斗争，多次击退法国殖民军队的进攻。他大力传播伊斯兰教，并把伊斯兰文化推广到加纳和象牙海岸的北部地区。19世纪下半叶几内亚沦为法国殖民地。1958年宣布独立。几内亚的穆斯林属于逊尼派，教法上遵行马立克教法学派，绝大多数属苏菲派的提加尼教团。几内亚是政教分离的国家，政府对一些教法制度，如一夫多妻制也作了改革。伊斯兰教受到政府的特别重视和保护。几内亚为伊斯兰会议组织、世界伊斯兰大会、伊斯兰世界联盟的成员国。 (杨克礼)

济玛(Ahl al-dhimmah) 伊斯兰教称谓。亦称“济玛人”。“济玛”，阿拉伯语原意为“保证”、“契约”，引申为“保护民”、“顺民”、“受伊斯兰保护的人”。指在阿拉伯帝国所征服的“新领土”上，与阿拉伯人订立了“和平契约”的犹太教徒、基督教徒、萨比教徒(即基督教的圣约翰派)和波斯的袄教徒等。在四大哈里发时期(632～661)，第二任哈里发欧麦尔规定，凡新征服地区的异教徒，必须缴纳人丁税(吉兹耶)和什一税(欧什尔)，在政治上归顺，他们的城市、住宅、生命、财产、教堂可受到保护；他们享有宗教信仰自由，自由管理诉讼，不受伊斯兰教法的约束。济玛人为阿拉伯帝国第三等公民。在伍麦叶王朝时，一些地区的犹太和基督教徒，抗缴人丁税，挑起动乱，故王朝改变政策，对这些地区的基督教会财产一度予以没收，凡僧侣需缴纳人丁税，导致济玛人的不满，在埃及地区曾引起骚动。后阿拔斯王朝对济玛人的政策作了调整，只要按规定缴纳人丁税和什一税，其宗教活动、教会及财产仍受保护。（杨克礼）

济南清真南大寺 中国伊斯兰教清真古寺。位于山东省济南市旧城西关礼拜寺巷。据传，该寺始建于唐末之乌满喇巷，但已不可考。据寺内现存济南府历城县《礼拜寺碑》记载：该寺于元代元贞元年（1295），山东东路都转运盐使司都运使木八喇沙奉命将原寺改建为运盐司部，将寺迁至泺源门西、锦纆沟东，即今址。后于明宣德元年（1426）重修，弘治八年（1495）再次重新扩建，清嘉庆、道光年间至民国时期亦曾数次维修扩建。南大寺坐西向东，占地面积6330多平方米，整个建筑构成一条中轴线，沿轴线为寺正门、望月楼、礼拜大殿，两侧配以沐浴室、讲经堂、教长室等。大门正前方建有大影壁，壁长约6米，高约5米。大门3间起楼，门顶上层筑有邦克楼，楼面阔3间（约8米），单檐黑瓦庑殿顶，单翘单昂斗拱。进深6米。寺院分两进院落，前院有沐浴室，过前院拾级而上约3米即望月楼。门庭石碑1方，铭文共155字，9行，字大如拳，碑刻末镌"本寺掌教陈恩沐手著"，系明嘉靖七年（1528）刻石。甬道顶上望月楼高敞明亮，朝西望月，面东则与礼拜大殿相望。过甬道即礼拜大殿前庭院。礼拜大殿建在高4.2米的台基上，由卷棚、前殿、后殿组成。大殿面阔5间，进深6间。周围廊柱细密而高，加火焰形木卷门装饰。殿前抱厦为清代扩建，前殿则系明代建筑，殿内高大宽敞，可容纳600余人同时礼拜。后殿南北各有6扇硬木门扇，高约4米，宽约1米，扇窗镂空，雕有《古兰经》文，工艺精致，别具一格。寺内文物有大香炉两座，木匾额8方，其中明代1方，高悬于正殿上方，匾书"清真"2字，为明崇祯十三年（1640）宁阳王甫所书。有明、清时碑铭7方，主要的有明弘治八年（1495）刘赞撰《济南府礼拜寺重修记》、明嘉靖七年（1528）陈思撰《来复铭》碑、清嘉庆十五年（1810）《重修礼拜寺记》等，均具有重要的学术价值。该寺古朴典雅，是济南市历史最久的清真寺。20世纪80年代由人民政府资助重修。现被列为山东省济南市重点文物保护单位。（杨克礼）

济宁清真东大寺 中国伊斯兰教清真寺。坐落在山东省济宁市小闸口上河西街。因寺门临大运河西岸，故俗称"顺河东大寺"。该寺建筑年代，据寺内清同治六年（1867）碑记载，在明天顺时即有一古寺，在济宁台东棉花街。后在明成化时由当地穆斯林社首马化龙父子出资将寺迁至今地。又据民国二十九年（1940）公建顺河东大寺碑记载，寺创建于明朝成化年间，清康熙年间穆斯林集资重建，建筑规模宏伟，"洵属南北回教寺院之冠"。同治元年碑记载，清乾隆年间重修礼拜大殿等建筑。据建筑学家考证，该寺大门为明代遗构，其他建筑造型为清乾隆时所建。该寺全部建筑高大巍峨，布局严密，结构合理，工艺精湛，是中国伊斯兰建筑的代表作之一。寺院坐西朝东，建筑面积达4134平方米。寺门朝大运河，共有4道门，第一道门是木栅栏式。栅栏后立有石质碑坊，浮雕有狮子、羊、麒麟、山水、花卉等，大小额枋上全刻卷草，石坊左日右月分饰两旁，故称"日月坊"。石坊后有大门3间5檩，屋顶歇山造，用绿琉璃、黄剪边，有跑龙脊。大门左右有抱鼓石、盘龙柱和盘花柱等雕饰，门两边为八字墙。二门为重檐圆顶，下檐带垂柱，形似楼房，为"邦克楼"。南北讲堂各6间。礼拜大殿7间15檩，由24根粗两围的木柱支擎，上为卷棚式，由黄绿色琉璃瓦覆顶，顶脊和8条垂脊饰以龙纹鸱尾，殿顶嵌着铜质鎏金宝瓶。大殿四周窗棂，全用金丝楠木作阿拉伯文组成的花纹图案。阿訇住室和沐浴室，设在殿外两侧。大殿后有望月楼，是一座3层阁楼，上覆六角形盖式楼顶。后门楼和后牌楼重重叠落，为木构建筑，高大雄伟。20世纪80年代又经多次维修。已恢复原貌。（杨克礼）

继承法（al-Mirāth） 伊斯兰教法主要门类之一。系关于穆斯林遗产继承法规的统称。因教派而异。逊尼派与什叶派各有自己的继承制度，自成体系。逊尼派四大教法学派之间亦有细微的差别。其有关规定以《古兰经》律例和圣训律例为基础，不同时代解释不尽相同。主要内容包括遗产管理、遗嘱、遗赠和法定继承（按经、训、教法规定的固定份额继承遗产，亦称"份额继承制"）、遗嘱继承等。为教法最复杂、最完整、详尽的一个门类。

逊尼派继承法形成于9世纪阿拔斯王朝（750～1258）初期，以该派四大教法学派的学说为据。其特点是以法定继承与遗嘱继承相结合，既维护伊斯兰教前父系继承人的权益，又对从前没有继承权的母系亲属和部分父系亲属予以适当的照顾。其基本原则是：（1）按遗嘱处分遗产不得超过亡人全部净资产（即清偿亡人生前债务、扣除安葬费用后的资产）的1/3，这部分遗产用以周济曾以各种方式帮助过亡人的邻里、生前友好等；其余2/3按各自应得的份额在法定继承人中间分配。（2）优先满足以女性亲属为主的份额继承人，而父系继承人仅有权参加"析产"（即按各自应得份额分割遗产）后的"余产"的分配。但"余产"只是个不确切的习惯用语，其数额通常很大，甚至是遗产的大部分，这部分遗产实际上是专门为父系男性至亲留置的。（3）同一级第的男子得2倍于女子的份额（《古兰经》4：11）。法律上就继承资格、继承人等级和继承顺序作了详尽的规定，形成一个庞大的体系，在执行中极为复杂、灵活多变。继承资格指法律总体上承认的继承权，原则上每一个人包括母腹中的胎儿，均有继承权。但有4方面的限制：（1）非穆斯林无权继承穆斯林的遗产。（2）直接或间接造成被继承人死亡者无权继承遗产。（3）奴隶无权继承自由人的遗产。（4）私生子无权继承生父的遗产。继承人等级决定继承遗产的顺序。全部继承人被划分为2大类7个等级。第1类为主要继承人，包括份额继承人(经、训规定的享有优先权的12类亲属)、父系继承人(实际享有优先权的14类亲属)和远亲3个等级。第2类为次要继承人，包括4个等级，即通过契约取得继承权的契约继承人、通过承认族亲取得继承权的认亲继承人、通过接受遗赠继承全部遗产的遗赠继承人(亦称"唯一继承人")和作为最后继承人的国家(国家有权将无继承人遗产收归国有)。原则上不存在主要继承人时，次要继承人才有权继承遗产，而实际上遗产分割经常是在份额继承人和父系继承人中间进行，通常按排除原则来决定实际的继承顺序和各自应得的份额。排除原则有3:(1)卑亲优于尊亲，尊亲优于旁系，男子优于女子。如父子同为父系继承人，但儿子为卑亲，故优于作为尊亲的父亲，儿子得5/6，父亲得1/6的固定份额。(2)同亡人关系更直接的排除较远的。如儿子与孙子同为卑亲，但儿子与亡人关系更直接，故排除孙子。(3)级第、亲疏完全相同的，按血缘关系远近决定是否有继承权。如同胞兄弟排除异母兄弟，异母兄弟排除同胞兄弟之子。由于实行排除原则，在遗产的实际分割中，唯有丈夫(或妻子)、儿子、女儿、父亲、母亲5类亲属为主要继承人，他们永远不被排除，并有权完全或部分地排除其他继承人的继承权。

什叶派继承法产生较晚，其法律实体源自对《古兰经》律例的不同解释，认为经典中关于为"双亲和至亲而秉公遗嘱"的定制(2∶180)已为经中后来降示的固定份额继承制(4∶7～12)所"停止"，故不承认遗嘱继承，不再照顾父系男性至亲的优先权，而仅以法定继承为依据。除亡人的遗偶(丈夫或妻子)作为固定不变的份额继承人(份额为1/4或1/8)外，其余继承人被划分为3个等级。第1等级为(1)父母和(2)直系子女；第2等级为(1)祖父母及(2)兄弟、姊妹及其子女；第3等级为(1)叔伯父母及其父母、子女(2)舅父母及其父母、子女。继承顺序是:(1)3个等级之间实行排除原则，前一等级排除后一等级。(2)前两个等级内部两组继承人之间，同亡人关系密切的优先于疏远的，而地位相同的继承人之间(如父与母、子与女、兄与妹)，则不问性别、不分先后，作为一组继承人对待。(3)作为远亲的第3等级内部，实行绝对排除原则，同亡人关系最密切者排除所有其他继承人。

中世纪，鉴于继承法中某些固有的缺陷，如法定继承只限于全部净资产的2/3原则，实际上损害了直系血亲的权益、不承认代位继承等，在实践中经常出现习惯调整，家庭瓦克夫实际上即为继承法的一种调节和补充。但这种习惯调整带有随意性，经常引起混乱。20世纪以来，在西方法制的影响下，部分伊斯兰国家制定了新的继承法，有的国家还分别就法定继承、遗嘱继承及与此相关的瓦克夫制度制定了新的单行法。新法规仍以传统继承法为基础，只作了某些修改和补充，以使遗产继承更趋公正、合理。从总体上看，伊斯兰国家的遗产继承仍深受教法原则的制约和影响。

(吴云贵)

寂灭论(Madhhab al-Fanā') 见法纳。

冀中区回民抗战救国联合会 中国抗日战争初期华北地区回族穆斯林群众抗日救国团体。为反对日本侵略者离间回族，揭穿日伪组织"中国回教总联合会"的阴谋，统一华北各地回民抗日救国团体，来自定县、安国、肃宁、河间、献县、任丘、雄县、霸县、新城、文安等19个地方的回民代表100多人，于1938年8月18日在任丘县城召开了"冀中区第一次回民代表大会"，决定成立"冀中区回民抗战救国联合会"，简称"冀中回联会"。会上通过了联合会组织章程和机构设置，选举执行委员13人，并由执行委员中选出常委5人。联合会设主任、副主任各1人，在各军分区设分会，各县设支会。1939年冀中第二次回民代表大会又决定组织、增设了"冀中伊斯兰抗日先锋队"民兵武装，创办《冀中回民》刊物，在抗日救国活动中发挥了作用。

(马云山)

加奥王国 见桑海帝国。

加朗(Antoine GaLand，1646～1715) 法国东方学家。出身贫寒，自幼学习希伯来语、拉丁语、希腊语。1670～1675年，随法国大使驻奥斯曼帝国君士坦丁堡(今伊斯坦布尔)，学习阿拉伯语、波斯语和土耳其语，搜集伊斯兰典籍，并写有记述中东见闻的游记1部。1679年，任路易十四世的古物收藏官，收藏古币和古代文稿。历时数年，将《古兰经》第一次译成法文出版，还将阿拉伯文学名著《一千零一夜》根据叙利亚抄本改编，意译成法文。1694年起相继编写了《金玉良言——东方人的佳句和格言》和《比德拜和洛克曼的印度故事和格言》。他是法国介绍和研究东方文化和伊斯兰教的早期著名学者。 (杨克礼)

加米(Jāmi') 伊斯兰教对大清真寺的通称。阿拉伯语音译，意为"大寺"、"总寺"、"中心寺"。义同"海乙寺"。专供穆斯林主麻日聚礼和节日会礼之用。伊斯兰教历史上各王朝建的皇家清真寺及现代伊斯兰国家建的国家清真寺，也称"加米寺"。加米寺多为规模较大的建筑群，除礼拜大殿等设施外，还设有宗教大学、图书馆等，为伊斯兰学术文化的中心。

(杨克礼)

加拿大伊斯兰教 加拿大位于北美洲北半部。面积997.0610万平方公里。人口2602.8万(1988)。居民多为欧洲移民的后裔。首都渥太华。居民中信奉天主教的占47.3%，信基督教新教的占41%。穆斯林人口约13万，占全国人口的0.15%，分布在多伦多、蒙特利尔、渥太华、温哥华、艾德蒙顿、哈密尔顿等都市区。他们皆为阿拉伯、巴尔干、南高加索、土耳其、摩洛哥、印度等地穆斯林移民及其后裔。19世纪末，上述地区的穆斯林为躲避连年战火，纷纷迁居加拿大，伊斯兰教随之传入。第一次世界大战后，一些英军中的穆斯林军人在加拿大服役期满后，留居此地。二次大战后，一些原英、法殖民地的穆斯林移居加拿大。60～70年代中期，一批受过高等教育的亚、非穆斯林专业人员先后在加拿大定居。到70年代末，加拿大穆斯林社团主体已经形成。他们绝大多数属逊尼派，少数人为苏菲派或什叶派。主要宗教组织有：加拿大穆斯林社团理事会(1974)、伊斯兰与西方协会(1978)、加拿大穆斯林学生协会、美国加拿大伊斯兰协会联盟、美国与加拿大穆斯林学生联合会等。穆斯林已成为加拿大多元社会的组成部分，在文化上，尤其在知识界具有一定的地位和影响，受过高等教育的穆斯林大大超过国民平均数。全国有20余座清真寺，最著名的是埃德蒙顿的拉希德清真寺，建于1937年，为北美最早的清真寺之一。始建于20世纪70年代的多伦多伊斯兰中心是北美最重要的文化机构。自80年代起，穆斯林极其重视对子女的宗教传统教育，在一些地方政府的资助下，在多伦多、蒙特利尔、温哥华创办了若干所全日制伊斯兰学校，还有些穆斯林儿童在清真寺接受伊斯兰基础教育。普通公立大学开设的世界宗教课程也包括伊斯兰教。70年代后期以来，加拿大穆斯林社团尤为重视宣教工作，旨在增强西方人士对伊斯兰教的理解，改善穆斯林的社会地位。加拿大穆斯林与伊斯兰世界联盟、世界穆斯林大会保持联系，加拿大穆斯林社团理事会是世界穆斯林大会成员。　　(黄陵渝)

加潘　见准白。

加苏里教团　见朱祖里教团。

伽色尼王朝(al-Ghaznawiyūn)　中世纪突厥人在阿富汗建立的伊斯兰教王朝(962～1186)。亦译“伽兹尼王朝”、“哥疾宁王朝”。因定都伽色尼城(今阿富汗东南部的伽兹尼)，故名。其创立者阿勒普特勤(AlbTikin，?～977)原是萨曼王朝的突厥奴隶近卫军首领，因屡建军功，被擢升为呼罗珊总督。962年，他因不被素丹信任而失宠，遂带领突厥军攻占伽色尼城，自立为“埃米尔”，建立伽色尼王朝，但名义上仍承认萨曼王朝的宗主权。其继任者苏布克特勤(Subuktikin，977～997在位)进一步扩展领土，率军击败北印度的拉奇普特人，占领白沙瓦，并从萨曼王朝夺得呼罗珊。马哈茂德(998～1030在位)即位后，成为独立的君主，伽色尼发展成为一个帝国。他承认巴格达阿拔斯王朝的宗主权，哈里发卡迪尔(991～1031在位)册封他为“素丹”，并赐予他“国家的右臂”的尊号。从11世纪初起，马哈茂德对印度进行了17次远征，先后占领了印度旁遮普省首府拉合尔、木尔坦和信德一部分，并劫掠了北印度著名的索姆那特神庙的巨大财富，运往伽色尼城。999年，马哈茂德联合喀喇汗王朝军队夹击萨曼王朝，攻陷木鹿及布哈拉，灭萨曼王朝。接着，伽色尼与喀喇汗约定以乌浒河为界，中分了萨曼王朝的领土。1006年，马哈茂德在巴里黑平原打败喀喇汗王朝军队，征服花剌子模，后又从布韦希王朝手中夺取赖伊和伊斯法罕，国势达到极盛时期。其辖地东起北印度，西至伊朗西北部，北达乌浒河，南迄锡吉斯坦，形成强大的军事封建帝国。麦斯欧德(Mas‘ūd，1030～1040在位)统治时期，王室争权内讧，各省总督纷纷叛离，国势转衰。1040年，伽色尼军与塞尔柱突厥人在丹丹坎(Dandanagan，今中亚马里附近)决战，伽色尼军溃败，丧失了在伊朗和中亚的全部属地。1149年，伽色尼城被赫拉特地区兴起的古尔王朝军队占领并焚毁；后又落入古兹突厥人之手，伽色尼王朝被迫迁都拉合尔(今属巴基斯坦)。12世纪70～80年代，又连遭古尔王朝军事进攻，白沙瓦及旁遮普地区先后失陷。1186年，末代统治者胡斯鲁·麦利克被古尔王朝军队击败俘获，拉合尔被占领，伽色尼王朝遂亡。

伽色尼王朝的突厥统治者占据了伊斯兰世界一片历史悠久的定居区，受到阿拉伯和波斯伊斯兰文明的影响，形成从游牧到定居的生活方式，效法波斯的政治组织和行政结构。采用萨曼王朝的行政制度，奉行君主专制，国王集政治、军事、司法和宗教大权于一身，军队直接由国王统率，拥兵黩武。中央设大臣会议，各部大臣分管政务，起用有经验的波斯人担任行政要职。各省总督由出身于突厥奴隶的军事将领担任。王朝推行伊斯兰教逊尼派教义，统治者以伊斯兰教保护人自居。马哈茂德自称是伊斯兰教的“圣战者和保护者”，在铸造的钱币上称“赛义德”(即圣裔)。凡所征服之地，派出毛拉和教法官宣传逊尼派教义，以《古兰经》和圣训立法，聚礼日向阿拔斯王朝哈里发祈祷。在印度旁遮普地区推行伊斯兰化和阿拉伯化的政策，迫使印度教徒改信伊斯兰教，打击其他宗教势力。在白沙瓦、拉合尔兴建清真寺、宗教学校，使伊斯兰文化在北印度得到广泛传播。王朝大力倡导和赞助发展伊斯兰学术文化。马哈茂德统治时，邀集著名学者到伽色尼宫廷，从事学术研究，在历史学、天文学、数学、建筑、文学和诗歌等领域做出了贡献。著名诗人费尔多西、博学家比鲁尼、诗人和宗教哲学家温苏里等皆在伽色尼王朝统治者庇护下取得重大学术成就。首都伽色尼经济繁荣，建筑华丽，学术昌明，建有大量清真寺、宗教大学、科学院、图书馆、天文台、宫殿、澡堂、花园，成为当时中亚伊斯兰学术文化中心。　　(杨克礼)

伽兹尼(Ghazni，Ghaznah)　阿富汗历史名城，加兹尼省首府。位于阿富汗东部喀布尔以南的干旱高原上。傍依加兹尼河。初建于7世纪，当时为重要的佛教中心。10～12世纪，曾是突厥人在阿富汗建立的第一个伊斯兰王朝——伽色尼王朝国都。在该王朝统治时期，该城在建筑和伊斯兰文化方面蓬勃发展，建有宗教大学、图书馆、天文台，与巴格达齐名。据传当时有来自中东各地的四五百名伊斯兰学者、诗人汇集于此，从事宣教和学术研究。市内有宫殿、清真寺、陵墓和仅存的环城墙，并有建于13世纪高达46米的城堡，大多具有伊斯兰建筑风格，城郊有伽色尼王朝鼎盛时期的素丹马哈茂德(998～1030)的陵墓。城东3公里处有建于1100年和1130年的两座伽色尼凯旋塔，由马哈茂德三世建造。此外还有马哈茂德三世宫殿残址。1963年，阿富汗考古工作者又在这里发掘出16世纪素丹阿卜杜·拉扎克的皇陵，现为中世纪伊斯兰艺术和建筑博物馆。（杨克礼）

伽兹尼王朝 见伽色尼王朝。

佳拉帕赞歌 中国哈萨克族穆斯林封斋歌。“佳拉帕赞”系哈萨克语，意为“封斋歌”。这是在伊斯兰教历9月(即斋月)的夜晚，哈萨克族少年三五成队到封斋的穆斯林家窗前唱的歌。这一习俗形成于哈萨克族归信伊斯兰教以后，20世纪60年代中期终止。佳拉帕赞歌曲调缓慢、起伏，其内容为宣扬伊斯兰教教义，赞颂真主和先知穆罕默德，祝愿封斋的穆斯林家庭安康幸福，劝喻人们深信真主，谨守斋功。歌词中“穆罕默德的臣民在斋月高唱佳拉帕赞歌”一词在唱时多次重复。少年们在每家窗前唱完佳拉帕赞歌以后，女主人便会出来向他们表示谢意和斋月的祝愿，并赠送肉、酥油、馕、奶酪等食品。（贾合甫）

迦利布(Mirzā Asadullāh Khan Ghālib，1797～1869) 印度穆斯林诗人、散文作家。生于亚格拉，后迁居德里，为突厥穆斯林贵族的后裔。5岁丧父，由在英军中供职的叔父抚养成人。少年时受到良好的教育，并师从亚格拉几位著名学者学习诗文，精通乌尔都语和波斯语，受到波斯和希腊哲学思想的影响。1842年被德里学院聘为波斯语教授。1849年应召入莫卧儿王朝宫廷编写帖木儿史，完成了上卷。同年获国王所赐“国家之星”的封号。1855年任莫卧儿宫廷太傅。迦利布创作的诗歌题材多样，而以抒情诗最为著名。他的诗善于运用波斯传统的比喻和典故，富于幽默感，充满哲理，感情充沛，文字流畅。他早期的诗拘泥于波斯传统的诗歌格律，追求波斯古风。后来他突破传统的束缚，以反映印度现实社会生活为题材，揭露封建制度的没落，讽刺各种宗教偏见和迷信，反映人民的疾苦，宣传平等、博爱的思想，对劳动人民深表同情，晚年的诗作则有神秘主义色彩。他的诗歌创作对乌尔都语诗歌的发展产生了重大影响。他的散文采用波斯语创作，且多属评论和文学上的论争文章。他用乌尔都文写的书信尤富文采和诗意，记载了1857年印度人民起义的见闻以及当时的社会生活习俗，具有重要参考价值。在乌尔都文学史上，他被誉为现代散文新纪元的开创者。他的主要著作有波斯语写的《诗全集》、《散文全集》、《五篇集》等；用乌尔都语发表的著作主要有《迦利布诗选》、《印度的芬芳》、《乌尔都语精粹》、《天赋的智慧》等。（杨克礼）

迦路特(Jālūt) 见札鲁特。

迦南 见卡南。

嘉兴清真寺 中国伊斯兰教清真寺。在浙江省嘉兴市城内通济桥南。原名真教寺，俗称“回回堂”。明万历三十年(1602)由穆斯林人士马仲律等集资兴建。清乾隆十一年(1746)、三十九年(1774)由沙大成、郭载汾等先后两次捐资主持重修，改称“礼拜寺”。面积为3000多平方米，全寺建筑由门楼、大殿、讲堂、水房、清泉亭、古碑和清真女寺等组成。其建筑布局匀称，结构严谨，颇有明代江南庭院建筑风格。寺门向东，门楼两层，上下各3间，下层中间为通道。大门对面立砖雕照壁，上刻有“天方咫尺”4字。进大门穿二道门，过天井为讲经堂，讲堂内有阿拉伯文书法中堂、对联。讲堂北小院内有一小楼，上层为阿訇静修、教经之用，下层为殡葬设施处所。礼拜大殿与讲堂相连，东西径长12米，南北3楹宽度11.3米，殿内有4根楠木大柱，故又称“楠木大殿”。梁架上6处雕刻有阿拉伯文《古兰经》文，字体苍劲有力；前梁雕刻花卉图案；大殿屋脊有5块见方的阿拉伯文砖刻，刻文呈圆形。礼拜大殿前庭院内南侧，有一座攒尖鼎和清泉亭，亭内有古井、古碑。寺内有明万历三十年(1602)嘉兴府同知马化龙撰文的《嘉兴府建真教寺碑记》石碑一座，正面碑文记载了该寺建筑年代，背面的碑文为清乾隆《重修嘉兴府礼拜寺碑记》。寺内还有当代书法家王个簃、王蘧常、程十发、费新我等书写的“清真寺”、“真哉为清”、“认主独一”、“清真为本”等匾额及条幅多块。中华人民共和国成立后，1953年和1981年两次修葺，保持了全寺建筑的原格局，现被列为嘉兴市重点文物保护单位。

（杨克礼）

贾比尔(Jābir，607～697) 伊斯兰教先知穆罕默德的门弟子，圣训主要传述人之一。全名贾比尔·本·阿卜杜拉·本·阿慕尔·本·哈拉姆·安萨里。出身于麦地那海兹拉吉部落的苏莱姆(Sulam)家族。620年，贾比尔13岁时随同海兹拉吉族人前往麦加朝觐，与穆罕默德相识，信奉了伊斯兰教，成为麦地那6名最早的穆斯林之一，曾为伊斯兰教在麦地那的早期传播做出过贡献。622年穆罕默德自麦加迁徙至麦地那后，贾比尔作为年轻的辅士之一，积极参与新政权的创建，参加过白德尔·吴侯德等19次战役。因经常随侍于穆罕默德左右，故对先知的言行、日常生活及处理各方面事务的情况比较熟悉。毕生共传述圣训 1540 段,内容涉及面较广,包括信仰、宗教功修、教法、圣战、生活礼俗及对圣门弟子的评价等,其中关于穆罕默德辞朝的过程有较为详尽的传述,后成为穆斯林履行朝觐仪式的主要依据之一。在什叶派人反对伍麦叶王朝的斗争中,贾比尔站在什叶派一边,对该派所尊崇的第四任伊玛目栽因・阿比丁和第五任伊玛目穆罕默德・巴基尔,都曾起过保护作用。晚年在麦地那圣寺讲学,传授圣训,各地伊斯兰教学者纷纷前往求教。697 年病逝于麦地那。 (杨宗山)

贾比尔・本・哈彦(Jābir ben al-Ḥayyān,约 720～815) 中世纪阿拉伯著名化学家、医生。一译"查比尔・伊本・海扬",拉丁文称贾伯(Geber)。全名贾比尔・本・哈彦・本・阿卜杜拉・库菲。对其生平说法不一,一说他是希腊血统的萨比教徒后裔,生于波斯,后改信伊斯兰教;另一说他是阿拉伯半岛南部艾兹德族人。他曾投师什叶派第六任伊玛目贾法尔・萨迪格门下,学习教义、教法、哲学和神秘的炼金术,后成为苏菲派的苦修禁欲主义者。曾先后活跃在呼罗珊、库法和巴格达等地,担任过阿拔斯王朝宫廷御医。他毕生钻研炼金术,注重化学实验,从事科学著述,对古代化学的研究和发展做出了重大贡献。他在所著的《五十书》和《七十书》中,把古希腊的炼金术思想和什叶派的宇宙生成说结合起来,提出称为"秤学"的炼金术学说。他认为,从宇宙灵魂到四元素、天体、动植物乃至人类,是一个流溢生成的过程,它们之间存在着内在的和谐统一,人们去寻求这种内在和谐的隐秘哲理,把握贯通外表物质界和内在精神界相统一平衡的原理,就是"秤学"。炼金术可分为精神炼金术和物质炼金术,"秤学"就是精神炼金术。他把《古兰经》中章首 3 个隐秘字母"阿因"('Ain)、"米姆"(Mim)、"辛"(Sin)分别对应为第一任伊玛目阿里、先知穆罕默德以及期望出现的隐遁伊玛目。他以此作比喻,认为"辛"含有隐秘的哲理,其别名是"伊克西尔"(al-Iksir),即炼金术士要去寻找的具有创造奇迹特性和完美性质的"哲人石"(Elixir)。他在《东方录》一书中,吸收了中国古代炼金术的思想,提出金属可通过某种媒介物质实现相互转化和四元素(火、土、水、空气)相克的理论,认为所有金属都是由硫(阳性原质)和汞(阴性原质)相结合的产物。金属的贵贱取决于硫和汞在量上的差别,通过汞这个媒介,可将铅、铜、铁炼为黄金和白银。在《智慧之箱》等著作中,他修正了亚里士多德关于金属由四元素构成的学说,对化学的煅烧及还原过程作了科学解释,提出了蒸馏、过滤、升华、熔化、结晶的新方法。他制成了硫酸、硝酸、氧化汞、硫化汞、氢氧化钠等化合物,并记述了配方和制作工艺过程,并将化学研究的成果运用到染布、制药、制革、制漆、制碱等工业上。他还制造了一些化学实验器皿,总结了一些实验和炼金操作技术。伊本・哈彦还倡导炼金术家要注重实验,他说:"谁不做研究和实验,则他任何时候都一事无成","术士们感到高兴的不是有了大批材料,而仅仅是因为得到了完善的实验方法"。他被称为"阿拉伯化学之父"。据载,他的著作有几十种,假托其名的著作约百种。主要著作还有《化学的奥秘》、《化学原理》、《物性大典》、《炉火书》等。他的著作 12 世纪被译成拉丁文,在欧洲广泛传播,至 17 世纪仍作为大学的教科书,对近代化学产生过深远的影响。 (杨克礼)

贾伯(Geber) 见贾比尔・本・哈彦。

贾卜利耶派(al-Jabriyyah) 伊斯兰教早期教义学派之一。阿拉伯语音译,意为"强制的",指信士必须绝对服从安拉的意志,故名。一说得名于阿拉伯文 Qadar 一词,意为安拉的"前定"。该派约产生于 8 世纪,为"反宿命论派"的反对派,因坚持安拉的"前定"(盖德尔)不可违抗,常以"宿命论派"自称,又常把反对其说者也称之为"盖德里耶派",意指后者无视定命,而以世人为个人行为的创造者,即"以物配主",故不可取。该派将伊斯兰教的前定之说,视为基本信仰之一,认为人类身为安拉的造化物,没有自由意志,一个人的思想、言行、祸福命运,在他出生前就由安拉预定,人只能服从主命,不得怀疑、违抗主命;一个人的行为同样为主命所前定;安拉命人行善,并非事物本身性善,安拉止人作恶,并非事物本身性恶;人世间的善恶、是非、真伪、美丑,皆为安拉前定。该派在其后发展中又分为两个支派:一派认为,人与无生命的物体一样,毫无独立于主命的自由意志和自主之权,称为"纯贾卜利耶派";另一派坚信主命起决定性作用,人在主命许可的有限范围内,有适度的自由,如以理性、逻辑等论证主命,称为"温和贾卜利耶派"。一般认为,早期的艾什尔里学派属于此派。该派曾对伊斯兰教教义学、教法学、经注学、圣训学等分支学科产生过广泛的影响。在教义学领域,持有温和观点的派别,长期居于主导地位,而持有更"正统"观点的学者,则把"信前定"作为伊斯兰教六大信仰之一。在教法学领域,伊斯兰教法(即沙里亚)被视为主命的总和,为安拉意志的体现,信士必须严格遵从,同时在主命许可的范围内,亦有创制和解释的自由。在经注学和圣训学领域,主命和前定之说为必须坚持的基本信仰之一。 (吴云贵)

贾德哈克(Jād al-Ḥaqq,1917～1996) 现代埃及伊斯兰著名学者、法学家。全名贾德哈克・阿里・贾德哈克。爱资哈尔大寺、爱资哈尔大学、爱资哈尔伊斯兰研究院最高委员会主席,享有"爱资哈尔长老"最高职衔。生于底格海里叶省塔拉哈县巴图拉特城。自幼能背诵全部《古兰经》。曾在坦塔艾哈迈迪耶经学院学习伊斯兰教哈乃斐派法学,后在坦塔法律学院学习,1943 年获法学学士学位。曾任埃及伊斯兰法庭官员,上诉法院顾问,后任司法部督察。1978 年任国家穆夫提(即高级教法说明官),1980年任埃及伊斯兰研究院研究员。1982年任宗教基金部部长,同年被任命为副总理级爱资哈尔长老。他曾提出许多诉讼法方面的意见和建议,交伊斯兰教法部门研究,同时提出了许多涉及伊斯兰立法改革方面的重大建议。主张当代教法学家亦可创制教法律例,并应充分发挥伊斯兰教法的灵活性,以适应当代社会的发展。他著有《伊斯兰教基础》一书,并主编由爱资哈尔最高委员会出版的《教法说明》(7册)。曾出席许多伊斯兰教国家举行的宗教学术研讨会和专业会,发表了《贵圣迁徙日之探讨》、《伊斯兰教法的灵活性》等多篇有关伊斯兰教思想和理论方面的专论,在伊斯兰学术界颇有影响。

(马云福)

贾法尔·萨迪格(Ja'far al-Ṣādiq,699～765) 伊斯兰教什叶派十二伊玛目支派第六任伊玛目、贾法里教法学派创始人。别名艾布·阿卜杜拉。第四任哈里发阿里五世孙。出生并卒于麦地那。贾法尔从小在其祖父阿里·栽因·阿比丁(658～712,十二伊玛目派第四任伊玛目)和父亲穆罕默德·巴基尔(676～732,该派第五任伊玛目)培养、教育下学习什叶派教义学、圣训学、教法学。他思想敏锐,学识渊博,精通伊斯兰教经、训和教义学、法理学、哲学以及文学、占星学、炼金术等。由于伍麦叶王朝和阿拔斯王朝初期的哈里发对阿里后裔实行高压政策,他对政治问题采取回避态度,只埋头宗教功修和钻研学问,并往返于麦地那和库法讲学,培养教育学生。他是8世纪麦地那什叶派教法学权威,门下弟子众多,在当时伊斯兰世界深孚众望,受到各派穆斯林普遍敬重。他对各派法学家的思想主张也十分尊重。逊尼派教法学家艾布·哈尼法(699～767)和马立克(712～795)也听他讲学,并同他讨论、切磋教法问题。他说:"凡有领袖欲者,必遭殃",因此他主张在危难时刻,可以采取"塔基亚"(Taqiyah,即明哲保身)原则,以保存自身和本派的力量。8世纪中叶,他以其长子伊斯玛仪酗酒为由,将其继承伊玛目的权利转给次子穆萨·卡兹姆。因伊斯玛仪的追随者不服,后形成伊斯玛仪支派。贾法尔对事业坚忍不拔,对生活安守本分;对是非问题敢于坚持真理,不昧良心;对待同仁坦白直率,不讲情面。贾法尔在教义学上坚持"真主独一性"的主张,反对时人提出的"真主的形象同于人类的形象"之说。他对"前定"持肯定态度,但不承认这就是"宿命论",也反对"人的意志可以不受真主意志支配"的观点。他确立了什叶派伊玛目教义的基本思想:认为伊玛目由安拉命定而不是由人选择;伊玛目掌握来自先知的知识,具有不谬性;前任伊玛目可预定下任伊玛目的人选。他在法学思想上的一条重要原则是"任何事物,从根本上说都具有可行性,除非有明令加以禁戒"。在教法学上,他主张立法必须考虑社会公众利益和律例的实用性及严肃性,尤其注重创制律例的方法和经典依据,指出创制律例必须依据《古兰经》明文和阿里家族系统所传圣训的精神。在没有经、训可循时,他主张可本着社会"公益"原则和理性的精神创制律例,反对运用"类比"原则。他的学术思想和主张在伊斯兰世界至今影响很大,他所创立的贾法里学派也已成为伊斯兰八大法学派之一。贾法尔的著述有:《玄学书》、《驳自由派》、《驳哈瓦利吉派》、《驳极端莱瓦菲祖派》。此外他还写有500篇论文,后由其弟子、化学家贾比尔·本·哈彦(Jābir ben Ḥayyān,?～778)整理、汇编成册,命名为《伊玛目贾法尔·萨迪格文集》。

(马忠杰)

贾法尔·萨迪格麻札 中国新疆地区以伊斯兰教什叶派第六任伊玛目贾法尔·萨迪格之名建造的纪念冢。亦称"民丰大麻札"。在新疆维吾尔自治区民丰县尼雅乡。始建年代已不可考。麻札建在一座大沙丘上,由丘底至麻札沿途建有11座门。墓室为木结构平顶房,形式单调简陋。房内和房顶各有贾法尔·萨迪格的土坟1座。墓室内外遍挂旗子锦幛以及各式铜、铁、木质的雕凿、镂刻饰物。周围坟茔垒垒,皆为希望死后获贾法尔·萨迪格护佑者之墓。附属清真寺3座、讲经堂1座、房屋40余间。此座麻札系后人伪托贾法尔·萨迪格之名建造的纪念冢。贾法尔·萨迪格于765年被害于麦地那,一生从未到过新疆。但新疆长期讹传着关于他在和田传教的传说,并被载入方志。《新疆图志》称:"(伊斯兰教历)一百八十四年,其教主(指穆罕默德)外孙玉逊(即侯赛因)之曾孙结比沙大克(即指贾法尔·萨迪格)击破东国兵,复喀什哈据之","后结比沙大克进攻和阗战死,遂连兵不已。"《斯坦因西域考古记》云:"伊玛目扎法沙狄克马萨(即贾法尔·萨迪格麻札)是一有名的圣地。据说神圣的回教徒领袖伊玛目扎法沙狄克率领数百信徒同秦和马秦(即和田)不信教的人大战,战殁于此。"以上均系讹传,而后人则以此为据。该麻札是新疆地区社会影响最大的麻札之一。穆斯林中有"朝谒贾法尔·萨迪格麻札,等于朝觐克尔白"之说。新疆、甘肃、宁夏、青海等地成千上万的穆斯林每年前往拜谒。

(马品彦)

贾法里学派(al-Ja'fariyyah) 早期伊斯兰教什叶派学派。得名于该派第六任伊玛目贾法尔·萨迪格(699～765)。贾法尔是什叶派的著名学者,以虔诚、博学著称于世,其声誉仅次于什叶派第一代伊玛目阿里。他周围聚集了许多著名学者,如伊本·哈凯姆、伊本·努尔曼、穆敏·塔格等。其弟子中有法学家和圣训学家,并从他学习教法和圣训,如艾布·哈尼法跟他学过教法,马立克·伊本·艾奈斯同他交往甚密,曾以他的名义传述不少圣训。在伍麦叶王朝时期,贾法尔执教于麦地那,潜心从事学术研究,威望日高;阿拔斯王朝时,他没有觊觎王位的举止,但哈里发曼苏尔怀疑他对朝廷不满,曾数度将他解往库法,并监禁起来。什叶派史学家甚至认定他是被哈里发曼苏尔毒死的。贾法尔对什叶派宗教学说的重要贡献是确立了伊玛目教义，认为伊玛目由安拉命定而不是由人选择。他还提出伊玛目指定说，即继任伊玛目由前任伊玛目选择指定，视为伊玛目传承的基本前提。他还以经、训为据，发展了伊玛目必须具有渊博知识的教义，认为伊玛目不仅要有一般知识，而且需有专门宗教知识，既精通经典、圣训、教法的明义，又能破解常人不解的神秘隐义，伊玛目具有免罪性和不谬性。什叶派所特有的"塔基亚"原则(即在逆境下可隐瞒真实信仰)，也在该学派的解释下有所发展。因贾法里学派威望颇高，后阿拔斯王朝企图将其纳入逊尼派传统，以"第五教法学派"指称该派，居于四大教法学派之后。近代中亚的阿夫沙尔王朝国王纳迪尔·沙赫(1736～1747 在位)，为消除什叶派在伊朗的影响并与邻国奥斯曼帝国和解，也曾强行推行"第五教法学派"方案，但均未获得成功。

(吴云贵)

贾玛寺(Masjid Jama)　印度著名伊斯兰教清真寺。亦称"德里清真大寺"。位于旧德里。1644～1658年，由莫卧儿王朝皇帝沙贾汗敕建，耗资 100 万卢比。该寺建在一座岩石小山的平台上，可拾宽大的石台阶通向地面。寺内庭院宽敞，三面环以带顶长廊。礼拜大殿全部用红砂石建造，长 75.5 米，宽 24 米，面积 1170 平方米。殿内礼拜朝向墙上有 11 个拱形门式凹壁，宣讲台为白色大理石。建筑风格独特，雕工细致。有 3 座大门，东门最为壮观，为八角 3 层楼阁，宽 18 米，高和深 15 米。殿顶部为 3 个白色大理石穹形圆盖，上面点缀着镀金的圆钉和黑色大理石条带。圆顶中央各竖一铜尖塔。中间的圆顶最高，距地面约 60 米。礼拜大殿两侧又各有 1 座用红砂石和白大理石交错砌成的宣礼塔，塔内有 130 级台阶，登上塔顶，站在八角形白色大理石凉亭上眺望，旧德里市景尽收眼底。

(杨克礼)

贾米(al-Jāmi，1414～1492)　中世纪波斯伊斯兰教苏菲派著名学者、诗人。一译"加米"、"查密"。全名努尔丁·阿卜杜·拉赫曼·本·艾哈迈德·本·穆罕默德·贾米。塔吉克人。祖籍伊斯法罕。生于赫拉特附近的贾姆村，故以出生地取名。自幼跟其父学习波斯文、阿拉伯文，后随父到赫拉特，进当地尼采米亚学院学习伊斯兰教义和经训，并往返于赫拉特和撒马尔罕之间，求师于著名学者、毛拉，攻读圣训学、史学、文学、数学和天文学等。后又投身纳格什班迪耶教团第二代谢赫赛尔德丁·穆罕默德·喀什噶里门下，研究苏菲主义学理，成为该教团虔诚的信徒和著名学者。并娶其导师之女为妻。1447 年赛尔德丁逝世后，贾米便接替他成为该教团的长老。贾米曾去麦加朝觐，一生 7 次外出游历，先后到过哈马丹、库尔德斯坦、巴格达、卡尔巴拉、纳贾夫、大马士革、阿勒颇、大不里士等地。在漫长的游历中，他拜访各地的著名学者和诗人，熟悉了各地的历史、地理、宗教和风土人情，对他后来的创作积累了大量资料。他曾一度在帖木儿王朝素丹侯赛因·拜哈拉(1468～1506)宫廷中任职，深受敬重，与宫廷大臣纳瓦伊交往甚密。后期从事研究苏菲主义学说和诗歌创作。1492 年逝世，葬于赫拉特西北郊。侯赛因·拜哈拉为了纪念他，在赫拉特城建立了以贾米的名字命名的大清真寺。米尔扎·海达尔在《拉失德史》中称贾米为"最伟大、最优秀、最有学问的圣者和精神导师"。

在宗教思想上，贾米继承了纳格什班迪(1314～1389)苏菲主义的学说，提倡入世主义，注重现实生活，主张在教乘修持的基础上进行道乘修持，严格遵奉经训。在纳格什班迪提出的"修道于众，巡游于世，谨慎于行，享乐于时"的原则下，进行精神修炼。他以苏菲主义观点对《古兰经》作了注释，选编了《四十段圣训集》。在《人类的馨香》一书中，以散文传记体的形式描述了 582 名苏菲派长老和 34 名寻道者的生平事迹和思想观点，并给予了评价。

贾米是波斯古典诗坛上的最后一位著名诗人，被誉为"末代诗圣"。在创作上，他善于吸收历代著名诗人之长，对萨迪、哈菲兹、尼扎米等人更为推崇。他的诗题材广泛，有叙事诗、颂诗、抒情诗、训言诗，多以四行和双行为主。其内容主要宣扬苏菲主义的观点，阐述宗教伦理、赞颂安拉及先知穆罕默德，颂扬君主，描述爱情故事等。其语言精练，寓意深刻，充满哲理，富有浪漫色彩。

贾米是一个多产作家，据载，他有 54 部重要著作，内容涉及到经训注释、教义、伦理、人物传记、历史、阿拉伯文法、韵律学、诗歌、散文、音乐等。用散文和诗歌阐述教义的作品还有《真义探讨》、《先知使命的见证》、《灿烂的光辉》、《真主颂》、《朝觐大典》、《苏菲派研究》等。著名作品是《七卷诗》(又名《七宝座》)，其中 4 卷论述苏菲教义和宗教伦理，篇名是《金锁链》、《萨拉芒和阿布萨勒》、《自由人的赠礼》、《信士的念珠》；3 卷为叙事诗，其中以《莱伊拉和马季农》、《优素福和祖莱哈》最为著名。《诗集》收录了贾米的抒情诗、颂诗及四行诗(鲁拜诗)等共 8750 句。散文著作《春园》，系模仿萨迪的《蔷薇园》。历史著作有《苏菲派历史》、《赫拉特史》等。贾米还对伊本·阿拉比的《智慧珍宝》作过注释，称为《勒瓦伊合》，汉译本名为《真境昭微》；对法赫尔丁·阿拉格的《神圣闪光》所作的注释本称《额慎秘哼》，汉译本名为《昭元秘诀》。

(杨克礼)

贾希利叶时代('Ahd al-Jāhiliyyah)　见蒙昧时期。

贾希兹(al-Jāḥiẓ，约 775～869)　中世纪伊斯兰教著名学者、文学家。原名艾布·奥斯曼·阿慕尔·本·巴赫尔·基纳尼。贾希兹(即凸眼人)为其别号。生于伊拉克巴士拉，为费扎赖黑人释奴的后代。

早年丧父，家境贫困，以卖面包和鱼为生。他天资聪明，刻苦自学，常到清真寺和书市向毛拉、学者求教，并广交各地客商、水手和渔夫，吸取了大量社会知识和海外奇闻。9 世纪初，到伊斯兰文化名城巴格达，投师于著名学者艾布·欧拜德、艾斯麦仪、艾布·栽德和奈萨姆等门下，学习和研究希腊哲学、教义学、语言学、文学和自然科学，遂成为一个博学多才的学者。他早期著有论述治国之道的《权位之书》，受到阿拔斯王朝哈里发马蒙的赏识，被诏入宫廷枢密院任录事。因不堪宫廷生活约束，不久辞职。后到阿拉伯半岛、小亚细亚、波斯等地著名历史文化名城游历，并广交学者、法官和社会名流。后半生专门从事哲学、宗教、文学等学科开拓性的研究和著述活动。869 年在巴格达逝世。

贾希兹为穆尔太齐赖派的代表人物之一。在宗教哲学思想上，他推崇希腊哲学的理性原则，提倡以理性来认识社会和自然，以自然科学知识去探索自然界的奥秘。他主张用理性论证伊斯兰教义，认为只有理性才能认识造物主的存在。知识是信仰的基础，只有用理性说明教义，才能达到思想上对安拉的确信。他把人们对事物的认识分为两种：一是感官的认识，它只能认识事物外在的表象；二是理性的认识，它才能认识事物内在真谛。把感官的知识和理性的知识联系起来，才能获得宗教和自然的真理。凡是符合理性的知识就是真理。他还主张把宗教也列为科学研究的对象，让人们自由探讨伊斯兰教的有关教义和教法问题。在学术上，他提倡科学和文学结合，哲学和教义结合，历史资料和实践经验结合，主张独立思考，自由探讨学术问题，反对不符合理性的各种主张。他认为《古兰经》是安拉语言的记载，是安拉创造的，有始的；反对正统派将真主德性拟人化，认为真主是超自然的绝对精神存在，不具有人格化的各种属性。

贾希兹一生著述多达 530 种，但大多散佚。传世的主要著作有《动物书》(Kitāb al-Ḥayawān)7 卷，书中通过对各种动物特性、分布的描述，穿插了各种故事和传说，引有大量《古兰经》文、圣训典故、寓言和格言，充满宗教哲理，反映了早期阿拉伯社会生活情况。《吝人传》(al-Bukhalā')，收入 120 多篇故事，刻画了各种悭吝人的形象，情节生动，语言诙谐，描写细腻，是阿拉伯古典故事文学的代表作。《修辞与阐释》一书，从古代文学作品、演说和《古兰经》文语言方面，阐述了修辞的标准、特色和方法，是阿拉伯文学评论史上的重要著作。《方圆书》是百科全书式的著作，阐述了作者对哲学、宗教、历史、文学和自然科学等问题的独到见解，其中引用的大量神话、传说和故事，具有重要的科学和文学价值。其著作还有《〈古兰经〉被造说》、《驳将真主拟人说》、《论分离》、《政权与人的道德》、《司法与总督》等。贾希兹在阿拉伯文学史上，继伊本·穆卡法之后，开创了以生动活泼和富有风趣的形式传授知识的新文体，被后世学者称为"阿拉伯散文和讽刺文学的奠基者"。

（杨克礼）

间歇拜 见泰拉威哈拜。

柬埔寨伊斯兰教 柬埔寨位于亚洲中南半岛南部。面积 18.1035 万平方公里。人口 740 万(1987)。有 20 多个民族，其中高棉族占 80%。高棉语为通用语言。首都金边。大多数居民信奉佛教，少数人信奉伊斯兰教、天主教。穆斯林人口 20 余万(1989)，主要聚居在磅湛地区和沿海一带，其余散居全国各地。绝大多数为占族人，其余为印尼爪哇籍穆斯林。15 世纪占族人皈依伊斯兰教后，为了保持自己的宗教信仰和民族的认同，一直坚持自己的民族语言和宗教礼俗，很少与他族通婚。他们多从事渔业、养牛和织绸。爪哇籍穆斯林于 17 世纪移居柬埔寨沿海地区，多操高棉语。柬埔寨穆斯林奉行逊尼派教义。全国性的伊斯兰教组织有：柬埔寨中央伊斯兰教协会(1970)、柬埔寨穆斯林青年协会(1970)。自 20 世纪 70 年代初以来，由于社会动荡不安，原有的 10 余万穆斯林逃往马来西亚、泰国、美国、法国、大洋洲等地。到 1990 年全国原有的 100 余座清真寺仅存 20 座，穆斯林学校也仅存 200 余所，且大都破烂不堪。穆斯林一直坚持在清真寺里做礼拜，宣传伊斯兰教义。柬埔寨穆斯林的境遇得到伊斯兰世界的同情与关注。1983 年伊斯兰世界联盟曾派团到柬埔寨调查了解情况。同年伊斯兰发展银行向柬埔寨穆斯林提供了 100 万美元的援助，用于修复清真寺和举办宗教教育。

（黄陵渝）

俭可养廉碑 中国清代河北保定清真西寺石碑。光绪三十三年(1907)六月十二日，钦加二品衔总办保定公巡局及捕道吴某为出示晓谕而立。碑头刻"俭可养廉"4 字，故名。主要内容：前清苑县清真寺掌教并乡长、族长等，为纠正当地回民婚姻上"女家要索多端，男家曲意奉承"的陋习，曾公定聘礼《章程》，对聘礼、婚礼数目予以具体规定。一度"颇收成效，人皆称便"。但因日久玩生，人们故态复萌，重索彩礼之风再起。故"回教职绅"马良禀呈公巡局，恳请将前公定《章程》"发给告示张贴，严为例禁"，被获允"除禀批示外，合行出示晓谕"。遂刻碑于寺，"示仰回民人等一体知悉，自是之后，所有婚嫁等事物，当遵照新章办理，不得任意要索；并由各寺掌教随时稽查，妥为劝戒，以除积习而挽颓风。倘敢故违，即行送究，勿得徇隐。切切"。反映了清末回族穆斯林移风易俗的尝试，具有重要研究和借鉴价值。

（冯今源）

《简明古兰经注》 见《哲拉莱尼古兰经注》。

《简明伊斯兰教百科全书》(The Concise Encyclopedia of Islam) 伊斯兰教中型工具书。以英文写成，系美国穆斯林学者塞里尔·格拉西(Cyril Glasse)主编。1989 年出版(Harper & Row Publishers, Inc. ,San Francisco),1 卷本。收入词目 1200 条,计 120 余万字。词目范围以伊斯兰文化、宗教、律法三大类为主,涉及宗教仪礼、制度、经籍著作、人物、教派、教法、教历、历史事项、王朝、民族、语言、医学、科学、哲学、教义学、书法、建筑、文化、艺术、学术胜地、名城古迹、宗教圣地等。全书包括导言、正文、附录、大事年表、资料来源五部分。附录包括:(1)参考地图 4 幅。(2)朝觐麦加示意图。(3)伊斯兰教分支(宗教派别)图表。(4)族谱表(古莱什族系、伍麦叶族系、阿拔斯族系和阿里族系)。书中插有伊斯兰文化艺术彩照 45 帧,印刷极为精美。本书是为通用英语的西方公众编纂的工具书,面向一般读者和专业研究人员,旨在向西方公众提供全面、系统、准确的伊斯兰教知识,使之能够正确了解伊斯兰教。全书以逊尼派传统为主线,兼顾其他教派,立论严谨、客观、公允,释文繁简得当,资料翔实,便于检索、查阅。本书资料新颖,年代下限至 1979 年。较之《伊斯兰教小百科全书》(1953 年莱顿版)具有词目多(增加 1 倍)、资料新、注音准(采用国际通用标准拉丁谐音字注音)、简明实用等优点。对伊斯兰教专业研究人员和一般读者均有重要参考价值。

(吴云贵)

见认 中国伊斯兰教哲学概念。指认识真主的一种途径。王岱舆《清真大学·见认》云:"所谓见认者,超脱诸缘,亲自经历,由己身而体认真主。"他认为人的身体构造,生理机制,视听闻言,知能机巧,象征着太极阴阳,包罗着天地奥秘,都是极为奇妙精当的,都不可能"自有"。其他如富贵穷通,生死苦乐等种种际遇,人都"一无所能",人对自身这些问题思考时,即可参悟到"真主作为之动静",从而"参当体足以证真主之全品",萌生"摆脱尘缘"之念与对真主"诚意忠贞之报",顿开茅塞,对真主亲切无间,达到"近主"的境地。

(罗万寿)

见证单一论(Waḥdah al-Shuhūd) 伊斯兰教哲学学说之一。亦称"现象单一论"。系由印度著名伊斯兰学者艾哈迈德·希尔信迪(Aḥmad Sirhindi,1563～1624)提出。为在重新解释伊本·阿拉比的"万有单一论"基础上提出的一种正统的苏菲宇宙论、知识论。希尔信迪早年曾接受广为流行的苏菲主义"万有单一论",后因担心印度伊斯兰教界愈益流行的各种学说的混杂现象会破坏正统信仰的纯洁性,乃对此说产生怀疑。他认为,对伊本·阿拉比的"万有单一论"可作两种不同的解释。按"本体一元论"(即万有单一论)的解释,唯有独一的安拉是真实的存在,此外的一切则并非实在,而仅仅是安拉的"显现"或"表征";这一理论虽能取得关于安拉的"绝对知识",但它有悖于伊斯兰教正统信仰和理性,混淆了本体与现象、造物主与被造物的区别,具有泛神论的危险倾向,会导致"安拉即万有、万有即安拉"的谬论,故不可取。如作"现象一元论"(即见证单一论)的解释,则可避免泛神论的倾向。他认为安拉的本体、品格、行为是独一的存在,而作为安拉造化物的宇宙万有并非是独一的存在,不能与安拉的本体、品格、行为相提并论。被造的万物是安拉创造意志的体现,并非安拉本体的一部分,而只是安拉独一实在的一种"反射"或"映象"。因此,正确的命题应是"安拉为独一的引导者,宇宙万有皆源自安拉",而不是"安拉即万有、万有即安拉"。希尔信迪还认为苏菲信仰者与安拉的关系是以对安拉之爱为基础的造化物与造物主之间的爱者与被爱者的关系,否认苏菲派中盛行的"人主合一"之说。"见证单一论"试图从更严谨的"一元论"出发,对苏菲派的宇宙观、知识论加以新的解释,此说曾对印度伊斯兰教界逊尼派与苏菲派的融合、和解起过促进作用。后印度另一著名伊斯兰学者瓦利·阿拉沙(1702～1762)主张将伊本·阿拉比的"万有单一论"纳入正统教义体系。他认为,伊本·阿拉比的著作为苏菲主义的经典之作,其"万有单一论"与"见证单一论"为同一教义思想的两个方面,二者应互为表里、相辅相成,不可偏废。这种宽容精神体现了自安萨里以来的逊尼派学者对苏菲神秘主义信仰、理论的基本态度。

(吴云贵)

江布尔(Dzhambul) 中亚哈萨克共和国南部历史古城,江布尔州首府。东距阿拉木图 545 公里,在塔拉斯河左岸。5 世纪已见史籍记载,名塔拉斯。中国史称"怛逻斯",玄奘的《大唐西域记》称其"城周八九里"。唐时为西域"丝绸之路"要道,商业中心。天宝十年(751),唐将高仙芝率军与大食兵为争夺石国作战于此,唐兵大败,中国史称"怛逻斯之战"。10～12 世纪时,为喀喇汗王朝的首府,伊斯兰学术文化较为发达。1856 年改称为"奥利耶阿塔",此名在乌兹别克语中意为"神圣的长老"。清代中国西部边疆至此,后被沙俄割占。1936～1938 年称"米尔佐扬"。旋因哈萨克民间歌唱诗人江布尔(1846～1945)出生于此,1938 年改用现名。经考古发现,该城有 7～8 世纪的古墓群,还有喀喇汗王朝时期的澡堂、输水管遗迹。在附近的戈洛瓦乔夫卡村,有 10～12 世纪饰有壁画的喀喇汗君主巴巴德日·哈童和阿伊莎·比比的陵墓。现城中有多所清真寺及博物馆,保留有伊斯兰教古老的建筑等。

(杨克礼)

《讲坛演说集》 见《呼图白集》。

《焦海里经注》(al-Jawāhir) 见近现代经注。

教乘(al-Shari'ah) 见三乘。

《教典诠释》 见《奈赛斐教典诠释》。

教法实体(Furū') 伊斯兰教法概念。阿拉伯语

“弗鲁尔”的意译。系教法渊源和教法程序法规的对称。教法学家们认为,法律实体系由法源(乌苏勒,即根源)而出,犹如一株大树长出的“枝叶”(Furū‘),故名。指伊斯兰教法的各个门类,主要包括宗教基本义务(教律)、婚姻家庭、遗产继承、民事、商事、刑事、瓦克夫制度、释放奴隶、圣战、战利品分配及政治学说(即哈里发学说或伊玛目学说)等。近代以来,伊斯兰国家经过法制改革,其范围渐趋狭窄,教律不再属于教法范畴,民事、商事、刑事以现代世俗法为据,仅婚姻家庭和遗产继承两大领域仍以教法为据,称为穆斯林的“家庭法”、“家庭保护法”或“私人身份法”等。亦有对教法实体作宽泛界定的派别,如伊斯兰原教旨主义者认为,伊斯兰教法(即沙里亚)为安拉启示之法,没有任何领域可以置外。但该派不大重视教法实体,而更重教法精神,视沙里亚为普遍适用的政治指导原则,相当于国家宪法。 (吴云贵)

《教法修正》(Tahdhib al-Aḥkām) 见四大圣训经。

《教法学家不予光顾的人》(Man Lāyaḥḍuruhu al-Faqih) 见四大圣训经。

教法渊源(Uṣūl al-Fiqh) 伊斯兰教法学概念。阿拉伯语“乌苏勒·菲格亥”的意译,简称“法源”、“法理”。教法实体的对称。指教法的来源、法理依据或体现形式。分为实际渊源和理论渊源。前者包括伊斯兰教前阿拉伯的部落习惯,早期麦地那穆斯林的民俗习尚,伍麦叶王朝时期的传统习惯、行政法规、司法实践,汲取拜占庭和波斯萨珊王朝等外来法因素。后者指伊斯兰教法确认的法理依据,包括《古兰经》律例、圣训律例、类比、公议四大法源及择善、公益、意见、创制等辅助法源。不同教法学派各有侧重。哈乃斐派强调择善和教法学家的意见,马立克派重视麦地那穆斯林大众的传统习惯(统称为“逊奈”或“圣训”),沙斐仪派广泛应用类比,罕百里派重视经典和圣训,而什叶派十二伊玛目支派的乌苏勒教法学派,则以《古兰经》、圣训、公议和理智为四大法源,尤为强调当代的权威教法学家(即穆智泰希德)的决断作用。近代以来,伊斯兰现代主义和原教旨主义派别皆强调重开教法“创制之门”,对法源作更宽泛的界定,以增强教法的活力、适应时代变化。 (吴云贵)

教法渊源学 见伊斯兰法理学。

教法原理学 见伊斯兰法理学。

《教法自通》(Man Lā Yaḥḍuruhu al-Faqih) 见四大圣训经。

教坊(al-Jama ‘ah) 中国伊斯兰教的传统组织形式之一。它是以清真寺为中心、包括周围穆斯林居民的一种宗教和社会的群体单位。亦称“寺坊”。其历史源远流长,最初是在穆斯林因集体举行礼拜仪式的实际需要而建立的清真寺基础上逐步形成和发展起来的。唐、宋时期,来中国东南沿海诸商埠经商的阿拉伯、波斯穆斯林集中居住在政府指定的区域内,称之为“蕃坊”,以便按照他们自己的习惯和制度处理宗教、诉讼事务。元时大批中亚、西亚的各族穆斯林随蒙古统一中国的军事活动被签发到中国,从事军工、劳役和战斗,后又派去戍边、垦荒,从此落居中国,并围绕所建的清真寺,形成各自的聚居区。由于共同的宗教信仰和宗教生活,以清真寺为中心的组织形式开始形成,并逐渐向阿訇掌教的教坊制过渡。元、明之际,回回等穆斯林民族先后形成,穆斯林与非穆斯林杂居的状况到处可见,因此在城乡穆斯林小集中的情况下,教坊的组织形式更为普遍。明末清初以来,以教坊清真寺为基地的经堂教育和宗教学术文化活动日益兴起,各穆斯林民族因宗教生活而形成的一些民族习惯也逐渐确立,这些都使教坊的内容更加充实和完善,特点也愈加突出。教坊的穆斯林居民,在有些地区称为“高目”或“高麻尼”,一般都从属于一个教派或一个门宦,杂处的情况也不少,居民在教坊内享权利,尽义务。各教坊之间一般地互不隶属,各行其是。过去,有些城镇的“海乙寺”(即中心大寺)有管辖若干“稍麻寺”(即小寺)的,稍麻寺坊的居民每逢主麻日和开斋节、古尔邦节都到海乙寺参加聚礼和会礼。在西北地区,有些门宦教派存在扩大的教坊制,即各寺阿訇的任职和寺务均由各该门宦的教主或“热依斯”(即教主的区域性代表)委派和统一管辖。有些地区的教坊遇有隆重的宗教活动或聘请掌教阿訇或为其居民举行婚丧嫁娶等仪式时,相互之间也礼尚往来,互助互贺。民国初年以来,由于伊赫瓦尼和赛莱菲耶派的兴起,一些教坊经历了分化和重新组合的过程,出现了单一派别的教坊。教坊的掌教者称为“阿訇”或“开学阿訇”,也有称“教长”或“伊玛目”的,大都通过协商选聘。每个教坊一般都设有管理机构,过去称“乡老会”或“学董会”,其头面人物也有称“社首”的,主要负责管理教坊清真寺的日常事务、财产、文物、房屋维修和公益产业,以及穆斯林的殡仪和公墓,选聘开学阿訇,决定经堂学校学生的招收等,有时也承担调解本坊穆斯林居民之间的纠纷。在当代,各地教坊的管理机构已普遍改为清真寺民主管理委员会,接受当地政府的行政管理,遵守国家的法律,对清真寺实行民主管理。管理委员会的成员及其负责人,经由本坊内的高目协商选举产生。 (马忠杰)

《教款捷要》 中国伊斯兰教常识读物。清代回族马伯良(山东济水人)著。康熙十七年(1678)成书。全书共分22部分,通俗扼要地介绍了伊斯兰教的信仰和宗教功课,如伊玛尼的六大信条,执行和判断是否具备伊玛尼的六个条件,证明伊玛尼的七项要求,以及念、礼、斋、课、朝的具体规定和大净、小净的要求，并附有为亡人举行洗礼和殡礼的教规。该书内容具体，并将重要宗教名词用阿拉伯字母标识，适宜粗通文字的穆斯林群众阅读。作者自述："遍阅各经籍中，采辑最吃紧者，随俗注解，类编为帙，名曰〈教款捷要〉，令人一见触目了解，即愚夫愚妇闻之亦不求复解矣。"因文字通俗，广行于世，刘智赞为"家传户诵之矣"。有清同治六年(1867)三月的刊本流传于世。（余振贵）

教律 见律例。

教门原根八件 中国穆斯林学者根据有关经典综合拟定的教义规则。指伊斯兰教的基本信仰和伦理道德规范。八件教门原根内容是：(1)认主独一。(2)知主公道。(3)信圣人(先知)。(4)信伊玛目。(5)命人行好。(6)止人干歹。(7)远奸。(8)近贤。据学者考证，这八条"教门原根"带有伊斯兰教穆尔太齐赖派思想色彩。该派自称是"认主独一和知主公道的人"，故学者又称该派为"认主独一派"和"公正派"。据传，该派早期学者曾提出上述八件宗教信条，约于清代被中国穆斯林学者加以吸收，并在通用汉语的穆斯林中广泛传布。另据阿拉伯历史地理学家麦斯欧迪(？～965)记载，穆尔太齐赖派承认下列5条基本原则：(1)相信真主的独一。(2)相信真主的公道。(3)相信奖赏的允诺和惩罚的威胁。(4)相信犯大罪者将处于信士与非信士之间的中介地位。(5)相信真主命人行善止恶。有的学者认为，"教门原根八件"的内容，主要是吸收了穆尔太齐赖派的信条，但也受到什叶派教义思想的影响，如"信伊玛目"。（杨克礼）

教统 见道统。

《教心经注》 见《奈赛斐教典诠释》。

教义学 见凯拉姆学。

《教义学大纲》 见《奈赛斐教典诠释》。

接都阿 见都阿。

杰拉勒运动(Naz'ah Jalāl) 16～17世纪安纳托利亚农民反抗奥斯曼素丹残暴统治的起义的统称。16世纪，奥斯曼素丹因长期对外征战，横征暴敛，繁重的徭役和赋税使大量农民难以维持生计，各地封建主趁机兼并土地，农民流离失所。1519年，安纳托利亚中部爆发了大规模的农民起义。领袖为约兹加特伊斯兰教谢赫杰拉勒，自称安拉派遣的"马赫迪"(即救世主)发动"圣战"，号召农民起来铲除奥斯曼素丹的暴政，除灭社会的不公，实现人间的正义和财产的平等。参加起义的主要是失去土地的农民，还有毛拉和中小封建主。他率领3万人的起义大军打击当地大封建主，没收财产，平分土地。素丹赛利姆一世派兵残酷镇压，杰拉勒惨遭杀害。从此杰拉勒的名字成为下层农民起义者的泛称。此后，安纳托利亚各地连续爆发农民起义，史称"杰拉勒运动"。其中最著名的有卡拉·叶兹哲和达里·哈桑起义(1599～1603)、卡伦·达尔奥卢起义(1592～1608)。这些起义均有伊斯兰教毛拉参加，以伊斯兰"圣战"为旗帜，领导权多为被剥夺了领地的中小地主所掌握。杰拉勒运动均遭到素丹军队镇压，大批农民离乡背井。杰拉勒运动沉重打击了奥斯曼帝国的封建统治，是帝国衰落的直接原因之一。

（杨克礼）

杰内 见迭内。

杰斯拉节日礼拜寺 卡塔尔国著名露天礼拜寺。位于首都多哈市中心中央商场附近。原为年代久远、设施简陋的露天节日会礼寺。20世纪80年代初，卡塔尔政府投资800万"里亚尔"重建了该寺。寺分两层：下层为停车场，装有照明灯、信号及排风设备；上层是露天礼拜场，面积4000多平方米，可容万人礼拜。专供每年古尔邦节、开斋节会礼时使用。礼拜场呈长方形，地面铺彩釉瓷砖。围墙由一块块方形箱式结构组成，每块中间有一长方形镂空雕花窗，两边各有1个竖条孔。围墙四面开门，西向为"米哈拉布"，两侧各开1道边门，南北两面各开1侧门，东面开有5道门。东面正门是扇形台阶，侧门平行双向台阶。所有大门均配有厚实的包铜木门板，正面饰以伊斯兰传统的连环花纹。整个建筑以奶黄为基本色调，疏朗、宽敞、明洁，为当代海湾地区有代表性的伊斯兰露天清真寺建筑。

（马智雄）

杰扎伊尔(al-Jazā'ir) 见阿尔及尔。

金吉堂(1908～1978) 现代中国伊斯兰教史学家、教育工作者。名祈恕，以字行，经名优素福。回族。北京通州区人。曾毕业于北京畿辅学堂。他好学深思，博览群书，知识渊博，尤善文史，并通晓伊斯兰经典，对中国伊斯兰教历史有独到的研究。1935年应马松亭阿訇聘约，在北平成达师范学校讲授"中国回教历史问题"，遂将其代表作《中国回教史研究》的部分书稿作为讲义。1938年在通县创办"穆光小学"，担任校长。1947年被国民党当局逮捕入狱。1949年北平和平解放时获释。同年5月入华北人民革命大学学习。毕业后，曾在易县师范学校任教。主要学术观点是：在回族与伊斯兰教关系方面，主张回教民族说，反对回回民族说和汉人回教说。在伊斯兰教入华时间问题上，力主唐贞观二年(628)说。在中国伊斯兰教史分期问题上，主张唐宋为"回民在中国历史上之侨居时代"；元至明中叶为"回民在中国历史上之同化时代"；明中叶至清末为"回民在中国历史上之普遍时代",亦称"衰落时期"。在教派问题上,认为中国穆斯林虽属正统派,遵奉艾布·哈尼法教法为正宗,但在日常生活中已掺杂不少什叶派礼俗;对教内"新旧两行、党同伐异"的派别纠纷,持反对态度,主张穆斯林内部团结,各行其是,互不干预。他一生潜心从事伊斯兰学术文化研究,治学严谨,著述颇丰。主要论著有《中国回教历史问题》、《教门杂识》、《回教民族说》、《敕赐清真寺的五百年》等10余篇,在中国伊斯兰教史学界有较大影响。

(冯今源)

《金牧场》 见《黄金草原与珠玑宝藏》。

金天柱 中国清乾隆年间(1736~1795)伊斯兰教学者。生卒年不详。字北高。回族。金陵(今江苏省南京市)人。幼受传统伊斯兰教育。年长精于儒家经史,旁通伊斯兰教经典,曾任翰林院四译馆教习20余年。因有感于"当时士大夫之流不识吾教经典,不究吾教教旨,以为西域圣人非吾族类,不遵中华正朔,异言异服,斋戒沐浴,以为不知奉何鬼神,评话愈多,物议风起",遂著《清真释疑》一书,以释时人对伊斯兰教的疑问与责难,起到了向教外介绍伊斯兰教、增进相互了解的良好作用。该书自伊斯兰教有关饮食、衣服等礼仪之事,以至性命、义理之辨,莫不尽述,并大量引证汉儒义法,提出"回汉两教,原相表里,不可诬也"。曾将所著进呈御览。道光、咸丰、同治年间,唐晋徽增订重版,名曰《清真释疑补辑》。在回族伊斯兰教学界有一定影响。

(冯今源)

金星堂 见西道堂。

金子云(1869~1937) 中国穆斯林知名人士。名基福,以字行,经名阿拉温丁。回族。江苏南京人。幼年随父到上海,因承家学,熟悉珠宝玉器。青年时期从商。他笃信伊斯兰教,恪守"五功",并以资财和道义支持上海穆斯林公益事业,创建宗教团体和兴办宗教教育。1909年,参与创建上海清真董事会,任董事,并资助该会在福佑路清真寺兴办公立清真两等小学。1911年,捐资翻建日晖巷清真别墅(又称"息心亭",即回回坟兼寺院)。1917年,捐资购地,修建小桃园清真寺,为该寺创建人和社首。该寺后于1925年重建,规模扩大。1924年与哈德成、马刚侯等创立中国回教学会,任该会干事。1928年资助中国回教学会在上海创办伊斯兰师范学校,并捐款兴建新校舍。1929年赴麦加朝觐。嗣后,在小桃园清真寺主持办理各地穆斯林自上海乘船赴麦加朝觐的各项事宜。1930~1937年于小桃园清真寺先后兴办上海回教孤儿教养所、清真回民小学、阿拉伯文补习夜校,为学生提供生活、教育等费用。1917~1937年间,他资助小桃园清真寺兴办经堂教育,先后招收了几十名学员,一切费用均由其负责。每逢岁末,他还出资购置米票、缝制棉衣等,赈济贫苦的穆斯林。

(张志诚)

《金字塔》 中国伊斯兰教地方性文化刊物。不定期出版。1944年于广西桂林创刊。社址设在桂林民族路81号,由月华报社代售。其发刊词《我们的愿望》指出该刊的"使命是:(一)促使回教大众的觉醒;(二)改正回教朋友们的认识"。创刊号载有马松亭等摘自《古兰经》文的题词。该刊登载过彭林荑的《回教入华路线与时代》、戴自安的《国民教育与回民教育》等论述伊斯兰教义及学术文化的文章,还刊有宗教常识问答、通讯、书评、访问记、书信、人物回忆及文学作品等。

(余振贵)

津芝人起义 见赞吉起义。

锦城宝真堂 中国清代同治年间四川伊斯兰教经书刻印、发行社。由成都穆斯林书刻家余海亭(生卒年不详)创办。社址在成都东华门街。其名称取自《宝命真经》之经名,故简称为"宝真堂"。该堂是当时国内在刻印、发行伊斯兰经书方面有影响的民间机构之一。它自成立以来刻印、出版了大量伊斯兰教经典和明末清初以来中国穆斯林学者的汉文译著,满足了当时各地穆斯林对伊斯兰教经典书籍的需求。1908年,余海亭逝世后,宝真堂由其长子余泽洲继续经营,并扩大了业务范围。宝真堂刻印的经书除各种版本的经典外,著名的汉文译著有:《归真总义》、《四篇要道》、《正教真诠》、《清真大学》、《清真指南》、《天方典礼》、《天方性理》、《天方至圣实录》、《性理本经注释》、《清真释疑补辑》、《真功发微》、《四典要会》、《大化总归》、《天方诗经》、《摘要注解杂学》近百种,销行全国各地。它所刻印的经书以工艺精细、印刷清晰、装帧美观大方闻名,受到各界穆斯林人士的普遍赞誉。1929年,余泽洲赴麦加朝觐前停止了宝真堂刊印、发行经书的业务,将所存经书及各种刻版2200多块转交中国回教促进会四川省分会。这些刻版现存成都皇城清真寺内。宝真堂对传播伊斯兰文化起了积极作用,在中国伊斯兰教文化史上影响较大。

(马忠杰)

《进经疏》 中国清初回族伊斯兰学者马注为呈献教义学著作上康熙皇帝的奏章。清代初期,中国伊斯兰教处于衰败境地。通晓《古兰经》并能翻译成汉语文的人奇缺。云南保山县马注鉴于"正教久湮,异端左道眩惑人心",乃"集群经而摘其粹",写成《清真指南》,奔波到北京,"抽绎切要,缮呈御览",几次求见康熙帝,均遭冷遇,"裘脱芒穿"而返回故里。晚年听说皇帝下诏博采遗书,遂写《进经疏》以求上达。奏章全文593字,分两部分。首先概述了当时缺乏《古兰经》翻译与通晓教义人才的情况和自己出身圣裔,编辑了《清真指南》,数度求见皇帝而不得见的过程。其次介绍了他的著作

“意本真经”可以“黜异扶儒”，使天下“咸知有造化天地万物人神性命之真主，归真复命之道”，可以“修齐治平，垂拱而化”。言简意赅，词旨垦切，是历史上回族伊斯兰学者直接上书当朝皇帝，请求弘扬教义的奏章，但未得到朝廷的答复。是《请褒表》的姊妹篇。

（罗万寿）

《近代改良派领袖》（Zu‘amā’al-Iṣlāḥ Fi al-‘Aṣr al-Ḥadith） 近代伊斯兰世界著名改良人物传略著述。埃及著名历史学家艾哈迈德·爱敏著。全1册，394页，约40万言。该书介绍了近代伊斯兰世界10名改良派领袖人物的生平事迹及其宗教、社会、政治、教育等改良思想与主张。他们是：阿拉伯半岛的穆罕默德·本·阿卜杜勒·瓦哈卜（1703～1791）、土耳其的米德哈特·帕夏（1822～1883）、阿富汗的哲马鲁丁·阿富汗尼（1839～1897）、印度的艾哈迈德·汗（1817～1897）和埃米尔·阿里（1849～1928）、突尼斯的海伦丁·帕夏（1810～1879）、埃及的阿里帕夏·穆巴拉克（1823～1893）、阿卜杜拉·奈基姆·帕夏（1845～1896）、穆罕默德·阿布笃（1849～1905）、叙利亚的阿卜杜·拉赫曼·凯瓦基比（1848～1902）。该书是著者继《阿拉伯文化的黎明时期》之后的又一重要著作。作者热情赞扬和评价了改良派领袖人物的改良活动及其奋斗精神，分析了他们成败的历史经验与教训。论述精辟，观点客观。该书有前言和后跋，概述了改良派代表人物及其思想产生的时代背景，指出：（1）中世纪伊斯兰国家在政治上团结统一，在科学文化、道德、军事等方面居世界前茅。此后，由于十字军东侵、蒙古人西征、奥斯曼帝国的封建专制统治和苏菲主义的盛行而走向衰落。（2）改良派代表人物及其思想主张和改良运动，对信仰伊斯兰教各民族产生了深刻影响，促进了它们的觉醒。该书还分析了各国穆斯林对西方精神文明和物质文明的不同态度，探讨了伊斯兰社会今后的改良、进步与发展趋势，在学术界影响很大。该书于1949年由开罗埃及复兴出版社出版，在中国亦有流传。

（张志华）

近现代经注 近现代伊斯兰学者用新观点和新方法对《古兰经》所作的注释。进入近代以来，伊斯兰世界由于殖民主义、帝国主义的入侵和科学技术的传播，兴起了民族独立解放运动和伊斯兰改良运动。伊斯兰教学者为了对付外来势力的挑战、维护伊斯兰教的传统地位，批驳西方传教士对《古兰经》和伊斯兰教的歪曲，便吸收了近代科学中对自己有用的因素，用理性主义注解《古兰经》，给《古兰经》增添了现代色彩。例如，在社会问题方面，认为《古兰经》的基本思想包含了人类平等、男女平等、限制私人资本、反对侵略压迫等主张，并号召穆斯林团结对敌，保卫自己的独立和自由等。在自然科学方面，提倡科学文化，认为《古兰经》本来就号召人类“运用自己的理智进行思维”、“观察天地的奥秘和各种自然现象”，“开发利用自然界的一切，是符合《古兰经》的教训的”；进而指出，《古兰经》原文本身就具有诸如化学、数学、天文、医学等方面的基本知识。他们还指出近现代科学所发现的有关地球形成以及地球同其他天体的关系、原子不是最小的物体、所有物质均有阴阳之分、空气及风能使植物杂交等道理，早在《古兰经》中已有记载说明（见21：30、10：61、51：49、15：22）；他们还认为《古兰经》禁食猪肉、禁止饮酒的道理，已为近现代医学经验所证实等等，以此说明“《古兰经》是包罗了古今一切知识的天启经典”。在这方面具有代表性的经注是埃及伊斯兰改革家穆罕默德·阿布笃的两个学生穆罕默德·拉希德·里达的《光塔古兰经注》（tafsir al-Manārah）和谭塔维·焦海里《焦海里经注》（al-Jawāhir fi tafsir al-Qur‘ān）。这两部经注的共同特点是：都根据现代社会向伊斯兰教提出的问题，汲取前人经注精华，对经文进行广泛阐发，为当时风行一时的伊斯兰教改革运动服务，影响颇大。

（马　贤）

近现代伊斯兰教法 近现代伊斯兰国家伊斯兰教法的变化和改革。为适应现代社会经济的发展，伊斯兰国家经过社会法制改革，其法学理论、法律实体和司法制度均发生了深刻的变化，明显不同于中世纪伊斯兰教法。现代法制改革系由3方面的条件所促成：（1）西方国家法制的传入和影响。19世纪以来，伊斯兰国家大多沦为欧洲列强的殖民地、半殖民地或保护国。从此，欧洲资本主义国家的法律制度通过治外法权等不平等条约，亦取得统治地位，从而削弱了传统伊斯兰教法的地位。（2）伊斯兰国家社会、经济发展的要求。近代以来，随着社会生产力的不断发展，伊斯兰国家的社会形态发生急剧变化，人际关系和伦理道德规范亦相应改变，传统伊斯兰教法已不能适应新的社会经济发展的要求，亟待变革。（3）现代主义改良运动的兴起。为了适应社会经济发展的需求，自19世纪下半叶，伊斯兰教界内部改革的呼声日高，现代主义思潮随之兴起，主张在坚持伊斯兰基本法制的前提下，对教法中不适应现代发展的内容和律例加以修订，以增强其活力。

伊斯兰教法的现代改革和调整大致经历了两个阶段。19世纪下半叶至第二次世界大战前为第一阶段，其特点是在欧洲外来法律制度的影响下，对教法实体加以修订和调整。第二次世界大战后为第二阶段，其特点是在坚持社会法制改革的同时，根据各国的国情，适度肯定教法的地位和作用。在中世纪，伊斯兰教法作为穆斯林行为准则，仍有广泛的影响。但随着时代条件的变化，古代教法学家们所制定的法规，已显现出与实际脱节的倾向。为增强教法的活力，历史上主要以3种方式来调整法律关系：（1）行政干预，即由伊斯兰国家统治者颁布政令或条规，对教法中某些缺陷或明显不合时宜的内容作出新规定。（2）习惯调整，即吸收各地的习惯法以补充伊斯兰教法律例。(3)内部调整,即由专司教法解释的穆夫提或穆智泰希德,就教法疑难问题发表正式见解(法特瓦),作出法律结论。但这3种方式仍不足以从根本上克服教法学说的局限性。自19世纪下半叶,在欧洲法制和伊斯兰现代主义思潮影响下,奥斯曼帝国的统治者,开始对传统教法的形式、内容和司法制度加以修改,掀起了一场自上而下的法制改革运动。在此过程中,法制改革表现出两种不同的倾向和做法:奥斯曼帝国和埃及等国,主要借鉴以法国为主的欧洲大陆法系的司法实践;而印度、苏丹等英国殖民地则以英国普通法系作为改革的样板。

伊斯兰教法改革的范围极为广泛,涉及实体法各个领域,主要是:(1)商事法。改革的宗旨是使商事法规适应现代商品活动的需要。例如,奥斯曼帝国于1850年颁布以法国法为基础的《商法典》,确认商业利息的合法地位,突破了伊斯兰教法的利息禁令,旋于1861年颁布了《商业程序法典》,建立了实施这些法规的世俗法院。经过改革,商事法不再属于教法范畴,而为现代世俗法律所代替。(2)刑法。旨在通过改革限制伊斯兰教法的固定刑罚(侯杜德)。例如,奥斯曼帝国于1858年颁布的《刑法典》,废除了除对叛教者处以死刑外的全部固定刑罚。此后,刑法亦不再属于伊斯兰教法范畴。(3)婚姻家庭法。其修订以1917年颁布的《奥斯曼家庭权利法》为始点和样板,旨在解决传统婚制中存在的几个主要问题,即童婚习俗、对成年女子的婚姻包办、一夫多妻习俗、妻子没有离婚自由等问题。各国通过的有关立法都明确规定了法定适婚年龄,禁止童婚,禁止包办婚姻,限制一夫多妻制,提倡一夫一妻制,允许妻子以丈夫患有先天性生理缺陷、患有不治之症、丈夫虐待、遗弃妻子等理由,依法解除婚姻关系。(4)继承法。其修订旨在克服传统继承法的某些缺陷,如法定继承只限于亡人全部净资产的2/3,直系血亲无权以遗嘱继承方式继承遗产,不承认代位继承等,使遗产继承更趋合理,以维护以父母、子女为主的三代直系血亲的权益。例如,埃及1943年颁布的《继承法》和1946年颁布的《遗嘱处分法》规定,直系血亲除取法定继承中应得的固定份额外,亦有权以遗嘱继承方式继承遗产,并确认代位继承原则,允许孤孙子女以父母的身份继承祖父母的遗产。(5)瓦克夫法。其修订旨在克服传统瓦克夫法的消极性和混乱性,使家庭瓦克夫(即以奉献安拉名义保留的私产)成为可继承、转让的私有财产,公益瓦克夫(即以奉献安拉名义保留的教产)成为名副其实的宗教活动基金。例如,埃及1946年颁布的《瓦克夫条例》规定:公益瓦克夫必须是永久性的;家庭瓦克夫必须是暂时性的,用益期限不超过两代受益人或60年;原所有人有权全部或部分地收回所赠财产或变更用益条件;原所有人亡故后,所赠财产可转归受益人或合法继承人所有。

经过现代法制改革,当今的伊斯兰教法在形式、内容、体制3方面均已发生了显著的变化。形式上已从学说、判例、著作改为现代成文法,以条规为主;内容上不再是包罗万象的"法典",而以婚姻家庭、遗产继承为主体,战后各国通过的"家庭法"、"继承法"、"私人身份法",基本符合现代社会发展的趋势;而在体制上,传统的单一的教法法院已被更完善的多级审判制度所代替,部分国家已被统一的国民司法制度所取代。目前伊斯兰教法的地位大体上有3种情况:(1)教法已为世俗法制所代替的国家。仅限于土耳其。1932年土耳其于资产阶级民主革命胜利后,确立了政教分离原则,撤销了教法法院和伊斯兰教法,采取了全国统一的世俗国民司法制度。(2)仍以教法为国家基本法的国家,包括沙特阿拉伯和波斯湾沿岸的伊斯兰国家。其特征是教法仍为国家确认的基本法,伊斯兰法院仍为国家基本司法制度,受外来法制影响较少。(3)教法为辅助法的国家。大部分伊斯兰国家属于此类。其特征是教法虽不再是国家的基本法,但作为穆斯林民众的"私人身份法",仍有广泛影响。它是民法的辅助法,伊斯兰法院为国家承认的辅助司法机关,教法原则为国家立法渊源之一。近代以来总的趋势是,教法的影响日见减弱,其地位已大不如中世纪时期。但自20世纪70年代以来,随着国际伊斯兰复兴运动的兴起和发展,恢复伊斯兰法制的呼声甚高,在伊朗、利比亚、巴基斯坦等国,已出现法制伊斯兰化的强烈倾向。

(吴云贵)

禁标(al-Mash'ar al-Ḥarām)　伊斯兰教古圣迹之一。阿拉伯语"麦什阿尔·哈兰"的意译。系位于麦加东部穆兹代里法山区的古则哈(Quzaḥ)小山的别称。西距麦加15公里,东离穆兹代里法5公里。伊斯兰教创传前,麦加古莱什人以此为界标,向东不越过此禁山,故名。伊斯兰教先知穆罕默德以及哈里发艾布·伯克尔、欧麦尔、奥斯曼朝觐时都曾在此停留,记念安拉,诵念"应召词"和祈祷词。因之,又有译作"神迹记念处"的。《古兰经》提到此山时说:"你们从阿拉法特结队而行的时候,当在禁标附近记念安拉"(2∶198)。从此,禁标就成为伊斯兰教的圣地古迹之一,并建有清真寺1座。世界各地前来朝觐的穆斯林经过此山时需作停留,举行礼拜,诵念有安拉尊名的赞词等,以示纪念。　(马忠杰)

禁地(al-Ḥarām)　伊斯兰教用语。亦称"圣地"。阿拉伯语"哈兰"的意译,原意为"神圣的"、"被禁止的",引申为"圣地"。一般指麦加和麦地那两圣地(Ḥarmayn)及其周围地区,泛指伊斯兰教的其他圣地(如耶路撒冷、纳贾夫、卡尔巴拉、马什哈德、库姆等)、一些清真寺(如阿克萨清真寺、大马士革伍麦叶清真寺、凯鲁万的欧格白清真寺等)以及什叶派伊玛目和苏非派谢赫的陵墓之地等。伊斯兰教法规定,禁地为神圣之地,故在禁地内禁止凶杀、抢劫、械斗,禁止狩猎、砍伐树木,禁止破坏建筑设施和古迹,严禁非穆斯林进

入。现在通往麦加和麦地那两圣地的入境处，设有“严禁非穆斯林进入”的大型标牌。 （杨克礼）

禁寺（al-Masjid al-Ḥarām） 见麦加圣寺。

禁欲（Taṣfiyah al-Qalb） 伊斯兰教苏菲神秘主义术语。阿拉伯语“泰斯菲叶·盖勒卜”的意译。禁欲与苦行为早期苏菲主义的主要形态，被视为安拉赞许的一种行为方式，为虔诚的苏菲应具有的高尚品行之一。《古兰经》中既有肯定现实人生、反对禁欲主义的启示，亦有重来世精神生活、轻今世物质享受的内容，经中述及的坚忍、节俭、安贫和克制物欲、情欲的思想及类似的圣训，后来被苏菲派视为禁欲主义的权威依据。此外，伍麦叶王朝统治者安于享乐，道德沦丧，社会贫富不均、两极分化的社会现实，引起部分虔诚穆斯林的憎恶，他们更加寄希望于精神生活，以苦为乐，以苦为荣。早在7世纪末，禁欲与苦行作为一种自发的社会思潮，便广泛流行于麦地那、库法、巴士拉、大马士革、巴格达等地，成为早期苏菲精神上的一种追求。9～10世纪，随着苏菲派的兴起，苏菲派学者侯吉维里、卡拉巴基等开始做理论上的阐释，认为一无所有的苏菲苦行者只有断绝一切物欲、情欲，不断地净化心灵，才能达到寂灭无我的、高尚的精神境界。约自12世纪，波斯、中亚等地区出现了以禁欲主义为特征的苦行者团体和个人，称为“德尔维什”（Darwish）。禁欲作为苏菲的一种修行方式和精神追求，有诸多不同的表现，时常因人而异，因教团而别，主要表现为克制、断绝物欲、情欲、俗欲，排除一切杂念，虔诚礼拜、赞念安拉。在苏菲文献中，禁欲主义表现为两个层次。作为苏菲低层次的行为规范，常与安贫、苦行相联系，要求不择衣食，不择寓所，不贪今生的物质享乐，不抱非分之想，一切顺其自然。作为高层次的苏菲功修方式，涉及外部行为和内在精神两方面的修持，不仅在日常行为中要排除俗物、俗欲的困扰，而且在心灵、心态、情感上要断绝一切欲念。苏菲功修的各个“阶段”或“历程”，如忏悔、禁欲、断念、守贫、坚忍、信心和满足，实际上皆为禁欲直至达到寂灭无我的过程。禁欲被认为有悖于伊斯兰教法规定的行为规范，经常遭到伊斯兰学者的谴责，但仍长期盛行于苏菲派中。在其后的发展中，禁欲主义成为一种系统的理论，为苏菲神秘主义的基本特征。 （吴云贵）

经典派（Ahl al-kitāb la al-sunnah） 见罕百里教法学派。

经师 中国伊斯兰教经学大师的称谓。即对精通阿拉伯文、波斯文，通晓《古兰经》、圣训和其他经籍，谙熟教义学、教法学及教史知识，并能教授经学学员的阿訇、毛拉的尊称。该称谓于明末至清代，随着内地清真寺经堂教育的兴起而普遍使用。经师除指清真寺经堂大学的师长外，还常用以尊称品学兼优、在宣教传道及伊斯兰经堂教育中有重要贡献的学者、译著家。明清以来著名的经师有经堂教育家胡登洲、常志美、舍起灵；苏菲主义学派各门宦的创始人马来迟、马明心；伊赫瓦尼派的创始人马万福；经学译著家王岱舆、张中、刘智、马德新、王静斋等。 （余振贵）

经堂语 中国伊斯兰教清真寺经堂教育中使用的一种专门语言。指运用汉语语法规则将汉语、阿拉伯语、波斯语3种不同词汇或词组交互组合成句的独特汉语表达形式。经堂语始于16世纪后期中国回族伊斯兰教学者胡登洲在陕西兴办经堂教育时期。初为伊斯兰教学者在清真寺经堂内向学生讲授伊斯兰教经典时所使用，讲授时选用当时的汉语直译阿拉伯文和波斯文经籍的原意，而在表述时又夹叙、穿插大量的阿、波语词汇，逐步自成体系，形成一套由阿、波语向汉语过渡的汉、阿、波合璧的专门用语，清刘智称之为“经堂语气”，后简称为“经堂语”。由于阿訇在讲“卧尔兹”时也广泛使用和传播这种语言，故其中不少词汇已成为穆斯林大众世代相传的日常用语。

经堂语词汇主要由汉语、阿拉伯语、波斯语和谐音意译语4种成分构成：(1)绝大部分为汉语。除通用的基本词汇外，意译阿、波文词汇时的选词具有以下一些特点：1. 选用恰当的词素构成特定词汇。此类用词很多，如“真宰”、“天命”、“圣行”、“定然”、“天课”、“天方”、“教门”、“归真”、“干功”、“慈悯”、“感赞”等。2. 借用佛道教词汇，赋予其新的特定含义。此类用词亦不少，如“虔诚”、“参悟”、“造化”、“修持”、“大限”、“本体”、“斋戒”、“施舍”、“无常”、“教乘”、“道乘”等。3. 颠倒词序。如“学习”作“习学”，“健康”作“康健”，“饶恕”作“恕饶”，“善良”作“良善”，“道路”作“路道”等。4. 变换词素组合。如“夜晚”作“晚夕”，“的确”作“的实”，“确实”作“委实”，“遵守”作“看守”等。5. 比较准确地使用古汉语。如“乾坤”、“财帛”、“至贵”、“唯独”、“晓谕”等。6. 也有个别用词不够贴切或偏离原意。如将“尊贵”译作“高强”，将“正确”译作“端庄”，将“应允”译作“口唤”等。(2)阿拉伯语音译。如“伊玛尼”（Imān，即信仰）、“安拉乎”（Allāhu，译作“真主”）、“穆民”（Mu'min，即信士）、“塞白卜”（Sabab，即原因、缘由）、“顿亚”（Dunyā，译作“今世”）、“麦兹海布”（Madhhab，即学说、主张、学派）等。(3)波斯语音译。如“胡达”（Khudā，译作“真主”）、“乃玛孜”（Namāz，即拜功）、朵斯提（Doostee，译作“教友”）、“堵什蛮”（Doshman，译作“敌人”）等。每日五时拜和每周七天的名称，中国穆斯林亦习惯用波斯语表述。(4)将阿、波词汇与汉语词汇谐音译意。如“灾失”（波斯语 Zāyesh，原意为“分娩”，引申为“痛苦消失”）、“瘪麻儿”（波斯语 Beemār，原意为“有病”，有时指生理缺陷或毛病）、“多罪海”（波斯语 Doozakh，译作“火狱”）、“哼贼尔”（阿拉伯语 Khinzir 的转读，指猪）等。

经堂语词组的构成分为以下3类:(1)以汉语词汇冠首的汉阿或汉波词组。如“礼主麻”(汉阿,即礼主麻拜)、“写伊札布”(汉阿,指教长在结婚仪式上书写“结婚证书”)、“站者那则”(汉阿,指站在灵柩前为亡人举行殡礼)、“说色兰”(汉阿,即致问安词,穆斯林见面时的礼节)、“念邦克”(汉波,即高声吟诵“宣礼词”,以召唤人们做礼拜)、“接都阿”(汉阿,指将双手举至胸前呈接物状的祈祷仪式)、“洗阿卜代斯”(汉波,即洗小净,穆斯林拜前的洗礼)、“干尔麦里”(汉阿,指做善事、履行宗教义务、门宦教众为亡人举行纪念活动等)、“失伊玛尼”(汉阿,即失去信仰)、“低鲁哈”(汉阿,贬指品行低劣者)、“汉克塔卜”(汉阿,指汉文版伊斯兰教经籍)等。此类用法颇多,其中又多为动宾短语。(2)汉语词组。此种用法亦较常见,多为动宾短语,如“认主独一”、“知感真主”、“参悟机密”、“搭救亡人”、“封斋”、“念经”、“全美的日子”等。(3)阿波词组。如“别奈绥卜”(波斯语 Bee 与阿语 Naṣib 的组合,意为“命运不佳”)、“侯坤买斯来”(阿语Ḥukm 和 Mas'alah 的组合,意为“问题的判断”)等。此类词组有时亦用汉语助词连接,如“板德的哈格”(波斯语 Band 和阿拉伯语Ḥaqq 的组合,意为“奴仆的义务”)、“乌巴里的业提目”(波斯语 Ghubāree 和阿拉伯语 Yatim 的组合,意为“可怜的孤儿”)。

经堂语的句子组合,大都借助于汉语的动词、形容词、副词、结构助词和语气词。如“板德做了个都阿,求胡达襄助”,意即“奴仆(人的自我卑称)做了一次祈祷,求真主护祐”;“安拉乎台阿拉的机密猜不透”,意即“崇高真主的玄机无法猜测”;“那里的穆民乌巴里得很”,意即“那里的穆斯林很可怜”。经堂语译文的特点是逐字直译外文原意,注重对原文词法、语法的推敲,对于原文各种句型,有一套独特的翻译用词和表述方式。与语体文汉译《古兰经》相比较,经堂语译文的上述特色则更为突出。例如:“故你应当为你的主而礼拜”(108:2),用经堂语则译为“既然如此,你应为调养你的主交还乃玛孜着”;“真主所喜悦的宗教,确是伊斯兰教”(3:19),经堂语译文则为“委实教门近主的跟前是伊斯俩目”;“天地万物都是他的”(2:255),经堂语为“在一些天里边的那个与在地里边的那个是唯独他的”;“正邪确已分明了”(2:256),经堂语为“的实正道从迷路上显啦”;“你们谁的作为是最优美的”(67:2),经堂语为“你们那一个是打干办的一面至俊美的”;“只要有使者来教化他们,他们便加以愚弄”(36:30),经堂语为“不来在他们上一位钦差便罢,但有了,他们就戏弄他”。

经堂语系中国伊斯兰教学者在特定的历史、文化条件下为传播伊斯兰教教义而独创的一种自成体系的语言表达形式,至今仍为清真寺经堂教学中所使用。

(杨宗山　冯增烈)

经文大学　中国伊斯兰教清真寺经堂教育建制之一。据《中国穆斯林经堂教育》一书记述,中国明代中叶著名回族伊斯兰学者胡登洲(1522~1597)鉴于当时伊斯兰教的经典书籍,传入中原者,皆系阿拉伯文或波斯文本,一般穆斯林不懂,讲授经师又很匮乏,便在私宅兴学,收徒讲经。其后各地清真寺仿效设办,年久遂形成中国伊斯兰教阿訇培养的定制。经文大学多设于大、中清真寺内,主讲教师由各该寺开学阿訇担任,学员被称为“满拉”或“海里凡”。课程没有定制,也没有班级排列,一般为经文小学的继续。教材分为两类:一是阿拉伯及波斯语言文字课程,在已学好“连五本”的基础上学习虚词作用与应用,形态学及专讲组词、造句规则的《遭五》、《满俩》,接着进修修辞学《白亚尼》、逻辑学《曼推格》。二是宗教专业课,有教法学《伟嘎业》及一些圣训经籍与注释,有认主学《凯拉姆》与《古兰经》注释名著《嘎最》。有的经文大学兼授波斯语法学《海瓦依·米诺哈吉》、认主学(即《昭元秘诀》)、《法苏里》。有些格迪目派的经文大学还要讲授苏菲派哲学《赖麻尔蒂》、《米尔萨德》(即《归真要道》)。个别经文大学以波斯文文学名著《古洛司汤》(《真境花园》)为重要参考教材。学员来源,多是当地有志于宗教教育事业、准备担任阿訇的男性青年;也有的在原籍已有一定的伊斯兰文化素养,为了深造而负笈求师寄读于有著名阿訇的清真寺。经文大学的主讲教师没有专项酬金,学员也不交纳学费,家境贫寒者可以接受本寺教众所送的海迪耶以作生活费用。所有满拉可以随阿訇参加教众所举行的婚丧仪式而收受海迪耶。经文大学的学制没有定期。一般进修6~7年可以学完主要课程。主讲教师认为某一学员已学有所成,具备了担任小寺开学阿訇的条件,便给予“穿衣挂幛”——为其举行毕业仪式。如毕业日恰有寺院聘请开学,则由聘请寺院为毕业受聘学员赠送长方形绿布奖旗,称之为“挂幛”。

(冯增烈)

经文小学　中国伊斯兰教经堂教育建制之一。俗称“经学”。专为年满6~7岁的穆斯林儿童所设,多在清真寺内;少数系私人开办,在教师或师娘的住宅内。设在清真寺内的经文小学,教师皆由该寺教职人员担任。课程由认识、诵读、书写阿拉伯字母开始。待学会拼音之后便相继以《索尔夫》、《穆阿济》、《扎佳尼》、《阿瓦米勒》与《米苏巴哈》为教科书(俗称“连五本”)。进而开讲《亥听》(即《古兰经》选读本)、《古兰经》。经文小学的学童至10岁左右,率多辍学从事家庭生产劳动或参加社会职业,只有少数人转入经文大学,继续接受高一级的伊斯兰教经堂教育,被称为“满拉”或“海里凡”。经文小学没有严格的学籍管理,招生不定期,也不经过考试,辍学或退学甚为自由,没有班级排列。学童的进度不齐,故普遍采取复式教学法。另有伊斯兰教常识课程,每日放学前集体朗诵(系中国阿訇自编启蒙教材,俗称“杂学”)。“杂学”的内容包括沐浴、礼拜、斋戒、丧葬及游坟等宗教活动应念的都阿、苏赖。1911

年辛亥革命成功后，一些设于清真寺内的经文小学开始聘请懂汉文的穆斯林给学童加授汉文启蒙性教科书。女童上经文小学大多在师娘私宅。学费没有定制，学童家长可量力向师傅（师娘）不定期地馈送海迪耶。（冯增烈）

《经行记》 中国唐代游记体古籍。系介绍当时西亚各国的社会、经济、文化、宗教的专著。作者杜环，汉族，系《通典》作者杜佑的族子。天宝十年（751）杜环参加了中国同大食国间的怛罗斯之战，兵败被俘。后在中亚、西亚和地中海沿岸等地游历了12年，于宝应初年（762）乘船回到广州。将自己在异国的见闻和实地考察撰成此书。原书早已散佚。《通典·边防典》只引用了其中1510字的篇幅。记唐时中亚各国和大食、拂菻、苫国等国家的情况及中国绫绢工人、金银匠、画家等流徙中亚传播唐代科技文化的情况。其中有关伊斯兰教的记叙有3点：（1）关于伊斯兰教的教义："不拜国王父母之尊，不信鬼神，祀天而已。"正确记述了伊斯兰教"信主独一"不崇拜偶像的基本信仰。（2）关于伊斯兰教的功修："无问贵贱，一日五时礼天。食肉作斋，以杀生为功德"。"又有礼堂，容数万人。每七日，王出礼拜，登高坐为众说法。""每七日一假，不买卖。"记叙了伊斯兰教礼拜、封斋、聚礼等情况。（3）关于穆斯林的习俗："女子出门，必拥蔽其面"、"断饮酒，禁音乐"、"法唯从宽，葬唯从俭"。"不食猪狗驴马等肉"、"不食自死肉及宿肉"等，说明了穆斯林的生活习俗、丧葬及饮食禁忌。此外，作者以"大食法"概括伊斯兰教教义与政教合一的社会制度，以"天"表述"安拉"是"最高的存在"，以"礼天"表示伊斯兰教的拜功，以"王"称当时阿拉伯国家的"哈里发"等等。杜环在《经行记》中关于伊斯兰教与阿拉伯社会情况的记载，是根据他在西亚等地10余年的生活实践，就耳闻目睹的真实情况所作的如实记录，不带任何偏见。他的著述代表了唐代中国人对伊斯兰教的了解与认识，是唐宋时期仅有的正确而具体的记叙。白寿彝在《从怛逻斯战役说到伊斯兰教之最早的华文纪录》中把《经行记》对于伊斯兰教的记叙与中国造纸术的西行并列为当时战争的"两种影响"，是中世纪阿拉伯帝国与唐王朝间文化交流的成果。为研究中国伊斯兰教史和中国与阿拉伯国家关系史的珍贵史料。该书有英、德、法、日等文译本。《全唐文》收有《大食国经行记》。近代丁谦撰有《经行记地理考证》，收入《浙江图书馆丛书》。王国维在《古行记校录》中作了校录，收入《王静安遗书外篇》。1963年中华书局出版张一纯《经行记笺注》，博采众长，析为12篇，分列12国事，考证精细，较为完备。（罗万寿）

《经学系传谱》 中国伊斯兰教学术史专著。清代康熙年间回族穆斯林学者赵灿编著。赵灿道号裕心贫者，为清代著名经师舍蕴善的学生。他写《传谱》的起因是目睹很多逝世的伊斯兰学者"多有知姓而不知字讳"或"知人而不知乡贯者"，故不忍"听其湮没"，遂着手对已逝世和健在的著名学者"纪而辑之"。《传谱》的主要内容为记述明朝和清朝前期中国回族、撒拉族著名伊斯兰经师和他们之间的师承关系及其社会活动等。书稿成于清康熙年间，只有4部手抄本流传。据赵灿"阅谱正义凡例"说："此谱原稿一样两本，一存襄阳蕴善先师府上，一存余笥"，后"复誊录二本，微增损之，一附南都远呈懋翁袁老先生台下，一存燕台金府"。1987年，杨永昌、马继祖共同完成了书稿的整理、注释、标点工作。在传谱正文之后有增补的"赴都纪事"、"为主贤德之乡耆纪事"、"劣师纪事三条"、"附经堂八咏"、"附当今皇上万寿书"等内容。可知这部原稿正为"复誊录二本，微增损之"的一本。由于原稿整体结构较乱，标注者在整理过程中，在尽量保持作品原貌的情况下，对原稿结构作了一些调整，原稿中的阿拉伯文也译为汉文。整理后的《传谱》由青海人民出版社于1989年7月出版，全书约9.3万字。已出版的《传谱》正文前有舍蕴善以"真回破衲痴"名义写的序及著者先后写的8篇"叙"、"系传总图"及"阅谱正义凡例"。著者序文的宗旨为劝学伊斯兰教义训诫，并分别命名为"告天下万世之学者"、"勉天下万世之学者"、"录考城乡耆公议戒约"、"录蕴善先生规序"。此外，还用两个篇章介绍了舍蕴善先生"收录门人法"及"授学教徒法"。《传谱》正文共记载了27位著名经师的传谱，分别为先太师胡老先生、冯海二先生、海文轩、舍蕴善、皇甫经等。列入《传谱》的经师都是时人公认为品学兼优的宗教学者。著者撰稿时，遣词造句十分严谨认真，绝不凭笔者个人好恶随意褒贬。即使是弟子同窗，如没有"授学得法、广成人才"的突出成绩，同样不能立传。该著从许多方面反映了明末清初中国穆斯林社会和经堂教育的实际状况，是研究中国伊斯兰教经堂教育的发展变化和经师、学者思想的重要著述。

（余振贵）

经训不悖说 伊斯兰教法学概念。指《古兰经》与圣训之间没有矛盾，其基本精神是完全一致的。9世纪，由著名法学家沙斐仪（767～820）在其名著《法源论纲》中所提出。提出此说意在制定一种更严谨的法学理论体系，以统一教法实体。此前，早期诸教法学派中的"圣训派"曾提出过圣训立法的主张，但未给予理论论证，而以"经典派"著称的马立克派常以不合经义为由拒绝接受那些有悖于麦地那习惯（称为"逊奈"）的圣训传说，故此需要从法理上阐明经、训的关系。沙斐仪对此作了3点论证：（1）以"你们当服从真主，应当服从使者和你门中的主事人"的经文（4∶59）为据，阐明了服从安拉和服从使者的一致性，要求信士们像服从安拉那样去服从使者，指出只信安拉不信使者，其信仰是不能成立的。（2）据经中"包含智慧的经典的节文"（10∶1），指出在《古兰经》里，"智慧"一词与经典相联系，而安拉又一再诫命信士要服从使者，故"服从"只能理解为服从经典规定的义务，而“智慧”只能理解为先知的言行，即圣训。(3)指出先知的逊奈同《古兰经》一样，皆源自安拉之启示；而安拉之恩典可取不同形式，有些表现为无启经文，有些则取不成文立法的形式。但不论取何种形式，皆为安拉之诫命，故信士皆须遵行，不得以任何借口违抗。沙斐仪据此得出结论：《古兰经》与圣训同为立法之最高依据，圣训只解释、补充经典。经训不悖说确立了圣训仅次于《古兰经》的立法地位，促进了圣训立法的发展，成为一种流行的法学理论观点，沿用至今。（吴云贵）

《经义汇解》(Majma‘al-Bayān)　见什叶派经注。

经字画　中国穆斯林用阿拉伯文书写伊斯兰教经典中警句、格言的一种书法艺术形式。它是伊斯兰教传入中国后阿拉伯书法在穆斯林生活中的具体运用和发展。元至正九年(1349)，吴鉴撰《重修清净寺碑记》称，阿拉伯书法为“书体旁行，有篆、楷、草三法”，足见这种书法在元代就已经流行于世。最初，阿拉伯书法多用于清真寺礼拜殿装饰和碑文铭记。由于穆斯林严格遵守《古兰经》的训谕，对于学习研究伊斯兰教所需之《古兰经》、古兰经注、圣训、教义、教法等经书典籍，一般都是自己誊抄缮写，这已成为中国穆斯林学习伊斯兰教知识的重要手段。故阿拉伯书法用于抄写经文、教材在很长时期内成为大量的、普遍的现象，并为阿拉伯书法艺术在中国的发展奠定了基础。经过长期的实践，阿拉伯书法博采汉字书法之长，从原来的库法体(al-kūfi)、苏鲁斯体(al-Thulthi)、波斯体(al-Fūrisi)等演变成具有中国特色的“中国体”。经字画，就是“中国体”在书写技巧上集阿拉伯书法与伊斯兰艺术于一体，并吸收汉字书法中的布局、格式、间架、笔法、墨迹、印章等特点而创造的一种具有中国风格的阿拉伯书法艺术。经字画的书写与组编极为丰富多彩，且要求每个字、词、句都要加以精心设计和构思。从笔画的粗细、长短、曲直、轻重缓急到相互之间的排列、组合及整体造型，都要配合得体，自然浑成，使笔墨浓淡不一，飞白相间，表现出与汉字书法艺术相类似的风格。在形式上则以汉字书法常用的中堂、横幅、匾额、对联、四扇屏等予以表现。其内容多为《古兰经》和圣训中的警句、格言，或是伊斯兰教有关劝善止恶、扶危济贫之类的条款、戒律与祷词等。有一句话为一幅的，也有几句话为一幅的；对联的形式除句法相似、内容相关外，往往写成方块菱形互相对称；排列的顺序或自右至左，或自上而下，互相交错，体式多变。其他还有用阿拉伯文组成汉字或各种花卉图案等，使经字画充分体现了中阿文合璧的书法艺术。书写经字画的笔与一般的笔不同，主要有草茎笔、麻秆笔、竹条笔、木板笔等。由于地区不同，选材与制法不尽相同，一般均由书写者就地取材，自制而成。经字画在中国穆斯林中广为流传，备受推崇。它不仅可在清真寺的殿堂门楣上作匾制幅，点缀庭栏，而且作为家庭装饰和伊斯兰标志，深受广大穆斯林群众的喜爱。经字画的出现，是中国穆斯林刻苦钻研、勇于探索的艺术结晶，是中国书法艺术的一个组成部分。（陈进惠）

精诚兄弟社(Ikhwān al-Ṣafā’Wa Khullān al-Wafā’)　10世纪阿拉伯宗教哲学学术团体。亦译“精诚同志社”。又称“公道派”、“百科全书派”。该社团视成员间志同道合的友谊为至上，自称为“诚挚的兄弟加朋友”，故名。10世纪中期由一批具有自由思想的穆斯林杰出学者在巴士拉秘密组成，在巴格达设有分社。凡参加该社的成员不公开身份，采取秘密的形式进行政治和学术活动。曾同什叶派的伊斯玛仪派、苏菲派、穆尔太齐赖派的学者及卡尔马特运动的领导人均有密切联系。该社团以神圣、纯洁、忠诚为其训条。他们在政治上不满阿拔斯王朝的统治，主张改良宗教和社会。宣称伊斯兰教已被愚昧和无知所污染，陷入迷误，须用哲学和科学知识加以洗涤和医治。宣布不持派别偏见，主张研究和吸取对人类有益的一切宗教、哲学思想和科学知识，博采伊斯兰教各学派学说，建立包罗人类一切学问和智慧的哲学，以启迪人们的理智，对宗教信仰完全彻悟，达到纯洁灵魂，认识真主并与真主合为一体。

精诚兄弟社编纂了一部百科全书式的“论文集”(Rasā’il)，辑有51篇论文(一说52篇)，内容分为4大类：数学、物理学、形而上学和宗教教义学，涉及到哲学和自然科学的各领域，并用隐喻方式发表政论。该书约于970年出版，主要作者是白思谛(al-Basti)、赞加尼(al-Zanjāni)、奈海尔祖利(al-Nahrajuri)、奥迪(al-Audi)、伊本·利法尔(Zayd ibn Rifa‘ah)等。“论文集”阐述了其宗教哲学思想和社会主张。在哲学思想上，他们吸取新柏拉图主义的“流溢说”、毕达哥拉斯派的数论、亚里士多德的逻辑学和恩培多克勒的观点，并博采伊斯兰教各派之说，特别是伊斯玛仪派的宗教哲学思想，采用折中主义的方法，以调和宗教与哲学、理性与信仰。用哲学和自然科学观点论证伊斯兰教义，形成庞杂的宗教哲学思想，具有明显的世俗倾向。

在宇宙生成论上，他们提出了以数字为象征的安拉流溢说。认为安拉的独一是世界的本原，安拉是超乎一切物质和精神的最高实在。他们强调万物就是数字，整个世界由数字按逻辑次序组成，从数字“1”作基点演绎出诸多事物。世界万物是由安拉按数字1～9的次序流出的结果，9个数字代表宇宙生成的9个阶梯。其流出的次序是：1代表理性(即安拉的睿智)；2代表宇宙灵魂；3代表共相物质；4代表第一物质；5代表自然力；6代表形体；7代表宇宙整体；8代表四元素(水、火、气、土)；9代表矿物、植物和动物。上述造物过程可反过来，从9到1，返回到唯一的安拉。他们还认为世界由实体(物体形态)和偶性(精神形态)两大部分组成，现实世界的各种现象只是理念世界的虚幻映像。

在认识论上，他们认为既然万物由数字组成，因此认识和研究事物，必须以数字和字母为开端，通过逻辑推理，揭示事物与数字的内在关系。他们将认识的对象分为对安拉的认识和对自然界的认识两大类。人们对安拉的认识可分为凡人的认识和贤哲的认识两种不同的途径。凡人的认识是通过履行宗教功课，制欲苦行，崇尚信爱，实现心灵净化，达到认识真主的目的。这是一种从信仰基点出发的外在的认主方式。虔诚的贤哲的认主方式，是以自然科学所提供的大量经验知识为基础，通过抽象的思维，用数字逻辑推断并证明安拉的真实存在，用理性来领悟安拉的万能、睿智和创造，这是一种内在的、高深的认主方式。人类凭借安拉所赋予的灵魂(即智力和灵感)，通过感官、证言和思维的各种能力获得知识，能够认识世界万物及其必然性。人类认识事物的方法是一个循序渐进、由个别到共相一般、由表及里的过程。人类灵魂首先借感官认识事物的表象，获得零散的、粗浅的认识；由此前进一步，将无数表象加以综合，运用数学和逻辑，进行推理，达到对事物本质的认识。只有理性的认识才能获得真知。人类的理性具有判断是非、控制行为、改变习性和支配意志的能力。

在灵魂与肉体的关系上，他们提出“灵魂净化回归说”。认为人的“个体灵魂”是从安拉创造的“宇宙灵魂”流溢出来，依附于人的肉体；人的灵魂是宇宙灵魂的一部分，它不能独立存在。认为人的灵魂的形成与天体的形成有密切关系，母体怀胎灵魂就进入肉体，其胎儿的发育过程，受到日月星辰等的作用和影响。人出生后的成长过程，其灵魂要受到现实的各种磨炼，灵魂的升华或沉沦，取决于环境的影响和所受教育而获得知识的程度，从而使灵魂趋向善的或恶的两种结果，愚昧和无知是灵魂趋向恶的根源。宇宙是一个“大世界”，当宇宙灵魂与宇宙万物分离后，宇宙的“大末日”到来，万物将灭亡。人是一个“小世界”，当人死亡后，人体灵魂脱离肉体束缚，经过净化，回归到它的精神本原(即独一的安拉)。

在宗教信仰问题上，他们认为人对安拉的信仰可分为两类：表面的信仰和内在的信仰。表面信仰指“口舌招认”；内在的信仰指“内心笃信舌之所诵”，真正的信仰必须是表里合一，言行一致。他们把信仰的体现分为外在和内在两种形式：外在的形式是履行“五功”，身体力行；内在的形式是用理性净化心灵，领悟造物主的睿智和玄机。他们还主张判断信仰是否虔诚的标准，除履行“五功”、善行和高尚的品德外，还必须具备渊博的各种知识，否则是盲目的信仰。在教法问题上，他们认为，应把信仰和教律严格加以区别。对安拉的信仰是神圣的，绝对不能动摇；而教律是依附于信仰的，它是根据一定的社会条件由人制定的维护信仰的行为规范准则，要随社会环境的变化而制定新的教律，不能固守各种过时的陈腐观念。

精诚兄弟社的“论文集”集希腊哲学、伊斯兰各派学说和自然科学之大成，具有重要的学术和文学价值，对当时的知识界和伊斯兰教各派都有一定的影响，对阿拉伯哲学思想的发展起了推动作用。

（杨克礼　张广麟）

精底格(Zindiq)　伊斯兰教用语。系阿拉伯语中的外来语，源于波斯语 Zandik，意为二神教徒或假装信教者。早期专指祆教和摩尼教教徒。后指穆斯林宗教观念中带有祆教和摩尼教倾向者。亦泛指持有自由思想的人和无神论者。阿拔斯王朝第三和第四任哈里发马赫迪(744～785)和哈迪(761～786)执政时期的宗教裁判所，曾将一些精底格人士和一些持不同主张的伊斯兰学者以此罪名处以磔刑，从而压制了学术思想领域的自由讨论和争鸣。

（马忠杰）

精灵(Jinn)　见镇尼。

净觉寺　中国伊斯兰教清真古寺。位于江苏省南京市城南三山街，原名“三山街礼拜寺”，为该市规模最大的寺院。明末清初，是伊斯兰学术研究活动的中心。始建年代说法不一，有文字记载的一说是洪武二十一年(1388)，一说洪武二十五年(1392)。据明弘治五年(1492)王鏊所撰《敕建净觉礼拜二寺碑记》载：洪武二十一年，西域鲁密国人亦卜剌金、马可鲁丁等，“为征金山开元地面，遂从金山境内随宋国公归附中华。钦蒙高帝喜其宾服，钦赏绢丝银钞等物，著落礼部给与脚力，前往永平府搬家小赴京居住。因而敕建二寺安扎，将马可鲁丁等五户，分在望月楼、净觉寺居住”。又据永乐三年(1405)西安化觉寺碑文载：“洪武二十五年三月十四日，咸阳王赛典赤七世孙，赛哈智赴内府宣谕。当日于奉天门奉圣旨，每户赏钞五十锭，绵布二百尺与回回。每分作二处，盖造礼拜寺二座：南京应天府三山街铜作方(坊)一座，陕西承宣布政司西安府长安县子午巷一座”。净觉寺建成不久即毁于火灾。明宣德五年(1430)回族航海家郑和，在第七次下西洋前夕，奏请宣宗重建。据《敕太监郑和重建礼拜寺记》载：“得尔所奏：南京三山街礼拜寺被焚。尔因祈保下番钱粮人船，欲要重新盖造，此尔尊敬之心，何可怠哉？尔为朝廷远使，既已发心，岂废尔愿？恐尔所用人匠及材料等项不敷，临期误尔工程，可于南京内宫监式工部支取应用，乃可完备，以候风信开船，故敕。宣德五年七月二十有六。”明嘉靖年间(1521～1566)，世宗朱厚熜赐以“净觉寺”匾额。相传净觉寺在明代南临宫街，西至马巷，东至三山街(现中华路)，北至砂珠巷，约占地 40 亩。当时礼拜大殿面宽、进深各为 9 间，规模宏大。清代，净觉寺又遭毁坏，太平天国据南京时，曾将寺之梁栋榱桷移建藩邸。现存建筑为晚清重建。大殿北边有乾隆四十七年(1782)重修碑记一通，墙上嵌有 3 块重建重修年份的小碑石,分别刻有“光绪丁丑三年桂月重建”,“光绪己卯五年×月重修”等字样。净觉寺保留下来的明代建筑有礼拜大殿围墙和砖雕牌坊1座。大殿围墙今尚存,高10.5米,底和顶的厚度分别为1.1米和0.6米。砖雕牌坊于“文化大革命”中被毁。该寺于1979年以后再次修葺,占地面积4363平方米,建筑面积1.650平方米。寺院临街之门从南入,进入寺门,迎面有按明代原貌重建的砖雕牌坊1座,上面布满砖刻纹饰,居中数龙蟠一玉石,石上镌有“敕赐”2字。整个寺院为中国庭院式结构,前后2进。最前面为望月楼,有楼厅3间,前带廊房,背朝前而作“倒座”形式。稍往后二侧,有南北讲堂各3间。二屋后部横亘隔墙一堵,中央辟以月形洞门。后进中央是正厅,其后是大殿,正厅与大殿之间连以廊屋,整个平面呈工字形。正厅作方形,面阔、进深各3间。大殿为中国式大屋顶结构,正脊上书有“无像宝殿”4字。殿内高10.5米(檐口高7.5米),阔7间,进深5间(带左右前廊),面积约400平方米,可容500人礼拜。大殿正门额上悬有“正心诚意”的匾额一块,为“民国十一年六月南京回教联合会会长暨会员敬立”。据历史记载,明末清初伊斯兰教著名学者王岱舆、伍遵契、刘智等人曾在该寺进行宗教学术活动。抗日战争前夕,中华回教总会及南京分会筹备委员会均设于此。该寺已被列为南京市文物保护单位。 (米寿江)

净礼(al-Ṭahārah) 伊斯兰教法定的洁净礼仪。阿拉伯语“泰哈赖”的意译,指沐浴净身。关于净礼的重要性,《古兰经》云:“从第一天起就以敬畏为地基的清真寺,确是更值得你在里面做礼拜的。那里面有许多爱好清洁者;真主是喜爱清洁者的”(9:108)。穆罕默德亦曾说过:“外清内洁,是伊玛尼的一半。”故“纯净”不仅指外部身体、衣服、居处的整洁,也指内心信仰的端正,心地的纯真。据此,伊斯兰教法规定,礼拜之前必须沐浴,即所谓净心必先净身。关于净礼的具体规定,《古兰经》云:“当你们起身去礼拜的时候,你们当洗脸和手,洗至于两肘,当摩头,当洗脚,洗至两踝。如果你们是不洁的,你们就当洗周身。如果你们害病或旅行,或从厕所来,或与妇女交接,而得不到水,你们就当趋向清洁的地面,而用一部分土摩脸和手”(5:6)。净礼分为小净(Wuḍū')、大净(Ghusl)和土净(Tayammum)即“代净”三类。小净系部分洗浴,凡《古兰经》明文规定必洗的部位,洗为遵守“天命”。至于其他如净下、搜须、灌耳等,则是遵照先知的习惯,称为“圣行”。穆斯林除在礼拜前必须进行小净外,其他如诵经、静修、纪念亡人、宰牲时也都要先进行小净。大净为冲洗全身,凡在房事、遗精、妇女月经或产后均必须做大净,而在聚礼日、洗亡人和扎痧子前作大净,则属遵循先知的圣行。此外,归信伊斯兰教的人在入教前也应进行大净。土净则是对患重病、外科病而不能用水者,或旅行途中无水可洗者的变通规定,即拍土、沙、石而后抹脸及双肘即可。以上凡洗过大净者,中国穆斯林俗称其为“带水”或“有水”,否则称为“不带水”或“没水”。有大净者如需礼拜、诵经、行婚丧礼等,只需洗小净即可。未作大净者,不得进入礼拜殿、抚摸《古兰经》、接近亡人尸体或参加其他宗教活动。净礼开始时必须“举意”,即申明洗浴的原因和目的,然后按照大、小净的不同沐洗程序用净水冲洗,并在每一程序中默诵规定的祷词。净礼时不许谈话喧哗,不许“羞体”外露,也不许浪费水。教法规定净礼是穆斯林履行念、礼、斋、课、朝五项功课的先决条件,它已成为穆斯林一切宗教活动的礼仪,在教法中具有重要的地位,因此关于水的脏净,净礼破坏的条件等,在教法中都有详细的规定。 (冯增烈)

九大吾里 见九大贤人。

九大贤人(Wali Sangn) 印度尼西亚爪哇岛最早传播伊斯兰教的9位传教长老的统称。亦称“九大吾里”。爪哇岛约占印尼人口的半数,15～16世纪,通过九位贤人的传教活动,使伊斯兰教在该岛迅速传播,并先后建立了伊斯兰教小王国。九大贤人各有传教区,既是宗教领袖(苏南),又是教区的军政首领。其名字多以其传教地命名,受到印尼穆斯林的尊崇。据印尼《爪哇诸王志》和《爪哇历史》载,九大贤人是:(1)马立克·易卜拉欣(Mālik Ibrāhim),亦名毛拉纳·马格里布,据传为波斯卡鄯部族人,15世纪初从印度孟买(一说伽兹尼)来到爪哇岛的锦石和泗水一带传教,1419年病殁于革儿昔,葬于加普腊·韦顿(Gapura Wetan)墓地,墓石刻有阿拉伯文,至今犹存。(2)苏南·安佩尔(Sunan Ampel),一译苏南·阿姆贝尔,原名拉登·腊马特,为麻诺巴歇国王克尔塔·威查亚之信仰伊斯兰教的王妃之侄,系占婆国人,后定居苏鲁马益附近的安佩尔,同杜板行政长官阿尔亚·德查的女儿结婚,约于1445年到达东爪哇传教,并培养了大批门弟子。据传他为华裔血统的穆斯林,汉名彭瑞和。其墓地在今东爪哇首府泗水附近。(3)苏南·博囊(Sunan Bonang),原名玛哈敦·易卜拉欣,生于1465年,为苏南安佩尔之长子。1490年曾在马六甲师从波斯伊斯兰教传教师学习教义,后回到东爪哇杜板附近的博囊地区传教。其墓地在东爪哇杜板。(4)苏南·吉里(Sunan Giri),原名拉登·巴库。原为革儿昔一穆斯林女富商涅伊·格德·木纳德的义子。11岁时被义母送到苏南·安佩尔处学习伊斯兰经籍。1490年随同其师长子苏南·博囊到马六甲师从波斯籍传教师学习伊斯兰教义。后回到爪哇,继承了义母的财产,在革儿昔南面的吉里建立清真寺和府邸,传教并培养门弟子,将伊斯兰教传到东爪哇和马都拉等地,并支持淡目国王灭满者伯夷王国的斗争。其墓地在东爪哇的锦石。(5)苏南·德拉查蒂(Sunan Drajat),原名谢里夫丁·穆拉德,为苏南·安佩尔又一子,早年从父学习,后被派往西达尤地区的德拉查蒂传教，建立教区。其墓地在东爪哇的锦石。(6)苏南·卡里查加(Sunan Kailjga)，原名佐果·赛义德，为满者伯夷王国德孟贡(即王朝高级官员)之子，他曾在井里汶地区的卡里查加师从苏菲传教师修道，后到淡目附近的阿迪朗古建立清真寺传教，培养门弟子。其墓地在淡目。(7)苏南·古突斯(Sunan Kudus)，原名拉登·贾法尔·萨迪格。曾在中爪哇的古突斯传教，建有清真寺，曾率教区穆斯林向满者伯夷王国发动"圣战"，协助建立淡目素丹国。其墓地在古突斯。(8)苏南·穆里亚(Sunan Muria)，原名拉登·博拉沃图·赛伊德。他原是苏菲苦修传教师，在穆里亚山修行传教，逝世后葬于此。(9)苏南·古农·查提(Sunan Gunung Jati)，原名谢里夫·希达叶图拉，又名法利塔汉。出生在须文达腊—巴赛国。1521年去麦加学习教义数年，回国后到淡目国传教，享有盛名。后娶淡目素丹特林加纳之妹为妻，担任军事将领。1527年他率军打败葡萄牙人的入侵，占领万丹，后又攻占雅加达和井里汶，于1552年建立万丹国，后将权力交其子哈桑努丁掌管，他居井里汶专事传教和培养门弟子。1570年逝世，其墓地在井里汶的查提山。 （杨克礼）

九龙清真寺 中国香港地区伊斯兰教清真寺。为香港较具规模的大寺，坐落在九龙尖沙咀弥尔敦道150号。该寺始建于1896年，由当时英属印度驻军中的穆斯林军人主持兴建，耗资1500万港元，寺址在威菲露兵营。1902年进行过翻修，至1980年该寺多处倒塌，香港各伊斯兰团体及穆斯林人士又集资重建，于1984年竣工，建筑费近3000万港元。其间曾得到伊斯兰世界联盟资助。新寺占地面积1500多平方米，为3层楼房建筑，圆顶拱形，两旁矗立对称的望月楼，整个建筑全用大理石贴面。底层为大礼堂，内设图书馆、会议室、《古兰经》研究室及青年文化进修中心；二楼为礼拜殿，可容纳近千人礼拜；三楼为妇女礼拜殿。整个清真寺雕筑精细，巍峨壮观，富有现代阿拉伯伊斯兰建筑特色。 （马云福　张志诚）

九·一六教案 见北平新报事件。

久照亭 见阂中巴巴寺。

韭菜坪门宦 中国伊斯兰教苏菲主义嘎迪林耶学派所属支系之一。因以宁夏回族自治区海原县韭菜坪为传教基地，故名。该门宦是青海后子河杨门门宦的支系，创建人安洪维(？～1920)。回族。甘肃平凉人。出身于农民家庭，是嘎迪林耶后子河拱北第六代道祖安裕和的族孙。10岁离家，跟随后子河拱北第七代道祖杨保元学习嘎迪林耶派学理。杨保元逝世后先葬于化隆泉，后迁葬于后子河，安洪维为他修建了拱北，并以"老人家"身份主持后子河拱北教务，在青海大通和宁夏海原、固原地区传教，后定居韭菜坪。1920年在固原传教时殁于当地大地震中，终年80余岁。安洪维逝世后，其弟子马进云、杨枝荣先后主持韭菜坪教务。杨枝荣是固原铁家沟人，9岁到韭菜坪拱北修道，20世纪50年代病故。韭菜坪门宦的主要教义和仪礼除以《古兰经》、圣训为信仰的基本准则外，主要特点是：(1)主张"先道后教"，出家修道，不娶妻室。出家人以漫游四方、访师求道为尚。(2)每年要到所属教坊巡视一次，名曰"串访"，届时接受束脩馈赠。(3)道堂于每年农历正月初一、三月二十五、八月十五和九月初九为前辈老人家做忌日，宰牲念经，教民要拿"乜帖"赶"尔麦里"纪念会。该门宦所属拱北共有15处，都是修道者的墓地或静室。其先后主持人为：安洪维、杨枝荣、马进荣。教民万余人，主要分布于宁夏海原、固原，青海大通及甘肃兰州等地。 （马　通）

《救迷者》(al-Munqidh min al-Ḍalāl) 中世纪伊斯兰教哲学著作。亦译《摆脱迷误》。安萨里著。共4卷，约成书于1108年以后。为作者晚年对自己的宗教哲学观点和思想、精神生活进行全面总结和反省的论著。其主旨在于通过纠正、澄清长期困扰他的一些思想认识问题和怀疑而求得"真知"(al-'Ilm al-Yaqini)，最后达到认识"真理"(al-Ḥaqq)的目的。反映了著者思想信仰发展变化的过程。该书内容主要对凯拉姆学关于真主与世界关系的思辨论证、哲学的宗旨与唯理论、内学的隐义与伊玛目的教导以及苏菲主义的修炼道路进行了系统的论述和比较研究。指出：(1)凯拉姆学的任务是维护伊斯兰教的一般信条，著者说他对此并不感到满足，认为这对于他要达到最终真理是远远不够的。(2)关于哲学，作者认为，以前的哲学家一般都主张世界是无始的，这同伊斯兰教的真主创造说是相背的。书中把哲学家按其主张分为3类：一是"光阴派"(Duhriyyah)，说该派主张"世界凭自身而存在"，否认真主意志与能力的作用；二是"自然学派"(Ṭabi'iyyah)，此派虽然信仰真主的存在，却不信仰后世和灵魂不灭；三是"形而上学派"(Ilāhiyyah)，书中着重批驳了古希腊哲学家柏拉图的"理念"论和亚里士多德的"第一本体"论以及受他们思想影响的阿拉伯哲学家法拉比和伊本·西那的"由第一存在真主流出第二精神"以及运动和时间永恒等主张。(3)认为内学派提出让人们事事因循伊玛目教导的主张，是无法认识真理的，也是同教义、教法相违背的。(4)作者肯定了苏菲主义的认主道路，认为苏菲派"不是空谈家"，而是凭借认知和修炼达到"确信真主、先知和后世"的精神境地。该书是安萨里于1105年结束10年云游生活、回到故乡内沙布尔恢复讲学后着手撰写的。他以答复教友提问的方式陈述了自己的思想历程，剖析了各家各派的哲学观点和主张，最后他从理论上肯定了苏菲主义道路，并使之与凯拉姆学协调，完成了逊尼派宗教哲学的理论体系。该书在伊斯兰哲学史上产生过很大影响。现

有 1891 年开罗阿拉伯文铅印本。（马忠杰）

就理 中国伊斯兰教经堂用语。凡对伊斯兰教宗教生活包括基本信仰、宗教功课和教律的遵守等等，通称为“就理”。与“就理”相对的概念是“浮情”，即世俗生活。“就理”又指“后世”，“浮情”指现世。凡虔诚的穆斯林注重宗教信仰和功修，即谓“就理”；不贪图今世的荣华，即不重“浮情”。在中国苏非学派各门宦中，“就理”专指认主、识主的奥理和功修，“浮情”则指社会的世俗生活。（冯增烈）

举意 见乜贴。

拒绝派（Rāfiḍah） 什叶派早期内部一宗教派别。系阿拉伯语“拉斐德”的意译，原意为“拒绝者”、“不接受者”。即指拒绝与逊尼派在教义问题上做适当妥协的人组成，故名。8 世纪中叶，什叶派人中在教义上最接近逊尼派的一支栽德派，针对早年因争夺哈里发职位问题而引起的派系之争，曾提出和解主张。他们在承认阿里为先知穆罕默德的合法继承人的同时，亦承认前三代哈里发艾布·伯克尔、欧麦尔、奥斯曼的合法性，认为前三代哈里发均无大的过错，不必纠缠早年哈里发们的功过是非。这些主张意味着不仅应接受四大哈里发的权威，而且应遵循他们传述的圣训、采取的政令、政策。因不符合当时正在兴起的阿里派的政治宗教主张，遭到阿里派的拒绝。“拒绝派”继续扩大队伍，于 9 世纪形成“伊玛目派”，继之形成“十二伊玛目派”。其称谓为后世学者所提出。（吴云贵）

《据理质证》 中国伊斯兰教论文。作者马复初。该文旨在阐明穆斯林对天主教教义的一些疑问。签署日期为清代同治四年（1865）四月十四日。全文 3000 余字。1922 年马福祥将该文与《回教考》合刊刻印问世。《据理质证》的前半部分，是作者以给一位罗马主教神父写信的方式，从学术上对天主教教义提出了“十不可解”和“十疑”，将自己对天主教教义的异议逐一罗列，用提问的方式和比较平和的语气进行讨论。该文后半部分，作者先评点“天主教性理首章”，又对天主教“三位一体”说提出疑问：“主与圣实为一体，此天主教之书夸张太过，反与不及者等。彼谓耶稣乃天主、圣子甘心结合一人性于己性，而成为一真人而真天主者也。”然后又以伊斯兰教唯认真主独一无偶至尊至大的观点，指出“天主与耶稣合为一体之说”，与伊斯兰教认主独一信念有着根本区别。该文反映了 19 世纪中叶伊斯兰教人士对基督教教义的一些认识。

（余振贵）

聚礼（Ṣalāt al-Jum'ah） 见主麻拜。

君士坦丁堡 见伊斯坦布尔。

K

卡埃塔尼(Caetant,Leone,1869～1935) 意大利东方学家、伊斯兰编年史专家。1888～1908年间,多次到希腊、埃及、北非、土耳其、波斯和印度等地旅游考察。1894年到中亚细亚访问。在遍访各地的过程中,搜集了大量东方伊斯兰文献资料和阿拉伯文手稿的照相复制品。1904～1926年,他编写出版了10卷本《伊斯兰教编年史》,辑录并引述了阿拉伯史学家的名著中自622～661年间有关伊斯兰教史的大量第一手史料。1912年出版的《穆斯林大事记》,记载了伊斯兰教创传至伍麦叶王朝100年间的重大历史事件。1911～1914年出版的《东方史纲》,重点记述了阿拉伯和中亚地区古代文明史(包括伊斯兰教文化史),认为阿拉伯半岛是闪族文明的"发祥地"。1930年他从意大利移居加拿大度过晚年。他书中的珍贵史料被西方学者在著述中加以引用。 (杨克礼)

卡比尔民族起义(Intifāḍah Kābil) 19世纪阿尔及利亚东北部卡比利亚山区各部族反对法国殖民统治的民族大起义(1871～1872)。19世纪30年代,法国侵入阿尔及利亚后,实行残暴的统治和野蛮的掠夺,并对广大的穆斯林推行"同化"政策,激起人民不满。1868～1870年,连年发生灾荒瘟疫,几十万人死于饥馑和瘟疫。1871年3月,卡比利亚山区30个卡比尔部落,在部落首领穆罕默德·莫克兰尼(Muḥammad al-Makrān)的领导下,首先掀起反法民族大起义。4月,伊斯兰教苏菲派首领谢赫·哈达德(al-Shaykh al-Ḥaddād)积极响应,他以保卫伊斯兰教,反对法国殖民当局的奴役和同化政策,驱逐异教徒,争取民族独立,夺回被侵占去的土地为号召,宣布对法殖民军进行圣战。先后有250个部落响应号召,举行起义。莫克兰尼领导的起义队伍同哈达德的起义队伍汇合一起,形成了一支拥有15万人的起义队伍。其主力为农牧民,各地部落酋长、伊斯兰教毛拉等上层也加入起义,队伍声势浩大,席卷东北部地区。他们同法国殖民军进行了300多次战斗,消灭了大量法军。5月,起义军首领莫克兰尼在作战中牺牲,起义由其弟艾哈迈德·本·米兹拉格(Aḥmad b. Mazraq)领导,实行军事转移,使起义扩展至西部各省。法国梯也尔反动政府镇压了巴黎公社后,增派援兵8.5万人,加强对起义的镇压,法军所到之处,毁坏村庄和清真寺,烧杀抢掠。起义军兵力分散,缺乏集中统一领导,7月,因力量悬殊,在战斗中哈达德被俘。1872年1月,法军集中兵力对起义军进行围剿,攻占撒哈拉绿洲中最后几个据点,俘获艾哈默德·本·米兹拉格,起义遂被法国殖民军镇压下去。 (杨克礼)

卡比尔人 见柏柏尔人。

《卡布斯教诲录》(Ghabus Name) 伊斯兰教哲理性的劝喻训世的散文名著。直译为《卡布斯·那梅》。波斯齐亚尔王朝伊斯兰学者昂苏尔·麦阿里·吉卡乌斯(1021～1101?)著,约成书于1082年。原著为波斯文。该书是作者晚年撰写的留给其子吉兰沙赫的劝诫教诲言论集。全书由绪言和44章组成。绪言阐述了作者写此书的宗旨。书中云:"我打算把我对世事之评论、办事之原则都一一记录下来,以留个美名,并使你从我的慈爱中获得充分的教益,不仅能在时代的压迫面前坚强不屈,而且能不断地增长才智,以便在两世(即今世和后世)中都争得荣誉。"全书以睿智深邃的思想、精练的语言、明晰的哲理、严谨的逻辑,论述了中世纪波斯的宗教信仰、伦理道德、社会生活、风俗习惯、科学文化、国家管理、经济与军事、哲学思想等问题。该书议论中夹有许多有趣的故事和格言诗句,引人入胜,寓意深刻。全书内容丰富,主要观点包括:(1)要虔诚地信仰和顺从独一的真主,坚信真主是万物的创造者和主宰者,故一切行为要遵循"天经"(《古兰经》),符合"地义"(即事物之义理)。只有严守教规,履行拜功和斋戒,才能表明对真主的虔诚和对信仰的坚定。这是求得两世幸福的真谛。(2)要具有高尚的道德情操,以正直、善良、公正、坚忍和平等的态度处事、接物、待人,处理好各种关系;以伊斯兰教的伦理准则和贤哲的至理名言为宗旨,扶老携幼、施济贫困、孝敬父母、善待妻子、教育子女、分清敌友、宽以待人、以德报怨、严以律己、慎思择言。认为人的品德的高尚和地位的高贵,不在于他的富有和权力,而取决于他是否宗教信仰虔诚、有渊博的知识、潜心的品德修养和善行。(3)要善于理财管家,勤劳俭朴,具备自食其力生活的各种能力,能控制和调节个人行为,懂得劳作与娱乐的规矩,使生活安康永乐。(4)要掌握各种知识,摒弃愚昧和无知,学会各种本领,以立足于社会,发展自己。要懂得教义、教法、医学、天文、地理、历史、诗律,会经商、务农、做工,并具备做书记、法官、大臣、宰相、统帅,乃至国王的能力。该书撰成后,广泛传播于波斯和伊斯兰世界,最早被诗人萨纳伊、历史学家纳绥尔·霍斯鲁、诗人贾米在著作中引用,被誉为“伊斯兰哲理和道德箴言集”、“伊斯兰文明的百科全书”。15 世纪最早被译成土耳其文,19 世纪先后被译成德、英、俄、阿拉伯、日文等,波斯文铅本从 1868 年至今已刊印 16 版次。根据德黑兰翻译出版中心 1968 年版本,由张晖译成中文,1990 年由商务印书馆出版。 (杨克礼)

卡迪(al-Qāḍi) 伊斯兰教教职称谓。旧译“尕最”、“哈的”、“嘎最”、“卡孜”。系阿拉伯语音译,意为“教法执行官”,简称“教法官”。即依据伊斯兰教法对穆斯林当事人之间的民事、商事、刑事等诉讼执行审判的官员。穆罕默德曾派门弟子穆阿兹到也门去主持该地的司法审判。据载,第二任哈里发欧麦尔曾向埃及、大马士革、霍姆斯等地派驻法官。在伍麦叶王朝,卡迪的任命和撤换由行省总督决定,为低级行政官员,除执法、办案、主持公正外,还协助总督管理某些行政工作。在阿拔斯王朝,随着伊斯兰教法体系日臻完善,教法学家社会地位显著提高,哈里发任命许多教法学家为卡迪,担任各级沙里亚法院的司法官。在巴格达还设有最高卡迪(Qāḍi al-Quḍāt,即卡迪·库达特),统辖全国的司法审判工作。卡迪不受地方行政长官约束,独立行使司法和审判权。卡迪制度一度为伊斯兰国家的基本司法制度。13 世纪后,由于异族的入侵,统一的哈里发国家解体,卡迪制度随之衰落。奥斯曼帝国崛起后,卡迪制度得到恢复和发展。帝国一度以伊斯兰法为唯一的司法制度。卡迪依其权限分为五个等级:(1)总穆夫提。亦称“伊斯兰长老”。由素丹委任,官邸设在首都伊斯坦布尔,为伊斯兰教法的权威解释官,有权就重大的教法问题发表正式法律见解(即法特瓦),并监督教法的实施和卡迪的审判活动。(2)大卡迪。由素丹直接任命,为最高审判官,有权任命各地的卡迪。战时又是军队的大卡迪,称为“卡迪·阿斯凯尔”(Qaḍi ‘Askar)。(3)京都卡迪。由学识渊博、威望很高的著名教法学家担任。(4)省府卡迪,为省府最高执法官。(5)地方卡迪,为基层教法法院的执法官。历史上通常仅在伊斯兰国家的首府和重镇,设有不同教法学派的司法机关,而在其余地区只设有某一教法学派的卡迪法院。原则上,卡迪只能根据所属教法学派的司法传统执法。卡迪的司法权一般分为有限审判权和无限审判权两种,前者仅有权受理某些领域(如婚姻、家庭、遗产继承等)或某一辖区内的诉讼案件,后者有权受理一切诉讼案件,即保护一切合法行为,处置一切非法行为。因卡迪所执行的是“安拉的法度”,唯有学识渊博、精通经训和教法、品格高尚、廉洁奉公、主持正义、理智健全、信仰虔诚的伊斯兰学者才有资格充任此职。卡迪的职权是判决诉讼、调解民事纠纷、管理“瓦克夫”、保护孤儿财产、充当无行为能力者的监护人、惩治违犯教律者、任命地方司法代表等。

进入近现代,特别是第二次世界大战以来,随着伊斯兰国家社会的演变和法制改革的兴起,传统的司法制度受到巨大冲击,发生了显著的变化,卡迪的地位和作用随之下降。有些国家(如土耳其、埃及等)撤销了教法法院,代之以政教分离的世俗法院;有些仍以教法为基本法的国家(如沙特阿拉伯和海湾沿岸的伊斯兰国家),虽然保留了卡迪制度,但都经过改组,普遍设立了由数名卡迪主持的多级司法制度和上诉制度;而大部分伊斯兰国家,则建立了全国统一的国民司法体制,卡迪法院作为第一审法院被保留下来,但其权限受到严格限制,为民事审判的辅助机关,卡迪的职责以调解民事纠纷为主。 (吴云贵)

卡迪尔清真寺(Masjid al-Qādiriyyah) 伊拉克伊斯兰教著名清真寺。位于首都巴格达巴布·谢赫区。最初是一所以伊斯兰宗教学校为主的寺院,11 世纪末期由伊斯兰长老艾布·赛义德·穆巴拉克·伊本·阿里·穆哈拉米创建。1119 年,艾布·赛义德逝世后,由其弟子卡迪尔全面整修,继续在此办学培养宗教人才。1165 年卡迪尔逝世后葬于此,后人在其墓上建以塞尔柱风格的圆锥形穹顶,以资纪念。后由奥斯曼帝国素丹苏莱曼加以重建,扩大了穹顶的形制,并在近门廊处建造了粗矮的尖塔,扩大了寺院规模。该寺被认为是伊拉克早期建筑较典型的清真寺之一。1955 年对陵墓进行修葺,更新了两个由蓝色及白色瓷瓦砌面的穹顶。采用意大利大理石铺地,并修缮了其他附属设施。 (杨克礼)

卡迪·库达特(Qāḍi al-Quḍāt) 伊斯兰教教职称谓。阿拉伯语音译,意为“总教法官”、“最高教法官”。伍麦叶王朝后期,在首都大马士革始设此职。阿拔斯王朝时,总教法官由哈里发直接任命,为哈里发的最高教法顾问,并兼任首都巴格达的总教法官。其职责是,奉哈里发之命,主持制定王朝的法律、法规,主管全国的司法审判工作等。一般由精通经训、教法,执法严明,德高望重的权威教法学家担任。参见卡迪。

(马忠杰)

卡迪里教团(al-Ṭariqah al-Qādiriyyah) 伊斯兰教苏菲派兄弟会组织。中国穆斯林习惯译作“嘎迪林耶”。12 世纪创立于巴格达。阿卜杜勒·卡迪尔·吉拉尼(1078～1166)为该教团的奠基人,故以其名字命名。该教团在其生前尚未成立,在他死后始由其诸子建立。系苏菲派创立最早的教团。阿卜杜勒·卡迪尔生于黑海南岸吉兰(在今伊朗境内),18岁时来到巴格达尼采米亚大学,研习圣训、教法和哲学。此后,他作为一名巡游的苦修者在伊拉克荒芜之地修持,度过了大约25年。1127年,他年过半百时,返回巴格达。他作为罕百里法学派的教师从事宣道,声誉大增。1134年,他被委任为巴格达经学院院长,他的宣道吸引了大批信徒,他的门徒和儿子在巴格达城外建立了一座清真寺作为宣道的场所(即里巴特),进行宣道和宗教教育。他要求门徒除履行苏菲派仪式和理解神秘教义外,还要尽逊尼派宗教义务。他逝世后,门徒和儿子们奉他为谢赫,并将他的著作、宣道词和祈祷词汇集起来作为宣道的经典依据,进一步宣传他的宗教思想,正式建立了以他的名字命名的教团组织。他的两个儿子即阿卜杜·拉扎克(1134～1207)和阿卜杜勒·阿齐兹(? ～1206)继承了他的道统,使他的学说得到广泛传播。其门弟子亦在伊斯兰世界的许多地方传授其宗教主张。如阿里·哈达德在也门、穆罕默德·巴泰希在叙利亚、马哈茂德·艾布·阿卜杜·赛迈德在埃及等。该教团的道堂设在巴格达,14世纪初在伊拉克和叙利亚有该教团的宣教中心。从15世纪起得到广泛传播,先后传入中亚、印度、埃及、努比亚、苏丹和北非等地。17世纪传入土耳其并建有第一座修道院。是现在传播最广泛的苏菲派教团之一。该教团在信仰上坚持逊尼派教义,遵守伊斯兰教法和履行宗教功课,以宽容、慈善、虔诚和谦恭著称。在遵从教乘的基础上,注重道乘的精神修炼,主张远避世俗,止恶行善。该教团的教律、教训、修持方式在广泛传播过程中逐步形成和完善。其修持方式在各地的分支中不尽相同。其宗教仪式是在每日礼拜之后念"迪克尔",内容为"我祈求伟大的真主宽恕;赞美真主;愿真主赐福我们的主人穆罕默德和他的家族以及门弟子"。每句话要重复一百遍。 (王怀德)

卡迪西亚战役(Mawqi'ah al-Qādisiyyah) 7世纪伊斯兰教四大哈里发时期阿拉伯穆斯林军与波斯萨珊王朝军队之间的一次关键性战斗。637年5月末发生于伊拉克南部纳贾夫以西的卡迪西亚,故名。为伊斯兰教发展初期继叶尔穆克战役之后的又一著名重大战役。633年秋,伊斯兰教首任哈里发在派遣穆斯林军向拜占庭帝国属地叙利亚进军的同时,曾派哈立德·本·瓦利德率领一支分遣队出征波斯萨珊王朝统治下的伊拉克。634年哈立德奉派率军增援叙利亚后,留在伊拉克境内的穆斯林军多次遭到波斯军队的反攻,处于不利地位。636年,第二任哈里发欧麦尔派遣赛尔德·本·艾比·瓦嘎斯率领6000人马增援伊拉克,637年5月在卡迪西亚与波斯帝国首相罗斯图姆亲自统率的3万大军遭遇。赛尔德因见兵力众寡悬殊,遂只派小股力量从侧翼骚扰敌军,不进行正面交锋。俟来自附近沙漠地区的狂风刮起后,穆斯林军突然从正面发起猛攻,不适应恶劣气候的波斯军队遭到惨败,首相罗斯图姆亦战死于乱军之中。穆斯林军乘胜追击,涉水渡过底格里斯河,一举攻克波斯帝国首都泰西封(距巴格达东南20英里处),国王叶兹德吉尔德三世逃往今伊朗西部山中。此役已载入中世纪军事史册,为善于用兵、以少胜多的突出战例之一,被伊斯兰史书誉为奇迹。它的胜利为阿拉伯穆斯林军全面占领伊拉克并最后灭亡波斯萨珊王朝奠定了基础,为其后伊斯兰教在伊拉克和波斯地区的广泛传播,开创了有利的局面。 (杨宗山)

卡迪制 中国撒拉族穆斯林历史上的一种掌教制度。即世袭总掌教制。"卡迪"(al-Qāḍī),又译"尕最"、"尕堆",系阿拉伯语音译,意为教法执行官。据撒拉族传说,其先民从中亚撒马尔罕东来定居中国后,与土著居民通婚,有不少藏、回、汉人成为撒拉族成员。为了向他们宣讲伊斯兰教义并教授《古兰经》,从中亚请来40位谢赫(Shaykh,即学者长老),又推其中德高望重者一人为全族最高宗教首领,执掌本族的一切宗教事务,称为"卡迪"。后逐渐成为一种世袭制度,历代卡迪常住青海循化县街子清真大寺。该寺于清乾隆二十六年(1761)悬有大木匾,上刻"总理掌教"4个大字,俗称"总掌教"。由街子寺统辖的各工(乡镇)清真寺的开学阿訇、掌教等,都由卡迪委派。清光绪二十一年(1895)河湟事变后,卡迪制度被废除,为单一教坊制所取代。街子大寺附近有17座卡迪坟墓,今犹存。

(孔祥录)

卡尔巴拉(Karbalā') 伊斯兰教什叶派圣地之一。伊拉克古城,卡尔巴拉省首府。位于伊拉克中部巴格达西南88公里处。680年,伊斯兰教第四任哈里发阿里的次子侯赛因(626～680)因对伍麦叶王朝实行哈里发世袭制不满,应库法什叶派穆斯林的邀请,与家属、随从一行200余人离麦地那去库法就任哈里发职位途中,行抵卡尔巴拉时,遭伍麦叶王朝4000名骑兵追击,因寡不敌众,侯赛因一行全部惨遭杀害,其头颅被送往大马士革耶济德宫廷。此日正值伊斯兰教历1月10日(阿舒拉日),什叶派认为侯赛因是殉教者,遂定该日为哀悼日。侯赛因的头颅后被送回与躯体合葬于被害处。后建有陵墓与清真寺。卡尔巴拉城分新旧两部分:旧城围以城墙,新城在其南面。旧城内有两座陵墓,一座是侯赛因陵墓,即侯赛因清真寺,有镀金穹顶和高耸入云的3座尖塔。此清真寺1801年被毁,很快修复。另一座是其弟阿拔斯的陵墓,当时兄弟二人同时遇害。每年许多什叶派穆斯林,从世界各地前来朝谒,而伊拉克和伊朗去麦加朝觐的穆斯林,则常以卡尔巴拉为出发点。还有很多穆斯林把亲属朋友的遗体运到这里埋葬。历史上卡尔巴拉是什叶派的根据地和

宗教学术中心之一。伊朗什叶派领袖霍梅尼从1965年到1978年的13年中曾在卡尔巴拉和纳贾夫城政治避难。（杨克礼）

卡尔巴拉之战（Ma'rakah Karbalā'） 680年伊斯兰教第四任哈里发阿里次子侯赛因及其随行人员在卡尔巴拉遭伍麦叶王朝军队的袭击而发生的战斗。亦称"卡尔巴拉惨案"。679年，伍麦叶王朝首任哈里发穆阿维叶在生前宣布其子耶济德为哈里发继承人，并令各省总督和部落首领到大马士革向耶济德宣誓效忠，使哈里发世袭制合法化。侯赛因同伊本·欧麦尔和伊本·祖拜尔等人对此予以抵制，并指责这种作法违反了哈里发应由穆斯林推举的惯例，拒不宣誓。680年穆阿维叶死后，耶济德继任哈里发，遭到麦加、麦地那和库法人的反对，不予承认。库法什叶派拥戴侯赛因为哈里发，并写信敦请他速来库法，继任阿里哈里发的地位。侯赛因应库法支持者的请求，率领其家属及拥护者约200人组成的卫队离开麦加，前往库法。此事被伊拉克总督欧拜杜拉得悉，先派兵抓获先期到达库法进行联系的侯赛因的堂弟穆斯林·伊本·阿基勒及其随从人员，并将他们当众处死。同时派其部将欧麦尔·伊本·赛尔德率4000名轻骑兵，将侯赛因一行堵截围困在库法附近的卡尔巴拉。当侯赛因获悉其堂弟穆斯林等人的悲惨结局决定返回时，其退路已被重兵阻截。680年10月10日（伊斯兰教历61年1月10日），侯赛因拒绝接受对方提出无条件投降及承认耶济德为哈里发的苛求，欧麦尔令其部向侯赛因的小队发起猛烈攻击，经过数小时的激战，侯赛因及其随行者因寡不敌众，惨遭杀戮，全部罹难。侯赛因的头颅被送往大马士革。耶济德命送还其头颅与遗体合葬。先知穆罕默德的外孙侯赛因惨遭杀害，当时伊斯兰世界都十分震惊。这一事件进一步加深了什叶派与伍麦叶家族的矛盾，导致了什叶派反对伍麦叶王朝的多次武装反抗。其后什叶派尊侯赛因为"舍希德"（al-Shahid），将其殉难日定为哀悼日，卡尔巴拉被视为圣地。

（杨克礼）

卡尔·布罗克尔曼（Carl Brockelmann，1868～1956） 西方著名闪语学家、伊斯兰文献学家和历史学家。早年在德国攻读阿拉伯语、土耳其语和伊斯兰教知识，历任德国柯尼斯堡、哈莱、柏林等大学闪语教授，一生致力于阿拉伯和伊斯兰教文献学研究。任柏林大学校长时，曾因聘用犹太人教授受到德国纳粹的迫害。他精通阿拉伯语和土耳其语，热爱东方文化，曾以多年时间搜集、整理东方伊斯兰教文献，以治学严谨、知识渊博受到东西方学者的尊敬。主要著作有《阿拉伯文学史》、《阿拉伯语语法》、《阿拉伯文献研究》、《伊斯兰教各民族与国家史》等。《阿拉伯文献研究》初版于1898～1902年（2卷），于1943～1949年再版，1937～1942年出版补续本（3卷），是当代西方最完整的伊斯兰教文献资料，有广泛的参考价值，为西方大学和研究机构必备的工具书之一。《伊斯兰教各民族与国家史》初版于1939年（德文版），1947年出版英译本，共出8版，为西方学术界仅有的两部伊斯兰教通史著作之一，影响相当广泛。本书有中译本，1985年商务印书馆版。布罗克尔曼又是《伊斯兰教百科全书》和《伊斯兰教小百科全书》的主要撰稿人之一。

（吴云贵）

卡尔马特派（Qarmatians） 伊斯兰教什叶派的伊斯玛仪派分支派别之一。亦称"卡拉米特派"、"卡尔马特运动"。9世纪中叶，在巴士拉黑奴起义过程中，由伊斯玛仪派的一些秘密传道会组织逐步形成。创始人为哈姆丹·卡尔马特（Ḥamdān Qarmat，？～约899）。哈姆丹·卡尔马特为伊斯玛仪派宗教哲学的奠基者艾布·阿卜杜拉·本·麦蒙（？～874）的学生，加入其师领导的巴士拉秘密布道会（后迁叙利亚北部的萨拉米亚），后成为该会的达伊。874年，其师逝世后，哈姆丹成为该会在伊拉克的领导人，开始在库法地区传播伊斯玛仪派教义，并在库法建立"迁士之家"，作为传道总部，向各地派出传教师，向农民和手工业者宣传他的教义和主张，遂脱离叙利亚萨拉米亚总部新领袖赛义德·伊本·麦蒙（？～934）的领导，发展成相对独立的卡尔马特派运动。哈姆丹宣称，隐遁的第七代伊玛目即将复临，号召建立一个财产公有、人人平等的美好社会，反对逊尼派的教义主张，以"圣战"推翻阿拔斯王朝的统治，其追随者日众。890年，卡尔马特派在伊拉克南部的瓦西特地区首先发动起义，广大农民、奴隶和贝都因人参加，多次击败阿拔斯王朝军队，占领北部许多地区。后卡尔马特派的传教师将其势力逐渐扩及叙利亚、阿拉伯半岛、波斯和中亚一些地区。约899年（一说902年）哈姆丹去世后，该派运动的领导人相继由艾布·阿卜杜拉·穆罕默德和艾哈迈德担任，并派出达伊领导伊拉克、叙利亚、波斯等地的斗争。899年，哈姆丹的助手、传道师艾布·赛义德·詹纳比在阿拉伯半岛的巴林地区，建立"卡尔马特国"，定都艾哈萨（今胡富夫）。903年，征服叶麻麦，入侵阿曼。艾布·赛义德的儿子及继任者艾布·塔希尔·苏莱曼，蹂躏了伊拉克大部分地区，破坏交通，劫掠和伤害朝觐的哈吉。930年，趁朝觐月，艾布·塔希尔派兵攻占麦加，劫掠克尔白大量珍贵文物，劫走黑石运往巴林。950年，在法蒂玛王朝哈里发曼苏尔的要求下，阿拔斯王朝用重金将黑石赎回安放原地。

卡尔马特国（899～1077）是一个宗教军事集团，该派的首领称"伊玛目"，为宗教、行政和军事最高领袖，由6名执政官及6名助理组成政务委员会领导。政府管理2万人的军队和3万多名非洲奴隶。国家在奴隶劳动的基础上，实行该派成员人人平等和财产公有。居民不纳税，对贫困者国家给予资助。该派实行秘密的入会仪式，入会者对其信仰需经考察，然后方准宣誓入会。新入会者，需学习启示和教法的内在隐义。将其成员的品位分为7个等级，其成员必须无条件地服从伊玛目的权力。将伊斯兰教逊尼派和非本派的穆斯林视为“异端”，无辜加以杀害。故被史学家称为“极端主义派”。其国于1077年灭亡，但卡尔马特派于12世纪遭当局镇压后瓦解，融入伊斯玛仪派中。

卡尔马特派在教义上，同伊斯玛仪派基本相同，承认七位可见伊玛目和隐遁伊玛目（即马赫迪）复临的信条，认为穆罕默德·本·伊斯玛仪就是马赫迪；认为安拉不具有其本体外的任何属性，现象世界是由安拉流出的；《古兰经》有表义和隐义之分，隐义只有经过伊玛目的秘传才能领悟。但该派又受到苏非派和其他宗教思想的影响，提出了一些独有的教义观点，主要是：(1)从安拉到现象世界之间有个创造性的发展阶段，即先由安拉的本质发出崇高和灿烂之光，造化成宇宙理智和宇宙灵魂。然后发出阴森之光，形成可以战胜的、终将灭亡的世界万象。(2)纳提格（Nāṭiq，即代言者）、伊玛目和虔信者的灵魂是闪耀在阴森之光里的星点之光，他们通过认识宇宙创造过程的各发展阶段，然后再忘掉它的方法，达到与安拉的合一，进入精神绝对自由的境界。(3)人类每960年变换一次信仰，每240年变换一个帝国，每20年变更一位帝王。人们要反对5个暴君，即“天空”、“自然”、“法律”、“国家”和“需要”。这是因为“天空”造成昼夜循环，“自然”给予希望和悔恨，“法律”发出命令和禁止，“国家”实施控制和惩罚，“需要”迫使人们成天辛劳。在现实世界中，应当人人平等，财产公有，但奴隶除外。在宗教礼仪上，该派既不遵守伊斯兰教法，也不履行宗教功课，不设清真寺，不做每日五次的礼拜，不封斋，不朝觐，不拜谒本派伊玛目的陵墓，故被逊尼派斥为“叛教者”。该派所提倡的人人平等及反对阿拔斯王朝统治的政治主张，曾深得诗人及哲学家伊本·西那、麦阿里、纳绥尔·霍斯鲁、鲁达基等人的同情和暗中支持。（杨克礼）

卡尔帕克人 见卡拉卡尔帕克人。

《**卡菲**》（al-Kāfi） 见四大圣训经。

卡菲尔（Kāfir） 伊斯兰教用语。阿拉伯语音译，意为“不信教者”、“不信道者”。伊斯兰教早期指不信正教的人或多神教徒。《古兰经》云：“他曾创造你们，但你们中有不信道的，有信道的，真主是鉴察你们的行为的”(64：2)。后来用以泛指一切“不信真主、经典、使者”的人。在穆斯林内部，相互间有时亦用以指斥对方。中国穆斯林有时也用以贬斥不守教规和持不同教派观点的人。（罗万寿）

卡拉卡尔帕克人（Karakalpaks） 中亚地区穆斯林民族之一。自称“卡拉尔帕克人”或“卡尔帕克人”。人口35.5万(1983)。主要分布在卡拉卡尔帕克自治共和国，部分居住在费尔干纳和花剌子模等地。此外，约有3000人侨居阿富汗等地。语言属阿尔泰语系突厥语族的西北语支。1928年前使用阿拉伯字母的文字，1940年改用斯拉夫字母的文字。民族起源与哈萨克人、乌兹别克人和土库曼人关系密切。突厥人的支系乌古斯人和彼切涅格人是其民族形成的基础。15～16世纪又融合了邻族诺盖人的成分。卡拉卡尔帕克人从事畜牧业，兼营渔业和农业。现在，现代农业已成为他们的经济基础，工业也有相当发展。他们信仰伊斯兰教，属逊尼派的哈乃斐教法学派。8世纪时伊斯兰教开始在统治阶层中间传播，11～12世纪成为民族的主要宗教信仰，并与传统习俗相结合，对社会生活产生影响。他们遵循一夫多妻和彩礼习惯。在卡拉卡尔帕克地区建有许多清真寺，婚礼和葬俗仍遵循伊斯兰教法的规定。（伊力奇）

卡拉米特派（al-Qarāmiṭah） 见卡尔马特派。

卡拉奇大学伊斯兰文献与情报中心（Islamic Documentation and Information Centre, Univ. of Karachi Campus） 巴基斯坦独立活动的伊斯兰学术情报研究机构。经费由国内外伊斯兰组织、机构和个人资助。其宗旨是：搜集世界各地各种文字书刊中有关伊斯兰教各学科的文献资料，为国内外学术研究机构、伊斯兰组织、金融机构提供信息服务。主要任务是：出版本国各大图书馆有关伊斯兰教主题的英文、乌尔都文藏书目录。出版世界各种文字《古兰经》译本、经注及其他伊斯兰学科的文献目录。为研究者提供、复制、翻译所需文献资料。出版发行《伊斯兰研究》(Islamic Studies)期刊，内容包括：文献目录、书目提要、词汇索引、《古兰经》意译与直译对比、注释或评注、古兰经学研究等。该中心在南亚地区和伊斯兰世界具有一定影响。（黄陵渝）

卡拉维因大学（Jāmi'ah al-Qarawiyyin） 摩洛哥王国伊斯兰高等学府。坐落在非斯旧城。该校前身为同名清真寺。859年，在什叶派伊德里斯王朝统治时，由凯鲁万穆斯林贵族穆罕默德·法赫里之女穆哈辛娜（又名法蒂玛）倡导投资创建。为马格里布地区最早在清真寺内附设的伊斯兰大学。创办初期，采取寺院式教学方法，由教师在礼拜大殿内选固定位置作为讲坛，学生席地而坐，围成半圆形的“学习圈”听课，教师允许学生提问和自由讨论问题。学习的课程包括《古兰经》诵读及注释、圣训、教义、教法和语言文学课等，并注重品德和宗教修持的教育。招收的学生年龄不限，学习期限亦不固定，学生在学完规定的课程后，经考核合格可发给结业证书，在各地清真寺、法院或政府部门任职。1143年，卡拉维因清真寺由政府投资扩建后，学校规模扩大，完善了教学制度，增加了课程设置，聘请伊斯兰国家著名学者来校任教，正式为独立的高等学校建制。后经穆拉比特王朝至马林王朝的扩建，发展成为马格里布地区宗教教育和伊斯兰学术文化的中心，培养了大批穆斯林学者，成为传播伊斯兰文化的中坚。1956年，摩洛哥独立后，该校成为独立的伊斯兰大学，逐步改革教学体制和内容，采取现代高等教育方案和设施，设置了伊斯兰教义学、阿拉伯语、法学和教育4个系，课程设置向多科的综合大学方向发展。1957年开始招收女生入学。该校教师多经伊斯兰国家著名大学深造，还聘请外国著名伊斯兰学者讲学。学生除在本国招收外，还招收来自非洲各伊斯兰国家的穆斯林青年入学。现在校学生近2000名，实行奖学金制。其经费由政府拨款。校内置有现代化的各种教学设施，设有大型图书馆及伊斯兰学术研究机构。教师享有优厚的待遇。与埃及爱资哈尔大学建立有教学及学术交流关系。（杨克礼）

卡兰答尔(Kalandar) 见海兰达尔。

卡里(al-Qāri) 见诵经家。

卡里·阿格德(al-Qāri ʻAqd) 伊斯兰教苏菲派传教师，伊玛目·兰巴尼所传教团阿印科分支的首传人。全名依禅·沙·伊赫万·卡里·阿格德。生卒年代不详。18世纪中期从印度到新疆阿克苏附近的阿印科传教，因此被信徒称为“阿印科道祖”。晚年返回印度。其道乘理论承袭纳格什班迪耶教团学理的主要内容，亦吸收了嘎迪林耶教团部分理论。如十分重视避世静修，派出传教的哈里发在取得资格以前必须在阿印科一座幽静的山洞内静修40天。后因条件变化，便以静修室代替山洞。卡里·阿格德在新疆的维吾尔族和回族中都师传有弟子，但除回族弟子马方之外，其他弟子都没有形成教团或门宦。马方的传教很有成就，由其弟子和再传弟子在回族中形成一个散布于新疆、甘肃、宁夏、青海等省区的门宦系统。如吐鲁番的西道堂、宁夏固原的洪门、兰州碱沟井门宦等都属于这一系统。（谭吴铁）

《**卡里莱和笛木乃**》(Kalilah wa dimnah) 阿拉伯寓言故事集。故事源出古代印度梵文的《五卷书》。相传古印度国王德布希林为政暴虐，民不聊生，生灵涂炭。大婆罗门(即宗教哲学家)白德巴借动物之口，向他说了许多有趣而寓意深刻的故事，苦口婆心地加以劝谏，终于使国王深受教育，回心转意，戒恶从善，施行德政。6世纪中叶波斯国王艾努·希尔万派青年学者白祖威西以医生身份来到印度，将《五卷书》译成波斯巴列维文(古波斯文)，带回献给国王。8世纪，阿拉伯文学家、波斯人伊本·穆卡法(724～759)从巴列维文译成阿拉伯文，并对全书进行了再创作和全面的艺术加工，增删了一些章节。根据贝鲁特生活书局1978年阿文版本，全书共19章(有的版本为15或16章)，以几十种动物的活动，组成大小50多个故事。每个故事表达一个哲理或教诲。各个故事套连贯串，结构严谨，层次分明。其主要内容是以鸟兽的生活比喻人生，表达作者的伊斯兰伦理道德观念和处世的教训，抒发他改革社会、治理国家的政治抱负。它是阿拉伯文学中第一部运用寓言形式描写社会生活、表达宗教哲理的著作，其中一些故事被收进阿拉伯语中学教科书，是学习寓言文学的范例。该书已被译成多种文字出版，对世界文学产生了一定影响。中国穆斯林学者林兴华根据伊本·穆卡法的阿拉伯文译本译成了中文，1978年由人民文学出版社出版。（马智雄）

卡力岗藏族 中国信奉伊斯兰教的藏族之一支。俗称“藏回”。聚居于青海省化隆回族自治县德恒隆、阿什努乡。该二乡古称“卡力岗”，当地人称“树儿湾”。本系藏族聚居村落。相传清雍正十二年(1734)中国伊斯兰教苏菲派华寺门宦创始人马来迟在传教活动中途经卡力岗准备乘船渡黄河，适逢当地藏族群众正在祈雨，不许乘船，马来迟径自乘马渡河，如履平地。藏人深感惊奇，簇拥提问，马来迟趁机传教，说服了这一部分藏人。他们放弃了宗奉藏传佛教格鲁派的传统，改信伊斯兰教。为了改变其生活习俗，马来迟选藏童10余人率至河州(今甘肃省临夏市所属八坊)学习伊斯兰经典，学成返回卡力岗，任阿訇。据《中国伊斯兰教派与门宦制度史略》载，卡力岗藏族人归信伊斯兰教后，即踊跃捐资，在该地兴建“起架磅礴，结构宏伟，砖雕木刻，玲珑绝巧，漆彩粉染，图案艳丽”的清真寺一座。当地穆斯林遂称之为“华寺”。“华寺门宦”亦因此而得名，且相习成为传统，其后教众在河州建寺时亦力致绚丽豪华。约在同治年间(1862～1874)起，卡力岗藏族穆斯林即已自称“回回”。据1986年统计，现有9000余人。日常生活中仍使用藏语，属汉藏语系藏缅语族藏语支，操华锐方言。书写仍用藏文。今大多数兼通汉语，且宗教用语中有不少阿拉伯语词与波斯语词。饮食、丧葬习俗与中国各族穆斯林大致相同。唯用器仍保留藏族习惯，喜用铜制火锅、瓢勺，绘有龙型图案纹饰的碗盘。庆婚宴以藏语唱藏族宴席曲，以大马迎娶新娘。妇女仍善于背水，其桶大如缸，盛满河水足有60公斤，背水上坡，从容自如。居室建筑格局仍保留藏族村落特征。（孔祥录 马成化）

卡南(Kanʻān) 《古兰经》中记载的古代先知努哈之子。一译“迦南”。阿拉伯语音译。其父劝导族人抛弃偶像崇拜、信仰独一万能的安拉，他同其母不听劝化。当洪水泛滥、其父呼之登船时，他又拒不听从，说道：“我要到一座山上去躲避洪水”，终被淹死。努哈以安拉曾许约救其家属为由，祈求安拉赦免其子一死，安拉答之以他并非其家属，而是作恶之徒，并令其勿再祈求己所不知之事(11∶42～47)。《古兰经》以卡南被淹死为鉴戒，阐述了顺从主命重于血亲、认主独一高于一

切的思想；一个不信仰独一万能的安拉者，即使他是先知之子，依然无法逃脱安拉的惩罚。 （杨宗山）

卡涅姆—博尔努王国(Kanem-Barnu) 11世纪在西非乍得湖区域建立的伊斯兰教国家。据阿拉伯文献载，约9世纪中叶，塞法瓦人在乍得湖东北的卡涅姆建立塞法瓦王朝，都城尼米。10～11世纪，阿拉伯商人和传教师开始将伊斯兰教传入这一地区。11世纪后期，国王胡密(约1085～1097在位)执政时，归信伊斯兰教，并下令王室和大臣改宗伊斯兰教，使用伊斯兰教称号，称国王为穆伊(Mai)。其子杜纳马(约1097～1150在位)统治时，建立国家行政制度，兴建清真寺，向各地传播伊斯兰教。他开始向外扩张，控制了连接豪萨、斐赞和达尔富尔等地的商路，国势日益增强。在国王杜纳马·达巴莱密(1221～1259在位)执政时，国势极盛。经济发展，国库充盈，伊斯兰教得到进一步传布。与西非、北非的经济、文化交流日益频繁。其北部疆界扩至今利比亚南部，与马里帝国相匹敌。后王族内乱，国势日益衰弱。15世纪末，卡涅姆受到北方布拉拉人的攻击，后国王欧麦尔·伊本·伊德里斯(1503～1536在位)率部迁至乍得湖博尔努地区，同当地信奉伊斯兰教的博尔努国相结合，组成卡涅姆—博尔努王国，建都库卡瓦。国王改称哈里发。他正式宣布以逊尼派为国教，奉行马立克学派教法，国家设立行政、立法、司法机构，建立清真寺，在麦地那建造博尔努朝觐者驻地，派遣学生到埃及爱资哈尔大学留学，开办《古兰经》和教法学校。使该国成为该地区伊斯兰文化中心。1570年，伊德里斯·阿娄马(1570～1603在位)继哈里发位后，重振朝纲，进行行政制度改革，加强军队建设，确立税收和贡赋制度，发展经济和伊斯兰学术文化，修建清真寺，提倡穆斯林到麦加朝觐，积极推行伊斯兰教法律，使王国中兴。他征服布拉拉人，收复失地，使之成为藩属；外御豪萨、图阿雷格等强敌，进而与桑海帝国争雄。17世纪起，君主昏庸，内讧渐多，加之外敌入侵，国势转衰。19世纪初，富拉尼人伊斯兰教长奥斯曼·丹·弗迪奥发动“圣战”，进攻博尔努，达拉塔瓦人伊斯兰教长穆罕默德·加涅姆率军援助国王，加涅姆击败奥斯曼·丹·弗迪奥的军队后，成为博尔努国的实际统治者。1846年，加涅姆之子欧麦尔处死塞法瓦王朝末代哈里发，建舍胡王朝。1893年，军事将领拉巴赫·祖拜尔拥兵灭舍胡王朝，实行统治。1900年，拉巴赫被入侵的法国殖民军所杀。在法、英殖民者争夺这一地区时，英军占领博尔努中心地带，成为英属北尼日利亚保护地的一部分，卡涅姆—博尔努王国最后灭亡。 （杨克礼）

《卡沙夫经注》(al-Kashshāf) 见穆尔太齐赖派经注。

卡塔尔欧麦尔清真大寺(Jāmi' 'Umar Fi Qaṭar) 卡塔尔最大的清真寺。位于首都多哈南哈里发区四环线大道边。原系土坯建造的古寺，1980年8月政府出资重建，1983年5月竣工使用，耗资2056万卡塔尔“里亚尔”。建筑面积3214平方米，广场1100平方米。主要建筑有：底层礼拜殿，面积1796平方米，可容近3000人礼拜。另设妇女礼拜处，用木制屏风隔开，可容350人。楼上礼拜殿占整个大殿后半部(即东部)及两侧约2/3面积。可容近2000人礼拜。楼上也设有妇女礼拜处，可容400人礼拜。殿内有3个楼梯通楼上，两边为台阶式，中间为旋梯。殿外有一专用楼梯直通楼上妇女礼拜处。大殿内有4根金色葵花装饰的方形柱子，支撑着一直径15米的白色大圆拱顶和4个白色半圆形小拱顶。大殿正面为“米哈拉布”及“敏白尔”，装有现代化音响设备，南北及东面均开门。大殿采光设计新颖，由两个方面进行：(1)顶上采光。4个半圆形拱顶的切面是4扇半圆形大窗，装有白、黄、淡蓝3色玻璃，且组成半个几何形葵花，像蔚蓝色天空升起的半轮朝阳。(2)四面采光。四壁开有上下两组大窗，装有滤色玻璃，透进殿内的阳光明亮而柔和。殿内装有大型通风空调设备。大殿的外围，一半(东面及南北各半面)围以半圆形回廊，供礼拜者坐息。回廊里侧有院落，点缀着花草及喷泉。殿内还装有自动灭火器及火情警报装置。该寺西南角有宣礼塔1座，高38米，顶上装有避雷针及闪光灯，还装有扩音器。寺内图书馆藏有各种伊斯兰经典，男女沐浴室为现代设施。伊玛目住宅为别墅式楼房，另设办公室及工作人员宿舍。停车场位于寺西北侧，可停100多辆汽车。清真寺的照明工程，一律采用反射技术处理。夜间远望，整个清真寺通体雪亮，景色壮观。

（马智雄）

卡塔尔伊斯兰教 卡塔尔国位于波斯湾西南岸，阿拉伯半岛东部的卡塔尔半岛上。面积1.1437万平方公里。人口42万(1989)。绝大多数是阿拉伯人，还有非洲人、伊朗人、孟加拉人、巴基斯坦人等。99%的居民信奉伊斯兰教，伊斯兰教为国教。阿拉伯语为国语，通用英语。首都多哈。7世纪30年代成为阿拉伯帝国的一部分，伊斯兰教在当地居民中传播。9世纪末至11世纪初，卡塔尔属巴林卡尔马特国的一部分。在以后的几个世纪里，卡塔尔为当地穆斯林小王朝所统治，成为什叶派、逊尼派、艾巴德派和哈瓦利吉派争夺的对象。16世纪以后由奥斯曼帝国统治达200多年。18世纪初，阿勒萨尼家族从阿拉伯半岛的亚比林绿洲迁到卡塔尔，后与其他瓦哈比教派的部落结成联盟，先后形成了几个小的酋长国。19世纪中期，伯努·泰米姆部族统一半岛，1846年，萨尼·本·穆罕默德建立君主立宪的卡塔尔酋长国，由阿勒萨尼家族统治卡塔尔至今。现在，大多数穆斯林属于逊尼派的马立克教法学派，少数为罕百里教法学派。什叶派穆斯林占极少数，属于十二伊玛目派。卡塔尔统治上层阿勒萨尼家族信奉瓦哈比派教义，是穆斯林中最有权势的一部分人。1974年公布的临时宪法中规定，伊斯兰教为国教，国家努力推行正统的伊斯兰原则。实行伊斯兰教法，至今国内只有沙里亚法庭，居民在日常生活中严格遵守伊斯兰教的教规和礼仪。儿童主要在清真寺附设的学校学习《古兰经》和沙里亚法典。清真寺遍布全国各地，首都多哈有清真寺120多座。卡塔尔为：阿拉伯国家联盟、伊斯兰会议组织、世界伊斯兰大会和伊斯兰世界联盟的成员国。（杨克礼）

卡西姆·艾敏（Qāsim Amin，1865～1908） 埃及穆斯林作家，妇女解放运动的倡导者。生于埃及泰莱一库尔德族穆斯林家庭。自幼在亚历山大港求学，后移居开罗，直到去世。曾入爱资哈尔大学学习伊斯兰教义和教法，与伊斯兰教改革家穆罕默德·阿布笃及赛尔德·扎格鲁勒交往甚密，受到他们革新思想的影响。后去法国入蒙彼利埃大学，专攻法律。回国后在埃及司法和检察机构工作。曾参加埃及人民的独立运动，以维护女权和妇女解放运动的先锋者著称。1899年发表论文集《妇女的解放》，引起强烈反响。他的进步思想和对伊斯兰教法进行改革的主张，得到革新派的拥护，受到封建保守派的反对和攻击。1906年发表《新女性》，作为向反对派的回击，书中从人类社会的历史、结构基础及现实问题等方面论证妇女解放的社会意义。1908年去世后发表的《卡西姆·艾敏言论集》，是关于家庭、妇女和爱情问题的杂文集。他的作品笔锋犀利，情绪激昂，富有战斗性。不仅在思想内容上提出了阿拉伯文学的新课题，而且在风格上对传统文学有新的发展，是阿拉伯政论文中的佼佼之作。（杨克礼）

卡扎尔王朝（Sulālah Qajar） 伊朗卡扎尔人建立的伊斯兰教什叶派王朝（1794～1925）。亦译“恺加王朝”。卡扎尔人是跟随萨法维王朝创立者伊斯玛仪一世的军队来到波斯的7个突厥部落之一。原居住在里海东岸的阿斯塔拉巴地区，后移居靠乌兹别克边境的沙希贾汗。1747年纳迪尔沙死后，波斯分裂为几个互相争霸的小王朝。1779年，赞德王朝（1750～1794）卡里姆汗卒，卡加尔人首领阿迦·穆罕默德（1779～1797在位）趁赞德王朝后裔争夺王位互相残杀之机扩张势力，直达阿塞拜疆。1794年攻占克尔曼，消灭赞德王朝，遂统治伊朗主要省份。1795年进攻格鲁吉亚，得胜而还。1796年，阿伽自立为波斯沙，定都德黑兰。同年征服呼罗珊。1797年在苏撒要塞被仆人刺死。卡加尔王朝统治时期，伊朗逐步沦为半殖民地。1797～1896年间，在国王法塔赫·阿里沙（1797～1834在位）、穆罕默德沙（1834～1848在位）和纳赛尔丁沙（1848～1896在位）统治的近百年间，西方列强对伊朗侵略日甚一日。1813年和1828年在俄国同伊朗的两次战争中，后者战败，失去对格鲁吉亚和高加索的宗主权，丧失了阿塞拜疆部分地区。1856年英国同伊朗战争中放弃赫拉特。从此列强在伊朗享有治外法权，西方政治、经济的入侵，使伊朗封建社会逐渐解体，劳动人民备受压榨。1848～1852年，爆发了反封建的巴布教派起义。卡加尔王朝纳赛尔丁统治时期，进行了一些不成功的财政和军事改革，限制封建贵族特权，为发展经济又以关税为保证向英国贷款，建立了电讯系统和国家银行。卡加尔王朝后期，伊朗发生了反帝反封建的资产阶级革命（1905～1911）。1906年10月国王被迫召开国民议会，制定了伊朗第一部宪法。1908年，大不里士又爆发了民族主义运动。1915年，俄国进军波斯北部，英国控制了中南部。1915年，英国控制了伊朗全境，卡加尔王朝名存实亡。1925年10月，卡加尔王朝最后一个统治者艾哈迈德·阿里沙（1909～1929在位）被礼萨·汗·巴列维废黜，卡扎尔王朝灭亡，开创巴列维王朝。卡扎尔王朝以什叶派十二伊玛目派教义为国教。王朝将宗教事务的领导权交欧莱玛掌管，并委派教法学家担任各级法官，还就政府的有关决策征询著名欧莱玛意见。什叶派的教法有所发展，出现了艾赫巴尔派和乌苏勒派。教法学家突破因循守旧的陈规，用类比、推断、一致意见的理性方法，处理教法问题。在教义学上，出现了谢赫学派，被什叶派欧莱玛斥为“异端”，但其学说对巴布教派的形成具有直接的影响。（郭承真）

卡扎菲（al-Qadhdhāfi，1942～） 阿拉伯利比亚人民社会主义民众国领导人。全名欧麦尔·穆阿迈尔·卡扎菲。生于费赞省省会塞卜哈南部锡尔镇附近沙漠的一游牧家庭，属柏柏尔人的卡扎法部落。笃信伊斯兰教。自幼其父延师教他学习《古兰经》，随后在清真寺接受伊斯兰传统教育。1956年进塞卜哈中学读书，深受纳赛尔关于社会改革的思想影响，因组织秘密团体，并领导同学举行声援纳赛尔的阿拉伯统一运动的游行活动，被开除学籍。1961～1963年在米苏腊塔读高中。1963年入班加西军事学院学习，仿效纳赛尔在学院建立旨在推翻封建王朝的秘密团体“自由军官组织”。1966年被派往英国装甲兵无线电通讯学校学习，回国后在通讯兵部队服役，后任上尉副官。1969年9月1日，领导以“自由军官组织”成员为核心的一批青年军官发动军事政变，推翻伊德里斯王朝封建统治，建立阿拉伯利比亚共和国，任革命指挥委员会主席和武装部队总司令，并晋升为上校。同年，他颁布的新宪法称新政权的目标是：在伊斯兰教义原则指导下，以《古兰经》立法，实现“社会主义”和“阿拉伯的全面统一”。1970年1月兼任总理和国防部长，6月创建阿拉伯社会主义联盟并任主席。1977年3月，他发表“人民权力宣言”，更改国名为阿拉伯利比亚人民社会主义民众国，改组政府机构，解散革命指挥委员会和政府，设立总人民代表大会总秘书处和总人民委员会，任总人民代表大会总秘书处秘书长。1979年3月宣布放弃行政职务，称“九·一”革命领导人。

卡扎菲提倡实行“伊斯兰社会主义”。1973年以来，在国内发动“文化革命”和“人民革命”，推行“社会主义政策”和“伊斯兰化运动”，对国家政治、经济和社会等制度进行改革。他先后出版了三本《绿皮书》(al-Kitāb al-Akhḍar)，全面阐述他的“伊斯兰社会主义”的理论。他宣称：他的“社会主义”理论，是既区别于资本主义，又区别于共产主义的“世界第三理论”。他认为“伊斯兰教是介于社会主义和资本主义之间的第三条道路，在资本主义和社会主义失败之后，人类将沿着建立在伊斯兰基础上的第三条道路，去建立一个理想世界”。“社会主义必须以伊斯兰教原则为指导思想”。《古兰经》是利比亚社会生活的准则，是立法的依据。他提出在政权建设上，“人人平等地参加国家的管理和监督，即权力掌握在人民手中”，通过人民代表大会和人民委员会制度，体现人民“直接掌握权力”。在经济上，他提出任何人不能拥有大量资本，剥削他人。禁止人们从事谋取自身需求以外的任何经济活动，人人都平等地参加生产和分配产品。在对外政策上，支持巴勒斯坦人民反对以色列侵略的斗争，反对美国的霸权主义和军事干涉，清除西方腐朽思想文化对伊斯兰教的渗透。竭力主张阿拉伯国家的统一和实行泛阿拉伯主义，曾多次尝试与阿拉伯邻国的联合，但未能实现。1982年10月曾率代表团访问中国。　（杨克礼）

卡孜　见卡迪。

卡兹米耶清真寺(Masjid al-Kāẓimiyyah)　伊拉克伊斯兰教著名清真寺。是由清真寺和陵墓组成的建筑群。位于首都巴格达卡兹米耶区。762年阿拔斯王朝哈里发曼苏尔初建巴格达城之前，选择卡兹米耶为其家族的墓地，时称“古莱什墓地”。葬于此处的有哈里发曼苏尔之子贾法尔、哈里发艾敏、哈里发哈伦·拉希德之妻祖拜岱以及几位伊玛目。卡兹米耶清真寺建于1515年，后又陆续增建一些设施，全部工程至19世纪始告完成。整个建筑几乎全用彩色花砖铺饰，花砖上绘有《古兰经》经文、花卉和几何图案。寺内主体建筑礼拜大殿建有两个穹顶，穹顶四周有4大、4小宣礼尖塔，其穹顶、尖塔、内墙及其他建筑多用金箔饰面，大殿内室用小镜镶嵌成的花卉和几何图形装饰，璀璨夺目。室内墙上挂着许多金银制的灯和丝幕。该寺被认为是伊斯兰世界最大建筑物之一。寺内有陵墓两座，为阿里后裔、什叶派第七任伊玛目穆萨·卡兹姆(744～799)和第九任伊玛目穆罕默德·贾瓦德的陵墓，上面建有镀金穹顶。什叶派穆斯林尊为“圣墓”，前来朝谒，在寺内进行祈祷和礼拜。　（杨克礼）

喀布尔(Kābul)　阿富汗首都与最大城市，喀布尔省首府。人口约125万(1985)。位于东部谷地上，濒兴都库什山南麓。“喀布尔”系信德语，意为“贸易中枢”。自古是欧亚通商要道上的贸易中心，有名的“丝绸之路”从这里经过。已有3000多年历史。中国《汉书》称“高附”。661年阿拉伯军队攻占喀布尔。8世纪以来被伊朗、中亚等穆斯林诸王朝先后占据。16世纪初，来自中亚的帖木儿后裔、莫卧儿王朝创建人巴布尔攻占了喀布尔。1773年，杜兰尼穆斯林王朝统一阿富汗后定都于此，遂发展成政治、经济和宗教文化中心。在历史上，喀布尔是一座英雄城市，城区有许多抗击侵略者的古战场、纪念碑等。该城古迹很多，纪元前的墓碑、古塔、城堡以及伊斯兰教的清真寺、尖塔到处可见，其中著名的有1640年沙贾汗国王建造的清真寺、巴布尔大理石陵墓、穆罕默德·卡迪尔·沙阿国王的陵墓等。在国家博物馆和考古博物馆内，收藏有伊斯兰教的珍贵文物。城西北郊有巴格巴拉宫，是前国王哈比布拉(1901～1919)的住处。在城南山麓的“谢赫墓”，是伊斯兰教第四任哈里发阿里的衣冠冢，为阿拉伯拱顶式的建筑物；离墓30～40米处有一巨石，中央裂成一条宽不到1米、长约2米的狭窄通道，据传说它是阿里用利剑劈开留下的圣迹。每逢伊斯兰教历元月，阿富汗什叶派穆斯林在此举行宗教仪式。　（杨克礼）

喀喇汗高昌战争　11世纪初期喀喇汗伊斯兰王朝同高昌回鹘佛教王国之间的宗教战争。喀喇汗王朝和高昌回鹘王国均系9世纪中叶由西迁回鹘人建立的政权，因分别改信伊斯兰教和佛教，两国处于对立状态。在喀喇汗王朝征服于阗的“圣战”中，高昌回鹘支持于阗佛教徒和穆斯林作战。于阗王朝灭亡后，高昌回鹘成为喀喇汗王朝在新疆地区继续传播伊斯兰教的主要障碍，两国关系日趋紧张。据乌比特《亚马尼史》和伊本·艾西尔《全史》记载，1017年有10万(一说30万)帐异教突厥人(包括黑契丹人)侵入七河地区，深入到距巴拉沙衮8日路程的地方。喀喇汗王朝大汗艾哈迈德·托干汗抱病亲自率军迎敌，打败入侵者，杀死20多万人，俘虏10万人，缴获大量战利品，全胜而归。成书于11世纪70年代的《突厥语大词典》，收录有关于这次战争的诗歌6首。这些诗歌叙述了战争的有关情况。这次战争造成了大量人口死亡，使高昌地区的佛教文化遭到严重破坏。　（马品彦）

喀喇汗王朝　10～13世纪初回鹘人在中亚及今新疆喀什、和田地区建立的伊斯兰王朝。亦称“黑汗王朝”或“葱岭西回鹘”。唐朝末年回鹘西迁时，其中一支在汗族庞特勤率领下西奔楚河地区葛逻禄部，后庞特勤臣服了葛逻禄及其他回鹘部族，建立起回鹘新王朝，史称“喀喇汗王朝”。传说王朝的开国者是萨图克·布格拉汗之祖阙毗伽·卡迪尔汗。王朝为相当松散的多民族部落联合体。建国之初即采取草原帝国双汗制传统，以长幼子分东西两支：东支由大汗直接统治，首府设于巴拉沙衮(今吉尔吉斯斯坦共和国托克马克东)；西支首府初设于怛逻斯(今哈萨克斯坦共和国江布尔)。西支始祖名萨图克·布格拉汗,死于955年,其子穆萨·阿卜杜勒·凯里姆继承汗位。他先灭东支,夺得巴拉沙衮,统一并扩大了王朝疆域。其后将王朝中心逐渐转移至喀什噶尔(今新疆喀什)。后王朝分裂成以喀什为中心的东支哈桑系和以费尔干纳为中心的阿里系。阿里系的伊力可汗(998～1012)最后灭中亚萨曼王朝,拥有阿姆河以北地区。约自1041年起,王朝正式分裂为二,长期互相攻伐。12世纪末至13世纪初,东西两汗国均臣服于西辽。1211年篡夺了西辽王位的乃蛮王子屈出律攻占喀什噶尔,东汗国亡。翌年西汗国为花剌子模沙王朝(约1077～1231)的君主阿拉丁·穆罕默德所灭,王朝终结。萨图克·布格拉汗(？～955)是一位虔诚的穆斯林,传说他自幼受萨曼王朝穆斯林的影响,早年就归信了伊斯兰教,并且影响其下属信教,扩大了穆斯林的实力。后来他以武力从信仰佛教的叔父手中夺取了政权,即按阿拉伯国家模式建立了伊斯兰教法统治,设立宗教法庭,宗教领袖在国家政治生活中享有重要地位,宗教学者队伍日益扩大,寺院经济大量发展。其子穆萨继位后,在苏菲派教士的帮助下,实现了汗国的伊斯兰化。约960年穆萨宣布伊斯兰教为国教,20万帐突厥人入教。从此正式开始了第一个突厥语民族伊斯兰王朝的历史。穆萨统治时期,继续大力推行伊斯兰教法统治,在王朝各地普遍设立宗教法庭,建立清真寺、经文学校和麻札,今喀什皇家经学院的遗址还为当地人所共知。曾长期进行征服佛教中心于阗的"圣战",经过20多年的征伐,终于在1001年杀死于阗王,实现了对于阗及叶尔羌的征服。其后大汗哈桑·本·苏莱曼(1074～1102)以"正义和宗教的保护者"为称号,遥奉阿拔斯王朝为正宗,继续伊斯兰教的传统治理。喀喇汗王朝与宋王朝一直保持着友好关系,往来不绝。《宋史·于阗传》云:"大中祥符二年共国黑韩王遣回鹘罗斯温等以方物来献。"此后直至元丰四年(1081)70余年间都有使者陆续前来上表贡方物的记载。喀喇汗王朝力图保持东方王朝的特色,在诸大汗铸造的钱币上,常有"桃花石·布格拉汗"、"秦之王"及"秦与东方之王"等称号。"桃花石"和"秦"都是当时中亚地区对中国的称号。在喀什噶尔人马哈茂德所著《突厥语大词典》及中世纪阿拉伯、波斯的文献中,多处把喀什与宋、契丹并列,认为中国是由这三部分组成的。喀喇汗王朝时期,大批突厥游牧民族转入定居,加快了中亚土著民族突厥化和广大游牧民伊斯兰化的过程,社会经济普遍发展,手工业和建筑业有巨大进步,科学文化获得相应发展,形成了一种新的文化:伊斯兰—突厥文化。阿拉伯字母代替了以粟特字母书写的回鹘文字。传世的代表作《福乐智慧》、《突厥语大词典》及《真理的入门》等,是中世纪突厥文化的不朽名著,有力地表明了突厥—维吾尔文化的繁荣昌盛。 (马汝珩)

喀喇汗于阗战争 10世纪中期至11世纪初中国新疆并存的喀喇汗伊斯兰王朝同于阗佛教王朝之间的宗教战争。10世纪初,喀喇汗王朝萨图克·布格拉汗归信伊斯兰教,并在国内迫使王公大臣和属民改宗,遭到佛教徒的不满和反抗。首府喀什噶尔(今新疆喀什市)的佛教徒曾多次举行反对强制改宗的暴动,得到于阗佛教徒的支持,致使两国关系逐渐恶化。960年,喀喇汗王朝实现了国家伊斯兰化,不久即开始征服于阗佛教徒的"圣战"。962年,于阗出兵对抗,战争正式爆发。初期,于阗得到信奉佛教的高昌回鹘的援助,占据优势。969年,于阗军队攻占喀什噶尔,喀喇汗王朝首领"望风逃走",其"宝物、妻子、大象、良马及其他"为于阗所获(和田文《于阗王尉迟苏拉与沙州大王曹元忠书》)。于阗在喀什噶尔另立政府,并把胜利的消息分别报告沙州统治者曹元忠和北宋政府。此后,战争一直处于拉锯状态。998年,两国军队激战于英吉沙,喀喇汗王朝首领阿里·阿尔斯兰汗战死。于阗军队再次攻占喀什噶尔。阿里的堂侄优素福·卡迪尔汗遂乞师于中亚布哈拉,得到伊斯兰教圣裔、布哈拉宗教首领穆哈伊丁等4位伊玛目所募40000(一说24000)名穆斯林志愿军援助,大败于阗军队,收复喀什噶尔,继克叶尔羌(今新疆莎车县)、叶城,直逼和田城下。经长期围困后,于1006年(一说1001或1009)占领该城,灭于阗李氏王朝。经过24年战争,结束了佛教在该地区千余年的统治。优素福·卡迪尔汗成为和田第一位伊斯兰教统治者。此后,伊斯兰教在和田、叶尔羌等塔里木盆地西部和南部各地得以传布。此次战争扩大了伊斯兰教的传播范围,改变了新疆地区伊斯兰教与佛教力量的对比,巩固了伊斯兰教在新疆的地位。同时,也造成了塔里木盆地西部和南部人口大量死亡,城市被毁,生产力严重破坏,经济长期衰落。 (马品彦)

喀什噶尔和卓家族 16世纪末中亚著名伊斯兰教圣裔麦赫杜姆·阿扎姆的子嗣。其中3支迁居中国南疆地区,史称"喀什噶尔和卓家族"。麦赫杜姆·阿扎姆(约1461～1542)系中亚撒马尔罕达哈比德人。相传为伊斯兰教创始人穆罕默德之女法蒂玛的19代后裔,继为中亚苏菲派纳格什班迪耶教团第五代谢赫。1533年曾来到喀什噶尔传播该派教义,赢得了南疆广大穆斯林的崇敬和尊重。麦赫杜姆的子嗣众多(一说为13子或14子;一说为7子)。在争夺谢赫职位的斗争中,第七子伊斯哈格·吾里(为麦赫杜姆第三房夫人比比查·喀什噶里所生)于1580年来到叶尔羌汗国,掌握了喀什噶尔的宗教地盘和委派英吉沙、叶尔羌、和阗等地神秘派首领的权力,被称为"和卓家族伊斯哈格系"或"黑山派"、"黑帽回"等。伊斯哈格有3个儿子:库特布丁、沙赫巴兹和马哈茂德·叶海亚(后以和卓夏迪著称)。沙赫巴兹早年死于阿克苏。伊斯哈格·吾里在南疆活动了12年以后回到撒马尔罕病故。幼子和卓夏迪被指定为在叶尔羌的代理人。但夏迪当时年幼,便由伊斯哈格的忠实好友、著名大贤乌尔图什代行其责。16世纪末至17世纪前期，乌尔图什和和卓夏迪相继担任叶尔羌汗国宫廷的导师。和卓夏迪死于1642年，留下两个儿子：阿卜杜拉和欧拜杜拉。后者有二子：长为舒艾布，次为达尼亚（亦译“达涅尔”）。1682年，伊禅卡朗系或称白山派和卓阿帕克勾结准噶尔贵族进入南疆灭叶尔羌汗国，对黑山派大肆迫害。舒艾布被阿帕克和卓诱杀，达尼亚隐居中亚撒马尔罕等地。其后南疆出现两和卓系分治割据的局面，和卓达尼亚趁机返回叶尔羌，重新成为黑山派领袖。达尼亚有5个儿子：阿古柏、阿尤布、优素福、尼扎姆丁（又称“哈玛什和卓”）和阿卜杜拉。他们各自的子嗣也众多。1713年，准噶尔部策妄阿拉布坦将两系和卓一起拘禁伊犁，到1720年才将权力交给达尼亚及其子嗣。1755～1759年，清朝统一天山南路，伊斯哈格系和卓叛乱失败，从此该派在南疆300多年的统治结束。

喀什噶尔和卓家族另一支重要支系为伊禅卡朗系或白山派。系和卓麦赫杜姆·阿扎姆的长子马哈茂德·艾敏（以伊禅卡朗著名）的后裔。马哈茂德·艾敏本人未到过新疆，他死后其第四子马哈茂德·优素福于16世纪末来到叶尔羌汗国。他先到了哈密，在那里娶妻生子名希达叶图拉（以阿帕克和卓著称）。1638年，叶尔羌汗国阿卜杜拉即汗位后，优素福父子趁汗位更迭之机来到喀什噶尔。1667年阿卜杜拉之子亦兀勒巴儿思即汗位后，汗国一切事务交由和卓优素福父子管理。1670年，叶尔羌、叶城等地的黑山派举行暴动，杀死亦兀勒巴儿思与和卓优素福，希达叶图拉逃亡中亚，经克什米尔到达西藏。1679年准噶尔部噶尔丹率大军以希达叶图拉为向导，攻灭了叶尔羌汗国，希达叶图拉自称“阿帕克和卓”（即世界之主），在南疆建立起依附于准噶尔汗国的以和卓家族为中心的“伊斯兰神圣国家”。他以伊斯兰教“沙里亚法”（即伊斯兰教法）和苏非派“托勒盖”（即道乘）为依据，借此铲除异己和监禁黑山派信徒。1690年，黑山派领袖舒艾布（即伊斯哈格·吾里重孙）在叶尔羌和喀什噶尔举行了暴动，阿帕克和卓为缓和矛盾，把汗位让与原叶尔羌汗国的后裔穆罕默德·艾敏，而逃亡哈密。之后，阿帕克和卓在准噶尔贵族的支持下重新当政。1695年黑山派在萨迪克和卓领导下在叶尔羌暴动，杀死了阿帕克和卓。阿帕克有5个儿子：长子叶海亚和卓、次子阿卜杜·赛迈德、三子马赫迪和卓、四子哈桑和卓和幼子布喇尼敦。1697年策妄阿拉布坦继为准噶尔部浑台吉后，因故将白山派和卓家族押到伊犁监禁起来，转而支持黑山派和卓达尼亚“掌管喀什噶尔六城”。马哈茂德在伊犁禁锢时，生二子，长曰波罗尼都，次曰霍集占，即通常所言大小和卓。1755年清朝平定北疆准噶尔部阿睦尔撒纳的叛乱后，曾将他们二人释放，并扶持他们从黑山派和卓手中夺取南疆，但大小和卓旋又不服清廷，而于1759年反叛。最后为清军所败，大小和卓逃至巴达克山被当地首领素勒坦沙执杀。和卓家族成员大部归附清朝，被安置在北京或内地，只有大和卓波罗尼都第四子萨木萨克被其乳母携带逃往中亚浩罕，并生3子即优素福、张格尔和巴布顶。从19世纪20年代起，萨木萨克父子多次潜回新疆发动叛乱。其中以1826年张格尔纠集安集延、布鲁特等数百人入侵规模为最大。张格尔最后被清军擒获，解至北京处死。从1847～1857年的10年间，张格尔子侄又发动了两次规模较大的叛乱。一次是1847年由迈罗的明（优素福之子）和倭里罕和卓为首的“七和卓之乱”；一次是1857年倭里罕再度叛乱。两次叛乱不久均被清军平定。倭里罕叛乱失败后，白山派和卓家族后裔的复辟活动转化为1865年阿古柏以和卓名义为号召的侵略事件。失败后，喀什噶尔和卓家族势力便退出了活动近3个世纪的南疆历史舞台。

在喀什噶尔和卓家族中除上述两大对立支系以外，还有麦赫杜姆·阿扎姆的次子多斯和卓系。多斯和卓系麦赫杜姆·阿扎姆的第一夫人所生。按《钦定西域同文志》和《钦定皇舆西域图志》的记载，其世系为：麦赫杜姆·阿扎姆——多斯和卓——穆斯塔法——乌什和卓——苏莱曼——阿卜杜·拉赫曼——阿卜杜·纳绥尔。据《回疆通志》卷12载，清军平定回部，阿卜杜·拉赫曼、阿卜杜·纳绥尔父子降清，与白山派和卓一起羁留北京，共为“居京师回爵”。

（马启成）

《喀什噶尔史》 中国记述喀喇汗王朝早期历史的著作。作者为艾布·福图赫·阿卜杜勒·加法尔·阿勒马伊，维吾尔族，喀什噶尔（今新疆喀什市）人。约成书于11世纪70年代。是喀喇汗王朝穆斯林写成的关于该王朝历史的最早的历史著作之一。原书已佚。其部分章节保存在维吾尔族历史学家贾玛尔·卡尔施于14世纪初用阿拉伯语编撰的《苏拉赫词典补编》中。这些章节记述了喀喇汗王朝早期的历史，该王朝同中亚伊斯兰萨曼王朝（874～999）的关系，萨图克·布格拉汗秘密改宗伊斯兰教和发展信徒，及其在萨曼王朝穆斯林支援下在喀什噶尔夺取政权的经过等。是研究喀喇汗王朝早期历史和新疆伊斯兰教史的第一手资料。（马品彦）

开封清真东寺 中国伊斯兰教清真寺。亦称“开封东大寺”。位于河南省开封市清平南街路西。原寺在今开封城南文庄，迁至今址时间不详。据现存寺内碑刻及传说，该寺明初称为“敕修大梁清真寺”，明太祖朱元璋曾赐书“精忠尚武”横幅匾悬挂大殿内，后改挂“万岁牌”，明永乐五年（1407）又敕谕重修。现寺为清道光二十六年（1846）重修，系开封市现存规模最大的伊斯兰教建筑。全寺占地10余亩，坐西向东。据清乾隆四年（1739）《祥符县志》县城图载，寺门前临街道，旧名清真街，院分3进，大门5间，朱门碧瓦，门楣下4根方木，顶端镌有“护国清真”4字。上方有蓝底黄字走龙边的“敕建清真寺”门额匾，今悬“回族东大寺”匾。

南边大门上悬有清道光年间(1821～1850)河南省巡抚牛鉴题赠的"护国佑民"大匾。二门左3间西面悬大匾3方,中为"大道之源",两旁分别是"在明明德"与"明德之源"。二门两旁是南北走廊,北边走廊内自北向南排列石碑3座,内2碑为双面雕刻,有明洪武年间(1368～1398)的《古兰经》文碑、明万历十四年(1586)的"古制连班永遵碑"、清初的"古制连班序"碑、清康熙二十八年(1687)的"重建清真寺碑记"、乾隆四十七年(1782)的"具甘结"碑。二门后为庭院,两旁为南北讲经堂和水房,中间为大殿,殿前有道光二十六年(1846)增建的卷棚。大殿为硬歇山顶,上覆琉璃瓦,高9米,深21.6米,宽18米,两侧有高大耳房,采光充足,高大明亮,正面墙凹壁处雕有锥体经文,西北角有敏白尔,两旁雕有锥体经文对联。殿内红漆明柱,墙面雕有花卉图案,朴素典雅,庄重大方。大殿左右为配殿,北配殿是阿訇住处,南配殿临时改作女寺。此寺严守格迪目传统,"古制连班永遵碑"记载了自明初至今曾不断抵制过新行派及苏非派的传入。道光二十年(1840)黄河决口,城墙崩塌,险情迭出,该寺组织穆斯林舍身抗洪,水灾后河南巡抚牛鉴奏清朝廷重修东大寺,并精工制作匾额表彰。辛亥革命时,开封十一烈士之一的丹鹏晏发动贫困回民起义,以东大寺为誓师会址,为人告密,丹鹏晏牺牲。其组织者刘步云为回民精神所感动,归信了伊斯兰教。民国初年王浩然阿訇在此寺任教长期间,创"中国回民促进会豫支部",并倡议在开封回民区建立5个"经房",每晚各派1名海里凡前往宣讲教义,一时教门大兴,至今为人称颂。该寺现被列为开封市文物保护单位。 (罗万寿)

开封犹太人 中世纪移居中国河南省开封市的部分犹太人及后裔。据《中西交通史料汇编》考证,中国史书关于犹太人的记载,始自元代史书,一称"术忽",一称"斡脱","术忽"(Djuhud)即阿拉伯人对犹太人的称呼。其来华时间,一般认为系北宋徽宗年间(12世纪初叶)由印度孟买地区移居而来。也有学者认为,约在7世纪就有犹太人侨居中国经商。据9世纪阿拉伯商人艾布·赛德·哈桑在《中国印度见闻录》中记载,伊斯兰教历264年(877)黄巢攻破广州时,"仅寄居城中经商的伊斯兰教徒、犹太教徒、基督教徒、拜火教徒,就总共有12万人被他杀害了"。17世纪天主教耶稣会传教士利玛窦(Matteo Ricci)在北京接触了一位由开封来访的犹太人艾田,对其讲述了开封犹太人的情况,引起了西方人的注意。此后曾派人到开封调查联系。当时开封有犹太遗民一千余人,有李、俺、艾、高、穆、赵、金等姓氏。他们自称其信奉的宗教为"一赐乐业教"(俗称"挑筋教"),他们的"礼拜寺"称"清真寺",诵希伯来文经卷的人称为"满喇",他们不吃猪肉,风俗习惯与回族有某些相似处,缠头用蓝布,故人称"蓝帽回回",其中部分人已融合于汉族,部分人改宗伊斯兰教融合于回族。其他地方如南京、上海也有少量犹太人,也多融合于回族中。开封曾留有3座犹太碑铭,一为明弘治二年(1489)《重建清真寺记》,一为清康熙二年(1663)所立《重建清真寺》碑,今已遗失。第三座碑名《清真寺赵氏建坊并开基源流序》,系康熙18年(1679)立,今存开封市博物馆。 (罗万寿)

开经 中国穆斯林宗教仪式。"开经"即请阿訇诵读《古兰经》。穆斯林对诵读《古兰经》非常虔诚,因此在诵读《古兰经》时,首先请开学阿訇开经,诵读一段,然后参加者分头诵读。开经的情况有:(1)埋葬亡人时在坟地集体开经。(2)亡人故后在家请一位阿訇开"一月经"或"全年经"诵读。(3)斋月在家中请阿訇开"一月经"。清真寺则在寺内集体开经诵读。(4)婚丧大事或纪念亡人时,在家请阿訇集体开经诵读。(5)宗教节日在清真寺集体开经诵读。《古兰经》30本(卷)通常称为"一匣"。请一位阿訇开经时,由其逐日1本,30天诵完。集体开经时,则按所请阿訇的多少开一匣或几匣,每人各诵1本,念不完剩下的由一人按日诵完为止。 (冯增烈)

开罗(al-Qāhirah) 埃及首都,伊斯兰世界历史文化名城。非洲最大的城市。位于尼罗河三角洲顶点以南14公里,市区跨尼罗河两岸和河中岛屿,有多座桥梁相连。人口1200万(1989)。639年,伊斯兰教第二任哈里发欧麦尔派军事将领阿慕尔·本·阿斯率阿拉伯军队征服埃及,于641～642年在此建造了弗斯塔特城(al-Fustat),建军营,修清真寺,成为征服马格里布地区的军事要地。伍麦叶王朝时,该城得到扩建,大批阿拉伯人及突厥人迁入,为埃及行省的首府。阿拔斯王朝统治时,该城人口剧增,经济发展。9～10世纪,埃及行省总督宣布独立,以弗斯塔特为都城,先后建立图伦王朝(808～905)和伊赫什德王朝(935～969),该城发展成埃及的政治、经济和文化中心。969年,北非法蒂玛王朝将领昭海尔率军征服埃及后,在原城北面兴建曼苏尔城(al-Mansur,意为"得胜者")。973年,法蒂玛王朝哈里发穆仪兹迁都于此,更其名为"嘎希赖"(al-Gahirah),后威尼斯人译为开罗。此后,埃及的阿尤布王朝(1171～1250)和马穆鲁克王朝(1250～1517)均在开罗建都,并大规模地扩建了该城。至12世纪,开罗已发展成为非洲最大的城市,成为阿拉伯世界政治、经济、对外贸易和伊斯兰学术文化中心之一,曾同巴格达、科尔多瓦齐名。从7世纪起,先后建有规模宏大的清真寺、宗教学校、道堂、科学馆、图书馆、博物馆、天文台、医院和宫殿,学者荟萃,伊斯兰学术文化高度发达。在经济上,工商业繁荣,海上贸易发达,商旅云集,是中世纪东西方贸易的集散地。1517年被奥斯曼帝国占领。1798～1801年沦于法国殖民者之手。1805年,奥斯曼帝国埃及总督穆罕默德·阿里宣告独立,为阿里王朝的都城。后逐渐发展为现代化的城市,为埃及政治、经济、交通和文化中心,也是当代伊斯兰世界的宗教学术文化中心。

现开罗是现代文明和古老传统并存的城市。西部以现代化的高层建筑为主，多建于20世纪初，具有当代欧美建筑风格；东部（旧开罗）则以古老的阿拉伯建筑为主。在现代开罗和穆卡塔姆山之间的古城，有400多座从罗马时代到土耳其时代的重要建筑及古迹。该城清真寺密布，高耸的尖塔林立，故称为“千塔之城”。古城中有清真寺250多座，著名的有阿慕尔清真寺、艾哈迈德·伊本·图伦清真寺、盖特巴大寺、爱资哈尔清真寺及同名大学、哈基姆清真寺、素丹·哈桑清真寺、里法伊清真寺等，还有建于12世纪的萨拉丁城堡。在解放广场附近有宏伟的埃及博物馆和伊斯兰艺术博物馆。埃及国家图书馆和爱资哈尔大学图书馆藏有《古兰经》、圣训及伊斯兰教经典的各种珍本和手抄本。开罗建有数十所各科大学（包括宗教大学），尤以爱资哈尔大学和开罗大学最为著名。爱资哈尔大学为亚非各国培养了大批宗教学者，堪称“世界伊斯兰教育和学术中心”。现代开罗最明显的标志是开罗塔，高约187米，由1000块彩色瓷砖镶嵌成莲花状的塔体，乘电梯登上塔顶，可俯瞰全城。城西南郊有吉萨金字塔和狮身人面像等世界著名古迹。（杨克礼）

开罗穆斯林反法起义 近代埃及穆斯林人民反对法国殖民主义的武装斗争。斗争以伊斯兰教为旗帜，以宗教人士为核心。1798年7月，3万法国侵略军在拿破仑率领下，击溃了土耳其驻亚历山大港和开罗的军队。进入开罗后，一方面千方百计讨好开罗穆斯林，另一方面制定了独出心裁的行政和财政措施，下令对私人财产、诉讼和诸如浴室、酒店、咖啡馆、磨房、油坊和住宅等征收新的捐税，使开罗穆斯林蒙受巨大损失，激起了人民的不满，遂爆发了开罗穆斯林反对法国殖民主义的武装起义。在这次起义中，宗教界人士起了积极作用和影响。清真寺的教长和宣礼员公开号召人民向专横暴戾的殖民主义者发起圣战；爱资哈尔大学的长老、学生和伊斯兰法学家在大学内组成若干领导起义的委员会。同年10月，当拿破仑的征税命令一发布，起义领袖和负责宣传鼓动的长老、学者便号召穆斯林举行反法起义。清晨，1.5万名起义者纷纷拿起武器，举行声势浩大的示威游行，高呼：“真主赐予穆斯林胜利”，整个爱资哈尔区成了反法斗争的中心。愤怒的起义者手持土枪、长矛、大刀和棍棒扑向法军，在开罗各个地区向法军进攻。遭到突然袭击的法军急忙退出开罗。拿破仑闻讯率主力军赶来，下令炮轰爱资哈尔及起义者。由于法军武装上的优势，扑灭了历时3天的武装起义，开罗重落法国人之手，起义领袖们遭杀戮。法军的残暴手段激起了埃及各地反侵略的游击战争。农民和游牧民的队伍常常袭击法军巡逻队，破坏法军的交通线，打击他们的军需官及收税员。埃及穆斯林的反抗使大部分法军被困。1799年春，拿破仑在四面楚歌中逃回法国。1800年3月，法国侵略军被穆斯林的第二次起义驱出了开罗。起义者历经25天的浴血奋战，一次次击退了法军的反攻，终使法军因埃及人民的英勇反抗而精疲力竭，于1801～1802年先后与土耳其、英国签订了和约而结束了拿破仑对埃及的冒险行动。根据这些和约条件，又恢复了土耳其素丹对埃及的宗主权。（沙秋真）

开天古教 中国穆斯林对伊斯兰教的尊称。系表示该教与阿丹（亚当）所奉宗教一脉相承。中国伊斯兰学者根据伊斯兰教史和故事传说，结合中国“盘古氏开天辟地”的传统文化，创“开天古教”说。清刘智《天方典礼·原教篇》谓：“维初太始，万物未形，惟一真宰，无方无似。命弘开辟之功，始立亿兆之类。天地万物备，而真宰之妙用，贯彻乎其中。造人祖于天方，降圣贤于中极，创制宏规，而教立焉。厥后人物克繁，渐达四外，去古近者，其教犹存，去古远者，其教遂失，故四方之教多非古教也。唯我天方，得众圣薪传，道统不绝，迄穆罕默德出，道愈彰明矣。”故内地清真寺多有悬挂“开天古教”匾额者。（罗万寿）

开学阿訇 见阿訇。

开斋节（ʻĪd al-Fiṭr） 伊斯兰教主要节日之一。与宰牲节并称为伊斯兰教的两大节日。阿拉伯语“尔德·菲图尔”的意译。波斯语称“肉孜节”（Rūzī）。时间在伊斯兰教历10月1日。伊斯兰教法规定，成年男女穆斯林在伊斯兰教历每年9月（即莱麦丹月，俗称“斋月”）封斋1个月，每日自黎明前至日落后，禁绝饮食、房事和一切非礼行为，以省察己躬，洗涤罪过。根据伊斯兰教先知穆罕默德关于“尔等见新月封斋，见新月开斋”的训谕，每年斋月始于伊斯兰教历9月初新月的出现，结束于教历10月初见到新月时为止。即在斋满29天的当晚寻看新月，如看到，翌日即为10月1日，即开斋节；否则，继续封斋一日，开斋节亦顺延一天。今世界伊斯兰教组织机构已精确推算出伊斯兰教历每年莱麦丹斋月的封斋和开斋日期，供作世界各地穆斯林参考使用。开斋节的主要礼仪有：(1)忙食一物。穆斯林于该日晨礼后速进少许饮食，以示戒满开斋向真主感恩之意。(2)交纳开斋捐。穆斯林按家庭人口计，每人施麦2斤半，可折成现金施贫，或交清真寺做宗教基金。中国部分地区穆斯林称为“麦子钱”，先施舍后参加会礼。此项施舍定制于伊斯兰教历二年(623)十月。(3)举行会礼。是日上午，穆斯林沐浴盛装，心口默颂赞词，聚集在当地最大的清真寺内举行规模盛大的会礼仪式。会礼者过多时可移在广场或郊野举行。会礼定制于伊斯兰教历二年十月，在教法上属“瓦吉卜”(al-Wājib，即当然的义务)。穆斯林会礼毕互相握手，共诵赞圣词，并互致问候。除以上主要仪式外，穆斯林还要宴会亲友宾客，邻里之间相互馈赠节日食品。有的穆斯林在家诵读《古兰经》，感恩真主，祈求赐福和佑护全家平安；有的游坟诵经悼念亡人。中国通用汉语的穆斯林将开斋节视为盛大节日，称之为“大尔德”（al-‘Id al-Kabir，即大节日）。新疆地区突厥语系及其他语种的各民族穆斯林，称开斋节为“肉孜节”，并称此节为“小尔德”（al-‘Id al-Ṣaghir，即小节日）。除举行上述一系列仪式外，还歌舞欢庆。开斋节已成为中国信仰伊斯兰教的10个少数民族共同的民族节日。（达应庚）

开斋捐 见赛德盖·菲图尔。

凯比莱（Kabirah） 见大罪。

凯法赖（Kaffārah） 伊斯兰教教法专用语。阿拉伯语音译，意为“赎金”、“赎罪”，中国穆斯林口语常读为“坎法赖特”。根据《古兰经》的规定，穆斯林在自己应履行的某项宗教功修中，出于有意或无意而发生过失、错误、缺陷等不符合教律之要求时，应以一定方式罚赎自己的过错。例如朝觐者在受戒期内违反禁律，丈夫把妻子比作母亲发誓，而后毁誓等，可以用释放奴隶、款待贫民、斋戒、施舍财物等办法来加以弥补，这些罚赎过错的方式，统称为“凯法赖”。赎金或赎罪物品，因情况不同，其数量、定额、内容也各有差别。例如对朝觐者违反戒律者，《古兰经》第5章第95节规定，应以相当的牲畜赎罪，或纳罚金，即施舍几个贫民一日的口粮；或代以相当的斋戒。又如对破坏誓言者，《古兰经》第9章第89节规定要纳罚金，即按自己家属的中等食量供给10个贫民一餐的口粮，或赠以衣物，或释放一个奴隶；无力济贫或释奴的人，当斋戒三日。在中国一些地区的穆斯林中，还流传有为亡人作“凯法赖”的习俗。（马恩信）

凯拉玛特（Karāmāt） 见穆尔吉宰。

凯拉姆学（‘Ilm al-Kalām） 伊斯兰教的宗教学科之一。即用逻辑推理和理性思辨的原则阐述伊斯兰教基本信仰而产生的教义学理论。“凯拉姆”一词系阿拉伯语音译，本意为“言论”、“对话”，引申为“辩论”、“辩证”，因该学科是伊斯兰教各家各派在有关信仰教义、哲学理论等诸种问题的激烈论争中产生、发展起来的，故在教内是“辩证派哲学”的专称，以与苏菲神秘主义哲学相区别。有时亦称“一神论”（‘I lm al-Tawḥid），因其所研究的核心问题是“真主独一”论。中国穆斯林学者译为“教义学”、“认主学”、“信仰学”，西方学者则称为“穆斯林神学”。它是伊斯兰思想文化运动的产物，最初出现于7世纪上半叶，于阿拔斯王朝前期始形成体系。它与当时伊斯兰教所面临的政治形势，尤其第三任和第四任哈里发奥斯曼与阿里时期的政治斗争和伍麦叶王朝宽容一切宗教的政策在穆斯林思想上的反映有关。加之新征服地区科学文化和原有宗教信仰与传统的渗透，使伊斯兰教较为单纯的信仰受到多方面的挑战，于是穆斯林学者和理论家便着手从定义到原理，从概念到信条，对有关伊斯兰教信仰的各种命题进行系统的研究和论证，作出符合经、训精神的论断，以卫护伊斯兰教信仰的纯洁和神圣地位。

凯拉姆学所研究和讨论的问题，虽系宗教信仰和宗教道德，但都涉及人们的思想和言行，也含有对王朝的政治态度问题。开始大都在清真寺、宗教学院，有时在哈里发宫廷和官方设置的智慧馆中专门进行研究、辩论，著书立说。因之也有人把它称为伊斯兰教的“经院哲学”。而王朝当局对各家各派的理论主张，认为凡符合其统治利益的就加以鼓励和扶持，反之就予以压制和打击。阿拔斯王朝第七任哈里发马蒙（786～833）及其后继者就曾大力提倡学术研究，鼓励学者大量翻译希腊哲学著作，他对穆尔太齐赖派的理性思想和“意志自由论”十分赞赏和支持，唯对反对《古兰经》被造说和“意志自由”的其他凯拉姆学家、圣训派，通过“宗教裁判所”进行迫害。哈里发穆泰瓦基勒（821～861）执政以后，又转换方向，对持有自由思想的学派进行镇压。

凯拉姆学派依据经、训中的教义思想并运用逻辑推理和辩证的方法研究、论证诸如真主的本体与德性、世界的起源与归宿、真主与世界和人的关系、前定与意志自由、人的能力与行为、后世生活以及《古兰经》的天启性等基本信仰和相关的理论问题。专门研究此学的人称为“穆台凯里蒙”（Mutakallimūn），最初专指穆尔太齐赖派和与之相论战的逊尼派教义学家。双方的代表人物分别为瓦绥勒·本·阿塔（700～797）和哈桑·巴士里（642～728）。他们论争的主要问题有：犯大罪者是否仍为信士，从人对自己的行为负责的角度论真主公道等。当时各家各派为了卫护各自的思想主张，极力批驳对方的论据，圣训派则把凯拉姆学斥为“异端”和“精底格”（Zindiq，即二元论），认为“信仰只是顺主顺圣，并非学说”。10世纪以后形成的逊尼派的新凯拉姆学体系，以卫护正统派的信仰为宗旨，其代表人物有伊拉克的艾什尔里（873～935）、中亚的马图里迪（？～944）、埃及的塔哈维（853～933）和稍后的安萨里（1058～1111）等。艾什尔里原是穆尔太齐赖派的学者，40岁时宣布脱离该派，转变为逊尼派凯拉姆学的捍卫者，他采用对方的逻辑推理和思辨原则进行论辩，对真主本体如何认识，他提出了“无方式论”的主张，并把宗教与科学、教义学与希腊哲学、前定论与意志自由学说加以调和，奠定了逊尼派凯拉姆学的基础。11世纪，安萨里在继承艾什尔里派学说的基础上，又吸收了苏菲神秘主义思想，进一步丰富和完善了逊尼派凯拉姆学的理论体系。14世纪，以伊本·泰米叶（1263～1328）为首的复古主义者认为，同代人所信奉的伊斯兰教，由于长期受到琐罗亚斯德教、佛教、苏菲神秘主义、新柏拉图主义，以及各国穆斯林先前的传统观念的影响而出现了不少带有多神崇拜色彩的实践和“异端邪说”，被认为背离了《古兰经》和圣训所规定的根本信仰。为了恢复经、训的原旨教义，他们提出了一系列净化伊斯兰教的理论，主张回到先贤的纯正信仰原则上去，尤其强调严格的一神论学说。这是在新的条件下卫护伊斯兰教正统信仰的又一种努力，对后世伊斯兰教的发展产生了深远影响。

凯拉姆学研究的主要对象有：(1)本体论。逊尼派主张真主是无始无终的，独一无二的，他有若干肯定和无始的德性，既非真主本体，又非他物，即：创造者、独一的、无始的、永生的、全能的、全知的、全聪的、全明的、意欲的。他又有若干否定的德性，即：不是偶性，不是物体，不是原子，不是有形象的，不是有界限的，不是可数的，不是有部分的，不是有分子的，不是若干分子化合的，不是穷尽的，不是可称为什么的，不是可称为怎样的，不在任何空间，不受时间的影响。任何物不似像他，任何物不能超出他的知觉和能力的范围。因此主张，由宇宙万有可以推知真主的存在。穆尔太齐赖派主张，真主没有德性，他以其本体而为之，反对把真主人格化。(2)宇宙论。强调世界是有始的，凡有始的必有其创造者。因此认为世界万有都是被造的，因为世界万有不外乎若干实体与偶性。实体是能自立的，实体或为联合的，如物体；或为单独的，如原子。偶性是不能自立的，必附于物体和原子，如颜色、状态、滋味、气味，因为这些都是被造物的属性，故世界万有都是真主创造的。(3)《古兰经》的地位。逊尼派主张《古兰经》是天启的经典，是真主的言语，是无始的，不是被造的。《古兰经》是穆斯林的书所记载的、心所背记的、口所诵读的、耳所听闻的。但内在的《古兰经》，并不寓于书、心、口、耳之中心。穆尔太齐赖派主张《古兰经》不是无始的，而是被造的，否则将会导致多神论的结果。关于《古兰经》的明文，逊尼派主张，应依字面而解释，内学派则有自己独特的解释，认为非蒙真主引导的一般常人无法理解。(4)前定与自由。逊尼派主张，真主是人类一切行为的创造者，无论正信与迷信、服从与悖逆，一切都由真主的意志、判断和前定使然。但又认为人类有选择、掌握自己行为的自由，即“前定如大海，自由如小舟”，故受赏受罚，应由人类自己负责。穆尔太齐赖派反对前定论，主张人类的意志是完全自由的，其行为是自己创造的，真主只依人类行为的善恶而论赏定罚，以证明真主公道。(5)认识论。逊尼派主张，万物的本质是确定的，是可以认识的。认为人类获得知识的因缘有三：健全的感觉、诚实的传述和理性。由理性而直觉的，都是必然的知识；由理性而推知的，都是获得的知识。由万物本质的确定性、可知性，推证真主的存在，是这种认识论的基本功能。在认识论上，逊尼派反对现象论者(‘Inādiyyah)否认万物的本质而认为是幻想的主张；也反对观念论者(‘Indiyyah)否认万物本质的确定性而认为是随观念而变化的主张。(6)哈里发或伊玛目。在教内有关此问题的斗争最为激烈，甚至导致一系列流血事件，故被列入凯拉姆学的范围加以研究和规定。逊尼派主张，先知穆罕默德逝世后，应由艾布·伯克尔等四大圣门弟子经选举依次继任哈里发，整个期限是30年，在30年以后则是帝国和王国。并主张，伊玛目应是公开的，不应是隐匿的和被期待的，也不必是阿里的后裔。什叶派主张，哈里发或伊玛目职务是穆罕默德的精神遗产，是真主通过先知指定的，应由阿里及其后裔继承。其中有的支派还坚持隐遁伊玛目和马赫迪思想。哈瓦利吉派主张，哈里发应由穆斯林大众公选，只要信仰虔诚，熟知教义，不分民族、种族，也不论自由民和奴隶，均有资格当选。此外，还有不少有关末日复生、审判和天园、火狱等问题的讨论和研究。

在伊斯兰世界有关凯拉姆学的著作很多，其中影响较大的，古典著作中有：艾布·哈尼法(699～767)的《大学》、瓦绥勒·本·阿塔的《中间地位》、艾什尔里的《宗教原理析》、欧麦尔·奈赛斐(1068～1142)的《教典》及赛尔顿丁·太弗塔萨尼(1312～1389)为其所作的注释《奈赛斐教典诠释》和伊本·泰米叶的《瓦希提耶信仰篇》；近现代的著作有阿卜杜勒·瓦哈卜(1703～1792)的《认一书》和穆罕默德·阿布笃(1849～1905)的《一神论》等。　(马忠杰)

凯利玛特·迪克里拉(Kalimāt Dhikrillāh) 穆斯林赞念安拉的各种常用语的总称。阿拉伯语音译，意为“记念(或赞美)安拉用语”。《古兰经》云：“你当朝夕恭敬而恐惧地记念你的主，应当低声赞颂他，你不要疏忽”(7：205)。穆罕默德说：“至高真主曰：‘记念吾者，吾与之同在。心中记念吾者，吾心记念之’”(《圣训珠玑》)。穆斯林遵循以上经训的教诲，不仅经常通过恭诵各种完整的赞词、祷词和求恕词记念和赞美安拉，而且还将其中一些短语运用于日常生活中，反映出他们虔诚认主的坚定信念。世代相传，这些短语也逐渐演变为中国各族穆斯林日常用语中的重要组成部分，准确地表达了惊喜、忧伤、愤慨等各种思想感情。在民间广为流传的这类常用语主要有：

(1)感恩用语。例如：1. 艾勒哈姆杜·利拉(al-Ḥamdu Lillāh)：阿拉伯语音译，中国穆斯林多习惯读作“艾里豪木都·令俩希”，意为“一切赞颂，全归真主”、“感赞真主”。常用于交谈时回答对方关于个人或家庭境况的提问，以表达对真主的感恩之情。例如甲问：“府上都好吗?”乙则答：“都好，艾勒哈姆杜·利拉”。在转危为安或如释重负之后也常说这句话。根据圣训的规定，穆斯林在打喷嚏时亦念此赞词。2. 拉赫迈图拉(Raḥmatullāh)：阿拉伯语音译，中国穆斯林有的读作“莱亥曼统拉希”，意为“真主之慈惠”、“天恩”、“主的慈悯”。常用于回答别人的祝福或祝贺，以说明喜事的降临或成绩的取得并非由于个人的幸运或功劳，而应归源于真主的慈悯。穆斯林在答“色兰”(即回答别人的问安)之后，有时也随即补充此句赞词，以示亲切和对问安者的重视。

（2）感叹用语。例如：1. 玛沙安拉（Māshā’allāh）：阿拉伯语音译，俗读“迈舍安拉乎”，意为“这是真主所意欲的”、“天意”，引申义为“好”、“好极了”，常用于对美好或新奇事物的感叹。如乡间穆斯林老人第一次看到火车时，会脱口发出感叹：“玛沙安拉”。2. 苏卜哈纳拉（Subḥanallāh）：阿拉伯语音译，俗读“素布亥弄拉希”，意为“赞美真主”、“真主超绝”，旧译为“清哉真主”、“赞主清净”。该赞词最初用于坚定认主独一信念，反对和驳斥以物配主的多神教徒，意即“独一的安拉高洁无染，绝非凡物可比”。现常用于表示对不吉利或不该发生之事的惊讶，如传闻某地发生灾情，穆斯林听后会立即说：“苏卜哈纳拉”。穆斯林拜中鞠躬和叩头时亦轻声低念该赞词，以表达对真主的无限虔敬。他们还遵循圣训的教诲，把该赞词同“艾勒哈姆杜·利拉”、“安拉乎·艾克拜尔”（Allāhu Akbar，意为“真主至大”）及清真言合念，使之成为一段完整的赞词，每天在五时拜后跪坐恭诵。3. 艾斯泰厄菲鲁拉（Astaghfirullāh）：阿拉伯语音译，中国穆斯林有的读作“艾斯赛菲弄拉希”，意为“我求真主饶恕”，引申义为“怎敢这样做”、“但愿不是这样”。常用于表示对有损于信仰或违背教规言行的惊讶、愤慨与忧虑。如某人虐待父母，耳闻目睹者会脱口而出地说：“哎，艾斯泰厄菲鲁拉”。

（3）自勉用语。例如：1. 哈斯比叶拉（Ḥasbiyallāh）：阿拉伯语音译，俗读“哈赛比令俩希”，意为“真主是能使我满足的”。常用于遇到挫折或窘困时，以此激励自己不沮丧和悲观，表示深信在真主的默助下终将摆脱困境。2. 因沙安拉（Inshā’allāh）：阿拉伯语音译，一读“印舍安拉乎”，意为“如蒙主佑”、“如果真主意欲”，俗称“托靠主”，为穆斯林日常生活中使用最多的语汇之一。一般用来表示自己无法预测未来，决心把一切期望寄托于安拉。有时亦被用作对某事婉言谢绝的遁词。

（4）诅咒用语。例如：莱尔奈图拉（La ‘natullāh）：阿拉伯语音译，中国穆斯林有的读作“勒阿奈图尔拉”，意为“真主的诅咒”、“真主的弃绝”，专用于对坏人坏事的谴责。　（杨宗山　马恩信）

凯利迈·泰伊拜（al-Kalimah al-Ṭayyibah）

见清真言。

凯鲁万（al-Qayrawān）　突尼斯历史名城。位于阿特拉斯山脉东南坡的冲积平原上。人口8万多。665年初，伍麦叶王朝哈里发派驻埃及的总督阿慕尔攻占突尼斯。670年，阿拉伯军队将军欧格白在突尼斯建立了固定的设防居住地凯鲁万，作为继续西征的据点。9世纪初，北非国家纷纷独立，脱离阿拉伯哈里发国家。后发展成北非最大的城市，经济繁荣，学者云集，伊斯兰学术文化高度发展。800年，阿拔斯王朝凯鲁万总督易卜拉欣·艾格莱卜建立了以凯鲁万为首都的柏柏尔人的艾格莱卜王朝，后凯鲁万发展成为阿拉伯非洲的政治、宗教、商业和文化中心。909年什叶派法蒂玛王朝灭艾格莱卜王朝，凯鲁万仍为北非的宗教和文化中心。11～15世纪期间，凯鲁万由哈夫斯王朝统治，修建了数十座清真寺和宗教学校。16世纪被奥斯曼帝国占领。该城至今被穆斯林视为北非伊斯兰教的圣地。全城有100多座清真寺，著名的欧格白清真寺，是伊斯兰教在北非的第一座大清真寺，附设有宗教大学，寺内有600根花岗岩或大理石的大柱子，其中有罗马式、阿拉伯式和拜占庭式。城外有赛义德·沙阿卜经学院，学院内有伊斯兰教圣门弟子的墓地。

（杨克礼）

凯末尔（Muṣṭafā Kamāl，1881～1938）　20世纪初土耳其资产阶级革命家、共和国缔造者、首任总统（1923～1938）。一译“基马尔”（即完美），因幼时学习成绩优异而得名。本名穆斯塔法。生于巴尔干半岛南端萨洛尼卡市（今属希腊）一土耳其穆斯林木材商家庭。童年丧父，曾一度辍学，随其母寄篱于亲戚家中。1893～1905年，先后在萨洛尼卡、摩拿斯提和伊斯坦布尔等地军事学校学习。曾组织秘密小组，撰写文章揭露奥斯曼帝国素丹专制的黑暗。毕业后在君士坦丁堡参谋本部任职，因阅读“禁书”、“政治上不可靠”而一度被捕入狱。1906年在大马士革骑兵团服役期间，成为秘密组织“祖国与自由协会”的发起人之一，立志“要把国家从暴君的压迫下解放出来”。1907年加入青年土耳其党“统一与进步协会”。1908～1909年参加镇压封建反动势力的暴乱，任“行动军”参谋长。自1911年以来，凯末尔由上尉逐步晋升为准将，历任驻外使馆武官、师长、军长、军团司令等职，曾多次参加指挥反侵略战争。1915年因在达达尼尔海峡保卫战中功绩卓著而赢得“伊斯坦布尔救星”的声誉，并获“帕夏”称号。1918～1923年为凯末尔直接领导土耳其人民进行民族民主革命阶段。他摒弃了跻身于奥斯曼王室贵族的良机，断然拒绝与王室的一位公主联姻；奔走于各地，揭露协约国“扼杀民族独立”的阴谋；在安纳托利亚联合各地方组织，成立了统一的“护权协会”；在安卡拉召开大国民议会，当选为主席兼国民军总司令，并代行总统和总理职权；领导土耳其军队击败英国支持的希腊侵略军，荣获“加齐”（即胜利者）称号；宣布废除素丹制，结束了奥斯曼帝国长达600年的封建统治；主持新政府与协约国签订《洛桑条约》，废除《色佛尔条约》中的不平等条款，迫使外国驻军撤出土耳其；1923年9月出任共和党主席，10月29日建立土耳其共和国，当选为首任总统。1934年11月24日被大国民议会授予“土耳其之父”（Atāturk）称号。凯末尔一生发表了许多富于雄辩和鼓动性的演说，其主要著作有《新土耳其的道路》等。1938年11月10日，病故于伊斯坦布尔。1953年10月，其遗体移葬于安卡拉凯末尔陵园。

凯末尔在治国方面颇多建树，是一位闻名世界的改革家。他在执政期间，以共和主义、民族主义、人民性、国家主义、世俗主义和革命性六大原则为指导思想，在政治、经济、文化教育和社会生活等领域，进行了一系列以倡导政教分离为主要特征的世俗化重大改革。他号召土耳其人民把改革视为关系到国家前途的“生死问题”，当作一项“民族义务”来执行。主要改革有：(1)废除政教合一的君主政体，实行国家体制的根本变革。他通过大国民议会首先废除了素丹制度，号召土耳其人民“着手实现理应属于它的主权”(1922)，继而宣布建立共和政体(1923)，永久废除具有最高教权的哈里发制度(1924)，并从宪法中取消“伊斯兰教是土耳其国教”的条文(1928)。他还以身作则，倡导总统和国会议员就职时以普通仪式取代宗教宣誓仪式。(2)以不干涉个人宗教信仰为前提，加强政府对宗教的管理。他下令撤销了原隶属于奥斯曼王室的宗教基金部，设立教产基金管理局，将清真寺土地、公产和基金(统称“瓦克夫”)收归国有；明令取缔曾组织叛乱的苏非派纳格什班迪耶等教团，封闭其寺院和墓地；取消伊斯兰长老的宗教特权，以宗教事务委员会取代伊斯兰长老委员会，由政府管理宗教活动，任免教职人员。为消除穆斯林的误解，他强调宗教信仰只是“个人的私事”，并在1928年修改宪法的说明中着重指出：限制教会势力绝不是反对宗教本身，“勿使教会与国家分立的原则具有不信宗教的含义”。(3)以现代世俗法代替中世纪的伊斯兰教法。他强调法律必须适应变化了的时代要求，宣布以共和国宪法取代伊斯兰教法，废除根据教法而生效的宗教审判法规，废止卡迪(即教法官)制，取消宗教法庭；设立法学院，以造就新法官及法学家，确立新法制的基础；颁布按欧洲形式制定的民法典，实施现代民法、刑法和商法。(4)实行企业国有化，振兴民族经济。对由外国资本控制的铁路、矿山、码头和公用事业等，实行赎买和限制政策；整顿财政，改革税制，以土地税和出售农产品的所得税取代伊斯兰教的什一税，停止征收实物税；采取奖励民族资本、保护关税、建立民族银行、稳定货币、发展信贷组织等措施，扶助民族工商业和农业的发展。(5)实行教育与宗教相脱离，统一全国的教育管理体制。改革以伊斯兰教经典为主要内容的旧教育制度，代之以西方式的教育；规定各类学校统一归属教育部管理，关闭伊斯兰教学校，取消普通学校中的宗教课程；创办大学，广设中小学，在7～16岁的儿童和少年中普及初等义务教育；规定一切外国学校的课程设置必须经土耳其教育当局严格审核。(6)倡导文字改革，促进土耳其语言的民族化。他组建了新字母创制委员会，采用并推广拉丁化的土耳其新文字，以取代阿拉伯字母，并要求民众把学会新文字“看作是爱国的和民族的职责”；创立语言协会，倡导自土耳其语中剔除阿拉伯、波斯等外来语；废除中等学校开设的阿拉伯语和波斯语课程；禁止刊行阿拉伯文刊物；甚至实施伊斯兰教赞词和经典语言的民族化，规定召唤穆斯林做礼拜和诵读《古兰经》亦必须使用土耳其语。(7)实行妇女解放，提高妇女地位。主张实现男女平等，革除一切男尊女卑的旧传统，给妇女以参政和参加工作的权利。明令废除一夫多妻制和妇女必须深居闺阁的哈拉姆(Ḥarām)制，废除妇女所戴面罩和面纱；规定结婚必须正式登记，以确保妇女的人权；规定男女可同校学习，取消乘坐交通工具时和影剧院中的男女界限；先后赋予妇女以参加市政机关和国会选举的权利，并使她们在国会中获得席位。(8)倡导移风易俗，用西方文明改造社会。他指出：“真理的道路就是文明的道路”，主张从西方的文明中“汲取力量”。倡导服装和头饰改革，规定国家职员一律穿西装，戴礼帽；严禁男子戴旧式红色毡帽，认为它是教会的象征；规定非正式教职人员不得身穿教士服装，教职人员非在寺院、教堂主持宗教仪式亦不得身穿教士服装。反对孤身主义，明令征收鳏夫税，以鼓励结婚，繁殖人口。实行姓氏改革，废除帕夏、贝伊等封建称号。开展禁酒、禁赌运动，明令严惩麻醉品的私制，封闭制作毒品的工厂。提倡专设人民饮水特别审查机构，以监督公众饮水卫生。为便于同国际社会的交往，倡导以公历取代伊斯兰教历，改用国际计时法和阿拉伯数字，采用公制度量衡，并把伊斯兰教国家传统的星期五公休日改为星期日。凯末尔对内整顿吏治，实行廉政：授权政府对于一切行贿受赂者严惩不贷；压缩编制，裁减过多官员。对外奉行独立自主的民族外交路线：反对帝国主义侵略，废除外国人在土耳其境内的一切特权；同尊重其国家主权和领土完整的一切国家友好交往，积极改善与邻国的关系。凯末尔的全面改革，维护了民族独立和国家主权，为土耳其共和国的现代化奠定了基础，对东南亚、西亚、北非等地的伊斯兰教国家产生了深远的影响。

(杨宗山)

凯桑尼派(al-Kaysāniyyah)　伊斯兰教什叶派早期的支派之一。7世纪末期由阿里党人穆赫塔尔(?～687)在伊拉克库法的追随者组成。“凯桑”之名说法不一：一说阿里曾称穆赫塔尔为“凯桑”，故名；另一说穆赫塔尔的卫队长名艾布·阿姆拉·凯桑，为麦瓦利出身，他继承了穆赫塔尔的主张。685年，穆赫塔尔领导库法的阿里党人举行武装起义，反对伍麦叶王朝，大批麦瓦利参加。他奉阿里庶出之子伊本·哈奈菲叶(642～699)为伊玛目和马赫迪，认为伊本·哈奈菲叶具有超自然的灵知，并从哈桑和侯赛因那里继承了一切隐秘的知识，能了解天象和预示未来。687年穆赫塔尔阵亡后，由其卫队长凯桑继承其主张，继续领导该运动，形成凯桑尼派。凯桑曾宣称，阿里曾指定伊本·哈奈菲叶为继承人，从而排斥哈桑和侯赛因为伊玛目，故在阿里派内部受到排斥。700年前后，伊本·哈奈菲叶去世，凯桑尼派发生分裂。以艾布·嘎里卜·达里尔为代表的一部分信徒继续主张伊玛目隐遁和再世的教义，认为伊本·哈奈菲叶并没有死，他只是隐遁在麦地那西边的利德瓦山中，后将按照安拉的意志以马赫迪的身份返回人间，铲除压迫和暴虐，为社会带来正义。这部分人禁止使用暴力，期待伊本·哈奈菲叶的复临，形成卡拉比亚支派。另一部分人则主张伊本·哈奈菲叶确已去世，但他在临终前将全部隐秘知识传给了其子艾布·哈希姆(698～约718)，并指定他为继位的伊玛目，被称为"哈希姆支派"。约718年艾布·哈希姆去世后，该支派又分裂为许多分支：巴彦派、哈比派、拉旺德派、布卡里派、基达什派、尼查米派、阿拔斯派等。其中阿拔斯派的信徒最多，它是以先知穆罕默德叔父阿拔斯的后裔为主体的一派，他们主张艾布·哈希姆于巴勒斯坦的侯迈麦临终前，将伊玛目职位传给了阿拔斯的曾孙穆罕默德·本·阿里(?～743)，伊玛目传系已合法地转移到了阿拔斯家族，为后来阿拔斯人夺取政权提供了依据。在伍麦叶王朝时，凯桑尼派及其各支派形成什叶派的极端派的主体，其政治主张十分庞杂，对卡尔马特派和胡拉米派以很大影响。8世纪中叶该派开始瓦解，9世纪融入什叶派的其他派别。在伊拉克，凯桑尼派的信徒大多为后来形成的伊玛目派(即后称"十二伊玛目派")所吸收。其隐遁伊玛目思想和马赫迪教义亦被该支派所吸收。其他教义传至什叶派各极端派别中。（杨克礼）

恺加王朝 见卡扎尔王朝。

坎大哈(Kandahar) 阿富汗第二大城市，坎大哈省首府。位于喀布尔西南500公里的兴都库什山脉南麓的绿洲之中，处于塔拉克和阿尔冈达布两河之间。人口21万。始建于公元前4世纪马其顿王国亚历山大大帝东侵时期，并由他命名。地理位置重要，历来为兵家争夺之地。8～12世纪先后被波斯、北印度的德里素丹国诸王朝所占据。后遭成吉思汗和帖木儿毁坏。16世纪一度并入莫卧儿帝国版图，其后又成为波斯萨法维王朝和莫卧儿帝国争夺角逐的战场。1709年，这里爆发反抗波斯萨法维王朝统治的大起义，起义者杀死波斯总督，宣布独立。古城在1738年被纳迪尔·沙阿摧毁，遗址在今城东5公里处。1747年，艾哈迈德·沙赫在此建立第一个阿富汗伊斯兰王国——杜兰尼王朝，定都坎大哈。他在旧城之西建立新城，从此该城成为伊斯兰文化中心。市东北角建有艾哈迈德·沙赫陵墓。四周有其12个王子之墓环绕，陵墓拱顶嵌以金银装饰，庄严肃穆。市内建有数十座清真寺和宗教学校，其中以海尔格·穆巴拉克清真寺因珍藏伊斯兰教先知穆罕默德的一件"光荣袍"而闻名于世。市中心有为纪念梅旺德抗英战争胜利而建立的纪念亭。（杨克礼）

坎法赖特 见凯法赖。

《考试清教穿衣节略章程》 中国清末有关云南经堂教育考试、穿衣(即结业)制度的文献资料。又称《考试穿衣节略》、《公订考试清真经学生穿衣节略章程》、《穿衣节略章程》。由当时全滇绅首马维骐、白金柱、马殿选、马启祥、马观政暨同人等公订。光绪三十二年丙午(1906)九月镌刊。昆明市南城清真寺藏版。共6页，双页面，每面8行，每行20字，全文1500字左右。有序言和章程9条。《序》云："窃思成学穿衣，虽吾教之俗称，实古来先圣先贤所创举。先贤买庵资奉命代圣传教也满，因隆重其事，圣将己穿之绿袍赐给先贤，视如亲往，列为圣则。后之接踵而起者，盖以此也。果然学优养粹，则衣披一品，实至名归，然后设帐授徒，教道赖以维持，其名器何等郑重，岂可任人是与乎！吾滇自兵燹以后，经学日荒，世风日下，虚声纯盗，故事奉行，或贿赂以潜通，或徇私而滥举。遵守何在？众议难逃。嗟呼！不穿衣之害，害只一身，其害犹小；穿衣之害，害及教之本原，其害甚大。是教本清也，而淫荡污之；教本真也，而色庄伪之。不但此也，更有可鄙者，衣乃荣施，每作变计，非当即卖。欲秘而愈彰，致使他人讪笑，同类讥谈，所谓荣其身者辱其衣也。且穿衣一事，原系培植人才，扶持教道，其间不无尊经重道者拔乎其萃，然劣者何多而优者独鲜。揆厥由来，是不郑重穿衣之故。如再因循，后十余年老成凋谢，将习经子弟更有不堪造就者矣。抑或因此而作为禁令，未免旷废古礼，藐视圣行，不啻因噎废食，究非维持教门尊重圣道之义。若仍滥用彰施，恐愈趋愈下，不知伊于胡底。爰集同人，广思集益，悟已往之不究，知来者之可追。学徒岁进数十人，成才岂无二三子？一年一次，特考其成；五方五寺，共膺其选。既严加衡鉴以穿衣，当格外尊崇而设帐，俾讲求实学者踊跃而起，而徒尚虚文者悚惶无地焉。庶几浇风败，正气伸，圣道之兴也易矣。"所列9条章程是：(1)"学生之额数勿滥也"。各寺收录学生，须有"妥实保荐之人"和可以"取信"之供给东家。日后学不终局或酿出别故有犯教规者，应向各保荐人勒赔经费；各寺阿訇不得无故更换学生或顶替空额，如有替革等事，须与各东相商办理。(2)"学生之经费宜筹也"。要求各绅董妥筹经费，使各学生不虞支绌。提出："饮之食之，责在东家；而教之诲之，责在师长。"(3)"保送学生考试矣"。各寺学生如有品学兼优可称穿衣之职者，应由该业师会商供给东家择期考试。先期订请各寺阿訇、管事及绅董参加会考；届时五方阿訇各设公案，将应考诸经陈列案上，按经考核，以定弃取。(4)考试"以《满了》、《摆么乃》、《者了》、《委高》、《耳高》五大经为正宗；其余经典，听凭本人临时报考"。"至各方正任阿訇，若有藉故不到及徇情偏私者，一经查觉，公同议罚"。(5)"穿衣宜先期预备也"。如某生经五寺考取，定于次年穿衣，其东家须代为筹划经费，酌量从丰备办，并备帖恭请各寺阿訇、管事、绅董等，率众会集穿衣，以昭慎重而示鼓励。(6)"穿衣后宜公同敬贺也"。要求五寺阿訇、五方管事及绅董均宜于各寺各方备办贺事，"果碟对联，极力表扬，不得草率了事，庶不负十年寒窗之苦"。(7)"学成可以受聘也"。省垣穿衣之士，凡遇各府厅州县主讲乏人，来省聘请，即由五方阿訇及管事、绅董保荐，择期赴寺开学。(8)“前功不可尽弃也”。从前穿衣之士，如有甘愿附会考试者，即随同新班送考之人届期一律面试标榜；如不愿入新班并考者，亦听其便。(9)“经学之造就宜精也”。针对当时经堂教育世风日下之局面，提出“造就真材，在精而不在广”；“学生能受造就，他日必是师资”；“此后优加供给，裁汰冗生，大学堂多则十七八人，中学堂多则十一二人。以一省论，学堂不下十数处，十年之间能得一半真材，又何患无师资以传道统欤！”最后指出，所拟九条“系为整顿穿衣，维持教道，造就资格”；要求“凡我同人理应一律照办，切勿视为具文，仍蹈故辙，是所厚望焉。”

（冯今源）

《考证回教历史》 中国伊斯兰教历史著作。作者为回族伊斯兰教学者马良骏(1870～1957)，祖籍甘肃张家川回族自治县，曾任新疆回族总教长。该书于1949年在新疆石印出版。1981年新疆社会科学院宗教研究所在《新疆宗教研究资料》第5辑中全文刊印。著者自述写作目的，是为了“说明伊斯兰教之根源，及穆圣之经历，中国‘回回’原来之考据，并更正过去种种误说谬言”。全书共3部分：第1部分为作者前言、目录、题词和史序。第2部分为《考证回教历史自序》，共6篇，除末篇为《结论》外，其余5篇分别为解释一些重要的宗教概念，如伊斯兰教的发源与系统，中国“回回”民族之原来，“卡菲尔”与“回回”二词的解释等。第3部分为正文，共9篇，前6篇主要论述伊斯兰教的发展传播历史，包括先知穆罕默德宗祖之传统，历代哈里发，鲁姆土耳其奥斯曼国皇帝之传流，土耳其种族之发源，铁木真西并回教国，西域回王帖木儿统一中亚、西亚、印度诸地等。后3篇分别论述先知穆罕默德诞生、接受传教使命、登霄、迁都、出征讨逆等事迹，以及伊斯兰教传入中国及历代清真寺碑记，世界各地归信伊斯兰教的大致情况等。书末附有穆罕默德临终嘱言1篇及作者自撰的跋文1篇。该书充满对伊斯兰教的赞颂，在述及具体历史过程时，大部分均有史实依据，但在述及历代先知及其他人物时，则加进了一些传说故事。由于著者深谙伊斯兰教义，故文中对宗教问题的阐述比较贴切，引用的材料也较丰富，能适应普通穆斯林的宗教感情，在西北穆斯林中有较广泛的影响。

（余振贵）

柯尔克孜族 中国信仰伊斯兰教的少数民族之一。人口16.0823万(2000)。大部分居住在新疆维吾尔自治区克孜勒苏柯尔克孜自治州境内，少部分散居在新疆北部特克斯县的阔克特列克，昭苏县的夏特，额敏县的达楞士尔干和南疆温宿县的包孜墩，乌什县的加曼苏以及叶城、英吉沙、皮山等县靠近喀喇昆仑山的部分地区。还有一些零散居住在新源、察布查尔、塔什库尔干、莎车、疏附、乌鲁木齐、喀什、伊宁等地。黑龙江省富裕县境内，也住有600多人。“柯尔克孜”是本民族的自称，一说是“山地上的人”，一说是“四十个姑娘”，一说是“乌古孜”的音变，还有一说是“四十个部落”。其先民的最早记载见于汉文史书《史记》，称之为“鬲昆”，《汉书》称“坚昆”，《魏书》称“纥骨”。唐代称为“黠戛斯”，宋代称为“黠戛司”，元、明时称“乞尔吉斯”、“吉里吉斯”。这些名称都是“柯尔克孜”一词在不同历史时期的不同汉译。清代称柯尔克孜为“布鲁特”。中华人民共和国成立后，根据本族自称的语音译为“柯尔克孜”。有些书刊上见到的“吉尔吉斯”是指居住在苏联、阿富汗等境内的柯尔克孜称谓的外文音译。

柯尔克孜人最早居住在今南西伯利亚的叶尼塞河上游地区。公元前3世纪，由于被漠北匈奴贵族所迫，一部分柯尔克孜部落移往天山周围。2世纪20年代，叶尼塞柯尔克孜人摆脱了匈奴的控制，建立了坚昆国。3～7世纪，先后又处于中国北方鲜卑、柔然、突厥等贵族的统治之下。630年，唐朝消灭了东突厥汗国之后，柯尔克孜与中原地区建立了直接关系。648年，柯尔克孜首领失钵屈阿栈亲自来朝，主动要求归属唐朝政府。唐太宗在柯尔克孜地区设隶属于唐朝的坚昆都督府，封失钵屈阿栈为左屯卫大将军兼坚昆都督。749年，柯尔克孜被汉北回纥所统治。840年，柯尔克孜人推翻了回纥汗国，建立了西至天山西部，东达贝加尔湖一带，南邻唐朝的柯尔克孜汗国。10世纪中叶至18世纪中叶，柯尔克孜人先后处于辽(即契丹)、喀喇汗(即黑汗)、西辽(即黑契丹)、蒙古(即后称“元”)以及蒙古察合台后裔的长期统治之下，逐渐归信了伊斯兰教。此时期，叶尼塞柯尔克孜人，由于辽、蒙古和蒙古瓦喇(后称“准噶尔”)贵族所迫，基本上都迁移至天山、帕米尔高原和昆仑一带。1755～1759年间，柯尔克孜联合维吾尔、哈萨克、蒙古等族，配合清朝军队，先后消灭了准噶尔部上层贵族及南疆大小和卓割据势力，恢复了与祖国中原的统一。19世纪中叶后，柯尔克孜人民与英国、沙皇俄国等外来侵略势力进行了英勇不屈的斗争。但沙皇俄国利用清朝政府的软弱，侵占了天山西部的热湖、纳林河一带的柯尔克孜住地，分裂了原来统一的柯尔克孜民族。1911年辛亥革命以后，柯尔克孜人民先后与封建军阀和国民党反动派进行了英勇的斗争，发动了反对帝国主义和国民党反动派的三区革命和蒲犁革命运动，对新疆地区的和平解放做出了重要贡献。

柯尔克孜族以经营游牧的畜牧业为主，兼营农业和狩猎业。柯尔克孜族人民绝大部分信仰伊斯兰教。牧区建有礼拜寺，阿訇只宣传人们去做礼拜，仪式也较简单。阿訇的社会地位不如维吾尔族阿訇高。牧民们敬畏世俗阿克沙哈尔(即长者、白胡子)。额敏县的柯尔克孜人信仰喇嘛教。黑龙江富裕县的柯尔克孜族除信仰喇嘛教外，还保留着古柯尔克孜人的原始宗教萨满教的某些残余。柯尔克孜族有优秀的文学艺术传统。民间口头文学十分丰富，有民歌、传说、故事、谚语等，民间工艺美术生活气息浓郁，民族风格鲜明。著名史诗《玛纳斯》是口头创作的文学丰碑，至今还广泛流传于民间。民间歌手的创作天才更是非凡出众，文学作者队伍已逐步形成，他们的作品丰富了祖国文学宝库。（刘发俊）

科尔多瓦（Cordoba） 西班牙南部著名古城，科尔多瓦省首府。位于瓜达尔基维尔河北岸。公元前152年后为罗马人占领，基督教文化较为发达。711年被阿拉伯军队攻占，伊斯兰教随之传播。8世纪中期，阿拉伯帝国伍麦叶王朝王室后裔阿卜杜·拉赫曼遭阿拔斯王朝迫害逃至西班牙，在当地阿拉伯人和柏柏尔人的支持下，于756年以科尔多瓦为都城建立了"后伍麦叶王朝"。中国史称"白衣大食"，西方史称"西萨拉森帝国"。经过多年扩建，该城在8～10世纪成为欧洲规模最大和伊斯兰学术文化高度发达的城市，被誉为"世界的宝石"，与巴格达、君士坦丁堡并列为世界三大文化中心。据阿拉伯历史学家记述，当时科尔多瓦人口约100万，建有26万幢各种风格的建筑，其中包括8万个商店、3000座清真寺以及宫殿、浴池、医院、学校、天文台，还建有一座当时欧洲最大的、藏书40万册的图书馆。该城以商业、建筑、文学艺术和学术研究闻名，曾为伊斯兰学术文化向西方传播的中心之一。11世纪时为西班牙各穆斯林王朝争夺的重地。1013年遭到浩劫，一些著名建筑物被毁。1236年卡斯提尔国王圣斐迪南三世收复该城，将大批穆斯林驱逐。1492年基督教徒攻占了穆斯林在西班牙的最后据点格拉纳达后，科尔多瓦成为外省城市，后遭洗劫而衰落。城内有建于786年的科尔多瓦大清真寺，1236年后改为基督教堂。城郊有白衣大食时期的宫殿遗址"宰赫拉宫"。（杨克礼）

科尔多瓦哈里发国（Dawlah al-Khulafā' fi Qurṭubah） 见后伍麦叶王朝。

科尔多瓦清真大寺（Masjid Qurṭubah） 伊斯兰教著名古清真寺之一。西班牙语称为"拉·麦兹基塔"（La Mezquita）。坐落在西班牙科尔多瓦城罗马桥北面。785～786年，由后伍麦叶王朝（即白衣大食）首任埃米尔阿卜杜·拉赫曼一世主持在一所基督教堂遗址上始建。由拜占庭的著名建筑师和技工承建，后经历代埃米尔与哈里发完成大寺工程并加以扩建。希沙姆一世增建了一座尖塔；阿卜杜·拉赫曼二世将大殿的11楹间扩大，并建造了7个拱门和第二个凹壁；穆罕默德一世在大殿内用栏杆隔成供哈里发专用的"麦格苏赖"（Maqṣūrah）；哈里发阿卜杜·拉赫曼三世于951年建造了1座宏伟的尖塔以代替被地震毁坏的尖塔，并进行了全面的修复；哈里发哈凯姆二世将大殿扩长100米，增设14个扁圆拱门和1个新凹壁，还造了有3个房间的麦格苏赖；首相曼苏尔将大殿增建了8个楹间，用7排大理石柱分开。历经扩建，面积为初建时的两倍。寺院呈长方形，面积为2.2250万平方米。建筑宏伟，庭院宽敞；玉柱林立，廊道纵横；彩拱重悬，装饰华丽。寺内露天方院中，约1/3的面积为橘园，其东、西、北3面围绕以走廊。穿过天井，可通过南面17道铜门进入礼拜大殿。礼拜大殿由斑岩、碧玉和各种颜色的大理石柱构筑而成，南北长为178米，东西宽125米。殿内有850根石柱，把大殿等分成南北19行，构成19楹间殿堂，横分为38个院落。每行石柱各有29个拱门的翼廊，每个拱门又有上下两层马蹄形的拱券。专设有供妇女礼拜的殿堂和通行的大门。整个主体建筑，共有柱梁1293根，支撑着屋顶。殿内四周墙壁装饰有精美的雕刻和阿拉伯花纹绘画，多用赤金镶嵌；装有彩绘的木制藻井，殿顶覆以刻有贝壳形状绘画。拱环之下，垂着各种吊灯千余盏。建有用来指示礼拜朝向的拱形凹壁，饰以玉石与黄金镶嵌成的图案。宣礼尖塔位于大寺北隅，是一座方形的高塔。庭院中心有一个水池，周围有石头砌成的柱子和拱顶，供穆斯林沐浴之用。该寺被誉为"西方伊斯兰教的克尔白"，堪与麦加和耶路撒冷的圣寺媲美。

科尔多瓦清真寺也是后伍麦叶王朝的宗教教育和学术文化中心。哈里发阿卜杜·拉赫曼三世执政时，在该寺创办同名的伊斯兰大学，经哈里发哈凯姆二世扩建和资助，成为伊斯兰世界最早的高等学府。学校除开设宗教课程外，还开设有哲学、人文科学及自然科学的课程。学校收藏有40万册图书，除招收东、西方的穆斯林青年学习外，还吸引欧洲信仰基督教和犹太教的学生来此求学。学校聘请著名学者来校讲学，开展伊斯兰学术研究，传播伊斯兰文化和希腊科学文化，成为东西方文化汇流的中心，培养了大批著名学者。1236年，基督教国王菲迪南德三世（Ferdinand III）夺回科尔多瓦后，将清真寺改为基督教升天圣母大教堂。至今，教堂保留着伊斯兰教遗迹。1974年，经伊斯兰教和基督教人士会谈，商定该教堂对穆斯林旅游者开放，并允许在殿内祈祷礼拜。（杨克礼）

科摩罗伊斯兰教 科摩罗伊斯兰联邦共和国位于非洲东海岸，在莫桑比克海峡北端的科摩罗群岛上。"科摩罗"是阿拉伯语，意为"月亮群岛"。面积2235平方公里。全国人口44.0848万人（1988，不包括马约特岛居民）。主要民族有阿拉伯人后裔、卡夫人、马科尼人等。官方语言为法语和阿拉伯语，通用斯瓦希里语。全国居民有90%以上的人信奉伊斯兰教。伊斯兰教为国教。首都莫罗尼。在伊斯兰教创传以前，阿拉伯商人就来岛上经商。7～8世纪，有许多阿拉伯部落的穆斯林相继迁居到东非沿海地区和印度洋岛屿。975年，设拉子的素丹王子哈桑·本·阿里及儿子率领一批阿拉伯人乘船从波斯南部出发经海湾到东非沿岸，其中一批定居昂儒昂岛，并建立了吉尔瓦城。12世纪，阿拉伯人在吉尔瓦建立政教合一的伊斯兰政权，由素丹统治，伊斯兰教遂得到广泛传播。13世纪，科摩罗群岛已有来自东非、阿拉伯和波斯的穆斯林定居，相继建立了独立的小素丹王国，阿拉伯人的势力及伊斯兰文化逐渐在岛上居支配地位。16世纪葡萄牙人入侵群岛。1841年法国侵入马约特岛，信奉伊斯兰教的东非斯瓦希里人充当兵士，相继来到岛上定居并传播伊斯兰教。岛上一部分居民于19世纪后半叶才归信伊斯兰教。1886年沦为法国殖民地。1975年独立，各岛自治。1978年组成科摩罗联邦共和国。宪法规定，伊斯兰教为国教，伊斯兰教法是立法和管理国家的准则。科摩罗的穆斯林属于逊尼派，教法上遵奉沙斐仪学派。有多半穆斯林属于苏菲派沙兹里教团，少数属里法伊教团。伊斯兰教在国家各领域占据重要地位。全国有近千座清真寺，其中以莫罗尼海滨的主麻清真寺最为著名。清真寺大部分设有宗教学校，教授《古兰经》和阿拉伯语。科摩罗政府加入了阿拉伯国家联盟，为伊斯兰会议组织、伊斯兰世界联盟、世界伊斯兰大会的成员国。团体有：科摩罗青年穆斯林联盟等。

（杨克礼）

科威特伊斯兰教 科威特国位于西亚阿拉伯半岛东北部、波斯湾西北岸。面积1.7818万平方公里。人口205万(1989)，主要是阿拉伯人；其中科威特籍约占40%，外国侨民约占60%，多为巴勒斯坦人、埃及人、印度人、伊朗人、巴基斯坦人等。阿拉伯语为官方语言，通用英语。居民95%信奉伊斯兰教，伊斯兰教为国教。埃米尔既是国家元首，又是宗教领袖。首都科威特城。7世纪，科威特属阿拉伯哈里发国家版图，伊斯兰教开始传播。9世纪末，伊斯兰教什叶派的卡尔马特派在整个美索不达米亚和波斯湾沿岸发展其势力，建立了巴林卡尔马特国。10世纪初，又占领科威特，把它划为巴林的一个行省。经过200余年，卡尔马特派在科威特成为势力强大的宗教派别，并建立政权。1581年，哈立德家族成为科威特的统治者。1710年，阿拉伯半岛内志的阿奈扎部落的萨巴赫家族迁到科威特，1756年，萨巴赫·本·贾比尔被推选为政教合一领袖，建立了科威特酋长国。萨巴赫家族统治科威特后，逊尼派重新兴起，成为科威特的国教。1871年成为奥斯曼帝国巴士拉省的一个县，实际上仍保持独立。1899年，英国势力侵入科威特，奥斯曼帝国承认科威特是在英国保护下的独立国。1961年，英国承认科威特独立。宪法规定，伊斯兰教逊尼派为国教；伊斯兰教法为立法的基础；国家元首(即埃米尔)由萨巴赫家族世袭。现逊尼派占全国居民的72%，遵奉马立克和哈乃斐学派教法。什叶派占23%，大多为十二伊玛目派，少数为伊斯玛仪派。伊斯兰教在科威特的政治社会生活中占有重要地位。全国1000多座清真寺，科威特城有100多座。宗教教职人员地位很高。宗教教育是国民教育的一个重要方面，各级学校均开设宗教课程，还设有专门培养宗教人员的宗教学校多所，首都科威特大学设有伊斯兰专业院系。创办有《阿拉伯人》杂志。科威特为阿拉伯国家联盟、伊斯兰会议组织、世界伊斯兰大会、伊斯兰世界联盟成员国，并资助东南亚和非洲的一些国家兴建清真寺和伊斯兰文化中心。

（杨克礼）

《可兰经》 中国汉译本《古兰经》之一。为中国最早问世的汉译本。译者铁铮，汉族。参照坂本健一的日文译本和Rodwell的英译本，用文言文翻译而成，1927年12月北平中华印刷局出版。16开本。正文前有《凡例》及《篇次别序》表，表中“按天启时期之先后”标注章序以备查考。译者不懂阿拉伯原文，但从日译、英译本转译时，意识到原经“经句长短错落，音调和谐”的特色，又感到“经文简洁遒劲，故多直译，以存其神”；碰到“辞削意晦处则添附字句而括注之”。虽系间接译述，仍重视原经语句之风采。以第86章《太白篇》(即《塔里格》章)为例，可见译笔之一斑：“自于天，自于夜来者！但谁当教尔曹以夜来为何？是乃辉之星也。人各有一守卫者超于其上。然则人其省悟：被创于何者？彼被创于迸精，射出自腰与胸骨。实则神能复活，于秘密皆被捡出之日，人当无自卫或卫他之力。我誓以降雨之天，与开裂之地，此[可兰]乃识别之谈，是不轻浮。彼等[对尔]设谋我亦[对之]设谋，是以其忍于不信者，其暂放任彼等。”此译本虽系转译，译文亦不尽完善，但作为第一部汉文全译本，仍有一定影响，并激发后来更多的《古兰经》全译本问世。

（林　松）

《可兰经汉译附传》 中国汉译本《古兰经》之一。刘锦标编译。1943年北平新民印书局初版，32开精装竖排本。由刘锦标排名编译、发行。参校者谢锡恩，辅校者铁铮、穆天民，实际多由洪复真执笔。有孙云五代笔、谢锡恩署名的序言。序言对译者及翻译过程有所介绍、评论。译本正文共884页，每若干节译文后，均附以解释，故称书名为《汉译附传》。50余万言，历时4年完成。编译者对前人汉译《古兰经》有所评论，认为“由英文译本转译成日文，再由日文转译者，铁铮本是也，辗转相译，真义尽失。至于王静斋本，间以经堂语，非纯粹汉文，汉人难得其解。哈同本虽系汉文，因修文之盛也，非庐山真面目。甚矣妙谛难阐发，精译不易觏也。”但刘锦标译本亦有不足之处，尤其“附传”部分的发挥阐释，不少释文附会臆测，与原经内涵不符。

（林　松）

克尔白(al-Ka‘bah) 世界穆斯林礼拜的朝向和朝觐中心。系阿拉伯语音译，意为“立方体房屋”，专指“安拉的房屋”(Bayt Allāh)。中国穆斯林称“天房”。清刘智《天方典礼》云：“天阙即朝堂，又曰天房，盖造物设之以作万方朝向者也。”坐落在沙特阿拉伯麦加城内禁寺中央，是阿拉伯古代遗传下来的重要历史圣地。据伊斯兰教传说，克尔白由人祖阿丹(Ādam)依天上原型而建造，几代后麦加山洪泛滥，克尔白遭毁，先知易卜拉欣与其子伊斯玛仪又重建了克尔白(《古兰经》22：26、2：127)，并由伊斯玛仪担任掌管克尔白的圣职。他遵行易卜拉欣正教。后在其子纳比特掌管时，实权落在其舅所属的朱尔洪(Jurhum)部落手中。公元3世纪时，由也门胡扎尔部落夺取了克尔白掌管权。到阿慕尔·本·鲁哈伊时，放弃了易卜拉欣的正教，在克尔白殿内竖立起多座偶像，克尔白遂成为多神信仰的中心达3个世纪之久。后各部落争夺克尔白的掌管权，约440年古莱什部落首领库塞伊·本·基拉卜夺得了克尔白的掌管权。克尔白作为伊斯兰教正式朝觐圣地，则是在先知穆罕默德创传伊斯兰教后，依照《古兰经》载述："是真主为世人创设的最古的清真寺，确是在麦加那所吉祥的天房，全世界的向导"(3：96)的启示确定的。623年穆罕默德奉真主"启示"改定克尔白为礼拜朝向，628年宣布了朝觐克尔白是伊斯兰教的"天命"，630年穆罕默德光复麦加后，清除了克尔白石殿内外360尊偶像，克尔白天房遂成为穆斯林朝拜的中心。据阿拉伯史书记载，684年，伍麦叶王朝哈里发耶济德·本·穆阿维叶派兵攻打阿卜杜拉·本·祖拜尔起义时，克尔白又遭战火毁坏。之后，伊本·祖拜尔重建克尔白，增加高度，增竖立柱，安装两道门，用细工镶嵌。692年，哈里发伊本·麦尔旺派哈贾吉率兵打败伊本·祖拜尔后，哈贾吉按照哈里发之命，重修克尔白，修复了两个角，并在殿内两侧置两块雪花石浮雕。1630年，山洪冲毁禁寺和克尔白。1662年奥斯曼帝国素丹穆拉德四世(1622～1663在位)进行了重建，耗资16000埃镑。著名的土耳其建筑工程师锡南，著名画家阿卜杜拉·鲁特菲等，进行了精心设计和彩绘。并将在伊本·祖拜尔时代已经裂痕的黑石，也用银框嵌镶起来。1895年，奥斯曼帝国素丹阿卜杜勒·麦吉德送给克尔白金制排水笕口，解决了排水问题。

克尔白是一座南北长12米，东西宽10.10米，高15米，用灰褐色硬石砌成的立方体建筑。垫在底部的基石是一块高25厘米的雪花石，四周墙基采用大理石材料。东墙高11.85米，南墙高10.25米，西墙高12.25米，北墙高12.25米。殿内用3根沉香大木柱支撑着房顶，梁上有许多小方格，书写着"安拉至大"。殿内有许多挂灯和题词，天花板和四壁挂着玫瑰色丝绸帷幕；地面全部用大理石铺成。克尔白里面对着门的地方是先知祈祷的地方；殿后有一用上等木料制成的梯子，外包银叶，梯子可登上克尔白房顶。东墙离地2米处有一道新换的金门，门高3.2米，宽2米，厚50厘米。中间为木骨架，两边粘合一层纯金板。金门里边还有一道工艺相似的金门，名为"讨白门"。门装饰有图案和美术字体的《古兰经》文。金门右边白圈内书写着"安拉"的尊名，左边白圈内书写着"穆罕默德是安拉的使者"。克尔白外部罩着每年更换的黑色锦缎幔帐罩，金线绣着《古兰经》经文。罩覆天房的幔帐始自阿拉伯也门希木叶尔王国国王土伯尔。伊斯兰教兴起后，依传统习惯也用幔帐覆盖，并每年更换1次。埃及每年从开罗用专门的"迈哈米勒"(Maḥmil，即驼轿车)将幔帐运到麦加。每年运送幔帐的"迈哈米勒"起程和抵达时，举行庆典仪式。瓦哈比派在麦加兴起后，伊本·沙特将"迈哈米勒"当做异端废止。克尔白的四角根据各自所处方向，分别称为"伊拉克角"(东北角)，"叙利亚角"(西北角)，"也门角"(西南角)和"黑色角"(即东南角，因黑石而得名)。

朝觐克尔白是伊斯兰教的"五功"之一，现在世界穆斯林朝觐人数逐年剧增，多达数百万。每年朝觐期间，沙特国王率领大臣及高级官员打开天房门，举行洗天房仪式，并邀请一些外国的重要朝觐者参加，场面庄严、肃穆。1956年，中国伊斯兰教协会主任包尔汉率中国穆斯林朝觐团去朝觐时，曾应邀参加洗天房的隆重仪式。 (达应庾)

克尔白金门 麦加圣寺克尔白天房的金制大门。设在克尔白墙东北面，离地2米，门高3米，宽2米，对开两扇门，深入墙内约半米(即门框深度)。分外门与内门。内门亦称"讨白"门(意即忏悔门)，略小于外门，内外门装饰一样。大门原为木制，1943年由国王阿卜杜勒·阿齐兹下令，用"马卡蒙"木材(即优质珍贵木材)制作并包以黄金的新门替换。1978年，又根据哈立德国王的命令，用沙特阿拉伯王国工匠制作的金门替换。金门共使用"五九"纯金(99.999%)286公斤。外门与门框上饰以图案并刻有《古兰经》文，全系精工铸造。门楣上3个圆形雕饰为安拉的3个美名，即"宽恩的"、"止恶的"、"普施的"。右边门框上6个圆形雕饰是安拉的6个美名，自上而下是"深知的"、"彻知的"、"宽容的"、"伟大的"、"公断的"、"特慈的"；左边门框上6个圆形雕饰是安拉的另外6个美名，自上而下是"无求的"、"赐富的"、"卓越的"、"光荣的"、"受赞的"、"可信赖的"。门框上共雕安拉的15个美名。金门上有两个桃形金门环，其下两个门鼻，金锁杆穿过其中。克尔白门扇四边雕铸的花饰是沙特阿拉伯伊斯兰传统的浮雕花边，边框内的雕饰较边框的雕饰小而密，它只是作为主题的安拉美名及经文的陪衬，上面的经文及花饰分上中下3组。金门的精巧辉煌，雕饰及花边的绚丽，经文书法的工力严整，被称为伊斯兰圣地的一绝。 (马智雄)

克尔白金钥匙 麦加天房克尔白大门金锁的钥匙。为天房神圣的象征之一。金钥匙历史上由麦加古莱什部落首领掌管。伊斯兰教时期由麦加长官或麦加大清真寺伊玛目掌管，也曾由哈里发或国王亲自掌管。天房门锁是古代的弹簧片芯锁，推进式开关启闭，不同于现代锁的旋转式启闭。天房金钥匙由"五九"(99.999%)纯金制成，式样古朴庄重，由匙环、匙头、匙身、匙勾组成。匙环为圆形，套在匙头孔内，上有3个连接式半圆环，系有真丝穗子。匙头为4节多面几何体，在其对角菱形面上镌刻着“安拉至大”、“万物非主，唯有真主；穆罕默德是真主的使者”等经文。板条式的匙身上镌刻的《古兰经》文是：“真主，除他外，绝无应受崇拜的；他是永生不灭的，是维护万物的；瞌睡不能侵犯他，睡眠不能克服他；天地万物都是他的；不经他的许可，谁能在他那里替人说情呢？他知道他们面前的事，和他们身后的事；除他所启示的外，他们绝不能窥测他的玄妙；他的知觉，包罗天地。天地的维持，不能使他疲倦。他确是至尊的，确是至大的”(2：255)。金钥匙的匙勾是横铸在底端的小方块，开有两个相对的三角槽口，这是开启金锁弹簧片的主要部分。

（马智雄）

克尔布·本·祖海尔(Ka‘b ben zuhair，？～645)　中世纪阿拉伯著名诗人。蒙昧时期悬诗诗人祖海尔·本·艾比·苏尔曼之子。伊斯兰初期古典诗歌流派的代表诗人。他曾站在穆罕默德的对立面，反对伊斯兰教，并多次作诗讽刺穆罕默德。为此，穆罕默德曾下令捉拿他。630年在攻克麦加后，克尔布在其兄长的劝说下，迫于政治、宗教形势，拜谒了穆罕默德，并表示忏悔。穆罕默德看他已悔悟，便宽恕了他。他随即吟长诗一首，赞颂穆罕默德的宽容大度。据传，穆罕默德对这首融颂扬与忏悔为一体的诗歌十分欣赏，当他吟毕全诗，穆罕默德当即脱下身上的衮衣，亲切地披在他身上，以示他对这首诗歌的高度评价。从此这首诗被誉为《衮衣颂》，他也因此闻名遐迩。《衮衣颂》在阿拉伯文学史上占有重要地位，它使蒙昧时期的颂扬、忏悔诗重新得到了发展，开了伊斯兰时期忏悔诗的先河，对以后各代阿拉伯诗歌文学有很大影响，并成为许多诗人为颂扬宗教领袖，或向宗教领袖忏悔而撰写诗歌的范例。埃及诗人蒲绥里(1212～1296)的著名诗篇《布尔德》(又译《斗篷颂》)也曾受其影响。克尔布的后期作品，大多以颂扬为主，其风格多半也是蒙昧时期的，但其水平均未能超出《衮衣颂》。（蔡伟良）

克凡(al-Kafan)　伊斯兰教丧葬礼制用物。阿拉伯语音译，意即“裹尸布”。“克凡”系穆斯林土葬裹包亡人的白色棉布尸衣。伊斯兰教先知穆罕默德说：“真主最喜白色布，生者着白衣，死者用白布做‘克凡’。”教法学家艾布·哈尼法也主张用白布做“克凡”，不宜用色布、丝绸(妇女无白布时可通融使用)。圣妻阿伊莎说：“先知穿的尸衣都是也门产的纯棉质的白布，未穿大衫和帽子”，故穆斯林遵循圣行，男性亡人穿“克凡”3件。大殓衣(俗称“大卧单”)，长如身，身体两端各留六七寸，宽约4.5尺；小殓衣(俗称“小卧单”)，亦长如身不留余布，宽与大殓衣同；衬衣长度自肩至踝骨，领部开口，使头可钻入。妇女殓衣5件，3件与男殓衣同，再加裹胸1件，长由腋至膝，宽可围身；盖头1件，长3.4尺，宽1尺余。为亡人进行洗礼后再穿殓衣。先铺大殓衣，再铺小殓衣于上。男性亡人，穿好衬衣放置于殓衣上，先卷小殓衣，再卷大殓衣，均先左后右将亡人包好。女性亡人，则先围好胸布，再穿衬衣，将头发分垂胸前，然后戴上盖头，再卷好殓衣(卷法同男子)，最后将大殓衣两端挽起，用白布带子系于腰部，放置尸匣(Tābūt)内，待站“者那则”后埋葬。（达应庚）

克赫马里木麻札　中国新疆地区伊斯兰教陵墓。相传为什叶派伊玛目哈桑后裔穆依甫和卓之墓。在新疆维吾尔自治区和田市西南喀拉喀什河东岸之克赫马里木山麓。“克赫马里木”为波斯语Kohmari的音译，意为“蛇山”。据该麻札保存的手抄本《麻札传》称：穆依甫和卓系阿拉伯人，为传播伊斯兰教来到和田，后殁于此。他在临终前说：“我死后人们会来朝拜我的麻札，那时我将显化为蛇让他们看到。”此后，埋葬穆依甫和卓的山和麻札，都以“克赫马里木”称之。始建年代及建筑形式、规模均不可考。现山顶仅存一座卵石堆成的坟头，上面插挂着朝拜者敬献的树枝、小旗及羊头骨、羊皮等饰物。山腰有二石窟，一为谢赫(麻札管理人)居室，一为朝拜者祈祷和依禅派信众修行场所。常年有穆斯林前来瞻仰，历年在白拉特之夜拜谒活动进入高潮。克赫马里木山，《大唐西域记》作瞿室陵伽山，又称“牛角山”，原为佛教名山。汉、藏文献多有记载。《大唐西域记》云：“昔如来曾至此处，为诸天人略说法要”；“牛角山岩有大石室，中有阿罗汉”，“数百年间，供养无替”。在敦煌洞窟和写卷中，也屡以“瑞像”形式出现。据近人研究，在佛教传入前，这里曾是古代于阗人拜水之地(山下临河)。该麻札对研究伊斯兰教、佛教和新疆古代宗教及其相互关系、什叶派在新疆的影响等，均有重要意义。（马品彦）

《克拉维约东使记》　中世纪出使帖木儿帝国的考察性游记作品。原名《帖木儿时代之自卡提斯至撒马尔罕游记》(Timur Devrinde Kadistan Semer-Kand’a Seyahat)。西班牙文。作者罗伊·哥泽来兹·德·克拉维约(Roy Gotzalez Klaviyo，？～1414)。1406年成书。1582年，由奥尔古特·欧摩里那(Argot Omolina)据马德里国立图书馆所藏抄本第1次付印。作者为西班牙基督教卡斯提尔(Kastil)国宫廷大臣，于1403年5月受国王亨利三世(Don Hanri III)派遣作为觐见帖木儿汗的使团的首席官员，赍国书和馈赠，自卡提斯湾出发，海陆兼程，到撒马尔罕，觐见了帖木儿汗，于1406年3月归国复命。他在旅途中，将沿途的见闻经考察以日记的形式作了翔实的记录，回国后整理成一部游记。全书正文共17章，可分两大部分。第1部分为1～15章，主要记述了组建使团的原因和本书的宗旨，进入撒马尔罕沿途的种种见闻，涉及到所经地的地理、历史沿革、物产、社会习俗、宗教等。其中对于帖木儿及其家属宫内生活的记述，为他人未曾述及，弥足珍贵；有关沿途所见清真寺及苏非派传教师的记述，对考察研究帖木儿时代中亚地区伊斯兰教有重要学术价值。第 2 部分为 16～17 章。主要记述使团离开撒马尔罕返国途中所见帖木儿患病、宫廷汗位之争及各地掀起的反抗斗争。此书作为继《马可波罗游记》之后关于中亚史地之学的又一重要游记，在西欧久已脍炙人口。中国学者张星烺从英译本中节译部分内容，收入其《中西交通史料汇编》第 1 编，题为"西班牙使臣克拉维约《奉使东方记》"。土耳其学者欧麦尔·里达（'Umar Ridā）据英、俄文译本译成土耳其文。1943 年 3 月，中国回族学者杨兆钧复据土耳其文本转译成汉文，并将汉文记载中涉及中亚史地之考证，择重要者附记于各章之后，有关中国部分详加注释，1944 年 6 月出版；1957 年 11 月商务印书馆再版时译者又作了某些修改；1985 年 5 月，作为《汉译世界学术名著》丛书之一出版。（冯今源）

克里姆（al-Karim，1882～1963） 摩洛哥伊斯兰教法学家、政治家，里夫起义领袖。全名穆罕默德·本·阿卜杜勒·克里姆·海泰比。生于摩洛哥北部山区阿杰迪尔村，出身于伊德里斯王朝的谢里夫（即圣裔）家庭。其父为本部落有名望的教法官。他自幼受到宗教和文化教育，通晓柏柏尔语、阿拉伯语和西班牙语。1905 年入卡拉维因大学攻读伊斯兰教法律，曾对伊斯兰文化进行深入研究，并深受进步思想影响。他反对当时的封建割据，主张国家民族的统一。他是虔诚的逊尼派穆斯林，坚持遵守经训和教法，并强烈反对殖民主义的萨拉菲亚教派的宗教政治主张。1908 年毕业后到西班牙属梅利里亚城，先在土著事务所任职，后在阿拉伯学院当教员，并负责《里夫电讯报》的阿拉伯文编辑工作。1915 年担任该城伊斯兰教法官。1912 年，法国和西班牙政府迫使摩洛哥苏丹签订不平等条约，将 4/5 的国土分割为两国的"保护区"。1916 年，克里姆因谴责西班牙殖民当局对里夫地区的分割而被捕入狱，后获释。1920 年西班牙殖民军进犯里夫地区，克里姆同其父组织武装，并被乌里阿格勒部落选为军事首领，率军阻击敌军，揭开了里夫起义序幕。1921～1922 年，克里姆联合里夫各部落的起义军，打退了侵略军的多次进攻。1923 年，里夫中部和东部实现了统一，经各部落代表大会确认，克里姆成为里夫的埃米尔，宣告独立的里夫国家成立，首都阿杰迪尔。克里姆在政治、军事、司法等方面进行了一系列改革。在政治方面，他主张建立立宪共和政体和实现民族独立、自由和平等。制定了《民族誓约》，作为里夫的施政纲领。在军事方面，建立了里夫的常备军，新组建了空军和炮兵，制定了兵役制，设置了军事情报机构。在司法方面，废除了各部落的习惯法和地方仲裁法庭，确立以《古兰经》和圣训为立法准则，实行统一的伊斯兰教法，设立国家监狱和地方法庭，由埃米尔任命卡迪，实行司法独立，卡迪依法审理刑事案件和民事纠纷，各部落酋长不得干预。此外还创办宗教及文化学校，培养各种人才。1924～1925 年法国、西班牙侵略军联合起来全线进攻里夫，占领了里夫大片土地。1926 年，法国空陆军配合，重兵逼近塔尔吉斯特最后防线，克里姆被迫向法国投降，并被流放到留尼汪岛。后经营救，在开罗居住。1946 年，他同布尔吉巴等人在开罗组建了马格里布解放委员会，并被选为主席，继续从事争取民族独立的斗争。1958 年，摩洛哥政府授予他民族英雄称号。1963 年在开罗与世长辞。（杨克礼）

克列迈尔（Kremer Baron Alfred Von，1828～1889） 奥地利历史学家、东方学家。毕业于维也纳大学法律系，后致力于阿拉伯语和伊斯兰教学术文化研究。1849～1850 年，先后到叙利亚和埃及游历，考察阿拉伯历史和伊斯兰文化，回到维也纳后，一度在工艺学院担任阿拉伯语教授。1859 年担任奥地利驻开罗领事。1870 年担任驻贝鲁特的总领事。1876 年担任埃及国债委员会委员。1880～1881 年担任奥地利政府商业大臣。他对伊斯兰文化的研究造诣较深，撰写了一批学术性较高的专著。其中有：1868 年出版的《伊斯兰教的政治思想史》、1873 年出版的《伊斯兰文化远征史》、1875～1877 年出版的两卷本《伊斯兰教国家统治时期的东方文化史》等，较客观、系统地阐述了伊斯兰文化的产生、发展、特点、影响及地位，资料丰富，颇有见地。另外还著有《国籍观念和国家》等著作。克列迈尔的著作在西方和阿拉伯国家有一定影响。于 1876 年当选为维也纳科学院院士。（杨克礼）

课功 见天课。

肯迪（al-Kindi，796～873） 中世纪阿拉伯哲学家、自然科学家，亚里士多德学派的主要代表之一。又译"铿迭"、"阿尔·铿迭"。全名艾布·优素福·叶尔孤白·本·伊斯哈格·本·萨巴赫·肯迪。其祖先为阿拉伯半岛南部肯德族酋长，其父伊斯哈格在阿拔斯王朝拉希德等三位哈里发执政时任库法总督。肯迪生于伊拉克库法。先在巴士拉求学，后游学并定居首都巴格达。由于他出身阿拉伯贵族，学识渊博，倡导哲学和自然科学研究，赞同穆尔太齐赖派的思想主张，曾获得阿拔斯王朝马蒙、穆尔泰绥姆和穆泰瓦基勒 3 位哈里发的赏识，在宫廷供职，并从事学术研究。他精通哲学、逻辑学和教义学，对医学、数学、天文学、物理学、地理学、气象学、政治学和音乐理论皆有研究。他除精通阿拉伯语外，还掌握拉丁文和古叙利亚文。哈里发马蒙委派他在巴格达智慧馆负责翻译古希腊亚里士多德等人的哲学著作，曾翻译过新柏拉图哲学家普罗提诺的《九章集》第 4～6 部分，撰有大量哲学、逻辑学和心理学的专著和论文，为阿拉伯哲学做了开创性的贡献，故阿拉伯和西方学者誉他为"阿拉伯哲学的先驱"、"伊斯兰哲学家的典范"、"伊斯兰四大翻译家之一"。晚年因遭谗佞被哈里发穆泰瓦基勒免职，873 年卒于巴格达。

肯迪的哲学思想深受亚里士多德、新柏拉图主义和新毕达哥拉斯派的思想影响，力图以理性主义调和宗教信仰，注重自然哲学的研究，用哲学论证宗教信条，自由讨论教义。在本体论上，他认为宇宙万物为安拉所创造，安拉的精神是永恒和单一的，万物由它循序流出，物质仅具有精神“流出”的形式。安拉的精神是为一切作用之本原，但安拉对于宇宙万有的作用是间接的，二者之间有若干媒介。他提出物质、形式、运动、时间、空间为宇宙万有的原始实体，代替亚里士多德的十大范畴。他认为物质由质料和形式构成，物质先于形式，形式是物质中存在的一种潜能，物体借助形式而相区别。宇宙包罗万象，而万象彼此之间具有普遍的因果联系，运动和变化是一切事物存在的前提和基因，天体星辰的运动和繁衍有它本身的规律性。在认识论上，倾向唯理主义。他认为人类可以通过感性经验和理性认识获得知识，感性经验的对象是个别事物，所能知的是现象形式，理性认识是接近事物本质的种和属，所能知的是精神的形式。哲学是提高人们对事物认识能力的理性知识，在一定程度上它把神学排除在外。他把精神分为永存的或积极的精神、消极的或潜在的精神、天启的精神和表达的精神四类。他还把人们的理性认识依次分为三阶段：逻辑和数学阶段、自然科学阶段和形而上学阶段。在真理观上，他认为真理与事物存在本身相联系，凡存在的事物皆有真理，真理寓于事物的存在之中。他指出哲学家有双重目标，即理论目标是寻求真理，行动目标是实践真理。寻求真理是有价值的事情，人的行为应与真理一致，他就是一个“完人”。在灵魂问题上，他认为灵魂是介于安拉的精神与物质世界之间，人类的灵魂是从宇宙灵魂“流出”的。他说：“灵魂是简单的精髓，是精神的、真主所赐的实质”，它“是安拉的余光”。灵魂常附于肉体，但在本质上是离开肉体而独立存在。人类的灵魂是单纯的，其本质导源于安拉的本质。只有敬畏安拉，专心研究万物之理，灵魂才能渐渐磨光，反映事物犹如明镜。人死后灵魂离开肉体而归向安拉。在安拉的本体和属性问题上，基本倾向穆尔太齐赖派的观点。他认为安拉的本质是独一无偶的完美存在，是无始无终、无极限的存在，是唯一的存在。安拉的其他属性，如“无所不知，无所不在，永恒性”等，都是安拉本体所包含的特性。肯迪提出了一系列哲学概念和范畴，并赋予确定的含义，为尔后的哲学家所沿用。他对《古兰经》的语言风格、编排次序及有关内容提出异议和质疑，曾被正统派教义学家斥为“叛教异端”，大部分著作被焚毁。肯迪的哲学思想对尔后的阿拉伯和西欧哲学家有一定影响。

肯迪一生著述宏富，涉及到哲学和自然科学的各个领域，据传有200多部，但大多失传。现存的主要著作有：《肯迪哲学论文集》、《论第一哲学》、《五本质论》、《论理智》、《逻辑学引论》、《音乐分类》等，多为拉丁文译本。　（杨克礼）

肯尼亚穆斯林最高理事会（The Supreme Council of Kenya Muslims）　肯尼亚全国性伊斯兰教组织。1972年成立，总部设在内罗毕。国内其他伊斯兰团体均是它的成员。其宗旨是：维护全国穆斯林的团结与统一；负责协调全国穆斯林的宗教活动，贯彻政府的方针、政策。其主要任务与活动是：代表肯尼亚穆斯林出席各种伊斯兰国际会议；兴建清真寺、经文学校；在公立、私立小学中开设伊斯兰教课程；经销、赠发阿拉伯文、斯瓦希里文《古兰经》及其他伊斯兰书刊；组织宗教节庆、朝觐活动；为国内穆斯林履行伊斯兰教法而提供咨询服务。该会与伊斯兰世界联盟、世界穆斯林大会及英国、爱尔兰、坦桑尼亚等国的穆斯林组织多有联系。　（黄陵渝）

肯尼亚伊斯兰教　肯尼亚共和国位于东非，面积58.2646万平方公里，人口2300万（1989），穆斯林占9%强。首都内罗毕，是东非重要的工业、商业、交通中心。官方语言是英语，斯瓦希里语为国语。肯尼亚的穆斯林大都生活在濒临印度洋的沿海地区。据载，他们的祖先是7世纪初来自也门、哈达拉毛、阿曼、艾哈萨等地区的阿拉伯人，他们大批来东非各地从事经商贸易，其中有不少人逐渐定居下来。685年，伍麦叶王朝的阿卜杜勒·麦利克继任哈里发，当时的阿曼酋长苏莱曼与其弟赛义德及统治家族未曾向新哈里发宣誓效忠，于是哈里发自伊拉克派大军征讨，苏莱曼兄弟及其家族闻讯，弃家登船逃到东非沿海，以后也门的栽德家族及艾哈萨的7兄弟相继来此一带定居。继他们之后又有哈桑·本·穆罕默德·阿里及6个儿子，分乘7条大船，从波斯的设拉子直达蒙巴萨定居，阿拉伯语也随之流传到东非地区。穆斯林与当地人生活在同一环境中，并向他们传布伊斯兰教，穆斯林人数逐渐增加，经过长期的历史融合，形成了新的民族——斯瓦希里人和新的语言——斯瓦希里语，即阿拉伯语与班图语的混合体。肯尼亚穆斯林绝大部分是逊尼派，遵奉沙斐仪学派教法，极少数为什叶派的伊斯玛仪派，在巴基斯坦和印度的侨民中有艾哈迈迪派。他们坚持正统的伊斯兰信条，对西方殖民主义所执行的消灭穆斯林特性的战略，进行了数百年艰苦的斗争，终于获得了民族独立，得到了信教自由。20世纪以来，肯尼亚的伊斯兰文化教育事业得到了显著发展，各城市普遍建立了伊斯兰教协会或联合会，总数约400个。开办了许多伊斯兰小学，教授阿拉伯语《古兰经》及宗教知识，此外所有的清真寺均设有阿语学校或阿语学习班。蒙巴萨库苏尼伊斯兰学院，属中等经学院，培养中级伊斯兰宗教人才，它采用沙特中等宗教教育教学大纲及其教材，文凭被伊斯兰各大学承认，毕业生可直接升入任何一所伊斯兰大学深造。肯尼亚有一批优秀的宗教学者，已将《古兰经》翻译成斯瓦希里语。在内罗毕发行的伊斯兰教报刊有《真理之声》周刊，用斯瓦希里语刊行。在兰底斯用英语刊印的《伊斯兰》杂志，不定期发行。在蒙巴萨由全国穆斯林青年会办的《使命》月报，用英语发行，较有生气。在内罗毕、蒙巴萨及其他一些城市还建有一批伊斯兰书店及穆斯林图书馆。埃及爱资哈尔大学与巴基斯坦伊斯兰大学及其他国家的宗教组织常派宣教员同本国的宣教师，在内罗毕宣教办公室统筹布置下，在城乡各清真寺及学校讲“卧尔兹”宣传宗教，更多的时间则集中进行课堂的教学工作，培养出一些有文化、懂宗教、适合城乡发展需要的人才。

（马智雄）

铿迭 见肯迪。

孔木散 中国撒拉族穆斯林历史上的家族组织和社会基层组织。撒拉语意译，亦作“库木散”。“孔木散”一般由若干“阿格乃”组成，阿格乃，撒拉语音译，意为“当家子”，是撒拉族父系血缘组织，由兄弟分居后的2～10多户家庭组成。个别地区也有外来户。按伊斯兰教法，血亲严禁通婚。孔木散自成区域，有公共墓地。在生产和生活方面有互助习惯；在典当、出卖土地时，孔木散内部有优先购买权或有权赎回。“孔木散”内部原来禁止通婚，后因人口不断繁衍，血缘关系维系淡薄，且外来户加入，故内部非血亲也有通婚的。每一“孔木散”有一户长，撒拉语称“哈尔”，由其主持管理宗教、公益、修渠等内部事务。一个孔木散推选出一位学董，参加清真寺管理。

（孔祥录）

口唤（Idhn） 伊斯兰教用语。阿拉伯语意译。①许可，《古兰经》云：“不得真主的许可，任何人都不会死亡”（3∶145）。②命令，《古兰经》谓：“我派遣使者，只为要人奉真主的命令而服从他”（4∶64）。穆斯林认为自己一生的吉凶祸福，都是由真主的“口唤”决定的。③中国苏菲主义各门宦的教主向教众表示的意愿及穆斯林遇事征得教主的同意和许可，也称为“口唤”和讨取“口唤”。

（罗万寿）

口弦 中国穆斯林民间乐器。用20厘米长、相当于麦秆粗的钢筋弯成拱弧，使之外端浑圆如马蹄形，等长平行的二线相距约2厘米。再将一个宽0.5～0.8厘米、长10厘米的薄铜片或钢片的一端固定在马蹄形外弧的中央并向外突出2厘米，突出部分要厚，可以作为口弦柄，另一端则在钢筋等长平行的二线中间直伸向外，到口弦口向外勾起。演奏时，口噙弦身，左手握柄，右手弹动勾起部分，即发出乐音。据传说，由于穆罕默德的外孙侯赛因殉教于疆场，其母法蒂玛悲恸过度，声音喑哑，乃发明了口弦，不停地弹动，以寄哀思。

（郭清祥）

苦行（Zuhd） 伊斯兰教苏菲神秘主义术语。阿拉伯语“祖赫德”的意译。与禁欲为早期苏菲主义的主要形态，被视为安拉赞许的一种行为方式，是虔诚的苏菲修士应具备的高尚品行之一。苦行常与贫困、安贫相联系、相伴随，其产生同《古兰经》、圣训和早期穆斯林社会状况直接相关。《古兰经》中既有重视现实生活、反对禁欲主义的启示，也有反对物质享受、重来世甚于今世的内容，经中提倡的坚忍、节俭、安贫和赈济贫民等思想，后来被苏菲派视为苦行的经典依据。圣训中也有类似内容。此外，伍麦叶王朝时期统治者奢侈腐化，挥霍无度，信仰松弛，引起一部分虔诚的穆斯林的不满，他们更加重来世精神生活，轻今世物质享乐，以苦为乐，以苦为荣。7世纪末，苦行与禁欲作为一种自发的社会思潮，广泛流传于麦地那、库法、巴士拉、大马士革、巴格达等地，开始成为早期苏菲修士的行为规范。9～10世纪，随着苏菲派的兴起，苦行受到更广泛的重视。一些著名的苏菲学者如侯吉维里、卡拉巴基等，在著作中都曾予以论述，认为苦修的苏菲修士表面上一无所有，实际上无忧无虑，精神上最富有、最充实。约自12世纪，波斯、中亚等地出现了以四海为家、流浪为生的苦行者团体和个人，称为“德尔维什”（Darwish）。苦行作为一种自发的苏菲行为方式，有多种不同的表现，时常因人而异，因教团而别，主要表现在衣食住行四方面。苦行者一般皆主张不择衣食，以步代车，以步代马，不择寓所。他们认为，苦行者除内心对安拉的虔信外，一无所有，别无所求，而一个人的身外之物只以满足生存为限。苦行者一般以粗羊皮或粗布外衣遮体，以普通食物乃至素食、野果充饥，住所简陋，有的则无固定住所，四处流浪；有些隐居于穷乡僻壤，过单身生活，长期斋戒，彻夜祈祷不止。有的徒步朝觐，沿途宣教。苦行和禁欲被认为有悖于伊斯兰教法规定的行为规范，经常遭到正统的伊斯兰学者的谴责，但在苏菲派中仍广为流行。在其后的发展中，这种行为方式渐为更系统的苏菲神秘主义教仪、礼仪和功修所代替。

（吴云贵）

库巴清真寺（Masjid Qubā'） 伊斯兰教最古老的清真寺。又译“古巴义清真寺”。位于沙特阿拉伯麦地那西南距城约3公里处。因附近一水井名“库巴”，故名。为伊斯兰教以“泰格瓦”（即敬畏）名义建造的第一座清真寺，《古兰经》第9章108节所言“从第一天起就以敬畏为地基的清真寺”即指此寺。622年，穆罕默德从麦加迁徙到麦地那，在进城之前，曾在寺址附近的白尼·阿慕尔·本·奥夫家里做客4天。在此期间，他曾为修建库巴清真寺奠基，并亲自参加劳动。此寺的建筑非常简单，只是垒起一圈围墙。后几经翻建，建筑规模逐步扩充。约在8世纪建起了宣礼塔，并选用优质木材、石料等建筑材料建造了拱廊、庭院等。今礼拜大殿可容纳近千人，但仍保持朴素美观特色。在清真寺大门附近有艾里斯井和蓝眼泉。麦地那居民均饮用蓝眼泉的水。艾里斯井又称“戒指井”，系因先知

的戒指被第三任哈里发奥斯曼不慎坠入井中而得名。（赛生发）

库巴特·伊斯兰清真寺（Masjid Qubbat Islām） 见库特布丁清真寺。

库布林耶（al-Kubrawiyyah） 中国伊斯兰教苏菲主义四大学派之一。阿拉伯语音译，源于13世纪波斯苏菲派哲学家纳吉姆丁·库布拉维所创的库布拉维教团。据史载，第一个将库布林耶传入中国的是一位名穆哈伊丁的外籍传教师，曾3次来华传教。第一次在广东、广西传教，第二次在湖南、湖北传教，第三次到甘肃传教。最后于明末清初定居于河州东乡大湾头。随当地习惯改姓张，字普济，号玉皇，躬耕乡民所赠的9亩土地，成为东乡族成员。与他同来中国的还有其子艾哈迈德·祝奈吉·纳格什班德·巴格达迪，后继任第二代教主，发展了不少教众，当地汉族亦有归信者。其子孙相袭传教，已传11代，又称"张门"或"大湾头门宦"。属逊尼派哈乃斐学派，其教义及礼仪主要是：以《古兰经》、圣训为信仰之本，遵行五功和静修参悟修持，静修分40天、70天、120天不等。静修时幽居山洞，默念"迪克尔"，做礼拜，日食7枚大枣，数杯开水；经常高声诵念《古兰经》、《卯路德》和《麦达伊哈》等经典；以传递《古兰经》为亡人赎罪；举行殡仪时不脱鞋。张门共传11代，依次为：穆哈伊丁、艾哈迈德·凯比尔·巴格达德、艾布·奥斯曼、格兰德、哈桑牙尔、艾哈迈德·伊玛目丁、哲马鲁丁、凯马鲁丁、和卓·赛义德·阿拉乌丁、巴哈乌丁、伊斯玛仪·张明义。他们的拱北有：东乡大湾头拱北（为穆哈伊丁及其后裔艾哈迈德·祝奈吉、纳格什班德·巴格达迪等的墓地）；康乐草滩拱北（为布孜勒克·叶尔孤白及其后裔的墓地）；兰州骆驼巷拱乐拱北（为四太爷后裔的墓地）。教民主要分布于甘肃省临夏回族自治州、东乡回族自治县、康乐县及兰州市等地。（马　通）

库车清真大寺 中国伊斯兰教清真寺。位于新疆维吾尔自治区库车县城东。约建于清代。据传为16世纪新疆伊斯兰教黑山派首领伊斯哈格吾里从喀什到库车留居传道期间所倡建。清代末年及民国初年，几度重建和扩建。1931年毁于火灾。同年由库车豪富哈里木·阿吉出资在原址侧旁主持兴建，1934年完工。建筑材料采用红砖、石料、石膏和桑木。该寺占地21亩，由礼拜殿、宣礼塔、拱顶门楼、望月楼、讲经堂、宗教法庭、宿舍等组成。3座宣礼塔分别耸立于门楼之侧，高约16米。由于地势较高，可以俯瞰全城。礼拜大殿由88根木柱支撑，分明间、次间和梢间，并加有格扇。正中高出屋面的巨型天窗，采用卷棚式屋顶。圆柱刻有各种图案。殿内雕刻、壁画、书法精致华美；凹壁、藻井、门窗装饰讲究。外观高大、气势宏伟、古朴典雅，显示了较高的工艺水平，具有浓郁的维吾尔族建筑风格。该寺是库车穆斯林的宗教活动和教育中心，可容数千人礼拜。院内无名麻札为明末清初的建筑遗物。1976年被列为库车县重点文物保护单位。（李进新）

库德西圣训（Ḥadith qudsi） 伊斯兰教圣训学专用语。亦译"真主之圣训"。"库德西"阿拉伯语意为"神圣的"、"圣洁的"。据伊斯兰教经注学家和圣训学家解释，这类圣训是先知穆罕默德以安拉第一人称宣示，多从梦示中获得，以自己的语言加以表达，向最亲近的门弟子单传，被背记下来，后在搜集辑录圣训时与穆罕默德本人的言论加以区别，未专辑成册。"库德西圣训"在伊斯兰教中的经典地位，介于《古兰经》与圣训之间。被伊斯兰教学者常引用的内容有：(1)"我是一座无形的宝库，但是我愿意被认识之；为此，我创造了世界"。(2)"我的世界包含不了我，我的天堂也包含不了我，但是，我的忠诚仆人的心灵却能包含我"。(3)"没有被使我的信徒接近更为我所接受。因为这比只去履行我所规定的责任要好。此外，我的崇拜者额外表示的任何虔诚行动都将使他更加接近我。这样我也就更加热爱他了"。(4)"我的仆人们啊！你们切勿亏己和伤害他人。"（赛生发）

库尔班·阿里·哈立德（1846～1913） 中国伊斯兰教学者、历史学家。新疆塔城人。塔塔尔族。生于中亚阿亚库孜城。18世纪买德勒汗盛世时，随其经商之父"颠沛流离"，迁至新疆塔城定居。少年时，就读于阿亚库孜、塞米巴拉金斯克等地的经文学堂。成年后，在塔城清真寺任伊玛目、卡迪30余年，后从事历史著述。他学识渊博，精通中亚地区多种语言和阿拉伯语、波斯语。对宗教历史、地理、语言文学造诣颇深。他遍游天山南北和中亚、西亚一带，对诸多民族的社会历史进行实地考察，广泛搜集资料，探访求教于名人学者，分析研究和考证各种传说与有关事实，以丰富的第一手资料，循其亲身体会，本着"把昔日人民的景况编成故事加以传播，把当代民族的状态陈述于世"的愿望，历时21载，于1896年用塔塔尔文撰成《东方五史》。该书详细而客观地记述了新疆和中亚地区突厥语系诸民族的族源、历史和相互关系、伊斯兰教的传播和影响，阐述了有关语言文学、天文地理、风土人情等多方面的知识，具有重要学术价值。维吾尔史书《伊米德史》就曾以它为借鉴，并多处引用其文。他还著有《新讯史录》，记述了维吾尔古代城市史、麻札史和回族史。他创作的诗歌曾在民间广为流传。（宝文安）

库尔德人（Akrād） 西亚古老的穆斯林民族之一。人口2000多万(1989)。主要居住在土耳其、伊朗、伊拉克和叙利亚，少数居住在黎巴嫩、阿富汗、巴基斯坦和中亚地区。在西欧一些国家中也有侨民。90%的库尔德人分布于北纬34°～40°，东经38°～48°之间的地区。种族属欧罗巴人种地中海类型。语言属印欧语系伊朗语族西南语支。文字一般以阿拉伯字母为基础，在伊拉克和叙利亚采用拉丁字母文字。库尔德人形成于公元前9世纪～公元7世纪，它是由本地原来的居民与外来的各伊朗语族部落共同形成的。中世纪，库尔德人曾建立过55个封建小国家，1847年奥斯曼帝国将最后一个库尔德埃米尔国——博赫坦消灭。现在，山地居民多从事畜牧业，饲养绵羊、山羊、牛和马；平原居民以农业为主，多种植大麦、玉米、烟草和棉花等。工业以地毯、伐木和制革业闻名。由于殖民主义的长期统治，库尔德人社会至今还保留许多民族部落组织残余。绝大多数库尔德人信仰伊斯兰教逊尼派，约有1/4的人属什叶派，而且多为什叶派中的阿里伊拉希派或阿里哈格派，其中在土耳其的称为"阿拉维派"。库尔德妇女一般社会地位较高，有外出工作的传统习惯，不带面纱，与外客亦可自由交谈。过去，曾实行一夫多妻制。多偶制往往是财富和权力的象征，现只存在于文化落后的地区，仅占全部家庭的2～4%。在库尔德人中，婴儿的乳名一般由母亲起，到一定年龄时，则由毛拉起正式的教名。在库尔德人的诸多节日中，最隆重的是诺鲁孜节(Novruz)。此外还有许多季节性的节日。库尔德人的口头文学，多是关于宗教领袖的传说。（伊力奇）

库法(Kūfah) 伊拉克南部古城。位于幼发拉底河支流欣迪亚赫河岸。8～10世纪曾为伊斯兰文化和学术的中心。始建于618年，当时为一要塞小镇。637年伊斯兰教第二任哈里发欧麦尔(634～644在位)派兵征服伊拉克全境后，于638年兴建了库法城，主要作为防御工事和驻军的城镇。656年，阿里继任第四任哈里发，定库法为都城。661年，阿里在库法清真寺准备作晨礼时被刺，遗体葬于库法附近。此后，库法长时期成为什叶派反抗伍麦叶王朝的一个根据地，750年，阿拔斯王朝兴起，初以库法附近的安巴尔为都城，762年建新都于巴格达。此后，库法发展为文化中心。8～10世纪，伊斯兰学者云集，宗教与学术研究蔚然成风，各种学派林立，在古兰经学、圣训学、教法学、语言学、文学等方面，涌现出大批著名学者。为伊斯兰教苏菲派、什叶派的传道中心。阿拉伯文的手写书法艺术"库法体"即发源于该城，先作为《古兰经》手抄体，后作为装饰性字体盛行于伊斯兰世界。建于638年的库法大清真寺经历代修葺现仍完好。它始建时，中为广场，四周有濠沟围绕，其一边为柱廊，柱皆大理石制成。另一清真寺建于670年，在其面对麦加的一面建有5个连拱廊，里面3个，外面环绕2个。清真寺的平顶由石柱支撑。大清真寺旁为哈里发当年宫廷的废址。（杨克礼）

库法教法学派 见哈乃斐教法学派。

库法清真寺(Masjid kūfah) 伊拉克伊斯兰教古老清真寺。为阿拉伯人在新征服地区最早兴建的清真寺之一。位于中南部卡尔巴拉省距纳贾夫城8公里的库法旧城。库法是阿拉伯伊斯兰教在被征服地修建的第一座城市。638年，第二任哈里发欧麦尔命征服库法的军事将领赛尔德·本·艾比·瓦嘎斯建造驻军营地——库法城和清真寺，该寺遂和城市同时建成。最初是以清真寺和行政官邸所在地为中心向外射箭来确定其范围的。根据欧麦尔的指示，当适应发展需要，建寺房屋不要过高，也不要超过3室，并以简单朴素为宜。因此，初建的大寺只是用芦苇搭建的篱笆墙圈而已，后因失火被焚，才改用土坯和泥墙。656年，第四任哈里发阿里将库法作为哈里发国家首都，又扩建了该寺。后经伍麦叶王朝哈里发穆阿维叶的总督齐亚德仿照波斯萨珊王朝式样，采用柱廊重修。迄今为止，库法清真大寺基本上保留了早期原型模式。大寺以阿拉伯圆顶式古建筑和其相连的平矮宣礼尖塔酷似一座碉堡，庭院较为宽阔，院中有两座拱北陵墓，一座是阿里之兄穆斯林·本·阿基勒(680年卒)，另一座是哈尼·本·欧尔沃(680年卒)，二人曾任库法行政长官。庭院中间辟有一地道口，据传为喷泉遗址。庭院边侧立有大理石柱和确定礼拜时间的日晷仪。庭院右角有一独间小室，据传系661年1月24日阿里被暗杀遇难的地方。库法同巴士拉城同为伊斯兰文化的摇篮，清真大寺是当时著名的学术研究中心，这里人才辈出，如著名教法学家艾布·哈尼法即受教和讲学于此。（赛生发）

库法体(al-Khaṭṭ al-Kūfi) 阿拉伯文书法体之一。属古老的一种书法体。伊斯兰教以前，库法体早已在阿拉伯半岛流行。当时，该半岛北部及豪拉山周围的人使用希拉体和安巴尔体，此即库法体的前身。伊斯兰教初期，库法体备受推崇，很快传遍各地，遂正式以伊拉克历史文化名城库法而命名。广泛用于书写《古兰经》、清真寺建筑装饰、宫廷文献和雕刻碑文，打印钱币以及向邻国及各部落致书、缔约等，成为当时伊斯兰教传播的重要工具。尤其是用库法体书写《古兰经》，一直延续了几百年。到阿拔斯王朝时期，库法体达到鼎盛时期。自11世纪起，一般不作书写之用，而广泛作为装饰性字体流行于世。库法体的特点是粗犷有力，棱角分明，具有整体感。该体种类颇多，据统计，仅在伍麦叶王朝时期就有50种之多，以后又有发展。但根据其书写要求，基本上可分为三大类：(1)有饰型库法体。即在字里行间添加各种花、叶、枝、藤等图案。(2)无饰型库法体。即只有文字而无点缀装饰。(3)几何型库法体。即其字母笔画多为直角，且能组成方、圆、长、多角等几何形状。为增加其美感，装饰图案多用彩绘加以表现。库法体还用于书写机关、学校、商店的牌匾；报刊、书籍、商品及影视戏剧的标题与广告；各

△麦加圣寺克尔白

△麦地那先知寺

△天房克尔白金门

▷天房克尔白黑石

△耶路撒冷阿克萨清真寺

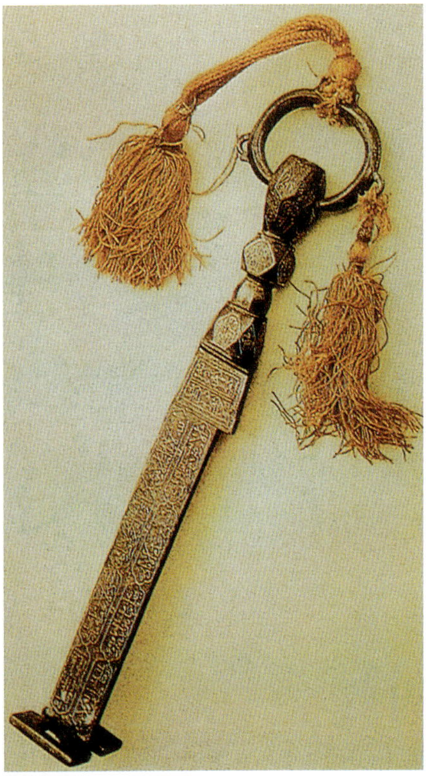

△天房克尔白金钥匙

△耶路撒冷萨赫莱清真寺

▷也门萨那清真大寺

△麦加圣寺内易卜拉欣立足处

△伊拉克库法清真古寺

▷麦地那库巴清真寺

△伊拉克卡尔巴拉阿拔斯清真大寺

△巴基斯坦拉合尔巴德夏希清真寺

△突尼斯凯鲁万欧格白清真古寺

◁麦地那盖玛麦清真大寺

△利比亚的黎波里毛拉·穆罕默德清真大寺

▷巴基斯坦拉合尔珍珠清真寺

△麦加阿拉法特山谷乃米拉清真大寺

▷摩洛哥非斯卡拉维因清真大寺

△阿拉伯联合酋长国阿布扎比市区清真寺

△卡塔尔多哈清真寺

△印度尼西亚爪哇九贤清真大寺

◁巴基斯坦卡拉奇图巴清真大寺

△也门亚弗洛斯清真寺

△印度尼西亚雅加达独立清真寺

△日本神户清真寺

△菲律宾棉南清真寺

△文莱素丹欧麦尔·阿里·赛福丁清真大寺

△德国慕尼黑清真寺

◁摩洛哥卡萨布兰卡穆罕默德清真寺礼拜殿宣教台

◁尼日尔阿迪德兹清真寺尖塔

◁台北清真大寺

△泉州圣友寺

◁广州怀圣寺

△杭州凤凰寺

△山西太原清真古寺

△宁夏同心清真大寺

△北京牛街礼拜寺

△西安化觉寺礼拜大殿

△新疆喀什艾提卡尔清真寺

◁扬州仙鹤寺

▷南京净觉寺

◁内蒙古呼和浩特清真大寺

▷上海小桃园清真寺

▷新疆库车清真大寺

◁四川阆中巴巴寺(久照亭)

▷青海西宁东关大寺

△山东济宁清真东大寺

△沈阳清真南寺

△上海松江清真寺

△天津清真大寺

△保定清真大寺礼拜大殿

△吉林市清真北寺礼拜大殿

△西藏拉萨清真大寺礼拜殿

△宁夏银川南关清真大寺

△云南沙甸清真大寺

△甘肃临夏南关清真大寺

△新疆乌鲁木齐陕西大寺

△青海循化街子清真大寺

△兰州西关清真大寺

◁山东陵城清真寺

▷新疆吐鲁番清真寺

△哈尔滨清真寺

△甘肃临潭清真上寺

△云南巍山小围埂清真寺

△甘肃张家川龙山镇西大寺

△广州怀圣寺光塔

◁天津清真大寺米哈拉布(凹壁)

△香港九龙清真寺

△北京东四清真寺米哈拉布(凹壁)

◁北京牛街礼拜寺邦克楼

◁福建邵武清真寺望月楼

▷辽宁新民清真寺望月楼

△青海化隆昂思乡清真寺邦克楼

△新疆吐鲁番苏公塔

类建筑、工艺品的装饰等。随着伊斯兰教的传播，库法体传播的地区较之其他字体更为广泛，故又称“伊斯兰体”。在其字体的种类、造型、花样、美感等方面，均堪称阿拉伯书法之最。（陈进惠）

库法语言学派(Madrasah al-Kūfah) 阿拉伯语法学主要流派之一。8世纪末叶产生于伊拉克的库法城。其奠基人和代表人物是穆阿兹·海拉(Mu‘āz al-harā,？～802)、艾布·贾法尔·鲁阿西(Abu Ja‘far al- Ruāsi,？～803)、阿里·本·哈姆扎·基萨伊(‘Ali ben Ḥamzah al-Kisā’i,？～805)、法拉伊(al-Farrā’, 761～822)、伊本·斯凯特(ibn al-Sikayt,803～859)。其中最著名者为基萨伊及其弟子法拉伊。基萨伊为《古兰经》七大读法家之一，曾担任过阿拔斯王朝三代哈里发哈伦·拉希德、艾敏和马蒙的国师。他先师承库法的语言学家穆阿兹·海拉和艾布·贾法尔·鲁阿西，后前往巴士拉求教于哈利勒，并游历了阿拉伯半岛的游牧部落，学习他们的语言。法拉伊成为库法学派的主要代表人物，对库法学派语言体系的确立做出了很大贡献。其代表作《界限》主要研究句法，讲求哲理。库法派的语言学家们先求教于巴士拉学派，再发展自己的语法学体系，形成与巴士拉学派长期争论、对峙的局面。库法学派强调语言的特殊性和阿拉伯语中的特异现象。为此，他们扩大语言的研究范围，承认凡阿拉伯人使用的语言，包括部族的语言、史话、诗歌，《古兰经》中的特异词句，都作为研究的对象，力图从中发现新的语法规则，提出新的语法理论，以动摇巴士拉学派的理论基础。在词的格位理论、词的分类及其派生关系等许多根本问题上提出了与巴士拉学派不同的观点。例如，巴士拉学派认为动词由词根派生，而库法学派则认为词根从动词派生；巴士拉学派允许句子中的表语放在起语前面，而库法学派对此持异议。阿拉伯语言学家伊本·安巴里(ibn al-Anbāri,1119～1181)在其著作《分歧公判》中列举了两派之间的分歧有121处。与巴士拉学派相比，库法学派的理论有明显的局限性，逻辑不甚严密。由于库法学派的学者们与阿拔斯王朝哈里发的接近，使其研究得到几代哈里发的支持与推广，一度有所发展。100年后，巴格达的语言学家伊本·古太白(ibn Qutaybah,838～889)、伊本·杰尼(ibn al-Jeni,942～1002)等吸收了库法学派的长处，弥补了巴士拉学派的不足，把两派观点糅合在一起，形成了巴格达学派。（张志华）

库夫尔(Kufr) 伊斯兰教教义学用语。阿拉伯语音译，本意为“昧恩”、“渎神”，引申为“不信真主”、“信仰不虔诚”等。与“伊玛尼”(Imān，即信仰)相对。“库夫尔”分为“信仰的”(I‘tigādi)、“言语的”(Lafẓi)和“行为的”(‘Amali)三种表现形式。信仰方面的库夫尔指除信仰安拉外，又将其他事物奉为神灵，如崇拜偶像、人物，相信巫术、魔法、占卜、算命、看风水等异端邪说；言语方面的库夫尔指辱骂真主、天经和先知，反对或否定教义、教法的言论。至于行为方面的库夫尔，如杀人行凶、抢劫、盗窃、奸淫，饮酒时诵安拉之名，践踏经典，无故不履行宗教功课等。教法认为上述三种库夫尔的性质和情节有轻重之分，轻者出于无意或无知，属于小罪，可以悔过自新，求得真主之宽恕。重者则出于有意，属于“大罪”，其中有的可以通过真诚悔改、永不再犯，求得真主的宽恕。其中杀人者，则必须偿命或以恤金作为罚赎。凡构成叛教性质的库夫尔，如舍信真主而去崇拜偶像、信奉多神者且不愿悔罪，教法则对科犯者处以极刑，并没收其财产。（马恩信）

库姆(Qumm) 伊朗伊斯兰教什叶派十二伊玛目支派著名圣地和宗教活动中心。位于首都德黑兰以南150公里处，地处库姆河畔。自古以骆驼商队的重要驿站而闻名。816～817年，什叶派第八代伊玛目阿里·本·穆萨·里达之妹法蒂玛·麦尔素迈因探望其兄，途经库姆时病故，遂建陵墓于库姆河西岸，被什叶派尊为“圣墓”。1502年，伊朗萨法维王朝时期正式宣布十二伊玛目派为国教，并将总部设在库姆，还将法蒂玛·麦尔素迈的陵墓列为什叶派圣地。后在国王的命令下，库姆城得到扩建整修，法蒂玛陵墓扩建为一金碧辉煌的大清真寺，在墓北建有饰以花砖金板的礼拜大殿和邦克楼，并辟有宽阔的广场。在阿拔斯一世(1588～1629)时，又号召什叶派穆斯林朝谒库姆和马什哈德，可不去奥斯曼帝国统治下的伊拉克朝谒该派圣地。从此，库姆被确立为“圣城”。当时库姆是什叶派宗教教育和学术研究的中心，学者云集，著书立说。宗教教育大为发展，设有专门培养什叶派毛拉、宗教学者和法学家的库姆经学院，闻名于伊斯兰世界。该城有150多座清真寺，最著名的有12世纪中期建成的莫扎赫尔清真寺、14世纪20年代建造的贾阿德尔清真寺和卡迪姆清真寺、15世纪60年代兴建的阿里清真寺等，这些寺至今屹立，被认为是伊斯兰文化的珍品。1935年，伊朗王国政府在法蒂玛陵墓大殿西面建造库姆博物馆，内藏有伊斯兰教文物和《古兰经》手抄珍本等。陵墓旁还建有一座檀香木圣祠。伊朗宗教领袖霍梅尼曾长期在库姆经学院任教和领导宗教、政治活动。

（杨克礼）

库塞伊(Quṣayy，约398～480) 阿拉伯半岛麦加城古莱什部落首领。5世纪中叶，率领本部落推翻胡扎尔部落在麦加城的统治取而代之。后又使散居各处的古莱什部落人聚居在克尔白附近，因而享有“团结者”的称号。他在麦加城建立贵族会议厅，公布了部落章程。库塞伊的职权是掌管部落战旗，作战时举行授旗仪式；负责征收救贫税，救济来克尔白朝觐的穷人；管理水源，供给麦加居民用水；保管克尔白神殿的钥匙，领导祭祀活动等，实际上是麦加城的行政长官和最高祭司。后来这些职权逐渐演变成为古莱什部落的世袭特权。库塞伊死后，其子孙逐渐分裂成几个宗族集团，为争夺部落的世袭特权不断发生争斗。伊斯兰教先知穆罕默德是库塞伊的后裔。（杨克礼）

库特布丁·艾伊拜克（Quṭb al-Din Aybak，？～1210） 印度德里素丹国的创建者。中亚突厥人，幼年被卖为奴隶，在内沙布尔长大。后为古尔王朝素丹之弟穆仪兹丁·穆罕默德的释奴，由于能干和勇敢，受到主子的赏识和提拔，最初负责管理王室马厩，后擢升为军队副总司令。1193年，他随穆罕默德占领德里后，穆罕默德班师回伽兹尼，把所占领的印度西北地区交他镇守和统辖。1195～1203年，他以德里为基地，率军横扫恒河与亚木纳河之间的地区，打败了部落酋长的顽抗，巩固了德里和古吉拉特地区的统治。同时，古尔军队的副将巴克提亚尔率军占领了比哈尔和孟加拉部分地区。1206年，古尔的穆罕默德在中亚遭军事失败后被杀，艾伊拜克宣告独立，自立为素丹，以德里为都，建立了印度第一个伊斯兰教国家。因其出身奴隶，故称为奴隶王朝。现存铭文称他为"麦利克"（即国王）。他在德里执政4年，初步建立了国家政治和军事制度，实行了军事采邑制度，奠定了王朝的基础。他是虔诚的逊尼派信徒，恪守宗教功修和教律，以办慈善事业而著名。据史载，他向贫困穆斯林施舍了10万卢比的资财。他在德里附近修建了著名的库特布丁·米纳尔清真寺，其高耸的清真寺尖塔和拱顶至今犹存，是印度早期伊斯兰建筑的典型。（杨克礼）

库特布丁清真寺（Masjid Quṭb-al-Din） 印度伊斯兰教清真寺。又名库巴特·伊斯兰清真寺（Masjid Qubbāt Islām）。位于距德里约18公里的米劳里。为德里素丹国第一任素丹库特布丁（1206～1210在位）于1206年在一座印度教庙宇的废墟上开始兴建。1231～1232年，其继任者伊勒图米什（Iltumish，1211～1236在位）建筑了著名的库特布尖塔。塔呈长形，为平顶圆锥体，由5层旋转体结构组成，高72.54米，底部直径14.32米，顶部直径2.74米，塔身雕饰具有阿拉伯风格。据传为印度工匠设计，被誉为印度建筑艺术奇迹。塔旁建有伊勒图米什陵墓。清真寺入口处有1310年建造的阿拉乌丁拱门。今古寺仅有原建遗址，而尖塔、拱门、陵墓犹存。（赛生发）

库特布·沙希王朝（Sulālah Quṭb Shāhi） 见奴隶王朝。

《昆仑》 中国伊斯兰教地方性文化教育月刊。由青海回教促进会主办，社址设在西宁东关。原为周刊，发行14期后于1936年4月出版"革新号"，改为月刊。刊期为1卷1期。该刊以促进回族文化、介绍学术研究、报道新闻消息为宗旨，侧重于对青海民族教育的研究和省内社会活动的反映，以扩大外界对青海的关注和了解。刊载内容主要分为小评议、论著、教育研究、乡土调查、办学实况、时事摘要、青年文艺等。该刊所登载的《八年来之青海回族教育》、《青海回中学校的学生生活》、《循化县八工教育之回顾与展望》及乡土教材《贵德县邓愈墓考》、《黄河沿岸的木瓦》等文章，反映了青海民族教育和文化情况。（余振贵）

昆明南城清真寺 中国伊斯兰教清真寺。坐落在云南省昆明市大南门正义路近日公园迤北。据传系元世祖至元十一至十六年（1274～1279）间，由云南行省平章政事赛典赤·赡思丁主持兴建。清康熙初（1673～1677）毁于战火，后由当地穆斯林集资重建。清咸丰六年（1856），清军镇压云南回民起义血洗昆明时，此寺被焚毁。光绪初年由临沅镇总兵官、署云南提督马如龙重修。该寺面积为5000平方米，整体建筑似一展翅欲翔的凤凰。大门内天井中央有经籍亭1座，正对亭子是5间礼拜大殿，两侧各有厢房5间。礼拜殿阔5楹，深3进，横列4大明柱，殿中央正门上悬"朝真殿"木匾。前殿做卷棚式顶，两侧粉墙绘麦加建筑图。殿两侧厢房系两层楼房，走廊前设木雕凭栏。殿前经籍亭，系单层歇山顶，四角出翘，周设围廊，木檐枋遍刻镂孔图案，小巧玲珑。寺内庋藏清光绪二十一年（1895）由著名经师、书法家田家培哈吉书册、马联元精心校勘的《宝命真经》30卷木刻雕版，共1946片，3571页面。还藏有清咸丰、同治年间刊刻的汉、阿、波文伊斯兰教经籍雕版，如《真诠要录》、《指南要言》、《大化总归》、《寰宇述要》等百余种。其中完整无缺者约70种。该寺被列为昆明市盘龙区重点文物保护单位，昆明市伊斯兰教协会设于此。（马恩信）

昆明顺城街清真寺 中国伊斯兰教清真寺。位于云南省昆明市顺城街。该寺因系沿昆明旧城垣而建，故名"顺城寺"，是昆明地区最大的一座清真寺。据传始建于明洪熙元年（1425）；清代道光初年，又由当地回民捐资扩建。据《重建顺城清真寺碑》记载，扩建后的清真寺"高其□□，广其垣墉，正殿五楹，皆重檐复构"；两厢盖有楼房，设有"经书堂"及"掌教屋"；院中还有"园亭"一座，亭中立有经文石碑，规模颇为壮观。清代后期云南回民反清起义时，顺城街清真寺成为回民首领马凌汉的据点。起义失败后，顺城街民房和该寺"皆焰于兵火"。清光绪六年（1880），当地回民又集资重建该寺；1927年再一次扩建。1981年后，云南省人民政府几次拨款修葺。现该寺占地面积10000平方米。礼拜殿是一座横列围廊式歇山顶建筑，面阔五楹，纵深3进。殿内矗立金柱2行，面积400余平方米。殿内侧墙上有壁橱，置放经典。殿外四周设双步廊檐，宽4米。殿前右侧系一、二层楼房，设教室。左侧已新建办公楼房。右侧厢房东面小院作沐浴室和殡仪馆。整个建筑，典雅大方。1983年7月被列为昆明五华区重点文物保护单位，现为云南省伊斯兰教协会和昆明

伊斯兰教经学院所在地。（马恩信）

昆明永宁清真寺 中国伊斯兰教清真寺。坐落在云南昆明市金碧路西段。据《昆明县志》载，它同南城寺同为元代云南行省平章政事的赛典赤·赡思丁主持肇建。原址在东来街“鱼市”，故又称“东来街清真寺”，元末毁于战火。明永历年间（1647～1661）重建，改名为“永宁清真寺”。据碑记所述，该寺规模为省垣各清真寺之最，惜又毁于清咸丰丙辰（1856）清军镇压回族起义之战火。现存永宁清真寺是清光绪二十四年（1898）所重建。布局为四合院，朝北开有一山字形门楼，门内有轩敞的天井。礼拜殿为歇山顶纯木结构，碧绿色琉璃瓦覆盖屋面。殿门正中悬有“朝真殿”木匾。阔 4 间，深 2 进，穿斗式梁架。殿内面积 200 余平方米。殿前有卷棚式敞廊，两侧墙面绘有麦加朝觐图。殿对面有厢房 7 间，为参加聚礼者休憩之所。殿侧有教室 1 座，议事室 1 厅。浴室设于议事室之后。该寺规模虽小于永历年间所建，但经堂教育一直兴盛，云南各地清真寺的阿訇、掌教多曾在此求学。

（马恩信　马成化）

廓尔王朝 见古尔王朝。

L

拉巴比(Muḥammad'Aziz Lahbabi,1922～) 非洲穆斯林学者、哲学家。生于摩洛哥。受过伊斯兰高等教育。曾在拉巴特大学任教授、系主任,教授伊斯兰哲学和阿拉伯语。后到阿尔及尔大学任教。他创立马格里布阿拉伯作家联盟,并任主席,主编《地平线》杂志。通晓阿拉伯语和法语。曾在法国巴黎一大学获哲学博士学位。他的哲学思想深受哲学家伯格森及穆尼埃的影响,曾试图创立以伊斯兰教的伦理道德思想和人道主义为基础的哲学,他主张在不违背伊斯兰教基本信仰的前提下,人应有自由意志和个性解放,倡导理性和知识。他在《穆斯林的个人人格至上论》一书中,以《古兰经》和伊斯兰教义为指南,讨论了人与造物主的关系、宗教信仰和人的意志的关系,论证了穆斯林应有的社会责任、自我价值及良心。《从关闭到开放》论证了伊斯兰文明的历史地位和伊斯兰文化发展的趋势,提出了伊斯兰文化只有不断吸收外来的先进文化才能常青不滞。《从存在到人》及《自由与解放》论证了人的历史发展、意志自由和个性解放的问题。他还发表了许多文学和哲学短论,并著有诗歌集《飘忽不定的希望》,曾以阿拉伯文和法文出版。 (杨克礼)

拉巴特(al-Rabāṭ) 摩洛哥首都,历史名城。位于西北部的布雷格里格河口南岸,濒大西洋。人口100.9万(1989)。12世纪穆瓦希德王朝创立者阿卜杜勒·穆敏为了出海远征,在此地建立军事要塞,取名里巴特·法特赫,阿拉伯语意为“出征之地”。今称“拉巴特”,是从“里巴特”演变而来。12世纪90年代为穆瓦希德王朝鼎盛时期,素丹叶尔孤白·曼苏尔下令在此建城,后多次扩建。1912年法国殖民者侵占古都非斯后,为了加强殖民统治和割断摩洛哥人民对祖国历史和民族文化的联系,迁都拉巴特。1956年摩洛哥独立,正式定都于此。拉巴特由新城和萨勒旧城组成。旧城萨勒围以红色城墙,城内多古迹,有古老的阿拉伯建筑卡斯巴古堡和10多座古清真寺,最著名的是建于12世纪的哈桑清真寺,是当时北非最大的清真寺,寺周有16道门,据说毁于15世纪一次大地震,但该寺高达69米的正方形宣礼尖塔却完整无损。新城东南的萨拉废墟,传说是穆瓦希德王朝时期建造的皇陵,现废墟上还保存着门楼、墓碑、清真寺等遗迹。还存有建于1785年的拉巴特王宫和素丹哈桑二世的父王穆罕默德五世的陵墓。1917年创建的古物博物馆,存有伊斯兰教的经籍和珍贵历史文物。现为全国的政治、金融、工业和文化中心。 (杨克礼)

拉比塔(Rābiṭah) 伊斯兰教苏菲派修道场所。亦称“里巴特”(Ribāṭ)。阿拉伯语音译,意为“隐居者的住处”。约在13世纪出现于北非的阿尔及利亚、突尼斯和摩洛哥等地。一般有一名苏菲导师隐居修炼,一些弟子或虔信者在其周围学习。“拉比塔”一词最初用来指称穆斯林世界边境地带为信仰而战的卫士们所居住的要塞,战争停止后,有的变成招待朝觐者的住所,有的成了苏菲修道场所。北非穆拉比特王朝初期所建的拉比塔不但是修道场所,而且也是传教讲学、举办宗教教育、进行政治军事活动的指挥中心。

(王怀德)

拉尔伊(Ra'y) 伊斯兰教法专用语。阿拉伯语音译,意为“个人意见”、“正确的意见”。为早期法学家创制教法律例的思想方法之一。产生于早期麦地那哈里发国家的行政、司法实践。穆罕默德去世后,“天启”中断,而国家面临的社会问题、民事纠纷日趋复杂,哈里发们既无先例可循,只得根据自己的意见作出判断和处置。相传哈里发欧麦尔等常以意见来处理民事纠纷,决定战利品的分配,排解遗产纷争,留下一些著名的判例。此后,这种处理问题的方法又为伍麦叶王朝末期、阿拔斯王朝初期的教法学家们所沿用,他们在创制律例、解释教法学说时,如无经、训明文可据,则以个人意见为准。由此而产生的判例,称为“意见律例”,亦称“创制律例”,以区别于直接源自经、训的律例。8世纪上半叶以前,行将形成的教法实体主要表现为学说和判例,许多虔诚的伊斯兰学者都广泛地发表意见,根据各地的实际情况,自由、灵活地创制和解释律例,形成各种不同的教法学说。其中尤以艾布·哈尼法及其门弟子为代表的伊拉克教法学派最重视“意见律例”，后以“意见派”著称于世。之后，随着阿拔斯王朝政权的巩固和法律制度的逐渐完备，一些著名的法学家提任了“卡迪”(即教法执行官)，伊斯兰法院成为国家主要的司法机关，而统一教法学说亦成为当务之急。在教法学说系统化、规范化过程中，著名法家沙斐仪提出了更严谨的类比判断(格亚斯)，逐渐代替了被视为带有或然性或随意性的个人意见判断。从此，理性的推理判断的自由受到限制，法学家只能在经、训的基础上或限定的范围内运用理性判断。而在法学理论上，主张“创制”(伊智提哈德)即类比判断，“意见”则被取消。但类比实际上也是一种“意见”，只是受到了界定，即必须以经、训为基础，遵循严格规定之方法。而意见判断作为一种方法，则表现为哈乃斐派的“优选”原则(伊斯提哈桑)和马立克派的“公益”原则(伊斯提斯拉赫)，个人意见仅作为例外而非通例被保留下来。近代以来，鉴于教法学说日趋呆板、僵化，不能适应现实社会生活的需要，许多伊斯兰学者都主张恢复早期伊斯兰教法的理性主义传统，提倡在不违背经、训精神的前提下，灵活变通地“创制”律例，意见立法再次得到重视。在历史上某些默默无闻的教法学家的个人意见，经过新的解释，亦可成为某一法律原则的依据。当代伊斯兰国家所制定、颁布的大量新的伊斯兰法规，其中都含有许多意见立法。这种根据新情况灵活创制法律的做法，已成为现代法制改革中的一种趋向。

(吴云贵)

拉斐德派(Rāfiḍah)　见拒绝派。

拉合尔(Lahore)　巴基斯坦历史名城，旁遮普省首府。位于东北部拉维河西岸。古称“洛河伐罗那”。人口290多万。始建于1世纪末～2世纪初。630年中国唐代高僧玄奘来此访问，并在《大唐西域记》中有所记载。8世纪初，阿拉伯军队进入印度河流域，伊斯兰教传入旁遮普地区。10世纪中叶，突厥人的伽色尼王朝攻占旁遮普地区，并占领了该城，进一步巩固了伊斯兰教的地位。12世纪时，拉合尔先后经历了伽色尼和古尔两个伊斯兰王朝，与德里素丹国相抗衡。13世纪在印度出现了互相对峙的诸素丹国，该城被一些小王朝先后控制。1398年被帖木儿军所毁，1422年穆巴拉克沙重建此城。1525～1707年曾为莫卧儿王朝都城，成为宗教和文化中心。市内有许多莫卧儿王朝贾汗吉和沙·贾汗时代的清真寺、学校、陵墓和城堡等古建筑。著名的有1634年建造的瓦吉尔·汗清真寺，其造型精美，墙壁装饰着用彩色大理石镶嵌的阿拉伯和波斯风格的图案。寺内有贾米等伊斯兰教贤哲的陵墓。城北部有巴德夏希清真寺和宣礼尖塔，该寺是世界最大的清真寺之一。城内还建有勒尔维亚经学院。城北沙汗达拉公园有用大理石精雕细刻的莫卧儿王朝的贾汗吉尔皇陵。在城中帕蒂门外有苏菲派谢赫侯吉维里的陵墓，被称为“达塔·甘吉·巴赫什”圣地。还有巴基斯坦著名诗人伊克巴尔的坟墓和被誉为“东方艺术家”的名画家朱丹的故居，现为巴基斯坦著名的文化中心。拉合尔古城堡有莫卧儿故宫的建筑群。该城还建有全国最大的博物馆、旁遮普大学、工程学院和水稻研究所等几十所高等院校和科研单位，故享有“巴基斯坦灵魂”之称。拉合尔还设有国家级的伊斯兰文化研究所，并办有宗教刊物《伊斯兰文化》等。还设有伊斯兰出版有限公司。

(杨克礼)

拉赫迈(Raḥmah)　见慈悯。

拉赫迈图拉(Raḥmatullāh)　见凯利玛特·迪克里拉。

拉赫曼(al-Raḥmān)　伊斯兰教对安拉的尊称之一。阿拉伯语音译，意为“普慈者”、“至仁者”。指安拉对世人的普施仁慈。在《古兰经》中，有许多描述安拉之特性的词汇，均被视为专对安拉的尊称赞美，中世纪伊斯兰学者曾归纳为99个美称，其中“拉赫曼”是运用得最多、最广泛的尊称之一。在《古兰经》总计114章中，除第9章《忏悔(讨白)》外，有113章开头的起始词中，都有“拉赫曼”这个词汇，第27章《蚂蚁(奈木勒)》第30节中，也出现带有这个词汇的“起始词”(即奉普慈、特慈[亦译为‘至仁、至慈’]的安拉之名)。第55章《至仁主(拉赫曼)》，第1节即以该词开头，并以此为章名。该词还在其他章中出现50多次。作为动词或其他形态出现的频率，不胜枚举。

(林　松)

拉赫曼教团(Ṭariqah Raḥmāniyyah)　近代阿尔及利亚苏菲派兄弟会组织。哈尔瓦提教团的分支之一。18世纪由阿卜杜·拉赫曼(？～1793)创建于阿尔及利亚。一度称为“巴克利教团”(al-Bakriyyah)。在突尼斯的分支称为“阿祖吉教团”(Azzuziyyah)。阿卜杜·拉赫曼青年时代就学于阿尔及尔宗教学校，1739～1740年赴麦加朝觐，归途中曾短暂游学于埃及爱资哈尔大学，并在开罗加入哈尔瓦提教团。后被导师派往印度、苏丹传道，历时30年后返回阿尔及利亚，在家乡创建第一个生产、生活与宗教活动相结合的组织“扎维叶”。他向当地民众宣传哈尔瓦提教团的学理，强调加入该教团后在导师的引领下修炼，可接近真主，后世即可不受火狱的惩罚。其活动后来引起当地马立克学派教法学家的指控，阿卜杜·拉赫曼曾以传播“异端邪说”的罪名，受到法院的审判，后在故乡去世。其教团组织在弟子的领导下继续发展，在北非有广泛影响。该教团的功修包括赞念安拉1.2～7万次、聆听导师的教诲等，功修者称为“穆里德”，要热爱、尊敬、服从导师。信徒主要分布在北非的阿尔及利亚、突尼斯、摩洛哥及苏丹等地。

(吴云贵)

拉基姆(al-Raqim)　《古兰经》记述的“山洞人”

故事中的一个专有名词。又译“来根”、“赖根目”等。阿拉伯语音译，原意为“碑文”、“铭文”。《古兰经》第18章第9～26节记载了古代7个青年携带一只狗，为避免暴政而隐居在一个山洞里，酣睡300年而未死的故事。“拉基姆”一词即出现于其中第9节。古典经注学家对该词解释不一。一说即指与七青年在一起的那只狗，另一说是指一块铅版，上面铸有七青年的名字，并注有他们各自的宗谱和事迹。还有的则认为它是某山谷的名称。凡此种种解释，均系凭经外传说进行推测，而无经典明文作为依据。（马恩信）

拉季姆（Rajm） 伊斯兰教刑罚之一。阿拉伯语音译，意为“用石头打死”、“以石击毙”。专指对有夫之妇或有妇之夫犯通奸罪时所施行的惩罚。由于《古兰经》里没有关于“拉季姆”的明文规定，故哈瓦利吉派否认这种惩罚的正确性。他们主张对犯有通奸罪的男女，不论其已婚或未婚，一律采用笞刑治罪，理由是《古兰经》明确规定：“淫妇和奸夫，你们应当各打一百鞭”(24：2)。逊尼派和什叶派则一致确认“拉季姆”的正确性，据称穆罕默德曾下令对奸夫淫妇施行过这种惩罚，他曾说：“处死任何穆斯林是不合法的，除非犯有三种罪恶之一者，即(1)信教后又叛教。(2)婚后通奸。(3)无故杀人”(《布哈里圣训实录》)。因此，执行“拉季姆”这一律例是奉行圣训。圣门弟子和历代教法学家都一致主张贯彻执行这一律例。（马恩信）

拉纳卡（Larnaca） 塞浦路斯东部古城。滨拉纳卡湾。古称“克提昂”，今称“拉纳克斯”。曾一度是腓尼基人在塞浦路斯岛的重要据点，后在希腊人同波斯人的战争中遭破坏。奥斯曼帝国占领后，逐渐发展成为重要的城市和海港，伊斯兰文化得到传播。但后又为法马古斯塔所代替。这里的哈拉·素丹清真寺被视为伊斯兰教的重要圣地之一。它位于拉纳卡盐湖以西5公里处，据传是土耳其人为纪念穆罕默德的姑母乌姆·哈拉姆修建的。647年，她随同阿拉伯军队进攻这里时，从骡子上跌下身亡，葬埋在这里。清真寺内有她的坟墓，坟上矗立着用三块大石砌成的门，中间横着一块大石，传说是在夜间从麦加运来的，是珍贵的文物。（杨克礼）

拉齐（al-Rāzi，864～932） 中世纪阿拉伯哲学家、医学家、化学家。全名艾布·伯克尔·穆罕默德·本·宰凯里雅·拉齐。拉丁名拉兹斯(Rhazes)。波斯人，生于德黑兰附近的赖伊(今腊季)一伊斯兰教学者家庭。早年承家学研读《古兰经》和教义学，后在巴格达智慧馆名师指导下钻研医学、数学、哲学和炼金术，爱好音乐和文学，精通阿拉伯语和波斯语。他的学术活动曾得到波斯萨曼王朝素丹曼苏尔·伊本·伊斯哈格和阿拔斯王朝哈里发穆尔台迪德·本·穆瓦法格的支持和庇护，曾先后任赖伊和巴格达医院院长及宫廷御医，并从事学术著述。因他医学成就卓著，被誉为“阿拉伯的盖伦”、“穆斯林医学之父”。晚年因双目失明，迁波斯泰伯里斯坦定居，不久病逝。

在哲学上，拉齐尊崇亚里士多德、柏拉图和毕达哥拉斯的学说，并吸收了德谟克里特的原子论，注重从理性出发探索自然界的规律，用哲学论证教义学。他认为造物主、宇宙灵魂、原初物质、时间和空间是同时存在的五大原始本原，它们是世界存在的基础。安拉是万物之本，由他通过若干环节“流出”世界万有，其过程是：造物主→精神之光→理性→荫，荫又构成冷、热、燥、湿四性，进而组成天体和地球上的物质。原初的物质是无始的，而时间和空间是原质及事物存在的前提条件，物体自身具有原动力。生物的存在证明了灵魂的存在，人所具有的理性和创造力证明造物主的存在。在认识论上，他认为人通过感觉器官与事物接触形成对它的认识。人们对物质形体认识的积累形成了空间概念，对物体运动的认识形成了时间概念。在灵魂问题上，他认为灵魂是精神实体，肉体是物质形式。安拉赋予人以理智，理智指导人们学习哲学和科学，使人的灵魂从物质世界上升到更高的精神世界。人死后肉体将化为无形的物质，灵魂则从肉体中解脱出来，最后复归于安拉。他还认为现实社会因人们对物欲的贪婪，恶多于善。他既反对苦行主义，也反对纵欲主义。

在医学上，拉齐吸收和总结了古希腊、印度、波斯和阿拉伯医学的成果，并结合自己丰富的临床经验，创立了新的医疗体系和方法，在病理、解剖、临床、诊断、防治、养生、医药等方面都有独创性。他发明了外科串线法和内科精神治疗法，在外科、妇科和传染病的临床治疗方面均享有盛名。他的《曼苏尔医书》和《医学集成》，被后世奉为“医学经典”，12世纪传入西欧后，压倒了盖伦的医学著作，直至18世纪仍是欧洲各大学的医学教科书。在化学上，拉齐继承了伊本·哈彦炼金术的理论及化学实验的传统，与药物学结合，推动了阿拉伯化学理论和实验的发展。他的化学名著《秘典》(又译《炼金术的秘密》)，确立了一系列化学概念，论述了物质构成的原子理论和炼金术的原理，对化学实验的仪器设备和方法作了全面的记载。该书把已知的物质分为四大类：植物、动物、矿物和衍生物，是对物质较早的分类法。西方学者称他为“古代化学的奠基者之一”。

拉齐著述宏博，涉及医学、哲学、化学、物理学、数学、伦理学和音乐等方面，据传多达200多部。主要哲学著作有：《形而上学论》、《哲学的途径》、《论绝对和具体的物质》、《国家的昌盛和衰亡》、《论灵魂》等。医学著作还有：《医学入门》、《医学止境》、《精神病学》、《天花与麻疹》、《药物学》、《盖伦医学书的疑点和矛盾》等。炼金术的著作还有《哲人石》等10多种。

（杨克礼）

《拉齐古兰经注》（Tafsir al-Rāzi） 中世纪伊

斯兰教逊尼派著名经注之一。系波斯赖伊(腊季)经注学家法赫鲁丁·拉齐(1149～1209)编著。共12册，亦称《幽玄之钥》。编者对伊斯兰教义学、教法学和哲学、天文学、医学、自然科学等均有精深的研究，故他第一个将自然科学引入伊斯兰经注学。他认为，在哲学、神学和其他学科中都找不到比《古兰经》所包含的更有益于人类的知识，因之，他致力于运用哲学、天文学、宇宙学乃至动植物学、人体解剖学的各种知识来阐释《古兰经》的奥义，经过多年努力，终成此巨著，在伊斯兰经学领域独树一帜，影响颇大。该注释被认为极富有理性和哲理，其中包含编著者个人的大量见解，属于"意见经注"的典范。（马 贤）

拉萨清真大寺 中国伊斯兰教清真寺。在西藏自治区拉萨市沿河路上。又称"河坝林清真寺"。据藏文史籍记载，清乾隆初年从甘肃、青海、云南、四川等地到拉萨经商的商贾，有一部分穆斯林逐渐定居下来，他们征得西藏地方政府的准允后，集体捐资在拉萨创建了这座清真寺。乾隆五十八年(1793)曾进行过维修和扩建。占地面积1670平方米，大门横额书"清真寺"。建筑形式为3进两院，由牌坊、礼拜殿、邦克楼、讲经堂、厢房、浴室和经文学校组成。主体建筑为礼拜殿，呈纵长方形，面积为275平方米，内有柱子两列，每一柱子上挂一自鸣钟。礼拜殿左侧建有13.4米高的邦克楼，为3层平面正八角形，塔端层顶为穹顶，呈绿色。右侧有一庭院，植有古柏和古槐。进入第二院落，门上悬有清咸丰二年(1852)制"至教永垂"的横匾。后院有原来的浴室和经文学校。现存建筑为1959年重建。（杨克礼）

《拉失德史》 中国新疆察合台后王时期的历史著作。作者米尔扎·穆罕默德·海达尔(1499～1551)。他早年跟随素丹赛义德汗参与创建叶尔羌汗国，后担任军事统帅。1532年远征西藏，失败后流亡国外。1540～1551年成为克什米尔的统治者。本书即在此期间写成。全书分两部分。第1编为"正史"，共70章，叙述秃黑鲁帖木儿汗(1329～1362)至阿卜杜·拉失德汗(1510～1559)时期历代察合台后王在新疆的统治情况。第2编为"史迹概述"，共116章，以作者亲身经历和见闻，记述了从其外祖父优努斯汗即位到作者在克什米尔执政的历史社会情况。全书内容包括200年间新疆及中亚地区政治、经济、宗教、文化、地理、风俗等方面的情况和有关维吾尔、哈萨克、柯尔克孜、瓦剌蒙古及中亚民族的历史活动，重点记述了蒙兀儿诸汗和杜格拉特部家族在新疆统治的历史。本书宗教内容占有突出的地位，从秃黑鲁帖木儿信仰伊斯兰教开始，概述了蒙兀儿统治者推行伊斯兰教，用武力占领吐鲁番等地，建立伊斯兰教政权的经过，并记述了早期苏菲派在新疆的传教活动以及和卓家族的形成等。书稿于1547年用波斯文写成，献给叶尔羌汗国统治者阿卜杜·拉失德汗，故名《拉失德史》。有波斯文和察合台文两种抄本，只在维吾尔族知识分子中流传。1895年由伊勒亚斯编注、罗斯翻译的英译本出版，引起学术界重视。本书填补了察合台汗国后期历史的空白，具有很高的史料价值，被列为中亚历史名著。1985年新疆社会科学院历史研究所根据英译本译成汉文，正式刊行，书名定为《中亚蒙兀儿史—拉失德史》。（李进新）

《拉失德史续编》 见《楚拉斯史》。

拉斯特清真寺 中国新疆阿尔泰地区拉斯特河畔的哈萨克族清真寺。该寺因建于拉斯特河岸而得名。19世纪末，由新疆阿尔泰哈萨克人贾柯比修建。为土木结构，面积不详。该寺于1910年、1920年和1933年3次扩建。修建后不久，又附设了经文学校，相当于小学，由努赫曼等专职毛拉任教。教授《古兰经》和当时哈萨克人使用的察合台文。在该寺接受伊斯兰教育后而成为学者、社会活动家的有哈拉克、马莫尔汗、乔哈拜等人。（贾合甫）

拉特(al-Lāt) 见阿拉伯三女神。

拉希德 见腊卡。

拉希德·格努西(Rashid Ghanushi，1939～) 突尼斯伊斯兰倾向运动主席、学者。生于突尼斯南部艾勒哈玛—逊尼派穆斯林家庭。早年在加贝斯和突尼斯市读小学和中学。1964年赴埃及农学院学习，后因突、埃两国关系恶化被驱逐出境，遂去大马士革大学文学院攻读哲学，1968年获学士学位。同年去巴黎大学参加旅法伊斯兰大学生协会活动。1969年回国后任中学教师，积极参加宗教文化组织"拯救古兰经协会"的活动。1972年参与创办伊斯兰《知识》杂志，任主编，1979年该杂志被当局查封。他深受伊斯兰复兴社会思潮的影响，1981年6月创建"伊斯兰倾向运动"团体，任主席。推崇伊斯兰原教旨主义，主张在突尼斯按《古兰经》的原则，合理分配社会财富，改革教育和宗教，恢复伊斯兰文化的优秀传统，反对西方政治和腐朽文化对伊斯兰国家的渗透，建立伊斯兰化的政治、法律及文明实体。著作有《西方和我们》、《我们走向文明的道路》、《命运和天数》、《伊斯兰运动的复兴》、《妇女在伊斯兰运动中的地位》等。（杨克礼）

拉希丁和卓(Rashid-al-Din Khwaja，约1808～1867) 1864年中国新疆各地农民起义库车地区领导人。一译"热西丁和卓"。14世纪新疆伊斯兰教苏菲派著名首领额什丁的第十二世孙。维吾尔族。据《伊米德史》所记，约1808年生于库车。1864年前，为库车额什丁麻札清真寺教长。1864年，新疆各地爆发反抗清政府暴政的农民起义，拉希丁和卓被库车地区各族起义群众推举为首领，称“汗和卓”，回族起义群众把“汗”译为汉语“皇”，称为“皇和卓”，清文献用同音字称为“黄和卓”。起义初期，由于义军英勇奋战，势力发展很快。仅一年左右，便向西发展到巴楚，向西南发展到莎车，向东推进到吐鲁番、辟展(今鄯善)一带。拉希丁和卓视宗教法庭执法和伯克执政的农奴制政权为理想的政权形式，视其“圣裔”血统的家族为民众的当然主人。委任其家族成员担任各地执政官，维护农奴制度，因此而失去人心。拉希丁和卓家族在宗教上排斥苏菲派。其堂弟买合木丁在乌什任执政官时对以米尔扎江为首的库布林耶教团采取歧视、打击的政策，激起暴动。此后暴动虽被镇压而平息，但严重地影响了乌什的稳定。莎车与巴楚互成掎角之势，是抵抗盘踞在喀什的阿古柏入侵者的战略要地，苏菲派各教团势力在此互相争雄。但因拉希丁和卓派往该地的军政首领、其堂叔和提甫和卓等人对各教团采取限制政策，致使莎车最终落入浩罕入侵者阿古柏之手。在阿古柏步步东侵之时，拉希丁和卓家族内部又因争权而发生内讧，导致在前线握有重兵的买合木丁倒戈，阿古柏不战而占领库车。拉希丁称“汗和卓”仅3年，便于1867年阿古柏占据库车时被杀害。（谭吴铁）

拉希姆(al-Raḥim)　伊斯兰教对安拉的尊称之一。阿拉伯语音译，意为“慈悯者”、“仁慈者”，汉译本《古兰经》译作“特慈的主”、“至慈的主”、“大慈的主”等。常与“拉赫曼”(al-Raḥmān)一词并列，用于称颂安拉对人的无限慈爱。根据经注学家的解释，该词与“拉赫曼”虽源于同一词根 Raḥmah(拉赫迈，即慈悯、仁慈)，但用于称颂安拉时，二者则有不同的内涵深义。“拉赫曼”指安拉在今世对世人普施仁慈，而“拉希姆”则指安拉在后世对穆斯林中的信仰坚定者和行善者独赐恩惠。故中国穆斯林经堂语把前者译为“普慈今世的主”，把后者译为“独慈后世的主”。“拉希姆”一词在《古兰经》里出现的频率很高。除与“拉赫曼”并列，在“泰斯米叶”(奉安拉尊名起始语)中出现114次，在其他句子中出现3次外，与“厄富尔”(Ghafūr，即至赦的主)、“拉乌夫”(Ra'ūf，即怜悯的主)、“塔瓦卜”(al-Tawwāb，即承领悔过的主)等安拉的美称并列使用，亦多达100余次。该词因系“泰斯米叶”的重要组成部分，为穆斯林每天在宗教和日常生活中所必读，故成为安拉的99个美称中使用最为广泛的称谓之一。

（杨宗山）

拉兹斯(Rhazes)　见拉齐。

腊卡(al-Raqqah)　叙利亚古城。又称“拉希德”。位于幼发拉底盆地。原为亚历山大大帝修建，后成为拜占庭帝国的前沿哨卡。经伍麦叶王朝哈里发修缮后，成为避暑胜地。803年，阿拔斯王朝哈里发哈伦·拉希德统治时期作为夏都，并兴建了宏伟的和平宫和清真寺等建筑。13世纪蒙古旭烈兀军队西征时，城市被毁。现存古迹包括古城墙和著名的巴格达大门，还有哈伦·拉希德的皇宫以及12世纪努尔丁·赞吉素丹建造的清真寺。今腊卡新城在幼发拉底河左岸。（杨克礼）

腊姆拉(Ramla)　巴勒斯坦西部城市。位于特拉维夫——雅法城镇群东南边缘的沙丘区，“腊姆拉”的含意即为“多沙”。715年阿拉伯伍麦叶王朝哈里发苏莱曼·本·阿卜杜勒·麦利克统治时期兴建，后逐渐繁荣昌盛，成为重镇，伊斯兰文化也得到发展。著名古迹有白玉色的清真大寺。据阿拉伯著名旅行家伊本·白图泰在其游记中记载，该寺大殿内的凹壁下埋有300名古代先知的遗体。城郊有伊斯兰教创传人穆罕默德的堂弟法德勒·本·阿拔斯的墓地，至今是穆斯林拜谒的圣地之一。该城水源贫乏，居民饮用雨水，现在还残存有8世纪时修建的大贮水池。1948年7月被以色列占领。（杨克礼）

《来复铭》　中国伊斯兰教碑铭。明嘉靖七年(1528)山东济南清真南大寺刻石，该寺世袭掌教陈思撰文。该铭前半部分讲真主“赐命吾人”归结为“来”，后半部分讲人们“以事其天”归结为“复”，故称“来复铭”。铭文共155字，基本上为四字句韵文体。字面上并未谈及伊斯兰教教义，但实际上是“附儒以行”伊斯兰教。铭文前一部分运用宋明理学中周敦颐《太极图说》的概念和张载的哲学思想，隐含并阐发伊斯兰教关于真主的无始本质和造化万物之“大能”的理论。后一部分阐明借心性之说和慎修、主敬的功课，就可以达到体认真主并进而“斯与造物为徒矣”。全文前后照应，阐发简练，是中国穆斯林学者最早的一篇将伊斯兰教“凯拉姆”观点与宋明理学交相融会的阐发教义的著作，从而开创了明末清初伊、儒两种文化交融研究的局面，该铭文后为奚利福《教门金石义》所著录，1947年6月号《月华》发表。（冯增烈　余振贵）

来根(al-Raqim)　见拉基姆。

莱尔奈图拉(La'natullāh)　见凯利玛特·迪克里拉。

莱赫米王朝(al-Sulālah al-Lakhmiyyah)　见奈斯尔王朝。

莱麦丹(Ramaḍān)　见斋月。

赖买丹　见斋月。

兰斯的居民(Aṣḥāb al-Rass)　《古兰经》中提

到的古代部落之一。阿拉伯语“艾苏哈卜·兰斯”的意译，一译“滥斯人”。关于其住地，经注学家解释不一。一说在西奈半岛（今埃及境内）麦德彦人住地附近一口名叫“兰斯”的土井周围；一说在阿拉伯半岛叶麻麦（Yamāmah，在希贾兹东部）的一座名叫“兰斯”的城内；另一说在哈达拉毛（Ḥadramawt）境内。《古兰经》中未记述有关该部落的故事，只在两处（25∶38，50∶12）将其作为历代因否认安拉派去的使者而终遭惩罚和毁灭的鉴戒之一，与阿德人、赛莫德人和努哈的宗族等并列提出，向反对穆罕默德的麦加多神教势力提出警告：执迷不悟者绝无好下场。据经注学家解释，兰斯的居民因抗拒先知舒阿卜的教诲而为地震所灭。据此解释，其住地似应在西奈半岛麦德彦人住地附近。

（杨宗山）

兰州桥门街清真寺 中国伊斯兰教清真寺。坐落在甘肃省兰州市中山桥以南的回民聚居区桥门巷内。据传，早在明代桥门巷（街）即有一座简陋的清真寺。清康熙年间（1662～1722）由当地穆斯林名人刘伯阳捐宅地8亩，并由寺坊穆斯林群众集资，经其父子两代苦心经营，于康熙六十一年（1722）扩建而成，并题记落成年代于大殿的脊檩下。桥门寺坐西向东，全寺由卷棚、大殿，后窑殿及跨院、沐浴室等建筑物组成。寺门口高悬烫金“清真寺”竖匾，为四角飞翘方形重檐，两扇大门高大厚实。门两侧八字墙为水磨青砖精雕的花卉，左右敞开，舒展壮观。礼拜大殿进深5间14檩，仅用4根立柱支撑，以鼓形蚂蚁石柱为柱基。殿内宽敞豁亮，可容千人同时礼拜。大殿屋顶正中为绿色琉璃瓦组成的梭形图案，四周青瓦压顶。屋顶竖陶瓷宝瓶3只。飞檐全以龙斗装修。大殿之隔门棂条面阔甚窄，而进深甚厚，随着视线不同，檩条图案呈现不同形态。大殿后为窑殿，形体为正方形，装饰考究，并加斗拱及雕花弯罩。大殿南侧为跨院，有阁楼5间，为讲经堂。沐浴室设在卷棚南侧。此寺建筑艺术的特点是大殿、后窑殿及前卷棚均使用重檐，且高大华丽，为国内古建筑中所罕见。中华人民共和国成立后，该寺被列为省级文物保护单位。“文化大革命”中被拆毁，现已重建。新设计的桥门寺以阿拉伯圆顶建筑为主体，两面配楼为中国古典式，前面有一装钟的邦克楼，中阿合璧，别具一格。（罗万寿）

兰州西关大寺 中国伊斯兰教清真寺。位于甘肃省兰州市西关街。始建于清康熙二十六年（1687），雍正七年（1729）重修。整体建筑为中国古典式建筑群，由外院及水房、内院大殿、北跨院3部分组成。寺门面对大街，由正门、影壁门和两个旁门组成。大门顶为琉璃瓦的10角飞檐。八扇大门上有一排排铜帽浮钉，古朴典雅。入门为前院，东面竖立着一座蓝色琉璃大照壁。二门坐西面东，前院北面为沐浴室，西面是水磨砖甃成的峻壁，下开3个穹门，中门两侧墙壁上有浮雕图案。入二门进内院为一仿宫廷建筑的“月牙桥”，为砖石拱形结构。桥下池水清澈，院内松柏长青，富有古典园林风采。过桥是5丈余高的“邦克楼”，4层6面，最高处悬挂“省心楼”匾额。过回廊即为大殿，建筑使用减柱移柱和“彻上露明”的古老工艺，云墩斗拱，檐牙高啄。殿内以大木作栋梁，戴梁压柱，宽敞宏大，可容千人同时礼拜。后窑殿两侧使用隔门及落地槛窗，为古建筑中所少见。顶部饰以浮雕《古兰经》文。大殿屋脊上伫立着大小3个铜制宝瓶和一弯“新月”，屋顶用绿色琉璃瓦覆盖，上有一组“二龙戏珠”陶制装饰，金光闪亮。大殿北侧跨院内有小院3个，曾在此设“清真小学”，另为藏经室及阿訇宿舍等。此寺原为古丝绸之路上的一座“客寺”，属省级重点文物保护之一。“文化大革命”中被拆毁。1983年4月重建，新建寺为4层阿拉伯式建筑，面积3000平方米。底层为会客室、图书室、教室，其余3层均为礼拜殿，可容纳3000多人同时礼拜。并辟有一妇女礼拜殿，可容纳120人礼拜。现大殿主体工程已完成。新寺为阿拉伯式圆形建筑。

（罗万寿）

蓝帽回回 见开封犹太人。

蓝色清真寺 见素丹·艾哈迈德清真寺。

蓝无理国 见亚齐国。

滥斯人（Aṣḥāb al-Rass） 见兰斯的居民。

阆中巴巴寺 中国伊斯兰教清真寺。亦称“久照亭”。坐落在四川省阆中市的盘龙山麓。据寺内碑文和《阆中县志》记载，该寺原系伊斯兰教先知穆罕默德29世后裔和卓·阿卜杜拉的陵墓。据传，阿卜杜拉是中亚的伊斯兰教苏菲派传教师，约于清康熙十二年（1673）来华，先后到广州、云南、青海及甘肃河州（今临夏）、陕西省西乡等地讲经宣教，传播苏菲派嘎迪林耶教团学理和功修，并招收门弟子，授业传道。康熙二十三年（1684），阿卜杜拉应川北镇台、左都督马子云（回族）邀请到阆中传教。康熙二十八年（1689）去世，葬于该地。后阿卜杜拉在甘肃临夏的门弟子祁静一为其修建了墓庐，名曰“久照亭”。嘎迪林耶门宦教众尊阿卜杜拉为“盘龙道祖”、“巴巴”故名。清乾隆年间，在该墓庐的基础上，扩建为清真寺。该寺坐北向南，主要建筑包括前山门、照壁、砖洞门、牌坊、久照庭院、厢房、沐浴室、坟亭园、后山门等，周长1500多米。久照亭为寺的中心建筑，阿卜杜拉的墓庐置于亭子中央。墓亭由砖砌成，分上下两层，四面檐角飞翘，亭顶宝瓶屹立。亭周饰以砖雕的花卉、植物等图案，刻工精细。亭中分内室和外室，内室前面为纱帘垂掩的墓室，外室供礼拜、祈祷之用。墓室的正上方挂有清康熙四十九年（1710）宗人府右宗正多罗贝勒王手书的“清修”匾额。另有名人匾额多方，多以汉文书写，并立有久照亭碑记。此寺为嘎迪林耶门宦著名寺院之一，其教众经常前往拜谒。近年来又经修葺。（杨克礼）

《牢不可破的关系》（al-‘Urwah al-Wuthqā） 见哲马鲁丁·阿富汗尼。

乐园 见天园。

类比（Qiyās） 伊斯兰教法学概念和立法原则之一。与《古兰经》、圣训和公议并称为教法的4个主要渊源和理论基础。阿拉伯语"格亚斯"的意译，中国穆斯林学者译作"比论"、"援例"。系通过比较推导出结论的一种方法。通常是从一般推出特殊，从已知的前提或导因或事物间的相似性或本质联系推演出未知的判断或结论。亦称"类比推理"、"类比判断"。采取类比法是为了解决无经、训明文作依据的新问题，即把有关律例扩及经、训未涵盖的领域中去，以求得结论，形成新的判例。哈里发欧麦尔在给艾布·穆萨·艾什尔里的信中曾提出："对于真主的经典和先知的训示中未曾提到的事情，你应先去了解类似事例，然后进行类比。"在伊斯兰教发展的头3个世纪里，逊尼派除罕百里教法学派外，一般都程度不同地运用"类比"原则创制律例，由有限的教法经文推论、提出了许多教法性见解和创制意见，丰富、补充了教法的内容，为教法能以适应现实、解决实际问题开辟了广阔途径。扎希里和贾法里等教法学派则拒绝使用"类比"原则。早期的类比方法较简单，多以当地穆斯林的民俗习惯或教法学家的个人意见为依据，其前提和结论不一定有内在联系。8世纪下半叶以后，教法学逐渐发展并系统化、规范化。著名大法学家沙斐仪提出了严谨的类比判断方法，逐渐代替了被认为带有主观随意性的意见判断，成为一种公认的规范性的方法。其基本要求是：类比必须是在无经、训明文可循的情况下，才准许以类似的经、训原文或已知的公议为前提，通过比较同原判例的联系，找出共同"基因"（‘Illah），取得符合经、训本意的结论，然后制定出具有相应效力的新律例。在比较、推演中，只能以带有普遍意义的原判例为前提，特殊的例外和源自类比判断的间接结论，不得作为类比的依据。一项类比如有几个意义相近的原判例，则以意义最相近的原判例为前提，但亦容有不同的前提和结论。一项类比一经权威教法学家们的公议所核准，即取得了社会的认可，成为不谬的、应予遵循的律例，不得随意更改。如教法学家以《古兰经》第5章第90节禁止饮酒的规定为例证指出，禁止饮酒是因为酒醉能使人失去理智，故他们援用此例制定了饮用一切醉人并能使人失去理智的东西为非法的律例。近代以来，出自社会法制改革的需要，伊斯兰国家的现代派学者一般都注重"创制"（伊智提哈德），主张按时代精神更灵活地解释教法原则，在方法上已突破传统的类比法，成为一种新趋向。（吴云贵 马忠杰）

离仪（Matā‘） 伊斯兰教婚姻法专用语。阿拉伯语"麦塔尔"的意译。《古兰经》明文规定："凡被休的妇女，都应得一份照例的离仪，这是敬畏的人应尽的义务"（2：241）。后世教法学家据此亦有类似的规定和解释。但习惯上丈夫通常将所定聘礼分为两个等份，一份交与妻子，一份留作离仪，也有拖延不交聘礼者，故哈乃斐教法学派规定，丈夫主动休妻，须将全部或部分聘礼交予妻子，以示关怀，而妻子主动提出离异或双方协议离婚，则妻子通常应放弃或归还全部或部分聘礼（即取消离仪），视为对夫方的经济补偿。对妻方是否应放弃离仪，哈乃斐学派内部亦有不同意见。离仪之规定不适用于什叶派内一度流行的有报酬和时限的"临时婚姻"（穆塔阿），夫妻终止婚姻关系后，妻方无权享受离仪，但期限未满，夫方无权休妻。（吴云贵）

黎巴嫩被剥夺者运动（Lebanese Movement of the Deprived） 黎巴嫩伊斯兰教什叶派的宗教政治组织。20世纪70年代初由什叶派伊玛目穆萨·萨德拉发起建立。该组织声称代表黎巴嫩人数最多的什叶派穆斯林的利益。成立初期，在萨德拉领导下组织了一系列宣传和游行示威活动，要求恢复什叶派穆斯林被剥夺了的一切合法权益，1974年3月在巴勒贝克举行的游行使这一运动达到了高潮。经过斗争，什叶派同逊尼派和基督教派取得平等地位。1974年6月建立了什叶派的民兵军事组织"阿迈勒"（即希望），故又称"阿迈勒运动"（Harakah al-Amal）。1978年9月该组织领导人穆萨·萨德拉在访问利比亚期间失踪。1981年3月纳比·贝里被选为总书记。该组织主张维护国家的独立、主权和统一，反对分治；要求提高什叶派穆斯林的政治、经济和社会地位，实现伊斯兰教各派之间的团结，改善穆斯林同基督教徒之间的关系；坚决反对以色列侵占黎巴嫩领土及移民政策；反对巴勒斯坦人在黎巴嫩定居，要求巴勒斯坦游击队从黎巴嫩南部撤走；支持1979年的伊朗伊斯兰革命。1983年4月举行第五次代表大会，确定其基本任务是寻求全国政治统一，解放被以色列占领的黎巴嫩南部利塔尼河以南地区。大会选出哈桑·哈希姆为首的12人组成执行委员会，纳比·贝里（Nabih Berri）当选为总书记。该组织有6000名武装战士，受过专门军事训练。（杨克礼）

黎巴嫩伊斯兰教 黎巴嫩共和国位于亚洲西端、地中海东岸。面积1.04万平方公里。人口316万（1980）。主要民族是阿拉伯人，占居民绝大多数，还有亚美尼亚人、希腊人、土耳其人和库尔德人等。阿拉伯语是国语，通用英语和法语。居民约54%信奉伊斯兰教，45%信奉基督教。首都贝鲁特。7世纪前，黎巴嫩属拜占庭帝国叙利亚行省，居民大多原信奉基督教。

636年,伊斯兰教第二任哈里法欧麦尔派穆斯林军攻占黎巴嫩,开始传播伊斯兰教。当时山区居民虽保持原来的宗教信仰,但在语言、文化和生活习惯上已逐渐阿拉伯化。后历经伍麦叶王朝和阿拔斯王朝,于11世纪一半居民已伊斯兰化。后黎巴嫩先后处于法蒂玛王朝、阿尤布王朝、马穆鲁克王朝的统治之下。11世纪曾被十字军占领。1517年,黎巴嫩沦为奥斯曼帝国属地。第一次世界大战后,沦为法国委任统治地,基督教势力日渐增长,伊斯兰教势力有所削弱。1943年11月宣告独立,建立黎巴嫩共和国。近年来,因大批巴勒斯坦难民流入,穆斯林人数超过基督教徒。穆斯林中属逊尼派的占45%,属什叶派的占54%左右。黎巴嫩在宗教方面是世界上最复杂的国家之一。各宗教教派在国家分权制问题上有着不同的主张,伊斯兰教派与基督教派之间矛盾重重,1975年爆发了全面内战。伊斯兰教内部,逊尼、什叶和德鲁兹派之间纷争不已,呈现出极为复杂的局面。国内局势经常动荡不安,武装冲突时有发生。1976年逊尼派建立了黎巴嫩“伊斯兰联盟”政治组织。什叶派建立了:什叶派伊斯兰最高委员会和被剥夺者运动组织。黎巴嫩为“阿拉伯国家联盟”发起国之一,并为:世界伊斯兰大会、伊斯兰世界联盟、伊斯兰会议组织的成员国。　(杨克礼)

黎巴嫩伊斯兰联盟(al-Ittiḥād al-Islāmi fi Lubnān)　黎巴嫩伊斯兰教逊尼派政治组织。1976年7月在贝鲁特成立。其成员大多为逊尼派穆斯林的头面人物,如前总理、前部长、前议员及著名学者等。该组织反对基督教马龙派独揽国家大权,要求伊斯兰教逊尼派分享部分国家权力;主张成立国家最高领导委员会,由各宗教及教派的领袖轮流担任主席;要求重建全国统一的军队,主张基督教各派与伊斯兰教各派进行平等对话,消除分歧,互相谅解。在巴勒斯坦问题上,主张执行开罗协议,支持巴勒斯坦人民反对以色列侵略收复失地,重建民族家园的合法斗争。该盟同伊斯兰世界联盟保持有密切的联系。　(杨克礼)

黎巴嫩真主党(Ḥizbullāh fi-Lubnān)　黎巴嫩伊斯兰教什叶派的宗教政治组织。该党自称是“在教法学家领导下的动员群众的组织”。1982年7月在巴勒贝克成立,创始人为什叶派学者穆罕默德·法德卢拉(一称“侯赛因·穆萨维”)。它是在伊朗“伊斯兰革命”影响下及以色列侵入黎巴嫩之后,从“阿迈勒运动”组织中分裂出的激进派。该党宣称在意识形态上,以伊朗霍梅尼的“伊斯兰革命思想”为指导,奉行“既不要东方,也不要西方,只要伊斯兰”的原则;坚持欧莱玛的领导地位,以殉教精神反对压迫者,用圣战向邪恶势力进行战斗;主张极大地提高什叶派的政治地位,全面实施伊斯兰教法,建立以什叶派为主的伊朗式的伊斯兰共和国。其最高领导机构是协议委员会,由高级宗教学者及军事领袖12人组成。在什叶派集中的地区设有分支组织。协议委员会下设7个特别委员会,分别负责意识形态、政治、财政、军事、法律、情报和社会事务方面的工作。该党组织严密,纪律严格,战斗力强。凡参加该党者需经一年的考察期,经考察后符合条件者,方可成为正式成员。　(杨克礼)

黎明时期(‘Ahd al-Fajr)　伊斯兰史学家所划分的伊斯兰教创立后的历史发展阶段。系阿拉伯语“阿赫德·法吉尔”的意译。“黎明”一词,是与在它之前的“蒙昧时期”相对而言。在阿拉伯史上,伊斯兰教的传播,结束了黑暗的蒙昧时代,迎来了白昼的曙光,故称“黎明时期”。也指阿拉伯—伊斯兰文化的黎明时期。阿拉伯—伊斯兰文化,主要由3种文化源流汇合而成,即:(1)阿拉伯人固有的文化。(2)伊斯兰文化。(3)波斯、印度、希腊、罗马等外族文化。这三种源流互相影响、融会贯通,直至发展、创造,推向高潮并日臻完善。据埃及学者艾哈迈德·爱敏所著《阿拉伯—伊斯兰文化史》的划分,伊斯兰发展史分为黎明时期、近午时期和中午时期3个阶段。黎明时期约7世纪初伊斯兰教兴起至8世纪中叶伍麦叶王朝沦亡(750)。在这个历史阶段,阿拉伯人大举向外扩张,建立了幅员辽阔的阿拉伯帝国,接受了叙利亚文化和古希腊文化,接触了波斯文化和印度文化,并开始从阿拉米文(即古叙利亚文)翻译了关于医学和天文学的书籍,以及一些波斯和印度的著作。阿拔斯王朝初期,在巴格达和其他大城市,形成一个波澜壮阔、史无前例的“翻译运动”,穆斯林已成为东方和西方古代文化遗产的继承者,便进入“近午时期”。以后,从9～11世纪,学术、文化的发展与创造突飞猛进,呈现出繁荣灿烂的新局面,“阿拉伯—伊斯兰文化”遂跨入欣欣向荣的“中午时期”。

(林　松)

礼拜(al-Ṣalāt)　伊斯兰教五项基本功课之一。亦称“拜功”。阿拉伯语“索拉特”的意译,原意为“祷告”、“祈祷”、“祝福”、“赞颂”。波斯语称“乃玛孜”(Namāz),乌尔都语等文以及中国穆斯林也以此习称。礼拜为“天命”功课,是“五功”中的第二纲领。中国穆斯林称“践所归之路,归根复命”。《古兰经》中关于礼拜降示最早的一节是:“他记念他的主的尊名,而谨守拜功”(87∶15)。之后连续降示礼拜的规定。先是宵礼、晨礼,后又规定晌礼、昏礼(17∶78;30∶17～18),其后才形成整套的拜制和礼仪。教法规定:凡智力健全、身体健康、已成年的穆斯林,必须履行拜功。

据《古兰经》记载,礼拜始自阿丹及众先知(2∶21;3∶39;5∶12,117;10∶3;11∶50,61)。以前众先知礼拜无定数,多至一昼夜50次天命拜。先知穆罕默德在麦加传教初期,礼拜亦无定制。据传621年穆罕默德“升霄”时,安拉亦命他晓谕穆斯林日礼50次拜,经他再三恳求,安拉体念穆斯林力难胜任,方减免定制日礼5次天命拜。

礼拜应遵守的准则：(1)净礼(al-Ṭahārah，泰哈赖)，它是礼拜的先决条件，先浴而后拜，未浴者不得临拜，无大净者只洗小净礼拜亦无效。洁身之外，要自我除尘思，去杂念，纯洁心灵，一心向主，拜功则有效。(2)洁衣盛服。礼拜乃朝拜真主。必盛服，衣冠齐全整洁，男子上衣必过肘，下必覆膝。妇女之衣，自首至足皆蔽无露。(3)洁处行拜。礼拜必在寺中为佳，亦可在家内或室外礼拜，但礼拜处必洁净。"叩拜处"，阿拉伯语为 Masjid(麦斯吉德)，清真寺即系此词的意译。(4)准时行礼。一日 5 次礼拜均按各地时差计算，做到正时。若因故未准时礼拜，须选时补还。(5)面朝正向(al-Qiblah，格卜莱)。礼拜者不论地处世界何地，均面朝麦加天房(即克尔白)，形成以天房为中心点的圆形辐射状。(6)举意明确，念词准确。礼拜者举意(niyah，尼耶)务必虔心对主致意，所礼是何时的拜，拜数，天命拜或圣行拜，或正时，或还补，然后入拜。念词发音要准确，行礼动作要规范。(7)禁饮食，绝尘务，肃穆端庄，专一拜主，缺一礼不成。

礼拜的仪则：(1)端立(Qiyām，给亚姆)。须先端立，正身，面朝正向，目瞩叩所。(2)举手(Raf'yadayn，赖福尔·耶代尼)。两手齐举肩至耳部分，两臂向内弯曲交手置于脐位。举手同时诵"泰克比尔(Takbir，即安拉至大)，以示戒止一切尘俗事务，一心向主。(3)诵经。先诵《古兰经》首章(法蒂哈)，次诵《古兰经》有关章节。(4)鞠躬(Rak'ah，赖克阿)。念"泰克比尔"，屈身，平脊，双手捉膝，目瞩足背，默致"赞颂调养我的伟大的主"3 遍，直身，同时口诵"安拉听到赞颂他的人"，然后下跪。(5)叩首(Sujūd，苏朱德)。先诵"泰克比尔"，两手伏地，叩首于两手之中。悬肘，虚腹，足指着地，目瞩鼻端，默诵"赞颂调养我的崇高的主"3 遍。一拜两叩首，第一拜后起立，第二拜后跪坐，若属三拜，第三拜仍跪坐。(6)跪坐(Jalasah，杰莱赛)。膝胫着地，立右足，而坐左足。手抚膝，目瞩怀，默诵祈祝词。然后先向右肩，后向左肩道色兰，出拜礼成。有疾不能立，则可跪礼、卧礼，卧礼仍有困难时，可心神意会礼拜。

按教法规定，礼拜性质可分为：(1)天命拜，亦称"主命拜"(Ṣalāt al-Farḍ或Ṣalāt al-Farīḍah，简称"法雷兑")：安拉定制穆斯林必须完成的礼拜，如每日 5 次礼拜中的天命拜和每周星期五的主麻拜等。要集体列班由伊玛目领导举行，三人以上即符合集拜条件。(2)圣行拜(Ṣalāt al-Sunnah，简称"逊奈")：穆罕默德在天命拜前后常做的礼拜。分为两种：一种是叮咛的(Mu'akkad，穆艾凯德)，如一日五时拜中的圣行拜，因先知常礼不辍，故教法制定必须遵行；另一种是额外的(Zā'id，扎伊德)，如晡礼前的四拜、都哈(ḍuḥā)的两拜(上午 8～9 时进行)以及旅行归来时的两拜等，因先知多礼少撇，故教法未制定必须遵行，礼则可喜(Mustaḥabb，穆斯泰哈卜)，不礼无过。圣行拜一般由个人自礼。(3)当然拜(Ṣalāt al-wājib，简称"瓦吉卜")：穆斯林依据经训精神应该完成的礼拜。开斋节和宰牲节的会礼拜及宵礼中的"维特尔"(witr，即奇数拜)等拜，皆属此类。当然拜在《古兰经》中无明文规定，但其中某段经文与某一事项有联系，而先知穆罕默德曾履行，故教法学家一致认为是副天命，是应当举行的拜功。艾布·哈尼法的弟子穆罕默德则认为是圣行拜。当然拜应集体列班举行。(4)副功拜(Ṣalāt al-Taṭawwu'，简称"泰妥卧尔")：穆斯林因信仰虔诚或其他特殊情况而自愿举行的礼拜。如"深夜礼拜"(Tahajjud，泰罕朱德)、斋月每晚宵礼后的"间歇拜"(Ṣalāt al-Tarāwiḥ，泰拉威哈)、日月蚀拜(al-Kusūf waal-Khusūf，库苏夫与胡苏夫)、祈雨拜(al-Istisgā'伊斯提斯嘎)、求善拜、赞颂拜、忏悔拜等。除"间歇拜"为 20 拜(两拜两拜地做)由伊玛目率领，每做完 4 拜后稍息片刻，集体跪坐念赞主词外，其他各种副功拜拜数不限，少则两拜，多则不拘。可单独礼，亦可集体礼。

礼拜的类别：(1)一日五时礼。俗称"五番拜"。五礼始于五大先知，而集成于"封印"先知穆罕默德。晨礼：阿拉伯语"索拉特·法吉尔"(Ṣalāt al-Fajr)的意译，波斯语称"巴姆达德"(Bāmdād)，一译"邦答"。时为夜交昼之中。始于阿丹(亚当)，共 4 拜：前 2 拜为圣行，后 2 拜为天命。晌礼：阿拉伯语"索拉特·祖赫尔"(Ṣalāt al-Zuhr)的意译，波斯语称"撇申"(Peesheen)。时为昼之中。始于易卜拉欣(亚伯拉罕)，共 10 拜：前 4 拜为圣行，中间 4 拜为天命，最后 2 拜为圣行。晡礼：阿拉伯语"索拉特·阿苏尔"(Ṣalāt al-'Aṣr)的意译，波斯语称"底盖尔"(Deegar)。即申时的礼拜，约为下午 3 时至黄昏前。始于优努斯(约拿)，4 拜天命。昏礼：阿拉伯语"索拉特·麦厄里卜"(Ṣalāt al-Maghrib)的意译，波斯语称"沙目"(Shām)。时在昼交夜之中。始于尔撒(耶稣)，共 5 拜：前 3 拜为天命，后 2 拜为圣行。宵礼：阿拉伯语"索拉特·阿沙"(Ṣalāt al-'Ashā')的意译，波斯语称"虎夫坦"(Khoftan)。时在夜之中。始于穆萨(摩西)，共 9 拜：前 4 拜为天命，次 2 拜为圣行，最后 3 拜称"索拉特·维特尔"(Ṣalāt al-Witr，即奇数拜)，为当然拜。(2)七日一聚礼。即每周星期五的主麻拜，为两拜天命。因在晌礼时间进行，故在主麻拜前后各礼 4 拜为圣行。主麻拜之前伊玛目朗诵"呼图白"为天命，必诵读，必聆听。聚礼之义，以省涤七日之过失，以励未来之聚。(3)一年两会礼。即开斋节会礼和宰牲节会礼，均在上午举行，先礼两拜"瓦吉卜"拜，拜后朗诵"呼图白"，此为圣行。聚礼、会礼若有失误，越时不补。(4)殡礼(Jannāz，者那则)。系教众代亡故者拜主，以祈祷其复命归真。伊玛目对尸胸前而立，众穆斯林列班排站伊玛目之后，一拜。不躬，不叩，不跪，但摹想形仪。举意之后，举手赞念"泰克比尔"4 遍。一念之后，诵《法蒂哈》章；二念之后，为先知进行礼拜；三念之后，祈祷宽恕死者；四念之后，祈祷宽恕在场者。殡礼举行地方不限，或清真寺，或亡者家里，或墓地上。(5)各种副功拜，如前述。

礼拜在“五功”中占有重要地位，《古兰经》谓：“你应当宣读启示你的经典，你当谨守拜功，拜功的确能防止丑事和罪恶，记念真主确是一件更大的事。真主知道你们的作为”(29：45)。中国伊斯兰教学者认为礼拜溶五功于一炉，王岱舆在《正教真诠·五功章》谓：“礼者，朝拜真主，祝佑君亲，乃天理自然之节文也。真主清净无形，不落方位，朝拜者，统万形而浑于无形也”。“拜之礼亦有二：曰礼之理也；礼之形也。礼之理者，乃心持敬畏，如见真主也；礼之形者，立躬跪叩，端庄敬慎也。故无心之拜，不得为礼”。《古兰经》中并将坚忍与礼拜相提并论：“信道的人们啊！你们当借坚忍和拜功，而求祐助”(2：153)。刘智《天方典礼·五功篇》谓：“圣人曰：‘礼拜，乃涤罪之泉，行教之柱，近主之阶也。’”其释谓：“礼拜，则尘情尽却，生人之本性见矣。本性见而天运不息之几，与一切幽明兼备之理，莫不于拜、跪、起、止间见之矣。礼拜，则物我皆忘，身心之私妄泯矣。私妄泯，而忠孝廉节之事，与一切尽己尽物之功，莫不于恭敬对越时尽之矣。夫一礼拜，而其义蕴包举之广大如此，其事顾不重哉？故礼拜为吾民日用功夫之本也。”（杨宗山　达应庚）

礼拜寺　见清真寺。

礼拜毯(Sajjādah al-Ṣalāt)　穆斯林宗教用品。伊斯兰教法规定，礼拜的条件必须水净、衣净、地方净。因此，穆斯林礼拜时必备此毯。亦称“礼拜垫”，简称“拜垫”，不做它用。清真寺大殿内一般铺长条的礼拜毯，多为毛毡、棉毯，也有羊皮的。现代国内外市场有各种原料的礼拜毯出售。家用礼拜毯的大小基本一样，长约1.5米，宽约0.6米，图案国外多为几何形，国内多为花卉，但最普遍的图案是天房克尔白或麦地那圣寺。由于工艺精致，已作为珍贵艺术品，成为穆斯林之间相互赠送的贵重礼品。（马效融）

《礼法启爱》　伊斯兰教教法礼仪著作。马复初辑录。原稿为阿拉伯文，由其弟子马安礼将此篇与《真德弥维》译为汉文，于清光绪二十五年(1899)交付成都敬畏堂合刊刻印，卷首有周明德和马安礼分别作的序。马安礼在序中将这两部著作称为“明德经”。《礼法启爱》正文1.1万余字，卷首有《引言》，除作为全书总纲的《原礼篇》外，共分12章：沐浴篇、礼拜篇、聚礼篇、会礼篇、殡礼篇、课赋篇、斋戒篇、朝觐篇、婚礼篇(附“婚姻大禁图”、“奸者大禁图”、“奸婚大禁图”)、乳亲篇(附“乳亲大禁图”、“乳亲无禁图”)、出妻篇、立誓篇。作者在总纲《原礼篇》中指出：“凡我同人，当以礼法为先务，礼法不明，则修身无术，夫未有五功即失，而百行能立者也”，为此，“爰将群经扼要，如《卫道经略》、《礼法秘宝》、《礼经会海》。此三经者，言简意赅，即天方学人，亦奉为小德之门。节录天道五功、人伦要事辑为一帙，以发明其仪则条例”。该书卷末还有作者的一段按语：“按礼法经，此下尚有数册，专言人道，因年老事烦，未暇采集，故仍缺之以俟将来。”该书对伊斯兰教天道五功、人伦五事进行了详尽的阐述，被视作对刘智《天方典礼》一书的注解和普及推广。由于该书内容详尽，层次清晰，语言通俗，并根据中国国情对教法原则作了符合实际的解释，因此受到国内穆斯林重视，曾在民间多次翻印、流传。（余振贵）

《礼书五功释义》　见《五功释义》。

李德苍(1827～1896)　中国清代同治年间甘肃回族穆斯林起义将领之一。甘肃省清水(今张家川回族自治县)人。回族。笃信伊斯兰教，为地方士绅。同治元年(1862)在甘肃回民起义中，被拥为“南八营”统帅，时称“李大帅”，曾率众与西北各地回民起义军配合作战，给清军以沉重打击，后因清军大兵压境，于同治六年、七年间惧而降清，并被清廷诰封为武翼都尉，赏戴红顶花翎四品衔，准其有越级禀告之权。同治十年(1871)宁夏金积堡回民起义失败，马化龙被杀害，哲赫林耶派遭禁绝之际，乾隆四十六年(1781)，被发配云南的马明心四世孙马元章，亦因其父参加杜文秀起义失败自刎，马元章被追捕，扮作客商，于光绪元年(1875)辗转来到张家川。李德苍得知马元章系教主后裔，遂保护于自己家中。其后支持并资助马元章到宁夏、陕西、河南等地讲经传教，访查马化龙后代。李德苍并支持他以张家川为基地，逐渐恢复哲赫林耶派。1911年马元章在张家川北山道堂宣布自己为哲赫林耶第七代教主，为该派“北山支派”之始。光绪五年(1879)马元章访知马化龙之孙马进西被解往北京内务府阉割时，与李德苍密谋，派人在山西洪洞县境内杀死解差救出马进西，并秘密护送张家川。地方当局得知此事后，严逼李德苍交出马进西，李与马元章商议，以李德苍有越级禀告之权直接上书朝廷，以“赦一人而万民可安，杀一人而万民不安”为由，请求赦免马进西，此后清政府再未追究，马进西便在张家川的南川建立道堂讲经传教，为哲赫林耶教派“南川支派”之始。虽然李德苍在回民起义中降清有罪，但又保护了马元章等，为哲赫林耶派复兴创造了条件，至今为哲赫林耶穆斯林称道。（袁思维）

李廷弼　中国当代伊斯兰学者。字翼安。回族。北京牛街人。20世纪20年代初就读宣武门外河南中学时，与刘屹夫共倡组织回族青年团体“穆友社”，被举为社长。后入交通大学，积极参加1929年6月2日“伊斯兰学友会”成立工作，任该会宣传部部长。著有《撒拉回民》、《参观沈阳清真小学记略》等。现侨居美国芝加哥。（冯今源）

李廷相(1884～1937)　中国伊斯兰教阿訇、经学翻译家。字虞宸。回族。河北迁安人。青年时曾在华北等地随著名经师学习伊斯兰教经典、历史，学成后在河北省文安县围河清真寺、北京市教子胡同清真寺、南京市太平路清真寺等处任教长。精通伊斯兰教经典、教义，通晓阿拉伯文、波斯文，古汉语修养很高，并擅长书画。发表过《天经译解》。上海爱俪园广仓学宭版姬觉弥总纂的《汉译古兰经》，是由李廷相从阿拉伯文本翻译、提供的全部汉文译稿。译作还有翻译注释圣训《四十章》之《圣谕详解》、综述伊斯兰教列圣历史的《天方大化历史》、介绍穆罕默德军事史的《天方战克录》、以故事形式劝教的《天方奇异劝善录》、《天方奇观》(即《卜哈提亚尔传》)等，在近代伊斯兰学术文化史上有一定贡献。1934年，李廷相与各地阿訇共同发起成立中华回教教师协会，任理事长。　（马国贤）

里巴(Ribā)　伊斯兰教法用语。阿拉伯语音译，意为“利息”、“重利”。其含义在不同时代有不同的解释。《古兰经》明文规定：“真主准许买卖，而禁止重利”(2：275)，禁吃“重复加倍的利息”(3：130)，劝导信士“放弃余欠的重利”(2：278)，或对窘迫的债务者给予宽限(2：280)，“违禁而取利息，并借诈术而侵蚀别人的钱财”，必将受到“痛苦的刑罚”(4：161)。据此教法规定了“利息禁令”，即禁止放债取利或以一切不正当手段牟取暴利，并提倡穆斯林友爱互助，扶贫济危，反对少数人以不正常手段聚敛财富，以消除社会上业已出现的贫富不均和两极分化现象。圣训中就里巴作了进一步的解释，其含义包括：(1)一切不劳而获的利息和收入。(2)用欺诈、赌博、投机取巧等不正当手段或不等价交换所获的收入。(3)高利贷的收入。圣训中提及6类属于“利息禁令”的商品交易，即黄金、白银、小麦、大麦、椰枣和葡萄干等的不等量、不等价的交换。后来麦地那、库法等地的早期教法学家在“圣训派”的影响下，对“利息”的含义作了更宽泛的界定，泛指一切不劳而获和投机取巧所得的收入。禁令的范围亦从放债取利扩及一般民商交易，成为商业道德的基本规范。认定凡属不等量物交易或一方拖延交货期限的交易，均含有非法“利息”的因素。之后，教法学家们根据类比推导出的“律例”，使“利息”的含义更加广泛。沙斐仪和罕百里教法学派认为，禁令适用于一切食品的交易；马立克派认为，仅适用于可储藏食品的交易；而哈乃斐派则认为，适用于通常按重量或尺度出售的一切可替代商品的交易。近代以后，随着商业活动规模的不断扩大，对“利息禁令”的解释日趋放宽，但自20世纪70年代以后，又出现了重视禁令的倾向。主要有两种观点：(1)现代派认为，除私人(自然人)间借贷禁取利息外，商业、金融活动中可不受“利息禁令”的限制。(2)遵古派则扩大其内涵，认为凡属利息(包括赌博、投机、放债、存款取利等)应一律严加禁止。当代穆斯林学者认为，禁止重利也是伊斯兰经济理论的基本原则之一，利息中因包含有不劳而获、投机取巧等因素，故为非法，而利润为通过自己的劳动所得，故不同于利息，为合法收入。从这一基本原则出发，当代部分伊斯兰国家(沙特、埃及、科威特、阿联酋、伊朗、巴基斯坦等)开办了一批无息伊斯兰银行，以投资所取利润分成的方式代替利息，这种新的存放款制度将逐步代替各国的常规商业银行，称为商业金融伊斯兰化，现已引起各国和国际金融界的重视。　（吴云贵）

里巴特(Ribāṭ)　见扎维叶。

里达暴动(Ḥurūb al-Riddah，Ḥarakah al-Riddah)　伊斯兰教先知穆罕默德逝世前后发生在阿拉伯半岛一系列部落叛乱的总称。又译“里达战争”、“里达运动”。阿拉伯语“里达”，意为“倒退”、“背弃”、“回击”等，引申为“变节”、“叛变”，专指背叛伊斯兰教的行为。部落叛乱开始发生于632年3月至7月期间，持续近一年，除以艾斯沃德为首的麦兹希吉(Madhḥij)部族在也门的首次叛乱始于3月穆罕默德患病期间外，其余均发生在他6月逝世之后。其范围遍及除希贾兹以外的阿拉伯半岛大部分地区。其形式最初表现为以“先知去世”为借口，拒不缴纳天课，继而发展为驱逐、杀害麦地那穆斯林公社派往各地的行政官员和宣教师，武力夺取地盘。部落叛乱的发生，主要由以下一些因素所促成：(1)阿拉伯半岛原相互割据、仇杀的各氏族部落虽已大多表示接受伊斯兰教，但根深蒂固的部落宗族观念和各自为政的陋习尚未消除。(2)新兴的穆斯林公社虽已确立，但只控制了麦加、麦地那所在的希贾兹地区，整个半岛尚未实现政治上的真正统一。(3)各氏族部落普遍把穆罕默德逝世视为伊斯兰教的终结和同他缔结的各项协约的解除，把新当选为哈里发的艾布·伯克尔视为麦加古莱什部族利益的代表，从而复萌了对该部族昔日神权统治的憎恨和抗拒心理。(4)一些信教较晚的部落首领对竞争哈里发权位感到无望，而又不甘心臣服于新领导，便自称“先知”，另立门户，以扩充自己的权势。

部落叛乱主要集中在半岛中部地区和东、南、西三面临海的狭长地带。在中部地区，以穆赛利迈在叶麻麦(al-Yamāmah)地区发动的哈尼法(Ḥanifah)等部族的叛乱规模最大，参加者达4万余人；其次为图莱哈在纳季德地区发动的叛乱，有艾塞德(Asad)、盖特芳(Gha-ṭfān)、泰伊(Ṭayy)等部族参加。来自两河流域的部落女首领赛贾赫(Sajāḥ，? ～675)先在泰米姆(Tamim)部族中煽起叛乱，后与穆赛利迈结成反伊斯兰教联盟。中部地区参加叛乱的其他部落还有：以法扎拉(Fazārah)部落女首领乌姆·齐姆勒(Umm Ziml，? ～632)为首的法扎拉、苏莱姆(Sulaym)和海瓦津(Hawāzin)，以及库达阿(Quḍā‘ah)，瓦迪阿(Wadi‘ah)和哈里斯(al-Ḥārith)等。沿海地区的叛乱形势是：以侯泰姆(al-Ḥuṭam，? ～633)为首领的拉比阿(Rabi‘ah)部族在巴林；以莱基特(Laqiṭ，? ～633)为首领的艾兹德(Azb)部族在阿曼；以穆萨拜赫(al-Muṣabbaḥ,？～633)为首的穆哈里卜(Muḥārib)家族在印度洋沿岸马哈拉(Maharah);以艾什阿斯(al-Ash-‘ath,600～661)为首的肯岱(Kindah)部族在哈达拉毛。以盖斯(Qays,？～657)为首的麦兹希吉部族在也门发动的第二次叛乱,波及红海沿岸帖哈麦(Tihāmah)地区。面对各氏族部落对穆斯林公社的挑战,艾布·伯克尔派出了以哈立德·本·瓦利德、阿慕尔·本·阿斯和伊克里迈(‘IKrimah,？～634)等将领为统帅的11路大军,分赴各叛乱地区进行讨伐。双方战斗以叶麻麦地区最为激烈,持续时间最长,伤亡最为惨重,一些能背诵全部古兰经文的圣门弟子亦相继阵亡,此役即成为艾布·伯克尔下令整辑《古兰经》的起因。经过近一年的征战,部落叛乱终于在633年内被彻底平息,原已表示过信奉伊斯兰教的各氏族部落重新信教,一些尚未信教的部落也迫于形势信教,并表示接受新政权的领导。叛乱头目除图莱哈、艾什阿斯、盖斯等少数人重新信教外,其余均战死。

里达暴动是一场逆历史潮流而动的政治事件,其实质是通过反对伊斯兰教新政权以达到恢复部落割据旧局面的政治目的。艾布·伯克尔从继承、维护穆罕默德的事业出发,平息了这场叛乱,从而挽救新兴的穆斯林公社于危难之中,为进一步实现阿拉伯半岛政治上的统一做出了贡献。　　(杨宗山)

里法伊教团(al-Ṭariqah al-Rifā‘iyyah)　伊斯兰教苏菲派兄弟会组织。由逊尼派神秘主义者艾哈迈德·里法伊(Aḥmad al-Rifā‘i,1106～1182)在伊拉克创立,是继卡迪里教团后出现的第二大教团。里法伊生于伊拉克的乌姆·欧贝达。据传为穆罕默德外孙侯赛因的后裔。自幼受舅父、苏菲派学者曼苏尔·巴塔伊赫培养,获得了许多神秘主义知识,成为虔诚的苏菲主义者,还受过内学派与表义学派思想影响,教法上属沙斐仪学派。里法伊重视精神修炼和道德修养,主张不伤生害命,提倡灵魂纯净,认为美好的灵魂是默示、奥秘、光明和天仙降临的园田,丑恶的灵魂则是黑暗和魔鬼降临的温床。认为美好的灵魂使人耳聪目明,丑恶的灵魂令人理智丧失,幸福毁灭。他强调要绝对顺从真主、遵行教法,把守贫与禁欲看成是通达与真主合一的途径。著有《通向真主之路》(al-T ariq ilā Allāh)等书。该教团以巴士拉为中心,信徒主要分布在伊拉克南部一些地区,朝拜中心在巴塔伊。里法伊去世时,信徒达10余万人。据记载,该教团在14～15世纪时比较活跃。信徒举行宗教仪式时相互用手搭肩,围圈唱诵经文,并且前仰后合地跳跃,故有"嚎叫的苦行者"之称。教团成员以擅长捕蛇闻名,有时还表演各种杂技和法术,如吞活蛇、吞碎玻璃、骑狮子、坐炭火及用刀刺耳等。里法伊教团先后传播到叙利亚、埃及、土耳其及东南亚一些地区,分成若干支派。

(郭宝华)

里夫人　见柏柏尔人。

里甲制度　中国明代统治阶级在甘肃河州(今临夏地区)回、撒拉、东乡等族穆斯林聚居地区设置的基层政权组织。明初,河州辖45个里,后并为31个。里设里长、书手,甲设甲首。均由地方豪绅充任,世代相袭。书手掌一里之赋税文案。里长、甲首把持地方,武断乡里,包揽词讼,残害人民,并可施百姓以私刑。《河州志》说:"里长忽造庭,一家心胆碎,盘餐破岁藏,怒蹴恣詈谇。正供知何许,杂徭几百倍","忍痛鬻姣儿,须臾死可代。缧绁到城中,生还几人在"。可知里长之凶残。清初沿袭此制,康熙四十四年(1705),清政府在整顿地方行政机构时,改里甲制为会社制。

(马启成　丁　宏)

理世　中国伊斯兰教哲学概念。为宇宙生成论重要内容。刘智《天方性理》卷1《概言》谓:"理世者,象数未形而理已具,所谓先天是也。"据此理论,真主在创造有形有象的物质世界以前,先创造一无形无象而具有万事万物之理的理性世界。其具体生成序列分为6个品级:(1)不动品,真体无着不落于方所,不属于气、象,非虚非实,名为不动,实为一切万动之所从起动者。(2)初动品,大用浑然,真体已翕翕乎有欲动之机。(3)次动品,体与用始分,主宰之品显露,万物之义理皆聚精于此。(4)初命品,真理开始流行,分性分智,性为千古一切灵觉之首,智开千古一切作用之端,是为宇宙生成的关键阶段,"乃真宰发现之首品也";"又名曰'大笔',言千古一切理象皆从此大笔写出者也;又名曰'道',盖为古今理象往返之道路也,真宰之起化,莫不从此境而起;及万化之归真,亦莫不从此境而归"(《天方性理》卷1《真理》)。(5)性命品,性与理始分,色象未形而其理森然已具,凡为人为物、为圣为凡、为上为下及象世所有一切之理气,靡不于此境若见一浑然之迹焉。(6)形气品,气著而理隐,先天精粹之品流行至此,始觉其有浑沦之象,即所谓元气。先天无色无象之妙至此而终,后天有色有象之迹于此而始。

(冯今源)

《历代民族和帝王史》(Tārikh al-Umam wa al-Mulūk)　中世纪伊斯兰教编年通史著作。亦译《历代先知与帝王史》。著者泰伯里,故又称《泰伯里历史》。约成书于10世纪末。全书为编年体,以宗教传说为主要线索进行叙述。共分两大部分,第一部分从创世纪开始,直到伊斯兰教前的阿拉伯社会状况,历述波斯、罗马、阿拉伯、犹太等国家民族的古代史、古代先知事迹等。第二部分从伊斯兰教先知穆罕默德生平开始,记述了早期伊斯兰史及阿拉伯帝国兴起、兴盛的历史,直到914年。著者采取圣训学家依靠追溯线索的方法,对史料进行详细考证和核实,对历史事件都力求落实年、月、日。书中所记述的波斯和中亚的历史颇为详尽，在当时是绝无仅有的。书中曾提到古太白·伊本·穆斯林于751年攻下塔什干后曾经到达喀什噶尔，并派遣了一个使节团晋见过中国唐朝皇帝，这是阿拉伯人同中国接触的一段史实。尽管部分西方史学家认为此说不可信，但也应看作是一段可供参考的重要史料来源。这部著作把人类历史作为一个整体，为阿拉伯史学树立了划时代的里程碑，被誉为世界史的不朽著作，为后世许多学者所效法和参考。正如《历史大全》的作者伊本·艾西尔所说"我以泰伯里历史为起点。因为这是一本完全可靠、可以信赖的书，当各说出现分歧时，我则以参考这本书为准"。此书曾于14世纪最先译成波斯文，后被译成法文、拉丁文等多种文字。1908年埃及出版了阿拉伯文本，共13卷，1～11卷为全书正文，第12卷是科尔多瓦人欧赖卜·本·萨迪增补的《泰伯里历史续集》，记述了903～932年的事件，第13卷是附录，为泰伯里遗佚稿《圣门弟子史略》。

（赛生发）

《历史大全》(al-Kāmil fi al-Tārikh)　伊斯兰教通史著作。亦译《全史》。著者伊本·艾西尔(1160～1234)。约成书于1231年。全书12卷，记述了上古至公元1230年阿拉伯世界历史概况。其中第1卷是远古至伊斯兰教兴起时的历史，包括波斯、罗马同阿拉伯之间的国家关系情况，其中有关阿拉伯人物、地名尤为详尽。第2卷为先知穆罕默德生平，以及四大哈里发时期的历史状况。第3～9卷是伍麦叶王朝、阿拔斯王朝等时期的历史，对西班牙及摩洛哥、突尼斯等马格里布国家的历史也有记述。各卷所引材料，主要节录自泰伯里历史和引用前期史学家们的著作，如白拉左里、麦斯欧迪、伊本·凯勒比和法祖里等。第10～11卷素材主要为伊本·艾西尔本人的经历。由于他目睹了十字军东侵和蒙古人西征两大战争，所以论述比较精辟深刻。在论及十字军东侵战争时，详细地介绍了萨拉丁(1138～1193)的战绩。第12卷综述成吉思汗西征情况。著者认为：蒙古人侵入近东，是他所知道的人类所遭受的最大灾难。《历史大全》资料丰富，翔实可靠，著者尽量把历史上发生的重要事件均予以收入。他自称：每当提到某一地区的当权者时，必为其立传；对于每年发生的重大事件，力求做到有闻必录，对于一般事件也尽量列入。该书于1850～1874年在荷兰莱顿用英文出版，1884年开罗爱资哈尔大学再版阿拉伯文本，法国人法安曾选译其中有关西班牙、非洲的部分出版，多桑《蒙古史》中亦列为重要参考书。

（赛生发）

《历史绪论》(Muqaddimah ibn Khaldūn)　伊斯兰历史哲学著作。著名历史哲学家伊本·赫勒敦(1332～1406)著。故又称《伊本·赫勒敦绪论》。约成书于1378年。全书大部分篇幅阐述文明在宗教、社会、经济、艺术、科学等方面不同历史发展阶段的作用和影响。其中既含有历史理论，又有哲学问题。全书包括《序言》和正文6篇。《序言》为历史社会学概论，主要讲历史不仅是政治变迁的总汇和朝代记录，而且也是民族道德和文化发展的写真。文中还提出了一条历史发展的新理论，即肯定了气候、地理等物质条件对道德等精神力量的作用。正文第1～2篇写政治社会学，其中第2篇论述游牧民族与阿拉伯民族发展的关系以及游牧民族的纯洁性和团结精神，并且论及先知穆罕默德的传教历程。第3篇重点阐述历代王朝兴衰史。第4篇论述都市生活等社会学，涉及城市建设与国家发展的关系。第5篇为经济社会学，讨论人民生活，经济、工艺与文化的关系。第6篇为知识社会学，论述《古兰经》、圣训学、教义学、教法学、哲学、文学、诗歌、语言文学、数学、物理学、化学、天文学、医学等各类学科。该著问世后，即引起世界史学界高度重视，著者从此声望大振。18世纪被译成土耳其文，1863年法国学者戴波美将全书译成法文，19世纪后又出现多种西方文字译本，阿拉伯文版本流传更为广泛，在埃及、贝鲁特、北非、印度、巴基斯坦等地都有印刷出版。在中国亦有流传。

（赛生发）

《丽史》　记述中国东南沿海早期穆斯林生活习俗的抄本小说。作者佚名。收录于福建泉州金志行于1555年所纂的《清源金氏族谱》中。文末附有南安县主簿邵来阌所写的跋。全文约9000字。情节以泉州书生伊楚玉与当地富豪闺秀凌无金、色目穆斯林乔平章之女乔珍珍的恋爱、婚变及其三个家庭的悲欢离合为主线，涉及到宋末元初蒲寿宬、蒲寿庚兄弟二人降附蒙元王朝的民间传说。对那兀纳于元惠宗至正二十二年(1362)在泉州发动兵变、诛杀蒲氏家族并掘坟戮尸的惨事叙述较详。作品极力渲染那兀纳"选民间女充其室，为金豆撒楼下"以及"掠金帛贮积"的情节，旨在揭露其兵变的恶迹。作品还反映了14世纪泉州城内中国穆斯林的生活习俗以及当时清真寺的建筑状貌与穆斯林在泉州人口众多的盛况，具有一定的史料价值。是研究中国伊斯兰教史及回族史的重要参考资料。

（陈达生）

丽水街清真寺　见台北清真大寺。

利比亚伊斯兰教　阿拉伯利比亚人民社会主义民众国位于北非东部。面积176万平方公里。全国人口430万(1989)。居民绝大部分是阿拉伯人，其次是柏柏尔人。穆斯林占全国人口的98%。伊斯兰教为国教。阿拉伯语为国语，通用英语。首都的黎波里。642～643年，阿拉伯将领阿慕尔·本·阿斯率骑兵初次攻占东部的昔兰尼加地区，仅迫使居民交纳贡赋。645年，阿拉伯穆斯林军占领的黎波里，并进入南部的费赞等地，利比亚成为阿拉伯帝国的一部分，当地柏柏尔人逐渐归信伊斯兰教，使用阿拉伯语。8世纪，艾巴德派曾以利比亚山区为堡垒，其信徒扩展到一些绿洲的柏柏尔居民，并领导各部族发动起义，反对阿拔斯王朝统治，10世纪建立了几个独立的艾巴德派小王朝。910年，什叶派法蒂玛王朝占领的黎波里，传播什叶派教义。11世纪时，阿拔斯王朝向北非大量移民，阿拉伯人迁居各地，促进了柏柏尔人伊斯兰化和阿拉伯化的过程。12世纪的黎波里塔尼亚并入摩洛哥的穆瓦希德王朝，恢复逊尼派的领导地位，承认阿拔斯王朝哈里发的宗主权。后归属于突尼斯的哈夫斯王朝。16世纪奥斯曼帝国占领利比亚，派台伊统治，素丹直接任命法官，推行哈乃斐学派教法。18世纪初，利比亚建立卡拉曼王朝。后奥斯曼帝国派兵推翻卡拉曼王朝，派遣总督直接统治。19世纪，苏菲派的赛努西教团在利比亚传播，在白尔切建立了非洲第一座"扎维叶"。1846年赛努西将宣教中心迁移到利比亚沙漠南部贾拉布卜绿洲，建立了"扎维叶"和伊斯兰大学，主张恢复伊斯兰教的纯洁性，其影响扩大到整个利比亚。该教团反对土耳其素丹统治和意大利殖民主义入侵北非。1912年沦为意大利殖民地。1951年独立，组成以伊德里斯一世为国王的伊德里斯王朝。1969年9月以卡扎菲为首的"自由军官组织"推翻伊德里斯王朝，建立阿拉伯利比亚共和国。1977年3月改称现名。

利比亚的穆斯林属于逊尼派，大多遵从马立克学派教法，极少数为哈乃斐教法学派。一部分柏柏尔人属于艾巴德派。利比亚赛努西教团虽被宣布取缔，但仍有一定社会影响。1969年临时宪法规定，伊斯兰教为国教，利比亚的目标是实现伊斯兰社会主义和阿拉伯的全面统一。1975年卡扎菲发表《绿皮书》，提出"世界第三理论"，阐述了伊斯兰社会主义的指导思想是《古兰经》和伊斯兰教义。利比亚实行伊斯兰教法，并颁布了一系列法律、法令和教规，称之为"法律的伊斯兰化"。伊斯兰教育在利比亚有广泛影响，建有各级伊斯兰学校，著名的宗教大学有赛努西大学和伊斯兰宣教学院，专门培养高级教职人员和学者。利比亚政府设立"圣战基金"组织，创办了提倡伊斯兰教复兴的国际性组织"伊斯兰宣教协会"。宣教会在非洲、欧美许多国家设立伊斯兰中心，派出400多名传教师。并向一些国家的伊斯兰社团提供各种援助。出版有《伊斯兰文化月刊》，向世界发行。利比亚为：阿拉伯国家联盟、伊斯兰会议组织、世界伊斯兰人会和伊斯兰世界联盟的成员国。（杨克礼）

利息禁令（Taḥrim al-Ribā） 伊斯兰教法用语。中世纪伊斯兰教法学家据《古兰经》禁止利息、重利、放债取利的经文（2：275～279，3：130，4：161，30：39等）所提出的禁令。"利息"一词，系阿拉伯语Ribā的意译，原意为"增加"、"超过"，泛指资本的增值。《古兰经》对各种放债取利、高利盘剥的行为严加禁止，并劝诫穆斯林应谨守拜功、完纳天课、善待穷人和奴隶、放弃余欠的重利，"真主准许买卖，而禁止重利"（2：275）。8世纪下半叶，随着圣训派的产生，教法学家们就禁令的适用范围作了更宽泛的解释和规定，利息禁令遂成为商事交易、金融交易必须遵循的基本原则，对阿拉伯穆斯林的经济活动有广泛影响。如在契约法中对利息禁令多有实施规定。随着商事活动规模的扩大，教法学家们为避开严格规定的禁令，又提出了许多灵活变通方法，如以利润代替利息、以商事契约、租赁契约、合资契约、合营契约等代替借贷契约等，同样被视为合法。对利息禁令，沙斐仪学派、晚期哈乃斐学派和什叶派的十二伊玛目派较为灵活变通，而马立克和罕百里教法学派较为严格。近代以后，普遍放宽限制。但在20世纪70年代后，各国的原教旨主义者又开始重申利息禁令的拘束力，海湾伊斯兰国家及伊朗、巴基斯坦的伊斯兰学者还就实施禁令采取了许多措施，诸如建立"无息"伊斯兰银行、伊斯兰开发公司等。参见里巴。（吴云贵）

隶属教坊制 中国伊斯兰教苏菲主义各门宦的一种教坊管理形式。以哲赫林耶学派的门宦最为典型。它所辖范围分布在西北、云南等许多地方，由教主指派"热依斯"到当地大寺担任教主代理人，负责管辖该地区的一批清真寺教坊，并向教主定期述职。下属教坊和热依斯所驻的教坊，有主从关系，对信徒则称以"教下"。虎非耶学派和嘎迪林耶学派大体上也实行这一制度，但教坊主要同教主在思想信仰上联系密切，其阿訇仍要实行选聘。（余振贵）

连续性原则 见伊斯提斯哈布。

联盟之战（Ghazwah al-Aḥzāb） 见壕沟之战。

炼狱 见火狱。

殓衣 见克凡。

列康吉斯达运动（Naz'at Reconkista） 中世纪西班牙人反对阿拉伯人长期占领的收复失地运动。"列康吉斯达"，西班牙语意为"再征服"、"收复"。西班牙人收复失地的斗争，从718年在科尔敦加战役阻击阿拉伯人入侵起，至1492年西班牙人最后占领格拉纳达止，共延续了近8个世纪，而以11～13世纪的斗争最为激烈。711年，阿拉伯伍麦叶王朝军事将领塔里格·伊本·齐亚德率军占领伊比利亚半岛大部地区，灭西哥特王国，设首府科尔多瓦。后西班牙由伍麦叶王朝哈里发任命的总督治理。从此伊斯兰教传入，大批阿拉伯人和柏柏尔人迁入。756年阿卜杜·拉赫曼一世在西班牙科尔多瓦建立后伍麦叶王朝（756～1031），实现了伊斯兰化和阿拉伯化。11世纪中期后伍麦叶王朝瓦解，先后在塞维利亚、萨拉戈萨、穆尔西亚和格拉纳达等地建立了伊斯兰教地方割据王朝。后由北非的穆拉比特王朝和穆瓦希德王朝相继统治西班牙。在阿拉伯人统治西班牙近800年间，西班牙进入高度文明发展的时期，经济十分繁荣，伊斯兰学术文化高度发展，首都科尔多瓦与巴格达齐名，成为欧洲最富庶的地区。在阿拉伯人占领西班牙后，退居半岛北部和东北部山区的西哥特封建贵族，联合山区人民，逐渐建立了阿斯图里亚、莱昂、卡斯提尔、阿拉贡、纳瓦尔、巴塞罗那亚等信奉基督教的小王国。这些小王国时有分合，并从北部的坎塔夫里亚山区与比利牛斯山区向南推进，开展驱逐阿拉伯人、收复失地的战争。718年，阿斯图里亚国王佩拉约在科尔敦加战役中阻击阿拉伯人北进，揭开了收复失地运动的序幕。10世纪初，南部莱昂城形成莱昂王国。11世纪初，西班牙人占领杜罗河流域，建卡斯提尔王国，于1085年收复托莱多。1117年东北部的阿拉贡和巴塞罗那亚王国合并，攻占萨拉戈萨。1230年卡斯提尔与莱昂王国合并，成为抗击阿拉伯人的主要力量。1212年在德托罗萨战役中，基督教联军给穆瓦希德王朝60万大军以歼灭性的打击。1236～1248年，卡斯提尔王国军队占领穆尔西亚、科尔多瓦和塞维利亚。13世纪末，穆斯林仅据格拉纳达一隅。1479年，阿拉贡和卡斯提尔两国正式合并，西班牙统一王国形成。1492年1月，卡斯提尔王国军队攻占格拉纳达，奈斯尔王朝末代素丹艾布·阿卜杜拉投降。从此，阿拉伯人被驱逐出西班牙，留居西班牙的穆斯林被强迫改宗基督教，或惨遭迫害。

（杨克礼）

列圣

见使者。

临时婚姻

见穆塔阿。

临潭华大寺

中国伊斯兰教清真寺。位于甘肃省临潭县城关镇旧城中心。始建于明洪武十三年（1380）。据《洮州厅志》载，明代征西将军沐英（系穆斯林），于洪武十二年（1379）率兵西征，屯兵洮州（即今临潭县），因所部士兵中穆斯林较多，故由沐英呈奏明太祖允准，兴建此大寺。清乾隆二十一年（1756）因该寺坊穆斯林改奉华寺门宦，故将原寺易名为临潭华大寺。据载，该寺自兴建以来历经5次重建和扩建，前4次修建的华大寺模式均为中国古典殿宇式建筑风格，砖木结构，展檐飞角，雕梁画栋，气势宏伟。现改建后的新寺，以钢混结构为主，采用阿拉伯式建筑风格。圆拱顶大门，色彩淡雅，突出大殿中心地位，大殿宽阔宏伟，建筑面积1225平方米，可容纳千人同时礼拜。大殿下层为仓库，上层为大型圆顶唤礼楼、藏经室等。另建有讲经学堂、水堂、宿舍等设施。（王学仁）

临潭西大寺

中国伊斯兰教清真寺。位于甘肃省临潭县城关镇西凤山下。始建于清光绪十六年（1890）。由西道堂创始人马启西所创建，后毁于兵燹。1922年西道堂继任教主马明仁主持第二次修建。1929年再次被毁，1932～1944年间再次重修。占地7.5亩，房屋200多间，为一中国四合院式建筑群体，由砖木结构建造，采用青瓦屋面，花砖起背，不饰油彩，亦无雕刻。1968年被拆除。1980年恢复重建。现寺突出大殿中心地位，在风格上采用中国传统古典建筑与阿拉伯建筑相融会的做法，气势宏大。大殿由主殿和卷棚组成，面积1200平方米，40根直径0.6米的木柱环殿承立，大殿内外饰以大理石、梅花形吊灯，并以名贵中阿文字画、古物相映衬，幽雅肃穆。另设有经学堂、经书楼、沐浴室、宿舍、食堂等。为甘肃较有影响的清真寺之一。该寺素来注重培养中文和阿拉伯文人才。

（王学仁）

临洮门宦

中国伊斯兰教苏非主义虎非耶学派所属支系门宦之一。因其始传人马玉焕原籍甘肃临洮，故名。马玉焕，回族。清乾隆年间人，生卒年不详，终年35岁。该门宦系从穆夫提门宦分化而成。马金焕以长子资格继承了穆夫提第六代教主，在康乐传教。其弟马玉焕是阿訇，学识较好，因不能继任教主职位，遂迁居临夏瓦窑头，后去麦加朝觐，走访了虎非耶道堂的谢赫，重新领受了传教学理，回国后苦修善行，发展了一些信徒，逝世后葬于临夏西川王家场，当时群众称为“临洮门宦”。在他之后，因缺乏接替人，三代未传，陷于衰落。约在清道光年间，他的曾孙马有德（1799～1868）为振兴临洮门宦，在去麦加朝觐时，再次寻访了虎非耶学派的谢赫哈比布拉，接受了修道“迪克尔”，返回后大力传播，教众达1000余户，兴旺一时。但在其后的两代教主穆罕默德·扎希迪（1828～1890）和舍木斯丁（1852～1892）虽都是“哈吉”，但学识、道功都不及前辈，使该门宦未得到发展。第八代教主马成章（1871～1952）两次去麦加朝觐，并拜访了纳格什班迪耶教团谢赫麦尔苏木，领受其教理。回国后在甘肃临夏、东乡、甘南和青海西宁等地清真寺任教长期间，传播他的主张，使该门宦得到巩固和发展，在社会上产生了一定影响。他逝世前未指定接替人，因此，该门宦到20世纪50年代初，已处于衰落状态。临洮门宦的主要教义和礼仪除与穆夫提门宦基本相同外，还具以下特点：（1）不以“长子继承”为唯一教权承袭制度，教主须由本家族有经典学识的人继任，而且须是“哈吉”。（2）主张教主对信徒平易相处，也不主张行跪拜礼。（3）重视履行天命五功，反对把朝拱北与朝天房同等相待，认为朝天房是“天命”，朝拱北是一般悼念仪式。临洮门宦到20世纪50年代已传13代。前五辈与穆夫提门宦相同，第六代为马玉焕（即临洮门宦的第一代），此后3代无人接替，主持人失去记载，从第十代起，依次为：马有德、哲拉鲁丁、扎希迪、舍木斯丁、马成章（达乌德）。教众二三千人，主要分布于甘肃临夏市西川、八坊和康乐、刘川等地。

（马　通）

临夏大拱北 中国伊斯兰教古墓建筑群。位于甘肃省临夏回族自治州临夏市红园路。系以中国苏菲主义嘎迪林耶门宦创始人祁静一(1656～1719)陵墓为中心而建成。始建于清康熙五十九年(1720),初称"祁家拱北"。至第六代出家人祁道和时期,因该拱北建筑规模宏大,遂改名为"大拱北"。它是嘎迪林耶门宦的总拱北,辖有甘肃、宁夏、青海、陕西、四川等省区的40多座寺、亭、静修地和拱北。原建筑院落层叠,华丽精致,主要有禁亭院、陵园、经堂院、礼拜寺、经文学校、花园、住宅院等。1928年毁于兵燹,所藏古籍文物丧失殆尽。1932年,由其当家人马永观等主持复建,相继建成砖木结构的3层八卦形墓庐、礼拜寺院、前后花亭院、东北院等主要建筑。"文化大革命"中,部分墓庐被毁。1981年由当家人杨世俊主持在过去基础上再建。现大拱北建筑群包括拱北、礼拜殿、客厅、阿訇及学生住宅院落、后园等,掩映在苍松翠柏、奇花异草中。大门分东、西两门,入门后经过曲折的穿堂进入拱北。拱北由八角形砖墙围砌,砖墙磨砖对缝,一片青灰色调。墙上连接3重八角形重檐,用红褐色油漆,与青砖形成对影色调。内部用露明的梁枋作花饰,玲珑华丽。照壁墙与拱北墙饰以砖雕,上有花卉、树木及四川、陕西等地亭、室及拱北的造型,精巧秀丽。客厅等设施均使用小木作门窗,做工精细,堪称艺术精品。整个建筑群幽雅华丽,颇具园林风韵,为西北回、东乡、撒拉、保安等族穆斯林拱北建筑之冠。内有不少出自名家之手的字画珍品。每年农历九月十一和十五,为祁静一诞生和逝世纪念日,届时举行隆重的纪念活动。

(王学仁)

临夏尕南寺 见临夏前河沿清真寺。

临夏老华寺 中国伊斯兰教清真寺。亦称"大华寺"、"华寺"等,位于甘肃省临夏市华寺街。据传始建于明洪武年间,清乾隆四十年(1775)扩建。1928年被国民军赵席聘纵兵焚毁,1930年由马鸿逵出资重建。为殿宇式建筑风格。院落数进,遍施砖木雕作,彩饰华丽。寺前设木质曲拱小桥,称"水过凉亭",树木林立,幽雅别致。1968年"文化大革命"中被拆除。1981年由教众集资重建,1982年礼拜大殿等主体工程竣工。现寺占地2000平方米,建筑面积1209平方米,大殿面积557平方米,仍采用了传统殿宇式建筑风格,建造精巧,装饰华丽。为甘肃省规模较大、历史久远的清真寺之一。

(王学仁)

临夏老王清真寺 中国伊斯兰教清真寺。坐落在甘肃省临夏市王寺街。据传始建于明洪武元年(1368),清乾隆年间曾扩建,1928年被国民军焚毁,1933年由寺坊穆斯林捐资重建。礼拜大殿为中国传统宫殿式,邦克楼为木质四层塔式楼,飞檐六出,建造精美,为当时建筑精粹,曾是格迪目派的经堂教育中心。1968年被拆除。1980年由寺坊穆斯林捐资再建,1984年10月竣工。现寺仍保持原寺中国传统建筑之风格,大殿为中国宫殿式,分前殿、正殿和后殿,3殿有机地联为一体,飞檐翘角,挺立高耸。殿顶呈歇山形,殿内雕梁画栋,有水泥仿砖雕刻,左为《原教篇》,右为《赞圣篇》,选自清代伊斯兰学者刘智《天方典礼》。邦克楼为五层六角木质塔式楼,彩饰华丽,为甘肃清真寺中最为高大雄伟的邦克楼。另设有水房、讲经堂、办公室、住宅、食堂等设施。

(王学仁)

临夏南关大寺 中国伊斯兰教清真寺。坐落在甘肃省临夏市南门广场。是甘肃规模较大、历史悠久的清真寺之一。据传始建于元末。初建时因建在几棵古松树桩上,故亦称"连根柱古寺"。明洪武年间曾扩建,清乾隆年间再次大规模扩建,时礼拜大殿结构精巧,遍饰砖木雕作,形似"一只船"。1928年被焚毁。1933年由穆斯林乡绅马麟捐资重修,采用中国传统宫殿式木结构形制,宏伟壮丽。该寺曾是伊赫瓦尼派经堂教育中心,培养了大批阿訇。1968年被拆除。1982年重建,全寺占地面积6530平方米,建筑面积5228.44平方米。现寺采用中国现代建筑与阿拉伯传统建筑相互融合型制。礼拜大殿坐西向东,奠基于地下室之上,殿堂系钢木结构的宫殿式建筑,高脊飞檐,雕梁画栋,阔大宏伟,面积2160平方米,可容纳2000多人同时礼拜。殿前庭设10根直径约0.8米的水泥圆柱,正门及左右两侧镶嵌各11平方米对称的砖雕,左侧砖雕上镌刻"初建于元朝连根柱古寺"。殿顶为邦克楼,设3个六角圆顶塔,呈平面三角形配置,居前两个较小,高15.75米,居后座中一个较大,高26.8米,楼门饰有《古兰经》古体经文浮雕。3个圆顶顶端皆饰新月标志,夜间光芒四射,与蓝天星月交相辉映,甚为壮观。另有讲经堂、水房、办公室、宿舍等设施,均为现代中式建筑。

(王学仁)

临夏前河沿清真寺 中国伊斯兰教清真寺。坐落在甘肃省临夏市新西路。其前身为临夏尕南寺,始建于清代,1928年被毁,重建后于1968年再次被拆除。1980年再度新建时改址改名,由寺坊穆斯林集资修建。该寺占地面积1740平方米,建筑面积1533平方米,系仿照新加坡棉兰清真寺的建筑形制而建,并融合了中国现代建筑风格。礼拜大殿分前殿和正殿两大部分,占地面积552平方米,前殿两侧有两座四层对称型钢混建造圆顶邦克楼。全寺色调简洁明快,以纯白和淡绿为主,无华丽彩饰和繁杂雕作。设有2层教学楼,并专设妇女经文学校,另设有大、小净室、住房及办公室等。现寺内设有业余经学班。

(王学仁)

灵魂 见鲁哈。

《灵魂治疗大全》(Kitāb al-Shifā') 中世纪阿

拉伯著名哲学著作。又译《治疗论》。著者伊本·西那，约成书于1021年。该书系一部哲学百科著作，共18册。除导言外，分逻辑学、物理学、数学和形而上学等4个部分，涉及自然科学、伦理学、心理学、经济学、政治学、医学、天文学等方面的有关哲学问题。著者在书中侧重于研究自然界，并且坚持逻辑思维与经验的统一，理性与实验的统一等原则。他认为一切形式的认识，都是相互依存的，而只有理论和实际应用结合起来的科学，才是能动的。书后还增补了关于音乐的一章，成为阿拉伯的重要音乐理论。该著作的主题思想在于揭示人类灵魂的奥秘，超出了禁欲主义和苦修领域。其基本内容是通过介绍亚里士多德、柏拉图等希腊哲学思想，来阐述伊斯兰教教义学和著者在理论上的广泛研究和探讨的成果。该著是10世纪以来最有价值和影响的哲学专著，阿拉伯哲学家、教义学家如伊本·赫勒敦、伊本·路世德、奈赛斐等，都从中汲取过营养。这部著作对中世纪欧洲经院哲学的影响远远超过中东地区，而且首先在欧洲出版。其中第6卷名《灵魂论》，主要论述生命现象、心理活动和认识论等方面的问题，在欧洲流传很广，曾先被译成西班牙卡斯提尔文，后又译成拉丁文、法文。1963年，北京大学哲学系由法文译为中文，现有商务印书馆1963年3月版本。

（赛生发）

灵明堂 中国伊斯兰教苏菲主义嘎迪林耶学派支系之一。创建人马一龙(1853～1925)，字灵明，尊号古土布·哈尼夫拉。回族。甘肃兰州市人，出身于城市贫民家庭。该堂以创建人之字取名。马一龙自幼学习宗教知识，后读诗书，通晓阿拉伯文和汉文，淡于名利，事母至孝。光绪四年(1878)他25岁时，先后在兰州、广河等地接受过新疆静杜孜巴巴所传喀什道堂大香道祖传入的纳格什班迪耶学理以及哈比布拉所传的嘎迪林耶、赛利姆所传的虎非耶等派思想，但从其一生言行看，主要偏重于嘎迪林耶修持。他受教后专心静修，清贫自守，超尘脱俗。平日以乞讨为生。后来信众为他在兰州上西园置地修建了西园道堂。他在此同一些同道者讲经传道，信者增多。逝世后，信众为他修建了墓庐，以表怀念。他的学生，大都虔诚信守修持，有的在外地宣教传道，受到信众的尊敬。他殁后，其门下分裂为东堂、西堂与中堂。灵明堂的教义和礼仪除以《古兰经》、圣训为宣教传道之本外，主要有：(1)接替传教者不娶妻室(已有妻室者要离异)，终生出家专心静修。(2)主张“禁欲清贫”、“潜心修炼”。(3)静修方式和“迪克尔”较隐秘，不让外人知道。静修时间以40天为限，多则连续到120天。灵明堂的传教人依次为：马一龙、单子久、汪寿天。信众主要分布在甘肃兰州、广河；宁夏固原以及新疆乌鲁木齐、哈密等地。（马 通）

灵山圣墓 中国伊斯兰教先贤古墓。又称“三贤四贤墓”。坐落于福建省泉州市城东郊灵山南坡。为早期来华传教的两位阿拉伯穆斯林先贤葬所。何乔远的《闽书·方域志》(1629)卷7灵山条记载：“回回家言‘……(穆罕默德)门徒有大贤四人，唐武德(618～626)中来朝，遂传教中国。一贤传教广州，二贤传教扬州，三贤、四贤传教泉州，卒，葬是山’。然则二人，唐时人也。二人自葬是山，夜光显发，人异而灵之，名曰圣墓。”佚名著《闽书抄》(1629)称此两贤的名称是沙谒储和我高仕。圣墓回廊下竖立1方阿拉伯文碑，记载伊斯兰教历723年(1323)居住泉州的阿拉伯穆斯林重修圣墓的事迹。碑文未记载两位贤者的姓名，仅提及他俩在“法厄福尔时代来到中国。据传为有善行者，后卒，乃由朽世转入永世。人们因其福祥而信之。一旦遭遇艰难，彷徨无策，即前来瞻礼”。“法厄福尔”(al-faghfūr)源于波斯文，意即“天子”，专指中国皇帝。明永乐十五年(1417)郑和第五次航海赴阿拉伯之前亲至灵山圣墓行香，并立碑记。现存的墓室呈方形，花岗岩石板铺砌覆盖的墓穴上并排安置两座伊斯兰式石墓盖，墓盖底座环刻莲花瓣图案，顶石截面呈拱状凹入。墓室上罩盖石亭，是1962年新建的中国式石亭。专家们认为原有的墓亭属于拱北式圆顶结构。墓室之西、北、东3面依山修筑马蹄形回廊环抱墓室。《泉州府志》卷6记载郡守周道光于明嘉靖四十二年(1563)曾游历圣墓，见到“墓之前，右有小阁，为礼拜所；左有疏轩，可憩。”墓外有围墙和门户环护。墓廊西侧还竖立着清代康熙三年(1664)、乾隆十六年(1751)、乾隆四十八年(1783)、嘉庆二十三年(1818)、同治十年(1871)重修圣墓的5方汉文纪念碑。中华人民共和国成立后，人民政府于1956年、1962年、1983年几次拨款修葺灵山圣墓及其周围环境，1963年列为福建省重点文物保护单位之一。灵山圣墓及其有关的文物碑刻是中世纪以来，中国和阿拉伯伊斯兰国家间友好往来历史的见证，它对于研究伊斯兰教初传中国的历史及早期中国伊斯兰墓葬建筑布局和结构艺术等具有重要价值。

（陈达生）

《岭外代答》 中国宋代地理名著。作者周去非，字直夫。永嘉人。南宋隆兴元年(1163)进士。淳熙中官桂林通判。系随事条录见闻。东归后因问岭外事者甚多，书以代答，故名。于淳熙五年(1178)成书，共10卷，20门，294条，记有南海诸国与麻嘉国(今麦加)、白达国(今巴格达)、勿斯离国(今埃及)、木兰皮国(今摩洛哥)等国家和地区的情况。其中“麻霞国”条记“此是佛麻霞勿出世之处。有佛所居方丈。以五色玉结甃成墙屋。每岁遇佛忌辰，大食诸国王，皆遣人持宝贝金银施舍，以锦绮盖其方丈。每年诸国前来，就方丈礼拜。并他国官豪，不拘万里，皆至瞻礼。方丈后有佛墓，日夜常见霞光。人近不得，往往皆合眼走过。”是近千年前中国人对麦加城及伊斯兰教朝觐盛况的记述。书中对当时沿海舟郡的市舶、贸易及交通情况亦有所记录，是研究古代广东、广西社会历史地理和中外交通的重要史料。对研究伊斯兰教东传与中国伊斯兰教史亦有一定参考价值。通行本有《知不足斋丛书》及《笔记小说大观》(第四辑)本。 （罗万寿）

刘传三(1861～1943) 中国陕西伊斯兰教著名阿訇。字遇真。回族。祖籍西安北郊高庙村。出身经学世家，曾受教于陕西著名经师胡登洲九传弟子者万选门下，精通阿拉伯文、波斯文。对教义学、教法学有深入研究。尤擅长讲授多种《古兰经》注释本。清光绪十一年(1885)，他经上海循海道去麦加朝觐，并在麦加著名学者沙特·赛义德门下受教，刻苦研习教义学、教法学。回国后曾在宁夏泾源与西安市洒金桥北寺等处任掌教阿訇。他深感中国伊斯兰教经籍多为手抄本，阿拉伯文印刷本匮乏，一些疑难问题无经籍可考，遂于光绪二十七年(1901)再度去麦加朝觐，并向其师沙特·赛义德求教，对伊斯兰教学术和现状进行了考察，还搜集了一批国内少有的宗教经籍。回国后在西安大皮院清真寺、洒金桥清真寺开学执教数十年。他倡导“遵经革俗”，发展伊斯兰教育，对回民在婚丧等方面不符合经训、教法的陈规陋习，提出改革。他还注重发展回民教育，曾在西安市大皮院清真寺附设精一小学，洒金桥西寺附设明德小学，并开办了女子小学，提倡学习阿拉伯语与汉语，使许多穷苦回民子弟受到教育。他培养了大批经学人才，其弟子遍及陕西、甘肃、河南等省，其中有不少知名阿訇受到当地穆斯林的好评。

（罗万寿）

刘介廉 见刘智。

刘门门宦 中国伊斯兰教苏菲主义虎非耶学派支系门宦之一。原称“小刘门”。创始人阿卜杜勒·盖哈尔。回族。他是毕家场门宦创始人马宗生的第四子，招赘于兰州西园堡(莲化池)刘姓，故以刘姓命名。青少年时期，随父马宗生攻读阿拉伯文、波斯文和伊斯兰教经典，学识较高，受人尊重。1672年马宗生在青海湟中接受希达叶图拉所传虎非耶学理后，在河州创传了毕家场门宦，并令其子阿卜杜勒·盖哈尔在兰州传授虎非耶学理。逝世后埋葬于兰州西园堡，尊奉者为其修建了墓庐，称“莲化池拱北”。刘门以《古兰经》、圣训为信仰基础，主张履行法定宗教功课和道乘修持并重。教权实行父传子受，以希达叶图拉为首传人，马宗生(80岁)为26代接传人，阿卜杜勒·盖哈尔(63岁)为27代接传人，并改为刘姓，达乌德(54岁)为28代接传人。此后家谱上再无世系记载。教众数千人。现由第28代的四世孙刘子勋阿訇主事。20世纪50年代拱北被拆除，1985年在莲花池清真寺西站拨地重建。 （马　通）

刘三杰 中国明末清初伊斯兰教经师。字汉英。金陵(今江苏省南京市)人。回族。生卒年不详。广学博识，通晓伊斯兰教经典、教义教法，掌握阿拉伯文和波斯文，熟悉伊斯兰教历史，深晓“天人性命”之旨，曾以己所领会默喻者示诸同人。他认为伊斯兰教之经，上穷造化之玄机，中阐人极之妙旨，下究物理之异同，意蕴精深，无可穷极，应译成汉文，以广昭于中国。主张穆斯林之首务“莫大乎认识造化天地人神之真主；认主之凭，则莫大乎拜主”；拜主之义在于“求恕己身之罪业(孽)，默祝君上之太平，思亲恩而感师训，念友谊以及群生”。曾助马注校订《清真指南》并为之赠诗。著《清真教说》一文，阐释“清真”、“回回”、“礼拜”之义。据传，亦为民间流传小册子《(天方)回回原来》的作者。其子刘智少时从之趋庭问学，受其熏陶，博览群书，后毕生从事伊斯兰教经籍汉文译著工作，终成一代伊斯兰教大师。 （冯今源）

刘四伏(？～1896) 中国清光绪年间河湟回民起义首领之一。青海西宁苏家堡人。又名刘同春、刘腾蛟。因排行第四，人称刘四。教众尊称其为“刘师父”，清代文献以同音字称作“刘四伏”。其父为哲赫林耶门宦青海地区的“热依斯”(即教务代理人)。光绪二十一年(1895)河湟回民起义，刘四伏为青海哲赫林耶门宦领军总管，与其他各教派起义首领并肩战斗。起义被清军镇压失败后，于1896年初带领10万哲赫林耶和虎非耶华寺门宦教众从水峡冲破清军包围，进入柴达木盆地。在青海湖的北部地区，受阻于清廷指令前来拦截的蒙古族和硕特部骑兵，退入祁连山中。是年4月，刘四伏沿山中小道奇袭昌马城，在城下与清军决战。清军援军源源而来，刘四伏损失数万人，仍未攻克昌马城，遂率余众沿祁连山脉人迹罕至的野马山向西败退，清军则在后穷追不舍。8月，刘四伏到达新疆罗布泊南的浩罕破城(今若羌县境内)，前有阻截，后有追兵，不得已而“受抚”。约6000名幸存教众被安置在尉犁县境孔雀河沿岸屯垦，后迁焉耆开都河南岸抚回庄(今永宁乡)。刘四伏与马吉(哲赫林耶门宦信徒)、茶根(托茂人首领)、马起溃、冶正山(虎非耶华寺门宦信徒)等起义首领被解往乌鲁木齐，于1896年9月被清军杀害。 （谭吴铁）

刘智(约1655～1745) 中国清代著名伊斯兰学者。字介廉，号一斋。江苏南京人。回族。其父刘三杰系著名伊斯兰教经师。幼承家学，诵习《古兰经》，15岁起研读儒家经籍。后又研习阿拉伯文、波斯文；阅读佛教、道教经书及西方文化书刊，并深研伊斯兰教义理。后北上京师，南游苏杭及鲁豫等伊斯兰教传播地区，寻师访友，切磋学术，搜求经书资料。晚年回到南京埋头译著，致力于阐扬伊斯兰教学术文化。刘智是中国近代伊斯兰教学术的集大成者。他以伊斯兰教的宗教哲学为本，把伊斯兰教的传统教义与苏菲派神学和宋儒的“天人性命”之学以及阿拉伯与西方的自然科学知识融合起来，将自然界的生成演化情况与人自身的生理机制划分为“大世界”(自然界或物质世界)和小世界(意识或精神世界),就其产生和发展以及“分合之妙理,浑化之精义”加以阐释。并以此为基础,运用宋明理学的范畴、命题、思辨方式来全面论证伊斯兰教的教义。主要学术贡献有:(1)根据伊斯兰教“真宰”是宇宙和人类的起源的“认主学”学说,论证了“真宰无形而显有太极,太极判而阴阳分,阴阳分而天地成,天地成而万物生”的“真主创世”说。从人祖阿丹起,简述了伊斯兰教的历史渊源,认为先知穆罕默德“总前圣之精微而为大成”。全面概括了伊斯兰教“以认主为宗旨”、“以敬事为功夫”、“以归根复命为究竟”,并“敬服五功”、“敦崇五典”,从“天命”、“人道”两方面建立并充实了具有中国特色的伊斯兰教教义学说。(2)把伊斯兰教认主学与儒家性理之学相结合,全面论证了伊斯兰教的本体论、宇宙论与认识论,并参照中国的太极图说,创造了“天方性理图说”的复杂体系,具有中国特色,丰富了伊斯兰教哲学。(3)广泛搜集阿拉伯文和波斯文的有关史料,汇编成《天方至圣实录》,详细记述了穆罕默德世系、家世、生平和创兴伊斯兰教的过程与个人的崇高品德、伟大成就及历史地位。是中国人编著的第一部穆罕默德传略和伊斯兰教简史。刘智所译著的伊斯兰教经籍,受到当时及后代回、汉族学者的高度推崇,认为“中国之伊斯兰教义,在已往千年中从事译著者,只以刘智为云霄羽毛”。著述主要有《天方性理》、《天方典礼》、《天方至圣实录》。其中《天方典礼》在清代曾被收入《四库全书总目提要》存目中。还有《五功释义》、《真境昭微》、《天方三字经》等通俗读物行世。 (罗万寿)

刘智墓 中国伊斯兰教学者刘智之墓。刘智(约1655~1745)逝世后,葬于南京中华门外花神庙街茅家巷穆斯林公墓。墓园坐东朝西,门前有石柱一对,上镌“刘介廉之墓”。墓园几经修葺,保存尚好。门内甬道有华表一对,上端有石牌连接,上刻“典型在望”。墓基呈南北向,初为黄土堆聚,后为砖砌水泥封饰墓,长28米,宽8米。墓前有石碑1方,上镌“先贤介廉刘公之墓”,系清末净觉寺掌教刘德坤所立。碑旁有巨树1株,茂柯掩护墓上。墓后有弧形大照壁1座,中央上刻“清代伊斯兰教学者刘智之墓”。照壁两端各镶石碑1方:左碑刻有桂林白润苍所书“学贯天人”;右碑刻有甘肃马元章、马元超所书“道学先觉”。右外侧刻有金鼎写进的《重修刘介廉先生墓碑铭》;左外侧系南京市伊斯兰教协会于1982年所立碑石,刻有《重修刘智墓记》一文。同年江苏省人民政府将此墓列为省级文物保护单位。 (杨为仁)

留东清真教育会 中国清末穆斯林留日学生的文化团体。光绪三十三年(1907)六月由留学日本的中国穆斯林学生发起组织,得到钦差驻日大臣杨星垣的支持和资助,于同年11月在江户川亭召开的第一次全体大会宣告成立。会长保廷梁。设书记、庶务、会计、调查等各两名,以执行具体会务。其宗旨:联络同教情谊,提倡教育普及和宗教改良。光绪三十四年(1908)正月和七月先后召开第二次、第三次全体会员大会,决议在东京设立编辑部,由保廷梁兼任编辑长,凡关于教育普及和宗教改良的论文,随时编辑,印送国内教胞,以提倡而劝导之。出版刊物初名《劝告清真同教书》,后改名《醒回篇》,是回族穆斯林所办的最早刊物,仅出一期。会员36人,均系留日学生。其中湖南人苏成章,原为阿訇,闻新学之益,遂毅然留学东瀛,毕业于警监学校及体育会,创中国伊斯兰教阿訇留学之端,被誉为“不囿于旧习”之开通阿訇。奉天人杨启东,是唯一的回族女留学生,受业于日本实践女学校,开回族女子留学之先河。该会曾热情宣传江苏镇江东亚清真教育总会之主张“集合教门之精粹,立一教育之标准,劝各处同教设立分会,则而效之,务使教门聚落之区皆有学堂,凡教中子弟俱入学受业”,“并辑时事及关于宗教诸说,随时刊发,以为同教开通知识之一助。”辛亥革命前夕,回族留日学生运动,从爱国、爱族、爱教的愿望出发,企望通过普及教育和改良宗教,以改变回族经济、文化的贫穷落后面貌,振兴回回民族,这在中国伊斯兰教史和回族史上均有一定的进步意义。以后随着会员纷纷毕业回国,该组织遂自行解体。 (冯今源)

柳州清真寺 中国伊斯兰教清真寺。位于广西柳州市公园路。据寺内现存清代康熙三十四年(1695)碑文载,柳州城外鹧鸪台原有清真寺1座,康熙初年甘肃固原回民马雄任广西提督时,所部士兵多回族,因去城外礼拜寺交通不便,由马雄倡议集资修建此清真寺。原寺毁于战火,曾于光绪、民国时期两度重修。占地面积2000平方米。由大殿、二殿、经堂3部分组成。二殿前挂有3块大匾,系清代所悬。另有7块古碑,碑文多已脱落。有木刻彩色《古兰经》碑文3块,为仅存文物。现寺址一部分已划归原“清真小学”为校址。

(罗万寿)

六大圣训集(al-Ṣiḥāḥ al-Sittah, Taysir al-Usūl) 中世纪伊斯兰教逊尼派圣训学家辑录汇编的有关穆罕默德言行录的6部权威性经典。系指《布哈里圣训实录》、《穆斯林圣训实录》、《艾布·达乌德圣训集》、《提尔密济圣训集》、《奈萨仪圣训集》和《伊本·马哲圣训集》(见各该条)而言。前两种又称为“圣训两真本”(al-Ṣaḥiḥān)。这六部圣训集,穆斯林学者公认为是最真实可靠的汇集。千百年来在教内一直被奉为仅次于《古兰经》的重要经典。其中所收圣训既是穆斯林信仰和行为的准则,又是法学家依照时代条件和社会的发展变化而随时创制教法律例的经典依据和第二法源。此外,历代伊斯兰教义学家、经注学家、哲学家、历史学家和伦理学家等,也无不结合各自的专业加以应用和奉行,已成为伊斯兰教经学和文化遗产的组成部分，在教内影响颇大。不少后辈学者还为它们分别作过通注和简注。近现代以来，其中的一些选编本被译为各种文字，在中国亦有部分汉文译本。

（马忠杰）

六大信仰(al-‘Aqā’id al-Sitt) 伊斯兰教六条基本信仰纲领的总称。简称“六信”。阿拉伯语“阿嘎伊德·西特”的意译。伊斯兰教义学家认为，该教的基本教理由3部分组成：宗教信仰(Imān，伊玛尼)，宗教义务(‘Ibādāt，伊巴达特)，善行(Iḥsān，伊赫桑)。这三条基本原则构成为宗教(al-Din，迪尼)，即“真主所喜悦的宗教，确是伊斯兰教”(《古兰经》3：19)。信仰是指穆斯林对安拉启示的《古兰经》及其所规定的基本信条的确认和诚信。中国穆斯林称信仰为“正信”(即尊奉安拉之道)、“明德”(即明晓并承认基本信条)。

伊斯兰教的基本信条，在《古兰经》中有明确的昭示：“信道的人们啊！你们当确信真主和使者，以及他所降示给使者的经典，和他以前所降示的经典。谁不信真主、天神、经典、使者、末日，谁确已深入迷误了”(4：136)。穆罕默德谓“正信”即是“信仰真主、天使、天经、圣人、后世，并信仰祸福都是前定。”刘智在《天方典礼·谛言篇》里将六信称为：“信真主；信一切天神；信一切经书；信一切圣人；信后世；信善恶有定，自主；信死后复生”。伊斯兰教信仰的总纲是“万物非主，唯有真主；穆罕默德是主的使者”。其核心为“认主独一”(Tawḥid 陶希德)，坚决反对崇拜多神和偶像(3：2，4：87，59：22，64：13)。在此前提下的六大基本信条是：

(1)信安拉。在“伊玛尼”的内涵中，安拉居于最高的地位。《古兰经》明确称颂安拉是独一的、无始的、最崇高的、实在的主(112章)，是创造、主宰并超绝万物的主(16：3～17，2：28～29)，是全知全能的主(13：9～17，6：59～62，3：26～27)。中国伊斯兰教学者刘智所著的《天方典礼·真宰篇》论证安拉曰：“太空冥冥，有真宰焉，独一无二也。无相至妙，难以言喻也。凡有匹偶，或可言喻，皆受造之物，非造物之主也。天地、人物皆有匹偶，皆可言喻，皆真宰之所生化者也。真宰，则先天地，人物而有者也”。“前无始，后无终，大无外，细无内”。“无形似，无方所，无遐迩，无对待”。“至知也，至能也，至全也，至善也”。穆斯林享有知足和达观的意识，即归因于他们坚信并把一切希望寄托于超越物质界存在的最高的安拉。

(2)信穆罕默德是主的使者(7：158，48：29)。《古兰经》明确指出：穆罕默德本人也是一个凡人，并非崇拜对象(18：110)，他只是在人间为安拉“报喜信”，“传警告”(35：24)，是安拉派遣的使者(7：158)，是所有先知中的最后一位“封印”先知(33：40)，因而也是最伟大的先知。

(3)信经典。即信仰安拉所降示的一切经典，主要指《古兰经》。《古兰经》中有70余处明确提到该经是安拉降示的经典，并强调它本身即是安拉的语言(16：115，18：109)，是人类绝无能力创造的妙文(17：88)。《古兰经》本文，从语言、书法到复制，均同“记录在一块受保护的天牌上”的原形相一致(85：21～22)。

(4)信天使。伊斯兰教认为天使是安拉用光创造的一种妙体，纯洁无邪，无性别，长有翅膀，神通广大，变幻莫测。天使数目繁多，各司其职，如有的负责记录每个人的行为，有的负责索取人的性命等。最著名的有四大天使，其中吉卜利勒天使地位最高，他奉安拉之命向穆罕默德传达“启示”(2：97)，是玄灵(16：102，2：87)和忠实的精神(26：193)，是人类的朋友。

(5)信末日。伊斯兰教提倡两世兼顾，号召穆斯林既要在现世努力创造美满生活，亦应以多做善功为未来的后世归宿创造条件。《古兰经》以大量节文具体地表述了末日的景象，天园与火狱的情景，以激励人们认主独一，坚定信仰，行善戒恶，要人们确信安拉在末日将复活人类，全面总结清算每个人在现世的表现，根据善恶给以奖惩，善者进天园，恶者进火狱，并告诫人类：“其实，后世是更好的，是更长久的”(87：17)。

(6)信前定。伊斯兰教认为，凡万事万物皆由安拉“前定”(又称主的“定然”)，是人的意志不能违抗的。《古兰经》指出：安拉“预定万物”(87：3)，“已注定各人的寿限”(3：145)。故多数经注学家认为，前定应包含在基本信仰之中。伊斯兰教认为，前定与自由意志的相互关系是：既反对极端的宿命论，也反对绝对的人定论；人类对自己的行为，应顺其前定，自负其责。中国伊斯兰教学者王岱舆的《正教真诠》云：“真主造化了人神，并人所用之事物，因为试人之善恶也。成立善恶乃前定，作用善恶乃自由。若无前定，亦无自由。非自由不显前定，然自由不碍前定，前定亦不碍自由，似并立而非并立也。”

（达应庚）

六角帽 中国穆斯林头饰之一。据传，中国伊斯兰教苏菲派哲赫林耶门宦创始人马明心，为了在服饰上有别于其他教派，专门设计了一种帽子：此帽整体如同阿拉伯礼拜殿的拱圆形屋顶；帽檐2/3高处攒聚6个等边三边形，象征该教派坚持“六大信仰”；下部用一长条围成，象征“万教归一”；帽子顶端有一个用丝绸或布条缝制的顶子，象征“真主独一”。此帽多为黑色，也有绿、白二色。人称“六角帽”，亦称“六牙儿帽”。

（郭清祥）

卢格尔体(al-Khaṭṭ al-Ruq‘i) 阿拉伯文书法体之一。“卢格尔”一词系阿拉伯语音译，意即行书。该书体形成时间较晚，18世纪始在土耳其受到重视，后流传整个伊斯兰世界。它是土耳其的书法家们根据古代阿拉伯人无规则手写体进行创新，最后制定了卢格尔体的书写规则而形成。其特点是手写自然，简洁明快，书写时依靠笔尖即能完成字母的构形，故该体一出现，很快就被人们所接受，在政府机关和民间广为流行使用。卢格尔体在阿拉伯各种字体中最简便，最大众化，是工作记录、通信、交际中最普通的一种书法体。土耳其著名书法家穆罕默德·伊宰(1841～1902)的行书在阿拉伯国家尤其埃及较为普及。（陈进惠）

卢里人(Luris) 伊朗穆斯林民族之一。又译为“卢尔人”。人口201万(1985)。主要居住在伊朗西部洛雷斯坦地区。另约有1.5万人居住在伊拉克境内。属欧罗巴人种地中海类型。操卢里语，属印欧语系伊朗语族。现代卢里人系古代埃兰人与波斯人混血的后代。至今仍是典型的山地游牧民族。继续保留氏族部落组织与原始信仰，崇拜树、石、山泉等。主要从事畜牧业。古代卢里人有着光辉灿烂的文化，其青铜文化饰品闻名遐迩。7世纪中叶，阿拉伯人推翻伊朗萨珊王朝后，大力传播伊斯兰教逊尼派教义。到11世纪，伊斯兰教成为伊朗的主要宗教后，卢里人才转向什叶派。卢里人信奉什叶派中的阿里伊拉希派，该派认为阿里是“永恒真理的化身”，一切先知都要通过阿里才能得到天启。自1979年伊朗《伊斯兰宪法》实施后，伊朗政府加强了伊斯兰化，在卢里人居住地区大力修建清真寺，设立专门宗教学校，并在普通中小学增设宗教课程。同时，还派宗教教职人员在卢里人中掌管伊斯兰教事务。（伊力奇）

鲁达基(Abū ‘Abdullāh Ja‘far Rudaki，850～941) 中世纪中亚穆斯林诗人。生于撒马尔罕附近鲁达克镇的农民家庭。塔吉克人。幼年聪慧，8岁开始写诗，能背诵《古兰经》。后从名师学艺，成为名闻当时的诗人和音乐家。曾四出旅行，阅历丰富，对人民生活有一定了解。后应萨曼王朝统治者纳萨尔二世(914～943在位)之诏到布哈拉，充当宫廷诗人。晚年他写的诗侧重于对统治者劝谏，因触及朝政弊端，约于937年被逐出宫廷，并且被挖掉双眼，“柱杖荷袋，行乞为生”，生活悲惨，在贫困中殁于故乡。鲁达基的诗包括颂诗、抒情诗、鲁拜诗(即四行诗)等。他一生用波斯文创作的诗歌丰富多彩，据称他写的诗可达100卷，共130万行，由于岁月的流逝和战争的破坏，其诗作流传至今的仅有1000多首两行诗。他是颂诗的创始人，代表作是《葡萄酒颂》、《老年怨》。《酒颂》长达190行，只用一个韵脚。他也是鲁拜诗的创始人，诗的形式完美，韵律严谨。他的抒情诗形象生动，寓意深刻，后人称之为“鲁达基体”。他还写有叙事诗，最著名的是长诗《卡里莱和笛木乃》，只残存一些片断。鲁达基的诗歌继承了传统诗歌的优点，又有创新，观察生活深刻，宗教哲理性较强。诗的主要内容有对大自然的抒怀，对纯洁爱情的赞美，对美好生活的向往。他除颂扬统治者外，还表达了对人民疾苦的同情，对统治者也进行了揭露。诗人一直受到人民的尊敬，称他为“波斯语诗歌之父”、“诗人中的亚当”。鲁达基的诗对后世诗人有相当大的影响，著名波斯诗人哈加尼等都曾写过赞扬他的诗歌。伊朗在鲁达基逝世一千周年时，举行了隆重的纪念活动。中国翻译出版了《鲁达基诗集》。（杨克礼）

鲁格曼(Luqmān) 《古兰经》中记载的古代贤哲。第31章即以其名作为篇名，其中第12～19节记述了他训子一事，内容包括：不可竖偶像同安拉并奉；安拉能洞察秋毫之末；必须谨守拜功，劝善阻恶，忍受患难；不可目中无人、趾高气扬、矜夸自傲；举止言谈应温和文明，不要像毛驴嚎叫一样招人讨厌等。关于这一人物，众说纷纭：一说系哲学家；一说即古希腊的伊索；亦有人认为是木匠、水手、阿比西尼亚黑奴或先知易卜拉欣之侄等。阿拉伯文学作品中的鲁格曼，则是一个充满智慧、妙语惊人、言近旨远的人物形象。经注学家对《古兰经》中提及的鲁格曼，或认为是先知、使者，或认为是贤哲、长老，亦无统一定论。因《古兰经》中只提到安拉“确已把智慧赏赐鲁格曼”，而在列述众先知时未提及其名。（林 松）

鲁哈(Rūḥ) 伊斯兰教用语。阿拉伯语音译，意为“灵魂”、“精神”。《古兰经》文中多次提及：①指“灵魂”。②指安拉的“启示”(即《古兰经》)。③指“真主特造的洁灵”吉卜利勒天使。据伊斯兰教经注学家解释，灵魂是由安拉所创造、赋予人的一种“稀薄细微的精神妙体”，灵魂有感觉、知觉、理智、意志等作用。它能离开人体而独立存在。它附着于肉体，人便有了生命，离开肉体，人便入睡或死亡。人死后灵魂脱离肉体，永存不朽，最终便归向安拉所创造的宇宙灵魂。伊斯兰教各派别虽对灵魂与肉体的关系有不同解释，但一致主张灵魂不灭说。（杨克礼）

鲁哈·艾敏(al-Rūḥ al-Amin) 见吉卜利勒。

《鲁哈·白亚尼》(al-Rūḥ al-Bayān) 见苏菲派经注。

鲁哈·古杜斯(Rūḥ al-Qudus) 《古兰经》中的专门称谓。指四大天使之一的吉卜利勒(Jibril)。阿拉伯语音译，意为“玄灵”、“圣灵”、“洁灵”等。据古兰经注学家称，安拉赋予吉卜利勒以“圣灵”(即神圣的灵智)，其使命是负责向穆罕默德原原本本地传达安拉的“启示”。故又称吉卜利勒为“鲁哈·艾敏”(Rūḥ al-Amin)，意为“忠实之灵魂”。（马恩信）

鲁姆(al-Rūm) 《古兰经》中对罗马人和拜占庭帝国的称谓。阿拉伯语音译，源自拉丁文Roma(罗马)或Romanus(罗马人)。《古兰经》第30章以此作为篇名，其中2～5节反映了6世纪拜占庭帝国在同波斯人作战中先失埃及、叙利亚、巴勒斯坦等地，数年后又收复失地的史实，指出胜败均由真主掌握，罗马人取得最后胜利“是由于真主的援助，他援助他所意欲者。”据经注学家解释，以麦加古莱什贵族为首的多神教势力曾威胁早期穆斯林说："正如波斯人战胜罗马人一样，我们将战胜你们。"故《古兰经》与之针锋相对，指出：正如信奉天经的罗马人在真主的援助下最终战胜波斯祆教徒一样，穆斯林在真主的援助下亦必将最后战胜崇拜偶像的多神教徒。经文具有勉励穆斯林要在艰难条件下树立必胜信心的意义和作用。（杨宗山）

鲁素勒(al-Rusul) 见使者。

鲁特(Lūṭ) 《古兰经》中记载的古代先知之一。一译"鲁脱"。阿拉伯语音译。《旧约全书》称"罗得"(Lot)。先知易卜拉欣之侄，其父名哈兰(Haran)。据《古兰经》载，他是一位曾接受安拉"引导"的"超越世人"的使者(6：86，37：133)，安拉曾赏赐他"智慧和学识"，"拯救他脱离有秽行的城市"(21：74)，使他迁移到安拉"为世人而降福的地方"(21：71)。该人物在《古兰经》中共提到27次，其中较详尽地记述其事迹的经文计有5处(7：80～84，11：77～83，15：57～78，26：160～175，29：28～35)，主要内容是：鲁特的宗族骄奢淫逸，拦路抢劫，无恶不作，尤为严重的是纵欲男色，鸡奸成风。安拉派遣鲁特为使者，劝告其族人要"敬畏真主"，摒弃伤风败俗的丑行，但族人否认他是使者，非但不听劝告，反而进行刁难，要他昭示"真主的刑罚"，甚至要把他驱逐出城。他们还妄图向奉安拉之命来到鲁特家中的化形男童的众天使施暴。鲁特以把自己的众女儿嫁给他们为条件进行劝阻，亦遭拒绝。后众天使令鲁特携眷于深夜离家出走，并嘱勿回首张望。凌晨将至，一声霹雳巨响，市镇天翻地覆，鲁特的族人全部为暴雨般的飞石所击毙。其妻因与歹徒伙同作恶，遂同遭天诛。鲁特及其信徒蒙获安拉拯救，平安脱险。以上经文均颁降于先知穆罕默德在麦加传教时期，另有经文指出被毁城镇的遗迹犹存，为人们朝夕所经过(15：37，37：137)，其意义即在于警告那些反对先知穆罕默德并为非作恶的古莱什多神教徒，要他们引以为戒，及早改邪归正。（杨宗山）

鲁特的宗族(Qawm Lūṭ) 《古兰经》中记载的古代部族之一。一译"鲁特的族人"。阿拉伯语"高目·鲁特"的意译。因古代先知鲁特曾劝教于该部族，故名。相传为死海南端利桑半岛以南(今以色列境内)塞杜姆(Sadūm)和阿穆拉('Āmūrah)两座古城的居民，《旧约全书》称该二城为"所多玛和蛾摩拉"(Sodom and Gomorrah)。先知鲁特即曾住在塞杜姆城内。"鲁特的宗族"一词在《古兰经》里共出现8次。据载，他们骄奢淫逸，无恶不作，纵欲男色之风尤为严重。安拉派遣鲁特为使者，警告这些"犯罪的民众"和"伤风败俗的人们"要"敬畏真主"，革除恶习，改邪归正，他们非但拒不悔改，甚至对化作男童的众天使亦生邪念，终于受到安拉严厉的惩罚。除鲁特及其眷属和追随者外，全部族人包括与歹徒勾结的鲁特之妻在内，均为暴雨般的飞石所击毙，两座罪恶之城亦荡然无存(26：160～175，29：28～35)。鲁特的宗族及其所居城镇的毁灭，成为后世的"前车之鉴"，为《古兰经》用以警告世人的几项重大鉴戒之一。参见鲁特。（杨宗山）

鲁脱 见鲁特。

律例(Ḥukm) 伊斯兰教法概念。系阿拉伯语意译，原意为"判决"。指法律的先例、例证，即以个例、实例来说明法律的精神和具体规定。出自《古兰经》(5：50)，原指伊斯兰教前古阿拉伯的部落习惯，称为"蒙昧时期的律例"，后为部分穆斯林学者沿用，用以指称伊斯兰教法的渊源。如埃及学者艾哈迈德·爱敏所著《阿拉伯—伊斯兰文化史》一书中就多次使用"圣训的律例"、"意见的律例"，并指出"前人的法律主张，就是后人遵守的律例"。此概念亦为西方学者广泛使用，他们把《古兰经》中含有社会立法内容的经文称为"古兰经律例"，计有80节、200节、500节律例等不同说法；亦用以指称教法各门类的规定，即民法、商法、刑法、宪法、公法、私法律例之类别。因律例源自经、训的规定、早年哈里发们的先例和后世教法学家的解释、判断，故有时亦称"判例"，其总和又称"教律"(Farḍ)。亦有些学者认为，教律专指有关宗教义务的规定。以区别于有关社会立法部分的规定。律例因渊源不同，又有"古兰经律例"、"圣训律例"、"意见律例"、"创制律例"、"类比律例"等称谓，它们同为教法渊源。

（吴云贵）

绿拱北 见盖斯拱北。

《绿皮书》(al-Kitāb al-Akhḍar) 论证"伊斯兰社会主义"的著作。亦称"世界第三理论"。利比亚领导人穆阿迈尔·卡扎菲著。为阿拉伯文。1969年9月卡扎菲执政后，宣传纳赛尔式的"伊斯兰社会主义"，1973年5月提出了"世界第三理论"。他声称这种理论是介于资本主义和共产主义之间的道路，它"给群众带来了福音，最终把他们从非正义、专制主义、剥削以及政治和经济霸权的桎梏下解放出来，其目的是建立一个全体人民的社会，所有的人都享有自由，在权利、财产和军事方面都享有平等的权利，使自由赢得彻底的胜利"。1976年1月至1979年3月，卡扎菲将其理论系统化，陆续出版了3册《绿皮书》。他声称，绿色象征着希望、天园和春天，有生命力，故取此书名。该书分别从民主、经济和社会3个方面论证"伊斯兰社会主义"。第一册是关于民主问题，即"人民政权"。他声言其政治目标是，以人民直接掌握权力为基础，通过人民大会和人民委员会这种有效的制度，实行直接民主，管理国家。第二册是关于经济问题，即"社会主义"。卡扎菲提出的"社会主义"是"世界第三理论"的经济基础，在这个社会里，不存在雇佣劳动者，大家都是伙伴。“人人平等”地参加生产和社会财富的分配。对所有制的主宰和管理应属于全体人民的权利。第三册是关于世界第三理论的“社会基础”。卡扎菲认为，伊斯兰教和民族主义是社会发展的两股“动力”。人民的、真正的“社会主义”只能产生于伊斯兰教义之中，只有伊斯兰教能引导人类“走向社会主义”。因此，“社会主义”必须以伊斯兰教原则为指导思想。在统一的伊斯兰思想基础上，以《古兰经》立法，正确地处理和解决妇女和民族问题，将家庭、部落和民族联结成统一的社会纽带，使社会各种因素和宗教因素互相协调一致，各个社会集团的生活才能安定，经济社会才能发展。该书1984年由利比亚《绿皮书》国际研究中心出版发行，并被译成多种外国文字。1986年中国世界知识出版社出版了《绿皮书》汉文译本，分为3章，5～6万字。

（杨克礼）

《绿旗》 中国伊斯兰教刊物。月刊，1936年10月16日创刊于上海，编辑、发行人杨玉书。刊址设在西摩路33号。该刊共出版两卷，现存16期。自第4期起出合刊本。抗日战争时期该刊在上海公共租界内创办。1940年及1941年曾分别出版过“尔德”（即开斋节）专号。太平洋战争爆发后，由于侵华日军搜捕，被迫停刊。它以宣传伊斯兰教义及文化为宗旨。每期都刊载宣传抗日爱国的文章，号召穆斯林群众投入抗日救亡活动，揭露日本侵略者的诱降阴谋。第1卷第2期《告上海回教青年》一文就曾告诫要“坚定信仰”，“以贞节自矢”，“处此穷促之时，切不可横来金钱所诱惑，为浮云之虚荣所鼓动”。该刊还登载了大量海内外抗日消息，介绍历史上的爱国民族英雄。受到沦陷区及大后方穆斯林各界人士的支持。（余振贵）

绿衣大食 见法蒂玛王朝。

罗马伊斯兰文化中心（The Islamic Cultural Centre of Italy） 意大利伊斯兰文化传播机构。坐落在罗马市蒂伯河北岸，距梵蒂冈12公里。1970年已故沙特国王费萨尔在意大利访问时，提出在罗马建造清真寺的愿望，并捐款700万里拉（折合520万美元）作经费。1972年罗马市政府经与梵蒂冈协商获准后，划拨3万平方米土地，于1984年12月12日开始建造，至1990年主体工程建成。期间获得20多个伊斯兰国家给予的5千万里拉（折合3700万美元）赠款。中心包括大清真寺、图书馆、博物馆、公园。清真寺是二次世界大战以后罗马建筑史上最辉煌的建筑，用意大利最好的建筑材料建造。中央穹顶高26米，宣礼塔高39米，有20个小穹顶和半穹顶环绕着中央穹顶。清真寺包括一能容2万人同时礼拜的大厅、穆斯林学习中心、会议室、日常小礼拜殿、图书馆等。中心的主任是来自伊朗的阿·阿米尼（Abolghassem Amini）伊玛目。该中心的宗旨是为意大利10余万穆斯林服务，并在对外宗教文化交流中发挥作用。（黄陵渝）

罗姆素丹国（Salṭanah al-Rūm） 中世纪塞尔柱突厥人在小亚细亚建立的伊斯兰教国家（1077～1308）。中国史籍旧译“芦眉”、“鲁迷”或“伊康素丹国”。阿拉伯语称东罗马帝国的领土小亚细亚为“罗姆”，意为“罗马的”，故名。1071年，塞尔柱帝国素丹艾勒卜·艾尔斯兰（1063～1072在位）率军在凡尔湖以北的曼齐科特战役中大败拜占庭军队，俘获拜占庭皇帝，占领小亚细亚的整个东部地区和亚美尼亚。后艾尔斯兰派其堂弟苏莱曼·伊本·库特卢米什（Sulaymān ibn Kutlumish，1077～1086在位）受领此地。苏莱曼挟胜利之余威，继续向西扩展领土，大量塞尔柱人遂迁往小亚细亚定居，使伊斯兰教在该地得到广泛传播。1077年，苏莱曼以小亚细亚西部城市尼西亚为首都，自称素丹，宣布建立罗姆素丹国。后迁都科尼亚（Konya），古称伊康（Iconium），故又称“伊康素丹国”。1080～1081年，苏莱曼先后攻克舍马哈、尼德微、安塔基亚，其势力伸展至小亚细亚西北部和爱琴海岸。1086年，苏莱曼逝世后，其继任者实行分封制，国内公国林立，互相混战，削弱了抵御十字军侵略的能力。1097年，十字军攻占尼西亚，罗姆素丹被迫退至小亚细亚东部。1106年，素丹基利杰·艾尔斯兰一世攻占马拉蒂亚，定都马亚里琴。在1153年前，罗姆素丹国依附于大塞尔柱帝国。12世纪下半期国势开始强盛，1180年素丹基利杰·艾尔斯兰二世（1155～1192在位）征服了小亚细亚西北部的丹尼什曼王朝（Danis Hmendids）。在素丹阿拉乌丁·凯伊·库巴德一世（Ala al-Din Kay Qubad I，1219～1236在位）统治时期，国家得以中兴，经济贸易繁荣，伊斯兰文化艺术得到发展，国势鼎盛。在宗教上，该国遵奉逊尼派教义，在各地兴建清真寺和宗教学校，苏非派毛拉维教团在伊斯兰教传布中起了重大作用。首都科尼亚学者荟萃，学术昌兴，成为当时近东伊斯兰教育文化中心之一。对境内的基督教徒采取宽容政策。1239年，在小亚细亚爆发了以什叶派长老巴巴·伊斯哈格为首的教派起义，削弱了该国。1243年，蒙古军队入侵，在科萨山战役中大败塞尔柱人军队，锡瓦斯、开塞利等地失陷，臣属于伊儿汗国。从此。罗姆素丹国分成两部分：素丹所辖领土只有红伊尔马克河以西的地区，河东地区并入伊儿汗国地方官管理。13世纪末，由于地方割据势力纷争，罗姆素丹国分裂成10多个埃米尔公国。1308年，蒙古人处死末代素丹，罗姆素丹国亡。

（杨克礼）

罗斯图姆王朝（al-Sulālah al-Rustumiyyah） 伊斯兰教艾巴德派在北非建立的伊斯兰教王朝（776～908）。亦称“提阿雷特伊玛目国”。776年，由马格里布艾巴德派领袖阿卜杜·拉赫曼·伊本·罗斯图姆（？

～784)创建,故名。据载,罗斯图姆原籍波斯人,幼时随其父母到麦加朝觐,其父不幸病逝后,其母改嫁凯鲁万一穆斯林,他随同其母定居凯鲁万。及长,师从艾巴德派学者学习该派教义。后又同凯鲁万柏柏尔人艾布·哈塔布等到巴士拉,师事艾巴德派教长,后成为马格里布的著名学者。758年曾参加艾布·哈塔布在的黎波里地区(今利比亚所属)所领导的反对阿拔斯王朝的起义,担任过凯鲁万城长官。761年,起义军被哈里发曼苏尔派兵镇压后,罗斯图姆弃城率部西逃提阿雷特地区。他同追随者在该地区广泛宣传艾巴德派教义,当地信奉艾巴德派教义的柏柏尔部落陆续投奔他。他还团结苏夫里耶派和穆尔太齐赖派的部分宗教学者和穆斯林,形成一支强大力量,共同反对阿拔斯王朝哈里发的统治。776年,伊本·罗斯图姆被拥立为"伊玛目",建立罗斯图姆王朝,兴建提阿雷特(今阿尔及利亚奥兰省提亚雷特市西南)新城,作为首都。其版图,从提阿雷特向东一直延伸到的黎波里的内富萨山。罗斯图姆宣称,要根据《古兰经》和圣训的规定管理国家,奉行伊斯兰教法,由宗教学者组成监督委员会协助他统治,并对政府官员进行经常性的监督。王朝实行财产公有,以天课和各种税收作为政府行政和宗教开支,对贫困的穆斯林则给予赈济。在首都建立清真寺和宗教学校,培养艾巴德派宣教人员和法官。提阿雷特发展成北非艾巴德派的政治和宗教中心,并与西亚艾巴德派穆斯林建立密切联系,赢得他们的信任和支持。王朝利用土地肥沃和水草丰富的优越地理条件,重点发展游牧业,并兼事农业和商业,经济有所发展。784年罗斯图姆逝世后,其子阿卜杜勒·瓦哈布(784～804在位)继任伊玛目,掌管政教全部权力,奉行集权制,曾击败艾格莱卜王朝埃米尔易卜拉欣的军队,迫使其承认他对的黎波里内陆地区的统治权。后其继任者内讧,艾巴德派内部因争夺伊玛目地位陷于长期分裂,国势衰落。908年,法蒂玛人攻占提阿雷特,罗斯图姆王朝灭亡。　　(杨克礼)

骆驼之战(Ma'rakah al-Jamal)　伊斯兰教史上的第一次内战。656年6月第三任哈里发奥斯曼被刺杀后,阿里在麦地那被拥立为第四任哈里发。他执政后面临着伊斯兰教领导集团内部各派争夺领导权的斗争。由于奥斯曼被杀所产生的意见分歧,进一步加深了各派离心倾向。阿里力图恢复伊斯兰教政体的原貌,首先撤销了奥斯曼生前的许多任命和决定,因而招致伍麦叶家族和一些新仇敌的反对。麦加穆斯林领袖泰勒哈和祖拜尔曾因觊觎哈里发职位组织过反奥斯曼的活动,现又因阿里未重用他们便怀恨在心,以"给奥斯曼复仇"为口号,反对阿里担任哈里发,与阿里争夺领导权。当时被称为"信士之母"的穆罕默德遗孀阿伊莎也因私怨反对阿里。于是阿伊莎同泰勒哈、祖拜尔结成联盟,指责阿里包庇杀死奥斯曼的凶犯是"叛教行为",以为奥斯曼复仇为借口,纠集一些反对阿里的力量,迁往巴士拉组织武装,举兵反对阿里。656年10月,阿里率军从麦地那向巴士拉进发。当双方谈判破裂后,两军于同年12月9日在巴士拉附近展开激战。战斗进程中,乘坐驼轿的阿伊莎不断发出反对阿里的号召,故史称"骆驼之战"。此次战斗阿里击败了叛军,反对派领袖泰勒哈和祖拜尔被杀,阿伊莎遭俘后被护送回麦地那,许多圣门弟子在这次战役中阵亡。

(杨克礼)

M

麻素提 见麦斯欧迪。

麻速忽别乞 见马思忽惕伯。

麻札(Mazār) 中国新疆伊斯兰教谢赫、贤哲及显贵之坟墓或纪念冢的通称。亦译"麻乍尔"、"玛杂尔"等。阿拉伯语音译,意为"拜谒之处",引申为"先贤之坟"、"伟人之墓"。中亚、印度次大陆及北非将苏菲派谢赫的陵墓及修道场所也称"麻札"。中国新疆麻札为数甚多,其中著名的有40多座。主要分布在天山东南部,沿塔里木盆地南缘和帕米尔塔什库尔干一带。10世纪伊斯兰教传入新疆初期,穆斯林开始建造麻札。最早的一座是955~956年(伊斯兰教历344年)建于阿图什的喀喇汗王朝第一位信仰伊斯兰教的可汗萨图克·布格拉汗的麻札。随着喀喇汗王朝在塔里木盆地西部和南部各地区不断发动"圣战",成千上万的"舍希德"(即殉教者)麻札相继出现。14世纪中叶以后,推崇麻札和麻札朝拜的和卓势力逐渐兴起。在和卓的倡导和带动下,新疆各地出现了兴建麻札的热潮。麻札的建筑逐渐趋向大型化,装饰日趋豪华。19世纪60~70年代,浩罕入侵者阿古柏曾以朝拜麻札为名夺取许多地区。为骗取穆斯林的信任,在他统治的13年(1865~1877)中,各地的著名麻札都得到全面维修、扩建或重建。

新疆的麻札,按照墓主的不同身份和地位,大致可分为5种类型。(1)为伊斯兰教在新疆的传播做出过重要贡献的穆斯林可汗麻札。如萨图克·布格拉汗麻札、优素福·卡迪尔汗麻札、秃黑鲁帖木儿汗麻札。(2)"舍希德"(即殉教者)麻札。如阿里·阿尔斯兰汗麻札、四伊玛目麻札以及喀喇汗王朝时期在"圣战"中阵亡的大量佚名麻札。(3)伊斯兰教圣裔、显贵的麻札。如毛拉·额什丁和卓麻札、阿帕克和卓麻札、阿尔腾麻札。这类麻札中还包括托伊斯兰教先贤、圣裔之名修建的纪念冢,如贾法尔·萨迪格等十二伊玛目的麻札、祝奈德·巴格达迪麻札、安萨里麻札等。(4)著名穆斯林学者、哲人的麻札。如11世纪伊斯兰诗人和思想家、《福乐智慧》的作者优素福·哈斯·哈吉甫的麻札,语言学家、《突厥语大词典》的作者马哈茂德·喀什噶里的麻札。(5)其他各种麻札。如以白杨、胡杨、桑子等动植物命名的麻札,穆斯林所认可的吐峪沟麻札、牙勒吾孜乌阿勒麻札等。麻札的布局和建筑规模形式大致分为大、中、小3类。(1)大型麻札。多为庭院式或宫殿式的群体建筑,主体为穹窿形的高大墓室,圆拱形的顶部和墙面镶嵌有各色琉璃砖,装饰精美。外围墙的门楣刻有阿拉伯文的赞词。还建有清真寺、讲经室和塔楼等附属建筑。一般建在城镇或城郊风景区。(2)中型麻札。墓室多为土木结构的平顶房,围以栏杆或围墙,有小型礼拜殿或罕尼卡、都阿哈那(即祈祷室)。一般分布在农村或戈壁荒漠。(3)小型麻札。由于年代久远,受风沙侵蚀,原建筑已不复存在,仅以旗桩、旗杆作标志。坟墓以沙石或泥土堆成。这类麻札数量最多,分布最广。麻札的建筑形式有阿拉伯式、阿汉合壁式、普通民房式。喀什地区多为阿拉伯式,和田地区全系普通民房式。

新疆麻札的公产称"瓦克夫",其产业多寡不一。大麻札占有大量瓦克夫土地、房屋、店铺、果园、牲畜、水磨等寺产,是新疆伊斯兰教寺院经济的主要组成部分。如阿帕克和卓麻札即占有土地多达1.6万余亩。寺产主要来源于穆斯林的捐赠和对无主土地、财产的占有。麻札的管理实行谢赫负责制。谢赫的人数视麻札的规模而定,1~10余人不等。一般世袭。协助谢赫进行管理的还有主管寺产的穆泰瓦利、代朝拜者向麻札祈福的斯帕尔汗、负责勤杂工作的加尔甫开西等。附设有清真寺和讲经堂的麻札有伊玛目、穆安津和经文教师。麻札同清真寺一样,既是穆斯林拜谒圣裔、贤哲之地,又是穆斯林进行宗教活动的场所。每逢伊斯兰教的主要节日,穆斯林常前往麻札拜谒,进行诵经祈祷等宗教仪式。有些著名麻札则成为苏菲派修道者进行个人修行的隐居之所。 (马品彦)

麻札朝拜 中国新疆突厥语族和伊朗语族穆斯林宗教礼俗之一。它是伊斯兰教苏菲派"吾里"(即圣徒)崇拜与民族传统礼俗相结合的产物。10世纪伊斯兰教传入新疆初期，喀喇汗王朝为传播伊斯兰教进行了长期“圣战”，成千上万的穆斯林在战争中阵亡，成为“舍希德”(即殉教者)。这一时期麻札只是作为“舍希德”们的安息之地而受到穆斯林的崇敬和悼念。14世纪中叶起，依禅派的和卓家族为争夺教民和宗教权力，大力倡导麻札朝拜。他们通过各种著作、诗歌和传说，宣扬埋葬贤哲、显贵、圣裔、谢赫等人的麻札是圣地，是穆斯林两世生活的护佑者。随着麻札的被神化，麻札朝拜逐渐成为穆斯林宗教生活的仪式之一。在南疆地区的农村，麻札朝拜尤为盛行。每当伊斯兰教的重大节日或纪念日，凡身体和经济条件许可的男、女穆斯林，都要亲自去麻札朝拜。其他时间，人们可随时前往麻札，大多选择春、秋季节。在麻札居留的时间，一般1～3天，多则可达40天。除依禅派信徒举行集体祈祷和赞圣等仪式外，其他朝拜者均单独举行活动。主要内容和仪式有：向麻札跪拜、诵经、祈祷；诉说个人不幸遭遇，提出自己的请求；宰牲献祭，捐献金钱或财物，在麻札及周围的灌木、草丛中插树枝，挂旗幛、牛马尾、羊头、羊皮、布条等各种饰物；煮食“稀让”；击鼓奏乐，跳苏菲“萨玛哈舞”。现又增加了叼羊、赛马等活动。朝拜目的各异，有求夫妻和睦、老有所养者，有求治病、求发财、求吉祥平安者。麻札朝拜是伊斯兰教苏菲派礼仪与维吾尔、哈萨克等民族旧传统礼俗相结合的产物。（马品彦）

麻札寺 中国新疆地区对附属于麻札的清真寺的通称。是瞻仰麻札的穆斯林举行礼拜、祈祷等宗教活动的场所。一座麻札附属清真寺的数量和建筑规模，既决定于麻札主人生前的宗教、社会地位，也决定于后人对该麻札的崇敬程度。绝大多数麻札无附属清真寺，有些只有1座，有些则多达数座，且规模宏大，装饰精美。如贾法尔·萨迪格麻札有3座，阿帕克和卓麻札则多达4座。不同地区的麻札寺建筑风格也有所不同。喀什地区的麻札寺崇尚豪华，讲究布局和装饰，多为阿拉伯式建筑。和田地区均较简陋，不重视布局，亦无雕刻彩绘装饰，多为平顶土房。（马品彦）

麻乍尔 见麻札。

马安礼 中国清代后期伊斯兰教学者。生卒年代不详。字敬斋，云南人。回族。活动于19世纪。系著名回族穆斯林学者马复初(1794～1874)的弟子和得力助手。通晓阿拉伯文、波斯文，具有较扎实的古汉语基础，经常协助乃师完成汉文伊斯兰经籍译著。其师马复初的若干撰述，如《四典要会》、《大化总归》、《醒世箴言》等，均系口授，由马安礼笔录、整理或参与润色。相传《古兰经》最早的汉译本《宝命真经直解》前5卷，也是乃师口授、马安礼执笔。马复初的《朝觐途记》，原系阿拉伯文著述，于清咸丰十一年(1861)由马安礼译为汉文，在昆明刊行问世。埃及诗人蒲绥里(1213～1294或1297)的长诗《衮衣颂》(亦译为《天方诗经》)，由马复初于1867年译成汉文，光绪十六年(1890)复由马安礼整理重译，以阿、汉文对照形式木刻问世，1957年由人民文学出版社影印、再版。他对伊斯兰汉文著述的传播与发展，贡献颇多。据国外有关资料记载，1872年云南回民反清斗争失败，马复初遇难后，马安礼曾避入北京，任法国驻华公使馆的汉、阿文译员。（林 松）

马葆真(1772～1826) 中国伊斯兰教苏菲主义虎非耶学派北庄门宦的创始人。经名哈姆扎。东乡族。甘肃河州东乡春台北庄村人。出身农民家庭，童年在本村清真寺学习阿拉伯文及宗教常识。及长，在八坊老王寺攻读伊斯兰经学，后成为学识渊博的阿訇，遵奉华寺门宦的学理。1812年，马葆真同井沟瞎太爷徒步到新疆莎车拜见穆罕默德二十八世后裔谢赫·乌尼亚，向其申述了求道愿望，乌尼亚留他学习，一年后乌尼亚见他学业基础扎实，又很虔诚，遂收为门徒，给他传授了嘎迪林耶和虎非耶的学理和功修要领，嘱他以《古兰经》、圣训为本，尽心履行念、礼、斋、课、朝5功，并且按规定，早晚静修参悟，念“迪克尔”。同时给了马葆真一阿文写的传教凭证，令其赴麦加朝觐后再传教。1814年，他完成朝觐功课后即回东乡北庄宣教传道。由于他经典学识广博，修炼勤苦，在东乡族信众中威望高、影响大，他所创立的北庄门宦也与当时河州地区的穆夫提、大拱北、华寺等较大的门宦并驾齐驱。马葆真主张以《古兰经》、圣训为信仰之本，以“先教乘后道乘”为功修的基本道程，并强调苦修是道乘的基础。他反对教众向他行跪拜礼；反对教派、门宦互相诋毁，主张各行其是，互相团结。在礼仪方面，他主张充任门宦引领人者，须有莎车道堂的传教凭证，并要去麦加朝觐，取得哈吉尊称后方能传教。否则只可作为暂时的负责人，管理宗教事务。他主张为亡人站“者那则”时要脱鞋，以表示严肃，转“费底耶”时要用《古兰经》转，以表示虔诚悔罪。但他的这些主张后人已有改变。马葆真有5个弟子，即：哈比布拉、敏松迪格、杨阿巴斯、达乌德和伊斯玛仪。分别为“纳依卜”(即接替人)，管理5个地区的教务。马葆真逝世后，这5个“纳依卜”的后代各立门户，自成一派，但和北庄门宦仍保持一定的从属关系。马葆真殁于东乡，被教众尊为“老太爷”。（马 通）

马打蓝素丹国(Salṭanah Mataram) 16世纪末兴起于印度尼西亚中爪哇日惹地区的伊斯兰教王国(1586～1755)。一译“马塔兰王国”。原为淡目国一封建领地，后又隶属于巴章国。1586年，信奉伊斯兰教的当地领主苏塔·威查亚·森纳帕提(Suta Wijaya Senapati，1586～1601在位)利用巴章素丹同各领主之间的矛盾，举兵打败巴章国素丹卫队，逼迫素丹阿里亚·潘吉里引退淡目，灭巴章国，将国都从巴章迁到马打蓝首府克尔塔(Kerta),自称素丹,建立伊斯兰教马打蓝国。森纳帕提继续征战,扩张疆域。17世纪初,王国领有中、东爪哇及西爪哇的一部分土地。国家的核心部分是素丹的世袭领地克腊帕亚克、马打蓝、巴章和葛都,即包括今日惹、梭罗和葛都,由素丹直接统治。后改国都为巴刹格德,并在那里建造王宫。在素丹马斯·佐朗(Mas Jolang,1601～1613在位)执政时,由首相楚鲁马尔塔尼(Jurumartani)辅弼,平息国内亲王叛乱,使王国免于分裂。1604年,讨伐并攻占淡目都城,打败地方叛军,俘获普格尔亲王。1609～1610年,王国军队先后征服克尔托索诺、谏义里、威罗索诺(莫佐阿贡)及苏鲁马益(泗水)。拉登·朗桑(Raden Rangsang,1613～1645在位)执政时,以素丹·阿贡(Sulṭān Agung,即最高素丹)自称,经过多次征战,讨伐叛逆,进一步统一了中爪哇和东爪哇地区,攻占了爪哇沿海的泗水、马都拉和井里汶,并将势力伸展到苏门答腊东部和加里曼丹南部。1628和1629年,拉登·朗桑两度率大军攻击巴达维亚(即雅加达)的荷兰侵略者都未成功。此后他集中力量发展国内经济,鼓励岛际贸易。1633年制定印尼第一部伊斯兰教法典,并改用以伊斯兰教历为基础的爪哇历法。在素丹阿芒·古拉特一世在位时期(1645～1677),因暴虐和苛税,加之荷、英的侵略,丧失海运控制权,贸易递减,生产下降,国势衰落。1674年马都拉的特鲁诺佐约(Trunadjaya)领导人民举行抗荷武装起义,后进军爪哇,曾攻占马打蓝首都,占领东爪哇全部沿海地区。1677年,阿芒·古拉特二世在荷兰殖民主义者支持下,继承素丹位,并与荷兰东印度公司签订奴役性条约,成为其附庸,荷兰夺得勃良安地区。1686年,联合米南加保国共同驱逐荷兰殖民势力,未果。1704年后,马打蓝国大部领土为荷兰东印度公司占领,沦为其附属国。后国内发生3次争夺王位继承的战争,结果在1755年被荷兰分裂为日惹国和梭罗国,两国均被迫臣服于荷兰东印度公司。

马打蓝国初建时实行领主制,后由帕提制(即以太守为地方长官的行省制)所代替。素丹直接派太守统治中心地区,所征服的半自治性质领地由亲王领有,向素丹朝廷称臣纳贡。素丹具有最高的政治、军事和司法权力。素丹之下,由伊斯兰教长老、首相、枢密顾问3人组成咨询会议,决定国家的政治、军事、司法、宗教等重大问题。在宗教上,以伊斯兰教为国教,奉行逊尼派教义,依据《古兰经》和伊斯兰教法立法。16世纪伊斯兰教苏菲主义传入,在各地穆斯林中有广泛影响。苏菲派的传教师颇受尊敬,被尊为“贤人”。在港口城市和人口密集的农村兴建和扩建清真寺,并附设宗教学校,发展伊斯兰文化教育。从1624年起,素丹阿贡实行政教合一制,自称苏苏胡南(Susuhunan,意为伊斯兰最高教长及君主)。各地伊斯兰长老均封有领地,为基层政教领袖。各清真寺拥有分配的瓦克夫土地和其他宗教公产,免征赋税。对所征服的印度教派的帕查查兰王国的居民,在承认王国宗主权和纳贡的条件下,允许他们信奉原有宗教。 (杨克礼)

马德鲁丁(？～1374) 中国明代回回天文学家。字彦明。原籍麦加西北的准带(今吉达)。精通伊斯兰教义,擅长天文历算。洪武二年(1369),携马沙亦黑、马哈麻和马哈沙3子自西亚来到中国。时逢明宋国公冯胜攻占甘肃临洮,总领西北军事,马德鲁丁等便“依宋国公内附”。后被推荐入朝,遂献土盘历法,颇受明太祖朱元璋器重,被授予回回司天监监正之职。曾向司天监人员宣讲阿拉伯天文历法,并从事天文观测,被人们尊称为“大测先生”(即天文观测的大学者),并被朱元璋赐姓马,随马皇后姓,受封“大测堂”堂号。曾被封为回回太师府爵的高官,担任朝廷管理伊斯兰教务的参议。洪武五年(1372),携第三子马哈沙回故里探亲,并赴麦加完成朝觐功课。洪武七年(1374)返回中国,随即病故。其3子全部定居中国,并在回回司天监中任职。 (陈久金)

马德新(1794～1874) 中国伊斯兰教著名学者、经师。字复初。经名优素福,号鲁哈·丁(意为“宗教魂”)。回族。云南太和(今大理白族自治州)人。幼年随父学阿拉伯文、波斯文及伊斯兰教经典。及长,赴陕西长安,从胡登洲四传弟子、著名经师周良骏学习伊斯兰经学,得其真传,成为经师。1841年赴麦加朝觐,后游学开罗、亚历山大、耶路撒冷、塞浦路斯、伊斯坦布尔、罗德岛、亚丁、新加坡等地,与各地伊斯兰学者、长老广泛接触,共同探讨“天方之学”,并搜集伊斯兰经籍,历时8年归国。在云南临安(今建水县)、回龙、玉溪大营等回族聚居区设帐讲学,各地学者云集,经堂教育盛极一时,时人尊称为“老巴巴”。在1856年云南回民反清起义中,他号召滇东南回族穆斯林武装起义,与杜文秀所领导的滇西回民义军遥相呼应,反对清王朝的民族压迫。后随马如龙降清,被清廷封为“二品伯克”、“滇南回回总掌教”。但他息影林下,继续专心致志于弘扬伊斯兰文化的著述工作。1874年惨遭清廷杀害,终年80岁。

马德新毕生致力于阐扬伊斯兰教义和文化,在“数十年中,学习渊源,遵中国之礼,引孔孟之章,译出天道人道之至理,指破生来死去之关头”。在他的代表作《四典要会》、《大化总归》等著述中,全面阐扬了伊斯兰教的教义、修持、教法、礼仪和哲学。他以伊斯兰教的经义为本,引证宋儒的“理”、“气”之说与阴阳、造化、表里、善恶等概念与范畴,反复阐明真主是“化育万世”、“化生万物”的本原,并把宇宙演化分为先天、中天、后天3个不同性质的阶段,认为“先天浑然,故真一开起化之原;中天灿然,故数一立成化之本;后天厘然,故体一顺化化之机。要其化之登终而返始者,皆化化之自然而归本然也”。补充了王岱舆等先辈学者关于伊斯兰教“后世复生”之说的阙略,并把伊斯兰教哲学与中国传统儒学结合了起来。

马德新与王岱舆、马注、刘智被并称为中国“四大经学家及译著家”。他的译著有下列5类:(1)《宝命真经直解》前5卷,是中国最早的《古兰经》节译本。(2)《纳哈五》、《赛尔夫》、《阿瓦米勒》等,是关于阿拉伯语语法的教本。(3)《真诠要录》、《指南要言》、《天方性理注释》,是对王岱舆、马注、刘智等先辈学者著作的简介与注释。(4)《寰宇述要》、《天方历源》,是关于伊斯兰教历法的理论著述。(5)《四典要会》、《大化总归》、《道行究竟》、《理学折中》、《性命宗旨》、《礼法启爱》等,是关于伊斯兰教礼法、教义和哲学理论的著作。还撰有《朝觐途记》。这些译著,有的直接译自阿拉伯文和波斯文,有的用汉文著述,有的是用阿拉伯文或波斯文编著,共30余部。 (纳国昌　马成化)

马都拉人(Madurese)　印度尼西亚穆斯林民族之一。人口920万(1985)。主要分布在印尼东北部的马都拉岛和爪哇岛东北沿海地区。属蒙古人种马来类型。语言属南岛语系西部语族,与邻近爪哇语、巽他语和马来语相近,现通用印度尼西亚国语。系传统的稻作民族,农业技术较先进,土地多为村社共有。当代马都拉人主要从事畜牧业和渔业。制革、制陶和编织手工业在马都拉较为发达。14世纪,伊斯兰教传入马都拉岛,16世纪成为马都拉人的主要宗教信仰。多属逊尼派的沙斐仪教法学派。农村普遍建有清真寺,婚、丧仪式一般都由清真寺的伊玛目主持。 (伊力奇)

马尔代夫伊斯兰教　马尔代夫共和国是位于印度洋上的岛国。面积298平方公里。人口21万(1989)。主要民族为马尔代夫人。官方语言为迪维西语。上层社会通用英语。居民99%信仰伊斯兰教。首都马累。马尔代夫群岛公元前5世纪雅利安人来此定居。后随着南亚次大陆移民的迁入,佛教随之传入。8世纪以后,阿拉伯、波斯穆斯林商人来到马尔代夫群岛经商,从此与伊斯兰世界的接触日益频繁。1030年伊斯兰教苏菲传教师比鲁尼从印度来到马尔代夫传教,一些商人和上层归信伊斯兰教,此后伊斯兰教在群岛上逐渐盛行。1116年,国王达鲁马范塔·拉斯盖法努·布拉戈切斯蒂沃戈归信伊斯兰教,各岛首领也随之归信。从此,伊斯兰教取代佛教而成为马尔代夫的国教,建立素丹国,历经6个素丹王朝。素丹为政教领袖,集行政、司法、宗教权力于一身,以伊斯兰教法治国,先后在各地建立清真寺、宗教学校、苏菲派贤哲陵墓和华丽的素丹宫殿,马累城发展成伊斯兰文化中心。14世纪中叶,阿拉伯旅行家伊本·白图泰到达马尔代夫,在《游记》中详细记载了当地穆斯林的宗教活动及风土人情。15世纪中叶以后,印度的坎瑙努拉王公控制马尔代夫。1558年起受葡萄牙殖民统治。1573年,伊斯兰教领袖穆罕默德·博杜·塔库鲁法努领导人民起义,光复祖国,成立马尔代夫素丹国,发展伊斯兰文化教育,加强了与伊斯兰世界的联系。18世纪荷兰入侵。1887年沦为英国的保护国。1932年素丹穆罕默德·沙姆斯·阿德丁三世公布第一部宪法,重申伊斯兰教为国教,改行君主立宪制。1953年成为英联邦内的共和国。1954年马尔代夫议会决定废除共和,重建素丹国。1968年改制共和国,废除素丹制,定伊斯兰教为国教。马尔代夫穆斯林属于逊尼派,遵从哈乃斐学派教法,国家实行伊斯兰教法,伊斯兰教职人员在社会生活中享有较高的地位。清真寺设有初等宗教学校,对儿童进行《古兰经》和宗教知识教育,并选派穆斯林青年到开罗爱资哈尔大学深造,政府官员部分系世界著名伊斯兰大学毕业。设有马尔代夫伊斯兰中心。1975年加入伊斯兰会议组织,为伊斯兰世界联盟成员国。其兴建的清真寺和宗教学校,得到阿拉伯国家和世界伊斯兰组织的资助。 (杨克礼)

马尔科姆·艾克斯(Malcolm X,1925～1965)　美国黑人穆斯林运动领袖。原名马尔科姆·利特尔,教名哈吉·马立克·沙巴兹。生于密歇根州的兰西,后移居波士顿。曾为争取黑人的平等权利长期斗争,多次被捕入狱。在狱中参加黑人“穆斯林民族”组织。1952年出狱后,到芝加哥穆斯林总部,进见教长伊利贾·穆罕默德,接受其教育,被派往国内巡回传教,在各大学黑人穆斯林青年中得到支持。后担任纽约市黑人穆斯林组织领导人,主持纽约第七清真寺的教务活动。他长于辩才,宣教演说风格明快,赢得大批信徒。他号召美国黑人信仰伊斯兰教,遵照先知穆罕默德的教诲求得黑人的解放。主张黑人“自卫、自主”;黑人与白人分治;必要时使用暴力以求黑人解放。马尔科姆到麦加朝觐回国后,放弃原来黑人与白人分治和使用暴力的主张,号召黑人与白人建立兄弟友好关系,重申信奉正统的伊斯兰教。1964年因发表反对美国当局的言论,受到联邦调查局的监视,伊利贾·穆罕默德受胁迫将他开除出该组织。1965年2月21日在纽约市一次集会上发表宣教演说时遭枪击身亡。著有《自传》等。 (杨克礼)

马尔焉　见麦尔彦。

马方　中国伊斯兰教虎非耶学派传教师。生卒年不详。回族。甘肃安西大湾人,故被称为“安西大湾太爷”。清乾隆二十二年(1757),清军平定新疆准噶尔部落叛乱时,马方随军入疆,在总兵高天喜部下任千总。乾隆二十四年(1759)平定大、小和卓之乱后,马方驻扎在阿克苏,常去附近的阿印科(维语,即月牙泉)听当地苏菲派传教师伽里·阿格德讲道。从此,弃官从教,成为伽里·阿格德的弟子,取经名努尔·穆罕默德·阿里·苏菲。在伽里·阿格德的指导下,马方在阿印科浑巴什河岸的山洞中静修40天,获得海里凡(Khalifah,即代理人)资格后,便往返于新疆鄯善、吐鲁番、乌鲁木齐、伊犁等地的回族穆斯林聚居区传教。马方所传的虎非耶门宦属印度纳格什班迪耶教团第二个千年复兴家伊玛目·兰巴尼倡导的修道方式，其道乘内涵、功修方式与回族虎非耶门宦其他分支基本相同，提倡“闭口迪克尔”。在道统传承上强调“传贤不传子”。马方去世后葬于伊犁三工，其后代又将遗骨迁葬在甘肃安西大湾。马方生前在新疆穆斯林中颇有影响，其弟子有青海的阿卜杜拉·卡迪(康成太爷)、大通的穆尔赛勒·阿卜杜·艾布·伯克尔(大通太爷)。穆尔赛勒又将其学理传给甘肃景泰的和卓·吉尼·西尼。其再传弟子洪海儒创洪门门宦，又将其学理传到甘肃、青海、宁夏等地。 (谭吴铁)

马福海(1715～1812) 中国伊斯兰教苏菲主义虎非耶学派胡门门宦创始人。经名艾布·栽德。东乡族。甘肃省临夏东乡红泥滩人。出身农民。7岁即开始在本村清真寺学习阿拉伯文和宗教常识。及长，往陕西长安县拜崇文巷清真寺阿訇王尕锥为师，继续攻读伊斯兰教经典。1749年回到原籍，声称他于是年斋月27日晚在长安崇文巷清真寺遇见了“赫迪尔”(伊斯兰教传说中的一位常生的圣人)，使他通晓了宗教理学，懂得了“人主合一”和“浑化”的奥秘。此后他不再访师游学，在家专事宣教传道。一生好学，阿拉伯文、波斯文水平较高，经典知识丰富，尤对天文地理以及伊斯兰历法有较深研究，赢得当地群众的信任，家乡各村乡绅和大部分群众拥护他宣教传道。东乡、广河、康乐、和政等地信众较多。他出资在广河修建了道堂建筑群，其中八卦亭天花板上的太阳、月亮、星星以及日食、月食等运转变化情况图，均系他亲自设计绘制，但几经毁坏，原文已不存在。曾在长安格迪目派清真寺学习，受该派影响较深。他虽然传授苏菲派学理，但在教义、仪礼上没有脱出格迪目派的基本轨道。他的思想特点：一是重视对阿拉伯文第一个字母“艾立夫”的解释，认为“一字分三，三字归一”，亦即“真主、圣人、穆民归为一体”，强调这是穆斯林的首要信念；二是在宣传“尽性复命”的道理时，往往以典故、比喻指点信众，不仅富有哲理，且有启发性，从而增加了信众对他的神秘感。著有《艾布·栽德的道路就是古教》。生有5子，两人早逝。其余3人都是著名阿訇，其子阿里继任了他的教统。 (马 通)

马福禄(1853～1900) 中国近代回族穆斯林爱国将领。字寿三。甘肃河州(今临夏)韩家集人，为清代同治年间河州回民起义领导人马千龄之子。少时受伊斯兰教传统教育，并习兵练武，光绪二年(1876)中武举，光绪六年(1880)中武进士，充皇宫侍卫，旋以父病归河州家居。光绪二十一年(1895)河湟撒拉族、回族起义时，奉陕甘总督杨昌浚之命，招募步骑，组成“安宁军”，配合董福祥、马安良等部前往镇压，被保擢以总兵记名。光绪二十三年(1897)，董福祥所部甘军调往京师，马随军驻正定，其部称“简练军”。光绪二十六年(1900)六月中旬八国联军入侵，英海军司令西摩尔率2000余侵略军从天津向北京进犯，马被派“往阻西兵进京”，率所部与义和团共同猛攻聚集在廊坊车站的侵略军。马带骑兵从左诱击，又以步兵自右伏击，奋勇当先，“挥短兵入阵，喋血相持”，激战两小时许，毙伤敌军44名。迫使侵略军退往杨村车站一带，继而返回天津租界。六月下旬，义和团在北京攻打各国使馆，八月马奉命率部回防京城，据守正阳门城楼。十二日与攻城英军激战，接连攻取敌人9个栅卡。十三日晚大雨滂沱，马福禄率敢死队向敌最后一栅卡发动进攻，在即将冲入使馆时，敌军疯狂反扑，马不幸中弹，为国捐躯，时年48岁。其弟福恒、福宣、侄旭图、照图及部下战士百余人同时阵亡。马福禄牺牲后被清廷封为“振威将军”，谥忠烈，葬于北京阜城门外三里河清真寺内。 (马云山)

马福祥(1876～1932) 中国穆斯林将领。字云亭。回族。甘肃河州(今临夏)人。清光绪二十一年(1895)与其兄福禄招募丁勇，组织民团，协助清军镇压河湟地区各族农民起义，从此跻身仕途。光绪二十三年(1897)中武举。1900年其兄马福禄在北京正阳门与侵华八国联军激战中殉国，马福祥接统遗部继续抗击，后奉旨护卫慈禧太后与光绪帝西奔西安，“积功以提督记名”。1906年任西宁镇总兵。1911年移军兰州，1912年与甘肃御史赵维熙等联署通电拥护共和，袁世凯复电委以宁夏镇总兵。1921年被冯玉祥委任为西北边防督办。自1927年起，先后任国民党政府青岛市长、安徽省政府主席、蒙藏委员会委员长等职。对伊斯兰教的信仰较虔诚，热心弘扬伊斯兰文化，刊印清代以来马注、刘智等汉文伊斯兰著述20多种，捐资兴建绥远(今内蒙呼和浩特市)清真寺。且重视发展回族汉文化教育，在北平(今北京)及甘肃、宁夏、青海3省兴办学校60多所。主要著作有《蒙疆纪要》、《蒙疆状况》。又组织力量撰修《朔方道志》。1932年病逝于天津。 (马云山)

马复初 见马德新。

马格里布(al-Maghrib) 古代阿拉伯人对埃及以西的整个北非地区的总称。阿拉伯语音译，意为“日落的地方”、“西方”，与马什里克(al-Mashriq，意为“日出的地方”、“东方”)相对。原指北非地区及安达卢西亚，后专指今突尼斯、阿尔及利亚和摩洛哥3国。7世纪初期，马格里布原为拜占庭帝国属地。在伊斯兰教第三任哈里发奥斯曼执政时，派军事将领阿卜杜拉·本·赛尔德于647～648年征服今突尼斯和的黎波里。670～702年间，伍麦叶王朝派军事将领欧格白、哈桑·本·努尔曼和穆萨·本·努赛尔相继担任该地区总督，征服整个马格里布地区，清除了拜占庭在北非的势力，设易弗里基叶总督区，以凯鲁万为首府，伊斯兰教开始传入该地区。并以此为基地，征服了安达卢西亚。当地的柏柏尔人逐渐归信伊斯兰教，采用阿拉伯语，逐渐伊斯兰化。阿拉伯人的统治促进了马格里布封建社会的形成和伊斯兰文化的传播和发展。11世纪后，以今摩洛哥为中心，马格里布相继出现了由柏柏尔人建立的穆拉比特王朝和穆瓦希德王朝，加速了该地区阿拉伯化和伊斯兰化的进程。13世纪时，马格里布又分立为哈夫斯王朝、阿卜德·瓦德王朝和马林王朝，疆界大体与今突尼斯、阿尔及利亚和摩洛哥相当。16世纪中叶，奥斯曼帝国灭哈夫斯王朝，委派官吏统治。18世纪初，突尼斯总督宣告独立，建立侯赛因王朝。阿尔及利亚臣属奥斯曼帝国，但实际上是独立的国家。15世纪，葡萄牙和西班牙殖民势力开始入侵摩洛哥。16世纪中叶，萨阿德王朝崛起，17世纪中叶阿拉维王朝取代萨阿德王朝，统治整个摩洛哥地区。19世纪30年代后，法国侵占阿尔及利亚，并使突尼斯和摩洛哥沦为法国的保护国。马格里布人民经过长期的不断反抗殖民者入侵和争取民族独立的武装斗争，1956年，突尼斯和摩洛哥终于取得独立，1962年阿尔及利亚也获得独立。从此，马格里布进入新的历史时期。（杨克礼）

马格里布体(al-Khaṭṭ al-Maghribi) 阿拉伯文书法体之一。“马格里布”系阿拉伯语音译，原意为“西方”、“西部”，指西北非的阿尔及利亚、突尼斯和摩洛哥等地区。马格里布体，即流行于该地区的一种阿拉伯文书法，故名。马格里布体书法是阿拉伯库法体在西北非的一种变体，即在原库法体的基础上发展演变而成。最初由西班牙及西北非马格里布地区穆斯林使用的早期库法手写体发展而来，其特点是字形横向展延和字尾向下弯曲低于中线，其中有8个字母在写法上略有变形。马格里布体又分为突尼斯体、阿尔及利亚体、非斯体、苏丹体等。14～15世纪用马格里布体书写的《古兰经》行文漂亮风格别致，后被视为北非地区抄写《古兰经》的标准体。现该体仍流行于埃及以西的的黎波里直至摩洛哥的西北非地区，在整个阿拉伯伊斯兰世界有一定的影响。（陈进惠）

马桂源(1843～1873) 中国清代同治年间青海西宁地区回族、撒拉族穆斯林起义领导者之一。一作马归源。西宁人。中国伊斯兰教华寺门宦创始人马来迟的四世孙。幼承家学，受过清真寺经堂教育。咸丰十年(1860)接替其兄马复源执掌华寺门宦教权，承袭巴燕戎格厅(今青海省化隆回族自治县)和循化厅总约世职，以曾戴五品蓝翎，被教众奉为“顶子太爷”。咸丰末年，马文义在巴燕戎格厅首倡起义，马桂源号召教众响应，并成为这支起义军的领袖。同治二年(1863)率部围攻西宁城达半年之久，迫使西宁办事大臣出面主持“抚局”，马桂源署循化同知，同治七年(1868)，任西宁府知府。其兄马本源署中营游击，护西宁领总兵篆。兄弟二人在回民聚居的西宁东关筑起土城，扩建东关清真大寺高逾城墙。同时倡议修缮孔庙，会同汉民商绅成立维持社会治安机构，并下令各地修整渠道，一时社会安定，民族和睦。同治十一年(1872)正月，河州马占鳌降清后，马桂源以西宁知府身份前往安定(今甘肃定西)左宗棠大营与之周旋，得知其决计进攻西宁，即返回布防备战。同年八月抚局破裂，马桂源兄弟毅然与退居西宁南川一带的陕西回军联合继续抗击清军，公推马本源为“统领河湟陕兵马大元帅”，组织各路义军在小峡一线与清军浴血鏖战，终因众寡不敌而退守巴燕戎格，后被清军沈玉遂、马占鳌设诈诱捕。同治十二年(1873)春，马桂源、马本源被押解兰州，惨遭左宗棠杀害。（喇秉德）

马果园 见马万福。

马哈麻 中国明代回回天文学家。字仲良。原籍麦加西北的准带(今吉达)。明洪武二年(1369)随其父马德鲁丁来华，献土盘历法，遂留明回回司天监任职。其父逝世后，他在回回钦天监任灵台郎一职，并与其兄马沙亦黑同被授予“回回大师”称号。他擅长天文星占，曾于洪武十五年(1382)奉明太祖之命，同武英殿大学士吴伯宗等翻译西域的星占书，翌年译成，称之为《明译天文书》，并在正文前写有译序。洪武二十四年(1391)，他升任钦天监监副，直到洪武三十一年(1398)该监被解散为止。明成祖北迁后，南京钦天监仍然保留，内设回回科，马哈麻受命留南京钦天监任职。（陈久金）

马哈茂德(Maḥmūd，971～1030) 伽色尼王朝素丹，著名军事家。一译“马默德”。出身于原突厥奴隶家庭，其父苏布克特勤为伽色尼王朝的创建者。早期曾任军队将领，协同其父征服呼罗珊等地。998年他27岁时承袭父位，集军政和司法大权于一身，实行君主专制统治，继续向外征讨，将伽色尼王朝发展成为一个封建帝国。999年，他拥兵与中亚喀喇汗王朝联合夹击，灭萨曼王朝，并以乌浒河为界，中分了萨曼朝的领土。1001～1026年，他率领强大的军队远征印度北部，在26年中先后入侵印度17次，一直侵止恒河流域，吞并了旁遮普地区。伽色尼军所到之处，大肆破坏和掳掠，摧毁繁华的曲女城，劫夺古吉拉特富有的苏姆那特城的湿婆神庙。将印度大量珍宝和财物掠往伽兹尼城，用来修建宫殿和其他建筑，并将俘虏的几万名印度男女沦为奴隶。1008年在巴尔赫打败喀喇汗王朝军队，阻止了其入侵。1017年征服花剌子模。后向西进攻布韦希王朝，占领赖伊、伊斯法罕等地。马哈茂德信奉伊斯兰教逊尼派教义，以伊斯兰教的保护者自居，自称素丹。据阿拉伯史籍载，马哈茂德是首先使用“素丹”称号的穆斯林君主。1001年他宣布承认阿拔斯王朝的宗主权，被哈里发封为“加齐”(al-Ghāzi，意为“征服者”)称号。在铸造的钱币上称自己为“埃米尔”(即省督)。他采用波斯行政制度,加强中央集权。重垦荒田,兴修水利,奖励工商业。他保护科学文化和艺术,其宫廷聚集了众多著名学者和诗人,给予优厚的物质和政治待遇。他亲自参加学术讨论,以重金奖掖学术著述。在首都伽色兹城兴建壮丽的清真寺,创办第一所伊斯兰大学,建立图书馆和天文台,使伽兹尼城成为当时中亚的伊斯兰文化和学术中心。他执政时为伽色尼王朝的鼎盛时期。 (杨克礼)

马哈茂德·喀什噶里(约1029～1105?) 11世纪中国维吾尔族著名语言学家、突厥语学家、哲学家。全名伊本·穆罕默德·本·侯赛因·马哈茂德·喀什噶里。生于中国新疆古城喀什噶尔(今喀什市)乌帕勒村。其父穆罕默德·本·侯赛因是喀喇汗王朝的皇族,为巴尔恩韩城的首领,精通伊斯兰经籍和突厥文化。其母布维·拉比亚知识渊博,为其子的成才作出了毕生的努力。马哈茂德曾在喀喇汗王朝都城喀什噶尔,就学于“麦德莱赛·哈米底耶”学校和“麦德莱赛·沙吉耶”学院,受过系统的高等宗教和文化教育。1058年,因其父在宫廷事变中遇难,他外出流浪了14年。曾游历过布哈拉、撒马尔罕、内沙布尔等伊斯兰文化名城,向各地学者求教,并实地考察了中亚突厥语系各部落的语言、民间文学和风土人情,收集了大量资料;同时深入学习伊斯兰教史和伊斯兰哲学。他精通突厥语、阿拉伯语和波斯语,且在文学、历史学、地理学和民俗学等多方面具有渊博的知识。晚年曾留居阿拔斯王朝首都巴格达,于1072～1074年编成了以阿拉伯语解释突厥语的语言学巨著《突厥语大词典》,献给阿拔斯王朝第二十七代哈里发穆格台迪。1080年从巴格达返回故乡,从事学术研究和教育工作。《突厥语大词典》通过丰富的语言材料,广泛地介绍了喀喇汗王朝时代维吾尔及突厥语系各民族的政治、经济、宗教、文化、历史、哲学及风土人情。收入该词典的格言、成语、谚语、民歌、诗歌,包含有丰富的哲学内容。他的哲学思想受到伊斯兰教义和阿拉伯哲学的深刻影响,认为独一无偶的真主是宇宙万物的创造者,穆斯林必须坚定地信仰崇拜安拉。同时认为自然界受规律的支配,处在运动、变化和消亡之中,“时光流逝,人莫能阻;人亦不能永存”。他用云与云之间的碰撞以及月晕等自然现象解释闪电、下雨,承认自然界处在不断运动之中。在伦理道德上,他提倡语言文雅,心灵纯洁,行为端正,认为“人们的品德表现在言行之中”;他还提倡谦虚谨慎、忠诚老实,勤于工作和劳动,反对游手好闲、好吃懒做、挥霍浪费。他劝喻人们要善于区分善与恶、是与非、真理与谬误。他还无情地揭露了当时的伯克、政府官吏的贪婪和腐化,对劳动人民的疾苦深表同情。他提倡人们要学习文化知识,尊重学者,以知识清除愚昧。主张以科学知识治国,君主贤明施仁政,关心百姓疾苦,才能使人民安居乐业。马哈茂德·喀什噶里是维吾尔族文化史上有巨大贡献的学者,在国内外学术界享有崇高的声誉。他的另一部语法著作《突厥语荟萃》已失传。他约于1105年在喀什噶尔逝世。1983年经考古发现其陵墓坐落在今喀什地区疏附县乌帕勒乡阿孜克村的一座小山丘上。现被新疆维吾尔自治区列为文物保护单位。 (杨克礼)

马哈茂德·喀什噶里麻札 中国新疆地区喀喇汗王朝著名穆斯林学者、《突厥语大词典》的作者马哈茂德·喀什噶里的陵墓。一名“哈兹拉特·毛拉麻札”,全称“哈兹拉特·毛拉·舍姆斯丁·本·辛·马哈茂德·喀什噶里麻札”。在新疆维吾尔自治区疏附县乌帕勒乡。始建于12世纪初。现仅存大门与墓室。大门两侧各建1座圆柱形邦克楼,属阿拉伯式建筑。墓室距大门50余米,土木结构,平顶。顶棚以彩绘木雕图案装饰,四壁有波斯文题词,字迹已难以辨认。墓室左侧有一片废墟,据传为经文学校遗址。马哈茂德·喀什噶里晚年自巴格达返回后,曾亲自主持故乡的这所经文学校。原有墓志铭1块,后丢失。现存1部150年前捐赠给麻札的诗集,书后附有马哈茂德·喀什噶里同时代的一些著名学者署名的“布施册”。数百年来,该麻札一直受到维吾尔族穆斯林的景仰和朝谒,一些苏非派修士甚至长期在此隐居。该麻札近年得到修整,已面貌一新。 (马品彦)

马哈只墓 中国明代回族穆斯林航海家郑和父亲的坟墓。位于云南省晋宁县昆阳城月山西坡。墓前有石碑3幢,左右两幢系后人所立,分别镌刻《明史·三保太监传》及《郑和太公墓志铭跋》,中间一幢镌刻《故马公墓志铭》,永乐三年(1405)勒石。碑文作者系当时的礼部尚书兼左春坊大学士李至刚。碑文述明马哈只生于元至正甲申年(1344),卒于明洪武壬戌年(1382)。生有二子、四女,其次子即郑和,“自幼有材志,事今天子,赐姓郑,为内宫太监”。铭文末对马哈只揄扬有嘉:“身处乎边陲,而服礼义之习;分安乎民庶,而存惠泽之施;宜其余庆深长,而有子光显于当时也。”碑阴又刻有郑和第二次远航归来祭祖扫墓的记载,时间刚巧是永乐九年(1411)十一月二十二日至闰腊月吉日,恰值希吉来历740年斋月。碑身为红砂岩料所制,高1.6米,宽0.93米;上有半圆碑额,四边有花萼纹饰,下有砂石龟座。此墓对研究15世纪驰誉世界的航海家郑和的身世、族籍、宗教信仰等提供了丰富的史料。1981年后,墓地已辟为“郑和公园”,园内且建有“郑和纪念亭”和郑和纪念馆。 (林 松)

马赫迪宫 见马赫迪陵。

马赫迪教义 伊斯兰教义思想之一。该教各派均有这种思想,什叶派更作为伊玛目教义的一部分。“马赫迪”(Mahdi)一词为阿拉伯语音译,意为“被引上正道的人"，用来称呼末世复临人间的救世主。伊斯兰教早期，该词也用来尊称一些政治、宗教领袖人物。马赫迪教义中关于去世的宗教领袖会"重返人间"的思想最早来源于改信伊斯兰教的也门犹太人赛伯伊（'Abdullāh ibn saba'），他曾宣传穆罕默德将来仍要转回世间，说阿里被刺杀后没有死。关于阿里之子伊本·哈奈菲叶是马赫迪的主张系由凯桑尼派提出，他们说699年去世的伊本·哈奈菲叶没有死，而是隐藏在麦地那以西的利德瓦山中，他将重现于世，给世界带来正义。该派称他为"被期待的马赫迪"。伍麦叶王朝末期，马赫迪思想已广为流传。阿拔斯人的黑旗就是一种马赫迪降临的标志。当时，伊玛目隐遁并将重返人间的思想已经深入人心。什叶派十二伊玛目支派第六任伊玛目贾法尔·萨迪格之子伊斯玛仪死后，尽管有一批伊斯兰长老作证他确已死亡并葬入麦地那的坟地，但仍有人宣布伊斯玛仪只是隐遁起来，他或他的儿子穆罕默德·本·伊斯玛仪是马赫迪，世界末日来临前，他会重返人世，消除邪恶与不义。伊斯玛仪派的分支卡尔马特派曾宣布过一个马赫迪降临，新纪元开始。伊斯玛仪派的法蒂玛王朝创始人也自称为马赫迪。伊斯玛仪派的马赫迪条件有：一是阿里和法蒂玛的后裔；二是最后一个已经隐遁起来的伊玛目；三是他将在适当的时候归来，使大地充满正义和公道；四是马赫迪的到来标志着新纪元的开始，教法等现行制度将废除。十二伊玛目派强调马赫迪是第十二任伊玛目穆罕默德·蒙泰扎尔，称他为"时代的主人"，说他隐遁归来时要光复真主的伊斯兰教，并征服全世界，开创末世前的最后一千年。当时马赫迪思想在整个伊斯兰教中广泛流传，逊尼派虽没有统一的马赫迪教义，但一般承认马赫迪是末世来临前出现的一个有救世主性质的人物，他"降临"世间，不像什叶派主张的"转回世间的隐遁伊玛目"，他根据神圣的教法治理乱世，复兴逊尼派的信仰，而不像伊斯玛仪派主张的废除教法等伊斯兰教制度、开创新纪元。逊尼派的马赫迪教义最后以圣训方式固定下来，说末世来临前尔撒圣人将降临世间，他遵守穆罕默德的教律，不再新创典章，他将统帅众人礼拜，而最后一位伊玛目——马赫迪，将随着尔撒圣人礼拜，尔撒将带来末世前40年的太平盛世。

（郭承真）

马赫迪陵（Mahdi's Tomb） 苏丹民族英雄穆罕默德·艾哈迈德（1844～1885）的陵墓。习称"马赫迪宫"。位于恩图曼城东，尼罗河西岸。1881年穆罕默德在南科尔多凡地区发动武装起义，反抗在英国殖民主义者支持下的埃及封建王朝的统治，他宣布自己为马赫迪（即救世主）。1885年他率穆斯林军解放喀土穆，打死英国殖民总督兼侵略军司令戈登。同年6月在恩图曼病逝。马赫迪陵墓是一座伊斯兰风格的淡黄色建筑，高40多米，直径20多米，中间为银灰色锥形圆顶，周围环绕着4个小型圆顶，样式与主圆顶相同，金碧辉煌，雄伟壮观。1898年，英国殖民军卷土重来，挖开马赫迪陵墓，悍然将遗体抛入河中。现陵墓里陈列有雕刻精致的马赫迪棺椁、画像以及他领导苏丹人民武装斗争的实物、图片、资料等。其中有一杆锃亮长矛，就是当年刺死戈登的锐利武器。（杨克礼）

马宏道（1899～1968） 中国穆斯林学者。回族。北京牛街人。出身于阿訇世家。童年就学于牛街礼拜寺附设之儿童阿文班，嗣后入私塾读古汉语。及长，先后负笈天津、安东（今丹东）、长春，投师于王静斋、于少斋、李廷相诸阿訇门下，攻读阿拉伯文、波斯文和伊斯兰教典籍。1921年，在北京创办《清真周刊》。1922年3月，随王静斋赴中东，先至印度孟买，入奥斯曼伊斯兰经学院，攻读教义学；半年后与师同至埃及，入爱资哈尔大学，旋赴麦加朝觐。与王师分手后，进土耳其伊斯坦布尔师范学院；继进伊斯坦布尔大学哲学系，研读伊斯兰哲学，1933年卒业时获文学学士学位。同年秋回国，向当时国民政府建议与土耳其建交，并在边疆学校开设土耳其文班；被采纳后，受任为参谋本部边务组少将专门委员。翌年奉派为中央宣导回民特派员，赴直、鲁、豫各省回民聚居区，宣传土耳其改革情况。1935年初，中土建交后任中国驻土使馆秘书。1940年回国后，遍访西北各省清真寺及道堂，宣传抗日救国。1948年任西北大学边政系教授。1949年，任新疆学院教授、省政府顾问、陶峙岳的少将高参。新中国成立后，参加西北上层人士组成的和平谈判代表团，与马鸿宾进行和平谈判。抗美援朝时，曾赴朝鲜做土耳其俘虏思想工作。20世纪50年代初，参加筹建甘肃省文联，任副主席；后任甘肃省伊斯兰教协会学习委员。60年代初奉调回北京，在中国伊斯兰教协会任职。

（冯今源）

马化龙（1810～1871） 中国伊斯兰教苏菲主义哲赫林耶学派第五代教主。经名妥必尔图拉，尊号赛义德·束海达依（即殉道者的领袖）。回族。祖籍宁夏灵州（今灵武）。祖父和父亲是哲赫林耶学派的第三代和第四代教主，但当时清廷严禁该派传教，祖父马达天被以"夜聚明散"之罪捕于兰州，发配于黑龙江，行至吉林船厂被折磨而死。父亲马以德虽竭尽全力恢复该派，但慑于清政府的迫害，不敢公开活动，故未能发展。马化龙幼时生活贫困，曾在伏羌南关马二阿訇（又称"关里爷"）和山东金阿訇门下学习阿文和经学，学成"穿衣挂幛"为阿訇后，与其弟务农经商，生活富裕，曾捐得千总武职。

1849年，清廷正面临列强侵侮，无暇顾及该派的发展。马化龙继任哲赫林耶教派第五代教主后，遂开始了振兴哲赫林耶的活动。他的门下经常往来于宁夏同心、盐池及甘肃的平凉、固原、庆阳、静宁，陕西的定边、绥德以及内蒙等地，走访教众，宣传教义，扩大影响。并委派热依斯管理教坊，兴办经堂教育，培养满拉、阿訇；同时，派人四处经商，增加经济实力，作为传教经费。对贫穷教众常予以经济援助，因而信众之多，活动地方之广，均超过前几任教主，成为哲赫林耶教派继马明心之后的第二次大发展时期。清吏曾毓瑜在《征西纪略》中说："马化龙者，甘肃新教巨魁也"，"自称总大阿訇"，"遇回奉之若雷电鬼神，没敢有异"。由于各地信众增加，束脩馈赠随之增多，其子马耀邦又善于理财，所经营的商业扩展至东北、西南及东南各大都市，十数年间，成为"富甲一乡"士绅。又由于他在灾荒之年，对宁夏贫苦的群众，不分回、汉均给予施舍，故又获得了"马大善人"之称。他既有经济基础，也有政治地位，进一步发展了该派，全国不少回族地区都有他的教民，河北、黑龙江、吉林、汉口和云南、新疆都有他的热依斯。马化龙在本教派内外都具有较高威望，他为了反对清朝的民族压迫和宗教歧视政策，以大教主的宗教权威，在咸、同年间发动了著名的宁、灵反清起义，成为西北回族反清起义的主要领袖之一。他以"总理宁郡两河等处地方军机事务大总戎"之名，坐镇金积，指挥宁、灵、平、固、秦、伏等地义军，左右西宁、狄河、肃州及陕回各路反清大军。同治八年(1869)，左宗棠集中全部兵力命令提督刘松山及雷正绾等部对金积、吴忠等500多座回民堡寨发动进攻时，以马化龙为首领的灵州回民与陕西部分回民起义军联合一起，所据各堡寨拼死抵抗，击毙了刘松山，给清军以沉重打击。同治九年(1870)，由于粮尽援绝，为了保全回民教众免遭屠杀，率子受缚。同治十年(1871)，马化龙父子、亲属及反清首领共1800余人壮烈牺牲。教民为怀念他的殉难，尊其为"十三太爷"。马化龙出身于宗教世家，从曾祖七阿訇至他，都是灵州著名阿訇，祖父马达天又是马明心的学生，他们一直承袭马明心的道统。但自马以德以来，改变了马明心"传贤不传子"的主张，开创了"父传子受"的世袭教权制，同时改变了马明心的"办道者不积聚钱财和清贫宣教办道"的主张。马化龙认为"教权传递是时势所迫，营商贸易是为了恢复发展教门，这一切都是口唤"。（马　通）

马欢　中国明代穆斯林航海家。生卒年不详。字宗道，别字汝钦，自号会稽山樵。回族。浙江会稽(今绍兴)人。素习"西域天方教"，通晓阿拉伯语，才干优裕，被时人誉为"奇迈之士"。自永乐十一年(1413)起，以"通译"身份，先后参加郑和远航使团第4、6、7等次航行。曾于宣德七年(1432)十一月十八日最后一次远航中，随副使太监洪保所率分䑸船队去古里国(今印度卡利卡特)，复与洪保等6人一起随古里船队赴天方国(今沙特阿拉伯麦加)访问，朝觐伊斯兰教天房克尔白，带回1幅名为"天堂图"的克尔白圣寺写真画本，并西行百里至麦地那瞻仰穆罕默德陵墓。在鲸波浩渺、历涉诸邦的同时，注意采摭各国人物之丑美、壤俗之异同、土产之别、疆域之制，编次成帙，名曰《瀛涯胜览》。该书共计18篇，记述了占城(今越南中南部)、爪哇(今印度尼西亚爪哇岛)、祖法儿(今阿曼佐法尔地区)等19国的疆域道里、风俗物产及历史沿革，为研究中国远航史留下了珍贵的文字资料。（冯今源）

马回回墓　见郑和墓。

马吉里西　见麦吉利西。

马坚(1906～1978)　中国现代著名伊斯兰学者、阿拉伯语言学家和翻译家。字子实，经名穆罕默德·麦肯。回族。云南省个旧市沙甸村人。少年时就读于云南回教俱进会振兴社创办的回教高等经书并授学校，后到宁夏固原师从著名经师虎嵩山学习波斯文及经籍。1928年在上海伊斯兰师范学校学习，专修阿拉伯语和经训典籍，兼学英语，以品学兼优完成学业。1931年12月由中国回教学会选派，随第一届留埃学生团到埃及留学，曾先后在开罗爱资哈尔大学和达尔·欧鲁米阿拉伯语专科大学学习，专攻阿拉伯文、伊斯兰经籍和哲学。留学期间，他学以致用，开始译著，曾以阿拉伯文著《中国回教概观》，译《论语》、《茶神》、《河伯娶妻》、《中国格言谚语》等为阿拉伯语，在开罗刊行，向阿拉伯世界介绍了中国的学术文化。1939年以优异的成绩学成回国。回国后，历经颠沛流离，先后辗转于上海、重庆、云南等地，从事伊斯兰文化教育，并潜心致力于《古兰经》的翻译工作。从1946年起，一直担任北京大学东方语言文学系教授、阿拉伯语教研室主任。1949年担任中国人民政治协商会议全国委员会委员。从1954年起，连续当选为第一至第五届全国人民代表大会代表。是筹建中国伊斯兰教协会的发起人之一，并任该会常务委员、中国亚非学会理事等职。

毕生致力于阿拉伯语教学、伊斯兰学术文化的研究和译著活动，为促进中国和阿拉伯国家之间的学术文化交流做出了重大贡献。通晓阿拉伯文、波斯文和英文，学识渊博，治学严谨，客观求实，富有创见。其译著内容包括阿拉伯伊斯兰历史、教义、教法、哲学、教育、语言文学、天文历算等学科领域，为全面系统地翻译介绍和研究伊斯兰文化，作了开创性的工作。在译著中忠于原著，采用现代语体文，语言精练畅达，译意准确，旁征博引加以注释，阐发了自己的创见。并确立了用现代汉语词汇表达阿拉伯语的词语规范，为其他译著者所沿用。其所译全部《古兰经》，以"忠实、明白、流利"的文风著称。他是中国高等学校设置阿拉伯语言、文学专业的奠基者之一，开设阿拉伯语多学科课程，培养了大批阿拉伯语师资和专业人才。其主要译著有《古兰经》、《回教哲学》、《回教真相》、《伊斯兰哲学史》、《教义学大纲》(即《教典诠释》)、《教义读本》、《回教基督教与学术文化》、《回教教育史》、《穆罕默德的宝剑》、《回历纲要》、《阿拉伯简史》、《阿拉伯通史》、《阿拉伯文学概况》、《阿拉伯概况》、《阿拉伯语法教材》等，并主持编写了中国第一部《阿拉伯语汉语词典》。1981

年中国社会科学出版社刊行了他用现代汉语翻译的《古兰经》，为中国广为流传的汉译本之一。伊斯兰世界联盟采用他的汉译本，由麦地那印经局出版了《古兰经》阿汉对照本，发行到伊斯兰世界。（沙秋真）

马晋卿（1880～1946） 中国穆斯林知名人士，实业家。字志禄。回族。河南信阳人。出身贫寒，早年辍学从商。后从事珠宝玉器、首饰业和进出口贸易。笃信伊斯兰教。毕生以财力、物力支援上海伊斯兰文化教育事业。1913年在上海创穆斯林进出口贸易公司（即上海协兴公司），香港设中转站，科伦坡设有分公司。旨在筹集资金，兴办宗教学校和翻译《古兰经》等。马晋卿先后资送哈德成、达浦生两位阿訇，以协兴公司名义前往南亚及中东各国经商兼考察教育文化多年。1916年协兴公司设立售经处，“为阐扬圣教，灌输回教经文学识，特从埃及、土耳其、印度、锡兰等处运来经典多种，以供研究伊斯兰教者的需求。”由马晋卿出资并主持翻印《古兰经》和伊斯兰教典籍20余种。1924年与哈德成、马刚侯等发起成立中国回教学会，任干事会干事，后为执行委员。1928年参与中国回教学会兴办上海伊斯兰师范学校，为该校校董。1929年春，购地3亩多，捐作中国回教学会会址使用。1931年中国回教学会用该地兴建了回民敦化小学，马为该校董事会董事。同年4月，上海伊斯兰师范学校第一届毕业生马坚留学埃及爱资哈尔大学，马晋卿资送其出国，并承担其留学期间的费用。1938年马晋卿持珍藏的翠灯、屏风、翠珠等珍品，派三子马鹤年、婿杨峙三代为前往美国旧金山出席金门国际博览会艺展，其收入用于赈济穆斯林难民。同年，与哈德成、伍特公、沙善余等发起成立中国回教学会《古兰经》译经社，并捐出房产两处，以租金作为译经的经费。1940年资助马坚完成汉译《古兰经》8卷本。（张志诚）

马拉喀什（Marrakech） 摩洛哥古城，南部地区的政治中心。在首都拉巴特以南320公里处。1062年由穆拉比特王朝埃米尔伊本·塔什芬兴建，并定都于此。历史上曾是北非穆瓦希德王朝和萨阿德王朝的故都。这里多名胜、古迹和园林，素有“南方明珠”之称。历史上建有数十座清真寺、宗教学校、图书馆、医院，穆斯林学者从各地来此讲学，曾为马格里布地区伊斯兰教育和文化中心之一。1195年建造的库图比亚清真寺，是北非最优美的伊斯兰建筑艺术之一。清真寺的尖塔高67米，外表富丽堂皇，在修砌尖塔时，据说在黏合石块的泥浆中拌入960多袋名贵香料，故尖塔至今仍仿佛散发着阵阵芳香。城内有16世纪的萨阿德王朝时代的圆顶陵墓、19世纪的巴希亚王宫以及达西·赛义德博物馆等。博物馆收藏有大量伊斯兰经籍手抄本及珍贵的文物。城东有700多年历史的橄榄园，是众多的园林中最大者。（杨克礼）

马来迟（1681～1766） 中国伊斯兰教苏菲主义虎非耶学派华寺门宦创始人。经名阿卜杜勒·哈里姆。回族。祖籍陕西长安，后迁居甘肃河州（今临夏）。他出身于官宦之家，祖父马从善，明诰授建武将军。其父马家俊，为武拔贡，因其家富冠河州，人称“马十万”。马来迟于康熙二十年（1681）出生后，不久其父的商店被火烧毁，喜忧之间，对子叹曰：“汝命运不佳，将仅有之产业，悉遭火化，汝何来其迟也”，故后起名“来迟”。此后家境破落。8岁时即被送到青海民和县米拉沟亲戚马汉臣处生活，并在该地清真寺学习阿拉伯文和宗教常识，后在河州八坊老王寺教长太巴巴的指导下，读完经堂大学课程，18岁时由太巴巴主持为他“穿衣挂幛”，成为阿訇。并经太巴巴推荐，先后在青海民和马营乌拉下会，甘肃河州八坊、广河三甲集等地清真寺任开学阿訇达30年之久。清雍正六年（1728），马来迟随来河州的一阿拉伯人谢赫·艾祖占伯勒去麦加朝觐。行至广州，在怀圣寺跟伊玛目·艾勒夫学习宗教经典和阿拉伯地理、风俗、方言等3个月，然后和伊斯哈格、古安巴及也门克俩米等人乘船，历两月行程，到达亚丁。先后在也门、麦加、巴格达、大马士革和开罗等地访师求学，其间在麦加谢赫·穆罕默德·本·艾哈迈德·阿格勒主持的苏菲道堂学习3年，研究纳格什班迪耶、沙兹林耶、嘎迪林耶等苏菲主义学理。回国时，著名学者毛拉·麦赫杜姆给他取了艾布·夫图哈的道号，穆罕默德·本·艾哈迈德·阿格勒送他《冥沙》、《卯路德》两经以及拜毡、长衫和传教印章等。同时，他还带回经典80卷。雍正十二年（1734），由海路经香港、广州回国，往返历时6年多。回国后，在青海循化等地传教，信众在树尔湾修建清真寺，请他设帐讲学。后应邀到云南、河南、陕西等地清真寺任教长，并传授虎非耶学理，受到各地穆斯林的拥护，成为当时西北著名阿訇之一。乾隆二十一年（1756）以来，经他传教，青海卡力岗地区的部分藏族群众亦归信了伊斯兰教，并成为华寺门宦的虔诚教众，影响较大。

马来迟主张以《古兰经》和圣训为信仰基础，遵守念、礼、斋、课、朝五大天命功课。在道乘方面，主张“闹中静”，既要静修参悟，又不逃避现实生活。这一道乘功修，只限于教统接替人和一些虔诚信徒，对一般信众则不要求。他把静修分为三等：第一等是始传道祖，或“老人家”，具有“吾里”品级；第二等是始传道祖的高足，称“海里凡”，实际上是各代继承人，具有“谢赫”的品级；第三等是求道的一般门人，大多是“海里凡”的追随者，具有寻道人的品级。他的功修很严格，每月以3天或9天或21天的时间静修。他每天礼副功拜84拜，默念“迪克尔”4.8万次。他主张默念赞词时，呼气念“俩一俩海，引兰拉乎”，吸气念“穆罕默德，拉苏卢拉”。他规定在晨礼后念自己编选的赞词和《古兰经·雅辛》章，在晡礼后念“卯路德”和《古兰经·大事》章，在晌礼后念《古兰经·开端》章，在昏礼后念《古兰经·

至仁主》章，在宵礼后念《古兰经·国权》章，在举行宗教活动时，念"大赞"或"小赞"，"大赞"一般长达 4 小时。主麻日开始念《卯路德》，"潘闪白"日完经，每日约念 2 小时，7 天轮一次。《古兰经》7 天念完全部，了经时念《冥沙》。1734 年开始在甘肃河湟地区传教，1766 年病故。 （马 通）

马来人（Malays） 东南亚信仰伊斯兰教的民族之一。①自称"马来由人"，系马来西亚的主体民族之一，人口 1839 万（1985）。大多居住在马来半岛中南部和沙捞越地区。其余约 1/3 居住在泰国等地。种族成分复杂，具有新马来人、华人、印度人和阿拉伯人血统，属蒙古人种南亚类型。语言属南岛语系印度尼西亚语族。不同地区马来人之间有方言差别。使用拉丁字母的文字。文化上受泰人、爪哇人和苏门答腊各族的强烈影响。主要从事农业，渔业和航海业发达。据中国文献记载，公元初已建立国家。5～7 世纪与中国有友好往来。14 世纪建满剌加王国，成为当时东南亚海上强国。16～20 世纪相继遭受葡萄牙、荷兰和英国殖民统治。1957 年获得独立。马来人历史上受印度教影响很大，后来绝大多数改信伊斯兰教，信奉逊尼派教义，遵奉沙斐仪法学派教法。伊斯兰教于 14 世纪从北方传入。15 世纪马六甲王朝第二代国王伊斯坎达尔·沙因仰慕阿拉伯商人的富有而归信了伊斯兰教。此后伊斯兰教成为马来人信仰的主要宗教。明代马欢《瀛涯胜览》中记载："国王国人皆从回回教门，持斋受戒诵经，其王服用以细白番布缠头。"他们在伊斯兰教的各主要节日，举行庆祝或纪念活动，但仍保留印度教的某些仪式，妇女亦无戴盖头（巾）的习惯。②泛指分布在太平洋和印度洋各岛国的民族。 （伊力奇）

马来西亚国际伊斯兰大学（Malaysia International Islamic University） 现代东南亚国际性的伊斯兰高等学府之一。校址设在马来西亚首都吉隆坡远郊必打灵查亚城。该大学创建于 1983 年，系根据马来西亚政府同马尔代夫、孟加拉、巴基斯坦、土耳其、利比亚、埃及以及国际伊斯兰会议组织之间签订的协议而创办，现已被接纳为国际大学联盟的成员。大学以伊斯兰教教义、法律和学术文化为教学的基础，开设有关法律、经济和商业管理等学士和研究生学位的课程。各专业课程内容重点以当代伊斯兰学术为"核心"，兼及现代科学文化知识。为了适应学校的国际性地位，教学全部使用英语授课。英语和阿拉伯语均为必修课程。尚未取得进修学位资格的学生必须经过英语考试和进修学位考试，尽管大学是国际性的，但由于马来西亚是东道国和两个发起国之一，学校行政和教学管理主要参照马来西亚学校的体制。现名誉校长是彭亨州素丹艾哈迈德·沙阿，校长是前总理敦·侯赛因。学校具有各种现代化教学设备。据统计，1984～1985 年度，在校学生人数为 700 多人。到 90 年代末，学生将增至 7000 人左右。该校面向整个伊斯兰世界，招收男女学生，也招收爱好研究伊斯兰教的非穆斯林学生入学。学生来自马尔代夫、阿富汗、印度尼西亚、冈比亚、尼日利亚、文莱、菲律宾、中国、韩国、日本、泰国、澳大利亚、新西兰及马来西亚等国。随着学生人数的增多，学校拟在今后 10 年内将校址迁至吉隆坡近郊彭亨城，新校设施已动工兴建。 （杨克礼）

马来西亚国家清真寺（Masjid Dawlah Māliziya） 马来西亚伊斯兰教著名清真寺。为东南亚地区最大的清真寺。位于首都吉隆坡市中心。占地面积 5.5 公顷。1957 年由马来西亚首任总理东古·拉赫曼主持、政府出资修建，历时 8 年，1965 年建成。建筑造型优美，外观与装饰为阿拉伯伊斯兰建筑形式和现代形式相结合。主要建筑有：礼拜大殿、宣礼尖塔、陵墓和寺院办公大楼等。礼拜大殿高大、宽阔，可容 8000 人礼拜，重大宗教节日仪式在此举行。大殿屋顶由 49 个大小圆拱顶组成，最大的直径 45 米，呈 18 条放射星芒，代表伊斯兰教"五功"和马来西亚全国 13 个州。附设有贵宾室、图书馆和可容千人的诵经堂。大尖塔的塔尖呈火箭形，象征穆斯林重视现代科学技术。塔高 73 米，有电梯和楼梯通至上端。陵墓建在清真寺后，有桥廊相通。墓上有遮阳圆顶，陵内有六七个墓冢，专门安葬穆斯林的"国家英雄"，即埋葬曾担任过国家元首和政府首脑的穆斯林。如前总理拉扎克和前副总理伊斯玛仪即葬于此。在这片巨大的建筑群中央，点缀有水池和喷泉。寺外墙壁上雕刻有精美的图案和阿拉伯文《古兰经》文。该寺为全国伊斯兰文化中心。

（杨克礼）

马来西亚伊斯兰教 马来西亚位于东南亚，全境被南中国海分割成东马来西亚和西马来西亚。面积 32.9758 万平方公里。人口约 1737.3 万（1989）。其中西马 1432 万人，马来族占 57.91%，华人占 31.58%，印度、巴基斯坦人占 9.87%；东马人口中沙捞越 162.8 万，以伊班族为主，沙巴 142.5 万，以卡达山族为主。马来语为国语，通用英语和汉语。信奉伊斯兰教的占居民的 54%左右，伊斯兰教为国教。首都吉隆坡。

马来半岛南端的马六甲海峡是南洋群岛同印度、中国、西亚、非洲海上贸易的交通要冲。最初伊斯兰教通过这条商路由穆斯林商人传入苏门答腊。11 世纪时，在霹雳、马六甲等地已有阿拉伯、印度穆斯林商人定居。13 世纪末，须文达剌—巴赛建立伊斯兰教王国，并将伊斯兰教始传入马六甲及其附近岛屿。14 世纪，在外籍穆斯林商人和传教师的影响下，马来沿海地区的大商人和封建主出于商业经济利益，先后改宗伊斯兰教，并使伊斯兰教的传播向内地发展，穆斯林商人控制了马六甲海峡的贸易。15 世纪初，原臣属满者伯夷王国的马六甲王国开始伊斯兰化。据载，马六甲第一代国王拜里迷苏剌(1405～1414在位),据传约于1413年改宗伊斯兰教,取名伊斯坎达尔·沙。其子穆罕默德也改奉伊斯兰教,于1414年继承王位(1414～1424)。马欢以1413～1415年的见闻为素材撰写的《瀛涯胜览》中载:满剌加"国王国人皆从回回教门,持斋受戒诵经,其王服用以细白番布缠头。"第四代国王穆扎法尔·沙(1445～1459在位)执政时,始称"素丹",立伊斯兰教为国教,实行伊斯兰教法,创建清真寺、宗教学校和苏菲派道堂,伊斯兰教在马来半岛得到广泛传播并取得主导地位。马六甲素丹国代替须文达剌—巴赛王国成为向东南亚传播伊斯兰教的根据地。在素丹曼苏尔·沙(1459～1477在位)统治时期为王国最强盛时代。他统一马来半岛其他地区并向苏门答腊扩张。先后率军征服彭亨、柔佛、雪兰莪、霹雳、丁家奴、吉兰丹等地。苏门答腊中部的坎帕尔、罗甘、英德拉基里等相继沦为马六甲素丹国的藩属并归信伊斯兰教。15世纪,伊斯兰教从马六甲由商人和传教师先后传入爪哇、马鲁古群岛和加里曼丹。1511年,葡萄牙殖民者占领马六甲,从此沦为殖民地。第七代国王马哈茂德·沙(? ～1528)转移至柔佛地区,建立柔佛王国,初建都宾坦岛,后迁旧柔佛。后历代素丹领导人民同葡萄牙、荷兰、英国殖民主义进行了长期斗争。20世纪初沦为英国殖民地。1941年日本侵入马来西亚,战后英国卷土重来。1957年8月,马来联合邦正式独立。同年制定的联合邦宪法规定,伊斯兰教为马来西亚的国教,国家有权通过法律手段,限制在穆斯林群众中传播其他宗教教义;禁止印刷、出版、发行有损于伊斯兰教逊尼派教义的书刊及其他出版物;穆斯林除受国家制定的各项法律约束外,还有义务遵守伊斯兰教法;涉及穆斯林"私人身份"的民事纠纷和宗教事务,皆由伊斯兰法院裁决。国家元首为国家首脑和伊斯兰领袖。9个州的世袭素丹为当地政教合一的首领。

马来西亚穆斯林绝大多数属于逊尼派,遵奉沙斐仪学派教法。瓦哈比派学说和伊斯兰现代主义思潮也有所流传。伊斯兰教学者和长老享有较高社会地位。1967年,全国有2000多座清真寺,建有现代化设施的马来西亚国际伊斯兰大学。伊斯兰教政党和组织有:泛马伊斯兰教党(1948年成立)、伊斯兰统一阵线(1978年成立)及民间群众组织马来西亚穆斯林兄弟会、马来西亚穆斯林福利组织等。1980年曾在马来西亚举行过"东南亚和太平洋地区伊斯兰布道会议"、"国际《古兰经》诵读比赛大会"等。马来西亚同阿拉伯伊斯兰国家往来密切。马来西亚为:伊斯兰会议组织、世界伊斯兰大会、伊斯兰世界联盟成员国。1972年起,国际伊斯兰新闻社设在吉隆坡。 (杨克礼)

马来西亚伊斯兰教党(Malaysian Islamic Party) 马来西亚伊斯兰教政治组织。原名泛马来西亚伊斯兰教党。1951年8月由马来民族统一机构(简称"巫统")分裂出来的部分伊斯兰宗教教师创建。其成员主要是马来族穆斯林,但也吸收非马来族穆斯林,并设有华人穆斯林支部。它是马来西亚影响较大的反对党,主要力量在北马各州。下属有青年和妇女组织。该党主张以伊斯兰教法为国家一切法律的主要依据,建立伊斯兰共和国。马来亚独立后,在历届大选中都获得一些席位,曾一度在吉兰丹和丁加奴两州执政。1973年1月同意与马来亚联盟党组织各级联合政府。1974年成为国民阵线的成员党。1977年被国民阵线开除,再度成为反对党。1982年在大选中获5个国会议席和23个州议席。其组织机构除中央委员会外,设州联络委员会、区分部和支部。主席为优素福·拉瓦。中央委员会委员共20名,其中8名由主席委任。州设专员1名,由主席委派。 (杨克礼)

马勒尔王国 见马里帝国。

马里艾哈迈德·巴巴文献研究中心(Centre de Documentation et de Recherche Ahmed Baba) 西非著名的伊斯兰学术研究机构。1973年11月在联合国教科文组织支持下创立,地址在廷巴克图。以16世纪苏丹(今马里)著名伊斯兰教学者艾哈迈德·巴巴之名命名。因他曾撰写过58部著作,是当时廷巴克图家庭最有名望的人士,曾为廷巴克图培养了许多伊斯兰法官、伊玛目和教授。该中心系研究非洲历史,是增进非洲与阿拉伯—伊斯兰文明及其他非洲文明的机构。其宗旨和任务是:搜集、鉴定、整理、研究和介绍有关非洲历史与文化的阿拉伯文或其他非洲文的原始文献手稿,努力发展阿拉伯—伊斯兰文化,尤其注重对西非伊斯兰教历史与文化的研究,促进国内外学术交流。从1985年1月起,出版半年刊《桑科勒》(Samkore),刊载中心的研究成果。 (黄陵渝)

马里帝国(Imbarāṭūriyyah Māli) 中世纪西非曼丁戈人建立的伊斯兰教国家(1235～1660)。亦称"马勒尔王国"。"马里"意为"国王驻地"。曼丁戈人发祥在尼日尔河上游,约8世纪时结成部落联盟,发展了西苏丹的农耕文化。10世纪曼丁戈族的马林凯人在巴科伊河上游和尼日尔河上游地区建立马里酋长国,长期依附加纳王国。11世纪中期,摩洛哥的穆拉比特王朝军队征服加纳,马里趁机恢复独立,第一位国王巴拉门达拉(亦称"古尔曼达纳")及统治阶层归信伊斯兰教。马里国家的真正缔造者为穆萨·凯塔(1200～1218在位),创建康加巴城作为首都,始建制度,曾4次去麦加朝觐,后推行伊斯兰化政策,加速了伊斯兰教在各部落的传播。在国王松迪亚塔(即马里·亚塔,1230～1255在位)统治时期,于1235年灭苏苏王国(亦称"卡尼河加国"),被所征服的小国酋长拥为"伟大君主",史学家将这一年作为帝国形成的标志。1240年灭加纳王国,并毁其首都昆比,兼并其领土,后又征服麦马国和桑卡拉等国,将首都从康加巴迁到尼亚尼

(Niani)。他振兴经济，发展商业，国力强盛。其疆域西起塔克鲁尔，东至尼日尔河河套，南起沃尔特流域，北至瓦拉塔南缘，奠定了帝国基础。1255年，曼萨·乌利(1255～1270)继位后，将疆域扩大到萨赫勒地带，并控制了瓦拉塔，曾一度征服了桑海王国，并通过撒哈拉商道，同马格里布穆斯林世界开展交往。1285年，宫廷释奴萨库拉(1285～1300)趁王室内讧夺取王位。他继续扩张领土，曾先后占领杰内、加奥、廷巴克图和塔克鲁尔等地，统一塞内加尔河下游，再次征服桑海。马里帝国勃然中兴，西苏丹地区小国纷纷归附，纳贡称臣，使伊斯兰教得到广泛传播。在曼萨·穆萨统治时期(1312～1337)，马里进入鼎盛时期。他扩疆拓土，经济繁荣，文化昌盛，国际往来频繁。1324～1326年，穆萨率随员8000余人，以500多奴隶执金仪仗，携带大批黄金，途经开罗去麦加朝觐，轰动伊斯兰世界和欧洲，成为非洲中古史上的重大事件。14世纪末，因朝廷王室内讧，国势转衰，周围各部落不断起兵侵袭。15世纪初，麦马、迪亚拉脱离马里。1433年，图瓦雷格人占领廷巴克图、瓦拉塔和阿拉旺。1465～1468年，桑海人先后占领廷巴克图和杰内，并夺取其首都，在东部地区取代马里帝国。16世纪，桑海王国完全控制了北部和东北部的商业中心地区，马里王室偏安于巴马科以南地区。1630～1646年，班巴拉人和富尔贝人结盟多次进攻马里，马里末代国王马马杜三世战败，退守康加巴。约于1660年为班巴拉人的塞古王国所灭。

马里帝国的政治制度是中央集权制。国王(曼萨)拥有行政、军事、司法和宗教的最高权力。中央和地方官员都由国王任命。社会基本经济单位为父权制的家庭公社，奴隶劳动在经济中占有重要地位。帝国采取多种措施发展农业、手工业、采金业和商业，鼓励对外贸易，使亚、非、欧商路畅通，突尼斯、埃及和阿拉伯商人遂云集于加奥、廷巴克图和杰内市场。金矿生产和商业贸易为主要经济来源。13～14世纪马里是西非最富庶的国家。

马里帝国统治者11世纪立伊斯兰教为国教，信奉逊尼派教义，积极推行伊斯兰化政策，随着疆域的扩大和商业贸易的发展，使伊斯兰教在西非的传播和影响更加广泛。12世纪中叶至13世纪初，国王哈马马、吉吉·比拉勒和穆萨·凯塔曾几次到麦加朝觐，并学习伊斯兰教义，加强了与伊斯兰国家的联系，对帝国的形成和发展起了推动作用。14世纪，国王曼萨·穆萨依据伊斯兰教义，吸收伊斯兰国家的行政管理经验，更改以前的政治制度和朝廷仪式，以伊斯兰教法治国安邦，并以此取代了各部族的习惯法，使国家组织和行政制度向统一中央集权发展。马里国王热诚倡导吸收伊斯兰文化，广建清真寺，开办《古兰经》学校，派遣留学生到埃及学习。重金聘请埃及和摩洛哥等国的伊斯兰学者旅居马里讲学，培养了大批黑人穆斯林学者，通过他们又训练出大批懂阿拉伯文的教师，分散各地推广伊斯兰教育。当时应聘到马里的西班牙籍的穆斯林建筑师萨希利，曾在廷巴克图、加奥、杰内等城市设计修建清真寺和宫殿，开创了马里著名的“苏丹式”的建筑风格。一些商业城市发展为伊斯兰学术文化中心，尤以廷巴克图最负盛名。该城建有多所清真寺、学校和图书馆，学者云集，研究领域广泛，包括《古兰经》注释、教义教法、语言、逻辑、文学、医学等。其中桑科尔清真寺收藏有大量书籍手稿，吸收了非洲乃至欧洲的几千名学生来此学习，成为驰名穆斯林世界的伊斯兰大学。阿拉伯语逐渐为上层和文化人士所采用，阿拉伯语中的政治、经济、宗教方面的词汇，极大地丰富了马里各部族的语言。马里帝国的文化，既吸收了阿拉伯伊斯兰文化的精华，又保存了西苏丹黑人固有文化的特色，而融会成一种独特的文化，使黑非洲进入文明时期。

(杨克礼)

马里伊斯兰教 马里共和国位于非洲西部撒哈拉沙漠南缘，属内陆国。面积为124.1238万平方公里。全国人口916万(1989)，90%是当地黑人。全国有23个部落。主要有班巴拉人、颇尔人、索宁克人。此外还有富拉尼人和桑海人等。全国居民70%信奉伊斯兰教。通用班巴拉语，官方语言为法语。首都巴马科。马里原名苏丹，历史上曾经是加纳帝国、马里帝国、桑海帝国的中心地区。1076年，北非的穆拉比特人征服加纳帝国并占领其首都，统治者接受伊斯兰教，开始了伊斯兰教的传播。13世纪起，马里帝国取代加纳帝国，王族成员及社会上层归信了伊斯兰教，使伊斯兰教的传播更加广泛。1324年，马里帝国国王曼萨·穆萨带领大批人马和黄金去麦加朝觐。15世纪，桑海帝国的王室首先接受了伊斯兰教，并在全国普遍推行。1497年，桑海国王穆罕默德·杜尔去麦加朝觐，获得西苏丹地区哈里发称号，聘请开罗等地伊斯兰学者到廷巴克图的桑科尔大学讲授《古兰经》、伊斯兰教义和法学，廷巴克图成为西非内陆著名的商业和伊斯兰文化中心。19世纪初，马西拉王国的国王艾哈迈德用武力迫使臣民归信伊斯兰教。1852年，西苏丹伊斯兰领袖哈吉·欧麦尔发动“圣战”，打败了马西拉王国，传播苏菲派提加尼教团教义。1895年法国入侵，哈吉·欧麦尔和艾哈迈德·塞古父子先后领导马里人民进行抗法战争，为了抵制法国的“同化”政策，当地有些居民改信了伊斯兰教。1960年宣告独立。马里的穆斯林属于逊尼派，教法上遵从马立克教法学派。苏菲派有广泛影响，主要有卡迪里、提加尼、哈马里等教团组织。在巴马科、廷巴克图和塞古设有伊斯兰经学院，《古兰经》学校遍及城乡。伊斯兰教在其社会生活的各个领域中都占有重要的地位。马里为：伊斯兰会议组织、世界伊斯兰大会、伊斯兰世界联盟成员国。

(杨克礼)

马立克(Mālik) 《古兰经》中记载的天使之一。阿拉伯语音译，原意为掌权者。其专职使命是奉安拉派遣，在后世掌管惩治罪人的火狱，故有“司狱长”之称，为安拉赏善罚恶的具体执行者之一。《古兰经》云：“罪人们将来必永居于火狱的刑罚中，那刑罚不稍减轻，他们将在其中沮丧。我没有亏枉他们，但他们自欺。他们将喊叫说：‘马立克啊！请你的主处决我们吧！’他说：‘你们必定要留在刑罚中。’”（43：74～77）据经注学家解释，马立克是一位嫉恶如仇的天使，对待罪人极为严厉。故当火狱中痛苦难忍的罪人们呼喊他求主处死他们以不再受刑时，他不予理睬。一千年后，他方告之以要永远受刑下去。马立克作为令人恐惧的天使之一，同其所掌管的火狱一样，对于穆斯林具有一种威慑力量：只有在今世坚定认主独一的信仰，恪守教规并弃恶扬善，方有望在后世免遭火狱的永久刑罚。

（杨宗山）

马立克·本·艾奈斯（Mālik ben Anas，约715～795） 伊斯兰教著名教法学家、圣训学家，逊尼派马立克教法学派创始人。相传出生于麦地那希木叶尔家族，后随家族加入古莱什部落。青少年时代，师从伊本·什哈比、祖海尔、阿卜杜·拉赫曼等当地著名伊斯兰教学者，研习《古兰经》和伊斯兰教法学，成为一名博学多才的学者。曾任麦地那教长和穆夫提，培养弟子多名，早期著名教法学家奥扎仪（al-Awzā'i）、沙斐仪等皆是他的学生。马立克是早期最著名的教法学家之一，其法学思想对后世学者有广泛的影响，被尊为权威大师，所创马立克学派，为伊斯兰教历史上第一个教法学派别。创制律法之始，伊斯兰教法的理论和实体尚未形成，许多问题尚在探讨之中。马立克的基本出发点，是以《古兰经》律例和麦地那穆斯林公社的传统习惯（Sunnan，即逊奈）来审核伍麦叶王朝时期的行政惯例、法律实践和民俗习惯，以宗教伦理道德来规范世人的行为，以便有所遵循。同时还主张，在经、训中找不到具体规定时，可据“公益”原则立法断案。在此过程中，积累了大量判例，成为该派法律实体的基础。在法学思想上，该派除以《古兰经》律例、公议、类比为立法渊源外，尤为重视麦地那穆斯林的传统习惯。由于这些传统习惯后来被回溯至先知穆罕默德生前的言行，故该派亦称“圣训派”、“传述派”。马立克生前撰写过不少著作，但流传至今的只有《穆宛塔圣训集》（al-Muwaṭṭa）一部，它既是最早的一部伊斯兰教法文献，又是最古老的一部圣训集，为研究教法学、圣训学最有价值的历史文献之一。成书于8世纪下半叶，系由其弟子根据讲稿整理而成，集录圣训传说500余段，包括1700个关于审判的惯例，按教法题材分类编辑。共有15个不同版本，其中有2个完整的版本保存至今。一是叶海亚·本·叶海亚（？～848）版本，于1216～1280年分别印刷于德里、开罗和突尼斯（1280年）。一是穆罕默德·谢巴尼（749～805）版本，分别刊印于拉合尔（1211～1213年）、勒克瑙（1297年）和喀山（1910年）等地。

（吴云贵）

马立克教法学派（al-Mālikiyyah） 伊斯兰教法学派之一。与哈乃斐、沙斐仪、罕百里学派并称为逊尼派四大教法学派。因由马立克·本·艾奈斯教长创于希贾兹地区的麦地那，故又称“希贾兹学派”或“麦地那学派”。该派在创制教法律例时，除以《古兰经》、公议、类比为依据外，尤为重视早年麦地那穆斯林社团的传统习惯“逊奈”。因其教法体系直接建立于圣训、传说的基础之上并以麦地那学者们的公议予以确认，甚至认为麦地那的传统习惯高于一切，故该派又称“圣训派”或“传述派”，而与注重教法学家个人意见的哈乃斐教法学派相左。该派在引用圣训时，采取广征博引的态度，主要根据圣训本文，很少考证传述线索是否连贯、真实可信，但有时则以《古兰经》为据，排斥不符合麦地那习惯的圣训。对类比方法，该派较为审慎，认为出于社会公益考虑，可以摈弃类比，而以更近于公正的灵活变通的判决代之。主要代表作是马立克汇集的《穆宛塔圣训集》，成书于8世纪，为最古老的圣训教法文献之一。主要教法学家有赛哈农（al-Saḥnūn，？～854）、苏莱米（Ibn Ḥabib al-Sulami，？～852）、欧特比（al-'Utbi，？～869）、伊斯玛仪（Ismā'il ben Isḥāq，？～895）等。该派教法主要盛行于摩洛哥、阿尔及利亚、突尼斯、利比亚、苏丹、乍得、埃及北部等地。中世纪时期，一度盛行于穆斯林统治下的西班牙。

（吴云贵）

马立克沙（Mālik Shāh，1055～1092） 塞尔柱帝国素丹。出身于塞尔柱突厥贵族家庭，为素丹艾勒卜·艾尔斯兰之子。生于波斯伊斯法罕。幼年受到宫廷良好教育，信奉伊斯兰教逊尼派教义。他聪颖机智，勤奋好学，善骑射，通武略。1072年12月其父死后继素丹位，由著名宰相尼扎姆·穆勒克辅佐。他执政后平定了卡乌德的叛乱，打退喀喇汗王朝军队对呼罗珊的进攻。后采取外交手段，利用外部劲敌之间的争斗，巩固帝国的统治和扩大版图。他征服上美索不达米亚和阿塞拜疆的藩主，吞并叙利亚和巴勒斯坦的土地，进一步控制麦加、麦地那、也门和波斯湾的领地。1091年，马立克沙将首都从伊斯法罕迁到巴格达，直接控制和利用阿拔斯王朝哈里发的名义发号施令，在聚礼日的祈祷中，将自己的名字与哈里发的名字并列。他采纳宰相尼扎姆·穆勒克关于革除政治弊端的建议，推行新政。当时社会安定，人民生活有所改善。他倡导和赞助伊斯兰学术文化，在各地兴建和修葺清真寺和宗教学校，批准尼扎姆在巴格达和内沙布尔等地开办尼采米亚大学；在宫廷庇护和赞助安萨里和欧麦尔·赫亚姆等著名学者著述立说；下令新建天文台，组织天文学家修改波斯历法，编成著名的《哲拉勒历》。1092年8月，尼扎姆·穆勒克被阿萨辛派暗杀。同年11月，马立克沙逝世。塞尔柱帝国的黄金时代随之宣告结束，此后帝国分崩离析。

（杨克礼）

马良骏(1867～1957) 中国伊斯兰教著名阿訇,经堂教育家。字善堂,经名穆罕默德·优素福。回族。甘肃省清水县(今张家川回族自治县)上磨村人,出身于虔诚的穆斯林农民家庭。曾游学于陕西西安、甘肃平凉、河州(今临夏市)及宁夏西吉等地,后师事云南马仁山(时称普洱马)阿訇。通晓阿拉伯语、波斯语,熟悉伊斯兰教历史和经籍。1879 年任平凉清真寺教长,并设帐讲学。1913 年到新疆哈密讲经授业,后到迪化(今乌鲁木齐)、伊犁、吐鲁番等地,相继在陕西大寺、东方寺、青海寺、固原寺、宽巷寺、五斧台寺任教长,兴办经文学校。1940 年被盛世才以"阴谋暴动"的罪名,逮捕入狱。1944 年吴忠信主政新疆后获释。1945 年被公举为全疆回族寺坊总教长。1947 年在张治中为主席,阿合买提江、包尔汉为副主席的新疆省联合政府中任监察使。1949 年致力于新疆和平解放事业,在宗教界大力宣传和平解放的主张,劝说新疆骑五军官兵弃暗投明。1949 年中华人民共和国成立时致电毛泽东主席、朱德总司令,代表新疆回族穆斯林表示热诚祝贺。在抗美援朝中发动穆斯林捐献"伊斯兰号"飞机,后在社会改革、教派团结、民族团结、举办慈善事业等方面均做了有益贡献。注重经堂教育,精研教义,精心传授,培养了许多著名阿訇和经师。汉文著述有《考证回教历史》、《大杂学》、《阿汉合璧天文地理志》、《伊犁图考》、《清真撮要志》等。阿拉伯文著述有:《塔里赫》(历史)、《迈孜拜图》(奥义集锦)、《大台勒黑素》(教典要义大全)、《小台勒黑素》(简要教典要义)等。在其著述中,依据伊斯兰教义,多处阐明世界各教精神相同之原理,期求全世界和平之宏愿。1957 年 9 月,在乌鲁木齐市逝世,葬于昌吉。 (马维汉)

马邻翼(1864～1938) 中国现代穆斯林教育家、知名人士。字振五。回族。祖籍江苏通州,生于湖南邵阳。出身经学世家,其父马彦希为著名阿訇。自幼受家教甚严,对阿拉伯文经典与汉文儒家典籍均有研读和造诣。清末应试科举,补博士弟子员。1902 年,为寻求救国真理,放弃功名,经湖南巡抚赵尔巽选派,东渡日本,入东京"弘文学院"学习师范教育。1905 年 9 月,孙中山在东京创建"同盟会",他遂赞成其主张,加入同盟会。同年末返回湖南,先后在长沙和邵阳两地创办了邵阳中学、清真偕进小学、偕进中学和清真女学堂,开当时回族新式教育的先河。1908 年,调任北平教育部总务司,同王宽阿訇创办北平清真两等小学堂,后又与回族知名人士孙绳武、白崇禧、马松亭等创办清真中学,后改名为西北公学,迁兰州后改名为西北中学至今。1911 年辛亥革命后,任国民政府教育次长、实业部长。1912 年在北平同王宽发起创建"中国回教促进会",担任会长,提出"兴教育,固团体,回汉亲睦"为其宗旨。同年 9 月调任甘肃提学使,创办"兰州回教劝学所",先后在兰州创办回民小学 5 所,并发动地方回族人士在甘肃、宁夏、青海 3 省依靠社会力量,创办清真小学 100 多所;在各地设立师范学校 8 所。1917 年任甘肃省教育厅长期间,全面推进了回族新式教育的发展。并曾先后受聘为北平"成达师范"、"中国大学"、"民国大学"、"国医学院"及湖南"湖湘学院"等院校的正、副董事长。他不仅在担任教育领导时,积极兴办新式教育,还以开办工厂、投资入股企业等方式,多方筹措办学基金。他曾在家乡创办"穆民工厂",在河南入股卫辉纱厂,在华新纺织公司争得官股以筹措教育经费,并变卖家产为"偕进中学"兴建校舍及购置图书。曾在北平创办"尊经社",团结教内人士研读《古兰经》。担任王静斋阿訇翻译《古兰经》的顾问,与其研讨译文并润色译本。晚年寓居北平,每日五时礼拜不辍。抗日战争时期北平沦陷,敌伪曾企图请其出任伪职,他严词拒绝,并书对联"苟全性命于乱世;坚持志节以终生"悬于门口,表现了高尚的民族气节。马邻翼是一位忠诚的爱国主义者与民族教育的实践家,毕生为"开人智,兴教育",以振兴民族和祖国、振兴伊斯兰教而奋斗。1938 年 9 月在北京逝世,葬于三里河回民公墓。他逝世后国民政府曾发表褒奖令,表彰其为中华民族爱国志士。著有《伊斯兰教概论》、《新教育学》、《舆地形胜略》等。 (罗万寿 韩海潮)

马林王朝(Sulālah al-Māriniyyin) 13～16 世纪北非柏柏尔人建立的穆斯林王朝(1213～1554)。亦译"马里尼德王朝"。马林人原属柏柏尔中扎纳塔(宰那泰)部族的一个部落。1058 年,马林部落被希拉勒入侵者赶到马格里布南部地区,后在阿特拉斯山另一侧的撒哈拉沙漠边沿定居。1213 年,穆瓦希德王朝把马格里布东部边疆大片土地划归他们。马林人在反对西班牙军队的阿拉尔科斯战役中取得了胜利,而使马林王朝迅速崛起。1248 年,马林统治者艾布·叶海亚攻占非斯城,并定都于此。当时王朝已占有摩洛哥东部、北部地区和塔菲拉勒大片领土。1269 年,第二任君主艾布·优素福攻占马拉喀什,灭穆瓦希德王朝。此后,王朝领土不断扩大,至 1276 年后已波及摩洛哥全境。马林人曾在西班牙进行"圣战",一直持续到 14 世纪中叶。1213～1464 年间,历经 27 代君主,执政 251 年。从 1471 年开始,马林人的旁支瓦塔斯人当政,仍称"马林王朝",历经 5 代君主,执政 85 年。1549 年,萨阿德王朝军队攻占非斯,马林王朝最后一位君主艾布·哈松死于战场。1554 年,其子率部在逃往西班牙途中横渡海峡时遇难,马林王朝遂亡。

(赛生发)

马灵明 见马一龙。

马六甲(Malacca) 马来西亚历史名城,马六甲州首府。中国旧译"满剌加"。位于马六甲海峡北岸,为马六甲河所流贯。人口 20 多万。建于 1403 年,曾是马六甲王国都城。该王朝第二代国王伊斯坎达尔·沙(1414～1424在位)改宗伊斯兰教。马欢以1413～1415年的见闻为基础撰写的《瀛涯胜览》中载:“国王国人皆从回回教门,持斋受戒诵经。其王服用以细白帆布缠头”。说明当时伊斯兰教在马六甲已得到广泛传播。到第五代国王穆扎法尔·沙(1445～1458在位)当政时,开始采用“素丹”尊号,立伊斯兰教为国教。马六甲王国取代须文达剌—巴赛,成为向东南亚传播伊斯兰教的主要城池。自16世纪起,曾历受葡萄牙、荷兰、英国的殖民统治。数百年来,华人、印度人、阿拉伯人、暹罗人及爪哇人相继来到马六甲,经过长期交流,在语言、宗教、风俗习惯等方面融合成特有的文化风貌。马六甲多古迹。在市郊有为纪念中国明朝三保太监郑和而命名的“三保山”。相传15世纪60年代,中国明朝汉丽宝公主嫁给马六甲素丹曼苏尔·沙为后,素丹将一块65公顷的山地给公主构筑宫殿,并把这块山地命名为“中国山”。郑和率船队到马六甲时,曾驻扎此山,后人为纪念他,遂称为“三保山”。山麓有建于1795年的“三保公庙”。中堂深处供有三保公坐像。庙右有三保井。市内的马六甲博物院为荷兰式建筑,收藏有素丹曼苏尔·沙建国构想图、郑和与公主汉丽宝朝见素丹的图文、古代兵器等。郊外著名的东奎那清真寺,为苏门答腊建筑形式,内有柔佛素丹的陵墓。 (杨克礼)

马六甲素丹国(Salṭanah Malacca) 东南亚马来半岛的伊斯兰教王国(1405～1511)。亦译“满剌加国”、“麻六甲”,又名五屿。由拜里迷苏剌(Paramesuara,? ～1414)创建。拜里迷苏剌原为旧港(巴邻旁)三佛齐王族王子,因不满爪哇麻诺巴歇国的统治,约于14世纪后期逃往单马锡(即新加坡),为信诃补罗国末代国王。后又被暹罗国所迫,迁至满剌加,经过多次战争,统一了马来半岛南部各小邦国,隶属暹罗阿瑜陀耶王朝。1405年,脱离暹罗,宣告独立,正式建立马六甲王国。同年,拜里迷苏剌遣使到中国明朝通好纳贡,明成祖封其为满剌加国王,并赐诰印、彩币、龙衣盖等物。后于明永乐九年(1411)率妻及陪臣500余人到中国访问。1413年,拜里迷苏剌在马六甲外籍穆斯林商人影响下改宗伊斯兰教后,冠以伊斯坎达尔·沙(Iskandar Shāh)称号。最初,领土限于马六甲地区。在穆罕默德·伊斯坎达尔·沙(Muḥammad Iskandar Shāh,1414～1424在位)执政时期,继续统一马六甲地区,完善官制,任命大臣,制定法规;开局熔铸锡、银、金币,流通于市;王国过境贸易兴旺,国内市场随之发展。他信奉伊斯兰教逊尼派教义,遵从哈乃斐学派教法。王族和上层统治者已改宗伊斯兰教。在西里麻哈剌(亦译室利·摩诃罗阇,Sri Muharaja,1424～1444在位)执政时期,王国趋向繁荣和强大,又扩建了马六甲城,其领地西同巴生港相接境,东至丁家奴。伊斯兰教传播到丁家奴、北大年、吉兰丹和苏门答腊东海岸,以及文莱等地区,成为王国占主导地位的宗教。据明代马欢撰《瀛涯胜览》记载:满剌加“国王国人皆从回回教门,持斋受戒诵经。其王服用以细白番布缠头,身穿细花青布长衣,其样如袍”。《马来记年》载:在西里麻哈剌执政时期,马六甲王国正式成为伊斯兰化的王国。在罗阇·卡希姆(Raja Kasigu,1445～1458在位)统治时期,他自称素丹·穆扎法尔·沙(Sulṭān Muẓaffar Shāh),宣布伊斯兰教为国教,马六甲正式称“伊斯兰教素丹国”。在铸造的阿拉伯文锡币上,正面为“素丹穆扎法尔·沙”,背面为“宇宙与伊斯兰之君主”。他还明令全国穆斯林必须遵守伊斯兰教法典,规定古尔邦节和开斋节为国家正式节日,并在各地兴建清真寺。马六甲城变成东南亚商业中心和马来半岛传播伊斯兰教的基地。1445～1446年,他率军两次击退暹罗的进攻。他在西北占据雪兰莪作为粮食基地,又越过海峡控制了苏门答腊海岸的战略要地。1456年,他任命军事将领吞·帕拉克(一译吞·霹雳Tun Perak,? ～1498)为宰相,后者在王国掌握实权,辅佐3个素丹执政,在治理朝政、发展经济和继续扩张疆域中起了决定作用。罗阇·阿卜杜拉(Raja ʻAbdullāh,1459～1477在位)继位后,号称素丹·曼苏尔·沙。他大力发展商业,扩大金沙生产,以巨资装备和整编军队,不断扩张领土,国力强盛。1474年征服暹罗领土吉打和北大年,吉打的统治者改信伊斯兰教。其版图在马来半岛已领属了柔佛、丁家奴、彭亨以及附近各岛,据有苏门答腊岛东海岸大部分重要港口。伊斯兰教在这些地区得到广泛传播和发展。伊斯兰教苏菲主义由毛拉纳·艾布·伯克尔传入马六甲,修建了修道场所。曼苏尔·沙大力推崇苏菲派学理,并组织宗教学者开展辩论,马六甲成为东南亚苏菲派的中心。15世纪末,因王室争权,朝政奢侈腐败,政权落入泰米尔人之手,国势衰落。1511年,葡萄牙殖民者攻占马六甲,素丹国解体。素丹·马哈茂德(1488～1511)退居宾当岛,继续抗击葡萄牙侵略者。后其子分别建立柔佛和霹雳小王国。马六甲王国和中国明朝关系密切。国王多次派使节与中国通好,国王拜里迷苏剌、西里麻哈剌、穆罕默德曾先后到中国访问。中国回族穆斯林航海家郑和七下西洋时,及其他使臣也多次访问出使该国。中国《明史》载有“满剌加传”。 (杨克礼)

马鲁特(Mārūt) 见哈鲁特和马鲁特。

马迈尔·本·阿巴德(al-Maʻmar ben ʻAbbād,? ～约840) 伊斯兰教穆尔太齐赖派学者、著名逻辑学家。一译“穆阿迈尔”。其生平无可考。据阿拉伯一些文献片断传述,他早年在巴士拉拜名师求学,成为穆尔太齐赖派的追随者,后大半生在巴格达从事讲学和学术研究活动。他学识渊博,通晓经训、教法、希腊哲学、逻辑学,对语法学、天文学、数学、历史、诗歌也颇有研究。他曾受阿拔斯王朝哈里发哈伦·拉希德及马蒙的赏识与庇护，常出入宫廷，讨论学术问题，在巴格达享有盛名。在宗教思想上，他反对正统派学者将安拉的属性拟人化的观点，认为真主的独一是超越各种事物属性的，它不是各种事物属性的复合体。他说："真主不知道自己的本体，也不知道其他事物，否则其本体就是复合体。"安拉的本体就是纯精神的实体，它是"永生者"、"本观者"，它没有任何德性，如果说它有多种德性的存在，与它必有的绝对独一是相悖的。认为"真主是万有的创造者，他只创造万物的实体，而万物各自创造其属性"。万物的"各种属性是无穷的，因为事实上(属性)不过是人类理性中若干智力的关系而已"。在意志自由问题上，他认为人有意志自由，而人的意志决定人的一切行为。人按其行为的表现形式来分，人类的行为可分为灵魂(或道德)的行为和肉体(或自然)的行为。"灵魂的行为是意志，肉体的行为是动静。"人类自觉完成的行为可称道德行为，它是出于意志自由的活动，是人类借其理性认识能力而获得的资产。马迈尔还善于利用形式逻辑进行推理，用范畴、概念论证教义。他认为不懂得辩证法(即逻辑学)就不能研究教义和自然，唯有纯粹的思想、概念，才是真正的知识。概念论要求撇开具体感知的事物，从概念出发，通过推理揭示概念之间的关系，上升到抽象的认识。他认为一切全称的概念仅是意识内的存在，所谓运动与静止、相似与相异、有限与无限等，本来不是实在的事物，仅是智力或想象中各种关系的存在而已。灵魂(人的本质)一词也是一个观念，或称非物质的实在。马迈尔给伊斯兰教义学引进了逻辑思维的新方法，使其具有思辨性，故后世学者称他为"伊斯兰神学概念论的开创者。" (杨克礼)

马蒙(al-Ma'mūn，786～833) 阿拉伯帝国阿拔斯王朝第七任哈里发，希腊哲学和科学著作翻译运动的倡导者。亦译"麦蒙"。全名阿卜杜拉·马蒙·本·拉希德·本·穆罕默德·马赫迪·本·艾比·贾法尔·曼苏尔。出身于阿拔斯家族，为哈里发哈伦·拉希德(766～809)的次子，母亲曾是波斯女奴。自幼在宫廷受到专门的宗教和文化教育，谙熟伊斯兰教义，酷爱希腊哲学、科学和文学，知识渊博。曾任呼罗珊总督，领有帝国东部。哈伦生前曾指定长子艾敏为第一继承人，马蒙为第二继承人。809年哈伦去世后，艾敏继位。810年马蒙与其兄艾敏为争夺哈里发位展开斗争，经过4年内战，马蒙在军队将领塔希尔和哈尔萨玛的支持下，率军从木鹿出发，813年9月攻下巴格达城，其部下杀死艾敏，马蒙继承哈里发位。在位期间(813～833)，打败了其叔父易卜拉欣，消灭了库法、巴格达等地的政敌，镇压了呼罗珊地区的巴贝克和哈瓦利吉派的起义，击败了拜占庭帝国的军事进攻，并于820年迫使其接受和约。还先后征服了克里特岛和西西里岛，使地中海归入阿拉伯帝国的版图。为了巩固哈里发的地位，他对伊拉克和波斯的什叶派采取笼络政策，还采纳了首相法德勒·伊本·赛赫勒关于联合什叶派的计策，于817年将其女许配给什叶派伊玛目阿里·里达为妻，并且指定他为哈里发继承人。同时他又把阿拔斯王朝的黑旗改换成什叶派的绿旗，以示对阿里家庭的崇敬，争取什叶派支持。在宗教上，马蒙从其政治和宗教斗争的需要出发，极力调和正统派和其他教派的教义主张，把什叶派的伊玛目学说和穆尔太齐赖派的唯理主义及"古兰经被造"说加以结合，把穆尔太齐赖派的学说推崇为宗教统治思想，通过行政手段予以传播，还强迫宫廷官吏、法官和宗教学者对穆尔太齐赖派的有关教义主张进行表态，并成立宗教裁判所，对不同意穆尔太齐赖派思想观点的人加以迫害。马蒙基于对希腊哲学和科学的爱好，大力倡导发展学术文化，赞助翻译运动，为伊斯兰文化的发展做出了重大贡献。830年他下令在巴格达创建了包括翻译局、图书馆和研究院在内的综合学术研究中心——"智慧馆"(Bayt al-Ḥikmah)，任命景教徒侯奈因·伊本·伊斯哈格(809～873)为总负责人，聘请许多著名的穆斯林和异教徒的学者到这里进行集体翻译和研究，将近百种希腊、印度、波斯的著名哲学和自然科学著作，从原希腊文、叙利亚文、波斯文和梵文翻译成阿拉伯文，并对这些著作进行了整理、注释、校正，对一些学科进行了深入研究。马蒙还派人以重金收集了各种科学著作的珍本数千册，藏于巴格达图书馆供研究之用。为了鼓励学者著书立说，他对异教徒学者采取宽容政策，提倡对学术的自由讨论，对学术上卓有成效的学者不但给予优厚的物质待遇，而且提升为官吏，乃至大臣。阿拔斯王朝的许多重要学术成就及翻译运动的高涨皆出于马蒙执政时期。马蒙还主张从理性主义出发来解释世界，反对传统的保守观念，积极支持宗教学者注释和研究《古兰经》、圣训，提倡自由讨论教义和教法问题，促进了伊斯兰教义学和教法学的发展。833年马蒙在小亚细亚的布丹登与拜占庭军队作战时因得瘟疫而死。 (杨克礼)

马蒙宗教敕令 中世纪伊斯兰教历史事项。指阿拔斯王朝第七任哈里发马蒙为推行穆尔太齐赖派"古兰经受造说"而颁布的两次敕令。王朝初期，关于国家统治思想之争日趋激化，到马蒙时期，朝廷中明显形成两派政治势力：一派以留用的前波斯萨珊王朝文职官员为首，主张扩大王权，压制教权；另一派以旧有的阿拉伯军事贵族为首，主张维护以宗教为基础的教权统治，限制王权。双方之间的权势之争，因受希腊哲学思想影响的"唯理派"穆尔太齐赖派的兴起而更趋尖锐，该派从伊斯兰教安拉的绝对独一性出发，否认安拉具有无始、独立的德性和诸多美名，认为《古兰经》作为安拉启示的语言并非先在的和永恒的，乃不能同安拉本体相提并论。这一观点因有利于扩大王权，压制当时正在崛起的以经注学家、圣训学家、教法学家为主体的逊尼派宗教学者阶层，因而受到马蒙的支持。827

年，马蒙在新任命的穆尔太齐赖派大教法官伊本·艾比·杜尔德(Ibn Abi Durd，776～854)的建议下，颁布了一项敕令，宣布“《古兰经》是受造之物”为官方信条，责令朝廷高官显贵宣誓悦纳。833年，马蒙进而颁布敕令，规定拒不接受官方信条者不能担任教法官员，已任教法官员者予以革职处分。随后建立各级宗教甄别机构“米哈奈”(Miḥnah)，由经过考验的教法官员对拒不就范的宗教学者进行审查、考核。在严刑折磨之下，大部分学者被迫接受官方信条，唯有伊本·罕百勒教长始终未向官方屈服。马蒙的两位后继者继续奉行此说，迫害逊尼派学者，直到哈里发穆泰瓦基勒(al-Mutawakkil，847～861)执政后的次年，迫于政权不稳，才宣布废除官方信条，重申继续奉行信任和依靠逊尼派宗教学者的政策。（吴云贵）

马明道(1908～1991)　中国现代穆斯林宗教学者。回族。原籍北京。曾在成达师范学校学习。1935年留学土耳其，在安卡拉大学法学院伊斯兰教法学系肄业，后转入土耳其军校，约4年毕业。1949年去台湾，在军界任职，先后去土耳其、埃及、伊拉克、约旦等国家访问。后在台北政治大学担任教授，讲授“伊斯兰教概论”等课。多次去麦加朝觐，70年代从事著述工作。其译著有：《伊斯兰法之研究》、《伊斯兰教》、《伊斯兰对中华文化之影响》、《至圣穆罕默德传》和《明朝皇家信仰考初稿》等，在台北出版。1988年曾回北京探亲，并去西安、兰州等地观光。1991年3月25日病故于台北。（林　松）

马明心(1719～1781)　中国伊斯兰教苏菲主义哲赫林耶学派的始传人。字复性，经名易卜拉欣，尊号维尔耶图拉·穆罕默德·召非。回族。祖籍甘肃阶州(今武都)。1781年被清廷杀害后教众尊奉他为“舍希德”(即为主道牺牲的人)。早年丧父，依其叔父为生，因年荒迁居榆中马坡，后定居河州大西关。6岁进清真寺学习阿拉伯文，9岁随叔父于1728年沿青海、新疆、中亚丝绸古道徒步前往麦加朝觐。途中突遇风沙，叔侄失散，马明心几经辗转，流落中亚布哈拉，居住在“伊斯哈格耶”派道堂作工，后随该道堂长老到也门扎比德，为穆罕默德·布鲁色尼道堂收留，在导师阿卜杜勒·哈里格·阿齐兹·米斯加吉的指导下，攻读经典，学习苏菲教义，履行道乘功修数年。其间先后去麦加朝觐11次，并向一些著名学者求教，受益颇大。据传，马明心回国时，老师对他说：我们的教门在也门已传了7代，第一代是穆哈因丁，第二代是白哈乌丁，第三代是塔朱丁，第四代是海祖勒·巴格，第五代是海祖勒·齐塞依尼，第六代是阿卜杜勒·哈里格，第七代是穆罕默德·布鲁色尼，现在我们不再传了，你回中国后再分传八代，道统就终止了。临行时老师还给他送了《卯路德》、《穆罕迈斯》、《麦达伊哈》等经籍和念珠、拜毡、手杖等传教凭证。

1744年取道陆路，经中亚、新疆返回河州。途经青海循化时，一些宗教人士挽留他讲授《古兰经》和教义、教法，受到欢迎。从此在河湟地区开始传授哲赫林耶学理，并收受门徒，讲经宣教。他认为《古兰经》是信仰之本，主张“敬主赞圣”、“尊经从训”。在宗教功修方面，强调先行教而后修道，认为没有“教”作基础，“道”也不复存在。因此，教乘是道乘的根本条件，而真乘隐藏于教乘和道乘之中，为教乘和道乘所包涵。他在道乘功修方面，除遵循纳格什班迪耶的教旨外，还吸收了嘎迪林耶的修道主张，使其修炼更为严谨。在宗教礼仪方面，他主张简化宗教礼仪(如主麻16拜改为10拜)；规劝穆斯林要虔诚恪守教乘；宗教施舍要用于周济穷人，阿訇不能独受私用，更不能借此聚敛钱财；主张教统实行传贤制，反对父传子受；反对大兴土木，修建清真寺，更反对雕梁画栋，装修清真寺；简化一般信众道乘功修。主张晨礼后集体念“迪克尔”，晌礼后跪成半圆形，诵念《古兰经》，宵礼后集体赞圣，高念《麦达伊哈》中的一段。认为履行了这些宗教功修，就达到了“真乘隐藏于教乘和道乘之中，并为教乘和道乘所包涵”的基本要求。马明心的这些革新主张深得当地穆斯林的拥护，信众日增，因而危及华寺门宦，引起华、哲两派的矛盾与斗争。1762年以来，华寺门宦第二代教主马国宝向官府控告马明心，迫其离开循化、河州地区，迁居定西官川山中。从此，官川成为哲赫林耶的传教基地。全国各地来此拜师求教者不计其数，仅求道的阿訇就有百余人，经过这些学生的再次传播，追随者不断增多，遂形成了一个较大派别，被称为“官川道堂”(亦称“官川门宦”)。马明心也被称为“官川阿齐兹”(即尊贵者)。

1781年，马明心的学生苏四十三与华寺门宦在循化因传教发生矛盾，由于清廷官吏偏袒华寺，挑起两派械斗。苏四十三率众反清，杀死前来镇压循化哲赫林耶派的知府杨士玑和副将新柱，攻克河州城，围攻兰州。时马明心已被捕杀于兰州城，其家属均遭株连，季子充发云南，未至其地，病殁于抱母井，年仅8岁。长子马顺清被发配云南墨江县的朗寨充军，后被马明心的学生营救脱险。马明心的3个女儿和妻子张氏被充发伊犁为奴，长女行至吐鲁番头道河子跳河自杀，二女和三女流落他乡，张氏在某旗官邸为奴，当年趁过年之机杀死旗官全家，自首后被处死。马明心全家躬耕自食，虔诚传教35年，教众遍及西北，门下弟子散居各地。虽然清廷多次镇压，但他的继承人本着“舍希德”(即殉教者)的精神，继承和发展了哲赫林耶的宗教教旨以至于今。（马　通）

马穆鲁克王朝(Sulālah al-Mamālik)　埃及、叙利亚地区外籍奴隶建立的伊斯兰教政权(1250～1517)。亦译“麦木鲁克王朝”。“马穆鲁克”，阿拉伯语意为“被占有的人”、“奴隶”，故又称“奴隶王朝”。创始人为谢杰莱·杜尔(Shajarah al-Durr，？～1257)。

1249年11月阿尤布王朝第七代素丹萨利赫病逝，其宠妃谢杰莱·杜尔在数月内秘不发丧，趁机左右朝政。1250年，萨利赫之子突兰沙继位后不到3个月，因其与谢杰莱及马穆鲁克近卫军首领政见不同被阴谋杀害。同年，谢杰莱扶持年仅6岁的艾什拉弗·穆萨登位，宣布自己为穆斯林女王，在发行的钱币上铸有她的头像和名字，下令在主麻日聚礼时要穆斯林为她祈祷。因女性称王不符合伊斯兰教规，遭到穆斯林的责难，故不久谢杰莱遂与近卫军首领艾伊贝克结婚，共掌政权。1252年，谢杰莱宣布废除年幼素丹，由艾伊贝克担任马穆鲁克王朝第一任素丹，她仍掌握实权。1257年，因宫廷夺权之争，艾伊贝克和谢杰莱先后丧生，由艾伊贝克之子阿里继素丹位。马穆鲁克王朝历时200多年，传位47代素丹。王朝分为前、后两个历史时期。前期(1250～1390)由伯海里系马穆鲁克执政，主要为突厥人和蒙古人，素丹大多为世袭；后期(1382～1517)由布尔吉系马穆鲁克执政，主要为塞加西亚人，实行素丹推举制。王朝强盛时辖地包括埃及、叙利亚、巴勒斯坦、耶路撒冷沿海一带及希贾兹地区。马穆鲁克王朝前期，在素丹古突兹、拜伯尔斯、盖拉温先后执政时，在抗击蒙古人入侵和驱逐十字军的斗争中取得重大胜利。1260年，素丹古突兹(1259～1260在位)及大将拜伯尔斯率埃及军在约旦河左岸贝桑附近的艾因·扎鲁特战役中大败蒙古军。从此遏制了蒙古人对西亚和北非的入侵。马穆鲁克王朝真正的奠基者拜伯尔斯(1260～1277在位)即位后，采取"远交近攻"的政策，与钦察汗国结盟，与拜占庭修好，集中力量孤立和打击十字军。1263年，他从阿尤布家族手中夺取卡拉克作为军事基地，后捣毁了拿撒勒的神圣教堂。1265年，他攻占恺撒里亚及艾尔苏夫，守城的慈善院骑士团投降。1266～1268年，拜伯尔斯先后攻占萨费德、雅法、舍基夫·艾尔农和安提俄克等城市，俘虏的十字军被杀，城堡和基督教堂被毁。1271年，拜伯尔斯攻占慈善院骑士团的堡垒希斯尼·艾克拉德，并占领和摧毁了叙利亚阿萨辛派的麦斯雅德、盖德木斯等军事设防要塞。素丹盖拉温(1279～1290在位)执政时，继续抵抗蒙古人和打击十字军。蒙古伊儿汗阿八哈乘马穆鲁克人内战，入侵叙利亚，攻占阿勒颇、哈马等地。1281年10月，盖拉温率埃及军在霍姆斯战役中打败了蒙古军，收复了叙利亚失地。1285～1289年，盖拉温先后攻占十字军占领的麦尔盖卜、的黎波里、贝特伦等要地。1290年，盖拉温在准备进攻阿克城时去世，其子艾什拉弗继位。1291年5月，艾什拉弗集中优势兵力，夺取阿克城，灭耶路撒冷王国，后又攻占十字军占领的提尔、西顿、贝鲁特、安塔尔突斯、阿斯里斯等城市和要塞。至此，十字军在东方的侵略势力被彻底清除。马穆鲁克王朝势力又向南深入努比亚，伊斯兰教在该地得到进一步传播。从14世纪末起，马穆鲁克后期绝大多数素丹或懦弱无能，或骄横暴戾，挥霍无度，权臣及军队将领争权夺利，国家陷于分裂，动乱迭起。1400～1401年，帖木儿率大军打败马穆鲁克素丹法拉吉的军队，袭击叙利亚北部后大加洗劫，主要建筑被夷为平地。1516年8月，土耳其人在阿勒颇北面的达比格草原战胜马穆鲁克军队，征服了整个叙利亚。1517年1月，奥斯曼帝国素丹赛利姆一世(1512～1520在位)率土耳其军与马穆鲁克王朝末代素丹突曼贝伊的军队在开罗城郊决战，突曼贝伊全军覆没，马穆鲁克王朝灭亡。

马穆鲁克王朝实行军事分封制，把大批土地以"伊克塔"(即采邑)分封给贵族和将领，作为他们平时任职、战时服役的报酬。后"伊克塔"可作为世袭领地继承。王朝建有庞大的正规军和近卫军，作为统治的支柱。各地长官均由马穆鲁克军官担任，掌管地方行政、军事和税收大权。王朝前期，经济在东方居重要地位。兴修水利，改进耕作技术，农业相当发达。埃及和叙利亚的铜器、玻璃、纸张、地毯等传统手工业，达到很高水平。埃及开罗、亚历山大港、大马士革商业发达，店铺林立，商贾云集，东西交通大开，同东、西方国家进行转口贸易，从中收取巨额关税，用以支付行政、军事和城市建筑费用。15世纪起，经济衰落，使国库空虚，财政支绌。

马穆鲁克王朝以伊斯兰教逊尼派教义为国教，穆斯林大多遵奉沙斐仪派教法学说。为确立马穆鲁克人在政治、宗教上统治的合法性，王朝恢复了伊斯兰教的哈里发制度。1260年素丹拜伯尔斯将阿拔斯朝皇室的后裔艾布·卡西姆推出，经宗教界组成的委员会确认，树他为"穆斯林的哈里发"，取封号"穆斯坦绥尔"(即求安拉赐胜利者)，再由这位哈里发册封和授权素丹执政。并规定将哈里发和素丹的名字铸在钱币上，主麻日聚礼同时向哈里发和素丹祈祷。哈里发主管宗教基金，为素丹主持加冕礼，保管先知穆罕默德的遗物绿色斗篷和拐杖。从1260～1517年，在埃及共有16位傀儡哈里发先后在位。逊尼派四大法学派得到官方承认，设立四大法官制度，各派选派1名总法官。苏菲主义极其盛行，埃及有巴达维、沙兹里和杜苏第等教团，在各地建有扎维叶、学校和谢赫陵墓，开罗、坦塔、亚历山大、大马士革等城成为苏菲派的传教中心。王朝设宗教基金，在各大城市兴建清真寺，其中著名的有素丹哈桑清真寺和穆艾叶德·希哈布丁清真寺，其建筑艺术受到叙利亚—美索不达米亚学派的影响。除发展清真寺附设的宗教大学外，还在开罗和大马士革等城市创建有《古兰经》及圣训学校、罕百里教法和沙斐仪教法学校，专门培养宗教学者和法官。爱资哈尔大学仍为伊斯兰世界最高学府。在教义学、教法学、历史学和医学等方面均取得重要成就。教法学家伊本·泰米叶，著有500部著作，发展罕百里派的教法学说，提出凭《古兰经》立教，纯洁伊斯兰教的复古主义主张，成为伊斯兰复兴运动的思想先驱。圣训学家和法学家哲拉鲁丁·苏尤蒂著有560多种著作，著名的是《古兰经学》。史学家艾布·菲达撰有《人类史纲要》。史学家伊本·麦格里齐著有《埃及志》。传记作家伊本·赫里康著有《名人传记》，记述了865位穆斯林名人的生平，医学家伊本·拉菲斯著有《医典解剖学注释》，阐述了血液小循环的理论。史学家称马穆鲁克王朝是中世纪最后一个“闪烁着伊斯兰文明余辉”的穆斯林国家。

（杨克礼）

马纳特（Manāt） 见阿拉伯三女神。

马麒（1869～1931） 中国回族穆斯林将领。字阁臣，甘肃省临夏人。幼习武，稍长随父从军，初任哨官，1900年父死后接统其部，驻防巴燕戎格厅（今青海省化隆回族自治县）。1912年拥护共和政体，受任西宁镇总兵兼青海蒙番宣慰使，1913年受封为“锐扬将军”。1914年率部进驻今玉树、果洛、黄南等地，为尔后青海建省创造了条件。1919年青海建省后，初任建设厅长，嗣任省政府主席，在兴办回民教育与振兴实业方面做了一些实事。他还关心宗教事业，捐资修葺清真寺和发展经堂教育。1918年，伊赫瓦尼教派的马万福（果园阿訇）被新疆哈密王沙莫胡索特告发于都督兼省长杨增新，杨将马捕押于哈密，后应甘肃督军张广建之请拟押送兰州，马麒趁其途经河西平番时予以营救，接至西宁，尊为经师，支持其传播伊赫瓦尼派。陕西伊赫瓦尼派掌教马静山、社董马图生被陕西督军郭坚囚禁，马麒电请释放，并说明“伊赫瓦尼并非邪教”，遂使伊赫瓦尼教派在陕西、甘肃、青海3省传播开来。

（喇秉德）

马启西（1857～1914） 中国伊斯兰教西道堂创始人。字慈祥，号公惠，经名叶海亚，道号西极园。回族。祖籍甘肃临潭汪家嘴。其父马元，是北庄门宦的阿訇。马启西童年在临潭旧城上寺习读阿拉伯语文，11岁在旧城上私塾，后到新城新店子师从贡生范绳武，攻读《四书》、《五经》。后考取童生、秀才。因家境贫寒，居家博览群书，既览诸子百家，又钻研伊斯兰学者刘智的汉文译著《天方性理》、《天方典礼》和王岱舆的《正教真诠》、《清真大学》等。光绪十七年（1891），他在家乡西凤山设私塾开馆授徒，讲授《四书》、《五经》和伊斯兰教义等课程。同时，还在西凤山一窑洞中静坐冥思，履行宗教功修。光绪二十四年（1898），在旧城北庄门宦所属的达子沟拱北开设经堂，正式讲学传道，宣讲《天方性理》、《天方典礼》、《归真总义》、《清真大学》、《清真指南》等汉文伊斯兰著作，“八年间，信徒益众，大开讲席，发明身心性命之理，听者忘倦”，引起北庄门宦反对。1901年他迁出达子沟拱北，在家设立讲学堂，取名“金星堂”，继续宣教。后来发展为信众入堂集体务农经商的宗教、经济一体化社团。华寺、北庄门宦以“夜宿晓散，树党结盟，倡奇立异，惑乱人心”为罪名密告于官府，马启西及道堂负责人被捕入狱，教众受到迫害，后经兰州十坊头人臧积德等调解，始趋缓和。1905年，马启西率教众马英才、马建元、丁全功、丁仲和等取道新疆前往麦加朝觐，至撒马尔罕，因中亚动乱，交通受阻未果，1909年返回临潭旧城，将“金星堂”改名“西道堂”，继续传教。提出简化宗教仪式、少施“海迪耶”的主张，河湟、洮岷等地遭灾遇难的部分回、撒拉、保安等族群众前来投靠者日渐增多。1914年中原军阀白朗犯陇，后至临潭，旧城失陷，回、汉各有伤亡，马启西教众死亡亦达48人。1917年2月，河州军阀马安良以“西道堂勾结白朗、屠杀良民”为由，派兵围攻西道堂，将马启西及其弟启晋、启化、子德隆、侄希隆以及教众苏占魁等17人杀害，西道堂被毁。

马启西的宗教思想主要有：（1）以清代刘智的汉文伊斯兰教译著为依据，向教众宣讲伊斯兰教义，提出“儒教得道”的主张，说“读书得妙意理合天经三十部；养气通神明道统古圣百千年”，把《古兰经》的微言大义与儒家存心养性事天的修身理论联系在一起，运用宋明理学来解释伊斯兰教的“主命”、“圣行”，提出“体大公而尊主命，本真诚以履圣行”。并极力提倡个人的道德修养，“穷神致化，至精学问在无我；复命归真，第一人品要如他”。在履行“五功”方面，反对形式主义，主张通过实践去体会宗教义理，“斋之取意齐，齐身齐心齐七情，正君子克己功夫；开之谓言解，解微解妙解一本，是大人致知学问”。他认为只要履行五大天命功课，就是一个完美的穆斯林，强调要重品德、讲信义，少施“海迪耶”。在认主学方面，提出“仁如春理，命如春风，感物如春信，一生都在春光里；学是天成，品是天纵，启口是天言，万事不出天定中”，把儒家的天命观、理学家的思想与伊斯兰教“认主独一”论巧妙地糅合起来，以阐释伊斯兰教义理。他说“介廉（刘智字）种子，官川（指马明心）开花，我要结果”。他大力提倡兴办现代学校，鼓励儿童既学习经典，又学习现代文化科学知识，主张女生入学读书，在培养人才方面做出了显著成绩。（2）注重入世思想，提倡把宗教与经济生活、经营思想结合起来。“在今世中求来世”，“在现实中求未来”，“名实兼收，不独润身还润屋；经营俱到，真能成己更成人”。他的传教活动不仅是宣扬教义，提倡文化，并且以很大精力创办农、商、牧、副、林业，组成了一个颇具实力的宗教社团。他以宗教思想维系人心，以共同的经济和集体劳动、集体生活为基础，成为中国伊斯兰教中独树一帜的派别。在经济方面重视经商务农，要求教众以道堂为家，过集体生活。主张移风易俗，倡导男子不留长辫，反对女子裹足。马启西还写有以伊斯兰教为内容的一些诗作和对联，反映了他的宗教伦理思想。如：“勤礼五功，体认乎无声无息。谨斋三月，操存于不睹不闻”。

（马　通）

马谦益（1874～1949） 中国陕西伊斯兰教著名阿訇。字受丞。号吉六。回族。西安市人。出身贫寒。自幼入西安化觉巷清真大寺及小皮院清真寺学习，攻读阿拉伯语和凯拉姆学。后又师从陕西著名经师胡登洲九传弟子者万选、禹月明学习《戛最经注》等，刻苦攻读，历经20余年，后在禹月明门下“穿衣挂幛”，成为陕西格迪目派著名阿訇。1914年起，先后应聘在西安南城清真寺、洒金桥清真寺、北广济街清真寺及甘肃平凉牛市巷清真寺、东寺任经堂经师。1928年应聘任西安化觉巷清真大寺掌教及经师。1935年赴麦加朝觐，1936年回国后应聘到今内蒙古自治区集宁县（今集宁区）及河北省张北县清真寺任经师。他对阿拉伯文经典研究颇深，尤对《戛最经注》有独到见解，并擅长《古兰经》诵读法，发音准确、清晰，音韵悠扬有致，富于感情色彩，获得经学界赞赏。他恪遵经、训教导，严奉五功，深受穆斯林尊敬。他30余年间，教育、培养宗教人才百余人。1918年在西安洒金桥寺任教时，曾开办阿汉文夜校，任校长，免费招收穆斯林贫寒子弟。1928年在化觉巷清真寺任掌教时，曾创办手工织毛巾工场，使满拉半工半读。他在各寺任教时，曾先后主持和捐资修葺清真寺多座。为表彰他的劳绩，西安化觉巷清真大寺曾为他立“清修雅望”匾，南城寺为他立“学粹功高”匾各1面。（罗万寿）

马铨（1596～1678） 中国明末清初伊斯兰教著名经师。为胡登洲三传弟子。字明龙，穆斯林尊为马四巴巴。回族。湖北江夏（今武昌）人。出身经学世家，幼时从父学习阿拉伯文与汉文。及长，投宁夏同心著名经师冯伯庵学习伊斯兰教经学3年之久。后因思乡返归，途经陕西咸宁（长安区内）杏园头时，复又师从冯少泉经师，学习经训、教义、教法、语言修辞，历时7年后“穿衣挂幛”。返里后，广采经堂教育各家之长，继续博览经籍，深研教理，遂成为“渊源实学，道脉真传，东土之不多得”的伊斯兰经学大师。与常志美、李定寰、马君实被称之为伊斯兰“东土学者之四镇”。曾在柳州、武昌等地清真寺担任掌教。在任武昌镶门口清真寺掌教期间，提出“率性而修”的宗教功修主张。认为“率性及克去已私，复还天理，而成宁定之性是也。凡人率此，则道可达也”。“率性而修，即修齐治平之道”。以伊斯兰教义结合儒家“率性之谓道，修道之谓教”等传统思想，赢得了当时汉族学者的尊敬。马铨是湖北经堂教育的开创者，各地从其受业“游其门者，履长满”。其弟子中，以广东皇甫经成就最为突出。即使是创办经堂教育的中心陕西，也因“楚有先生，秦之诸公不得独美于前也”。著有《醒己省悟》，该书“识认己之学，不堕旁门。认魂之旨，直透本初。即魂即性之说，又能从魂识性，因性摄心，并可因性以达天。不已将造化之根源，造世之真主，悉括于一己体认之中”。他德高望重，品学兼优，乐善好施，“性善施予，不惜罄橐囊以周赈。计薄霄之义气，教中人咸诚服之”。1678年去世后，葬于武昌城东马家庄。（答振益）

马榕轩（1868～1923） 中国穆斯林知名人士。字廷树。回族。祖籍北京市宛平县（今属北京市丰台区），后落籍安徽省和县。幼时随父迁居南京，并从父学得铜匠技艺。及长，投入清政府某军事学校学习雷电专业。清光绪末年任海军“钧和”轮管带。1909年与上海伊斯兰教人士哈少夫、金子云等创办上海市清真董事会并任总董。1911年冬返宁，先后当选为汉西门清真寺董事会会长、南京市清真董事会会长。热心伊斯兰教和回民教育事业，曾在上海倡办穆民小学，在南京创办崇穆小学，回民学生学费全免，生活特殊困难者另给生活补助。出资刊印《清真指南》、《天方性理》、《天方典礼》、《清真修道撮要》、《清真醒世篇》、《清真历源》等书赠送各界和穆斯林。拥护实业救国的主张，与张謇有深交；曾投资南通大生纱厂、盐业实业股份公司、盐业银行。民国初年受华洋义赈会和沪汉济急会的委托和推举，在南京龙潭和浙江温州举办急赈。热心慈善事业。在南京先后任疏浚秦淮河河工局局长、上将军府稽查营务处总稽查、大总统（冯国璋）卫队司令官、雷电传习所所长等职。1923年卒于任所。（杨为仁）

马瑞图（1896～1945） 中国现代伊斯兰教学者、阿訇。名玉龙，以字行，经名奥斯曼。回族。云南省玉溪县（今玉溪市）龙门乡大营人。出身于伊斯兰教经师世家。自幼随父在大营、沙甸学习伊斯兰经典，并长期自修汉文。1918年起，任蒙自县（今改属个旧市）鸡街清真寺教长，后与其父均被聘任为昆明振学社高等经书并授学校教员。1927年，先后任广州濠畔寺和南胜寺教长，遂寓居广州。曾与周善之、陈焕文等创办《天方学理》月刊，宣传伊斯兰文化，颇有影响。抗日战争时期返回云南，任蒙化（今云南省巍山县）小围埂寺教长，1945年因病逝世。他生前刻苦自修，勤于著述，论著译述多发表于国内各地伊斯兰报刊。已出版的专著和译作有：《回教认一论》、《穆罕默德的默示》（中华书局版）、《礼法问答》、《伊斯兰教经典问答》（北平牛街清真书报社版）和《清真信仰问答》等。未刊遗稿尚有《真理的表现》、《卫道经解》（伟戛耶注释）和《伊斯兰问答体课本》多种。他治学严谨，重视推敲，常字斟句酌以妥帖表达原意，如将伊斯兰教基本哲学理论译为“认主独一论”或简称“认一论”，摒弃“一神论”的措辞，以示伊斯兰教“奉主不奉神”。普及读物多以问答体形式编写，提问有针对性，通俗易懂，很受读者欢迎。一些寺院经学堂，多选为补充教材。（林 松）

马绍武（约1875～约1936） 中国清末民初新疆哲赫林耶门宦教长、旧政府官员。马明心六世孙，马元章之侄。进疆前，受马元章叮嘱：既为官，又协助教门。杨增新统治时期，与哲赫林耶在新疆的热依斯李继良（?～1935）一起，主持修建了乌鲁木齐二道桥清真南大寺。因其特殊的宗教身份，在维吾尔和回族穆斯林中有一定影响。他曾受杨增新密令，擒拿并处决了原喀什提督马福兴父子，既效忠了杨增新，又为哲赫林耶教主马化龙报了仇，故升任喀什道尹。1928年金树仁上台后，改称喀什专员。1934年10月，遇刺受伤，赴苏联治病。翌年，被盛世才任命为省民政厅长；在新疆第二次民众代表大会上，作为“有功官员”受佩金质奖章。但不久即被以“阴谋暴动”罪名逮捕，旋即被盛世才派人秘密杀于狱中。（冯今源）

马什哈德（Mashhad） 伊斯兰教什叶派圣地之一。伊朗第三大城市，今霍腊散省首府。人口50多万。在东北部哈里河支流卡沙夫河河谷盆地中。历史上是南亚、中亚和阿富汗之间商队贸易的集散地。9世纪初，阿拔斯王朝马蒙在任哈里发前，即在呼罗珊的木鹿确立了其统治。为了赢得波斯什叶派的支持，他即哈里发位后，于817年将什叶派第八任伊玛目阿里·里达（765～818）从麦地那接到图斯，以其女许配之，并宣布他为自己的继承人。后因慑于阿里·里达在什叶派中影响的增长，加之逊尼派的反对，遂将其毒死。阿里·里达被葬于距图斯约20公里处的一村庄，该村遂以“马什哈德·里达”（即里达殉教之地）闻名。从此，马什哈德成为什叶派圣地，拜谒陵墓者络绎不绝。伊朗历代王朝穆斯林君主修建了该地区和里达陵墓，该地遂发展成为一座城市。马什哈德城区，现分新、老两部分。里达陵园位于老城区，于16世纪中期由萨法维王朝君主塔赫马斯普一世进行了大规模扩建，后逐渐发展成以里达陵墓为中心，方圆约11万平方米的建筑群，包括两座宏伟的清真寺及经学院、博物馆、医院等。里达陵墓被称为“哈拉姆·穆塔哈尔”（即圣洁的禁地）。墓冢由大厅及周围柱廊组成。大厅的拱形圆顶高约45米，全部用纯金箔包镶。厅内约100平方米，四壁由小镜片和金银装饰，用瓷砖镶成《古兰经》文。墓盖石四周围以用金银焊制的外罩及栅栏，约3米高。厅内悬挂大吊灯，金碧辉煌。博物馆内收藏有伊朗历代伊斯兰珍贵文物、《古兰经》手抄本及工艺精品。帖木儿帝国统治者沙哈鲁之妻高哈尔·沙德用私资所建的贾米清真寺，壮丽宏伟，与里达陵墓连成一体。马什哈德还有阿拔斯王朝哈里发哈伦·拉希德和萨法维王朝国王纳迪尔·沙等人的陵墓。伊朗政府新建的伊斯兰经学院也坐落在旧城区。新城区则有现代化的街道、商店、旅馆和居民住宅及旅游设施，有10多所清真寺，交通发达。为伊朗境内什叶派的两大圣地（另一是库姆）之一。（杨克礼）

马守贞（1633～1722） 中国伊斯兰教虎非耶学派穆夫提门宦的始传人。经名白什尔·勒比尼。回族。先祖是助唐平安史之乱的大食兵，后落居陕西长安仓门巷。宋时因触犯刑律被放逐青海西宁，继而迁居甘肃康乐。相传马守贞的母亲田氏约于1632年与东来西宁的穆罕默德25世圣裔希达叶图拉结婚，1633年生马守贞。1638年希达叶图拉前往新疆喀什，留下田氏母子住在西宁。据传，马守贞背心有一蛋形黑记，引起田氏疑虑。当时西宁水北门外一佛教喇嘛谓：马守贞有贵像，由他保护，方可无恙。并带马守贞到各地招摇惑众，骗取钱财，一时轰动西宁。清廷责令地方官处置了该喇嘛。后迁居甘肃临洮东峪沟大石头村，家境贫困，母子以耕田兼营小本生意谋生。后马守贞从事运输业，故乡邻称他为“脚户哥”。1670年，希达叶图拉因争夺南疆政教权失利，被伊斯玛仪汗赶出南疆，1673年回到西宁，收授门徒，宣教传道。遂将马守贞从临洮接到西宁，接替传教事业，遂取名“穆夫提”，将其衣物等交马守贞，作为传教凭证，并嘱托其高徒西宁李太巴巴辅佐。马守贞师从李太巴巴学习经典和苏菲教义，后回到临洮北乡开始传教。马守贞宗教知识丰富，为人忠厚朴实，办事认真，受到当地群众的尊重。他从30岁开始传教，历时50余年，严守五功，坚持道乘修炼，经常接济穷人。强调回汉民团结，才能安居乐业。他晚年时信众达五六万人，道堂财产居北乡之首。甘肃临洮北乡、临夏、广河、东乡和青海等地都有其教众。他殁后葬于临洮东峪沟口，建有墓庐，称为“东拱北”。（马　通）

马思忽惕伯（？～1289） 中国元代西域大臣。又作麻速忽别乞。花剌子模兀笼格赤（今乌兹别克斯坦乌尔根赤）人。信仰伊斯兰教。蒙古人西征之初，马思忽惕伯与其父马哈茂德·牙老瓦赤率族人降附，进献治理城市之策，得到成吉思汗器重，任命牙老瓦赤为河中（阿姆河与锡尔河之间地区）地区长官（或总督）。1241年牙老瓦赤奉窝阔台命调赴燕京（今北京）治理汉地，马思忽惕伯担任别失八里、哈剌火州、于阗、喀什噶尔、阿力麻里、海押立、撒马尔罕及布哈拉，直至乌浒河岸的最高长官。1251年改任别失八里等处行尚书省事。从窝阔台、贵由、蒙哥、忽必烈、阿里不哥、阿鲁忽、八剌到海都、都哇，长期主持西域财赋，实行按丁征税的赋税制度，努力恢复被战乱破坏的城市生活、商业和定居的农业经济，积极发展伊斯兰教学术文化事业。在布哈拉兴建了一所以“马思忽惕伯”命名的高等伊斯兰教学府。1273年该学府曾被波斯的蒙古人所毁，后又重修。另一所同样规模的“马思忽惕伯”学府建在新疆喀什噶尔（今喀什），14世纪初他的第三子将其官邸迁到此地。马思忽惕伯逝世后葬于布哈拉。（李进新）

马四娃（？～1784） 中国清代乾隆年间甘肃穆斯林起义领导人之一。回族。原籍青海省大通。为马明心弟子。甘肃省通渭县马营哲赫林耶学派阿訇，人称“大通阿訇”。他经学知识渊博，富有反抗精神。乾隆四十六年（1781），苏四十三反清起义失败后，为反对清廷剿杀回民群众，“为马明心报仇”，他与通渭草芽沟阿訇张文庆等再次发动起义，并在通渭北乡华阳洼修筑石峰堡，以为起义中心，并商推盐茶厅小山阿訇田五为首领。乾隆四十九年（1784）四月十五日，田五在盐茶厅首揭义旗，攻打靖远等处，马四娃同张文庆于五月初五日在通渭率众响应。后田五阵亡，公推张文庆为首领，马四娃为副，组织各处起义军及眷属分别聚集通渭石峰堡、优羌鹿鹿山、静宁底店、隆德蟠龙山等处。多次击败陕甘总督李侍尧、固原提督刚塔所部清军，攻入通渭县城，起义发展到甘肃中部10余州县。清廷先后派尚书福康安和大学士阿桂去甘指挥镇压，起义者最后集中于石峰堡进行顽强战斗。由于寡不敌众，马四娃和张文庆、杨慎四等便于七月初四夜组织起义军突围，遭到巨大牺牲。次日黎明马四娃被俘，惨遭清军杀害。参见田五、张文庆起义。（杨怀中）

马松亭（1895～1992） 中国伊斯兰教著名阿訇、教育家、社会活动家。与王静斋、哈德成和达浦生并称为中国现代四大名阿訇。曾名寿龄，经名阿卜杜·拉希姆。回族。北京市人。他出身阿訇世家，青少年时期继承父业，遍访名师，学习阿拉伯语文，钻研伊斯兰教教义、教法，于1921年在当时北平花市清真寺“穿衣挂幛”（毕业）。后在清水、涿县、济南、北京、重庆、台北、香港等地清真寺任职讲学，培养了大批经学人才。1933年赴麦加朝觐。他毕生致力于发展中国伊斯兰教育事业，弘扬伊斯兰学术文化，促进中国和伊斯兰世界的学术文化交流。1925年在济南同唐柯三等人创办了成达师范学校。1929年以后，在北平先后主持创办了《月华》杂志和《成师》校刊。30年代，他曾两度出访埃及爱资哈尔大学，经商谈选送了许多穆斯林学生在该校留学深造，其中不少人后来在中国的教育、科研、翻译和宗教学术研究领域做出了积极贡献。1934年访问埃及、巴勒斯坦等国，携回了有各种书体的成套阿拉伯文铅字，经成达师范出版部翻制成铜模后广泛使用，对在中国铅印伊斯兰经籍和教材起了重要作用。1936年，他用埃及国王福阿德一世赠送中国穆斯林的大批经书在北平创建了颇具规模的“福德图书馆”。1945年和1947年先后同马淳、庞士谦等在重庆和北平创办了伊斯兰经学研究班、北平回教经学院等新式学校。他除亲自执教外，还聘请国内外有名学者和教授任教。1947年开办了“月华文化服务社”，出版发行《月华周报》。中华人民共和国成立后，他积极协助人民政府宣传贯彻国家的民族、宗教政策，动员穆斯林群众发扬爱国爱教的优良传统，积极参加祖国建设事业，并于1953年参加赴朝慰问团，慰问中国人民志愿军。1954年后，历任中国回民文化协进会副主任、中国伊斯兰教协会副主任、中国伊斯兰教经学院副院长等职，当选为中国人民政治协商会议第二、五、六、七届全国委员会委员。

马松亭在伊斯兰教学术思想方面有独到见解。1934年，他在北平讲演时提出：(1)宗教是“指示人类生活的一种大道”，是“维系社会的一种法程”。伊斯兰教“是入世的，非出世的；是治世的，非弃世的；是积极的，非消极的；是进化的，非退化的；是乐观的，非悲观的”等等。(2)他除了从信仰方面阐述伊斯兰教的“精义”外，还从社会生活方面提出伊斯兰教“重团结，爱团结，重民权，重教育，重伦常”；从物质生活方面指出伊斯兰教“奖励生产、重懋迁、节制资本，重施禁利，遗产均分”，强调“商业不仅是物质懋迁的调剂者，间接也是文明的传播者”。这些见解，对社会各界了解伊斯兰教，增进各宗教间的思想交流，也起了一定的作用。他还擅长精讲《古兰经》，通晓《古兰经》诵读学，他朗诵时吐字清晰，音调铿锵，富有感情色彩，很受各族穆斯林的欢迎。撰有《回教与人生》和论文多篇。

（马忠杰）

马苏第 见麦斯欧迪。

马腾霭（1921～1991） 中国伊斯兰教知名人士。经名固德勒图拉。回族。宁夏回族自治区吴忠市人。为哲赫林耶学派板桥门宦教务主持人，1940年继承其父为教主。新中国成立后任中国伊斯兰教协会1～5届委员会副会长。为维护民族团结，发展地方经济、文化事业，改善群众生活尽心竭力，勤奋工作。他十分重视伊斯兰教界内部团结，经常教育宗教界人士爱国爱教，加强团结。坚持各教派间各行其是，互相尊重，为贯彻宗教政策、维护宗教界人士和信教群众的合法权益，作了许多有益的工作。他关心民族教育，曾在家乡创办了板桥完小并兼任自治区民族公学副校长，培养了大批民族干部。他曾率领由中国伊斯兰教协会组织的中国穆斯林朝觐团赴麦加朝觐，多次出访苏联、东欧及巴基斯坦、沙特阿拉伯、埃及、也门、阿联酋、科威特等伊斯兰国家，并在宁夏接待了来自世界各伊斯兰国家的使节、宗教人士、金融界、企业界人士，为增进伊斯兰世界团结，维护世界和平，为发展宁夏回族自治区同伊斯兰国家的经济文化交流发挥了重要的作用。逝世后数万名穆斯林群众参加了其葬礼。

（罗万寿）

马图里迪（al-Māturidi，？～944） 伊斯兰教逊尼派教义学家，马图里迪学派创始人，哈乃斐派教法学家。全名艾布·曼苏尔·穆罕默德·本·马哈茂德·马图里迪。因出生并卒于中亚撒马尔罕，故又称“撒马尔罕迪”。曾从师巴尔赫（今阿富汗境内）人阿里·奈斯尔·本·叶海亚学习教法和教义学，后多次外出游学，研究教义学理论和法理学，曾同不少教法学家和圣训学家进行切磋和辩论。对艾布·哈尼法的著作及其教法学理论作过深入的研究，深受其教义学思想的影响。在逊尼派与穆尔太齐赖派之间关于教义学、哲学、教法和教法原理学诸多问题的激烈论战中，马图里迪与艾什尔里的观点基本一致，二人各自创立的学派成为逊尼派教义学的两大支柱。

一生从事教义学研究，对丰富和发展这一学科理论起了重要作用。他的教义学主张有：关于认识真主，他认为只能凭借理性来认识,《古兰经》中有许多经文都要人们通过对宇宙万物进行观察和思维,以达到信仰和认识真主的目的。关于美与丑的标准,他认为事物分为3类:一类是人类的理性能够认识其美的事物,一类是人类的理性能够认识其丑的事物,另一类是美、丑界限不清,而只有真主才能知其美或丑的事物。关于真主的行为,他认为都是有奥义的,真主愿为时,并不是被迫而为者,也不是必须当为者,因为"真主是自由的"。关于真主的德性(Ṣifāt),他强调真主是有德性的,但又说那些德性不是真主本体以外的东西,既不是凭真主的本体而自立者,也不是与真主的本体相分离者。关于能否见到真主,他强调这是后世的事情,详情只有真主知道,现世的人无法言状。关于《古兰经》,他认为真主的言语是凭借其本体而自立的一种"意义",是无始者本体的一种无始的德性,不是由字、词组合而成的。因为字、词是新生的,不能凭借本来当有之无始者而自立。因此,他实际上含蓄地承认了由字、词组合而成又表达无始之"意义"的《古兰经》是新生的,但不言是被造的。艾什尔里派认为《古兰经》不是被造的,但不言是无始的,而穆尔太齐赖派则认为是被造的。关于定命与自由,他根据《古兰经》"真主创造了你们,和你们的行为"(37:96)这段经文而提出:真主是世间一切存在的创造者,人的行为也不例外。但他又认为,人类有选择的自由,人类依其被创造的"能力"从事"经营"或不从事"经营"是有自由的。人类愿为时,这种"愿为"就与被真主创造的行为相连接,反之,就不相连接。因此,人类因其行为的善恶而受赏受罚,乃是依据其有选择的自由而决定的。关于犯大罪的问题,他认为人的行为不是"信仰"的组成部分,故犯大罪的信士,尽管生前未曾悔罪,也不永居火狱之中。其主要著作有:《信仰学论集》、《认主独一论》、《宗教基础学原理》、《古兰经解》、《教法渊源》、《辩论集》、《驳莱瓦菲祖伊玛目说》、《驳卡尔马特派》、《驳凯尔比首要论据》、《驳艾布·穆罕默德·巴希利五项原则》等。(马忠杰)

马图里迪学派(al-Māturidiyyah) 伊斯兰教教义学学派之一。与艾什尔里学派、塔哈维学派并称为逊尼派三大教义学派。其声望远不及艾什尔里学派,仅被视为中亚河外地区"逊奈与大众派"的代表。以中亚著名伊斯兰教教义学家马图里迪(?~944)为代表,故名。马图里迪为艾什尔里的同代人。据赛义德·穆尔塔达的《学者故事集》(Qisasu'l-Ulama)载,马图里迪著有《认主独一论》、《大全之书》等5部著作,现仅有《教法学大纲》(Fiqh Akbar,实为艾布·哈尼法的弟子所著)流传至今。马图里迪学派主张用思辨方法来解释、论证伊斯兰教信仰,既反对穆尔太齐赖派的唯理主义,亦反对伊本·罕百勒绝对排斥理性活动的倾向,属于温和的折中派观点。可能因艾布·哈尼法名气较大,马图里迪学派常被视为艾布·哈尼法教义学派,以区别于接受辩证思想方法的沙斐仪派教法学家。但在哈乃斐学派内部,长期存在着接纳和拒绝马图里迪学派的两种倾向。马图里迪学派承袭了艾布·哈尼法学派的某些思想,与艾什尔里学派存有某些分歧,主要是:(1)艾什尔里学派强调主命决定一切的前定说,认为安拉命人行善,并非因为事物本身性善,安拉止人作恶,并非事物本身性恶,或善或恶完全是安拉意志使然,故后世奖惩与行为者的道德无干。而艾布·哈尼法和马图里迪则承认,人有意志自由,是个人行为的主动者而非被动者,要对自己行为的善、恶后果负责,或在来世受到奖赏和蒙受惩罚。(2)艾什尔里学派在坚持前定说的同时,否认安拉应对人的恶行负责,否认个人确知得救之说。而艾布·哈尼法则认为,人的恶行同样是安拉意志所致,否则不会发生;马图里迪学派进而坚信,人注定会在后世得救,因为人对自己的道德行为有自信心。马图里迪学派因更为注重人的善性和道德情感的作用,较之艾什尔里学派更为灵活、宽容,这些思想后来也渗入艾什尔里学派,对之发生影响。如在埃及,马图里迪学派的传人奈赛菲(al-Nasafi,?~1142)的教义学著作《教义学大纲》('Aqā'id)曾长期被作为爱资哈尔大学的课本。近代伊斯兰教教育家、改革家穆罕默德·阿布笃也深受马图里迪的影响,但出于正统观念,却绝口不提马图里迪的名字。

(吴云贵)

马万福(1849~1934) 中国伊斯兰教伊赫瓦尼派创始人、经学大师。经名努哈。东乡族。甘肃省东乡县果园村人,故又称"马果园"或"果园哈吉"。出身贫寒,其祖父、父亲均是清真寺经堂小学阿訇。马万福自幼受家庭熏陶,初具宗教知识和阿拉伯文基础。先在红崖、瓦里加和北庄拱北清真寺受教习经,后在著名经师瓦里加阿訇和老消亭阿訇门下学习阿拉伯文和波斯文经典。1875年学业成就,成为北庄门宦有影响的青年阿訇。先后在果园、红崖和巴苏池等清真寺任教长,讲经宣教,受到教众的赞誉。1886年,同瓦里加阿訇、举人马会三等去麦加朝觐,后留居麦加4年,寻师求教,在瓦哈比派学者海里巴·艾布·盖勒创办的"海力希巴学校"学习《古兰经》、圣训、教法,并与瓦哈比派的活动家奥斯曼和赛利姆交流探讨学术,深受启发,萌发了改革中国伊斯兰教的思想。1892年经海路回国,途经湖北老河口时,应当地穆斯林邀请,在清真寺讲学。1893年回到甘肃河州,在若妥清真寺讲学,并与一些著名阿訇、哈吉共同研讨瓦哈比派教义。他们依据从麦加带回的经典,如瓦哈比派创始人阿卜杜勒·瓦哈卜的《疑难揭示》(Kashf al-Mushkilāt)和阿路西的《古兰经义精华》(Tafsir Rūḥ al-Ma'āni)等经籍,讲经宣教,培养宗教人才,积极宣传伊赫瓦尼的革新主张,受到一些穆斯林的拥护,也引起各门宦派别的反对。1895年,马万福因支持"河湟事变"受牵连,逃到甘肃静宁南关清真寺,后又疏通马安良勾销罪案,于1897年返回河州漠泥沟何家清真寺开学。他继续宣传其宗教改革主张，触及门宦派别所奉行的学说与礼仪，遭到强烈反对。1908年马万福被迫离开河州，到陕西安康清真大寺开学。1911年辛亥革命后，他重返河州，仍遭门宦的反对与军阀马安良的威逼，于1914年经河西到新疆哈密继续宣传他的主张。1916年被新疆督军杨增新逮捕，旋被押解兰州，途经永登县境时，被宁海镇守使马麒派兵劫往西宁，待如上宾。从此马万福在马麒兄弟的支持下，以西宁东关清真大寺为中心讲经宣教，在河湟地区大力宣扬伊赫瓦尼派的主张。在近20年的时间里，他的学生遍及全国不少地区，对传播和发展伊赫瓦尼派起了重要作用。1934年殁于西宁。

其宗教思想与主张，源自瓦哈比派的学说。他提出“凭经立教”、“遵经革俗”主张，强调一切宗教功修、宗教礼仪，都必须严格遵行《古兰经》和圣训。在解释经训典籍与处理社会问题、日常行为时，遵循逊尼派哈乃斐学派教法律例。他既反对崇拜教主、拱北的某些作法；也反对内地一些穆斯林因受汉俗影响而形成的非伊斯兰教礼仪。他曾同伊赫瓦尼派部分阿訇共同择录《宗教学科的复兴》、《嘎最》、《伊尔沙德》、《凯拉姆》及教法等8部经典的内容，扼要编撰了一本《布哈里咱德》经，系统阐述了伊赫瓦尼派的主张。他的“果园十条”，主要是他改革当时一些不符合教法的陈规陋习的主张，被认为起到了简化宗教仪式、减轻教众负担的作用。马万福宗教知识渊博，经学水平较高，能系统地讲授古兰经学、圣训学、认主学、教法学以及波斯文经典，纵论伊斯兰教各派学说，探究其沿革与得失。他讲经有条有理，深入浅出，受到门徒和教众的欢迎。各地前来求教者无不倾心相从，使伊赫瓦尼派得以传播。

（马　通）

马文炳　见马注。

马文义（？～1871）　中国清代咸丰、同治年间青海地区回族、撒拉族穆斯林起义领导人之一。又名马尕三。回族。甘肃河州（今甘肃省临夏市）人。早年移居西宁府所属巴燕戎格厅（今化隆县）昂思多庄。西宁一带华寺门宦著名阿訇，该门宦教主马桂源的族叔。见马文义起义。　（马云山　喇秉德）

马文义起义　中国清代咸丰、同治年间以马文义为首的西宁府属地区回族、撒拉族反清起义。乾隆四十六年（1781）苏四十三起义后，清朝统治者对回族、撒拉族加强严酷统治，一再重申“遵照旧章”，“不得添建礼拜寺，亦不得分别新旧教，责成回民总约随时稽查”。咸丰十年（1860）十月，西宁地区回族、撒拉族因不堪忍受统治者的民族压迫、宗教歧视和地方官操纵的地主团练的欺凌，在华寺门宦著名阿訇马文义的领导下掀起反抗斗争，进攻丹噶尔、巴燕戎格（今青海化隆）以及西宁等处，碾伯、大通回民起而响应。陕甘总督乐斌派兵镇压，遭到失败，被清廷革职。咸丰十一年至同治元年（1861～1862），新任总督沈照霖先后两次赴碾伯、巴燕戎格指挥官兵镇压，连遭挫败。起义为华寺门宦所发动，得到华寺门宦教主马桂源的全力支持。同治初年陕甘回民起义爆发，西宁地区的回族、撒拉族起义与其他各处起义者互相联络，成为陕甘回民起义的一部分。马文义和马桂源紧密配合，不断组织、壮大起义力量，同治二年（1863）七月再次攻打丹噶尔厅城，围攻西宁府城等处。西宁办事大臣玉通无力镇压，于九月间与马文义、马桂源达成“抚议”，解散团练，保举马桂源任循化厅同知。同治四年（1865）五月，丹噶尔厅同知富亮借口穆夫提门宦将要起事，调集兵勇团练大杀城内回族穆斯林，马文义便组织华寺门宦和穆夫提门宦联合起来，攻占该厅城附近各处庄堡，起义声势扩大，西宁府属地区大部被起义军控制。玉通被迫再作让步，报请朝廷分别任马桂源、马本源兄弟为西宁知府和护西宁镇兵篆，起义者实际上掌握了西宁的军政大权。在马桂源保护下，马文义率起义军攻打各处。同治七年（1868）正月，马文义率数千名起义军攻取贵德厅城，击毙同知承顺，并在城内“书写汉回通谋官逼民反禀词”。同治八年（1869），起义军进攻威远堡、碾伯、平番，占据平戎驿，又派数千骑应援马化龙领导的宁夏回民起义军，与河州、肃州起义军互相支援，并与妥得璘领导的新疆回民起义互通声气。同治十年（1871）四月，马文义病逝，所部归马永福。此后西宁地区的起义在马桂源、马本源领导下坚持到同治十二年（1873）春被清军镇压，起义惨遭失败。　（喇秉德）

马沃尔迪（al-Māwardi，974～1058）　中世纪伊斯兰教法学理论家、沙斐仪学派教法学家。本名阿里·本·穆罕默德·本·哈比卜，别名艾布·哈桑·马沃尔迪。生于巴士拉，后迁居巴格达。他平生好学，博学多才，对伊斯兰教法和法学理论造诣很深，并对阿拉伯历史、哲学、政治、经济、民族、教派、学派及伦理道德都有全面的研究，尤其对伍麦叶王朝和阿拔斯王朝前期的政治制度、司法制度、王朝吏制及各种法律、法规均作过深入的研究和论述。他曾在阿拔斯王朝的许多地区担任过法官，后被第二十六任哈里发嘎伊姆（Gā'im bi-Amrillāh，1001～1075）任命为王朝总法官，在朝廷内享有很高威望和地位。马沃尔迪倾向穆尔太齐赖派的唯理主张，思想较为活跃而又善于思考和分析问题。他企望通过法治与道德规范建立一个“理想社会”。在教法领域，他注重立法的实践性与灵活性以及具体律例的实际应用与适应性。为此，他在实践中把教法同实体法相结合，把法治同道德礼法相结合。对于新律例的制定，他主张既要通过权威法学家们“公议”确定，又要顾及各地区的社会情况和传统，反对刻板划一。他对于伍麦叶王朝和阿拔斯王朝吏制加以总结，提出各级官吏的职责权限：(1)关于哈里发的资格。必须是古莱什族，有保卫疆土所必需的其他性格特点，为公众所拥护，并举行臣服仪式。(2)关于大臣的权限。一类享有无限权力，一类享有有限权力。前者执行哈里发的权力，只有王储的任命除外；后者没有创制权，他们的义务是执行哈里发的一切命令及遵循他的各种指示。(3)关于省督的等级和职权。甲级省督具有绝对的权力，即指挥军事，任命法官，监督司法，征收赋税，维护治安，保卫宗教，领导聚礼；乙级省督没有任命法官和征收赋税的权力。(4)关于法官的等级。法官分为总法官和享有无限权力的甲级法官及享有有限权力的乙级法官。不管哪类法官，都必须品德端正，精通教义和教律。(5)关于警察局长的职权。他们享有维护社会治安的一切职权，甚至包括维护两性之间公认的公共道德标准。马沃尔迪著述丰富，其中有法治专论和法学史，也有论述政治问题的乌托邦式论文，著作中引述和保存了大量原始资料和史料。其主要著作有《宗教和世俗礼法》、《素丹律例集》(al-Aḥkām al-Sulṭāniyah)、《观察便览》(Tashil al-Naẓr)、《哈威》(al-Ḥāwi)、《折服》(al-Iqnā ‘)、《朝廷法规》(Qānūn al-Wizārah)、《国王的政治》(Siyāsah al-Malik)，以及《成语格言集》(al-Amthāl Wal-Ḥikam)等。（马忠杰）

马西尼翁(Massignon Louis，1883～1962) 法国东方学家、伊斯兰教史和阿拉伯语言文化专家。曾担任巴黎大学文理学院伊朗学研究所所长。曾先后被瑞典、比利时、丹麦、阿富汗、伊拉克、埃及等国家的科学院聘请为外籍院士。1924年，被推选为前苏联科学院的外国院士。一生着重研究和撰写有关题铭学、考古学、伊斯兰教史、阿拉伯语言文学的著作。其主要著作有《论阿拉伯语中语法分析的基本结构》、《摩洛哥的苏菲社团》、《穆巴哈拉》、《法蒂米亚》等。为荷兰莱顿出版的《伊斯兰教百科全书》和《伊斯兰教小百科全书》主要撰稿人之一。（杨克礼）

马雄(？～1678) 中国清代康熙年间广西穆斯林提督。回族。陕西固原(今宁夏回族自治区固原县)人。先任广西总兵。康熙十二年(1673)，继钱国安之后任广西提督，驻柳州。翌年九月，降吴三桂。康熙十五年(1676)九月、十二月，清帝两颁谕旨，派专人赴其军前招抚，均未果。他热心伊斯兰教文化事业。提督任内曾创建规模宏大的柳州城内清真寺；经营柳州"回教坟山"；延聘各地著名经师，如李秉旭、马明龙、常志美、李永寿、马忠信、马之祺、马承益、皇甫经、舍起灵、马化蛟等至柳州讲学，并于戎务之暇与他们咨论教典、追研精义。对伊斯兰教在柳州的传播与发展及当时国内伊斯兰教学术文化交流，均有一定影响。殁于雒容，葬于柳州城内清真寺之左。其子承荫曾为马注《清真指南》作序。（冯今源）

马一龙(1853～1925) 中国伊斯兰教嘎迪林耶学派灵明堂门宦创始人。字灵明，尊号古土布·哈尼夫拉。回族。世居甘肃省兰州西关海家滩。他早年丧父，依母而生。幼时在清真寺学习阿拉伯文和宗教常识，及长，喜读诗书，谙汉、阿两文。1866年，正当西北回民反清起义形成高潮时，兰州督标哗变，省城发生严重饥荒，14岁的马一龙，扶母逃荒于宁定县(今广河县)，越年母卒，他遂在青海和甘肃的榆中、定西、临夏等地逃荒，并访师求学。1878年以后，他在榆中野鸡沟、广河三甲集等地清真寺，日教阿文，夜坐静修，生活十分简朴。1895年逢"河湟事变"，马一龙携妻女返回兰州，栖于桥门街一破屋中，后迁至新关罗家巷定居。从此结束了流浪生活。

据灵明堂教史记载：清光绪三年(1877)，即马一龙25岁时，在兰州接受了哈比布拉传的嘎迪林耶学说；35岁时在广河三甲集经马六三伊玛目的引荐，又接受了圣裔赛利姆尊者的虎非耶学理。此外，他还接受了新疆静杜孜巴巴传的喀什道堂大香道祖(伊朗的哈马丹人，为25世圣裔之孙)所传的纳格什班迪耶的学理和传教凭证。他偏重于嘎迪林耶派的教义。据其道统史记载，当他专心从事"无俩大道"后，常沿门乞讨度日，有时自歌自舞，往往与街巷小儿戏玩，宛如赤子，人遂以"疯汉"称之。人有疑义，急难来问者，他只用眼前事物演示之，或讲以古往，或举一现例，使人自行领会，初虽不解，事过皆验。于是得到一些人的尊敬与信仰。马一龙的宗教主张主要是：禁欲清贫、潜修秘炼和出家修行。他宣教传道以中、小商人为主要对象，在农村多系贫穷农民，在城市多系饮食业小商人。静修时减少饮食，时间以40天为限，多则120天。他的学生主要有：新疆哈密灵明堂负责人靠福堂，甘肃兰州的单子久、临夏县的马向真、康乐的高优素福，青海的白凤鸣。最后他委单子久为教统承传人。在西北地区有一定影响。（马　通）

马以愚(1900～1961) 中国现代穆斯林学者、伊斯兰教史学家。又名马吉睿，经名穆罕默德。回族。安徽怀宁(今安庆市)人。出身于穆斯林学者世家。系宋建隆二年(961)应召入华编修《应天历》而定居中国的西域鲁姆天文学家马依泽(Ma'iz)的35代后裔。其父阿卜杜拉·马介泉长于中国文史，工书法。对伊斯兰教教义、教理造诣很深，著有《回教考略书后》、《晚晴室家书》等。马以愚自幼聪颖好学，在其父读书当"明圣贤之道，思先人之志"的指导下，受到传统的家教，具有一定的汉学和阿拉伯、伊斯兰文化知识。及长，升入安徽省政法学堂学习，因家道贫寒中途辍学。嗣后主要依靠勤奋自学和悉心钻研，更兼其父教导和友人指点而娴熟中国文史经籍，为以后治学打下了基础。他热心发展回族穆斯林教育事业，曾在安庆清真小学、上海伊斯兰师范、成达师范任教多年，并曾任安庆清真小学董事长，创办安庆依泽回民小学。1947年兼任上海诚明文学院教授，并任中国回教公会秘书长和怀宁回教协会理事长。他曾辗转各地，搜集、整理了大量教史资料，进行研究和著述。他学术功底深厚，治学态度严谨。在史学思想和方法上，始终坚持治史重史实，持论显公允的原则。他提出对中国伊斯兰教史的研究，要以大量中外史料为依据，并要做到相互印证，既要重视正史、地方志和私家撰述，又要注重实地考察，亲自掌握第一手资料。且提出，既要列举各家不同见解，又要纠正各种谬误。故所著《中国回教史鉴》一书，不但参考史志、会要、地理、杂记等200多种，而且还引用了各种不同的历史记载。对伊斯兰教始入中国的时间问题，他持唐“永徽二年”说，并指出明史“隋开皇中，始传入中国”的说法与史料不符。关于西北、西南回民起义的因由，他认为皆由清廷歧视、压迫少数民族和地方官吏残害百姓所致。他在中国史学、哲学、地理学、天文学和中国伊斯兰教史等学术领域都有贡献，除《中国回教史鉴》外，尚有《回回历》、《嘉陵江志》、《易学象数论抉微》以及《中国名礼拜寺》、《回教学术之昌明》、《与王寒冰先生论新疆回族与回教》、《嘉陵沿线各县清真寺及回教人物志》、《天命释义》、《历法考证》、《中国伊斯兰教寺墓考察》等论文多篇，在伊斯兰学术界很有影响。晚年搜集整理了清光绪年间杨子贞教长散落民间的遗著《完璞氏藏稿·附拜式记略》，亲自参订并为之作序，使得流传于世。中华人民共和国成立后，马以愚任安徽省文史馆馆员、省民族事务委员会委员等职。他重视国内各民族团结和加强中国穆斯林与阿拉伯各国穆斯林间的传统友谊，注重发扬中国穆斯林爱祖国、爱民族的历史传统，关心回族文化教育事业与经济发展，在参与落实民族、宗教政策及开展文史研究工作方面，做了不少有益工作，受到各方面赞誉。

（马忠杰）

马译《古兰经》 中国汉译本《古兰经》之一。马坚译。始译于1940年，1945年初完成初稿，1949年曾出版附有详细注释的前8卷本。1981年正式出版的新译本为32开本，有平装、精装和特精装本，横排。正文487页，卷首有白寿彝《序》和选自译者1949年版本中的《译者序》及《古兰简介》（节录），卷末有马存真《后记》。译者对翻译《古兰经》认真严肃，采用现代汉文语体，并参考了多种外文译本和大量《古兰经》注释本，字斟句酌，力求忠实原文。试举第104章《诽谤者》（即胡买宰）为例，以见译文特色之一斑：“伤哉！每个诽谤者，诋毁者，他聚积财产，而当作武器，他以为他的财产，能使他不灭。绝不然，他必定要被投在毁灭坑中，你怎能知道毁灭坑是什么？是真主的燃着的烈火。能升到人的心上。他们必定要被关在烈火中，吊在许多很高的柱子上。”马译《古兰经》是中国汉译本《古兰经》中印数最多、发行最广的一个版本，具有译文流畅、凝练，表达经意较准确等特点，在国内外有很大影响。1981年4月由中国社会科学出版社出版，并被1987年伊斯兰世界联盟出版的阿拉伯文、汉文对照本所采用。

（林　松）

马元章（1853～1920） 中国伊斯兰教苏菲主义哲赫林耶学派第七代教主。字光烈，号祯祥，经名里亚杜丁，尊号索迪贡拉·穆罕默德·努尔。回族。祖籍甘肃阶州（今武都），生于云南他郎。马元章是中国哲赫林耶学派创传人马明心的四世孙。清乾隆四十六年（1781），苏四十三起义失败后，马明心被清政府杀害于兰州。其长子马顺清被发配云南他郎地方，后经商发家，成为他郎富户。并任该派在云南的“热依斯”（即代理教主主持教务者）。马元章的父亲马世麟是马顺清的第三子，人称“云南老三太爷”。曾任哲赫林耶第五代教主马化龙在云南的“热依斯”，他经营进出口生意致富。云南杜文秀起义时，曾为云南河西起义军首领之一。起义失败后，清兵包剿其家，马世麟挖地道，嘱马元章率领弟侄等18人潜逃，他本人遇难牺牲。马元章兄弟逃出云南时，正是马化龙起义失败被杀害的第40天，清政府向全国悬赏缉捕马氏后裔，他们改名换姓，流落各地，于1875年后才先后潜回甘肃张家川。马元章到张家川后，在回族乡绅李德仓的大力帮助下，杀解差，劫囚车，营救出马化龙的唯一遗孙马进西，并偷迁被折磨而死于开封的马化龙长孙马进成尸骨，安葬于张家川。找回流落昌平的马化龙之妾白氏（俗称“西府太太”），辗转迁居于吴忠。又把访到的马化龙的两个侄女安置成家。同时将马化龙父子的头颅找回埋葬于宣化岗，并撰写了“为众舍身”的碑文，留其弟马元超守护。他落居西吉沙沟，主持西海固教务。1911年冬，他到张家川宣化岗举行“尔麦里”仪式，悼念马化龙被害四十周年，庆祝清廷灭亡，共和成立，哲赫林耶反清胜利。盛会之时，正式宣布追认化龙长孙马进成为哲赫林耶第六代教主，称汴梁太爷，他自己以第七代教主相继，称沙沟太爷。

马元章总结了哲赫林耶派历次反清失败遭屠杀的深刻教训，遇事十分谨慎机敏。他尽量调整与官方的关系，以取得立足之地。庚子年间，董福祥得罪洋人，避居固原时，目睹哲派崛起，十分不快，谓回民有反性，欲谋挑起事端，马元章一面劝教民勿与政府对立，一面直言董福祥不要轻动妄为，同时竭力向政府声明，愿以身担保回民无事，从而扭转了危局，安定了人心。第一次世界大战时，土耳其参加了同盟国。马元章以教主身份，致电袁世凯云，他虽与土耳其同信伊斯兰教，但他竭诚拥护中国政府的对外立场。这一系列的作为，使哲赫林耶派与官方的关系有了很大改善，逊清隆懿太后赏给他亲书“寿”字中堂。袁世凯赠给他二等“宝光嘉禾”勋章。民国初年，马元章通过郭南浦，得到甘肃督军陆洪涛、省长张广建的赏识与同意，将曾祖父马明心的尸骨从石乡老祖坟迁出，葬于兰州东稍门，修建了拱北，随后在马明心遇难之地和苏四十三、韩赛里麦（马明心的义女）牺牲之地，率众举行宗教活动，诵经悼念，并坐上张广建赠送的绿呢大轿，周游兰州市，一时轰动金城。他感慨地对教民说：“我的先辈在兰州做过阶下囚，而我今为座上客，沧桑之变，事在人为，不过喜中有忧，小心强过托靠”。

马元章聪慧有智，学识渊博，通晓世情。他通晓伊斯兰教经训典籍，擅长阿拉伯文书法，博览诸子百家和史籍文物，是哲赫林耶历代教主中兼通汉、阿两文并有论著的唯一人物。他在宗教上除遵循马明心的教导外，还接受回族伊斯兰教学者刘介廉的宗教思想，强调结合儒家思想，宣扬伊斯兰教义。他疏导教民改变盲目遵行“舍希德”的道路，不能为“舍希德”（即殉教者）而“舍希德”。他强调，朝拱北不等于朝天房，穷人无钱朝天房，就应隆重举行“古尔邦”节，他反对尊人不尊经的错误。他结交汉民乡绅和各教派教主，积极倡导民族团结和教派团结。经过20年的惨淡经营，恢复、发展与巩固了哲赫林耶的教统，使之走上了继马明心和马化龙之后的第三次全盛时期。他修建拱北9处，道堂7处，积累了大量财富。但他一再强调，道堂财产是“瓦克夫”（即宗教公产），只能用于宗教事业，任何人不能作为自己的私财而挥霍浪费。1920年农历十一月初八日，甘肃发生大地震，马元章在西吉遇难逝世。他写有《鉴古训》、《道统论》、《省己格言》等书稿。

（马　通）

马赞德兰人（Mazandarans）　伊朗穆斯林民族之一。人口160万（1985）。主要居住在伊朗马赞德兰省境内。种族、语言和文化习俗与波斯人极为相近。一般认为，他们是与古波斯人有血统关系的土著部落的后裔。平原和低地居民主要从事水稻、玉米、柑橘、棉花、亚麻和蔬菜种植业。山地居民多从事畜牧业和林业，饲养山羊和绵羊，也耕种小片土地，主要种大麦和小麦。早期马赞德兰人奉行氏族部落神和祆教信仰。11世纪以后，伊斯兰教在马赞德兰地区开始广泛传播。主要信奉什叶派，占总人口的90%，其中以十二伊玛目派信徒最多，也有部分诺克塔维派（即栽德派的支派）。日常生活习俗和传统，如婚丧嫁娶、财产继承、宗教节日等通常都按伊斯兰教办理。1979年实施《伊斯兰宪法》后，大小城镇一般都设有宗教专门学校，中小学校加强了宗教课程的教学。政府派有宗教教职人员掌管马赞德兰地区的宗教事务。（伊力奇）

马朱者（Ma'jūj）　见雅朱者和马朱者。

马注（1640～1711）　中国清初伊斯兰教著名学者，用汉文译著经典的开创者之一。字文炳，号仲修，经名优素福，晚年号称“指南老人”。回族。今云南省保山市人。自称系穆罕默德45世后裔，圣裔元代赛典赤·赡思丁15世孙。7岁丧父，家境贫苦，由祖父抚养。祖父殁后与兄渥依姆耕织为生。幼年笃学，“十五而业文章，学为经济”，16岁中秀才。18岁时曾在南明永历帝小朝廷任中书，后改任锦衣侍御。南明政权瓦解清军入滇后，遂“辟隐教读，笔耕自膳”，钻研儒学和佛学。清康熙四年（1665）结识并师从滇中名士何观五，从此“文益修，学益进，弟子益盛”。写成《经权集》、《樗樵录》两部文集，阐述修齐治平之道，希望有裨于治世。康熙八年（1669），马注30岁时，鉴于政治变乱，即离家北上至北京，受到清宗人府掌印亲王召见。此时他开始学习阿拉伯文和波斯文，专攻伊斯兰教经训典籍，并与当时京中伊斯兰教学者切磋教义。回滇后，向门弟子讲授“心性之学”，从者日众。历经数年潜心研究伊斯兰教义，约在康熙二十二年（1683）将其研究成果撰成《清真指南》1卷，欲呈朝廷以求御览，但终未成功。康熙二十三年（1684），他离开北京，取道山东、江苏、浙江、安徽、陕西、四川，进行考察，广交各地经师，并设帐讲学，所到之处，人称“仲翁马老师”。曾将《清真指南》稿本就教于山东马延岭、南京刘三杰、湖南皇甫经、陕西舍起云等。返回家乡后，对《清真指南》进行修订。马注曾以“圣裔”名义约集滇部分伊斯兰教人士，呈文云南武进府，主张革除从印度传入的“革烂得之属”（苏菲海兰达尔）等“左道异端”，并提出“约束教规”，由官府颁行云南穆斯林，因此在穆斯林中享有较高威望。晚年“坐困穷愁”，郁郁而终。

马注是中国伊斯兰教义思想体系创立者之一。所撰《清真指南》内容宏富，“上穷造化，中尽修身，末言后世”。内容涉及伊斯兰教的历史、教义、教法、哲学、天文、传说等等。在阐述伊斯兰教的创世说时，从“真主运无极而开众妙之门”入手，讲述无极而太极，而火风水土，而天仙人神，最后得出“无始无终者乃真主独一之有”，丰富和确立了伊斯兰教认主“独一”概念。在阐述伊斯兰教的“体认”说时，将“乾坤万物”、“古往兴废”、《古兰经》与人的“身体性命”等一并看作世界的“四部真经”，而以“身体性命”为“古籍”，把客观世界、历史都纳入认识范围，突出了人在认识中的主体作用，使伊斯兰教的认识论具有更高的思辨性。他在比较儒、佛、道三教的异同时说，“儒知而言浑，玄知而不切，释不知而自认”，认为“三教之理，各执一偏”，得出了“明德之本，莫先于认主”，维护了伊斯兰教认主独一理论的地位。马注曾数次把他的著作、家世和他对伊斯兰教在整治世道人心、施行教化过程中可能发挥的作用等看法进呈康熙皇帝，目的是为凭借朝廷力量，推进伊斯兰教在中国的传播，但均未成功。其著述对后世伊斯兰教学者影响较大。（罗万寿）

玛哈图木·阿杂木　见麦赫杜姆·阿扎姆。

玛津　见穆安津。

玛丽娅（Mariyyah）　见圣妻。

玛沙安拉（Māshā'allāh）　见凯利玛特·迪克里拉。

《玛斯纳维》（Mathnawi）　伊斯兰教苏菲主义

哲理训言长篇叙事诗集。全名是《玛斯纳维·玛纳维》。"玛斯纳维"系叙事双行韵诗体，"玛纳维"意为"内涵"、"意义"。作者为苏菲派著名诗人、毛拉维教团的创始者哲拉鲁丁·鲁米(1207～1273)。成书于1258～1270年间。诗篇编为6卷，总计27000行，为波斯文。诗作以故事形式展开，采取夹叙夹议的表现手法，穿插以大量传闻、轶事，借每一个故事阐明一个哲理。全书寓言故事和哲理箴言相间，抒情与思辨错致，借比与寓意交融，博学多识与华美的文采交相辉映，使诗集增添风韵。全书以苏菲主义的"爱"为核心，阐述了造物主与宇宙、人与真主、理性与信仰、灵魂与肉体的关系，描述了苏菲主义的内心精神修炼途径和灵性感受，论证了神秘主义的灵性、理性和人间伦理道德应达到完美的统一。在宇宙的起源的问题上，鲁米认为，宇宙间的一切存在物(或生物)都以圣灵流溢的形式从真主那里流出。一切存在的基础是灵魂，宇宙灵魂是真主的第一创造。真主是一切存在的本源，也是一切存在的归宿，而人生本身则是寻求慰藉和归宿的活动。关于神秘主义的"爱"(Eros)，鲁米认为，爱源于真主，人们通过爱归向真主。宇宙万物是一个爱的王国，爱是一切生命和历史的动力因，是爱促进了宇宙的各种和谐运动，促进了人的精神和灵魂的升华。宗教信仰的本质是一种创造性的爱(即爱真主)。在灵魂和肉体的关系问题上，鲁米认为，宇宙灵魂是不朽的、永恒的，而人的肉体随着其生命的死亡而灭亡，个人的灵魂将返本归真到宇宙灵魂。鲁米认为，人的生命应追逐真主创造的宇宙灵魂，不断地趋向至善至美，达到理想的"真人"。"真人"应是超越了世俗的"自我"，通过不同阶段直觉的内心精神修炼，获得认主的灵知，使个人灵魂纯净，与真主合一，归向真主。《玛斯纳维》被苏菲派奉为经典，被誉为"波斯文的《古兰经》"、"人类知识的海洋"、"苏菲主义的百科全书"。最早被译成阿拉伯文、土耳其文，在伊斯兰世界广泛流传，后被译成多种文字。在中国穆斯林中流传有波斯文手抄本。新疆依禅派将《玛斯纳维》的选段作为念"迪克尔"的内容。 (杨克礼)

埋体匣子(Tābūt al-Mayyit) 见塔布匣。

埋希哈 见麦西哈。

买大严人 见麦德彦人。

买买铁力汗(? ～1918) 1918年中国新疆库车地区暴乱首领。亦称买买铁力江。新疆库车伊斯兰教苏菲派哲赫林耶首领阿吉和卓之婿，14世纪新疆著名苏菲派首领额什丁和卓的后裔。其祖父买合木丁(《补过斋文牍》称麻里登)是1864年新疆库车地区起义首领拉希丁和卓的堂弟，其岳父阿吉和卓是拉希丁和卓的长子。买买铁力汗凭借其家族的势力在库车建立1所罕尼卡(即道堂)，发展数百名信徒进行苏菲道乘修持活动，同时又与来自印度和阿富汗的穆斯林商人交往密切，通过他们经营出口贸易。买买铁力汗深受这些商人所传的马赫迪救世说思想的影响，以"圣裔"血统自居，希望自己能成为马赫迪。他派人到其家族势力影响所及的轮台、拜城等地散布马赫迪已经转世的传说，同时从国外向库车偷运枪械，准备暴乱。后定于1918年维吾尔族传统节日"油葫芦节"在库车起事。由于密谋事机被泄露，被库车县长侦知，待暴乱发起时，立即出兵镇压，当日即将其击溃。买买铁力汗仅带10余人逃进库车县北部山中。数日后，被库车县长派出的搜山队发现击毙。 (谭吴铁)

麦阿里(Abū al-'Alā' al-Ma'arri，973～1058) 阿拉伯阿拔斯王朝著名诗人、作家。生于叙利亚北部麦阿赖·努尔曼小镇，泰努赫族人，出身于贵族家庭。幼年因患天花双目失明。少年时跟随其父和教师学习阿拉伯语、文学和伊斯兰经籍。他有惊人的背记能力，能背诵《古兰经》和著名诗作。19岁时，曾携拐杖辗转游历阿勒颇、的黎波里、安条克等地求师，聆听学者教诲。在安条克时，曾在一所修道院中向一位精通哲学和宗教学的长老求教，使他接触到希腊文化和不同地区的文化，对他后来的创作思想产生了重大影响。1007年，他历尽艰辛来到阿拔斯王朝首都巴格达，深受穆尔太齐赖派学说的影响，推崇理性和知识，并与精诚兄弟社的学者保持秘密交往。因不肯向权贵屈服，仕进无门，两年后返回家乡素食隐居，专心著述。1058年因病逝世。

麦阿里一生著述宏富，据传写有70多部作品，涉及诗歌、散文、哲学、伦理等，大部分已散佚。传世的四行诗集《燧火》，共收诗6000多行，记述了作者坎坷的经历、对双亲的祝愿和怀念、对人生意义的思索及对大自然的抒怀。长诗《作茧集》共收诗1100多行，表达了作者对宇宙、社会、宗教和人生等问题的哲理观点。他认为自然界是无限的，物质是永恒的；时空是无始无终的；灵魂如火，人死后灵魂即熄灭。他对现实社会的尔虞我诈和政治的腐败充满厌恶，主张以乐善好施和个人良好的品行影响社会，或以退避隐居以示抗议。他肯定安拉的独一存在，否认安拉具有人格化的诸多属性，反对教派之争，主张履行宗教道德，培养善行、宽容、公平的品德。他提倡对事物的认识不要受传统观念的束缚，要独立进行思考，认为只有理智才能指引人们走向认识真理的坦途。著名的散文作品《宽恕书》，是为回答一位向他求教的伊本·格利哈而作。该作品深受《古兰经》关于天园、火狱之说及穆罕默德登霄传说的影响，以丰富的想象，描述了伊本·格利哈幻游天园和火狱的情景，以此借喻现实，劝善戒恶，表现了作者对社会现实和宗教传统持怀疑主义态度，表达了对理性良知的追求及人文主义思想，曾引起伊斯兰教正统派学者对其信仰的猜疑。后人往往将它与但丁的

《神曲》相比拟。其散文集《章节和目的》,相传是模仿《古兰经》而作,主要内容是劝善教诲,也表达了他对历史、伦理、文学、天文、语言及韵律诸学科的见地。他还注释过诗人穆泰纳比的诗集,名为《艾哈迈德的奇迹》。麦阿里主张作品应表现社会生活的重大题材,反对应景之作和因袭传统。他在阿拉伯文学史上丰富和发展了探索自然和人生、描写社会现实、宣喻道德和理性的传统,其作品充满思辨和哲理,故被誉为"诗人中圣哲,哲人中诗圣"。1934 年,叙利亚为其举行了诞辰 1000 周年大型纪念活动。 (杨克礼)

麦达尼(al-Maydānī,? ～1124) 阿拉伯文学家、语言学家。生于波斯内沙布尔。生平不详。他通晓伊斯兰经训、教义、历史、文学和语言学。他的主要著作是《成语集》,收录了阿拉伯流传的成语等 6000 余条,分类编排。成语部分共分 28 章,内容涉及历史、宗教、文学、语言学、军事、道德、习俗等方面。该书对每一成语的来源、含义以及运用范围都作了详细的解释,是阿拉伯第一部成语工具书。在说明成语来源时,辑录了流传阿拉伯的大量有关故事和传说。该书第 29 章是《阿拉伯人的战日》,汇集伊斯兰教创传前后 200 余年间所发生的重要战役名称。第 30 章收录有穆罕默德及四大正统哈里发等人的著名语录 300 余条。这些成语及资料,反映了阿拉伯人的社会生活状况和道德观念,是研究阿拉伯—伊斯兰文化的重要参考资料。 (杨克礼)

麦德莱赛(Madrasah) 伊斯兰教国家对所创办的宗教大学的通称。一译"马德拉沙"。阿拉伯语音译。在伊斯兰教史上,清真寺既是礼拜的场所,又是初等和高等宗教教育的中心。清真寺教育开创者是先知穆罕默德。他曾说:"进入清真寺教学或接受教育的人,犹如为主道而奋斗的勇士。"后四大正统哈里发和圣门弟子继承了穆罕默德在清真寺宣教、演讲的传统,在清真寺讲解《古兰经》、圣训和教法,形成了早期清真寺教育制度。自伍麦叶王朝起,在各地的著名大清真寺附设有宗教大学,以培养教职人员学者和官吏,教师多由著名的宗教学者担任。早期的教育形式,是在清真寺礼拜大殿围绕教师组成若干"学习圈",分别讲解经训、教义、教法,学生可根据自己的需要有选择地听讲,学生可追随 1 名或多名导师学习有关学科,教师允许学生可即席提问或自由讨论。有的人负笈到各地清真寺游学,拜名师求教。10 世纪逐渐形成了正规的教学制度,课程设置有宗教课(经训、教法、教义)、语言文学课(语言、语法、修辞和文学)、社会科学课(哲学、历史、地理、逻辑等)、自然科学课(医学、天文学、数学、化学等)。教学中强调品德修养和宗教操守。学习年限不等,学生凡完成学业后,经考核合格者由首席教师(或教长)签发证书。学校为学生免费提供食宿。从 11 世纪起清真寺附设的宗教大学逐渐从清真寺脱离出来,建立了独立的宗教大学体制,著名的有西班牙的科尔多瓦大学、格拉纳达大学、北非的栽突那大学、卡拉维因大学、埃及的爱资哈尔大学、大马士革的伍麦叶清真寺附设大学、伊朗设拉子伊斯兰经学院、库姆伊斯兰教经学院、中亚布哈拉库克尔达什经学院等。11～13 世纪,巴格达先后建立了综合性的伊斯兰高等学府,如著名的尼采米亚大学和穆斯坦绥里耶大学,培养了大批宗教学者和官吏。近现代以来,世界各伊斯兰国家对原有的高等宗教教育进行了改革,又兴建了大批宗教大学,设分科专业,实行现代教育制度和管理体制,对教学设施、教学方法和内容、学制、考试等均进行了革新,并在宗教大学设有理工农医科专业或分院,大多由国家教育部门管理。但在一些国家现仍保留着清真寺高等教育的古老教育方式,培养教职人员。中国自明清以来,在清真寺创办经堂教育,设有经文大学,现在中央和地方建有 9 所伊斯兰教经学院,采用现代教育方式。 (杨克礼)

麦德彦人(Ahl Madyan) 《古兰经》中记载的古代部落之一。一译"买大严人",阿拉伯语音译。《旧约全书》称"米甸人"(Midianites)。相传为居住在红海西岸西奈山以南(今埃及境内)的古阿拉伯部落,族人多经商。该部落在《古兰经》中共提到 10 次。他们因拒不听从安拉派遣的使者舒阿卜的教诲,抗拒信仰独一万能的安拉,并继续为非作歹,终为地震所灭。其全族灭绝的结局,为《古兰经》用以警告世人的几项重大鉴戒之一。见舒阿卜。 (杨宗山)

麦地那(al-Madinah) 伊斯兰教第二大圣地。位于沙特阿拉伯希贾兹省北部赛拉特山区一开阔平地上,在麦加以北约 400 公里处。人口 20 多万。古称"叶斯里布"(Yathrib),因历史上曾被阿马立克人占领,以其酋长的名字得名。622 年 9 月,穆罕默德率穆斯林由麦加迁徙到此,改名为"麦地那·奈比"(Madinah al- Nabiy,意为"先知之城"),简称"麦地那"。从此,穆罕默德以麦地那为传教中心和根据地,建立了以圣门弟子为核心的穆斯林公社(Ummah,即乌玛),并颁布了《麦地那宪章》。其中规定,麦地那应被穆斯林和犹太人双方视为圣地,如遇敌人攻击,双方有义务共同保护它。穆斯林公社的建立,标志着政教合一的伊斯兰国家的形成。穆罕默德在麦地那组织了穆斯林军队,同信奉多神拜物教的麦加贵族和阿拉伯各部落以及犹太教徒,进行了数十次战役,基本上统一了阿拉伯半岛,使伊斯兰教成为半岛占统治地位的宗教。穆罕默德在麦地那制定的政治、经济、军事和宗教制度,为其后统一的阿拉伯国家的形成奠定了基础。在伊斯兰教早期(622～656),麦地那曾是伊斯兰国家的首府和宗教、政治、文化的中心。由于它在伊斯兰教史上占有重要的地位,故世界穆斯林曾以"和平之城"、"胜利之城"、"坚固的天堂"等几十个美名加以赞扬。该城有很多伊斯兰教古迹，经阿拉伯历代王朝修葺扩建，有些一直保护至今。其中著名的是穆罕默德于622年亲自参加修建的“先知寺”，1848～1860年建成今之规模。632年，穆罕默德在麦地那逝世后葬于先知寺内的东南隅。圣女法蒂玛的墓地亦在寺内。圣寺北侧是伊斯兰教第一任哈里发艾布·伯克尔和第二任哈里发欧麦尔的陵墓。城内还有伊斯兰早期的双朝向清真寺、主麻清真寺等。城郊的库巴清真寺是穆罕默德迁徙麦地那时所建的第一座清真寺。城北4公里处有吴侯德战役烈士陵园等。每年朝觐期间有大批穆斯林来麦地那朝谒穆罕默德陵墓和先知寺并诵经祈祷，缅怀先知的圣迹。1961年沙特阿拉伯王国政府创办麦地那伊斯兰大学，从世界各地招收穆斯林学生，培养伊斯兰教学者和宣教师。还建有麦地那印经局，印行《古兰经》、圣训和伊斯兰教各种经籍向全世界穆斯林发行。现有现代化的公路和航空通往麦加和吉达港。（杨克礼）

麦地那教法学派 见马立克教法学派。

《麦地那盟约》（Mu‘āhadah al-Madinah） 见《麦地那宪章》。

麦地那穆斯林公社（Ummah al-Muslimin fi al-Madinah） 伊斯兰教初期在麦地那建立的穆斯林政权形式。见乌玛。

麦地那·奈比（Madinah al-Nabiy） 见麦地那。

麦地那七大教法学家（al-Fuqahā’al-Sab‘ah fi al-Madinah） 7世纪后期在麦地那的穆罕默德再传弟子中出现的7名伊斯兰教法学权威的统称。他们是：赛义德·本·穆塞叶布（634～713）、奥尔瓦·本·祖拜尔（？～711）、艾布·伯克尔·本·阿卜杜·拉赫曼（？～713）、卡西姆·本·穆罕默德·本·艾布·伯克尔（？～725）、欧拜杜拉·本·欧麦尔（？～764）、苏莱曼·本·叶萨尔（654～725）、哈里杰·本·栽德·本·萨比特（？～717）。由于他们坚持经、训规定与伊斯兰教先贤的教法判例相结合的原则方法而形成为一种具有代表性的法学倾向。尤其赛义德·本·穆塞叶布是“圣训派”的代表人物，在法学上更具有发言权。他们在麦地那被推崇为再传弟子中的领袖人物，且精通经、训，又具有丰富的宗教、法学、伦理、历史、传闻等方面的知识，并熟悉哈里发艾布·伯克尔和欧麦尔等人的司法判例，因而在麦地那的法学界享有很高声望和地位。他们都分别在清真寺设有讲座，传播知识，解答有关信仰与教规、法律与行为、道德与修养以及处世之道等方面的各种问题。他们为民排解纠纷，判断是非，提供教法依据，被认为是主持正义和公道，实际上起着民间法官和教法指导人的作用。他们在教法思想和实践上的特点和风格，一是引用圣训“传述世系”精确诚实，二是凭借经、训精神解释律例，或者发表教法性说明与判断。这在圣训流传最广的麦地那地区具有突出的代表性。后来三传弟子时代，一些教法学派创制律例的实践与此有着一定的历史渊源，成为它们效法的典范，对后世教法学的发展产生过很大影响。

（马忠杰）

麦地那清真寺（Masjid al-Madinah） 见先知寺。

《麦地那宪章》（Ṣaḥifah al-Madinah） 622年伊斯兰教先知穆罕默德为处理麦地那穆斯林公社内外关系所主持制定的政治纲领。又称《麦地那盟约》（Mu‘āhadah al-Madinah，或Ḥilf al-Madinah）。622年，穆罕默德率穆斯林自麦加迁徙至麦地那后，伊斯兰教的传播出现了由艰难到发展的历史性转折，着手建立统一的伊斯兰教政权已成为当务之急。为此，穆罕默德以“凡穆斯林皆兄弟”为指导思想，号召穆斯林内部打破部落、家族和地区的界限，加强彼此之间在共同信仰基础上的团结，以形成统一的战斗集体；倡导穆斯林同居住在麦地那的犹太人建立睦邻关系，以共同抵御入侵之敌。《麦地那宪章》即是以盟约的形式，体现穆罕默德上述建国指导思想的纲领性历史文献。涉及问题广泛，具有法律效力。其主要内容有：（1）规定了伊斯兰教早期的政权性质。强调穆斯林不分部落、家族，“对外皆属统一之整体”——乌玛（Ummah），即政权为全体穆斯林所共有。史书称之为“穆斯林公社”。（2）规定了穆斯林之间的关系准则。强调“众信士一律平等”，“互为亲朋盟友”，“应为真主而消除彼此昔日之仇冤”；号召麦加古莱什部族的穆斯林迁士同麦地那奥斯、萨伊代等8个家族的穆斯林辅士“精诚团结”，以“慈善公正之原则”处理彼此之间的矛盾和问题；强调各家族“享有同等权利与义务”。（3）确立了穆罕默德的绝对领导地位和权威。规定穆斯林内部或缔约者之间“无论何事发生歧疑争端”，“均须服从真主及其使者穆罕默德判断裁决”。（4）规定了穆斯林必须遵守的社会公德与行为准则。提倡弃恶扬善、扶弱济贫、与邻居和睦共处，反对一切欺压和暴虐行为；提倡待人以诚，反对蒙骗和背信弃义；明令穆斯林不得认敌为友、姑息养奸，对穆斯林内部的坏人“应群起反对之，即使该徒为某信士之爱子”；重申杀人偿命或纳罚金的传统惯例不变。（5）阐明了联合犹太人共同对敌的方针和政策。指出：凡与穆斯林结盟的犹太人，“与信士同属一个整体”，具有与信士“同等之权利与义务”；主张尊重犹太人的宗教信仰自由；要求穆斯林应以对待教胞的态度协助犹太人，“使之不受欺凌”；规定“缔约者各方均当履行各自之义务”，“任何人对其同盟者均不得有犯罪行为”；指出叶斯里布（即麦地那）为“缔盟者所共有”，要求缔约者“应同心协力抗击进犯叶斯里布之敌”，“犹太人作为战士，应与众信士共同担负战争费用”；还提出“视犹太人之同盟者，与犹太人同”，其支持者“享有与缔约者同等之地位”。上述内容，后因犹太人破坏盟约与外敌勾结而废止。(6)阐明了孤立、打击古莱什多神教徒的立场和方针。宪章以“异教徒”、“交战者”、“进犯叶斯里布之敌”等指称麦加古莱什多神教徒，要求穆斯林与之划清界限，进行针锋相对的斗争；明令居住在麦地那城内的多神教徒要遵纪守法，“不得庇护古莱什人之生命财产，亦不得阻挡信士查抄其财产。”宪章的规定明确、具体，体现了穆罕默德团结内部、联合友人、打击敌人的战略思想，具有划时代的历史意义。

《麦地那宪章》的原文首见于阿拉伯早期历史学家、圣训学者伊本·伊斯哈格(？～768)所著《先知传》(al-Sirah al-Nabawiyyah)，后由伊拉克历史学家伊本·希沙姆(？～828)在其同名著作中援引并做扼要注释，广为后世阿拉伯和伊斯兰教史书所引用，流传至今。是研究伊斯兰教早期历史的珍贵文献。

（杨宗山）

附：《麦地那宪章》全文

奉普慈特慈的安拉之名。此系先知穆罕默德——愿真主赐福给他，并使他平安——为古莱什族与叶斯里布城之众信士、穆斯林及其随从者、共同奋斗者订立之约书。彼等对外皆属统一之整体。古莱什族众迁士将沿袭惯例旧章，承担杀人罚金，并依据信士之间慈善公正之原则赎回战俘。奥夫族亦应按其既有惯例，承担杀人罚金；其每一集团均应恪守信士之间慈善公正之原则赎回战俘。萨伊代、哈里斯、朱舍姆、纳加尔、阿慕尔、奈比特和奥斯等众家族亦然。众信士不得视同人中之贫穷者于不顾，而应以慈善助其赎身或缴付杀人罚金。信士不得与信士之仆私结盟约。诚笃信士对其同人中的横行无忌者、侵犯他人者、伤风败俗者，应群起反对之，即使该徒为某信士之爱子。信士不得为异教徒而杀害信士，亦不得辅助异教徒反对信士。真主之庇佑，于众信士一律平等，于其中地位低下者甚之。对他人而言，众信士彼此互为亲朋盟友。对追随我辈之犹太人，应襄助慰藉之，使之不受欺凌，切忌伙同他人反对彼等。众信士应同安共乐，在为真主而征战时，不得瞒着同人私自与他人媾和，除非该项媾和于信士公平有利。凡随我辈出征者，均当前仆后继。众信士应为真主而消除彼此昔日之仇冤。诚笃信士确已蒙受最佳和最正确之引导。多神教徒不得庇护古莱什人之生命财产，亦不得阻挡信士查抄其财产。凡无故杀害信士而有确凿佐证者，非经被害者家属宽恕，均须偿命。全体信士务须精诚团结，惩办元凶。凡承认此盟书所列条款、笃信真主与末日之信士，对犯罪者均不得纵容姑息、窝藏庇护。凡纵容、庇护者，在复生日必遭真主之谴斥，其任何赎金均不被接受。汝辈无论何事发生歧疑争端，均须听从尊严的真主和穆罕默德判断裁决。犹太人作为战士，应与众信士共同担负战争费用。与奥夫家族结盟之犹太人，与众信士同属一个整体。犹太人及其支持者可保持其自身之宗教信仰，穆斯林亦有其自身之宗教信仰。暴虐和犯罪者，惟害其自身及其家属。与纳加尔、哈里斯、萨伊代、朱舍姆、奥斯、塞阿莱拜各家族结盟之犹太人，享有与奥夫家族结盟的犹太人之同等权利与义务。暴虐和犯罪者，惟害其自身及其家属。塞阿莱拜家族之支系，有如该家族本身。舒泰拜家族享有与奥夫家族结盟的犹太人之同等权利与义务。宜行善，勿作恶。视塞阿莱拜人之支持者，与塞阿莱拜人相同；视犹太人之同盟者，与犹太人同。缔约者中之任何人，未经穆罕默德允许，不得擅自出走。不得强迫任何人参与复仇行为。杀人犯罪者，除被杀害者本属不义之徒外，凶手本人及其家属应承担罪责。真主满意于此盟书之至为公正。犹太人应承担由其支付之费用，穆斯林亦然。缔约者应同心协力抗击与之交战者，彼此应互进忠言。宜行善，勿作恶。任何人对其同盟者均不得有犯罪行为。襄助属于受害者。犹太人作为战士，应与众信士共同担负战争费用。叶斯里布者，禁城也，其腹地属缔约者所共有。邻居有如自身，既不能受到伤害，亦不能犯罪于人。任何私有财产非经其主人允许，不得妄自保管。缔约者之间发生任何可能导致严重后果之分歧与争吵，均须服从尊严的真主及其使者穆罕默德判断裁决。真主满意于此盟书条款之至为敬畏和公正。不得保护古莱什人及其支持者。缔约者应同心协力抗击进犯叶斯里布之敌。若对方呼吁和解，缔约者可与之和解；若向对方呼吁和解，则必有利于对方，而不利于众信士，惟为教而战者可免受其害。缔约者各方均当履行各自之义务。与奥斯族结盟之犹太人及其支持者，享有与缔约者同等之地位，彼此应和睦相处。宜行善，勿作恶，作恶者惟害其自身。真主满意于此盟书条款之至为诚挚和公正。此盟书决不保护暴虐者和犯罪者。凡离开或留居此城者，均可获安全，惟暴虐或犯罪者除外。真主确系廉洁、敬畏者之近邻，穆罕默德确系真主之使者。(译自伊本·希沙姆著《先知传》第2卷第147～153页，埃及穆斯塔法·巴尼·哈勒比出版社1936年版。)

麦地那伊斯兰大学(al-Jāmi‘ah al-Islāmiyyah fi al-Madinah)　沙特阿拉伯王国政府举办的国际伊斯兰高等学府。校址设在沙特伊斯兰第二圣地麦地那，在沙特7所著名大学中居第二位。该校于1981年依据国王命令创建，是一所传播瓦哈比学说、宣传伊斯兰原旨教义、进行伊斯兰复兴运动的教育中心。其宗旨是：传播伊斯兰使命，培植和发扬伊斯兰精神；撰写、翻译和发表伊斯兰社会所需要的人类各种文化知识论文，尤其鼓励撰写伊斯兰和阿拉伯学等方面的学术专著；培养、教育各方面的穆斯林学生，造就精通伊斯兰和阿拉伯学的专家学者和具有科学文化知识、胜任伊斯兰宣教工作的宗教家；搜集、整理、保存和出版伊斯兰文化遗产；同世界各大学、学术团体和机构建立并加强学术文化联系与交流。该校设研究生院、大学本科和附属院校三部分。研究生院培养硕士和博士，学科分圣训、古兰经注、教法、教法原理学、宣教、教义学、阿拉伯语言学和文学等；大学本科设有教法系、宣教与教义学系、古兰经与伊斯兰学系、圣训与伊斯兰学系和阿拉伯语系，各系均分若干专业；附属院校有高级中学、初级中学、麦地那圣训学院、麦加圣训学院和外籍学生阿拉伯语预科5所。学校有现代化的各种教学设施及大型图书馆。大学章程规定，该校面向全世界招收穆斯林青年，实行最优厚奖学金制，每年约有1000个名额。1988年在校学生约5000人，其中来自亚洲、非洲、南北美洲、欧洲和大洋洲各国的穆斯林留学生占绝大多数。各科专职教学人员约500名，其中沙特人约300名；各级行政管理人员300多名。大学领导机构是"麦地那伊斯兰大学最高理事会"，由校长、副校长、秘书长、王国文化副大臣、伊斯兰世界联盟秘书长以及经自由推举、校长提名产生并经国王任命的部分学者、教授、伊斯兰学术界领导人和伊斯兰世界各有关大学校长组成。其权限是审批大学年度预决算、决定人事、增设机构和聘请外籍教师任教；审批在外国设立大学分校；批准有关规章制度和对优秀生实行奖励等。最高理事会下设校务委员会、伊斯兰宣教事务委员会和学术委员会。校务委员会由副校长和各院系负责人组成，领导全校教务和行政事务工作。

（马忠杰）

麦地那印经局 沙特阿拉伯印刷《古兰经》的专门机构。亦称"法赫德国王印经局"。为伊斯兰世界最大的现代化的《古兰经》印刷中心之一。位于麦地那市郊。由国王法赫德·本·阿卜杜勒·阿齐兹私人资助，于1980年开工，1983年建成。印经局的宗旨是：(1)向全世界穆斯林印发精致的阿文版奥斯曼定本《古兰经》。(2)出版发行内容准确、目的纯真、译文准确的各种文字的《古兰经》译本。(3)出版、发送新的《古兰经》注释本及学术价值较高的研究著作。(4)录制、发送《古兰经》朗读磁带及各种语言的解释磁带。(5)免费满足沙特国内对《古兰经》及有关音像带的需要。(6)尽可能满足世界各国穆斯林对《古兰经》及其译本、注释本、音像带等的需要。为保证及监督实施上述宗旨及任务，由麦地那伊斯兰大学著名学者组成顾问委员会实行经常性的监督和指导。印经局设管理处、编译部、摄影部、印刷装订厂、音响录制车间、清真寺、成品仓库等。各部门都装有最先进的技术设备，单班年产量为800多万部多种规格的《古兰经》，其中200万部为伊斯兰世界主要语言及国际通用语言《古兰经》译本和著名的《古兰经》注释本。该局一切出版物均免费赠阅，仅每年在吉达国际机场赠送各国朝觐者的精装本《古兰经》约达200万部。1986年刊印马坚汉译《古兰经》的汉阿对照本，取名《中文译解古兰经》，由伊斯兰世界联盟向中国和世界赠送。 （马智雄）

麦尔贾尼亚书院（al-Madrasah al-Marjaniyyah） 14世纪伊拉克伊斯兰古迹。位于首都巴格达拉希德大街绍尔加市场进口处。今名麦尔贾恩清真寺。1357年，由巴格达总督麦尔贾恩所建。书院开设了经训、教法、语言、文学等课程，主要培养伊斯兰宗教专职人员和法官。书院为两层砖石结构，上层供生活膳宿，下层为宽敞的礼拜大厅和其他房间。麦尔贾恩逝世后葬在书院主要门道对面一个房间里，此房间后改建为墓室，墓上覆以彩砖装饰的拱顶。门旁建有尖塔，由雕有几何和花卉图案的彩砖砌饰。这里最引人注目的遗物是修建该书院时捐赠基金的文献，其内容雕刻在砖块上，嵌进礼拜大厅的四壁。20世纪初，为调整拉希德大街的布局，此建筑被拆除，改建为清真寺，其门道及刻有建造者和建造年代铭文的砖饰均为原物。

（杨克礼）

麦尔卧（al-Marwah） 见朝觐。

麦尔彦（Maryam） 《古兰经》中记载的古代先知尔撒之母。一译"马尔焉"。阿拉伯语音译。《古兰经》中有许多章节讲述她的故事，并以其名作为第19章篇名。她本属仪姆兰的后裔(3：35～36)，其父母都是有节操的正派人(19：28)，她幼年时曾受先知宰凯里雅的抚养(3：37)。成年后，天使奉安拉之命向她报喜，祝贺她将要分娩贵子，名叫麦西哈·尔撒。她感到震惊、恐怖，声明自己一向坚守贞操，行为端正，从未同任何异性接触，怎么会受孕生子呢？天使告诉她，安拉是万能的，办任何事都轻而易举，说"有"即有(3：42～47,19：16～21)，正如当初"用土创造阿丹"一样(3：59)。这个"保持贞操的女子"(21：91)果然怀孕，"退避到一个僻远的地方，阵痛迫使她来到一棵椰枣树旁"，生了儿子尔撒。那里有溪水，"有新鲜的、成熟的椰枣"供她任意吃喝(19：22～26)。其族人大惑不解，曾经奚落她，斥责她，诽谤她(19：27～29)，安拉使母子二人"在有平地和流水的高原获得一个隐庇之所"(23：50)，其子尔撒作为安拉的使者和仆人，长大后被委任为先知去劝化世人，被安拉授予《引支勒》经典(5：46)。《古兰经》中曾反复强调，麦尔彦是"诚实的人"(5：75)，她的纯洁"超越全世界的妇女"(3：42)，是"信道的人们的模范"(66：12)。但她曾遭到"重大的诽谤"(4：156)，基督教认为她的儿子是"真主的儿子"(9：30)、"至仁主收养儿子"(19：88)。《古兰经》指出：麦尔彦之子"只是真主的使者"(4：171,5：75)。有人认为麦尔彦即《圣经》中的马利亚(Mary)。

（林　松）

麦格迪西（al-Maqdisi，约945～990） 阿拔斯王朝旅行家、地理学家。早年生平不详。生于耶路撒冷。他历时20多年，几乎走遍当时伊斯兰世界，仅西班牙和锡吉斯坦没有去过。他将985～986年到各地旅行采访的见闻整理成《各地知识的最佳分类》(一译《国家知识大全》)。该书内容丰富多彩,提供了关于10世纪阿拉伯伊斯兰国家各地区的地理分布、人口及民族、宗教习俗、经济及社会生活方面的珍贵资料,很有科学价值。 (杨克礼)

麦格里齐(al-Maqrizi,1364～1442) 埃及马穆鲁克王朝著名历史学家。原名塔基丁·艾布·阿拔斯·艾哈迈德。麦格里齐为别名。祖籍叙利亚巴勒贝克,其祖父为大马士革哈乃斐教法学派学者和法官,其父阿拉丁定居开罗任政府代理推事和法官。他生于开罗。自幼随父学习经训及沙斐仪教法。他知识广泛,通晓经训、教义、教法,对历史、地理、天文、数学均有研究。1385年,从麦加朝觐回来后任政府高级官员。1399年担任警长,不久又担任清真寺宣教师,讲授逊尼派教义和沙斐仪教法。1408年奉命到大马士革管理卡勒尼西耶清真寺、努里亚医院和宗教慈善机构。后又回到开罗,致力于学术研究和著述。1431年,他与全家到麦加朝觐。1442年因病在麦加(一说开罗)去世。他一生著述有30多种,多为历史和法律方面,著名著作有《埃及志》(一译《劝善与尊重》),是一部专论埃及地方志、历史地理、物产、人物、宗教和文化的重要著作,采用记事本末体,集历史、佚史详加考证,重视社会历史背景的介绍。并附有开罗的地形图。其资料大多摘自前辈学者关于埃及历史及地理著作。该书被译成法文和英文。后世学者称他为"埃及史学家之王"。 (杨克礼)

麦格苏赖(Maqṣūrah) 伊斯兰教清真寺礼拜殿内设施之一。阿拉伯语音译,意为私室、专用室。指清真寺礼拜大殿内所隔离的配(陪)室,专供哈里发作礼拜之用。一般设在靠近米哈拉布(即凹壁)的一侧,用幕布、栅栏或木板围起一室,以保证哈里发的安全。伍麦叶王朝第一任哈里发穆阿维叶在大马士革清真寺始设"麦格苏赖",专供他礼拜、退隐、间休、沉思。后其继任者也效法设置。但此举曾遭到反对派的非难。阿拔斯王朝时修建了专供哈里发礼拜的宫廷清真寺或皇家清真寺,再未专设"麦格苏赖"。 (杨克礼)

麦亥尔(Mahr) 见聘礼。

麦赫杜姆·阿扎姆(Makhdūm al-A'ẓam,1461～1543) 中亚苏菲派纳格什班迪耶教团第五代著名宗教领袖,新疆喀什噶尔和卓家族先祖。一译"玛哈图木·阿杂木"。本名艾哈迈德·卡桑尼。"麦赫杜姆·阿扎姆"为其尊号,意为"最伟大的主宰"。中亚撒马尔罕附近达赫比德(Dahbid)村人。相传其祖父为原居于麦地那的第十七世圣裔哲马鲁丁·马吉努恩,其父名布尔汉丁·克利契,是谢赫穆斯利赫丁门下的苏菲派修士。麦赫杜姆·阿扎姆早年在"卡桑"的冬牧场居住,后前往费尔干纳求学,就读于塔什干经学院,并参加了纳格什班迪耶教团,成为该教团著名谢赫和卓阿赫拉尔(?～1490)的信徒,并以阿赫拉尔的大弟子马黑麻·哈孜为导师。1516年马黑麻·哈孜去世后,麦赫杜姆·阿扎姆继承教权,为第五代谢赫。长期在中亚土库曼、哈萨克、塔吉克、月即别(即乌兹别克)地区传教,并经常参与昔班尼王朝宫廷纠纷。1533年后,因新疆叶尔羌汗国拉失德汗同宿敌月即别—昔班尼部结盟以牵制和消灭月即别—哈萨克部,为调处月即别人与喀什噶尔人的冲突,麦赫杜姆·阿扎姆以"圣裔"身份来到喀什噶尔主持谈判,并进行传教活动。主张苏菲派必须按照各民族风俗习惯活动,融洽地执行当地教规法律,因而博得喀什、叶尔羌等地封建主的崇敬,拉失德汗也聘请他担任宫廷顾问。麦赫杜姆·阿扎姆的新疆之行,为其后裔进入新疆地区奠定了基础,成为新疆喀什噶尔和卓家族宗教事业的奠基人。麦赫杜姆·阿扎姆为纳格什班迪耶教团宗教理论权威,一生著述甚丰,有三大论著传世,其中包括31篇有关该教团学理和修炼实践问题的书函。其宗教观为神秘主义的泛神论,在修持上则主张苏菲应当经常生活在罕尼卡(即道堂)之中,外出游历是为了修行宣教。在宗教仪式上既保持"低念派"(即虎非耶)的传统,也允许高声念诵迪克尔和以音乐伴舞的萨玛哈。麦赫杜姆·阿扎姆晚年在中亚达赫比德故居逝世,该地建有著名麻札。 (陈国光)

麦吉利西(al-Majlisi,1627～1700) 17世纪伊朗伊斯兰教什叶派著名教义学家、圣训学家。一译"马吉里西"。全名穆罕默德·巴基尔·本·穆罕默德·塔基·本·麦格苏德·麦吉利西。生于伊朗伊斯法罕。其成名时伊朗正处于萨法维王朝全盛时代后期,在王朝的倡导下,什叶派学术研究和著述活动得到了广泛的开展,麦吉利西是当时学术界最活跃的人物之一。他勤奋好学,博览群书,通晓伊斯兰各学科的知识,对各教派的学说主张均有研究。精通波斯语和阿拉伯语。他深知只有用群众的语言进行写作,才能更广泛地把教义知识传授给群众。他除用阿拉伯文著书立说外,还用波斯文把什叶派的教义、礼仪以及有关先知和众伊玛目的大量材料写成一套通俗易懂的读物。他学术上的这一成就使其成为在波斯什叶派穆斯林中最有影响的教义学权威,被誉为"伊斯兰教长老"。他曾在伊朗掀起排斥苏菲主义的运动,并在国王侯赛因(Ḥusayn ben Sulaymān,1694～1722在位)的支持下,于1696年将苏菲派学者逐出首都伊斯法罕。麦吉利西将什叶派的伊玛目教义系统化,其学说主要集中为两点:一是关于伊玛目职位必要性的论述。他认为伊玛目的任命是出于真主自身普慈和引导世人的需要,而这种需要已为理性和圣训两者所证实。因此,作为穆斯林,只有绝对承认和顺从伊玛目,才能获得指导和拯救。二是关于先知和伊玛目无罪问题的论述。他明确提出，信仰先知和伊玛目无罪是什叶派的基本信条之一。他认为先知应被视为超脱于一切大小罪过者，因为先知是受真主派遣来拯救世人的，不能设想其自身并不服从真主，而成为受到魔鬼诱使的作恶者；不能设想在某些事物上必须服从先知，而在另外的事情上不必服从。他宣扬伊玛目从生至死免除了一切大的小的、故意的或偶然的罪恶，因为他们专心致志于《古兰经》，可以在举止中履行《古兰经》所规定的一切而避免犯罪；犯罪者必须受到惩罚，不能设想有权下令惩罚他人的伊玛目，本身却是应受惩罚的人。麦吉利西著述颇丰，最著名的为阿拉伯文巨著《光的海洋》(Biḥār al-Anwār)和波斯文著作《心的生活》(Hayāt al-Qulūb)。前者共25卷，系一部教义学和教法学的百科全书；后者为一部全面论述伊玛目教义问题的专著。其他著作还有《论认主独一》、《先知传》、《信士们的长官——阿里》、《伊玛目职位》、《伊玛目传记》、《知识大全》、《磨难与考验》、《生命之泉》、《明目篇》、《无疑的真理》等。麦吉利西于1700年在家乡病故，终年73岁。

（杨宗山）

麦加(Makkah)　伊斯兰教第一大圣地。穆罕默德诞生地和伊斯兰教发祥地，全世界穆斯林礼拜的朝向和朝觐的中心。旧译“天方”、“默伽”、“墨克”等。古称“乌姆·古拉”。麦加之称，据传源自古巴比伦语的“麦卡”一词，意为“房屋”；古阿拉伯萨巴语意为“神圣”；南阿拉伯语意为“寺、庙”；古希腊天文学家托勒密曾称它为“麦科赖伯”(Maceraba，即圣地)。位于沙特阿拉伯西部赛拉特山地，坐落在希贾兹境内的一条狭窄的山谷里，占地26平方公里，人口40万左右。四周群山环抱，气候酷热。麦加自古是繁荣的商业城镇和交通要地，来自亚非和地中海地区的商队汇集于此。城内的克尔白神殿，是古代阿拉伯各部落多神教祭祀和朝拜的中心。约于440年，贝都因人古莱什部落首领库塞伊驱走胡扎尔部落占领麦加，成为掌管该城的行政长官和克尔白神殿的最高祭司。6世纪时，麦加城商业繁荣，经济发达，社会处于原始部落解体、阶级社会形成的过程中。570年穆罕默德诞生在该城古莱什部落的哈希姆家族。610～622年他以安拉使者的身份在此创传伊斯兰教，反对多神信仰和偶像崇拜，号召信奉独一的安拉，从此麦加成为伊斯兰教的发祥地。由于麦加贵族和多神教徒的迫害，622年穆罕默德率穆斯林由麦加迁往麦地那。起初，穆斯林礼拜的朝向是耶路撒冷，16个月后，穆罕默德于623年宣布麦加克尔白为礼拜朝向。从此，世界穆斯林都朝向麦加做礼拜。629年穆罕默德宣布朝觐麦加是伊斯兰教的天命，规定穆斯林一生中至少到麦加朝觐一次。《古兰经》第3章第97节载有到麦加克尔白履行朝觐功课的规定。630年穆罕默德率穆斯林大军收复麦加后，清除了克尔白神殿内的多神教360尊偶像，只保留了神圣的黑石。631年克尔白成为穆斯林朝觐的中心，其周围被划为禁地，非穆斯林不得再到麦加朝觐，从而确立了麦加的神圣地位。632年，穆罕默德率众到麦加朝觐，在阿拉法特山发表了著名的朝觐演说。13世纪起，麦加曾先后是埃及人、土耳其人的属地。1925年归属内志国王伊本·沙特。1932年沙特阿拉伯王国建立后，麦加被称为“宗教之都”。

麦加旧城坐落在称为“易卜拉欣洼地”的涸河谷，有中古特征的宗教建筑群和宫殿，街道两旁保留有古色古香的店铺，居民的服装、语言和习俗还保留穆罕默德时代的某些风貌。旧城西向吉达方向是新市区，多是高楼大厦，一派现代化城市景象。著名的麦加禁寺坐落在麦加城中心，总面积18万平方米，仅巡游广场(Maṭāf，麦塔夫)即达1万平方米，可容纳50万穆斯林同时做礼拜。禁寺广场中央是立方形天房——克尔白，其东南墙角镶有一块黑色的陨石，东南侧为渗渗泉。克尔白东侧为“易卜拉欣立足处”。麦加的其他圣地还有城东20公里的阿拉法特山和米那山谷等，是朝觐者站山举行大典、诵经、祈祷、投石驱鬼、宰牲等活动之地。1980年在阿拉法特山谷拉赫曼山下建有容纳50万人礼拜的乃米拉清真大寺，米那山谷有历史悠久的海夫清真寺。在麦加城北5公里处，有穆罕默德第一次接受安拉启示的希拉山洞。城南约6公里处，有穆罕默德迁徙麦地那时为躲避古莱什人的追击而藏身的骚尔山洞。一千多年来，随着交通工具的日益发达，前往麦加朝觐的世界穆斯林逐年增多，现今最多一年曾达到250万人以上。1955年下半年，沙特阿拉伯政府出资5亿沙币里亚尔大规模修建了圣寺。1976～1979年又耗资24.5亿沙币里亚尔对麦加进行了现代化建设，修筑了直升机场、麦加—阿拉法特—米那公路网、赛法—麦尔卧两山间的奔走大厅，以及旅馆、商店、医院和急救站等。为准确预报封斋、开斋时间，在麦加附近还建有现代化的天文台。城内还有麦加圣训学院和1942年建的麦加伊斯兰大学。一些国际性的伊斯兰组织如伊斯兰世界联盟等，也设在该城。麦加已成为具有现代化服务设施的伊斯兰教圣地。

（杨克礼）

麦加圣寺(al-Masjid al-Ḥarām)　伊斯兰教第一大圣寺。亦称“麦加清真大寺”、“禁寺”。阿拉伯语“麦斯吉德·哈拉姆”一词的意译。该寺坐落在沙特阿拉伯麦加城中心。它是全世界穆斯林礼拜朝向克尔白天房的所在地，也是穆斯林履行朝觐功课的中心圣地。《古兰经》云：麦加圣寺是“为世人而创设的最古的清真寺，确是麦加的那所吉祥的天房，全世界的向导”(3：96)。圣寺中央的克尔白天房，相传是古代先知易卜拉欣及其子伊斯玛仪所创建，是阿拉伯古代遗传下来的重要历史圣地。克尔白作为伊斯兰教正式礼拜的朝向，则是先知穆罕默德于623年在麦地那依照《古兰经》启示确定的。629年穆罕默德宣布朝觐克尔白是伊斯兰教的天命。630年先知穆罕默德光复麦加，清除了克尔白殿内的360尊偶像及多神崇拜的祭坛，改为清真寺，成为穆斯林朝拜的中心。为保护克尔白的圣洁和不受外来势力的侵犯，穆罕默德宣布将克尔白四周划为禁地：不准在禁地内狩猎杀生、斗殴和有一切邪恶异端行为；不准非穆斯林进入禁地。因此，圣寺又有"禁寺"之称。至今，从吉达到麦加途中的路旁仍矗立着多块牌子，上写："非穆斯林禁止入内"。这条禁令已有1300多年历史。

麦加圣寺经历了历代的扩建。穆罕默德时期的圣寺极为简单，只是一块东西宽、南北窄，呈长方形的环绕克尔白做礼拜的露天场地；除克尔白天房外，没有其他建筑。638年，第二任哈里发欧麦尔为保护克尔白，扩建了院落，修筑了围墙，墙头设置了桅灯，供晚间礼拜照明用。646年，第三任哈里发奥斯曼又进行了扩建。从此，圣寺有了廊檐建筑。694年，伍麦叶王朝哈里发阿卜杜勒·麦利克下令扩建圣寺，加高了墙身，更换了梁柱，并在每个圆柱头上饰以234克的黄金制品。709年，哈里发瓦利德对圣寺又进行了扩建，开始有了大理石柱子。756年，阿拔斯王朝第二任哈里发艾布·贾法尔·曼苏尔在扩建圣寺中增加了黄金装饰和各种雕刻，并为圣寺修建了第一座宣礼塔。777年曼苏尔之子马赫迪着重扩建了圣寺南端，则使克尔白位于圣寺中心。897～918年间，哈里发穆尔台迪德和穆格泰迪尔，又相继扩大圣寺，面积达到2000多平方米。奥斯曼帝国统治时期，1520～1630年间，从苏莱曼一世始，历代素丹都对圣寺进行了修复和扩建。著名的土耳其建筑师锡南，著名画家阿卜杜拉·鲁特菲都为圣寺的修复进行了精心的设计和彩画。1821年，埃及总督穆罕默德·阿里统辖麦加等地期间，圣寺的大部分建筑物得以翻修，添置了石柱和大理石柱。1955年，沙特阿拉伯政府决定全面扩建圣寺，并制定了宏伟的系统扩建计划和实施方案。1958年后，扩建工程全面展开，在保留古代建筑模式的基础上进行扩建，采用现代建筑结构和装饰艺术。扩建后的圣寺，除了原有的天房、中心院落、环绕天房的环形路、易卜拉欣站立处、渗渗泉、宣讲台、走廊和9座尖塔外，还建造了连接赛法和麦尔卧两座名山之间长达405米的大理石屋廊通道，装置有现代化的照明设施。沙特政府为扩建圣寺投入了大量人力、物力和财力，耗资达5亿沙特里亚尔。圣寺整个建筑物的墙壁、圆顶、地面铺满了大理石和雪花石，其面积达122000平方米。与此同时，伊斯兰各国的建筑专家纷纷为扩建圣寺工程献计献策。扩建后的圣寺面积已由过去的27000平方米扩大为180000平方米，可容纳50万人同时做礼拜。

圣寺建筑巍峨宏大，庄严肃穆，华贵精致，格局严谨。圣寺中心的偏南部位是克尔白天房。其周围的露天场地，面积为10000平方米，地面铺以大理石，专供礼拜及朝觐者绕天房巡行。环绕圣寺四周是长拱廊建筑，上下两条走道分开。圣寺的墙垣是一排圆柱，计892根，每两根圆柱之间有一个穹隆拱连接，每4根柱子上建有一个工艺精湛的圆顶，计有500多个。圣寺原有大门25道，现已增建为97道，其中有3座主要的门，即阿卜杜勒·阿齐兹国王门、副朝门、和平门。每门的两侧各建有两座92米高的尖塔，塔基宽度为7.7米，塔顶端置有包金青铜新月，从月牙立柱底部直上高达5.6米；另外还有一座尖塔，坐落在赛法山顶端。大门和尖塔由高达20米的围墙连接在一起。在克尔白天房的东南角离地1.5米的墙壁上，镶嵌着一块直径30厘米包有银边的黑石，相传为易卜拉欣留下来的"圣物"，朝觐者至此，抚摸或亲吻黑石。东面有一圆顶小阁，相传有易卜拉欣建造克尔白时留下的脚印，称为"易卜拉欣立足处"。圣寺内有名为"渗渗泉"的天然泉水，被称为"圣泉"，现建有多条自来水管道，供朝觐者饮用，而且可携带"圣水"回国作为珍贵礼品馈赠亲友。现在，每年的伊斯兰教历12月上旬，有近200万穆斯林，从世界各地来麦加朝觐，聚会在麦加圣寺内举行。

（杨克礼）

麦克鲁赫（Makrūh） 见艾哈卡姆。

《麦克图巴特》（Maktubāt） 伊斯兰教苏菲派纳格什班迪耶教团希尔信迪学派的宗教哲学著述。原文为波斯文。系印度莫卧儿帝国著名苏菲派学者伊玛目·兰巴尼（1563～1624）著。他一生给友人和弟子写过许多书信，阐述苏菲派宗教哲学和修持理论。去世后，其弟子们对这些书信进行搜集整理，约于17世纪后期成书，定名为《麦克图巴特》（即"书信集"）。全书3卷，9部分，共收入书信536封。每封信单独成篇，着重阐述苏菲派教义、学说的一、两个问题。《麦克图巴特》在苏菲派教义学方面坚持"见证单一论"，认为道乘功修者在达到最高境界时并非与真主融为一体（即人主合一），而是道乘功修者一心喜念真主，除真主外别无所见，因而忘却了世间万事万物以至于功修者自身的存在（见《麦克图巴特》第272封信）。在处世态度方面，主张入世主义，不赞成在远离尘世到深山隐遁修炼，认为人世间的事务是天命，功修者只要内心虔诚，即使身居闹市，也可以净化心灵，同样能达到认识真主的最高精神境界（见《麦克图巴特》第78封信）。不赞成把道乘功修神秘化，反对以显示"奇迹"传教。主张用深入浅出的语言解释深奥的道乘功修意义，使一般人都能理解，并能做到（见《麦克图巴特》第78封信）。在功修方式上推崇纳格什班迪耶教团传统的虎非耶行道方式，即默念迪克尔（赞词），但也不排斥其他念迪克尔的形式（见《麦克图巴特》第266封信）。批判渗入伊斯兰教中的希腊哲学成分，力图把这些"不纯"成分排除出去（见《麦克图巴特》第266封信）。强调履行教法规定的"五功"（念、礼、斋、课、朝）的重要性，认为舍弃"五功"而单纯从事道乘功修，即使非常刻苦也是无益的（见《麦克图巴特》第114封信）。《麦克图巴特》综述了纳格什班迪耶教团宗教哲学理论的基本观点，并在反对将道乘功修神秘化，宽容不同功修方式等方面有所发展。《麦克图巴特》于18世纪后期，由伊玛目兰巴尼的第六代再传弟子卡里·阿格德和第八代再传弟子沙·奥里亚等人传入中国新疆地区。19世纪末，俄国喀山伊斯兰教学者穆拉德·阿凡提经多年努力，将《麦克图巴特》从波斯文译为阿拉伯文，于1901年在麦加出版，扩大了在阿拉伯各国的影响。不久，《麦克图巴特》阿拉伯文译本被回族朝觐者带回中国，在上海影印出版。此后，《麦克图巴特》波斯文本和阿拉伯文译本同时在中国穆斯林中流传，被列为经堂教育读本。《麦克图巴特》是传入中国的第一部较为全面地阐述印度希尔信迪学派宗教理论的书籍，被维吾尔族苏非派和回族各门宦宗教学者誉为传入中国的四部重要苏非派经典之一[另外三部是《玛斯纳维》(Mathnawi)、《人类的馨香》(Nafhat al-Ens)和《拉沙什哈特》(Rashahat)]，丰富了中国伊斯兰教苏非派宗教理论的内容。

（谭吴铁　马正清）

麦拉伊凯(al-Malā'ikah)　见天使。

麦莱库勒毛特(Malak al-Mawt)　见阿兹拉伊勒。

麦蒙　见马蒙。

麦木鲁克王朝　见马穆鲁克王朝。

麦什阿尔·哈兰(al-Mash'ar al-Ḥarām)　见禁标。

麦斯艾赖(Mas'alah)　伊斯兰教法用语。阿拉伯语音译，意为教法"问题"。指教法学家对新出现的问题，依据经、训精神创造的律例，也指有待于教法学家给以解答或指导的有关教法和一切宗教事务的疑问。中国穆斯林学者常用来指按教法经典中现成的案例解答所遇到的新问题。　（马恩信）

麦斯亥袜(Khuff)　穆斯林做小净用的一种半高腰皮袜。中国操汉语的穆斯林对阿拉伯语"胡夫"(即软底靴)的经堂语意译。"麦斯亥"意为"揩抹"，即用食指、中指和无名指3指淋水由脚尖起通过脚背抹至脚腕。教法规定凡因病、寒冷等原因不能用冷水洗脚者，可用抹此袜代替。但须在作完小净、穿上皮袜后，再作小净时才能以抹代洗。中国西北、西南等地区的老年穆斯林用此袜者居多。　（达应庚）

麦斯吉德(Masjid)　见清真寺。

麦斯吉德·哈兰(al-Masjid al-Ḥarām)　见麦加圣寺。

麦斯莱哈(Maṣlaḥah)　见公益。

麦斯欧迪(al-Mas'ūdi，？～956)　中世纪阿拉伯伊斯兰教历史学家和旅行家。又译"马苏第"、"马斯欧德"，旧译"麻素提"。全名艾布·哈桑·阿里·本·侯赛因·麦斯欧迪。因系伊斯兰教先知穆罕默德门弟子伊本·麦斯欧德的后裔，故以麦斯欧迪为姓。生于巴格达。青年时开始游历求学，懂波斯、希腊、罗马、古叙利亚和印地等语言。先在阿拉伯半岛、波斯等地游学，912年起，周游中亚、印度、锡兰(今斯里兰卡)，后又到桑给巴尔等东非国家和中国沿海地区，考察各地的历史、地理、宗教、风土人情。返回到巴勒斯坦、叙利亚等地，最后定居埃及，从事研究和著述，殁于弗斯塔特(今开罗)。麦斯欧迪深受穆尔太齐赖派思想影响，在学术上强调理性和知识。在政治上，倾向早期什叶派。在阿拔斯王朝逊尼派占主导地位的社会环境中，他主张著书应客观公允，如实记载历史事实而"不囿于一派之见，不袒护一家之言"，注重前人留下来的史料和自己耳闻目睹的社会现实资料，在其著作中遇有争议的问题，能同时摆出不同的观点，不加评述。他曾为阿里长子哈桑立传，并将其任哈里发的半年多时间算在"正统哈里发任期30年之内"，并认为什叶派伊玛目通过传承接受了安拉的神光思想等。他在著作中旁征博引，列举了数十名作家的近百种著作，浏览了当时哈里发国家各地图书馆的主要史籍，对阿拉伯帝国各王朝的历史作了系统的记述，并对古代希腊、罗马、波斯、中亚、北非，以至中国等国的历史和文化均作了记述。他的著作涉及历史、地理、天文、经济、政治、宗教、文化、人物等各方面的知识。他所提出的王权与宗教互不相离、互为依存的观点，国家要长治久安、威服天下，须有治国之策和对民怀柔的观点；诸天体均按一定轨道运行，其轨道皆为圆周形，海水潮汐受太阴的作用的观点，以及认为有的陆地变成海洋、有的海洋变为陆地乃自然作用的结果等主张，均具有较高的科学价值，故其著作一直被视为阿拉伯—伊斯兰文化的重要遗产，颇受重视。他是哈里发国家采用纪实本末体撰写历史的开创者，13世纪阿拉伯历史学家伊本·赫里康(1211～1281)尊他为"史学的伊玛目"，欧洲史学家称他为"阿拉伯的希罗多德"。麦斯欧迪善于观察思考，勤于记录撰写，加上他的丰富游览见闻，著述达30余种，其内容以历史为主，涉及天文、地理和伊斯兰教教义、教法、道德修养、教派情况等。流传于世的以《黄金草原》及《提醒与监督》最为有名。　（马　贤）

《麦瓦吉府》(al-Mawāqif)　见伊智。

麦瓦利(al-Mawāli)　中世纪伊斯兰国家对非阿拉伯血统穆斯林释奴、自由奴隶或自由民的称谓。源自阿拉伯文。伊斯兰教前的阿拉伯，弱小部落的成员常以收养入族的方式加入强大部落，以寻求庇护，这种保护、依附关系称为“瓦拉关系”。后来随着蓄奴制的产生，这种保护、依附关系开始带有阶级压迫性质，而麦瓦利的含义亦发生变化，通常指脱离奴籍的“自由奴隶”，即释奴。释奴虽获得到人身自由，其地位仍低于奴隶主，其名字前需冠以主人或隶属部落的名字，以示从前的依附关系。7世纪下半叶，随着阿拉伯人两次大规模的对外扩张，大批非阿拉伯的外族居民沦为奴隶，而释放奴隶的事例亦剧增，以致奴隶和释奴在人数上远远超过作为统治者的阿拉伯人。麦瓦利的含义因此而再度发生变化，总体上指依附于阿拉伯人、新改奉伊斯兰教的非阿拉伯穆斯林自由民。在伍麦叶时代，其地位为第二等级，可豁免人丁税，虽低于阿拉伯人，但高于信奉异教(火袄教等)的“济玛”(即顺民)和奴隶。麦瓦利在宗教学术活动上极为活跃，曾对伊斯兰文化做出过重要贡献。伍麦叶王朝统治末期，他们因不满于低下的社会政治地位，纷纷参加推翻伍麦叶王朝的起义。历史上伊拉克的什叶派、哈瓦利吉派和后来兴起的卡尔马特派的成员，多为麦瓦利出身。

(吴云贵)

麦西哈(al-Masīḥ) 《古兰经》中所载古代先知尔撒的称号。一译“埋希哈”。阿拉伯语音译。《古兰经》云：“当时，天神说：‘麦尔彦啊！真主的确把从他发出的一句话向你报喜。他的名字是麦尔彦之子麦西哈·尔撒，在今世和后世都是有面子的，是真主所亲近的’”(3：45)。“麦西哈”一词源于希伯来语 Mashiah，音译弥赛亚(Messiah)，意为“受膏者”。犹太人原用以指称履行过用油膏头仪式的先知或君王，后因把民族复兴的希望寄予弥赛亚而使之引申为救世主。犹太人中的基督教徒继承了弥赛亚思想，亦将其作为耶稣(Jesus)的称号，希腊文作 Christos，音译为“基督”。

(杨宗山)

《麦札利斯·伊尔沙迪耶》(Majālis Irshādiyyah) 见《伊尔沙德》。

麦兹海布(Madhhab) 伊斯兰教教法用语。阿拉伯语音译，意为“主张”、“学说”、“道路”、“方式”等，引申为“派别”、“学派”。其复数词为“麦扎希布”(Madhāhib)。一般指对教法原理和律例持有不同见解和主张的“教法学派”。“四大麦兹海布”，即专指逊尼派的哈乃斐、沙斐仪、马立克、罕百里四大教法学派。各教法学派在一些具体判例上的不同见解和主张，称为“伊赫提拉夫·麦兹海布”(Ikhtilāf Madhhab)，意即“主张不同”或“学派分歧”。中国穆斯林口语中常说的“某家麦兹海布”，即指某教法学派的学说而言。

(马恩信)

满拉 中国伊斯兰教清真寺经堂学员的称谓。亦作“满喇”、“曼拉”。阿拉伯语“毛拉”的转音，意为有知识者。中国甘肃、宁夏、青海等地把正在清真寺学习宗教专业知识、力求达到阿訇水平的学生，称为“满拉”，类同内地所称的“海里凡”。

(余振贵)

满剌加 见马六甲。

满剌加国 见马六甲素丹国。

曼丁戈人(Mandingo) 西非穆斯林民族集团。亦译“曼丁卡人”、“曼丁加人”、“曼丁哥人”。人口约586万(1978)。主要分布在塞内加尔河、冈比亚河与尼日尔河的上游及各支流地区。是马里、冈比亚和塞拉利昂等国的主体民族。属尼格罗人种苏丹型。曼丁戈人的核心部分，包括一些边缘民族如马林克人、班巴拉人等。使用曼丁戈语，又分为马林克语、班巴拉语和迪乌拉语3种方言，属尼日尔—科尔多凡语系，尼日尔—刚果语族曼德语北支。经济生活以农业为主，兼事畜牧业。少数从事渔猎业。地区贸易比较发达，按父系续谱、居住和继承财产。允许一夫多妻制，男女均行割礼，尚有年龄级别组织存在。11世纪，北非穆斯林向西非扩展，并逐渐控制了当时的加纳帝国，伊斯兰教由此而在该地区得到传播。当时的马里帝国王族和社会上层接受了伊斯兰教。经过几个世纪的发展，伊斯兰教在曼丁戈人中占据了统治地位。20世纪，在反抗法国殖民统治的过程中，伊斯兰教成了维护民族传统的旗帜，得到了进一步的发展。曼丁戈人穆斯林大多属逊尼派的马立克教法学派。在马里共和国影响较大的是苏菲派提加尼教团和哈马里教团。卡迪里教团也有一定影响。在冈比亚影响较大的是卡迪里教团。在塞拉利昂则有：穆斯林大会、伊斯兰协会、伊斯兰改革团等组织。

(王庆仁)

曼丁加人 见曼丁戈人。

曼杜卜(Mandūb) 见艾哈卡姆。

曼法卢提(Muṣṭafā Luṭfī al-Manfalūṭī，1876～1924) 埃及作家、现代阿拉伯散文的先驱。生于开罗—土耳其人和阿拉伯人混血家庭，该家族自称为阿里之子侯赛因的后裔。自幼受过良好的宗教和文化教育，11岁时能背诵《古兰经》，后人爱资哈尔大学学习伊斯兰教义学和文学。曾在埃及教育部任职，后协助阿里·优素福办《穆艾依德报》。1923年任埃及议会秘书处负责人。他受泛伊斯兰主义、埃及民族主义和叙利亚派作家的思想影响较深，曾主张用某些改良的方法来改善贫苦人的悲惨生活。他的散文风格朴实无华，感情细腻。著有《观点集》(1902～1910)3卷，阐述维护阿拉伯伊斯兰文化传统的主张,针砭时弊。他还著有小说《泪珠集》,取材于现实生活和法国文学作品,多数故事带有悲戚哀伤的色彩,比较注意修辞和音韵的和谐。他的散文作品在阿拉伯国家文学界有广泛影响。（杨克礼）

曼苏尔(al-Manṣūr) 见艾布·贾法尔。

曼苏赫(al-Mansūkh) 见停经。

曼祖尔(Mandhūr) 伊斯兰教教法用语。阿拉伯语音译,“奈兹尔”(Nadhr)一词的被动式,意为“许下的愿”、“发过誓愿的”。参见奈兹尔。（马恩信）

毛拉(Mawlā) 伊斯兰教职称谓。旧译“满拉”、“莫洛”、“毛喇”、“曼拉”。阿拉伯语音译,原意为“保护者”、“主人”、“主子”。志费尼《世界征服者史》载有“主啊！吾人之保护者”一语,其中“保护者”一词的原文即为“毛拉”(Mawlā)。随着伊斯兰教的传播和发展,该词成为教职称谓而被广泛使用。含有多义:①7～8世纪,阿拉伯哈里发国家将非阿拉伯人血统的穆斯林称为“毛拉”,其复数形式为“麦瓦利”(Mawāli),汉语译为“释奴”。埃及艾哈迈德·艾敏著《阿拉伯—伊斯兰文化史》称:“毛拉”是从“瓦拉”(Walā')派生出来的被动名词,通指“被释放者”、“被解放者”、“被管理者”,并非专指“被释放的奴隶”。泰伯里《古兰经注》称:“伊本·赛德解释《古兰经》‘我让每一个人都成为毛拉’这句话时说道:‘蒙昧时代,称同宗的人为毛拉。后来对外国人无以称之,便称为毛拉’。”②伊斯兰国家尤其是中亚和印巴次大陆将知识分子、学者尊称为“毛拉”,通常指伊斯兰学者,相当于汉语的“先生”。③伊斯兰教什叶派有时将伊玛目也称为“毛拉”,以示尊崇。④中国新疆维吾尔等突厥语族穆斯林,将清真寺的阿訇、教长称作“毛拉”,其中德高望重者称“大毛拉”。⑤中国甘肃、宁夏、青海、新疆等地通用汉语的回、保安、东乡等族穆斯林,把在清真寺学习经文的学生称为“满拉”,该词即为“毛拉”的异译。《回疆志》称:“又有识字之回,号莫洛,唯能粗译文义。”“莫洛”即“毛拉”。⑥中国新疆维吾尔族在男性人名前冠以“毛拉”,以示有文化、受人尊敬的身份,如毛拉·穆萨、毛拉·比拉勒、毛拉·宰因丁等。（马维汉）

毛拉·阿儿沙都丁 见毛拉·额什丁和卓。

毛拉·比拉勒(1823～1899) 中国伊斯兰教学者、诗人。笔名纳兹姆。维吾尔族。生于新疆伊宁一鞋匠家庭,一生贫困。幼时受其父启蒙教育,后入伊宁清真寺经文学堂就读,学习经训、教义。成人后任清真寺伊玛目。喜诗词,酷爱文学。熟谙哈萨克语、蒙语、阿拉伯语和波斯语。1864年参加了伊犁地区维吾尔族、回族穆斯林农民的反清起义,1871年又同入侵伊犁河谷的沙俄侵略军兵戈相见。1876年撰就诗歌体裁的名著《在中国土地上的战争》,记叙和讴歌了穆斯林的反清起义。他还以诗赞扬了18世纪参加反抗准噶尔蒙古贵族压迫的农民起义,脍炙人口的长诗《依孜古勒传》,赞扬了为争取自由而英勇战斗,后被流放到伊犁的维吾尔族姑娘依孜古勒;长诗《江木札玉素甫汗》,揭露、嘲讽了上层统治者披着华丽的外衣,道貌岸然,虚伪、贪婪、阴险的丑恶嘴脸。著有以爱国主义、自由、人类情谊为主题,控诉清政府暴政,为人民呐喊的民歌集《格冉勒亚尔特》。其作品揭露反动统治者和黑暗势力,代表了劳动者的呼声,表达了穆斯林渴望公正、安宁的愿望。其诗文笔流畅,语言朴实。（宝文安）

毛拉·额什丁和卓 14世纪中国新疆伊斯兰教苏菲派著名宣教师。又译“毛拉·阿儿沙都丁”。生卒年代不详。祖籍布哈拉。据《中亚蒙兀儿史—拉失德史》记载,其祖先是13世纪初布哈拉的苏菲派长老,属和卓家族。蒙古成吉思汗征服布哈拉后,被流放到新疆喀喇昆仑山一带,后定居罗布·怯台镇。其父谢赫·哲马鲁丁(一译“贾玛里丁”)是该镇伊斯兰教长老,后因镇子被风沙埋没,又迁居阿克苏,招收弟子,讲经传教。据传,有一次谢赫·哲马鲁丁与正在阿克苏之鄂依库尔地方行猎的察合台后裔秃黑鲁帖木儿偶然相遇,向他秘密宣传伊斯兰教义,秃黑鲁帖木儿许诺即汗位后请谢赫来为他举行入教仪式。不久,谢赫病故,死前将此事嘱托额什丁。1354年前后,额什丁来到阿力麻里会见可汗,因汗宫戒备森严,求见不得,便每日黎明在宫外高声唤拜,终被可汗召入宫中。在他的说服下,可汗正式归信伊斯兰教,并举行了隆重的仪式。额什丁协助可汗说服其部下王公、大臣以及16万蒙古人信奉了伊斯兰教。他在可汗的支持下又到库车进行宣教活动,成立苏菲社团组织,设道堂,发展门徒。通过秃黑鲁帖木儿对库车、沙雅等地佛教势力的征服,使伊斯兰教得到传播。他被秃黑鲁帖木儿汗奉为国师,并授予其家族为世袭伊斯兰教长老的特权。额什丁约于14世纪末逝世,葬于库车,其麻札至今犹存。他的后代在库车、阿克苏、吐鲁番一带有很大的宗教影响,拥有大量的瓦克夫寺产,是新疆南部最大的穆斯林世族,亦是最早由中亚进入新疆地区进行苏菲派传教活动的和卓家族。（李进新）

毛拉·额什丁和卓麻札 14世纪中国新疆伊斯兰教苏菲派宣教师毛拉·额什丁和卓之陵墓。位于新疆维吾尔自治区库车县城内的哈拉墩(即高地)。墓址原为死者生前的修道堂,后改建为综合性宗教场所,内设额什丁和卓墓祠、礼拜寺、宗教法庭、经学堂、亲属坟场及其他附属建筑。周围林木茂密,寺塔高耸,琉璃砖装饰,具有浓郁的民族建筑风格。墓庐兼有中原建筑特色,为正方形平顶有檐式土木建筑,高 4.5 米,边长约 16 米。室内高台土冢有各色幛幕覆盖,四周用木制暗窗格为墙,其间有走廊环绕,供朝谒者瞻仰。檐下刻有阿拉伯文铭文。现存建筑为中亚浩罕入侵者阿古柏占领库车期间(1867～1871)重建。礼拜殿西廊墙壁有清朝光绪年间库车知县李藩所题"天方列圣"木匾。该麻札是新疆伊斯兰教的重要古迹之一,1964 年被列为新疆维吾尔自治区重点文物保护单位。(李进新)

毛拉·穆萨·赛拉米(Mawlā Mūsā al-Sayrami,1838～约 1913) 中国新疆伊斯兰学者、历史学家。维吾尔族。其先祖于 1538 年被撒马尔罕乌兹别克汗王欧拜杜拉封为塔什干地区的伊斯兰宗教首领。17 世纪末,其家族被蒙古准噶尔部首领噶尔丹强行迁至新疆。穆萨出生于新疆库车县赛拉姆区阿娜克孜村。其父毛拉·艾沙和卓是宗教学者,在其父任教的经文学堂接受伊斯兰初级教育之后,于 1847 年考入库车"萨克萨克"经学堂。以优异成绩学完《古兰经》、圣训等经典和历史、文学、天文、历法、地理、阿拉伯语、波斯语等课程。1864 年,穆萨在老师奥斯曼和同窗买合木丁的带动下参加了新疆各地反抗清政府暴政的农民起义,买合木丁被委派为乌什县执政官,穆萨遂被买合木丁聘为乌什清真大寺的伊玛目和该县粮库管理人。1867 年,中亚浩罕入侵者阿古柏占据乌什,穆萨又任阿克苏宗教税务官秘书 11 年。1877 年清军平定新疆后,他潜心从事著述。穆萨属逊尼派,亦受到苏菲派嘎迪林耶神秘主义的影响。他熟读贾米所著的《人类的馨香》,并在其历史著作《伊米德史》中引述该书关于四千天仙的论述。他十分敬重 1864 年前后在新疆进行传教活动的嘎迪林耶大师,故在《伊米德史》中多次赞扬他们。他还十分崇敬麻札,相信麻札能给人以福佑。他曾游历新疆各地搜集资料。先写成《安宁史》,后经修改、补充,于 1908 年写成《伊米德史》。该书除简述新疆古代史和着重记述 1864 年新疆各地农民起义以及阿古柏入侵新疆直至灭亡的历史外,还以专章介绍 1864 年前后新疆著名伊斯兰教界人士的简况,是研究新疆近代伊斯兰教史的重要资料。还有《圣贤传》、《艾苏哈卜·凯赫夫》(关于山洞人的传说)和《致敬书》等著作。 (谭吴铁 宝文安)

毛拉·尼亚孜 中国新疆维吾尔族穆斯林诗人。和田人,出身于农民家庭。生活在 18～19 世纪,生卒年代不详。自幼接受传统的伊斯兰教教育。7 岁丧父,8 岁入经文学堂学习,曾一度弃学流浪。因颇具诗词天赋,被誉为少年诗人。后常留宿在四伊玛目麻札,于哭泣中入梦,醒来后获灵感与启迪,遂赋诗成篇。从此,他成为苏菲禁欲主义者,弃绝尘世,进行宗教虔修,并以诗为伴,终生未娶,并自称已达"人主合一"境界。其代表作为成书于 1798 年的长诗《四伊玛目传》。其中,"伊斯兰教传入和田和反伊斯兰之战"记述了 10 世纪中亚地区 4 位伊玛目在喀什噶尔、叶尔羌、和田传播伊斯兰教及同佛教徒作战的全过程。其许多著作多撰就于四伊目麻札,定稿于和田沙依巴克村,对研究伊斯兰教传入和田有一定参考价值。

(阿吉·努尔阿吉)

毛拉维教团(al-Ṭariqah al-Mawlāwiyyah) 伊斯兰教苏菲派兄弟会组织。土耳其称"米列维教团"(Merleviyah)。13 世纪波斯神秘主义诗人哲拉鲁丁·鲁米创立。因鲁米被尊为"毛拉"(Mawlā),故名"毛拉维教团"。哲拉鲁丁·鲁米生于巴尔赫(Balkh,在今阿富汗境内),其父白哈乌丁(1148～1230)是受哈瓦利吉派神秘主义传统影响的一名传教师。1217 年,由于蒙古军的西征和家庭的困境,促使其全家外出漫游。哲拉鲁丁·鲁米随父到过巴格达、麦加、大马士革等地,最后定居于罗姆塞尔柱王朝统治下的科尼亚(Konya,属今土耳其),殁后葬于该处。他的继承人是其弟子哈桑·侯萨姆丁(Ḥasan Ḥusām al-Din,? ～1284),后又传给哲拉鲁丁·鲁米的儿子白哈乌丁·苏丹·瓦拉德(Bahā'al-Din Sulṭān Walad,? ～1312)。此后教团的领导职位由其苗裔世袭。在白哈乌丁·苏丹·瓦拉德及其继承人哲拉鲁丁·埃米尔·阿里夫(Jalāl al-Din Amir'Arif,? ～1320)时期,该教团在安纳托利亚得到广泛传播,并建立了不少妇女活动中心。该教团以鲁米神秘主义的波斯文长诗《玛斯纳维》(《Mathnawi》,意译为"训言诗")著称于世。该诗被信众尊奉为苏菲派《古兰经》式的经典,作为念"迪克尔"的内容之一。该教团奉行禁欲、苦行,主张精神修炼,信徒在举行念迪克尔仪式时围成圆圈伴着音乐旋转,以此表示对神圣的被爱者的始终不渝的追求,因而被欧洲人称为"旋转的德尔维什"。科尼亚被尊为"圣地"。该教团与塞尔柱执政当局联系密切,在小亚细亚和奥斯曼帝国的欧洲各行省影响很大。在大马士革、开罗和耶路撒冷等地,也有该教团的扎维叶(即修道院),但主要为当地的土耳其人所建。该教团于 1925 年被土耳其政府取缔,现只传布于中东地区,在叙利亚的阿勒颇尤多。

(王怀德)

毛里求斯伊斯兰教 毛里求斯为印度洋西南部岛国。面积 2040 平方公里,人口 107.5 万(1988)。穆斯林占全国总人口的 16.6%。官方语言为英语,多数居民讲印地语和克里奥尔语。首都路易港。18 世纪 30 年代,伊斯兰教随着印度穆斯林海员和劳工的流入而传入毛里求斯,并在各地开始传播。1805 年,部分索马里的阿拉伯穆斯林来到路易港,兴建了第一座命名为艾格萨的清真寺,后在该港形成了以该寺为中心的"阿斯克尔"穆斯林聚居区。1898 年,随着新宪法的颁布,穆斯林争取了参政权,1901 年获得表决权。1967 年 8 月举行第一届立法会议选举,"穆斯林行动委员会"同工党和"独立前进集团"联合组阁,穆斯林在国家政治生活中占有一定地位，同时在经济、文教、卫生、体育、宗教等领域也发挥作用。穆斯林以往多从事商业，19世纪末以来开始重视榨糖、饮料、日用化工、服装、家具等各业的生产，有少数人在政府机构、文化教育和医药卫生部门工作。毛里求斯全国有清真寺近百座。其中，首都路易港15座，最大的一座称“路易港中心大寺”。清真寺的伊玛目多属印度、巴基斯坦人，他们具有较高宗教知识和操守。清真寺伊玛目在聚礼日做礼拜前要进行两次“呼图白”（即宣教讲演），一次用阿拉伯语，一次用法语或乌尔都语，以解释教义和穆斯林所面临的社会生活问题。各清真寺一般设有教习《古兰经》经文和伊斯兰教知识的经堂式小学，其经费来源主要依靠穆斯林群众的宗教捐赠、天课和学生所交学费。毛里求斯的伊斯兰团体和组织有：(1)伊斯兰俱乐部。1956年成立，经费依靠社会捐赠，主要任务是用英语、法语和乌尔都语传播伊斯兰礼仪，组织成员到各清真寺和各地进行宗教讲演。(2)路易港第四区伊斯兰青年。其活动是在社会和体育界传播伊斯兰教，征集天课，鼓励建立伊斯兰学校，印发宣传品，进行免费阿拉伯语的教学，组织科学和体育活动。(3)伊斯兰协会。设在路易港东区，主要任务是通过报刊和报告会传播伊斯兰教，进行免费阿拉伯语教学，该会设有“东区天课基金会”。(4)伊斯兰学生运动。1973年成立，主要任务是在大学生中传播伊斯兰教，发行有关其宣教活动的通讯，传播伊斯兰礼仪，同各伊斯兰团体合作建立印刷厂，刊行伊斯兰经书，并设有经书销售部。(5)伊斯兰集团。其宗旨是把伊斯兰教作为一种文化和社会生活方式加以宣传，在全国穆斯林中传播阿拉伯语，建立示范性的小学和中学，以进行伊斯兰学科和普通学科相结合的教学。(6)伊斯兰妇女运动。1974年建立，主要任务是对穆斯林妇女进行宣教活动，向各伊斯兰学校推荐女青年，为伊斯兰学术研讨会服务。

（马忠杰）

毛里塔尼亚人 见摩尔人。

毛里塔尼亚伊斯兰教 毛里塔尼亚伊斯兰共和国位于非洲西北部，西濒大西洋。面积103万平方公里。全国人口200万(1989)。主要居民是阿拉伯人和柏柏尔人，占65%，还有图库勒人、萨拉科列人、富拉尼人等。穆斯林占全国人口96%，伊斯兰教为国教。阿拉伯语为国语，通用法语。首都努瓦克肖特。734年，首批阿拉伯骑士来到毛里塔尼亚地区，开始在柏柏尔人和黑人中传播伊斯兰教。9世纪，柏柏尔人的拉姆图纳、迈苏法、杰拉达3部落结成桑哈贾联盟，以奥达加斯特为中心，控制了撒哈拉西部的商道。此时穆斯林商人和传教师将伊斯兰教传入毛里塔尼亚，桑哈贾联盟领袖先信奉伊斯兰教，后又传播到各部落。1035年伊斯兰教马立克学派学者阿卜杜拉·本·雅辛来到毛里塔尼亚传教，得到拉姆图纳部落的支持，后其继任者建穆拉比特王朝，使伊斯兰教得到广泛传播和发展。14～16世纪，马里帝国和桑海帝国先后占领了毛里塔尼亚东部和南部，传入大量伊斯兰教经典，当地的柏柏尔人和黑人各部落接受了伊斯兰教和阿拉伯语，基本完成了伊斯兰化的过程。与此同时，也门的游牧部落迁入毛里塔尼亚北部，占领土地，控制商道，其中哈桑部落南移，统治了大片地区，传播伊斯兰文化，使毛里塔尼亚逐步形成多民族的伊斯兰国家。16世纪起，西方殖民者多次入侵，后沦为法国的殖民地。1960年正式宣布独立。1979年颁布的修改宪法规定伊斯兰教为国教，但国家保障公民信仰自由的权利。政府执行伊斯兰化和阿拉伯化的政策，推行伊斯兰教法，建立伊斯兰法庭，发展宗教教育，积极参加阿拉伯国家和伊斯兰世界的各项活动。毛里塔尼亚的穆斯林属逊尼派，教法上遵奉马立克学派。主要的苏菲派教团有嘎迪林耶教团、提加尼教团。毛里塔尼亚为阿拉伯国家联盟、伊斯兰会议组织成员国。（杨克礼）

毛利德·奈比（Mawlid al-Nabiy） 见圣纪。

毛特（Mawt） 见无常。

梅克内斯（Meknes, Miknās） 摩洛哥北部古城。在中阿特拉斯山脉北坡，拉巴特东120公里处。1世纪时这里是繁华的城市，现有保存完好的凯旋门、剧场、住房、浴室、市场等，均清晰可辨，还有不少镶嵌画。17世纪80年代，阿拉维王朝第一任素丹穆莱·伊斯玛仪兴建都城于此。在该城以北30公里处，有名沃里比利斯的罗马古城废墟。离沃里比利斯不远的山谷里，是人口仅1万的瓦利利城（现名“伊德里斯”），为摩洛哥第一个阿拉伯人建立的什叶派伊德里斯王朝的发源地。伊德里斯王朝开国君主的遗体葬在这里，后成为伊斯兰教的圣城之一。这里有建筑奇特的伊斯兰古墓和清真寺。

（杨克礼）

梅蒙娜（Maymūnah） 见圣妻。

美国国际伊斯兰科学与技术研究所（The International Institute of Islamic Science and Technology U. S. A.） 国际性伊斯兰学术研究的机构。1988年2月由美国、土耳其、马来西亚、沙特阿拉伯等国学者在华盛顿特区创立。其宗旨是：通过对伊斯兰哲学、社会学、科学技术史3个学术领域及其具体应用的集中研究来增进、发展伊斯兰科学与技术。目的与主要任务是：理解《古兰经》与圣训中有关自然界的学说；发展伊斯兰哲学、社会学；以仿效、革新并吸收当代科学技术为宗旨，对当代西方和东方的科学技术加以哲学和社会学的评定；优先发展能带动局部利益的具体科学、技术的专题性学术研究。主要活动有：组织讲座、讲课、考察、调查、大小型会议并借助社会大众传媒进行活动；出版学术性和通俗性书籍、刊物、教材和广播、电视宣传材料；为伊斯兰科学技术的发展、传播系列化、专业化而努力，提供考察、调研、出版费用和其他物质与荣誉奖励。为实现上述目的与任务，制定地方性、区域性规划，建立联系多个中心、研究所、图书馆的出版发行、情报交流与传播网。加强与其他学术团体、教育和研究机构、国内外政府性和非政府性组织的相互支持与合作。该所所务委员会主席是纳斯尔教授（Seyyed Hossan Nasr），所长是胡赛尼博士（Swaqar Ahmed Husaini）。该所在世界科技界和伊斯兰学术界具有一定影响。（黄陵渝）

美国加州尤里卡伊斯兰中心（Islamic Centre at EUREKA California） 美国最大的伊斯兰组织。1962年由加利福尼亚州部分穆斯林侨民创建。最初只限于研读宗教书刊和聚会讨论穆斯林事务等一般活动，后来人数逐渐增多，影响扩大，至1975年其组织机构进一步完善，遂筹资购置了办公用房。1979年再次集资购置新址，扩大了其他设施，包括清真寺、礼堂、餐厅、图书馆、办公室、教学楼和星期日学校等7个部分。同时还拥有1个可容纳1500辆汽车的停车场。该中心的宗旨是：宣传伊斯兰教，为当地穆斯林的宗教事务和宗教生活服务。最高领导机构是行政委员会，由主席、副主席、秘书长以及财务负责人和3名委员组成。主席全面负责，由1名执行主任协助工作。委员会规定，任何文件和工作报告须经行政委员会各成员同意方可提交主席审定。行政委员会下设秘书处，由5人组成，主要任务是负责中心的各项管理工作。该中心的活动有：（1）安排礼拜：包括每日5次礼拜、星期五聚礼、开斋节和古尔邦节会议、斋月中的“泰拉威哈”拜和给亡人举行殡礼拜。（2）组织教育和教学：举办尤里卡新月学校（现有学生200余名），教授阿拉伯语和伊斯兰教各门课程；组织周末、假日伊斯兰学校，教授阿拉伯语和伊斯兰教知识。（3）举办穆斯林生活和公益事业：包括为结婚夫妇操办宗教结婚仪式；从教法方面解决离婚案；排解家庭纠纷；为死者举行洗礼与埋葬；建立伊斯兰组织，设立清真食堂，举办各种宴会和娱乐活动。（4）文化活动：开办图书馆，供人们借阅和购买各种伊斯兰书刊；开设讲演厅，举办各种讲演会、学术交流会和教法讲座。（5）积极推动一些国际伊斯兰会议的召开：根据需要组织和推动一些世界性伊斯兰大会的召开，并与其他伊斯兰中心合作、协调活动。（6）宣教活动：在中心以外举办报告会；同美国的其他社会组织包括基督教堂进行对话，并在每星期六通过电台进行半小时有关伊斯兰教义的广播，以使人们了解伊斯兰教的精神。每星期三对新入教的穆斯林进行教育，向他们讲解伊斯兰教义。（7）青年活动：为男女青年组织各种报告会、座谈会，并围绕伊斯兰原则进行辩论。此外，还组织青年旅游、参观、参加夏令营活动等。该中心是美国较有影响的伊斯兰组织之一，与伊斯兰世界联盟等国际组织建有联系。（马云福）

美国穆斯林传教会（American Moslem Mission） 美国黑人穆斯林的宗教团体。原名为“伊斯兰民族”，自称为“比拉勒穆斯林”（因穆罕默德一弟子比拉勒系黑人之故）。它是20世纪30年代在美国黑人中兴起的以伊斯兰教为旗帜，反对种族歧视和压迫的社会运动的产物。1930年，黑人运动领袖瓦利·丁·法尔德来到底特律市，宣传伊斯兰教义，重新开展黑人运动。他自称是来自阿拉伯圣城麦加的传教师，专为美国黑人而来。他宣称美国黑人的祖先是穆斯林，属于古老的沙巴兹族，是安拉的“选民”。黑人应返祖寻根，归信伊斯兰教，摆脱白人的控制。他著有《伊斯兰民族的秘密仪式》和《以数学阐述迷途知返的伊斯兰民族的教义》作为传教依据。在底特律建造礼拜寺，创办伊斯兰大学，3年之内归信伊斯兰教的下层黑人达8000之众，逐渐形成严密的组织。法尔德进行传教最得力的助手伊利贾·穆罕默德，于1932年在芝加哥建造第二座礼拜寺，传播法尔德的宗教思想和主张。1934年6月法尔德失踪后，该组织分裂。伊利贾·穆罕默德将该组织的活动中心由底特律迁往芝加哥，正式创立“伊斯兰民族”组织。伊利贾宣称法尔德为安拉的代理人，而自己是受安拉派遣的使者，号召黑人改奉自己的宗教——伊斯兰教，建立黑人穆斯林自治的国家。该组织的教务大权由伊利贾掌管，其下设两名高级队长，一男一女，分别管理该组织的男女穆斯林。凡黑人和其他有色人种接受该组织教义及教规，履行入会仪式后均可参加它的活动。该组织以各地礼拜寺为基层组织，拥有会员最多的是纽约和洛杉矶礼拜寺。20世纪60年代初，该会的著名传教师马尔科姆·艾克斯在美国一些大学进行宣传活动，吸收大学生加入传教运动。1982年该组织的会员约计200万人，礼拜寺及传教中心有100多个，分布在美国27个州。传教会的主要经费来源于会员的自愿捐献、穆斯林的募捐及发行报刊所得。该会办有《比拉勒新闻》和《穆罕默德言论报》，并举办广播和影视节目，宣传黑人穆斯林政治和宗教主张，在美国黑人中影响颇大。

在宗教思想上，该组织在早期以伊利贾所著的《至高智慧书》为经典，宣称法尔德为“马赫迪”（即救世主），伊利贾为“安拉的使者”；宣传“黑人至上”，人类的始祖是黑人；安拉是黑人的最高主宰者，美国黑人是“安拉的选民”，尤为尊贵。什叶派的观点在美国黑人穆斯林中比较流行。20世纪50年代以前因该组织的教义与伊斯兰教正统派基本教义相违，故未得到世界穆斯林和伊斯兰国家的承认。50年代马尔科姆·艾克斯到麦加朝觐并访问了一些伊斯兰教国家后，对其原来的教义主张作了修正：承认伊斯兰教不但是黑人的宗教也是白人的宗教；承认“安拉的使者”穆罕默德已于632年去世；不再强调建立“黑人国家”。1975年伊利贾逝世后，由其子华莱士·穆罕默德继承领导权，宣布伊利贾并非安拉使者，法尔德不是“马赫迪”，停止印发伊利贾的著作，并将该组织改名为“美国穆斯林传教会”，成员称为“比拉勒派”。同时吸收美国的白人归信伊斯兰教，力求使其教义与逊尼派教义相一致。该组织还要求穆斯林遵从《古兰经》和圣训，严守伊斯兰教法，履行每日 5 次礼拜；禁食猪肉及其他不洁之物；严禁烟酒、赌博和其他不良行为；主张按照伊斯兰教的传统建立以男性为中心的社会，妇女以操持家务为主；强调不同种族穆斯林之间的团结和集体行动；提倡发展教育，提高黑人的文化素质，强调黑人要学习和传播伊斯兰教的基本知识。该组织还建造清真寺，开办宗教大学，发行书刊；开设公寓、商店和农场等，发展实业，做到穆斯林在经济上的自给自足。近年来该组织还吸引了相当数量的美国人信教，并注意加强同阿拉伯伊斯兰国家的联系，伊斯兰国家的留美学生也经常参加该组织的活动。（杨克礼）

门宦(al-Ṭariqah)　中国伊斯兰教苏菲主义各学派及所属支派的通称。亚非伊斯兰学者称之为“托勒格”，西方学者称之为“教团”。“门宦”一词的渊源，其说不一，主要有：(1)源于汉族的“宦门”、“门阀”等名称。(2)源于河湟地区群众所说的“七门八宦”。(3)源于穆斯林所说的通向真主之道的大门(即真主的召唤)等词。根据对扬州普哈丁墓的有关记载，南宋末年来扬州的普哈丁是一个苏菲主义神秘派的修道者，他的墓至今尚存。《伊本·白图泰游记》记述，元时在广州一山洞中曾见到有 200 岁高龄的修道者，到杭州时，在他寄居的“埃及人士欧斯曼·伊本·安法尼之子孙家中”，“有一道堂”，“内有一批苏菲修道者”。明崇祯年间，印度的一位苏菲派学者阿师格来华，留居南京 3 年，张中曾投师于他，对其讲道内容作了笔记，整理成《归真总义》一书。17 世纪苏菲主义各学派从中亚的布哈拉、撒马尔罕传入新疆，形成白山派和黑山派，通称为“依禅”。18 世纪以来，库布林耶、嘎迪林耶、虎非耶、哲赫林耶等苏菲主义学派，通过海、陆两路，相继从阿拉伯、中亚以及新疆传入甘肃、宁夏、青海等地区。在中国传统文化思想影响下，逐渐形成了穆夫提、大湾头、大拱北、华寺、官川等支系，以拱北或道堂所在地命名的有毕家场、北庄等；以创始人姓氏命名的有鲜门、张门等；以创始人的形象命名的有胡门等；以拱北众多、建筑宏伟而命名的有大拱北、华寺等，但都不叫门宦。门宦一词始自清中叶，据传甘肃临洮北乡穆夫提第六代教主马显忠(1736～1795)，由清朝地方当局委派为“统领”，命其统管河州各教派，群众称其所管为“七门八宦”，但这只是口头传说。光绪二十三年(1897)三月，在河州知州杨增新《呈请裁革回教门宦》一文中始有记载。其他种种有关其来源的说法，在阿拉伯文、汉文文献中尚未发现。门宦一名的出现和被甘肃、宁夏、青海苏菲主义者及一般穆斯林所承认，表明这些支派大多已形成为一种具有宗教世袭制度和特殊地位的“高门世家”。它是在一定的社会经济基础上形成的权力集中、辖区较大并带有宗教神秘色彩的组织形式，存在于回、东乡、撒拉、保安等各民族中。

门宦在甘、宁、青的产生和发展过程可分 3 个时期：(1)康、乾时期(1662～1795)，主要是传入时期，先后出现了 11 个门宦，而最多的有大拱北、华寺、官川和穆夫提等。(2)嘉、道、咸时期(1796～1861)，为发展时期，先后又形成了 8 个门宦，如北庄、文泉堂等。(3)清末和民国时期(1875～1940)，为内部分化时期，先后从上述门宦中分立出来 13 个门宦，如崖头、灵明堂、撒拉教等。

伊斯兰教苏菲主义各派别传入中国后，在西北地区形成了虎非耶、嘎迪林耶、哲赫林耶和库布林耶 4 个较大的学派，即通常所说的“四大门宦”。它们除在教义上信奉逊尼派，在教法上信守哈乃斐学派的主张并以苏菲著作《米尔萨德》、《麦克图巴特》等经典为认主和必修的课本外，还有以下共同特征：(1)崇敬教主，以教主为“老人家”，认为他们是引领教众走上正道的“赫海”，甚至认为教主是能够创造和显示各种“凯拉玛特”(即奇迹)的“吾里”(即真人)。教众对教主唯命是从，凡事必须听教主的“口唤”。从精神生活到世俗生活都受到教主的影响。教主管辖许多教坊，并委派“热依斯”和阿訇管理清真寺教务。(2)为门宦创始人、掌教人及其家族成员、门生修建墓冢——拱北。各门宦创始人如大拱北的祁静一、穆夫提的马守贞、华寺的马来迟、库布林耶的穆哈伊丁等逝世后，教众在其墓地都修建有拱北，有的建有类似衣冠冢的墓地，也尊之为拱北。有的给各代掌教人建拱北，有的给掌教人的家族成员或其得意门弟子也建立拱北，甚至给与本门宦有关的阿拉伯或中亚传教士也修建拱北。拱北已成为门宦的宗教象征，一般都在人去世后才修建。现在甘肃省玉门市的吾艾斯拱北，是当地穆斯林为纪念七世纪来华传教的宣教师吾艾斯修建的墓地，与门宦拱北无关。(3)有严密而又系统的道统继承制。为了门宦的继承和发展，各门宦都建立有自己的传承世系，称为“道统”。这种道统既上承某个苏菲教团的创始人和其思想主张，又代代相沿相续，脉络分明。其方式有子孙世袭、家族世袭和传贤继承 3 种形式。华寺、穆夫提、北庄等门宦都是子孙世袭。哲赫林耶在第三辈教主以后，也演变为子孙世袭制。嘎迪林耶则以传贤方式继承教主。大拱北、洪门、丁门、韭菜坪、灵明堂等门宦都坚持这一传统。家族继承则以保安族的高赵家门宦为典型，其创建人马叶哈雅之后的 3 代教主，无论男女都在家族内相传。各门宦都非常重视其道统，都有神秘的口头历史传说，有的还有正式的书面记载，如《哲罕耶道统史传》等。(4)重视道乘修持。道乘修持即宗教修炼，各门宦都非常重视。其修炼道路和阶段，一般分为 3 个品级：教乘(即六大信仰和五大天命功课)、道乘(即各种苏菲神秘主义的功修)和真乘(即通过明心尽性等修炼步骤，达到出世及人主合一的精神境界)。在道乘修炼中，各门宦既根据各个苏非家的不同修炼方式与仪规要求，也在一定程度上吸收了中国儒、释、道3家的思想因素，表现出不同的要求，如虎非耶主张“道(乘)教(乘)并重”，嘎迪林耶主张“道(乘)中有教(乘)”，库布林耶主张“道(乘)教(乘)并举”，哲赫林耶主张“先教(乘)而后道(乘)”。所有门宦都非常重视和醉心赞念“迪克尔”，不同的门宦有不同的赞念方式，且都颇具神秘色彩。

在长期的历史发展中，各门宦形成了自己不同的大小支系，遍布西北回、东乡、撒拉、保安各民族中。有的还流传于西南、东北、河北等地回族穆斯林中。由于门宦之间因见解不同，修持有异，经常发生矛盾，引起冲突。封建统治阶级利用这一矛盾，制造、扩大民族之间与民族内部的不团结，以强化其反动统治。不少门宦的教主、阿訇，在反对清朝的民族压迫斗争中，曾起过发动、组织教众进行斗争的积极作用。但由于门户之见，以致各据一方，难以实现团结统一，成为反清失败的原因之一。（马　通）

门克赛德　见艾菲里亚·谢莱比。

蒙昧时期(Jāhiliyyah)　阿拉伯史学家对伊斯兰教前的历史时期的指称。阿拉伯语“贾希利叶”，亦译为“野蛮时代”。所指范围有广义和狭义之分：广义的“蒙昧时代”指从人祖阿丹(即亚当)诞生，至穆罕默德奉命为先知这一漫长的历史阶段。从狭义上说，仅指在穆罕默德传播伊斯兰教之前100年左右而言，其内涵为，在阿拉伯半岛没有“天命”(Dispensation)，没有获得灵感的先知，没有天启和经典的那个时期。穆罕默德传播“认主独一”的宗教，号召人们抛弃伊斯兰以外的一切宗教观念，特别是崇拜神灵偶像的观念，宣布伊斯兰教要把过去的宗教意识一笔勾销，并取而代之。因此，蒙昧时代的概念与划分虽有广狭长短之别，但都以伊斯兰教之兴起为蒙昧时代终止的标志。在蒙昧时期，北方的阿拉伯人——包括希贾兹人和纳季德人，大都过着游牧生活，没有可考的古代文化，没有自己的书法体系，这一时期的资料，只限于传说、传奇、谚语和诗歌，但这些东西都是在伊斯兰教历第二、三世纪才记载下来的。到了穆罕默德时期，才有了自己的书法体系，有了从希贾兹方言演变的伊斯兰教经典的语言，在取代也门方言之后，发展为优美的、标准的阿拉伯语。因此，把这以前的历史时期统称为“蒙昧时期”。（林　松）

蒙兀儿　新疆古部族名。又作“莫卧儿”、“忙豁勒”。原音为moghol，是mongol(蒙古)一词的波斯、阿拉伯语变音。①泛指蒙古人及其后裔(如莫卧儿王朝)。②系14世纪察合台汗国分裂后，东部兀鲁思(新疆)操突厥语的蒙古诸部族的自称。属察合台后王统辖，其王又称“蒙兀儿汗”。活动地域称“蒙兀儿斯坦”，包括今新疆大部和七河流域。主要氏族为杜格拉特、都合台、巴鲁剌思、牙尔喜、亦塔儿只、洪吉、楚拉斯、别吉克、哈剌鲁等。最初信仰萨满教或景教。14世纪中叶始，其王秃黑鲁帖木儿汗率先归信并胁迫部下16万众集体信奉伊斯兰教。但某些部众不愿意放弃旧俗和迁往农业地区，无视伊斯兰教法教规，以致有的汗不得不用严酷的刑罚强迫遵守教规。直到15世纪中期优努斯汗时，才完全伊斯兰化。16世纪以后其部族逐渐消失，大部分融入维吾尔族，少部分加入哈萨克族的行列。（李进新）

蒙兀儿汗国　见叶尔羌汗国。

蒙兀儿斯坦汗国　见东察合台汗国。

孟加拉国穆斯林联盟(Bangladesh Muslim League)　孟加拉伊斯兰教政治组织。前身是巴基斯坦穆斯林联盟东巴组织。1971年，孟加拉国成立后，视为亲巴基斯坦组织加以取缔。1976年孟加拉国取消政党禁令后，由阿卜杜·萨布尔出面恢复活动，改名孟加拉国穆斯林联盟。1977年初在全国乡村委员会选举中，当选的乡村领导人有1/4是该联盟成员及其支持者。在同年8月至9月举行的市政委员会选举中，当选的各市政委员会主席有1/5以上属该联盟成员。1978年6月同民族民主党、民族人民党、统一人民党组成民族主义阵线，提名齐亚·拉赫曼竞选总统获胜。不久发生分裂，以沙阿·阿齐兹·拉赫曼为首的一派退出，加入民族主义党。1979年2月在议会选举中，该联盟获18个席位。1983年3月，部分成员加入由12个反对党组成的民族团结阵线；5月该联盟分裂为阿里派和西迪基派。同年底部分成员脱离该联盟，加入新建立的人民党。穆斯林联盟对内主张政治和社会生活伊斯兰化；实行工业化，以自助和自力更生取得经济上的自给自足。对外主张加强同各伊斯兰国家的联系，反对帝国主义和殖民主义。该联盟成员包括伊斯兰教上层人士、城市贫民、工人和农民。（杨克礼）

孟加拉人(Beugalis)　孟加拉穆斯林民族之一。人口16489万(1985)。其中大多数居住在孟加拉国内，占全国总人口的98%。此外，主要分布于印度的西孟加拉邦、奥里萨邦和比哈尔邦。少数居民住在缅甸、尼泊尔等周边国家境内。孟加拉人是古代迁入的波斯人与当地土著民族融合的后裔，基本上属于欧罗巴人种印度帕米尔类型，东北部受蒙古人种、西南部受达罗毗荼人种影响较深。孟加拉语属于印欧语系印度语族东部语支。与印地语一样，是梵语的派生语。原采用梵文字母，11世纪以后，创制出梵文的一种变体文字。孟加拉人主要从事农业，种植黄麻、水稻、豆类、玉米、油籽、甘蔗、烟草和水果。南部居民多从事渔业。

现以原料为基础的工业和轻工业发展较快。8世纪时伊斯兰教已传入孟加拉地区。12世纪以后，由于穆斯林统治者的提倡，伊斯兰教得到广泛传播，并逐渐取代了佛教，成为孟加拉人的传统信仰。孟加拉人中约83%的居民信奉逊尼派的哈乃斐教法学派，少数人信奉艾哈迈迪耶派和什叶派的伊斯玛仪派。在命名、割礼、婚姻和葬礼等方面都遵循伊斯兰教的规定。孟加拉各地都建有清真寺，在首都达卡更多。大、中、小学都设有伊斯兰教课程，达卡建有伊斯兰专门学院，培养宗教教职人员。（伊力奇）

孟加拉伊斯兰教 孟加拉人民共和国位于南亚次大陆东北部。面积14.3998万平方公里。人口1.19亿(1989)。孟加拉人占98%，另有20多个少数民族。孟加拉语为国语，通用英语。居民86.6%信奉伊斯兰教，12.1%信奉印度教。首都达卡。该地区原系英属印度孟加拉省的一部分，1947年印巴分治后构成巴基斯坦东翼，1971年12月脱离巴基斯坦宣布独立。从8世纪初起，阿拉伯伍麦叶王朝军队征服印度西部的信德地区，伊斯兰教开始传入印度。后随着信奉伊斯兰教的外族对印度的征服，穆斯林商人的定居，信德和旁遮普地区的居民最早接受伊斯兰教，并对印度北部广大地区产生了直接影响。11世纪初，阿富汗伽色尼王朝素丹马哈茂德征服信德和旁遮普，一些居民被迫改奉伊斯兰教，后在其影响下，孟加拉地区的个别封建主和一些商人开始改奉伊斯兰教。12世纪末，古尔王朝的军事将领伊克提雅尔占领了孟加拉和比哈尔地区，许多印度教的封建主改奉伊斯兰教，使伊斯兰教在该地区开始广泛传播。从13世纪初起，孟加拉为德里素丹国(1206～1526)诸王朝统治下的一个行省，派总督管理。1287年，奴隶王朝素丹巴尔本死后，孟加拉总督宣布独立，大力推行伊斯兰化的政策，城市居民多改奉伊斯兰教。14世纪，在图格鲁克王朝前期，孟加拉总督再次获得独立，于1336年建立孟加拉素丹国(1336～1576)，此间，除一些突厥人、阿富汗人迁入外，大批下层种姓的印度教徒改奉伊斯兰教，广大农村地区的穆斯林社团人数激增，并兴建清真寺和宗教学校。在莫卧儿王朝(1526～1858)统治时期，孟加拉仍为一个行省，伊斯兰化的过程已完成，伊斯兰文化得到广泛发展。1858年，印度沦为英国殖民地。1906年，印度穆斯林的政治组织——全印穆斯林联盟在达卡成立。1947年印巴分治后，孟加拉为自治领的组成部分。孟加拉穆斯林大多属于逊尼派，教法上遵奉哈乃斐学派；少数属什叶派的十二伊玛目派，在来自印度和巴基斯坦的移民中有极少数伊斯玛仪派信徒。1978年孟加拉宪法修正案规定，国家的指导方针是绝对信仰全能的真主、民主、民族主义和社会主义四项原则。在伊斯兰团结基础上努力巩固、维护和加强同伊斯兰国家间的友好关系。孟加拉为伊斯兰会议组织和伊斯兰世界联盟成员国。（杨克礼）

孟凯尔(Munkar) 伊斯兰教信奉的天使名。阿拉伯语音译。据传是两个在坟墓里预审死人的天使之一，另一个名叫奈吉尔(Nakir)。据传，这两名天使专门负责讯问、检验坟墓中死者的信仰、信念。信仰坚定、答词正确、应对如流者可以舒坦平静地安息，以待最后审判日来临；悖逆者、作恶者回答不出，胆战心惊，便遭到两名天使怒斥鞭打，不得安宁，并须等待末日的总裁判。（林　松）

米厄宰奈(Mi'dhanah) 伊斯兰教清真寺群体建筑的组成部分之一。阿拉伯语音译，意为尖塔、高塔、望塔，即宣礼塔。中国穆斯林称“邦克楼”、“望月楼”。专门用作宣礼或确定斋戒月起讫日期观察新月，是清真寺建筑的装饰艺术和标志之一。米厄宰奈多建在规模较大的清真寺内。据载，在清真寺增设“米厄宰奈”，始于伍麦叶王朝。哈里发穆阿维叶下令将大马士革清真寺原教堂的望楼改造为宣礼塔。后埃及和伊拉克总督效法，分别在阿慕尔清真寺和巴士拉清真寺用石料砌成不同形制的“米厄宰奈”。哈里发瓦利德命希贾兹长官欧麦尔在麦地那先知清真寺增建了“米厄宰奈”。阿拔斯王朝时，米厄宰奈建筑普及各地清真寺，多依照所在地高塔的传统形式而建筑。伊斯兰世界的宣礼塔，风格各异，造型多样，有圆柱形、正方形、方锥形、圆锥形、六角形、八角形、螺旋形、圆柱狼牙形等，塔内有螺旋阶梯，可拾级而上，有的塔在高层建有连环的拱廊和瞭望阳台，大多用石料和砖砌成，色泽多彩。塔的布局多样，有的建在寺墙内四角，有的建在大门两侧，有的独耸立在庭院内，有的与礼拜大殿浑然一体，高矮参差。各寺塔的数量不等，最少1座，最多9座。如土耳其的素丹艾哈迈德清真寺有塔6座，麦加圣寺有塔9座。世界古老的不同建筑风格的清真寺尖塔，著名的有伊拉克的萨马拉清真寺的螺旋塔、伊朗伊斯法罕清真大寺的圆柱塔、巴基斯坦巴德夏希清真寺的方塔、埃及爱资哈尔大寺的双顶尖塔、摩苏尔凯比尔清真寺斜塔、印度德里库特布尖塔、摩洛哥马拉喀什库图比耶清真寺的香塔等。世界上最高的清真寺尖塔，为摩洛哥现代建造的哈桑二世清真寺尖塔，高200米，内设有楼梯和电梯。中国清真寺的邦克楼，内地多为楼阁式，以木架砖结构为主，下为方形，上为六角形或八角形，以西安化觉寺的省心楼和北京牛街礼拜寺的邦克楼为代表。有的具有阿拉伯圆柱形建筑风格，以广州怀圣寺的光塔和新疆吐鲁番的苏公塔为代表，为砖砌筒式结构。（杨克礼）

米尔(Mir，Meer) 中世纪印度穆斯林王朝政府官员的称谓。波斯语音译。在莫卧儿帝国时代，将宫廷大臣、各部门的官员及各地总督称“米尔”；也用来称阿里的后裔(或“圣裔”)，与赛义德(Sayyid)同义。印度穆斯林酋长或地方封建首领也有此称谓。一般列于

人名前。（杨克礼）

米尔·达马德（Mir Damad，？～1632） 波斯伊斯兰教什叶派教义学家、哲学家。全名米尔·穆罕默德·巴基尔·达马德。出身于波斯什叶派名门，生于伊斯法罕。其祖父穆哈基·丹尼为阿拔斯一世宫廷伊斯兰教长老。早年受传统伊斯兰教育，后师从什叶派著名学者学习经训、教义、教法。他博览群书，谙熟伊斯兰教各教派的学说，尤精于波斯神秘主义哲学。他一生大部分时间在伊斯法罕清真寺和宗教学校讲学，培养了大批伊斯兰学者。曾被萨法维王朝宫廷授予"伊斯兰长老"称号，享有较高的社会地位。在宗教哲学上，他率先提出"永恒根源"概念，用以解释自然界万物的起源。认为除万能的真主外，自然界的地球、星辰等万物都有永恒的和暂时的双重根源。真主是永恒的、无始无终的，世界万物的存在和变化是永恒时光的各种表现，而具体事物是暂时的。在教法上，他主张以《古兰经》和圣训为立法执法的根本依据，反对以希腊理性主义的类比、推理为依据。他的哲学思想传播到也门和印度后，被什叶派宗教学者所尊崇。他的宗教哲学著作甚多，最著名的是《凭信仰记述历史》，论证了宇宙的生成、真主创造天地的过程、自然界运动变化的原因、真主的万能和智慧等。还著有《释伊玛目训示中的天启选民》、《火炬》及劝善的诗歌多篇。什叶派史学家称他为"伊朗伊斯兰复兴运动的领袖"、"继亚里士多德与法拉比之后的第三位导师"。（杨克礼）

米尔拉吉（al-Miʻrāj） 见升霄。

《**米尔萨德**》（Mirṣād） 见《归真要道》。

米尔扎·古拉姆·艾哈迈德（Mirzā Ghulām Aḥmad，1835～1908） 印度伊斯兰教艾哈迈迪耶教派创立者。生于印度旁遮普的卡迪安镇，出身于穆斯林贵族家庭。早年受过传统的伊斯兰高等教育，擅长法律，通晓乌尔都语、阿拉伯语和英语。青年时不遵父命，放弃在英国殖民政府供职，退居故里隐修。他深受印度伊斯兰教改革家赛义德·艾哈迈德汗思想的影响，并研究了基督教、印度教和琐罗亚斯德教的经籍和教义，将各种宗教思想加以融合统一到伊斯兰教义之中。1880 年，他发表《艾哈迈迪耶的论证》，为该教派的创立奠定了思想理论基础。1889 年，他公开宣称受到安拉的启示，是继穆罕默德之后的新先知，他的使命是把所有的宗教联合起来，消除人们之间的对立，引导人类走向真正的幸福。他要把安拉的启示如实地传达给人们，"在安拉和他的仆人之间创造一种亲密的关系"。他认为各种宗教都是天启的，应促进各种宗教思想的融合，伊斯兰教应是无所不包的世界性的宗教。后又宣称自己是伊斯兰教的马赫迪，其使命是将人类从迷信和苦难中拯救出来；继而宣称自己是基督教的弥赛亚，是复活的耶稣；还宣称自己是印度教的主神黑天，能创造各种奇迹；最后又宣称自己为穆罕默德的再世。他还主张与英殖民当局和平共处，反对暴力，主张和平传教，并且宣传绝对服从政府。他先在卡迪安镇创办宗教学校，接收培养门徒，并派出传教师到印度各地传播他的教义主张，他在逝世前其信徒达 7 万多人。他的教义学说于 1900 年被英国殖民政府所承认，却遭到印度伊斯兰教社团和逊尼派穆斯林的反对，斥之为"异端邪说"。1908 年他去世后，其门徒自成一教派，选举毛拉维·努尔丁为哈里发，领导该派的教务活动。他出生的卡迪安镇成为该派的朝觐地。（杨克礼）

米尔扎·穆罕默德·海达尔（Mirzā Muḥammad Ḥaidar，1499～1551） 中亚伊斯兰教历史学家、军事家。全名米尔扎·穆罕默德·海达尔·杜格拉特·古尔干。生于塔什干。出身于杜格拉特部封建贵族家庭。其母系察合台后王优努斯汗之女忽卜·尼格儿·哈尼木，与赛义德汗和莫卧儿王朝的巴布尔大帝有表亲关系。海达尔信奉伊斯兰教逊尼派哈乃斐学派。他 9 岁时，其父穆罕默德·侯赛因被中亚乌兹别克昔班尼汗杀死，部下将他带往喀布尔投靠了莫卧儿王朝巴布尔大帝。1512 年又流亡于河中地区的安集延察合台后裔赛义德汗麾下服务，后随其进军喀什噶尔，驱逐当地统治者阿巴汗拜克，参与创建叶尔羌汗国，担任宰辅。因他战功卓著，有指挥天才，被晋升为军队统帅。1532 年，海达尔随赛义德汗远征西藏，曾亲自率军攻至拉萨附近。赛义德汗逝世后，由阿卜杜·拉失德汗继汗位，对赛义德家族大加杀戮，海达尔生怕被株连，便前往印度投靠了巴布尔之子胡马雍。1540 年海达尔率领一支军队征服克什米尔，奉胡马雍之命任长官，在该地统治了 11 年。在此期间，他用大部分时间整理资料和传闻，从事著述，撰写了历史名著《中亚蒙兀儿史—拉失德史》。1551 年在克什米尔贵族的一次武装暴乱中被杀害。（李进新）

米哈拉布（Miḥrāb） 伊斯兰教清真寺礼拜殿设施之一。阿拉伯语音译，意为"凹壁"、"窑殿"。西方译为"壁龛"。设在礼拜大殿后墙正中处的小拱门，其方位朝向麦加克尔白，以标志礼拜的正向。伊玛目率众礼拜时面向凹壁。在伊斯兰教早期，简易的清真寺未建米哈拉布，仅以某种标记作为礼拜的朝向。伍麦叶王朝时，哈里发瓦利德于 708 年在大马士革伍麦叶清真寺首建米哈拉布。早期的米哈拉布周围无任何装饰，后在小拱门周围、内壁及窑殿内顶部均雕刻绘制有精美的《古兰经》文和花卉几何图案，庄严肃穆。通常以砖石建筑，也有木质结构。一般小清真寺只建一小拱门式凹壁，大寺则建有 3～7 个凹壁。（马忠杰）

米哈奈（Miḥnah） 见异端审判。

米赫万德(Mirkhwand,1433～1498) 波斯穆斯林历史学家。一译“米尔洪德”。出身于布哈拉的赛义德(即圣裔)家族,生于巴尔赫。长期在赫拉特的帖木儿王朝末代素丹侯赛因・拜哈拉(1496～1506在位)的宫廷中供职,受素丹之宰相阿里・希尔・纳瓦伊的庇护和赞助,从事波斯历史的研究和著述。1474年,他应阿里・希尔・纳瓦伊之聘用波斯文开始撰写《纯洁的花园》(一译《波斯通史》),在侯赛因・拜哈拉执政时完成初稿,后由其孙哈万德米尔(1475～1553)续成。全书共7大卷,主要记述伊斯兰教前波斯古代诸王朝至1523年的波斯历史,叙述了波斯社会、王系的发展。对伊斯兰时期波斯的王朝统治者的世系、宗教、政治、经济及社会生活的记述尤详。书末有关于地理的附录。此书广征博引,收集了蒙古伊儿汗国和帖木儿时期的宫廷史料,保存了已散佚的典籍中的片断,内容丰富,文笔亦生动华丽。19世纪伊朗史学家里泽・古利汗・赫达雅特为该书写有续篇。该书是研究古代中亚和伊朗的伊斯兰教历史的重要资料。该书近代曾在孟买和德黑兰印行,并有土耳其文和英文译本。

(杨克礼)

米卡勒(Mikāl) 《古兰经》中记载的著名天使之一。又译“米卡里”、“米克来”、“米卡伊来”等。阿拉伯语音译。亦称“米卡伊勒”(Mikā'il)。《旧约全书》称“米迦勒”(Michael)。与吉卜利勒、伊斯拉菲勒和阿兹拉伊勒并称为安拉的四大天使。因其在众天使中的品位仅次于吉卜利勒,居第二位,故亦享有“天使长”之称。其专职使命是奉安拉派遣,负责观察宇宙万物,并配合吉卜利勒处理天庭的日常事务。相传他十分严肃,从无笑容,据说系因见到火狱初造之时的情景而大为震惊所致。当安拉命令众天使向人类始祖阿丹叩头时,他系第一批敬拜者之一。621年,在先知穆罕默德自麦加夜行到耶路撒冷并登霄之前,他曾同吉卜利勒天使一起,为其净化心灵。他还于624年奉安拉之命,援助穆斯林军取得首次同麦加古莱什多神教徒交锋的白德尔之战的重大胜利。《古兰经》中只有一处提及其名,指出:凡仇视安拉、众天使、众使者以及吉卜利勒和米卡勒者,必然遭到安拉的仇视(2:98)。据经注学家援引圣门弟子多人的解释,上述经文系针对麦地那的犹太教徒而言。当先知穆罕默德回答他们的提问,说天经系由吉卜利勒天使所传降时,他们说吉卜利勒是他们的仇敌,因他曾降天灾于他们的祖先,而对米卡勒天使则表示敬重,说他曾降下甘霖使他们得以丰收。故有上述经文的颁降,以示对犹太教徒所言的斥责。

(杨宗山)

米卡伊勒(Mikā'il) 见米卡勒。

米喇印(? ～1648) 中国清代顺治年间甘肃回民起义领袖之一。回族。原为明朝驻防甘州(今张掖)军官。素有勇略,清朝统一甘肃后,任甘肃巡抚张文衡标下副将,驻守甘州。他对清廷实行的民族压迫政策深为不满。时清廷在各地推行剃发令,并严令军中剃发,自军官开始。剃发令进一步激发了甘肃降清各族将士的不满,顺治五年(1648)初,清廷再次调遣甘州之兵,前往四川,镇压抗清义军,一时军心浮动。米喇印与丁国栋于三月设计诱杀甘肃巡抚张文衡等,占据甘州,正式起义,率军东进攻克凉州(今武威),进据兰州,起义声势进一步扩大,响应人数增至10万,号称百万。义军迅速占领狄道(今临洮)、渭源等地,关陇震动。陕西总督孟乔芳率军前往镇压,与义军激战于巩昌,义军失利。米喇印、丁国栋调集甘、凉各地援兵4万余人,防守于兰州。孟乔芳遣张勇等分三路会攻,兰州失陷。五月下旬,清军渡河至弘化寺马家坪俘获朱识鋕及其母、妻,将朱识鋕杀死在兰州。米喇印率部分义军突围撤退,清军分兵追击。米喇印且战且退,于五月二十七日在靖远县北面20里处的水泉堡附近与清军遭遇,激战中壮烈牺牲。

(杨怀中)

米喇印、丁国栋起义 中国清代西北回族穆斯林反清起义。清代初年,降清的故明官僚照常供职。一些明代的举人、贡生,也为新朝显贵。他们对人民勒索盘剥,武职也“滥受民词”。清廷在甘肃调兵征川,百姓怨声载道。顺治四年(1647)五月,清摄政王多尔衮下“剃头令”,更加激起汉族和回族人民对清朝推行民族压迫政策的极大不满。顺治五年(1648)三月,甘州(今张掖)副将米喇印宣布起义,拥立明延长王朱识鋕,以“反清复明”相号召。起义后,丁国栋留守甘州,米喇印率军东进,各地回民“一呼百应”,连克凉州(今武威)、古浪、庄浪(今永登)。继渡黄河攻克兰州、金县(今榆中)、临洮、渭源。大军直指巩昌(今陇西)。河州(今临夏)、岷州(今岷县)、伏羌(今甘谷)回、汉百姓纷纷响应。一些明朝遗臣、士绅青衿也欣而往降,起义人数增至10万,号称百万,关陇大震。陕西总督孟乔芳率军于闰四月初进驻秦州(今天水),进攻巩昌,义军奋勇还击,终因众寡悬殊,撤离巩昌,向西转移。孟乔芳兵分三路进攻起义军,临洮及岷、洮、河诸州皆被清军所占,三路清军会师兰州。兰州失守,起义军渡黄河撤退。五月末,米喇印在靖远县北面20里处的水泉堡激战中被杀害。起义军在丁国栋领导下退据甘州。七月,清军攻陷凉州。八月初,清军重兵围攻甘州,起义军据城固守。顺治六年(1649)正月下旬,清军猛攻,相持五昼夜,激战数十次,义军粮尽矢绝,甘州陷落。丁国栋和另一位起义领导人黑承印退守肃州(今酒泉),新疆哈密吐鲁番等地维吾尔族、回族数千人前来接应。丁国栋推立哈密巴拜汗之子土伦泰为王,整顿旗鼓,设置官职,加固城池,以便长期防守。清军将领张勇、马宁率军攻打,起义军与之多次激烈战斗。十一月肃州城破,丁国栋、黑承印被俘,英勇就义。清军“斩首五千余级”，起义失败。此次起义声援了各地人民的抗清斗争，沉重地打击了清廷在甘肃的腐败统治，迫使清廷不得不采取一些改良措施，招抚流民，鼓励垦荒，豁免“八府一州积年荒粮”，废除“散买皮张”等额外加派。

（杨怀中）

米勒克（Milk） 伊斯兰国家土地占有制度之一。阿拉伯语音译，意为“占有”、“所有”。指阿拉伯帝国私人占有的土地。在中世纪阿拉伯人征服的地区内，私有土地包括：阿拉伯贵族占有的土地、各地改信伊斯兰教的封建主占有的土地、分封的军事采邑后转化为私有的土地、信奉伊斯兰教的农民和顺民（即非穆斯林教徒）所占有的土地、原土地所有者逃亡或死亡而落入穆斯林之手的土地、无人经营和灌溉而后由穆斯林耕种的土地等。凡私人土地，拥有者有权继承、自由转让、赠送、施舍、买卖，按政府规定缴纳不同限额的土地税。一般顺民的土地税高于穆斯林，圣裔家族的土地免缴土地税。阿拉伯贵族、封建主和军事采邑土地，占私有土地的绝大多数，一般由释奴、农民为其耕种。如伍麦叶家族和阿拔斯家族，分别在伊拉克和叙利亚占有许多大庄园和土地，均免缴土地税。 （杨克礼）

米勒特制（Millet System） 奥斯曼帝国对境内非穆斯林的宗教社团施行的内部自治制度。“米勒特”原意为“宗教”、“民族”。在中世纪阿拉伯帝国及各地的穆斯林王朝，对犹太教和基督教允许其教会独立主持和管理其教务活动，已形成伊斯兰教国家的传统政策。1453 年，奥斯曼帝国素丹穆罕默德二世（1451～1481 在位）占领伊斯坦布尔后，正式承认希腊正教会为“米勒特”，任命真纳狄奥为正教总主教。并规定其教会在遵守帝国的行政法规、效忠素丹和不触犯伊斯兰教的前提下，可享有宗教、教育、文化等方面的自治权，教会可独立行使宗教权力及进行教务活动。总主教负责征收所规定的税款上交国库，并保证教徒的行为规范。后亚美尼亚人的格列高利教派和犹太教会，也被承认为米勒特，享有与希腊正教会同等权利。19 世纪在帝国境内的一些大的宗教团体均被承认为米勒特，各个米勒特都受到西方某一国家教会的支持，从而成为列强干涉奥斯曼帝国内政、扩大势力范围的工具。1922 年凯末尔领导的土耳其资产阶级革命胜利后，废除了米勒特制度。 （杨克礼）

米那（Minā） 穆斯林朝觐时进行投石驱鬼之地。位于伊斯兰教圣城麦加以东 15 公里处。原为荒凉村落，由于现代历年朝觐人数达数百万，今已面貌一新。大批现代化楼房林立，马路宽广，市中心有三层立体交叉的“哈立德国王大桥”，并建有海夫清真大寺。在米那投石和宰牲，是朝觐的主要仪式之一。根据教法规定，每年伊斯兰教历 12 月 9 日，朝觐者在阿拉法特山举行诵经和祈祷的大典仪式后，于当夜赶到附近的穆兹代里法，在那里拾起 49 块小石子，然后露宿旷野。翌日来到米那投石，即用石投击象征魔鬼的三根石柱，并口诵“奉万能的安拉之名，我憎恶魔鬼及其阴谋诡计”。投石后进行宰牲献祭，诵经祈祷。朝觐者每天在此投石 1 次，连续 3 日，于 12 月 12 日返回麦加，结束朝觐仪式。参见射石。 （杨克礼）

米那大寺（Jāmi‘ Minā） 见海夫清真寺。

米南卡保人（Minang Kabaus） 印度尼西亚穆斯林民族之一。人口 602 万（1985）。主要分布在苏门答腊岛的中部高地和西海岸一带。19 世纪中期，部分人移居马来亚。种族属蒙古人种的马来类型。语言属南岛语系印度尼西亚语族。祖先曾为 13 世纪末罗瑜印度马来帝国的主体。印度文化至今还有重大影响。并保留母系社会残余。米南卡保人多数种植水稻，并种植香蕉、木薯和蔬菜。沿海和沿湖居民兼营渔业，商业和手工业也较发达。伊斯兰教于 14 世纪传入后便成为米南卡保人的主要信仰，属逊尼派。开斋节和希吉来历新年举行盛大隆重的祈祷活动。农村建有许多清真寺并有称为“昂故加利”的宗教负责人，其任务是主持婚礼和主麻日的宗教活动。婚俗允许一夫多妻制，严格实行族内婚制。但仍保留万物有灵信仰残余。

（伊力奇）

《米什卡特·麦萨比哈圣训集》（Kitāb Mishkāt al-Maṣābiḥ） 中世纪伊斯兰教逊尼派著名圣训经籍。原辑录汇编者系呼罗珊沙斐仪教法学派法学家、圣训学家艾布·穆罕默德·侯赛因·本·麦斯欧德·白格维（1044～1122）。原名《麦萨比哈》（意即《群灯圣训集》），收录圣训 4434 段。后有波斯大不里士圣训学家瓦利丁·穆罕默德·本·阿卜杜拉·海推布（生卒年不详）于 1336 年在此集的基础上又增补圣训 1511 段，称《米什卡特》（意即《灯盏圣训集》），经他重新加以调整编排，遂使圣训总数达到 5945 段，合称为《米什卡特·麦萨比哈圣训集》。全集依据逊尼派的信仰、教义思想和沙斐仪学派的法学观点选编定本，共分 25 编，299 章。每编、每章均立有相应的标题。每章又按 3 个层次分为第 1、2、3 节，亦各有小标题。第 1 节大都为布哈里和穆斯林·本·哈贾吉集录的圣训；第 2 节多为马立克、沙斐仪、伊本·罕百勒、提尔密济、艾布·达乌德、奈萨仪、伊本·马哲、达里米（798～869）、达尔·库图尼（919～995）和拜海吉（994～1066）等圣训学家分别集录的圣训；第 3 节为编者按各章标题所要求的内容收录的伊斯兰教先贤后学传抄、集录的遗训。该集内容包括伊斯兰教的信仰、教义；各类拜功及祷词；洁净；斋戒、天课、朝觐；《古兰经》的性质；道德礼仪、饮食与衣着、交友与待客、邻里关系；商事与农耕、合伙经营与代理、赊销与典押、高利贷；刑律、抵命与血金、案件与证据；婚姻与离异、月经与病血；圣战；

旅行注意事项;遗嘱与继承等多方面的规定和经典性论述。该集前有印度德里圣训学家阿卜杜勒·哈格(1551～1642)所写的有关圣训学术语的序言,后有瓦利丁本人所写的圣训人物简介。每页周边还附有阿富汗赫拉特经注、圣训学家阿里·本·穆罕默德·苏尔坦·戛里(? ～1606)为该集所作的注释《米尔戛特·麦法蒂哈》(4卷集)一书的部分注文。该集现有1908年巴基斯坦拉合尔伊斯兰出版社印行的八开木刻本,共584页。曾在南亚、中亚、伊朗、阿富汗、土耳其、中国广泛流传。20世纪40年代以来,中国西北地区的清真寺已将其作为经堂教育的课本讲授。1957年,上海穆民经书社又影印出版。　　(马忠杰)

米斯凯韦(Miskawayh,? ～1030)　阿拉伯著名哲学家、历史学家、文学家。本名艾哈迈德·本·穆罕默德·本·叶尔孤白。米斯凯韦为其号,意为“麝香之芳香”。祖籍波斯。其生平不详。原信奉琐罗亚斯德教,后改信伊斯兰教。曾任布韦希王朝君主阿杜德·道莱宫廷的侍从长和财政大臣。他通晓波斯文和阿拉伯文,谙熟波斯文化和希腊哲学,对医学、化学颇有研究,爱好诗歌,他突出的贡献是伦理学和历史学方面。在哲学上,他汲取亚里士多德的哲学思想,着重研究社会伦理问题,用理性论证伊斯兰教的道德规范和行为准则。他所著的《品行修养论》(《Tahdhib al-Akhlāq》)是一部著名伦理学著作,论述了穆斯林必须具备的3种基本德性:顺从、知足、坚忍。他认为“顺从”就是遵从安拉之诫命,敬畏安拉,止恶扬善。“知足”就是人的命运祸福由安拉所决定,人要满足于自己的境遇。“坚忍”就是人在陷于逆境时坚韧不拔,忍受生活的坎坷。在善恶观上,他认为人生下来,其本性既不善又不恶,其善恶行为是由后天决定的。有些人能遵奉安拉的教诲,其行为是善的;有些人违背安拉的诫命,其行为是恶的。大多数人通过教育和宗教修炼可以弃恶扬善,或受恶劣环境影响,由善而变恶。人应在社会生活中具备善良、博爱和公正的美德,人们之间要团结、合作、友好和博爱。人只有用哲学思想武装起来,用理智指导自己的行为,排除私欲和邪念,才能成为完美的人。他还认为一个人在信仰上要坚持《古兰经》、圣训的教诲,反对谬误和邪说,经常自我反省,清除私欲,使灵魂纯正。人生是短暂的,光阴是流逝的,不要虚度年华,要像珍惜生命一样珍惜时间。他的7卷本历史巨著《各民族的经验》,是继泰伯里《先知和帝王编年史》后一部综合性的世界通史著作,它以官方文件等丰富翔实的史料,记述了980年前阿拉伯帝国各民族的历史和各伊斯兰王朝的君主传记,其中介绍阿拔斯王朝政治、经济、文化及宗教等篇章尤为重要。他以对穆斯林的统治者评价公允和直言不讳著称。他在该书中指出,各民族都对社会发展做出了贡献,各民族的历史都能为后世提供借鉴和道德教训,编纂史书的人应如实记载历史的真实,不要把神话和传说当作史实看待。西方史学家誉他为“伊斯兰纪实史学的开创者”。他的哲学著作还有《大成书》、《小成书》和《幸福的品级》等,还有炼金术方面的著述。　　(杨克礼)

米万济　中国清代康熙年间伊斯兰教学者。字敬公。回族。金台(今北京市人)。生卒年不详。幼习儒学,后从师常志美、李永寿,研读伊斯兰教经籍。康熙三十年(1691),讲学于杭州,遍游海内。为人忠信诚实,诲人不倦。曾以儒理发挥伊斯兰教义,著《教款微论》,丁澎为之作序。主要观点:认为“佛老之谈,偏且妄也”,“儒者之论理,最正无伦,其正诚修齐之道,明理尽性之功,可谓详且尽矣,无可加矣。但先天之原来,后世之陟降,主宰止一之所以,生死来去之原委,概未及言之”。只有伊斯兰教既谈“纲常伦理、立身行己之道”,又讲“先天后天之化生,为人善恶之报应”,更兼“本教惟务其实,故每于宣传条约之际,讲贯诰诫之时,咸以俗言注释,令人易解”;其教规“于婚丧之礼,多遵上古淳厚之风,不尚曲礼繁文、虚恭伪节”。希望“通达之士,于致知博学之余,知清真之教有可尚可崇之道,以致寻真而向化;又欲本教之师长,于问答讲论之际,知儒理有相通相藉之资,便宜化贤士以归真。”

(冯今源)

沔城清真东寺　中国伊斯兰教清真寺。位于湖北沔阳(今仙桃市)沔城回族镇七里城。相传始建于明洪武年间。据《沔阳州志》载:康熙年间,沔阳境内已形成“回汉杂居”局面。另据《马氏宗谱》(铜柱堂本)记载:马氏三世祖马仲卿,于顺治四年(1647)由西安“贩毛布贸易湖广。夫长驱至楚”,“至沔邑凤凰台栖息。因七里城有清真寺,遂移兹土。买置房屋以落籍”。故该寺最迟当建于明末,是湖北境内最早的清真寺之一。寺门向东,呈“八”字形,两座1米多高的石狮立于大门两侧,寺门之上高悬“古清真寺”巨幅匾额。屋顶筑望月楼。高9米余。大殿系双重合檐宫殿式建筑,正上方和两侧墙上的巨幅横额为绿底金面的阿拉伯立体金字,上书“清真言”、“赞词”和“祈祷词”等。礼拜殿可容纳千余人同时礼拜。殿前游廊与明五暗七的南北讲堂相连,错落有致。总面积约4500平方米,建筑面积2682平方米。整个建筑规模宏伟,布局严谨,朴素典雅。该寺历经沧桑。于1941年被国民党军队纵火焚毁。寺内所存《古兰经》、圣训抄本、经籍以及伊斯兰教期刊和建寺以来各种碑刻等,亦遭破坏。

(答振益)

缅甸伊斯兰教　缅甸联邦位于亚洲中南半岛西部。面积676581平方公里。人口3935万(1989)。有50多个民族,其中缅甸族占总人口的65%。缅甸语为国语。首都仰光。居民中80%以上信奉佛教。穆斯林人口约300万,占总人口的8%,分布在仰光、曼德勒、丹老、若开邦等地。分属于缅、孟、掸、克伦、克钦、卡雅等民族，亦有印度、孟加拉、马来西亚、中国穆斯林移民的后裔。7世纪，伊斯兰教一路由阿拉伯商人传入缅甸南部和西部沿海地区；一路从印度传入缅甸西部。15世纪，有大批孟加拉穆斯林迁居缅甸。1948年后，又有大批印度穆斯林移居缅甸，形成缅甸穆斯林社团的主体。他们大多属于逊尼派的沙斐仪学派，少部分遵循哈乃斐学派。另有少数人属于苏菲派的卡迪里、纳格什班迪耶、契斯提教团，还有个别人属什叶派的伊斯玛仪支派。主要组织有：全缅伊斯兰宗教事务理事会、全缅伊斯兰学者协会、穆斯林中央信托基金会。自1980年起享有政府提供的经费资助。缅甸以信仰佛教为主。1988年穆斯林积极参与推翻奈温军政权的群众运动，组成不同形式的政治团体，以全缅穆斯林联盟尤为重要，1989年被新政府宣布为非法组织。缅甸穆斯林除少数大商人、企业家外，多数为工人、农民、渔民。全国有2500多座清真寺，包括几座百年老寺。还有一些经文学校和几所高等伊斯兰学院。有许多伊斯兰基金会，资助营建清真寺、经文学校、墓地、孤儿院、医院。穆斯林庆祝开斋节、宰牲节、圣纪等节日，并经常举办图书、图片展览、赛诗会等活动。《伊斯兰之光》是一家缅甸文伊斯兰教刊物。此外还有《古兰经》缅甸文译本、《古兰经》注释等宗教出版物。每年有150余人去麦加朝觐。缅甸穆斯林组织与伊斯兰世界联盟有联系。（黄陵渝）

面纱（Khimār） 穆斯林妇女遮盖禁露发体的装饰。阿拉伯语"黑玛尔"的意译。原意"遮盖"，指遮盖从头部头发到脚面的体肤。依据《古兰经》第24章第31节："你对信女们说，叫他们降低视线，遮蔽下身，莫露出首饰，除非自然露出的，叫她们用面纱遮住胸膛"的经文，伊斯兰教法规定妇女除手足外，其他部位均属羞体。须遮蔽以示纯洁，"冶容诲淫"，防止邪恶。伊斯兰教国家多遵守此制。也门哈达拉毛妇女，出门时戴面纱，仅露双眼，也有些地区的妇女出门时戴黑面纱。阿富汗妇女的面纱拖到脚背，只在面部开两个小孔探路。突尼斯妇女外出时，从头到脚背披着一块长而宽的白布或黑布，全身只露一双眼睛。其他国家地区的穆斯林妇女，衣着露手，头戴纱或布遮盖耳发，只露面孔。中国穆斯林妇女称面纱为"盖头"，依年龄、婚姻分为3色，老年妇女戴白色盖头，已婚妇女戴黑色盖头，未婚姑娘戴绿色盖头。（达应庾）

民丰大麻札 见贾法尔·萨迪格麻札。

敏白尔（Minbar） 伊斯兰教清真寺礼拜殿设施。一译"敏拜尔"。阿拉伯语音译，意为"讲台"、"讲坛"。指设在清真寺礼拜大殿内的宣讲台。阿拉伯国家清真寺设在大殿朝向一方或中央，中国一般设在大殿凹壁（即米哈拉布）前的左侧。系专供伊玛目在聚礼和会礼时发表"呼图白"（即宣教词）所用的设施，故亦称"呼图白楼"。伊斯兰教先知穆罕默德传教初期尚无清真寺，故礼拜宣讲教义无定所。619年欧麦尔归信伊斯兰教后，建议穆罕默德建寺筑讲台，圣妻赫蒂彻亦赞成捐资建一清真寺宣教台，此为建寺造台之始。622年穆罕默德率穆斯林由麦加迁徙麦地那，接受穆阿兹·本·阿富拉建议，在自己居住地修建一所清真寺（今先知寺），当时修建非常简陋朴素，仅用土坯砌墙，椰枣树叶搭棚盖顶而成，"敏白尔"用一树墩，穆罕默德每于聚礼和会礼时便登此"敏白尔"宣教。之后，自四大哈里发时期至各代哈里发王朝及各地素丹国，先后修建富丽堂皇的清真寺，"敏白尔"也随之修建考究，似一小型楼阁，并附设藏经立坐设施。中国清真寺大殿内的"敏白尔"一般都是木质阶梯式或楼式结构，形式考究，工艺精美，多有花雕并刻有《古兰经》文图案，以示宣讲教义、劝人行善的庄严性。小型清真寺的"敏白尔"则较简陋，仅是木质数级阶梯与平台。（达应庾）

《明德经》 阐述伊斯兰教信仰和教法的汉文译著。是《真德弥维》和《礼法启爱》的合编。清代马德新编著，系阿拉伯文，马安礼译为汉文。光绪二十五年（1899）成都敬畏堂周明德刊刻本。共两卷。卷1《真德弥维》，仅有《明德篇》1篇，重点介绍伊斯兰教的六大信仰及一般教律。卷2《礼法启爱》，系依据《卫道经略》、《礼法秘宝》、《礼经会海》等3部阿拉伯文经典扼要编著而成，包括沐浴、礼拜、聚礼、会礼、殡礼、课赋、斋戒、朝觐、婚礼、乳亲、出妻、立誓等12篇，全面、概括地介绍哈乃斐学派教法的各种规定，对中国穆斯林风俗中不合教法之处予以批评辨正。认为"凡我同人，当以礼法为先务。礼法不明，则修身无术。夫未有五功既失而百行能立者也"。在中国穆斯林中有一定的影响。（冯今源）

明德堂 中国伊斯兰教苏菲主义虎非耶学派鲜门门宦支系之一。原称"刘门门宦"。创始人刘伯阳（1649～1737），经名希拉鲁丁。回族。甘肃兰州人。出身于城市贫民家庭。1673年鲜美珍在青海西宁受教于来华教师希达叶图拉时，刘伯阳与马殿功共同辅佐鲜美珍传教。以后马殿功经常随鲜美珍出游外地行教，刘伯阳则任鲜美珍在兰州的"纳依卜"（即代理人）。刘伯阳终生修功行教，谦虚俭朴，言谨行慎，颇受教众尊重。他晚年行动不便，由其子刘哈桑充任"纳依卜"。父子二人逝世后，葬于兰州西津桥，教众为刘伯阳修建了墓庐，称"桥子拱北"。刘伯阳既是鲜美珍的辅佐者，又是他的"纳依卜"，故有辅佐及管理鲜门兰州教务之职，而无独立传教之权。但历史上曾因刘伯阳与鲜美珍同受教于希达叶图拉，故教众尊称他及其追随者为"刘门门宦"，形成鲜门的一支。刘的后裔遵从刘伯阳旨意，不以独立的门宦自居，不独立传教，只是看守刘伯阳父子拱北。由于刘门是鲜门的一个支系，故其教义和礼仪与鲜门相同，主要是以《古兰经》、圣训为信仰之本，重视坐静修道，主张娶妻、出家行游和坚持宗教功修。该门宦教众主要散居甘肃兰州和青海西宁。兰州西津桥桥子拱北在50年代因修公路迁南山，1985年在南坪拨地8亩重建，改名南坪拱北。

（马　通）

《明德月刊》 中国伊斯兰教地方性宗教月刊。由天津穆斯林捐资于1924年创刊。不定期出版。约出版11期。刊名为马福祥所题。其宗旨是宣传伊斯兰教教义，反映天津地区穆斯林宗教活动，推动新式回民教育。主要刊登伊斯兰论著、教典、宗教传说故事、各地伊斯兰动态、古寺古迹照片、应兴建议、应革末俗及会务消息。9～10期为"天津伊斯兰教案"专号，围绕天津报侮教案，进行了护教舆论宣传，报道事件经过、善后处理等。该刊比较具体地反映了20年代中后期天津伊斯兰教活动情况。

（余振贵）

《明武宗尊真主事诗》 中国明朝第十一代皇帝朱厚照（1506～1521在位）尊崇伊斯兰教最高主宰真主的诗作。全诗为"一教玄玄诸教迷，其中奥妙少人知，佛是人修人是佛，不尊真主却尊谁?"据金吉堂撰《中国回教史研究》载，此诗系明正德十四年（1519）北京后军都督府沔国公八世孙陈大策刊印王岱舆《正教真诠》时，载于卷首，"当不诬也"。金著同时记有武宗对儒、佛、道各教的评论，说"儒者之学虽可以开物成物而不足以穷神知化。佛老之学似类穷神知化而不能复命归真。盖诸教之道各执一偏，唯清真认主之教，深源于正理，此所以乘万世与天壤久也。"从对各教的社会作用与神学思想进行比较后得出"尊真主"的结论。此论与前诗的内容互为印证，二者虽未见於正史或前人笔记，但傅统先在《中国回教史》及民国以来回族知识分子的著述中多有提及，与明太祖御书"百字赞"、明成祖"米里哈知敕谕"及武宗禁止民间养猪等史实，在回族等穆斯林中广泛流传。

（罗万寿）

明译《回回天文书》 中国明代所译阿拉伯星占学著作。此书原为波斯天文学家阔识牙耳（971～1029）所作。约在元初即已流传中国，保存在元回回司天监。元亡明兴，为明政府所得。由于"言殊字异，无能知者"，故在"元世百有余年，晦而弗显"。明朝政府于洪武十五年（1382）命吴伯宗和回回大师马沙亦黑等进行翻译，翌年译成。书前载有吴伯宗和马沙亦黑的两篇译序。明译《回回天文书》共分4类：第1总说题目，分23门；第2断说世事吉凶，分12门；第3说人命运并流年，分20门；第4说一切选择，分3门。这是一部较完整的阿拉伯星占书。中国古代的星占，主要以异常天象为观测目标，以卜帝王及朝纲的吉凶祸福。阿拉伯星占书却与此有很大差异，它主要以七曜十二宫等正常天象为占，以卜个人的命星八字和吉凶祸福。在明译《回回天文书》中，包含有许多中国人所不熟悉的阿拉伯天文知识，尤其在《说杂星性情》一节中，第一次介绍了25个阿拉伯星座的名称和30颗恒星的星等及黄经，这是西方"星等"概念首次传入中国。经过对比研究，这30颗恒星的黄经，与保存在欧洲的阔识牙耳《完备的天文表》中的数值完全相同。这部译著除被称为明译《回回天文书》外，还流传有不同的抄本，被称作《乾方秘书》和《天文象宗西占》等。

（陈久金）

明月堂 中国伊斯兰教苏菲主义嘎迪林耶学派所属支系门宦之一。创建人马仁甫。回族。河南省孟县（今孟州市）人。出身于小商家庭。因"明月"素有象征伊斯兰教之说，故名。抗日战争时期，马仁甫逃难于甘肃兰州，从事皮毛业生意，与兰州回族皮毛商发生联系，而他们又多系灵明堂的教众和拥护者（当时灵明堂的主持人单子久，就是皮毛业工人出身）。后来马仁甫参加了灵明堂，并拜单子久为师，成为灵明堂的一位热心的教民。1948年抗日战争胜利后，马仁甫迁居甘肃固原三营，并在三营修建道堂、住宅和清真寺，取名明月堂，从事宣教活动。1958年关门停传，"文化大革命"中被毁。1980年以后恢复活动，1985年更名为兰州灵明堂分堂，尊汪孝天为老人家。明月堂的主要教义与礼仪和灵明堂相同，除以《古兰经》、圣训为信仰的基础外，凡传教者需出家修行，出家后不娶妻室，有妻室者须断绝妻子儿女联系；重视早晚静修功课，念"迪克尔"，在每年"圣忌"和前辈老人家的忌日，要宰牲念经；盛行献香和点香，具有纳格什班迪耶和嘎迪林耶两家教理，以及巴布派思想，名为虎非耶，实际为嘎迪林耶。明月堂的老人家依次为：马一龙、单子久、马仁甫。教徒多系河南人，主要分布在固原三营以及河南省孟州市等地。

（马　通）

谟罕蓦德 见穆罕默德。

摩尔人（Moors） ①西非信仰伊斯兰教的民族之一。又称"毛里塔尼亚人"或"西撒哈拉阿拉伯人"。人口约124万（1978），属欧罗巴种地中海类型，亦含少量尼格罗人种类型。操阿拉伯语哈桑方言，属闪含语系闪米特语族。主要居住在毛里塔尼亚国境内（占总人口的80%）。传统经济生活主要以饲养牛、羊等为主的畜牧业。按父系续谱、居住和继承财产。近几十年来，摩尔人的社会结构和经济生活都发生了较大的变化，跨部落的组织不断增加，城市人口迅速增长，已占总人口的10%以上。8世纪，阿拉伯人进入毛里塔尼亚地区，传播伊斯兰教和阿拉伯文化，并同柏柏尔人和黑人融合。经过几个世纪的发展变化，形成了信仰伊斯兰教和以阿拉伯文化为主体的摩尔人，并使毛里塔尼亚成为非洲的伊斯兰国家之一。摩尔人穆斯林属于逊尼派的马立克学派。主要教团有：(1)卡迪里教团。15世纪传入毛里塔尼亚，现在该教团的国际领导中心设在毛里塔尼亚，在摩尔人中有较大影响。(2)提加尼教团。18世纪末传入毛里塔尼亚，在摩尔人中影响较小。以摩尔人为主体的毛里塔尼亚国奉伊斯兰教为国教，逐步推行伊斯兰化和阿拉伯化的政策，积极参加阿拉伯世界和伊斯兰世界的各种活动。②泛指西北非地区阿拉伯化的柏柏尔人后裔。③罗马人对古毛里塔尼亚人的称谓。④西班牙语中指11～17世纪在北非定居的穆斯林，甚至泛指一切穆斯林。⑤斯里兰卡的信教民族之一。⑥菲律宾的信教民族集团。

（王庆仁）

摩诃末 见穆罕默德。

摩加迪沙（Mogadishu） 索马里首都和重要港口，贝纳迪尔州首府。人口50万（1986）。位于索马里东南部，临印度洋西岸，地处谢贝利河流域。原名“哈马”，波斯人侵入后改名为摩加迪沙，波斯语意为“国王所在地”。约于10世纪建成，是西亚和东非各国往来的通商口岸。该城由东非若干素丹国所辖。15世纪中国明代穆斯林航海家郑和远航“西洋”时曾两次到过“木骨都束”，即今摩加迪沙。当时陪同郑和访问的费信描述木骨都束的诗说：“木骨名题异，山红土色黄。久晴天不雨，历岁地无粮。宝石连珠索，龙涎及乳香。遥看风物异，得句喜成章。”该城从建筑、市场、习俗，保存着许多阿拉伯特点。1781年由桑给巴尔素丹统治，1905年由意大利殖民当局统治，1960年索马里独立后，定为首都。市内约有150座清真寺。其中最古老的一座始建于1182年，它历经沧桑，底层房屋已下沉，但仍显示出波斯建筑风格。还有一座1269年建立的法克尔·艾德丁清真寺。市内有19世纪所建、为桑给巴尔素丹代表驻地的盖勒萨宫，现为国家博物馆，收藏有大量伊斯兰教文物。还有1976年新建立的规模宏大的团结清真寺等。该城建有索马里大学，设有伊斯兰法学院。

（杨克礼）

摩加迪沙团结清真寺（Masjid Solidarity） 东非最大的伊斯兰教清真寺。坐落在索马里首都摩加迪沙达尔维什广场对面。1976年由沙特阿拉伯援助建成，为两国穆斯林团结的象征，故名。整个建筑造型美观，颇具阿拉伯伊斯兰教建筑风格，四周饰有盾形护沿和格子花墙，乳白色的宣礼尖塔高耸入云。内部礼拜大厅宽敞明亮，金碧辉煌，可容纳1万多名穆斯林在里面礼拜。附设有图书馆及宗教学校，为索马里伊斯兰教育和文化中心。

（杨克礼）

摩洛哥伊斯兰教 摩洛哥王国位于非洲西北部。面积45.9万平方公里。全国人口2400万（1988）。主要有阿拉伯人（约占80%），还有柏柏尔人、图阿雷格人等。穆斯林人口占全国人口的95%。阿拉伯语为官方语言，通用法语。首都拉巴特。670年，阿拉伯远征军将领欧格白以突尼斯凯鲁万为据点西征，征服了丹吉尔后并未占领地盘。709年，穆萨·本·努赛尔率领阿拉伯军队占领丹吉尔，伊斯兰教传入。后以此为基地，于711年渡过了直布罗陀海峡，进入西班牙。阿拉伯人占领摩洛哥后，引起柏柏尔人的不断反抗。伍麦叶王朝后期，哈瓦利吉派遭镇压后，不少人逃到北非定居，在柏柏尔人中宣传该派教义，信奉者日增。740年，哈瓦利吉派信奉者迈萨拉率丹吉尔穆斯林起义，击败了伍麦叶王朝哈里发所派的代表和驻军，起义扩大到凯鲁万地区，后被镇压下去。8世纪后期，什叶派哈桑的曾孙伊德里斯·本·阿卜杜拉到摩洛哥瓦利利进行传教活动，使当地一些柏柏尔人改宗伊斯兰教，于788年建立伊德里斯王朝（788～974）。非斯城逐渐发展成伊斯兰文化中心。985年，摩洛哥被科尔多瓦哈里发国所征服。11世纪初，摩洛哥的柏柏尔人用武力征服今毛里塔尼亚和塞内加尔河流域的黑人地区，使其一部分改奉伊斯兰教。1062年，摩洛哥南部柏柏尔人图伦那部落兴起，在马拉喀什建立了穆拉比特王朝，后来其势力扩张到北非和比利牛斯半岛的阿拉伯人地区。1121年，北非柏柏尔部落的马斯穆达部族的宗教学者伊本·突麦尔特（约1078～1130）自称“马赫迪”，领导当地居民反抗穆拉比特王朝，其继任者阿卜杜勒·穆敏征服了北非和西班牙的全部穆斯林地区，灭穆拉比特王朝，于1147年建立穆瓦希德王朝。13世纪，穆瓦希德王朝分裂为几个独立的王国，在摩洛哥马林部落的泽拉特人建立了马林王朝。15世纪奥斯曼帝国征服了北非，但摩洛哥在伊斯兰教领袖谢里夫领导下保持着独立地位。15世纪起，葡、西、法等国先后入侵部分地区。在反对欧洲殖民主义的斗争过程中，于1525年建立了萨阿德王朝。1666年，阿拉维王朝取代萨阿德王朝，收复了被殖民者占领的休达及少数沿海失地。1956年获得独立。摩洛哥的穆斯林多属于逊尼派，教法上遵奉马立克学派，但受官方扶持的苏非派提加尼教团影响较大。1972年宪法规定，摩洛哥是一个穆斯林王权国家，伊斯兰教为国教。伊斯兰教在摩洛哥的社会生活中起着重要作用。摩洛哥政府重视伊斯兰教育和学术研究，在大、中、小学中，普遍开设宗教课程。以非斯的伊斯兰最高学府——卡拉维因大学为中心，开办了许多宗教学校和伊斯兰研究院，培养宗教人才，从事伊斯兰学术文化的研究。宗教政治组织有：穆斯林兄弟会。摩洛哥为：阿拉伯国家联盟、伊斯兰会议组织、伊斯兰世界联盟、世界伊斯兰大会的成员国。

（杨克礼）

摩洛人（Moros） 菲律宾的穆斯林民族集团。亦称“摩尔人”。泛指菲律宾信仰伊斯兰教的各民族。14世纪初伊斯兰教传入后逐渐形成。“摩洛”一词源于西班牙语，最初是西班牙殖民者对北非毛里塔尼亚穆斯林的专称。后来西班牙人入侵菲律宾时，又将当地的穆斯林称为“摩洛”。人口250万（1980），约占菲律宾总人口的6%，主要分布在棉兰老岛的西部和西南部苏禄群岛和巴拉望等地区。其民族成分主要有：马拉瑙人(75万)、马京达瑙人(62万)、陶索格人(41万)、萨马尔人(30万)等20多个民族。种族属蒙古人种马来类型。使用多种语言和方言，同属南岛语系印度尼西亚语族。摩洛人古代从事农业和渔业，种植水稻、旱稻、木薯、玉米。海上贸易发达。族系内部社会经济发展不平衡。14世纪末期，伊斯兰教开始由南方通过阿拉伯和印度商人传入苏禄群岛。15世纪70年代，又传入棉兰老岛。当时传入的伊斯兰教属逊尼派的沙斐仪教法学派。摩洛人许可一夫多妻制，但主要存在于民族上层和富裕阶层中。同教婚配不严格。穆斯林男子同基督徒女子婚配相当普遍，所生子女则多为穆斯林。摩洛人女子同基督徒男子婚配极为罕见。摩洛人重视伊斯兰教节日。他们将孩子从小就送进伊斯兰教学校学习《古兰经》。但伊斯兰教在各摩洛人的社会和文化生活中影响程度不完全一样。其中，陶索格人是较虔诚的穆斯林，素有“穆斯林中的穆斯林”之称。而萨马尔人则保留较多的原始信仰残余。(伊力奇)

摩苏尔(Mosul，al-Mawṣil)　伊拉克第三大城，尼尼微省首府。又名“哈德巴”(al-Hadba)。位于首都巴格达以北362公里，底格里斯河上游西岸。阿拉伯语“摩苏尔”，意为“连接点”，历史上长期是“丝绸之路”上的一个中间站，也是连接小亚细亚和波斯湾的要地。该城在3000多年前是古亚述王朝的中心。对岸有历史名城尼尼微遗址。891～926年，哈马丹人曾在此建立过埃米尔公国。摩苏尔多古迹。有古城堡、清真寺、宗教学校、修道院、宫殿等。建于1172年的凯比尔清真大寺，以寺内奇特的“斜塔”而闻名，塔高52米，建在花岗岩正方平台上，塔身用青砖砌成圆柱形，雕有各种花纹，从中部到塔顶呈倾斜状态，美丽壮观。艾玛韦德清真寺是该城最早的清真寺，系阿拉伯将领欧格白所建，现只余1座尖塔。建于12世纪的穆贾希迪清真寺，以其优雅的拱顶而著名。古先知优努斯清真寺，建于俯瞰尼尼微的小丘上，相传为古先知优努斯的葬地。卡拉·塞拉尔(意为“黑宫”)，为13世纪素丹巴德鲁丁·卢努所建的宫殿，今仅余残迹。摩苏尔大学建筑群分布在河的左岸。(杨克礼)

磨川大寺　见韩家集海乙礼拜寺。

末日审判(Yawm al-Din)　伊斯兰教义学概念。阿拉伯语“约姆·丁”的意译。亦译“报应日”，又名“赏善罚恶日”、“清算日”(Yawm al-Hisāb)。即真主对人们最终审判和总清算之日。伊斯兰教认为，现实世界是有始有终的，世界末日必然要来临。此时“穹苍破裂”、“众星飘坠”、“海洋混合”、“坟墓被揭开”(82：1～4)，真主命令天仙伊斯拉非勒吹响号角，所有死者都将复活，接受总清算。真主根据天仙所记录的生前功过簿，对每个人逐一审问。受审者将通过一座架设在火狱上的细如发丝、利如刀刃的“绥拉特”桥，生前信教且行善者将顺利通过并进入天园；作恶者即堕入火狱。《古兰经》在许多章节里描绘了世界末日的情景，是伊斯兰教的重要信条之一，为“信仰后世”的内容之一。

(罗万寿)

莫洛　见毛拉。

莫卧儿帝国(Imbarāṭūriyyah al-Mughal)　16～19世纪帖木儿后裔在印度建立的伊斯兰教国家(1526～1857)。亦称“莫卧儿王朝”。“莫卧儿”一词系蒙古的转音。16世纪初，帖木儿的后裔、中亚大宛国的统治者扎希鲁丁·穆罕默德·巴布尔(1482～1530在位)被乌兹别克汗国昔班尼·汗逐出中亚，遂率军南下，于1504年占领喀布尔，1507年前后攻占阿富汗部分地区。巴布尔以喀布尔为根据地，趁当时次大陆战乱之机，多次兴兵进攻印度，占领旁遮普和拉合尔。1526年初，巴布尔率军1.2万人进军德里，在帕尼帕特战役中，大败罗第王朝素丹易卜拉欣·罗第亲率的4万大军，易卜拉欣战死，德里和亚格拉遂被占领，德里素丹国覆灭。同年5月巴布尔在德里宣布自己为印度国王。因巴布尔自称为“蒙古人”(即莫卧儿人，相传其母为成吉思汗后裔)，故史称其国家为“莫卧儿帝国”。后经过多次战争，巴布尔又征服了次大陆北部的大部地区，其疆域西起阿姆河、东至哥格拉河、北起喜马拉雅山麓、南至瓜廖尔，奠定了帝国的基础。1530年，巴布尔死后，长子胡马雍即位(1530～1556)，为恢复帝国，一生戎马倥偬，后国内分裂。1539年，比哈尔总督、阿富汗人舍尔汗起兵，将胡马雍驱逐，使其一度失去德里王位。舍尔汗进驻德里和亚格拉，自立为王，改称“舍尔沙”，建立苏尔王朝(1540～1555)。舍尔沙建立了一套行政管理体制，为后来阿克巴的体制准备了范式。后胡马雍趁苏尔王朝内讧卷土重来。他以遵守什叶派教义和日后割让坎大哈为条件，请求萨法维王朝沙·塔赫马斯普帮助。1554年，胡马雍借助波斯军队先后攻占白沙瓦和拉合尔。1555年，从喀布尔出发，进入旁遮普并占领德里和亚格拉，恢复了王位。1556年胡马雍死后，其子乌德丁·阿克巴(1542～1605)14岁在卡拉瑙尔即位，由大臣培拉姆汗摄政。1556年，在第二次帕尼帕特战役中，培拉姆汗和阿克巴击败占领德里的阿富汗人喜穆，阿克巴回到德里执政。1560年，阿克巴亲政，重建帝国。他继续扩大领土，彻底摧毁了阿富汗贵族的残余势力，击败了各地大封建主的反抗，镇压了王族内部的多次叛乱。他采取怀柔策略，包括和亲手段争取了大部分拉奇普特领袖人物为他服务。在统一印度北部后，又征服了南印一部分，其版图西起喀布尔和坎大哈，东到布拉马普拉特河；北自克什米尔，南至哥达瓦里河。建都亚格拉。1582～1585年，帝国内部相对稳定，阿克巴集中力量从事国内政治、经济、法律、宗教等方面的改革。他建立了完整而统一的行政体制，加强中央集权；规定司法系统独立，中央大法官任命省法官；实行新的税收制度，废除土地税承包制；制定了促进农业和鼓励经商的政策；实行宗教宽容政策，对伊斯兰教和印度教兼容并蓄，废除对非穆斯林征课人头税，允许被迫改奉伊斯兰教的印度教徒恢复原来的信仰；各级官员除委派穆斯林担任外，也任命印度教徒任职，以消除民族矛盾；宣布废除印度教徒传统的寡妇殉葬、杀婴、童婚等陈规陋习，允许寡妇再嫁；鼓励学术文化的发展，提倡伊斯兰文化与印度各种文化的互相融合。在阿克巴统治时期，莫卧儿帝国发展到“黄金时代”，印度达到空前的统一，经济繁荣，文化艺术发达。16世纪，在次大陆爆发了3次以宗教为旗帜的反抗运动：逻施尼亚派运动、马赫迪派运动和锡克教派运动，时间持久，削弱了帝国的统治。在奥朗则布统治时期（1659～1707），兼并了德干的穆斯林小国古吉拉特和戈尔康达，取消宗教宽容政策，行政腐败，对人民的压迫加强，从而导致锡克教徒和马拉塔人的武装起义，英国殖民主义者趁机入侵，帝国开始衰落。穆罕默德·沙在位时期（1719～1748），王室内讧，各地总督趁机割据自立，摆脱帝国控制，国家政令不出德里。从1748年始，阿富汗人多次入侵印度，两次掳掠德里，迫使莫卧儿皇帝割让了旁遮普、木尔坦、信德和克什米尔。1764年，在布克萨尔战役中沙阿兰姆投降英国人，印度沦为英国殖民地。1857年印度民族大起义后，巴哈杜尔·沙二世（1837～1857在位）被英国殖民当局放逐仰光，莫卧儿帝国遂亡。

莫卧儿帝国实行中央集权制。皇帝自称是“真主在大地上的影子”，集政治、军事、经济、法律和宗教大权于一身。中央设大臣会议决定国策，下设4个大臣分管财政、军事、工商业和宗教司法。在经济上，实行新的税收制度，采取改进农业技术、扩大经济作物种植面积、增加水利灌溉等措施发展农业，支持工商业经营，统一货币和度量衡，鼓励对外贸易，来自欧、亚的商旅云集，形成了亚格拉、德里、达卡、拉合尔和苏拉特等繁华的工商业城市。帝国的土地为国家所有。皇帝直接控制的土地仅占小部分，大部分是以“扎吉尔”（即军事采邑）的形式分封给贵族。伊斯兰教清真寺及印度教寺院也占有相当数量的宗教公产土地，免缴各种赋税。农村保持古老的村社制度，采取农业和手工业结合，属自给自足的自然经济性质，村社内阶级分化明显，农民深受领主和高利贷商人的盘剥。

莫卧儿帝国历经332年，使伊斯兰教及其学术文化在南亚次大陆得到广泛的传播和发展。帝国历代统治者自诩为“伊斯兰教的保护者”，遵奉逊尼派教义，以《古兰经》和圣训立法，实行逊尼派教法。朝廷设有伊斯兰教师团，由逊尼派长老和“沙德尔”（即首席法官）组成，充当皇帝的宗教和法律顾问，各城镇均设有伊斯兰法官组织。奥朗则布主持编纂了以教法为主的正式法典和律例附言。16世纪末，中亚苏菲派纳格什班迪耶教团由瓦利·巴吉·比拉传入印度，在朝廷的支持下其教义得到广泛传播。1603年，谢赫·艾哈迈德·兰巴尼继任该教团首领，自称是伊斯兰教“信仰的千年复兴者”，其苏菲主义思想在穆斯林中产生了深远的影响。什叶派的伊斯玛仪派也得到发展。王朝统治者鼓励和资助伊斯兰教育和学术文化的发展。朝廷出资兴建宗教学校、研究机构、图书馆，奖励学者从事翻译和著述，在教义学、教法学、史学、哲学、语言学、修辞学、文学、诗歌、建筑、绘画、音乐等方面取得了辉煌的成就，乌尔都语得到广泛运用，体现了伊斯兰教文化与印度传统文化的融合。德里、亚格拉、拉合尔、木尔坦、阿吉米尔和比纳尔斯等城市成为重要的宗教和文化中心。印度伊斯兰建筑艺术在莫卧儿帝国时代达到了高峰，如亚格拉的珍珠清真寺和皇宫、德里的朱米清真寺、拉合尔的巴德夏希清真寺、比加普尔的古尔·古姆巴德拱北和易卜拉欣陵墓，以及亚格拉城西的蒙泰姬·玛哈尔陵墓等，富丽堂皇，精美绝伦，庄严肃穆，独具风格，堪称“世界伊斯兰建筑艺术的精品”，成为莫卧儿时代文明的代表和象征。（杨克礼）

墨克 见麦加。

默伽 见麦加。

默那（Manāt） 见阿拉伯三女神。

默念（Dhikr Khafiy） 伊斯兰教用语。亦称“心念”、“默诵”。系阿拉伯语“迪克尔·哈菲”的意译。指穆斯林内心祈祷、赞念真主的宗教礼仪。其方法是排除外界干扰，在寂静的环境下，专注于内心的宁静和沉思，闭双目缓呼吸，心念迪克尔，赞颂真主。穆斯林一般在礼拜、斋月坐静或诵读《古兰经》后而祈祷（都阿）时多采用默念方式。苏菲派苦修者将默念迪克尔作为个人道乘精神修炼的重要方式，通过默念静修达到净化心灵、提高心理的灵性感受，暗悟近主、认主之真谛，以祈求与真主直接相通。一般默念的内容为“泰斯米叶”、“清真言”、“安拉至大”、“赞诵全归真主”、“求主恕饶和赐福”及真主的99个尊名等，连祷次数不等，多则上万次。默念时多使用念珠（即苏卜哈）。

（杨克礼）

默示（al-Waḥy） 见启示。

《默示录》（al-Bayān） 巴布教派的经典著作。系由该派创始人米尔扎·阿里·穆罕默德（1820～1850）于1847～1850年在伊朗大不里士狱中撰写。阿里·穆罕默德自称“巴布”（即门），宣称信徒通过他这座“知识之门”即可进入“知识之城”，了解真主的默示。本书为一般信徒了解天启知识的奥义而作，后被奉为巴布教派的经典。内容除涉及该派的教义、礼仪、典制、习俗外,还包括一整套以伊朗谢赫学派的学说为基础的神智学体系、社会历史观及建立理想的平等社会的政治主张。认为人类社会各个时代依次传递向前发展,每个时代皆有特定的制度和律法,旧的制度和律法必将随着时代的结束而被废止,代之以新的制度和律法。但新的制度和律法非凡人可预见,而只能由真主差遣的先知颁布,巴布即是受真主之托而降世的新先知,《默示录》即代替旧经典的新天经。因此,犹太教的《旧约全书》、基督教的《新约全书》、伊斯兰教的《古兰经》都必须让位于《默示录》,现存的一切制度和律法也应按新天经的精神予以修订。宣称真主按真理的7个字母原型创造世界,表现为真主的7种特质,即宿命、前定、意志、决断、应允、末日和默示。欲掌握自身的命运,就必须信奉新天经,信奉唯一的真主和"真主的镜子"巴布。欲了解真主启示的奥义,亦需崇信神圣、吉利的数字"19",故规定一年为19个月,一月为19日,并建立由19名宗教领袖组成的委员会,决定重大问题。书中还描述了理想的正义社会的蓝图,号召创建一个没有压迫、没有剥削、人人平等的美满社会。为此,国家应保障人身自由,尊重财产所有权、继承权,履行债务,允许支取商业利息,统一币制,便利交通等。该书原为手稿,有阿拉伯文和波斯文两种文本。1905年于法国巴黎出版法文译本,译者 A. L. M. Nicolas,书名为 Le Beyan Arabe,系根据阿拉伯文本译出。该书对研究巴布教派运动有重要史料价值。

(吴云贵)

母撒 见穆萨。

木邦利德 见穆拜赖德。

木剌夷(al-Murā'i) 伊斯兰教什叶派伊斯玛仪派分支尼扎里耶派的俗称。又译"木罗夷"、"木乃奚"、"没里奚"。阿拉伯语音译,意为假道学。中国史籍将尼扎里耶派以波斯阿拉木特堡为中心建立的伊玛目王朝称为"木剌夷国"。参见尼扎里耶派。(杨克礼)

木速蛮(Muslimān) 中国元代史书对穆斯林的异译。波斯语音译。《元史·本纪二》:"己未,括木速蛮,畏吾儿,也里可温,答失蛮等户丁为兵。"《元史·列传九七》马八儿等国:"十九年二月,遣其臣祝阿里沙忙里八的入贡时,也里可温,兀咱儿撒里马及木速蛮主马合麻等,亦在其国闻治。"参见穆斯林。(达应庚)

慕门 见穆民。

穆阿迈尔 见马迈尔·本·阿巴德。

穆阿迈拉特(Mu'āmalāt) 伊斯兰教教法五大组成部分之一。阿拉伯语音译,意为"交往"、"交易"等。凡涉及民事及社会生活方面的教法,诸如借贷、诉讼、合同、典质、馈赠、遗嘱、继承等问题,均属"穆阿迈拉特"的范畴,故该词亦可作"民法"解。参见五大教法体系。

(马恩信)

穆阿维叶(Mu'āwiyah,600~680) 伍麦叶王朝的创建者,政治家、军事家。出身于麦加古莱什部落伍麦叶家族,是贵族富商艾布·苏富扬的次子。自幼受到良好的教育,足智多谋,精通武略。627年参加攻打麦地那穆斯林军的壕沟战役。630年穆罕默德攻克麦加时,随同其父归信伊斯兰教。后到麦地那,深受穆罕默德的信任和器重,任身边记录"启示"的文书。艾布·伯克尔担任哈里发时,仍担任录事,并在参加征讨"里达"叛乱的战斗中,初显军事才华。634年被第二任哈里发欧麦尔任命为征服叙利亚的主将之一,屡建战功,639年接替其兄耶济德任大马士革总督。穆阿维叶在叙利亚创建阿拉伯第一支海军。649~650年,他率军夺取拜占庭海军基地塞浦路斯岛和罗德岛。655年曾率舰队与埃及的阿拉伯舰队联合,在菲尼克斯附近海面,大败拜占庭海军,史称"船桅之战"。656年阿里任第四任哈里发后,穆阿维叶拒不承认阿里的地位和任命新总督的命令,以给奥斯曼复仇为由,同阿里进行了争夺哈里发权位的斗争,于657年发生了隋芬之战。穆阿维叶以《古兰经》裁决为由与阿里和谈,结果导致阿里在政治、军事上失利,队伍分裂。660年穆阿维叶趁阿里率兵在纳赫拉万征讨哈瓦利吉派之机,派兵先后攻占了埃及和希贾兹。661年阿里被哈瓦利吉派信徒杀害后,穆阿维叶通过威逼利诱,迫使阿里之子哈桑放弃哈里发继承权,后控制了伊拉克。

661年,穆阿维叶在叙利亚和埃及阿拉伯贵族的支持下,自称哈里发,建立伍麦叶王朝,定都大马士革。他在位期间(661~680),承袭拜占庭和波斯的行政管理制度,改造旧机构,加强中央权力。在哈里发之下,设宰相(即维齐尔)一职,下有各部大臣,分管政务、税收及宗教事务等。将全国分为5个行省,由哈里发任命新总督管理。收税官和大法官直接由哈里发委任。为加强中央和地方的联系,设立邮政局和驿站,负责公文传递和通讯。首创了国家登记局,掌管宫廷档案和印信。规定了严格的税收制度,保证国家岁入。实行宗教宽容政策,对基督教和其他教徒允许按其教规行事,不受伊斯兰教法限制。为促进商业贸易流通,发行国家统一铜币,上铸哈里发挥剑的图像和加印《古兰经》文。他在内部巩固的基础上,迅速统一和扩大了哈里发国家的版图,西向北非扩张,曾攻占了易弗里基叶,建筑了凯鲁万城。向东以巴士拉为基地,征服了呼罗珊,占领喀布尔,进袭中亚布哈拉,使伊斯兰教广泛传播。679年,他指定其子耶济德为哈里发的继任者,并下令各省总督和部落首领到大马士革向耶济德宣誓忠顺。从此,将传统的哈里发民主选举制改为世袭制。另外,他还规定在清真寺大殿内设哈里发祈祷礼拜时专用的配厅，规定在主麻聚礼日的“呼图白”（即宣教演讲）中，必须公开诅咒阿里，向哈里发祝福；并将站立宣讲教义改为落座宣讲。穆阿维叶录有大量圣训，成为圣训的主要传述人之一。因他政绩卓著，被世界史学家誉为“伊斯兰帝国的卓越政治家和军事家”。680 年因病在大马士革逝世。（杨克礼）

穆艾叶德·费丁（al-Mu'ayyad fi al-Din，？～1078） 11 世纪伊斯兰教什叶派伊斯玛仪支派著名哲学家、教法学家和诗人。法蒂玛王朝中期的宣传鼓动者之一。本名希拜图拉·本·穆萨·本·达乌德。生于波斯设拉子一拥护法蒂玛王朝的什叶派穆斯林家庭。青年时代在设拉子求学，攻读伊斯兰教经训典籍，研读伊斯玛仪派教义学、教法学、凯拉姆学、哲学，以及阿拉伯语言文学、诗学和韵律学等。他擅长演讲，1038 年继其父业在布韦希王朝首都设拉子担任伊斯玛仪派传道师（即达伊），宣传该派教义和主张，引起王朝猜疑和不满，被迫于 1044 年乔装打扮逃亡艾赫瓦兹（今伊朗阿瓦士）。后辗转前往埃及，投奔法蒂玛王朝第八任哈里发穆斯坦绥尔（1035～1094），在其宫廷供职。由于他才华出众，写作能力强而受到哈里发器重，被任命为王朝枢密院（Dār al-InShā'）首席长官，从此更加注重写作和宣传活动。1059 年获伊斯玛仪派“总传道师”（Dā'i al-Du'āt）头衔，执该派传道和教义思想之牛耳。他爱好写诗，著有《穆艾叶德·费丁诗集》一部，阐述伊斯玛仪派的宗教信仰和伦理思想。他曾同叙利亚诗哲麦阿里有过书信往来，其书信后于 1902 年被收入“亚洲皇家学会”的文集予以介绍。

穆艾叶德·费丁在宗教学原理和“内学”方面，继承和发扬了该派神学奠基人阿卜杜拉·本·麦蒙·盖达哈（？～874）的思想和理论，提出了一系列具有中世纪阿拉伯哲学思想特征和教派斗争色彩的主张，主要有：(1)坚持真主“流溢”说，认为宇宙自真主本体流出，强调用神秘的数字“七”把世界的进程划分为 7 个周期，并以此确定执事的伊玛目。(2)认为“伊玛目是世人的领袖”，肩负着向世界传达真理的责任，每个时代都必须有一位伊玛目，否则世界必处于愚昧之中。(3)强调《古兰经》含有隐秘的奥义，隐义寓于表义之中，只有先知穆罕默德、阿里及各个时代的伊玛目才能洞悉其究竟。(4)在教法上，拒绝经注学和教法学中的“类比”原则，指责各派法学家曲解经义，说他们“篡改真经，以谬混真”。(5)反对其他教派、学派关于后世肉眼能见真主的信条，既反对逊尼派关于真主具有拟人化的若干德性的主张，又反对穆尔太齐赖派关于真主不具有德性的主张。(6)对《古兰经》中提到的比喻真主“手”、“脸”等肢体的词语，主张用“内学”的观点加以解释，如把“手”解释为真主的“恩惠”、“力量”等。(7)强调《古兰经》章首的隐秘字母是“真主的知识”，各有其常人无法知晓的内涵，只有伊玛目才能用隐喻的方法加以揭示。穆艾叶德·费丁著述颇丰，撰有传道论文 800 篇，其代表作《穆斯坦绥里耶讲座》和《穆艾叶德·费丁讲座》（两卷集）均由这些论文中选编、修订而成。教义学理论方面的著述有《归途解说》、《灵魂的究竟》、《问题与答案》、《起始与终止》。文学方面还有《亚历山大诗篇》和《穆艾叶德·费丁传略》。波斯文译作有《解释的基础》等，均被伊斯玛仪派信徒奉为该派“内学”思想的重要典籍。对宣传伊斯玛仪派教义和维护法蒂玛王朝统治起了重要作用。（马忠杰）

穆安津（Mu'adhdhin） 伊斯兰教职称谓。旧译为“鸣教”。阿拉伯语音译，意为“宣礼员”。中国西北地区穆斯林称“玛津”。即清真寺每天按时呼唤穆斯林做礼拜的人。这一召唤仪式曾为穆罕默德门弟子阿卜杜拉·本·栽德于 623 年或 624 年所倡，由埃塞俄比亚黑人比拉勒奉穆罕默德之命首次担任穆安津。其职责是向穆斯林和伊玛目宣布举行礼拜的时间已到。“宣礼”时穆安津登上宣礼楼（即邦克楼）或清真寺门旁台阶，以一定的韵调，高呼“安拉至大”、“快来礼拜”，穆斯林遂应召到清真寺做礼拜。伊斯兰教国家的穆安津，早年多为世袭制，后改为聘任制，现多采用扩音器宣礼。中国伊斯兰教的穆安津，在明代以前多为世袭制，清代以来演变为义务制，多由在清真寺学习的满拉兼任。（马　通）

穆巴哈（Mubāḥ） 见艾哈卡姆。

穆拜赖德（al-Mubarrad，826～898） 阿拉伯阿拔斯王朝著名语言学家、文学家。一译“木邦利德”。本名穆罕默德·本·耶济德。原籍也门阿拉伯艾兹德部落人，生于巴士拉。早年拜圣训学家提尔密济和语言学家乌齐尼为师，学习《古兰经》、圣训和阿拉伯语言学，后专门研究语言学和语法学，成为巴士拉语言学派的著名代表人物。860 年，应诏赴萨马拉城阿拔斯王朝哈里发穆泰瓦基勒（847～861 在位）宫廷任职。翌年哈里发被害后，穆拜赖德定居巴格达，后半生以教书为生，并从事研究和著述。他搜集、整理了大量语言材料，并能背记词语精华、生僻字词、著名诗歌、部落方言。在语言研究中，使用了类比、演绎等逻辑方法，规范了阿拉伯语法学。他能言辞，善口才，演说生动，传述真实。他博学多才，其著作涉及到阿拉伯文化的各个方面，著有《简明语法》、《古兰经语法分析》、《词语精华》、《诗词格律》等。最著名的著作是《辞章集成》（一译《文苑》），汇集了多种文学题材，包括散文、韵诗、谚语、格言、箴言、演说、轶事、书信、挽歌、悼词，涉及到历史、政治、战争、伦理、宗教、处世、民俗等方面内容。其中节录有圣训、四大哈里发和圣门弟子的言论、教法文献、伊斯兰初期的战争及哈瓦利吉派的历史等。对精选的作品，从语法形式、语言特色、词义辨析、生僻字词释义等进行了阐释，并评价了这些作品的文学价值。雅古特在《文学家传记》中称穆拜赖德为“巴格达阿拉伯语言界的泰斗”，其作品是“语言学知识的宝库”。

（杨克礼）

穆尔吉埃派（al-Murji'ah） 伊斯兰教早期派别之一。约于7世纪中叶出现于麦地那和大马士革等地区。它与逊尼派、什叶派和哈瓦利吉派同为伊斯兰教早期的四大政治派别。“穆尔吉埃”一词系阿拉伯语的音译，意为“延缓者”、“推缓者”、“留待以后判断者”，因该派在教义上对穆斯林中犯大罪的人（包括当权者）是否构成叛教罪等有争议的问题，坚持“暂不作判断，可推延到末日由真主裁判”，故名。另一说，系取名于《古兰经》的下列经文：“还有别的人留待真主的命令；或惩罚他们，或饶恕他们”（9：106）。穆尔吉埃派即是在有关此问题的争论中产生和发展起来的。当时，逊尼派认为，这等人是“违抗主命的信士”；哈瓦利吉派断言他们是“叛教者”；穆尔太齐赖派则认为，他们“不是信士，只是名义上的穆斯林”，“将永居火狱”；哈桑·巴士里（642～728）及其弟子称他们是“伪信士”。这些纷繁的主张，其政治背景实质上是多年来围绕哈里发继位问题而发生的流血斗争的反映。至第三任哈里发奥斯曼（577～656）执政末年，政界、教界对他及其在各地总督政绩的评价众说纷纭，斗争激烈，其结果导致奥斯曼被刺杀。而穆尔吉埃派的“推延”主张决定了它在政治上的基本态度是：对逊尼派和什叶派之间有关哈里发（或伊玛目）问题的争端、阿里（600～661）与穆阿维叶（600～680）之间有关奥斯曼被刺杀事件的争执、哈瓦利吉派同阿里之间关于对穆阿维叶战或和问题的斗争等，均采取中立和不介入的立场，不判断谁是谁非，甚至号召人们不要卷入这种流血冲突，主张对此“暂不作判断，推延至末日交由洞悉一切奥秘的真主裁判。”最初持这种态度的代表人物有：赛尔德·本·艾比·瓦嘎斯（605～675，曾被奥斯曼革职）、伊本·欧麦尔（613～692，奥斯曼被刺杀后拒绝部分圣门弟子拥戴他出任哈里发的请求）、艾布·巴克拉（？～672，曾拒绝参加骆驼之战）、欧木兰·本·侯色尼（？～672，曾拒绝参加隋芬之战）等圣门弟子以及他们的部属。

该派组织松散，实力较弱，但其政治、宗教影响却相当广泛，为各派关注和争取的对象。他们的思想学说，既涉及教义、哲学问题，也涉及对四大哈里发和伍麦叶王朝当局的评价。他们认为四大哈里发都是穆斯林当然的领袖，不能妄加非议；伍麦叶王朝的哈里发虽曾一度中止实行教法，但他们仍然是穆斯林，人们没有理由不效忠他们。该派还对争执各方既不偏袒，也不加以指责。阿拉伯史学家伊本·阿萨基尔（1105～1176）在其《大马士革史》一书中称他们是“犹豫不决派”（Shukkāk），现代埃及学者艾哈迈德·爱敏（？～1954）在其《伊斯兰教黎明时期的文化史》一书中称他们是“中庸派”（Ibahiyyun，也有译作机会主义的）。他们的这种政治态度对伍麦叶王朝当局及其统治实际上起了认可和支持的作用，因之，受到王朝当局的扶持和赞许。阿拔斯王朝取代伍麦叶王朝以后，穆尔吉埃派受到压制和打击，其力量分散隐蔽，遂逐渐转化为宗教学派，致力于研究与其先前的政治主张相关联的宗教教义、教法与哲学等问题，主要有信仰与悖逆、内心信仰与外部行为的关系、犯大罪者的归宿以及末日审判等。8世纪以后，该派内部发生分化，一派被称为“正统穆尔吉埃派”，另一派被称为“异端穆尔吉埃派”。阿拉伯穆斯林学者中有人认为，艾布·哈尼法（699～767）师徒是前一派的思想代表。

该派在政治思想上较为宽容温和，它提倡团结与和平，反对分裂与战争；在教义思想上则强调，信仰只是人们内心的一种信念，宗教功修等外部行为不是信仰的要素，因而认为基督教徒、犹太教徒也都是信奉真主的信士。由于逊尼等派别关于“犯大罪的信士不永居火狱”的观点与穆尔吉埃派相吻合，故亦被穆尔太齐赖派称之为“穆尔吉埃派”。

（马忠杰）

穆尔吉宰（Mu'jizah） 伊斯兰教用语。阿拉伯语音译，原意为反常之事、奇迹、显迹。逊尼派教义学家认为，真主是万能的创造者，只有真主才能创造各种奇迹，创造自然界和人类社会的各种反常之事，以昭示人们弃恶扬善，指引人们走向真主的“正道”。《古兰经》中多处记载真主对古代先知努哈、呼德、穆萨和哈伦等所显示的各种奇迹，在教内称为先知的“圣验”（Mu'jizah）。对于众先知所显示的奇迹，《古兰经》指出，这是真主为了证实众先知的使命，而创造的反常之事。如果没有真主的许诺和意欲，什么奇迹也不可能发生（6：50，17：88）。真主派天使吉卜利勒给穆罕默德显示的唯一奇迹，就是《古兰经》的“绝妙性”。伊斯兰教苏菲派在其教义论著和苏菲大师的传记作品中，记述了他们种种奇特怪异的修行生活体验的故事，描述达到吾里、古土布修炼品级的苏菲长老，能预测未来吉凶、起死回生、变幻出各种异事、能通动物的语言、灵魂可以出窍等，苏菲派称为吾里的“贤征”（Karāmāt，即凯拉玛特）。对这种神秘主义的故事，有的伊斯兰学者持反对态度。

（杨克礼）

穆尔塔达·安萨里（Shaykh Murtaḍā Anṣāri，1799～1864） 19世纪伊斯兰教什叶派宗教领袖、著名教法学家。生于伊朗的提斯乎尔（Dizful）。早年求学于什叶派圣城卡尔巴拉和纳贾夫（伊拉克境内），于1833年定居于纳贾夫。1850年，以其虔敬和学识赢得穆斯林民众的爱戴，被纳贾夫穆斯林尊奉为“唯一榜样”。一生为人正直，生活俭朴，曾培养大批弟子。宗教学术上多有建树，其法学思想代表着什叶派教法学的晚期发展阶段，影响至今。其主要贡献在于提出了一套实用的断案原则，包括“明确无疑”（即经、训已指明结论）、“有效推断”（即据理性推导出结论）、“疑惑难断”（即无据可依情况下或准许行动自由或审慎判决或征询其他学派或执法官的意见）和“谬误推断”(即无法律拘束力的错判)4项原则或4种案情。其代表作《教法原理》(Farā'iḍ al-Uṣul)成书于伊朗卡加尔王朝时期,为什叶派法理学名著之一,对后世学者影响颇深。(吴云贵)

穆尔塔之战 见穆乌泰之战。

穆尔台米德(al-Mu'tamid,1027~1095) 塞维利亚阿巴德王朝第三代统治者。本名穆罕默德·本·阿巴德。出身于阿巴德部族的贵族家庭,其父为科尔多瓦后伍麦叶王朝教法官。早年受过传统的伊斯兰教育,具有较高的伊斯兰文化素养和军事指挥能力。曾担任锡尔维斯城的军事行政长官兼法官。1068年即塞维利亚王位,重振朝纲,加强军队建设。1071年征服和兼并了科尔多瓦的穆斯林王国,继而又把穆尔西亚穆斯林王朝置于自己的统治之下。他创建清真寺、宗教大学,发展经济,塞维利亚城成为宗教文化中心。1085年,基督教的莱昂和卡斯提尔国王阿尔封索六世占领托莱多城,逼迫穆尔台米德向其纳贡。后当他拒绝纳贡时,阿尔封索率兵洗劫许多城镇,并提出领土要求。他无力抵御阿尔封索的进逼,请求北非穆拉比特王朝伊本·塔什芬出兵援助。1086~1090年,伊本·塔什芬两度出兵渡直布罗陀海峡,击败卡斯提尔国国王阿尔封索六世,1090年占领阿巴德王朝全部领土,并以塞维利亚为陪都。穆尔台米德被宣布废黜,押解到摩洛哥囚禁,1095年卒于艾格马特。

(杨克礼)

穆尔太齐赖派(al-Mu'tazilah) 8~12世纪伊斯兰教的宗教哲学派别。西方学者称“唯理主义派”。“穆尔太齐赖”系阿拉伯语音译,意为“分离者”。它最初指伊斯兰初期在政治斗争和宗教问题上持中立态度的穆斯林。自10世纪起,逊尼派学者把8~10世纪活跃于巴士拉和巴格达的用唯理思辨的方法自由讨论教义问题的思想家,贬称为“穆尔太齐赖派”,并指责其脱离了安拉的“正道”,是“分离派”。但该学派自称是真正“认主独一和主持公正的人”,故又称为“认一派”、“公正派”。8世纪上半叶,该派由巴士拉伊斯兰教著名学者瓦绥勒·本·阿塔(Wāṣil ben'Atā',698~748)和阿慕尔·本·欧拜德('Amr ben'Ubayd,699~762)所创立。他们原为巴士拉著名圣训学家哈桑·巴士里(642~728)的学生,曾受其师关于人类有意志自由思想的影响。据传,哈桑·巴士里在讲授教法律例时,提出穆斯林若“犯大罪”只是罪人,而仍不失为信士。因为他信仰真主、先知及《古兰经》,他的罪过不妨害他的信仰。但瓦绥勒和伊本·欧拜德则认为,凡“犯大罪”者既不是信士,也不是叛教者,而是居于“两者之间的中间地位。”因师生之间意见相左,二人便离师另设讲席,独立门户。他们吸收了当时盖德里耶学派的意志自由论,自由讨论和解释教义,创立了与逊尼派教义学说不同的学派。

穆尔太齐赖派教义学说的形成和发展大致可分为两个时期:(1)伍麦叶王朝时期,该派的主要学者通过各自的演说、辩论和讲学传播其思想主张,在教义学问题上其思想观点各异,尚未形成统一的学说。在宗教思想上,该派大多数学者主要反对贾卜利耶派关于人类的善恶行为由安拉前定的主张,提倡人类意志自由和运用理性自由讨论教义。在政治上,该派对伊斯兰教相互对立的政治派别,采取中立态度,对反对伍麦叶王朝的哈瓦利吉派和什叶派等均提出过批评,客观上支持了伍麦叶王朝的统治,深得哈里发耶济德二世(720~724在位)和麦尔旺二世(744~750在位)的崇奉,其地位日益提高。但该派少数激进学者,坚持安拉独一观,否定逊尼派赋予安拉拟人化的诸多德性,因之伤害了一般穆斯林的宗教感情,遭到逊尼派教义学家的强烈谴责,斥该派为“异端邪说”。同时因在政治上主张恢复伊斯兰教初期哈里发的选举制度,故伍麦叶王朝的统治者对该派的激进学者严加防范。该派主要活跃在巴士拉、巴格达,传播到伊拉克全境,其学说先在宗教学者、知识阶层流传,后波及到市民阶层和什叶派穆斯林中。(2)阿拔斯王朝时期,穆尔太齐赖派获得很大发展,曾一度为占主导地位的宗教派别。该派的著名学者艾布·胡栽勒(约752~849)提出了关于信仰的五条基本原则,奠定了该派教义学体系的理论基础。因对教义学有关问题解释不同,遂分成巴士拉派和巴格达派两大支派。主要代表人物有巴士拉派的艾布·胡栽勒、奈萨姆(?~845)、贾希兹(?~869)和巴格达派的伊本·穆尔台米尔(?~825)、穆阿迈尔(?~840)等。他们深受希腊哲学思想影响,反对逊尼派的传统教条,以唯理主义思想论证教义,提出“理性是信仰的最高原则”的论断,使伊斯兰教简单的信条系统化、理论化。同时该派还反对当时流行的摩尼教的二元论和基督教的三位一体说对伊斯兰教的影响,坚持安拉独一性的原则,以维护伊斯兰教的基本信仰。阿拔斯王朝哈里发马蒙(813~833在位)出于政治和宗教的需要,对穆尔太齐赖派的学说十分赞赏,任命该派教法学家伊本·艾比·杜尔德(776~854)为大法官,以法律手段推广该派学说。827年马蒙敕令,宣布“《古兰经》被造说”为官方信条;833年再次发布敕令,凡反对《古兰经》被造说者均不能担任法官,并设立宗教裁判所(即米哈奈),审判和迫害对该信条的反对者。从此,该派盛极一时,其学说得到广泛传播和发展,波及到叙利亚和伊朗各地。马蒙的两位后继者穆尔台绥姆(833~842在位)和瓦西格(842~846在位)继续奉行这一信条,迫害逊尼派。哈里发穆泰瓦基勒(847~861在位)执政次年,宣布穆尔太齐赖派的学说为非法,重新树立正统派的权威。10世纪,艾什尔里(873~935)脱离穆尔太齐赖派,反戈一击成为穆尔太齐赖派的劲敌。后以艾什尔里派为代表的逊尼派教义学说又占了主导地位。12世纪,穆尔太齐赖派虽在组织形式上消失，但其学说依然流传于伊斯兰世界，对逊尼派和什叶派产生过一定影响，在中世纪伊斯兰教思想史上占有重要地位。

穆尔太齐赖派的宗教哲学思想，继承了早期伊斯兰教盖德里耶派的意志自由论，并吸收了古希腊哲学的唯理主义，将新柏拉图主义的"流溢说"、亚里士多德的逻辑学和毕达哥拉斯派的"灵魂论"与伊斯兰教教义学加以结合，运用理性观点注释《古兰经》，讨论圣训学和教法学问题，形成了具有唯理主义思想倾向的宗教哲学思想体系。从此，穆尔太齐赖派"将伊斯兰教简单的信仰，变为深奥的哲学"。该派共同性学说主要是：(1)主张以理性为核心的创世说。该派承认安拉是世界的本原，万事万物是由安拉创造的，但又认为安拉的创造是通过理性实现的。安拉先创造的是单一的世界理性，世界理性又创造出精神和人的灵魂，世界精神通过其固有的属性产生出最初的物质，逐渐演化成各种不同的事物，这些事物被动地接受理性所赋予的各种形式，组成了自然界。理性只创造了世界万物的实体，却不创造万物的属性，事物的属性是通过实体派生出来的。该派同时还承认外部世界的存在。认为万事万物是在有始的时间和有限的空间里存在的，诸多的事物组成自然界。自然界拥有七层天体，各有星宿和位置，各自运转。自然界的事物是安拉通过理性所创造的低级的、被动的创造物，而人类是最高级的创造物。安拉不仅创造了具有自然实体(即肉体)的人，而且赋予人以精神实体(即灵魂)。人的灵魂是肉体的本质，而灵魂却是理性的产物，因此人以理性为其本质。(2)主张绝对的认主独一论。该派反对逊尼派关于安拉除本体外，还具有知觉、能力、生活、意志、言语、听觉和视觉等无始德性的主张，提出安拉除他的本体外，没有任何拟人化的各种德性，如果给安拉本体外再附加诸多德性，就会破坏安拉的独一性，导致多神论。该派认为，安拉是唯一的最高主宰，它的本体单一无偶，本体和德性不能分割，其本体就是大知者、万能者、永生者、全聪者、能观者，其德性是本体的各种情状，德性依附于其本体。安拉超乎时间、空间和运动而独立存在，是超绝万物的纯精神存在，不能用具体事物的属性加以比喻和限定。对于安拉的存在只能从理性推理中加以认识，而无法通过感觉和直观来认识。(3)主张人类意志自由说。该派反对逊尼派关于人的善恶行为皆由安拉前定的主张，认为安拉是"最公正"的，它不预先命定人类的善恶行为，人类的意志是自由的，人类的行为是自己创造的，安拉只依据人类行为的善恶而定赏罚。如果人的善恶行为是真主命定，然后又去赏善罚恶，这与安拉的"公正性"是不相容的。但该派又指出，安拉虽未创造人类的具体行为，却赋予人类选择自己行为的能力，人类可凭借自己的意志有选择善恶的自由。理性是人类意志自由的前提，人的意志离开了理性，就丧失了自由。人从善还是从恶完全取决于自己的意念和动机，若失去理智，就会产生邪恶的意念，其作恶是不可避免的。人靠理性同内心的邪恶意念斗争，就会避恶扬善，因此人要对自己的行为负责。(4)主张理性是宗教信仰的准则。在理性和信仰的关系问题上，该派反对逊尼派关于信仰高于理性的观点，认为理性是信仰的最高准则，对安拉的"正信"不是盲目的顺从，而应是知识和理性。理性是信仰的证据和基础，以理性作为信仰的证据，才能达到对真主的认识和"确信"，盲目信仰会把人们引向多神崇拜的歧途。该派还认为，理性是检验认识正确与否和判断善恶行为的准则，离开理性原则就达不到对宗教真理的认识。该派把知识分为 3 种：宗教、哲学和科学。研究宗教的知识是为了认识造物主的存在，坚信安拉的独一性，认识安拉对人类的各种恩惠和诫命；掌握哲学知识是为了提高理性思维的能力，去论证教义学和科学；掌握自然科学知识是为了认识自然界的各种关系，使人们从安拉创造的自然界中得到益处。(5)主张《古兰经》被造说。该派反对逊尼派关于《古兰经》是安拉无始永恒言语的主张，认为只有安拉是无始的、永恒的独一存在，《古兰经》是安拉创造的，安拉先于它而存在。如果把《古兰经》也认为是无始的，就等于把安拉与其被造的《古兰经》等同，就会导致多神论，损伤安拉的独一性。同时该派论证教义时还提出了有与无、一与多、无限与有限、运动与静止、相似与相异等范畴概念，含有朴素的辩证法因素，给伊斯兰教义学引进了逻辑思维的新方法。穆尔太齐赖派所倡导的唯理主义和意志自由的原则，崇尚知识和自由探讨问题的进取精神，对中世纪伊斯兰学术文化的发展产生了深远影响。　(杨克礼)

穆尔太齐赖派经注　穆尔太齐赖派经注学家按照本派思想观点对《古兰经》所作的注释。因该派主张安拉公道的必然性，安拉本体与属性的统一性，人类意志自由，理智具有辨别善恶的能力，犯大罪不能使信徒失去信仰等，而对《古兰经》中凡同他们的这些基本主张不一致的经文，都离开经文表面的意思加以解释，以维护他们的主张。但在语言学方面，该派重视阿拉伯语修辞学的研究。他们认为《古兰经》中用了很多比喻，不少是隐喻，不能简单地按字面意思理解。他们反对当时在什叶派中流行的"安拉拟人化"和圣训派严守经文字面意思的主张，认为《古兰经》中关于安拉有手，有脸，有宝座等都是借喻，是借说明人类的完美和权能的言词，而来形容安拉的完美和威严，但不能以此相信安拉有如人类的手、面、宝座等。该派学者们通过注解《古兰经》，对阿拉伯语言学、修辞学的发展起了很大作用。该派经注著作中流传较广、且有代表性的是宰迈赫舍里(1075～1144)所著的《启示真相揭示》(al-kashshāf 'anḥaqā'iq al-tanzil)，通称为《卡沙夫经注》。该经注成功地把语言学、修辞学运用于注解《古兰经》，堪称为创举。他的注解，使某些经文的含义更易为人们的现实生活和正常理智所接受，进而表现了《古兰经》

文词的典雅风格，对以后各派经注均有影响。

（马　贤）

穆尔希德（Murshid）　伊斯兰教苏菲派教职称谓。阿拉伯语音译，意为“引路人”，由Rashad（即道路）一词而来。早先对苏菲教团创始人专称“穆尔希德”，后来也指其门弟子。他们经过导师秘传，掌握了苏菲学理和修行仪式，并领受传教凭证，然后负责接收和指导新参加教团的信徒（Murid，穆里德，意为“寻道者”、“学生”）。

（王怀德）

穆菲德（al-Mufid，947～1022）　伊斯兰教什叶派学者。“穆菲德”为其尊称，意为“有益于人者”。全名穆罕默德·本·穆罕默德·本·努尔曼·阿克拜里，又称“伊本·穆阿利姆”（Ibn al-Mu'allim，意为“教师之子”）。祖先为阿拉伯半岛盖哈坦（Qaḥṭān）部族，生于伊拉克巴格达附近的阿克拜拉（'Akbarā）。在巴格达享有盛名，为公认的什叶派长老。他极力主张伊玛目具有绝对不谬性，认为只有真主赐予其灵知及无罪的人才能被真主任命为伊玛目。撰有关于认主学、教法原理等专著和论文约200种，著名的有《简论伊玛目职位》、《关于伊玛目派的公议法规》、《教法原理》、《教法学菁华》、《引导》、《希望》等。1022年逝世于巴格达，有8万多穆斯林参加其葬礼。

（杨宗山）

穆夫提（Mufti）　伊斯兰教教职称谓。阿拉伯语音译，意为“教法说明人”。对各类新问题、新案件的诉讼提出正式的法律意见，作为判决的依据。穆夫提在社会生活中具有崇高的地位。伊斯兰教四大哈里发时期，有的哈里发本人则对国家大政依据《古兰经》和圣训提出立法意见。伍麦叶王朝时期任命精通教法的学者作为法律顾问。阿拔斯王朝时期正式设立此一官职。其职责为：(1)根据《古兰经》和圣训解释教法律例。(2)对社会生活中出现的有关司法方面的新问题，提出“法特瓦”（即法律意见）。(3)在有关诉讼程序问题发生争议时作出决定。(4)对国家或地区的具体法律条规提出依据，作出判例。(5)充当哈里发、素丹、埃米尔等国家领导者的法律顾问。穆夫提的条件为：(1)通晓《古兰经》和圣训。(2)通晓各派教法学家的法制学说及重大律例。(3)熟悉阿拉伯民族历史和地区性的法律习惯与有关案例。(4)信仰虔诚，品行端正，办事公道。在现代，埃及、也门、阿曼等伊斯兰国家仍设有国家级总穆夫提或大穆夫提，负责有关教法问题的解答，参与国家重大决策活动。有的国家穆夫提起国事顾问作用。地区性的穆夫提一般都参与重大法律决定，起一方领袖的作用。

（罗万寿）

穆夫提门宦　中国伊斯兰教苏菲主义虎非耶学派支系门宦之一。“穆夫提”系阿拉伯语音译，意为“教法说明人”。创始人马守贞（1633～1722）。回族。据教内传，约于1630年，希达叶图拉（阿帕克和卓）从新疆来到青海西宁，与一回民女子田氏结婚，1633年生马守贞，不久回新疆。后来田氏母子迁居甘肃临洮北乡。1673年，希达叶图拉因争夺南疆政教大权失利，第二次来到西宁，将马守贞接到身边，传授了虎非耶道乘学理，并交给他信物八件，作为传教凭证。同时授名“穆夫提”，令西宁李太巴巴为其辅佐，回原籍传教。马守贞在临洮北乡传教数十年，取得了较大发展。清同治年间其后裔移居康乐封台堡，以后又在雍道家修建了道堂，教众达数万人。马守贞逝世后，四代教主依次主持教务，时间不长均相继辞世，门宦教务基本处于停滞状态。第六代教主马显中才华出众，积极振兴门宦，兴办义学，提倡回汉团结，受到当时陕甘总督重视，授予“统领”头衔，令其管理河湟“七门八宦”，成为河湟地区有影响的人士。1862年以来，因数次参与回民反清起义和反抗军阀斗争，领导人多被杀害，教徒受到摧残，陷于衰落境地。20世纪70年代后，道堂、拱北得到重建，由前任教主马孝之妻拜玉凤主持，其子马富春正式继任教主。穆夫提门宦的主要教义和礼仪是：(1)以《古兰经》和圣训为信仰和传教的依据。(2)教乘和道乘并重，前者主要是念、礼、斋、课、朝，后者主要是坐静修炼和低念“迪克尔”。(3)教主继承实行“长子世袭制”。继承教权时，须先完成坐静7～40天的功修，然后宰牲念经，赞主赞圣，举行隆重的继承仪式。(4)教众探望教主时，须行跪拜礼。(5)每逢历代教主忌日，道堂要宰牲念经，教众一般要到拱北祈祷。(6)所属清真寺阿訇由教主直接委派，或由教众推选，经教主允准后，才能到寺任阿訇。(7)对朝觐天房与朝谒拱北同等重视，并重视向教主讨“都阿”，取“口唤”。妇女比较自由，一般都不戴盖头，也可以从事社会活动。

穆夫提门宦从1673年开始传教至1949年共传14代教主，依次为：白什尔·勒比尼、阿卜杜·拉赫曼、阿卜杜·塔希尔、阿卜杜·塔法勒、阿卜杜·萨塔尔、和卓·赛尔杜丁、纳苏鲁丁、白哈乌丁、赛尔杜拉、穆祖鲁丁、穆哈伊丁、哲拉鲁丁、伊斯目丁、穆哈伊·艾塞杜丁。教众约10万人，主要分布于甘肃临夏、康乐、东乡和青海西宁南川，以及新疆等地。

（马　通）

穆盖利德（Muqallid）　对遵循伊斯兰教法传统者的称谓。阿拉伯语音译，意为“遵循者”。即指教法“创制大门被关闭”后只有遵循既定教法学说或教法传统的人。在逊尼派中，指10世纪以后凡必须遵循四大教法学派创始人提出的教法学说和教法律例的法学家皆为“穆盖利德”。在什叶派中，则有两种含义：①乌苏勒教法学派认为，凡精通经、训、教法知识，有资格发表法特瓦（即正式法律见解）的著名伊斯兰学者（即穆智泰希德），可谓之为“指导者”；而那些缺乏专门法律知识的穆斯林民众则为“穆盖利德”。②艾赫巴尔教法学派认为，凡承认伊玛目的指导地位，并遵循伊玛目的教

诲,包括穆智泰希德在内的所有宗教学者和一般信众,皆为"穆盖利德"。 (吴云贵)

穆盖奈尔起义(Intifāḍan al-Muqanna') 中亚河中地区反对阿拔斯王朝和当地大封建主的农民起义(776～783)。亦译"穆康那起义"、"粟特农民起义"。起义领袖为哈希姆·伊本·哈金(Hāshim ibn Ḥakim)。因其经常用绿布蒙面,据说是因凡人不能忍受他脸上的圣光,时称"穆盖奈尔"(即蒙面先知),故名。哈希姆生于波斯呼罗珊首府木鹿附近,原为漂布工人。747 年,曾参加艾布·穆斯林领导的起义,并担任书记。756 年又参加呼罗珊辛德巴德领导的起义,被呼罗珊总督逮捕,监禁于巴格达长达 15 年。从监狱逃出后,到阿姆河和锡尔河之间的河中地区,以胡拉米派教义为号召,宣传和组织起义。他宣称,艾布·穆斯林死后,他就是神的化身。他的使命就是铲除一切暴虐和压迫,平分土地,实现人间平等和正义。776 年,哈希姆以中亚渴石(Kesh,今沙赫里夏勃兹)附近的赛纳木堡为基地,领导农民和手工业者数千人发动起义。起义者身穿白衣,以白旗为帜,以示与黑衣黑旗的阿拔斯王朝相对抗,故又称"白衣人起义"。起义者采取游击战术,多次打败哈里发军队,先后占领许多城镇和堡寨,进占撒马尔罕城。后在突厥游牧部落的支持下,起义队伍不断壮大。哈希姆趁哈瓦利吉派在呼罗珊暴动,阿拔斯王朝无暇北顾之际,占领整个河外地区。起义群众夺取本地封建主和阿拉伯贵族土地,分配给农民。782 年哈里发马赫迪下令派重兵分几路围剿起义军,各地封建主组织武装配合王朝军队参战,起义军先后失陷纳尔沙赫、撒马尔罕等重要军事据点。783 年,哈里发军队攻破起义军据守的赛纳木堡,哈希姆服毒自杀,起义军均遭残杀。关于穆盖奈尔起义的事迹,成为后来爱尔兰诗人托马斯·穆尔(Thomas Moore,1779～1852)创作的《呼罗珊蒙面先知》一剧的主题。

(杨克礼)

穆哈吉伦(al-Muhājirūn) 见迁士。

穆哈凯姆(Muḥkam) 划分《古兰经》文含义是否明确的专用术语。阿拉伯语音译,意为"明确的"、"清楚的"。与"穆台沙比赫"(Mutashābih,即隐晦的)相对。指《古兰经》中含义明确、清楚的经文。据经学家观点,这一类明确的经文有 4 种情况:(1)扎希尔(Ẓāhir)。指不必根据上下文,便能辨析其含义者。(2)纳斯(Nass)。指经文是一个字词,需借助其他字句表述清楚者。(3)穆法萨尔(Mufassar)。指需要对经文含义予以解释者。(4)穆哈凯姆(Muḥkam)。指经文含义显而易见无庸置疑者。这几类都属于明确的经文,即经文本身表面的意思清楚易懂,尽管其深刻内涵仍有待于深思参悟以加深理解,但他们并不像隐晦难懂的另一部分经文那样深奥费解。参见穆台沙比赫。

(林 松)

穆哈泰希卜(Muḥtasib) 伊斯兰教早期检查官称谓。阿拉伯语音译,意为"检查者"、"审查者"、"监督者"。专指检查官。伍麦叶王朝初设此职,由哈里发委派检查官到各省负责监督各地的行政、司法和检查税收等。阿拔斯王朝时期已形成官制,从中央到地方均设有专职的检查官,负责监督、检查教法实施、税收、民事、社会公德及商贸等活动中有无违反教法、违反商业道德的行为,并报告沙里亚法庭(即司法机关),视情节轻重按教法予以惩处。穆哈泰希卜由各地警察机关管辖,领取薪俸。 (马忠杰)

穆哈西比(al-Muḥāsibi,约 781～857) 中世纪伊斯兰教苏菲派著名学者、圣训学家和教法学家。全名艾布·阿卜杜拉·哈里斯·本·阿萨德·穆哈西比。生于伊拉克巴士拉。出身于富有的贵族家庭。幼年受到良好的宗教教育,后信奉苏菲主义,放弃富裕生活和财产继承权,虔心苦行禁欲。不久移居巴格达,从师苏菲主义巴格达派始祖马鲁夫·凯尔黑(M'rūf al-Karkhi,?～816),学习圣训、教法和苏菲学理,潜心精神修炼,并对当时伊斯兰教各学派的学说进行了广泛深入的研究,成为著名的苏菲派学者。816 年其师逝世后,他成为巴格达苏菲派的著名代表人物,继续从事讲学传道,招收门徒。他以思辨的观点讲授圣训、教法,用箴言、训诫及对话形式阐述苏菲学理,颇负盛名,被门徒尊为"大长老"。后又被什叶派十二伊玛目派的学者尊为"正道的先驱者"。他曾因用思辨神秘主义的观点解释圣训和教法,遭到逊尼派罕百里法学派学者的谴责和指控,被迫停止在公众场合传道和讲学,曾一度逃回巴士拉。晚年深居简出,从事著述。857 年病故于巴格达。

穆哈西比自称是追随逊尼派正统信仰的苏菲,他宣称苏菲派是真正的正统派。他力图在经、训中为神秘主义寻求理论根据,极力调和苏菲主义与正统派教义。他在教法上属于沙斐仪学派,并以圣训学家的身份活动。在修持方式上,提出了心理主义的修炼方法。他主张穆斯林在过禁欲的隐居修行的同时,也应参与一定的社会现实生活。他说,"民族的精华是这样的人:他们不因忙于后世而忽略今生,也不因忙于今生而忽略后世",倡导两世生活并重。他认为外表上的苦行禁欲行为固然可以抑制情欲,但也可以用来掩饰内心的邪恶。严格的苦行可作为道德生活的一种辅助手段,但不是净化灵魂的唯一途径。修道者必须把苦行禁欲的外在道德行为和内心的精神修炼结合起来,经常不断地"自我审思"、"自我约束",心想后世,进行内省,纯洁灵魂,克服"自我",把精神从"自我"的桎梏中解脱出来,只崇拜独一的安拉,摈弃一切杂念和私欲,才能达到认主,灵魂导向至善。纯洁的灵魂和外在的完美道德行为应是统一的,心灵纯正的人,安拉会赐予他美好的行为。在教法思想上,他主张《古兰经》和圣训是立法的根源，应根据经、训内容的字面意义和内在的精神实质解释法律，有限制地运用类比推理，反对“个人意见”。在圣训派和意见派的教法思想论争中，他支持圣训派的主张。他主张可以运用理性来解释经、训和教法问题，但不同意穆尔太齐赖派用理性判断一切的观点。在“《古兰经》被造”说问题上，持折中观点。认为如果把《古兰经》看作是安拉的永恒之道，那么也可以说它不是被造的。在安拉的本体与德性问题上，他持逊尼派的观点，认为安拉的诸多德性体现了完美和万能，是安拉本体所特有的，它与人的德性有本质区别。穆哈西比对当时伊斯兰教出现的教派分化和纷争深表忧虑，认为：“自我的欲望”及贪图今世的浮华，是造成伊斯兰分裂和一切邪恶思想的根源，只要以坚强的意志反省自己，“献身于真主”，杜绝私欲，通过爱主达到最高精神境界，才能免除纷争。

穆哈西比学说和思想对尔后艾什尔里和安萨里以很大影响。安萨里在著述《宗教学科的复兴》一书时吸取了他的观点。史学家认为，穆哈西比是把苏菲主义引入伊斯兰正统教义的先驱。其主要著作有《遵守真主的法度》、《思考》、《幻想》、《论修行》、《理智的本质、意义及人类对此认识上的分歧》等。（杨宗山）

穆海莱卜(al-Muhallab，628～702) 阿拉伯伍麦叶王朝著名军事将领。全名穆海莱卜·本·艾比·苏富拉·艾兹迪。出身于阿拉伯半岛艾兹德(Azd)部族，生于阿曼湾西岸的达巴(今阿联酋境内)。第二任哈里发欧麦尔当政时期(634～644)随父迁居麦地那。伍麦叶王朝首任哈里发穆阿维叶在位期间(661～680)，他曾率军驻守东方各省，先后指挥过对印度北部和中亚地区的远征，在进攻撒马尔罕时一目失明。穆阿维叶死后，他曾一度背叛伍麦叶王朝，投靠在麦地那自立为哈里发的伊本·祖拜尔，并受其委派出任巴士拉长官。当哈瓦利吉派支系阿扎里加派(al-Azāriqah)在伊朗西南部地区发动反伍麦叶王朝起义并建立独立国家时，穆海莱卜又转而为王朝效力，率军前往镇压，遭到阿扎里加派人的顽强抵抗。经过近20年的交战，他才利用该派内部矛盾战而胜之。因镇压起义有功，于698年被王朝第五任哈里发阿卜杜勒·麦利克(685～705在位)任命为伊朗东部呼罗珊地区总督。他就任后，不断发动向中亚地区的进攻，702年死于战场。（杨宗山）

穆罕默德(Muḥammad，约570～632) 伊斯兰教首传人，世界上第一个伊斯兰国家的缔造者。旧译“摩诃末”、“马哈麻”、“谟罕蓦德”。全名艾布·卡西姆·穆罕默德·本·阿卜杜拉·本·阿卜杜勒·穆塔里布·本·哈希姆。生于阿拉伯半岛麦加城古莱什部落哈希姆家族。其先祖曾掌管麦加克尔白祭祀、召集古莱什部落议事会议等权力。从其曾祖父后家境开始衰落。父亲阿卜杜拉在他出生前殁于经商途中。6岁时母亲阿米娜病故，由祖父阿卜杜勒·穆塔里布抚育。8岁时祖父去世，由伯父艾布·塔利卜收养。因伯父多子女，家境贫寒，童年失学，替人放牧。12岁起，跟随伯父参加商队到叙利亚、巴勒斯坦等地经商，并接触和了解到基督教和犹太教的情况。20岁时，参加了阿拉伯半岛部落之间长达4年的“伏贾尔之战”，为他提供了丰富的军事知识。他为人诚实谦虚，办事公道，乐善好施，赢得族人的赞誉和信任，被誉为“艾敏”(即忠实可靠者)。25岁时，受伯父的嘱咐，受雇于麦加诺法勒族富孀赫蒂彻，为她经办商务，并带领商队到叙利亚一带经商。他精明、诚实和善于经商的才能博得赫蒂彻的信赖和爱慕。公元596年，时年25岁的穆罕默德和40岁的赫蒂彻结婚。从此，穆罕默德的生活走向富裕、安定，在麦加的社会威望日益提高，为他的传教事业提供了物质基础。

穆罕默德生活的时代，正值阿拉伯半岛社会政治、经济变革动荡的时期。他在早年经历放牧、经商、颠沛流离的艰辛生活中，目睹和接触到阿拉伯社会贫富悬殊、高利贷盘剥、部落氏族对立、血亲复仇盛行、战争频仍、经济衰落所造成的四分五裂的情况，体察到人们渴望安定统一和摆脱困境的愿望。他目睹和接触到当时盛行于半岛的多神信仰、偶像崇拜带来的愚昧、无知和社会道德堕落的现象，并广泛接触半岛各宗教的传教师、神父和学者，汲取了大量宗教知识，还深受流行半岛的犹太教、基督教和“哈尼夫”一神思想的影响，为他后来的宗教变革提供了丰富的思想资料。婚后的穆罕默德常到麦加郊区希拉山一个山洞里隐居潜修、沉思冥想，探求解决阿拉伯民族的社会和宗教危机的出路。据《布哈里圣训实录》载，610年，穆罕默德40岁时，据传在莱麦丹月(九月)的一个夜晚，当他在希拉山洞潜修冥想时，安拉派遣天使吉卜利勒向他传达旨意，并首次向他“启示”了《古兰经》文，授命他作为安拉在人间的使者，向世人“传警告”、“报喜讯”。此后不断受到“启示”，命他传播“主命”，教导人们信奉伊斯兰教。从此，穆罕默德接受真主赋予的“使命”，以无限的虔诚献身于伊斯兰教事业。

穆罕默德的传教活动，历时23年，可分麦加时期和麦地那时期。麦加时期(610～622)。穆罕默德传播伊斯兰教义，以认主独一的信仰反对多神信仰和偶像崇拜。起初以秘密的方式在近亲密友中进行传教活动，最早信教的是妻子赫蒂彻、堂弟阿里、释奴栽德和密友艾布·伯克尔，接着信教的有奥斯曼、祖拜尔、赛尔德、泰勒哈、阿卜杜·拉赫曼、艾尔盖姆等少数古莱什上层人物。后来扩大到受古莱什商人贵族迫害的哈希姆家族、奴隶及社会下层。612年，穆罕默德宣布安拉默示他：“你公开宣传你的使命吧！你当鄙弃崇拜偶像的人。”从此，他开始向麦加居民公开传教。他号召人们从愚昧和迷途中解脱出来，放弃对多神及偶像的膜拜，归信宇宙万物的唯一主宰安拉；向人们描述末日审判的情景，火狱的恐怖和天园的幸福，凡归信伊斯兰教而行善者将进入永恒的天园，不信而作恶者将堕入永恒的火狱，告诫人们止恶扬善。他主张凡穆斯林，不分贫富贵贱，皆为兄弟，应停止部落氏族之间的相互争斗和仇杀。还提出限制高利贷、赈济贫困者、善待孤儿和优待、释放奴隶等主张，受到麦加下层群众的拥护，许多贫民和奴隶皈依了伊斯兰教。

穆罕默德的传教活动，从一开始就受到以艾布·苏富扬和艾布·哲赫勒为首的麦加大富商和多神信徒的强烈反对和敌视，攻击穆罕默德为"古莱什祖宗信仰的叛逆"，视伊斯兰教为"异端邪说"。他们害怕伊斯兰教的发展会彻底动摇古莱什多神信仰的传统，使麦加失去多神宗教中心的地位，威胁麦加商业贵族的特权，使之失去每年从克尔白神庙祭祀中所取得的经济利益，便采取各种残酷手段迫害、折磨信仰伊斯兰教的平民和奴隶，并讽刺、谩骂、威胁穆罕默德。后又实行经济制裁，对信教的奴隶施行暴力，企图迫使穆罕默德放弃传教。面对麦加贵族的迫害，穆罕默德除与他们进行针锋相对的斗争外，为保护信士的安全，于614～615年，毅然决定让一部分穆斯林先后分两批渡海迁往阿比西尼亚（今埃塞俄比亚）暂求保护。617年，欧麦尔、哈姆扎等重要人物信奉伊斯兰教后，一度增强了穆斯林的力量。但也因此遭到麦加贵族更加强烈的反对和迫害，诱迫哈希姆族长艾布·塔利卜解除对穆罕默德的庇护，遭到拒绝。后艾布·哲赫勒又组织全部落联合抵制，断绝与哈希姆和穆塔里布两家族的商业往来和通婚。620年，穆罕默德的妻子赫蒂彻和伯父艾布·塔利卜相继去世，他的传教活动失去有力支持，处于更加困难的境遇，伊斯兰教史称"悲痛之年"。麦加贵族趁机加紧迫害，哈希姆族新任族长艾布·莱海布撤销对穆罕默德的保护，他被迫到麦加附近的塔伊夫城查访传教，谋求建立新的传教基地。但由于当地部落首领的排斥，不久便被迫返回麦加。

620年夏初正值朝觐季节，穆罕默德同来自各地的阿拉伯人广泛接触，宣传伊斯兰教义，寻求新的传教根据地。有6名叶斯里布（即麦地那）的海兹拉吉族人聆听了穆罕默德的宣教后，认为穆罕默德就是《圣经》中所"预示的先知"，表示信仰伊斯兰教。621年，叶斯里布的12人再次抵达麦加，同穆罕默德在麦加附近的阿盖白进行会谈，订立第一次协定，邀请穆罕默德到叶斯里布作为仲裁者调解部落之间纠纷，并表示海兹拉吉和奥斯族愿归信伊斯兰教，穆罕默德遂派穆苏阿布和阿卜杜拉·本·欧姆随同前往传教。622年6月，叶斯里布派出75人组成的代表团来到麦加，同穆罕默德在阿盖白举行了会谈，订立第二次协定。他们重申奉穆罕默德为先知，保证为传教事业而战，发誓服从和保卫他，并正式邀穆罕默德及穆斯林迁徙到叶斯里布去。穆罕默德欣然接受了邀请。穆罕默德经过充分的准备和部署，趁麦加反对派疏于防范之机，组织200多名穆斯林，分期分批秘密地由麦加迁徙到叶斯里布，受到当地支持者的厚待。麦加贵族发觉穆斯林迁徙后，遂策划谋杀穆罕默德。穆罕默德闻讯后便同艾布·伯克尔避开敌人的防范，星夜抄小路离开麦加，并在敌人的搜捕追击下，经长途跋涉，终于622年9月24日安全到达叶斯里布。史学家称这一事件为"希吉来"（即迁徙）。叶斯里布遂即改名为"麦地那·奈比"（即先知之城）。"希吉来"标志麦加时期的终结和麦地那时期的开始，使伊斯兰教从宣传教义阶段过渡到组建政教合一的伊斯兰国家的阶段，这是穆罕默德一生和伊斯兰教的重大历史转折点。

麦地那时期（622～632）。迁徙麦地那后，伊斯兰教进入新的历史发展阶段。在这个时期穆罕默德进行了一系列宗教改革和社会改革，建立了宗教和社会各项制度，既完成了传播伊斯兰教的历史使命；又以麦地那为中心，统一了阿拉伯半岛，创建了世界上第一个政教合一的伊斯兰教国家政权。穆罕默德首先以伊斯兰教作为维护穆斯林团结统一和巩固麦地那基地的精神武器。他创建库巴清真寺和麦地那先知清真寺，亲率穆斯林礼拜并进行宣教。还派出门弟子到各部落传教，麦地那几个阿拉伯部落归信伊斯兰教，其氏族酋长也承认穆罕默德的先知地位。为增强穆斯林内部的团结，他号召穆斯林"服从安拉和使者"，告诫迁士和辅士要打破传统的血缘关系和狭隘的氏族部落界限，共同遵奉"安拉之道"，凡穆斯林互相结为兄弟，团结互助，不得互相攻击。为壮大穆斯林队伍的力量，他又提出了一些社会改革的主张，以吸引更多的支持者，缓和社会矛盾。他谴责高利贷者，禁止高利贷盘剥和秤量不公；提倡乐善好施，赈济贫弱孤寡；主张宽待奴隶，鼓励释奴，允许奴隶赎身；禁止血亲复仇，消除部落战争和相互仇杀；孝敬父母，善待和保护孤儿，禁止杀婴和活埋女婴等，得到广大下层穆斯林的拥护。为求得一个稳定发展的环境，穆罕默德对犹太人实行了联合妥协的政策，采用犹太教的一些仪式和礼俗，如把穆斯林的礼拜朝向定为犹太教的圣地耶路撒冷，奉行中午的礼拜和"阿舒拉"斋戒；称犹太人为"有经典的人"，尊重其宗教信仰等，在一定时期内缓和了同犹太人的矛盾。

穆罕默德调整了同各方面的关系，巩固了在麦地那的地位后，便开始建立国家政权。穆罕默德制定了各部落共同遵守的《麦地那宪章》，其主要宗旨在于团结包括犹太人在内的各部落人民，制止内部仇杀，互相尊重宗教信仰，保障私人的财产和人身安全，维护正常的社会秩序，当一方受到侵略另一方应予支援，一切争端由先知最后裁判，共同抵御麦加古莱什人对麦地那的攻击。622年底，穆罕默德以伊斯兰教的共同信仰为纽带，以迁士和辅士为中坚，创建伊斯兰宗教公社——"乌玛"（即民族、国家）。穆罕默德集政、教大权于一身，成为最高的宗教领袖和行政兼军事长官；最高的立法者和最高的裁判官。艾布·伯克尔、欧麦尔、奥斯曼、阿里等辅佐穆罕默德掌握政、教、军大权。并由著名的门弟子10余人组成舒拉会议（即民主协商会议），作为参议咨询机构，协助穆罕默德商定重大问题。

"乌玛"的建立，为穆罕默德的宗教革命和社会变革的成功，提供了组织保证。

穆罕默德在麦地那完成了伊斯兰教教义、教制体系的创建。他遵循安拉的"启示"，确立了以信奉独一的安拉为核心的六大信仰纲领；规定了穆斯林必须履行的五项天命功课，规范了拜功的种类、时间和仪则，斋戒的月份和禁忌，订立了天课制度和朝觐制度；制定了净仪、饮食禁忌和禁止酗酒、赌博的教规。根据麦地那国家政治、经济、军事发展的需要，作出了有关民事、刑事、商事、军事等方面的法律规定，并实施了一系列立法改革。在婚姻家庭制度上，确立了男女双方自愿选择的原则；禁止血亲和近亲结婚；确立一夫一妻制的家庭，限制一夫多妻制；保留女子离婚的主动权，限制男子的休妻权；允许寡妇守限期满可以改嫁，废除寡妇的内嫁制等。在财产继承制度上，改革蒙昧时期的仅父系男性有继承权，确立了妇女也享有财产继承权。在商事活动中，规定禁止利息，反对高利贷盘剥，并规定了一系列商事交易的准则和道德规范。制定了刑事犯罪的刑律。在军事上，确定了吉哈德(即圣战)和战利品分配等制度。并以止恶扬善及顺从、忍耐、诚实、公正为核心，确立了穆斯林的行为规范和社会道德准则。公元 624 年 2 月 17 日(一说 623 年 12 月)，穆罕默德以安拉的"意旨"为由，命令穆斯林将礼拜的朝向由原来面向耶路撒冷，改为面向麦加克尔白。礼拜的信号也由鸣钟、吹号改为由"穆安津"宣礼。废除正午礼拜和犹太人安息日斋戒仪式。它标志着穆斯林和犹太人的彻底决裂，表明穆罕默德征服宗教中心麦加的决心，伊斯兰教作为独立的宗教体系而存在和发展。

为了巩固麦地那政权，进一步传播伊斯兰教，穆罕默德到麦地那后不久即组织了穆斯林武装，在"为安拉之道而战"的口号下，采取以攻为守的战略策略，封锁麦加至叙利亚的商道，用武力同麦加贵族相抗衡。624～627 年，穆罕默德亲自率军同麦加多神教徒进行了白德尔之战、吴侯德之战、壕沟之战三大战役，除吴侯德之战穆斯林失利外，其他两次战役均以少胜多取得重大胜利，不仅获得了许多战利品，而且打击了麦加贵族的锐气，从此转守为攻，成为制服麦加贵族，进一步统一阿拉伯半岛的军事转折点。据史载，穆罕默德在麦地那时期曾先后发动 65 次征讨战役，他亲自出征 27 次。在同麦加贵族进行军事斗争的过程中，穆罕默德一方面加强同附近贝都因部落的联系，扩大同盟军；另一方面清除反对势力的侵扰，先后从麦地那驱逐了犹太人的盖尼嘎尔和奈迪尔两个部落，后来彻底消灭了在联盟之战中动摇的麦地那城最大的犹太集团古莱扎部落，从此麦地那人全部归信伊斯兰教，为征服麦加扫除了后顾之忧。

628 年初，穆罕默德决定采取政治谋略向麦加贵族显示穆斯林的军事实力。他率领 1500 人，带着献祭的牲畜，以去麦加克尔白朝觐的名义，向麦加进军。在到达距麦加 9 英里的侯代比亚村时，受到麦加人的武装阻击，双方经过数日谈判，签订了《侯代比亚和约》。协议规定：穆斯林当年不做朝觐，次年朝觐时，麦加人退居郊外 3 日；双方休战 10 年；麦加人承认穆罕默德有权传教和发展信徒；穆斯林有投奔麦加者，不用遣返；麦加人如投奔穆斯林方面，必须遣返；其他阿拉伯部落可以自由参加任何一方的联盟。和约的签订，标志着麦加贵族向穆斯林妥协，是穆罕默德同麦加贵族斗争以来所获得的重大胜利。此后，各地的贝都因人大批归信伊斯兰教，其中麦加反对派的重要人物哈立德和阿慕尔也信奉了伊斯兰教。同时，穆罕默德还利用同麦加休战的机会，向半岛以外的国家和地区宣传伊斯兰教，以扩大麦地那国家的政治影响。他派出使者，携带国书，分别访问了拜占庭皇帝希拉克略、波斯皇帝克斯拉二世、埃及国王摩高基斯、阿比西尼亚国王尼加斯和阿曼、巴林等阿拉伯部落的首领等，劝他们接受安拉的意旨，归信伊斯兰教。

630 年 1 月，同穆罕默德结盟的一个部落受到古莱什人的袭击到麦地那求援，穆罕默德以麦加人破坏《侯代比亚和约》为由，率领 1 万多人的穆斯林大军，兵临麦加城下。麦加贵族见大兵压境，迫于内外交困，只得表示屈服。麦加贵族首领艾布·苏富扬率代表团出城表示正式投降，宣布麦加首领和居民归信伊斯兰教，承认穆罕默德为先知。穆罕默德进入麦加后，下令捣毁克尔白殿内的 360 尊偶像，保留黑石，并郑重宣布：克尔白为穆斯林朝觐的场所和礼拜的朝向；克尔白四周作为禁地，禁止异教徒进入。穆罕默德宽恕了昔日的大多数敌人，除处死几个罪大恶极的顽抗者外，其余在信奉伊斯兰教后皆被赦免，并允许保留麦加贵族管理克尔白获得经济利益的权利。不久穆罕默德在返回麦地那途中在侯奈因之战中打败了反抗的部落，攻占塔伊夫城。同年 10 月，穆罕默德派兵远征叙利亚边境的塔布克城，未遇敌军。返回途中征服了几个犹太教和基督教徒居住的绿洲。沿途阿拉伯各部落纷纷归顺。克服麦加和远征塔布克，是伊斯兰教向整个阿拉伯半岛发展的重要一步，影响极大。630～631 年，阿拉伯半岛的阿曼、巴林、也门、哈达拉毛、泰伊、哈木丹、肯特等地的贝都因部落，纷纷派代表团到麦地那觐见穆罕默德，宣布归信伊斯兰教，接受领导，缴纳天课。一些基督教、犹太教地区的居民，也派代表同穆罕默德订立了和约，有的则改信伊斯兰教，史称"代表团之年"。631 年，穆罕默德向所有归顺的部落派出了宣教师，伊斯兰教成为半岛占主导地位的宗教。

632 年春，穆罕默德率半岛各地的 10 万多穆斯林到麦加履行朝觐功课，这是他一生中最后一次的朝觐活动，故史称"辞别朝觐"。在这次朝觐中，穆罕默德亲自确立了朝觐的一系列仪典，成为以后穆斯林朝觐所应遵循的规范。在阿拉法特山盛大庆典上，穆罕默德以安拉的名义宣布伊斯兰教的胜利："今天，我已为你们成全你们的宗教，我已完成我所赐你们的恩典，我已选择伊斯兰作你们的宗教"(《古兰经》5∶3)。他还发表著名的辞朝演说，重申了伊斯兰教的基本教义、礼仪制度和社会原则，强调了穆斯林的团结一致。他说：“众人呀！静听我的话，而且谨记在心。须知每个穆斯林都是其他任何穆斯林的兄弟，现在你们都是同胞。”完成朝觐返回麦地那后，身染重病，委托艾布·伯克尔率众礼拜和处理政务。632年6月8日与世长辞，终年63岁，葬于今“先知清真寺”内。穆罕默德以伊斯兰教为思想旗帜，创建了阿拉伯民族统一的国家，他所发动的伊斯兰革命，顺应了当时社会发展的历史趋势，使阿拉伯民族从“蒙昧时代”跨入了“文明时代”，揭开了历史的新篇章。伊斯兰教向世界的广泛传播，对世界上信教的国家和民族在政治、经济、文化等方面产生了深远的影响。《古兰经》和穆罕默德的言行录——圣训，被世界穆斯林奉为经典，成为信仰、行教、立法和社会生活的准则。史学家称颂穆罕默德为人类文明史上伟大的思想家、政治家、军事家和宗教改革家。

（宛耀宾）

穆罕默德·阿布笃（Muḥammad ʻAbduh，1849～1905） 近代埃及伊斯兰教著名学者、宗教和社会改革家。全名穆罕默德·阿布笃·本·哈桑·海鲁拉。祖籍中亚土库曼斯坦，生于埃及布赫拉省的舍乃拉（Shanara）村一穆斯林农民家庭。自幼在家从经师受传统的伊斯兰教育，能背记全部《古兰经》。青年时，受叔父卡德尔的苏菲主义思想影响，钻研苏菲学理，注重修身养性及过俭朴独居的禁欲生活。自1862年起，先后在坦塔艾哈迈迪耶大学和开罗爱资哈尔大学攻读伊斯兰经典、教义、教法、历史、阿拉伯语和自然科学，曾多次向校方提出改革陈旧教育内容和方法的要求。1871年，泛伊斯兰主义的倡导者哲马鲁丁·阿富汗尼到埃及，宣传复兴伊斯兰教和反对殖民主义的政治主张，阿布笃拜阿富汗尼为导师，学习哲学、新闻学等，深受其思想影响，成为阿富汗尼的积极追随者和密友。阿布笃在《金字塔报》上发表文章，呼吁发展民族文化教育，提倡现代科学技术，以赶上西方先进国家。1877年于爱资哈尔大学毕业，获学士学位，并在该校任教。1880年他以主编的《埃及现实报》为园地，宣传复兴伊斯兰教，倡导宗教和教育改革；介绍西方的先进科学技术；号召穆斯林联合起来反对西方殖民主义的侵略。1881年，因支持阿拉比领导的埃及民族党人发动的起义，事败后被英国殖民当局流放叙利亚3年。1884年，应阿富汗尼之邀，在巴黎共同创立旅欧穆斯林组织“牢不可破关系协会”（一译“坚柄协会”），并创办同名阿拉伯文周刊，提倡泛伊斯兰主义，反对西方殖民者对伊斯兰世界的侵略和封建君主制。1885～1888年，应聘在贝鲁特伊斯兰学院任教。他以伊本·赫勒敦的历史哲学观点和新方法，讲授伊斯兰哲学、历史、教法、逻辑学及文学等课程，深受学生欢迎，并从事学术研究和著述，还掌握了法文。1888年，重返埃及，任教于爱资哈尔大学。1895年起，以政府代表身份任该校校务委员会委员，致力于教育制度、管理体制、教学内容和方法的初步改革，使爱资哈尔大学从此发展成为新型的伊斯兰高等学府。晚年从事司法工作，担任过地方初审法庭法官、上诉法院法律顾问、立法议会常委等职。为普及贫民教育，创办了“伊斯兰慈善协会”。1900年创办“阿拉伯图书复兴协会”，赞助出版宗教典籍、语言学和科学文化的阿文著作。1899年被任命为埃及大穆夫提（即伊斯兰教法权威诠释官），曾就有争议的重要问题发表法律见解（即法特瓦）。1905年7月11日于亚历山大病逝，葬于开罗。

穆罕默德·阿布笃是伊斯兰现代主义的倡导者，终生致力于以伊斯兰教改革为中心的社会改革，使伊斯兰教适应现时代社会生活发展的需要。其主要思想观点和主张是：（1）主张净化信仰，重振道德，恢复纯正的伊斯兰教。他深受瓦哈比派思想的影响，认为长期以来，统治者用人为的世俗法律代替了神圣的沙里亚教法；宗教领袖们热衷于派别纠纷，忘记了用经训教育人民的责任；苏菲派的精神导师把信众的心灵引入了歧途；从而导致了伊斯兰国家日渐衰落及穆斯林在信仰、道德上的蜕变。他主张要依据《古兰经》、圣训和教法关于“认主独一”的观念，反对多神崇拜的倾向，恢复信仰的纯洁性，“即以素朴方式直接从创建者那里承袭宗教的那些早期信仰者们的言行”，清除崇拜圣徒圣墓、人神合一等一切异端思想行为和外来影响。（2）主张改革伊斯兰教传统中不适应社会发展的陈规陋习和教律。他把伊斯兰教义区分为基本和辅助两部分。基本部分也称为“基本教旨”，它包括《古兰经》及真实圣训，此外均属辅助部分。前者是永恒的、绝对的、不可动摇的，适用于一切时代；后者则是相对的、暂时的，要随时间、地点、条件的变化而变化。他主张简化繁琐的宗教礼仪，使伊斯兰教摆脱旧的清规戒律的束缚，改革一夫多妻、蓄奴制等封建制度，反对一切陈规陋俗，“把思想从盲目信仰的牢笼里解放出来”，给伊斯兰教以新的生机。他提倡应用新的经注学理论解释《古兰经》，应把属于基本信仰的启示和属于社会立法性的启示加以区别。从《古兰经》和可靠的圣训中寻求类似现代思想的因素，自由运用理智进行新的教法演绎，创制新的律例和新的“公议”原则。把欧洲科学技术文化融合在伊斯兰教思想文化体系之中，让穆斯林进入现代生活，使宗教能够适应现代社会的发展。他还认为发展教育是智力复兴和变革现实的基础，改革传统的经院式教育制度和阿拉伯文风，学习和掌握现代科学文化，培养新一代的穆斯林知识分子，作为宗教改革的中坚。（3）调和理性和宗教，以理性论证信仰。他从穆尔太齐赖派唯理论观点出发，认为理性为伊斯兰传统所固有，《古兰经》尊重理性，把理性提高到首要地位，这表现在“判断何为真理，何为谬误，何为有益，何为有害方面，理性具有最后的权威”。人完全有能力通过理性来确证信仰，印证真主的存在和独一，从而确信“宇宙之外有一个无所不在、无所不知、无所不能的创造者”。如果理性与圣训传说的字面意义相悖，则应服从理性的判断。但他又认为天启是不谬的，理性有时是易错的，理性离不开天启的指导。理性至多只能够认识事物偶然的、次要的本质。(4)哲学上主张二元论。他认为自然界是一种存在，事物皆有因果联系和发展变化，但宇宙万物的创造者、存在的最终原因是真主。他主张人有意志自由，但又承认真主在总体原则上安排了世界万物的进程。主张"双重真理说"，他说："真主降示了两本书：创造的自然之书和启示的神圣经典。后者引导我们用智慧来考察前者"。他还认为将理性应用于自然界的研究，将产生两种有益的结果：一是认识真主的万能；一是发现和掌握自然的规律。(5)在政治上，倡导阿富汗尼的泛伊斯兰主义。他主张穆斯林应在"认主独一"的信仰旗帜下，排除纷争，团结起来，反对西方殖民主义的侵略和封建君主制，建立仁政和正义的伊斯兰国家。在政治、经济和智力上同时复兴，以经训中的伦理思想，建立新道德规范去教育人民，促进民族的觉醒，反对"宿命论"，树立事业上的积极进取精神。

穆罕默德·阿布笃的学说对推动埃及伊斯兰教的改革运动和促进本国文化教育事业的发展，起过积极作用。同时对整个伊斯兰世界产生了深远的影响。其主要著作有：《回教哲学》(一译《论认主独一》)、《回教、基督教与学术文化》、《古兰经注》(1～7章)、《论伊斯兰兼驳其批评者》、《辞章之道注释》等。其《回教哲学》和《回教、基督教与学术文化》已翻译成中文出版。他的学生穆罕默德·拉希德·里达(1865～1935)编著有《阿布笃传记》，系统地介绍了他的生平事迹和在学术思想上的贡献。 (杨宗山)

穆罕默德·阿里(Muḥammad ʻAli，1769～1849) 19世纪奥斯曼帝国的埃及总督，埃及阿里王朝(1805～1952)的创建者。全名穆罕默德·阿里·本·易卜拉欣·阿迦·本·阿里。原系阿尔巴尼亚人，生于希腊卡瓦拉一驻军小头领家庭。信奉伊斯兰教逊尼派教义。早年丧父，由其叔父和城防军长官抚育成人。曾经营烟草生意。1798年应征入伍后，曾两次被派往埃及抗击入侵法军，因能征善战，被擢升为阿尔巴尼亚军团主要将领之一，留驻埃及。1805年率部参加埃及人民起义，夺得政权，奥斯曼素丹被迫封其为埃及总督，并授予"帕夏"称号，建立阿里王朝。1807年率军击溃侵埃英军。自1811年起，不断向外扩张；1811～1818年出兵阿拉伯半岛，镇压瓦哈比教派反对土耳其人统治的起义，并占领麦加和麦地那；1820～1822年侵占苏丹，修建喀土穆城；1824～1827年参与镇压摩里亚半岛的希腊独立运动；1831～1841年间两度出兵西亚，打败奥斯曼帝国军队，攻占巴勒斯坦、黎巴嫩、叙利亚以及土耳其部分本土。后在英、俄、奥地利、普鲁士等国干预下，被迫接受1840年《伦敦条约》规定的条件，从国外撤回全部军队，仍臣属于奥斯曼帝国，仅保留埃及总督的世袭权和苏丹地区的终身管辖权。晚年积郁成疾，精神错乱。1848年逊位于其长子易卜拉欣。1849年病故于亚历山大，葬于开罗。

穆罕默德·阿里是阿拉伯国家近代史上的著名穆斯林君主。原为文盲，45岁始学习阿拉伯文和伊斯兰教经籍。他锐意改革，励精图治。在执政的43年(1805～1848)期间，为建立一个以埃及为中心的阿拉伯主权国家，他以富国强兵为总方针，在政治、经济、军事、文化等领域进行了自上而下的全面改革：(1)在政治上，他首先设计聚歼地方割据势力马穆鲁克军团大小头领，并肃清其残余，使长期分裂的埃及社会复归统一；继而推行一整套严密的统治体系，确立和加强中央集权制。(2)在经济上，倡导独立自主，全面发展工农业生产和国内外贸易。在农业方面，实行土地制度改革；改革赋税制度，废除包税制和清真寺宗教地产的免税权；大力兴修水利，扩大耕地面积，革新农业技术，鼓励发展优质棉花等经济作物的生产。在工业方面，创办以军事工业为主的埃及第一批近代机器工业，兴建官办纺织、造船、军火等工厂，积极发展与国计民生有关的民用工业和农副产品加工工业；允许少量企业由私人资本家经营，限制外商投资；倡导洋为己用，引进西方先进设备进行仿制，聘请外国技师培训本国技术力量。在贸易方面，利用行政手段向人民销售本国产品，豁免出口税以鼓励本国商品的出口；用本国铸造的货币取代土耳其货币，并确定本国与其他国家之间的货币比值，以稳定物价；在全国实行商业垄断，产品由国家专门机构统购统销，在国外开设商馆经办进出口贸易。(3)在军事上，废除传统的雇佣兵制度，实行征兵制；按照欧洲方式改组陆军，聘用西方军事专家训练新军；大力发展海军事业，建立地中海舰队和红海舰队；创办军官学校以及步兵、炮兵等各种学校。到1839年，埃及已拥有23万陆军、2万海军，成为中近东地区一支最强大的武装力量。(4)在文化教育上，倡导以世俗教育取代伊斯兰宗教教育。他奖励学术，创立教育部和教育委员会；创办世俗学校，普及中小学教育；采取建立各种技术专科学校、聘请外国专家讲课、派遣大批留学生去欧洲学习等措施，培养和造就出埃及第一代新型的知识分子。重视翻译出版事业；开办外语学校，培养翻译人员；组织力量把大批外国军事和科技书籍译成阿拉伯文和土耳其文；创办印刷厂，出版、发行阿拉伯、波斯和土耳其等各种文字的书籍，出版埃及第一份报纸《埃及战役报》。通过全面改革，穆罕默德·阿里使埃及发生了前所未有的变化，成为"奥斯曼帝国的唯一有生命力部分"，他因此而被誉为"现代埃及之父"和"唯一能用真正的头脑之人"。

(杨宗山)

穆罕默德·阿里清真寺(Masjid Muḥammad ʻAli) 埃及伊斯兰教清真寺。位于开罗旧城萨拉丁城堡内。始建于1830年，具有土耳其风格。清真寺墙内外层均敷以黄色雪花石膏。寺院正面刻有阿拉伯文铭文、《古兰经》文和伊斯兰教四大哈里发艾布·伯克尔、欧麦尔、奥斯曼和阿里的名字。寺的大型圆屋顶高约52米，直径长21米。两个宣礼尖塔直插云霄，塔顶距地面85米。为开罗城标记之一。寺西南有一黄铜围栏，为奥斯曼帝国统治时期的埃及总督穆罕默德·阿里的坟墓。他于1849年卒后葬此，故清真寺以其名命之。寺内钟塔的吊钟是法国国王路易斯·菲利浦赠送的礼物。（杨克礼）

穆罕默德·阿里·真纳（Muḥammad'Ali Jannah，1876～1948） 巴基斯坦国家缔造者、政治活动家。生于卡拉奇古吉拉特人一虔诚的穆斯林富商家庭。其父真纳巴纳·蓬迦巴依属伊斯兰教伊斯玛仪派分支霍加派（Ismā'i l Khuja），母亲米蒂·贝伊也出身于霍加派长老家庭。真纳从6岁起，先后在信德伊斯兰学校、孟买伊斯兰协会和卡拉奇教会中学学习。16岁考入孟买大学。1892年1月真纳赴英国伦敦学习。临行前与埃米·贝伊结婚。在伦敦进入林肯律师学院攻读法律。他博览群书，刻苦学习，同时研究英国政治制度。1895年取得律师资格。1896年回国后加入“印度国民大会党”，在孟买高等法院注册任律师，被誉为法律界的泰坦（Titan，即希腊神话人物）。他经常参加各种政治活动，发表演说，投身印度民族独立运动。印度著名政治家瑙罗吉、戈帕尔、克里希纳等人的自由主义思想对真纳政治观点的形成起了重要作用。1906年他以国大党领袖瑙罗吉的私人秘书身份参加国大党加尔各答会议，把印度分治的政治主张写进瑙罗吉报告中，形成“自治决议案”。1910年，被孟买穆斯林选为中央立法议会议员。1913年加入“全印穆斯林联盟”，1916年和1920年两任该联盟主席。他积极支持穆斯林争取在立法议会中占有代表席位的斗争，并致力于印度教徒与穆斯林之间的政治团结，提出团结就能得救的口号。在促进印度国大党和穆斯林联盟的合作，谋求印度自治的活动中，成为著名的政治领导人之一。

1921年，因不同意国大党领导人甘地的不合作纲领，退出国大党。1929年提出要求穆斯林在中央立法会议中应占议席的1/3等“十四点计划”。1930～1932年，参加伦敦讨论印度问题的圆桌会议。1934年被选为“全印穆斯林联盟”终身主席。1940年他提出“巴基斯坦”计划，首先提出印度教徒和穆斯林为“两个民族”，只有坚持政治上的平等，才能实现印度的安定和穆斯林自治。主张在穆斯林聚居地区建立独立的伊斯兰国家。此后，“全印穆斯林联盟”在政治上控制了旁遮普以外的穆斯林占多数的省份。1945年，“全印穆斯林联盟”参加了中央立法议会选举，赢得了穆斯林的所有席位。1947年5月，英国政府接受了穆斯林关于印度、巴基斯坦分治的政治要求，同年8月正式成立巴基斯坦自治领，真纳就任第一任总督。他在巴基斯坦制宪会议上发表演说，重述先知穆罕默德的遗训，强调穆斯林之间团结、平等和坚持信仰的重要性。著有《在巴基斯坦总督任内演讲集》。1948年9月，真纳因劳累过度，病逝于卡拉奇。被尊为“巴基斯坦国父”。巴基斯坦政府在卡拉奇修建了真纳陵墓，供后人瞻仰。

（张广麟）

穆罕默德·巴基尔（Muḥammad al-Bāqir，676～732） 伊斯兰教什叶派十二伊玛目支派尊奉的第五任伊玛目。为该派第四任伊玛目阿里·本·侯赛因之子。出生并卒于麦地那。他是什叶派的著名学者和教育家。据该派史籍载，他品德高尚，宗教功修笃诚，尤对《古兰经》和经注学研究精深，善于演说。对什叶派的教义、哲学、历史等均有系统论述。思想见解新颖。他主张伊玛目是信众与真主之间联系的“中介”，认为信众离开伊玛目，必走向迷途。他曾主持麦地那伊斯兰学院的教育工作多年，培养了不少宗教学者和教师，对传播什叶派的教义和学说起了很大作用。

（马忠杰）

穆罕默德·杜尔（Muḥammad Ture，约1443～1538） 西非桑海帝国阿斯吉亚王朝的创建者。全名穆罕默德·杜尔·伊本·阿里·巴布尔。马林凯人。出身于马里的穆斯林望族家庭。其先祖在马里帝国朝廷任职。他曾在国王索尼·阿里（1464～1492在位）执政时任大臣、将军职务。1493年，推翻国王索尼·巴努，建立阿斯吉亚王朝，自称阿斯吉亚·穆罕默德一世。1495～1497年，杜尔率领1500名随从和卫队去麦加朝觐，沿途访问了许多国家，其排场的豪华堪与马里国王穆萨的朝觐媲美。从此杜尔在西非的政治和宗教地位大为提高。1498～1514年，他率军征战，进一步巩固和扩大了帝国的疆域。在南方把莫西人驱逐到上沃尔盆地；在北方征服了居住于塔克达和艾尔的图阿雷格人，占领了一些绿洲，控制了食盐产地塔加扎；在东部把豪萨人变为藩属，占领了扎里亚、卡诺、卡齐纳等城；在西部占领了瓦拉塔和康加巴，此时成为桑海帝国的强盛时期。他执政时期（1493～1528）厉行改革，完善国家各种制度。他完善税收制度，实行什一税，厘定实物地租，统一度量衡，重视发展农业、采金业、盐业、商业。在宗教上，他改变索尼·阿里对伊斯兰教的高压政策，以伊斯兰教法治国，按逊尼派教义原则进行行政改革。选派宗教学者担任中央和地方法官，聘请宗教改革家麦赫利里为总顾问，竭力整顿全国的宗教事务。他大力倡导发展伊斯兰教育文化，使廷巴克图发展成西非的伊斯兰文化中心。据阿拉伯文献载，在16世纪初叶，廷巴克图有150多所教授《古兰经》的学校，建有数十座清真寺。著名的桑科尔清真寺暨大学，除设有宗教和法律课外，还开设哲学、语言学、史地、文学和医学等课程，学生来自非洲各地，国家以优厚的俸禄延聘伊斯兰国家的著名学者来此讲学。

1528年在王室争夺王位的斗争中，被长子穆萨废黜，并被流放于尼日尔河一小岛，生活悲惨。1538年去世，终年95岁，葬于加奥城一清真寺墓地。

（杨克礼）

穆罕默德二世（Muḥammad II，1432～1481） 奥斯曼帝国第七任素丹(1451～1481)。全名穆罕默德·本·穆拉德·本·穆罕默德·本·巴耶济德。第六任素丹穆拉德二世之第三子，生于埃迪尔内。幼年时曾接受严格的伊斯兰教、文化和军事教育。稍长，被其父派往小亚细亚西部的马尼萨任省督。1444～1446年，在其父弃政隐居期间，他被逊位为临时素丹，曾先后经历了十字军入侵和近卫军叛变等事件，开始认识到军权与武力在治国当中的重要性。1446年5月，其父复素丹位，他重返马尼萨任省督。此间，他从师当地的一些著名学者学习文学、历史和哲学，研读波斯、希腊、罗马的古典诗篇和亚里士多德学派的哲学著作。他阅读了大量历史书籍，对亚历山大大帝和罗马著名统帅的传记尤感兴趣。重视军事学研究，对战争中的战略战术、武器的运用以及地形的选择等尤为钻研。除精通土耳其语外，他还学习并掌握了阿拉伯、波斯、希腊等多种语言。这一切为其后成为博学多识的政治家和军事家奠定了基础。1451年在其父逝世后正式继位。在位30年间，他开疆拓土，励精图治，建立起庞大的奥斯曼帝国。1481年5月，他在出征罗得岛前夕殁于马尔泰佩市附近的洪卡沙伊军营中，后葬于伊斯坦布尔法蒂赫清真寺旁的寝陵里，终年49岁。

穆罕默德二世毕生率军征战沙场，战绩显赫，以“法蒂赫”(Fātiḥ，即征服者）著称于世。1453年5月末，他在亲率20万大军历经两月的苦战之后，攻占君士坦丁堡，灭拜占庭帝国，并以该城为首都，改名伊斯坦布尔。史书称之为“开创了奥斯曼帝国的新纪元”。此后，他发动了一系列战役和远征：在欧洲，他先后征服塞尔维亚、波斯尼亚、瓦拉几亚、阿尔巴尼亚、黑塞哥维那，并把希腊和伯罗奔尼撒半岛并入帝国版图；向西占领意大利南部的爱奥尼亚海诸岛和奥特朗托，北上攻抵威尼斯外围；在东方则向黑海发展，夺取了重要商业城市卡发(Kafa，今费奥多西亚)，征服克里米亚汗国。在亚洲，先后灭詹达尔奥卢公国、特拉布松帝国、卡拉曼公国，打败白羊王朝的乌宗·哈桑，统一了安纳托利亚。随着对巴尔干地区和小亚细亚的征服，伊斯兰教在上述地区得到了广泛传播。穆罕默德被称为“两地（指欧洲属地和小亚细亚）和两海（指爱琴海和黑海）的主人”。

穆罕默德二世在治国方面亦颇多建树，被认为是奥斯曼帝国的真正缔造者。在施政方面，他采取了一系列改革措施：改组政府各级行政机构，明确划分各职权部门的职责范围；实行部分权力下放，规定宰相府、度支大臣办公厅和大法官办公厅有权以素丹名义，分别颁发有关行政、财政和伊斯兰教事务的指令；对帝国辖有的欧洲28省和小亚细亚20省实行中央集权下的分级治理；整顿吏治，重视法治建设，主张在遵守逊尼派伊斯兰教法的基础上，完善国家的行政建制和行政立法，以其名义颁布了奥斯曼帝国的第一部法典和各项法规。法典内容广泛，涉及朝廷官职的设立、宫廷礼仪、财政制度和刑法等。法规中最具体的是土地法，它明确规定帝国的土地占有形式分为3种：国有地（米利）、寺院土地（瓦克夫）和私有地（米勒克）。他对民族、宗教问题采取审慎态度，实行宽容政策。在攻占君士坦丁堡后，为了稳定政局，他释放了许多分配给他的基督教战俘奴隶，并对居住在城内的希腊基督教徒采取退还房舍、豁免赋税、免服兵役等措施，鼓励他们继续定居。对帝国境内的被统治民族给予一定的自治权，准许他们在不触犯帝国政府利益的前提下，可以按照自己本民族的方式和法律生活，可以开办民族学校，用本民族语言进行教学。在号召穆斯林兴建和把某些基督教堂改建为清真寺的同时，容许基督教徒保持其宗教团体的独立性和在批准保留的教堂内自由地进行宗教活动，曾允许塞尔维亚国王在其境内每座清真寺旁兴建教堂。承认犹太教各个教团的合法存在，给予他们与其他教会同等的权利。允许恢复希腊总主教区，从埃迪尔内一个帕夏的奴隶中找回主教真纳狄奥，亲自设宴予以款待，任命其为希腊总主教。穆罕默德二世对文化教育事业的发展亦很重视。他开办了以培训行政管理人员为宗旨的宫内学堂，各民族学员可以平等地接受语言、文学、法律、军事、宗教、财政、行政管理等全面教育，苦读10～12年后被量才分配到政府各部门任职。他在伊斯坦布尔大规模兴建宫殿、清真寺的同时，也注意学校、图书馆的创建，仅在法蒂赫清真寺两旁即各建有4所高等经文学校，聘请穆斯林世界的著名学者讲学。他本人爱好广泛，在战争间歇时，曾在王宫内从事过园艺劳动，亦常同文人学士在一起吟诗作画。他保存有当时世界各国的一些绘画作品，其中还包括有中国明代的国画。

（杨宗山）

穆罕默德·福阿德·柯普吕律（Muḥammad Fu'ād Koprulu，1890～1966） 土耳其伊斯兰学者、历史学家、政治家。出身于土耳其穆斯林官吏家庭，其先祖担任过奥斯曼帝国宫廷首相。早年受过正规的伊斯兰及文化教育，擅长历史、语言和文学。曾在伊斯坦布尔教中学，1913年到伊斯坦布尔大学主讲土耳其文学，后任该校文学院院长，创办土耳其文学学会并任会长。1936年转入政界，初为国会议员，后为外交部长。他是一位多产的学者，写过多部论述土耳其历史及文学的著作，颇负盛名。代表作有《土耳其文学中第一位神秘主义者》(1919)，深刻地分析了伊斯兰教苏菲主义在小亚细亚的传播及其对土耳其文学的影响。《奥斯曼帝国的发端》(1935)，系统地阐述了奥斯曼帝国的形成发展，综述了帝国的政治、经济和司法制度，以及伊斯兰教及其文化，修正了欧美史学家关于奥

斯曼兴起的偏狭观点。（杨克礼）

穆罕默德·哈马达尼（Muḥammad al-Hamadhāni，1314～1385） 14世纪伊朗伊斯兰教苏菲派学者、传教师。全名阿里·本·希哈布丁·哈桑·本·穆罕默德·哈马达尼。出身于伊朗哈马丹赛义德家族。早年受到良好的宗教教育，青年时放弃富裕的贵族生活，遍游中东各地，寻师求学，广泛接触伊斯兰教学者和各地的苏菲派谢赫，接受苏菲主义学理，成为苏菲游方传教师。自1372年起曾3次到德里素丹国统治下的克什米尔。得到当地首领沙·米尔札的礼遇，准许他进行传教活动，建立扎维叶（即修道院），培养门徒，使库布拉维耶教团的苏菲主义学理传遍克什米尔，故被信徒尊为"谢赫"。他提倡苦修禁欲，追求心灵的纯净，但不主张脱离现实生活。他说："应当竭力追求'苏菲派的贫穷'，其含义不是缺乏物质财富，而在于缺乏所有感，在于使'灵魂'脱离财富。"他著有《论贫困》，论述苏菲的苦修禁欲及两世观；还著有《论国家》，讨论政治和宗教伦理学关系问题。（杨克礼）

穆罕默德汗（？～1415） 东察合台汗国可汗。一译"马哈麻汗"。黑的儿火者汗之子。1407年即汗位。治所在别失八里（今新疆吉木萨尔）。在位时屡遣使明朝修好。他曾在策特尔湖北岸（今乌恰县北）修建了一座著名建筑物塔什拉巴特（即石头要塞）。据《拉失德史》称："马哈麻汗（即穆罕默德汗）在强使蒙兀儿人归信伊斯兰教时，采取了严酷的手段。例如，蒙兀儿人如不缠头巾，他就要用马蹄铁钉钉其头中，这种作法是司空见惯的。"因此，他在位时期，大多数蒙兀儿人都归信了伊斯兰教。（李进新）

穆罕默德·贾瓦德（Muḥammad al-Jawād，811～835） 伊斯兰教什叶派十二伊玛目支派尊奉的第九任伊玛目。全名穆罕默德·贾瓦德·本·阿里·里达·本·穆萨·卡兹姆·侯赛尼。尊称艾布·贾法尔。为第四任哈里发阿里之次子侯赛因的直系后裔，第八任伊玛目阿里·里达之子。生于麦地那。幼时随其父迁居巴格达。8岁时其父逝世后被什叶派穆斯林拥立为伊玛目。阿拔斯王朝哈里发马蒙曾将其抚养成人，并将女儿乌姆·法德勒许配给他为妻。因为人谦恭、信仰笃诚而享有"塔基"（Taqiy，即敬畏真主者、虔信者）之称。在马蒙继任人穆尔台绥姆镇压什叶派人时被毒害致死，葬于其祖父穆萨·卡兹姆的陵墓旁。（杨宗山）

穆罕默德·库莱尼（Muḥammad al-Kulayni，？～941） 伊斯兰教什叶派著名圣训学家，四大圣训经汇编者之一。全名穆罕默德·本·叶尔孤白·本·伊斯哈格·库莱尼。生于波斯古城赖伊（al-Rayy）库兰（Kulayn）村。毕生从事圣训、教法的研究与编著，在巴格达享有盛名，被当地什叶派人士尊为长老。他是最先对先知穆罕默德言行进行广泛搜集和整理的什叶派学者。其观点属该派主要支系十二伊玛目派。他用20年时间汇编完成的圣训巨著《宗教学大全》（al-Kāfi fi 'Ilm al-Din），分为《原理》（al-Usūl）和《细则》（al- Furū'）两卷，所收16100余段圣训大多溯源于圣门后裔、历代伊玛目的传述，被什叶派人推崇为规范的四大圣训经之首，成为仅次于《古兰经》的经典和该派主要立法根据之一。该经论及了认主学、教法原理、伊玛目职位的必要性以及先知和伊玛目终生无罪等问题，是一部首次全面阐述什叶派教义的力作。主要著作还有《伊玛目的使命》、《名人传略》、《驳卡尔马特派》等。由于他首创以什叶派观点和传述世系汇集圣训的范例，而被该派誉为"伊斯兰教可信赖的权威"和"革新者"。941年，库莱尼在巴格达病故，葬于库法。（杨宗山）

穆罕默德·拉希德·里达（Muḥammad Rashid Riḍā，1865～1935） 埃及伊斯兰著名学者，宗教和社会改革家。埃及复兴运动和伊斯兰现代主义运动领袖穆罕默德·阿布笃的弟子。生于黎巴嫩北部地区的盖莱孟。青年时代曾在的黎波里求学，学习和研讨苏菲主义学理，弃绝尘世，专事苏菲功修。后读到泛伊斯兰主义运动倡导者哲马鲁丁·阿富汗尼和穆罕默德·阿布笃在巴黎创办的《牢不可破的关系》周刊，深受其中有关呼吁建立伊斯兰世界大同盟、恢复伊斯兰尊严和解放受殖民主义奴役各国人民的文章的革新思想影响。他对文章选用《古兰经》经文并加以相应注释来论证现实社会问题的做法十分钦佩，认为远远超过前辈经注家的见解。他致函阿富汗尼，表示愿随他学习、工作的愿望。但不久阿富汗尼去世，他又同穆罕默德·阿布笃联系，了解其关于伊斯兰改革的主张和尝试。1897年，他在的黎波里完成学业后，便前往开罗拜会阿布笃。后在阿布笃的帮助下，在开罗创办了《光塔》（al-Manārah）月刊，担任主编，发表多篇专论，传播维新思想和改革主张。1899年5月，阿布笃接受里达的建议，开始在爱资哈尔大学用新的观点讲解《古兰经》，里达听讲并作了笔录，后根据自己的理解及结合现代知识加以整理和发挥，提出了新的见解。至1905年阿布笃逝世的6年中，里达整理《古兰经》讲解5卷，并独自进行注释，自1900年起在《光塔》月刊连载，遂形成《光塔古兰经注》（Tafsir al- Manārah）。里达认为，《古兰经》不是世俗法典、医典、人类史书，更不是艺术作品，而是人类社会的指南，它指导人们获得今、后两世幸福。他主张在民主政治的基础上改造阿拉伯社会，促进穆斯林新的觉醒，使伊斯兰教与现代世界发展潮流相结合，教义与科学相协调。费萨尔一世在叙利亚执政期间，里达曾被选为叙利亚国民大会主席。1920年，法国进驻叙利亚后，他离开大马士革，定居开罗，整理出版了阿布笃的《认主独一论》（Risālah al-Tawḥīd)、《伊斯兰教、基督教与学术文化》等著述多种，并编了《穆罕默德·阿布笃传》。里达的主要著作《光塔古兰经注》，又称《拉希德古兰经注》，是当今世界上观点最新颖的《古兰经》注本之一，共12册(未完)，于1927年出版于开罗。（马忠杰）

穆罕默德陵墓 伊斯兰教先知穆罕默德陵墓。亦称“先知之室”。中国穆斯林称“穆圣墓”。坐落在麦地那圣寺内。穆罕默德在632年6月8日(伊斯兰教历10年3月14日)因病于麦地那逝世。根据艾布·伯克尔传达的先知生前遗愿，应葬在先知去世之处，故其众弟子及眷属们挪开先知卧床，原地掘土挖坟。当天夜间，由先知眷属及门弟子代表将遗体下葬。先知生前的卧室即为他的陵墓房。当时的墓室只是个半圆形的土堆未加任何建筑装修。两年后首任哈里发艾布·伯克尔逝世，根据他生前的遗愿葬在先知的下方，与先知墓首尾相对，距离很近。644年第二任哈里发欧麦尔逝世，又葬在艾布·伯克尔下方，与其墓首尾相对。3墓均面南，头西脚东。先知墓位于先知清真寺的东南角。706年清真寺扩建，先知墓被扩进寺内，并围以短墙。从此，墓与寺连成一体，并在3座墓的上部建了1座绿顶。历史上先知墓一直敞开，供人瞻仰，后由于崇拜坟墓现象日益严重，沙特阿拉伯政府改建了先知墓室及艾布·伯克尔、欧麦尔墓室，使墓与外界隔绝。改建后的先知墓室，高约6米，3墓室相连长20多米，宽约5米，整体呈东西长方形。两米高的石墙，上建细棂长窗，外加密格铁栅栏，由军警守卫。世界穆斯林朝觐时瞻仰圣墓，与平时走坟一样，瞻仰者自先知寺东南门进入，距离墓两三米处停下，站着道色兰(即问候)，作都阿(即祷告)，从墓后西行，绕到墓前，面向坟墓念诵《古兰经》文，或念赞圣词。然后依次停在艾布·伯克尔、欧麦尔墓前念经或作都阿。仪式完毕，由原路退出。严禁对圣墓焚香叩头礼拜，亦不许触摸亲吻，并禁止拍照、录像。（马智雄）

穆罕默德六世(Muḥammad VI，1861～1926) 奥斯曼帝国末代素丹(1918～1922)。全名穆罕默德·瓦希德丁·本·阿卜杜勒·麦吉德·本·马哈茂德。生于伊斯坦布尔。在其兄穆罕默德五世死后即位。为摆脱其兄在位时受青年土耳其党人控制的局面，他解散了国民议会，亲自主持朝政。1920年3月中旬，英军占领帝国京都伊斯坦布尔，穆罕默德与之勾结，宣布民族抵抗运动为非法，逮捕和流放主张抗战的议员，并组织由英国提供武器的“哈里发军”，参与镇压安纳托利亚的民族解放运动。后经以凯末尔为首的革命者的坚决斗争，他曾一度被迫同意举行选举，以产生新的国民议会。后在英、法等协约国不断进行干涉，并逮捕和流放土耳其革命者的形势下，穆罕默德屈于压力，再次解散民族主义者占有多数席位的国民议会，并于1920年8月同协约国签订了丧权辱国的《色佛尔条约》，使土耳其大片领土被列强肢解瓜分，从而激起各阶层人民的强烈不满。以凯末尔为首的革命者在安卡拉重组大国民议会，正式成立临时政府后，穆罕默德除只有任命伊斯兰教法官的唯一权力外，其素丹地位已形同虚设。1922年11月1日，土耳其大国民议会通过废除素丹体制，几日后新政府批令以叛国罪对素丹定期开审，穆罕默德在英军当局的庇护下，于11月17日挈其幼子潜登英国军舰逃走，奥斯曼帝国亡。穆罕默德先流亡到马耳他岛，后移居叙利亚，1926年在大马士革病故，葬于萨拉丁清真寺内。（杨宗山）

穆罕默德·马赫迪(Muḥammad Aḥmad al-Mahdi，1844～1885) 苏丹伊斯兰教马赫迪派创始人，抗英民族起义领袖。原名穆罕默德·艾哈迈德·伊本·阿卜杜拉。生于苏丹栋古拉地区尼罗河内汉纳底格岛的船工家庭。出生不久，随家南迁，先到善迪，后又到喀土穆附近的卡拉里落居。从童年时代起对宗教知识有浓厚兴趣。他先在卡拉里《古兰经》学校学习7年，继而到喀土穆投于艾敏·苏韦利赫长老门下学习伊斯兰教法学，后又到柏柏尔郊外，入穆罕默德·迪克尔教长的伊斯兰经学校学习。尔后马赫迪加入苏非派的萨马尼耶兄弟会，拜该会的著名谢赫穆罕默德·沙利夫和瓦德·宰奈为师，专修苏非派学理，成为虔诚的苏非派信徒。其师逝世后，担任兄弟会长老，讲经布道，接受门徒。1870年，马赫迪偕门徒来到白尼罗河上的阿巴岛过隐修生活，修建清真寺，创办讲经堂，传播苏非派教义。后到科尔多凡省传教，目睹苏丹在土耳其、埃及官员统治和盘剥下，人民生活极度悲惨，社会动荡不安；土耳其官员违背伊斯兰教规，不履行穆斯林宗教义务，这一切激起了他对外族殖民统治的憎恶和仇视。同时，在全国已经爆发的几起反抗运动的影响下，他立誓说：“我对伊斯兰教和苏丹民族负有义务，我要纯洁宗教，消灭压迫，实行平等。”1881年6月，马赫迪借用伊斯兰教史上关于“马赫迪”降世以复兴伊斯兰教的传说，在阿巴岛公开宣布他就是众所期待的“马赫迪”，受命于真主的旨意，他的使命是驱除暴虐，实现穆斯林社会“普遍平等、处处公正的美好社会”，使苏丹穆斯林摆脱欺压和专制。同年8月，他号召穆斯林遵循《古兰经》和圣训，为安拉之道而进行“圣战”，发动武装起义，反抗英埃军队的入侵。提出为实现苏丹人民的自由和尊严，建立独立的苏丹伊斯兰民族政府的主张，遂在阿巴岛率起义军打败前来进剿的苏丹总督穆罕默德·劳夫帕夏的政府军队，首战告捷旋即转移到法绍达地区的卡迪尔山区。后苏丹总督二次集重兵攻打，均被马赫迪部击败。至1883年初已攻下科尔多凡省首府乌拜伊德，并控制了该省全境，起义扩至苏丹的西部和南部。1883年9月英埃政府组织了一支1万人的远征军，由英国退职军官威廉·希克斯统领，进攻科尔多凡省，11月初，当远征军行至乌拜伊德以南的希甘时，为马赫迪部队所阻击，远征军全部被歼，希克斯当场毙命。1885年1月，马赫迪率起义军从恩图曼越过白尼罗河，包围首都喀土穆，经过激战，击败了英埃侵略军的顽强抵抗，击毙了英国殖民总督C. G. 戈登，占领了喀土穆，结束了英埃对苏丹长达64年的殖民统治。不久，马赫迪离开喀土穆，以恩图曼为首都，建立了苏丹马赫迪国家，初步实现了苏丹的民族独立。他利用公告、传道、训示和书信的形式，向全国宣传马赫迪国家立国的政治和宗教主张。他仿效先知穆罕默德的先例，任命了4名哈里发，其中3名为苏丹人，并选定他最信赖的参谋长阿卜杜拉·穆罕默德·图尔申为自己的继承者。1885年因身患伤寒在恩图曼逝世。 （杨克礼）

穆罕默德·蒙泰扎尔（Muḥammad al-Muntaẓar，约868～878） 伊斯兰教什叶派十二伊玛目支派尊奉的末任伊玛目和未来的马赫迪。全名穆罕默德·本·哈桑·阿斯凯里·本·阿里·哈迪·侯赛尼。“蒙泰扎尔”意为“被期待者”，因什叶派穆斯林认为他永生不死，只是暂时隐遁，期待他于世界末日以马赫迪（al-Mahdi，即得正道者）身份重返人间，主持正义，惩治邪恶，故名。生于伊拉克的萨马拉。其父逝世后被什叶派穆斯林拥立为伊玛目，时年仅5岁。相传他于878年某日进入其家中的地道后突然失踪，此事在什叶派穆斯林中引起强烈反响。因其年幼尚未婚配，没有子嗣，故对其后是否还有继任伊玛目，在什叶派人中曾产生过分歧和激烈的论争。后经其父的特别代理人奥斯曼·阿慕里（？～约837）提出关于他为躲避阿拔斯人的迫害而隐遁的说法后，论争始平息。自878～940年期间，曾先后有4位代理人替其在世上行使职权，称为“小隐遁时期”。940年代理人中断，此后即称“大隐遁时期”。穆罕默德还被什叶派尊称为“伊玛目·麦克图姆”（al-Imām al-Maktūm，即隐遁伊玛目）、“萨希布·泽曼”（Ṣāḥib al-Zamān，即时代之主）、“萨希布·艾姆尔”（Ṣāḥib al-Amr，即命令之主）等。

（杨宗山）

《穆罕默德生平》（Ḥayāt Muḥammad） 伊斯兰教先知穆罕默德传记专著之一。埃及著名学者穆罕默德·侯赛因·海卡尔（1888～1956）著，1935年初版于开罗，是穆罕默德传记中一部影响较大的著作。全书分32章，较系统、全面地综述了穆罕默德生平、传播伊斯兰教的时代背景、社会环境和发展过程，评述了穆罕默德的功绩和在历史上的地位。书中引证史料丰富、翔实，对存在分歧而有待考辨的材料，诸说并列；对西方一些学者的歪曲和不实之词均有批驳。书中还大量引用了《古兰经》的有关经文，对研究《古兰经》亦有辅助作用。此书汉译本由王永方、赵桂云翻译，新华出版社1986年初版。 （林 松）

穆罕默德四世（Muḥammad Ⅳ，1642～1693） 奥斯曼帝国第十九任素丹（1648～1687在位）。全名穆罕默德·本·易卜拉欣·本·艾哈迈德。在其父易卜拉欣被废黜后即位，时年仅6岁，朝政先后由其祖母和母后主持。在穆罕默德被扶上王位的最初8年里，朝廷贪污腐败，各地叛乱不断发生。自1656年由祖籍阿尔巴尼亚的柯普吕律（Koprulu）家族出任首相后，政局有所改观。第一任首相穆罕默德·柯普吕律（1576～1661）采取严厉措施，5年内处决约3万名贪官污吏、不法军人和谋叛分子，整顿和恢复了国内秩序；将宗教基金改拨世俗用途，缓解了财政危机。自1663年起，穆罕默德四世开始以伊斯兰教正统派领袖的身份，指挥对欧洲各基督教国家的征战。但因帝国内伤严重，财力匮乏，战绩每况愈下。1663年进攻奥匈帝国，败于中欧联军，被迫签订为期20年的和平协定，素丹从此不再具有废立东欧各国君主之权。1669～1676年间，虽曾一度战胜波兰，但在1677年以后，先后战败于俄国、威尼斯和奥地利，失去克里米亚、希腊和匈牙利等大片领土。1687年11月，穆罕默德四世以治国乏能、不称穆斯林君主之职等罪名被废黜。其政治、军事上的失败，标志着奥斯曼帝国的进一步衰落。

（杨宗山）

穆罕默德五世（Muḥammad Ⅴ，1844～1918） 奥斯曼帝国第三十五任素丹（1909～1918在位）。全名穆罕默德·拉沙德·本·阿卜杜勒·麦吉德·本·马哈茂德。生于伊斯坦布尔。早年曾接受伊斯兰教传统教育，对奥斯曼帝国历史和波斯文学有所研究。1909年，在其兄阿卜杜勒·哈米德被废黜后即位。时值奥斯曼帝国第二次立宪运动正在兴起，政府实权为青年土耳其党组织的统一和进步委员会所控制，穆罕默德遂成为该党建立君主立宪制的理想人选，被拥立为新素丹，在宣誓遵守修改了的1876年宪法后就职。在位期间，帝国版图为欧洲列强所肢解；1910年，北非的的黎波里为意大利人占领；1912～1913年，欧洲属地在两次巴尔干战争中几乎全部丧失。1914～1918年第一次世界大战期间，奥斯曼帝国加入德、奥同盟国，同英、法、俄协约国作战。此时，穆罕默德打起“圣战”旗帜，竭力宣扬泛伊斯兰主义，号召所有穆斯林团结一致，同非穆斯林进行斗争，力图维持其在中东阿拉伯地区的穆斯林君主地位，结果反为蓬勃兴起的阿拉伯民族独立运动所败，丧失了广大中东地区。具有600余年历史的奥斯曼帝国逐渐解体，素丹名存实亡。

（杨宗山）

穆罕默德协会 印度尼西亚伊斯兰教社团。1912年，由爪哇伊斯兰教著名学者艾哈迈德·达赫兰（1868～1923）创建于日惹。艾哈迈德曾到麦加朝觐、游学，深受伊斯兰现代主义宗教改革思潮的影响。回国后宣称伊斯兰教以理性为基础，它与现代科学的发展是一致的，应对各种“迷信活动”和陈规陋习加以改革，以维护信仰的纯洁性。他以受过现代教育的宗教学者和城市知识分子为核心组成了这一新派组织。其任务是宣传伊斯兰教现代主义的革新主张，改革传统的礼俗，研究伊斯兰教学术思想，发展现代宗教及文化教育，增进穆斯林社会的福利。起初其宣教传道活动遭到传统派的强烈抵制，发展缓慢。后协会向苏门答腊地区发展，入会者猛增。到1938年，拥有会员约25万。后在印尼各地建立了分会，会员扩展到社会各阶层。现拥有800万会员，有政府官员、军队将士、宗教学者、知识分子、企业家等。在新加坡、马来西亚和文莱设有跨国的分支机构，成为印尼最大的伊斯兰教组织。协会集资在各地建有清真寺800多座，各类宗教及世俗学校1700多所（包括清真寺附设的学校），图书馆（室）31座，还办有企业及出版发行机构。翻译刊行印尼语伊斯兰经籍及文化著作，出版宣教报刊。该会不介入政治斗争，后来在宗教思想上同正统派逐渐靠拢。（杨克礼）

穆罕默德·谢巴尼（Muḥammad al-Shaibānī，749～805） 伊斯兰教著名教法学家，哈乃斐教法学派代表人物之一。释奴出身。原籍一说为大马士革郊区的哈拉斯塔（Harasta），一说为阿拉伯半岛。生于伊拉克的瓦西特，长于库法。其父曾在沙姆地区的军队中任职，家庭生活比较富裕。14岁时在哈乃斐教法学派创始人艾布·哈尼法（700～767）门下学习法学及其他知识。18岁时，其师艾布·哈尼法去世，在其师兄艾布·优素福（736～约798）的指导下继续学习该派法学，后前往麦地那听马立克教长（约715～795）和一些圣训学家讲解圣训和教法达3年之久。他既精通库法的意见派法学，又精通麦地那派的圣训派法学，成为这两种法学相互沟通的纽带。在学术研究中，他将阿拉伯语言和诗歌等文学方面的研究与《古兰经》、圣训和教法等宗教方面的研究相结合，为他处理和研究有关遗产分配的法律问题提供了方便。谢巴尼性格倔强，刚直不阿，厌恶以奉承讨好统治者来求得高官厚禄的行为。他热衷于学术研究，曾解囊资助沙斐仪教长（767～820）继续他的法学研究。因其学识渊博，796年被阿拔斯王朝哈里发哈伦·拉希德（786～809）任命为拉卡的法官，后又被罢免。805年再次被任命为呼罗珊地区法官，同年随同哈里发拉希德去赖伊时逝世。谢巴尼是意见派的代表人物，擅长依据伊斯兰教原则（al-Uṣūl）进行法律推理，但极其重视对于圣训的运用，他的每一条教法主张均以经训为根据。他是哈乃斐派最早著书立说的学者之一，写有多种教法学著作。记述和发展了艾布·哈尼法的法学思想。其中最著名的著作有6部：《大集》（al-Jāmi' al-Kabir）、《小集》（al-Jāmi' al-Ṣaghir）、《大则》（Siyar al-Kabir）、《小则》（Siyar al-Ṣaghir）、《简明》（al-Mabsūṭ）、《增订》（al-Ziyādāt）。其著作被哈乃斐派称为传述性著作，其体例是先引用《古兰经》、圣训，有章、节，次述问题，再谈艾布·哈尼法、艾布·优素福和他自己之间主张的同异，最后做出自己的判断。其法学著作为后人研究哈乃斐派法学提供了重要而丰富的参考资料。谢巴尼为哈乃斐派法学的传播和发展做出了重大贡献。（郭宝华）

穆罕默德·谢里夫麻札 16世纪中国新疆地区伊斯兰教苏菲派乌瓦伊西耶教团创始人穆罕默德·谢里夫和卓的陵墓。在新疆维吾尔自治区莎车县城西北郊。始建于1565年。16世纪30年代，叶尔羌汗国（1513～1678）的阿卜杜·拉失德汗为抵制额什丁和卓家族的势力，延请在中亚的穆罕默德·谢里夫和卓到叶尔羌传苏菲主义学理。谢里夫到来后，可汗及其臣民均成为其信徒。不久，拉失德汗即聘其为国师，每遇大事都征询他的意见。1565年谢里夫逝世，拉失德汗为他举行了隆重的葬礼，建造了一座豪华的陵园，于每星期四、五、六前往朝拜，并在麻札守夜。麻札占地约50亩。现仅存土木结构的平顶房两间。外间无陈设，四壁彩绘几何图案、《古兰经》经文及谢里夫和卓家族世系表。内间有谢里夫的伊斯兰式坟头1座，高1.6米，长、宽各13米。通体以花瓷砖贴面。谢里夫麻札周围大小拱北星罗棋布，皆为其信徒和求其护佑者之墓。附属清真寺1座，礼拜大殿土木结构，方体平顶，是麻札的同期建筑物。（马品彦）

穆罕默德言论集 见圣训。

穆罕默德·叶尔孤白 见阿古柏。

穆罕默德一世（Muḥammad Ⅰ，？～1421） 奥斯曼帝国第五任素丹（1413～1421在位）。全名穆罕默德·本·巴耶济德·本·穆拉德。幼时曾接受传统的伊斯兰教教育。稍长，被其父巴耶济德一世派往阿马西亚省任总督，在阿尔巴尼亚籍大臣巴耶济德帕夏辅佐下，学习施政方略。1402年其父在安卡拉之战中败于帖木儿被俘，不久身亡，穆罕默德等诸王子为争夺王位展开激烈斗争。在持续10年（1403～1413）之久的内战中，穆罕默德先后打败霸据布尔萨的伊萨、在鲁米利亚称素丹的苏莱曼和在埃迪尔内称素丹的穆萨，最后于1413年重新统一全国，正式登上素丹王位。在亚洲，他收复了其父在位时丧失的全部领土，迫使突厥诸家族承认奥斯曼人在安纳托利亚中部和西部的统治地位。在欧洲，他派遣舰队驱逐了爱琴海岛屿上的威尼斯人，下令在多瑙河以北构筑要塞，以进攻匈牙利。1416年，穆罕默德因其舰队在格利博卢附近海域为威尼斯人所败而被迫与之媾和。同年，他多次派军对苏菲派长老、教法学者白德尔丁·马哈茂德（？～1416）领导的苏菲派人起义进行镇压，并亲自领兵前往伊兹米尔以北地区进行围剿，最后在巴尔干半岛瓦拉吉亚的泽里斯将白德尔丁俘获，以叛国罪处以绞刑。

穆罕默德因以武力统一全国，并以镇压手段巩固了帝国的统治，故享有“胜利者”之称。1421年因中风死于埃迪尔内。（杨宗山）

穆罕默德·伊本·图格鲁克（Muḥammad ibn Tughluq，约1290～1351） 印度德里素丹国图格鲁克王朝第二代素丹。出身于旁遮普突厥贵族家庭，为素丹吉亚斯丁·图格鲁克之长子。曾受过良好的教育，博学多才，通晓《古兰经》和教法，对哲学、逻辑学、修辞学、天文学、医学、数学都具有广博的知识。其父在位时担任军队将领，1321～1322年攻打德干高原的瓦朗加尔城，征服当地的印度教王公。1325年即素丹位后，先后22次镇压了西北部和孟加拉地区的叛乱。为了控制所征服的南部地区，1327年将都城从德里迁至德瓦吉里（今道拉塔巴德）。由于向德瓦吉里大量移民，使伊斯兰文化广泛传播到南部，乌尔都语也广泛流行。为支付庞大的军费开支，他增加各种税收，铸造大量铜币，代替金银币的流通，致使物价上涨，人民负担加重，引起普遍不满。他为了解决国库空虚，宫廷建立管理农业机构，提倡轮作，创办国有农庄，扩大耕地面积，改进灌溉设施，农业有所发展。后蒙古人入侵，劫掠了旁遮普，进逼德里，迫其纳贡。1337年派庞大的远征军妄图征服西北部的阿富汗斯坦乃至呼罗珊，结果全军覆灭。他统治后期国内动乱，马拉巴尔、克什米尔、德瓦吉里等地区总督宣布独立，王朝领土缩小，政权由盛而衰。1341年中国元朝与德里素丹国互派使节通好。1351年出征平定古吉拉特叛乱时，他殁于信德松达。（杨克礼）

穆罕默德·伊敏和卓 见依禅卡朗。

穆罕默德·优素福（Muḥammad Yū suf） 中国明末清初新疆伊斯兰教依禅派重要传人，白山宗领袖。一译“穆罕默德·玉素甫”。全名阿吉·穆罕默德·优素福·麻扎尔，旧译“玛木特·玉素布”。依禅卡朗之第四子。生卒年不详。早年生活在中亚，师承其长兄、布哈拉依禅派首领哈希木。1620年自麦加朝觐返回与三位兄长划分传教地区，来到新疆喀什噶尔阿图什村，担任白山派领导人。1622年因争夺宗教权力与黑山派发生武装冲突，被叶尔羌汗国阿卜杜·拉蒂夫汗（1618～1630在位）驱逐出境。后投靠库木勒（今哈密）苏菲派修士米尔·赛义德·哲利里，留在哈密传教，并娶哲利里之女祖莱汗为妻。1625年生子希达叶图拉（即阿帕克和卓）。1638年阿卜杜拉汗在叶尔羌执政后，穆罕默德·优素福携家眷重返喀什噶尔，各地白山派信徒靡然相从，其势力大增。阿卜杜拉汗将皇家种植园阿凡提村土地相赠，以示笼络。其太子尧乐巴斯亦拜他为宗教导师。在尧乐巴斯汗的支持下，穆罕默德·优素福与阿帕克和卓父子在喀什噶尔建立了以拜什克然木村为中心的宗教基地，与黑山派展开了激烈的争夺教权的斗争。1654年黑山派领袖和卓夏迪去世后，穆罕默德·优素福以到阿勒屯麻札朝拜为名，企图争取阿卜杜拉汗完全归顺白山派，遭到黑山派抵制和汗王拒绝。穆罕默德·优素福被迫返回喀什，途中在英吉沙托普鲁克村逝世，葬于喀什噶尔开合都，建麻札名“哈兹拉特麻札”（即圣贤麻札），此地即成为白山派和卓家族陵墓圣地（今俗称“香妃墓”）。（陈国光）

《穆罕默德传》 伊斯兰教先知传略著述。埃及著名学者穆罕默德·胡泽里（？～1927）著。著者是埃及文化复兴运动和教育改革运动的代表人物之一，他所发表的有关宗教、文学、道德及社会学的论著受到舆论界的重视。此书以《古兰经》和布哈里、穆斯林·本·哈贾吉汇编的两种权威《圣训集》为主要依据，参考了大量资料，较全面、系统地记述了穆罕默德的一生，特别是在传播伊斯兰教过程中的主要活动和同多神教徒的斗争。重点突出，脉络清晰，是先知传中流传广泛的版本之一。它曾被一些伊斯兰教学府采用为教材。这本传记由新疆维吾尔族穆斯林学者穆罕默德·萨利赫从阿拉伯文译为维吾尔文，再由秦德茂、田希宝转译为汉文。宁夏人民出版社于1983年7月出版。（林 松）

穆赫塔尔起义（Intifāḍah al-Mukhtār） 7世纪伊拉克库法什叶派反对伍麦叶王朝统治的武装起义（685～687）。领导人为什叶派凯桑尼派的创始者穆赫塔尔·塞盖菲（622～687），故名。他原为阿里派的追随者，680年曾在库法参加过穆斯林·本·阿基勒领导的起义，被捕获释后投向在麦加自立哈里发的伊本·祖拜尔，支持其反对伍麦叶王朝的斗争，并表示愿去库法发动和组织什叶派人响应。约683年他回到库法后，不履行对伊本·祖拜尔的承诺，自立派系，开展拥立阿里之子伊本·哈奈菲叶为伊玛目的宣传组织活动，扩充自己的势力。他宣称伊本·哈奈菲叶从阿里那里继承了一切隐秘的灵知，并模仿《古兰经》的语调，用隐秘的韵文提出“马赫迪”（即救世主）即将降临人间，消除一切不义，给世界带来正义。他说，伊本·哈奈菲叶就是“马赫迪”，他本人是奉伊本·哈奈菲叶之命来领导阿里派穆斯林进行斗争，其使命是为殉道的侯赛因复仇，恢复阿里后裔继承哈里发的合法政治地位，反抗伍麦叶王朝哈里发的统治。他还提出一系列社会、政治平等的主张。穆赫塔尔以此为号召，得到了库法广大下层穆斯林的响应。685年末，穆赫塔尔率领1.7万余人的军队在库法发动了反对伍麦叶王朝的武装起义。起义军击败欧拜杜拉·本·齐亚德指挥的伍麦叶王朝军队，先后攻占了伊拉克全境和东部地区；继而在卡扎尔战役中再次击败王朝军队，并击毙了一批曾杀害侯赛因的将领。后因派兵前往麦加营救被伊本·祖拜尔囚禁的伊本·哈奈菲叶等人，更加触怒了伊本·祖拜尔。687年初,伊本·祖拜尔之弟穆斯阿卜从巴士拉率军包围了库法要塞,围困达4个月之久,穆赫塔尔在一次出击战中阵亡。从此,伍麦叶王朝未能镇压的穆赫塔尔起义,却为反伍麦叶王朝的地方军事势力所扑灭。起义军失败了,但穆赫塔尔提出的马赫迪思想,却成为什叶派坚持反对伍麦叶王朝斗争的精神支柱。参加起义的群众后来形成什叶派的凯桑尼派。（杨克礼）

穆赫塔尔·塞盖菲(al-Mukhtār al-Thaqafi,622～687) 伊斯兰教早期什叶派起义领袖,凯桑尼派创始人。全名穆赫塔尔·本·艾比·欧拜德·本·麦斯欧德·塞盖菲。出身于阿拉伯半岛希贾兹地区塔伊夫城的塞基夫(Thaqif)家族。幼年随父迁居麦地那。其父艾布·欧拜德(Abū‘Ubayd,? ～634)系第二任哈里发欧麦尔当政初期首次率军出征的将领,在伊拉克同波斯人作战时阵亡。穆赫塔尔先后在欧麦尔、阿里的抚养下度过青少年时代,在伍麦叶家族和哈希姆家族争夺哈里发权位的斗争中,他成为哈希姆家族阿里派的积极追随者。阿里就任第四任哈里发后,他随阿里迁居伊拉克。伍麦叶王朝统治初期,他在巴士拉隐居。680年因参加拥立阿里之子侯赛因为哈里发的政治运动,遭到伍麦叶王朝派驻巴士拉总督欧拜杜拉·本·齐亚德(‘Ubaydullāh ben Ziyād,648～686)逮捕囚禁,后被遣返到家乡塔伊夫。683年,伊本·祖拜尔在麦加发动反伍麦叶王朝运动,自立为哈里发。穆赫塔尔前往支持,并表示愿去伊拉克库法地区为其进行宣传。但他最大誓愿是为680年在卡尔巴拉殉难的侯赛因复仇,因而回到库法后并未履行其对伊本·祖拜尔的诺言,而是自立派系,积极开展拥立阿里的另一子伊本·哈奈菲叶为伊玛目的宣传活动,以扩充自己的势力。他提出了灵知传代的主张。认为伊玛目的灵知具有神灵感和知识,前任伊玛目归真后,其灵知中的神性可传至下一代伊玛目身上;只有阿里的后裔才具有这种超凡的灵知,因此只有他们才具备担任伊玛目的资格。他宣称伊本·哈奈菲叶即是应尊奉的伊玛目和马赫迪,而自己则是其代理人,受命伸张正义,铲除暴虐,为侯赛因复仇。他还提出了麦瓦利应同阿拉伯人政治地位相等和减免捐税等各项社会、政治主张,从而得到了中、下层穆斯林群众尤其是波斯人的广泛支持。阿拉伯史书称穆赫塔尔的这批追随者为凯桑尼派(al-Kaisāniyyah),即伊斯兰教什叶派早期支系之一。685年末,穆赫塔尔率领一支由1.7万余人组成的复仇军开始了反伍麦叶王朝的起义,他们先后占领了库法、摩苏尔,并大败王朝军队于卡扎尔河畔。以欧拜杜拉·本·齐亚德为首的一批杀害侯赛因的凶手均被杀死。当穆赫塔尔得知伊本·哈奈菲叶和著名圣门弟子伊本·阿拔斯因拒绝拥立伊本·祖拜尔为哈里发而被囚禁于麦加的消息后,立即派军前往将二人救出,从而更加激怒了伊本·祖拜尔。687年,穆赫塔尔在库法地区连续遭到伊本·祖拜尔之弟穆斯阿卜(Muṣ‘ab ben Zubair,647～690)军队长达4个月的攻击,终因寡不敌众,被穆斯阿卜杀害。（杨宗山）

穆康那起义 见穆盖奈尔起义。

穆克依 中国伊斯兰教职称谓。塔吉克族伊斯玛仪派的高级宗教职称。塔吉克族的伊斯玛仪派,在宗教信仰、教义、组织等方面受印度伊斯玛仪霍加派的影响,尊印度霍加派领袖穆罕默德·阿迦汗一世(1877～1957)为"活主"。"穆克依"系伊斯玛仪派当代最高伊玛目阿迦汗为引导和管理各地信徒的宗教活动而授予信徒中宗教学识渊博、具有管理能力的宗教首领的称号,有委任证书,其称号可世袭。穆克依的职责是发展、吸收信徒,传播该派教义,接受宗教捐赠,传达和执行伊玛目的旨意,管理信徒的宗教活动等。教徒称他们为"辟尔"(即导师、师傅),服从他们在宗教方面的管理。穆克依在塔吉克穆斯林中享有特殊的社会地位,他们实为代表伊玛目阿伽汗行使宗教权。中国塔吉克族中的赛义德·毛拉·巴赫西(1866～1956)、赛义德·阿斯甫丁夏赫(1910～1973)以及艾布·赛义德汗、汗依禅、亚库提夏等人均获得伊玛目阿迦汗授予的穆克依称号。（西仁库尔班）

穆拉比特王朝(al-Murābiṭūn) 中世纪柏柏尔人在西北非和西班牙南部建立的伊斯兰教王朝(1061～1147)。南宋赵汝适《诸番志》称作"木兰皮国"。西班牙语称"阿尔摩拉维德王朝"(Almoravdes)。原是由西撒哈拉南部的桑哈贾部族3个柏柏尔人部落组成的联盟。11世纪中叶,穆拉比特人发起了纯洁伊斯兰教的圣战运动。其创始人为摩洛哥伊斯兰教学者阿卜杜拉·伊本·雅辛(‘Abdullāh ibn Yāsin,? ～1059)。提出"纯洁伊斯兰教"的口号,提倡严格遵奉伊斯兰教先知穆罕默德时期的原旨教义,实行马立克学派教法学说,强调穆斯林虔修苦行、遵守教律。指责统治者背离伊斯兰教原旨教义和教法,生活奢侈,反对强加给穆斯林的沉重赋税,主张建立武装,向统治者进行"圣战"。约于1035年,伊本·雅辛应朱达拉部落首领叶海亚·伊本·易卜拉欣之邀进行传教,但进展甚微。1042年,伊本·雅辛带领少数信徒隐退到塞内加尔河附近的一个岛上,在那里建立了宗教、军事合一的设防修道院"里巴特"(al-Ribāṭ),故被称为"穆拉比特"(即驻在修道院中的人)。他们组成军事性的宗教兄弟会,向各部落传播其教义,使当地居民改宗伊斯兰教,并秘密积蓄军事力量,后伊本·雅辛得到柏柏尔桑哈贾部落拉姆图纳部族首领叶海亚·伊本·欧麦尔的支持,许多下层群众亦纷纷参加兄弟会,队伍日益壮大。1056年,其军事领导权由艾布·伯克尔·伊本·欧麦尔和他的表兄弟优素福·伊本·塔什芬共掌。他们共同发动"圣战",先统一桑哈贾诸部和一些黑人部族,大多数人归信伊斯兰教。后向北扩张，攻占了摩洛哥南部的塔鲁丹特、艾格马特等城市。1059年，伊本·雅辛与巴格瓦塔部族作战时阵亡。1061年，艾布·伯克尔率军南返平乱，优素福·伊本·塔什芬（Yūsuf ibn Tāshfin，1061～1106在位）掌管全部权力，自称"埃米尔"，宣布建立穆拉比特王朝，但仍承认阿拔斯王朝的宗主权。1062年，在摩洛哥兴建马拉喀什城，作为首都。1068年占领非斯，1076年攻占加纳首都昆比，1078年攻占丹吉尔。1080～1082年已扩张到阿尔及利亚，控制了西北非地区。1086年，伊本·塔什芬应西班牙塞维利亚阿巴德王朝埃米尔穆尔台米德之求援，借抵抗北方基督教收复失地运动之机，率军渡过地中海进军西班牙，在萨拉卡之役中打败卡斯提尔国王阿尔丰索六世的军队。1090年再次出兵攻占格拉纳达，翌年夺取塞维利亚及其他重要城市，并将塞维利亚作为陪都。至此，穆拉比特王朝成为地垮欧、非两洲的军事封建帝国。1106年，阿里·伊本·优素福（1106～1142在位）继任埃米尔，王朝逐渐衰落。因加重对农民和市民的赋税，使生产受到破坏，各地穆斯林和基督教徒纷纷起来反抗。1118年，基督教徒收复萨拉戈萨。1147年，柏柏尔部落的穆瓦希德人攻占马拉喀什，推翻穆拉比特王朝，建立了穆瓦希德王朝。

穆拉比特王朝的埃米尔（即国君）集行政、军事、宗教大权于一身，实行军事集权统治。王朝统治者自称"穆斯林的长官"，名义上承认阿拔斯王朝哈里发的宗教领袖地位。王朝推崇逊尼派马立克学派的教法学说，各清真寺教长和法官均由马立克学派学者担任。教法学家经埃米尔核准发布"法特瓦"（即教法决定），明令穆斯林严守其教律。曾因安萨里的学说与其教法学家的意见相左，凡遵从安萨里学说的人，被斥为"异教徒"，安萨里的著作被列为禁书，在科尔多瓦当众销毁。王朝的艺术以朴素和谨严著称。1082年修建的特莱姆森清真大寺是建筑艺术的代表作。

（杨克礼）

穆拉德二世（Murād II，1404～1451） 奥斯曼帝国第六任素丹（1421～1451在位）。全名穆拉德·本·穆罕默德·本·巴耶济德·本·穆拉德。生于埃迪尔内。少年时期曾参加镇压小亚细亚地区的苏菲派人起义。1421年在其父穆罕默德一世死后即位。他首先粉碎了由一个冒名其叔穆斯塔法的人在拜占庭皇帝曼努尔二世（Manuel II，1391～1425）幕后支持下发动的叛乱，继而多次围攻君士坦丁堡，迫使拜占庭皇帝向其称臣纳贡。他在迫使小亚细亚地区各藩属国王公承认其宗主权后，倾全力于夺取欧洲巴尔干半岛。1430年从威尼斯人手中夺取萨洛尼卡，进而攻占阿尔巴尼亚大部和希腊的埃皮鲁斯地区。后败于以匈牙利军队为主的巴尔干联军，被迫于1444年8月同匈牙利签订了为期10年的《塞格德和约》，割让了瓦拉几亚和塞尔维亚的宗主权。此后，他一度禅位给其第三子穆罕默德二世，自己隐居马尼萨，从事伊斯兰教学术研究与著述。后因匈牙利人毁约重燃战火，他被迫复王位，亲自督军大败十字军于保加利亚的瓦尔纳，并一举夺取塞尔维亚和波斯尼亚。1445年，他再度退位，不久又因近卫军叛乱而重新执政。此后，他两次前往阿尔巴尼亚镇压民族反抗运动，并在希腊和伯罗奔尼撒半岛征战，夺取科林斯和佩特雷。1448年10月，他在科索沃战役中再次击败十字军，夺回大部分失地。1451年初，他在埃迪尔内病逝，终年47岁。穆拉德当政时期，正值土耳其文艺复兴开始的时代。受其潮流影响，穆拉德鼓励学术研究，提倡发展土耳其文学艺术和翻译伊斯兰教经典。在其宫廷中，传统的阿拉伯语和波斯语开始被土耳其本民族语言所取代。穆拉德十分重视对伊斯兰教专业人才的培养，在其当政时期先后有两万名学生在附设于各地清真寺的学校里学习，专修7年伊斯兰教经典。毕业后，即可担任法官、宣教师、宗教课教员等职，并可获"学者"称号。穆拉德还十分关心对其王族后代及青年的教育。他创办了宫廷学堂，聘请国内著名学者和高级官员任教，以全面培养忠于素丹、具有真才实学的国家各级管理人员。参加学习的除王子和朝臣子弟外，还有战俘子弟、青年奴隶和侍从等。

（杨宗山）

穆拉德三世（Murād III，1546～1595） 奥斯曼帝国第十二任素丹（1574～1595在位）。全名穆拉德·本·赛利姆·本·苏莱曼。帝国从盛世开始转向衰落时期实行闺房统治的封建君主之一。在其父赛利姆二世死后即位。当时，官场贪污腐败，宫廷骄奢淫逸。穆拉德不理朝政，国事任其母努尔·巴努和王妃萨菲娅两个意大利女人摆布，大权旁落于一些平庸无为的宠臣手中。他沉湎于酒色，妃妾众多，成为100多个子女之父。他以伊斯兰教正统派哈里发的名义，对外继续用兵，不断同什叶派掌权的波斯人征战，使帝国疆界扩展到高加索和里海。1584年，他曾派军镇压黎巴嫩德鲁兹教派的反抗运动。1589年，拨款对麦地那先知寺进行修葺，并增设了大理石讲台。1595年病故。

（杨宗山）

穆拉德四世（Murād IV，1612～1640） 奥斯曼帝国第十七任素丹（1623～1640在位）。全名穆拉德·本·艾哈迈德·本·穆罕默德·本·穆拉德。第十四任素丹艾哈迈德一世之子。在其叔穆斯塔法一世因政变被迫下台后即位，时年仅11岁，国事暂由其母协助治理。1632年，他在近卫军和法官们的全力支持下，平息了曾称霸一时的童子军团的叛乱，使首都伊斯坦布尔和各省区的秩序得以恢复。他随即解散童子军团，废除向基督教各国征集儿童以补充军源的惯例，重新组建了新军。他以铁腕治理国家，摆脱了其前几任素丹执政时期闺房统治的局面，使国情有所好转。1633年，他派军占领了叙利亚、黎巴嫩沿岸所有海港，随后从陆路向黎巴嫩地区德鲁兹教派据点进攻，俘获该地领主法赫鲁丁二世，并于1635年以反抗帝国罪将其斩首。他曾两次亲征波斯，1630年占领哈马丹，几年后重克埃里温和大不里士，1638年再度占领巴格达。穆拉德对伊斯兰教曾有贡献。1630年，圣地麦加因大雨成灾，克尔白天房遭到损坏，他下令将其整修一新。1640年2月因酗酒过度而死。（杨宗山）

穆拉德一世（Murād Ⅰ，1326～1389） 奥斯曼帝国第三任素丹、帝国早期对外征服者之一。全名穆拉德·本·奥尔汗·本·奥斯曼。前任素丹奥尔汗之子，其母为希腊人。早年曾接受传统的伊斯兰教教育。他在位期间（1359～1389），自称为“真主的哈里发”，继承其父征伐事业，不断向外扩张。在亚洲，他首先率军镇压了安卡拉地区同业公会商人发动的起义；继而以权势和外交等手段，将其在安纳托利亚的领地扩大近1倍；以其子与克里米亚埃米尔之女联姻的方式，获得克里米亚部分领土和屈塔希亚要塞；通过赎买手段，获得哈米德埃米尔酋长国的部分领土；晚年他还成功地镇压了其子骚吉（Sawji）伙同拜占庭帝国亲王和卡拉曼的塞尔柱埃米尔在科尼亚等地发动的叛乱，巩固了帝国在小亚细亚地区的统治。在欧洲，他以色雷斯的德姆提卡为大本营，向北方和西方进军。他于1362年占领埃迪尔内，并于1365年定该城为帝国首都；后派兵进入巴尔干半岛，先后征服马其顿、保加利亚和塞尔维亚，迫使信奉基督教的巴尔干诸王国成为帝国的臣属国；他多次打败拜占庭帝国军队，迫使皇帝约翰五世表示臣服；他还通过同热那亚、威尼斯等国缔约手段，扩大其领土版图，获取大量贡赋和岁入；他的军队一度越过多瑙河，构成对匈牙利的威胁。1389年6月，他亲自指挥著名的科索沃（Kossovo）战役，抵御了由塞尔维亚国王拉扎尔（Lazar，？～1389）亲自统率的多国联军的进攻，最后战死于疆场。穆拉德一世经过30余年的对外征战，为确立奥斯曼帝国在小亚细亚和巴尔干半岛的统治奠定了基础。（杨宗山）

穆拉·萨德拉（Mullā Sadra，约1571～1640） 伊朗伊斯兰教什叶派教义学家、圣训学家、哲学家。全名穆拉·萨德鲁丁·穆罕默德·伊本·易卜拉欣。生于设拉子，出身于什叶派学者世家。幼承家学，受传统的伊斯兰教育。曾一度在库姆经商，后到伊斯法罕师从什叶派著名长老巴哈丁·阿米里和米尔·达马德学习。他通晓经训、教义、教法、哲学、文学，掌握阿拉伯语和波斯语。在该地清真寺和宗教学校任教，从事研究和著述。他一生7次到麦加朝觐，在巴士拉逝世。他是伊斯法罕神秘哲学光照学派的代表，认为世界（包括自然和人类）是真主之光照的创造之物，真主之光是万物的永恒根源，真主之光是无限的，世界万物及其变化是真主无限光明的各种表现。在解释自然界的起源时，指出除真主和他的真知（即永恒的灵知）外，地球、星辰、万物等，既有永恒的根源，也有暂时的根源。他认为“自然”是一切事物的质，也是一切运动的因，因此自然是永恒的，成为永恒存在体与受造物之间的永久链环。他认为人的灵魂借助精神升华，才能达到与安拉的合一。真主之光赋予人以先天的灵知是最高的知识形式，它弥补人后天的缺陷，使人成为“完人”。在教法上，他认为除依据《古兰经》、圣训外，还可应用类比、公议等推理方法制定教法律例。他还认为，伊斯兰教在每一个时代，都会出现一个复兴者，他们具有渊博的知识、独到的见解和绝妙的宗教洞察力。应以这些贤哲的学说思想为指导，组织伊朗的伊斯兰文化复兴运动。他的学说曾遭到什叶派正统学者的责难。他著有教义学、哲学等著作50多部，最著名的是《精神旅行四程》（一译《真主的见证》），是一部宗教哲学著作，后在什叶派穆斯林中广泛流传。他还对《古兰经》、库莱尼的《宗教学大全》和伊本·西那的《治疗论》作过注释及评论。后世伊朗学者称他为“伊朗历史上最伟大的哲学家”、“伊朗伊斯兰文化复兴运动的代表人物”。（杨克礼）

穆里德（Murid） 见穆尔希德。

穆民（al-Mu'min） 笃信伊斯兰教者的称谓。旧译为“慕门”、“慕民”等。阿拉伯语音译，意为“信仰者”、“归信者”、“信教者”。凡表示信仰伊斯兰教，并当众朗诵“清真言”、“作证词”者，即为穆斯林。其中信仰坚定，坚持宗教功修并恪守伊斯兰教道德行为规范者即称“穆民”。《古兰经》中对穆民有多种提法：①对诚信伊斯兰教并严格履行五项功修以及其他教律者的称谓。穆民的首要条件是“信教”，即有坚定的“伊玛尼”。《古兰经》中劝人行善、止人作恶、号召履行“五功”等经文之前，多用呼告语气说：“信道的人们啊！”所用动词“阿迈努”（Āmanū）的主动名词即“穆民”。在“伊玛尼”的基础上还应做到的有：“常常记念真主”（33：41），“顺从真主及其使者”（8：20），履行五功（2：43、183，3：97），多做善事（16：90），为主道牺牲自己财产和生命（9：20），不吃重利（2：278），抚护孤儿（4：2），孝敬双亲（2：83），夫妇和美（4：19），亲爱近邻、远邻，款待旅客，宽待奴仆（4：36）等。②泛指古代信仰真主的人。如：“易卜拉欣原来是一个表率，他服从真主，信奉正教，而且不是以物配主的”（16：120）；“信教者、犹太教徒、基督教徒、拜星教徒，凡信真主和末日，并且行善的，将来在主那里必得享受自己的报酬”（2：62）。③指放弃多神教信仰和其他宗教信仰而改宗伊斯兰教信仰的人。“如果他们悔过自新，谨守拜功，完纳天课，他们就是你们的教胞”（9：11）。按教义，凡穆民在真主面前一律平等。真主晓示“凡穆民皆兄弟”（49：10）即体现这一涵义。④《古兰经》第23章章名。中国穆斯林中亦有人把“穆民”这一章译词解释为“随从穆罕默德的教民”，即作为音意兼顾的称谓来理解。

（林　松　达应庚）

《穆民月刊》 中国伊斯兰教综合性刊物。1931年元月在广州创刊，由广州小东营回教礼拜堂的“穆民月报社”出版发行。主编陈焕文。编辑通讯处设在广州小北湛家2巷6号。该刊宗旨是：“阐扬教理，振兴教育，提倡实业，研究学术，促进建设，指导穆民爱国爱教”，使月刊成为“穆民的喉舌，增智的良师，真理的表征，纯洁的益友，天园的导引，人生的伴侣，迷途的警铎，苦者的慰藉。”该刊内容广泛，辟有经籍译注、教义研究、穆民言论、演词选录、统计调查、穆民金玉（即格言）以及国内外穆斯林动态、文艺笔记、小说杂俎、医学常识等栏目。其编辑特点是灵活中有侧重，主要以“发扬回教奥义，振兴回教教育，排解教派纠纷，答复疑难问题，以科学释教理，辩证教外谛言，提倡生利实业，改革相沿陋习”为导向。该刊封面大都用彩色印刷，并印有“泰斯米叶”和英文刊名。其第1卷8～9期合刊号为伊斯兰“婚丧专号”，收有纳子嘉的《婚姻家庭与社会的关系》、山国庆的《论丧制》等19篇专论。该刊比较集中地反映了20世纪30年代省港地区穆斯林社会的情况，是华南地区影响较大的伊斯兰刊物之一。

（余振贵）

穆纳菲格（Munāfiq） 伊斯兰教用语。阿拉伯语音译，意为伪信者、两面派。早期指混入穆斯林队伍的异教徒，《古兰经》每提到他们时，都以严厉的词语加以谴责，如“真主应许伪信的男女和不信道者，他们将入火狱，并永居其中”（9：68）。阿拔斯王朝时代，“伪信”以不同含义在社会传播，成为文学、政治及宗教领域指责对方的罪名，社会各阶层有不同的理解，包括以下3项含义：①指生活淫乱、放荡，发展到亵渎宗教的人。②指伪装信奉伊斯兰教的袄教徒和摩尼教徒以及他们的著述。③指不信奉伊斯兰教的自由主义者和早期的无神论者。

（马忠杰）

穆萨（Mūsā） 《古兰经》中记载的著名古代先知。一译“母撒”。阿拉伯语音译。《旧约全书》称“摩西”（Moses）。与阿丹、努哈、易卜拉欣、尔撒、穆罕默德并称为安拉的六大使者。相传于公元前13世纪生于埃及一以色列人家庭。仪姆兰之子，哈伦之弟。后成为希伯来人的政治及宗教领袖，犹太教尊奉的先知和立法者。《古兰经》中关于穆萨的故事，在所载近30位古代先知中记述最详，所占篇幅最多，计有134处提及其名，有23章400余节讲到其事迹。经文涉及到的主要内容有：(1)关于穆萨的身份和地位。经文指出他确系一位能直接与安拉密谈的先知和使者，受有安拉赐降的经典，被“选拔在众人之上”（19：51～53，6：154，32：23，7：144）。“经典”即指伊斯兰教信奉的四大天经之一《讨拉特》（al-Tawrāt），通译《旧约》。(2)关于穆萨的降生及其青少年时代。据载，他出生在法老统治下的埃及，因法老强令屠杀以色列男婴，其母怕被查获，便将其置于箱中，投入大河顺水漂流，后被人救起送入法老宫廷，深受法老之妻怜爱，遂抚养于宫中，其母亦有幸被召入宫为其哺乳。及长，因击毙人命而出逃，在麦德彦被一老者（相传即先知舒阿卜）收留，娶其女为妻，并约定为其牧羊8年（28：3～28）。(3)关于穆萨接受安拉启示及其与法老的斗争。穆萨牧羊期满后携眷离开麦德彦，夜行途中在西奈山圣谷图哇（Ṭuwā）的火光近旁接受了安拉的启示，成为使者，并被授予手杖变蛇等确证其为安拉使者的奇迹。后与其兄哈伦赴埃及向法老传播认主独一教义，要求他释放以色列的后裔，准许他们重返故乡，并在斗法中战胜法老聚集的众术士。法老等因执迷不悟，继续作恶，故遭到安拉降下的各种天灾的惩罚。后法老率兵追击穆萨及其民众至红海边，海水遵照安拉的旨意分向两旁，展现出一条陆路，穆萨及其民众得以过海脱险，而法老全军覆没于合拢的海水中（28：29～40，27：7～14，20：9～79，7：103～136）。(4)关于穆萨获赐法版及以色列人背教改奉牛犊。穆萨率民众脱险后，与安拉相约只身在西奈山封斋静修40天。期间，曾因请求面见安拉而遭遇山崩之险，悔罪后蒙获安拉赐予的记有教规、教律的法版。与此同时，以色列人却因受撒米里人之惑而背教改奉金铸的牛犊，穆萨斥责了他们的丑恶行径，并将牛犊焚化，投入海中。他们悔罪后，穆萨择选其中70人重登西奈山，再次去接受安拉的启示（7：142～156，20：83～98）。此外，部分经文还记述了穆萨以手杖自磐石中击出12道泉水、以死牛击尸审理命案和师从隐士赫迪尔学习哲理等故事（7：160，2：67～73，18：60～82）。

《古兰经》以大量篇幅反复讲述穆萨的故事，旨在阐明：(1)穆萨不仅是以色列人的领袖和犹太教尊奉的先知，亦系伊斯兰教所承认和尊崇的先知之一（19：51～53）。(2)先知穆罕默德传教时的处境颇似穆萨，法老因妄自尊大而遭到惩治的结局（28：39～40），遂成为《古兰经》用以警告以麦加古莱什贵族为首的多神教势力的重大鉴戒之一。(3)以穆萨同以色列人的故事为鉴，指责麦地那犹太教徒的离经叛道行为和对安拉的忘恩负义（2：47～66），以此劝告他们停止与先知穆罕默德的对抗，及早同穆斯林方面结盟修好，或改奉伊斯兰教。

（杨宗山）

穆萨·阿尔斯兰汗（MūsāArslan Khan） 10世纪喀喇汗王朝可汗。全名穆萨·阿尔斯兰汗·本·萨图克，突厥语名巴伊塔什（Bay Tash）。生卒年不详。回鹘（今维吾尔）族，喀什噶尔（今新疆喀什市）人。出身于喀喇汗王朝王室，其父是萨图克·布格拉汗。穆萨自幼受到良好的家庭教育和伊斯兰教的熏陶。早年经历不详。955年继其父为王朝副可汗。当时，驻巴拉沙衮（今哈萨克斯坦之托克马克附近）的大汗拒绝接受伊斯兰教,喀什噶尔的佛教徒也不断举行反抗强制改宗伊斯兰教的暴动。为巩固建立不久的伊斯兰政权和继续传播伊斯兰教,穆萨首先发动"圣战",打败巴拉沙衮的大汗,废除旧的可汗世系,被擢升为阿尔斯兰汗(大汗)。后在中亚内沙布尔苏菲派传教师艾布·哈桑·穆罕默德·苏菲·卡里马提帮助下,大力推行伊斯兰教。据阿拉伯历史学家伊本·艾西尔著《全史》记载,960年有20万帐突厥人改宗了伊斯兰教。同年穆萨宣布伊斯兰教为国教,喀喇汗王朝成为突厥语民族历史上第一个伊斯兰王朝。喀喇汗王朝全面推行伊斯兰化政策,对佛教徒的暴动予以镇压,引起信仰佛教的于阗李氏王朝的不满,两国关系日趋恶化。962年,两国间爆发宗教战争。据出土的和田文书记载,经过7年战争,于阗军队969年7月攻占喀什噶尔,并扶植了亲于阗的政府,取得了战争第一阶段的胜利。穆萨死后,其子孙继续同于阗作战,终于灭亡于阗李氏王朝,把伊斯兰教传布到佛教长期统治的塔里木盆地东南地区。 (马品彦)

穆萨·本·努赛尔(Mūsāben Nuṣayr,640～717) 阿拉伯伍麦叶王朝著名军事将领,易弗里基叶(当时北非)总督。生于伊拉克南部的艾因·泰木尔古城。其祖父为哈里发穆阿维叶的宫廷卫队长。幼时受到良好的宗教和文化教育,精于武略,足智多谋,勇敢善战。后在伍麦叶王朝军队中任职,随哈桑·伊本·努尔曼再度征服马格里布。在700年前后,他奉命接替哈桑任易弗里基叶总督,率柏柏尔人组成的军队征服中、西马格里布,占领丹吉尔,以盖赖旺(今凯鲁万)为首府,由哈里发直接管辖。他推行阿拉伯化和伊斯兰化的政策,使柏柏尔人改宗伊斯兰教。与此同时,他派海军袭击了西西里岛、撒丁岛等海港。711年派部将塔里格·本·齐亚德率柏柏尔军12000人渡今直布罗陀海峡进入西班牙,在巴尔贝特河口同西哥特王国军队激战,击溃西哥特军队2万之众。后阿拉伯军长驱直入,占领马拉加、科尔多瓦和西哥特首都托莱多。712年6月,穆萨亲率由1万多名阿拉伯人组成的军队继续进攻西班牙,攻城略地,713年攻克塞维利亚和梅里达之后,挥师到托莱多,以违抗军令为由,鞭打和扣押了塔里格。阿拉伯军北上,占领萨拉戈萨,灭西哥特王国。715年1月穆萨奉哈里发瓦利德一世之命凯旋回到大马士革,以几百名西方皇族显贵、几千名欧洲战俘及巨额战利品进献哈里发。715年末苏莱曼继任哈里发后,以侵吞战利品罪,没收穆萨的全部财产,剥夺其一切权力。穆萨晚年受尽凌辱,贫困潦倒,在希贾兹行乞为生。717年卒于麦加。 (杨克礼)

穆萨的奇迹(Mu'jizāt Mūsā) 《古兰经》中所载安拉赐予先知穆萨的9项奇迹的总称。阿拉伯语"穆尔吉扎特·穆萨"的意译。《古兰经》云:"当穆萨来临以色列人的时候,我确已赏赐他九种明显的迹象"(17∶101)。根据《古兰经》原文及经注学家的解释,九种迹象是:手杖变蛇、手放光芒、荒年、歉收以及洪水、蝗虫、虱子、蛤蟆、水变血等灾害。据《古兰经》载,独一万能的安拉曾派遣先知穆萨作为使者,向埃及暴虐的法老及其族人进行传教,要他们抛弃偶像崇拜,信仰独一的安拉,并行善戒恶,释放无辜的以色列人,使之重返家园。为确证穆萨的先知身份,安拉曾赐予其上述九种凡人无法做出的奇迹。经文中多处述及穆萨曾以手杖变蛇、手放光芒战胜法老聚集的众术士(如:7∶103～121,26∶23～48)。而法老等人仍执迷不悟,拒不承认穆萨是安拉派遣的使者,反诬安拉赐降的各种迹象只不过是穆萨"捏造的魔术"(28∶36),安拉遂连降各种天灾予以惩治。他们表示只要穆萨能够祈求安拉消除了各种天灾,他们便信教并释放以色列人。而当穆萨祈求安拉消除了各种灾难时,他们却背信弃义,拒不归顺,并加剧对穆萨及其族人的迫害,终于遭到了安拉的惩罚,全部"沉沦在海里"(7∶130～136)。《古兰经》讲述法老及其族人因执迷不悟而终遭毁灭的故事,旨在以古喻今,警告以麦加古莱什贵族为首的多神教势力,要他们以前人的教训为鉴,停止对先知穆罕默德的刁难和迫害,及早抛弃多神崇拜,走到认主独一的正道上来,以免遭与法老一伙同样的结局。

(杨宗山)

穆萨·卡兹姆(Mūsā al-Kāẓim,745～799) 伊斯兰教什叶派十二伊玛目支派尊奉的第七任伊玛目。别号艾布·哈桑。系该派第六任伊玛目贾法尔·萨迪格的次子。出生于麦地那近郊的艾卜瓦镇。他自幼从其父修习伊斯兰教经、训,精研什叶派教义和教法等,并在麦地那伊斯兰学院深造。8世纪60年代,贾法尔·萨迪格以其长子伊斯玛仪酗酒为由,废除他伊玛目的继承权,改由穆萨·卡兹姆继承。因伊斯玛仪的追随者不服,遂引起该派分裂,形成伊斯玛仪支派。穆萨·卡兹姆继任伊玛目职位后,成为当时哈希姆家族的头面人物之一和什叶派的著名学者,在宗教上声望极高,政治上影响颇大,深得什叶派多数穆斯林的拥戴。从此什叶派力量逐渐发展,引起阿拔斯王朝哈里发不安。795年,第五任哈里发哈伦·拉希德朝觐途经麦地那时,密令将穆萨·卡兹姆捕获,押解巴士拉监禁,次年又解往巴格达继续加以监禁,799年殁于狱中(一说被毒死)。此后激起了各地什叶派穆斯林的不断反抗。1502年,波斯萨法维王朝的统治者将十二伊玛目派奉为国教,并自称是穆萨·卡兹姆的后裔。

(马忠杰)

穆萨·萨德尔(Mūsā al-Ṣadr,1928～?) 黎巴嫩什叶派宗教领袖、"被剥夺者运动"组织的创建者。原籍黎巴嫩南部的沙霍尔,后随其父移居伊朗。他生于库姆,出身于什叶派宗教学者世家。从小随父学习,后在德黑兰和纳贾夫伊斯兰经学院受高等宗教教育,遂成为知名的什叶派学者。1959 年回黎巴嫩定居。为改变黎巴嫩什叶派的政治地位低下和经济文化落后，他进入政界，利用宗教集会和清真寺等场合，向什叶派下层群众发表演说，批评政治现状，要求什叶派参与国家政治，给什叶派应有的权力和地位；改善什叶派居住地区的经济、文化、教育、卫生等落后状态。他主张坚持伊斯兰教原旨教义，反对来自西方世俗主义的影响。从此他在黎巴嫩政界的影响日增，深得什叶派下层穆斯林的拥护，被尊称为“伊玛目”。1969 年，他创建了“什叶派最高委员会”，由什叶派的知名人士组成，作为合法议政组织进入政界活动。1974 年，他又建立秘密的群众组织“被剥夺者运动”，将什叶派群众组织起来。1975 年，黎巴嫩内战爆发后，该组织以“黎巴嫩抵抗组织”（缩写为“阿迈勒”，意为“希望”）的名义公开活动，组建了武装。他提出政治斗争的目标是，改革黎巴嫩现有的政治结构，提高什叶派的政治地位，通过合法斗争方式，取得什叶派被剥夺了的应享有的政治权力，各教派平等共同合作来治理国家；建立本国独立的、符合伊斯兰原则的经济；维护国家主权和领土完整，反对以色列的入侵。1978 年，他先后到沙特阿拉伯、科威特和阿尔及利亚进行访问，8 月底访问利比亚结束时，突然与两名随行人员失踪。 （杨克礼）

穆萨山（Jabal Mūsā） 见西奈山。

穆萨与赫迪尔（Mūsāwa al-Khaḍir） 《古兰经》中所载古代先知穆萨的故事之一。该故事集中在第 18 章第 60～82 节，结合经注学家的解释，其主要内容是：先知穆萨在取得对法老斗争的胜利后，产生了骄傲自满的情绪，甚至自诩知识最为宏富。安拉为教育他切实领悟谦虚谨慎的重要意义，命他到两海相交处投师拜贤学习哲理。他遂偕青年学子优仕尔（Yūshir）与之同行，几经周折，找到了他所寻觅的良师赫迪尔——安拉曾赐予其恩惠和知识的仆人。穆萨表示了从师求知的愿望，赫迪尔则断言穆萨缺乏耐心。后二人在同行的一段路上连续发生了 3 件穆萨不可理解之事：乘船时，赫迪尔将船凿了一个洞；在途中杀死了一个无辜儿童；后在一座城市里忍饥挨饿修复了一堵濒临倒塌的墙。赫迪尔的每一行动均遭到穆萨指责，说他凿船和杀人是做了伤天害理之事，修墙则是为了索取报酬。及至赫迪尔说明原委，穆萨方恍然大悟：船为几名穷人所有，凿洞是为了避免国王的强征；杀死儿童是为免除其父母遭遇忤逆的不幸，以求主另赐孝子；修墙则为保存城内一善人埋在墙下的财宝，以俟其两个遗孤成年后领取。经文寓教育于故事中，阐明了学无止境，即使伟人亦应谦虚的道理。 （杨宗山）

穆赛里姆 见穆赛利迈。

穆赛利迈（Musaylimah，？～633） 7 世纪阿拉伯半岛中部地区部落叛乱首领，伊斯兰教贬称的“伪先知”之一。一译“穆赛里姆”。全名麦斯莱迈·本·苏马迈·本·凯比尔·哈乃斐。出身于叶麻麦（al-Yamāmah）地区信奉基督教的哈尼法（Ḥanifah）部族。630 年穆罕默德率领穆斯林克复麦加后，伊斯兰教在阿拉伯半岛取得决定性胜利。翌年，半岛各部落纷纷派代表团前往麦地那表示信教，穆赛利迈即为哈尼法部族代表团成员之一。他到达麦地那后曾扬言其入教目的是为了继承圣位，并当面向穆罕默德要权而遭拒绝。返回叶麻麦后即在族人中自诩“先知”，宣称他与穆罕默德同是“真主的使者”，并致函穆罕默德要求实行分治，遭到严厉谴责。632 年穆罕默德逝世后，他为了扩大自己的势力，曾与北方具有实力的泰米姆部落女首领赛贾赫结婚。不久即在叶麻麦地区发动了当时在阿拉伯半岛上规模最大、持续时间最长的部落叛乱，参加者达 4 万余人。初曾击败艾布·伯克尔派往平叛的两支穆斯林军队，后经多次交锋，于 633 年在被称为“死园”（Ḥadiqah al-Mawt）的阿克拉巴（‘Aqrabā’）激战中，为哈立德统率的穆斯林军队所败，死于战场。参见里达暴动、伪先知叛教。 （杨宗山）

穆生华（？～1870） 中国伊斯兰教哲赫林耶门宦阿訇。又名穆三。回族。甘肃省平凉人。系该门宦第二代教主穆宪章的侄孙。自幼入清真寺学习经典，后被教主马化龙派往秦安、甘谷地区“热依斯”马二阿訇（即关里爷）门下受教。学成后，到秦安县莲花城杨家店子任开学阿訇。他精通阿拉伯文，熟悉经典，深受教民拥戴，被誉为“平凉穆三爷”，为当时马化龙门下有名望的阿訇之一，后被委任接替“关里爷”任马化龙在秦安、甘谷回民区的“热依斯”。同治元年（1862）九月，陕西关中回民起义发展到陕西、甘肃边境时，穆生华以莲花城、张家川为基地发动起义，组成“南八营”，与平凉、固原、盐茶厅及金积堡回民起义军相呼应。他的部众戴白帽，打绿旗，旗上书“抗清扶明”口号，并用崇祯年号纪年。发布命令不准滥杀无辜汉民。1863 年初，大败清军于龙山镇常家堡。并派其弟穆生辉出击署秦州知州托克清阿部官兵，将托克清阿击毙阵前，义军士气大振。先后攻下固原、平凉，一时威震关陇。后清军雷正绾、陶茂林部由秦安入华亭，进逼平凉。穆生华指挥义军奋力反击，多次激战，终因众寡不敌，伤亡惨重，1864 年 7 月撤出平凉。后转战陇东一带，与陕西回民义军孙玉宝部共同抗击清军。1868 年清军攻占董志原，穆生华又率部前往金积堡坚持斗争，同治九年（1870）在金积堡逝世。其弟穆生辉率部继续与清军斗争，直至次年最后失败。 （罗万寿）

穆什里克（Mushrik） 见什尔克。

穆士林 见穆斯林。

《穆士林》 中国伊斯兰教宗教刊物。季刊。1930

年在香港创刊，由"广东穆士林书报社"主编。社址在香港下环港仔道陈东里7号。为小32开刊本。书写美术体刊名。该刊宗旨为宣传伊斯兰教义，探讨中国穆斯林的社会经济地位和面临的各种实际问题。该刊栏目分译丛、论坛和时事等几大类。曾刊登过一些关于伊斯兰革新思想和改革陈规陋习的文章，如《从先贤事说起旁及其它》、《要不要开回民代表大会》、《从天乳天足运动说到女子剪发问题》等。其时事消息栏，刊登有香港伊斯兰教的动态。该刊对了解20世纪30年代初广东穆斯林宗教活动和社会生活具有一定价值。

（余振贵）

《穆斯哈福》（al-Muṣḥaf） 见《古兰经》名称。

穆斯林（al-Muslim） 伊斯兰教信仰者的通称。阿拉伯语音译，意为"顺从者"。教义学家称"顺主顺圣的人"，即口诵"清真言"，内心诚信，认主独一的人。原通指一切服从安拉的人，即凡顺服安拉，服从历代先知者，如易卜拉欣、尔撒（即耶稣）的教民等，均统称为"穆斯林"，后专指信奉伊斯兰教者。《古兰经》云："你们应当遵循你们的祖先易卜拉欣的宗教，以前真主称他们为穆斯林，在这部经典里他也称你们为穆斯林，以便使者为你们作证，而你们为世人作证。你们当谨守拜功，完纳天课，信托真主"（22：78）。刘智《天方至圣实录》凡例："中称穆民、穆士，乃吾人天方之本称，盖以穆罕默德圣人之教也。穆民本曰'穆我'（Mu' min），穆士本曰'穆士林'。称'穆民'、'穆士'，省文易呼也。曰穆人、穆众、穆罕等皆是。"教义规定，穆斯林必须诚信伊斯兰教六大信仰，在行动上遵循五项宗教功课，在日常生活中行善止恶。现代阿拉伯学者认为，在伊斯兰教国家，穆斯林即穆斯林民族；非伊斯兰教国家的穆斯林被称为"穆斯林少数"。在中国有回、维吾尔、哈萨克、乌孜别克、柯尔克孜、塔吉克、塔塔尔、东乡、撒拉、保安等10个少数民族信奉伊斯兰教，统称"中国穆斯林"。中国古籍对穆斯林有多种称谓：《元史》译为"谋速鲁蛮"、"木速蛮"、"答失蛮"，《长春真人西游记》译为"铺速满"、"大石马"，《归潜志》、《北使记》译为"没速鲁蛮"，《至正辨伪录》译为"达失蛮"，《至正岳庙碑》译为"达识蛮"；清代至辛亥革命前后时期译为"穆士林"。

（达应庚）

穆斯林·本·哈贾吉（Muslim ben al-Ḥajjāj，821～874） 9世纪伊斯兰教著名圣训学家、《古兰经》背诵家。与其师布哈里齐名。全名艾布·侯赛因·穆斯林·本·哈贾吉·本·穆斯林·内沙布里。出生于呼罗珊（今伊朗霍拉散省）内沙布尔。其父哈贾吉是当地的宗教长老，祖籍系阿拉伯卡希尔（Qashir）部落人。穆斯林少年时代因受严格的家教和社会环境影响，立志求学，潜研宗教。及长，游学美索不达米亚、叙利亚、希贾兹、赖伊和埃及等地，从名师求学深造，还曾一度在伊本·罕百勒门下专攻圣训和圣训学。从学初期，兼营成衣生意，后依靠祖传家业维持学术活动和个人生活需要。嗣后，为搜集、考证圣训，又周游东方各省，遍访圣训传述家和背记人，采集圣训30万段。传述系统1万多个，将征集所得，经过核证和筛选，从中精选了7275段，分门别类，加以整理，历时15载，汇编成书，定名为《穆斯林圣训实录》。穆斯林十分敬仰布哈里，二人在学术上多有交往，穆斯林"循着布哈里的路子，研究其学风而效法之"，"设非布哈里，则穆斯林无所去从"。但穆斯林辑录圣训也有自己的原则标准，一是对处于第一级而传述精确的传述家和处于第二级而传述比较精确的传述家所传圣训一概加以辑录；二是坚持传述系统中的传述人和受传人同时在世而不必同时在场，口耳相传；三是特别注重圣训文词的完整性和文理的连贯性而不掐头去尾，并且每辑录一段圣训，必附以若干传述世系，以资佐证。穆斯林治学态度谨严，所辑圣训在伊斯兰世界被公认是真实可靠的。他生活简朴，一生是在学习、旅行、讲学和著书中度过的。他为完成《实录》勤奋一生，以致积劳成疾，874年卒于内沙布尔。一生著述颇多，除其巨著《穆斯林圣训实录》外，流传后世的还有《圣训学家的幻想》、《再传弟子的等级》、《名号》、《缺陷》、《区别》等。

（马忠杰）

穆斯林家庭法 见伊斯兰婚姻制度。

穆斯林建设北京牛街基金会 北京穆斯林各界人士筹建的民间基金组织。1984年11月成立，会址设在牛街礼拜寺。名誉会长为马松亭大阿訇，会长为安士伟伊玛目。设有办事机构。基金会的宗旨和任务是：广泛宣传建设牛街的重要意义和作用，争取各方面的支持和帮助；建立并加强与国内外穆斯林的联系，引进资金和设备；联合国内有关单位举办各种经济、文化、教育、宗教、福利事业，逐步把牛街建设成为现代化的具有中国穆斯林特色的民族地区。基金的来源主要是国内穆斯林团体和个人的资助，以及台湾同胞、港澳同胞、海外侨胞、国际友好团体与个人的捐赠和在牛街地区举办的经济、文化企事业的收益等。该会自立以来，积极开展工作，举办了回民幼儿园、兴华大学、穆斯林招待所和陈经畲奖学金等，加强同各界人士的联系，在穆斯林中有一定影响。 （冯 辉）

穆斯林青年野营（al-Mukhayyamāt al-Islām-iyyah） 世界穆斯林青年研讨会主办的一种穆斯林青年活动形式。对举办此项活动，该会设有筹备委员会和执行委员会。野营活动于1978年暑假期间在约旦举行。举办此项活动的宗旨是：加强穆斯林青年之间的友谊与合作关系，发扬集体主义精神，树立热爱集体的观念；端正对伊斯兰教的认识，宣扬伊斯兰教思想，集体履行宗教功课；锻炼为伊斯兰教服务的能力，培养自立本领，继承和发扬伊斯兰教的优良传统和高尚品质，探讨当今伊斯兰世界特别是穆斯林青年所面临的问题；了解当地的历史、地理概况及其对伊斯兰教的作用；开展不违背伊斯兰教义的健康有益的体育娱乐活动等。野营活动分长期和短期两种。长期的可达一年之久，短期的最多不超过两周。短期的又分"洲际野营"和"地方野营"；如有邻国青年参加的，则称"洲际野营"。长期野营曾在沙特阿拉伯的阿卜哈市、塞浦路斯的基里尼亚、摩洛哥的拉巴特及马来西亚、孟加拉等国举行过。短期野营已举行过几十次，分别在美国、日本、香港、土耳其、马里及西亚、北非和南美的几十个国家举行过，每次都有 100～200 名穆斯林青年参加。参加野营活动青年的条件是：接受过初中以上教育，品德高尚，信仰伊斯兰教，热心伊斯兰教宣教活动，身体健康，无精神病及其他传染病。 （文　舰）

穆斯林少数国家　近现代对穆斯林人口居少数的一些多民族、多宗教国家的统称。据世界伊斯兰大会（卡拉奇）1976 年编印的《各国穆斯林少数概况》介绍，全世界共有穆斯林少数国家 45 个。其中亚洲有缅甸、柬埔寨、印度、日本、韩国、尼泊尔、菲律宾、新加坡、斯里兰卡和泰国 10 国。非洲有博茨瓦纳、加纳、肯尼亚、利比里亚、毛里求斯、南非和乌干达 7 国。大洋洲有澳大利亚、新西兰、斐济 3 国。北美洲有加拿大、美国。南美洲有阿根廷、巴西、圭亚那、苏里南、特里尼达和多巴哥、委内瑞拉 6 国。欧洲有奥地利、保加利亚、塞浦路斯、丹麦、芬兰、法国、德意志联邦共和国、希腊、意大利、波兰、葡萄牙、罗马尼亚、瑞典、瑞士、英国、南斯拉夫和苏联 17 国。此项统计尚不完全，亚洲应含中国（包括台湾在内）与香港地区。这些国家和地区与参加伊斯兰会议组织的 44 个国家和地区，构成当代的穆斯林世界。穆斯林少数国家具有如下特点：(1)这些国家中的穆斯林人口以亚洲国家中居多，比重较大。截止 1985 年上半年，印度穆斯林有 9457.2 万，占总人口的 12%；新加坡穆斯林人口 41.3 万，占总人口 16.9%；菲律宾穆斯林 500 万，占总人口的 8%。其他各洲穆斯林人口较少，如非洲博茨瓦纳穆斯林 1900 人，占总人口 2%；南美国家如阿根廷穆斯林人口 3 万余人，占总人口的 1.15%。欧洲国家如法国穆斯林人口 245 万，占总人口 4.5%，英国穆斯林人口 80 万，占总人口 1.43%。(2)穆斯林少数国家一般均开展伊斯兰教活动。建有清真寺，有以该国主要语言翻译的《古兰经》和宗教书刊，有的建有穆斯林学校和医院，组织朝觐与世界伊斯兰大会和伊斯兰世界联盟有一定联系。(3)多数国家经济、文化落后。除欧美一些国家外，绝大多数是不发达国家，大多数穆斯林是体力劳动者和低收入阶层。在个别国家，穆斯林还受到压迫和限制，不得买卖不动产，不得兴建清真寺。

（罗万寿）

《穆斯林圣训实录》（Ṣaḥiḥ Muslim）　9 世纪伊斯兰教逊尼派重要经籍。由著名圣训学家穆斯林·本·哈贾吉辑录、汇编，故名。为该派"六大圣训集"之一，自古以来被阿拉伯—伊斯兰国家宗教学者奉为仅次于《布哈里圣训实录》的第二"真本"和"伊斯兰知识的宝库"。内容除伊斯兰教的六大信仰和五大天命功课外，不少篇章论述了有关穆斯林的社会行为与活动、处世做人与道德修养等问题。其中包括婚姻、妇孺、生意、农耕、遗嘱、继承、馈赠、刑律、判决、圣战、狩猎、饮食、衣饰、交往、礼仪、求学等方面的宗教判断与规定，也包括对《古兰经》不少经文的解释和阐发。历来被作为伊斯兰国家各类学校的教本和讲学、研究的参考。该集流行的版本与卷集，共分 54 章，收录圣训 1.2 万余段、传述系统（Sanad）1 万多个，除去内容重复的圣训，约有 7200 段，现代印刷本则逐段标有序号。编者历尽艰辛，费时 15 载，在游学过程中，从采集的 30 万段圣训正文素材中，经过核实、精选辑录而成。编者在卷首写有长达万言的序言，论述了圣训在伊斯兰教义、教法领域中的地位和圣训学的基本理论与要求，陈述了他整理、编辑该集所采取的原则和方法（见穆斯林·本·哈贾吉条）。该集的特点是，凡收入的圣训一般都列出文词不同的各种正文形式，并附列各种集录方法和若干传述系统，编者不作任何教法性结论。编者谓，他辑录《实录》的目的有二：一是为了满足同代学子要求学习的强烈愿望；二是为了将真假圣训以及效力强弱不一的圣训加以区分，以便于教法学家用真实的圣训作为创制律例、执行教法的依据。该集有多种注释本，最有影响的是脑威（1233～1277）的注释本，共 5 卷 10 册。20 世纪初以来，该集在中国各地广为流传。

（马忠杰）

《穆斯林世界的法制改革》（Law Reform in the Muslim World）　现代西方研究伊斯兰教法的名著。英国学者诺尔曼·安德森（Norman Anderson）著。原著为英文，出版于 1976 年。内容是评述近代以来各主要伊斯兰国家为适应时代与社会发展的需要，在外来法学影响下，对伊斯兰教法所作的改革和调整。共 4 章。第 1 章论述法制改革的社会、历史背景；第 2 章评介了法制改革的理论依据和方法；第 3 章为全书的主体，从商法、刑法、民法、婚姻家庭法、继承法、瓦克夫法各个部门系统地评述了伊斯兰教法的现代改革及其影响；第 4 章就改革过程中的问题和前景作了分析和展望。本书为研究近现代伊斯兰教法的基础著作，影响广泛。 （吴云贵）

穆斯林世界联盟　见伊斯兰世界联盟。

穆斯林行为　见艾哈卡姆。

穆斯林兄弟会(al-Ikhwān al-Muslimūn) 埃及伊斯兰教原教旨主义者的宗教政治组织。1928年3月,由伊斯兰教苏菲派思想家哈桑·班纳(1906～1949)创建于伊斯梅利亚城。初名为“班纳运动”,后改名为“穆斯林兄弟会”,意为坚持伊斯兰原旨教义,为实现伊斯兰使命而奋斗的兄弟。该组织建立初期为纯宗教组织,后发展为宗教政治组织。其基本政治纲领是:以《古兰经》和圣训为最高指导原则,恢复伊斯兰教的原旨教义,反对埃及社会的世俗化和西方各种腐朽思想文化的渗透,消除伊斯兰国家的等级差别,实行伊斯兰教法,恢复哈里发制度,建立泛阿拉伯的政教合一的伊斯兰国家。班纳在解释该组织的宗旨时称:穆斯林兄弟会是现代主义的运动;逊尼派的道路;苏菲主义的真理;政治的机构;科学文化的协会;体育的团体;经济的公司;社会生活的理想。其行动口号是:“安拉是我们的目的,先知是我们的领袖,《古兰经》是我们的法典,吉哈德是我们的战斗,为目的而牺牲是我们的理想”。兄弟会的领导人称“总指导”,最高行政领导机构为“指导局”,负责组织、宣传、教育等工作。设有“创建委员会”,是协商机构,其成员为兄弟会的元老。还建有军事性质的“秘密机构”,对其成员进行军事训练。兄弟会的成员以知识分子为核心,由政府职员、大学生、军人、工人、农民、商人等社会各阶层的人员组成。会员的条件是:具备“良好品德和宗教修养”、“完全服从和执行兄弟会的纲领和行动计划”、“保守秘密”、“签名注册并缴纳会费”者才能入会。兄弟会成员分为4个等级,即助理兄弟(拥护者)、正式兄弟(正式履行手续入会者)、行动兄弟(参加各种实际行动者)和圣战者兄弟。该组织建立后发展迅速,40年代在埃及国内拥有约50万积极会员;在北非的摩洛哥、突尼斯、苏丹,西亚地区的叙利亚、伊拉克、约旦、黎巴嫩和巴勒斯坦,南亚的巴基斯坦以及东南亚的印度尼西亚和马来亚等国,都建有穆斯林兄弟会的分会,成为一个泛伊斯兰的宗教政治团体。该组织在埃及全国各地建有大批清真寺、宗教学校和伊斯兰俱乐部,办有商业、实业公司等。出版的宗教及政治刊物有《警告》、《路标》、《呼声》、《笃信》、《伊斯兰文选》等。

穆斯林兄弟会初建时,其成员由6名在英国军营中的穆斯林职员组成。主要活动是用“博爱结识”的方式,宣传伊斯兰教义,反对殖民主义统治。1932年哈桑·班纳将总部由伊斯梅利亚迁往开罗,后在埃及各地建立了50多个分会。1933年建立了领导机构,选举班纳为“总指导”。1935～1939年,确定了组织原则和政治纲领,完善了组织机构,成为宗教政治组织。1936年曾致书法鲁克国王,要求按伊斯兰原教旨进行政治、宗教改革,宣称伊斯兰教是造就强大民族的根基。到1947年兄弟会得到迅速发展,其军事“秘密机构”成员就达7.5万人。1948年12月内阁总理诺克拉西宣布解散兄弟会,封闭其总部。不久“秘密机构”成员暗杀了诺克拉西。1949年2月哈桑·班纳被当局情报机构暗杀,哈桑·哈蒂比继任兄弟会总指导,继续进行反对法鲁克王朝的斗争。1952年以纳赛尔为首的“自由军官组织”利用兄弟会的力量推翻了法鲁克王朝,后兄弟会因对权力分配不满改而反对纳赛尔政权。1954年1月纳赛尔宣布解散穆斯林兄弟会,逮捕哈桑·哈蒂比等430人,兄弟会被迫转入地下,由阿卜杜拉·奥达任总指导。同年10月,兄弟会因参与图谋杀害纳赛尔事件,遭到当局大规模镇压,哈桑·哈蒂比、泰勒迈萨尼为首的1200多人被判徒刑。兄弟会在赛义德·卡塔布的领导下秘密恢复组织,进行宣传活动。萨达特执政后,该组织对其执行反对苏联干涉埃及内政及改善同沙特阿拉伯关系政策表示支持。萨达特也对该组织采取缓和政策,释放了哈桑·哈蒂比为首的全体兄弟会在押犯,允许他们以半公开方式恢复活动。兄弟会在欧麦尔·泰勒迈萨尼的领导下恢复发展组织。1976年4月,该组织前总书记阿布德·哈基姆·阿布丁在沙特阿拉伯流亡22年回国后,又进一步恢复和发展组织,使其力量壮大。1977年该组织公开反对萨达特同以色列媾和。自1979年1月起,穆斯林兄弟会派生出“伊斯兰集团”、“真主的战士”、“圣战组织”、“赎罪和迁徙”等派别。这些派别组织中的激进派反对政府世俗化的改革措施,指责一切当权者为“叛教者”,声言“推翻萨达特政府”,恢复早期伊斯兰体制,主张建立伊朗式的“政教合一的伊斯兰国家”。1981年9月,萨达特以“维护民族团结和社会安宁”为由,下令取缔该组织的刊物《呼声》,并对4万多所清真寺实行国家监督,同时逮捕该组织的800名骨干分子,其中包括主要领导人欧麦尔·泰勒迈萨尼和希勒米·加扎里。埃及官方称,1981年10月6日,兄弟会的极端分子参与杀害了总统萨达特。穆巴拉克执政后,为稳定政局,一方面对兄弟会的极端分子采取镇压措施,另一方面释放了温和派的领导人泰勒迈萨尼。1987年4月,穆斯林兄弟会联合另外两个反对党参加议会选举,一举获得60多个席位,成为“最主要的反对派势力”。

(杨克礼)

穆斯林饮食禁忌 伊斯兰教关于饮食的规定和穆斯林由此而形成的饮食习俗。7世纪初,伊斯兰教从宗教、社会改革和道德、行为规范的需要出发,对充斥于当时阿拉伯社会的恶风陋俗提出了一系列的改革主张。饮食作为人们赖以维持生命和生活的重要方面,伊斯兰教亦给予特别的关注,规定了穆斯林应该遵循的基本原则,颁布了严格的禁令。这些饮食戒律,有的源自古阿拉伯人的习俗,且与犹太教律法中的禁令相似;有的旨在倡导认主独一和反对偶像崇拜;还有的则是为了革除恶习,以确保穆斯林可以严格履行宗教义务和维护内部团结。随着伊斯兰教在西亚、北非地区的广泛传播,各学派教法学家结合各地不同的具体情况和人们的生活习惯,对《古兰经》和圣训关于饮食方面的原则规定进一步作了各自的阐述和解释，并根据经训的原则精神作出了一些补充规定，从而形成了一整套较为完整的伊斯兰教饮食制度。虔诚的穆斯林遵循经训关于饮食的原则规定和各自崇尚的教法学派的观点，在日常生活中严格注意饮食的选择。经过漫长的历史演变和世代相传，伊斯兰教关于饮食的戒律逐渐为各地区、各民族穆斯林所接受，从而形成为自觉遵守的行为准则和各自独特的生活习俗。

穆罕默德时期的伊斯兰教，针对当时阿拉伯人由于受到犹太教繁琐律令的影响，而在饮食方面清规戒律过多的现象，曾提出尽量缩小禁戒范围的主张。主要表现在：(1)准许人们食用安拉所创造和赏赐的一切佳美的食物，反对随意禁食。《古兰经》明确规定："众人啊！你们可以吃大地上所有合法而且佳美的食物"(2：168)，"曾受天经者(指犹太教徒和基督教徒)的食物，对于你们是合法的；你们的食物，对于他们也是合法的"(5：5)。《古兰经》教诲穆斯林勿把真主准许享受的佳美食物当作禁物(5：87)，要他们不可妄言："这是合法的，那是违法的"(16：116)，并斥责"假借真主的名义把真主赏赐他们的给养当作禁物的人"为迷失正道者(6：140)。(2)对为势所迫而食用禁物的行为予以宽恕。《古兰经》规定："凡为饥荒所迫，而无意犯罪的，(虽吃禁物，毫无罪过)"(5：3)，"凡为势所迫，非出自愿，且不过分的人，(虽吃禁物)，毫无罪过。因为真主确是至赦的，确是至慈的"(2：172)。在放宽可食物品范围的同时，伊斯兰教在饮食上还提倡节制，反对浪费。《古兰经》云："你们应当吃，应当喝，但不要过分，真主确是不喜欢过分者的"(7：31)。

伊斯兰教关于饮食的戒律，即是在上述放宽可食物品范围的前提下而提出的，主要分为禁食和禁饮两类。从《古兰经》几处内容基本相同的经文(2：173，5：3，6：145，16：115)中可以看出，伊斯兰教明确规定禁食之物有4种：(1)自死物。指一切未经屠宰而自死的畜禽，包括因病饿、跌摔、碰撞等各种原因而死和被野兽咬死者，均不可食。即使教规允许食用的畜禽，如系自死，亦不可食。(2)血液。指动物体内循环流动的血液，包括教规允许食用的畜禽之血在内，均严禁食用。(3)猪肉。以上3种东西被严禁食用的主要原因，均系由于经文明确指出的"不洁"(6：145)。各派经注学家和伊斯兰教学者对此有诸多解释，较普遍的观点认为，食用以上3种"不洁之物"严重损害人的身心健康：自死之物因其血液必未从体内全部流出，故淤有污血之肉不能食用；动物体内流动的血液难免带有病菌，食之有害，故宰牲时必须把血放净，肉方可食；而猪则因其天生喜爱肮脏，嗜食污物，且习性懒惰、贪婪，为有诸多劣性之物，故严禁食之。(4)诵非真主之名而宰杀的动物。在伊斯兰教之前，崇拜偶像的阿拉伯人在宰牲时要诵其所奉偶像之名。伊斯兰教沿袭了这一古老的阿拉伯习俗而改为诵念独一、万能的安拉之名。凡宰牲时未诵真主之名或诵非真主之名，均被视为严重违背认主独一的教义，故所宰之牲作为有罪之物而严禁食用(6：145)。基于同一理由，凡为向偶像献祭而在神石上宰杀的动物亦在禁食之列。凡教规允准食用的畜禽，亦必须在屠宰时念诵"奉安拉之名，安拉至大"，方可食用。在以后的教法补充规定中，凡性情温顺、食谷反刍的畜类，如牛、羊、驼等，食谷的禽类如鸡、鸭、鹅、鸽等，以及腹下有翅、身上有鳞的鱼类，一般皆可食用。而凶禽猛兽、食肉的和一切形状怪异、可憎的动物，一律禁食。此外，世界各地穆斯林由于所处地区和环境不同，所崇尚的教法学派观点各异，故除《古兰经》明确规定禁食者外，在饮食习惯上亦多有不同。如身居草原的穆斯林主张马肉可食，沿海地区的穆斯林认为凡属水产品皆可食用。绝大多数穆斯林一般是依据各自对《古兰经》所云"佳美合法的食物"的理解和所崇奉的教法学派观点而自行判断。因此，各派穆斯林之间亦常因某种物品是否可食而引起争论。

伊斯兰教禁止饮用各种酒类和一切致醉品。古代阿拉伯人素有酗酒狂饮的恶习。伊斯兰教在麦加初创时期，因着重点在于阐扬以认主独一、反对偶像崇拜为核心的基本教义，故对诸如禁酒等移风易俗方面的问题尚未具体提出。迁徙至麦地那后，一些穆斯林亦沾染了狂饮恶习，以致妨碍宗教义务的正常履行，甚至在礼拜时常有错误发生。此时，《古兰经》始指出饮酒罪大于利(2：219)，警告穆斯林"在酒醉的时候不要礼拜"，直到清醒后"知道自己所说的是什么话"时为止，但仍未明确禁酒。后因酒醉经常导致斗殴和胡作非为，《古兰经》终于对饮酒下了严厉的禁令："信道的人们啊！饮酒、赌博、拜像、求签，只是一种秽行，只是恶魔的行为，故当远离，以便你们成功。恶魔惟愿你们因饮酒和赌博而互相仇恨，并且阻止你们记念真主，和谨守拜功"(5：90～91)。圣训亦严禁饮酒。穆罕默德说："凡是醉人的饮料，都是犯禁的"，并禁止酿制、买卖、贩运酒类。除禁酒外，伊斯兰教还反对吸毒，并把吸烟视作可憎行为(即麦克鲁亥)。

千百年来，由伊斯兰教的饮食戒律而逐步发展和形成的穆斯林饮食禁忌，作为一种共同的风俗习惯和反映共同文化上的共同心理素质，对世界各地信仰伊斯兰教的各民族的形成，产生了深远的影响。在中国，它作为维系民族情谊、增强内部凝聚力的一种手段，也是回、维吾尔等10个少数民族的穆斯林对外区分、对内认同的重要社会标志之一。 (杨宗山)

《穆斯林战歌》 中国抗日战争时期穆斯林的爱国歌曲。刊载于民国36年(1947)《回民青年》杂志新2号上。作者洛宾。歌曲为G调，4/4拍。歌词是："起来，回教的弟兄们！为祖国谋解放，为自己求光明。起来，为祖国战争，先圣穆罕默德会帮助我们成功。宁为自由战死，不作奴隶偷生，天堂之门不容纳奴隶的魂灵"。歌曲表达了20世纪40年代中国回族穆斯林反侵略、求解放的心声。 (郭清祥)

穆斯林种姓(Muslim Caste) 印度次大陆伊斯兰国家历史上的社会等级制度。一译穆斯林族姓。种姓一般是由血统、婚姻和职业决定的群体的特定社会等级。种姓发达的形式始于印度。12 世纪穆斯林征服印度后,伊斯兰势力越来越大,至 16 世纪占据统治地位。因受印度教种姓制度影响,在历史上印度次大陆的穆斯林中也有阿什拉夫人和非阿什拉夫人等级之分。前者即穆斯林贵族,指迁入的阿拉伯穆斯林的后裔。后者即非贵族,指印度人中改信伊斯兰教者。阿什拉夫人再分为四个亚群:(1)赛义德(圣裔),指先知穆罕默德家族及阿里系的后裔。(2)沙伊克(首领),指迁入印度的阿拉伯和波斯人之后裔,亦包括改宗伊斯兰教的拉杰普特人的贵族。(3)普什图人,属于阿富汗及巴基斯坦西北部操普什图语言的部落。(4)莫卧儿人,突厥化的蒙古人后裔,随莫卧儿军队进入印度者。非阿什拉夫人种姓分为 3 级:(1)高级印度种姓之改宗者,非贵族的拉杰普特人。(2)手工艺人,如米拉哈人,原为织工种姓。(3)职业及社会地位低下的改宗者。但其等级界线不及印度教种姓那么严格。在德里素丹国和莫卧儿帝国时,保留着种姓制度。今印度、巴基斯坦、孟加拉穆斯林种姓制度已逐渐废除,唯有圣裔家族及宗教领袖仍受到穆斯林的尊敬,享有较高的社会地位。 (杨克礼)

穆斯塔法三世(Muṣṭafā III,1717～1774) 奥斯曼帝国第 26 任素丹(1757～1774 在位)。全名穆斯塔法·本·艾哈迈德·本·穆罕默德。第 23 任素丹艾哈迈德三世(1703～1730 在位)之子,生于伊斯坦布尔。早年曾接受传统的伊斯兰教教育,信奉逊尼派教义。青年时期潜心研究文学、医学和天文学,后成为诗人和学者。1757 年在其堂兄、前任素丹奥斯曼三世(1754～1757 在位)死后即位。时值欧洲列强相互争战,国内暂处和平时期。穆斯塔法任命拉吉卜帕夏为首相,积极进行行政和军事改革,重建帝国财政,改组军队,并开办了工程学校和海军学校。在对外政策方面,他维持 1739 年《贝尔格莱德条约》确立的和平,1761 年曾同普鲁士签订友好条约。后因俄国入侵波兰,染指帝国属地,1768 年被迫向俄宣战。其军队初曾战胜俄军,但 1770 年后屡败,摩尔多瓦、瓦拉儿亚和克里米亚先后为俄国占领,其舰队也在爱琴海被歼。1772 年休战后,穆斯塔法重新组建军队,阻止了俄国在巴尔干半岛的进军。1774 年初,正当他决定亲征时因病逝世。 (杨宗山)

穆斯塔利耶派(al-Musta'liyyah) 伊斯兰教什叶派的伊斯玛仪派分支派别之一。11 世纪末产生于埃及,同尼扎里耶派同时形成。埃及法蒂玛王朝哈里发穆斯坦绥尔(1035～1094 在位)去世时,其次子穆斯塔利(1094～1101 在位)依靠宰相艾弗达勒(al-Afḍal,1066～1121)的权势夺取王位,被废的长子尼扎尔逃往亚历山大举兵反抗,战败被俘后毒死狱中。叙利亚、波斯等地的伊斯玛仪派支持尼扎尔,形成尼扎里耶派。埃及、北非、也门、印度的伊斯玛仪派则拥护穆斯塔利为伊玛目,形成穆斯塔利耶派,在埃及占主导地位。1130 年,穆斯塔利之子和继位者阿米尔被暗杀后,该派发生分裂。阿米尔的堂兄阿卜杜勒·麦吉德篡伊玛目和哈里发位,自称为哈菲兹,得到埃及伊斯玛仪派大多数人的支持,形成哈菲兹派。而有一些人则继续支持阿米尔的儿子塔伊布,称"塔伊布派"。1171 年,萨拉丁推翻法蒂玛王朝,恢复了逊尼派在埃及的统治后,哈菲兹派解体。后穆斯塔利耶派的中心转入也门,又由此传入印度,发展成波哈拉派(Bahras)。约 1591 年(一说 1588 年)波哈拉派的第二十六任达伊达乌德·本·艾扎布去世后,该派分裂。拥护达乌德·本·库特布为继承人的,形成达乌德派(Daudis),流行于印度,以孟买为中心;拥护苏莱曼·本·哈桑为继承人的,形成苏莱曼派(Sulaimanis),流行于也门地区。 (杨克礼)

穆斯泰哈卜(Mustaḥabb) 见艾哈卡姆。

穆斯坦绥里耶大学(al-Madrasah al-Mustanṣiriyyah) 中世纪伊斯兰教重要古迹。亦称"穆斯坦绥里耶书院",为当时伊斯兰教著名高等学府之一。位于伊拉克首都巴格达城,滨底格里斯河东岸,在苏哈达桥附近。为阿拔斯王朝第三十七任哈里发穆斯坦绥尔·比拉(1226～1242 在位)主持建立,故名。始建于 1227 年,落成于 1233 年。耗费达 70 万第纳尔金币,是至今岿然独存的阿拔斯王朝时期最重要的古建筑之一。大学当年规模较大,设有多种学科,各专业自成体系。开设有伊斯兰教义学、古兰经学、圣训学、经注学、教法学、阿拉伯语法学、哲学、文学,以及医学、动物学、数学、天文学等课程。其中教法学介绍逊尼派四大法学派观点。聘请阿拉伯世界著名经师和学者专职任教,学生来自当地和伊斯兰世界的各个地区。大学建筑面积为 4836 平方米,为两层建筑,呈长方形,围着中间庭院,四翼都建有宽广的拱形大厅,为专设授课教室,用来教授伊斯兰教的教义和礼仪等课。建筑物内部饰以精致彩砖。在底格里斯河岸高筑围墙,墙面有一道刻有阿拉伯文铭文的嵌带,饰有花卉图案,以纪念大学的建成。沿岸筑有长堤,以保护大学不受河水泛滥之害。大学其他的建筑包括小型清真寺、藏书约 8 万卷的图书馆、膳食间及医院、商店、浴池和花园等。1395 年尼采米亚大学并入后,大学实力更加雄厚。它办学近 250 年以来,培养了一批著名的宗教学者、法官、医生等专门人才,曾与爱资哈尔大学、栽突那大学、卡拉维因大学齐名,被称为伊斯兰世界最古老的大学之一。1961 年,伊拉克政府决定将该古迹改为博物馆。 (杨克礼)

《穆斯坦绥里耶讲座》（al-Majālis al-Mustanṣ-iriyyah） 11世纪伊斯兰教什叶派伊斯玛仪支派的宗教哲学典籍。系该派哲学家、教法学家穆艾叶德·费丁的传道讲演集。成书于11世纪50年代末～60年代初。为著者在凯拉姆学方面的代表作之一，在伊斯兰哲学史上颇有影响。该书系由著者在埃及各地伊斯玛仪派"传道会"和"智慧宫"所发表的800篇讲演论文中选录而成。因著者在书中对法蒂玛王朝第八任哈里发穆斯坦绥尔(1035～1094)大加赞扬和推崇，认为他是穆罕默德逝世后的第十九位伊玛目，故以其名冠书名。该书的主要内容是从哲学的高度论证伊斯玛仪派的宗教学说、信仰原理、功修和伊斯兰教关于天命、圣行的实践规则等。集中反映了伊斯玛仪派关于凯拉姆学、教法学和伊玛目说等方面的基本观点。共分35讲，全面系统地阐述了该派的6大原则性主张：(1)奉行认主独一及真主超绝性的教义，反对真主具有人格化属性的说法。(2)确认一切先知和使者均具有"不谬性"('Iṣmah)，穆罕默德是最后一位使者。(3)坚持阿里及其后裔的伊玛目地位说及其"不谬性"，主张隐遁伊玛目伊斯玛仪(？～760)具有神性，即将以"马赫迪"(即救世主)的身份再现人间，恢复正义的核心思想。(4)奉行《古兰经》的一切规定，并主张同时遵行经文的表义和隐义。(5)反对在宗教问题上运用个人"意见"和"类比"原则，强调必须依循伊玛目的引导行事。(6)主张伊斯兰教的教义具有"表面的"和"内在的"双重意义，即"表学"和"内学"的统一性，二者缺一不可。但又提出"内学"只有经该派伊玛目秘传才能获得并能理解，最后才能借以达到真理的最高境界。该书问世后，即被奉为伊斯玛仪派思想学说的理论依据。它是研究伊斯玛仪派教义、学说的重要文献资料，受到东、西方学者的普遍重视。现有1947年开罗出版的阿拉伯文新版本。 （马忠杰）

穆塔阿（Mut'ah） 伊斯兰教婚姻法专用语。按照契约规定的一种有时限、有报酬的临时婚姻的专称。阿拉伯语音译，意为"享乐"、"使用"。亦称"临时婚姻"、"快乐婚姻"。为什叶派十二伊玛目支派教法允许的一种婚姻形式，历史上曾广泛流行于伊朗、伊拉克等地。原为古阿拉伯人的一种婚姻习俗，伊斯兰教前和穆罕默德时代曾普遍实行"穆塔阿"，尤其是在战争和外出旅行、经商期间，经常结成临时的婚姻关系。后被穆罕默德和第二任哈里发欧麦尔严加禁止。大部分教法学家遵循有关圣训和禁令，宣布"穆塔阿"为非法，唯独十二伊玛目派教法学家持有异议，认为过"穆塔阿"婚姻生活的穆斯林，仍不失为虔诚、完美的信士。按照十二伊玛目派教法，"穆塔阿"被界定为有一定时限的婚姻，其有关规定是：(1)形式。"穆塔阿"以婚姻契约为依据，男女当事人双方通过协商成立契约，否则无效。(2)要求。一个穆斯林男子可与穆斯林、基督徒、犹太教徒或火袄教徒女子结成"穆塔阿"婚姻，但穆斯林女子不得与非穆斯林男子成立此种婚约。(3)时限。契约中必须明确规定临时婚姻的时限，短则一天，长则数年。如无时限，则被视为终生婚姻(尼卡哈，Nikāḥ)。临时婚姻期满，或一方死亡，婚姻自行终止。期间丈夫无权休妻，但在妻方同意下，可提前终止婚姻。(4)聘礼(Mahr，即麦亥尔)。临时婚姻为一种有报酬的婚姻，夫方必须赠予妻方一定数额的聘礼，否则无效。如夫妻已经完婚，妻子有权取得全部聘礼。如尚未圆房，妻子有权取得半数聘礼。如婚期未满妻方便脱离关系，丈夫有权削减部分聘礼。如期满后双方仍然同居过，妻子应遵守两次经期或45天的待婚期，相当于女奴的待婚期，所生子女归父亲。按照婚姻契约规定的条件，夫妻双方有互相继承遗产的权利，但夫方没有提供衣食住所的义务。近代以来，"穆塔阿"婚姻习俗在伊朗等地仍然流行，其基本倾向是：(1)婚期规定很长，最高达99年，使临时婚姻永久化。(2)女方为了有利可图，经常逃避待婚期，办法是在临时婚姻期满前，与同一男子成立新的临时婚姻契约。这种有报酬的婚姻，一直受到逊尼派教法学家的谴责。 （吴云贵）

穆台凯里姆（Mutakallimūn） 伊斯兰教教义学家的专用名称。阿拉伯语音译，意为"说话者"、"辩论者"、"演说家"或"辩证学家"。由凯拉姆(Kalām，即言语)一词转化而来。7世纪末，伊斯兰教学术界在基督教神学辩论的影响下，也展开对伊斯兰教义问题的辩论，被称为"凯拉姆"，后凯拉姆发展为伊斯兰教的教义学，"穆台凯里姆"成为教义学家的专有名称。历史上最初指穆尔太齐赖派的成员，他们主张运用哲学思辨方法自由讨论宗教信条，用理性论证教义问题。10世纪，艾什尔里极力调和理性与信仰、宗教和哲学，强调"天启"高于理性，以哲学、逻辑论证正统信仰，成为不同于穆尔太齐赖派的新凯拉姆。后将其追随者称为"艾什尔里派"。11世纪后期，塞尔柱王朝首相尼扎姆·穆勒克奉艾什尔里的新凯拉姆为官方信条，从此，"穆台凯里姆"成为对艾什尔里派及其学者的专称。

（杨克礼）

穆台沙比赫（Mutashābih） 划分《古兰经》文含义是否明确的专用术语。阿拉伯语音译，意为"彼此相似的"、"含混不清的"、"隐晦的"。与"穆哈凯姆"(Muḥkam)相对。指《古兰经》中含义不明、难懂费解的经文。根据伊斯兰教经注学家的观点，此类经文分为4种情况：(1)海非伊(Khafiy)——指含义隐晦不易理解者。(2)穆什基勒(Mushkil)——指含义深奥颇为费解者。(3)穆吉麦勒(Mujmal)——指具有多种含义不易辨明者。(4)穆台沙比赫(Mutashābih)——指从字面上完全无法解释者。如《古兰经》第2、7、10、11、12、19等各章章首的"艾里甫"、"拉姆"、"米姆"、"萨德"、"拉仪"、"卡弗"、"哈"、"雅"、"阿因"等，即属此类经文。伊斯兰教什叶派对此类经文颇为重视，认为《古兰经》具有表义（ẓāhir，即扎希尔）和隐义（Bāṭin，巴颓尼，含"穆台沙比赫"的 4 种情况）之分，而只有隐义才是经文的真正内涵和伊斯兰教的真理所在。其支系十二伊玛目派认为伊玛目具有安拉赋予的灵知和真光，故只有他们才能明晓和解释《古兰经》的隐义。另一支系伊斯玛仪派则进一步认为，只有获得对经文字母和数字隐义进行剖析的神秘方法之秘传者，才能揭示经文内在的奥义。苏菲派各教团亦认为《古兰经》中的"穆台沙比赫"经文深奥莫测，只有经过苦行修炼达到"人主合一"精神境界的"穆尔希德"（Murshid），才能取得解释《古兰经》隐义的资格。（杨宗山）

穆泰纳比（al-Mutanabbi，915～965） 阿拉伯阿拔斯王朝著名诗人。原名艾布·塔利卜·艾哈迈德·侯赛因。号艾布·泰伊卜。生于伊拉克库法城。其父系运水夫，自称出身于贵族。少年时曾受过良好的文化和伊斯兰教育，尤其精通阿拉伯语言文学。信奉什叶派教义，深受卡尔马特派思想影响。早年辗转于伊拉克和叙利亚一带，曾想以诗歌求取功名，未能遂愿，因而在伊拉克萨玛瓦地区自称先知先觉者，故被称为"穆泰纳比"。932 年，曾鼓动并领导卡尔马特派在沙漠游牧区举行过起义，被霍姆斯总督监禁 2 年。获释后到叙利亚一带，早先按照诗人艾布·泰马姆和布赫图里的传统写颂诗，先后为 40 多名王公贵族歌功颂德。948 年投靠哈姆丹朝素丹赛弗·道莱，在宫廷写了大量颂诗。后去埃及投奔伊赫什德王朝国王卡富尔，又去伊拉克、波斯等地继续为王公歌功颂德。在由波斯返回巴格达途中，遭遇伏击身亡。其作品有颂诗、讽刺诗、情诗等，其中有 80 多首是专为赛弗·道莱所写的颂诗，是他诗歌中的精华。诗中反映了诗人的清高、自负、尚武和要求个性解放的精神；某些诗也表现了对金钱和权势的追求及对人生悲观的情绪。他的诗修辞华丽，隐喻微妙，风格夸张，富于伊斯兰哲理，有"诗人兼哲学家"之称。在诗歌的艺术形式上能继承古诗的传统，又敢于创新，是阿拉伯诗歌革新的倡导者和先驱，对阿拉伯诗歌的影响一直延续到 19 世纪。他的不少诗句已成为阿拉伯世界脍炙人口的格言和成语。（杨克礼）

穆泰赛维夫（Mutaṣawwif） 见苏菲派。

穆泰瓦利（al-Mutawāli） 中国伊斯兰教教职称谓。阿拉伯语音译，意为麻札财产管理人员。见麻札。

穆瓦希德王朝（al-Muwaḥḥidūn） 中世纪柏柏尔人在北非及西班牙南部建立的伊斯兰教王朝（1147～1269）。西班牙语称"阿尔摩哈德王朝"（Almohades）。12 世纪初，在北非柏柏尔人部落中掀起了反对穆拉比特王朝的宗教政治运动。运动的领导者是摩洛哥西南部苏斯的伊斯兰教义学家穆罕默德·伊本·突麦尔特（约 1078～1130）。自称"马赫迪"。提出要恢复伊斯兰教的纯洁性和正统性，信仰独一无二的安拉，严格遵守《古兰经》、圣训和教法，反对当时盛行的圣徒圣墓崇拜和把真主拟人化。在政治上，他谴责穆拉比特王朝统治者背离伊斯兰教认主独一基本信条，反对朝廷奢侈腐化和对人民的压榨，号召穆斯林起来用"圣战"推翻穆拉比特王朝，建立公平和正义的社会。追随他的信徒被称为"穆瓦希德"（即信仰安拉独一的人）。他先在特莱姆森和马拉喀什等城市宣传其主张，遭到拒绝后又到阿特拉斯山麦斯木达部落进行宣传获得成功。1121 年，各部族首领推举他为苏斯地区政教领袖，并在拉菲斯河发源地附近的廷·麦拉勒建立第一座清真寺，作为运动的领导中心，后其他柏柏尔部落也相继拥戴他。他设立了由其门徒组成的 10 人会议和由柏柏尔各部族组成的 50 人会议，协助他领导运动。并由各部落组建武装，作"圣战"准备，为穆瓦希德王朝奠定了基础。

1130 年，伊本·突麦尔特逝世，他的门徒阿卜杜勒·穆敏·伊本·阿里（1130～1163 在位）被选为领袖。他经过长期征战，于 1144～1146 年，先后攻占了特莱姆森、非斯、休达、丹吉尔和艾格马特。1147 年占领马拉喀什，灭穆拉比特王朝，自称哈里发，号称"穆斯林长官"（Amir al-Muslimin）。以马拉喀什为王朝首都。1152～1160 年占领整个马格里布。他派往西班牙南部的远征军，攻占了西班牙的全部穆斯林地区。该王朝在叶尔孤白·优素福（1163～1184 在位）和叶尔孤白·曼苏尔（1184～1199 在位）两任哈里发执政时期，国势强盛，经济繁荣，伊斯兰学术文化得到很大发展。1170 年迁都塞维利亚，王朝统治中心西移。在政治上，哈里发实行世袭制，建立了从中央到地方的行政管理制度，朝廷设首席大臣和大臣会议，处理国务；各行省总督、军事将领和法官，直接由哈里发任命。在宗教上，新建清真寺和宗教学校，尤以马拉喀什的清真大寺和塞维利亚的伊斯兰大学负有盛名，传播逊尼派艾什尔里派的学说。在教法上遵从罕百里法学派，主张以《古兰经》和圣训立法，反对教法学家的创新。在学术文化上，王朝赞助和奖励学术研究，倡导对希腊哲学和科学著作的翻译，马拉喀什、科尔多瓦、塞维利亚成为王朝的伊斯兰文化中心，东西学者云集，著书立说蔚然成风。宫廷招贤纳士，著名医学家、哲学家伊本·图菲利和伊本·路世德均在朝廷任大臣和御医，并在学术上取得卓越成就。哈里发曼苏尔在马拉喀什等地兴建的医院驰名于世。对外曾派遣海军船只支援萨拉丁抵抗十字军。

13 世纪初，穆瓦希德王朝国势变衰。王朝后期横征暴敛，各地不断爆发反抗运动。1212 年在科尔多瓦东面的托罗萨战役中为莱昂、卡斯提尔等 4 个基督教王国联军所败，王朝数十万军队溃散，哈里发穆罕默德·纳绥尔逃往马拉喀什，西班牙被各基督教国和穆斯林小王朝所瓜分。北非领土的各地总督宣布独立，相继分裂为许多穆斯林王朝。1269年，摩洛哥柏柏尔扎纳塔部落的马林族人攻占马拉喀什，灭穆瓦希德王朝，建立马林王朝。（杨克礼）

《穆宛塔圣训集》（al-Muwaṭṭa）伊斯兰教圣训集中最古老的一部。亦译《圣训易读》。为早期重要教法文献之一，马立克教法学派的基本典籍。成书于8世纪，由马立克·伊本·艾奈斯（715～795）汇集。共收录圣训500段，按教法题材分类汇集编排，如《圣洁篇》、《礼拜篇》、《斋戒篇》等，每篇又分成若干章节。并记载有1700个关于审判的律例。并附有编者的评注。其权威性为逊尼派穆斯林所公认，甚至被该派部分学者奉为"六大圣训集"之一，以代替伊本·马哲汇录的圣训集。有多种不同的版本和注释本。著名的除较早的穆罕默德·谢巴尼（749～805）本外，还有叶海亚·本·叶海亚（？～849）注释本（4卷本，1310年开罗版）。本集对研究伊斯兰教法学的起源和古代麦地那的民俗习惯、司法传统有重要的史料价值，经常为东西方的教法学家们广泛引用。（吴云贵）

穆乌泰之战（Ghazwah Mu'uttah）629年穆罕默德领导的穆斯林公社同拜占庭帝国之间的一次武装战斗。一译"穆尔塔之战"。为穆罕默德传教期间的著名战役之一。因发生在约旦境内死海东南面的穆乌泰小镇，故名。是年，穆罕默德派弟子哈里斯·本·欧迈伊尔（？～629）为使者，前往拜占庭帝国属地布斯拉（Buṣrā，今叙利亚境内），向该地总督传播伊斯兰教，行至穆乌泰时为信奉基督教的加萨尼人（al-Ghasāsinah）所杀害。为了给遇难的使者复仇，穆罕默德派义子栽德·本·哈里塞率3000名穆斯林向叙利亚方向进军。行至使者遇难的穆乌泰时与一支由罗马人和加萨尼人组成的约15万敌军遭遇。激战中，栽德、贾法尔·本·艾比·塔利卜（？～629）、阿卜杜拉·本·拉瓦哈（？～629）等旗手先后阵亡。穆斯林军在哈立德·本·瓦利德的指挥下，经过七天七夜的与敌周旋，终于杀出重围，返回麦地那。哈立德因此而被穆罕默德誉为"安拉之剑"（Sayf Allāh）。（杨宗山）

穆仪兹（al-Mu'izz，约930～975）法蒂玛王朝第四代哈里发、军事家。全名艾布·塔米姆·麦阿德·穆仪兹。为哈里发曼苏尔之子。早年受到宫廷伊斯兰教育，爱好历史和诗歌，尤通晓军事韬略。952年，他23岁时继承其父哈里发位，继续向外扩张疆域。他首先派兵控制马格里布地区。958～959年，派大将昭海尔西征，降服了休达、丹吉尔及非斯等地区，各地割据势力向他臣服。其海军舰队控制了大西洋沿岸，并侵入西班牙海岸。969年，派昭海尔率大军再次进攻埃及，军至亚历山大城，伊赫什德王朝君主遣使求降，遂占弗斯塔特。伊赫什德王朝原属的叙利亚、巴勒斯坦和希贾兹，随之并入法蒂玛朝版图。972～973年，昭海尔在埃及弗斯塔特附近，建成新城嘎希赖（即今开罗），并建爱资哈尔清真寺。973年，穆仪兹将首都从北非的麦赫迪城迁到嘎希赖，法蒂玛王朝的统治中心遂转到埃及。为加强对整个被占领土的控制，穆仪兹加强中央集权，宫廷设大臣会议，由大臣和高级军事将领组成；重新划分行省，派军事将领担任总督；向各地派出什叶派法官和税收官，直接由中央节制。在各地兴建清真寺、宗教学校和慈善机构；向麦加和麦地那派出伊斯兰长老掌管两圣地的宗教权；规定在首都清真寺的主麻聚礼时取消向阿拔斯王朝哈里发祝福而向他祝福，呼图白宣讲什叶派伊斯玛仪派的教义，纪念什叶派的节日。975年在开罗去世。（杨克礼）

穆仪兹丁·穆罕默德（Mu'izz al-Din Muḥammad，？～1206）阿富汗古尔王朝统治者。出身于突厥鄯赛布王族，早年受过伊斯兰教育，后习武，信奉伊斯兰教逊尼派教义。1173年他率军攻下伽兹尼城后，被其兄素丹吉亚斯丁封为伽兹尼埃米尔，领有王朝东部领土。1175年起多次入侵印度西北部，先后夺取木尔坦、白沙瓦、锡亚尔科特等地。1186年攻占拉合尔，灭伽色尼王朝。后又几度征服印度北部，占领大片土地，由其突厥奴隶出身的部将艾拜克任德里总督。1191年在塔莱与印度拉奇普特人交战，战败受伤。次年在同一战场获得大胜。1203年继其兄为王朝素丹，为阿富汗和印度北部的统治者，继续承认巴格达阿拔斯王朝哈里发的宗主权。1204年出兵北征，为花剌子模军队所败。他一生征战，在经济和文化方面无大建树。1206年从印度返回伽兹尼途中遇刺身亡。他死后王朝分裂，德里总督艾拜克独立，在德里建立奴隶王朝，为德里素丹国的开创者。（杨克礼）

穆扎法尔·沙（Muẓaffar Shāh，？～1459）马六甲伊斯兰王国国王。原名罗阇·卡希姆（Raja Qāsim），中国《明史》译作速鲁檀无答佛哪沙。为国王西里麻哈剌之子，由次妃吞·乌提所生。1444年其父去世，王后所生的其幼弟罗阇·易卜拉欣继承王位，由罗坎国王辅政，将罗阇·卡希姆贬操捕鱼之业。1445年末，罗阇·卡希姆在印度穆斯林商人毛拉纳·哲拉鲁丁和舅父吞·阿里的策划和支持下，利用海商水手杀死罗坎国王和幼王罗阇·易卜拉欣。1446年罗阇·卡希姆正式登上王位，自称素丹，取尊号为穆扎法尔·沙，成为马六甲第一个采用素丹称号的国王。他执政后，册封其舅父吞·阿里为首相，任命吞·帕拉克和吞·欧麦尔为军队正副司令，宫廷中由泰米尔人执政。他拒绝向信奉印度教的暹罗继续纳贡，1446～1447年马六甲军队先后两次从海陆击败暹罗军队的入侵，从此暹罗欲臣服马六甲的企图暂时中止。他加强军队建设，扩充舰队，控制了马六甲的海岸，并派兵从西北攫取雪兰莪作为粮食基地，又穿过海峡控制了苏门答腊海岸的战略要冲，成为该地区的霸主。1455年派遣使节献“贡马及方物”，与中国明朝通好。他除发展农业、渔业和手工业外，大力发展对外贸易，马六甲成为中国、印度和阿拉伯商人之间的重要贸易桥梁。他铸造统一的阿拉伯文锡币，正面为“素丹穆扎法尔·沙”，背面为“宇宙与伊斯兰教之救主”。他在位时，伊斯兰教沿着苏门答腊和爪哇各港口迅速传播开来。曾下令要全国穆斯林遵守伊斯兰教法典，规定古尔邦节和开斋节为法定节日，并指派伊斯兰教学者担任首都和各地的教长（苏南），赐予所辖的教区领地。他在升旗山建王宫并附设清真寺，带领宫廷大臣履行宗教功课，每遇伊斯兰教节日，在宫前广场亭内同穆斯林一起聚礼祈祷。1459年在马六甲去世，其墓碑至今尚存。（杨克礼）

穆扎法尔王朝（al-Sulālah al-Muẓaffariyyah） 14世纪波斯南部建立的伊斯兰地方封建王朝（约1314～1393）。奠基者为阿拉伯人后裔谢里夫丁·穆扎法尔（？～1314）。他为穆扎法尔家族人，原为伊儿汗国的臣属，曾被完者都汗任命为叶兹德总督。1314年伊儿汗国素丹艾布·赛义德任命穆扎法尔之子穆巴拉勒丁·穆罕默德（1314～1358在位）为法尔斯和叶兹德总督，趁宫廷内乱，实行割据。1335年艾布·赛义德死后，他拥兵自立，自称“沙”（即国王），大肆扩张势力。他娶法尔斯统治者吉尔曼沙·贾汗之女为妻，后继承了吉尔曼沙的职权，遂并吞了法尔斯。1343年征服伊斯法罕，并攻打北部的大不里士。1353年夺取设拉子，并以此为都。至此王朝领有法尔斯、克尔曼、叶兹德、库尔德斯坦等地。1358年，他被其子古特布丁·马哈茂德（1358～1375在位）与杰拉勒丁·舒贾尔（1358～1384在位）废黜。舒贾尔以设拉子为中心，领有法尔斯、克尔曼等地；马哈茂德领有叶兹德和库尔德斯坦等地。舒贾尔以王位的继任者自诩，称“沙”。他在设拉子建立宫殿、皇家清真寺和宗教大学，奖掖学术文化。著名诗人哈菲兹被任命为设拉子经学院院长，并在其庇护下用波斯语创作了大量著名宗教诗篇。王朝信奉逊尼派教义。但允许什叶派和苏菲派学者从事宗教学术活动。设拉子学者云集，为苏菲派的中心之一。1384年，舒贾尔临终前将自己的领土又分给3个儿子，从此王朝分崩离析。这个支系在克尔曼的统治者艾哈迈德·伊玛目丁建立了巴尔拉米清真寺。1393年帖木儿率军打败并杀死末代沙·曼苏尔（1384～1393在位），占领设拉子，王朝遂亡。（杨克礼）

穆智泰希德（Mujtahid） 伊斯兰教对有创制教法能力和资格的权威学者的称谓。阿拉伯语音译，原意为“勤奋者”。其学识和地位要高于一般的欧莱玛。尤指信仰虔诚，知识渊博，熟谙经训、教法，德高望重，善于辩才，有资格就有争议的或新出现的教法疑难问题发表“法特瓦”（即正式法律见解）的宗教学者。在逊尼派中，常用以尊称四大教法学派创始人和极少数出类拔萃、颇有威望的学者大师（如艾什尔里、安萨里等）。而什叶派则认为，这样的知识精英普遍存在于各个时代，他们是“隐遁”的伊玛目在人世间的代理人（亦称“信使”），为广大穆斯林的精神领袖，服从他们即聆听伊玛目的召唤，其判决和发表的“法特瓦”具有法律效力。在什叶派中，穆智泰希德人数较多，有固定的经济来源，构成一个颇有影响的社会阶层。而在逊尼派中，则仅仅是一种历史上的称谓，为欧莱玛的一部分。中世纪以后，逊尼派穆斯林很少使用此称谓，而多采用穆夫提，但穆夫提需经官方确认。（吴云贵）

穆兹代里法（Muzdalifah） 见朝觐。

N

拿赫鲁宛之战 见纳赫拉万之战。

那兀纳(？～1366) 中国元代居华穆斯林海商首领。根据《入闽通志》、《泉州府志》、《晋江县志》译音定名。《福建通志》作“阿巫那”、《丽史》作“那吼呐”,并称他是蒲寿庚家族的女婿。据《晋江县志》记载,他于元代来到泉州。至正二十二年(1362)二月,他杀死阿迷里丁,继任泉州穆斯林武装亦思巴奚军的首领。他不断派兵攻打惠安、蒲田、仙游等地的汉族地方势力。由于连年战争破坏了泉州港的安定局面,大批穆斯林海商航海他乡,影响了外贸收入,元朝廷于至正二十六年(1366)派陈友定率军击败亦思巴奚军,攻占泉州。同年5月那兀纳被擒杀。 (陈达生)

纳迪尔沙(Nadir Shah,1688～1747) 伊朗阿夫沙尔王朝创建者、国王。生于呼罗珊,为突厥阿夫沙尔部落首领。萨法维王朝赐予他呼罗珊北部领地。1722年,阿富汗人侵入伊朗占领伊斯法罕后,萨法维王朝国王侯赛因一世退位,其子塔赫马斯普二世(1722～1732在位)逃至马赞达兰,图谋夺回其父失去的王位和国土。1726年,纳迪尔率兵前往马赞达兰投靠流亡的塔赫马斯普二世,深受重用,命其组织统帅联军,收复丧失的领土。联军最初占领马什哈德和赫拉特,1730年收复伊斯法罕,把阿富汗人全部逐出伊朗。纳迪尔被任命为呼罗珊、克尔曼、锡斯坦和马赞达兰的总督,他独立发号施令,铸造钱币,与俄国谈判缔约。后又打败侵占伊朗西北部的奥斯曼军队。1732年废塔赫马斯普二世,立其幼子阿拔斯二世为国王,他独揽大权。1736年废阿拔斯三世,被贵族会议拥立为国王,改称为“纳迪尔沙”,建立阿夫沙尔王朝(1736～1796)。他登基后为解决连年战争造成的财政困难,向外征战和掠夺。1737～1740年,先攻占巴尔赫、俾路支斯坦和坎大哈,后又占领喀布尔、白沙瓦、拉合尔。他继续南下,在卡诺城一役大破莫卧儿帝国军队,攻占德里,洗劫该城及宫廷,劫掠大量珍宝财物,其中包括价值连城的孔雀宝座和稀世之珍的库希努尔钻石。1741年,远征信德、布哈拉和花剌子模,建立了庞大的军事帝国,其版图东自印度河,西至底格里斯河,北起布哈拉,南到波斯湾,建都于马什哈德。在宗教上,他宣布逊尼派教义为正统信仰,代替原先什叶派的国教地位,将什叶派降为与逊尼派四大法学派并列的地位。他下令没收什叶派清真寺和圣裔的瓦克夫土地,对反对他的什叶派欧莱玛阶层大肆迫害,遭到伊朗什叶派的反抗。加之连年征战,军费浩繁,生产衰退,国库空虚,民力凋敝,横征暴敛,更激起各地的暴乱。他晚年暴戾诛杀无度,动辄屠村屠城,其亲信也被处死。1747年6月在呼罗珊城下军帐中被部下暗杀。 (杨克礼)

纳格什班迪(al-Naqshibandi,1314～1389) 伊斯兰教苏菲派纳格什班迪耶教团的创始人。本名穆罕默德·伊本·白哈丁·布哈里(Muḥammad ibn Bahā'al-Din al-Bukhāri)。因其信众在举行宗教仪式时默诵经文并在胸前画线,表示净化心灵,故白哈丁被人称为“纳格什班迪”,意为“画家”。生于中亚布哈拉附近巴维丁村(Baveddin),塔吉克人。早年曾师事巴巴·赛玛希(Muḥammad Bahā'al-Sammasi,？～1354)和库拉勒·布哈里(Amir Sayyid Kulāli al-Bukhāri,？～1371),同时与一位名叫哈利勒(Khalil)的突厥苦修者交往甚密。1340年,哈利勒当上了河中地区的素丹,白哈丁成了他的门客。1347年哈利勒垮台后,白哈丁返回布哈拉农村,重新开始其一度中断的传道活动。有的学者认为,纳格什班迪既非该教团的创始人,归之于他的道路也并非由他开始,而应追溯到艾布·叶尔孤白·优素福·哈马达尼(Abu Ya'qub Yusuf al-Hamadani,？～1140),几经传授才到了白哈丁。白哈丁没有创立组织,而是在自己周围聚集了一批志同道合的信众。这些人遵循麦拉马提学派主张,不注重宗教仪式,如礼拜仪式等,而强调内心修炼,主张低念“迪克尔”,正如白哈丁本人所说:“表面是为了世人,内心则为了真主”。纳格什班迪死后葬于布哈拉附近的巴维丁村,其陵墓为中亚苏菲派朝谒的重要圣地。

(王怀德)

纳格什班迪耶教团(al-Ṭariqah al-Naqshibandiyyah) 伊斯兰教苏菲派兄弟会组织。为中亚三大苏菲教团之一。14世纪由穆罕默德·伊本·白哈丁·布哈里(1314～1389)创传于中亚布哈拉。因该教团在举行宗教仪式时,默颂《古兰经》文并在胸前以手指画线,以示排除杂念、净化心灵,故白哈丁又以"纳格什班迪"(即画家)著称。白哈丁早年在布哈拉附近的凯斯里·阿里罕学习经训、教义,后师承苏菲长老巴巴·赛玛希(al-Sammāsi)和赛义德·阿米尔·库拉勒学习正统苏菲学理,受高声念诵迪克尔的功修训练,成为苏菲学者。其师故后,他承袭其学理,独立门户收徒传道,信众日增。他又继承了中亚著名苏菲优素福·哈马达尼(Yūsuf al- Ḥamadāni,? ～1140)和哈里格·基迪杜瓦尼(al-Khāliq al-Ghujdawāni,? ～1220)所传的关于低声(即虎非耶)念诵迪克尔的道统。白哈丁坚持逊尼派教义,主张遵行教法。认为真主是绝对独一的,是唯一的现实存在,宇宙万物是真主创造的。他倡导入世主义,不主张苏菲遁世隐居,苦行禁欲。认为苏菲达到认主和近主的道路,应当是履行法定的宗教功修,净化心灵,内心与造物主联系,外与真主被造物(即自然、社会生活)联系,求得两世幸福。为此,他提出了修道的四条基本原则:(1)修道于众。即修道者不应离群索居,应居于人群之中,与世人广交,以求相互有益,善德来此于社会,修道者相互交往,方能获众多善果。在社会中履行教乘功修,才能抑恶扬善。(2)巡游于世。即修道者应到各地游历旅行,广泛接触现实世界,认识真主创世的睿智,开阔思想境界,领悟真主赐予的恩惠,以达认主。(3)谨慎于行。即修道者的每一言行,都要慎思熟虑,遵奉真主之诫命,言必行,行必果,善恶分明,不能昏昧不明。(4)享乐于时。修道者既要抑制对今世豪华和物质欲的贪欲,又要享受今世凭自己的劳动所得的财富和乐趣,真主造化的自然界是供人享受的,假若苦修禁欲,是对真主所赐给人类恩惠的忘恩负义行为。白哈丁在世时,以布哈拉道堂为中心,培养了大批门弟子,对中亚突厥语系各族穆斯林产生了重大的影响。1389年白哈丁逝世后,其门弟子组成了纳格什班迪耶教团,使其学理和修持方式得到广泛的传播,在撒马尔罕、巴尔赫等地均设立了道堂。在第三代谢赫阿赫拉尔(1404～1490)时,该教团已在中亚取得了统治地位,曾得到帖木儿王朝素丹侯赛因·拜哈拉和乌兹别克汗国昔班尼汗的尊崇,对各王朝推行逊尼派教义和教法起了重要作用。1516年,艾哈迈德·凯桑尼(1461～1542)任该教团第五代谢赫后,以麦赫杜姆·阿扎姆著称,他反对离世隐居和苦修禁欲,认为苏菲除在道堂修炼外,也可外出云游,其宗旨是为了道乘修炼和传布苏菲教义。在道乘修持上,他既保持传统的低念迪克尔的仪式,也容许其信徒高声念诵迪克尔及伴以音乐的萨玛哈舞,使该教团在中亚各民族中普遍受到尊崇。1542年,艾哈迈德·凯桑尼去世后,其子嗣为争夺教团领导权斗争激烈,并导致了一些分支教团的建立。

纳格什班迪耶教团在早期其信徒以中亚的突厥人为主,15世纪传入奥斯曼帝国统治下的安纳托利亚,受到素丹的推崇,建有分支道堂。16世纪初,艾哈迈德·凯桑尼后裔中有3个支系先后传入中国新疆,史称"喀什噶尔和卓家族"。其中伊斯哈克耶支系居于优势,逐渐形成依禅派。17世纪新疆的依禅派形成4个苏鲁克:伊纳克耶、达瓦尼耶、伊西克耶、伊斯哈克耶。后分裂为黑山派和白山派。16世纪末,谢赫哈瓦加·巴吉·吉比拉赫将该教团学理传入印度,得到印度穆斯林贵族的尊崇。其弟子艾哈迈德·希尔信迪(1563～1624)将该教团学理和逊尼派教法相结合,成为正统信仰的第二个"千年复兴者"。其道统由希尔信迪的弟子穆拉德·布哈里(1640～1720)所继承,并将该教团传入伊拉克等地。希尔信迪的学友塔杰丁·本·扎卡里叶(? ～1640)建立纳格什班迪耶分支组织,后传至麦加、也门和埃及,并建有道堂。18世纪中叶,依禅嘎里将希尔信迪的学说由印度传入新疆,在阿克苏建立阿印科道堂,后又传入中国内地,对虎非耶、嘎迪林耶、哲赫林耶的形成有一定影响。希尔信迪被中国穆斯林尊称为"伊玛目·兰巴尼"(即受到天启的教长)。

(杨克礼 吴云贵)

纳赫拉万之战(Ghazwah Nahrawān) 658年伊斯兰教第四任哈里发阿里同哈瓦利吉派之间发生的一次战斗。一译"拿赫鲁宛之战"。亦称"伊斯兰教史上的第三次内战"。657年经过隋芬之战(参见隋芬之战),阿里决定与穆阿维叶停战和谈后,军队的主战派中先后有1.2万人因不满和谈而退出阿里军营,从隋芬出走到库法附近的哈鲁拉村,推举阿卜杜拉·瓦哈卜·拉西比为首领,宣布不承认阿里的哈里发地位,故被称为"哈瓦利吉派"。阿里起初对哈瓦利吉派采取怀柔政策,并亲自到哈鲁拉去劝说他们归队,但未成功。后来当阿里率军6万向叙利亚进军时,获悉哈瓦利吉派杀死了支持阿里的麦达因总督和阿里的使者,从而激怒了阿里,遂于途中改变路线,向伊拉克境内的纳赫拉万进军征讨哈瓦利吉派。在发起进攻之前,阿里曾与哈瓦利吉派谈判。当时哈瓦利吉派内部虽发生分化,不少人纷纷离队,但该派首领仍拒不接受阿里的和谈要求。658年(一说659年初)7月17日,阿里下令发起进攻,致使拉西比阵亡,并使固守营地的哈瓦利吉派1800余人几乎全被消灭。纳赫拉万之战后,激起了哈瓦利吉派的复仇情绪,其残部在各地积蓄力量继续进行反对阿里的活动。在阿里征讨哈瓦利吉派的同时,穆阿维叶于659年击败阿里在埃及的军队,并任命阿慕尔为埃及总督,使阿里的力量遭到极大削弱。

(杨克礼)

纳吉迪耶派(al-Najdiyyah) 伊斯兰教哈瓦利

吉派的分支之一。亦称哈鲁里耶派。该支派是哈瓦利吉派中较为宽容的派别。其首领是纳吉代·本·阿米尔·哈鲁里·哈乃斐(? ～692)。该派领导成员曾支持麦加伊本·祖拜尔(? ～692)反对伍麦叶王朝哈里发的斗争。685年,在阿拉伯半岛叶麻麦地区建立政权,推举纳吉代为哈里发。其控制的地区包括巴林、阿曼、也门和哈达拉毛的部分地区,同伍麦叶王朝相对抗。该派信奉真主独一和《古兰经》,认为不信奉哈瓦利吉派教义者为"伪信者"(即穆纳菲格);允许居住在其他教派地区的哈瓦利吉派成员实行"塔基亚"原则;认为"犯大罪者"应下火狱,但又主张将犯罪而坚持不改的人与因无知而犯罪的人区别开来。对某些"大罪"如通奸、盗窃、酗酒等,如系初犯并表示悔改是可以被宽恕的。该派提倡穆斯林必须诚实,视说谎的人为多神教徒,认为"说谎的罪比奸淫、饮酒的罪更大",谎言会引导人们背叛信仰和作恶。该派将穆斯林的行为从宗教上分为"基要的"和"非基要的",如在教法律例上的"创新"属于"非基要的",偶尔犯罪属"非基要的"罪行,屡犯不改则属于"基要"罪行。认为犯"非基要"罪行经过悔改,仍可进天园;而犯"基要"罪者属叛教,则必下火狱。692年,纳吉代因内讧被杀,该派分裂为许多小分支活动于各地,8世纪上半叶,被伍麦叶王朝军队所消灭。 (杨克礼)

纳吉尔(Nākir) 见奈吉尔。

纳贾夫(al-Najaf) 伊斯兰教什叶派圣地之一。伊拉克中部城市。位于离幼发拉底河西岸11公里处的山脊上,旁有小湖。据传系阿拔斯王朝哈里发哈伦·拉希德于791年所建,10世纪以后开始昌盛。城市由几个同心圆组成,第一个同心圆是穆罕默德的女婿阿里(600～661)的陵墓。阿里为伊斯兰教第四任哈里发,是什叶派公认的第一代伊玛目,661年遇刺身亡后葬于此地,其陵墓被尊为"圣墓"。陵墓在哈伊达尔清真寺中央,呈长方形,四周围以栏杆。该陵墓最早发现于750年,786年由哈里发哈伦·拉希德判定为阿里的陵墓。哈伊达尔清真寺有一个穹顶和两个镀金尖塔。礼拜大殿墙壁用意大利大理石砌成,墙上饰有蓝、绿或黄色的镶嵌画,挂着许多不同形状的镜子。镀金的天花板挂有金链悬吊的枝形吊灯,灯上缀以宝石。草绿色的大门装饰着造型奇特的石头。该寺为什叶派著名圣寺,寺中收藏有许多珍宝。第二个同心圆是一个大院子,四周围以高墙,面对着清真寺和先前的古兰经学校教室。围墙外面是一片开阔地,构成又一个同心圆,朝圣者和小商在此聚集。纳贾夫和西北60公里的卡尔巴拉同为什叶派圣地。每年有数万名什叶派穆斯林从伊朗、巴基斯坦、巴林、科威特、黎巴嫩及伊拉克各地前往谒陵。纳贾夫也是伊斯兰教宗教教育和阿拉伯语言的教育中心,什叶派培养教法学家的宗教大学也设于此。 (杨克礼)

纳润章(1900～1971) 现代中国伊斯兰教阿訇、教育家。名荣滨,以字行,经名努尔·穆罕默德。回族。云南河西(今云南省通海县)纳家营人。出身于伊斯兰教经师世家。青少年时代刻苦攻读汉语、阿拉伯语、英语,立志从文化教育入手,振兴民族、宗教。1928年在保山创办中阿文并授的伊斯兰中学。1942年日本飞机轰炸保山,携眷到蒙化(今巍山)创办兴建中学,聘请省内外知名学者任教,培养了大批回族子弟。中华人民共和国成立后,该校改名为巍山第二中学,他担任校长,学校开始招收女生和其他民族的学生,培养了不少爱国爱教的经济、文化建设人才。他先后被选为云南省政协委员、大理白族自治州人民代表及州政协副主席,1971年病逝。在长期办学中,他主张改革教学内容,革新教学方法,经书并授,中阿文并举,说服穆斯林乡老改变只重经学,轻视学习汉文的倾向。课程除设置穆斯林经堂必学之宗教典籍、阿文语法修辞、逻辑等课程外,还授汉语文、历史、地理、数学、体育、音乐等科目,并组织学生在各回民村寨和邻近县区宣传实习,卓有成效。抗日战争时期,他积极宣传爱国抗日,曾在重庆《回教论坛》期刊上发表《回教与抗战理论》一文,后被译为英文、阿文,发表在仰光《觉民日报》、德里《印度日报》和开罗《金字塔报》上。译著有《伊斯兰的教诲》、《穆圣遗训选》和《伊斯兰格言》等。 (林 松)

纳赛尔(Jamāl ʻAbd al-Nāṣir,1918～1970) 埃及共和国总统、阿拉伯民族主义思想家、国际不结盟运动领袖。出身于亚历山大城一邮政职员家庭。祖籍上埃及西亚乌特省贝尼莫尔村(Beni Murr),属赛义德族。幼年辗转于亚历山大、开罗和赫尔旺等地学校读书。除系统地学习伊斯兰教经典和教义课程外,广泛地涉猎了从民族主义先驱到欧洲启蒙学者的著述,受到民族主义和民主主义思想熏陶。1935年因组织开罗学生反英示威运动被捕入狱,在狱中与泛伊斯兰主义组织"青年埃及"负责人发生联系。1937年进入开罗皇家军事学院学习。1938年任步兵少尉,后被派往苏丹服役。1942年2月,法鲁克国王在英国胁迫下接受华夫脱党首领纳哈斯组阁事件发生,纳赛尔和一些爱国军官开始创建"自由军官组织"。1948年,自由军官组织参加了阿、以巴勒斯坦战争。1952年7月,纳赛尔领导自由军官组织发动起义,废黜法鲁克国王。次年6月正式废除君主制,建立埃及共和国,纳赛尔任副总理兼内政部长。1954年清除纳吉布集团之后,出任总理,代行总统职务。1956年正式当选为埃及总统。1958年埃及和叙利亚合并,建立阿拉伯联合共和国,当选为阿联总统。

纳赛尔在执政期间,为铲除国内封建残余,限制大资产阶级势力,发展民族经济和文化,倡导以民族主义为核心的阿拉伯社会主义运动,曾实行土地改革、合作化、工业化、国有化、发展现代教育、扩大代议制机构的民主化等措施。在宗教方面,通过1956年宪法确立伊斯兰教为国教。60年代以来,多次颁布法令,将部分清真寺收归国家管理。还通过有关法令确定宗教活动与政治活动的界限,明确了一些宗教组织的法律地位。1954～1955年间对参与和策划反政府活动的苏菲派组织"穆斯林兄弟会",曾3次下令镇压,并宣布取缔。为适应国内经济变革,政府正式废除了天课制度并解散了所有宗教基金组织;在司法领域,从1956年1月起将宗教法庭纳入国家法律体制之内,伊斯兰法庭的权限受到限制,以全国统一的民法取代伊斯兰教法的特殊地位;在教育领域,对传统的宗教教育进行了改革。1955～1961年,对爱资哈尔大学各系科的领导构成和课程设置进行了大幅度调整,使宗教教育成为国家对公民进行政治教育和道德教育的一部分。在对外关系方面奉行不结盟政策。1961年与铁托、尼赫鲁发起国际不结盟运动。1970年9月28日,因心脏病突发逝世。 (陈振昌)

纳斯赫体(al-Khaṭṭ al-Naskhi) 阿拉伯文书法体之一。"纳斯赫"一词系阿拉伯语的音译,本意为"誊抄",故又称作"誊抄体"、"手抄体"。它是伊斯兰教以前出现于阿拉伯半岛的一种书法体,属阿拉伯文小楷。最初由叙利亚人创造。由于当时的文具商、誊抄者多采用此体誊抄报刊文件,故又称"誊印体"、"印刷体"。因纳斯赫体规定标音,故伊斯兰教初期曾用此体抄写《古兰经》。伍麦叶王朝时期,纳斯赫体有了一定的发展,被认为是当时最规范、最优美、最易认读的书法体。10世纪起,纳斯赫体正式形成为手写体。该体字母清楚、端正、庄严,容易辨认。其字母大小均有严格规定,适于日常生活的通信与记录文件,抄写经书典籍。因而在阿拉伯世界广为流传,有阿拉伯文的"直系祖先"和"标准字体"之称。1097年,纳斯赫体在埃及被用于铸造钱币的文字。阿尤布王朝时期,该体达到最高水平。自11世纪以后,纳斯赫体已广泛用于抄写《古兰经》等,几乎成了《古兰经》的专用体而沿用至今。近现代以来,多为报刊首先采用。 (陈进惠)

纳斯勒丁·霍加(Nasr al-Din Khujah,1208～1284) 土耳其著名民间文学家。一译纳斯尔丁·阿凡提。生于土耳其西南部锡夫里希萨尔城附近的霍尔托村。从小受到传统的伊斯兰教育,通晓《古兰经》,熟知大量民间故事、传说和轶事,爱好诗歌、谚语,善于辩论。曾担任当地清真寺的伊玛目,后成为伊斯兰教教义学家,深受苏菲主义思想影响。30岁时离开故乡去阿克谢希尔定居,从事民间文学的创作,直到逝世。他吸收在阿拉伯和中东一带早就流传的"朱哈笑话",加工和发展后形成"阿凡提笑话"予以广泛流传,在民间长期口头流传过程中,不断增添新内容。16世纪土耳其作家拉米伊将他的笑话选择一部分收入他所编辑的笑话集中。18世纪时,他的笑话和轶事被编纂成书。现在最流行的是土耳其学者维列达·伊兹布达克于1909年的编本,收入霍加的笑话392篇,前92篇被称为"基本的传统笑话"。这些笑话、轶事反映了劳动人民的善良正直、机智勇敢、不畏权势和幽默乐观的性格,表达了他们的爱憎分明和对未来美好的向往;揭露和嘲笑了封建统治者的伪善、愚昧自私、贪婪残暴的本性。笑话内容丰富多彩,人物形象鲜明,情节生动活泼,寓意深刻含蓄,语言诙谐风趣。纳斯勒丁·霍加的笑话和轶事长期以来在土耳其、阿拉伯、巴尔干半岛、高加索、中亚以及欧美等地广泛流传。学者称其为各国民间文学中的一个"世界性的形象"。约在18世纪,纳斯勒丁的笑话传入中国新疆地区,称"阿凡提故事",已家喻户晓。阿凡提的故事在世代相传过程中,得到不断的加工和补充,带上了民族和地方色彩。

(杨克礼)

纳绥尔丁·图西(Nāṣir al-Dīn al-Tūsi ,1201～1274) 中世纪波斯著名天文学家、数学家、哲学家。一译纳速剌丁·突西。生于呼罗珊的图斯城,出身于什叶派学者家庭。自幼受到良好的宗教和文化教育,博学多识,精于天文历算,曾研究观象仪制造法和使用法。通晓波斯语和阿拉伯语。谙熟伊斯兰教经典和教义,为什叶派伊斯玛仪支派著名学者。哲学上追随伊本·西那,并受新柏拉图主义思想影响。原担任库锡斯坦总督阿卜杜·拉希姆的星象官。后到波斯阿拉木特堡伊斯玛仪派的尼扎尔派第八代长老鲁克尼丁(? ～1256)所占据的阿拉木特堡总部任助手并从事天文研究。1256年11月,旭烈兀率蒙古军攻入阿拉木特的重要据点麦门吉兹城堡,纳绥尔丁敦促鲁克尼丁向蒙古人投降,蒙古人杀其长老和信徒,占领所有堡垒。纳绥尔丁投蒙古军继续西征,任旭烈兀随军参事。1258年,蒙古军攻陷巴格达,灭阿拔斯王朝后,旭烈兀任命纳绥尔丁为主管宗教及遗产的官员,并采纳其建议,在马拉格城西山冈上建造了一座规模宏大的天文台,配备有精密的观测仪器,设有藏书40万册的图书馆,纳绥尔丁担任台长。该台招聘西班牙、阿拉伯、叙利亚、波斯及中国的天文历算学家,从事观测和研究。他根据历时12年观测记录的资料,对埃及伊本·优努斯编制的《哈基姆历表》加以增订,于1272年编成《伊儿汗天文表》(al-Zij al-Ilkhāni)。其内容第1卷是介绍中国、希腊、阿拉伯和波斯历法;第2卷为行星运行;第3卷为天文历表;第4卷为占星术。此天文表为当时最精确的历表,测定岁差为51秒,精确度相差不到1秒。后传到亚洲各国,对中国元代回回历的颁行有很大影响。纳绥尔丁还主持制造有地球仪、天球仪、观象仪、地平经纬仪以及半径为3.6576米的四分仪等,并通过札马鲁丁传入中国。马拉格天文台曾是亚洲科学交流和协作的中心,1278年中国元代回回天文学家爱薛曾在该台举办的学术会上作过《中国和维吾尔历法》

的报告。纳绥尔丁与爱薛、艾布·法拉杰等人协同重译过欧几里德、托勒密著作的早期阿拉伯文译本,进行算弧三角法和占星术的研究。据拉失德丁《史集》记载,纳绥尔丁曾向在马拉格天文台工作的中国学者傅孟吉(有的文献称"傅蛮子",疑为傅岩卿)请教过中国天文学的推步之术。他还对数学有较深的造诣,著有《论四边形》,完成了平面三角和球面三角的系统化,提出了解球面直角三角形的6个基本公式。此书使三角学脱离天文学,成为一门独立的学科。而欧洲直到1450年左右,三角的讲述和应用仍是天文学的附属学科。纳绥尔丁为沟通东西方天文历法、数学做出了重大贡献。他还著有阐述什叶派教义的著作《论观念》、《信仰分析》、伦理著作《纳绥尔论品行》,还写过多篇寓有宗教伦理思想的散文作品。他受到什叶派的崇敬。

(杨克礼)

纳绥尔·霍斯鲁(Nasir Khusraw,1004～1087?)　波斯著名诗人,什叶派宗教宣传家。生于巴尔赫城附近的伽巴迪扬(今阿富汗境内)信奉什叶派的官吏家庭,早年受过传统的宗教教育。曾先后在伽色尼王朝、塞尔柱王朝宫廷担任书记官。约40岁时辞去此职,出外游历长达7年,到过叙利亚、苏丹、耶路撒冷、希贾兹、也门等地。1045年去麦加朝觐后到巴勒斯坦,最后到达法蒂玛王朝统治下的埃及,改宗伊斯玛仪派,受到哈里发穆斯坦绥尔(1035～1094在位)的礼遇。他研究伊斯玛仪派的教义,并修身养性,荣获"霍贾特"称号。后受开罗伊斯玛仪派总部之派遣到波斯呼罗珊传教。他回到巴尔赫后,开始积极宣传该派教义主张,遭到当地逊尼派长老及穆斯林的抵制和反对,塞尔柱王室也企图加害于他,最后被迫逃到巴达赫尚,在亚玛冈的山洞中隐居多年,著书立说,并招收门弟子,传播伊斯玛仪派教义主张。他学识渊博,精通教义学、教法学、哲学和该派的"内学"。他一生写了6万余行诗歌,传世的只有2万余行。他的诗涉及教义、教法、哲学、历史、伦理道德等方面的内容,富有哲理,笔力刚劲,风格独特。主要有阐述伊斯玛仪派基本信条和学说的《光明颂》、《幸福颂》、《旅行者的食粮》等。其宗教哲学著作《两种智慧的结合》,企图调和伊斯玛仪派教义学和希腊哲学。最著名的散文作品是描写他长达7年旅程的《旅行记事》,被誉为11世纪散文代表作品,现被译成英、德、法等文本。散文作品还有《教法轨仪》、《至理名言录》、《理智之光》、《问答篇》等。

(杨克礼)

纳瓦伊(al-Newai,1441～1501)　15世纪中亚伊斯兰教学者、诗人、政治活动家。全名阿里·舍尔·纳瓦伊。乌兹别克人。生于赫拉特。出身于察合台系巴鲁剌思部,祖辈为贵族,其父曾任帖木儿朝廷书记官。纳瓦伊自幼受良好的宗教和文化教育,15岁时即以诗作闻名。是呼罗珊的帖木儿后王素丹侯赛因·拜哈拉的同窗好友,1469年任宫廷掌玺官。1472年被任命为大臣,并取得"埃米尔"称号,担任素丹侯赛因在首都赫拉特的代表。后一度失宠,被派往阿斯特拉巴德任监察官员。他反对达官贵人的贪赃枉法,因而引起宫廷不满,终于被迫离职。1488年回到故乡赫拉特,专心写作。1501年1月3日病逝。他为官清廉,关心民间疾苦,终生遵从禁欲主义,未曾娶妻。他积极倡导和兴办伊斯兰文化事业,在赫拉特等城市主持兴建了清真寺、伊斯兰经学院,并经常给学者、诗人、音乐家等以慷慨资助和保护,对帖木儿王朝伊斯兰文化发展做出了重要贡献。他博学多才,对宗教、历史、哲学、绘画、建筑学和音乐等都有较深的造诣。纳瓦伊最早用察合台文创作诗歌,其颂诗、鲁拜诗最为著名,是乌兹别克文学的开创者。他还是著名的乐师,所创作的"纳瓦木卡姆"曾蜚声中亚,并传播到世界其他地区。在宗教思想上,纳瓦伊深受贾米苏非主义思想的影响,对纳格什班迪耶教团的学理和修持道路作了发展和阐释,提出了入世主义的道乘修持原则。他认为苏菲应"修道于众,外与被创造物、内与造物主联系"。认为"善德来自于社会,来自于与世人交往,以求相互有益。修道者如此互相交往,方能获众多善果。"因此"要巡游于人世之上","修道于人群之中"(见《爱之轻风》、《伊斯坎德尔之墙》)。这些观点概述了纳格什班迪耶教团崇尚现实生活的原则。纳瓦伊是一位著述宏富的多产作家,著有63部作品。最负盛名的是《五诗集》,包括《正直者的不安》、《莱伊拉和马季农》、《法尔哈德和希琳》、《七行星》和《伊斯坎德尔之墙》5部长诗。此外还著有苏菲主义的哲学著作《爱之轻风》、《心之所钟》以及有关诗学的文章。他的著作对乌兹别克及中亚文学的发展起了巨大的作用。

(陈国光)

纳希赫(al-Nāsikh)　见停经。

纳训(1911～1989)　中国当代阿拉伯文学翻译家。字鉴恒,经名穆罕默德·努尔。回族。云南省通海县纳家营人。童年时代接受经书并授的教育,后入昆明明德中学学习。1934年,由其母校保送到埃及爱资哈尔大学留学深造。学习期间,他除勤奋攻读必修课程外,还根据个人的兴趣特长,选定文学为主攻目标,并立志翻译《一千零一夜》全书。同时,也有选择地把一些中国的古今名著译成阿拉伯文,在埃及报刊上发表。1939年,他随中国留埃学生朝觐团到麦加朝觐,积极参与抗日宣传活动。1947年回国后,主持昆明明德中学校务,兼任伊斯兰教刊物《清真铎报》主编。1950年在云南民族学院工作,不久调云南省文联从事翻译阿拉伯名著的工作。1960年调北京人民文学出版社。他毕生呕心沥血,致力于《一千零一夜》的翻译。20世纪40年代初译《天方夜谭》5册,由当时商务印书馆出版;50年代新译本改名《一千零一夜》,1958年已出版3卷选本。至1984年,人民文学出版社已把全译本分6卷出齐，共230多万字。这是中国唯一的、直接译自阿拉伯原文的全译本。他的译文既注意保留原作风貌，语言上又考虑到中文的表达习惯。书中大量穿插的诗句，译文韵味浓郁，顺口悦耳，深受读者欢迎。此外，单行本还有《阿里巴巴和四十大盗》，上海芭蕾舞剧团编为芭蕾舞剧公演。《〈一千零一夜〉故事选》，初版印数亦在11万册以上。此外，他在埃及留学期间，还用阿文翻译并发表了唐代柳宗元的古文《捕蛇者说》，鲁迅的小说《风筝》，朱自清的散文《背影》，曹禺的剧本《雷雨》等，还译述了人物传记《孙中山的生平》，引起了埃及读者的兴趣。晚年被选为中国翻译家协会理事。（林　松）

纳忠（1910～　）　中国穆斯林著名学者、阿拉伯历史及阿拉伯语言学家。字子嘉。回族。云南通海人。现为北京外国语学院教授、博士研究生导师。早年曾在昆明明德中学和法国人创办的中法中学读书，并参与当时回民报刊《清真铎报》的撰稿和编辑工作，在昆明《西南日报》发表了不少脍炙人口的文学小品和散文。继而在《清真铎报》与北平《月华》旬刊发表了有关介绍伊斯兰教和阿拉伯历史、文化的著作，思想活跃，观点鲜明，见解精辟。1931年被选送埃及爱资哈尔大学深造，深入研究阿拉伯历史、伊斯兰文化。1932年即用通俗流畅的白话文翻译了埃及著名学者曼苏尔的《伊斯兰教》一书，流传广泛。1936年荣获爱资哈尔大学最高委员会授予的学者证书。留学期间，孜孜勤奋，博览群书，进入爱大研究院专攻阿拉伯—伊斯兰教史，并翻译了库迪·阿里的《伊斯兰与阿拉伯文明》、艾哈迈德·爱敏的《回教学术思想史》等名著。1940年回国后，任云南明德中学代校长。1942年底，应中央大学（今南京大学）之聘，任历史系教授，开设阿拉伯史、世界通史等课程，兼外语系阿拉伯语教授。1947年应云南大学校长熊庆来特邀，任该校历史系教授。

中华人民共和国成立后，仍从事教学工作，为新中国的教育与科研事业做出了卓越贡献。在云南大学执教期间，撰写了《回教诸国文化史》、《阿拉伯近现代史》，均为国内开拓性之专著，还翻译了《阿拉伯与古典史料》，具有珍贵的文献价值。1958年调北京外交学院任阿拉伯语教授兼部（系）主任，1962年起任北京外国语学院教授至今，并多次兼任系主任，培养博士研究生。先后翻译了苏尔坦著《也门社会发展史一瞥》，与他人合译埃及方言小说《代表团万岁》，还撰写了《埃及近现代史》和《阿拉伯简史》的汉文本与阿文本。其巨著《阿拉伯通史》，约百万字，史料丰富、翔实，对东西方史家欠妥失实之处多有弥补，全书结构严密，纲举目张，语言朴实流畅，现已脱稿。早年翻译的艾哈迈德·爱敏的多卷本巨著《阿拉伯—伊斯兰文化史》，其第1卷《黎明时期》问世以来，多次再版，深受欢迎。新版本仍由他主译，并指导几位中年教师续译，1982年起，由商务印书馆陆续分8卷出版，被阿拉伯学术界誉为“划时代的、前无古人的”伊斯兰百科全书。汉译本将为中国翻译界和史学界填补一大空白。

纳忠是海内外享有盛名的学者。现任中国非洲史研究会会长，中国中东学会顾问，《中国大百科全书·外国历史》编委会常委兼亚洲史副主编，中国伊斯兰教协会常委，中国社会科学院世界史研究所和西亚非洲研究所学术委员，中国中亚文化研究会名誉理事，中国外语教学研究会名誉理事，云南省昆明伊斯兰教经学院名誉院长等职。1981年，应巴基斯坦国际希吉来奖金委员会之聘，担任该奖金候选人的常任提名委员。1985年，被叙利亚大马士革阿拉伯语言学会年会推选为通讯委员。近年来，多次应邀参加阿拉伯国家、伊斯兰国家举行的国际伊斯兰学术研讨会，为增进中国同阿拉伯—伊斯兰各国人民之间的友谊与文化交流做出了积极贡献。（华　英）

纳孜木　见毛拉·比拉勒。

乃玛孜（Namāz）　见礼拜。

乃米拉清真大寺（Jāmi‘Namrah）　沙特阿拉伯伊斯兰教清真寺。亦称“阿拉法特大寺”。位于圣城麦加东阿拉法特地区西部，距麦加25公里。阿拉法特是先知穆罕默德发表著名的辞朝演说之地，也是哈吉们履行朝觐功课的场所之一。该寺前身是伊斯兰初期兴建的露天大寺，用石头垒起的矮墙围着。曾多次修葺和改建，规模较小。20世纪70年代后期，为适应世界穆斯林朝觐的需要，沙特政府拨巨款，在整修阿拉法特地区工程的同时，耗资3000万里亚尔对该寺进行了扩建。建筑形式基本上是高墙多窗、排柱纵横梁、平顶天窗的传统伊斯兰建筑结构，规模宏大，气势雄伟。主体礼拜殿建在高出地面的台子上，以防南北高山洪水灾害。殿内遮盖面积大，纵深空间宽畅。大殿外墙为拱形廊柱结构，可防暑热。白色殿顶分前后两部分：前半部屋面较后半部稍低，其前部（西面）有3个白色圆顶，两座宣礼塔建于中心圆顶两侧，屋面有20个长方形屋脊式天窗及数百个装有换气电扇的通风口。后半部屋面稍高，上有3个大的伞形天窗及近百个小型电扇换气孔。与前面（西面）对称，东面也建有两座宣礼塔。大殿南面中部另建有一座宣礼塔。大殿内部光线明亮，空气清新，地面铺设白色绝热大理石及草席。该寺还设有男女专用大小净室，装有许多揿压式龙头。两个蘑菇形巨型水塔，供应饮水及沐浴用。该寺还设有露天小净处，供朝觐者进驻阿拉法特日应急使用。寺的东、南两侧均辟有很大的停车场。该寺是伊斯兰圣地的一大标志，每年朝觐期间阿拉法特之日，那里是世界数百万哈吉聚会的场所。（马智雄）

乃索拉　见奈萨拉。

乃孜尔（Nazer）　中国新疆地区维吾尔等民族穆

斯林为纪念亡人而举行的一种悼念活动。“乃孜尔”系维吾尔语音译，意为施舍、赈济、悼宴等。源于阿拉伯语“奈兹尔”(Nadhr，即许愿、立誓)一词。包尔汗·沙希迪所编《维汉俄辞典》释为“追悼宴会”，与内地回、东乡、保安、撒拉等民族中过“乜贴”(Niyah)、“尔买里”(‘Amal)等活动的含义相似。一般在人亡后的第7日、40日、百日、周年、三周年举行。每逢乃孜尔日，丧主举办家宴，备有奶茶、抓饭、馕和各样菜肴款待亲友、宾客，届时主人发表讲话，介绍亡人的生平事迹和品德，并邀请毛拉诵经，以追忆亡人，安慰活人，了却心愿。是维吾尔等民族穆斯林群众悼念亡人的传统宗教仪式之一。（马忠杰）

奈吉尔(Nakir) 伊斯兰教天使名。一称“纳吉尔”(Nākir)。阿拉伯语音译。同另一名叫孟凯尔(Munkar)的天使，专门负责预审坟墓中的亡人。参见孟凯尔。（林 松）

奈萨拉(Naṣārā) 《古兰经》中对基督教徒的称谓。一译“乃索拉”。阿拉伯语音译，系“奈斯拉尼”(Naṣrani)的复数词，意为纳塞拉人，指居住在耶稣(伊斯兰教称“尔撒”)初期传教的纳塞拉(Nasera，一译“拿撒勒”)地区的人，因他们最先信奉耶稣所传的基督教，故成为基督教徒的泛称。《古兰经》中有15处提到该词，主要指居住在麦地那的基督教徒，并称他们为“艾赫勒·克塔卜”(Ahl al-Kitāb)，意为“有经人”、“信奉天经者”，即信奉安拉赐降给先知尔撒的经典《引支勒》的人。从经文中还可以看出，伊斯兰教对基督教徒采取了与对犹太教徒和多神教徒不同的政策：“你必定发现，对于信道者仇恨最深的是犹太教徒和以物配主的人；你必定发现，对于信道者最亲近的是自称基督教徒的人；因为他们当中有许多牧师和僧侣，还因为他们不自大。”(5∶82)。在伊斯兰教义中，基督教徒是穆斯林可以团结的朋友。（杨宗山）

奈萨姆(al-Nazzām，777～845) 伊斯兰教穆尔太齐赖派思想家、逻辑学家。生于巴士拉，出身于宗教学者家庭。早年随名师学习经训、教法、语言学，后师从艾布·胡栽勒，成为穆尔太齐赖派的学者。他学识渊博，通晓历史、自然科学、希腊哲学、逻辑学，对伊斯兰教各派学说及其他宗教思想均有深入的研究，爱好诗歌，善于演说和辩论。中年后长期定居巴格达，从事讲学和学术活动。因在学术辩论中，反对穆尔吉埃派、贾卜利耶派的定命论及把真主拟人化的观点，出言不逊，措辞激进，触怒了巴格达正统派的一些学者，故被视为“狂士”。他支持阿拔斯王朝哈里发马蒙(813～833在位)推崇《古兰经》被造说的宗教主张，受到马蒙的庇护和赞赏，常应邀到宫廷讨论教义、教法和哲学问题。他的著作已散佚，仅散见于后世学者的著作中。

奈萨姆在宗教哲学思想上，推崇理性和知识，运用逻辑推理讨论教义，同其师艾布·胡栽勒等其他穆尔太齐赖派的学者在教义问题上持不同见解。在宇宙形成问题上，认为安拉通过世界理性从总体上一次创造了宇宙万有的实体，这一创造是必然的。他说：“真主一次创造世界，万物是一气呵成的，但这一部分包藏在那一部分里面，经过若干年代后，矿物、植物、动物、人类等才由潜伏的状态中逐渐显现。”他否认原子论的宇宙构成说，认为有形物质是由若干属性组合而成，并非若干原子的结合。万物的属性是通过实体派生出来的，而事物的属性不是物质本身。“例如，火与热潜伏在物质里，热的反对性——潮湿——消灭后，因摩擦而热出现；在这里发生的是运动和转位，不是性质上的变更。”在真主与人的关系问题上，认为真主虽创造了宇宙万物，但他不再去干预万物的活动，也不预先造化人类的善恶行为。真主是公正、贤明的，他不可能造化人的恶行，他只进行合理的完美的创造，只恩慈对人类有裨益的事。人有意志自由，人类才是自己行为的创造者，人应当为自己的行为负责。真主不存在意志自由问题，因“意志”这个词含有“需求”的意义，而真主无所需求。在肉体与灵魂的关系问题上，认为人的本质是灵魂，灵魂是一种精神活动，肉体是灵魂的形式或器官，不是人的本质构成部分。他说：“人的灵魂是一种微妙的实体，是人身上最优越的部分，普遍全身；肉体是灵魂的傀儡，实际上灵魂才是人；知识、意志等无非是灵魂运动而已。”他还指出，人体入火狱后，一经焚化，其刑罚就结束。他主张理性是认识的前提，人类能借助理性认识真主的知识(灵知或诫命)，认识自身，认识真主造化的事物，并从中得到真主赐予人的恩惠。他承认自古以来，真主向世界各民族派遣了许多先知，他们的使命是教化全人类，穆罕默德是最后一位先知，他遵奉主命将人类引向“安拉之正道”。在教法上，只承认《古兰经》和圣训是教法根源，否认用公议、类比作为立法的依据，同罕百里法学派接近。他提出本质和属性、运动和静止、内容和形式等范畴，为伊斯兰学术研究引进了新的思维方法。（杨克礼）

奈萨仪(al-Nasā’i，839～915) 中世纪伊斯兰教逊尼派著名圣训学家、“六大圣训集”的汇编者之一。全名艾哈迈德·本·舒阿卜·本·阿里·奈萨仪。因其出生于呼罗珊的奈萨镇，故以其出生地闻名。他幼时勤奋好学，富有钻研精神。15岁时即在大学者古太白·本·赛义德门下攻读经、训和宗教学，17岁时便开始游学希贾兹、伊拉克、叙利亚、杰吉拉和埃及等地，广交学者、名家。曾跟布哈里、穆斯林·本·哈贾吉和艾布·达乌德等许多圣训学家学习、研讨圣训和圣训学，同时广泛搜集圣训及其传述世系。最后定居埃及，从事讲学和著述。915年，赴麦加朝觐，卒于该地。奈萨仪精通圣训教法和伊斯兰法理学，在教法上崇尚沙斐仪学派观点。他能背诵全部《古兰经》经文。他对集录、考证圣训十分严谨，坚持以正文的精确和传述世系的连贯为辑录入卷的标准。他将所集录的大量圣训经过筛选、考订,按教法实体的门类加以编排定本,命名为《奈萨仪圣训集》。奈萨仪一生研究圣训,并以教法的形式辑录成书,有其独到之处,在伊斯兰教经学史上影响很大,故他本人被尊为"伊斯兰长老"。他除《圣训集》外,还有《阿里的穆斯奈德》、《圣门弟子的美德》和《功课》等著述传世。 (马忠杰)

《奈萨仪圣训集》(Sunan al-Nasā'i) 中世纪伊斯兰教逊尼派著名圣训经籍之一。由呼罗珊圣训学家奈萨仪(839~915)辑录汇编,故书名前冠以编者名字,以示与他人的同类汇编本相区别。约成书于10世纪初。脱稿后,编者即呈送腊姆拉(位于今耶路撒冷东部)的埃米尔审阅,后按埃米尔的建议将其中自认为最真实可靠的圣训抄出,重新列目编排,称为《圣训小集》,亦称《穆吉太巴集》(al-Mujtabā),原集遂改称《圣训大集》(al-Sunan al-Kubrā),仍保持原貌。重编后的《奈萨仪圣训集》被后世学者列为逊尼派权威的"六大圣训集"之一。该集收录圣训5700多段,系编者采用布哈里和穆斯林·本·哈贾吉两家的原则和要求加以精心辑录,并按教法实体的门类分别编排,共分8卷51章。其内容所涉及的问题主要有:洁净、月经与病血、拜功、宣礼、清真寺、正向、领拜伊玛目的条件、日食与月食拜、祈雨拜、会礼、殡礼、斋戒、天课、朝觐、圣战、婚姻、离异、公产、遗嘱、馈赠、发誓与践约、立愿与还愿、狩猎、宰牲、农耕、生意、信仰及教规、衣饰、法官守则、禁酒等。伊斯兰学者认为,该集中所收真实和良好的圣训占绝大多数,极少数为弱而无力的圣训。该经问世后,在伊斯兰教界和学界影响很大,不少圣训研究家发表了评论,予以肯定和赞扬,许多学子争相传抄、学习。现代铅印本有埃及开罗的4册合订本,在中国亦有流传。埃及经学家哲拉鲁丁·苏尤蒂(1445~1505)写有《花冠》一注释本,附在该集每页的下边。 (马忠杰)

《奈赛斐教典诠释》(Sharḥ al-'Aqā'id al-Nasafiyyah) 中世纪伊斯兰教逊尼派凯拉姆学名著。作者赛尔顿丁·太弗塔萨尼(1312~1389),原籍呼罗珊的太弗塔赞(Taftāzan)。他是当时该地的伊斯兰学权威,对伊斯兰教义学、哲学、伦理学和阿拉伯文学、修辞学造诣精深。该书是他对以奈赛斐著称的欧麦尔·本·穆罕默德(1068~1142)所作《奈赛斐教典》(本意为信条大纲)的注释,用阿拉伯文写成,未分章节。作者对《奈赛斐教典》所提出的各种问题逐一详加注释,并全面、系统地作了阐述和发挥。其主要内容是,运用唯理思辨与逻辑推理的方法论证安拉的存在、独一和无始。既论述了伊斯兰教的宇宙观、认识论,又深入阐述了逊尼派关于安拉与世界、信仰与悖逆、前定与自由、人类能力与行为等问题的主张。并申述了伊斯兰教关于派遣先知与降示《古兰经》的意义、四大哈里发的继位及伊玛目的选举等教理、教制问题。同时对穆尔太齐赖派等在信仰问题上与逊尼派相异的主张和渗入伊斯兰哲学领域的古希腊哲学家的观点亦予以列举并加批驳,指出:"世界万有都是有始的,凡有始的都必须有一个创造者","世界的创造者是安拉"。赛尔顿丁此注释本是许多注释本中最有影响的一种,故各地伊斯兰学者对其所作的脚注本(Ḥāshiyah)已有14种之多。该书曾在各伊斯兰国家以及阿尔巴尼亚、南斯拉夫、印度、阿富汗等国广为流传,埃及爱资哈尔大学还将此书作为教义学教材。该书自16世纪末传入中国以来,各地经师十分重视,并普遍作为经堂教育的教本。刘智曾将该书列入他的《天方典礼》的参考书目,称为《教典释难》。同治九年(1870),马德新刊印此书,称为《教典释难经解》。光绪十九年(1893),马联元刊印了此书的节本,称为《天方释难要言》。1924年,北平秀真精舍出版了杨仲明始译的古汉语译本,称为《教心经注》。1945年,马坚在昆明翻译出版了白话文汉译本,并将译文分为18章79节,称为《教义学大纲》,1951年上海文通书局再版时,译者将其改名为《教典诠释》。1985年,中国伊斯兰教协会影印出版了奥斯曼新闻出版公司1911年阿拉伯文本,并于1988年用简化汉字横排,再版发行了马坚的汉文译本。

(马忠杰)

奈斯尔(Naṣr) 《古兰经》中所载古阿拉伯人崇拜的五大偶像之一。阿拉伯语音译。见于《古兰经》第71章古代先知努哈的故事中。据经注学家称,与瓦德、素瓦尔、叶巫斯和叶欧格原系人类始祖阿丹时代5个著名人物,死后被人塑成偶像奉之为神,奈斯尔被塑以雄鹰形象而为也门地区希木叶尔(Ḥimyar)等部族所崇拜。参见瓦德。 (杨宗山)

奈斯尔王朝(al-Sulālah al-Naṣriyyah) 中世纪安达卢西亚阿拉伯人在格拉纳达建立的最后一个伊斯兰王朝(1232~1492)。亦译"莱赫米王朝"。1212年穆瓦希德人战败退出西班牙,基督教的各小公国和穆斯林的小王朝瓜分了安达卢西亚。约于1230年,原麦地那海兹拉吉部落的后裔穆罕默德·本·优素福·本·奈斯尔(1232~1273在位)与基督教小王国结盟,重新组合穆斯林力量,集编军队,设法在哈恩周围建立穆斯林王朝。1232年,他率军攻占格拉纳达城,并定为首都,自称"加里卜"(al-Ghālib,即胜利者),建立奈斯尔王朝。辖有格拉纳达周围地区,成为西班牙穆斯林反抗基督教势力的最后根据地。他建立国家行政管理制度,制定法律,扩建军队,发展生产,奖掖学术,采取灵活的外交政策,向卡斯提尔王国称臣纳贡,利用基督教小王国同其他穆斯林小王朝间的斗争,发展自己的势力,奠定了王朝的基础。在素丹艾布·哈贾吉·优素福(1333~1354在位)和穆罕默德五世(1354~1391在位)统治时期,励精图治,整顿朝纲,利用良好的自然资源，使农业经济、城市手工业和商业得以发展，国家呈现出一派繁荣景象。格拉纳达继塞维利亚后成为科学和艺术的中心，在某种程度上复兴了西班牙穆斯林的荣耀。从 14 世纪末起，王室因争权内讧加剧，素丹更位频繁，战乱迭起，曾 3 次向卡斯提尔王国进攻而战败，力量大衰。1469 年基督教的阿拉贡和卡斯提尔王国合并，发动大规模的收复失地的战争，利用穆斯林内部的分裂，先后夺取穆斯林占领的马拉加、木尔西亚，使格拉纳达陷于孤军无援的包围封锁之中。1492 年，由于卡斯提尔王国重兵包围和进攻格拉纳达，末代素丹艾布·阿卜杜拉被迫投降，奈斯尔王朝灭亡，穆斯林统治西班牙的历史结束。奈斯尔王朝实行政教合一的中央集权制，素丹掌握最高权力，设大臣会议协助素丹管理国务。王朝在仅据格拉纳达一隅统治的 250 年中，成为西班牙穆斯林的避难地。王朝继承和发展了伊斯兰文化，建造的艾勒哈卜拉宫（红宫）是伊斯兰建筑和装饰艺术高度发展的象征。创建的格拉纳达大学聘请著名学者任教，教学内容新颖，开设有宗教和自然科学课程 20 多门，除穆斯林学生外，还吸引大量基督教学生来校学习。王朝赞助学术文化，鼓励学者著书立说，著名的学者被素丹擢升为宫廷大臣。如哲学家伊本·巴哲和伊本·图菲利、历史学家伊本·海推布均在宫廷担任过御医和大臣，在学术上做出了贡献。（杨克礼）

奈斯尔·伊利克汗（Naṣr Ilik Khan，？～1012） 喀喇汗王朝河中地区征服者和统治者。全名阿尔斯兰·伊利克·奈斯尔·本·阿里或奈斯尔·本·阿里·伊利克汗。回鹘（今维吾尔）族。喀什噶尔（今新疆维吾尔自治区喀什市）人。出身于喀喇汗王朝王族。其父为阿里·阿尔斯兰汗。自幼受宫廷伊斯兰教教育。早期驻地为讹迹干（今吉尔吉斯斯坦共和国的乌兹根）。996 年，进攻萨曼王朝，与巴尔赫总督苏布克特勤签订和约，获得萨曼王朝的锡尔河流域广大地区。999 年，趁萨曼王朝内部不和、局势动乱之机，并取得布哈拉伊斯兰教上层一些重要人物的支持，向萨曼王朝发动新的进攻，占领布哈拉，灭萨曼王朝，其驻地迁往撒马尔罕。后撕毁同伽色尼王朝（962～1186）关于两国以阿姆河为界的条约，于 1006 年和 1008 年两次越过阿姆河进攻呼罗珊和巴尔赫，但均遭失败，喀喇汗王朝向西扩张的企图从此告终。晚年与其兄艾哈迈德·托干汗失和，曾出兵进攻喀什噶尔。巴格达阿拔斯王朝哈里发授予他的伊斯兰封号是："正义的支持者"（Mu'ayyid al-'Adl）。伊本·艾西尔在所著《全史》中，称赞他"是善良的，公正的，过着合乎道德的生活，献身于宗教和服务于它的人们，颂扬科学及从事科学的人们"。1012 年殁后，由其三弟曼苏尔继其位，统治河中地区。（马品彦）

奈兹尔（Nadhr） 伊斯兰教教法用语。阿拉伯语音译，意为"许愿"、"立誓"等。指穆斯林为表示对真主感恩而立下的誓愿。如某人患病期间许下诺言，若蒙真主护佑而痊愈，则施舍财物济贫，或以食物款待客人，或履行礼拜、斋戒等善功，以表示报真主之恩，这种誓愿即称"奈兹尔"。誓愿欲做之事，如济贫、斋戒等，则称"曼祖尔"（Mandhūr）。根据《古兰经》第 2 章第 270 节和第 22 章第 29 节的规定，凡立誓愿者都必须履行。教法认为，不履行"奈兹尔"者，其后人应以金钱替其赎罪。至于立誓要做坏事或其他不合情理之事，这种"誓愿"受教法禁止。（马恩信）

南川门宦 中国伊斯兰教苏菲主义哲赫林耶学派支系门宦之一。因由马进西（1866～1940）创建于甘肃张家川南川，故名。马进西字锐恒，别号五十九，宁夏灵州（今灵武市）人，是哲赫林耶派第五代教主马化龙的次孙，也是马化龙的唯一遗孤。1871 年马化龙反清起义失败后，马化龙及其家属全被杀害，清廷将马化龙年仅五六岁的两孙马进成、马进西严加监禁，拟待及年宫刑后发配为奴。1875 年马元章从云南潜回张家川寻找马化龙后裔并欲复教期间，马进成被宫刑后殁于汴梁，仅将尸骨盗回埋葬于张家川。马进西在被解往北京宫刑途中，由马元章派人抢回，隐藏于教民中。后经李得仓疏通马安良，在其保驾慈禧太后到长安之机冒死上书，以"赦一人可安万民，杀一人万民不安"为词，求准慈禧赦免了马进西。马进西遂在张家川南川设立了道堂，继承马化龙、马进成为教主，从此始有南川门宦。后马进西与马元章失和，马进西重返金积复教，南川道堂先后由其子马腾霓、马腾霞主持。其基本教义和礼仪仍遵守马明心旨意不逾，只是各立门户，独立传教。至 1949 年南川门宦主要辖有张家川等地寺坊 55 处，教众有 3 万余人。道统依次为：马明心、穆宪章、马达天、马以德、马化龙、马进成、马元章。此后教务主持人相继为马进西、马腾霓。（马 通）

《南村辍耕录》 中国有关元朝史事的笔记。亦名《辍耕录》。元末明初人陶宗仪著。宗仪字九成，号南村。浙江黄岩人。学识渊博，明洪武中曾任教官。元末避乱隐居松江农村，耕读之余，有所感受，即随手札记于树叶上，贮于罐中，后由其门生整理成书，共 30 卷，585 条，20 余万字。记载了元代社会的掌故、典章、文物及天文历算、地理气象、社会风俗、小说诗词等。其中《氏族》条，列"色目"31 种，提供了元代西北氏族、部落、种族等基本情况。该条内将回回与畏吾儿并列，对区分这两个民族提供了历史佐证。《嘲回回》条云"其婚礼绝与中国殊"，记叙了元代回回人独特的民族风俗习惯。《回回石头》条列出了来自回回地区并为回回人所经营的五种玉石名称、价格及用途，说明了回回人在经营玉器行业中的地位。《西域奇术》条记述当时回回医官可作人的脑部手术。《火石剌把都》条记述回回地所产药物可治 100 多种疾病。书中所记多为作者耳闻目睹，较为真实，为研究元代社会状况及回族、维吾尔族史提供了重要素材。该书有元末刻本及明刻本多种。1958年中华书局出版标点本。（罗万寿）

南非伊斯兰教 南非共和国位于非洲大陆最南端。北邻纳米比亚、博茨瓦纳、津巴布韦、莫桑比克和斯威士兰，东南西三面为印度洋和大西洋环抱。面积122.2161万平方公里。人口3375万（1988）。有黑人、白人、有色人和亚洲人4大种族。官方语言为英语和非洲荷兰语。首都比勒陀利亚。居民中白人、有色人的大多数和60%的黑人信奉基督教新教或天主教；亚洲人约60%信奉印度教，20%信奉伊斯兰教；部分黑人信奉原始宗教。穆斯林人口约33万，占全国人口1.4%，分布在开普、德兰士瓦、纳塔尔省，主要由马来西亚籍穆斯林（约占51%）、印度籍穆斯林（约占48%）和本土穆斯林组成。17世纪下半叶，伊斯兰教由流放至此的马来西亚奴隶传入。18～19世纪，先后有印尼、马来西亚、印度、斯里兰卡、土耳其等国的穆斯林移居南非。马来西亚籍穆斯林居住在开普省，多属逊尼派的沙斐仪学派。印度籍穆斯林分布在纳塔尔和德兰士瓦省，多属逊尼派的哈乃斐学派，少数属苏菲派的卡迪里、契斯提、纳格什班迪耶教团。本土穆斯林多集中在约翰内斯堡，其中白人仅千余人，黑人近万人，多属逊尼派。主要伊斯兰教组织有：南非伊斯兰教委员会（含南非伊斯兰教理事会）、德兰士瓦伊斯兰学者协会、纳塔尔伊斯兰学者协会以及近年来极为活跃的南非穆斯林青年运动组织（1970年成立）和南非穆斯林学联（1974年成立）。南非穆斯林大多为外籍移民，长期受白人政权的种族歧视，政治上毫无地位。1961年印度籍穆斯林获南非国籍后，参政意识日益强烈，但始终未争取到国会席位。南非穆斯林一直反对南非白人政权的种族歧视政策，支持黑人民族主义运动，一些人因此被捕，遭流放。全国约有250座清真寺。德班的清真大寺建于1950年，为南部非洲最大的清真寺，可供5千人同时礼拜。还有许多经文学校，40%的穆斯林儿童接受伊斯兰教育。德班的韦斯特维尔大学设有伊斯兰教与阿拉伯语研究系。阿拉伯文、英文版《古兰经》随处供应。国内主要的伊斯兰教刊物有《穆斯林文摘》、《穆斯林新闻》、《伊斯兰之声》。世界性的伊斯兰教刊物，如卡拉奇的《穆斯林世界周刊》、伦敦的《国际冲击》、多伦多的《国际新月》也在此广为发行。每年约有2000人赴麦加朝觐，并有许多穆斯林青年在沙特、叙利亚、埃及、巴基斯坦、印度等地的伊斯兰高等学府留学。南非伊斯兰教理事会、南非穆斯林青年运动组织与伊斯兰世界联盟、世界伊斯兰大会均有直接联系。（黄陵渝）

《南华文艺》侮教案 1932年上海发生的侮辱伊斯兰教事件。是年9月，南京政府铁道部次长曾仲鸣主编的《南华文艺》在第1卷第14期刊载娄子匡所写《回教徒怎么不吃猪肉》一文，诬称猪八戒是“回教徒的祖先”、回民是“小猪八戒”。上海回民发现后群情激愤，公推哈少甫等3位代表前往交涉。提出：一、由该社正式道歉。二、回民撰文驳斥其对回民的侮辱，由该社照登。三、保证今后不再有此种侮辱文字出现。四、现存该刊于礼拜寺内焚毁。消息传至北平后，北平各界回民集议，认为此等侮教案连年发生，绝非一时一地部分回民之事，应联合全国回民向政府当局交涉。遂即组织华北回民护教团，公推马振武等15人为代表，向南京政府提出下列要求：一、罢免《南华文艺》主编曾仲鸣所兼各职，由法院科以割裂民族、危害民国罪。二、请政府勒令《南华文艺》停刊。三、将撰稿人娄子匡移交法院治罪；同时选出马子文、王瑞兰、刘柏石、王梦扬4人为代表赴南京请愿。南京政府行政院秘书长褚民谊答应回民要求：一、作者娄子匡交法院究办。二、《南华文艺》停刊。三、政府明令全国严诫以后不得有同样言行于回族。四、主编曾仲鸣确系挂名，已多次道歉，免于议处。一场轰动全国的，反对由国民党反动民族、宗教政策导致的侮教案始告平息。（罗万寿）

南京清真董事会 中国穆斯林地方性群众团体。20世纪初期由原南京市汉西门清真寺董事会发展而成。会长马榕轩，副会长宛荣之，董事李质轩、金调生、王寿仁等。会址设于汉西门清真寺。该会极力扶助回民教育事业，赈济贫困教胞，经常向穆斯林宣传教义，赠阅《清真醒世篇》、《清真修道撮要》及《清真教饮食篇》等多种书刊，并在革除宗教积弊和阿訇世袭方面做过不少努力。1923年马榕轩病逝，该会遂解散。

（杨为仁）

南京太平路清真寺 中国伊斯兰教清真寺。旧称花牌楼清真寺。位于南京市太平路东段。该寺始建于明代，太平天国时毁于战乱，后由本坊哈、杨、丁、常、马、郑6姓乡老集资在南京户部园（即今太平南路256号左侧）兴建简易殿堂。1924年，回族穆斯林富绅蒋慕国、蒋苏龛出资3万元在原址重建新寺。由于原寺被称为“北寺”，新寺乃称为“南寺”（即今太平路清真寺）。随着时间的推移，北寺寺址4字已无法辨认。新建成的“南寺”共3进：第一进门楼，正面为石牌坊，穿顶建筑仿造杭州凤凰寺的螺丝结顶式样建筑，惜于1931年马路拓宽时被拆除；第二进为5间大厅，进深9.6米，山柱高7.35米，单檐硬山顶，前后有廊；越过小院的第三进为礼拜大殿，面阔5楹，檐柱高6.48米，山柱高8.35米，进深11.8米，气势庄严宏伟。大殿建筑面积189平方米，其建筑质量和工艺的精致，在南京各清真寺中属第一流。该寺自1911年以来，长期为南京及全国性伊斯兰教团体的所在地。中国回教促进会南京支部、中国回教青年会、中国回教协会南京市分会等先后设在这里。中华人民共和国成立后，人民政府于1953、1959、1980年3次拨款整修，该寺现为中外穆

斯林在南京举行宗教活动的主要场所。江苏省和南京市伊斯兰教协会亦设在寺内。（米寿江）

南萨拉森帝国 见法蒂玛王朝。

南太平洋地区伊斯兰宣教理事会（The Religional Islamic Da'wah Council for South Pacific） 世界区域性伊斯兰宣教组织。1984年5月创建，总部设在斐济的苏瓦。首任主席为新西兰人拉希姆·拉什迪。该会宗旨是：弘扬伊斯兰教精神，使南太平洋地区人民更好地理解伊斯兰教。主要活动有：协调、沟通这一地区各伊斯兰组织的活动，努力增强人民对伊斯兰教的理解，出版、发行这一地区所使用文字的伊斯兰文献。其成员组织有：斐济穆斯林同盟、新西兰伊斯兰协会联盟、澳大利亚伊斯兰联合理事会、巴布亚新几内亚伊斯兰协会、新喀里多尼亚伊斯兰协会、汤加穆斯林组织。该会与伊斯兰教世界联盟、世界伊斯兰大会均有联系。（黄陵渝）

《脑威圣训四十段》（al-Arba'ūn al-Nawawiyyah） 伊斯兰教圣训选注本。为沙斐仪学派著名教法学家兼圣训学家穆哈伊丁·脑威（Muḥ'i al-Din al-Nawawi，1233～1277）选编。据有的《圣训集》记载，穆罕默德曾说："谁为我的教民的宗教事务背记四十段圣训，真主于末日就复活谁在学者的行列"，这是伊斯兰学者依据各自的见解和主张竞相选编40段圣训的起因。于是各种选本相继问世，有关于伊斯兰教义的，有关于教法的，有关于为宗教而奋斗的，也有关于文学的，修道的和劝谕性的等等。脑威此选注本则着重于伊斯兰教的基本知识和教理原则，涉及伊斯兰教的动机与效果论、信仰观、财产观、善恶观，以及睦邻与敬客、公道与助人、善良与罪恶、原告与被告等诸种现实问题。因该选本所选注的圣训皆出自《布哈里圣训实录》和《穆斯林圣训实录》，故历来受到学术界重视，在伊斯兰世界被作为教本，在中国亦广泛流传。此选本另有《逊奈讲座》和《明言》等多种注本。1947年庞士谦将其译为汉文，译名《脑威四十段圣谕》，作为"回民大众读物之一"出版，由北平伊斯兰出版公司印刷、黎明学社发行。脑威系叙利亚脑威地方人，以其出生地著称，他曾在大马士革读书，专攻阿拉伯语法学、圣训与圣训学、伦理学、宗教原理、名人传记等学科。他在伊斯兰学术上颇有成就，著述尚有《穆斯林圣训实录详解》、《清廉人的修养》，以及论述古兰经学的《梯卜焉》和论述教法学的《法塔瓦》等传世。（马忠杰）

内西米（Seyid Imadeddin Nesimi，？～约1419） 土耳其苏菲派学者、诗人。以阿里·阿拉著称。生平不详。曾在波斯阿斯塔拉巴德城师从苏菲派学者学习经训和苏菲主义学理，受过功修训练。后在什叶派侯鲁菲派谢赫法德卢拉门下受教，成为该派宣教师，并从事传教活动。1394年其导师法德卢拉被正统派指控为"异端信仰"（精底格），被撒马尔罕当局处死。他逃到阿勒颇，后将侯鲁菲派的神秘主义，传入奥斯曼帝国辖区，为拜克塔什教团成员所信奉，被尊为"巴巴"。他被当地伊斯兰教学者斥为异端邪说，于1418年被处死。他著有波斯语和土耳其语的诗集各1卷，还写有若干首阿拉伯文的诗歌。土耳其语的《诗集》被视为他的佳作，包括约300首抒情诗（厄扎尔）和150多首四行诗（鲁拜）。他的诗作吸收了波斯神秘主义诗人的风格，以优美抒情而著称，诗中将苏菲神秘主义和侯鲁菲派教义结合，抒发了他的宗教感情，在土耳其文学史上占有重要地位。（杨克礼）

尼泊尔伊斯兰教 尼泊尔王国是位于喜马拉雅山中段南麓的内陆国家。面积14.7181万平方公里。人口1799万（1988）。全国有30多个民族。尼泊尔语为国语，上层社会通用英语。首都加德满都。居民89.5%信奉印度教，5.7%信奉佛教，2.7%信奉伊斯兰教。穆斯林有39万余人，分布在特莱平原、中部山区和首都加德满都。伊斯兰教于10世纪传入尼泊尔，首批穆斯林人数不多，是马拉王朝招募的能流利书写波斯文的印度北方人。20世纪50年代，许多穆斯林相继从印度、孟加拉、克什米尔和中国西藏地区移居尼泊尔，其后裔构成现今尼泊尔穆斯林的主体。他们绝大多数属逊尼派，少数为什叶派，西藏穆斯林移民同印度的迪欧班德"正统"派联系密切。主要组织有：全尼泊尔穆斯林改革委员会、尼泊尔伊斯兰教协会。穆斯林只有数十人在政府部门任职。他们绝大多数是农民、少数为商人、专业技术人员、小业主、工匠等。全国有为数不多的清真寺，最大的是加德满都的尼泊尔清真大寺和克什米尔清真寺，一些清真寺开办了伊斯兰教讲习班。全国有20多所经文学堂，约40%的穆斯林儿童接受伊斯兰教育。宗教人士在国内培养，学者在印度培养。大部分穆斯林过开斋节和古尔邦节，特莱平原穆斯林庆祝伊斯兰教历元月，什叶派穆斯林庆祝圣纪。尼泊尔是世界穆斯林大会（卡拉奇）成员国。

（黄陵渝）

尼采米亚大学（al-Madrasah al-Niẓāmiyyah） 中世纪著名伊斯兰高等学府和学术文化中心之一。坐落在巴格达城外的底格里斯河畔，是一座规模宏大的砖砌建筑群。1065～1067年由塞尔柱王朝素丹艾勒卜·艾尔斯兰敕令首相尼扎姆·穆勒克主持，耗巨资建成，并以其名字命名。据阿拉伯学者考证，该大学是仿效马蒙巴格达智慧馆的学术传统而创建的一所综合性伊斯兰大学，旨在弘扬逊尼派的教义学说，传播伊斯兰学术文化，培养高级宗教学者、教法官和行政官员。西方史学家称该大学是"伊斯兰神学院的典范"。该大学校舍宽敞，设备齐全，附设有礼拜寺和大型图书馆。学校的课程设置，宗教课有古兰经学、圣训学、凯拉姆学、教法学、哲学等，主要讲授艾什尔里派的新凯拉姆学和沙斐仪学派的教法学。文化课有阿拉伯语法学、修辞学、历史、地理、文学、天文学(历法)和医学等。还开设有关学科的专题讲授。为同法蒂玛王朝在开罗创办的爱资哈尔大学宣扬什叶派教义相对峙，该校在教学中坚持逊尼派的教义、教法思想和哲学观点。它拥有完善的教学设施，雄厚的师资队伍，并以重酬聘请了一批著名的逊尼派学者和教授任教。如聘请了伊斯兰教逊尼派的著名学者安萨里讲授凯拉姆学和哲学；沙斐仪派教法学家艾布·伊斯哈格·设拉齐(? ～1083)讲授教法学；耶路撒冷著名法官白哈丁·伊本·沙达德讲授伊斯兰教法及历史。该校倡导伊斯兰学术文化研究，奖掖学者著书立说，经常组织各种学术讨论会，进行学术交流。并与设在内沙布尔、巴士拉、摩苏尔和伊斯法罕的同名大学建立学术联系，培养师资，并派员指导各校的教学活动，成为当时逊尼派宗教教育和学术文化的中心。学校领导人由尼扎姆·穆勒克代表王朝直接任命，并订有一套关于教学和生活的规章制度，教工和学员必须遵守。学校经费大多由王朝国库拨款，学生享受奖学金和免费食宿，学校拥有大量基金和不动产作为供给教师和学生津贴的主要来源。该校为塞尔柱王朝和阿拔斯王朝培养了大批宗教学者、法官和行政官员，对发展和传播伊斯兰学术文化起了很大作用。至1395年该校与巴格达的穆斯坦绥里耶大学合并，继续传播逊尼派的教义和教法学的主张。

(马忠杰)

尼哈万德战役(Mawqi‘ah Nihāwand)　641年阿拉伯穆斯林军与波斯萨珊王朝军队之间的一次重要决战。发生在今伊朗哈马丹城以南的尼哈万德地方，故名。7世纪30年代，伊斯兰教第二任哈里发欧麦尔命令穆斯林大军征服波斯，向东扩张领土。636年，阿拉伯骑兵在幼发拉底河畔卡迪西亚(今纳贾夫以南)地方击败波斯军主力。637年6月，阿拉伯军总指挥赛尔德·伊本·艾比·瓦嘎斯率军6000多人，攻占萨珊王朝首都泰西封(今伊拉克境内)。国王叶兹德吉尔德三世(Yazda gird III)撤退到胡尔万，后又退到波斯边境的哲鲁拉地方，准备重整军备以图最后顽抗。641年，欧麦尔又选派一支军队再次进攻波斯，由努尔曼·本·穆斯林任总指挥，战役一开始穆斯林军占领了胡尔万东北的卡尔马新，控制了进入波斯境内的几条隘口，并以破竹之势长驱东向，在埃克巴塔那(今哈马丹)以南的尼哈万德同波斯将军菲劳赞率领的军队相遇。波斯军队号称15万人，战斗持续数天，双方打得胜负难分，均有较大伤亡，阿拉伯军总指挥努尔曼战死。穆斯林军由侯栽法·叶曼继任总指挥后，他改变战术，集中兵力攻敌军弱点，由对峙转入主动进攻，经过多次激战，以少胜多，波斯军队因厌战溃不成军，大部被歼灭，穆斯林军取得战役的最后胜利。尼哈万德战役对阿拉伯军队灭萨珊王朝，进而占领波斯全境具有决定性的意义，从此伊斯兰教随之在波斯传播。651年，逃亡的叶兹德吉尔德三世在木鹿附近被刺死，萨珊王朝灭亡。

(杨克礼)

尼卡哈(Nikāḥ)　见伊斯兰婚姻制度。

尼日尔伊斯兰教　尼日尔共和国位于非洲西部内陆、撒哈拉沙漠南沿。面积126.7627万平方公里。全国人口724.9万(1988)。主要部族有豪萨族，占总人口的55%。其次是哲尔马人、桑海人、颇尔人、富拉尼人、图阿雷格人等。90%以上居民信奉伊斯兰教。通用豪萨语、哲尔马语等，官方语言为法语。首都尼亚美。11～13世纪，伊斯兰教由阿拉伯和柏柏尔穆斯林商人传入南部的豪萨人城邦。14世纪，马里帝国势力扩展至今尼日尔中部，遂传播伊斯兰教。15世纪时，在尼日尔西部崛起的桑海帝国取代了马里帝国，国王穆罕默德·杜尔推行伊斯兰化政策，原为桑海人支系的哲尔马人大部归信伊斯兰教。以后随着苏菲派卡迪里教团的传入，西部地区的伊斯兰化逐渐发展。11世纪开始，北部的图阿雷格人的一支从费赞迁入尼日尔，15世纪建立阿加德兹素丹国。16世纪，桑海帝国灭亡，尼日尔东部归卡涅姆—博尔努王国统治，王朝实行政教合一制，实行伊斯兰教法，加速了该地区伊斯兰化的进程。16世纪后，居住在尼日利亚北部的豪萨人和尼日尔邻邦的富拉尼人迁入尼日尔境内，形成了多民族的伊斯兰国家。19世纪末期，宗教领袖奥斯曼·丹·弗迪奥在尼日利亚北部发动"圣战"，对尼日尔伊斯兰教发展产生了重大影响。1897年，法国殖民者入侵。1960年宣告独立，建立尼日尔共和国。尼日尔的穆斯林属于逊尼派，教法上遵从马立克教法学派。苏菲派影响较大，主要教团有卡迪里、提加尼、哈马利、赛努西教团等。尼日尔是一个实行政教分离的国家，但伊斯兰教在国家的政治和社会生活中占有重要地位。全国各地建有古兰经学校，在萨伊城建有综合性的伊斯兰大学1所。尼日尔为伊斯兰会议组织、世界伊斯兰大会、伊斯兰世界联盟成员国。　(杨克礼)

尼日利亚伊斯兰教　尼日利亚联邦共和国位于西非尼日尔河中、下游。东与喀麦隆相连，南濒几内亚湾，西与贝宁接壤，北与尼日尔交界。面积92.3768万平方公里。人口约1.1225亿(1988)，居非洲之首。首都拉格斯。全国约有250个部族，其中豪萨—富拉尼、约鲁巴、伊博3大部族约占人口总数的58%。北部的豪萨—富拉尼人绝大多数信奉伊斯兰教，西部的约鲁巴人近一半信奉伊斯兰教。全国居民47%信奉伊斯兰教。官方语言为英语，主要民族语言有豪萨语、约鲁巴语。约11世纪末，伊斯兰教通过埃及传入今尼日利亚东北部的卡涅姆—博尔努王国，上层先归信了伊斯兰教，后将伊斯兰教传播至豪萨族部分地区，14世纪成为该地区伊斯兰文化中心。11～13世纪，在尼日利亚北部和尼日尔南部地区，先后兴起豪萨的卡诺、戈比尔、卡齐纳、拉诺等诸城邦，商业贸易发达。13世纪，伊斯兰教通过穆斯林商人、移民、传教师传入一些城邦，逐渐确立了伊斯兰司法和管理制度。14世纪下半叶，马里帝国的一批曼丁戈人伊斯兰教传教师先后来到卡诺城，修建了第一座清真寺，并创办宗教学校，教授《古兰经》、圣训、教法和宗教礼仪。伊斯兰教通过卡诺向尼日利亚北部和中部传播。与此同时，从西北非迁徙到尼日利亚北部已信仰伊斯兰教的富拉尼人，长期与当地豪萨人杂居通婚，加速了该地区伊斯兰化的过程。16世纪，先后有来自阿尔及利亚和廷巴克图的一批伊斯兰教学者从卡诺和卡齐纳城传教，从事学术活动，使这两个城市成为黑非洲国家的伊斯兰文化中心。19世纪初，富拉尼人的伊斯兰教领袖奥斯曼·丹·弗迪奥发动“圣战”，征服了许多小王国，建立了以尼日利亚北部索科托为中心的富拉尼帝国，从此，使伊斯兰教从北部传入东部和西南部的约鲁巴王国和伊吉布王国，使部分居民改奉伊斯兰教。索克托素丹一直是尼日利亚穆斯林的宗教领袖。1906年沦为英国的殖民地和保护国。1960年10月尼日利亚联邦宣告独立，1961年6月西喀麦隆北部正式加入尼日利亚。1964年，北部的伊斯兰教领袖（素丹）为同南部的基督教徒争夺权力和地位，发起“彻底皈依伊斯兰教的运动”，使全体豪萨人伊斯兰化。据载，有40多万人改信了伊斯兰教。尼日利亚的穆斯林属于逊尼派，在教法上遵从马立克学派。大多数穆斯林属苏菲派提加尼教团，少数属嘎迪林耶教团和马赫迪教派。北部各城市建有多所伊斯兰学校和大学。为世界伊斯兰大会、伊斯兰世界联盟成员国。自1974年以来，多次派出代表列席“伊斯兰国家会议”，并加强同阿拉伯国家的关系。

（杨克礼）

尼扎里耶派（al-Nizāriyyah）　伊斯兰教什叶派的伊斯玛仪派分支派别之一。该派以“新的宣传者”自称，故史学家称为新伊斯玛仪派。西方学者称阿萨辛派（Assassins）。11世纪末形成于波斯和叙利亚地区，创始人为突厥籍的波斯人哈桑·伊本·萨巴赫（al-Ḥasan ibn al-Ṣabbāḥ，？～1124）。该派是以暗杀为手段的极端派别。伊本·萨巴赫是伊斯玛仪派的信徒，遵奉内学派教义，曾参加波斯伊斯玛仪派的秘密传道会活动。后到埃及开罗，接受伊斯玛仪派总传道会宗教训练，拥戴法蒂玛王朝哈里发穆斯坦绥尔（1036～1094在位）为该派伊玛目。后以法蒂玛人的传教师身份返回波斯，公开传道，发展信徒。1090年，他率信徒占领波斯卡兹温城东北德莱木山区的阿拉木特城堡（波斯文，意为“鹰巢”）后，以此为据点，建立严密的军事组织“菲达因”（Fidā'i，即敢死队），进行军事训练，四出奇袭，占领了几个重要的山寨，并对其政敌和反对派进行暗杀活动。受遣外出的“菲达因”在从事暗杀前，均要服用“哈希什”（Ḥashish，即大麻烟），故欧洲讹称之为阿萨辛派。

1094年，穆斯坦绥尔去世后，首相艾弗达勒玩弄权术，废长立幼。扶植穆斯坦绥尔的次子穆斯塔利登上哈里发位，长子尼扎尔被废后逃往亚历山大举兵反抗，战败被俘后毒死狱中。从此，埃及伊斯玛仪派统治集团发生分裂，形成两个派别。一派拥护穆斯塔利为伊玛目，一派拥戴尼扎尔为伊玛目，但遭到当局镇压。以哈桑·本·萨巴赫为首的波斯和叙利亚的伊斯玛仪派宣布仍忠于尼扎尔。哈桑以秘密抚养尼扎尔的幼子为旗号，自称“霍加”（即宣传领袖），成为尼扎里耶派的领袖，创立尼扎里耶派。同时，他从阿拉木特堡派出密使和传教师赴叙利亚，组织并领导当地的尼扎里耶派信徒从事恐怖活动。哈桑在波斯一些封建主的支持下，统一波斯北部山区所据各塞堡附近地区，建立尼扎里耶派政教合一的伊玛目王国，中国史称“木乃夷国”，同信奉逊尼派的塞尔柱王朝分庭抗礼。他们扼据里海海岸通往波斯高原的商路，袭击塞尔柱王朝的军队和反对他们的封建主，并利用农民起义的力量，扩大势力和领地。1092年，该派暗杀塞尔柱王朝首相尼扎姆·穆勒克，同年击败素丹马立克沙军队的进攻，成为波斯一支强大的割据势力。

11世纪末，十字军入侵叙利亚后，社会动乱，埃及和波斯的尼扎里耶派传教师利用这一时机，将势力扩及叙利亚、伊拉克和黎巴嫩山区。12世纪初，该派在阿勒颇建立传道会和菲达因组织，大批什叶派信徒加入这一组织，当地埃米尔里德旺·伊本·突杜什（？～1113）也成为该派的信徒，并利用该派杀死政敌。1126年，大马士革长官突格特勒正式承认该派，并把阻击十字军的前哨阵地巴尼亚斯要塞让给他们固守。至1140年，尼扎里耶派已据有努赛里叶山东侧的麦绥叶德以及叙利亚北部的凯海夫、盖德木斯、欧莱盖等地的堡垒。1169年，谢赫拉希德丁·息南（？～1192）对该派进行改组，以麦绥叶德为该派的大本营。该派采取多变的策略，时而联合十字军，打击穆斯林封建主；时而与穆斯林封建主结盟，对付十字军。叙利亚的尼扎里耶派对政敌仍用暗杀手段，该派先后杀死了霍姆斯和大马士革长官、法蒂玛王朝哈里发阿米尔、十字军的黎波里王雷蒙二世和耶路撒冷王康拉德。他们曾两次暗杀萨拉丁未遂。后萨拉丁与该派谢赫拉希德丁·息南订立和约。1256年，蒙古旭烈兀率军攻陷波斯阿拉木特城堡与各地几十处要塞，该派谢赫鲁克尼丁·本·穆罕默德等投降后被杀，大批信徒惨遭杀戮。后幸免者部分迁往印度，称“霍加派”，现其首领称“阿迦汗”，延续至今。1260年，埃及马穆鲁克王朝素丹拜伯尔斯夺取了叙利亚尼扎里耶派的麦绥叶德及所有据点，该派遂告衰落。他们现零星地分散居住在叙利亚北部、伊朗、中亚、阿富汗、阿曼、桑给巴尔和印度等地。

尼扎里耶派的教义基本上与伊斯玛仪派相同。主要遵奉隐遁伊玛目教义和《古兰经》隐义说。该派的谢赫自诩是“隐遁伊玛目”意志的代表和执行者。第四世谢赫哈桑·本·穆罕默德(1162～1166 在位)自称是从安拉那里得到无限权力的伊玛目,于 1164 年提出"精神复生论",并在阿拉木特堡举行大复生节(Qiyāmah al-Qiyāmat),宣称世界末日已经到来,新的时代就要开始,死者的精神将复活,真理将在作为安拉精神实体的伊玛目身上显示出来,奉安拉之命行使末日审判,只有能领悟真理者,灵魂才能进入天园。第六世谢赫杰拉勒丁·哈桑·本·穆罕默德(1210～1220 在位)反对"精神复生论",下令信徒履行宗教功课和遵守教法,倡导到麦加朝觐,并表面承认阿拔斯王朝哈里发的领袖地位,停止恐怖活动,遭到该派一些上层和信徒的反对。第七世谢赫阿拉丁·穆罕默德(1220～1255 在位)又恢复了该派的教义主张和恐怖活动。该派的首领称为"谢赫",有的自称为"霍加"、"伊玛目",因据有山中城堡,故十字军编年史家称其为"山中长老"。该派由谢赫、总传道师、传道师、菲达因首领组成领导集团,其宗教上层称为"知秘者",一般信徒对谢赫要无条件地绝对服从。该派注重宣教活动,其传道师多为受过专门教育的宗教学者。阿拉木特总部和叙利亚分部均设有图书馆、观象台、网罗该派学者进行教义和天文研究,编写宣教书和占星学等著作。

(杨克礼)

尼扎米(al-Nizāmi,1141～1209)　中世纪中亚穆斯林诗人、学者。全名哲马鲁丁·伊勒亚斯·尼扎米。生于阿塞拜疆甘贾(今基洛夫巴德附近)。他一生除去麦加朝觐和到大不里士作过一次短暂的旅行外,大部分时间在甘贾度过。尼扎米精通阿拉伯语和波斯语,对哲学、天文学、数学和医学均有造诣,学识渊博,对伊斯兰教义和历史颇有研究。属于伊斯兰教逊尼派。早年写过抒情诗,得到宫廷权贵的庇护和赏识。被称为中亚文学史上伊拉克体的杰出诗人。他的著名作品是叙事诗《五卷诗》,以对句韵诗形式写成,共 3 万句。第 1 卷为劝世诗《秘密宝库》,以讲故事的形式阐释伊斯兰教义和道德信条,规劝统治者要关怀人民。第 2 卷是爱情叙事诗《霍斯鲁和西琳》,取材于菲尔多西的《王书》。第 3 卷是《莱伊拉和马季农》,取材于阿拉伯民间故事,反映封建制度下男女的爱情悲剧。第 4 卷《七美人》(即《七宝宫》),描写萨珊王朝一个国王的事迹。第 5 卷《亚历山大的故事》,叙述了亚历山大王的生平事迹,并把他塑造为先知圣哲,受天命来到人世启迪众生。他的作品体现了对宗教信仰的虔诚,对人民现实处境的同情,并向统治者直接提出劝告,启发他们关心人民的疾苦。在诗歌创作中注意反映现实生活,多运用比兴方法,描写自然景物和人物形象细腻。尼扎米的作品对中亚各族人民的文学创作具有广泛影响,《五卷诗》后来被许多穆斯林诗人模仿。他在哲学上具有唯理主义倾向,认为自然界由土、水、火、风 4 种元素构成,强调理性能认识真理,但不可能认识造物主的存在。

(杨克礼)

尼扎姆·穆勒克(Nizām al-Mulk,1018～1092)　塞尔柱王朝著名政治家,伊斯兰学术文化的赞助者。本名哈桑·本·阿里·本·伊斯哈格·图西。以"尼扎姆·穆勒克"(即王国的纪纲)蜚声于当时政界。生于波斯图斯城。从小受到良好的宗教和文化教育,后到内沙布尔拜名师学习宗教和自然科学知识。此间他同欧麦尔·赫亚姆及哈桑·本·萨巴赫结为密友。他学识渊博,通晓教义学、历史学、文学、天文学,精通波斯语、阿拉伯语。为逊尼派虔诚信徒,教法上遵从沙斐仪学派。1049 年,在伽色尼王朝供职。1052 年,任巴尔赫总督书记。1063 年,在塞尔柱王朝素丹艾勒卜·艾尔斯兰执政时任呼罗珊总督、大臣,并任素丹马立克沙的太傅,1063～1092 年担任维齐尔(即首相),掌管王朝实权。他任职期间,完善政治法律制度,充实政府机构,扩建军队,改革税制;在王朝首府伊斯法罕发展商业,建造客栈和公共设施;在帝国境内开凿运河,修筑大道,保证了商旅和朝觐道路的畅通。他大力倡导、发展教育事业,传播伊斯兰文化。除在清真寺举办传统的宗教教育外,在很多重要城市兴建了以他的名字命名的宗教大学,培养行政和宗教人才。他最初在内沙布尔创办宗教大学,1065～1067 年在巴格达创办了以他的名字命名的尼采米亚大学,传授正统派艾什尔里的教义学和沙斐仪派的教法学,并开设哲学、历史、天文、医学、文学等课,聘请许多著名的伊斯兰学者如安萨里等人任教,并制定了一套教学规章制度。尼扎姆·穆勒克奖励学术研究,庇护学者和艺术家,为宫廷招贤纳士。安萨里的《圣学复苏》和欧麦尔·赫亚姆的《鲁拜集》,即是在其赞助和支持下完成的学术巨著。1074～1075 年,马立克沙采纳尼扎姆·穆勒克的建议,在赖伊(一说内沙布尔)新建的天文台中,集中一批著名的天文学家进行天文观测和研究,修改波斯历法,编成著名的太阴历《哲拉里历》(Jalāli Calender)加以推广,素丹马立克沙曾命令臣僚书呈革除政治弊端的建议,尼扎姆·穆勒克奉素丹之命撰写了论治国之道的名著《政治论》(Siyāsah Nām)。在这篇论文中,他要求素丹禁止皇戚干预朝政;建议恢复邮政制度和情报系统;主张建立严格的法律审判制度,严禁徇私舞弊;主张改革行政和军事管理制度,实行精兵简政。1087 年,他推行军事采邑(即伊克塔)制度,规定军事长官可世袭素丹所赐予的采邑土地;农民除交纳田赋外,还要负担各种繁重劳役,从而导致了后来各地封建割据势力的称雄和王朝的分裂。1092 年,尼扎姆·穆勒克在波斯的尼哈万德附近被阿萨辛派暗杀,葬于伊斯法罕,终年 74 岁。

(杨克礼)

尼扎姆·沙希王朝(Sulālah Nizām Shāhi)　印度德干高原巴赫曼尼素丹国后期分裂出来的一个王国(1490～1633)。创建人麦利克·艾哈迈德原系巴赫曼尼素丹国首相马哈茂德·加旺(1463～1481 在位)

属下部将，曾任德干高原西北部古吉拉特和比贾尔国之间地区的总督，1490年宣布独立，国都命名为艾哈迈德纳加尔。1499年，他率兵攻占道拉塔巴德大城堡，1574年又夺取了贝拉尔，王朝日益强大。其子布尔汉沙(1509～1553在位)同印度教国家维查耶那加尔结盟，经常与穆斯林邻国交战。其继承人侯赛因(1553～1565在位)执政时则联合德干地区4个伊斯兰国家联军推翻了维查耶那加尔国。1576年，莫卧儿帝国阿克巴大帝(1556～1605在位)派其子穆拉德入侵艾哈迈德纳加尔城，1600年该城被攻陷。1633年，道拉塔巴德陷落，王朝遂亡。 (赛生发)

尼扎姆·伊尔沙德(Niẓām al-Irshād) 见导师制。

拟人派 伊斯兰教早期教义学派别之一。因主张对安拉的形象和德性作拟人化的描述、解释而得名。伊斯兰教初期，许多穆斯林常以《古兰经》的有关经文(7∶54，55∶27等)为据，对安拉的本体作形象性的比喻，如相信安拉有生命，能听、能视、能言，有肢体和手足，信仰者在后世天园里能视见安拉等，史称“象征派”。穆尔太齐赖学派产生后，因坚持安拉独一说，否认安拉具有拟人化的诸多德性，曾对象征派予以谴责。9世纪初，象征派继续发展，形成“拟人派”，以希沙姆·伊本·哈凯姆(Hisham ibn Hakam，生卒不详)为代表。他提出，安拉的本体犹如人体一样，有类似于人的肢体和器官，有7种特长，并就安拉的形象加以种种描述。此后又出现“肉身派”，提出安拉与人同形同性之说，相信安拉会以人的肉身的形式出现，并对“安拉的宝座”予以描述。象征派和拟人派后来虽被逊尼派教义学家视为“异端派”，但它们对安拉具有7种基本德性，即生命、意志、能力、知识、听觉、视觉和语言的观点，却被教义学家所接受，在穆斯林中仍有广泛的影响。 (吴云贵)

念功(al-Shahādah) 伊斯兰教五项基本功课之一。阿拉伯语“舍哈岱”的意译，原意为“证词”。教法规定，“念”是五功之首。“念”为信仰的表白，即赞念安拉，认识和承认安拉的存在和独一无偶。赞念诵词，旨在树立牢固的信仰基础，排除各种邪念，以获得灵魂纯净，归向真主。念的涵义由内心诚信、口头招认、身体力行三者组成。

赞念安拉的诵词有两则：(1)清真言(al-Kalimah al-Ṭayybah)。中国穆斯林称“谛言”。其内容为：“万物非主，唯有安拉；穆罕默德是主的使者”(Lā Ilāha Illallāhu；Muḥammadun Rasūlullāhi)。清真言是伊斯兰教基本信仰的纲领性表达。通过念清真言以示对信仰的公开表白，即可成为穆斯林。(2)作证词(Kalimah al-Shahādah)。中国穆斯林称“证言”。其内容为：“我证‘万物非主，唯有安拉’；我证‘穆罕默德是主的使者’”(Ashhadu an Lā Ilāha Illallāhu，wa Ashhadu anna Mu-ḥammadan Rasūlullāhi)。证言是以自身作证，反复声明内心的坚信。通过念诵词，“遵真主之明命，守至圣之真传。内明心性，而道契真一；外修身政，而礼分主仆”(《正教真诠·作证》卷上)。

中国穆斯林学者认为要达到念功完美境地，必须遵循10项准则：(1)诵辞，即念诵“清真言”与“作证词”。(2)知义，即达到认主。(3)信斯理，即念为五功之首，信仰之总纲，“伊玛尼”之基石。(4)恒斯道，即毕生不渝地遵行安拉之道，时刻赞念安拉。(5)问不讳答，即准确地回答“谛言”内在义理。(6)求不缓授，即他人求教“谛言”之理时，应立即予以传授。(7)明夫主有之理，即确信安拉之实有。(8)主一之证，即明晓真主独一无偶、创造万物的证据。(9)唯主无比之据，即真主不能与他物匹配，至大、至尊、至高、至能。(10)知夫穆罕默德之为圣之至，即信先知穆罕默德是安拉选派的最后一位使者，即“封印先知”，他向人们“报喜信”，“传警告”。此10项准则相互联系，构成“念功”的统一整体，故谓“不诵辞，无以证；不知义，无以明。无证、无明，则念无基。不信，则无实；不恒，则无成。无实、无成，则念无功”(《天方典礼择要解·念真》)。

念为履行五项功课之首，贯穿于礼、斋、课、朝4项功课和穆斯林社会生活的一切领域中。“口念以时，心念无时”。“口念为有形有声之念，而形声足以碍之。如与物接，不得暇则不念，故曰以时也。心念为无形无声之念，则形声不得而碍之，如视听、言动、起居、食息之顷，一心专注于主，不敢暂忘，则亦何时是念，而亦何时非念，故曰无时也”(《天方典礼·念真》)。

(达应庚 杨宗山)

乜贴(Niyyah) 伊斯兰教用语。阿拉伯语音译，意为“心愿”、“意图”、“决心”等，经堂语为“举意”。《布哈里圣训实录》云：“万般行事，惟视意图，人之所得，乃其所求。”①指穆斯林在履行净礼、礼拜、斋戒、朝觐、施舍、宰牲等宗教功课或纪念亡人之前，首先思想上要纯正、明确的意愿，并默诵“举意词”，称为“举意”或“举乜贴”。“举意词”按其不同的行为、心愿用阿拉伯语或波斯语编成，如晨礼“天命拜”的举意词是：“我举意礼两拜天命晨礼，虔诚对主，面向克尔白，跟随伊玛目”。②穆斯林有某种有益于人的意愿，如决心举办公益事业或做某种善事，也称为“举意”或“举乜贴”。③中国有些地区的穆斯林把自愿诚心举办善功的意图转化为给清真寺或慈善机构施散财物，捐资修建清真寺、学校，称为散“乜贴”，亦称散“赛德盖”，其他地区还有称“海迪耶”的。这些均被认为是一种无私的奉献。

(冯增烈 达应庚)

宁固寺 见伊宁回族大寺。

宁夏伊斯兰教经学院 中国地区性的伊斯兰教

高等学校。由宁夏回族自治区伊斯兰教协会于1985年举办。校址原设银川市西关清真寺，1988年初迁至银川市西门桥西塊新校舍。学院的任务是为宁夏地区的穆斯林宗教事业培养造就爱国、爱教、具有较高伊斯兰教学识和科学文化知识、密切联系群众的青年宗教教职人员。该校建筑面积为9816平方米，包括教学大楼、礼拜堂、图书馆、办公楼、学生宿舍、沐浴室、食堂等，还置有运动场。二期工程还准备兴修外籍教师宿舍和礼堂。伊斯兰发展银行（设在沙特阿拉伯）对该院校舍的建造给予了资助。该院于1985年9月正式招生，目前除已毕业者外，在校学生50多人。课程设置主要有阿拉伯语文、《古兰经》及经注学、圣训学、教法学、认主学、伊斯兰教史、回族史、中外史地、汉语、经济学和法学等。学生毕业后，将由宁夏伊斯兰教协会和各地、县宗教部门根据本人表现和学习成绩分别推荐录用，从事宗教事业和宗教工作。（余振贵）

奴隶王朝（Sulālah al-Mamālik） 13世纪印度德里素丹国的第一代王朝（1206～1290）。又称“库特布·沙希王朝”。因创建者库特布丁·艾伊拜克及其后几位国王多为奴隶出身，故名。王朝最初管辖印度半岛北部，建都德里，为印度穆斯林王朝建都之始。其后4个素丹王朝均建都德里，故又统称“德里素丹国”（1206～1555）。奴隶王朝历经11代君主，长达84年。创建者库特布丁·艾伊拜克（1206～1210在位）原系中亚一突厥家族的后裔，先后被卖给内沙布尔首席法官和古尔王朝总督穆罕默德·古尔。由于他效忠古尔，屡建战功，深受古尔器重和信任。1206年古尔被刺身亡后，因未留下子嗣，艾伊拜克被选继位，并宣布为素丹。他是一位虔诚的穆斯林，执政期间颇有建树，不仅在国内恢复了和平秩序，而且在穆斯林区域兴建清真寺和学校。在德里附近米劳里修建的库特布丁清真寺，至今尚存有著名的库特布尖塔和一些拱顶遗迹。其继任者舍姆斯丁·伊勒图米什（1211～1236在位）原出身于突厥伊勒巴里族的贵族家庭，后沦为奴隶被转卖给艾伊拜克，因勇敢有为而深受宠爱。1211年在艾伊拜克逝世一年后自其子阿拉姆·巴希手中接管了王权。继任后克服重重困难，安定了邦国领土，并于1229年受到巴格达阿拔斯王朝哈里发穆斯坦绥尔（1226～1242在位）的赐袍和册封。他鼓励发展伊斯兰学术研究，在穆斯林中享有盛誉。王朝后期素丹吉亚斯丁·巴勒班（Ghiyāth al-Dīn Balban，1266～1287在位）亦系由突厥贵族后裔沦落的奴隶，1232年被转卖给素丹伊勒图米什。他先后服务于伊勒图米什及其后代继任者，逐步晋升到侍卫大臣的显要地位。1266年初，巴勒班继德里王位。执政期间以执法严明著称，并多次击退蒙古人的入侵，使素丹国得以稳固。1287年巴勒班逝世后，王朝逐渐衰退。1290年6月13日，菲鲁兹·卡尔基发动政变，建立卡尔基王朝，奴隶王朝遂亡。（赛生发）

努比亚人（Nubians） 东北非穆斯林民族之一。人口约150万（1978）。属尼格罗人种。使用努比亚语，属尼罗—撒哈拉语系，沙里—尼罗语族。主要分布在苏丹境内，另有22万人居住在埃及。经济生活以灌溉农业为主，也有部分饲养业。近代以来，大量流入城市从事手工业，在商业和工矿企业做工。农村努比亚人仍保留氏族组织，部落分为族系，按父系宗续谱、居住和继承财产。努比亚人的祖先与古埃及人同种，曾于公元前8世纪征服过埃及。公元7世纪阿拉伯人进入后，一部分与阿拉伯融合为苏丹阿拉伯人，一部分与大量迁入的尼格罗人融合成为今日的努比亚人。但在语言、文字和社会结构上都接受了阿拉伯文化，在宗教上绝大多数人都归信了伊斯兰教，成为非洲信教民族之一。努比亚人穆斯林大多属逊尼派。（王庆仁）

努尔巴赫什教团（al-Ṭarīqah al-Nurbakhshiyyah） 15～16世纪传播于克什米尔的苏菲派兄弟会组织。创建者为伊拉克苏菲派谢赫苫思·塔里夫。约于15世纪初期传入克什米尔部分地区，建有“扎维叶”（即修道场所）。该教团属什叶派苏菲主义，以苫思·塔里夫所著的《费赫·阿赫瓦特》（Fikh al-Ahwat）为传教依据。尊奉阿里及其后裔为教统的传承世系，信仰什叶派的伊玛目教义和马赫迪学说，同时遵奉本教团的创始人苫思·塔里夫为当时的马赫迪。在道乘修持上，倡导隐修苦行禁欲，长期坐静念“迪克尔”和斋戒，并称其首领能预言未来，显示奇迹。其修道者以看病、解梦、行乞等方式巡游宣教，争取信众。被当地逊尼派视为异端。在米尔扎·穆罕默德·海达尔统治克什米尔时期（1540～1551），以异端派别为由，采取严厉措施将该教团予以取缔。（李进新）

努尔丁·马哈茂德（Nūr al-Dīn Maḥmūd，1118～1174） 赞吉王朝第二代统治者，军事家。突厥奴隶出身，生于摩苏尔。为赞吉之次子。自幼在宫廷受传统的伊斯兰教育，精通武略。1146年其父赞吉死后继承父位，并沿袭“艾塔伯克”（即保护者）的称号，定都于阿勒颇。他继位后，为捍卫伊斯兰教事业，同其他穆斯林王朝结盟，力图将十字军驱逐出叙利亚和巴勒斯坦。他于1149年率军从法兰克人手中夺回了埃德萨，俘虏佐塞林二世，使十字军诸国十分震惊。1151年占领军事要地安塔基亚后，又攻入安提俄克公国一部分，占领首都，生俘波希蒙德三世。1154年从塞尔柱王朝将领穆因丁·阿纳尔手中接管了大马士革，打开了通向耶路撒冷的障碍。1164年努尔丁接受埃及法蒂玛王朝哈里发阿迪德之求援，派大将希尔库及其侄子萨拉丁·阿尤布率军到埃及，共同抵抗法兰克人的入侵。后希尔库和萨拉丁被哈里发阿迪德先后任命为大臣。1171年萨拉丁废哈里发阿迪德，自称素丹，向努尔丁称臣。努尔丁除征战外，将战利品和国库大部分收入用于发展生产，休养生息，赈济人民疾苦。他还大力发展伊斯兰文化和社会福利事业，修建了大量清真寺、苏菲道堂、宗教学校、医院和商队客栈。他在阿勒颇、霍姆斯、哈马和巴勒贝克等城兴建清真寺及宗教大学，培养法官和教职人员，以扩大逊尼派教义的传播地区，推行沙斐仪学派教法。他在大马士革创建了最早的圣训学校和以他的名字命名的努尔丁医院，后发展成一所高等医学院。1174年他去世后，葬于大马士革伊斯兰大学院中。 （杨克礼）

努尔王朝 见赞吉王朝。

努哈（Nūḥ） 《古兰经》中记载的著名古代先知之一。一译“努海”。阿拉伯语音译。《旧约全书》称“挪亚”（Noah）。与阿丹、易卜拉欣、穆萨、尔撒和穆罕默德并称为安拉的六大使者。《古兰经》第7章59～64节，第11章25～49节，第21章76～77节，第23章23～30节，第26章105～122节，第29章14～15节，第37章75～82节，第54章9～16节，第71章1～28节（包括全章，章名即《努哈》）等，多处讲述了努哈的故事：安拉派遣他去教化其族人，劝告他们信奉唯一的造物主安拉，放弃他们原先崇奉的神灵、偶像如旺德、素瓦尔、叶巫斯、叶欧格、奈斯尔（71：23）等，“他们总是以指头塞住他们的耳朵，以衣服蒙住他们的头，他们固执而自大”（71：8），骂努哈是“疯子”（54：9），认为只有他们中“那些最卑贱的人们”才轻率地顺从他（11：27）。努哈反复对他们进行苦口婆心的劝诫，他们便要求努哈快昭示“用来吓唬”他们的惩罚（11：32）。安拉遂决定以洪水惩罚他们，启示努哈在洪水泛滥前赶造船只，并“把每种动物各拿一对放在船里”，召唤追随努哈信道的人们一起上船（11：40）。一切准备就绪，洪水果然暴发，将所有不肯信奉安拉的人包括努哈的儿子在内全部淹没。洪水过后，努哈的船只“停泊在朱迭山上”（11：44），所有信奉者及船只上雌雄成对的动物均幸免于难。努哈的妻子也因背叛信仰、与丈夫站在对立面而将遭到火狱的刑罚（66：10）。此外，《古兰经》还在第3、6、9、14、17、19、22、25、33、38、40、42、50、51、53、57和66等章中多次列举、综述或涉及有关努哈的故事作为历史的鉴戒。有些宗教学者认为《旧约全书》中的挪亚即努哈，其中《创世纪》第6、7、8、9各章中载有挪亚“用歌斐木造方舟”之事，说被放入方舟的“洁净的畜类”有“七公七母”，“不洁净”者为“一公一母”，说洪水泛滥40天，150天后水势消退，“方舟停在亚拉腊山上”，这些情节同《古兰经》所载有类似之处，但也颇有出入。 （林　松）

努哈的宗族（Qawm Nūḥ） 《古兰经》中记载的远古部族。阿拉伯语“高目·努哈”的意译，一译“努海的族人”。因古代先知努哈出身并劝教于该部族，故名。据《古兰经》载，该部族是世界上最早遭到安拉惩罚和毁灭的“悖逆的民众”（51：46），安拉派遣先知努哈劝告他们信奉、崇拜创造万物的真主，放弃崇拜瓦德、素瓦尔、叶巫斯等诸多偶像，但他们总是以指塞耳，以衣蒙头，甚至谩骂努哈是“疯子”。他们由于顽固不化，罪孽深重，终于遭到安拉的严厉惩罚，全部为洪水所淹没。而努哈则奉主命在洪水泛滥之前预先造好了船，所有认主独一者及作为留种的动物均幸免于难（71章，54：9～17，11：25～49）。“努哈的宗族”一词在《古兰经》里共出现14次，多与历代被毁灭的部落并列提出，其意义在于以古喻今，用以警告那些反对先知穆罕默德的多神教徒。其中第25章第37节经文尤为明确：“努哈的宗族否认使者的时候，我淹死了他们，并且以他们为世人的鉴戒。我已为不义者准备了痛苦的刑罚”。 （杨宗山）

努赛里耶派（al-Nuṣairiyyah） 伊斯兰教什叶派的伊斯玛仪派分支派别之一。因该派崇拜和神化阿里，故又称“阿拉维派”（al-‘Alawiyyūn）。9世纪中叶，由穆罕默德·本·努赛尔·纳米里·阿布德创立，故名。伊本·努赛尔是巴士拉什叶派的著名学者，原为什叶派第十代伊玛目阿里·哈迪（？～868）的追随者，自称是阿里·哈迪及其长子穆罕默德之“巴布”（意为“门”，引申为“代理人”）。863年穆罕默德去世，伊本·努赛尔宣称他是“隐遁的伊玛目”，并承认阿里是“真主的化身”。后其继任者侯赛因·本·哈姆丹·哈西比（？～968）将该派教义进一步发展传入叙利亚的阿勒颇等地区，信众日增。该派的教义受新柏拉图主义、基督教和佛教思想的影响，并以伊斯玛仪派学者艾布·哈塔布的教义主张为基础，而形成诸说混合的宗教思想。该派认为，有一位至高无上、无以名状的造物主，它的第一流溢为：“名”、“言”、“表征”。“表征”则体现5个超凡人物穆罕默德、阿里、法蒂姆（“法蒂玛”之男形）、哈桑和侯赛因，这是5位平等的一体。后又演变为三位一体的观念，即所谓“理”、“名”、“门”。与这三位一体概念相适应的是3位先知阿里、穆罕默德、努尔曼·法里西。阿里体现了与真主直接相联系的“理”；“名”体现穆罕默德，“名”出于“理”，并从属于“理”；而“门”则体现于努尔曼，他是穆罕默德的门弟子和追随者。该派信奉神秘的数字“7”，认为真主流溢的是“大光明世界”，其坠落者经过7个周期，最后被囚禁于肉体之中而成为人。人如果经过巴布的引导而认识真主，则可经过7个周期的提升返回天园。该派还相信灵魂转世说，认为人的灵魂原是天空的星辰，阿里将他们谪贬人世，虔信者死后灵魂将回至星辰去与阿里同在，有罪人的灵魂将转世到牲畜体内去。此外，该派还保留对日、月、霞的崇拜的残余。逊尼派和十二伊玛目派视该派为“异端”。努赛里耶派有严格的入教仪式，先宣誓保证不泄露教派的秘密，并接受导师宣讲秘密教义启迪灵魂，然后才能参加宗教活动。该派因遭到当局的迫害，故进行秘密宗教活动，其礼仪鲜为外人所知。其宗教上层称为“知秘者”,一般信徒必须绝对服从。该派除纪念开斋节、宰牲节和什叶派共同节日外,还过基督教圣诞节、复活节等,在祈祷时进圣餐、饮圣酒等。该派信徒现有 100 多万,主要分布在叙利亚西北部、土耳其南部和黎巴嫩山区。　(杨克礼)

挪威贝尔根大学中东伊斯兰研究中心(Senter for Midtausten Og Islamske Studiar)　北欧伊斯兰学术研究机构。1987 年在挪威贝尔根大学创立,是斯堪的纳维亚半岛上第一个从事交叉专业、交叉学科的研究中心。其宗旨是:加强对中东伊斯兰教的研究。研究课题有:阿富汗赫拉特地区和城市研究;通用土耳其语的中亚地区的语言研究;18～19 世纪中东冲突中,政治言论当中的苏菲派思想研究;北欧移民研究;北欧诸穆斯林社团研究。该中心在北欧学术界具有一定影响。　(黄陵渝)

O

欧尔夫（‘Urf） ①伊斯兰教法专用语。阿拉伯语音译，意为“习惯”、“惯例”。指伊斯兰教法理论渊源以外的社会民俗习惯。《古兰经》教律和“圣训”教律中虽然亦包含有大量的民俗习惯，但这些民俗大多经过古代教法学家们的提炼改造，作为穆斯林应予遵循的伦理道德规范纳入了教法的实体。而教法范围以外的民俗习惯即“欧尔夫”，有时亦称“习惯法”或“不成文法”，虽然亦得到马立克教法学派有限的承认，但在法学理论上未被确认为教法的渊源之一。这些约定成俗的习惯对处理穆斯林遗产、商务契约、债务契约、民事交易等方面的纠纷仍有很大影响。习惯已作为哈乃斐派和马立克派教法的辅助立法原则，在司法实践中有时亦作为“优选”（伊斯提哈桑）或“公益”（伊斯提斯拉赫或麦斯莱哈）原则的实际出发点，即在审理案件时出于社会习惯或社会公共利益的考虑，亦可以不受类比判断的约束，而采取灵活变通的审判原则。②中国伊斯兰教经堂教育中的常用语。指教师或学生使用的单词记录本。他们将所讲习经典中的单词按课程次序摘录在笔记本上，然后用“小经”注以经堂语。这种单词记录本亦称“欧尔夫”。 （吴云贵　马恩信）

欧格白清真寺（Masjid ‘Uqbah） 突尼斯伊斯兰教著名清真寺。一译“西迪·奥克巴清真寺”。位于凯鲁万城中心。是伊斯兰教在北非建立的第一座最大的清真寺。由伍麦叶王朝驻易弗里基叶总督欧格白·伊本·纳菲尔于670～675年间在兴建凯鲁万城时同时兴建，并以其名字命名。820年艾格莱卜王朝素丹齐亚达图拉一世在历代修葺的基础上进行了扩建，加高了圆顶，修建了围墙。寺院长130米，宽80米，院墙高4米，外表像一座巨大的城堡。院内大理石铺地，三面由300根石柱顶托的拱形长廊环抱。寺西北的宣礼尖塔为四方形3层梯形，高35米，是凯鲁万城最高建筑物。寺的四角设有岗楼，大门的门楼上有御敌设施。礼拜大殿宏伟壮观，门廊柱子平列，分为17个楹间。大殿正面有15扇大小不同的木门，每扇门由400～800块雕有各种图案的嵌板组成。殿正门入口处耸立着仿波斯建筑风格的圆顶。殿内花岗岩、斑岩和大理石的圆柱林立，计20排，共300根，与长廊的石柱数相等。殿内西面有精制梧桐大讲坛（敏拜尔），是用288块精雕细刻的印度名贵杉木嵌板组成，嵌板上刻有花卉、谷物、几何图案，色彩丰富，设计精巧。后殿西正中朝向克尔白的凹壁（米哈拉布）由28块大理石组成的浮雕，凹壁顶部由伊拉克奉献的130块有各种彩色图案的陶瓷板装饰。讲坛和凹壁均建于9世纪。大殿内可容3000人，殿外大院及走廊可容5000人同时礼拜。附设有图书馆，收藏有大量伊斯兰经籍和珍贵文物。该寺是北非最早的伊斯兰教教育和文化中心，也是北非马立克教法学派的学术中心，在穆斯林中享有崇高地位，曾培养了大批伊斯兰教学者和法学家。被列为联合国教科文组织重点文物保护单位之一。

（杨克礼）

欧莱玛（‘Ulamā’） 伊斯兰学者的统称。一译“乌里玛”。阿拉伯语阿林（Ālim）复数的音译。指精通古兰经注学、圣训学、教义学、教法学，并有系统的宗教知识的学者。泛指伊斯兰知识阶层，包括毛拉、阿訇、大毛拉（毛拉维）、伊玛目（掌教）、卡迪、大卡迪、穆夫提、总穆夫提、穆智泰希德、阿亚图拉、大阿亚图拉、苏菲导师（谢赫）、传教师、诵经学家等。欧莱玛阶层在伊斯兰国家社会生活中享有重要地位，他们通过讲道、收徒、教学、著述等方式向穆斯林传播宗教知识，通过执法、释法、发布“法特瓦”、排解民事纠纷、主持日常宗教生活、关心社团福利、维护公共道德等活动，同一般穆斯林保持密切的联系，为伊斯兰教义的权威阐释者、弘扬者、捍卫者，是伊斯兰教的中坚力量。逊尼派欧莱玛阶层形成于8～9世纪，同阿拔斯王朝曾大力提倡的国家体制伊斯兰化有直接关系，是在经注学、圣训学、教义学、教法学等宗教学科形成过程中兴起的一个知识阶层，以其学识和虔诚受到世人的尊敬，为纯正伊斯兰信仰的监护人、伊斯兰文化传统的传播者和维护者。在国家政治生活中仅居从属地位，通常同统治者合作，或保持若即若离的关系。历史上欧莱玛阶层没有专门的组织系统，主要靠个人的学识，品德和威望对统治者施加影响，维系同一般穆斯林的关系，通过他们维护穆斯林社会的团结、统一。什叶派欧莱玛阶层形成稍晚，系在同逊尼派论争中兴起的一个知识阶层，有其独立的政治主张和宗教学说，亦同什叶派各宗教学科的形成相辅相成。早期什叶派未形成正式的教职制度，但因其教义强调对伊玛目的信仰和忠诚，加之历史上该派长期受到统治者的压制，其组织系统较为严密，后来形成了欧莱玛制。该制度规定了欧莱玛的条件、称谓及职能，凡较低级的毛拉、阿訇只有在什叶派著名的高级宗教院校受过正规教育，才能取得欧莱玛资格。其中少数品学兼优、被穆斯林公认为有资格就教法问题发表权威见解（法特瓦）者，取得穆智泰希德称号。极少数杰出的穆智泰希德被尊为阿亚图拉和大阿亚图拉（即安拉的迹象），为什叶派穆斯林公认的宗教领袖。什叶派欧莱玛在不同时代有不同的称谓。大致分为两级：较低级的欧莱玛包括毛拉、阿訇、鲁哈姆（Ruham，即精神导师）、瓦伊兹（Wā'iz，即巡回宣教师）、玛克塔布（Maktab，即领拜人）、穆泰瓦利（Mutawāli，即圣地管理人）等；高级欧莱玛包括穆智泰希德、阿亚图拉、大阿亚图拉和侯哲—伊斯兰（即伊斯兰的明证）。什叶派高级欧莱玛有独立的经济来源和较高的社会政治地位，为隐遁伊玛目的代理人，其决断对穆斯林有法律的约束力，成为一支重要的宗教政治力量。在当今伊朗，高级欧莱玛已掌握国家政权，成为现代政教合一政体的中坚和精神导师。近代以来，伊斯兰国家的欧莱玛普遍关注和介入社会政治生活，建有许多维护其权益的政党或组织。其基本思想倾向是反对国家和社会生活世俗化、西方化，抵制民族主义和政教分离的理论、政策，主张全面实行伊斯兰法治，严格遵循伊斯兰教义精神来治理国家。（吴云贵）

欧麦尔（'Umar，584～644） 伊斯兰教史上的第二任正统哈里发。与艾布·伯克尔、奥斯曼和阿里并称为穆罕默德的四大贤配。亦译“奥马尔”。全名欧麦尔·本·哈塔布·本·努费勒。出身于麦加古莱什部落阿迪（'Adiy）家族。为麦加有声望的贵族商人。据阿拉伯史载，欧麦尔精力充沛，才略出众；文武兼备，能言善辩；虔诚公正，生活简朴。据传，612年穆罕默德在麦加公开传播伊斯兰教时，欧麦尔起初受宗族传统多神信仰的束缚，反对穆罕默德和伊斯兰教。618年受其姐法蒂玛和姐夫赛义德的劝说和影响，信奉伊斯兰教。他的信教使麦加贵族十分震惊，一些商人也随之相继归信了伊斯兰教。在追随穆罕默德传教过程中，不但为传教给予经济上的资助，并将其女哈芙赛许配给穆罕默德为妻，结成了政治联姻。622年迁徙麦地那后，欧麦尔成为穆罕默德的得力助手之一，参与了创建穆斯林公社的一系列重大决策，而以军事方面的策划为多。他率军参加了白德尔、吴侯德等多次重大战役。在艾布·伯克尔任哈里发时，他协助处理政务，制定讨伐半岛部落叛乱的作战计划，并提出尽快收集汇编《古兰经》的建议，被艾布·伯克尔所采纳。634年7月，欧麦尔继艾布·伯克尔任第二任哈里发，在他执政的10年（634～644）期间，被穆斯林称为“辉煌的年代”，他本人也被尊称为“信士的长官”。他依靠以迁士上层人物为核心的领导集团，联合各派势力，重用出身于伍麦叶家族的军事将领，团结各氏族部落首领，选用精明能干的下层穆斯林，形成强大的政治、军事骨干实力，使麦地那政权有了组织保证。他于635～636年，对内继续派兵讨伐叛教部落的零星叛乱，驱逐了海巴尔犹太人及纳季兰的基督教徒，使整个阿拉伯半岛实现了伊斯兰化。他对外继续实施艾布·伯克尔的远征计划，大举向半岛以外的波斯和拜占庭两帝国的属地进攻。从635～642年间，他命令兵分东、西两路同时出击，东线打击波斯帝国，西线打击拜占庭帝国，先后征服了叙利亚、耶路撒冷、伊拉克、波斯和埃及等地区，建立了幅员广阔的哈里发国家。与此同时，为在被征服的领土上传播伊斯兰教，欧麦尔对被征服地区的人民提出3种选择：(1)归信伊斯兰教，可免除包括人头税在内的一切贡税。(2)立约投降，保留原有信仰，作为顺民保护，交纳各种赋税。(3)抵抗者被杀，战俘沦为奴隶，或以现金赎身。迫于政治和军事上的压力，当地居民大多数改信了伊斯兰教，从此伊斯兰教发展成世界性的宗教。

欧麦尔为巩固阿拉伯半岛的统一和加强对新征服地区的控制，适应新形势的发展，制定了政治、军事、经济和司法制度。主要有：(1)凡属哈里发国家的重大国策，由最有威望的圣门弟子集体民主协商决定；中央和地方的高级军政官员均由哈里发任命圣门弟子担任。(2)全国划分为若干省区，由哈里发任命总督，负责全省的军事、政治、财政等事务；凡大行政区和重点城市，总督只管军事和行政，其财政和司法，由哈里发直接任命专人担任收税官和法官（卡迪）。(3)将氏族战斗组织改编为常备军，组成步兵和骑兵，由哈里发直接调遣；按军功等级领取年俸和饷银；军队撤离大城市，驻在新的军事营地（Misr，米斯尔），命令将叙利亚的霍姆斯、巴勒斯坦的腊姆拉和卢德、伊拉克的库法和巴士拉、埃及的弗斯塔特等地先后建为军事重镇。(4)禁止阿拉伯人占有新征服地区的土地，将没收的土地分给隶农耕种，允许已信教的农民耕种自己的土地，征收低赋税，鼓励兴修水利。(5)建立国家岁收及分配制度，规定只有动产可做战利品，国家岁收全部交国库，除用于国家开支外，国库结余部分作为年俸，依据信教先后和军功大小分类登记造册，按不同等级分配给全国穆斯林。对先知穆罕默德家属的年俸特别从优，对阵亡的有功之臣家属的年俸予以照顾。他创建的这些国家制度，为阿拉伯帝国的建立打下了基础，被世界史学家誉为“伊斯兰国家第二位奠基者”。

欧麦尔对伊斯兰教的广泛传播和发展做出了重大贡献。639年主持制定了伊斯兰教历，规定以622年（穆罕默德由麦加迁徙麦地那的那年）为伊斯兰教历纪元，并以该年教历的岁首7月16日为教历元年元旦。他派遣伊斯兰教学者到各省区宣传伊斯兰教义，解决有关伊斯兰教的各种问题；聘请伊斯兰学者做顾问，出席有关会议，参与制定国家的大政方针。他任命伊斯兰教法学家到大马士革、约旦和埃及担任卡迪（教法官），开穆斯林设立法官职位的先河。他曾下令穆斯林军队所到之处，必须兴建清真寺，并扩建了麦加圣寺，还亲赴耶路撒冷将先知登霄"圣石"，加以清洗。他要求穆斯林要严格遵守教义、教律、制度和禁忌，规定所有穆斯林必须参加星期五的聚礼，下令各地官员监督执行。他以亲自率领群众礼拜来督促穆斯林履行宗教义务。欧麦尔对伊斯兰教立法作了充实和发展。他在处理新的教律问题时，如无《古兰经》和圣训的明文规定可循，便"揆情度理"，对民事、刑罚等根据他自己或教法学家的意见作出决定。后来采用这种立法原则的，被称为"意见派"。对于非穆斯林，特别对"有经人"（指基督、犹太教徒），欧麦尔主张尊重其信仰，按各自的教律行事，不受伊斯兰教律的限制。阿拉伯学者誉他为"立法的栋梁"。644年11月3日，欧麦尔率众举行晨礼时，被一个信奉基督教的波斯奴隶艾布·鲁厄鲁厄行刺身亡，葬于麦地那"先知清真寺"内的穆罕默德陵墓北侧。（杨克礼）

欧麦尔·阿里·赛福丁清真寺（Masjid ‘Umar ‘Ali sayf al-Din） 文莱伊斯兰教清真寺。为东南亚最大的清真寺之一。位于首都斯里巴加湾港之湖畔。1958年由政府资助兴建。全部建筑用大理石和花岗石筑成。其花岗石来自中国，大理石来自意大利，彩色玻璃来自英国。整个建筑巍峨高大，庄严肃穆，群塔簇拥，其巨大圆形金顶和镂空乳白色尖塔，雄伟豪迈。可供数千人礼拜，为伊斯兰文化中心。内有高速电梯，可直达塔顶俯瞰全市风光。寺基大半为湖水环绕，湖面平幽如镜，一艘仿文莱古舟的石舫，浮在碧水之中，树木繁盛，绿草如茵，构成一幅美丽的天然图景。（杨克礼）

欧麦尔·本·艾比·拉比阿（‘Umar ben Abi Rabi‘ah，644～720） 伍麦叶王朝时期麦加地区著名诗人，放荡派爱情诗的代表作家。出身于麦加古莱什族一般富人家，12岁丧父，由其母抚养长大。据说欧麦尔长得俊美，风度潇洒，被母亲视如掌上明珠，从小生活奢侈优越。欧麦尔几乎把一生全部倾注在爱河之中，青年时期就以擅长写爱情诗而闻名。富裕的生活给他提供了寻花问柳的便利条件。由于他长得俊美，姑娘们无一不喜欢接近他，接受他的挑逗，甚至在他进入中年、老年时，依然经常写以爱情为主要内容的调情诗，以抒发其对爱情的向往。与同期文人相比，他的一生可以说是放荡不羁、玩世不恭的。欧麦尔留下的诗歌，其内容无一不涉及爱情，注重表现爱的情节描写，表现女子在涉足爱河时的各种心态，叙事色彩较浓，而抒情成分较少。善于用对话形式叙事，形式上打破了古体诗的传统格局，其大量诗作语言清新明快。作为放荡派爱情诗的主要代表，对阿拉伯爱情诗，尤其是阿拔斯时期爱情诗的发展产生过较大的影响。（蔡伟良）

欧麦尔二世（‘Umar II，681～720） 阿拉伯帝国伍麦叶王朝第八任哈里发（717～720）。全名欧麦尔·本·阿卜杜勒·阿齐兹·本·麦尔旺·本·哈凯姆。生于埃及赫勒万（Ḥulwān）。其父阿卜杜勒·阿齐兹亲王系王朝派驻埃及总督，宗教学识渊博。在其父的熏陶下，欧麦尔自幼能背诵《古兰经》，并初习教法，后由其父送往麦地那求学深造，705年被其堂兄、第六任哈里发瓦利德任命为麦地那地方长官。712年瓦利德欲废其弟苏莱曼王储地位而改立其子，欧麦尔因坚持反对此举而被免职。715年瓦利德死后，苏莱曼继位，欧麦尔被任命为大臣。717年被立为王储，同年继任哈里发。他因公正廉洁，广施仁政，在政治和宗教上实行宽容的政策，并进行了有利于伊斯兰教发展的改革，被称为伍麦叶王朝中最开明的哈里发。他取消了伍麦叶王朝建立后一直实行的主麻日演讲词诅咒阿里的做法；倡导各教派穆斯林之间友好相处，对待什叶派和哈瓦利吉派给予宽宥和安抚，不采取武力镇压；明令减轻赋税，免除对新穆斯林的人丁税。他保持虔诚的宗教信仰和简朴的生活方式。在位期间，伊斯兰教得到了广泛传播，穆斯林人数明显增加，整个国家出现了国泰民安的局面。但却对异教徒采取了排斥的政策。欧麦尔于720年在大马士革病故，年仅38岁。（杨宗山）

欧麦尔二世税制改革（Iṣlāḥ ‘Umar II Li Niẓām al-Ḍarā’ib） 阿拉伯帝国伍麦叶王朝第八任哈里发欧麦尔·本·阿卜杜勒·阿齐兹（717～720在位）为缓和社会矛盾而实行的税收改革。8世纪初，王朝为解决财政收入的危机，阻止新归信伊斯兰教的大量麦瓦利流入城市，伊拉克总督哈贾吉（694～714在位）在哈里发的授意下，代行颁布新法令，废除"新穆斯林"（麦瓦利）免缴人丁税（吉兹叶）的特权；增加阿拉伯人新购土地占有者的土地税，从原来低额的什一税改为高额土地税；强征基督僧侣原来免缴的人丁税。哈贾吉的新税收法令，引起全国不满。伊拉克、呼罗珊、埃及及马格里布地区出现动乱，"新穆斯林"纷纷脱离伊斯兰教重奉原有的宗教，阿拉伯新的土地占有者也掀起抗税斗争。717年，欧麦尔二世执政后，为平息非阿拉伯穆斯林的不满，适当满足阿拉伯新的土地占有者的利益，厉行税制改革。718年他颁布法令，恢复四大哈里发时期欧麦尔所制定的税收制度，废除"哈贾吉法令"，规定"新穆斯林"一律免缴人丁税；基督教僧侣免缴人丁税，没收基督教会的财产一律发还。还规定禁止将穆斯林公众占有的"贡税土地"转归私人占有，变为"什一税土地"。税制改革,缓和了同"新穆斯林"之间的矛盾。"新穆斯林"可以同阿拉伯人一样,免缴人丁税,土地占有者只缴纳低额什一税,同时还可参加军队,领取年俸。税制改革的实施,鼓励了波斯、中亚和北非等地的异教徒大量改宗伊斯兰教,享有同阿拉伯人同等的待遇。但造成国家岁入锐减,支出剧增,城市人口增加。720年,欧麦尔二世逝世后,后继者又恢复了"哈贾吉法令"。 (杨克礼)

欧麦尔·赫亚姆('Umar al-Khayyām,约1040～1123) 中世纪伊斯兰哲学家、数学家、天文学家,著名诗人。亦译"莪默·伽亚谟"、"奥马尔·哈亚姆"。全名艾布·法特赫·欧麦尔·本·易卜拉欣·哈亚米·内沙布里。生于波斯呼罗珊首府内沙布尔一帐篷制作匠家庭。早年在家乡求学,并受过传统的伊斯兰教育,能背记《古兰经》和圣训选段。曾到巴尔赫、撒马尔罕、巴格达等地游学,晚年赴麦加朝觐。他学识渊博,谙熟伊斯兰教义学、圣训学、教法学、历史和哲学,精通数学、天文学、医学和文学。曾在塞尔柱王朝素丹哲拉鲁丁·道莱·麦立克沙(1072～1092在位)宫廷担任御医和主管天文方面的职务。在宗教思想上,他深受苏菲派泛神论思想的影响,认为人们只有通过对被造物的认识才能进一步认识造物主的存在,主张自由探讨宗教教义,因不囿于伊斯兰教正统派的传统观点,对造物主与人的关系及天园、火狱等问题持不同见解,而遭统治者的忌恨,称他是"吞噬教义"的毒蛇。在哲学上,他追随伊本·西那,主张"二重真理论",以生理学观点解释灵魂。他用入世主义观点探讨人生的意义,认为人生有限而宇宙无穷,人活着不能全靠宗教的安慰,应从现实生活中去追求快乐和慰藉。他对希腊哲学的形而上学(即逻辑学)加以推崇,主张用哲学去治疗人的灵魂,并探讨和研究自然科学。

欧麦尔·赫亚姆是受花剌子密影响的数学家。他的最大贡献是在所著的《代数》一书中,详细地研究了一次方程解和三次、四次方程根的几何作图法,提出了有理数和无理数的定义,还系统地提出了用圆锥曲线图解求根的理论,为天文计算和制定历法提供了数学方法。用圆锥曲线相交来解三次方程,是阿拉伯数学史上的首创。在天文学上,他奉马立克沙之命,主持在伊斯法罕(一说赖伊)修建天文台,领导著名天文学家进行天文观察,于1074年主持修订了古波斯历,编制了《杰拉勒历表》,其精确度超过格雷高里历。

欧麦尔·赫亚姆生前不以诗闻名,他逝世50年之后才被人发现他写过四行诗(即鲁拜诗)。四行诗是波斯传统的诗体,第一、二、四行协尾押韵,类似中国绝句;第三行为自由体。他的四行诗语言精湛,朴实洗练,寓意深刻,富于哲理。其内容,有对美好生活的追求和人生的探讨,有对哲学和宗教的新见解,有对窒息学术自由探讨的社会环境的不满,有对权贵腐败无能的谴责和揭露,有对当时学者文人的迂腐所表示的忧虑等,富有生活气息,给人以启迪和希望。他的诗歌创作继承了波斯萨曼王朝时期"呼罗珊体"的传统。他的诗集最早的抄本是1208年本(现藏英国剑桥大学图书馆),收四行诗252首,是公认可靠的版本。1859年英国人爱·菲茨杰拉尔德把他的四行诗译成英文出版,此后他的四行诗闻名欧美,并传到世界各地。1928年郭沫若从英文版转译了他的四行诗集,题名《鲁拜集》。欧麦尔·赫亚姆的主要著作有《宇宙论》、《存在论》、《形而上学简本》、《教法》等。他逝世于内沙布尔,其豪华的陵墓,是伊朗著名伊斯兰古迹之一。

(杨克礼)

欧麦尔·苏哈拉瓦迪清真寺(Masjid 'Umar al-Suhrawardi) 伊拉克伊斯兰教清真古寺。位于巴格达东堤欧麦尔街,邻近瓦斯塔尼门。为巴格达最古老的建筑物之一。是以13世纪伊斯兰教著名教法学家和教义学家欧麦尔·苏哈拉瓦迪命名。他逝世后葬于此,当时这块墓地称"瓦迪亚墓地"。后在墓地扩建了清真寺,墓上建圆锥形的高耸穹顶,砌以蜂窝状砖饰,为塞尔柱式建筑风格,奇秀别致。 (杨克礼)

欧麦里(al-'Umari,1301～1349) 埃及马穆鲁克王朝法学家、历史学家。生于大马士革。出身于穆斯林贵族家庭,其父曾任马穆鲁克王朝开罗大法官。他早年在大马士革清真寺学习经训和教法,后到开罗先从父学习教法,后给其父当法律助理。由于他在执法时能独立思考,不拘泥于传统的教法律例,独自决定新的法律问题,1337年受指控被罢官坐牢。1339年获释后,被素丹重新起用,担任开罗大法官。1342年在宫廷斗争中被牵连又被放逐。晚年从事学术研究,著有关于行政司法管理和行政区划的书两部,以其在宫廷档案中辑录的资料为依据,为研究马穆鲁克王朝历史的权威资料。 (杨克礼)

欧姆赖(al-'Umrah) 见巡礼。

欧萨(al-'Uzzā) 见阿拉伯三女神。

欧宰尔('Uzair) 《古兰经》中提及的人物之一。阿拉伯语音译。一说他系先知,但《古兰经》中仅提过他一次:"犹太人说:'欧宰尔是真主的儿子'","这是他们信口开河,仿效从前不信道者的口吻"(9:30),并未提及其事迹,在列举众先知的名字时也未涉及。一些穆斯林学者编写的《古兰经故事》把他编入先知之列,说他是一个熟睡百年而如梦初醒,并一如当年健壮而未显苍老的神奇人物。相传他百年前曾骑毛驴出村,见景色迷人,兴奋得恍惚入梦,清醒后周围一切陌生。回村后与村民互不相识,其儿孙、曾孙亦不相信这位年轻人竟是百年前失踪的祖先欧宰尔。经查验其肩上黑痣,以及听他背诵祖传经文如行云流水,才确信其所言非虚。此传说系表明安拉之万能,并非确证欧宰尔即是先知。有人认为他可能即是《旧约全书·以斯拉记》第7章中提到的波斯王亚达薛西年间的以斯拉(Ezra),穆斯林经学家认为不宜将二者等同,只需领会《古兰经》提及此人的主旨在于驳斥所谓“真主的儿子”之荒谬即可。 (林 松)

欧洲大陆清真寺委员会(The European Countinental Masjid Council) 伊斯兰世界联盟所属世界最高清真寺理事会的分支机构。20世纪70年代初建立,总部设在布鲁塞尔。其宗旨是:促进伊斯兰教在欧洲的发展;同比利时、英国、德国、法国、意大利、丹麦、荷兰、罗马尼亚、瑞士、奥地利等国的伊斯兰社团与机构进行联系、交往;举办布鲁塞尔伊玛目培训、进修中心和伊斯兰广播电台;考察欧洲地区清真寺现状,提供有关信息;选派伊玛目考察世界著名清真寺;协助各地组建清真寺事务管理委员会;提供解释伊斯兰教经典与教义的多种欧洲文字的书刊;翻译介绍《古兰经》;出版发行《清真寺宣教》期刊。该会一直得到伊斯兰世界联盟的资助与支持。 (黄陵渝)

P

帕夏(Pasha) 伊斯兰教国家高级官吏称谓。又译“巴夏”、“帕沙”。系突厥语音译，一说源自波斯语Padshah。其义与阿拉伯语“埃米尔”略同。13世纪塞尔柱王朝首先使用这一称号。奥斯曼帝国时，为素丹授予军事最高统帅的称号，后用于称呼帝国高级文武官员。只属个人，不世袭。奥斯曼帝国在统治埃及、伊拉克等地时，将委派为该省区的总督也称“帕夏”。如派往埃及的总督穆罕默德·阿里帕夏。该称号一般置于名后。1934年，土耳其共和国政府宣布废除此称，后埃及、伊拉克也相继停止使用。约旦等国仍继续使用，其义是对有一定社会地位的名人的尊称，无特定职位。 (杨克礼)

排除原则(Ḥajb) 伊斯兰教逊尼派继承法据以确定继承顺序的基本原则。系阿拉伯语“哈吉卜”的意译。“排除原则”，是西方学者据该法实际原则所作的概括。按哈乃斐学派继承法，以女性亲属为主的份额继承人为第一顺序继承人，父系亲属和远亲分别为第二顺序和第三顺序继承人，但实际上仍以父系血缘关系为基础、以排除原则决定实际继承顺序和所承遗产的份额。基本原则有三：卑亲优于尊亲；尊亲优于旁系；级第相同者以血缘关系决定顺序。又分为完全排除和部分排除；前者指有优先顺序的继承人排除次要继承人的继承权，如父亲排除祖父，母亲排除祖母，儿子排除孙女、同胞姊妹、异母姊妹等；后者指有优先顺序的继承人使另一继承人改变顺序或身份并减少所承遗产份额，如儿子同女儿或异母姊妹同为继承人时，女儿或异母姊妹则因儿子的存在而不再为第一顺序的份额继承人，所承遗产的份额也从原来的1/2降为1/3或1/6，但仍有继承权。实行排除原则使遗产处分变得极为复杂，各类继承人的顺序、身份、所承遗产份额，常因不同继承人的组合而发生变动，应据基本原则以个例方式解决。所有继承人中，只有丈夫、妻子、父亲、母亲、儿子、女儿6类主要继承人处于相对稳定地位，其余继承人则可能被部分或完全排除继承权。

(吴云贵)

派安拜尔(Paighambar) 伊斯兰教称谓。亦译为“别谙拔尔”、“别庵伯尔”、“擗奄八而”等。波斯语音译，义同阿拉伯语“鲁素勒”(al-Rusul)，指伊斯兰教的使者或先知。中国伊斯兰教著述中常以此称穆罕默德等。参见使者。 (杨克礼)

判例 伊斯兰教引进的外来法名词。源自英国判例法(Case Law)，指作为判案依据的判决，权威的法院判例作为先例，对下级法院具有拘束力。伊斯兰教法并非判例法，但在早期一度有判例法的倾向，《古兰经》里的律例虽非法官的判决，但作为教法最重要的渊源，对后世释法、执法具有指导意义，其作用和影响甚至超过判例；圣训律例作为第二法源，亦有先例和不容忽视的指导作用；早年麦地那哈里发们在处理遗产纠纷时留下的先例，亦被后世的教法学家们视为应予遵循的著名“判例”，并在著作中广为引用。所不同的是，伊斯兰教法并非由法官和法院司法实践创造的法，而是由教法学家据经、训制定的成文法，判例不是作为教法官审判的直接依据，而是作为教法学家制定、阐释教法学说的理论或传统的依据，表现为习惯法的历史影响。

(吴云贵)

庞士谦(1902～1958) 中国伊斯兰教著名学者、阿訇。字益吾，经名穆罕默德·特瓦杜尔。回族。河南省孟州市人。早年赴河南、山西、甘肃等地访师求学。1922年，20岁时任郑州清平里清真寺阿訇，讲授伊斯兰教经典。后返回原籍创办经文(阿拉伯文与汉文)小学，旋在郑州参与创建“伊斯兰文化研究社”。1930～1937年间任北平成达师范学校训育主任，兼授阿拉伯语课程。1938年率“中国法鲁克留埃学生团”赴开罗爱资哈尔大学留学，就读于教法学院，专攻教法与圣训等学科。抗日战争爆发后，他率领中国留学生朝觐团赴麦加朝觐，大力宣传中国抗战。1942年起，任中国留埃学生部部长，且荣膺埃及国王法鲁克东方事务顾问，爱资哈尔大学中国文化讲座讲师。1947年回国后，在北平参与创建回教经学院并任教，又参与创办“月华文化服务社”，并主编《月华》杂志及《月华周报》，同时担任北平师范大学阿拉伯语兼职教授。1949年，在北京回民学院和中国伊斯兰教经学院任教。1952年曾参与筹建中国伊斯兰教协会，该会成立后任常务委员会委员。1958年病逝。他长期从事伊斯兰教教育工作和学术研究，主要著作有《中国与回教》(阿拉伯文，开罗版)、《埃及九年》、《中国回教寺院教育之沿革及课本》、《回民教育与留埃学生》以及译作《和平之使命》、《回教认识的派别》、《伊斯兰宗教史》、《回教法学史》、《瑙威四十段圣谕》等。他毕生勤奋笃学，锐意改革。在“两世观”上，主张“今后两世兼顾”，提倡改善穆斯林现实生活，他还致力于改革经堂教育，提倡在宗教课程外加授科学文化课程，“使所学阿拉伯文现代化”，从而“皆能读报、写信、作文、讲话”。主张各清真寺给经学儿童加授汉文课本，并亲手试编了阿文小学新式教科书。主张用现代观点全面研究伊斯兰文化，重视理性知识，反对以神话传说作学术研究的依据。重视因时制宜，因地制宜。既要遵奉伊斯兰经、训精神，又不要因循守旧。他以身示范地倡导用汉文译述伊斯兰教经籍，以广泛宣传伊斯兰文化。

(郭清祥)

旁遮普人(Punjabis)　南亚穆斯林民族之一。人口约8225万(1985)。主要分布在巴基斯坦旁遮普省、印度哈里亚那邦和旁遮普邦等地。种族属欧罗巴人种地中海类型。语言属印欧语系印度语族，西部多方言差别。文字原为16世纪古鲁(锡克教创始人)二世创制的“古尔穆基”文，后使用阿拉伯文字母或梵文天城体字母。民族来源主要由古代雅利安人、拉其普特(拉贾斯坦人的支系)和古贾尔人等民族长期融合而成。以灌溉农业为主。农作物主要有甘蔗、小麦、稻米、棉花和蔬菜等。家畜有山羊、绵羊、牛和驴。轻工业以纺织、制陶和地毯业较著名。巴基斯坦境内的旁遮普人98%以上多信仰伊斯兰教，印度境内的则多信仰印度教和锡克教。旁遮普人归信伊斯兰教可追溯到10世纪末期。阿富汗伽色尼朝素丹马哈茂德征服印度西北部时期，使今巴基斯坦和印度西北地区一些民族改信了伊斯兰教。16世纪，莫卧儿王朝时代，伊斯兰教在旁遮普人中已占统治地位。旁遮普人多数属逊尼派的哈乃斐教法学派，少数属什叶派，其中又以十二伊玛目派为主。遵奉《古兰经》和圣训，严守教法规定，履行宗教功课。大、中、小学普遍开设宗教课程。旁遮普省会拉合尔设有伊斯兰文化研究所等宗教研究机构。　(伊力奇)

皮尔(Pir)　见辟尔。

皮拉汗　见匹拉罕。

匹拉罕(Pirāhan)　伊斯兰教殡葬殓衣之一。又译“皮拉汗”。系波斯语音译，意即无领衬衫。与阿拉伯语“盖米斯”(Qamis)同义。中国通用汉语的穆斯林常用此语。殡仪过程中先为亡人冲洗全身，后穿此衬衫，其上书写阿拉伯文“都阿”、“泰斯米叶”、“清真言”等内容。中国苏菲主义门宦则书写道统世系，然后外包“小卧单”和“大卧单”下葬，以祈求真主宽恕亡人过错，安卧坟中。　(马忠杰)

辟尔(Pir)　伊斯兰教苏菲派教职称谓。波斯语音译，意为“导师”、“领导者”。波斯和印度的苏菲派对其导师的尊称。与谢赫、穆尔希德、乌斯塔兹、依禅等意义相似。在察合台语和维吾尔语文献中，对传授苏菲神秘主张和苦修仪式的人亦用此称，转译成汉语后习惯写作：“皮尔”，与“辟尔”相对的词是“穆里德”(Murid意为“投师求道者”)。(王怀德　马维汉)

撇申(Peesheen)　波斯语音译，意为晌礼。见礼拜。

拼凑法　见泰勒菲格。

品级　见德尔杰。

聘礼(Mahr)　伊斯兰教法概念。亦称“聘仪”。阿拉伯语“麦亥尔”的意译。即新郎按婚前的约定赠予新娘的礼品。赠送聘礼在教法上并非有效婚姻的先决条件，而只作为新娘在新家庭中将享有独立人格的一种标志。《古兰经》云：“你们应当把妇女的聘礼，当作一份赠品，交给她们。”它是针对古代阿拉伯社会歧视妇女、随意遗弃妇女的不公现象而提出的旨在提高妇女地位、保障她们一旦被遗弃后生活暂有经济来源的一种措施。分为明确约定的聘礼和未明确约定的聘礼两种。前者指婚约中明确约定数额和赠予方式的聘礼，由卡迪记录备案，其数额依据男方经济条件而定。后者指在婚约中未予规定的聘礼，其数额依习惯而定，一般不能低于新娘的姐姐或姑母出嫁时所得聘礼的数额。按赠予时间的不同又分为立即兑现和延期兑现的聘礼两种。立即兑现的聘礼应在婚后或妻子的要求下立即支付。延期兑现的聘礼，通常在离异或发生某一不利于女方的事件，从而导致婚姻关系自行破裂时作为离仪支付。按照惯例，聘礼数额确定后，通常分为两等份：一份当场交予妻子，一份待离异时支付。聘礼亦可减免，通常有两种情况：一种是法定减免。如配偶双方未完婚即解除婚约，所定聘礼减半；如属女方单方面解除婚约，所定聘礼予以取消。另一种为自愿减免。婚后妻方自愿放弃聘礼，可以是部分或全部，这在教法上被视为赠予，妻子为财产的所有者，有权随意支配。但放弃聘礼必须出自妻方的意愿，因受夫方胁迫而放弃聘礼，法院不予承认。近现代以来，在一些阿拉伯、伊斯兰国家，聘礼在民间实际上已变为婚约成立的条

件之一，其数额不等，有的甚至高达数万美元。在中国一些地区的穆斯林中，只在结婚当天履行象征性的赠与。（吴云贵）

平坝县城关清真寺 中国伊斯兰教清真寺。坐落在贵州省平坝县城关南街。在清代咸、同年间，贵州西南部回民反清起义失败后，于清光绪二十年（1894）由回民白壁光、马辅丞、桂荣廷等逃到平坝县后集资修建。占地面积1600平方米，为四合院型制。礼拜大殿为长3间瓦房，两边厢房亦为长3间瓦房。东面大门临街，院内筑有两个花台，种有桂花树。大门门顶成三角形，上有用阿拉伯文书写的“清真寺”。40年代，为哲赫林耶派的“热依斯”驻地，该寺辖有若干小教坊。1984年，人民政府拨款进行修葺，并将礼拜大殿改建为两层砖混结构楼房。大殿设在楼上，面积115平方米。屋顶上有大小圆宝顶作标志。大殿门为3个金黄色瓷砖拱门。殿内装有各式吊灯和壁灯，精美别致，清新宁静。（保健行）

《平回志》 中国清代镇压西北回族穆斯林起义的史料汇编。作者杨毓秀（湖南衡山人）。成书于光绪十四年（1888），次年由剑南王氏刊行。全书共分8卷，以编年体例，记述了同治元年（1862）至光绪十三年（1887）陕西、甘肃、新疆与农民起义有关的史实，以甘肃为详，新疆部分着重记述了白彦虎起义军的情况和新疆建省的经过，其中伊犁交涉叙述颇详。该书旨在颂扬清朝统治阶级镇压回民起义的战功，但从中可以看出西北回民起义军与捻军的关系，回民和汉族难民的关系以及回民和杨店兵变的关系。说明西北回民的起义是联合了一部分汉族人民共同进行反抗封建统治和民族压迫的斗争。该书对研究清代回族穆斯林反清斗争具有一定的史料价值。（马启成　丁　宏）

平凉伊斯兰师范 中国现代伊斯兰师范学校。前身是上海私立伊斯兰师范学校，1928年由回族著名大阿訇达浦生、哈德成倡导，并得到回族著名人士马福祥捐助基金，创办于上海小桃园清真寺。马福祥任董事长，达浦生为校长。抗日战争爆发后，于1938年迁至甘肃省平凉，改名为平凉伊斯兰师范学校。该校以“培养经汉兼通的开明师资”为目的，所授课程除传统经堂教育的各门课程外，并设有古汉语、数学、地理、历史、教育学、政治和体育等课程。1941年改为“国立陇东师范学校”。1942年以后，又先后增设了附属小学、普师（即后期师范）和阿拉伯文专修班。其经费由穆斯林捐赠。该校对学生实行供给制，各地来此就学者除回族外，还有一部分汉族。到1947年达到全盛时期。全校共计有普师4个班、简师5个班、阿文专修两个班、附小7个班、学生总数近700人。1949年中华人民共和国成立后，与平凉师范学校合并。（马启成　丁　宏）

《萍洲可谈》 中国宋代记述有关典章制度、风土民俗及海上交通贸易等的笔记体著作。作者朱彧，生卒年不详。其父朱服于元符二年（1099）至崇宁元年（1120）时居官广州。朱彧根据其父见闻，于徽宗宣和元年（1120）撰成此书，共3卷。书中对宋代东西交通、广州蕃坊及来华穆斯林的情况作了记载。关于宋代海外贸易及市舶管理情况，记有船舶到港后“编栏”（即派兵监视）、“抽解”（即征税）、“呈样”（即给港口官员送礼）、“禁榷及博买”（即政府收购专卖货物及确定商人自由出卖者）情况；舶船来去季节时间、船舶大小及互贸货物情况，海舶使用指南针情况等。关于宋代广州蕃坊及来华穆斯林商贾情况，书中云：“广州蕃坊，海外诸国人聚居。置蕃长1人，管勾蕃坊公事，专切招邀蕃商人。”“蕃人衣装与华异。饮食与华同。或云其先波巡尝事瞿昙氏，受戒勿食猪肉，至今蕃人但不食猪肉而已。”关于宋代来华穆斯林与中国妇女通婚情况，书中云：“元祐间广州蕃坊刘姓人娶宗女。官至左班殿直。刘死，宗女无子，其家争分财产，遣人挝登闻鼓。朝廷方悟宗女嫁夷部。因禁止。三代须一代有官，乃得娶宗女。”该书对了解宋代朝廷制度、风俗民情、特别是海外交通与来华穆斯林的经商与生活等情况均有重要价值。是研究中西交通史及中国伊斯兰教史的重要参考资料。（罗万寿）

破衲痴 见舍起灵。

破斋 对穆斯林在履行斋戒功课中犯禁行为的用语。伊斯兰教法规定符合斋戒法定年龄的男女穆斯林，在斋戒中无意或有意地违犯了斋戒规定的禁条，俗称为“破斋”。其规定：(1)封斋不举意或晚举意斋戒无效。封斋者应在封斋前先举意所封斋戒的性质，是莱麦丹月的主命斋还是其他副功斋，然后进斋饭。(2)不按时封斋或开斋，斋戒无效。封斋者要在鸡鸣之前进食斋饭，即黎明前进餐，称为吃“赛哈尔饭”（al-Saḥar），不能早吃封斋饭。开斋饭要在日落红光消逝时进餐，不能过迟吃开斋饭。(3)斋戒过程中违犯规定的禁忌，斋戒失效。如无意饮食，咽唾液，吸烟，服用医药及注射针剂，论人缺点，胡言乱语，吵闹，斗殴行凶等行为。(4)斋戒期间干违反教法之事，如故意饮食，进行房事或抚摸拥抱、接吻等，斋戒无效。犯有以上种种行为之一的称“破斋者”，须按规定补罚其缺欠之斋。（达应庚）

蒲氏族谱 中国宋元时期穆斯林海商蒲寿庚家族的谱牒。传世的族谱有：广东《南海甘蕉蒲氏家谱》，初辑于明万历四十七年（1619），重修于光绪三十三年（1907），内含总谱和蒲寿庚兄蒲寿晟脉下的支谱，蒲寿晟排列为总谱中的第五世；福建永春《蒲氏族谱》，初辑于康熙年间（1662～1722），重抄于光绪二十二年

(1896),内含总谱和蒲寿庚脉下的支谱,蒲寿庚为总谱第七世;福建德化《蒲氏家谱》,系永春谱的翻录;福建永春《龙溪蒲氏支谱》,同治九年(1870)纂,系泉州蒲族的支脉,由总谱的第十七世开始记载;福建诏安《蒲氏家谱》,修于光绪八年(1882),是泉州蒲姓分支迁漳浦县再分支诏安的支脉谱。上述各谱,以《南海甘蕉蒲氏家谱》和福建永春《蒲氏族谱》最具史料价值。《南海甘蕉蒲氏家谱》的蒲寿庚栏目空项,福建永春《蒲氏族谱》则留出空页1张。这是由于明初明太祖因蒲寿庚弃宋降元而惩罚蒲寿庚后裔,禁蒲姓者不得读书入仕,蒲氏后裔修谱之时采取了隐讳的手法。关于蒲寿庚的祖先,两谱均记载原籍蒲昌海(新疆罗布泊),取蒲为姓。对此,史学界都持否定态度,认为是明代以后穆斯林族谱中常见的伪托大姓的做法。两谱自蒲寿庚以上的世系姓名和年代也全然不同,学者们倾向于《南海甘蕉蒲氏家谱》,认为较可靠,而对福建永春《蒲氏族谱》蒲寿庚以上的世系、姓名,则认为多系杜撰。《南海甘蕉蒲氏家谱》卷11《蒲氏初四世太祖太中大夫公传》记载蒲氏二世祖"玛哈珠、玛哈嗼二公倡筑羊城光塔。俾昼则悬旗,夜则举火,以便市舶之往来也"。专家考证认为此光塔即现存广州怀圣寺内的光塔,亦即岳珂《桯史》卷11《番禺海獠》文中的光塔。岳珂所记建光塔的蒲姓穆斯林富商号白番人,来自占城(越南)。占城是古代中西海上交通要港,8～9世纪时阿拉伯商人已定居该地从事贸易。《闽书》记载:"蒲寿庚其先西域人,总诸蕃互市,居广州。"《心史》记载:"蒲受晟南蕃人,富甲两广。"《福建通志》记载:"西域人提举市舶蒲寿晟、寿庚。"《泉州府志》记载:"宋末西域人蒲寿晟与弟寿庚以互市至。"多数学者认为蒲寿庚祖籍阿拉伯,10世纪前定居占城,约11世纪移居广州,13世纪初再迁居泉州。蒲氏族谱是研究中西海上航线,阿拉伯海商家族迁徙及其在中国的伊斯兰教活动和明代以后逐步汉化历史的珍贵史料。 (陈达生)

蒲寿庚(? ～约1285) 中国宋元时期著名穆斯林海商、政治家、军事家。其先辈系10世纪之前定居占城(越南)的西域(阿拉伯)海商。约11世纪移居广州,经营商舶,成为首屈一指的富豪。13世纪初,其家迁至泉州。《闽书》载:咸淳十年(1274),与其兄寿晟平海寇有功,累官福建安抚沿海都制置使,执掌福建兵事民政要职。宋幼主赵昰逃至福州即位,希冀依赖蒲寿庚的海上武装,凭借广东和福建抗元。景炎元年(1276)授蒲寿庚为福建、广东招抚使,总海舶。同年十一月,赵昰率残部退至泉州城外法石寨,蒲寿庚请皇帝入城未成,后宋军劫掠其商船和财产。蒲寿庚怒,杀宋宗室及士大夫与淮兵之在泉者约3000人。于十二月蒲寿庚降元。降元后,受到元世祖忽必烈的重用。至元十四年(1277)"进昭勇大将军,闽广都提举福建广东市舶事,改镇国上将军,参知政事。并行江西省事"。至元十五年(1278)三月又升"蒲寿庚行中书省事于福州,镇抚濒海诸郡"(《元史》卷10)。蒲寿庚以其丰富的经营管理经验及其在海外诸国穆斯林海商中的威望,积极恢复和发展泉州的海外贸易。至元十四年(1277),泉州市舶司恢复。翌年8月,元世祖通过蒲寿庚等人向海外各国宣布了元朝欢迎并保护通商贸易的政策。次年即有占城(越南)、马八儿(印度半岛东部之伊斯兰教国)等国的使臣和舶商来泉州。蒲寿庚提倡与海外各国友好往来,和平经商,曾对元初黩武海外的政策进行劝阻。至元十六年(1279),元朝为征服日本,命造战船600艘,其中泉州负责200艘。至元十八年(1281),蒲寿庚奏言:"诏造海船二百艘,今成者五十。民实艰苦。"诏止之。蒲寿庚弃宋降元,使泉州港免遭战火毁灭,使中国的海外贸易得以继续发展,为泉州港在元代成为世界最大的商港之一奠定了基础,也为泉州伊斯兰教黄金时代的到来创造了有利条件。(陈达生)

《蒲寿庚考》 有关中国与阿拉伯通商史、居华穆斯林家族史研究的专著。日本汉学家桑原隲藏著,原名《提举市舶西域人蒲寿庚之事迹》,连载于大正四年至七年(1915～1918)《史学杂志》。1930年商务印书馆出版冯攸译文,易名《唐宋元时期中西通商史》。1929年中华书局出版陈裕菁译文,名为《蒲寿庚考》,译者还为译著增加了一些重要注释。桑原隲藏采用注释考证的方法,汇集了大量有价值的中外史料,特别是关于中西通商史、伊斯兰教传入中国史和穆斯林在华风俗习惯等,记载尤详。《蒲寿庚考》包含蕃汉通商大势、蕃客侨居中国之状况、蒲寿庚之先世、蒲寿庚之仕宋与降元、蒲寿庚之仕元及其亲族等5章。该书的主要学术论点有:(1)9世纪阿拉伯地理学家伊本·胡尔达兹贝(Ibn Khurdādhbah)所指中国四大贸易港之一的Djanfou即泉州,中世纪阿拉伯和波斯文献中所提及的东方大港"宰桐"(zaytūn)亦即泉州,古称"刺桐城"。(2)唐宋元时期大批穆斯林海商定居中国东南沿海各港口,经商建寺,与当地居民通婚相处,参与社会政治活动,为繁荣中国的海外贸易和港口城市建设发挥了巨大的作用。(3)蒲寿庚祖籍阿拉伯(西域),其先辈因经商先后在占城(越南)和广州定居。(4)宋元鼎革之际,泉州降元,蒲寿庚具有举足轻重的作用。(5)宋末元初蒲寿庚掌管泉州市舶和海防事务,在保障航路安全和发展海外贸易中功绩卓著。桑原隲藏的考证融贯了中外学者各种文字的研究成果,具有重要的学术价值。该书出版以来一直受到史学界的肯定。

(陈达生)

蒲寿晟 中国宋元时期穆斯林诗人。亦作寿宬、寿宬,讳嗮嗯哝,(今译作"伊斯哈格"),字镜泉,号心泉。蒲寿庚之兄。生卒年不详,活动于13世纪。为华化的穆斯林。《南海甘蕉蒲氏族谱》记载为蒲姓五世祖,泉州《蒲氏家谱》记载为七世祖。咸淳七年(1271)任广东梅州知州,为政清廉。进士杨圭诗赞曰:"曾氏井泉千古冽，蒲侯心地一般清。”宋朝将倾，蒲寿晟弃官隐居于泉州东郊法石乡。他熟悉汉族的历史、传说，擅长五言、七言、律诗、绝句等多种诗文词赋和书法，尤精于五言古诗和五言律诗。著有《心泉学诗稿》6卷，近300首，见载于《永乐大典》。《四库全书》提要称之“在宋元之际犹属雅音”，“亦足以备一家”。（陈达生）

蒲绥里（al-Būṣiri，1213～1296）　中世纪阿拉伯诗人。全名穆罕默德·本·赛义德·本·哈马德·蒲绥里。祖籍马格里布，柏柏尔血统，生于埃及代拉斯城。幼年时曾受伊斯兰传统教育，酷爱诗歌和历史，靠自学成才。因家境贫寒，曾以撰写墓志铭为业。后在开罗办过私塾，因其写的颂诗得到马穆鲁克王朝素丹拜伯尔斯的赏识，诏在开罗宫廷中任职。殁于亚历山大城（一说开罗）。曾写过大量颂诗和讽喻诗。他的著名诗篇《先知的斗篷》（《al-Burdah》），一译（《衮衣颂》），流传最广，全诗162行，颂扬了伊斯兰教先知穆罕默德传教的功绩和高贵品德，赞扬了其家属对传教的贡献。他的另一首《哈姆宰的韵律诗》也是歌颂穆罕默德之作，具有苏菲神秘主义的色彩。他的诗自然流畅，雅逸洗练，情意真切，寓意深刻。由于当时伊斯兰教中苏菲主义的盛行和十字军东侵在穆斯林心中唤起的宗教热忱，这两首诗在阿拉伯世界广为流传，后被译成多种文字。埃及现代诗人艾哈迈德·邵基曾模仿蒲绥里的诗体写过《斗篷新歌》。《先知的斗篷》由中国云南伊斯兰教学者马安礼译成汉文，名《天方诗经》。于1890年在四川成都木刻刊行。1959年人民文学出版社影印出版。著名阿訇马良骏曾为其作注解。该书在中国各族穆斯林中广泛传诵。（杨克礼）

普哈丁墓　中国伊斯兰教先贤古墓。俗称“回回堂”，亦名“巴巴窑”。在今江苏省扬州市解放桥南堍、运河东岸回回堂内。建于南宋末年，清末重修。大门门额题“西域先贤普哈丁之墓”。据传，普哈丁系伊斯兰教先知穆罕默德女婿阿里支系第16世裔孙。南宋咸淳年间（1265～1274）来扬州传教，德祐元年（1275）7月20日病逝于由天津南下的舟中。遵其嘱葬于扬州城东古运河畔高岗。内部建筑分寺院、墓域两部分，寺院包括礼拜堂和水房。墓域葬有普哈丁、法纳两墓亭及其他多人坟墓，墓碑上刻文：“宋德祐元年西域至圣一十六世后裔大先贤补哈丁；宋景炎三年西域先贤撒敢达；明成化元年西域大贤马哈谟德；明成化五年西域先贤展马陆丁；明弘治十一年先贤法纳。”另有明代穆斯林的墓塔与坟墓。普哈丁墓为阿拉伯式建筑，其平面呈方形，面积约14平方米，亭高3.5米。内部为圆拱顶，外部为四角攒顶式筒瓦顶。四面砖墙每面各有一拱门，墓在墓亭中央，上有五级矩形青石墓顶，四周刻有《古兰经》铭文。墓院入口通道内，立有光绪三十四年（1908）普哈丁传记的石碑《先贤历史记略碑》。在墓域中，有一堵大封顶式的矮墙上镶嵌有四通元代阿拉伯人的墓碑。系1927年拆除扬州南门外挡马楼时掘出，后移至此处。（杨克礼）

普什图人（Pushtuns）　阿富汗东南部和巴基斯坦西部的主要穆斯林民族。人口2460万（1985）。其中居住在阿富汗南部和东南部的居民约900万，占阿富汗总人口约53%，通称“阿富汗人”；居住在巴基斯坦西部的约1400万人，占巴基斯坦总人口的16%，又称为“帕坦人”（Pathans）。还有约10万人居住在伊朗境内。普什图人属欧罗巴人种印度—帕米尔类型。语言与波斯语东部方言同，受印度语影响较大，有很多阿拉伯语和波斯语借词，也有某些古波斯语特征。现普什图语用变体阿拉伯字母书写。1936年，阿富汗定普什图语为国语。阿富汗普什图人分为杜兰尼人和吉尔扎伊人两大族系，其中又分若干小部落和部落集团，首领称王。1747年杜兰尼部落首领艾哈迈德沙·杜兰尼建立了杜兰尼王朝，一度形成庞大的军事帝国。此后，杜兰尼人一直在国内政治生活中起重要作用。在巴基斯坦的普什图人也保留着民族部落组织残余。其中又分为尤素夫扎伊人、阿弗里迪人、莫曼达人、阿拉克扎伊人等十多个族系。普什图人的祖先为公元前后几个世纪从中亚迁移到兴都库什山脉以南的游牧部落。10～11世纪时，一部分普什图人开始转为农耕。现阿富汗普什图人中约1/5仍从事季节性游牧经济，多数人从事灌溉农业。巴基斯坦普什图人多为半农半牧的定居农民。伊斯兰教传入前，普什图人主要信仰佛教和袄教。约9世纪时，一个名叫伊本·卡拉姆的穆斯林开始传播逊尼派教义。后来，他成为阿富汗伊斯兰教卡拉米叶派的奠基人。此后，伊斯兰教在大城市和商业中心开始传播。15世纪，赫拉特已成为伊斯兰文化的中心，今日该城还保留着一座当时建造的大清真寺。阿富汗和巴基斯坦的普什图人大多数属逊尼派的哈乃斐学派。在阿富汗占全国穆斯林人口的80～90%。1964年宪法规定，阿富汗国王必须是普什图人中信奉哈乃斐学派的穆斯林，逊尼教派实际上是国教。在西部地区也有少数信奉什叶派的普什图居民。在巴基斯坦的大多数普什图人也信奉逊尼派的哈乃斐教法学派，部分人信仰什叶派的十二伊玛目派。普什图人信仰虔诚，严守伊斯兰教义和习俗。30年代阿富汗成立了欧莱玛委员会，由15～20个伊斯兰教领袖联合统管宗教事务。在阿富汗，法律必须建立在伊斯兰教法的基础上，全国各地都设有伊斯兰教法庭。在普什图人中有大量宗教教职人员，他们既负责一般宗教事务，也担任宗教法庭的法官和宗教专业学校的教师，并在全国1万多座清真寺中服务。农村清真寺大都附设宗教小学，教儿童学习《古兰经》和阿拉伯文。

（伊力奇）

Q

七大诵经家 以诵读《古兰经》而闻名的七位朗诵家。《古兰经》是广大穆斯林经常恭读的典籍，为宗教功修和教法嘉许的行为，故朗诵《古兰经》受到普遍重视，并形成一种专门的学科和艺术，朗诵者争相媲美，名家辈出。早期创立规范、标准并深获好评的七位诵经家，根据《古兰经》文的意义和内涵，在读字、词、句子时，掌握音调轻重、高低，音节长短，抑扬顿挫，注意连贯性，读音准确优美，形成了各自独特的诵读风格，得到诵经学家的公认，在穆斯林中享有威望，被誉为"诵经七大师"。他们是：(1)伊本·阿米尔(Ibn ʻĀmir，630～736)，全名阿卜杜拉·本·阿米尔·叶哈塞比，曾任伍麦叶王朝第六任哈里发瓦利德派驻大马士革的首席法官，系圣门再传弟子。其《古兰经》诵读法经两代溯源于穆罕默德，又经希沙姆(Hishām ben ʻAmmār，？～859)和伊本·宰克万(Ibn Dhakwān，789～856)传播于世。(2)伊本·凯西尔(Ibn Kathir，665～738)，全名阿卜杜拉·本·凯西尔·达里，圣门再传弟子，为麦加朗诵《古兰经》的权威。其《古兰经》诵读法学自伊本·祖拜尔、艾奈斯和艾布·艾优卜(Abū Ayyūb，？～672)等圣门弟子。(3)阿绥姆(ʻĀṣim，？～745)，全名阿绥姆·本·艾比·奈朱德·艾塞迪，圣门再传弟子，在伊拉克库法地区享有盛名。传播其《古兰经》诵读法的为其两位弟子：舒尔拜(Shuʻbah，714～809)和哈夫斯(Ḥafs ben Sulaimān，709～976)。(4)艾布·阿慕尔(Abū ʻAmr，690～771)，全名艾布·阿慕尔·赞班·本·阿马尔·巴士里。生于麦加，闻名于伊拉克，是传述《古兰经》朗诵法的元老。其《古兰经》读法由萨利赫·苏西(Ṣāliḥ al-Sūsi，790～874)等人传播于世。(5)哈姆扎(Ḥamzah，700～773)，全名哈姆扎·本·哈比卜·本·乌马拉·泰米，在伊拉克等地负有盛名。传播其《古兰经》诵读法的有海莱夫(Khalaf，？～844)和海拉德(Khallād，？～835)等。(6)纳菲尔(Nāfiʻ，？～785)，全名纳菲尔·本·阿卜杜·拉赫曼·本·努艾姆，原籍伊斯法罕，后执麦地那《古兰经》诵读之牛耳。其传人有嘎伦(Gālūn，738～835)和沃尔什(Warsh，728～812)等。(7)基萨伊(al-Kisāʼi，？～805)，本名阿里·本·哈姆扎，伊拉克库法人。阿拉伯语语法学家，曾任阿拔斯王朝宫廷教师。传播其《古兰经》读法的有艾布·哈里斯等人。这七大诵经师的诵读规则和方法，后经门弟子的再传，遍布伊斯兰世界，被阿拔斯王朝教法学权威学者公认为合法的七种诵读法，逐渐形成七大诵经学派。

（杨宗山　马恩信）

七眠子 见山洞人。

七人一狗 见山洞人。

七伊玛目派(al-Sabʻiyyah) 见伊斯玛仪派。

齐里王朝(al-Sulālah al-Ziriyyah) 北非柏柏尔人桑哈贾部族建立的伊斯兰封建王朝(972～1152)。亦称"巴鲁齐理"。972年，由法蒂玛王朝凯鲁万总督优素福·布鲁丁·伊本·齐里(？～995)创建，故名。齐里人的各个分支先后统治易弗里基叶(今突尼斯和阿尔及利亚东部地区)和格拉纳达。齐里人原在阿尔及利亚的卡比利亚群山一带居住，从事农牧，组成部落联盟，都城艾希尔，其首领名齐里。曾与统治北非的法蒂玛王朝结盟，为其臣属。齐里人信奉逊尼派教义，遵奉马立克派教法。972年，法蒂玛王朝哈里发穆仪兹迁都开罗，指派齐里人首领优素福·布鲁丁·伊本·齐里为凯鲁万总督(即埃米尔)，代表王朝治理易弗里基叶。在其统治下，齐里国疆界向西扩展，远至直布罗陀海峡的塞卜泰(今休达)。在埃米尔巴迪斯·伊本·曼苏尔(995～1016在位)统治时，齐里人分裂为两支：优素福的后裔以凯鲁万为中心统治今突尼斯，其亲族哈马迪德人以盖拉为首府统治今阿尔及利亚东部。1048年，埃米尔穆仪兹(1016～1062在位)宣布脱离法蒂玛王朝的管辖而独立，自称"穆斯林长官"，立逊尼派教义为官方信仰，恢复了逊尼派在北非的统治，并统一治理易弗里基叶。1052年，法蒂玛王朝派遣巴努希拉尔和巴努苏莱姆贝都因人到达马格里布，齐里人被迫从凯鲁万迁都于马赫迪耶城，1148年被西西里岛诺曼人所灭。与此同时，1067 年在阿尔及利亚的哈马迪德人迁居贝贾亚（布日伊），1152 年，被穆瓦希德王朝所灭。另有一支齐里人在西班牙后伍麦叶王朝军队中服役。1012 年，伊本·齐里（1012～1019 在位）在格拉纳达建立齐里王朝（1012～1090），领有埃尔维拉、哈恩、卡布拉和马拉加。1090 年被穆拉比特王朝所灭。

（杨克礼）

齐门门宦 中国伊斯兰教苏菲主义嘎迪林耶学派支系门宦之一。创建人马德明（? ～1950）。回族。宁夏固原人，出身于农民家庭。以其马德明的俗名“七十子”的谐音取名。齐门自称源于清末名为侯赛因的传教师，但形成门宦却始于 20 世纪 20 年代的马德明。马德明以前的几辈老人家都是一般的修行者。第一代名侯赛因。第二代绰号马胡子，尊号阿卜杜拉·哲赫麻尼，逝世后葬于宁夏同心石墒岭，教众为他修建了墓庐。第三代是马胡子的弟子余得省，尊号浩贝热·麻拉尼，他因参加光绪二十一年（1895）海固回民反清起义被杀害。第四代是余得省的儿子余海珍，尊号浩贝热·阿吉里。这几个老人家都没有固定的传教区域和较有影响的拱北。余海珍逝世后，由余得省的弟子马德明继任了第五代老人家。马德明于 1928 年正式继任后，将传教中心由同心的石墒岭迁移到固原的梁家堡。由于他积极传教和去麦加朝觐，在社会上有一定声望，齐门门宦始为当地穆斯林所承认。马德明于 1950 年逝世后，门弟子因争夺教权，分为两派：一为余明林（第三代老人家余得省的孙子），以梁家堡为宣教传道中心；一为海正发（马德明的弟子），以炭山为活动中心。齐门的教义和礼仪，除以《古兰经》和圣训为信仰的基础外，还有：（1）主张“在家修行”，没有苦修一类的宗教功修。（2）与河州的祁门、后子河的杨门和韭菜坪的杨门没有直接道统关系，自谓是“大嘎迪林耶”，其他是“小嘎迪林耶”。（3）重视历代老人家的忌日，届时要宰牲念经悼念。（4）对天命五功也较重视。教众主要散居于宁夏固原七营炭山、梁家堡和同心石墒岭等地。

（马 通）

齐亚尔王朝（Zeyarids） 10 世纪在伊朗建立的伊斯兰王朝（928～1077）。创建者为马尔达维奇·本·齐亚尔（928～934 在位）。他利用萨曼王朝部分军队叛乱之机，夺得伊朗泰伯里斯坦地区，后将里海沿岸的戈尔甘和马赞德兰诸省置于王朝的控制之下。935 年，第一任君主马尔达维奇被害身亡，其弟查希尔·道莱·沃什马吉尔继位，但此时王朝已日渐衰败，难以对付强大的塔吉克人的萨曼王朝，被迫承认其宗主权，而作为臣属管辖原王朝领地。11 世纪中叶，塞尔柱人崛起，侵入并占领了马赞德兰，齐亚尔人逃往里海南岸的山区。该王朝在沃什马吉尔之子卡布斯统治时曾一度臣属于伽色尼王朝，1077 年为塞尔柱人所灭。

（赛生发）

齐亚尼教团（al-Ṭariqah al-Ziyāniyyah） 伊斯兰教苏菲派兄弟会组织。沙兹里教团在摩洛哥的分支。17 世纪由伊本·艾比·齐亚尼（Ibn Abi Ziyān，? ～1733）创建于摩洛哥。伊本·艾比·齐亚尼青年时代就学于非斯，后因传播“妖术”被逐往外地，于逃亡途中被接纳为沙兹里教团在当地一分支的成员。后赴麦加朝觐，归国后在故乡肯纳哈（Kenaha）创建一个“扎维叶”，为该教团总部的所在地。他对沙兹里教团的礼仪作了某些简化、修改，以 100 次赞念来代替原定 1000 次赞念，并领导信徒兴修水利、发展生产、为商队护行，教团规模不断扩大，影响日增。该教团因经常护送过往客商，素以撒哈拉沙漠中的“飞行员”著称。教团首领实行世袭制，代代相承。信徒分布在摩洛哥。

（吴云贵）

祁家拱北 见临夏大拱北。

祁静一（1656～1719） 中国伊斯兰教嘎迪林耶学派大拱北门宦创始人。经名希拉勒，道号希拉伦丁（即宗教的新月）。回族。甘肃省河州（今临夏市）八坊小西关人。自幼父母双亡，由祖母抚养。7 岁入清真寺经堂就学，攻读阿拉伯文、波斯文和伊斯兰教经典，聪明好学，成绩优异。清康熙十一年（1672），即随毕家场门宦创始人阿卜杜·拉赫曼等去西宁向来华传教的和卓·希达叶图拉·阿法格求教，未得其传。康熙十三年（1674），来华传教的和卓·阿卜杜拉到河州传教，收祁静一为徒，向他传授苏菲派嘎迪林耶隐修学理，并要他“抛家离乡，独自静修”。祁静一遵师命从此绝尘离俗，潜心道乘修炼，先后在河州杨妥家，陕西省西乡县北寺、滴水崖、沙河頔的蔡家岭及留坝县的紫柏山等山岭幽僻之地静修达 9 年之久。和卓·阿卜杜拉对其虔诚修行大加赞赏，说“吾道东矣”，遂将“天人之奥，性命之微，理道之旨，尽性之功”传授于他，并赋予他在中国传播嘎迪林耶教理之责。祁静一受师命后，往来于四川阆中、陕西西乡、甘肃河州等地，筚路蓝缕，择幽僻之地，结庐静修，广收门徒，传播苏菲主义学理。他“遵五时参拜之典，重七日朝向之礼”，谨守教乘，并以“今世后世、先天后天”、“明心见性，修己安人”之义，传播嘎迪林耶隐修学理，使大拱北门宦在河州、西乡、阆中等地得到传播和发展。祁静一坚持“以绝尘俗为入道之门”、“清心寡欲为修道之功”，他身体力行，教其弟子“以淡泊持其志，宁静守其身。”弟子遍及四川、陕西、甘肃等地。著名弟子有马如恒、马腾翼、马长清、妥化清、沙明清、王再清等，他们都以其师为榜样，抛弃家室，在各地拱北修行养性，收徒传道，使大拱北得以延续和发展。为使大拱北门宦师承道统连续，他亲自拟定了大拱北前 10 代的命名次序：“一清风云月，道传永世芳。”清同治年间，其门弟子祁道和又加续了 10 代“敬诚先哲远，克念悟真常”，合起来共 20 字，即 20 代。祁静一把苏菲派的遁世隐修思想与中国老庄哲学的“清净无为”思想相结合，他在《遗言》中说：“来来往往，终属幻境，行行走走，到底成空”，视世事为空幻。进而论到“鹪鹩争巢於林，只借一枝之栖，所占无多；鼹鼠竟饮于河，不过满腹之水，所求有限”。他还要求教众在现实生活中“饶一着”、“退一步”、“忍一步”、“息一怒”，以“养心神之精神”。康熙五十八年(1719)农历九月十一日，祁静一殁于陕西省西乡县鹿麟寺，后迁葬于甘肃河州八坊之西，故两地都建有其墓庐，前者为纪念冢。

（马　通）

祁明德(1894～1987)　中国伊斯兰教格迪目派知名经学家。经名凯玛鲁丁。甘肃省临夏市八坊祁寺街人，回族。他出身于宗教世家，祖上自祁信一起，10代中都有学者和哈吉。祁明德青少年时即开始学习阿拉伯文、波斯文和伊斯兰教知识。1916～1920年，随父去麦加朝觐并留学。拜麦加著名学者艾布·赛勒夫和伊玛目侯赛因为师，攻读古兰经注、圣训和苏菲主义学理。同时拜访了嘎迪林耶、库布林耶等各教团长老，聆听了他们关于苏菲主义道乘的论述。回国时，麦加学者麦阿苏姆给祁氏父子赠送了逊尼派经籍百余部和瓦哈比派经籍10余部。祁明德从28岁起应各地穆斯林聘请，先后在循化街子工大寺、兰州平番寺、临夏大西关寺、小西关寺、老王寺、尕西寺、大祁寺、祁家庄寺、马彦庄寺、东乡唐汪大寺、韩集磨川大寺、刁集朵支巴寺、和政马家堡寺、临潭老花寺任教长达50多年，讲学具有既深且宽的特点，培养出一大批经堂学者。由于他性情耿直，虔守信念，不畏强权，故有“老教三支柱之一”的誉称。20世纪30年代，青海、甘肃的地方封建势力，制造教派、门宦纠纷，多次利用权势，挑拨群众以“讲经”为名，迫害祁明德。但祁始终不屈。祁明德精通阿拉伯文和波斯文，擅长法学和哲学，是20世纪30年代以来，甘肃、青海、宁夏地区有影响的学者。他认为圣训是对《古兰经》的阐释和补充，两者相辅相成。他主张各教派应各行其是，互不干涉，不反对各门宦的宗教仪式和学理。（马　通）

麒麟寺　见泉州艾苏哈卜寺。

乞里坦麻札　中国新疆地区伊斯兰教陵墓。在新疆维吾尔自治区莎车县城东北郊。“乞里坦”系波斯语音译，意为“四十个躯体”。麻札的名称与传说不相符合。相传麻札的主人是唐代末在中国传播伊斯兰教的7个同名穆罕默德的阿拉伯人(一说是中亚大依禅和卓阿卜杜拉的七个门徒)。故又称“七个穆罕默德麻札”、“七贤麻札”。始建年代已不可考。有关该麻札的记载，最早见于16世纪新疆穆斯林史学家米尔扎·海达尔的《中亚蒙兀儿史—拉失德史》：“鸭儿看坟墓中的古人并不见于经传。但当地人相信，这里埋葬着‘七贤’”，“这七贤都是名人”。蒙古杜格拉特部首领阿巴拜克统治南疆时期(1468～1514)和阿古柏统治时期(1865～1877)皆曾重修。麻札由墓室、清真寺、大门等组成。墓室方体圆顶，砖砌，通高约20米，系阿拉伯式建筑。室内并列7座墓庐。坟前置1对靴状石，传为先知穆罕默德的脚印石。原有一金银套盒，内装一绺相传为穆罕默德(一说伊玛目·兰巴尼)的胡须。1958年，套盒交新疆维吾尔自治区博物馆，胡须丢失。该麻札久负盛名，每年白拉特夜拜谒者逾万人。

（马品彦）

启示(al-Waḥy)　伊斯兰教教义学、经注学的基本概念之一。亦译“天启”、“降示”、“默示”。系阿拉伯语“瓦哈伊”的意译。据阿拉伯语言学家称：“启示”一词含有昭示、暗示、梦示、警告、指引、玄机、使命、隐语、命令、预言、呼唤(Hatif，哈提夫)等涵义。伊斯兰教专指安拉派遣天使吉卜利勒传达启示给穆罕默德的经典《古兰经》。《古兰经》有数十节经文阐述安拉对穆罕默德的“启示”。如“我只本真理而降示《古兰经》，而《古兰经》也只含真理而降下。我只派遣你做报喜信者和警告者”(17：105)。“这《古兰经》确是全世界的主所启示的。那忠实的精神把它降示在你的心上，以便你警告众人，以明白的阿拉伯语”(26：192～195)。伊斯兰教经注学家根据《古兰经》记载，将经文“降示”的过程分为3个阶段：(1)《古兰经》文是安拉的语言，降示到“一块受保护的天牌上”(85：22)，全文“记录在珍藏的经本中”(56：78)，最初完整地被保存在“天园”。(2)安拉将经文原本由“受保护的天牌”再降示到“最近之天的天庭”，“我在那高贵的夜间确已降示它”(97：1)。(3)安拉命令天使吉卜利勒作为媒介，按“天经原本”陆续“下降”给穆罕默德的心灵里，或是对穆罕默德的直接启示。经文以穆罕默德“宗族的语言”——“阿拉伯文的经典”(46：12)的形式出现。经文的“下降”不是一次完成的，经云：“这是一部《古兰经》，我使它意义明白，以便你从容不迫地对众人宣读它，我逐渐地降示它”。经文从610年赖麦丹月(9月)一个称“盖德尔”的高贵夜晚开始下降，历经23年，根据当时发生的事件和传教的需要陆续下降的，至632年穆罕默德去世，“启示”中止。关于《古兰经》最先和最后降示的经文，根据经注学家一般公认的说法，最先降示的是第96章《血块》第1～5节：“你应当奉你的创造主的名义而宣读，他曾用血块创造人。你应当宣读，你的主是最尊严的，他曾教人用笔写字，他曾教人知道自己所不知道的东西”。最后降示的经文是第5章《筵席》第3节：“今天，我已为你们成全你们的宗教，我已完成我所赐你们的恩典，我已选择伊斯兰教做你们的宗教”。

关于安拉“启示”的形式，《古兰经》云：“任何人也不配与真主对话，除非启示，或从帷幕的后面，或派一个使者，奉他的命令而启示他所欲启示的。他确是至尊的，确是至睿的”(42：51)。经注学家根据多节经文，将启示分为3种形式：(1)通过天使为中介的“启示”。即安拉派遣天使吉卜利勒把启示的经文、训令原原本本地传达给穆罕默德，使其默记在心中，并加以领悟。据《布哈里圣训实录》载，穆罕默德曾说：“有时，启示的来临，就像激烈的铃声，当我一旦领悟了其要义时，它便中止；有时，一个男子汉的天使出现在我的面前向我讲话，于是，我理解了他所说的”。(2)有帐幔的“启示”。即安拉启示时，以火光显现，借助一种隐蔽的语言(或声音)，被启示者听取安拉的言语时，却见不到真主。《古兰经》记载了古先知穆萨求见真主时，却未看到真主，凭借火光听到声音而受到真主的“启示”(7：143、28：30等)。(3)无中介的“梦示”。即安拉的启示内容，通过受启示者的梦境体现出来。《古兰经》中叙述了古先知易卜拉欣在梦境中受到安拉指示，以亲宰其子伊斯玛仪作祭物，以考验其信仰是否坚定、忠诚(37：102)。《布哈里圣训实录》记载了阿伊莎传述的一段圣训云：“最先显现给真主使者的启示是良好的梦境，继后真主使者凡在梦中所见所闻，都是像晨光那样昭明彰著的来临”。有的经注学家还认为，启示的形式还有“灵感式”的启示。即安拉通过被造物显示某种特殊迹象和征兆，给人以迷惑或不解的奇妙方式，以“暗示”、“指点”，开导和启迪人们的灵感。如安拉给被造物蜜蜂赋予高超的技能，可筑造精工细作的蜂巢，以其启迪人们以推证造物主的全能。故穆斯林学者认为，伊斯兰教是安拉启示的宗教。 (杨克礼)

起经名 中国穆斯林为婴儿命名的礼俗。亦称“命名礼”。按教法规定，婴儿出生后，应请阿訇取一吉祥名，一般以《古兰经》或其他经籍中提到的先知、贤哲、圣妻、圣女之名为名。常见的男性名有穆罕默德、易卜拉欣、阿里、哈桑等，女性名有法蒂玛、阿伊莎等。此外还有一些象征美好事物的名字，如希拉鲁丁(即宗教新月)、努尔丁(即宗教之光)等，女性名如赛利迈(即平安、安宁)等。在中国西北回、东乡、撒拉、保安族地区，根据下列情况有所变化：其经名较长者予以简化，如穆罕默德简称“穆罕”，阿卜杜拉简称“阿卜杜”；有的相同者冠以汉姓以示区别，如张阿里、马阿里；有的加上方言“子”以示爱昵，如穆萨子、尔撒子等。命名仪式一般由阿訇、教长主持，在一张红纸上用阿拉伯文书写如下内容：奉普慈特慈的真主之名。吉庆的新生儿之名是××××。真主啊！求您使他(她)长寿！使他(她)身体健康！使他(她)性格美好！使他(她)给养丰富！使他(她)信仰坚定！使他(她)享有一切美好事物！求主承领。下面分别写上公历和伊斯兰教历的日期，由教长签名。命名后由阿訇念诵“清真言”，向婴儿耳中吹气，名“吹邦克”。 (罗万寿)

契斯提教团(al-Ṭariqah al-Jishtiyyah) 印度伊斯兰教苏菲派兄弟会组织。对其形成看法不一，一般认为由叙利亚人艾布·伊斯哈格(Abū Isḥāq，1142～1236)创立于伊朗呼罗珊的契斯提村。12世纪由穆尔因丁·哈桑·契斯提(Mu‘in al-Din Ḥasan al-Jishti，1142～1236)传入印度。有的学者则认为系穆尔因丁·哈桑·契斯提本人所创。他生于锡吉斯坦，早年受苏菲主义思想影响，成为巡游的苏菲苦修者，拜奥斯曼·哈瓦尼为师。同时他与不少苏菲派代表人物如阿卜杜勒·卡迪尔·吉拉尼等交往甚密，后汲取各教团的教义创立了独立教团。该教团与苏哈拉瓦迪耶教团在师承关系上没有组织上的联系，但它将苏哈拉瓦迪的《认识内心的真理》(‘Awārif al-Ma‘arif)一书奉为主要教科书。穆尔因丁·契斯提于1193年来到德里，后到阿杰米尔(Ajmer)定居，传播苏菲主义学理，信徒日增。死后即葬于此，陵墓成为信众朝谒的圣地。其门弟子麦斯欧德(Mas‘ūd，1175～1265)继承其道统，广泛吸收门弟子，并将他们派到印度各地活动。契斯提教团的教义强调万物存在的统一性，认为均系安拉所创造。提倡知足、简朴、苦行、安贫、克己。反对参与政事，反对使用暴力。不注重表面上的信教，坚持内心的真正归信。举行宗教仪式时，有时高声赞颂真主，有时默诵真主之名。在修持时屏息静气，苦思冥想，避人坐静40天。严禁吸烟、饮酒和吸食麻醉品。该教团在发展过程中派生出不少分支，其信徒主要分布在印度和巴基斯坦。 (王怀德)

迁士(al-Muhājirūn) 伊斯兰教称谓。阿拉伯语“穆哈吉伦”的意译。原意为“迁徙者”、“迁移者”。与“辅士”对称。指伊斯兰教早期为逃避麦加多神教徒的迫害而迁居到麦加以外的穆斯林，主要指622年迁徙到麦地那的穆斯林。610年伊斯兰教先知穆罕默德宣传伊斯兰教，受到部分麦加人的拥护。多神教徒为了阻挠麦加人信教，多次对穆罕默德及穆斯林进行迫害。穆罕默德告谕众弟子：“你们分散到各地去吧！安拉不久就会使你们团聚在一起。”遵从他的命令，自615年起，先后有两批麦加穆斯林迁居到阿比西尼亚。622年穆罕默德根据与麦地那人订立的阿克巴盟约，命令麦加全体穆斯林秘密迁徙到麦地那。9月24日穆罕默德也到达麦地那。据刘智《天方至圣实录》载：先知到达不久即“以尔牧立等150人为迁士”。其后随着圣战的节节胜利，一些部族的使团及归信者相继投奔而来，其中有的人留居不归成为迁士。“迁士乃笃信圣教，忍受艰难，早迁麦地那者也。”他们曾受到穆罕默德的特别赞扬，在伊斯兰教中地位最高，为宣传和确立伊斯兰教立下了丰功伟绩。 (罗万寿)

迁徙(Hijrah) 见希吉来。

佥议 见公议。

前定(Qadar) 伊斯兰教义学概念。阿拉伯语“盖德尔”的意译。一译“定然”。即一切自然现象和社会现象，如人的富贵贫贱、吉凶祸福、生死寿限以至国家和社会的兴衰存亡，自然界的变异等，均出自真主的前定和安排，人无法预知，也无能为力，只能听其自然。《古兰经》云：“它预定万物而加以引导”（87：3）；“真主创造你们和你们的行为”（37：96）。伊斯兰教认为，对真主的前定，人应当深信不疑，故“信前定”是伊斯兰教的信条之一。（罗万寿）

前定与自由 伊斯兰教教义学的一组相对而又相联系的哲学范畴。历史上曾为各家各派争论乃至激烈斗争的问题之一。逊尼派教义学家认为，真主是人类一切行为的创造者，无论正信、迷信、服从、悖逆，一切都是由于真主的意志、判断、前定划分。信前定，是伊斯兰教六大信仰之一。同时又认为，人类有自由的行为，人类因为这些自由的行为而应受真主的赏罚；善行是真主所喜悦的，恶行是真主所不喜悦的。真主的前定是绝对的。在真主绝对前定的前提下，人有相对的意志自由。在伊斯兰教史上，盖德里耶派、穆尔太齐赖派都曾反对前定说，强调人的自由意志，肯定人的行为能力，认为人应对自身行为负责；贾卜里耶派则根本否认人有行为的能力，主张人毫无意志自由，人的一切行为皆受安拉意志的命定或强制；艾什尔里派主张真主是全能的，真主的意志不仅创造了世界，而且不断地支配着一切，每个人都要对自己的行为负责，这是由于真主要他如此。中国伊斯兰教学者多持逊尼派正统观点。王岱舆《正教真诠·前定章》曰：“真主造化人、神及万事万物，所以观人世之善恶也。善恶乃前定，作善作恶乃自由。无前定亦无自由，非自由不显前定。然自由不碍前定，前定亦不碍自由，似并立而非并立也。或曰：前定、自由何别乎？曰：前定者，天事也；自由者，人为也。人为总不出乎天定，而又非天使为之也。”“故善者自趋而为善，恶者自趋而为恶，人为不同，故真主之赏罚亦异。”马注《清真指南》卷二：“前定如大海，自由如舟楫，事因若风涛。无大海自无舟楫，是前定不离自由；无舟楫不显大海，是自由不出前定。”

（冯今源）

前定之夜 见盖德尔之夜。

前开 中国穆斯林用语。清雍正十二年（1734）甘肃华寺门宦始传人马来迟从麦加朝觐、游学返回河湟地区传播虎非耶学派之后，主张在斋月期间举行昏礼之前“开斋”；而此前在该地区所有的穆斯林习惯上都在举行昏礼之后“开斋”。于是群众称华寺门宦为“前开”派，称格迪目、穆夫提、毕家场、大拱北等门宦为“后开”派。由于“前开”适合群众要求，颇受欢迎。于是，“前开”派与“后开”派之争也相继出现。马来迟在循化、贵德等地传教时，就发生了“前开”与“后开”的严重争斗，而撒拉族卡迪因曾师事马来迟，故“前开”派遂得胜（见《循化志》卷8）。现在该地区已无“前开”、“后开”之称。（马　通）

虔诚派运动（Bhakti Movement） 印度教受伊斯兰教影响在其内部产生的一种宗教思想运动。伊斯兰教传入印度后，既吸收、融合以印度教为主的印度文化，又对之发生一定影响，印度教内部的虔诚派运动在其发展中曾受到伊斯兰文化的影响。虔诚派运动约于11世纪始自印度南部，该派以印度教《薄伽梵歌》等圣典为基础，强调仁爱、虔诚，故名。该派最著名的思想家是罗摩努阇（Ramanuja，？～1137），他认为“梵天”（Brahma）为至高实在、万物之主宰、最高尚之人格，他是创造者、毁灭者、保护者，物质和灵魂皆自梵天而来。他在批判9世纪印度教吠檀多派绝对一元论哲学的基础上，提出了虔诚派教义，承认吠陀经以外的经典。虔诚派运动自印度南部传入北印度后，开始受到伊斯兰文化的影响，步入运动的第二阶段（13～17世纪），其间罗摩难陀（Ramanada，1360～1450）为虔诚派教义的主要鼓动者。罗摩难陀是罗摩奴阇的弟子，曾流浪于印度各地，接触过伊斯兰教苏菲派的信徒，受到伊斯兰教认主独一、虔诚崇拜安拉、在安拉面前人人平等等教义和礼仪的影响。他在肯定“梵天”或罗摩为宇宙的最高主宰的同时，认为反复崇拜和赞念罗摩的名字即可求得精神上的解脱。他反对印度教的种姓制度，主张所有虔信者不论生来是否有罪，不论属于哪一种姓，在神明面前一律平等。虔诚派运动的另一著名领导人伽比尔（Kabir，1440～1518）是位诗人，其父是穆斯林，其母为印度教徒，他的哲学思想实为印度教吠檀多哲学与伊斯兰教苏菲神秘主义信仰的综合。他相信宇宙万物之最高实在为“梵”、天神或安拉，个人只要虔诚信仰即可获得“神恩”。他反对偶像崇拜、繁琐的礼仪、种姓制度和歧视妇女，号召印度教徒与穆斯林联合起来，以“普遍的仁爱”去消除种姓制度。他的折中主义的宗教哲学思想，在印度教下层民众中有广泛的影响。此外，15～16世纪，在虔诚派运动影响下产生于印度的锡克教，也曾受到伊斯兰教的影响。（吴云贵）

强梁的精灵 见易夫里特。

《蔷薇园》（Ḳulistān） 伊斯兰教劝谕性的故事诗集，世界文学名著。原名为《古力斯坦》或《古洛司汤》，意为“花园”。一译《真境花园》。作者为波斯著名诗人萨迪（1193～1291）。成书于1258年，为波斯文。写书的宗旨，作者在卷首云：“我在这本书里写了各地奇闻、圣人训谕、故事诗歌、帝王言行，以及我本人部分宝贵的生活经验。这就是我写作《蔷薇园》的缘起。”该书是叙事、诗文相间的佳作，共分为8篇，227小节。主要内容为帝王言行、宗教学者言行、论知足常乐、论寡言、论青春与爱情、论老年昏愚、论交往之道、论教育的功效。该诗集着眼于当时的现实，揭示生活中的美与丑、善与恶、光明与黑暗，旨在规劝世人避恶从善以匡正时俗。作者以优美的文笔，凝练而精确的语言，栩栩如生地讲述了许多故事轶闻，表达出深刻的人生哲理，阐明了穆斯林的行为规范和道德信条，字里行间闪烁着智慧的光芒，同时饱含着作者对劳动人民的同情，对暴君和宗教伪善者的揭露和讽刺。书中名言佳句，比比皆是。其中关于人道主义的名句："阿丹子孙皆兄弟"已被联合国采录为阐述其宗旨的箴言。对暴君酷吏深恶痛绝，诗中严正警告："豺狼不能牧羊，暴君不能为王。"他强调有道的明君必须"爱民"："君主是树民为根，树茂皆因树根深，万勿逞凶害百姓，害民犹如自掘根。"在论述教育及知识的功能时说："学生没有恒心，如同情人没有金钱；旅人没有常识，如同飞鸟没有羽翼；学者不去实践，如同树木不结果实；圣徒没有学问，如同房屋没有门户。"全书是"用绚丽的五彩缤纷的长线穿着的箴言的明珠"。《蔷薇园》数百年来广传于世界各地，不仅作为学习波斯语的范本，而且成为穆斯林修身养性的必读著作。中国清真寺的经堂教育中将波斯文《蔷薇园》作为读本之一。1943 年王静斋阿訇据波斯文本将其译为汉文刊行，取名《真境花园》。1980 年水建馥依据英译本转译为汉文，由人民文学出版社出版。 （林　松）

乔治·宰丹（Jurji Zaydān，1861～1914）　黎巴嫩穆斯林文学家、历史学家。生于贝鲁特。青年时在贝鲁特一所大学学习医学，后改学希伯来语和古叙利亚语。他博学多才，通晓伊斯兰教义、历史、文学和语言学。曾创办《时光报》。后移居埃及开罗，从事新闻和出版工作，并致力文学创作和伊斯兰文化研究。1892 年创办科学与文学的综合性月刊《新月》杂志。他创作了不少取材于伊斯兰教历史及故事的长篇小说，以《伽萨尼姑娘》、《古莱什少女》、《埃及女郎艾尔玛努赛》、《斋月十七》、《萨拉丁》等最为著名。他编有《阿拉伯文学史》（4 卷），是一部有广泛影响的著作，被选为大学教科书。他还著有《伊斯兰文明史》（5 卷），是一部史料翔实、观点新颖的伊斯兰文化史的专著，被译成多种文字出版。其他著作还有《阿拉伯语词汇与语言哲学》等。《古莱什少女》、《斋月十七》及《萨拉丁》已被译成中文出版。 （杨克礼）

《钦定平定云南回匪方略》　中国清代镇压云南穆斯林起义的官方文献汇编。清末恭亲王奕䜣领衔纂修。成书于光绪二十二年（1896），清末刊行。全书共分 50 卷，50 万言。收录了咸丰五年（1855）九月至光绪五年（1879）十月间有关云南回族穆斯林起义及统治阶级镇压云南回民起义的奏谕，是一部按照年月日排列的奏谕汇编。该书繁复冗长，对回民起义的记载多有虚妄不实之词，但透过这些奏谕也可看出当时统治者残酷镇压穆斯林起义的一些真实状况，具有一定的史料价值。 （马启成　丁　宏）

钦圣　见使者。

勤练人　见清廉人。

沁阳北大寺　中国伊斯兰教清真古寺。位于河南省沁阳市自治街中段。该寺约于明朝初期始建，明万历八年（1580）以后重新扩建。据明万历十八年（1590）鼎建清真寺礼拜殿记："万历十二年秋，于是乎清真寺观厥成矣"，"犹以拜殿不设寺未完也，复率众捐金建拜殿四楹于大殿之前，雕檩刻桷，丹漆黝垩，其举不逾年而毕役"。清代又多次修葺扩建，建筑形制仍保持了明代的风格。该寺距今已有 400 多年的历史，占地面积约 3 万平方米，总建筑面积 3100 多平方米。其主要建筑包括主殿（后窑殿）、礼拜殿、客厅（殿前抱厦）、过厅（二门）、厦殿（大门）、讲堂、沐浴室等 100 多间。女寺另设于大殿北侧。男寺为主体建筑，殿、厦、厅，棚结构严密，左右对称。大殿平面窄而深，进深 36 米，给人以肃穆之感。殿内沥粉贴金，雕梁画栋，十分华丽。后窑殿高过大殿屋脊，使整个寺院愈后愈高，并以孔雀蓝和三彩琉璃脊、瓦饰顶，色泽清艳，气势壮观。寺内尚存明、清时期碑刻 10 多通，部分匾额、对联、壁画亦保存完好。其中后窑殿堂悬挂的"奉至仁至慈的安拉之名"的阿拉伯文匾额为一笔写成，3 朵花瓣图案衬托其间，为伊斯兰书法艺术的佳作。该寺是河南省现存规模宏大、保存完好的伊斯兰教建筑，被列为河南省文物保护单位。 （陈进惠）

青春期选择（Khiyār al-Bulūgh）　前英属印度伊斯兰教法确认的婚姻法的原则之一。系阿拉伯语"希亚尔·布卢厄"的意译。外来法名词。该法规定，按哈乃斐教法学派传统，未成年子女的婚姻监护人有权决定被监护人的婚事，但该子女进入青春期（印度为 15 岁，巴基斯坦和孟加拉国为 16 岁）后，有权废除婚约而自行择偶。传统上这种权利只适用于婚姻系由父亲或祖父以外的监护人做主并尚未完婚。1939 年通过的《穆斯林离婚条例》又对这一原则作了修订：凡不满 15 岁而由父亲或其他监护人包办婚姻的子女，待到 18 岁时有权依法废除婚约，已婚者由法院颁发离婚证书。该条例至今仍为印度、巴基斯坦和孟加拉等国所采用。 （吴云贵）

青海回教教育促进会　中国青海穆斯林文化教育团体。1922 年 5 月 27 日在西宁成立，初名为"宁海回教教育促进会"，由当时任宁海镇守使的马麒兼任会长，西宁东关大寺教长马骏阿訇任副会长。会址设在该寺内。其宗旨是"促进回教青年学生教育并阐述回教真谛"。成立伊始除扩建主要面向回族子弟的西宁同仁学校外，还在穆斯林聚居区碾伯（今乐都、民和二县境）、巴燕戎格（今化隆回族自治县）、大通、湟源、贵德、循化及西宁等地设立清真小学。1929 年青海正式建省，会名亦相应改为"青海省回教教育促进会"，马麒逝世后,会长由其子马步芳继任。到1945年,在青海省东部回族穆斯林较多的县城和集镇相继成立了15个分会,划分了12个学区,开办了中、小两等学校300余所,在校学生达1.1万余名。同一时期,马步青在凉州(今甘肃省武威市)、河州(今甘肃省临夏市)创办的青云中学、苏青女士在河州创办的苏云回民女子学校、马全钦在河州大河家(今甘肃省积石山东乡族保安族撒拉族自治县)创办的魁峰中学、魁峰小学等,均受促进会的资助与领导。1935年起,促进会在西宁首创芳惠医院和芳惠幼儿园。同年又建立促进会直属高级中学,在校学生曾达1200余名。1940年该校改名为昆仑中学。促进会所属各学校的学制、课程设置、教学方式、管理体制等,均与当时一般学校相同,只在小学及初中一、二年级加授阿拉伯文的启蒙课文,每周2课时;另有由当地阿訇讲析伊斯兰教义,每周1课时。青海回教教育促进会所办学校为中国西北的甘肃、宁夏、青海3省区培养了不少人才。（喇秉德）

青州真教寺 中国伊斯兰教清真寺。坐落在山东省青州市益都镇昭德街南端路西。据寺内碑铭载,该寺为元大德六年(1302)由丞相伯颜之后裔所建。后经明、清两代多次修葺、扩建,遂成今之规模。全寺占地面积6000多平方米,建筑面积1300多平方米。院落3进,主要建筑为大门、仪门、礼拜大殿等。布局在东西中轴线上,左右成对称式配列。大门为一座单檐歇山式砖石结构门楼,其斗拱、挂砖饰以雕刻图案,面积36平方米,高8.5米,宽30多米。大门上方石匾镌有“真教寺”,大门背后横额砖雕有阿拉伯文“麦斯吉德”,寺门对面有照壁。仪门为单檐硬山式建筑,面积45平方米,面宽3间,为6扇3米多高的朱红门,门楣悬匾额,中为“天主正教”,左为“瞻天仰圣”,右为“默德真传”。中门两旁楹联“化人化物能化化”、“生天生地更生生”,背面匾额为“敬一归真”。门洞内南北山墙上共镶有4块碑文,记述该寺创建历史、修二门记和礼拜时辰。礼拜大殿面积600多平方米,能容千人礼拜。坐落在1米多高的台基上,由36根圆柱构成环绕抱厦。由前殿、中殿、后窑殿上接望月楼组成,三者以“勾连搭式”加大纵深。殿顶是由前中殿两歇山顶连接后阁楼下层构成,有起有伏,气势雄伟。前殿、中殿均为单檐歇山式,斗拱梁枋朱漆彩绘。后阁楼上接望月楼,与中殿相连,后阁突出“米哈拉布”。在礼拜大殿前,有清乾隆二十五年(1760)建的碑亭,碑亭正面镌御制《至圣百字赞》,背面刻有阿文圣训。二门内两侧为南北讲堂,各面阔5间。还有议事的敬仪堂、住房、沐浴室等建筑。该寺曾是山东东部经堂教育中心。现代著名阿訇王静斋、马松亭等曾在该寺掌教、讲学和著述。该寺1986年由政府资助予以全面整修,面貌一新。

（杨克礼）

清代和卓后裔叛乱 中国清代道光至同治年间流亡中亚的新疆白山派和卓后裔恢复宗教特权的叛乱活动。乾隆二十四年(1759),清政府平定大小和卓之乱,结束了天山南路政教合一的封建农奴制的和卓政权,废除阿奇木伯克的封建世袭制度,统一了新疆。清乾、嘉之后,国势式微,边陲不靖,中亚浩罕汗国为垄断东方贸易,庇护与扶植大小和卓后裔,向清廷进行要挟。加之清政府在民族、宗教问题上采取歧视政策,使新疆地区阶级矛盾和民族矛盾有所激化,给企图割据南疆为王的和卓后裔进行叛乱以可乘之机。在发生的一系列叛乱中,规模较大的有:道光元年(1821)原和卓木波罗尼都之孙张格尔之乱(1790～1828);道光十年(1830)张格尔之兄迈玛特·优素福(?～1836)之乱;道光二十七年(1847)张格尔弟巴布顶(1793～1825)之子倭里罕(1821～1865)为首的“七和卓之乱”;咸丰七年(1857)倭里罕之乱;直至同治四年(1865)张格尔子布素鲁克(1824～1869)在浩罕军官阿古柏挟持下入侵新疆。在近半个世纪中,白山派和卓为实现割据南疆称王的野心,以“派安拜尔”(即圣者、伟人之意)后裔的神圣地位和身份,煽惑人心发动暴乱,并以“圣战”(吉哈德)的名义,勾结浩罕国封建统治者多次入侵新疆,袭击边防卡伦,攻占城池,杀戮清军与商民,抢掠各族人民财产。在其一度占领的局部地区,建立起白山派的封建专制统治,对与之相抗的黑山派以及其他非白山派穆斯林滥施宗教迫害,每当面临失败,又掳掠金银财宝,劫持边民外逃,使难民冻饿致死。白山派和卓后裔的叛乱,给新疆各族人民造成了巨大灾难。各族人民为维护边疆的安定统一,曾对和卓后裔的倒行逆施展开了英勇顽强的斗争。（陈国光）

《清代中国伊斯兰教论集》 中国当代伊斯兰教研究论文集。全书所收论文14篇,20余万字。主要探讨清政府对伊斯兰教的政策;清乾隆、同治年间回民的反压迫起义;伊斯兰教及其教派、门宦在陕西、甘肃、宁夏、青海、新疆等省区的传播;著名穆斯林人物的传教活动以及国外伊斯兰教研究状况等内容。该书系1980年11月举行的西北五省区伊斯兰教学术讨论会银川会议的学术成果选编,持论客观、严谨,是中国出版的第一部有关国内伊斯兰教问题的论文集,具有一定的学术理论水平。宁夏人民出版社1981年12月出版。

（高占福）

清净寺 见泉州艾苏哈卜寺、泉州清净寺。

《清净寺记》 中国重修泉州清净寺碑文。吴鉴撰于元至正十年(1350)。碑文首段记载了大食国(阿拉伯半岛)的山川地理、风俗民情、物产文化、伊斯兰教义、教规,以及该教首先传入广州,并建怀圣寺等事项。这段记载被认为是继唐代杜环《经行记》之后,14世纪最详细、准确地描述伊斯兰教的汉文文献。碑文第二段记载:宋绍兴元年(1131)撒那威(今伊朗西拉夫)富商纳只卜·穆兹喜鲁丁航海至泉州，在城南部建筑一座礼拜寺，购置房屋田地等作为寺产。元至正初，由于没塔完里(都寺)阿合味的失职，寺产被侵占，寺院荒芜。至正九年(1349)，在泉州路达鲁花赤契玉立的帮助下，泉州伊斯兰教长布尔罕丁率领穆斯林重修该寺。由于泉州迄今仅存一座创建于1010年的艾苏哈卜寺，这段碑文遂成为关于1131年伊朗穆斯林曾在泉州创建另一座礼拜寺的唯一见证。碑文第三段叙述了伊斯兰教传入中国后在广东、福建的传播情况。提及在泉州建筑的礼拜寺达六七座。第四部分记载泉州穆斯林教职人员的情况：泉州穆斯林首领称为“摄思廉”，即教长。在各清真寺内设“益绵”，即伊玛目，亦称“阿訇”；“没塔完里”，负责日常寺务，俗称“掌教”；“谟阿津”，即宣礼员。这是关于中国清真寺实行三掌教制最早的汉文记载。《清净寺记》与广州的《重建怀圣寺记》(1350)、定州的《重建礼拜寺记》(1348)被认为是中国现存最早的三通汉文伊斯兰碑铭。《清净寺记》对于研究早期阿拉伯与中国宗教文化交流史，伊斯兰在中国东南沿海港口的传播，以及清真寺的建置、组织机构等都具有重要史料价值。吴鉴所撰的《清净寺记》原碑已毁。其碑文存刻于1507年的《重立清净寺碑》之中。

(陈达生)

清廉人 中国伊斯兰教苏菲主义学派教职称谓。亦称为“勤练人”，意为“苦修者”。西方学者称为“苦行僧”、“托钵僧”。是对苏菲派苦修者的统称。清代穆斯林学者刘智《天方典礼择要解·原教篇》称：“人区九品，道宗一脉。”品级分为九等：“圣四：曰列圣、曰钦圣、曰大圣、曰至圣。次于圣者曰大贤、曰知者、曰廉士、曰善人、曰庸常”。又谓“廉士”属于“守教者也”。中国苏菲主义学派的清廉人，有两种：一种是出家修行，常年住道堂或拱北，不婚配，早晚焚香、坐静、祈祷、默念“迪克尔”，封斋，参悟正道，称“守道者”，俗称“出家人”。另一种是住家，按苏菲主义的道路进行功修，可结婚。中国嘎迪林耶学派所属各分支门宦，如后子河杨门自第七代道祖之后，大拱北门宦自祁静一道祖之后，他们的继承者多由清廉人充任。 (马 通)

《清末西北回民之反清运动》 记述中国清代穆斯林起义的历史专著。作者高文远。回族。原籍青海省，长期寓居沙特阿拉伯。此书对清末西北地区各族穆斯林的抗清起义，记述较详。其《绪论》篇，概述伊斯兰教移植中国，及元、明时期民族概况，引入《清廷对回民之认识与态度》，并以此作为重点，加以具体论述。《西北伊斯兰教徒》篇，侧重介绍西北地区穆斯林状况，再议论西北回民起义之“远因”与“近因”。作者认为，其“远因”是穆斯林民族具有“反清复明”的思想，加上“循化撒拉回争教案之处置过当”，潜伏着反清的基因。“近因”则从9个方面剖视，即(1)政治腐化。(2)官吏贪污。(3)捐纳将本求利。(4)民穷财尽。(5)军务废弛。(6)厘税扰民。(7)军糈民食之匮乏。(8)回民盛极而衰。(9)满清法律歧视回民。均逐一分专题论述。《西北回民之反清史实》篇，是从全局着眼，总览综述。按地区分为若干篇分述。篇次为：《陕西地区》、《同治初年的甘肃现状》、《金积堡地区》、《河州地区》、《西宁地区》、《肃州地区》和《新疆地区》共6篇，以纪事本末体裁分篇讲述，每篇又设置若干专题，其中包括对若干重大战役、事件、激变的论述，及正、反面人物的评议，对马化龙、马占鳌、白彦虎、马文禄等，记述尤详。卷末附有3篇专题文章：(1)《顽强到底的反清英雄——白彦虎》。(2)《左宗棠的剿、抚政策评议》。(3)《河湟余波》。卷首有作者1986年6月在沙特阿拉伯塔伊夫所撰《自序》，并附有地图两幅，其一为《西北回民反清区域图》，其二为《白彦虎西行路线图》。全书展示了清末各族穆斯林反清运动的历史背景、社会环境，分地区描述了反清起义的复杂因素、交战过程、对峙双方力量的变化、失败局势及其深远的影响。所引资料，不仅包括官修史书，私家稗乘，更旁及近、现代以至当代汉族史学家和各族穆斯林学者的研究成果，包括近年来大陆学者的有关论著。作者在《自序》中说：“本书之作，希对西北民族隔阂，有所澄清与化解。本书立论力求公正，而有所依据，绝不参加民族感情，是就是是，非就是非，实话实说，因之不宣长，不护短，力避杜撰之嫌”。作者每有所引，必详注出处，且摘抄史料原文。全书文笔简练，用史实贯而串之。反映了海外华籍学者的史学观点和学术成果，是兼有知识性、学术性、可读性的专题论著。1988年10月台北学海出版社出版。

(林 松)

清算 见打算。

清算日(Yawm al-Ḥisāb) 见末日审判。

清修寺 见化觉寺。

清真保路同志协会 中国辛亥革命时期四川回族穆斯林的爱国团体。1911年6月，400多名回族群众在成都召开成立大会，坚决反对清政府“送路权于异族”的卖国政策，声援长江中游蓬勃发展的保路运动，宣布该协会作为“四川保路同志会”的“指臂之助”，“愿附骥尾”，“誓死靡他”。不久，在成都保路血案中，协会10多名穆斯林会员英勇献身。该会因积极参加保路运动，得到了四川各界保路同志的高度评价，誉之为“清真同志之爱国热”。 (冯今源)

《清真大学》 中国伊斯兰教哲学著作。王岱舆撰。全书分题纲、本题、总论3部分。全书正面阐释了伊斯兰教哲学的本体论、宇宙论与认识论。主要论述伊斯兰教“真一”、“数一”、“体一”3个概念及其关系。阐明“真一”乃“无始之原有”，是宇宙万物的本原。“数一”乃“有始之原宗”,阐明宇宙万物的由来和先知穆罕默德的尊贵。“体一”论述认识真主的途径及其重要意义。内容全面系统,论证严密,文字典雅。前人评其“精详直达本原”,“显正道之光明,驱异端之讹谬”,是中国伊斯兰教历史上系统论述宗教哲学的著作。该书最初的版本无考,后与刘智的“五功释义”被汇编为《启蒙要略》,民国以后版本多与《正教真诠》、《希真正答》合刊,有多种刊印本。（罗万寿）

《清真铎报》 中国现代伊斯兰教著名学术文化月刊。1929年2月由云南回教俱进会白孟愚等发起创刊。马适卿、马慕青任主编,纳忠实际负责。关于刊名,据该刊载文称:“吾教清真”,“俨然天下古今之一大木铎也。然经本阿文,与中国文教学理同而字殊,以致习经者墨守陈篇、罔思振作;习儒者囿于中俗,不识来源,天道之不明天下,匪伊朝夕矣”。“苟非急起直追”,“其将何以醒迷梦而正人心”,“此清真铎报之出,之所以名也。”社址在昆明正义路121号。出版20余期后,因主办人离滇,遂于1930年停刊。1940年抗日战争时在昆明复刊,高扬爱国主义旗帜,号召回、汉同胞“真正的团结起来,共赴国难”、“各尽其最大的努力,以争取国家民族的独立、自由、平等”。当发行至第3期时,因遭日飞机空袭,印刷厂被毁,故再度停刊。后经同仁艰苦努力,于1945年10月正式复刊,先后由白寿彝、马坚、沙德珍、纳仲明、纳训等担任主编。至1948年销行达2000多份。为扩大宣传,曾另行编印报纸。1948年起,该社又出版了《伊斯兰通讯月刊》。1949年9月,正发排第39期时,因国民党云南省政府“整肃”而被迫停刊。《铎报》每期内容有社论、伊斯兰消息、通讯报导及学术文章等,内容丰富多彩,学术性较强。先后发表了大量关于介绍伊斯兰教基本知识的文章、论著和译作:(1)关于伊斯兰教义的有《可兰经的由来》、《可兰经的功用》、《伊斯兰的教诲》、《古兰与圣训》、《求学是天命》等。(2)介绍伊斯兰教真相及研究伊斯兰教的有《回教教义摘要》、《伊斯兰是什么》、《忠孝节》、《回教与女权》、《回教与现代医学》、《伊斯兰教对学术的奖励》、《伊斯兰的教义》等。(3)关于伊斯兰历史研究的有《西方学者与回教文化》、《丙辰九十年》、《欧玛尔——阿拉伯帝国新兴时代之四大凯立夫之一》、《赛典赤·赡思丁传》等。(4)有关拥护抗日战争、支援爱国民主运动的文章、报导有《保卫国家是伊斯兰教的信德》、《政治协商会议辑要》、《和平统一团结的新疆》等。(5)有关中阿友好关系、支援阿拉伯人民反帝斗争的文章和报导有《中国与阿拉伯之关系》、《土耳其回教的今昔观》、《巴勒斯坦》等;(6)有关各省市穆斯林动态的报导有《西北纪行》、《凭吊凤凰寺》、《陪都·首都·故都》(北大通讯)、《暹罗的中国回胞》,等等。《铎报》自1929年创刊至1949停刊,由于发行目的明确,紧密结合伊斯兰教特别是中国伊斯兰教的历史文化传统立论,又能与当时的形势相配合,故在国内著名的伊斯兰学者悉心经营下,发挥了很大作用。（余振贵）

清真教 中国明末清初对伊斯兰教的称谓。“清真”一词在古汉语中有自然质朴之意,曾被社会广泛使用。伊斯兰教自唐代传入中国后,至宋代还没有定称。元代以来中国学者逐渐用“清”、“净”、“真”等词语来表征伊斯兰教。如元至元十八年(1281)杭州重建的礼拜寺,名为“真教寺”;至正九年(1349)泉州重建的礼拜寺,名为“清净寺”;此后西安有“清教寺”,“清净寺”、南京有“净觉寺”等,“清真”一词遂和伊斯兰教相联系。明末清初王岱舆撰《正教真诠》谓:“纯洁无染之谓清,诚一不二之谓真”。又云:“吾教自生民以来,不拜像,灭诸邪,故谓之清;尊独一,无二主,故谓之真。”此后,清真教便逐渐成为伊斯兰教的专称。礼拜殿称为清真寺;表白信仰的作证词称为“清真言”;表示穆斯林食品的标牌称为“清真牌”;阐述伊斯兰教义的著作,取名为《清真大学》、《清真指南》、《清真释疑》;有的伊斯兰教学者也自称“清真鄙人”或“真回老人”。（罗万寿）

《清真教考》 中国伊斯兰教史料汇编。清代孙可庵编撰,作者生平不详。本书史料多从中国地方史志及有关笔记撰述中辑录采编而成。内容包括伊斯兰教的产生,天方概况,来华传教的诸先贤事迹,中国历代帝王对伊斯兰教的谥赠诰封,以及部分中国清真寺的碑铭等。所辑资料有些是可靠的历史记述,也有些仅是穆斯林之间的传闻。对阿拉伯的地理描述亦有不准确处,如把“滲滲泉”说成是在麦地那先知穆罕默德的坟后。由于该书收集的资料比较广泛,不失为了解伊斯兰教史和伊斯兰教传入中国情况的参考材料。该书有清康熙年间刻本及1921年重印本。（余振贵）

清真牌 中国穆斯林饮食店、铺牌照的标志。牌照上画有穆斯林礼拜使用的汤瓶壶和礼拜帽,其上书有“清真教门”、“清真回回”、“清真古教”,有的以阿拉伯文书有“清真言”或“泰斯米叶”等内容,并配以“新月”标志。还有的牌上画有聚礼时宣讲员手持的木杖,牌下端系以绿色布条。牌照有的书写在纸上镶在镜框里,还有木制的和塑料制作的各种样式。清真牌起源于元、明时期回族形成之际,其意为伊斯兰教标志,以区别于非穆斯林店、摊。清真牌后又有所发展,大的饮食业门面上书写字号,添加“清真”2字,有的还标明“西域回回”字样,牌照对穆斯林居民也产生了影响,他们习用阿文书写“清真言”牌,钉在门上取其吉利,以示与非穆斯林的区别。（达应庚）

《清真释疑》 中国伊斯兰教宗教常识著作。清代金陵金天柱著。作者在乾隆时曾任翰林院四译馆正教序班20余年,既深通经史,又谙熟伊斯兰教经典,于乾隆三年(1738)左右写成该书。当时朝内外士大夫不了解伊斯兰教习俗,疑虑甚多,物议风起,作者为消除误解，乃著此书，他认为“回汉两教，原相表里，不可诬也”，如“刊刻成书，使疑者议者一见了然，庶几均有所益，可法可传。”书内载各教所提出的对伊斯兰教的各项疑问数十条，作者逐条加以解释，并引用中国各种经史之言以证之，而其扼要之处，又多以问答体表达，使其更加突出，不但可使社会人士了解伊斯兰教，也可使穆斯林增长对伊斯兰教饮食、服饰、礼仪等有关方面的知识乃至性命义理的学问。该书词旨显豁，譬喻简明，据许文庸序称：“是书曾于乾隆年间进呈御览。”书后另附有一段采录，引证了清雍正八年(1730)顺天府通州、原任云南省大姚县知县关于对回字不得妄加“犭”字旁的奏疏，其中提供了关于回回历法的重要资料。全书原刻版于道光年间在南京遭毁，传世的刊本有光绪三年(1877)云斋氏马长青重刻本，全1册。

(余振贵)

《清真释疑补辑》 中国伊斯兰教知识性著作。清道光、咸丰年间唐晋徽编纂。传世的有光绪乙酉年(1885)刻本，分上、下册。编者在《补辑初叙》和《跋》中说明了补辑的意图：“自道光年来，金陵大难，书(指《清真释疑》)之原版尽付灰烬”，虽有山左道人整理重修，但原稿几度失落，又几经周折寻回誊抄，又同友人把“与儒理暗合者”录出，增补为《释疑》。因而《清真释疑补辑》已非原《清真释疑》的增订重版，其内容、体例、实际上是唐晋徽等的新作。《补辑》主要内容是对伊斯兰教关于饮食、服饰、礼仪、诚信规定的解释，全部采用问答形式。较之《清真释疑》，该书体例清晰，语言浅显。全书正文不多，而采录的参考资料却占相当大的篇幅。书前辑录了清帝诏书及序言多篇，书后又附录了《天方性理》序、《天方典礼》序、《天方圣教》序、《帝王辩》、《祛妄篇》、《识一论》、《历史人物地名碑文》等重要资料。

(余振贵)

清真寺(Masjid) 伊斯兰教建筑群体的形制之一。是穆斯林举行礼拜等宗教功课、举办宗教教育和宣教等活动的中心场所。亦称“礼拜寺”。系阿拉伯语“麦斯吉德”(即叩拜之处)意译。《古兰经》云：“一切清真寺，都是真主的，故你们应当祈祷真主，不要祈祷任何物”(72：18)。中国唐宋时期称为“堂”、“礼堂”、“祀堂”、“礼拜堂”，元代以后称“寺”、“回回堂”，明代把伊斯兰教称为“清真教”，遂将“礼堂”等改称“清真寺”，沿用至今。西北地区回、东乡、保安、撒拉等族穆斯林，至今仍沿袭原称“麦斯吉德”，或称“哲马尔提”(Jamā‘at，即寺坊)。

伊斯兰教初兴时，未有专门礼拜的场所，只是选择一洁净之处供叩拜之用。622年9月，知穆罕默德迁徙麦地那时，在城东南3公里处的库巴，修建了第一座简易的库巴清真寺。到达麦地那后，才建造一座正式的清真寺，后称“先知寺”，营建时穆罕默德亲自参加劳动，随后率众在寺内礼拜。637年，第二任哈里发欧麦尔下令远征将领，凡开拓一个新地区，首先要在该地兴建清真寺，作为宗教活动的中心。据此，欧太白·伊本·盖兹旺于637～638年在伊拉克巴士拉兴建了第一座营地清真寺；638～639年，赛尔德·伊本·艾比·瓦嘎斯在库法城兴建了清真寺；642年阿慕尔·本·阿斯在埃及弗斯塔特(开罗)兴建了非洲大陆第一座清真寺；670～675年欧格白·本·纳菲尔在突尼斯凯鲁万兴建了欧格白清真寺。从此，兴建清真寺被视为穆斯林神圣的宗教义务和信仰虔诚的体现，哪里有穆斯林，那里就建有清真寺。后历经伍麦叶王朝(661～750)和阿拔斯王朝(750～1258)，政府拨巨资修建规模宏伟和华丽壮观的寺院群体建筑，使清真寺遍布亚、非、欧各地。据历史学家伊本·拉斯塔统计，891年仅巴格达地区就有清真寺3万多座。12世纪中期到13世纪初期，埃及亚历山大城及周围地区有1万多座清真寺，致使阿拔斯王朝时期成为清真寺建筑的鼎盛时期。此后伊斯兰国家将兴建清真寺作为宗教制度和国策之一。

清真寺与穆斯林一生的生活息息相关，其职能表现在以下各方面：(1)宗教活动中心：每日“五时拜”，每周的聚礼，每年两次“会礼”，都到清真寺举行。宗教节日，如先知诞辰，都在清真寺庆祝。婴儿初生时命名和亡人的殡礼也要到寺内请阿訇主持举行。(2)宣教中心：自从先知穆罕默德在麦地那清真寺第一次“聚礼”时发表宣教演说后，清真寺就成为宣教的场所。此后在每周“聚礼”日和每年两次“会礼”中，通过“呼图白”(讲演)方式宣教成为定制。(3)宗教教育中心：在伍麦叶王朝时期，各地清真寺开始附设学校，教读《古兰经》。阿拔斯王朝时期，许多著名清真寺同时也是著名的同名大学所在地，如埃及的爱资哈尔大学，摩洛哥非斯的卡拉维因大学，突尼斯的栽突那大学等。(4)文化中心：清真寺多附设有图书馆，也附设有医疗机构。如也门萨那清真大寺图书馆是阿拉伯世界清真寺最大的图书馆之一。(5)处理穆斯林民事的中心：一般穆斯林间有关婚姻、遗产、商业等纠纷，都在清真寺内按教法规定解决或调处。(6)穆斯林联系交往的中心：平时忙于自身事务，礼拜时聚会一起，特别是每周的聚礼和每年的会礼时，共同礼拜，互致色兰，清真寺起到了凝聚和团结的作用。

历史上修建的清真寺种类较多，有：(1)圣寺，即先知穆罕默德时代有关的清真寺，如“三大圣寺”。(2)皇家清真寺：主要是以历代哈里发、素丹、埃米尔名义兴建的清真寺，如伍麦叶清真寺。(3)主麻清真寺，在伊朗较多。(4)加米清真寺：为地区中心寺，亦称“大寺”。(5)陵墓寺，附属于陵墓主体建筑的清真寺，如侯赛因清真寺。(6)一般清真寺。

早期清真寺的建筑简朴无华，如麦地那先知寺主要由围墙圈成院落供礼拜，房顶供唤拜，再设一简单讲台供宣教即可。其后随着穆斯林建筑艺术的发展，结构严整、雄伟壮丽和带有装饰艺术的建筑群相继出现。

清真寺的主体建筑是礼拜大殿，方向朝向麦加克尔白。大殿正面墙中心有凹壁（米哈拉布），左前方有阶梯形讲坛（敏白尔）。较大的清真寺还有宣礼塔。塔顶呈尖形，故称尖塔，系唤拜之用。一般清真寺有 1～4 个尖塔，土耳其伊斯坦布尔的素丹艾哈迈德清真寺有 6 塔，麦加圣寺有 9 塔。还有沐浴用的水房。在伍麦叶王朝哈里发瓦利德时期（705～715）出现了穹隆建筑，多数是由分行排列的方柱或圆柱支撑的一系列拱门，拱门又支撑着圆顶、拱顶。建筑物外表，敷以彩色或其他装潢。其后，清真寺建筑艺术形成四大流派和风格：(1)叙利亚—埃及派：主要以希腊、罗马和当地样式为范例。(2)伊拉克—波斯派：以萨珊式样、古代迦勒底式样和亚述式样为基础。(3)西班牙—北非派：即马格里布式样的马蹄形。(4)印度派：大多为圆顶形，有明显的印度建筑色彩。清真寺的管理在伊斯兰国家多由政府宗教基金部门领导，人员少，事务简单，教长不一定住寺，清真寺一般都有宗教公产（瓦克夫）和基金。

中国唐、宋、元时期，清真寺的建筑风格主要是阿拉伯式，全部用砖石砌筑，平面布局，外观造型和细部处理多呈阿拉伯伊斯兰风格。广州怀圣寺、泉州清净寺、杭州真教寺、扬州礼拜寺，是始建于唐宋时期的清真寺，向称中国四大古寺。元代清真寺的建筑规模和数量远远超过唐宋。仅元大都（今北京）就有清真寺 35 座。其外观造型基本上保留阿拉伯建筑形式，但已逐步吸收了中国传统建筑的布局和砖木结构体系，形成中、阿混合形制。北京牛街礼拜寺、西安化觉巷清真寺以及定州礼拜寺、松江清真寺等都是典型的中、阿合璧式建筑艺术形制。明清两代所建的清真寺，受中国传统建筑影响，形式变化很大，整体结构除礼拜大殿和邦克楼外，又增置讲经堂和沐浴室，总体结构多为传统的殿宇式，大殿结构复式化，由前卷棚、中大殿、后窑殿三部分组成，多为砖木混合结构。礼拜大殿内的窑殿墙，作成拱形卷筒式的“米哈拉布”，装饰精美华丽，有的后端封闭，有的安装两扇门。邦克楼大多采用砖木结构的亭台式建筑，很少尖塔式，有的置于大门之上，既是门楼又是邦克楼，颇具中国古典建筑艺术特色。20 世纪初，河南穆斯林首先创建女寺，其后河北保定、山西太原等地起而仿效，或单独建立，或附设于某一较大的寺内。新疆喀什的艾提卡尔清真寺与库尔勒市的礼拜寺，其建筑形式更多地保留了阿拉伯伊斯兰特色，多用木料、土坯、砖及琉璃砖砌成圆拱顶或平顶式建筑，采取敞殿堂与封闭殿堂结合。吐鲁番地区多为上下礼拜殿形制。西南地区清真寺的建筑，也有采用当地民族形式的，拉萨市河坝林清真寺，整体建筑结构和细部装饰为彩画，主殿及邦克楼外的石砌和色彩、线条、花式，完全采用当地藏式建筑艺术手法。云南西双版纳地区的回族清真寺，采用傣族的竹楼形式，别具一格。

清真寺是穆斯林群体的中心，唐、宋时期的“蕃坊”和明、清以来的“教坊”，都是以清真寺为中心，聚合周围村庄、街巷和居民点而形成的社区。每个清真寺在经济上、管理上自成一体，一般互不隶属。有的门宦在某一地区某个寺内派驻“热依斯”（即教主的教务代理人）行使管理，下辖若干寺坊；有的教派有“海乙寺”（即中心寺），下辖“稍麻”小寺，形成较大的教坊。撒拉族地区历史上实行总寺，形成教坊统辖制。唐、宋、元、明、清时期，有的大寺实行“卡迪”掌教制，明、清以来实行伊玛目掌教制，民国以来实行阿訇掌教制，在管理形式上设“学董会”，当代则设“民主管理委员会”，负责管理寺务、财务，聘请阿訇执掌教务。以清真寺为中心的教坊，把分散的穆斯林凝聚为自然的整体，成为一个坊的宗教、教育、经济、文化中心，凡有关该坊穆斯林的宗教生活、经济大事或教育、文化、民事纠纷、婚丧礼仪、欢庆节日等等，都离不开清真寺。清真寺在穆斯林心目中具有崇高、神圣的地位，成为伊斯兰文化的象征。清真寺的经济主要来自教民的捐赠及亡人遗嘱捐献的地产、房产作为宗教基金，用以支付阿訇、经生的生活费、日常寺务的开支和节日的用度。 （罗万寿）

《清真寺民主管理试行办法》 中国伊斯兰教协会制定的关于全国清真寺实行民主管理的暂行规定。《办法》体现了清真寺作为穆斯林群众举行宗教活动的场所，所应享的合法权益和应尽的义务与职责。共 7 章 30 条。第 1 章（1～4 条）为《总则》。规定清真寺是各族穆斯林举行宗教活动、讲经传教、培养宗教教职人员、办理教务的场所；清真寺及所属房产、归清真寺使用的地产和其他财产均属寺坊穆斯林群众集体所有和使用。第 2 章（5～8 条）关于清真寺的《管理机构》。确定“清真寺民主管理委员会”是寺坊穆斯林的群众组织，要遵守政府的法令和政策，安排好清真寺的宗教生活和教务活动；搞好民族团结和教派间的团结；引导和鼓励本寺坊穆斯林群众积极兴办清真寺自养的生产、服务和公益事业。第 3 章（9～15 条）为《阿訇（毛拉）的聘任与职责》。内容有：阿訇（毛拉）是寺坊穆斯林聘请的教务主持人，实行聘任制。其职责是：为本寺坊群众举行正常的宗教活动，办好教务；举办经堂教育，宣讲教义，发扬伊斯兰教的优良传统；宣传贯彻国家的民族、宗教政策，本着“各遵其是，各行各得，互相尊重，互不歧视”的原则求同存异。第 4 章（16～18 条）是关于《宗教功课和宗教活动的安排与管理》。内容有：清真寺的宗教活动主要是：礼拜、诵经、讲经、宣教、劝善、斋月功课以及宗教节日的庆典活动；应邀料理群众的婚丧等事宜。第 5 章（19～22 条）是关于清真寺的《社会活动和接待工作》。指出：清真寺可举行和参加各级伊斯兰教协会组织的维护世界和平、赈灾、慈善等公益事业和有益于社会道德风尚的其他活动；积极支持地方的经济建设和科学文化教育事业，积极配合和参加乡（镇）、街道政府组织的各项社会公益活动；要热情接待外国穆斯林来宾和观光旅游的港、澳、台同胞及海外侨胞。第 6 章（23～27 条）为《经堂教育和教学研究》。内容有:有条件的清真寺可根据中国伊斯兰教的优良历史文化传统,举办经堂教育,进行经学教学和研究,培养爱国爱教,具有相当宗教学识,又有一定政策、文化水平和道德素养的年轻阿訇(毛拉)。第7章(28～30条)为《清真寺自养事业和管理》。规定:清真寺要积极地开展自养事业,按照国家有关规定,搞好宗教经书、刊物、宗教用品和宗教工艺美术品的流通;要因地、因时制宜,举办手工业、商业、服务业,或农、林、牧、副业,或公益事业及以自养为目的的企业,以增加收入,逐步实现自养。该《办法》于1991年12月,在中国伊斯兰教协会第五届第二次常务委员会会议上经过充分讨论,一致通过并试行。

(马忠杰)

《清真醒世篇》 中国伊斯兰教通俗读物。为诗词体。编者不详,刊印者马廷树。1918年由宝懿堂刊印,流传较广。全文约6000字。据该书"弁言"和"书后"所述:为了阐发明善复初为归的天人性命大旨,刊印者曾两次翻印《天方典礼》一书,但"高文典册,不能家喻户晓,每欲博采古今法言荟萃成篇,鞅掌劳形,苦于鲜暇。兹经有道遗以远年钞本一卷,反复终篇,觉其勉人为善,一片婆心,昭然若揭"。因马廷树"嘉其明白显豁,易知易行",毅然"亟付梨枣",予以刊印,认为此举"不独有裨于世道人心,而其觉世之功,于《性》、《理》诸书并行不悖也,爰名之曰:《清真醒世篇》,所期同人受此书者,熟读深思,日迁于善。"全书正文包括22篇诗词、歌谣和短文,除已知"天方五更参悟词"(即五更月)作者为刘智外,其余诗文的作者均未署名。其中有一些歌谣,明显系群众集体创作并长期流传于民间。22篇诗文依次为:急早回头四字词(附诗)、莫要捱迟四字词(附诗)、无常来到四字词(附诗)、后悔便难四字词(附诗)、速修身守清真六字词、至圣序、列国词、三国词、僧石问答解、申公百字铭、醒世歌、西江月词、戒酒歌、邓公和讼批(附诗)、子张问答、清真格言、时人弊病二十条、处世四难、王岱舆盘道记、天方五更参悟词、年月日时刻论、清真辨一百篇(十不慎、十不期、十不人、十不祥、十可丑、十不悟、十可笑、十可叹、十可泣、十可诧)。据刊印者称:"盖以是书首以急早回头四字词为开宗明义第一章,所以勉人幡然为善之心情,见乎词。而廷树复引圣门问答之词,及释氏迷信轮回之说,并抉斯世富贵利达,与颠沛疾苦之所以致此之由",作成四篇新词附录于书后,即:孝悌忠信四字词(附诗)、礼义廉耻四字词(附诗)、富贵贫贱四字词(附诗)、鳏寡孤独四字词(附诗)。该书以浅近易晓精练隽永的诗词、歌谣、短文介绍伊斯兰教义,阐述行善止恶的宗教道德。

(余振贵)

清真学社 中国现代伊斯兰教民间文化团体。1917年由京师公立第一两等小学堂学生张德明等人发起组织,经京师警察厅批准立案后正式成立。其宗旨为"专在研究学术、阐明教理"。社址设在北京牛街礼拜寺。选社长1人,干事4人;设总部一处。据《社员规约》,其工作义务有:(1)对于教务之利弊,有以文字提倡之责,但不得攻击个人私德。(2)对于非回教人关于本教教理教务之误解及诋侮,有以文字驳正分辨之责,但不得涉及挑衅辞意。(3)对于同教人及非同教人宗教之疑问,有解释之责。(4)对于教理教法之争执,有引经据典以调解之责。一般每周集议一次,研讨学术,将研究所得公布于宗教界。无入社费,但社员有负担活动经费之义务,一切费用由社员平均负担。凡成年穆斯林,具有研究能力者,均可加入成为社员。1921年以后,因社员南北分散,社务乃陷停顿。该社为中国伊斯兰教现代史上早期学术团体之一,其主导思想和学风对以后的伊斯兰学术研究产生过一定的影响。

(冯今源)

清真言(al-Kalimah al-Ṭayyibah) 伊斯兰教义学用语。阿拉伯语"凯利迈·泰伊拜"的意译,即"美好的语言"。中国伊斯兰学者译为"清真言",刘智《天方典礼·谛言篇》称"谛言"。是对信仰的概括表述或表白。清真言是:"万物非主,惟有安拉,穆罕默德是主的使者"(Lā Ilāha Illallāhu Muḥammadun Rasūlullāhi)。《天方典礼·谛言篇》"清真第二章"谓:"清真言者,去其作证之迹,惟存一主宰也"。"我证第一章"谓:"盖真主者,先天地掌握万化而无形者也。圣人者,后天地代理万物而有形者也。无形者,无可名,即圣人而名之,斯可以明其不可明之理;有形者,始可法,即圣道而行之,乃可到其不可到之位。盖圣人,人也,即道也,即道之显象也。"穆斯林均经常诵念,尤其是面临艰险或在临终时,更是诵念不已。如自己不能诵念时由家人或请阿訇在耳旁代诵提示。穆斯林生育婴儿也请阿訇向婴儿诵念"清真言"并起经名。归信伊斯兰教者,必须首先朗诵"清真言"和"作证词"。

(达应庚)

清正寺 见定州礼拜寺。

《请褒表》 中国清初回族伊斯兰学者马注请求康熙皇帝表彰伊斯兰教,奖励教义著述的奏章。全文计934字,其内容可分3部分。第一部分介绍了伊斯兰教的历史、经典及先知穆罕默德"道集大成,功襄万世"的建树。第二部分概述唐代"圣裔始流中国",宋、元、明各朝以来"回回人氏遍于东土",伊斯兰教在各地传播,穆斯林文官武将受到皇朝册封的情况。第三部分叙述千余年来伊斯兰教"经籍煌煌,遍于寰宇,遗黎遗孙,供国正赋",请求皇帝"遴选清真实学,儒回兼通,缮经呈进,以立一家法言,垂教万世,救正天下人心"。主旨在于请求朝廷选派学者撰写经书,"直与东鲁圣学并济,寰宇洪名"。义正词严,有理有据。系唐代以来中国伊斯兰教学者直接上书封建统治者,请求选用学人著书立说，弘扬教义的力作。是《进经疏》的姊妹篇。

（罗万寿）

秋班德伊斯兰大学（Dyubande Islamic University） 印度伊斯兰高等学府。位于首都新德里以北约160公里的萨哈兰普尔省秋班德镇。该镇在历史上曾是南亚伊斯兰学术文化中心之一。大学前身系建于莫卧儿王朝时期的清真寺经学院。1864年扩建为秋班德经学之家和嘎西米亚大学，后因反对英国殖民主义的需要，于1880年统一定名为秋班德伊斯兰大学。该校系综合性宗教教育及科研的群体，包括有自小学到大学的一系列教学机构及伊斯兰学术研究和出版部门。该校千余年来，一直坚持民间办学方针。教学及研究活动涉及伊斯兰学术的各个领域，始终坚持逊尼派的思想观点，其教育及科研成果的影响远及中国、伊朗及非洲。近代以来，该校培养的本国及外国学生即达10000多人，其中5000多人获得大学本科文凭，1000多人著书立说，共完成著述2000余册。包括第一部用乌尔都语翻译注释《古兰经》。以伊玛目·瓦利·阿拉沙为首的秋班德的学者们用阿语撰写的学术著作，在伊斯兰世界具有一定影响。在伊斯兰教法、教史、苏菲主义、认主学等方面也有一批力作。秋班德大学每年平均招收新生约2000人。该校培养的学者在印度各地开办了许多不同形式和规模的经学院和阿拉伯语学校，总数达1500多所，数十万穆斯林子女在这些学校里接受宗教教育。在反对殖民主义及宗教迫害，维护印度穆斯林合法权益的斗争中，秋班德大学先后有近百名宗教领袖为之捐躯。该校的教法学者和穆夫提具有深厚的教法知识造诣，他们对现实生活中出现的种种新问题所做出的“法塔瓦”（Fatāwa，即教法决断），有文字记载的有10000余条。　（马智雄）

屈底波　见古太白·伊本·穆斯林。

取命天仙（Malak al-Mawt）　见阿兹拉伊勒。

《全史》　见《历史大全》。

全印尼穆斯林联盟（Indonesia Moslem League）　见印尼伊斯兰联盟。

全印伊斯兰联盟（India Islamic League）　见印度穆斯林联盟。

泉州艾苏哈卜寺（Masjid al-Aṣḥāb）　中国伊斯兰教古寺。又名“圣友寺”、“清净寺”，号称“麒麟寺”，为东南沿海地区四大名寺之一。位于福建省泉州市涂门街北侧。据寺门楼北墙重修该寺的阿拉伯文碑记载，该寺始建于伊斯兰历400年（1009～1010），名“艾苏哈卜寺”，意译为“圣友寺”；伊斯兰历710年（1310～1311），由伊朗设拉子城来泉州的艾哈迈德·本·穆罕默德·古德斯出资重修。此后，泉州穆斯林与地方士绅曾分别于1407、1507、1567、1609、1818、1919、1939各年多次集资修葺。中华人民共和国成立后，人民政府于1952、1962和1983年先后拨款重修。1961年该寺被列为全国重点文物保护单位。艾苏哈卜寺是中国现存最古老的由阿拉伯、波斯穆斯林建筑的颇具阿拉伯伊斯兰建筑风格的清真寺。该寺平面呈方形，占地约2500平方米。其主体建筑正门楼和礼拜大殿是元代重修的遗物。寺门朝南，门楼甬道由4道巨大的有雕刻图案的尖拱门组成，门楼顶部是望月台和祝圣亭。礼拜大殿呈长方形，四壁以花岗岩石砌成。其南墙亦是寺的围墙，向外敞开8个长方形窗；西墙中部呈方形凹入，为“米哈拉布”，砌饰巨大的尖弓宝盖状凹壁，雕刻有“三一体”阿拉伯文《古兰经》节文，两侧墙壁布满6个凹状石刻，凹壁之间洞开4扇大窗。1607年泉州大地震，该寺的宣礼塔、祝圣亭和大殿圆顶塌毁。明代李光缙作的《重修清净寺募缘疏》描述大殿建筑“叠叠重重，规制异人间之庙宇；昂昂哙哙，翚革仿天上之楼台”。所描绘的即为阿拉伯式的圆顶建筑，还描绘寺塔如“一柱千云，并紫帽峰而作对，七级凌日，参开元塔为三”。指明该寺有塔1座，其高度堪称泉州三大高层建筑之一（泉州开元寺双塔高度分别为48.24米和44.06米）。《泉州府志》记载：“隆庆丁卯木塔坏。”故16世纪时塔为木制。尔后重修的塔为5层建筑，于康熙二十六年（1687）毁于飓风。明万历年间曾在礼拜大殿北边建筑明善堂，大殿圆顶塌毁后，该堂遂成为礼拜之所。寺内现存有1507年的《重立清净寺碑》、1609年的《重修清净寺碑记》，以及明永乐五年（1407）的《敕谕》碑。泉州艾苏哈卜寺是研究中外伊斯兰建筑艺术交流史和泉州伊斯兰教历史的珍贵古迹。

（陈达生）

泉州艾苏哈卜寺阿拉伯文碑　中国最古老的清真寺阿拉伯文碑刻之一。位于福建省泉州市艾苏哈卜寺门楼北墙壁中。始建于11世纪初，14世纪初重修。碑由两条花岗岩石板雕琢而成，每条石板长535厘米、宽35厘米，浮雕两行“三一体”阿拉伯文。译文为：“此地人们的第一座礼拜寺，是这座受祝福的寺。它被称为最古老悠久的寺，公共聚礼之寺，号称艾苏哈卜寺（Masji dal-Aṣḥāb，译名‘圣友寺’）。它建于希吉来历400年（1009～1010）。300余年后，艾哈迈德·本·穆罕默德·古德斯，即著名的哈吉·鲁肯·设拉齐（al-Ḥājj Rukn al-Shirāzi）修复并更新了它，建筑了这座高耸的拱、高大的门廊、庄严的门和这个新的窗户，于希吉来历710年（1310～1311）竣工。重修者此举系为求得至高无上安拉的喜悦，愿安拉宽恕他和那些以穆罕默德及其家属的名义帮助过他的人。”碑文于1911年首先被瑞士学者白参（Mar Van Berchem）译成法文公布于世。这方阿拉伯文纪念碑是最古的寺史见证。也是中国有关清真寺历史记载最古的阿拉伯文碑刻之一。碑文中所涉及的地名、人名和建筑状况，对于研究泉州伊斯兰建筑艺术史和中外文化交流史具有重要意义。 （陈达生）

《泉州东坂葬蕃商记》 中国宋代居华穆斯林兴建公墓的记载。载于《拙斋文集》卷15，收入《四库全书》。作者林之奇（1112～1176），曾任泉州市舶司提举。他以自己亲身调查所了解的资料，记述了原籍伊朗施拉夫港、出生于泉州的穆斯林富商试那围生平乐善好施的行状，以及他响应蒲霞辛倡议，捐重资购地产在福建泉州东坂筑建穆斯林公墓的事迹，且具体描述了墓地广阔、墓穴众多、内筑栋宇、环建围墙的状貌。并着重指出墓地乃专为沟通中阿海上贸易而来华的穆斯林所筑造。说明早在12世纪中叶已有大批海外穆斯林在泉州进行贸易活动，其中不少人落籍定居，与当地人通婚融合，成为中国回族的先民。 （陈达生）

《泉州穆斯林古迹考》（Mémoire sur Les-antiquités musulmanes de T'siuan-Tcheou） 西方学者专论泉州伊斯兰古迹的研究报告。登载于河内法兰西学院的《通报》（Tóung-pao）1911年第2卷第12期。全文分为两部分：第一部分是当时驻泉州安海的西班牙神父阿奈兹（G. Arnaiz）论述的汉文和西文史籍中有关泉州伊斯兰教的记载。第二部分是瑞士学者白参（Max van Berchem）论证泉州艾苏哈卜寺和灵山圣墓的阿拉伯文碑及其建筑模式。白参认为现存的艾苏哈卜寺建筑属于14世纪流行于阿拉伯地区的清真寺模式，而并非中国的模式。白参对重修艾苏哈卜寺阿拉伯文碑（1310）和重修灵山圣墓阿拉伯文碑（1323）的翻译和考证，迄今仍是中外史学家所引以为证的权威论据，并被收录于《世界阿拉伯铭文集》（Répertoire chronologique d'épigraphiearabe）之中。

（陈达生）

泉州清净寺 中国伊斯兰教古寺。位于福建省泉州市。该寺名具有两个含义：①指南宋清净寺，据吴鉴1350年撰《清净寺记》，宋绍兴元年（1131）撒那威（伊朗西拉夫）富商纳只卜·穆兹喜鲁丁在泉州城南部创建该寺。元至正九年（1349）泉州伊斯兰教长布尔罕丁主持，金阿里捐资重修（参见《清净寺记》）。一些考证认为，该寺和元代泉州其他清真寺一样，已毁于元末的战乱之中。②指北宋泉州艾苏哈卜寺（参见该条）。元末明初，泉州港遭受严重破坏，泉州清真寺仅存艾苏哈卜寺1座。15世纪中叶，泉州穆斯林在恢复该寺时，赵荣立"清净寺"匾于寺额，明正德二年（1507）教长夏彦高募捐重刻吴鉴《清净寺记》碑，立于艾苏哈卜寺内，致使艾苏哈卜寺享有清净寺之名称和历史。而后的汉文文献相率引载，历代相传。20世纪以来，经过中外学者研究，特别是对艾苏哈卜寺保存的阿拉伯文纪念碑的考证，艾苏哈卜寺非清净寺的历史事实已昭然于世。但是，人们仍约定俗成地以清净寺之名称呼艾苏哈卜寺。 （陈达生）

泉州也门人建寺碑 阿拉伯穆斯林在中国建筑的清真寺纪念碑。1940年出土于福建省泉州涂门城基，现存厦门大学人类学博物馆。辉绿岩石琢成，长方形，高50.5厘米、宽96厘米、厚9厘米。双面浮雕阿拉伯文，正面刻库法体文："一切清真寺，都是真主的，故你们应当祈祷真主，不要祈祷任何物"（《古兰经》72∶18）。背面刻4行小楷文，译文为："虔诚、纯洁的长老，也门阿布扬人奈纳·乌姆尔·本·阿赫迈德·本·曼苏尔·本·乌姆尔建筑了这座吉祥的清真寺的大门和围墙。乞求真主恩赐他，宽恕他。"石碑的造型、雕刻内容以及伊斯兰国家清真寺的传统建筑方式，表明这是一座清真寺的门楣石刻。1352年和1368年泉州两度扩建城墙，以石筑基，此碑即由城基中掘出，故该碑所属寺的年代下限在元末。也门阿布扬在12～15世纪与亚丁同为阿拉伯半岛南部最繁荣的商业区，是沟通东方和非洲（萨丁岛）的重要港口，与中国海上交往密切，其名与亚丁并列，被称为"亚丁·阿布扬"。15世纪末，它逐渐被亚丁所取代，只遗留下方圆3公里左右的废墟，从中曾出土大批中国宋元时期的瓷器。该碑是也门穆斯林在泉州活动的历史见证，也是研究元代泉州伊斯兰清真寺建筑史的宝贵史料。

（陈达生）

泉州伊斯兰教石刻 中国宋元时期伊斯兰教碑刻和建筑文物。因存于今福建省泉州市而得名。泉州位于东南沿海的晋江下游，中世纪是驰名世界的对外贸易港口。当时数以万计的外国商人及各行各业人员来港侨居和定居，其中大部分是阿拉伯、波斯、中亚的穆斯林。他们与当地人和睦相处、联姻，为繁荣和发展泉州做出很大贡献。他们固守伊斯兰教的信仰和风俗习惯，在聚居区内建立礼拜寺，修建了公共墓地。汉文最早记载穆斯林在泉州的墓地者为林之奇（1112～1176）所撰的《泉州东坂葬蕃商记》；建礼拜寺的最早汉文记录见于1350年吴鉴撰《清净寺记》。其他记载穆斯林在该地活动的史料也颇多。近几十年来，地下大批伊斯兰教碑刻重新出土，一些学者如吴文良等曾大力搜集整理，现大部分珍藏于泉州海外交通史博物馆，少量收藏在厦门大学博物馆。这些伊斯兰教碑刻主要分为两大类：一是礼拜寺建筑石刻，二是墓葬建筑石刻。前者除了现存泉州通淮街的清净寺外，还有其他一些寺的凹壁石刻。后者又大致分为4种形式：墓碑、塔式石墓盖、祭坛式墓葬石刻和拱北式陵墓建筑门楣石刻。墓碑数量最多，分竖直长方形和横长方形两种形制，年代最早的是伊斯兰教历567年（1171）的侯赛因碑。这些墓葬石刻都雕刻着各种图案，除了云月图案、几何图案为伊斯兰教所特有以外，其他如花卉、枝叶等，与在当地发现的古基督教、印度教、佛教、摩尼教等石刻图案几乎完全一致。石刻的文字以阿拉伯文为主，部分为波斯文和突厥文，有的混杂着汉文、波斯文和阿拉伯文于同一碑中。碑文的年代以伊斯兰教历记载，个别碑用波斯文记录伊斯兰教历和中国的农历。石刻中阿拉伯文书法种类繁多，有古老的库法体、三一体（大楷）、小楷、草书、花体、波斯体以及方体等等。石墓一般用整石雕成，平面呈长方形，下设须弥座式基座，其上依层内收，呈阶梯形，常多达5层，最上层为尖拱状顶。其中最著名的是泉州东郊的“圣墓”，其旁有伊斯兰教历722年（1322）重修圣墓碑。这些碑刻大都收入了吴文良所撰的《泉州宗教石刻》一书中。

（马启成　丁　宏）

《泉州伊斯兰教石刻》　中国古代伊斯兰教碑铭考古专著。陈达生撰。1984年宁夏和福建人民出版社联合出版。该书以汉文撰写，并附阿拉伯文（部分波斯文）碑铭原文的转写，收有图版照片、绘图近300幅。并由陈恩明译成英文同书刊载。全书收集了截至1981年为止在福建泉州发现并收藏的伊斯兰碑刻211方，其中汉文10方，阿拉伯文（部分波斯文）168方，仅有图案雕刻的32方。该书的编撰者，对所收全部碑刻进行测量，记述了出土地点和造型特征等，并对铭文（阿拉伯文和波斯文）作了全文翻译和考释。编撰者认为：(1)这些碑刻大部分属于宋元时期的遗物。(2)居住在泉州的穆斯林主要来自伊朗、也门、沙特和中亚地区。(3)宋元时期居住在泉州的穆斯林，除部分人具有一定汉文化素养外，大部分人的文化、生活仍是阿拉伯式的。(4)泉州的伊斯兰碑刻主要分成清真寺碑刻（包括纪念碑、凹壁、门楣和装饰石刻）和墓葬碑刻（包含墓碑、墓盖石、挡垛石、坟头、顶石碑、拱北式墓亭、门楣石）两大类。(5)泉州出土的有关阿拉伯文纪念碑证实了吴鉴《清净寺记》关于元代泉州曾有六七座清真寺的记载。(6)有些考释印证了中外史籍关于宋代时期泉州海外贸易繁盛，大批穆斯林海商定居泉州的记载。该书还澄清了一些历史上的疑难问题，例如对泉州北宋艾苏哈卜寺和南宋清净寺兴建年代的考证，对艾哈迈德墓碑中波斯文“宰桐城”名称的发现等。该书是系统研究阿拉伯伊斯兰碑铭的著作，它提供的史料弥补了中外历史文献记载的不足，对研究世界伊斯兰传播史和中西交通史具有重要参考价值。　（陈达生）

《泉州伊斯兰教研究论文选》　中国区域性伊斯兰教研究论文汇编。福建泉州海外交通史博物馆、泉州历史研究会合编，福建人民出版社1983年出版。该书汇集了20世纪20年代以来中国学者对泉州伊斯兰教史研究的文章28篇，其中1979年以后发表的19篇，反映了近年来泉州伊斯兰史学研究发展的趋势。文章内容涉及“宰桐城”名称、伊斯兰教初传泉州及灵山圣墓年代、清真寺建筑艺术史、穆斯林墓地、阿拉伯文碑铭、穆斯林政治人物、穆斯林后裔迁徙、族谱和风俗习惯等各方面。如马坚的《齐暾、橄榄、刺桐与泉州城》（1963）和努尔的《泉州艾哈玛德墓碑兼“宰桐”名称小考》（1982），分别论述了泉州名称及其形成由来；张星烺的《泉州访古记》（1928）和陈达生的《泉州灵山圣墓年代初探》（1982），对《闽书》关于伊斯兰教于唐武德（618～626）中传入泉州的说法提出质疑。此外，还有通过对穆斯林后裔家族实地调查与族谱研究相结合而写成的调查报告。《泉州伊斯兰教研究论文选》反映了国内对泉州伊斯兰教史的研究水平和现状，为各方面的研究者提供了比较丰富的资料。　（陈达生）

《群书汇辑释疑》　中国明代编写的伊斯兰教汉文文献资料汇集。回族学者詹应鹏辑。成书于明崇祯九年（1636）。汇辑了当时群书中有关伊斯兰教及阿拉伯诸国的地域、物产、宗教、圣地、寺院、风土人情、气候等记载。全书已佚，仅有跋文被刘智收入《天方至圣实录》卷20。在《跋》中，辑者从伊斯兰教义观点出发，对汉文文献中关于伊斯兰教记载的不确之词加以订正，申明伊斯兰教事真主而非事天，《古兰经》乃真主之言，只降示给穆罕默德，而非穆罕默德本人之言；提出“教贵得其原，事主而无所歧则得其原，而不至入于迷；教贵得其全，事主以尽其伦则出乎尘，而更不流于虚。”强调伊斯兰教“真于事主而不歧也，尤真于事主而无像；真于世守之不敢易也，尤真于传自人祖而得其原；真于主示之经可据也，尤真于事主以及尽伦之得其全。”指出了以前方志中所谓伊斯兰教“专以事天为本”的错误认识。作者以儒家理论解释伊斯兰教，调和程朱理学与伊斯兰教义，反映了他对伊斯兰教的理解和认识，对后来汉文经籍译著活动的“以儒诠经”有一定影响。

（冯今源）

R

绕行(Ṭawāf) 伊斯兰教朝觐功课仪式之一。亦称“巡游天房”。阿拉伯语“塔瓦夫”的意译,即指绕行天房克尔白。教法经《伟戛业》规定,朝觐者受戒入朝后进入麦加禁寺,由黑石(即玄石)处起,按逆时针方向绕克尔白环行7周(先疾行3周,后缓行4周),边绕行,边诵祷词,每经过黑石,如能接近可吻之,或以手抚之,无法接近时可抬手或目注,以示敬意。绕行克尔白七周乃为先知穆罕默德在632年辞别朝觐时之圣行,故成为朝觐功课的主要仪式。刘智《天方典礼》云:“大化元功,七日告成。天机迭运,七日来复”。绕行克尔白时要念诵特定的祷词,每绕一周诵祷词一段,每段主要内容是:(1)“我笃信您的经典;我坚守您的誓约;我恪遵您的先知、您的钦差穆罕默德的正道”。(2)“这里便是求您护佑免遭火刑者站立的地方,求您使我们的肉体免遭火狱之灾”。(3)“恳求您保佑我避免疑惑、迷信、争议和虚伪;避免品性卑贱和仪态丑陋;避免钱财、家眷和子女之不测情况的发生”。(4)“求您使我的这次巡游成为一次虔诚的朝觐”,“诚祈您使我从黑暗走向光明”。(5)“求您使我的言行及善功更临近天园及其幸福”。(6)“对您应尽而未尽到的义务,求您宽恕我的过错;对您所造化的万物应尽而未尽到的义务,求您宽宥我的过失”。(7)“恳求您赐予我完美的信德、坚定的信心、丰足的衣禄、谦逊的心灵、明智的言辞、合法而佳美的食物及其真诚的悔悟”。绕行结束后,应在古先知“易卜拉欣站立处”礼两拜,即往附近的赛法和麦尔卧两丘之间奔走。参见朝觐。 (达应庚)

热西丁和卓 见拉希丁和卓。

热依斯(Ra'is) 中国伊斯兰教教职称谓。阿拉伯语音译,原意为“主席”、“首领”。哲赫林耶等门宦实行的一种教坊组织管理制度。它是门宦教主派往某一地区的教务代理人,指导宗教活动,委派阿訇,管辖若干寺坊。今已不复存在。 (罗万寿)

《人道》 中国伊斯兰教新闻月刊。1936年6月创刊于上海。主编阿尧。社址在蒲柏路380号。该刊以广泛报导伊斯兰教方面的新闻、消息为任务,以广大穆斯林为发行对象,故被称为“新闻化”的穆斯林月刊。其发刊词所述的宗旨是:联系全国穆斯林教众,不分教派和地域,凡有关宗教的消息和通讯均予发表;报导各伊斯兰国家的形势、动态和宗教、文化、教育等方面的情况。该刊也曾登载有马坚《中国回教概观》、纳忠译作《西方学者与古兰经》、金祖同《读伊斯兰书志》等重要学术论著及一些介绍科学常识的文章。其封面及内页刊登有国内外清真寺照片及穆斯林新闻图片。固定专栏有海外教闻、国外新闻、国内新闻、上海新闻等。该刊以消息灵通、文字浅显、印刷精美、图文并茂著称,是当时具有一定影响的宗教刊物之一。(余振贵)

人丁税 见吉兹耶。

人极 中国伊斯兰教哲学概念。指真主所造化的人的身体、人体的自然属性与灵慧。首见于刘智《天方性理・人极》:“极之谓言至也。谓人之所以为人之妙至极而无以复加也”。“妙”即人的规定性。刘智把它分为:(1)“妙之具”,即人的五官、躯干、心、智、性、德与感觉、触觉、嗅觉等人体构造部分。(2)“极乎其妙”,即“真光”,无形无象的形而上者,它可以使“妙之具总成其为无所不妙”,即能够从总体上发挥人之为人的作用,以达到“人极大全”。刘智所说的“真光”系指真主创造的大能,他在“人极大全图”中用7个同心圆圈相套来说明这种关系,外围6个圆圈指五官、身形、五觉、心、智、性、德,中心圈则为“真光”,居于中心主宰地位。同时他用煤油灯的内部和外部构造来作比喻,说:“人若灯具,真光其火,不获其光,徒为人具。人极大全,无美不备,既美其形,复美其妙。”与宋代理学家周敦颐《太极图说》“圣人定之以中正仁义而主静,立人极焉。”相仿佛。但刘智以“真光”取代“圣人”,突出了伊斯兰教的信仰学说。 (罗万寿)

《人类的馨香》(Nafḥāt al-Ens) 伊斯兰教苏非派贤哲传记。波斯文原名为《纳法哈特・因斯》。该书将苏非派贤哲誉为在道乘修持上达到高品位而散发出清香的人。约成书于15世纪后期。作者谢赫·贾米(1414～1492),呼罗珊人,著名苏非派学者和诗人。该书以卡迪里教团组织的发展为线索,以散文传记体记述了616位苏非派著名贤哲和寻道者的生平事迹、思想观点和作者的评价。资料丰富,文笔流畅,是研究卡迪里教团历史和宗教思想的重要资料。被中国新疆苏非派学者誉为传入中国的四部重要苏非派经典之一,与《玛斯纳维》、《麦克图巴特》、《拉沙哈特》齐名,是苏非派学者必读之书。毛拉穆萨·赛拉米在其重要历史著作《伊米德史》第二部中曾大段引述了该书的内容。在中亚和中国新疆流传较广的版本为1915年塔什干版。(谭吴铁)

人主合一论(Wiṣāl al-Ḥaqq) 伊斯兰教苏非神秘主义教义之一。系以苏非神秘主义的宇宙观、认识论为基础,由苏非学者提出的关于苏非精神修炼的一种系统的理论和方法。"人主合一",指功修者个人在精神上与安拉合一;为苏非功修的最终目标。其理论依据源自伊斯兰教安拉的启示。《古兰经》指出:信士要像安拉创造时那样"返本还原"(7∶29),"确信必定见主,必定归主"(2∶46),为此必须为自己而洗涤身心,以便回归唯一的安拉(35∶18)。经典中所言"还原"、"归主"、"见主",经后世苏非学者不断诠释、扩展、充实,形成各种不同的功修途径、方式,成为苏非信仰者体认安拉、与主合一和最终回归安拉的根据和指导原则。苏非派认为,个人与安拉合一,首先必须在苏非导师的指导下进行严格的功修,不断排除物欲、杂念,净化心灵,逐渐达到在心灵、心智、情感上与安拉交融,最终将自我、自我意识消溶于安拉之中。功修被解释为以"安拉之光"来启迪功修者心灵的过程,可通过静默沉思、意念集中、自我催眠、入迷入神、赞念安拉(迪克尔)、音乐歌舞等方式实现,不同苏非道统和苏非教团各有侧重,功修历程不尽一致。苏非文献中曾就"人主合一"时的情状、感受作过许多描述。中世纪和近现代一些著名的神秘主义诗人,如哲拉鲁丁·鲁米(1207～1273)、哈菲兹(1320～1389)、萨迪(1203～1292)、伊克巴尔(1876～1938)等,也都曾以此为主题进行创作,留有著名的诗篇,至今仍为人们称道。"人主合一"的情状,一般是指功修者在心灵或精神上犹如安拉潜入自我的一种人主不分的感受,即"知以主知,见以主见,言以主言"。苏非派以功修者的品级不同,将"人主合一"分为3个层次:(1)一般功修者的合一。须在导师的秘传和指导下,经过个人的勤奋功修方可达到这一常人莫及的境界。据说为一种短暂的、时断时续的合一。(2)苏非圣徒的合一。圣徒因深知合一的奥秘,常被尊为"精神导师"。其合一之感持续时间更长,但仍有时限。在合一的情状下,有人主相通之感,而在常态下则不可自比真主。(3)先知的合一。因先知品级最高,人格最完美,其合一为先天之合,故为永恒的合一。此外,有些苏非学者还把合一的情境细分为3个渐进的不同阶段,每一阶段感受不同。据中国清代穆斯林学者马复初云:第一阶段为"我与主共",只见有我,不见有主,是为"万中见一",称之为"渐超而入";第二阶段为"主与我共",只见有主,不见有我,为"一中见万",称之为"顿超而有";第三阶段为既不见我,也不见主,实为回归原初境界,称之为"天人合一"。"人主合一论"在历史上曾遭到逊尼派的谴责,但仍有广泛影响。(吴云贵)

认一派 见穆尔太齐赖派。

认主独一兄弟会(Ikhwān al-Tawḥid) 伊斯兰教瓦哈比派的宗教社团组织。阿拉伯语"伊赫万·陶希德"的意译。1910年,由阿卜杜勒·阿齐兹·伊本·沙特(约1880～1953)在阿拉伯半岛的纳季德所创建。20世纪初,伊本·沙特成为沙特家族首领,他从科威特重返利雅得,集结旧部重新占领纳季德地区,瓦哈比教派随之复兴。为了巩固已取得的政权,扩大领地,建立统一民族国家,以瓦哈比派教义为思想旗帜,建立该宗教组织,欲借此消除半岛部落各自为政的分裂状态,以共同的宗教信仰为纽带把各部落结成一体。伊本·沙特下令由宗教学者组成宣教组织,并责成瓦哈比派著名教义学家伊本·阿卜杜·拉蒂夫为首,根据罕百里法学派的学说和瓦哈卜的著作,编写通俗的宗教经籍,告诫穆斯林根除多神崇拜的礼俗和"异端邪说",严格遵从《古兰经》和圣训,虔诚信仰独一无二的安拉,谨守教规,履行宗教功课。还派宣教师奔赴各地,宣讲瓦哈比派信条,劝告氏族部落首领和成员加入兄弟会,并晓谕他们:阿拉伯半岛正面临土耳其人和欧洲异教徒的威胁,要求各部落停止自相残杀,共同对敌。为进一步消除氏族部落的分裂状态,制服一些贝都因部落的叛乱,1912年伊本·沙特又下令建立了"伊赫万"的农垦区"希吉来"(即迁徙),即要贝都因人从游牧的沙漠地带迁徙到垦殖区定居,从事农业。后"希吉来"定居区发展成宗教、政治、经济、军事的综合体。"希吉来"区由"伊赫万"统一领导。最初的"希吉来"设在阿尔塔维亚,1939年发展到140多个,遍及纳季德和希贾兹的农业区。各"希吉来"区的居民点,由3种人组成:毛拉、商人、农民或牧民,由"伊赫万"派出的毛拉担任宗教和行政首领,管理"希吉来"区的宗教、司法和宣教,并建有清真寺。各"希吉来"区按人数编成军事分队,自备武器装备,进行军事训练,平时各司其职,战时应召出征。(杨克礼)

日本穆斯林协会(Jam'iyyah Muslimi al-Yābān) 日本穆斯林民间团体。1953年由日本知名人士萨迪格·今泉、阿卜杜勒·穆尼尔·渡边等发起成立,会址设在东京。该会较日本其他伊斯兰组织成立早,在社会上有一定影响。其宗旨是在日本宣传和发展伊斯兰教，培养穆斯林人才，办理宗教事务。该会成立后有较大发展，日本著名穆斯林人士阿卜杜勒·凯里姆·斋藤积平、欧麦尔·五百旗头阳二郎和艾布·伯克尔·森本武夫等均系该会成员，有正式会员300人，非正式会员约2000人。该会自60年代起，曾多次向阿拉伯国家派遣留学生，培养伊斯兰学者和宣教人员；70年代初，集中力量出版了三田了一日译本《古兰经》，并于80年代初修订再版；还出版会刊《伊斯兰教》(al-lslām)。该会在山梨县盐山市郊外拥有一块墓地，唯穆斯林被允准不经火葬而在此土葬。该会历任会长为：萨迪格·今泉、欧麦尔·三田了一、森本武夫、五百旗头阳二郎等。（张恩涛）

日本伊斯兰教　据日本史学家考证，在古代曾有少数外国穆斯林商人在日经商，宣传伊斯兰教，日久定居下来。但因神道、佛教思想深入人心，当地信奉伊斯兰教者甚少，在社会上亦无影响。伊斯兰教真正传入日本，始于20世纪初叶。明治时期，随着对外“开国”政策的施行，日本在与西方频繁接触的同时，也与各阿拉伯、伊斯兰国家发展关系，进行往来。一些前往经商、旅游和学习的日本民间人士，看到穆斯林独特的生活方式后便开始对伊斯兰教及其经典、思想、制度等进行研究，在国内发表文章予以介绍，并从理论上进行探讨。与此同时，部分旅居阿拉伯、印度和土耳其等国的日本青年知识分子，因与当地穆斯林交往甚密而信奉了伊斯兰教，他们归国后实行伊斯兰生活方式，著文介绍伊斯兰教义、教法和教规知识，这些人遂成为较早期的日本穆斯林。其中最著名者当推贺文八郎，教名艾哈迈德(1868～1946)、山冈光太郎，教名哈吉·欧麦尔(1880～1959)、山田寅次郎，教名阿卜杜·拉赫曼(1866～1957)、田中逸平(1883～1933)等人士。山冈光太郎曾遍游中亚、阿拉伯国家，著有《阿拉伯国家漫游记》等书。田中逸平长期旅居中国，与中国回族穆斯林颇多交往，于1924年在济南市一清真寺归信伊斯兰教，后赴麦加朝觐。30年代，在日本学术界和政界曾出现研究伊斯兰教的热潮：1932年有17名学者发起成立了“伊斯兰教文化研究所”，出版《伊斯兰文化》杂志，1937年另有部分学者成立了“回教圈研究所”，出版了《回教圈》月刊；1938年一些政界人士成立了“大日本回教协会”，出版《回教世界》月刊；1940年部分穆斯林成立了“东京伊斯兰教团”。

伊斯兰教在日本有较大进展的主要原因是：(1)第二次世界大战期间日本派往有关国家军队中的官员由于同各该国家的穆斯林长期接触、交往而信教，他们归国后对发展伊斯兰教起了促进作用。如“日本穆斯林协会”前会长五百旗头阳二郎原为军官，战争期间被派往马来亚(今马来西亚)；《古兰经》翻译家、学者欧麦尔·三田了一，在中国期间受到回族穆斯林的宗教影响很深；日本关西穆斯林领导人小村不二男，是在二次大战期间被派往中国西北地区后改信伊斯兰教的。这些人士为进一步推动伊斯兰教的传播、发展，于1953年在东京成立了“日本穆斯林协会”，办理宗教事务，举办宗教活动。该会从60年代起先后向埃及爱资哈尔大学、沙特阿拉伯伊斯兰大学和利比亚伊斯兰宣教学院派遣留学生，学习伊斯兰教义和阿拉伯语，其中不少人回国后在学术机构和伊斯兰团体任职。(2)1973年的“石油危机”使日本经济受到沉重打击后，日本政界、财界进一步认识到加强同伊斯兰世界交往的重要性。学术界对伊斯兰教的研究也得到加强，报刊、电视更加频繁地介绍伊斯兰各国的宗教、文化传统和政治、历史状况，因而也使不少日本人了解到伊斯兰教的历史和现状。在上述背景下，寻求“能源出路”问题十分迫切，日本穆斯林人数也相应增多，遂从1974年起在东京相继成立了：日本伊斯兰中心、日本伊斯兰教团、伊斯兰文化协会、日本伊斯兰友好联盟、日本伊斯兰正导会、日本伊斯兰妇女会。其他各地的团体和组织有：横滨“伊斯兰教育情报中心”、京都“日本伊斯兰友爱协会”、大阪“回教寺院”、德岛市“伊斯兰教育中心”、“北海道伊斯兰文化中心”、“仙台伊斯兰文化中心”等。他们定期或不定期举办各种活动。后经各团体和组织协商，各派代表1人共同组成联合性机构——日本伊斯兰团体协议会。推选阿卜杜勒·凯里姆·斋藤积平为主席，每月开会一次，以加强各团体间的联系与合作，从而使伊斯兰教在日本得到了传播和发展。

日本穆斯林约有6万多人，分属于上述各团体和组织，其中大部分人是入教不久的穆斯林，社会面较广，有家庭主妇、大学生、教授、律师、医生、平民，以及自民党国会议员等。他们中能按照伊斯兰教法履行宗教生活者只有数百人。日本清真寺的建设始于1905年。当时，在日俄战争中被俘的俄国士兵中，有数百名塔塔尔等民族的穆斯林被集中在大阪附近的泉大津市郊，在一年多时间内，他们修建了一座简易礼拜处，此即建寺之始。1935年，旅居神户的印度穆斯林商人曾在该市建有一座清真寺至今仍在使用。1938年，以库尔班·阿里为领袖的土耳其侨民在当时日本政界及财界有关人士的支持下，在东京兴建了一座具有阿拉伯建筑风格的清真寺，中国、印度等亚洲国家的伊斯兰教界代表曾出席落成典礼，现已被拆，拟另建新寺。同年，在名古屋的土耳其侨民也兴建了一座清真寺，1945年毁于空袭。1977年，日本关西穆斯林在大阪成立了清真寺及其管理委员会，伊玛目为小村不二男。

20世纪20年代初，日本研究伊斯兰教的学者即已开始用日语翻译、出版《古兰经》。日译《古兰经》有以下4种：(1)由英译本节译，有1920年出版的坂本宪一的译本和1938年出版的高桥五郎等3人的译本。(2)由英译本全译，有1950年出版的大川周明本。(3)由阿拉伯语直接全译，首推1957年出版的庆应大学教授、伊斯兰研究专家井筒俊彦的译本，该译本发行量高，对日本伊斯兰学术研究影响很大；其次为1970年出版的大阪外国语大学阿拉伯语教授池田修等人的合译本。(4)日本穆斯林学者翻译的《古兰经》有1972年出版的欧麦尔·三田了一的日译本，译者为译好此经曾赴麦加学习了3年，先后受教于数位名学者。该译本除以阿拉伯文原典及其有关注释本为蓝本外，还参考了汉译本和英译本，1981年经由一批精通阿拉伯语的日本穆斯林青年校订，1982年由日本穆斯林协会再版发行。此外，日本伊斯兰教团理事、著名律师安倍治夫于1983年翻译、出版的韵文节译本，包括37个短章，在日本也较有名。（张恩涛）

日本伊斯兰教团(Jam'iyyah al-Mu'tamar al-Islāmi fi al-Yābān) 20世纪70年代日本的伊斯兰教民间团体。又译"日本伊斯兰大会"。为日本著名医生哈吉·二木秀雄(Shawgi Futaki)等于1974年12月在东京发起成立，翌年9月获日本政府正式承认。该教团是在1973年的"能源危机"使日本经济受挫后的形势下出现的。当时日本需要能源，而部分阿拉伯产油国家需要日本先进技术，因此它成立后即在国内外广泛开展活动，并宣称是日本全国性的伊斯兰团体，目的在于发动和领导"日本新的伊斯兰运动"，因而引起一些伊斯兰国家和国际伊斯兰组织的关注。该组织发展迅速。现有信教人员约5万人，大都不严格实行伊斯兰教律。由二木秀雄任"总裁"，他和自己周围的几名骨干(均系医生)于1974年信教后即组建该教团。二木秀雄主张：发展教徒，既要坚持原则，又需要有灵活性，即允许信教后仍可保留原有生活习惯，对于清真寺，"不仅要办成宗教的中心，而且也要办成驱除黑暗，教人礼仪，发扬优良传统的中心"。该教团的宗旨是：在日本广泛开展伊斯兰教的传教活动，与日本佛教、天主教和基督教竞相发展，争取在"安拉至大，穆斯林人数达到500万"的口号下发展伊斯兰教，以便解决日本社会问题以及石油、经济、道德危机等问题；同各伊斯兰国家和各国穆斯林建立友好往来和联系；在联合国人权宣言和国际法的基础上支持阿拉伯伊斯兰国家和巴勒斯坦人民的正义事业。该教团对内工作任务是：出版伊斯兰书籍和英文《周报》(Pana)；组织《古兰经》学习会和其他报告会；开办阿拉伯语免费学习班；建立伊斯兰诊疗所，凡宣布信教者可减免医药费就诊治疗；派遣青年到沙特阿拉伯学习教义和阿拉伯语言。它的对外活动曾一度频繁活跃，先后同沙特阿拉伯、约旦、巴基斯坦、印度尼西亚、马来西亚、斯里兰卡、新加坡、伊朗、中国、塞浦路斯、塞内加尔等国宗教组织联系，进行访问，参加宗教学术讨论会和有关庆祝活动；积极同伊斯兰世界联盟、世界穆斯林大会、东南亚及太平洋伊斯兰理事会等国际和地区性的宗教组织建立联系，进行交往；同巴基斯坦、印度尼西亚、马来西亚、沙特阿拉伯和土耳其等国穆斯林共同建立了亚洲伊斯兰最高理事会，二木秀雄为该会6名理事之一。1981年6月，世界穆斯林大会与该教团联合在东京召开了以"伊斯兰教与世界新秩序"为中心议题的国际伊斯兰讨论会，有37个国家(包括中国)和地区的100多名代表和观察员出席。会议提出：伊斯兰经济制度的特点与优点，是以人类的互助友爱为基础，以发展社会财富为目标，实现超民族、超国家利益的福利社会。会议产生了《东京宣言》。（马忠杰）

日本伊斯兰中心(al-Markaz al-Islāmi fi al-Yābān) 日本伊斯兰教团体。1974年由日本穆斯林和在日的中国、沙特阿拉伯、埃及、苏丹、巴基斯坦等国穆斯林联合发起成立。总部设于东京，下设办公室、宣教部、出版部和阿拉伯语教研室等机构，并在北海道、仙台和四国等地设有分部。现有会员40多人，大多为该团体的创建者。因中心拥有价值数百万美元的动产及不动产归全体会员所有，故一般不吸收新会员，但在宣传伊斯兰教、接纳新教徒方面则不保守。目前它所联系的大学、文化机构和其他方面的各界人士(包括部分非穆斯林朋友)约在万人以上，为日本10多个伊斯兰组织中最活跃者。历任主席是：斋藤积平、小村不二男、张公旺(华侨)，现任主席木场公男。该团体的宗旨和任务是：在日本宣传伊斯兰思想和文化，举办各项教务活动，出版、发行《和平》季刊和各类伊斯兰知识丛书，促进日本穆斯林同伊斯兰世界的联系和交往等。每年召开会员大会一次，研讨工作，选举会长和理事。遇有重大事项，临时召开会员大会讨论解决。其经费来源主要依靠各伊斯兰国家尤其是沙特阿拉伯的资助。（张恩涛）

日内瓦伊斯兰文化社(al-Mu'assasah al-Thaqafiyyah al-Islāmiyyah bi Janif) 瑞士穆斯林的宗教文化、教育组织。1985年由沙特国王费萨尔资助，在日内瓦国际会议大厦附近购地建成。其宗旨是研究、介绍伊斯兰文化，培养穆斯林人才。该社包括以下机构和设施：(1)清真寺，底层大殿可容500人礼拜，上层为女寺，可容纳300人礼拜。(2)阿拉伯语学校，供穆斯林青年学习阿语、《古兰经》及宗教知识，现有7个班级。(3)图书馆，藏有阿拉伯文图书2万多册，另有不少英语和法语的宗教书籍。(4)语言教学室，装有先进的语音设备及可观的视听资料和声光器材。经常开办语言培训班。(5)伊斯兰文物馆，陈列有伊斯兰历史文物和阿拉伯手工艺品等。(6)会议演讲厅，经常举办宗教学术研讨会等活动。(7)办公室及接待厅，管理内部事务及对外联系，接待经常性的来访参观活动。(8)广播台，为日内瓦3个民间广播机构之一，有数个周波，自制节目，每天播音。播放的节目有《古兰经》朗诵、聚礼日讲演、伊斯兰世界新闻、伊斯兰文化遗产评述等。(9)出版社，编辑出版伊斯兰经籍和普及性的宗教知识小册子。该社每年还组织朝觐活动，参加者400～500人。（马智雄）

柔佛素丹国(Salṭanah Johore) 16世纪初马

来半岛建立的第二个伊斯兰封建国家。亦译“柔佛王国”,旧称“胡戎国”(Hujong Tanah)。1511年,葡萄牙殖民者出兵占领马六甲素丹国首都马六甲,素丹马哈迈德·沙(? ～1528)率领军民,迁移至马来半岛南部的柔佛地区,继续抗击葡萄牙人的入侵。建都于宾坦岛。疆土还包括新加坡岛和廖内群岛。1526年,宾坦岛为葡萄牙人占领。1258年,阿拉·乌德丁继承素丹位,建新都旧柔佛,正式建立柔佛素丹国,继续抵抗葡萄牙人。他重振朝纲,完善行政制度,扩建军队,发展农业和商业,国力增强。1587年,葡萄牙人攻占旧柔佛,迁都于巴都沙哇。17世纪初叶,荷兰、英国殖民者相继入侵。1699年,素丹穆罕默德·沙被人暗杀,其马六甲王统中断。柔佛政权落入首相之手,由阿卜杜·阇利·黎耶沙(1699～1719在位)执政。18世纪,柔佛一部分领土先后被锡克人、武吉斯人和暹罗所控制,至1795年其领土只剩彭亨、柔佛、新加坡和廖内群岛。1824年,把新加坡正式割让给英国。1914年,柔佛沦为英国的保护国,其行政、司法、财政为英国殖民当局所控制。柔佛王室信奉伊斯兰教逊尼派教义,实行伊斯兰教法和世俗法相结合的制度,对国内信奉印度教、佛教和基督教的臣民予以保护。行政上在素丹之下设首相和大臣,分管国务。军队由素丹统领。各地由封建领主及大商人担任行政长官,具有独立性。由于西方殖民主义的入侵,国家从未统一。

(杨克礼)

肉孜(Rooze) 见斋戒。

肉孜节(Ruzi) 见开斋节。

入朝(Dukhūl al-Ḥajj) 伊斯兰教朝觐功课仪式之一。阿拉伯语意译。于伊斯兰教历12月7日晚或8日晨进入朝觐期,朝觐者前往阿拉法特山脚下留驻,开始履行朝觐的各项功课,故称“入朝”。参见朝觐。

(达应庚)

瑞士伊斯兰教 瑞士联邦位于欧洲中部。面积41293.1平方公里。人口662万人(1988)。居民中瑞士人占85.8%,外籍人占14.2%。德、法、意语为官方语言。首都伯尔尼。居民47.6%信奉天主教,44.3%信奉基督教新教。穆斯林人口约10万,分布在日内瓦、洛桑、伯尔尼、苏黎世、圣加仑、巴塞尔等地,主要来自土耳其、阿尔巴尼亚、南斯拉夫、摩洛哥等国。8世纪,一些移居到蒙特勒地区的穆斯林将伊斯兰教传入瑞士,但几无活动。二次世界大战后,瑞士实行自由经济政策,吸引了大批外籍穆斯林劳工入境。同时,在瑞士的国际组织中担任要职的穆斯林人士与其家属以及其他阿拉伯国家的科技人员和富商的定居,使穆斯林人数大增。日内瓦等地建有小型伊斯兰中心与经文学校,每年有少数人赴麦加朝觐,阿拉伯语、法语、德语《古兰经》译本和其他伊斯兰书刊随处可见。在日内瓦还出版发行《穆斯林们》杂志。20世纪70年代中期以来,随着世界伊斯兰复兴运动的高涨,瑞士受到伊斯兰世界的重视。瑞士政府也因本国经济对中东石油的依赖并为加强其“中立国”的形象,调整了对伊斯兰教的政策。由此,瑞士穆斯林的状况大为改观,主要体现在:(1)宗教对话活跃。1977年在日内瓦成立了对话性学术研究组织“伊斯兰与西方协会”。70年代末起,伊斯兰世界联盟、世界伊斯兰大会领导人多次在日内瓦与世界基督教协进会首脑晤谈,共同组织各种形式的宗教对话活动。(2)伊斯兰建制增多。70年代末以来,在沙特阿拉伯的巨额资助下,日内瓦建起了瑞士首座大型综合性伊斯兰文化中心,伯尔尼、卢塞恩等地也建起了伊斯兰组织“日内瓦伊斯兰基金会”(1975年成立),与西欧各国穆斯林、伊斯兰世界联盟、世界穆斯林大会联系密切。

(黄陵渝)

S

撒旦　见晒衣陀乃。

《撒旦诗篇》事件（Āyāt Shayṭāniyyah）　1989年初英国籍印度人萨曼·拉什迪创作的小说《撒旦诗篇》所引起的国际政治风波。拉什迪1947年6月生于印度孟买一富有的穆斯林家庭，从小不信教，被其父视为伊斯兰教的“逆子”。13岁移居英国。1968年毕业于英国剑桥大学历史系，曾对伊斯兰教史以西方基督教偏狭观点进行解释。1987年用英文写成幻想小说《撒旦诗篇》，它通过一位电影演员的梦幻来叙述伊斯兰教的形成过程。该书于1988年9月由英国企鹅书局推出后十分畅销，并获当年怀特布拉德小说奖的提名。全世界伊斯兰国家和广大穆斯林谴责该书污蔑和攻击伊斯兰教的信仰，歪曲伊斯兰教的历史，亵渎《古兰经》和先知穆罕默德，贬低伊斯兰文化对世界文明的贡献，侮辱穆斯林愚昧、落后、欺诈、残忍等。亚、非40多个伊斯兰国家严令禁止此书在本国出版发行。1989年2月14日，伊朗已故最高宗教领袖霍梅尼生前发出处死拉什迪的命令。后伊朗、巴基斯坦、印度、孟加拉、苏丹、利比亚、马来西亚、英国等20多个国家的穆斯林掀起了声势浩大的抗议示威浪潮，阿拉伯国家的报刊发表大量声讨文章，抗议英、美等国出版《撒旦诗篇》，庇护拉什迪。3月3日，英国首相和外交大臣发表讲话，对《撒旦诗篇》伤害穆斯林的宗教感情表示理解，并要求伊朗撤销对拉什迪生命的威胁。3月7日，伊朗政府正式宣布与英断交。后拉什迪向穆斯林世界公开表示道歉。目前，拉什迪在英国警方保护下过着隐居生活。（杨克礼）

撒拉八工　见撒拉十三工。

撒拉回　见撒拉族。

撒拉教　中国伊斯兰教苏菲主义嘎迪林耶学派支系门宦之一。创建人苏哇什（1880～1949），经名努尔·穆罕默德，青海循化人，出身农民家庭，撒拉族，故信教群众以传教人族称取名。苏哇什于20世纪40年代接受了阿卜杜勒·法塔赫的传教旨意后，在循化一带传教，后因主张“向道祖低头示礼”，受到一些人的批评，影响了他的宣教工作。苏哇什逝世后，循化的海孜若阿訇接替传教。20世纪70年代末有一定发展。撒拉教的主要教义和礼仪是：(1)凭《古兰经》立教，主张教乘与道乘并重。(2)晨礼后，诵念《古兰经》雅辛章，然后集体环跪念“迪克尔”。(3)教众平时要做“祈求”，念迪克尔仪式有“大赞”、“小赞”之分。(4)人殁前提念“泰赫利勒”（给亡者念7次“清真言”）、人殁后为其作祈祷等。(5)道统传承实行传贤不传子。(6)以忍、让、恭、俭为处人做事的原则。撒拉教的道统传述世系依次为：马文泉、韩穆萨、韩七十、循化伊玛目、循化拉边、韩胡个、苏哇什、韩勒满子、海孜若。教众有1000多户近万人，主要散居于青海省循化和甘肃省临夏、广河、兰州等地。（马　通）

撒拉族　中国信仰伊斯兰教的少数民族之一。亦称“沙喇族”、“撒拉回”等。自称“撒拉儿”，简称“撒拉”。主要聚居在青海省循化撒拉族自治县，并散居在化隆回族自治县和甘肃省积石山保安族东乡族撒拉族自治县等地。人口10.4503万（2000）。使用撒拉语，属阿尔泰语系、突厥语族、西匈语支。无民族文字。一般使用汉文，不少人通汉语或藏语。据民间传说，约在元代（13世纪）居住在今中亚撒马尔罕的西突厥乌古斯部落撒鲁克人的一支，由一位名叫尕勒莽的首领率领本族东迁，来到今循化县境内定居下来，由部落发展为民族，由土司统治到封建王朝驻兵设官而改土归流。在700多年中，撒拉人由一个人数较少的民族群体发展为近10万人的现代民族。撒拉人是带着原有的伊斯兰教信仰而东迁的。在万里跋涉中，伊斯兰教的教义思想、生活方式成为他们的精神支柱与凝聚纽带。到达循化地区后，周围主要是藏族与汉族居民，他们坚持了伊斯兰教信仰与生活方式而又适应了当地的自然条件与社会环境，与藏、汉族共处，进而联姻，发展了本民族的经济、文化，扩大了人口的繁衍。据《循化志》记载，尕勒莽的嫡系子孙，元末即任世袭“达鲁花赤”，明洪武三年(1370)降附明军,六年(1373)封世袭百户,正式确立土司制度。至光绪二十二年(1896)终止。另据民间传说,撒拉族到循化后不久,即从中亚请来了40位谢赫,建立了卡迪(即宗教法官)制度,以执掌教法,管理宗教事务。撒拉族的社会结构自下而上可分为:家庭、"阿格乃"(即父系血缘关系为基础的近亲组织)、"孔木散"(即远亲血缘组织)、村庄、"工"(相当于乡一级的行政单位)等。与此相对应,宗教组织自上而下有:总寺(即街子工清真大寺)、大寺(即各工的清真寺)、小寺(即各村庄的清真寺)。同时,卡迪下设"三长":(1)"穆安津",负责宣礼。(2)伊玛目,负责领拜及讲经。(3)海推布,负责念"呼图白"。各大寺、小寺都设伊玛目,管理日常宗教事务。这一套宗教组织同社会结构相平行,行使伊斯兰教法规定的权力。撒拉族人宗教信仰十分虔诚,平日重视"五功",恪守教规,特别重视开斋节、古尔邦节与圣纪三大节日,届时要隆重举行庆典。饮食习俗均严格遵行伊斯兰教教规办理,与附近的回族、东乡族基本相同。清代以前撒拉族只信奉逊尼派,遵行哈乃斐学派教法。乾隆年间(1736～1795)从临夏地区传入苏菲主义的华寺门宦,以后又传入哲赫林耶门宦,从此兴起教派之争。撒拉族主要从事农业生产,兼营畜牧业和园艺业,农村为自然经济,园艺业较发达。有丰富多彩、独具一格的文学艺术。民间流传着许多传说、故事、神话、寓言等口头文学。撒拉曲、宴席曲、"花儿"等尤为群众所喜闻乐见,说唱艺术丰富多彩。 (罗万寿)

撒拉族十三工 中国撒拉族穆斯林聚居地区相当于乡的基层行政区划。原为十二工,据《循化志》载:"按今撒拉十二工回民为撒拉族","为河州厅所辖,自明时已然"。据《撒拉族简史》记述,撒拉族先民是来自中亚撒马尔罕的色目人中的一部分穆斯林,定居于青海循化厅与巴燕戎格地区。元王朝中央曾授予其首领"世袭积石州撒拉尔达鲁花赤"。传至韩宝时于洪武三年(1370)降附明朝,六年(1373)授为"昭信校尉河州卫右所管军百户"。在循化境内实辖族众3700多户,约2万人口。分为十二工:城西有街子、查加、苏只、别列、查汗都斯、草滩坝,又称"上六工";城东有清水、孟达、张尕、打速古、崖曼、夕厂,又称"下六工"。乾隆四十六年(1781)苏四十三领导的撒拉族穆斯林反对清朝宗教歧视与民族压迫的起义失败后,十二工被合并为八工,俗称"内八工"。所谓"撒拉族外五工"者有二说:一为明嘉靖三十二年(1553)从韩宝后裔中挑出韩沙班,授"世袭土百户"分管"外姓五族头目",一族组成一工,共有马姓撒拉、孟达、张哈、夕厂及查汉大寺五工。另一说是今青海省化隆回族自治县境内撒拉族穆斯林聚居地区有甘都、卡尔冈、上水地、黑城子及十五会等五工。今合称内八工与外五工为"十三工"。

(孔祥录)

撒拉族土司制度 中国撒拉族穆斯林历史上的一种基层政权制度。据《元史》卷87"百官志"及《循化志》卷5以及《撒拉族自治县概况》记载:早在元代,撒拉族首领神宝(又名韩宝)的祖辈被封为"达鲁花赤"(即掌印官、管理民事者),明洪武六年(1373),封为"世袭百户",从此撒拉族正式有土司。清雍正七年(1729),奉旨设立撒拉族土司千户两人,土司韩炳驻街子,管辖上六工,称"上六工土司",因主要管理的是韩姓"四房",又称"韩土司"。土司韩大用(次房子孙)驻崖曼,管理下六工,称"下六工土司",因主要管理的是外姓五族,又称"马土司"。土司拥有土兵,各立衙门,各设刑具,虎踞一方,并前后17次被清王朝征调去参加征伐。光绪二十二年(1896),清王朝为了加强统治,削弱土司职权,采取"改土归流"的措施,废除了撒拉族土司制。至此,撒拉族土司共历19代,523年。取代土司制的是乡约制。此后每工设乡约1名,由推选产生,循化厅加委,3年一换。 (孔祥录)

撒立哈(Ṣāliḥ) 《古兰经》中记载的古代先知之一。又译"沙里哈"、"萨利赫"等。阿拉伯语音译。相传为居住在也门和阿曼之间艾哈嘎夫地区的赛莫德部族人。早先阿德人曾在艾哈嘎夫定居,阿德人消亡后,赛莫德人在那里重建家园。据《古兰经》记载,赛莫德人愚昧、迷信,崇拜偶像,先知撒立哈奉安拉之命对他们进行教化,但他们口出狂言,要撒立哈显示奇迹,才肯信服。撒立哈便指着一只高大肥壮的母驼,告诫他们不可伤害它。而赛莫德人经过密谋策划,杀死母驼,并进一步谋杀撒立哈及其信徒,突然霹雳一声,地动山摇,全部死于非命。而撒立哈及其信徒因得到安拉的拯救安然无恙。《古兰经》中多处记载了撒立哈向赛莫德人进行劝化的故事(7∶73～79,11∶61～68,26∶141～159,27∶45～53),指出恶人绝无好下场。有人认为撒立哈即《圣经》中的玛士撒拉(Methuselah),穆斯林经注学家认为,不宜将二者等同。 (林 松)

撒立哈的宗族(Qawm Ṣāliḥ) 见赛莫德人。

撒马尔罕(Samarqand) 中亚著名古城,乌兹别克共和国第二大城市,撒马尔罕省首府。中国史籍称"悉万斤"、"寻思干"、"飒末鞬"、"唐居"等。位于泽拉夫尚河谷地。古有撒马尔族居于此,"罕"在中亚语言中意为"城市",即"撒马尔之城"之意。建于公元前6～前5世纪。公元前4世纪即有记载,为粟特国都城。它是丝绸之路中亚交通要道,中国丝绸、瓷器和毛皮等物品常经此运往印度、西亚和欧洲。8世纪初,阿拉伯帝国伍麦叶王朝哈里发瓦利德派兵征服中亚,于712年占领撒马尔罕,后发展为中亚伊斯兰文化中心之一。13世纪初,花剌子模沙穆罕默德(1200～1220在位)统治时,曾占领撒马尔罕,并迁都于此。后被成吉思汗占领。1370年帖木儿帝国建都于撒马尔罕，经重建规模扩大。1868年并入帝俄。俄国十月革命后，一度为乌兹别克共和国首府，现为乌兹别克文化中心。从8世纪中期开始，伊斯兰文化通过撒马尔罕传播到中亚地区，该城建有规模宏大的古老清真寺、陵墓、天文台、图书馆、造纸厂及伊斯兰教经学院。现存许多著名古迹中，以帖木儿帝国时代建造的宫殿、陵墓最为壮丽。在列基斯坦大广场上有兀鲁伯经学院、杰里亚·卡利经学院和饰以尖塔的希尔·杜尔经学院等3座高大建筑，独具伊斯兰建筑风格。城东北郊为著名的兀鲁伯天文台遗址，现建有兀鲁伯天文台博物馆。市内还有著名的谢赫·静达陵墓为主体的陵墓群，由13座陵墓和1座清真寺组成。陵墓中最主要的一座是伊斯兰教先知穆罕默德的堂弟库萨姆之墓，被尊为“圣墓”。

（杨克礼）

撒马尔罕国 见帖木儿帝国。

撒米里人（al-Sāmiri） 《古兰经》中所载古代先知穆萨故事中以邪术惑众的以色列人。一译“沙迷赖人”。阿拉伯语音译。当先知穆萨同法老斗争后率领以色列群众撤离埃及，途中驻扎在西奈山周围荒野之际，他趁穆萨登山悟道40天之空隙，蛊惑原已追随穆萨崇奉安拉的大批以色列信众走向邪路。他煽动群众交出金银首饰，铸成金牛犊，并安装音响设备于牛腹内，使金牛犊能发出吼声，声称这就是应该膜拜、能掌握祸福吉凶的主宰。其行径迷惑了相当一部分善良愚昧的人。穆萨下山后见此情景，大为愤怒，便采取坚决措施煞住这股妖风，将该金牛犊销毁投入海中，并告诫部属应吸取教训，引以为戒（20：83～98）。

（林　松）

撒喜果 中国穆斯林婚俗之一。指穆斯林男女举行婚礼时，由阿訇念“依扎布”后，向新郎新娘身上抛撒干果“五子”（多为枣子、核桃子、花生子、桂圆子、杏仁子或白果子等），称为“撒喜果”。以示祝贺和喜庆吉祥，并取果品之“子”字意寓喜生贵子。后由阿訇率领参加婚礼者接“都阿”，婚礼告成。此举被认为是“圣行”。

（罗万寿）

萨阿德王朝（Sulālah Sa'd） 中世纪摩洛哥阿拉伯人建立的伊斯兰封建王朝（1553～1666）。亦称“萨迪王朝”。由阿拉伯萨阿德人所建，故名。萨阿德人约于12世纪从阿拉伯半岛迁居摩洛哥苏斯地区的塔鲁丹特，15世纪由游牧转入定居，建立了清真寺，组成了部落联盟。15世纪末，葡萄牙人侵摩洛哥，占领沿海一些港口和地区。约1511年，萨阿德人的伊斯兰教领袖谢里夫穆罕默德·伊本·阿卜杜·拉赫曼，组建武装，发动反对欧洲异教徒入侵的“圣战”，攻击入侵的葡萄牙人，号召推翻屈从侵略者的马林王朝，拥护者日众。约1520年其子艾哈迈德·阿拉杰继父位，在多次与葡萄牙人作战中胜利，增强了军事力量。1525年攻占马拉喀什，1541年收复葡萄牙人占领的阿迦迪尔、萨菲、艾泽木尔等沿海据点。1548年攻占非斯。1553年，灭马林王朝，穆罕默德·阿拉杰正式称素丹，定都马拉喀什，建立萨阿德王朝。因王朝统治者自称“谢里夫”（即圣裔），故又史称“谢里夫王朝”。阿卜杜勒·麦利克继素丹位后，于1578年在马哈津河战役中，打败葡萄牙国王率领的远征军入侵，保卫了民族独立。素丹艾哈迈德·曼苏尔（1578～1603在位）统治时期，是萨阿德王朝的全盛时期。他加强中央政权，建立了一套行政机构，实行伊斯兰教法，励精图治，发展农牧业，鼓励商业，倡导伊斯兰学术文化，马拉喀什和非斯城仍保持伊斯兰文化的中心地位。他曾远征西非，侵占廷巴克图，控制了黄金商路，带回大量黄金，充盈国库。他的后继者懦弱无能，王室内讧，17世纪初期分裂为非斯和马拉喀什两个割据小王朝，趋于衰落。1666年被阿拉维王朝取代。

（杨克礼）

萨阿迪 见萨迪。

萨比特·本·古赖（Thābit ben Qurrah，约836～901） 阿拔斯王朝数学家、天文学家和翻译家。生于哈兰城信奉萨比教的名门家庭，早年受到希腊文化教育，为货币兑换商。他继承家族的大批遗产后旅居巴格达，向智慧馆的哈兰学派学者系统学习数学、天文学、医学和希腊哲学，并吸收了伊斯兰文化，深受穆尔太齐赖派理性主义哲学思想的影响，成为博学多才的学者。他掌握拉丁语、古叙利亚语和阿拉伯语。后返回哈兰，因宣扬唯理主义和意志自由论，受到萨比教派学者的指责，在宗教法庭被迫宣布放弃自己的哲学主张，遂离开哈兰，免遭进一步迫害。他重返巴格达后，经阿拔斯王朝著名大臣穆萨·本·沙基尔的推荐，任哈里发穆尔台迪德（892～902在位）宫廷天文学家，受到哈里发的庇护和重用。据传萨比特晚年倾向伊斯兰教。他余生在宫廷从事天文学、数学、医学及哲学的研究和翻译，并教授希腊天文学和数学，培养门徒。他参与翻译和校订了托勒密的《天文集成》、欧几里得的《几何原本》和阿基米德的著作，并对盖伦的医学著作作了注释。他著有《医学储备》一书。被称为阿拔斯王朝翻译家的领袖之一。

（杨克礼）

萨必安人 见沙便人。

萨布泽瓦里（Ḥājji Hādi al-Sabzawāri，1798～1878） 伊朗伊斯兰教什叶派学者、哲学家。生于伊朗萨布泽瓦尔，故名。出身于什叶派宗教学者家庭。早年在原籍受伊斯兰传统教育，后到迈谢德和伊斯法罕的宗教学校学习经训、什叶派教义、教法及宗教哲学，对什叶派光照学派的哲学颇有研究。学成后返回故里，创办宗教大学，潜心执教和从事著述，一生培养学生1000多人。在宗教哲学思想上，他吸取和发展了光照派哲学的代表穆拉·萨德拉的哲学思想，将天启（宗教教义）、哲学（理性）和真知（智慧或知识）三概念结合在一起，创立了伊朗智慧派的哲学理论。他认为天启的知识，包括真主先天赋予人的灵知及经典教义，而哲学是后天学习而获得的理性知识，只有把天启的知识和理性的知识结合起来，才能构成人的完美智慧。智慧（即真知）才是人的灵魂的本质，除知识外的其他外部属性，并非人的本质。人的智慧（真知）的高低决定着他对真主信仰的程度、指导着其行为的善恶与否。他所著波斯文的《智慧的奥秘》，是其代表作，系统论证了智慧派的宗教哲学思想。阿拉伯文的《教法》是运用逻辑学论证教义和教法的专著。他还对苏菲派诗人哲拉鲁丁·鲁米的名著《玛斯纳维》作过注释。

（杨克礼）

萨达特（Muḥammad Anwār al-Sādāt，1918～1981） 埃及总统（1970～1981）。生于尼罗河三角洲纵深处的米特·艾布·库姆村。其父穆罕默德·萨达特原系军医，后任政府职员。其母为苏丹人。萨达特自幼在当地《古兰经》师资学校读书。1925年，举家迁往开罗，他开始进入中学学习。1938年毕业于皇家军事学院，成为一名职业军人。他和纳赛尔等一道，驻守在曼卡巴德军营。1939～1940年，德军在北非的胜利，推动萨达特与一些高级军官组成亲德秘密团体，希望借助德国力量进行反英武装革命。后萨达特等人被当局拘捕。1948年8月，萨达特恢复了自由。1950年重返部队后，被纳赛尔吸收为"自由军官创建委员会"成员，积极参与推翻法鲁克王朝斗争的筹划和领导工作。革命后，历任国务部长、国民议会副议长、议长、民族联盟总书记、阿拉伯社会主义联盟最高执行委员会成员、副总统等职。1970年出任总统，兼任武装部队最高统帅、总理。

萨达特在总统任期内，曾发起"纠偏运动"，在政治上清洗了阿里·萨布里左翼中心权力集团，强调"开放民主"，实行多党制度；在经济上放慢了"国有化"步伐，主张"门户开放"政策，积极鼓励私营企业的发展；在宗教方面，取消了纳赛尔时期对穆斯林兄弟会的镇压、限制政策，释放了全部兄弟会在押犯，允许他们以半公开的方式进行活动；在1971年宪法中规定"伊斯兰法是立法的主要源泉"，伊斯兰教组织获得恢复和进一步发展。在外交上，强调"埃及第一，阿拉伯第二"，奉行"抗苏联美和以"的对外方针。1973年发起"十月战争"，部分收复被以色列占领的领土。为了实现埃、以和平，1977年11月，他不顾多数阿拉伯国家的反对访问了耶路撒冷。1978年又在美国的斡旋下，同以色列举行会谈。1979年3月，埃、以签订《戴维营协议》，结束两国30余年的对抗局面。萨达特的"和平外交"和国内政策，引起了穆斯林兄弟会中极端主义者的强烈反对。为此，萨达特在多次提出"宗教不干预政治、政治不干预宗教"的警告之后，于1981年9月，对兄弟会进行了一次大规模的镇压。从此社会矛盾更为激化。10月6日，在纪念十月战争的阅兵式上，萨达特遭到军队中极端的穆斯林组织"赎罪与迁徙"的成员的袭击，被刺身亡。主要著作有《革命历史》、《尼罗河上的起义》、《萨达特回忆录》等。

（陈振昌）

萨迪（Sa'di，1193～1291） 13世纪阿拉伯著名穆斯林诗人、苏菲主义学者。一译"萨阿迪"。全名穆什莱菲丁·穆斯赖哈·萨迪。出生于波斯设拉子。其父是伊斯兰教苏菲派传教师。他早年在设拉子求学，14岁时丧父，家境贫困。后经人相助，到巴格达著名的尼采米亚大学学习伊斯兰教义和文学。学习期间，便能用波斯文、阿拉伯文写作，创作了许多优美的抒情诗。因不堪忍受学校严格的宗教制度束缚，中途辍学，离开巴格达。蒙古军入侵波斯后，他被迫背井离乡，开始长达30多年的苏菲巡游苦行生活。他的足迹西至埃及、马格里布、阿比西尼亚（今埃塞俄比亚），东至伊拉克、巴尔赫、印度和中国新疆的喀什噶尔（今喀什）。他沿街行乞，聚众讲道，宣传苏菲主义。萨迪曾15次徒步朝觐麦加克尔白，访问过阿塞拜疆的贝拉庸、大不里士，并向蒙古的阿巴喀汗进谏。在北非曾被十字军俘虏，送往的黎波里要塞充当苦役。他重返故乡设拉子时已进入中年，隐居乡里，潜心著述。萨迪作品保存下来的大多是抒情诗、鲁拜诗和颂诗等，都收入他的《全集》中。他的抒情诗有600多首，作品通过对花鸟、山水、美女、静夜的描写，寄托了诗人对大自然的热爱和对美好人生的向往，他的诗结构严密，语言凝练、流畅，韵律抑扬有致，是波斯文学史上的一枝奇葩。萨迪的成名之作是《果园》和《蔷薇园》。《果园》完成于1257年，是一部阐扬伊斯兰教哲理和道德准则的叙事长诗，包括《忏悔》、《感恩》、《礼拜》、《正义》、《行善》、《教养》、《知足》、《谦逊》、《爱情》等篇章和一篇很长的序诗。每章由一些生动的小故事组成，穿插以诗人的见解。每个故事大多以诗人在流浪生活中的亲身经历和见闻为题材，描写了帝王、贤哲、穆斯林、苏菲派苦行者等的不同生活和市民社会的风俗习惯。《蔷薇园》于1258年用韵体散文写成，内有故事和个人的奇闻轶事，正文中穿插点缀着各式短诗，引用了大量民间格言、警句、幽默小品等，揭露了现实社会的虚伪和黑暗，歌颂了人类的善与美。他以凝练而精确的语言，表达出深刻的人生哲理，阐明了穆斯林的道德信条和行为规范，充满着智慧的光芒和炽热的宗教情感。萨迪的作品语言风格几百年来一直是波斯文学的典范。他被誉为"波斯古典文坛最伟大的人物"，其作品对后世影响很大，被译成几十种外国文字，受到读者的赞誉。《蔷薇园》有两种汉译本，译名为《真境花园》。

（杨克礼）

萨迪王朝 见萨阿德王朝。

萨都剌(约 1272～?) 中国元代著名回回诗人。萨都剌是阿拉伯语 Sa'dullā 的音译,意为"真主的赐福"。字天锡,号直斋。先世是西域穆斯林,13 世纪随蒙古军东迁中原。其祖父与父亲曾镇守云、代。萨都剌出生在代州(今山西省代县西北)雁门,被称为"代州人"。早年家境清贫,因而接触社会实际,同情人民。泰定四年(1327)登进士第。官至燕南河北肃政廉访司经历。晚年曾隐居江南,寓情山水,不知所终。萨氏是元代诗词名家,著有《雁门集》与《西湖十景词》行世,书画亦负盛名,留有《严陵钓台图》和《梅雀》等画,现珍藏故宫博物院。他的诗中有一些反映当时连年战争,人民颠沛流离,啼饥号寒,甚至卖儿鬻女的悲惨生活情景,并且同当时贵族妇女的豪华生活相对照,向统治阶级发出责问,如《江南怨》、《早发黄河即事》、《征妇怨》、《织女图》等,都是不满当政者暴虐统治,揭露民间疾苦,富有积极意义的作品。萨都剌的诗作题材广阔,不仅有宫词,也有摹写祖国壮丽山河,怀古伤今,诉说个人与社会不平之作。他既能以清丽婉转的笔触,描绘江南山水的秀美,也能以豪迈奔放的气势,抒写北国风光的雄浑壮丽。词作如《满江红·金陵怀古》等作品,情景交融,借古喻今,深沉含蓄,有较高的艺术境界,为后人所推崇。《新元史》本传引述了时人对其作品的评价:"犹天马行空而步骤不凡,神龙混海而隐现莫测"。他的诗集《雁门集》,在元至正年间即有刊本,汇辑最多的是其族孙萨龙光于清嘉庆年间刊刻的版本,在日本藏有《萨天锡诗集》。 (罗万寿)

萨多查依王朝(Sadozais) 近代阿富汗伊斯兰教王国(1747～1818)。亦称"杜兰尼王国"。由坎大哈阿布达里部族萨多查依氏族的酋长艾哈迈德·沙赫·杜兰尼(Ahmad Shah Durani,1724～1773)创建。16～17 世纪时,阿富汗先后被印度的莫卧儿帝国和波斯的萨法维王朝所瓜分。1736 年波斯军将领纳迪尔·库利汗夺取波斯王位,1738 年率军攻占阿富汗坎大哈时,艾哈迈德被俘虏,后在波斯军队中服役,因屡建战功,被纳迪尔擢升为阿富汗人所组成兵团的指挥官。后艾哈迈德趁纳迪尔在呼罗珊遇刺身亡、波斯处于内乱之机,率其部离波斯南下攻占阿富汗坎大哈地区。1747 年,在伊斯兰教苏菲派长老主持下,各部族酋长在坎大哈集会,经过激烈竞争,推举艾哈迈德为阿富汗沙赫,号称"杜兰尼"(即珍珠中的珍珠),重建都城坎大哈,创建阿富汗人的第一个伊斯兰教王朝。他在位期间,南征北战,平定了国内叛乱,打败波斯入侵者,实现了阿富汗的统一,确立了国家制度,开拓了疆土。在 1747～1770 年间,曾两次入侵波斯,先后征服赫拉特、内沙布尔、马什哈德,占领阿姆河以南地区,迫使布哈拉纳贡。曾 9 次入侵旁遮普,两次掳掠德里,击败了马拉塔人和锡克人,迫使莫卧儿帝国皇帝割让了旁遮普、木斯坦、信德和克什米尔,并掳掠了大量财富,奠定了阿富汗王国的基础。王朝在全盛时期,其疆域东起印度旁遮普,西至里海,南临阿拉伯海,北包巴尔赫,成为 18 世纪仅次于奥斯曼帝国的第二大伊斯兰强国,并与印度莫卧儿帝国相抗衡。1773 年,帖木儿·沙(Timur Shah,1746～1793)继位并迁都喀布尔后,因王室内讧和各部族之间矛盾,地方割据势力发展,巴尔赫和信德等行省总督相继独立,加之国家没有稳固的经济基础,国势开始衰落。1818 年,巴拉克查依族各部落酋长联合举兵叛乱,攻占喀布尔,推翻末代国王沙·马哈茂德(1809～1818 在位),萨多查依王朝遂亡。

萨多查依王朝是一个军事封建国家,其政治制度沿袭了印度莫卧儿帝国和波斯纳迪尔王朝的行政管理,并保留有部落军事民主制的残余。国王由部落酋长会议推举,拥有军事、行政、执法和收税的最高权力。王朝封建的土地制度占主导地位,虽保留有以部落为单位的土地公共占有形式,但部落酋长、贵族占有大量私有土地,王室和高级军政官员领有大量封地。王朝主要经济来源是税收和战争中掠获的大量战利品,并鼓励商业和过境贸易,增加国家税收。王朝信奉伊斯兰教逊尼派教义,遵从哈乃斐学派教法。国王以伊斯兰教的保卫者自诩。从中央到地方及军队选派伊斯兰教学者担任法官,设有执法机构,掌管司法和宗教大权。中央、行省和军队中的大法官由国王任命。伊斯兰教的著名长老在朝廷作为国王的宗教顾问参与国事,宗教学者、毛拉享有较高的社会地位。王朝在辖地内的主要城市兴建和扩建清真寺,修建苏菲派修道院和谢赫的墓地,并赐予清真寺瓦克夫地、免交赋税。王朝重视发展伊斯兰学术文化,大量刊行《古兰经》、圣训和宗教著作,在清真寺附设宗教学校,培养毛拉和官吏,准许中亚和印度的苏菲派游方传教师到各地传播苏菲主义学理,培养门徒。坎大哈和喀布尔城经新建,经济繁荣,学者云集,清真寺林立,成为政治、经济和伊斯兰文化中心。 (杨克礼)

萨法尔(Ya'qūb ibn Laith al-Ṣaffār,840～879) 波斯萨法尔王朝创建者。全名叶尔孤白·伊本·莱伊斯·萨法尔。生于波斯中部锡吉斯坦的卡尔宁镇。原为铜匠,曾参加由亡命者组成的军事组织。兼事抢劫,聚集一支武装力量。后被锡吉斯坦总督利用镇压该地区哈瓦利吉派暴动,861 年被任为驻军司令,据有锡吉斯坦全境。867 年,自称埃米尔,以疾陵城为首府,创建萨法尔王朝。869～871 年夺取法尔斯省和阿赫瓦兹省。袭击塔希尔朝的赫拉特南部地区。871 年,他派使臣到巴格达,向阿拔斯王朝哈里称臣纳贡。阿拔斯王朝哈里发穆尔台米德(870～892 在位)为阻止萨法尔西进,将巴尔赫、吐火罗斯坦、信德诸省作为采邑封给他。他曾派部将攻占喀布尔,将伊斯兰教传到阿富汗。873 年,他率军攻占塔希尔王朝首府内沙布尔,俘该王朝末代埃米尔穆罕默德·艾布·塔希尔,遂迁都于内沙布尔。875年,他占领赖伊,并打败泰伯里斯坦的阿里后裔所建的齐亚尔王朝。876年萨法尔向巴格达进军,被阿拔斯王朝摄政王穆瓦法格在代尔·阿古勒战役中击败,退至巴比伦尼亚边界。879年,萨法尔卒。 (杨克礼)

萨法尔王朝(al-Sulālah al-Ṣaffāriyyah) 阿拔斯王朝时波斯东部建立的伊斯兰教封建割据王朝(867～903)。创建者为叶尔孤白·伊本·莱伊斯·萨法尔(867～879在位),因其出身铜匠(即萨法尔),故以其为王朝名。叶尔孤白为波斯东部锡吉斯坦之卡尔宁镇人,曾参加由亡命者组成的军事组织,兼事抢劫。在参与镇压锡吉斯坦哈瓦利吉派暴动中有功,861年被总督任命为驻军司令。867年,他据有锡吉斯坦全境,自立为埃米尔,以示独立,以疾陵城为首府,建立萨法尔王朝。此后他进行扩张,先攻占塔希尔王朝的赫拉特和克尔曼,继而向东进攻法尔斯,远至今阿富汗伽兹尼。871年他派代表朝见阿拔斯王朝哈里发,表示忠顺臣服。为阻止其西进,哈里发将其所占之地作为采邑赐封,并任命他为该地区长官。873年,他率军攻占塔希尔王朝首府内沙布尔,俘获末代埃米尔穆罕默德·艾布·塔希尔,灭塔希尔王朝,并迁首府于内沙布尔。875年,他占领赖伊,并打败泰伯里斯坦阿里后裔的齐亚尔王朝。876年,他决心推翻哈里发政权,率军进攻巴格达,在底格里斯河岸的代尔·阿古勒之地,被哈里发之摄政王穆瓦法格率领的哈里发军队所击败,萨法尔退止巴比伦尼亚边界,两年后去世。879年其弟阿慕尔·莱伊斯(879～900在位)继其位,仅据有波斯东南部一些地区。他向阿拔斯王朝哈里发表示忠顺,并多次贡以重金,哈里发仍承认他为所征服地区总督,兼领巴格达的军事长官。898年,他又向河外地及呼罗珊扩张,夺取内沙布尔。900年,在巴尔赫附近被萨曼王朝军队击败,被俘后解往巴格达被处死。后该王朝仍有3个埃米尔小邦相继统治锡吉斯坦,903年被萨曼王朝灭亡。萨法尔王朝是一个军事专制的封建国家,其政权靠庞大的军队支撑,王朝国库收入多用于军队开支。宫廷和各地官员均由王室成员和波斯人充任,行政制度效法塔希尔王朝。王朝奉伊斯兰教逊尼派教义。阿慕尔统治时,下令穆斯林在主麻聚礼念呼图白时不再为哈里发祝福,而为他祈祷,并自称是"穆斯林的长官"。王朝以波斯文为官方通用文字,宗教活动中用阿拉伯语,并倡导学者用波斯语进行文学创作。王朝统治者对中亚和波斯穆斯林每年去麦加朝觐派兵予以保护,向麦加圣寺屡以重金施舍,享有声誉。

(杨克礼)

萨法维教团(al-Ṭariqah al-Ṣafawiyyah) 伊朗什叶派苏菲派教团之一。伊儿汗王朝时期(1256～1353)由萨菲·丁(Ṣafiyu'd-Din,1252～1334)创建于伊朗西北部的阿迪比勒(Ardibil)。原为逊尼派教团,成员以当地的土库曼人为主,后发展很快,成员遍及伊朗、伊拉克、土耳其的安纳托利亚及叙利亚的部分地区,受到伊儿汗统治者的支持和庇护。1447年第四代长老祝奈德(? ～1460)继任后,进入新的发展阶段。在其领导下,该教团以武力打败周围的基督教邻国,于阿迪比勒建立政权,为土库曼白羊王朝(1378～1508)的藩属国,教团变为政教合一组织。此后教团首领祝奈德被尊奉为"安拉在大地的代理人",教义上转向什叶派的"极端派"。1460年祝奈德在同高加索人的"圣战"中阵亡,其子海达尔(Ḥaydar,? ～1488)继承教权,后在同白羊王朝军作战时阵亡。海达尔生前将教团转变为军事组织,成员头戴十二角的红帽,为什叶派十二伊玛目支派的象征,俗称"红头军",教义上更加倾向什叶派。海达尔的次子曾被白羊王朝流放于法尔斯,后在白羊王朝崩溃时逃回阿迪比勒。长子阿里于1494年被杀害,次子伊斯玛仪(1502～1524在位)继位后,建立萨法维王朝(1502～1732)。为标榜政权的合法性,萨法维诸王后来割断与苏菲教团的联系,宣称教团始祖萨菲丁系什叶派第七代伊玛目穆萨·卡兹姆(? ～799)的后裔,国王伊斯玛仪为"隐遁"的伊玛目的代理人,并立十二伊玛目派教义为伊朗国教。

(吴云贵)

萨法维王朝(al-Sulālah al-Ṣafawiyyah) 16世纪在伊朗建立的伊斯兰教什叶派王朝(1502～1736)。亦译"萨非王朝"。1502年由伊斯玛仪一世(1487～1524)创建,以其先祖、苏菲派萨法维教团谢赫萨菲·丁(1252～1334)的名字命名。15世纪末,南阿塞拜疆阿迪比勒宗教首领伊斯玛仪一世,宣传萨法维教团教义,发展信徒,重建凯兹莱巴什(Kizilbash,即红头巾军)逐渐联合附近7个土库曼部落,组织军事力量,势力日益强大。1500年在古里斯坦打败白羊王朝素丹希尔万沙,后攻占巴库和舍马哈城。1502年,伊斯玛仪一世率军16000人击溃白羊王朝主力部队,占领南阿塞拜疆和大不里士城,宣布自立为沙(Shah,即国王),定都大不里士,建立萨法维王朝。同时宣布以什叶派十二伊玛目派为国教,命令臣民尊奉什叶派教义和教法。1503～1508年,相继占领伊朗大部、亚美尼亚、库尔德斯坦和伊拉克。1510年,伊斯玛仪在木鹿附近击败乌兹别克汗军队,进占呼罗珊,将势力伸展到中亚。1514年,伊斯玛仪向西推进,同奥斯曼帝国素丹赛利姆一世(1512～1520在位)的近卫军在加勒迪兰激战中惨遭失败,丧失库尔德斯坦和亚美尼亚西部,首都大马士革曾一度被奥斯曼人占领。塔赫马斯普(1524～1576在位)继承王位后,于1548年迁都卡兹温。1555年,同奥斯曼帝国缔结和约,并容许和保护两国的穆斯林可相互到对方的圣地朝谒。16世纪70～80年代,因连年战争和横征暴敛,农民破产,各地不断爆发起义,乌兹别克汗又乘机侵入呼罗珊,国势一度衰微。在内外交困中，阿拔斯一世(1588～1629在位)即位。1590年，阿拔斯一世为避免东、西两线作战，被迫将格鲁吉亚、亚美尼亚、阿塞拜疆(包括大不里士)大部割让给奥斯曼帝国。阿拔斯依靠伊朗封建主和大商人的支持，励精图治，在国内进行一系列改革：加强中央政权，限制和削弱地方封建势力；建立正规军，配备火枪大炮，军队由国王统辖；发展经济，奖掖商贾，修筑道路，促进对外贸易，国力大增。1598年迁都伊斯法罕，并建造宫殿、清真寺、图书馆和宗教学校。1597年在赫拉特战役中，打败乌兹别克人，夺回呼罗珊。1603～1612年，多次与奥斯曼帝国作战，先后收复格鲁吉亚、亚美尼亚、阿塞拜疆、库尔德斯坦、摩苏尔和巴格达等地。1622年打败莫卧儿帝国军队，占领坎大哈，并把葡萄牙人逐出霍尔木兹，从而形成了多民族的伊斯兰强国。1629年，阿拔斯一世逝世后，其继任者软弱无能，不理朝政，王室纷争，国内阶级矛盾和民族矛盾激化，吉梁爆发大规模起义，奥斯曼帝国乘机入侵，又占领了哈马丹、大不里士和巴格达，王朝转衰。1722年，阿富汗人攻陷伊斯法罕，国王侯赛因投降，其子塔赫马斯普逃往呼罗珊马赞达兰自立为沙。1729年塔赫马斯普二世联合土库曼人驱逐了阿富汗人，夺回失地。1736年王朝土库曼将领、摄政王纳迪尔·库利汗(Nadir Kuli)夺取政权，萨法维王朝最终灭亡。

萨法维王朝实行王权统治，国王(沙)集政治、军事、司法和宗教大权于一身。中央设最高会议(埃米尔会议)，由7个突厥土库曼部落贵族、高级官吏和伊斯兰教长老组成，作为国王的咨询机关，后改为大臣会议。全国大部分土地归王室所有，将部分没收的封地以禄田的形式分封给文武官吏。农民无土地所有权。16～17世纪，王朝兴修水利，改良耕作技术，减轻捐税，使农业得到恢复和发展。对工商业采取奖掖政策，修筑驿道，减关税，建置货仓，招揽四方商旅。首都伊斯法罕为政治、经济和文化中心，人口达50万，与东、西方各国贸易频繁，来自中国、印度及欧洲的商人云集到此。蚕丝、挂毯、纺织品、陶器、玻璃制品为主要外贸商品，由王室垄断。

萨法维王朝实行政教合一制，利用国家政权大力推行什叶派教义，实行伊斯兰教法，确立了什叶派在伊朗的统治地位。伊斯玛仪执政时，向全国派出传教师(即达伊)传播什叶派教义，并派什叶派教法官主持各地教务和司法。明令各地清真寺在聚礼日(即主麻日)为阿里和国王祈祷，对逊尼派的学者和毛拉进行迫害。阿拔斯一世统治时，什叶派长老在朝廷参与国事，创制教法，享有较高的政治地位。各清真寺举办的宗教学校以传播什叶派圣训和教义为主。正式确定纳贾夫和马什哈德为什叶派圣地，并下令全国纪念什叶派的节日。什叶派学术研究和著述活动得到广泛的开展，伊玛目教义和马赫迪学说形成理论体系，出现了阿卜杜勒·阿里、巴哈丁·阿米里、萨德尔丁·设拉齐、米尔·达马德、马吉里西等著名的什叶派学者，被国王赐予"伊斯兰长老"称号。王朝在各地修建了大量清真寺和什叶派宗教学校，首都伊斯法罕成为宗教和学术文化中心，有清真寺160多座，宗教学校40多所，尤以皇家清真大寺最为著名。王朝十分重视发展学术文化，宫廷学者云集，在文学、语言学、绘画、手工工艺、建筑等领域都取得重大成就。波斯语逐渐代替阿拉伯语，学者多以波斯语从事创作，出现了波斯伊斯兰文化的复兴。 (杨克礼)

萨非王朝 见萨法维王朝。

萨赫莱清真寺(al-Masjid al-Ṣakhrah) 伊斯兰教著名清真寺。坐落在耶路撒冷老城东部的伊斯兰教圣地内，在阿克萨清真寺以北300米处。阿拉伯语"萨赫莱"，意为"岩石"，故亦称"岩石清真寺"。相传621年7月一天夜晚，伊斯兰教先知穆罕默德在沉睡中被安拉派来的天使吉卜利勒唤醒，同天使乘天马从麦加飞到耶路撒冷，踏着一块岩石，登霄遨游七重天，见到了古代"先知"、"天园"及"火狱"的情景，黎明重返麦加。这次夜行"登霄"记载在《古兰经》第17章中。此后，穆斯林将耶路撒冷作为圣地。穆罕默德登霄所踏的岩石成为圣石，它与麦加克尔白的黑石具有同等神圣地位。萨赫莱清真寺于691～694年由伍麦叶王朝哈里发阿卜杜勒·麦利克敕令建造的。该寺结构严谨，造型美观，具有阿拉伯建筑艺术的优美特色。寺最外一层是八角形墙体，每面宽20.5米，高9.5米，全用石块砌成。主体部分的圆顶由分布在同一圆周上的16根柱子支撑，四角是4根大柱，所有柱子都用硬木呈拱形连接。圆顶外围用花瓷砖砌面，瓷砖面上横写有穆罕默德夜行时安拉所降示的《古兰经》经文。寺内装饰金碧辉煌，圆顶下陈放着一块蓝色岩石，形状不规则，南北长约17.7米，东西宽约13.5米，礼拜朝向的正面较低矮，最高处离地1.5米。岩石上印有一些近似脚趾的印痕，相传是阿拉伯人的先祖伊斯玛仪小时所留。岩石上还有许多镐凿的痕迹，据说是十字军东侵时所凿。石殿附近，有用巨石垒成的高大院墙，长156英尺，高65英尺，即天马墙，相传穆罕默德夜行时曾把天马停留于此。现今，这里已成伊斯兰圣地——阿拉伯墙的组成部分。12世纪十字军东侵时，该寺改为基督教堂，被称为"上帝之殿"。1187年萨拉丁收复耶路撒冷后，该寺得到全面修复。后由伊斯兰诸王朝多次修葺。 (杨克礼)

萨吉耶经文学校 中国新疆地区伊斯兰教古经文学校。遗址在今新疆喀什市。"萨吉耶"系突厥语，原意为"头发"，引申为"高尚的"、"高级的"，同阿拉伯语"麦德莱赛"组合，有"宗教大学"、"高等经文学校"之意。喀喇汗王朝时期，喀什噶尔为王朝政治、经济和伊斯兰学术文化中心，建有大批清真寺、宗教院校和图书馆等。萨吉耶经文学校即是这一时期建造的最早和最著名的宗教院校之一。据维吾尔族穆斯林史学家贾玛尔·卡尔施于14世纪初写成的《苏拉赫词典补编》记载，该校为10世纪喀喇汗王朝第一位信仰伊斯兰教的可汗萨图克·布格拉汗所建。主要建筑有教室、学生宿舍、清真寺，还设有一座大图书馆。贾玛尔曾在这所图书馆发现了11世纪突厥学者朱哈里编撰的4卷本词典《绥哈赫》，即《语言之冠和阿(拉伯)语之美》。学校开设的主要课程有：经注学、圣训学、教义学、教法学、阿拉伯语、波斯语、哲学、伦理学、文学、历史、数学、天文学、地理学、医学等。学生可自选课程和自择老师。学制不定，一般为5年，长者可达15至20年。学校由喀什噶尔的著名伊玛目主持，下设主管财务的穆泰瓦利和主管杂务的买曾若干，协助其处理日常事务。曾被《突厥语词典》作者马哈茂德·喀什噶里称为"高尚的老师"的喀什噶尔学者、伊玛目侯赛因·本·海莱夫，曾主持过该校的工作。作为喀喇汗王朝的宗教文化中心和最高学府，它为新疆地区培养了大批伊斯兰教教职人员、学者和文学家。相传优素福·哈斯·哈吉甫、马哈茂德·喀什噶里等著名学者和思想家都曾在这里学习过。现仅存部分学生宿舍，系叶尔羌汗国时期(1514～1678)的建筑物。　（马品彦）

萨克萨克经学堂　中国新疆库车地区的伊斯兰教经文学校。1820年经拉希丁吾里之孙帕注拉阿訇倡议，由穆斯林集资兴建而成。位于库车城东郊萨克萨克村。东西长100米，南北宽50米，占地10余亩。建筑简朴实用，土木结构。设有讲经堂、图书馆、教师寝室和40余间学员宿舍。主要课程有：《古兰经》、圣训、经注学、教义学、教法学等，兼学阿拉伯语。学员多来自库车、阿克苏、哈密、伊犁等地。主要培养毛拉和卡迪，有500余名学员在此学成毕业。教师由当地伊斯兰法庭聘请经学造诣较深，曾在喀什噶尔经学院深造，或留学印度的伊斯兰学者担任。著名学者毛拉·奥斯曼、毛拉·穆沙依甫、阿木提毛拉维等人曾先后在此任教。　（阿吉努尔·阿吉）

萨拉丁·阿尤比(Ṣalāḥ-al-Dīn al-Ayyūbī，1138～1193)　埃及阿尤布王朝的创建者，著名政治家、军事家，阿拉伯抗击"十字军"东侵的民族英雄。全名萨拉赫·丁·优素福·本·阿尤布·本·沙济。萨拉赫·丁，意为"宗教的正义"。拉丁文称为"萨拉丁"。生于伊拉克北部的塔克里特。库尔德人。其父阿尤布为赞吉王朝素丹努尔丁派任大马士革的长官。萨拉丁9岁时随父来到大马士革。青少年时受到良好的宗教和文化教育，天资聪慧，善于骑射，智勇双全。通晓伊斯兰教经典，是一个虔诚的逊尼派信徒。其叔父希尔库是努尔丁部将。为阻止十字军侵占埃及，努尔丁应法蒂玛王朝哈里发阿迪德请援，于1164和1168年两次命希尔库率兵进军埃及，迎战十字军。萨拉丁随同叔父前往，担任先锋官，率军英勇杀敌，大败敌军。1169年，法蒂玛王朝哈里发阿迪德下令处死勾结十字军的首相沙瓦尔，任命希尔库为首相。同年，希尔库卒，萨拉丁继任首相职位，执掌埃及军政大权。1171年，在阿迪德病危之机，萨拉丁宣布废除哈里发，自立为素丹，建立了阿尤布王朝。他遂即命令开罗各清真寺在星期五聚礼祈祷中恢复对阿拔斯王朝哈里发的祝福，从此埃及重归逊尼派的统治。萨拉丁在名义上仍为赞吉王朝的臣属。1174年，努尔丁逝世，萨拉丁宣告独立，并领兵进入叙利亚，迫使努尔丁之子萨利赫承认阿尤布王朝对叙利亚的统治。此间，他派其弟图兰·沙征服了希贾兹和也门。1175年，萨拉丁被阿拔斯王朝哈里发授予"埃及、叙利亚、马格里布及也门素丹"称号。萨拉丁经过10多年的军事和外交斗争，于1185年后，实现了埃及、叙利亚、苏丹、美索不达米亚北部以及希贾兹和也门的统一，为抵抗并战胜十字军创造了良好条件。

萨拉丁执政期间，实行了一系列富国强兵的政策，促进了阿尤布王朝经济和文化的发展。在政治上，建立了完善的政府机构和司法制度，实行军事分封制。在军事上，改组了王宫禁卫军和军队组织，重建了正规军，建筑军事工程，修建开罗和大马士革城堡等军事要塞，以防备十字军袭击。在经济上，修筑道路，开凿运河，兴修堤坝，发展农业；兴办工场，扶植手工业；减轻赋税，改善人民生活。在文化上，他倡导学术文化，发展教育，庇护学者。在各主要城市创建了伊斯兰高等学校，仅大马士革便有20所高等学校，其中以开罗的沙斐希叶学校最为有名。爱资哈尔大学也得到扩建和发展，改革了教学内容和方法。开办医院，培养医学人才，提高医疗水平。以重金聘请许多著名学者从事学术研究，奖励著书立说，倡导自由讨论学术问题，有成就的学者被擢升为大臣及幕僚。在宗教上，弘扬逊尼派教义和学说，在各地清真寺派逊尼派长老主持教务；王朝设总教法官，执掌全国教法的实施；兴建清真寺，传授经训、教义。为鼓舞穆斯林抗击十字军的热情，责成学者撰写宣传"圣战"的著作，号召穆斯林"抓住真主的绳索"，紧密团结，抵御外敌。

1187年，为抗击十字军，萨拉丁从各地调集60000名军队，组成阿拉伯联军，发出了"真主至大，把法兰克人赶出耶路撒冷，收复失地"的号召。同年7月，萨拉丁率军在巴勒斯坦提比里亚湖附近的赫汀(哈丁)发动对十字军的进攻，一举歼灭十字军主力，耶路撒冷国王被俘。接着，萨拉丁又攻占阿克、贝鲁特、西顿、雅法、凯撒利亚和阿什克伦等沿海城市。10月收复耶路撒冷。1189年起，英、德、法3国国王亲率十字军第三次东侵，先攻占阿克城后，围攻雅法和阿什克伦，两度进逼耶路撒冷，萨拉丁率穆斯林大军，经过3年艰苦曲折的战斗，多次击败十字军。1192年9月英王理查一世被迫与萨拉丁签订停战和约。第三次十字军东侵以穆斯林的胜利而告终。萨拉丁遂即在收复的城市恢复建设，安置生活，并以宽宥和仁慈的品德对待异教徒和遣散战俘，与十字军以残忍和暴虐杀戮穆斯林及基督教徒的行径形成了鲜明的对比，从而深得人心，萨拉丁被东、西方史学家誉为具有“骑士风度的君主”。

萨拉丁在位24年，其中有16年是在戎马疆场上度过的。他一生廉洁无私，生活简朴，一心关切阿拉伯民族的命运和人民的疾苦。据阿拉伯文献记载，他逝世时只留下1个第纳尔及37枚迪尔汗的遗产。萨拉丁临终前，还叮嘱其长子麦利克·艾弗达勒“要敬畏真主，要体察民情，要关心百姓疾苦”。1193年3月3日，萨拉丁在大马士革逝世，终年55岁。葬于大马士革伍麦叶大清真寺附近，穆斯林常到其陵墓前拜谒，以示怀念。（杨克礼）

萨拉热窝（Sarajevo） 波斯尼亚—黑塞哥维那共和国首都。位于中部萨瓦河支流博斯纳河上游附近。初建于1263年。15世纪末被奥斯曼帝国占领，伊斯兰文化得到传播和发展，是当时土耳其重要的军事和商业中心之一。16世纪经济达到空前繁荣。19世纪后半叶，被奥匈帝国兼并，为奥匈帝国波斯尼亚首府。1914年6月28日奥匈帝国皇储斐迪南大公在萨拉热窝访问时，被刺于街头，这一事件成为第一次世界大战的导火线。市内具有东、西合璧的建筑风格。该城是南斯拉夫穆斯林的主要聚居区域，也是伊斯兰文化中心。有“欧洲的开罗”与“穆斯林都城”之称。全城有100多座清真寺，大多建于奥斯曼土耳其人占领时期，最古老的清真寺是16世纪修建的阿齐兹·赫斯鲁·贝克清真寺，曾是伊斯兰教育的中心，寺内藏有大量珍贵的伊斯兰经籍和文物。市内博物馆珍藏着希伯来人著名的古抄本《哈加达》，即犹太教讲解《圣经》时引证的各种传奇轶事的汇集本。街头的阿拉伯化古市场，至今以制造出售阿拉伯式铜银器皿和工艺品而著名。（杨克礼）

萨拉森帝国 见阿拉伯帝国。

萨利赫 见撒立哈。

萨利姆派（Sālimiyyah） 伊斯兰教教义学派别之一。9世纪由伊拉克巴士拉伊斯兰教学者赛赫勒·图斯塔里（Sahl al-Tustari，？～896）创立。后赛赫勒的门弟子艾布·阿卜杜拉·穆罕默德·本·萨利姆（？～909）任首领时该派正式形成，故以其名命名。萨利姆的后裔相继任该派首领。在阿拔斯王朝时，欧莱玛阶层展开对教义问题不同观点的争论中，赛赫勒学说的追随者遂形成学派，由巴士拉逊尼派马立克教法学派的学者为核心而组成，对尔后伊斯兰教义学的发展有一定影响。该派将逊尼派教义与苏菲神秘主义结合形成其教义学说。该派认为，真主具有创造与不创造两种意愿，真主创造完美的事物，而不创造丑恶的事物；人的犯罪作恶并非真主的意愿，而是人违背了真主关于止恶扬善的诫命。人应自觉地遵奉教法，顺从真主。该派还认为，真主将在末日审判时显现，被造之物的人和万物都会看见真主。此时真主的光辉将照亮一切，赏善罚恶，凡顺从、信仰真主的世人都将得到拯救。穆斯林应通过履行宗教功修，沉思默想，内省彻悟，净化“自我的本性”，与真主融为一体。该派的教义学说对逊尼派教义学家瓦希提和安萨里有一定影响。其学说主要保存在早期罕百里教法学派的著作中。苏菲派沙兹里教团的教义也吸取了该派的学说。

（杨克礼）

萨马拉（Sāmarrā'） 伊拉克古城。为阿拔斯王朝都城遗址之一。位于首都巴格达西北124公里处，滨底格里斯河东岸。2～7世纪逐渐建成。836年，阿拔斯王朝第八任哈里发穆尔台绥姆（794～842）遭塞尔柱突厥卫士的胁迫，离开巴格达，迁至萨马拉建立新都，易名“苏拉曼拉阿”，意为“见此心喜”。穆尔台绥姆在底格里斯河东岸先后又兴建了宫殿、兵营、民宅。这些建筑沿河绵延30余公里。哈里发穆台瓦基勒（847～861）在位时，修建了著名的主麻清真寺，寺内有造型奇特的螺旋塔。继而在郊区又增建了宫殿和艾布·杜鲁夫清真寺。892年，哈里发穆尔台米德回巴格达定都，萨马拉开始衰败，到1300年几成废墟，但后又有兴复。城内还有阿里卡里清真寺，内有什叶派十二伊玛目支派第十代伊玛目哈迪和第十一代伊玛目阿斯凯里的陵墓，十二伊玛目派称该寺为“圣寺”。（杨克礼）

萨马拉清真大寺（Jāmi‘Sāmarrā'） 伊拉克伊斯兰教清真古寺遗迹之一。原称“皇家清真寺”。坐落在萨马拉新城东北部。大寺始建于阿拔斯王朝哈里发穆尔台绥姆（833～842在位）时代，后由其子穆泰瓦基勒（847～861在位）于849～851年进行了扩建，耗资达1500万迪尔汗银币。寺院呈长方形，长238米，宽156米，面积为37128平方米，当时被认为是伊斯兰世界面积最大的清真寺之一，曾可容纳近万名穆斯林礼拜。寺院围墙高10米，间有40根半圆支柱。庭院中心喷泉流水，景色别致。礼拜大殿正向凹壁为黄金镶嵌，最高部位是弓架结构的窗户，外窄内宽，两根砖柱支撑着由5个弧形组成的两道拱门，出入门21道。由于年久失修，该寺的主体建筑已残破不全，唯离大寺北墙大门中心约25米的螺旋形尖塔尚存。塔高52米，顶端有一高6米的圆屋顶小房间，顺塔外螺旋斜坡可登塔顶。这座伊斯兰世界仅有的古尖塔风格独特，现被伊拉克政府列为重要历史文物，作为旅游观光项目之一。（赛生发）

萨玛哈（Samāḥ） 阿拉伯—伊斯兰国家形成的以动作节奏体现诗歌韵律的舞蹈形式的统称。系阿拉伯语音译，原意为“允许”，后专指带有韵律节奏的舞蹈。阿拉伯人创造的极富韵律和节奏的口头说唱文学是萨玛哈舞的重要来源。它产生于阿拉伯帝国阿拔斯王朝赛诗会活动的兴盛时期，参赛者每循着二重韵诗的节奏，击掌作拍，以拍伴歌，以歌助兴，歌拍愈扬。后赛诗会的活动传入清真寺附设的宗教学校，担任教职的长老，为提高学生的学习兴趣，经常举行赛诗会。学生不满足于坐歌式，便依诗歌的韵律和节奏手舞足蹈，以脚跺地，既为歌拍，又为舞步。遂进入宫廷，成为宫廷舞。后伊斯兰教苏菲派长老阿格勒·白蒙吉将此舞加工提炼，形成具有宗教色彩的萨玛哈舞，引入苏菲派念诵迪克尔的宗教仪式。此舞以儒雅端庄为特点，舞蹈的脚点变化多端，甩头耸肩，队形时而成圆形，时而形成几何图形。一些苏菲教团成员在念诵迪克尔时，根据念诵内容的韵律、节奏的快慢伴以相应和谐的萨玛哈舞动作，以增强赞念者的宗教情感。舞蹈气氛庄严肃穆，动作稳重安详，不允许有蹦跳、下蹲等大幅度的动作。后这种舞蹈形式传到西亚、中亚和北非的伊斯兰国家，成为穆斯林在庆祝开斋节、古尔邦节及举行婚礼时的舞蹈形式，并与各地传统的民族舞蹈形式相融合，形成多种民族特点的萨玛哈舞蹈艺术。中国新疆依禅派的穆斯林在念迪克尔和欢庆宗教节日时也伴以萨玛哈舞。 （杨克礼）

萨曼王朝（al-Sulālah al-Sāmāniyyah） 阿拔斯王朝时中亚地区建立的伊斯兰教封建割据王朝（874～999）。由中亚河中地总督奈斯尔·伊本·艾哈迈德（Naṣr ibn Aḥmad，874～892 在位）奠基。因其曾祖萨曼而得名。萨曼系波斯巴尔赫贵族后裔，原信奉袄教，后改信伊斯兰教。萨曼之孙艾哈迈德等兄弟 4 人效忠于哈里发马蒙，曾协助阿拔斯王朝军队平定拉菲之乱有功，约于 820 年被马蒙分别任命为管治撒马尔罕、费尔干纳、塔什干和赫拉特城军事长官。后由塔希尔王朝节制，保持原职。873 年，塔希尔王朝灭亡后，艾哈迈德统一治理河中地区。874 年，其子奈斯尔·伊本·艾哈迈德被哈里发任命为河中地区总督，为萨曼王朝之始。奈斯尔之弟伊斯玛仪·本·艾哈迈德（892～907 在位）是萨曼王朝政权的真正创建者。他以布哈拉为首府，正式称“埃米尔”，宣告独立，名义上仍承认阿拔斯王朝哈里发的宗主权，仅向哈里发奉献贡物，报告军务。他效法哈里发宫廷建立了统一的行政和军事制度，确立了王朝与辖地的隶属关系。他于 903 年灭萨法尔王朝，取得呼罗珊地区统治权，继而征服了中亚地区许多独立的地方小邦，其统治势力远达怛罗斯、花剌子模、泰伯里斯坦与戈尔甘等地。他励精图治，采取多种措施发展农业和商业，奖掖伊斯兰学术文化，被后世史籍誉为“信仰虔诚、宽仁贤明的君主”。在奈斯尔二世（913～943 在位）时，由宰相贾伊罕尼和巴勒阿米先后辅佐，将王朝统治的中心由中亚地区转向波斯东部，他加强中央政权和军队建设，镇压了王室内部和什叶派、哈瓦利吉派所发动的叛乱，巩固了王朝的统一。他拨款兴修水利，发展农业，调整赋税，鼓励商业和对外贸易，奖掖学术，境内经济繁荣，文化事业昌盛，为萨曼王朝的黄金时代。与此同时，伊朗西部信奉什叶派的布韦希王朝崛起，长期威胁萨曼西境的安全，呼罗珊地区叛乱频仍。王朝后期，几任埃米尔即位时年幼，宫廷实权由突厥奴隶近卫军高级军官掌管，突厥军官为各省的统治者，实行割据。这时突厥人建立的喀喇汗王朝在中亚兴起，屡次击败萨曼王朝军队，占领中亚部分地区；阿姆河以南地区由其原呼罗珊突厥总督阿勒普特勤建立的伽色尼王朝夺取。在阿卜杜勒·麦利克二世执政时，国土大多丧失，战乱频起，国政由伽色尼素丹马哈茂德所支配。999 年 10 月喀喇汗王朝伊利克·奈斯尔汗率军从喀什噶尔进入河中，未遇任何抵抗攻占首都布哈拉城，阿卜杜勒·麦利克被俘囚禁，后死于狱中。其领土被喀喇汗王朝和伽色尼王朝所瓜分，萨曼王朝遂亡。

萨曼王朝是中央集权制的封建政权，埃米尔为独立君主，集行政、军事和司法大权于一身，为最高统治者。王室成员、封建贵族、宗教上层、突厥近卫军首领、大商人等占有私人土地，租给农民收取分成制地租。少量土地分归村社农民，按规定上缴土地税。清真寺和宗教学校由王室赐封或穆斯林施舍的地产（即瓦克夫），免缴赋税，其收入为宗教基金。王朝采取扶农（牧）、重商政策，倡兴对外贸易，东西商道畅通，各国商贾云集于各城市，商店林立，物产丰富，经济繁荣，国库充盈。

萨曼王朝以伊斯兰教为国教，遵奉逊尼派教义，实行伊斯兰教法，推崇哈乃斐派教法学说。中央大法官和各省法官，由埃米尔直接任命，多由教法学家和大毛拉充任，主持宗教事务和司法。该王朝多数埃米尔笃信伊斯兰教，精通教义教法，宫廷延聘著名伊斯兰长老担任国师、顾问，参与朝政，享有宗教特权和较高政治地位。随着王朝的不断向外扩疆及征服，伊斯兰教在河中地区和费尔干纳北部得到广泛传播，大量突厥部落改奉伊斯兰教，在其辖地确立了伊斯兰教的统治地位。王朝在布哈拉、撒马尔罕、塔什干、赫拉特、赖伊修建壮丽的清真寺、宗教学校、宫殿、陵墓、图书馆、天文台，促进了伊斯兰学术文化的发展。布哈拉和撒马尔罕发展成中亚伊斯兰文化名城。布哈拉兴建的宫殿，富丽堂皇，为萨曼的建筑珍品；规模宏大的皇家图书馆，藏书丰富，收藏有《古兰经》珍本和各学科的手抄本，堪称学术宝藏。撒马尔罕兴建的大清真寺、伊斯兰经学院和天文台，为萨曼伊斯兰学术文化高度发展的象征。王朝大力奖掖学术，招贤纳士。在奈斯尔二世时，布哈拉及宫廷，各方学者云集，在此求学、研究、著述蔚然成风，出了不少闻名于世的学者。医学家兼哲学家拉齐、伊本·西那、博学家比鲁尼、诗人费尔多西和鲁达基、历史学家巴勒阿米、艾布·苏莱曼等均在萨曼王朝的庇护下从事过学术活动，做出了重大贡献。萨曼王朝赞美波斯文化，是波斯语言及文学艺术的复兴者。王朝除通行阿拉伯语外，政府规定波斯文为官方通行文字，并大力推广波斯语，诗人鲁达基等用波斯语进行文学创作。将伊斯兰教经典、科学和文学著作翻译成波斯语广泛流传。据阿拉伯文献载，萨曼王朝曾与中国于阗大宝国王或甘州回鹘可汗通使、通商和联姻。中国西北边境突厥民族最早信奉伊斯兰教，是受到萨曼王朝传播的影响。（杨克礼）

萨摩里·杜尔（Samory Toure，约 1830～1900） 几内亚伊斯兰教改革家、抗法斗争民族英雄。生于桑南科托，属曼丁哥部族。出身商人家庭。早年受过系统的伊斯兰教育，通晓经训、教义和教法，后从事商业。1853 年参加军队，借此发展武装力量。1868 年宣称自己为伊斯兰教领袖，统一几内亚各部落，率部在几内亚康康区创建乌阿苏鲁（Ouassoulou）酋长国。1880 年为抗击法国殖民主义者的侵略，联合西苏丹各部族，建立曼丁哥王国，被推为埃米尔和伊玛目。他推行政教合一制，主张以《古兰经》和伊斯兰教法治国，废除部落习惯法，倡导伊斯兰文化教育，发展农业和商业，加强军队建设，把伊斯兰教传播到加纳和象牙海岸的北部地区。其强盛时疆土西自上沃尔特区向东绵延达福塔贾隆。1883 年法国殖民军占领尼日尔河畔巴马科时，他以伊斯兰教“圣战”为号召，组成穆斯林联军，率军进行反法战争，多次击退法军，1886 年迫使法军缔和，以尼日尔河为国界。1891 年与法国殖民军重开战端，在法军优势兵力进攻下，主动撤退，转战象牙海岸和利比里亚，占领孔城和邦杜库。他被法军追击，因叛徒出卖，于 1898 年 9 月在卡瓦利河上游被法军俘虏，流放加蓬，1900 年卒于该地。（杨克礼）

萨那（Ṣanʻāʼ） 也门共和国首都。人口约 42.7 万（1986 年 3 月）。位于中部高原的萨那盆地内。阿拉伯语“萨那”，意为“工艺品”。它是一座有 2000 年历史的古城，公元前 6 世纪曾是希木叶尔王朝首府。公元前 1 世纪曾建有高约 100 米的霍姆丹宫，据说是世界上第一座摩天大楼，是建筑工艺的珍品，故以“萨那”命名，现无遗存。7 世纪初为波斯萨珊王朝总督驻地。628 年伊斯兰教传入，后为阿拉伯帝国也门总督的首府。10 世纪起，为什叶派栽德派建立的穆泰瓦基勒王朝的国都。1962 年共和国成立后仍以萨那为首都。该城因气候宜人，物产丰富，商业发达，建筑风格独特，被称为“南阿拉伯的明珠”。该城曾是什叶派支派栽德派宗教中心之一，伊斯兰文化较为发达。城内有 90 多座不同风格的清真寺，著名的有建于 631 年的萨那清真大寺，附设的图书馆，收藏有伊斯兰经籍的珍本，是阿拉伯世界最大的图书馆之一。建于 10 世纪前的贾巴纳清真寺，是节日聚礼的中心。市内建有多所各级宗教学校。北郊大岩石旁，建有卡索尔·哈克尔宫，原为伊斯兰长老的行宫，现改为公共游览地。城中有 7 层楼的共和宫（原为伊玛目的宫殿）。（杨克礼）

萨那清真大寺（al-Jāmiʻal-Kabir fi Sanʻāʼ） 也门著名清真古寺。位于首都萨那旧城。约于 630 年由也门行政长官、圣门弟子渥卜勒奉穆罕默德之命创建。后经伍麦叶王朝第六代哈里发瓦利德（705～715 在位）扩建及其后历代的不断重修，得以保存至今。是也门的重要古迹之一。大寺占地 1 万多平方米，为一组多座圆顶式的阿拉伯古建筑群。在大寺的 12 扇大门中，有一扇还刻有希木叶尔文字。该寺曾设有宗教学校，为也门地区什叶派支系栽德派的宗教教育中心。1972 年，在维修大寺西墙时发现了有 3 万页的《古兰经》手抄稿，分别写在羊皮或古纸上，堪称伊斯兰教最珍贵的文物之一。清真大寺附有多种设施，其中所设图书馆，是阿拉伯世界伊斯兰教典籍收藏最多的图书馆之一，馆藏多种珍本书籍和手稿，为其他图书馆所罕见。萨那有近百座清真寺，已列入也门文物古迹的清真寺中，该寺名列前茅。（赛生发）

萨纳伊（al-Sanai，约 1050～1131） 中世纪伊斯兰教苏菲派诗人。全名艾布·穆加德·马哲杜德·萨纳伊。生于伽兹尼，出身于贵族家庭。青年时为伽色尼王朝宫廷诗人，为素丹麦斯欧德·本·易卜拉欣父子等写过赞美诗。曾结交一些名人、学者，特别是苏菲派的长老，使他的思想转向苏菲主义。后离开宫廷，四处游历，足迹遍及内沙布尔、萨拉赫斯直至巴尔赫、赫拉特等地，并到圣地麦加朝觐，数年后返回加兹尼，在苏菲派的扎维叶（即修道场所）中过着隐居苦修生活，潜心著书立说，直至去世。萨纳伊是用波斯语创作神秘主义诗歌的代表作家。他写的诗有颂诗、抒情诗、四行诗和叙事诗等，据称有 6 万行，大多为阐述苏菲主义内容的宗教诗。叙事诗《真理之园》为其代表作，全诗分 10 部分，共 1 万个对句，通过讲故事，用引证、举例、比喻等手法，把为人们所称颂的思想、品德、劝诫和神秘主义思想糅合在一起，谴责了一些人追求功名利禄、虚伪、背信弃义、信教不虔诚等，同时阐述了苏菲主义的学理，提出穆斯林要虔诚敬主爱主，只有不断求知，净化心灵，才能认识真主；通过苦行修身禁欲，才能达到与真主合一。叙事诗还有《修行之道》、《巴尔赫记》、《理智篇》、《求真之路》等，表达了诗人对宗教、哲学、理性和爱情的观点。他的诗充满哲理，既有劝善告诫，又有对邪恶的抨击。萨纳伊的诗歌对波斯和伊斯兰世界的文学产生了巨大的影响。（杨克礼）

萨图克·布格拉汗（Satuk Boghra Khan，？～955） 中国最早信仰伊斯兰教的回鹘可汗。生于巴拉沙衮（今哈萨克斯坦的托克马克附近）。祖父是喀喇汗王朝始祖毗伽阙·卡迪尔汗，父亲巴泽尔是王朝大可汗。相传其幼年丧父，母亲改嫁其叔父乌古尔萨克·卡迪尔汗后，即随叔父生活。893 年怛罗斯（今哈萨克斯坦的江布尔城）被萨曼王朝攻占后，又随乌古尔萨克迁至喀什噶尔。12岁(一说16岁或20岁)时,接受避难于阿图什的萨曼王朝王子奈斯尔·本·曼苏尔的传授,归信了伊斯兰教,起经名阿卜杜勒·凯里姆('Abd al-Karim)。其侍卫、护从当时也随其归信了伊斯兰教。此后,他学习《古兰经》,并在王族成员和青年中发展信徒。910年(一说915年),在萨曼王朝穆斯林的支援下,萨图克在喀什噶尔发动武装政变,夺取政权,取名布格拉汗(布格拉,突厥语,意为"公骆驼")。宣布伊斯兰教为王朝的国教,并利用其权力迫使王公贵族和属民改宗伊斯兰教。不久,出兵萨曼王朝,夺回怛罗斯。接着又发动"圣战",打败不归信伊斯兰教的巴拉沙衮大可汗,把伊斯兰教传布到汗国全境。后致力于汗国的伊斯兰化。殁于955年(伊斯兰教历344年),葬在新疆阿图什,其墓至今犹存。(马品彦)

萨图克·布格拉汗麻札 中国新疆地区喀喇汗王朝第一位信奉伊斯兰教的可汗萨图克·布格拉汗的陵墓。当地简称"苏勒坦(素丹)麻札"。在新疆维吾尔自治区阿图什市逊塔克乡。始建于955～956年(伊斯兰教历344年),为新疆最早的麻札。据传,初建的拱北坍塌后,曾重建一座高大的9顶拱北。叶尔羌汗国时期,毁于洪水,只重建了一座小拱北。1872年曾进行大规模增建和扩建。1944年再次毁于洪水。整体建筑占地约20亩。由拱北、清真寺、经文学校、大门、水池等组成。礼拜大殿修建于1902年,土木结构,方体平顶,由57根雕花木柱支撑。拱北砖木结构,方体尖顶。门东向,三面开有拱形窗。墙面用砖拼成多种几何图案,线条流畅,造型别致。不远处有一座木栅围护的坟头,据传为萨图克的宗教启蒙者艾布·奈斯尔·萨曼尼的麻札。在新疆和中亚穆斯林中享有很高声望。15世纪以来,和卓、依禅多来此拜谒或结庐隐修。至今拜谒者络绎不绝。1956年被列为新疆维吾尔自治区重点文物保护单位,由政府资助按原型重建。

(马品彦)

萨乌黛(Sawdah) 见圣妻。

塞白卜(Sabab) 伊斯兰教义学用语。阿拉伯语音译,意为"途径"、"缘由"、"条件"、"手段"等。《古兰经》云:"我确已使他在大地上得势,我赏赐他处理万事的途径"(18:84)。经文中"途径"一词,阿拉伯语谓之"塞白卜"。伊斯兰教义学家认为,安拉创造了万物,而任何事物的存在和发展都有其缘由和条件,有其必然性和偶然性。譬如人的生死是必然的,吉凶、祸福是难免的,但人凭安拉赐予的智慧,可以通过一定的途径、手段,改变环境和条件,使其向有利的方向发展,延长寿命,化凶为吉,化祸为福;如遇危难消极被动,束手无策,便厄运降生。意外、突然事件的发生,也有缘由、条件,即塞白卜。凡尊奉安拉之道、止恶扬善的人,借安拉赐予的塞白卜,经过个人的努力,方可避开危难,取得事业的成功。(马忠杰)

塞白人(Saba') 见赛伯邑族。

塞尔柱帝国(Imbarāṭūriyyah al-Salājiqah) 11世纪塞尔柱突厥人在中亚、西亚建立的伊斯兰国家(1037～1194)。亦称"塞尔柱王朝"。塞尔柱人属突厥乌古斯部落联盟4大部族的一支,初居突厥斯坦的吉尔吉斯草原,以其酋长塞尔柱(Saljūq)的名字命名。约于10世纪中期,塞尔柱率其游牧部族西迁至锡尔河下游的占德地区。约985(一说956)年,被编入萨曼王朝的边防军,在布哈拉城附近定居,归信伊斯兰教,属逊尼派。后趁伽色尼王朝对外战争和内讧之机,扩大势力,逐渐兴起。1037年,塞尔柱之孙图格鲁勒·贝克(?～1063)率其部越乌浒河西下,夺取伽色尼王朝属地木鹿和内沙布尔。1040年,在木鹿附近丹丹坎决战中,塞尔柱军大败伽色尼军,连克几处城邑,占领呼罗珊全境。图格鲁勒定都内沙布尔,建立行政机构,自封为"贝克"。1043年,图格鲁勒领兵继续西进,并吞米迪亚,进据赖伊、哈马丹。1051年,攻占伊斯法罕,并迁都于此。1054年,又征服阿塞拜疆,该地封建主向塞尔柱人纳土。1055年,应阿拔斯王朝哈里发嘎伊姆(1031～1075在位)之召,图格鲁勒领兵进入巴格达,废黜布韦希王朝埃米尔,被哈里发视为救星和保护人。哈里发被迫赐予图格鲁勒"素丹"称号,封他为"东方与西方之王",成为哈里发的摄政王。从此,阿拔斯王朝所有权力悉归素丹控制,哈里发仅是象征性的宗教领袖。在素丹艾勒卜·艾尔斯兰(1063～1072在位)及其子马立克沙(1072～1092在位)执政时,帝国达到极盛时期,武功文治卓著。1064年占领拜占庭亚美尼亚省首府阿尼。1070年艾尔斯兰率兵攻占阿勒颇,其势力扩张到耶路撒冷和大马士革,并从什叶派法蒂玛王朝手中收复了圣地麦加和麦地那。1071年在凡湖以北的曼齐卡特打败拜占庭军队,俘掳拜占庭皇帝罗麦纽斯·戴俄格尼斯,占领小亚细亚东部。从此,大量塞尔柱人相继迁往小亚细亚,伊斯兰教在小亚细亚得以传播。1091年马立克沙把首都迁到巴格达,在聚礼日(主麻日)祈祷中,将素丹的名字与哈里发并列。11世纪末,塞尔柱人的版图,东起中亚并与中国接壤,西至叙利亚及小亚细亚,南达阿拉伯海,北至基辅俄罗斯边境,形成强大的军事封建帝国。

塞尔柱帝国沿袭阿拔斯王朝和波斯诸王朝的政治制度,在素丹下设首相(即维齐尔),全权代表哈里发处理政治、军事、财政及宗教事务。波斯籍维齐尔尼扎姆·穆勒克曾在艾尔斯兰和马立克沙执政时,集大权于一身,在处理国务中起主导作用。各省由总督管理,大多由塞尔柱贵族担任。在经济上,实行军事采邑制,军事长官可以世袭素丹赐予的土地(即伊克塔)。农民用实物缴纳田赋,其中一部分上缴国库。国库耗巨资开凿运河,修筑大道,开办邮政驿站,保证东西商道畅通。在宗教上,信奉逊尼派。在帝国境内兴建大量清真寺,并在巴格达和内沙布尔等地创办以尼扎姆·穆勒克的名字命名的宗教大学,重金聘请各地著名学者任教,传播逊尼派艾什尔里学派的教义学和沙斐仪学派的教法学说,培养宗教学者和政府官吏。在学术文化上,奖励学者进行学术研究,著书立说。伊斯兰教著名学者安萨里和数学家、诗人欧麦尔·赫亚姆等皆在朝廷的赞助和支持下完成了他们的学术巨著。还新建天文台,招聘学者从事天文实测和研究,修改了波斯历法,编成著名的《哲拉勒历》,比《格列高里历》还要精确。

1092年马立克沙和尼扎姆·穆勒克相继逝世后,王室诸子争位,皇族内讧,各地军事封建主割据称雄,伊斯玛仪派的阿萨辛支派在波斯和叙利亚占据许多堡寨,出击王朝军队,进行暗杀活动,从而使塞尔柱帝国开始解体,罗姆素丹国在小亚细亚独立。后帝国分裂成以巴格达、大马士革、科尼亚、摩苏尔、迪亚巴克尔等城市为中心的许多小塞柱素丹王朝。各王朝间相互混战,削弱了抵御外敌的能力。1097年十字军攻占尼西亚,后又侵入叙利亚和巴勒斯坦。1141年,在卡特万草原被西辽(即哈喇契丹)打败,丧失了中亚地区。1157年,素丹桑贾儿死后,大塞尔柱王朝灭亡。1194年巴格达的米迪亚塞尔柱王朝被花剌子模王朝军队所败,塞尔柱人控制阿拔斯王朝的历史从此告终。14世纪初,各地的小王朝相继灭亡。 (杨克礼)

塞基法会议(Ijtimā'al-Saqifah) 632年6月伊斯兰教先知穆罕默德逝世后在麦地那举行的选举、确定其继任者的会议。又称"塞基法誓约"(Bay'ah al-Saqifah)。"塞基法"系阿拉伯语,意为"茅棚"、"有篷的场院",因会议在麦地那萨伊代(Sā'idah)家族的茅棚内举行,故名。因穆罕默德生前未就哈里发(Khalifah,即继任者)问题留下明确遗嘱,故在他逝世之后由谁担任此职,便成为新兴的穆斯林公社所面临的首要问题。当穆罕默德在麦地那逝世的消息传出后,辅士们(al-Anṣār,即麦地那穆斯林)立即在萨伊代家族的茅棚内单方面举行集会。他们自恃支持穆罕默德的传教事业有功,提出若非他们给穆罕默德及自麦加迁来的穆斯林提供援助,新兴的伊斯兰教将无立足之地,故认为哈里发理当从他们中间产生,遂推举海兹拉吉(al-Khazraj)部族长老赛尔德·本·欧巴岱(Sa'd ben 'Ubādah,? ~635)为哈里发。迁士们(al- Muhājirūn,即由麦加迁徙至麦地那的穆斯林)闻讯后,立即请来他们的领袖人物艾布·伯克尔、欧麦尔等人赶到塞基法会场。艾布·伯克尔首先指出从奥斯(Aws)和海兹拉吉任何一个部族中产生哈里发都将导致新的部族矛盾,在肯定辅士们对伊斯兰教事业的贡献后,特别强调从先知所出身的麦加古莱什部族中选举哈里发的必要性,认为只有这样,新兴的穆斯林公社才有望得到巩固和发展,否则势必导向分裂。欧麦尔在会上则以艾布·伯克尔最先信奉伊斯兰教,是先知患难与共的挚友;先知在患病期间曾委托他代理率领穆斯林做礼拜,表明他在先知心目中的地位优先于所有圣门弟子等为由,力主推选艾布·伯克尔为哈里发。辅士们对艾布·伯克尔和欧麦尔的见解表示信服,但仍不愿放弃权位之争,继而提议由迁士和辅士轮流担任哈里发,或自两派中各选1名长官共同执政。双方经过激烈争辩,辅士中的奥斯人率先改变态度,明确表示拥护艾布·伯克尔为哈里发,与会者除赛尔德·本·欧巴岱外随即纷纷响应。此即伊斯兰教史上著名的塞基法会议。因决议只是由少数与会者做出,尚不能代表全体穆斯林的意志,故史称"特别誓约"(al-Bay'ah al-Khāṣṣah)。翌日,又经欧麦尔倡议,穆斯林公众在先知寺内再次进行表态,一致拥护艾布·伯克尔为哈里发,史称"公众誓约"(al-Bay'ah al-'Āmmah)。至此,艾布·伯克尔正式当选为政教合一的穆斯林公社领袖,除按教规不能继承先知圣位外,他继承了穆罕默德的国家元首、最高法官、宗教领袖和军队最高统帅等一切职务和权力。从此,伊斯兰教历史开始进入正统哈里发(al-Khulafā'al-Rāshidūn)时期。

在塞基法会议期间,与穆罕默德同宗的哈希姆家族成员亦在其女法蒂玛家中单方面集会。他们以合法者(Ahl al-Ḥaqq)自居,强调血统和宗谱,认为哈里发职位是穆罕默德的精神遗产,只有其后裔才有资格继承,遂推举其婿阿里为哈里发。"公众誓约"之后,阿里一度曾以艾布·伯克尔攫取了他的合法继承权为由,拒绝承认其领袖地位。直到法蒂玛病逝后,阿里方向艾布·伯克尔表示臣服。

塞基法会议是伊斯兰教早期政治生活中的重要事件。按照古阿拉伯人选举部族酋长的传统方式民主选举政权领导人,它标志着一种新兴制度的确立。但在选举过程中出现各派政治力量的权位之争,却又预示了该项新制度在以后的岁月中所面临的一系列挑战。

(杨宗山)

塞拉利昂伊斯兰教 塞拉利昂共和国位于非洲西部。面积7.2326万平方公里。人口382.2万(1987年估计数字),有20个部族。官方语言为英语,另有4种主要的部族语言。首都弗里敦。居民中50%以上信奉伊斯兰教,25%信奉基督教,少数人信奉拜物教。穆斯林人口190余万,分布于全国各地,分属于滕内人、门德人、瓦依人等部族。16世纪,伊斯兰教由阿拉伯商人首次传入塞拉利昂。18世纪初,又有一些信奉伊斯兰教的部族从非洲内地迁居塞拉利昂。1875年,尼日尔河上游的富拉尼穆斯林部族发动"圣战",征服当地部族后定居下来。同时,很多曼丁戈族穆斯林来此经商,兼而传播伊斯兰教。到19世纪,北非各地的苏非教团兴起,竞相在当地部族人中收徒、布道,使伊斯兰教得到更广泛的传播。塞拉利昂穆斯林中既有逊尼派,也有苏非派、什叶派,还有少数艾哈迈迪耶派的追随者。全国性伊斯兰教组织有10几个，主要的是：塞拉利昂穆斯林大会(1928)、塞拉利昂伊斯兰教协会(1961)、塞拉利昂伊斯兰教理事会、塞拉利昂伊斯兰联盟等。它们代表国内半数人口的穆斯林，对国家政治、经济、文化生活有一定影响。塞拉利昂的穆斯林多以部族及移民集团为核心，全国有数千座清真寺，亦分属于各部族或移民集团。首都弗里敦清真大寺是全国最大的清真寺。全国有近百所穆斯林中、小学，开设阿拉伯语和伊斯兰教基础课，有数百名穆斯林学生去埃及、沙特阿拉伯等国的高等伊斯兰学府留学深造。部分穆斯林遵行伊斯兰教法。塞拉利昂是伊斯兰会议组织成员国，与伊斯兰世界联盟关系密切。（黄陵渝）

塞拉姆(al-Salām)　见色兰。

塞莫宜洛　见舍姆维勒。

塞内加尔伊斯兰教　塞内加尔共和国位于非洲大陆西部，面临大西洋。面积19.6722万平方公里。全国人口为711万(1988)。主要民族有沃洛夫人、谢列尔人、颇尔人、富拉尼人、图库洛尔人和曼丁戈人等。居民中90%的人信奉伊斯兰教。通行沃洛夫语和谢列尔语，官方语言为法语。首都达喀尔。10世纪初，伊斯兰教通过穆斯林商人和传教师从北非沿着非洲西海岸向南传播。1076年摩洛哥的穆拉比特人在塞内加尔河与冈比亚河之间的地区建立了统治并传播伊斯兰教。当时塞内加尔地区的泰克鲁尔王国的国王首先信奉了伊斯兰教，从此，伊斯兰教得以传播。14世纪，塞内加尔隶属于信仰伊斯兰教的马里帝国，使塞内加尔伊斯兰教得到进一步传播和发展。15世纪中叶，沃洛夫人建立了卓洛夫伊斯兰王国。16世纪属桑海帝国，在穆斯林地区建立清真寺和宗教学校，使伊斯兰文化得到发展。17世纪后期，葡、荷、英、法殖民者相继入侵。1864年沦为法国殖民地。19世纪末，富拉尼伊斯兰教领袖哈吉·欧麦尔在西非发动"圣战"，逐步征服一些信奉多神的小酋长国，建立图库洛尔王国，传播提加尼教团教义，在很大范围内推动了包括塞内加尔在内的西非地区伊斯兰教的广泛传播和发展。1960年宣布独立，成立塞内加尔共和国。宪法规定，塞内加尔实行政教分离，是一个信仰自由的国家。但伊斯兰教组织和宗教领袖在国家政治生活中起着重要影响，政府拨款建立清真寺和宗教学校，发展伊斯兰文化。塞内加尔穆斯林属于逊尼派，奉行马立克学派教法。但受苏非派思想影响较深，主要教团有提加尼、穆里德、卡迪里、拉希尼等教团组织，各教团有一总哈里发领导，各有自己管辖的范围，建有清真寺、扎维叶和宗教学校。提加尼教团创办的库勒哈伊斯兰学院较为著名。首都达喀尔设有宗教教育团体"伊斯兰文化协会联合会"，创办有宗教刊物《震旦》周刊。塞内加尔是伊斯兰会议组织、世界伊斯兰大会、伊斯兰世界联盟的成员国。（杨克礼）

塞瓦布(Thawāb)　伊斯兰教用语。阿拉伯语音译，意为"报酬"、"奖赏"、"回赏"、"回赐"。指安拉对穆斯林善行的一种奖赏。《古兰经》云："谁想获得今世的报酬，我给谁今世的报酬；谁想获得后世的报酬，我给谁后世的报酬"(3：145)。据经注学家解释，凡穆斯林在今世虔诚信仰安拉，履行法定的宗教功课，扬善止恶，多做善事，安拉将赐予在今世吉祥、安宁与幸福，在后世将进入天园。中国穆斯林在日常生活中使用此语时，引申为向对方表示感谢、感激并祈求真主回赐对方的意思。（罗万寿）

赛伯邑族(Saba') 《古兰经》中记载的古代部族之一。一译"塞白人"。阿拉伯语音译。《旧约全书》称"示巴"(Sheba)。相传系古代南阿拉伯家族中的一支，居住在阿拉伯半岛西南端也门地区纳季兰以南。约自公元前10世纪起建有文明古国，为也门地区两个最早建立的较大王国之一。《古兰经》中有两处提到该部族，一处系在讲述先知苏莱曼劝化其女王拜勒吉斯由崇拜太阳神转变为信仰独一安拉的故事中述及(27：20～44)，另一处系以其名作为第34章的篇名，并讲述了族人因忘恩负义、背叛对安拉的信仰而遭到水库急流淹没的事例(34：15～17)。经文中提及的水库，指赛伯邑王国第二时期(约公元前650～115)首都马里卜(Ma'rib，位于萨那以东约96公里处)的大水库，其水坝曾以工程浩大而闻名于世。后因地震而导致大坝坍塌，洪水泛滥。以上两处经文均见于麦加章，前者旨在规劝以古莱什贵族为首的多神教徒，要他们以赛伯邑女王为榜样，及早归信伊斯兰教；后者则告诫他们不信正教者绝无好下场。（杨宗山）

赛布尔(Ṣabr)　伊斯兰教伦理道德术语，穆斯林修身准则之一。阿拉伯语音译，意为"忍耐"、"坚忍"、"克制"。伦理问题在《古兰经》中具有重要地位。经文中提到"忍耐"一词有70处之多，并把它作为穆斯林虔诚信仰安拉必备品德和修身养性的准则，同信仰、礼拜等经文相提并论。《古兰经》云："信道的人们啊！你们当借坚忍和拜功，而求佑助。真主确是与坚忍者同在的"(2：153)。"唯有坚忍的人得享有完全的、无量的报酬"(39：10)。伊斯兰教义学家认为，忍耐是顺从安拉之命的体现，是穆斯林必备的高贵品德，是一切美德的前提和根本。它指穆斯林在身遇逆境或灾难时应具备的沉着坚韧的意志，能够承受各种磨难的精神气度。穆斯林为坚信或保卫"安拉之道"而遭迫害时，能坚强地活下去，是信仰虔诚的表现；因遇艰苦、曲折或逆境而不能坚忍，却自暴自弃或以身自尽，是教法谴责的行为，倘若叛教则是犯大罪的行为。忍耐是教法嘉许的行为之一，它体现在其他美德和行为之中。比如，勇敢是对战斗中各种艰难困苦的忍耐；贞洁是对一切淫奢欲望引诱的忍耐;宽宏大度是对各种偏狭、自私及挑衅性恶习的忍耐;保密是对喜传私隐之陋习的忍耐;忍辱负重是对谗言亏枉的忍耐。（杨克礼）

赛布仪耶派(Sab‘iyyah) 伊斯兰教什叶派中承认7位可见伊玛目的派别的统称。得名于阿拉伯文“赛布仪”一词,意为“七位者”,亦称“数字七派”。包括穆巴拉克派(Mubārakiyyah,即第七代伊玛目伊斯玛仪的支持者)、穆萨派(Musawiyyah)、卡尔马特派、法蒂玛派、阿萨辛派及德鲁兹派和努赛里耶派。尤指伊斯玛仪派。各派除信仰七位伊玛目和末代“隐遁”的伊玛目终将重返人间之说外,还有一套与神秘的数字7相联系的信仰体系。包括相信宇宙天体系由7种元素组成:1.安拉 2.普遍理性 3.普遍灵魂 4.原始物质 5.空间 6.时间 7.地球和人类世界。相信在低层世界或人类的救赎史中有7位代言先知,即阿丹、努哈、易卜拉欣、穆萨、尔撒、穆罕默德和穆罕默德·塔姆(Muḥammad al-Tāmm),而在每两个代言先知之间又有7位“沉默者”,依次为塞特赫(Seth)、塞姆(Shem)、伊斯赫梅尔(Ishmaei)、彼得(Peter)、阿里和各派公认的创始人阿卜杜拉·本·麦蒙(‘Abd Allah b. Maimun)为代言先知的特别助手和释秘者,以其特有的神秘方式颁布教义,破解律法。在沉默者系列之下,又有由7位或12位组成的更低的品级系列,其中以达伊(dai,即传道师)最为重要。各派大多相信化体之说,有的相信第七代伊玛目为安拉的化身,有的相信阿里为安拉的化身,由此又派生出“艾赫勒·哈格”和印度的霍加等支派。赛布仪耶派尤为注重隐义教义,认为入教者必须经过传道师的“真传”,方能领悟隐遁伊玛目颁布的教义,从而得救。该派因被认为贬低安拉和先知穆罕默德,常遭到逊尼派和什叶派内部正统派的谴责,被贬称为“肉身派”或“极端派”(即侯鲁勒派)。（吴云贵）

赛德盖(Ṣadaqah) 伊斯兰教关于各种施舍的通称。亦译“索德格”。阿拉伯语音译。《古兰经》第2章第219、261～265节劝谕穆斯林应为主道施舍,穆罕默德多次教诲穆斯林施舍,为此伊斯兰教规定塞德盖有3种:(1)天命的赛德盖。如“天课”,系按教法规定,为接济贫困者而缴纳的一种施舍。(2)当然的赛德盖。如“菲图尔”钱,系按家庭人口数在开斋节舍散的一种施舍。(3)自愿的赛德盖,是以个人经济能力善举的财物施舍。赛德盖的意义据《永恒的幸福》一书中解释:施散赛德盖,旨在使穆斯林树立恻隐之心和乐善好施之精神。有的教法学者认为,它的涵义还包括:凡做有利于他人或公众的事情,举办公益事业,与人为善,助人为乐,劝人从善等,均属赛德盖。（达应庚）

赛德盖·菲图尔(Ṣadaqah al-Fiṭr) 伊斯兰教法规定在开斋节施散的财物。亦称“菲图尔乜贴”。阿拉伯语音译,意为“开斋施舍”。系穆斯林男女老幼在开斋节会礼前舍散的一种欢度节日的施舍。按《伟戛业教法经解》规定:每人施舍小麦二升半。由于阿拉伯各国容量单位不一,施舍标准也不一。中国各地区实行标准也不同,有的是小麦二升半,有的是小麦二斤四两,或大麦四斤八两。一般都折合成现金施舍。赛德盖·菲图尔需直接施散给贫困者。中国通用汉语的穆斯林称为“开斋捐”或“菲图尔钱”,有的也交清真寺作宗教基金用。（达应庚）

赛典赤·赡思丁(1211～1279) 中国元代回回政治家。全名赛典赤·赡思丁·乌马儿(al-Sayyid Shams al-Din‘Umar),今译“赛义德·舍姆斯丁·欧麦尔”。赛典赤意为“先生”、“首领”,指圣裔;赡思丁意为“宗教的太阳”,乌马儿有“长寿”之意。原籍中亚不花剌(今布哈拉)。赡思丁于13世纪初东迁充任蒙古成吉思汗的帐前侍卫,窝阔台汗即位后,任丰、靖、云内(今大同、呼和浩特一带)的都达鲁花赤,后改任太原、平阳二路达鲁花赤。宪宗时任燕京路总管、采访使。忽必烈即位后,升为燕京路宣抚使。中统二年(1261)拜为中书省平章政事,统理财政,曾兼理发行中统交钞,是历史上首次发行较为正规的纸币,且“尚知限制发行”。一时国库充裕,战事粮饷供应未曾匮乏。至元元年(1264),出任陕西、四川行中书省平章政事,后并节制陕西五路四川行枢密院所有大小官属。在陕西3年之内,民户增加3565户,军户增加12255户,税收增加6225钞锭,屯田粮增加9721担,节省和买钞331锭,得朝廷赏银5000两。至元十一年(1274),赡思丁任云南行省平章政事,为云南设立行省的第一任行政长官。任职期间,改革行政体制,设置郡县,把万户府、千户所、百户所改为路、府、州、县,路设总管,府设知府,州设知州,县设县令或县尹。共“为路三十七,府二,属府三,属州五十四,属县四十七,其余甸、寨、军民等府不在此数。”加强了元王朝对云南的中央集权制统治。为发展社会经济,建立军民屯田12处,使农业人口和耕地面积都有显著增加;大力兴修水利,在鄯阐(今昆明)地区筑坝修闸,挖堰开塘,疏浚河水,兴建了农田灌溉系统工程;委任汉官张立道修治滇池,开凿了滇池下游宝象、马料等6条人工河;因云南“无粳稻聚麻,教民播种”,推广稻谷种植,改进养蚕事业,使农桑得以发展;改善交通条件,在至元十三年至十五年间(1276～1278),命乌撒总管爱鲁负责重修从鄯阐经乌蒙(今昭通)到叙州的水陆驿站道路,使该干线成为云南、四川、贵州的交通要道;在云南境内设驿站78处,加强了云南和燕京及中原各地的联系。注意发展文化教育事业,至元十三年在鄯阐五华山修建学校,劝导各族子弟入学;修建孔子庙、明伦堂,宣扬儒学;设立侧景所,观测日月食和推算四时节令;设立惠民药局,治疗疾病,供给药物;关念民间疾苦,贷牛种、耕具等,减轻人民负担,百姓“由是远近翕然俱来”。对各少数民族首领采取团结方针,缓和了民族矛盾。处理一般民间纠纷时，持平办理，疏通引导，使之和睦相处，史称他“秉政六年”，“旧政一新”。

赡思丁入云南后，大批回回人随同入滇，是为云南回族的来源，伊斯兰教也随之传入。史称赡思丁为“别庵伯尔之裔”，即伊斯兰教创始人穆罕默德的后裔，亦为宗教世家，对宗教事业十分重视。他在当时的昆明、大理、临安等地相继建立了清真寺。据《马可·波罗游记》载，他曾在押赤(今大理)城中见到有“撒拉逊人或伊斯兰教徒”。相传赡思丁曾在昆明建清真寺12座。今正义路的南城寺和金碧路的永宁寺相传即为他所建。

赡思丁政绩卓著，为发展经济、文化、教育、宗教、民族等事业，做出了杰出贡献。逝世后，“百姓巷哭”，人民怀仰，“邦之父老入请诸朝刻石颂功，立庙祀之”。“交趾王遣使者十二人齐经，为文致祭，其辞有‘生我育我，慈父慈母’之语，使者号泣震野。”因其功绩甚伟，世祖诏云南守臣：“尽守赛典赤成规，不得辄改”。成宗大德元年(1297)，朝廷追赠守仁佐运安远济美功臣、太师、开府仪同三司、上柱国，追赠雍国公，谥忠懿。后晋封咸阳王，改谥忠惠。赡思丁生有5子，长子纳速剌丁，于其父逝世后，曾任云南行省平章政事；次子哈散(今译“哈桑”)，为广东道宣慰使都元帅；三子忽辛(今译“侯赛因”)，曾任云南行省右丞；四子苫速丁兀默里，为建昌路总管；五子马速忽，为云南诸路行中书省平章政事。其子孙对云南地区也做出了许多贡献，对回族和伊斯兰教的发展同样起了很大作用。(杨怀中)

赛典赤·赡思丁衣冠冢 中国元代穆斯林先贤的纪念冢。在云南省昆明市东民航路159号院内。系石砌长方形高冢。正、左、右三面皆有镌刻；正面系唐继尧题额、袁嘉谷楷书的《元咸阳王赡思丁墓》；右面是袁嘉谷撰稿并楷书的《重修咸阳王陵记》；左面则是袁丕钧楷书的《元史·列传·赛典赤》的节选。赛典赤·赡思丁来自中亚伊斯兰文化名城布哈拉。元世祖至元十一年(1274)时忽必烈召拜为云南行省平章政事，直至逝世前在位6年，政绩卓著，对云南边疆的开发做出了显著贡献，对促进民族团结亦建树颇多，故云南各族人民皆崇敬怀念。每年开斋节，回民前来游坟凭吊。赛典赤·赡思丁原墓在昆明城北20公里的松花坝马耳山，嗣因迭遭兵燹而毁。清圣祖康熙三十一年(1692)重修，建有寝陵；乾隆初(1736)又建享堂三楹。今存者较原规模为小。（林　松）

赛尔德·本·艾比·瓦嘎斯(Sa‘d ben Abi Waggāṣ，593～675) 穆罕默德的门弟子，军事将领。全名为赛尔德·本·艾比·瓦嘎斯·本·乌海卜·本·阿卜德·麦纳夫·祖赫里。生于麦加，出身于古莱什部落的祖赫拉(Zuhrah)家族，家庭十分富有。610年穆罕默德开始在麦加秘密传教期间，17岁的赛尔德经艾布·伯克尔引荐信奉了伊斯兰教，成为第五位最先信教者，曾因不堪忍受异教徒围攻辱骂而痛打对方，其母以绝食迫其重奉多神教亦未遂。后奉穆罕默德之命，同少数穆斯林一起迁居阿比西尼亚(今埃塞俄比亚)。622年又随同穆斯林大众迁徙至麦地那。因在艰苦条件下信教，并表现坚定，成为穆罕默德以天园相许诺的十大弟子之一。他精于射箭和骑术，曾参加穆罕默德领导的所有战役，因骁勇善战并在吴侯德之战中保卫穆罕默德有功，而享有“雄狮”之称。637年欧麦尔执政时期，他出任进军波斯总指挥，在伊拉克希拉附近的卡迪西亚(al-Qādisiyyah)激战中，打败由首相罗斯图姆(Rustum)亲自统率的波斯帝国军队，创阿拉伯军事史上以少胜多的突出战例，并乘胜一举攻克波斯帝国首都泰西封。他遵照欧麦尔指示，建库法营地为新征服地区首府。638～641年任库法总督期间，曾在该地建筑了伊拉克的第一座清真寺。644年欧麦尔临终前，他被提名为由6位候选人组成的协商确定哈里发人选委员会(al-Shūrā)成员之一。此后，他回避激烈的哈里发权位之争，隐居在麦地那郊外阿基格(al-‘Aqiq)村。毕生传述圣训270余段。晚年双目失明，675年病故。（杨宗山）

赛尔德教团(al-Ṭariqah al-Sa‘diyyah) 叙利亚伊斯兰教苏菲派兄弟会组织。亦称“吉巴维教团”(al-Jibāwiyyah)。对其起源说法不一。一说是由赛尔德丁·吉巴维·伊本·优努斯·谢巴尼(Sa‘d al-Din al- Jibāwi ibn Yūnus al-Shaibāni，？～1335)创立于大马士革；一说在赛尔德以前已分布于埃及和土耳其；一说是里法伊教团的分支。16世纪末至17世纪初，教团因穆罕默德·伊本·赛尔德丁(Muḥammad ibn Sa‘d al-Din，？～1611)而闻名于世。他在麦加朝觐时参加苏菲教团，返回大马士革以后，建立扎维叶(即道堂)，创建该教团，自称其道统承自先知家族，于1578年自称谢赫。殁后由其子赛尔德丁(？～1626)继承。该教团未得到广泛的传播，仅在土耳其有一些信众，并由优努斯·伊本·赛尔德丁传入埃及。在开罗每逢伊斯兰教节日和圣纪，举行一种称为“杜沙”(Dosa)的仪式，谢赫骑在马上高居于拜倒在地的众多的“德尔维什”之上，象征着超越自然法则。仪式相当狂热，高念迪古尔，表演生吞活蛇等，因而引起当地其他穆斯林的责难。1881年，埃及大穆夫提发布一项法特瓦(即教法决定)，将这种仪式作为一种“异端”而加以禁止。20世纪以来，叙利亚的霍姆斯等地信奉该教团的穆斯林仍遵奉上述宗教仪式。在埃及，仍有该教团以弄蛇为生的苦行者在活动。（王怀德　吴云贵）

赛尔伊(Sa‘y) 见奔走。

赛法哈(al-Saffāḥ) 见艾布·阿拔斯。

赛法和麦尔卧(al-Ṣafā wa al-Marwah) 见朝觐。

赛弗·道莱(Sayf al-Dawlah,916～967) 叙利亚北部哈姆丹王朝创始人。原名阿里·伊本·阿卜杜拉·伊本·哈姆丹。赛弗·道莱为阿拔斯王朝哈里发穆泰基封他的称号,意为“国之宝剑”。出身于伊拉克北部的泰格里布部落的贵族家庭,其父艾布·海加仪为摩苏尔省总督。他早年在摩苏尔受教育,勤奋好学,博学多才,酷爱诗歌。信奉什叶派教义。后被其兄哈桑派去驻守伊拉克的瓦西特城。因其家族在伊拉克不能与布韦希人相抗衡,于是他率军西向,另辟领地。945年从埃及的伊赫什德王朝手中夺取阿勒颇,创建了哈姆丹王朝。翌年攻克大马士革,将势力扩到安提俄克和胡斯姆。后进军埃及,夺取拉姆拉,与伊赫什德王朝媾和。从950年起每年都同拜占庭人作战。953年在马尔阿什附近打败拜占庭大将巴尔祖斯的进犯。962年拜占庭20万军队进攻阿勒颇,夺得该城,两年后才被收复。赛弗·道莱因奖掖学术文化而在阿拉伯史上享有盛名。他的宫廷聚集着很多文人学者,著名的有文学家伊斯法哈尼、哲学家法拉比和桂冠诗人穆泰纳比。他也是著名诗人。

(杨克礼)

赛吉代·赛赫吾(Sajdah al-Sahw) 伊斯兰教关于拜功规定中的具体细则之一。阿拉伯语音译,意为“疏忽时的叩头”。根据教法规定,穆斯林在礼拜时,如果对于礼拜中的站、念、鞠躬、叩头、跪坐等动作发生增减或怀疑有误差时,应在最后一拜跪坐念“作证言”之后叩一个头,以弥补拜中发生的失误。伊玛目率众礼拜时如发生同样情况,也须遵从此项要求。

(马恩信)

赛吉代·提拉沃(Sajdah Tilāwah) 穆斯林诵读《古兰经》时的礼仪之一。阿拉伯语音译,意为“诵读叩头”。《古兰经》中有15处经文涉及“叩头”字样,有的指天使或先知因敬畏真主而叩头,亦有的是真主命令叩头。因之诵经者每诵读到这些经文时,也当叩头,这是一项“瓦吉卜”(Wajib,即义务),不得违犯。听诵《古兰经》的人,也同时有此义务。这15节经文是:(1)第7章第206节;(2)第13章第15节;(3)第16章第48～49节;(4)第17章第107节;(5)第19章第58节;(6)第22章第18节;(7)第22章第77节;(8)第25章第60节;(9)第27章第25节;(10)第32章第15节;(11)第38章第24节(哈乃斐派和马立克派的主张);(12)第41章第37节;(13)第53章第62节(马立克派以外的其他各派主张);(14)第84章第21节;(15)第96章第19节。以上除了(11)和(13)所列略有异议外,逊尼派四大教法学派对其他各章节应叩头的问题均无分歧。为了提醒诵读者不要疏忽这一义务,所有《古兰经》的原文版以及伊斯兰世界联盟出版的阿汉对照本《中文译解古兰经》都在这15个应叩头的经文处加上显著的特殊标记。

(马恩信)

赛莱菲耶派(al-Salafiyyah) 中国伊斯兰教派别之一。阿拉伯语音译,意为“尊崇前贤者”。因受沙特瓦哈比派的主张影响而形成。又因礼拜时抬3次手,故又有“三抬”之称。该派主张严格按《古兰经》和圣训规定行教,反对后人附加成分。1936年,甘肃河州马得宝(即尕白庄阿訇)和马麟(原青海省主席)、马尤努斯阿訇等人去麦加朝觐,回国时马得宝和马尤努斯带回《光辉的明证》(al-Burhan al-Sati)、《伊斯兰之军》(Juyush al-Islam)、《海迪真·古鲁比》和《麦克塔勒海》等论述瓦哈比派主张的经书,在河州边研究边传授,遭到以马云阿訇为首的伊赫瓦尼派的反对,信者寥寥。20世纪50年代以来,以马得宝为首的一些阿訇以河州八坊新王寺为立足点,第二次宣传赛莱菲耶的主张,仍受到伊赫瓦尼派的反对,但有一定发展。20世纪70年代发展很快,形成一独立派别。现在青海、甘肃临夏、兰州、天水、张家川及西安等地区已有许多信众和阿訇。赛莱菲耶属逊尼教派,遵行哈乃斐法学派。主要教义与礼仪是:(1)只承认伊斯兰教早期“前三辈”奉行的教义、教律,如前3辈对同一问题有不同解释时,就以根据充足、解释正确者而遵奉。(2)认为“安拉”造化世界,因此“安拉”是超于世界的。(3)只承认《古兰经》原文和认为合理性的注解。《古兰经》中有些隐秘的经文,没有给人类赋予注释的责任,强调不能妄加解释,解释了也不承认,并认为“圣训”是《古兰经》最好的解释,应当遵行。(4)在礼天命拜时,伊玛目高声念诵“法蒂哈”,跟拜者随着低念,伊玛目诵完“法蒂哈”章,跟拜者高声念“阿敏”(即祈准词)。(5)在为亡人做“都阿”(即祈祷)时必须面朝向克尔白,不给亡人转“费底耶”。(6)礼拜时抬3次手,即礼拜举意抬手1次,鞠躬前抬手1次,躬起抬手1次。(7)男子遵圣行留满头和鬓须,妇女带盖头。(8)不崇信门宦和教主;不崇拜拱北;反对阿訇为教众念经收受“乜帖”;反对念、吃并行;反对念经和上坟时点香、丧葬服孝及高声嚎哭。(9)主张去荒野礼“尔德拜”;念作证词时要举右食指,表示认主独一。(10)不集体念诵《古兰经》,要一人念,众人听。(11)不为死者宵夜,念“头七”、“二七”、“四十日”和“百日”以及周年纪念。“赛莱菲耶”名称及其主张,在不少阿拉伯、伊斯兰国家和地区早有传播,影响较大。其主张和学说渊自伊本·泰米叶的著作。故亦有人认为它倾向于伊斯兰原教旨主义的思想主张。

(马 通)

赛莱菲耶思潮(al-Salafiyyah) 历史上坚持奉行伊斯兰教初始教义和信仰的一种主张和思潮。“赛莱菲耶”系阿拉伯语音译,意为“尊祖者”。一说系al-Salaf al-Ṣāliḥin的简称,意为“虔诚的始祖”,因力主遵循其说,故名。此称谓之产生和沿用,同历史上不同教派、学派之争密切相关。早在9世纪,罕百里教法学派创始者伊本·罕百勒因对当时的教法传统持有异议，就曾提出仅以《古兰经》和圣训为立法、释法的依据，反对运用意见、创制和类比等方法。13～14世纪，持此种主张的著名学者、教法学家伊本·泰米叶，一方面极力反对当时流行的“公议不谬说”和“创制之门关闭说”，主张教法学家有创制的自由，同时又力主教法学家和伊斯兰学者只能根据经、训的字面意义释法、行教，反对“标新立异”。其主张后来得到他的弟子伊本·嘎伊姆(Ibn Gāyim，1292～1350)的支持和弘扬，他们在抨击当时教内种种离经叛道行为的同时，皆主张恢复早期纯正的教义和信仰，但他们并未以“赛莱菲耶”自称。18世纪末，瓦哈比教派运动在阿拉伯半岛兴起，该派自称“一神论者”，曾提出“回归古兰经”的著名口号，谴责苏菲派的圣徒崇拜、圣墓崇拜等习俗和脱离经典指导的宗教生活，主张恢复伊斯兰教初期(即前3代)的纯洁信仰和本来精神，故后世学者多以“赛莱菲耶”相称。其后于19世纪末20世纪初，于埃及、北非等地兴起了运动，西方学者称之为“现代主义运动”。一批有爱国之心和维新思想的伊斯兰学者和青年知识分子，在流亡埃及的著名宗教思想家、哲学家哲马鲁丁·阿富汗尼及其弟子穆罕默德·阿布笃的领导和影响下，积极投身于宗教、社会改革活动，而以阿布笃的影响更大。阿布笃认为，埃及民族衰落的原因有三：一是统治者离经叛道，以世俗法代替了“安拉之法度”；二是宗教领袖们愚昧无知，热衷于派系纠纷，忘却了以纯正信仰教育民众的职责；三是苏菲首领以精神导师自居，传播异端邪说，把信众的心灵引入迷途。因而，变革现实的唯一可行之路，是通过教育和改革，复兴早年伊斯兰教生机勃勃的活力。为此，他们以“赛莱菲耶”自称，外界后来也以此相称。其改革主张包括四方面：(1)重新解释伊斯兰教法原理。认为，《古兰经》启示分为两类，宗教戒律性的主命，必须严格遵循，社会立法性的启示，可作灵活的解释；对圣训律例尽量避开，只承认具有严谨的传述世系又不违反常识的少量圣训；对类比作唯理主义的解释，视为“创制”或“独立判断”原则；对公议则力主扩大其范围，甚至将其比附为现代国家中的立法议会。(2)复兴伊斯兰文化。主张大力发展宗教教育，树立民族自信心，培养新一代穆斯知识分子，肩负起复兴宗教文化与社会改革的重任。(3)调和宗教与科学。认为宗教与科学并无矛盾，这两种真理皆源自安拉启示，前者引导人们用智慧来认识自然界的奥秘，故宗教是科学的“良师益友”。(4)调和宗教与理性。认为理性主义传统为伊斯兰教所固有，弘扬理性就必须以理性作为分辨真理与谬误、有益与有害、纯正信仰与异端邪说的尺度，并以“理性信仰”来代替“盲目信仰”。赛莱菲耶运动曾对世界各地的宗教改革运动发生不同程度的影响，印度的阿里迦运动和印尼的穆罕默迪亚运动(亦称“现代主义运动”)皆深受其影响。

(吴云贵)

赛勒曼·法里西(Salmān al-Fārisi，？～655) 伊斯兰教早期学者、军事家，穆罕默德门弟子之一。生于波斯伊斯法罕。原信奉琐罗亚斯德教，后改奉基督教，与基督教学者经常往来。青年时离家到叙利亚游学，研究基督教义。后又到罗马帝国统治下的摩苏尔、奈绥比、阿姆利亚周游。最后转到阿拉伯半岛中部地区的城市研究伊斯兰教，途经半岛北部的商道瓦底古拉时，受到凯勒卜部族人的欺骗，被卖为奴隶。后又流落到麦地那为犹太人的奴隶，受穆罕默德之助赎身，不久归信伊斯兰教，信仰虔诚，廉洁奉公。因他学识渊博，通晓各种宗教的教义和波斯战术，跟随在穆罕默德身边，受到器重，并担任圣门弟子的教师。627年，麦加古莱什贵族首领艾布·苏富扬率部落联军1万余人围攻麦地那，赛勒曼向穆罕默德建议，在麦地那城周围挖掘壕沟阻击，在高地筑营垒布防。穆罕默德采纳其建议，结果麦加同盟军受阻击而撤退，史称“壕沟之战”。后他又参加了讨伐犹太部落、攻克麦加及平息里达叛乱的各次战役，成为著名的战术家。哈里发奥斯曼执政时，卒于麦地那(一说泰西封)。后在波斯很受崇敬，史学家誉他为“波斯民族英雄”、“哲人的最高典型”。阿里称赞“他是一个不会干涸的大海，无所不知，无所不读”。什叶派学者将他同阿里、哈桑、侯赛因等并列，称他为“真主之光照射的圣者之一”。

(杨克礼)

赛利姆三世(Salim III，1761～1808) 奥斯曼帝国第二十八任素丹(1789～1807在位)。又译“谢利姆”、“色里姆”等。全名赛利姆·本·穆斯塔法·本·艾哈迈德。自幼接受传统的伊斯兰教教育，信奉逊尼派教义。博学多识，擅长吟诗作赋，兼通古典音乐。受其父穆斯塔法三世(1757～1774在位)影响，立志革新。1789年其叔父阿卜杜勒·哈米德一世(1774～1789在位)死后即位。在位期间，他为了重振帝国，曾以西方国家为模式，在内政、外交和军事制度等方面采取了一系列革新措施，从而成为帝国历史上最早实行大规模“欧化”改革的素丹。在内政方面，他首先改组了帝国国务会议，规定一切重要决议均须经过他所领导的改革委员会讨论、通过后方可实施；制定、颁布新的行政法规；鼓励创设民办学校，提倡发展出版印刷事业；改革各级行政机关；改军事采邑为国家土地，并代之以包租制。在外交方面，他在英、法、德、奥等各主要欧洲国家首都设立正规的、常驻的奥斯曼帝国大使馆，派遣年轻的使节去研究驻在国的社会、外交及各项制度，借以改进帝国的对外政策。在军事方面，他创办了陆军和海军等各种新的军事学校，聘请法国教官任教；仿效欧洲军制，组建忠于素丹的新的常备军，并委派曾在沙皇俄国陆军中服过役的军官，按照欧洲的战术和演习方法训练新的步兵团。在对外关系方面，赛利姆主张和平共处。为停止与邻国之间的战争，1791年他与奥地利签订《斯维什托夫条约》，翌年又与俄国签订《雅西条约》。1798年拿破仑入侵奥斯曼帝国属地埃及，赛利姆被迫同英、俄两国结盟，对法宣战。后鉴于拿破仑在欧洲的权势日益增长，又于1804年与法国缔结和约。赛利姆在治国方面的一系列革新行动，不断遭到大封建主和近卫军的强烈反对和攻击。1807年5月，他被王室复旧派以"军事改革导致了暴乱"、"执政7年多未立子嗣"等罪名而废黜，继而于1808年7月被新任素丹穆斯塔法四世下令绞死。 （杨宗山）

赛利姆一世（Salim I，1467～1520） 奥斯曼帝国第九任素丹(1512～1520)。又译"塞利姆"、"谢利姆"、"谢里姆"、"色里姆"等。全名赛利姆·本·巴耶济德·本·穆罕默德·本·穆拉德。第八任素丹巴耶济德二世之幼子。早年曾接受传统的伊斯兰教教育。及长，被其父先后派往特拉布松和巴尔干半岛的斯梅德雷沃任总督近30年，曾率部出征波斯什叶派萨法维王朝，博得"耶武兹"（即勇士、刚毅者）称号。1512年在其父临终前，为同其兄艾哈迈德争夺王位，以武力夺取埃迪尔内，迫使其父向其禅位。即位后，立即派军追剿其兄势力，翌年其两位兄长艾哈迈德和考尔库德以及5个侄子均遭杀害。赛利姆对内镇压异己，仅在1513年末，即有什叶派凯兹莱巴什（Kizilbash，即红头巾）支派的4万余人被斩首。对外继续用兵，扩张帝国版图。1514年8月，他在幼发拉底河东岸的加勒迪兰战役中，大败波斯什叶派萨法维王朝军队，攻占其都城大不里士，并先后把安纳托利亚库尔德人和土库曼人的一些公国并入帝国版图。1516年8月，他在叙利亚阿勒颇以北的达比克草原战役中，击溃埃及马穆鲁克王朝的军队，继而于1517年1月攻占开罗，灭马穆鲁克王朝，并俘获该王朝控制下的阿拔斯王族后裔、傀儡哈里发穆泰瓦基勒(1466～1543)，从其手中获取哈里发职位，从而成为伊斯兰教正统派的领袖。原马穆鲁克王朝统辖的埃及、叙利亚、希贾兹、巴勒斯坦成为帝国属地。麦加的世袭统治者谢里夫专程前往开罗，向赛利姆赠送圣城钥匙，表示臣服。从此，帝国属地各清真寺伊玛目在每星期五聚礼的"呼图白"中，开始增加了为赛利姆祈祷、祝福的内容，称其为"两陆（即亚、非）的主人"、"两海（即红海、地中海）的素丹"、"两圣地（即麦加、麦地那）的仆人"、"胜利的国王"。赛利姆不仅战绩卓著，而且重视以法治国。他不仅将哈乃斐派定为官方教法学派，还以伊斯兰法院为基础，建立了从中央到地方的完善的司法制度。他还是一位诗人，其诗作1904年曾在德国出版。他爱护学者，鼓励学术研究，经常随侍其左右的不乏哲学家、史学家和文人学士。1520年春，赛利姆身患癌症，同年秋在出征罗得岛前夕病故。 （杨宗山）

赛莫德人（Thamūd） 《古兰经》中记载的古代部落之一。亦称"撒立哈的宗族"。阿拉伯语音译，又译"赛母待"、"赛母德"。相传为继阿德人之后居住在也门与阿曼之间艾哈嘎夫(al-Aḥqāf，即沙丘)地区的古阿拉伯部落，一说居住在希贾兹至叙利亚古商道上的一座山谷中，就山凿室以为居所。因其祖先名赛莫德，故名。该部落在《古兰经》中提到25次。据载，他们是继先知呼德的宗族阿德人灭亡之后安拉在大地上的"代治者"，安拉使他们"在平原上建筑大厦，并将山岳凿成房屋"(7：74)，赏赐他们优美的环境，"有园圃和源泉，有庄稼和具有纤细的肉穗花序的椰枣树"(26：146～148)，但他们却忘恩负义，骄横跋扈，崇拜偶像，伤风败俗。当安拉派遣撒立哈为使者劝教他们崇拜独一的真主和弃恶从善时，他们不听劝告，反而对撒立哈恶语中伤，并密谋杀死他曾告诫不许伤害的一只母驼，甚至企图谋害撒立哈及其信徒。他们由于执迷不悟，终为雷击所毁灭，撒立哈及其信徒在安拉的保护下脱险(7：73～79，11：61～68，27：45～53，51：43～45)。赛莫德人全族毁灭的故事，为《古兰经》用以警告世人的几项重大鉴戒之一。 （杨宗山）

赛母待 见赛莫德人。

赛奈德（Sanad） 见伊斯纳德。

赛努西（al-Sanūsi，1791～1859） 伊斯兰教苏菲派教义学家，赛努西教团创始人。全名穆罕默德·本·阿里·赛努西。生于阿尔及利亚的穆斯塔加内姆，出身于伊德里斯家族，自称系法蒂玛的后裔。小时候在家乡接受传统宗教教育，1821年到摩洛哥非斯的卡拉维因大学学习宗教学科，在那里受神秘主义影响加入德加维教团(Darkawiyah)。1828年前后，赴突尼斯、阿尔及利亚南部及撒哈拉等地传教，并宣传穆斯林要加强团结，号召恢复穆罕默德时期的教义。1830年途经埃及去麦加朝觐，结识了一些著名的伊斯兰学者及苏菲派长老，吸取了许多知识。他师从著名苏菲学家艾哈迈德·本·伊德里斯(？～1837)，学习苏菲奥义，并随同他到也门传教。赛努西的学识与信仰得到其师赏识，被指定为他的继承人。鉴于西方殖民主义对伊斯兰世界的入侵、奥斯曼统治的日益腐败和穆斯林信仰的淡薄，赛努西吸取瓦哈比教派思想，决心改革和复兴伊斯兰教，抵御西方殖民主义的侵入。他采取广泛建立传教中心，培养和造就虔诚、热情、勇敢顽强的穆斯林的方法来达到其目的。1837年在麦加附近的艾布·古拜伊斯创建了苏菲教团的"扎维叶"，被称为赛努西教团。后又在塔伊夫、麦地那、吉达等地附近建立了一批"扎维叶"。因受逊尼派的排挤，约于1840年回到摩洛哥的非斯，边进行教学工作，边宣传新教团的教义。由于摩洛哥当局对新教义的忧虑，而对赛努西的活动进行种种限制，后被迫来到昔兰加尼（现利比亚境内），1843年在绿山建立了非洲第一个"扎维叶"，成为赛努西教团的总部。赛努西派一些门徒外出传教，建立新扎维叶。1846年赛努西重返麦加讲学传道。他否定奥斯曼素丹的宗教领袖地位，认为哈里发的职位应由阿拉伯古莱什人担任，后被奥斯曼当局指控为反对奥斯曼政府的麦加谢里夫阿卜杜勒·穆塔里布的追随者，他遂路经埃及逃回绿山。为躲避奥斯曼政府的监视，1853年将总部迁到利比亚沙漠中的贾加布卜绿洲，创建了著名的贾加布卜扎维叶，创建学校、图书馆，不仅开设宗教、语言学科目，还开设天文学等自然科学科目，成为当时继开罗之后北非的第二大文化中心。赛努西死于贾加布卜，并葬于该地。此后该教团由其子穆罕默德·马赫迪·赛努西（1844～1901）主持，到20世纪，这个教团发动民族解放运动，反对意大利殖民主义。赛努西一生主要宣传穆斯林世界的团结，主张在伊斯兰大团结的旗帜下，在非洲建立伊斯兰统一体。主张恢复伊斯兰教的早期教义，绝对服从《古兰经》和圣训，反对迷信和异端，以纯洁伊斯兰教；要求为有能力者打开“伊智提哈德”（即创制教律）的大门；提倡统一逊尼派的法学，曾试图以四大法学派为基础，吸取其他学派的主张，创立一种新法学派，称为“四大法学派之明镜及其要旨”。其著作、书信较多，代表作有《提醒困倦者按照〈古兰经〉训诫行事》。另外还著有关于教法学理、苏非赞词及阐述该教团教义的著作多部。（郭宝华）

赛努西大学（Jāmi‘ah al-Sanūsi） 当代国际性伊斯兰高等学府之一。为利比亚举办的伊斯兰教育文化中心。全名为“穆罕默德·伊本·阿里·赛努西大学”，以苏非派赛努西教团创始人的名字命名。校址设在贝达城。原系利比亚前国王伊德里斯一世于1959年下令在原贝达伊斯兰教经学院的基础上扩建的。大学除招收本国学生外，还招收来自亚非各伊斯兰国家的留学生，专门培养伊斯兰高级宗教人才和学者。学制一般为4年。学生享受奖学金。大学具有各种现代化的教学设施，附设有清真寺和大型图书馆。设有两个系：法律系（即伊斯兰教法）、阿拉伯语言和宗教学系。在教学大纲中规定，除开设伊斯兰教各学科的主课外，还开设国际公法、国际私法、哲学、心理学、社会学、伊斯兰教发展史、阿拉伯文学史、文学研究、英语等课程。大学教师大多为利比亚人，并聘请埃及爱资哈尔大学、突尼斯宰图那大学的著名学者、教授前来讲学。大学每年还派出部分教师到伊斯兰国家的著名学府深造。政府授权该大学管理和指导分布在全国各地的直属8所经学院和70多所古兰经学校。（杨克礼）

赛努西教派运动 见赛努西教团。

赛努西教团（al-Ṭarihah al-Sanūsiyyah） 近代伊斯兰教苏非派兄弟会组织。亦称“赛努西教派运动”。19世纪30年代由阿尔及利亚苏非派学者穆罕默德·本·阿里·赛努西（1791～1859）在麦加附近创立。1837年赛努西在麦加近郊建立第一个政教合一的传教据点“扎维叶”，后教团中心转移到北非。1843年在现利比亚境内昔兰尼加的绿洲建立非洲第一个“扎维叶”，后成为教团的总部。1853年将总部迁到利比亚的贾加布卜绿洲。1859年赛努西去世时，该教团已基本定型。在其子穆罕默德·马赫迪·赛努西（1844～1901）继任领袖期间达到鼎盛阶段，1895年他将总部南移到交通要地库弗拉，加速了该教团的发展及传播。1902年穆罕默德·马赫迪临终前，赛努西教团约有扎维叶136个，分布于的黎波里尼亚、费赞、库弗拉、苏丹、阿拉伯半岛等地，信徒最多时达300万人，成为当时北非势力最大的宗教社会运动。该教团在马赫迪侄子艾哈迈德·谢里夫继任领袖期间，以扎维叶为基地，发动了反对法国、意大利殖民主义入侵的多次武装斗争。抵抗运动遭受挫折后，教团势力逐渐衰微。1918年马赫迪之子伊德里斯接替出走伊斯坦布尔的艾哈迈德·谢里夫，主持教团事务，1951年利比亚王国成立时，伊德里斯称王。1959年9月，卡扎菲发动军事政变，推翻伊德里斯王朝统治，成立共和国，赛努西教团被宣布取缔。该教团将苏非主义与瓦哈比派思想相结合，声称绝对遵奉《古兰经》、圣训和伊斯兰教教法，严格履行宗教功课；要求改革伊斯兰教中出现的各种弊端，反对圣徒崇拜和乞灵于圣徒陵墓的陋习，恢复早期伊斯兰教的纯洁性；重视精神修炼，提倡禁欲、苦行，禁止饮酒、说谎、堕落、做假证等；同时鼓励成员务农、经商，各得其所，并掌握骑马、射箭等军事技术；努力开展在非穆斯林区域的传教工作；积极推行“圣战”，反对奥斯曼帝国统治及西方殖民主义的入侵。在非洲，尤其是在利比亚的政治事务中曾产生了巨大影响，为伊斯兰教在中、西部非洲的传播做出了重要贡献。（郭宝华）

赛义德（Sayyid） 伊斯兰教教职称谓。中国《元史》作“赛典赤”、亦译“赛以德”、“赛叶特”等。阿拉伯语音译，原意为“首领”、“先生”，转义为“圣裔”。其义为：①在伊斯兰教之前，是阿拉伯部落首领的称谓。埃及艾哈迈德·爱敏著《阿拉伯—伊斯兰文化史》称：“‘赛义德’是首领之意，为全国的元首，执掌军事、外交及对各部落关系的大权”。德国卡尔·布罗克尔曼《伊斯兰教各民族与国家史》称：“贝都因人氏族和部落领袖称作赛义德。意为一族的族长或领袖”。②伊斯兰教对先知穆罕默德之女法蒂玛与阿里所生的后裔的专称，常冠在姓名之前，意为“圣裔”。在穆斯林学者的著作中，凡提到阿里之子哈桑和侯赛因时，总要在他们的名字前加“赛义德”，提到穆罕默德之女法蒂玛和栽娜卜时，总要加“赛义岱”（Sayyidah，“赛义德”的阴性词），以表示他（她）们是圣裔。沙敖《维吾尔语词典》称：“一个赛叶特（Sayyid）通过任何其他家族妇女所生子孙的一种称号，并且适用于他们的后裔。”有些穆斯林学者认为，圣裔又分两系，即阿里长子哈桑之后裔为一系，次子侯赛因之后裔为另一系。美国希提著《阿拉伯通史》称："哈桑和侯赛因是先知穆罕默德的两个外孙，他们无数的苗裔，都被尊为圣后，在穆斯林中具有特殊的头衔，哈桑的子孙叫谢里夫(Sharif，即贵人)，侯赛因的子孙叫赛义德(Sayyid，即主子)，他们都有戴绿头巾的权利。"③穆斯林男性专名。中国新疆、中亚、印巴次大陆、伊朗、伊拉克、土耳其等什叶派影响较广的地区，多以其给男性命名，认为这样可以受到穆斯林的推崇和尊重。在什叶派的"圣训"中还把"赛义德"列为圣徒。 (马维汉)

赛义德·阿卜杜勒·阿齐兹汗(1930～) 中国塔吉克族伊斯玛仪派学者、宗教活动家。生于新疆泽普县布依奴克塔吉克民族乡。其父毛拉·巴赫西是中国塔吉克穆斯林中首次获得印度伊斯玛仪派伊玛目阿迦汗授予"穆克依"称号的著名人物。他7岁时随其父去巴基斯坦，先后攻读乌尔都语和波斯语，研习伊斯兰教义和经籍，还曾攻读英语。他学识渊博，通晓伊斯玛仪派教义和塔吉克人的历史和文化。1947年回国后，在塔吉克族地区从事宗教活动，担任过大毛拉。中华人民共和国成立后，历任新疆维吾尔自治区泽普县政协、自治区政协委员和常委、自治区伊协委员等职。1985年赴麦加朝觐，并访问过沙特阿拉伯和巴基斯坦等国。他还从事搜集、整理塔吉克民间文学的活动，撰有关于塔吉克宗教、历史、文学等方面的学术论文，多次出席新疆维吾尔自治区的学术讨论会。 (西仁库尔班)

赛义德·阿里·穆罕默德(Sayyid ʻAli Muḥammad，1820～1850) 伊朗伊斯兰教巴布教派创始人，谢赫学派领袖。以"巴布"著称。生于伊朗设拉子。出身于富有的布匹商人家庭，自称圣裔，举家信奉什叶派教义。早年在设拉子宗教学校受系统的伊斯兰教育，熟谙波斯文和阿拉伯文，通晓经训、教义、教法，精通什叶派各派宗教学说。他曾到伊拉克什叶派圣地纳贾夫和卡尔巴拉朝谒，深受什叶派谢赫学派领袖赛义德·卡兹姆·拉西提(? ～1843)学说的影响，成为该派的信徒。后在设拉子设谢赫学派的传教中心，研究谢赫派创始人艾哈迈德·艾哈沙仪(1753～1826)的著作，并从事该派的宣教活动和著述工作。1843年，谢赫学派著名毛拉侯赛因·布什鲁耶(? ～1849)从卡尔巴拉抵达设拉子后与阿里·穆罕默德结识，其渊博的宗教知识和善于论辩的口才深得侯赛因钦佩，遂尊他为"通往真理之巴布"。同年，阿里·穆罕默德被推举为谢赫学派的长老。阿里·穆罕默德对伊朗卡扎尔王朝的封建统治和依附官方的伊斯兰教上层人物的守旧观念深为不满，企图通过宗教改革来改造社会。1844年，他宣称自己是通向隐遁伊玛目的"巴布"(即门)，人们通过这座"知识之门"，即可了解期待的救世主的旨意。并派门徒18人，连同自己19人，分驻伊朗各省传教。1845年，他从麦加朝觐返回后不久，宣称自己就是人们期待的救世主"马赫迪"，其使命是铲除人间的不平，消除压迫和剥削，建立平等、公正与幸福的"正义王国"，创立巴布教派。他企望通过劝化的方式，向卡扎尔王朝国王和上层统治者宣传他的宗教社会改革的主张，遭到统治集团的拒绝和压制。官方什叶派学者则视其教义为"异端"，予以抨击。后当局将巴布及其门徒逐出设拉子。国王慑于巴布声望的提高和信徒颇众，于1847年将他逮捕，囚禁于阿塞拜疆的麦库要塞。巴布在狱中仿照《古兰经》撰写了《默示录》，作为巴布教派的经典。书中系统阐述了巴布教派的教义、律法、礼仪以及关于社会改革的主张，奠定了该派教义的基础。巴布被捕后，伊朗各地的巴布派信徒于1848～1852年举行了多次武装起义，此间他与外界仍保持联系，指导各地的斗争。1850年7月9日，伊朗国王纳希鲁丁·沙下令在大不里士将巴布处死。后移葬于巴勒斯坦的海法城。巴布的著作甚多，部分已佚，留存手稿多种。其中主要的有《默示录》(有阿拉伯文和波斯文本)、《两圣地书》、《〈古兰经〉优素福章注释》、《灵魂书》、《朝觐指南》等。巴布教徒将他的出生地、殉难地和葬地作为拜谒的圣地。

(杨克礼)

赛义德·艾哈迈德汗(al-Sayyid Aḥmad Khan，1817～1898) 印度近代伊斯兰教改革家、哲学家和教育家。生于德里穆斯林贵族家庭，自诩为圣裔。其父为莫卧儿王朝高级官员。幼年受过传统的伊斯兰教育。其父死后曾一度辍学做工。他博学多才，谙熟伊斯兰教义、教法和历史，精通乌尔都语、阿拉伯语、波斯语和英语。1838年任英属东印度公司职员，后担任地方法官。1857年擢升为印度行政委员会委员，被封为爵士。1858～1863年先后在穆拉达巴德和加济布尔开办英语学校，传授西方科学文化。他创建科学协会，翻译出版西方教科书，发行乌尔都语和英语两种文字的科学杂志。1867～1870年到英国进行考察，深受西方科学文化的影响。他回国后建立了一个委员会，创办《道德与情操》杂志，宣传宗教和社会改革的主张。1875年在阿里迦创办了"伊斯兰英国—东方学院"(即今阿里迦伊斯兰大学前身)，培养在印度复兴伊斯兰教的人才。1886年他倡导建立了"伊斯兰教育协会"，组织穆斯林学者进行西方哲学思想和科学文化的研究，力图把伊斯兰教义和西方的科学文化结合起来，使伊斯兰教适应变化了的时代。

在宗教哲学思想上，艾哈迈德汗运用唯理主义对《古兰经》和伊斯兰教义进行了新的解释。他认为自然界、有机界和人类都受机械的自然规律的控制，"人的行为和思想甚至信仰都是自然规律所有各种不同的锁链"，这些规律是由"第一原因"即真主所创造的，真主所创造的自然界是真实地存在着。真主是宇宙万有的创造者和设计者，是独一的、自在的、无限的和永恒的，既不受时空限制，也不受任何精神意志的束缚，其万能包含和显现在其所有德性中。但真主的德性不是人们所能认识的。真主创造并赋予自然界和人的灵魂一定的目的和方向，并通过它们显现真主的存在。他认为人的理性是一种自然的认识能力，理性是检验和判断科学知识的标准，但对宗教信条除用理性知识判断外，还需要用真主的启示（即《古兰经》）来判断。他还认为，人和动物的灵魂是理性和意志的表现，它是一种“自存的实体”和一种“细微的物质”的属性，灵魂寄寓于人和动物的形体，形体有死亡，但世界灵魂不灭（即理性不灭）。艾哈迈德汗的宗教哲学思想，力图调和宗教与科学、理性与信仰，使理性为宗教信仰服务。

艾哈迈德汗是伊斯兰现代主义运动的先驱。他最先提出伊斯兰教是一个单独的民族和社会文化体系的理论。他认为穆斯林社会之所以一蹶不振，是因为缺乏自强和革新精神，固守陈规陋习。人们仅看到西方文化对自己生存及信仰的威胁，而看不到西方文明的价值。只有对现代文明采取现实主义和科学的态度，学习和吸收现代科学文化中有益于伊斯兰文化的先进思想，对传统的宗教和社会制度进行改革，发展科学文化教育，用科学文化武装穆斯林民族，逐步加强实力，以摆脱落后挨打的困境，才能使穆斯林社会复兴。艾哈迈德汗提出的对宗教和社会的改良主张，对推动印度伊斯兰复兴运动的兴起产生了重大的影响。主要著作有：《德里的遗迹》、《圣徒之言》、《对圣经的评论》、《论印度政治现状、演说和书信集》、《印度大起义的缘由》等。1888 年他荣获“印度之星”勋章。

（杨克礼）

赛义德汗国 见叶尔羌汗国。

赛义德·毛杜迪(Sayyid Abul Ala Mawdudi，1903～1979)　巴基斯坦伊斯兰教著名学者、当代伊斯兰复兴运动三大理论家之一。生于印度德干地区奥朗则布小镇一苏菲长老家庭，其父系苏菲派契斯提教团成员。早年从父学习伊斯兰教知识，后入海德拉巴德一高等学校深造，因故中途辍学。后经刻苦自学，掌握了阿拉伯语、波斯语、乌尔都语和英语，成为伊斯兰学者。青年时代曾任德里等地多家穆斯林报刊编辑。1925～1928 年，任印度伊斯兰学者协会机关刊物《贾米叶特》(al-Jamiyat)主编，曾参加泛伊斯兰的“哈里发运动”，反对英国殖民统治，同情、支持被废黜的土耳其末代素丹。后因与该协会意见分歧，辞去主编职务，重返海德拉巴德。1933 年任《古兰经集萃》月刊主编。1937～1947 年，积极参与印度的政治斗争，既反对全印国大党的“非暴力不合作运动”，亦反对全印穆斯林联盟的政治分离主义运动。他于 1941 年创建印度“伊斯兰促进会”，自任主席（即埃米尔），从此致力于伊斯兰复兴运动。1947 年印巴分治后，同追随者一起迁居西巴拉合尔地区，其组织成为巴基斯坦历届政府主要的政治反对派之一。1953 年春，曾因参与要求取缔被视为非伊斯兰教的艾哈迈迪亚教派，导致流血冲突而被当局宣布判处死刑，后在国际舆论援救下获赦。阿尤布·汗当政时期，毛杜迪曾被禁止政治活动，其组织一度被迫停止活动。布托领导的人民党执政时期，他抵制该党的伊斯兰社会主义理论、政策，谴责其世俗化倾向和政治腐败，继续倡导国家体制伊斯兰化，主张全面实行伊斯兰教法，建立名符其实的伊斯兰社会秩序。后其组织一度加入由 8 个反对党组成的联合阵线，掀起倒阁运动。毛杜迪生前曾出访过埃及、叙利亚、约旦、沙特阿拉伯、科威特、土耳其、英国、美国、加拿大等国，曾举行记者招待会、专题讲座、发表演说 1000 余次，以广播、电视、报刊等大众媒介影响舆论，宣传伊斯兰复兴的主张，寻求国内外的支持。其著作有 120 部，主要有《伊斯兰圣战》、《古兰经注释》、《先知传》、《伊斯兰教之基础》、《伊斯兰运动的道德基础》、《伊斯兰复兴运动简史》、《伊斯兰革命的过程》、《伊斯兰教法和宪法》等。大部分著作已被译成英文、阿拉伯文等多种文字，影响相当广泛。

毛杜迪复兴伊斯兰教的学说和主张主要包括两方面：(1)政治上主张建立名符其实的伊斯兰国家，认为国家必须承认安拉法度的绝对权威，以“沙里亚”为立国基础，实行伊斯兰法治，任何有悖于伊斯兰教法的政令、法规、政策必须废止；必须承认先知的尊严和权威，先知的“圣言”、“圣行”为立法的依据和国家的指导原则之一；国家自身无立法权，但国家作为安拉的代理人有权代行安拉之律法、行使统治、管理国家；国家必须实行政治协商制度(Shura)，可通过全体穆斯林直接协商或推举代表的间接协商来决定国家大事；国家必须以伊斯兰意识形态为指导思想，由虔诚的穆斯林政治家管理，弘扬伊斯兰信仰，维护民众的权益。(2)在经济思想上主张实行伊斯兰经济制度，包括禁止利息和变相的放债取利，以投资、经营所得利润来代替利息，作为银行存放款制度的基础，并逐步将现有银行改造为伊斯兰银行；以天课制度来代替现行税制，以税收和宗教社会福利制度来缩小贫富差别，防止社会分配上的两极分化；认为人世间的一切财富皆归安拉所有，世人皆有同等的享用权，但因个人能力上的差异，导致财富分配上的不均，不宜以企业国有化和土地改革的方式变更“天然的”所有权。　（吴云贵）

赛义德王朝(Sulālah al-Sayyid)　15 世纪印度德里素丹国第四代王朝(1414～1451)。创建者为原旁遮普总督赫兹尔汗(Khizrkhan，1414～1421 在位)。因其家族自称是先知穆罕默德的后裔，故称“赛义德王朝”。王朝管辖的领土包括信德、旁遮普以及印度北方邦的西部。王朝历史达 37 年，历经 4 代素丹。王朝缔造者赫兹尔汗曾是察合台突厥人帖木儿任命的木尔坦、拉合尔等地的总督。帖木儿离开德里后，赫拉尔汗于1414年占领德里，建立赛义德王朝。在位期间，由于在其王国周围兴起许多独立并敌视的国家，故赫兹尔汗仍以征服者帖木儿的名义进行统治。其继任者穆巴拉克·沙(1421～1434在位)当政期间正式启用赛义德王朝称号，并提出在伊斯兰教聚礼日诵读“呼图白”时，要为王朝素丹祝福。穆巴拉克·沙曾平定叛乱，稳固领土。在穆罕默德·沙和阿拉姆·沙执政期间，王朝政务日趋混乱，实权落入拉合尔和信德总督巴赫鲁尔·洛迪(一译“巴鲁尔·罗第”)手里。1448年，阿拉姆沙离开德里去巴塘。1451年，巴赫鲁尔·洛迪夺取德里，建洛迪王朝，赛义德王朝遂亡。

(赛生发)

赛义德·谢赫(Sayyid Shaykh，1867～1934) 现代马来西亚作家。出身于穆斯林王族家庭。自幼上伊斯兰学校，受过良好的宗教和文化教育。曾去中东一些伊斯兰国家的宗教大学深造，对阿拉伯文和伊斯兰经典造诣颇深。他在埃及爱资哈尔大学学习时，受业于伊斯兰教革新派学者穆罕默德·阿布笃，深受其泛伊斯兰主义思想影响。回国后，在柔佛当律师，创办过《同胞》等杂志，介绍中东地区伊斯兰教复兴运动的思想主张和阿拉伯现代文学的情况。1925年改写了以阿拉伯国家为背景的长篇小说《法丽达·哈努姆》，触及妇女解放问题，具有反封建礼教的意义。这部小说在写作方法和语言风格上深受19世纪著名作家阿卜杜拉的影响，冲破拘泥于神话和帝王故事的旧传统，着力描写现实生活中人物的悲欢离合，为马来西亚社会小说的发展开拓了新路。 (杨克礼)

三乘 伊斯兰教苏菲派宗教功修的途径和阶梯。苏菲派称宗教功修为“道路”，指精神修炼必经的途径和方式。苏菲教团一般将精神修炼的道路分为3阶段，即寻道者在导师的指导下，在遵奉教法、履行法定的5项宗教功课的基础上，再经历若干特殊的精神修炼阶段和状态，循级而进，使精神升华，最后达到对“真理”、“真知”的认识，与真主合一。中国汉文伊斯兰译著中，将苏菲精神修炼的道路称为“三乘”、“三程”或“三道”。“三乘”的内容是：(1)教乘，系阿拉伯语“沙里亚”(Shari‘ah)的意译，亦称“礼乘”、“教程”或“常道”。即在坚持六大基本信仰的前提下，遵从教法的一切规定，履行法定的念、礼、斋、课、朝五项天命功课和行为规范，命行禁止，行善止恶，作为“入道归真之门”，达到“勤德敬业”，“修身养性”，“虔信真主”。(2)道乘，系阿拉伯语“托勒盖”(Ṭariqah)的意译，亦称“道程”或“中道”。即在教乘修行的基础上，寻道者在导师的指引下，由外在的身体力行转入内心的精神修炼，通过昼夜坚持和躬行拜功、斋戒、静坐和连祷迪克尔等功修，越过7种障碍，弃绝尘世，清心寡欲，静虔参悟，苦思冥想，“参天地化育之理，悟真主之大能之德性”，净化心灵，去认识和接近真主，以达“穷理明心显性”。(3)真乘，系阿拉伯语“哈给格”(Ḥaqīqah)的意译，亦称“理乘”、“真程”或“至道”。即寻道者完满完成道乘修持的阶段，通过明心见性等修炼步骤，达到“欲尽理纯，功到大定，道合自然”，“浑然无我，心不纳物，唯独一主”，“克己完真见性”，实现与真主合一。真乘是苏非人生的最高目的，也是修炼达到的最高精神境界。凡穆斯林，能达教乘者，便可以涉世；达道乘者，便能忘世；欲达真乘者，便能出世，成为圣贤之人。

“三乘”的内容及各个阶段的关系，中国清代伊斯兰教学者刘智在《天方典礼》中云：“乘，载也。载诸法义，以备求道者次第取法也。初曰礼乘，总载天道人道，一切事功之条例，此勤德敬业者所取法也。进曰道乘，总载人理物理，尽人合天之法程，此穷理尽性者所取法也。终曰理乘，又名真乘，总载无我无理，天人一致之微言，此克己完真者所取法也。勤德敬业所以修身也；穷理尽性所以明心也；克己完真所以见性也。身不修。不可以明心；心不明，不可以见性；性不见，不可以合天。性之不可见，己私不蔽也。三乘之法，己私之砺也，三乘之上更有超乘一法，则天人化矣，名迹泯矣，非语言文字可传，待其人之自会耳矣。”马注所著《清真指南》谓：“道有三程，常道、中道、至道也。常道如人之身，中道如人之心，至道如人之命。”“舍常道而言中道、至道，犹树无根；舍至道而言常道，如夜行无烛；舍至道、常道而言中道，如纸花满瓶；舍中道而务常道以寻至道，如镜无光。三者相连，若身、心之与命，缺一不可”。马复初《道行究竟》中说：“礼乘乃圣人示众之法，道乘乃圣人自任之功，真乘乃圣人独践之境。”“凡慕道者，必先习礼乘之学，而遵守其事，行之不怠，由礼乘而进于道乘。进于道乘则加工进修，功成修尽，穷究既通道，由道乘而进于真乘”。伍遵契在《归真要道》中说：“此道分而三条，合则为一体。其圣教为人之四肢百骸，其圣道为五脏六腑，其至道为性为命，缺一则不成人。其道亦然，必须由浅及深，内外经历，可为正人。”在伊斯兰教史上，有些苏非学者将三乘之间的关系，比喻为桔橘的“皮、瓤、核”、果树的“种、茎、果”及“舟、海、珠”(“登舟为渡海、渡海为采珠”)。大多遵法苏菲教团主张在教乘修持的基础上，再进行道乘以至真乘的修持，即所谓的“先教后道”；少数非遵法苏菲教团不完全遵奉教乘修持，注重道乘修持，即所谓的“先道后教”或“道中有教”。

在伊斯兰教史上，苏菲派学者对道乘修持提出了数量不等的修持阶段和状态。它是功修者克己、自制、勤修、苦炼的过程及精神修炼所达到的心理状态。如艾布·纳斯尔·沙拉智(？～988)在《苏菲派的圣光之书》中提出了修持的“七阶段”(忏悔、禁欲、断念、守贫、坚忍、信心和满足)和“十种状态”(冥想、近主、爱慕、畏惧、希望、渴望、亲密、稳静、凝视、确信)。中国王岱舆在《正教真诠》中提出宗教功修的“三品十条”。余浩洲在《真功发微》中综述了修持方式“三十件”，马复初在《道行究竟》中提出道乘与真乘当尽的“十事八德”，蓝

子羲在《天方正学》中也提出与王岱舆略有不同的道乘修持的“三品十条”。（杨克礼）

三程 见三乘。

三大教法体系 见五大教法体系。

三道制 见三掌教制。

三德十行 中国伊斯兰教汉文著述中对穆斯林认主及修持方式所作的概括。亦称“三品十条”。“三德”即信仰、认主的三要素；“十行”即十件宗教修持的方式和操守。王岱舆《正教真诠·戒慎章》云：“吾教修道之功，无有穷尽，然其初入者，总于三德十行。”三德即：心中诚信真主独一，口舌赞诵真主，身体力行伊斯兰教教义，谓之“心信”、“口诵”、“力行”。十行即：节饮食、节言语、节睡盹、悔过、僻静、甘贫、安分、忍耐、顺服和乐从。被认为是穆斯林必修的善功和操持，是达到认主的基本功修。（冯今源）

三品十条 见三德十行。

三山街礼拜寺 见净觉寺。

三抬 见赛莱菲耶派。

三贤四贤墓 见灵山圣墓。

三掌教制 中国伊斯兰教清真寺教职组织形式。亦称“三道制”。14世纪后期开始在中国回族伊斯兰教中形成，系由伊玛目、海推布、穆安津3种宗教人员构成的清真寺组织制度。三掌教中伊玛目是教坊的宗教领袖，率领教众礼拜，主持公共性的宗教仪式与活动，管理瓦克夫土地和公共墓地。海推布讲经宣教，司掌劝谏。穆安津是宣礼员，礼拜时辰到来时，专司召唤教众上寺礼拜。历史上这3种宗教人员都是世袭的。随着社会的演变和经堂教育的兴起，开学阿訇逐渐成为清真寺的教长，由教坊穆斯林聘任。近现代“三掌教制”除个别教坊在形式上保留外，许多地方已不复存在。（余振贵）

散班阿訇 见阿訇。

桑海帝国(Imbarāṭūriyah Songhai) 非洲西部地区桑海人建立的伊斯兰教国家(1464～1680)。亦称“加奥王国”、“松加依王国”。桑海人原住尼日尔河中游的登迪地区。初由索尔科、加比比和格乌拉3个部落组成，7世纪时形成部落联盟。8世纪后半叶，桑海人沿尼日尔河上徙，向西北方向发展。9世纪末，桑海人以库吉亚为首府建立国家，第一个王朝称“迪亚王朝”。11世纪初，王朝统治家族及上层归信伊斯兰教，而大批黑人仍信奉原始宗教。在第15任国王科索依统治时期，迁都于尼日尔河上游的加奥城，以加奥为国名。曾先后为加纳、马里王国藩属。13世纪末，索尼王朝取代迪亚王朝。1325年，被马里征服，成为马里帝国的一部分。1335年，桑海脱离马里帝国独立。15世纪初，桑海征服了从马里独立出来的梅曼和撒赫勒等省份。1464年，在国王桑尼·阿里(1464～1492在位)执政时，疆土不断扩大，经济发展，国势强盛，使桑海进入了帝国时期。1468年攻占图阿雷格人控制的廷巴克图，1476年攻占马里商业城市杰内，后又击败莫西人，代替马里成为西非强大的国家。1493年，桑尼·阿里的将军、索宁凯人穆罕默德·杜尔(1493～1528在位)夺取王位，把王室驱逐到登基，建立阿斯基亚王朝(1493～1591)。杜尔继续扩疆，加强行政管理，发展经济，全面推行伊斯兰化政策，大力倡导伊斯兰学术文化。其版图除尼日尔河流域外，东起加涅姆——博尔努和豪萨城邦的边界，西到塞内加尔河上游，北至撒哈拉沙漠中的塔加扎产盐地带，南抵波波人和摩希人地区。桑海的统治范围超过了马里帝国的全盛时期。从1515年起，豪萨等地相继独立，统治者之间为争夺王位多次发生内讧，国势渐衰。1549年，达乌德(1549～1582在位)继承王位，使桑海帝国一度中兴。后奴隶和农民多次起义，动摇了帝国的统治。1585年，摩洛哥人趁桑海内乱之机，派兵占领塔加扎和塔奥迭尼两个食盐产地。1591年，摩洛哥远征军在加奥城北面汤托比大败桑海军队，占领加奥、廷巴克图和杰内等城，掠夺了巨额财富。桑海王室退居登迪地区，桑海帝国实际灭亡。原帝国所属各部落相继独立，摩洛哥派总督管理原桑海属地。1660年，桑海总督穆罕默德·布亚帕夏宣布与摩洛哥脱离关系。1680年，图阿雷格人南侵占领加奥城，桑海历史结束。

桑海帝国在继承马里帝国政治制度的基础上，吸收东方伊斯兰国家的管理经验，改革行政，制定法律，完善了中央集权制。国王为最高统治者，集政治、军事、宗教大权于一身。帝国实施常备军制度，逐渐废止了民兵制。在尼日尔河上游开凿运河，改良农业，采取措施发展采金业、盐业、纺织业和商业。王室土地遍及全国，由奴隶耕种。廷臣和各地大清真寺由国王赏赐一定数量土地。从11世纪起，桑海统治者归信伊斯兰教，遵奉逊尼派教义。早在臣属马里帝国时，受到来自北方穆斯林商人的影响，城镇居民最先接受伊斯兰教。14～15世纪，伊斯兰教在黑人部落中得到了发展，穆斯林人数大增，其影响超过了桑海传统的宗教信仰。在桑尼·阿里执政时，对伊斯兰教的发展加以限制，宽待传统宗教，试图将伊斯兰教仪式和桑海人的传统信仰结合起来，引起穆斯林反感。桑尼·阿里对支持其统治的穆斯林学者加以庇护，对曾为马里帝国服务的穆斯林学者进行迫害，并禁止他们在宫廷中进行宗教活动。穆罕默德·杜尔改变了桑尼·阿里对伊斯兰教的高压政策，以伊斯兰教义治国，实行伊斯兰教法，确立了伊斯兰教在桑海的统治地位。1496～1497年，杜尔率领1500名随从人员去麦加朝觐，其规模和排场堪与马里国王曼萨·穆萨媲美。从此，桑海闻名于世，杜尔成为西苏丹地区穆斯林的哈里发和宗教学者的领袖。杜尔大力支持和倡导伊斯兰学术文化，创办学校，兴建和扩建清真寺，鼓励资助学者进行学术研究。据阿拉伯史籍载，16世纪中叶，廷巴克图建有150多所教授《古兰经》的学校，另有图书馆和清真寺多处。著名的桑科尔大学更加兴旺，除开设宗教课外，还设有人文和自然科学等课程，国家从埃及、摩洛哥、西班牙等地延聘教师并给以优厚的报酬。廷巴克图学者云集，学术活跃，著述宏富，成为当时伊斯兰世界的文化教育中心之一。伊斯兰建筑工艺水平较高，清真寺布局设计各异，宫殿富丽堂皇，是阿拉伯建筑艺术同桑海各民族文化传统的结合。（杨克礼）

桑给巴尔素丹国（Salṭanah Zanzibār） 19世纪阿曼人在桑给巴尔及东非沿海建立的伊斯兰教城邦国家。17世纪，阿曼人多次派遣舰队南下东非海岸，驱逐葡萄牙人势力，建立马兹鲁伊王朝。1785年，阿曼本土艾布·赛义德王朝建立后，桑给巴尔沦为阿曼领地。1804年，阿曼素丹赛义德·伊本·苏尔坦即位后，灭马兹鲁伊王朝，占领重镇蒙巴萨，继而控制了从蒙巴萨到基卢瓦的东非海岸，并通过联姻方式使马达加斯加岛并入王国版图。1840年将首府从马斯喀特迁至桑给巴尔。赛义德鼓励亚洲商人移居桑给巴尔，支持阿拉伯商人深入内陆，进行象牙和奴隶贸易。丁香、象牙和奴隶的输出给桑给巴尔带来巨额利润。通过商道使伊斯兰教的影响波及坦噶尼喀、尼亚萨兰、肯尼亚。1856年，赛义德去世后，两个儿子分别承继马斯喀特和桑给巴尔素丹位。1861年，桑给巴尔素丹国脱离阿曼而独立。王国发展经济和对外贸易，渐趋强盛，控制沿海的贸易。素丹为政教合一的领袖，执掌行政、宗教、司法和军事大权。王国以伊斯兰教艾巴德派教义为官方信仰，将伊斯兰教法作为国家的基本法，沙斐仪教法学派占统治地位。但允许遵奉逊尼派、什叶派教义和哈乃斐学派及马立克学派教法的穆斯林讲经布道，各行其是。苏菲派卡迪里教团、里法伊教团和沙兹里教团，亦有广泛的传播。国家在沿海城市兴建了清真寺、宗教学校和伊斯兰研究院，延聘阿曼、埃及、马格里布的大批宗教学者到此从事传教、教学和研究，使伊斯兰学术文化得到发展。1885年德、英殖民者签订协定限定桑给巴尔在沿海的领土。1890年沦为英国保护国。1964年，人民起义推翻素丹统治，建立桑给巴尔人民共和国。（杨克礼）

骚尔山洞（Ghār Jabal thawr） 伊斯兰教圣迹之一。位于麦加北部骚尔山麓。为一岩洞，洞口小，洞内大。据圣训学家传述，在麦加古莱什贵族加紧对穆斯林迫害的情况下，伊斯兰教先知穆罕默德为使伊斯兰教传播顺利发展，在组织、领导麦加穆斯林分批迁徙到麦地那后，于622年9月中旬一夜晚，在挚友艾布·伯克尔陪同下离开麦加，行至骚尔山附近，为避开古莱什多神教徒星夜追击捕杀，曾进入此山洞暂行隐避。当麦加敌人追至洞前时发现，洞口布满蜘蛛网，山鸽在周围栖息鸣叫，未发现踪迹，遂返回麦加。是月24日，穆罕默德和艾布·伯克尔二人安全抵达麦地那，与先期到达的迁士和麦地那的辅士胜利会合。故穆斯林将此山洞视为圣迹。穆斯林为纪念此事件，绘制有骚尔山洞"先知避难图"，现代一些伊斯兰国家还拍摄有骚尔山洞的电视片。（马忠杰）

色兰（al-Salām） 伊斯兰教礼仪用语。又译"塞拉姆"、"色俩目"，意为"和平"、"平安"、"安宁"。系阿拉伯语 al-Salām ʻAlaykum（安塞拉姆·阿莱库姆）的缩写，意为"愿主的安宁降临于你们！"有3种使用方式：(1)穆斯林见面时的祝福问安用语。致祝安词为全世界穆斯林生活中的传统礼节，俗称"出色兰"、"道色兰"。回祝词为："愿主的安宁也降临于你们！"（wa ʻAlaykum al-Salām）。祝安词对一人或众人都用复数词——"你们"，表示尊重对方。穆斯林对向他问安的人，必须回敬祝安词。有时在"主的安宁"一词之后还附加"主的慈悯与吉庆"（wa Raḥmatullāh wa Barakātuhu），以示亲切。在致、答祝安词时，有的同时握手拥抱，这是久不见面时的表示；有的在致、答祝安词时，右手抚置胸前；有的彼此伸出右手相握，左手搭置在对方的右肩上；有的双手相握，中国赛莱菲耶派右手相握，拇指竖起相对。这些致、答握手方式都表示发自内心的祝愿，显示亲如兄弟。致、答祝安词一般都是外来者先向留住者致祝，少数人先向多数人致祝，年幼者先向年长者致祝，乘骑者先向步行者致祝，客人先向主人致祝，穆斯林先向阿訇致祝，学生先向老师致祝，男子先向妇女致祝，丈夫先向妻子致祝。凡有致祝而先听到者，必须抢答祝词。(2)穆斯林互通信件，或在一定场合演说、发表谈话时，都要首先向对方和听众道"色兰"。(3)穆斯林礼拜时，跪坐毕先右后左向两肩方向道"色兰"，以表示出拜。穆斯林为亡人举行殡礼（者那则）结束时，亦向右左两肩方向道"色兰"，以表示仪成。（达应庚）

沙·奥里亚（Shah Awliyā） 伊斯兰教苏菲派传教师。伊玛目·兰巴尼所传教团叶尔羌（新疆莎车）分支的首传人。巴达克山（今属阿富汗）人。生卒年不详。据其后代保存的道统表所记，沙·奥里亚为印度伊玛目·兰巴尼（艾哈迈德·希尔信迪）的第八代再传弟子。其后代还保存有伊玛目·兰巴尼的家谱，因此被误传为"第28代圣裔"。沙·奥里亚从18世纪后半期至19世纪初，3次从巴达克山到新疆，在叶尔羌建立罕尼卡（Khaniga，即道堂），并先后去伊犁、吐鲁番、乌鲁木齐等地传教。暮年返回巴达克山。他称其所传为“纳格什班迪·穆加达得”(Naqshibandi Mujaddad，即复兴的纳格什班迪)。其道乘理论承袭纳格什班迪耶教团学理的主要内容，同时又吸收了嘎迪林耶、契斯提耶、苏哈拉瓦迪耶等教团的部分道乘修持方式，对弟子因材施教。在道乘修持方式上，主要采用虎非耶方式，即默念赞词。其所传某些分支，如吐鲁番回族穆斯林东道堂，除采用虎非耶方式外，亦采用“代门迪克尔”(Dam Dhikr，即出声的赞颂)。沙·奥里亚的诸弟子和再传弟子散布于新疆、甘肃、青海等省区，形成大大小小的门宦和分支。有道统表可考，系沙·奥里亚所传的门宦和分支，在维吾尔族中有伊犁和吐鲁番的纳格什班迪耶教团分支，在回族中有吐鲁番东道堂、乌鲁木齐芦草沟虎非耶门宦、甘肃临夏的北庄门宦和崖头门宦等。沙·奥里亚在叶尔羌建立的罕尼卡称为“叶尔羌道堂”。沙·奥里亚暮年返回巴达克山前，将其第四子和卓谢里夫留在叶尔羌道堂主持教务，人称“四和卓”。此后，和卓谢里夫便在叶尔羌定居，教权在他的家族中承传，至1949年已传5代。上述各教团分支和门宦有的与叶尔羌道堂保持着松散的隶属关系(如北庄门宦)，有的则基本独立，仅对叶尔羌道堂主持人保持着传统的尊敬(如乌鲁木齐县芦草沟虎非耶门宦)。

(谭吴铁)

沙便人(al-Ṣābi'un) 《古兰经》中提到的一种宗教徒。阿拉伯语音译，一译“萨必安人”，亦译作“拜星教徒”、“异化教徒”等。《古兰经》中常把它同犹太教徒、基督教徒并列，有时排名在二者之后(2∶62)，有时在二者之间(5∶69，22∶17)。说他们有的“确信真主和末日，并且行善，必获善报”；有的“以物配主”，将受判决。注疏家对“沙便人”的解释，不尽一致，有“拜星斗者”、“犹太中的一派”、“介乎基督教和犹太教之间的一部分”等多种说法，还有人认为他们是阿拉伯半岛南端的一个拜太阳的民族，即《圣经》中所提到的示巴(Sheba)人。这个宗教已不复存在。 (林 松)

沙杜里教团 见沙兹里教团。

沙斐仪(al-Shāfi'i，767～820) 伊斯兰教逊尼派沙斐仪教法学派创始人，教法学理论奠基人。全名穆罕默德·本·伊德里斯·本·阿拔斯·沙斐仪。生于巴勒斯坦的加沙，属古莱什部落哈希姆家族，相传为圣族后裔。自幼家境贫寒，父亲早逝，两岁随母迁居麦加。青少年时代曾在贝都因游牧民中间生活，后返回麦加学习法学，拜麦加穆夫提穆斯林·本·哈立德等为师。结业后继续深造，师从麦地那教长、著名教法学家马立克。其师去世后，他一度到也门总督府任职。803年以“谋反”罪名被解往巴格达受审，不久被无罪释放。他在巴格达结识了哈乃斐派著名教法学家穆罕默德·谢巴尼，并阅读了该派的大量著作。翌年经叙利亚返回麦加，在圣寺从事讲学工作。810年重返巴格达，着手收集资料，著书立说。814年新任哈里发马蒙强制推行“《古兰经》受造”说，沙斐仪被迫离境，转赴埃及，在弗斯塔特的阿慕尔清真大寺主持教学圈(ḥalqah)的讲座。其大部分著作即是在旅居埃及期间完成的。820年沙斐仪卒于埃及，葬在穆盖泰姆山麓，后人在其墓旁修建了沙斐仪清真寺，以示缅怀之情。

沙斐仪的主要贡献是在前人的基础上提出了比较系统和严谨的四大法源理论体系，即《古兰经》立法、圣训立法、公议和类比，从而增强了教法的实用性。早期以地域为中心的诸法学派，主张应根据各地的实际情况和法学家的个人意见，灵活变通地创制律例，而圣训派则主张以“圣训”为最高立法渊源，双方长期争论不休。沙斐仪教法学派的兴起，缓和了各派法理之争。沙斐仪一方面肯定了圣训立法的权威，指出经、训同为安拉的启示，成文的即《古兰经》，口头相传的即圣训；另一方面又对运用理智的形式作了严格的界定，指出类比是唯一合法的形式。他对圣训派有些学者滥用圣训提出了批评，阐述了鉴别圣训真伪的标准和方法，同时又对意见、创制、优选、公益等原则作了辨析，提出创制即类比。他对学者们的公议持否定态度，认为唯有全体穆斯林的民意才是不谬的。其法源理论体系确立了圣训仅次于《古兰经》的第二法源地位。指出圣训立法的功能是解释、补充《古兰经》律例，从而极大地丰富、扩充了教法实体，增强了教法的活力。但它对人的理性活动严加限制，认为经、训是不谬的，理性判断是易谬的，又束缚了法源理论的发展。后世学者对其理论加以充实，恢复了学者公议的历史地位，形成广为流行的“古典法源理论体系”，沿用至今。

沙斐仪治学严谨，一生著作颇丰。《温姆》(Kitāb al-Umm)为其代表作，被后人推崇为沙斐仪教法学派的经典之作。这部7卷本的巨著详细阐述了穆斯林在宗教生活和社会生活中应遵循的行为规范，指出了该派学说与其他派别的分歧。《法源论纲》是一部论述教法原理的著作，它系统地阐述了四大法源理论和理解、推导、演绎教法的具体方法，被认为是该派的理论专著和伊斯兰教法学的权威之作，影响极为广泛。他还有《古兰经的教法》、《饮料》、《遗产》等著作。其学说在埃及、东非、巴勒斯坦、阿拉伯半岛、东南亚及中国新疆等地有较深影响。 (张广麟)

沙斐仪教法学派(al-Shāfi'iyyah) 伊斯兰教法学派之一。与哈乃斐、马立克、罕百里学派并称为逊尼派四大教法学派。由9世纪巴勒斯坦人、马立克的弟子沙斐仪教长所创。该派在创制教法律例时，吸取哈乃斐学派和马立克学派的长处，兼重圣训律例和类比推理，强调将安拉启示与人的理性活动有机地结合在一起，更明确、系统地阐释了《古兰经》、圣训、公议、类比四大法源理论体系，缓和了圣训派与意见派的法理之争，增强了教法的实践性和效力。该派比马立克学派更广泛地应用公议，而不局限于麦地那学者们的公议，比哈乃斐学派更严谨地应用类比方法，认为个人意见易带有随意性，而主张以严格界定的类比方法代之，并认为类比是运用理智唯一可取的方式。该派提出的以圣训为仅次于《古兰经》的第二法源的主张，极大地增强了圣训律例的地位和功能，亦使人的理性活动受到严格的限制。主要代表著作为沙斐仪的《法源论纲》和《温姆》(Kitāb al-Umm)。著名教法学家有奈萨仪(al-Nasā'i，？～915)、艾什尔里、马沃尔迪(？～1058)、设拉齐(al-Shirāzi，？～1083)、安萨里、拉菲仪(al-Rafi-'i，？～1226)、瑙威(al-Nawawi，？～1277)等。该派学说盛行于埃及、叙利亚、伊拉克、巴勒斯坦、阿拉伯半岛南部、东非、马来西亚、印度尼西亚及中国新疆等地。（吴云贵）

沙沟门宦 中国伊斯兰教苏菲主义哲赫林耶学派支系门宦之一。因由马元章(1853～1920)创建于宁夏西吉县沙沟，故名。马元章是哲赫林耶创始人马明心的四世孙。1781年马明心被清廷在兰州杀害后，其长子马顺清被充发云南他郎，后成为哲赫林耶第四代教主马以德在云南的"热依斯"。马顺清逝世后，三子马世麟继任了哲赫林耶第五代教主马化龙在云南的"热依斯"。1856年，云南杜文秀反清起义时，马世麟以巨额金银资助，并充任河西起义军首领之一。1871年，他在东沟最后一战中遇难。马元章、马元超兄弟等18人受其父马世麟生前的指使，从云南东沟化装脱逃，于1875年辗转来到甘肃张家川，后修建了"宣化岗"拱北，让其弟马元超主持。又于1879年设计将马化龙之次孙马进西在狱吏解送途中抢回，并派人与管押在开封为奴的马化龙长孙马进成取得联系。马进成病故后，马元章将其尸骨搬回张家川，埋葬于宣化岗。他迁居穷乡僻壤的宁夏海原沙沟，并以此地为基地，建立道堂，积极恢复教务，振兴哲赫林耶。1911年正式尊崇马化龙长孙马进成为第六代教主，他以第七代教主相继。他总结该派血的历史教训，为求得该派的存在和发展，不仅不与官府对抗，且主动结交各级官员，联络地方乡绅，注意民族团结，在他的努力下，终于使哲赫林耶走上继马明心和马化龙之后的第三次复兴时期。1920年他殁于海原大地震中，由第四子马震武主持教务。沙沟门宦在教义方面仍遵守马明心的教旨和行教方式，但在仪礼方面有所改变，主要是：(1)改变了马明心"传贤不传子"的主张，而实行"父传子受"的道统传承制。(2)改变了马明心所提倡的清贫廉洁、不积聚财富的主张，而其继任者多半是富甲一乡的士绅。沙沟门宦直接管辖的教坊，主要有宁夏西吉、海原、固原、隆德、静宁地区的260余坊和甘肃陇东地区的130余坊，以及新疆等地的40余坊，10多万教众。在宁夏洪乐府、西吉和兰州设有道堂。道统传承依次为：马明心、穆宪章、马达天、马以德、马化龙、马进成、马元章。此后教务主持人为马震武等。（马　通）

沙哈鲁(Shah Rukh，1377～1447) 帖木儿帝国素丹。帖木儿第四子。早年在宫廷受到良好的宗教和文化教育，通晓察合台语和阿拉伯语，喜爱文学艺术，善于骑射，文武双全。1397年，受封于呼罗珊，驻跸赫拉特。1405年帖木儿死后，诸子争位。1409年，帖木儿之孙哈利勒被叛将拘系，沙哈鲁趁机进军中亚，驱逐叛将，夺取撒马尔罕，平服内争，将撒马尔罕封予其子兀鲁伯。从此，原帖木儿帝国所辖地区，除波斯西部、伊拉克和叙利亚以外，波斯东部和河中地区均由沙哈鲁统一。他将国都南迁到赫拉特(旧译"哈烈")，便于控制波斯一带，故明朝史籍称"哈烈国"。沙哈鲁当政40余年(1405～1447)间，他除统一领土和平息各地叛乱外，把主要精力投入国内建设，以恢复其父征战时带来的破坏。采取措施发展农业、手工业和商业，修建灌溉工程，开辟新商道，遍设驿站，重建和新建主要城市，使得当时的波斯和阿富汗经济繁荣，文化复兴。他振兴伊斯兰学术，扶持文学艺术，宫廷招揽诗人、学者，从事创作著述，兴建清真寺、宗教学校、图书馆、陵墓，使伊斯兰文化和突厥文化结合而得到发展。首都赫拉特成为当时著名的伊斯兰学术文化中心之一。他的妻子高哈尔·莎智谋才艺过人，是他统治的得力助手。她捐巨资建有以其命名的撒马尔罕加米清真寺而著称。沙哈鲁改变其父敌视中国的政策，同中国明朝在政治、经济上交往频繁。1419年沙哈鲁派遣使团访问中国。历史学家哈菲兹·阿卡鲁根据使团成员吉亚斯·乌德丁的日记撰写而成的《沙哈鲁遣使中国记》，记述了使团去中国沿途所见及明朝的政治、经济、人物、民俗、物产等情况。1446年，沙哈鲁之孙素丹·穆罕默德在伊朗西部叛乱，沙哈鲁及其妻高哈尔·莎率军前去讨伐。1447年3月因病卒于赖伊。

（杨克礼）

沙·贾汗(Shah Jahan，1592～1666) 印度莫卧儿帝国第五代皇帝。贾汗季之子。原名赫拉姆(Khrram)，即位后称沙·贾汗。早年在宫廷受到良好的宗教和文化教育，通晓武略。信奉逊尼派教义，信仰虔诚。原协助其父统领军队。1622年曾起兵企图夺取其父的王位，兵败后颠沛流离达7年之久。1628年其父死后，在阿格拉称帝。他统治时期，加强中央集权，扩建军队，平定了德干各公国的叛乱，任命其子奥朗则布为德干总督。1631年，曾命孟加拉总督镇压在该地的葡萄牙人。1636年吞并艾哈迈德纳格尔，迫使戈尔孔达和比杰伊布尔地区统治者称臣纳贡。长期与伊朗萨法维王朝战争，争夺阿富汗。1638年派重兵迫使伊朗坎大哈总督阿里·马尔丹汗投降。1646年占领巴达赫尚和巴尔赫。在宗教上，遵奉逊尼派教义，推行伊斯兰教法，健全各级法律制度，支持苏菲派纳格什班迪耶教团，聘请其长老为宗教助理，对其道堂和清真寺赐封以瓦克夫土地。他改变阿克巴时的宗教宽容政策，对印度教徒歧视、迫害，尤其反对天主教，不允许兴建教堂。他统治时期，经济发展，国库充盈，伊斯兰文化得到发展。他投入巨资修建了宫殿、陵墓、清真寺，使王朝的建筑艺术达到较高的水平。1653 年在阿格拉为其爱妃泰吉·玛哈尔建造的雄伟、华丽的陵墓，堪称“莫卧儿建筑的顶峰”，至今犹存。1656 年在德里红堡兴建的德里宫及加米清真寺庞大豪华，改建的阿格拉城堡和寝宫庄严肃穆，修葺了胡马雍和阿克巴的陵墓，扩建了德里新城。1657 年，沙·贾汗卧病，其 4 个儿子为争夺王位展开斗争。1658 年第四子奥朗则布得胜，宣布称帝。并将沙·贾汗禁闭在阿格拉城堡，以诵读《古兰经》、祈祷度过余生。（杨克礼）

沙喇族 见撒拉族。

沙里哈 见撒立哈。

沙里亚（al-Shari‘ah） 伊斯兰教法的专称。阿拉伯语音译，原意为“通向水泉之路”。泛指“行为”、“道路”，引申为应予遵循的“正道”、“常道”，即指《古兰经》中所启示的、圣训中所明确解释的安拉诫命的总称，为每一个穆斯林必须遵行的宗教义务。“沙里亚”一词，最早出自《古兰经》，经文曰：“我使你遵循关于此事的常道。你应当遵守那常道，不要顺从无知者的私欲”(45：18)。又曰：“我已为你们中每一个民族制定一种教律和法程。如果真主意欲，他必使你们变成一个民族。但他把你们分成许多民族，以便他考验你们能不能遵守他所赐予你们的教律和法程”(5：48)。经文中所言“常道”、“教律和法程”，即“沙里亚”。在其后的发展中，“沙里亚”亦用以指称“安拉之法度”或教法的实体。安萨里据《古兰经》有关经文(5：48)认为：沙里亚包括继承、“哈德”刑罚(即固定刑)的律例和命令、禁止的律例。其相关学科的教法学(Fiqh，菲格亥)，有时亦作为“沙里亚”的同义词使用，而教法渊源学(Usul al-Fiqh)有时亦作 Usul al-Shar‘(Shar‘与 Shari‘ah 同义)，足见教法与“沙里亚”的渊源关系。逊尼派穆斯林学者认为，“沙里亚”是判断世人行为或善或恶的依据，这一标准即安拉启示。（吴云贵）

沙里亚法（Shari‘a Law） 伊斯兰教法的别称。此语源自对伊斯兰教法内涵的不同理解。一般穆斯林学者认为，教法的专称为阿拉伯文“沙里亚”一词，系指安拉诫命的总称，因其源自安拉的启示，故又称“天启律法”。而教法体系为中世纪教法学家们依据经、训精神所创制，称之为“菲格亥”(即教法学)，它可根据时代变化和社会环境的不同予以新的解释或修订。穆斯林学者很少使用“沙里亚法”这一概念，但也有一些学者视沙里亚与伊斯兰教法为同义词，交替使用。20 世纪，部分西方学者在深入研究伊斯兰法制史的基础上认为，早期西方的著述中往往将“沙里亚”和“菲格亥”二者混淆，故主张予以正名。他们提出，沙里亚包含安拉的全部启示，有些虽未收入伊斯兰教法，但穆斯林学者认为也必须遵行，同样具有法律的约束力，而成文的伊斯兰教法实体内容有限，仅为安拉启示的一部分，故以“沙里亚法”相称，以示区别。（吴云贵）

沙里亚法院（al-Maḥkamah al-Shar‘iyyah） 伊斯兰教历史上国家司法机关的统称。亦称“卡迪法院”、“伊斯兰法院”。约于 8 世纪上半叶产生于伍麦叶王朝末期，阿拔斯王朝前半期其机构建制日趋完善，后为历代伊斯兰王朝所沿用，为主要的执法机关。近代以来，特别是二次世界大战以来，在一些伊斯兰国家被世俗法院所代替。

中世纪伊斯兰国家的沙里亚法院是唯一的司法机关，审理穆斯林当事人间的民事、商事、刑事诉讼。法院一般由一名执法官(即卡迪)，外加两名助手组成。其司法审判权因时代而异，通常取决于任命时的规定。伍麦叶王朝时，卡迪由地方总督指定，为总督部下的下级官员，除执法外，还兼管某些行政工作。但其权限较大，有独立审判权，总督通常不过问宗教法律事务。阿拔斯王朝时，为加强中央集权制，从中央到地方建立了完善的沙里亚法院制度，任命熟悉经、训的教法学家为卡迪和大卡迪，为司法官员。最初卡迪由哈里发亲自任命，后来哈里发亦亲自执法，设有最高权限的“上诉法院”(即穆札里姆)，而首席大臣(即维齐尔)和地方总督亦有权任免卡迪。卡迪的司法权主要有两类：一是无限审判权，即有权以合法的方式(保护一切合法权益，制止一切非法行为)，受理教法范围内的一切诉讼，或通过仲裁调节纠纷，或通过判决明确责任。二是有限审判权，即仅有权受理某一领域(如婚姻家庭或遗产继承)或某一辖区内的案件。此外，卡迪只能按所属教法学派的司法传统办案。

沙里亚法院有一套诉讼审判程序和证据制度。其审判席应设在宽敞的大厅，听审时需有证人和法律顾问在场。如事实清楚，应当即作出判决。如情况不明，则需先查明案情，再行判决。基本程序是原告举证，被告盟誓。卡迪听取原告诉词后，如认为理由充足，即要求被告就所诉事实作出解释。被告如表示承认，则作支持原告的判决。被告否认所诉事实，则要求原告举证。如原告提不出证据，则要求被告盟誓否认，然后宣布被告胜诉。除债务诉讼外，法院一般不接受书面证据，而以证人的证词为主要证据。法院只接受成年穆斯林自由人的证词，奴隶或非穆斯林无权作证，妇女没有完全的证人资格，在民事诉讼中两名女证人相当一名男证人。证人须具有诚实、高尚的品行，这项要求出自一种宗教道德信念，相信一位虔诚的穆斯林绝不会在庄严的“安拉之法庭”面前讲假话、作伪证。证人的资格审查主要涉及证人的身份和一贯品行。关于穆斯林身份问题，通常以本人的声明为据。而品行问题，则须经过一段秘密的调查以后才能作出结论。

近代以来,由于传统司法制度与时代的发展不相适应,许多国家都对之加以修改。二次世界大战前,改组法院工作主要是在西方法律制度的影响下,由西方殖民统治当局自上而下强制进行的,同其间伊斯兰教实体法的修改一脉相承。其基本趋势是通过颁布行政立法、诉讼程序法和新的实体法来限制法院的权限,属人法以外的民事、商事、刑事诉讼,不再由沙里亚法院受理,而转归各国新设立的世俗民法法院。此外,一些国家还通过了某些新的证据法和审判程序法,作为卡迪的审判依据。二次世界大战后,伊斯兰国家又在现代法制改革过程中,对传统司法体制加以大幅度的修改和调整。大致有3种类型:(1)撤销沙里亚法院,代之以世俗法院的国家(如土耳其、埃及、叙利亚、突尼斯、利比亚等)。(2)仍以沙里亚为基本法,设有由多名卡迪组成的多级沙里亚法院和上诉制度的国家(如沙特阿拉伯和海湾国家)。(3)大部分伊斯兰国家则把沙里亚法院纳入全国统一的国民司法体系,沙里亚法院为辅助性的第一审法院,以调节民事纠纷为主。

(吴云贵)

沙里亚政体(al-Siyāsah al-Shar'iyyah) 伊斯兰教法确认的政治体制之一。阿拉伯语音译,意为"以沙里亚为基础的国家政权"。即国家政权必须符合沙里亚的精神,国家元首(即哈里发、素丹、埃米尔等)亦必须遵循伊斯兰教法治国。9～10世纪,由阿拔斯王朝逊尼派教法学家们所提出,后为历代伊斯兰王朝的统治者们所接受,成为一种惯例。教法学家们提出此说,意在为伊斯兰国家政权的合法性提供一种权威的理论根据,以调和日益封建化、世俗化的国家政体同神圣律法的矛盾,强调神圣的沙里亚的普遍适用性。这种政治理论认为,沙里亚系安拉所颁布,为一部先在的、永恒的律法,而国家政权作为一种社会组织形式,仅仅是为了实施安拉之法度、维护穆斯林民众现世与来世的幸福而组成的一种社会共同体(即乌玛)。故唯有以神圣律法为基础的国家政体才符合伊斯兰的精神,其楷模即由穆罕默德所开创的麦地那政教合一的政体,亦即正统哈里发制度。但自伍麦叶王朝(661～750)以后,国家元首虽仍称哈里发,其职能已不同于早年的哈里发,其国体亦明显有别于麦地那政教合一的政体。为了捍卫伊斯兰教义的神圣性、纯洁性和连续性,教法学家们后来提出了比较系统的哈里发学说,就哈里发的资格、职能、产生办法等作了一系列原则规定,认为哈里发作为"安拉之公仆",必须尊重伊斯兰教法,只能在沙里亚容许的有限范围内行使其权力。这些权力主要是行政立法权,包括颁布政令、制定行政法规、确定国家的行政建制、任免官吏等。但所有这些行政立法在理论上皆被视为对沙里亚的一种应用和补充,不能有悖于沙里亚的精神。教法学家们认为,沙里亚政体是对君主专制的一种限制,但实际上只是一种道义上的限制,封建君主只要在名义上宣布忠诚于沙里亚,即可合法地行使其权力。历史上封建君主常以此为据来颁布行政法规,如著名的《奥斯曼帝国法规》。近代以来,还经常据此颁布政令和法规,限制沙里亚法院的司法权,并以行政立法的方式对教法的实体加以修订。

(吴云贵)

沙·马合木·札剌思 见谢赫·马哈茂德·楚拉斯。

沙梦弼(1903～1972) 中国现代伊斯兰教著名阿訇。字德月,经名优素福。回族。河北省大名县人。出身于阿訇世家,幼承家学,习读经文。1917年起,先后赴临清、天津、北京等地清真寺投学。1930年4月,在北京牛街礼拜寺"穿衣挂幛"。先后在山东、河北、广州等地10余座清真寺任阿訇。他精通教义,善阿拉伯文书法。在穆斯林群众中享有很高威信。抗日战争时期,任河北邱县"回民抗日救国会"宣传股长、山东莘县"回民抗日建国会"主任。中华人民共和国成立后,历任保定市卫街清真寺、广州怀圣寺教长,曾3次朝觐麦加,是新中国首批穆斯林朝觐团成员。还随郭沫若团长赴芬兰赫尔辛基参加世界和平大会。曾任中国人民对外文化协进会理事、中国人民保卫世界和平委员会广州市分会副会长、广州市伊斯兰教协会主任、中国伊斯兰教经学院副院长、中国伊斯兰教协会副主任、第三届全国人民代表大会代表、中国阿富汗友好协会副会长,为加强中外穆斯林之间的友谊与文化交流做出了贡献。编著有《中阿词典》一书。病逝后,家属获"革命有功人员家属证书"。

(冯今源)

沙迷赖人 见撒米里人。

沙目(Shām) 波斯语音译,意为昏礼。见礼拜。

沙善余(1879～1968) 中国现代穆斯林学者,教育新闻工作者。名庆,以字行。回族。先祖是阿拉伯人,明朝后期应聘来北京任钦天监,后裔移居南京。4岁时随父迁居上海。幼习伊斯兰经书,后就学于上海圣芳济及格致等书院,又从美国基督教传教师李佳白学习英语,并担任李的助教。故英文造诣很深,知识广博。1905年全国因《限制来美华工条约》掀起反美运动,他积极参与宣传活动,被李佳白开除出校。旋在震旦公学(今复旦大学前身)教授英语。1911年,兼任蔡元培所创中国环球学生会秘书。在孙中山革命学说影响下,同伍特公于1911年5月组织上海商界穆斯林成立上海清真商团,被分别公推为团长、副团长,积极准备响应武昌起义。上海光复时,他们率清真商团参与上海起义,袭击清军饷械库,并遣队赴南京支援北进军运。上海光复后,他婉拒上海督军陈英士之邀,坚不从政。1912年就任济南山东高等学堂教务长及代校长等职。1914年袁世凯称帝，特颁诏封以官爵，他愤而弃职，回上海从事新闻工作，曾先后在《民报》、《神州日报》及《申报》等报社任编辑，并在英路透社担任汉译工作。1922年《申报》工人罢工，他代表劳方与资方据理谈判争议，事后竟被解雇。1925年中国回教学会成立后，参与主持编辑学会会刊以阐扬伊斯兰教义和文化，并在该会创办的上海敦化中、小学校任校长，义务兼课20年。他还与哈德成、伍特公合作，历时20年，将《古兰经》译成汉文文言体，于1943年所译初稿告成。解放后，任上海市文史馆馆员，上海市伊斯兰教协会委员。（李楷顺）

沙特阿拉伯伊斯兰教 沙特阿拉伯王国位于亚洲西南部的阿拉伯半岛。面积224万平方公里。人口1443万(1989)，含外侨456.3万。居民绝大部分为阿拉伯人，98.8%信奉伊斯兰教。伊斯兰教为国教，官方语言为阿拉伯语，通用英语。首都利雅得。

沙特阿拉伯是伊斯兰教的发源地。7世纪初，麦加人穆罕默德以"安拉的使者"创传了伊斯兰教。632年迁徙麦地那后，打破部落血缘关系，以伊斯兰教为共同的思想旗帜，创建了政教合一的政权——穆斯林公社，确立了政治、军事、经济、司法和宗教制度。630年光复麦加，确立克尔白为圣地，定为伊斯兰教的朝拜中心。次年阿拉伯半岛各部落纷纷归信伊斯兰教。632年，整个半岛已基本归于统一，伊斯兰教成为占统治地位的宗教。在四大哈里发时期，以半岛为中心向外扩张，到8世纪中期，建立了横跨亚、非、欧3洲的阿拉伯帝国，使伊斯兰教得到广泛传播，成为世界性的宗教。在伍麦叶王朝和阿拔斯王朝，麦加和麦地那两圣地成为宗教学术中心，圣训学、古兰经学、教法学的研究蔚然成风。麦加圣寺和麦地那先知寺得到多次修葺和扩建。10世纪初，今沙特阿拉伯的东方省属卡尔马特巴林国，930年，卡尔马特派曾劫走麦加克尔白"黑石"达20多年。10世纪起，也门栽德派传入南部地区。969～1250年，半岛的希贾兹地区先后置于埃及什叶派法蒂玛王朝和阿尤布王朝的控制下，麦加和麦地那受到保护，由先知哈希姆家族后裔掌管。1446年前后，沙特家族的祖先离开半岛东部卡提夫，迁到内志地区的德尔伊叶定居，后发展为该地区有势力的宗族之一。16世纪，阿拉伯半岛沦为奥斯曼帝国的属地，麦加圣寺和麦地那先知寺得到奥斯曼素丹的大规模扩建，并任命长老和大穆夫提管理两圣地和朝觐，并给麦加谢里夫赐予宗教和政治特权。18世纪上半叶，内志伊斯兰教学者阿卜杜勒·瓦哈卜(1703～1787)创立瓦哈比教派，坚持严格的"认主独一"论，主张恢复伊斯兰教原教旨精神，反对"异端邪说"和苏菲神秘主义。后瓦哈卜与沙特家庭结成宗教政治联盟推行瓦哈比派教义。18世纪70年代，沙特家族首领阿卜杜勒·阿齐兹拥兵占领利雅得，统一整个内志，并袭击科威特、卡尔巴拉，吞并了哈萨，攻克麦加和麦地那，于1811年建立了第一个沙特家庭统治的瓦哈比派王朝。1818年，奥斯曼帝国驻埃及总督穆罕默德·阿里出兵镇压了瓦哈比派，并夷平了沙特王朝首府德尔伊叶，沙特家族逃往科威特，伺机再起。后半岛北方沙马尔部落的拉希德家族趁机在内志兴起，占领了利雅得。20世纪初，沙特家族首领伊本·沙特率兵收复利雅得，并创建了穆斯林兄弟会组织，向内志农业区迁移，为建立新国家奠定基础。后击败拉希德家族，恢复了沙特家族在内志的统治地位。1920～1924年，伊本·沙特先征服了拉希德家族，后又进攻麦加谢里夫·侯赛因的属地，迫使侯赛因退位，先后占领了塔伊夫、麦加、麦地那、吉达，兼并了阿西尔，统一了阿拉伯半岛大部分地区，被拥立为汉志国王和内志及其属地的素丹。1932年9月，正式定国名为沙特阿拉伯王国，奉瓦哈比派教义为国教。

沙特阿拉伯是一个政教合一制的王国。国王为政教最高领袖，王室控制着国家的政治、经济、军事大权。《古兰经》和圣训为立法的纲领，实行伊斯兰教法，国家设有中央及各级伊斯兰法院，依沙里亚法执行审判。设大穆夫提作为国王宗教方面的助手，代表国王掌管宗教和司法权力。国内96.5%的穆斯林为逊尼派，其中遵奉罕百里教法学派的占55%，沙斐仪教法学派的占37%，少数遵奉马立克和哈乃斐教法学派。瓦哈比派在王权的支持下，成为沙特居统治地位的教派。王室上层及大多数宗教学者都奉行该派教义。什叶派占穆斯林总数的3%，主要为东方省的居民和外国穆斯林侨民，大多为十二伊玛目派，其次是伊斯玛仪派和栽德派等。全国有2万多座清真寺。宗教教育在国民教育中占主导地位。在全国500多所小学和200多所中学均开设有宗教课，大多数儿童仍在清真寺所设的学校接受传统宗教文化教育。全国设有麦地那伊斯兰大学、麦加伊斯兰经学院和利雅得伊斯兰法学院等5所宗教大学，培养伊斯兰学者、教职人员和各类法官。国家设有司法部，主管伊斯兰教法的实施；教育部主管宗教和一般学校的教育；朝觐和宗教基金部主管朝觐事务、清真寺教务、宣教事务及社会慈善事业等，该部还设有朝觐事务研究所，为每年朝觐提供组织和指导方面的咨询。宗教出版物有阿拉伯文的《朝觐月刊》(麦加)、《伊斯兰团结杂志》(利雅得)，向伊斯兰世界发行。设有麦地那印经局，印制《古兰经》及其他伊斯兰书籍，大多向世界穆斯林赠送。首都利雅得设有广播中心，麦加有伊斯兰召唤电台，主要进行宣教，用阿拉伯语、乌尔都语、印尼语等近10种语言播音。沙特阿拉伯在伊斯兰国际事务中发挥着重要作用。在沙特政府的倡导和大力赞助下，先后成立了泛伊斯兰国际组织：伊斯兰会议组织、伊斯兰世界联盟、世界伊斯兰大会。前两个组织的常设机构分别设在吉达和麦加。沙特为"阿拉伯国家联盟"的发起国之一。还资助设立了伊斯兰开发银行、伊斯兰国际通讯社、伊斯兰之声广播电台、伊斯兰团结基金会、世界清真寺最高理事会等。沙特政府还以巨额资金资助非洲、南亚次大陆及东南亚的

伊斯兰国家和宗教组织兴建宗教大学、文化中心、清真寺、医院及科学技术培训中心等。 （杨克礼）

沙特家族(Banū Saud) 16世纪兴起于阿拉伯半岛纳季德地区的穆斯林统治家族。因其酋长名沙特，故名。是今统治沙特阿拉伯王国的王族。相传该家族系阿拉伯人两大先祖之一——阿德南(‘Adnan)的后裔，其祖先是生于阿拉伯半岛东岸卡提夫(Qatif)附近德拉伊叶村的马尼尔·穆莱德。马尼尔的第8代后裔即沙特王族始祖沙特·本·穆罕默德。沙特之子穆罕默德·本·沙特(1726～1765在位)为第一代纳季德酋长，1740年他与伊斯兰教瓦哈比派创始人穆罕默德·伊本·阿卜杜勒·瓦哈卜(1703～1792)结盟，在半岛上举起了复兴伊斯兰的旗帜。其继承人阿卜杜勒·阿齐兹一世(1765～1830在位)确立了该家族在半岛上的政治地位。他以德拉伊叶为基地，占领了利雅得，夺取了北方的盖西姆、布赖达，吞并了东部哈萨埃米尔的领地。此后沙特家族的族长兼任了瓦哈比派的教长，从而确立了延续至今的政教合一的政治体制。自阿卜杜勒·阿齐兹二世于1932年建立沙特阿拉伯王国后，沙特家族遂成为阿拉伯半岛的统治者。该家族已有4000多个亲王，其中一半系阿卜杜勒·阿齐兹的直系子孙，其余的是其5个兄弟和堂兄弟的后代。这些亲王占据了所有省的总督和内阁官员中一半的职位，并垄断了除石油部以外所有的部，还占据了武装部队、警察、海岸警卫队和中央、地方行政机构的200个高级职位。在未任官职的亲王中，约有800个已成为巨富。据不完全统计，沙特王室家族在国外拥有的资产高达800亿美元。自阿卜杜勒·阿齐兹二世起，沙特家族的历代国王均拨巨资修葺麦加禁寺，兴建为朝觐者提供方便的各项服务设施。现任国王法赫德在1980年还以巨资建造了《古兰经》印刷出版中心，出版世界各种文字的《古兰经》译本。 （郭承真）

沙彦楷(1875～1970) 中国现代法学家、社会活动家，穆斯林知名人士。字武曾，又作伯躬，晚年更名存。江苏省宜兴市周铁桥人。回族。清光绪举人。1910年毕业于京师法律学堂。先后任江苏第一高等审判分庭推事兼民事庭长、北京地方审判厅推事、兼署民事庭长，1918年调任京师高等审判厅推事兼任庭长。1920年任国会议员，后为反对曹锟贿选，挂冠到上海。1925年同沈钧儒合作设上海律师事务所，执行律师业务。1936年蒋介石下令逮捕沈钧儒、邹韬奋、李公朴等7人后，沙不畏强暴，亲往探监，参与营救工作。上海沦陷后，不为日伪高官厚禄所动，毅然回乡，著书立说。他70岁自述诗云："岁寒共饱冬心在，何恨何求更愠穷"。1945年抗战胜利后，同中共中央副主席周恩来多次会晤，从此积极投身爱国民主运动，曾组建民社党革新委员会，任副主席、主席职。后加入"中国民主政团同盟"(即中国民主同盟前身)，任民盟中央委员。1949年9月出席第一届全国政协会议，当选为政协全国委员会委员。中华人民共和国成立后，沙积极从事司法、民族和伊斯兰教工作，历任中央人民政府最高人民法院顾问、委员，华东军政委员会监察委员，上海市回民文化协进会主任、上海市民族事务委员会副主任、上海市伊斯兰教协会主任。1959年4月，他将珍藏多年的明代运河全图1卷捐献给国家，受到中央交通部的嘉奖。主要著作有：研究水利的专论《三江四考》、《南江入太湖故道考》；文史研究著作：《陶渊明集注补证》、《洪亮吉传》、《杂忆曹锟贿选》；书法篆刻著述《迟翁论书》10篇及《霜鸣金石考跋》等。

（张志诚）

沙兹里(al-Shādhili，1196～1258) 伊斯兰教苏菲派沙兹里教团创始人。全名努尔丁·艾哈迈德·艾布·阿卜杜拉·沙兹里。生于摩洛哥北部直布罗陀海峡南岸塞卜泰(休达)附近的古马拉村。早年曾师从北非著名伊斯兰教学者艾布·阿卜杜拉·本·哈拉齐姆(？～1236)。1218年离开摩洛哥前往埃及等地，为里法伊教团所吸引，并师从艾布·法斯·瓦西提(？～1234)。后为寻找"古土布"(Qutb，即宇宙的中枢)返回摩洛哥，发现并认为非斯的阿卜杜·萨拉姆·伊本·马希什(？～1228)就是他所寻找的"古土布"。后来，他根据阿卜杜·萨拉姆的劝告，又离开摩洛哥到突尼斯沙兹拉(Shadhila)村附近的山洞里静修，并定期外出布道和讲学，因而遭到当地欧莱玛的反对。他每年都到麦加朝觐，1258年，在朝觐的归途中卒于红海之滨的胡迈斯拉(Humathra)。沙兹里坚持逊尼派的教义和仪式。强调顺从真主，遵循逊奈。他没有留下系统的著述，19世纪该教团在阿尔及利亚出版了沙兹里言论集作为课本。从保留下来的几封信中可以看出，他是一位受过苏菲主义教育、宗教知识渊博的谢赫。他死后，几位门弟子大力传播了他的学说，尤其安达卢西亚的艾布·阿拔斯·艾哈迈德·穆尔西(1219～1287)被视为他的继承人，终于形成了以他命名的教团组织。 （王怀德）

沙兹里教团(al-Ṭariqah al-Shādhiliyyah) 伊斯兰教苏菲派兄弟会组织。亦称"沙杜里教团"。13世纪由沙兹里(1196～1258)创建于突尼斯。他出生于摩洛哥北部休达附近的古马拉村(Gbu-mara)。后去埃及，师事艾布·法斯·瓦西提(？～1234)，学习里法伊教团学理。后又返回摩洛哥，投师麦得彦教团创始人艾布·麦得彦(Abu madyan，？～1197)的门徒阿卜杜·萨拉姆(？～1228)。后离开摩洛哥到突尼斯的沙兹拉村(Shādhila)附近的一个山洞里隐修，遂创立沙兹里教团。沙兹里受到里法伊教团和麦得彦教团的双重影响。沙兹里本人未留下系统的著述，只在宣道和讲学中传播了自己的宗教观点，留传下来的仅有几封书信。他殁后，安达卢西亚的艾布·阿拔斯·艾哈迈德·穆尔西(1219～1287)和塔吉丁·伊本·阿塔乌拉·阿拔斯(？～1309)进一步传播了他的学说。19世纪,沙兹里教团在迈森姆(al-Misum,1820～1883)的领导下在阿尔及利亚得到发展,出版了沙兹里言论集,作为该教团的教科书。该教团在教义上坚持逊尼派观点,遵奉教法规定的宗教功课,强调虔诚和信赖真主,遇事顺从真主的意志。主张虔敬,不必过道堂或寺院的苦行生活,允许成员担任世俗职务,享受俸禄。主张同犹太教徒和基督教徒友好相处。该教团有13个分支,主要分布在北非、叙利亚、阿拉伯半岛、东南亚和罗马尼亚等地。 (王怀德)

筛海 见谢赫。

晒衣陀乃(Shaiṭān) 《古兰经》中记载的专唆人类做坏事的恶魔。亦译"撒旦"、"色旦"等。阿拉伯语音译,意为"诱惑者"、"教唆者"。该词在《古兰经》中共出现87次,其中有17次用的是它的复数词"舍雅推尼"(Shayāṭin)。该词来源有二:(1)阿拉伯语,如上述。(2)希伯来语Satan(撒旦),意为"抗拒者"。多指"镇尼"(即精灵)中骄横顽固、作恶多端者。两种语汇同出一辙,二者如何混合互用,孰先孰后,说法不一。《古兰经》中所载"晒衣陀乃"的概念,有时专指最初拒绝安拉之命不肯对阿丹叩头致敬的易卜劣厮,他唆使阿丹夫妇误食禁果(2:36),这是恶魔之始祖或首恶者。但更多的场合是作为恶魔类的统称,并非具体确指某一恶魔,特别是可用其复数词泛指恶魔群体。综合经文中所述内容,大致为:恶魔由火造成,自命清高,狂傲顽固(7:12,38:76);是"受诅咒的"、"被放逐的"(15:17,34,16:98);"违抗至仁主的"(19:44);它反对一切先知(22:52);教唆人"饮酒、赌博、拜像、求签",煽动人们"互相仇恨"(5:90～91);专以罪恶诱惑人类(15:39,16:63);它们是"不信道的人的保佑者","使他们从光明走入重重黑暗"(2:257);"以贫乏恐吓"人,"以丑事命令"人(2:268);它们"确是人类公开的仇敌"(12:5,17:53,35:6,36:60,43:62);是"不信道者的盟友"(7:27)。因此,《古兰经》反复告诫人们:"不要追随恶魔的步伐。谁追随恶魔的步伐,恶魔必命令谁干丑事和犯罪行"(24:21);"绝不要让恶魔妨碍你们"(43:62);提醒穆斯林们在诵读《古兰经》时,"应当求真主保护,以防受诅咒的恶魔的干扰"(16:98)。中国穆斯林习惯上常把它同"易卜劣厮"作为同义词使用,统称它是滋生邪念、导致罪恶的祸根。

(林　松)

山东泰城清真寺 中国伊斯兰教古寺。位于山东省泰安市泰山脚下漈河西岸。据专家考证,此寺的建筑结构属明代建筑风格。占地面积约6亩。寺门楼为砖砌斗拱无梁建筑。门楣上方镶有石刻涂金"清真寺"3个大字。落款为"大明万历岁次己未年甲寅月十日"。进门后沿甬道通过一座小拱桥穿过二门为一天井院,院内古柏参天,幽雅清静。南北讲堂宽敞明亮,分别设有藏经房、阿訇居室和沐浴室。西面为由前卷棚、中殿、后窑殿三连一体的礼拜大殿。前卷棚是明式歇山结构,后窑殿为明式歇山斗拱3重檐12翘角。大殿正脊中间和后窑殿顶端均镶有1米多高的金黄色琉璃葫芦,光彩熠熠,甚为壮观。寺内原立有明、清及民国时代镌刻的碑碣数十块。"文化大革命"中均遭破坏。其中一残碑留有下款"天启四年秋月之吉",系明代后期遗存,现作为历史文物保存寺内。此寺正恢复重修,部分建筑已翻修一新。 (罗万寿)

山东学派 中国伊斯兰教经堂教育的教学派别之一。以山东著名经堂教育家常志美、李永寿等为代表,故名。由陕西学派分化而出,亦属于胡登洲传授体系。其教学特点是注重宗教学识的博而熟,长于波斯文法,阿拉伯文与波斯文兼授;讲授教法和教法学,同时讲授认主学和苏菲哲学;讲课时注意循序渐进、由浅入深。以北方流行的13本经为基本教材,其中波斯文经典占相当大的比重。不少经师,如常志美、舍蕴善、米万济、马伯良、伍遵契、常杰、赵灿等,均有著作或译作。在北方诸省市,如山东、河北、北京、天津、内蒙及东北3省均有较广的影响。 (冯今源)

山洞人(Aṣḥāb al-Kahf) 《古兰经》中提到的故事传说人物。也称"七眠子",中国穆斯林习惯称为"七人一狗"。据《古兰经》载,古代有几个青年因信奉独一无二的主宰安拉而受到当时国王的迫害,遂逃离家乡到一深山洞中避难,有条狗随其同往。他们在洞中沉睡了300余年,醒后派人出洞寻购食物,而外界已更换人间,数易朝代,人们发现他们所持金币刻有往昔国王的名号,乃是数百年前的一个暴君,料想其中必有缘故,遂跟踪而来,查问情由。洞中人见此情况,复睡不醒。后当地人在洞口竖一建筑,以示纪念。《古兰经》为回答当时犹太教人的问难而讲此故事,用来说明《古兰经》所说的死后复生是不可怀疑的(18:21)。《古兰经》对山洞人数列了几种说法,并未确定具体人数,穆斯林学者一般侧重于经中最后一说,即7人。伊斯兰教经注学家对此故事发生的时间和地点说法不一,多数人受以色列民间传说影响,认为故事反映了罗马迪西阿斯国王迫害小亚细亚基督教徒的情况,故山洞人是信奉基督教的,故事发生在以弗所城。阿拉伯地理学家雅古特说,此洞在阿摩利阿姆和尼西亚之间。近代经注家有人则说,古代亚述人、希腊人和罗马人对中东的一神教——犹太教和基督教徒曾多次进行过迫害。此故事反映了塞硫西(一译"塞硫古")王国安提奥克四世(前176～84)对巴勒斯坦犹太人的大迫害。依据此说,山洞人系犹太教徒,此洞地处巴勒斯坦境内耶路撒冷附近。 (马　贤)

山海关清真寺 中国伊斯兰教清真寺。坐落在河北省秦皇岛市东北山海关古城西门外护城河畔，又称“西关清真寺”。据《直隶志》载，该寺始建于明洪武十三年(1380)，为当地穆斯林长者分赴各地向穆斯林募捐所建，距今已600余年。寺院面积3952平方米，主体建筑有礼拜殿、讲经堂、沐浴室、殡仪室、山门、二门、井亭等。寺内山门为明代殿顶式砖木结构，正脊两端出檐曲缓，两侧各有角门一阁；二门为垂足式纯木结构，图案色彩绚丽，古朴典雅。礼拜殿坐西向东，为连卷式砖木结构，飞檐翘角，巍峨壮观。殿顶有四角攒天亭，前壁有阿拉伯式拱门。殿前门额悬有明、清两代学者所书颂词的木匾。院内古木参天，枝叶繁茂。整体建筑庄严肃穆，既有明代建筑风格，又有伊斯兰建筑特色。明、清两代驻扎山海关的穆斯林官兵都曾来此寺礼拜。清末穆斯林抗日名将左宝贵镇守山海关时亲书“道合中庸”4字，刻匾留念。该寺肇建600年间，几经战火兵燹与风雨剥蚀，却基本保持原状，现经人民政府两次拨款修葺，已焕然一新。 (陈进惠)

山巷清真寺 见镇江城西清真寺。

山中长老(Shaykh al-Jabal) 史学家对什叶派伊斯玛仪支派尼扎里耶派首领的称谓。尤指该派驻叙利亚地区的首领。亦称“山中老人”。阿拉伯语意译，亦译“山老”。该称出于十字军的编年史和其他文献。最著名的山中长老是拉希德丁·息南(Rashid al-Din Sinan，？～1192)。马可·波罗游记载，山中长老的驻地在波斯境内的阿拉木特堡(Alamut)，有的文献认为主要指尼扎里耶派控制的叙利亚努赛尔山的马斯雅德堡(Masyad)，亦称“马绥雅夫”(Masyaf)。1140年尼扎里耶派占领该堡后，以此为大本营向叙利亚各地扩张，曾一度在阿勒颇有势力。他们先后刺杀了许多著名的穆斯林和基督徒君王，如法蒂玛王朝的哈里发阿米尔(‘Āmir)、的黎波里的雷蒙二世(Raymondll)和耶路撒冷王康拉德(Conrad)等。1169年起，拉希德丁·息南掌握了马斯雅德堡的领导权，并改组了叙利亚的尼扎里耶派，使之独立于波斯阿拉木特的总部。他控制了一批精干的情报人员和信鸽邮政，消息灵通，阿拉木特数次派人暗杀他均未得手。叙利亚的穆斯林和基督教王公为避免遭到他指挥的“菲达伊”(Fidā，即敢死队员)的袭击，纷纷向其进贡。阿尤布王朝素丹萨拉丁在北部叙利亚率军作战期间，山中长老曾两次派人对他进行暗杀，均未成功。1176年萨拉丁围攻了马斯雅德，在得到息南不再进行暗杀活动的承诺之后，放弃了对该堡的围攻。其后山中长老的地位不断削弱，叙利亚王公们的进贡也逐渐减少，最后他们曾与十字军慈善院骑士团结成联盟。1271年，埃及马穆鲁克王朝素丹拜伯尔斯(Baybars，1260～1277)攻占了马斯雅德及叙利亚尼扎里耶派的其他要塞后，山中长老不复存在。 (郭承真)

陕西学派 中国明代中叶伊斯兰教经堂教育中形成的教学派别，以陕西回族经堂教育家胡登洲(1522～1597)及其首传弟子为代表，故名。该派注重宗教知识的精而专，一般专攻阿拉伯文经典，甚至仅专攻教义学。如欲兼学另一门经典课程，须另择经师。因胡登洲深明正心诚意之学，贯通尽性穷理之源，精于伊斯兰教凯拉姆学，故特别强调伊斯兰教哲学的教学与研究，亦传授哈乃斐派法学。后来的山东学派、云南学派等，事实上均是由该派中分化出去的，同属于胡登洲传授系统，故也均保留其一定影响。 (冯今源)

善行簿(‘Illiyyun) 见恩霖阴。

赡思(1277～1351) 中国元代后期著名回回政治家、学者。字得之。先祖是阿拉伯人。祖父鲁坤于13世纪初从中亚东迁来华，居丰州(今内蒙托古托)，窝阔台汗时，官至真定、济南等路盐课税使，遂居真定(治所在今河北省正定县)。父斡直。赡思自幼好学，9岁时即能日记儒家经传至千言。后师从名儒王思廉，博览群书，著名乡里。其后应诏入仕，历官应奉翰林文字、陕西行台监察御史、佥浙西肃正廉访司事、江东廉访副使、秘书少监等职。赡思为官清正，敢于直言进谏。至元二年(1336)，他针对当时朝政腐败的情况，向惠宗妥欢帖睦尔进谏10条：“法祖宗、揽权纲、敦宗室、礼勋旧、惜名器、开言路、复科举、罢卫军、一刑章、宽禁纲”。忠耿之言，震惊朝堂。时人称颂说：“御史言及此，天下福也。”赡思早年在司法和监察机关居官时，以平反冤狱、打击邪恶为已任。秉公执法，毫不容情，使不法官吏闻之丧胆。他在处理政务时，能体察民情，了解百姓疾苦，做一些减轻民间疾苦的事。赡思勤于治学，著述宏富。《元史》本传称其“邃於理学，尤深於《易》。至于天文、地理、钟律、算术、水利、旁及外国之书，皆究极之。”著有《五经思问》、《四书阙疑》、《老庄精诣》、《奇偶阴阳消息图》、《金哀宗纪》、《正大诸臣列传》、《镇阳风土纪》、《续东阳志》、《西域异人传》、《西国图经》、《审听要诀》、《河防通议》等。其中只有《河防通议》流传下来，是中国治河史上一部重要文献。有文集30卷，《常山贞石志》仅保存5篇。其余均失传。至正十一年(1351)赡思卒。 (罗万寿)

商事法 伊斯兰教关于商业交易法律的规范。教法的门类之一。内容涉及贸易、债务、契约、利息、借贷、抵押、信托、担保、租赁、雇佣等。以买卖契约和债务契约为主要体现。其有关规范以《古兰经》律例和圣训律例为基础。《古兰经》云：“真主准许买卖，而禁止重利”(2：275)。基本原则包括：(1)提倡和保护正当的商业活动，允许通过合法经商获取利润。(2)恪守商业道德。即买卖公平、诚实、等价交换，禁止弄虚作假、投机取巧、抬高市价、欺行霸市。(3)禁吃重利、放高利贷或变相的放债取利。(4)一切交易必须成立契约,契约双方必须践约,不得单方面撕毁合同。(5)一切债务必须按期清偿。借贷必须履行手续,写清债券、证人和偿还日期。(6)禁售未成熟的果实和以黄易青,禁售猪肉、死肉和含有酒精的饮料,禁售偶像、占卜品。(7)作为宗教活动基金的义地、义产(即瓦克夫),禁止出售、转让和交易。(8)商业收益必须按规定交纳天课。商事法中提出的原则、规定,系以伊斯兰教道德规范和古阿拉伯的商事习惯为基础,强调商业道德,在实践中较为灵活变通。经、训中虽有许多商事律例,但这些律例未被扩展为明确、系统的学说,在日常实践中多以各地的商事习惯为据。近代以来,随着商业活动规模的扩大和社会法制改革的不断深入,商事法率先从伊斯兰教法中分化出来,为各国的现代世俗商法所代替,不再属于教法范畴。但自20世纪70年代起,随着世界伊斯兰复兴运动的兴起和发展,传统商事法再度引起重视。有些国家的原教旨主义派别和组织掀起了"国际伊斯兰经济与金融运动",主张以伊斯兰经济理论为指导来发展民族经济,在伊斯兰国家内部和彼此间的商业、金融交往中,推行伊斯兰商事法的某些原则。在各国建立以投资利润代替利息的"无息"伊斯兰银行,并逐步取代常规商业银行,称为"商行伊斯兰化"。目前积极推行这一新的存放款制度的两个国家是伊朗和巴基斯坦。此外,在沙特阿拉伯、科威特、阿联酋等海湾伊斯兰国家的大力提倡和支持下,现已在世界各地建立起几十家规模较大的伊斯兰银行。(吴云贵)

晌礼(Ṣalāt al-Zuhr) 见礼拜。

上海福佑路清真寺 中国伊斯兰教清真寺。清代同治九年(1870)创建,称"穿心街礼拜寺"、"清真北寺",20世纪30年代又称"穿心街回教堂"。坐落在上海南市区老北门福佑路。临街坐南朝北,占地面积1.76亩。清光绪二十五年(1899)和三十一年(1905)复由上海穆斯林哈少夫、金子云、蒋星阶等两次集资购地,进行扩建整饰。1936年前临街平房改建为三层钢骨水泥结构楼房1幢,楼顶平台建有望月楼亭。楼内设教长室、图书室、会议厅、沐浴水房等。寺大门北向,为拱形花格铁门,门额嵌"清真寺"3个金字,内照壁书有阿拉伯文"色兰"字样。穿过内门为东西长方形庭院,庭院北侧为水房,南侧是3进礼拜大殿,为中国宫殿式木构厅堂建筑,面积约450平方米。殿顶明三暗五,梁椽交错,绘有各种花纹图案和镂空花雕,殿周围为花格栏栅玻璃格子窗,雕花落地格子门。正面是绿色瓷砖窑门,上有经文和木雕"清真言"直匾两块。二殿、三殿梁柱悬有经文横幅,两边挂红木宫灯,殿内置有中堂经文条幅,以及经文香炉、香案、花瓶等陈设。该寺曾为上海穆斯林政治、宗教和文化活动中心。1932年秋,上海穆斯林开展的一次声势浩大的反对侮辱伊斯兰教案的斗争,其指挥中心即在该寺。中国伊斯兰教著名学者、教育家、大阿訇达浦生曾任该寺教长。1905年上海穿心街清真务本堂和1909年上海清真董事会均成立于此。1911年4月成立的上海清真商团营部亦设在该寺内。(张志诚)

上海穆民经书社 中国现代穆斯林的出版机构。1934年10月,由达浦生等伊斯兰教学者、阿訇发起筹办。以翻印经销伊斯兰经书、传播宗教文化、满足清真寺经堂教学为宗旨。主要翻印、出版由麦加朝觐带回的《古兰经》、圣训和有关教义、教法、伦理以及阿拉伯语法、修辞等学科的经典和书籍。后因资金缺乏、时局动荡中断。1953年,正式以穆民经书社名义在上海西藏路恒茂里7号恢复营业,有员工10多人,达静轩任总经理,其子达筱轩任经理。翻印出版石印和照相版本的伊斯兰经书和典籍等,同时还经售国内各种汉文书报杂志。上海有7家印刷厂为该书社承担印刷任务。自1956～1958年3年间,共翻印出版各类经书223800册,销行全国15个省、市、自治区的39个地区,有些经书还销往香港和国外等地。该社为传播伊斯兰文化、交流学术思想起了一定的作用。1959年以后业务终结。(张志诚)

上海清真董事会 20世纪初中国上海伊斯兰教民间团体。清宣统元年(1909)成立,由上海穆斯林知名人士蒋星阶、石子藩、金子云、马维桢、马义棠、金恒义等发起创建。其前身系光绪三十一年(1905)成立的上海穿心街清真务本堂。董事会下设书记、学务、财务、工程、布施、公墓、游坟、接待等专门办事人员。其经费主要由工商界穆斯林捐助。其宗旨是:统一领导和管理上海各清真寺的教务,聘请教长,保障正常的宗教活动;兴办穆斯林学校,培养人才;兴建公共墓地,管理丧葬事务;赈济穆斯林贫困者,为全市穆斯林的公益事业服务。该组织自创办以来,为上海福佑路清真寺、小桃园清真寺和日晖巷清真寺等提供了教务活动和修葺的经费,兴办了公立清真两等小学和高墩路清真寺女学;兴建了上海穆斯林公墓和为游坟服务的清真别墅(又称"息心亭");帮助各坊清真寺整顿教务,健全管理机构;对贫困的穆斯林给予生活接济,免费丧葬。1942年改组为"上海市福佑路回教堂纳捐人代表会",1944年又改组为"上海回教堂理事会",1958年停止活动。(张志诚)

上海清真商团 中国辛亥革命前夕上海商界穆斯林反清爱国组织。辛亥革命前夕,上海回民受中国同盟会会员底奇峰(回族)宣传鼓动,纷纷响应革命。为推翻清王朝,于1911年5月组建了上海清真商团,团员40人,后发展到130多人,均为穆斯林。团员中除商人为主外,还有医生、教师、手工业者、职员等。总部设在北城清真寺内,公推沙善余、伍特公为正、副团长,建有自卫武装,聘请富有军事知识的回民马伦山为教练员，指导练武，讲授军事知识和时事政治。他们纪律严明，服装统一，操练认真。该组织极重视民族团结，提出"回民与汉民休戚相关，患难与共"，各民族联合推翻清王朝的主张。武昌起义爆发后，上海各界积极响应，各商团一致行动，议定11月3日(农历九月十三日)全市起义。清真商团率先到达指定地点，奋勇作战，留守防地的团员负责保卫城西北一带。后清真商团奉命去苏州阻截清廷军饷，还派部分团员为进军南京的革命军押运粮械，收缴紫金山残余清军的军械，并担任下关兵站的后勤工作，办理浦口至徐州间的军需运输等。1913年被袁世凯党羽郑汝成强令解散。

（李楷顺）

上海西城回教堂 见上海小桃园清真寺。

上海小桃园清真寺 中国伊斯兰教清真寺。旧称"清真西寺"、"上海西城回教堂"。在上海南市区小桃园街52号。是上海穆斯林宗教和教育、文化活动中心。据寺内碑记，该寺原为一花园住宅，占地2.42亩。1917年，由上海清真董事会董事金子云出资购买，捐作清真西寺址。经1925年重建始具今日规模，改称"小桃园清真寺"。1919～1948年为中国穆斯林海路赴麦加朝觐的集散地。1953年和1978年两次整修。寺大门北向，庭院呈长方形。西侧为礼拜大殿，面积500平方米，为上下两层，可容千人同时礼拜。上层有大跨度拱顶结构，在国内伊斯兰教建筑中属罕见。底层门额悬"显扬正教"匾额1方，门间镶有两块红木的阿拉伯经文对联，上额砌有《古兰经》文一节。大殿顶部为石子浇灌的平台，正中央是望月亭，高耸的"新月杆"竖立在拱形亭顶上，作为该寺的标志。平台四角有4座阿拉伯式拱形圆顶，内各制石方台1块，长凳4条，专供诵经、休息之用。庭院东侧有厅堂结构的3层楼房1幢，二、三层为图书馆、阅览室，藏有清代中国木刻《古兰经》和乌尔都文注释的印度版巨型《古兰经》，以及其他伊斯兰教珍贵文物。底层为讲经厅，墙壁有书以圣训经文的中堂和条幅，以及雕刻有经文的香炉、香案、花瓶等陈设。庭院南侧为教长室、会客厅和水房浴室。中国当代伊斯兰教著名学者、《古兰经》诵读家买俊三和知名阿訇马儆吾曾担任过该寺教长。1928年，上海伊斯兰师范学校校址设于此。今为上海市伊斯兰教协会会址所在地。（张志诚）

上海伊斯兰师范学校 中国伊斯兰教新型学校之一。由中国回教学会于1928年春在上海创建，校址设在小桃园清真寺内。其办学宗旨是"培养传道、著书及翻译阿、波文书籍和教授阿、波文字之人才"。1929年改名为"上海伊斯兰经学研究社"，后又改称"上海伊斯兰回文师范学校"。1930年学校迁至上海青莲街222号"中国回教学会"所在地。校长由当时上海福佑路清真寺教长达浦生兼任。穆斯林学者哈德成、买俊三、金煦生担任主讲教师，并聘请埃及亚历山大大学穆罕默德·卡米莱和印度籍埃及学者法杜里·伊拉希二先生在该校任教。1935年王静斋阿訇也曾应邀讲授圣训课。该校学制3年。设有普通班和速成班，分层次授课，坚持培养穆斯林新式人才的办学目标。课程设置：经学课有《古兰经》、圣训、教法、认主学；外语课有阿拉伯语、波斯语和英语；文化课有汉语文、史地、数学、哲学、教育学和其他文化知识。该校面向全国招生。其条件是：凡穆斯林男性青年，具有汉阿文基础知识，身体健康，经考试录取。在校学生一律免费提供食、宿和书籍、文具。学生在校期间要履行宗教功课和礼仪；每逢伊斯兰教斋月、节日，到上海各清真寺宣讲教义，参加穆斯林的各项社会活动。该校自建校以来，共举办过4届，培养穆斯林青年60多名。1931年4月从第一届毕业生中选派马坚赴埃及爱资哈尔大学留学，1934年5月又从第二届毕业生中选派金子常、定仲明、胡恩钧、马有连、林兴智等赴爱资哈尔大学留学，不少毕业生都在当时全国各地清真寺、伊斯兰团体、学校供职，对培养中国伊斯兰教宗教人才和传播伊斯兰文化起了推动作用。该校还编辑出版有《伊斯兰学生》杂志，1938年抗日战争爆发后停办。（张志诚）

上海伊斯兰文化供应社 中国上海穆斯林以翻印、经销伊斯兰教经书为主的服务性机构。约于1934年由达浦生等人发起筹办。社址在上海南阳桥全裕里14号。1936年9月迁至西藏路大庆里32号。服务项目有：(1)出版发行各种伊斯兰教经书及重印汉文译著。(2)经售伊斯兰书报、杂志。(3)接洽穆斯林求学者及到麦加克尔白朝觐等事宜。并在上海蒲柏路开设有经书销售处。（张志诚）

稍麻寺(Ṣawma‘ah) 伊斯兰教对礼拜小寺的通称。与"海乙"中心大寺相对而言。原指苏菲派长老陵墓，后演变为其门徒修道处，并建有小礼拜殿。在中国专指"海乙"寺下属的小寺。参见教坊。

（马忠杰）

邵基(Aḥmad Shawqi，1868～1932) 埃及著名文学家、诗人。生于开罗一穆斯林贵族家庭。早年毕业于开罗法律学校。1887年由埃及国王选派赴法国留学，主攻法律，兼学文学。1892年在宫廷中任职。第一次世界大战爆发后，被英国人放逐到西班牙。战后回国，专事写作。邵基在埃及阿里王朝国王阿拔斯二世宫廷20年间，写了大量颂诗，赞扬埃及王室和奥斯曼帝国的政绩，描述宫廷生活。此外还写有爱情诗、悼亡诗、豪情诗等。1894年在日内瓦东方学者会议期间发表的史诗《尼罗河流域的大事件》，以浪漫主义手法描述了埃及的历史，表达了对祖先业绩的崇敬，并流露出对祖国屡遭不幸的沉痛心情。流亡期间(1915～1919)的诗歌多以缅怀历史、凭吊遗迹来抒发思乡之情。他以伊斯兰教历史为题材创作的大量诗歌，都收在《伊斯兰各国及其伟人》一书中。1919年他返回埃及后，在埃及民族解放运动的影响下，他的诗作表达了人民争取民族解放的愿望以及为此而进行的斗争，从而使他进入了一个新的创作阶段。以埃及历史古迹为题材的《狮身人面兽》和《在金字塔下》，抒发了诗人的爱国热忱。他的诗倡导伊斯兰文化与现代科学相结合，改革宗教和教育，发展穆斯林科学文化教育，主张妇女解放，男女平等，以期复兴伊斯兰国家。《大马士革的灾难》、《叙利亚的独立》表达了诗人对叙利亚人民反法斗争的支持和同情，反映了阿拉伯人民团结战斗的兄弟情谊。邵基晚年借鉴法国古典派和莎士比亚戏剧，创作了《克娄巴特拉之死》、《莱伊拉的痴情人》等6部诗歌和一部散文剧，成功地将阿拉伯诗歌运用于戏剧，为阿拉伯文学开辟了新领域。他的作品以《邵基诗集》(4卷)最为著名。还有散文集《黄金市场》以及早期的几部历史小说。邵基的诗歌想象丰富，音律优美，语言凝练、典雅，具有强烈的艺术魅力。他继承阿拉伯古典诗歌的优秀传统，不断创新，形成独特的风格和流派，在阿拉伯近现代文学史上占有重要地位。

(杨克礼)

邵基·埃芬迪·拉巴尼(Shawqi Effendi Rab- bāni，1897～1957)　国际巴哈教派领袖。1918年在黎巴嫩贝鲁特美国大学获文学学士学位，后到英国牛津大学贝洛依特学院深造。1921年返回巴勒斯坦的海法(Haifa)，由于其外祖父阿卜杜·巴哈(1844～1921)去世而继任巴哈教派国际总部的监守(教权的总主持)，成为该派的最高领袖。1937年与法国和加拿大巴哈教团的创建者迈克斯威尔之女玛丽结婚。监守之职原为世袭，在邵基·埃芬迪去世后再不下传，故又称其为"末代监守"。他所任命的"助手"(号称真主事业之助手)，在该教派行政机构"普世法庭"的节制和监督下主持巴哈教派的教务工作。他撰写有许多专著和论文，阐述巴哈教派的现代教义。由该派的出版机构专门刊行。　(杨克礼)

邵武清真寺　中国伊斯兰教清真寺。位于福建省邵武市和平巷北侧。该寺的创建年代说法不一。据当地穆斯林中流传，他们的族谱(已佚)曾记载，邵武最早的清真寺建于明洪武五年(1372)，位于迎春坊诗话楼附近，明嘉靖(1522～1566)初毁于火灾，隔5年后，穆斯林在现址重建1寺；而清光绪二十四年(1898)版《邵武府志》则记载："邵武有清真寺，旧名清净，清雍正三年(1725)建。"考古人员根据寺的建筑结构属于清代工艺，大殿部分八角花卉柱础具有明代雕刻风格，认为该寺建于明代，翻修于清代。1957年和1983年人民政府两次资助重修该寺，现存的庭院布局类似中国四合院，占地约3000平方米。入寺门后通过约20米的甬道，正中耸立一座木构宣礼塔，塔上望月楼为三层挑檐塔式小楼阁，上层为八角攒尖顶小亭。大殿木构屋盖作卷棚式，殿内两侧山墙有圆洞窗和圆拱窗。邵武市伊斯兰教协会会址设于寺内。　(陈达生)

舍尔沙(Sher Shah，约1486～1545)　印度北部伊斯兰苏尔王朝的创建者，著名政治家。原名法里德。系今阿富汗的苏尔部落人，后全家移居白沙瓦，生于比哈尔的萨萨拉姆。出身寒微，为养马人哈桑汗之子。早年在贾马尔汗军中服役。后投靠比哈尔莫卧儿统治者巴哈尔汗，在军中供职。1522年，因作战勇敢、才干出众而获得"舍尔汗"称号，不久又擢升为军队副统领，兼巴哈尔汗之子的老师和保护人。巴哈尔汗死后，成为比哈尔的实际统治者。1539年初征服孟加拉和罗赫达斯堡，后又在乔萨击败莫卧儿胡马雍的军事进攻。1539年末，舍尔沙在比哈尔自立为王，称舍尔沙，建立了历时15年的苏尔王朝。1540年，在卡脑季之役重创了莫卧儿军队，迫使胡马雍放弃印度斯坦，逃往拉合尔。后他进驻德里和阿格拉，并逐步把势力扩展到旁遮普、木尔坦、信德、拉贾斯坦和马尔瓦。他曾进行了一系列改革。在政治上，加强中央集权，建立了行政管理机构，严格治军，重整军事组织和纪律。在经济上，实行丈量土地，按质分等，统一税额，国家直接向农民征收土地税；向农民发放被战争破坏的土地赔偿金，保护农田；减轻繁杂商税，仅收入境和销售两地课税，以鼓励工商业发展；修筑道路和驿站，以利商旅和邮传；废除贬值旧币，以其名字重新铸造统一的金、银、铜币。实行宗教宽容政策，允许印度教徒按自己的教规进行宗教活动，保护寺院及其财产，并吸收印度教徒在政府机构中任职。在司法上，实行伊斯兰教法，选派教法官主持管理各地的司法和宗教事务，废除各地穆斯林贵族法律特权，不许以法徇私。舍尔沙以伊斯兰教逊尼派的虔信者和保卫者自诩，本人严格履行宗教功课，尊重伊斯兰学者和诗人，曾修葺和扩建了各地著名的清真寺和苏菲派谢赫的陵墓。舍尔沙改革的经验为以后莫卧儿王朝阿克巴的体制准备了范式。史学家称他是"驱逐莫卧儿入侵者，领导印度穆斯林复兴运动的领袖"。　(杨克礼)

舍哈代(al-Shahādah)　见念功。

舍赫　见谢赫。

舍赫拉斯塔尼(al-Shahrastāni，1086～1153)　中世纪伊斯兰教哲学家，宗教史学家。全名艾布·法塔赫·穆罕默德·本·阿卜杜勒·凯里姆·本·艾哈迈德·舍赫拉斯塔尼。出生并卒于呼罗珊的舍赫拉斯坦。他是伊斯兰教艾什尔里学派的著名学者，精通哲学、历史和伊斯兰教法学，谙熟当时中东各国民情世俗。青年时期曾在内沙布尔等地求学，他好学多思，博览群书，钻研哲学和历史，写了大量笔记。1116年赴麦加朝觐，后留居巴格达 3 年，活跃于伊斯兰学坛，并在该地一举闻名。他学识渊博，立论周密严谨，写作力求符合事实。他为人豁达，健谈善辩，富有“演讲劝化”的才能，因而深得当时穆斯林的尊崇。他对伊斯兰教各教派及其学说的研究尤为精深，曾经提出：“伊斯兰教中从没有比哈里发问题更引起流血的问题了”。他的代表作《宗教与教派》(al-Milal Wa al-Niḥal)对希腊、波斯哲学、伊斯兰教以前的阿拉伯哲学以及伊斯兰教各教派的思想主张都有精深研究和详细论述，成为后世学者研究伊斯兰教的重要参考文献。该书于 1840 年由库尔通正式出版，1850 年由哈尔甫鲁克译成德文，中国亦流传有该书阿拉伯文版本。其他著述还有《信仰学观止》、《驳哲学家》等。 （马忠杰）

舍里克起义(Intifāḍah Sharik) 8 世纪中亚布哈拉地区爆发的反对阿拉伯人统治的起义。领导者舍里克·本·谢赫(Sharik ben Shaykh)原为布哈拉阿拉伯戍军军人，信奉伊斯兰教什叶派，曾参加过中亚反对伍麦叶王朝的起义。750 年阿拔斯王朝建立后，中亚人民仍遭受沉重的封建剥削和压迫。751 年，舍里克以戍军少数军人为核心发动起义，先后参加义军的农民、手工业者等多达 30000 人。起义者多次打败围攻布哈拉的阿拔斯王朝军队。后因起义军生活军需供给无着，为饥饿所迫，由布哈拉城转移到努肯德村。不久舍里克率军与王朝军队作战时阵亡，起义遭到镇压。 （杨克礼）

舍姆斯教团(al-Ṭariqah al-Shamsiyyah) 伊斯兰教苏菲派兄弟会组织之一。17 世纪由谢赫舍姆斯丁(Shams al-Din，？～1600 或 1601)创立。舍姆斯丁被奥斯曼史学家列为素丹穆罕默德三世(1595～1603)时期著名苏菲长老之一。其生平不详，据说他出生于伊拉克的马迪那(Madina)，卒后葬于马迪那。关于该教团渊源说法不一，尚无定论，一说系哈尔瓦提教团的分支之一，一说是哈尔瓦提教团的地方别称，一说是埃及巴达维教团的分支。 （吴云贵）

舍姆维勒(Shamwil) 《古兰经》中记载的古代先知之一。又译“舍木威来”、“塞莫宜洛”。阿拉伯语音译。《古兰经》云：“你不知道穆萨死后以色列人中的领袖吗？当时他们对一个同族的先知说：‘请你替我们立一个国王，我们就为主道而战斗’”(2：246)。据经注学家解释，经文中提到的先知即指舍姆维勒。相传他是继先知穆萨之后的以色列人的一位先知，道德高尚，人品出众，有渊博的学识和超人的智慧。他曾代表族人祈求安拉为他们选定一位领袖，得到安拉的启示是：立塔鲁特为国王。他向族人宣布后，他们认为塔鲁特不具备当国王的资格。他回答说：“真主确已选他为你们的领袖，并且加赐他渊博的学识和健壮的体魄”(2：247)。族人要他拿出安拉派遣塔鲁特为国王的凭证，他便率众到城外，令人挪开大树下面的一块巨石，然后亲手从地下刨出了“约柜”(al-Tābūt，塔布特)。他对族人说：此即安拉把国权赐给塔鲁特的凭证，内中“有从主降下的宁静，与穆萨的门徒和哈伦的门徒的遗物，众天神载负着它”(2：248)。以色列人喜见失踪多年的安拉曾赐予他们祖先的信物，遂拥戴塔鲁特为国王。舍姆维勒在《古兰经》所载上述故事中，只是作为引荐人和媒介而被提到，并非讲述的重点，故对其本人事迹未予述及。 （杨宗山）

舍起灵(1630～1710) 中国清代伊斯兰教经师，苏菲主义学者。一名起云，字蕴善，自号破衲痴。经名阿卜杜勒·瓦哈卜。原籍湖南省沅陵县。原系汉族，本姓魏名元都。后被一回族穆斯林将领舍应举收为义子，改名舍起灵，遂归信伊斯兰教。先随军营伊斯兰教经师学经，后落居陕西渭南。后投师于陕西胡登洲四传弟子马永安门下学习经典。年近 20 岁时，又投师于经堂教育山东学派创始人常志美门下深造，学成后应聘到陕西、河南、安徽、湖北等地清真寺任阿訇讲学。他学识渊博，通晓阿拉伯语和波斯语，擅长经注学、教法学，对苏菲主义的学理有较深的研究。治学有方，对招收的门弟子重品德修养教育，要求达到“有学、有传、有德、有言、有守”，成为社会公认的品学兼优的宗教学者。他的门弟子分布在广东到辽宁等地，多严守师训，既习经典，又重宗教功修，时人称赞他“授学得法，广成人才”。他早年在河南襄城讲学时，应襄城营守府“北直清真人”张先生之请，讲授伊斯兰教苏菲哲学，他根据阿拉伯文《米尔萨德》(《指迷录》)边讲解边翻译成汉文，其后继续译经不辍。在翻译时力求忠实表达原意，自述“其志在合东西之音，校真伪之误，其实，余无奈传言耶，代笔耶。”他是中国早期“以儒诠经”的学者之一。他针对当时在宗教礼仪上存在的违背《古兰经》与圣训的礼俗，提出了遵经革俗的 18 条意见，当时人称为“新行派”。故金吉堂称他为“实开近代中国回教新旧派别之端”。还针对经堂教育中的流弊，制定学规 28 条。由他指导、其学生赵灿执笔编写的《经学系传谱》，对当时已经逝世及健在的经学家及其业绩“记而辑之”汇集成册，成为研究明末清初寺院经堂教育的珍贵史料。译著有《米尔萨德》(《指迷录》)、《莱玛阿特》(《昭元秘诀》)及《麦格塞德》。逝世后葬于河南襄城，被穆斯林尊称为“舍太师”、“舍巴巴”。 （罗万寿）

舍塔利教团(al-Ṭariqah al-Shaṭṭāriyyah) 伊斯兰教苏菲派兄弟会组织之一。起源于印度，创始人不详。据波斯文献载，该教团自称为“沙塔利学派”(Madhhab-i Shuṭṭār)，意即“绝世的苏菲神秘主义学派”。印度莫卧儿时代的文献称，该派在教义、教律上不同于主张消极遁世的苏菲派，而坚持以积极的态度对待现实和人生。其教义包括：认主独一，即“理解一，言一，视见一，存于一”，宣称“我即一，我无配我者”；否认沉思和忘我的境界，认为沉思默祷是虚度时光，“我即我自身”，不存在“忘我”、“无我”、“寂灭”等精神境界；相信自足，以泰然的态度对待物质生活：不择食，不择衣，不择居所，一切顺其自然。舍塔利教团自称其道统源自早期著名的苏菲学者比斯塔米（？～874），属遵法派教团。在其形成、发展中，曾受到印度佛教瑜伽行派修习的影响，功修者居住在深山老林中，以野菜、野果为食，进行艰苦的身体和精神、意志的锻炼。该派的礼仪也曾受到瑜伽行派影响，注重孤独、圣洁。赞念以念颂“清真言”为开端，可用阿拉伯文、波斯文或印地文反复念颂“迪克尔”赞词。有的赞词直接源自《奥义书》，如“奥希希”（o hi hi），意为“风”、“火”、“太阳”。经常以秘密方式活动，以防遭到正统派的敌视。教团总部设在印度的江普尔地区，在伊朗、土耳其、印度尼西亚建有分支教团。（吴云贵）

舍希德（Shahid） 伊斯兰教对所有为安拉之道而献出生命的穆斯林的尊称。阿拉伯语音译，意为“殉教者”、“烈士”。其涵义最初较为广泛，根据圣训和经注学家的解释，凡是信仰坚定、遵循主道的穆斯林，因卫教而阵亡疆场，或因坚持信仰而遭迫害致死，或在为教门治学、求学的过程中逝世，或病故于朝觐、宣教途中，或猝死于各种灾祸，以及穆斯林妇女因难产而死亡等，均称“舍希德”。他们都将受到安拉的恩准而进入天园，但品级有所不同，其中最荣耀者首推为教而牺牲的烈士。故“舍希德”后专指为传播或保卫伊斯兰教而牺牲的穆斯林，主要指两种人：(1)因传播伊斯兰教或坚持信仰而被异教徒迫害致死者。伊斯兰教史上的第一位舍希德为615年被迫害致死的穆斯林妇女苏迈娅·乌姆·阿马尔（Sumayyah Umm ʻAmmār，？～615），她在穆罕默德传教初期，同其夫亚西尔·本·阿米尔（Yāsir benʻĀmir，？～615）一起秘密入教。当她和丈夫公开了穆斯林的身份后，立即遭到麦加古莱什贵族的残酷迫害，被穿上铠甲曝晒于酷暑烈日下，夫妇先后被折磨致死。什叶派人因屡遭逊尼派哈里发政权的迫害，故也将他们中的殉难者称为“舍希德”。680年10月10日，即伊斯兰教历61年1月10日，该派所尊崇的第三代伊玛目、穆罕默德的外孙侯赛因在前往伊拉克库法途中，在卡尔巴拉遭到伍麦叶王朝军队包围，身受重伤后惨遭杀害，被什叶派人尊为“最伟大的‘舍希德’”，每年在其殉难日教历1月10日举行谒陵、祈祷等纪念活动，以示敬仰。因什叶派所尊崇的12位伊玛目多为被害身亡，故该派十分重视对这些殉难者的悼念活动及对其陵墓的瞻仰。一些因遭诬陷而被无辜处死的什叶派学者，该派穆斯林也尊称之为“舍希德”，如黎巴嫩教法学家穆罕默德·本·麦基（Muhammad ben Makki，1333～1384）、叙利亚圣训学家栽因丁·本·阿里（Zayn-al-Din benʻAli，1505～1559）、波斯呼罗珊教法学家阿卜杜拉·本·马哈茂德（ʻAbdullāh ben Maḥmūd，？～1589）等，在他们的名字前面都冠有“舍希德”尊称。(2)为保卫和传播伊斯兰教而在战斗中阵亡者。622年穆罕默德自麦加迁徙至麦地那后，为保卫新生的伊斯兰教政权，组建军队成为当务之急。在这一新的历史条件下，“为安拉之道而战”被规定为穆斯林应尽的宗教义务，通称“吉哈德”。凡在“吉哈德”中阵亡的穆斯林，均尊称之为“舍希德”。伊斯兰教史上首批阵亡的舍希德为624年白德尔战役参加者欧拜德·本·哈里斯（ʻUbayd ben Ḥārith，？～624）、欧迈伊尔·本·海马姆（ʻUmayr ben Hammām，？～624）等14名圣门弟子。在625年吴侯德战役中，又有70余名穆斯林阵亡，也被尊称为“舍希德”，其中穆罕默德之叔哈姆扎（Ḥamzah，556～625）后被尊称为“众舍希德之祖”。《古兰经》称道此种人为教捐躯虽死犹生，在后世将永居天园。经云：“为主道而阵亡的人，你绝不要认为他们是死的，其实，他们是活着的，他们在真主那里享受给养”（3：169）；“为主道而阵亡者，真主绝不枉费他们的善功”（47：4）；“真主已为他们预备了下临诸河的乐园，他们将永居其中，那正是伟大的成功”（9：89）。凡虔诚的穆斯林，遵奉《古兰经》教导，积极投身于卫教圣战中，为寻求永居天园之乐而忘我杀敌，最终将成为“舍希德”。

随着时代的发展，阿拉伯语“舍希德”一词的内涵也有所扩展。凡为争取穆斯林民族生存和捍卫伊斯兰教而牺牲者，即称“舍希德”。在一些阿拉伯和伊斯兰教国家，凡为争取民族独立而英勇献身者或在反侵略的卫国战争中牺牲的将士，一般均称“舍希德”。

（杨宗山）

舍希德·奥沃勒（al-Shahid al-Awwal，1333～1384） 伊斯兰教什叶派著名教法学家。其名意为“第一位殉教者”。生于贾巴尔阿米尔（今黎巴嫩南部）山区的基津（Jizzin）小镇。青年时代就学于希拉（今伊拉克境内），拜逊尼派和什叶派两派学者为师，后回到大马士革，在“塔基亚”（即必要时可隐瞒真实信仰）原则下，教授逊尼派教法，被尊为大马士革宗教学术界的泰斗，曾就逊尼派四大教法学派的争议问题作出裁决。后因一什叶派人出卖，其什叶派身份败露，被大马士革总督关押入狱，一年后由马穆鲁克王朝素丹下令，由马立克和沙斐仪学派卡迪判处死刑。死后被什叶派信士尊为殉教者。一生培养大批弟子，曾对建立什叶派学术研究中心（贾巴尔阿米尔）做出过重要贡献。系帖木儿时代最著名的什叶派教法学家。生前曾接到邀请，拟赴伊朗呼罗珊地区传播十二伊玛目派教义。其著作《大马士革的光辉》（Lumʻaad-Dimashqiyya）为什叶派有代表性的教法著作，系专门为呼罗珊地区穆斯林统治者而撰著。（吴云贵）

舍希德·萨尼（al-Shahid al-Thāni，1506～1558） 什叶派著名教法学家。其名意为“第二位殉教者”。生于贾巴尔阿米尔(今黎巴嫩南部)山区的朱巴(Juba)一什叶派学者家庭。早年从父和其他知名学者学习。1530年游学于大马士革,1535年游学于埃及,1544年游学于伊斯坦布尔,其师皆为逊泥派学者。后在比卡谷地(Biqavalley,今黎巴嫩境内)一伊斯兰教学校任教,在“塔基亚”(即必要时可隐瞒真实信仰)原则下教授逊尼派四大教法学派知识,学生中包括逊尼、什叶两派学生。晚年因发表指控某人有罪的判决,被起诉于西顿行政长官,后被解往伊斯坦布尔受审,遇难于途中。死后被什叶派信士尊为殉教者。一生治学态度严谨,其主要贡献是利用逊尼派学术成果,对什叶派圣训加以系统的研究和分类。代表作《光辉的天园》(Raw dat al-Bahiyya)为什叶派教法著作,系对舍希德·奥沃勒的《大马士革的光辉》所作的评注。

(吴云贵)

舍蕴善 见舍起灵。

设拉子(Shirāz) 伊朗古城,法尔斯省省会。位于扎格罗斯山南部的山间盆地。人口41万(1976)。2500年前,波斯部族安山王居鲁士以此为中心创建了波斯帝国。在塞硫古(公元前312～175)、安息(公元前247～公元224)和萨珊王朝(约224～651)时期,该地均占有重要地位,后遂逐渐发展成文化中心。设拉子城素以“玫瑰和夜莺之城”著称。7世纪中叶,阿拉伯人占领后,伊斯兰文化得到发展,学者荟萃,为苏菲派的学术中心之一。后伊朗各穆斯林王朝建有多座清真寺、宗教学校、图书馆、天文台。13世纪,蒙古伊儿汗国在此建有清真寺和塔赫特城堡。1387年和1393年,帖木儿帝国两次占领该城。城内有建于894年的清真大寺、谢拉格王宫殿(1349)和1615年的伊斯兰经学院,为伊斯兰文化中心。1724年遭阿富汗军队洗劫。设拉子成为赞德王朝(1750～1794)的首都。波斯著名诗人萨迪(1200～1290)和哈菲兹诞生于此城,城郊建有他们的陵墓。萨迪著名的宗教训诲体诗集《蔷薇园》(一译《真境花园》)是他晚年在设拉子写成的。旧城还有赞德陵墓(现为博物馆)、古市场等古迹。

(杨克礼)

社首 见社头。

社头 中国伊斯兰教称谓。亦称“社首”、“学董”。在西北和华中一些地区曾指清真寺寺坊管理机构的负责人,相当于现今清真寺民主管理委员会的主任,负责聘任阿訇、筹集经费、管理寺产、办理丧葬、筹划节日宗教活动及其他公益等事宜。经寺坊穆斯林协商推举产生,多由地方有影响又有一定经济实力的人担任,以承担清真寺的部分经费开支。 (马忠杰)

射石(Ramyu al-Jimāri) 伊斯兰教朝觐活动仪式之一。亦称“投石驱鬼”。每年在伊斯兰教历12月9日,朝觐者聚集在阿拉法特山举行庄严的祈祷和大典后,前往附近的穆兹德里法时,每人捡小石子49颗,当晚露宿旷野。12月10日即宰牲节,来到距麦加城10公里处的米那山谷,在晨礼后,用石子投击象征“魔鬼”的3根石柱,并口诵“奉万能的安拉之名,我憎恶魔鬼及其阴谋诡计”。射石每天1次,连续3天。相传,古先知易卜拉欣夜梦安拉启示,命杀其子伊斯玛仪,以考验他对安拉的忠诚。其子俯首就命之际,恶魔在父子间挑拨,企图从中破坏,易卜拉欣遂断然捡起石子,打退恶魔。后安拉又命以羊替之。射石打鬼的仪式即由此而来。

(达应庚)

赦免之夜 见白拉特夜。

摄思廉(Shaikh al-Islām) 中国元代伊斯兰教职称谓。阿拉伯语音译,今译“谢赫·伊斯兰”,意为“伊斯兰教长老”。元至正十年(1350)泉州《清净寺记》碑文云:“摄思廉犹华言主教也”。当时任摄思廉的不鲁罕丁(Burhān al-Dīn),系受元朝廷任命,行使总领泉州穆斯林的职权。伊本·白图泰在《游记》中记述,不鲁罕丁为“众伊斯兰长老们之首”。因此,元代泉州的摄思廉亦相当于宋代广州蕃坊的蕃长(见朱彧《萍洲可谈》卷2),协助政府管理穆斯林的宗教、法律、民事等事务,并沟通与地方政府的联系。 (陈达生)

《神秘的启示》(Kashf al-Mahjub) 伊斯兰教苏菲派理论著作。中世纪著名苏菲学者侯吉维里(?～1072)的代表作。侯吉维里晚年旅居印度期间为回答当地穆斯林的疑问而作,为波斯文。全书共25章,内容涉及4方面:(1)论知识、贫困和“过错”。认为知识分为两类:天启知识和后天知识。前者为安拉关于自身德性的无限的灵知,不容分割,不能同世人分享;后者为人类自身有限的知识,不能同安拉的灵知相提并论。认为追求“贫困”在苏菲寻求真理的道乘修持中品级最高,最受安拉慈悯者莫过于穷人。贫困者在物质生活的表面上一无所有,而实际上无忧无虑,有广泛选择的自由,其精神生活最富足、最幸运。指出人的“过错”有3种情况:或因遵循“正道”而受到无端的指责,或因欲达到某种高尚的目标而受到非议,或因无视伊斯兰教法而受到正当的谴责。(2)论历史上的著名苏菲。认为苏菲派有源远流长的历史,在伊斯兰教历史上许多有影响的人物皆为虔诚的苏菲,如早期的四大哈里发、圣门弟子、再传圣门弟子、什叶派的著名伊玛目及其后的苏菲谢赫等。(3)论苏菲派的各支派。简略介绍了西亚和中亚的著名苏菲学者、谢赫,论述了穆哈西比、祝奈德、哈拉智等为代表的12个苏菲分支的学理、功修方式上的异同,认为其中10个派别为遵奉教法者应受到“赞许”,2个派别不遵从教法应受到“谴责”。(4)以揭开11块“面纱”为题,逐次阐述了苏菲派教义。内容涉及苏菲派的直觉体认、认主独一、五功、净化心灵、功修阶梯、方法等。认为世人对苏菲信仰多有误解，苏菲主义本质上是寻求一种通往"人主合一"的道路，以达到灵魂纯洁、品德高尚的精神境界。该书的主导思想是强调苏菲信仰与"正统"信仰的一致性。为此，作者还着力论证了苏菲信仰的"三根支柱"（即关于安拉的本质和独一的知识，关于安拉德性的知识，关于安拉的万能和智慧知识）同作为安拉启示的教法知识的3个渊源（《古兰经》、圣训和穆斯林大众的公认）实无明显差异。该书为早期苏菲派重要理论著作之一，书中所提出的区分苏菲遵法派与非遵法派的原则界限，及将苏菲教义与正统教义相融合的思想主张，对后世有广泛影响。是研究苏菲教义、教律的珍贵史料。美国东方学者尼科尔森将该书译为英文，1911年出版于英国伦敦，1936年再版并多次重印，广泛流行于西方学术界。（吴云贵）

神秘主义派 见苏菲派。

神智论 见苏菲知识论。

神智哲学学派 见伊斯法罕学派。

沈丘槐店清真寺 中国伊斯兰教古寺。原名"至元寺"、"老寺"。坐落在河南省沈丘县槐店镇东关。据《沈丘县志》载：该寺始建于元世祖至元十年（1273），由元初西征时来华的波斯人阿力所建。明嘉靖三年（1524）重修，后因西北回民迁居该县而加以扩建。明崇祯年间遭兵燹。清顺治以后，山西洪洞籍马辉及子孙又陆续重建，于清康熙四十二年（1703）完工。该寺坐西面东，呈长方形。占地面积9072平方米，建筑面积为3000平方米。属中国殿宇式古典建筑。主要建筑分正门、过殿、礼拜殿、望月楼，排列于一条中轴线上；女殿、讲经堂、阿訇住房、沐浴室对称分布两侧。寺北院有园林1处。全寺院房舍共计63间，取伊斯兰教先知穆罕默德终年63岁之意。正门为牌楼，上悬清康熙年间进士马朝轩亲书"清真寺"匾1块，两侧为南北便门，门上各书"周中规"、"折中矩"，意在陶冶穆斯林情操，使之言行合乎规矩，以求静心诚意。正门内南北边墙处立有元、明、清各个历史时期的古碑共13通，均记载于寺史。过殿3间，中为廊亭，雕梁画栋。正中悬明朝巡抚使巴图鲁·哈速鲁题"道源无极"匾1块。讲经堂排列了礼拜正门外两侧，南北各3间，为长廊出檐厢房式建筑。南北讲经堂各悬"德步桑林"、"功补造化"匾，为清光绪二年（1876）伊玛目杜宽所题。主体建筑礼拜殿由卷棚、殿厅、套房、耳房、望月楼浑然构成，建筑面积达900平方米。殿厅内有12根红漆顶柱，下铺地毯，可容纳1000多人礼拜。大殿中央悬挂阿、汉两种文字匾两块。中文匾书"道遵独一"，为清廷侍卫马廷襄所赠；阿文匾书有库法体"泰斯米叶"。殿前左右明柱上刻有清康熙年间著名书法家李润科亲书对联1幅。上联："狱海火烈要是欲火占捻"；下联："考赛（即《古兰经》所指天堂中河流名）水甜究从德水发源"。礼拜殿正门上悬匾"事有真宰"。由大殿北口旋梯可登望月楼，楼高3层，顶层为宣礼阁，楼顶翘角飞檐，雄伟壮观。据寺存古碑记载，该寺为豫东始建第一座，其建筑格局独树一帜，吻兽装饰和雕刻图案精美。1966年在"文化大革命"中，该寺部分建筑被毁，寺内所藏珍贵手抄本伊斯兰经典、13通石碑亦遭毁坏。1980年主体建筑得到修复。（郭清祥）

沈阳清真南寺 中国伊斯兰教清真寺。坐落在辽宁省沈阳市回民聚居的沈河区小西路附近。是东北地区现存历史较长的伊斯兰教古建筑。该寺建筑年代一说为明崇祯六年（1633），一说为清顺治末年（约1660）。据《中国伊斯兰教建筑》记载，该寺系清代康熙年间（1662～1722）创建并经历代重修。占地面积6000余平方米，建筑总面积1500多平方米。布局严整，有内外院及内外左右厢房作讲堂及客厅。礼拜大殿面积500多平方米，为5间勾连搭带卷棚及六角形（宽二开间）3层楼的窑殿1所。大殿不作凸字形，前部卷棚较小，后窑殿作六角形。窑殿凹壁是极富纯地方色彩的仿大神牌形制，为其他地方所少见。整体建筑结构严整，青砖对缝，雕梁画栋，挂有多方匾额、楹联。水房建于大殿后院左侧。此寺是沈阳市重点文物保护单位。辽宁省暨沈阳市伊斯兰教协会会址均设于寺内。（罗万寿）

渗渗泉（Bi'r Zamzam） 沙特阿拉伯麦加圣寺内克尔白殿东南侧一泉名。亦称"圣泉"。阿拉伯语"比厄尔·泽木泽木"的意译。它是一个天然的古老泉溪，水深24米，泉水含有较多的矿物质成分，清凉甘甜。在酷热久旱的沙漠，有这样一眼泉水，殊为可贵。渗渗泉有很多神奇的历史传说。最古老的传说是：阿拉伯人的祖先和先知易卜拉欣之妻哈哲尔（Hājar），为了维持自己和幼子伊斯玛仪生命的需要，曾将其子放在现麦加克尔白殿旁边，自己跑到赛法和麦尔卧两丘之间寻找泉水，7次往返奔走，滴水未获，母子俩悲天怆地，感动了真主；真主派天使指引她，在一块石板下挖出一眼清泉水。随着时间的推移和这口井被淹没，又产生了新的传说：公元6世纪，穆罕默德的祖父为了满足人们精神和饮水的需要，非常渴望能够重新找到这口井。一天夜里，他一连3次梦见有人告诉他渗渗泉的事；醒后，他根据梦中所示的方位挖掘下去，发现波斯国王献给天方的两只金羚羊和宝剑等金属用具，继续深挖后，终于挖掘出这口古井，并用挖掘出来的金属制品装修了天房，从而赢得了麦加人的赞扬。伊斯兰教创传后，渗渗泉水被穆斯林视为"圣水"，朝觐者巡游天房完毕后饮此泉水，并在赛法和麦尔卧山丘之间疾行往返7次，模仿哈哲尔当年寻找水源的动作，以示怀念。渗渗泉于1958年由沙特政府扩修，通过自来水管道引入奔走长厅的一个大厅里，专供哈吉们饮用和沐浴。哈吉们还将渗渗泉水带回故地，作为贵重之物馈赠亲友，共沾圣地吉福。（杨克礼）

升霄（al-Mi'rāj） 伊斯兰教先知穆罕默德夜行升霄纪念日。阿拉伯语"米尔拉吉"的意译，原意为"梯子"，亦称"登霄"或"登霄之夜"（Laylah al-Mi'rāj）。穆罕默德在麦加传播伊斯兰教期间，由于其认主独一的主张触犯了麦加信奉多神的奴隶主贵族、富商的宗教特权和经济利益，因此遭到了以艾布·苏富扬为首的多神教徒的反对和迫害。随着其保护人伯父艾布·塔利卜和妻子赫蒂彻的相继去世，多神教徒对他的迫害也日益加剧。在处境十分艰难的情况下，即发生了先知的夜行和升霄。据传穆罕默德于621年（一说620）伊斯兰教历7月27日之夜，由大天使吉卜利勒陪同，乘仙马（al-Burāq，布拉格）腾空，由麦加飞至耶路撒冷，在今远寺（al-Masjid al-Aqṣā，阿克萨寺）一块岩石上登霄，遨游七重天，见过古代众先知和天园等情景。《古兰经》记载云："赞美真主，超绝万物，他在一夜之间，使他的仆人，从禁寺行到远寺，他在远寺的四周降福，以便我昭示他我的一部分迹象"（17∶1）。布哈里和穆斯林两家圣训集中都提到穆罕默德每到一层天园即见到一位先知，升霄到第七层天园时，真主默示他令穆斯林每昼夜礼50番拜。先知穆萨（摩西）建议他祈求真主减免拜数，经过数次苦求，真主允准减少至每昼夜穆斯林所能履行的五番天命拜。黎明重返麦加。次日吉卜利勒即向穆罕默德传谕了每日礼五番拜的时间和仪式。伊斯兰教学者认为穆罕默德夜行升霄，是真主向先知本人显示的奇迹，是让穆斯林确信伊斯兰教确是真主指引的正道，穆罕默德确是真主派遣的使者，从而使穆罕默德更加坚信真主指引他的真理定会胜利，伊斯兰教定会取代多神信仰，同时也坚定了穆斯林的信仰和必胜的信心。

关于穆罕默德夜行和升霄的传说，伊斯兰教学者有3种解释：(1)认为夜行升霄是先知的灵魂夜游。依据是先知的伯父艾布·塔利卜的女儿乌姆·海妮的传述，是夜先知住在她家，翌晨先知告诉她升霄的事。阿伊莎当时曾说过，真主的使者的躯体没有消失，是真主让他的灵魂夜行的。持这一观点的学者还引证《古兰经》第17章（夜行）第60节的一段话："我所昭示你的梦兆和在《古兰经》里所诅咒的那棵树，我只以这两件事物考验众人。"(2)认为夜行是以先知的躯体亲自实践的，依据是穆罕默德描述他夜行时所看到的耶路撒冷情景和从叙利亚返回麦加的商队情况，两者均被证实。至于升霄，则认为是先知的灵魂进行的。(3)认为先知的夜行和升霄是以躯体进行的。夜行与升霄显示了真主所赋予穆罕默德灵魂升华的那种力量和威力，真主让其从麦加圣寺夜行到耶路撒冷远寺，以领悟真主的"奇迹"，升霄的玄机哲理具有完美的崇高意义。此后穆斯林亦定耶路撒冷为"圣地"，并以每年希吉来历7月27日为升霄纪念日。穆斯林于是夜礼拜、诵经以示纪念。（达应庚 杨宗山）

圣会 见圣纪。

圣纪（Mawlid al-Nabiy） 伊斯兰教先知穆罕默德诞辰纪念日。阿拉伯语"毛利德·奈比"的意译。一译"先知诞辰"。据阿拉伯史籍记载，穆罕默德出生于570年，即阿拉伯太阴历"象年"的3月12日。此年因阿比西尼亚皇帝率乘坐大象的军队出征麦加，故名"象年"。由于穆罕默德于希吉来历11年逝世的时间亦为3月12日（一说13日），即公元632年6月8日，因此，穆斯林将两个纪念日合并举行，称为"圣纪"或"圣忌"，俗称"圣会"。据阿拉伯史书记载，穆罕默德逝世300余年后，什叶派的法蒂玛王朝（909～1171）首先在埃及举行圣诞纪念。到了12世纪，伊拉克的穆斯林也开始在每年的3月12日庆祝圣诞。此后，纪念先知诞辰和忌辰的活动便扩展到了其他穆斯林国家和地区。届时，穆斯林多在清真寺内诵经祈祷，吟诵"赞圣词"，讲述先知事迹并设宴纪念。中国各族穆斯林大多要举行圣纪活动。有的在希吉来历3月之内择日举行，也有的农村在夏收之后，城市在农历正月营业淡季集体或按行业、社团分别举行，只有伊赫瓦尼派不过"圣纪"。中国各族穆斯林大多已将"圣纪"连同"开斋节"、"古尔邦节"作为民族的三大节日。（冯增烈 达应庚）

圣忌 见圣纪。

圣陵 见穆罕默德陵墓。

圣门弟子（Aṣḥāb al-Nabiy） 伊斯兰教对先知穆罕默德门弟子的称谓。阿拉伯语"艾苏哈卜·奈比"的意译。主要指追随穆罕默德辗转征战、传播伊斯兰教并肩负重任的一批忠实骨干或核心人物，亦泛指接受过穆罕默德薪传的早期一批穆斯林。后穆斯林学者根据泰伯拉尼和哈克姆二人传述的一段圣训的精神，又把"圣门弟子"的范围加以扩大和引申，按其所处时代的先后分为4类：(1)撒哈拜（Ṣaḥābah，即直传弟子）。凡追随穆罕默德、早期归信伊斯兰教、参与开拓疆域至死未变者为首传弟子。除名列前茅的四大哈里发艾布·伯克尔、欧麦尔、奥斯曼和阿里，既是穆罕默德的弟子、亲密战友，又是他事业的继承者之外，穆斯林将领哈立德·本·瓦利德（？～642）、赛尔德·本·艾比·瓦嘎斯和被穆罕默德派往也门担任法官、导师的穆阿兹（603～639）以及"隋芬"战役后阿里和穆阿维叶争端的仲裁人之一的艾布·穆萨·艾什尔里等也属这一类。622年以后，从麦加迁往麦地那的弟子被称为"迁士"，麦地那的弟子被称为"辅士"，这两部分弟子共约11万人，根据他们信教的先后和贡献大小被分为

12级。(2)塔比尔(Tābi‘,即再传弟子)。凡见过直传弟子,受其教益,并背记部分圣训,或在教法上有过决断的人,称为“再传弟子”。根据他们功绩的大小、背记圣训的多寡和学识渊博的程度,被分为15级。麦地那七大教法学家之一的赛义德·本·穆赛叶布(634～712)和在学识、功修方面享有很高声望的哈桑·巴士里(642～728)等即为其中的代表人物。(3)泰白尔·塔比欧乃(Taba‘al-tābi‘ūn,即三传弟子)。凡见过再传弟子,同他们有过聚会,承前启后听记、传述过圣训,或加以整理、汇编,或在宗教学上有过建树的人,称为“三传弟子”。其中麦加教法学家阿卜杜勒·麦利克·本·阿齐兹·朱莱哈(699～767)和具有教法创制见解的圣训学家苏富扬·邵里(716～778)以及四大教法学派创始人艾布·哈尼法(699～767)、马立克(715～795)、沙斐仪(767～820)和伊本·罕百勒(780～855)等均属三传弟子。(4)隋嘎尔·塔比欧乃(Ṣighār al-Tābi‘ūn,即四传弟子)。凡见过三传弟子、广泛搜集圣训,全面考证其真伪,确定其传述世系,并分门别类辑录成书,或在宗教学上有过重大成就的人,称为“四传弟子”。如圣训学家叶海亚·本·麦因(775～848)、布哈里(810～870)、穆斯林(820～875)和提尔密济(824～892)等最负盛名。 (马忠杰)

圣门后裔 见圣裔。

圣妻(Azwāj al-Nabiy 或 Zawjāt al-Nabiy) 穆斯林对先知穆罕默德妻室的称谓。阿拉伯语“艾兹瓦吉·奈比”或“扎乌加特·奈比”的意译。亦称“先知众妻”。史载穆罕默德一生曾娶过12个妻子,其中除个别人系处女外,余均为已婚妇女,有的是为教牺牲的穆斯林的遗孀,有的则是在战争中被俘沦为奴隶的异教徒孀妇。穆罕默德除595年25岁时与其发妻赫蒂彻的结合外,他在620年以后的一系列婚姻,均系由当时阿拉伯社会、政治、人道、宗教等诸多方面的因素所促成,同他关于改革社会的一系列主张,诸如提高妇女社会地位、保护孤儿及其财产、释放奴隶等,有着不可分割的内在联系。他与赫蒂彻以外的11位妻子的结合,大体上分为以下4种情况。

(1)因出于赡养穆斯林遗孀、遗孤的社会责任感而结合的有3人:1.萨乌黛·宾特·宰姆阿(Sawdah bint Zam‘ah,?～674):早期在麦加信奉伊斯兰教,为躲避古莱什贵族迫害,曾奉穆罕默德之命同丈夫塞克兰(al-Sakrān)迁徙阿比西尼亚(今埃塞俄比亚),返麦加后其夫病故。因家境贫寒,亲属欲迫其改嫁异教徒。620年穆罕默德在发妻赫蒂彻病故后选她作为继室,承担了赡养她的责任。2.栽娜卜·宾特·胡宰迈(Zaynab- bint Khuzaymah,?～625):早期在麦加信奉伊斯兰教,因慈善好施,经常接济穷人,故享有“贫民之母”的美称。其夫阿卜杜拉·本·杰赫什(一说为欧拜岱·本·哈里斯)在吴侯德战役中牺牲,穆罕默德为助其摆脱困境,于624年与之结婚。她一年后病逝,是除赫蒂彻外唯一在穆罕默德归真前先去世的妻子。3.乌姆·赛莱迈(Umm Salamah,596～681):早期在麦加信奉伊斯兰教,其夫艾布·赛莱迈(Abū Salamah)曾在吴侯德战役中负过伤,后伤发亡故,遗下众多孤儿。为了抚养遗孤,625年穆罕默德在其夫逝世4个月后与其成婚。她曾传述圣训378段,是穆罕默德众妻室中除阿伊莎外传述圣训最多的人。

(2)以身作则为倡导释放奴隶而结合的有2人:1.朱韦丽娅·宾特·哈里斯(Juwayriyyah bint al-Ḥārith,?～676):原名“芭拉”(Barrah),穆斯泰莱格(al-Mustalaq)部落首领哈里斯之女,626年在穆斯林讨伐该部落反叛时被俘,沦为俘获者的奴隶,其夫穆萨菲(Musāfi‘)战死。穆罕默德以高昂赎金将她赎回,其父女深受感动,遂归信伊斯兰教。穆罕默德继而以400迪尔汗作为聘礼同她完婚,并将其改名为“朱韦丽娅”。穆斯林为尊重先知同穆斯泰莱格族人的姻亲关系,将各自的俘虏均行释放。2.索菲娅·宾特·侯叶伊(Ṣafiyyah bint Ḥuyayy,?～672):犹太教奈迪尔族(Banū Naḍir)首领侯叶伊之女,628年在海白尔战役中被俘沦为奴隶,其夫基纳奈(Kinānah)因窝藏和拒缴叛乱者的财产而被杀。穆罕默德按照当时流行的习惯,即战胜者领袖同战败者首领之女结婚即可免除战败族人的灾难并保持其体面,在索菲娅归信伊斯兰教后,以释放她本人作为聘礼与之成婚。

(3)因出于政治原因而联姻的有4人:1.阿伊莎(‘Ā’ishah,613～678):系艾布·伯克尔之幼女,其父于620年赫蒂彻病故后将其许配穆罕默德为妻,622年迁徙麦地那后完婚。艾布·伯克尔本系穆罕默德患难与共的挚友及其事业的最得力的助手,翁婿关系的确立更加巩固和深化了他们之间的战斗友谊。2.哈芙赛(Ḥafṣah,604～665):系欧麦尔之女,其夫胡奈斯(Khunais)在白德尔战役中牺牲。624年穆罕默德主动要求与之成婚,其父欧麦尔慨然应允。这一结合进一步密切了穆罕默德与欧麦尔的关系,并扩大了欧麦尔在穆斯林中的地位和影响。3.乌姆·哈比拜(Umm Ḥabībah,596～664):系艾布·苏富扬之女,在麦加信奉伊斯兰教,曾随其夫欧拜杜拉·本·杰赫什(‘Ubay dullāh ben Jaḥsh)迁徙阿比西尼亚。其夫在该地改信基督教并酗酒身亡后,她继续留居那里。627年穆罕默德同以其父为首的麦加古莱什人签订《侯代比亚和约》后,为进一步争取其父以保证和约的履行,于628年致函阿比西尼亚国王奈加希(al-Najāshī),除要求他把留居在阿比西尼亚的穆斯林送回麦地那外,还委托他代向乌姆·哈比拜求婚,奈加希遂以400第纳尔作为聘金为其确定了婚约。乌姆·哈比拜返抵麦地那后,穆罕默德即与之成婚。4.梅蒙娜·宾特·哈里斯(Maymūnah bint al-Ḥārith,603～681):穆罕默德叔父阿拔斯的妻妹,是否结过婚说法不一。628年她看到穆罕默德率穆斯林补行副朝的情景后表示愿意归信伊斯兰教，阿拔斯向穆罕默德提议与其成婚。穆罕默德为进一步促进同麦加古莱什人的谅解，接受了叔父的倡议，以400迪尔汗作为聘礼，在返回麦地那途中与梅蒙娜成婚。

（4）因其他原因而结合的有2人：1.栽娜卜·宾特·杰赫什（Zaynab bint Jaḥsh，590～641）：穆罕默德的姑表妹，出身贵族家庭。穆罕默德为打破当时阿拉伯社会的传统习俗，改变人们头脑中的等级尊卑观念，曾力主将其许配给自己的释奴和义子栽德·本·哈里塞（Zayd ben al-Ḥārithah，？～629）为妻。栽德由于不堪忍受栽娜卜的凌辱，曾多次向穆罕默德表示离婚的意愿。虽经穆罕默德一再调解、劝阻，但终因无法撮合而离婚。626年穆罕默德与栽娜卜的结合，从行动上破除了当时阿拉伯社会把义子视为等同血亲的传统习俗。《古兰经》第33章第4节和第36、37节记述了这一历史事实。2.玛丽娅（Māriyyah，生卒年不详）：628年埃及总督穆高格斯（al-Muqawqis）复函穆罕默德时回赠的两名科普特族侍女之一，629年与穆罕默德结婚，次年生一子名易卜拉欣，两岁时夭亡。穆罕默德与之结为夫妇，具有提高侍女社会地位和提倡不同民族可以通婚的双重意义。

上述在620年以后同穆罕默德结合的11位妇女，无论其婚前系何身份，婚后均取得与赫蒂彻同等的社会地位，即成为"信士之母"（Umm al-Mu'minin）。

（杨宗山）

圣泉 见渗渗泉。

圣人 见使者。

《圣武记》 中国历史著作。清魏源（1794～1857）撰。书中谈到18世纪西北地区穆斯林的反清起义问题。共14卷，前10卷以纪事本末体记述清王朝建立至道光年间的军事历史；后4卷《武功余记》为作者对有关军事问题的论述。卷4中《乾隆戡定回疆记》、《乾隆绥服西属国记》、《乾隆新疆后事记》、《道光重定回疆记》、《道光回疆善后记》等篇，记载清军平定新疆大小和卓木之乱，绥服哈萨克、布鲁特、敖罕、巴达克山等地区，镇压乌什、昌吉人民起事，平定张格尔之乱，抗击浩罕安集延人入侵等一系列历史事件。卷7《国朝甘肃再征叛回记》，记述清政府镇压甘肃米喇印、丁国栋起义及苏四十三起义、石峰堡田五起义等历史事件。涉及新疆、甘肃等地伊斯兰教历史、教派及习俗等内容，具有一定史料价值。道光二十二年（1842）刻印，二十四年（1844）、二十六年（1846）两次修订。1984年2月，中华书局在北京出版韩锡铎、孙文良的点校本（全两册）。

（冯今源）

圣行（Sunnah al-Rasūl） 见逊奈。

圣行拜（Ṣalāt al-Sunnah） 见礼拜。

圣行斋（Ṣawm al-Sunnah） 见斋戒。

《圣学复苏》（Iḥyā' 'Ulūm al-Dīn） 见《宗教学科的复兴》。

圣训（al-Ḥadith al-Nabawi） 伊斯兰教先知穆罕默德传教、立教的言行记录。阿拉伯语"哈迪斯·奈白维"的意译，又称"逊奈"（Sunnah，即行为、常道）、"艾赫巴尔"（Akhbār，即消息、表述），有时亦称"伊特拉"（'Itrah）。中国穆斯林学者还译作"圣谕"，有时亦称为"穆圣的嘉言懿行"。穆罕默德弟子谈论宗教、经训和实践教理的重要言行，凡经他认可和赞许的也被列为圣训的范围。圣训为伊斯兰教的重要文化遗产之一，经辑录定本的圣训集被视为仅次于《古兰经》的基本经典，是对《古兰经》基本思想的阐释，它对整个伊斯兰教的教义、教律、教制、礼仪和道德作出了全面回答和论述。成为后世各派法学家立法、制法的第二位渊源和依据，也是历代教职人员、学者进行宣教和立论、立说的依据，故受到穆斯林的高度尊崇。

穆罕默德在23年传教过程中的言论和行为举止的记录，各家统计的数字多寡不一，圣训学家布哈里集录的数额为60万段，伊本·罕百勒集录的数额为75万段，艾布·达乌德集录的数额为50万段。圣训中有的是穆罕默德对《古兰经》经文涵义、寓意的阐述和解释，有的是他同弟子通过对话和问答的形式发表的有关教义、教法的训诫和道德教诲，有的是他举行某项宗教功课和从事某项社会活动时的行为侧记。全部圣训被认为是穆罕默德为安拉之道终生奋斗业绩的体现和记载，《穆斯林圣训实录》中辑录的由贾比尔（？～697）传述的一段圣训说："最正确的言语是真主的经典，最美丽的道路是穆罕默德的道路"，即指圣训而言。还有一类圣训是穆罕默德以真主默示的方式发表的言论，语气是以真主对人类说话的方式表述问题的，被称为"库德西圣训"，即"神圣的言语"。

穆罕默德生前，他的言行常为周围的弟子和他的妻室所心记口传，他本人也曾鼓励人们遵守奉行，但又恐与《古兰经》经文相混淆，故一个时期曾禁止人们做记录。8世纪以后，伊斯兰教在新征服地区广泛传播和发展，对新出现的各种问题和事件如何处理，已在《古兰经》中无具体律例可循，加之因政治、民族、教派、学派之争，制造伪圣训的现象时有发生，于是各地的圣训学家、教法学家和历史学家出于捍卫安拉之道和创制教法律例、编写教史圣传的需要，便开始对流传各地的圣训及传述世系进行广泛的搜集和整理，经过考证、筛选和去伪存真，分门别类地予以辑录定本。在辑录和研究圣训的过程中，圣训学亦随之建立和完善。至10世纪时，已先后出现了多种正规的圣训集和成文的圣训法典。逊尼派有布哈里、穆斯林·本·哈贾吉、艾布·达乌德、提尔密济、奈萨仪、伊本·马哲等人分别辑录的圣训集，后世学者称之为“六大圣训集”(al-Ṣiḥāḥ al-Sittah)；伊本·罕百勒辑录的《艾哈迈德穆斯奈德圣训集》、马立克辑录的《穆宛塔圣训集》(即法典)，亦颇负盛名。什叶派有穆罕默德·库莱尼、伊本·巴拜韦·库米和图西等人分别辑录的圣训集，被称为“四圣书”或“四大圣训经”(al-Usul al-Arba‘ah)。艾巴德派有伊玛目赖比尔辑录的《穆斯奈德圣训集》等。以上圣训集均被各派奉为仅次于《古兰经》的基本经典，其中所记述的先知的言行被认为是各派穆斯林必须遵守和效法的行为准则和生活楷模。因此，凡在教义、教法、思想学说等领域引述的圣训，均被看作是不容怀疑的“经典证据”。与此同时，也出现了一批圣训学专著，其中以哈基姆·内沙布里(933～1014)的《圣训学》最为有名。

圣训由传述世系(Sanad)和正文(Matn)两部分组成，其内容和所论述的问题十分广泛，既包括有关伊斯兰教的信仰、教律教规、宗教功修(含程序和要领)、道德修养与处世做人、求知、生活规范，也包括穆罕默德处理、协调伊斯兰教和穆斯林社会所面临的诸如政治、经济、军事、外交以及刑事、民事、文化教育等一系列重大问题。穆斯林学者把圣训分为4大类：(1)论述宗教义务和功课的称为“伊巴达特”(‘Ibādāt)。(2)论述社会义务和人与人之间关系的称为“穆阿麦拉特”(Mu‘āmalāt)。(3)论述伦理道德的称为“艾赫拉格”(Akhlāq)。(4)论述求知与文化教育的称为“尔林”与“麦尔里法”(‘Ilm，Ma‘rifah)。而在运用圣训处理和解决各种问题时又呈现以下几种情况：(1)在法学上，有的教法学家把圣训作为创制教法律例的依据和第二法源，依据其精神并运用“公议”、“类比”等原则立法、制法，持这种主张的人称为法学上的“意见派”。(2)有的圣训学家把圣训按其内容予以分类，并将圣训明文直接制成律例条规和道德范例，作为行教、区分善恶和执法断案的准则，持这种主张的人被称为“圣训派”。(3)用圣训和传述材料通注《古兰经》，使经、训相辅相成，以体现“以经诠经”的权威性，《泰伯里古兰经注》是这类注释的典范。(4)用圣训和传述材料编写早期的教史、征战史和圣传，即用当事人的亲口言谈来记述当时历史事件的性质和过程，伊本·伊斯哈格(？～768)的《先知传》是这方面的代表作。

圣训有长有短，有的洋洋千言，号召人们信主顺圣，历述教义教规，纵谈往昔民族和历史事件；有的寥寥数语，言简意赅，采取寓言、格言、预言、预许和比喻等形式，讲述伊斯兰教的伦理思想与道德修养；有的具有强烈针对性，用以折服敌手；有的词锋犀利，意在痛斥“异端邪说”，指陈时弊。圣训在实际应用上，又依其可靠程度分为真实的、良好的和弱而无力的3类，进而又以其传述人的多寡分为众传的、著名的和单传的3级。

圣训和圣训学是伊斯兰教经学的重要组成部分，历来受到教界和学界的重视。中国伊斯兰教学者也十分重视圣训的翻译、研究与介绍，同时在各地清真寺经堂教育中作为基本教材讲授。明末清初的学者刘智等，在他们论述伊斯兰教的著作中引用翻译了不少圣训。现代学者用汉语翻译出版的圣训集有：庞士谦教授的《脑威四十段圣谕》、马宏毅教授的《布哈里圣训实录精华》、陈克礼的《圣训经》、宝文安和买买提·塞莱合译的《圣训真宝》等，丰富了中国伊斯兰教学术文化研究的内容。（马忠杰）

《圣训辨异》(al-Istibṣār)　见四大圣训经。

圣训传述世系　见伊斯纳德。

圣训教律(Fiqh al-Sunnah)　伊斯兰教法主要渊源之一。亦称“圣训律例”。西方称“圣训立法”。同《古兰经》教律、公议、类比并称为教法的四大渊源。产生于早期哈里发国家社会立法的需要。632年先知穆罕默德逝世后，安拉启示中断，随着阿拉伯帝国的兴起和发展，社会关系和民事纠纷日趋复杂，出现了一些前所未有的新情况、新问题，已在《古兰经》中找不到具体答案。于是教法学家为适应现实的立法需要，便将口头相传的穆罕默德生前的言行先后搜集整理成逊尼派及其他派别的圣训集，从而确立了圣训教律的地位。将圣训中有关法律规范的“律例”，用以扩展、增补《古兰经》律例，作为行教、立法的依据。早在7世纪末，哈瓦利吉派首领伊本·伊巴德即提出“先知的逊奈”(即圣行)的概念，后为教义学家哈桑·巴士里所沿用，但他们都未予界定，而仅仅作为判定是非曲直的重要依据。8～9世纪，随着伊斯兰教法理论的形成和发展，各教法学派内部的“圣训派”针对当时日渐流行的“意见律例”，提出法自“圣行”而出的主张，强调以“先知的逊奈”为立法、释法的最高依据，遭到以“意见派”为首的许多教法学家的反对。后来沙斐仪将“意见派”与“圣训派”之间的不同观点加以调和折中，在其名著《法源论纲》中系统地阐述了包括圣训立法在内的四大法源理论，从而在理论上确立了以圣训立法的地位。沙斐仪宣称，对安拉的启示可取不同的形式，有以文字写成的《古兰经》，有以口头传述的典范行为昭示的“圣言”、“圣行”，但不论取何种形式，均为安拉之戒命，穆斯林皆应遵行而不得以任何借口违背。针对早期的教法学家们普遍重视古传统习惯(即逊奈)的立法倾向，沙斐仪还指出，传统习惯的源头即“先知的逊奈”，首先需要服从的不是圣门弟子等“主事人”的判决，而是“先知的判决”。沙斐仪还对圣训教律同《古兰经》律例的关系作了系统的论述，认为二者的基本精神是一致的，圣训的功能是解释、规范和补充《古兰经》，凡经中泛指或笼统的节文，圣训律例则予以分析或界定；此外还增补了《古兰经》中未涉及的许多具体律例内容。9世纪后，随着逊尼派和其他派各种“圣训集”的编订、问世，教法实践有了明文依据，圣训立法的地位更加巩固，成为仅次于《古兰经》的第二法源。圣训教律有时甚至可以代替《古兰经》律例，例如圣训派教法学家认为，《古兰经》要按照圣训的观点加以解释，而用圣训增补的律例，亦含有废止旧律的意义。随着圣训教律的兴起，早期各教法学派大多根据新的立法内容和形式的需要，对本派业已形成的法律实体作了修订，但仍保留了各自的特色。圣训教律使逻辑推理在立法、释法中的地位和功能受到限制，但实体法的扩充适应了高度发达的阿拔斯王朝时代的需要。自近代以来，对圣训教律的地位有两种观点：现代派认为，圣训中有不少假托、伪造的成分，故对圣训教律要取审慎态度；而正统派（即原教旨主义派）则重视圣训立法，但亦主张按照当代变化了的条件予以新的解释。（吴云贵）

圣训两真本（al-Ṣaḥiḥān） 9世纪伊斯兰教逊尼派圣训学家辑录汇编的两部权威性圣训经典。指中亚布哈拉圣训学泰斗布哈里（810～870）汇编的《布哈里圣训实录》（Ṣaḥiḥ al-Bukhāri）和著名圣训学家穆斯林·本·哈贾吉（821～874）汇编的《穆斯林圣训实录》（Ṣaḥiḥ Muslim）。该两部经典以所收圣训最为真实可靠而著称于世，并被作为范本排名在逊尼派著名的"六大圣训集"之第一、第二位。（杨宗山）

圣训律例 见圣训教律。

圣训派（Ahl al-Ḥadith） 伊斯兰教逊尼派法学流派之一。阿拉伯语意译，与"意见派"相对。约产生于8世纪下半叶，原为以地域为中心的早期诸教法学派中的一个流派，并未形成组织。早期的教法学家们在创制律例过程中普遍重视古代传统习惯（即逊奈），并以其作为既定法律学说的依据。而圣训派则在此基础上提出以"先知的逊奈"为立法、行教的最重要的依据。他们在强调遵循《古兰经》律例的同时，尤为重视各地穆斯林社团的民俗习尚，认为这些传统习惯是得到先知穆罕默德及其弟子们默认的"圣训"、"圣行"在当时的继续和体现。为论证其学说的历史连续性，该派经常援引圣训传说，为最早将圣训应用于立法的派别。其圣训立法思想曾遭到"意见派"的反对，导致法源理论之争。后来著名法学家沙斐仪以折中的观点，较系统地论述了包括圣训立法在内的4个法源理论，缓解了派别之争，从此确立了圣训立法仅次于《古兰经》立法的地位。随着圣训派的崛起，社会上流传着大量的伪圣训，后来兴起的圣训学曾试图去伪存真，并把源自"先知的逊奈"同源自圣门弟子的逊奈加以区别，但仍真伪难辨。历史上马立克教法学派因产生于圣城麦地那，尤为重视当地的民俗习惯（逊奈），常被称为"圣训派"，实际上早期诸教法学派中皆有圣训派的足迹。而更为强调圣训立法传统的当推稍晚兴起的罕百里法学派。（吴云贵）

圣训学（'Ilm al-Ḥadith） 伊斯兰教的基本学科之一。它是研究穆罕默德在23年的传教过程中，在理论和实践方面对《古兰经》的律例，经文降示的背景及含义、基本教义、教法、伦理道德，以及他针对当时的各种社会、政治、经济、司法、诉讼、商事、农耕和其他重大事件所发表的言论及其实践活动为研究对象的学科。

该学科产生的时代背景，是由于第四任哈里发阿里（600～661）与叙利亚总督穆阿维叶（600～680）之间因第三任哈里发奥斯曼（577～656）的被杀而产生的矛盾和斗争爆发以后，阿拉伯各政治集团、氏族集团、教派集团，在激烈的政治、思想斗争中，为支持各自的理论、主张而伪造圣训的现象相当普遍，造成穆斯林内部的混乱。于是，早期的许多穆斯林学者面对这一情况，为了辨别圣训真伪，维护圣训的经典地位，使伊斯兰社会能够按照穆罕默德的遗训和实践原貌奉行伊斯兰教，遂进行了大量艰苦的工作和游学考察活动。经过长期的认真研究，他们制定出各自大体相同的规范的学科概念和理论方法，对各地流传和个人收藏的圣训和传述世系进行全面搜集和精心整理，并在此基础上加以综合分析，系统研究。然后再经过比较与评论予以筛选、扬弃，区分真伪，分别予以辑录、定本，以警世人，杜绝伪造圣训行为的发生。圣训学在其发展过程中还出现了各种流派，有古典圣训学和后期圣训学之分。尽管在具体规则和运用方法上有所不同，但总的目的和原则仍然相同。该学科，到后来以布哈里（810～870）和穆斯林·本·哈贾吉（821～874）二人的理论为集大成。此外，还有达尔库图尼（al-Dārquṭni，919～995），以及较晚的脑威（al-Nawawi，1233～1277）、伊本·哈杰尔·阿斯格拉尼（ibn Ḥajar al-'Asqalāni，1372～1449）、艾尼（al-'Ayni，1361～1451）和盖斯塔拉尼（al-Qasṭallāni，？～1517）等圣训学家也都作出了很大成就。什叶派又有与逊尼派不同的圣训学体系，其原则是，必须以历代伊玛目传述的圣训为教义、教法的主要源泉和依归。按照这一原则，他们辑录有自己的圣训经籍。艾巴德派也辑录有自己的圣训经籍。

圣训学研究的主要有内容有以下几个方面：(1)关于圣训在教法领域的地位。该学科把圣训列为除《古兰经》外的教法第二源泉，是对《古兰经》明文规定的权威性阐释、补充和强调；是立法时仅次于《古兰经》的经典性理论根据；是创制教法律例时的典范；是确定伦理思想与道德修养及立论立说时的重要依归；是排难解纷、进行判决时的有力佐证；是穆斯林效法的行为准则。(2)关于辨别圣训真伪的原则和方法。该学科规定，每段圣训是否真实可靠，首先就要核查每段圣训的传述世系是否真实可靠，即每个传述世系是否完整无缺，其中的传述人物是否公正诚实。为此，古典圣训学家拟定了这样一条公式：传述世系中各传述人必须依次相连接而无遗漏现象；传述世系从尾至首必须追溯到一位著名的圣门弟子，所有传述人都必须为人诚实可靠，传述谨严、精确。此外，还包括传述人如何由他人听传圣训和向他人口传圣训，以及哪种人传述的圣训可以接受，哪种人传述的圣训不可以接受，甚至传述人的政治背景和历史状况如何，都必须考查清楚。后期的圣训学家，除坚持古典圣训学家的标准外，又增补了新的标准，即：还要考查圣训是否符合《古兰经》的精神和穆罕默德的品格，是否符合理性原则；已定本的圣训集是否为原稿，有无篡改。(3)关于圣训的分类。从圣训的传述世系来看，有两种分类法：第一种是按单一的传述世系进行分类，通过这一线索传下来的圣训按其可靠性依次分为真实的圣训，良好的圣训和弱而无力的圣训。圣训学规定，真实的圣训前边必须带有传述确切、公正的传述人与传述确切、公正的受传人依次连接而无中断现象的传述世系，这一传述世系必须由尾至首一直追溯到穆罕默德本人，其中无任何意外情况和其他缺陷；传述人和受传人都必须信仰虔诚、公正廉洁、作风正派，听传、背记和口传都必须准确无误。符合这些原则的圣训，在教法上居于被采纳的地位。良好的圣训也具备真实可靠等条件，只是部分传述人达不到真实的圣训传述人在准确无误方面所达到的等级。弱而无力的圣训，既不具备可采纳性，也不具备前两类圣训所必具的真实可靠等条件。其弱点是传述世系本身不相连接，不是中间漏人，就是开头漏人；传述世系和圣训正文中常有混乱现象或含有影响其可靠性的某种缺陷和意外情况。第二种是按多个传述世系进行分类，通过多个传述世系传下来的圣训，其可靠性要大大超过从单一传述世系传下来的圣训。这类圣训分为众传的圣训，著名的圣训和单传的圣训。众传的圣训较之单传的圣训更为可靠有力，故能使人获得确切的知识；著名的圣训因未达到众传的圣训等级而居于众传与单传二者之间的中间等级；单传的圣训是一个或两人传述的圣训，这种圣训因有讹传和错误之可能，故不能使人获得确切的知识。(4)关于各种专用术语的确定。如传述世系由尾至首追溯到一位著名圣门弟子的圣训，被称为"麦尔夫尔"(Marfū‘)的圣训；传述世系中遗漏第一代传述人的圣训，被称为"穆尔赛勒"(Mursal)的圣训；传述世系中遗漏其他传述人的圣训，被称为"蒙盖推尔"(Munqaṭi‘)的圣训。这种术语有100多个，另外，各家还有一些独特的术语。(5)关于传述人的民族、出生地、生卒年月及其别名、诨名、诨号，性格、品格、操守、历史等情况的核查、考证方法。(6)关于圣训的辑录方法。辑录方法有5种：第一种是把圣训按所涉及的问题分门别类予以辑录；第二种是把圣训按第一代传述人的名字分别辑录；第三种是把圣训按第一代传述人的民族排列次序分别辑录；第四种是把圣训按第一代传述人信教先后的次序排列分别辑录；第五种是把圣训按正文第一个词的词头字母排列顺序分别辑录。(7)关于圣训的分级。圣训学把真实可靠的圣训分为7级：第一级是布哈里和穆斯林·本·哈贾吉两家所辑录的圣训，又称"会同"的圣训；第二级是布哈里独家辑录的圣训；第三级是穆斯林·本·哈贾吉独家辑录的圣训；第四级是他人按布哈里和穆斯林·本·哈贾吉两家的原则辑录的圣训；第五级是他人按布哈里独家的原则辑录的圣训；第六级是他人按穆斯林·本·哈贾吉独家的原则辑录的圣训；第七级是权威的圣训学家公认的圣训。

圣训学还规定，任何人对圣训的研究，都必须遵守以下原则：第一，要坚持公正的判断态度。即要求对传述人必须持客观态度，对他们进行判断时决不允许掺杂个人恩怨。第二，要坚持准确的研究方法。即断定某一传述人所传圣训是否真实，要有充足的证据证明自己判断诚恳、看法准确，而不随意下结论。第三，要坚持严肃的学风。即研究传述人的生平和作风时，必须从维护圣训的目的出发，坚持原则，正确提出自己对传述人的看法和意见，而不必涉及有损于他们人格的方面，或者对他们进行人身攻击。　（马忠杰）

圣训一致说　伊斯兰教法理论学说之一。指圣训内容之间没有矛盾，其基本精神是一致的。由9世纪著名教法学家沙斐仪(767～820)在其名著《法源论纲》里所提出。系在"经训不悖说"基础上阐发的关于考订圣训真伪的一种理论原则。8世纪末9世纪初，因政治斗争或社会立法的需要，社会上流传着大量的、来自各种不同传述系统的圣训传说，以致真伪难辨，而随着圣训立法的兴起，考订圣训传说的真伪已成为当务之急，沙斐仪的理论原则正是为了解除人们对圣训立法的疑虑而提出来的。他把圣训传说归纳为3类：(1)重申经典训谕的圣训。(2)解释经义的圣训。(3)补充经典的圣训。认为最后一类圣传因经典里无据可循，经常引起怀疑。他还把有争议的圣训区分为3类：(1)有些是一致的，有些内容上略有出入。(2)有些指明了何者废止另者，有些未指明废止关系。(3)有些训令或禁令是不言自明的，有些是可选择的。为统一认识，沙斐仪提出了一种"圣训废止说"(Naskh，纳斯赫)，认为如一则圣训为另一则圣训所代替，必有一则圣训会予以指明，故凡已指明"废止"关系的圣训，则应据此决定取舍。至于未指明废止关系而又略有出入的圣训，实际上只是个如何理解的问题。例如，一个是一般原则，一个是特殊的例外；一个是简明概括，一个是详尽论述；一个是针对这种场合而发，一个是针对另一情况而言等等。圣训一致说加强了圣训立法的地位，明确了圣训立法的意义，促进了教法学的发展，曾得到圣训派的支持，而注重理智的意见派则对此说持保留态度。后来兴起的圣训考证学提出了更严谨的考证标准，实际上亦含有对此说的修正和补充。　（吴云贵）

《圣训易读》　见《穆宛塔圣训集》。

圣裔(Abnā’al-Nabiy)　穆斯林对先知穆罕默德的儿女及其后代的统称。阿拉伯语"艾布纳·奈比"的意译，亦称"先知的后代"、"圣门后裔"。史载穆罕默德有4男4女。4男是(1)嘎西姆(Gāsim),别号塔希尔(Ṭāhir)。(2)阿卜杜拉('Abdullāh),别号泰伊卜(al-Ṭayyib)。以上二子为赫蒂彻所生,均在1~2岁时早逝。(3)易卜拉欣(Ibrāhim),为玛丽娅(Māriyyah)在穆罕默德60岁后所生,最受钟爱,也于632年1月2岁时夭亡。(4)继子哈莱(Hālah),为赫蒂彻与其前夫所生,穆罕默德视如亲生子。穆罕默德的4个女儿均为赫蒂彻所生:(1)长女栽娜卜(Zainab,?~630),穆罕默德创传伊斯兰教之前将其许配给其姨表兄艾布·阿斯(Abu al-'Āṣ),夫妇关系和睦。艾布·阿斯信基督教,后因与栽娜卜信仰分歧,曾一度离婚,归信伊斯兰教后二人遂复婚,但未几栽娜卜因流产重病亡故。生有1子名阿里早亡,1女名乌玛迈(Umāmah),后为圣婿阿里娶为继室。(2)次女鲁卡娅(Ruqayyah,?~624),先嫁给穆罕默德叔父艾布·莱海卜(Abu Lahab,?~624)之子乌特拜('Utbah),后由于艾布·莱海卜反对伊斯兰教,逼迫儿子离婚,遂再嫁奥斯曼,并一同奉先知命第一批迁往阿比西尼亚(今埃塞俄比亚)。(3)三女乌姆·库勒苏姆(Umm Kulthūm,?~630),先嫁艾布·莱海卜之子乌泰伊卜('Utayb),被迫离婚并在其姊鲁卡娅亡故后,由先知又将她继配给奥斯曼。生有1子,名艾布·泰勒哈(Abu Ṭalḥah)。(4)幼女法蒂玛,同阿里结婚后生哈桑和侯赛因,另有1女名栽娜卜。凡属穆罕默德上述两外孙的直系后代,均被视为同先知有着血缘宗谱关系的圣门之后,统称"圣裔"。 (冯增烈)

圣友寺 见泉州艾苏哈卜寺。

圣战 见吉哈德。

圣战者运动(The Mujahidin Movement)

近代印度伊斯兰教复兴运动之一。因其受到18世纪阿拉伯半岛瓦哈比教派思想影响而被西方学者称之为"印度的瓦哈比运动"。它是19世纪初印度著名伊斯兰学者瓦利·阿拉学派的学者所发起的旨在复兴伊斯兰教正统信仰、反对异端邪说的宗教运动。领导者是塞义德·艾哈迈德(Sayyid Aḥmad Barelvi,?~1831),为瓦利·阿拉之子阿卜杜勒·阿齐兹('Abdul A'ziz)的学生。1822年,赛义德·艾哈迈德依据《古兰经》精神撰写了《正道》(Sirat-i Mustaqim)一书,为"圣战者运动"奠定了思想基础。后瓦利·阿拉的孙子沙·伊斯玛仪(Shah Isma'il)又以其祖父的《一神论者之瑰定》(Tuhfat al-Muwahidin)为蓝本,撰写了《加强信仰》(Taqwiyat al-Iman)一书,成为运动的又一指导之作。这两部著作是继瓦利·阿拉之后,继续宣扬正统信仰,主张以圣训和"先知之道"来融化苏菲神秘主义,排除其非伊斯兰教的礼俗,将印度的三大苏菲教团合为一体,呼吁在共同恪守教法的基础上求同存异,共同反对异教思想和礼俗对伊斯兰教的渗入。在此思想指导下,"圣战者运动"深入印度北部城乡,向当地的穆斯林传教,吸引了大批追随者。传教者反复宣讲认主独一,号召以经、训为依据,消除崇拜圣徒、圣墓、忽视礼拜等行为,杜绝朝拜印度教神祇、圣地,呼喊印度教口号等混杂信仰现象。"圣战者运动"还在非穆斯林聚居区,以村庄为基地,遍设圣战者组织,建立基层政权。后来他们选定印度西北边境锡克教徒聚居区为"圣战"的对象,企图在附近帕坦族人的支援下,以武力复兴伊斯兰教。1830年,"圣战者运动"宣布对锡克教徒举行"圣战",一度攻占白沙瓦,并建立了一个政教合一的地方政权。后在锡克教徒的反击下,节节败退。1831年,"圣战者运动"兵败于巴拉科特(Balakot),赛义德·艾哈迈德阵亡,运动宣告结束。 (吴云贵)

十八段 中国穆斯林对《古兰经》中选出的一些章节、段落的统称。多指家喻户晓、通常诵读的若干短章。亦为"十八个苏赖"。"苏赖"是阿拉伯语Surah的音译,即"章"。还有人泛指在我国流行的古兰经选本《亥听真经》,但在这选本中却不止18章,实际包括19个短章、两个较长的章和3个长章中的若干节,共涉及24个章。"十八段"这个数一般指的是:第1章《开端》、第2章《黄牛》中的1~5节(此章共计286节)、第93章《上午》、第94章《开拓》、第97章《高贵》、第99章《地震》、第102章《竞赛富庶》、第103章《时光》、第105章《象》、第106章《古来氏》、第107章《什物》、第108章《多福》、第109章《不信道的人们》、第110章《援助》、第111章《火焰》、第112章《忠诚》、第113章《曙光》和第114章《世人》。实际包括17个短章和1个长章中的前5节。其中所选一、二章,原载《古兰经》卷首,第93章以后各章,载第30卷中。我国穆斯林在各种集会场所举行十八段诵经仪式时,其程序为:首先诵读第1章,后按次序诵读所选的第93章至114章,其中第112章一般都反复重诵3遍,其余各章只诵读1遍。然后,又再诵第1章1遍,最后以第2章的前5节结束,再捧手接"都阿"(祈求词)。有些地区,在举行更短的诵读仪式时,略去18段中的第93、94、97、99、102、103这6章,实际诵读"十二段",其顺序以及重读第112章3遍,均与诵读"十八段"情况相同。无论是诵读"十八段",还是"十二段",习惯上多半是集体轮流诵读,每人读一段(章),如参与诵读者人数远远超过每人轮读一段的范围,为促使参与者人人有经文可诵,则反复诵读第112章,而不受3遍的限制。这种集体轮流依次诵经的仪式,穆斯林们称之为"圆经"。它普遍适用于庆祝特定节日和追念亡人的场所。但在习惯上,如果轮流通读全部《古兰经选本》(亥听真经),尽管包括20多章(包括长章节选段落),也广义地泛称为"念十八段"。这种诵读方式和仪程,在中国由来已久。《选本》也有数百年的历史。正式刊刻、流传极广的选本,有清同治十三(1874)汉南马晋锡印本,清光绪二十五(1899)云南棋阳马联元刻本,及同年刊行的镇江西

大寺藏版版本。（林　松）

十八个苏赖　见十八段。

十大撒哈拜(al-Ṣaḥābah al-'Asharah)　伊斯兰教先知穆罕默德以天园相许诺的10位圣门弟子的统称。亦作“十大苏哈白”(al-Ṣuḥbah al-'Asharah)。阿拉伯语“撒哈拜”(Ṣaḥābah)和“苏哈白”(Ṣuḥbah)均系“撒希卜”(Ṣāḥib)的复数词,前者更为常用,意为“伙伴们”、“众追随者”。凡曾亲身接受过穆罕默德教诲的穆斯林,均称“撒哈拜”,即圣门弟子。其中随同穆罕默德传播伊斯兰教并参与重大决策的研讨和制定的领导核心成员,则被穆斯林誉为“大撒哈拜”(Kibār al-Ṣaḥābah),即圣门大弟子。艾布·伯克尔、欧麦尔、奥斯曼和阿里4位哈里发,即享有“四大撒哈拜”的美称。“十大撒哈拜”除含以上4人外,其余6人是:艾布·欧拜岱、赛尔德·本·艾比·瓦嘎斯、祖拜尔、泰勒哈、阿卜杜·拉赫曼·本·奥夫和塞伊德(Sa'id,600～671)。以上10人均因对伊斯兰教事业的无限忠诚而先后受到先知穆罕默德的表彰,被誉为“天园有位者”(al-Mubashsharūn bi al-Jannah,直译为“被报以天园喜讯的人”),意即他们死后必因信仰坚定、善功累累而进入天园。这10人共同的突出表现是:(1)在艰难的条件下坚定不移地支持穆罕默德创传伊斯兰教。10人中有9人均系610年穆罕默德在麦加开始秘密传教时的最先信教者,其中不乏同多神教家庭勇敢斗争乃至决裂的事例,表现了坚贞不屈的精神,深为穆罕默德所赞扬,博得了“民族忠良”、“得力门生”等美誉。奥斯曼、泰勒哈和阿卜杜·拉赫曼等人则在经济上给予穆罕默德传教事业以巨大支持。欧麦尔系古莱什贵族中一位举足轻重的人物,其信教虽晚于其他9位撒哈拜,但因此举正值古莱什贵族加剧对穆斯林乃至穆罕默德本人的迫害,伊斯兰教面临危难之时,故在古莱什人中引起很大震动,对扭转当时的局面则起了关键性作用。他本人亦因此而博得穆罕默德的信任和器重。(2)在辅佐穆罕默德创建和发展穆斯林公社的过程中发挥了骨干作用。10人中有8人均系穆斯林公社的领导核心成员,参加过有关宗教、政治和军事方面的重大决策,在伊斯兰教早期的政权建设中做出过贡献。阿里和塞伊德虽非领导集团成员,但在各次战役中均冲锋陷阵,屡建战功。(3)不畏艰险,在不同场合奋力保卫先知穆罕默德。艾布·伯克尔系穆罕默德生死与共的亲密挚友,622年亲自陪同、护卫他从麦加迁徙至麦地那。在625年吴侯德战役中,许多人曾舍生忘死地保护穆罕默德,赛尔德因此而被誉为“雄狮”,泰勒哈则身负重伤。十大撒哈拜因辅佐先知穆罕默德传教有功,受到了广大穆斯林的尊敬。他们中曾有9人先后被提名为哈里发候选人。10世纪伊斯兰教劝世箴言名著《呼图白集》“附加讲话”中专为他们祈祷祝福的一段赞词,至今为世界各国穆斯林所传诵。（杨宗山）

十二伊玛目麻札　中国新疆地区以伊斯兰教什叶派第4～12代伊玛目之名建造的9座陵墓的通称。分布在新疆维吾尔自治区的和田市和于田、洛浦、墨玉、民丰等县。始建年代均不可考。全都位于戈壁荒漠。建筑十分简陋,或只有一座土坟,四周建土围墙;或在土坟上加盖简易土木结构之平顶房。但都有清真寺或罕尼卡(即道堂)等附属建筑,少则1座,多则3座。这些伊玛目都是阿拉伯人,无一人到过和田,故麻札均系伪托其名建造的纪念冢。但民间传说和各麻札所保存的传记中,都有关于该麻札的主人曾来新疆传教及殉教经过的记述。加之几百年来和卓、依禅、谢赫及地方封建主的鼓吹宣传,这些麻札在新疆穆斯林中享有很高的声望,朝拜者终年络绎不绝。特别是民丰县的贾法尔·萨迪格麻札,更受到人们的虔诚敬仰和朝拜。十二伊玛目麻札对研究什叶派在新疆地区的影响以及麻札朝拜等,都有重要价值。（马品彦）

十二伊玛目派(al-Ithnā'Ashariyyah)　伊斯兰教什叶派的主要支派之一。自称伊玛目派或正统什叶派。尊奉阿里及其直系后裔中的12人为穆斯林的伊玛目,故名。该派是什叶派中人数最多、分布较广的主流派。因其在政治上和教义上既不同于栽德派较接近逊尼派,又有别于伊斯玛仪派的极端主义倾向,故又称温和派或中间派。什叶派形成后,因受到伍麦叶王朝和阿拔斯王朝哈里发的镇压和迫害,长期分散在各地,处于秘密活动状态,各自独立发展。后因内部在政治主张、教义和伊玛目传系等问题上的意见分歧,又相继分化出凯桑尼派、栽德派、伊斯玛仪派等,形成各自不同的教义学说。这些支派分离后,什叶派绝大多数信徒逐渐形成十二伊玛目派,成为什叶派的主体,其早期的活动中心主要在波斯和伊拉克。一般所称的什叶派主要指十二伊玛目派。

十二伊玛目派伊玛目世系的确立和教义学说体系的形成于10世纪。该派的伊玛目传系在早期并未确定,是由后来该派学者上溯而成的。该派所信奉的自阿里始至第十二位伊玛目大多死于非命。878年,第十二伊玛目穆罕默德·马赫迪在萨马拉清真寺山洞神秘的失踪,因年幼未有子嗣,伊玛目传系中断,该派尊其为“隐遁伊玛目”、“马赫迪”,随后该派学者遂正式确立了十二伊玛目世系。9世纪中叶,阿拔斯王朝哈里发穆泰瓦基勒执政后,采取种种措施反对什叶派,迫使什叶派内部持温和主张的学者研究教义学说,申明本派的观点。约900年,伊玛目派的名称开始出现。10世纪,伊玛目派的学者对什叶派早期各派的不同教义主张进行了审核,排除了一些离开经、训的极端主张,提出了该派系统的教义学说。伊本·穆萨·诺伯赫特(?～922)所著《什叶派诸宗派之书》提出了伊玛目教义纲领性主张,奠定了该派政治和教义学说的理论基础。穆罕默德·库莱尼(?～940)编有《宗教学大全》,

收有16000多段圣训及注释，为该派提供了教法学的经典依据。

945年，信奉什叶派教义的波斯布韦希人首领艾哈迈德·穆仪兹·道莱率兵入主巴格达后，建布韦希王朝，控制了阿拔斯王朝哈里发，使什叶派得到保护，获得了发展的良好时机。巴格达成为该派的学术中心。962年，穆仪兹·道莱下令在国内确定阿舒拉日（侯赛因殉难日，教历1月10日）和盖迪尔·胡木（阿里纪念日，教历12月18日）为正式节日。阿杜德·道莱下令修建了纳贾夫阿里的陵墓和卡兹米耶第七和第九代伊玛目的陵墓，还规定朝觐卡尔巴拉、纳贾夫、卡兹米耶、马什哈德、库姆等地伊玛目的陵墓为定制。王朝还准许什叶派的宣教师在主要城市的清真寺讲演宣教等，使得十二伊玛目派在伊拉克南部和波斯一些地区得到了进一步传播和发展。该派还搜集辑录了有关什叶派的圣训典籍"四大圣训经"，其基本内容与逊尼派的"六大圣训集"没有多大区别，仅传述世系不同，以阿里及其后裔的传述为据。在其圣训集中除辑录先知的言行外，还辑录了阿里及其他伊玛目的言行。四大圣训经的成书，为该派的教义和教法学确立了统一的经典依据。11世纪，该派的学者在肯定前期伊玛目教义的前提下，摒弃了以前的将真主拟人化及灵魂转世说等极端思想，确立了以穆尔太齐赖派理性主义为教义的基础。该派的教义学家穆菲德（？～1022）、谢里夫·穆尔塔达（？～1044）、伊本·阿里·图西（？～1067）等，强调应以理性和"启示"为教义及教法的共同基础。在塞尔柱王朝统治时，大力迫害什叶派，该派的学者分散在纳贾夫、希拉、阿勒颇、伊斯法罕和库姆等地，研究教义、教法和经注，著书立说，使什叶派的学术得以延续。在蒙古伊儿汗国时期，因汗国统治者信奉什叶派教义，什叶派欧莱玛的地位提高，他们将什叶派教义与苏菲派的神秘主义结合，促进了十二伊玛目派宗教学说的发展，出现了不少宗教学者。该派的教义学家、天文学家纳绥尔丁·图西（？～1274）在汗国任要职，著有《信仰分析》等著作；著名法学家奈季姆丁·贾法尔·本·叶海亚（？～1325）著有《伊斯兰教法》；学者阿拉玛·希里（？～1325）写有大量教义、教法著作。

1502年，波斯萨法维王朝建立，十二伊玛目派被正式奉为国教。王朝以行政手段推行该派的教义、教法和政治主张，压制和迫害逊尼派，遂使波斯大多数穆斯林改宗十二伊玛目派。该派的欧莱玛阶层地位大为提高，不仅担任各地主要清真寺的教长和教法官，而且参与国事，成为历代国王（即沙赫）的宗教助理，被授予"伊斯兰长老"的称号。这一时期是十二伊玛目派大发展的阶段，其宗教和哲学思想十分活跃，出现了伊斯法罕学派（亦称"照明学派"），其代表毛拉·萨德拉（？～1640），将什叶派的伊玛目教义同苏菲派的"完人"理论及精神修炼思想相调和。伊斯法罕的伊斯兰长老麦吉利西（？～1699）所著《光的海洋》、《心的生活》、反对苏菲主义思想，最终完成了该派的教义学说体系，影响深远。该派的思想影响扩及印度穆斯林，甚至播及某些印度教徒。19世纪以后，十二伊玛目派内部分化出谢赫学派及其分支巴布教派，后又出现白哈派。现十二伊玛目派仍为伊朗的国教。

十二伊玛目派在尊奉《古兰经》及"四大圣训经"、承认安拉独一、履行教法规定的宗教功课的前提下，确立了教义学说。关于伊玛目的学说是该派教义的核心。认为伊玛目的地位和权力由安拉指定，它的传承世系也由安拉确定；伊玛目是全体穆斯林的精神领袖和导师，不同凡人而是超人，具有安拉赋予的灵知和真光；他们一贯正确，永不会犯错误，继承了先知穆罕默德的一切美德和学问；伊玛目作为安拉与穆斯林之间的"中介"，必须通过他们的引领才能认识安拉的真理，而最后进入天园，也只有伊玛目才能明晓和解释《古兰经》的隐义和创制教法的权利。阿里是先知穆罕默德的合法继承人，是第一代伊玛目，他和法蒂玛的直系后裔才有资格为伊玛目。该派还认为，第十二代伊玛目穆罕默德·蒙泰扎尔就是马赫迪，他没有死而是隐遁，将来会以马赫迪复临人间，铲除暴虐，带来光明正义。在教法上，以《古兰经》和"四大圣训经"作为立法的依据。在伊玛目隐遁期间，由纳吉布（或穆智台希丁）作为伊玛目的代理人行使伊玛目部分权力，解释教法，运用推理和判断创制律例，领导宗教活动。该派重视教法权威的个人意见，而不承认公议。教法上分为乌苏勒派和阿赫巴尔派，前者占主导地位。该派穆斯林除缴纳"天课"外，对农产品还缴纳"五一税"。准许实行临时婚姻制，并准许信徒在受迫害时，实行"塔基亚"原则，隐瞒自己的信仰。现该派的穆斯林主要分布在伊朗、伊拉克，在巴基斯坦、阿富汗、印度、中亚等地也有少量信徒。（杨克礼）

十三本经 见中国伊斯兰教经堂教育。

十叶派 见什叶派。

十字军东侵（Crusades expeditions） 11～13世纪末西欧基督教皇煽动、组织世俗封建主对地中海东岸伊斯兰国家及拜占庭属地发动的侵略战争。侵略军身缀"十"字标记，故名。其历史背景是：(1)罗马教皇为加强其超国家的政治权力和地位，将收复圣地耶路撒冷并和异教徒作斗争，作为煽动西欧信徒宗教狂热、提高教会威信的主要手段，以"圣战"为旗号，发动十字军东侵，可使基督教会势力扩张到东方伊斯兰国家和东正教的拜占庭帝国。(2)11世纪西欧城市兴起，贸易发达，大量东方贵重商品输入市场，西欧分割了的封建领地收入已不能满足封建主日益增长的需求和享受欲望，故将富庶的东方作为掠夺土地和财富的对象。封建主为缓和与农奴的阶级矛盾，转移其斗争视线，诱迫他们参加十字军向东方寻求出路。(3)意大利大商人企图排挤贸易上的劲敌阿拉伯和拜占庭商人，通过十字军东侵在地中海东部建立商业据点，进而攫取商业控制权。(4)西亚和拜占庭的局势使十字军东侵有机可乘。11世纪阿拉伯帝国衰落，西亚分裂为几个割据性的穆斯林王朝。1055年崛起于中亚的塞尔柱突厥人入主巴格达，1071年夺取了拜占庭小亚细亚的大部分领土，后又占领叙利亚和巴勒斯坦。11世纪末塞尔柱帝国分崩离析，军事贵族拥兵自立。在频繁的战争中，西亚的基督教会和修道院颇多破坏。因此，夺取圣地成为十字军东侵的主要借口。

1095年11月教皇乌尔班二世在法国南部的克勒芒城发表演说，鼓吹去东方将有大量战利品可得；凡参加者可延期偿还债务，农奴可获得人身自由，死后可升入天堂。用"上帝愿望"的胜利，煽动宗教狂热为东侵的动力。从1096～1291年近200年的时间里，十字军先后发动8次东侵，所到地区包括小亚细亚、叙利亚、巴勒斯坦、埃及、塞浦路斯及东欧的拜占庭帝国的部分地区，主要是西亚。8次东侵是：第一次十字军东侵(1096～1099)，从小亚入侵，占领地中海东部长达1200公里狭长地带，1099年7月十字军占领耶路撒冷，建立耶路撒冷王国、安条克公国、埃德萨伯国、的黎波里伯国等十字军封建国家。第二次东侵(1147～1149)，由法、德组成联军，在大马士革被赞吉王朝努尔丁击溃。第三次东侵(1189～1192)，由罗马皇帝和法王率军参战，攻陷阿克，被萨拉丁击败。第四次东侵(1202～1204)，原计划进攻埃及，后改变计划，进攻基督教东罗马，占领君士坦丁堡及拜占庭帝国的大部领土，建立了拉丁帝国。第五次(1217～1221)、第六次(1228～1229)和第七次东侵(1248～1254)，目标均为埃及。第八次东侵(1270)，目标为突尼斯，均以失败告终。十字军在东侵中，残酷屠杀，横征暴敛，肆行宗教迫害和民族压迫政策，激起了东方各族人民的无比愤怒，纷纷拿起武器抗击入侵者。1144年突厥赞吉王朝的开国君主伊玛德丁·赞吉攻克埃德萨城，打击了十字军的凶焰。赞吉之子努尔丁(1146～1174在位)英勇善战，不久又夺回了十字军建立的3个封建小国。1187年6月阿尤布王朝素丹萨拉丁(1169～1193在位)率领埃及和叙利亚联军6万人直捣巴勒斯坦，7月4日在赫屯浴血拼杀，一举击溃十字军的精锐部队，俘获耶路撒冷国王居伊，并乘胜连克贝鲁特、西顿、阿克、海法等地。10月攻陷耶路撒冷，并攻克了许多城市和要塞，沉重打击了十字军的实力与士气，迫使入侵者缔约休兵。并使以后的十字军5次东侵转移目标，进攻拜占庭、埃及和突尼斯。1291年马穆鲁克王朝攻下了十字军的军事重镇阿克。随后，提尔、西顿、安塔尔突斯、阿斯里斯等十字军城市纷纷投降或被攻占，彻底清除了十字军在东方的侵略势力，延续了近两个世纪的十字军东侵以失败告终。

西亚人民抗击十字军东侵的胜利，捍卫了穆斯林国家和伊斯兰文明。十字军东侵给地中海东岸各族人民带来了深重的灾难，并使西欧各国人民遭受重大牺牲，教会本身的威信也急剧下降，封建社会的内部矛盾并未得到缓解。但意大利和地中海西部的城市因而加强了同东方的贸易联系，东方的香料、纺织品、工艺品等传到西方，西运的商品比战前增加10倍，城市中产阶级壮大起来，对以后自由城市的发展有一定影响。

（杨克礼　关意权）

什尔克(Shirk)　伊斯兰教用语。阿拉伯语音译。本意为"合伙"，通用为以物配主，信仰多神。有此言行者被称为"穆什里克"。《古兰经》中曾多次强调"你们当崇拜真主，不要以任何物配他"(4：36)，并严厉谴责什尔克："谁以物配主，谁已深陷迷误了"(4：116)。伊斯兰教义学家认为，什尔克是最恶劣而不可饶恕的罪恶。一般专指信仰多神与偶像崇拜者。阿拔斯王朝哈里发马赫迪(754～775在位)与哈迪(775～785在位)时期曾大规模搜捕、镇压穆什里克。马赫迪曾在阿勒颇把几个摩尼教徒钉死在十字架上。他在位后期，在巴格达成立了一个宗教裁判所，专门审讯二神论教徒，哈迪登基后继续了这一镇压。

（马忠杰）

什叶派(Ahl al-Shi'ah)　伊斯兰教主要教派之一。一译"十叶派"。与逊尼派并称为伊斯兰教历史上两大宗教政治派别。"什叶"系阿拉伯语音译，原意为"追随者"、"派别"、"同党"。为伊斯兰教内凡承认拥护阿里及其直系后裔为先知穆罕默德合法继承人的诸多派别的统称。该派在历史上未形成统一的组织和教义学说，因其内部在政治主张、伊玛目传系和教义问题上分歧，又相继分化出凯桑尼派、栽德派、伊斯玛仪派和十二伊玛目派等主要分支派别。什叶派现在是伊斯兰教中仅次于逊尼派的第二大教派。人数约占世界穆斯林总数的15%左右(一说17%)。主要分布在伊朗、伊拉克、印度、巴基斯坦、也门、叙利亚、黎巴嫩、阿富汗、土耳其、巴林等地区。

什叶派是在伊斯兰教早期上层领导集团内部为争夺哈里发地位的政治斗争中形成。632年，穆罕默德逝世后，伊斯兰教内部出现了争夺哈里发权位的斗争，分裂成迁士派、辅士派和合法主义派。后经协商，先后推选艾布·伯克尔、欧麦尔和奥斯曼为前3任哈里发。在此期间，圣门弟子赛勒曼·法里西、艾布·达尔、米格达德·本·艾斯沃德·辛迪、阿卜杜拉·萨巴伊、哈立德·本·赛义德等人宣称，先知穆罕默德的权位应由其亲属、信教最早、追随穆罕默德传教有功的阿里来继承。从而形成一个拥护阿里为哈里发的政治派别，被称为"阿里党人"。656年，第三任哈里发奥斯曼被刺后，阿里当选为第四任哈里发，阿里党人以库法为中心，其力量随之发展壮大。但以穆阿维叶为代表的反对派不承认阿里的哈里发地位，举兵反抗。哈瓦利吉派从阿里阵营中分离出去，使其力量削弱。661年阿里在库法遇刺身亡，库法人拥戴阿里长子哈桑继哈里发位。叙利亚总督穆阿维叶拥兵控制着叙利亚、伊拉克和埃及,夺取哈里发地位,在大马士革建立伍麦叶王朝,并胁迫和利诱哈桑放弃哈里发位。阿里的追随者迫于压力,分散在伊拉克和波斯各地,转入秘密活动。从此阿里党人在反对伍麦叶王朝的斗争中逐渐形成、发展为什叶派。

680年,穆阿维叶去世后,麦地那、麦加的阿里族人(即哈希姆家族)和库法的阿里旧部联合反对穆阿维叶之子耶济德世袭哈里发职位,库法人拥戴阿里次子侯赛因为哈里发,侯赛因及随从应邀由麦地那前往库法,途经卡尔巴拉遭伍麦叶军队的围攻,因坚决不承认耶济德为哈里发惨遭杀害。卡尔巴拉惨案后,引起穆斯林世界的震惊,各地纷纷谴责耶济德的暴行,更加激起了什叶派人的强烈反抗。波斯、伊拉克籍的不满伍麦叶王朝统治的大批麦瓦利加入什叶派队伍,支持阿里子孙恢复被夺取的权力,什叶派力量从此发展壮大。在“为殉教者侯赛因复仇”的口号下,由早期关于“还权于先知家族”的合法主义的宣传活动转入推翻伍麦叶王朝统治的斗争,掀起了多次武装起义和暴动。685～687年,在库法爆发了什叶派穆赫塔尔起义,反对伍麦叶王朝统治,大批麦瓦利参加起义,并接受了什叶派教义。起义失败后,穆赫塔尔的追随者形成什叶派的凯桑尼支派。该派认为阿里的第三子伊本·哈奈菲叶是隐遁的伊玛目,并创立了隐遁伊玛目和马赫迪复临人间恢复正义的学说。740年,侯赛因之孙栽德·本·阿里为夺取伊玛目的继承权,在库法发动起义,伍麦叶王朝出兵镇压,栽德战死。其追随者后来形成栽德派,其教义接近逊尼派的圣训派。哈希姆家族的阿拔斯人早同什叶派结成政治联盟,以发展自己的势力,伺机夺取政权。750年,阿拔斯人利用呼罗珊什叶派艾布·穆斯林领导的起义,推翻伍麦叶王朝,夺取哈里发职位,建立阿拔斯王朝。阿拔斯人因慑于什叶派影响的扩大,杀害开国元勋艾布·穆斯林,并采取各种措施残酷地迫害阿里后裔,镇压各地什叶派所发动的起义。在阿拔斯王朝的高压政策下,加之什叶派各支系为争夺伊玛目继承权,引起内部进一步分化。凯桑尼派放弃武装斗争,重新归入伊斯兰教主流;哈桑支系则继续以武力反抗阿拔斯人的统治;以第六代伊玛目贾法尔·萨迪格为首的侯赛因支系的什叶派人,政治斗争失败后,转而从事宗教研究。贾法尔·萨迪格从理论上确立了什叶派伊玛目教义和教法学的基础,被称为“贾法里学派”。765年,贾法尔·萨迪格去世后,在伊玛目传系问题上发生分歧,多数人拥护其次子穆萨·卡兹姆为伊玛目,后逐渐形成十二伊玛目派,少数人仍拥护其已故长子伊斯玛仪为伊玛目,形成伊斯玛仪派。9世纪末至10世纪初,什叶派各支派向各地派出传教师(即达伊)传播各自教义,并建立传道会,领导反对阿拔斯王朝的斗争,均在武装起义中得到发展。什叶派各支派的学者确立完善了本支派的教义学说。其中伊斯玛仪派的活动和教义主张播及整个穆斯林世界,成为什叶派中最有影响的力量。什叶派曾在一些地区先后建立过独立的国家和王朝,如北非及埃及的法蒂玛王朝、北非的伊德里斯王朝、叙利亚的哈姆丹王朝、伊朗的伊斯玛仪派王朝、巴林的卡尔马特国、也门的栽德王朝、伊朗及伊拉克的布韦希王朝等。945年布韦希王朝入主巴格达后,什叶派的力量和教义学说得到全面发展,史称“什叶派世纪”。11～13世纪,随着各地逊尼派的掌权和异族的入侵,伊斯玛仪派的各分支派别先后丧失各地政权,其势力大为削弱。只有栽德派和十二伊玛目派得以发展。1502年,伊朗萨法维王朝兴起,宣布十二伊玛目派为国教,使什叶派开始复兴。王朝以行政和法律手段推行该派教义,广建清真寺、宗教学校,鼓励什叶派宗教学术研究,使该派在伊朗占统治地位,成为什叶派中的主流派,至今仍为伊朗的国教。

什叶派从8世纪中期起,由早期的政治派别发展成宗教派别。在同逊尼派长期的宗教论争中,将伊斯兰教的教义同其宗教政治主张相结合,吸收了苏菲派、穆尔太齐赖派的有关学说,并将新柏拉图主义等外来的宗教哲学思想加以改造,经过发展和演变,于10世纪确立了自己系统的教义、教法学说和礼仪制度。什叶派认为,伊斯兰教的基本信条是信仰独一安拉、信仰先知穆罕默德、信仰伊玛目。伊斯兰教是建立在7个柱石上,即忠诚、洁净、礼拜、施舍、斋戒、朝觐和吉哈德。什叶派的主要教义和教法学说是:

(1)伊玛目学说。“伊玛目”专指穆斯林的领拜人。什叶派为了反对逊尼派的哈里发制度,给“伊玛目”赋予神圣的含义,有针对性的提出伊玛目学说,成为该派教义和政治学说的核心,被定为基本信条之一。伊玛目学说于8世纪由第六代伊玛目贾法尔·萨迪格所奠基,10世纪由什叶派学者伊本·穆萨·诺伯赫特在所著《什叶派诸宗派之书》和伊斯玛仪派传教师伊本·叶尔孤白在《论伊玛目制度》中对伊玛目教义作了纲领性的论述,17世纪伊朗什叶派长老麦吉利西(?～1699)在《心的生活》一书中系统地确立了伊玛目学说的理论体系。什叶派认为,伊玛目是全体穆斯林的最高领袖和统帅,是安拉派遣人世间的伟大导师,其地位和权力由安拉命定而不是由人选择,伊玛目的世袭传系也有安拉命定,授权前任伊玛目指定他的继任者。伊玛目的职责是:奉安拉之命指引穆斯林奉行信仰,遵循教法和礼仪,实践社会公正;阐释《古兰经》、教义和教法,教导人们正确理解其内在的含义;以仁慈、公正和宽宥的态度,对待弱者、贫困者、孤寡,善待奴隶;维护真主之法度,预防罪恶,制止人们的暴行、压迫、忤逆、堕落、邪恶,向“叛教者”、“篡权者”和穆斯林的敌人斗争,抵御掠夺者的进犯,捍卫圣教事业。伊玛目不同凡人而是超人(即圣者),他具有安拉赋予的灵知和神光,继承了先知穆罕默德的一切美德和学问,他们具有免罪性,永不犯错误。伊玛目是引领穆斯林通向安拉之道的巴布(门),他们是安拉的证明,安拉的创造物,是作为安拉与穆斯林间的"中保"，人们必须通过他们的作证和求情才会得到安拉的宽恕和赦宥，获准进入天园。伊玛目是安拉所启示隐秘经文的知秘者和安拉的灵知的传述人，也只有他们才能明晓和解释《古兰经》的隐秘奥义和创制教法的权利。阿里是先知穆罕默德的合法继承人，他的学识、品德、功绩、能力堪称为完美的穆斯林领袖，是第一代伊玛目，在他之后只有阿里和法蒂玛的后裔才能有资格充任伊玛目。历代的哈里发均为篡权者。什叶派还认为，效忠和顺从伊玛目，就是顺从安拉的旨意。

(2)隐遁伊玛目和马赫迪思想。"马赫迪"阿拉伯语意为"获得指导者"、"引正道者"，同《古兰经》中"穆赫塔迪"(17：97)一词同义。后转意为获得安拉的引导并将指导世人的领袖，有救世主之意。伊斯兰早期就流传马赫迪再世的思想。什叶派在反对王朝哈里发统治的长期斗争中，屡遭迫害和血腥镇压，其所信奉的伊玛目有的被杀殉教，有的死于非命，他们企求从现世的苦难中得到解救，期待救世主的降临。该派的学者将伊玛目隐遁说和马赫迪思想结合，创立了伊玛目复临说。680年在卡尔巴拉侯赛因被杀后，库法什叶派的忏悔者在祈祷时称侯赛因为"殉教者"、"马赫迪"。685～687年，库法穆赫塔尔起义失败后形成凯桑尼派，认为他们所奉的伊玛目·伊本哈奈菲叶(？～700)并没有死，他与一些随从"隐遁"于拉乌达山谷，作为隐遁玛目将于人世间充满暴虐和压迫时，以马赫迪复临于世，带来正义与平等。后这种思想得到普遍流传和发展。但对谁是隐遁伊玛目、马赫迪何时降临等问题，什叶派各支派观点不同。伊斯玛仪派认为，他们遵奉的第七代伊玛目伊斯玛仪为安拉护佑的隐遁伊玛目，即将以马赫迪身份复临人间。十二伊玛目派宣称，第十二伊玛目穆罕默德·蒙塔扎尔并没有死，安拉让他隐藏起来，人们无法看见。他的生命奇迹般的生活着直至安拉答允他再世的日子。在伊玛目隐遁期间，仍然是"时代之主"，他通过纳吉布作为代理人同穆斯林联系，并授权行使伊玛目的部分权力，解释教法，创制律例，领导宗教活动。隐遁伊玛目期待安拉让他降世的命令，在末日审判之前不久，将作为马赫迪与他特选的一批人复临，惩治暴虐和邪恶，使人间充满正义、公道和平等。什叶派学者给隐遁伊玛目冠以诸多称号："萨希布·扎曼"(即时代之主)、"卡伊姆"(即擢升者)、"伊玛目·蒙泰扎尔"(即期待的伊玛目)、"巴基亚特·安拉"(即真主之迹)等。唯栽德派只承认在世伊玛目为马赫迪，否认伊玛目隐遁说。

(3)《古兰经》隐义说。"隐义"系阿拉伯语"巴颓尼"(Bāṭin)的意译，亦称内学、隐秘之学。什叶派为了论证其教义源自安拉启示的神圣经典，宣称伊玛目具有安拉赋予的隐秘灵知，以确立本派的宗教权威，提出了《古兰经》隐义说。据称，哈姆丹·卡尔玛特是内学派的奠基人之一。什叶派的内学派认为，安拉启示的《古兰经》具有表义(Ẓāhir，扎希尔)和隐义、外在和内涵之分。表义指对经文字面明义公认的解释以及根据经文所确定的教法和律例，这种对经文表义的解释和创制的律例，会随着对先知穆罕默德所阐释经文的圣训的不同理解和时代的不同会发生一定的变化。隐义是隐藏在经文和教法中内在的奥义，它是经文的真正内涵，才是伊斯兰教的真谛，隐义是任何时代也不会变更的。《古兰经》的隐义凡人无法知晓，只有伊玛目才能知晓和领悟其全部奥秘，每代伊玛目都将其奥义传给继承人，各代伊玛目通过接受他的秘传者(即代理人或知秘人)对经文加以阐释或用譬喻、暗示、象征等方法加以解释，揭示其内在奥义，达到领悟内在真理的境界。其隐秘的含义被表面意义的帷幕所掩盖，未获得秘传者及不具备内学知识和解秘方法的人，无法探究宗教的奥秘。什叶派的经注学家还认为，《古兰经》的隐义，除章首的字母、预言、比喻、暗示的经文、难解的词语、论断为隐秘经文外，它还包括安拉启示全部经文的玄机、安拉的创世、宇宙的起源、创造者和被创造者的关系、安拉的本体、安拉的前定和人的行为、先知的使命、伊玛目的神性、马赫迪的降临等关于信仰的全部隐义。卡尔马特派和伊斯玛仪派的传教师和经注学家，根据本派的需要，对《古兰经》的编排、章首的字母、各章节经文的内容、经文中的数字等，均作了附会其教义主张的解释。故史学家称什叶派为"内学派"。

(4)塔基亚原则。"塔基亚"(Taqiyah)阿拉伯语意为"谨防"、"掩饰"、"隐蔽"。指穆斯林在遇到危险时可以隐讳自己的宗教信仰。这种作法在伊斯兰教早期是普遍允许的。《古兰经》云："信道的人，不可舍同教而以外教为盟友；谁犯此禁令，谁不得真主的保佑，除非你们对他们有所畏惧而假意应酬。真主使你们防备他自己，真主是最后的归宿"(3：28)。什叶派由于长期处于被迫害的地位，为了保存自己而采取的一种自我掩护手段，即允许该派穆斯林在遇到难以摆脱的困境或可能导致危险时，可以隐瞒其信仰，掩饰自己特殊的宗教仪礼和习俗，可在表面上承认流行的宗教和礼俗，以免遭受迫害而作无谓的牺牲。塔基亚作为什叶派普遍奉行的原则，形成于8世纪。后该派教法学家对允许实行塔基亚的条件作了限定，提出只有在环境逼迫而不得已的情况下，为了避免自己、同伴、家庭有牺牲的危险时或与政敌斗争无成功的希望时才可实行，并且强调在表面上不承认自己的信仰时必须在内心坚持信仰。

(5)教法学说。在法学原理方面，什叶派的各分支均承认《古兰经》和本派的圣训为教法依据，并认为伊玛目为教法的最高权威，享有安拉赋予的立法权，他有权阐述和诠释教法，对教法问题作出各种判断，在特定情况下，伊玛目可以制定新教法，废止旧教法。伊玛目隐遁后，作为其代言人的穆智台希德(即教法学权威)有权解释《古兰经》，阐释教法，运用推理或判断，提出个人见解，处理法律和宗教问题。该派重视其教法权威的个人意见，而不承认逊尼派的"公议"原则。在实体法领域，准许实行临时婚姻制，即根据男女双方协议的契约确定彩礼及婚姻期限，期满后自行解除。对于离婚中丈夫单方面的休妻作了严格的条件限制。在遗产继承权上，强调了家族血亲的继承权，坚持女性所属的权利，否定氏族成员的继承权利。什叶派的教法学派有艾赫巴尔派和乌苏勒派。艾赫巴尔派主张《古兰经》和圣训是唯一的立法根据，强调伊玛目圣训中的诫命和对教法的阐释，反对运用公议、个人意见和推理等原则。乌苏勒派主张除以经训为立法依据外，倡导运用“伊智提哈德”（即独立创制）的原则，创制教法的大门应敞开，权威教法学家可对新出现的问题，运用公议、类比、推理的附加原则，创制新律例。什叶派的著名的古典教法著作有《伊斯兰教基础》、《沙里亚·伊斯兰》、《麦法提赫》、《加米乌·沙达特》等。

什叶派于10世纪时汇集编纂了本派的圣训集，与逊尼派“六大圣训集”不同的是，按什叶派伊玛目的传述世系予以编纂，其内容既包括穆罕默德的言行，又包括阿里等伊玛目的言行。权威的有“四大圣训经”：《宗教学大全》、《教法学家不予光顾的人》、《圣训辨异》、《教法修正》。该派的主要礼仪是崇拜伊玛目陵墓、圣者，念诵迪克尔等。主要圣地有纳贾夫、卡尔巴拉、马什哈德、库姆、卡兹米耶、萨马拉等。主要宗教节日除重视古尔邦节、开斋节和圣纪外，还特别重本派的阿舒拉节（教历1月10日）、盖迪尔·胡木节（教历12月18日）和法蒂玛节（教历6月15日）。 （杨克礼）

什叶派教法 伊斯兰教什叶派法律学说与法律制度的总称。包括法学理论和实体法学说两部分。约形成于10世纪以后，较之逊尼派教法晚200余年。因对教义和教法学说的不同解释，又有伊斯玛仪派教法、十二伊玛目派教法和栽德派教法之别。伊斯玛仪派教法曾被确认为埃及法蒂玛王朝的官方法学；栽德派虽在历史上曾建立过短暂的政权，但其教法传统接近于逊尼派教法；而最具特色、最有影响的则是十二伊玛目派教法。目前中外学术界所言的什叶派教法，主要是指十二伊玛目派教法传统。目前学术界有两种意见：(1)什叶派教法是在逊尼派教法的基础上发展而成，同逊尼派教法没有本质的差别，两派之间的差异小于每一派内部的差异。(2)什叶派教法产生于不同的社会历史条件，不论在法学理论基础、实体学说和司法制度上，都明显不同于逊尼派教法，是一种具有自己特色的、独立的法律体系。

什叶派教法始于布韦希王朝（945～1055），发展、完善于伊朗萨法维王朝（1502～1722）和卡加尔王朝（1779～1924）。其教法传统的形成和发展，同什叶派伊玛目教义和什叶派圣训的形成相辅相成，紧密相连。在法学理论基础或法律渊源上，亦承认《古兰经》、圣训、公议（即伊智玛尔）和理性（即阿格勒）四项基本原则，但解释不同。认为《古兰经》教法已经全部废止了伊斯兰教前阿拉伯的部落习惯，任何立法不得与之相悖；对于“圣训”教法，则只承认本派伊玛目传述的“圣训”汇集即“四大圣训经”或“五大圣训经”，否认逊尼派“六大圣训集”的权威；对于公议和理性判断，则是伊玛目和穆智泰希德的专权，其决断为安拉意志的体现，对穆斯林具有法律约束力。同逊尼派相反，什叶派教法学家否认“创制之门关闭说”，相信任何时代都有才智超群的穆智泰希德，他们作为“隐遁”伊玛目的代理人，有资格就当代有争议的社会、法律问题，作出正确的决断。

什叶派教法理论基础的形成，是其内部法学思想长期斗争的产物。最初占统治地位的是艾赫巴尔教法学派，即“经训派”，其特点是强调经典和“圣训”，否认理性在教法中的地位和功能。该派的一些成员甚至拒绝以穆尔太齐赖派的理性传统为教义学的基础，而转向温和的艾什尔里学派。在其极盛时期（即萨法维王朝后期），曾引起奥斯曼帝国统治者纳迪尔·沙的重视，企图将其立为逊尼派内部的“第五教法学派”。但到卡加尔王朝初期，其地位被新兴的乌苏勒教法学派所取代。乌苏勒派从根本上改变了十二伊玛目派教法的发展方向，其特点是对教法传统采取一种批判与发展的观点，认为什叶派的“四大圣训经”中有许多不可靠的“圣训”传说，需要“去伪存真”，坚持以理性为立法的根本依据，强调作为“隐遁”伊玛目代理人的当代穆智泰希德的“独立判断”（伊智提哈德）对广大穆斯林有指导作用。其新的教法理论体系虽以《古兰经》、圣训、公议、理性为基础，但居主导地位的是理性而非经、训，获取教法知识的渠道则从直觉和神秘经验转向思维判断的理性活动。

什叶派的法律实体亦不同于逊尼派。逊尼派认为，凡经典未予禁止的，则为对习惯的确认。而什叶派认为，凡经典未予肯定的，即为禁止。两派法律学说的差异除什叶派伊玛目有部分创制、解释权外，主要表现在婚姻家庭和遗产分配两个领域。在婚姻法规上，什叶派教法只承认“有效婚姻”（萨希赫）和“无效婚姻”（巴提勒），不承认过渡型的“不正常婚姻”（法希德）。在离婚法规上要求更严格，休妻须有两名证人在场，使用正式的、明确无误的语言，不承认逊尼派源自习惯的多种变异的休妻方式。此外，还承认一种有时限的、临时性的婚姻，称为“穆塔阿”。按十二伊玛目派教法，一个穆斯林男子在双方自愿的基础上，准许同多个穆斯林女子或“信奉天经”（基督徒、犹太教徒、火祆教徒）的女子结为“穆塔阿”，这种被称为“以快乐为目的”的婚姻，构成什叶派婚姻法的特征之一。在遗产处分上，什叶派形成了截然不同于逊尼派的继承制度。逊尼派继承法以《古兰经》里规定的固定份额继承制（法定继承）与伊斯兰教前的部落继承习惯（遗嘱继承）相结合，其特点是继续维护父系继承人权益的前提下，对从前没有继承权的母系亲属和部分男性亲属给予适当的照顾，表现出既重视《古兰经》律例，又留恋古代传统习惯的意向。而什叶派继承法则仅以《古兰经》律例为基础，以亡人的遗偶(丈夫或妻子)为核心，将全部继承人划分为3个等级，等级之间实行排除原则，按继承顺序继承各自应得的份额，不承认父系男性至亲的优先权。由于什叶派财产继承制度有利于维护以父母、子女为核心的3代直系血亲的权益，比较适应现代核心家庭的发展趋势，第二次世界大战后伊斯兰国家继承法的修订，多参照什叶派继承制度。　（吴云贵）

什叶派经注　伊斯兰教什叶派主要支派按各自思想主张对《古兰经》所作的注释。其中十二伊玛目派在注解《古兰经》方面虽与逊尼派基本一致，但在涉及信仰问题时则表现出该派的某些特点。他们在经注中宣传尊崇阿里及其后裔、反对奥斯曼和伍麦叶王朝的思想，甚至有些人把注释《古兰经》，作为一种反对自己政敌的手段。譬如，他们认为，《古兰经》中所说的“吉卜特”和“塔乌特”(即恶魔)是指穆阿维叶和阿慕尔·本·阿斯；《古兰经》中提到的“赛法”是指穆罕默德，而“麦尔卧”是指阿里。他们在注释“苏莱曼继承了达乌德”(27∶16)这句古兰经文时说，这是指阿里继承了先知穆罕默德的知识而言。据传，该派最早的经注是第十一代伊玛目哈桑·本·阿里·哈迪(845～873)所著的《阿斯凯里经注》。该派著名经注著作还有《古兰经注》、《尔雅希经注》。和泰伯尔西(？～1153)所编的《经义汇解》(Majma‘al-bayān)等；而现代什叶派学者穆罕默德·侯赛因·塔巴塔巴仪编著的《古兰经注之准衡》(al-Myzan fi tafsir al-Qur’ān)很有影响，全经注共20卷，300余万言，除了经义解释和选引以往什叶派著名经注中的材料外，据著者所说，是一部包括教义学、哲学、历史、社会和伦理各方面研究的综合巨著，它在取材广泛和涉及当时伊斯兰社会问题方面，可与逊尼派的《光塔经注》相媲美。以伊斯玛仪派为代表的什叶内学派及受其影响的其他教派学者认为，《古兰经》文有表义和隐义之分，文字表面意义不可取，可取的只是那些蒙受安拉特殊引导的贤人才能领悟到的“内在”的含义。个别过激派出于某种政治目的，将一些经文解释得非常离奇。　（马　贤）

什叶派世纪(Qarn al-Shi‘ah)　中世纪伊斯兰教历史概念。指10～11世纪约100多年间什叶派穆斯林在政治上空前活跃，在世界各地建立政权，标志着什叶派一个新时代的到来，故名。历史上自逊尼、什叶两派形成以来，什叶派在政治斗争中长期处于被动地位，屡受压迫，屡受摧残，曾举行多次无果的起义、暴动，以推翻信奉逊尼派的封建统治者。自10世纪起，阿拔斯王朝(750～1258)国势渐衰，巴格达的哈里发徒具虚名，实权掌握在布韦希王朝军事将领手中，波斯和伊拉克的大部分领土被置于什叶派政权的控制之下。与此同时，什叶派各支派也极为活跃：栽德派于伊朗北部和也门分别创建伊玛目国家，偏安一方；卡尔马特派于9世纪末举兵起义，在阿拉伯半岛东部的巴林建立了政权；伊斯玛仪派在北非创建了法蒂玛王朝(909～1171)，其疆域后来扩及埃及、叙利亚和阿拉伯半岛的希贾兹地区；而什叶派的阿拉伯哈姆丹部族人，则在伊拉克和叙利亚建立了哈姆丹王朝(905～1004)，控制阿勒颇、安条克、霍姆斯等要地，首都阿勒颇成为什叶派繁荣的文化中心，几与巴格达并驾齐驱。这些什叶派政权虽各自为政、互相攻击而未能形成一个统一的什叶派国家，但它们皆保护、弘扬什叶派文化传统，标志着以阿拔斯王朝为象征的逊尼派统治已暂时地让位于什叶派统治，故10～11世纪被一些史学家称之为“什叶派世纪”。　（吴云贵）

什叶派宇宙论　伊斯兰教什叶派伊斯玛仪支派关于宇宙生成、人生世界、人类历史的一套较为系统的、神秘主义的理论观点体系。为该派教义的理论基础，它既有别于逊尼派，又不同于什叶派的十二伊玛目派观点，而与苏菲神秘主义的宇宙观略有相似之处。

伊斯玛仪派的宇宙论形成于两个不同历史时期，有3种不同观点。10世纪以前，该派的教义体系已基本定型，而它的宇宙论同其教义体系同为一体，密不可分。该派强调，其教义体系有表义与隐义之别。表义指对天启经文字义所作的公认的诠释及经文规定的律法，隐义指隐含于经文和教法中绝对、永恒的真理，唯有深知其奥义的伊玛目方可破解其义，为世人指点迷津。据说该派常以阿拉伯文字母“卡夫”(Kāf)和“奴恩”(Nūn)来解释安拉的启示和宇宙的奥秘。二者重叠组合，形成原初的本质“库尼—卡达尔”(Kuni Kadar)，其中“库尼”为阴性原则，“卡达尔”为阳性原则，是为“阴阳组合”。组成“库尼—卡达尔”的7个字母被视为神圣数字，为该派所崇奉的7位伊玛目的象征及其传述的天经的原型。为创世的本原。由此本原又产生出“加德”(Jadd)、“法塔赫”(Fath)和“哈亚勒”(Khayal)3种精神力量，分别代表吉卜利勒、米卡勒和伊斯拉非勒3大天使，为先天的精神世界与后天的物质世界的中介。从神秘主义宇宙论出发，该派提出了周期性的历史观。认为人类的历史以7个时代为一周期，不断循环，每代有一位传达天启的代言先知；前6位代言先知依次为阿丹、努海、易卜拉欣、穆萨、尔撒和穆罕默德，之后各有一位解释隐义的神秘大师和7位伊玛目，以每代的第七位伊玛目品级最高，为下一代传达天启经文的新先知和新立法者。其中第六个时代的先知穆罕默德的代言人伊斯玛仪为“隐遁”的第七代伊玛目，他将重返人世，结束充满苦难的第六个时代的人生物质世界，开创光明的新世界。在他复归之前，由世上12个地区的12位代言人代行其旨意。历史周期的结束显以星象之兆，星象学家可占卜、预测隐遁伊玛目复临的日期。

自10世纪起，伊斯玛仪派的宇宙论开始融合新柏拉图学派的“流溢说”，掺入了理性主义成分。其代表人物是10世纪该派传道师奈赛斐(al-Nasafi)。他认为，安拉是一个常人莫解的观念存在，安拉以其意志创造出便于常人理解的理性，为宇宙万物的本原；由理性流溢出灵魂，由灵魂产生出七大天体体系，各自远转，将干、湿、冷、热等元素合成土、水、空气、以太，进而合成具有灵魂的动植物和具有理性灵魂的人类。纳萨斐的宇宙论强调精神世界与物质世界的类同，微观世界与宏观世界的和谐、统一。他还力求与《古兰经》的术语相合，如把理性解释为"笔"和安拉的"宝座"，把灵魂解释为"法版"和安拉的"脚凳"等。与此同时，伊斯玛仪派的另一传道师基尔曼（Hamid al-Din Kirman，? ～1021）开创了一种略有差异的宇宙生成论。他否认精神与灵魂的差异，仅以精神世界来说明物质世界。认为理性为宇宙万物的本原，由理性流出第二理性（即灵魂），由第二理性流出第三理性（即物质和形态）；由前两种理性又流出 7 种理性，其中第 10 种最后的理性为"积极理性"或创世者，专司创造和监管人类物质世界。

基尔曼的宇宙生成论只盛行于也门和印度的台伊布传道会中。11 世纪后，它在传播中又略作修改，加进了灵魂与物质相争的传说。据说同出自第一理性的灵魂和物质因争夺第二理性的地位而受到奖惩，灵魂以卓越的能力保住了席位，而物质则被贬为第 10 理性，亦称"精神的阿丹"，为物质世界赖以产生的精神形式。"精神的阿丹"不断显现和隐遁伊玛目周期相继出现直至复生日来临的过程，称为"大周期"，可长达 36 万年乘以 36 万年代。伊斯玛仪派的宇宙论以神秘主义为特色，在其形成、发展过程中曾受到希腊、印度等外来文化的影响，曾对长期处于封闭状态的该派社团的生存和发展，起过一定作用。（吴云贵）

石峰堡起义 见田五、张文庆起义。

石谷的居民（Aṣḥāb al-Ḥijr） 《古兰经》中提到的古代部落之一。阿拉伯语"艾苏哈卜·希吉尔"的意译，一译"黑秩尔人"。相传系居住在希贾兹至叙利亚古商道上一座山谷中的古阿拉伯部落。一说即赛莫德人，另一说赛莫德人原住该地，后迁徙南方，石谷居民系指另一部落。《古兰经》中只有一处提到该部落（15：80～84），说他们"安全地凿山为屋"，但因否认安拉派去传教的使者，终为地震所灭，亦系作为对反对先知穆罕默德的麦加多神教徒的鉴戒之一而提出。据经注学家解释，先知舒阿卜即为向该部落传教的使者之一。（杨宗山）

《史集》（Jāmi ʻal-Tārikh） 中世纪著名的世界通史著作。一名《集史》。波斯文。波斯伊儿汗国宰相拉希德丁（Rashid al-Din，1247～1317）奉第七代伊儿汗合赞之命主持编纂。成书于 1300～1310 年间。为卷帙浩繁、内容丰富的历史巨著。内容包括世界各民族史，尤其信仰伊斯兰教的各民族历史。书中所述 14 世纪以前蒙古族的历史，是极为丰富的第一手材料。全书共分 3 部：第 1 部为蒙古史，共 3 卷。第 1 卷为突厥蒙古部族志、成吉思汗先祖纪及成吉思汗传记。第 2 卷为波斯伊儿汗以外的成吉思汗后裔史。第 3 卷为波斯伊儿汗国史。第 1 部为世界史，记述了从波斯古代诸帝王到萨珊王朝的兴衰史，伊斯兰教先知穆罕默德传记，哈里发艾布·伯克尔以及穆斯塔法诸哈里发时期的历史，包括伽色尼王朝、塞尔柱王朝、花剌子模王朝、撒勒噶尔王朝以及伊斯玛仪教派史和突厥、中华、犹太、拂郎、印度等民族史。第 3 部为世界各地区的地理志。已佚。现存的仅有第 1、2 部及附篇《阿拉伯、犹太、蒙古、拂郎、中华五民族世系谱》。拉希德丁编纂该书历时 10 年。他除亲自任主编和撰写一部分内容外，还直接请教了蒙古、中国、印度、畏吾儿等各民族的学者。参加编纂工作的还有汉族学者李达时、倪克孙（均为音译）。他们除参与编纂外，还为拉希德丁讲述中国的干支纪年法，介绍杰出的蒙古学者。原元朝丞相孛罗亦曾为他口授蒙古各部族及成吉思汗建国以来的历史和元朝的各种典章制度。编写中除参考了当时波斯、阿拉伯文有关著作如《突厥语词典》、《世界征服者史》外，还参阅了伊儿汗宫廷所藏《金册》等档案，史料价值极高，被誉为"历史百科全书"、"中世纪最重要的文献之一"，是研究中世纪蒙古、突厥及中亚、中国各民族历史、民族关系史、地区史、伊斯兰教史的重要文献。19 世纪以来，该书被选译或全译成多种文字并为史学界所引用。清末洪钧根据贝勒津俄文本，将成吉思汗先世及成吉思汗纪节译为汉文，收入《元史译文证补》。1946～1960 年苏联出版了蒙古史的俄文译本。该书由余大钧等人据俄文本译成汉文，商务印书馆将其列入《汉译世界学术名著》丛书。3 卷本已于 1986 年 11 月出齐。（罗万寿）

史努克·许尔格龙涅（Snouck Hurgronje，1857～1936） 荷兰著名伊斯兰学家。早年在荷兰莱顿大学攻读基督教神学，后研究圣经考据学。1878 年后转向阿拉伯和伊斯兰教研究，尤其重视现状研究，1880 年通过《关于麦加朝觐起源问题》的博士论文。1884 年赴沙特阿拉伯的吉达、麦加等地作实地考察，1889 年发表考察报告《当代麦加的社会、知识生活》，1931 年被译为英文，书名为《19 世纪下半叶的麦加》。自麦加回归后，他仍从事教学和著述，以宗教和民俗学专家的身份受到国家的重视。1889 年被荷兰当局任命为荷兰东印度事务顾问，并亲赴印度尼西亚巴达维亚（今雅加达）作实地考察。1892 年调至亚齐（今印尼苏门答腊北部）。时值亚齐穆斯林举行反荷兰殖民统治的武装斗争，史努克提出的"以夷治夷、分化瓦解"的主张，后成为荷兰殖民者的政治依据，终于使亚齐穆斯林上层妥协、就范。在学术思想上，他重视民俗学的研究，认为对当代的宗教信仰与宗教运动，应主要从社会、政治背景入手加以分析。史努克曾任《伊斯兰教百科全书》（莱顿）编委会成员和主要撰稿人。代表作《亚齐人》(The Achehnese),为研究印尼伊斯兰教的名著,于1906年被译成英文于莱顿出版,影响广泛。

(吴云贵)

《使西域记》 中国明人出使西域各国的见闻录。一作《西域番国志》。明成祖时吏部员外郎陈诚撰。作者于永乐十二年(1414)与户部主事李暹等奉命出使哈烈(今阿富汗赫拉特),历经新疆及中亚地区17国,接触了20余个民族和部落。永乐十三年(1415)他回到北京。约于永乐十四年(1416)将途中见闻编撰成篇,名曰《使西域记》。分哈烈、撒马儿罕、俺都淮、八剌黑、迭里迷、沙鲁海牙、塞兰、渴石、养夷、别失八里、于阗、土尔番、崖儿城、盐泽、火州、鲁陈、哈密、达失干、卜儿花等19目。所记有关民族源流、经济状况、宗教信仰、民族风俗、山川景色、城镇分布、物产、交通等,均系实地考察记录。全书共2卷,一为《西域番国志》,一为《西域行程纪》。《西域番国志》中一半以上的内容,记叙了帖木儿帝国的都城哈烈。其余部分记载了上述地区的一般情况。其中有大量的伊斯兰教史料:(1)关于伊斯兰教信仰与礼仪:谓"不祀鬼神,不立庙社,不奉宗祖,不建家堂,惟以坟墓祭祀而已"。"国中有通回回本教经义者,众皆敬之,名曰'满剌',坐立于众人之右,虽国主皆尊之。凡有祭祀,唯满剌诵经而已"。"每月(应为日)数次望西礼拜,名曰'纳马思'。若人烟辐辏之处,筑有大土屋,名'默息儿'。""把斋月白昼皆不饮食,至日落方食"。"凡相见之际,略无礼仪,惟稍屈躬道'撒力马力'一语而已"。(2)关于穆斯林的饮食禁忌和习俗:"酒禁最严,犯者以皮鞭决责"。"不养猪,亦不食猪肉,此最忌惮之"。"丧葬俱不用棺木,惟以布囊裹尸置于椁内"。"妇女亦蒙以素帛,略露双眸"。(3)关于帖木儿帝国大力推行伊斯兰教的记载:"国中体例:有别色人愿为回回者,云以万钱给之,仍赐衣服鞍马"。(4)关于苏菲派游方苦修者的记载:"有等弃家人,去生理,蓬头跣足,衣敝衣,披羊皮,手持柽杖,身卦骨节,多为异状,不避寒暑,行之于途。遇人则口语喃喃,似可怜悯,若甚难立身,或聚处人家坟墓,或居岩穴,名为修行,名曰迭里迷失"。《西域行程纪》记载了陈诚等于永乐十二年自肃州起程,远至撒马尔罕,再西南下至赫拉特的全过程。沿途耳闻目睹,按日记实,对明代西域一带的山川景色、城乡交通、名胜古迹等都有记叙,而以山川道路为主,是明代中国西北地区和中亚地理的重要史料。《使西域记》关于伊斯兰教在西域的传播情况及穆斯林社会、宗教生活的种种记载,说明了15世纪丝绸之路仍然十分繁荣,伊斯兰教已深入社会生活的各方面。是当时中国人介绍西域穆斯林社会情况的第一手珍贵资料。为研究明代西域的民族史、宗教史、地方史和阿富汗西北民族史提供了重要依据。该书传世有明抄本,20世纪初有北平图书馆据明抄本影印的《独寤国稿》本行世。

(罗万寿)

使者(al-Rusul) 伊斯兰教六大信仰之一。阿拉伯语"鲁素勒"的意译。亦称"先知"(Nabiy,奈比,意为"预言者")。波斯语称"派安拜尔"。中国穆斯林称为"圣人"。伊斯兰教信仰"穆罕默德是真主的使者"(48:29)和一切先知(4:150~151),认为先知是直接领受真主启示,能作出预言的人;使者则是有明证和教律,负有真主委以专门使命的人;先知和使者都是人,不是崇拜的对象;先知与使者没有区别,却有不同的品级。阿丹是第一位先知,伊德里斯是早期的使者。不同的使者负有不同的使命,各司其职。"穆罕默德是真主的使者和众先知的'封印'"(33:40)。伊斯兰教称"使者",一般专指穆罕默德。使者中还包含"天使",如天使吉卜利勒。但真主从人群中选择的先知或使者,都是"凡人"(41:6),他们既非天使,更非神灵,亦不自称为神,都是被真主引导的,被赐给知识的,能显示真主所赋予的任何奇迹的人。他们都是具有高尚品德的人,奉主命行事,一脉相承。他们共同的使命是向人类传警告和报喜信(2:213,6:48),信奉同一宗教,同一真主(23:52),反对信奉多神和崇拜偶像(3:79~80),只坚信、崇拜独一的真主(23:52),教化人类不要以物配主,要遵循正道,行善止恶,善者将报以天园之乐,恶者将惩以火狱之苦。按照伊斯兰教经学家的解释,从阿丹到穆罕默德为止,历代出现于各地区、各部族中的先知所负不同的使命,都有不同的知觉能力。

中国伊斯兰教学者将圣人分为4个品级。(1)列圣(即真主的先知)。阿拉伯语称为"安比雅"(Anbiyā')。其职能是:真主没有对他们直接下达命令,他们也无自己的经典和教律,但他们能深切领悟并遵循前代钦圣的准则,并在言行修养方面以此律己教人,是为"显扬知能"的圣人。列圣数量很多,据传约12.4万人。人所知名者,有呼德、撒立哈、伊斯玛仪、伊斯哈格、叶尔孤白、优素福、舒阿布、优努斯、哈伦、易勒亚斯、爱勒业赛尔、达乌德、苏莱曼、宰凯里雅、叶哈雅等。(2)钦圣(即真主的先知、使者)。阿拉伯语称为"穆尔赛勒"(Mursal)。其职能是:真主的启示曾分别下达于他们,他们各有其单独的经典和自己的教律体系,是为"顺应知能"的圣人。据传钦圣的总数是313人,比较有名的,有努哈、呼德、鲁特、艾优卜、左勒基福勒等。(3)大圣(即真主的先知、使者)。阿拉伯语称为"乌鲁勒·尔兹米"(Ulu al-'Iẓmi)。其职能是:不仅受真主的启示,有自己的经典、教律,而且比列圣、钦圣更有建树和发展。大圣都具有勤奋、坚毅、果敢等优良品德,是为"任用知能"的圣人。一般认为有18位(《古兰经》6:83)。能列为大圣而最杰出的,有努哈、易卜拉欣、穆萨、尔撒、穆罕默德5人。(4)至圣(即真主的先知、众使之封印)。阿拉伯语称为"哈泰姆·安比雅"(Khātam al-Anbiyā')。是众先知中的最卓越者,集中了前代众圣人的美德和智慧,是真主派遣的最后一位使者,继他之后不再派任何先知,是为"浑同知能"的圣人。至圣之称即专指穆罕默德一人。在313位使者中又有6位使者既“高贵”又享有“特殊的头衔”。这6大使者是:(1)阿丹。据载系真主以土造化的第一个人,是人类始祖,其品级高于众天使之上,优于万物,是安拉在大地上的代理者,被认为是“真主的密友”。(2)努哈。据载受真主的派遣,劝化族人崇信真主,并奉真主之命建造方舟,拯救信奉真主者,被认为是“真主的预言者”。(3)易卜拉欣。据载是一系列先知的祖先,是阿拉伯人与犹太人的始祖。其奉主命宰子的故事广为流传,成为对真主赤诚的典范。他是穆罕默德的祖先,也是人类的楷模,被认为是“真主的至交”。(4)穆萨。据载系生于埃及的以色列人,后成为领袖,被犹太人尊奉为先知,曾获真主赐降的天经《讨拉特》,被认为是“真主的代言人”。(5)尔撒。据载系处女麦尔彦之子,出自真主的一言“有”而诞生。曾获真主赐降天经《引支勒》,成为基督教所信奉的先知,被称为“真主的灵气”。(6)穆罕默德。据载系真主的使者,“众使之玺”。是目不识丁的使者,是福音书预言降临的使者,是登霄接近真主的人。特受真主之使命传达真主的真理与启示,向世人传播伊斯兰教义,引导、教诲人们归信独一的真主,向世人传警告,报喜信,传授知识。《古兰经》为真主赐予穆罕默德的明证和奇迹。故信仰穆罕默德是真主的使者,为伊斯兰教的“六大信仰”之一。

(达应庚)

《世界回教史略》 中国伊斯兰教历史著作。作者水子立。1922年成书,经丁静庵参订,于1923年由北平牛街清真书报社出版,1930年3月再版时略有增改。卷首有马福祥作的序和作者自序。该书为文言体,分上、下两卷,共18章,3万余言。上卷9章,概述伊斯兰教的创传和阿拉伯帝国的兴衰,及奥斯曼帝国的崛起,其中包括穆罕默德略纪,大食国记,文米亚政府记,大食国分裂记,东西大食国记,十字军战记,土耳其记。下卷分述阿拉伯近代史和其他地区的伊斯兰教发展史略,包括中国回教记,印度回教记,阿拉伯近世记,南洋群岛回教记,非洲回教国记,回教史总论,回教兴起后与诸教之关系,回教与世界之将来等。该书以穆罕默德辞世之年为纪元开始,对历史上的大事以穆罕默德辞世若干年为标记,但附有公历,便于对照。全书分国记述,以该国伊斯兰教初兴之时为叙述之始,与此无关的则略而不陈。在叙事体例上则以记事为主,文中有时夹叙夹议。为了突出重点,故记事详略不一。本书系中国穆斯林学者系统研究世界伊斯兰教史的开创性著作,且内容丰富,资料翔实。在20世纪20～30年代的穆斯林青年中有广泛影响,成为必读书。

(余振贵)

世界穆斯林大会德国分会 德国全国性伊斯兰教民间组织。1932年10月21日由穆斯林移民在柏林建立,1985年作为德国穆斯林的组织在柏林重新登记。其宗旨是:促进德国穆斯林的宗教认同,并与其它宗教的团体进行对话;维护穆斯林社团的合法权益。该会举办有伊斯兰中心、伊斯兰学校和伊斯兰联络办事处;开办伊斯兰讲座、研讨会、展览会,以进行宣教活动。自1984年起每年都举行年会及有政府首脑出席的“基督教—伊斯兰教周”活动。该会在世界穆斯林大会中占有重要地位并有一定影响。 (黄陵渝)

世界穆斯林青年大会(World Assembly of Muslim Youth) 国际性穆斯林青年与学生组织。1972年创立。总部设在沙特阿拉伯首都利雅得。根据该会章程,宗旨是:贯彻施行各种宗教活动计划,组织、协调各团体之间的合作,关心穆斯林青年团体的利益。该会向世界各地穆斯林青年和学生提供讲坛,并负责组织协调他们的活动。现任秘书长是陶菲克·库萨伊尔,大会副主席由伊斯兰世界联盟秘书长欧麦尔·纳绥夫兼任。主要活动:以各种方式扩大世界各地穆斯林青年的接触范围;提高伊斯兰论文写作、翻译水平,并扩大其出版物的发行范围;与国际伊斯兰学联和其他穆斯林青年组织合作,为世界各地区伊斯兰组织的活动提供必要的条件;考察、研究青年的一般活动和某些特殊、具体的宗教活动,不断丰富穆斯林青年组织的活动内容。力求通过上述活动,使穆斯林青年达到精神、感情、思想、认识上的伊斯兰认同。该会迄今已在世界各地举行过10余次大会和多期青年营地活动。其经费由伊斯兰世界联盟资助。该会在世界穆斯林青年中影响较大。 (黄陵渝)

世界穆斯林青年研讨会(al-Nadwah al-'Ālamiyyah Li al-Shabāb al-Muslimin) 国际性的伊斯兰思想讨论会。研讨会于1972年开始举行,每3年1次。在沙特阿拉伯王国首都利雅得设有秘书处和办事机构,处理日常工作。目前已有世界五大洲的450多个穆斯林青年、学生组织参加。其宗旨主要是:在“信主独一”教义的基础上,发扬正统的伊斯兰思想;加强穆斯林青年之间的友谊与联系;介绍伊斯兰教;肯定穆斯林青年在建设穆斯林社会中的积极作用;支持世界各地的穆斯林青年组织,协助他们开展有益的活动。研讨会截至1988年已召开过6次会议,除1982年在内罗毕召开的第五次会议外,其余5次均在利雅得召开。来自世界各地的穆斯林青年、学生组织的代表出席会议,改选大会秘书处组成人员。研讨会还举办区域性、地方性的会议和青年野营活动,旨在增进世界各地穆斯林青年之间的友谊,锻炼他们的领导才能。

(文 舰)

世界清真寺最高理事会(al-Majlis al- A'lā al-'Ālami lil-Masājid) 伊斯兰世界联盟所属有关研究和指导各国清真寺事务的专门机构。于1975年在麦加召开以“清真寺的使命”为议题的讨论大会上成立，由来自 80 多个国家和地区的 500 多名代表中推选出的 26 名理事组成。1976 年在麦加召开了理事会第一次会议，讨论确定了理事会的基本组织形式和任务。1977 年召开的第二次会议讨论增选了 19 名理事，决定理事会的常设秘书处及各工作机构均驻麦加，并决定每年召开 1 次年会。理事会的工作任务是：(1)制定全面计划，使清真寺在指导、教育、宣教及提供社会服务等多方面发挥作用。(2)出版《清真寺使命》会刊，提高伊玛目及海推布学术文化素养，并向他们推荐以经训为依据的高水平宣教范文。(3)出版阐述伊斯兰教教义和文化的经书和专著。(4)对世界各地清真寺进行全面考察，撰写出有关清真寺历史和现状的资料，分期分批整理出书，以传播推广。(5)选拔、培训优秀的宣教演说家，派赴世界各地清真寺巡回宣教。(6)经常举办伊玛目培训班，以提高他们的文化素养。研究建立、健全清真寺管理机构，直接管理清真寺及其附属设施和宗教公产的制度，处理日常事务。(7)研究与伊斯兰教义相背离的种种思想和行为，并采取相应的对策。

（马智雄）

世界伊斯兰大会(Mu'tamar al-'Ālam al-Islāmi) 泛伊斯兰国际性组织。亦称"世界穆斯林大会"。1926 年在由沙特阿拉伯国王伊本·沙特主持、于麦加举行的第一次代表大会上宣告成立。总部原设在耶路撒冷，后迁巴基斯坦的卡拉奇。该会在 50 多个国家和地区设有办事机构。1965 年起该会在联合国享有"非政府性咨询机构"的地位。现任主席马鲁夫·达瓦利比(沙特阿拉伯)、秘书长伊纳姆拉·汗(巴基斯坦)。至 1989 年计有 41 个成员国：阿尔及利亚、阿富汗、阿拉伯联合酋长国、也门、阿曼、埃及、巴基斯坦、巴勒斯坦、巴林、冈比亚、吉布提、几内亚、几内亚比绍、加蓬、喀麦隆、卡塔尔、科摩罗、科威特、黎巴嫩、利比亚、马尔代夫、马来西亚、马里、毛里塔尼亚、孟加拉国、摩洛哥、尼日尔、塞拉利昂、塞内加尔、塞浦路斯、沙特阿拉伯、苏丹、索马里、突尼斯、土耳其、叙利亚、伊拉克、伊朗、印度尼西亚、约旦、乍得等。大会的宗旨是：在世界各地传播伊斯兰教，宣传伊斯兰教的信仰、思想、文化、历史和现状；维护和增进穆斯林国家的团结和合作，形成协调一致的伊斯兰世界的统一体；抵制各种异端思想和西方生活方式的影响。

世界伊斯兰大会的领导机构是执行委员会，每年在麦加朝觐结束后举行一次执行委员会会议，听取秘书长的年度工作报告。秘书处为常设机构。其活动方式除召开代表大会外，有时还召开特别性会议和区域性会议。截止 1989 年末已召开过 9 次代表大会和一次特别会议。第一次代表大会于 1926 年在麦加召开，由沙特阿拉伯国王伊本·沙特主持，讨论了 1924 年土耳其凯末尔革命废除哈里发制度后，维护伊斯兰世界的团结和统一问题。第二次代表大会于 1931 年在耶路撒冷召开，选举巴勒斯坦大穆夫提艾敏·侯赛因为第一任主席，并成立了执行委员会和秘书处。后因第二次世界大战的影响及 1939 年耶路撒冷总部被英国殖民当局关闭，该组织长期处于瘫痪状态。第三次代表大会于 1949 年 2 月在卡拉奇召开，决定恢复组织活动，将总部迁至卡拉奇，并正式定名为"世界伊斯兰大会"。第四次代表大会于 1951 年在卡拉奇召开，提出了"世界穆斯林都是一个民族(Ummah)的公民"、"阿拉伯语是世界穆斯林的共同语言"、"对任何伊斯兰国家的侵略就是对所有伊斯兰国家的侵略"等口号。第五次代表大会于 1962 年在巴格达召开，通过了大会章程，确定大会的目标是建立伊斯兰国家共同体和穆斯林国家共同市场。第六次代表大会于 1964 年底和 1965 年初在摩加迪沙召开，讨论了伊斯兰国家共同体和共同市场的问题，强调伊斯兰国家是"世界第三势力"。提出"全世界穆斯林联合起来！""非洲——穆斯林的大陆"等口号。1967 年 6 月，以色列发动第三次中东战争后，该组织在安曼举行特别会议，呼吁召开伊斯兰国家最高首脑会议，并派代表团到各地活动，支持阿拉伯国家和巴勒斯坦人民反对以色列扩张主义的斗争。号召全世界穆斯林举行圣战，收复圣地耶路撒冷。第七次代表大会于 1980 年 3 月在吉布提召开，专门讨论庆祝伊斯兰教希吉来 15 世纪的来临等问题。第八次代表大会于 1981 年 6 月在塞浦路斯的法马古斯塔举行，有 34 个伊斯兰国家和 7 个穆斯林国际组织的 150 名代表参加。大会发表公报，强烈要求苏联军队撤出阿富汗，让阿富汗人民自由选择自己的政府。第九次代表大会于 1988 年 3 月在卡拉奇召开，中心议题是："伊斯兰和为世界和平需要全球总动员"。1981 年 6 月，该组织与日本伊斯兰大会联合召开了国际伊斯兰教学术讨论会，会议的议题是"伊斯兰教与世界新秩序"，37 个国家和地区的 100 多名代表参加了讨论会。该组织还设有研究中心，出版物有《穆斯林世界》、《世界伊斯兰各国概况》、《各国穆斯林概况》等。还创办有伊斯兰之声广播电台。

（杨克礼）

世界伊斯兰宣教协会(Jam'iyyah al-Da'wah al-Islāmiyyah al-'Ālamiyyah) 当代国际性伊斯兰宣教组织。1972 年 5 月成立，总部设在利比亚首都的黎波里。系根据 1970 年 12 月在的黎波里召开的第一届宣教大会的决议创建。原称"利比亚伊斯兰宣教协会"，1986 年第三次代表大会期间改为现名。该协会称，它是利比亚政府支持并具有独立法人资格的组织，同不少伊斯兰和非伊斯兰国家的穆斯林组织保持工作联系，在世界各大洲设代表处并派驻宣教人员。协会的宗旨是，在世界各地进行宣教工作。其任务是：(1)介绍并教习《古兰经》及其诵读法，介绍先知生平和伊斯兰教信仰、伦理、功修及社会义务等方面的要义；借助人类各种科学文化知识注释《古兰经》。(2)培养宣教人员；编辑、出版和发行各种文字的书刊和伊斯兰知识工具书，以提供有关伊斯兰教基本原则和伊斯兰文化的知识;组织穆斯林学生和青年聚会,交流宗教知识,增进宗教感情;同各地宗教和学术团体、组织进行联系,互通情况;在各教学机构把阿拉伯语作为学习《古兰经》的语言予以传播;鼓励各伊斯兰国家,在制定法律时把《古兰经》作为穆斯林社会的律法加以结合。协会举办有世界伊斯兰宣教学院(见该条)和"吉哈德"基金会等机构。协会的经费来源:(1)利比亚国库提供的专项拨款。(2)各伊斯兰国家的资助。(3)其他捐赠和瓦克夫产业。协会在银行的存款不受财政、金融的任何限制。协会的组织机构:(1)代表大会,为协会的最高权力机构,由参加协会的各伊斯兰团体、组织和会社推举的代表组成。代表大会每4年召开1次,商讨和确定协会宗教工作总规划,讨论、解决穆斯林所面临的各种问题。(2)理事会,为协会的常设执行机构,理事36人,由代表大会选举产生,任期4年,任务是研究执行代表大会的决议和决定。(3)行政委员会,为理事会的行政职能机构,委员5人,由理事会推举确定,任务是实施理事会的决定和年度计划。(4)秘书处,为理事会的专设机构。由若干办公室组成,负责拟定研究议题,搜集资料,起草文件和报告,实施各项计划,对外进行联络等。该协会与中国伊斯兰教协会建有友好往来关系。 (马忠杰)

世界伊斯兰宣教学院(Kulliyyah al-Da'wah al-Islāmiyyah al-'Ālamiyyah) 世界伊斯兰宣教协会举办的高等宗教院校。1974年成立。校址设在利比亚首都的黎波里市南郊。其宗旨是培养具有一定宗教学识、宗教操守和现代科学文化知识的宣教人员和穆斯林知识分子;宣传伊斯兰教义,扩大对人类思想意识的影响;开展对各穆斯林民族历史与现状的研究;加强同世界各伊斯兰组织团体和大学间的学术文化交流与联系。该院占地面积70公顷,建有现代伊斯兰建筑风格的教学楼、学生宿舍楼、图书馆、清真寺、食堂及其他福利设施。现有学生500多人,来自亚洲、非洲、欧洲和拉丁美洲等地区,中国伊斯兰教协会亦派有留学生。他们均享受学院提供的奖学金。该院学制4年,课程设置有:《古兰经》与经注学、圣训与圣训学、教义学、教法学、伊斯兰教史、《古兰经》诵读学、社会学、心理学、阿拉伯和英、法语,并设有硕士生与博士生班。刊行有学术性的《伊斯兰宣教杂志》年刊。该院还在巴基斯坦的卡拉奇和叙利亚的大马士革等地设有分院。 (陈玉龙)

《世界征服者史》 记述蒙古成吉思汗及其子孙西征的著名历史著作。波斯史学家阿拉丁·阿塔·朱韦尼('Alā' al-Din 'Atā' al-Juwayni,1226～1303)著。波斯文。作者长期担任蒙古汗国阿姆河行省长官阿儿浑的书记,后又担任伊儿汗国报达(今巴格达)长官。1252～1253年随阿儿浑赴蒙古朝见宪宗蒙哥时开始在和林撰写本书。时断时续,未能终卷。今汉译本分上、下两册,共3部。第1部41章,记述成吉思汗及其子孙窝阔台、贵由、术赤、拔都、察合台等的武功。兼及畏兀儿史、西辽史。第2部32章,为花剌子模沙王朝史、蒙古统治波斯、中亚的历任长官事迹。第3部16章,记述拖雷、蒙哥、旭烈兀史及波斯伊斯玛仪派王朝的兴衰史。该书有如下特色:(1)彰扬成吉思汗的军事天才及武功,详细记述了蒙古军队作战的机动性与军纪;如实记录了蒙古军西征时将中亚城市夷为废墟和践踏伊斯兰文化的残暴行径。(2)称赞蒙古军消灭信佛教的哈剌契丹和伊斯玛仪派王朝,粉碎畏兀儿贵族中的佛教徒企图杀光别失八里穆斯林的阴谋等。作者把这些归结为"全能真主的恩典"。(3)认为蒙古军队征服中亚和波斯等地后,征调当地工匠到中国各地,使西域商人进入哈剌和林新都等措施,起了扩大伊斯兰势力的作用。并引用"求学尤当到中国"的圣训予以赞扬。(4)称赞蒙古统治者对伊斯兰教的宽容和对穆斯林学者的庇护,如窝阔台对穆斯林的宽仁、蒙哥对穆斯林群众的礼遇和舍施、蒙哥母亲唆鲁禾里帖尼皇后对穆斯林的保护等。对成吉思汗在攻克布哈拉后毁坏清真寺等文物的行径也如实地予以披露。该书所记事实,大都为作者耳闻目睹和亲身经历,受到后世史学家的重视,如拉希德丁的《史集》、瓦萨甫的《瓦萨甫史》、多桑的《蒙古史》均有所摘引。对研究中亚、西亚及中国伊斯兰教史、回族史、维吾尔族史、新疆地区史、蒙古史等都有重要的史料价值。该书传世抄本有十几种。伊朗学者卡兹维尼(al-Qazwini)根据多种抄本校勘后,于1912、1916、1937年先后分3卷出版。1938～1985年期间,英国学者波伊勒(J. A. Boyol)根据卡兹维尼集校本译成英文并详加注释。中国何高济根据波伊勒英译本译为汉文,1980年由内蒙古人民出版社出版。 (罗万寿)

释奴(al-Mawāli) 伊斯兰国家对获得人身自由的奴隶的称谓。源自阿拉伯文,意即被释放而脱离了奴籍的人,或获得人身自由的前战俘。7世纪伊斯兰教出现前,阿拉伯半岛北部已出现奴隶制经济的萌芽,部落战争中战败的弱小部落成员及负债无力偿还的城市贫民常被蓄为奴隶,形成人身依附关系(称为"瓦拉关系")。此外,还有许多奴隶市场,拍卖从世界各地贩来的外族奴隶。伊斯兰教创传后,提倡穆斯林在安拉面前一律平等,鼓励赈济贫民、善待奴隶、释放奴隶,这被视为善行,可以赎罪。这种社会平等主张对奴隶和被压迫者有很大的号召力,早期的信徒中有许多人原为奴隶和贫民,为争取自由而信教。这种社会主张曾使古阿拉伯奴隶制受到一定的限制。但蓄奴制并未自行解体,反而因对外扩张而加剧。四大哈里发时期(632～661)和伍麦叶王朝时期(661～750),在对外扩张的战争中被征服的各地的居民大批被蓄为奴隶,成为阿拉伯将士的战利品。伍麦叶时代,社会已分化为4个等级,居首位的是作为统治者的阿拉伯人,奴隶为最卑贱的第四等级，在伊斯兰教初期，就出现过释放奴隶的事例。统一阿拉伯半岛后，不再容许将信教的阿拉伯人收养为奴。后来随着外族奴隶人数的增多，阿拉伯士兵同外族女子通婚日渐普遍，传统的血缘关系和人身依附关系开始发生变化，教法对释放奴隶作出了不少规定，释放奴隶的现象也日见增多。例如，作为奴婢蓄养的女奴一旦同奴隶主生有子女，便改称"孩子的妈妈"，其地位亦略有改善，主人不得再将她出卖或赠予他人，待主人死后，她便获得自由。但所有因各种原因而获释的奴隶，同奴隶主之间仍保持有某种名分关系，称为"瓦拉关系"，意即释奴在名分上仍隶属于释放者。释奴的名字前仍需冠以主人或隶属部落的名称，以示原有的依附关系。释奴死后，如无继承人，释奴者有权继承其遗产。信教的释奴虽为自由人，其社会地位仍远远低于阿拉伯贵族。

释奴在伊斯兰教发展史上做出了很大贡献，尤其是在文化、学术领域。释奴中一部分人的文化素养高于游牧的阿拉伯人，甚至圣门弟子也多为文盲。到了再传及三传弟子的时代，著名学者中阿拉伯人固然不少，但大多数则是释奴或其子孙后代，其中尤以波斯人居多。早期著名的经注学家、圣训学家、法理学家、伊斯兰哲学家，多为波斯释奴。据埃及著名学者艾哈迈德·爱敏在其《阿拉伯—伊斯兰文化史》中所记，在麦地那，最博学、最精伊斯兰律法者当首推苏莱曼·叶沙尔，其父为穆罕默德之妻梅蒙娜的释奴。伊本·马立克之师——著名学者拉比尔亦出身于释奴之家。麦加学者穆贾希德·哲布尔，原为麦赫祖姆家族的释奴，师承著名经注学家伊本·阿拔斯，以擅长古兰经注著称于世。伊本·阿拔斯的另一弟子伊克迈勒，也是他的释奴。库法的著名黑人学者赛德·祖拜尔，系俄里拜家族的释奴。巴士拉著名学者、圣训学家哈桑·巴士里，原为栽德·本·萨比特的释奴。埃及著名学者耶济德·哈比布，系柏柏尔释奴，曾任埃及总教法执行官。到阿拔斯时代，由于各地已阿拉伯化、伊斯兰化，外籍释奴与阿拉伯人的界限日趋淡漠，释奴对伊斯兰文化的贡献已汇入总体伊斯兰文明之中而难以分辨了。　（吴云贵）

守限期　伊斯兰教婚姻法专用语。亦称"待婚期"。中国操汉语的穆斯林称"伊达"（'Iddah）或"伊代德"（'Idad，"伊达"的复数词）。参见伊达。

守夜　见盖德尔之夜。

受戒（al-Iḥrām）　伊斯兰教朝觐仪式之一。为阿拉伯语"伊哈拉姆"的意译。伊斯兰教法规定，世界各地穆斯林朝觐者在进入圣地麦加前，必须在指定地点进行受戒，亦称"戒关"。实系朝觐前必做的端正意念，净身素装的准备工作。朝觐者一进入"戒关"必须举意并作大小净，去常服，换戒衣。受戒后礼两拜副功拜，即进入麦加禁寺朝觐。戒衣为两幅未缝制的白布（亦称"朝觐服"，妇女仍着素服），一幅称伊扎尔（Izār）围在腰间；一幅称布尔代（Burdah）披在肩上，缠头赤足。受戒后必须严守禁戒事项：戒修饰，戒房事，戒争论，戒流血，戒狩猎，戒杀生，戒伤"禁地"草木等。朝觐者还要不断高声诵念"应召词"："我应召而来，主啊！我应您召唤而来。我应召而来，您是独一的主宰。我应召而来，您是独一的主宰。我应召而来，赞颂、恩慈和权力确属于您，您是独一的主宰"。历史上，受戒地点教法规定有五：东以匝提·尔勒格（Dhāti'Irq）为伊拉克等地区朝觐者受戒之地；北以盖勒乃·麦纳则勒（Qarna al-Manāzal）为内志等地区朝觐者受戒之地；西以朱哈法（al-Juḥfah）为叙利亚等地区朝觐者受戒之地；南以叶兰兰（Yalamlam）为也门等地区朝觐者受戒之地；中以祖勒·侯莱法（Dhu al-Ḥulayfah）为麦地那等地区朝觐者受戒之地。现由于交通工具的现代化，较远地区的朝觐者，只要能受戒抵达麦加即可，受戒地点不限。伊斯兰教法学家认为，受戒开始即标志着朝觐者应召奔向真主，万众一心履行朝觐的各项功课。

（达应庚）

书尔布　见舒阿卜。

舒阿卜（Shu'āyb）　《古兰经》中记载的古代先知之一。一译"书尔布"。阿拉伯语音译。相传系红海西岸西奈山（今埃及境内）附近的麦德彦（Madyan，《旧约全书》称"米甸"）部落人。据《古兰经》载，安拉派遣他为使者，向其族人传教，要求他们放弃偶像崇拜，信仰独一万能的安拉；劝导他们"不要克扣他人应得的财物，不要在地方上为非作歹"，"应当使用充足的斗和公平的秤"，做到买卖公平。但遭到族人蛮横拒绝，舒阿卜及其追随者亦被逐出家乡。麦德彦人因执迷不悟，继续拜树为神，为非作恶，终于遭到安拉的惩罚，顷刻之间全部毁灭于地震之灾，"伏仆在自己的家里"。舒阿卜及归信其教者均得到安拉的拯救而安然无恙（11：84～95）。随后，舒阿卜又被安拉派往距麦德彦部落不远的"丛林的居民"（一译"哀凯人"）那里进行传教，要求他们"敬畏真主"，并提出了与对麦德彦人同样的劝告。他们非但不听，反而刁难舒阿卜，要他"使天一块块地"落在他们头上，以证其确是使者，终于遭到了"阴影之日的刑罚"（26：176～190）。据经注学家解释，安拉为惩罚丛林的居民，曾降下70天酷热，使泉水皆涸，人们因极度干渴而窒息。一天空中喜见乌云，随之凉风刮起。正当人们欢呼之时，云中突燃烈火，丛林的居民统被焚化。《古兰经》关于舒阿卜劝教情况的记述共有4处，计39节经文，均颁降于先知穆罕默德在麦加传教时期，具有对以古莱什贵族为首的多神教徒将古比今进行警告的意义：执迷不悟者绝无好下场，终将遭到安拉应有的惩罚。有人认为舒阿卜即《圣经》中的"流珥"（Reuel）或"叶忒罗"（Jethro），穆斯林经学家

认为不宜将二者混淆等同。（杨宗山）

舒拉（Shūrā） 伊斯兰教法、政治概念。阿拉伯语音译，意为“协商”。教法理论原则之一，即通过“协商”决定国家大事。原为古代阿拉伯部落会议议事习惯，后为伊斯兰教所确认、沿用，《古兰经》第42章列为章名予以论述。伊斯兰教第二任哈里发欧麦尔临终时，指定6人组成舒拉会议，协商推举产生哈里发。后随着伊斯兰教法的形成，教法学家们又据此提出“公议”原则，或以大多数教法学家或以全体穆斯林的一致意见为核准类比推理（格亚斯）的法理依据。但这一政治理论原则后来受到封建王权的限制，而未能继续付诸实施。14世纪，罕百里派教法学家伊本·泰米叶重新修正哈里发学说时，提出哈里发（或伊玛目、素丹）可不必精通教法，法律事务可由熟谙教法知识的伊斯兰学者（即欧莱玛）集体协商处理，从此协商作为一项政治原则，再次受到教法学家们重视。近代特别是19世纪以来，伊斯兰现代主义者和原教旨主义者都据此提出新的解释。印度伊克巴尔认为，现代协商机构即由各党派、各阶层人士代表组成的穆斯林立法议会，有权制定、颁布、监察国家立法，任免国家元首。埃及赛义德·库特布认为，一个名副其实的伊斯兰国家必须以“沙里亚”（即伊斯兰教法）为根本大法，实行广泛的政治协商制度。巴基斯坦毛杜迪将这种协商制度称之为“伊斯兰民主制”。20世纪70年代后，随着伊斯兰复兴运动的勃兴，各国的原教旨主义派别、组织，就协商制度发表了大量言论、著作，要求国家政府实践这一政治理论原则。（吴云贵）

舒拉会议（Ijtimā‘al-Shūrā） 644年在麦地那举行的协商推选第三任正统哈里发的会议。“舒拉”系阿拉伯语，意为“协商”。“舒拉会议”亦即协商会议。644年末，伊斯兰教第二任正统哈里发欧麦尔遇刺后伤势严重，由谁继任哈里发成为亟待解决的问题。欧麦尔在拒绝了由其子阿卜杜拉继任的建议后，提名由奥斯曼、阿里、阿卜杜·拉赫曼、赛尔德、祖拜尔、泰勒哈等6位在穆斯林中有威望的圣门弟子召开协商会议，共同决定下任哈里发人选，要求他们停止一切活动，集中协商尽快解决，并指出每个参加协商的成员都具有当选资格。他还委派其子阿卜杜拉在没有被选举权的前提下参加协商活动，并授权他在协商发生争议而两种意见人员均等时实行仲裁，如大家不接受仲裁者的意见，则以阿卜杜·拉赫曼所在一方的意见为准。欧麦尔逝世后，舒拉会议即在圣门弟子米斯瓦尔（al-Miswar，624～683）家中举行。由于阿卜杜·拉赫曼放弃竞选，与会者便一致推举他承办选举的具体事宜。阿卜杜·拉赫曼在圣门弟子、军事将领和一些有影响的人士当中广泛征求了意见，并同舒拉会议成员分别进行交谈，最后确定奥斯曼和阿里为候选人。阿卜杜·拉赫曼在得到该二人关于服从选举结果的承诺后，便在先知寺内组织集会征求意见。阿里所出身的哈希姆家族成员提出，只有拥护阿里为哈里发，方可避免穆斯林内部分裂。而奥斯曼所出身的伍麦叶家族则针锋相对，提出为防止整个古莱什部族发生分歧，必须选举奥斯曼。经过激烈的辩论，两个家族以外的其他穆斯林多数赞同后者的意见。阿卜杜·拉赫曼便率先同奥斯曼握手，表示拥护他为哈里发，在场的大多数穆斯林群起响应。阿里虽对阿卜杜·拉赫曼的做法不满，但因有事先服从选举结果的承诺，也只好表示拥护。至此，67岁的奥斯曼被推选为伊斯兰教第三任正统哈里发。欧麦尔临终前倡导的舒拉会议，是继632年塞基法会议之后民主协商选举哈里发的又一体现。但选举过程中的激烈竞争，则使哈希姆家族和伍麦叶家族之间原有的矛盾和斗争进一步明朗化，并对其后伊斯兰教内部更大的分裂产生了深远的影响。（杨宗山）

舒欧布运动（Shu‘ūbiyyah） 阿拔斯王朝时期的波斯民族主义运动。因“民族”一词阿拉伯文作“舒欧布”（Shu‘ūb），故名。8世纪中叶阿拔斯王朝建立后，古老的波斯文化传统曾对居统治地位的阿拉伯人的政治和社会生活发生一定的影响，但作为政治语言和宗教语言的阿拉伯语，仍非帝国各族人民的共同语言，阿拉伯文化仍被非阿拉伯人视为外来文化。10世纪以后，由于统治者继续奉行阿拉伯化、伊斯兰化政策，引起非阿拉伯人的强烈不满，他们以文学、诗歌的形式，批评阿拉伯贵族的种族优越感，尤以波斯文化界为甚。民族主义运动由比鲁尼等著名作家、科学家发起，他们在著述、创作中强调信奉伊斯兰教的各族穆斯林一律平等、亲如手足，抨击阿拉伯贵族的专横跋扈，认为非阿拉伯人在文学、科学、文化上做出了巨大贡献，不应受制于人。运动虽遭到伊本·古太白等波斯学者的抵制，仍产生很大影响。舒欧布运动在反对阿拉伯种族至上的同时，仍主张以《古兰经》和圣训为立国之基础，从而肯定了作为宗教语言的阿拉伯语的地位，但阿拉伯语不单被视为一种民族语言，同时又是信奉伊斯兰教的各民族的哲学、科学、文学和文化的语言。这种带有泛伊斯兰文化色彩的文化运动，因强调各族一律平等，亦称“多民族主义运动”。（吴云贵）

数一 中国伊斯兰教哲学概念。用以论证真主创造天地万物的大能及天地万物与真主的关系。“真一”指真主独一无偶，为天地万物的主宰。数一指“真一”显而为天地万物的种子。王岱舆《正教真诠》云：“数之一，自独一来也。曰‘无极而太极，太极生两仪’数之一也；曰‘一本万殊’，‘万法归一’亦数之一也；曰‘无名天地之始，有名万物之母’亦数之一也。数一，乃天地万物之种；真一，乃数一之主。”数一，“受命而有”，生成天地万物并能代理天地万物。数一是伊斯兰教教义学的创世说，也是伊斯兰教哲学的宇宙生成论。

（罗万寿）

数字七派 见赛布仪耶派。

双朝向清真寺（Masjid al-Qiblatayn） 沙特阿拉伯伊斯兰教清真古寺。位于麦地那城西北瓦迪—阿吉格谷边缘，距先知寺 3.5 公里。建筑规模较小，相传始建于先知穆罕默德时代，是用石块、椰枣树干等简易搭建的。后经历代翻新修建，始为今日之规模。该寺由于保留了两个礼拜指示朝向的凹壁而得名。第一个是向北的，因穆罕默德曾于 621 年登霄之夜规定穆斯林面向耶路撒冷做礼拜；第二个是向南的，朝向麦加，是 623 年穆罕默德根据《古兰经》第 2 章 144 节的启示而改变礼拜朝向的。据说此事发生在伊斯兰教历 2 年 7 月中旬星期一晌礼拜中间。（赛生发）

双角人 见左勒盖尔奈英。

顺从（al-Ṭā‘ah） 伊斯兰教教义学用语。阿拉伯语“塔阿”的意译。亦译“服从”。指对真主的归信和对真主意旨及律令的顺从。《古兰经》云：“你们应当服从真主，服从使者和你们中的主事人”（4：59）。伊斯兰教义学家认为：顺从是建立在对真主独一无偶、全知全能、无始永恒、造化并恩养天地万物等属性的确信与崇奉的基础上的，是从信仰的内悟、表白与实践诸方面体现的一项根本要求，是敬畏真主在实际行动上的体现，不能有丝毫犹豫和动摇。穆罕默德是真主的最后一位使者，他受真主派遣，创兴伊斯兰教，引导世人走上伊斯兰道路，穆斯林应当相信他带来的信息，遵行他的教导，奉行他所颁布的教律，并以他为典范。“主事人”是指政教合一的伊斯兰国家的领袖。无论地位高低，权力大小，都同是真主的仆人。他们必须体现真主的旨意，服从教法教规，取得穆斯林的信任，对他们的服从是在顺主顺圣前提下的顺从。顺从也是穆斯林的一项重要的社会伦理思想。（罗万寿）

顺河东大寺 见济宁清真东大寺。

司命天使（Malak al-Mawt） 见阿兹拉伊勒。

私人身份法 伊斯兰教关于公民私人身份事体法规的统称。原为西方国家法律概念，第二次世界大战后，少数伊斯兰国家受西方外来法的影响，认为宗教信仰是公民的私事，而伊斯兰教法是关于公民私人身份事体的法规，称之为“属人法”，并根据各自的国情，通过了关于穆斯林公民的私人身份法。其特点是以现代条规的形式制定单行法，内容涉及婚姻家庭关系和遗产继承。这部分立法由国家民法法院而非伊斯兰法院实施。私人身份法在形式上不同于传统伊斯兰教法，但在内容上仍以教法学为基础，并根据当代的条件对教法作了某些修改和补充。目前颁布有私人身份法的伊斯兰国家有叙利亚、伊拉克、突尼斯和摩洛哥。私人身份法的颁布标志着伊斯兰教法被纳入国家统一的法制和司法体系，教法在国家中的地位有所改变，不再是国家的根本大法。（吴云贵）

斯里兰卡穆斯林青年大会联合会（Federation of Assemblies of Muslim Youth of Sri Lanka） 斯里兰卡群众性的穆斯林青年宣教社团。1985 年创建，总部设在科伦坡。创建人胡赛尼亚（Dr. B. A. Hussaniya）。其宗旨是：与世界穆斯林青年加强联系，为全球穆斯林的团结而密切合作，弘扬伊斯兰精神。主要任务是：以伊斯兰社会价值观造就斯里兰卡穆斯林，促进斯里兰卡穆斯林青年的团结与其他友好社团合作，积极参与国家的社会发展。该会由 19 个全国性主要穆斯林团体联合组成，成员多为知识分子，大多从事中、高等教育工作。自创建以来，举办过多期穆斯林记者进修班、穆斯林青年领袖培训营，并于 1985 年在科伦坡召开过斯里兰卡“第一届穆斯林青年大会”，有数百名代表出席，会议决议提出：斯里兰卡穆斯林青年是反对帝国主义的象征，在伊斯兰精神引导下，谴责以色列的扩张主义。该会是世界伊斯兰宣教协会的成员组织，同伊斯兰世界联盟、世界伊斯兰大会均有联系。该会在斯里兰卡穆斯林中影响较大。

（黄陵渝）

斯里兰卡伊斯兰教 斯里兰卡共和国位于亚洲南部，是南亚次大陆南端印度洋上的一个岛国。面积 65610 平方公里。人口 1659 万（1988）。僧加罗族占 74％，泰米尔族 18.1％，摩尔族 7.1％。僧加罗语为官方语，社会上层通用英语。首都科伦坡。居民 69.3％信奉佛教，15.5％信奉印度教，7.6％信奉伊斯兰教，7.5％信奉基督教。穆斯林人口 124 万余人，主要居住在科伦坡、普塔拉姆、加勒、别卢瓦拉、马纳尔、安佩拉、亭可马里、巴提卡洛亚等地，分属于斯里兰卡摩尔人、印度摩尔人和马来人。7～8 世纪，伊斯兰教由出使麦地那的斯里兰卡使者传入，后经阿拉伯移民广为传播。此后，阿拉伯商人与当地僧伽罗人、泰米尔人及印度南部人通婚，融合成新的民族——斯里兰卡摩尔人。同时，印度西海岸和孟买的印度摩尔人也不断迁居斯里兰卡。12～13 世纪，当地一些土著国王希望扩大对外贸易，对穆斯林更为器重，赐予高官厚爵和大量封地，穆斯林的政治、经济地位不断提高。1505 年后，斯里兰卡沦为葡萄牙殖民地。葡萄牙殖民者把穆斯林视为“敌手”横加迫害，曾焚烧科伦坡穆斯林居住区。17 世纪初，又把许多摩尔人赶出西海岸，强迫他们移居外地。17～18 世纪，斯里兰卡沦为荷兰殖民地。荷兰殖民者奉行“以夷治夷”政策，将从印尼、爪哇地区招募的由马来人组成的兵团调至科伦坡，借以维持治安，镇压起事者。后又有一些马来亚人移居至此，构成斯里兰卡的马来族穆斯林社团。1798年斯里兰卡沦为英国的“王冠殖民地”，英殖民者极力离间斯里兰卡的佛教徒与穆斯林，导致两宗教信徒间的流血冲突。1948年斯里兰卡独立后，穆斯林政治地位明显提高。穆斯林政党组织有：斯里兰卡穆斯林联盟、全锡兰穆斯林联盟、伊斯兰斯里兰卡社会主义阵线、斯里兰卡穆斯林大会。除遵守国法外，穆斯林居民中还实行伊斯兰教法，设有伊斯兰教法庭，法官由政府任命。全国有2000多座清真寺，清真寺委员会负责穆斯林婚姻登记和指导穆斯林家庭生活。全国大部分地区有经文学校，约有500所公立穆斯林中学。宗教出版物有僧加罗文《古兰经》和《穆斯林时报》等经书报刊。斯里兰卡穆斯林组织与伊斯兰世界联盟、世界伊斯兰大会及南亚各国穆斯林均有密切联系。 （黄陵渝）

斯瓦希里人（Swaheli） 东非穆斯林民族之一。人口约178.5万（1978）。主要分布在坦桑尼亚境内，部分居住在肯尼亚、索马里、乌干达、布迪隆等11个国家。系由当地的班图人与马来人、印度人、阿拉伯人、波斯人等长期融合而成。讲斯瓦希里语，属尼日尔—科尔多凡语系，尼日尔刚果语族，贝努埃—刚果语支东班图语言群，有20多种方言，以其中翁古贾方言（流行于桑给巴尔诸岛）为现代斯瓦希里标准语。经济生活以农业和渔业为主，城市和港口居民则多从事手工业和商业。按父系续谱、居住和继承财产。7世纪，阿拉伯人从东非沿海地带开始进入坦桑尼亚等地区，并建立了奔巴和基瓦尔等居民点，使伊斯兰教传入，他们同沿海一带的非洲人通婚融合，形成了新的斯瓦希里人民族。斯瓦希里人全部信奉伊斯兰教，并保持了阿拉伯文化和生活方式。16世纪受到葡萄牙殖民者统治。19世纪阿拉伯人同英国人联合赶走了葡萄牙人。1882年，阿曼国君赛德·赛义德迁都桑给巴尔，使伊斯兰教在斯瓦希里人中又得到了较大发展。1935年，艾哈迈迪耶教团在塔波拉建立了一个宗教点，把《古兰经》译成了斯瓦希里语，并加以注释，使伊斯兰教得到进一步的传播。斯瓦希里人穆斯林大多属逊尼派的沙斐仪教法学派，并有苏菲派的沙兹里教团、卡迪里教团、里法伊教团等。在桑给巴尔还有艾巴德派。

（王庆仁）

斯瓦希里语（Swahili Language） 非洲东部和中部的通用语言。属尼日尔—科尔多凡语系，尼日尔—刚果语族东班图语支。分布地区为：坦桑尼亚、肯尼亚、乌干达、赞比亚、扎伊尔、科摩罗、索马里等国和东非沿海一些岛屿，使用人口共约5000万。有10余种方言。斯瓦希里语原用阿拉伯字母拼写，最早的文献记载见于12世纪。此语有a、e、i、o、u 5个元音，辅音有b、d、f、g、h等26个。音节一般为元音结尾的开音节，单词重音落在倒数第二个音节上。其语法方面，名词分为8类，单、复数的变化在词首而不在词尾；指示代词、物主代词、形容词等都随名词的类别和单、复数而变化，各类名词有主语前缀和宾语中缀。动词变化有趋为式、使役式、状态式、反义式等。其基本语词大多是多音节；阿拉伯语和波斯语词约占30%以上。凡通用该语的穆斯林，其宗教用语大多为阿拉伯语词。近百年来借用有关现代文化内容的印欧语系语词。句子的结构是主语、主语前缀、时态、宾语中缀、动词、宾语。19世纪中叶以后，阿拉伯字母逐渐被拉丁字母取代。 （马忠杰 丁明仁）

死后复活（al-Qiyāmah） 伊斯兰教义学术语。阿拉伯语“给亚迈”的意译，原意为“起立”、“站立”。即人在死亡后，灵魂与肉体分离。末日审判时，真主将其肉体还原，再使其灵魂复归肉体，接受审判与处理，这一过程即死后复活。又称“复生日”。《古兰经》云：“我以复活日盟誓，我以自责的灵魂盟誓，难道人猜想我绝不集合他的骸骨吗？”（75：1～3），并把第75章称为“复活章”。在这一章里告诫人们：复活日必定来临、无可逃避；复活日接受审判的情景及死后复活的必然性。这是伊斯兰教的重要信条之一，为信后世的一项重要内容。 （罗万寿）

四大哈里发（al-Khulafā' al-Arba'ah） 7世纪继伊斯兰教先知穆罕默德之后领导穆斯林公社的4位政教合一的领袖的统称。指艾布·伯克尔（632～634在位）、欧麦尔（634～644在位）、奥斯曼（644～656在位）、阿里（656～661在位）。因他们均系辅佐穆罕默德传播伊斯兰教有功的圣门弟子，并经由穆斯林民主选举产生，故亦称“正统哈里发”（al-Khulafā' al-Rāshidūn）。他们执政年代虽短，但因对捍卫和发展伊斯兰教起着承前启后的重要作用，且有与以后时代不同的诸多特点，故一般史书均把这段时间划为伊斯兰教史上的一个重要发展阶段，称之为“四大哈里发时期”，或“正统哈里发时代”。 （杨宗山）

四大哈里发时期（'Aṣr al-Khulafā' al-Rāshidūn，632～661） 阿拉伯帝国创建的早期历史阶段。亦称“正统哈里发时代”。632年，伊斯兰教先知穆罕默德逝世后，阿拉伯国家的政教领袖称为“哈里发”，意为“安拉使者的继承人”。最初的四大哈里发由穆斯林公社选举产生，依次为艾布·伯克尔（632～634在位）、欧麦尔·伊本·哈塔卜（634～644在位）、奥斯曼·伊本·阿凡（644～656在位）、阿里·伊本·艾比·塔利卜（656～661在位）。他们4位前后执政29年，原以麦地那为都，阿里执政时迁都伊拉克库法。这个时期随着大规模的对外军事扩张，伊斯兰教开始向阿拉伯半岛以外广大地区传播，史称“阿拉伯的开拓时代”。第一任哈里发艾布·伯克尔为捍卫麦地那穆斯林公社，举兵讨伐和平息了南北部萨阿德、泰伊、哈尼法、盖特芳、泰米姆等部落的武装叛乱和伪先知的叛教活动，使一些叛教的部落重新归信伊斯兰教，并发展了一批新穆斯林，恢复了阿拉伯半岛的统一，为伊斯兰教进入新的开拓时期奠定了基础。第二任哈里发欧麦尔利用拜占庭帝国和波斯长期战争后两败俱伤的有利时机，继承艾布·伯克尔的远征计划，以“圣战”为旗帜，分东西线出击。西部征服了拜占庭统治下的叙利亚、巴勒斯坦和埃及；东部攻占波斯萨珊王朝首府泰西封，在尼哈万德战役中大败波斯军，取得决定性胜利。占领了从波斯湾到高加索、从伊拉克到波斯本土的广大地区，为阿拉伯帝国奠定了基础。随着军事扩张，伊斯兰教传入新征服的广大地区，大批下层人民为免缴人丁税，改变自己的政治地位，改宗伊斯兰教。从此，伊斯兰教由阿拉伯单一民族的信仰，变为多民族信仰的世界宗教。欧麦尔建立一套行政管理体制；设行省，派总督管理；铸货币，全国流通；置金库，平衡收支；设年俸，按等级分配；置法官，以健全司法。将没收的土地收归国有。凡私有土地缴纳土地贡税（即哈拉吉），非穆斯林征收人丁税（即吉兹耶）。在库法、巴士拉、弗斯塔特设“帐幕兵营”，后发展为城市。制定伊斯兰教历（即希吉来历），以 622 年穆罕默德迁徙麦地那之年为伊斯兰教纪元之始。史称欧麦尔为阿拉伯帝国的“真正奠基人”。第三任哈里发奥斯曼继续向外征伐，东灭波斯萨珊王朝，抵达亚美尼亚和花剌子模；西达北非昔兰尼加，占领的黎波里、塞浦路斯岛和罗德斯岛。奥斯曼对伊斯兰教的最大贡献是，在艾布·伯克尔执政时汇编的《古兰经》抄本的基础上，他下令由栽德·本·萨比特为首，组织专人编纂成《古兰经》正式文本，其余各种手抄本一律全部烧毁，史称“奥斯曼定本”，流传至今。《古兰经》的成书对伊斯兰教的传播、发展和阿拉伯语的推广起了重大推动作用。第四任哈里发阿里执政时，阿拉伯统治集团内部争权夺利的斗争和教派分歧日趋激烈，先后爆发了 3 次内战。阿里在同叙利亚总督穆阿维叶的政治和军事斗争中失利。661 年，阿里遇刺身亡，四大哈里发时期遂告结束。穆阿维叶夺取哈里发职位，以大马士革为都，建立伍麦叶王朝。（杨克礼）

四大撒哈拜（al-Ṣaḥābah al-Arbaʻah） 穆斯林对曾辅佐先知穆罕默德传教并先后担任哈里发的 4 位圣门弟子的尊称。指艾布·伯克尔、欧麦尔、奥斯曼和阿里。参见十大撒哈拜。（杨宗山）

四大圣训经（al-Usūl al-Arbaʻah） 伊斯兰教什叶派推崇的四部规范圣训集的总称。一译“四圣书”。其在什叶派穆斯林中的地位与逊尼派“六大圣训集”的地位相仿，被尊为仅次于《古兰经》的经典，为什叶派教法和世俗法之立法根据之一。四大圣训经成书于 10～11 世纪波斯什叶派布韦希王朝（932～1055）统治时期，汇编者均为波斯籍，他们由各自的家乡来到布韦希王朝控制下的巴格达，从事圣训的搜集和汇编工作。什叶派学者汇集圣训的原则与逊尼派圣训学家不同。逊尼派对每条圣训的传述系统考查十分严格，一般要追溯至前七八代人，包括 200 多年时间，直至得到一个曾与先知穆罕默德有过接触的同时代人的证明，方可确认该条圣训的真实性。什叶派“四大圣训经”的汇编者，对于每条圣训的确认，只需要通过三四代传述人证实为某位伊玛目所述，并通过该伊玛目的世系追溯到穆罕默德本人即可。四大圣训经的汇编体例、章节划分虽各有不同，但所收圣训内容均以阿里及其后裔是先知穆罕默德事业的合法继承人为中心，突出了伊玛目职位的必要性这一主题，并认为伊玛目是受到真主护佑而无罪的，是凡人与真主之间的“媒介”。所收圣训除先知穆罕默德本人的言行外，还包括有阿里等 12 位伊玛目的言行。

四大圣训经是：（1）《宗教学大全》（al-kāfi fi ʻIlm al-Din），一译“卡菲”。汇编者为什叶派著名圣训学家穆罕默德·库莱尼（？～941）。该经 1889 年德黑兰版本辑有圣训 1.61 万余条。其内容的可靠性程度，被什叶派权威注释家分为真实的（Ṣaḥiḥ）、良好的（Ḥasan）、可信的（Mawthūq bihi）、充实的（Qawiy）、薄弱的（Ḍaʻif）共 5 类。该经分上、下两卷，上卷包括 1～7 章，书名《原理》（al-Usūl）；下卷包括 8～30 章，书名《细则》（al-Furūʻ）。内容主要为什叶派认主学和教法原理，涉及到的问题有：学问的价值、真主独一、伊玛目正确的证据、信仰与悖逆、礼拜的价值、《古兰经》的价值和社会学等。库莱尼用 20 年时间完成该经的汇编后，被誉为“伊斯兰教可信赖的权威”。什叶派学者哈利勒·卡兹维尼（1593～1678）于 1647 年在麦加出版的《沙菲》（al-Shāfi），对该经作了通俗性注释。（2）《教法学家不予光顾的人》（Man lā Yaḥḍuruhu al- Faqih）。什叶派著名圣训学家伊本·巴拜韦·库米（918～991）汇编。据什叶派传说，该经内容是汇编者在麦加时于梦中由伊玛目授予他的。该经分为 62 章，辑有圣训 6000 余条，其中有完整传述世系的为 4496 条。内容自人祖阿丹一直讲到伊玛目转世的征兆。有德黑兰版本。较为流行的注释本有什叶派学者穆罕默德·塔基·麦吉利西（？～1659）编写的阿拉伯和波斯两种文本。（3）《教法修正》（Tahdhib al-Aḥkām），又译《法令修正篇》。什叶派著名经注学者、书目编纂家艾布·贾法尔·图西（995～1067）汇编。该经原系对什叶派著名学者穆菲德（947～1022）所著经典《教法学菁华》（al-Muqniʻah fi al-Fiqh）的注释，为两卷集，内收圣训 13590 条，分为 393 个部分，内容比较广泛，有德黑兰版本。（4）《圣训辨异》（al-Istibṣār fi mā Ukhtulifafihi min al-Akhbār），一译《伊斯提布赛》，直译为“对有争议的圣训之研究”，汇编者同上。该经为两卷集，每卷前面都有综合文献的目录。两卷共收圣训 5511 条，分为 920 节。有印度勒克瑙版本。（杨宗山）

四大天使 见天使。

《四道记》 中国唐代地理古籍。为记述唐王朝同边远地区、友邦的交通与地理的著作。作者贾耽(730～805),唐德宗时曾任宰相,一生酷爱读书,尤好地理知识。《新唐书·贾耽传》记他"四方之士与使夷、狄者,见之必询索风俗,故天下地土区产,山川夷岨,必究知之"。曾绘制《陇右山南九州图》、《海内华夷图》等地图,写有《河西戎》等4篇著作,均散佚。只留下《新唐书·地理志》节录的《四道记》。该书分7个部分,即7条交通路线,是当时通往边疆地区并与友邦进行政治、经济、文化交往的主要交通要道。其中"安西入西域道",指从库车出发,经当时阿拔斯王朝在中亚的势力范围怛逻斯(今江布尔)城,再西行经由波斯到达今巴格达的陆上通路。"广州海夷道",指从广州出发,经由南海、马六甲海峡、孟加拉湾、至阿拉伯海岸以到达波斯湾的航路。上述两条道路即历史上有名的"丝绸之路"与"香料之路"。贾耽对各路的里程、山川城镇、国别等均有简要记载,反映了当时唐王朝与阿拔斯王朝及中亚地区间频繁的经济文化交流与友好往来。对研究唐代与周边地区及中西交通史具有重要价值。

(罗万寿)

《四典要会》 中国伊斯兰教教义学著作。清代马德新著。咸丰八年(1858)成书。全书分4卷,由4部分内容组成,故有"四典"之称。其宗旨为:"遵中国之礼,引中国之章,译出天道人道之至理,指破生来死去之关头","不但使吾教人容易知晓,即儒教诸君子咸知吾教非杨墨之道也"。第1部分是《信源六箴》,共分6章,阐述信真主、信天仙、信真经、信圣人、信复生、信前定等6大信仰。第2部分是《礼功精义》,共分8章,分述礼拜的教规、重要性、成坏、利益,并驳斥关于礼拜的俗说和谬论。第3部分是《幽明释义》,共分17章,阐明今生、后世之理,解世俗之疑,驳俗说之谬。第4部分是《正异考述》,共分12章,辨明教中异说之由来,异说在宗教理论上的谬误之必然,异说流行之原因,并论述筛海(即谢赫)之不得比群圣、群圣之不得比至圣、至圣之不得比真主的道理。该书文字通俗,并注意紧密联系实际,是近代中国伊斯兰教的主要汉文著述之一。该书常与《大化总归》同刊,流传的有同治四年(1865)刊本和1923、1933年北平清真书报社刊本。该书由青海省民族事务委员会少数民族古籍整理出版规划工作办公室标注后,于1988年由青海人民出版社出版。

(余振贵)

《四教要括》 中国伊斯兰教的比较宗教学著作。天津著名回族伊斯兰教经师杨仲明撰。原稿完成于光绪二十四年(1898),初版于1908年。全书约1.5万字。该书取名《四教要括》,旨在同儒、释、耶等教的比较中宣讲伊斯兰教教义。作者称其论述方法是"揭四大教旨,以概其余,使人审慎而自择焉","将各家大旨表而出之,不事缘附,亦不迁就","同则因之,异则解之"。全书分4部分:序及例言,正文,杂论和跋。在第1部分"序"及"例言"中,作者痛陈清末伊斯兰教的衰落和教内的某些弊端之害,指责教内的封闭保守思想,"教自外来,既不若本土,历久传讹,弥多失真"。作者在"例言"中引用了当时风行于世的赫胥黎的《天演论》观点,把"物竞天择,适者生存"改成"物竞人择,适者存留",以振兴宗教,唤醒沉睡的穆民,使他们认识到,只有在奋斗竞争中才能生存发展的真谛。第2部分为正文,分别论述孔、释、耶、伊4种宗教,目的在于向教内和教外阐扬伊斯兰教,故在宣讲教义时,采用"义以穆为主,文以孔为用"的"以儒解回"的传统方式,"教中说法,口吻毕肖(为)外人对待,笋缝亦合"。在论述中联系各种非伊斯兰教思想(即儒教、耶教、柏拉图、进化论)时,首先对伊、儒两家理论的不同之处进行比较,既推崇儒家,又对"儒者于天地有初无初殊未了然",及"以臣为君者"的思想认识表示非议。其次,把当时社会上流行的西学引进了伊斯兰教,如书中介绍了世界上主要宗教的分布及教徒人数,用化学上的元素来解释伊斯兰教的"四质",力图赋伊斯兰教义以科学的根据。书中还把严复所译《天演论》思想运用于伊斯兰教现状。他从真主造化人的观点出发,对由猿到人的进化观念表示质疑,但他承认"天演之说,究非无因"。该书杂论部分,亦围绕全书主题进行了佐证。《四教要括》继承了明末清初以来伊斯兰教译著对异教辨难的传统,吸收了当时的新思想、新学说,给伊斯兰教义研究提供了新方法。书中对中国伊斯兰教进行的大胆而深刻的自我反省,被外国学者海沃德称为"发出觉醒的声音"。《四教要括》亦被后人誉为一部"承上启下的著作"。

(余振贵)

四圣书 见四大圣训经。

四行 中国伊斯兰教哲学术语。指构成自然界的水、火、气、土4种物质要素。用来阐明世界万物的起源和多样性的统一。首见于刘智《天方性理·四行正位》:"四行即四象也。气自水生,土因火出。气土水火,是为四行。四行为万物之母。"四行各有一专注之方位,向其对面方向运行,如土位于西,自西向东运行,气位于东,自东向西运行,如此弥漫宇宙,"万物于兹而化育焉。"它是中国伊斯兰学者关于宇宙生成的学说,认为天地万物是由水、火、气、土四行相生相胜而构成的。相似于中国古代的"五行"说,具有朴素唯物论和自发的辩证法因素。

(罗万寿)

四伊玛目麻札 11世纪初中国新疆地区喀喇汗王朝同于阗王朝宗教战争中殉教的4位伊玛目的陵墓。在新疆维吾尔自治区策勒县波斯坦乡。10世纪末，喀喇汗王朝在同于阗的宗教战争中失利，优素福·卡迪尔汗乞师于中亚。布哈拉宗教首领、伊斯兰教圣裔奈斯尔丁、穆哈伊丁、栽因丁和卡瓦米丁等4位伊玛目，为弘扬伊斯兰教，遂以"圣战"为号召，组织了由40000(一说24000)名穆斯林组成的伊斯兰志愿军，并亲自率领随优素福·卡迪尔汗驰援喀喇汗王朝，打退于阗佛教徒的军队，收复喀什噶尔，继克莎车、叶城、皮山，进抵于阗首府和田城下。经长期围困，于11世纪初占领该城，灭于阗王朝。后追击于阗军队至昆仑山北麓波斯坦时，遭到伏击，4位伊玛目为佛教徒所戕。优素福·卡迪尔汗亲往安葬，并建造拱北，划定瓦克夫地，指派谢赫(即墓地管理人员)管理。该麻扎现仅存土坟4座和土围墙，拜谒者络绎不绝。围墙内遍插各式旗子，旗杆上挂有牛尾、羊头、羊皮等朝拜者敬献之物。附属清真寺1座，土木结构，系近代建筑，亦为该地主麻清真寺。（马品彦）

《四伊玛目传》 中国维吾尔文叙事诗。新疆和田维吾尔族诗人毛拉尼亚孜著。成书于1798年，为维吾尔文手抄本。该诗前半部为散文体裁，后半部为散文诗体。记述了10世纪中亚伊斯兰教4位伊玛目应喀喇汗朝王室成员优素福·卡迪尔汗之邀，参加对喀什噶尔、叶尔羌、和田的伊斯兰征战活动。主要内容有3点：(1)卡瓦米丁、奈斯尔丁、栽因丁和穆哈伊丁等4位伊玛目来疆之前参与当地宗教之争的情况。(2)4位伊玛目率领中亚喀桑、乌西等地由虔诚穆斯林组成的军队汇合喀什噶尔的伊斯兰军向和田发动的伊斯兰征战。(3)在迫使和田佛教徒归信伊斯兰的"圣战"中4位伊玛目相继殉教的事迹。该作品对研究伊斯兰教在和田的传播有重要参考价值。

（阿吉努尔·阿吉）

寺坊 见教坊。

似真 中国伊斯兰教义学用语。首见于王岱舆《正教真诠·似真》："所谓似真者乃相似清真也。"王岱舆将中国哲学史上关于"天"、"天命"与"天理"等哲学概念与伊斯兰教关于真主的概念加以辨析，揭示了真主无始无偶，是化生天地万物的最高主宰以及人通过"履真传"、"得正觉"而"悟"真主至妙至玄的认识过程，批驳了中国古代把"天"当作有意志有人格的至上神的神学思想。提出了"昊天从何始？上帝从何来？"的疑问。批评了"帝者，天地之主宰"的天命观。又对宋儒把"天命"与"理"混为一体，认为"天者，理也。"的道德之天或义理之天的性理学说加以批驳。他认为"太极乃真主所立天地万物之理，而后成天地万物之形。"主张要区分"天地万物之原种"与"天地万物之原主"的主张。明确指出：主宰(真主)是创造万物的，"天"与"帝"是主宰创造的。这是王岱舆以伊斯兰教的教义学说，批驳中国历史上"先儒"与"后儒"的"天"论之说，而突出"真主原有无始"，创造天地万物与主宰天地万物的根本原理。（罗万寿）

松加依王国 见桑海帝国。

松江清真寺 中国伊斯兰教古寺。又名松江真教寺，亦称"云间白鹤寺"("云间"是松江古称，相传松江是白鹤的家乡，故名)。坐落在上海市松江区城西马路桥堍缸甏行内，已有600多年历史。该寺始建年代说法不一：一说于元至正年间(1341～1368)，由郡守达鲁花赤创建；另一说是1295年西域穆斯林纳速拉丁镇守松江时创建。据记载，明洪武间寺倾，朱元璋于洪武二十四年(1391)敕令重建。永乐五年(1407)和嘉靖十四年(1535)两次重修并扩建。万历十年(1582)又进行过整饰。清顺治十五年(1658)、康熙十六年(1677)、嘉庆十七年(1812)、道光二年(1822)和1985年几经重修和整饰。该寺布局保持了元、明时期伊斯兰教寺、墓合一的传统风格。寺大门北向，前列照壁嵌有"清妙元真"4个砖篆大字。寺门额上有"敕建"2字，有内照壁，上书"清真寺"。经甬道二门，龙墙蜿蜒，东南墙外一片陵园，即松江回回坟，为历代松江回民坟墓。据寺内碑记，元郡守纳速拉丁葬于寺内(坟墓现已修复)。龙墙内为完整的清真寺建筑，其风格保持了阿拉伯圆柱拱顶式同中国宫殿式古典建筑相结合的特点。寺东侧为砖砌斗拱结构的邦克楼，楼壁内为阿拉伯式砖拱球顶，高约4米，墙壁有精致的砖雕，拱形门洞为出入道，楼旁列二便门。礼拜殿门面东，为明代江南木构厅堂式建筑，古色古香，与玲珑挺秀的邦克楼相对称。大殿以川廊与尽头凹殿相接，凹殿约8米高，南北东三出辟门，球形拱顶，重檐十字脊，翼角起翘，古朴雄健，与邦克楼遥相成辉。礼拜大殿南侧有沐浴室，院南北设有厢房，为讲经堂和伊玛目诵经、会客处。寺内现存伊斯兰教碑刻4方，记载了清真寺的历史沿革和明、清修缮经过。该寺是阿拉伯与我国文化交流的重要遗迹，也是伊斯兰文化与中国文化相结合的标志之一。为上海市重点文物保护单位。（张志诚）

诵经家(Qurrā') 伊斯兰教专职称谓。亦称"诵经师"。系《古兰经》诵读家的简称。指专门诵读《古兰经》并精通其诵读法则的人员。诵读《古兰经》是穆斯林的宗教功修之一，是伊斯兰教法嘉许的行为。因《古兰经》是典范的阿拉伯语韵体散文，有它独特的语法和音韵法则，一般较难掌握，需要深研《古兰经》的专门诵经学家领读和教读。自奥斯曼定本《古兰经》统一经文内容之后，凡在清真寺礼拜和举行重大宗教活动，诵读《古兰经》一般由专门的学者担任，在各地相继形成不同的诵经学派，各地清真寺均设有专门的诵经人员。9世纪随着阿拉伯语法学、音韵学的创立，确定了《古兰经》文统一的标音符号，形成了《古兰经》诵读学。从此诵经家依据统一的读音法则和规范，在各种宗教活动场合诵读、吟咏。凡是能背记诵读全部《古兰经》文者，称“哈菲兹”。著名的诵经学家，称“谢赫·泰吉威德”（即《古兰经》诵读长老）。诵经家的条件是：(1)信仰虔诚，品行纯正。(2)能背诵全部《古兰经》文，谙熟其结构、内容、经文下降的背景、内涵意义，掌握字、词、句子的连贯及语法特点。(3)精通阿拉伯语法学、音韵学和修辞学。(4)懂得诵读的法则，掌握经文不同内容读音的抑扬顿挫。(5)声音洪亮，口才流利，富有多变的感情色彩。在伊斯兰教史上，诵经学家普遍受到穆斯林的尊敬。各教派对诵经十分重视，诵经家人才辈出，早期的哈瓦利吉派和苏菲派涌现出大量诵经学家。今伊斯兰国家的各清真寺、宗教学校、军队中仍设专人诵读《古兰经》。诵经的形式由过去的个体诵读发展为集体诵经团体，在埃及、沙特阿拉伯、利比亚、伊拉克、伊朗、卡塔尔和巴基斯坦等国均组织有《古兰经》诵读团，除在本国清真寺聚礼日、宗教节日和电台诵读外，还到其他有穆斯林的国家诵读和教读《古兰经》，进行学术文化交流。有些伊斯兰国家专设有《古兰经》诵读学校和研究机构，培养专门的诵经学家。国际伊斯兰组织还经常举办《古兰经》诵读国际比赛会。（杨克礼）

诵经学（‘Ilm al-Tajwid） 见古兰经诵读学。

苏卜哈（Subḥah） 见赞珠。

苏卜哈纳拉（Subḥānallāh） 见凯利玛特·迪克里拉。

苏丹 见素丹。

苏丹马赫迪运动 19世纪苏丹的伊斯兰教派运动和民族起义。19世纪80年代初，英国殖民者在吞并埃及后，企图以埃及为据点，进而吞并邻国苏丹。此前英国势力已通过驻苏丹的埃及官员渗入苏丹部分地区。英埃的殖民统治和残酷剥削激起苏丹人民的愤慨，于1881年爆发了声势浩大的马赫迪起义。起义由沙曼尼苏菲教团导师、努比亚人穆罕默德·艾哈迈德（1848～1885）领导。1870年，他隐居阿巴岛，从事宣教布道。他向渔民揭露宗教上层的伪善，谴责富人、官吏的贪婪，用宗教语言诉说人间的不平，号召人民起来斗争。1881年，他自称穆斯林民众期待的救世主马赫迪，宣布欲在人间铲除不义，建立平等、自由的理想之国，号召人民对外国侵略者发动“圣战”。1881～1885年，马赫迪起义军英勇奋战，多次击败英埃联军，将外国势力逐出苏丹。1885年1月，起义军经过5个月的激战，攻克英军重兵设防的喀土穆，击毙英军总司令戈登将军，解放了大部分国土，建立马赫迪国家。1885年6月马赫迪故后，由其子继位，改称哈里发。新国家建立后，未给人民带来实际利益，沉重的赋税引起民众不满，部落纠纷削弱了国家的防卫力量。1898年9月，马赫迪军队兵败于喀土穆，运动宣告失败。马赫迪运动是以宗教为旗帜而发动的一次苏丹民族武装起义。运动过程中，马赫迪曾根据斗争的需要，提出一套独特的马赫迪派教义、法规、礼仪，产生很大的影响。该派仍以《古兰经》为最高经典，但有以马赫迪名义颁布的启示录和律法。要求民众信仰和服从新先知马赫迪，违者为不可宽恕的罪人；提倡衣食俭朴，反对奢侈腐化。为此，曾参照伊斯兰教法制定行为守则，包括禁止偷盗、酗酒、吸烟，违者处以断手或鞭刑；实行公产制，一切财富归国家公有，由马赫迪分配；禁止举行婚葬礼仪，禁止蓄长发、痛哭死者和用草书写信，除战时外，不得骑马，一律步行。此外，要求民众戒嫉妒、傲慢、疏忽礼拜3种恶行，遵守安贫、圣战两大美德。另有10戒（主要是针对妇女的），诸如应披带面纱，不上坟祭奠死者，不索要大量财礼，按时礼拜等。

（吴云贵）

苏丹穆斯林兄弟会（al-Ikhwān al-Muslimūn al-Sūdāniyyūn） 苏丹伊斯兰教原教旨主义组织。亦称“伊斯兰宪章阵线”。原为1928年在埃及开罗成立的埃及穆斯林兄弟会的分支组织。总书记为哈桑·图拉比。成员近万人，大多是各界学者和大学生，在文化、教育、医学和司法各界有相当影响。对内主张遵从伊斯兰教义，实行伊斯兰教法，维护伊斯兰教的纯洁性，要求所有穆斯林都要保持纯正的伊斯兰传统和生活方式，反对宗教世俗化以及社会生活中的腐败现象和西方腐朽文化。对外主张同美国、苏联、中国、日本、西欧世界5大力量都保持友好关系，加强同阿拉伯世界的友好往来。1974年与乌玛党、联合民主党等组成反对政府的民族阵线。1975～1976年曾参与民族阵线发动的两次未遂政变。1978年以后转向同政府合作。1979年，图拉比和部分领导成员分别出任苏丹社会主义联盟新闻、外事助理书记、国家总检察长、总统外交政策助理等职。1985年3月，尼迈里指责该组织图谋推翻政府，并逮捕图拉比及成员300余人。同年4月尼迈里被推翻后，达哈卜将军上台执政，释放全部政治犯。图拉比获释后重申，兄弟会仍坚持在苏丹实行伊斯兰教法的主张。（杨克礼）

苏丹伊斯兰教 苏丹共和国位于非洲东北部，东北濒红海。面积250.5813万平方公里，居非洲各国首位。全国人口2380万（1989）。全国有570个部族。中、北部主要为阿拉伯化的苏丹人，占总人口的39%，南部为非洲黑人，约占30%，北部还有努比亚人、努巴人、富尔人等，约占人口总数的31%。穆斯林占全国人口的73%。阿拉伯语为国语，通用英语。首都喀土穆。651年，阿拉伯穆斯林军从埃及向苏丹境内信奉基督教的努比亚人进攻，迫其进贡奴隶，但未占领土地。750年之后，阿拉伯商人和小批移民迁居苏丹境内，使伊斯兰教在北部传播。10世纪时，阿拉伯人开始从埃及南部蚕食努比亚人领土，迫使一些努比亚人改信了伊斯兰教，后建立了几个独立的穆斯林小国。13世纪前期，蒙古人洗劫巴格达等城市，大批阿拉伯人迁居苏丹，伊斯兰教和阿拉伯语也随之流传。15世纪苏丹北部已阿拉伯化。16世纪初，东部地区芬吉人在首领欧麦尔·东古领导下征服阿尔瓦基督教王国，以森那尔为都城，建立了芬吉素丹国。促使大批居民归信了伊斯兰教。苏菲派哈特米和萨曼尼等教团传入。同时西部建有富尔素丹国，首都法希尔。从此促使伊斯兰文化在苏丹得到发展。19世纪初奥斯曼帝国埃及总督穆罕默德·阿里侵占苏丹。1874年，埃及灭富尔素丹国，统一了整个苏丹。1881年，苏丹伊斯兰领袖穆罕默德·艾哈迈德，自称“马赫迪”，发动武装起义，反抗英、埃军队入侵。1885年以恩图曼为首都建立苏丹马赫迪王国，实现了苏丹的政治统一，实行伊斯兰教法，确立了政教合一的制度，促进了伊斯兰教的进一步发展。1898年，英国重新占领苏丹。1956年宣告独立，成立苏丹共和国。苏丹的穆斯林均属逊尼派，在教法上分别遵从哈乃斐学派和马立克学派。此外还有马赫迪教派、卡特米教派以及卡迪里、沙兹里、提加尼等苏菲教团组织。苏丹社会主义联盟组织主张根据伊斯兰教义制定国家法律。宗教组织有：喀土穆伊斯兰教中心。苏丹为：阿拉伯国家联盟、伊斯兰会议组织、伊斯兰世界联盟、世界伊斯兰大会成员国。喀土穆设有非洲伊斯兰中心总部。（杨克礼）

苏尔赫·阿勒姆起义（Intifāḍah Surh Alem，778～779） 波斯人民反抗阿拔斯王朝统治的起义。778年发生在里海南岸地区。起义者树红旗，穿红衣，以示与以黑色为标志的阿拔斯王朝相对抗，故史称“苏尔赫·阿勒姆”（即红旗军）起义。阿拉伯历史学家称起义者为“穆罕密尔”（Muḥammir，即穿红衣服的人）。起义者受胡拉米教派的思想影响，主力为穆斯林农民和少数祆教徒。要求土地公有，反对繁重租税和徭役，要求实现麦瓦利穆斯林同阿拉伯穆斯林之间及与非穆斯林在政治上的平等，并提出要改革伊斯兰教的烦琐礼仪。779年起义被哈里发军队镇压。（杨克礼）

苏尔坦 见素丹。

苏尔王朝（Sulālah Sūr） 阿富汗人在北印度建立的伊斯兰封建王朝（1540～1555）。1540年由舍尔沙（1540～1545在位）创建。舍尔沙原名法里德汗，是南比哈尔阿富汗酋长。他利用印度莫卧儿皇帝胡马雍征伐古吉拉特的巴哈杜尔沙的机会，扩充实力，迫使孟加拉统治者向他割地纳贡，许多阿富汗贵族纠集在其麾下。此后，他率阿富汗人组成的军队在乔萨和卡瑙季两战役中重创了莫卧儿军队，迫使胡马雍放弃印度斯坦，逃往拉合尔。1540年，他据有德里后，自称舍尔沙，建立苏尔王朝。后进驻亚格拉，并逐步把势力扩张到旁遮普、木尔坦、信德、拉贾斯坦和马尔瓦。他创建了较完善的国家行政制度，实行高度集权的官僚政治体制。他将国家权力集中在自己手中，并设由贵族、军人、学者、长老组成的咨询会议协助自己决策。把全国划分为47个省，省下设县，称“帕尔加纳”，设各级军政长官和教法官实行管理。他遵奉逊尼派教义，实行伊斯兰教法，废除贵族法律特权，推行宗教宽容政策，允许其他宗教徒按其教规进行宗教活动，任用印度教徒担任各级军政官员。他改革田赋制度，重新丈量土地，土地按质分等征税。采取措施保护农田，发展农业。为鼓励商业贸易，废除苛捐杂税，只征收海关税和市场交易税。他修干道34条，设驿馆，以利商旅和邮传。废除旧币，重新铸造金、银、铜币，一直沿用到1835年。1445年5月舍尔沙在对拉杰普特人的征战中阵亡。此后，相继即位的有：赛利姆沙、菲鲁兹沙、阿迪尔沙。王朝在阿富汗军事贵族争夺王位的内战中陷于瓦解。1555年，胡马雍在波斯军队的支持下重征印度平原，占领拉合尔、德里和亚格拉，苏尔王朝灭亡，莫卧儿王朝继续统治印度。（杨克礼）

苏菲非遵法派 伊斯兰教苏菲主义派别之一。同“苏菲遵法派”相对称。后世学者根据是否遵从伊斯兰教法对苏菲教团提出的称谓，泛指所有不遵从教法的苏菲教团。据说11世纪著名苏菲学者侯吉维里（al-Hujiwiri，？～1075）曾依据当时苏菲派的神秘主义教理和功修方式，将苏菲派分为12个支派，认为其中10个应受“赞许”，两个（即肉身派和法尔派）应予“谴责”。后者即后来所说的“非遵法派”。该派认为，伊斯兰教法重形式甚于内容，是对人的自由的一种禁束，而苏菲修持的唯一目的是在寂灭、无我的最高境界中达到“人主合一”，故对教法规定的五项宗教功课不完全履行。至于哪些苏菲教团属于“非遵法派”，并没有定论。一般认为，道统源自中亚或呼罗珊的教团多属“非遵法派”，如契斯提教团、毛拉维教团、拜克塔什教团、库布林耶教团等。非遵法派苏菲教团更加重视内在的精神修炼，多伴有烦琐的礼仪，因蔑视法规，常遭到伊斯兰教逊尼派学者的谴责，但在信教民众中仍颇有影响。（吴云贵）

苏菲教团（al-Tariqah al-Ṣūfiyyah） 伊斯兰教苏菲派常设性的诸多兄弟会团体的通译。亦译“互助会”，西方称为“教团”。系阿拉伯语“托勒盖”的意译，原意为“道路”、“方式”、“途径”。指苏菲在某一著名导师的指引下，因循导师所倡导的苏菲学理和精神修炼方式，在修道场所有组织的进行潜心修炼而组成的宗教社团。早期的苏菲是以苦修禁欲为特征的个人虔诚的宗教功修活动。10世纪，各地出现了苏菲苦修者因修炼方式和目的相同而以一著名苏菲为核心，自愿结合形成的小社团和道堂。11～12世纪，随着苏菲理论著作的问世和道乘修持方式的完善，已逐步发展演变成以道堂为中心常设性的正式教团组织。教团最早出现在伊拉克，逐渐扩展到伊朗、中亚、西亚和北非等地。各教团组织由于分布地区不同，有大的联合组织，也有地方性的小团体。比较大的教团在各地设分支组织，由教团首领派代理人加以领导。各个教团因其导师所倡导的精神修炼理论、修持礼仪、道统、道堂不同而相别。教团之间互不隶属，各自奉行独特的教义和礼仪。教团的成员一般分为3级：(1)穆尔希德(即导师)为教团的首领，由德高望重、宗教学识渊博的长老担任，为精神导师和宗教功修的指引者，掌管教权，领导教务活动，讲经传道，信徒必须无条件服从。(2)穆里德(即寻道者)，即出家修行的门弟子，在导师的指导下，学习和领悟苏菲神秘奥义，进行潜心集体修炼和从事"迪克尔"仪式，循级而进。学成后，或授命创建分支组织，或游方苦行传教。(3)世俗成员，仍从事正常职业，进行个人的功修，按教团规定到所在地的道堂参加集体宗教活动。教团在教义信仰或政治主张上分属于逊尼派和什叶派。但在宗教生活中各教团有着不同的神秘学理和修持方式，一般分为遵法派和非遵法派。遵法派在尊奉《古兰经》和圣训、履行教法规定的五项宗教功课的基础上，坚持道乘的种种精神修炼；非遵法派只强调《古兰经》的隐义，不完全履行教法规定的宗教功课，只注重道乘的精神修炼。各教团还有各自独特的迪克尔仪式、宗教节日和纪念日及不同的祈祷词和习俗。各教团宗教活动的场所称"扎维叶"(即道堂)，它是该教团宣教传道、培养门徒、从事精神修炼、管理教务和必要的军事设防的中心，一般由清真寺、宗教学校、静修室和导师的陵墓等建筑所组成，被信徒视为圣地。各教团有不同的道统，即师承世系。导师在生前选定道统继承人，亲自秘传其神秘奥义和修持要旨，牢记道统世系，并授予师传凭证以继承教权。自中世纪以来，苏菲教团组织遍布伊斯兰世界，它促进了伊斯兰教的广泛传播。苏菲教团一般以创始人名字命名，历史上著名的有卡迪里教团、苏哈拉瓦迪耶教团、里发伊教团、契斯提教团、沙兹里教团、毛拉维教团、纳格什班迪耶教团、比克塔什教团、萨法维教团、赛努西教团等。名教团的费用，一般来自信徒的馈赠、苦行游方苏菲外出收受的施舍、伊斯兰国家政府赐予的瓦克夫土地和宗教基金。　　(杨克礼)

苏菲派(al-Ṣūfiyyah)　伊斯兰教神秘主义派别。是对伊斯兰教信仰赋予隐秘奥义、奉行苦行禁欲功修方式的诸多兄弟会组织的统称。亦称"苏菲主义"。旧译"索弗依"。"苏菲"(Ṣūfi)一词系阿拉伯语音译，其词源有多种说法。一说源自阿拉伯语"赛法"(Ṣafā)，意为"心灵洁静和行为纯正"；一说源自阿拉伯语"赛夫"(Ṣaff)，意为"在真主面前居于高品位和前列"；一说其品质类似先知穆罕默德时代称为"苏法"(Ṣuffah)部落的人，苦行禁欲，虔诚礼拜，与世隔绝。学者们一般认为它源自"苏夫"(Ṣūf，即羊毛)，因该派成员身着粗羊毛织衣，以示其虔诚的信仰和生活上的安贫质朴，故名。据贾米(1414～1492)谓，"苏菲"作为个人的绰号，由库法禁欲主义者艾布·哈希姆(?～778)所使用；另据较晚文献载，"苏菲"最早用于称呼禁欲主义者、炼金术家贾比尔·本·哈彦(720～815)。9世纪中叶，"苏菲"一词正式出现在阿拉伯文献中。11世纪将穆斯林中的苦行禁欲主义者通称为"苏菲"。阿拉伯伊斯兰教学者称呼该派成员为"穆泰赛维夫"(Mutaṣawwif，即苏菲家)。1821年法国东方学者托洛克用"苏菲主义"(Ṣufism)称呼该学派。

苏菲派于7世纪末8世纪初产生于伍麦叶王朝统治时期的库法和巴士拉等地。它是穆斯林虔诚信仰和宗教热情的产物。早期的苏菲派是虔诚的穆斯林以守贫、苦行和禁欲为特征的民间个人宗教修行方式。他们严格遵奉经训、教法和履行宗教功课，效法先知穆罕默德及门弟子早年的虔诚和简朴生活，不满伍麦叶王朝宫廷的奢侈腐化和统治者之间的争权夺利，期望通过克己守贫、苦行禁欲来表示抗议，求得内心的纯净和精神上的慰藉。他们身着粗毛织衣，不贪图现世的物质享受，注重个人宗教功修，清心寡欲，沉思冥想，长期诵经、祈祷、斋戒和坐静，徒步朝觐，隐居独修，或出家漫游四方，沿途宣教，靠别人施舍和个人劳动为生。其主要代表人物有库法的哈桑·巴士里(?～728)、巴里赫的易卜拉欣·本·艾扎姆(?～约777)、巴格达的麦尔卢夫·克尔黑(?～816)等。后该派逐渐传播到叙利亚、希贾兹、也门、埃及和波斯等地，在一些学者和下层穆斯林中奉行。但被当局和逊尼派教义学家视为"异端"。

8世纪后期起，苏菲派由苦行禁欲主义逐渐发展为神秘主义，以宗教理论的形式出现。在阿拔斯王朝时期，随着翻译运动的兴起，古希腊、波斯、印度的各种哲学和宗教思想渗入伊斯兰教，其中新柏拉图主义和印度瑜伽派的修行理论对苏菲派神秘主义的形成以很大影响。该派的学者以《古兰经》某些经文为依据，又吸收各种外来思想，著书立说，以神秘主义哲学阐述教义及功修，提出以对安拉的爱为核心的神智论、泛神论和人主合一论等，形成一种诸说混合的苏菲主义。8世纪末以女神秘主义者拉比尔·阿德维娅(约717～801)等为代表，提出神秘爱主的主张，认为安拉是永恒爱的对象，人类的灵魂最主要的本质是爱。爱能使人们与安拉相接近，引导人们达到安拉的道路是全神贯注的爱，而不是敬畏，也不是希望。人生的最大幸福就是与安拉合一。9世纪中叶，艾布·苏莱曼·达拉尼(?～850)提出通过神秘的直觉认主的观点。他认为人们对安拉的认识，是凭借个人灵魂的闪光所获得的一种神秘的直觉，而不是通过理性和公认的圣训。后埃及禁欲主义者左农·米斯里(?～860)提出神智论(Ma'rifah)的观念，使苏菲派的教义趋于完善。他认为人生的目的是最终与安拉合一，只有通过沉思冥想，全神贯注想往安拉，使个人纯净的灵魂与安拉精神之光交融合一，才能真正认识真主，除此而外，别无他途。以波斯神秘主义者比斯塔米（？～875）为代表，提出“万有单一论”（Wahdat al-Wujud）的泛神论观点，认为安拉的本体包容万有，而万有归于独一的安拉。人通过不同阶段的修炼，达到“无我”（fanā'）的最高精神境界，被安拉所吸收并与安拉合一。10世纪初波斯苏菲派著名代表哈拉智（858～922）提出了“人主浑化”的观点。他在诗中写道：“我即我所爱，所爱就是我；精神分彼此，同寓一躯壳；见我便见他，见他便见我。”因其自称“我就是真理”，被阿拔斯王朝宗教法庭处以磔刑，成为苏菲派的殉教者。从此，苏菲派受到当局的迫害。该派神秘主义的理论虽已形成，但思想庞杂，观点各异，未形成统一的学说和组织形式。从10世纪末起，该派以伊拉克和叙利亚为中心，逐渐在北非、西班牙、波斯、中亚和南亚次大陆得到广泛传播和发展。

9世纪后期起，遵奉逊尼派教法的苏菲派学者力图将苏菲教义与正统派信仰相协调，逐渐使苏菲神秘主义发展成正统教义思想的组成部分。为维护伊斯兰教信仰的统一，苏菲派的著名学者穆哈西比（781～857）、哈拉兹（？～899）、祝奈德（？～911）、卡拉巴基（？～995）、萨拉吉（？～988）、侯吉维里（？～1071）和库萨伊里（？～1074）等，从《古兰经》和圣训中为神秘主义寻求理论根据，用逊尼派教义和教法观点系统阐释苏菲的学理和功修方式，主张认主独一论，反对苏菲“非遵法派”离开伊斯兰基本信仰的异端言行，提出穆斯林应在遵循教法、履行宗教功课的基础上，从事道乘修持，并宣称苏菲派是真正的正统派。11世纪，伊斯兰教权威教义学家安萨里（1058～1111）把苏菲派的观点经过理论综合，将神秘主义的爱主、直觉的认识论和人主合一论等思想纳入伊斯兰教正统信仰，摒弃了苏菲派漠视履行宗教功课和泛神论的主张，其学说成为伊斯兰教义学的最终理论形式，成为官方的信仰。13世纪，西班牙神秘主义哲学家伊本·阿拉比（1165～1240）将苏菲神秘主义发展成以“万有单一论”为核心的泛神论哲学思想体系，给神秘主义赋予哲理和思辨的性质。苏菲派在伊斯兰思想文化领域十分活跃，出现了阿卜杜勒·卡迪尔·吉拉尼（1078～1166）、叶海亚·苏哈拉瓦迪（1153～1191）、伊本·阿塔尔（约1142～1220）、伊本·法里德（1181～1235）、鲁米（1207～1273）、萨迪（约1203～1292）、哈菲兹（1320～1389）、纳格什班迪（1314～1389）、贾米（1414～1492）等著名的思想家和诗人，他们在教义学、经注学、圣训学、教法学、伦理学、文学、诗歌等领域做出了贡献，享有盛名，掀起了苏菲主义的文学和思想运动，在伊斯兰世界产生了深远的影响。

苏菲派的宗教哲学思想，主要以《古兰经》和圣训的有关经文为依据，吸收新柏拉图主义和其他宗教神秘主义的功修理论及礼仪而形成的庞杂思想体系，未形成统一的教义和学说。根据该派著名学者的基本理论，其共同性的主要思想观点是：(1)在安拉与万物的关系上，主张“万有单一论”。该派认为，安拉是独一的绝对的真实存在，宇宙万物源自安拉的统一。安拉通过外显或外化为宇宙万物才得以表现他的绝对存在，安拉是自然界存在的本质，除独一永恒的安拉外，没有其他的永恒存在。宇宙（即大世界）和人（即小世界）是安拉万能创造的外显，它们是幻象的、短暂的存在，终将归向独一的安拉。(2)在安拉与人的关系上，主张以无限热爱安拉为核心的人主合一论。该派认为，爱是安拉的一种完美德性，安拉以它普遍的爱创造了人类，并赋予人以爱的属性。对安拉的绝对信仰是至尚的爱，而不是敬畏和希望。无限喜爱安拉是认识安拉的根本前提，只有时刻想往、赞念和喜爱安拉，通过精神修炼和灵魂的净化，才能与安拉合一。(3)在认识论上，主张直觉认主的神智论。该派否认理性认识的作用。认为人的智力和知识是安拉赋予的。人的认识来源和对象是独一的安拉，人生活的意义是认识安拉的神智（即关于安拉的知识），人们只有借助直觉的内心灵性感受才能获得知识。认识的方式是通过沉思冥想，启开灵知之门，进入“无我”的精神状态，与真主之光交融，才能达到认主的目的。(4)在两世观上，主张出世主义。该派认为现实世界和人生犹如旅途，是短暂的、即逝的；而后世是人生的归途，是永生的、长存的，故不要贪图今世的荣华，应从心灵中摒弃今世的浮利和私欲，抑恶扬善，苦行禁欲，使灵魂得到磨炼。对现实生活的苦难，主张忍耐、屈从，与世无争。

苏菲派的宗教功修方式分为肉体的和精神的两种。肉体的修行指节食、苦行、禁欲等。精神的修炼一般分为3个阶段：教乘、道乘和真乘，即在履行法定功课的基础上，通过长期的内心沉思冥想，净化灵魂，达到“无我”精神状态，与真主合一。苏菲派分为虔修者和普通信徒两部分。虔修者穆里德出家到道堂，在导师穆尔希德的指导下学习教义的神秘奥义和接受功修的秘传，进行集体或单独的功修，循级而进；一般信徒过世俗生活，按规定进行定期的宗教活动。有的教团将道乘修持分为忏悔、禁欲、断念、守贫、坚忍、信心和满足7个阶段；有的将精神修炼分为冥想、近主、爱慕、畏惧、希望、渴望、亲密、稳静、凝视、确信10种状态。该派的主要宗教仪式是念诵“迪克尔”，内容包括“清真言”、“作证词”、《古兰经》文及赞颂安拉、先知的诗文等，旨有“打开心灵之门，获得真主的光明”。念诵“迪克尔”形式可分高念、低念和默念。有的教团将音乐、舞蹈、诗歌引入念“迪克尔”仪式，并伴以各种动作，以增强念诵者的宗教感情。据传，该派最早使用赞珠（即苏卜哈）。

9世纪时苏菲派出现了以导师为核心的小团体，10世纪时在各地建立了小规模的聚会场所或道堂（即扎维叶），后发展成建筑规模较大的清真寺、宗教学校和修道的中心。12世纪后，在道堂的基础上各地形成了常设性的教团组织（即互助会、兄弟会），首领由德高望重的大苏菲担任长老，各自规定了宗旨和修炼方式。

各地的教团互不隶属，各行其是。15 世纪起各教团进一步扩大，有的建立了分支组织，道堂拥有大量的瓦克夫土地和宗教公产。师承传系由早期传贤制演变为导师世袭制，形成了等级制度，成员对长老要绝对服从。长老逝世后其墓地成为信徒拜谒的中心。各教团多以其创始者的名字命名。各教团的师承传系（即道统），由各自的首领生前指定继承者给予秘传，并赐予师传凭证（即道谱、印章、证书、经典、遗物等），以继承道统。在伊斯兰教史上，苏菲派在世界的教团组织约有 200 多个，著名的如卡迪里教团，里法伊教团、沙兹里教团、毛拉维教团、巴达维教团、纳格什班迪耶教团、提加尼教团、苏哈拉瓦迪耶教团、契斯提教团、萨法维教团和赛努西教团等。上述教团，除萨法维教团奉什叶派信仰外，其余均为逊尼派苏菲团体。苏菲教团的活动曾遍及整个伊斯兰世界，迄今在某些伊斯兰国家和地区仍有其活动。苏菲派的神秘主义思想仍在文学、诗歌、哲学著作及广大穆斯林的宗教、社会生活中有一定的影响。（杨克礼）

苏菲派经注 伊斯兰教苏菲主义学者按照本派思想主张对《古兰经》所作的神秘性的注释。10～12 世纪，伊斯兰教苏菲主义广为流传并建立了自己的教义思想体系以后，这种思想通过苏菲教团渗入到逊尼、什叶两大派的思想之中，给伊斯兰教各种学科染上神秘主义的色彩。这种影响也反映到了《古兰经》的注解内容之中。苏菲主义学者不仅给那些“意义隐晦”的经文以更加深奥的解释，就是一般比较易懂的经文在他们看来也具有字面以外的神秘内容，可以根据原文的意义加以发挥。他们突出了《古兰经》中关于重后世的内容，强调逃避尘世、出世修行的思想。10 世纪伊朗的一位苏菲主义领袖赛海勒·突斯特里编著的《古兰经注》是最早的苏菲派经注之一。在苏菲主义逐步渗入到逊尼、什叶派后，这两派中崇奉苏菲主义的学者，分别将苏菲主义思想溶于自己的学术思想之中，他们在自己的经注中除了引证大量的苏菲主义的文学作品，如故事、诗歌等，以加强苏菲思想的宣传外，还着重注入“清心养性”、“克制私欲”、“爱真主”、“求永生”、“人主合一”等主张，甚至有人主张放弃伊斯兰教的主要功课，而用“赞念安拉”、“保守秘密”解释《古兰经》中的礼拜和斋戒。有人还说，“你们要讨伐邻近你们的不信道者”（9∶123）这段经文，是号召人们同自己的私欲进行斗争，因为他们认为最接近人者，莫过于自己的私欲等等。把苏菲主义同伊斯兰教正统思想结合起来的经注，内容庞杂，成为包括哲学、法学、文学、养生学等内容的百科全书式的著作。逊尼派在这方面著名的经注有两部，一部是土耳其学者伊斯玛仪·哈基（1652～1725）以阿拉伯文为主、兼用波斯文、土耳其文写成的《古兰经辞义精华》（Rūḥ al-Bayān），全书印行本为 10 册；另一部是受苏菲主义影响的伊拉克学者阿路西（1802～1854）著的《古兰经义精华》（Rūḥ al-Ma‘ānī），这是一部将正统派教法学说同苏菲主义思想融合在一起的大型经注，它的编著出版，受到了奥斯曼帝国素丹马哈茂德二世（1808～1839）的支持，在哈乃斐派穆斯林中广为流传。（马　贤）

《苏菲学说概论》（Kitāb al-Ta‘arruf li-Madhhab ahl-taṣawwuf） 伊斯兰教苏菲派理论著作。中世纪著名苏菲学者卡拉巴基（Abū Bakr al-Kalābādhi，？～990 或 995）著。为手册性的短篇著作，按不同的主题分为 75 章，主要内容为：（1）苏菲界说和历史上留有著作的知名苏菲学者简介。（2）苏菲教义概述。（3）苏菲功修概述。（4）苏菲用语和“人主合一”概述。（5）苏菲神秘主义的种种表现。其中以苏菲教义和功修两部分为全书的重点。在苏菲教义部分，其基本内容包括：信经典和信安拉启示；信安拉独一和具有其他诸多德性，信安拉前定和创造力，信末日审判，信直觉体认安拉，人能见安拉，信诸天使和众先知，信苏菲的吾里能创造奇迹，信诸教法派的法理、学说，以及作者对主命、义务、承诺、强迫、功利、信仰的本质的见解等。在苏菲功修部分，对功修的各个阶段及心理感受作了细致的描述，诸如忏悔、忍耐、安贫、恐惧、虔诚、热情、感激、信靠、满足、确信、回忆、亲近、临近、爱慕、分离、入迷、陶醉、沉思、无我、寂灭等情感和精神境界。该书为苏菲派早期代表性的理论著作之一，以调和苏菲主义与“正统”教义为主导思想，曾对后世苏菲学者产生广泛影响，尤受到阿拉伯穆斯林和苏菲学者的重视。对研究苏菲教义、教理有重要史料价值。该书有英译本，书名为 The Doctrine of the Sūfis（《苏菲教义》），英国著名东方学者阿伯雷（A. J. Arberry）译，1935 年出版于英国剑桥，1977 年出版纸皮普及本。（吴云贵）

苏菲知识论 伊斯兰教苏菲派就体认安拉、获取关于安拉的宗教知识所提出的一套系统的理论观点和方法。亦称“神智论”。系以苏菲神秘主义的宇宙观、认识论为基础，通过个人直觉、体认，在心灵、心智、情感上与安拉沟通而获取宗教神秘经验和神秘知识的认知论。为该派“人主合一论”的理论基础和苏菲功修的理论依据。

苏菲知识论系由虔诚的苏菲学者所提出，同逊尼派宗教学者和穆尔太齐赖派的认知论有着明显的不同。逊尼派宗教学者注重启示和传述的知识，主张通过学习《古兰经》和圣训、遵从作为“主命”的伊斯兰教法来获取宗教知识。穆尔太齐赖派强调理性在认识中的作用和人的“自由意志”，注重人类后天获得的知识。而苏菲派则明显有别于前二者。苏菲知识论的核心概念称之为“神智”（Ḥikmah-Allāh），即“安拉之智”，指源自安拉的知识和智慧。这一思想产生于 8～9 世纪。早在 8 世纪上半叶，苏菲学者就对如何获取关于安拉知识持各种不同观点。有的认为，知识源自对安拉的爱，只有内心热爱安拉者才能取得安拉赐予的知识；有的强调心智和直觉，认为知识为安拉所赐，个人借助于灵魂的闪光即可体认到关于安拉的神秘知识。9世纪上半叶，埃及学者左农（Dhu al-Nun，？～860）承袭关于获取安拉知识的各种神秘主义之说，提出了较系统的认知理论。他认为，知识不同于信仰，知识为后天所得，可借助人的感官感知，而信仰为安拉所赐的一种神秘知识，只有通过安拉“精神之光”的照射和启迪，即人与安拉在心智上的交融才能取得。10世纪以后，苏菲派提出的“真主之光论”为其知识论提供了理论基础。苏菲学者认为，既然宇宙万物皆源自先在的“真主之光”的照明，人的知识和智慧亦来自安拉，否则，人类将永远处于蒙昧状态。人生的根本目的就在于体认安拉、回归安拉，但这只能在个人神秘主义的心智修炼中实现。

苏菲知识论本质上是一种只可意会、不可言传的神秘内心体验，诸说不一。其主要内容和基本特征为：(1)人类的知识为安拉所赐。认为人类的宗教知识既不能通过后天自学或他人传授的方式获取，亦不能借助经验、思维、理性等人类活动的方式取得，而只能通过安拉的“赐予”取得。其途径是必须通过精神修炼，在心灵、心智、情感上与安拉交融。(2)以神秘主义的直觉、体验为认知方式。认为个人认知是通过“安拉之光”照射而获取安拉“赐予”的知识的过程。在体认过程中，安拉以其特有的方式，向认知安拉者“揭示”、“显现”安拉自身。体认者之所以能体认安拉，概因安拉赐予其认知的能力，安拉使之以动，使之以言，使之以悟，使之以“心见”。体认的过程亦即在与安拉合一中丧失自我的过程。(3)只有虔诚的苏菲功修者才能获取关于安拉的知识。认为关于安拉的知识具有隐秘的奥义，一般人难以认识和掌握，只有无限热爱安拉知识的功修者和贤哲才能蒙此恩典。为获取安拉的知识，一个功修者须在苏菲导师的指导下，进行循级而进的精神修炼，以排除私欲，净化灵魂，最终达到寂灭无我、“人主合一”的最高境界。苏菲学者还就功修的历程予以规定，称之为“教乘”、“道乘”、“真乘”，或“常道”、“中道”、“至道”等。苏菲知识论的形成标志着苏菲神秘主义发展的第二阶段，它为苏菲精神修炼提供了理论指导和体认安拉的道路与方法，促进了苏菲教团的发展。这一理论曾遭到逊尼派宗教学者的指责。但对照明学派、什叶派的谢赫学派的教义和认识论产生了较深的影响。（吴云贵）

苏菲主义（al-Ṣūfiyyah）见苏菲派。

苏菲遵法派 伊斯兰教苏菲主义派别之一。同“苏菲非遵法派”相对称。系后世学者据是否遵从伊斯兰教法对苏菲派内部部分学派的称谓，泛指所有遵从教法的派别。11世纪著名苏菲学者侯吉维里在其《神秘的启示》一书中，曾据当时苏菲派的教义、礼仪、功修方式，将其划分为12个支派，认为其中穆哈西比派、卡沙尔派、塔伊夫尔派、祝奈德派等10个派别应受到“赞许”，另两个派别应予“谴责”，前者即后来所说的“遵法派苏菲教团”，有时亦称“正统派苏菲教团”，以示同被视为“异端”的“非遵法派苏菲教团”相区别。但早期苏菲学者所言的“遵法”，在正统的伊斯兰学者看来仍有贬低教法的倾向，因为苏菲派只把“遵法”视为功修的初级阶段，称为“教乘”或“礼乘”，为通达更高级的“道乘”和“真乘”（理乘）的一级阶梯。至于哪些苏菲教团属于“遵法教团”，后世学者并没有定论。一般认为，道统源自西亚两河流域或伊拉克的，多属遵法派教团，如卡迪里教团、苏哈拉瓦迪耶教团等；道统源自中亚或呼罗珊的，多属非遵法派教团，但亦有例外，如中亚三大苏菲教团之一的纳格什班迪耶教团。（吴云贵）

苏夫里耶派（al-Ṣufriyyah）伊斯兰教哈瓦利吉派的分支之一。是哈瓦利吉派中较温和的派别。一般认为萨利赫·本·穆萨里赫（？～695）为该支派的创始人。但后来该支派的成员宣称，教义学家、诗人伊姆兰·本·希坦·萨维希（？～703）为第一任伊玛目。7世纪末该支派主要活动在伊拉克地区。695年，萨利赫在底格里斯河上游举事，率部进入库法地区，参加哈瓦利吉派反对伍麦叶王朝的运动。同年9月，萨利赫在同哈里发军队作战中阵亡，其追随者形成苏夫里耶派。后由沙比布·本·叶齐德·谢巴尼（？～696）继任首领，他采取灵活的游击战术，多次击败哈里发的将领哈贾吉的军队，声势大振。后王朝集中军队镇压，该派的成员便分散到帝国各地，发展势力。8世纪，该派在马格里布地区同艾巴德派联合，尤为活跃，其黑人首领伊萨·本·叶齐德·艾斯沃德在摩洛哥中部的萨杰拉马赛建立了独立政权，后将辖区扩展到南面的德腊河。苏夫里耶派传教师进入黑人地区传教，取得成功。10世纪下半叶，萨杰拉马赛被桑贾部落占领。在阿曼该派与艾巴德派冲突，最后被艾巴德派所吞并。该派主张可以暂时停止对其他教派穆斯林的战争，不赞成杀害其他教派穆斯林的妻子儿女，主张实行“塔基亚”原则。认为一个穆斯林犯罪后，其罪行在教法中有明文规定的惩罚，则不应定为叛教或多神崇拜之罪。该派有许多著名的教义、教法学家和《古兰经》诵读家，在当时享有声誉，多注重教义的宣传。（杨克礼）

苏公塔 中国新疆伊斯兰教砖塔建筑。亦名“额敏塔”，全称“额敏和卓报恩塔”。在新疆维吾尔自治区吐鲁番市东南郊约4公里处。18世纪中叶新疆吐鲁番郡王额敏和卓为“答报天恩”而建。未竣，额敏和卓卒。后由其子苏莱曼于乾隆四十三年（1778）建成，故名“苏公塔”。由砖塔、礼拜大殿和门楼等组成。塔在礼拜大殿东南角。塔门右侧石碑上，刻有祝赞安拉、报恩清乾隆帝的阿、汉文字。塔高44米，底部直径11米，由下至上逐层收细，形近花瓶状。中为实心柱，塔内有螺旋形阶梯72级可供登临。在塔身不同高度和方向开有14个狭长窗通风透光。塔顶为一砖砌圆亭，四面开拱形门洞，可出至平台绕行眺望。塔身用砖叠砌，用磨形砖镶嵌成15种图案花饰。通体是砖之本色——土黄色。塔内无一基石，亦无木料，全凭一砖砌螺旋形中心支柱承担整个塔身重量。造型古朴大方，色泽典雅，兼具伊斯兰教与维吾尔族建筑风格。礼拜大殿面阔9间，进深11间，略近正方形。平顶，但在米哈拉布(凹壁)上方建有圆拱顶。正殿与侧殿间有拱形门洞相连通。门楼正面墙中心部位开有巨大拱形门洞，正中大门方形。入内为大门庭，顶作穹隆式。前行可径入礼拜大殿，左行有通道可至塔口。塔、礼拜大殿与门楼浑然一体，错落有致。其建筑艺术和风格，在中国伊斯兰教建筑中独树一帜。现被列为新疆维吾尔自治区重点文物保护单位。（宝文安　马品彦）

苏哈白(Ṣuḥbah)　见十大撒哈拜。

苏哈拉瓦迪(al-Suhrawardi，1153～1191)　波斯伊斯兰教苏菲派学者、哲学家，伊什拉基教团的创建者。全名绥哈布丁·叶海亚·苏哈拉瓦迪。生于波斯北部津赞城的苏哈拉瓦迪村。早年在伊斯法罕师从苏菲派著名学者学习经训、教法和苏菲学理，信奉逊尼派教义。他通晓阿拉伯文和波斯文，对亚里士多德的哲学和伊斯兰教各派的学说均有研究，还精通琐罗亚斯德教经籍和教义。后到波斯、安纳托利亚、叙利亚等地游学，结交了一些穆斯林学者和诗人，深受教益。在阿勒颇时得到该地总督麦利克·扎希尔的赏识，被聘为宫廷学者，并从事讲学布道，传播苏菲主义学理。因他的神秘主义理论中有泛神论倾向，曾遭到逊尼派学者的反对。但他仍在布道中坚持己见，并著书立说宣传自己的学说，被指控为“异端”，麦立克·扎希尔迫于宗教界的压力将他处死。苏哈拉瓦迪著述达50多种，分为两类：一类是关于苏菲主义学理和宗教哲学方面的著作；另一类是关于修行、伦理、劝善的短篇论文。他的宗教哲学思想深受亚里士多德哲学和琐罗亚斯德教光明与黑暗之说的影响，力图调和哲学与宗教，用哲学思想论证苏菲神秘主义。他在名著《照明的智慧》一书中系统地阐述了“真主之光”的学说。认为真主是唯一的最高存在，万物的质产生于知，它没有客观实在性；真主是终极之光，真光是宇宙万物的本原，宇宙万物是由不同程度的光与暗而构成，世界一切事物均源此这一绝对之光的不断照明。他集中研究有与无两个概念，认为存在(即有)是单一的连续体，它的最高发展阶段是纯净之光即真主，各中间阶段是光与暗的混合体，具体事物是真主之光的显现，表现形式是有，而实质是无。人获得真光的照明，就能获得知识和真理。人的认识过程是真光对人灵魂照明的过程。人的灵魂具有先天的光明，能摆脱无知和愚昧。人生的目的是寻求脱离世俗的道路，通过苦行功修，净化灵魂，得到真光的照明，达到精神升华，求得两世幸福。他去世后其追随者组成伊什拉基教团，奉行其学说。云游传教的努尔巴克赫希派也尊他为祖师。他的“真主之光”学说对伊本·阿拉比有一定影响。（杨克礼）

苏哈拉瓦迪耶教团(al-Ṭariqah al-Suhrawardiyyah)　伊斯兰教苏菲派兄弟会组织。12世纪产生于巴格达。由苏菲学者迪亚丁·艾布·纳吉布·苏哈拉瓦迪(1097～1168)所奠基，其侄子希哈布丁·艾布·哈夫斯·欧麦尔·苏哈拉瓦迪(1145～1234)予以发展和完善。迪亚丁·艾布·纳吉布青年时代即离开苏哈拉瓦迪到达巴格达，从师学习圣训和教法。他受谢赫艾哈迈德·安萨里的指引走上苏菲派的道路，开始过一种隐居静修的生活，并在底格里斯河畔一个被毁建筑物的遗址上建起了修道院，许多穆里德投到他的门下。曾任巴格达尼采米亚学院的院长，著有《穆里德的礼节》。欧麦尔·苏哈拉瓦迪是一位苏菲派和沙斐仪法学派的神学家，早年在他叔父的修道院中修炼。但他不是一位与世隔绝的禁欲主义者，而与许多要人保持着联系，深得阿拔斯王朝哈里发纳绥尔(1180～1225在位)的信任和赏识，任哈里发与结义组织“富图瓦”的联络代表，长期住在巴格达宫廷，纳绥尔还为他修建了规模可观的里巴特(即修持道堂)。他是当时颇负盛名的苏菲导师，其教义通过门弟子和著作广为传播，各地的许多苏菲来他这里修炼，他本人也在包括大马士革、阿勒颇在内的各个城市的修道院巡游布道。1231年在麦加同苏菲伊本·法里德(1181～1235)相识，研讨苏菲学理。他的主要著作是《认识内心的真理》('Awarif al-Ma'ārif)，为该教团的教科书，对其他教团也有影响。他死后，其子伊马德丁作为教区管理人继承了他，后其道统传系由后裔继承，但只是一个家庭教团。在希哈布丁的门徒中影响比较大的有设拉子谢赫纳吉布丁·布兹古什(?～1279)及其继承人扎希尔丁·阿卜杜·拉赫曼。希哈布丁宗教知识渊博，除强闻神秘主义的苏菲派修炼外，一直保持着正统传统和观念，并且为其门弟子们所继承。该教团遵奉逊尼派教义，实行沙斐仪学派教法，主张在教乘修持基础上修行道乘，主要仪式是念诵迪克尔达10万次。该教团在发展过程中产生许多分支，有的发展为独立的教团。现在主要流传于阿富汗和南亚次大陆。

（王怀德）

苏莱曼(Sulaymān)　《古兰经》中提到的古代先知之一。一译“素莱曼”。阿拉伯语音译。《旧约全书》称“所罗门”(Solomon)。古代先知达乌德之子。曾继承父业，享有国权。据《古兰经》记载，他具有通晓百鸟语言和蚂蚁语言的特异功能，曾统率“由精灵、人类、鸟类组成”的“大军”(27：16～17)。他喜欢驯马，曾“检阅能静立、能奔驰的马队”(38：31～34)。他能驱使风，让“风在上午走一月的路程，在下午也走一月的路程”，能“使熔铜像泉水样涌出”（34：12）。他建造“宫殿、雕像、水池般的大盘、固定的大锅”（34：13）。安拉替他“制服狂风”，令风奉命而吹到安拉“曾降福的地方”，还“替他制服一部分恶魔，他们替他潜水，并且做其他工作”（21：81～82）。在判决民事纠纷方面，他具有突出的见解，如面对“百姓的羊群夜间出来吃庄稼”、农民控告牧羊人的案件，他不赞同其父达乌德的裁决——把羊判给农民作为赔偿庄稼的损失，而主张把羊暂时交付农民，以羊奶、羊羔、羊毛权且度过饥寒，待庄稼长成收割果实后仍旧把羊还给牧人（21：78），显示了他幼年时的才华，博得其父的赞赏。他执政掌权后，曾通过身边一只失踪后复返的戴胜鸟获得赛伯邑（在今也门地区，《旧约全书》称作“示巴”：Sheba）女王崇拜太阳神的信息，遂遣使致书劝女王归服，信奉安拉，使女王终于被感化（27：20～44）。苏莱曼执政时国势达于鼎盛，但他逝世后国势日衰，至其子罗布安时终于沦亡败国；赛伯邑族后裔亦因不信正教而遭到安拉的惩罚（34：14～17）。《古兰经》关于苏莱曼故事的零散记述，均见于麦加章，旨在说明权势再大终有沦亡之时的道理，以此劝戒麦加多神教徒切勿一味追求世间的荣华富贵，而应想到后世，及早归信伊斯兰教，并以赛伯邑族为例，告诫他们不信正教者绝无好下场。穆斯林经学家认为，苏莱曼的故事虽与《圣经》中的所罗门有相似之处，但不宜视为完全等同。

（林　松　杨宗山）

《苏莱曼东游记》 见《中国印度见闻录》。

苏莱曼清真大寺（al-Jāmi‘al-Sulaymāni）　土耳其伊斯兰教著名清真寺。坐落在伊斯坦布尔城。为奥斯曼帝国第十代素丹苏莱曼一世（1495～1566）于1550～1557年敕建。由著名建筑师锡南设计和督建。该寺是一座典型的土耳其式寺院，呈长方形。礼拜殿由前厅、正厅、侧厅组成，用3个大跨度的拱顶连为一体，富丽堂皇，色彩和谐。殿上正中覆盖着大圆顶，直径31米，由4根方柱支撑的4个人字形的拱门承托。大圆顶的四面连着更多的半圆小屋顶，这些小圆顶建在大殿的四角上。大殿四周由连拱廊环绕。礼拜殿内的凹壁和后墙都是用波斯式彩釉瓷砖装饰，圆柱嵌着各色大理石。藻井顶部为车轮圆周形，中轴黑底金字，书写着《古兰经》第35章《创造者》的节录。寺内有4座宣礼尖塔，上边均建有阳台，共有10个，是为了纪念苏莱曼一世，因他正好是奥斯曼帝国的第十代素丹。寺院西侧曾设有伊斯兰经学院和医院。南边是穆斯林名人的墓地。史学家认为该寺是奥斯曼帝国建筑中“最富丽堂皇的纪念碑”。

（杨克礼）

苏莱曼·谢莱比（Sulaymān Shlabi，？～1429）　土耳其苏菲派哈尔瓦提教团谢赫、著名诗人。生平不详。为奥斯曼帝国素丹穆拉德一世的大臣艾哈迈德帕夏之子。曾任素丹巴叶济德一世（1389～1401在位）宫廷伊玛目和宗教顾问。1402年后任布尔萨一所著名清真寺教长，并招收培养门弟子，传播哈尔瓦提教团的学理。他仅存的宗教赞颂诗是《先知诞生赞歌》，描述了伊斯兰教先知穆罕默德生平，赞颂了其光辉的业绩、卓越的才能、高尚的品德以及登霄奇迹的传说。该诗篇语言优美，音韵和谐，富有哲理。每逢先知诞辰，人们都要吟诵这首诗。

（杨克礼）

苏莱曼一世（Sulaymān I，1494～1566）　奥斯曼帝国第十任素丹（1520～1566在位）。又译“苏里曼”、“苏赖曼”等。全名苏莱曼·本·赛利姆·本·巴耶济德。自幼接受传统的伊斯兰教教育，信奉逊尼派教义，遵行哈乃斐学派教法。15岁，被其祖父巴耶济德二世派往克里米亚的卡法任总督。其父赛利姆一世在位时期（1512～1520），他曾代其父治理伊斯坦布尔和埃迪尔内，并于1517年任小亚细亚西部的马尼萨总督。1520年9月即素丹位。在位期间，帝国趋于极盛。他为了扩张疆土，曾13次亲自率军征战沙场。在对中欧和地中海地区基督教国家的征战中，于1521年攻占贝尔格莱德，次年从圣约翰骑士团手中夺取小亚细亚沿岸的罗得岛，1526年8月在莫哈奇战役中击溃匈牙利和捷克联军，占领匈牙利大部。在东方，曾于1534～1555年间与伊朗什叶派萨法维王朝进行过3次重大战役，占领其西部大片领土，并先后征服了伊拉克、黎巴嫩、希贾兹、也门等地。在北非，占领了除摩洛哥以外的马格里布地区，并于1560年全歼进攻的黎波里的西班牙远征军。他加强海军建设，称雄地中海，1538年其海军曾在希腊附近海域打败威尼斯与西班牙的联合舰队。从此，帝国领土囊括今欧、亚、非近40个国家和地区的土地，面积600多万平方公里。他曾以“真主在大地上的影子”、“众素丹之素丹”、“众君主之君主”等桂冠自诩，并以“苏莱曼大帝”之盛名著称于世。他于1566年9月再次出征匈牙利时在锡格特瓦尔（Szigetvar）军营中病逝，终年72岁。

苏莱曼一世是世界史上著名的封建君主之一。他在位46年，不仅武功显赫，而且在治国方面亦颇多建树。他励精图治，整顿朝纲，改革军事、财政和行政机构，加强中央集权制，使国势昌盛，政权稳固。他极为重视以法治国，以“立法者”（al-Qānūniy，卡努尼）而闻名于世。他不仅将哈乃斐派定为官方教法学派，还以伊斯兰法院为基础，建立了从中央到地方的完善的司法制度，并力图在教法的基础上完善国家的行政建制和行政立法。他所颁布的法令涉及统治机构中官吏的承袭、俸禄、职级和礼仪等，商事和行政条例被修改，刑法得到了充实。他多次责成著名伊斯兰教学者编纂成文法。在其授意下编订的著名法典有：1530年阿勒颇人易卜拉欣·哈莱比（？～1549）所编的《群河总汇》（Multaqa al-Abḥur），1532年由首相易卜拉欣·帕夏（？～1536）主持汇编的《埃及法典》（Qānūn Miṣr），

1566年由帝国总穆夫提艾布·苏尤蒂(1545～1574在位)主持编订的《苏莱曼法典》(Qānūn Sulaymān)。《群河总汇》系为消除封建统治阶层内部混乱和遏制贵族权力而编订,内容包括重新确立分封制,规定"瓦利"(即省督)、"贝伊"(即县知事)等无权私赐土地,一切采邑土地的授予必须经素丹批准等。《埃及法典》系根据首相易卜拉欣在治理埃及半年期间所作出的法令和决定整理汇编而成,其条款几乎相当于宪法。《苏莱曼法典》最为完善,内容包括军事采邑制度、非穆斯林臣民的地位、社会治安和刑法、土地法、战争法等,其中尤为强调国家的行政立法必须符合伊斯兰教法,突出"卡迪"(即伊斯兰教法执行官)的地位和作用,规定各地区的卡迪系当地的司法首脑,地方警官和市场检查官为其下属官员,卡迪的司法权限根据素丹委任状中的规定行使。苏莱曼重视发展经济和基本建设,颁令在全国兴修了不少道路、桥梁,兴建了许多学校、医院、驿站、旅社、浴池等,首都伊斯坦布尔和其他城市被装饰、美化一新。积极发展和传播伊斯兰教,在其远征军所到之处建立清真寺,以战利品资助伊斯兰教团体和组织,并派遣伊斯兰教法官和传教师,使伊斯兰教在东南欧得到了广泛传播。1535年帝国军队占领巴格达后,他下令在城内为哈乃斐教法学派创立人艾布·哈尼法建造了清真寺和祠殿,对屡遭破坏的苏非派卡迪里教团创始人吉拉尼的陵墓进行了重修。1550～1557年间,他指令著名建筑师锡南在伊斯坦布尔设计、督建的苏莱曼清真大寺,被史学界誉为奥斯曼帝国建筑中"最富丽堂皇的纪念碑"。他对帝国境内的基督教徒采取宽容政策,允许他们遵行自己的教义、教法,并同法兰西等基督教国家订立条约,允许其侨民在帝国境内建立自己的法庭。他奖掖学术,重视和保护学者、文人,与著名教法学家艾布·苏欧德、史学家凯末尔帕夏扎德、桂冠诗人阿卜杜勒·巴基和著名建筑大师锡南等交往甚密。据史载,锡南在伊斯坦布尔设计、修建有著名清真寺多座,其在帝国境内负责设计和督建的大型建筑有335座之多。苏莱曼本人爱好广泛,并擅长写作诗歌和散文。他每天坚持写战争日记,评述有关人物和事件,著有《战争日录》一书。史书称苏莱曼一世为"有教养的开明君主"、"精明的战略家"、"科学和艺术的保护者",对其个人品德也给予诸多赞誉。

(杨宗山)

苏莱曼与赛伯邑女王(Sulaymān Wa Malikah Saba') 《古兰经》中所载古代先知苏莱曼的故事之一。赛伯邑是阿拉伯半岛西南端的一个文明古国,位于也门地区纳季兰以南,《旧约全书》称"示巴"(Sheba)。相传与苏莱曼同时代的赛伯邑女王名叫拜勒吉斯(Balqis),出身于南阿拉伯人族系,崇拜太阳为神。关于苏莱曼劝化赛伯邑女王归信安拉的故事,集中在《古兰经》第27章第20～44节,结合经学家的注疏,其主要内容是:先知苏莱曼通过其众鸟中的一只戴胜鸟获悉赛伯邑女王崇拜太阳神的信息,遂派该鸟投书女王,劝其改邪归正,信奉独一的安拉。女王经与群臣商议,为避免双方兵戎相见,决定先派使臣向苏莱曼进贡,俟对以色列国情有所考察后再做决断。苏莱曼拒收贡品,并要来使将其率军讨伐的决心转告女王。慑于苏莱曼国威的使臣如实向女王禀报,并谏其归顺,女王遂决心面见苏莱曼。苏莱曼为向女王显示安拉的万能,在她到来之前,派遣精灵闪电般地从赛伯邑王宫取来她所密藏的宝座,安置于苏莱曼宫内。女王见后惊讶不已,及至走进苏莱曼派精灵于一夜之间为其兴修的水晶宫内,更加感慨万分。她终于被感化,认识到这些都是安拉赐给苏莱曼的奇迹,遂表示归顺独一万能的安拉(27:38～44)。《古兰经》寓教育于故事中,上述颁降于先知穆罕默德在麦加传教时期的经文,具有规劝以古莱什贵族为首的多神教徒以赛伯邑女王为榜样,及早放弃偶像崇拜,归信伊斯兰教的现实意义。

(杨宗山)

苏赖(Sūrah) 《古兰经》编排的篇章称谓。亦译"苏拉"、"索勒"。阿拉伯语音译,意为"章"。《古兰经》分为30卷,共114章,6236节。伊斯兰教经注学家以先知穆罕默德于622年由麦加迁徙麦地那时为界限,将迁徙前在麦加降示的经文统称为"麦加章",共91章,计4780节,约占全部经文的2/3;迁徙到麦地那后所降示的经文统称为"麦地那章",共23章,计1456节,约占全部经文的1/3。各章的经文长短不一,长章(如第2章《黄牛》)有286节经文,短章(如第108章《多福》)仅有3节经文。其排列次序除第1章《开端》外,大致长章居前,短章居后,麦加的章、节大多简短,麦地那的章节大多较长。《古兰经》各章均有章目名称。据经注学家传述,各章的名称是先知穆罕默德在世时亲定的。各章命名方法有下列几种类型:(1)以章首的字母或名词命名。如第20章《塔·哈》、第36章《雅·辛》、第38章《萨德》、第50章《嘎弗》,其章名是采用章首字母的译音;第93章《上午》、第95章《无花果》、第103章《时光》等,其章名是采用章首的名词。(2)以该章中涉及的主要事件、故事或人物命名。如第2章《黄牛》、第4章《妇女》、第16章《蜜蜂》、第18章《山洞》、第19章《麦尔彦》等。(3)以历代先知名字命名。如第10章优努斯、第11章胡德、第12章优素福、第14章易卜拉欣、第47章穆罕默德、第69章努哈等。(4)以章首几节经文中能概括全章大意的一个词汇来命名。如第8章《战利品》、第17章《夜行》、第35章《创造者》、第40章《赦宥者》等。(5)以论题的名称来命名。如第65章《离婚》、第66章《禁戒》等。(6)用概观的名称来命名。如第1章《开端》、第112章《忠诚》等。《古兰经》各种不同版本的章目基本相同,但个别章目有所不同。如埃及开罗出版的《古兰经》的第40章和第76章章名分别为《赦宥者》和《人》,中国马坚汉译《古兰经》各章名与开罗版相同;而叙利亚大马士革出版的《古兰经》将上述两章章目命名为《穆民》、《光阴》。中国穆斯林把《古兰经》有关章、节经文的选段也称为"苏赖",诵读这些选段称为"念苏赖"。

（杨克礼）

苏鲁斯体(al-Khaṭṭ al-Thulthi)　阿拉伯文书法体之一。"苏鲁斯"一词系阿拉伯语音译,意为"三分之一",故译为"三一体"、"三分体"。属于阿拉伯文大楷,从流行的纳斯赫体发展而来。最早出现于阿拔斯王朝初期各地清真寺的装饰、壁文等,曾起过早期库法手写体的某些作用。创始人为大书法家伊本·穆格莱(866～940)。他为三一体制定了书写规则,提供了书写模式。该体具有端庄、高雅、华丽、壮观等特点,其字体高大而豪放。书写时词与词、字母与字母可以互相交叉、重叠,或串联、盘缠在一起,其中有一半以上的字母有 2～3 种写法,且能以花草、树木、水果、人物、鸟兽、建筑或自然风景等形象编织字体。故书写技术难度较大。阿拉伯人称苏鲁斯体为"书法之母",说明它在各种书法体中的地位和作用。苏鲁斯体亦有很多分支,但总体上可分为正规三一体和盘缠三一体两大类。苏鲁斯体的应用范围比较广泛,诸如书写《古兰经》的章名、经文警句、机关单位的牌匾、书刊的题目以及各种商业、文艺、体育广告等。穆斯林家庭中的装饰如中堂、匾额、壁挂、镜框等也常使用苏鲁斯体书写。

（陈进惠）

苏禄国(Salṭanah Sulu)　15 世纪在菲律宾苏禄群岛建立的伊斯兰教国家。苏禄自古扼中国与阿拉伯、棉兰老、维萨亚和婆罗洲之间交通要冲。中国古籍《大得南海志》(1304)记其名,汪大渊著《岛夷志略》(1349)载其地及物产,以产珠闻名。该岛分东、西、洞三酋长国。据菲律宾史籍称,14 世纪初阿拉伯和印度穆斯林商人将伊斯兰教传入苏禄群岛的商埠,并在伊斯兰教传教师凯利玛尔·马哈茂德的布教影响下,当地一些王公、贵族和商人最早信奉伊斯兰教。15 世纪中叶,来自苏门答腊的伊斯兰教教长艾布·伯克尔到此传教,建清真寺,约于 1450 年在穆斯林贵族和商人的支持下,正式创建苏禄素丹国,信奉逊尼派教义,实行政教合一的伊斯兰政治制度。素丹是政教最高领袖。素丹在伊斯兰教法官(即卡迪)和行政官员(即邦格列马)协助下进行统治。苏禄素丹国属早期封建社会,主要由世袭贵族(即达图)、商人、自由民和奴隶阶级组成。世袭贵族各有领地,为其领地政、教、军的首领。苏禄曾是当地社会经济发达的国家,以制盐、酿酒、织布、捕鱼、采珠及商埠税收为其经济来源,与印尼和马来等素丹国保持有政治、经济和文化的广泛交往。群岛深受阿拉伯伊斯兰文化影响,宗教活动中通用阿拉伯语。1578 年,西班牙殖民者入侵,苏禄人民持续近 3 个世纪的斗争,多次打退入侵者,保持独立。曾被勃泥国征服。1899 年,美国迫使苏禄签订"巴特斯"协定,保留素丹的权力,承认美国的宗主权。1903 年菲、美战争后,美国在苏禄建"摩洛省",对苏禄实行军事统治。1915 年美国驻菲律宾摩洛省总督同苏禄素丹基朗二世签订协定,素丹放弃在苏禄的世俗统治权,仅保留宗教领袖地位。从此,苏禄成为菲律宾的一部分。苏禄自古就同中国有往来关系,明清两代关系有了进一步发展。1417 年,苏禄国东王巴都葛叭答剌等率领陪员 340 多人访华,受到明王朝的友好接待。东王在返国途中病故于山东德州,明永乐皇帝命有司按伊斯兰葬仪营葬,并建墓立碑,封有禄田,东王次子和三子留居德州守茔,其子孙分别以安、温两姓留居中国繁衍,成为回族穆斯林。

（杨克礼）

苏禄王墓　15 世纪初叶病逝在中国的古苏禄王之墓。位于山东省德州市郊北营村。是东南亚穆斯林苏禄国王及其两个王子的陵园。园内有苍松翠柏。墓庐高 4 米余,墓基圆形,青石砌成。陵前有石碑,上刻"苏禄国恭定王墓",两侧置翁仲及石兽,东南又有御碑亭,是明成祖朱棣赐给"恭定"谥号时所勒石碑,并建亭留念。明、清两代著名学者顾亭林、程先贞皆题有谒墓诗。据《明史·列传》载:明永乐十五年(1417),苏禄国东王巴都葛叭哈剌、西王麻哈剌叱葛剌麻丁和峒王之妻共率家属、部众头目 340 余人乘船来华献贡。永乐帝予以隆重接待,并厚礼赠答。在归国途中,东王巴都葛叭哈剌病逝于德州,遂就地葬于此。永乐帝除赐谥号、勒石碑之外,且赐祭田,以供"留其妻妾仆从 10 人守墓"之给养。王之长子图马哈率众回国,继承王位;王之偏妃及温、安二王子留在德州守墓,逝世后也附葬于园内。清世宗雍正九年(1731)应苏禄国王之请求,守墓人众之裔孙入籍于中国德州。

（林　松）

苏南(Sunan)　印度尼西亚伊斯兰教职称谓。亦称"苏苏南"。原为梵语对贤人的尊称,后印尼语将历史上领有传教区的伊斯兰教长老称为"苏南"。苏南既是一个地区的宗教领袖,又是行政首领。印尼伊斯兰教史上将在爪哇传教的"九大贤人"尊称为"苏南",如东爪哇吉里的教长被尊为"苏南·吉里",爪哇淡目国素丹拉登·巴达被尊为"苏南·多诺"。有些地方伊斯兰小王朝的国王也自称为"苏南"。

（杨克礼）

苏南·古农·查提(Sunan Gunung Jati,?～1570)　印度尼西亚伊斯兰教传教师,万丹素丹国的创建者。原名法列塔汗(Faletahan)。生于须文答剌—巴赛伊斯兰王国一下层穆斯林家庭,为穆斯林首领。1521 年,巴赛为葡萄牙殖民者所攻掠,他领导穆斯林起义反抗,击败葡萄牙武装海员,杀死印度教国王。葡萄牙人出兵镇压,他出奔到麦加留居多年,学习伊斯兰教经典、教义。他以传教师的身份回到巴赛不久,经查帕拉到爪哇的淡目国传播伊斯兰教。由于他宗教学识渊博,信仰虔诚,信众日增,深受淡目国素丹特林加纳的敬重，并将其妹许配于他。他被素丹派到万丹传教，该地太守在其劝导下归信了伊斯兰教，从此他成为万丹的教长。1527年葡萄牙海员在卡拉帕登陆，他率淡目国援军举行起义，先占领万丹及附近地区，后又向巽他卡拉帕(今雅加达)进攻，驱逐了葡萄牙海员。后又征服了井里汶，拥有西爪哇北海岸的地带。他作为淡目国的属侯领有万丹。1546年，淡目王国发兵征讨印度教的帕纳鲁坎国时，他应召出兵支援。1552年，他宣布脱离淡目国，正式建立独立的万丹素丹国，立伊斯兰教为国教，尊奉哈乃斐教法学派。立长子哈桑·努尔丁为嗣君，掌管万丹政权，将井里汶封为次子帕兰沙的领地。他于1554年隐退居西爪哇的井里汶，过着苦行清贫的生活，建清真寺，开办学校，培养门弟子，著书立说，从事传教事业，直至逝世。他被尊为印尼"伊斯兰教九大先贤之一"，穆斯林为其建有陵墓。　　(杨克礼)

苏南·吉里(Sunan Giri)　印度尼西亚伊斯兰教先贤之一，原名拉登·帕库(Raden Paku)。生卒年不详，活动于15世纪末至16世纪中期。据《爪哇历史》载，他为中爪哇一贵族的后裔，幼年被麻喏巴歇王国浡淋邦(即巨港)太守的穆斯林妻子涅伊·格德·本纳德收养成人。后随养母回到爪哇，定居在革儿昔附近的帕查腊坦岛。他11岁时被送到苏鲁马益附近的岸佩尔师从伊斯兰教著名教长苏南·岸佩尔(原名拉登·腊马特)处学习伊斯兰经典和教义，并被命名为拉登·帕库，数年后，其师准备将他与长子苏南·博浪一同送往麦加圣地游学。1490年到达素丹马哈茂德执政时的马六甲，据传因海路受阻未去麦加，便跟随留居马六甲的一位波斯伊斯兰传教师学习伊斯兰教义，数年后卒业，返回爪哇。他继承富有的养母的大量遗产，在革儿昔南部的吉里修建住宅和清真寺，并招募大量居民开发该地，建立村社教区，改奉伊斯兰教的群众大增，遂使该地发展成传教中心。他培养门徒，向各地派出传教师，将伊斯兰教传播到东爪哇和马都拉地区，成为东爪哇的宗教领袖。1568年他接受巴章国王阿迪·威查亚的来访，以爪哇总教长的名义授其以"素丹"称号。他被穆斯林尊为印尼"伊斯兰教九大先贤之一"。　　(杨克礼)

苏四十三(?～1781)　中国清代乾隆年间撒拉族、回族穆斯林反清起义首领之一。原籍甘肃河州(今临夏)，其祖迁居循化厅撒拉街子工，父亲苏那黑置庄田于查加工古节烈庄，遂定居于此。他自幼攻读阿拉伯文，在街子工清真寺受经堂教育，及长学成"穿衣"为阿訇，人称"尕苏阿訇"。乾隆二十六年(1761)，马明心到循化传苏菲主义哲赫林耶学理，"苏四十三延于家，拜为师"。为其最早的门生之一。乾隆三十四年(1769)，循化地区哲赫林耶派首领贺麻路乎与韩哈吉发生教争，被官府发配乌鲁木齐为奴，苏四十三即成为循化哲赫林耶派首领。被称为"新教"的哲赫林耶在循化日益发展，与"老教"虎非耶华寺门宦数次发生教争，地方官吏施行"扶老教，抑新教"的政策，进行挑拨，苏四十三与另一哲派首领韩二个将教争逐步推向反抗族内封建土司和清朝的民族宗教压迫的政治斗争。乾隆四十六年(1781)，苏四十三发动了反对清王朝民族压迫的起义斗争，于同年6月15日在攻打兰州、营救马明心的战役中阵亡。　　(孔祥录　喇秉德)

苏四十三起义　中国清代乾隆年间苏四十三领导的甘肃撒拉族、回族反清起义。乾隆中期，甘肃安定县(今甘肃省定西县)官川回族阿訇马明心倡导伊斯兰教哲赫林耶教理，得到众多教徒的拥护，逐渐传播开来。乾隆二十六年(1761)，马明心前往撒拉族聚居的循化(今青海省循化撒拉族自治县)传教，"撒拉族贺麻路乎、苏四十三延于家，拜为师，从之者寖众，遂别为新教"。次年，马明心再次前往循化，与华寺门宦教主马国宝相遇，因讲经发生辩论，随后发生教争。因地方官支持土司和世袭掌教等压抑新教，故教争渐趋激烈。双方向官府呈控后，贺麻路乎被"从重发往乌鲁木齐"，苏四十三遂成为循化哲赫林耶派首领。乾隆四十六年三月十八日(1781年4月11日)，陕甘总督勒尔谨派副将新柱前往循化查办。新柱到白庄后扬言："新教若不遵法，我当为老教做主尽洗之"，立即激怒了新教群众。苏四十三"反志益坚"，率千余人将新柱杀死。次日率众至起台堡破城而入，杀兰州知府杨士玑，起义正式爆发。农历3月21日，起义军攻破河州(今甘肃省临夏市)，署知州周植自缢，起义军另一首领韩二个在攻城时牺牲。总督勒尔谨闻报后急率兵扼守狄道州。其时马明心已被缉捕，解往兰州。苏四十三遂率领撒拉族、回族起义军3000余人从洪济桥、唐家川渡洮河疾趋兰州以救援马明心，于25日攻破西、南二关城。甘肃布政使王廷赞固守城内，等待援军。清廷调兵遣将，派大学士公阿桂、尚书和珅赴兰州统筹指挥，各路清军抵兰州者达万人。因双方兵力悬殊，起义军退往城西华林山据险防守。清军多次进攻，屡遭惨败，伤亡甚众。闰5月15日，清军部署大量兵力，加紧围攻。起义军节次损伤，能战者仅数百人，但仍坚守山梁，与敌拼搏。6月15日，清军再次发动攻势，苏四十三从大营率众奋勇杀敌，不幸阵亡。余部退守华林寺，与敌鏖战达20天。清军架炮轰打，烧毁寺基，起义军誓死防守，至七月初五日全部壮烈牺牲。此次起义充分显示了甘、青各族穆斯林英勇顽强的斗争精神，给予了已经开始走向衰败的清朝封建统治以有力打击，乾隆帝深感忧惧。清统治者残杀起义军不下千人，后又大肆查办新教，株连无辜，搜杀、发遣起义者及其眷属。撒拉12工中有9工"新教共976户皆被剿洗无余"。新任陕甘总督李侍尧又制定了"办理兰州军务善后各事宜"章程，统治更加严酷，遂激起田五在乾隆四十九年

◁麦地那印经局刊本《古兰经》扉页

△北京东四清真寺藏《古兰经》手抄本(1318年)

△中国伊斯兰教协会藏《古兰经》手抄本

△伊斯兰国家《古兰经》古抄本

△波斯文注释的《古兰经》金粉古手抄本

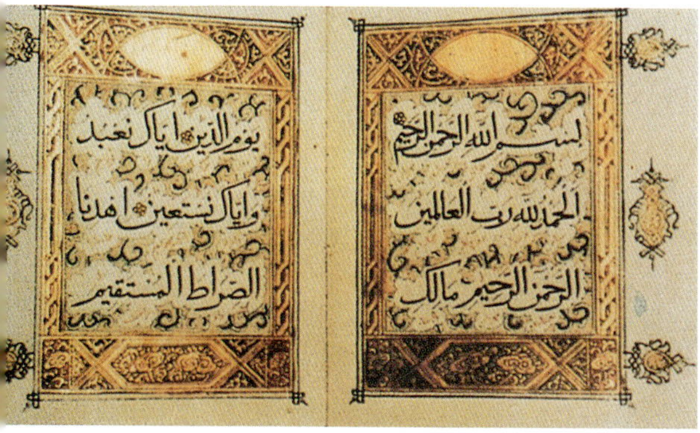

△18世纪《古兰经》抄本

◁巴基斯坦刊本《古兰经》封面

▷叙利亚刊本《古兰经》装饰

▷土耳其刊印的《古兰经》

▽巴基斯坦刊本《古兰经》扉页装饰

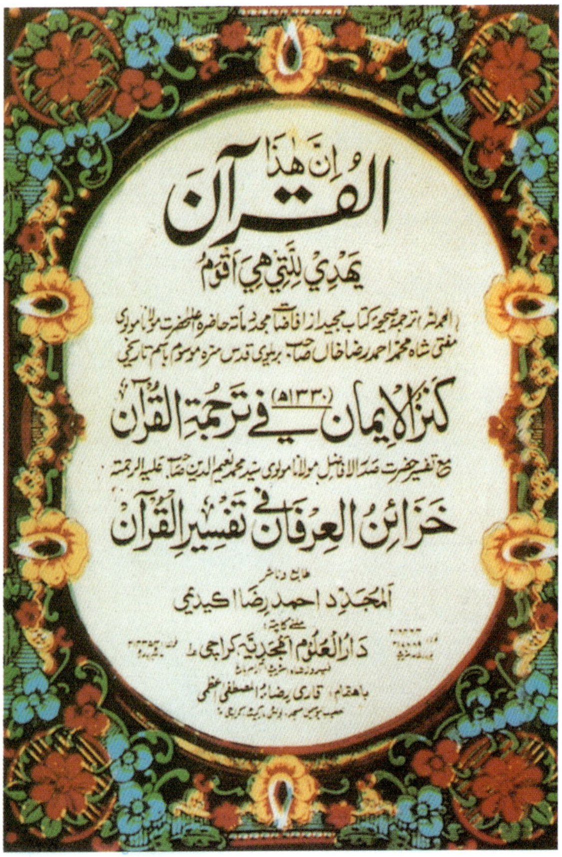

▽土耳其刊印圣训经装饰

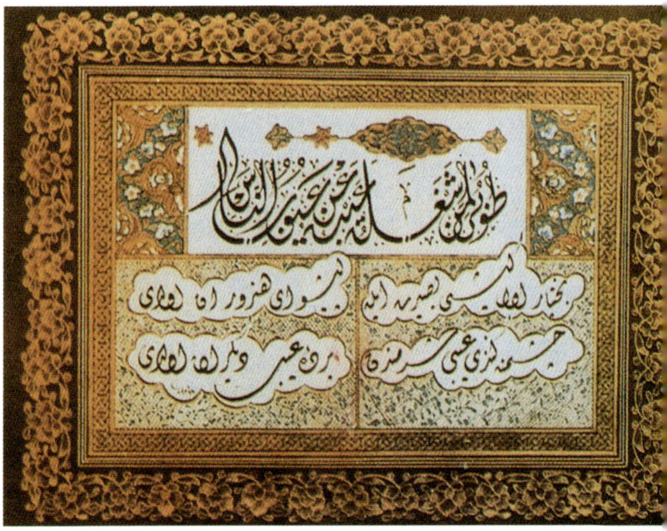

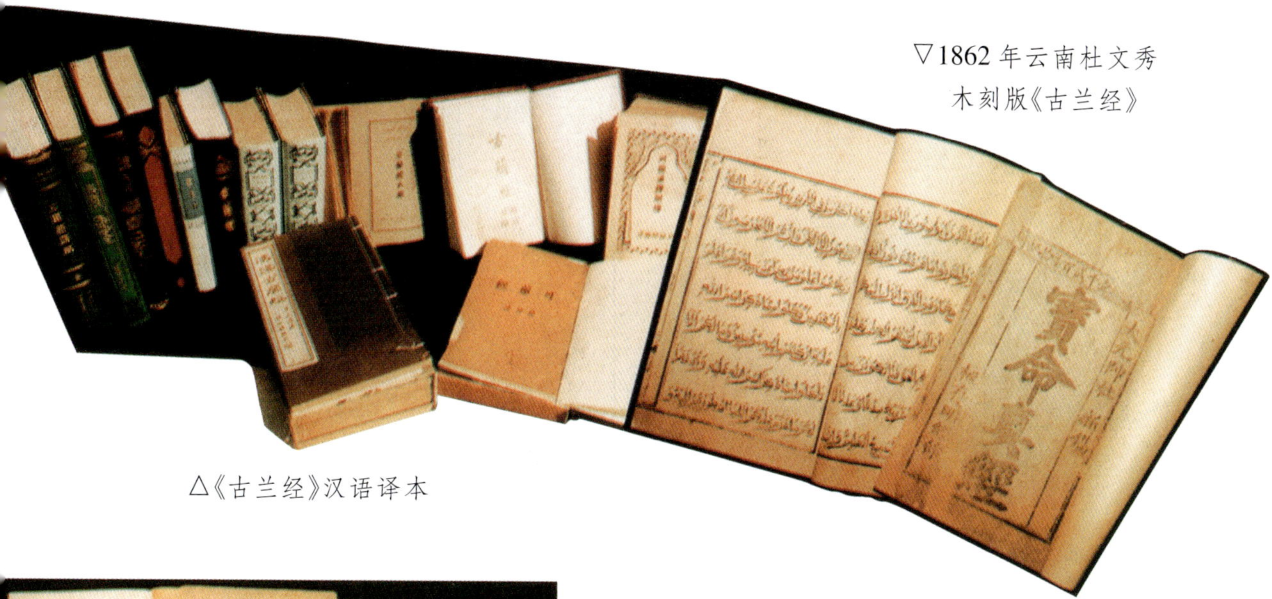

▽1862年云南杜文秀木刻版《古兰经》

△《古兰经》汉语译本

△圣训、圣传汉文译著

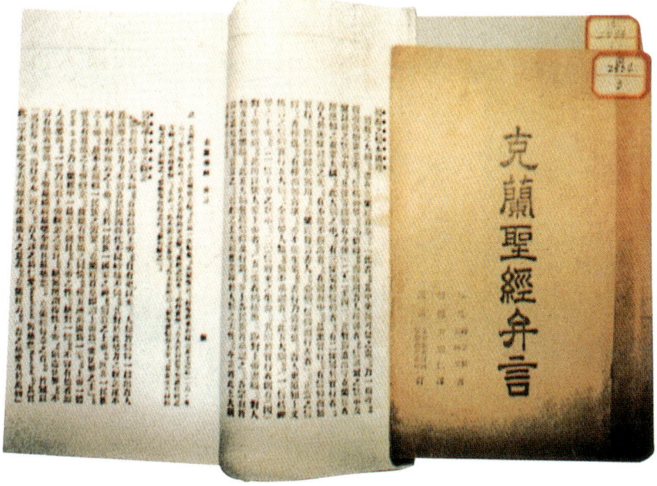

△汉译《古兰经》论著

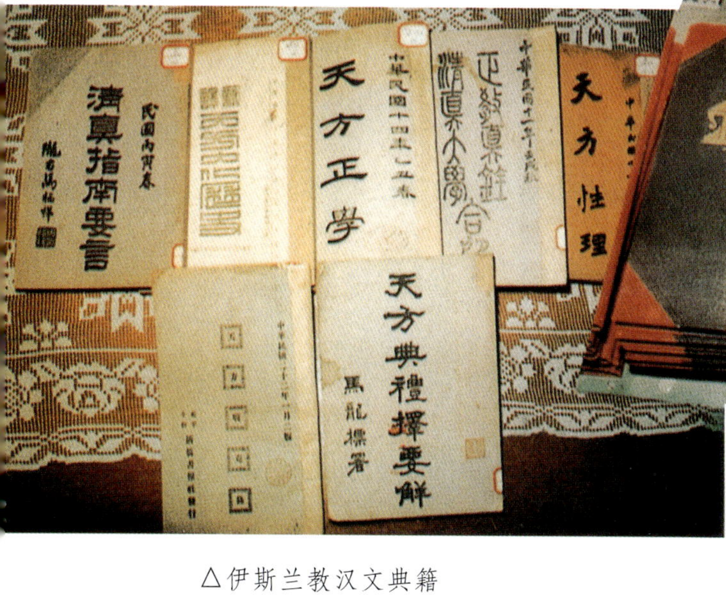

△伊斯兰教汉文典籍

△中国20世纪初《古兰经》刊本

△《中国穆斯林》杂志

△伊斯兰国家学术刊物

△近现代中国伊斯兰教期刊

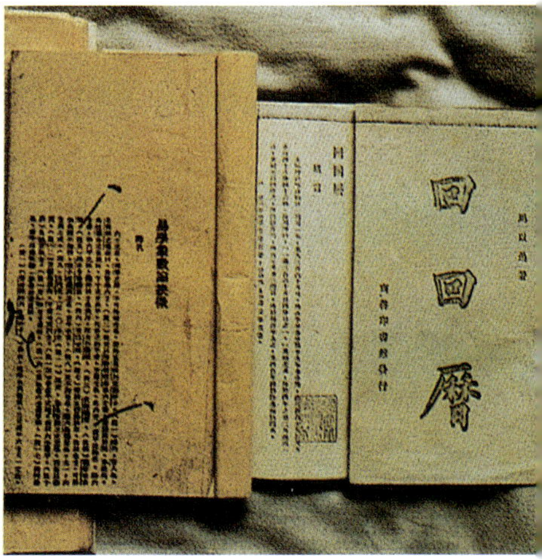

△中国刊印的伊斯兰教历法著作

△清代刘智著《天方典礼》

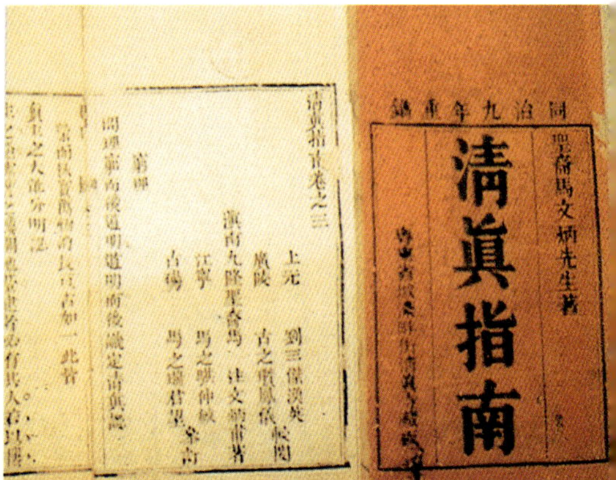

△清代马注著《清真指南》

△麦加希拉山洞

△埃及西奈山古迹

△麦加阿拉法特山

▷麦加赛法—麦尔卧两丘间奔走长廊

△世界穆斯林朝觐者在米那山谷

△北京中外穆斯林欢度古尔邦节

◁中国伊斯兰教经学院举行圣纪活动

◁世界穆斯林朝觐者在阿拉法特山谷

△埃及开罗爱资哈尔大学

△中国伊斯兰教经学院(北京)

△新疆维吾尔自治区伊斯兰教经学院(乌鲁木齐)

△宁夏伊斯兰教经学院(银川)

△麦地那先知穆罕默德陵墓

△伊拉克巴格达阿拔斯·本·阿里陵墓

△广州先贤宛葛斯墓

◁摩洛哥非斯艾哈迈德·提加尼陵墓

△伊拉克纳贾夫阿里陵墓

△撒马尔罕谢赫·静达陵墓

◁印度亚格拉泰姬·玛哈尔陵墓

△新疆哈密盖斯拱北

△北京牛街礼拜寺内谢赫墓

△新疆阿图什萨图克·布格拉汗麻札

△新疆库车额西丁和卓麻札

△新疆莎车阿尔腾麻札

△新疆吐鲁番吐峪沟麻札

△云南昆明赛典赤·赡思丁墓

△新疆霍城秃黑鲁帖木儿麻札

△南京勃泥国王墓

△泉州灵山先贤墓

△新疆喀什阿帕克和卓麻札

△新疆哈密回王墓

△南京牛首山郑和墓

△南京刘智墓

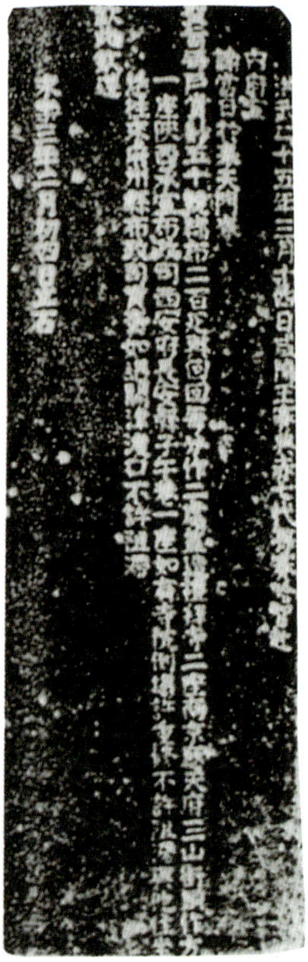

◁西安大学习巷清真寺立《明洪武圣旨碑》

△泉州也门人建清真寺碑

△泉州蕃客墓碑

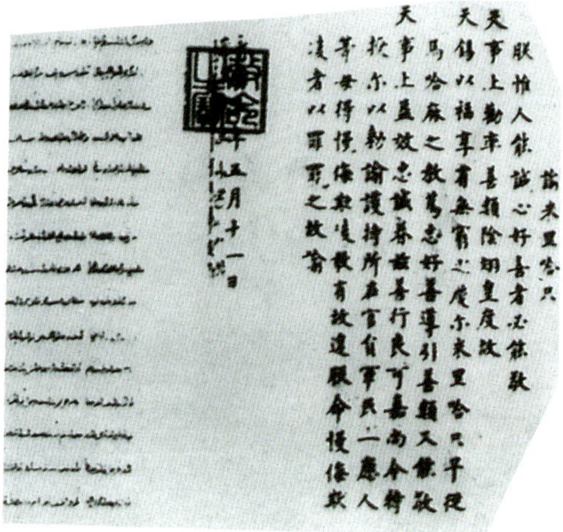

△明《永乐敕谕》

△泉州灵山先贤墓郑和行香碑

△西安大学习巷清真寺立《重建清真寺碑》

△泉州灵山先贤墓阿拉伯文碑

△泉州艾哈迈德墓碑(正面为阿拉伯文、波斯文,背面为汉文)

△印度德里库特布尖塔阿拉伯文雕刻

△泉州哈特兰人墓盖石刻

△泉州圣友寺阿拉伯文门楣石刻

▷伊朗伊斯法罕清真大寺圆顶内装饰

△突尼斯清真寺装饰艺术

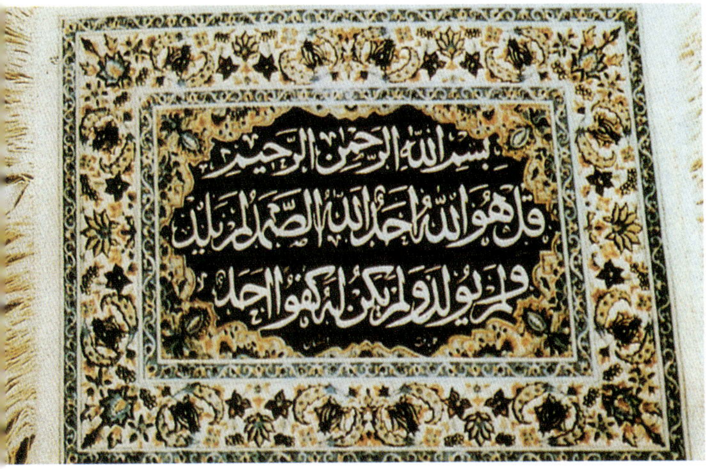

△《古兰经》文挂毯

△摩洛哥非斯卡拉维因清真大寺殿内壁装饰

◁阿拉伯文书法『泰斯米叶』

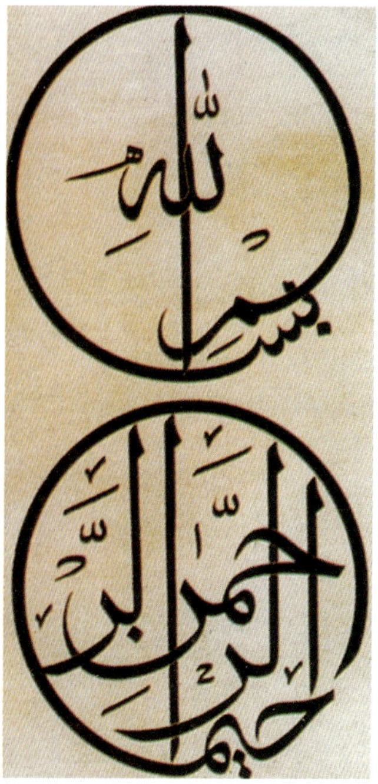

▷中国体阿拉伯文中堂书法（一）

▷中国体阿拉伯文中堂书法（二）

▽16世纪哈桑·艾哈迈德的阿拉伯文书法

◁中国体阿拉伯文书法

▽苏菲派诗人鲁米墓碑阿拉伯文书法

◁古阿拉伯文书写体

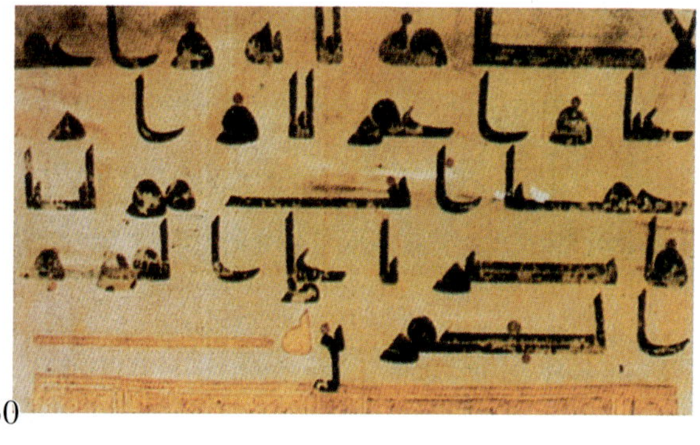

△中国体阿拉伯文书法对联

◁14世纪阿拉伯文玻璃灯座

◁阿拉伯文『清真言』瓷瓶

△阿拉伯文景泰蓝瓶及陶瓷茶具

△阿拉伯文陶瓷花瓶

△阿拉伯文“清真言”珐琅盘

◁阿拉伯文铜香炉

△明代穆斯林陶瓷插屏

◁清康熙皇帝关于伊斯兰教的圣旨

△明成化十年(1474)宪宗敕赐礼拜寺香炉

◁明代阿拉伯文炉瓶三设

(1784)再次发动了甘肃回民的反清起义。

（喇秉德）

苏苏南 见苏南。

诉讼程序法 伊斯兰教法关于民事、刑事、商事审判程序法规的总称。伊斯兰教法的门类之一。不同教法学派有不同的规定。主要内容包括证据制度（证人、证据、证人资格、证人信誉等）和审判制度（法院的组成、法官的资格、权限、职责、原告、被告、审判程序等）。伊斯兰法院原则上由1名教法执行官（卡迪）和2名助手组成。法院仅有权受理涉及穆斯林当事人的民事、刑事、商事诉讼。通常同法律推定（民事案件中的非侵权推定、商事案件中的不负债推定和刑事案件中的无罪推定）一致的一方当事人被指定为被告，同法律推定相反的一方为原告。因此，基本程序为“原告举证、被告盟誓”，法院主要根据法庭辩论中确认的基本事实断案。伊斯兰法院只接受成年穆斯林自由人的举证，奴隶和未成年者无权充当证人，妇女没有完全的法律资格，2名女证人相当于1名男证人。民事诉讼案件中通常只要求1名证人，重大的刑事案件如指控被告犯有通奸罪，需有4名证人作证。证人的证词能否被法院所接受，除证词本身是否属实外，在很大程度上取决于证人的道德信誉。凡虔诚的信士绝不会在庄严的“安拉法度”面前讲假话、作伪证。故道德上未发现污点的穆斯林证人，其证词通常定会得到法庭的承认。除商事诉讼外，法院一般不承认物证和书面证词，而以证人的口头证词为主。中世纪伊斯兰教法并未就审判程序和证据制度作过明确、统一的规定，而以古代法学家们的学说和法院的司法惯例为基础。而法学家们的学说往往重道德表现，轻司法实践，与社会实际相脱节。例如，为确认孩子是否属于婚生合法子女而规定的母亲的最长妊娠期，可以高达2～5年，此间出生的婴儿均为合法子女。而否认婴儿的生父身份，则没有任何证据规定。这种呆板、僵化的审判制度和证据制度，已不适应时代发展的要求。近现代以来，在欧洲殖民统治时期和伊斯兰国家独立后现代法制改革的过程中，才加以系统的修订，当今传统的诉讼程序法已不再适用，代之以各国的新的与实体法相一致的诉讼程序法。

（吴云贵）

素丹（Sulṭān） 部分伊斯兰教国家君主的称谓。又译“苏丹”，旧译“算端”、“速檀”、“锁鲁檀”、“苏尔坦”等。阿拉伯语音译，原意为“力量”或“权柄”，引申为“君主”或“统治者”。9世纪阿拔斯王朝的突厥近卫军长官即有此称号。11世纪，中亚伽色尼王朝统治者马哈茂德（Maḥmūd，998～1030在位）被阿拔斯王朝哈里发赐予“素丹”，是用作国家统治者称号之始。以后哈里发常将此头衔授予帝国辖境内的各地君主，遂为穆斯林国家广泛使用，成了伊斯兰国家统治者的称号。13世纪末，土耳其人建立奥斯曼帝国，其统治者亦称“素丹”。13～16世纪初和1914～1922年的埃及、阿曼等国家的历代统治者，也采用“素丹”的称号。有些伊斯兰国家，亦称为“素丹国”，如桑给巴尔素丹国、文莱素丹国等。中国新疆信奉伊斯兰教的察合台后王中，也有称“素丹”者。1923年土耳其宣布废除“素丹”称号。

（马启成 丁 宏）

素丹·艾哈迈德清真寺（Masjid al-Sulṭān Aḥmad） 土耳其伊斯兰教著名清真寺。位于伊斯坦布尔。奥斯曼帝国第十四代素丹艾哈迈德一世（Aḥmad I，1603～1617在位）敕令修建，由著名建筑师锡南的高足弟子穆罕默德·阿迦设计，于1609～1616年建成。是奥斯曼帝国时代建筑艺术的珍品，其外观雄伟壮丽，布局合理，结构严谨。主体建筑的礼拜大殿面积长72米，宽64米，可容纳3500人同时礼拜。礼拜殿顶部中央为一球体大圆顶，四周建有4个小圆顶，圆顶用钟乳石状穹隅固定在长方形结构的对角上，屋顶由4根巨大石柱承托。殿内宽敞豁亮，装饰精美，四壁镶嵌着2万多块蓝色瓷砖拼成的各种几何图案，充满柔和静谧的气氛，因而以“蓝色清真寺”闻名于世。据历史学家考证，土耳其人崇尚蓝色，伊斯法罕清真大寺的装饰也为蓝色，故也称“蓝色清真寺”。艾哈迈德清真寺大殿地面饰以大理石，铺满紫红色的土耳其地毯。寺内建有6座宣礼尖塔，其中4座建在大殿四周，与殿顶4小圆顶相对应，其他2座建在大殿左侧，是世界上唯一的6塔清真寺。

（杨克礼）

素丹·哈桑清真寺（Masjid al-Sulṭān al-Ḥasan） 埃及伊斯兰教著名清真寺。位于开罗东南方向穆罕默德·阿里大街尽头。为马穆鲁克王朝素丹哈桑于1356～1359年敕建，故名。为寺院、宗教学校和陵墓三结合的建筑群。占地面积7906平方米。寺大门高37.7米。门内巨大的四方形内院，向东西南北各伸出一个穹隆大厅，形成十字。在十字交叉臂之间，建有讲堂，紧靠穹隆正殿是正方形陵墓。内院正中有一小净用大水池，池上建有大圆顶，以多根大理石柱支撑。院内有宗教学校的讲经堂4座。其中最大一座的面积为988平方米。内院四面还有4厅：南、北、西3厅都建有带尖的拱形石顶，东厅最大，厅内东侧是礼拜朝向的凹壁，其右是大理石宣教台。厅内有一巨大的大理石台，由3根方柱和8根圆柱交错支撑。厅壁用大理石和彩色石板拼排，天花板用砖砌，并用石镶边。从大厅内凹壁两侧的两门可通向素丹·哈桑的大理石衣冠冢。据墓碑记载，它建于1384年，时为哈桑死后23年。墓冢四周有木制围栏，两门上包有黄铜，镶嵌金、银，墓上有方形的大屋顶。离清真寺30米处有一水车，寺东南有两座宏伟尖塔，其中一座高81.6米。

（杨克礼）

《素丹律例》(al-Aḥkām al-Sulṭāniyyah) 伊斯兰教逊尼派教法著作。沙斐仪学派教法学家马沃尔迪著。成书于1045～1058年间，原为呈献给阿拔斯王朝哈里发嘎伊姆·比拉(al-Gā'im billāh,1031～1075在位)御览而作。该书是继巴格达迪的《宗教原理》之后，全面、系统地阐述逊尼派的哈里发学说的巨著，论证了王权与教权、君主与臣民间的关系，提出了"君权服从神权"的思想。认为"律例"乃安拉降示给世人的法令，据以识真理、知法度、享福利，而哈里发(伊玛目)虽为安拉的代理人，但因忙于国务而不深谙律例，故应由教法学家予以解释，使之了解自身的权利与义务并付诸实施。宣称伊玛目制度源自"沙里亚"，系得到公议确认的一种契约制，旨在由哈里发代行先知的职权，维护宗教信仰和管理国家，故只有博学多才、勇敢善战、出身于古莱什族者有资格任此圣职。书中还论述了哈里发产生的方式、哈里发的职权、哈里发的废黜及安拉、先知、哈里发、总督、卡迪等所拥有的各不相同的权力。尤为详尽地论述了哈里发的10大职责：维护宗教信仰、实施民事判决、保卫伊斯兰领土、实行安拉之刑罚、加强边防力量、领导圣战、依法征收赋税、掌管财政、任命官吏和亲理朝政。该书提出的基本思想和主张，成为逊尼派政治学说的基本框架，对安萨里之后的历代哈里发学说有重要影响，被后世学者广为引用。

(吴云贵)

素丹·赛义德汗(1487～1533) 中国新疆叶尔羌汗国创建者。察合台后裔。1508年，在月即别(即乌兹别克)部昔班尼汗的进攻下，东察合台穆罕默德汗(即长汗)全家被杀，艾哈迈德汗(即幼汗)也死去，诸子争立，东察合台汗国崩溃。艾哈迈德汗长子曼苏尔对其兄弟大加杀戮，赛义德被迫逃往柯尔克孜部、月即别部，最后投奔到喀布尔的表兄巴布尔(莫卧儿帝国创建者)处。1514年初，赛义德在巴布尔的支持下召集蒙兀儿旧部5000人进攻喀什噶尔，与素丹阿巴拜克在乌什巴尔根村展开激战，击溃对方50万军队，相继攻占喀什噶尔、英吉沙、叶尔羌、于阗、阿克苏、乌什，于伊斯兰教历七月(1514年5～6月)登上汗位，建立南疆察合台王封建政权。后设都于叶尔羌(今莎车)。奉伊斯兰教为国教。在位奉行积极的内外政策，与哈萨克部联盟，降服柯尔克孜部，拓疆土费尔干纳和巴达赫尚，并主动与统治吐鲁番的曼苏尔和解，形成了新疆近20年的和平、安定局面。对内鼓励农业和贸易，减免赋税，赈济贫困，招抚流散百姓，使经济得到恢复和发展。他提倡文学创作，擅长突厥语、波斯语诗歌，精通乐器和箭法。在教法上尊奉哈乃斐学派。后与布哈拉的纳格什班迪耶教团首领交往密切，拜和卓努尔(奴烈)为宗教导师，深受其苏菲主义思想影响，一度欲放弃汗位潜心苏菲派修炼。曾对信仰佛教的撒里畏兀儿(今裕固族)、博罗尔和西藏进行远征。1532年夏，亲自率领5000军队进攻西藏，攻到拉萨附近。翌年夏，因气候恶劣、藏民抵抗以及部下厌战，被迫撤军。途中患高山病而死。葬于叶尔羌阿尔腾麻札。

(李进新)

素丹·乌韦斯汗麻札 15世纪初中国新疆原东察合台系王朝统治者乌韦斯汗的陵墓。新疆习称"速檀歪思汗麻札"。乌韦斯，明史作"歪思"，系成吉思汗第11代后裔，东察合台系汗黑的儿火者之孙，蒙兀儿斯坦(别失八里)之汗。1418年，乌韦斯率部众迁伊犁河流域，改国号为"亦力巴里"，1428年去世，葬于阿布热勒山北麓博尔松河滨。1876年乌韦斯汗麻札重建于今伊宁县东北麻札村内，占地约百亩，陵寝为土木结构，系中国古老的亭阁式建筑。南向，1～3层为方形，窗系圆形雕棂。一层流檐，20根立柱支撑，二、三层为木结构四角形重檐，飞檐饰以鸱吻，散水覆盖琉璃瓦，顶为六角形塔楼，上竖新月，蔚为壮观。麻札西侧丛林中建有清真寺1座。为新疆伊斯兰教陵墓中独具中国传统风格的建筑。

(陈国光)

素哇娥 见素瓦尔。

素瓦尔(Suwā') 《古兰经》中所载古阿拉伯人崇拜的五大偶像之一。一译"素哇娥"。阿拉伯语音译。见于《古兰经》第71章古代先知努哈的故事中。据经注家称，与瓦德、叶巫斯、叶欧格和奈斯尔原系人类始祖阿丹时代5个著名人物，死后被人塑成偶像奉之为神，素瓦尔被塑以女神形象而为西亚两河流域哈姆丹(Ḥamdān)等部落所崇拜。参见瓦德。

(杨宗山)

速檀 见素丹。

速檀歪思汗麻札 见素丹·乌韦斯汗麻札。

宿命论派 见贾卜利耶派。

粟特农民起义 见穆盖奈尔起义。

算端 见素丹。

绥拉特桥(Ṣirāṭ) 伊斯兰教有关后世的名词。系阿拉伯语音译，中国穆斯林学者亦意译为"天桥"。伊斯兰教教义学家赛尔顿丁·太弗塔扎尼(1312～1389)所著《教典诠释》说：该桥是架在火狱之上、直通天园的一座桥，细如头发和剑刃。升入天园者，将由桥上通过；堕入火狱者，将在桥上失足。并说，穆尔太齐赖派否认此说，认为从此桥上通过是不可能的。

(杨怀中)

隋卜厄图拉(Ṣibghatullāh) 伊斯兰教教义学

术语。阿拉伯语音译，意为“真主的洗礼”、“真主的浸染”等。指真主先天赋予人类纯洁的灵魂和灵知而言。《古兰经》第 2 章 138 节要求穆斯林“保持真主的洗礼”，即维护先天的本性，遵循真主指引的正道，洁身自爱，改变后天形成的恶习，并做各种善事。伊斯兰教不履行任何“洗礼”仪式，故与基督教所谓“洗礼”不同。（马恩信）

隋德格（Ṣidq） 伊斯兰教伦理道德术语，穆斯林修身准则之一。阿拉伯语音译，意为“诚实”、“坦诚”。《古兰经》中把“隋德格”与“泰格瓦”（即敬畏真主）并提，与“伪信”、“说谎”、“欺骗”等词相对列举。圣训中也有倡导“诚实”的内容，如“诚实能导人于正义，而正义则导人于乐园”，“说谎能导人于作恶，而作恶则导人于火狱”（《布哈里圣训实录》）等。因此，诚实在教法上属嘉许的行为，是穆斯林加强自身修养的重要内容之一。（马恩信）

隋法特（al-Ṣifāt） 伊斯兰教教义学用语。阿拉伯语音译，意为“属性”、“德性”。指对真主的各种美称。逊尼派教义学家在肯定真主“独一”、“必有”的精神实体的同时，并从肯定与否定两个方面来论证真主的德性，如无始、永生、全能、全知、全聪、全明、意欲、至善等，并认为他不是偶性、不是物体、不是原子、不是可数的，不是可界定的，不是可分的，不是有分子的，不是可穷尽的，不住在任何空间，不受时间的影响，任何物不能超出他的知觉与能力的范围，等等。中国伊斯兰教学者刘智认为，真主“至知”、“至能”、“至全”、“至善”、“前无始”、“后无终”、“大无外”、“细无内”、“无形似”、“无方所”、“无遐迩”、“无对待”等等，是对真主德性的高度概括。逊尼派同时认为真主的德性同样是无始的，它“既非真主的本体，又非它物”，并认为真主的 99 个美名是对他德性的表述。在伊斯兰教史上，各派对此论争纷繁激烈，穆尔太齐赖派反对关于真主全能、全知、全聪、全明等诸多拟人化的德性。认为真主不具有德性，而凭其本体为之。什叶派的伊斯玛仪支派也持有此种观点。艾什尔里派则主张，可以用一切完美的德性来陈述真主，认为这种德性是永恒的，其义超乎一切受造之物所具的属性。（罗万寿）

隋芬之战（Ma‘rakah Ṣiffin） 657 年伊斯兰教第四任哈里发阿里与叙利亚总督穆阿维叶之间进行的一场战役。亦称伊斯兰教史上的第二次内战。656 年第三任哈里发奥斯曼被刺，阿里担任哈里发后，将首都迁往库法开始建立新的制度，他撤换了奥斯曼委任的大部分省的总督，要求各地总督向他宣誓效忠。叙利亚总督穆阿维叶拒绝向阿里任命的新总督交出权力，不承认阿里的哈里发地位。他提出为其堂兄奥斯曼复仇的口号，并在大马士革公开展示奥斯曼被害时的血衣，要求阿里惩办凶手，否则阿里应负纵容罪犯的责任，并宣布他不能接受一个与杀害奥斯曼有明显牵连的哈里发的命令。为了争取叙利亚方面的支持，657 年春阿里亲往叙利亚边境幼发拉底河畔的隋芬，同穆阿维叶谈判。穆阿维叶提出要阿里交出和惩办杀害奥斯曼的凶手，不承认阿里哈里发的地位，并提出成立一个由各方参加的选举会议来推选新的哈里发。谈判进行了 3 个月后破裂，657 年 7 月双方军队在隋芬平原展开激战。阿里军队在其将领马立克·阿什塔尔指挥下，英勇善战，大获全胜。穆阿维叶在陷于失败的关头，采纳了忠于他的前埃及总督阿慕尔·本·阿斯的计谋，命令叙利亚士兵用枪挑起《古兰经》，高呼“让安拉裁决”，要求停止战斗，举行和谈，以挽回败局。在阿里营垒中，人们分为主战和主和两派。主战派只占少数，大部分将领和军士对穆斯林间的仇杀感到厌倦，他们提出“不能砍杀高举《古兰经》的人”，遂中止战斗，主张和谈。阿里在主和派的胁迫下接受了和谈要求。于是阿里队伍中的主战派台米姆族人，反对阿里的妥协退让，约有 12000 人从阿里队伍中分离出走，组成哈瓦利吉派。658 年 1 月双方派出代表会晤于艾兹哈鲁，进行仲裁。阿里派出的代表是艾布·穆萨·艾什尔里；穆阿维叶派出的代表是阿慕尔·本·阿斯。仲裁结果，免除阿里和穆阿维叶所担任的职务，不承认阿里的哈里发地位。从此更多的不满者投入哈瓦利吉派，进一步削弱了阿里的力量。（杨克礼）

隋嘎尔·塔比欧乃（Ṣighār al-Tābi‘in） 见圣门弟子。

隋亚姆（al-Ṣiyām） 见斋戒。

索菲娅（Ṣafiyyah） 见圣妻。

索弗依 见苏菲派。

索科托素丹国 见富拉尼帝国。

索拉特（al-Ṣalāt） 见礼拜。

索拉特·阿沙（Ṣalāt al-‘Ashā’） 阿拉伯语音译，意为“宵礼”。见礼拜。

索拉特·阿苏尔（Ṣalāt al-‘Aṣr） 阿拉伯语音译，意为“晡礼”。见礼拜。

索拉特·法吉尔（Ṣalāt al-Fajr） 阿拉伯语音译，意为“晨礼”。见礼拜。

索拉特·麦厄里卜（Ṣalāt al-Maghrib） 阿拉伯语音译，意为“昏礼”。见礼拜。

索拉特·维特尔（Ṣalāt al-Witr） 阿拉伯语音译

译，意为“奇数拜”。见礼拜。

索拉特·祖赫尔(Ṣalāt al-Zuhr)　阿拉伯语音译，意为“晌礼”。见礼拜。

索勒　见苏赖。

《索马里家庭法》　索马里穆斯林婚姻家庭和遗产继承事体的基本法规。1975年由索马里最高革命委员会主席颁布生效。共分6大部分，每部分又分为章、节、条，计173条。该法规以沙斐仪派教法学说为基础，并根据本国的国情加以制定。主要内容包括婚姻和离婚(婚姻契约、婚姻形式、婚姻障碍、纳二房妻子、适婚年龄、婚姻监护、有效、无效、不正常婚姻、聘礼、婚姻费用、妻子赡养费等以及休妻、待婚期、法院判决离婚等)、子女和赡养义务、监护权和代理人的权力、遗嘱继承(遗嘱、遗赠)和法定继承(总则、继承份额、继承权的剥夺等)。同传统伊斯兰教法的有关规定相比，其中重要的修改包括，除在几种特殊的情况下并经法院审核批准外，法律上原则禁止纳二房妻子；休妻须经法院批准，法院经调解无效后才准予休妻，并只限于一次；丈夫和妻子均有权提出离婚，离婚的正当理由包括一方患有不治之症、失踪达4年之久、被判处4年以上徒刑或因生理缺陷而不能生育。此外，夫妻感情破裂，也准予离婚。　(吴云贵)

索马里人(Somali)　东北非穆斯林民族之一。人口约435万(1979)。属黑白混血的埃塞俄比亚人种。官方语言是索马里语和阿拉伯语，分多种方言。属闪含语系库希特语族东支。有文字。社会上层多操英语和意大利语。主要分布在索马里(占总人口98%)，少部分居住在埃塞俄比亚、肯尼亚、吉布提等国。传统经济生活主要以畜牧业为主，亦有部分农业。近几十年来现代工业也有了一定发展。内地和丛林居民由父系大血缘群组成部落“雷尔”，存在年龄级别制度。9世纪，阿拉伯人通过索马里北部的泽拉和中南部的摩加迪沙逐渐进入索马里地区，伊斯兰教也随之传入。经过几个世纪的发展，到12～13世纪时索马里人基本完成了阿拉伯化过程，伊斯兰教成为占主导地位的宗教。索马里人穆斯林大多属于逊尼派的沙斐仪教法学派，信仰虔诚，男女均实行割礼，受苏非派神秘主义影响较大。其中以卡迪里教团的信徒最多。该教团在索马里分为两个支派，以阿卜杜·拉赫曼·扎拉为首的支派曾以哈拉尔城为中心，现以柏培拉城为基地，控制着索马里北部及奥加登地区。以乌韦斯·穆罕默德为首的另一支派，在南部朱巴地区有较大影响。还有沙兹里教团、里法伊教团等，但信徒均少。艾哈迈迪耶教派也有一定影响。现在伊斯兰教被索马里政府宣布为国教。1964年底至1965年初在索马里摩加迪沙举行的第六届世界穆斯林大会上提出了“非洲——穆斯林的大陆”等口号。索马里政府宣布“伊斯兰教中有社会主义的基础”，“人们可以是一个穆斯林，但同时又是一个地道的社会主义者……”。　(王庆仁)

索马里伊斯兰教　索马里民主共和国位于非洲大陆东部。面积63.7657万平方公里。全国人口711万(1988)。居民95%为索马里人，还有少数阿拉伯人、印度人和巴基斯坦人。官方语言为索马里语和阿拉伯语，通用英语和意大利语。穆斯林人口占全国总人口的95%，伊斯兰教为国教。此外，还有少数天主教徒。首都摩加迪沙。索马里人是非洲大陆上最先信奉伊斯兰教的民族之一。7～8世纪，阿拉伯人不断移居索马里，逐渐与当地部落通婚，通过沿海的泽拉城和摩加迪沙等市，把伊斯兰教逐渐传入索马里，对其语言和文化的发展有很大的影响。自10世纪开始，阿拉伯穆斯林商人、移民先后控制了泽拉、伊法特、阿达勒等城邦，使那里的居民伊斯兰化。经过几个世纪，北非地区基本上完成了伊斯兰化过程。当时，来自也门的栽德派和波斯的什叶派穆斯林以泽拉城为基地，向索马里北部地区和埃塞俄比亚境内迁入，今日的哈拉尔一度成为伊斯兰教的中心。10世纪后，阿拉伯人和波斯人控制的摩加迪沙城已发展成商业贸易和伊斯兰学术文化中心，经济繁荣，清真寺林立，学者云集。此外，阿拉伯人曾在索马里境内建立了几个穆斯林素丹国。其中以13世纪时的阿德尔素丹国最为强盛。16世纪起，葡、英、法、意等殖民者相继侵入索马里，瓜分了其领土。19世纪末，索马里伊斯兰教领袖阿布杜拉·穆塔里卜号召穆斯林团结一致争取民族独立，捍卫伊斯兰教信仰和文化，向英国殖民者进行了20年的“圣战”，并建立了穆斯林政权。1920年起义失败。1940年沦为意大利的殖民地。1960年获得独立，成立共和国。索马里穆斯林现多属于逊尼派，教法上遵从沙斐仪学派。苏非派卡迪里教团影响较大，还有从印度传入的艾哈迈迪耶教派部分信徒。极少数穆斯林信奉什叶派的十二伊玛目派教义。索马里政府参加了阿拉伯国家联盟组织，为伊斯兰会议组织、世界伊斯兰大会、伊斯兰世界联盟成员国。　(杨克礼)

索姆(al-Ṣawm)　见斋戒。

索宁克人(Soninke)　西非穆斯林民族之一。人口约89万(1978)。体质上属尼格罗人种。使用索宁克语，属尼日尔—科尔多凡语系，尼日尔—刚果语族。主要分布在尼日尔河与塞内加尔河上游地区的马里、塞内加尔、布基纳法索、毛里塔尼亚、几内亚比绍等国。经济生活以农业为主，是西非最早的农耕文化民族。亦饲养骆驼和牛羊，牛是财富的象征，善于经商，许多人外出做季节工。传统的宗法制度仍有很大影响。按父系续谱、居住和继承财产。索宁克人是西非中世纪加纳王国的缔造者。1076 年,已接受伊斯兰教和阿拉伯文化的北非柏柏尔人向加纳帝国发动了进攻,并占领了该国的首都。在柏柏尔人的影响下,索宁克人逐渐归信伊斯兰教,接受了阿拉伯文化。索宁克人穆斯林信奉逊尼派,遵奉马立克学派的教法主张。

(王庆仁)

T

塔阿(al-Ṭā'ah) 见顺从。

塔百里 见泰伯里。

塔比尔(Tābi') 见圣门弟子。

塔布克之战 见出征塔布克。

塔布特(al-Tābūt) 《古兰经》所载古以色列国王塔鲁特故事中的一件信物。阿拉伯语音译,意为箱、匣、柜,汉译本《古兰经》译作“约柜”。相传为安拉赐降给以色列人的一个神奇的木匣。每当以色列人同敌人作战,总是高举神匣为先导,战无不胜,攻无不克。后因以色列人背离了对安拉的信仰,神匣遂悄然失踪。若干年代以后,当安拉选定农民塔鲁特为以色列国王而族人不服时,先知舍姆维勒率众到城外,自一块巨石下取出神匣作为凭证,族人方心悦诚服。此即《古兰经》所云:“他们的先知对他们说:‘他的国权的迹象,是约柜降临你们,约柜里有从主降下的宁静,与穆萨的门徒和哈伦的门徒的遗物,众天神载负着它。对于你们,此中确有一种迹象,如果你们是信士’”(2:248)。经文降自先知穆罕默德在麦地那传教时期,具有向以色列后裔——当地犹太教徒和基督教徒讲述历史以促其认清现实的教育意义。 (杨宗山)

塔布匣(Tābūt) 中国穆斯林殡葬公共用具。阿拉伯语称“塔布提”。指穆斯林装殓抬送亡人的木制匣子。长约2.5米,宽0.8米,高0.6米,四周刻有《古兰经》关于“复命归真”经文,外有丝绸罩。平时存放清真寺或殡仪馆。中国穆斯林在给亡人洗身、穿裹“克凡”布后,将遗体放置匣内,送至墓地抬出遗体后,匣子仍送回存寺内。 (达应庚)

塔达(Ṭhatta) 巴基斯坦古城。一译“塔塔”。位于卡拉奇东南100公里的印度河畔。17世纪中叶,是莫卧儿王朝伊斯兰学术文化的中心之一。后几经战乱,逐渐衰败。现只存有数十座清真寺,陵墓等古迹。已修复的沙·贾汗清真大寺是莫卧儿王朝的沙·贾汗于1647年下令修建的,由两部分组成,前面是林园、喷泉、草坪,后面的寺院有宽阔的礼拜广场,在讲经堂内的拱门上饰以几何图案和花卉,其中交织有书写的《古兰经》经文和铭文,礼拜殿凹壁朝西。该寺附近的马里山上是著名的塔达墓地,面积16平方公里,有近百座陵墓,墓内葬有历代穆斯林帝后、总督、学者和诗人。其中塔达历代总督和苏菲长老的墓地具有伊斯兰建筑风格,多宏伟豪华,墓外围有雕刻的大理石柱,上有石刻飞檐,正面是大理石刻的拱门,墓地的寝殿顶部有5个拱形琉璃瓦塔顶。这些陵墓反映了莫卧儿王朝时期伊斯兰建筑艺术成就。 (杨克礼)

塔菲拉勒王朝 见阿拉维王朝。

《塔光》 中国伊斯兰教地方性文化月刊。1936年创刊,广州光塔社出版。刊名由翁翼鹏题词,周年纪念号上印有木刻的海船与灯塔图案。该刊宗旨是“借助海塔的微光,驶着破浪的巨艟,满载文化的种子”,“用伊斯兰教博爱的感情,护教的真诚,向着光明的所在前进”。该刊辟有塔光论坛、教义研究、教典问答、杂俎、各地伊斯兰教消息、文艺等栏目。曾刊登玉龙《我教教育之兴革观》、马瑞图《会礼(禋祀节)之法规》、杨瑞生《合众礼拜之可贵》、宝塔《筹办广州伊斯兰妇女教义研究会的管见》等。还发表了20世纪30年代中期广州穆斯林有关宗教、文化活动等情况的资料。现除第2期和周年纪念号外,其余已很难见到。 (余振贵)

塔哈·侯赛因(Ṭāhā Ḥusayn,1889~1973) 埃及现代著名穆斯林作家、哲学家。生于上埃及马加加农村。家境贫困,3岁时双目失明。他聪颖好学,思维敏锐,记忆力惊人。13岁到开罗进入爱资哈尔大学接受伊斯兰教传统文化教育。1908~1914年在开罗大学攻读历史、文学和外语,荣获埃及第一个博士学位。不久到法国留学,先后在蒙彼利埃大学和巴黎索尔本学院学习哲学、历史、文学和语言学,还攻读欧洲、法国近现代文学。1918年获得巴黎大学博士学位。1919年回埃及，担任开罗大学教授。从1928年开始，连续几届担任文学院院长。40年代至50年代初担任教育部艺术顾问、亚历山大大学校长、教育部长。1956年当选为埃及作家协会首任主席，还兼任埃及政府关注的文学艺术和社会科学最高委员会主席。1959年荣获国家文学表彰奖。1964年担任阿拉伯语言学会会长。他在大学时就开始从事哲学研究和文学创作活动，撰写的哲学博士论文《纪念艾布·阿拉》和《伊本·赫勒敦及其社会哲学》，奠定了他在文坛上的地位。20世纪20年代前后，他主要从事欧洲、法国文学的翻译介绍工作，发表了不少有关文学评论和文学史的研究文章。1926年发表《论贾希利叶(蒙昧)时代的诗歌》，根据欧洲人文主义者关于理性主义、思想自由和大胆怀疑等思想方法，对伊斯兰教创传前的阿拉伯诗歌进行考证和分析，受到保守派的围攻，书一度被查禁。后又发表《星期三谈话》、《哈菲兹和邵基》、《谈诗和散文》、《关于我们的现代文学》等论著，肯定了阿拉伯文学在世界文学史上的历史地位，提出向古代文学和外国文学学习的必要性，主张以理性和逻辑代替传统的偏见，要通过对社会生活和社会环境的分析来研究作家及其作品。20世纪30年代起，他写有著名的伊斯兰教历史小说《先知外传》(3卷)和《真实的语言》等，颂扬了伊斯兰教贤哲对阿拉伯历史和文明的贡献。以后还撰有一批关于伊斯兰教重要人物传记，试图在伊斯兰教贤哲身上和教义中发现"社会主义因素"。此外还写有自传体的散文、通讯、评论等作品。塔哈·侯赛因对当代埃及文学和阿拉伯文学影响巨大，被誉为现代"阿拉伯文学泰斗"。他的一些重要作品，特别是自传体的散文《日子》已被译成多种文字，也有中译本。

(杨克礼)

塔哈维学派(al-Ṭaḥāwiyyah)　伊斯兰教教义学派之一。9～10世纪由埃及著名伊斯兰教义学家塔哈维(al-Ṭaḥāwi，约854～933)创建。与艾什尔里学派、马图里迪学派并称为伊斯兰教逊尼派三大教义学派。但其传播和影响较小，仅限于埃及。是在逊尼派反对穆尔太齐赖派、哈瓦利吉派、贾赫米派和什叶派斗争中形成的一个地区性的教义学派，在教义思想体系上与艾什尔里学派大多相似，但亦有分歧。塔哈维所著《教义学信纲》('Aqidah)，以信条的形式系统地阐释了该派的基本教义和学说，驳斥其他教派、学派的"异端邪说"，为该派奠定了思想基础。因受希腊哲学思想影响，主张用逻辑思辨方法论证和维护伊斯兰教正统信仰，反对穆尔太齐赖派的唯理论、"意志自由"论和"古兰经被造"之说。该派的基本教义主张是：(1)坚持信安拉、信天经、信天使、信先知；信死后复生、信天园、火狱和末日审判之说，劝善戒恶；认为真正的信仰必须信之于头脑、认之于心灵，表之于言辞，仅有天启知识不能称之为信仰。(2)坚信安拉为宇宙万物的创造者，在安拉创造宇宙万物之前不存在任何事物，亦不存在事物的原型；安拉为独一无二的永存者，是宇宙万物的本原，反对任何形式的"以物配主"；坚信安拉具有意志、知识、力量、言语、行为、创造等德性和美名，安拉借此德性和美名创造万物，穆斯林只能以安拉诫命的方式事主。(3)坚信《古兰经》为安拉的言语，书写于抄本中，保存于记忆里，背诵于舌端上，它是通过天使而降示于人间。《古兰经》是非造的，而人们念读、书写、背诵经文的能力、行为则是受造的。该派同其他早期教派、学派的主要分歧是：该派仅把思辨方法作为论证正统信仰的手段，反对穆尔太齐赖派的唯理论倾向和哈瓦利吉派关于犯大罪者不再是穆斯林的观点，认为犯大罪者仍不失为信士；坚信安拉具有德性和美名，驳斥否认此说的贾赫米派；不赞同什叶派褒扬阿里而贬低前三任正统哈里发的观点，认为四大正统哈里发同为穆斯林的领袖。

(吴云贵)

塔吉克斯坦伊斯兰教　塔吉克斯坦共和国位于中亚东南部。面积14.31万平方公里，人口551.2万(1990)。主要有塔吉克、乌兹别克、俄罗斯等民族。98%的塔吉克人、乌兹别克人信奉伊斯兰教。塔吉克语为官方语言。首都杜尚别。8世纪阿拉伯帝国在对外扩张中曾征服此地，一些地方伊斯兰王朝相继兴起，其中以波斯的萨曼王朝(903～999)最有影响。10～13世纪相继受伊斯兰教的伽色尼王朝、喀喇汗王朝和花剌子模国的统治。13～16世纪蒙古人入侵后，并入帖木儿帝国。此后，分裂为布哈拉汗国和许多封建小国。1868年为俄国吞并。1929年成立塔吉克苏维埃社会主义共和国，同年加入苏联。1991年9月9日宣布独立，塔吉克穆斯林大多属逊尼派，崇尚哈乃斐教法学派，在戈尔诺—巴达赫尚自治州的部分穆斯林属什叶派的伊斯玛仪支派。苏联解体前，伊斯兰教事务由中亚暨哈萨克斯坦穆斯林宗教事务管理委员会负责。解体后，出现原教旨主义的政党伊斯兰复兴党，已获得合法地位，曾在1991年选举中获34%选票。塔吉克穆斯林受中亚和波斯伊斯兰文化影响较深，注重弘扬本民族的宗教文化。为此，他们一直有意识地沿袭自萨曼王朝以来形成的伊斯兰教与波斯文明相融合的文化传统，民间广泛流传着这类故事传说、民歌谚语、叙事诗篇等。在首都杜尚别有纳格什班迪耶教团著名圣徒谢赫·叶尔孤白·加齐之墓。全国有2870余座清真寺(1992)，著名的有杜尚别的卡迪·阿卜杜·拉什德清真寺、叶库布清真寺、叶库布加尔黑清真寺等。每年都有人去麦加朝觐。独立以后，塔吉克尤为重视加强同伊斯兰国家的联系。

(黄陵渝)

塔吉克族　中国信仰伊斯兰教的少数民族之一。属欧罗巴人种，印度—帕米尔类型，人口4.1028万(2000)，其中60%分布在新疆维吾尔自治区塔什库尔干塔吉克自治县境内，40%居住在新疆的莎车、泽普、叶城、阿克陶、皮山等县，多定居务农。塔吉克语属印欧语系伊朗语族，有文字。日常用语为塔吉克语的色勒库尔和瓦罕方言。塔吉克族的族源可上溯到公元前若干世纪生活在帕米尔高原东部操东伊朗语的粟特、吐火罗、塞人、巴克特里亚等古代部落。1世纪初，在塔什库尔干一带操东伊朗语的居民建立了竭盘陀国，其居民就是现今中国塔吉克族的先民。在500余年的竭盘陀国时代，开始出现城市和村落，畜牧业和灌溉农业有了发展，竭盘陀人有自己的语言文字，佛教文化发达。唐朝统一西域，建立西督护府，竭盘陀属其统辖。713～741年在此设"葱岭守捉"戍所。14世纪，色勒库尔(塔什库尔干)地区属察合台汗国后王封地。17～18世纪，帕米尔西部和南部的瓦罕等地的许多塔吉克人陆续迁入色勒库尔，与当地土著居民融合，逐渐形成中国的塔吉克族。7世纪下半叶，阿拉伯人开始征服中亚地区。8世纪上半叶，完成了对中亚的征服，以梅子甫为管辖呼罗珊和河中地区的总督辖区的中心。这时伊斯兰教取代了琐罗亚斯德教和佛教，为居民普遍信奉。11世纪始，塔吉克族信奉伊斯兰教什叶派的伊斯玛仪支派。据有关资料记载，纳斯尔·霍斯鲁(1003～1088)曾在帕米尔地区从事传播伊斯玛仪教派的活动。他是一位著名诗人和宗教领袖，一生写有6万余行诗，其中传世的有2万余行。作品内容大多以宗教哲学和伦理问题为题材。中国塔吉克人至今在礼拜、婚礼、葬礼等方面，仍然沿用纳斯尔·霍斯鲁写的姻缘赋、夜悼词等诗词赋文。塔吉克族地区每个乡都有一座清真寺，并以所在地的名称命名。封斋的穆斯林很少，一般不去麦加朝觐，而是去印度境内的伊斯玛仪派活动中心勃姆拜依，除部分老人每天在家作3次礼拜以外，一般群众仅在节日举行礼拜。塔吉克人认为年龄在40以下的人不做礼拜，安拉也会宽恕。宗教首领"依禅"的职位是世袭的，他们所辖教徒的数量和在教派内的威望，各不相同。各户世代信从某一依禅及其继承者，称他们为"皮尔"。依禅在所辖教徒比较集中的乡村委任当地的一个信徒为"哈里发"，作为自己的代理人。由于依禅没有固定的教区，有些乡村教徒分属几个依禅而一村有几个哈里发。宗教职业者"卡孜"则掌握宗教法律的执行。塔吉克族主要经营畜牧业，过半游牧半定居生活。婚姻属一夫一妻制，隔两代的亲属通婚现象居多，与他族通婚者极罕见。婚礼较隆重，婚礼后亲友唱歌、跳舞、叼羊等热闹场面要持续3天。亡人实行土葬。塔吉克族的民族和宗教节日有：肉孜节、库尔班节、纳吾鲁孜节(即切德恰迪尔节)、巴拉特节，以及特赫孜沃斯特节(即播种节)、孜沃尔节(即引水节)等。其中最主要的是库尔班节和纳吾鲁孜节。

(扎米尔·赛迪拉　赛肯·赛彼哈孜)

塔拉布卢斯·哥尔卜(Ṭarābulus al-Gharb)　见的黎波里。

塔拉布卢斯·沙目(Ṭarābulus al-Shām)　见特里波利。

塔拉格(Ṭalāq)　伊斯兰教婚姻法专用语。阿拉伯语音译，原意为"解脱"，引申为"休妻"。丈夫单方面宣布解除婚姻关系(休妻)的专称，为伊斯兰教法确认的离异的主要形式。按照传统伊斯兰教法的规定，休妻是丈夫单方面的权利，无须征得妻子的同意，一般亦无须经沙里亚法院审核批准。主要有3种方式：(1)正规休妻(Ṭalāq al-Sunnah, Aḥsan)。为符合伊斯兰传统、最赞许的休妻方式。丈夫在妻子"洁净期"(非月经期)宣布一次"塔拉格"，之后如连续3个月同妻子分居，则构成离异。这种方式为夫妻重归于好留有一次机会，亦称"可挽回的休妻"。此后丈夫如回心转意，可收回休妻决定，在妻子"待婚期"('Iddah，伊达)结束后与之"复婚"。复婚在法律上被视为重新缔结的婚姻。(2)赞许的休妻(Ṭalāq al-Sunnah, ḥasan)。符合伊斯兰传统、可以接受的一种休妻方式。丈夫在妻子"洁净期"宣布一次"塔拉格"，后在两个月内又连续宣布两次，婚姻关系即自行终止。此种方式，丈夫无权改变休妻决定，故亦称"不可挽回的休妻"。休妻生效后，女方须严守3个月的待婚期。男方如想复婚，需待女方与他人正式结婚和依法离异以后，方为合法。(3)标新立异的休妻(Ṭalāq al-Bid'ah)。此种离异方式虽有悖于教法传统并遭到教法学家们的严辞谴责，视为"比德阿"(即杜撰)，但仍然有效，仍为许多教法学派认可。其具体做法是：(1)一次场合丈夫对妻子连说三句"塔拉格"。(2)一次性不可换回的休妻决定。可在任何时候宣布，亦可写一纸休书。(3)伊拉(Īlā'，即盟誓、诅咒)方式。丈夫发誓不与妻子同床，妻子待婚期(4个月)满后，即终止婚姻关系。(4)吉哈尔(Zhihār，即公布、宣告)方式。丈夫以不堪入耳的言辞(如"你背如同我母背")发誓与妻子断绝关系。以上4种方式均属"不可挽回的休妻"，一经宣布，立即生效。复婚的条件是，女方必须严守待婚期，期满后与他人正式结婚，并依法离异后，才准予与前夫结婚。以上3种休妻方式为逊尼派四大教法学派所公认，尤为沙斐仪教法学派所重视。按该派惯例，即使丈夫因受外力胁迫或在酒后失言等不理智状态下或出于开玩笑而宣布的休妻，同样有法律效力。

近代以来，随着时代与社会条件的改变，伊斯兰国家在社会法制改革过程中对传统婚姻制度作了大幅度的修改和调整，对丈夫的休妻特权予以了严格限制。其主要改革包括：(1)法律上明文规定，离婚必须经法院审核批准，禁止丈夫私下宣布休妻。(2)凡丈夫在酒后神志不清或非理智状态下或因受外力胁迫而宣布的休妻，没有法律效力。(3)废除标新立异的休妻，规定任何休妻皆属"可挽回的休妻"，丈夫休妻须经婚姻仲裁委员会等有关部门调解，调解无效后，法院才准予离婚。(4)许多国家的立法部门保障男女双方有同等的离婚自由,妻子同样有权依法申请离婚,结束不公正的婚姻。经过法制改革,战后各国通过的婚姻法规较之传统法规有了明显的变化,丈夫在法律上和事实上享有的夫权和休妻特权受到严格限制,但在少数伊斯兰国家里,仍不同程度地得到保留。 (吴云贵)

塔拉斯战役 见怛逻斯之战。

塔劳里战役(Taraori Battleot) 1191～1192年古尔王朝素丹穆罕默德·古尔同印度教军队之间发生的战役。古尔素丹穆罕默德于1186年进军印度,首先占领旁遮普,随即控制了北印度各地,使伊斯兰教在该国得到发展,因而激起了印度教的德里—阿杰梅尔统治者普利色毗罗阇(Prithviraj)的挑战。1191年,他率领一支拥有20万匹战马和3000头大象的大军同穆罕默德·古尔作战。战场在格尔纳尔与塔内瑟尔之间的塔劳里地方,故称"塔劳里战役"。印度许多腊季普特王公都前来助战。此次战役中,古尔军队失利,穆罕默德本人受伤,巴廷达要塞陷落。1192年,穆罕默德·古尔率骑兵12万卷土重来,仍在塔劳里附近扎营。普利色毗罗阇则动员30万军队,率领腊季普特的120个王公迎战。穆罕默德·古尔使用新的战术,他把军队分作5路纵队,以其中4路队伍从四面八方抗击劲敌,而第五纵队留作后备,突击向印度教徒营地冲杀,结果印方司令阵亡,普利色毗罗阇在逃跑时被俘,后被处死。随着塔劳里战役的胜利,穆罕默德·古尔进而占领了汉西、库赫兰、萨腊斯伐提和萨马纳等地,1193年占据德里。从此,整个北印度都为穆斯林所控制。13年后建立的德里素丹国各穆斯林王朝延续达349年之久。 (赛生发)

塔鲁特(Ṭālūt) 《古兰经》中记载的古代以色列国王。一译"大路特"。阿拉伯语音译。据载,他是安拉继先知穆萨之后为以色列人选定的领袖,出身于普通农民家庭,具有安拉所赐予的"渊博的学识和健壮的体魄"。当以色列先知舍姆维勒奉安拉之命将其推荐给族众时,他们认为塔鲁特既非出身于名门望族,又"没有丰富的财产",不配做以色列人的国王。后经展示安拉曾赐予以色列人的失踪多年的约柜(al-Tābūt,塔布特)——一件内有安拉降下的宁静和先知穆萨、哈伦眷属的遗物的神圣信物,以色列人方承认塔鲁特确为安拉所派,遂拥戴他为国王(2∶246～248)。塔鲁特治军有方,为整顿军纪,他在一次行军中向口干舌燥的士兵下令:向一条清澈的河流进军,但不准滴水入口,结果多数士兵因饮河水而被开除。塔鲁特率军与札鲁特率领的敌军作战,在安拉的佑助下,先知达乌德智杀勇猛过人的敌帅札鲁特,使以色列人大获全胜(2∶249～251)。据经学家注疏,达乌德从此成为传奇式英雄,为国人所称颂,并依照塔鲁特所许诺言,娶其女米克雅莱(Mikyalah)为妻。而塔鲁特则嫉贤妒能,几次密谋杀害其婿未遂,后反而幸免于其宽大为怀的女婿之剑下,因悔恨交加,无地自容而自刎身亡。后达乌德被以色列人拥戴为国王。记载塔鲁特故事的《古兰经》文颁降于先知穆罕默德在麦地那传教时期,旨在向当地的犹太人和基督教徒讲述其祖先的历史,阐明正如塔鲁特和达乌德均为安拉所派一样,先知穆罕默德亦确是安拉派遣的"众使者之一"(2∶252)。 (杨宗山)

塔塔尔人 见鞑靼人。

塔塔尔族 中国信仰伊斯兰教的少数民族之一。居于新疆维吾尔自治区,在伊宁、塔城和乌鲁木齐市较多。人口4890人(2000),使用塔塔尔语,属阿尔泰语系,突厥语族,西匈奴语支。与维吾尔、哈萨克族杂居,也通用这两个民族的语言文字。历史上"塔塔尔"、"达旦"、"达达"和"达靼"都是"鞑靼"的不同译音。鞑靼是中国唐代北方突厥汗国统治下的一个游牧部落。后来逐渐强大,唐朝以后,鞑靼遂成为北方诸部落的泛称。蒙古兴起后,鞑靼为其所并。13世纪蒙古人西征时,西方人把蒙古人统称为"塔塔尔"。后成吉思汗之孙拔都在西部建立了地跨欧亚的金帐汗国。15世纪时,金帐汗国衰落。在汗国统辖的伏尔加河中游及卡玛河一带出现了喀山汗国。汗国的统治者为了炫耀武功,自称为蒙古人的后代塔塔尔人。其后"塔塔尔"逐渐成为喀山汗国及其附近部落居民的族称。塔塔尔族是这一时期由保加尔人奇卡察克(钦察)人、蒙古人及许多其他使用突厥语的部落相互融合发展形成的。新疆的塔塔尔族主要是19世纪20～30年代及以后陆续从喀山、斜米列齐、斋桑等地迁徙来的。其时随着沙俄对新疆的扩张,迫使清朝与其签订了中俄《伊塔通商章程》与《伊犁条约》,一时俄商接踵而来,其中有一些喀山地区的塔塔尔商人,许多人因经商而居留新疆。也有一些宗教职业者和教育界人士随之而来。第一次世界大战期间和战后又有不少塔塔尔的中小商人和农民、手工业者前来新疆定居。新疆的塔塔尔族历史上以经营商业为主,少数从事畜牧业和手工业,也有少数农业户,他们和当地各族人民一起,为新疆的发展建设做出了贡献。塔塔尔人信仰伊斯兰教。婴儿出生后,三天命名,多取自伊斯兰教经典。成年后,将父名或祖父名放在自己名字后面。人死后按教规净身,在尸体上放一把刀或一块石头,男子在帽子上覆黑纱,女子头戴白纱布。出殡时,将亡人放在"吉那孜"(即公用抬尸架)上,放白布或白头巾以区别男女。抬"吉那孜"出门,先出脚后出头,再改变方向运至墓地。送葬者每人抓一把土,集中放在死者胸前,诵《古兰经》后安葬。历史上曾设有宗教法庭,并征收各种宗教捐税。19世纪末20世纪初,宗教人士在伊宁、塔城等地开办以宗教教育为主的学校,课程除《古兰经》外,还有伊斯兰教历史、教法等,并有算术、语文等文化课。1941年创办的伊宁塔塔尔学校是新疆最早建立的新型民族学校之一。塔塔尔族实行一夫一妻制，与其他信仰伊斯兰教的民族通婚。塔塔尔族妇女以善于烹调闻名，节日待客除“抓饭”及“小馕”外，还有用奶酪、杏干、大米、南瓜、肉焙烘的风味糕点。塔塔尔人能歌善舞，乐器种类较多，舞蹈多姿多彩，吸收了维吾尔、俄罗斯、乌孜别克等民族的舞蹈特点，又具有自己的独特风格，“撒班节”（即犁头节）是每年春天举行的一年一度的盛会，颇受群众的欢迎。（吐尔逊）

塔瓦夫(al-Ṭawāf) 见绕行。

塔乌特(al-Ṭāghūt) 《古兰经》中所载多神教徒崇拜的偶像之一。一译“大欧特”。阿拉伯语音译。《古兰经》中有 8 处提及其名，主要指麦加及其附近地区多神教徒所崇拜的一尊偶像。有时亦用来指称诱人迷误的魔鬼，故有的汉译本亦将其译作“恶魔”。

（杨宗山）

塔希尔王朝(al-Dawlah al-Ṭāhiriyyah) 阿拔斯王朝时波斯呼罗珊地区建立的伊斯兰教封建割据王朝(820～873)。由呼罗珊总督塔希尔·伊本·侯赛因(Ṭahir ibn al-Ḥusayn,776～822)创建，故名。塔希尔祖籍波斯人，先祖为阿拔斯王朝效力，袭任呼罗珊长官。他由阿拉伯之胡扎阿部落收养成人。在马蒙治呼罗珊时，塔希尔任部将，因善战颇得马蒙赏识。在马蒙与其兄艾敏争夺哈里发之位的斗争中，塔希尔指挥作战，打败艾敏军队，811 年攻下巴格达，杀死艾敏，813 年拥立马蒙为哈里发。因立殊功，被马蒙赐予“祖·叶米奈因”（即两手俱利者）称号，并受命统治伊拉克地区。820 年，马蒙任命塔希尔为波斯和东方行省总督，赐以呼罗珊领地的世袭权，统辖巴格达以东广大地区，以木鹿为首府。822 年他下令辖地的穆斯林在主麻日念呼图白时，不再为哈里发祝福，而提自己的名字，并在其铸币上不再镌哈里发名字，即宣告独立，为阿拔斯王朝时地方势力割据王朝之始。塔希尔暴卒后，马蒙任命其子泰勒哈袭总督位，仍以哈里发臣属施行统治，按规定交纳赋税。830 年，阿卜杜拉(830～844)继埃米尔位后，将首府迁至内沙布尔。他深受哈里发马蒙宠信，兼任伊拉克、巴格达等地要职，其统治地区除呼罗珊地区外，还包括赖伊、泰伯里斯坦、克尔曼等地，将版图扩张到印度边境。他重视兴修水利，发展农业，奖掖伊斯兰学术文化的发展，曾对什叶派采取宽容政策，为王朝强盛时期。他支持在河中地区的藩臣萨曼家族将领传播伊斯兰教，摧毁祆教和佛教势力，力抗异教之突厥人的入侵。穆罕默德·艾布·塔希尔(862～873 在位)继埃米尔位时，王朝日渐衰落，官吏横征暴敛，民不聊生，境内各族人民和教派多次发动起义，反抗王朝的残酷统治。兴起于锡吉斯坦的萨法尔王朝，趁塔希尔王朝内乱之时占领呼罗珊东部。873 年，萨法尔王朝军队攻占内沙布尔，塔希尔王朝灭亡。王朝信奉伊斯兰教逊尼派教义，实行伊斯兰教法，教法官协助统治者执法，对什叶派和哈瓦利吉派采取压制政策。木鹿和内沙布尔建有清真寺、宗教学校和图书馆，为王朝的宗教文化中心。王朝统治者多爱好文学、艺术和科学，鼓励发展教育，宫廷庇护和赞助诗人、学者，穆斯林法学家编有管理农业水利章程《河渠书》，对发展波斯伊斯兰学术文化做出了贡献。（杨克礼）

塔希尔·哲拉鲁丁(Ṭāhir Jalāl al-Din,1869～1957) 印度尼西亚伊斯兰教学者，宗教革新派的代表。生于苏门答腊的米南加保，出身于伊斯兰教学者名门。其堂兄曾任麦加圣寺沙斐仪法学派教长。哲拉鲁丁早年在当地受正规的宗教和文化教育。青年时期到麦加从其堂兄学习，留居 10 余年，此间投名师求学，博览伊斯兰教经籍，研究伊斯兰教义、教法和历史，通晓阿拉伯语和英语，学业大进。后到埃及开罗，在爱资哈尔大学学习 4 年，同拉希德·里达结为密友，深受穆罕默德·阿布笃宗教改革思想的影响，成为革新派的学者。他回国后，于 1906 年在新加坡主持创办马来文宣教刊物《伊玛目》，除发表介绍伊斯兰教现代主义思潮及关于宗教和社会改革的文章外，他本人撰文反对苏菲派的传统礼俗，认为伊斯兰教要跟上时代的步伐，首先要对它的法律制度、社会学说、哲学观念、教育制度、传统习俗加以审慎的思考，对不利于穆斯林发展的陈规陋习和守旧观念进行革新，以恢复信仰的纯洁及其活力。在他的倡导和影响下，苏门答腊和爪哇的伊斯兰教界出现了一批拥护宗教革新的“新派”学者，多以中青年知识分子为核心，建立新派伊斯兰组织，创办宗教刊物，开办现代宗教学校，以巴东、雅加达、巴东巴央等地创办的现代宗教学校最为著名。哲拉鲁丁晚年在苏门答腊、雅加达等地讲学，传播现代主义的宗教改革思想，在印尼伊斯兰教学术界享有崇高威望。被誉为印尼“伊斯兰教革新派的先驱”。（杨克礼）

塔伊夫(al-Ṭā'if) 沙特阿拉伯西部古城。位于西部赛拉特山地中段，坐落在麦加东南 70 公里的盖兹旺山上。原名瓦志(woj)，后在其周围筑有防御性的围墙，改称今名。在《古兰经》中与麦加合称“两镇”。621 年伊斯兰教先知穆罕默德遭到麦加贵族的迫害后，曾到塔伊夫传教，并想得到当地阿拉伯部落的保护，因遭到反对，又返回麦加。630 年穆罕默德率兵攻克麦加返回麦地那时，征服了塔伊夫，各部落遂归信了伊斯兰教。塔伊夫城建有伊斯兰早期的清真寺和王宫别墅，还有穆罕默德的堂兄弟伊本·阿拔斯的墓地以及穆罕默德两位夭折的儿子的墓地，还有圣门弟子和著名伊斯兰教学者的多座陵墓，被尊为“圣墓”。近代该城得到扩建，有现代化的住宅和别墅。未得沙特阿拉伯最高当局的许可，非穆斯林不得进入塔伊夫城。1981 年 1 月第三次伊斯兰国家首脑会议在此召开，沙特阿拉伯为这次会议修建了豪华的会议宫，宫内所有房门的拉手都用黄金制成，全部造价达3.5亿美元。会议宫还包括数十套供各国元首下榻的别墅，总共有221个房间。该城气候适宜，风景迷人，为避暑胜地。炎热季节，沙特阿拉伯国王和大臣们来此避暑，故名夏都。该地盛产蔷薇香水，供历年来麦加朝觐者使用。

（杨克礼）

塔伊兹(Taizz)　阿拉伯也门共和国南部古城，位于苏卡尔山谷中。四周群山环抱，有高大的城墙，分新城和旧城两部分。旧城依山而建，城区狭窄，多宗教古迹。新城多现代化建筑，为工商业中心。在共和国成立前，为历代穆斯林王朝的陪都，8～13世纪是伊斯兰教学术文化中心，也是什叶派栽德支派以及苏菲派教团活动的根据地之一。旧城内设有伊斯兰教大学，是也门的最高学府之一，培养了大量教义学、教法学的人才，宗教学者辈出。还有著名的拉苏勒伊斯兰王朝建立的胜利清真寺以及贾米和沙里菲耶清真寺等古迹，寺内藏有珍贵的伊斯兰教经籍及文物。（杨克礼）

台阿拉(Ta'ālā)　伊斯兰教用语。阿拉伯语音译，意为"他至高无上"、"他崇高"。虔诚的穆斯林在讲话或交谈时，每提到安拉尊名必谦恭地诵此赞词，以示对真主的无限敬畏。伊玛目在向穆斯林宣讲"卧尔兹"时，因不断提到安拉的尊名，所以使用"台阿拉"一词的频率也最高，如说："安拉乎·台阿拉命令我们要封斋、礼拜"、"我们穆斯林应遵行安拉乎·台阿拉在《古兰经》中的教导"，等等。操汉语的穆斯林习称安拉为"真主"，新疆地区突厥语系的各族穆斯林多沿用波斯语，称安拉为"胡达"(Hada)，故"真主台阿拉"、"胡达·台阿拉"等在口语中亦较流行。　（杨宗山）

台北清真大寺　中国伊斯兰教清真寺。为台湾第一座清真寺。据《台湾通史》记载，约建于1918年以后，原寺址不详。至1948年春，穆斯林商界人士常子春、郑厚仁将台北丽水大街17巷2号一幢日式房屋捐做清真寺，即称"台北清真大寺"，亦称"丽水街清真寺"。1958年台湾"中国回教协会"理事长时子周、清真大寺董事长常子萱等人发起集资购地重建。1958年11月动工兴建，1960年4月落成。新建清真大寺位于台北市新生南路二段62号。占地面积1000余平方米，是一座具有西亚伊斯兰建筑风格的寺院。绿树、铁栅环绕整个建筑，寺院坐西向东，入铁栅大门拾级而上，是3个拱形门洞，门内为南北相通的拱形门洞式甬道，可通行汽车。经甬道入内是高大的拱形门楼，两座穹隆圆顶在门楼两侧相对屹立。楼顶为东西长方形平台，气势宏伟的穹隆大圆顶坐落在平台上，其顶端的新月标志熠熠发光。清真寺南北内院建有对称的两座高耸入云的宣礼塔，塔内设梯道，可供登临。主体建筑礼拜大殿，宽敞明亮，可容1000余人同时礼拜。寺内还建有贵宾室、教长室、办公室、净水房以及可容纳400人的礼厅。该寺向居台湾各清真寺之首。中国伊斯兰教学者、翻译家王静斋阿訇、教育家马松亭阿訇曾一度在该寺主持教务。马舍江、马吉祥两位阿拉伯语教授曾先后任该寺伊玛目多年，现任伊玛目为伊斯兰教学者定中明。该寺董事会处理日常寺务，现任董事长为谢松涛。1954年，寺内附设有《古兰经》翻译委员会，1959年由时子周在该寺主持翻译出版了《古兰经国语译解》。今台湾"中国回教协会"和"中国回教文化教育基金会"也设于该寺内。　（张志诚）

台基叶(Takiyyah)　见扎维叶。

台湾高雄清真寺　中国伊斯兰教清真寺。简称"高雄寺"。创建于1949年1月，由大陆入台穆斯林军政人员筹资典租高雄市五福路117号楼房一幢，建筑面积270平方米，为临时清真寺。1951年迁至林森一路196号，为日式木结构建筑寺院，占地面积460平方米，主体建筑礼拜大殿135平方米。随着穆斯林礼拜人数增多，于1980年4月筹资购地重建。1988年10月将旧寺土地售出所得作为重建新寺经费。1990年12月动工，1992年4月落成。新寺位于苓雅区建军路，占地面积2657平方米。整个寺院为钢筋水泥3层楼房建筑，地下一层，地上一楼为穆斯林活动中心，二数为礼拜大殿和阿拉伯语、教义补习班，三楼为穆斯林妇女礼拜殿和穆斯林孤寡老人安居室。另设教长室、办公室、贵宾室、图书馆、沐浴室、殡仪室、厨房、教室等。该寺以董事会制管理教务和寺务，定期改选，现为第15届清真寺董事会，董事23人，董事长朱云峰，现任教长陈永武，顾问定中明、海维谅。董事会除负责教务、寺务外，还管理两座穆斯林公墓和穆斯林食品、肉类供应处，以及寺院周边地区的"伊斯兰社区"建设。

（张志诚）

台湾回教会　中国台湾地区伊斯兰教社团。成立于1953年，会址设在台北文化清真寺。现任理事长萧永泰，副理事长兼秘书长马振宇。该会自称有近5000名会员，军政人员居多。该会主要承包经营台北、台中、高雄三市的穆斯林宰牛业；参与接待中东阿拉伯国家的穆斯林宾客及交往活动；组织每年的朝觐活动，据称该会争得"台湾朝觐团"名额的半数(另一半名额为台湾"中国回教协会")。因与台湾"中国回教青年会"关系密切，又同设在文化清真寺内，故外界往往将两个组织视为一体。　（张志诚）

台湾中国回教青年会　中国台湾地区穆斯林青年宗教团体。其前身是萧永泰于1949年前夕在广州组建的"中国回民青年大同盟"，盟员有二三百人。1949年该会迁往台湾，经蒋经国授意改名为"中国回教青年会"，并于1951年自行宣布为独立的伊斯兰教组织。至1957年该会已发展为拥有560名会员的宗教团体,其中部分会员是台湾当地归信伊斯兰教的青年,多居住台北附近及台湾各地。该会总部设在台北文化清真寺内,萧永泰为会长。该会在穆斯林青年中较有影响。它提倡改革伊斯兰教的礼仪,如用汉语诵读《古兰经》;崇拜祖先,在祖坟上举行宗教仪式等。该会已争得每年"台湾朝觐团"的青年名额。

(张志诚)

台湾中国回教文化教育基金会 中国台湾地区穆斯林文化教育福利基金团体。1976年6月成立于台北清真大寺,由穆斯林商界人士常子春(?～1989)发起创办,为首任董事长。其宗旨:为从事伊斯兰教研究者提供奖学金;为编纂伊斯兰教书刊筹集出版经费;对热心并促进伊斯兰教事业兴盛者颁发奖金,为其提供有关伊斯兰教方面的旅行费用等。该基金会为鼓励穆斯林青年积极求学,分别设有穆斯林研究生、大专院校学生及高中学生常年奖学金,同时还推荐、资助穆斯林青年出国留学深造。现任董事长石永贵(新闻界人士)。董事会由23人组成,设监事5人。该会拥有一座颇具规模的图书馆,藏有汉、阿拉伯、英、法、土耳其、波斯等语种图书数千册,对外开放。1977年在台北创办了一所福利院(后并入官办军人福利院),收留孤寡穆斯林,并办有3所穆斯林托儿所和1所寄宿小学。其基金主要来自内外各方面人士的各种捐款。

(张志诚)

台叶蒙(Tayammum) 见土净。

台伊(dey) 土耳其穆斯林的一种尊称。一译"德伊"。土耳其语音译,原意为"舅父",后引申为对所有长者的尊称。奥斯曼帝国时期,将派驻突尼斯(1594～1705)与阿尔及利亚(1671～1830)的长官(或总督)称为"台伊"。

(杨克礼)

太思米 见泰斯米叶。

太原清真古寺 中国伊斯兰教清真寺。坐落在山西省太原市大南门街(今解放路东侧)。据寺内现存清光绪年间重修清真寺碑记载,该寺建于唐贞元年间(785～804),宋景祐年间(1034～1038)重修。后经历代修葺和扩建。考古学者认为,据现存建筑遗构、文物及有关史实,该寺约为明代初期所建。门前牌楼1座,横匾"清真古寺"。系清顺治二年(1645)太原知府王觉民所书。寺为两进院落,前院内有明代建筑的双层省心楼,重檐歇山顶,檐角翚飞,彩色熠熠。楼后建有左右对峙的两座六角形碑亭,内藏碑刻。南碑亭内有一碑刻为清同治七年(1868)所立,碑文正面镌刻明太祖朱元璋敕赐的"至圣百字赞",碑背面刻有北宋黄庭坚的草书、元赵子昂和清初付青主观后的题铭,字体劲秀,笔力挺拔。还有明方孝孺等人的榜题和清刘石庵书"心修忠孝,志义齐仁"8个大字,书法优美。北碑亭内立有清康熙三十三年(1694)碑刻1方,镌刻着清圣祖玄烨皇帝的诏书。寺内南北各建有大庭5楹,讲经堂一座。寺的后院为主体建筑礼拜大殿,建筑形式是珍珠倒卷帘式,砖木混合结构,檐柱砌入墙内,内不见砖,外不见木,并有风火墙保护。殿内为阿拉伯装饰,雕梁画柱,圆柱挖槽迭楞,图案彩绘施沥粉贴金,富丽堂皇。标志礼拜朝向的米哈拉布(即凹壁)木壁两边镌刻有贴金的阿拉伯文《古兰经》文,雕刻精细工整。大殿可容纳500人做礼拜。寺内原建有望月楼1座,今已毁。寺内现存有明清两代的匾额多方,为方孝孺、邵雍、金国正、田世兴等当时名流所题、笔锋迥异,各具风韵。

(杨克礼)

泰白尔·塔比欧乃(Taba'al-Tābi'in) 见圣门弟子。

泰伯里(al-Ṭabari,838～923) 伊斯兰教著名经注学家、圣训学家、法学家和史学家。一译"塔百里"。本名穆罕默德·伊本·哲利尔,号艾布·贾法尔。生于里海南岸的泰伯里斯坦的阿莫勒,故以泰伯里为姓。早年在赖伊伊斯兰学校就学,后到波斯、伊拉克等地伊斯兰文化名城拜师求学,时为阿拔斯王朝学术文化繁荣和活跃阶段,各学派林立,自由讲学,各种文化交流融合,为他学习提供了良好的环境。他曾到各地做学术性的旅行和考察,足迹遍及波斯、伊拉克、叙利亚、埃及、阿拉伯半岛等地,访问学者和社会贤达,广泛搜集、整理经训、教法研究资料及阿拉伯历史和民间传说,积累了大量珍贵资料。他勤奋治学,博览群书,通晓波斯语和阿拉伯语,谙熟犹太、基督和琐罗亚斯德教经典教义,精通伊斯兰教各门学科和各教派的学说,对古代东方各国的历史、文化、典章、制度了如指掌,被称为百科全书式的学者。后定居巴格达。在宗教学院讲授经训、教法和历史,并从事学术研究和著述,达40年之久。

治学严谨,在《古兰经》、圣训和历史的研究中,注重史料的选择、整理和考证。他把前代穆斯林学者遗留下来的大量经注和历史的资料,辨别真伪,加以筛选和提炼,博采各家之长,予以分类归纳记述,为后世《古兰经》研究和史学奠定了基础。他一生著述宏富,撰有伊斯兰各学科的著作10多种。第一部名著《古兰经解总汇》(《Jāmi'al-Bayān fi Tafsir al-Qur'ān》),按《古兰经》编排顺序逐章、节、段、句进行解释,把先知穆罕默德、圣门弟子和再传弟子所传法律、词意和历史背景的解释列在一起,每段传述附有传述线索。它汇集大量经外传闻(包括犹太教的传说),吸收了阿拉伯语言和文学的资料,并博采前人注释《古兰经》的学术成果,被公认为传闻经注学的典范,蜚声于伊斯兰世界。后来的《古兰经》注,都从这部注释中吸取资料。另一部名著《历代先知和帝王史》(《Tārikh al-Rusul Wa al-Mulūk》),是一部编年体的世界通史巨著。全书共13册,7500页。其内容从古代创造世界的传说讲起,到公元915年为止。以阿拉伯—伊斯兰教历史为主,兼及其他各民族的历史。书中记述了真主创造天地万物的传说,古代东方各国史,古代阿拉伯各部族的酋长、古代先知及穆罕默德的生平,伊斯兰教历史上各朝代帝王的事迹和有关历史事件,直到萨曼王朝各代君主的本纪。所记伊斯兰教先知穆罕默德的事迹尤为详细,主要根据圣门弟子及再传弟子的传述和麦地那学者考证而得的资料。该书参考了当时保存的大量文献,而且搜集大量口碑新资料,内容丰富,文字优美。这部巨著为阿拉伯史学树立了划时代的里程碑,对后来的伊斯兰教史学家影响很大。该书先后被译成波斯文、土耳其文、拉丁文、德文、英文和法文等。在圣训学方面,著有《圣训考证》。该书对当时各派圣训学家所搜集的圣训集,进行了比较、鉴别和考证,详述了各家圣训集的特点及传述线索,并进行了辨伪。在教法学方面,著有《法学家的分歧》、《法官守则》等。《法学家的分歧》论述了早期地域性的法学派及逊尼派各法学派不同的法学思想主张,阐发了他对法学渊源和制定律例的创见。《法官守则》阐述了伊斯兰教法官的条件、职责、应具备的品德及执法中若干行为准则和规范。阿拉伯史学家称泰伯里为"伊斯兰经注学的长老"、"阿拉伯历史学的奠基者"。（杨克礼）

《泰伯里经注》(Tafsir al-Ṭabari)　见《古兰经解总汇》。

《泰伯里历史》(Tārikh al-Ṭabari)　见《历代民族和帝王史》。

泰尔则叶(Taʻziyah)　伊斯兰教什叶派对殉教者的悼念仪式。阿拉伯语音译,意为"追思"、"哀悼"。专指为纪念680年阿里之子侯赛因在卡尔巴拉殉难所举行的隆重悼念活动。在伊斯兰教历1月(穆哈兰)上旬举行,至1月10日阿舒拉节(侯赛因殉难之日)达到高潮。在伊朗、伊拉克、印度和黎巴嫩等什叶派分布的地区,哀悼的形式因地而异。活动的内容,届时举行隆重的哀悼仪式,身着黑服,悬黑旗,聚会诵经、祈祷,赞颂侯赛因的殉教圣迹,声讨伍麦叶王朝对什叶派的迫害;举行游行,吟唱悲切和狂热的宗教诗歌,捶胸顿足,高呼"为侯赛因复仇"的口号,甚至自我鞭打和刺伤身体以示悲哀和痛苦。在伊朗和伊拉克,届时什叶派穆斯林还上演描述侯赛因殉难情景的戏剧,也称为"泰尔则叶剧",每场剧开演前以诵读《古兰经》文和介绍故事梗概为先导,多以曲折悲壮的手法表现侯赛因的生平。戏剧分别用波斯语和阿拉伯语演出。其目的是,一方面表示对侯赛因的悼念,另一方面激发什叶派穆斯林强烈的宗教信念和感情。（杨克礼）

泰格利德(Taqlid)　伊斯兰教法用语。阿拉伯语音译,意为"仿效"、"因循"。其含义因时代、教派不同而异。作为一种教法学概念,约始于10世纪(或1258)以后。伊斯兰教逊尼派学者认为,随着四大教法学派的形成,创制教法学的阶段已经结束,而后世教法学家的任务仅仅是因袭和遵循前人的法律学说和法学理论,不得"标新立异",创制新的教法律例。由此产生了所谓"创制之门关闭"说。从此,凡遵奉此学说的法学家皆称为"穆盖利德"(即遵循者)。什叶派十二伊玛目支派中近代兴起的乌苏勒教法学派,虽然否认"创制之门关闭"说,但他们同样将世人分为指导者(穆智泰希德)和遵循者(穆盖利德)两部分。穆斯林民众作为"遵循者",在教法事务上必须遵循其伊玛目及其代理人穆智泰希德的决断。近现代以来,许多伊斯兰学者主张在提倡重开教法"创制之门"的同时,对中世纪教法的因循守旧传统作了严肃批判与反思,故此泰格利德亦指因袭不合时宜的旧传统、旧习惯、旧观念,带有贬义。在中国西北地区,有时也用来指称格迪目派。

（吴云贵）

泰格瓦(Taqwā)　伊斯兰教伦理道德术语,穆斯林修身准则之一。阿拉伯语音译,意为"自慎"、"谨防"、"虔诚"等,引申为"敬畏真主"。"泰格瓦"一词连同其派生的各种词型,在《古兰经》中有250余处可见,为经文中出现最多的词汇之一。《古兰经》云:"信道的人们,你们当真实地敬畏真主"。(3∶102)伊斯兰教义学家认为,"泰格瓦"体现着人与造物主的关系。安拉是自然界和人类的最高主宰,凡坚定地信仰安拉者,必惧怕安拉的惩罚,而遵从其诫命,扬善止恶,受到安拉的护佑。因此,要求穆斯林要敬畏安拉,要严于律己,洁身自慎,谨防那些使安拉恼怒的多神信仰和邪恶行为。"虔信"、"敬畏"是合乎道德的、正义的行为,是穆斯林在虔敬的宗教生活中应尽力体现的美德,它不仅已成为衡量穆斯林信仰是否虔诚的重要尺度,而且是确定其品位高低的标志。虔诚的穆斯林遵循《古兰经》关于"在真主看来,你们中最尊贵者,是你们中最敬畏者"(49∶13)的教诲,将"泰格瓦"即敬畏安拉作为自己的修身准则和追求的目标,为在今、后两世免受安拉的惩罚和怒谴而虔修善功,谨言慎行。"泰格瓦"一词已成为中国穆斯林的常用语,除表示"敬畏安拉"之意外,还常被用来称颂穆斯林中品德高尚者的操守。

（杨克礼　马恩信）

泰国国家穆斯林事务理事会(The State Councillor for Muslim Affairs of Thailand)　泰国伊斯兰教管理机构,兼有政府机构与宗教组织性质。1970年在曼谷成立。其宗旨是:协助政府内务部、教育部宗教事务处指导、管理全国伊斯兰教事务。主要任务是:在政府协助下建造清真寺、伊斯兰文化中心、宗教学校、医院等；组织朝觐和伊斯兰教节庆活动；弘扬伊斯兰精神，出版机关刊物《伊斯兰教引导》和其他宣教书刊；加强对本国经济、社会、政治、文化等领域伊斯兰生活方式的调查与研究；团结全国所有穆斯林组织与机构；动员穆斯林学者和思想家承担起改造社会的重任。该会领导成员的任命必须由内务部确认，原该会主席朱拉朗杰芒特利(Chu laraj montri)为全国450万穆斯林合法权益的代表，由国王任命。现任主席是佩·穆罕默德。该会通过下属省理事会和各级地方清真寺委员会发挥作用，对泰国伊斯兰教和穆斯林有重要影响。（黄陵渝）

泰国伊斯兰教 泰王国位于中南半岛中部。面积513115平方公里。人口5616万(1989)。穆斯林占全国总人口的3.9%，主要为马来族，聚居在泰国南部马来半岛腰部地带。此外，暹罗湾沿海地区，中部北部城镇也有不少穆斯林定居。泰语为国语。首都曼谷。伊斯兰教于10世纪初由阿拉伯和印度穆斯林商人传入马来半岛，马来人首先接受了伊斯兰教，经过近千年的发展，伊斯兰教逐渐由沿海及半岛深入内陆城镇。泰国现共有40多个府有穆斯林定居。泰国穆斯林大多属于逊尼派，极少数为什叶派。全国有清真寺3千多座，最大的清真寺为北大年的中心清真寺和曼谷的清真大寺。首都曼谷148座。较大的清真寺还设有经学院、阿语学校、讲习所等。全国有穆斯林的各级学校200余所，最高学府是曼谷的泰国穆斯林学院。对穆斯林青少年进行宗教基础知识及道德传统的教育，教习阿拉伯语《古兰经》、圣训、教法等课程，培养专业宗教人员。泰国的伊斯兰组织有24个，1954年成立的"泰国穆斯林全国委员会"为全国最高组织，下设各府委员会。指导全国的伊斯兰教工作。还有：改革维新协会、圣道辅士会、善功之家清真寺联会、曼谷伊斯兰中心等。这些组织十分重视伊斯兰宣传和教育工作，应他们的要求，伊斯兰世界联盟、沙特阿拉伯宗教部及科研教法宣教指导总部派宣教员，赴泰国各地进行宣传教育工作，并教授阿拉伯语。泰国穆斯林少年儿童的宗教教育工作，在穆斯林比较聚居的府县，学生上午学习阿语及各种宗教课程，下午学习泰国教育部规定的课程；散居地区的学生，每天放学后，在清真寺附设的学校学习宗教功课2小时，星期六、星期天上午各学习2小时。暑假期间，各大清真寺开办各种类型的食宿免费学习班。穆斯林的宗教生活和宗教教育受到泰国宪法的保护。（马智雄）

泰哈赖(al-Ṭahārah) 见净礼。

泰姬·玛哈尔陵(Ḍarih Tāj Mahal) 17世纪印度伊斯兰著名陵墓建筑。简称"泰姬陵"。为世界七大建筑奇迹之一。位于印度北方邦西南部的亚格拉市西郊的亚穆拉河畔，距新德里195公里。是印度莫卧儿王朝第五代皇帝沙贾汗为其宠妃蒙泰姬·玛哈尔建造的陵墓。从1631年开始动工，每天动用约20000名工匠，共耗资4000多万卢比，历时22年，于1653年陵墓方告竣工。据说主要设计师是土耳其的乌斯塔德·伊萨·阿凡提，并从伊朗、土耳其和阿拉伯国家招揽名师巧匠参与设计和施工。泰姬陵背依亚穆拉河，呈长方形，南北长583米，宽304米，四周是用红砂岩垒起的石墙，整座陵园占地17万平方米。正门朝南，门楼上有22个熠熠生辉的小圆顶，据说象征着建造陵墓的22年。整个陵墓用洁白的大理石砌成。整体设计体现了"天圆地方"的概念。基座是边长95米、高7米的正方形大理石砌平台，陵体在平台正中，每边长56.7米，四面各有高33米巨大拱门，陵墓四角各有1座40米高的圆形尖塔，为防止倾倒后压坏陵体，塔身均稍外倾。陵寝主体建筑总高74米，上部为一个直径18米的穹隆圆拱顶，穹顶顶部隆起一个尖顶，直指蓝天。穹顶四周，建有4个小圆顶，同大圆顶交相辉映。下部为八角形大厅，厅内墙壁上有浅浮雕和各种精美的镶嵌，并竖有沙贾汗和蒙泰姬的墓碑。寝宫正中围有大理石雕刻的屏风，有一块镶嵌着宝石的大理石屏作为墓门，地下墓室内安放着两具大理石墓拱，为蒙泰姬和沙贾汗二人的灵柩。在寝宫内有一扇雕以花卉宝瓶图案的窗棂，系中国巧匠所雕刻。陵墓东西两侧屹立着两座形式完全相同的清真寺翼殿，均用红砂石筑成，内以白色大理石块点缀装饰，内墙上镶嵌各色宝石。在4座拱门的门框上镶嵌着用黑色大理石镌刻的半部《古兰经》的经文。陵园内有条用红石铺成的直长甬道，陵园中心有一喷泉，呈十字形，四周为奇花绿草，竹木浓荫。它是印度伊斯兰建筑艺术的精品，带有浓厚的波斯建筑风格。（杨克礼）

泰剑立·萨依布(1856～1926) 中国维吾尔族穆斯林学者、诗人。本名侯赛因，笔名泰剑立、穆剑立。新疆叶城祖农村人。父亲哈吉·米尔·赛义德·图比丁是当地有影响的人物。泰剑立出身于宗教世家，接受伊斯兰教熏陶，幼年即随父母赴麦加朝觐，6岁时进印度孟买经文学校习经；及长，即从名师攻读《古兰经》与经注学、圣训与圣训学、教法学、伦理学、哲学、文学等多年。他精通阿拉伯语、波斯语，学识渊博，闻名遐迩。回国后，先后居住喀什、莎车等地，成为喀什地区伊斯兰教学者中的代表人物。一生致力于伊斯兰教著述事业，用维吾尔文、波斯文、阿拉伯文著述，主要代表作有诗集《拜尔给泰剑立和赛比给穆剑立》、《托哈派托勒拜尔赖因》，作品中有较浓厚的苏菲神秘主义色彩，在维吾尔穆斯林中有一定影响。所译《古兰经注释》，是《古兰经》维吾尔文重要译本之一。（冯今源）

泰克比尔(Takbir) 穆斯林常用语。阿拉伯语音译。指念诵赞主词"安拉乎，艾克拜尔"(Allāhu Akbar)，意为“安拉至大”，“大哉真主”。中国通用汉语的穆斯林俗称“念泰克比尔”。赞主词“安拉至大”，集中地表达了穆斯林认主独一、一心归主的坚定信念，体现了对真主至高无上尊威的无限敬畏，为穆斯林在日常生活中所常诵。穆斯林礼拜时除鞠躬后起立和出拜外，每做一个动作，均须恭诵“安拉至大”。宰牲和为亡人举行殡礼仪式时亦诵此赞词。在开斋节和宰牲节会礼后所宣读的“呼图白”（即演讲词）中，该赞词被用于显要地位而反复恭诵，分别达21次和27次之多。穆斯林还把该赞词同“苏卜哈纳拉”（Subḥanallāh）、“艾勒哈姆杜·利拉”（al-Ḥamdu Lillāh）及清真言合念，构成一段完整的赞词，每天在五时拜后跪坐恭诵。在伊斯兰教的历史上，该赞词曾作为激励穆斯林为安拉之道而奋勇杀敌的战斗口号，显示出一种凭借安拉的襄助而所向无敌的巨大精神力量。（杨宗山）

泰拉威哈拜（Ṣalāt al- Tarāwiḥ） 伊斯兰教的拜功之一。阿拉伯语音译，原意为“间歇”。指穆斯林在伊斯兰教历“莱麦丹”（即斋月）内，每夜宵礼后自愿履行的一种副功拜，以示斋月的尊贵和信仰的虔诚。据载，先知穆罕默德曾礼8拜，后被视为“圣行拜”。后来逊尼派法学家又增至20拜，每进行4拜，集体诵念“赞主词”，暂息片刻，再继续进行，故又称为“间歇拜”。此拜功通常以在清真寺内集体列班举行被认为最尊贵。如因故不能到寺者，也可在家单独礼拜。穆罕默德礼的8拜属“叮咛性”（Mu'akkad）的圣行拜，法学家增加的12拜属“穆斯泰哈卜”（Musthabb，即可嘉的）拜。中国穆斯林对此拜功尤为重视。（达应庚）

泰勒菲格（Talfiq） 当代伊斯兰教法改革过程中经常采取的一种灵活变通方法。亦称“拼凑法”。阿拉伯语音译，意为“拼凑”、“合并”。即把渊源、性质不同的成分合并为一个新的法律规范，以增强其活力。有两种情况。一是把不同法学派同一门类的原则或规定综合为一个新的规范。例如，1917年《奥斯曼家庭权利法》在保留哈乃斐派婚姻法框架的同时，吸收了罕百里派关于婚前约定的原则规定，准许妻子以丈夫不履行不纳二房妻的约定为理由解除婚姻。而罕百里派关于婚前约定的本意，只限于维护夫妻双方间有利于维持家庭关系的某些权利和义务，并不适应于离异。另一种情况是把不同法学派不同门类的规定合并为一个新的规范。例如，1946年埃及《瓦克夫条例》就采取了这种方法。该法规定：所有非宗教慈善性的瓦克夫产业（即家庭瓦克夫），其用益期限最长为60年或两代受益人；瓦克夫产业的所有合法继承人，待原所有人死后，对该产业有“义务继承权”，无论他们是否被指定为受益人。这项规定的前半部分（关于瓦克夫的时限）属于瓦克夫法，以马立克派学说为依据，而它的后半部分属于继承法，依据的是札希里派和罕百里派部分教法学家的意见（传统上逊尼派教法规定，亡人的合法继承人仅有权领取法定遗产份额，无权继承按遗嘱分出的部分遗产和留作家庭瓦克夫的财产）。合并后的新规定既突破了瓦克夫法，也突破了继承法的基本原则。（吴云贵）

泰勒哈（Ṭalḥah，596～656） 伊斯兰教先知穆罕默德的门弟子，早期争夺哈里发权位斗争中的派系领袖之一。全名泰勒哈·本·欧拜杜拉·本·奥斯曼·泰米。生于麦加，出身于古莱什部落的泰姆（Taym）家族，家庭十分富有。610年，穆罕默德开始在麦加秘密传教期间，14岁的泰勒哈即信奉了伊斯兰教，为最早信教者之一。因乐善好施，并以资财支持穆罕默德的传教事业，故享有“慈善家”、“慷慨好施者”等许多美称，成为穆罕默德以天园相许诺的十大弟子之一。622年迁徙麦地那后，曾积极参加穆斯林公社的创建工作，为辅佐穆罕默德的门弟子领导集团成员之一。他曾参加穆罕默德传教期间所进行的多次战役，作战十分勇敢。624年，他在吴侯德战役中，为保护穆罕默德而身负重伤。穆罕默德逝世后，他经常到库法去经商，较少参加麦地那政权的政治和军事活动。自644年被第二任哈里发欧麦尔提名为继任哈里发的6名候选人之一时起，开始成为哈里发权位的竞争者之一。他曾反对第三任哈里发奥斯曼执政后期任人唯亲的政策，在酝酿推翻其统治的过程中，得到了库法地方势力的拥护，而成为竞争哈里发权位的一方派系领袖。656年4月，该派曾派员参加了以埃及阿里派势力为主组成的请愿团在麦地那围困并杀害奥斯曼的暴力行动。同年12月，泰勒哈因向第四任哈里发阿里求官未遂，便与另一派系领袖祖拜尔一起，联合穆罕默德遗孀阿伊莎，在巴士拉附近发动了反对阿里的“骆驼战役”，战败身亡，葬于巴士拉。泰勒哈曾参与《古兰经》文的搜集工作，还传有圣训30余段。（杨宗山）

泰勒迈萨尼（'Umar al-Tilimsāni，1904～ ） 埃及穆斯林兄弟会主要领导人。祖籍摩洛哥，生于埃及。早年曾受传统的伊斯兰教育，精通经训、教义和教法，后成为逊尼派苏菲主义的学者。青年时追随穆斯林兄弟会创始人哈桑·班纳，加入兄弟会，成为班纳的挚友和助手。1931年在开罗大学法律系毕业后从事律师工作，并积极参加兄弟会的宣传活动。1933年兄弟会的最高行政领导机构“指导局”成立后，被选为领导成员，负责宣传、教育等工作。1954年10月，穆斯林兄弟会图谋杀害纳赛尔未遂，事件败露后，被捕入狱，判处15年徒刑。1970年10月萨达特执政后，获释出狱，成为穆斯林兄弟会的主要领导人，并兼任该会刊物《呼声报》主编。他利用萨达特提出的“开放民主”的口号，恢复发展兄弟会组织，通过兴建清真寺、“伊斯兰俱乐部”和出版杂志，宣传伊斯兰教义，主张在埃及实行伊斯兰教法，反对萨达特的内外政策。同时在全国各阶层中广为发展会员，在全国恢复和建立了1500

个分会。1977 年他公开反对萨达特同以色列媾和。1981 年 9 月，以涉嫌煽动和参与宗教骚乱罪再次被捕入狱。同年 12 月末，穆巴拉克执政后下令释放政治犯时获释，他发表声明表示支持穆巴拉克的内外政策，成为兄弟会中温和派的代表。泰勒迈萨尼在《呼声报》和《伊斯兰文选》等刊物上发表了大量宗教、政治专论。主要著作有《殉教者》、《天才的启示者、一代人的导师：哈桑·班纳》、《欧麦尔·本·哈塔布》等。

（杨克礼）

泰什比赫（Tashbih） 伊斯兰教义学用语。阿拉伯语音译，原意为“比喻”、“比拟”，引申为以人拟真主，把真主比喻为受造之物。同“泰尔提勒”（Ta‘til，即摒弃、废除，引申为“否定把真主拟人化”）一词相对。伊斯兰教早期一些学者根据《古兰经》中关于对真主种种象征性的比喻，如真主有生命，能听、能说、能看，有肢体、有手足，有宝座以及人们可以面见真主等经文（7∶54，55∶27 等），对真主的本体以形象性的理解。9 世纪初，形成了以伊本·哈卡姆为代表的拟人派和以伊本·卡尔拉姆为代表的肉身派，均持将真主拟人化的观点。穆尔太齐赖派则从认主独一的观点出发，坚决反对将真主作形象拟人化的解释，并认为将真主拟人化会导致多神论。逊尼派的教义学家既反对将真主拟人化的观点，又反对穆尔太齐赖派完全否认真主具有超凡的诸多属性的观点，认为《古兰经》之所以使用人类的概念和习惯用语表征真主的属性，是因为除此之外无法把真主的启示传达给人类，对经文中的比喻性的提法应按寓意而不按字面意义解释。10 世纪，逊尼派教义学家艾什尔里则认为，对《古兰经》表征真主属性的词句，应按比喻性的字面意义解释，但不必深究。他认为真主除独一的本体外，还有 7 种属性（生命、意志、能力、知识、听觉、视觉和语言），但这些属性是真主超绝万物的独特属性。（杨克礼）

泰斯比哈（Tasbiḥah） 见赞珠。

泰斯菲叶·盖莱卜（Taṣfiyah al-Qalb） 见禁欲。

泰斯米叶（Tasmiyah） 穆斯林对称颂安拉尊名专用语的简称。一译“太思米”。阿拉伯语音译，原意为“命名”、“定名”、“称谓”，引申为“诵安拉之名”。指穆斯林在行为之前首先恭诵“比斯米拉希·拉赫玛尼·拉希米”（Bismi-llāhi al-Raḥmāni al-Raḥimi），意为“奉普慈特慈的安拉之名”，或译作“以至仁至慈的安拉的名义”，此句为称颂安拉尊名的专用语，简称“泰斯米叶”，俗称“念泰斯米”或“道泰斯米”。句中的“拉赫曼”（al-Raḥmān，译作“普慈的”或“至仁的”）和“拉希姆”（al-Raḥim，译作“特慈的”或“至慈的”）二词，系安拉的 99 个尊名中最常用的两个尊名。根据经注学家的解释，前者指安拉在今世对万事万物广施恩惠，后者则指安拉在后世仅施恩于穆斯林中的信仰坚定者和行善者。故全句旧译为“奉普慈今世、独慈后世的真主的尊名”。

在伊斯兰教产生之前的阿拉伯半岛，多神拜物教居于统治地位，偶像崇拜盛行，恶风陋俗泛滥。各部落在宰牲献祭之前，首先恭诵其崇拜的偶像之名，如“奉拉特之名”、“奉乌扎之名”等，即为当时蔓延最广的陋习之一。伊斯兰教为逐步消除偶像在刚信教不久的穆斯林心目中的地位和影响，引导他们不断增强认主独一的信念，除要求他们时刻记念安拉和严守拜功外，还提出了许多在日常生活中应该奉行的道德准则和行为规范，恭诵安拉之名的改革主张，即是在这一历史条件下提出的。在《古兰经》的 114 章中，除第 9 章（章名《忏悔》）以外，每章章首均为“奉普慈特慈的安拉之名”，显示了称颂安拉之名在伊斯兰教教义中的极为重要的地位。《古兰经》明文禁止穆斯林食用未诵真主之名或诵非真主之名而宰杀的动物（6∶121，2∶173），进一步说明了恭诵安拉之名在穆斯林日常生活中的现实意义。穆罕默德亲手宰牲时，即首先恭诵“奉安拉之名”和“安拉至大”，他还明确规定饮水、用餐前首先应恭诵安拉之名，并说：“一切重要之事，凡不以安拉之名为始者，必不会获得成果。”他亲自主持制定的历史文献《麦地那宪章》以及致各国君主书，均以“泰斯米叶”冠首。

穆斯林遵循《古兰经》和圣训的教诲，在履行“五功”、诵读《古兰经》、赞主赞圣以及进行各种宗教修持或善功之前，都自觉地首先恭读称颂安拉尊名的专用语，即“念泰斯米”。穆斯林所有著作的序言和正文，亦均以此专用语冠首。在日常生活中，他们除在宰牲、食饮之前必“念泰斯米”外，在其他诸如起床、洗漱、沐浴、就寝、外出等等一切行为之前，亦习惯地“念泰斯米”，以表示对独一的崇高主宰安拉的坚定信仰和虔敬，并祈求安拉在万事中恩赐吉利。做事之前首先恭诵安拉之名的习俗，在中国各族穆斯林中广为普及，“泰斯米叶”一词及其所代表的专用语，已成为他们宗教和社会生活中使用频率最高的一组语汇。（杨宗山）

泰脱吾尔（Taṭawwu‘） 见副功。

泰西封（Ctesiphon，Taysifun） 伊拉克著名古城遗迹。亦译“忒息丰”。位于首都巴格达东南 32 公里处，滨底格里斯河左岸，当迪亚拉河河口。此地初为希腊抵御塞琉古王朝的驻军之地。后渐有城池，采取两河流域常见的城市建筑形制，城墙呈圆形。129 年，安息（帕提亚）强盛，立为冬都。后遭罗马占领。波斯帝国兴起后，成为波斯萨珊王朝（226～651）的首都，也是景教的中心。伊斯兰教第二任哈里发欧麦尔执政时派兵征服伊拉克，637 年阿拉伯军打败萨珊王朝军队后进驻该城，并以此为基地向东征服波斯全境。伍麦叶王朝时在该城建有多座清真寺、宗教学校，为军事要地。阿拔斯王朝时期，建新都巴格达，此城渐衰，现城池已不复存在，尚存萨珊王朝君主接见外国使臣的大殿遗址。大殿名为塔克·基斯拉，今称"泰西封拱门"。现泰西封为小镇，遗址多已覆盖于镇中花园和住宅之下。塔克·基斯拉曾一度改建为清真寺。镇内有博物馆，收藏有遗址文物。还有圣门弟子赛勒曼的陵墓，伊朗什叶派穆斯林奉他为"圣墓"。（杨克礼）

坦塔（Tanta） 埃及城市，西部省省会。伊斯兰教苏菲派圣地之一。在尼罗河三角洲中部，开罗以北88公里处。人口33.5万(1983)。1238年苏菲派谢赫艾哈迈德·巴达维(1200～1276)于坦塔设立扎维叶，招收门弟子，传播苏菲主义，创建巴达维教团(又名"阿赫默底耶教团")，他逝世后葬于该城，建有陵墓，后扩建为清真寺，现成为"圣地"。寺内曾设有该教团的宗教学校，附设的图书馆收藏有伊斯兰经籍近万册，其中有200多部珍贵手抄本。寺内大厅现陈列有巴达维的遗物念珠、拐杖、头巾等。埃及穆斯林每年举行伊斯兰教盛大节日时前往瞻仰，以示纪念。该城还有建于13世纪的清真寺和伊斯兰宗教学校。现有著名的爱资哈尔大学附属的艾哈迈迪耶学院(现改为坦塔伊斯兰研究所)，有新建于1972年的坦塔大学和1981年的坦塔伊斯兰法学院。该城为埃及西部的教育和文化中心。（杨克礼）

探泉 穆斯林朝觐礼仪之一。穆斯林在麦加完成朝觐功课后去渗渗泉饮水。据刘智《天房典礼·朝觐》"探泉"云："渗渗泉也，在墨克城内，易卜剌欣圣位寝殿后。其水甘香清冽。朝觐人将归，盥洗其上，少饮。"这与谒陵同为朝觐者视作不可缺少的两件事。据传，古代先知易卜拉欣之妻哈哲尔为子伊斯玛仪寻水，奔走于赛法与麦尔卧两丘之间时，其子啼哭蹬地，泉水即由石隙中涌出。相传，该泉水当时被发现时，曾轰动四方，故后来的朝觐者皆往该泉饮水，以示怀古，并携带回家，馈赠亲友，共沾吉庆。现沙特阿拉伯政府已将该泉水扩建，安装地下管道和自来水设施，供朝觐者饮用。（达应庚）

汤瓶壶 中国穆斯林沐浴器具。状如中国传统茶壶，一侧有柄，便于手提；一侧有壶嘴，弯曲高翘，平放时滴水不淌，倾身时水流如注。初为洗"阿卜代斯"(小净)及"渥斯里"(大净)的用具，后在日常生活中也普遍使用。古代汤瓶壶多以木料制作，近代多用铜片铁皮。自20世纪70年代起，以生铝铸造并饰有花纹的汤瓶壶，已遍及中国西北的甘肃、宁夏、青海、新疆4个省区。据中国穆斯林民间传说称：唐代某皇帝夜梦宫梁断裂，宫室将倾，突有一位头缠白布的黑脸大汉，双臂直伸，擎起断梁，使帝妃得救。皇帝召占卜星相之臣解梦。有人说："只有大食国崇信伊斯兰教者，才有头缠白布之习俗。"皇帝遂派使臣赴大食，征召贤者来中国传教，并辅佐他治理朝政。他赐给一把纯金的"唐壶"。由于此壶身长、腹大，颈长如瓶，故又称"唐瓶壶，"简称"唐瓶"。而"唐"与"汤"谐音，后人不知这一典故，文字记载时将"唐瓶"写作"汤瓶"。由于这种浴具广为中国穆斯林所使用，故逐渐成为"清真"的一种特有标志。在城镇集市供应清真食品者，悬牌牌、挂招子，多在其上绘制或刻制汤瓶壶图案以招徕穆斯林顾客。（郭清祥）

陶菲格（Tawfiq） 伊斯兰教用语。阿拉伯语音译，意为"成功"、"顺利"、"幸运"。一般指在真主的相助下，穆斯林在宗教事业和功修上的成就。如某一穆斯林具有坚定的信仰，即称之为"有陶菲格"，意即他之所以有此"成功"，并非全凭个人主观的愿望或努力，而主要是靠真主恩赐的"幸运"所致。（马恩信）

讨白（Tawbah） 伊斯兰教法用语。阿拉伯语音译，意为"悔过"、"悔罪"、"忏悔"。即穆斯林向安拉真心诚意的悔罪方式。《古兰经》云："信道的人们啊！你们当向真主诚意悔罪，你们的主或许免除你们的罪恶，并且使你们入下临诸河的乐园"(66：8)。伊斯兰教十分重视"讨白"，旨在使人认识自己的迷误，改邪归正，绝恶向善，崇拜独一真主。故《古兰经》第9章命名为"讨白"。全经有87处涉及"讨白"一词。其意义在于使穆斯林明白犯了错误不仅要向真主悔过认罪，而且要常记不忘"讨白"，时刻检讨自己的过失，以求达到虔诚敬畏真主，做坦诚、正直的穆斯林。视"讨白"为一项重要功修，在各项功修完成后念"讨白"词即此意。"讨白"分3类：(1)普通"讨白"。《古兰经》云："真主只赦宥无知而作恶，不久就悔罪的人"。(2)特殊"讨白"。系痛改所犯大罪的"讨白"。教法认定的大罪有：危害无辜、诬陷贞妇、奸淫妇女、临阵脱逃、侵吞孤儿财产、忤逆父母、非法赢利、运用邪术、偷盗、饮酒、赌博等。犯有此类罪行者，教法规定要悔罪做"讨白"，还应朝觐一次，无经济能力者，应孝敬父母至终年；如属伤害他人之罪，还应诉诸刑法公判。(3)临终前的"讨白"。是穆斯林最后必行的一种悔罪仪式。认为人之将死，能认识并悔改自己所犯罪过亦属可嘉，对罪恶极大者只能是一种形式，但对活人则是一种警告。《古兰经》云："终身作恶，临死才说：'现在我确已悔罪'的人，不蒙赦宥；临死还不信道的人，也不蒙赦宥。"(4：18)。教法规定作"讨白"的基本要求是：(1)立即停止错误及犯罪行为，否则，"讨白"无效。(2)真诚忏悔，追悔以往所犯的罪过，向真主告罪求恕，永不反复。(3)永不再犯，即"讨白"后不能再朝悔夕犯，重蹈犯罪之路。(4)承认罪过，赔罪道歉，证明确已悔改。如系偷盗，应将所盗之物归还原主；打骂人者，应向受害者赔罪；缺少宗教功课者，按教法要还补。（达应庚）

《讨拉特》(Tawrāt) 伊斯兰教所承认的启示经典之一。源于希伯来语 Tora。同《古兰经》、《引支勒》和《则逋尔》并称为四部天启的经典。在《古兰经》第3、5、7、9、48、61和62等章中多次提及《讨拉特》,说它是安拉启示给穆萨(摩西)的经典,"其中有向导和光明,归顺真主的众先知,曾依照它替犹太教徒进行判决"(5∶44);把奉行《讨拉特》的犹太教徒称为"有经典的人"。一般认为,《讨拉特》即犹太教的《摩西律法》(亦称《摩西五经》),也有人说指《旧约圣经》。但穆斯林学者认为,这些典籍在流传过程中内容有被篡改之处,远非《讨拉特》的本来面目,故不能将它们跟《讨拉特》等同看待。 (林 松)

忒息丰 见泰西封。

特莱姆森(Tlemcen) 阿尔及利亚西北部城市,特莱姆森省省会。一译"特累姆森"。位于特莱姆森山麓阶地上,距摩洛哥边境150公里。7世纪末至9世纪为阿拉伯帝国所辖,由驻军基地发展为城镇。10世纪起曾为法蒂玛王朝的辖地。11～13世纪,在穆拉比特王朝和穆瓦希德王朝统治时,建有多所清真寺和宗教学校,成为伊斯兰教法学和凯拉姆学的研究中心。13～16世纪是繁荣时期,曾为穆斯林柏柏尔人建立的阿卜德·瓦德王朝的都城,向以古清真寺、尖塔等名胜著称。城内有100多座清真寺及尖塔。穆拉比特王朝兴建的著名清真大寺位于市中心,宏伟壮丽,礼拜大殿有72根柱子,装饰华丽,具有马格里布建筑风格。城西北角是1296年建造的西迪·贝勒·哈桑清真寺,虽然面积较小,但屋顶上有一雅致匀称的尖塔,条纹柱子,杉木天花板,别具风格。现该寺改为博物馆,内藏有古老的手抄本《古兰经》及其他伊斯兰教珍贵文物。 (杨克礼)

特里波利(Tripoli) 黎巴嫩古城和商业港口,北黎巴嫩首府。阿拉伯语古称"塔拉布罗斯·沙目"。位于地中海岸阿里河口,距贝鲁特82公里。始建于公元前700年。在波斯帝国时期,为腓尼基人建立的城邦国家西顿·推罗和阿瓦尔德的联合首府。638年伊斯兰教第二任哈里发欧麦尔派穆斯林大军征服黎巴嫩后占领该城,从此归阿拉伯帝国统治,伊斯兰文化得到广泛传播。城内多伊斯兰古迹,尤多古清真寺。著名的清真寺有建于1336年的泰兰清真寺,现犹保留建筑时的原状;建于1294年的特里波里大清真寺,是在圣马丽德拉图尔教堂的废址上修建而成的;建于1305年的赛义德·阿布杜·瓦哈德清真寺,保留了摩尔人的建筑风格。 (杨克礼)

提阿雷特伊玛目国 见罗斯图姆王朝。

提尔密济(al-Tirmidhi,824～892) 9世纪伊斯兰教著名圣训学家,逊尼派六大圣训集辑录者之一。一译"提尔米基"。全名艾布·伊萨·穆罕默德·本·伊萨·提尔密济,因出生于中亚阿姆河流域的提尔密兹村(今乌兹别克共和国的捷尔梅兹),故名。青年时期在家乡及各地求学,钻研伊斯兰各学科,立志专攻圣训,曾拜圣训学家布哈里为师,学习圣训和圣训学,在教法思想上深受其师影响。后游历呼罗珊、希贾兹、伊拉克等地,寻访圣训收藏家和背记家,凭其强记听传,记录了大量圣训正文资料和传述世系。他将各地资料依据其自定的标准,即真实、符合伊斯兰精神和理性原则、传述人公正无私等,进行分析、研究和比较,并加以整理、分类,从中精选出5000余段被确认为真实可靠的圣训,分门别类汇编成书,定名为《提尔密济圣训集》(Jāmi'al-Tirmidhi)。此外,他还有关于论述圣训传世系统和传述人的《缺陷》(al-'Ilal)及《先知的品德》(Shamā'ilal-Nabiy)等著作传世。提尔密济由于长期从事写作和过度劳累,晚年双目失明,892年卒于故乡提尔密兹。 (马忠杰)

《提尔密济圣训集》(Jāmi'al-Tirmidhi) 伊斯兰教重要经籍,为逊尼派著名的"六大圣训集"之一。编者提尔密济。该集共分13卷,收录圣训5000余段,均附有经过考证的传述世系和圣门弟子、再传弟子以及教法学家的主张。编者采集圣训素材时,采用了布哈里和穆斯林·本·哈贾吉二人的集录原则。在整理、辑录时则自定有四项标准,即真实、符合伊斯兰精神、符合伊斯兰理性原则、传述人公正无私。然后据此经过分析、比较和筛选予以定稿。其中所收圣训大都为教法学家所遵守和实践。编者称该集脱稿后即呈送希贾兹、伊拉克和呼罗珊等地的学者审阅,获得了他们的赞同。该集对传述世系中的一些人物写有评论,并对各教法学家有争议的问题亦有提示。所收圣训内容不局限于教法方面,还包括有教义学、传闻逸事和道德操守等,故被誉为"圣训百科"。 (马忠杰)

提加尼教团(al-Ṭariqah al-Tijāniyyah) 近代伊斯兰教苏菲派兄弟会组织。由马格里布著名苏菲主义学者艾布·阿拔斯·艾哈迈德·提加尼(1733～1815)在摩洛哥非斯创立。提加尼生于阿尔及利亚的艾因马迪,毕业于非斯的卡拉维因伊斯兰大学,对伊斯兰教律进行过深入研究。1768年去麦加朝觐,返回时途经埃及,留居期间受神秘主义影响,加入哈尔瓦提教团。后于1781年前后创立了提加尼教团,许多寻道者成为其追随者。提加尼将信徒称为"教友"(Aḥbāb),后教团成员亦以此相称。提加尼去世时,该教团已经巩固,并在马格里布享有较高声誉。在其子大艾哈迈德和小艾哈迈德相继担任教团谢赫期间,将教团总部迁到提加尼故乡艾因马迪。1836年阿尔及利亚埃米尔阿卜杜勒·卡迪尔欲联合提加尼教团进行抗击法国殖民主义入侵的战争,但因故未能达成协议。提加尼教团保存了在北非的势力范围，并继续向撒哈拉以南发展。19世纪20年代加入提加尼教团的塞内加尔人哈吉·欧麦尔为该教团在中、西非洲的传播发挥了巨大的作用，被信徒推举为黑非洲的“哈里发”。他通过“圣战”建立了东起廷巴克图、西至大西洋沿岸的伊斯兰帝国，以提加尼教团教义为国教，后被法国入侵者推翻。提加尼教团教义强调净心善行，但不赞成卡迪里教团的宽容，主张必要时应该依靠“宝剑”，把偶像崇拜者从迷途中解放出来。法律上坚持严守伊斯兰教法，教义从简，不重繁琐礼仪，禁止成员参加其他教团。教友除到麦加朝觐外，还到非斯提加尼墓地朝拜。该教团为近代伊斯兰教在非洲的进一步传播起了推动作用。现主要分布在摩洛哥、阿尔及利亚、毛里塔尼亚、塞内加尔、几内亚、马里、尼日利亚、苏丹等一些非洲国家，并传播到了阿拉伯半岛。（郭宝华）

《提醒与监督》（al-Tanbih Wa al-Ishrāf） 阿拉伯—伊斯兰历史著述。麦斯欧迪著。该书反映了作者对人类社会历史和阿拉伯—伊斯兰教历史的认识和了解。成书于955～956年。现代有人考证是作者另一著作《奥赛托》（al-Kitab al-Awsaṭ）的缩写。按内容可分为两大部分。前一部分包括31个题目，概括地介绍了人类历史的演变，世界各民族及阿拉伯的历史，阐发了作者的历史观。后一部分包括51个题目，除用11个题目重点介绍伊斯兰教先知穆罕默德的生平及传教建树，并为四大哈里发、哈桑以及伍麦叶王朝12代和阿拔斯王朝22代哈里发立传，一直写到阿拔斯哈里发穆蒂尔执政时的954年。作者被认为是伊斯兰史上最早的传记体史学作家之一。他在人物传记中简要地提及了伊斯兰教重大事件及各教派的学说，有些材料在其他史书中很少见到。该书原为手抄本传世，1894年首次在伦敦印行，后于1938年在开罗出版了伊斯玛仪·萨维的校订本，并附有校订者为该著所编的3个索引，后多以此本为蓝本刊行于世。

（马　贤）

体认 中国伊斯兰教哲学概念。指人通过对自身身体构造、生理机制和对自然现象生灭变化与其原因之思考、参悟而达到“造物有主”的认识过程。马注《清真指南·体认》云：“人惟认得自己，则触境逢源，头头了悟。”其途径是“当体之验”，即由人的眼、耳、鼻、舌、心之所以各具奇妙之功能，认识到“造化之真主”。通过对宇宙现象之观察思考，认识到“造物有主”。通过对历史上改朝换代，成败兴亡的思考，认识到“必有一执掌之真主”。马注认为，从外部世界讲，天地是一个大世界，人居于其中；从人的身心来讲，人是个大世界，而天地居其中。真主造化天地万物都是为了人。人的视、听、言、动与聪俊灵明从何而来？人的富贵贫贱、吉凶祸福是谁主宰？天地日月、山川河海、四时流变、万物发育为谁？人是中心，“无我，而天地万物皆虚”，“离我，而真主之玄机妙用全隐”。人是真主造化的，也是能认识真主造化的大能与玄妙的。“我本主造，主以我呈”，通过“我”自身和我对“化生万物之机密，保合万物之功用”的参悟，就会对“真主之全体大用”了然于胸，以达到领会先知穆罕默德关于“你认得自己，便认得造化之真主”的训谕。（罗万寿）

体一 中国伊斯兰教哲学概念。即体认真主之意。指人通过自己认识造化万物的真主。是体认真主的一个方面。王岱舆《正教真诠》云：“体认有三品：万物也，当体也，教道也。”其过程为：“以当体之一，方可证数本之一，然后以此数一，始可证单另之一。”这就是要穆斯林通过对自身的生理机制的体会，通过对世界万物生成变化的观察了解，体认真主的造化大能。通过对教义的学习领会，体认真主的玄旨。这是穆斯林体认真主、归信真主、敬畏真主的必由之路，也是中国伊斯兰教哲学的认识论。王岱舆认为：“循此而至，庶无歧误也。”（罗万寿）

天方 见麦加。

《天方大化历史》（Badāi‘al-Zuhūr） 伊斯兰教历史传说著作。原著阿拉伯文，为阿拉伯历史学家海默第撰著。民国初年由中国伊斯兰学者李廷相用3年时间将其译成文言体汉文，约15万字。1919年，北京牛街清真书报社和北京万全书局合作铅印出版。分上下两册。1931年，由清真书报社又出版了单卷精装本。该书主要叙述伊斯兰教列圣史迹与传说，系著者采集著名伊斯兰学者史书中的精华部分编纂而成。译者在“自序”中说：“余阅是书即天方书，无一杜撰之语，无一臆度之辞，事皆引经据典。考证明确，诚信史也，尝欲译成汉本，公诸同人。”关于该书汉译书名的来历，张子卿在序中有所解释：“是书也，始则起于先世，终则至于后世，是与造化世界为始终也，谓之大化历史，不亦宜乎。”该书正文包括12卷，除卷1刊载《自初祖阿丹至至圣穆罕默德世统源流图》、《自以卜拉席默至尔萨世统源流图》、《国统源流图》及《道源流图》外，其余各卷则收录了101则传说故事，如“造化之初”、“阿丹圣纪”、“努海圣纪”、“天方四景”、“洪水为灾”、“修天房”、“母萨初生得救入宫”、“七人一狗洞”、“寻长生泉”、“天筵降临”、“穆罕默德至圣纪”、“尔萨自天下降”等。书末还有介绍原作者的短跋。该书内容丰富，记述生动，充满超现实的美好想象，表现了伊斯兰教的古老传统。该书问世后，在中国穆斯林中广泛流传。

（余振贵）

《天方道程启经浅说》 论述伊斯兰教苏菲派功修的著作。具体讲述“迪克尔”的名目位次及禁解条目，由赵正轩阿訇讲解阿拉伯文原著精义，花湛露笔译为汉文，于光绪二十八年（1902）首次刊印成书，1922

年马福祥重印。全书6000余字。“寂克勒”(现译“迪克尔”)。是穆斯林对真主的诵念词。诵念“迪克尔”同静坐冥思一样,都被看作是苏菲派认主、喜主、接近主以至与主融合的不可互缺的功修。对于苏菲主义者来说,接连不断地念诵“迪克尔”就可以“隔闭过虑,清净己性”,也就是断绝一切妄念,而凝志专事真主。该书编者认为:“吾教理学经典译成汉文者不少,然皆明其理而未言其功,此书言虽浅淡,而指道程起步门径无不详明且尽”。该书卷首有1922年马福祥作的“重刊天方道程启经浅说序”和1902年花湛露作的“原序”。书中阐述了“三道”的关系:舍常道而言中道至道,如有树无根;舍至道而言常道,如夜行无灯;舍至道常道而言中道,如纸花满瓶;舍中道而务常道以寻至道,如镜无光。三者相连,若身、心之与命,缺一不可。正文共6段。第1段“解明寂克勒之名目位次”。第2段“解明寂克勒之进境”。第3段“解明耐飞依思巴提之寂克勒”(“耐飞”,Nafy,即否定,“依思巴提”,Ithbāt,即定有),大意为专注诵念寂克勒能断绝一切妄念,而凝其志于定有,隔闭过虑,清净己性。第4段“解明念寂克勒当行条规”,着重指出要绝对遵照“明师”的教诲。第5段“解明念寂克勒之人持斋日期”。第6段为“解明念寂克勒之人的一切禁戒”,包括“外之捡点”30件,“内之洁净心性”20件。该书文字比较粗浅,伴杂有许多经堂语和阿拉伯语名词,但比较集中地表述了中国苏菲派教众对诵念“迪克尔”这一功修方式的基本观点。（余振贵）

《天方典礼》 中国伊斯兰教教义著作。亦名《天方典礼择要解》。清代著名伊斯兰教学者刘智著。全书共20卷。1～4卷为“原教篇”,概述伊斯兰教的信仰要义,包括兴教史、教义学说及六大基本信仰。5～9卷讲述伊斯兰教的法定功修,即“五功”:念、礼、斋、课、朝。10～13卷讲述伊斯兰教的“五典”:包括夫妇、父子、君臣、兄弟、朋友间的关系及道德规范。14～20卷为“民常”即居、用、服、食和婚姻、丧葬等宗教礼法。作者称,此书是从卷帙浩繁的天方礼法书中“提其大纲、撮其紧要、详其注解”而成。作者以伊斯兰教“认主独一论”为本,结合苏菲派的“法备三乘、理原一本”说与中国宋明理学的“性、理”论,对六大信仰作了系统阐述。对念、礼、斋、课、朝五大宗教功修,依经训和教法规定作了明确的界定,指出“五者皆主命,而圣人作则以示众也”,从天命、圣行的高度予以阐发,使之成为首要的宗教实践和教义的有机组成部分。其“五典”说,则是把伊斯兰教的宗教伦理与中国传统的社会伦理糅合一起,作为“天理当然之则,一定不移之礼”予以规范化。全书以“原教篇”为纲,阐述伊斯兰教以“认主为宗旨”、“以敬事为功夫”,“以归根复命为究竟”,开宗明义,提纲挈领,系统地阐述了教义学。其基本理论采自近百种阿拉伯文、波斯文经籍,而“集览、考证”部分,则采集中国历史文献典籍,是一部带有中国特色的伊斯兰教教义、教法理论专著。此书于康熙四十八年(1709)由杨斐箓兄弟在山阳(今淮安)刻版印行,曾被收入《四库全书》存目。后有成都刊本、广州刊本、金陵丛书本、金子云排印本、马福祥排印本等多种版本流行。中国一些伊斯兰学校曾作为选读教材,并广泛流传。（罗万寿）

天方教 中国明清时期对伊斯兰教的称谓。“天方”一词在明初指麦加城,《明史·西域传》:“天方,古筠冲地,一名天堂,又曰默伽”,“相传回回设教之祖曰马哈麻者,首于此地行教”。因伊斯兰教发源于麦加,故有“天方教”之称。清代伊斯兰学者沿用此称,马注《清真指南》注释云:“天房居四极之中,又名天方,古默伽国也,经谓克尔白,即西域之真境。”清代以来将天方教与清真教同时并称,并将《古兰经》也称为“天方国经”,刘智还将其译著定名为《天方典礼》、《天方性理》、《天方至圣实录》等,他和马复初都以“天方学人”自称。（罗万寿）

《天方诗经》(Qaṣidah al-Burdah) 赞颂伊斯兰教先知穆罕默德的长诗作品。系埃及著名诗人穆·本·赛义德·蒲绥里(1213～1296)的代表作。阿拉伯语原意为“斗篷之歌”,亦译为“衮衣颂”。衮衣,原名“布尔岱”(Burdah),指的是穆罕默德使用过的用粗毛线织成的斗篷,白天披肩御寒,夜间当被子盖身。关于此诗的创作,据诗人自称,他曾患偏瘫症,半身不遂,终年卧床不起,便咏此长诗,祈求安拉,赞扬先知,盼望痊愈。某夜,梦见先知慈祥地抚摸他的脸,并将斗篷(衮衣)脱下覆盖在他身上。醒来时顿觉浑身轻松,行动灵活自如,乃续成全诗并以此为标题。由于该诗辞章优美,特别是诗中反映的奇闻轶事轰动一时,遍传各地,爱好者争相诵读。全诗正文共10篇,分《智》(1～3篇)、《信》(4～7篇)、《勇》(8～10篇)3部分。其10篇的标题为:笃慕、克己、大赞、先徵、感应、宝命、登霄、道征、真悔、慈云。译注者在每篇篇末均点明题旨。最后概括说:“是诗首言爱慕忧思,中言圣德感应,末言悔过求恕。学者讽诵经文,参求义理,朝夕不离,改过迁善,日进于道,自不难于希贤希圣矣!”至于诗句之汉译,系仿效我国最早的诗歌总集《诗经》体,以四言为主,每章多为4句,亦偶有五六句者,典雅庄重,故书名题为《天方诗经》。诗句正文后有注疏。其版面为:阿语原诗从右至左横书于该页上端,汉译诗句及注疏竖置于下。以《笃慕》篇首章4句为例,译诗为:“岂汝怀邻,厥有色兰。泪流于仁,其血阑干。”用大字刊刻,断句处空一格。后附并行小字密注为:“诗人自以其思慕,忧戚不释,而又隐其思慕之情,乃设为问词曰:岂汝因为怀念有‘色兰’之邻居,乃与血掺杂乎泪,流于仁乎?”往后,还有字或词之详释。此诗在阿拉伯文学史、诗歌史上均占有重要位置,后来的诗人、作家多有引述。在阿拉伯世界,纪念伊斯兰教先知穆罕默德诞辰、忌日之际,多有摘选片断吟唱表演者。该书有阿拉伯文、波斯文、土耳其文等注释本达 90 多种，被译成 10 多种文字。西方著名译本有：优里的拉丁文译本(1761)，罗森兹维格的德文译本(1824)，迭·萨西的法文译本(1822)，莱德豪斯的英文译本(1881)和格布赖里的意大利文译本等。1860 年，在维也纳出版的罗弗斯(Rofs)版本，书名题为《De Burde ein Lobgedicht auf Muhammed》，附有波斯文、土耳其文和德文等译本。在中国，由马复初于清同治五年(1866)译成汉文；光绪十六年(1890)，又由其弟子马安礼整理修润问世。1957 年，人民文学出版社据木版雕刻本影印。（林　松）

《天方先贤事略》 见《西来宗谱》。

《天方性理》 中国伊斯兰教哲学著作。清代著名伊斯兰教学者刘智著。分《本经》和《图传》两大部分。《本经》共 5 章，辑译编著了 80 多种阿拉伯文和波斯文经籍的有关论述。《图说》系仿效北宋理学家周敦颐以《太极图》解说世界本体的方式与《本经》互相阐发。全书共 5 卷，每卷列 12 说，每说 1 图 1 传，共 60 篇。其体例是“因经立图以著经之理，因图立说以传图之意”，使读者能“观图以会意，观文以释经”。书中主要内容论述了伊斯兰教关于宇宙起源、“大世界”(天)与“小世界”(人)、性与理之间的关系。其理论基础是以伊斯兰教“凯拉姆学”(即认主学)为主，融合了苏菲派哲学思想的“神智论”、“人主合一论”、中国宋明理学的性理论与传统儒学的社会伦理思想，其理论核心是“三一论”，即“真一”独一无偶，造化天地万物、主宰天地万物。“数一”是由“真一”经过“先天理化”而产生的元气、阴阳、四元(气、火、水、土)三子(金、木、活类)、天星、地海、金石、草木及人类。“体一”是人通过认识自身，认识客观世界而达到认识“真一”。在论述中，作者以“真一”比附理学的“理”，以“数一”和“体一”比附理学的“性”。理学认为“理”或“天理”是最高范畴，系宇宙万物的本原，而作者则认为理之上犹有“真一”。“数一”、“体一”都来自“真一”。突出了伊斯兰教的“认主独一论”，从而构建了中国伊斯兰教的宗教哲学体系，也扩大了性理学说研究的内容和范围。该书自康熙四十九年(1710)，由黑鸣凤等在宁波刻印，后有成都刊本、昆明刊本及马福祥刊印本行世。（罗万寿）

《天方修真蒙引》 见《修真蒙引》。

《天方学理》 中国伊斯兰教宣教月刊。1928 年 10 月创刊。由广州濠畔街回教礼拜堂天方学理月刊社主办。主编马瑞图。下设干事会。现存第 74 期系 1936 年 3 月出版。关于刊物命名，其第 13 期载专文谓：“天方学理者自造物主之道义、教法中所得之学理也。”该刊以登载宗教教义方面的论著和基本知识为主要任务，另辟有论坛、小评、译丛、教况、统计、革俗、笔记、艺苑、小说、杂俎、特载、鸟瞰(中外要闻)、译电、零金碎玉、教理测验、礼法问答等栏目。该刊等 5 期曾刊登周砚坡《济南清真北寺之沿革》、第 13 期周年纪念特号分布上刊登了陈应章《广东全省礼拜寺分布图》及说明和刘志鹏《南宁回教礼拜堂观光记》、第 20 期刊登了陈应昆笔记《刘传根阿訇报告游学经过情形》、第 4 卷第 9 期刊有马联元《编述“大杂学”序》、第 6 卷 9～10 期合刊登有摘星的《怀圣寺大殿开拆记》等重要文章。该刊封页常登载目录，或《古兰经》、圣训语录。该刊是中国南部地区创办较早、影响较大的伊斯兰刊物之一，记述了 20 世纪 30 年代华南地区穆斯林的宗教生活和社会活动。（余振贵）

《天方夜谭》 见《一千零一夜》。

《天方正学》 中国伊斯兰教译著。清代咸丰二年(1852)蓝煦在武昌由阿拉伯文译成汉文。译者在例言中称：“回、儒经书，文字虽殊而道无不共，语言虽异而义无不同。是以不揣固陋，于天方经语，略以汉字译之，并注释其义焉。证集儒书所云，俾得互相理会，知回、儒两教，道本同原，初无二理，何必拘泥语言文字之末，而疑其有同有不同耶?”全书共分 7 卷。卷 1 为天方道统图、真一隐显图、清浊显然图、灵光降升图、罕格运元图等 10 幅图说。卷 2 为对天方字母的研究探讨，包括字母分音、字母子音、字母读音、字母互合、字母释义。卷 3 为真经 1 章、经传 28 章。卷 4 为性命发明 18 章。卷 5 为真一发微 24 章。卷 6 为真诠要旨 38 篇。卷 7 为大圣、至圣、真人(神话和历史人物)的各种墓志 52 道。该书运用《周易》、《中庸》、阴阳五行说及宋明理学的观念阐述伊斯兰教的真主独一、道统、性命之学，证明伊斯兰教是穷理尽性，以明正道的真正学问。书中还以中国和《古兰经》中的 24 位人物来命名夏历 24 节气的执事天仙，并附有将阿拉伯字母人形化的图式。该书从浩繁的经典中“译其紧要，人所不可不知者，撰著简易，便于诵读，并会通儒书，详明注释”，以“经文为纲，注文为目”，层次十分清晰。该书对中国伊斯兰教门宦教派有一定影响。（余振贵）

《天方至圣实录》 中国第一部关于伊斯兰教先知穆罕默德的传记著作。亦名《天方至圣实录年谱》。清代伊斯兰教著名学者刘智编著。清雍正二年(1724)成书。全书除卷首外，共 20 卷。卷首记述穆罕默德的“圣德”、“圣行”，并辑有“历代圣容记”。1～3 卷系记穆罕默德的先世及“世统、国统、道统、化统”、源流图说和穆罕默德年谱。4～18 卷为年谱，概述穆罕默德的生平事迹及高贵的品德，主要是创兴伊斯兰教的全过程。19 卷记述中亚、西亚、北非伊斯兰教国家和地区的历史、地理、社会、文化和习俗概况；附录有中国史籍对这些国家的记述以及文化交流等。20 卷记述中国史籍对伊斯兰教的有关记载、明清帝王对伊斯兰教及穆罕默德赞文等有关评论,清真寺碑记及有关伊斯兰教著作的序跋等。据作者自述,本书主要以波斯文《忒尔准墨》(天方至圣录)为蓝本,并博采阿拉伯、波斯及中国经传正史中有关记载"考据真确无疑者"汇辑而成。编辑体例采取中国治史传统的编年史体裁,按年代记述了穆罕默德的诞生、童年、青年时代的成长史及家庭生活。重点记述了穆罕默德40岁以后,受安拉之命为使者,传播伊斯兰教的过程以及教制、教法的制定,同多神教、犹太教的斗争,反对麦加贵族的几次重要战役以及对内对外兴废大事的决断处理等等,记述翔实。突出了穆罕默德"扫荡群邪、廓清四泽、规模万世"、"君师两任、治教兼统"的才能、远见卓识与历史功绩。填补了中国伊斯兰教学术研究中的空白。乾隆四十一年(1776)袁国祚刊印全书于南京。乾隆四十三年(1778)由金陵启承堂刊印,此后有道光年间的汉南还淳堂本、同治年间锦城宝真堂本、京口清真寺本、光绪年间镇江清真寺本、民国十四年(1925)马福祥本等。1921年在伦敦和纽约分别出版了英籍基督教传教师伊萨克·梅伊逊的英译本。其后又有俄文译本、法文译本、日文译本等版。1984年,中国伊斯兰教协会将此书校点后刊行。 (罗万寿)

《天方字母解义》 阿拉伯文字研究专著。作者为中国明清之际著名穆斯林学者刘智。原作撰述于康熙四十九年(1710),曾有同治二年(1863)刻本,光绪五年(1879)镇江清真寺刻本和光绪二十四年(1898)成都敬畏堂刻本等多种重刊本传世。作者在卷首序言中对阿拉伯字母的来历作了描述:"帝降神命,示觉元圣,凝眸澄碧,识厥形勋,圣智天通,受制文字,审物象形,命名配义,始授语言,创立书契,编类属辞,乃自施位。初惟一点,因点成划,划配成字,字配成文,文以寄道,道以文明。故惟点划,万汇之根,圣作贤述,近附远闻,以渐更易,为万国音。"作者继而颂扬了阿拉伯字母对传播《古兰经》的重要作用:"三十大藏,六千余章,玄文妙理,天地斯光,贤学此述,圣哲阐扬,宣化明教,被及万方,是姑文字,肇始中域,流传宇宙。"作者还相信,自己对阿拉伯字母的探究,一定会引起后人关注:"天方字母,二十八划,有点无点,阴阳异迹,左行右曲,蟠际之贤,载道东来,谁能荐识,兹通一线,聊揭粗旨,尚冀后学,发明精理。"全书共23页,卷首除作者"序"外,尚有对两个阿拉伯字母(一点、一圈)的解义和"古今字母"对照表及"古今点划"对照表。正文分上、中、下3个篇章。上篇对28个阿拉伯字母之间的关系从宗教观念和理学角度作了注解,如"一点体也,二点体与用也,三点体、用与为也"。并表示有的字母意味"先天之化",有的意味"后天之化",有的则含有"继天立极之象,上承下授(包天、地、人之三极)之全义"。中篇介绍阿拉伯文中的单词属性和分类情况。下篇论述阿拉伯"字母二十有八,太阴之数也,为音三十有六,太阳之数也,二十八承三十六,共得六十四,合天地相承之数也",并详加解释了"奥乐乎"(安拉)与穆罕默德两个名称的拼音字母。该书虽系文字学著作,但作者运用伊斯兰教教义,结合中国理学思想,对阿拉伯文字的来源、发展、作用赋予了社会化的诠释,成为阐释伊斯兰教哲理的典型作品。 (余振贵)

天房(Baytullāh) 见克尔白。

《天房史话》(Tārikh al-Ka'bah) 伊斯兰教史话通俗读物。黎巴嫩学者阿里·海尔布塔里著。它是一部关于伊斯兰教发源地麦加圣寺克尔白的历史史话集锦。12万多字,共分18章。它以翔实的历史资料和有关天房的民间传说、故事,详尽地介绍了天房的始建情况、建筑特色、历史沿革和有关历史事件,阐述了克尔白在阿拉伯、伊斯兰世界宗教、文化、政治、社会和经济生活中的历史地位和作用。对伊斯兰教诞生后天房的历史及其在传播伊斯兰教方面的重要作用进行了探讨和论述。并就历代伊斯兰政府对天房的重视、管理和对朝觐活动的组织与安排等情况进行了比较研究,突出地介绍了天房在历史上经历的各个阶段,及其从蒙昧时期到伊斯兰教时代重修的过程。该书对了解和研究天房的历史、伊斯兰教的发展以及麦加城的变迁等,都有一定参考价值。1987年9月世界知识出版社出版发行了李光斌等人的汉译本。 (高占福)

天津清真大寺 中国伊斯兰教古寺。位于天津市旧城西北角回民聚居区。始建于清康熙年间。占地面积5000平方米,建筑面积2200平方米。为一组中国古典式建筑群,宏伟壮观,古色古香。整体建筑以礼拜殿为主体,东边配有对厅,南北有讲堂和耳房互相映衬。门楼、大门以铁栅栏围圈,大门两旁有两道院墙。礼拜殿建筑面积890平方米,前厦110平方米。可容千人同时礼拜。大殿建筑采用"勾连搭"式,由4组单体建筑结成一个整体。前为卷棚式前厦,连接两组四面坡式的庑殿顶大殿。后殿顶上有5个亭式楼阁,中间为八角式样,其余4个为六角式样。南边楼阁悬一匾额,书"望月"2字,北边楼阁悬匾书"喧時"2字。5个楼阁顶端各有一宝顶。殿堂正脊、垂脊皆镶嵌砖雕花饰,殿内梁柱悬挂18块阿文匾额,4幅阿文楹联。寺内共悬挂清代汉字匾额31块,楹联8幅。其中康熙年间匾额1块,上书"清真无二";楹联1幅,上书"上赐真经明先觉后今世后世通解;圣传正教顺主利人天道人道并行"。雍正年间匾额1块"万品昭诚"。乾隆年间匾额1块"至诚无息"。嘉庆年间匾额8块,书有"真宰一原"、"恪守清真"等字样。楹联两幅,其一"帝鉴匪遥矢冰竞于曰明曰旦;圣言可畏昭诚信于勿二勿三"。道光年间匾额"无始原有"。咸丰年间匾额"无能名焉"。同治年间匾额7块,其一:"却妄归真"。楹联其一"妄诞无一言三十册明降天经何虑歧途迷向往;真诚不二念数千年远垂圣教须知正道懔遵从"。光绪年间匾额"普今独后"。楹联1幅"运无极开太极化人化物化化无息，含理世定妙世造天造地造造有原"。该寺在清代近300年时间中，保存这样多的墨宝，在全国是少有的，被文化界人士誉为"清代书法展览"。该寺还藏有100多部伊斯兰经书典籍。（罗万寿）

天课（al-Zakāt） 伊斯兰教的五项基本功课之一。亦译"课功"。阿拉伯语"则卡特"的意译，原意为"纯净"，指穆斯林通过缴纳天课使自己占有的财产更加洁净。教法规定，凡穆斯林所占有的资财超过一定限额时，应按一定比率缴纳天课。故此项基本功课实系一种宗教课税制度。征收天课旨在限制富有者聚敛财富，缓和贫富对立的社会矛盾；告诫穆斯林勿因重私欲，贪图今世的荣华富贵，而离开"安拉的法度"。先知穆罕默德传教初期，天课尚未定制，仅系宗教上的一种自愿施舍（见《古兰经》2：215，219，261～265，271～274），被认为是宗教上的"善行"，名义为济贫。622年穆罕默德迁徙麦地那后，穆斯林公社逐渐确立天课制度，将完纳天课定制为每个穆斯林必须履行的"天命"。同时，将施舍（al-Ṣadaqah，赛德盖）济贫仍作为宗教善行而提倡，"你们所施舍的任何美物，确是真主所知道的"（2：273）。穆罕默德劝诫穆斯林应做这种品德的人，即"真主恩赐给他的钱财，他全部用于该用之处"。

伊斯兰教法规定：凡穆斯林资产每年除正常的消费开支外，其剩余的财产均按不同的税率缴纳天课。所谓资财，指穆斯林拥有的"动产"，即可营运生息之财，如金、银、货物、首饰之类。至于"不动产"，如房屋、土地、牲畜、服饰、器物之类可作资财论，若有将这些"不动产"租赁取利者，俱与资财同，缴纳天课。根据圣训的规定，应缴纳天课的物品主要有金银、首饰、货物、农副产品、矿产品、驼、牛、羊等。其中，金银、首饰纳课税2.5%；商品、货物按时价折现金计算纳课；农产品根据土地灌溉的不同情况，课税分别为5%和10%；矿产课税为20%；驼、牛、羊各有具体规定税率。中世纪哈里发国家以宗教形式将天课征收为国税，后来各伊斯兰教国家和地区的征收情况不尽相同，一般由政府征集，由有关宗教管理部门负责分配给贫困的穆斯林。在非伊斯兰教国家，天课是穆斯林个人必须履行的宗教义务。关于天课施济的范围，《古兰经》规定："赈款只归于贫穷者，赤贫者，管理赈务者，心被团结者，无力赎身者，不能还债者，为主道工作者、途中穷困者；这是真主的定制"（9：60）。还规定接受天课者，必须是穆斯林、良人、活人、贫困者。因接受天课对象是贫困者，故又称"济贫税"。天课必须施济给贫困者个人，不能用于购置宗教公产、修建清真寺、道堂、陵墓；开办学校；经商营利；馈赠等。施舍天课的原则为"先亲而后疏，先近而后远。父子不相与受、夫妻不相与受、主仆不相与受"。施舍天课者，应使接受者知其为应受之天课，而并非馈赠（Hibah），以使之感念真主的慈悯之恩。同时自己亦应认识：施舍天课是感念真主赐予自己财富的具体表现，是应尽的义务。（达应庚）

天马（al-Burāq） 见布拉格。

天命 中国伊斯兰教认主学概念。指真主的命令和意志。首见于马注《清真指南·天命》："问：何谓以妈纳？曰：天命之明德是也。问：何谓天命？曰：承领是也。问：何谓承领？曰：修此德而全此命。"天命即真主之诫命，指《古兰经》的启示和教法规定的信仰原则及主要行为规范。系穆斯林毕生所应致力完成的宗教义务。伊斯兰教认为，人是真主造化的。人在先天受命时，真主即将伊玛尼之真光"显於性命之本然"。一切主命皆系前定，穆斯林承领伊玛尼是复命归主，即"修德全命"。天命是一切宗教功修的首要，如坚定信仰、坚守教义、坚持五功：念、礼、斋、课、朝等均为天命，是穆斯林应尽的义务。中国通用汉语的穆斯林把"五功"称作"五桩天命"，把做礼拜称为交还"乃玛孜"。这是首要的。其他先贤的行为，"遵则有赏，撇亦无罚"。马注在他的著作里援引经典指出："寻学在一切男女是主命"，寻学即学习《古兰经》、圣训和教义、教法，以坚定信仰，身体力行正道并广为宣传，这即是修德全命，谨遵天命的要义。（罗万寿）

天命拜（Ṣalāt al-Fariḍah） 见礼拜。

天命斋（Ṣawm al-Fariḍah） 见斋戒。

天启（al-Waḥy） 见启示。

《天山》 中国伊斯兰教文化刊物。1947年5月1日创刊。由上海复旦大学回教同学会的学生赵国治、马瑛富、马琳、李溶如等担任编辑，负责人仝道章。马宗融教授担任指导。社址设在上海国立复旦大学校内。封面为星月照耀下的天山彩色画，故名。该刊侧重于向青年提供学术园地，进行伊斯兰宗教知识的宣传，开展对国内、国际重大问题的探讨，介绍各大、中学校的情况。刊载内容比较广泛，包括论著、文艺、时事述评、教友动态、学府风光及读者信箱等。创刊号载有张秉铎译作《先知穆罕默德的人性》、中川的《西北回民社会漫谭》、马琳的《埃及——黑暗大陆的明星》、迪平的《我所知道的复旦同学会》、海维谅的《伊朗之现代思想》等。该刊作者文化层次较高，学术气息浓郁。（余振贵）

《天山月刊》 中国穆斯林学术文化刊物。1946年10月创刊，由南京天山学会（亦称"新疆省建设协会"）主办。刊物发行人广禄，主编安文惠。社址设在南京中山东路利济巷38号。1948年7月25日出了1卷第3期，有汉文与维尔文两种文版。刊物主办人多系居南京的新疆穆斯林人士。故其宗旨为：联络感情，研究学术，沟通内地与西北的文化；介绍新疆各族的情况，使内地人士了解新疆，予以扶助，打破隔阂，携手并肩，共同为建设光明灿烂之新中国而努力。刊载内容比较广泛，凡文化、教育、经济、建设、语文、宗教、民俗、政治等涉及边疆与内地关系的著作、翻译都予以登载。此外，还辟有西北文化动态专栏。（余振贵）

天神 见天使。

天使(al-Malā'ikah) 伊斯兰教的六大信仰之一。阿拉伯语“麦拉伊凯”的意译，一译“天神”。中国通用汉语的穆斯林俗称“天仙”。伊斯兰教确信在宇宙中有许多受安拉差遣，为其完成各种任务的天使之存在。《古兰经》云：“正义是信真主，信末日，信天神，信天经，信先知”(2：177)，“谁不信真主、天神、经典、使者、末日，谁确已深入迷误了”(4：136)。根据《古兰经》明文，结合经注学家的解释，天使具有如下特征和职能：(1)天使是安拉用光创造的一种妙体，遍布于天上人间，而不为人所见。它们纯洁无邪，不分性别。长有翅膀(35：1)，飞行神速。不食不饮，亦不睡眠。不分老幼，长生不死。它们数目繁多，约有9000之众，其中最著名的有吉卜利勒、米卡勒、阿兹拉伊勒和伊斯拉菲勒四大天使等。它们与“精神”(al-Rūḥ)同在，人类只有在复生日方得见其容颜(70：4,78：38,97：4,25：21～25)。(2)天使是听命于安拉差遣的奴仆，执行着各种不同的任务。如吉卜利勒专为安拉向先知传达启示，颁降经文；米卡勒负责观察宇宙，掌管人间的衣食供养；阿兹拉伊勒掌管死亡，负责索取人的性命；伊斯拉菲勒专司风雨，在末日到来时负责吹响报警的号角；每个人左右各有1名天使，时刻监督其言行，并分别将其善恶记录在功过簿上，以此作为安拉在后世总清算时进行赏罚的依据；孟凯尔和奈吉尔两名天使专司对亡人的预审，每一亡人在被埋葬入土后不久便将受到它们关于基本信仰的拷问，并将根据不同的回答初尝死后不同的报应；里德万和马立克两名天使则是安拉在后世赏善罚恶的具体执行者，分别管理着天园和火狱，等等。(3)天使是人类尤其是安拉所喜爱者的朋友，绝非应受崇拜的神灵。伊斯兰教认为，天使同人类及宇宙万物一样，同为安拉所创造。穆斯林只需承认它们的存在，而不应违背认主独一这一根本信仰，尊奉它们为神灵，向其膜拜和祈祷。《古兰经》曾斥责麦加古莱什多神教徒所谓“天使是安拉的女儿”的谰言，明确指出：任何天使，凡说“我是真主以外的神明”者，安拉必以火狱惩罚之(21：26～29)。另据《古兰经》载，天使不仅没有神性，不能受人崇拜，而且曾奉安拉之命向人类始祖阿丹叩头(如7：11,38：71～73等)，并受安拉差遣为人类服务。它们敬畏、赞颂安拉(2：30～32)，为先知穆罕默德祝福(33：56)，为安拉所喜悦的人说情(21：28)，替地面上的人求饶(42：5)。它们在今世曾援助穆斯林战胜敌人(3：124～125,8：9)，在后世将同敬畏真主并履行善功的人们在天园中会见，并向他们敬致最美好的祝愿(13：20～24)。

天使的职能决定了其在伊斯兰教中的重要地位，尤其是它们与人类之间监察与被监察的关系，与每个人的命运和最终归宿密切相关。《古兰经》云：“当坐在右边和左边的两个记录的天神记录各人的言行的时候，他每说一句话，他面前都有天神当场监察”(50：17～18)；“号角将吹响，那是警告实现之日。每个人都要到来，驱逐的天神和见证的天神，将与他同行”(50：20～21)。这些经文使每一虔诚的穆斯林自然产生一种畏惧心理，萌发自我约束的本能，使他们意识到时刻都有天使与自己同在，并监视和记录自己的言行，以作为安拉在后世赏善罚恶的依据，因此便自觉地坚定自己的信仰，时刻提醒自己要排除胡思妄想，谨言慎行，严格遵循安拉的教诲，行善止恶。此即伊斯兰教将确信天使的存在规定为穆斯林基本信仰之一的意义之所在。（杨宗山）

天堂 见天园。

天仙 见天使。

天园(Jannāt) 伊斯兰教信仰的后世极乐境界。又译“天堂”、“乐园”。阿拉伯语复数词“占纳特”的意译，其单数词为“占奈”(Jannah)。与“火狱”相对，同为伊斯兰教六大信仰之一——信后世的重要内容。被视作令人神往和追求的无限美好的地方，为虔诚信奉伊斯兰教并履行善功者复生后的永久归宿。“天园”一词为《古兰经》中出现频率较高的词汇之一，多达140余次，关于天园的经文多达300余节。圣训关于天园亦有较多描述。根据经训明文并结合经注学家的解释，伊斯兰教关于天园有如下阐述：

(1)关于天园的美好幸福情景。《古兰经》中描述天园情景的经文颇多，文字生动，令人神往。有幸永居其中者可尽情享受安拉所赏赐的物质和精神的恩泽。那里环境优美，恬静：滨清泉(44：52,77：41)，诸河交汇(2：25,4：27)，有长年不断的“漫漫的树荫”、“泛泛的流水”和采摘不绝的“丰富的水果”(13：35,56：30～33)；有质纯不腐的水河、味美不变的乳河、饮者称快的酒河和质地纯洁的蜜河(47：15)；气候宜人，“不觉炎热，也不觉严寒”(76：13)。进入天园的人在物质上可享受他们所要求的一切(41：31)；穿的是绫罗绸缎，“戴的是金镯和珍珠”(18：31,35：33)，吃着“他们所嗜好的水果和肉食”(52：22)，睡在“珠宝镶成的床榻上”(56：15)；身边有“白皙的、美目的女子做他们的伴侣”(52：20)，宛如珍珠一样纯洁、晶莹的童仆“轮流着服侍他们”(52：24)。进入天园者在精神上可享受极大的快慰：他们再也听不到人世间的恶言、谎话和闲谈，听到的只是众天使和同伴们的“祝寿和祝安”(19：

62,26：75,56：25～26,78：35)；彼此再无怨恨，相处亲如弟兄(15：47)；大家过着无忧无虑的生活，“毫不辛苦，毫不疲倦”(35：34～35)。圣训对天园的情景亦有诸多描述，如说：“天园弹丸之地，胜似普世界的一切”，天园里“有珠楼、玉阁、琼亭、瑶池”，“天园以金砖、银础、麝泥、珍珠铺地，红花涂饰。进天园者，只享福，而不受罪，永生而不死，年青而不老，衣新而不旧”，等等。

(2)关于天园的种类和等级。伊斯兰教认为，天园坐落在7层天体之上，共有8层，即由低到高，分为8个等级。不同品级的人将分别居住在不同层次的天园里，品级愈高尚者，其所住天园的层次愈高，距离真主亦愈近。穆斯林在举行葬礼时，常把“求真主提高某亡人在天园中的品级”这句话作为祈祷词中不可缺少的内容，其原因即在于此。根据经注学家的解释，《古兰经》中述及天园的各种不同称谓，即代表不同的等级。八层天园由低到高，分别是：1.达尔·杰拉勒(Dār al-Jalāl)，意为荣乐园，指入园者将享有人世间所得不到的尊贵和荣耀。此为天园的最低层，大多数穆斯林均可入之。2.达尔·色兰(Dār al-Salām)，意为安宅、和平园。《古兰经》指出：凡有觉悟的虔诚穆斯林将以其善行入此园(6：125～127)。3.占奈·麦厄瓦(Jannah al-Ma'wā)，意为归宿园。《古兰经》称它“在极境的酸枣树旁”(53：14～15)，“信道而且行善者”将以其完美的功修获此报酬(32：19)。4.占奈·胡勒德(Jannah al-Khuld)，意为永住园，敬畏真主者将永居其中(25：15)。5.占奈·奈伊姆(Jannah al-Na'im)，译作幸福园、恩泽的乐园等。该称谓在《古兰经》中出现次数较多，是敬畏真主的“最先行善者”将进入的乐园(68：34,56：10～12)。6.达尔·盖拉尔(Dār al-Qarār)，意为安宅，被认为是达到“吾里”、“谢赫”品级的人方可进入的极乐境界。7.占纳特·阿德恩(Jannāt'Adn)，意为永久园、常住的乐园。为《古兰经》中出现次数最多的天园名称，被认为是天园中“最高的品级”(20：75～76)之一，只有深受真主喜爱的敬畏者方可进入(98：7～8)。8.占纳特·斐尔道斯(Jannāt al-Firdaws)，意为极乐园。为天园的最高层，是所有进入天园者最为仰慕的地方，先知穆罕默德将在那里祈求真主恩准其教民陆续升入之。

(3)关于进入天园必须具备的条件。《古兰经》明确指出以下几种人将永居天园：1.信教、行善的人。这方面的经文很多，如：“信道而且行善者，必将享受极乐园，而永居其中。这是真主的真实的应许，他确是万能的，确是至睿的”(31：8～9)。2.敬畏安拉的人。如：“敬畏主的人享有下临诸河的乐园，而永居其中。这是从真主那里发出的款待”(3：198)。3.为安拉之道而战的人。如：“谁为主道而战，以致杀身成仁，或杀敌致果，我将赏赐谁重大的报酬”(4：74)。即死后进入天园，“真主确已用乐园换取信士们的生命和财产”(9：111)。4.恪守教规的人。《古兰经》应许谨守拜功、完纳天课、保持贞操、实践约言的信士为天园的继承者，并将永居其中(23：1～11)。综合以上经文，伊斯兰教认为进入天园最根本的条件是：1.虔信伊斯兰教。即具有坚定的伊玛尼(Imān)——以认主独一为核心的六大信仰。这是敬畏真主、恪守教规、为真主之道而战等一切自觉行动的基础和动力。2.履行善功。扬善抑恶是伊斯兰教三大基本教理之一。《古兰经》中每讲到信教，必言及行善，说明了善功在伊斯兰教义中的重要地位。

伊斯兰教认为，只有具备信教和行善这两个最根本的条件者，经过末日审判后，方能荣获真主的嘉赏，顺利通过架设在火狱之上的一座细如发丝、利如刀刃的天桥，进入无限美好的天园而永居其中。根据伊斯兰教义，人们要想永久摆脱诸如干燥、酷热等自然压迫的痛苦和人世间的烦恼与苦难，就必须在生前准备好前往后世的旅费，即努力创造条件，坚定以认主独一为核心的六大信仰，在行动上恪守念、礼、斋、课、朝“五功”，遵守教规，并多做善功。只有这样，死后才有望进入令人神往的天园。此即伊斯兰教经训典籍以大量篇幅阐述天园的主旨和意义之所在。 (杨宗山)

田五(? ～1784) 中国清代乾隆年间甘肃回族穆斯林起义领袖之一。又名田富。回族。固原州盐茶厅(今宁夏回族自治区海原县)小山人，伊斯兰教哲赫林耶派创始人马明心弟子。乾隆四十六(1781)，马明心被清廷杀害，苏四十三领导的哲赫林耶穆斯林起义失败，清廷下令对“通省新教(即哲赫林耶)回民密行查办，断绝根株”，地方官横加罪名，滥肆捕杀迫害，回民一片恐怖。田五遂同张文庆、马四娃等秘密联络，选择据点，制造器械、旗帜，以“为马明心报仇”、反对“剿洗回民”、“洗灭新教”作口号，分头到各地发动回民。田五被推为首领，计划于乾隆四十九年(1784)七八月间庄稼收获同时起义。后因走漏风声被人告发，田五便提前于四月十五日率领百余人(一说300余人)在小山地方发动起义，并攻占西安州营土堡。在进攻靖远县时，因城中内应回民尽被捕杀，清军亦来增援，该城未能攻克。田五率众撤往冯家园一带，击败清军守备池清的进攻，将其士卒杀伤大半。四月二十五日，清军在打喇赤(打拉池)马营水庄突向义军反扑，田五在战斗中不幸腹中枪伤，自杀身亡。 (杨怀中)

田五、张文庆起义 中国清代乾隆年间甘肃、宁夏地区穆斯林起义。亦称“石峰堡起义”。清廷于乾隆四十六年(1781)镇压了苏四十三领导的撒拉、回、东乡各族穆斯林起义，杀害了哲赫林耶领袖马明心后，又令地方官以“办善后”(即肃清回逆反叛之余孽)为由，在各地设立乡约制度，限制穆斯林正常的宗教活动，对各地穆斯林严加管制，并妄加罪名，肆意捕杀迫害，遂激起回族人民愤恨，起义再次爆发。起义前，盐茶厅(今宁夏海原)小山阿訇、哲赫林耶创始人马明心的弟子田五与通渭草芽沟人、马明心妻侄张文庆及通渭马营阿訇马四娃(青海大通人)等秘密联络,选择据点,制造器械、旗帜,分头发动起义,推田五为首领,张文庆为副。计划于乾隆四十九(1784)"七八月间庄稼收获之时""定期举事",并提出了"护教保族"、"为马明心报仇"的口号。起义者以通渭的石峰堡作为主要据点。当田五与其学生李可魁在盐茶厅小山、老鸦沟一带发动组织群众时,被当地乡约向靖远守备营告发,清军闻讯"查拿"。田五遂提前于当年四月十五日率领百余人(一说300余人)在小山率先起义,当即攻占盐茶的西安州营堡,夺获清军一批军火。当攻达靖远县城时,因内应回民被清军捕杀,未克。田五率义军数千人退往打拉池南山。二十三日与清军相遇失利,田五腹中枪伤,自杀身亡。所部由李可魁率领转移到通渭县石峰堡,与张文庆等人领导的起义军会合。张文庆、马四娃与杨慎四等于五月初五日在马家堡等处举旗起义,推"张文庆为首,马四娃为副",组织义军及眷属集中于石峰堡。五月十一日,张文庆、李可魁率义军攻开通渭县城,烧毁县衙,数次击败陕甘总督李侍尧及甘肃提督刚塔所部清军,全歼西安副都统明善部,并击毙明善。十九日围攻伏羌(今甘谷县)县城不克,遂走秦安莲花城等地。此时义军增至近万人,声势日益浩大,清廷震惊。乾隆皇帝派尚书福康安带兵镇压。义军遂以石峰堡为根据地,布防于伏羌的鹿鹿山、静宁的底店山与隆德的蟠龙山,准备决战。六月七日福康安率清兵抵隆德,并调集各路清军10000名,先后攻陷蟠龙山、底店山和鹿鹿山,于十五日围攻石峰堡,大学士阿桂亦来甘肃指挥。义军"齐心死拒",奋勇冲杀,多次击败清军进攻,后因被敌封锁围困,水源断绝,七月四日义军先将1500余名妇女幼童投出,然后奋力突围,牺牲千余人。次日,清军入堡,张文庆、马四娃、杨慎四、黄明阿訇等700余人被俘就义,李可魁阵亡。石峰堡陷落,起义失败。据《石峰堡纪略》记载,这次义军先后攻打盐茶、靖远、安定、会宁、伏羌、静宁、通渭、固原、隆德、秦安、华亭、庄浪、皋兰、平番等10余厅,州、县1200余村镇。清廷镇压这次义军共屠杀回民万余人,并拆毁各地清真寺数十座。这次起义是在"为马明心复仇"的口号下,掀起的一次以哲赫林耶教众为主,联合甘肃中部及宁夏部分地区回民的反民族压迫与宗教歧视的斗争,给予了清朝统治以重大打击,使其对哲赫林耶穆斯林的剿杀政策有所收敛,李侍尧原制定的《筹议甘肃善后事宜条款》也未能完全实施,哲赫林耶不仅继续得到传播,而且以后又有发展。(杨怀中　吴万善)

帖木儿(Timur,1336～1405)　中亚帖木儿帝国的奠基人,军事征服者。波斯语称"帖木儿·兰格"(Timur Lang,即跛子帖木儿),欧洲人讹为塔米兰(Tamerlane)。生于中亚撒马尔罕以南的渴石(今沙赫里夏勃兹)。出身于穆斯林贵族家庭,其父塔拉格为突厥化的蒙古巴鲁拉思部首领。他早年未受专门的宗教和文化教育,由父传述接受伊斯兰知识,信奉逊尼教义。通晓武略,善骑射,骁勇强悍。他先投靠西察合台汗国哈兹罕,被任命为千户长。后投奔东察合台后王秃黑鲁·帖木儿之子、河中总督伊利亚斯任参事,协助其统治撒马尔罕地区。后遭排挤弃职出逃,遂联合其姻兄、哈兹罕之孙侯赛因,1364年共同举兵打败伊利亚斯并逐出河中。1370年,他率军在巴尔赫打败并杀害侯赛因,灭西察合台汗国,成为河中地区的最高统治者,号称"吉星相会之主",自称"大埃米尔",后改称"素丹",定都撒马尔罕。因娶蒙兀儿斯坦(今新疆)察合台后王黑的儿和卓宗室之女塔瓦卡勒公主为妻,故《明史》称之为"驸马帖木儿"。帖木儿称霸河中后,纵横捭阖,军事征讨与政治活动相结合,开始大规模的向外扩张。1375～1379年间,东征东察合台汗国,使其臣服;1380～1396年征服波斯、阿富汗、伊拉克,先后占领赫拉特、大不里士、伊斯法罕、设拉子、巴格达等城,所到之处烧杀掳掠,破坏严重。后又北上,3次进军金帐汗国,毁其首都萨莱·伯克尔城,占领亚美尼亚、高加索,到达顿河、伏尔加河流域。1398年,侵入北印度,打败图格鲁克王朝,占领德里,大肆抢劫,屠杀战俘5万人(一说10万人),将战俘和劫掠的财物珍宝运回中亚。1399年攻入小亚细亚,使一些突厥公国沦为藩属。1402年在安卡拉战役中大败奥斯曼帝国数十万军队,俘获素丹巴耶济德一世。从此建立了一个地跨中亚、西亚的庞大军事帝国。帖木儿晚年经长期准备又企图征服中国。他征集一支20万装备齐全的军队,备7年之粮秣,于1404年11月从撒马尔罕出发东进,但进军到讹答拉(奇姆肯特)时,于1405年2月在军中病死,终年71岁。后葬于撒马尔罕"古尔·埃米尔陵墓"。

帖木儿大规模的军事扩张给中亚、西亚各族人民带来巨大的灾难。在宗教上,帖木儿以"伊斯兰教的保护者"自诩,奉逊尼派教义为国教,推行伊斯兰教法,军中设有法官,宫廷聘请伊斯兰学者担任宗教顾问,广交苏菲派长老,讨论教义和教法律例,伊斯兰教职人员享有崇高的社会地位。以重金修葺和扩建中亚各大城市的清真寺和宗教学校,并赐予瓦克夫土地及财产。1403年,西班牙卡斯蒂王国曾派使者克拉维约出使帖木儿帝国,其撰的《克拉维约东使记》详细地记述了帖木儿统治时帝国的状况。帖木儿政治上敌视中国。1395年明朝派给事中傅安、郭骥等出使帖木儿帝国,被其扣留。其子沙哈鲁执政后,才得以返回。

(杨克礼)

帖木儿帝国(al-Imbarāṭūriyyah al-Timūriyyah,1370～1507)　中世纪察合台人在中亚和伊朗建立的伊斯兰国家。亦译"帖木儿王朝"。中国明代史籍称"撒马尔罕国"或"哈烈国"。由中亚突厥化的蒙古贵族后裔帖木儿(1336～1405)所创建,故名。14世纪初,中亚的察合台汗国分裂为东、西察合台两部分。帖木儿早年先投靠西察合台哈兹罕任军官,反又任东察合台秃黑·鲁帖木儿汗驻渴石总督的参事。他利用当时政局混乱，东、西分裂之机，通过军事征讨扩大权势。1370年，帖木儿与其他军事贵族结成联盟，战胜各地割据势力，击杀西察合台素丹侯赛因，占领撒马尔罕，夺取河中地区的统治权，自称为“大埃米尔”及“素丹”，定都撒马尔罕。他率领中亚突厥游牧部落组成的强大军队，进行大规模的扩张征战。从1380年开始，先后夺取了伊朗和阿富汗，进而攻占两河流域。1388年征服花剌子模。1389～1395年，多次进攻钦察汗国，毁其首都萨莱·伯克尔等城市，占领亚美尼亚和南高加索。1398年侵入北印度，占领图格鲁克王朝首都德里，屠杀战俘约10万人(一说5万)。1399年侵入小亚细亚。1400年进攻叙利亚，占领大马士革。1402年在安卡拉城东北打败奥斯曼帝国军队，素丹巴耶济德被俘，全军覆没。1405年(明成祖永乐三年)，帖木儿纠集20万军队渡过锡尔河企图远征中国，途中病死。帖木儿在位30多年，建立了地域辽阔的帖木儿帝国，其疆域西起幼发拉底河，东至锡尔河和印度德里，北抵高加索，南临波斯湾。帖木儿死后，诸子争夺王位战争延续数年。沙赫鲁(1405～1447在位)统治时，迁都赫拉特(旧译“哈烈”)，把主要精力用于治理国家和建设。其子兀鲁伯(1447～1449在位)治理撒马尔罕，大力发展科学文化事业。1449年兀鲁伯死后，其子阿卜杜勒·纳迪夫继位，统治集团内部王位争夺日益加剧，各地割据势力摆脱中央控制。伊朗东部分裂为两部分，分别以赫拉特和撒马尔罕为中心，伊朗西部领土先后被土库曼的黑羊王朝和白羊王朝所占领。1500年，在末代素丹侯赛因·拜哈拉(1468～1506在位)统治时，乌兹别克昔班尼·汗率军占领河中地区，夺取撒马尔罕，1507年又攻占呼罗珊，帖木儿帝国遂亡。

帖木儿帝国奉行伊斯兰教逊尼派教义和教法，统治者以伊斯兰教的保护者自居。各地设有教法官，主持司法和宗教事务。在首都赫拉特设有教法监督官，称“穆赫塔希布”，监督穆斯林执行教规。伊斯兰教职人员在社会上享有很高地位，在宫廷中延聘著名宗教学者担任国师、大臣、参议，辅佐素丹施政。帖木儿将社会分为12个等级，把赛义德(即圣裔)、谢赫(即长老)、欧莱玛(即学者)等宗教领袖人物列为第一等级，并赐予土地和其他宗教权益，在各地兴建了大量清真寺和宗教大学，尤以赫拉特加米大清真寺、侯赛因·拜哈拉经学院、郭瓦夏古学府、撒马尔罕和布哈拉的伊斯兰大学最为著名。在帝国的保护和支持下，以布哈拉为中心的苏菲派纳格什班迪耶教团在中亚得到广泛的传播和发展，其学说对帝国的社会政治、文化和生活有相当大的影响。对什叶派采取宽容政策，保护和修葺了什叶派的清真寺和圣地。

帖木儿帝国的政治体制分为中央、地方两级政府。中央政府在素丹主持下设大臣会议。地方各省设长官3人，分管军事、民事及税收与无主产业。军队由40个突厥——蒙古部落构成。建有系统的司法制度，将宗教、刑事、民事及行政诉讼分开，由法官分别专理。土地制度实行封建采邑制，将所征服的土地分给家族成员、军事将领、埃米尔及各地统治者，对人民征收赋税。帝国重视国内外的商业贸易发展，曾为印度、伊朗东部开辟了陆上的新商道。“丝绸之路”中段站驿相望，道路无阻，远地商旅，咸得其济。在首都撒马尔罕和大不里士，东西方各国商旅汇聚，商肆栉比，百货杂陈，民物富庶。农业上修建了大型灌溉工程，沟渠完整，农村“田土地膏腴，人民繁庶”、“五谷蕃殖，食物丰饶”(《西域番国志》)。帝国重视城市建设，曾一度毁于战火的城市得到重建和扩建，以移民充实，并在边关要道新建了新的集镇，将撒马尔罕和赫拉特扩建成最繁华的政治、经济、宗教和学术文化中心。帖木儿帝国的后王曾与中国明朝长期互派使节通好，商人、学者、旅行家频繁往来，进行经济贸易和文化交流。

帖木儿帝国在经济发展的基础上，吸收不同民族的优秀文化成果，交融汇合，展现了具有突厥特色的文化新貌。在沙哈鲁和兀鲁伯统治时期，采取提倡、保护和赞助学术文化的政策，东、西方的学者、诗人、工匠云集于撒马尔罕和赫拉特等城市，从事科学研究和著书立说，在文学、诗歌、绘画、建筑、史学、天文学、语言学等方面都有建树。在文学上，出现了著名的诗人哈菲兹、贾米、纳瓦伊等，他们的作品在伊斯兰文化史上占有重要地位，驰名世界。在绘画上，将波斯细密画达到高超的水平，形成了各具独特风格的赫拉特派和撒马尔罕派。在建筑上，将波斯、阿拉伯同突厥建筑风格融为一体，呈现出突厥民族特色。所建造的加米清真寺、古尔·埃米尔陵墓及宫殿、宗教大学、天文台，巍峨完美，装饰华丽，雕镂精湛，色调明快。在天文学上，兀鲁伯在撒马尔罕建造的天文台和编制的《兀鲁伯天文表》，是16世纪以前著名的天文台和精确度最高的天文表。在史学上，哈菲兹·拉卜鲁编定的《历史精华》记述了沙哈鲁与中国明王朝通使的详细经过。阿卜杜·拉扎克撰定的《沙哈鲁史》记述了帝国许多重大历史事件，具有重要的史料价值。在波斯语言文学的影响下，形成了“突厥文化”，察合台语言发展起来，并用突厥语创作诗歌和文学作品。帖木儿帝国的大多数统治者均喜爱文学艺术，素丹沙哈鲁、兀鲁伯、侯赛因·拜哈拉均为著名的学者和科学家。被后世学者赞誉为“伊斯兰科学和艺术的伟大保护者”。 (杨克礼)

《帖木儿武功记》(Zafer-Nameh) 记述帖木儿帝国征战的历史著作。又作《武功记》，原名《柴费那美》。察合台文。作者系波斯耶思德人毛拉那·谢里夫丁·阿里(Maulana Sherif-eddin Ali of Yezd)。始撰于1419年，成书于1424或1425年。主要记述帖木儿(1336～1405)生平事迹及其所进行的主要征服战争和开拓疆域的显赫武功。对帖木儿建都撒马尔罕、征服察合台全境及波斯、花剌子模等地的军事史记载甚详，对帖木儿与明王朝关系史亦有涉及。米尔扎·穆罕默德·海达尔在《中亚蒙兀儿史(拉夫德史)》第4～24章引录了该书。法国学者裴梯·窦胶·克劳(Petiti dela Croix)曾由波斯文译成法文。1723年,达尔倍(J,Darby)复由法文转译成英文。 (冯今源)

《桯史》 中国宋代朝野见闻笔记。南宋岳珂(1183～1234)撰。共15卷,140条。分别记叙两宋人物、政事、旧闻等,其中南宋部分,系作者亲身见闻,尤为可信。有一定史料价值,为历代史家所重视。书中卷11《番禺海獠》条,记叙了当时广州穆斯林的有关情况:(1)"番禺有海獠杂居,其最豪者蒲姓,号白番人,本占城之贵人也"一段,记叙了中国宋代广州是穆斯林系来自南海一带,经营海上贸易,定居广州城中,资本雄厚,家道富裕,其商业经营受到"招徕"等情况。(2)"好洁,平居终日,相与膜拜祈福,有堂焉,以祀名。如中国之佛而实无象设",记述了广州穆斯林诵经、礼拜的宗教生活和清真寺的状况。(3)"旦辄会食,不置匕箸,用金银巨槽,合鲑炙粱米为一,洒以清露,散以冰脑","群以左手攫取,饱而涤之",记述了穆斯林的生活习俗。(4)"堂中有碑,高袤数丈,上皆刻异书如篆籀,是为象主,拜者皆向之","后有窣堵波,高入云表,式度不比它塔,望之如银笔",记述了穆斯林宗教建筑的宏伟壮丽。由于作者幼年曾随居官广州的父亲在任所生活,上述记叙系亲身见闻,对研究中国宋代海上交通、贸易和伊斯兰教史有一定史料价值。 (罗万寿)

廷巴克图(Timbuktu,Tombouctou) 马里历史名城。又译"通布图"、"丁布各都"。位于撒哈拉沙漠南缘,尼日尔河中游北岸。人口1.9万(1976)。是古代西非和北非骆驼商队的必经之地。12世纪时为图阿雷格游牧民族所建。13世纪后期并入马里帝国,曾为马里帝国和桑海帝国的都城,商业和文化得到发展。随着商业贸易的发展和北非商人的涌入,大批穆斯林来此定居,建有清真寺和宗教学校,使伊斯兰教得到广泛传播。在15～16世纪,廷巴克图已与开罗、巴格达和大马士革等大城市齐名,成为西非伊斯兰学术文化的中心之一。当时来自西亚、北非的不少伊斯兰学者聚集到这里的高等学府——桑科尔清真大寺暨同名大学,研究《古兰经》、教法学、阿拉伯语法、文学、历史和天文、医学、地理等学科,为西非地区培养了大批穆斯林学者和官员。1591年被摩洛哥人占领。1670年纳入松古的班巴拉王国领土。1787年复被图阿雷格人占领。1894年法国人在此建立要塞,成为法属西非之一省的首府。1960年廷巴克图归属新独立的马里共和国,为该国的一个行政中心。市区多伊斯兰教清真寺和阿拉伯文化的遗迹。最著名的建筑是建于1325年的廷巴克图清真大寺。还有一座古老的图书馆,曾藏有用阿拉伯文书写的古籍手抄本和《古兰经》等伊斯兰教典籍的手抄本,现大都流散于民间。

(杨克礼)

停经(al-Nāsikh) 伊斯兰教古兰学术语。阿拉伯语"纳希赫"的意译,原意为"停止"、"废止"。专指《古兰经》中后降示的某些经文取代和停止先降示的某些经文,其内容多为有关教法律例的规定。被停止使用的经文被称为"曼苏赫"(al-Mansukh),仍被收入《古兰经》,供穆斯林诵读。《古兰经》云:"凡是我所废除的,或使人忘记的启示,我必以更好的或同样的启示代替它"(2:106)。据经注学家称,《古兰经》是先知穆罕默德在历时23年的传教过程中,由安拉所陆续降示的,分为麦加时期和麦地那时期降示的两大部分。麦加时期降示的经文一般比较概括、笼统。622年,穆罕默德由麦加迁徙麦地那后,客观形势发生了新的变化,由早期的传教而转入确立伊斯兰政体和建立完善各项宗教制度的时期。这时,安拉又陆续降示了大量新的经文,有的对早先降示的某些经文作了补充和发展,有的对涉及教法律例及宗教制度的经文作了新的阐述和规定。故穆罕默德依据安拉新降示的经文,停止使用先前降示的某些经文,作为治国、立法、行教的重要原则。停经有两种情况:(1)以《古兰经》后降示的经文停止先前降示的经文及经文所制定的教法律例。如关于饮酒的规定,《古兰经》第2章第219节经文,只告诫穆斯林:饮酒"对于世人都有许多利益,而其罪过比利益还大"。后降示的经文将饮酒视为"只是恶魔的行为,故当远离"(5:90),严加禁绝。(2)以圣训阐释和补充《古兰经》有关律例,停止《古兰经》某节经文的律例。如关于可食动物的律例,《古兰经》仅作了笼统规定,提出"你们可以吃大地上所有合法而佳美的食物"(2:168),而圣训则作了明确具体的规定,并划定了可食和不可食动物的范围,如提出鲸鱼等类动物不可食。注经学家对被停止使用的经文作了专门的划分、注释和考订,对被停经文节数说法不一,有的认为只有几节,有的认为有数十节。 (马忠杰)

通布图 见廷巴克图。

通贵门宦 中国伊斯兰教苏菲主义嘎迪林耶学派支系门宦之一。创始人马金贵(?～1936)。回族。宁夏银川通贵人,出身农民家庭。以其创始人的生地取名。清光绪初年,甘肃平凉桥店马在兰州攻读伊斯兰教经典时,接受了马文泉有关嘎迪林耶和虎非耶学理,被马收为弟子。光绪八年(1882)其师马文泉被害后,他回到平凉传教,较有名气。20世纪初,马金贵拜桥店马阿訇为师,学习嘎迪林耶和虎非耶学理。桥店马逝世后,他回到原籍通贵传教修道。马金贵虽然学识有限,社会声望不高,但他活动能力强,一些穆斯林受其影响,遂遵奉其主张。他逝世后,其子马光林为父修建了墓庐,并继其父发展巩固了通贵门宦。通贵门宦有时自称"嘎迪林耶",有时自称"虎非耶",故以往多被认为是虎非耶,按其修行和道统实为嘎迪林耶。通贵门宦以《古兰经》和圣训为其信仰的基础。重视静修，默念“迪克尔”和点香悼念先辈老人家。发展教众比较隐秘，功修多在夜深进行。教众有数百户，主要分布于宁夏通贵、永宁、平罗等地。（马　通）

通海纳家营清真寺　中国伊斯兰教古寺。坐落在云南省通海县纳古回族自治乡。据传该寺为13世纪末任云南行省平章政事的纳速拉丁主持肇建。清康熙年间(1662～1722)有所扩建。因依山势而筑，故分为5层次：第一层是石坊山门，中央悬有大理石匾额，上镌“清真寺”3字。第二层有3间两层的楼房，称“二天楼”，中央悬有木匾，上刻“维天之命”4字。楼后有一庭院，两侧各有7间厢房。院内邦克楼与“二天楼”对峙，十字歇山顶，六角飞翘。第三层是小月台，两侧各有1株阿拉伯枣椰树、一鱼池，又各有5间厢房。第四层是礼拜大殿，殿前大院古柏参天，杂花丛生。第五层为殿前大月台。全寺建筑面积约10000平方米。礼拜殿内部面积约1200平方米，分3次陆续建成。前殿规模较小，约210平方米。前门有5个门柱，24扇门。中殿与后殿都是钢筋混凝土构造。中殿1975年扩建，面积只增加了200平方米。后殿是当地穆斯林于1984年集资新建，为两楼一底的平顶大殿，约808平方米。顶部建成大圆顶望月楼，为阿拉伯建筑风格。3殿栉比贯通，可容1700多人聚礼。寺内厢房均为教室和学生宿舍。该寺是纳古穆斯林的宗教活动和教育中心。（纳本慈　马成化）

仝译《古兰经》　中国汉译本《古兰经》之一。美籍华裔穆斯林学者闪目氏·仝道章译注。为中阿文对照详注释本。译者主要以印度海德拉巴邦政府1930年初版、世界穆斯林同盟1977年重印的毕克滔(M·M·Pickthall)英译本为蓝本，并参照13种英译本、1种法译本和5种中译本，前后历时17年成书。该译本特点是：(1)阿汉文逐章分节对照编排，查阅方便。(2)每章标题后有“释名”、“释义”，阐述章名由来及降示的背景，概括全章主旨。(3)节次较多的长章，依照采用的阿文本所划分的段落分段，并写出纲领式的内容提要。(4)章末附有详略不等之尾注。(5)译文“力求浅白达意”，并尽量避免使用深奥晦涩的文字，以期人人都能读懂。(6)正文之外有较丰富的附录，其中尤以《古兰经引得及其注释》部分更为丰富、具体，分门别类，诚属较详备之索引。此外，还附有列圣世系表、重要人名地名对照表、阿拉伯语读音简介及参考书目等项。以第93章《清晨时光》为例，以见其译笔之一斑：“凭清晨时光，和宁静的夜晚作证，你的主不曾舍弃你，他没有厌弃你。你的后来一定比先前更好。你的主一定会赏赐你，你将因此而满足(喜悦)。他不曾发觉你是孤儿而保护你吗？他不曾见到你迷惘彷徨而引导你吗？他不曾发现你生计匮乏而使你富足吗？所以你不要苛待孤儿，也不要斥逐乞求者，而要宣扬你的主的恩典！”该译本于1989年11月由南京译林出版社出版。（林　松）

同态复仇(Qiṣāṣ)　伊斯兰教法用语。阿拉伯语“基萨斯”的意译。在受到无端肉身伤害时，以同样的方式，按受伤害的程度实施正当的复仇，即“以眼抵眼、以鼻抵鼻、以耳抵耳、以齿抵齿、以命抵命”。原为阿拉伯氏族或部落复仇的一种习俗，后为伊斯兰教法所确认，为刑罚的基本原则之一。适用于故意杀人罪和故意伤害罪。为血亲复仇的对称。系为限制，制止毫无限制的血亲复仇而提出的新的法律规范。同时亦鼓励用赎罪血金(迪叶)来代替同态复仇。源自《古兰经》“今以杀人者抵罪为你们的定制，公民抵偿公民，奴隶抵偿奴隶，妇女抵偿妇女。如果尸亲有所宽赦，那么，一方应依例提出要求，一方应依礼给予赔偿，这是你们的主所降示的减轻和慈恩。事后，过分的人，将受痛苦的刑罚”(2∶178)等经文。（吴云贵）

同心清真大寺　中国伊斯兰教清真寺。坐落在宁夏回族自治区同心县旧城西北角。相传该寺始建于明代万历年间。从照壁，礼拜殿脊梁处墨书题记看，清乾隆五十六年(1791)和光绪三十三年(1907)曾两次重修。占地面积约3540平方米。寺门朝北，门前有一座仿木结构的砖砌照壁，长9米，高6米，中心有大幅“月桂松柏”砖雕，两边雕刻有“万物编生沾主泽，群迷普度显圣恩”的对联，甚为精美。由门通过券洞，有台阶可登上高达7米的砖砌台基，台基上占地面积3500平方米，建有礼拜殿、邦克楼、南北讲经堂、阿訇住房等。主体建筑礼拜殿坐西向东，与寺门相反。是一座单檐歇山顶式的建筑，由一个卷棚顶和两个九脊歇山顶前后勾连，面宽5间，进深9间，用20多根巨大的圆木柱支撑梁架，室内全用木板铺地，两侧内墙刻有精致的阿拉伯文《古兰经》节文的书法，殿内可容800人做礼拜。礼拜殿的右前侧，有二重檐、四角攒尖顶亭式建筑邦克楼。台基下部建筑由寺门、井房和沐浴室等组成。整体建筑呈现出一个倒卷帘式的布局，将中国传统的建筑风格和伊斯兰教装饰艺术巧妙地融为一体，体现了精湛的建筑技巧。1936年8月，中国工农红军西征时，曾在此寺召开回族各界代表大会，成立了陕甘宁省“豫海县回民自治政府”。为宁夏回族自治区重点文物保护单位。（杨克礼）

《头克法典》　18世纪中亚伊斯兰教法规汇编。哈萨克族传统习惯法与伊斯兰教法结合而形成的一部法典。为成文法形式，手抄本。现藏存于土耳其伊斯坦布尔市苏莱曼·哈努克图书馆。为18世纪初哈萨克汗国时期著名可汗头克汗(1680～1718)召集权威的教法学者，在原有的《哈斯木汗法典》和《喀什木汗习惯法》的基础上增补新条款制定的《七项法规》，故称《头克法典》。其主要条款为：财产法、刑事法、兵役法、使臣法、民事法、土地法、偿命法。其中，民事法中的婚姻法即是根据伊斯兰教法制定的，如允许1男娶4妻等。在偿命法中规定："致死男子全价偿还，致死女子半价偿还"；"致死哈萨克素丹和伊斯兰教和卓等上层人物，偿还其命比一般人多七倍"。《七项法规》还规定："漫骂胡达者有七人作证即可用石块击死"；"皈依基督教者没收其全部财产"。以上规定均由哈萨克宗教法官卡迪判定执行。（贾合甫）

秃黑鲁帖木儿汗（1329～1362） 中国新疆最早归信伊斯兰教的蒙古可汗。东察合台汗国君主。是成吉思汗第七代孙，属察合台系。其父一说是都哇汗之子也先不花，一说是都哇汗另一子也迷力和者。其母为也先不花之妃蒙力克，身孕时即被王后撒的迷失趁丈夫出征之机赐给都合台部大异密失剌瓦勒，后生秃黑鲁帖木儿。14世纪察合台汗国分裂，河中地区（阿姆河与锡尔河之间）巴鲁剌思部的埃米尔帖木儿统一诸部，创建帖木儿帝国。控制新疆南部的杜格拉特部埃米尔播鲁只派人将远在额尔齐斯河一带的察合台王子秃黑鲁帖木儿接回阿克苏，于1347年在阿力麻里（遗址在新疆伊犁霍城县境内）扶上汗位，为东部察合台汗国第一任可汗。他在位时英勇善战统一诸部，曾两次出兵河中地区占领撒马尔罕，一度重新统一察合台兀鲁思，任命其子也里牙思和卓为总督。据《中亚蒙兀儿史—拉失德史》记载，秃黑鲁帖木儿即位前，有一次在阿克苏行猎，偶然与当时伊斯兰教谢赫哲马鲁丁相遇，接受其秘密传教，表示愿意归信伊斯兰教，但许诺必须在取得统治权力之后才可宣布。后来他巩固了汗位，谢赫之子毛拉额什丁又前往阿力麻里，极力说服，他约于1354年正式宣布信仰伊斯兰教，并剪掉长发，施行割礼，起经名艾布·伯克尔·穆罕默德，时年24岁，后说服其部王公、大臣归信伊斯兰教，并下令其臣民改宗，如有违抗，即处死刑。约16万帐蒙古人集体宣誓改宗伊斯兰教。这是新疆察合台蒙古人（即蒙兀儿人）信奉伊斯兰教之始，其后代逐步融合于维吾尔民族中。尔后，秃黑鲁帖木儿又大力支持额什丁在库车进行传教活动，以可汗的名义号召人民信仰伊斯兰教。他的后代在统治新疆的300年中，都极力传播伊斯兰教，先后征占了吐鲁番、哈密，战胜佛教势力，确立了伊斯兰教在新疆的统治地位。1362年逝世后葬于阿力麻里城附近，建有麻札。（李进新）

秃黑鲁帖木儿汗麻札 中国新疆地区信奉伊斯兰教的蒙古可汗秃黑鲁帖木儿汗之陵墓。位于新疆维吾尔自治区霍城县东北的大麻札村。阿拉伯式建筑，为伊拉克建筑师设计。砖土结构，穹隆顶，无木柱横梁。高14米，面宽10.8米，进深15.8米。室内有暗梯可以登临墓顶。麻札正面墙壁用蓝、白、紫琉璃砖镶砌的美术图案装饰，拱门两侧各有阿拉伯文铭文。右侧意为："这里是伟大的可汗穆罕默德·秃黑鲁帖木儿汗之墓"，并有称颂墓主为"伊斯兰教的堡垒"、"善良人的光荣和骄傲"、"紧跟四大哈里发"、"尊重学者"等语句。左侧铭文不全，能以辨析的语句有："我们时代的皇后、我们世纪的毕丽克西、聪慧贤德、世上妇女无与伦比的秃黑鲁帖木儿汗之妻碧蒂丽可敦荣耀永存。愿她长寿，愿她的懿德在世界的东方和西方永存"。拱门上方的铭文是："此陵系——巴尔沙夫所建"。其建筑年代，据《西域水道记》推算，为元至正二十年（1360）；《东方五族史》则记为1364～1365年。该墓建筑至今基本上保持了原貌，是元代新疆唯一留存的伊斯兰教古建筑。1981年被列为新疆维吾尔自治区重点文物古迹保护单位。（李进新）

突北（Turbe） 土耳其伊斯兰陵墓建筑形式。土耳其语音译，意为"墓塔"。这种塔形的陵墓是塞尔柱突厥人在其圆柱形或圆锥形帐篷形式的基础上发展而成的。最早的墓塔高矮不一，最高达到60米，按传统建在圆形地基上，用砖或石料砌成。12世纪时，墓塔发展为方形和多边形，外部装饰多用彩色瓷片组成几何图形。这种墓塔先在伊朗流行，后随着塞尔柱王朝的扩张，传往美索不达米亚和安纳托利亚，多建在君主、达官显贵或伊斯兰长老的陵墓上。现保留最古老的是伊朗东北戈尔甘地区的卡布斯突北，它建于1006～1007年，是地方总督舍姆斯·麦阿里·卡布斯（?～1012）为自己生前建造的墓塔，塔高60米，顶部为圆锥形，地基座为十角星形。伊朗赖伊地区拉德坎约于13世纪建的突北为圆形，外有深直的沟槽，装饰华丽。在安纳托利亚的突北，其建筑结构比伊朗简单，但粗大宏伟，大多镶嵌篆刻有《古兰经》文或箴言。

（杨克礼）

《突崛》 中国伊斯兰教月刊。1933年创刊于南京。由南京中央政治学校附设的蒙藏班（后改为蒙藏学校）回族青年学生创办。初由穆建业任主编，后由马俊荣、马裕恒、高文远等相继主持。1944年在重庆停刊，共出版发行10卷，发行量1000～1500份。经费除有关方面资助外，还靠自筹。在发刊词中对刊名作了说明："吾中华民族宜如何突破此危机，以突崛于险象环生的境遇中。"其宗旨是："唤醒中国回民，阐扬回教教义，倡导回民教育，联络回教民族。"该刊登载有回族社会经济调查及学术文化论著。从第7卷第6期开始，在调查专栏载有《中国清真寺寺址调查表》、《中国各省市回族调查索引》及关于各地穆斯林的采访记或概况。该刊登载的论著还有关于历史事件、人物的研究，关于伊斯兰教育的探讨，以及关于国外伊斯兰教的介绍等。曾连载过宁夏伊赫瓦尼派著名学者虎嵩山的《伊斯兰教拜功之理》等。该刊还辟有穆斯林瞭望台，专门反映国内外伊斯兰教动态；文艺专栏连载过托尔斯泰的小说《高加索的囚徒》等。抗日战争时期，该刊先后发表《敬告华北回族同胞》、《告回族青年》、《抗战期突崛之使命》等文章，号召华北教胞对日寇的侵略要“辨明是非”，“效命于国家，尽忠于宗教”；号召穆斯林青年奋起抗战，“与敌人作殊死斗争，还我河山，救亡图存”。还发表专论，反对投降，揭露日伪妄图建立所谓“回回国”的阴谋。（余振贵）

《突厥语大词典》 中国古代用阿拉伯语解释突厥语的综合性知识辞书。为11世纪新疆喀喇汗王朝维吾尔伊斯兰学者马哈茂德·喀什噶里编写。于1071～1073年(伊斯兰教历464～466年)在巴格达用阿拉伯文写成，1074年经修订后献给阿拔斯王朝第二十七任哈里发穆格泰迪(1075～1094在位)。全书用阿拉伯字母标音，用阿拉伯文注释，共收词7000多条，按词的语言结构分为8卷，每卷分静词和动词两部分。各部分的词按语音结构的类型及阿拉伯字母的顺序排列。该书通过丰富的语言材料，广泛地介绍了喀喇汗王朝时代维吾尔和突厥语系各民族政治、经济、历史、地理、文化、宗教、哲学、伦理方面的知识和风土人情。序言概述了突厥语的重要性、编纂该书的目的、资料来源、体例、突厥语的构词法、回鹘字母、突厥各部落的语言特点。该书标明了喀喇汗王朝的疆域，记述了相邻突厥语系各部落以及邻国的地理名称，详细记载了较大的城市、村镇、交通枢纽、山川河流，并附有突厥语系各民族分布地区的圆形地图。在条目释文中，除关于语音、词义的演变、语法结构及例句外，还收入了大量成语、谚语、民歌、诗歌、格言、哲理警句、轶闻掌故等，包含有丰富的哲学思想内容，体现了维吾尔和突厥语系各族人民对宇宙、人生、宗教、社会道德准则等问题的见解。该书还将突厥语语言学、语法学、词汇学及方言学的材料，同阿拉伯语、波斯语进行了比较说明，开创了古代比较语言学研究的新方法。全书条理清晰，结构完整，所记载的史料可从中国汉文史书及有关东方学家的著作中得到印证，堪称是一部当时最完备的简明百科全书式的巨著。该书不仅对突厥语的研究极为重要，而且是研究喀喇汗王朝的历史、地理、民族、宗教、民俗和社会情况的珍贵文献，是反映喀喇汗王朝伊斯兰文化兴盛时期的代表作。该书原稿失传，现存唯一手抄本是1256年由穆罕默德·伊本·艾布·伯克尔抄写的，藏于土耳其伊斯坦布尔民族图书馆。1928年译为德文，1941年译为土耳其文，1963年译为乌兹别克文，并相继部分地译成了阿塞拜疆、哈萨克、土库曼文。1981～1984年新疆人民出版社出版了该书的现代维吾尔语全译本，在国内外广泛发行。

（杨克礼）

《突尼斯私人身份法》 突尼斯穆斯林婚姻家庭和遗产继承的基本法规。1956年由突尼斯国家总统颁布执行。共199条，其中婚姻家庭部分84条，遗产继承部分115条。系以伊斯兰教法有关法规为基础，并根据本国的国情而制定。婚姻家庭的有关规定包括婚姻契约、婚前约定、聘礼、婚姻障碍、无效婚姻、配偶双方间的义务、离婚、待婚期(伊达)、妻子赡养费、子女监护权等。其中重要的修改，包括配偶双方可在婚前提出约定条件，并有权据此提出离婚；法律上禁止一夫多妻，违者处以徒刑或罚款；离婚必须经过法院批准，丈夫私下休妻无效等。遗产继承有关规定包括遗嘱继承和法定继承两部分，而以遗嘱继承为主。其中重要的修改，包括宗教信仰不同不妨碍遗嘱人与继承人之间的权利和义务；父母先亡的孤孙子女有权按遗嘱方式继承祖父母的遗产，所继承的份额不超过全部净资产的1/3等。（吴云贵）

突尼斯伊斯兰教 突尼斯共和国位于北非中部。面积16.4150万平方公里。全国人口789万(1989)。阿拉伯人占90%以上，还有柏柏尔人、犹太人等。穆斯林占全国人口的95%以上。阿拉伯语为国语，通用法语。首都突尼斯市。645年，伊斯兰教第三任哈里发奥斯曼派埃及总督伊本·艾比·萨尔率军征服突尼斯，当地居民被迫纳贡。665年，伍麦叶王朝哈里发穆阿维叶派驻埃及军事将领欧格白率军占领了突尼斯，伊斯兰教开始传入。670年，建立了军事设防地凯鲁万城，作为继续西征的据点。698年后，伊弗里基叶总督穆萨·本·努赛尔以凯鲁万为首府，确立了阿拉伯人对北非的统治，使当地柏柏尔人逐渐伊斯兰化。8世纪中叶，归阿拔斯王朝总督统治，哈瓦利吉派运动在北非深入发展。800年，伊弗里基叶总督易卜拉欣·艾格莱卜脱离阿拔斯王朝哈里发的控制，以凯鲁万为首府，建立了艾格莱卜王朝。此后，凯鲁万城成为阿拉伯非洲的政治和伊斯兰文化中心，与巴格达、开罗、科尔多瓦并称为伊斯兰教四大文化名城。909年，突尼斯并入什叶派法蒂玛王朝的版图。11世纪时，大批阿拉伯移民进入北非，并与当地人通婚融合，柏柏尔人已归信伊斯兰教，采用阿拉伯语，使该地区的伊斯兰化和阿拉伯化渐趋完成。12世纪60年代并入摩洛哥人建立的穆瓦希德王朝。13世纪，王朝分裂为3个柏柏尔人的国家。1228年，艾布·扎卡里亚·叶海亚脱离王朝独立，在突尼斯建立哈夫斯王朝(1228～1574)，在首都突尼斯城兴建了清真寺和宫殿，创办了宗教学校。凯鲁万、突尼斯城、加贝斯发展为当时的伊斯兰文化中心。哈夫斯王朝的政治影响扩大到北非，成为马格里布最强大的伊斯兰国家。14～15世纪，马格里布3国不断发生战争，国力日衰。1574年，突尼斯沦为奥斯曼帝国的一个行省，派贝伊(总督)进行统治。1705年，侯赛因·本·阿里担任贝伊，建立独立的侯赛因王朝。这个王朝一直延续到1957年。1881年遭法国入侵，沦为法国保护国。1956年宣告独立。突尼斯的穆斯林大多属于逊尼派，分别遵奉马立克学派和哈乃斐学派教法。在柏柏尔人中，有少数艾巴德教派的穆斯林。流行的苏菲派教团有沙兹林耶、提加尼、卡迪里耶等教团。国内有北非最古老的凯鲁万欧格白清真寺和栽突那大学(1961 年并入突尼斯大学法学院)。突尼斯政府实行政教分离政策,改革了伊斯兰教法,建立了现代司法制度,取消了沙里亚法院,将宗教教育与世俗教育分开。政府重视保护、整理伊斯兰文化遗产和发展阿拉伯文化。宗教政治组织有:伊斯兰倾向运动等。突尼斯为阿拉伯国家联盟、伊斯兰会议组织、世界伊斯兰大会、伊斯兰世界联盟成员国。 (杨克礼)

突尼斯伊斯兰倾向运动(Mouvement de La Tendance Islamigue) 突尼斯伊斯兰教原教旨主义组织。1981 年 6 月在突尼斯城成立,由伊斯兰学者拉希德·格鲁西创建并任主席。该组织主要在清真寺和宗教场所开展活动,在大学生、社会团体、下级军警和基层群众中有一定影响。成员中青年占多数。该组织以全面复兴伊斯兰教为宗旨,反对西方文化的渗透和世俗化,主张在突尼斯恢复伊斯兰教早期的传统特性,按伊斯兰平等原则合理分配社会财富,号召穆斯林在马格里布、阿拉伯国家和世界范围内复兴伊斯兰的政治、法律和文明体制。其活动受到当局的监视和限制。曾有 17 名领导人先后被捕入狱,1984 年 8 月获释。后该组织进行半公开活动。 (杨克礼)

图阿雷格人 见柏柏尔人。

图白的宗族(Qawm Tubba') 《古兰经》中记载的古代部族之一。一译"顿白尔的族人"。阿拉伯语"高目·图白"的意译。指古代居住在阿拉伯半岛西南端也门地区的希木叶尔人(al-Ḥimyariyyūn),因其国王统称"图白",故名。相传系古代南阿拉伯家族中最年轻的一支,与赛伯邑族有近亲关系。他们曾于公元前 115 年在赛伯邑王国的废墟上建立希木叶尔王国,统治达 6 个世纪之久。该王国曾盛极一时,有 9 位图白(即国王)的名字见于铭文,其中沙迈尔·叶尔阿什(Shammar Yar'ash,? ~281)执政期间,其所征服的地区远至中亚撒马尔罕。后为阿比西尼亚(今埃塞俄比亚)人所灭。《古兰经》中有两处提到该部族,均系针对麦加以古莱什贵族为首的多神教势力而言。经文指出:图白的宗族之高贵,远非麦加多神教势力所能比拟,但它及其以前的许多民族均因犯罪而遭到了毁灭(44:37);图白的百姓同其以前的"努哈的宗族、兰斯的居民、赛莫德人、阿德人"等,因"统统都否认过使者",故必然遭到安拉"所警告的刑罚"(50:12~14)。据经注学家解释,以上经文除系警告麦加多神教徒不要重蹈前人之覆辙外,还具有激励先知穆罕默德在艰难面前要坚定必胜信念的意义。 (杨宗山)

图格拉(al-Tughrā') 阿拉伯文书法造型之一。"图格拉"为阿拉伯语音译,意为"花押",系指 13 世纪阿拉伯和奥斯曼帝国哈里发或素丹签署文告时使用的标志,见于印玺、签字等。后发展成一种专门的书法艺术,亦称"组合文字",多用于钱币图形等。图格拉融书法与绘画为一体,字型考究,结构严谨,被认为是由迪瓦尼体和伊扎宰体互相结合而成的一种固定造型艺术字,从整体看,该字宛如一个行走的蜗牛。由于它的局限性,实用范围较小,但作为艺术品或礼品、纪念品的装饰,至今仍然受到人们喜爱和采用。今巴基斯坦等国的硬币仍以此图形为标志。 (陈进惠)

图格鲁勒·贝克(Ṭughrul Bik,约 990~1063) 塞尔柱王朝的创建者。一译"突格里勒·贝格"。生于布哈拉。突厥乌古思部落首领塞尔柱之孙。自幼尚武善骑,通晓武略。早年为部落首领,隶属萨曼王朝。信奉伊斯兰教逊尼派教义,以宗教的保护者自诩。1016 年同其兄率乌古斯部南下,攻占呼罗珊。1205 年被伽色尼王朝素丹穆罕默德打败,逃往花剌子模,后又收复呼罗珊。1037 年夺取伽色尼王朝辖地木鹿和内沙布尔,并命令臣民在主麻日祈祷中向他祝福。1040 年,继续扩张领地,攻占花剌子模和泰伯里斯坦。1043 年,并吞米迪亚,进据赖伊和哈马丹地区,并对伊斯法罕行使宗主权。1055 年,以恢复阿拔斯王朝哈里发在穆斯林世界的领导权为由,率军进入巴格达,被阿拔斯王朝第 26 代哈里发嘎伊姆(1031~1075 在位)亲自迎入城内,灭什叶派的布韦希王朝。哈里发视图格鲁勒为战胜布韦希人,拯救巴格达的救星,任命他为摄政王,封他为"东方和西方之王",并赐以"素丹"的称号,掌握了阿拔斯王朝的领导权,哈里发仅保留宗教领袖的地位。他还强迫哈里发把女儿嫁给他。1058 年,归顺法蒂玛王朝的原布韦希王朝将军白萨西里,趁图格鲁勒北征平叛之机,联合欧盖里叶王朝埃米尔伊本·白兰德组成联军,攻入巴格达,劫持哈里发。1060 年,图格鲁勒率军打败白萨西里部叛军,收复巴格达,嘎伊姆复位,初步平定了政局,为塞尔柱王朝奠定了基础。 (杨克礼)

图莱哈(Ṭulayḥah,? ~642) 7 世纪阿拉伯半岛中部地区部落叛乱首领,伊斯兰教贬称的"伪先知"之一。其名意为"小泰勒哈"。全名泰勒哈·本·胡韦利德·艾塞迪。出身于艾塞德(Asad)部族。原系巫士,631 年随部族使团到麦地那会见穆罕默德,表示信奉伊斯兰教。但返回后不久即在族人中自诩"先知",声称吉卜利勒天使曾降临向他传达真主的启示,在族人中引起思想混乱和骚动。穆罕默德得知后曾派迪拉尔(Ḍirār,? ~633)等人前往平息图莱哈的叛乱未果,于是他在族人中讹传自己有"刀枪不入"之功,其追随者反而日增。632 年穆罕默德逝世后,他拒不承认麦地那穆斯林政权,煽动族人拒不缴纳天课,并派代表前往麦地那,向哈里发艾布·伯克尔提出"只做礼拜,不纳天课"的要求,遭到严词拒绝。不久,他便组织艾塞德、盖特芳(Ghaṭfān)、泰伊(Ṭayy)、法扎拉(Fazārah)等部族进行武装叛乱,并曾一度袭击麦地那。其叛军在纳季德地区的布扎海(Buzākhah)为哈立德统率的穆斯林军队所败，图莱哈逃往叙利亚。后穆斯林军平息了各部落的叛乱，他迫于形势表示悔过，又重新信教，并于633年前往麦加朝觐。634年欧麦尔继任哈里发后，图莱哈自叙利亚返回麦地那，并参加穆斯林军队出征波斯，642年卒于尼哈万德战役。参见里达暴动。

(杨宗山)

图伦王朝(al-Sulālah al-Ṭūlūniyyah) 阿拔斯王朝时突厥人在埃及建立的地方割据王朝(868～905)。亦译“伊本·突伦王朝”。868年，由埃及总督艾哈迈德·伊本·图伦(835～884)创建。伊本·图伦曾任阿拔斯王朝宫廷突厥奴隶近卫军统领，后到埃及任总督巴亚克巴克的助理，统领王朝驻埃及军队。868年，受命代行总督职权，集行政、军事、宗教大权于一身。不久，从哈里发委派的收税官手中夺取埃及全部税收大权，仅将岁入的少部分上缴国库，从此埃及独立。他下令军队、地方官和百姓向他宣誓效忠，并在主麻日聚礼时要臣民向哈里发和他同时祝福。哈里发穆赫塔迪授权他组建军队讨伐巴勒斯坦长官，他借机组建了一支10万人的军队，以突厥奴隶和黑奴为核心，成为他的政权支柱和对外扩张的工具。在穆瓦法格摄政时，哈里发力图恢复对埃及的控制，责令伊本·图伦上缴埃及税收，但伊本·图伦不听其号令。877年，伊本·图伦趁叙利亚总督逝世，哈里发派兵讨伐巴士拉赞吉起义之机，出兵兼并了叙利亚，置于其统治之下。他在位16年(868～884)，锐意革新，振兴经济，拨巨资兴修水利，扩大灌溉，鼓励发展手工业和商业，整顿财政，减轻赋税，使生产得到较大发展，国库岁入充盈。为加强国防，组建海军，在巴勒斯坦阿克和亚历山大港建立海军基地，在开罗城东北新建格塔伊耳城，并据险设防。他整修开罗旧城，修筑宫殿、商店、旅店、道路，使首都焕然一新。他赞助发展伊斯兰教育和文化，由国库拨款修建宗教学校、清真寺、医院、图书馆，使开罗和大马士革的学术文化进一步得到发展。他所建的伊本·图伦清真寺为伊斯兰教早期建筑的杰作之一。884年其子胡马腊韦(884～895在位)继其位后，率兵平定了大马士革和北美索不达米亚长官所发动的叛乱。886年，哈里发穆尔泰米德同胡马腊韦签订条约。胡马腊韦承认哈里发的宗主权，并向国库缴纳一定数量贡赋；哈里发封他为埃及和叙利亚的“埃米尔”。胡马腊韦执政期间，滥用国帑，肆意挥霍，耗尽国力，朝政腐败。其子继位后昏庸无能。904年，卡尔玛特派袭击叙利亚，大马士革居民向哈里发穆克泰菲求援。哈里发借机派陆军收复叙利亚，经巴勒斯坦，直趋埃及；同时派舰队从西里西亚向尼罗河三角洲进发。905年1月，开罗陷落，格塔伊耳被夷为平地。伊本·图伦的子孙被解往巴格达，图伦王朝灭亡。 (杨克礼)

土尔明尼亚人 见土库曼人。

土耳其人(Turks) 小亚细亚最大的民族集团。土耳其共和国的主体民族。人口4232万(1985)，约占全国人口的85%。另有240多万人分布在希腊、保加利亚、南斯拉夫和阿尔巴尼亚境内。属欧罗巴人种地中海类型，并混有较多蒙古人种成分。语言属阿尔泰语系突厥语族西南语支。文字曾使用阿拉伯文字母，1928年改用拉丁文。土耳其人是古代突厥人的后裔，由11～13世纪来自中亚和伊朗高原的突厥游牧部落(西突厥人)和当地库尔德人、亚美尼亚人、波斯人等长期融合形成。原以游牧为生，定居小亚细亚后，开始从事农业。现农业占全民生产总值的1/4。农作物主要有小麦、大麦、玉米、甜菜、棉花、烟草和水果。山地居民兼营畜牧业，主要放牧牛羊。近几十年来石油化工业和制造加工业发展迅速。10世纪塞尔柱突厥人从中亚北部草原迁到锡尔河下游地区，接受了伊斯兰教。11世纪建立塞尔柱帝国，以后建立罗姆素丹王国。13世纪塞尔柱的同族奥斯曼土耳其人从中亚向西迁移。14世纪奥斯曼土耳其人兴起，至16世纪建成了横跨欧、亚、非大陆的奥斯曼帝国。伊斯兰教得到迅速发展，国内宗教法和民法并行。阿卜杜勒·哈米德二世继位后，大力推行伊斯兰化。第一次世界大战后帝国瓦解，1923年土耳其共和国建立，废除了素丹制和哈里发制，并取消了以伊斯兰教为国教的宪法条文。99%的土耳其人信奉伊斯兰教，其中有80%～90%属逊尼派，分别遵奉哈乃斐教法学派(80%)和沙斐仪教法学派(20%)，什叶派信徒属阿里伊拉希派。土耳其人的宗教事务由宗教事务局管理，各学校普遍设立宗教课程，并设有伊斯兰经学院和专门学校培养宗教教职人员，在一些大城市还经常举办宗教短期培训班。电台、电视台经常播放宗教知识节目。 (伊力奇)

土耳其素丹国 见奥斯曼帝国。

土耳其伊斯兰教 土耳其共和国位于亚洲西部，地跨亚、欧两洲，大部分在小亚细亚半岛上。面积78.1万平方公里。人口5674万(1989)。其中土耳其人约占90%，库尔德人占6.9%，其余为亚美尼亚人、阿拉伯人及侨民。居民约98%信奉伊斯兰教。官方语言为土耳其语。首都安卡拉。

土耳其民族源于中亚西突厥乌古斯人的游牧部落联盟。7世纪中期至8世纪，阿拉伯人征服中亚后，一部分突厥人归信了伊斯兰教，10世纪塞尔柱突厥人实现了伊斯兰化。11世纪下半叶，以塞尔柱人为首的突厥部落开始征服并迁居小亚细亚各地，在科尼亚建立了罗姆素丹国(1077～1308)。13世纪初，蒙古人大举西征。居住在中亚阿姆河一带的乌古斯突厥人的卡伊部落，12世纪已信奉伊斯兰教，在首领埃尔图格鲁尔带领下被迫西迁，进入小亚细亚西北部的瑟于特定居，依附罗姆素丹国。1299年，首领奥斯曼一世蚕食拜占庭帝国领土，定都耶尼谢希尔，宣告独立，奠定了奥斯曼国家的雏形。伊斯兰教遂在小亚细亚得到广泛传播，当地原信奉基督教的部分希腊人和亚美尼亚人改宗了伊斯兰教，并同突厥人开始融合。奥斯曼国家的真正缔造者奥尔汗统治时期(1324～1360)，迁都布尔萨。后又攻占尼西亚、尼科美底亚、斯库塔里，势力达于马尔马拉海及加利波利半岛。他创建国家各项制度，信奉逊尼派教义。修建清真寺和宗教学校，支持苏菲派毛拉维教团和拜克塔什教团的传教活动，促进了该地区伊斯兰文化的传播和发展。在素丹穆拉德一世(1360～1389在位)和巴耶济德一世(1389～1402在位)统治时，定都埃迪尔内，先进军东南欧，占领色雷斯和马里查河流域，后征服以南的巴尔干地区，初步统一了小亚细亚突厥人建立的各埃米尔公国，伊斯兰教开始传入巴尔干的基督教地区。在穆罕默德二世统治时，于1453年攻占君士坦丁堡(后改称“伊斯坦布尔”)设为新都，灭拜占庭帝国。他将圣索菲亚大教堂改为清真寺，制定伊斯兰法典，完善国家管理制度，对非穆斯林居民实行宗教团体自治的“米勒特制”，巩固了帝国统治。赛利姆一世(1512～1520在位)和苏莱曼一世(1520～1566在位)统治时，为帝国的强盛时期，先后占领埃及、叙利亚、巴勒斯坦、伊拉克、希贾兹、也门等地区，并控制了马格里布地区，从此形成地跨亚、非、欧的奥斯曼帝国。帝国以伊斯兰教逊尼派为国教，实行政教合一制，推行哈乃斐学派教法，制定法典，设置各级伊斯兰法庭，组建伊斯兰长老委员会，大力发展伊斯兰教育和文化，倡导泛伊斯兰主义。素丹以伊斯兰世界的“哈里发”自诩，促进了伊斯兰教在世界的第三次大传播。17世纪起，帝国由盛转衰，各地起义不断爆发，加之俄、英、法的入侵加速了这一过程。20世纪20年代，奥斯曼帝国的大部分领土被英、法、意和希腊瓜分和肢解，一些国家相继独立，促使帝国走向危亡。

1919～1922年，土耳其资产阶级革命家穆斯塔法·凯末尔领导的资产阶级革命取得胜利后，于1923年10月，宣布成立土耳其共和国。此后，凯末尔在国内进行了一系列社会改革，涉及到宗教方面的改革主要有：取消政教合一制，实行政教分离，将“伊斯兰教是土耳其国教”条款从宪法中删去，强调宗教信仰只是“个人的私事”；宣布废除伊斯兰教政教合一的素丹制和哈里发制，代之以共和制；以资产阶级的世俗法律代替伊斯兰教法，撤销伊斯兰法庭，废止卡迪(即教法官)制，制定了民法、刑法、商法等以西方法律为蓝本的新法规，废止一夫多妻制和歧视妇女的旧法规；撤销伊斯兰长老委员会，设立宗教事务委员会和教产基金管理局，由政府管理宗教活动、任免教职人员、接管宗教公产(即瓦克夫)和基金；改革以伊斯兰教经典为主要内容的旧教育制度，代之以西方式的教育制度，关闭各级宗教学校，废止各级普通学校开设的宗教课程；取缔苏菲派教团组织的活动，关闭苏菲“扎维叶”，取消伊斯兰长老的宗教特权；实施土耳其伊斯兰教的民族化，废除中等学校开设阿拉伯语和波斯语课，用土耳其语诵读《古兰经》和举行宣礼，进行文字改革，将原实行的伊斯兰教历改为用公历纪年。20世纪50年代以来，随着世界伊斯兰复兴运动的兴起，国内原教旨主义势力日趋活跃，他们反对世俗化和西方化，主张恢复伊斯兰教法，立伊斯兰教为国教，实行政教合一的制度。随着政府的更迭，宗教政策也有了大的调整。在各级普通学校恢复宗教课程，复办了各级伊斯兰学校，培养教职人员。政府拨款修复和兴建清真寺及伊斯兰教建筑古迹。出版发行阿拉伯文的宗教书籍和土耳其文的宗教报刊，重新出版发行《土耳其文伊斯兰百科全书》以及奥斯曼帝国时创办的宗教刊物《大东方杂志》。伊斯兰教的宗教政治组织公开恢复活动，苏菲提加尼教团等再度活跃。土耳其政府加强同阿拉伯伊斯兰国家的联系和合作，并派政府代表团出席国际性的伊斯兰国家会议。

土耳其的穆斯林90%属于逊尼派，大多遵奉哈乃斐学派(占75%)和沙斐仪学派(占20%)教法，极少数遵奉罕百里学派和马立克学派教法。什叶派占10%，主要是阿里—伊拉希派、阿拉维派。有20多个苏菲派教团组织。清真寺遍及全国各地，仅伊斯坦布尔就有3500座。现全国设有5所伊斯兰高等院校，安卡拉大学和凯末尔大学附设有经学院，培养政府宗教官员、清真寺教职人员和宗教学者。土耳其为伊斯兰会议组织、世界伊斯兰大会和伊斯兰世界联盟成员国。

(杨克礼)

土净(Tayammum)　伊斯兰教净礼之一。阿拉伯语“台叶蒙”的意译，即以土代水作净礼，经堂语称“打台叶蒙”。《古兰经》规定：“如果你们害病或旅行，或从厕所来，或与妇女交接，而得不到水，你们就当趋向清洁的地面，而用一部分土摩脸和手”(5：6)。为此，教法学家明确指出：凡穆斯林需要作大、小净时，因为患病不能用水，或行至荒野无水以至赶“会礼”、葬礼而来不及水净，都可以土代水作净礼。土净的条件是：(1)举意；(2)所用土、细沙、石、砖必须洁净；(3)除患病者外，凡有水可洗涤，土净即无效。土净时，先以两手拍净土，然后抹面及两手至肘。因以土代水，故土净又称“代净”。　(冯增烈)

土库曼人(Turkman)　中亚土库曼共和国及相邻的中亚和西亚的主要穆斯林民族。一译“土尔明尼亚人”或“土尔克明人”。总人口433万(1990)其中土库曼斯坦约占63%，伊朗约占18%，阿富汗占9.6%，其余几十万人散居于伊拉克、叙利亚和土耳其境内。种族属欧罗巴人种地中海类型，北部居民中多蒙古人种的混合成分。语言属阿尔泰语系突厥语族乌古斯语支。文字采用阿拉伯文字母。苏联的土库曼人于1940年后改用斯拉夫字母文字。土库曼人的民族起源迄今尚无定论。一般认为，早在公元前已波斯化的古代土著居民是土库曼人形成的基础。4～11世纪期间又先后吸收了北方迁来的匈奴、突厥、乌古斯和蒙古人的成分。据中国一些学者认为，土库曼与中国唐代的回纥同出一源，均起源于铁勒的袁纥或乌护部，蒙古北部是他们的故乡。土库曼人主要从事农业和畜牧业，农业多以灌溉农业为主，种植小麦、棉花、瓜果等。畜牧业有山羊、绵羊、马和骆驼。手工业以地毯编织闻名。苏联的土库曼人地区采油和化学工业较发达，在国民收入中现代农业和畜牧业也占一定比例。土库曼人信仰伊斯兰教，属逊尼派哈乃斐教法学派。10～11世纪，阿拉伯人征服中亚后，伊斯兰教便传入土库曼地区。塞尔柱帝国和奥斯曼帝国兴起后，伊斯兰教得到广泛传播。由于奥斯曼人对小亚细亚的入侵，14～15世纪，部分土库曼穆斯林又进入西北地区。土库曼人严守教法，礼拜、朝觐和过宗教节日是他们生活中的重要内容。在首府阿什哈巴德市及一些主要城镇都有清真寺，培养宗教教职人员并出版有《古兰经》和圣训等经典。（伊力奇）

土库曼斯坦伊斯兰教 土库曼共和国位于中亚西南部。面积48.81万平方公里。人口362.1万(1990)，70%为穆斯林。主要民族有土库曼、乌兹别克、哈萨克、俄罗斯等族。土库曼语为官方语言。首都阿什哈巴德。5～8世纪相继遭受呎哒人、突厥人、阿拉伯人等外民族的入侵。9～10世纪受伊朗的塔希尔王朝、萨曼王朝统治。10～11世纪随着土库曼游牧民族实体的形成，将8世纪伊斯兰教的传入成为主要信仰。11世纪受乌古思突厥人统治。11～13世纪先后隶属于塞尔柱王朝、花剌子模沙王朝。13～15世纪受蒙古人统治，后隶属于帖木儿帝国。16～17世纪隶属于希瓦汗国和布哈拉汗国。19世纪60年代末到80年代中期被并入俄国。1924年成立土库曼苏维埃社会主义共和国，同年加入苏联。1991年10月27日宣告独立，易名为土库曼。土库曼的穆斯林属逊尼派，遵循哈乃斐教法学派，苏非派也有一定的影响。苏联解体前，伊斯兰事务由中亚暨哈萨克斯坦穆斯林宗教事务管理委员会管理。解体后，出现原教旨主义的伊斯兰复兴党。土库曼的穆斯林以游牧民为主，较为重视民族与宗教的礼俗习惯。1991年2月，应全国穆斯林的要求，国家将每年3月21日的那吾鲁孜节定为全民节日，此外穆斯林还过乌拉扎节(即开斋节)和古尔邦节，并重视朝觐中亚的伊斯兰圣地。土库曼穆斯林认为整个宇宙是一座大清真寺，游牧民族不需要固定的礼拜场所，因而很少建寺，多在草原上就地礼拜。但在土库曼历史上的伊斯兰文化中心马里城，建有一座百年以上的哈马达尼清真寺。因历史文化渊源的关系，土库曼穆斯林愿同伊朗、阿富汗两个邻国的穆斯林交往。独立后，加强了与伊朗、土耳其等及一些阿拉伯国家的联系。（黄陵渝）

吐尔迪阿洪(1881～1956) 中国维吾尔族穆斯林民间艺人，著名维吾尔古典音乐《十二木卡姆》演唱家。生于新疆维吾尔自治区英吉沙县。自幼随父学习木卡姆音乐。自1901年始，在喀什、莎车、和田等地从事木卡姆演唱活动，是能按照木卡姆音乐的三大部分进行演唱的为数不多的民间艺人之一。他演唱的木卡姆，以结构完整、风格古朴、内容丰富而著称。其内容中融合着伊斯兰教的伦理道德思想和劝善格言。1950年和1955年曾两次应邀到乌鲁木齐为《十二木卡姆》搜集整理小组演唱木卡姆乐曲，其中第二次以近两年半的时间演唱了全套《十二木卡姆》，为搜集整理和保留这一穆斯林文化遗产做出了重要贡献。

（杨金祥）

吐鲁番王室 中国新疆吐鲁番地区统治家族由信奉佛教到归信伊斯兰教的历史事项。吐鲁番是历史上著名的佛教中心之一，又是中西文化交流的重镇。明代，吐鲁番王室系高昌王亦都护后裔，王室及居民多信佛教。陈诚《使西域记》云：吐鲁番"信佛法，僧寺居多"。作者系永乐十二年(1414)去中亚时途经吐鲁番的。其时伊斯兰教也已传入该地。《明史·太宗实录》谓："永乐十四年十月丙子""吐鲁番地面回回法忽儿丁等贡马百七十四"，表明回回已有相当经济与政治实力。永乐末年(1424)吐鲁番王尹吉尔察被"别失八里酋歪思所逐"，歪思汗是虔诚的穆斯林，他东逐尹吉尔察，是伊斯兰教势力自新疆西部向东发展迈出的重要一步。根据《明史》记载，正统初年(1436)以来，吐鲁番"久失贡"，情况不明。经过16年至景泰三年(1452)，吐鲁番入贡明朝的使者即为也密力火者。"火者"即"和卓"，也密力火者即是当时的吐鲁番王，说明吐鲁番王室的伊斯兰化已完成。也密力火者曾出兵兼并火州(今吐鲁番东南)、柳州(今鄯善县西南)。吐鲁番自此成为天山东路一支强大的地方割据政权和以武力向哈密及甘肃河西走廊传播伊斯兰教的重要基地。

（高自厚）

吐峪沟麻札 中国新疆地区伊斯兰教陵墓。全称"吐峪沟艾苏哈卜·凯赫夫麻札"。俗称"圣墓"、"圣人坟"。在新疆维吾尔自治区吐鲁番市火焰山南麓。"艾苏哈卜·凯赫夫"系阿拉伯语，意为"洞中人"。据传，很久以前，麦加之西某国的叶木乃哈等5人来东方"寻道"，行至吐鲁番遇本地牧羊人及所携一犬，遂结伴同行。至火焰山南麓吐峪沟，见一石洞，即入而修行。300年后始出洞，但随又入洞，此后不再复出，终修行为圣。(此传说系由《古兰经》第18章"山洞人"故事附会而成)。洞在山腰上，内有6座伊斯兰式土坟及一犬状石。洞口有木栅栏，内陈一棍，传为七圣贤所遗之物，摸之可获福佑庇护。洞外有一拱北，土木结构。室内无坟，四壁悬挂匾额锦幛，是朝拜者祈祷之所。周围广布伊斯兰式土坟。此麻札影响很大，拜谒者除新疆外，还有来自甘肃、宁夏、青海等地区的穆斯林。

（马品彦）

推定死亡（Mafqud） 伊斯兰教哈乃斐教法学派的婚姻法规原则之一。阿拉伯语“麦夫古德”的意译。英文为 Putative death，系西方学者据该派学说所作的概括。按哈乃斐派婚姻法规，妻子无权单方面提出离异，如丈夫长期下落不明，则从其生年推算直到 90 岁时，法院可以“推定死亡”或“推定守寡”为由批准解除事实上已不存在的婚姻。此前，妻子不得改嫁，丈夫的财产不得作为遗产处分，丈夫的一切合法权益受法律保护。近代经过法制改革，这一旧的规定已被废止。

（吴云贵）

托勒盖（Ṭariqah） 见三乘。

托茂人 中国蒙古族地区的一部分穆斯林。居住在青海省海北藏族自治州海晏县、祁连县蒙古族地区。60 余户，300 多人（1986）。自称“托茂”、“托茂家”；汉、回等族称其为“托茂鞑子”；汉文史籍称“骆毛鞑子”、“骆毛人”、“托茂人”，均为“托茂”的异写。“托茂”是藏语“托日木”的转音，意为流散人员。原系青海蒙古和硕特部南右翼后旗（原在今海晏县）的属民，因有这部分属民，故该旗俗称为“托茂公”。1958 年，少部分人留居海晏县，大部分迁往祁连县默勒乡、野牛沟乡和托勒牧场。操蒙古语，兼通汉语；在宗教生活和日常生活中使用一些阿拉伯语和波斯语词汇。托茂人的历史来源尚未定论，有 4 种说法：一说清同治年间西北回族反清起义时，陕西白彦虎部败退经过青海境内时，流落于青海蒙古南右翼后旗的一些起义人员受到当地蒙古上层的收留和保护，与当地蒙古人通婚，逐渐繁衍发展，成为“托茂人”。二说清顺治五年（1648）甘州（今张掖）米喇印、丁国栋反清起义失败后，除大批回族逃入大通和北大通（今门源）依附蒙古麦力干部外，也有一批逃入大草滩依附蒙古滚卜台吉，受其保护。清康熙年间迁至湟源，后又迁至海晏。三说托茂人的先民是从新疆和西亚来的信仰伊斯兰教的一部分人。四说托茂人是信仰伊斯兰教的蒙古人。上述四说中，第二说史书有记载（《甘州府志》卷 16、《秦边纪略》卷 6、《辛卯侍行记》）。托茂人从事畜牧业，住蒙古包。男子衣着青海蒙古族基本相同，冬天多穿长袖、大襟老羊皮袄，腰束绸带，戴狐皮帽，穿皮靴。夏天戴礼帽或黑、白色圆顶帽。妇女穿长袍，辫套前垂，束腰带。20 世纪 30 年代以来，妇女大多戴“盖头”，如同回族妇女。饮食以酥油、牛奶、肉食为主。因与邻近的湟中县上五庄回族农民常有贸易交流，面食品也较多。按伊斯兰教教规宰食牛羊肉。禁食猪、狗、马、骡、驴等肉，禁止吸烟、喝酒。婚、丧仪式与回族基本相同。在上五庄有其公共坟地。小孩出生后，请阿訇起经名。一般与回族通婚。遵行伊斯兰教“五功”，过“尔德节”和“古尔邦节”，不过“圣纪节”。曾在海晏哈里津建有 1 座清真寺，阿訇从上五庄、西宁等地聘请，1958 年拆毁后又在祁连托勒牧场建立 1 座清真寺。

（孔祥录）

托普卡珀宫（Topkapi Palacc） 土耳其最大的故宫博物馆。该宫殿曾是奥斯曼帝国近 500 年的权力中心，现陈列着奥斯曼帝国无数国宝和伊斯兰教珍贵文物。坐落在伊斯坦布尔“金角湾”南岸的“皇宫岬”的山顶上。1474 年素丹穆罕默德二世（1451～1481 在位）下令始建，历时 4 年建成。因建在拜占庭原托普卡珀城堡遗址，故名。宫殿有 7 座大门，4 座朝陆地，3 座朝海边，正门面对阿亚索菲亚清真寺和素丹艾哈迈德清真寺所在广场。大门内 300 米处有一道中门，为皇宫的入口处。中门内为御花园，花园右侧为御厨房、粮库，左侧经过“白人宦官门”则是素丹、嫔妃的内宫。花园深处的“库贝阿尔特”殿，是素丹召集大臣议事之地。全宫可分 3 个内苑，其旁环绕着成组的殿堂。其中有名的殿堂有：逊奈厅、圣物殿、巴格达殿、觐见厅、索法清真寺等。后世素丹又沿博斯普鲁斯海峡增建新宫 5 座，使“皇宫岬”深入海中。土耳其共和国成立后，辟为博物馆。展馆分圣物馆、中国瓷器馆、珍宝馆、兵器馆、御衣馆、皇家识物馆。圣物馆珍藏有先知穆罕默德的牙齿、佩剑、手迹、印在砖石上的脚印，哈里发艾布·伯克尔和欧麦尔用过的宝剑，奥斯曼念过的手抄本《古兰经》及麦加克尔白的圣土等。珍宝馆收藏有以宝石镶嵌的武器、宝石佩饰、特奇珍贵宝石、素丹宝石镶嵌的宝座、纯金烛台（重 48 公斤，镶 6666 颗蓝色钻石）等。瓷器馆收藏有中国自唐至清代名瓷，多达 20700 件左右，品种多样。有些碗、盘印有《古兰经》文，为明代所制。还有一座图书馆和书法展览室，收藏有伊斯兰典籍和名人阿拉伯文和土耳其文书法。展馆展现了奥斯曼帝国优秀的古代文化成果。

（杨克礼）

妥德璘 见妥明。

妥明（约 1788～1873） 中国伊斯兰教虎非耶门宦新疆吐鲁番东道堂创始人，1864 年新疆各族农民起义乌鲁木齐地区首领。又名妥德璘，经名达乌德·穆萨。甘肃河州（今临夏）人，据其弟子所传为东乡族。系伊玛目兰巴尼所传教团叶尔羌（新疆莎车）分支在乌鲁木齐地区回族中的哈里发（Khalifah，即教务代理人）。嘉庆十七年（1812）前后，妥明与北庄门宦创始人马葆贞有过接触，北庄门宦传说中的“口外哈里发妥爷老人家”即指妥明。马葆贞是新疆叶尔羌道堂沙·奥里亚的哈里发，有代行沙·奥里亚传教的权利，但没有将传教权传给儿子或弟子的权利（北庄门宦历代教主继任都须去叶尔羌道堂获得认可方为有效）。故妥明的哈里发资格是从叶尔羌道堂沙·奥里亚处获得的，妥明所传门宦亦属传自叶尔羌道堂沙·奥里亚的与北庄门宦并列的分支。据《平回志》卷7所记，妥明于同治元年(1862)进入新疆，但据新疆吐鲁番东道堂的传说，妥明为去叶尔羌道堂取得哈里发资格，早在同治元年之前已进入新疆，并在取得哈里发资格后，在乌鲁木齐地区形成一个较有影响的门宦。其所传门宦遵循纳格什班迪耶教团的主要教义和功修方式，按回族区分门宦的习惯称为“虎非耶门宦”。但他们属于纳格什班迪耶教团中伊玛目·兰巴尼所传的分支，与不属于这一分支的其他回族虎非耶门宦亦有小的差别。如他们念迪克尔的方式除低声的虎非耶迪克尔外，还有一种代门(Dam，即呼气)迪克尔，由一人高声领诵，众人附和，并伴以一定的动作。据《新疆图志》兵事二所记，同治三年(1864)，乌鲁木齐地区回民起义爆发，妥明被推举为“清真王”，修筑“王城”，改年号为“清真二千八百九十三年”。乌鲁木齐地区回族义军势力最大时，向东发展到哈密，迫使清军困守巴里坤危城；向西发展至乌苏；向南发展至吐鲁番；向北与清军争夺塔尔巴哈台(新疆塔城)。同治九年(1870)，入侵塔里木盆地西部6城的浩罕军官阿古柏进一步东侵，回族义军主动向库车出击，大获全胜而还。阿古柏领军反扑，回族义军在吐鲁番战败，后又败于迪化(今新疆乌鲁木齐市)南郊。阿古柏兵临迪化城下，以妥明取消“清真王”称号，并受其节制为条件而罢兵。阿古柏主力军撤走后，妥明趁机摆脱控制。同治十年(1871)，阿古柏再次进攻迪化，攻破妥明的“王城”。妥明退据玛纳斯，曾与汉族民团首领徐学功联合反攻迪化，但未成功。妥明于1873年在玛纳斯病故。教权承传强调“传贤不传子”。妥明病故后，由其弟子主持教务。1876年清军围攻玛纳斯，战斗惨烈，妥明所传弟子和教众大多死于此役，此后该派宗教活动中心移至吐鲁番，称为“东道堂”。

(谭吴铁)

W

瓦德(Wadd) 《古兰经》中所载古阿拉伯人崇拜的五大偶像之一。阿拉伯语音译,又译“万德”、“旺德”。见于《古兰经》第71章古代先知努哈的故事中。据载,努哈族人中的顽固分子非但不听努哈要他们认主独一的劝告,反而蛊惑族人坚持崇拜瓦德、素瓦尔、叶巫斯、叶欧格和奈斯尔5尊偶像,终因其所犯罪恶而被洪水淹死,随即堕入火狱(71:21~25)。经文旨在以此为鉴,警告坚持偶像崇拜、拒不承认穆罕默德先知身份的麦加古莱什多神教徒。据经注学家解释,瓦德等5尊偶像原系人类始祖阿丹时代5个著名人物,死后被人塑成偶像奉之为神,世代相传,遂成为传统信仰。瓦德的主要崇拜者为居住在叙利亚地区的凯勒卜(Kalb)部落。 (杨宗山)

瓦哈比派(al-Wahhābiyyah) 近代伊斯兰教复古主义派别。亦称“瓦哈比派运动”。18世纪中叶,由阿拉伯半岛纳季德的伊斯兰学者穆罕默德·伊本·阿卜杜勒·瓦哈卜(1703~1792)创立。该派自称“认主独一者”(Tawḥid,陶希德)。因其创始人瓦哈卜的名字而得名,是近代伊斯兰教复兴思潮和运动的前驱。瓦哈卜的宗教思想是吸取逊尼派罕百里学派的教法学说和伊本·泰米叶(1263~1328)的复古主义思想,并针对时弊,提出了瓦哈比派的宗教复兴的主张。他所著的《认主独一论》、《信仰基要》、《疑难揭示》等,奠定了该派教义学说的基础。主要传播于阿拉伯半岛,以及埃及、苏丹、利比亚、尼日利亚、印度、印度尼西亚等地,并在世界不少地区都有影响。

瓦哈比派教义的要旨是,革除多神崇拜和一切形式的“标新立异”,“回到《古兰经》去”,恢复先知穆罕默德时期伊斯兰教的“正道”,严格奉行认主独一的教义。其主要主张是:(1)严格信奉独一的安拉,反对多神崇拜和异端邪说。认为阿拉伯社会落后和穆斯林正统信仰的衰落,致使多神崇拜和异端邪说盛行,主要原因是背离了安拉的“正道”和先知穆罕默德的遗训,要复兴伊斯兰社会,首先必须改革和复兴伊斯兰教,要革除一切多神信仰的表现,反对异教思想对伊斯兰教的浸染,反对苏非派对吾里、陵墓和圣物的崇拜,反对在安拉与人们之间有所谓中介说情的主张,恢复伊斯兰教的根本信仰——认主独一,恢复伊斯兰教早期的纯洁性和严格性。(2)坚持以《古兰经》、圣训立教。该派认为,《古兰经》和早期真实的圣训是穆斯林信仰、立法、道德和个人行为的最高准则,应以经、训的原则立教,凡符合经训规定的应当遵循,违犯经训规定的坚决抛弃。反对脱离经训的任何“标新立异”,反对苏非派和内学派对《古兰经》文的隐秘解释,反对用异教观点注释《古兰经》,主张一切应回到《古兰经》本来精神中去。倡导以罕百里法学派的学说行教治国,穆斯林应严格履行教法规定的各项宗教功课和义务。(3)主张整肃社会风尚,净化人们的“心灵”。该派认为,纯洁的心灵、朴素的本色、高尚的道德,既是穆斯林必备的品德,又是虔信安拉的体现。信仰的淡薄,道德的沦丧,必然使人走上迷误,导致社会陷入腐化堕落的深渊。故该派主张革除社会弊端,净化人们的“心灵”。严禁高利贷盘剥和商事交易中的巧取豪夺;禁止吸烟、饮酒、赌博、淫秽,反对将音乐、舞蹈引入宗教仪式;反对一切腐化、堕落和违背人格的享受;谴责奢侈豪华,禁止装饰豪华的清真寺,禁止穿着丝绸和华丽服装、佩戴金银珠宝首饰等。(4)倡导穆斯林团结,共同对敌。该派认为,凡穆斯林应不分氏族、种族和贫富,在安拉面前一律平等,共同的信仰将穆斯林连接在一起,“凡穆斯林皆兄弟”,应消除分歧和怨恨,停止自相残杀,为捍卫“安拉之道”,团结一致,共同对敌。(5)在政治上,反对土耳其人对阿拉伯半岛的统治和英国的侵略。该派指责奥斯曼帝国统治者腐化堕落,助长“异端邪说”,对伊斯兰国家进行欺压和掠夺,完全背离了伊斯兰教,因而不承认土耳其素丹为伊斯兰教领袖的地位,不承认土耳其政权,公开提出只有阿拉伯人才能肩负起恢复伊斯兰教纯洁性的使命。主张用“圣战”争取阿拉伯半岛的统一和民族的独立。

瓦哈卜起初在纳季德家乡艾叶奈宣传教义主张,曾得到部落酋长伊本·穆阿麦尔的支持,并吸引了部分信众。后哈萨地区长官以破坏传统信仰为由,出面反对和干涉,瓦哈卜被迫离开家乡。1745年来到达尔伊叶的阿纳扎部落，酋长穆罕默德·本·沙特支持和赞赏瓦哈卜的宗教改革主张，瓦哈卜则支持伊本·沙特实现政治统一的主张。伊本·沙特与瓦哈卜遂结成宗教、军事联盟。瓦哈卜担任教长，专事讲学、宣教，借助达尔伊叶部落的武装力量传播新教义。此后瓦哈比派和沙特家族的势力迅速发展。1765年伊本·沙特去世，其子阿卜杜勒·阿齐兹继酋长位后，继续推行瓦哈比教义和对外征战，于1773年统一纳季德，占领利雅得。1792年瓦哈卜去世，阿卜杜勒·阿齐兹成为瓦哈比派教长，从此确立了沙特家族世袭的政教合一的国家政体。1801年瓦哈比派攻占伊拉克卡尔巴拉，拆毁侯赛因陵墓。1803～1804年相继攻克麦加和麦地那，捣毁先知穆罕默德陵墓，迫使麦加谢里夫臣服，并从土耳其人手中夺取了整个希贾兹，后又吞并了哈萨。1805年袭击了奥斯曼统治的叙利亚和伊拉克。1811年建立了第一个沙特家族统治的瓦哈比派王朝。奥斯曼素丹命埃及总督穆罕默德·阿里率大军前往镇压。经过7年的战争，于1818年沙特王朝的首都达尔伊叶被夷平，埃米尔阿卜杜拉·本·沙特被押往伊斯坦布尔处死，沙特王室逃往科威特，瓦哈比信徒被赶往沙漠地带。

20世纪初，沙特王室的阿卜杜勒·阿齐兹·本·沙特从科威特返回故乡，集结旧部收复利雅得，进而统一纳季德地区。1910年，阿卜杜勒·阿齐兹创建"伊赫万·陶希德"(即认主独一兄弟会)组织，大力传播瓦哈比派教义，并在军事、政治、经济、宗教诸方面进行改革。兄弟会发展成宗教、军事、生产的综合性组织，随着会员的不断增加，逐渐向纳季德的农业区迁移，组成了大量"希吉来"区，为新国家的建立奠定了基础。1921～1925年，先征服了拉希德家族的领地，后进攻希贾兹国王侯赛因的属地，先后占领塔伊夫、麦加、麦地那、吉达，后又兼并了阿西尔，阿卜杜勒·阿齐兹被拥戴为"汉志王和内志及其属地的素丹"。1932年9月，正式定国名为沙特阿拉伯王国，立瓦哈比派教义为国教。 (杨克礼)

瓦哈卜(Muḥammad ibn ‘Abd al-Wahhāb, 1703～1792) 伊斯兰教瓦哈比派创始人、罕百里学派教法学家。生于阿拉伯半岛纳季德地区艾叶奈地方的宗教世家，为台米姆部落的司南族。祖父为纳季德的著名逊尼派宗教学者，其父为罕百里派法学家，担任艾叶奈的教法官。瓦哈卜幼承家学，随其父学习阿拉伯语、《古兰经》、罕百里派教法，10岁时能背诵全部《古兰经》。后自修经注、圣训和教法经典，侧重研习伊本·泰米叶的教义、教法著作。1723年离家到各地游学，先到麦加、麦地那两圣地，拜名师学习经训、教法，后到巴士拉、巴格达、库尔德斯坦、哈马丹、伊斯法罕、库姆等地游学，拜访著名学者，研究东方哲学、苏菲主义和各教派的学说，了解各地的宗教传统和风土人情，成为学识渊博的宗教学者。他深受其师谢赫·阿卜杜拉·本·易卜拉欣所主张的反对"异端"现象、改革伊斯兰教的思想影响，促使他与苏菲主义决裂。瓦哈卜在游历中耳闻目睹了各地崇奉多神信仰的陈规陋习和苏菲派崇拜吾里、圣墓、圣物的礼仪，深感当时伊斯兰教教义和功修背离了先知穆罕默德时代的"正统道路"。他于35岁时回到家乡纳季德艾叶奈，集中研读罕百里学派的教法典籍和伊本·泰米叶的著作，并著书立说，立志进行宗教改革运动，恢复伊斯兰教早期的传统。

瓦哈卜以伊本·泰米叶的学说为指导，在教法上沿袭罕百里派学说，创立了瓦哈比派的教义学说。他的基本教义主张是：严格信奉独一无二的安拉，反对多神信仰和异端邪说，反对苏菲派崇拜吾里、圣墓、圣物的礼仪，恢复伊斯兰教的纯洁性；坚持以《古兰经》、圣训行教立法，一切应回到《古兰经》去，反对用异端观点注释《古兰经》和阐释教义；主张整肃社会风尚，禁止吸烟、饮酒、赌博、淫秽，反对一切腐化、堕落和违背人格的享受；反对土耳其人对阿拉伯半岛的统治和英国的侵略，主张建立统一的阿拉伯民族国家。

瓦哈卜游历巴士拉后，返回纳季德，先在侯里米拉宣传自己的教义主张，遭到歧视。后返回家乡艾叶奈，著书立说，宣传反对多神信仰，曾一度得到艾叶奈部落酋长奥斯曼·本·穆阿迈尔的支持，初步革除了多神崇拜的礼俗，穆斯林恢复了礼拜、斋戒等制度，追随者日众。后哈萨地区长官以"破坏传统信仰"为由，禁止瓦哈卜的传教活动。1744年，瓦哈卜被迫离乡，来到达尔伊叶的阿纳扎部落，受到酋长穆罕默德·本·沙特的欢迎。瓦哈卜的教义主张被伊本·沙特接受，成为其改变现状、实现半岛政治统一的思想武器。伊本·沙特与瓦哈卜联姻，遂结成宗教军事联盟。瓦哈卜担任教长，领导宗教改革，建立清真寺，宣讲"认主独一"教义，培养宣教师派往半岛各地。伊本·沙特组建武装，进行军事训练，以"纯洁伊斯兰教"为口号发动"圣战"，统一了纳季德地区，建立了瓦哈比派政权。1765年，伊本·沙特逝世后，其子阿卜杜勒·阿齐兹继位，并由瓦哈卜主持就职仪式。1792年，瓦哈卜逝世，由阿卜杜勒·阿齐兹继承了瓦哈比派教长职位，从此沙特家族酋长兼任教长推行瓦哈卜的学说，确立了延续至今的政教合一的国家体制。

瓦哈卜一生著述甚多，涉及教义、教法、经注、教史、传记等方面。主要著作有《认主独一论》、《信仰基要》、《疑难揭示》、《伊斯兰教三要素》、《伊斯兰教优点》、《先知正道简述》、《教律来源言论集》、《注释大全》、《名人录》、《使者传》、《使者简传》、《蒙昧主义问题》等，还撰有大量短文，汇集在《瓦哈卜集》一书中。一些主要著作已被译成英文、乌尔都文等出版。

(杨克礼)

瓦哈伊(al-Waḥy) 见启示。

瓦基迪(al-wāqidi,747～823) 阿拔斯王朝伊斯兰史学家、圣训及教法学家。全名穆罕默德·本·欧麦尔·本·瓦基迪。生于麦地那,为赛赫姆·本·艾斯蒂姆家族的释奴。早年曾做过粮商。他早先师从史学家穆阿麦尔·本·拉希德、教法学家马立克·本·艾奈斯和圣训学家苏福扬·绍里学习经训、教法、历史,后为麦地那著名史学家艾布·麦阿什尔的得意门生,在其指导下学习和研究伊斯兰早期历史,搜集和整理有关伊斯兰圣战、名人、古迹的资料,并到麦地那、麦加等地进行考察。曾听过麦地那许多著名学者的讲学。他博览群书,知识渊博,通晓经训、教法、语言学,尤精通圣战史和圣门弟子的谱系,文采斐然,藏书数千卷,成为同当时历史学家伊本·伊斯哈格齐名的学者,名传四方。曾为阿拔斯王朝哈里发哈伦·拉希德朝觐麦加和麦地那时的向导,受到奖赏。后经大臣叶海亚·本·哈立德推荐进入巴格达哈里发宫廷任史官。此间,曾到过叙利亚和莱盖进行学术考察。819年哈里发马蒙任命他为东部鲁萨费城法官,后又调任巴格达大法官,深受马蒙器重,享有优厚待遇。823年卒于巴格达。他毕生致力于伊斯兰教早期圣战史、著名圣门弟子传记、圣训的研究和著述,搜集传述圣训2万多条,著有28种作品,涉及到《古兰经》注学、圣训学、教法学、史学、人物传记等,大部分为历史作品。留传下来的仅有《圣战史》、《叙利亚的征服》、《埃及的征服》、《波斯的征服》、《非洲的征服》等数种。其中《圣战史》最为著名。据巴格达迪著《巴格达志》和伊本·奈迪姆所编《书目》载,瓦基迪的名著还有编年体的《通史》、《圣门弟子传》、《叛教者》等,但均已佚散,仅在泰伯里等人的著作中有大量引用。瓦基迪的学生兼书记伊本·赛阿德所著的《人物传记》,就是吸取其师《圣门弟子传》中的大量资料并仿照其体例编撰而成。瓦基迪的著作给伊斯兰教历史留下了极为丰富的珍贵资料,为后世穆斯林学者和西方学者广泛引用。他被誉为"伊斯兰圣战史学的长老"。 (杨克礼)

瓦吉卜(Wājib) 伊斯兰教法用语。"艾哈卡姆"之一。阿拉伯语音译,意为"义务"、"职责"。又译为"当然"。指穆斯林个人应尽的职责。"瓦吉卜"分宗教和世俗两大类别。宗教方面的"瓦吉卜",如履行拜功、完纳天课、在"莱麦丹"月封斋、朝觐天房、参加反侵略战争等。世俗方面的"瓦吉卜",如父母抚养、教育子女,并为其完婚;儿女孝敬和赡养父母;教师认真教育学生;领袖关怀民众,人民服从领袖;士农工商各尽其责等。"瓦吉卜"有时与"法雷代"(Farīḍah)同义,故旧译"天职"。但哈乃斐教法学派认为两者应有差别。因"法雷代"系以《古兰经》明文规定为据,例如"五功",而"瓦吉卜"则系法学家根据毋庸置疑的论据而定,不一定须有经典的明文,例如男子每年应集体参加两次会礼拜等。参见艾哈卡姆。 (马恩信)

瓦克夫(Waqf) 伊斯兰教法用语。亦译"卧各夫"、"卧各甫"。在北非亦作"哈伯斯"(Habs)或"胡伯斯"(Hubs),法文作"哈波斯"(Habous),为同义词。阿拉伯语音译。原意为"限制"、"保留"、"留置",专指保留安拉对人世间一切财富的所有权,或留置部分有用益价值的土地、产业。这种永久性冻结所有权、限定用益权(只能用于弘扬主道事业)、禁止出售、抵押、典当、继承、赠予的土地、产业,泛称为"瓦克夫",在中国亦称为"义地"、"义产"。中世纪教法学家据圣训提出的有关规定,即瓦克夫制度。 (吴云贵)

瓦克夫法(Ḥukm al-Waqf) 伊斯兰教法的主要门类之一。关于宗教慈善产业捐赠的法规。亦称"瓦克夫制度"。瓦克夫,阿拉伯语音译,意为"保留"、"扣留"。特指"保留"安拉对人世间一切财富的所有权,或留置部分或全部财富或能产生收益价值的土地、产业,专门用于符合伊斯兰教法规定的宗教与社会慈善事业。由此而产生的留置财产的方式,后来发展为一种特殊的经济制度,历史上曾广泛流行于西亚、北非、南亚各伊斯兰国家。其特点是以奉献安拉之名义永久性地冻结了财产的所有权,明确限定了用益权,留作瓦克夫的土地、产业(即义地、义产)归安拉所有,只能用于宗教慈善目的。瓦克夫有两种形式。一种是原所有人从一开始就明确宣布,将其部分土地或产业的收益捐赠给宗教慈善事业(如用于兴建清真寺、学校、医院、浴池等),称为"公益瓦克夫"。一种是原所有人宣布,将其部分或全部土地或产业首先留归自己的子孙后代享用,直到没有合法受益人时,再用以赈济贫民和需求者,称为"家庭瓦克夫"或"私人瓦克夫"。

关于瓦克夫法的产生,早期的教法学家曾以伊本·欧麦尔传述的一则圣训为据,说明瓦克夫制度源自穆罕默德时代,并据此提出过种种学说和规定,构成瓦克夫法的基础。其主要内容为:(1)瓦克夫的含义和宗旨。(2)瓦克夫财产的捐赠人、受益人、可捐赠物和捐赠方式。(3)瓦克夫财产的所有权、占有权、使用权和处分权。(4)瓦克夫财产监护人(称为"穆泰瓦利")的权利和职责等。其中最重要的一项原则是,留作瓦克夫的财产实体,原所有人不再有所有权,原所有人和现受益人不得出售、抵押、赠予、转让,不得作为遗产分配予子女、亲属,故常被称为"死地"、"死产"。

自近代以来,鉴于瓦克夫制度的种种弊病,许多伊斯兰国家都对之加以修改或废止。历史上公益瓦克夫,留置财产的方式永久性地冻结了所有权,禁止了处分权,限定了用益权,加之经营管理不善,逐渐丧失了财产的使用价值。而禁止买卖、转让瓦克夫的规定,使公益瓦克夫转变为清真寺的宗教公产,又使这部分财富不能进入流通领域,不利于社会经济的发展。据1925年土耳其政府的调查,清真寺占有的土地,在土耳其占全部可耕地3/4,在阿尔及利亚占1/2,在突尼斯和埃及，分别占 1/3 和 1/8。而家庭瓦克夫实际上是对伊斯兰教继承法的某些缺陷和分配制度的不合理所作的一种习惯调整。它的弊端是，一方面有的被继承人以慈善捐赠的方式，将大量财产转让予非亲非故的外人（瓦克夫赠予数额不受限制，可赠予任何人），从而损害了合法继承人、直系血亲的权益；另一方面，有的被继承人则指定部分亲属为家庭瓦克夫的受益人，同时排除了部分亲属的受益权。结果使得伊斯兰教继承法规定的法定继承、遗嘱继承、生前赠予的关系更加混乱不堪。瓦克夫制度的消极性、混乱性，早已引起广大穆斯林民众的不满，但在中世纪，他们所能做的只限于习惯调整，各地都出现了变相租赁和买卖“义地”的现象。近代以来，西方殖民统治者在部分地区曾颁布法令，自上而下地对瓦克夫制度作过某些改革。但直到二次世界大战后，独立后的伊斯兰国家才对之实行全面的修改和调整。大部分国家都通过修订土地法、继承法和瓦克夫法，逐步废止了家庭瓦克夫，使之成为可以继承和转让的私有财产，而公益瓦克夫除个别国家外，则已成为由国家有关部门直接掌管的、名副其实的宗教活动基金。（吴云贵）

瓦克夫制度 见瓦克夫法。

瓦拉塔（Oualata） 毛里塔尼亚古城。位于东南部阿瓦拉沙漠西南的瓦拉塔陡崖下。据史载，该地为古代穿越撒哈拉大沙漠的贸易通道之一。9 世纪是黄金和食盐贸易的集散地，也是毛里塔尼亚穆斯林朝觐者远赴麦加的主要集合地。13 世纪，发展成为繁华的商业和文化城市，当时商店林立，过往商旅络绎不绝。城内建有多座清真寺及古兰经学校，建筑物具有阿拉伯—伊斯兰建筑艺术的特色。15 世纪，曾有成千名阿拉伯和黑非洲的穆斯林学者，聚集该城，传授和研究《古兰经》、阿拉伯语以及哲学、数学、天文学等知识，为伊斯兰文化中心。随着大西洋沿岸商业的发展，这条古商道渐趋衰微，此城许多建筑被沙土覆盖，居民很少。（杨克礼）

瓦利·阿拉沙（Wali Allāh Shāh，1703～1762） 近代印度伊斯兰教改革家和哲学家。又译“卧里拉·沙”。生于德里一伊斯兰学者家庭。自幼从父受伊斯兰教传统教育，据说 7 岁时即能背诵《古兰经》。后在其父开办的拉希姆经学院执教 12 年。他学识渊博，通晓伊斯兰教义学、教法学和哲学，精通阿拉伯文和波斯文。1732 年前往麦加朝觐，后留居汉志（今沙特阿拉伯希贾兹），与各地著名的教义学家交往密切，共同研究教旨。1737～1738 年将《古兰经》译成波斯文，并加以注释，使其在印度流传。他对当时印度伊斯兰教中的世俗化、崇拜圣徒圣墓、统治者和宗教上层的寄生生活以及传统的陈规陋俗等现象颇为不满，主张进行宗教改革，全面实行伊斯兰教法，恢复伊斯兰教的早期传统，重建穆斯林社会。他为维护伊斯兰教的纯洁性，增进伊斯兰教各教派之间的团结，消除社会不平等，提出了“仿效先知的榜样”，“回到《古兰经》去”等口号。瓦利·阿拉沙在宗教哲学思想上，主张传统的认主独一论，认为真主是“存在的统一”，“存在的统一蕴含着无所不包的、充溢宇宙的真理”。但他又承认与“存在的统一”相联系的“见证的统一”，认为两者互为表里，都受到真主的启示和人类理性的支持。反对圣徒崇拜和任何不符合认主独一教义的礼俗。在教法思想上，他主张在坚持以《古兰经》，圣训为立法的根本依据的基础上，运用公议、类比的方法，对教律实行改革。认为在处理教法律例时要根据现实生活的实际，打破常规，让教法学家在有关教法问题上独立思考，进行新的“创制”，使教律适应变化中的印度穆斯林社会经济状况。在社会观上，提出了在伊斯兰教义的基础上，建立真正平等的“正义国家”的理论。他指出社会的不公和黑暗现象的存在有深刻的经济根源，认为在莫卧儿王朝的统治下，社会财富集中在几个家族的手中，他们过着奢侈的寄生生活，对广大农民和手工业者进行无情的剥削，这必然导致社会的不安和动乱。在理想的社会中，必须把国家的财富进行合理和平等的分配，使社会结构得到平衡，并给予生产者应有的保护和权利。瓦利·阿拉沙的思想和实践反映了下层穆斯林的利益和愿望，对于印度清净教派运动的兴起和发展产生过重要的影响。他一生的著作约 50 部，涉及伊斯兰教义、教法、哲学、政治、教育、宗教及社会改革等方面，主要有《真主的深远证明》等。（杨克礼）

瓦利·阿拉学派（Madrasah Wali Allah） 近代印度伊斯兰教教义学派之一。它既坚持逊尼派传统，又主张对之加以灵活的解释，故有时亦被称之为“新正统派”。18 世纪由印度著名伊斯兰学者瓦利·阿拉（1703～1762）创立，成员主要是瓦利·阿拉的后裔和门弟子，为 19 世纪前印度伊斯兰教界最有影响的主流学派。

瓦利·阿拉在其著作中对宗教和社会问题进行了全面阐述，提出了系统的见解，奠定了该学派的理论基础。其基本思想主张是：(1)关于重建穆斯林社会的理论。认为莫卧儿政权的衰落，使印度穆斯林社会失去有力的政治庇护，难以靠法制和秩序来维护国家的统一，而应靠重建印度穆斯林社会的结构来稳定大局。为此，瓦利·阿拉就伊斯兰教政治体制加以系统的研究，指出人类社会分为 4 个阶段：没有典制的原始社会；哲学家指导下的城邦国家；为克服分裂而建立的君主制国家；为限制地方君主制政权而创建的“普世哈里发制度”。但这一理想的社会制度自四大哈里发时期后便不复存在，而在像印度这样的多民族、多信仰并存的国家，尚未建立起与之相适应的社会理论，故对敌视伊斯兰教的势力，尤应以“圣战”等方式予以回击。(2)重新解释伊斯兰教法。认为教法虽很重要，但它只具有相对的价值，对逊尼派教法传统应取分析态度，不宜盲目遵从；教法的四大渊源中，唯有《古兰经》和圣训是不谬的，而类比和公议只有相对的真理性。指出在大多数情况下，真理往往介于两种极端的解释之间，因此对以往教法学家的判断应予以分析，尤应以“创制”（即伊智提哈德）精神，重新予以解释，以纠正前人的失误。（3）增进印度穆斯林社团的团结、统一。认为教法传统的不同是导致分裂的原因之一。为弥合分歧、增进团结，四大教法学派之间应求同存异，相异点以圣训为据求得共识。导致穆斯林社团分裂的另一原因是苏菲派的神秘主义道统与逊尼派教理不相一致。为此，应重新评价伊本·阿拉比哲学，认为其“存在单一论”（又称“本体一元论”）与瓦利·阿拉学派的“见证单一论”（又称“现象一元论”）为同一安拉实体的两个互为表里的方面，故对苏菲神秘主义不应绝对排斥，而应予融合、吸收。至于广泛流行于印度的苏菲三大教团（即契斯提、卡迪里耶和纳格什班迪耶），它们实际上皆以“先知之道”为道统渊源，故可合为一体。

瓦利·阿拉学派曾对近现代印度伊斯兰教学术思想产生广泛的影响。19 世纪初发生于印度西北部的“圣战者运动”为其思想影响的直接产物。始自 18 世纪的“新圣训派运动”和“新苏菲主义”思潮，同它也有直接的思想渊源关系，这些思潮和运动曾对苏菲派与正统派的调和起过推动作用。而印度以赛义德·艾哈迈德汗为代表的“现代派”及其领导的“阿里迦运动”，也都曾深受其思想影响。（吴云贵）

瓦绥勒·本·阿塔（Wāṣil ben‘Aṭā’，699～749） 伊斯兰教穆尔太齐赖派创始者之一。生于麦地那，为波斯释奴出身。早年师从麦地那再传圣门弟子学习经训和教法。后迁居巴士拉，广交学者，并师从著名圣训学家哈桑·巴士里学习圣训和教法，深受其师关于人类有意志自由思想影响。据传述，其师哈桑·巴士里有一次在巴士拉清真寺讲解教法律例时，认为犯大罪者是罪人，但不失为信士，因犯罪不妨害其信仰。而他则认为犯大罪者既不是信士，也不是叛教者，其地位介于两者之间。阿慕尔·本·欧拜德（699～761）也赞成其说。因与其师意见分歧，该二人便离其师讲席，另设讲席宣传自己的教义主张，周围聚集了许多追随者，便形成了穆尔太齐赖派。瓦绥勒学识渊博，通晓经训和各派教法，谙熟语言学和文学。他经常同巴士拉各派学者辩论，以擅长辞令而著称。其思想主张散见于该派学者的著述中。他主张人类有意志自由，人类是自己行为的创造者；安拉是独一的和公正的，根据人的行为赏善罚恶；人的理智具有识别善恶的能力。否认安拉具有本体以外的若干无始德性。倡导对教义问题展开自由讨论，不拘泥于一家之说。

（杨克礼）

瓦希赖（Wāhilah） 《古兰经》中所载因背离安拉之道而遭天诛的两名妇女之一。古代先知努哈之妻。其夫劝导族人抛弃偶像崇拜、信仰独一万能的安拉时，她非但不接受劝教，反而对族人说其夫是疯子，故被安拉判决为努哈家属中的叛逆，同其他不信者一起葬身于洪水中（23：26～27）。《古兰经》将其与另一先知鲁特之妻并列，作为“不信道的人们的殷鉴”（66：10），同时将其与暴君法老之妻作鲜明对比（66：11），阐明一个人的善恶并不取决于其所处地位而取决于其信仰和它支配下的行为，同时警告执迷不悟者：安拉的惩罚是无法逃避的，先知努哈不能为其妻“抵御真主的一点刑罚”，即为一例。（杨宗山）

《瓦希提耶信仰篇》（al-‘Aqidah al-Wāsitiyyah） 伊斯兰教义学著作。系 14 世纪伊斯兰教复古主义理论家伊本·泰米叶（1263～1328）关于信仰问题的纲要式论著，用阿拉伯语写成。著者出于净化伊斯兰教的目的，针对当时各地穆斯林信仰方面出现的被他视为背离了正道的各种倾向和问题，引经据典地进行正本清源，力图恢复伊斯兰教经、训所表述的纯正信仰。该书共分 8 篇，首篇为总论，开宗明义指出：“逊尼和大众派的信仰是：信真主，信天使，信经典，信使者，信死后复生和前定。”然后转入伊斯兰教的本体论，主要是引用《古兰经》的经文从正面进行论述。他指出，真主是伊斯兰教信奉的“最高真谛”，除他的本体外，万物都要毁灭；真主独一无偶，乃指他既无匹敌又无对手，更不能以宇宙万物加以比拟。其他各篇则引证经、训明文和伊斯兰教先贤的主张，论述了许多根本性的信仰问题，主要有：（1）关于前定说，认为宇宙万事万物皆由真主意志使然，一切生物和事物都不能摆脱。（2）关于创造说，认为真主创造了精神世界与物质世界的一切，包括人和人的行为，但真主又为人类创造了趋善避恶的意志与能力。（3）关于《古兰经》，强调《古兰经》是真主的言语，以复古主义观点论述《古兰经》中的原旨教义、教规，穆斯林都必须信奉。（4）关于信仰，强调穆斯林必须具有内心确信、口头招认和身体力行的“信仰三要素”。（5）关于《古兰经》中提到的真主的宝座、手、脸等隐喻概念，主张应从经文的字面意义去理解，但又强调，不能用拟人化的方式加以理解，人类用世俗知识无法知晓，其奥义只有真主彻知。（6）穆斯林还必须坚持圣训的规定和正统哈里发的仪轨。（7）每个穆斯林都要把实施“劝人行善，戒人作恶”的经文作为道德义务加以实行。该书问世后，对世界各地伊斯兰教的改良复古运动产生了很大影响。当代沙特阿拉伯麦地那教义学家穆罕默德·哈利勒·海拉斯为该著作了详注。1966 年，麦地那“赛莱菲耶出版社”将原著连同此注释一并出版，在中国亦有阿拉伯文版本流传。（马忠杰）

瓦伊赖（Wā‘ilah） 《古兰经》中所载因背离安拉之道而遭天诛的两名妇女之一。古代先知鲁特之妻。

据载，鲁特的宗族无恶不作，纵欲男色之风尤为严重。安拉派遣鲁特为使者，警告族人要敬畏真主，停止伤风败俗的丑行。而瓦伊赖却在暗中与歹徒勾结，见到英俊男子即向他们通风报信。一次，化为男童模样的众天使因事到鲁特家中，歹徒们接到瓦伊赖的密告即蜂拥而至。在较详尽地记述鲁特事迹的经文中，都提到鲁特及其全家在灾难降临时将得到拯救，惟其妻子除外，她将和其余的人"同受刑罚"。由于她作恶多端，终于同恶棍们一起，被暴雨般的飞石所击毙。她同另一古代先知努哈之妻一起，成为"不信道的人们的殷鉴"(66：10)。（杨宗山）

瓦伊索夫派(Baucobu)　俄国地区伊斯兰教苏菲派别之一。19世纪70年代由苏联喀山苏菲派学者瓦伊索夫(b. Baucob)创立。教义上深受流行于印度和中亚地区的纳格什班迪耶苏菲教团的影响，主张正本清源、净化信仰，强化伊斯兰教法，反对异端邪说，认为正统教义的阐释者不是与官方妥协的欧莱玛，而是苏菲长老和导师(亦称"和卓")。1862年，瓦伊索夫在喀山兴建清真寺，称"全世界各国的祈祷宫"，遭到自认为正统的欧莱玛的强烈反对，不久导致教派冲突。1884年祈祷宫被毁，教派首领和骨干以传播"异端邪说"的罪名受到审判，瓦伊索夫被关入疯人院至死，大批追随者被判监禁或流放。残余者转入地下活动后，由瓦伊索夫之子领导，继续从事宣教活动，再次遭到官方镇压，其首领于1895年被流放到库页岛，1905年大赦后回喀山。该派一直存在到1918年，后销声匿迹。

（吴云贵）

瓦志　见塔伊夫。

宛葛思(Waqqāṣ)　中国唐代入华的伊斯兰教传教师之一。亦译"瓦戛斯"。旧译"斡歌士"、"斡葛斯"、"旺各斯"、"万尕斯"、"挽个士"等。相传，在唐太宗(626～649在位)时由阿拉伯来华传播伊斯兰教，抵长安(今西安)后，受到唐太宗礼遇，并敕建清真寺。后到江宁、广州传教。去世后葬于广州城外流花桥畔，其墓称"先贤古墓"，立有墓碑。见广州先贤古墓。

（杨克礼）

万丹国(Banten)　印度尼西亚伊斯兰教王国(1552～1832)。一称"下港"。位于爪哇岛西部。自1521年淡目国素丹特林加纳执政以来，西爪哇的部分领土归属淡目伊斯兰教王国。后须门达剌一巴赛国的伊斯兰教传教师法里塔汉(本名苏南·古农·查提Sunan Gunung Jati，？～1570)从麦加朝觐后到万丹传播伊斯兰教，信众日增，成为西爪哇地区的伊斯兰教领袖，并娶特林加纳之妹为妻。1527～1528年，法里塔汉以伊斯兰教圣战为号召，组织武装力量，领导万丹和巽他卡拉帕(即雅加达)穆斯林起义，两次击败葡萄牙人的入侵，杀死同葡萄牙人缔造和约的西爪哇印度教派国王，夺取政权，占领万丹地区，并拥有井里汶和雅加达属地。法里塔汉为淡目王国属侯。1552年在巴章王国各领主内战之时，法里塔汉正式建立万丹国政权，并立其长子哈桑·丁(Hasan al-din，1556～1570在位)为嗣君。后法里塔汉隐退井里汶，建清真寺，培养门徒，专心致力伊斯兰传教事业。1556年哈桑·丁宣布万丹国脱离巴章国而独立，自称万丹国素丹一世，号称帕南巴汉，以万丹为都城。他扩建万丹港口，修建清真寺、学校、王宫和市场，筑造防御工事，万丹发展成为南洋各国商品交换的中心。在素丹帕南巴汉·优素福(Pangeran Yusuf，1570～1580在位)执政时，采取多种措施改变农村的原始耕作，兴修水利，扩大灌溉，开拓水田耕作，使农业得到发展，农民安居乐业。1579年征服巴库安印度教派的帕查查兰小王国，使其大多数廷臣改宗伊斯兰教。在素丹毛拉纳·穆罕默德(Mawlana Muhammad，1580～1596在位)6岁执政时，号称腊图·万丹，由首席大臣孟库布米辅政，伊斯兰教长老任太傅。孟库布米以素丹名义发号施令，励精图治，健全国家制度，加强中央政权，使万丹国日益兴盛。王国经济发展，伊斯兰文化得到传播。万丹为国际性的商品贸易集散地，与中国、中南半岛、印度、波斯、阿拉伯和土耳其贸易往来频繁。16世纪末，荷兰殖民势力开始入侵。17世纪前期，万丹朝廷为争夺王位，多次发生内讧，在幼君执政时，多由摄政首相专权，各地动乱不断发生。原属地雅加达等相继独立，遭马打蓝国的军事威胁，国势转衰。1684年，万丹沦为荷兰东印度公司属国，丧失独立。1750～1755年，万丹穆斯林举行反抗荷兰殖民者的起义。1832年荷兰殖民主义者灭万丹素丹国。

万丹国的政治制度沿袭淡目国，素丹下设参政会议，由贵族参加，作为素丹的咨询机构。政府曾一度设首相，总理全国一切政务，并设有各部大臣。地方由领主制度发展为帕提制(即以太守为地方行政长官的行省制)。军队设陆军司令(称"森纳帕提")和水师提督(称"拉沙马拉")，军事决策由素丹主持下的军事会议决定。农村村社在内地占优势。除王族和封建主外，有商人、自由民、农奴。从事主要劳动的为奴隶。万丹国王室信奉伊斯兰教逊尼派教义，实行伊斯兰教法，伊斯兰教长老在宫廷参与国事。王国投巨资在主要城市兴建清真寺和宗教学校，以万丹和井里汶的清真寺最为著名。各地伊斯兰教长老封有领地和传教区。朝廷派出传教师赴各地传教，促进了伊斯兰教在西爪哇地区的广泛传播，万丹和井里汶成为伊斯兰学术文化中心。（杨克礼）

万德　见瓦德。

《万里行程记》　中国清人所著从内地到伊犁的行记著述。作者祁韵士(1751～1815)为清代西北史地学奠基人之一，于乾隆四十三年(1778)即28岁考中进士，32岁任国史馆纂修官，受聘纂写《蒙古回部王公表传》，对中国西北及北方地区的民族史、地理学等均有一定素养。嘉庆初年因事获罪，被谪贬伊犁。他自京师起程，经170余日，计5300余公里，到达伊江(今伊犁)。对沿途所见山川城堡、名胜古迹、人物风俗、少数民族情况等均一一作了记载。如记嘉峪关外惠回堡“自此而西，回民比屋皆是”。记哈密“为汉伊吾庐地。唐置伊州，内地商贾懋迁者多。回民尤众，谓之缠头”。“回王城，距办事大臣及通判所驻之城五里许，大城在东，回城在西”。“番长帅所部聚族而居，安生乐业，居然安乐国也”。记乌鲁木齐“有满汉二城，夹河相对，东为汉城，提督驻之；西为满城，都统及道州各员驻之”。全书考察详明，记叙清楚，是清代有关陕西、甘肃、新疆等地山川道里、民情风俗等方面有重要参考价值的文献。有道光年间祁氏家刻《问影楼舆地》丛书本，光绪年间《山右丛书》本及《丛书集成》本。 (罗万寿)

万寿寺 见西安小皮院清真寺。

万县伊斯兰师范学校 现代中国伊斯兰教新式学校之一。1928年由四川工商界穆斯林人士周级三发起创建并任校长。校址设在万县(今重庆市万州区)清真寺后山坡。它是在当时中国穆斯林知识界“振兴宗教，提倡新式教育”思潮影响下创办的。其办学宗旨是：提高穆斯林科学文化水平，培养经学和汉学兼通的宗教师资和其他人才，传播伊斯兰文化知识。学校开设的课程有：《古兰经》、教义与教法学、阿拉伯语及语法与修辞学、汉语文、数学、历史、地理，后还增设了《孟子》、《论语》等课程。学校还附设清真小学1所。创办人周级三原籍成都，曾在万县开办了“伊斯兰百货公司”、“伊斯兰制革公司”，并被选为万县清真寺管事乡老。他为兴办宗教教育，捐巨资兴建了3层校舍楼1幢，包括教室、图书馆和办公室等。并以其经营的公司所得盈余作为办学的经费，聘请教师5人，聘任湖南常德李仁山阿訇为教务主任，兼任清真寺开学阿訇。开学前学校印发了招生简章，面向全国招生，学生来自四川、湖南、湖北、河南、云南和甘肃等地区的穆斯林青年，学校为学生免费提供膳宿。该校在培养具有相当宗教学识和文化知识的人才方面做出了积极贡献，在中国伊斯兰教育史上有一定影响。1935年，因经费拮据而停办。 (马忠杰)

万有单一论(Waḥdah al-Wujūd) 伊斯兰教苏菲派哲学学说之一。一译“存在单一论”。中世纪苏菲哲学家伊本·阿拉比(1164～1240)在《麦加的启示》(al-Futuḥāt al-Makkiyyah)和《智慧之瑰宝》(Fusus al-Ḥikmah)两部著作中提出的宗教哲学理论。“万有单一论”是苏菲神秘主义信仰的理论基础，它针对当时宗教界、哲学界所争论的关于造物主与被造物、安拉的本体与属性、现象与本体、精神与物质、今世与后世的关系等问题，作出了“一元论”的回答。伊本·阿拉比在总结哈拉智、比斯塔米、伊本·西那、安萨里等著名苏菲学者的思想成果，并吸收新柏拉图主义的“流溢说”的基础上提出此说。“万有单一论”的主要观点是：(1)独一先在的安拉是一种绝对的存在或纯粹的本质，为宇宙万有存在的本原或总的根源，除此之外没有任何真实的实在。相对存在的宇宙万物皆为安拉所创造，是先在的安拉本质的一种“显现”或“表象”。(2)宇宙万有在显现前与先在的安拉同为一体，此时没有形态、属性、差异、关联。安拉创造万物的过程亦即安拉由静而动、由隐而显的过程，它经历了本质、属性、行为、理念世界(即原型世界)和感觉世界(即物质世界)5个阶段，由此产生宇宙万物的形态、本质、属性及彼此间的差异。它们皆因安拉的自显而存在，而被人们感知，反之则不复存在、不被感知。(3)人类世界具有二重性。世界作为安拉的灵知为一种永恒的观念存在，即先在的世界的原型早已存在于安拉的理念之中，而世界作为安拉自显或外化的结果，又是一种相对的、暂时的存在，不同于它的永恒、先在的原型。世界在创造之前又是一种潜在，故存在、潜在、显现为独一安拉本体的3种状态，而在安拉的灵知中得到统一。因而，创世过程实为安拉认识自身的过程，知识、认知者和被认知者三者同为一体，为苏菲知识论的基本特征。(4)先知穆罕默德是安拉创造人的一种完美体现。认为表征安拉德性的99个美名只有在外化、自显的过程中才能为世人所认识，但人们在现实中因受世俗欲望的纷扰，难以达到认主归真的境界，故安拉在每个时代皆差遣一位先知来指明“正道”，使世人得以返本归真。“封印使者”穆罕默德为使者序列之首，他是安拉最初的显现或外化，为“完人”和真理的体现，也是安拉创世的“第一理性”或“理念”(Logos)，世人在其指引下才能“与主合一”，回归原型世界。故同理念中的原型世界相比，世人生存的现实物质世界是虚幻的和微不足道的。“万有单一论”在伊斯兰教历史上产生了广泛而深远的影响，为苏菲神秘主义信仰体系提供了更坚实的理论基础，苏菲教团将其奉为教义。伊本·阿拉比的“万有单一论”因被认为有悖于“正统”信仰，曾遭到伊斯兰教逊尼派学者们的非议，近代尤甚。印度著名伊斯兰学者希尔信迪(1563～1624)曾对其“万有单一论”作过系统的反驳。 (吴云贵)

亡人纪念日 中国清代回族穆斯林反清起义中殉难者的纪念日。清代咸丰、同治年间，西南和西北地区先后爆发了各族穆斯林反抗清统治者的民族压迫和宗教歧视的武装起义，遭到清军的残酷镇压。据有关史籍不完全统计，回族穆斯林在这次起义中被屠杀及殁于疫疾、饥饿及坠崖惨死者约200万人。因此，后人将“众亡人”的罹难日作为“亡人纪念日”，或称“舍希德节”，人们在这一天悼念殉难者，祈祷安拉赐他们以“舍希德”的荣誉，永享天园幸福。纪念仪式是集体到清真寺诵念《古兰经》、祈祷、游坟、施舍财物，并讲述殉难者的英勇事迹。“亡人纪念日”的日期各地不一，以当年穆斯林集体罹难之日为准。如云南省大理杜文秀领导云南回民起义，建立了反清政权达18年之久。1872年清军集重兵猛攻大理城，杜文秀为拯救军民率先献身就义。城陷后，清军纵屠血洗了城内外回族军民。大理回民每年以农历12月11为“亡人纪念日”。据《迁葬清咸丰丙辰昆明五万被难回教亲友碑记》载：清咸丰六年(1856)云南官府下令“灭回”，“格杀勿论”，昆明城千余户回民约5万人惨遭清军杀害，从而激起云南全省回民武装反抗，史称“丙辰之变”，每年农历4月13为昆明地区“亡人纪念日”。又据《秦难见闻记》载，清同治元年(1862)农历5月17，清督指使乡团对陕西西安城内外30多个回族聚居村庄进行劫掠烧杀，酿成惨案，故西安地区回族穆斯林以此日为“亡人纪念日”。另外甘肃平凉及宁夏灵武等地也以先人集体殉难之日为“亡人纪念日”。（冯增烈）

王岱舆(约1584～1670) 中国明末清初著名的伊斯兰教学者和经师。名涯，以字行。别号“真回老人”。金陵(今江苏省南京市)人。回族。其先祖系西域人，明洪武年间来华朝贡，因精于天文历算，被授职钦天监，赐居京师(今南京)。王岱舆生于南京。自幼学习阿拉伯文、伊斯兰教经籍，后攻读中国经史及宋明理学兼及佛道著作。被誉为“学通四教”(指佛、儒、道与伊斯兰教)的回儒。他毕生致力于伊斯兰教经籍的研究与译著，还与人公开辩论，阐释伊斯兰教的义理，批驳“理气空无之论”。他是中国伊斯兰教史上第一个“以中土之汉文，展天方之奥义”的学者，其贡献主要有：(1)他首先提出了“真一”、“数一”、“体一”3个基本概念，阐明了真一“独一无偶”，真一“为天地万物主宰”，真一“显而为天地万物种子”(数一)。而人则通过对“当体”(即自身)及自然界和社会现象的认识去“体认”真一，以达到“正教唯尊兹真一”的认主学目的。(2)在宇宙论方面，他认为“真主(真一)乃无始之原有”。“数一乃万物本始”。其生成序列为“太极生两仪，两仪生四象”、“太极乃真主所立万物之理，而后成天地万物之形”的宇宙生成论。(3)在教义学方面，他以认主学为纲，阐述伊斯兰哲理，然后将基本教义、宗教功修、宗教伦理、教法制度、生死观、两世论等综合概述，构建了中国伊斯兰教教义学说。(4)为了“明真一，显正道之光明，驱异端之谬讹”，他除著书立说外，还以非凡的理论勇气，与人“盘道”(即讲经辩论)，大胆阐发伊斯兰教的教义，其谈锋所及，涉及儒、道、佛各家时，以维护伊斯兰教义为己任，比较评论，侃侃而谈，颇具思辨特色，一时传为佳话。他的言论及著作，使伊斯兰教文化步入中国思想论坛，开一代新风。王岱舆是中国伊斯兰教学术研究的先驱者。他将伊斯兰教教义与中国传统文化主要是宋明理学相结合，阐明了伊斯兰教的本体论、宇宙论、认识论，为建立中国伊斯兰教哲学与教义学的框架，并奠定了理论基础。他的理论紧密结合中国社会实际，表现出伊斯兰教传播过程中与中国传统文化的交融互补，开中国伊斯兰教研究之先河。后世学者说他“发人之所未发，言人之所不敢言，正教光辉，因之昭著”。称赞他“盖自正教入华以来，一人而已”。晚年寓居北京，在正阳门外讲经，殁后葬于北京三里河清真寺附属墓地。主要译著有《正教真诠》、《清真大学》、《希真正答》。（罗万寿）

王浩然 见王宽。

王静斋(1879～1949) 现代中国伊斯兰教著名经学家、翻译家。与达浦生、哈德成、马松亭并称为现代中国四大名阿訇。名文清，以字行。经名叶尔孤白。回族。天津人。出身于经师世家。8岁时随其父王兰庭阿訇读阿拉伯文。后进清真寺接受经堂教育，曾先后投著名经师李长贵、马玉麟、于志诚、金连荣、刘绪魁、海思福等门下学习经训、教义。26岁时学成“挂幛”(即毕业)。他学识渊博，通晓《古兰经》经注学、圣训学、教义学、教法学、凯拉姆学及伊斯兰教历史。精通阿拉伯语、波斯语，对古汉语、英语亦有一定造诣。历任河北、北京、辽宁、黑龙江、天津、山东、台北等地10余所清真寺教长，设帐讲学，门徒众多。1922～1923年，携弟子马宏道赴埃及爱资哈尔大学进修，任该校首任中国学生部部长；此间曾去麦加朝觐，并到埃及、沙特阿拉伯、土耳其等地考察伊斯兰教现状，受到近现代伊斯兰教改良主义思潮的影响；还搜集抄录阿拉伯文经典600余种，后全部携回国内。1927年创办并主编《伊光》月报，介绍伊斯兰学术文化、中国穆斯林生活和“尊经革俗”的主张。同年与杨敬修等在天津创办新式中阿文大学，亲自授课。1936年，在北京组织中国回教典籍编译社，组织穆斯林学者著述、翻译、出版伊斯兰经籍。1938年，在河南与时子周等共同发起成立“中国回教抗日救国协会”。毕生致力于弘扬伊斯兰教文化事业，力主改革经堂教育，实行新式教学，培养中阿文兼通人才，以教育兴教。

王静斋一生清贫，刚正不阿，爱国爱教。1912年起支持孙中山领导的辛亥革命。抗战期间力主抗日，积极支持各地穆斯林团体进行抗日宣传和救亡活动并痛斥降敌回奸。

王静斋毕生潜心从事伊斯兰教学术研究，翻译伊斯兰经典，译著极富，被誉为“现代中国伊斯兰教经学大师”、“学通古今中外、品学兼优的伊玛目”。历经20年潜心译著，四易译稿，先后以文言文、经堂语、白话文翻译出版甲、乙、丙本3种不同文体《古兰经译解》。其中丙种译本附有“略解”、“附说”及1943条注释，深受海内外穆斯林信赖与欢迎，被视为最实用的汉译《古兰经》之一。其他译著有《回耶辨真》、《中亚字典》、《中阿双解新字典》、《欧母代序文》、《选译详解伟戛业》、《真境花园》等及文章《五十年求学自述》、《我之译经小史》、《中国近代回教文化史料》、《发扬伊斯兰文化之必要》、《巡礼游记》等。1949年5月25日旅经贵阳时病逝，安葬于贵阳郊区白桦山回民公墓。（陈进惠）

王宽（1848～1919） 近现代中国伊斯兰教著名阿訇、经师、宗教教育革新家。字浩然，经名阿卜杜·拉赫曼。回族。北京丰台人。出身于经学世家，其先辈世代为北京牛街清真寺"付冠带住持"。他自幼受教于被称为"北方经学泰斗"的叔祖王守谦，学习刻苦，成绩卓著，具有深厚的阿拉伯文和伊斯兰教基础知识。青年时代，即开始出任各地清真寺教长，从事讲学活动。1906年，到麦加朝觐后便游学埃及、土耳其等地进行考察，受到土耳其素丹阿卜杜勒·哈米德二世的礼遇。翌年归国时，携回素丹赠送的经书千余卷，并聘请土耳其经学专家哈夫苏·哈桑和阿里·里达一同来华传授《古兰经》诵读学及诵读方法。为振兴宗教，提高穆斯林文化素质，他主张改革经堂教育陈旧的内容和方法，倡导举办经学与汉学并举的新式学校。1907年在北京牛街清真寺内创办新型的回文师范学堂，由其弟子达浦生主持教务，改良教学方法，修订课程内容，在经堂教学中兼授汉文及其他文化知识，以培养新式师资。1908年，他为改变经堂教育"教学方法陈旧迂拙，事繁效鲜与学塾等"的状况，以普及新的宗教文化教育，提高经、汉知识水平为宗旨，同马邻翼等创办了京师清真两等（初等、高等）小学堂，并分设4所小学于城郊各处。此后在上海、南京、开封、呼和浩特等地任教长时，仍继续发展宗教教育事业，从而培养了诸如达浦生、马松亭、杨明远等一批伊斯兰教经师和学者。在王宽的影响下，全国各地纷纷效法，创办新式学堂，其中中等学校有八九处，小学堂达六七百处。这是王宽把寺院经堂教育发展为新式学校教育的创举，是中国伊斯兰教教育史上的一次革新。王宽积极倡导创办伊斯兰学术文化团体、发展民族工业。1912年，他发起组织了中国穆斯林第一个全国性宗教团体——中国回教俱进会，提出了"兴教育、固团体、回汉亲睦"的主张，受到各地的响应，纷纷成立分会。1914年前后，他在北京牛街创办了一家生产毛巾、浴巾的回民普慈工厂，成为振兴民族工业的开端。他爱国爱教，追求进步，拥护孙中山先生推翻封建帝制、建立共和政体的伟业。曾在中国回教促进会晋见孙中山先生。1917年秋，孙中山致函王宽，要他联合西北穆斯林参加"护法运动"，他予以响应。王宽一生从事宗教教育，改革旧式学堂，关心穆斯林经济文化事业发展，支持社会进步，在中国穆斯林文化教育史上起了开拓和创新的作用。1919年，于北京病逝。（陈进惠）

王孟扬（1905～1989） 中国穆斯林文化教育工作者。原名梦扬。北京市人。回族。早年因家贫失学，后刻苦自学，后毕业于北平郁文学院。对伊斯兰经籍有研究，擅长诗词、书画、音乐。青年时倡导伊斯兰学术文化研究和宗教教育，先后倡办"穆友社"、中才小学及新月女子中学。曾任教于北平成达师范学校，继在西北中学任教，并任《月华》旬刊编辑。1932年秋，上海《南华文艺》发生侮辱伊斯兰教案，北平成立"华北回民护教团"，公推王等4人为代表赴南京国民政府请愿，要求惩办该刊主持人曾仲鸣及封闭该报馆，1935年，北平《世界日报》、《公民报》再次发生侮教案，王被公推为声讨大会主席，因率回民进行护教活动，遂遭当局收审，经据理斗争获释。1937年，任宁夏省云亭师范学校代理校长。翌年，赴重庆任中国回教救国协会理事兼组长，曾创办《回教文化》刊物，与马宗融在重庆组织"伊斯兰学会"。后赴湘、黔、赣3省，宣传抗日主张，发动组织回族穆斯林进行抗日救亡活动。1940年在甘肃平凉陇东师范学校（原上海伊斯兰师范）任教。1946年，任新疆省民政厅秘书，在今乌鲁木齐创办启新小学。80年代被聘为新疆维吾尔自治区文史研究馆馆员，并任新疆书法家学会理事、新疆宗教学会常务理事等职。曾在报刊上发表有关伊斯兰教论著多篇，主要有《伊斯兰天课制度》、《翻译天经之我见》、《回教与中国》、《回教之基本精神及其对人生之态度》、《回教文化之特色》、《四大阿訇传记及事略》等。

（达应庚）

王守谦 中国清末伊斯兰教著名阿訇。生卒年不详。名崇明，以字行，俗称"王四阿訇"或"王四爷"。北京牛街人。回族。出身于经学世家，父永寿为牛街西大寺教长。少年时代，奉父命，两赴陕西拜名师学习经学，历时10余年，对伊斯兰教伦理学、教法学均有造诣，尤对认主学有精深研究，受锦幛两幅还京。途中，曾在天津大寺代掌教领拜讲经，赢得津门穆斯林赞誉。回京后，受聘于牛街西大寺。以其渊博学识，受到当时著名经师"沧州李"（四爷）、"北钊李"（恩荣）、刘辑五等人景仰敬重，与清王公贵族亦过从甚密。所授弟子回履祥、李长泰、"邋遢李"、于长明、子振益（友三）、侄孙王宽（浩然）、孙瑞兰等，后均成为有名阿訇。故王守谦被时人誉之为中国伊斯兰教"北方经师泰斗"。

（冯今源）

王文清 见王静斋。

王有琪（1899～ ） 中国穆斯林解剖学家、教授。回族。江苏六合人。1930年毕业于东南大学理学院。毕业后即在上海医科大学任教。1937年所写《人脑皮层测量》论文，受到中华教育文化基金会重视，资助他出国深造。他在美国明尼苏达大学研究院人体解剖学研究所进修期间，写出《现代各种人脑各部分的比较测量》一文，提出了"看不出不同人种的智慧有差异"的诊断，为反对种族歧视提供了科学依据，获哲学博士学位。1940年归国后，继续在上海医学院任教，并同伊斯兰学者哈德成多有交往，支持伊斯兰文化的研究，重视同各国穆斯林学者进行学术文化交流。主要著作有《人体胚胎学纲要》、《中国近代解剖学的发展》、《组织学》等。与谷运华教授合作主编了《人体胚胎学图谱》、《人脑构筑学图谱》。1952年起，当选为上海解剖学会理事长、中国解剖学会副理事长、上海市人民代表大会代表及常务委员会委员，1982年起任上海市伊斯兰教协会副主任，上海市伊斯兰教文史资料工作委员会主任等职。（张志诚）

旺德 见瓦德。

望加锡人（Macassar） 印度尼西亚穆斯林民族之一。亦译“孟加锡人”。人口220万（1983）。主要分布在苏拉威西岛西南部、塞拉亚岛和邻近岛屿。人种、语言和文化与布吉人相近。有拉丁字母的文字。族源有说是公元最初几个世纪从中南半岛通过西爪哇迁来的最后一批“新马来人”与当地土著居民融合形成。望加锡人主要从事农耕和渔业，畜牧业也较发达。农作物以旱稻、水稻和玉米为主。捕鱼业和航海业相当发达，其足迹遍布印尼各岛沿岸及新加坡和澳大利亚等地。手工艺品闻名国内外。望加锡人有古老的文学遗产，其中以神话传说、历史故事、王侯贵族和英雄传奇以及动物童话居多。望加锡人的80%信仰伊斯兰教，属逊尼派沙斐仪教法学派。伊斯兰教于14世纪时由南部岛屿通过印度穆斯林商人传入，17世纪普遍传播。望加锡人的婚礼仪式按照伊斯兰教规举行，一般须经求亲、送彩礼、诵《古兰经》、婚后在新娘家住3日等礼仪。（伊力奇）

望月楼 见米厄宰奈。

威尔弗里德·史密斯（Wilfred Smith，1916～ ） 加拿大著名宗教思想家、伊斯兰教研究专家。出生于多伦多。早年在多伦多大学学习东方语言，1938年获学士学位，后赴英国剑桥大学攻读神学和东方语言，毕业后在巴基斯坦的拉合尔教授印度史和伊斯兰教史。二次世界大战后，在美国普林斯顿大学攻读东方语言，1947年获硕士学位，1948年获博士学位。1949年任加拿大麦吉尔大学（蒙特利尔）比较宗教学教授，1951任该校伊斯兰教研究所所长。1964年被任命为美国哈佛大学世界宗教教授和该校世界宗教研究中心主任。1978年被任命为比较宗教史教授和哈佛宗教研究委员会主席。史密斯精通阿拉伯语和乌尔都语，治学严谨，主张用人文主义和比较宗教学的观点、方法研究东西方宗教文化传统，尤为强调以客观主义态度研究伊斯兰教和东方宗教，曾就西方宗教研究中对伊斯兰教的误解提出许多中肯的批评意见，认为任何一种宗教的信仰、传统、真理，皆同特定的历史文化传统相关联，只有深入了解其历史文化内涵，才能客观、真实地揭示该教的精神。主要著作有《现代伊斯兰教在印度：社会分析》（Modern Islam in India：A Social Analysis）、《现代历史中的伊斯兰教》（Islam in Modern History）、《论理解伊斯兰教》（On Understanding Islam）、《宗教的意义和目的：了解人类宗教传统的新途径》（The Meaning and End of Religion：A New Approach to the Religious Tradition of Mankind）等。史密斯为哈佛大学宗教研究学派的带头人，他所提倡的人文主义和比较宗教学的方法论，在北美有广泛的影响。（吴云贵）

威尔豪森（Julius Wellhausen，1844～1918） 德国著名东方学家、伊斯兰教研究专家。青年时代受教于德国哥廷根大学。1872～1882年，在格雷夫斯瓦尔德（Greifswald）大学任基督教《旧约》教授。1882～1885年，在豪里（Halle）大学任闪语教授。1885～1892年，在马尔伯格（Marburg）大学和哥廷根大学教授闪语。在学术思想上，注重以语言学、文献学为基础来考察宗教的历史。威尔豪森在近代西方学者中最早用法律观点研究犹太教的《律法书》，对犹太教的兴趣使他转向早期伊斯兰教的研究，并卓有建树。他是《伊斯兰教百科全书》（莱顿）主要撰稿人之一。主要著作有：《穆罕默德在麦地那》（Muhammad in Medina）、《伊斯兰教的麦地那》（Medina Vor dem Islam）、《伊斯兰教古代史绪论》（Prolegomena Zur“Altesten Gesc hichte des Islam）、《古代伊斯兰教中的宗教与政治反对派》（Die Religios-Politischen Oppositionspartein in Alten Islam）、《阿拉伯帝国及其衰亡》（Das Arabische Reich Und Sein Sturz）等。（吴云贵）

唯理主义派 见穆尔太齐赖派。

《维卡亚教法经解》（Sharḥ al-Wiqāyah） 伊斯兰教法名著。逊尼派穆斯林常用的教法课本之一。“维卡亚”系阿拉伯语音译，旧译“伟戛业”，意为“遵循”，即遵循伊斯兰教法传统。成书于14世纪。中亚伊斯兰学者赛德尔·沙里亚特·欧拜杜拉（Ṣadr al-Shari ‘at‘Ubaydullāh，？～1346）编著。此书为其祖父布尔汗·沙里亚特·马哈茂德（Burhān al-Shari‘at Maḥmūd）所著《维卡亚教法经》（al-Wiqāyah）的注释本，为学习和理解该经的基础著作。共4卷。按教法题材分类编著，内容极为丰富，涉及实体法各个领域，附有详尽的边注。其简本《尼卡亚教法》，亦称《穆赫泰塞尔·维卡亚》，也是逊尼派穆斯林常用教法著作之一，为印度及中亚一带穆斯林所推崇。《维卡亚教法经解》系中国伊斯兰教经堂教育必修课本，列为“十三本经”之一。有王静斋汉文选译本，名为《伟戛业》，1931年天津版本。只选译了1～2卷共29章，删除原著中有关社会律例的各章节，保留了有关礼仪、斋拜、天课、朝觐等主题。另有马塞北整理的新版本，名为《选译详

解伟戛业》，1986 年天津古籍出版社版，是中国回族古籍丛书之一。（吴云贵）

维齐尔（Wazir） 伊斯兰国家历史上对宫廷大臣或宰相的称谓。一译“卧齐尔”。阿拉伯语音译，意为“帮助者”、“支持者”、“辅佐者”。据考证，此称源自波斯萨珊王朝的官制。8 世纪中期，阿拔斯王朝第二任哈里发曼苏尔（754～775 在位）效法波斯帝国的行政管理制度，始设“维齐尔”官职，作为哈里发的首席大臣，秉承哈里发的意志，行使国家行政权力，处理国务和宗教事务。维齐尔有权代表哈里发主持国务会议，领导和管理政府各职能部门及各部大臣，对各行省总督及法官的任免提出意见，报哈里发批准。波斯的巴尔马克家族成员曾担任阿拔斯王朝三代哈里发的首席大臣，控制着哈里发国家的实权。伊斯兰教法学家马沃尔迪（al-Mawardi，974～1058）把阿拔斯王朝“维齐尔”的职权分为两类：一类是无限权力，称“塔夫威德”（Tafwid），除王储的任命外，掌管哈里发授予的一切权力；一类是有限权力，称“坦菲兹”（Tanfidh），没有创制权，只执行哈里发的一切命令，遵循他的各种指示。在第十八任哈里发穆格泰迪尔（908～932 在位）时，维齐尔的职位为总司令（Amir al-Umarā'）所取代，并由布韦希人首领所担任，掌管了哈里发的一切权力。1258 年阿拔斯王朝灭亡后，在各地一些独立的穆斯林王朝设有此职，指宫廷大臣或泛指国家的高级行政官员。约 1380 年，奥斯曼帝国素丹把“维齐尔”称号授予一名军队最高司令官。此后，“维齐尔”表示国家行政机构的最高职位，有些宫廷大臣也有此称号。在素丹穆罕默德一世（1401～1421 在位）时，称首席大臣为“大维齐尔”，全权代表素丹行使一切权力。1922 年土耳其资产阶级革命后，宣布废除素丹制，“维齐尔”称号也随之消失。该词今指“部长”或王国“大臣”。

（杨克礼）

维特尔拜（Ṣalāt al-Witr） 伊斯兰教拜功之一。指每日宵礼后单独举行的三拜当然拜。“维特尔”系阿拉伯语音译，意为“奇数”。621 年穆罕默德登霄返回麦加后，每于宵礼拜后增礼此拜。《布哈里圣训实录》中阿卜杜拉传述：“夜里你们的末拜当为维特尔拜”，即指此拜。维特尔之由来据《天方至圣实录》载述：穆罕默德登霄后礼此 3 拜，一拜为登霄时代天使吉卜利勒而礼，一拜为先知自礼，一拜为遵主命而礼，乃以 3 拜而成。法学家依“圣训”制定为宵礼拜后不可缺少的拜功，认为“维特尔拜”与“泰罕朱德拜”（属许愿性质的拜功）连礼最佳。穆斯林礼此拜旨在表示对真主的敬畏和纪念，遵守圣行，希冀真主的恩惠。（达应庾）

维吾尔族 中国信仰伊斯兰教的少数民族之一。自称“维吾尔”（Uighur），意为“团结”、“联合”、“结合”、“同盟”等。主要分布在新疆维吾尔自治区，大多聚居在天山南部各个绿洲，极少数居于湖南省桃源县，河南省渑池县、郑州市等地。人口 839.9393 万（2000）。使用维吾尔语，属阿尔泰语系突厥语族。历史上曾先后使用过古突厥文、回鹘文、古维吾尔文等。10 世纪伊斯兰教传入后，逐步使用以阿拉伯字母为基础的维吾尔文。中华人民共和国成立后，曾创制以拉丁字母为基础的新文字，20 世纪 80 年代初，又恢复使用以阿拉伯字母为基础的维吾尔文。关于维吾尔族的族源，说法不一。一般认为其先民可追溯至公元前 3 世纪北方游牧民族丁零以迄铁勒。在中国不同历史时期的汉文文献中对“维吾尔”这个族名有不同的译写。4 世纪写作“袁经”，6 世纪末、7 世纪初写作“韦纥”，788 年以前写作“回纥”，788 年以后至 13 世纪 70 年代改写为“回鹘”，13 世纪 70 年代～17 世纪 40 年代写作“畏兀儿”，17 世纪 40 年代到 20 世纪初则称“回部”或“缠回”等。还有人认为其族源可追溯至公元前 3 世纪的“呼揭”、“乌揭”，甚至远古塔里木盆地的原始土著民族。唐天宝三年（744）回纥消灭突厥汗国，居住在鄂尔浑河和色楞格河沿岸的回纥人建立了回纥汗国，其统辖范围包括贝加尔湖西南、叶尼塞河上游、阿尔泰山西南、天山以北、兴安岭以东等广大地区，后曾占领过天山以南部分地区、七河流域、真珠河（今锡尔河）、拨贺那（今费尔干纳）等地，与唐朝长期友好，曾两次派兵助唐平定安史之乱并与唐多次和亲。唐文宗开成五年（840），回鹘汗国破灭，回鹘部众除一小部分留在原居住地外，绝大部分被迫进行大迁徙。分南下与西迁，南下主要分为二支，其中一支奔向河西走廊，与早在武则天时南渡大漠而徙居于河西的回纥部众聚合。建牙帐于甘州（今甘肃张掖），被称为“甘州回鹘”或“河西回鹘”。咸通二年（861）在甘州自立可汗，11 世纪上半叶为西夏击败，后又为蒙古所统治。他们长期繁衍生息，今甘肃省的裕固族，这一支回鹘人的后裔。另一支回鹘部众来到天山以北，以西州（即高昌，今吐鲁番盆地）为中心建立起高昌回鹘政权，史称“西州回鹘”或“高昌回鹘”。其政权一直存在到元朝中期，他们与当地各族人民共同生活，劳动生息，相互交流，逐渐融合，发展成为这一部分地区今天的维吾尔族。西迁的第三支回鹘人进入中亚地区，和先于他们进入这一地区葛逻禄等部汇合。因其活动于葱岭以西，史称“葱岭西回鹘”。在 9 世纪末到 13 世纪初，这一支回鹘，联合其他突厥语系部落建立政权，称为“喀喇汗王朝”，其极盛时期的疆域包括今塔里木盆地的中部和西部、伊犁河流域和巴尔喀什湖以东、楚河流域和伊塞克湖周围、锡尔河中游和阿姆河中游的以东地区。他们与塔里木盆地的居民在长期生息中逐步发展为这一地区的近代维吾尔族。另一说认为维吾尔族自古就生活在新疆境内，后与西迁的回鹘人聚合发展成近代维吾尔族。辽保大四年（1124）耶律大石率众西迁，建立“西辽”，辖地包括今新疆及迤西地区，1211 年为乃蛮王屈出律所灭。1218 年蒙古灭乃蛮，其间今新疆的维吾尔族先后受西辽与乃蛮贵族的统治，1234年并入蒙古察合台汗国。明朝洪武四年(1371)察合台汗国灭亡，新疆境内分裂为许多割据政权。17世纪初，天山南部建立了叶尔羌汗国，与清朝维持着朝贡贸易关系。康熙十七年(1678)，由于白山派和卓勾结准噶尔蒙古贵族攻入南疆，叶尔羌汗国灭亡。清乾隆二十至二十二年(1755～1757)清朝平定了准噶尔之乱。乾隆二十七年(1762)在新疆设总统伊犁等处将军，实行军事管制制度，至光绪十年(1884)正式建省。在长期的历史发展中，维吾尔族同各族人民一起，为维护祖国统一、反对帝国主义侵略和民族分裂，进行了长期斗争，进一步加强了抵御侵略和反分裂的力量。历史上维吾尔族的政治家、学者、翻译家如廉希宪、阿礼海涯、桑哥、安藏、贯云石、鲁明善等，都对祖国做过有益贡献。

维吾尔族古代信仰过萨满教、摩尼教、景教、祆教和佛教。10世纪中叶喀喇汗朝萨图克·布格拉汗归信伊斯兰教后，喀什噶尔、叶尔羌、和阗地区先后伊斯兰化。13世纪初阿克苏、库车、焉耆地区维吾尔人均已改奉伊斯兰教。14世纪时，天山北路伊犁、塔城等沿边地区人民归信。14世纪末～16世纪初，吐鲁番、哈密等东疆地区改宗后，全疆实现了伊斯兰化。维吾尔族大部分信仰逊尼派。苏菲(依禅派)各教团广泛传播，清真寺、麻札、宗教学校遍布城乡。城市七八十户、农村二三十户平均有1座寺院，其中以喀什的艾提卡尔清真寺、阿帕克和卓麻札、阿图什萨图克·布格拉汗麻札、库车额什丁麻札、哈密回王墓、吐鲁番额敏塔等建筑闻名，具有伊斯兰建筑艺术特色。清真寺和麻札都有"瓦克夫"地和财产。历史上各地都曾设有宗教法庭和卡孜(即法官)。维吾尔族的诗歌、民间故事、寓言等文学作品中，多有伊斯兰教奖善祛恶、启迪智慧和宗教伦理内容。主要节日有开斋节(即肉孜节)、古尔邦节、诺鲁孜节。一年一度的古尔邦节最为隆重，家家炸油馓子、宰牲，男男女女盛装走亲访友，互致节日祝贺。维吾尔族有经营农业的悠久传统，尤其对植棉和园艺有丰富经验。新疆的棉花和甜瓜、无核葡萄、葡萄干、香梨等驰名国内外。手工业技艺精湛，地毯、丝绸、美玉等深受各族人民喜爱。文化艺术历史悠久，风格独特，流传至今的叙事长诗《福乐智慧》、音乐舞蹈套曲《十二木卡姆》、民间文学《阿凡提的故事》等，深受各族人民喜爱。维吾尔族能歌善舞，民族乐器造型奇巧，品种多样，歌舞内容丰富，多姿多彩。维吾尔族男性喜穿"袷袢"，戴小花帽，妇女喜穿连衣裙，少女喜梳十几条发辫，以长发为美。日常食品有茶、奶、馕、抓饭、烤肉、薄皮包子、面条、小水饺等。 (夏米西丁)

《伟戛业》 见《维卡亚教法经解》。

《伟噶耶教法经解》 见《维卡亚教法经解》。

伪先知叛教(Riddah al-Mutanabbi'in) 632年穆罕默德逝世前后一批自命"先知"者在阿拉伯半岛发动的部落叛乱事件。阿拉伯语"里达·穆泰纳比因"的意译，"伪先知"系伊斯兰教对这批自命"先知"者的贬称。当时，阿拉伯半岛各氏族部落大多归信伊斯兰教不久，对其基本教义尚缺乏明确认识。各部落民众原以为先知不会死亡，故穆罕默德逝世后，他们的信仰立即产生动摇。由于根深蒂固的部族宗派观念的作用和影响，他们把艾布·伯克尔当选为哈里发视为昔日麦加古莱什部族神权统治的复出，从而萌发抗拒心理，产生了摆脱穆斯林公社控制的强烈愿望。此即自命"先知"者得以出现并发动叛乱的社会基础和历史原因。

自命"先知"者均系631年各部族使团到麦地那表示接受伊斯兰教时信教的，其中有的原为巫士，有的原系基督教徒。穆罕默德逝世前后，他们乘机扩大自己的权势，利用部落民众的复旧心理，相继以"先知"的身份出面组织叛乱。较为著名的有：(1)艾斯沃德，绰号"蒙面人"，原系巫士。632年3月穆罕默德患病期间，他以"大仁大慈真主在也门的代言人"的身份，在也门发动叛乱，驱逐杀害穆斯林官员，夺取了半岛的西南部地区，后为其穆斯林部下所暗杀，叛乱持续约4个月。(2)图莱哈，原系巫士，曾声称吉卜利勒天使亲临向他传达真主启示。穆罕默德逝世后，他自命"先知"，在纳季德地区发动部落叛乱，失败后逃往叙利亚，后重新信教。(3)穆赛利迈，原系基督教徒，曾宣称与穆罕默德同为真主的使者，享有相等的地位。632年7月在叶麻麦地区发动大规模的部落叛乱，后战死。(4)赛贾赫(Sajāḥ,？～675)。全名赛贾赫·宾特·哈里斯·本·苏韦德·泰米米娅。部落女首领。生于两河流域的杰吉拉(al-Jazirah)地区，出身于泰米姆(Tamim)部族的叶尔布尔(Yarbū')家族。原信基督教，擅长吟诗作赋。穆罕默德逝世后，她自命"先知"，在泰米姆部族中煽动对穆斯林公社的反抗，并妄图侵袭麦地那未逞。她还与穆赛利迈联姻，把叛乱队伍交其指挥。叛乱失败后归信伊斯兰教。(5)莱基特(Laqiṭ,？～633)，全名莱基特·本·马立克·艾兹迪，出身于艾兹德(Azd)部族，曾自命"先知"，在阿曼地区组织叛乱，后战死。

麦地那穆斯林公社的确立，打破了部落割据的旧格局。穆罕默德逝世前后，一批乘机自命"先知"者之所以迅即被承认和接受，不仅反映了7世纪阿拉伯半岛各氏族部落对自然和社会的认识能力，而且表明了这些部落在传统的宗族观念支配下的政治立场和强烈的复旧愿望。此即当时某些人察觉自命"先知"者系骗子(Kadhdhāb，坎扎布)而仍拥戴其为领袖的重要原因。 (杨宗山)

伪信者 见穆纳菲格。

委任制 中国伊斯兰教苏菲主义各门宦的教坊组

织形式之一。在历史上，哲赫林耶门宦集若干教坊为一行教地区，如新疆、云南、贵州、山东、兰州、吉林、宁夏西海固等，由教主委派热依斯及“师傅”到上述地区代替自己管理教务及有关事宜。热依斯多数都兼任一个大寺清真寺教坊的开学阿訇，故有时也称其为“热依斯阿訇”。热依斯所在的清真寺，即相当于以往的“海乙寺”，下属教坊是它的教权组织的基本单位，但其掌教阿訇不称为“开学阿訇”，一般称作“师傅”。热依斯和“师傅”统由教主直接委派，无一定的任期，教主可随意更换，教众则必须接受为其任命的掌教。取得委任资格的阿訇，不只要看其学识如何，还要视其对教主的忠诚程度。热依斯和“师傅”的委任制是哲赫林耶学派所属门宦教权组织中的一个重要环节，一般由教主的主要家族成员或确系亲信可靠的阿訇担任。接受委任的热依斯要定期拜谒教主，进行教务述职，呈送教众奉献，又称“跑教门”，每年至少1次。1949年前沙沟门宦还在西吉滩道堂中举办一种类似训练班的经堂学校，把各地掌教阿訇和热依斯集中起来加以轮训，以巩固委任制的效益。（余振贵）

为安拉之道而战（al-Qitāl fi Sabilillāh）《古兰经》中的伊斯兰教军事用语，穆斯林应尽的宗教义务之一。阿拉伯语“给他勒”（al-Qitāl），意为“战斗”，在《古兰经》中同“吉哈德”（al-Jihād，即奋斗）一词交替使用于“菲·塞比利拉”（Fi Sabilillāh）之前时，译为“为安拉之道而战”，或“为主道而战”，寓有“为保卫伊斯兰教而战”之意，西方学者称之为“圣战”。《古兰经》中直接使用这一提法的经文有近20处，论及该问题的经文有近300节，集中地反映了先知穆罕默德传教时期动员穆斯林为反对异教迫害和抵抗侵略，进而保卫和扩大传教成果而进行战斗的迫切性。参见吉哈德。

（杨宗山）

畏兀儿 见维吾尔族。

文卷 见恩霖阴、信禁。

文莱伊斯兰教 文莱原名文莱素丹国。1984年独立后，改称“文莱达鲁萨兰国”。达鲁萨兰意为“和平之邦”。中国史籍称“渤泥国”。位于东南亚加里曼丹岛北部，北临南海，东西南三面与马来西亚沙捞越州毗邻，并被分隔为不相连的两部分。面积为5765平方公里。人口25万（1989）。民族有马来人占65.2%，华人占20.4%，其他土著占7.9%，印度人占3.1%。穆斯林占总人数的60%以上，其他信奉佛教、基督教、拜物教等。伊斯兰教为国教。马来语为国语，通用英语和华语。首都为斯里巴加湾市。文莱自古由土著酋长统治。9世纪被苏门答腊室利佛逝王国征服，后又恢复独立。14世纪末，被爪哇的麻喏巴歇王国占领，沦为附属国，居民多信佛教。此间，来自印度、阿拉伯和波斯的穆斯林商人已在沿海地区进行贸易。15世纪初马六甲素丹国兴起后，文莱依附该国，伊斯兰教传教师和商人将伊斯兰教传入，一些贵族和商人多改奉伊斯兰教。15世纪中叶，该国国王已改奉伊斯兰教，国王改称素丹，建立了政教合一的素丹国，并宣布脱离马六甲国而独立。素丹为宗教和行政领袖，宫廷设枢密院和4位大臣，协助素丹处理政务。素丹推行伊斯兰教法，设立教法官，建清真寺和宗教学校，传播伊斯兰文化。16世纪初，在第五世素丹博尔基亚执政时，国势昌盛，经济发展，伊斯兰教文化得到广泛传播。版图除加里曼丹岛外，还占领了苏禄群岛，并远征爪哇、马六甲、吕宋等地。史称“黄金时代”。16世纪末，葡萄牙、西班牙、荷兰、英国等西方殖民主义相继入侵，国土屡被分割，加之王室内讧，国势转衰。1888年沦为英国保护国，后文莱的素丹继任，内政、外交、国防大权均由殖民当局决定。1941年被日本占领。1946年再度沦为英国保护国。1984年1月文莱宣布完全独立。文莱宪法规定，伊斯兰教为国教，实行君主立宪制，素丹为国家元首，拥有行政权。规定在进行现代化建设的同时必须保持伊斯兰教原则。伊斯兰教在国家政治生活中占有重要地位。素丹下设由伊斯兰教高级学者组成的宗教理事会，协助素丹领导宗教。政府为清真寺、宗教学校和印刷出版伊斯兰经籍设有宗教基金。全国设有伊斯兰教法院，处理宗教和民事诉讼。政府的高级官员大多由穆斯林担任。设有几所宗教学校，培养教职人员，并派留学生到马来、印尼、巴基斯坦、埃及等国家的宗教大学学习。注意加强同世界伊斯兰国家的友好联系。文莱穆斯林属逊尼派，奉行哈乃斐法学派教法。并派出代表参加世界伊斯兰组织召开的会议，为伊斯兰世界联盟和伊斯兰发展银行组织的成员国。（杨克礼）

文泉堂 中国伊斯兰教苏菲主义嘎迪林耶学派支系门宦之一。创始人马文泉（1840～1882），经名穆罕默德·伊布拉欣。回族。祖籍甘肃临夏大河家，后定居兰州，出身农民。因创始者姓名而得名。马文泉自幼就读于清真寺，学习阿拉伯文经典知识。清同治年间，曾去麦加朝觐，接受了卡迪里教团长老阿卜杜·克里木的所传学理，回国后正值西北回民反清起义失败而惨遭镇压之际，遂在福建、广西、云南、四川等地宣教，后回甘肃传教，被清政府以“邪教”罪名杀害。该门宦教民念其被枉杀，便在兰州耿家庄为他修建了墓冢，称“耿家庄拱北”，又名文泉堂。其子阿卜杜·拉希姆为了继承其父志去麦加朝觐，领受了该教团的苏菲教旨，回国后，继续在兰州传教。以后马文泉的学生又吸收了虎非耶学理，分别创建了通贵门宦、崖头门宦和高赵家门宦。文泉堂的主要教义和仪礼为：以《古兰经》和圣训为信仰基础；对履行教乘五功与道乘静修同等重视；念“齐克尔”一般在深夜进行，较为隐秘；马文泉不主张教统“父传子受”，但其学生中有的已实行父传子受或由家族继承。文泉堂只传两代，即马文泉和阿卜杜·拉希姆。教众有千余人，主要分布于甘肃临夏、兰州和青海循化等地。（马 通）

文辛克（Arent Jan Wensinck，1882～1839） 荷兰著名闪语学家、伊斯兰教研究专家。出生于尼德兰的阿兰德尔汶。大学时代在乌特里奇（Utrecht）神学院攻读基督教神学，一年后在胡茨玛、史努克等知名学者指导下，转向闪族研究、阿拉伯研究。1908年，在荷兰莱顿大学伊斯兰研究院获博士学位，同年任《伊斯兰教百科全书》秘书，为该书编委会成员和主要撰稿人之一。1912～1927年，任莱顿大学希伯来语、阿拉米语（古代西亚通用语言）和古叙利亚语教授。1927年，接替史努克任阿拉伯语和伊斯兰教教授，直到去世。一生治学态度严肃认真，以研究伊斯兰教先知穆罕默德生平、圣训著称于西方学术界。主要著作《早期圣训手册》（A Handbook of Muhammadan Early Tradition），以研究、考证圣训为主要内容，初版于1927年，1971年重印于莱顿。另一代表作《穆斯林信纲》（The Muslim Creed），以研究、注释艾什尔里教义学为主要内容，1932年初版于莱顿，1965年于纽约重印，1979年再版于新德里，被西方学术界视为这一领域的名著。（吴云贵）

翁米亚王朝 见伍麦叶王朝。

倭马亚王朝 见伍麦叶王朝。

沃法特（Wafāt） 见无常。

沃洛夫人（Wolof） 西非信仰伊斯兰教的民族之一。亦称“齐洛夫人”（Jolof）、“雅洛夫人”（Yalof）、“约洛夫人”（Yolof）。人口约210万（1978）。属尼格罗人种苏丹类型。使用沃洛夫语，属尼日尔—科尔多凡语系，尼日尔—刚果语族。有文字。主要分布在塞内加尔国内（占总人口的37.2%），部分居住在冈比亚、毛里塔尼亚、马里和几内亚。经济生活以农业为主，沿海居民则从事渔业。近代以来，不少人到城市做工、经商和以手工业谋生。按双系续谱和继承财产，多按父系居住。10世纪初，伊斯兰教从北非传入西非地区。当时塞内加尔地区的塔克鲁尔王国国王首先归信伊斯兰教，此后经几个世纪的发展，沃洛夫人也逐渐归信。19世纪末，沃洛夫人为了抵制法国的殖民政策，开始大批加入伊斯兰教，至今已有93%的人信奉伊斯兰教。沃洛夫人穆斯林属于逊尼派马立克教法学派，但受苏菲派神秘主义影响较深。教团中以提加尼教团、穆里德教团的影响最大，拥有一座西非最大的清真寺。另外卡迪里教团、拉耶勒教团也有一定影响。以沃洛夫人为主体的塞内加尔国，是伊斯兰国家会议组织的成员国。已于1978年4月伊斯兰教世界联盟的非洲地区办事机构设在塞内加尔的首都达喀尔。（王庆仁）

沃斯瓦斯（Waswās） 伊斯兰教用语。阿拉伯语音译，意为“诱惑”、“教唆”。一般指私心杂念，或指因恶魔诱惑而产生的不良念头和邪恶行为。《古兰经》称之为“潜伏的教唆”（al-Waswās al-Khannās），故中国穆斯林有时亦称坏人的言行为“沃斯瓦斯”。（马恩信）

卧尔兹（al-Wa‘ẓ） 伊斯兰教宣教的一种方式。阿拉伯语音译，意为“劝导”、“训诫”、“教诲”、“讲道”、“说教”。《古兰经》云：“你应凭智慧和善言而劝人遵循主道，你应当以最优美的态度与人辩论，你的主的确知道谁是背离他的正道的，他的确知道谁是遵循他的正道的”（16∶125）。“关于使者们的消息，我把它告诉你，用来安定你的心。在这些消息中，真理以及对信士们的训诫和记念已降临你了”（11∶120）。伊斯兰教传教布道的方式主要是用口头语言宣讲教义，旨在劝导人们从迷误中醒悟，归信安拉，走向正道。另一种方式是通过书面文字说教训诫人们认识真理，信奉正道。“卧尔兹”正是为达到人们坚定信仰，通过演讲，引经据典，深入浅出地讲解教义。宣道者称为“瓦伊祖”（al-Wā‘iẓ）。讲得绘声绘色，要使听众聚精会神，领会其义，是宣教最佳的一种手段。伊斯兰教的“卧尔兹”最早从穆罕默德接受主命传播伊斯兰教时开始。他向崇拜多神的古莱什族人宣讲，劝告人们抛弃崇拜偶像，信仰独一的安拉，教诲人们行善，训诫人们勿做所禁之事。穆罕默德在向古莱什部族传教的同时，还向其他部族和四周邻国的国王、皇帝用书面致函宣教劝导。穆斯林由麦加迁徙到麦地那后，采取向公众传教和清真寺内宣教相结合的方式，并派出传教师（al-Dā‘i，达伊）到各地传教。主要是宣传安拉独一，反对多神崇拜，传授伊斯兰教义、教法。四大哈里发时期仍遵循先知的做法。伊斯兰教传播到世界各地后，什叶派、苏菲派都派传教师到各地传布本派的教义学说和主张。

中国穆斯林的宣教，主要在聚礼和会礼时由阿訇在清真寺内专讲。其内容极其广泛丰富，以《古兰经》和“圣训”作为主要内容，并从教史到寓言故事，由哲学、伦理道德到处世为人，乃至社会生活的各个方面，都是“卧尔兹”的题材。“卧尔兹”有长有短，大多突出一个中心旁及其他。开始先背诵一段《古兰经》原文，然后解释，引证有关圣训，联系历史事件举例或讲寓言、故事加以阐发。最后总结几点“劝戒”，要求穆斯林履行应尽的义务和善行，防止邪恶和非法行为。千百年来，由于民族、社会、历史等原因，形成了一种用经堂语讲“卧尔兹”的方式。近代，中国穆斯林已意识到经堂语言的自传自受，已不能适应客观环境发展的需要，便刊印经书，译著经典，阐释教义，与讲经宣教并行，辅助清真寺讲“卧尔兹”之不足。通过各种方式宣传布道，阐扬伊斯兰教义。（达应庚）

卧各夫（Waqf） 见瓦克夫。

卧齐尔（Wazir） 见维齐尔。

渥都（Wudū'） 见小净。

渥斯勒（Ghusl） 见大净。

斡匝儿（Awzār） 12世纪末至13世纪初中国新疆阿力麻里王国穆斯林君主。亦称“布札尔”（Buzār）。生卒年不详。哈剌鲁部忽牙思人。据《世界征服者史》记载：斡匝儿原以盗马、抢劫为生，后聚集一批强盗武装征服阿力麻里（遗址在今新疆维吾尔自治区霍城县境内）及其邻近地区，建城堡称王。因反对屈出律，1211年与海押立王阿尔斯兰汗一同归附蒙古成吉思汗。娶术赤女为妻。他改宗伊斯兰教的情况说法不一，一说是接受了苏非派传教师的宣传而改宗，另一说是受穆斯林商人的影响而归信伊斯兰教。据史籍载，他是一个虔诚的穆斯林，对苏非派苦行者十分优待和敬重。1215年前后被屈出律执杀。其子昔格纳黑的斤继承阿力麻里王位，信仰伊斯兰教。《长春真人西游记》载，邱处机西行至阿力麻里时，有“铺速满国王暨蒙古塔剌忽只领诸部人来迎”。“铺速满国王”指斡匝儿，曾从成吉思汗西征花剌子模。斡匝儿的阿力麻里王国是新疆北部游牧地区最早出现的一个伊斯兰教小国。

（李进新）

乌尔都语（al-Lughah al-Urdiyyah） 巴基斯坦的官方语言和各族穆斯林的通用语。属印欧语系印度—伊朗语族印度语支，为印度斯坦语的两种标准语言之一。使用人口1.5亿左右，分布于巴基斯坦和印度、孟加拉等国。乌尔都语的形成与伊斯兰教的传入有密切关系。自8世纪初阿拉伯帝国的穆斯林军进入巴基斯坦境内印度河流域时起，在几百年时间内，阿拉伯语、波斯语和土耳其语便伴随伊斯兰教而相继传入。这些语言同巴基斯坦北部的民间俗语相结合，形成了早期的乌尔都语。至13世纪初突厥人以德里为都建立素丹国时，近代乌尔都语已基本形成。乌尔都语是一种有文学传统的语言，吸收有大量的阿拉伯语、波斯语和土耳其语词汇。文字使用波斯式的阿拉伯字母，自右向左横写。语音分为42个辅音和12个元音。语法同印地语（印度斯坦语的另一种标准语）的语法相似，名词有性、数、式的区别，动词有时、式、态的变化，基本语序为主语——宾语——谓语。在乌尔都语诗歌、小说等文学作品中，不乏伊斯兰教的训谕性内容和特色。

（杨宗山）

乌干达伊斯兰教 乌干达共和国位于非洲东部，是地跨赤道的内陆国家。面积241038平方公里。人口1640万（1989），有40多个部族。国语为斯瓦希里语，官方语言为英语。首都坎帕拉。居民信奉天主教（占总人口36%）、基督教新教（33%）、传统宗教（20%）和伊斯兰教（8%）。穆斯林人口约130万，分布在邦博、金贾、阿坎达、安帕里、布索加、布克迪、阿罗伊、马萨卡、马辛迪和首都坎帕拉。11世纪末，伊斯兰教由阿拉伯商人开始传入乌干达（史称“布干达国”），国王大卫二世改宗伊斯兰教后，使其地位大为增强。此后，苏丹和努比亚穆斯林又将伊斯兰教传入乌干达西部。19世纪70年代，国王穆台萨宣布伊斯兰教为国教，但不久发生了基督教、天主教与伊斯兰教之间的连年战争，布干达王国迅速衰落，伊斯兰教几无发展。代之而起的是得到英国殖民当局保护的基督教和天主教。1971年阿明军政府执政后，为争取阿拉伯国家的支援，曾借助政权力量强制民众信奉伊斯兰教，并把基督教学校改为伊斯兰学校，引起不满。1974年全国9省省长中7位是穆斯林。伊斯兰教界一直积极地支持阿明政权。1979年阿明政权解体后，几万名穆斯林逃到邻国扎伊尔、苏丹等地。现今的乌干达政府奉行宗教信仰自由政策，承认了伊斯兰教为主要宗教之一。乌干达穆斯林多属于逊尼派的沙斐仪教法学派，少数为艾哈迈迪亚派信徒。主要组织有：乌干达穆斯林最高理事会、乌干达最高伊斯兰教大会（1972年成立，为全国伊斯兰组织的最高领导机构）。穆斯林在政治上有一定影响，不少人在政府、军队中任中高级职务。绝大多数穆斯林经商。全国有2千多座清真寺，以坎帕拉老城的清真寺（1916）、纳卡斯罗清真寺（1918）、努尔班博清真寺（1920）较为著名。各清真寺都开办伊斯兰讲习班。此外，还有为数不多的经文学校。宗教法官负责处理穆斯林的内部事务，伊玛目除领拜外，还为穆斯林主持婚礼。每年约有2千人去麦加朝觐。乌干达穆斯林组织与伊斯兰世界联盟、世界伊斯兰大会均有联系。

（黄陵渝）

乌古巴特（'Uqūbāt） 见五大教法体系。

乌里玛 见欧莱玛。

乌鲁格·贝格（Uluqh Beq） 见兀鲁伯。

乌玛（al-Ummah） 伊斯兰教初期穆罕默德及其门弟子建立的以麦地那为中心的穆斯林公社。亦称“麦地那穆斯林公社”。阿拉伯语的音译，本意为民族，引申为社团、公社。《古兰经》云：“我这样以你们为中正的民族，以便你们作证世人，而使者作证你们”（2：143）。后世历史学者用以专指早期麦地那穆斯林政权。622年9月24日“希吉来”（即迁徙）后，穆罕默德以麦地那为根据地，号召穆斯林不分民族、部落、家庭和地区界限，在共同信仰的基础上，由迁士、辅士以及不同民族部落的穆斯林，组织起名为“安拉的民族”

(Ummatullah)的宗教公社，并以盟约的形式，签订了《麦地那宪章》。公社突破了阿拉伯氏族、部落的血缘关系，以宗教和地区为社会组织的基础，建立起组织严密的、为伊斯兰而奋斗的武装社团——乌玛。在公社中安拉具有至高无上的权威，穆罕默德是安拉的使者，掌握着公社的最高宗教权力和世俗权力。政权为全体穆斯林所有，公社成员享有平等权利和尽同等义务，并规定了必须遵守的社会公德与行为准则。乌玛为伊斯兰教的胜利发展和建立统一的民族国家奠定了基础。

（罗万寿）

乌姆·杜尔曼(Omdurman) 见恩图曼。

乌姆·古拉(Umm al-Qurā) 见麦加。

乌姆·哈比拜(Umm Ḥabibah) 见圣妻。

乌姆·穆民(Umm al-Mu'minin) 见信士之母。

乌姆·赛莱迈(Umm Salamah) 见圣妻。

乌什图尔(Ushtur，? ～1618) 中国新疆地区叶尔羌汗国时期伊斯兰教黑山派领袖，和卓伊斯哈格吾里的主要代理人。一译“舒图尔”。乌孜别克族。生于中亚萨希尔甘。其父是当地有名诗人。幼年丧父，由母亲抚育成人。在和卓伊斯哈格到萨希尔甘传布苏菲派教义时，不顾母亲与族人的反对而拜其为师，随侍左右。1580年后伊斯哈格到叶尔羌汗国宣教，乌什图尔一直是他最亲近的穆里德(即寻道者)。1592年伊斯哈克返回撒马尔罕之后，乌什图尔作为和卓在喀什噶尔的代理人，负责向马哈茂德汗(? ～1609)转达伊斯哈格的指示，参与监督汗王的活动。1592年马哈茂德汗执政后，乌什图尔在其支持下积极开展清洗乌瓦伊西耶派政敌的斗争，为巩固伊斯哈格派的宗教地位作出了努力。1609年马哈茂德汗去世，而伊斯哈格之子和卓夏迪尚未成年，原由汗王兼任的伊斯哈格派教权由乌什图尔继承，并成为和卓夏迪的宗教导师和保护人。马哈茂德汗的继任者舒札丁·艾哈迈德汗(? ～1618)亦对他施弟子礼，借其名望以巩固汗位。乌什图尔于1618年病逝，其教团首领职权由长子和卓赛义德·穆罕默德继承。

（陈国光）

乌苏勒·菲格亥(Uṣūl al-Fiqh) 伊斯兰教法用语。阿拉伯语音译，意为“教法根源”、“教法原理”。指研究伊斯兰教四项立法渊源的专门学科。“四项立法原则”亦称“四大立法基础”，即《古兰经》、圣训、类比(Qiyās)和公议(Ijmā‘)。参见教法渊源学。

（马恩信）

乌苏勒教法学派(al-Uṣūliyyah) 近代伊朗什叶派十二伊玛目支派教法学派之一。与艾赫巴尔教法学派相对。产生于18世纪，由什叶派宗教学者巴奎尔·比赫比哈尼(1705～1803)所创。在教义、教法学上，承认《古兰经》、圣训、公议、理智为伊斯兰教法的四大渊源和理论基础，并只以经、训的明文为立法之基础，认为明文可通过理性加以理解，确信“四大圣训经”中有许多不可靠的圣训传说，故只接受由可信赖的什叶派学者传述的源自伊玛目的传系。在教法原理上，重视“创制”(伊智提哈德)的意义和作用，认为在执法时如无经、训明文可依，则可根据理智推导出结论，相信法律知识只能为那些直接聆听伊玛目教诲者所了解，而在伊玛目“隐遁”期间，则需要诉诸其代理人穆智泰希德的“创制”，而穆智泰希德只能通过理智发布“法特瓦”(即正式法律见解)。在教法学家的地位和作用上，将世人区分为指导者(即穆智泰希德)和遵从者(即穆盖利德)，认为精通经、训教法知识的穆智泰希德堪为无知的广大穆斯林的宗教领袖，服从其决断同服从伊玛目是完全一致的，但尤应服从当代穆智泰希德的决断，而已故穆智泰希德的决断对后世没有约束力。这种重视当代宗教领袖指导作用的宗教、政治学说，客观上对伊朗的王权有限制作用，成为伊朗什叶派教义的重要内容，后来成为穆斯林群众同专制统治进行斗争的思想武器之一。

（吴云贵）

乌瓦伊西耶教团(al-Ṭariqah al-Uwayshiyyah) 中国新疆早期苏菲派地方教团。由中亚赛兰塔吉克人谢赫穆罕默德·谢里夫所创，传至第二代长老穆罕默德·瓦里·索皮。为16世纪中后期在叶尔羌、喀什噶尔、英吉沙流行的主要苏菲派教团，尤其对当时叶尔羌汗国上层有较大影响，两代长老均是汗国统治者阿卜杜·拉失德汗和阿卜杜·克里木汗宗教导师。17世纪初为纳格什班迪耶教团伊斯哈格耶(即黑山派)所取代。

（李进新）

乌韦斯汗(? ～1428) 东察合台汗国可汗。明史作“歪思”。蒙古察合台后裔。黑的儿火者汗之孙。1418年即汗位。移都帐至亦力把里(今新疆伊宁)。信仰伊斯兰教，曾入纳格什班迪耶教团修道道堂从事苏菲修炼。为禁止蒙兀儿人攻击穆斯林，拥兵征讨佛教徒瓦剌部(即卡尔梅克)。曾先后与也先大石打了61仗，仅有一次获胜，并二度被俘。第二次以其妹马黑图木·哈尼木嫁给也先大石之子阿麻桑赤大石，他才得以赎身。马黑图木·哈尼木生二子亦不剌金(今译“易卜拉欣”)和也里牙思(今译“伊勒亚斯”)，俱奉伊斯兰教。后其部与瓦剌分离，归顺明朝。

（李进新）

乌扎 见阿拉伯三女神。

乌孜别克族 中国信仰伊斯兰教的少数民族之

一。散居于新疆维吾尔自治区的乌鲁木齐、伊宁、塔城、莎车、喀什等城市。人口 1.24 万(2000)。使用乌孜别克语,属阿尔泰语系,突厥语族,西匈奴语支。乌孜别克人原属 14 世纪蒙古金帐(钦察)汗国的乌孜别克汗。即《元史》所称的“月即别”、“月祖别”等。由于乌孜别克汗信奉伊斯兰教,在汗国内推行伊斯兰化政策,逐渐发展为以乌孜别克为名的汗国。15 世纪金帐汗国瓦解,部分居民迁移到楚河流域。后将这一地区游牧民泛称为“乌孜别克人”。15 世纪末至 16 世纪初,金帐汗国属下的白帐汗国的一部分乌孜别克牧民,在昔班尼汗的率领下,南下进入中亚农业区,先后占领布哈拉、撒马尔罕、塔什干等城市,和当地操突厥语、从事农业的居民相互融合,形成了中亚的乌孜别克人。乌孜别克人的先民在中国定居,已约有 10 个世纪,他们中有伊斯兰教的传教士、商人和伊斯兰教远征军留居下来的士兵,按来自地域被称为“撒马尔罕人”、“布哈拉人”、“浩罕人”和“安集延人”等。元英宗至治三年(1323)至元惠宗元统元年(1333)期间,又有成批的乌孜别克人从中亚费尔干纳盆地迁来新疆。16 世纪初至 17 世纪末,撒马尔罕与明朝的商业贸易非常频繁密切,据汉文历史文献称“这一时期从撒马尔罕,又有人数众多的商贾来此经商贸易,而且往往成群结队而至。甚至明朝朝廷忙于安置,应接不及”。17 世纪末至 18 世纪初,费尔干纳盆地建立了以乌孜别克人为主体的浩罕王朝,在其西部和北部又相继建立了希瓦汗国与布哈拉汗国,都是乌孜别克人的封建汗国。乾隆二十年(1755),清朝平定了准噶尔部,与浩罕汗国建立了外交关系,给乌孜别克人来新疆定居创造了有利条件。据道光八年(1828)对南疆的乌孜别克人口统计,在喀什、莎车、和田等城市有 1567 户,约 7435 人,其后又有众多的乌孜别克人陆续从中亚迁来新疆定居。乌孜别克族绝大部分从事商业。南疆莎车手工业比较发达,多为丝织业。北疆的少数人从事畜牧或兼营牧业。居住在南疆的绝大部分人从事农业。他们和当地各族人民交往频繁,相处融洽。乌孜别克语与维吾尔语、塔塔尔语同属阿尔泰语系突厥语族,乌孜别克文字又是以阿拉伯文为基础的拼音文字,故语言文字较易相通。信仰伊斯兰教,乌孜别克族在喀什、莎车、伊犁、奇台等地,建造了一些较大的清真寺,有的清真寺附设有经文学校,由毛拉担任教师,主要教授《古兰经》。凡教民的出生、婚姻、丧葬、节日等仪式活动,都由毛拉主持,按伊斯兰教教规办理。乌孜别克族能歌善舞,民间音乐演出形式主要是独唱,歌词内容具有浓郁的生活气息,乐器构造、音响效果方面和维吾尔族基本相同。

(卡德尔·艾克拜尔)

乌兹别克斯坦伊斯兰教 乌兹别克斯坦共和国位于中亚中部。面积 44.74 万平方公里。人口 2032 万(1990)。主要有乌兹别克、鞑靼、俄罗斯等民族。乌兹别克语为官方语言。首都塔什干。8 世纪,阿拉伯帝国向外扩张,伊斯兰教随阿拉伯军队传入乌兹别克。9～13 世纪相继归属于萨曼王朝、喀喇汗国及花剌子模国。13～15 世纪受帖木儿帝国统治。15 世纪出现了乌兹别克人创建的昔班尼汗国。16 世纪以后建立布哈拉汗国和希瓦汗国,18 世纪浩罕汗国兴起,19 世纪 60～70 年代部分地区被并入俄国。1924 年成立乌兹别克苏维埃社会主义共和国,同年加入苏联。1991 年 8 月 31 日宣告独立,易名为乌兹别克斯坦共和国。乌兹别克的穆斯林大多属于逊尼派的哈乃斐教法学派,但苏菲神秘主义派别也有很深的影响。苏联解体前,伊斯兰教事务由设在塔什干的中亚暨哈萨克斯坦穆斯林宗教事务管理委员会负责。解体后于 1991 年又在塔什干成立了中亚穆斯林宗教委员会,由中亚大穆夫提穆罕默德·萨迪格·穆罕默德·优素福统管。1990 年 6 月在塔什干建立原教旨主义的伊斯兰复兴党。与此同时,还出现一个称之为“比尔利克”的运动,系由乌兹别克的知识界发起,主张反对极端民族主义、泛突厥伊斯兰原教旨主义。伊斯兰文化在乌兹别克有着久远的影响。撒马尔罕、布哈拉和塔什干皆为中亚著名的伊斯兰文化中心。拥有 2500 多年历史的撒马尔罕曾是许多伊斯兰王朝的首府,以帖木儿墓、古拉尔和卓墓、兀鲁伯天文台、阿克拉和卓清真寺、杜尔·穆拉德和卓清真寺等历史古迹著称于中亚。中亚伊斯兰教名城布哈拉曾是苏菲派的学术中心之一,有许多著名苏菲谢赫的陵墓。还有建于 712 年的古寺卡梁清真寺、建于 14 世纪的宰因丁清真寺、建于 1535 年的称之为“世界知识之家”的经学院。首都塔什干有著名圣训学家布哈里之墓、帖木儿·乌鲁格·贝格之墓和以纳格什班迪耶苏菲教团创始人名字命名的白哈丁·纳格什班迪耶清真寺。此外,谢赫·宰因丁清真寺、霍加·阿拉姆巴达清真寺、蒂利亚·谢赫清真寺,也均有数百年的历史,还有闻名遐迩的布哈里高级伊斯兰经学院。在塔什干还举办过多次伊斯兰教国际会议。到 1988 年底,全乌兹别克拥有 1312 座清真寺。1990 年后有大批穆斯林去麦加朝觐。

(黄陵渝)

乌宗·哈桑(Uzun Ḥasan,约 1420～1478) 波斯土库曼白羊王朝统治者。生于底格里斯河上游的迪亚尔巴克尔,出身于土库曼游牧部落贵族家庭。原为部落首领,信奉逊尼派教义,通晓《古兰经》,熟悉突厥语、波斯语和阿拉伯语,崇尚武功,勇敢机智。曾娶特里比桑德的康奈尼王朝君主卡罗·琼奈斯的女儿凯塞琳为妻。1453 年建立白羊王朝,自称埃米尔,建首府迪亚尔巴克尔。1468 年灭黑羊王朝,先后占据亚美尼亚、阿塞拜疆、伊拉克和波斯西部。后迁都大不里士。向西,与威尼斯人结盟,多次进攻奥斯曼帝国领土;1473 年在塔贾战役中被奥斯曼素丹穆罕默德二世所击败。在东面,击败呼罗珊的帖木儿帝国统治者艾布·赛义德,占领波斯中部。乌宗·哈桑实行宗教宽容政策,允许萨法维教团首领祝奈德在其辖地传播什叶派教义，并保护其子哈伊达尔在宫廷中长大成人。他在各地创建清真寺和宗教学校，在宫廷聘请逊尼派学者作宗教顾问。15世纪中期，在他的主持下将《古兰经》译成土耳其语，后在奥斯曼帝国广泛流传。

（杨克礼）

无常（Mawt，Wafāt） 中国回族穆斯林日常用语。亦称“归真”。阿拉伯语“毛特”或“沃法特”的意译。系佛教宗教术语的借词，即将人亡故称为“无常”。佛教的“无常”，系梵文 Anitya 的意译，是指世间一切事物均有生起、变异、坏灭的过程，绝无“常住性”。中国穆斯林借用此词经常与阿语“毛特”和古汉语的“殁”并用，以作为“死”的代用词。明清穆斯林学者认为“生死之谓有无”，安拉造化生物，赋予人以“生、觉、灵”三性，而草木鸟兽却只有前二性而无灵性，故其枯朽灭亡称为“死”，而人则应称为“无常”或“归真”，以示有别。与“无常”相对的是“常”。佛教认为它是“涅槃四德”中“常、乐、我、净”的一德，即永恒常在。而明清回族穆斯林学者根据《古兰经》的明示：“你们却选择今世的生活；其实，后世是更好的，是更久长的。”（87：16～17），曾申明“清真之道以死亡为正命”，或称“复命归真”、“返本归真”。意即：①人生如旅途，死亡是通向归真的必经之路。②人为安拉所造化，死后仍必归向安拉。③死只是肉体的朽灭，即“无常”，而灵魂（Ruh，鲁哈）则升华永在，即“常”，故人为“有始（指肉体）无终（指灵魂）之有”。回族穆斯林不仅将“无常”作为代替“死”的日常用语，同时含有深刻的宗教哲理。（冯增烈）

无我主义（Madhhab al-Fanā’） 见法纳。

无效婚姻（Nikāḥ Bāṭil） 伊斯兰教法概念。指违反教法规定的婚姻。阿拉伯语意译，意为“无效的”。无效婚姻受法律禁止，故不产生夫妻间任何的权利和义务。按早期教法的规定，导致无效婚姻的因素，必须是永久性的、不可排除的法定障碍，包括：(1)近亲通婚。一定范围内的血亲、姻亲和有哺育关系的男女之间禁止通婚。(2)重婚。未解除婚姻即与另者结婚、纳妻超过4房以上，构成重婚罪。(3)婚前发生过不正当的幽会或两性关系。(4)以不合法的方式复婚。(5)穆斯林女子与非穆斯林男子通婚等。（吴云贵）

无效礼拜（Ṣalāt Bāṭilah） 伊斯兰教法用语。系阿拉伯语意译。指穆斯林在拜功中因犯禁而导致拜功无效。俗称“坏拜”。伊斯兰教法规定礼拜者在礼拜前必须在持有大净的条件下，完成小净，洁心静思，专一记念真主进行拜功。在拜功中如有犯禁行为，则礼拜无效。有下列情形之一者即为坏拜：(1)入拜时无举意，或念词不准有错误者。法定礼拜须先举意礼拜的名称和拜的性质。如做晌礼圣行拜，抬手向真主举意礼晌礼4拜圣行拜，面向克尔白。礼主命拜，抬手向真主举意礼晌礼4拜主命拜，跟随伊玛目，面向克尔白。无举意则拜无效。礼拜时念颂词不准或有误，拜功亦无效。(2)礼拜的仪则错乱。如应礼4拜错礼成3拜，主命拜和圣行拜先后顺序颠倒，天命拜中行走等等，拜功无效。(3)礼拜思想不集中，胡思乱想，拜功无效。(4)破净。在拜中如有滴尿、下气、流脓血、呕吐、睡盹、大笑等现象，破坏了小净的法定要求，拜功无效。凡发生以上各种坏拜情形者，须再次小净后重礼。

（达应庚）

无字真经歌 中国伊斯兰教嘎迪林耶门宦关于道乘修持的歌诀。它以歌诀的形式口头传授，默诵心记，因不落文字，故名。包括《真经歌》、《修道歌》、《五更月歌》、《无底船歌》、《无根树歌》、《三昧真火歌》、《分明四季道理情歌》等。这类歌诀系嘎迪林耶第六代出家人马道金、祁道和与第七代出家人喇永贵等仿效刘介廉的《五更月歌》的形式创作而成，在该门宦教众中广为流传。主要内容为宣传该门宦重视“道中有教”的教义思想及道乘修持的“遁世出家”、“静坐参悟”、默念“迪克尔”等修炼方式。主要有以下几个方面：(1)称颂“无字真经”，如“三教九流各有经/千卷万卷都是错/口念舌赞全不是/无字真经主喜爱”。(2)否定教乘修持即念、礼、斋、课、朝，如“念者不念为真经/非是口诵舌又赞；礼者仁、义、礼、智、信/非是叩头又鞠躬；斋者去己化浊显本然/非是早晚吃两顿”等等。(3)提倡遁世出家修行，如“论出家道也好/游江湖涉山川/寻师访友学参禅/自从觉得长生路/料知生死不相干。”(4)主张寻找“真人”（即穆尔什德、吾里）引导求道，如“无人引领路不明/自行寻道不知道”、“必须求贵人、访明师、细指点”。(5)宣扬修道方式，如“沿门乞讨化口粮/少食无衣心莫焦”，“睡觉好奇巧/罕格（即本然）就在怀中抱”，等等。无字真经歌中掺杂了一些佛、道教词语，如“出家”、“参禅”、“悟道”、“化口粮”等。也有人认为这仅是借用佛、道教常用语词，以适应在汉族地区传播教义的需要。（罗万寿）

吾艾斯拱北 中国伊斯兰教先贤古墓。亦称“回回坟”、“回回墓”、“惠回堡”等。系7世纪时阿拉伯伊斯兰教传教师吾艾斯之陵墓。在今甘肃省玉门市清泉乡中沟村附近。始建年代无可考。明陈诚《西域行程记》云：明永乐十二年“（正月）十八日，晴，早起向西行，南北皆山，约行七十里，地名回回墓，有水草处安营”。清代《甘肃通志》载：“玉门县，惠回堡，县东二百里。”相传在唐太宗（626～649）时，伊斯兰教第三任哈里发奥斯曼（577～656）曾派遣吾艾斯、盖斯及宛葛斯3位传教师来华传教，途中吾艾斯病逝于甘肃玉门，即葬于今址。历代中国穆斯林都很崇敬该墓地，常捐资修葺，屡毁屡建。现该墓占地80余亩，建有阿拉伯风格与中国古典建筑融为一体的拱北及其他附属设施，各地穆斯林来此瞻仰者络绎不绝。该拱北对中国伊斯兰教史研究具有一定价值。盖斯于唐贞观九年(635)病逝后葬于甘肃和新疆交界处的星星峡，后由哈密回王为之修建拱北。1945年迁葬于哈密城郊，称“盖斯拱北”。宛葛斯病逝于广州，葬于广州市郊桂花岗，称“宛葛斯拱北”，现址犹存。（王学仁）

吾里(Wali) 伊斯兰教苏菲派高级教职人员的称谓。亦译“勿里”。阿拉伯语音译。复数“奥里亚”，意为“真主的朋友”、“近主者”。一般译为“贤人”或“超人”。主要指各教团及其“扎维叶”中道行品级较高，并能显示“奇迹”(Karāmāt)的长老。他们受到穆斯林的尊敬，逝世后尊信者多为之修建陵墓，供人拜谒。苏菲派把吾里分为一般吾里(即贤人或超人)和古土布(即隐匿于世间的特殊吾里)。什叶派把历代伊玛目以及所期待的马赫迪视为吾里，吾里具有神灵性和不谬性，故他们都以超人对待，极为崇敬。（马　通）

吴侯德之战(Ghazwah Uḥud) 穆罕默德自622年迁徙麦地那后同麦加贵族进行的第二次武装战役。麦加古莱什贵族在白德尔战役中的失败，被视为麦加人的“奇耻大辱”。于是麦加贵族首领艾布·苏富扬为报仇雪恨，并为麦加商队扫清道路，便加紧备战，以图一举荡平麦地那。625年3月，艾布·苏富扬率领一支每人配有一峰骆驼的3000名士兵和200名骑兵的队伍，向麦地那扑来。行军10日后驻扎在麦地那以北8公里的吴侯德山以南的高地，与麦地那相对峙；并令军士尽毁当地庄稼与果树，使其成为一个空旷阵地。穆罕默德闻讯，在麦地那召集迁士和辅士的领导人开会商讨对策。最初穆罕默德主张采取守势，闭城不出，以疲敌军，伺机再战；但因众多穆斯林战斗情绪高昂，遂亲自率军迎战。他集合了1000人的队伍，经过夜行军，占领了城外吴侯德山上的有利地势，构筑工事，阻击敌军。当时穆斯林军中的伪信者阿卜杜拉·伊本·乌拜伊不听指挥，擅自带领300人临阵脱逃，退回城中。3月23日，麦加主力部队向穆斯林军阵地进攻，穆罕默德指挥700名穆斯林军沉着应战，击溃了麦加人的进攻。后来防守山口的许多穆斯林军弓箭手，擅离阵地去抢收麦加溃军丢下的军械辎重，结果阵脚大乱。哈立德·本·瓦利德指挥麦加骑兵乘隙通过山口，从侧翼发动进攻，造成穆斯林军的重大伤亡。穆罕默德负伤后仍坚持战斗，将大多数人马撤回吴侯德原来的阵地。麦加军未敢继续进袭麦地那，沿大路撤回麦加。这次战役，穆斯林军伤亡较多，有75名忠实的穆斯林战士阵亡，其中包括穆罕默德的伯父哈姆扎。《古兰经》对吴侯德之战有专节记述，谴责那些临阵脱逃、以背向敌的人是“伪信者”。吴侯德战役结束后，穆罕默德提出了一个对后世有重大意义和影响的战略思想，即“吉哈德”。他告诫穆斯林要团结，要顺从真主，抵抗麦加多神教徒的进攻，要为保卫“安拉之道”而奋斗。（杨克礼）

五常 见五功。

五大教法体系(Aqsām al-Fiqh al-Khamsah) 伊斯兰教教法学术语。阿拉伯语“艾格萨姆·菲格亥·赫姆塞”的意译。指教法学家关于教法内容所划分的5大系列，即：(1)伊尔提嘎达特(I'tigādāt)：意为“信仰”、“信念”，主要指“六大信仰”及与此有关的言行，一说还包括集中体现信仰的“五功”。(2)阿达卜(Ādāb)：意为“礼仪”、“礼节”，主要指体现伦理道德的修养和言行，也包括衣食住行等日常生活中的一些习俗、礼仪。(3)伊巴达特('Ibādāt)：意为“崇拜”，有广义和狭义两种解释：广义指包括“五功”在内的各种宗教修持和懿行善功。如诵读天经、赞主赞圣、念“迪克尔”、怜恤孤寡、敬老慈幼等；狭义仅指拜功及其有关细则。(4)穆阿迈拉特(Mu'āmalāt)：意为“交往”、“交易”，凡涉及社会制度、社会生活及人与人之间政治、经济、文化等各种关系方面的问题，诸如财产、土地、释奴、遗嘱、继承、买卖、借贷、租赁、典质、馈赠、婚姻、诉讼、契约等，均属“穆阿迈拉特”的范畴，故一般亦称“民事法”。(5)乌古巴特('Uqūbāt)：意为“惩罚”、“处罚”，指对各种犯罪所施的刑罚，如对诬告妇女不贞者和饮酒者处以笞刑，犯偷盗罪者砍掉其手等，故亦称“刑事法”。关于教法内容的划分，除上述五大体系外，还有“三大体系”之说，即将教法内容按其不同性质，划分为“伊巴达特”、“穆阿迈拉特”和“乌古巴特”3大系列。持这种意见的教法学家，一般都将“伊尔提嘎达特”和“阿达卜”两个方面的内容，分别划入“伊巴达特”和“穆阿迈拉特”的范畴。伊斯兰教把体现坚定信仰的宗教修持和体现伦理道德的懿行善功，列为教法范畴内的重要内容，反映了教法同信仰、伦理道德三者之间内在的紧密联系。以信仰为纲，以伦理道德为核心，同时辅以必要的刑罚，三者的结合构成了伊斯兰教教法的最基本的特点。（杨宗山）

五大圣训经(al-Kutub al-Khamsah) 伊斯兰教什叶派推崇的五部规范圣训集的总称。一译“五圣书”。在什叶派穆斯林中的地位仅次于《古兰经》，为该派宗教法和世俗法立法根据之一。什叶派主要推崇该派学者于10～11世纪汇编的4部圣训集，即穆罕默德·库莱尼的《宗教学大全》、伊本·巴拜韦·库米的《教法学家不予光顾的人》、艾布·贾法尔·图西的《教法修正》和《圣训辨异》，总称“四大圣训经”。关于该派推崇的第五部圣训集，有不同说法。一说为《辞章之道》(Nahj al-Balāghah)，又译《雄辩之路》，为圣门后裔、什叶派著名学者谢里夫·穆尔塔达(966～1044)汇编。该经除辑录先知穆罕默德言行外，主要汇集什叶派尊崇的第一代伊玛目阿里的言论、讲演和信函等，故又称《阿里言论集》。另一说为《知识城》(Madinah al-'Ilm)，为四大圣训经汇编者之一伊本·巴拜韦·库米汇编。四大圣训经和《辞章之道》、《知识城》二者之一，统称为“五大圣训经”。参见四大圣训经。

（杨宗山）

五大行为 见艾哈卡姆。

五典 中国伊斯兰教伦理学概念。系清代伊斯兰学者刘智在其著作中论述人际关系规范时提出。亦称“五伦”。《古兰经》对孝敬父母、敦睦家庭、事上爱国、广惠乐群等问题，在第4章36节、第2章237节、第4章59节和第38章25节中，都分别做了具体、明确的规定；穆罕默德在这些方面的言行，也广见于六大《圣训集》之中，因而构成了伊斯兰教伦理观的基础。刘智以经、训为依据，在其《天方典礼择要解》中融汇了中国儒家的“五常”说，分别以夫妇、父子、君臣、兄弟、朋友为序列，建构成中国伊斯兰教伦理学的“五典”论。他没有按儒家“父子有亲、君臣有义、夫妇有别、长幼有序、朋友有义”规定其序次和内容，而是以伊斯兰教教义为本，重组“五典”的序列并扩大其内涵。他认为：“人之生也非一，听于阴阳之气自相摩荡而成者也。”（《天方性理》卷1《人》）。他说，安拉先造化“阿丹”（亚当）、“哈娃”（夏娃），阴阳摩荡，故“夫妇原为一体，生齿繁衍，互为配偶”，才衍化为人类，所以“夫妇为人道之首”，被列在“五典”之先。然后，有“夫妇而后有上下，在家为父子，在国为君臣；有上下而后有比肩，同出为兄弟，别氏为朋友”，如此则“人伦之要，五者备矣”。刘智认为“五典”的重要作用，即在于“五者为万物之本”。他说：“有天地而无人则天地设位何用？有万物而无人则万物之取用谁归？”因此他认为“五伦之礼尽，而生人之能事毕矣，天地之生义完矣”。可见此论正是以安拉造化人的目的、作用的伊斯兰教教义为依据的。然后，他将伊斯兰教的伦理观和儒家的伦理观加以融合，规范了“五典”之道是：(1)夫道有五：教之礼法，食之义粟，量丰歉以示宽俭，严内外以正闺阃，无伤毁以永缱绻。(2)妇道有五：言必遵夫，取与必听令，不私出，不外见，不违夫所欲。(3)父道有十：谨胎教，命美名，开乳（即初生食以甘物，然后哺乳），报牲（即七日宰牲谢主），防患害，洁衣食，严教训，择师董学，量才授业，及长男婚女嫁。(4)子道有十：敬事而顺，洁诚以养，奉以亲身，执守良业，勤学敏善，不危其身，奉父母于无过，亲在从其事，亲没守其爱。(5)君道有十：礼主，法圣，敬贤学，亲百姓，广仁惠，正法度，烛奸，从谏，日省己私，时察民患。(6)臣道有四：正其身，高其志，定其心（矢志无他），宽其量。(7)兄道有四：宽容、仁爱、体恤、涵养。(8)弟道有四：恭敬、顺安、循事而励、有屈不愠。(9)朋友之道有三：始于合志，中于合义，终于成全。刘智的上述规范，既严格依照经、训，出乎哲理，又使伊斯兰教和儒家的两种伦理观相得益彰，从而建构成一套完备的、严整的中国内地伊斯兰教的道德规范体系，并给予回族的伦理观念和行为以深远的影响。

（冯增烈）

五番拜（al-Ṣalawāt al-Khams） 见礼拜。

《五更月》 中国伊斯兰教苏菲主义诗歌。清代伊斯兰学者刘智著。其基本内容为作者名著《天方典礼》、《天方性理》中“天道”及“性理”部分的高度概括和借助形象思维的再现。《五更月》运用中国词赋比兴的传统手法，通过月亮在“五更”过程中的生、新、高、娇、圆、辉、清、朗、端、偏、西、盈、缺、淹、落等各种动态，探索和讴歌真宰、造化、人生、苦行、求真、参悟、访道、养性、游学、末日、归真、复命等一系列宗教哲理。表达了伊斯兰教通过实践“三乘”，达到“天人合一”境界的整个过程。全文共5部分，每一部分包括3段，分别阐述5个更次的月亮初、中、末3个阶段。共636个字。第1部分“一更”，中心是“参悟真宰”、定信伊斯兰教、“遵行天命与圣条”。作者从银汉无声、玉盘周转中得到启示，参悟出主宰宇宙沉浮的真主“无影形，妙难喻，无所称，不落方所乃实真。永活亘古无终始，独一无偶唯至尊”。第2部分“二更”，中心为点破生命短暂，世人日夜追逐荣华富贵，最终不过是“镜中花，水中月”，只有“访名师，求护卫”，透过玄关真机，才能“斩断恩爱除妄缘”，摒除一切贪恋尘世的私心杂念，“从此间，步步前，得登道岸见真元”。第3部分“三更”，中心是论“道”，首先强调“大道不离本身寻”，虽说“乾坤大，物难名”，然而“道”无所不在，“尽自微躯方寸临”。所谓“道”，就是充塞一切，对宇宙间的事物起支配作用的“真主妙用”。作者激励求道者“忙登程，驾轻航”。在其意念中，“礼乘”如舟船，道乘如大海，“真乘”如明珠，造舟为下海，下海为寻珠。第4部分“四更”，主要围绕“三乘”（礼乘、道乘、真乘），论述达到“天人合一”境界，成为“真人”的核心思想。第5部分在于阐明“末日”、“归真”、“复命”的基本内容，“五更末，月正落，复命归真上大罗”。即当初真主化育万物，化生万物，称之曰“大化”，万世万物必然“返本还原”，“复命归真”，称之曰“总归”，即归回到“三界之上，眇眇大罗，上无色根，云层峨峨”之境。《五更月》采取诗歌形式，寓意深刻，文字洗练，朗诵时音调和谐，因而被某些教派当作“经典”念诵。《五更月》阐发了苏菲神秘主义观点，教诲穆斯林“固有”的“本心”出发，自我完成道德修养，自我发现“真理”。

（余振贵）

五功（al-Arkān al-Khamsah） 伊斯兰教五项基本功课的总称。亦称“五桩天命”、“五常”。阿拉伯语“艾尔卡恩·赫姆塞”的意译。伊斯兰教法规定“五功”是穆斯林必须履行的神圣义务和功修制度，它是基本信仰付诸实践的基石，旨在维系、坚定穆斯林的宗教信仰和宗教感情，表达对安拉的虔信和敬畏，通过功修达到认主归一。故中国穆斯林谓五功为“修持之道”，是“天命总纲”，“教道根本”。

伊斯兰教学者根据《古兰经》内容，将五项基本功课概括为：念、礼、斋、课、朝。穆罕默德谓：“伊斯兰建筑于五项基础之上：诚信除安拉外，别无他主，穆罕默德是主的使者；履行拜功；出纳天课；朝觐；封莱迈丹月之斋”。中国伊斯兰教学者王岱舆译著的《正教真诠·五常章》谓：“正教之五常，乃真主之明命，即念、施、戒、拜、聚之五事也。”

念：信仰的确认。即念清真言（al-Kalimah al-Ṭayyibah）。《正教真诠·五功章》谓念有二：“曰‘意念’、曰‘赞念’。意念者，念念不忘于主，忘者丧心也，念者仁心也”。“赞念者，感赞主恩，歌颂圣德也”。《天方典礼·五功篇》谓：“念，知所归也”。“念主则心有所归，而不致流荡忘返。盖真主为大化根源，万命所自出。凡欲返本命之初，务以真主为准向，斯得所要归，而身心俱有收束矣”。

礼：信仰的支柱。《正教真诠·五功章》谓：“礼者，朝拜真主，祝佑君亲，乃天理自然之节文也。真主清净无形，不落方位，朝拜者，统万形而浑于无形也”。《天方典礼·五功篇》谓：“礼，践所归之路也”。“礼拜者，践其原来所历之境，而步步渐次以返之也。当日自主命，步步邮递，以至于今生；今日即由此生，步步邮递，以复归于主命，此礼拜之至义也”。

斋：寡欲清心，以近真主。《正教真诠·五功章》谓：“斋者，戒持也，戒自性而持智慧也”。《天方典礼·五功篇》谓：“斋，以绝物也。用无为之功，而效无求之法也。无求于物，自能绝物；绝物而无扰于性，则本性复而不二于主矣”。

课：课以洁物。《正教真诠·五功章》谓：“课施有二：曰己之施，乃身心智慧，施于主，施于君亲，施于天下也；物之施，乃以财帛谷粟之类，施于危困，济其饥寒也”。《天方典礼·五功篇》谓：“课，以亡己也”。“求道之士，外亡诸物，内亡诸己，则系恋之念全消，沾染之事悉化，不必刻意求道而道，自不觉其浑融妙合矣”。

朝：复命归真。《正教真诠·五功章》谓：“朝者，太聚天下万国之人，以全约信也。爱之开辟之初，降人祖于天房，阐主明命，修道立教，及化行日久，人物日增，则渐流于四方。流被渐远，日趋于迷，旁枝侧派，始于此矣。真主悯世人离散，忘自己之从来，乃命阿丹阐扬大众，平生一次，朝觐天房，参悟正道”。《天方典礼·五功篇》谓：“朝，复命而归真也”。“命朝觐者，使绝域登途，去其贪恋，以近本原也”。

遵守五功是穆斯林信仰虔诚的基本体现。五功中“念”为本，“礼”为纲，五项天命互为因果，相辅相成，构成了系统完整的伊斯兰教功修制度。（达应庚）

《五功释义》 中国伊斯兰教关于功修的论著。又称《礼书五功释义》、《一斋五功释义》。清雍正、乾隆年间伊斯兰教学者刘智著。该书以中国儒家性理学说与有关词汇诠释并论证伊斯兰教“五功”及其意义。著者在第1章里讲述了撰著本书的宗旨：“圣教五功，念、礼、斋、课、朝，示人修道，而返乎其本初也。念在知所归，礼在践所归之路，斋以绝物，课以忘己，朝以复命而归真，修此，而天道尽矣”。全书共63章，以纪念先知穆罕默德在世享年63岁。全书可分为3部分，前面7章分别为原始、本义、爱恶、外官、内德、心性、正变，综述五功之来由。中间25章从仪、法、义、理、证5个方面对念、礼、斋、课、朝五功进行诠释。最后31章包括旱雨、参化、法象、常德、圣凡、忠孝等部分，从宗教和社会伦理的各个方面阐发五功的意义。该书言简意赅，层次分明，数百年来一直被中国穆斯林奉为学习理解五功涵义的主要教材，故民间多次刻印成册，广泛流传。（余振贵）

五伦 见五典。

五圣书 见五大圣训经。

五伊玛目派 见栽德派。

五桩天命 见五功。

伍长华（约1792～1841） 中国清代穆斯林学者。字实生，号云卿。以“回回探花”著称。回族。江苏上元（今南京市）人。其先祖为中亚撒马尔罕人，笃信伊斯兰教。明代初年移居南京，世代为明钦天监刻漏科博士。为明清两代闻名江南的伊斯兰世家。早年延师受私塾教育，悉心攻读儒学，博览诸子经籍，通晓文史，善于训诂考证。后被福格《听雨丛谈》誉为“教门鼎甲之始”。伍氏于清嘉庆十八年（1813）癸酉科江南乡试中举人，翌年甲戌科会试联捷一甲第三名，为进士及第，俗谓“探花”，授职翰林院编修。他为人“天性孝友，风骨严峻”，恪守民族习惯和宗教信仰。他主张回汉民族之间互尊互重，互不干涉对方宗教信仰和习惯。他历任顺天府、浙江乡试考官以及广东学政。道光二年（1822）以后出任外官，先后任广东、长芦盐运使、甘肃按察使和云南布政使等职，并著有《云南铜法考》。道光十八年（1838）被擢任为湖北巡抚，与湖广总督林则徐相处契密。据《林则徐日记》载，林、伍二人于是年九月十日共同在湖北武昌校场查验湖北各地搜缴鸦片烟土、烟具，当众“捶碎焚烧”。林则徐奉旨北上晋京，伍暂署湖广总督职，继续在湖北查禁鸦片。道光二十年（1840）被革职归乡，翌年病故于南京。

（马国贤）

伍麦叶家族（Banū Umayyah） 阿拉伯半岛麦加古莱什部落的主要家族之一。亦译“倭玛亚家族”、“翁米亚家族”。得名于古莱什部落创始人库赛伊的重孙伍麦叶。到伍麦叶之子艾布·苏富扬时，其家族已成为在麦加政治经济地位最显赫的家族。伊斯兰教先知穆罕默德开始宣传伊斯兰教之后，以艾布·苏富扬为首的伍麦叶家族曾纠集麦加其他家族，采用各种手段对穆罕默德和穆斯林加以残酷迫害。仅伍麦叶家族的奥斯曼最先信仰了伊斯兰教。622年，穆罕默德迁徙到麦地那之后，艾布·苏富扬多次率军进攻麦地那。629年穆罕默德攻克麦加时，艾布·苏富扬率众归信了伊斯兰教，伍麦叶家族亦随之信教，许多人成为穆斯林中杰出的行政官员。奥斯曼当选为第三任哈里发，是伍麦叶家族政治上的胜利，穆罕默德在世时曾先后把两个女儿嫁给他，故他被称为“双光者”。奥斯曼当政时出于家族观念，重用了伍麦叶家族出身的人担任要职，赐予封地，如任命艾布·苏富扬之子穆阿维叶出任叙利亚的总督，引起了各地穆斯林的反对，导致了奥斯曼被杀。其后，穆阿维叶与第四任哈里发阿里争夺哈里发的职位，于657年爆发了隋芬之战。穆阿维叶与阿里的争权斗争是伍麦叶家族与哈希姆家族间矛盾的反映。阿里死后，穆阿维叶逼迫阿里之子哈桑放弃哈里发职位，退居麦地那，而创立了伍麦叶王朝(661～750)。伍麦叶人征服了北非、西班牙和中亚地区，进入印度，攻打西西里，扩展了阿拉伯帝国的版图，创立了国家一系列制度，对巩固发展伊斯兰教有贡献。耶济德的儿子穆阿维叶二世仅担任3个月哈里发即去世，他没有子嗣继位，伍麦叶家族的统治权落到伍麦叶的曾孙麦尔旺一世(684～685在位)手中，王朝开始了麦尔旺族系的统治。这时，麦加的伊本·祖拜尔仍据希贾兹僭称哈里发，与伍麦叶王朝对抗。直到麦尔旺的儿子阿卜杜勒·麦利克执政时才派兵攻克麦加，镇压了最后一个哈里发的竞争者。740年，哈希姆家族的阿拔斯人在呼罗珊起义，伍麦叶人节节败退，它的最后一个哈里发麦尔旺二世逃到埃及，750年被俘获处死。750年6月，阿拔斯人利用宴请之机，杀害伍麦叶家族权贵人物，只有伍麦叶王朝第十位哈里发希沙姆的孙子阿卜杜·拉赫曼幸免逃脱，乔装辗转来到西班牙，建立了后伍麦叶王朝。从第八任埃米尔阿卜杜·拉赫曼三世(912～961在位)起，采用了“哈里发”的尊号。1031年西班牙后伍麦叶王朝灭亡，从此伍麦叶家族退出政治舞台。 (郭承真)

伍麦叶清真寺(al-Jāmiʻ al-Umawi) 伊斯兰教著名古清真寺。亦称“大马士革清真大寺”。坐落在叙利亚首都大马士革旧城中央。原址为基督教圣约翰教堂，在伊斯兰教第二任哈里发欧麦尔时改建为清真寺，供穆斯林聚礼用，后被毁坏。705年，伍麦叶王朝第六任哈里发瓦利德·本·阿卜杜勒·麦利克主持在教堂遗址上重新修建。全部工程历时15年，由波斯、拜占庭、印度及埃及的著名建筑师和工匠设计装饰，投入1万多人次的劳力，耗资达1200万第尔汗。后又经历代修葺和扩建，专供伍麦叶皇室礼拜之用，为伊斯兰教育和学术文化中心。该寺建筑巍峨雄伟，富丽堂皇，布局合理，工艺精湛，具有早期伊斯兰建筑的独特风格。寺院大门高达10多米。露天庭院呈长方形，铺以瓷砖，庭院四周的墙壁上，有用金砂、石块和贝壳镶嵌成的巨大彩色壁画，描绘着伍麦叶王朝时代大马士革的盛景。主体建筑，由3个封闭式的圆柱大殿和环抱东、北、西3面的列柱拱顶长廊组成，总建筑面积为长158米，宽100米。礼拜大殿在庭院南，用巨大石头砌成，长136米，宽37米，被合抱粗的大理石柱子分成3楹间，厅内金碧辉煌，墙壁、梁柱、讲台用大理石、瓷砖、五彩玻璃镶嵌，雕刻着精制的图案。圆柱的柱头均涂有金色。标志礼拜方向的米哈拉布朝南，4个半圆形的凹壁，用黄金和宝石细工镶嵌。大殿正门是凯旋式的穹形大门，门廊和前厅连在一起，门两边各有圆柱，大殿中部是一圆顶。大殿东、西两侧各有1楹殿堂，上有圆顶。东侧殿堂建于776年，收藏有12世纪波斯人装制的大古钟1尊；西侧殿堂建于787年，收藏有中世纪《古兰经》手抄本等珍贵经籍。寺内北面建有3座高耸入云的宣礼尖塔。北侧一座建于8世纪初，为四方形；东侧一座建于11世纪，名“尔萨塔”，也为四方形；西侧一座建于15世纪，为八角形。庭院中间有976年所建的一座大理石的水池，供沐浴之用。自1069～1893年间，清真寺曾3次被焚，现存的大部分建筑物是被焚后修补和重建的。埃及阿尤布王朝创建者萨拉丁的陵墓在清真寺旁。这座清真寺被西方学者称为中世纪“伊斯兰世界建筑奇迹之一”，被伊斯兰世界公认为“伊斯兰教第四座圣寺”。伍麦叶清真寺的建筑艺术奠定了伊斯兰建筑风格的基础，尔后对中东、北非各地清真寺的建筑和装饰艺术有深远的影响。

(杨克礼)

伍麦叶王朝(al-Sulālah al-Umawiyyah) 阿拉伯帝国第一个政教合一的伊斯兰王朝(661～750)。亦译“翁米亚王朝”、“倭马亚王朝”。因旗帜尚白，中国史籍称为“白衣大食”。661年由穆阿维叶(661～680在位)创建，因其出身于麦加古莱什部落伍麦叶家族，故名。穆阿维叶原为叙利亚总督，656年阿里继第四任哈里发位后，穆阿维叶拒不承认阿里的地位，举兵与阿里相抗衡，以图夺取哈里发位。阿里阵营因内部分裂，并在同穆阿维叶进行军事斗争中失利，丧失埃及，力量削弱。660年5月，穆阿维叶在伊利亚(即耶路撒冷)宣布自称哈里发，遭到伊拉克人的反对。661年1月，阿里在库法被哈瓦利吉派信徒杀害后，穆阿维叶遂在叙利亚和埃及阿拉伯贵族的拥戴下，正式宣誓即哈里发位，并向麦加、麦地那等地发出向他效忠的通告，定都大马士革，创建伍麦叶王朝。他登位后，首先集中精力弹压敌对势力。采取威胁利诱手段，迫使伊拉克人所拥戴的阿里之长子哈桑放弃哈里发位，享有优厚的年金，隐退麦地那。向伊拉克和希贾兹派重兵驻守，镇压反对者。他巩固了统治地位后，组建庞大的正规军，扩建海军，开始新的对外征服。在东部，以巴士拉为基地，大举东进，平息了波斯各地的叛乱，征服呼罗珊，占领喀布尔及阿富汗平原地区，向印度西北部进军，后越过阿姆河，攻入布哈拉。在北非，派军事将领欧克白西征，联合柏柏尔人消灭拜占庭帝国在该地区的残余势力，以新建的凯鲁万城为基地，征服了马格里布大部地区，柏柏尔人逐渐归信伊斯兰教。他仿效拜占庭帝国的行政制度，建立中央和地方管理体制。重用叙利亚阿拉伯贵族和拜占庭旧官吏，强化封建专制统治，实行哈里发集权的政教合一制。679 年，他封立其子耶济德为哈里发继承人，下令各省官吏、部落首领向其子宣誓忠顺，改哈里发的传统选举制为世袭制。史称穆阿维叶为阿拉伯哈里发帝国真正奠基者。

680 年，耶济德(680～683 在位)继哈里发位，内战即发。伊拉克、希贾兹等地反对叶济德，拒绝宣誓效忠。库法人拥戴阿里次子侯赛因为哈里发。侯赛因应邀率随从 200 余人由麦地那前往库法，途中被哈里发军队围困于卡尔巴拉，侯赛因及随从全部罹难，史称"卡尔巴拉惨案"。从此，造成伊斯兰教严重分裂，什叶派遂形成同伍麦叶王朝相对抗的独立政治派别。侯赛因死后，麦加贵族阿卜杜拉·本·祖拜尔在麦地那自立为哈里发，反对伍麦叶王朝，683 年叶济德派兵讨伐，阿卜杜拉率部逃往麦加，哈里发军队围攻麦加，焚毁克尔白天房和烧裂玄石，此时闻讯耶济德逝世，哈里发军队被迫撤回。后阿拉伯半岛南部、希贾兹、伊拉克和叙利亚部分地区宣布承认阿卜杜拉为哈里发。穆阿维叶二世继哈里发位 3 个月后去世，其家族再无人继位。伍麦叶人的另一支麦尔旺率兵击败盖斯族人首领达哈克，拯救了大马士革，凯勒布族人拥戴年迈的麦尔旺(684～685 在位)任哈里发。从此伍麦叶王朝的哈里发均出自麦尔旺家系。在哈里发阿卜杜勒·麦利克(685～705 在位)和瓦利德一世(705～715 在位)执政时，为王朝的鼎盛时期。阿卜杜勒·麦利克于 692 年派伊拉克总督哈贾吉率军镇压了麦加伊本·祖拜尔的叛乱，控制希贾兹地区，内战至此告一段落。他励精图治，大力推行阿拉伯化和伊斯兰化的政策。他下令确定阿拉伯语为官方语言，官方公文、文书一律以阿拉伯文书写。设立国家铸币局，统一铸造加印《古兰经》文的金币(即第纳尔)和银币(即迪尔汗)，取代通用的外国货币。发展邮政，设驿站，传递公文和情报，加强中央与地方的联系。限制基督教臣民的宗教和政治活动，将大量基督教徒排斥出政府机构。他拨重金修葺、扩建各地著名清真寺，并将大马士革圣约翰大教堂改建为伍麦叶清真寺。他制定了对外远征的计划。哈里发瓦利德一世执政时，开始并完成伊斯兰教史上第二次大规模的征服战争。在东部，他派哈贾吉部将古太白·本·穆斯林征服中亚，以木鹿为根据地，于 705～715 年间先后攻占吐火罗斯坦、粟特、康国、花剌子模、费尔干纳、锡尔河等地区，毁佛教、祆教寺院，强迫居民改奉伊斯兰教，后巴尔赫、布哈拉、撒马尔罕、基发等城成为伊斯兰文化中心。710 年，伊本·卡西姆向南挺进印度，征服莫克兰、信德、海德拉巴、木尔坦等地区。在西部，易弗里基叶总督穆萨·本·努赛尔以凯鲁万为首府，在马格里布地区实行阿拉伯化和伊斯兰化政策，使伊斯兰教向各地传播，并组成柏柏尔人大军，于 711 年越过直布罗陀海峡，灭基督教西哥特王国，占领了安达卢西亚，使伊斯兰教传入西方。后在进攻法兰克王国普瓦提埃战役中遭到失败，西侵终于停止。哈里发欧麦尔二世(717～720 在位)执政后，实行税制改革，规定凡穆斯林除缴纳天课外，可免征其他赋税，致使新征服地区的臣民大量改宗伊斯兰教，以麦瓦利的身份参加军队，使大量农牧民涌入城市，一定程度上缓和了民族矛盾，加速了帝国的伊斯兰化，但国库收入减少。至 8 世纪中叶，伍麦叶王朝的版图西临大西洋，东至中亚河外地区，北界咸海，南至尼罗河，成为横跨亚、非、欧庞大的阿拉伯帝国。

伍麦叶王朝为政教合一的封建政权。哈里发为最高政教领袖，集政治、军事、行政、司法、宗教大权于一身，以"穆斯林的最高长官"自诩，赋予其权力以神圣的性质。仿效拜占庭帝国的政体，在哈里发之下，设各部大臣，分掌枢密、政务、财政、税收、宗教管理等部门工作。中央设大法官(即卡迪)或总穆夫提，协助哈里发管理全国教法的实施和宗教事务。各省的宗教领袖，由总督或法官兼任。各级法官从欧莱玛(即宗教学者)中选拔，除处理诉讼外，还领导宗教活动、管理宗教基金和社会慈善事业。在阶级关系上，伍麦叶家族为统治者，享有特权；阿拉伯贵族为统治阶级，各地的大地主是王朝统治的基础。将全国的居民划分为 4 个等级：(1)阿拉伯穆斯林。(2)麦瓦利，即新归信伊斯兰教的非阿拉伯人的穆斯林。(3)顺民(济玛)，即臣服并缴纳赋税的犹太、基督、琐罗亚斯德教徒等。(4)奴隶，战争中俘获的奴隶及部分释奴。

伍麦叶王朝时期，封建的生产关系占主导地位，封建的土地制度逐渐完备。王室占有的国有土地占全国土地的 2/3 以上，将一部分土地作为"伊克塔"(即封建采邑)分封给阿拉伯贵族和高级官吏。领有伊克塔者，向农民征收土地税，按规定部分上缴国库。起初伊克塔不得转让和买卖，后发展为私产和世袭领地。清真寺和宗教慈善机构由哈里发赐有瓦克夫土地，作为宗教公产，不得转让、抵押和变卖，免缴土地税。私有土地大多被阿拉伯和非阿拉伯大地主所占有，各部落民仅占有少量私有土地。奴隶劳动普遍存在。国家的岁入，除战利品外，税收为主要来源。主要税收为天课、土地税、人丁税等。原规定凡阿拉伯穆斯林，除缴纳天课外，不缴纳任何赋税。麦瓦利和其他臣民必须缴纳土地税和人丁税，从而引起非阿拉伯穆斯林不满。欧麦尔二世规定，凡穆斯林除缴纳天课外，其他赋税免除，致使税收减少，后又恢复了旧制，凡穆斯林均要缴纳规定的土地税。大批阿拉伯人迁徙新征服地区，由游牧转入定居，吸取当地先进生产方式，从事农耕和经商。王朝采取兴修水利、扩大灌溉、改进农耕技术的措施，促进了农业发展。扩建早期的军事重镇为城市，鼓励发展商业和传统手工业，修道路，设驿站，招揽东西商旅，帝国经济得以恢复和繁荣。

伍麦叶王朝奉伊斯兰教为国教，以《古兰经》和圣训立法，完善了司法和卡迪制度，推行阿拉伯化和伊斯兰化的政策，伊斯兰教在新征服的地区得以广泛传播，使柏柏尔人、波斯人、叙利亚人等逐渐大批改宗伊斯兰教。王朝正式规定在主麻日穆斯林聚礼祈祷时，要向哈里发祝福；确立了穆斯林信仰表白的“清真言”完整内容。欧麦尔二世宣布停止穆阿维叶原规定在呼图白中诅咒阿里的惯例。王朝以大量宗教基金在各地兴建壮丽宏伟的清真寺和宗教学校，其中新建的著名清真寺有大马士革伍麦叶清真寺、凯鲁万欧格白清真寺、耶路撒冷阿克萨和萨赫莱清真寺，并对麦加和麦地那圣寺加以修葺和扩建。王朝在经济发展和吸取融合各民族先进文化的基础上，开始形成“阿拉伯—伊斯兰文化”。在语言学上，阿拉伯语传播各地，最后完成了《古兰经》读法标音符号和书写，由杜艾里（？～688）奠定了阿拉伯语言学的基础，后由哈利勒和西拜韦进一步发展，创立了语法学和韵律学。在伊斯兰学术方面，圣训和教法学家受到王朝重视，哈里发欧麦尔二世鉴于立法的需要，曾下令学者搜集、整理圣训。王朝先后出现了著名的圣训传述家伊本·阿拔斯（622～688）、伊本·欧麦尔、伊本·马立克（？～712）、伊本·沙拉希勒·沙尔比（？～726）、哈桑·巴士里等。阿瓦尔·祖拜尔（643～712）、艾巴尼·奥斯曼等人编辑有最早的《先知传》。在教法上，在早期“圣训派”和“意见派”的基础上，在麦加、麦地那、库法、巴士拉、大马士革等地相继出现了地域性的法学派，著名的法学家有罕马德（？～737）、栽德·本·阿里（？～743）、马立克等。王朝随着各政治派别间的斗争和宗教论争的发展，教派各异，学派林立，先后产生了以苦行禁欲为特征的早期的苏菲派、与正统派相对立的什叶派、持不同教义学观点的盖德里叶派、贾卜利派、穆尔吉亚派及穆尔太齐赖派。各派之间的论争，反映了不同的政治和宗教主张，客观上促进了伊斯兰教学术的发展。王朝前期在宫廷设学术机构和图书馆，延聘各族学者从事翻译和研究，将希腊语和科普特语的炼金术、占星术、医学书籍译成阿拉伯语，为以后的翻译运动奠定了基础。

伍麦叶王朝建立后，由于实行家族专制统治，镇压反对势力，逐渐使民族矛盾、阶级矛盾、封建贵族之间的矛盾、教派斗争进一步激烈，加之大规模的对外征服和掠夺，引起各地人民的相继起义。初期遭到什叶派和哈瓦利吉派多次举兵反抗。王朝末期，统治者横征暴敛，王室腐败，激起各地人民的强烈怨恨。在反对王朝统治的斗争中，阿拔斯派、什叶派和波斯呼罗珊人结成同盟，形成一支强大的军事力量。747年，在艾布·阿拔斯的指使下，呼罗珊的艾布·穆斯林发动大规模起义，呼罗珊、河外地区和木鹿的农民、手工业者和商人响应。伊拉克哈瓦利吉派趁机起事。749年，伊拉克首府库法守将投降。同年10月末，艾布·阿拔斯在库法清真寺被拥戴为哈里发。750年1月，伍麦叶王朝末代哈里发麦尔旺二世在底格里斯河支流大扎河左岸被阿拔斯军队打败。4月阿拔斯军队占领大马士革，麦尔旺二世逃往埃及，后被追杀于卜绥尔城，伍麦叶王朝灭亡。 （杨克礼）

伍儒（？～1420） 中国明代回回天文学家。字德全，原籍中亚撒马尔罕（今乌兹别克斯坦境内）。精天文历法。明洪武二年（1369）奉诏至南京就任钦天监漏刻科博士。当时南京钦天监有二，伍儒所供职中华门外雨花台山麓的“回回司天监”，这是朱元璋为聘请自元代征诏来华的一批阿拉伯和中亚信仰伊斯兰教的天文、历算专家而设立的机构。由于明制任此职者“宜令久仕，非奉特旨不得升补”，故伍儒在“回回司天监”供职达50年之久，于永乐十八年（1420）病故。伍儒迁居南京后，赐第天津街，后舍宅为寺，据传此寺即为净觉寺。由于家学渊源，伍儒后曾“历五世皆世其官”，后其子孙虽转营他业，然多数世居南京，现中华路上尚有伍氏后裔居住，与净觉寺仅一墙之隔。 （杨为仁）

伍特公（1886～1961） 现代中国穆斯林学者、著名新闻工作者。《古兰经》古汉语翻译者之一。字正钧。回族。上海市人。1901年就读南洋公学（交通大学前身），研读章太炎著作，深受其民主革新思想影响。曾参加蔡元培、章太炎主持的该校学生的爱国学社活动。1905年入复旦公学（复旦大学前身）深造，并广泛研读伊斯兰教经籍著作。1907年起，在上海《申报》任英文译员，接触大量外国伊斯兰学术文化活动的消息、资料和论文，并进行整理研究。1911年5月，为响应孙中山领导的辛亥革命，同沙善余发起组织“上海清真商团”。同年10月，武昌起义，同沙善余率商团积极参与11月3日的上海全市起义，在政治上影响很大。1912年，伍应聘兼任路透社驻上海分社英文译员。1926年，在上海中国回教学会协同哈德成、沙善余翻译《古兰经》，并参照巴基斯坦穆罕默德·阿里的英译本《古兰经》加以修饰、润色，译成3卷，在回教学会月刊发表，其他各卷的译稿现珍藏上海市伊斯兰教协会。他主张，《古兰经》洵属皇皇天经，应以古汉语译出，以昭郑重；且强调，译文要力求忠实于原文。他于1933年任中国回民教育促进会委员，1939年任《申报》总主笔，并在该报不断发表社论和文章，抨击日本侵华罪行和日伪政权，遭到日伪明令通缉。他热心回民文化教育工作，曾任上海回民创办的敦化小学董事长，并在上海伊斯兰师范学校任教。中华人民共和国成立后，历任华东行政委员会民族事务委员会委员、上海市民族事务委员会副主任、中国回民文化协进会委员等职。伍特公爱国爱教，具有坚贞的民族气节。他对中国伊斯兰教和世界伊斯兰教的历史、文化都有一定的造诣，在中国穆斯林学界颇有声望。 （马忠杰）

伍遵契(约 1598～1698) 中国明清之际伊斯兰教经师、学者。字子先。回族。江苏南京人。出身于经学世家。幼年学习儒书,曾中秀才。但他抛弃功名,潜心研习伊斯兰经典。曾投师胡登洲四传弟子山东学派的常志美门下学习,后在南京、苏州、镇江等地清真寺设帐讲学,培养经师。他曾摘译波斯人阿卜杜拉·艾布·伯克尔著《米尔萨德》一书中有关修身养性、性命义理及复命归真的理论要点,辑为 4 卷,取名《归真要道》,长期以来为经堂教育的选修课本。他还曾口述,并由"吴门掌教"周士骐笔录,著成《修真蒙引》一书,讲述伊斯兰教的基本信仰、宗教功课、婚姻丧葬礼俗及宗教伦理等当行当止之道,被誉为"暗室之灯,迷津之筏",是以汉文宣传伊斯兰教的基本启蒙读物。他在译著过程中,首先摘引《古兰经》与圣训的有关论述,然后讲述自己的理解,采取经堂语直译方式,严肃认真,字斟句酌,自述"译义求达,不敢藻饰",是中国伊斯兰教史上早期从事译著的主要人物之一。

(罗万寿)

兀鲁伯(Mirza Ulūgh Beg,1394～1449) 帖木儿帝国撒马尔罕统治者、天文学家。一译乌鲁格·贝格。为帖木儿之孙,沙哈鲁长子。从小在宫廷受到良好的宗教和文化教育,通晓突厥文、波斯文和阿拉伯文,信奉伊斯兰教逊尼派,谙熟该教经典和教义。他博学多识,酷爱诗歌,尤精于天文历算。1409 年被其父任命为河中地和突厥斯坦总督,治理撒马尔罕 30 多年。这一时期是撒马尔罕的黄金时代,经济繁荣,各国商贾云集,国库充盈,学术文化昌盛,宫廷学者荟萃。他于 1430 年主持投巨资在撒马尔罕创建兀鲁伯天文台,任命艾布·卡西姆为台长,装置有巨型象限仪等精密的天文仪器,收藏有天文历算等大量图书,招聘了一批穆斯林和印度的天文学家在该台进行天文观测和研究。在他的支持下,历时近 30 年测定了 1000 多颗恒星和方位,积累了关于恒星和行星运行的大量观测资料。在此基础上,于 1446 年编成《兀鲁伯新天文表》(一译《新古拉干历数书》),是 16 世纪以前较精确的天文表。史学家称兀鲁伯是"皇位上的学者"。他还大力赞助伊斯兰文化教育,在撒马尔罕和各地建立多所伊斯兰经学院,除开设宗教学科和语言课外,还开设天文、数学、文学和历史等课程,培养了大批穆斯林学者。撒马尔罕遂成为当时中亚著名的伊斯兰学术文化中心。1447 年,继其父沙哈鲁为帖木儿帝国素丹。在位仅两年,赫拉特总督叛乱,乌兹别克人趁机占领撒马尔罕。后迁都赫拉特,于 1449 年在宫廷内部争夺斗争中被杀害。死后葬于撒马尔罕古尔·埃米尔陵墓。

(杨克礼)

兀鲁伯天文台(Ulūgh Beg Observatory) 中亚乌兹别克共和国伊斯兰古迹。在撒马尔罕城东北郊。1430 年为帖木儿帝国的创建者帖木儿之孙兀鲁伯所建。现在天文台原址附近建有兀鲁伯天文台博物馆,馆内展有兀鲁伯主持编纂的恒星表和行星运行表,还有一具从遗址发掘出来的六分仪,它是 1/6 圆的一个弧,刻在巨大的大理石板上,每一度间隔 70 厘米,曲率极为精确。这一巨大的六分仪,安装在离地面 11 米深、2 米宽的斜坑道里,部分伸出地面。当年兀鲁伯天文台的学者使用这座六分仪,进行了多次精确的计算。该台新编制的《新天文表》,概述了当时天文学的基础理论和 1018 颗恒星的方位,这是继古希腊天文学家希巴尔赫之后,测定恒星位置的最准确的记录。1449 年兀鲁伯被阴谋杀害后,天文台被破坏,其珍贵仪器丧失殆尽。1908 年,俄罗斯考古学家维亚特金在一份 16 世纪的文献中发现了这座天文台方位的记载,从而找到了遗址。

(杨克礼)

勿里 见吾里。

X

西安小皮院清真寺 中国伊斯兰教古寺。又称“清真北大寺”。原名“万寿寺”、“真教寺”。坐落于陕西省西安市鼓楼西北侧麦苋街小皮院巷中段南侧。据寺内古碑记载:该寺创建于明万历三十九年(1611),占地面积5977平方米。寺院坐西向东,分4进院落,大门面北,门房3间,前檐两梢间各置木棚栏。第一进院,南房6间,东墙有砖雕照壁1座,两侧均有配壁,西面隔墙一道,中置二门。第二进院,南北两侧各有厢房5间,南为沐浴室,北为满拉习经及休息室。西端隔墙一道,上有门楼3座,名曰“连三门”。系水磨砖精筑。第三进院,南北两侧各有厢房6间,名“南北厅”。南厅为集会之所,北厅为经堂及阿訇居室。院内中间通道两侧各有石碑一通,镌刻明万历年间修寺碑记和地契。西向为第四进院,即月台。正面3座石门,3路踏道,中间御道镶有盘龙滚珠石刻,由石门至大殿前有石栏杆围绕一周。月台西端为面阔7间、进深4间的礼拜大殿,系该寺主体建筑。大殿为组合式建筑,有前殿、后亭。前殿为单檐歇山顶,后亭为连檐四角攒尖顶,屋顶高盖琉璃瓦。大殿前殿唯前檐带廊,廊深两间,其余三面无廊。后亭3面带廊。八卦悬顶,与前殿用勾连塔式连卷在一起,整个大殿呈“凸”字形。前殿长32米,宽20.02米,后亭长15.45米,宽15.4米,大殿覆盖面积1000平方米。殿脊中央安置圆径0.75米、高1.7米圆形风磨铜宝顶。雕工精巧,金光闪烁。殿内铺设地板,西端有“凹”壁,系礼拜正向。殿内悬有精致优美壁画多幅,各有宗教劝善寓意。大殿南北两侧,各砌砖雕圆门一座,通往殿后。该寺是以中国宫殿建筑艺术形式容伊斯兰内涵的建筑群,雄伟壮观。尤其大殿后亭的无梁八卦悬顶结构在我国寺院建筑中极为罕见,对研究中国建筑史,中阿文化交流史具有一定价值。 (郭清祥)

西拜韦(Sibawayhi‘Amr ibn‘Uthmān,760?～796?) 阿拔斯王朝著名阿拉伯语法学家,巴士拉学派的代表人物。又译“希拜韦”、“西伯维”。祖籍波斯设拉子,约12岁时随其母移居伊拉克巴士拉,先投师学习《古兰经》和阿拉伯语,后专门在著名语言学家哈利勒门下学习,成为著名的语法学家。他广泛阅读了阿拉伯语言学的著作,研究了《古兰经》和圣训的语法结构,并到阿拉伯半岛的内志、希贾兹等地对典型阿拉伯语进行过广泛调查,遂积累了大量语言学资料。后以其师哈利勒未完成的语法大纲为蓝本,加以充实发展,写成历史上第一部阿拉伯语法著作《书》(亦称《西拜韦书》)。此书分上、下两卷。上卷及下卷前一部分讲句法,下卷后一部分讲词法。书中运用分析法和类比法把词分为名词、动词和虚词3类,进一步完善和规范了杜埃里关于词的分类法。统领全书的是“施事”、“受事”论的格位学说,资料丰富,论据充分,权威性高。书中引证了阿拉伯诗作1050行,其中1000行都出自著名诗人的作品。该书奠定了阿拉伯语法学的基础。西拜韦曾由巴士拉到巴格达同库法学派进行学术辩论,库法学派首领、古兰经诵读家基萨伊及其门徒事先安排一些群众到场支持自己,他们反复宣称西拜韦在辩论中失败,使他当众受辱。西拜韦此后饮恨返回故里设拉子,不久与世长辞。 (杨克礼)

西班牙埃米尔公国 见后伍麦叶王朝。

《西北回教生活》 中国穆斯林概况资料汇编。系由《回教青年》月报主编石觉民将该刊历年发表的有关西北穆斯林宗教、社会、教育、经济、习俗等各类文章汇编而成,10多万字,分为两辑,第1辑于1945年在兰州由《回教青年》月报社出单行本发行,第2辑未能出版。编者刊印此书的目的是让“国人相互了解,以趋于精诚团结之途”,故“以客观之立场,据实记载,借以供教内外人士之参考”。全书分14部分,除“前言”(代序)、“编后”外,其余分别为“回教祝安礼”、“回教的五功”、“主麻与节日”、“讨白问题”、“饮食问题”、“婚姻制度”、“丧葬之礼”、“经堂教育”、“回教与风俗”、“生活与疾病”、“回胞职业”、“今后回胞生计”等12个篇章。作者曾在西北考察并研究穆斯林生活多年,故该书内容具体充实,涉及的问题比较广泛,且较接近西北穆斯林现实生活,是了解西北伊斯兰教和穆斯林的一部较重

要的参考资料。　　　　　　　　　　（余振贵）

西北穆斯林起义　中国明朝末年至民国期间西北各族穆斯林反抗封建统治者民族压迫和宗教歧视的武装起义。明末有陕西榆林地区的“老回回起义”。领导人为回族马守应，其所部回民军成为李自成领导的起义大军中的一支主力，由陕西转战于河南、湖北荆襄等地，1644年清军入关后被击败。在清代，西北穆斯林有5次大规模起义：(1)清初顺治五年三月(1648年4月)的米喇印、丁国栋起义。起义于次年12月失败。(2)乾隆四十六年三月(1781年4月)的苏四十三起义。起义军经过4个多月的顽强战斗，终因寡不敌众而失败。(3)乾隆四十九年四月(1784年6月)的田五、张文庆起义。整个起义历经3个月后失败。(4)同治年间的西北穆斯林大起义。由于清朝统治者进一步推行民族压迫政策，采用“以汉制回”手段，制造民族纠纷，因而导致了同治年间空前规模的西北穆斯林大起义。起义最初发生在陕西，由阿訇任武、赫明堂和洪兴领导，于同治元年(1862)初夏在关中东部渭南、大荔、华阴、华州、临潼一带爆发，迅速扩及关中，蔓延全省。起义以教坊作为组织形式，阿訇为各教坊首领，组成了十八大营，其统帅任武、赫明堂、邹玉龙、冯均福、阎兴春、二河洲、陈林、郭二等均为阿訇。起义军屡败地方团练和兵部侍郎胜保所部清军。清兵派荆州将军多隆阿率军入陕，对起义进行镇压，义军据点尽失，余部被迫西移甘肃。陕西回民发动起义后，甘肃回民即波连而起。同治元年八月，回族把总马兆元在宁夏豫旺城首揭义旗。此后甘肃回民在各地相继起义，形成宁夏金积堡、陇南莲花城、河州、西宁、肃州等5个中心。金积堡回民起义军在总大阿訇马化龙领导下攻占灵州和府城，控制了宁夏地区。马化龙称“总理宁郡两河等处地方军机大总戎”，指挥起义军多次打败清军，击毙清军主要将领刘松山。陕甘总督左宗棠集中兵力向宁夏进攻。于同治九年十二月(1871年元月)夺取金积堡，宁夏回民起义失败。陇南秦安、清水一带回民于同治元年冬在阿訇穆生华领导下起义，以莲花城为据点，组成“南八营”，连克平凉、固原等处，至同治四年(1865)失败。河州回族、东乡族各门宦推阿訇马占鳌为起义首领，先后攻破狄道州、河州城池。同治十一年(1872)冬，左宗棠布置各路清军会攻河州。太子寺一战，清军伤亡惨重，起义军大获全胜，马占鳌乘胜降清。西宁地区回族、撒拉族在华寺门宦教主马桂源和阿訇马文义领导下起义，经反复斗争，控制了西宁地区，清统治者被迫任命马桂源为署西宁知府。同治十一年八月(1872年9月)，左宗棠派西宁道刘锦棠率军进攻，起义军在湟中与敌激战60余日，终遭失败。河西各地回民起义后集中于肃州，首领为都司马文禄，坚持到同治十二年九月(1873年11月)，肃州城破，清军进行了大屠杀，起义最后失败。同治二年(1863)正月，伊犁塔尔奇回民响应陕甘起义，冲入营城攻打清军，揭开了新疆各族穆斯林起义序幕。次年五月，库车起义。从此，穆斯林起义在新疆全境展开，先后形成南疆的库车、北疆的乌鲁木齐、伊犁、塔尔巴哈台等几个起义中心。库车回族、维吾尔族起义后，推维吾尔族宗教人士拉希丁为首领，称汗和卓。起义者一度攻占南疆大部分地区，于同治四年被来自浩罕的阿古柏军击败。继库车起义后，同治三年(1864)五月，阿訇妥得璘(妥明)发动了乌鲁木齐起义，多次击溃清军，占领了东至哈密、西到精河的北疆广大地区，妥得璘称“清真王”。同治九年(1870)，阿古柏进犯北疆，妥得璘进行了英勇抗击，至同治十一年失败。同治三年，伊犁、塔尔巴哈台地区各族穆斯林发动起义。义军在维吾尔族原阿奇木伯克迈孜木杂特等领导下，于同治五年初春攻占伊犁，形成中心，后被沙俄击败，俄军侵占伊犁。塔尔巴哈台一带回族、哈萨克族在回族阿訇石金斗等领导下于同治五年(1866)攻取塔城，不久，清军占领该处，起义失败。(5)光绪年间的河湟起义和玛纳斯起义。光绪二十一年(1895)，因华寺门宦发生教争，地方官审断不公，在甘肃河湟地区发生撒拉族、回族起义，阿訇韩努力率众围攻循化厅城，华寺门宦领袖马永琳率众围攻河州，阿訇韩文秀率众围攻西宁府城，河湟各处穆斯林纷起响应，于次年被清军提督董福祥镇压。光绪二十五年(1899)阿訇吴勒者子以新教教主名义，领导六七百回民在新疆玛纳斯起义，在11天内进行了4次战斗，均遭失败。民国时期，国民党政府横征暴敛，征粮抓兵，海原、固原、隆德、西吉一带回民在马国林、马国瑞等领导下于1938～1941年间先后发动了3次起义，最后一次失败后，马思义带领部分起义者投往陕甘宁边区政府。1943年1月，回族马福善、马继祖父子为反抗国民党政府的暴政，发动回、撒拉、保安等族，联合汉、藏等各族农民在甘南起义，历时半年余，被国民党政府残酷镇压。

从明末经清朝至中华民国的300多年间，西北地区从陕西到新疆天山南北，回、维吾尔等各民族穆斯林不断发动反封建压迫的起义，给封建统治阶级和国民党政府以沉重打击。这些起义都是中国封建社会后期和半封建半殖民地社会，各民族农民反封建、反帝国主义、殖民主义斗争的组成部分。特别是清朝同治年间的陕西、甘肃、新疆回民大起义，是在太平天国革命运动直接影响推动下而掀起的。西北穆斯林起义多以伊斯兰教为团结的思想旗帜，以“护教、保族”作号召，以阿訇、教主为领导，以清真寺教坊或门宦辖区为组织形式，既突出地体现了反抗民族压迫与宗教歧视的特色，又与各个时期全国各族人民的反抗斗争运动密切联系和相互呼应。起义尽管有其时代和阶级的局限性，同时还受到教派、门宦内部纷争的消极影响，但斗争水平逐渐提高，对封建统治阶级的震撼日益加剧，为促进社会进步和国家统一、民族团结做出了一定的贡献。

（吴万善）

西北五省区伊斯兰学术讨论会 当代中国伊斯兰教学术问题研讨会。为适应国家改革开放和经济、文化建设的需要，推动伊斯兰学术研究，交流学术思想和研究成果，1979年，经各民族宗教学者商定，由新疆、宁夏、甘肃、青海和陕西5省区有关单位轮流主持召开。邀请各地专家、学者和各地统战、民族、宗教等部门工作者，就中国伊斯兰教的历史、现状、哲学思想、教派、门宦及文化教育、译著活动等，进行全面系统和实事求是地研究。首次讨论会于1980年11月10日至20日在宁夏银川举行，中心议题是“十八世纪中国伊斯兰教问题”。与会代表80多人，提交论文47篇。会后编辑出版了《清代中国伊斯兰教论集》。第二次讨论会于1981年10月13日至21日在甘肃兰州举行，中心议题是“伊斯兰教传入中国后与中国传统文化思想的相互影响”。与会代表150人，提交论文65篇，会后编辑出版了《伊斯兰教在中国》。第三次讨论会于1982年8月18日至26日在青海西宁举行，中心议题是“西北地区伊斯兰教派、门宦及其渊源问题”。出席代表140人，提交论文77篇。会后编辑出版了《中国伊斯兰教研究》。第四次讨论会于1983年11月22日至29日在陕西西安举行，中心议题是“伊斯兰教与中国回、维吾尔、哈萨克、东乡、撒拉等10个少数民族的关系问题”。与会代表88人，提交论文80余篇。会后编辑出版了《中国伊斯兰教研究文集》。第五次讨论会于1986年8月22日至27日在新疆乌鲁木齐举行，中心议题是“伊斯兰教在中国的传播与发展史”。与会代表112人，提交论文79篇。尚未出版论文集。5次讨论会虽由西北各省区主持召开，实为全国性会议，有一定规模和水平，提出论文和专著403篇，具有较丰富的内容和深广度，为国内外学术界所关注。讨论会对推动中国伊斯兰学术研究，发掘、整理文献资料起了积极的作用。（高占福）

《西北伊斯兰教研究》 中国伊斯兰教研究论文集。甘肃省民族研究所编。全书31万字，32开本。主要辑录了1980～1985年中国研究西北伊斯兰教较有代表性的论文21篇。内容包括：对中国伊斯兰教三大派别与苏菲主义四大门宦及其40个支系的概述；中国伊斯兰教的历史分期问题；伊斯兰教法在中国穆斯林中的影响；明清之际中国伊斯兰教中出现的变化与特点；伊斯兰教与回族、撒拉族、托茂人等民族的关系；中国伊斯兰教的教坊制度；教派在回民起义中的作用；当代中国对伊斯兰教研究的情况和问题等。基本反映了20世纪80年代初期中国伊斯兰教研究的概貌。甘肃民族出版社1985年11月出版。（高占福）

西伯维 见西拜韦。

西道堂 中国伊斯兰教派别之一。初名金星堂，后改为西道堂。因以中国伊斯兰教著名学者刘智等人的汉文译著为依据，“以本国文化发扬清真教学理”，故又称“汉学派”。20世纪初，由马启西（1857～1914）创建于甘肃省临潭县旧城镇。其发展经历了3个阶段：（1）马启西创传时期（1902～1917）。他是清末秀才，1891年在临潭旧城西凤山开设私塾，取名金星堂，除讲授“四书”、“五经”外，还以王岱舆、马注、刘智等人的汉文著作《正教真诠》、《清真指南》、《天方典礼》等伊斯兰教论著为依据，宣传教义，简化宗教仪式，克服教中的陈规陋习，并提倡男女儿童上学读书，受到当地广大回族群众的拥护。随着信众的增多，他在西凤山下设立了道堂，取名西道堂，一面传教，一面组织生产。凡参加者，将其财产一并归入道堂，实行集体经济管理制，从事农、牧、商等各业的开发经营，在较短时间内获得了较大收益和发展，马启西的宗教地位和影响亦随之增高，遂受到其他教派的排斥和打击，械斗、诉讼经常发生。1914年地方军阀马安良诬陷马启西勾结白朗扰陇，将其兄弟父子等23人杀害，并查封了道堂，抄查没收了全部财产，使西道堂陷入危机与旷日持久的诉讼之中。直至1919年马安良暴病身亡，诉讼才不了了之。（2）马明仁时期（1918～1946）。马明仁（1896～1946），字普慈。临潭人。回族。有才能，有文化，善于理财。1917年第二任教主丁全功被马安良杀害，他被选为第三任教主，他尽力招回、安置流落各地的教徒，制定振兴之策，完善各项制度，团结教众，继续经营农、商、牧、副各业。经20多年的艰苦努力，道堂经济得到了全面发展。不仅在北京、张家口、兰州、包头、阿坝、康定、拉萨等地设立了商栈，而且行商遍及全国各大城市。同时，还建立了农场12处，耕地达7千余亩；牧场5处，各种牲畜5千余头（只），林场13处，各种作坊10余处。积累资金达百万余银元，奠定了道堂雄厚的经济基础。同时设立男女小学各1处，选拔学习好的道堂子女到外地上中学、大学，为西道堂培养人才。这是西道堂的全盛时期。（3）敏学成时期（1947～1958）。敏学成（1882～1957），字志道。祖居临潭卓洛。回族。有一定文化，为人诚恳忠厚。1946年马明仁逝世后继任第四任教主，由于体弱多病，实权多集中于中层负责人手中，出现积聚私财现象，道堂集体经济大为削弱。加之马步芳军阀势力的胁迫，使西道堂经济发展受到种种限制，逐渐走向衰落。

西道堂信奉逊尼派教义及哈乃斐学派教法，信仰和礼仪的特点为：（1）基本信仰是“认主独一”、“顺主顺圣”、“遵经依训”，履行“天命五功”，并以刘智等人的汉文译著为宣教依据。在宗教功修上，主张教乘和道乘兼有，“修身以礼，明心以道，尽性复命，全体归真”。在宗教礼仪方面，兼收并蓄了格迪目和哲赫林耶两派的一些特点，如“主麻”礼16拜，与格迪目相同；对“圣纪”和教主忌日十分重视，除念《古兰经》外，还念《卯路德》、《麦达伊哈》、《穆罕迈斯》等赞主赞圣之经，又与哲赫林耶相似。但它们不为历代教主修建拱北，这与其他门宦大相径庭;同时,除创始人马启西从事坐静修持外,后辈教主对道乘的修持比较淡薄。(2)教统结构具有门宦制的特点,实行教主统管制。教主既是宗教领袖,又是道堂内世俗生活的总管。(3)组织形式,分集体户和个体户两种。个体户,散居西北各地,经济独立,生活自主,遇有困难,道堂给予帮助;集体户聚居于临潭旧城西道堂内,集体经营农、林、牧、副、商各业。财产及收入全部归道堂所有,实行统一管理,统一分配。堂内设有总经理,各行各业设有分经理和负责人。(4)道堂内实行集体生活,教众的衣、食、住和婚、丧费用全部由道堂统一支付。(5)提倡学文化,出资创办启西女校,旧城二校,并举办中学,鼓励道堂内和当地各族男女学龄儿童上学,学习文化。同时,还选拔道堂内成绩优良的青年上中学和大学,故其成员大多都有一定的文化知识。它既是一个宗教派别,也是一个具有特殊模式的经济社团。西道堂的信众有千余户,主要散居于甘肃省临潭县旧城镇、和政县台子街和青海省民和县马营等地。　　(马　通)

西迪·奥克巴清真寺　见欧格白清真寺。

《西来宗谱》　中国伊斯兰教先贤传教的史话类读物。又名《天方先贤事略》。作者马启荣,字南馨,云南新兴人。曾去麦加朝觐,在广州怀圣寺任开学阿訇时根据历代传说编撰成此书。全书约4000字,最早有光绪丙子二年(1876)的刻本,封面有"粤东省城内怀圣光塔寺存板"等字样。卷首有杨殿英序。正文大意是:唐太宗于贞观二年(628)梦见妖物窜入宫中,被一缠头人降伏。太宗问于群臣,一大臣说缠头者乃西域回回,天方圣王名穆罕默德。太宗让石堂赍表到西域请穆罕默德到中国来,穆罕默德无暇前来,乃派3个"苏哈巴"(圣门弟子)到中国来:一叫盖思,一叫吴哀思,一叫挽个士。盖思和吴哀思行至嘉峪关,因不服水土病故,只有挽个士一人随石堂到了中国。后来挽个士又修表请选无牵挂者800余人,来中国帮助挽个士传教。800回兵到华后,唐太宗命尉迟敬德在西安学习巷建筑一所大礼拜寺。到唐明皇时,西域回王又选派3000雄师来中国平定安禄山之乱。有功的3000回兵与3000中国江西妇女婚配,以后分调各省,于是中国各处都开始有穆斯林踪迹。书中还记载,挽个士曾请假回国三次,取来了《古罗呢(古兰经)》并授徒诵念,又根据至圣的旨意,在广州建造了怀圣寺和光塔,以后又葬在该处。书后有保熊兆所作之跋,补述怀圣寺在元、明、清3代的历史资料。《西来宗谱》的内容虽多出于传说,然而却反映了伊斯兰教自唐代传入中国的历史线索。该书采用"宗谱"作书名,力图通过"寻根"来追溯中国穆斯林悠久的历史与传统,通过回兵择妻定居的回族起源传说,说明回族自古以来就是中华民族一员的历史事实,同时赞扬了中国和阿拉伯人民间自古以来的友好往来。　　(余振贵)

西奈山(Tūr Sīnīna)　伊斯兰教古圣迹之一。亦称"穆萨山"。《古兰经》中有"以西奈山盟誓"语句(95:2),各种经注中更有不少传说谈到此山。位于埃及西奈半岛,海拔达2640米,是西奈半岛最高的山峰。据伊斯兰教传说,古代先知穆萨曾在西奈地区居住过40年,并多次在此山顶上同安拉交谈,接受安拉的"启示"。故此山被穆斯林视为圣迹,十分敬重。现山脚下建有清真寺和旅游设施,世界各地穆斯林纷至沓来,凭吊瞻仰。许多来自欧美和其他国家的旅游者,由当地贝都因人导游,提早攀登至此观看日出,凡前往者需攀登3750个石阶方能抵达顶峰。此山已成为当今埃及著名旅游胜地。　　(马云福)

西南回族穆斯林起义　中国清代咸丰、同治年间西南地区回族穆斯林反抗清王朝民族压迫的起义,在道光、咸丰年间,云南、贵州的官府及豪绅恶霸在地方实行"以汉制回",接连制造欺凌、侮辱回民的事件。在云南他郎(今墨江)、南安(今双柏)等地,屡次发生抢夺回民厂矿、肆意屠杀回民、焚烧清真寺和回民村庄的惨案。地方官不但不为被害回民昭雪,反而支持暴徒扩大事态。回民一旦抗争,即诬以"阴谋作乱"。在官府庇护操纵下,各地地方团练"以屠灭回族为能事",大肆煽动"见回即杀"。有的地方官竟"出印结为凭",放纵团练杀害回民。咸丰五至六年(1855～1856),云南永昌、缅宁、昆岗、楚雄、大理、鹤丽剑等处兵练屠回愈演愈烈。云南巡抚舒兴阿更扬言"聚团屠回,须横直剿灭八百里"。回民朝不保夕,不得不奋起反抗。咸丰六年春夏之间,云南回民揭起义旗。咸丰八年(1858),贵州西南部回民起义。次年,四川会理等地回民起义。

云南回民起义分别由马国才在姚州(今姚安),杜文秀在蒙化(今巍山),马凌汉在昆阳,马如龙在建水,徐元吉在澄江,马占魁在立北等地发动、组织起义军,攻占城池。后伊斯兰教学者马复初高举"保护教门"大旗,率新兴(今玉溪)穆斯林起义后,义军声势更加壮大。各地起义以回族为主,同时联合汉、彝、白、傣、纳西、哈尼、傈僳等各族人民。参加起义的基本群众有农民、矿工、手工业者、小商贩等。起义初,多以清真寺为联络中心和起义据点,阿訇在各地起义中起了发动、组织和领导的作用。起义者以"保护教门"相号召,伊斯兰教成为发动和组织起义的思想旗帜。云南回民发动起义后,很快形成两支强大的力量:一支以杜文秀为首,活动于滇西各地;一支以马复初、马如龙为首,活动于滇东南一带。马如龙以新兴州及馆驿为基地,攻占滇南大部州县,称"大元帅",先后于咸丰七年(1857)、九年(1859)和十一年(1861)3次攻打省城昆明。曾在咸丰九年袭取楚雄,全歼提督褚克昌所部清军。在第三次围攻昆明时,清政府采用了政治分化手段,将马如龙招降,并在以后数年内镇压了滇东南各地的起义军。杜文秀起义后于咸丰六年八月率义军夺取下关,九月攻克大理，被推为“总统兵马大元帅”，设文武职官，建立政权。成为滇西回民起义的中心，势力日益壮大，先后6次击败清军的进攻，全盛时期曾占领云南53县。同治八年八月(1869年9月)，云南布政史岑毓英率部反攻，义军与敌反复搏战，逐垒争夺，大司寇李芳园(汉族)、大司平马兴堂先后牺牲，加之清军将领杨玉科、李维述率部抄袭后路，义军伤亡颇大，被迫撤围，形势逆转。此后提督杨玉科等部清军连陷丽江、剑川、永北、永平、蒙化等10多个城镇，进逼大理府城，岑毓英应援于后。同治十一年(1872)十一月，清军包围大理，义军坚持斗争，殊死搏斗。其时东南各省各族起义军都已先后失败，大理义军粮尽援绝，杜文秀牺牲。十二月，大理失陷，清军将城内军民屠洗殆尽。义军余部在大司空李国纶带领下仍坚守腾越，顽强抗敌。因敌我力量悬殊，李国纶带千余人突围，退往云峰山，于同治十三年(1874)被俘就义，云南回民起义失败。

贵州回民起义由张凌翔、马河图领导。同治三年十月(1864年11月)张凌翔、马河图牺牲后，众推金万照(即金二阿訇)为首，领导起义军坚持斗争，至同治十一年十月(1872年11月)被贵州提督周达武等镇压，金万照被解往贵州就义。

四川会理回民起义由马荣先领导，于咸丰十年(1860)攻占会理州城，并联合云南回民起义军攻克黎溪等处，坚持到次年，遭清军会攻，会理城破，起义失败。

西南回民起义前后达18年，虽未能形成统一的起义组织，但云南、贵州、四川3省的回民起义均有联系并互相配合支援，也与太平军及其他各少数民族的反清起义有密切联系，是当时以太平天国为首的全国各族人民的反清起义的一个重要组成部分，有力地打击了清朝的腐败统治和民族压迫制度。特别是杜文秀领导的大理政权，起义时间之长，规模之大，斗争水平之高，都超过云南历史上和同一时期其他地方的回民起义，充分体现了回族穆斯林不屈不挠的团结战斗精神，是回族历史上光辉的一页。 (吴万善)

西宁东关清真大寺 中国伊斯兰教著名清真寺。坐落在青海省西宁市东关大街，故名。据寺内《重建西宁大寺碑记》记载，该寺“创自明代，毁于兵燹”。相传明洪武年间，由明将军西平侯沐英奏请明朝廷准许，责成土司冶正明主持创建。清代几度拆毁。1913年，甘边宁镇守使马麒主持，由穆斯林捐资重建。1916年，因礼拜大殿朝向方位不正，拆除后扩建。后又增建宣礼塔、大门等，乃成今之格局。该寺占地总面积为1.3602万平方米，建筑总面积为4654平方米。该寺建筑雄伟壮观，具有中国古老的宫殿式建筑风格和伊斯兰装饰艺术特色，布局合理。寺的正门为一大两小的绿色西式大门，高10米，宽15米，门顶横幅匾额上书有“西宁东关清真大寺”。进正门30多米处，在13级花岗石的台墩上耸立着5个平顶拱形门，称为“中五门”，高约10米，宽为21米。在“中五门”南北两侧矗立着两座高约15米的4层六角攒尖顶式的宣礼塔，对峙相望。穿过“中五门”，南北是两座老式木楼，北楼为藏经室、会议室、接待室，南楼为讲经教室、学员宿舍等。两楼中间是面积4490平方米的大院，大青砖铺地，宗教节日可供近2万人礼拜。大院西面，是坐落在2米高石基之上的礼拜大殿，面积为1136平方米，可容1500人礼拜。大殿为中国传统的两脊一卷的卷帘式殿宇建筑，由殿前卷棚、正殿及后窑殿3部分依次相连组成。构架采用重檐歇山式斗拱屋顶，飞檐高翘，屋顶覆以彩色的琉璃瓦和小青瓦，殿脊中心有3个金光灿烂的镏金筒。整个建筑为砖木结构，外壁全用大青砖砌成，卷棚内两侧山墙饰以9幅砖雕图案，典雅精美。为中国“西北四大名寺”之一。寺内现存有明太祖朱元璋所赐的“至圣百字赞”，立有现代书写刻制的《重建西宁大寺碑记》等石碑3座。20世纪初期，该寺曾是伊赫瓦尼派的教育中心，兴办经堂教育，培养省内外宗教人才。1979年全面修葺，被列为省级文物保护单位。1987年创办的青海省伊斯兰教经学院设在寺内。 (喇秉德)

《西宁军务节略》 中国清末记述西北穆斯林起义的官方文献。成书刊行于清末。编者佚名，似系清陕甘提督董福祥的幕僚所编纂。开卷略述光绪21～22年(1895～1896)青海循化、巴燕戎格、碾伯、大通、西宁等地回族、撒拉族人民反清起义的起因及经过，继而叙述清军镇压各地起义的始末及善后情况。文末附有图10幅、电旨20件、电奏32件。文中对清军扫洗西宁东三关(即东关、南关、北关)的血腥镇压，及一部分起义军被追逼至柴达木一带“冻饿死者甚多”的惨景有所供认。光绪二十一年十月初六日朝廷电旨就善后事宜称：“甘省吏治颓废已极，此次回乱由地方官审断不公而起”。道出了清朝统治者不得不承认官逼民反的事实，此书是研究清末河湟回、撒拉族穆斯林反清起义的重要史料。北京图书馆藏有清末石印本。1952年白寿彝根据此本标点分段，收入他编的《回民起义》一书中。 (喇秉德)

西宁南山拱北 中国伊斯兰教苏菲派传教师陵墓。坐落在青海省西宁市南山(亦称“凤凰山”)主峰。据传，原拱北碑文提到成吉思汗西征中亚后，伊拉克巴格达有位20世圣裔古土布·兰巴尼·阿布杜·拉赫曼东来中国云南，随即又率徒到西宁传播伊斯兰教苏菲派教义，后殁于西宁。当时的西宁王速来蛮特为其修建陵寝于凤凰山巅，并树碑勒铭以志纪念。原碑曾因拱北几度被毁而下落不明，《西宁府志》仅记载碑文有“天方圣裔故土布览巴尼·尔卜都来亥麻复命归真”等内容。另据穆斯林传说，明初修建西宁东关清真大寺之后，亦曾采料集工重修拱北，建崇楼，立经阁，植柏树8株，立明太祖朱元璋御制碑两座。清代河湟回民起义被清军镇压后，拱北建筑遭兵燹而倾圮毁败。1946年修缮东关清真大寺之时，西宁穆斯林各教坊集资重筑拱北墙垣，西建礼拜堂，东配宁静厅，外置有牌坊、石碑及厢房、浴室、山门等设施，其四周辟为回民公墓。“文化大革命”中又遭严重掘毁。1987年重修，建成5级亭楼式拱北建筑，庄严肃穆，是河湟一带穆斯林最早的宗教活动场所，常有穆斯林前去拜谒。

（喇秉德）

西萨拉森帝国 见后伍麦叶王朝。

《西使记》 中国元代记述蒙古旭烈兀西征活动的见闻录。亦称《常德西使记》。1卷，刘郁撰。蒙古宪宗蒙哥即位后，皇弟旭烈兀奉命西征，征服了西亚大片土地并消灭了阿拔斯王朝（黑衣大食）。1259年常德奉命西觐伊儿汗旭烈兀，自和林出发，经天山北麓西进，到达今撒马尔罕等地，往返共14个月。1263年，刘郁笔录其途中见闻，整理编撰成书。常德此行比丘处机和耶律楚材晚40年左右，此时新疆和中亚地区已发生了不小的变化，因而《西使记》中关于旭烈兀的西征活动及西域的民俗、风物等记载都较珍贵。如：(1)记阿力麻里城（今新疆霍城一带）“回纥与汉民杂居，其俗渐染，颇似中国”。(2)记波斯伊斯玛仪派的活动及其阿拉木特等城堡被攻破情况。(3)记阿拔斯王朝首都巴格达被攻陷的情况。(4)哈里发的奢侈生活及“其后妃皆汉人”的记载。(5)关于麦加天房与“密乞儿国”的情况。(6)关于回回医药学及外科治疗的记述。这些内容为过去记载中所少有，为了解13世纪西亚与中亚的情况提供了宝贵资料。《西使记》版本很多，最早有元王恽《秋涧大全集》及《玉堂嘉话》所收本，近代有丁谦《元刘郁西使记地理考证》，王国维曾作校录，收入《古行记四种校录》本。

（罗万寿）

《西洋番国志》 中国明代人航海东南亚各国所作的游历笔记。作者巩珍，号养素生，南京人。明宣德五年至八年（1430～1433）随郑和船队下西洋各国，沿途凭随军通事（翻译）转译，记录各国风土民俗。归后，于宣德九年（1434）在北京撰成此书。书的文字内容和编排次序与马欢《瀛涯胜览》大致相同。据史学家向达考证，巩珍所指的“通事”可能即马欢。但巩珍的汉文修养高于马欢，因此其书叙事翔实，行文赡雅。《西洋番国志》首见于钱曾的《读书敏求记》；《四库全书・总目提要》卷78史部地理存目七仅收存该书目；而后彭元瑞的《知圣道斋读书跋尾》收录此书，北京图书馆收藏该抄本。据此抄本，1961年中华书局出版向达的校注本。《西洋番国志》记载了中西海航线上的东南亚、西亚古国20个。在16个伊斯兰教王国中，完全伊斯兰教化的国家有9个，即：天方国（Mecca，麦加）、祖法儿国（Dhotar，阿曼佐法尔）、阿丹国（Aden，也门亚丁）、忽鲁谟斯国（Hormus，伊朗霍尔木兹）、溜山国（Maldive ls，马尔代夫群岛）、榜葛剌国（Bengal，孟加拉）、满剌加国（Malacca，马来西亚马六甲）、南哑里国（Lamuri，苏门答腊哥打拉夜）、哑鲁国（Yru，苏门答腊巴鲁蒙）；正在向伊斯兰教国家过渡的王国有5个：爪哇国（Jawa）、苏门答腊（Sumatra）、旧港国（Srivijaya，苏门答腊巨港）、那孤儿国（Nagur，苏门答腊东北部）、黎代国（Lida，苏门答腊梅雷杜）；由穆斯林掌握政治、经济实权的王国两个：古里国（Calicut，印度卡利卡特）、柯枝（Cochin，印度科钦）。书中描写了上述王国中穆斯林和清真寺的状况，对于阿拉伯地区风俗民情，包括婚丧礼仪、服饰、食品、物产以及伊斯兰教圣地麦加的圣迹等，记载尤详。该书还记录了郑和船队分䑸遣使者前往麦加朝觐的事迹。这些记载反映了中世纪阿拉伯、波斯穆斯林的商业活动对中西航线各港口及其国家政治和经济的影响，以及15世纪伊斯兰教在沿途各国的传播，证实了郑和下西洋的主要对象大多属伊斯兰教化的国家，因此郑和船队中的通事、向导、舵工、水手、军士等，多系国内穆斯林。《西洋番国志》卷首收录永乐至宣德年间的敕书3封，为其他书所未载，是研究郑和下西洋之前准备工作的重要史料。书中巩珍的自序，提及当时航行所用的“牵星过洋”术、水罗盘定向、宝舟的巨大以及篷、帆、锚、舵需要二三百人始能举动，如何积贮淡水等，都是研究15世纪中国航海史的材料。《西洋番国志》与马欢的《瀛涯胜览》、费信的《星槎胜览》互相补充，被称为记载郑和下西洋的3部最初史籍。

（陈达生）

《西游录》 中国元人关于西域见闻的游记。作者为元代著名政治家和学者耶律楚材。13世纪初叶，成吉思汗率军20万西征中亚花剌子模国，耶律楚材以书记官和星相占卜家的身份应召前往。1218年3月，他自永安出发，过居庸关，经武川，出云中（今大同），到达天山北面成吉思汗营地。翌年随军西行，越阿尔泰山，过瀚海，经轮台、和州（即古高昌），更西行经阿里马、虎司斡鲁朵、塔剌思、讹打剌、撒马尔罕，到达花剌子模国首府今布哈拉。行程6万里。耶律楚材在西域达6年之久，东归4年后写成《西游录》，共上、下两篇。上篇记西行道路、山川、物产、城市等，如“寻思干乃谋速鲁蛮种落梭里檀所部者也。蒲华、苦盏、讹打剌城皆隶焉”，对了解13世纪新疆及中亚伊斯兰教各民族的概况有参考价值。下篇设为问答，以佛教立场批驳全真道首丘处机。元人盛如梓著《庶斋老学丛谈》时，节录了其中西游地理一部分。1926年，日本神田信畅在日本宫内省图书寮发现一部旧抄足本《西游录》，次年付印出版。其后，罗振玉又据神田本重印，王国维也据神田本抄录一本，现藏北京图书馆。1981年中华书局出版了向达校注的《西游录》全册本。

（罗万寿）

《西域番国志》 见《使西域记》。

希伯伦(Hebron)　伊斯兰教与犹太教共同的圣地之一。阿拉伯语称“哈利勒”(al-Khalil)。是约旦朱迪亚山区南部城市。北距耶路撒冷约40公里,海拔930米。为最古老的城市之一。据犹太教传说,犹太民族的始祖亚伯拉罕曾长期在希伯伦居住。城市中心的麦克菲勒洞穴埋葬着亚伯拉罕及其妻撒拉、以撒和雅各等人。又据说,约公元前10世纪,大卫王奉耶和华之命到希伯伦,登位为以色列王并在此定都7年半后攻下耶路撒冷,故有“哈利勒之罗马”之称。据伊斯兰教传说,在麦克菲勒洞穴保存着易卜拉欣等许多古先知的墓冢,洞穴之上的哈利勒清真寺是一座宏伟的伊斯兰古迹。从635年到第一次世界大战后(除1100～1260年被十字军占领外),希伯伦一直在穆斯林诸王朝的统治下。从1267年起禁止非穆斯林到此达700年之久。1948年阿以战争后,并入约旦,为哈利勒省省会。1967年被以色列占领。　(杨克礼)

希达叶图拉(Hidāyatullāh)　见阿帕克和卓。

《希大亚教法经》(al-Hidāyah fi al-Furū‘)　伊斯兰教法古典名著。阿拉伯语的意译。“希大亚”原意为“引导”、“指南”,即“实体法指南”。是逊尼派穆斯林权威的法律文本和教科书之一。共2卷。成书于12世纪,中亚伊斯兰学者布尔汗丁·阿里(Burhān al-Din ‘Ali,1135～1196)编著。此书既是对艾布·哈尼法及其弟子艾布·优素福和穆罕默德·谢巴尼教法学说的汇集,又是对作者自撰的《教法研究入门》(Badaya al-Mubtada)的注释。全书共分为22部分,按教法题材分类编著,涉及天课、婚姻、离异、誓言、偷窃、抢劫、叛教、释放奴隶、失踪者、商业合伙、宗教基金(瓦克夫)、买卖契约、债务转移、法官职责、证据、战争与和平等有关规定。有多种注释本,如《维卡亚教法》、《基法亚教法》、《伊纳亚教法》、《尼哈亚教法》、《法斯·乌·凯比亚教法》等。另有查尔斯·汉密尔顿英文选译本,4卷,1791年伦敦版(1985年重印,2卷本,新德里版)。本书自19世纪初起长期作为英属印度民法法院审理涉及穆斯林民事案件的法律依据,也是印巴穆斯林宗教教育的必读课本之一,影响相当广泛。

(吴云贵)

希尔信迪学派(al-Sirhindiyyah)　印度伊斯兰教义学派。印度著名伊斯兰学者艾哈迈德·希尔信迪(Aḥmad al-Sirhindi,1563～1624)创立。印度希尔信德人,故称“希尔信迪”。以“伊玛目·兰巴尼”闻名,自称圣裔。青年时在锡亚尔科特从苏菲名师学习契斯提、苏哈拉瓦迪和卡迪里教团的学理,后到德里深造,最终选择了正统的纳格什班迪耶教团,成为正统信仰坚定的维护者。从德里回到家乡后,创办学校,广收门徒,并著书立说,创立了希尔信迪学派。他认为,正统信仰的衰落皆因莫卧儿皇帝阿克巴所倡导的“异端邪说”所致。他在阿克巴去世后发表的书信中,曾直言不讳地抨击阿克巴,称他统治的时期为异教徒当道的“腐败时期”,吁请阿克巴的继承人贾汗吉皇帝(1605～1627在位)应“以利剑来弘扬伊斯兰教”。希尔信迪为在印度复兴正统信仰,在其著作中对苏菲哲学和教义进行了新的解释,力图弥合苏菲神秘主义与伊斯兰教法之间的鸿沟,并将苏菲派纳入逊尼派。他宣称:教法是包容一切的圣典,既包容现世与来世的全部实在性和可能性,亦包含苏菲派神秘内心体验;教法包括“表义”和“隐义”两方面内容,其外在的表义以经、训为据,属于一般宗教学者的知识领域,而内在的隐义需以内心体验方可领悟其真义,属于学识高深的宗教学者的知识领域。认为既然伊斯兰教的先知高于苏菲导师,受先知引导的伊斯兰学者当然也高于受苏菲导师引导的苏菲神秘主义者。故苏菲派应向伊斯兰学者靠拢。希尔信迪还就苏菲哲学中的本体与现象的关系问题予以新的解释。印度的苏菲派长期深受伊本·阿拉比“存在单一论”(Wahdat al-Wujud)哲学的影响。按照这一学说,宇宙万物中唯有安拉是独一的实在,其余的一切则是不实在的,它们只是“安拉之光”的“闪现”和“表象”。其简明表述是:“安拉即一切,一切即安拉”。希尔信迪认为,“存在单一论”带有泛神论倾向,不符合宗教理性,应代之以“见证单一论”(Wahdat al-Shuhud):安拉的本体、德性和创造行为是独一的绝对实在,宇宙万物作为“造化物”为安拉意志的“反映”,故不是安拉本体的一部分,作为造化物的人的品格和行为不能与安拉的品格和行为混为一谈,更谈不上“人主合一”。正确的解释并非“安拉即一切”,而是“一切皆源自安拉”。“见证单一论”重新界定了信仰的哲学基础,明确了苏菲信仰者与安拉的关系,即受造物与创造者、爱者与被爱者、被引导者与引导者之间的敬畏、热爱、屈从的关系。希尔信迪学派通过传道和著述,在教理上确立了逊尼派学者的主导地位,为印度苏菲教团与逊尼派的和解奠定了基础,它所开创的思想传统,曾对瓦利·安拉、赛义德·艾哈迈德汗、伊克巴尔等后世学者产生了广泛的影响。艾哈迈德·希尔信迪后被尊为伊斯兰教“第二个千年的革新者”(Mujaddid AIf Thāni),其学派被称为“复兴的纳格什班迪耶”。

希尔信迪学派对中国伊斯兰教有较大影响。在维吾尔族苏菲派别和回族门宦中,有世代相传的道统表可考,确证道统渊源于希尔信迪学派的有10余个,分布在新疆、宁夏、甘肃、青海等省区。其学说传入中国分两个阶段:第一阶段在18世纪中期。清廷于乾隆二十四年(1759)平定新疆大、小和卓之乱,黑、白山两派势力大衰退,希尔信迪学派从而在新疆获得发展的机会。最早传入新疆的是叶尔羌(莎车)和阿印科(阿克苏南60公里)两支,首传人分别为沙·奥里亚和卡里·阿格德。他们在维吾尔族与回族中都传有弟子,后其弟子又各自形成大大小小的分支派别和门宦。属于叶尔羌分支的，在维吾尔族中有吐鲁番和伊犁的纳格什班迪耶；在回族中有吐鲁番的东道堂、乌鲁木齐芦草沟的虎非耶门宦、甘肃临夏的北庄门宦和崖头门宦等。阿印科分支仅在回族中承传下来，有吐鲁番的西道堂、宁夏固原的洪门、兰州碱沟井门宦、青海大通的新辈门宦等。第二阶段在19世纪中、后期。1865年中亚浩罕军官阿古柏入侵新疆，利用伊斯兰教维持其统治，对苏菲派采取扶持政策。此时沙俄正在中亚迅速向东推进，一些纳格什班迪耶教团希尔信迪学派的传教师为避战乱从中亚来到新疆，大多为中亚纳格什班迪耶首领买祖甫的弟子和再传弟子。他们进入新疆后发展了很多信徒，逐渐成为新疆苏菲派的多数。如莎车的毛拉·尼牙孜依禅所传教团、喀什的伊嘎伊提依禅所传教团和哈斯木所传教团、和田的苏巴尼牙尔哈里发所传教团等，都是在这一时期形成的。20世纪初亦有少数纳格什班迪耶教团希尔信迪学派的传教师从乌兹别克斯坦来到新疆。著名的有莎车的阿卜杜拉·吐热和阿尤布。阿尤布在莎车县航勒克乡收徒讲学，于1940年前后向新疆各地派出40余名哈里发传教，并著有《苏菲主义神秘之根源》一书在信徒中流传。随着希尔信迪的著作《麦克图巴特》的流传，其影响已超出本学派的范围。如中国伊赫瓦尼派创始人马万福即对《麦克图巴特》很有研究，在新疆哈密讲经时曾以《麦克图巴特》作为教材之一。（吴云贵　谭吴铁）

希吉来（Hijrah）　622年伊斯兰教先知穆罕默德领导早期穆斯林由麦加迁徙麦地那的重大历史事件。阿拉伯语音译，意为“迁徙”。希吉来是伊斯兰教根据地的战略转移，是穆罕默德传教活动由艰难曲折走向发展胜利的重大历史转折点。穆罕默德在麦加传教时期(610～622)，宣传伊斯兰教关于认主独一、反对多神信仰和偶像崇拜的基本教义，从一开始便受到以麦加古莱什贵族、富商为首的多神教势力的强烈反对和仇视。他们预感到伊斯兰教的传播，对其因垄断克尔白管理大权而在阿拉伯半岛所确立的多神教神权统治地位是一种严重威胁，必将在经济上、政治上导致其既得权益的丧失，因而便竭力破坏穆罕默德的传教活动，残酷迫害和折磨信教群众，使新生的伊斯兰教处于被扼杀的危险境地。穆罕默德在同多神教势力进行针锋相对斗争的同时，不断筹划着保护信教群众的办法。614～615年，穆罕默德曾组织100余名早期穆斯林，先后分两批迁徙至基督教国家阿比西尼亚（今埃塞俄比亚）避难，以保存实力。后又曾试图向邻城塔伊夫转移，因遭到当地多神教势力的排斥，亦难立足。在麦加古莱什贵族对穆斯林群众乃至穆罕默德本人的迫害日益加剧的形势下，穆罕默德做了具有战略意义的果断抉择：利用每年阿拉伯半岛各部落到麦加克尔白朝拜各自的偶像之机，同来自各地的阿拉伯人广泛接触，宣传伊斯兰教义，以寻找时机向外地转移。这一谋求建立新的传教根据地的设想终于成为现实。自620年起，到麦加同穆罕默德秘密缔约信奉伊斯兰教的麦地那人逐年增加，并形成了一支坚决支持和辅佐穆罕默德传教的可靠力量，向麦地那转移的条件逐渐成熟。麦地那距麦加400余公里，居民多属基督教徒和犹太教徒，将该地作为传播伊斯兰教的根据地，环境较为有利。622年，经过周密的准备和部署，穆罕默德先令约200名麦加穆斯林分期分批地秘密迁徙至麦地那。当古莱什贵族发觉穆斯林的行动并密谋杀害穆罕默德之时，穆罕默德闻讯先行一步，在挚友艾布·伯克尔的陪同下，星夜抄小路离开麦加，并在敌人的追击和搜捕下，经长途跋涉，终于在622年9月24日安全抵达麦加那。从此，伊斯兰教的传播开始了新的历史时期，即从宣传教义阶段过渡到了组建政教合一的伊斯兰教国家的阶段。639年，伊斯兰教第二任哈里发欧麦尔为纪念622年希吉来这一具有重大历史意义的事件，决定把该年定为伊斯兰教历纪元，以阿拉伯太阴年岁首（时值622年7月16日）作为元年元旦。此历即名“希吉来历”，为世界各国穆斯林所沿用。（杨宗山）

希吉来历（al-Taqwim al-Hijriy）　伊斯兰国家和世界穆斯林通用的宗教历法。亦称“伊斯兰教历”。中国旧称“回回历”，简称“回历”。通常用A. H.（拉丁文Anno Hegirae的缩写）表示。“希吉来”系阿拉伯语Hijrah之音译，意为“迁徙”。639年，伊斯兰教第二任哈里发欧麦尔为纪念穆罕默德于622年率穆斯林由麦加迁徙到麦地那这一重要历史事件，决定把这一年定为伊斯兰教历纪元，以阿拉伯太阴年岁首（即儒略历公元622年7月16日）为希吉来历元年元旦。希吉来历系太阴历，其计算方法是：以太阴圆缺一周为一月，历时29日12时44分2.8秒，太阴圆缺十二周为一年，历时354日8时48分33.6秒。每一年的12个月中，6个单数月份（即1、3、5、7、9、11月）为大建，每月为30天；6个双数月份（2、4、6、8、10、12月）为小建，每月为29天。在逢闰之年，将12月改大月为30天。该历以30年为一周期，每一周期里的第2、5、7、10、13、16、18、21、24、26、29年，共11年为闰年，不置闰月，在12月末置一闰日，闰年为355日；另19年为平年，每年354日。故平均每年为354日8时48分。按该历全年实际天数计算，比回归年约少10日21时1分，积2.7回归年相差一月，积32.6年相差一年。该历对昼夜的计算，以日落为一天之始，到次日日落为一日，通常称为夜行前，即黑夜在前，白昼在后，构成一天。

希吉来历各月阿拉伯文的名称是：1月，穆哈兰（Muḥarram）；2月，索法尔（Ṣafar）；3月，拉比尔·奥沃勒（Rabi‘al-Awwal）；4月，拉比尔·阿黑尔（Rabi‘al-Ākhir）；5月，朱马达·乌拉（Jumāda al-Ūla）；6月，朱马达·阿黑赖（Jumāda al-Ākhirah）；7月，莱哲卜（Rajab）；8月，舍尔班（Sha‘bān）；9月，莱麦丹（Ramaḍān）；10月，绍瓦勒（Shawwāl）；11月，祖勒·盖尔岱（Dhu al-Qa‘dah）；12月，祖勒·希哲（Dhu al-Ḥijjah）。希吉

来历每年9月(莱麦丹)为伊斯兰教斋戒之月,对这个月的起讫除了计算之外,还要由观察新月是否出现来决定。即在8月29日这天进行观测,如见新月,翌日即为9月1日,黎明前开始斋戒,8月仍为小建;如看不到新月,第三日则为9月1日,8月即变为大建。到了9月29日傍晚,亦需看月,如见新月,第二天就是10月1日,即为开斋节日,使9月变成小建;如未见新月,斋戒再延一天,9月即为大建。12月(祖勒·希哲)上旬为朝觐日期,12月10日为宰牲节日。该历使用七曜(日、月、火、水、木、金、土)记日的周日法。每周逢金曜为"主麻日",穆斯林在这一天举行"聚礼"。

希吉来历自创制至今14个世纪以来,一直为阿拉伯国家纪年和世界穆斯林作为宗教历法所通用。该历于元世祖至元四年(1267)正式传入中国,后并编撰该历颁行全国,供穆斯林使用。至元十三年(1276)后,元朝政府颁行的郭守敬的"授时历"及明代在全国实行的"大统历",均参照该历而制定。清初曾一度使用,对中国历法的影响达400年之久。中国信奉伊斯兰教的各族穆斯林至今在斋戒、朝觐、节日等宗教活动中,仍以该历计算为据。 (杨克礼)

希贾兹教法学派 见马立克教法学派。

希拉勒(al-Hilāl) 见新月。

希拉山洞(Ghār Jabal Ḥirā') 伊斯兰教圣迹之一。位于麦加近郊的希拉山腰,为一狭窄的岩洞。此山洞是伊斯兰教先知穆罕默德传教之初接受安拉"启示"(al-Waḥy)的神圣之地。据史载,穆罕默德传教前,曾受阿拉伯半岛流传的哈尼夫一神思想的影响,约40岁时常来此山洞静修冥想,参悟宇宙创造之奥秘及阿拉伯社会的变革。610年9月,他在此山洞静思时,第一次接受了大天使吉卜利勒奉安拉之命传达的以下"启示":"你应当奉你的创造主的名义而宣读,他曾用血块创造人。你应当宣读,你的主是最尊严的,他曾教人用笔写字,他曾教人知道自己所不知道的东西"(《古兰经》96∶1～5)。从此,穆罕默德便开始了向世人传播伊斯兰教的使命。至今,每年朝觐期间,世界各地的穆斯林在完成朝觐功课后,多来到希拉山洞前参谒。 (马忠杰)

希腊色雷斯伊斯兰联合组织(The Organization of Islamic Unity) 希腊伊斯兰教民间社团组织。1932年由伊斯坦布尔的穆斯林领袖谢赫·穆斯塔法·艾凡迪(Sheikh Mustafa Efendi)在色雷斯地区发起创建。其宗旨是:维护希腊穆斯林统一,普及伊斯兰教义,遵照圣训行事。在第二次世界大战期间被迫停止活动,战后重又恢复。鼎盛时期曾拥有5000会员。该组织一直为穆斯林免受歧视,普及、推广伊斯兰文化而努力,因此在土耳其族穆斯林中享有很高的威信。 (黄陵渝)

希勒米(al-Ḥilmi,1911～1969) 马来西亚伊斯兰学者、政治活动家。全名穆罕默德·努尔·希勒米。系马来族,生于马来一穆斯林名门家庭。早年在马来和苏门答腊的伊斯兰学校求学。1928年到印度德里大学学医,获学士学位。后又进入阿里伽伊斯兰学院深造,并结交印度的穆斯林领袖,后访问巴勒斯坦。回国后,在新加坡伊斯兰学校任教,出版杂志宣传伊斯兰教改革的主张,并加入了马来青年联盟。第二次世界大战后当选为马来国民党主席,提出建立独立的和多民族平等的马来亚国家的宪法草案。1947年出席在德里召开的亚洲国际关系会议。1950年因支持和参加新加坡反英斗争被管押两年,马来国民党也被迫解散。1956年,被选为泛马来亚伊斯兰教党主席,主张以伊斯兰教法为国家一切法律的依据,实行宗教和教育改革,建立伊斯兰教共和国。1959年选入议会。在报刊上发表过关于宗教教育及宗教社会改革的论著多篇。1969年病逝。 (杨克礼)

希勒姆(Ḥilm) 伊斯兰教伦理道德术语。为穆斯林修身处世的准则之一。阿拉伯语音译,意为"宽恕"、"宽容"。伊斯兰教主张以明智宽宥的态度对待他人的非礼行为和过失,宽宥反对自己的人和事,宽待奴隶、战俘、奴婢和贫困者。《古兰经》云:对不义者"如果你们恕饶他们,原谅他们,赦宥他们,〔真主就赦宥你们〕"(64∶14)。以德报怨就可解除人们之间的仇恨,会使不义者反躬自省,改邪归正。"善恶不是一样的。你应当以最优美的品行去对付恶劣的品行,那么,与你相仇者,忽然间会变得亲若密友"(41∶34)。伊斯兰教视宽恕为一种美德,认为任何人都有失误之处,需要得到别人的宽恕;如对别人的失误和过错不予宽恕,那自己也就得不到别人的宽恕。伊斯兰教提倡"宽恕",旨在培养穆斯林宽宏大度,磊落坦荡的胸怀,以利穆斯林之间的和睦相处。 (杨克礼)

希沙姆·本·凯勒比(Hishām ben al-Kalbi,约747～821) 中世纪阿拉伯传记、宗谱学家。生于伊拉克库法,出身于穆斯林学者家庭。其父穆罕默德·萨伊卜·凯勒比为知名的历史学家,以搜集和记述阿拉伯的民间故事及宗谱而著称。希沙姆幼承家学随父学习,并受传统的伊斯兰教育,是虔诚的逊尼派信徒。成年后,继承其父遗志搜集整理民间及职业传述人的口头传闻(包括故事、诗歌、传说、轶事),研究阿拉伯人的历史、宗谱、宗教、习俗、战役及伊斯兰教名人。晚年在巴格达讲学,同阿拔斯王朝大臣贾法尔·本·叶海亚和哈里发马蒙交往甚密。他是一个多产作家,其著作多达150种。著名的著作有《宗谱世系大全》(一译《年代记》),是一部编年体历史著作,记述了阿拉伯贾希利叶时期的历史传说、诗歌和各部落的战役，伊斯兰早期的历史事件、宗教生活、礼仪及阿拉伯人的宗谱、人物传记等，多系传闻，未经考证。《推翻偶像之书》记载了伊斯兰以前时期阿拉伯人中偶像崇拜的起源，以及各部落崇拜的形形色色偶像及诸神，引用了有关诗歌和传说作为史料。《马经》对阿拉伯良马的产地、选育、有关马的诗歌有简要的记述。他的著作还有《王室谱系》、《宗谱奇例》等，原书已佚，散见于后世学者的著作中。（杨克礼）

希提(Philip Khuri Hitti，1886～?) 美国著名东方学家和教育家。生于黎巴嫩希姆兰。青少年时在黎巴嫩的塞克·加布上美国中学。1908年毕业于贝鲁特美国大学，获文学士学位，后留校任教。1913年移居美国深造，1915年获得哥伦比亚大学哲学博士学位，博士论文题为《伊斯兰国家的起源》。1920年加入美国籍。1919～1925年，返回黎巴嫩任贝鲁特美国大学历史教授。1926～1954年，先后在哥伦比亚大学和普林斯顿大学担任讲师、教授、东方语言文学系主任等，主讲闪族文学、阿拉伯语言和阿拉伯历史，并担任过纽约大学院校联合俱乐部主席，主持过伊斯兰教学术问题研究的国际研讨班。1946年应黎巴嫩政府的邀请，作为美国国务院的文化使节访问过中东。1954年退休后，仍是普林斯顿大学的名誉教授。希提是美国从事研究阿拉伯历史、语言、政治、伊斯兰教及闪族文化等学术领域的开拓者之一。他博学多才，治学严谨，尊重史实，客观公允。其著述甚丰，史料丰富，旁征博引，文笔生动。主要著作有：《在叙利亚和黎巴嫩的闪族语》、《叙利亚和叙利亚人》、《十字军时代一位阿拉伯—叙利亚士绅和战士》、《阿拉伯通史》、《阿拉伯简史》、《阿拉伯人》、《叙利亚史》、《黎巴嫩史》、《阿拉伯史》、《近东历史》、《穆斯林教派的特征》等。在学术领域，他还担任过《韦氏国际大辞典》、《社会科学文萃》、《不列颠百科全书》、《美国百科全书》等工具书的编委、学术顾问，并撰写了有关伊斯兰教的大量词条。还为普林斯顿大学图书馆编辑和注释过“阿拉伯文手稿的详细书目”。为了表彰他在学术研究上的贡献，希提的名字被铭刻在“纽约世界博览会美国公共纪念碑”上。

（杨克礼）

希瓦汗国(Khanate Khiwa) 中亚花剌子模地区乌兹别克人建立的伊斯兰国家(1512～1920)。亦称“基华汗国”、“花剌子模汗国”。16世纪初，花剌子模被昔班尼汗征服，不久暂属伊朗萨法维王朝统治。1512年，乌兹别克王族成员伊里巴尔斯(1512～1525在位)，在伊斯兰教苏菲传教师的支持下，率当地居民赶走伊朗总督，被拥立为汗，建立独立的国家。初建都玉龙杰赤，后迁都希瓦(今咸海南之基发)，故名。其领土为阿姆河下游的花剌子模，统治范围西及里海，南达呼罗珊北部。建国初期，政治动荡，曾先后两次被布哈拉汗国军队征服，成为其藩属。1598年，恢复独立。艾布·穆罕默德汗(1602～1623在位)即位之初，两次歼灭入侵的俄国哥萨克人，使汗国相对稳定。1622年，王室内讧，艾布·穆罕默德汗被其子哈巴什和伊里巴尔斯发动政变后废黜，不久，他的长子伊斯芬迪亚尔依靠土库曼军队推翻伊里巴尔斯的统治，即汗位。后被土库曼军事贵族控制了汗国政权，再次沦为布哈拉汗国的藩属。1643年，阿卜杜勒·哈兹·巴哈杜尔(1643～1663在位)即汗位后，重振朝纲，打击土库曼贵族势力，加强军队建设，发展生产，国势转强，并多次侵入布哈拉汗国境。1740年，希瓦汗国被伊朗君主纳迪尔沙征服。从1763年起，汗国由乌兹别克孔格勒首领掌握实权。1804年，伊尔突泽尔废除傀儡汗，建立孔格勒王朝。在穆罕默德·拉希姆汗(1806～1825在位)统治时，汗国实现政治统一，国势日益强盛。1873年俄军入侵，希瓦失陷，被迫割让阿姆河右岸土地，沦为俄国的保护国。1920年2月，在当地人民和红军的打击下，汗国覆亡，建立花剌子模苏维埃人民共和国。希瓦汗国是一个军事封建政权，由乌兹别克和土库曼贵族领有各地，居民大多从事农业和畜牧业。16～17世纪时，汗国经济衰落，文化发展缓慢。18世纪末，汗国发展灌溉，农业得到发展；手工业发达，商业和对外贸易活跃。汗国奉伊斯兰教逊尼派教义为国教，实行伊斯兰教法，伊斯兰教长老在宫廷中参与国事，欧莱玛(即宗教学者)享有较高的政治地位。苏菲派教团在各地建有道堂作为传教中心，各地清真寺、麻札赐封有瓦克夫土地。首都希瓦为伊斯兰学术文化中心，建有伊斯兰教经学院，以培养法官、行政官员、伊玛目和其他人员，求学者来自各方。阿卜杜勒哈兹·巴哈杜尔为希瓦伊斯兰文化的振兴者，他是汗国第一个历史学家，著有《土库曼世系》和《突厥世系》二书。历史学家希尔·穆罕默德及其侄穆罕默德·里扎在宫廷的赞助下，撰写的关于花剌子模的历史著作，内容丰富，史料珍贵，是研究中亚伊斯兰教历史的重要文献。

（杨克礼）

《希真正答》 中国伊斯兰教义学著作。系王岱舆晚年寓居北京时，宣传教义与人辩论之作。其内容涉及伊斯兰教义学、教法学、伦理及礼俗等。有的是正面宣教侃侃而谈；有的是问者设问，王氏据教义以答，针锋相对，言词犀利。问者有常人，也有僧人、道士。王岱舆思想敏锐，对答如流且颇具思辨特色，如问：“正教首先认主，无有色相，不类万物”，“将何以认”？王答：“认识有二，有形者以踪迹认，无形者以动静认”，“见草木之偃仰始知其为风；见万物之荣枯始知其为春”，观人之“生死、贵贱、得失、安危概不由己，便可以认真主之动静矣”。从根本上阐发了中国伊斯兰教的宗教哲学。该著是对《正教真诠》、《清真大学》的通俗阐释。早年北方回民中有“王岱舆盘道”之说，即指此事。后经其弟子伍连成汇辑成书。民国以来多与《正教真诠》、《清真大学》合刊印行。（罗万寿）

希兹布(Ḥizb) 划分《古兰经》篇段的称谓之一。阿拉伯语音译,意为"段落"。用以表示《古兰经》诵读中所达到的进度,即把一定数量的篇幅划为一个"段落"。一般每卷(Juz',朱兹伍)分为两个"希兹布",每个希兹布相当于1/2卷。全经30卷遂分为60个"希兹布"。在通行的各种《古兰经》刊刻版本中,都附有"希兹布"的特定标志。在《古兰经》的篇幅划分中,每两个"希兹布"之间又被细分出3部分,它们的称谓是:"鲁布尔"(Rub',即1/4)、"尼斯夫"(Niṣf,即1/2)、"塞拉塞·艾尔巴尔"(Thalāthah Arbā',即3/4)。每卷均据此划为层次更细、数量均匀的小段落,不少版本都在相应位置逐一标明。但广大穆斯林读者较重视"朱兹伍"(卷)的划分,对逐层细分的小段落未形成较深的概念。 (林 松)

昔班尼汗(Muḥammad Shaybani Khan,1451～1510) 中亚乌兹别克昔班尼王朝的创建者。旧译沙亦乩、沙伊伯。系成吉思汗长子术赤的后裔(一说八世孙)。其祖父艾布·海尔汗(1429～1468)为西伯利亚和锡尔河之间地区乌兹别克游牧部落联盟首领。昔班尼在其祖父哺育下成人。早年加入苏菲派纳格什班迪耶教团,熟知苏菲学理。1468年,其祖父死后家破国亡,曾流亡阿斯特拉罕,后在布哈拉总督麾下供职。1488年转而投靠塔什干马哈茂德汗,深受重用,领兵驻守锡尔河下游一带。1494年,帖木儿王朝内讧加剧,他与宗教界结成联盟,宣布帖木儿后裔诸王朝统治者为"叛教者",号召对其进行"圣战",率乌兹别克游牧民大举入侵河中地区。1500年,攻占布哈拉,撒马尔罕守军不战而降,推翻帖木儿后裔在中亚的统治,昔班尼被各部落拥立为汗,建立昔班尼王朝(1500～1598)。不久,撒马尔罕被安集延的帖木儿后裔巴布尔收复。1501年,昔班尼在泽拉夫尚河畔的萨里普尔打败巴布尔军队,最终占领撒马尔罕,并定都于此。1503～1504年,先后攻占塔什干、希萨尔和包括昆杜兹的阿姆河左岸大片土地。1505年攻占花拉子模首府玉龙杰赤。1506～1507年,先后占领巴尔赫和赫拉特,灭帖木儿帝国。至此,从里海到中国边境,从锡尔河到伊朗高原的辽阔地区置于他的统治之下。昔班尼信仰伊斯兰教逊尼派教义,奉苏菲派长老为宗教导师,对所占领地区的清真寺、苏菲长老陵墓及道堂赐予大量瓦克夫地,身边聘有许多宗教学者和贤达作为幕僚。他骁勇善战,崇尚伊斯兰文化,具有较高的文化素质,能用突厥文、阿拉伯文写诗。1510年,被帖木儿六世孙巴布尔与萨法维王朝国王伊斯玛仪一世的联军所败,阵亡于谋夫城下。 (杨克礼)

析产(Qismah) 伊斯兰教继承法用语。阿拉伯语"吉斯迈"的意译。出自《古兰经》(4:8),即解析或分割遗产。按教法规定,被继承人死亡的时间为继承开始之时;分割遗产前,首先应从遗产中扣除安葬费用,清偿亡人生前所负债务后,所剩部分实际可供继承、分割的遗产称为"净遗产"。分割遗产时,应遵循一系列复杂的原则规定,主要是:(1)亡人净资产的1/3适用遗嘱继承,2/3适用法定继承(按经训、教法规定的顺序、份额分配),法定继承人(份额继承人)无权按遗嘱领取遗产,遗嘱继承人不参加法定继承。(2)优先满足经训、教法所定的以女性亲属为主的8类份额继承人的权益(通常所承份额较少),父系男性亲属有权继承第一顺序继承人分割遗产后的"余额"(习惯上称为"余产",实为遗产的大部)。(3)父系继承人内部按血缘关系远近决定继承顺序和所承遗产份额,部分女性亲属有时因男子的存在而被"转化"为父系亲属对待。(4)同一亲等的男子得2倍于女子的份额。(《古兰经》4:11)。 (吴云贵)

悉万斤 见撒马尔罕。

锡尔赫特(Sylhet) 孟加拉国东北部城市。位于苏尔马河右岸,卡西山麓谷地中。昔有伊斯兰教苏菲派谢赫哈兹拉特·沙阿·贾拉勒率多人来此传播伊斯兰教苏菲派学理,培养了大批苏菲学者,使伊斯兰教在该地区得到广泛传播,因而闻名。14世纪时,它是土邦戈宾德王公的首府。1787年建市。市内有以哈兹拉特的名字命名的清真寺、修道院、伊斯兰教贤哲的陵墓,是苏菲派的圣地。 (杨克礼)

锡南(Sinān,1489～1588) 奥斯曼帝国著名建筑师。原为安纳托利亚人,出身于信奉基督教的建筑工匠家庭,青年时承父业为建筑木石工匠。1512年,在素丹赛利姆一世时应征入新军,曾参加征服贝尔格莱德、罗得岛和摩哈赤等地的战役,担任过军队工兵营造官,在设计建造桥梁、堡垒等工事时已初显建筑才能。后在巴格达寄居,考察研究当地伊斯兰清真寺、陵墓等建筑,并掌握了伊斯兰文化。据传此间他改奉了伊斯兰教,成为虔诚的穆斯林。1538年被奥斯曼宫廷聘用,不久被素丹苏莱曼一世任命为宫廷建筑总监。此后40多年间,一直在宫廷主持全国的建筑工程。他一生设计建造了79座清真寺、34座宫殿、55所学校、19座陵墓、33所公共浴室、16幢住宅、7所伊斯兰教经学院、12家商队客栈和18个殡仪馆,此外还建有谷仓、军械库、桥梁、喷泉、医院和大型渠道等。代表作品有3座瑰丽壮观的清真寺:塞扎德清真寺、苏莱曼清真寺和赛利姆清真寺。被誉为"伊斯兰建筑的杰作"。他的设计构思将罗马建筑、波斯建筑和阿拉伯伊斯兰风格融为一体,形成了土耳其建筑的基本格调。他建造的大清真寺多覆盖以宏伟的圆顶,四周耸立着尖塔;构架高大雄伟,布局合理;选料精细,精工细作;装饰雕刻华丽,多呈几何图案;外观色调和谐,庄严肃穆。他较小的作品中以陵墓和纪念碑最受人推崇,被称为"伊斯

兰建筑大师”。他著有《锡南自传》一书，1865 年在伊斯坦布尔出版。（杨克礼）

夏迪（Shadi，1587～1645） 17 世纪前期中国新疆伊斯兰教黑山派领袖。原名叶海亚，尊称“阿齐兹·拉尔和卓木”，系伊斯哈格吾里第二子。出生于新疆叶尔羌汗国领地。1592 年随父到撒马尔罕。1595 年重返喀什噶尔，受到叶尔羌汗国马哈茂德汗的隆重欢迎，并得到汗王封赏的法兹巴德与珊哈什两处土地田庄。他以乌什图尔哈里发为师，研习苏菲派学理，成年后娶毛拉纳·卢特福拉之女为妻。1618 年其师乌什图尔去世，他以圣裔身份继承了伊斯哈格派教权。夏迪拥有大量信徒和财产，是实力雄厚的宗教封建主，在叶尔羌汗国 5 代汗王中有过相当大的影响，曾于 1622 年借阿卜杜拉蒂夫汗（1618～1630 在位）之手将进入新疆传教的白山派领袖穆罕默德·优素福逐出天山南路。阿卜杜拉蒂夫汗死后，艾哈迈德汗与穆罕默德汗兄弟不和，交替执政，局势动荡。1638 年，夏迪决定拥立在阿克苏举兵起事的阿卜杜拉汗为王，并担任了阿卜杜拉汗的宗教导师，支持阿卜杜拉汗奉行较为开明的内政外交政策，与内地恢复通贡通商关系，努力恢复叶尔羌汗国的繁荣，远交近攻，在周边各国中名声大振。1645 年，夏迪病逝，安葬于叶尔羌（今莎车）阿勒屯麻札，从此该麻札成为黑山派和卓家族陵墓圣地。

（陈国光）

夏依赫 见谢赫。

厦门清真寺 中国伊斯兰教清真寺。位于福建省厦门市玉屏路西侧。寺内保存的清光绪二十八年（1902）《厦门清真寺碑记》记载，寺建于道光末年（1850），由浙江提督杨帅倡捐修建。同治年间（1862～1874），厦门防军马司马（边防司令）倡捐拓建寺的前栋。1924 年唐柯三任厦门海关监督，再次发动穆斯林重修寺院并立碑记。寺坐西朝东，平面呈狭长方形，分为 3 进，入门是天井庭院，二门内为大厅和厢房，三门内是礼拜殿，殿顶为悬山式建筑。1982 年，厦门市人民政府资助重建，该寺现为厦门特区中外穆斯林宗教活动中心。寺内保存一副清代阿拉伯文木刻对联和一块木牌，木牌上记载了 1904 年常子美调查厦门各处穆斯林墓地的情况，其中收录的墓地有 54 处，计 279 穴，涉及 17 个姓氏。1988 年，厦门清真寺翻建前楼时从地下掘出 3 方雕刻着阿拉伯文、波斯文的汉文的墓碑，它们分别属于武显将军保琨山（1854）、广东海阳县正堂杨石松（1867）和武德将军安徽寿州人杨致盛（1899）。（陈达生）

仙鹤寺 中国伊斯兰教清真寺。又称“扬州清真大寺”。在江苏省扬州市汶河路东南门街。与怀圣寺、圣友寺、凤凰寺同为伊斯兰教传入中国后最早兴建的四大著名清真寺。寺以“仙鹤”取名，据考证其原因有二：一是表示它的平面布置是非左右对称，而是屈卷为仙鹤状。二是“扬州城郭形似仙鹤，城西北隅雉碑突出者名仙鹤膝”（见《扬州画舫录》），故寺名引用“仙鹤”二字。关于该寺的创建年代，据《嘉靖惟扬志·杂志》记载，相传为南宋咸淳年间（1265～1274）由伊斯兰教先知穆罕默德的 16 世裔孙普哈丁来扬州传教时创建。据载，普哈丁于德祐元年（1275）卒，葬于扬州解放桥南堍，运河东岸“回回堂”内。仙鹤寺后经历次兵燹毁损，于明洪武二十三年（1390）由哈三重建，嘉靖二年（1523）由穆斯林商人马宗道同寺“主持”哈铭重修，后在清代屡加修葺。该寺主要建筑采用中国传统木建筑形式，其布局为小天井非对称式，部分装饰具有伊斯兰建筑特点。寺大门东向，其两侧有明代方形抱鼓石，雕刻植物花纹，左右各异，精美平整。入内为一小院落，有一株南宋银杏树，高大繁茂。院落西南有明代杉木厅 3 间。向西经过狭长的甬道达礼拜殿。殿分前卷棚、大殿、后窑殿 3 部分。面阔 5 间，进深 3 间，带有卷棚前廊。后殿亦面阔 5 间，进深仅 1 间，在顶正中起楼。前部为单檐硬山顶，后部为重檐歇山顶，二顶勾连搭成。大殿后墙有 5 座砖砌圆拱门，为阿拉伯装饰风格。殿内支撑殿顶的 8 根木柱，柱顶向中心偏斜。后窑殿西墙正中为凹壁（即米哈拉布），雕制图案精美。殿内设宣谕台（即敏拜尔），上建八角亭，藏有《古兰经》手抄本 30 卷。大殿南侧有明代所建望月亭，院南有新厅 3 间为阿訇住所，寺东南隅为沐浴室。寺内曾设有经堂学校，有讲经堂 3 大间。院中尚有宋、明古柏两株，苍郁挺拔。现存建筑多属清中叶以后，其建筑的若干细部如抱鼓石、斗拱坐斗、雀替等，尚保留明代旧貌。现被列为江苏省文物保护单位。（杨克礼）

仙马 见布拉格。

先知 见使者。

先知的逊奈（Sunnah al-Nabiy） 见逊奈。

先知寺（al-Masjid al-Nabawi） 伊斯兰教第二大圣寺。又称“麦地那清真寺”（Masjid al-Madinah）。坐落在沙特阿拉伯麦地那的白尼·纳加尔区。622 年 9 月，伊斯兰教先知穆罕默德率众从麦加迁往麦地那后修建，是继库巴清真寺后修建的第二座清真寺。该寺早期规模较小，建筑简陋，为一空旷大院，用石块铺地，用土坯砌成围墙，礼拜殿用枣椰树干作梁柱，用椰枣树枝和泥巴盖顶。寺长约 52.5 米，宽 45 米。寺内无装饰，夜间礼拜时用秸秆点燃照明，后安装油灯。该寺在 623 年 7 月前以北部耶路撒冷为礼拜朝向，后改麦加为朝向。先知寺当时是传教、进行宗教活动和商讨重要事宜的中心。穆斯林在此礼拜，由穆罕默德担任伊玛目，穆斯林聆听启示的《古兰经》文和教诲。在伊斯兰教初期，各地修建清真寺，大多以此为典范。穆罕默德逝世时，先知寺面积已达2475平方米。后经哈里发欧麦尔、奥斯曼等相继扩建，规模逐渐扩大。伍麦叶王朝哈里发瓦利德（al-Walid，705～715在位）进行了全面重建，修建了礼拜殿及附属设施，扩大了寺院面积，并把圣女法蒂玛的故居遗址并入寺内。783年阿拔斯王朝第三任哈里发马赫迪（775～785在位）及1256年塞尔柱王朝素丹扎西尔先后进行了大规模扩建。1589年奥斯曼帝国素丹穆拉德三世又进行了修葺并增设了大理石讲台。该寺今之建筑富丽堂皇，为奥斯曼帝国素丹阿卜杜勒·麦吉德一世于1848～1860年主持重建，总面积达1.0303万平方米。1955年，沙特阿拉伯政府耗资5500万沙币里亚尔进行了大规模全面扩建，全寺总面积扩大为16.3260万平方米。该寺有5道门和10座尖塔，其中两座尖塔高达70米。豪华宽大的礼拜殿内，有精致的凹壁（米哈拉布）。殿内顶每隔3米有一盏水晶玻璃吊灯。在寺的东南隅有一块有黄铜栏杆隔开的地方，是穆罕默德的陵墓。圣墓北侧为哈里发艾布·伯克尔和欧麦尔的陵墓，圣女法蒂玛的坟墓也在寺内。每年世界各地穆斯林凡到麦加朝觐者，有的也来此祈祷和礼拜，瞻仰先知寺和圣墓。（杨克礼）

先知之城（Madinah al-Nabiy） 见麦地那。

先知之室（Ghurfah al-Nabiy） 见穆罕默德陵墓。

鲜美珍（1661～1739） 中国伊斯兰教虎非耶学派鲜门门宦创始人。经名阿里夫·考亥勒。信众尊称为“柱子太爷”。回族。祖籍江苏南京竹集镇，后迁居青海西宁。幼时家境贫寒。清康熙十二年（1673）来自中亚的苏菲派长老和卓·阿卜杜拉到西宁等地讲学时，见到年仅12岁的鲜美珍聪颖好学，便收为弟子，并引荐给在西宁传教的和卓·希达叶图拉。他们将鲜美珍托付给湟中东关清真大寺杨玉珍和马殿功阿訇教其学习宗教经典。他勤奋好学，不仅深刻领会阿拉伯文和波斯文经典，还先后接受了希达叶图拉传授的虎非耶学理和阿卜杜拉传授的嘎迪林耶学理，并分别接受了两枚传教印章和两部经典，即《使命全通》（《Kull al-Risālah》）和《奥秘精华》（《Khulāṣah al-Asrār》）作为传教依据。其后鲜美珍去麦加朝觐，并访问了麦加的卡迪里教团等道堂。回国后他融合各教团修持学理，形成自己的修持主张，开始在青海传道。他主张以《古兰经》和圣训为信仰之本，在修持方面主张静坐参悟，隐秘修行。约在康熙四十二年（1703）他离开青海，去内地传播苏菲派学理，先后到达广州、扬州、开封、北京及兰州等地，参谒各地古老清真寺及先贤墓庐遗迹，讲学论道。乾隆四年（1739）他从扬州到达开封后病逝，安葬在开封以南的朱仙镇，后迁葬于西宁东关黄花台，教徒为他修建了墓庐“月台拱北”。鲜美珍的门徒较多，其中著名的有青海乐都马殿功、兰州桥门巷刘伯阳、宁夏固原海胡等。（马 通）

鲜门门宦 中国伊斯兰教苏菲主义虎非耶学派支系门宦之一。创始人鲜美珍（1661～1739），青海西宁人。以创始人姓氏而得名。1673年，鲜美珍在青海学习阿拉伯文和伊斯兰经学时，受到来华传教师和卓·阿卜杜拉的重视，将他引荐给希达叶图拉，并将其托付给湟中东关清真寺杨玉珍和马殿功阿訇共同培养。以后他接受了和卓·阿卜杜拉所传的嘎迪林耶和希达叶图拉所传的虎夫耶教理，开始静修。42岁时去麦加朝觐，回国后出家离开湟中，漫游四方，传播苏菲派学理。他曾到广州、扬州、开封、北京等地传教，也曾在兰州西津寺（佛教寺）居住过。由于他的这种修道和传教方式一反伊斯兰教的常规，引起穆斯林对他的非议，而鲜美珍也因此为西北穆斯林所熟知。他是一个苏菲主义苦修者。他的主要门生有兰州的刘伯阳、青海的马殿功和扬州的沈维真、河南的陈平宽等。他于乾隆四年（1739）殁于河南开封，葬于朱仙镇，后迁回西宁。鲜美珍临终时嘱托陈平宽，令马殿功管理巴藏沟家务，不要派“海里凡”，并令海胡阿訇将各“海里凡”所持传教印件交其弟，只留给海胡一个印件，以便代管各地弟子。他的教众有四五千人。在他之后没有大的发展，到第六代时，他设两个道堂，一为青海八站沟鲜门道堂，一为西吉前岔鲜门道堂。鲜门的主要教义和礼仪是：以《古兰经》、圣训为信仰之本，修道方式重视坐静默念，疏于五功。传教者修持和传授“齐克尔”颇为神秘，一般都在晚间进行，其静修细节鲜为人知；教主娶妻成家；对传教者极为崇拜，往往拉手相吻，借以“沾吉”；在念“求祈”时有“敬香、吻香和叩头”之举；教统仍为鲜氏家族世袭相继。鲜门的教主依次为鲜美珍（柱子太爷）、鲜华哲（华哲太爷）、鲜成德（川里太爷）、鲜向辉（新白太爷）、鲜林伯（九霄太爷）、鲜玉凤（青海）和鲜玉贞（西吉）。信众以西宁、兰州和宁夏西吉较多。（马 通）

现象单一论（Waḥdah al-Shuhūd） 见见证单一论。

乡老 中国伊斯兰教教职称谓。在通用汉语的穆斯林居住地区，用法上有两层意思：①专指清真寺寺坊管理机构的成员，其职责是协同开学阿訇安排寺内宗教活动和经堂学校经生的生活，经管寺产，料理寺坊事务等。其人选一般需经协商选举产生，由德高望重、热心寺坊宗教事务的人担任。②泛指寺坊穆斯林大众。参见哈万德。（马忠杰）

乡约制度 中国清代统治者在西北回、撒拉、东乡等民族穆斯林聚居区推行的一种基层统治制度。乡是一种社会行政单位，乡约则为一个乡的首领。雍正时，首先在河州(今甘肃临夏)所属各地设置。乾隆四十六年(1781)苏四十三领导的穆斯林反清起义被镇压后，为对西北地区穆斯林严加防范和控制，清政府下令在河湟地区各乡设乡约，由其具结担保在该地的穆斯林不发生违反禁令的事端。后来此制度更有所发展，并逐步推行到西北信仰伊斯兰教的各民族地区。乡约分寺约和回约两种。寺约即在有清真寺的地方"由地方官择立该教公正之人"充当之，责令其约束本教坊教民；回约即在无清真寺的穆斯林居住地方，"按乡里人数择举老成者"担任之。"分段管理，各给印札"，预限3年，期满更换。从此"不须再立掌教各目，亦不准其苛派花户。若有不法之徒滋事行凶以及私立邪教等事，即由该寺约、回约妥为秉公处理，违者则禀官提究"。这样，清政府以此制度取代寺坊组织，加强对西北各族穆斯林的统治。（马启成　丁　宏）

香港回教妇女会　中国香港伊斯兰教社团。1953年成立。现任主席傅守飞，兼任香港中国回教协会第39～40届执行委员会执行委员。会员包括香港各不同种族的穆斯林妇女。主要任务：对香港穆斯林妇女的各种活动进行指导，维护妇女合法利益，发展福利，辅助会友，推动教务。除与港地各伊斯兰教社团保持联系、合作并举办各种宗教活动外，还经常发动会员为教内外人士提供社会福利服务，在爱群道清真寺举办武术、舞蹈训练班等；亦常与香港中国回教协会、香港中华回教博爱社等社团联合，组织会员到祖国内地参观访问，增进香港与内地穆斯林之间的团结和友谊。（冯今源）

香港回教信托基金总会　香港穆斯林的联合组织。19世纪末经香港政府批准成立。20世纪初，香港政府把各清真寺和穆斯林坟场交由该组织管理，并令其负责管理穆斯林的各项事务。总会下设若干分会，各派两名代表参加总会。总会所管清真寺4座，其中香港3座，九龙1座，并管理跑马地和柴湾、连臣角穆斯林坟场两处。香港伊斯兰协会、巴基斯坦协会、印度穆斯林协会、香港达乌德·布哈里协会是总会的成员组织。总会经费来源靠各宗教团体成员捐款，到1984年该总会基金总额为2500万港币。该会已同中国伊斯兰教协会建立联系，进行友好往来。（张志诚）

香港些利街清真寺　中国香港伊斯兰教寺院。建于1890年，坐落在香港些利街30号。曾称"些利街回教堂"，1945年以后改名为"些利街回教清真礼拜总堂"。起初由香港100多名穆斯林集资兴建，是一座阿拉伯式建筑物。1905年印度孟买穆斯林慈善家伊斯哈格出资重建。该寺小巧玲珑，周围有3处花圃环绕，宁静幽雅。寺内有教长室和教长居宅以及作净礼用的水房、更衣室等，另建有1座穆斯林孤寡收容所。该寺由香港回教信托基金总会管理。（张志诚）

香港伊斯兰教青年协会　中国香港伊斯兰教社团。1973年成立。会址在爱群道清真寺八楼。现任主席哈穗年。主要任务是：促进香港与海外穆斯林青年的接触和友好往来。经常举办各类宗教学术讲座，邀请居港的各种族穆斯林参加。曾负责在港组织召开亚太地区和国际伊斯兰学术研讨会、伊斯兰夏令营等国际性活动，使香港穆斯林青年有机会与海外穆斯林青年接触，开阔视野，增进友谊。（冯今源）

香港伊斯兰联会　中国香港穆斯林的宗教团体。20世纪初，由南亚地区来香港经商的各国穆斯林发起创办。该会自成立以来经多次变动，于1980年才得到香港政府正式承认。现有会员700多人，其中华裔穆斯林200多人，其余为印度、巴基斯坦、马来西亚，英国等国籍穆斯林。该会由15名委员组成议会，委员由会员大会选举产生，任期3年。现任主席萨法(印度人)。该会的宗旨是：推行伊斯兰的理论与实践，传播伊斯兰文化，改善香港穆斯林的福利，实现多民族、多种族穆斯林的平等团结。该会设有传教事务、图书馆及出版、青年、医药、行政财务、建筑管理、穆斯林坟场、澳门清真寺等若干小组委员会。并受香港回教信托基金总会委托，负责管理香港爱群道清真寺和香港伊斯兰中心。此外，该会下设伊斯兰青年联合会，有500多名会员，举办宣教和青年营等活动，曾经同沙特阿拉伯穆斯林青年有过联系交往。还举办过阿拉伯文班、伊斯兰教义班及其他慈善事业。在经济上曾资助过印度阿萨姆邦穆斯林难民和黎巴嫩穆斯林难民。每年朝觐期间，该会由亚太伊斯兰议会协助，负责安排香港穆斯林参加马来西亚政府主办的朝觐团赴麦加朝觐。1982年开始，编印会刊《穆士林通讯》，赠送各清真寺、宗教团体及海内外穆斯林。（张志诚）

香港伊斯兰中心　中国香港伊斯兰教综合性机构。创建于1981年。该中心大厦由香港穆斯林知名人士林士德捐款兴建，故又称"林士德伊斯兰中心"。坐落在香港摩理臣山湾仔爱群道40号。大厦为八层建筑物。香港伊斯兰联会、香港伊斯兰青年协会、爱群道清真寺均设在该大厦内。中心楼下设有亡人净室及殡礼场所；二楼是男、女净室；三楼设有礼拜大殿，殿分两层，可容纳600人聚礼；四楼是教室，供教授《古兰经》及阿拉伯文之用；五楼为礼堂，约150平方米，可容280人聚会；六楼图书馆，约180平方米；七楼设有大小会议室、办公室和医疗室；八楼是伊斯兰青年会办公室等。该中心由香港回教信托基金总会委托香港伊斯兰联会管理。（张志诚）

香港中国回教协会　中国香港伊斯兰教主要社团。其前身是香港中国回教文化研究会，实即中国回教救国协会香港分会，成立于1938年。1941年日军侵占香港后，会员星散，会务停顿。1947年，由白学修（1900～1985）、刘就、马慎康、脱维英等人筹备复会，并“为了更符合广大教胞需要”而决定易为今名。1949年获香港社团注册处批准正式成立。会址几经变迁，现设在香港北角锦屏街东发大厦B座四楼B4号。设执行委员会、常务委员会、顾问、医事顾问。刘就、白学修曾先后任常务委员会主席；现任主席白建中，副主席李伦杰。会员均为华裔穆斯林。建会伊始，会员很少，会务只限于协助中华回教博爱社推进宗教事务，一切有关学务、社务均由博爱社办理。中华人民共和国成立不久，响应人民政府建国号召，率先在港提出“爱国爱教”的号召，获广大穆斯林拥护，会员日多。1957年9月，召开会员大会，修改会章，选出新职员，开始发展会务。主要宗旨：依照圣训、热爱祖国，发扬伊斯兰教和平奋斗精神，对国家、人民、宗教及香港社会做贡献。该会成立以来，在宣扬教义、介绍内地宗教政策、联络穆斯林情谊等方面，做了很多工作。经常组团或安排穆斯林到内地参观旅游，促进香港与内地教胞互访，进而加强联系，增进了穆斯林的相互了解和情谊。1959年，创办不定期刊物《回民通讯》，宣扬教义，反映会员生活动态，报道内地各族穆斯林的信息与成就，在香港穆斯林社会中有一定影响。（冯今源）

香港中华回教博爱社 中国香港华裔穆斯林人数最多的伊斯兰教团体。1918年获香港政府批准立案注册，1927年正式完成社团注册手续，1929年正式成立。社址在湾仔陈东里7号。前任主席脱维善，现任主席哈耀恩。自创立以来，致力于推进伊斯兰教事务，积极发展文化教育和群众福利事业。举办有屯门友爱村伊斯兰幼稚园、青衣长安村伊斯兰博爱幼稚园、伊斯兰小学、伊斯兰英文中学等。曾大力支持香港中国回教协会的成立，一度协助该会办理学务、社务。在坚持伊斯兰教信仰、传统、教规的前提下，与香港的天主教、基督教、佛教、孔教、道教诸团体组成一个6宗教共同体系，融洽相处，求同存异，导人向善，服务社会，造福人类。中华人民共和国成立后，通过举办各种活动，加强香港与内地穆斯林联系与交往，为增进彼此情谊，做了许多有益的事情。（冯今源）

响坟 见广州先贤古墓。

象军（Aṣḥāb al-Fīl） 《古兰经》中记载的历史故事之一。阿拉伯语“艾苏哈卜·菲勒”的意译。指570年阿比西尼亚（今埃塞俄比亚）国王艾卜莱亥（Abrahah）统率的一支以大象为前导的进攻麦加的军队。相传信奉基督教的艾卜莱亥因见整个阿拉伯半岛的人都把麦加克尔白当作圣地而非常嫉妒，为把麦加古莱什人每年利用部落朝觐所得的经济权益转为己有，他便征调大批民工，筹集巨额资财，在也门萨那建造了富丽堂皇的基督教大教堂，企图把阿拉伯人吸引过来。但信奉多神教的阿拉伯各部落对此无动于衷，他们每年依旧前往麦加克尔白进行朝拜，致使艾卜莱亥恼怒难消。后萨那大教堂失火成为废墟，更加剧了艾卜莱亥对克尔白的仇恨。他决心捣毁它，遂于570年统率一支庞大的象军经也门直逼麦加城下。先知穆罕默德的祖父、古莱什部落酋长阿卜杜勒·穆塔里布率几名贵族出城与艾卜莱亥进行谈判，要求他放弃捣毁克尔白的罪恶计划，甚至不惜以奉献麦加地区1/3的财物作为代价，但均遭拒绝。正当阿卜杜勒·穆塔里布组织全城居民向山中转移，象军冲入麦加直奔克尔白之时，天空中突然飞来无数鸟雀，遮天蔽地，每只鸟衔着一块石头，俯冲而下将石块暴雨般地抛射在象军头上，象军被打得头破血流，尸横遍野。艾卜莱亥率残兵逃往萨那后不久即病亡。阿拉伯人为纪念这一历史事件，遂称570年为象年，并以该年作为一种纪年号。《古兰经》第105章记载了象军惨遭毁灭的情景，旨在以此劝慰处于麦加古莱什多神教势力打击和迫害的逆境中的先知穆罕默德和早期穆斯林，勉励他们要树立必胜的信心。（杨宗山）

象年（‘Ām al-Fīl） 阿拉伯伊斯兰教前的一种纪年号。阿拉伯语“阿姆·菲勒”的意译。6世纪初，也门希木叶尔时代的一名叫祖努瓦斯的国王，改信了犹太教后，开始迫害基督教徒，在纳季兰围剿基督侨民，逼迫他们改信犹太教。但这些侨民宁愿殉教而不改宗，故被全部烧死。拜占庭皇帝得知后，致函当时红海地区基督教旗手阿比西尼亚国王尼加斯，命他讨伐也门。尼加斯于523年派艾尔巴托率领7000大军，以向祖努瓦斯讨还屠杀纳季兰基督教徒的血债为由，一举打败了祖努瓦斯和希木叶尔人。但由于他分发战利品不公等原因，他的将领哗变，并与艾卜莱亥联合起来，消灭了艾尔巴托，艾卜莱亥遂取代艾尔巴托成为也门统治者。阿比西尼亚统治也门后，不仅将也门的经济资源掠为己有，而且企图毁掉克尔白，使阿拉伯人到萨那的大教堂去朝觐，从而将古莱什人在每年朝觐者到来时所得到的利益攫为己有。570年艾卜莱亥乘大象率军进攻麦加，结果大败而归。史学家称这支军队为“象军”。艾卜莱亥失败的历史事件，为阿拉伯人的兴旺开创了先河。特别是由于未来的使者穆罕默德恰于这一年诞生，因而该年即成为复兴之年。《古兰经》第105章《象》，即指这一历史事件。阿拉伯人将这一年称为“象年”，用以作为记载历史事件的纪年号。（马　通）

象世 中国伊斯兰教哲学概念。即指客观物质世界而言。刘智《天方性理》卷1《概言》：“象世者，天地既立，万物既生，所谓后天是也。”中国伊斯兰教宇宙生成论重要内容。据此理论，真主继创造先天理世之后，又自元气显著，剖阴阳，分四象，位天地，育万物，以至金石草木、鸟兽虫鱼无所不显，创造一个有形有象的后天世界。其生成序列分为 6 个品级：(1)浑同品，作为万有形象之本的元气开始发露。(2)元气起化品，分阴分阳，即儒家所谓太极生两仪。(3)元气广化品，阴阳化而为水、火，水得火则生气，火暴水则生土，是故水、火、土、气“四象”成焉。(4)元气正位品，真阳之气外发而为天，真阴之质内敛而为地，天包乎地，地寄于天之中央，天地定位而水火存于其中。(5)元气蕃庶品，即化育万物阶段。天、地、水、火互相结聚，生成金、木、火 3 类，是为化育万有之纲、万物有形色之母，万物莫不资之以为始。(6)元气成全品，天地万物具备，则人生焉。真主“以自然而然之知能，运气、土、水、火四行之精粹，阅四十晨”始造化人祖阿丹之身，使其表里体窍与世界所有相印合，作为“万物之灵”；又自其左肋造化哈娃与之相配，以繁衍人类。至此，造化之功完焉。

（冯今源）

象征派 见拟人派。

消经 见小经。

宵礼(Ṣalāt al-‘Ashā’) 见礼拜。

小朝(al-‘Umrah) 见巡礼。

小儿锦 见小经。

小和卓(? ～1759) 中国新疆伊斯兰教白山派和卓。名霍集占。大和卓波罗泥都之弟。准噶尔部首领策妄阿拉布坦割据北疆后，将其父艾哈迈德监禁于伊犁时所生之次子，亦称“小和卓”。清政府于 1755 年平定准噶尔达瓦齐割据政权后，大小和卓被释放，清政府遣大和卓返回南疆招抚穆斯林群众，而留小和卓于伊犁管理教务。1755 年，辉特部台吉阿睦尔撒纳发动反清叛乱时，小和卓“率众助逆”。及至阿睦尔撒纳叛乱被平定后，趁机从伊犁逃回南疆，极力主张在清廷“新得准部，反侧未定”的时机，鼓动其兄大和卓脱离清朝统治，“自立国”实行割据。1757 年，小和卓及其兄杀死清廷派往南疆进行招抚的使臣阿敏道之后，小和卓僭称“巴图尔汗”，发动叛乱，占据叶尔羌、喀什噶尔、和田、库车等城，建立起政教合一政权。1758 年，清政府派军征讨，攻占小和卓镇守的库车城，库车以西各城纷纷投归清朝。小和卓逃往阿克苏、乌什时，均被当地维吾尔族首领与人民拒之城外而不纳。后退据叶尔羌，与大和卓据守喀什噶尔，互为犄角。1759 年，清军兵分两路，大举向叶尔羌与喀什噶尔进攻，小和卓及其兄弃城逃走，越葱岭至巴达克山，被当地首领擒杀。

（马汝珩）

小经 中国穆斯林用阿拉伯文字母拼记经堂语和汉语的一种表音文字。俗称“消经”、“小儿锦”。因穆斯林称阿拉伯文和波斯文的伊斯兰教经籍为“大经”，故将此种拼记文字称为“小经”。所谓“消经”，系取“消化经文”之意。此种拼记文字，最早有实物可证的是元、明碑石。明代后期清真寺经堂教育兴起后，才被实际加以使用。已发现最早用“小经”写成的经籍有两本：(1)清初一位佚名阿訇写的《塔志尼》。(2)法国东方学者布洛歇(F·Blochet)自甘肃收集到的约 18 世纪时期的《米尔萨德》手抄本，内有用阿文字母拼音的汉文注解。“小经”的拼音方法有：(1)用阿拉伯文辅音字母拼写与之相应或相近的汉语声母，如用阿语的تْ、س、ف、ك、ل、م、ن分别拼写汉语声母 t、s、f、k、l、m、n 等。阿语的ق、ج、خ等，发音部位虽与汉语声母 g、j、h 不尽相同，但习惯上亦对应使用，其他近似的字母，如用阿语的س、ج、ش、ر分别拼写汉语声母 x、zh、sh、r 等。(2)用增加标音符号或字母合并的方法拼写汉语韵母。如将“他们”(tamen)拼作تَامٌ，将“因为”(yinwei)拼作يِوِ等。此种方法拼音是否准确，取决于拼写者本人阿、汉语水平的高低以及是否带有方言和土语之音。

“小经”作为一种拼写文字形成之后，在经堂中曾出现过“阿文小经文字对照表”，不仅经堂学员用“小经”来注释经文或做笔记，一些阿訇更以之翻译某些经文或进行著述。在部分回族穆斯林中，它也曾被用作写书信、记日记或记事的应用文字。因有些汉语语词极难拼准，故行文中常夹杂一些阿文或波斯文的原词，也有夹杂个别汉字的。小经发展到近代，出现了正式的出版物，如 1935 年在上海出版的《清真教条切实问答》，上面是汉字，下面即逐字用小经加以对照。1954 年甘肃临夏印行的《信仰问答》，上面印有阿文，下面则是整段的小经译文。20 世纪 30 和 50 年代，上海和西安也分别出版过小经工具书《照赫勒》(Jawhar，即珠宝)和《中阿双解谐韵字典》。小经的使用者多以各地的方言拼写，缺乏统一的标准音作为拼写的依据，也缺乏适合于汉语的声调和隔音符号。由于阿、汉两种语言音位系统不同，加之拼写者各自为主，故往往造成字母对应、借代的混乱。但是，小经在中、阿文化交流史上仍有着它的学术价值。

（冯增烈）

小净(Wuḍū’) 伊斯兰教净礼之一。阿拉伯语“渥都”的意译，波斯语为“阿卜代斯”(Ābdast)，即冲洗身体部分部位。根据《古兰经》的规定：“信道的人们啊！当你们起身去礼拜的时候，你们当洗脸和手，洗至于两肘，当摩头，当洗脚，洗至两踝”(5∶6)，穆斯林做礼拜前必须在大净的基础上先进行小净。穆罕默德关于小净的圣训较多、较细，结合其所行，冲洗小净程序是：洗手、举意、“净下”(即洗下身)，再洗双手、漱口、呛鼻、洗脸、冲肘、摩头、洗脚，均各 3 遍(举意，摩头只 1

遍),最后吻水一滴即告完成。上述程序的主要细节是:"净下"须达到肛部;漱口、呛鼻须达到深部;洗脸上至前额发际,旁及两耳,下至下颏及胡须须根;摩头时以水湿手后,先以后三指从额上发际自中间分向后抹头顶,然后将手心之水向前抹两边头发,再将大拇指放在耳背、食指放在耳内从上向下抹,最后以手背之水抹后颈;洗脚须先净指缝并至踝骨。洗各部位时,要默诵不同的祷词或"作证言"。凡小净之后呕吐、出血、解大小便、睡眠、昏晕以及礼拜时大笑,即构成对小净的破坏,称为"坏净",如再礼拜、诵经等,须重新再洗一次。小净与每日5次礼拜紧密相连,故穆罕默德说:"拜功的关键是沐浴"。穆斯林除在礼拜前洗小净外,静修、诵经、宰牲、行婚丧礼以及纪念亡人之前亦均洗小净。参见净礼。（冯增烈）

小世界 中国伊斯兰教哲学概念。即人身,与"大世界"对称。刘智《天方性理》云:"小世界之有也,先有六品有形之象,后有六品无形之理"。六品有形之象起于一点,即大世界先天性理所余而成其为溟渣的元气,是为天下万世人生之根种。黑鸣凤《性理本经注释》云:"小世界自一点孕胎,分清浊,辨四液,以至身心体窍无美不备,凡六品,此小世界之先天也。自灵活显著,明爱恶,别善恶,通达一切事理,以至全体大用无所不通,亦凡六品,此小世界之后天也。通十二品,而小世界之功成焉。先天为来,后天为复,复至本境,亦若造化循环,则谓小世界原始返终也。大世界先其所先而后其所后,故其后天尽于后天而已。小世界先其所后而后其所先,故其后天则返于先天也。此小世界所以贵于大世界也。"(见《性理本经注释》卷首)

（冯今源）

些利街回教清真礼拜总堂 见香港些利街清真寺。

谢赫(Shaykh) 伊斯兰教职称谓。又译"筛海"、"舍赫"、"夏依赫"。阿拉伯语音译,意译为"长老"。穆斯林对教内有名望的长者、教师、学者或有地位者的尊称。有的教派、学派、苏菲教团对其领导人亦称"谢赫"。在伊斯兰教之前,阿拉伯氏族部落首领也被称为"谢赫"。（王怀德）

谢赫·艾哈迈德(Shaykh Aḥmad,1753～1826) 伊斯兰教什叶派教义学家,谢赫学派的创立者。全名谢赫·艾哈迈德·伊本·栽因丁·艾哈萨伊。原为哈萨人,曾在巴林清真寺和宗教学校讲授什叶派教义和宗教哲学。他学识渊博,精通什叶派教义学、教法学和宗教哲学,通晓天文学和数学,爱好文学和诗歌。后到伊拉克的巴士拉、巴格达、摩苏尔等地游学宣教,宣传神化阿里及什叶派伊玛目教义,遭到各地穆斯林的反对,在摩苏尔双方发生冲突后被逐。曾到卡兹温结识什叶派著名学者穆拉·穆罕默德·塔基·卡兹维尼,辩论过教义和教法问题,被卡兹维尼斥为"异端"。1808年,艾哈迈德定居伊朗境内的叶兹德。他在清真寺设帏讲学,到各地传道,培养门徒,赢得众多什叶派的追随者,他们尊他为"谢赫",遂形成谢赫学派。他宣称,什叶派的伊玛目具有真主赋予的创造力量,如果不存在这种中介的创造力量,那么真主直接什么也造不来。他认为,穆斯林要认识和接近真主,只通过个人直接的修持途径无法达到,"唯有通过伊玛目这个中介,才能认识真主"。在隐遁伊玛目未降临人间时,必有一个受过秘传的代理人(即谢赫)担任伊玛目与教众之间的中介人,引导穆斯林通向伊玛目所引导之门(巴布),暗示他就是这个中介人。他还认为,先知穆罕默德从麦加到耶路撒冷的夜行升霄不是肉体的复苏,而是纯粹精神的升霄。他将阿里视为受崇拜的对象,曾说:"当我们念诵《古兰经》的开端章,当我们说'我们只崇拜你,只求你佑助'时,我们所想到的,只是阿里。"他的说教与伊斯兰教基本信仰相悖,故遭到什叶派正统学者和广大穆斯林的抵制和反对。约1822年他的教义被伊朗卡扎尔王朝宣布为"异端邪说",被迫离开伊朗到伊拉克的卡尔巴拉,作为该学派的宣教中心。他著有《精神生活》(一译《教义学选本》)。据载,他所宣传的教义后来在巴布教派中颇有影响,巴布教派的主要领导人都是他的教义的追随者。1826年艾哈迈德卒于前往麦加朝觐的途中。他去世后,谢赫学派由其门弟子赛义德·卜基姆·拉什提(?～1843)担任领袖,后得到发展。（杨克礼）

谢赫·静达陵墓(Mazār Shaykh Zinda) 中亚伊斯兰教古迹。位于乌兹别克共和国撒马尔罕城。是以库萨姆之墓为主体的陵墓群,由13座陵墓和1座清真寺组成。相传8世纪初,伊斯兰教先知穆罕默德的堂弟库萨姆来到撒马尔罕传播伊斯兰教,遭异教徒杀害后,被当地穆斯林尊为"舍希德"(即殉教者)。其后,撒马尔罕的伊斯兰统治者,为库萨姆建造了陵墓,并将其殉难之地定为"圣地"。历代撒马尔罕的统治者将自己及家属的坟墓也建造在"圣地"之内,形成建筑群。库萨姆的麻札为群体建筑的主体,称为"谢赫·静达"(意为"永生之长老"),真主赐他进入天园,使其灵魂得到永生,故名。库萨姆的墓碑上刻有14世纪建造的字样,陵墓建筑基调大多为青色,砖石结构。其他陵墓建于14～15世纪,排列在一条狭窄的甬道两侧。其中有帖木儿之后图玛·阿卡和侄女图尔坎·阿卡之墓。整体陵墓群富丽堂皇,装饰华丽,有陶雕、彩砖镶嵌,饰以花卉及几何图案,具有中亚伊斯兰教建筑的特色,堪称建筑艺术宝库。（杨克礼）

谢赫·马哈茂德·楚拉斯 17世纪中国新疆维吾尔族历史学家。又译沙·马合木·札剌思。全名谢赫·马哈茂德·本·米尔札·法兹尔·楚拉斯。约

17世纪20年代生于叶尔羌(今莎车)。出身于阿克苏的楚拉斯部穆斯林封建贵族家庭。青少年时受过良好的宗教和文化教育,通晓察合台语、波斯语、阿拉伯语,有较渊博的历史、宗教、文学知识。信奉逊尼派哈乃斐学派。曾长期在叶尔羌伊斯兰经学院担任教师。他生活于叶尔羌汗国后期社会矛盾和宗教派别斗争十分尖锐的时代,经历了许多政治事件,目睹了9位可汗的王位更迭,并参与了黑山派同白山派的激烈教争,看到了汗国由于和卓势力的肢解而在准噶尔军队入侵下灭亡。他将这些史实和传说加以整理,编有两部著作,一部是《编年史》(又称《拉失德史续编》),即接续《中亚蒙兀儿史—拉失德史》,记述了叶尔羌汗国历史;另一部为《求知者之友》,是一部介绍黑山派首领伊斯哈格吾里及其后裔事迹的圣徒传记,其中披露了黑山派与白山派斗争的内幕,约成书于1696年。这两部书都以手抄本形式在民间流传。 (李进新)

谢赫·穆罕默德·谢里夫(al-shaykh Muḥammad Sharif,? ～1565) 叶尔羌汗国初期伊斯兰教苏菲派教团首领。中亚赛兰(今中亚哈萨克斯坦奇姆肯特)人。塔吉克族。出身贫寒。幼年丧父,依靠母亲纺线供其读书。年青时赴撒马尔罕求学,研习苏菲哲赫林耶派学理,并在当地一所经学院任职达30多年。后迁居喀什噶尔,以经营化妆品为生,游学传教。据《谢赫穆罕默德·谢里夫传》(手抄本)载,他曾在阿图什的萨图克·布格拉汗麻札进行修炼,因无意中向外人泄露了麻札的秘密,为表示赎罪,便去麦加朝觐。返回后继续在喀什噶尔各地巡游传教。后得到叶尔羌汗国统治者阿卜杜·拉希德汗的赏识,被迎入叶尔羌,拜为宗教导师,并被允许创建和发展苏菲派乌瓦伊西耶教团。该教团属中亚亚萨维教团在喀什噶尔地区最早建立的一个分支,教理和道乘修持与哲赫林耶相同。该教团由于得到统治者的支持,发展很快,王朝可汗、达官贵人及下层穆斯林群众,多为该教团的门徒,主要分布在叶尔羌、喀什噶尔和英吉沙。第二代传人是穆罕默德·瓦里。到17世纪初,被兴起的纳格什班迪耶教团和卓势力所取代。穆罕默德·谢里夫殁后葬于叶尔羌(今莎车),其麻札至今犹存。 (李进新)

谢赫·萨杜格(al-Shaykh al-Saduq) 见伊本·巴拜韦·库米。

谢赫学派(the Shaykhi School) 近代伊朗伊斯兰教什叶派教义学派之一。由巴林籍伊斯兰学者、谢赫艾哈迈德·艾哈萨伊(Shaykh Aḥmad al-Ahsa'i,1753～1826)在伊朗创建。它是从十二伊玛目派内部分化出来,在伊斯法罕学派学说基础上发展而成的一个新学派,其教义思想有别于什叶派的十二伊玛目派和苏菲派。该学派的基本教义主张包括:(1)关于信仰安拉。认为信仰的宗旨在于追求真理,求知者与认知的对象之间有某种相似性,才能达到真理,既然人与安拉之间没有相似性,因而人不能认知安拉的本体;相信安拉的意志为创造的根源,源自安拉的知识分为两类:与安拉的本体密不可分的基本知识和安拉创造过程中产生的创造知识,由此又形成安拉两种不同的属性。(2)关于信仰诸先知。认为先知是介于人与安拉之间的中介,先知与安拉之间没有相似性,人与先知之间亦没有相似性;但先知不仅是安拉选定的传达天启的使者,而且是才智超群、品质优秀的典范,其高尚的精神境界远非苏菲"完人"可以达到。(3)关于信仰伊玛目。相信源自安拉意志的第一个造化物是"穆罕默德之光",由此光产生"伊玛目之光",继而产生"信士之光",以至无穷,故伊玛目为安拉创造世界的工具和最终原因,世人只能通过伊玛目这一中介,理解安拉及其恩典。(4)关于世界的本性。相信在物质世界与精神之间存在着一个中间世界,称为"原型形象世界",它是世界的本原;认为现实物质世界的一切事物,在原形世界皆有其对应物,皆源自原形世界,故人有两个身躯,一个存在于物质世界,一个存在于原形世界;进而认为,隐遁的第十二代伊玛目并非隐居于世人莫及的两座伊玛目城(十二伊玛目派之说),而是居住在远离尘世的原形世界,虔诚的求知者虽不能面见,仍可通过虔修,获取伊玛目的神秘知识。(5)关于信仰的基础。什叶派以信安拉、信先知、信死后复生、信伊玛目、信安拉主持正义为信仰的"五基"或五项原则。谢赫学派对此提出修正,认为信安拉与信安拉主持正义实为一项原则,称为"安拉的知识",而信死后复生为信先知的一部分,应予合并。故在保留什叶派三项原则的同时,增补信隐遁伊玛目的代理人(由一个不同于苏菲"完人"的虔诚、博学的"完全什叶"作为隐遁伊玛目的代理人,向世人传授伊玛目的知识),统称为"信仰四基"。谢赫学派因在一系列教义、教理原则上不同于自视为正统的十二伊玛目派,后来被斥为"异端"而受到压制,19世纪以后渐衰。该派思想曾对巴布教派运动产生重要影响。该派信徒现有50万,20万分布于伊朗,30万分布于伊拉克和波斯湾沿岸国家。 (吴云贵)

谢赫·伊斯兰(Shaykh al-Islām) 见伊斯兰教长老。

谢里夫(Sharif) 伊斯兰教称谓。阿拉伯语音译,意为"贵人"、"高贵者"。义同"圣裔"。是穆斯林对伊斯兰教先知穆罕默德的外孙、阿里的长子哈桑及其后裔的尊称。最初对哈桑、侯赛因兄弟及其后裔均称为"赛义德"(即主人),后因什叶派内部派别之争而加以区别,遂称哈桑及其后裔为"谢里夫",称侯赛因及其后裔为"赛义德"。史学家将哈桑后裔的家族,称"谢里夫家族",并将其建立的王朝称"谢里夫王朝"。沙特阿拉伯王国建国前,希贾兹地区的总督、两圣地的管理者侯赛因·伊本·阿里即以谢里夫自称。伊斯兰国家一些门第高贵或有政治地位的人也自称“谢里夫”。

（马忠杰）

谢里夫·穆尔塔达（al-Sharif al-Murtaḍā，966～1044） 伊斯兰教什叶派十二伊玛目支派的著名学者。全名阿里·本·侯赛因·本·穆萨·本·穆罕默德·本·易卜拉欣。谢里夫·穆尔塔达为其尊称，意为“圣裔穆尔塔达”（即受爱戴者），又称“阿莱姆·胡达”（‘Alam al-Hudā，即指引正道者）。出身于哈希姆家族，为第七代伊玛目穆萨·卡兹姆之玄孙。生于巴格达。他青年时代即成为十二伊玛目派的领袖（al-Sayyid）和代言人（al-Naqib），同时主管书信工作并任朝觐队商首领。他精通教义学、圣训，并擅长诗赋，为当时伊斯兰教学术界杰出人物之一，在伊拉克、伊朗和叙利亚等地区什叶派中具有较大影响和权威性。其宗教思想集中表现为关于伊玛目问题的论述。他提出关于伊玛目存在必要性的论据，认为伊玛目的存在正是真主仁慈的一种体现，因为仁慈是真主的属性之一，真主为普慈世人，才派遣伊玛目以其才智领导穆斯林，使他们虔诚信仰、遵循礼仪和实践正义；先知穆罕默德的律法需要有监护人，而历代伊玛目正是真主派遣的关于《古兰经》的权威诠释者，他们可以保证《古兰经》和圣训不被篡改或曲解，正确引导穆斯林沿着先知所引领的道路前进。关于隐遁伊玛目再现的问题，他认为期望隐遁伊玛目再现本身，有助于克制无数的罪恶；真主派遣伊玛目是对世人的恩赐，令其隐遁则是为了躲避敌人的迫害，正如先知穆罕默德离开麦加迁徙麦地那的情况一样；伊玛目隐遁后再现，是真主对世人的一种考验，只有虔诚的穆斯林才能确信其复临并从中得到裨益。他还接受穆尔太齐赖派观点，主张意志自由，认为人可以依据真主所赋予的能力辨别善恶，创造自己的行为。其汇编的阿里言论集《辞章之道》（Nahj al- Balāghah），又译《雄辩之路》，一说为什叶派推崇的第5本规范圣训集。其主要著作有《论伊玛目职位》、《拯救人类于前定中》、《范本与宝石》、《胜利》、《希望》、《信札集》等。穆尔塔达于1044年在巴格达病逝，葬于该城什叶派圣地卡兹米耶（al-Kaẓimiyyah）。

（杨宗山）

谢里夫王朝 见阿拉维王朝。

谢木斯丁（1882～1936） 中国伊斯兰教学者、大毛拉。一译“舍姆斯丁”。维吾尔族。新疆阿图什县人。早年受传统的伊斯兰教育，后到喀什经文学校求学，一年后到中亚布哈拉拜名师继续深造，历时约10年。1917年回喀什，任航勒格经文大学第二教授，后升为首席教授。他学识渊博，通晓阿拉伯语、波斯语，谙熟伊斯兰经典、教义、教法及历史，对古兰经注学的研究有较深造诣。1929年到麦加朝觐，广交伊斯兰学者，深受瓦哈比派思想影响。回国后，倡导宗教改革，主张破除不符合伊斯兰教法的陈规陋习，并宣传瓦哈比派的学说。以维吾尔文译注《古兰经》，撰写有《泰剑立·萨依布传记》等。

（杨克礼）

新加坡伊斯兰教 新加坡共和国是位于马来半岛南部的岛国。面积622.6平方公里。人口265万（1988）。其中华人占76%，马来人占15.1%，印度、巴基斯坦和斯里兰卡人占6.5%。英语、华语、马来语、泰米尔语为官方语，马来语为国语，英语为行政用语。首都新加坡。居民中华人、斯里兰卡人多信奉佛教，印度人信奉印度教，马来人和巴基斯坦人多信奉伊斯兰教。穆斯林人口约40万，占全国人口的18%，分布于全国各地。主要由马来、巴基斯坦、印度、印尼穆斯林移民及其后裔组成。15世纪，伊斯兰教传入马来半岛。18～19世纪，新加坡为马来柔佛王国的一部分，居民多信仰伊斯兰教。20世纪初，大批马来、印巴穆斯林移入，伊斯兰教更为发展。新加坡穆斯林多属逊尼派，其中马来人、印尼人遵循沙斐仪教法学派，巴基斯坦人遵循哈乃斐教法学派。主要组织有：新加坡穆斯林传教协会、新加坡伊斯兰理事会。国会中有属于执政党的穆斯林议员。经济上，阿拉伯裔穆斯林较为活跃，充当新加坡与中东商贸的中介。而人数众多的马来穆斯林社会地位较低，多从事服务、建筑、制造、旅游等行业，收入较低。文化上，印巴穆斯林影响较大，他们文化素养更高，多在医学、法学、高等教育部门担任高级职务。全国有近百座清真寺，近30所伊斯兰学校。在马来人和印尼人开办的公立学校，伊斯兰教列为选修课。全国约有近半数的穆斯林接受宗教教育，少数学生在印尼、中东国家留学深造。《古兰经》已被译成马来文和爪哇文，广泛发行。《伊斯兰之声》期刊在国内外广泛发行。国家报刊、新闻广播中常有对伊斯兰教的专题报道。穆斯林居民中实行伊斯兰教法，设有伊斯兰法庭（1958）、法律顾问处。始建于1968年的新加坡伊斯兰理事会主管清真寺、宗教财产、经学堂和墓地，并兼管伊斯兰法庭。该组织与伊斯兰世界联盟、世界伊斯兰大会保有联系。

（黄陵渝）

《新疆回部志》 见《回疆志》。

新疆维吾尔自治区伊斯兰教经学院 中国新疆伊斯兰教高等学府。1983年筹建，1987年落成。位于乌鲁木齐市延安路。总建筑面积6183.69平方米，其中综合教学楼3749平方米，清真寺大殿530.42平方米，沐浴室283.64平方米。整个建筑工艺精细，布局严整，雄伟壮观，具有维吾尔民族特色和阿拉伯建筑风格。学院宗旨是为新疆各族穆斯林培养热爱祖国、拥护社会主义、具有相当伊斯兰教学识和现代文化水平的新一代宗教教职人才。设有本科，学制为5年。同时开设进修班，培训在职的阿訇、毛拉、伊玛目。进修班学制为一个学期，每年计划培训200人。1987年招收了第一届本科班学员45名，1988年招收了第二届本科班学员45名。学员由各地推荐，统一考试，择优录取。本科班课程设有：《古兰经》、圣训、教义、教法、教史、古兰诵读、经注学、阿拉伯语、现代维吾尔语、现代汉语、政法常识、史地、体育、现代科技知识讲座等。学院下设院长办公室、教务处、行政处等机构，在编教职工45人。续建工程有联合办公楼、图书馆、住宅楼等。（马维汉）

新凯拉姆学派 见艾什尔里派。

新民县清真寺 中国伊斯兰教清真寺。坐落在辽宁省新民市回民聚居地区南营子。据《新民县志》记载：该寺始建于清乾隆三十年（1765）。建筑面积为2673平方米。全寺由寺门、南北讲堂、礼拜殿及望月楼构成一完整的中国宫殿式建筑群，布局呈正方形。正门系硬山起脊廊檐式建筑，凡3间，中为正门，门前有石狮鼓1对，两侧有“架子房”各1间，并备便门各1。入内为南北讲经堂，各3间，北讲堂一明两暗，门额匾书“讲经堂”，东里间为阿訇居室，西里间为会议室；南讲堂门额匾书“经义学”，现改为沐浴室。礼拜大殿面宽5间，面积为297平方米。前面有抱厦3间，门额正匾题曰“万古独一”，左侧匾为“惟精惟一”，右侧匾为“诚意敬心”，系清代穆斯林名将左宝贵所赠。正门殿内书有“正己正人”匾额1方。大殿后正中即为望月楼，3层4角，斗拱飞檐，雕梁画栋。楼顶装有1.5米高风楔铜鼓，塔顶镶嵌银色月牙，与大殿脊中相对，雄伟壮观。该寺建筑古雅、端庄，为辽宁省四大清真寺之一。1980年该寺主体建筑修葺一新。（郭清祥）

新西兰伊斯兰协会联盟（Federation of Islamic Association of New Zealand FIANZ） 新西兰全国性伊斯兰教组织。1979年3月创立，总部设在北帕默斯顿。由奥克兰、哈密尔顿、惠灵顿、北帕默斯顿、克赖斯特彻奇等城市的伊斯兰协会联合创办。其宗旨是：寻求建立一个信仰安拉，劝人行善，驱邪扶正的共同体。其任务是：(1)为加强穆斯林把伊斯兰教作为一种完全的生活方式所承担的义务，并在穆斯林中传播伊斯兰知识而努力使穆斯林行动一致。(2)以伊斯兰优良传统指导各种社会、宗教、教育活动。(3)促进各地穆斯林组织之间的合作。(4)增进穆斯林与非穆斯林之间的友好联系。(5)向非穆斯林介绍伊斯兰教，帮助他们了解伊斯兰教义与学说。该会在国内经济方面处于极有影响的地位，专门负责确保屠宰程序按伊斯兰方式进行，以便向国外穆斯林市场提供相应的肉类和其他有关食品；解决40%新西兰穆斯林的就业问题；举办丰富多彩的文化活动；扩大穆斯林的社会影响；兴办伊斯兰教育。每半年举行一次宣教会议，每年召开一次大型年会，邀请国内外穆斯林代表400余人出席。该会积极促进并加强与国际伊斯兰组织的联系。它是南太平洋地区伊斯兰宣教理事会最活跃的成员，也是世界伊斯兰大会（卡拉奇）、伊斯兰世界联盟（麦加）的成员。该会在新西兰穆斯林中享有很高的威望。（黄陵渝）

新兴派 见伊赫瓦尼。

《新亚细亚》杂志侮教案 1931年发生的侮辱伊斯兰教事件。是年7月，国民党元老戴季陶主编的《新亚细亚》杂志在2卷4期登载魏觉钟的《南洋回人不吃猪肉的故事》，对伊斯兰教创始人穆罕默德进行诽谤，并诬称“他们的祠堂（礼拜寺）里面都供着‘猪头人身’的肖像”，极大地伤害了中外穆斯林及广大回民群众的宗教感情和民族感情，引起各地回民的愤慨。纷纷致函当时回民文化刊物《月华报社》，请其出面抗议交涉。《月华》负责人当即致函戴季陶郑重抗议，严肃批评其错误，要求赔情道歉，正式声明更正，并保证以后不再登载此类文字。该杂志当即复函承认“此文完全无稽”、“敝社深引以为憾”，并在该刊2卷6期更正。（罗万寿）

新伊斯玛仪派 见尼扎里耶派。

新月（al-Hilāl） 伊斯兰国家的宗教标志。系阿拉伯语“希拉勒”的意译，原指上弦月，俗称“月牙”。天文学上称为“朔”，指月球运行通过太阳和地球之间时的月相。其象征含义是上升、新生、幸福、吉祥、初始光亮、新的时光。指新月象征伊斯兰教开创了人类文明的新时光。据伊斯兰教学者考证，奥斯曼帝国素丹奥尔汗（1324～1360在位）时，其步兵军旗上已有新月出现。1453年素丹穆罕默德二世（1451～1481在位）占领君士坦丁堡后，不久正式采用新月作为奥斯曼帝国的旗徽。16世纪初，大马士革伍麦叶清真寺以金属制新月作为旗帜。后伊斯兰世界各地，在清真寺建筑的圆顶或尖塔上装有新月标志。今巴基斯坦、阿尔及利亚等8个伊斯兰教国家将新月作为旗徽。故历史上新月作为伊斯兰教的标志，犹如“十”字作为基督教的标志一样。西方史学家将12～13世纪西亚伊斯兰国家穆斯林抗击西欧十字军入侵的战争称为“新月与十字之战”。另外，世界穆斯林将观测所见新月作为斋戒月（伊斯兰教历9月）封斋和开斋（教历10月）的时间标志。（杨克礼）

新正统派 见瓦利·阿拉学派。

信奉天经的人（Ahl al-Kitāb） 见有经人。

信禁（Sijjin） 《古兰经》中所载记录世人罪恶的文卷。阿拉伯语音译，意为“永久监禁”，伊斯兰教指后世惩治罪人的火狱。《古兰经》所载“信禁”则指使恶人难逃刑罚的铁证——记录其罪恶的文卷，译作“恶行簿”，与“恩霖阴”（‘Illiyyūn，即善行簿）相对称。《古兰经》云：“恶人们的记录，将在一本恶行簿中。你怎能知道恶行簿是什么？是一本封存的簿子”（83：7～9），“他们必堕入烈火之中”（83：16）。意即凡被载入恶行簿者，在后世必将永受火狱刑罚。（杨宗山）

信士的长官（Amir al-Mu'minin） 伊斯兰教发展初期穆斯林对政教合一的领袖哈里发的尊称。阿拉伯语“埃米尔·穆民”的意译。多见于阿拉伯和伊斯兰教史书，为第二任哈里发欧麦尔所首倡。伊斯兰教先知穆罕默德逝世后，其继任者艾布·伯克尔称“哈里发·拉苏利拉”（Khalifah Rasūlillāh），意为“安拉使者的继任人”，简称“哈里发”。欧麦尔继任哈里发后，称“哈里发·哈里发·拉苏利拉”，即“安拉使者继任人的继任人”。为避免以此种冗长拗口的称谓相传势必给后世造成的混乱，欧麦尔遂令穆斯林改称他为“信士的长官”。从此，该称谓便成为穆斯林对历代哈里发的尊称，后又为各地伊斯兰教王朝统治者所袭用。参见埃米尔。（杨宗山）

信士之母（Umm al-Mu'minin） 穆斯林对先知穆罕默德妻室的尊称。阿拉伯语“乌姆·穆民”的意译。据史载，穆罕默德一生先后娶过12位妻子，圣训经和伊斯兰教史籍每提及其中任何一人的名字时，常以“信士之母”称之，以示尊敬，尤用以指称全力支持穆罕默德传教的赫蒂彻和阿伊莎。参见圣妻。

（杨宗山）

《信仰大纲》 伊斯兰教义学著作。是后世学者以艾布·哈尼法名义，以信条形式编著的3部教义学著作的统称。成书于8～10世纪上半叶，按时间顺序分别称为书之一（the Fiqh Akbar Ⅰ）、《艾布·哈尼法遗言》（the Waṣiyat Abi Ḥanifah）和书之二（the Fiqh Akbar II）。三部著作皆无原本可考，而以后人注释本的形式保存下来。1903年，这三部著作连同艾什尔里的《宗教原理大全》（Ibana‘an Usūl al-Diyānah）被汇集成书，在印度海德拉巴德出版。后荷兰学者文辛克（A. I. Wensinck）对三书作者、出版年代和内容作了考证和比较研究，认为它们皆为哈乃斐教法学派后世学者之作，内容上互相连接，一部比一部更充实，其研究成果连同三书的原文和作者的评注，被收入《穆斯林信纲》（the Muslim Creed）一书，于1932年由剑桥大学出版社出版。书之一共10条，因海德拉巴德版本附有马图里迪的注释，常被误认为是马图里迪之作。内容为说明正统信仰，批驳哈瓦利吉派、什叶派和盖德里耶派（反宿命论派）的某些教义主张，但观点较为宽容，如认为教界的不同意见是“安拉怜悯的象征”。《艾布·哈尼法遗言》共27条，附有艾布·蒙塔哈（Abu'l-Muntaha）的注释。内容为通过解释《古兰经》，更详尽地阐述正统信仰，包括信安拉、信天经、信先知、信天园、信火狱等，批驳哈瓦利吉派、盖代里叶派、穆尔太齐赖派和什叶派的某些教义主张，如强调功德而忽视信仰的观点，认为真正的信仰包括“表之于言辞，信之于思想，认之于心灵”。书之二共29条，附有侯赛因·哈乃斐（Ḥusain ibn Iskandar al-Ḥanafi）的注释。以较接近艾什尔里学派的观点，全面系统地阐述正统信仰，包括以信仰安拉的独一为基础，信安拉，信天使，信天经，信使者，信死后复生，信天园、火狱等。对穆尔太齐赖派较为宽容，并吸取了该派以理性主义论证信仰的观点，反对思想僵化和极端。本书揭示了伊斯兰教义学自哈乃斐派经罕百里派到艾什尔里学派的发展过程，系仅知的一部以“信纲”形式阐释教义的著作，对研究伊斯兰教义学发展史有重要参考价值。（吴云贵）

信仰断法（Aḥkām al-Imān） 伊斯兰教信仰的准则。阿拉伯语“艾哈卡姆·伊玛尼”的意译。据波斯文原著《教款捷要》（Muhimm-at）一书的解释，系指根据信仰原则精神对穆斯林提出的警戒要求，共有6项：(1)不许杀害无辜。(2)不许无故夺人财物。(3)不可使人沦为奴隶。(4)不可毁坏他人名誉。(5)不可歹猜他人。(6)不歧视失足者。伊斯兰教视信士犯罪为失足，认为这样的人死后不永居火狱，经一段时间的惩罚后最终仍可进入天园。（赛生发）

信仰条件（Sharā'iṭ al-Imān） 伊斯兰教信仰的前提。阿拉伯语“舍拉伊特·伊玛尼”的意译。据波斯文原著《教款捷要》（Muhimmāt）一书的解释，系指对穆斯林具有信仰观念的先决条件，共有6项；(1)诚信未见。(2)诚信真主能知未见。(3)敬畏真主，害怕罪责。(4)望主恩慈，增强信心。(5)以符合真主所命为宜。(6)以摒弃真主所禁为准绳。（赛生发）

信仰义务（Wājibāt al-Imān） 伊斯兰教信仰的义务。阿拉伯语“瓦吉巴特·伊玛尼”的意译，俗称“伊玛尼的当然条件”。根据波斯文原著《教款捷要》（Muhimmāt）一书的解释，指要求穆斯林本着信仰原则所应尽之义务，共有7项：(1)结交清廉品学兼优之士。(2)济饥渴者以饮食。(3)问候及护理有病者。(4)为穆斯林亡者沐浴。(5)以有效益的方法使贫苦之人度荒致富。(6)抚恤孤幼。(7)和解纷争，谋世界和平。

（赛生发）

兴仁县三家寨清真寺 中国伊斯兰教清真寺。坐落于贵州省兴仁县鲁础营回族乡。清光绪十六年（1890），由哲赫林耶教派教主马元章筹建。据兴仁县志载：“初建时，只三间封尖墙瓦房”。人称“道堂”。清光绪十九年（1893）修成后，马元章委派杨云鹤为“热依斯”，管理十二坊教务。杨云鹤在办理教务中，勤事农商，发展经济，财力日渐富裕，又扩建房屋47间，整个布局分为两组四合大院，占地面积1300多平方米，成为砖木结构的建筑群，正中为礼拜大楼，楼上设礼拜堂，楼下为餐厅，右厢房为宿舍、浴室、学堂；左厢房为客房、图书室。礼拜大楼后面有一小花园，花园两边有房舍数间，为教长室、沐浴室等。1982年和1984年，人民政府两次拨款进行维修。该寺已被列为贵州省黔西南布依族、苗族自治州文物保护单位。

（保健行）

刑事法（'Uqūbāt） 关于穆斯林刑事犯罪与刑罚法律规范的统称。伊斯兰教法主要门类之一。系由古代的教法学家们根据《古兰经》和圣训的有关规定制定的宗教道德规范，得到统治者的承认，成为伊斯兰国家制约刑事犯罪的基本法规。其有关规定的内容因教派、教法学派不同而略有差异。在司法实践中各个时代都增补了不少新的规定，内容细致、繁琐。近代以后渐为各国新的世俗立法所代替，除个别国家外，不再是教法的组成部分。

伊斯兰教刑法不同于一般世俗性刑法，只对穆斯林具有法律效力，而有其固有的特征。从法由安拉的意志而创制的立法原则出发，伊斯兰教刑法总体上区分为“安拉之法度”与“人定之法度”。前者指侵犯了“安拉之权利”的犯罪行为及刑罚，即伊斯兰教视为不容宽恕的6种“大罪”，亦即酗酒、偷盗、通奸、诬陷通奸、抢劫、叛教（经训中还有以物配主、无故杀人、侵吞孤儿财产、反叛伊玛目罪）及其刑罚；后者指这些“大罪”外的一切犯罪行为及刑罚。前者适用“固定刑”（“侯杜德”，意为“限制”、“预防”、“禁止”）即安拉为制止犯罪行为而明确规定的行为规范及对违者的固定刑罚。固定刑为伊斯兰教刑法的基础和主体，包括：(1)酗酒罪。凡饮用含有酒精的烈性饮料构成此罪，处以80鞭刑。(2)偷盗罪。窃取他人有一定价值的财物并当场被抓获者，构成此罪，处以刖刑（初犯断右手，重犯削左足，继续犯罪监禁，直到有悔改表现）。(3)通奸罪。婚外非法性行为，构成此罪。已婚自由人通奸，处以石块击毙；未婚自由人通奸，处以100鞭刑。(4)诬陷通奸罪。凡诬陷贞节的妇女通奸，而不能举出4个男子为见证人者，构成此罪。处以80鞭刑，并永久性剥夺其举证资格。(5)抢劫罪。凡以暴力手段抢劫行人财物者，构成此罪。分别处以流刑（只威胁行人安全而未杀人或劫夺财物者）、刖刑（劫夺财物而未伤害行人者，断右手、左足）、死刑（杀害行人而未劫夺财物者）和绞刑（杀人掠货者）。(6)叛教罪。凡以明确的言行当众诬蔑、背叛伊斯兰教者，构成此罪。一般经过一段忏悔期仍不悔改者，处以死刑。“酌定刑”（塔吉尔）依据人定法给予适当的惩罚。这类刑罚较为灵活，为固定刑的一种补充，主要适用于：(1)故意杀人罪。(2)故意伤害罪。(3)过失杀人罪。(4)过失伤害罪。(5)不按固定刑罚处分的一切轻微的刑事犯罪。原则上酌定刑的量刑标准要低于固定刑。固定刑由沙里亚法院实施，酌定刑由统治者主持的世俗法院实施，而同态复仇则属于被害人一方的私人权利，被害人一方可要求同态复仇（亦须在教法官卡迪或民众领袖监督下实施），亦可给予宽恕而以赎罪血金代替。犯罪与刑罚的有关规定主要是针对社会的主体穆斯林自由人的，而对奴隶则另有专门的规定。原则上奴隶享有较少的权利，承担较少的义务，对犯罪奴隶的固定刑罚为自由人之半。认定犯罪行为的证据分为3种：证人的证词、证物，被告人的招供，凭《古兰经》盟誓。

历史上伊斯兰教刑法为国家的基本法之一，没有专门的司法机构实施，但在执行中并未形成统一的规范。法主要体现为教法学家们的判例、学说、著作，其特点是：(1)重宗教道德、轻司法实践，对同一犯罪行为的认定、量刑、处罚，往往因教法学派而异。例如关于酗酒罪，《古兰经》规定禁酒，但未规定刑罚，其刑罚系根据圣训定为40鞭刑，后又增为80鞭刑。关于构成酗酒罪的认定，各派观点不一。马立克学派和罕百里学派认为，凡饮用含有酒精的烈性饮料，一律以酗酒罪论处；哈乃斐学派认为，凡属烈性酒一律禁饮，而非烈性酒，只有大量饮用，导致神志不清时，才构成酗酒罪。(2)注重教育挽救，不轻易判刑。伊斯兰教刑法以“劝善戒恶”为宗旨，刑罚只是辅助性手段，只要悔改，一般不予处罚。刑法既有严肃性，亦有灵活性。刑法上规定了上述六种不赦之罪，但亦给予忏悔（即讨白）的机会。例如，偷盗者在起诉前主动归还赃物，抢劫者在未被拘捕前主动投案自首，叛教者在忏悔期表示悔改，可免除固定刑罚，从宽处理。又如，对偷盗罪虽规定了严酷的刖刑，但对构成此罪则有明确的规定，只有窃取他人有一定价值的财物并被当场抓获，才构成偷盗罪。此外，在酗酒罪、通奸罪、叛教罪的认定上，都排除了胁迫因素。

现代以来，由于传统伊斯兰教刑法难以适应现代社会发展的需要，其影响日衰。到20世纪70年代，随着伊斯兰复兴运动的发展，一些伊斯兰国家里出现了要求恢复伊斯兰教刑法的思潮和运动。目前利比亚、巴基斯坦和伊朗已通过立法，重申部分伊斯兰教固定刑罚的效力，而传统刑法在沙特阿拉伯和海湾伊斯兰国家仍有重要影响。

（吴云贵）

《醒回篇》 中国留日回族学生创办的教育文化刊物。为留日回族学生“留东清真教育会”主办，1908年由东京秀光社出版，蓝色封面，32开竖排本，发行数百本。该刊宗旨为“改良宗教、普及教育”，其目的是唤醒回回民族，以图发展。刊物指出“助长国家精神之道有种种，兴教育其先务也；集成国家活动之道亦有种种，兴教育其首功也”。刊物内容包括编辑保廷梁、会员黄镇磐、国内第一个回族团体“东亚穆民教育总会”创办人童琮及四川青年蔡大愚投寄的19篇文章。主要有《宗教与教育之关系》、《宗教改良论》、《劝同人复兴教育之责任说》、《劝回民》、《回教之文明》、《中国回教之来历》、《回教振兴策》、《教门辨》、《东亚清真教育总会之状况》、《留东清真教育会纪事、章程、会员录》、《说团》、《原课》等。这些文章阐述了清末回族爱国青年对民族关系、宗教改良和普及教育的看法和见解。号召穆斯林在国家处于列强瓜分，危急存亡之时，应与各民族风雨同舟，担负起中国国民之责任，奋起图强；学习先进思想和文化，改良宗教，以教育振兴国家和民族，表现出他们浓厚的“科学救国”、“教育救国”的愿望。该刊虽只出版了1期，但集中反映了清末中国穆斯林知识分子的进步思想，被后人誉为“吹响了近代回民思想文化的号角”。1987年由兰州大学出版社重新标点出版。　　（罗万寿　余振贵）

《醒民》　中国穆斯林青年学生创办的时事性刊物。1931年12月在北平（今北京）创刊。由宣武门内回回营民铎中学抗日救国组织“醒民社”主办，故名。不定期出版，前后约刊印6期。现存的最后一期为1932年4月刊印。该刊发刊词称其宗旨是：唤醒民众，组织起来努力做好救国运动；本着民众的意愿，参与国事讨论，争取政治民主；与读者共同探讨思想及文艺问题，去发现一条光明正大的路；民众爱国运动对青年生活应持的支持态度和方式。该刊表达了中国穆斯林青年的抗日爱国热忱。曾先后发表过《抗日的决心及觉悟》、《失去东三省的责任哪个负》、《不抵抗主义与亡国主义》、《谈一谈南京惨死的学生》、《此次上海战事之经过》等一系列文章，宣传抗日爱国，反对国民党当局采取不抵抗主义，镇压爱国人士和青年学生的屈辱退让行径和政策。该刊对当时时局的评述观点鲜明，反映了20世纪30年代初期中国穆斯林青年的爱国思想和活动。　　（余振贵）

《醒世箴》　伊斯兰教义学著作。论述“认主顺主、求道修道”的宗教学问。马复初著译，成书于清同治二年（1863）之前。该书有清同治刻本。1929年马福祥将《醒世箴》、《大化总归》与《四典要会》合编重印，由北平清真书报社发行。其中《醒世箴》全文约1.8万字。合刊本卷首有马福祥序。正文按其内容分为7部分：第1部分1～2自然段，总述明道体道，首先要认主顺主。第2部分3～9自然段，论述顺主之人必须修德，摒除贪慕浮华之心，认清“财货”、“子孙”乃人之祸患。第3部分9～13段，论述明德须心正，所谓心者，即人之本性。第4部分自14～17段，分析人的欲性无所忌惮，惟畏死亡。第5部分自18～21段，论述穆斯林只要履行五功，即可踏上“达天之正道”。第6部分自21～22段，论述人有上、中、下三品，因此其道亦分为三品：礼乘、道乘、真乘，“盖礼乘如树，道乘其花，真乘其果。无道乘者无真乘，无礼乘者无道乘”。第7部分自23～34段结束，论述穆斯林应提防乱道，固守教门，并提出7条防乱之道：（1）对法尔西（波斯）杂经要区分正学曲学。（2）防邪说之乱。（3）防异行（如将中国道家炼丹之法杂于清真之中）。（4）防其以后世易今世，以现在鬻后来，虽修功作善，皆为私心。（5）防自满，自以为强于别人。（6）防奸宄，此等人外与内反，扬善而隐恶，此为天下之大恶。（7）防嫉妒，此等人恶真宰恩他人，而冀人之灾。《醒世箴》卷后附有作者《天理命运说》一文，作者认为，“天理”即“天地人物之事未显之先，早已预定于造物大觉之中，谓之前定”。命运即“本乎其所定之理，而发显于外者”。文中论述天事与人事不能分开，而合之有别，妄求天事是自欺，不尽人事也是自误。人当时运，所想合乎天意，是以所谋遂意，所求必成；人背时运，所想反乎天意，是以所谋不遂，所求不成。该文为《醒世箴》内容的延伸与补充。《醒世箴》一书以哲言箴语论述了伊斯兰教关于修身明德的学问，语言凝练而朴实，表现作者对人生的深刻体验，对“前定、后世”的思索探求，反映了作者苏菲主义观点。　　（余振贵）

性命　中国伊斯兰教伦理道德概念。首见于王岱舆《正教真诠·性命》。王岱舆从研究历史上“性善”、“性恶”等善恶观出发，批驳了宋儒的“理气”说，主要是“理同气异”之说后，提出了自己的“性命”论。在概念上他认为“先天为命，后天为性”，两者的关系是“命非性不离于性，性非命不离于命。”其表现为“生长”、“知觉”、“推理”、“更能辨鬼神不测之机”。具备了这些，“方为人之性命”。关于性命的来源，王岱舆认为“性命之本体与情用，皆出真主之造化。”从人的生命来源到智慧、情感与行为，一切都源于真主。至于善恶来源，他认为，人“本善无恶”、“凡人之性，能行善恶，非性本有恶也”，行善作恶在于自己“性之所发”，“听命于己，无不善也”，“执己之偏，无非恶也”。他的性命论是“性善论”，他以伊斯兰教传统的“前定论”为依据，结合中国儒家的“性本善”说，认为善来自真主，恶出于人的偏私，并作了全面论述，具有一定的思辨色彩。　　（罗万寿）

《雄辩之路》（Nahj al-Balāghah）　见《辞章之道》。

休妻　见塔拉格。

《修真蒙引》　中国伊斯兰教基本知识普及读物。又名《天方修真蒙引》，全1卷，清代金陵伊斯兰教学者伍遵契编译。书前有沈懋中、蒋春雨、周士骐等人的序言。本书是苏州清真寺掌教周士骐等在著名穆斯林学者伍子先的精心指导下完成的，“其中天命、圣行、当然及日用应行事宜，译矣备矣”。康熙十一年（1672），由蒋君良捐资刻印成书，1921年北平清真书报社重镌并发行。此书主要讲述伊斯兰教信仰和宗教功课的基本知识，包括以下一些篇目：学问根源、伊斯兰信仰、教规断法、小净、大净、土净、三掌教条件、念邦克、乃玛孜、礼拜条规、客人和客途礼拜条规、为父母做求祈拜、散天课条规、坏斋事、不得已开斋事、开斋节拜规、做讨白条规、婚娶条规、临终一定事、洗埋体条规、克番样式、坟上理宜事、诵经条款。全书叙述详尽，通俗易懂，一般不识阿拉伯文的穆斯林读此书后，均可掌握伊斯兰教基本礼仪。（余振贵）

《修真指南讲座集》 见《伊尔沙德》。

羞体（'Awrah） 中国伊斯兰教经堂用语。系阿拉伯语"奥莱"的意译。教法规定，凡人体不许外露或不能为他人所见的部位即是羞体。遮羞体被定为道德准则之一。《古兰经》云："每逢礼拜，你们必须穿着服饰"（7∶31），即指礼拜时至少应该遮盖住羞体，以示严肃端整。圣训解释："大腿是羞体"，"肚脐以下和膝盖以上"也是羞体。对妇女则明确指出礼拜时必须戴盖头，"穿一件遮住脚面的长衫"。据此，男人的羞体便是肚脐以下至膝盖以上的部位，妇女则除手和面孔以外均为羞体。教法进一步规定：礼拜时羞体不能外露超过其1/4，大净时羞体不能让外人窥见。男9岁，女12岁者皆属此范围。（冯增烈）

叙利亚教法学派 见奥扎仪教法学派。

叙利亚穆斯林兄弟会（al-Ikhwān al-Muslimūn al-Sūriyyūn） 叙利亚伊斯兰教政治组织。其前身为1928年埃及建立的穆斯林兄弟会的分支组织。1930年叙利亚正式建立穆斯林兄弟会组织，领导人为阿德南·萨阿德丁（'Adnan Sa'd al-Din）。其主要成员为逊尼派宗教学者、教师、留埃学生和商人。该组织初为宗教组织，主张消除西方腐朽文化的影响，反对社会生活的世俗化，恢复伊斯兰教的原教旨信仰。该会后来发展为利用宗教进行政治活动的组织。20世纪40年代，参加该组织的留学埃及的大批学生回国后，该组织公开活动，并在全国各主要城市发展会员，建立分会组织，其力量大增。提出结束法国殖民主义托管，取得国家独立，按照伊斯兰教精神实行社会政治改革。1946年法国撤出叙利亚后，该会的注意力集中到社会政治问题，强烈反对当局世俗化和政教分离的社会改革。1954年，埃及的穆斯林兄弟会被取缔后，该会的一些成员回到叙利亚，使其力量进一步加强。1958年，叙利亚和埃及合并为阿拉伯联合共和国（简称"阿联"）后，包括该会在内的所有叙利亚政党均被宣布为非法。叙利亚脱离阿联后，于1961年举行议会选举时，该会赢得10个席位，并组成民族集团，竭力反对阿拉伯社会复兴党的政治主张。1963年复兴党执政后，该会转而反对政府，与当局多次发生冲突。1980年7月政府颁布法令，凡该会成员必须向政府登记自首，否则均处以死刑。该会遂转入地下活动。（杨克礼）

叙利亚伊斯兰教（al-Islām fi-Sūriyā） 阿拉伯叙利亚共和国位于亚洲西部、地中海东岸。面积18.5180万平方公里。人口1171.9万（1989）。主要民族有阿拉伯人，占总人口的80%以上，还有库尔德人、亚美尼亚人、土库曼人和吉尔吉斯人等。全国85%居民信奉伊斯兰教。阿拉伯语为国语。首都大马士革。叙利亚是一个有4千多年历史的古国。曾先后受罗马帝国和拜占庭帝国统治，国内居民原信奉基督教。636年，伊斯兰教第二任哈里发欧麦尔派阿拉伯军队攻占大马士革，翌年征服叙利亚全境，从此，叙利亚开始阿拉伯化和伊斯兰化。661年，叙利亚总督穆阿维叶夺取政权，定都大马士革，建立伍麦叶王朝（661～750）。叙利亚成为阿拉伯帝国的政治、经济和文化中心，封建生产关系进一步发展，各种文化源流开始汇合，初步形成"阿拉伯伊斯兰文化"，伊斯兰教得到广泛传播并逐渐取代了基督教，居于统治地位。阿拔斯王朝（750～1258）时，叙利亚在发展伊斯兰文化方面，仍然占有重要地位。9世纪下半叶，阿拔斯王朝开始分裂。此后图伦王朝、伊赫什德王朝、哈姆丹王朝、法蒂玛王朝、塞尔柱帝国、赞吉王朝、阿尤布王朝、马穆鲁克王朝及伊儿汗国先后占领并统治叙利亚。11世纪，叙利亚已完成伊斯兰化和阿拉伯化过程。11～13世纪，叙利亚人民积极参加了萨拉丁领导的遏止十字军侵略和拜伯尔斯收复十字军占领的部分失地，并打退蒙古人进攻的战争，捍卫了民族独立和伊斯兰文化。13世纪末，十字军被赶出后，受埃及马穆鲁克王朝统治3个世纪，叙利亚的经济和伊斯兰文化得以复兴和发展。16世纪起，叙利亚纳入奥斯曼帝国版图达400余年（1516～1918）。19世纪下半叶，伊斯兰教学者阿卜杜·拉赫曼·卡瓦基比等倡导的阿拉伯民族文化复兴运动在叙利亚蓬勃发展，大马士革成为该运动的中心。1916年后受英、法殖民者的统治。1946年叙利亚正式独立。叙利亚是一个受伊斯兰教传统影响很深的国家，有古老的清真寺、伊斯兰学校和贤哲陵墓等古迹。坐落在布斯拉城的欧麦尔清真寺、大马士革的伍麦叶清真寺等是伊斯兰建筑艺术上举世闻名的杰作。叙利亚的穆斯林分属逊尼派和什叶派。逊尼派占全国穆斯林的82%，分别遵奉哈乃斐、罕百里、沙斐仪、马立克学派的教法。什叶派占穆斯林总数的18%，分属阿拉维派、德鲁兹派、伊斯玛仪派、十二伊玛目派等。伊斯兰教法是立法的主要依据。设总穆夫蒂为宗教领袖。全国建有千座以上清真寺，仅大马士革就有260座。在国民教育中，将《古兰经》、伊斯兰教法列为各级学校的宗教必修课。大马士革大学附设的伊斯兰教法学院，专门培养宗教教职人员和宗教学校的教师。叙利亚为阿拉伯国家联盟、伊斯兰会议组织、世界伊斯兰大会、伊斯兰世界联盟等国际组织的成员国。（杨克礼）

续认 中国伊斯兰教哲学概念。用以表征认识真主的深化阶段。王岱舆《清真大学·续认》云:“所谓续认者,克尽偏私自见,复全明德之源,由无己而体认真主。”人通过对自然、社会及自身的体认,认识到人自身是被造的,有来有去,有始有终。参悟出无极是先天,是播种之时,人极乃后天,是结果之时,最后还要返本复原,回归真主,自我消溶于对真主的信仰之中,达到“知以主知,见以主见,言以主言。”即通过认主、近主,进而克尽偏私,超脱自我,达到“人主合一”。也就是王岱舆所谓“续认之谓契合是也”的境界。 （罗万寿）

宣化岗拱北 中国伊斯兰教陵墓。亦称“宣化岗道堂”、“北山拱北”。为哲赫林耶门宦教主马化龙、马元章、马进成、马元超等人的陵墓。在甘肃省张家川回族自治县张川镇城北的北山查湾村。宣化岗原为清末马元章、马元超兄弟二人逃难隐居之地,后以耕作为生,暗设道堂,秘密传播哲赫林耶学理,并于清光绪八年(1882)用重金赎回马化龙等人遗骨葬于此地。后发展成为哲赫林耶门宦讲经、传道、静修及管理所属教坊的中心。清光绪十五年(1889),在马化龙墓上建起八卦圆顶亭拱北。1915年后经多次扩建,占地达20多亩,建有马化龙、马元章、马进成、马元超4人的墓庐,另建有经亭院、礼拜大殿、会客院、经书学堂、家属院以及附属建筑设施24处。拱北的群体建筑规模宏大,多为殿堂式构架,造型各异,技艺精湛,砖木雕刻玲珑剔透,遍置名贵地毯、花卉、香炉等,还珍藏有伊斯兰经籍、汉文史籍、名人书画、阿文经字画、社会名流题书的匾额、珍贵文房四宝等。1958年大部被拆除。1985年重建。现拱北虽无昔日之规模,但墓庐、礼拜殿主体建筑等设施均已新建。该拱北在中国伊斯兰教哲赫林耶门宦中具有重要影响。 （王学仁）

宣礼(Aḍhān) 伊斯兰教召唤穆斯林礼拜的仪式。阿拉伯语“艾赞”的意译,波斯语为“邦克”(Bang)。均意为“召唤”之意。伊斯兰教每次礼拜的时辰一到,穆安津或满拉就在宣礼楼上高声念唤拜词,召唤穆斯林到清真寺去礼拜。穆罕默德于622年迁徙麦地那后,穆斯林礼拜不需别人召唤,后来穆斯林人数增多,就有很多不便,穆罕默德遂决定用钟声等召唤人们做礼拜。624年又采用阿卜杜拉·本·栽德提出的口头宣礼方式。首次宣礼的是黑人穆斯林毕拉勒。宣礼词为“安拉至大!安拉至大!我作证:除安拉外,别无他主!我作证:穆罕默德是安拉的使者!快来礼拜吧!快来走获救之路吧!安拉至大!安拉至大!除安拉外,别无他主!”。后来什叶派对宣礼词中的个别词句略有修改。 （马 通）

宣礼塔 见米厄宰奈。

宣礼员 见穆安津。

《玄机与真光》(Sirr al-Asrār Wa Mazhar al-Anwār) 伊斯兰教苏菲主义著作。为12世纪卡迪里教团创始人阿卜杜勒·卡迪尔·吉拉尼(1098～1166)在巴格达“扎维叶”(即苏菲派修道堂)中讲授苏菲主义要义和修道规程的论著,是作者在讲道、修道过程中提出的“参悟与内省”论的总结。书中集中阐述了他对苏菲主义的基本观点和“认主途径”的主张,被称为苏菲修士初入门径的必读书。该书共分24篇,其内容有:一是用苏菲主义观点讲解人的“返本还原”及其必经之道。他将苏菲修持的程序分为4步:(1)外学之“教乘”(Shari‘ah),即按教法律例行教,亦称“常道”;(2)内学之“道乘”(Ṭariqah),即通过“修行炼性”进入“道”的过程;(3)内学之“理乘”(Ma‘rifah),即进到认识真主本体的阶段;(4)内学之“真乘”(Ḥaqi qah),即达到“天人合一”的最高精神境界。他说,此即圣训所宣示的“教乘是大树,道乘是树枝,理乘是树叶,真乘是果实”的真谛。二是讲解修道所必须遵循的规程:(1)“忏悔”(Tawbah),即首先要树立弃绝红尘,一心向主的决心。(2)“静修”(Khalwah,即离群索居),系指断绝七情六欲,一心喜主爱主。(3)“清心寡欲”(Taṣfiyah al-Qalb),即指一心记主、拜主,不见它物。(4)诵念“迪克尔”(Dhikr),即由口舌的诵念进到心灵的诵念,再由心灵的诵念升华为性命的诵念,完成心性会合,以便“神会真主德性的光辉”。书中每讲到一问题,都引用《古兰经》中意义隐晦的经文和圣训加以论证,反映了作者正统苏菲主义的思想观点,该书连同著者其他宗教哲学著述,已成为传授卡迪里教团思想学说的教科书,曾在西亚、北非、中亚、南亚次大陆等地区的苏菲派中广泛流传,影响较大。在中国西北地区的一些清真寺中流传有印度孟买“穆罕默德出版社”1906年木刻本。 （马忠杰）

玄石 见黑石。

《选译详解伟戛业》 见《维卡亚教法经解》。

选择法(Takhayyur) 现代伊斯兰教法改革过程中经常采取的一种灵活变通的方法。系阿拉伯语“泰哈尤尔”的意译,意即根据社会立法需要,在各种不同意见中加以广泛的选择,作为立法的法理依据,以增强教法的适应性。20世纪50年代后,中东地区的阿拉伯伊斯兰国家在修订教法过程中多采取这种方法,旨在教法渊源的范围内修订律法,而尽量避免直接引进外来法的原则。主要有两种情况:或在某一教法学派内部加以选择,或突破界限在逊尼派四大教法学派之间加以广泛的选择取舍,甚至以历史上默默无闻的教法学家的意见为据。例如,1957年突尼斯在制定《私人身份法》时,在涉及余产处分问题上就摈弃了马立克教法学派过时的原则,而选择了哈乃斐教法学派的原则。该法规定:一笔遗产在份额继承人中分配后仍有盈余,而又没有父系继承人时,则应归还份额继承

人中按比例分配。如按流行于北非的马立克派传统，余产应收归国有。 （吴云贵）

薛文波（1909～1984） 中国现代穆斯林知名人士。字西村，号锦章，经名达乌德。回族。北京市人。1933年毕业于北平朝阳大学法律系。曾与北平各大学回族同学共同发起组织“北平伊斯兰学友会”，积极致力于弘扬伊斯兰教精神的活动。1932年，为反对《南华文艺》和北新书局侮教案，他奔走呼号，口诛笔伐。后并把学友会改名为“中国回族青年会”，编辑出版《回族青年》月刊，自任主编。1937年卢沟桥事变后，他在北平参加了教育界人士发表的抗日宣言签名活动。北平沦陷后，他拒绝日伪威胁利诱，化装出走香港，1938年参加“中国回教近东访问团”赴麦加朝觐，并访问了8个伊斯兰教国家，宣传抗日，争取伊斯兰教国家对中国抗战的同情和支援，著有《近东访问团日记》。回国后曾任成达师范学校校长，并在重庆同马汝邻等回族人士筹组“中国回民青年会”，出版《回民青年》。1945年抗日战争胜利后，他回到北平，组建“中国回民青年会”北平分会，任会长，出版《古尔邦》期刊。后一度任国民党青海省党部书记长。1948年第一次阿拉伯—以色列战争时，他在北平发动了有数千回民参加的反犹（以色列）援阿示威游行。1949年他随同中国人民解放军进军西藏，在拉萨的克什米尔穆斯林及当地回民中做民族团结工作，创建了拉萨第一所民族小学，自任教务主任。后奉调回甘肃省工作，任省伊斯兰教协会副主任、甘肃省参事室参事。晚年致力于伊斯兰教工作及伊斯兰教学术研究，著有《回鹘、回回辨》、《回回姓氏考》、《什叶派对中国伊斯兰教的影响》及《蒙古历史上伊斯兰教的地位》等论文多篇。 （薛　宏）

学董 见社头。

血锾制 见血金。

血金（Diyah） 伊斯兰教刑法概念。一译“血锾制”。阿拉伯语“迪叶”的意译。因杀人、伤害行为依法给予被害人或其直系血亲的一种经济补偿，以求得宽恕。赔偿血金原为古阿拉伯的部落习俗，后经《古兰经》的肯定，成为一种“定制”，为伊斯兰教法所主张的同态复仇（基萨斯）的替代形式。根据教法规定，杀人罪为大罪之一，对杀人凶手应施行以命抵命的刑律。但如死者亲属给以宽恕，或出于“误杀”，则可以“罚金”赎罪，这种“罚金”即谓“血金”。支付赎罪血金既是对犯罪者的惩罚，又是对被害人的经济赔偿和赎罪表示。适用于：(1)不按同态复仇（基萨斯）处罚的故意杀人罪和故意伤害罪。(2)只有故意犯罪行为而未使用致命凶器的杀人罪和伤害罪。(3)因事故等不测原因造成的间接杀人或伤害等。血金的数额依被害人的身份和造成伤害的轻重而有别。根据圣训规定，凡杀害信士者，血金为30峰5岁母驼，30峰4岁母驼，40峰3岁母驼，合计为100峰母驼（《艾布·达乌德圣训集》）。误杀的血金则是“20峰5岁母驼，20峰4岁母驼，20头1岁母牛犊，20头1岁公牛犊，20头2岁母牛犊”（《圣训经》）。中世纪教法典籍中关于血金的规定是：通常奴隶的完全血金为本人的身价，女子的完全血金为男子之半，男子的完全血金为100峰骆驼，1000枚金币或1万枚银币。杀人罪或伤害单一的器官（如舌头），需赔偿完全血金；伤害1成对的器官（如眼睛、耳朵），赔偿半数血金；伤害1手指，赔偿1/10血金；伤害1颗牙齿，按1/20计算。如伤害未予明确规定的身体的某一部位，则采取估算法，即推算一下造成多少处伤害相当于一个奴隶的身价，然后确定应付血金的数额。 （吴云贵）

血亲复仇（Tha'r） 伊斯兰教前阿拉伯氏族或部落流行的一种复仇方式。阿拉伯语的意译。当氏族或部落的成员遭受外来的凌辱或伤害时，均被视为对全氏族或全部落的侵害，全氏族或全部落即对侵害者的氏族或部落进行集体复仇。这种复仇方式常常毫无限制，导致氏族或部落间无休止的仇杀。伊斯兰教创传后，为加强穆斯林社团内部的团结，以利于社会的安定，规定了同态复仇的原则，并鼓励以赎罪血金等温和方式代替同态复仇，血亲复仇渐为新的复仇方式所取代。 （吴云贵）

寻思干 见撒马尔罕。

巡礼（'Umrah） 伊斯兰教法定朝觐功课外的副朝。亦称“小朝”。阿拉伯语“欧姆赖”的意译。《古兰经》中与大朝同时并提，但不作为天命功课按时履行，可在伊斯兰教历12月大朝以外的任何时候举行。副朝除受戒与正朝完全相同外，只巡游天房和在赛法与麦尔卧两丘间奔走，其他礼仪均不进行。伊斯兰法学家根据《古兰经》文：“赛法和麦尔卧，确是真主的标识。举行大朝或小朝的人，无妨游此两山”（2：158）和先知穆罕默德曾于伊斯兰教历12月辞朝时的朝仪而定为圣行。《天方至圣实录》译述：“先知告曰：吾将小朝作为大朝内事矣，永远如是”。举行副朝的目的在于敬畏真主，怀念先圣，希冀真主赐予今后两世永恒的宽宥、恩泽和安康。参见朝觐。 （达应庚）

循化街子大寺 中国伊斯兰教清真寺。坐落在青海省循化撒拉族自治县街子乡街子村。始建年代已不可考，据传建于明初。13世纪，撒拉族先民由中亚撒马尔罕东迁，至循化街子定居下来。最初修建了一座简陋的清真寺，称作“尕勒麦西提”（撒拉语，即黑色寺），后在其附近修建了一座规模较大的清真寺，即街子大寺。后经3次扩建。寺内有礼拜大殿、邦克楼、讲经堂、水房等设施。礼拜大殿由前卷棚、大殿、后殿3部分组成。前卷棚用庑殿顶，大殿和后殿为歇山顶。殿内为“彻上透明造”；梁架斗拱施以红、棕、青、绿、白等色彩画；墙壁绘青绿彩画和阿拉伯文图案；门窗精刻细雕，别具一格。大殿可容纳1500多人同时礼拜。邦克楼3层，高25米。寺门为楼房9间，并带前后廊。寺院外东、西、北3面为穆斯林公墓。寺门前有撒拉人祖先尕勒莽、阿合莽兄弟之墓。寺南是“骆驼泉”，为撒拉族早期传说中的历史遗物。该寺是撒拉族的祖寺和宗教中心，循化最大的“海乙寺”。寺内保存的一部手抄本《古兰经》，传说系从中亚带来，被视为撒拉族的珍宝。明、清时期，撒拉族的世袭总掌教“尕最”驻于此寺，掌管撒拉地区的一切宗教事务。“文化大革命”期间，街子大寺被毁。1982年后重建，现寺有礼拜大殿和4个邦克塔，气势雄伟，规模宏大，是青海省第二大清真寺。（孔祥录）

逊奈(al-Sunnah) 伊斯兰教逊尼派教法用语。阿拉伯语音译，意为“行为”、“道路”、“传统习惯”等。伊斯兰教历史上，逊奈涵义的演变大致经历了3个阶段：(1)伊斯兰教历1世纪，指当地穆斯林社团的民俗习惯或社会的传统习惯，亦包括早期哈里发国家在处理教务、国务过程中形成的行为规则和行政、司法惯例。(2)在伊斯兰教法实体形成的初期(8世纪初)，指早期诸教法学派既定的法律学说，即某一地区、某一时代大多数教法学家一致公认的学说、判例、原则、规定、惯例等。其基础是经过教法学家们确认的传统习惯。但他们对伍麦叶时代(661～750)的民俗习惯和行政惯例持批评态度，在此基础上形成的新的逊奈，已不同于旧的传统习惯。(3)自8世纪下半叶起，随着早期诸教法学派内部“圣训派”的兴起，又给逊奈赋予新的含义。他们认为，直接源自穆罕默德本人生前言行的“圣训”是获取法律知识最可靠的源泉，要求承认“圣训”立法的至上地位。后又经沙斐仪的修改、解释、论证，逐渐被大多数法学家所接受。从此，“先知的逊奈”，即以口头相传形式流行于世的“圣训”、“圣行”，成为仅次于《古兰经》的立法基础。9世纪以后，各种版本的“圣训实录”陆续问世，进一步加强了“圣训”立法的地位，充实了立法的内容。但在新旧传统习惯的交替过程中，逊奈的内涵仍然是多义的，往往因人而异、因地而别，既指“圣训”、“圣行”，亦指穆罕默德默认的门弟子的言行等。而作为教法渊源之一的“圣行”(即先知的逊奈)，其实际内容极为广泛，既包括穆罕默德时代麦地那的民俗习惯，亦包括大量假托为“圣言”、“圣行”的后世的传统习惯。它极大地丰富了正在形成的伊斯兰教法的实体，适应阿拔斯王朝(751～1258)的社会发展需要。（吴云贵）

逊奈与大众派(Ahl al-Sunnah Wa al-Jamā‘ah) 见逊尼派。

逊尼派(Ahl al-Sunnah) 伊斯兰教主要教派之一。与什叶派并称为不同的两大政治、宗教派别。“逊尼”系阿拉伯语的音译，原意为“遵守逊奈者”，亦即“遵循传统者”，全称“逊奈与大众派”，自称“正统派”。原为伊斯兰教内部持不同政见的一个政治派别。632年，伊斯兰教先知穆罕默德去世后，麦地那的穆斯林社团内部因在继承人问题上意见分歧，导致分裂。第四代哈里发阿里的追随者认为，只有出身于哈希姆家族(即圣族)的阿里及其直系后裔才是合法继承人，他们否认艾布·伯克尔、欧麦尔和奥斯曼前3代哈里发的合法性，另组一个新的政治派别“什叶派”，而大多数承认和支持包括阿里在内的四大哈里发的穆斯林，即逊尼派的前身。其社会基础最初仅限于阿拉伯半岛各部族的穆斯林，后来随着阿拉伯哈里发帝国不断的对外扩张，亦包括依附于阿拉伯贵族的其他语族的穆斯林社团，如两河流域的伊拉克人，中亚的波斯人，西亚的突厥人，南亚的印度人，北非的柏柏尔人等，形成一个同一信仰的多民族的群体。历史上该派在政治和思想上长期居主导地位，曾建有伍麦叶王朝(661～750)、阿拔斯王朝(750～1258)、奥斯曼帝国(1298～1922)等幅员广阔的伊斯兰国家及世界各地的地方伊斯兰政权，影响相当广泛、深远。中国穆斯林大多属逊尼派，遵奉该派的哈乃斐教法学派。

逊尼派是在同不同的教派、学派、教法学派长期斗争中形成的一个具有自身文化传统的教派。其中尤以同什叶派的斗争最为剧烈。什叶派为恢复失去的政权，曾以暗杀、起义、暴动等方式展开斗争，致使教派冲突日趋激化，什叶派提出的一系列政治、宗教主张，要求逊尼派人作出明确的回答，客观上促进了逊尼派教义、教理的发展。自9世纪初，逊尼派作为一个宗教派别开始形成系统的宗教思想体系，其形成同阿拔斯王朝初期统治集团内部的政治斗争直接相关。利用人民起义夺取政权的阿拔斯王朝统治者，为巩固王权，在其统治初期曾以“伊斯兰化”、“建立安拉在大地上的统治”为国策，大力依靠精通《古兰经》、圣训、教法知识的伊斯兰学者从事理论研究和宣教工作。但自哈里发哈伦·拉希德(786～809在位)时期起，朝廷内部因争权夺利，分裂为两派。一派以留用的波斯萨珊王朝官吏、新改奉伊斯兰教的波斯裔穆斯林和什叶派同情者为主，要求扩充王权、压制教权；另一派为阿拉伯军事贵族、伊斯兰学者阶层和阿拉伯化的外族穆斯林，主张削弱王权、扩充教权。哈里发哈伦依靠前一集团，限制后一集团。哈里发马蒙时期(813～833在位)，进而强制推行穆尔太齐赖派的“古兰经受造说”，以“异端审判”的名义迫害抗拒此说者，约束以“圣训派”为首的伊斯兰学者，否认此说的伊本·罕百勒教长等宗教领袖曾被监禁，蒙受残酷迫害。哈里发穆泰瓦基勒时期(847～861在位)，因政权不稳、难以为继，被迫恢复依靠伊斯兰学者的政策。这场旷日持久的权力斗争导致两个结果：一是在教义思想争论中，自穆尔太齐赖派中分化而出的艾什尔里学派，以温和、折中的教义学逐步确立了主导地位；一是以宗教贤哲为首的一大批阿拉伯穆斯林及依附于他们的突厥新穆斯林，开始萌生出一种认同宗教信仰和民族属性的宗教意识。他们自称为“遵守逊奈者”、“逊奈与大众派”、“圣训和逊奈派”、“逊奈和正道派”、“真理和逊尼派”，以示区别。逊尼派宗教思想的系统化、规范化，以各分支学科的形成为主要标志。至10世纪末，各分支学科均已形成，其后亦有发展。古兰学以研究、注释经典为主旨，自第一部标准手抄本《古兰经》(即奥斯曼定本)面世，注释家蜂起，注释方法日多，见仁见智，互为补充，而以伊本·泰伯里多卷本《古兰经注》最具代表性。圣训学以搜集、考证、编纂圣训为主旨，为立法、行教的重要依据之一。各种圣训文献中，尤以《布哈里圣训实录》、《穆斯林圣训实录》等“六大圣训集”备受逊尼派穆斯林的推崇。教法学以研究、了解作为“主命”体现的伦理道德和行为规则为主旨，经过“意见派”与“圣训派”的法理之争，至著名教法学家沙斐仪提出系统的法源理论体系而集大成，形成大同小异的四大教法学派，为不同学派的逊尼派穆斯林所遵从。教义学以艾什尔里学派的兴起而得到发展。该派在批判穆尔太齐赖派否认定命和强调“意志自由”之说的同时，吸取了它的辩证哲学思想，借以论证正统信仰，弥补了圣训派重传统而轻理性的缺陷。艾什尔里学派的思想理论因过于教条、枯燥，长期未被圣训派接受，直到经过权威大师安萨里(1058～1111)修正后，才被逊尼与大众派认定为正统信仰。安萨里一方面以宗教经验为“辩证学派”的基础，从而拯救了处于危机中的艾什尔里学派；另一方面又把长期遭到官方压制的苏菲神秘主义纳入信仰体系，缓解了民间信仰与官方信仰的冲突。

逊尼派在发展过程中形成系统的教义思想体系，曾对该派内部的团结、统一起过积极作用。主要包括：(1)政治学说。主要是由阿拔斯王朝以来的历代教法学家和伊斯兰学者根据早年“正统哈里发时期”(632～661)的历史经验，结合现实情况提出的一套较系统的理论学说。内容涉及伊斯兰教与政治制度、国家体制、社会制度、民众生活方式的关系等方面。认为伊斯兰教确认的唯一合法的政治制度是政教合一的哈里发制度，国家的绝对主权仅属于安拉，以神圣的沙里亚(即伊斯兰教法)为最高原则；哈里发国家是为了弘扬伊斯兰精神、维护穆斯林大众的根本利益联合而成的一种信仰者的共同体(即乌玛)，尊重民意、为民做主、保卫边防、维护穆斯林民众的物质福利为国家的基本宗旨；国家首脑哈里发通过民主推举或协商产生，为绝对主权者安拉的使者在世间的代理人，唯有德高望重、主持正义、虔诚、博学多才的穆斯林才有资格当选，其职责是弘扬伊斯兰教、保卫国家的安全和穆斯林民众的合法权益。民众有义务遵从哈里发，不得举兵反叛。(2)基本教义。称为“六大信仰”，即：信仰安拉是唯一的真宰(信安拉)；信仰先知穆罕默德是安拉的使者(信使者)；信天使；信《古兰经》是安拉启示的经典(信经典)；信世间一切事物均由安拉前定(信前定)；信“死后复活”、“末日审判”(信末日或信后世)。此外尚有必须履行的信仰制度，称为“五功”(念、礼、课、斋、朝)。(3)教法思想。包括法源理论体系和教法学说两部分。逊尼派穆斯林以《古兰经》、圣训、公议、类比为四大法源或法理依据。其中《古兰经》和圣训为主要法源，公议和类比为次要法源；一件行为是否合法、得体，首先看该行为是否符合经、训的有关规定。如经、训中无先例可循，则可由专司解释律法的教法学家或穆夫提，根据类似的经、训原文或原判例，类推出结论，经大多数教法学家的公议认可后，成为必须遵循的律例。此外，创制(伊智提哈德)、优选(伊斯提哈桑)、公益(伊斯提斯拉赫)等辅助法源，也为个别教法学派所承认，以增强教法的活力。教法学说方面，逊尼派穆斯林以早期四大教长的著作、后世学者们的诠释和权威教法学家发布的正式法律见解(法特瓦)为依据，四大教法学派的学说同为正统，相辅相成、互为补充，法学思想较为灵活、变通、宽容，尤为重视遵循本学派的传统，反对“标新立异”(比达阿)。近代以来，随着现代法制改革潮流的兴起，曾出现过吸收外来法的倾向，并就伊斯兰教法的法源理论、法律实体和司法制度予以修订，但仍以传统伊斯兰教法为基础。　　(吴云贵)

逊尼派经注　伊斯兰教逊尼派学者以正统思想观点诠释《古兰经》的著作的通称。该派经注中反映了承认从四大哈里发到奥斯曼帝国统治的合法性，吸收了从哈桑·巴士里、四大伊玛目到艾什尔里、安萨里等人的宗教学说和主张。对于涉及信仰问题的经文，他们主张遵从字面意思，不随意解释；认为“信仰”问题应遵从《古兰经》，而不能用解释《古兰经》迁就“信仰”。在教法方面，基本以圣训和四家教法学派的主张为依据解释《古兰经》有关经文；同时他们借助宗教学科和自然科学的研究成果阐发经文含义。逊尼派在各个时期的经注，浩如烟海，从古至今，著名经注著作不下数十种之多。

逊尼派最早编写经注的是何人，史料说法不一，相传伊斯兰教先知穆罕默德门弟子中最年轻的伊本·阿拔斯(?～687)曾对《古兰经》发表过不少解释性的言论，但未汇集成书面著作，至今流传于世的《伊本·阿拔斯经注》为费茹孜·阿巴迪(1329～1414)所编著，尽管他在每章之首，将其注文冠以传自伊本·阿拔斯本人的传述，然而著作者与伊本·阿拔斯相隔8代人之久，其真实性值得怀疑，同时该经注中列举的个别不同解释，是门弟子时代以后出现的分歧。较可靠的说法是，最早从事《古兰经》书面注解的人，当推改奉伊斯兰教的犹太人伊本·朱莱吉(701～771)，但其经注早已失传。目前所知，保留下来较完整的《古兰经注》为叶海亚·本·萨拉姆(742～815)所著，但迄未印行，其手抄本现藏于突尼斯栽突纳大学和凯鲁万清真大寺图书馆，各阿拉伯国家著名图书馆均有其影印本。流传后世影响最大的早期经注则是泰伯里(838～922)的《古兰经解总汇》(Jāmi' al-Bayān fi Tafsir al-Qur'ān)，简称《泰伯里经注》，它汇集了大量的传闻资料，并吸收了不少以色列传说和当时阿拉伯—伊斯兰文化的其他一些学术内容。后人择其要者编成《泰伯里经注择要》；近年，法国人皮埃尔·戈德又择要将其译为法文。该经注因卷幅巨大，为便于读者阅读，安达卢西亚学者伊本·帅马迪哈删其不必要的传述，缩写为《泰伯里经注撮要》。《泰伯里经注》是伊斯兰文化重要的遗产之一，它保存了前人关于《古兰经》解释的大量材料，为以后注解《古兰经》奠定了资料基础，后世的经注学者无不受其影响。

继泰伯里之后，每个时代都曾出现过一些经注学家，他们根据人们对《古兰经》认识的新发展，对有关经文进行新的阐释性解释，从而出现了许多或详或简的经注著作。最有名的有艾布·莱斯·撒马尔干迪所编《经注学海》(Baḥr al-'ulūm)、侯赛因·拜格威所编《启示华貌》(Ma'ālim al-Tanzil)、阿卜杜勒·哈克·安达卢西所编《天经注解编要》(al-Muḥarrar al-Wajiz fi Tafsir al-Kitāb al-'Aziz)、伊本·凯西尔所编《伟大的古兰经注》(Tafsir al-Qur'ān al-'Aẓim，通称《伊本·凯西尔经注》)、法赫鲁丁·拉齐所编《经文奥秘之钥》(Mafātiḥ al-Ghayb，通称《拉齐经注》)、纳绥尔丁·拜达维所编《启示光辉和经文奥秘》(Anwar al-Tanzil wa Asrār al-Ta'wil，通称为《拜达维经注》)、哈菲兹丁·奈塞菲所编《启示感知和经意揭真》(Madārik al-Tanzil wa Ḥaqā'iq al-Tanzil)、阿拉乌丁·巴格达迪所编《启示真意释萃》(Lubāb al-Ta'wil fi Ma'āni al-Tanzil，通称为《哈津经注》)、哲拉鲁丁·马哈里和哲拉鲁丁·苏尤蒂二人所编《哲拉莱尼经注》(Tafsir al-Jalālayn)。以上所举，仅是逊尼派中不以苏菲主义和近现代改革主义观点解释古兰经的著作。关于内容涉及苏菲主义和近现代改革思想的经注，可参阅*苏菲派经注*和*近现代经注*条。 （马　贤）

巽他人(Sundanese)　印度尼西亚的穆斯林民族之一。人口 2100 万(1985)，占全国人口的 12.9%。主要分布于西爪哇岛的高原地区。种族属蒙古人种马来类型。语言属南岛语系印度尼西亚语族。现通用印度尼西亚国语。最初使用独特的爪哇字母，现普遍使用拉丁字母文字。中国宋代《诸蕃志》所记“新拖国”即指他们于 10 世纪时所建立的土邦。其经济生活和文化习俗与爪哇人相同。主要从事农业，种植水稻、旱稻和玉米等。经济作物有茶、咖啡、橡胶等。民间文学、艺术遗产丰富，其中英雄史诗、传说故事、民间戏剧尤为著名。斗羊为群众喜爱的体育活动之一。14 世纪初，伊斯兰教传入该民族，其中大多数属逊尼派的沙斐仪教法学派。15～17 世纪，在爪哇西部巽他地区建有几个素丹国，海上贸易和文化已有发展。伊斯兰教在土邦统治者的扶持下，得到广泛传播。巽他人信仰虔诚，伊斯兰教义在社会生活中有较大的影响。城市巽他人礼拜、斋戒者居多，每年都有大批人去麦加朝觐。巽他人居住地区几乎处处建有清真寺。仅在西爪哇的雅加达、茂物、万隆等几个城市中大小清真寺达 1.2 万多座。1978 年在雅加达落成的伊斯蒂格拉尔(独立)清真寺是东南亚最大、最辉煌的清真寺，可容纳 10 万余人同时礼拜。农村巽他人在日常社会礼俗中仍有传统印度教的残余影响。 （伊力奇）

Y

牙撒吾沙赫 见艾哈迈德·亚萨维。

崖头门宦 中国伊斯兰教苏菲主义嘎迪林耶学派支系门宦之一。创建人法塔赫(1865～1938)，又称“胡阿訇”。撒拉族。祖籍青海循化，后迁居临夏崖头坪，出身于农民家庭。故以其始传人籍贯崖头坪取名。法塔赫是大阿訇，兼容并蓄了马文泉、穆萨、努伦丁和新疆莎车道堂等嘎迪林耶和虎非耶学理，创建了崖头门宦。他临终前嘱咐东乡大墩赛尔顿丁代理教务，待其子韩振绪完成学业和完成朝觐功课后正式接替他传教。韩振绪(1890～1960)自幼攻读阿拉伯文经典达30年之久，1943年去麦加朝觐，1946年回国后主持教务。曾先后在甘肃兰州、青海循化、宁夏中宁等地清真寺任教长，是当时甘、青著名阿訇之一。由于他学识渊博，遵守教律严谨，受到教众拥护。他逝世时委托年近90的官藏阿爷(1870～1968)辅佐韩哲民主持教务。崖头门宦有时自称是嘎迪林耶，有时自称是虎非耶，故以往多以虎非耶对待，按其道统与修行，实为嘎迪林耶。崖头门宦主要教义和礼仪是：除以《古兰经》和圣训为传教之本外，对伊斯兰教天命五功、圣行和坐静修持十分重视；传授“迪克尔”较隐秘，功修多在晚间；教权继承人必须是具有经学知识和完成朝觐功课者，否则不得传授。该门宦至1949年已传5代，传教者依次为：努伦丁、法塔赫、韩振绪、官藏阿爷、韩哲民。教众近万人，主要分布在甘肃临夏大河家、刘集、八坊、兰州和青海循化、西宁等地。 (马 通)

雅古特(Yāqūt，1179～1229) 中世纪阿拉伯著名地理学家、文学史家。全名雅古特·本·阿卜杜拉·哈迈维。生于小亚细亚的希腊人家庭。幼年时因战乱被掳至巴格达，转卖给哈马一位穆斯林商人为奴，遂归信伊斯兰教，靠自学掌握了宗教和文化知识。及长，曾随主人到伊拉克、叙利亚和波斯等地经商，熟识了各地的商道和风土人情。中年时被主人释放并允许自力，遂到中亚和西亚各地流浪考察，寻师求学，以抄写文学名著和出售古籍为生。曾先后在花剌子模及木鹿的图书馆潜心攻读史地、文学作品，积累了大量珍贵资料。蒙古成吉思汗西征时，他逃离木鹿，到了摩苏尔，在当地一些官员和学者的赞助下，从事地理和文学史的著述活动。1224年，他在摩苏尔完成了《地名词典》(Mu‘jam al-Buldān)4卷初稿。1228年，在阿勒颇完成最后的编纂工作。全书记述了从新几内亚到大西洋的山川、河流及各国的主要城市、商道和名胜等。该书所收地名，按字母次序编排。记述文笔生动，内容广泛，除地理学的知识外，还涉及当地历史、历代名人、人种、自然科学及文学艺术，故堪称为“名副其实的百科全书”，“集当时地理学之大成”。它所据的古籍多遭焚毁和散失，书内引用的材料极为珍贵。他还编有阿拉伯第一部《文学家词典》(Mu‘jam al-Udabā’，一译《文豪列传》)，书中收录了7～13世纪初约1100名阿拉伯文学家的传略及主要作品介绍，并引有大量的第一手史料，是研究阿拉伯文学史和人物传记的宝贵资料。雅古特被东方学者誉为“古代著名的辞书编纂家”。

(杨克礼)

雅加达独立清真寺(Masjid al-Istiqlāl fi Djakarta) 印度尼西亚国家清真寺。是东南亚最宏大的清真寺之一。位于首都雅加达中心广场国家独立宫附近的塔曼维加亚库苏玛公园。是国家为永久纪念印尼独立解放战争牺牲的烈士所建。1950年为建此寺专门成立了筹建委员会，1961年8月24日由总统苏加诺亲自奠基开工修建，1978年2月全部竣工，由总统苏哈托主持落成典礼。大寺全部建筑占地面积93.5公顷。主体建筑是一个直径45米的白色大圆屋顶覆盖的中央礼拜大厅，面积达1万平方米，环绕大厅周围是5层附属楼堂，附有宽敞的走廊厅堂，整个建筑全部用大理石铺设，面积达87389平方米，其中仅大理石柱就有4400根。该寺的宣礼尖塔高达66.6米，有宽阔的广场草坪地带。节日期间，全寺可容纳10万人同时礼拜。清真寺内部设施齐全，备有660条供穆斯林沐浴的自来水管，每条长达61米。清真寺除了接纳各界穆斯林礼拜外，每年还经常举办有关伊斯兰教的各种博览会、学术讨论会、古兰经朗读比赛、经文书法比赛等活动。寺内还设有图书馆，藏有各种版本的经书珍本，并附有阅览室。印尼伊斯兰学者会议组织和印尼华人伊斯兰教协会亦设在寺内。（赛生发）

雅库布（Ya'qūb） 见叶尔孤白。

雅朱者和马朱者（Ya'jūj Wa Ma'jūj） 《古兰经》中提到的两个古代民族。相传为先知努哈之子雅伏希的后代，是在中亚地区作恶的两个野蛮民族，他们打家劫舍，骚乱百姓，闹得鸡犬不宁。古犹太人和基督教传说中，常把他们同世界末日相联系。《古兰经》中两处提到这两个民族，一处是叙述"双角人"左勒盖尔奈英出师远征，到达两山（据传指亚美尼亚 Armenia 和阿塞拜疆 Azarbaijan 两地区的山）之间，当地语言陌生难辨的达尔邦（Darband）居民向他控诉说："雅朱者和马朱者，的确在地方上捣乱，我们向你进贡，务请你在我们和他们之间建筑一座壁垒，好吗？"左勒盖尔奈英便答应他们的请求，为他们建起了一道坚不可摧的铜墙铁壁，陡峭不可攀登，坚固不能凿孔。直到末日来临，安拉下令，它才会夷为平地（18：83～99）。另一处是讲到临近末日，"雅朱者和马朱者被开释，而从各高地蹓向四方"（21：96），这是末日的前兆之一。

（林　松）

亚格伯 见阿克巴。

《亚历山大和约》（Ṣulḥ al-Iskandariyah） 公元 641 年伊斯兰教哈里发国家占领埃及亚历山大城之前与拜占庭帝国签订的条约。为伊斯兰教发展初期重要历史事件之一。641 年 4 月，阿拉伯穆斯林军攻克拜占庭军队在埃及重点设防的巴比伦城堡后，通往北非的门户、埃及首府亚历山大便成为双方攻防的焦点。当时，亚历山大是拜占庭帝国的陪都、海军基地和政治、经济、文化的第二中心，也是世界重要商业城市之一。拜占庭人预感到该城的陷落，即意味着他们在埃及权力的丧失，遂派军 5 万人重兵防守。穆斯林军约 2 万人，由阿慕尔·本·阿斯统一指挥，从陆路发起进攻。历经 4 个多月苦战，久攻不克。正当双方激战期间，拜占庭宫廷内部由于希拉克略（Heraclius）皇帝之死而引起动荡，呼吁结束同阿拉伯人交战的主和派占了上风。在他们的强烈要求下，年幼的新任皇帝君士坦斯二世（Constans II，641～668 在位）重新启用在巴比伦堡战役中曾因同意媾和条款而被革职流放的前埃及总督居鲁士（Cyrus）主教，派他重返埃及与穆斯林军进行谈判，缔结和约。641 年 11 月 8 日，居鲁士在巴比伦堡与阿慕尔签约，由哈里发国家接管亚历山大港，史称"亚历山大和约"。主要条款有：（1）双方停止战斗，拜占庭守军携带军械、财产撤离亚历山大港。（2）拜占庭军队（即使一兵一卒）不得重返埃及，不得有任何收复失地的企图。（3）穆斯林不干涉基督教徒和犹太人内部的正当宗教活动，基督教堂不受侵犯。（4）允许基督教徒和犹太人在亚历山大定居，成年人每人每年缴纳两个第纳尔的人丁税（al-Jizyah，吉兹耶），并以实物缴纳土地税。《亚历山大和约》的签订，确立了哈里发国家在埃及的统治地位，为阿拉伯穆斯林军南下苏丹和西进利比亚创造了有利条件。（杨宗山）

亚齐国（Atjeh） 印度尼西亚苏门答腊岛北部的伊斯兰教王国（约 1500～1873）。南宋赵汝适《诸蕃志》称"蓝无理国"，《岛夷志略》称"喃哑里国"。原为麻诺巴歇属国。13 世纪末，印度、波斯和阿拉伯穆斯林商人的船只寄泊于蓝无理，遂传入伊斯兰教。后须文答剌—巴赛王国的势力伸进亚齐，同印度教势力展开斗争，促进了伊斯兰教在亚齐人中广泛的传播。约于 1500 年，阿里·穆哈亚·沙（'Ali Mughayat Shah，？～1528）自称素丹，正式建立亚齐伊斯兰王国，信奉逊尼派教义。他征服了皮迪和须文答剌——巴赛，使苏门答腊东北海岸的贸易为亚齐所独占，成为马来群岛一带的伊斯兰教传播中心和商业集散地。在阿拉乌丁·黎阿耶特·沙（Alau al-Din Riayat Shah，1537～1568 在位）执政时，继续扩张疆土，发展海上贸易，组建庞大的舰队，建立伊斯兰教王公联盟军事组织，多次击败葡萄牙殖民者的进犯，并先后征服阿鲁、柔佛。在伊斯坎达尔·穆达（Iskandar Muda，1607～1636 在位）执政时，国势最盛。几度进攻葡萄牙殖民者占据的马六甲。后又征服了彭亨、吉打、霹雳、尼亚斯岛及英达腊普腊，其势力及于米南加保地区。其版图除北苏门答腊外，还有马来半岛的一些地区。17 世纪中叶以后衰落，米南加保和马来半岛摆脱亚齐控制。1873 年荷兰殖民者发动亚齐战争，荷军攻占王宫，占领首都大亚齐。1874 年，荷兰宣布亚齐并入荷属东印度领地。伊斯兰教长杜固·乌马（Teuku Uma，？～1899）以"圣战"为号召，领导亚齐人民采用游击战争，给荷兰殖民主义者以沉重打击。1903 年，亚齐素丹被荷兰殖民当局捕获，被迫承认亚齐主权属于荷兰。1913 年亚齐沦为殖民地。

亚齐王国是由若干乌略巴朗（列侯及领地）联合而建立的联盟。素丹不拥有最高绝对权力，仅是王国的象征。国王由十二乌略巴朗选举产生。国家重大问题由乌略巴朗组成的高级会议决定，然后由素丹发布军政决定。各地的乌略巴朗在其辖地内是最高统治者，掌握军事、民政、司法大权。其王位的继承，多由母系承传王位，妇女地位较高。16 世纪下半叶亚齐实现伊斯兰化，成为东南亚传播伊斯兰教的中心之一。伊斯兰教为国教，实行伊斯兰教法和习惯法相结合的司法制度。多数素丹信仰虔诚，履行宗教功课，主麻日聚礼时素丹亲自担任伊玛目。伊斯兰教学者、长老享有较高的社会地位，参与朝政。最高长老主持素丹即位的加冕礼。各地清真寺拥有国家分封的大量宗教公产（即瓦克夫），免缴赋税。王国倡导伊斯兰文化，在清真寺附设宗教学校和图书馆，培养宗教人才，伊斯兰教经典和阿拉伯语广为传播。苏菲派学者阿卜杜勒·劳夫用马来文评注《古兰经》。努尔丁·拉尼里用马来文撰写《甫斯达鲁斯·沙拉丁》，是一部研究亚齐早期历史的重要著作。首都大亚齐（今班达亚齐）成为政治、商业和伊斯兰学术文化中心，为东南亚地区穆斯林到麦加朝觐的起程地。（杨克礼）

亚齐人（Achinese） 印度尼西亚穆斯林民族之一。人口约256万（1985）。主要分布在苏门答腊岛的北部地区。种族属蒙古人种的马来类型。语言属南岛语系印度尼西亚语族。公元初，亚齐人曾建立早期国家。宋代《诸蕃志》称为“蓝无理国”，元代《岛夷志略》又称“喃哑里国”。19世纪受荷兰殖民统治。亚齐人主要从事农业，种植水稻、甘蔗、椰子、胡椒等。商业、渔业和畜牧业也较发达。伊斯兰教于13世纪末期通过印度古吉拉特穆斯林商人传入。当时在苏门答腊相继建立了一系列素丹土邦。约1500年建立亚齐王国，成为马来群岛一带传播伊斯兰教的中心和商品贸易集散地。亚齐人信仰伊斯兰教，属逊尼派。日常行为和活动都以《古兰经》和圣训为准则，遵守每日五次礼拜和星期五“主麻”。婚嫁、丧葬以及财产继承均按伊斯兰教法规定办理。各种民事纠纷都由伊斯兰教法庭审理。儿童7～15岁入宗教学校学习经文，普通大、中、小学都设有伊斯兰教课程。有许多人曾到麦加朝觐。人们一般把亚齐地区看成是最接近圣地的地方。亚齐人的每个村庄几乎都建有大小清真寺。人们日常生活中又保留有传统习俗影响。社会组织并行父系、母系的双系制。（伊力奇）

亚齐战争（Ma'rakah Atjeh） 1873～1903年印度尼西亚的亚齐人民为反抗荷兰殖民侵略而进行的战争。亚齐位于苏门答腊岛西端，具有重要战略地位。19世纪以来，英、荷殖民势力为控制马六甲海峡在亚齐角逐。1871年英、荷双方签约，荷兰承认英国在荷属东印度群岛有平等贸易的权利；英国声明认可荷兰有权在苏门达腊“自由行动”。1873年3月，荷兰派战舰入侵亚齐，挑起亚齐战争。翌年1月，荷军占领首都大亚齐和王宫，亚齐素丹马赫迈德·沙被迫撤往山区，不久病故。1874年初，荷兰宣布兼并亚齐。亚齐地方封建主拥立新的素丹，领导亚齐人民继续开展抗荷斗争。80年代后，亚齐著名的伊斯兰教领袖杜固·乌玛和杜固·蒂罗等，先后以保卫伊斯兰教，赶出入侵的异教徒为号召，发动大规模的抗荷“圣战”，采取游击战术，给荷兰殖民军以沉重打击。1894年后，荷兰殖民者采取固守防线，收买封建王公贵族，孤立打击伊斯兰教领袖的新策略，起义军遭到很大削弱。1899年杜固·乌玛在战斗中牺牲，反抗斗争转入低潮。1903年，亚齐素丹被捕，宣布承认亚齐主权属于荷兰。亚齐人民大规模的抗荷斗争停止。但各地分散的抗荷游击战争一直持续到1912年。（杨克礼）

岩石清真寺（al-Masjid al-Ṣakhrah） 见萨赫莱清真寺。

演绎 见创制。

扬州清真大寺 见仙鹤寺。

杨敬修 见杨仲明。

杨明远（1895～1956） 中国当代伊斯兰教著名经师。名德亮，以字行。经名努尔·穆罕默德。回族。祖籍江苏南通，生于河北省通县（今为北京市通州区）。幼承家传，随其父杨耀宾阿訇学习阿拉伯文和伊斯兰教经典。及长，入王宽创办的回文师范学堂接受新式教育，从师在该学堂任教的两位土耳其伊斯兰教学者哈夫斯·哈桑和阿里·里达学习古兰经诵读法和现代阿拉伯语，并兼学汉文及其他文化知识。后投名师达浦生、张子文、安静轩等阿訇门下继续深造。自25岁学成挂幛时起，历任北京西单、花市、天桥、牛街以及河北宣化等地清真寺开学阿訇，毕生从事经堂教育，培养了众多的阿訇和经学师资。中华人民共和国成立后，为北京市首届各界人民代表会议代表，后历任北京市回民抗美援朝委员会副主席，北京市第一、二届人大代表，北京市政协常委和中国伊斯兰教协会委员等职。杨明远爱国爱教，在北京伊斯兰教界享有声誉。1937年抗日战争爆发后，他抵制北平日伪当局的软硬兼施，多次拒绝担任日伪组织“华北回教联合会”的伪职，表现出可贵的民族气节。在1947年北京发生《北平新报》载文侮辱伊斯兰教的事件时，他作为五位穆斯林代表之一，当面向北平当局据理力争，终于使当局承认错误并采取措施严禁侮教事件的再次发生。他学识渊博，治学严谨、勤奋，在教学中注重因材施教，并不断改进教学方法。他把经典课程分为共修（指《古兰经》）、自修（即传统的十三本经）和选修（其他经典和现代阿拉伯语）3类，按照学员的不同水平分别进行授课，并聘请穆斯林教师给学员讲授汉语，以培养经、汉文皆通的人才。对慕名前来求学的穆斯林青年，给予资助。他还擅长古兰经诵读法、伊斯兰教历法和阿拉伯文书法，并能用标准的阿拉伯语撰写文章和会话，博得赞誉。他经常同伊斯兰学者王静斋、马坚、杨仲明等互通阿拉伯文书信，探讨伊斯兰教学术问题。主要著作有用阿拉伯文撰写的《新月论》（Qānūn al-Hilāl）、用汉文撰写的《论回教月建》、《回教看月问题》等。

（杨宗山）

杨瑞生（1863～1939） 中国伊斯兰教经师。为广州、香港、澳门地区知名阿訇。字国祥。回族。祖籍河北省正定县，世居广州。早年曾赴香港、澳门、海南岛及南洋各地经商和求学。学识渊博，通晓伊斯兰经典、教义、教法，精通阿拉伯文。清朝末年，在新加坡期间，曾向华侨募捐支援孙中山的革命活动。辛亥革命后回广州定居，历任小东营和大东门两清真寺的教长，兼任濠畔寺的“回文大学”经师。他讲经论道，口才出众，善于辞章和论辩，不少阿訇也常登门请教。思想开朗，平易近人，有爱国思想，深受信教群众爱戴。门生遍布于穗、港、澳各地，不少人后来成为伊斯兰教的知名人士。1938年广州沦陷前夕，离开广州赴澳门任阿訇，次年病逝，葬于澳门回教坟场。（杨　棠）

杨兆钧（1909～　）　中国穆斯林历史学家、土耳其语言学家。字涤新，经名萨迪。回族。北京市人。早年毕业于土耳其安卡拉大学。1941年回国后任国立西北大学历史系教授。1949年后曾担任西北军政委员会民族教育处副处长、中央教育部民族教育司专员。1958年后相继任青海民族学院教授及政史系主任，青海大学副教务长，云南大学西南亚研究所教授、室主任。从事土耳其及西南亚问题研究。他早在留学土耳其期间，就着手研究土耳其人与中国突厥语穆斯林的关系和历史，探讨中土两国经济文化交流的影响和意义。几十年来，他倾注全部精力于教学和科研，先后开设了土耳其史、突厥简史、回族史、伊斯兰教史等课程，培养了大批专业人才。由于他对促进中土文化交流的贡献，1988年被聘为土耳其共和国阿塔图尔克文化历史最高委员会委员。在国内曾任中国回民文化协会委员、中国伊斯兰教协会委员、中国中东协会理事、顾问、中国海外交通史研究会顾问、中国世界宗教研究会理事、青海、云南2省政协委员等有关学术和社会职务。译著有《克拉维约东使记》、《突厥学纲要》、《土耳其共和国史》，著作有《维汉字典》、《土耳其现代史》，主编有《云南回族史》，指导并参加编著有《循化撒拉族简史》，论文有《土耳其伊斯兰教现代化》、《土耳其的民族问题》、《土耳其经济发展战略》、《中世纪的库尔德族》、《中国伊斯兰教史的分期问题》、《中土友谊源远流长》等数十篇。（罗万寿）

杨志玖（1915～2002）　中国穆斯林史学家。经名欧麦尔。回族。山东省淄博市人。1938年北京大学史学系毕业，1941年北京大学文科研究所毕业。后为南开大学历史系讲师、副教授、教授。现为南开大学历史系博士生导师。现任政协天津市常务委员会委员、天津市民族事务委员会委员、中国唐史学会顾问、中国民族史学会顾问、中国海外交通史学会顾问、中国元史研究会理事及名誉会长、中国蒙古史学会理事等。他在治学方面，恪守实事求是原则，主张对史料作认真研究，鉴别审查，去伪存真，不容主观臆断，亦不盲从。在大学时期即重视中国回族史的研究，后以元代回族史为主攻方向，毕业论文为《元世祖时代汉法与回回法之冲突》，已撰写有关元代回族史的论文23篇。此外有关元史的论文有元代探马赤军的研究，元代马可波罗的研究，其中《关于马可波罗的一段汉文记载》（1941）的资料和论点已为国内外学者所承认。他撰写的《元代的吉普赛人——罗哩回回》一文，指出在《元史》上出现的罗哩或剌里回回即吉普赛人，其后裔在明、清乃至今日仍在甘肃省有所遗存，解决了历史上长期未决的一大难题。著作有《隋唐五代史纲要》、《隋唐史通俗讲话》、《中国和阿拉伯人民的友好关系》（第一部分）、《中国古代史》（隋唐宋元部分）等。主编《中国封建社会土地所有制形式问题讨论集》、《中国历史大辞典·隋唐五代史卷》。已发表学术论文和杂文130余篇。（杨西林）

杨仲明（1870～1952）　中国伊斯兰教学者、经学大师。名敬修，以字行，号秀真，经名萨里哈。回族。原籍河北盐县（今黄骅市）。幼年随祖父迁居天津，后又定居北京花市。他自幼在清真寺、私塾习经读书。及长，在华北各地清真寺从名师学习《古兰经》及经注学、教义学、教法学。他在河北沧州游学期间，在著名阿訇李正光的指导下，既学经学，又坚持自修汉语，钻研经、史、子、集及儒、释、基、伊诸教学理，学业大进。他学识渊博，思想开阔，富有进取精神，故被称为“杨才子”。他痛感经堂教育衰微不振，主张改革经堂教育，倡导中、阿文教育并重，以振兴宗教教育，培养新式人才。曾先后在河北三河、玉田、丰润，辽宁盖县、沈阳，绥远（今呼和浩特市）以及山西太原等地清真寺任阿訇和应邀讲学，弟子众多。1908年在北京创建了“京师教育总会”，推行新式教育，于1911年编撰了《中阿初婚》（1～4册）新式教材。1924年，他同时子周、王静斋等在天津创办了阿文大学，还一度在成达师范学校任教。1898年始完成《四教要括》一书，1908年刊印。后又专注于教义学的研究和《古兰经》的汉译工作，完成了《教心经注》（《奈赛斐教典诠释》）和《古兰经大义》（上、中、下3册）的通译稿及《亥帖注解》选译稿，均刊印传世，影响颇大。（马忠杰）

尧人（Yao，Wagao）　东非穆斯林民族之一。亦称“阿查瓦人”、“阿贾瓦人”、“穆贾诺人”。人口约160万（1980）。主要分布在马拉维、坦桑尼亚和莫桑比克。属尼格罗人种班图类型。使用尧语，属尼日尔—科尔多凡语系，尼日尔—刚果语族，无文字。经济生活主要以农业为主，部分地区兼从事畜牧业和渔业。近代以来不少人外出到城市或种植场作季节工。按母系续谱、居住和继承财产。18世纪，阿拉伯商人从桑给巴尔来到马拉维地区，后来又在科塔科塔等地设立商站。这些商站当时即成为桑给巴尔素丹的代表，享有很大声誉，对当地居民的宗教信仰及文化生活产生很大影响。19世纪，尧人的一个酋长归信了伊斯兰教，并积极支持开办《古兰经》学校和教授阿拉伯语。居民按时礼拜，庆祝伊斯兰教节日。尧族领袖还把伊斯兰教作为反殖民主义的旗帜。尧族人信奉逊尼派教义，遵奉沙斐仪教法学派。受沙兹里教团的影响较大。

（王庆仁）

耶布斯城 见耶路撒冷。

耶乎德（Yahūd）《古兰经》中对犹太教徒的称谓。阿拉伯语音译。经中约有10处提到该词，反映了先知穆罕默德在麦地那向犹太教徒传教并与之进行斗争的情况。《古兰经》称犹太教徒尊奉的先知穆萨（《旧约全书》称摩西）确系安拉向以色列人派遣的使者，称他们所信奉的《讨拉特》（al-Tawrāt，即《旧约》）是安拉赐降给穆萨的经典，称他们为“艾赫勒·克塔卜”（Ahl al-Kitāb），意即“有经人”、“信奉天经者”，表明伊斯兰教在麦地那创传之初，曾把当地的犹太教徒作为团结争取的对象。后因他们背信弃义，破坏与先知穆罕默德缔结的盟约，并与麦加多神教徒秘密勾结，企图杀害穆罕默德和消灭穆斯林公社，故而成为伊斯兰教打击的敌人。《古兰经》以较多篇幅斥责了他们对安拉忘恩负义和离经叛道的行为。（杨宗山）

耶路撒冷（Jerusalem） 世界闻名的宗教和文化古城，犹太教、基督教和伊斯兰教的共同圣地。位于巴勒斯坦中部犹地亚山区之巅。古称“耶布斯城”。约在公元前3000年，迦南人耶布斯部族从阿拉伯半岛迁居于此，故名。国王麦基西德建造该城后，为其命名为“耶路撒利姆”，意即“和平之城”。阿拉伯语称“古德斯”（al-Quds，意为“圣地”），亦称“拜特·穆盖代斯”（Bayt al-Muqaddas，意为“圣城”）。该城分东、西两城区，西区为19世纪起新建的市区，东区包括集中许多宗教圣迹的旧城。旧城占地1平方公里，划分为4个区：东部为穆斯林居住区，西北为基督教区，西南为亚美尼亚教区，南部为犹太教区。旧城城墙为1542年奥斯曼帝国素丹苏莱曼时代所重建。该城自始建以来，重建和修复过18次之多，曾先后被古以色列、新巴比伦、波斯、马其顿、托勒密和拜占庭等国占领。636年阿拉伯人打败拜占庭人后，该城长期处于阿拉伯帝国的控制之下。11世纪末被十字军攻占，在此建立“耶路撒冷王国”。1187年埃及阿尤布王朝素丹萨拉丁打败十字军，收复该城。从1517年到第一次世界大战前，该城由奥斯曼帝国管辖。1948年被以色列占领，1950年被宣布为首都。

犹太教、基督教、伊斯兰教根据各自的传说，都奉耶路撒冷为圣地。犹太教的古迹有圣殿和哭墙等。相传圣殿于公元前10世纪，由古以色列王大卫之子所罗门继位后所建，为犹太人朝觐和祭祀的中心。哭墙为巴比伦人、罗马人先后攻占耶路撒冷焚毁圣殿后剩下的一堵残壁，成为后来修建的伊斯兰教圣地西墙的一段，高52英尺，长156英尺，被视为犹太人信仰和团结的象征。每逢节日，犹太人常聚集在西墙之下哭诉哀祷，以寄其故国之思，故名“哭墙”。基督教在旧城内的古迹有圣墓教堂。相传基督教的“救世主”耶稣生于耶路撒冷南部的伯利恒小镇，传播上帝“福音”，后为犹太教当局拘送罗马总督，被钉死在十字架上。据称耶稣受难后第三天复活，40天后升天。335年，罗马皇帝君士坦丁一世之母海伦娜太后巡游耶路撒冷时，在耶稣墓地建造圣墓教堂，成为基督教的圣地。

耶路撒冷成为伊斯兰教的圣地，源自穆罕默德夜行“登霄”的传说。据传，621年7月的一天夜晚，穆罕默德由天使吉卜利勒陪同，乘天马从麦加来到耶路撒冷，踏着一块岩石升霄，遨游七重天，见到了古代众先知和天园、火狱，接受天启，黎明重返麦加。此次“登霄”记载在《古兰经》第17章《夜行篇》中。此后，耶路撒冷即成为伊斯兰教仅次于麦加和麦地那的第三大圣地。623年以前，穆罕默德在麦地那时，以耶路撒冷为穆斯林礼拜的朝向，后改为朝向麦加克尔白，故耶路撒冷被称为“第一朝向”。在旧城区东部的穆斯林居住区，有一块伊斯兰教圣地，雄踞于摩利斯山，占地26万平方米，四周围以院墙，呈长方形，有10座敞开的大门和4座关闭的大门。在圣地内，南侧是宏伟的阿克萨清真寺，被视为伊斯兰教第三大圣寺。中间偏西是绚丽的萨赫莱清真寺（即岩石清真寺），寺内有一巨大岩石，传为穆罕默德登霄所踩之石，被穆斯林奉为“圣石”。圣地中间是宗教活动广场。伊斯兰教圣地的西墙为犹太人的“哭墙”，阿拉伯人称为“布拉格”墙（Buraq，意为“天马墙”），也被穆斯林奉为圣迹。圣地内还建有4座耸入云霄的宣礼塔及图书馆、伊斯兰博物馆各1座。耶路撒冷共建有36座清真寺，在犹太人占多数的新区有7座清真寺。居住在该地区的阿拉伯人有11.5万（1980）。（杨克礼）

也门伊斯兰教 也门共和国位于阿拉伯半岛西南部。面积356369平方公里。人口1200万（1990）。主要民族为阿拉伯人，占95%以上，极少数为印度次大陆、北非及伊朗的穆斯林移民。居民约99%信奉伊斯兰教，伊斯兰教为国教。阿拉伯语为国语，通用英语。首都萨那。也门是一个有3000多年文字记载的文明古国。阿拉伯人的远祖闪族一支曾在这里繁衍生息。从公元前8世纪～公元525年，先后建立过赛伯邑、希木叶尔等奴隶制国家。525年，埃塞俄比亚人入侵，灭希木叶尔王国。575年波斯人驱逐埃塞俄比亚人，由萨珊王朝派总督统治。犹太教、基督教早就传入该地，但居民绝大多数仍信奉多神。7世纪30年代伊斯兰教开始传入也门。据载，628年，穆罕默德派传教师到也门，劝说波斯驻也门总督巴赞归信了伊斯兰教，从此，伊斯兰教开始在城市和农业区传播。630年穆罕默德光复麦加后，也门地区的主要部落派代表到麦地那表示归顺。632年，穆罕默德逝世后，肯德等部落首先叛教，抗交天课，承认艾斯瓦德为“先知”，发动叛乱。哈里发艾布·伯克尔出兵镇压后，各部落又归信了伊斯兰教，哈里发派代表和传教师主持宗教活动和收税。也门人参加阿拉伯军队，部分迁到伊拉克和叙利亚。在伍麦叶王朝时，也门置为行省。685～693年，哈瓦利吉派支派纳吉德派在半岛东南部建立政权，也门在其控制下，成为哈瓦利吉派活动的地区之一。9世纪上半叶，什叶派栽德派传教师叶海亚·本·侯赛因到也门传播该派教义，也门北部的一些部落纷纷归信。881年，伊斯玛仪派的传教师阿里·本·法德尔和伊本·郝萨布在也门马斯瓦山建立传道会，并派传教师到印度信德和马格里布传教。893年也门萨那伊斯玛仪传教师艾布·阿卜杜拉·侯赛因受总部派遣到达马格里布传教，为法蒂玛王朝统治奠定了基础。899年栽德派一支派的伊玛目哈迪·哈格(？～911)以萨达为首府，建立也门栽德派伊玛目国，实行政教合一，伊玛目由协商选举产生，从此确立了栽德派在也门的统治地位。在阿拔斯王朝统治时，也门成为半岛南部伊斯兰学术文化传播的基地，萨那、塔伊兹、萨达城成为宗教文化中心，建有大量清真寺、宗教学校和图书馆，学者辈出，在教义学、教法学、诵经学、文学、历史学和地理学方面均做出了贡献。1258年阿拔斯王朝灭亡后，也门除栽德派伊玛目国外，各地先后出现了十几个小素丹国和酋长国，有的遵奉逊尼派教义。16世纪葡萄牙人入侵。1517年土耳其人将也门并入奥斯曼帝国版图。17世纪初，也门人民举行起义，将奥斯曼帝国军队从大部领土上赶走。1839年英国殖民者占领亚丁。1872年土耳其人再次占领也门全境，并派总督常驻萨那。1904年英国与统治北也门的奥斯曼总督签订条约，将也门划为南、北两部分，分割了也门。同年也门栽德派伊玛目叶海亚·马哈茂德·穆泰瓦基勒(1867～1948)领导也门人民举行反对奥斯曼帝国统治的起义。1911年迫使奥斯曼素丹承认也门自治。1918年叶海亚宣布也门独立，建立穆塔瓦基利亚王国。1934年，英国迫使也门签订和平友好条约，划也门南部为英国保护地。殖民当局先对也门南部各素丹国、酋长国分而治之，后又组成“南阿拉伯联邦”。1962年，北也门以萨拉勒为首的“自由军官集团”，推翻巴德尔封建王朝，建立了“阿拉伯也门共和国”。南也门人民经过长期的反抗英国殖民者的武装斗争，英国被迫同意也门南部地区独立，于1967年11月成立“也门民主人民共和国”。1990年5月22日，南北也门宣布统一，更国名为“也门共和国”。

伊斯兰教在也门政治、经济、文化和社会生活中占有重要地位。原南、北也门的宪法均规定，伊斯兰教法是一切法律的源泉。政府设宗教基金和司法部门，分别掌管全国的清真寺、宗教公产(基金)和宗教法庭，中央及各省设立穆夫提(即教法说明官)。各级学校中都开设宗教课程。除清真寺作为宗教教育的中心外，各地均设有各级宗教学校，培养教职人员、教法官和行政官员。清真寺遍布城乡，首都萨那有清真寺97座，其中建于7世纪中叶的萨那清真大寺最为有名。南也门的萨里姆城有360多座清真寺，中世纪时为南阿拉伯的宗教中心。主要教派有什叶派(栽德派、伊斯玛仪派)和逊尼派等。北也门原有人口753万(1988)，其中栽德派约占54%，伊斯玛仪派不到1%，逊尼派占44%，大多数为沙斐仪教法学派，极少数为哈乃斐教法学派。北部边境有极少数瓦哈比派。南也门原有人口240万(1989)，其中逊尼派占90%，大多遵奉沙斐仪教法学派，极少数为罕百里法学派。什叶派占9%，其中栽德派占8%，伊斯玛仪和十二伊玛目派占1%。南、北也门未统一前，分别为世界伊斯兰大会、伊斯兰会议组织、伊斯兰世界联盟成员国。(杨克礼)

业欧盖 见叶欧格。

业欧赛 见叶巫斯。

业赛尔(al-Yasa‘) 《古兰经》中提到的古代先知之一。一译“艾勒·叶赛”。阿拉伯语音译。《古兰经》未记载其事迹，只在两处提及其名：一是在列举蒙受安拉引导的“超越世人”的18位先知时提到(6：86)，二是在列举具有纯善品德的众先知时述及(38：48)。关于其身世，经注学家说法不一：一说他即是曾向古代先知穆萨讲述哲理的赫迪尔，一说他与古代先知易勒亚斯处于同一时代。关于其生平则无记载。

(杨宗山)

叶尔孤白(Ya‘qūb) 《古兰经》中记载的古代先知之一。阿拉伯语音译，一译“雅库布”。《旧约全书》称“雅各”(Jacob)。先知易卜拉欣之孙，伊斯哈格之子，被尊为以色列人的第一代祖先。相传他是孪生子之一，其母蕊芙格·宾特·奈胡尔双生贵子，他与其兄伊素同日诞生。他生性温和，坚忍，有涵养，受其兄排挤，便长途跋涉，越过沙漠，到斐丹阿拉目投奔舅父拉巴尼族长，先后同其女拉娅、拉西丽结婚。拉娅共生10子，拉西丽生二子，二子之一即先知优素福。他以聪慧机敏、英俊非凡而深得叶尔孤白宠爱，从而遭到10个异母哥哥的嫉妒和陷害。他们诱骗优素福远游，把他推进深井中，诡称弟弟被狼吞噬，并以伪造血衣为证。叶尔孤白悲痛欲绝，长年思念爱子，以致双目失明。但他仍以坚忍态度抑制自己的情绪，经常赞念和祈求安拉护佑。优素福获救后被卖到埃及，历经坎坷，甚至陷身囹圄，后终于沉冤大白。叶尔孤白全家被优素福接到埃及，父子兄弟得以团圆，叶尔孤白老人失明多年的双目也重放光芒。《古兰经》中多次提及叶尔孤白，把他排入接受安拉启示和引导的先知之列(2：136，6：84)，说他被赐福，有能力，有眼光，有纯洁的德性(19：49，38：45)，在临终之际叮嘱其后裔应遵从祖先的正道，崇拜和归顺独一的安拉(2：132～133)。有人认为叶尔孤白即《旧约全书·创世纪》中提到的雅各，穆斯林经注学家认为不宜把二者完全等同。

(林　松)

叶尔穆克战役（Mawqi'ah al-Yarmūk） 7世纪伊斯兰教四大哈里发时期阿拉伯穆斯林军与拜占庭军队之间的一次重要决战。636年8月发生于今叙利亚和约旦交界地区约旦河支流叶尔穆克河畔，故名。为伊斯兰教发展初期著名重大战役之一。自633年秋伊斯兰教首任哈里发艾布·伯克尔执政时期起，阿拉伯穆斯林军便开始了对北方拜占庭帝国属地的军事行动。至第二任哈里发欧麦尔时期（634～644），穆斯林对外远征有了更大规模的发展。635～636年，阿拉伯穆斯林军在总指挥哈立德·本·瓦利德统率下，在同叙利亚地区拜占庭军队的作战中，连克布斯拉、大马士革、巴勒贝克、霍姆斯、哈马等历史名城，势如破竹，所向无敌。拜占庭皇帝希拉克略急忙调集5万人马（一说为15万人），由其弟西奥多拉斯指挥，企图作最后决定性抵抗。哈立德在叶尔穆克河畔集结约2.5万人迎敌。双方在经过几个月规模较小的战斗之后，于836年8月下旬进行了决战。拜占庭的骑士们用铁索把自己连在一起，以坚固的方阵对付阿拉伯人的冲击。而阿拉伯穆斯林军则利用酷热的气候和来自沙漠地区的狂风，把不适应这一地理气候条件的拜占庭军队打得溃不成军，数以万计的拜占庭士兵葬身于陡峭的鲁卡德河谷（Wādi Ruqqād），总指挥西奥多拉斯亦死于战场。据阿拉伯史书载，拜占庭军队在此役中被全歼，穆斯林军阵亡约3000人。叶尔穆克战役是伊斯兰教历史上的一个划时代的事件，它的胜利结束了拜占庭帝国在叙利亚的统治，显示了继拜占庭和波斯两大帝国之后一支新的力量的崛起，并为其后伊斯兰教在西亚地区的传播和发展奠定了基础。 （杨宗山）

叶尔羌汗国 中国明代新疆建立的伊斯兰教地方政权。史籍称“蒙兀儿汗国”、“蒙古利亚国”、“赛义德汗国”等。《明史》对新疆各地政权统称“地面”。因首府为叶尔羌（今莎车），故名。统治者系察合台后裔。辖地为“阿尔蒂沙尔”（即六城：喀什噶尔、叶尔羌、于阗、英吉沙、阿克苏、乌什），盛时包括吐鲁番、焉耆和费尔干纳。1514年建国到1680年亡，凡166年，历11代汗的统治。境内居民为维吾尔族、柯尔克孜族等。居民从事农、牧业。伊斯兰教逊尼派为国教。15世纪初，在月即别（即乌兹别克）部大举南下征服河中（阿姆河与锡尔河之间）的形势下，帖木儿王朝和东察合台汗国均陷于分崩离析的境地。1514年春，流亡在喀布尔的察合台后王赛义德汗召集旧部5千人马，从费尔干纳进攻南疆，击溃南疆统治者杜格拉特部埃米尔阿巴拜克所率5万军队，乘胜追击至拉达克山，杀阿巴拜克，尽据六城，同年6月登上汗位。建国之初，统治者奉行积极的内外政策，发展生产，减免赋税，修睦邻邦，境内出现了经济、文化的繁荣局面。穆罕默德汗（1591～1609）以后，内乱迭起，汗国分裂。阿卜杜拉汗时（1638～1668），国势复振，曾用兵征服安集延、巴达赫尚、博罗尔等地。顺治十二年（1655）遣使到清政府称臣纳贡。汗国末期，社会矛盾加剧，宫廷政变频繁，政权实际为和卓操纵。宗教内部分成对立的两个派别——黑山派和白山派，两派为夺取政权展开了激烈争夺。失败的白山派首领阿帕克和卓求助于西藏佛教领袖达赖五世，利用噶尔丹之准噶尔汗国军队灭亡汗国。

叶尔羌汗国时期，伊斯兰教渗透到维吾尔族社会生活的各方面，苏菲派得到迅速发展，教团首领掌握着众多的穆里德（即信徒）和经济特权。拉失德汗（1533～1559）时，中亚赛兰人穆罕默德·谢里夫在叶尔羌创建了亚萨维教团的分支——乌瓦伊西耶，这是新疆重要的苏菲教派之一，他被汗尊为宗教导师。1540年前后，中亚撒马尔罕纳格什班迪耶教团谢赫麦赫杜姆·阿扎姆走访叶尔羌，其后，他的儿子伊斯哈格·吾里和长子穆罕默德·伊敏（依禅卡朗）之子穆罕默德·优素福等先后到国内传教，逐渐形成以叶尔羌为中心的伊斯哈格系和以喀什噶尔为中心的伊禅卡朗系，并演化为黑山派、白山派之争。这时期重要的苏菲主义团体除乌瓦伊西耶外，还有伊萨克耶、依乃克耶、米斯克耶和达瓦尼耶，均属纳格什班迪耶教团在新疆的分支。这些教派对中国内地的回族门宦产生了一定影响。汗国时期，维吾尔族文化取得成就。“察合台文学”的创作十分活跃，著名音乐《木卡姆》在拉失德汗时代整理定型，重要的历史文献有穆罕默德·海达尔的《中亚蒙兀儿史—拉失德史》、马哈茂德·楚拉斯的《编年史》等。后期至和卓统治时代，“苏菲文学”统治了文化领域，出现了大量神秘主义著作和圣徒传记。在赛义德汗统治时，曾以“圣战”的名义对周邻非穆斯林的民族发动了多次战争，规模最大的一次是1532～1533年对西藏拉萨的远征，以失败告终。叶尔羌汗国时期，由于政治、宗教、文化、文字等方面实现了统一，形成近代维吾尔民族。 （阿吉努尔·阿吉 李进新）

叶哈雅（Yaḥyā） 《古兰经》中记载的古代先知之一。又译“耶哈亚”、“叶海亚”等。阿拉伯语音译。《新约》称“约翰”（John）。先知宰凯里雅之子。据载，其父母已老迈龙钟，失去生育能力，但希望能有子嗣继承，为此曾祈求安拉，结果奇迹般地如愿以偿（19：2～9）。《古兰经》中曾把父子二人的名字同其他先知并列，称他们“都是善人”。在父母的精心培育下，叶哈雅“长成尊贵的、克己的人”，“变成一个善良的先知”（3：39），且坚持经典，敬畏安拉，孝敬父母，不霸道，不忤逆（19：12～14），并肯定他“在出生日、死亡日、复活日都享受和平”（19：15）。据经学家注疏，当时巴勒斯坦统治者希鲁多斯公然违反伦理原则，妄图同其美貌的侄女希鲁狄雅苟合成婚，朝野对此暴君议论纷纷，不敢谏阻，附势小人甚至大加吹捧。叶哈雅德高望重，挺身而出表示反对，暴君暂时收敛，却咬牙切齿嫉恨在心，终于派武士将其杀害，不久暴君亦遭惩罚。有人认为叶

哈雅即《圣经》中“施洗礼的约翰”(John the Baptist)，穆斯林经注学家认为二者不宜等同。 (林 松)

叶海亚(Yaḥyā) 见叶哈雅。

叶海亚·苏布·艾泽尔(Yaḥyā Ṣubḥ Azal，1831～1912) 伊朗巴布教派领袖之一。原名米尔扎·叶海亚，后自称苏布·艾泽尔(意为“永恒的曙光”)。为巴哈安拉的异母兄弟。叶海亚是巴布教派的创始人赛义德·阿里·穆罕默德(即巴布)的门徒和指定的继承人。1850年，巴布被伊朗当局杀害后，巴布教派转入隐蔽活动。1851年，叶海亚被巴布教派信徒拥立为领袖。1852年该派谋杀国王未遂。为避免当局的迫害，他于1853年率领信徒从伊朗逃往奥斯曼帝国统治下的伊拉克留居巴格达10年，继续宣传巴布派的教义，发展信徒，组织秘密武装。他的追随者通称“艾泽尔派”。1863年，其弟侯赛因·阿里在巴格达郊区宣称他是安拉派来的新使者，自称巴哈安拉；叶海亚反对此说，坚持巴布的教义。1866年，叶海亚在埃迪尔内与巴哈安拉正式决裂，巴哈安拉另创立巴哈教派。奥斯曼帝国当局将二人驱逐出境。1868年将叶海亚解到塞浦路斯。1878年塞浦路斯归属英国，叶海亚从此领受皇家年金，直至去世。 (杨克礼)

叶欧格(Ya‘ūq) 《古兰经》中所载古阿拉伯人崇拜的五大偶像之一。一译“业欧盖”。阿拉伯语音译。见于《古兰经》第71章古代先知努哈的故事中。据经注家称，与瓦德、素瓦尔、叶巫斯和奈斯尔原系人类始祖阿丹时代5个著名人物，死后被人塑成偶像奉之为神，叶欧格被塑以战马形象而为叙利亚地区穆拉德(Murād)等部落所崇拜。参见瓦德。 (杨宗山)

叶斯里布(Yathrib) 见麦地那。

叶巫斯(Yaghūth) 《古兰经》中所载古阿拉伯人崇拜的五大偶像之一。一译“业欧赛”。阿拉伯语音译。见于《古兰经》第71章古代先知努哈的故事中。据经注家称，与瓦德、素瓦尔、叶欧格和奈斯尔原系人类始祖阿丹时代5个著名人物，死后被人塑成偶像奉之为神，叶巫斯被塑以狮子形象而为也门地区麦兹希吉(Madhḥij)等部落所崇拜。参见瓦德。

(杨宗山)

谒陵(Ziyārah Qabr al-Nabiy) 穆斯林在麦加完成朝觐功课后赴麦地那瞻谒先知穆罕默德陵墓及参观历史古迹等活动。系阿拉伯语的意译。谒陵与“探泉”同为穆斯林朝觐后必行的两件大事。穆罕默德于希吉莱历11年3月12日(632年6月8日)在麦地那逝世，遗体葬在先知寺内。故凡瞻谒圣陵者，均在寺内礼拜祈祷，以示敬仰和信教之笃诚。 (达应庚)

《一千零一夜》(Alf Laylah Wa Laylah) 中世纪阿拉伯著名民间故事集。是一部脍炙人口的世界文学名著。阿拉伯语意译，亦译为《天方夜谭》。故事集包括神话传说、童话寓言、宫廷轶闻、航海历险、战争故事、爱情悲欢、名人轶事等，人物则有帝王将相、才子佳人、窃贼巨盗、富商贱旅、渔夫猎手、平民百姓、艺匠术士、妖魔神怪等。情节离奇曲折，人物千姿百态，结构紧密连锁。它以广阔的题材，洒脱多变的艺术手法，形象生动地反映了中世纪阿拉伯帝国社会生活的复杂面貌。其故事主要来源有三：(1)来自波斯和印度的《一千个故事》。(2)来自巴格达为中心的阿拨斯王朝(750～1258)时期的传闻。(3)来自埃及马穆鲁克王朝(1250～1517)时期的故事。由于版本不同，所收故事多寡不一，一般有200多个故事。当系采集吸收上述地域和时期各民族的民间故事，经文人加工、汇集、整理之结晶。据载，10世纪巴格达作家海什尔里(？～942)曾选取一千个故事，准备分为千回，每回按一夜整理，至480回因整理人逝世而中断，遂成为全书底本。据传，在12世纪由一个被称为“古尔蒂人”的埃及文学史家第一次将书名定为《一千零一夜》，其尾数“一”，极言其多，符合阿拉伯语言习惯。但从全书各时期手抄本看，早期始于8～9世纪之交；增补、变异之手抄本，15～16世纪之交在埃及基本定型。

《一千零一夜》书名出自全书引子。相传古代萨桑国国王山鲁亚尔因痛恨王后与宫中乐师私通，便将她杀死，且决心对女人惩治报复，此后每天娶一少女，次日天明即杀掉另娶，延续3年之久，致使成百上千的少女惨遭杀害，全国恐怖万分，百姓携儿带女四处逃亡。宰相之女山鲁佐德见此情景，为拯救无辜少女，便自告奋勇嫁给国王，要求带其妹敦亚佐德同时进宫，深更半夜，以姊妹天明即将永别，在一起讲述扣人心弦的故事，国王旁听入迷，天明故事未尽，乃下令暂缓死刑，入夜后续讲，如此循环往复，激起国王听故事的浓厚兴趣，坚持听讲一千零一夜，深受感化，才撤销杀戮女性的命令。因此全书命名为《一千零一夜》。书中大多数故事，充满伊斯兰教伦理道德观念，内容健康而有教益。它歌颂人类的机智勇敢，描写善良群众对邪恶势力的斗争，塑造了不少有胆有识、不屈不挠的勇士，讴歌男女青年忠贞不渝的爱情，揭露统治者的腐朽昏庸，反映劳苦大众对美好生活的追求与向往。故事构思奇妙，想象丰富，充满浪漫主义色彩，使现实与幻想有机地统一起来。语言生动、丰富、优美，大量穿插诗歌、谚语、格言，在阿拉伯小说发展史上占有特殊地位，对世界各国文学艺术有极广泛的影响。但丁的《神曲》，薄伽丘的《十日谈》，乔叟的《坎特伯雷故事集》，塞万提斯的《堂吉诃德》等，及音乐、绘画诸方面，都在不同程度上受到它直接或间接的影响。苏联文学家高尔基曾称赞它是民间口头文学创作“最壮丽的一座纪念碑”。此书于18世纪被译成法文后，世界各国均有译本。在中国,1900 年经周桂笙介绍此书后,选译本纷纷涌现,多系转译自英文本。直接从阿拉伯文翻译成中文的全集,译者纳训。人民文学出版社已于 1984 年 11 月全部出齐。 (林　松)

《一斋五功释义》 见《五功释义》。

伊巴达特(ʻIbādāt) 伊斯兰教教法五大组成部分之一。阿拉伯语音译,意为"崇拜"。指穆斯林所履行的一切宗教功修的通称。除念、礼、斋、课、朝五功外,它还包括诸如诵读天经、赞美圣人等体现信仰虔诚的各种修持。怜恤孤寡、救济贫困、敬老慈幼等体现伦理道德的懿行善功等,也是伊斯兰教教法和道德的重要组成部分。从性质上划分,"伊巴达特"有主命的、义务的、圣行的、副功的多种,故在实践上有必行的,也有可选择的。 (马恩信)

伊本·阿巴德(Ibnʻ Abbād,1333～1390) 安达卢西亚伊斯兰教义学家。为阿拉伯人的后裔。早年在奈斯尔王朝首都格拉纳达学习伊斯兰教法律,后转修苏菲派学说。他仰慕摩洛哥伊斯兰学术文化的繁荣,迁到菲斯在伊斯兰大学深造,成为著名的学者。1359 年定居于萨雷,加入苏菲派沙兹里教团(当地称"沙杜里教团"),担任该教团宣教师,招收门徒,宣讲该教团的教义。他通过培养弟子和著书,对沙兹里教团的教义在北非的传播起了很大作用。1375 年,摩洛哥马林王朝素丹任命他为宫廷伊玛目,为素丹的宗教顾问,并领导沙兹里教团的宗教活动。他著有两部《书信集》,内容是对沙兹里教团教义的阐释,对门弟子宗教修持的指示和教诲。 (杨克礼)

伊本·阿拔斯(Ibnʻ Abbās,619～687) 伊斯兰教经注学家、圣训传述家,穆罕默德的堂弟和弟子。全名阿卜杜拉·本·阿拔斯·本·阿卜杜勒·穆塔里布。出身于麦加阿拔斯家族。他熟悉世俗的和宗教的传说及伊斯兰教法,尤长于注释《古兰经》。因其学识渊博、见识高超而受到普遍的敬佩,第二任哈里发欧麦尔每遇疑难亦求教于他,并常采纳他的意见,故被誉为"民族的贤哲"(Ḥibr al-Ummah)。第三任哈里发奥斯曼也十分重用他。第四任哈里发阿里经常派他为特使,后委派他担任巴士拉总督。657 年 7 月 26 日,伊本·阿拔斯偕同阿里参加了与穆阿维叶间的"隋芬之战",后还为调解阿卜杜勒·麦利克·本·麦尔旺(646～750)与其政敌、割据麦加的阿卜杜拉·本·祖拜尔之间的冲突作过多次努力。晚年双目失明,留居塔伊夫,殁于该城。他一生传述圣训 1660 段。其《古兰经》注释被后世经注学家广泛引用。 (马忠杰)

伊本·阿卜德·赖比(Ibnʻ Abd Rabbih,860～940) 安达卢西亚后伍麦叶王朝著名文学家、诗人。全名艾哈迈德·本·穆罕默德·本·阿卜德·赖比。自幼受传统的伊斯兰教育,一生在科尔多瓦生活,为哈里发阿卜杜·拉赫曼三世宫廷的桂冠诗人。他的作品保留下来的不多,著名的有《罕世璎珞》(《al-ʻIqd al-Farīd》,一译《单珠集》)。这是一部类书,原名《璎珞》,"罕世"二字是后人所加。全书共 25 卷,各卷分别用 12 种珍珠宝石命名,如"珍珠卷"、"银珠卷"等,把全书比喻成一条由各种珠宝组成的项链。作者在编著此书时,广泛采集了前人诗文中的精华,题材广泛,内容丰富,包括政治、社会、历史、宗教、伦理、文学,乃至医学、音乐等各个方面。其中辑录有诗歌、讲演词、谚语以及伊斯兰贤哲、学者的格言和各种趣闻轶事等,有一部分是译自希腊、波斯、印度人的名著。但他辑录的主要部分是文学作品,选材注重文学价值。这部书在阿拉伯世界被认为是文学、语言学、诗歌格律学等方面的重要著作,对后辈一些学者影响很大。 (杨克礼)

伊本·阿基勒(Ibnʻ Aqīl,1040～1119) 伊斯兰教教义学家、罕百里法学派学者。生于巴格达。出身于宗教学者家庭。早年受伊斯兰传统教育,自 1055 年起在罕百里派导师教诲下学习伊斯兰教法。此时他深受穆尔太齐赖派唯理主义和哈拉智为代表的苏菲主义思想的影响,遂主张应将苏菲派"认主独一"及"存在单一"的观点与正统派教义相结合,运用穆尔太齐赖派逻辑推理的方法解释教义,从而受到巴格达罕百里派学者的责难。1066 年,在巴格达有权势的人物艾布·曼苏尔·本·优素福的庇护下,任曼苏尔清真寺教长,宣传其思想主张,更加遭到反对派的忌恨。1068 年他的保护人去世后,被迫辞职。1072 年,他受指控后被迫在逊尼派教义学家面前表示悔过。此后他深居简出,潜心学术研究和著述。他著名的著作《科学之书》(一译《知识之书》),是一部内容广泛的百科全书,涉及宗教教义、教法律例、历史典故、人物传记、文学和语言学等方面,资料丰富。据传全书共有 200 卷,现仅存 1 卷。 (杨克礼)

伊本·阿拉比(Ibn al-ʻArabī,1165～1240) 伊斯兰教苏菲派著名教义学家、哲学家。全名艾布·伯克尔·穆罕默德·本·阿里·穆哈伊丁·伊本·阿拉比。生于穆瓦希德王朝统治下安达卢西亚的穆尔西亚。其父为伊斯兰教法官。8 岁时,全家迁至塞维利亚,在当地清真寺受伊斯兰传统教育。成年时到休达和北非各地寻师求学,博览群书,后在突尼斯受到两位女神秘主义者马尔希拉的娅莎米和科尔多瓦的法蒂玛思想影响,接受苏菲主义学说。1201～1202 年,经开罗、耶路撒冷到麦加朝觐,加入卡迪尔为首的苏菲教团,并与麦加著名伊斯兰教学者交流学术,搜集整理材料,开始著述《麦加的启示》。1204 年后,游历巴格达、摩苏尔、科尼亚、开罗等地,在巴格达时结识苏菲导师苏哈拉瓦迪,深受伊斯兰东方各派学者宗教思想和哲学的影响。1230年，定居大马士革。他信仰虔诚，严守苏菲功修，遵循逊尼派教法，终生悉心从事伊斯兰教各派学说及苏菲哲学思想的研究和著述，并在宗教学校讲学布道，培养门徒，其追随者称他为“伊斯兰大长老”、“宗教的复兴者”。1240年11月6日在大马士革逝世。

伊本·阿拉比早年深受安达卢西亚宗教学者伊本·盖比鲁勒哲学思想的影响，成为神秘主义照明学派的代表。后博采新柏拉图主义、苏菲主义、逊尼派、什叶派的宗教学说，经过改造和综合，创立了神秘主义的“一元论”学说，给苏菲主义赋予哲理和思辨的性质，把神秘主义发展为泛神论、人主合一论和神智论为主要内容的宗教哲学思想体系。在本体论上，他既不同于阿拉伯哲学家的“流溢说”，也不同于教义学家的“创世说”，而提出了造物主和世界是“存在单一论”的观点。他认为安拉是独一的绝对的存在，是宇宙万物的本原。安拉具有“隐”和“显”两种自我存在的形式，当安拉处于“隐”的状态时，现象世界固有的“原型”以观念的形式潜在于安拉的本体精神之中；当安拉自显或外化为现象世界时，即依据其“原型”显现为现实的存在。安拉认识中的内在存在物是永恒的绝对的，宇宙万物的存在是相对的。安拉是超越宇宙万物的，而他的灵知又存在于宇宙万物之中，宇宙万有与安拉互为表里。本质与属性之间，即安拉与宇宙之间本无差别。他认为现象世界在其表现形式上多种多样，千变万化，与安拉并非同一，但在本质上，如映于镜的影像，似梦境，为虚幻，是安拉的显迹与外化，与安拉同一。他继承和发展了伊斯兰教学者关于“完人”理论。认为人（“小世界”）是安拉之光明和万能创造的显现，是安拉在现象世界（“大世界”）的代理人。“完人”具有安拉所赋予的光明（灵知）、完善的德行和本质，是世界一切完美属性的缩影，“完人”是世界的“原因”或“创造原理”。安拉赋予“完人”以完善德性，目的是让“完人”认识和至爱安拉，并为安拉所爱。每个先知都是安拉之光照的显现，穆罕默德居诸先知之首而为“完人”，他是安拉的光中之光的显现。在认识论上，他认为人只有在安拉的显现状态下进入认识过程，人应先认识自身，再认识安拉的显迹（现象世界），最后才能认识最高主宰——安拉。一般人只能达到认识现象世界多样性的形式，很难达到对其本质及统一性的认识；只有“完人”才能从纷繁的多样性中认识本质的统一性。人们要获得本质的认识，只能借助内心的安拉之光（即灵知），通过神秘的直觉入神才能达到。认为人真正的智慧是思想上的启蒙，所谓聪明就是受到了启蒙。他还认为，现象世界的一切都凭借安拉的意志而存在，人们要依据事物的特有规律而行动。他把客观事物与人的自由意志看作是安拉的本质和属性的显现。

伊本·阿拉比的神秘主义哲学思想对后来的苏菲派思想家及欧洲中世纪的思想家，如但丁、罗吉尔·培根、邓斯·斯科特等均有一定影响。他写有大量著作，内容涉及教义、哲学、传记及诗歌，其中最著名的是《麦加的启示》、《智慧的珠宝》、《幸福的炼金术》、《到真主圣所的升霄夜行》等。（杨克礼）

伊本·艾比·阿斯鲁恩（Ibn Abi ‘Aṣrūn，1099～1189） 伊斯兰教教法学家、沙斐仪法学派学者。伊拉克人，出身于宗教学者世家。早年在巴格达学习伊斯兰经、训和教义，并向沙斐仪派法学家学习教法。因他博学、虔诚、公正、稳重，被阿拔斯王朝任命担任巴格达宗教和司法官员。1154年，被叙利亚总督邀请到大马士革任教法官，在伍麦叶清真寺讲授沙斐仪教法，并管理宗教基金和慈善机构。1177年，阿尤布王朝素丹萨拉丁任命他为叙利亚最高法官，他改革了司法管理和审判制度，使司法权和行政权分开，他执法公正严明，受到萨拉丁的赏识。1180年因失明而辞职，任素丹的法律顾问。著有教法律例方面的著作。（杨克礼）

伊本·艾比·里贾勒（Ibn Abi al-Rijāl，1620～1681） 也门伊斯兰教栽德派学者、圣训学家。又名艾哈迈德·伊本·谢里夫。生于也门萨那，出身于贵族家庭，自称圣裔。早年受到传统的伊斯兰教育，通晓《古兰经》和教义，对各派搜集的圣训均有研究，谙熟栽德派的历史和宗谱世系。他曾在也门栽德派政教领袖伊斯玛仪·穆泰瓦基勒宫廷任总书记官，并兼任王室宗教教师，为王子和大臣讲授圣训、教法和历史，享有较高的威望。他现存的宗教著作10余种，特别著名的是《月升海汇》，全书收有1300名也门和伊拉克栽德派的伊玛目、学者和殉教者的传记，介绍了他们的宗谱世系、生平事迹、学说主张、著作，引有大量的史料，是研究栽德派的重要文献。（杨克礼）

伊本·艾比·赛尔赫（Ibn Abi Sarḥ） 见阿卜杜拉·本·赛尔德。

伊本·艾哈迈德·哈迪（Ibn Aḥmad al-Ḥādi，1867～1934） 马来亚伊斯兰教革新派学者、新闻和出版工作者。生于廖内群岛的本年加特岛，出身于一穆斯林望族家庭。早年在马来亚受现代教育，并通晓伊斯兰经典和教义。他青年时深受伊斯兰世界革新思潮的影响，力主用现代教育和科学文化革新伊斯兰教。1901年移居新加坡后，与当地穆斯林学者创办著名的伊斯兰教革新杂志《信念》，宣传进行宗教改革，复兴伊斯兰文化的主张。为此，他于1907～1919年在新加坡、马六甲和槟城创办宗教和世俗学校，招收穆斯林学生入学，以改变文化落后的状态。1927年在槟城开设“日如东出版社”，迄日本入侵为止，在14年间刊行了大量介绍现代科学知识和伊斯兰文化的书籍和杂志，在东南亚穆斯林中有广泛影响。1926～1934年在其创办的《手足》和《兄弟周报》上，写过不少有关宗教、政治、社会、教育和穆斯林生活状况问题的文章。他是马来亚伊斯兰教革新派的代表人物之一。

（杨克礼）

伊本·艾西尔(Ibn al-Athir，1160～1234) 中世纪阿拉伯著名历史学家。本名艾布·哈桑·阿里·本·穆罕默德·谢巴尼。生于底格里斯河畔的伊本·欧麦尔岛，出身于富有的伊斯兰学者家庭。早年在摩苏尔受过传统的伊斯兰教育，后游学巴格达和麦加等伊斯兰文化名城，向当地许多著名学者求教，搜集了大量历史资料，研究了历史学家白拉左里、泰伯里、麦斯欧迪、米斯凯韦等人的历史著作，奠定了学业基础。一度参加萨拉丁领导的抗击“十字军”的穆斯林军队，任书记官。后住在阿勒颇和大马士革，从事学术研究。他博学多才，精通教义学、哲学、文学和语言学，专攻历史学。他治学严谨，采集史学各家之长，运用归纳、比较、分析和判断的方法，考订史料真伪，寓观点于叙事之中，把编年、传记、谱系、传说、见闻和记载结合起来，为伊斯兰史学发展做出了很大贡献。他的主要著作为《历史大全》(《al-Kāmil fi al-Tārikh》)。该书是一部通史，共12卷，上起创世时代，下迄1231年。第1卷从远古叙述到伊斯兰教的兴起，其中包括波斯、拜占庭和阿拉伯贾希利叶时期的历史。第2卷记述了伊斯兰教先知穆罕默德的生平事迹、伊斯兰教早期的传播及四大哈里发时代的历史。其余各卷论述了伍麦叶王朝、阿拔斯王朝以及马格里布和安达卢西亚等地区伊斯兰教的历史。该书特别对蒙古人的西征和十字军的东侵，根据本人见闻，作了详尽的记载，因而被称为“十字军战史家”。《历史大全》关于蒙古人征服中亚和西亚的翔实记述，是《多桑蒙古史》的重要资料来源之一。《历史大全》节录了泰伯里著作的精华，并增补了不足之处，史料非常丰富。另一部著作是《莽丛群狮》(《Usd al-Ghābah》)，为传记体的历史、散文作品，汇集了穆罕默德的7500位门弟子传记，从名讳、生平、家谱、事迹、史料来源等方面列传。书中还记述了阿达贝卡人统治摩苏尔的历史。他的这些著作成为研究中世纪阿拉伯史、伊斯兰教史、中亚史、西亚史、北非史和西班牙史的重要文献。（杨克礼）

伊本·巴拜韦·库米(Ibn Bābawayh al-Qummi，918～991) 伊斯兰教什叶派著名圣训学家，四大圣训经汇集者之一。全名穆罕默德·本·阿里·本·侯赛因·本·穆萨·本·巴拜韦·库米，又称“谢赫·萨杜格”(al-shaykh al-Ṣaduq)。生于波斯什叶派圣城库姆(al-Qumm)。其父阿里·本·侯赛因(‘Ali ben Ḥusayn，？～941)系伊斯兰教学者和库姆地区什叶派长老。受其父的教育和熏陶，伊本·巴拜韦青年时代即已在学术上成名，在波斯呼罗珊地区颇有影响。他与当时波斯什叶派布韦希王朝埃米尔和官员交往甚密。966年，他利用该王朝在伊拉克掌权期间的自由环境，来到巴格达专事学术研究与著述。他与大多数什叶派学者不同的观点是：在确认先知和伊玛目具有无罪性这一基本教义的同时，还承认伊玛目在次要问题上可能会发生疏忽，伊玛目在被任命之前有可能在某些宗教礼仪方面犯有过失，这是允许的。其著述约达300种，最著名的为其汇编的圣训集《教法学家不予光顾的人》(Man Lā Yaḥḍuruhu al-Faqih)，所收6000余条圣训大多源自历代伊玛目的传述，被什叶派人推崇为规范的四大圣训经之一。其汇编的另一部圣训集《知识城》(Madinah al-‘Ilm)，一说为该派推崇的第5本规范圣训集。其他主要著作还有《论认主独一》、《明灯》、《里达圣训溯源》、《教法之源》、《告诫篇》、《引导》、《习惯》等，这些著述内容广泛，论及认主学、圣训、教法、伦理、训诫、学派论争以及隐遁马赫迪等问题，在什叶派穆斯林中流传较广。991年，病故于德黑兰附近的古城赖伊(今腊季)，并葬在该地。

（杨宗山）

伊本·巴瓦卜(Ibn al-Bawwāb，？～1031) 阿拔斯王朝著名阿拉伯文书法家。生于巴格达。出身贫寒，在清真寺受过系统的伊斯兰教法学教育，能背诵《古兰经》。他爱好书法艺术，研习各种书法体，曾在吸收10世纪著名书法家伊本·穆格拉所创造的纳斯赫手写体的基础上，加以改进，设计了草书拉伊哈尼手写体和穆哈加格手写体。他收集和保存了伊本·穆格拉的许多真迹手稿，在巴格达创办了书法学校，亲自讲授各种书法体的特点和笔法有机组合规范，培养了大批专业书法家。他曾誊写《古兰经》64本，其中最精美的一本用拉伊哈尼手写体书写，献给宫廷，现存伊斯坦布尔拉莱利清真寺，是由奥斯曼素丹赛利姆一世(1470～1520)的收藏所赠。（杨克礼）

伊本·巴哲(Ibn Bājjah，约1082～1138) 中世纪阿拉伯哲学家、自然科学家。拉丁名阿芬帕斯。全名艾布·伯克尔·穆罕默德·本·叶海亚·本·巴哲。生于穆拉比特王朝统治下的安达卢西亚的萨拉戈萨。他博学多才，通晓亚里士多德的哲学和逻辑学，谙熟伊斯兰教义学，精通天文学、数学和医学，酷爱音乐和诗歌。1118年到塞维利亚从事学术研究，后到格拉纳达和萨拉戈萨任地方官。晚年到达北非，在当地穆斯林王朝宫廷中从事著述和政治活动，一度担任大臣。后被人指控为“叛教”而遭监禁，1138年在摩洛哥非斯被毒害而死。

在哲学上深受亚里士多德的理性主义和法拉比哲学思想的影响，注重自然科学和逻辑学的研究，试图将哲学从宗教中分化出来，具有强烈的世俗倾向。在本体论上，他认为真主通过能动的理性流溢出世界万物，由物质和形式构成的外部世界是存在的，物质的最高形式是理性，物质的运动特性是永恒的，但最终原因是由永恒的精神实体所推动。他把运动的形式分为两种：一是间断性的运动，它指人和物体发生的运动；二是连续性的运动，它指天体和星辰的绝对运动。在认识论上，他强调理性的作用，认为科学和哲学是认识自然界的唯一道路，是人与真主所流出的“能动理性”相联系的途径。人的认识是通过灵魂来实现，由个别到一般，由特称到全称，由可感觉的物质世界到理性的世界。一切正确认识的产生、幸福的获得和止恶扬善等道德行为的形成，都得诉诸理性。他把人对事物的认识过程分为三个阶段：(1)通过感官感知事物的原质形象阶段。(2)通过共感和想象，形成认识的最初精神形象阶段。(3)通过人的理性思维能力达到认识事物因果关系的思想形象阶段。人只有具备了理性思维的能力，掌握了科学和哲学，他才成为真正的人。他强调指出，只有人才有灵魂，灵魂推动肉体和精神两种机器运动。他提出研究哲学的目的是为了理智、道德和幸福，最终实现“美德城邦”社会。他在著述中所描述的理想王国里，没有国王、法官和医生，人们相亲相爱，无纠纷和争执，无欺骗和犯罪，人们顺乎自然地发展和生活。实现这个王国的途径是道德精神的修炼和灵魂的高度升华，有时需离群而索居。伊本·巴哲最早把阿拉伯东方伊斯兰哲学思想传播到安达卢西亚和马格里布地区，他的哲学和科学思想对尔后的伊本·图菲利、伊本·路世德等以较大影响。他的著作传入欧洲后，为后来笛卡儿和斯宾诺莎的“唯理论”的创立奠定了思想基础。

生前写有数十种有关哲学、逻辑学、自然科学、音乐理论及诗歌等著作，大部分已佚。为亚里士多德的自然科学著作，特别是关于物理学和气象学的著作写了许多注释。其主要哲学著作有：《索居者指南》、《告别论》、《论联系》、《论灵魂》等，还留有片断的医学、药物学、天文学、数学的论文。　（杨克礼）

伊本·拔图塔　见伊本·白图泰。

伊本·白图泰(Ibn Baṭūṭah，1304～1377)
中世纪阿拉伯杰出的穆斯林旅行家、历史学家。与马可·波罗、鄂多力克及尼哥罗康梯并称为中世纪四大旅行家。又译“伊本·拔图塔”。全名穆罕默德·本·阿卜杜拉·莱瓦提。出身于摩洛哥丹吉尔城的伊斯兰教法官世家。从小聪颖好学，少年时能背诵全部《古兰经》，后受到良好的法律与文学教育，谙熟教义学、教法学。1325年，他前往麦加朝觐后，便开始了周游世界的旅行。他在将近30年的旅行生涯中曾3次出游，4次到麦加朝觐，凭靠沿途各国君王的资助，游历了亚、非、欧许多伊斯兰教国家和地区，行程达12万公里，足迹遍及西亚、马格里布、中亚、印度半岛、中国、苏门答腊、爪哇、格拉纳达、埃及、中非、西非等地。1333年，伊本·白图泰到达印度德里，在留居8年期间，德里素丹国图格鲁克王朝(1321～1414)素丹穆罕默德·本·图格鲁克(？～1351)任命他为朝廷“哈的大师”(即教法官)，赐予封地，专为他建立了清真寺。1342年中国元顺帝遣使到德里素丹国作亲善访问，德里素丹任命伊本·白图泰率使臣随元使回访，中途船只遇风漂没，伊本·白图泰幸免于难。后辗转浪迹于马尔代夫群岛、斯里兰卡、印度半岛东南海岸各地。在此期间，曾担任马尔代夫群岛法官。约1345年再次从孟加拉乘船东来，到达泉州，并游历了广州、杭州、大都(今北京)等城市。1347年乘船西还到达印度，决定返回故里，途中再至麦加第四次朝觐。1349年他结束了长达24年的第一次出游，返回故土非斯。不久，他又作第二次旅游，经直布罗陀海峡，游历了安达卢西亚(今西班牙)的龙达、马拉加和格拉纳达等地。1352年初，他第三次出游，前往中非和西非各地观光。1354年奉摩洛哥马林王朝素丹之命回非斯城，口述其一生的旅行见闻，由素丹艾布·阿南命王室书记官穆罕默德·伊本·朱扎伊(Muḥammad ibn juzay y，？～1357)用阿拉伯文笔录，次年整理成书，题名为《异国风光和旅途奇观》。从此，伊本·白图泰结束了他的旅游生涯，在摩洛哥任法官，后双目失明，1377年在马拉喀什辞世，终年73岁。

伊本·白图泰口述的旅途见闻，是研究中世纪穆斯林世界历史的重要资料。他每到一处都晋谒君主，拜访名流，游览名胜古迹，观察风土民情，广泛涉猎各地的典章制度和奇闻趣事。仅在游记中记述的重要人物即达2000人以上，其中大部分人物的资料是此书之前历史书籍中没有的。他曾在麦加和麦地那留居3年，在此求教于著名伊斯兰学者，探讨教法、教义。他对麦加克尔白、里石、渗渗泉及麦地那的圣寺、圣陵等伊斯兰圣迹及文物有十分细致的记述，留下了极有价值的历史文化资料。他对中国、印度、中亚、西亚和非洲的描述，被认为是研究中世纪这些地区的政治经济、社会生活、历史文化、宗教礼俗等方面的宝贵历史资料。他是沟通阿拉伯人民与中亚、西亚、印度、中国、非洲各族人民友好往来的先驱者，为亚、非、欧3洲文化的交流做出了不可磨灭的贡献。　（罗万寿）

《伊本·白图泰游记》　中世纪阿拉伯穆斯林旅行家伊本·白图泰所著旅游记。成书于1355年。伊本·白图泰是中世纪杰出的旅行家，他从1325年起，在将近30年的旅行生涯中，漫游了中亚、西亚、非洲、次大陆东南亚、西班牙及中国等数十个国家和地区，行程达12万公里。所到之处，广泛游览了当地的山川河流、名胜古迹，考察了地方产品、城市建筑、社会设施、典章制度、奇闻轶事。结交官吏、学者、社会名流、宗教领袖等人物。1354年，当他第三次出游，回抵摩洛哥京城非斯后，奉国王之命，口述他的全部旅游见闻，由国王派其书记官伊本·朱扎伊(Ibn juzayy)用阿拉伯文记录，翌年完成。题名为《异国风光和旅途奇观》。伊本·白图泰在《游记》中，生动地描述了的黎波里、亚历山大、开罗、耶路撒冷、苏尔、赛达、库法、巴格达、大马士革、贝鲁特、阿勒颇、拉塔基亚等历史名城的风貌、名胜古迹、城市建筑、社会设施和重大事件；对麦加的风土人情、禁寺的克尔白、黑石、渗渗泉等伊斯兰圣迹，都有十分细致的记述；对印度的风土人情、礼仪习俗及当地素丹的严酷统治，也做了详细的描述。全书对所到各地的风物、民俗、宗教信仰、社会状况的记叙，是研究中世纪穆斯林的历史以及民族、宗教、地理、交通、物产等方面一部很有价值的著作。关于中国，《游记》描述它地大物博，农产品、水果、金银制品极为丰富；对中国的瓷器、煤炭、绘画、手工艺品、交通、船舶管理、旅行管理、治安措施等也都有生动的记述。旅行家还以穆斯林的身份，记述了“中国各城市都有专供穆斯林居住的地区。区内有供举行聚礼用的清真大寺”，“中国每一城市都设有谢赫·伊斯兰，总管穆斯林事务”，并多次提到了法官、道堂、苏菲修道者，等等。书中对中国泉州、杭州、广州等城市的市场贸易、清真寺、穆斯林生活、民族关系等的记述，以及对当时中国与印度、波斯湾、阿拉伯半岛等各地的贸易与当时航船的记载，对研究中国伊斯兰教史、元代中外关系史、都有重要参考价值。书中对中国北方的记载虽有错误，但瑕不掩瑜。

《伊本·白图泰游记》是世界中世纪史上最有名的游记之一，系多卷本阿拉伯文巨著。由于卷数众多，一直以节选本流传。18世纪末，葡萄牙人安多尼·摩拉(Antonio Moura)在摩洛哥首都曾发现一种抄本，1840年出版了葡文译本。1808年俄国人西村(Seetzen)得到许多游记节本及抄本，将其收藏于果达(Gotha)图书馆。后德国人、瑞士人也曾陆续刊印过部分游记。1829年英国人李伊(S. Lee)出版了英译文。其后法国人在摩洛哥发现了该书原本手稿全文，于1853～1858年，由德弗列麦里(C. Defre'mery)和桑吉涅底(B. R. Sanguinetti)二人合作校勘，连同其法文译本，分4卷出版。1958年出版了吉布(H. A. R. Gibb)的英译本。20世纪初，中国学者张星烺根据德文本节译出《中国游记》，后又根据英、德文本节译出有关中国部分，并加以考订，刊于《中西交通史料汇编》中，中译名为《拔都他游记》。马金鹏根据阿拉伯文本译出新版本，1985年由宁夏人民出版社出版。（罗万寿）

伊本·贝塔尔(Ibn al-Baytār，约1197～1248) 安达卢西亚穆斯林药物学家、植物学家。全名阿卜杜拉·伊本·艾哈迈德·伊本·贝塔尔。生于马拉加，为阿拉伯人后裔。信奉逊尼派教义。曾以植物学家的身份游历西班牙各地和北非，考察和收集药物学资料。后在开罗阿尤布王朝素丹卡米勒·穆罕默德(1218～1238在位)宫廷任总农艺师，从事植物学和药物学的研究，并开办学校培养门徒。1239年到大马士革，曾到叙利亚各地和小亚细亚各地旅行，1248年在大马士革去世。他的著名著作《药物学集成》是一部药物学巨著，综合了希腊、阿拉伯和波斯药物学家新积累的大量资料，并根据他自己的临床经验和研究成果作了增补。书中所列的药物，包括植物、动物、矿物3界，计1400种药物。其中300多种是他新增补的。对各种药物的名称、异名、性能、炮制、用途、产地及类似药物的区分等均作了详细记载。《医方汇编》所收的药方均为阿拉伯著名医学家的各科医疗验方，记述了药剂配方、剂量加减、用途疗效、食物禁忌等。《药物学集成》最早由翁·松泰梅尔译成德文，由勒克莱尔克译成法文，取名《药草志》。（杨克礼）

伊本·杜赖德(Ibn al-Durayd，838～933) 阿拉伯语言学家、诗人。祖籍属阿曼阿拉伯部落，生于伊拉克巴士拉。早年师从巴士拉语言学派学者学习，通晓《古兰经》和圣训，精通语言学、修辞学、语法学、逻辑学，擅长诗歌创作。871年，巴士拉赞吉起义时，举家移居阿曼。10余年后返回巴士拉，不久到法尔斯从事讲学和著述活动。920年到巴格达定居，被阿拔斯王朝哈里发穆格台迪尔(908～932在位)聘为宫廷学者，并发给养老金。著有阿拉伯语大词典《语言大全》，系在法尔斯时编成。他综合阿拉伯语言学研究的成果，颇受哈利勒《阿因书》的影响，所收单词按字母顺序排列，而词根之语义变化则一起列出，收词广泛，内容丰富。书中引用大量《古兰经》文，对其语法、词义的特点进行阐释。另著有《词源学》及《双关语》等书。他还写有大量诗歌作品，语言优美，修辞典雅，逻辑严密。

（杨克礼）

伊本·法拉赫(Ibn Falāḥ，约1400～1462) 伊拉克东南部地区什叶派穆沙沙教团首领。全名穆罕默德·本·法拉赫·本·希拜图拉。出身于哈希姆家族，为第七代伊玛目穆萨·卡兹姆的后裔。生于巴格达以南瓦西特。自幼从师于什叶派学者，精通十二伊玛目派学说，爱好并擅长魔术。1436年，他去伊拉克东南部与伊朗西部胡泽斯坦的边境地带活动，宣称先知穆罕默德合法继承人阿里的灵魂已降临其身，他是伊玛目职位的继承人和马赫迪，奉召前来铲除人间暴虐，伸张正义。加之他能表演几手魔术，很快被一些阿拉伯游牧部落视为圣人，拥戴为领袖。因其魔术名曰“沙沙”(Sha'sha'ah，意为“闪烁”)，故其信徒均称“穆沙沙”(Musha'sha'，意为“沙沙的信奉者”)。伊本·法拉赫著有《马赫迪的话》(Aḥādith al-Mahdi)一书，其体裁模仿《古兰经》，内容包括什叶派教义和许多严格的法规。他以此书为理论基础，进行宣教活动，把一些对现实不满的部族下层穆斯林联合起来，逐渐扩大了自己的势力。他组织信徒们利用沼泽地带，多次抵御了统治当时伊朗西部和伊拉克的土库曼黑羊王朝军队的进攻，并于1441年2月攻陷瓦西特与巴士拉之间的霍维齐城(al-Ḥuwayzah)，建立了什叶派穆沙沙王国。在其后的20年间，他以霍维齐为中心，东面继续向伊朗胡泽斯坦地区发展，西面沿底格里斯河两岸向巴士拉至巴格达之间的广大地区扩大其势力范围，信徒不断增加，教权统治日益巩固。1462年，伊本·法拉赫病逝于霍维齐。他建立的穆沙沙王国16世纪初为波斯什叶派萨法维王朝所灭。（杨宗山）

伊本·法里德(Ibn al-Fāriḍ，1181～1235) 伊斯兰教苏菲派思想家、诗人。本名欧麦尔·本·阿里·本·穆尔什德·哈麦维。以舍勒夫丁·伊本·法里德著称于世。祖籍叙利亚的哈马，后迁居埃及。生于开罗。其父为阿尤布王朝继承法法官，颇有地位，免职后避世隐居。伊本·法里德自幼随父学习经训，后从师学习沙斐仪教法，并改奉苏菲主义。起初在开罗东郊穆盖泰姆山岩洞中独居修行，并钻研苏菲派学理。后去麦加朝觐，同巴格达著名苏菲派学者苏哈拉瓦迪结识，深受教益。在麦加苏菲派修道院中潜修15年，写了大量具有宗教神秘主义的诗作。后应埃及阿尤布王朝统治者之邀，返回开罗，建立扎维叶，传播苏菲派教义，培养门弟子。他生前被苏菲派尊为"长老"，去世后葬于穆盖泰姆山中，其陵墓至今仍有拜谒者。他的诗集被称为阿拉伯文学作品的佼佼者，其内容包括宗教赞美诗、劝善诗和抒情诗，表达了他对伊斯兰教的虔诚和苏菲派神秘主义的观点。其中关于赞主赞圣和描述人主合一精神境界的诗篇，成为苏菲派念"迪克尔"的内容。著名长诗《朝觐者的历程》(一译《长塔伊亚特》)，共760行，描述了自己作为一个苦行者的思想体验，歌颂了苦修者精神升华后与造物主相融合一时的最高精神境界，诗曰："既醉又复苏，两体合为一；伊以我为寓，我体昭若揭。"并提出了"真主之光"是世界万物的总根源，被苏菲派奉为经典著作。《酒颂》借醉酒作比喻，抒发自己精神上的快感，阐发了神秘主义的爱主观点。其诗作修辞优美，比喻生动，辞藻艳丽，感情动人，寓有深刻的哲理。（杨克礼）

伊本·古太白(Ibn Qutaybah，828～889) 阿拉伯阿拔斯王朝文学家、语言学家、历史学家。一译"伊宾·库特拔"。本名艾布·穆罕默德·阿卜杜拉·本·穆斯林。祖籍为波斯呼罗珊的木鹿，生于巴格达。从小受到良好的文化和宗教教育，并广泛接触社会各阶层人物，向其求教。他广涉博览，博学多才，通晓阿拉伯语、语法、文学、诗歌、《古兰经》、圣训、教法、历史及各教派的教义，谙熟《旧约》和《新约》。信奉逊尼派教义。851～870年间，在迪奈瓦里担任教法官。从871年起，在巴格达宗教学校执教，并潜心从事伊斯兰学术文化的研究。他一生著述宏富，涉及到语言学、文学、历史、教法及宗教学等领域。其著作刻意求新，语言简洁、流畅，寓意深刻，富有哲理。他自称其作品"力求内容和形式的统一，历史和典故的一致，字和词的和谐，以为学子求知、研究者背诵提供方便"。(《故事的源泉》卷1)其所著《阿拉伯人之书》综述了阿拉伯历史，引用了大量文献、诗歌、圣门弟子言论等第一手资料，突出地阐述了伊斯兰文化的形成、发展及其特点。在《对各种圣训的注释》一书中，对各派圣训学家所汇集的圣训进行了评论和辨伪，对各种伪造圣训者及歪曲解释的观点给予严厉的驳斥，并批评了教义学家对圣训学家的责难。《书记的文学》(又译《秘书指南》)是一部阿拉伯语惯用法及词汇集，系统地介绍了担任书记必须掌握的语言、语法、词法及记录的技巧。《诗歌与诗人》是一部按年编排的6～9世纪阿拉伯诗歌选集，并撰有长篇序言，说明他对文学评论的主张。《知识之书》(一译《知识大全》)是一部历史、文学和伊斯兰教的小百科全书，内容丰富，收集了大量典故、格言、谚语、诗歌、轶事、见闻及碑铭等珍贵资料，详细地论述了伊斯兰教兴起前后的阿拉伯文化史。《故事的源泉》，计10卷，是一部知识性历史文学集，为其代表作。全书分为权势、战争、主权、本性、品行、学问、修辞与修行、兄弟、需要、食品、妇女等章，取材广泛，涉面极广，论述了君王的权力和品德、战争指挥、社会伦理、处世哲学、个人修养、文采学风、饮食与健康等问题。文中广证博引，有《古兰经》和圣训的教导、教法律例、古代先知及圣门弟子的言论、历史故事、名人轶事、格言、警句、祷词、《圣经》的经文等。伊本·古太白是阿拉伯语言学巴格达学派的始祖，被后世学者誉为"百科全书式的作家"。（杨克礼）

伊本·哈奈菲叶(Ibn al-Ḥanafiyyah，642～699) 伊斯兰教什叶派凯桑尼支派尊奉的伊玛目。本名穆罕默德·本·阿里，别号艾布·嘎希姆。出生并卒于麦地那。是伊斯兰教第四任哈里发阿里的第三子，因其生母郝莱是贾法尔·哈奈菲叶之女，故称伊本·哈奈菲叶，以示他并非先知穆罕默德之女法蒂玛所生。他学识渊博，品德高尚，以勇敢、豪放而闻名，在各地穆斯林中深孚众望。683年，穆赫塔尔·塞盖菲在反对伍麦叶王朝的斗争中积极拥立他为凯桑尼派的伊玛目，并宣称他是"马赫迪"(即救世主)，目的在于推翻伍麦叶王朝暴政，为680年10月10日在卡尔巴拉之战中蒙难的侯赛因报仇雪恨。685年，伊本·哈奈菲叶和伊本·阿拔斯因拒不承认伊本·祖拜尔僭称哈里发而被其监禁于麦加。穆赫塔尔闻讯后率众前往营救，他得救后隐居塔伊夫和麦地那，699年病故。凯桑尼派则坚持说他没有死，而是隐匿在麦地那附近的利德瓦山中，将来要以马赫迪身份复临人间，铲除暴政，治理乱世。（马忠杰）

伊本·哈兹姆(Ibn Ḥazm，994～1064) 安达卢西亚伊斯兰教哲学家、教义学家、教法学家。生于科尔多瓦，出身于穆斯林官宦家庭。自幼受到良好的伊斯兰教育，后从名师学习经训、教义、教法，遂成为著名的学者。他博学多才，通晓伊斯兰教义学、圣训学、教法学、逻辑学、历史学、文学等，对希腊哲学及伊斯兰教各派别的学说均有研究。青年时曾担任后伍麦叶王朝后期三任哈里发的大臣。他推崇希腊哲学，倡导知识和理性，主张以《古兰经》和圣训为依据，以逻辑推理阐释教义和教法，不囿于派别之见。他原是逊尼派沙斐仪教法学派的追随者，后转向以达乌德为代表的直解学派（即字面学派），认为阐释教法应以经、训的字面意义为基础，否则一概不予承认。他因对伊斯兰教权威学者的观点进行驳斥，与人辩论中言辞激烈，激怒了众多的正统派学者，被斥为“异端”，而被迫隐退从事著述。据载，其著作达400余种，涉及到宗教各学科、哲学、历史、文学和自然科学等广泛领域。其大部分著作在科尔多瓦和塞维利亚被烧毁。主要著作有《关于教派和异端的批判》，该书从比较宗教学的角度，对伊斯兰教、犹太教和基督教的教义进行了综述和比较研究，反驳了犹太、基督教的有关教义，阐明了伊斯兰教“认主独一”教义的正确性。书中对伊斯兰教主要派别的学说进行了评述，重点驳斥了艾什尔里派关于安拉除本体外还有诸多德性的观点。其抒情诗集《斑鸠的项圈》，抒发了他对人生、自然、理想的情怀，记述了他一生的经历。（杨克礼）

伊本·海赛姆（Ibn al-Haytham，965～1039）中世纪阿拉伯光学家、数学家和哲学家。全名艾布·阿里·穆罕默德·本·哈桑·本·海赛姆。拉丁名为阿尔黑丝恩。生于伊拉克巴士拉，曾在故乡任官职。后移居埃及开罗，在法蒂玛王朝宫廷任职，奉哈里发哈基姆之命治理尼罗河未能成功，为逃避责罚，佯装疯癫，辞官而去。1021年哈基姆死后，他在开罗科学馆专心致力于自然科学和哲学的研究著述，在物理学、数学、天文学、医学和哲学方面有很多成就。

伊本·海赛姆在科学上最突出的贡献是奠定了光学实验和理论的基础。他根据观察实验并运用数学方法，对自然界的许多光学现象作了正确的阐述，著有光学巨著《光学书》，原本已失散，遗留的光学著作有《光学宝鉴》。他精辟地解释了人眼睛的构造及各部分的功能，提出了视觉是由物体发生的光幅射线引起的，光线进入人的眼睛网膜，通过视觉神经传达到大脑皮层，才产生了形象。提出光线来自所观察的客体，光是以球面形式从光源发射出来的，从而否定了欧几里德和托勒密关于眼睛发出光线以观察客体的错误。他还证明了光线在相同物质中传播处在同一直线上，提出眼睛晶状体看到的物体形象要比实际的要大，从而推论出物体光线反射和折射定律。他还分析了诸如月球周围出现光环等许多自然现象。他对放大镜的实验研究成果比较接近关于凸透镜的近代理论。他的光学著作约在13世纪译成拉丁文后，成为欧洲光学的经典著作。在天文学上，他论证了行星的运动轨道和距离，并给以数学计算。在医学上，他把生理学和物理学结合起来，开创了视力生理学和眼睛解剖学的研究，探讨了颜色混合定理和对照现象。伊本·海赛姆在哲学上，悉心研究亚里士多德的哲学著作，并作了注释，吸收了其自然哲学学说和逻辑方法。他推崇理性，认为哲学是一切学科研究的指针，哲学的宗旨是探索真理，为人类谋福利；自然界的事物是认识的基础，人们通过对直观现象的思维和判断得到理性知识，直观认识和理性认识是密切不可分的，借助科学能够获得真正的理性知识。在宗教上，他因不拘泥正统派的观点，对某些教义问题持怀疑态度，他死后被控为“叛教者”，其著作被焚毁。

伊本·海赛姆的科学和哲学著作宏富，多达100多种，大部分已失传，留传下来的著作50余种。光学著作有《光学宝鉴》；天文学著作有《论宇宙构造》；哲学著作有《波菲利逻辑学引论注释》、《亚里士多德伦理学注释》、《亚里士多德灵魂论注释》、《论人与世界》、《论原则、本质和完善》、《论幸福与痛苦》、《论理智的本质》等。（杨克礼）

伊本·海推布（Ibn al-Khaṭib，1313～1374）安达卢西亚著名历史学家、文学家、政治活动家。本名穆罕默德·本·阿卜杜拉·本·赛义德·赛勒马尼，以“利桑丁·伊本·海推布”著称于世。祖籍叙利亚，后全家迁居安达卢西亚。生于格拉纳达，出身于阿拉伯血统的官吏家庭，信仰伊斯兰教逊尼派教义。其父为奈斯尔王朝素丹优素福的宫廷官员。伊本·海推布从小受到正规的宗教和文化教育，通晓阿拉伯语和拉丁语，精通伊斯兰教义、教法、希腊哲学、历史、地理、医学和文学。曾担任过奈斯尔王朝大臣伊本·杰亚卜的书记，后擢升为宫廷大臣。1359年，在王室争权斗争中，随素丹穆罕默德五世流亡到摩洛哥，受到马林王朝素丹艾布·赛里姆的庇护，并结识了伊本·赫勒敦，在沿海城市萨勒从事学术研究。1362年，穆罕默德五世返回格拉纳达复王位后，伊本·海推布被任命为“文武大臣”，在宫廷中取得无限权力。1371年，他因被同僚谗言指控引起素丹猜忌，遂逃到摩洛哥非斯避难。后奈斯尔王朝法官指控他信仰异端邪说，拟定判处死刑。在审讯前因私仇在非斯监狱中被暗杀。他一生著有60多部著作，涉及到历史、地理、诗歌、文学、医学和哲学等学科领域，只有少部分著作流传至今。著名著作有《格拉纳达志》、《东方城市编年史》、《杰出人物的事迹》等。《格拉纳达志》详细地叙述了伊斯兰教时期西班牙的社会情况、政治制度、军事体制、风俗习惯、文化教育、学术派别，还介绍了格拉纳达历代著名穆斯林学者的生平著述等，是研究安达卢西亚伊斯兰教历史的重要资料。他曾奉命主管格拉纳达大学，改进了该校的教学内容和方法。他还是一位善于运用散文形式从事文学创作的大师，其作品语言优美，词藻华丽，观点新颖，富有哲理。史学家称他是“格拉纳达最后一位杰出的穆斯林思想家、诗人兼政治家”。（杨克礼）

伊本·罕百勒（Ibn Ḥanbal，780～855）伊斯兰教逊尼派圣训学家、教法学家、教义学家，罕百里教法学派创始人。全名艾哈迈德·本·穆罕默德·

本·罕百勒。生于巴格达，其家庭系阿拉伯谢班(Shaibān)部族成员。祖父曾任呼罗珊地区赛尔荷西的地方长官。父亲是穆斯林军官，早逝。伊本·罕百勒由母亲抚养长大。他自幼学习《古兰经》，在同龄人中以谨慎、好学、坚忍而著称。他记忆力超人，为其学习和辑录圣训提供了良好的条件。为学习和搜集圣训，他曾到过伊斯兰教圣地麦加、麦地那和宗教学术圣地库法、巴士拉及叙利亚、摩洛哥、也门等地旅行。他还在巴格达向沙斐仪教长学习过教法原理。他为人忠厚、廉洁，治学严谨，曾被赞誉为"严格遵守圣训的人"。他在创制教法过程中，坚持伊斯兰教传统，反对任何标新立异。他曾婉言谢绝阿拔斯王朝哈里发穆泰瓦基勒(al- Mutawakkil，847～861在位)的重金聘请，不为其效力。其教法主张是：严格遵循《古兰经》的表义，广泛引用圣训；尤为尊重圣门弟子、再传弟子的判例；较少使用"类比"，否认个人意见在释法、执法中的作用。反对使用"公议"，特别反对穆尔太齐赖派的"意志自由"论和"《古兰经》受造"说。坚决抵制将个人意见强加于法律的行为，认为只有《古兰经》和圣训才是立法的渊源。为捍卫伊斯兰教传统，反对各种异端邪说，他在阿拔斯王朝哈里发马蒙(813～833在位)的考询(Miḥnah，意为"考验")时期曾受到百般折磨。在监禁和严刑拷打面前，他据理驳斥穆尔太齐赖派的各种唯理主张。马蒙的继位者穆尔台绥姆(833～842在位)曾组织力量与之辩论，并以私下会谈方式企图使其就范，均遭到失败。哈里发下令将其鞭打、关押两年零四个月之久，致使他终身病残。哈里发穆泰瓦基勒执政时，停止对伊本·罕百勒等正统派学者的迫害，并宣布穆尔太齐赖派的"《古兰经》受造"说为非法主张。伊本·罕百勒得以正名。他在教义学方面也有一些独到见解。他坚信，信仰体现为内心确认、口头表白和身体力行，三者缺一则信仰不虔诚。在前定和人类的行为问题上，他认为真主的前定和人类的选择是一致的。他还主张哈里发人选的产生应根据《古兰经》的精神协商选举，哈里发须由古莱什人充任。伊本·罕百勒坚持以经训为基础的立法、行教的基本主张，强调正本清源、净化信仰、遵循正道的思想及不畏强暴的斗争精神，对后世影响很大，13世纪的伊本·泰米叶和18世纪的瓦哈比教派运动皆同其教法传统一脉相承。伊本·罕百勒的主要著作有《穆斯奈德圣训集》(al-Musnad)、《拜功与规则》(al-Ṣalāt wa-Mā Yalzam Fihā)、《废止与被废止的》(al-Nāsikh Wa al-Mansūkh)、《古兰经注》(al-Tafsir)和《圣门弟子的美德》(Faḍā'il al -Ṣaḥābah)等。 （张广麟）

伊本·赫勒敦(Ibn Khaldun，1332～1406) 中世纪阿拉伯著名哲学家、历史学家、政治活动家。本名阿卜杜·拉赫曼·本·穆罕默德。生于突尼斯(一说凯鲁万)，系塞维利亚阿拉伯贵族后裔。先祖为也门哈达拉毛的哈杰尔部族，8世纪时随阿拉伯军队出征到安达卢西亚，后迁到北非。自幼从父学习《古兰经》和阿拉伯文，后到宰图那大学学习，受到系统的伊斯兰教育。他勤奋笃学，博览群书，精通经训、教义、教法、哲学和历史学，通晓语言学和文学。1352年开始政治生涯，先在突尼斯哈夫斯王朝供职，后在摩洛哥非斯担任素丹宫廷书记官，曾受谗下狱。1362年到格拉纳达的奈斯尔王朝宫廷供职。次年出使塞维利亚，与卡斯提尔国谈判和平。1365年，因遭密友伊本·海推布的嫉妒和谗言，被迫返回马格里布，后到摩洛哥受到马林王朝素丹阿卜杜勒·阿齐兹的庇护。1373年，隐居特累姆森东面的伊本·萨拉麦城堡，潜心从事研究活动，1378年撰成著名的历史哲学著作《历史绪论》。1382年赴麦加朝觐途中，行至开罗被马穆鲁克王朝素丹扎希尔·赛菲丁挽留，应邀在爱资哈尔大学讲授法学，后又被任命为开罗马立克教法学派大法官。1387年再次去麦加朝觐。1401年，随素丹奈斯尔丁出征叙利亚，奉命任使臣率代表团到大马士革，同帖木儿进行缔结和约的谈判。1406年3月17日在开罗逝世，葬于开罗苏菲墓地。

伊本·赫勒敦总结当时历史研究的最新成果，克服阿拉伯史学家注重历史现象铺陈的弱点，把哲学和历史学结合，去探索历史发展的规律和历史现象的内在联系，开创性地提出了新的历史观及研究方法，把历史科学提高到一个新水平。在历史观上，他主张从人类社会生活的实践中，研究历史和哲学。他认为，历史不仅是朝代更迭的记录，更重要的是整个社会发展的真实描写。历史学是哲学的一部分，社会学是哲学的新内容，历史的对象应是人类社会及其物质、精神文化生活。社会的发展史，就是人类的发展史，人是历史和社会的中心。人是社会的产物，因此人类的生存和社会活动，离不开物质资源、地理环境和气候等客观条件。人的不同特性、表现和习惯受到不同环境的影响。社会经济、生活方式、自然地理、气候等对社会发展、变化起着决定性作用，教育、科学、社会道德风尚及宗教信仰等精神因素影响国家民族的兴亡。教育是一种社会现象，它与经济有密切关系，随着经济的发展而发展。他认为研究历史的目的是从错综复杂的历史现象中，探索其规律性，阐明历史事件内在的因果关系。他总结了阿拉伯诸王朝兴衰的历史，认为"历史有许多重复的现象"，并提出"历史是循环的，不受人们意志支配"的观点。在历史研究方法论上，他认为历史是一个连续不断的发展过程，不可分割，应把每一历史事件放在整个历史发展中加以考察和分析，鉴别真伪，客观反映历史的真实面貌，切忌主观武断，穿凿附会。他主张研究历史要把过去和现在联系起来，把历史现象(外表)和因果关系(内在)联系起来、把各个不同历史事件的因果联系起来，把社会治乱情况和经济兴衰联系起来，把历史学同哲学、社会学联系起来，才能说明历史变迁的内在原因和来龙去脉。在认识论上，他认为知识、理性来源于社会，受社会实践支配。人的感觉经验是认识世界的基础，但人的感觉是有限的，对世界的认识也是不可穷尽的，必须依靠哲学和理性达到认识真理，而逻辑思维是达到正确认识的辅助工具。在宗教思想上，他认为宗教是研究后世的问题，是属于人们思想信仰的范围，对彼岸世界不能妄加解释，要反对占星学的迷信和神秘主义主张，信仰只能依据经、训。认为真主是独一的存在，他是事物因果关系的第一因和目的因。他的学说为近世欧洲哲学家、历史学家和社会学家所推崇，称他是“人类历史哲学和社会学的奠基人之一”。阿拉伯学者誉他为“伊斯兰划时代的史学哲人”。

伊本·赫勒敦著述很多，涉及哲学、逻辑学、历史学、教法学、数学及诗歌等方面，但大多已佚散。现存的著名历史哲学巨著是《阿拉伯人、波斯人和柏柏尔人的历史》。该书以翔实的史料，察古今之变，究治乱之理，从哲学高度论述了伊斯兰国家和民族史，阐发了哲学和历史观。全书分三大部分：(1)历史绪论，集中反映了作者的哲学观点和历史观点。(2)阿拉伯人及诸王朝和民族的历史。(3)柏柏尔人及北非各穆斯林王朝的历史。其中所附作者自传，是一部中世纪阿拉伯人回忆录的早期佳作。他的《历史绪论》被译成多种文字出版。（杨克礼）

《伊本·赫勒敦绪论》 见《历史绪论》。

伊本·赫里康(Ibn al-Khallikān，1211～1282) 伊斯兰历史学家、法学家。全名艾哈迈德·本·穆罕默德·本·易卜拉欣·本·艾布·伯克尔·伊本·赫里康。祖籍波斯，系巴尔马克家族的后裔。生于伊拉克北部的阿尔比勒，出身于宗教学者家庭。早期随父学习经训、教法。及长，游学到摩苏尔，投师艾布·凯兰学习《布哈里圣训集》，后又到阿勒颇，师从阿尤布王朝著名法官白哈乌丁·本·舍达德学习沙斐仪学派教法。1246年到大马士革师从著名历史学家伊本·艾西尔学习历史学，遂成为一个博学的宗教学者。在马穆鲁克王朝时被任命为埃及开罗大法官白德尔丁·赛哈威的助理，1261年调到叙利亚任大法官达20年之久，为官清廉，判案公正。伊本·赫里康是虔诚的逊尼派信徒，在教法上推崇沙斐仪学派法学理论，并依此处理律例；在教义上信仰艾什尔里派的新凯拉姆学主张。他在任职期间，在大马士革伍麦叶清真寺讲授法学，还从事历史学研究和文学创作活动。他编著的《名人传》(Wafayāt al-A‘yān wa Anbā’Abnā’al-Zamān)是一部用阿拉伯文写成的历史传记文学作品，全书13卷，记述了865位穆斯林名人的生平事迹，史料翔实，考订精审，文字优美。书后附有主要事件的记述，收有诗歌和轶事。后有多种外文译本。该书于1365年由阿卜杜勒·巴吉作了增订，补入人物30名，并加了附录。1838年由奥斯曼帝国学者奈斯尔丁·胡里尼根据不同版本作了校订和注释，由第·希南主持刊印发行。他的文学作品有《长手》等。1282年在大马士革勒吉比耶学校逝世，葬于卡斯蕴山脚下。（杨克礼）

伊本·胡尔达兹比(Ibn Khurdādhbih，约820～912) 阿拉伯地理学家。一译“伊本·库达特拔”。全名艾布·卡西姆·欧拜杜拉·本·艾哈迈德·本·胡尔达兹比。原籍波斯人，生于呼罗珊穆斯林官吏家庭。其祖父原为琐罗亚斯德教徒，后改宗伊斯兰教。其父曾任泰伯里斯坦地区总督。伊本·胡尔达兹比自幼在巴格达受传统的伊斯兰教育，并师从音乐家伊斯哈格学习音乐和文学。曾任阿拔斯王朝吉巴勒省(今伊朗西北部)邮政总管。后擢升为首都萨马拉(836～892为首都)及巴格达邮政和情报总局总长，常出入宫廷。约于844～848年在萨马拉撰成《道程及郡国志》(《al- Masālik wa al-Mamālik》，一译《省道记》)，此书系以宫廷档案资料为依据写成，记述了阿拔斯王朝东西交通驿站、途程、商品集散地、对外贸易及税率等情况，并对各地的历史沿革亦有所涉及，有重要的史料价值。书中所记经波斯湾海道到达中国沿海各港口之航程及贸易的货物等，对研究中亚交通史亦有裨益。该书被译为英、法、德文，其资料被后世地理学家所引用。他还写有关于音乐的专论多篇。（杨克礼）

伊本·凯西尔(Ibn Kathir，1302～1373) 伊斯兰经注学家、教法学家、史学家。全名为艾布·菲达·伊本·凯西尔。他的早年生平不详。叙利亚人。曾担任过大马士革伊斯兰学校教师。通晓《古兰经》，对教义学、圣训学、历史学颇有研究。奉逊尼派教义。1366年任大马士革伍麦叶清真寺总伊玛目，并招收培养门弟子，从事伊斯兰学术研究著述。主要著作有10卷本的《伊本·凯西尔古兰经注》，是逊尼派传闻经注的权威著作。14卷的伊斯兰教历史著作《自始至终》，搜集整理了当时的重要史料，记述了伊斯兰教的传播发展及历史事件，为后世史学家所引用。他还以研究圣训学而闻名，所著《加米书》，按姓名字母编排介绍圣门弟子的生平及其所传述的圣训，并作了评述。（杨克礼）

《伊本·凯西尔古兰经注》(Tafsir ibn Kathir) 14世纪伊斯兰教逊尼派重要经注之一。4卷本，为叙利亚著名经注学家艾布·菲达·伊本·凯西尔(1302～1373)编著。该经注选用资料多系圣训及伊斯兰教前贤的言论，选材比《泰伯里经注》严慎。他注释经文的方法是先引证经文，再用简明浅显的语言对经文加以注释，然后再引证有关经文对照诠释，以阐明经文的主旨。这种方法被称作“以经解经”。如果在经文中找不到相应的节文加以注释时，便引用圣训来阐释。如在圣训中又找不到相应的材料时，则举出前辈学者的言论予以佐证。他的这种注释方法已成为后世学者所遵循的基本方法之一。该经注印行本有6卷集和10卷集两种,被认为是传闻经注中最有权威的著作。其中附有作者的《古兰经的尊贵》一书。

（马 贤）

伊本·路世德(Ibn Rushd,1126～1198) 中世纪阿拉伯著名哲学家、教法学家、医学家。亚里士多德学派的主要代表之一。全名穆罕默德·本·艾哈迈德·本·穆罕默德·本·路世德。拉丁名阿威罗伊(Averroes)。生于穆瓦希德王朝统治下的安达卢西亚的科尔多瓦。出身于伊斯兰教法官世家,祖父和父亲均为教法学家,任过科尔多瓦大法官。伊本·路世德自幼受到家庭严格的伊斯兰教育,能背诵《古兰经》和圣训。后师从著名伊斯兰学者伊本·巴斯科瓦尔和艾布·贾法尔·哈伦等人,学习教义、教法、哲学、医学和天文学等。1153年到京城马拉喀什从事教育和医学著述,并结识了王朝大臣伊本·图菲利。1168年,经伊本·图菲利推荐进入穆瓦希德王朝素丹艾布·叶尔孤白·优素福的宫廷,从事学术研究。1169年起担任塞维利亚和科尔多瓦的法官。1182年接替伊本·图菲利担任大臣兼宫廷总御医。1195年在科尔多瓦担任大法官时,因正统派教义学家指控他的著作有"异端"思想倾向而被新任素丹下令放逐,其宗教、哲学著作亦被焚毁。不久,素丹艾布·叶尔孤白·曼苏尔将他宽赦召回马拉喀什宫廷复职。1198年12月10日卒于马拉喀什,后移葬在科尔多瓦阿巴德家族的墓地。

在哲学上,伊本·路世德非常推崇亚里士多德的学说,把它说成是最高的真理,人类的理解力所能达到的极限。他继承和发展了亚里士多德的哲学思想中科学和理性的倾向,综合了阿拉伯东、西方伊斯兰哲学家的思想成果,并在同正统教义学家安萨里等人的论战中,使哲学摆脱宗教的束缚而得到独立发展。在本体论上,他认为,物质世界是永恒的,它不可能被创造也不可能被消灭,有的只是在永恒因素上的重新结合。无所谓"无中生有",也无所谓"先有而后无"。世界在时间上是无始的,但在空间上是有限的。物质的"运动是永恒的、不间断的",物质是运动的"基质",运动和物质是不可分离的。运动变化是由潜在的形式变成现实形式的过程,形式不能离开物质而独立存在。但他又认为,安拉是无始的、最高的精神存在,是世界的"第一推动者",是万物变化最后的"目的因"。安拉是宇宙整体的最高主宰者,是世界总的秩序,只是在总体上而不是在局部或个体上起作用,不直接干预物质世界的具体事物,统治自然界的是其必然性。在灵魂观上,他否认"个人灵魂不灭说"。认为灵魂和肉体是不可分离的,个体的灵魂是暂时的,它和个人的肉体同时灭亡。只有人类统一的、普遍的和客观的理性才是永恒的,它是人类连续不断的精神生活的表现。在认识论上,他认为个人的思维活动(即被动理性)有始有终,只提供认识的可能性,人类的思维活动(即能动的理性)是永恒的,它把认识变为现实的能力。认识开始于对个别事物的感性知觉,理性是在感性材料基础上对事物共性的抽象认识。人应该依赖科学和哲学原则去研究事物,从已知中去推断出未知,认识自然界的必然。在理性和天启的关系问题上,他是"双重真理论"奠基人之一。他认为,理性和天启、哲学和宗教是不矛盾的。除天启的信条外,一切事物都应受理性的检验和判决。宗教和哲学关系密切,二者是不同范围内的真理。宗教的真理源自天启,它具有象征性和寓意的形式,它是对人们的训诫,是约束人们道德行为的规范,旨在止恶扬善,顺从安拉,维持世道人心,适应大众的需要;哲学的真理是来自理性,通过纯粹的思辨而获得,它是真理的最高表现形式,哲学家能认识宇宙万象,由此而推证造物主的实有。哲学理论高于宗教信条,仅为少数哲人所理解。这二者可能有分歧,那是由于它们各有自身独立的认识范围。有时哲学上认为是真理的东西,宗教上可能认为是错误的,反之亦然。真正的宗教并不反对哲学研究,同样,真正的哲学只是排斥宗教对科学和哲学研究的干扰。当哲学的论证与宗教教义不相符合时,应相信哲学的论断,"相信宗教的人,就不应该害怕哲学的不同论断"。他的这些观点使哲学得到一定程度的解放。他还冲破宗教观念的束缚,肯定了妇女在社会生活中的应有的地位和作用。他反对苏菲派的苦行禁欲主义,主张入世主义,认为穆斯林应在今世和后世都得到幸福。

伊本·路世德为亚里士多德、柏拉图的主要著作和伊本·西那、法拉比的哲学著作写过提要、注释和评论,在很大程度上恢复了被新柏拉图主义曲解了的亚里士多德的学说。人们说:"亚里士多德解释了自然界,而阿威罗伊却解释了亚里士多德"。他的哲学思想对中世纪的犹太哲学和基督教的经院哲学有着重要影响。他哲学思想中唯物主义的观点成为基督教会及神学家攻击的目标;有的神学家把他的著作改头换面,作为大学的教科书;以西格尔为代表的进步思想家吸收了他的学说,奠定了西方唯理主义哲学的基础,12～16世纪形成了阿威罗伊主义学派。他被誉为"亚里士多德著作最权威的诠释家"、"伊斯兰哲学的集大成者"。

伊本·路世德的著作,据传共有70多部,包括哲学、逻辑学、伦理学、政治学、医学、教义学、教法学和文学等。据阿拉伯史籍载,他曾对《古兰经》、圣训作过注释。现存的主要著作有:《哲学家矛盾的矛盾》,是对安萨里《哲学家的矛盾》一书的答辩和反驳;《哲学和宗教联系的论断》,是对宗教与哲学关系的论证;《宗教信仰中例证方法揭示》,是对苏菲派、穆尔太齐赖派和艾什尔里派学说的分析和评价;《医学通则》是他医学理论的代表作,用哲学观点系统地论述了病理、生理、临床、诊断、治疗、药物及心理疗法的基本理论和知识,并对阿拉伯著名医学家的贡献作了评介。 (杨克礼)

伊本·马哲(Ibn Mājah,824～887) 9世纪

伊斯兰教逊尼派著名圣训学家、《古兰经》注释家，“六大圣训集”的汇编者之一。全名穆罕默德·本·耶济德·本·马哲，别号艾布·阿卜杜拉。出生于波斯文化名城加兹温。他少年时代就富有向上进取和顽强钻研的精神，曾在家乡各地清真寺、学校学习圣训、教法。他求知爱好广泛，涉及宗教、历史、哲学、文学和伦理学等。每有学术演讲会，他都参加，掌握了各学科基础知识，成绩显著。成年后，前往伊拉克、叙利亚、希贾兹、埃及和赖伊等地区各大城市拜师深造多年，并广泛搜集圣训，研究圣训学。他曾同各圣训派的学者接触，交流观点，博采各家学说之长及其治学方法，遂形成了自己以圣训为立法原则并与教法学家创制律例的方法相结合的思想主张。后期在伊拉克历史文化名城库法和巴士拉定居，从事讲学及整理、考订圣训，把自己精选的4341段圣训分为37章1515节，予以辑录定本，命名为《伊本·马哲圣训集》。他还著有《古兰经通注》、《历史》等。（马忠杰）

《伊本·马哲圣训集》（Sunan Ibn Mājah） 9世纪伊斯兰教逊尼派著名圣训经籍之一。在该派“六大圣训集”中被排列在第六位。为波斯圣训学家伊本·马哲（824～887）汇编，故名。该集共辑录圣训4341段，系编者从长期集录的大量圣训素材中精选汇编而成。其中所收圣训，其传述世系中的人物大多为3人，被称为“三世系伊斯纳德”（Thulāthiyyāt），检阅方便明晰。学者认为，该圣训集中既包括真实的和良好的圣训，也包括部分弱而无力的圣训。还有编者独家辑录的圣训1339段，均按教法体系予以分类立目。全集共分37章，1515节，篇目划分细致，标题简明扼要。主要内容：第1章第1节专讲圣训在教义、教法上的重要性及其经典地位，其他各章则分别讲述伊斯兰教的五大天命功课、商事、农耕、婚姻、离异、遗产、继承、馈赠、狩猎、屠宰、衣饰、礼仪、道德等。阿拉伯穆斯林学者对该集是否达到“六大圣训集”的等级看法不一，早期的学者把它列为“六大圣训集”之一，认为其中所辑录的圣训多数都是真实的，可接受的，传述人物也是可靠的，且编排列目合理，具有连贯性和逻辑性。后辈学者认为，其中编者独家辑录的个别圣训，其真实强度不够，故不予列入“六大圣训集”，而以马立克（712～795）的《穆宛塔圣训集》取而代之。该集有后世学者所作的注释5种，其中埃及人凯玛鲁丁·德米利（1341～1405）的《迪巴杰》（Dibājah，5卷集）和哲拉鲁丁·苏尤蒂（1445～1505）的《玻璃灯》（Miṣbāḥ al-Zujājah）最为有名。（马忠杰）

伊本·麦萨赖（Ibn Masarra，883～931） 安达卢西亚伊斯兰教学者、神秘主义哲学家。一译“伊本·马萨拉”。生于科尔多瓦。早年生平不详。他通晓伊斯兰教义学、苏菲派学理，对希腊哲学颇有研究，深受恩培多克勒派哲学思想的影响。他在科尔多瓦隐修住地向求教的学生宣讲苏菲主义及神秘主义哲学，信众日增，组成宗教团体，遭到马立克教法学派的反对，被斥为“异端”。为躲避当局的宗教迫害，到麦加朝觐，并在旅途中进行游学，访问各地学者。约于900年返回科尔多瓦后，在附近山区的“扎维叶”隐修，继续从事传教工作，培养了一批门弟子，使神秘主义在安达卢西亚得以传播。他将古代神秘主义光照学说、苏菲主义、袄教的光明与黑暗说、恩培多克勒派的哲学思想结合在一起，用哲学论证神秘主义。他认为，安拉是宇宙的主宰者，世界灵魂、自然界和人的灵魂是安拉之光明的产物。安拉之光明是宇宙的本原，先知穆罕默德是受真主之光照而为圣者，人必须遵循真主之光明所照射的道路，才能获得[灵魂]拯救。“同信仰的兄弟”应组成团体，在导师的指导下，通过修炼达到完美的境界。他擅长写神秘主义的阿拉伯文书法。他的学说经科尔多瓦和彼奇纳的几个著名门弟子的传播，对安达卢西亚伊斯兰学术界产生了重大影响。神秘主义哲学家伊本·阿拉比（1165～1240）深受伊本·麦萨赖学生思想的影响。伊本·麦萨赖的著作已佚，现部分保留在犹太翻译家所译的拉丁文伊斯兰教哲学著作中。

（杨克礼）

伊本·穆阿利姆（Ibn al-Mu‘allim） 见穆菲德。

伊本·穆尔塔兹（Ibn al-Mu‘tazz，861～908） 中世纪阿拉伯诗人、修辞学家。全名阿卜杜拉·本·穆罕默德·本·贾法尔·阿拔斯。生于巴格达（一说萨马腊）的阿拔斯王族家庭，哈里发穆尔塔兹之子。自幼受到传统伊斯兰教育，并从名家学习诗文。后在奢侈、享乐中生活，结交文坛名流，饮酒作诗，放荡不羁。阿拔斯王朝哈里发穆克泰菲去世后，他只当了一天哈里发，后被杀。他的诗歌以描写王族、宫廷生活为题材，多为饮酒、狩猎和嬉戏之作，也有不少写景诗。他的诗歌想象丰富，比喻风趣，风格明快。他用“赖哲兹”即长短格诗体表达传统的主题，创作了一篇约420行的叙事诗，祝贺其堂兄穆尔泰迪德登上哈里发位。这篇诗于1813年在埃及出版。他的作品还有《修辞书》、《诗人阶层》、《伊本·穆尔塔兹诗集》等。

（杨克礼）

伊本·穆格莱（Ibn Muqlah，866～940） 阿拔斯王朝大臣、阿拉伯文著名书法家。生于巴格达。早年任波斯收税官。曾3次出任阿拔斯王朝宫廷书记兼大臣而3次遭到罢黜。他同伊本·伊萨按照《古兰经》文的语法结构和读音规则，确定了句读、读音长短高低、韵律及字母的同化等标音符号，完成了《古兰经》文标音的统一书写法。他创制了阿拉伯草体字母纳斯赫手写体，取代了角形库法体而成为伊斯兰书法的标准体。他把圆体曲线引入纳斯赫手写体，使阿拉伯书法流畅优美。纳斯赫字体原来多用于抄写《古兰经》及宫廷文书，到11世纪广泛用于通信、记事、铭文及建筑装饰。他还设计了塔乌吉手写体和更加优美的苏卢斯体。他被誉为“阿拉伯第一流的书法家”。曾被哈里发流放波斯，晚年在巴格达监禁时卒于狱中。

（杨克礼）

伊本·穆卡法（Ibn al-Muqaffa‘，约724～759） 阿拉伯著名文学家、哲学家。原名罗兹比·本·达祖威。波斯设拉子南部的朱尔村人。其父在伍麦叶王朝时任税收官，原举家信奉琐罗亚斯德教。他幼年受到良好的波斯文化教育，后作为阿拉伯艾赫台姆家族的释奴在巴士拉城长大。他刻苦钻研，博览群书，广交社会贤达，向著名学者求教，获得广博的伊斯兰文化知识。他精通波斯语和阿拉伯语，并通晓希腊哲学、逻辑学、修辞学、语言学、文学、法学、历史学、动物学。以辞章、辩才、侠义而著称。曾在伍麦叶王朝时为一些王公贵族当过书记。在阿拔斯王朝初期担任巴士拉总督伊萨·本·阿里的书记时，改奉伊斯兰教，取名阿卜杜拉·伊本·穆卡法。后又在曼苏尔宫廷任职。他不满阿拉伯统治者对非阿拉伯人的歧视和压迫，抨击朝政和各种社会时弊，请求哈里发针对时弊，改革政治、军事、司法和财政制度，形成公正、平等和良好的社会风气。他在哲学思想上崇尚理性和知识，主张摆脱宗教传统思想的束缚，以知识启迪民智，改变烦琐的礼仪和陈规陋习。后因揭露朝政时弊触犯哈里发，并在朝野派别的政治倾轧中受到指控，759年，被哈里发曼苏尔以“伪信者”罪名处死。

伊本·穆卡法将希腊、波斯文化和伊斯兰文化融为一体，创作了大量寓有哲理性的文学及政论作品。所著《小礼札》和《大礼札》是关于行为准则、社会道德的哲理箴言集，论证了道德的基本原则和治国安民、交友处世的道德行为准则，并提出“伏祸之福不为福，伏福之祸不为祸”的辩证法思想，以及人生的格言：“要奋斗永生，不要短暂的享乐；要思想和精神上的满足，不要肉体上的快乐”。反映了其对社会政治、道德改良的观点。《近臣书》是他呈递给哈里发曼苏尔的长篇谏辞，批评了社会弊端，提出改革主张：（1）以法律治军，统一军令，军政职权分开，选拔有谋略和勇为者任指挥官，提高军队素质。（2）制定国家正式法典，其内容除《古兰经》和圣训明文外，其他内容应根据理性和公正的原则判断。对意见不一致的律例和依靠类比决定的部分，则应交给当权者根据有利于公众利益的标准来决定。（3）选择贤明之士管理国家，凡大臣和官员，必须具有真知灼见，具有忠实可靠、公正清廉的品质，且才能卓越，谙熟教法，服务大众。（4）诤谏哈里发应励精图治，广开言路，任人唯贤，兴利除弊，笃行不倦，以求社会久安。他将印度的《五卷书》从巴列维文译成阿拉伯文时，对全书进行了艺术加工和再创作，增删了一些章节，名为《卡里来和笛木乃》。全书分15章，以几十种动物的口吻讲述了50多个故事，穿插大量格言、成语和训诫，每个故事表达一种哲理和教诲，如在《笛木乃的审讯》一章中，传述了伊斯兰教的道德训诫：“只有真主才以德报德”；“行善而望人报答，是不义的，受禁的”；“受今世的处分，就可免得后世的罪愆”。他还从波斯文翻译了《波斯历代国王历史》、《波斯风俗和文化》、《王冠》、《玛兹达克传》等。相传还译过亚里士多德的《范畴》、《修辞学》等著作。他为阿拉伯文学开辟了翻译介绍不同文化和知识的领域。他的作品严谨，语言精练，层次清晰，寓意深刻，反映社会现实生活，这已成为后世阿拉伯文学家和哲学家效法的典范。

（杨克礼）

伊本·奈迪姆（Ibn al-Nadim，？～1047） 11世纪阿拉伯著名书目编纂家。全名穆罕默德·本·伊斯哈格·本·穆罕默德。阿拉伯语“伊本·奈迪姆”，意为“酒友之子”，因其系阿拔斯王朝宫廷酒友伊斯哈格之子，故名。生于巴格达。早年曾以经营图书、纸张为业，从而为其博览群书创造了有利条件，并为其后编纂书目提供了丰富的资料。他是一名激进的穆尔太齐赖派追随者，其观点较明确地反映在他后来的著述中。如他称艾什尔里派为“穆吉比赖”（al-Mujbirah），意即他们是强迫别人信奉宿命论者。他以撰有大型著作《书目》（al-Fihrast）而一举闻名，书中列举和评介的史籍多达1000余种，所列书目介绍了作者的生平和著作的主要内容，保存了佚书的大量资料，真实地反映了中世纪伊斯兰史学家丰硕的研究成果，为弘扬伊斯兰历史学做出了重大贡献，为后世历史学家所广泛引用。

（杨宗山）

伊本·奈菲斯（Ibn al-Nafis，约1210～1288） 阿拉伯著名医学家，血液小循环理论的提出者。全名艾布·哈桑·阿里·伊本·奈菲斯。他早年在大马士革从名师学医，对希腊和阿拉伯早期的著名医学著作均有深入研究，精通医学各科知识。时为大马士革的名医。后被马穆鲁克王朝素丹盖拉温（1279～1290在位）任命为开罗盖拉温医院院长兼任宫廷御医，并从事医学理论的研究和著述。在他所著的《医典解剖学注》中，首次提出了“血液小循环”的理论。他根据自己长期临床实践的经验，指出心脏的隔膜很硬，心室间隔实质无孔，驳斥了希腊医学家盖伦关于血液自右心通过隔膜的细孔直接进入左心室的观点。他正确指出，血液必须通过肺脏从右心室流到左心室。他的这个发现比西班牙医生塞维塔斯的同一发现早250年。但他的学说一直未被世界医学界所知，直到20世纪初他的著作才为人们所发现。他还写过不少有关眼病和饮食卫生的论文，并注释了希腊医学家希波克拉底、阿拉伯医学家伊本·西那和侯奈因的医学著作，并提出了自己的创见和补充。

（杨克礼）

伊本·欧麦尔(Ibn'Umar,613～692) 伊斯兰教先知穆罕默德的门弟子,圣训传述家。全名阿卜杜拉·本·欧麦尔·本·赫塔卜。生于麦加。是第二任哈里发欧麦尔的长子。他是早期麦地那的知名学者之一,在圣门弟子中深孚众望,被誉为"伊斯兰教的伊玛目"。他出身于麦加古莱什族,幼年随父信教,先其父迁麦地那。15岁时曾参加壕沟之战,穆罕默德逝世后又请缨参加过"平定叛教"和两度征服非洲的战争。他为人诚恳,不谋私利,且精明果敢。故欧麦尔临终时曾指定他参加推举哈里发的"舒拉会议",以作为发生争议时的仲裁人。656年,第三任哈里发奥斯曼被杀害后,他拒绝了部分圣门弟子提出拥戴他为哈里发的请求。他精通经训、教法和有关的典章制度等文献,成为各地前来求教者的法律权威。一生作出过许多教法判例(即法特瓦),解决了当时教法实践中出现的难题。由于他与艾奈斯·伊本·马立克的共同努力,有关圣训传述的研究在麦地那发展成为专门的学科。他背记、传述圣训1630条,大多在伊本·罕百勒的《穆斯奈德圣训集》中保存下来,布哈里采纳了其中的81条,穆斯林采纳了31条。692年,他因脚部受毒器破伤而卒于麦加,终年79岁。 (马忠杰)

伊本·沙达德(Ibn Shaddād,1145～1234) 阿尤布王朝政治家、法学家和史学家。初在巴格达当教师,后在摩苏尔宗教学校任教授,讲授圣训和教法。1187年初从麦加朝觐回国后,参加了萨拉丁领导的穆斯林军队在巴勒斯坦抗击十字军的战役,被任命为军法官。他支持萨拉丁将圣战进行到底,并呈献论文一篇,论述这次圣战的法律和惩戒,深得萨拉丁的恩宠。他多次奉萨拉丁之命出使,联合各地穆斯林力量共同抵抗十字军。后又担任民政部门官员和耶路撒冷法官。1193年萨拉丁去世,由其子麦利克·扎希尔继位,他被任命为阿勒颇法官,并资助创办伊斯兰学校。1199年,年幼的麦利克·阿齐兹继素丹位后,伊本·沙达德任其国师,独揽摄政大权。他奖掖学术,资助学者,兴建学校、清真寺和医院,使伊斯兰文化得到进一步发展。他还大力推行逊尼派沙斐仪学派教法,建全了中央和地方的法律制度。1218年素丹阿齐兹在王室斗争中退位后,他下野归隐。他著有《萨拉丁传》,记述了萨拉丁的戎马生涯及历史功绩,还记载了穆斯林军队抗击十字军的多次战役,材料多为亲身经历,公允可靠,为后世史学家所引用。 (杨克礼)

伊本·沙特(Ibn Sa'ūd,1880～1953) 沙特阿拉伯王国创建者,第一代国王(1932～1953)。出身于纳季德地区的沙特家族王室,为王朝创建者沙特(Sā'ud,卒于1724年)的第六代直系子孙,故名。本名阿卜杜勒·阿齐兹·本·阿卜杜·拉赫曼·本·费萨尔。生于利雅得,为沙特王朝埃米尔阿卜杜·拉赫曼之子。自幼在宫廷接受传统的伊斯兰教育,信奉瓦哈比派教义,11岁时能背诵全部《古兰经》。1891年,其父为躲避邻近地区拉希德部落的不断武装进犯,率全家流亡科威特。12岁的伊本·沙特即随其父在该地定居。此间,他从师学习《古兰经》注、圣训、教法、历史、军事,并随父进行社交活动,学识大长。1901年末,他率部返回阿拉伯半岛,并于翌年1月以奇袭手段占领利雅得,重建沙特王朝。1903～1907年间打败拉希德人及其支持者土耳其军队,统一盖西姆地区。1913年从土耳其人手中夺取波斯湾西岸省区哈萨。1919～1925年间,他先后征服了红海沿岸的阿西尔酋长国、纳季德北部杰贝勒·沙马尔地区的拉希德王朝和由麦加的谢里夫·侯赛因(1924年自立为哈里发)统治的希贾兹王国,占领麦加、吉达和麦地那。至此,波斯湾至红海之间的辽阔地区尽入沙特王朝版图。1926年,他在希贾兹亲自召开了有各国伊斯兰教不同派别的学者参加的伊斯兰教大会,以扩大影响确立其在伊斯兰世界的地位。1927年5月,他同英国在吉达签订了友好条约,其在国际上的独立地位得到确认。伊本·沙特初称埃米尔和伊玛目,1921年后称纳季德及其属地的素丹,自1926年起改称希贾兹与纳季德两地国王。1932年9月18日正式成立沙特阿拉伯王国,即国王位。

伊本·沙特是20世纪颇有才干的封建君主之一。在政治上,他以阿拉伯民族主义为旗帜,号召阿拉伯半岛各部落停止自相残杀,共同反对异族统治,驱逐土耳其人。他以伊斯兰教瓦哈比派教义为思想武器,于1910年在纳季德地区建立了宗教社团组织——认主独一兄弟会(Ikhwān al-Tawḥid),以共同的宗教信仰为纽带把各部落结成一体。他下令由瓦哈比派学者组成宣教团,分赴各地大力传播瓦哈比派教义。依据瓦哈卜的著作,编写通俗的宗教经籍,用以号召穆斯林恢复早期伊斯兰教的纯洁性,严格奉行认主独一的教义,谨守教规,履行宗教功课,根除圣徒、圣墓崇拜等一切形式的多神崇拜,谴责一切背离经训原则的异端邪说、迷信活动和各种礼俗,严禁吸烟、饮酒、歌舞、赌博等。他还于1912年下令建立了大量的"希吉来"(Hijrah,即迁徙)农垦区,要求贝都因人从游牧的沙漠地带迁徙到垦殖区定居,从事农业。这些定居区后来发展成为宗教、政治、经济、军事的综合体。

伊本·沙特执政后,实行政教合一制,自任瓦哈比派教长,立该派教义为国教。他以《古兰经》、圣训为准则,推行罕百里派教法,以伊斯兰教法代替各部落的原习惯法。颁布王位继承法,规定王位由沙特家族世袭继承,王国各军政要职均由其王族成员充任。改革和统一国家行政司法与税收制度,颁布瓦克夫法和商业法,强化中央政府管理职能。他重视发展经济和对外贸易,曾于1933年和1939年采取引进西方先进技术的措施,把占国土面积约2/3的土地租让给由美国洛克菲勒和摩根集团控制的阿拉伯美国石油公司,从而使沙特成为重要的石油生产国和输出国，为发展民族经济打下了基础。随着石油收入的不断增加，他着手兴建城镇、港口、机场，引进先进交通和通讯设备，发展文教卫生事业，并拨专款修葺麦加禁寺和兴建为朝觐者服务的设施、清真寺以及宗教院校等。他在宗教方面实行宽容政策，允许不同教派的存在。他对外实行中立和不结盟的外交政策，重视发展同中东各阿拉伯国家及穆斯林世界的友好关系。于1953年在塔伊夫病故，葬于利雅得。他因对统一阿拉伯半岛和创建民族独立国家所做出的贡献而被誉为“阿拉伯民族荣誉的恢复者”和“阿拉伯复兴运动的先驱”。

（杨宗山）

伊本·泰米叶（Ibn Taymiyah，1263～1328） 14世纪伊斯兰教义学家、教法学家、原教旨主义的倡导者。本名艾哈迈德·本·阿卜杜勒·哈利姆。库尔德人。生于马穆鲁克王朝统治下的美索不达米亚的哈兰。1268年因蒙古人入侵随家迁居大马士革。出身于宗教学者世家，祖父为罕百里派法学家、圣训学家，其父希哈卜丁曾任大马士革圣训学校教师，并兼任伍麦叶清真大寺宣教员。伊本·泰米叶幼承家学，能背诵全部《古兰经》和圣训，后就读于罕百里派圣训学校。30岁时继其父在大马士革伍麦叶清真大寺讲授圣训教法，并担任宣教员，对逊尼派四大法学派的教法学说进行研究，继承和发展了罕百里派的教法学说，享有盛名。1298年，因反对一些学者对《古兰经》中关于真主德性问题的任意注释而被指控。1306年，被叙利亚总督遣送开罗，曾与哈乃斐派、马立克派、沙斐仪派的学者、法官进行辩论。后因沙斐仪派首席法官指控他犯有“把安拉人格化”罪，被监禁18个月。1308年获释后，在开罗萨利赫学校讲学，继续宣传他的教义、教法主张。又因反对伊本·阿拉比派对苏菲圣墓的崇拜而遭软禁。1309年被流放到亚历山大。1313年随马穆鲁克王朝素丹伊本·盖拉温出征，收复被蒙古人占领的叙利亚。后定居大马士革，继续讲学和著述。1320年因对教法中有关休妻律例用类比推理去解释，有悖于逊尼派四大教法学派的主张而被囚禁。次年出狱，仍坚持己见。1326年再度下狱，其著作全部被封禁。1328年9月26日在开罗狱中病逝，葬于苏菲公墓。

伊本·泰米叶一生执著于早期伊斯兰教的正统思想，遵循罕百里学派的法律传统，明确提出了“回归古兰经”的著名口号，以纯洁信仰，恢复伊斯兰教的本来精神。他通过对伊斯兰教各派学说的研究和批判，认为伊斯兰教从中世纪以来，由于受到希腊哲学、基督教、佛教、琐罗亚斯德教和新柏拉图主义的影响，出现了崇拜吾里(即圣徒)、朝拜圣墓、祭祀自然物等新的多神崇拜和异端思想，背离了“安拉的正道”。他主张应复兴早期伊斯兰教的原旨教义，恢复《古兰经》、圣训的真正精神和赛莱夫(Salaf，即伊斯兰最初三代)的传统惯例，坚持伊斯兰教认主独一论的根本信仰。除遵循经、训外，不信奉任何权威，反对凯拉姆学派、苏菲主义和其他哲学学派离开认主独一教义的任何“创新”，认为只有这样才能使四分五裂的伊斯兰社会再度统一。他认为《古兰经》是信仰的最高准则，对其注释要严格、精确，不能妄加推猜和穿凿附会。在伊斯兰教的立法上，他认为《古兰经》和圣训是立法的基础，在不违背经训原则下可应用“类比推理”，对律例进行独立判断，而“公议”或某个团体的意见对立法并无价值。在政治上，他承认早期四大哈里发的正统性。认为哈里发只有经过民主选举，才符合伊斯兰教关于穆斯林人人平等的原则。伊斯兰国家的政府应对乌玛(即穆斯林社团)负责，实行沙里亚教法，乌玛则对真主负责，保证政府实行教法。服从执行教法的政府和反对异端及偏离教法的政府同样是穆斯林的义务。那些离开“安拉正道”而又渎职和腐败的统治者，是最不道德的人，穆斯林没有必要去服从这样一个腐败的统治者。伊本·泰米叶的学说和著作对18世纪阿拉伯半岛兴起的瓦哈比教派运动提供了理论依据。近现代的伊斯兰复兴思潮和运动都不同程度地受到他的思想影响。他被称为“罕百里教法学派的权威”、“伊斯兰复兴运动的先驱”。

伊本·泰米叶对《古兰经》和圣训均有研究和注释，著有教法、哲学、逻辑、伦理及对各派学说批判的大量论著，流传至今的约64部。著名的有《教法判例》、《政治与教法》、《论文集》、《圣行之道》、《反驳哲学家》、《批判逻辑学家》等。

（杨克礼）

伊本·突伦王朝 见图伦王朝。

伊本·突麦尔特（Muḥammad ibn Tūmart，约1078～1130） 北非穆瓦希德王朝奠基人，伊斯兰原教旨主义的倡导者。生于今摩洛哥西南部的苏斯，系柏柏尔部落麦素木达族人。其父为当地清真寺杂役，他从小过苦行生活，在清真寺受传统的伊斯兰教育，通晓经训、教义和教法，谙熟柏柏尔语和阿拉伯语，成年后为当地的宣教师。他先到科尔多瓦作短期游学，受到伊本·哈兹姆学说的影响。后又到阿拔斯王朝首都巴格达求师并进行教义学研究，成为艾什尔里派教义的笃信者。他返回摩洛哥后先到穆拉比特王朝首都马拉喀什等城市传教，遭到当局的怀疑和排斥，被迫返回阿特拉斯山区的麦素木达部落，用柏柏尔语宣传他的教义和主张。他自称“马赫迪”，声言他的使命是恢复伊斯兰教早期的纯洁性和正统性。在教法上，他倾向罕百里学派，反对统治者在制定教法时所依据的推理原则，主张严格遵守《古兰经》和圣训关于教法的规定。在教义学上，斥责当局统治者背离正统的教义，反对当时盛行的把安拉人格化、崇拜圣徒、圣陵和世俗化的倾向，宣传“陶希德”(Tawḥid)，即信仰独一无二的安拉。宣称只有接受他的教义的人，才是信仰安拉独一无二的虔诚信士，其他都是异教徒。在政治上，他谴责统治者奢侈生活和对广大穆斯林的敲诈勒索，号召人民起来推翻穆拉比特王朝，建立公平正义的穆斯林社会。伊本・突麦尔特的传教活动产生巨大影响，得到广大下层穆斯林群众的响应和拥护。1211年，他被麦素木达各部落推举为伊斯兰"长老"和部落联盟首领。他的追随者被称为"穆瓦希德人"(Muwaḥḥidūn，即信仰安拉独一的人)。他率领穆瓦希德人在纳菲斯河发源处附近的丁・麦拉勒建立第一座清真寺，作为宗教、政治和军事中心，派出传教师到各地传教，并率军打败苏斯总督，据有整个苏斯地区，其他柏柏尔部族投之者日益增多。他设置了由早期10名信徒组成的会议及柏柏尔各部族代表组成的50人协商会来协助他领导运动。生前曾指定其助手阿卜杜勒・穆敏为哈里发，主持军事。1130年因病逝世，由阿卜杜勒・穆敏继承他的事业。（杨克礼）

伊本・图菲利(Ibn al-Ṭufayl，1100～1185)中世纪阿拉伯哲学家、医师、文学家。一译"伊本・图菲尔"。拉丁名亚勒巴瑟。全名艾布・伯克尔・穆罕默德・本・阿卜杜勒・麦利克・本・穆罕默德・伊本・图菲利。生于奈斯尔王朝统治下的格拉纳达东北的卡迪什。早年先后在塞维利亚、格拉纳达学习和研究伊本・西那及伊本・巴哲等人的哲学和医学著作，并精通数学、天文学和文学。先在格拉纳达行医，后到马拉喀什穆瓦希德王朝埃米尔艾布・叶尔孤白・优素福(1163～1184)宫廷任御医兼大臣。1182年辞职，推荐伊本・路世德继任。1185年卒于马拉喀什。埃米尔叶尔孤白・曼苏尔为他举行了隆重的葬礼。阿拉伯史学家誉他为"伟大的思想家"、"理性主义的哲学家"。

伊本・图菲利写有医学、天文学和哲学方面的大量著作。但他的著作大多轶散，在阿拉伯文献中仅有零散的记载。流传迄今的哲理性文学著作《哈伊・本・叶格赞》(Ḥayy ben Yaqẓān)，其含义为"人智来自神智"。该书主人公哈伊取自伊本・西那的一篇著作名，通过故事阐发其哲学思想和观点。故事描述了居住在与世隔绝的孤岛上的"自然人"的自我发展过程。哈伊不依赖社会传统，不借助天启，不需他人传授的知识，而借助自身的自然成长和对外界的观察和认识，经过不同的发展阶段，先认识个别事物，得出感性认识，经过积累逐渐认识了周围世界，得到了自然的知识，后从多种多样的事物中认识了联结这些事物的原则，终于达到对自然、诸天体、自身及对真主的真理性的认识。在宇宙结构问题上，伊本・图菲利认为，整个宇宙是由球形实体所构成，地球是圆形的，太阳是比地球大得多的球形实体。宇宙似一巨人，各个天体相互联系，宛如巨人身上的各个器官。自然界的万物都具有一定的长、宽、厚的实体，都是有限的，是可以认识的。一切实体因各具不同属性，故多种多样，但它们统一于精神实体(造物主)。宇宙及万物不是固有的，而是由造物主造化出来的。他认为，万物运动的本原是"真主的真理"，真主主宰这个世界，并使它运动。在认识论上，伊本・图菲利把人的认识分为直观认识和理性认识两种。前者通过感官与外界接触，再经过锤炼灵魂而获得；后者在直观认识的基础上。通过研究和理性推理而实现。只有理性的认识才能达到自然的真理。他受新柏拉图主义和苏菲派神秘主义的影响，认为只有通过沉思冥想、内心参悟，才能理解"真主的真理"和接近真主。他还认为宗教和哲学是和谐的，通过殊途达到同一真理。但一般人由于知识和能力的限制，只能信奉简单的宗教信条，而不能达到最高真理；少数贤哲则能认识"真主的真理"的真谛，而真正达到完全领悟真主的启示和玄机的人则为"圣者"。伊本・图菲利还提出了时间和空间是永恒的，自然界是运动变化的，生物来源于非生物的进化思想。

伊本・图菲利的《哈伊・本・叶格赞》，于1671年由爱德华・波科克译成拉丁语，后又译成荷兰语、俄语和西班牙语，现被译成多种语言广为流传。有的西方学者认为这部哲理小说是《鲁滨孙漂流记》的雏形。

（杨克礼）

伊本・图伦(Aḥmad ibn Ṭūlūn，835～884)埃及图伦王朝的创建者。中亚拔汗那突厥人，其父图伦原为布哈拉总督萨曼的奴隶，817年奉送给阿拔斯王朝哈里发马蒙作奴仆。生于巴格达。伊本・图伦长大后侍奉马蒙，深得恩宠，在宫廷受到宗教和文化教育。哈里发穆尔泰绥姆执政时期，任宫廷近卫军统领。在塔尔苏斯城短期供职时，曾攻读过伊斯兰教经籍。868年到埃及任总督巴亚克贝克的助理，受命代行总督职权。不久，他从哈里发委任的税收官手中夺取了埃及的全部财政税收大权，仅将岁入的少部分上缴国库，从此埃及独立。他建立了一支10万人的军队，并由突厥奴隶和黑奴组成严密的近卫军，作为政权的支柱。他下令军队、地方官和百姓向他宣誓效忠。后哈里发力图恢复对埃及的控制，责令上缴埃及税收，但伊本・图伦不听其号令。877年，趁叙利亚总督逝世，哈里发派兵讨伐巴士拉黑奴起义之机，出兵兼并了叙利亚。他在位16年，锐意革新，振兴经济，拨巨资兴修水利，扩大灌溉，鼓励发展手工业和商业，整顿财政，减轻赋税，使生产得到发展，国库岁入增加。为加强国防，在巴勒斯坦阿克和亚历山大港建立海军基地，在开罗城东北新建格塔伊耳城，并据险设防。他整修开罗旧城，修筑宫殿、医院、宗教学校和清真寺，使首都焕然一新。他花12万第纳尔(金币)建筑的伊本・图伦清真寺，是伊斯兰教建筑重要的古迹之一，经历代修葺，至今犹存。

（杨克礼）

伊本・图伦清真寺(Masjid ibn Ṭūlūn) 埃及伊斯兰教著名清真寺。位于开罗旧城南亚什卡尔山的高地上。为图伦王朝奠基人艾哈迈德・伊本・图伦于876～879年间建成，耗费12万第纳尔(金币)。寺的建筑为碉堡形，占地面积26143平方米，是伊斯兰世界的古寺之一。曾塌毁，后经历代王朝多次修复。寺的中心是露天庭院，长92米，宽91米，大致呈正方形。庭院中有1297年建造的“拱北”1座，上建八角形镀金圆顶。庭院四周内有砖柱围绕，外面筑有高大的围墙，在北、西、南3侧有与内院院墙平行的3面墙，南北面长162米，西面长161米。礼拜大殿为砖砌柱子支撑，柱身粉饰以白色，雕刻着各种几何图案，殿内四周的木质饰带上用库法体雕刻着《古兰经》文。顶盖为木架平面屋顶，四周建有4个列柱拱廊。殿东侧为礼拜朝向，建有5个拱门式的凹壁(即米哈拉布)，中间最大的凹壁是由马穆鲁克王朝素丹纳赛尔丁·拉加尼于1298年所建，系半圆空心凹壁，镶嵌着玻璃和彩色金属制品，中间雕刻着阿拉伯文库法体的“清真言”全文。寺院西侧是宣礼尖塔，塔体为4层，是仿照伊拉克萨马拉清真寺的螺旋尖塔设计的，塔的尖端为小圆顶，砖砌方柱和尖拱格外引人注目。塔外有沿塔壁而上的螺旋形阶梯，可登塔顶。图伦清真寺的雄伟建筑反映了中世纪埃及伊斯兰建筑艺术的发展成就。　(杨克礼)

伊本·西那(Ibn Sina，980～1037)　中世纪阿拉伯著名哲学家、医学家、自然科学家和文学家。亚里士多德学派的主要代表之一。全名艾布·阿里·侯赛因·本·阿卜杜拉·本·西那。拉丁名阿维森纳(Avicenna)。塔吉克人。生于中亚布哈拉城附近的艾富申镇。出身于贵族家庭，其父阿卜杜拉为王朝官吏，是什叶派支派伊斯玛仪派信徒，精通教义和自然科学。伊本·西那幼承家教，聪颖好学，10岁时能背诵《古兰经》和文学名著。后到布哈拉在伊斯兰教学者阿卜杜拉·纳特里的指导下，学习亚里士多德、欧几里德、法拉比、拉齐等人的哲学、科学著作，并自攻医学。18岁时已成为名医，因治愈萨曼王朝素丹努哈·本·曼苏尔(976～997在位)的重病，被聘入宫中，并特许在宫廷图书馆博览群书，为他以后的学术活动打下了坚实的基础。999年萨曼王朝覆灭时，伊本·西那逃到花剌子模的戈尔甘从事学术研究和著述。因政治动乱，后辗转各地。在哈马丹时，担任素丹舍姆斯丁·道莱宫廷御医，曾两次被任命为大臣。1022年迁居伊斯法罕，受到布韦希王朝素丹阿拉·道莱的礼遇和庇护，担任宫廷御医，并继续从事教学和学术研究活动。1037年卒后葬于哈马丹。

伊本·西那在哲学上继承和发展了肯迪和法拉比的学说，采取带有新柏拉图主义色彩的亚里士多德哲学体系，力图调和哲学和宗教的矛盾，用自然科学的成果论证哲学问题。在世界本原问题上，他认为自然界在本质上是物质的，物质世界是永恒的。一切事物都是由质料和形式构成的，没有脱离质料的抽象形式，形式包含在物体本身之中，质料和形式二者相互依赖和制约。但他又认为安拉的本体是“第一存在”，是“自在”，并由此产生其他的“可在”，也就是万物。安拉不是直接创造世界，而是先创造出“原初理性”，再通过它流溢出世界万物是必然的。安拉只是在本体上而不是在时间顺序上是事物的“动力因”和“目的因”，安拉不直接干预自然界的事物，统治自然界的是严格的必然性。在共相问题上，他主张一般有三种存在方式：一般作为“理念”存在于真主的理性中，先于个别事物而存在；一般作为个别事物的“本质”，存在于个别事物之内；一般作为概念，却存在于事物之后。由此确立了两个基本观点：(1)真主的理性先于事物，而人的理性却存在于事物之后；(2)理性是“一般”的原则，物质是“个别”的原则。在认识论上，具有感觉论的倾向。他认为，人们对于存在于认识主体之外的对象的知觉是认识的基础。当然没有理性，也不可能有认识。但是，感觉经验为理性反映客体形象准备先决条件。只有认识的最高原则才不需要感性知觉的帮助，就能直觉地从理性中获得。他主张“双重真理论”，认为宗教信条同以理性与经验的成就为基础的哲学可以各自独立存在，二者研究的对象虽不同，但不相悖，都是真理。世界是可知的，自然科学的最终目的是认识真理。他重视逻辑在思维中的作用，认为逻辑确立了正确判断的规律，其范畴和结构应符合事物的客观实际，反对诡辩。在灵魂观上，他认为灵魂是超出一般事物的物理属性的特殊动力，亦即潜能。灵魂使人完备，成其为人。人有了灵魂才进行思维、想象和判断，认识未知。灵魂和肉体并无本质联系，人死后肉体毁灭，而灵魂永存。

伊本·西那在医学上继承了古希腊、印度、波斯的医学遗产，总结了阿拉伯的医学成果，创立了新的医学理论体系。他在著述中首创性地把疾病分为内、外、脑、胸、精神、眼和妇科，并对各类疾病的病理、症状、治疗均有系统的论述。他主张对疾病的治疗应采取养生、药物和手术兼施并用。在解剖和病理学方面，是对眼部肌肉组织的构造及对脑膜炎、中风、胃溃疡等的病理作出正确判断的第一人。他关于各种传染病是由致病的“病原体”物质造成的观点，接近现代医学理论。他将临床诊断的切脉，归纳为48种脉象，其中有35种同中国晋代太医令王叔和所著《脉经》相吻合。他的医学著作代表了当时世界医学的最高成就。

伊本·西那是百科全书式的学者。他的学说和著作对阿拉伯及西欧产生了重大的影响。被后世学者誉为“阿拉伯最伟大的医哲”、“科学家的长老”、“亚里士多德第二”。1980年在他诞辰1000周年时，阿拉伯国家联盟和伊朗举行了隆重的纪念活动。联合国教科文组织将他与屈原、莎士比亚和达·芬奇并列为“世界文化四大名人”。他的著作相传有100多部，涉及到哲学、心理学、逻辑学、医学、几何学、光学、语言学、文学和教义学等方面。哲学主要著作有：《治疗论》、《知识论》、《指导与诠明之书》。医学主要著作有：《医典》、《脉搏》、《论心脏病的治疗》等。哲理性的文学作品有

《医学千行诗》、《哈伊的故事》、《咏灵魂》、《萨勒迈兄弟》。《治疗论》的第6卷《论灵魂》1983年译成中文，由商务印书馆出版。（杨克礼）

伊本·伊斯哈格（Ibh Isḥāq，704～768） 伊斯兰教圣训学家，穆罕默德传记作者。全名穆罕默德·本·伊斯哈格·本·叶萨尔。祖籍伊拉克艾因·泰木尔，生于麦地那。幼时受伊斯兰教育，曾师从祖哈里学习《古兰经》和教义，后专门从事搜集穆罕默德的生平事迹。因与正统派在教义上发生分歧，被教法学家马立克指责为什叶派及"伪造圣训者"，被迫出走。733年曾到亚历山大访问，受到艾布·亚斯法尔的赏识。后由阿拔斯王朝哈里发曼苏尔（754～775在位）邀至巴格达，从事搜集圣训和著述，后殁于巴格达。他是最早撰述穆罕默德传记的作者，辑录有3卷关于穆罕默德的传说材料《先知传》（al-Sirah al-Nabawiyah）。保存下来的是由伊本·希沙姆整理的本子，主要根据该书前两卷编成穆罕默德传记。该书虽有某些虚构之处，但仍不失为研究早期伊斯兰历史的重要资料。（杨克礼）

伊本·优努斯（Ibn al-Yūnus，952～1009） 中世纪阿拉伯著名天文学家、数学家。生于上埃及赛德法的哈米尔部落，出身于穆斯林学者家庭，其父为《古兰经》、圣训诵读背记家。伊本·优努斯从小受到良好的宗教和文化教育，博学多才，精通天文学、数学。爱好哲学、文学、音乐。在埃及法蒂玛王朝哈基姆执政时任钦天监，掌管天文历法，并在开罗科学馆（Dār al-Ḥikmah）讲授天文学。他从977年起在开罗郊区穆盖塔木山大型天文台从事观测和研究多年，根据观测到的新资料和计算，对当时通用的天方历表加以修正，编撰了《哈基姆大历表》和《优努斯历表》（小历表）。书中记载了回归线的长度精度，囊括了当时观察到的日食、月食、分点、至点、会合、掩食等天象记录，阐述了用正弦余弦解球面三角的方程，并用于天文计算，其对三角函数的表述接近现代语言。他还研究了行星运动的轨道，测定了星球之间的距离，成为后来计算月球引力的基础。他还发明了钟摆，以其振动为计时工具。在科学思想上，伊本·优努斯认为，天文研究必须建立在观察实测的基础上，并附以精密的数学计算，才能得出正确的结论。他还认为，经验知识是基础，而理性知识才是可靠的。在宗教上，伊本·优努斯是一个虔诚的穆斯林，他认为自然界是安拉的创造物，只有通过对真主创造的各种事物迹象的研究，以掌握事物的各种知识，才能认识造物主的存在，达到思想上的确信真主。伊本·优努斯的《哈基姆大历表》曾被阿拉伯国家奉为标准历表，沿用200多年。约12世纪末传入欧洲，天文学家拉普拉斯引用该书的观点和计算方法用来确定黄道斜角以及木星和土星的均差。天文学家西蒙也用该书关于日食、月食的见解来研究月球运动。该历表于13世纪中期，由元代回回天文学家哲马鲁丁传入中国，并于1267年（元世祖至元四年）制成"万年历"（又称"回回历"）；郭守敬以此为蓝本，编制了《授时历》。"回回历表"对中国历法的影响历元、明、清3朝，达近400年之久。（杨克礼）

伊本·朱拜尔（Ibn Jubayr，1145～1217） 安达卢西亚穆斯林旅行家、历史学家。全名艾布·侯赛因·穆罕默德·伊本·艾哈迈德。生于地中海的巴伦西亚，在哈提法受伊斯兰文化教育。出身于穆斯林官吏家庭。他曾任格拉纳达总督的书记。1183年，他乘船越直布罗陀海峡到摩洛哥休达，再经埃及亚历山大港到麦加朝觐，拜谒了麦地那穆罕默德之墓，并拜访了麦加的宗教学者。返回时他游历了埃及、伊拉克、叙利亚和西西里岛。1185年回到格拉纳达，将沿途见闻写成一部《伊本·朱拜尔游记》（一译《朝觐途记》）。该书记述了沿途的航线，各地的历史、地理、宗教、风土人情，涉及威廉二世统治下的西西里及十字军时代的叙利亚，尤对麦加、麦地那、巴格达、开罗、大马士革的伊斯兰文化古迹和穆斯林的宗教及社会生活记载十分详细，是研究当时阿拉伯伊斯兰历史的宝贵资料。他还到过东方两次，1217年最后一次只到亚历山大港就去世了。（杨克礼）

伊本·祖拜尔（Ibn al-Zubair，622～692） 伊斯兰教早期派系领袖之一。全名阿卜杜拉·本·祖拜尔·本·阿瓦姆·艾塞迪。生于麦地那。早年曾随穆斯林军远征北非。656年其父在反对第四任哈里发阿里的内战中阵亡后，他在麦地那过隐居生活。679年伍麦叶王朝首任哈里发穆阿维叶宣布其子耶济德为继承人时，他曾同穆罕默德的外孙侯赛因、圣门弟子伊本·欧麦尔等人坚决予以抵制，指出该作法旨在使哈里发世袭制合法化。683年，他在麦地那发动反伍麦叶王朝运动，自立为哈里发，其势力和影响曾扩及到希贾兹、也门、埃及、叙利亚、伊拉克和呼罗珊等地，成为反对伍麦叶王朝的一支重要力量。圣门弟子伊本·阿拔斯和阿里之子伊本·哈奈菲叶曾因拒绝拥立他为哈里发而被囚禁于麦加，后为什叶派起义领袖穆赫塔尔·塞盖菲派军救出。687年，伊本·祖拜尔因报私怨令其弟穆斯阿卜率军在伊拉克库法扑灭了反伍麦叶王朝的穆赫塔尔起义，从而失去一支原可联合的力量，使自身处于孤军作战地位。692年其势力为伍麦叶王朝军队所灭，本人亦战死于麦加。其追随者史称"祖拜尔党人"（Ḥizb al-Zubairiyyin）。（杨宗山）

伊宾·库特拔 见伊本·古太白。

伊布拉欣 见易卜拉欣。

伊达（'Iddah） 伊斯兰教婚姻法专用语。又译

"守限期"。阿拉伯语音译,意为"待婚期"。指离异或被休的妻子或寡妇再婚前必须依教法等待的一段时间。通常在3种情况下必须恪守待婚期的有关规定:(1)配偶双方不论是否圆房,已经同居者。(2)配偶双方完婚后又离异者。(3)配偶双方尚未完婚男方即已死亡者。等待的期限,按《古兰经》的规定,通常是3次经期过后(2:228);停经或月经不正常的女子3个月;遗孀4个月零10天(2:234);孕妇的待婚期须一直继续到分娩并产期洁净以后(65:4)。待婚期间,配偶双方间的婚姻关系虽已破裂,但在法律上并未完全解除相互间的权利和义务,双方均不得再婚。待婚期的规定主要是为了判明妻子是否怀有身孕,以确定孩子的生父身份,同时也是为夫妻重归于好留有一次最后的机会。 (吴云贵)

伊德里斯 见易德立斯。

伊德里斯·阿娄马(Idris Alawma,1542～1619?) 非洲卡涅姆—博尔努王国国王。出身于王族家庭。因王族分裂,互相混战,王权一度旁落。他早年受伊斯兰教育,并在族亲的保护下习武以重振王室。1570年在一些部将的支持下登上王位,国王改称哈里发。他实行改革,建立一支强大的步兵和骑兵,从土耳其购买新式武器,外御豪萨、图阿雷格人的进攻,征服布拉拉人,收复加涅姆地区,使豪萨诸城邦和费赞皆为臣属。他控制海岸贸易,发展商业和农业,使国势中兴。他在位期间,在国内兴建清真寺,培养宗教人才,向各地派出传教师,推行伊斯兰教法,提倡穆斯林到麦加朝觐,政府予以资助,将首都恩加扎尔加姆建成经济和伊斯兰文化中心,与非洲各国的经济和文化交流日益增长。王国领土西起艾尔高原,东部包括卡宁地区,北境延伸到提贝斯提高原,成为乍得湖地区的重要军事强国。约1619年(一说1609年)因病去世。后博尔努王国衰落。 (杨克礼)

伊德里斯王朝(al-Sulālah al-Idrisiyyah) 中世纪北非西部阿拉伯人建立的伊斯兰教什叶派王朝(788～974)。785年,什叶派伊玛目哈桑的曾孙伊德里斯·伊本·阿卜杜拉在麦地那参加阿里派的暴动,遭阿拔斯王朝镇压失败后,率部分追随者经埃及、巴尔卡、特莱姆森,逃到摩洛哥北部的瓦利利。因其为阿里和法蒂玛的直属后裔,故得到柏柏尔部落穆斯林的崇敬和支持,被拥戴为伊玛目。788年,伊德里斯在柏柏尔部落酋长的推举下,正式宣誓就职,建立伊德里斯王朝,修建了穆莱·伊德里斯作为首都。他创建柏柏尔人组成的穆斯林军队,开始向外征服,先后占领了东起特莱姆森,西至萨累河的广大地区,迫使一些信奉基督教、犹太教的柏柏尔人改宗了伊斯兰教。阿拔斯王朝哈里发哈伦·拉希德派人毒死伊德里斯后,他的遗腹子伊德里斯二世(804～828在位)继位。在柏柏尔部落酋长的辅佐下,励精图治,建立行政制度,发展农业和商业。实行宗教宽容政策,对逊尼派穆斯林的宗教活动不加干预,允许基督教和犹太教徒在缴纳规定赋税的前提下,各行其是,倡导基督教徒和穆斯林互相尊重,友好相处,使社会秩序安定。他在非斯河左岸修建新都非斯城,后发展成为一座宏伟而繁华的阿拉伯城市,对传播伊斯兰学术文化起了重要作用。同时,希贾兹、安达卢西亚和突尼斯等地阿拉伯人迁入王朝各地定居,非斯城成为来自安达卢西亚和凯鲁万阿拉伯学者、商人、贵族的聚居区,从而加速了摩洛哥的阿拉伯化。828年伊德里斯二世去世后,其长子穆罕默德·伊本·伊德里斯继为伊玛目。他兴建清真寺和宗教学校,奖掖伊斯兰学术文化,特莱姆森和首都非斯发展成伊斯兰学术文化中心。他的继任者,于859年在非斯城内兴建卡拉维因清真大寺,后发展成马格里布地区著名的伊斯兰高等学府,培养了大批穆斯林学者。王朝后期实行封建分封制,王室为争权而发生内讧,导致兄弟阋墙,王朝衰微。974年,西班牙后伍麦叶王朝哈里发哈凯姆二世趁王朝内乱率兵灭伊德里斯王朝。 (杨克礼)

伊德里西(al-Idrisi,1100～1166) 12世纪阿拉伯著名地理学家。全名艾布·阿卜杜拉·穆罕默德·伊德里西。生于塞卜泰(今摩洛哥休达)。其父母为迁居西班牙的阿拉伯贵族。系阿里后裔家族。他曾在科尔多瓦大学学习,博学多才,通晓伊斯兰和希腊文化,除精通地理学、历史学外,对医学、阿拉伯文学和语言学颇有研究。早年游历过埃及、北非、希腊、罗马等地,还到过小亚细亚。约于1138年(一说1145年)应西西里诺曼国王罗吉尔二世的邀请,来到巴勒莫任宫廷地理学家,从事学术研究,度过了他的后半生。他在地理学和制图学方面做出了重大贡献。曾为罗吉尔二世用白银466两制造成一个地球仪和盘形世界地图,球面上刻出主要的气候地带。1150年,他所绘制的一张有70个区域的世界地图,使用了9条平行的纬线和11条经线,未考虑到地球的曲率。将赤道以北划分为7个气候区,每个气候区按经线分为10个等分,唯地图中的南北极和现今的地图相反。他认为地球是圆体形。1154年,他撰写的巨著《云游者的娱乐》(又名《罗吉尔之书》)是一部内容丰富的世界地理志。这本书吸收和总结了托勒密和麦斯欧迪等人著作中的主要研究成果,并依据罗吉尔二世派往各地实测者提供的大量第一手的新颖材料,结合本人到各地游历的见闻编纂而成。书中记述了世界区域划分、气候区、各国的地理位置、岛屿城市、山川河流、物产、交通要道及政治、经济、宗教民俗等,其中对中国和印度的情况亦有记载。该书附有各类地图70多幅,利用经纬线正交的方法,划分当时已知世界的区域。此书译成拉丁文后,被欧洲人奉为地理学权威之作。他的医学著作《常用药物》一书中用几种文字列举出药物数百种名称,并记载了

各种药物的性能和用途。此外,保存至今的还有他的对大自然抒怀的诗作多篇。（杨克礼）

伊儿汗国(Il-Khanate) 蒙古四大汗国之一(1256～1388)。亦称"伊利汗国"。1253年(蒙哥汗宪宗三年),成吉思汗之孙旭烈兀(1217～1265)任第三次西征统帅。1256年灭波斯境内的阿拉木特堡伊斯玛仪派的木剌夷国。1258年,攻占报达(今巴格达),灭阿拔斯王朝,并分兵三路侵入叙利亚。先以蔑剌哈(今伊朗阿塞拜疆马拉格)为都城,后迁大不里士。设宰相掌管全国政务,任命各省长官实施统治。1264年(至元元年),被元世祖忽必烈正式册封为伊儿汗。其领土东起阿姆河和印度河,西面包有小亚细亚大部分地区,南抵波斯湾,北至高加索山。伊儿汗建国时,西亚和中亚地区早已伊斯兰化。在伊斯兰文化影响下,第三代汗帖古迭儿(1282～1284)放弃佛教改宗伊斯兰教,更名为艾哈迈德。1295年,第七代合赞汗即位(1295～1304)后,即宣布他自己以及汗国的蒙古人均改信伊斯兰教。合赞汗信仰诚笃,倾向于什叶派教义。奉伊斯兰教为国教,以素丹取代大汗称号,取名穆罕默德。他任用穆斯林学者和有识之士担任宫廷要职,辅佐其积极推行伊斯兰教的各项政策。他实行伊斯兰教法,设立伊斯兰教法院,赋予教法官们以较高社会地位与权力;在各地修建清真寺、宗教学校、圣墓、圣裔赡养所、孤儿院;严令禁止多神崇拜,下令拆毁各地神庙。他大力进行社会改革,制定新的土地、赋税、驿站、货币等制度;限制蒙古贵族、将领和地方官吏对人民的横征暴敛;兴修水利,鼓励发展农业、手工业和商业贸易。早在旭烈兀时,倡导发展科学文化,采纳纳绥尔丁·图西的建议,于1259年在大不里士附近马拉格城西山,建立了规模宏大的天文台和藏书40万卷的图书馆。约1272年编成了《伊儿汗天文表》。合赞汗继续支持天文研究,他还命宰相拉失德编纂了蒙古史著作《史集》及介绍中国历代医学成就的《伊儿汗的科学宝藏》。由于当时东西驿站畅通,与元朝的使节来往频繁,关系密切,旭烈兀西征时即随带许多精通天文历算的中国学者及中国抛石机手、火炮手、弓弩手从军,并带去大量武器,中国的火药武器及制造技术由此传入波斯、阿拉伯,并辗转传到欧洲。一些中国人在伊儿汗宫廷任职,中国的医学、天文、历法及雕版印刷术也传到伊朗,至今波斯语中还保留着"钞"(Chao)这个词。这一时期来中国的阿拉伯、波斯人之多也是空前的,他们将久负盛名的阿拉伯医学、天文学知识传入中国,"回回医学"、"回回星历"成为元代文化的组成部分。元秘书监收藏的20多种回回书籍,即是由回回学者爱薛从国外搜集或由其本人编订的著作,对中国和阿拉伯世界的文化交流起了重要作用。1335年,不赛因汗逝世后,因争夺王位发生混战,汗国分裂,权臣及各地将领各自拥立傀儡可汗,相继独立,互相攻杀。14世纪末期,被帖木儿帝国所灭。（罗万寿）

《伊尔沙德》(Irshād) 阐述伊斯兰教教义、教法和伦理道德的讲座集。系《麦札利斯·伊尔沙迪耶》(Majālis Irshādiyyah,即《修真指南讲座集》)的简称。作者为土耳其近代伊斯兰学者哈吉·穆罕默德·艾敏·阿凡提。全书共分为115个专题,分别讲述伊玛尼、信仰大纲、五项天命、信主信圣、遵经、后世回赐等。每讲均以《古兰经》为纲,选择其中一节或数节,援引各家著名经注,展开阐述。各讲既能独立成章,又能互相联系,互为阐发,是宗教界人士讲"卧尔兹"(即宣教)的教材之一。中国旧译为《指迷集》,为清真寺经堂教育的自修课本之一。1906年出版后有各种版本行世。20世纪50年代初,上海穆民经书公司曾影印出版。

（罗万寿）

伊尔提嘎达特(I'tigādāt) 见五大教法体系。

伊尔夏提(Ilshati) 中亚和中国新疆伊斯兰教苏菲派教团首领给其各地区教务代理人的委托证书。为波斯语"阿拉西"(Alash)的转音,意为"代替"。新疆伊斯兰宗教人士按自己的习惯读作"伊尔夏提"。后引申为伊斯兰教宗教术语时专指"委托证书"或"传教证明"。中亚和新疆的各苏菲派教团组织首领除本人传教外,还选派若干哈里发(Khalifah)到各地传播苏菲派学理和修持仪式,代理主持教务。为证明其代理人身份的合法性,须由教团首领亲笔书写一份《伊尔夏提》,其内容为本教团组织的宗旨,道统谱系等。新疆已发现的有阿吉和卓的《伊尔夏提》、毛拉尼牙孜的《伊尔夏提》,是研究新疆与中亚各苏菲派教团道统渊源的重要资料。（谭吴铁）

《伊光》 中国伊斯兰教宣教月报。1927年9月创刊于天津。由王静斋任总经理及编译,尹伯清、陈鹭洲、张石麟等先后任编辑。社址设在天津清真北大寺内。1937年日本发动侵华战争后,因王静斋辗转各地,该刊先后迁到湖北、武汉、河南郾城、重庆、甘肃武威、宁夏吴忠和银川等地刊行,改为不定期发行。1939年2月停刊,共约刊行128期。该报《发刊词》称其宗旨:"我国的同人,对于国外本教(即伊斯兰教)的消息,茫无所知","本报愿作国人耳目,按期将本教各国近闻,介绍给大家","作各方穆民同胞研讨学问,互换智识的小机关。"该报内容丰富,有经训、教义、教法、教史及伊斯兰国家的现状等译文,也有评述、游记、人物介绍、专访、问题讨论、新闻报道、各地教务活动、答读者问等。在抗日战争期间,发表许多专论,号召穆斯林投入抗日救亡运动,揭露日寇侵华罪行,并引证《古兰经》关于正义和真理必战胜邪恶的观点,指出"日本必败,吾国必胜"。该报每期4版,免费赠送。读者遍及全国,在海外穆斯林华侨中颇有影响。该报刊行长达12年之久,是研究中国伊斯兰文化的宝贵资料,在中国伊

斯兰报刊史上占有重要地位。（余振贵）

伊赫桑（Iḥsān） 伊斯兰教伦理道德术语，是穆斯林修身处世的准则之一。阿拉伯语音译，意为“行善”、“做好事”等。伊斯兰教针对早期阿拉伯社会存在的各种弊端，明确提出了以劝善戒恶为核心的各项改革主张。关于劝善戒恶的思想，《古兰经》云：“真主的确命人公平、行善、施济亲戚，并禁人淫乱、作恶事、霸道；他劝戒你们，以便你们记取教诲”（16∶90）。其中提到的“行善”即“伊赫桑”。据圣训解释，它具有广泛的内涵和深刻的社会意义，如以诚待人、与人为善、不虐待妇女、不侵吞孤儿财产、以财物帮助奴隶赎身、睦邻、济贫，甚至挪除路上的一棵荆棘等等，均属“伊赫桑”的范围。“伊赫桑”一语在中国各族穆斯林中广为传播，已成为指导他们行为的道德准则之一。

（马恩信）

伊赫什德王朝（al-Sulālah al-Ikhshidiyyah） 阿拔斯王朝时埃及突厥人建立的地方封建王朝（935～969）。935年，由突厥将领穆罕默德·伊本·突格吉（Muḥammad ibn Tughj，935～946在位）所建立。伊本·突格吉的先祖为拔汗那突厥人，其祖父和父亲曾在宫廷中任职，他曾任军事将领。图伦王朝覆灭后，原埃及领地处于动乱割据状态。935年，阿拔斯王朝哈里发拉迪任命伊本·突格吉为埃及总督，赋予行政、司法和收税的权力。他即任后，完善政府机构，扩建军队，平息了动乱，派兵先后收复叙利亚和巴勒斯坦，并将希贾兹地区置于其势力范围，对麦加、麦地那两圣地派军队给予特别保护。为表彰他的功绩，639年哈里发授予他古波斯王侯的尊号“伊赫什德”。从此，他虽名义上臣属哈里发，向国库上缴税收，而实际上处于半独立状态。他恢复和发展农业、手工业和商业，使经济得到发展。946年，伊本·突格吉去世后，由两个儿子相继即埃米尔位，因无能力管理朝政，由埃塞俄比亚黑奴出身的宫廷太监艾布·米斯克·卡夫尔执掌政权。遂加强军队建设，多次打败摩苏尔哈姆丹王朝对叙利亚的进攻，并有效地阻击了北非法蒂玛王朝的二次大规模袭击，保卫了王朝的领土。王朝遵奉逊尼派教义，设卡迪管理法律和宗教事务，各地由派出的军事将领主政。在伊斯兰文化方面，该王朝无有大的建树。王朝的末代埃米尔艾布·法瓦利斯·艾哈迈德仅11岁时执政，突厥将领与黑奴将领争权，国势大衰。969年，北非法蒂玛王朝将领昭海尔率大军攻入埃及，王室不战而降，伊赫什德王朝灭亡。（杨克礼）

伊赫瓦尼（al-Ikhwān） 中国伊斯兰教派别之一。系阿拉伯语的音译，意为“兄弟”。又称“艾赫勒·逊奈”（Ahl al-Sunnah），意即“遵经派”，其他教派则多以“新行”或“新兴派”相称。在华北等地区称“新行”。19世纪末，由甘肃河州（今临夏回族自治州）东乡族著名阿訇马万福等创立。1888年马万福去麦加朝觐留学，深受当时沙特阿拉伯瓦哈比派思想的影响，回国后与临夏地区的格如、散的、奴木勒顺等十大哈吉，结合中国伊斯兰教实际，提出“凭经立教”、“遵经革俗”的口号，创建了伊赫瓦尼派。并以“一切回到《古兰经》去”的复古主张立论传教，规范教民的宗教礼仪操持，反对异端，反对苏菲派对圣徒、圣墓崇拜，改革自认为与经、训不符的习俗，受到一些教民的拥护。同时，也遭到格迪目与门宦的激烈反对，酿成多次教争。十大哈吉中的一些人遂放弃了自己的主张，加之马万福曾支持乙未年河湟事变受到株连，逃匿外乡，使该派发展受挫。1918年后，马万福等以青海东关清真大寺为基地，招收全国各地满拉，讲经宣教，培养出一批著名阿訇，如宁夏的郭士高、虎嵩山，临夏的马祥臣，青海的马禄等，并著书立说，言传身教，大力传播伊赫瓦尼的主张。曾受到宁海镇守使马麒和青海省主席马步芳及宁夏省主席马鸿逵的支持。该派在短短的数十年中，发展成为遍布甘肃、宁夏、青海的一个新兴教派。同时著名阿訇王静斋、肖德珍也在30年代著书立说，倡行遵经革俗，使伊赫瓦尼的主张扩展到全国各地。伊赫瓦尼在教义上信守逊尼派的教义，教法上遵奉哈乃斐学派学说。它主张严格按《古兰经》和圣训行教，改革一切与经、训相悖的礼仪，其主要主张是：(1)在宗教功修方面，主张严格履行“念、礼、斋、课、朝”，遵行经训及教法的规定，不符者都应革除。(2)认为念《古兰经》和“清真言”、“作证词”都是为了“认主”、“证主”和“畏主”，不是祷告和祈愿；主张为教民举行宗教活动念经时，不能收“乜帖”，教众也不应为念经而宰牲备饭，更反对在念经时，点烧香烛。(3)主张礼拜中起指（拜中跪坐默念“证词”时，要举起右手食指，表示认主独一的信念）是圣行，反对念“讨白”时起指。(4)主张用阿拉伯语默念“立意词”，并且要明白“立意词”的含义，否则用汉语举意，同时反对未行割礼的人率众礼拜。(5)主张不仅阿訇才能给临终的人念“讨白”，凡懂得教义的一般穆斯林都能给临终的人“提念”，而由本人自己祈祷赎罪；反对在洗尸体时念“塔哈章”。(6)反对为亡人宵夜、晨时念“亥听”以及7日、40日、百日、周年等忌日念经，主张遵照“圣行”只在主麻日祈祷，纪念亡人；反对为亡人披麻戴孝和高声嚎哭。(7)主张妇女必须戴盖头，限制妇女抛头露面，参加社交。(8)诵念《古兰经》时，只能一人念，众人听，反对众人同时诵念。(9)反对朝拜拱北和崇拜教主。(10)不用《古兰经》给亡人转“费递耶”等。这些主张在各地传播，成为伊赫瓦尼的主要礼仪制度规范，后人谓之“果园十条”。伊赫瓦尼派在经堂教育中提倡中、阿文并重，积极培养阿、汉文兼通的宗教人才，主张利用汉文宣传教义；反对妇女缠足。

（马 通）

伊克巴尔（Muḥammad Iqbāl，1877～1938）巴基斯坦伊斯兰哲学家、诗人、社会活动家。伊斯兰教现代改革思潮的代表人物之一。祖籍克什米尔，生于旁遮普省锡亚尔科特城一笃信伊斯兰教的商人家庭。1897年毕业于拉合尔公立学院，1899年在旁遮普大学获文学硕士学位。1905年在英国牛津大学研究西方哲学，后又在德国慕尼黑大学研究哲学和法律，主攻波斯神秘主义，获哲学博士学位。1908年回国后，担任律师并加入拉合尔律师公会。1911年在拉合尔国立学院担任哲学、英国文学教授，不久辞职，悉心从事政治活动、哲学研究和文学创作。1930年被选为全印穆斯林联盟主席，提出建立单独的穆斯林国家的政治主张。翌年作为联盟的代表出席在伦敦召开的英印谈判圆桌会议。此后他又大力进行巴基斯坦建国的理论宣传活动。1938年4月21日因病在拉合尔逝世，葬于巴德夏希清真大寺的西南，建有陵墓。巴基斯坦立国后，将他的诞辰（11月9日）定为"伊克巴尔日"，每年举行纪念活动。

伊克巴尔的哲学思想，深受西方哲学思想和文化的影响，力图把伊斯兰教思想与现代科学文化结合起来，他以理性主义、人道主义的原则，对《古兰经》和伊斯兰的教义进行了新的解释，主张改革伊斯兰教，以适应穆斯林社会发展的需要。在本体论上，他认为宇宙是一种存在，它是由持续不断的生命所创造的，生命就是个体，个体的最高形式（人）是个性，个性的最高形式是"自我"（Khudi，呼谛，意为个人灵魂，即个体中的神性）。"自我"既是真主的属性，也是自然的主宰、生命的源泉和社会历史发展的动力，是哲学的最高实体。在他看来，精神是第一性的，它派生出物质，客体归根到底是由主体决定的。精神是一种"心理状态的统一体"或"思想系统"。思维或观念是事物的终极根本，构成事物存在的本质。他还认为，伊斯兰教并不怀疑客观世界的实在性，而是指出驾驭它的方法。世界上所有事物都在运动、变化和发展，"整个世界的生命靠运动来维持，这是一个古老的法则"。一切事物包括社会历史的运动和发展，都是肯定的力量和否定的力量斗争和平衡的结果。在伊斯兰教改革问题上，他认为，伊斯兰教本质上是文化运动，它充分体现了发展和进化的观点，而发展的动力，则在于真主"启示的力量"，即"认主独一原理所体现的世界一体"。在他看来，伊斯兰社会复兴的源泉就在于伊斯兰文化本身所固有的"终极精神基础"，即"伊斯兰教的运动原理"。他认为，现代科学技术把社会生活推进到一个新水平，必须用现代科学知识重新考虑和研究伊斯兰教的整个体系，变革人们传统的陈腐观念，使思想适应变化了的环境，促进"伊斯兰教的重建"，但切勿迷恋西方的生活方式和腐朽文化。他提出穆斯林应根据真主的"启示"和教律认识自己的历史使命和价值，认为创造性的自我肯定才是穆斯林的基本德性。他主张通过虔诚信仰、律己、仁爱、积极进取和创造性的劳动，修炼成人类最高型的"完人"，为实现伊斯兰教理想社会而奋斗。他以人道主义的观点，批判了苏非主义所主张的苦行禁欲、消极避世和自我克制的学说，提出了"痛苦的生活胜过永恒的安息"的论点。

伊克巴尔的社会政治理论是建立在他的哲学思想基础上的。他进一步阐述了阿赫默德汗关于伊斯兰教是一个单独民族和文化单位的理论。提出建立一个单独的伊斯兰国家的政治主张，这些理论对巴基斯坦建国起过指导作用。他所追求的伊斯兰理想社会的蓝图是：新的社会应以伊斯兰教的认主独一论为指导，建筑在由"个体自我"发展到"集体自我"的基础上。在这个社会中，凡民族、种族和社会等级的藩篱将被取消，私有制度将被消灭，君主和官员由人民选举，人们将自由发展各自的个性和才能，建立公正良好的社会秩序。他对殖民主义进行了揭露和批判，指出在西方文明的背后是"酗酒、淫逸、失业、贫穷"。资产阶级政府"唱的是平等，喝的是人血"，发出"资本统治的帆船何时沉没"的悲愤之声，并预言"资本主义时代已经过去"，"新的世界正在诞生"。20世纪30年代，他在《侍酒歌》一诗中表达了对中国人民革命事业的同情和支持。

伊克巴尔的诗歌创作深受鲁米的哲理诗以及迦利布、哈利等人爱国主义诗歌的影响，他在诗歌中所用的典故都源自伊斯兰教经典和传说；所用的比兴创作手法也都渊源于波斯古典文学。他善于用古典诗歌形式反映现实社会生活，其诗歌主题思想，大多是对人的本质、使命和人与社会之间关系进行哲理探讨，表达了他的爱国主义思想和对劳动人民的同情。伊克巴尔用乌尔都文、波斯文和英文写过大量诗歌和哲学论著。诗歌被收集在《驼队的铃声》、《波斯雅歌》、《东方的信息》、《永生集》、《汉志的赠礼》等10部诗集里。哲学代表作是《伊斯兰教思想的重建》、《自我的秘密》、《无我的秘密》、《波斯形而上学的发展》等。还为赛义德·阿赫默德汗撰有《赛义德墓志铭》。1977年中国翻译出版了《伊克巴尔诗选》。（杨克礼）

伊克巴尔陵墓（Mausoleum of Allam a Muhammed Igbal） 巴基斯坦伊斯兰哲学家和诗人阿拉马·穆罕默德·伊克巴尔（1877～1938）的陵墓。位于拉合尔市著名的巴德夏希清真寺的西南。陵墓用红砂石砌就，呈四方形，其规模虽不大，但庄严肃穆，四周花木扶疏，芳草如茵。墓内洁白的大理石墓碑上镌刻着诗人的名字，墓碑下安放着遗骨。高悬在墓顶上的枝形吊灯日夜长明。伊克巴尔一生创作的诗歌是鼓励巴基斯坦人民奋发前进的力量，他的哲学思想对创建伊斯兰之国巴基斯坦产生了重要影响。11月9日为伊克巴尔逝世纪念日。每年是日，巴基斯坦人民纷纷来此瞻仰并举行各种活动，纪念这位著名哲学家、诗人和争取自由的战士。（杨克礼）

伊克塔（Iqṭā‘） 中世纪伊斯兰国家的土地制度之一。阿拉伯语音译，意为"分割"、"受赐"、"领得"。阿拉伯帝国哈里发赐予行政和军事官员作为收入来源的土地。史学家称为“土地分封制”或“军事采邑制”。在伊斯兰教第三任哈里发奥斯曼执政时，将一些土地分封给出身于伍麦叶家族的官员。伊克塔制度在伍麦叶王朝时正式产生，至10世纪盛行。原规定伊克塔土地归国家所有，不得转让、买卖和世袭。受领者称“穆克塔”(Muqta‘)，有权向农民征收田赋及其他赋税，其收入除少量交国库外，其余均作为行政军事开支及年俸。伊克塔的规模大小不等，领有者有一定期限，如总督调职或死亡，即收回伊克塔。阿拔斯王朝哈里发给各省总督分封的土地亦称“伊克塔”，其数额扩大，向农民征收的赋税加重。随着分封土地的高度集中和封建职位的世袭，伊克塔逐渐转变为私有，成为世袭的领地。因各地总督有独立的封建经济基础，逐渐发展为封建小王朝的分裂割据。在塞尔柱王朝和奥斯曼帝国时期，伊克塔制度继续存在和发展，并以法律的形式作了明确规定。此制亦流行于中世纪时中亚、南亚次大陆的一些伊斯兰教国家。（杨克礼）

伊拉基(al-‘Irāqi，约1211～1289) 波斯伊斯兰教苏菲派学者、诗人。早年生平不详。据散见的资料载，他曾在波斯设拉子宗教学校任教，为逊尼派苏菲教义学家。蒙古人入侵波斯后，他随苏菲派的游方传教师到印度，寻高师深造。在木尔坦，师从苏哈拉瓦迪耶教团哈里发巴哈丁·扎卡里亚学习25年，深入钻研苏哈拉瓦迪耶教团和契斯提耶教团的苏菲主义学理，进行精神修炼，深得其师器重。后到阿拉伯希贾兹地区游学，又去安纳托利亚的科尼亚，在清真寺讲学布道，此间著有诗歌散文集《光照集》，是受苏菲派哲学家伊本·阿拉比的“存在单一论”思想影响写成的苏菲主义哲理作品，阐发了认主独一论和真主之光为万物之源的思想。后又到埃及，最后定居叙利亚。著有《伊拉基诗集》和《神爱之歌》，均为双行韵体诗杂以抒情诗，表达了他关于神秘主义的爱主和人主合一的思想。

（杨克礼）

伊拉克博物馆(Iraq Museum) 伊拉克国家级历史文物研究、展览机构。位于首都巴格达以西国际火车站附近。以收藏巴比伦时期和中世纪伊斯兰的文物而著称。博物馆收藏了从远古的石器时代起，历经苏美尔、阿卡德、巴比伦、亚述、喀西特、迦勒底、帕提亚、塞琉古、萨珊以至阿拉伯哈里发帝国等各个时期的文物，以及王朝、帝国上下递嬗等有关史料，展示了伊拉克丰富的古代文化遗产，被认为是世界上最著名的博物馆之一。馆中藏有从尼姆鲁德发现的亚述时代的精美绝伦的女雕像，雕像含笑凝睇，仪态万方，有“尼姆鲁德的蒙娜·丽莎”之称。博物馆特设有图书馆，收藏有6000种手稿和约7万册各种语言文字的书籍，其中有不少珍贵《古兰经》、圣训、先知传略、伊斯兰历史等经训典籍的阿拉伯文及波斯文手抄本，以及中世纪阿拉伯历史、文学及自然科学的早期著名著作，是研究阿拉伯伊斯兰教历史及文化的珍贵资料。（杨克礼）

伊拉克教法学派 见哈乃斐教法学派。

伊拉克伊斯兰教 伊拉克共和国位于亚洲西南部的美索不达米亚平原。面积44.1839万平方公里，人口1725万(1988)。其中阿拉伯人占73.5%，库尔德人占21%，其余为土耳其人、亚述人、亚美尼亚人、伊朗人和犹太人。居民96%以上信奉伊斯兰教，少数人信奉基督教和犹太教。官方语言为阿拉伯语，库尔德地区通用库尔德语。通用英语。首都巴格达。

伊拉克地区是世界古代文明的摇篮之一，新巴比伦王国创造的辉煌的文化，对古代希腊文化产生过重大影响。5世纪进入封建社会，阿拉伯人征服前，由波斯萨珊王朝统治。633年，伊斯兰教第一任哈里发艾布·伯克尔派将领哈立德·本·瓦利德征服半岛东北部后，又征服伊拉克南部各部落，占领希拉城。635～637年，第二任哈里发欧麦尔派将领赛尔德·本·艾比·瓦嘎斯率大军出征伊拉克，先占领库法、巴士拉，后在卡迪西叶决战中打败波斯首相罗斯图姆的两万大军，占领萨珊王朝京城泰西封，穆斯林军随后占领伊拉克全境。伊拉克大部分贝都因部落归信了伊斯兰教，一些基督徒和祆教徒表示归服。后赛尔德奉哈里发之命，新建巴士拉和库法军事营地，作为征服波斯的战略要地，并以库法作为首府。赛尔德在库法建造了伊拉克的第一座清真寺。656年，第四任哈里发阿里执政后，将首都从麦地那迁往库法，伊拉克成为哈里发国家的政治中心。阿里曾在巴士拉和库法附近同反对派进行了骆驼之战和拿纳赫鲁宛之战。伍麦叶王朝统治时期(661～750)，伊拉克成为帝国的行省，半岛的阿拉伯人大批迁入，一些贵族封有领地，伊斯兰教得到广泛传播，一些主要城市兴建了清真寺。在帝国统治阶层各派政治势力的斗争中，伊拉克成为什叶派的宗教和政治中心。在库法和巴士拉，什叶派曾发动穆赫塔尔起义和赞吉起义，反对伍麦叶王朝的统治。阿拔斯王朝时期(750～1258)，哈里发曼苏尔于762年建新都巴格达，伊拉克成为阿拉伯帝国的政治、经济和文化中心。当时的巴格达，商贾云集，学者荟萃，对阿拉伯—伊斯兰文化的形成和发展，对世界经济和文化的交流，起了重要作用。8～11世纪，在库法、巴士拉和巴格达，先后形成了什叶派、苏菲派、穆尔太齐赖派、艾什尔里派，并以此三城为中心促进了伊斯兰教凯拉姆学、古兰经学、圣训学、教法学和阿拉伯语法学的形成和发展。10世纪起，阿拔斯王朝开始衰落。945年，波斯什叶派的布韦希王朝埃米尔艾哈迈德·本·布韦希进占巴格达，控制了阿拔斯王朝的军政大权。布韦希王朝确定伊拉克的卡尔巴拉、纳贾夫、卡兹米耶、萨马拉为什叶派的圣地，宣布阿舒拉日(教历1月10日)和盖迪尔·胡术(教历12月18日)为什叶派的正式节日，并为纳贾夫的阿里坟墓和卡兹米耶的第七与第九代伊玛目坟墓分别修建了壮丽的陵墓清真寺。库法、巴士拉、纳贾夫、希拉等城成为什叶派的学术和传教中心。1055年,塞尔柱突厥人入主巴格达,其首领图格鲁勒被哈里发嘎伊姆封为素丹,恢复了逊尼派的统治地位。赛尔柱王朝首相尼扎姆·穆勒克在巴格达建立了尼采米亚大学,传播艾什尔里派的教义学说,后经安萨里发展,确立了伊斯兰教逊尼派信仰的最终形式。1258年,蒙古人攻陷巴格达,灭阿拔斯王朝,伊拉克成为波斯蒙古伊儿汗国的行省。14世纪30年代后,伊儿汗国陷于分裂,伊拉克处于蒙古系的哲拉伊儿王朝(1336～1411)统治之下。15世纪,伊拉克为帖木儿帝国的一部分。16世纪初,伊拉克成为波斯什叶派萨法维王朝的领地,伊拉克南部的什叶派力量受到支持,得到发展,并在卡尔巴拉和纳贾夫建立了什叶派的宗教学校。1639年,伊拉克沦为奥斯曼帝国的属地。1917～1918年,英军占领伊拉克。1920年,伊拉克什叶派和逊尼派的宗教领袖联合,领导各地人民发动反对英国军事占领和殖民统治的起义。1921年8月,英殖民当局将麦加谢里夫侯赛因·本·阿里儿子费萨尔扶上伊拉克王位,成立伊拉克王国。1930年英国承认伊拉克独立,由亲英、美的努里·赛义德政府执政。1958年,以卡塞姆为首的自由军官组织发动政变,推翻费萨尔王朝,建立伊拉克共和国。1963年后,由阿拉伯复兴社会党执政,公开宣布实行政教分离政策,以阿拉伯民族主义为指导思想,推行世俗化和现代化的政治和经济政策。

在伊拉克的穆斯林中,什叶派占全国穆斯林总数的60%,逊尼派占40%。什叶派绝大多数为十二伊玛目派,少数为赛希特派、阿里—伊拉希派、伊斯玛仪派等,总部设在卡兹米耶。教法上分别遵奉乌苏勒派(占80%)和艾赫巴尔派(占20%)。信奉什叶派的主要是阿拉伯人和伊朗人,大多分布在南部地区。逊尼派大多遵奉哈乃斐教法学派(占65%)和沙斐仪派(占34%),极少数遵奉马立克派和罕百里派。信奉逊尼派的穆斯林中,阿拉伯人和库尔德人几乎各占一半,主要分布在北部地区和一些大城市。政府高级官员和教法官,多由逊尼派穆斯林担任。伊拉克宪法规定伊斯兰教为国教,后宣布取消这一条款。在司法上,分别设有宗教法庭和世俗法庭,宗教法庭一般审理婚姻等民事纠纷和宗教争端等。国家设总卡迪,为宗教和司法领袖,宗教事务由宗教基金部主管。宗教教育比较普遍。中、小学均开设有宗教课程;巴格达大学设有伊斯兰法学院,在巴格达、纳贾夫、萨马拉等城市设有宗教专科学校,专门培养宗教职业者。国内出版有大量宗教书籍及期刊。全国有清真寺12000多座,首都巴格达有560座。宗教政治组织有:伊拉克圣战者组织、革命伊斯兰民族力量阵线、欧莱玛社团等。伊拉克为阿拉伯国家联盟、伊斯兰会议组织、世界伊斯兰大会、伊斯兰世界联盟的成员国。 (杨克礼)

伊赖姆人(Iram) 《古兰经》中记载的古代部落之一。一译“伊銮”。阿拉伯语音译,系阿德人的别称,因其祖先名伊赖姆,故名。该词只在《古兰经》第89章第7节出现1次。见阿德人。 (杨宗山)

伊朗人 见波斯人。

伊朗伊斯兰革命(Thawrah al-Islam fi Iran) 1979年伊朗什叶派穆斯林推翻巴列维王朝统治及在国内实行“全盘伊斯兰化”的革命。它是什叶派领袖阿亚图拉·鲁霍拉·霍梅尼领导的、以欧莱玛(即宗教学者)为核心,反对国王推行西方化和世俗化的伊斯兰复兴运动。其起因为:(1)在经济领域,国王礼萨·巴列维为巩固其王朝的统治,利用石油收入和美国的援助,推行以土改为核心的“白色革命”及社会经济发展计划。由于计划片面追求高速度,超过了国力的可能,加之军费开支过大,造成经济严重失调,通货膨胀,使社会生产和人民生活水平下降。未完全实施的土改政策使农民大量流入城市,大批工人失业。以国王为首的特权阶层巧取豪夺,奢侈腐化,贪污贿赂风行。社会贫富悬殊加剧,各种社会矛盾激化。(2)国王实行专制独裁统治,在美国支持下扩充军备,设立秘密的警察机构(即萨瓦克),特务肆意横行,镇压政治反对派,监狱人满为患。一切言论、集会和组织政党的自由都被取消。一些宗教领袖因反对国王的专权和世俗化政策,被监禁或驱逐。各阶层人民积怨日深。(3)王朝推行所谓开放型文化政策,使西方腐朽文化和生活方式大量涌入,色情、淫秽、凶杀书刊和影视泛滥,赌场、妓院公开活动,西方式酒吧、夜总会争利于市,社会风尚败坏,冲击着伊朗固有的伊斯兰文化传统和生活方式,引起穆斯林的普遍不满。(4)在宗教上,王朝推行世俗化的政策,实行政教分离,限制宗教上层的政治活动,取消宗教领袖的特权。禁止寺院征收天课,将清真寺、宗教学校和圣地的瓦克夫土地大部分收归国有;关闭大量宗教学校,代之以世俗教育;制定《家庭保护法》,给妇女以一定自由;撤销沙里亚司法机构,代之以世俗司法机构等,从而招致宗教上层的强烈反对。在这种背景下,伊朗各阶层的人民群众及各种政治力量联合起来,形成反国王的群众运动。因伊朗人口95%为什叶派穆斯林,反对国王的斗争便以什叶派宗教势力同国王政权之间的矛盾为表现形式而展开。什叶派宗教上层则利用人民的强烈不满情绪成为反国王运动的一面旗帜,什叶派伊玛目霍梅尼取得了反国王运动的领袖地位。他在60年代初曾因反对“白色革命”而获得声誉,1964年被国王驱逐出境,先后流亡到伊拉克和巴黎,在国外他通过国内的秘密宗教政治组织继续领导反国王的斗争。1977年起,伊朗爆发大规模的反对国王独裁统治的群众运动。1978年,各地动乱不断升级,群众抬着霍梅尼的画像,游行示威,高呼他提出的“打倒国王,建立伊斯兰教国家”的口号。1978年8月,国王巴列维更换内阁,宣布对首都德黑兰等12个大城市实行军管。并出动大批军警镇压反对者,在德黑兰打死示威群众数万人,酿成流血事件。从此激起全国更大规模的群众示威和罢工,造成石油工业停产,交通中断,军方中立,国内动乱不已,政局失控。1979年1月16日,国王礼萨·巴列维被迫出国,委任沙普尔·巴赫蒂亚尔组织内阁。2月1日,霍梅尼结束长达15年的流亡生活,由巴黎回到德黑兰,宣布成立伊斯兰临时革命政府。2月11日霍梅尼任命马赫迪·巴扎尔甘为总理正式接管政权,巴列维王朝覆亡。4月1日霍梅尼宣布成立伊朗伊斯兰共和国。

伊朗伊斯兰革命取得胜利后,依据霍梅尼所著《伊斯兰政府》作为治国纲领,建立国家政治、行政、立法、司法和军事制度,在国内推行“全盘伊斯兰化”的政策。1979年12月,举行国民投票,通过了新制定的伊斯兰宪法。新宪法规定,伊朗实行政教合一的制度,以伊斯兰教什叶派(即十二伊玛目派)教义为立国准则;霍梅尼为终身宗教领袖,在行政、立法、司法及军事方面拥有最高权力;总统和议会依新宪法由普选产生;政府必须奉行“安拉之法度”,以行政、司法为主要职能,并受宗教领袖和教法学家的监护、指导。从而确立了伊斯兰教权高于一切和宗教领袖在国家政权中的最高地位。同时,组建了“伊斯兰共和党”为执政党,其领导成员多为取得高级教职的霍梅尼的学生,在政府中掌管立法、司法和行政大权。在中央和地方建立了“伊斯兰革命委员会”、“伊斯兰革命法庭”、“伊斯兰革命卫队”,多以毛拉和宗教学者为核心,成为政权的支柱。在法律上,以《古兰经》为立法、司法的最高法典,各种法规的制定必须符合《古兰经》、圣训和沙里亚教法。各级法官均由什叶派教法学家担任,设立“宪法监护委员会”,控制立法机构——议会。宣布废除巴列维王朝制定的《家庭保护法》等法规,并未明令禁止一夫多妻制。在经济上,法律规定,凡私人“合法占有的财产是不可侵犯的”。除将逃亡的王室及地主的土地收归国有外,农村恢复了旧的封建土地制度。政府还将巴列维王朝没收的清真寺、宗教学校及圣地的瓦克夫土地和财产如数归还,免缴赋税,收益用于宗教和慈善事业。允许清真寺向教民征收“天课”。将银行收归国有,并冻结美国等西方国家银行的资金。银行按教法规定取消利息,储蓄和贷款,只收取低额的管理费。在文化教育上,以什叶派教义和教法为指导,推行“伊斯兰文化革命”,恢复和发展所有的各类宗教学校,原有的各类普通学校必须开设法定的宗教课程。反对和抵制西方腐朽文化的渗透,关闭影剧院、酒吧、夜总会,禁止出版发行“危害伊斯兰文化”的书刊和放映西方淫秽的影视及录像,禁止穿着有损教律规定和社会风尚的奇装异服,妇女必须戴面纱。政府投放大量资金出版发行宗教书刊和霍梅尼的著作,大力宣传霍梅尼关于“伊斯兰革命”的主张。在对外关系上,霍梅尼提出“不要西方,也不要东方,只要伊斯兰”,“输出伊斯兰革命”的口号。伊朗伊斯兰革命的胜利和伊斯兰政治体制的确立,对伊斯兰世界产生了广泛深远影响。 (杨克礼)

伊朗伊斯兰共和党(Hezbe Jomhuiye Eslami) 伊朗伊斯兰教什叶派的执政党。1979年2月奉霍梅尼指示,由伊斯兰教活动家拉夫桑贾尼、巴霍拉尔、贝赫什提、哈梅内伊和阿尔德比利等在德黑兰创建。该党在议会中占有大多数席位,执掌国家立法、司法和行政大权。该党推行伊斯兰教什叶派教义和推行“百分之百的伊斯兰化”的各项政策,对内主张政教合一,实行伊斯兰教法,由教法学家执政(Wilayat al-Faqih),坚持把“伊斯兰革命”进行到底。对外主张“不要东方,不要西方,要伊斯兰共和国”和“输出伊斯兰革命”。该党中央委员会领导成员多是出身于库姆伊斯兰学院的霍梅尼的学生。其首任总书记贝赫什提,于1981年6月在该党总部爆炸事件中身亡,由巴霍拉尔接任。在同年8月总理府爆炸事件中巴霍拉尔被炸身亡后,由哈梅内伊继任。1983年5月,该党在德黑兰召开第一次全国代表大会,选举了新的中央领导机构,并通过了党章。在紧接此代表大会之后召开的一届一中全会上,哈梅内伊再次当选为总书记。据称该党有200万党员,均为什叶派穆斯林。党报为《伊斯兰共和国报》(al-Jumhuriyyah al-Islamiyyah)。(杨克礼)

伊朗伊斯兰教 伊朗伊斯兰共和国位于亚洲西南部的伊朗高原上。面积164.5万平方公里。人口5500万(1989)。其中波斯人占66%,阿塞拜疆人占25%,库尔德人占5%,其余为土库曼人和阿拉伯人等。居民98%信奉伊斯兰教,立伊斯兰教什叶派为国教。语言分为波斯语、突厥语和阿拉伯语3种,官方语言为波斯语。首都德黑兰。

伊朗是一个历史悠久的文明古国,创造了光辉灿烂的波斯古典文化。在阿拉伯人未征服前,由萨珊王朝统治,居民大多信奉琐罗亚斯德教,少数信奉摩尼教、佛教、基督教(聂斯脱利派)等。7世纪中叶,阿拉伯人征服伊拉克后,继续向波斯本土推进。642年,第二任哈里发欧麦尔派将领努尔曼·本·穆卡林统率军队向波斯萨珊军队进攻,在哈马丹以南的尼哈万德战役中大败波斯军队,相继占领胡泽斯坦、阿瓦士、伊斯法罕,其他地区的官兵纷纷归顺伊斯兰教并纳贡称臣。651年萨珊王朝灭亡,伊朗全境为阿拉伯人征服,成为阿拉伯帝国一个行省,伊斯兰教和阿拉伯语随之传播。起初,阿拉伯统治者允许当地居民在接受纳税并臣服的条件下,保留原有的宗教信仰。伍麦叶王朝(661～750)统治时,呼罗珊总督古太白·伊本·穆斯林镇压了波斯各地的动乱后,以波斯为基地,征服了中亚地区。伊斯兰教仅在波斯封建上层和城市居民中传播,农村居民大多仍信仰琐罗亚斯德教。什叶派在波斯各地建立了传教中心。8世纪中叶,呼罗珊爆发了艾布·

穆斯林领导的反对伍麦叶王朝统治的起义。阿拉伯贵族艾布·阿拔斯利用这次起义，推翻了伍麦叶王朝，750年建立阿拔斯王朝(750～1258)。在阿拔斯王朝统治前期，伊朗成为其东方行省，派总督管理，大批阿拉伯人移居伊朗，与波斯人通婚；在主要城市兴建清真寺和宗教学校；派出教法官和传教师主持各地的司法和教务，从而加速了伊朗阿拉伯化和伊斯兰化的进程，到12世纪伊斯兰教成为伊朗占统治地位的宗教。伊朗的科学文化成为阿拉伯—伊斯兰文化的源流之一，而伊朗文化又吸收和融合了伊斯兰文化。伊朗的封建生产方式和政治制度，对阿拔斯王朝国家制度的形成和发展产生了很深的影响。阿拔斯王朝的各级官员和宫廷学者多为波斯人，波斯的巴尔马克家族3代先后担任哈里发的大臣，掌握实权达半个多世纪。从9世纪中叶起，阿拔斯王朝中央权力日渐衰落，在波斯及邻近地区，相继出现了地方割据王朝，与巴格达哈里发分庭抗礼。820～872年，塔希尔王朝统治呼罗珊等地；9世纪后期，萨法尔王朝据有呼罗珊、赫拉特、克尔曼、法尔斯、伊斯法罕等地；874～999年，萨曼王朝统治呼罗珊、泰伯里斯坦、赫拉特和中亚河中地区，以布哈拉为中心。阿富汗突厥人建立的伽色尼王朝(962～1186)推翻萨曼王朝后，统治呼罗珊、泰伯里斯坦、河中地区和印度北部。控制伊朗西部的则是什叶派的布韦希王朝，什叶派的力量得到了发展。这些王朝在伊朗各地推行伊斯兰化的政策，奖掖学术，形成伊朗伊斯兰文化的多中心。11世纪初，塞尔柱突厥人由中亚来到呼罗珊，于1055年入主巴格达，取代布韦希王朝统治，建立了包括伊朗在内的塞尔柱帝国。王朝波斯血统的首相尼扎姆·穆勒克改革行政、经济，在巴格达和内沙布尔设立尼扎米亚大学，传播逊尼派教义。12世纪末，花剌子模沙王朝夺取伊朗东北部，13世纪初占领伊朗全境。1219年成吉思汗西侵，灭花剌子模沙王朝和伊斯玛仪派的木乃夷国。1258年蒙古旭烈兀攻占巴格达，灭阿拔斯王朝，以伊朗为中心建立伊儿汗国。蒙古人逐渐接受了伊斯兰教。在合赞汗和完者都统治时，支持什叶派，在大不里士设立学校、医院和天文台，促进了伊朗伊斯兰文化的发展。14世纪30年代，伊儿汗国分裂。在法尔斯、克尔曼、库尔德斯坦有穆扎法尔王朝(1313～1393)，在呼罗珊有沙尔毕达尔王朝。1380～1393年，帖木儿帝国征服伊朗全境，推行逊尼派教义。后土库曼的黑羊王朝(约1375～1469)占领伊朗西部和中部。1467～1468年，白羊王朝先后战败黑羊王朝和帖木儿后裔艾布·赛义德，遂统治伊朗东部、库尔德斯坦、阿塞拜疆等。

1502年，阿塞拜疆的阿达比尔地区萨法维教团首领伊斯玛仪一世(？～1524)灭白羊王朝，在大不里士创建萨法维王朝(1502～1736)，其领土除伊朗外，还包括安纳托利亚东部、阿塞拜疆及伊拉克东部。王朝以什叶派为国教，奉行十二伊玛目派教义，实行政教合一制，国王为最高政教领袖。王朝实行什叶派教法，各地法官由国王任命，赋予什叶派长老以宗教特权。各地大清真寺由什叶派毛拉主持，主麻日礼拜向阿里祝福。为抵制逊尼派的势力，对各地的逊尼派及苏菲派的学者加以歧视和迫害。王朝确立了什叶派的节日、圣地及宗教制度，最终完善了十二伊玛目派教义和教法。王朝倡导波斯文化复兴，以波斯语作为国语。首都伊斯法罕及大不里士、内沙布尔、设拉子、库姆、图斯等城成为什叶派的宗教及学术文化中心。1736年，呼罗珊阿夫沙尔部落首领纳迪尔将入侵的阿富汗人逐出伊朗，并收复被奥斯曼帝国占领的失地，建阿夫沙尔王朝(1736～1796)。后伊朗的南部和西部则为桑德王朝(1750～1794)所统治。1796年，卡扎尔王朝先后灭阿夫沙尔王朝和桑德王朝，控制了伊朗全境。19世纪中叶，英、俄势力入侵，20世纪初，伊朗沦为半殖民地。1848年，伊朗爆发了赛义德·阿里·穆罕默德领导的巴布教派起义。1925年，哥萨克军官礼萨·巴列维废黜卡扎尔王朝国王，建立巴列维王朝(1925～1979)。国王专权，效法西方实行世俗化和所谓"白色革命"的经济改革政策，限制宗教活动和没收宗教界财产。后因经济失控恶化，民不聊生，导致各种社会矛盾激化，引起全国动乱。1979年1月巴列维国王被迫出逃。同年2月11日，伊朗什叶派领袖大阿亚图拉·霍梅尼从法国返回国内接管政权，组建临时政府。4月1日，霍梅尼宣布成立伊朗伊斯兰共和国，后制定新宪法。宪法规定，以伊斯兰教什叶派的十二伊玛目派教义为立国准则，实行伊斯兰教法；伊斯兰教权高于一切，霍梅尼为终身最高宗教领袖，拥有最高权力；穆智台希德掌管政府权力；在行政、立法、司法、教育和文化等领域，实行"全盘伊斯兰化"。

在伊朗穆斯林中，什叶派占总人数的95%以上，其中十二伊玛目派占85%以上，其余为伊斯玛仪派、栽德派、巴哈派和巴布派。十二伊玛目派穆斯林在教法上分别遵奉乌苏勒派(占80%)和艾赫巴里派(占20%)。逊尼派约占穆斯林总数的5%，主要是库尔德人、阿拉伯人和土库曼人等。在教法上，逊尼派穆斯林分属于沙斐仪教法学派(占60%)和哈乃斐教法学派(占40%)。国家在首都德黑兰和各省设立宗教法庭，由教法官执掌，依教法裁决民事及有关宗教的案件。欧莱玛(即宗教学者)阶层有较高的社会地位，各级政府的主要官员大多由高级欧莱玛担任。全国有8万多座清真寺。清真寺、圣墓均有大量瓦克夫土地及不动产，宗教课税为宗教基金的主要来源。宗教教育分为三级：初级教育一般在清真寺中招收儿童，学习波斯文经典和普通知识；中等教育在所设的各种专科宗教学校中进行，培养中级宗教职业者；在库姆、马什哈德两圣地和伊斯法罕设有高等伊斯兰经学院，培养高级公职宗教职业者和政府官员。欧莱玛的高级职称(如阿亚图拉)由库姆伊斯兰经学院的最高长老委员会授予。伊朗用波斯文和阿拉伯文出版有大量伊斯兰经籍和期刊。伊朗为伊斯兰会议组织、伊斯兰世界联盟、世界伊

斯兰大会的成员国。（杨克礼）

《伊理月刊》 中国伊斯兰教综合性刊物。于1936年8月在汉口创刊。社长兼发行人张兆理，编辑主任马全仁。社址设在球场街34号。约出版发行20期。其宗旨是"实现回教教义，复兴回教文化，增强回教同胞对于三民主义之认识，完成兴教建国之使命，并促进中国与世界各回教国家之友谊，奠定世界永久和平之基础。"所刊载的内容包括《古兰经》、圣训译释、学术论著、国内外宗教消息，以及为穆斯林青年特辟的"读者园地信箱"等。同时每期以较突出地位刊载时局评述和政论文章。该刊曾特约作者投寄介绍关于中国历代大清真寺之史迹、碑文、各地伊斯兰学校史料、回民工商企业经营及规模等情况的稿件。（余振贵）

伊利贾·穆罕默德（Elijah Muḥammad，1897～1975） 美国黑人穆斯林领袖，"伊斯兰民族"组织的创建者。其父母是佃农，曾为奴隶。1923年全家迁居底特律。伊利贾深受美国黑人穆斯林运动领袖法尔德宗教思想的影响，加入了法尔德创建的黑人穆斯林传教组织。1930年在底特律第一座清真寺协助法尔德办理教务。1934年6月，法尔德失踪后，该组织分裂，伊利贾率领部分信徒将活动中心由底特律迁至芝加哥，建第二座清真寺，正式创立"伊斯兰民族"黑人组织，其总部称"芝加哥圣殿"，一切教务大权由伊利贾掌握。伊利贾宣称，法尔德是安拉的代理人，而自称为受安拉派遣之使者，鼓吹黑人至上，黑人是安拉的优秀选民，号召黑人改奉祖先所信仰的伊斯兰教，摆脱白人政府的统治，建立黑人完全自治的国家。伊利贾在广大下层黑人中传教，使很多受歧视的黑人改奉了伊斯兰教，运动发展迅速。他建立了该组织的管理制度，其下设两名高级队长，一男一女，分别管理该组织的男女穆斯林。凡接受该组织教义及受其纪律约束者，可履行入会仪式。并以各地清真寺为基层组织单位，各寺教长由伊利贾委任。他还规定了信徒要按伊斯兰教的传统进行宗教活动和严守食物禁忌。他创办芝加哥伊斯兰大学，培养宣教师和该组织的成员，传播伊斯兰教的教义和历史知识。20世纪60年代，他派其门徒马尔科姆·艾克斯到各大学黑人学生中传教，取得成功。50年代伊利贾和马尔科姆·艾克斯到麦加朝觐归来后，对原主张进行调整：承认伊斯兰教既是黑人也是白人的宗教；不再强调建立黑人自治的国家，除了自卫不主张使用暴力。1964年，伊利贾因受美国联邦调查局的胁迫，将激进的马尔科姆·艾克斯开除出该组织，使其力量削弱。1975年伊利贾去世后，由其子华莱士·穆罕默德继承该组织领导权。（杨克礼）

伊銮（Iram） 见伊赖姆人。

伊洛押司 见易勒雅斯。

伊玛目（al-Imām） 伊斯兰教教职称谓。系阿拉伯语音译，意为"领袖"、"表率"、"率领者"和思想、理论界的"权威"等。有多种用法：①逊尼派用以指早期伊斯兰国家的政、教首脑，与哈里发通用。主张伊玛目应公开出面行使宗教、行政、军事的领导职权，而不应该隐匿和隐遁，也不应该是被期待的。艾巴德派也持此说。②什叶派及其各支派用以专指他们的精神领袖和教权代表，故有十二伊玛目派、七伊玛目派等。他们主张伊玛目均具有神性和免罪性，并能引导信众走上正道。③指清真寺内率领穆斯林群众举行拜功的宗教师，亦称"清真寺伊玛目"，与中国清真寺的阿訇相同。④指教义学、教法学、圣训学、经注学、哲学等领域和各教派、学派的思想、理论奠基人和权威人物。⑤指伊斯兰教历史上率领穆斯林群众反抗封建统治阶级的起义领袖。（马忠杰）

伊玛目海推布学院 卡塔尔伊斯兰高等学府。专为全国清真寺培养阿訇和宣教人员。1975年由卡塔尔政府伊斯兰事务局创办。校址设在首都多哈市。该院教学分为两种形式：(1)本科班，学制5年，分3个阶段。第一阶段基础课教学。为一学年；第二阶段讲授从事伊玛目职务的专业课，为二学年。结业后可担任清真寺伊玛目，但不能任海推布（即宣教师）。如再继续学习宣教专业两年，即经过第三阶段，考试合格后发给学历为5年的毕业文凭，即可担任海推布。各阶段的课程有：第一学年有《古兰经》朗读与背诵、圣训、阿拉伯语（读、默写、语法、表达）、《古兰经》注释、教法、历史等。第二至第三学年增授教义学课程。第四至第五学年即海推布阶段，增加宣教专业课。(2)培训班，专门培养清真寺及其他宗教机构的一般工作人员，如宣礼员、殡葬员、管理员等。经过半年至一年的理论学习和实践后，可担任各项宗教事务工作。该校教师由埃及爱资哈尔大学培养，并在教学管理上予以指导，还派教员进行客座讲学。学生在校期间享受助学金；毕业生由伊斯兰教事务局按规定发给相应的工资津贴。（马智雄）

伊玛目·霍梅尼清真寺 见伊斯法罕清真大寺。

伊玛目教义（al-Imāmah） 伊斯兰教什叶派的基本信条之一。伊玛目（Imām）一词是阿拉伯语音译，原意为站在前列的人，即引路人和领袖。在宗教上一般用来指清真寺领拜人和伊斯兰教大学者。什叶派专指拥有秘传知识的伊斯兰最高精神领袖。

什叶派关于伊玛目的理论学说，各支派不尽相同。十二伊玛目派认为：伊玛目不能通过选举产生，而是真主通过先知或另一位伊玛目指定的。伊玛目的地位首先属于阿里，然后是阿里和法蒂玛的儿子哈桑、侯赛因以及侯赛因的后代。伊玛目可以是成人，也可以是孩童。该派认为，伊玛目是伊斯兰社会的最高领袖，世上无时无刻不能没有伊玛目。伊玛目有时是可见的，有时是隐遁起来的，但隐遁并不妨碍他履行职责，他的职责主要是：(1)管理引导全体穆斯林。(2)解释宗教教义和教法。(3)指导人们理解经典的隐义。他们认为，第十二位伊玛目已隐遁起来，将在适当时候以“马赫迪”身份重现于世，恢复真正的伊斯兰教并开创末日来临前最后一个公正的时代和社会。主张启示有表义与隐义之分，伊玛目得到了真主给予的完美的“表学”与“内学”知识，能知过去与未来之事，是人类最伟大的导师。故人人要追随一位伊玛目，否则就如生在蒙昧时代一样无知；伊玛目受到安拉保护，永不犯错误，与先知同样具有免罪性；他与先知一样能创造奇迹，可在审判日为人讲情。十二伊玛目派在五大信条之外，又增加了信仰伊玛目一条。规定不承认伊玛目就与不承认先知一样是背教。他们有时尊重伊玛目甚于尊重先知，他们的圣训传述线索往往是上溯到某个伊玛目，而不是穆罕默德的其他门弟子。

伊斯玛仪派的教义中，伊玛目的地位更高。他们把宇宙的发展分为七个时代，每个时代为一个先知所开创，这个先知被称为“代言者”，他的旁边有一个“沉默的先知”，沉默的先知共有7位，他们依次继承先知的事业，每个时代的第七位伊玛目会升格为开创下一个时代的先知。该派认为第六个历史时代是先知穆罕默德开创的，第一位伊玛目是阿里，第七位伊玛目是穆罕默德·本·伊斯玛仪，他已隐遁起来，最后将重现于世，并开创宇宙发展的第七个阶段，也就是最后一个时代。伊斯玛仪派的另一分支阿萨辛派强调，每一个伊玛目均不受前任的约束，有权更改教义。该派视伊玛目为一切知识的源泉，主张认识了伊玛目的本质就认识了全部真理，并把认识伊玛目的程度分为几个等级，以复生日认识伊玛目的程度为进天堂或入火狱的标准。伊斯玛仪派中一些更极端的分支视伊玛目为安拉的化身。

什叶派栽德支派的教义是什叶派各支派中最接近逊尼派主张的。他们认为伊玛目是神助的正确的导师，可以通过选举或武力夺取两种方式产生。担任伊玛目的人以阿里的后裔最为适宜，其他人如在宗教上有较高造诣并有战斗能力、治国水平，身体和精神均健康的成年男性穆斯林也可担任。他们还许可同时有几位伊玛目，也许可一个时期没有伊玛目，但伊玛目绝不是隐遁的，也绝不是未来的马赫迪。

穆赫塔尔派曾尊阿里的儿子哈奈菲叶为伊玛目，后来凯萨尼派又宣传哈奈菲叶没有死，只是隐藏在麦地那以西的拉德瓦山中，并将重现于世，恢复正义。这些思想成为伊玛目教义的基础，到第六代伊玛目贾法尔·萨迪格时，伊玛目已成为有阿里血统的什叶派领袖的专门头衔。伊斯玛仪派出现时，声称伊玛目是由安拉指定的，所以永不犯错误，以说明伊斯玛仪不因喝酒而失去伊玛目的位置。至9世纪初，伊玛目教义的基本主张已在什叶派中形成，它与哈里发概念有很大区别。

逊尼派把伊玛目和哈里发两个概念同用，使用伊玛目一词时，是强调哈里发宗教上的职责。逊尼派强调伊玛目不是神意的代表，更不是“超人”。主张伊玛目必须是古莱什人，但不一定是哈希姆家族(即圣族)人，伊玛目是选举产生的，不是神意指定的，伊玛目必须是自由人，有理智的男性穆斯林，有治世济民的才干和执行法律、保护国土、主持公道等能力。认为伊玛目是继四大哈里发之后出现的，所以第一位伊玛目不是阿里；伊玛目不是永恒的，世上时有时无；不是隐遁的和被期待的，也不是未来的马赫迪。除了政务活动外，伊玛目特别要履行宗教上的义务；伊玛目不具有免罪性，但不因放荡和暴虐而被罢免。　（郭承真）

伊玛目·赖比尔(al-Imam al-Rabi‘)　8世纪初阿曼伊斯兰教艾巴德派圣训学家、教法学家。全名赖比尔·本·哈比卜。生卒年不详。青少年时代曾在家乡盖德芳求学，后前往伊拉克巴士拉投师深造，曾跟随25位长老求学，钻研圣训和教法，并广泛搜集圣训，考证其传述世系。学成后在当地设帐讲学多年，同时研讨各家各派的思想主张与学说。后期回到家乡继续讲学，宣传他的祖师、阿曼尼兹瓦人贾比尔·本·栽德(约650～713)和艾巴德派的奠基人阿卜杜拉·本·艾巴德的思想学说和教义、教法观点。据艾巴德派史书说，赖比尔是穆罕默德再传弟子中传述圣训最可信赖的人物之一，故被该派穆斯林尊为伊玛目。他辑录有《伊玛目·赖比尔穆斯奈德圣训集》一部，被该派穆斯林奉为仅次于《古兰经》的经典。　（马忠杰）

《伊玛目·赖比尔穆斯奈德圣训集》(al-Jāmi‘ al-Ṣaḥiḥ/Musnad al-Imām al-Rabi‘)　伊斯兰教艾巴德派圣训经之一。与逊尼派的“六大圣训集”和什叶派的“四大圣训经”齐名。为阿曼早期圣训学家兼教法学家赖比尔·本·哈比卜传述、辑录。该集被艾巴德派穆斯林奉为内容最真实、传述最精确、传述世系中的人物均诚实、可靠的圣训集。共分4卷，收入圣训1005条，依次标有序号。第1、2卷分篇分章，第3卷分章不分篇，第4卷只有序号而不分篇章。全集内容：第1卷5篇93章，收圣训391条，主要讲述诚意、天启、求学、民族、信仰、前定等教义原则以及洁净、礼功、斋功、天课等各种教法问题的规定、性质和意义，其中第18条“学问虽远在中国，亦当往求之”的名句，就是由赖比尔正式辑录在卷。第2卷10篇57章，收圣训392～742条，主要讲述朝觐、圣战、殡仪、诵辞、婚姻、离异、生意、刑律、饮食、誓愿等礼法和律法方面的原则规定和细则范例，其中第448条“面对暴君言真理，虽遭杀身之祸，亦属壮举”的训示，被作为圣战的一种精神加以褒扬。第3卷37章，收圣训743～882条，主要阐述宗教学的基本原理和原则，以及艾巴德派在同早期伊斯兰教其他教派论争中作为理论依据的一些条文，其中第768条讲道："穆尔吉埃派是主张信仰只需口头表白而不必行动实践者"，流露出该派初期的某些宗教政治观点。第4卷883～1005条，大都为传述世系中遗漏圣门大弟子的圣训，其内容主要讲述伦理思想与道德修养，其中第992条说："将淫而未淫者，不失为信士"。该集所收圣训多数内容同逊尼派各家圣训集大体相同，部分内容则具有明显的艾巴德派思想色彩，反映出该派对早期伊斯兰教内部各集团之间政治斗争所持的态度和立场，要求恢复穆罕默德及他的前两位继承人时代民主的政治传统和纯正的宗教风尚。据该派学者研究确认，赖比尔此集在伊斯兰教历第二世纪初就已着手辑录，经他悉心考察、印证，脱稿后曾呈送其老师艾布·欧拜岱·穆斯林审阅过。该集有多种传抄本，其中流传较广的为马格里布的瓦尔吉兰人艾布·叶尔古卜·优素福·本·易卜拉欣(？～1174)整理、编排的4卷集抄本，现有贝鲁特法塔赫出版社出版的4卷集合订本。近代阿曼学者阿卜杜拉·本·哈米德·萨利米(1869～1913)为该圣训集作了一部多卷注释本，从背景、教义和教法的作用等方面进行了评注。 (马忠杰)

伊玛目·兰巴尼(al-Imām al-Rābbāni) 见希尔信迪学派。

伊玛目·朋佐尔(Imam Bonjol，1772～1864) 近代印度尼西亚伊斯兰教改革家，抗荷斗争领导人。原名穆罕默德·沙哈布。生于西苏门答腊米南加保一个伊斯兰教师家庭。自幼随父学习阿拉伯语和伊斯兰经籍，后帮助其父从事宗教教育，取得彼托·沙里夫(即伊斯兰教师)称号。1803年伊斯兰传教师哈吉·米斯金等人从麦加朝觐归来后，在米南加保传播瓦哈比派教义，伊斯兰教改革运动(即比达里教派运动)遂以此为开端在米南加保发展起来。穆罕默德·沙哈布接受了瓦哈比教义，不久在朋佐尔地方建立了比达里教派的新传教中心，并自称伊玛目·朋佐尔(即朋佐尔教长)。他后来就以这个称号闻名于世。伊玛目·朋佐尔以"凭《古兰经》立教"、"纯正伊斯兰教"为旗帜，大力传播瓦哈比教义，反对代表贵族和部落酋长利益的老教派(即黑衣教派)异端思想和世俗化的腐败统治，主张用封建父系家长制代替母系家长制，抨击传统的旧习俗如斗鸡、赌博、抽鸦片等，坚持严格遵守伊斯兰教原旨教义。他要求凡加入比达里教派的穆斯林，必须遵奉《古兰经》和教法，履行宗教功课，坚持一天5次礼拜；严禁吸烟、饮酒、斗鸡和赌博；禁止男人穿丝绸衣服和戴金银首饰。比达里教派效法阿拉伯人的白色服饰，故称"白衣教派"。该派规定凡男性信徒必须剃光头、留长胡须，穿白袍，戴白头巾，女性必须穿白袍，蒙上面纱。自1805～1821年，比达里教派在米南加保地区同老教派进行了持久的宗教战争，所到之处，用武力镇压王室成员、贵族和部落首领的反抗，没收他们的财产，剥夺其世袭领地和特权，把老教派的被俘人员作为奴隶。比达里教派的势力迅速扩展到米南加保广大地区，朋佐尔成为该派的宗教文化、手工业和商业中心。1819年，荷兰殖民者重新侵占西苏门答腊巴东等地，老教派首领投靠荷兰殖民者。1821年米南加保王室同荷兰签订出卖主权的协定，派兵镇压比达里教派运动。1821～1836年伊玛目·朋佐尔领导比达里教派的军民，在米南加保地区经过长期的斗争，奋勇抗击荷兰侵略军，将宗教战争转变为抗击殖民主义的人民起义，沉重地打击了侵略者。1837年8月荷军攻占朋佐尔，伊玛目·朋佐尔退到海拉巴克。同年10月，荷军以谈判为诱饵逮捕了他。他被辗转流放到巴达维亚、展玉和安汶等地。伊玛目·朋佐尔在流放期间撰有《回忆录》一部，叙述了他的生平事迹和比达里教派运动的经过。1864年，伊玛目·朋佐尔在鲁塔克逝世，终年92岁。印度尼西亚人民在朋佐尔为这位英雄建立了纪念碑，世代缅怀他为民族独立而建树的功绩。 (杨克礼)

伊玛尼(al-Imān) 伊斯兰教教义学概念。亦译"伊曼"。阿拉伯语音译，意为"信仰"。伊斯兰教凯拉姆学家根据《古兰经》和圣训的规定，将伊斯兰教的基本教义、教理分成3部分：伊玛尼(即宗教信仰)、伊巴达特('Ibādāt，即宗教义务)、伊赫桑(Iḥsān，即宗教善行)，三者统称为宗教(Dīn)，即"真主所喜悦的宗教确是伊斯兰教"(《古兰经》3：19)。伊玛尼在三者之中最为重要，它是伊斯兰教义的总纲。中国穆斯林学者把它概括为"内心诚信、口舌招认、身体力行"的统一形式。中国一些地区的穆斯林表白伊玛尼时，伸出右手食指诵念"清真言"，以示信仰独一的真主。伊斯兰教的信仰大纲包括"信真主、信使者、信经典、信天使、信末日、信前定"，即"六大信条"。 (达应庚)

《伊米德史》 中国记述清代新疆社会历史的著作。新疆维吾尔族历史学家毛拉·穆萨·赛拉米著。成书于1908～1909年。全书由前言、两章正文和结束语组成。约50万字。前言扼述突厥部落的形成、突厥诸可汗、成吉思汗及其后裔。第1章记述新疆农民反清起义爆发的原因、库车农民暴动的始末、暴动迅速扩及全疆的过程。第2章记述浩罕入侵者阿古柏的出身和生平，阿古柏同布素奴克汗等入侵新疆经过，他们血腥镇压喀什、英吉沙、库车、和田等地的农民暴动的事件，阿古柏以"七城政权"名义同英国、沙俄勾结，进一步占领吐鲁番、乌鲁木齐，给新疆各族人民带来的劫难，以及清军在各族人民配合下击溃阿古柏，重新统一新疆等。结束语附录有南疆6城(乌什、阿克苏、喀什噶尔、叶尔羌、英吉沙、和田)居民概况，维吾尔族族源及作者本人的有关资料。对研究维吾尔族史，特别是伊斯兰教在维吾尔族生活中的作用和影响具有重要价值。手抄本为察合台文。1986年民族出版社出版现代维吾尔文本。新疆古籍整理办公室已译成汉文。（宝文安）

伊宁回族大寺 中国伊斯兰教清真寺。原名宁固寺、陕西大寺、陕甘大寺等。位于新疆维吾尔自治区伊宁市。始建于清代乾隆二十五年(1760)，为陕西、甘肃、宁夏、青海回族穆斯林捐资所建。原占地面积6000多平方米，其结构布局模仿西安化觉巷清真寺。是中国传统的宫殿式砖木结构和阿拉伯装饰艺术相结合的建筑风格。寺门两侧有旁门，各有双重八字影壁，大门内矗立着一座3层的邦克楼。礼拜殿面积600多平方米，分外殿、中殿、后殿，共42间，可容1000多人礼拜。3个屋顶为勾连搭结构。后殿外形是4层八角的攒亭式建筑，内部是穹窿结构。窑殿前壁上雕刻有阿拉伯文的“清真言”，两侧旁均刻有《古兰经》经文，并各有雕花窗棂和门扇。殿两门内壁上刻有《古兰经》，右门外壁上刻“认主独尊”，左门外壁上刻“赞主清净”。中殿与后殿、外殿均有玻璃窗隔开。礼拜殿北、东两面均建有讲经堂。大寺从正门到礼拜殿及两侧讲堂，都是檐廊阁式结构，形成较为完整的建筑群体，布局合理，气势雄伟，是西北边陲著名清真寺。（罗万寿）

伊萨(‘Isā) 见尔撒。

伊萨维教团(al-Ṭariqah al-‘Isawiyyah) 摩洛哥伊斯兰教苏菲派兄弟会组织。加苏里教团的分支。由穆罕默德·伊本·伊萨(Muḥammad ibn‘Isā，1465～1524)在摩洛哥梅克内斯创立。他自称在加苏里一位门弟子艾哈迈德·哈里西(Aḥmad al-Ḥārithi，?～1495)那里获得了单独传教的权力，并继承其担任了梅克内斯扎维叶的首领。奉沙兹里教团之教规，但又吸收了里法伊教团的宗教仪式，如信徒手拉手围着火盆前后剧烈地扭动，致使肉体失去感觉，然后吃活蝎等，并以此为患者驱邪除病。该教团首领自第三任起，由伊本·伊萨的后裔继任，活动中心移至阿尔及利亚境内麦迪亚附近的乌泽拉(Ouzera)，这里由创始人之孙建立的扎维叶迄今犹在。（王怀德）

伊斯法哈尼(al-Isfahāni，约897～967) 阿拉伯阿拔斯王朝诗人、历史学家。全名艾布·法拉吉·阿里·本·侯赛因·伊斯法哈尼。生于波斯伊斯法罕，在巴格达长大。为伍麦叶王朝末代哈里发麦尔旺二世的苗裔，信奉什叶派教义。青年时代曾游学到过巴士拉、库法，后定居阿勒颇，曾在哈姆丹王朝素丹赛弗·道莱宫廷中从事创作。通晓伊斯兰教义、哲学、历史、文学、诗歌、乐理。卒于巴格达。曾编选阿拔斯王朝著名诗人艾布·努瓦斯、布赫图里、艾布·泰玛姆等人的诗集。他历时近30年编著成《诗歌集成》(al-Aghāni，一译《乐府诗集》)，是一部百科性的阿拉伯著名诗歌汇集，共20卷。以阿拔斯王朝宫廷艺人易卜拉欣·摩苏利等编辑的“百声”(即百首歌曲)为基础，广泛搜集伊斯兰教传播前后几个世纪的古词时调而成。《诗歌集成》介绍了每一名曲的曲牌名称，调式特点，歌词内容，创作背景，流传过程等，以及作曲者、填词者的生平事迹，有时还穿插一些征战故事、宫廷趣闻、爱情传说及人物逸话。这部巨著内容丰富，记录了10世纪前阿拉伯的社会、历史、宗教、文学艺术、风俗习惯等各方面的情况，从而成为研究阿拉伯伊斯兰文化和社会生活的珍贵文献。另一部重要著作《塔利卜人的殉难及其轶事》，收有伊斯兰教第四任哈里发·阿里及其父艾布·塔利卜后裔中的什叶派殉教者的传记，是研究早期伊斯兰教历史的珍贵资料。他的著作还有《图菲利派的传说》、《听的文学》、《家谱汇集》、《求索者的战场》、《珍闻集》、《传说与遗迹》、《阿拉伯人的日子》等。（杨克礼）

伊斯法罕(Iṣfahān) 伊朗历史名城，伊斯法罕省省会。人口66万(1976)。位于伊朗中部，德黑兰以南400多公里的盆地边缘。城区跨扎延德赫河两岸。建城历史长达2500年。曾是东西方贸易集散地、“丝绸之路”南路必经的要地。642年阿拉伯人占领。11～12世纪，在突厥塞尔柱王朝统治时期，始为国都。16世纪末至18世纪初，再次为萨法维王朝都城，在阿拔斯一世时被建成当时世界上繁华的都市之一。云集着东西方许多国家的商人和游客，学者荟萃，为什叶派的宗教文化中心，伊斯兰文化高度发达。辉煌的宫殿、宏伟的清真寺鳞次栉比，花圃似繁星点缀。建有162座清真寺、48所经学院、1800家商客栈和173个公共澡塘。还建有多座图书馆、天文台和医院。有“伊斯法罕半天下”的美称。现市内有数十座古老的清真寺，著名的有波斯穹形建筑风格的伊斯法罕清真大寺和谢赫·鲁特福拉清真寺。还有宏伟精致的阿里·卡普宫、别具风格的阿拔斯大帝“四十柱宫”，宫殿门廊上的20根擎柱，倒映在门前的池水中，仿佛又出现了20根柱子，故称“四十柱宫”。宫内的大型壁画，具有伊斯兰教建筑装饰的风格。（杨克礼）

伊斯法罕清真大寺(al-Jāmi‘al-Isfahāni) 伊朗伊斯兰教著名清真寺。初名国王清真寺，现名为伊玛目·霍梅尼清真寺。坐落在伊朗伊斯法罕市中心。1612年波斯萨法维王朝阿拔斯一世(1578～1629)在位时敕建，后其继任者经17年全部建成，供皇室礼拜专用。20世纪起又经多次修葺和扩建。该寺造型保持了传统的波斯建筑风格。寺院的内外围墙和一些高大圆柱，都以蓝色的小块瓷砖拼嵌成一幅幅瑰丽动人的波斯传统图案，故又称东方的“蓝色清真寺”。寺内有4座高耸的宣礼尖塔，穹形正门和两个尖塔朝着伊斯法罕市中心伊玛目广场北部，礼拜大殿和另外两个尖塔朝着西南方向的麦加圣地。大殿与寺正门恰好形成45°锐角，结构严谨，布局合理。站在大殿中心的一块方砖上，对准穹形屋顶拍手或讲话，立刻传来7下回音，此殿故又称为“七音殿”。正殿西面墙壁下有一块三角形浅绿色大理石，每到正午就没有倒影，实际起了日晷作用，为考古学家所重视和欣赏。该寺曾是什叶派教育和学术文化中心，设有宗教大学和图书馆，馆藏有珍贵的伊斯兰经籍和文物。该寺是伊朗伊斯兰建筑风格和艺术的代表作之一。（杨克礼）

伊斯法罕学派 近代伊朗什叶派的宗教哲学学派。因以伊朗伊斯法罕为中心，故名。由于受苏菲派照明学派(al-Ishrāqiyyah)的影响，在神智知识上有所发展，故又称“神智哲学学派”。为穆罕默德·巴基尔·阿斯塔拉巴迪(Muḥammad Bāqir Astarābadi，？～1631)所创。代表人物包括艾布·卡西姆·阿斯塔拉巴迪(？～1640)、穆拉·大不里齐(？～1669)、穆拉·穆哈辛(？～1680)等。曾得到萨法维王朝国王阿拔斯二世(‘Abbās II，1642～1666在位)的保护和什叶派正统欧莱玛的支持。该学派的思想源自12世纪末被处决的苏菲思想家苏哈拉瓦迪(1154～1191)的思想，主张将启示和传述的知识(即《古兰经》、圣训)与源自理性的知识(即亚里士多德和伊本·西那哲学)，通过直觉体验的神秘知识(即苏菲神秘主义)结合一起，但尤为强调源自安拉之光的神秘知识。通过著述和收徒，影响日强，逐渐形成系统的神智学、宇宙观和苏菲修炼道程。其基本宗教哲学观点包括：(1)将灵魂观念与伊本·西那哲学的宇宙观相结合，以14个“纯洁灵魂”(即穆罕默德、法蒂玛和什叶派的12个伊玛目)代替“能动智慧”(Active Intelligences)，作为存在的本体论的根源。(2)相信在可认知的理性世界和可感知的感性世界之间，存在一个独立的形象世界，认为存在高于本质，故以存在为形而上学的根本原理。(3)相信运动的观点，凡属存在之物皆在不断的变化之中，由弱至强，不断完美至尽善尽美。(4)相信万物的差异和个性系由灵魂品级的高低所决定，而灵魂是不朽的，复生即人的灵魂的升华。此外，该派有的学者还从神智学角度，论述了在苏菲修炼中“理性灵魂”经历的四个旅程和境界：(1)寂灭或无我。人经过修炼灵魂脱离肉体，消逝于安拉之中。(2)圣者境界。进入无我境界后继续沉思、修炼，即可领悟安拉的美名和特质，得以像安拉一样视、听，完全寂灭于安拉之中。(3)先知境界。无我境界终止后的更高境界。修行者得以自由遨游创造世界，了解各个世界的本质和变化。(4)回归境界。精神朝觐的最高阶段。修行者虽返回创造物之中，但已通过先知境界，得以传达律法，认知万物本质，知晓回归安拉之途。伊斯法罕学派后来发展为谢赫学派，于19世纪在什叶派正统欧莱玛的打击下，渐趋衰落。（吴云贵）

伊斯嘎特(al-Isgāṭ) 见费底耶。

伊斯哈格(Isḥāq) 《古兰经》中记载的古代先知之一。一译“易司哈格”。阿拉伯语音译。《旧约全书》称“以撒”(Isaac)。先知易卜拉欣之次子，伊斯玛仪之弟。《古兰经》中列举众先知事迹时曾16次提到他的名字，说他是先知(19：49)，曾受启示(4：163)，被降福(37：113)，受引导(6：84)。还特别指出他的父亲易卜拉欣和他及其子叶尔孤白一家“都是有能力、有眼光的”，安拉“使他们成为真诚的人，因为他们有一种纯洁的德性——常念后世”，说明他们“确是特选的，确是纯善的”(38：45～47)。有人认为伊斯哈格即《旧约全书·创世纪》中提到的以撒，穆斯林经注学家认为不宜将二者完全等同。（林　松）

伊斯哈格吾里(Isḥāq Wali，？～1599) 中国明末新疆地区叶尔羌汗国伊斯兰教黑山派始祖和著名领袖。旧译“伊萨赫”。全名哈兹拉特和卓·穆罕默德·伊斯哈格吾里。系中亚纳格什班迪耶教团第五代谢赫麦赫杜姆·阿扎姆之第七子(一说为第四子)。伊斯哈格少年时在布哈拉经文学校就读，1543年，其父去世后，因年幼未继承其父教权，拜其表兄毛拉纳·卢特福拉为道乘之师，在其指导下分立门户，自成一派。曾在阿富汗、伊朗等地巡游传教，在中亚塔吉克族中也有影响。当回到撒马尔罕时，被某些宗教人士指控为“异端”，为统治者阿卜杜拉汗所排斥。1580年他应叶尔羌汗国阿卜杜·哈林汗(1559～1591在位)之邀来到母亲的故乡新疆喀什噶尔，得到阿卜杜·哈林汗之弟马哈茂德汗的知遇，成为其宗教导师。先后在新疆南部维吾尔、哈萨克、柯尔克孜等地区宣教达12年，以其名字命名的伊斯哈格耶，简化了纳格什班迪耶教团传统的虎非耶仪式，并吸收高声念经的哲赫林耶仪式特点，形成一种新的修炼特色。他强调苏菲应保持宗教信仰和修炼上的纯洁性，反对迷恋世俗官职权位，其宗教仪式和活动为广大农村贫民与城市手工业者所欢迎，逐渐取代了亚萨维教团和麦斯伊西耶地方性教团的位置，成为明末新疆伊斯兰教中最有势力的一派。他在叶尔羌汗国各地委派了64位哈里发，所建立的道堂在叶尔羌(今莎车)、策勒等地拥有大量瓦克夫地，并获得王朝统治者转让的和田玉石开采权，从而形成黑山派和卓家族的封建经济基础。其传教活动为在新疆传播发展伊斯兰教做出了重要贡献，开创了喀什噶尔家族伊斯哈格系及其黑山宗和卓集团的基业。因他系喀什噶尔人血统，曾有“和加依·喀什噶尔”的尊称，蒙兀儿人则尊他为“哈兹拉特·阿齐兹·卡朗”(即贤人贵胄之首)。他晚年重返中亚，但保持着对马哈茂德汗的宗教隶属和指导地位，其子嗣后来在新疆伊斯兰教史上继续起过重要作用。1599年11月30日在撒马尔罕逝世，葬于伊斯福迪克村。（陈国光）

伊斯坎达尔·沙(Iskandar Shāh,? ～1414) 马六甲王国的创建者。原名腊查·沙布(Raja Sabu)。中国《明史》称“拜里迷苏剌”。为巨港三佛齐王族的后裔。原为单马锡(今新加坡)信诃朴罗国第五世国王,在位 32 年,曾臣属暹罗阿瑜陀耶王朝。1400 年左右,爪哇麻喏巴歇王国派强大舰队入侵单马锡,他流亡出来,最初居住在麻坡,后到马六甲,聚集力量,恢复其统治。1405 年,他在马六甲穆斯林商人的支持下,宣布脱离暹罗而独立,遂称伊斯坎达尔·沙,成为马六甲的第一代国王。他原信奉印度教,晚年改奉伊斯兰教。中国明代航海家郑和在 1408 年第二次和 1412 年第三次下西洋时均到马六甲,正值拜里迷苏剌在位时。马欢撰《瀛涯胜览》载马六甲时谓:“国王国人皆从回回教门,持斋受戒诵经。其王服用以细白番布缠头,身穿细花青布长衣,其样如袍”。1405 年拜里迷苏剌遣使随中国官员尹庆到明朝纳贡,据《明史·满剌加传》称:拜里迷苏剌“遣使随庆入朝供方物。(永乐)三年九月至京师。帝嘉之,封为满剌加国王,赐诰印、缯币、袭衣、黄盖,复命庆往”。另据《明会典》载,1411 年拜里迷苏剌率妻室、陪臣计 540 余人来中国访问,所贡礼物有 40 余种。除“正贡外,附来货物皆给价,其余货物许令贸易”。拜里迷苏剌在马六甲统治约 9 年,使马六甲成为繁荣的商业国家。他于 1414 年去世,由其次子穆罕默德·伊斯坎达尔·沙继承王位。 (杨克礼)

伊斯拉菲勒(Isrāfil) 《古兰经》多处经文中涉及的著名天使之一。阿拉伯语音译。基督教《圣经》称“拉斐尔”(Raphael)。与吉卜利勒、米卡勒、阿兹拉伊勒并称为安拉的四大天使。其专职使命是奉安拉派遣,平时掌管风雨,世界末日到来时担任发出警报的司号员,在宇宙即将毁灭之际和万物复生之时两次吹响号角。相传它全身遍布口与舌,两翼向世界东西两方张开。它平时总是把号角放在唇边,准备在安拉发令时立刻吹响。《古兰经》中多处提到“吹号角之日”,未明确提及的吹号角者即指伊斯拉菲勒。经文“吹号角之日”所指时间亦各有不同,有的指宇宙行将毁灭之时,有的则指世界毁灭后万物再次复生之时。两次吹号角者均为伊斯拉菲勒。《古兰经》云:“在那日,将吹号角,除真主所意欲者外,凡在天上地下的都要恐怖,个个都要卑贱地来到真主那里”(27:87)。据经注学家解释,此节经文系指宇宙行将毁灭之时,万物惊恐万状。经文中作为例外而提到毫不恐惧的“真主所意欲者”,即指包括伊斯拉菲勒在内的四大天使。在伊斯兰教义中,伊斯拉菲勒是一位令人恐惧的天使,因为它的出现即意味着宇宙毁灭之日的到来。要求穆斯林确认它的存在和世界末日终有一天会突然到来,对于敦促他们为求得后世的永久幸福而抓紧短暂的今生,恪守教规,多做善功,具有现实的教育意义。(杨宗山)

伊斯拉衣来的子孙 见以色列的后裔。

伊斯兰堡(Islamabad) 巴基斯坦伊斯兰共和国首都。位于东北部波特瓦尔高原,北傍马格拉山,东临拉瓦尔湖。人口 34 万(1981)。1961 年在此始建新都,1970 年基本建成。现为全国政治中心。市区格局统一协调,全部建筑为伊斯兰建筑传统和现代建筑形式的有机结合。东部为国家行政管理机构及公共事业等建筑区;西部是住宅区,建有清真寺、学校、商店等。城区西南部是轻工业和大专院校区,有国家现代语言学院、伊克巴尔函授大学等。著名的真纳大学建在城市东端风景优美的玛格拉山脚下。城区北面有 1965 年兴建完工的国家清真寺,占地近 19 万平方米,由礼拜大殿、图书馆、国际伊斯兰大学、医院和供净礼用的大型喷泉等建筑组成。礼拜大殿的拱形圆顶高达 40 米,殿内可容纳 1.3 万人同时礼拜;清真寺的宣礼尖塔高达 200 米。它是全国最大的清真寺和伊斯兰文化教育中心。城南伊斯兰堡公园内设有核子技术研究所、国家卫生研究所和巴中两国共同兴建的体育综合设施。伊斯兰堡是伊斯兰学术研究中心,设有中央伊斯兰研究所,办有《伊斯兰研究》、《准则》、《伊斯兰之声》等宗教刊物。该城的国家出版社每年出版大量关于伊斯兰教学术研究的书籍。 (杨克礼)

伊斯兰促进会(Jamaati al-Islāmi) 巴基斯坦伊斯兰教政治组织。前身为印度伊斯兰促进会,于 1941 年 8 月在拉合尔创建,创始人为毛拉那·艾布·阿拉·毛杜迪(1903～1979)。1948 年印巴分治后,伊斯兰促进会除保留在印度的组织外,于 1950 年起开始在巴基斯坦活动。1951 年在卡拉奇召开伊斯兰促进会全巴大会,在巴基斯坦建立组织。1952 年 8 月制定新章程。其宗旨和主要政治主张是:完善伊斯兰教的各项社会制度;进行以伊斯兰教原则和道德为标准的义务教育;制定符合《古兰经》和圣训精神的伊斯兰教法;政府所制定的全部政策必须在文字上和精神上与伊斯兰教义相一致;对穷人实行社会救济,在符合伊斯兰教义的原则下,人民有言论、行动、集会和结社等自由;主张维护国家主权和民族独立,反对亲西方国家的外交政策。该会成员以伊斯兰著名学者为核心,宗教上层、穆斯林贵族和大商人为主体,亦有一般市民和农民参加。总会是最高权力机关,设主席、副主席和秘书长。总会设有中央咨询委员会,包括总书记及教育、新闻情报、群众关系、社会福利、青年、农民和劳工等委员。各省、市、县亦建有促进会分支组织。外围组织有作家协会、学生联合会、农民协会和职工战线。该会各级组织通过出版刊物、发表演说、举办学校及图书馆、开办免费医院和慈善机构、社会募捐等进行活动。1958 年巴基斯坦实行军管体制后,该会中止活动。1962 年 7 月阿尤布·汗总统签署允许重新成立政党的法令后，开始恢复活动。1964 年 1 月因“从事颠覆活动”被巴政府正式取缔，60 名领导人相继被捕。同年 9 月巴最高法院宣布废止取缔令后再次恢复活动。1970 年该会在米尔·图菲勒·穆罕默德领导下参加大选，曾获 4 席位。该会同伊斯兰世界联盟保持有经常性的联系。该会的宗教上层和学者，经常利用在清真寺讲经宣传其宗教政治主张，并派代表参加世界伊斯兰教组织的各种活动。创办有乌尔都文《时代之声》、《天河报》等报纸，出版有《古兰经释义》等宣教月刊。（杨克礼）

《伊斯兰大团结》（al-Taḍāmun al-Islāmi） 沙特阿拉伯王国伊斯兰月刊。创刊于 1946 年。由王国政府朝觐宗教基金部主办，社址设在麦加。原名《朝觐月刊》，专门介绍朝觐的各项功课、意义及其仪程。后根据费萨尔国王的提议，改名为《伊斯兰大团结》，由沙特朝觐大臣直接主持，编务及出版工作由编辑部承担，实行总编负责制，由麦加印刷出版公司印刷。该刊的任务是实施沙特朝觐部对朝觐工作的指导及伊斯兰学术研究。撰稿人多为伊斯兰世界著名谢赫、学者、专家、教授。它关于宗教问题的见解，往往具有“法特瓦”（即教法判断意见）的权威性。该刊编排、彩印精美。每年朝觐月出一期特刊，予以赠阅。刊登的文章主要是论述朝觐问题，介绍朝觐知识。1985 年为创刊 40 周年纪念，沙特朝觐部举办了以“朝觐”为主题的大型伊斯兰学术讨论会，各伊斯兰国家宗教部官员、专家、学者应邀出席。（马智雄）

《伊斯兰灯塔》（Manārah al-Islām） 阿拉伯联合酋长国伊斯兰学术文化月刊。由该国政府伊斯兰事务及宗教基金部主办，创刊于 1975 年。伊斯兰教历每逢月初在阿布扎比用阿拉伯文出版发行。该刊编辑部直属宗教基金部领导，设主编 1 人，副主编 3 人，编辑若干人，实行主编负责制。由阿联酋迪拜格里尔出版社印刷出版。其宗旨是：促进伊斯兰宣教工作，增进伊斯兰学术研究，发扬伊斯兰文化及道德传统。其主要栏目有：伊斯兰信仰、伊斯兰历史、伊斯兰学术思想、教法原理论证、医学及科学知识、伊斯兰民族节日及庆典、伊斯兰文化及道德、妇女问题、专稿、访问记、综合栏等。《灯塔》选文严格，所登文稿大多由阿拉伯世界各国著名学者和专家撰写，具有很高学术水平，在伊斯兰世界有广泛的影响。每期约 10 万字，印刷精美，图文并茂。经费由政府财政拨款，以低价发行，对一些不富裕伊斯兰国家订户仅收取手续费，并免费邮寄。《灯塔》主要在阿拉伯国家发行。（马智雄）

伊斯兰发展银行（al-Bank al-Islāmi Li al-Tanmiyah） 当代伊斯兰国家按教法禁止利息的原则建立的国际金融信贷机构。主要向伊斯兰国家和非伊斯兰国家的穆斯林团体提供无息贷款，援助其经济发展和社会进步。是“伊斯兰会议组织”的专门金融机构。1973 年由巴基斯坦和埃及共同发起，经伊斯兰国家财政部长会议决定建立，于 1974 年 8 月 12 日成立。1975 年 10 月 20 日正式营业。总行设在沙特阿拉伯王国的吉达市。现任行长穆罕默德·阿里。该行始建时有 22 个成员国，均系伊斯兰国家会议组织成员，现发展到 44 个成员国和巴勒斯坦解放组织。银行设理事会为其最高权力机构，理事一般由各成员国财政部长担任；下设执行董事会负责指导日常工作，银行行长任期 5 年。其宗旨是：为各成员国之间发展对外贸易、经济开发项目，加强生产资料的交流提供资金，以促进各成员国的经济发展和社会进步；对非成员国的穆斯林地区提供资助。根据《古兰经》和教法禁止利息的原则，银行正式宣布贷款不收利息，存款也不付利息。其金融活动方式遵循三条原则：（1）穆沙拉卡（Mushārakah），即规定以参与股份的方式，资助某方合作实施发展项目，某方有权逐渐购买银行的股份。在此情况下银行与某方的股份均有利润，其利率由协议规定。（2）穆达拉巴（Muḍārabah），即规定银行向某方提供贷款，而某方则提出筹备项目，其利润和亏损按协议双方进行分摊。（3）穆拉巴哈（Murābaḥah），即规定银行给某方资助贸易时，发放实物贷款或代购商品，通过标高价格进行结算获得收入。凡提供的贷款，只按贷款数额向借贷一方收年率为 2.5％的手续费，用以支付银行的管理费用和通货膨胀的差额。该行的支付单位采用记账第纳尔（即货币单位），其法定固定资本约 20 亿第纳尔（1981 年约合 23.3 亿美元）。该行规定，各成员国须在 4 年内提供至少 250 万美元的资金。该行最大的股东是阿拉伯石油输出国：沙特阿拉伯（26％）、利比亚（16％）、阿拉伯联合酋长国（14％）、科威特（13％），该 4 国的认缴资本占全部资本的 70.13％。该行的金融信贷活动除依靠固定资本外，其资金来源还包括由偿还贷款的现金、投资项目股份收入所构成的现金储存，各成员国征收的天课等。该行对非伊斯兰银行股东国的穆斯林团体也提供援款。该行在成立后的 7 年中，业务额为 8.8225 亿美元，向 20 几个国家的 46 个项目提供了 33.1013 亿美元的贷款，对 390 个项目提供了 2186 万美元的资助。1985 年起，该行给中国新疆、宁夏等省区修建伊斯兰经学院和希望小学提供了资助。（杨克礼）

伊斯兰法理学（‘Ilm Uṣūl al-Fiqh） 伊斯兰教法的分支学科之一。亦称“教法原理学”。系教法体系形成过程中产生的一门关于法的原理或渊源的传统宗教学科。它的研究对象是根据法自安拉启示而出的神圣立法原则，正确理解和阐释伊斯兰教法的渊源或理论基础，包括法的原理、准则、渊源、方法等。早期的法理学内容较为广泛，既研究教法的“实体”（Furū，福鲁尔，意为“分科”），又研究立法的“原则”（usūl，乌苏勒，意为“原理”），故与教法学（al-Fiqh，菲格亥）同义。

9 世纪以后，教法学家沙斐仪在总结前人理论学说基础上，系统地阐述了关于四大法源的理论体系，从而为法理学的形成奠定了基础。此后法理学逐渐发展为一门专门学科，其对象主要是研究《古兰经》教律、圣训教律、公议、类比四项基本原理及其相互关系。四大法源的关系是：其中经、训被视为教法的主要渊源，一件行为是否合法，首先看它是否符合经、训律例的规定；公议和类比为次要法源，一件行为如在经、训中无先例可循，则可以类似的"律例"为据，通过类比的方法推导出结论，但这一结论只有经权威法学家们的"公议"（即一致意见）核准后，才有拘束力。故直接源自经、训的律例优于通过公议、类比获取的间接律例。法理学以安拉启示和逻辑推理相结合，系统地阐述和规定了法源理论体系，为教法实体的系统化、规范化提供了权威的法理依据，有力地促进了教法学的发展，使之成为一个具有特色的、独立的法系。但因其理论体系是建立在不容更易的安拉启示的基础之上，又为法制改革带来了困难和不便。历史上不同教派、教法学派对法理的解释不尽相同，但基本方面是一致的。其中以逊尼派法理学与什叶派法理学差异较为明显。两派虽都以经、训为立法的主要渊源，但对经典的解释不同，所遵循和传述的圣训各异。逊尼派强调权威教法学家们的公议和类比的拘束力，而什叶派（十二伊玛目派）则重视伊玛目及其代理人穆智台希德的个人决断。近代以后，法理学发展的基本趋向是按照时代条件的变化，对教法的理论依据作更加灵活变通的解释，以适应时代发展的需要。历史上最负盛名的法理学著作是沙斐仪的《法源论纲》，成书于 9 世纪初。现代西方研究教法学的名著，当推德国学者约瑟夫·夏赫的《伊斯兰教法学的起源》，成书于 1950 年。　　（吴云贵）

伊斯兰法系　世界五大法系之一。西方学者提出的比较法学概念。法系即法律体系。西方法学家对各国法律按其内容和形式的不同特征加以分类。一般把世界各国的法律归纳分为五大法系，即中国法系、印度法系、伊斯兰法系（亦称"阿拉伯法系"）、罗马法系（亦称"大陆法系"）和普通法系（亦称"英美法系"、"英吉利法系"）。伊斯兰法系基本上是法制史上的概念，指历史上伊斯兰教法曾为亚非一些国家和民族所遵循，是有其自身特征的独立的法律体系。

伊斯兰法系在性质上不同于其他法系。伊斯兰教法虽以民法为主，但它不是以国家名义颁布关于公民的权利与义务的世俗法，而是以安拉启示为基础的宗教法规。它所规范的法律关系，不完全是人与人之间、人与国家及社会之间的相互关系，而主要是信仰者个人与安拉之间的关系。国家与社会仅仅是为了履行安拉的戒命，是为了实现神圣的沙里亚法所规定的、人与安拉之间理想的关系准则而存在的。按照教法学的解释，安拉是唯一的立法者，通过天启降示的教法是安拉意志的具体体现。教法为每个穆斯林规定了信仰的最高原则和行为规范的准则，提供了识别善恶、指导现实生活、最后归向安拉的"道路"。教法又是宗教教义的一部分，只对穆斯林具有拘束力。法既源自安拉启示，故又有启示律法的特征，教法是宗教、律法、伦理道德的合而为一。

伊斯兰法系有其独特的法律结构。教法在结构上分为两大部分，有两对既联系又有区别的概念。教法作为安拉意志的总体体现，称为"沙里亚"，即安拉指引的道路；教法作为一门宗教学科，称为"斐格海"，即教法学。其任务是如何正确了解沙里亚规定的神圣义务。教法既研究法律的"根源"（'Uṣūl)，阐明用哪些原理、方法，从哪些源泉出发可找到安拉之律例，这个专门学科即"法理学"（'Ilm' Uṣūl al-Fiqh)；又研究法律的"枝叶"（Furū')，即教法包含的实际内容，相当于西方法学里的实体法。但教法的实体尽管包含广泛的内容，各法律门类之间却未曾作过明确的划分，而具有诸法一体的特征。

伊斯兰法系有其独特的法律渊源。伊斯兰法系体现了政教合一传统，法源为神圣性的，包括《古兰经》律例、圣训律例、公议（即伊智玛尔）、类比（即格亚斯）4 个基础。其中经、训为基本法源。为立法的主要依据，而公议和类比必须以经、训为基础，为辅助法源，直接源自经、训的立法高于通过公议、类比获取的间接立法。教法主要表现为法学家们的学说、著作、律例，传统上唯有精通经、训、教法知识的专家学者有资格创制、解释律法，因而教法学家的地位极高。教法在创制过程中虽然也吸收了大量的民俗习惯、行政法规和司法惯例，但它们都经过法学家们的提炼、加工，变成了伊斯兰教规范。教法体系形成之后，亦吸收了某些习惯、判例和行政法规，但习惯、判例本身不构成法源，而统治者以国家名义颁布的政令、条规、法令等，只得到有限的承认，它们必须以沙里亚为基础，为教法的补充。

在中世纪，伊斯兰法系表现出强烈的排他性和独立性，受其他法系影响较少。自近代以来，随着西方殖民主义对伊斯兰国家的入侵，伊斯兰法系开始接受罗马法系和西方法系的影响，开始向世俗化法律变化。19 世纪下半叶的伊斯兰现代主义运动及二次世界大战后伊斯兰国家的法制改革运动，使伊斯兰教法的形式和内容发生了较大的变化，其地位和作用呈下降趋势，在许多国家里已不再是国家的基本法。一些西方学者认为，伊斯兰法系已不再是一个完整的独立法系。而大部分穆斯林学者则认为，伊斯兰教法只要发扬其理性主义传统，坚持经、训基本原则并按照时代精神加以新的解释，完全能够适应现代发展的需要。

（吴云贵）

伊斯兰复兴运动（al-Nahḍah al-Islāmiyyah）现代旨在复兴伊斯兰教精神并据以解决各种现实社会问题的宗教与社会运动的统称。因其主张复兴伊斯兰教初期的本来精神,又称“伊斯兰原教旨主义运动”。伊斯兰复兴运动在伊斯兰教历史上是一种周而复始的宗教现象,每当社会向前发展,出现了信仰松弛、道德沦丧、消极腐败等为伊斯兰教所谴责的现象时,伊斯兰教界内部就会兴起宗教复兴思潮,伴之以复兴运动。当代伊斯兰复兴运动将自身认同于历史上一切宗教复兴与改革运动,视为它们的继续和发展。历史上的伊斯兰复兴运动大多由虔诚的宗教家、伊斯兰学者发起,规模一般较小,带有更多的自发性。其早期思想渊源主要是以遵循《古兰经》、圣训,坚持“正统”教义为特色的罕百里教法学派及该学派的晚期代表伊本·泰米叶的思想传统;在近代,则有18世纪发生于阿拉伯半岛的瓦哈比宗教复兴运动和20世纪30年代以来发生于埃及和阿拉伯国家的穆斯林兄弟会运动。其共同的思想倾向是主张正本清源、返璞归真,净化信仰、消除腐败,按照纯正的伊斯兰教教义来规范穆斯林的言行,并以这种精神来解决现实中遇到的各种问题。

当代的伊斯兰复兴运动大致可分为两个时期:自1928年埃及穆斯林兄弟会创立到20世纪60年代末为第一阶段;自20世纪70年代起至今为第二阶段。以哈桑·班纳为首的埃及穆斯林兄弟会,曾以伊斯兰教为旗帜,同帝国主义、殖民主义和本国的封建主义作过英勇的斗争,曾提出包括平等、公义、反对剥削、压迫、改善人民生活等在内的各种社会、政治主张,同以纳赛尔为首的埃及民族主义者也曾有过一段合作。后因政见不同,合作关系破裂,于1954年被埃及政府取缔,许多领导人遭到逮捕。此后,其他国家的兄弟会组织也大多被迫转入地下。20世纪70年代以后,由于埃及等阿拉伯国家在现代化建设中遇到挫折,经济增长缓慢,建设资金短缺,通货膨胀加剧,失业率上升,社会分配不均、两极分化,统治者专制腐败,加之在阿以战争中屡战屡败、失地辱国,引起社会各阶层的不满,人们对以纳赛尔主义为代表的阿拉伯民族主义、阿拉伯社会主义日益失望,要求以一种新的精神取而代之。这种信仰危机因伊朗于1979年发生了推翻巴列维政权的“伊斯兰革命”而加深,于是在阿拉伯世界和伊朗等地出现了数以百计的公开的或秘密的伊斯兰教政党、派别和组织,一些被取缔的伊斯兰教政党、组织也相继恢复活动,这些非官方的宗教组织成为当今伊斯兰复兴运动的鼓吹者、领导者和组织者。

同历史上的复兴运动相比,当代的伊斯兰复兴运动具有一系列新的趋向和特点。(1)有更明确的政治目标和行动纲领。伊斯兰复兴运动的指导思想,系由当代各国的宗教领袖和伊斯兰原教旨主义者所提出,通过宣教、出版物、集会等形式,为广大穆斯林民众所接受。其主要内容包括:1.包容性、实践性。强调伊斯兰教是一种富于实践性的包涵一切的宗教体系:它既是一种意识形态,又是一种社会、政治制度;既是一种文明方式、文化传统,又是一种社会组织形式。总之,它不是一般意义的宗教,而是一种富于实践性、创造性、革命性的信仰,故必须以这种精神来反对一切外来的非伊斯兰教的思想、信仰,包括世俗化、西方化、资产阶级民族主义、帝国主义、现代资本主义等“舶来品”。2.政治性、斗争性。认为伊斯兰教是一种以法制为基础的政治性很强的宗教,它的政治目标是最终建立一个独立自主、平等、正义,没有剥削和压迫的理想的政治制度。故必须以渐进的合法斗争或以暴力夺取政权的方式,推翻本国“不义”的统治者,建立一个以《古兰经》、圣训、伊斯兰法制为基础的“名副其实的伊斯兰国家、伊斯兰制度、伊斯兰秩序”。3.全面伊斯兰化。认为实现上述政治目标,需要经过漫长过程,在此过程中,应创造条件,逐步实现国家政治、社会和个人生活的“伊斯兰化”。强调穆斯林个人要忠于信仰,谨守教规,以教法和宗教道德来规范自己的言行;虔诚、博学的穆斯林学者要以经、训为据,创造性地解决各种社会问题,特别是经济体制、经济理论、发展模式、发展道路问题,坚信穆斯林各民族有一条既非东方,亦非西方,独立的发展道路,认为现代化不等于西方化,伊斯兰教主张现代化,但反对盲目照搬西方道路。(2)有严谨的组织形式。当前的伊斯兰复兴运动虽有自发性的一面,但一般皆有领袖人物和严格的组织性、纪律性。其知名宗教领袖诸如霍梅尼、阿里·沙里亚蒂、赛义德·库特布、赛义德·毛杜迪等虽已去世,但其生前言行、著述仍有广泛的影响。由于运动早已形成巨大规模,社会各个阶级、集团皆受牵动,持各种不同立场、观点、动机的人群纷纷卷入其中,其内部又很复杂:仅阿拉伯国家就有500余个组织,较大的政党和组织也有91个。既有以老的穆斯林兄弟会为首的传统派,又有同官方有某种联系,主张合法斗争的温和派,也有从事恐怖活动的“激进派”,目前温和派为主流派。(3)有广泛的国际联系。当前的伊斯兰复兴运动虽带有地域性和多中心的特点,但这些局部的运动大多主张以泛伊斯兰的共性来打破国与国的界限、教派间的界限,有的甚至提倡“输出革命”,现已波及整个穆斯林世界,而以中东阿拉伯国家为甚。面对这种新形势,许多伊斯兰国家领导人大多加强了对宗教的管理工作,一方面创造一种宽松的社会、政治环境,加以疏导;另一方面则采取各种防范措施,以稳定大局。进入20世纪80年代中期以后,伊斯兰复兴运动渐趋和缓。(吴云贵)

伊斯兰国家 近现代对以伊斯兰教为治国指导原则的一些亚、非国家的统称。主要有两种含义:①泛指以伊斯兰教为国教(或官方宗教),或大多数居民信奉伊斯兰教的国家。主要特征是国家元首为穆斯林,承认沙里亚为国家立法的主要渊源之一,重视伊斯兰文化传统等。在当代,巴基斯坦、伊朗、毛里塔尼亚和科摩罗4国,被命名为伊斯兰共和国。有些国家穆斯林虽不占人口的多数,但受伊斯兰教影响较深,亦称为“伊斯兰国家”。亦指伊斯兰会议组织的成员国。目前全世界共有44个伊斯兰国家,其中亚洲21个,非洲

23 个。②特指各国伊斯兰原教旨主义者所倡导建立的以古代哈里发国家为楷模的政教合一政体，亦称“伊斯兰社会”（即乌玛）、“伊斯兰秩序”、“名副其实的伊斯兰国家”等。其主要特征是：(1)承认一切主权仅属安拉，安拉为宇宙万物的绝对主权者。国家、政党、集团、个人均无立法权，而只能遵循神圣的沙里亚。国家必须以安拉之法治为基础，任何立法不得有悖于《古兰经》和安拉的意志。(2)承认先知之权威。先知穆罕默德为安拉在人世间的代理人，有权代表安拉行使政治、法律之权，其言行为立法的主要依据之一。(3)承认国家为安拉赋予穆斯林的权利。国家有权在其国度内代行先知的主权。国家的统治权属于全体穆斯林，其基本职责是维护民众的根本利益。(4)国家必须尊重穆斯林大众的意愿，通过广泛的民主协商处理国务，包括推选国家元首。上述基本原则系宗教学者阐述的一种政治理想，迄今世界上还没有一个完全这样的教权政体。（吴云贵）

伊斯兰国家会议 见伊斯兰会议组织。

伊斯兰会议组织（Munaẓẓamah al-Mu'tamar al-Islāmi） 伊斯兰国家政府级的国际政治组织。亦称“伊斯兰国家会议”。该组织的产生，源于一年一度的朝觐。最初，在麦加朝觐后举行伊斯兰世界各国首脑会议。1954 年，埃及和沙特阿拉伯共同发起在开罗成立了“伊斯兰会议机构”，初步形成了世界范围的伊斯兰国家同盟。为了加强伊斯兰国家的团结和合作，以适应国际形势发展的需要，1969 年 9 月，26 个伊斯兰国家的首脑和代表团在摩洛哥首都拉巴特举行首次会议，专门讨论和磋商了成立伊斯兰会议组织的事宜。1970 年 3 月和 12 月在吉达和卡拉奇举行的第一次伊斯兰国家外长会议上，决定成立伊斯兰会议组织，并制定了宪章。1971 年 5 月正式成立。秘书处设在沙特阿拉伯吉达。至 1989 年其成员国有 46 个：阿尔及利亚、阿富汗、阿拉伯联合酋长国、阿曼、埃及、巴勒斯坦解放组织、巴基斯坦、巴林、贝宁、布基纳法索、冈比亚、吉布提、几内亚、几内亚比绍、加蓬、喀麦隆、卡塔尔、科摩罗、科威特、黎巴嫩、利比亚、马尔代夫、马来西亚、马里、毛里塔尼亚、孟加拉国、摩洛哥、尼日尔、尼日利亚、塞拉利昂、塞内加尔、沙特阿拉伯、苏丹、索马里、突尼斯、土耳其、文莱、乌干达、叙利亚、也门、伊拉克、伊朗、印度尼西亚、约旦、西撒哈拉、乍得等。从 1975 年起，该组织在联合国享有观察员席位。第三十六届联大会议通过了《关于联合国与伊斯兰会议组织合作的决议案》。

根据《伊斯兰会议组织宪章》规定，其宗旨是：促进各成员国之间的团结；加强各成员国之间在经济、社会、文化、科学等方面的合作；努力消除种族隔离和种族歧视，反对一切形式的殖民主义；支持巴勒斯坦人民为恢复其民族的合法权利和重返家园而进行的斗争；采取必要方式支持建立在公正基础上的世界和平和安全；支持穆斯林各民族捍卫其尊严、独立和民族权利的斗争；促进各成员国和其他国家之间的合作和谅解。

伊斯兰会议组织的最高权力机构是各成员国国家和政府首脑会议，每 3 年召开 1 次；政治机构是外交部长会议，每年分别在 1 个成员国举行 1 次；执行机构是常设秘书处，下设许多工作部门。到 1987 年止，共召开了 5 次首脑会议，16 次外长会议和 3 次特别会议。伊斯兰会议组织的附属机构有：伊斯兰发展银行、伊斯兰新闻通讯社，伊斯兰国家广播电视组织、伊斯兰经济、文化问题专门委员会、伊斯兰科学技术发展基金会、伊斯兰艺术和文化研究中心、伊斯兰国家首都组织、社会经济统计研究中心、伊斯兰贸易发展中心、伊斯兰发展基金会、伊斯兰正义法庭、伊斯兰教科文组织等。这些组织机构独立进行活动，由秘书处进行协调。1980 年 8 月伊斯兰会议组织和阿拉伯国家联盟在突尼斯举行联席会议并发表公报，宣布双方制定了一项加强两个组织之间合作的协议。（杨克礼）

伊斯兰婚姻制度 伊斯兰教法规定的制约穆斯林婚姻、家庭生活的法律制度。伊斯兰教法的主要门类之一，亦称“穆斯林家庭法”、“私人身份法”，为教法中内容最充实、影响最广泛的一个领域。该制度以《古兰经》中的有关经文为基础，系在修改、补充“蒙昧时期”阿拉伯婚姻习俗基础上提出的一套较系统的宗教道德规范，曾对中世纪麦地那的穆斯林社团有广泛的影响。8～9 世纪，经早期教法学家们解释、归纳、扩展，形成完备的法律体系，得到统治者的确认，成为中世纪伊斯兰国家的婚姻制度，为沙里亚法院婚姻、离异诉讼案件的审判依据，至今仍有广泛的影响。它认为婚姻是穆斯林男女间的一项契约，具有法律、社会、宗教 3 方面的意义；它是夫妻和家庭关系的法律依据，有利于限制一夫多妻制、提高妇女的社会地位，具有互敬互爱、神圣结合的宗教意义。由于不同教派间互有差异，历史上形成逊尼派婚姻制度和什叶派婚姻制度，逊尼派四大教法学派之间亦有细微的差异。原则上一个穆斯林只受所奉教法学派教法的约束，由本派司法机关受理婚事纠纷。

伊斯兰婚姻制度以《古兰经》、圣训、教法为依据。其内容包括：(1)婚姻：1. 反对禁欲主义，凡穆斯林均须履行结婚义务，以利于社会的发展。《古兰经》云：“真主以你们的同类做你们的妻子，并为你们从妻子创造儿孙”(16：72)。2. 主张婚姻自择，反对强迫、买卖、包办。《古兰经》规定，女子可以自行择偶，“当她们与人依礼而互相同意的时候，你们不要阻止她们嫁给自己的丈夫”(2：232)。3. 婚姻资格。凡理智健全的成年(15 岁以上)穆斯林均可结婚，未成年者经监护人认可亦可结婚，待成年后准许废除婚约而另行择偶(哈乃斐学派)；男子可与“有经人”(即基督教徒、犹太教徒女子)通婚，女子只能在教内通婚；禁止血亲和近亲之间通婚(《古兰经》4∶22,23);待婚期(即伊达)未尽的妇女禁止再婚。4.提倡一夫一妻制,允许有限制的多妻。《古兰经》规定:"如果你们恐怕不能公平对待孤儿,那末,你们可以择取你们爱悦的女人,各娶两妻、三妻、四妻;如果你们恐怕不能公平地待遇她们,那末,你们只可以各娶一妻,或以你们的女奴为满足。这是更近于公平的"(4∶3)。早期伊斯兰教历史上一度实行多妻,意在建立稳定的个体家庭、保护无家可归的妇女和孤儿,以利于社会安定,并非主张无限制的一夫多妻制。5.婚姻类别。计有3类:符合教法规定的,称为"有效婚姻"(Ṣaḥiḥ);违反教法规定的,称为"无效婚姻"(Bāṭil);不完全符合教法规定的(即如证婚人未出席婚礼、女方待婚期未尽、同时娶两姊妹为妻等),称为"不正常婚姻"(Fāsid)。(2)婚后家庭生活的规定。系由婚姻的法律效力所促成的夫妻相互间的权利和义务,包括:夫妻关系受法律保护,所生子女为合法子女,夫妻间有互相继承遗产的权利;丈夫在婚前或婚后必须给予妻子一定价值的聘礼,以示对妻子的尊重,妻方亦可主动放弃聘礼,在法律上视为妻子对丈夫的"赠与",妻方可随意决定;丈夫作为家长,有权"管束"妻子,但亦须尊重妻子的合法权益;夫妻双方对子女皆有监护权,妻子对幼年子女有监护权,丈夫对成年子女有教育和婚姻、财产监护权等。(3)离婚制度。除因一方自然死亡而终止婚姻外,计有4种类别:一是休妻(塔拉格)。又有3种方式:"赞许的休妻"(Ṭalāq al-Sunna Aḥsan)即丈夫在妻子非月经期宣布1次"休妻",之后如连续3个月与妻子分居,妻子待婚期满后,即自行解除婚姻。期间丈夫可主动与妻子和好,亦称"可挽回的休妻";"可嘉的休妻"(Ṭalāq al- Sunna Ḥasan),即丈夫在妻子非月经期宣布1次"休妻",之后连续在2个月内宣布2次。因第三次宣布后不准收回,亦称"不可挽回的休妻";"标新立异的休妻"(Ṭalāq al-Bid'a),指不合传统但依然有效的一种休妻方式,即丈夫在一次场合连说3声"塔拉格"。二是"代理休妻"(Ṭalāq al-tafwiḍ)。伊斯兰教法认为,休妻为夫方的专权,但夫方可将此权授予妻方,妻方可据含有这类条件的婚前约定,宣布脱离夫妻关系。三是协议离婚。有两种形式:妻方主动提出,称为"胡勒尔"(Khul'),意为"解脱";双方因感情破裂共同提出,称为"穆巴拉"(Mubāra'a),意为"互相解脱"。两种方式下妻方皆须给予夫方一定的经济补偿,通常是放弃聘礼或离异。四是法院判决离婚。中世纪教法学家们认为,教法官(即卡迪)可应妻方的请求,判决离婚以结束不公正的婚姻,但对据以离异的理由和方式存有分歧。马立克学派一般较为宽容,哈乃斐学派否认此说,沙斐仪学派和罕百里学派持中庸态度。

什叶派婚姻制度是在不同的历史条件下形成的,它与逊尼派婚姻制度既有共同之处,又有明显的区别。二者的主要区别是:(1)什叶派教法只承认"有效婚姻"和"无效婚姻"两个类别,否认介于两者之间的"不正常的婚姻"。(2)什叶派教法承认一种临时性婚姻,称为"穆塔尔"。穆塔尔被视为一种为了"享乐"目的而结成的有时限的婚姻。计有4项规定:1.男女双方签订契约。2.穆斯林男子可与任何数目的穆斯林女子或信奉基督教、犹太教、袄教的女子结为"穆塔尔"婚姻,穆斯林女子只限于在教内结为"穆塔尔"。3.时限可长可短,少则一日,多则数年,期限已尽,自行终止婚姻关系。4.男方必须给女方一定数额的聘礼。期限未尽,男方即终止婚姻关系,聘礼全部归女方所有;女方提前终止婚姻关系,应扣除相应份额的聘礼,作为对违约的经济补偿。(3)什叶派教法对休妻规定了严格的限制。休妻须有充分的理由,必须使用明确无误的言语(即塔拉格),并有两名穆斯林男证人在场,否则无效。

近代以来,随着时代和社会条件的变化,大部分伊斯兰国家皆在不同程度上采取了法制改革,传统的婚姻制度已发生了多方面的变化。主要是:(1)修订法规。大部分国家对传统的婚姻家庭法规予以修订,采取了更明确的现代单行条规法的形式,对一夫多妻、夫方随意休妻、夫权至上、夫妻不平等等不合时宜的内容作了修改,从而增强了法律的活力。(2)修订程序法。一些仍保留沙里亚法院的国家,以行政立法的方式,修改了法律程序和证据规定,对法院的司法权予以限制,对重口供、轻证据的偏向,予以纠正。(3)完善司法制度。或建立完善的多级审判制度,或由国家民事法院取代沙里亚法院,从而将婚姻、家庭事务纳入法制,并限制、禁止童婚、一夫多妻,禁止夫方在法治之外私自休妻等,使婚姻、家庭关系更为和谐、融洽、美满。

(吴云贵)

伊斯兰建筑 阿拉伯伊斯兰国家的建筑型制。亦称"阿拉伯建筑"。西方称"萨拉森建筑"。它包括清真寺、伊斯兰学府、哈里发宫殿、陵墓以及各种公共设施、居民住宅等,是世界建筑艺术和伊斯兰文化的组成部分。它同印度建筑、中国建筑并称东方三大建筑体系。伊斯兰建筑以阿拉伯民族传统的建筑形式为基础,借鉴、吸收了两河流域、比利牛斯半岛以及世界各地、各民族的建筑艺术精华,以其独特的风格和多样的型制,创造了一大批具有历史意义和艺术价值的建筑物。

清真寺是伊斯兰建筑的中心部分,主要表现为设计巧妙、建筑手法新颖和装饰艺术独特。伊斯兰教先知穆罕默德时期修建和改建的清真寺,采用了阿拉伯民族传统的建筑形式,其特点是:土坯或岩石结构,没有屋顶,或以树枝遮掩,室内无装饰,陈设简朴无华。这时的清真寺大致由3部分组成:庭院、枣树枝或胶泥混制的屋顶、树墩或土筑成的"敏白尔"(即讲台)。穆罕默德亲自主持初建的麦地那清真寺即属这一类。麦加清真大寺原是一神殿,也是一方形岩石建筑。改建后的屋顶由一只船的残骸搭制而成,外墙东南角镶嵌有一块黑色陨石。此外再无别的装饰和设施。四大哈里发时期,伊斯兰教向阿拉伯半岛外的广大地区迅速传播，穆斯林在各地修建了一大批清真寺，如埃及弗斯塔特（开罗旧称）的阿慕尔清真大寺，伊拉克的巴士拉、库法两座清真寺，突尼斯凯鲁万城的欧格白清真寺等，都保持了阿拉伯民族传统的建筑风格，有的规模较大，能容纳数千人同时礼拜。阿慕尔清真大寺的4座“麦纳尔”（即尖塔）是伊斯兰建筑史上出现最早的型制。八九世纪，穆斯林建筑师受叙利亚——拜占庭和罗马建筑形式的影响，在基督教、犹太教堂建筑基础上建造了一批不同于阿拉伯风格的清真寺和宫殿等民用建筑。西班牙的科尔多瓦清真大寺在原有建筑基础上改建而成，大殿内罗马式柱子密集，柱头和天花板之间重叠着两层发券，大殿的结构给人以深且高的感觉。“米哈拉布”（即凹壁）的工艺复杂，星座式吊灯悬挂在大殿顶部，门窗花饰也很新颖。叙利亚的大马士革清真寺、耶路撒冷的阿克萨清真寺都不同程度地受到希腊、罗马建筑风格的影响。西班牙、意大利等地供哈里发用的清真寺、私人别墅等也素以华丽、典雅著称。随着伊斯兰教在亚洲广大地区的发展，阿拉伯传统的建筑形式与伊朗、土耳其、印度、巴基斯坦、中国等国的建筑形式相结合，在上述国家出现了众多的、新的伊斯兰建筑形式。伊朗、伊拉克、巴基斯坦、印度和中国新疆地区的清真寺建筑互有近似之处，属于集中式、纪念性建筑。这些清真寺以覆有巨型穹顶的大殿为中心，若干小穹顶环抱周围。大殿前有一开阔的广场，“麦纳尔”矗立四边，大殿门窗呈拱券形，门窗上的木雕窗花、大殿内的“敏白尔”、“米哈拉布”都富有精美的工艺造型。墙壁和柱体上书写有《古兰经》警句。伊朗的国王清真寺、巴基斯坦的巴德夏希清真寺和中国新疆的艾提卡尔清真寺、库车清真寺都是这一形式的代表。中国其他地区的清真寺建筑受到传统的宫殿建筑影响，一座清真寺往往是一个标准的中国式院落，大殿为正房，庭院一角设宣礼塔，大殿前两厢一般为阿訇讲学和学员的住宿用房。广州的怀圣寺、杭州的凤凰寺、扬州的仙鹤寺、泉州的清净寺被称为中国沿海四大名寺。北京的牛街礼拜寺、东四清真寺和西安的化觉巷清真大寺等是此类建筑的代表。

陵墓建筑是在中亚地区形成和发展起来的。大型的陵墓建筑群是哈里发权力和财力的象征。陵墓建筑的特点是：建筑群强调对称和垂直轴线，建筑物高大，外形简洁、庄重、朴实，给人以庄严肃穆之感。一个建筑群一般包括方形的主体、圆柱形的鼓座、饱满的穹顶和挺拔的尖塔。其中穹顶的构架作用很突出。大厅内是死者的坟冢，为长方形，一般为大理石、汉白玉所制，底座和坟冢边缘有雕琢精细的图案花纹。陵墓主体建筑的表面镶嵌着各色瓷砖。撒马尔罕的帖木儿墓、新疆的阿帕克和卓麻札、巴基斯坦阿里·真纳墓等均具上述特征。印度的泰姬·玛哈尔陵墓是印度式伊斯兰建筑的精华。它总体布局对称、完整，以陵墓为全部建筑的中心轴末端，白色大理石的主体建筑由绿地、小喷池和尖塔衬托，使肃穆的陵墓群洋溢着生命的气息。

伊斯兰学府的设计和建造与清真寺建筑有很密切的关系，有些学府即建于清真寺附近或其中。埃及的爱资哈尔大学、摩洛哥的卡拉维因大学、突尼斯的栽突那大学等，初建时规模不大而设施简单，无正规教室和校舍，教学活动在清真寺大殿中进行。随着伊斯兰教及其文明的传播和发展，这些伊斯兰学府已成为传播社会知识、进行宗教教育的场所，建筑设施、教学手段不断完善，如爱资哈尔大学已成为举世无双的伊斯兰大学城。

哈里发在传播伊斯兰教的同时，还在广袤的沙漠上建造了许多宫殿和别墅。宫殿建筑多为正方形，占地面积较大，平面布局大致有两种：（1）四合院式，沿院墙建一圈柱廊，如巴勒斯坦太巴列的敏亚宫殿。（2）以哈里发的居处为中心，分成若干等级的套院，如马夏达宫殿、伍麦叶王朝首都大马士革的绿宫、瓦西特的绿圆顶宫以及阿拔斯王朝时期修建的荣誉宫、堡宫、兰宫和冬宫等都是历史上的建筑艺术珍品。哈里发的宫殿和别墅中有表现植物花卉形象的绘画，有多姿多态的吊灯和花饰门窗等。

穆斯林的住宅建筑随着世界文明的发展有了很大的变化。穆罕默德时期，穆斯林的住宅十分简朴。为迁徙之便，游牧的阿拉伯人常年以帐篷为居所，故有人称他们居住的地方为“帐篷城”。城市阿拉伯人的住宅多是土坯或石头筑成的简易平房。历代哈里发重视城市的开发和兴建，在发展商业贸易的同时，城市也具规模。圣地麦加、麦地那，伊拉克的巴士拉、库法，埃及的弗斯塔特，巴勒斯坦的腊姆拉等城市都得到哈里发的统一治理。随着现代社会经济的发展，阿拉伯地区的城市建设速度很快，高楼大厦已取代了帐篷和土坯房，出现了一些有世界意义的现代化新型建筑。

（张广麟）

《伊斯兰教百科全书》（The Encyclopedia of Islam） 伊斯兰教大型综合工具书。穆·胡茨玛（M. Houtsma）等主编。有新旧两个版本。旧版本共4卷，1913～1937年以英、法、德3种文字同时出版于荷兰莱顿和英国伦敦，1938年出版增续本多册，后相继译成阿拉伯文、乌尔都文和土耳其文3种文本。新版本拟出10卷，现已出版5卷，以英、法两种文字同时出版。本书由近百名西方著名的东方学家撰稿、编写，所收词目范围广泛，以广义的伊斯兰文化为内容，涉及伊斯兰学术、文学艺术和哲学体系3大类，包括经籍、著作、人物、教义、教法、教职、仪礼、宗教与政治制度、教派、学派、学说、思潮、部落、部族、民族、社团、王朝、历史、地理、民俗、苏非主义、苏非教团、苏非礼仪与修炼、伊斯兰哲学、伊斯兰艺术、圣徒、圣地、寺院、建筑等。时间自7世纪至20世纪。地域覆盖整个伊斯兰世界，包括阿拉伯帝国、伊朗、中亚伊斯兰国家、印巴次大陆、印度尼西亚及奥斯曼帝国（新版增补较多），亦包括非洲、欧洲及苏联等非穆斯林国家的社团。条目按英文字母顺序编排，另有索引1卷，内有条目主题索引和条目撰写者人名索引，便于检索、查阅。条目释义准确、详尽，资料翔实，注重科学性、学术性、系统性、知识性。每一词条先注明原义、引申义、俗名、别名及各种不同含义，再逐次展开释义。综合性词目信息容量大，一般按时间顺序分段释义，或按不同层次加序号分段释义，给人以完整的知识。词条末附有资料来源，供读者查阅、参考。本书另有一缩编本《伊斯兰教小百科全书》(Shorter Encyclopedia of Islam)，由英国著名伊斯兰研究专家吉布(H. A. R. Gibb)和克雷默斯(J. H. Kramers)主编。本书为伊斯兰教权威的工具书，具有较高的学术价值，其内容为世界各国学者所引用。

(吴云贵)

《伊斯兰教词典》(A Dictionary of Islām) 伊斯兰教中型工具书。英国基督教学者休斯(Thomas Patrick Hughes)主编。1885年初版于巴基斯坦的拉合尔，1965年出版修订本。共收词目3200余条，内容涉及教义、礼仪、典制、人物、习俗、术语等。以英文或拉丁谐音字附阿拉伯文对应词为词头，释义以逊尼派观点为主，适当涉及什叶派、瓦哈比派等教派的不同观点。释义注重知识性。凡名词、术语、概念词目，皆先说明阿拉伯文原义，继而指明引申意义。中、小词目，按层次综合释义，大词目按层次分段加序号层层释义。书中附有许多插图、照片、表格，书末附有按英文字母顺序排列的词目索引，便于检索、查阅。本辞书主要供使用英语、不通阿拉伯语的西方读者阅读，也供在伊斯兰国家的西方殖民政府官员、西方的旅游者、从事比较宗教研究的学者等参阅。在西方和使用英语的穆斯林学者中，曾有广泛影响。由于编写较早，加之主编者系来东方传教的西方基督教传教士，书中也有某些知识性的失误。 (吴云贵)

《伊斯兰教对中华文化之影响》 中国伊斯兰教文化著作。作者马明道。该书于1982年5月由台北中国文化大学出版部出版，分精装、平装两种。全书由伊斯兰教对中华文化之影响、历史考据、回教教义、翻译及其他5个部分组成，对伊斯兰教的起源、精神及理论等，均作了较全面的介绍；对伊斯兰教传入中国的历史资料及穆斯林知名人士的身世，亦有考证。该书是由一系列各自独立、互不衔接的短文汇集而成，但均为论述伊斯兰文化曾对中国传统文化所产生的重要影响。所集短文，曾在台湾刊行的《中国回教》、《东方杂志》、《天山》等刊物上发表过。作者在书中提出的关于明朝皇室是否为穆斯林的问题，及与此相关的孔庙内为何不设偶像等观点，已引起国际历史学界的注意。作者对伊斯兰教义的探讨，虽属传统命题，但具有独到的见解。作者还收录了数篇关于故乡北京伊斯兰教传统情况的回忆，如《北平清真寺知多少?》、《北平回教社区牛街斋月里的民谣》等文章。 (余振贵)

伊斯兰教法(al-Shari'ah al-Islāmiyyah) 伊斯兰教规定的法律体系的统称。因其被认为以安拉启示为根本依据和主要渊源，又称“安拉之法”、“神圣律法”。该法系由教法学家根据《古兰经》和圣训创制，俗称“法学家法”。又因其源自作为安拉意志之体现的“沙里亚”，故亦有称之为“沙里亚法”的。其专称“沙里亚”(Shari'ah)一词，意为“通向水泉之路”，引申为“安拉指引的大道”、“必须遵循的常道”，《古兰经》里作安拉指明的“常道”(45∶18)、制定的“教律和法程”(5∶48)，意即安拉诫命的总和。其法律体系的另一专称“菲格亥”(al-Figh)，常指对安拉诫命的“理解”、“解释”，有时亦用以指称教法的内容。中世纪时期教法体系形成后，亦称“沙里亚法典”或“伊斯兰教法典”。伊斯兰教法，按沙里亚的本义，旨在规范穆斯林的外部行为，世人的一切行为均须以安拉启示(即主命)为据，没有任何行为可置之度外。但按后来教法学家们的解释和归类，教法体系通常划分为：(1)教律('Ibādāt，即伊巴达特)，关于宗教礼仪的规定。(2)民事法律规定(Mu'āmalāt，即穆阿迈拉特)。(3)刑罚('Uqūbāt，即乌古巴特)。什叶派教法则分为：(1)教律。(2)契约('Uqud，即乌古德)。(3)单方面处理商务(ika'at，即伊卡阿特)。(4)其他规定(aḥkām，即艾哈卡姆)。按其涉及的领域，其内容包括宗教义务、民事、商事、刑事、宗教公产(即瓦克夫)、审判程序等；按中世纪教法课本的编排次序，通常前5章为宗教礼仪，以下的次序为：契约、遗产、婚姻、家庭、刑律、对非穆斯林的态度、可食之物、宰杀、作证、法律程序、法律证据、善待奴隶等。这些内容见于中世纪教法学家们的著作和评注中，长期未作过系统的分类，直到近代以后，才有分门别类的法律汇编。教法根据主命性质上的差异，将世人的全部行为区分为五大规范，即：(1)义务性的行为(Wājib，即瓦吉卜)。(2)可嘉的行为(Mandūb，即曼杜卜)。(3)无关紧要的行为(Mubaḥ，即穆巴哈)。(4)受谴责的行为(Makrūh，即麦克鲁亥)。(5)禁止和受罚的行为(Harām，即哈拉姆)。但何种行为归于哪一类，教法学家们解释不尽相同。

伊斯兰教法是由精通经、训、教法知识的宗教法学家们所创制，其产生、发展经历了漫长的历史过程，直到10世纪才臻于完善。早期的律法为安拉启示的一部分，通常称为“律例”，散见于《古兰经》经文中，为早年穆斯林判定善恶是非的根本依据。之后由于社会生活的日趋复杂，需要对《古兰经》律例予以解释和补充，于是产生了圣训律例，为仅次于经典的第二法源。伍麦叶王朝后期，随着卡迪制度的建立，教法官卡迪在司法实践中积累了大量判例，成为教法实体的基础，司法制度开始引起统治者的重视。伍麦叶王朝末期至阿拔斯王朝初期(8～9世纪)，在反伍麦叶王朝斗争中兴起的首批教法学家，分布于麦地那、麦加、库法、巴士拉、大马士革等地，他们因厌恶伍麦叶哈里发们的政治腐败、信仰松弛，经常聚集在一起抨击朝政，讨论宗教、法律问题，形成以地域为中心的早期诸教法学派。他们常以《古兰经》启示为据，对照伍麦叶王朝的行政法规、司法实践和民俗习惯，提出见解，形成口头相传的判例，这种自发的学术思辨活动促进了法学理论的发展。在此过程中，出现了教法学说系统化和伊斯兰教规范化的趋势，表现为意见、创制、类比、公议、逊奈等法学概念和方法，创制教法活动日益系统化。阿拔斯王朝夺取政权后，大批教法学家被任命为司法官，教法学说日臻完善，教法理论更为发达，并以权威教法学家们的著作为基础，形成哈乃斐、马立克、沙斐仪、罕百里 4 个学派，他们在学说和法理上互有差异，统称为“逊尼派四大教法学派”。在法理上经过意见派与圣训派之争，后以互相妥协的方式达到求同存异，形成《古兰经》、圣训、公议、类比 4 大法源及优选、公益等辅助法源，从此教法体系的学科称为“教法学”(al-Fiqh，即菲格亥)，而理解、阐释教法理论渊源的学科，称为“教法渊源学”或“法理学”(Uṣul al-Fiqh，即乌苏勒菲格亥)。

伊斯兰教法在其产生、发展过程中，形成独特的体系和法源理论，在形式和内容上皆不同于世俗法和其他宗教法规。其显著特点是：(1)法律的宗旨不是一般地规定公民的权利和义务，而是以宗教、道德、法律的义务为尺度，规定信仰者对真主安拉的义务，借以修身律己、敬畏安拉、弘扬主道、履行主命。其基本指导原则为命人行善、止人作恶，一切法律关系皆以此为出发点。(2)法律的表征用词和精神皆以安拉启示为据，而天启高于人类智慧，故不应以理性来理解教法的实质和本原，而应对主命坚信不疑、身体力行。人的理性活动只能局限于教法准许的范围，诸如在无经、训可依时，可以用类比推理方法求得解答等。(3)法律原文主要体现为权威教法学家们根据经、训撰著的课本、判例、注释和发表的法律见解(即法特瓦)。因法学家们意见不一、各地的传统习惯互有差异，由此形成的法律学说亦不尽一致，一个穆斯林只能遵循所属的教法学派，故教法又有“属人法”之称。而什叶派、哈瓦利吉派等也有相对独立的教法体系和教法学派。(4)教法有双重的概念体系，较为灵活变通。如教法的专称“沙里亚”，泛指一切主命，为神圣律法，具有永久价值，而它的别称“斐格海”，则专指由教法学家们创制的体系，其范围是有限的，系沙里亚的具体体现；又如教法渊源可分为实际渊源和法理渊源，前者包括古阿拉伯人传统习惯、伍麦叶王朝的行政法规、司法实践、民俗习惯及波斯萨珊王朝等外来法成分，后者则只承认来自伊斯兰教内部的法理依据。

伊斯兰教法于近代兴起法制改革潮流。在漫长的中世纪，教法作为伊斯兰国家的基本法，既有适应社会制度的一面，社会生活也有脱离教法约束的一面。由于传统法源理论过分强调公议不谬说和因袭传统说(Taqlid，即泰格利德)，使法源理论成为封闭的体系，难以适应社会生活的变化。19 世纪下半叶，在伊斯兰现代主义思潮影响下，土耳其、埃及等大部分伊斯兰国家，掀起现代法制改革运动，出现了融合、吸收外来法的趋势，民法、商法、刑法率先脱离传统法制，而为源自西方的法律所代替。自 1917 年起，又对婚姻、家庭、遗产继承和瓦克夫等有关法规加以系统的修订，形成以现代条款为形式、仍以传统教法为内容的新法规，并就法源理论和司法制度加以修正。新法源理论摒弃了旧的公议不谬说和创制之门关闭说，强调以经、训为据，根据时代条件变化予以“创制”，灵活变通地解释教法，以增强其活力。20 世纪 70 年代以来，随着伊斯兰原教旨主义思潮和伊斯兰复兴运动的兴起，当代的教法学家们在继续提倡创制精神的同时，尤为强调以沙里亚为伊斯兰国家的根本大法，并以此为政治学说的基础，鼓吹国体、政体、社会制度和社会生活的“全面伊斯兰化”，相信早年伊斯兰精神的复兴，有助于强国富民，解决面临的各种实际问题。　　(吴云贵)

《伊斯兰教法导论》(An Introduction to Islamic Law)　现代西方研究伊斯兰教法的名著。原著为英文。德国学者约瑟夫·夏赫(Joseph Schacht)著。内容分为两部分。第一部分以考证《古兰经》立法、伊斯兰一世纪的司法实践和伍麦叶王朝的行政法规为开端，论述了古代诸教法学派、圣训派及晚期教法学派形成的始末，评述了“古典”伊斯兰教法学理论体系，介绍了阿拔斯王朝、奥斯曼帝国直至近现代时期伊斯兰教法的概况。第二部分论述了伊斯兰教法的渊源、基本概念及人身、财产、债务、契约、婚姻家庭、遗产继承、刑法等实体法。本书初版于 1964 年，曾 4 次重印，影响广泛。　　(吴云贵)

《伊斯兰教法纲要》(Outlines of Muhammadan Law)　现代伊斯兰教法名著之一。印度伊斯兰教法学家阿斯夫·斐济(Asaf A. A. Fyzee)著。原著为英文，成书于 1949 年，原为给印度穆斯林学生编写的教科书。全书除导论外共 14 章。导论简要介绍了伊斯兰教法形成、发展的历史。正文部分以广泛流行于印巴次大陆的哈乃斐派教法学说为基础，系统地论述了伊斯兰教法的实体，包括婚姻家庭(结婚、聘礼、离异、父母与子女的关系、监护权、赡养义务等)、财产赠予、瓦克夫、先买权、遗产继承(即遗产管理、遗嘱、遗赠、法定继承等)以及什叶派继承法及其同逊尼派继承法的差异等。以内容翔实、条理清晰、简明易懂见长，曾博得穆斯林学者与非穆斯林学者的一致赞誉。本书再版于 1955 年，以后曾 4 次再版和重印，影响广泛，为研究伊斯兰教法和介绍教法实体学说的权威之作。　　(吴云贵)

《伊斯兰教法史》(A History of Islamic Law)　现代西方研究伊斯兰法制史的名著之一。原著为英文。英国学者诺尔曼·库尔森(N. J. Coulson)

著。内容分3部分。第一部分，以分析《古兰经》立法为开端，概述了伊斯兰教法自古代阿拉伯部落习惯开始，历经四代哈里发时期、伍麦叶时期、阿拔斯前半期，直至逊尼派四大教法学派和“古典”教法理论体系形成的历程。第二部分，以10世纪为起点，评述了中世纪伊斯兰教法的理论和司法实践，教法的统一性和纷繁性，介绍了各教派的法律学说，分析了国家政权与神圣法律、伊斯兰社会与神圣法律的相互关系。第三部分，以19世纪欧洲殖民者入侵伊斯兰国家为上限，评述了近现代伊斯兰教法，包括外来法对伊斯兰教法的影响，教法传统的继承与改革等。该书立论严谨、条理清晰、文字简明易懂，为研究伊斯兰法制史的基础著作，有重要参考价值，在西方英语国家中尤为流行，为英美等大学文科的参考书之一。该书初版于1964年，1971年重印，1978年出版通俗本。有中译本，中国社会科学出版社1986年版。（吴云贵）

伊斯兰教法学（‘Ilm al-Fiqh al-Islāmi） 伊斯兰教基本学科之一。亦称“伊斯兰教律学”。它是以《古兰经》、圣训为主要立法渊源，根据哈里发国家社会情况发展的需要而建立起来的法学思想体系。其内容除包括对宗教礼仪制度、民事法律规定和刑法的研究和正确理解外，还包括对诉讼程序、审判原则以及各主要法学派别的立法创制原理和对法律问题的不同见解等方面的探讨。是在教法发展到一定阶段产生的一门学科。它体现了伊斯兰教在教义学基础上用法律规范人们行为，解决社会问题从而实现法治的思想。

形成的社会背景。伊斯兰教法学及其主要派别产生并形成于伍麦叶王朝后期和阿拔斯王朝前期。随着伍麦叶王朝的向外扩张，伊斯兰教得到广泛传播，出现了许多新的社会法律问题，而“古兰律例”和尚未完全成文的圣训，且多是笼统的原则规定，不能回答和解决社会生活中发生的新问题。早期哈里发们及其派往各地的官吏解决问题的案例和法令，散于个别人的手中，也无正式记载。因此，按照经、训的律例和伊斯兰教原则，创制新的法规或批准各地原有习惯法，建立伊斯兰法治，以巩固和完善国家政权，确立对新领土的统治，是哈里发帝国和伊斯兰教迅速发展的急需。于是，在国内尤其在首都和圣地麦加、麦地那等文化较发达的城市出现了一批专门从事教法解释和研究工作的人，被称为“法基亥”（Faqih，意为精通宗教的人），即教法学家，他们从事研究的领域称为“菲格亥”（Fiqh），即教法学。14世纪的伊斯兰教历史学家伊本·赫勒敦说：教法学就是“认识安拉对承担宗教义务者要求必须做、不许做、鼓励做和受谴责与无所谓等行为的法律规定”。教法学不仅是研究各种法律行为的细节规定，而且包括立法的渊源、基本原则和逻辑方法。当时从事这一工作者，除政府委派或承认的教法官外，绝大多数是同有文化知识的圣门弟子或再传门弟子接触并对伊斯兰教有相当研究的学者，他们采取讲学传经或为人们排解纠纷等方式回答人们提出的各种有关教规及法律行为的问题。对于经、训明文未作规定或者援引经、训条文精神也无法解决的问题，他们或审定批准当地原有的传统习惯，或按照自己的推理演绎出适当的判例，回答社会上发生的各种问题和纠纷。阿拔斯王朝时，由于大规模的对外扩张停止，帝国的社会经济得到了迅速的发展，阿拉伯—伊斯兰学术文化进入兴盛繁荣的时期，这为教法学的进一步发展提供了社会思想基础，而且哈里发把推行伊斯兰法治，鼓励编订法典、建立和健全立法和司法制度作为实行伊斯兰化的重要内容，从而推动了教法学的研究和法学派别的形成与发展。9世纪初，教法学已基本脱离圣训学而成为一门独立学科。

法学派别的产生及主要学派。在研究教法的过程中，由于每个法学家对《古兰经》文的理解不同，对圣训搜集整理和研究的范围有别，也由于他们从属的政治或教派的殊异，以及所受的文化教育和所处社会地理环境的不同，故他们在原则上虽都承认经、训为立法依据，但在如何运用此依据演绎制定新律例，以及在无经、训条文可援引的情况下，依据什么制度或补充新律例的问题上存在着不同主张，因而形成了不同的学派。8～9世纪先后出现了栽德、贾法里、艾巴德、哈乃斐、奥扎仪、马立克、沙斐仪、罕百里及扎希里等10多个法学派别。各个学派都根据本派首创人的教法学说汇编出了一些教法学的著名著作，如哈乃斐学派的《教法大全》（Kitāb al-Kāfi）、马立克学派的《大穆丹沃纳》（al-Mudawwanah al-Kubrā）、沙斐仪学派的《母典》（Kitāb al-Umm）、罕百里学派的《教法大汇集》（al-Jāmi ‘al-Kabir）、栽德派的《法学汇编》（Majmū‘al-Fiqh）等。它们的思想倾向归纳起来，主要有如下3种：（1）主张除古兰经外，创制新律例时注意维护伊斯兰教初期的传统和麦加、麦地那的习惯，因而认为编订教法就需要搜集整理先知生前的言行和他的主要门弟子、再传弟子的言行以及他们处理案件的先例，称为“圣训派”或“传述派”，罕百里学派是其典型的代表。（2）除遵守《古兰经》明文外，主张要研究《古兰经》中有关法律明文，从中总结出立法的基本精神和主要原则，本此精神和原则运用个人见解和理智，并参照当地习惯和人情，较灵活地提出教法处理意见，对于后人编订的圣训不盲目信从，要以是否符合古兰精神和是否为可靠圣训为取舍条件。这一派被称为“意见派”，此派后来以哈乃斐学派为代表。（3）遵从《古兰经》和真实圣训的字面意义，认为只有这种意义才可作为教法依据。如遇到法律问题，在经、训中找不到答案时，不必创制新的法例，可任其自然。持有这种倾向的人，被称为“直解学派”（al-Ẓāhiriyyah）。此派以达乌德学派为代表。后在发展过程中，这3种倾向相互影响，对逊尼派和什叶派的教法学都有影响，促进了意见派和圣训派走向调和，但“直解学派”由于过分拘泥经、训字面意思，未能广泛传播，流传不到400年即行消失。

教法学的主要特点。(1)立法的神圣性。伊斯兰教认为教法的基本内容是来自安拉的启示《古兰经》和启示传达者穆罕默德的言行即“圣训”,称它是“神意法”。立法者只能是安拉和他的使者穆罕默德,其他人都不能成为立法者。凡是经、训明文规定的律例,任何权力不能违反它和超越它。没有经、训明文规定的问题,才允许教法学家根据经、训的精神和原则,从事律例的推演和说明,这种推演和说明称为“创制”(al-Ijtihād),而不能称为立法。任何个人或政府只对“创制”出的律例有解释、更改、废除的选择。信仰安拉及其使者穆罕默德是伊斯兰教最根本的信条,遵守安拉的法度是每个穆斯林表达信仰的重要方式。伊斯兰教法本身就包括教规,违犯一般教规者要受到宗教和穆斯林的谴责,只有通过一定的赎罪行为才能得到宽免。严重的犯法行为不仅要受到伊斯兰社会执法者的惩处,而且后世还要受到安拉的惩罚。(2)法规内容的广泛性。伊斯兰教法是将教规和法结合起来的世界法系之一,它具有不同于一般法律制度的广泛内容。伊斯兰教在建立和发展过程中不仅吸收了伊斯兰教之前阿拉伯半岛的传统惯例,而且经过用伊斯兰教基本原则检验,接受了古代罗马法、犹太法、巴比伦法、波斯法影响的各地的某些习惯和法律传统,因而具有较广泛的适应性,故穆斯林称其为“宽容的法律”(al-Shari‘ah al-Samḥah)。它的内容反映了哈里发国家建立以来在宗教、政治、军事、经济、伦理道德、生活习尚等各个领域所发生的各种问题及伊斯兰教法对这些问题的回答。对穆斯林个人来说,它几乎把一个人从生到死的社会生活、精神生活和家庭生活中该行该止、该鼓励、该反对的各种问题都作了具体详细的规定,所以对信徒有较强的约束作用,对信仰伊斯兰教各民族的社会生活产生深远的影响。(3)教法学研究问题的繁琐性。教法学产生之初,由于其时伊斯兰教义、教规尚较简朴,当时的教法学者从伊斯兰教适应发展了的社会情况出发,根据经、训原则发表意见,在研究教法和创制新律例时有较大的自由和灵活性。同时尚能注重具体律例的实践变通性。但各法学派别形成之后,各派均建立了各自解释经文的原则,确立了鉴别圣训的标准,各学派之间出现派性之争,每派均注意维护本派的观点,盲目追从本派创始人及主要伊玛目的原则和主张,教法学家转而深究和扩大本派伊玛目的主张和原则,使教法研究趋向烦琐。在教法律例方面钻研细枝末节问题,推理假设案例,如简单的沐浴仪式,在教法书中复杂化到使人几乎不能了解的地步;又如休妻(离婚)、释放奴隶、发誓许愿这一类问题,也反复推理假设,演绎出数千个案例;在法理学上受当时逻辑学、哲学的影响,制定了许多概念和定义,使一般非专门研究者望文生畏。就以人的行为来说,在教法上被分为正当的与不正当的。正当的又分为:1. 可行的(Mubāḥ)。2. 嘉许的(Mustaḥabb)。3. 准嘉许的(Mandūb)。4. 效法先圣行为(Sunnah)。不正当的行为分为:1. 坏的(Fāsid)。2. 谬误的(Bāṭil)。3. 可憎的(Makrūh)。4. 被禁止的(Ḥarām)等,各教法学派对这些行为的特定含义及违犯者所承当的赏罚咎由各有不同的解释,如此等等。

创制和司法上的分立性。教法学虽是阿拉伯哈里发帝国时代发展起来并得到当权者支持的,但它所确定的法规不是由政府直接制定颁布的,而是由各地区的伊斯兰教法学者根据《古兰经》、圣训律例及其所包含的原则推演而逐步完成的。由于当时各地区在政治、经济和文化习俗方面存有差异,对同一问题或案件各地教法学者均可根据自己所确定的原则,通过推演制定出自认为是最正确的法规,因而在创制上有很大的独立性。围绕着一些有名的教法学家形成各个教法学派,除了为经、训明文所确定的宗教功课和主要制度保持基本一致外,各派之间甚至对同一细节问题或案件的处理上各有自己的主张和法律处理意见。一个伊斯兰王朝或一个国家甚至其中一个地区在遵奉某一法派主张的同时,还允许其他法学派别建立本派法院,按照本派教法学家的判例处理案件。这种法派并存、各派法院同时执法的情况形成了伊斯兰教法的又一特点之一。

(马　贤)

《伊斯兰教法学的起源》(The Origins of Muhammadan Jurisprudece)　现代西方研究伊斯兰教法的名著。原著为英文。德国学者约瑟夫·夏赫(Jeseph Schacht)著。内容分4部分。第一部分通过对古代诸教法学派、圣训派和以沙斐仪为代表的古典教法学派之异同的比较、分析,论证了逊奈、公议、类比、创制、意见等法学原理和方法形成的历史过程。第二部分通过对含有立法内容的圣训传说的考定,从法学实际渊源的角度,论述了圣训立法的发展过程。第三部分以考证伍麦叶王朝时代民俗习惯和行政惯例为始点,并同后来形成的以地域为中心的各教法学派的法律传统加以对照,介绍了教法学说的历史沿革和各派间的交互影响。第四部分以分析教法学说的系统化、伊斯兰教规范化为基础,论述了法学思想的历史发展过程。该书初版于1950年,曾5次重印,被誉为现代西方研究伊斯兰教法学的“经典”之作。

(吴云贵)

《伊斯兰教概论》　中国论述伊斯兰教的学术著作。由中国社会科学院世界宗教研究所伊斯兰研究室的4位学者集体编著,金宜久主编。全书1卷,计10章。内容涉及伊斯兰教的兴起和传播、伊斯兰教的基础(《古兰经》和圣训)、伊斯兰教的信仰和制度、伊斯兰教法、教派、学派、教义学、苏菲神秘主义、伊斯兰教与社会生活(政治、经济、伦理道德、文化)、近现代伊斯兰教社会思潮和社会运动、伊斯兰教在中国等。书末附有7个附录和索引,便于读者查阅、检索、参考。该书立论较为客观、公允,史料翔实,以学术性、知识性、可读性为特色。尤其在教法学、教义学、苏菲主义等方面，作了系统的介绍和探索，对了解、研究伊斯兰教有一定的参考价值。青海人民出版社于 1987 年 11 月出版。（吴云贵）

伊斯兰教古典法学理论 现代西方伊斯兰学术界通用的法学概念。简称“古典法学理论”。指中世纪具有经典性的伊斯兰教法学理论体系。约形成于 10 世纪，是在沙斐仪法学理论体系的基础上发展而成。其体系包含四项基本原理，称为“四项教法渊源”，即《古兰经》、圣训、公议（即伊智玛尔）和类比（即格亚斯）。认为神圣的伊斯兰教法系由安拉所颁布的一部永恒律法，为安拉预先降示的并体现其意志的总和（即沙里亚），而教法学（即斐格亥）则是了解这部神圣律法的一门科学。上述四项原理既是伊斯兰教法的渊源（即法的体现形式），又是了解教法知识的途径（即法理），历史上伊斯兰学者正是运用这四项原理来创制和解释实体法学说的。其中《古兰经》被视为安拉之言语，圣训为先知穆罕默德之言行，为教法的基本渊源，具有永恒的价值；类比作为一种公认的、严格界定的方法，只是一种辅助手段，只有某个问题在经、训里无据可循时，才准许通过这种方法将经、训的原则扩及到新的判例中去，以求得结论。但由此而获取的法律知识被认为带有推断性质，故一项类比只有经公议的核准后，才具有普遍意义。而公议则为最重要的原理，实际上它是伊斯兰教法学整个理论体系最后的权威依据，它不仅决定了经、训原文的选择和释义是否正确、可行，类比之方法和结论是否得当、有效，而且决定了整个教法学理论体系的权威性。而公议自身的不谬性则是建立在一种神圣信念的基础之上。这种信念在一段“圣训”中得到表达：“我的教民们永远不会就谬误取得一致”。古典法学理论增强了通晓经、训的教法学家的地位，故由此而产生的伊斯兰教法又有“法学家的法”之称。（吴云贵）

《伊斯兰教简史》 伊斯兰教历史著作。巴基斯坦史学家赛义德·菲亚兹·马哈茂德（Sayyid Fayyaz Mahmud）著。全书采用编年体写法，以伊斯兰教的兴起和发展为基本线索，并涉及和评述了有关的重大历史事件。书中除宗教内容外，还包括政治、经济、军事、文化、艺术，以及民情风俗等等，反映了近 1400 年来伊斯兰教在西亚、北非、东非、西南欧、中亚、南亚次大陆和东南亚地区传播和发展的情况，对各时期各地区建立的伊斯兰王朝及其始末都有较系统、扼要的介绍。对东西方关系史，尤其近代史部分，评述较多。作者曾长期从事伊斯兰教史的研究，占有丰富的史料，书中基本反映了穆斯林正统派的宗教观和历史观，在东方穆斯林学者编撰的同类论著中具有一定的代表性。全书共分 16 章，每章都有小标题式的内容提要，冠于各段落之前，眉目清楚，重点突出，还附有各个时期的有关地图。书后有人名、地名等译名对照表。汉译本由英文版翻译，中国社会科学出版社于 1981 年初版。（林　松）

《伊斯兰教简史》 伊斯兰教历史专著。作者为法国昂里·马塞（Henri Masse），系巴黎大学教授，曾任巴黎现代东方语专科学校校长，为法国著名东方学家之一。《伊斯兰教简史》于 1930 年初版。该书内容比较丰富，材料翔实。书中介绍了伊斯兰教兴起前阿拉伯半岛的状况，综述了伊斯兰教的产生及其在世界传播发展的历史，阐述了伊斯兰教的教义、教法、教派、文化以及宗教哲学思想的发展，对了解和研究伊斯兰教有参考价值。汉译本系根据 1952 年法文第 6 版的俄译本转译，1978 年商务印书馆出版。（王怀德）

伊斯兰教历 见希吉来历。

伊斯兰教两世观 伊斯兰教关于现世生活与死后归宿的理论观点。它是教义的组成部分。伊斯兰教正统学者依据《古兰经》和圣训，将今世的现实生活视为人的旅途，将后世视为人的归宿。倡导两世并重。伊斯兰教认为人在现世生活之后，还有来世的生活，即末日或审判之日。此日人被复活，按生前善恶受审判，善者进入天园，永享幸福；恶者堕入火狱，备受痛苦。穆罕默德传教时，以“报喜者和警告者”的身份，从正面宣讲信教的善果，也从反面警告不信教的恶果，内容涉及人在生前的信仰、行为与死后复生、末日审判的种种过程，构成了系统的两世论。其主要观点：(1)今世是短暂的、虚幻的，后世才是归宿。《古兰经》云：“今世的生活，只是虚幻的享受”(3：185)，“后世才是安宅”(40：39)。(2)今世与后世是互为因果的，今世的所作所为，都要在后世得到应有的报偿。《古兰经》云：“你应当借真主赏赐你的财富而营谋后世的住宅，你不要忘却你在今世的定分”(28：77)。“信道而且行善者，我将使他们入于下临诸河的乐园，而永居其中”(4：122)，“不信道者……他们的归宿是火狱”(24：57)。(3)末日审判是必然的。《古兰经》云：“复活时是必定来临的”(15：85)，复活日来临时，每个人都要对自己生前的行为负责。“当穹苍破裂的时候，当众星飘坠的时候，当海洋混合的时候，当坟墓被揭开的时候，每个人都知道自己前前后后所做的一切事情”(82：1～5)，“真主依据各人所行的善恶而加以报酬”(14：51)。(4)不信后世的人将受惩罚。《古兰经》云：“不信后世的人们是在刑罚和深深的迷误中”(34：8)。伊斯兰教的两世观是以前定为基础的。它是在笃信真主的前提下，信死后复活，信末日审判，信天园火狱之说。它以人的生前行为为根据，以善恶观为准绳，把今世的信教与否、今世所行宗教功修、宗教义务乃至社会行为联系在一起来衡量，作为进入天园或堕入火狱的依据，构成教义的一部分，对穆斯林的人生观以深刻的影响。8

世纪，由于受古希腊哲学影响而兴起的穆尔太齐赖派，主张“人类的意志是自由的”、“人类的一切行为都是他们自己创造的”，强调人在现实生活中有能动作用，主张入世主义，在一定程度上，动摇了传统的“宿命论”观点，而苏菲派则提倡苦行、禁欲，摒弃今世的荣华，倡导遁世隐修，主张出世主义。但世界上多数穆斯林仍持以《古兰经》和圣训为依据的两世并重的观点，作为信仰和现实生活的指导思想。

明末清初以来，中国回族伊斯兰学者，把比较重视现实人生价值与人际关系的中国传统思想与伊斯兰教的两世观相融合，形成了具有中国特色的伊斯兰教两世观。王岱舆在《正教真诠》中列专章论述今世与后世。其后马注、刘智与马复初等学者，均在其教义著作中，反复阐明这一问题。其主要论点为：重后世亦不弃今世。王岱舆说：“人有原始、现在、归回三世”，“归回后世，得者永得，失者永失。”其过程是人死之后，经过末日审判“善者便入天园，享永全福”，恶者“堕入地禁……束缚于万苦之中。”因而认为“尘世乃古今一大戏场”。但他并不教人厌世悲观、逃避现实或者儿戏人生，而着重强调“死时唯有善恶刻不相离”、教人“须从浮生之前，瞬息光阴而取”，表现出对现实生活的肯定与重视。刘智在《天方典礼》中，分别阐述了“五功”（念、礼、斋、课、朝）与“五典”（君臣、父子、夫妇、兄弟、朋友），认为前者是“穷理尽性之学”，后者是“修齐治平之训”。在他的著作中，讲后世着重宗教义理，讲今世结合社会实际、伦理纲常，把今世与后世联系起来，相提并论。他们讲后世论的目的，立足于警告、劝诫世人对自己的行为负责，走“信道行善”之路，以净化宗教信仰，强化宗教功修为目的。“今世乃后世之田，种花者得花，种棘者得棘”，使两世成为因果关系。马注在《清真指南》中指出“清真至理，以人生为客商，以尘世为市集，以性命为资本”，“以心术为权衡，以善恶为货买，以死亡为归宿”，全面论证了伊斯兰教人生观、善恶观、生死观之间的密切关系，对两世观作了透彻说明。中国穆斯林社会盛行“两世吉庆”说，既虔诚信仰独一真主，履行教法规定的宗教功课，又致力于培养公正、宽恕、忍耐、敬畏、坚忍，舍施济贫等美德，把宗教伦理与社会伦理结合在一起。把后世视为归宿，把今世看作通往后世的桥梁。在处理婚姻、家庭、财产问题上，持积极、严肃态度，合乎宗教教义与社会伦理要求。将死亡看作“正命”“返璞归真”，主张“节哀顺变”；在葬礼中，主张速葬、薄葬、土葬。在社会生活中，既要热爱自己的民族传统，又要遵守所处的社会环境与道德规范，服从国家的政策法令，并能与兄弟民族团结互助，友好相处，对整个现实生活持积极向上态度，以此作为通向后世天园的必经之路。（罗万寿）

伊斯兰教律学 见伊斯兰教法学。

伊斯兰教伦理思想 伊斯兰教义学说的组成部分之一。以维护信仰独一的安拉为出发点，而调正整个社会人际关系的道德意识与行为规范的准则。它与教法相辅相成。而教法则以教义学为基础，也具有宗教伦理性质。有的学者把它看作伊斯兰教的本质属性，是教义的重要内容之一。伊斯兰教法将人的行为分为5类：(1)义务的行为。(2)可嘉的行为。(3)无关紧要的行为。(4)受谴责的行为。(5)禁止和受处罚的行为。其中除了教法明确规定的合法与非法的界定外，其他一切行为，从社会生活中的人伦、婚姻、家庭、财产关系，社会上的待人接物、工作、经商等行为，都要受伦理思想的规范。《古兰经》和圣训是伊斯兰教伦理思想的渊源，也是穆斯林道德行为的准则。其内容十分广泛，主要有：(1)性恶论倾向。表现为：1.主张知足，反对贪婪，《古兰经》云：“人性是贪吝所支配的”（4：128）。2.反对不义，“人确是很不义的，确是忘恩负义的”（14：34）。3.主张顺从，反对悖逆：“绝不然，人确是背逆的”（96：6）。4.主张命人行善，反对诱人作恶：“人性的确是怂恿人作恶的”（12：53）。伊斯兰教的善恶观是以基本信仰为前提，即以正信与迷信来确定善恶的标准。人，只要归信了“安拉的正教”，被私欲驱使的恶性就会改变，就会谨守“真主所赋予人的本性”（30：30）。《古兰经》中还多次把信道与行善并提，将两者有机地联系在一起，“信道行善而来见主者，得享最高的品级——常住的乐园，下临诸河，而永居其中”（20：75）。反之，“不信主者，他的善功比如一堆灰”（14：18）。凡信仰安拉就是最大的善，或“善行”的来源。在日常行动中，宗教功修与社会伦理结为一体，成为整个赏善罚恶体系的组成部分。“你们应当只崇拜真主，并当孝敬父母，和睦亲戚，怜恤孤儿，赈济贫民，对人说善言，谨守拜功，完纳天课”（2：83）。(2)两世幸福论。既重视今世的生活，又重视后世的幸福，并鼓励穆斯林为获得两世幸福而奋斗不息。“谁想获得今世的报酬，我给谁今世的报酬；谁想获得后世的报酬，我给谁后世的报酬”（3：145）。但经、训中对两世并非同等看待，《古兰经》明确指出，今世的生活是“虚幻的”（3：14、3：185）、“暂时的”（13：26）、“微不足道的”（9：38）；后世的幸福则是“更好的”、“更长久的”（87：17）是“安宅”（7：169）、是“乐园”（20：75、10：26），对两世幸福的追求，成为穆斯林道德修养的出发点与内在动力。中国穆斯林称之为“两世吉庆”。而对后世生活的憧憬，更成为一般穆斯林现实生活的最终目的。凡虔诚穆斯林，潜心宗教生活，积极完成善功，正是这种幸福观在心态中的反映。(3)善恶有报论。善恶有报，善恶必报思想与两世幸福论是相辅相成的，是净化穆斯林心灵，推动穆斯林祛恶从善的一种动力。“行善者将受善报，且有余庆”，“这些人是乐园的居民，将永居其中，作恶者每作一恶，必受同样的恶报”，“这些人是火狱的居民，将永居其中”（10：26～27）。伊斯兰教的伦理规范，包括社会行为准则和品德修养的各方面，概括起来主要有：(1)顺从。伊斯兰 al-Islam 原意为“顺从”，穆斯林 Muslim 原意为“顺从者”。伊斯兰教在信仰本身与伦理要求方面，首先提倡顺从，即顺从真主和真主的意志，顺从先知的教导，顺从现实社会中的领导者。《古兰经》云：“你们当服从真主，应当服从使者和你们中的主事人”(4：59)。中国伊斯兰学者王岱舆提出：“人生在世有三大正事，乃顺主、顺君、顺亲也。”把顺从扩展到了家庭及社会生活的方面。《古兰经》十分强调顺从，“求你使我作为顺从者而死去”(12：101)。(2)坚忍与敬畏。坚忍与敬畏同被认为是极为重要的道德行为。坚忍是对信仰的坚信，对宗教功修的坚持和为宗教事业艰苦奋斗，坚忍不拔的精神；而敬畏则是对真主、对教义信仰出自内心的虔诚、恭顺、崇敬；对离经叛道行为和信念动摇时的悔悟与恐惧，从而坚定信仰，始终不渝。《古兰经》云：“真主是与坚忍者同在的”(2：249)，“后世的安宅对于敬畏者是更优美的”(7：169)。(3)公正与宽恕。公正即公道、公平、正直、合乎情理，从日常处世待人、经商，法官判案到居官从政都应公平、正直、无私。宽恕即宽仁、恕饶、以德报怨，是一种持中庸的思想及处事原则，如重后世亦不弃今世；不禁欲也不纵欲；既要“为主道而抵抗”，又“不要过分”等等。(4)《古兰经》中所提倡的道德行为是多方面的，如穆斯林是兄弟，是教胞的思想；商业经营中的公平买卖，禁止高利盘剥的思想；战争中宽待俘虏，合理分配战利品的思想；日常生活中施舍济贫的思想，善待和释放奴隶，善待孤儿的思想；家庭和谐，邻居敦睦的思想等等。它体现了伊斯兰教追求和平安宁的社会理想和仁慈博爱的宗教伦理。在实践社会道德时，伊斯兰教强调个人要对自己的行为负责，行善作恶，各有报应。《古兰经》云：“一个负罪者，不再负别人的罪”，“洗涤身心者，只为自己而洗涤”。要求穆斯林必须规范自己的行为，并自觉地去躬行实践。中国清代伊斯兰学者刘智在《天方典礼》中提出了“五典”说，“五典者，乃君臣，父子、夫妇、兄弟、朋友之常经，为天理当然之则，一定不移之礼也”。把伊斯兰教的宗教伦理与中国封建社会传统的纲常名教融合一起，提出了中国穆斯林的伦理思想与行为规范。他还在《民常篇》中就“居、用、服、食”和婚姻丧葬方面提出了“所宜行”的规范要求，使伦理思想与习俗结合起来。伊斯兰教的伦理思想随着社会的发展而逐渐趋于完善。它既以基本信仰和教义为核心，在伊斯兰教传播中伴随教义、教律的不断完善而发展；又在伊斯兰教向外传播过程中，吸收了世界各穆斯林民族的伦理思想的有益部分，对巩固信仰、净化穆斯林思想，稳定社会秩序，团结各族穆斯林等都起了良好作用，从而促进了伊斯兰教自身的发展和广泛传播。 （罗万寿）

《伊斯兰教史》 中国综述伊斯兰教历史的学术著作。金宜久主编。全书1卷，分4编14章。第1编“伊斯兰教的兴起”，共2章，叙述了伊斯兰教初期至四大哈里发时期的历史；第2编“伊斯兰教的全面发展”，共5章，述及早期伊斯兰教的概况、伊斯兰教体制的形成、伊斯兰教各分支学科的产生和发展，教派、学派、苏菲神秘主义的兴起及彼此间的争论和交互影响、哈里发制度的形成和解体等；第3编“伊斯兰教在各地的传播”，共5章，论及伊斯兰教在北非和西班牙、中亚、南亚、东南亚、东非、西非和中国的传播、发展及其特色；第4编“近现代伊斯兰教”，共2章，概述了18世纪以来伊斯兰教的社会思潮和社会运动、政教关系、发展趋向等。该书是受国家教育委员会委托为我国高等院校学生编写的教材，具有史料丰富、条理清晰、通俗易懂的特色。书末附有6个表格和主题词目索引，便于查阅、检查、参考。该书为中国学术界首部伊斯兰教通史著作，对了解、研究伊斯兰教的历史，有一定参考价值。由中国社会科学出版社1990年8月出版。

（吴云贵）

《伊斯兰教小百科全书》(Shorter Encyclopedia of Islam) 伊斯兰教专科工具书。以英文编写。英国著名东方学家吉布(H. A. R. Gibb)和克雷默斯(J. H. Kramers)主编。由荷兰皇家科学院组织人力编纂，1卷本。1953年初版于荷兰莱顿，1974年再版。为《伊斯兰教百科全书》(1913～1937莱顿版)的缩编本，从中收选伊斯兰教教义、教法词目600条编成此书。其中大部分词条是直接引用，少部分词条作了修订和缩简，并增补了少量新词条。全书约计150万字。内容涉及经籍、人物、教义、教法、仪礼、制度、教派、学派、学说、思潮、民族、苏菲主义、苏菲教团、圣徒、圣地、寺院、建筑等。词条按英文字母顺序编排，释义准确、详尽，资料翔实，注重科学性、学术性、知识性。一般先从词源学角度阐述原义，然后再释引申义和各种不同意义。综合词条或按时间顺序分段释义，或按不同层次分段加序号释义。词条释文末附资料来源，书末附主题索引和条目撰写者人名索引，便于检索、查阅。该书词条撰稿人20余人，皆为西方伊斯兰教学术研究各领域的权威学者，主要来自英国、德国、法国、荷兰、美国等国。主体词条系由少数专家撰写，包括戈德齐赫、文辛克、夏赫、麦克唐纳(D. B. Macdonold)、布鲁克尔曼、马戈留斯(D. S. Margoliouth)、尼克尔森等。该书较之《伊斯兰教百科全书》，具有简明、实用的特色，为大百科之精华，被东西方学术界广泛引用。

（吴云贵）

《伊斯兰教学派言论集》(Maqālāt al-Islāmiyyin) 中世纪伊斯兰教教派重要历史文献之一。伊斯兰教义学家艾什尔里著。约成书于9世纪下半叶。内容包括3部分：(1)概述伊斯兰教10个教派(即什叶派、哈瓦利吉派、穆尔吉埃派、穆尔太齐赖派、穆贾希玛派及什叶派的早期支派贾赫姆派、迪拉尔派、纳加尔派、巴克利派和努沙克派)的教义主张和纷争。(2)论述“正统派”(称为“圣训和逊尼派”)的教义主张。

(3)综述对"凯拉姆"概念的各种观点。本书为伊斯兰教文献中最早运用原始材料论述教派的一部著作,作者虽属沙斐仪教法学派并倾向于温和的圣训派观点,但对其他非正统教派的态度较为宽容、客观、公正,对凯拉姆概念及以辩证观点为基础的新凯拉姆派别的介绍亦较公允,一改排斥理性思辨和逻辑论证的早期圣训派(即逊奈·大众派的前身)的不容"异端"倾向。其思想观点对巴格达迪、安萨里等有重要影响。该书对了解伊斯兰教早期教派的历史,对研究艾什尔里学派及其教义学体系,有珍贵的史料价值。1929 年在伊斯坦布尔正式出版的阿拉伯文本,为仅有的一个版本。

(吴云贵)

伊斯兰教遗嘱制度(Niẓām al-Islām fi al-Waṣiyyah) 伊斯兰教法关于穆斯林处置身后财产、债务等所作的遗嘱规定。教法确定,订立遗嘱是一项社会契约,遗嘱者需要立书签字,注明立嘱时间并在一定的场合宣布。其原则是要有接受实施遗嘱的受嘱人到场和两位公证人到场作证,方能在教法上生效。它依据《古兰经》以下经文:"信道的人们啊!当你们中有人临终作遗嘱的时候,你们之间的作证,是你们[教胞]中两个公证人的作证,或别的两个外[教]人的作证"(5:106)。圣训中也有不少具体规定。遗嘱分为两类:一是有关处置财产实物的遗嘱,即立嘱者明确地将其财产的一部分用作遗赠或清偿所欠债务,或抵偿过去未予归还的他人的寄存物,或了却曾对他人承担的义务与许诺,或留给未成年子女应得的份额,或以财产的一部分周济亲戚和贫民,或转让财产所有权,用作宗教公产或社会公益事业等。二是有关处理事务的遗嘱,即立嘱者委托受嘱人代为处理他未尽事宜与遗愿。遗嘱还必须写明继承人的全名、各自应得的遗产的法定份额以及受嘱监护孤儿者的姓名和代为监管的遗产数额等。遗嘱成立的条件:(1)受嘱实施遗嘱者必须是理智健全的成年男性穆斯林,能为立嘱者负责完成所嘱事项或妥善照料其遗孤。(2)立嘱的病人必须神志清醒,尚有辨别其财产和事务的能力。(3)受嘱人必须表示愿意承担实施遗嘱的责任。(4)遗嘱中所处置的财产,必须是立嘱者依法所得,遗产不能用于违背教法、危害社会和人身健康的方面。否则,遗嘱不能成立。执行遗嘱,必须首先清偿亡人遗嘱中所明确提出的债务;立嘱人死亡后他人提出的债务不予承认。遗嘱一旦确立,非经继承当事人同意,立嘱人已无权再行支配遗嘱中明确处置的财产和更改所委托的事项。如果遗嘱中提到的继承人是"孩子",则男女孩子都有依法继承的权利;如果为"儿子",则儿子有权继承;如果为"女儿",则女儿有权继承。由于伊斯兰教法学派别较多,有关遗嘱的规定,在细枝末节问题上各派又有不同的主张。

(马忠杰)

《伊斯兰教义学与法学入门》(Introduction to Islamic Theology and Law) 现代西方研究伊斯兰教的名著之一。匈牙利学者、西方伊斯兰学奠基人之一伊格纳兹·戈德齐赫著。原著为德文,发表于 1910 年,原为赴美国讲学所撰的讲稿。共 6 章,内容阐述穆罕默德与伊斯兰教、教法学的发展、教义学的产生与发展、禁欲主义与苏菲主义、伊斯兰教派别和现代伊斯兰教。其中教法学部分最有价值。以阿拉伯文原始资料为据,从宗教教义的形成与社会发展关系的角度,对《古兰经》立法、圣训立法、早期教法学派的形成等加以系统的论述,对教法学的起源作了严肃的探索。本书对伊斯兰教义及教法研究具有开拓性,为西方教法学研究的早期著作,其学术成果曾对德国学者约瑟夫·夏赫有重要影响。夏赫的《伊斯兰教法导论》、《伊斯兰教法学的起源》吸收了这部著作的研究成果。本书被西方学术界誉为伊斯兰教法学研究的经典之作,相继被译为俄文(1911)、匈牙利文(1912)、英文(1917)、法文(1920)、阿拉伯文(1946)和希伯来文(1951),并多次再版、重印,影响广泛。(吴云贵)

《伊斯兰教与穆斯林世界》(UNDERSTANDING ISLAM: An Introduction to the Moslem World) 西方介绍伊斯兰教基本知识的著作。作者托马斯·李普曼(Thomas W. Lippman)是美国《华盛顿邮报》老资格的驻外记者,曾任《华盛顿邮报》社中东总分社社长,曾到过亚、非、欧许多国家,对各国穆斯林的生活习俗作过深入调查,对伊斯兰教的起源、发展和现状进行过实地考察与研究。全书除《引言》外,共分 7 章:(1)基本信仰与习俗。(2)先知穆罕默德。(3)《古兰经》。(4)伊斯兰教法与政府。(5)伊斯兰教的发展。(6)宗教派别与神秘教。(7)今日伊斯兰大家庭。作者虽不是穆斯林,但却以相当客观的态度,广泛引证《古兰经》、圣训等,以西方名记者的身份和笔触作报道评述,纠正了长期以来西方学人在类似撰述中对伊斯兰教的曲解和偏见。文笔生动简练,对诸如教派分歧的历史渊源,古往今来主要派系的来龙去脉及其异同,都有较清晰、概括、扼要的分析,表现出著者驾驭材料和透视社会现象的圆熟干练,能帮助读者增进对伊斯兰教、伊斯兰世界和对纷繁交错的中东问题的了解。此书纽约新美图书馆 1982 年出版。新华社 1985 年出版了汉译本。 (林 松)

《伊斯兰教在中国》 当代中国伊斯兰教研究论文集。甘肃省民族研究所编。全书收论文 23 篇,30 余万字。内容包括中国伊斯兰教的历史分期;伊斯兰教与清代回民起义;汉文伊斯兰译著论述;伊斯兰教在中国的早期传播;唐代的蕃客;教派人物;伊斯兰教在西北各省区的传播、发展和演变等。该书是 1981 年举行的西北五省区伊斯兰教学术讨论会兰州会议学术研究成果选编,汇集了 20 世纪 80 年代初期中国伊斯兰教研究的新成果,涉及问题较广,具有一定的深度和学术水平。宁夏人民出版社1982年9月出版。

（高占福）

《伊斯兰教在中国的传入及其发展》 日本学者研究中国伊斯兰教史的学术专著。作者田坂兴道（1912～1957），1939年毕业于原东京帝国大学东洋史学科，曾在东方文化学院、东亚研究所工作，从事中国伊斯兰教史的专题研究。在著名学者和田清、池内宏等人的指导下，本书于1939～1944年完成初稿，后由其友人整理，于1964年由东洋文库出版。全书分上、下两卷，包括序论、本论和结论3部分，绪论3章，本论6章，共计9章，140余万字，本论第1～2章为唐宋部分，第3章为元代部分，第4章为明代部分，第5章为中国伊斯兰教义学的初兴，第6章为元明时期中国伊斯兰教文化。该书较为系统、详细地论述了自唐代以迄明末中国伊斯兰教发展、演变过程中的有关问题和中国穆斯林社会的出现及其发展的历史状况。着重介绍了中国伊斯兰教的社会史、思想史和文化史。书内还论及阿拉伯和亚洲其他伊斯兰国家和地区同中国在交通贸易和政治交往等方面的历史。本书内容丰富，材料广泛，从中国碑刻史籍以至国际学术界对中国伊斯兰教研究的成果的不同见解和论据，均予以引证列举，并加以分析评论。本书对伊斯兰教传入中国时间、回族族源及其形成，明末中国伊斯兰学术思想兴起、苏菲派教义传入后的作用、伊斯兰文化与中国传统文化的相互关系等方面，都有其独到见解和深入研究。书后附有参考文献要目，包括中、日、英、法、德、俄等文字的目录约计800条。该书写于40余年前，其中的某些观点带有为日本当局侵华政策服务的政治色彩，并对中国史籍的摘引时有错漏。该书是国外研究中国伊斯兰的名著，有重要的参考价值。（潘向明　秦惠彬）

伊斯兰教长老（Shaikh al-Islām） 伊斯兰教最高教职称谓。系阿拉伯语的意译。一般授予德高望重、学识渊博、堪为他人楷模的伊斯兰教领袖、教法学家或苏菲导师，多为穆斯林公认，也有以此自称者。11世纪此称谓为荣誉称号，用以尊称杰出的伊斯兰学者和苏菲神秘主义者。12世纪，在伊朗的呼罗珊地区，常用以尊称当地沙斐仪学派的著名教法学家。而在马穆鲁克王朝统治下的埃及和叙利亚，则授予那些有资格发表"正式教法见解"（即法特瓦）的权威教法学家，为一种非官方的荣誉称号。自13世纪起，此称谓成为伊斯兰教国家任命的总穆夫提的别称，凡权威的总穆夫提，皆自称为"伊斯兰教长老"，其法律判断被视为不容更易的安拉意志的体现。在伊朗萨法维王朝时期，"伊斯兰教长老"则由朝廷主管宗教事务的官员"沙德尔"（Sadr）任命，为国家的司法官员，有资格主持重镇的沙里亚法院，毛拉和穆智泰希德皆受其管辖、领导。此称谓后为阿亚图拉和大阿亚图拉所代替。在奥斯曼帝国时期，仅用以尊称首都伊斯坦布尔的总穆夫提，为伊斯兰教法的权威解释者，有权主持素丹的就职仪式，享有政治特权和封地，其地位高于两大辖区的总教法官，有权统辖全国的欧莱玛和卡迪（即教法执行官）。"伊斯兰教长老"由奥斯曼素丹亲自任免，成为辅佐素丹的朝廷官员和宗教界的最高领袖。当今在埃及等伊斯兰国家仍设有此职，但仅是一种荣誉称号。

（吴云贵）

伊斯兰教长老委员会 见伊斯兰委员会。

《伊斯兰教之精神》（The Spirit of Islam） 伊斯兰教现代主义代表作之一。印度伊斯兰教学者埃米尔·阿里（Sayyid Ameer Ali，1849～1928）著。1902年出版于印度加尔各答。分为上、下两编。上编10章，以伊斯兰教先知穆罕默德的生平为主线，系统阐述了伊斯兰教创立、传播、发展的历史过程，并从伦理道德的角度，论述了伊斯兰教教义和先知的高尚品格。下编11章，内容涉及宗教信仰、宗教制度、政治制度、释放奴隶、妇女地位、教派学派、圣战、文学、科学、哲学等，从各个方面来阐发伊斯兰教的"时代精神"。作者认为，过去的穆斯林因受中世纪旧传统、旧观念的束缚，大多重《古兰经》的"字面"和表义而忽视其"精神"和隐义，故不能正确理解伊斯兰教的真谛，这种因循守旧、盲目遵从古人的思想倾向，束缚了穆斯林科学和理性的发展，使自身落后于时代要求，必须克服。书中就伊斯兰教与时代精神的关系作了全面讨论，旨在说明伊斯兰教完全合乎以科学和理性为标志的新时代的精神。作者提出了一系列不同于传统观念的新见解，如认为穆罕默德为具有高尚品德、完美人格的"导师"、"立法者"、"启蒙者"，为《古兰经》启示后的实际编者，他虽为古人，但其思想、理智、进步观念等，皆为现代的；《古兰经》既为安拉降示给穆罕默德的"天才和智慧的产物"，故后人不宜对经典妄加评注，而只能依穆罕默德的注释为据；穆罕默德所追求的民主、平等、自由的崇高社会目标，完全合乎时代要求，为现代精神之体现等。作者还批判了中世纪广为流行的教法"创制大门关闭"之说，认为此说纯属教法学家们的杜撰，今人完全有权运用"创制"原则，按照时代和社会发展的需求，重新解释伊斯兰教传统，弘扬理性主义精神，而无需盲目学习西方。本书系为批判封建传统派、回击西方学者对伊斯兰教的批评而作，在印度和各国穆斯林知识界有广泛影响。由于作者系什叶派的伊斯玛仪派穆斯林，书中某些观点曾引起逊尼派学者的批评。

（吴云贵）

《伊斯兰教之理智研究》 中国伊斯兰教综合性理论著作。作者刘耀藜，汉族，多年从事教育和新闻工作，曾编著《山西徐沟县志》。抗战期间避居西北后，深感西北宗教问题的重要，认为其不仅有历史及政治背景，而且有深刻的社会根源。"过去汉回同胞的隔阂，十九皆起于误解回教”，故“讨论伊斯兰内容之责，非特其信徒者为然也”。作者认为采取“理智之立场”，研究伊斯兰教的历史、性质、机能、形态及文化观念上之意义与价值，“使伊斯兰教徒与非伊斯兰教徒先有返躬及相互之认识”，可以“将清代二百数十年之间向晦宴息，从此奋兴，协同国人共造新的文化以济时艰”。原稿曾在《西北论衡》第9卷1～7期连载，因读者争相传诵，索购者日必数起，故《西北论衡》社于1941年在西安将此书铅印问世。全书除引言外，共分10个篇章。其中第1、第2两篇提出研究和了解宗教哲学，是开展国民教育的有效步骤，并就西北教育问题提出八条原则。第2、3、5、6、7、8等篇，主要讲述伊斯兰教历史、教义、教律和文化，包括为伊斯兰教正名，穆罕默德生卒年及其传教建国之年代考，伊斯兰宗教哲学大意，伊斯兰教规和经济制度，阿拉伯学术与伊斯兰教在世界上的影响。第4、9两篇介绍明清以来中国伊斯兰教政治及文化情况。该书观点新颖，资料丰富，曾在社会上产生一定影响。1985年宁夏人民出版社出版的《中国伊斯兰教史参考资料选编(下册)》曾全文收录。

（余振贵）

伊斯兰金融思想 现代伊斯兰教经济学说的组成部分。是以伊斯兰传统经济思想为依据，结合当代经济发展的新形势而提出的一系列金融理论和原则。二次世界大战后，特别是20世纪70年代以来，伊斯兰教国家在发展国民经济过程中，出现了曲折和困难，为摆脱困境，寻求新的途径，各国的伊斯兰教法学家、经济学家，纷纷著书立说、提出对策，并多次举行学术研讨会，逐渐形成较系统的伊斯兰金融理论和实践。主要内容包括：(1)重申严禁利息原则，禁止不当取利。认为《古兰经》中规定的安拉“准许买卖而禁止重利”(2∶275)的原则是伊斯兰金融的基本原则。而利息(里巴)则被界定为一切非生产性或不含有价值创造、生成过程的收益或资本增值。违反此原则的一切收益，为被禁止的不当取利。(2)反对视利息为货币的市场价格的西方流行观点。认为唯有劳动创造的产品才有使用价值、商品价值和价格，货币资本不属商品，没有价值、价格，更不能以利率形式作为价格机制。(3)主张借贷双方共担风险、共分利润。认为目前世界上通行的借贷关系，明显有利于贷方而有损于借方，借方不论经营效果优劣，必须按期偿还本息，而贷方不担风险，一本万利。故公平的借贷关系应使银行与客户成为合伙关系，双方合资经营，共担亏损、共分红利。投资利润为劳动所得，属正当收益。(4)提倡储蓄，反对囤积财富。认为储蓄是为了满足未来的消费需求，保障生活需要，但为利息而储蓄则为不当行为。界限在于一个人选择消费还是储蓄，应顺其自然，即根据本人或家庭的收支状况而定，而无需以利息刺激储蓄，以免因贪欲把正当储蓄变为追逐利息、垄断财富的手段。(5)以伊斯兰银行等方式来代替目前通行的借贷关系。伊斯兰银行为“无息”银行，银行对活期储蓄不付利息，对定期储蓄，付给银行与客户(即企业)投资经营所得利益的一部分，以此代替传统的存款制度。对传统的放款制度，则以两种方式代替：银行可向企业(即客户)投资并承担风险，按合同分红，如亏损则全部由银行承担；银行一方亦可以资金、技术、人力与企业(客户)合营，盈利按合同分红，亏损按出资比例分担。此外，还有以代购转销合同、租赁合同等便通原则，以合法的买卖关系、租赁关系代替传统的有息借贷关系。 （吴云贵）

伊斯兰金融总部(Dār al-Māl al-Islāmi) 国际伊斯兰金融机构。1981年2月由部分伊斯兰国家的股东联合创建于瑞士的日内瓦。净资本10亿美元，发行面值100美元的股票1000万张，其中8.85亿用于投资，1.15亿用于不定期开发项目。宗旨：(1)为世界穆斯林提供符合伊斯兰教精神的现代金融服务，保障他们在不受高利盘剥的条件下从事金融、贸易活动。(2)以集资和投资方式，促进世界各地伊斯兰社会的经济发展和繁荣。(3)向伊斯兰国家和有穆斯林社团的发展中国家提供援助，以加强经济联系和彼此间的兄弟情谊。为拓展业务、扩大影响，总部设有4大类伊斯兰金融机构：(1)伊斯兰投资公司。资本总额1.3亿美元。拟设26家分公司。总部与地方股东按51%和49%的比例出资，以金融债券的形式投资于生产、建设项目，所得利润用于伊斯兰教福利事业。(2)伊斯兰协调公司。拟以1500万美元创建20家分公司，分公司以所分专款资助债券发行人，用以共担风险。(3)伊斯兰银行。拟以3850万美元的费用，创建20家地区性、4家国际性分行。(4)业务拓展公司。拟以1000万美元的费用，创建租赁公司、商业公司、承包公司、咨询公司和矿业、航海事业公司。现已在几内亚、塞内加尔、上沃尔特、加蓬、尼日尔、巴林、苏丹等国建立起上述金融机构，并与尼日利亚、多哥、摩洛哥、象牙海岸、马里、沙特阿拉伯、卡塔尔、土耳其、巴基斯坦、孟加拉等国签订了有关协议。总部还同有关伊斯兰国家洽谈投资项目，如援建几内亚的炼油厂、上沃尔特的儿童食品厂等。在西方国家达成协议创建的机构有：卢森堡费萨尔伊斯兰银行(资本100万美元)、英国费萨尔伊斯兰银行(资本40万英镑)、伊斯兰投资有限公司(资本25万英镑)等。鉴于金融制度不同，在西方国家的伊斯兰银行只办理储蓄业务，只面向当地的穆斯林居民，与西方商行没有业务往来。 （吴云贵）

伊斯兰经济观 伊斯兰教关于社会经济问题的理论和观点的统称。其渊源包括《古兰经》、圣训、早期阿拉伯哈里发国家的历史经验和伊斯兰学者经济著作中的表述等，在长期实践过程中形成为伊斯兰经济制度，包含财产制度、商事制度、金融制度、税收制度、遗产继承制度、瓦克夫制度等。它涉及面很广，但每一方面又不十分详尽具体，其基本特点是从宗教信仰和宗教道德规范出发来观察经济事务和经济活动，从信仰者对安拉的义务的角度，作出原则规定，作为主命的一部分，责令人们遵循。其理论观点虽因时代不同而互有差异，但皆以伊斯兰传统经济观为基础，只是解释和应用上不同，产生了广泛的影响。

伊斯兰经济观经历了从简单到复杂、从零散到较为系统的发展过程。其发展过程可分为中世纪经济观和近现代经济观。中世纪经济观系伊斯兰经济观的基础，包括：(1)财产观。涉及伊斯兰教对财产的取得、占有、利用、处理的基本观点，为伊斯兰经济观的集中体现，其他经济思想皆以此为据。其基本原则是：1. 承认安拉为绝对主权者。认为安拉为宇宙万物的主宰，“天地万物，都是真主的”(《古兰经》53：31)，世间的一切财富皆为安拉所创，皆归安拉所有，世人无权染指。但与此同时，安拉又允许世人占有、利用其财富，这是安拉对世人的委托和考验，世人只有遵行主命，才能合法占有和利用。2. 承认世人有同等的权利占有、利用安拉所赐之财富。但反对分配上的平均主义，在给养上安拉允许“一部分人超越另一部分人”(16：17)，“个人只能享受自己的劳绩”(53：39)。3. 承认和保护私有财产，但反对贫富差别过大。财富的取得和利用必须正当，禁止侵占公物和骗取、强夺、侵吞他人的财物，反对挥霍无度，提倡节俭和为主道而施舍财物。(2)商事观。体现为伊斯兰教法就物物交易、商品交易、各种商事契约所作的一系列原则规定。提倡诚实经商、公平买卖、等价交换、信守合同，禁止投机冒险、强买强卖、欺行霸市、哄抬物价、以次充好等不法行为。(3)金融观。以“真主准许买卖，而禁止重利”(2：275)等经文为金融活动的基本原则，称为“利息禁令”。禁止放债取利、变相的放债取利，鼓励债主放弃余欠的重利(2：278)或给予宽限(2：280)。但允许正当取利，经商、经营、劳动所得利润受法律保护。另一原则是提倡储蓄以保障计划开支，但反对以储蓄为名，垄断社会财富。(4)税制观。主要体现为天课制度，系伊斯兰教“五功”之一。认为世人只有为主道而奉献自己财产的一部分，才能净化心灵并心安理得地享用安拉所赐之财富。天课后为国家税制的一部分，其收益应主要用以弘扬主道，包括赈济贫民，以缩小贫富差别、防止两极分化。(5)关于遗产继承。认为男人和女人皆有权继承父母和至亲的遗产，个人应得法定的部分(4：7)。主张保护孤儿、寡妇、贫民、弱者的权益，并以遗产的一部分周济他们(4：8)。这些思想后来成为伊斯兰教继承制度的原则依据，体现为以法定继承为主、遗嘱继承为辅的继承法，至今仍有重要影响。(6)关于瓦克夫。从净化心灵、乐善好施、虔诚事主的宗教道德准则出发，认为世人不仅应履行法定施舍(即完纳天课)，而且应履行自愿施舍，为主道而奉献自己的资财。这一思想观念同宗教义务和遗产分配相结合，后形成公益瓦克夫制度和家庭瓦克夫制度，为伊斯兰教所特有的一种经济制度和所有制关系。

近现代伊斯兰经济观内容更为充实系统，不同学派间的差异也更为明显。中世纪历史上，伊斯兰教对社会经济生活既有指导、干预作用，社会经济活动也有脱离宗教规范的一面。近代以来，由于传统经济思想与社会本身的发展不相适应，伊斯兰教内部兴起改革思潮，形成现代主义和原教旨主义两种经济观。现代主义在坚持伊斯兰教基本教义的前提下，主张修改某些不合时宜的旧传统，对伊斯兰教经济思想作了某些新的解释，如认为利息禁令只适用于私人间的借贷，而不适用于商业利息、银行利息和国与国之间的官方信贷；伊斯兰教法的商事法、继承法、瓦克夫法应予修订并适当引进某些外来的经济思想等。在其影响下，传统伊斯兰经济思想日趋衰落，伊斯兰国家的社会经济制度深受西方国家经济制度和发展模式的影响。原教旨主义经济观仍以传统经济观为基础，但对之作了许多新的解释和扩展，认为伊斯兰教是自我完善的，它无需借用外来的经济制度和发展模式，而应以伊斯兰教所特有的经济原则和发展方式为基础，创建一种富于平衡和进取的伊斯兰发展道路。其经济观集中体现为正在创建中的伊斯兰经济学的构思中，包括：(1)伊斯兰经济哲学(即伊斯兰经济理论)。(2)伊斯兰经济制度(即所有制、生产、消费、交换、分配、税收、保险、福利等制度)。(3)对当代经济理论、经济制度的批判。(4)伊斯兰教构架下的经济分析。(5)伊斯兰经济思想史。主张以传统的财产制度、商事制度、金融制度、天课制度为基础，辅之以宗教道德教育、宗教法制教育，认为任何经济制度、经济理论、经济活动皆有道德前提，而伊斯兰教道德观具有无比的优越性，相信只要遵循伊斯兰发展道路，伊斯兰国家就能消除愚昧、落后、贫困和剥削，建立一种平等、自由、正义的伊斯兰福利社会，一种既非资本主义，亦非社会主义的理想的政治制度。但这一经济观在许多方面仍是不明确的，在所有制、生产、分配、税收等重大问题上，内部仍有许多分歧意见。此外，20世纪60～70年代，一度流行一种伊斯兰社会主义经济观，主张在伊斯兰教名义下，认同宗教教义与社会主义理论，推行土改和企业国有化，发展国家资本主义。 (吴云贵)

《伊斯兰历史与伊斯兰文化百科全书》(Mawsū ‘ah al-Tārikh al-Islāmi Wa al-Ḥaḍārah al-Islāmiyyah) 伊斯兰历史文化大型辞书。埃及开罗大学教授艾哈迈德·谢莱比博士主编。阿拉伯文。全书10卷。前3卷按年代顺序编辑。第1卷内容包括：伊斯兰教前阿拉伯社会、经济、政治、宗教状况，穆罕默德生平，伊斯兰的使命与基本原理，伊斯兰初期的重大战役，四大哈里发时期的文治武功。第2卷介绍伍麦叶王朝及其对外征服活动和思想运动，主要伊斯兰教派的纷争等。第3卷主要介绍阿拔斯王朝及其前期主要哈里发的生平，科学文化复兴运动及其成就。4～8卷按国家、地区编辑。其中第4卷介绍伊斯兰教传入西班牙和该地的伊斯兰文化以及摩洛哥、突尼斯、阿尔及利亚、利比亚等北非国家伊斯兰历史文化的繁荣及其特色。第5卷介绍埃及、叙利亚的思想文化，十字军战争的影响，奥斯曼帝国的兴衰等。第6卷介绍伊斯兰教在苏丹、毛里塔尼亚、索马里、马里、尼日利亚、塞内加尔、乍得、吉布提等中非、西南非洲各国的传播及各教派、苏菲派的活动等。第7卷介绍沙特、也门、伊拉克(含蒙古人西征时期)及海湾诸国的伊斯兰历史与现状。第8卷介绍巴基斯坦、伊朗、阿富汗、印度尼西亚、孟加拉、马来西亚等非阿拉伯国家以及中国、印度、苏联、菲律宾、新加坡等国穆斯林少数民族的伊斯兰教历史与现状。第9卷专讲埃及现代史，包括从“7.23革命”至今的重大事件，侧重于介绍穆罕默德·纳吉布和阿卜杜勒·纳赛尔时代埃及的政治、经济、文化及民族主义的发展。第10卷研究“7.23革命”，侧重于论述安瓦尔·萨达特时代埃及各方面的成就及所面临的问题。该书资料丰富，论点客观、新颖，文字通俗，学术性强。由开罗埃及复兴出版社出版，1982～1990年各卷已分别出版7～11版。

(张志华)

《伊斯兰历史知识百科》(al-Maktabah al-Islāmiyyah Li Kull al-A‘mār)　伊斯兰历史知识丛书。直译为《适合不同年龄的伊斯兰图书馆》。埃及开罗大学教授艾哈迈德·谢莱比博士著。全书4卷，100册。内容包括伊斯兰历史人物的生平事迹和适合不同性别、年龄人阅读的《古兰经》故事。第1卷叙述伊斯兰教先知穆罕默德的生平事迹，共16册。其中第1册介绍穆罕默德为圣前的生活。第2册介绍他为圣后在麦加时期的传教活动，即从希拉山洞到骚尔山洞阶段。第3册专讲夜行登霄。第4册专讲迁徙。第2卷7册，介绍穆罕默德以天堂相许约的十大弟子的生平事迹。第3卷2册，主要论述《古兰经》的降示与编纂过程、《古兰经》的价值、《古兰经》与科学等。第4卷75册，每册讲述《古兰经》中的一个故事，如阿丹与哈娃的故事、努哈的故事、易卜拉欣的故事、穆萨的故事、优素福的故事、亚历山大大帝的故事，“洞中人”的故事等。每个故事均对《古兰经》中的描述加以引申与扩展，富有哲理与趣味性。是迄今资料最丰富、内容最广泛、学术价值很高的伊斯兰知识丛书。开罗埃及复兴出版社出版，至1991年已出版一半，其余正在陆续出版中。

(张志华)

《伊斯兰六书》　中国伊斯兰教义学著作。达浦生阿訇著。成书于1945年。因该书由6卷组成，故名。全书约30万字，其卷目是：卷1《伊斯兰教泛论》，4章10节，论述伊斯兰教认主顺圣的重要性；卷2《伊斯兰教教旨》，5章24节，阐释伊斯兰教的本体论；卷3《伊斯兰教中心》，3章10节，介绍伊斯兰教关于“知”、“行”、“诚”、“信”关系的主张；卷4《伊斯兰教天道与人道》，2章12节，阐述伊斯兰教功修、典礼的要义；卷5《明真辟异》，6章15节，论述伊斯兰教的正统教理，反驳异端邪说；卷6《宗教与科学》，5章12节，论宗教与科学相辅为用的思想。作者说，前3卷为穷理尽性之学，后3卷为修齐治平之训。该书言简意赅，主要内容包括伊斯兰教的教育宗旨、教旨含义及其教义学、性理学、哲学、历史，以及天道五功，人道之责。并由“信源六德”、“信行合一”论讲到伊斯兰教的宇宙论、创世论、因果论和两世观。同时还涉及到不少现代科学、哲学、人类学、宗教学的有关知识。书中引用《古兰经》、圣训的明文，论述伊斯兰教的基本教义和教理精神，提出伊斯兰教是“天人合德”、表里同归的宗教；次及人类所以有别于动物者，并非阶段之差异，而为性质之不同。书中对自然界的现象亦有论述，认为万物的变化无不有其因缘。该书系作者于1939～1942年在甘肃平凉私立伊斯兰师范学校兼授伊斯兰教义学课程时所编写的讲义。历时4载撰成4卷，复增写后两卷，遂成体系。1945年4月脱稿后，作者仍觉“草率成编”，终未付印出版。《伊斯兰六书》是一部系统论述伊斯兰教学理的专著，具有显著的中国特色，反映了近现代中国伊斯兰教学术文化发展的一个侧面。

(马忠杰)

《伊斯兰青年》　中国伊斯兰教综合性月刊。1931年创刊，由东北大学“东北伊斯兰学友会”主编。原社址设在北平(今北京)西直门内100号，后迁至西安大学习巷清真寺内。曾一度停刊，1933年4月复刊。每期篇首载卷头语“释伊斯兰”：“(1)和平。(2)达到和平之路。良以和平为接近真主之路，而实行和平，为信服真主获得安宁之首也”。“就今日而论，中国需要生存与安宁，而全世界人类亦急应泯灭不平，步入和平的殿堂。本刊以伊斯兰命名，意为祈求伊斯兰之光辉，普照今日”。刊载内容有关于伊斯兰教义及教史的论述，关于西北政治、经济、民族教育情况的报导，以及对日本帝国主义侵华罪行的揭露，此外还连载学术论著和刊登少量小说等文艺作品。该刊比较集中地反映了西北伊斯兰教历史及30年代初期的现状。

(余振贵)

伊斯兰社会主义(al-Ishtirākiyyah al-Islāmiyyah)　现代伊斯兰社会思潮与社会运动之一。它是在俄国十月革命和科学社会主义影响下，一些伊斯兰国家人民为谋求民族解放和复兴，寻找一条适合伊斯兰国家社会经济发展的独特道路过程中产生的一种宗教与社会学说。其基本倾向是认同伊斯兰教义与科学社会主义学说，同时亦强调二者间的区别。认为社会主义学说源自《古兰经》和伊斯兰教教义，宣称以此为基础的社会制度为理想的社会主义制度。系伊斯兰教义、民族主义和社会主义相结合的产物。它主要反映激进的民族资产阶级和小资产阶级的利益和要求。它与科学社会主义有本质的区别，是当代国际上的社会主义流派之一。

伊斯兰社会主义思潮出现于20世纪20年代末，40年代得到进一步传播和发展，60年代部分伊斯兰国家把这种思想理论付诸社会实践，形成伊斯兰社会主义运动。其产生同伊斯兰教的社会主张有直接的渊源关系。《古兰经》和伊斯兰教教义主张消除剥削、压迫，创建一个平等、公正、合理的社会制度，这种思想在广大被压迫的穆斯林中有深厚的社会基础。俄国十月革命的胜利使灾难深重的各国穆斯林民众看到了希望，不久科学社会主义思想就先传入了印巴次大陆。最早受其影响的是巴基斯坦著名哲学家、诗人伊克巴尔(1876～1938)，他在著作中称马克思为"未受启蒙的摩西"、"未遇难的耶稣"，相信其著作有经典般的鼓舞人心的力量。伊克巴尔称颂十月革命消灭了剥削和社会不公，铲除了垄断物质财富的"伪神"，实践了伊斯兰教清真言中的"万物非主"。但他认为，科学社会主义提倡无神论，故未能验证清真言的下半部分"唯有真主"。故他认为，十月革命仅具有否定性价值，而它的肯定性价值只能求助于伊斯兰教。伊克巴尔的论点为伊斯兰社会主义理论奠定了基调，其后在印巴次大陆和一些阿拉伯国家又先后出现了4个伊斯兰社会主义的流派。(1)印度伊斯兰学者逊尼派欧拜杜拉·辛迪的理论。他曾赴苏联访问，归国后开始提出伊斯兰社会主义理论。他认为，社会主义革命的核心问题是实现经济公正。实现这一目标只能通过伊斯兰革命。首先要有一个伊斯兰革命党，领导穆斯林大众对不义的统治者进行圣战，夺取政权，建立一个伊斯兰社会主义政教合一政体。(2)印度伊斯兰学者哈菲兹·拉赫曼·希瓦维的理论。其理论观点承自瓦利·乌拉关于建立正义之国的思想。认为伊斯兰社会主义的核心是公正地分配社会财富，这种经济制度只能借助伊斯兰法治来实现，而伊斯兰教天课制度正是为了消除贫富不均，改变不合理的分配制度。严格遵循天课制度即可缩小贫富差别，而无需消灭私有制和阶级差别。(3)巴基斯坦伊斯兰学者阿卜杜勒·哈吉姆的理论。他曾任拉合尔伊斯兰文化研究所所长，著有《伊斯兰教与共产主义》等著作。其理论观点强调伊斯兰教意识形态的独立地位。认为共产主义否认人的精神价值，是一种非道德的运动，故在思想体系上与伊斯兰教是不相容的，伊斯兰国家在经济改革中可借用科学社会主义的某些因素，但穆斯林大众所追求的社会公正的理想，只能通过伊斯兰社会主义来实现。(4)第二次世界大战后，阿拉伯国家也曾出现过协调伊斯兰教与社会主义的思潮，主要代表人物是叙利亚学者穆斯塔法·沙巴里，1944年发表《伊斯兰社会主义》一书，全面提出伊斯兰社会主义的理论观点，曾广泛流传于阿拉伯国家，被誉为这一领域里的杰作。

伊斯兰社会主义在不同的历史时期和不同的国家所提出的理论观点和政治主张各异，尚未形成统一的理论体系，但其带有共同性的理论观点和实践包括：(1)伊斯兰社会主义源自《古兰经》；伊斯兰教教义和社会实践，是既有别于马克思主义的社会主义又不同于西方资本主义的"真正"的社会主义制度；既认为马克思主义不适合伊斯兰国家的国情，又反对西方的价值观念和腐朽文化的渗透。(2)一切土地和财富皆为安拉所创，皆为安拉所有，任何阶级、集团、个人皆有同等的权利，反对少数人垄断社会财富和对多数人进行剥削压迫。主张公正、合理地分配社会财富。国家通过天课制度、税收政策、保障福利、尽力缩小贫富差别，以实现社会与经济公正。(3)将主要生产资料(即工厂、矿山、铁路、森林、银行等)国有化和实行土地改革作为实现伊斯兰社会主义的主要措施；并允许一定限度内的私有制的存在。(4)将中产阶级及其知识阶层视为伊斯兰社会主义的阶级基础和领导力量，主张进行阶级合作，提倡社会各成员间的团结互助，消除人与人之间的对立，创建一个平等、和睦的大家庭。(5)将实现伊斯兰国家的团结和统一，平等互助，互不干涉内政，共同反对霸权主义，作为处理各国相互关系最重要的准则。伊斯兰社会主义经历了30多年的社会实践演变以后，不再是一套确定的理论和实践模式。因各国的国情不同，实施伊斯兰社会主义的国家大体上有4种类型：(1)埃及的纳赛尔、利比亚的卡扎菲、阿尔及利亚的本·贝拉和布迈丁的民众社会主义，其特点是以民众为社会的主体，以伊斯兰教与民族主义、阿拉伯社会主义相结合。(2)突尼斯布尔吉巴的宪政社会主义，其特点是以伊斯兰教与布尔吉巴主义和宪政制度相结合。(3)叙利亚阿弗拉克、伊拉克卡塞姆的复兴社会党社会主义。(4)南也门的马克思主义社会主义。

(吴云贵)

伊斯兰史学('Ilm al-Tārikh al-Islāmi)　中世纪伊斯兰文化的组成学科之一。亦称"阿拉伯—伊斯兰史学"。它是阿拉伯帝国各族穆斯林及学者为适应帝国政治、经济、文化和宗教发展的需要，在吸收、借鉴古代东西方历史学遗产的基础上，以伊斯兰教创传和发展的历史为中心，通过长期史料搜集、整理、考证、研究和著述，而凝结集体智慧所创立的综合性的历史学科。它与宗教各学科相辅相成，在伊斯兰文化史上占有重要地位。

伊斯兰史学的形成和发展。伊斯兰教兴起前，蒙昧时期的阿拉伯人未有成文的历史著作，仅口头传下许多历史故事和传说。7世纪初，穆罕默德创传伊斯兰教后，创建了政教合一的穆斯林公社，实现了阿拉伯半岛的统一。他依据《古兰经》初步确立了国家的政治、经济、军事、司法和宗教制度。这一时期的传教史、圣战史及有关事件多由圣门弟子口头传述，未系统地记载成书，仅保留有《麦地那宪章》和穆罕默德《致邻国君主书》等文献。在四大哈里发时期(632～661)，为管理新征服地区，完善国家制度，注意研究和借鉴各民族的历史。如第二任哈里发欧麦尔(634～644在位)模仿波斯萨珊王朝的封建统治经验，确立了各行省的总督制，设立了国家财政管理机构“迪万”，建立了“年俸制度”。伍麦叶王朝(661～750)时期，随着不断向外扩张，形成幅员辽阔的阿拉伯帝国。为确立国家制度和立法的需要，开始借鉴和研究历史。哈里发穆阿维叶仿效拜占庭帝国的政体，建立哈里发世袭的封建专制政体，设置了宠大的官僚机构和地方行政司法管理体制。宫廷设专人搜集和管理所征得的希腊、罗马、波斯等国的历史著作、典章制度、兵书、战略、战术的文献。哈里发命通晓外语的宫廷学者和侍臣为他译读各国历史文献和历史人物的轶事等著作。王朝赞助学者开始翻译和研究拜占庭和波斯的历史著作，如伊本·穆卡法将《波斯列王记》从帕莱威文译成阿拉伯文，其中的历史事件和记述方法成为编写伊斯兰教史的序幕。宗教学者为注释《古兰经》和研究圣训，开始搜集、整理和研究伊斯兰教初期的历史，加快了历史由口头传述到著述的过程，为辑录撰写历史故事、先知传记和武功史著作奠定了史料基础。阿拔斯王朝(750～1258)时，伊斯兰史学研究得到长足发展。王朝采取奖励学术文化发展的政策。9世纪中叶，希腊、罗马、波斯、印度等国的古典著作已被译成阿拉伯文，穆斯林学者从中广泛涉猎到各国古代史的丰富资料、治史观点和方法，开阔了视野。帝国幅员广袤，交通大开，商旅辐辏；经济与文化交流及宗教活动颇为频繁，学术旅行考察蔚然成风。因此，穆斯林对各国的历史、地理知识日益丰富，历史研究的领域更加广阔。史学家人才辈出，历史著作宏富多彩。在早期所记载的传奇、传记、事件、谱系的基础上，出现了编年通史或纪事本末通史，其方法由对传述的记载转入考证、分析和归纳，并阐发了史学观点。

伊斯兰史学的源流和特点。其史料源流是：(1)伊斯兰教史前阿拉伯人口头流传的历史故事和传说。(2)《古兰经》中所记载的古代先知和帝王的传说；古代也门赛伯邑人的离乱、阿拉伯各部族的变迁、埃塞俄比亚人和波斯人入侵的故事；犹太教、基督教、祆教的历史故事及思想资料等。(3)宫廷和各地图书馆所收藏的各国历史著作和文献资料，包括希腊罗马史学家凯撒、李维、塔西佗、普卢塔克等人撰写的政治史、军事史、通史、传记及典章制度等著作，波斯的帝王史、历史故事、武功史、印度的宗教史书，犹太教、基督教、祆教的经典及史书等。(4)圣门弟子及再传弟子所传述的伊斯兰教早期历史口碑资料。(5)历史学家、旅行家、商人、宗教学者遍游世界各地，通过向各阶层人物考察搜集和亲身见闻所记述的史料。(6)宫廷的文书档案、资料等。其特点是：(1)伊斯兰教经典和教义作为治史的理论依据。穆斯林史学家多以《古兰经》的观点解释历史，认为人类社会的一切是安拉预先安排好的，历史的变迁是安拉意志的体现。治史的目的是以史为鉴，维护哈里发帝国政教合一的政权，弘扬伊斯兰文化，教化人民，认识安拉是宇宙和人类历史的创造者和主宰者，坚定对安拉的信仰。大多数历史著作从信仰主义出发，贯穿了安拉创世说、宿命论和君权神授的思想观点。(2)史学研究初始从属于宗教学科，为注释《古兰经》和研究圣训提供历史依据。伊斯兰早期的教义学家，为正确理解《古兰经》精神实质，从历史角度考证经文下降的历史背景和原因；圣训学家为考辨圣训的真伪，从圣训传述线索入手，研究圣训有关内容的时代背景，考察传述者世系、生平及事迹。因此，研究圣训学的过程亦即研究伊斯兰教初期历史的过程。9世纪史学研究从圣训学中独立出来，形成专门学科。(3)重视伊斯兰伦理道德的训诲。伊斯兰史学家认为，从历史所得出的真知灼见，对现实生活是一种最好的训诫，历史之功用在于使人们扬善抑恶。在历史著述中，大量引用《古兰经》、圣训的道德箴言和名人的劝世格言。并对王朝的兴衰、人物功过的褒贬、社会弊端的根源、做人处世的品德等，多从伦理道德的角度加以分析和评价，倡导正义、公正、善良、诚实、宽恕、克己、贤明、仁慈，用历史事实进行道德教育。(4)深受希腊等外来史学观点和方法的影响。阿拉伯史学家大多通晓希腊等外来的哲学和史学思想，谙熟伊斯兰经典和教义。他们汲取外来的各种学术思想和治史方法，使其史学思想及方法向理性升华。将史学研究的领域扩大，视历史学为一门综合性的学科，不仅重视政治史、宗教史、军事史的研究，而且重视经济因素、自然环境因素和文化因素在历史发展中的作用，并涉猎到自然科学、民族学、人类学、考古学和民俗学的领域。冲破早期史学研究受宗教传统的束缚，着眼于现实世界，主张用理性主义研究历史，试图探讨历史发展轨迹的一系列因果关系。并运用逻辑推理及归纳法，将零散的史料加以分析、分类，使之条理化。(5)史学研究同各王朝的政治斗争和宗教斗争紧密联系。史学家分别从属于不同的政治和宗教派别，其史学观点各异。逊尼派史学家多为历代哈里发的统治歌功颂德，用官方的立场解释历史。什叶派史学家注重本派的历史传系，反对正统派的史学观点。出身于不同部族的史学家，有的持民族偏见，各自夸耀本部族历史，贬低其他部族的历史作用。故伊斯兰史学未形成统一的观点。

中世纪伊斯兰史学家，以他们丰硕的研究成果，为历史学做出了重大的贡献。其史学著作和历史文献浩如烟海，体裁多样，题材广泛，通俗读物和百科全书式的巨著兼有。仅据大辞书《古书释疑》和伊本·奈迪姆编撰的《目录大全》所列举评介的史籍，达1300多种，存留至今的只占极少部分。8～9世纪，伊斯兰史学的成文著作相继问世，以记述圣战史、先知生平和宗谱为主要内容。其代表人物是伊本·伊斯哈格、瓦基迪、伊本·希沙姆、白拉左里和叶尔孤白。伊本·伊斯哈格(？～768)根据早期圣训学家搜集整理的有关穆罕默德生平及远征的史料，汇编了第一部《先知传略》，分为3部分：《序幕》叙述了伊斯兰教产生之前的历史传说。《起因》叙述了穆罕默德的生平和在麦加传教的过程。

《圣战》记述了穆罕默德在麦地那的经历和领导圣战的历史。瓦基迪(? ～822)毕生致力于伊斯兰教远征史的研究和著述，遗存的主要著作有《圣战史》(一译《武功记》)、《叙利亚的征服》、《埃及的征服》、《波斯的征服》、《非洲的征服》等，为伊斯兰教历史留下了极为丰富的资料。伊本·希沙姆(? ～828)所著《先知传》，校订和补充了伊斯哈格史料，内容更加完备翔实，为尔后研究穆罕默德生平的权威著作。白拉左里(? ～892)著有《诸国的征服记》与《贵族宗谱》两书。前者为编年体，以描述远征故事为主，兼述阿拉伯帝国各行省的历史。后者为传记体，以介绍部族、家族为主，旁及伊斯兰教第一世纪的历史。叶尔孤白(? ～891)采用什叶派的观点写史，其《世界史摘要》保存了有关什叶派的重要历史资料。阿拔斯王朝后期，随着学术文化的高度发展，各种史料经过大量搜集整理，已具相当规模，史学研究达到空前未有的水平。历代哈里发为了炫耀自己的业绩，奖掖历史学家去编写完备的通史。于是，编年通史或纪事本末通史便应时而生。这一时期，最著名的历史学家有泰伯里、麦斯欧迪和伊本·艾西尔。编年通史的鼻祖泰伯里(838～923)，把人类历史作为一个整体，编写出一部取材丰富、规模宏伟的通史巨著《历代先知和帝王史》，为伊斯兰史学树立了划时代的里程碑。这部著作从传说时代讲起，接着叙述古代东方各国史、阿拉伯蒙昧时期历史、穆罕默德生平和伊斯兰教创传史、阿拉伯哈里发帝国各王朝兴衰的历史，一直到915年帝国开始分裂的时代。内容涉及政治、军事、宗教、经济、典章、制度、文化、民俗等。为后来史学家编写通史提供了典范。著名的历史和地理学家麦斯欧迪(? ～957)，有"阿拉伯的希罗多德"之称，其史地百科全书式的著作《黄金草原与珠玑宝藏》，为记事本末体通史。全书分为4卷，第1卷记述印度、中国、波斯、埃及、巴比伦、亚述、巴勒斯坦以及希腊、罗马、拜占庭等国的历史，其资料多采集东方各国古籍和他在各地采访的记录。其中记载了中国唐代黄巢起义攻陷广州之事。后3卷为阿拉伯哈里发帝国的历史，起自伊斯兰教的创立，止于947年，史料极其丰富，多为其他史籍所少见。内容包括社会历史、自然及人文地理、自然科学、宗教与哲学、哈里发轶事、典章制度、风俗习尚等。史学家伊本·艾西尔(1160～1233)所著《历史大全》，上起传说时代，下迄1231年。全书共12卷，第1卷从远古叙述到伊斯兰教的兴起，其中包括波斯、拜占庭及古代阿拉伯的历史，记也门历史尤为详尽。第2卷叙述穆罕默德的生平事迹、伊斯兰教的传播及四大哈里发时代的历史。其余各卷论述阿拉伯帝国时期的伍麦叶王朝、阿拔斯王朝及各地小王朝的兴衰历史，其中关于北非和西班牙诸穆斯林王朝的历史，史料弥足珍贵。伊本·艾西尔经历过十字军的第三次东侵和蒙古人的西侵，他对这两场亲自目睹的浩劫，在书中作了翔实的记载，因而被称为"十字军战史家"。关于蒙古人西侵的资料为《多桑蒙古史》所采用。他的另一部名人传记《莽丛群狮》，记载了穆罕默德门弟子及伊斯兰名人计7500位的列传。

伊斯兰史学著作还包括各种人物传记、国别史、地方志和历史哲学等。著名传记家首推伊本·赫里康(1211～1282)，其不朽之作《名人传》收入600余年间穆斯林帝王、将相、学者、诗人等865位名人传记，包括族系、生平、业绩和轶事，并有考证和评论。地方志以海推布·巴格达迪(1002～1071)和伊本·阿萨基尔(1105～1176)为代表。海推布著有《巴格达志》，伊本·阿萨基尔著有《大马士革志》，两书体例略同，各记载了阿拉伯帝国这两大历史名城的自然地理、历史沿革、商业贸易、建筑设施、宗教与文化、典章制度、社会生活和民俗、人物、历史古迹和文献等。国别史以麦格里齐(1364～1442)所著的《埃及志》为代表。先采用编年体，后改用纪事本末体。对埃及的历史变迁、伊斯兰各王朝的兴衰和开罗的历史均作了记述，对马穆鲁克王朝的历史记述尤详。历史哲学的开创者伊本·赫勒敦(1332～1406)用理性主义观点解释历史，采用史论结合方法，提出了崭新的社会历史观。其名著《阿拉伯人、波斯人和柏柏尔人的历史》，是一部包括社会学、政治学和经济学的史论专著。全书7册，分3部分：绪论、正文和附录。《绪论》是全书的精华，集中表述了他的历史哲学观点。他用发展的眼光观察历史，认为历史不仅是时代的记录和政治的总汇，也是社会经济和人类道德、智力、文化发展的纪实。人是社会的产物，人类的社会活动是一个统一的、不断发展的漫长历史过程。主张史学家应考订史料的真伪，阐明历史事件的因果关系。认为自然条件和人类的生产活动、生活方式、文化素质等因素对于历史的发展起着决定性的作用。 （杨克礼）

伊斯兰世界联盟(Rābiṭah al-ʻĀlam al-Islāmi) 现代伊斯兰教国际性组织。亦称"穆斯林世界联盟"。据该组织宣布，它是一个非政府性的国际泛伊斯兰组织，代表全世界所有的穆斯林。在联合国享有非政府性咨询机构的地位。1962年朝觐期间，由沙特阿拉伯国王伊本·阿卜杜勒·阿齐兹倡议，在麦加召开有世界各地穆斯林著名人士参加的伊斯兰会议，作出决议，成立伊斯兰世界联盟，并组成由沙特阿拉伯、也门、埃及、约旦、巴基斯坦和塞内加尔等18个国家和地区的伊斯兰教学者和代表人物任理事的理事会。成员有60多个国家的伊斯兰教组织和代表，主要成员国与世界穆斯林大会相同。秘书处(亦称"总部")设在麦加，由沙特阿拉伯的代表任秘书长。现任秘书长阿卜杜拉·欧麦尔·纳绥夫博士。根据1963年通过的联盟章程，其宗旨是："履行向全世界宣传伊斯兰教的义务；阐释伊斯兰教的教义和原则，以驳斥对伊斯兰教的各种歪曲；维护和增进穆斯林少数民族在宗教、教育、文化等方面的权利；协助世界各地穆斯林团体的宣教活动，促进他们的内部团结；支持建立在正义、平等基础上的国际和平、和谐和合作。”

伊斯兰世界联盟的最高领导机构是创建委员会，由58名成员组成。其任务是确定伊盟宗旨、工作方针和政策。执行机构是由秘书长主持下的总秘书处。其职责是实施创建委员会的决议，组织和主持日常工作，同各国伊斯兰组织保持联系。秘书长之下设助理秘书长、总裁和若干名干事。秘书处的办事机构主要有：组织委员会与会议部、伊斯兰文化部、穆斯林少数民族事务部、伊斯兰天文台部、图书与文献发行部、伊斯兰法律部及伊玛目与宣教学院。联盟在亚非伊斯兰国家、联合国以及欧美有些国家和地区设有办事处或派驻代表。1973年以来，由联盟主持召开了世界穆斯林组织联席会议和亚洲、非洲、太平洋、北美和南美洲等伊斯兰组织会议；并分别成立了世界伊斯兰教组织最高协调委员会，亚洲、非洲、大洋洲、欧洲伊斯兰教协调委员会，以及伊斯兰国家宗教事务部长年会、国际清真寺事务最高委员会、伊斯兰情报资料最高委员会、教法理事会、伊斯兰天文部等。

伊斯兰世界联盟在活动方式上，主要是利用一年一度的朝觐机会，举行各种会议，交流情况，讨论穆斯林世界所面临的各种重大问题，散发宗教宣传品，组织专题讲座等。在教义宣传上，联盟向世界各地派遣宣教人员，赠送阿文《古兰经》，强调宣传伊斯兰原教旨主义，提倡颁布统一的伊斯兰教法规，鼓励各国穆斯林组织严守以《古兰经》为根据的伊斯兰教法，遵守伊斯兰的生活方式，促进建立世界穆斯林共同体。在国际事务中，注意维护各穆斯林国家之间的团结、互助和合作；支持阿拉伯国家和巴勒斯坦人民反对以色列的斗争；向各国穆斯林提供资助，以修建清真寺；奖励翻译出版各种文本的《古兰经》，兴办伊斯兰宗教学校、文化中心、新闻出版和卫生等事业；资助和组织各国穆斯林到麦加朝觐。联盟还经常派代表以宗教组织的身份列席伊斯兰会议组织召开的会议。经费主要由沙特阿拉伯提供，其他成员国组织也有捐助。联盟印发有几种文本的《古兰经》和其他伊斯兰教经籍。出版有《伊斯兰世界联盟》(月刊，英、阿文版)、《伊斯兰团结》(阿文月刊)、《伊斯兰世界新闻周刊》、《清真寺的使命》等刊物。 (杨克礼)

伊斯兰事务最高理事会(al-Majlis al-A‘la Lishshu’ūn al-Islāmiyyah) 埃及政府资助的国际伊斯兰宣教和学术文化组织。1960年创建，总部设在开罗。现任主席为埃及宗教基金部部长穆罕默德·阿里·马赫朱卜博士。理事会创建初期，仅为埃及国内一般性的宗教学术组织，从事《古兰经》、圣训和伊斯兰文化的研究，出版发行研究成果。至70年代，该组织因受到埃及政府重视，并吸收了各伊斯兰国家著名宗教学者为理事或下属学术委员会委员，故工作范围迅速扩大，社会影响和知名度大为提高。1988年3月，理事会在开罗召开了改组后的第一届大会，经埃及政府内阁会议批准，接纳了近30位阿拉伯、伊斯兰国家的宗教部长、穆夫提、司法大臣为理事会理事。中国国务院宗教事务局副局长穆罕默德·哈乃斐·宛耀宾也被接纳为理事会理事。理事会的宗旨和任务是：传播健康的宗教思想意识；巩固和加强伊斯兰世界的关系和联系，研究穆斯林所面临的重大问题；组织和安排伊斯兰世界领袖人物同学者会晤，就伊斯兰教和穆斯林现状进行交流；批驳对伊斯兰教的猜忌和中伤；发扬伊斯兰文化遗产，维护伊斯兰教法；对在埃及各院校学习的伊斯兰世界各国青年在文化和社会领域给予指导和帮助。理事会重视对《古兰经》、圣训及教法的研究工作，力图用现代语言全面、正确地注释《古兰经》和圣训，出版先知传略，编纂反映哈乃斐、马立克、沙斐仪、罕百里、栽德、伊玛目·扎希里、艾巴德等8家教法学派观点的伊斯兰教法百科全书及圣训百科全书。用阿拉伯、英、法、西班牙语出版《伊斯兰论坛》杂志。为世界各国穆斯林青年在埃及和其他阿拉伯国家学习语言、宗教提供奖学金。每年在埃及亚历山大为在埃及各院校学习的60多个国家的穆斯林学生举办夏令营。理事会与世界伊斯兰组织、阿拉伯和伊斯兰国家的宗教部门、民间宗教组织，以及非伊斯兰国家的宗教部门、伊斯兰教民间组织建立了广泛的联系和交往。1988年3月理事会第一届大会讨论了穆斯林青年教育、两圣地的神圣性及声援阿富汗人民反侵略斗争等问题。1989年1月，理事会召开了第二届大会，议题为“和平与伊斯兰教”。理事会设主席1人，通常由埃及宗教基金部长担任。设秘书长1人、副秘书长若干人。理事会的决策机构为常务委员会，由理事会主席和数名阿拉伯、伊斯兰国家宗教部长组成。理事会设下列行政机构：(1)文化关系中心司。(2)先知传略及圣训中心司。(3)行政财务中心司。理事会设下列学术机构：(1)《古兰经》研究委员会。(2)伊斯兰思想研究委员会。(3)伊斯兰教法百科全书编纂委员会。(4)伊斯兰教法比较研究委员会。(5)伊斯兰文化遗产委员会。(6)伊斯兰关系研究委员会。(7)伊斯兰新闻委员会。(8)先知传略研究委员会。(9)圣训研究和圣训百科全书编纂委员会。 (杨志波)

伊斯兰委员会(al-Lajnah al-Islāmiyyah) 奥斯曼帝国掌管伊斯兰教的最高权力机构。亦称“伊斯兰教长老委员会”。约在15世纪时设立，初为素丹的宗教与教法的顾问咨询机构，后发展为素丹领导下的国家管理宗教的权力机构。该委员会由素丹任命的伊斯兰教长老、大卡迪、总穆夫提、教法学家、教义学家和苏菲教团谢赫等高级欧莱玛阶层组成。它的职能和任务是：依据《古兰经》和圣训，制定教法律例，对重大教法问题实行裁判；掌管全国的宗教事务，监督各地履行宗教活动；管理清真寺、宗教基金和社会慈善事业；掌管全国宣教和伊斯兰教育，创建宗教学校；就国家法律草案、战争问题和签订协约等发布是否符合教法的宗教政令；协助素丹选拔和任命中央及地方的卡迪和穆夫提；主持素丹的宣誓就职典礼，在特殊情况下发布罢免素丹的教令。伊斯兰委员会由素丹授命的伊斯兰长老为实际领导人，下设“学者会议”和“教律裁判委员会”等附属机构，其成员亦由高级欧莱玛阶层组成。教律裁判委员会管理和监督教法的实施，解释教法，就教法律例发布“法特瓦”（即法律意见），商讨和起草教法文件。学者会议由著名的欧莱玛组成，负责宣教、教育、司法解释和推荐卡迪、穆夫提等，履行伊斯兰教的使命。伊斯兰委员会的成员享有较高的政治和宗教地位。在帝国后期，由于宫廷近卫军的势力骄横专权，伊斯兰委员会的权力削弱，但它仍发挥了维护信仰、监督教法实施的作用。1922年伊斯兰委员会被取消。

（杨克礼）

伊斯兰文化（al-Thaqāfah al-Islāmiyyah） 中世纪阿拉伯帝国各族人民在吸收融汇东西方古典文化的基础上而共同创造的具有伊斯兰特点的新文化。这种文化兼容并蓄多民族多样性的文化为一体，并随着社会经济和生活实践的变化而加以发展和创新，形成多学科的知识形态，广泛使用阿拉伯语创作，具有显明的伊斯兰色彩，故又称为“阿拉伯—伊斯兰文化”。它与中国文化、印度文化、希腊及罗马文化并称为古代四大文化体系，在世界文化史上占有极其重要的地位。

中世纪伊斯兰文化形成于伍麦叶王朝（661～750），在阿拔斯王朝（750～1258）达到极盛时期。其发展的条件是：(1)7世纪初，穆罕默德创传了伊斯兰教，以“宗教革命”的形式进行了社会变革，实现了阿拉伯半岛的政治统一，创建了政教合一的穆斯林公社。8世纪中期，随着阿拉伯人的向外征服，形成了地跨亚、非、欧的幅员广大的阿拉伯帝国，伊斯兰教成为世界性的宗教。帝国实行阿拉伯化和伊斯兰化的各项政策，致使新征服地区的民族成分、宗教信仰和文化教育发生了巨大变化，而且对其政治、经济、文化及生活方式以深刻的影响，为伊斯兰文化的形成奠定了共同的思想基础。(2)帝国政治的统一，封建生产关系的确立和完善，促进了社会生产力的发展。经济的繁荣为文化的发展提供了比较雄厚的物质基础。社会生产和经济发展的需要又推动了科学文化的发展。(3)帝国新征服的广大地区，如叙利亚、埃及、美索不达米亚、波斯、北印度等是古代东方文明的发源地，有着优秀的传统科学文化遗产。这些地区多样性的文化是伊斯兰文化赖以发展的基础。帝国东西交通的畅通，各地区人民之间活动范围扩大，阿拉伯商人、旅行家、航海家、传教师到达各地，世界穆斯林到达麦加朝觐及学者游学，为各民族之间的融合和多样性的文化相互交流提供了契机。(4)国家对发展科学文化采取大力倡导和赞助的政策。遵照先知穆罕默德关于“求学乃男女穆民之天职”，“学问虽远在中国，亦当往求之”的遗训，哈里发为适应国家政治、经济和宗教发展的需要，将发展多学科的文化事业作为重要的国策之一。国家投入大量资金在首都和各主要城市广建清真寺、学校、图书馆、天文台、医院和翻译机构，并以重金搜集珍本书籍予以收藏和研究。哈里发宫廷招贤纳士，巴格达学者荟萃，成为文化中心。对异教徒采取宽容的政策，广罗各族及不同信仰的人才，从事教育和研究工作。大力奖掖学者著书立说，倡导学术的自由讨论，对于有卓越贡献的学者奖以重金，并擢升为官吏。从而使大批有学识的“麦瓦里”（即释奴）投入学术文化活动，为伊斯兰文化的发展做出了重大贡献。(5)国家倡导的翻译运动，促进了伊斯兰文化的繁荣和发展。在伍麦叶王朝时，就开始从古叙利亚语翻译史学、医学和文学的典籍。从8世纪中叶起，阿拔斯王朝哈里发大力倡导和赞助翻译活动，搜集和研究古典文化遗产，出现了“百年翻译运动”（750～850）。哈里发马蒙于830年在首都巴格达创办了综合性的学术机构“智慧馆”。来自各地的著名学者、翻译家将古希腊、罗马、波斯和印度的哲学及自然科学等古典著作100多种译成阿拉伯文，并作了大量考证、勘误、增补、注释和评论等工作。在翻译吸收古典文化的同时，开展了多学科的研究工作，涌现出大批各民族的学者，其著述丰富多彩，涉及到各学科的广泛领域，作了重大的发展和创新。9世纪中叶起，阿拉伯帝国开始解体，境内各地先后出现了独立的伊斯兰王朝，经济、文化仍继续发展，布哈拉、撒马尔罕、伊斯法罕、设拉子、图斯、德里、阿格拉、布尔萨、伽兹尼、大不里士、大马士革、麦地那、库法、巴士拉、萨那、拉巴特、开罗、凯鲁万、非斯、马拉喀什、廷巴克图、科尔多瓦、西西里等地成为与巴格达相媲美的伊斯兰文化多中心。13世纪蒙古人的西征灭阿拔斯王朝，中世纪伊斯兰文化逐渐趋向衰落。

伊斯兰文化的源流、学科结构和特点。它来自3个渊源：(1)阿拉伯人固有的文化，如阿拉伯语及文字、诗歌、谚语、故事传说、星相、音乐等。(2)吸收外来的文化，如希腊的哲学、各门自然科学，罗马的政治、法律，波斯的历史、文学艺术，印度的数学、天文学、医学及宗教哲学，中国的四大发明。(3)伊斯兰教文化，如《古兰经》、圣训等。这些多样性的文化相互渗透和融合，兼收并蓄，促进了伊斯兰文化的形成。它在长期的生产和社会生活实践中，经过研究、创新和发展，创造了具有伊斯兰特点的新文化，形成了知识形态的多学科体系，构成了伊斯兰文化的整体构架。它包括：1. 哲学（自然哲学、宗教哲学、逻辑学、伦理学）。2. 自然科学（数学、天文学、医学、化学、物理学）。3. 人文学科（历史学、地理学、语言学、文学、艺术）。4. 宗教学科（古兰经学、经注学、圣训学、凯拉姆学、教法学、诵经学）。伊斯兰文化的特点是：(1)包容性。它对各种文化兼收并蓄，经过加工改造赋予伊斯兰特色。伊斯兰教义不同程度地渗透在各个学科领域，宗教文化和世俗文化既互相吸收、互相影响，又各自独立发展。(2)继承性。它吸收和继承了古代东、西方宝贵的科学文化遗产，把东方科学注重经验描述和古希腊文化注重逻辑推理的不同传统有机结合，成为中世纪古典科学的集大成者。(3)开创性。它将继承和创新相结合，在继承的基础上，根据生产发展所提供的新事实，观察实验所取得的新资料，经过创造性的理论综合，确立了新的学科概念、定理、理论，完善和创立了新的学科。(4)实践性。它注重实地考察和观察，搜集掌握第一手资料，经反复实验和综合研究，得出假说和结论，并将自然各学科的研究成果广泛运用于社会实践，促进了生产的发展。

伊斯兰文化在各个学科领域取得辉煌成就，为世界文化做出了巨大贡献。在哲学领域，深受希腊哲学和波斯、印度学术思想的影响，将东西方的哲学思想遗产同伊斯兰教的认主独一的教义思想结合，形成伊斯兰哲学。伊斯兰哲学主要讨论真主的独一及其与被造物的关系、宇宙的生成、真主前定与人的意志自由、理性与信仰、宗教与哲学、肉体与灵魂的关系、《古兰经》的地位等问题。伊斯兰哲学包括自然哲学和宗教哲学。自然哲学以阿拉伯亚里士多德学派为代表，他们推崇亚里士多德的哲学，重视自然科学知识，强调理性的作用，以自然科学的成就解释哲学问题，具有强烈的世俗倾向。他们提出了自然泛神论和双重真理论，具有朴素唯物论和辩证法的因素，使哲学摆脱宗教教义的束缚而独立发展。宗教哲学多吸收新柏拉图主义和其他宗教哲学，包括具有唯理主义倾向的穆尔太齐赖派、神秘主义的苏菲派和正统经院哲学的艾什尔里派，以及宗教哲学团体精诚兄弟社等，这些派别虽在教义问题上有分歧，有的强调理性和知识的作用，有的强调直觉认识，有的强调启示的作用，但在哲学上的共同点是调和宗教与哲学、理性与信仰，以哲学和逻辑学论证教义，使哲学为信仰服务。

在自然科学领域，吸取古希腊、波斯、印度的科学成果，在自然科学的各部门取得辉煌成就。在天文学上，经过长期的大量天文观测和研究，对天体运行的规律进行了理论探讨。主要贡献是：制定了天文表和较为准确的历法；测定了太阳系已知星辰的位置，确立了各星座及300多个星宿的名称；将几何学的正割和正切概念及计算法引入天文计算，发现月球的“二均差”和地球的近日点运动，并证明了太阳对众星辰最远点的运动值(12.04)，推论出地球绕太阳运转，主张太阳中心说。在数学上，阿拉伯人将印度10个数字和十进位制加以运用和推广，成为人类知识领域最有用的计量手段；将代数发展成数学的专门学科；确立了代数、已知数、未知数、根、有理数、无理数等代数术语，在量度几何中应用了数值代数，系统地提出了用圆锥曲线图解求根的理论，建立了平面三角形和球面三角形体系，计算出精确和完整的三角函数表，使三角学脱离天文学，成为独立的学科。在医学上，在大量吸收东西方医学遗产的基础上，总结长期的临床经验，开创了新的医疗体系和方法，对医学进行分科，提出了血液小循环的理论，并对各科的病症、病理、生理、临床、诊断、治疗、药物等方面提出了新的见解，在外科、眼科、精神病及传染病方面为近代医学的发展提供了经验事实和理论素材。在化学上，将古代东西方“炼金术”与化学实验相结合，提出了金属可通过某种媒介物质实现相互转化和四元素相克的理论，对金属的煅烧和还原以及提炼中的纯化、熔化和结晶过程作了科学的解释，将已知的物质分为植物、动物、矿物和衍生物4大类，确立了应用化学的基本概念，制造了大量化学品，总结了化学的工艺方法，制造了化学实验的仪器设备，为近代化学的发展提供了丰富的理论资料。在物理学上，主要成就是光学和力学。在光学上提出了光线来自观察的客体，光是以球面形式从光源发射出来，从而推论出物体光线反射和折射的定律。在力学方面，讨论了抛物体运动和引力作用，提出了动量概念，认为物体之间的引力大小是二者之间距离的函数，为尔后经典力学的创立铺平了道路。阿拉伯人在科学文化上的另一重大贡献，是将中国的四大发明(造纸术、印刷术、指南针和火药)加以应用推广并辗转传入欧洲，为西方科学文化的发展提供了有利条件。

在人文学科领域，穆斯林在历史、地理研究的领域取得了重大成就。伊斯兰史学最初以记载穆罕默德及其门弟子的传教事迹为主，撰有先知传、圣战史及贵族宗谱等著作，后来出现了编年通史或纪事本末通史、地方志、人物传记、国别史与历史哲学等著作。泰伯里的《历代先知和帝王史》、麦斯欧迪的《黄金草原》、伊本·阿西尔的《历史大全》及伊本·赫勒敦的《阿拉伯人、波斯人和柏柏尔人的历史》为著名的史学著作，代表了伊斯兰史学的最高成就。阿拉伯海陆交通的发展，礼拜正向的确定和朝觐制度的确立，促进了地理学的发展。穆斯林学者通过旅行、实地考察测量，从自然、历史、人文、经济、考古等方面对地理学进行了综合研究，积累了大量资料，撰有大量著作，从理论上阐发了灼见。应用经纬线于地理学，测量了地球的子午线长度，计算了地球的体积和圆周，提出了地球是椭圆的理论；绘制了当时已知世界的地形、气候等地图，测定了主要城市、要道、航线的位置；提出了关于潮汐成因的学说。阿拉伯语借助《古兰经》的广泛传播而发展起来，形成语言学、语法学、韵律学等学科。它吸收东西方各民族语言的语汇，并对各民族的语言产生了不同程度的影响，成为国际性的语言和世界穆斯林通用的宗教语言。阿拉伯人在文学艺术上也有突出成就。文学作品包括谚语、诗歌、散文、寓言、故事等，题材广泛，内容丰富多彩，多富于哲理。如《一千零一夜》、《卡里莱和笛木乃》等文学作品，脍炙人口，堪称世界文学的瑰宝。伊斯兰艺术是穆斯林形象思维、审美观念和生活实践相结合的产物。它包括建筑、绘画、雕刻、装饰、工艺、音乐、舞蹈、书法等。伊斯兰建筑艺术，以其宏伟壮丽及独有的风格誉满世界。清真寺的群体建筑是伊斯兰建筑艺术的最高体现，其拱形的构架、突出的圆顶、高耸的尖塔、连环的拱廊、独具匠心的造型、庄严肃穆的装饰、因地制宜的布局，它反映了穆斯林在绘画、雕刻、镶嵌等方面的高超技艺，也是信奉伊斯兰教各民族高妙艺术才能的产物。

伊斯兰教的宗教学科是伊斯兰文化的重要组成部分。它是以《古兰经》和圣训为依据，在探讨基本信仰、宗教制度、立法的根本原则问题上，逐步形成的各门相对独立的宗教学科。各学科的建立和发展，丰富和完善了伊斯兰的教义学，巩固了穆斯林的基本信仰。以正确的理解和诵读《古兰经》为中心，形成了经注学和诵经学。经注学主要研究经文的内容和词义（即明义和隐义）、经文"下降"的背景和原因、停经的原因、章节结构、语法规则、修辞格式等。它的研究推动了阿拉伯语言学科和宗教各学科的迅速发展，从理论上确立了《古兰经》在信仰、立法和道德规范方面的最高权威地位。圣训学是探讨穆罕默德言行的传述世系的真伪并由此判定该传系中传述内容的可靠性和真实性。从而确立圣训仅次于《古兰经》的地位，为立法提供依据。教义和教法是伊斯兰教理的两大基柱。教义学（即凯拉姆学）是研究伊斯兰的基本信仰及认主的有关问题，其主旨是以"认主独一"为核心，对伊斯兰教的基本信仰问题给予系统论证，以维护基本信仰，反对"异端邪说"。伊斯兰教法学以经训及教义学为基础，探讨教法的根源、立法的准则和方法。它规定了信仰的最高原则、宗教制度（礼仪）、民事律法、刑事法以及应恪守的行为道德规范，它被视为安拉意志的体现，具有法律的强制力，使信仰同社会生活相结合成为穆斯林的宗教职责，起着强化信仰、捍卫伊斯兰教的作用。伊斯兰教法其内容和形式不同于一般世俗法，它是宗教、律法、伦理道德的合而为一。

中世纪的伊斯兰文化为世界文化的发展做出了卓越的贡献。它将东西方古典文化熔为一炉并发扬光大，在古代科学文化向近代科学文化的发展中，起了承前启后、继往开来的历史作用，对亚洲、非洲、欧洲和中国文化的发展都产生了深远的影响。随着阿拉伯帝国的扩张，大批阿拉伯人迁居亚非各地，改变了这些地区的民族成分和语言结构，阿拉伯文（语言）成为通行的文字，伊斯兰教成为亚非一些国家和民族占主导地位的宗教。12 世纪以后，伊斯兰文化通过西班牙和西西里岛传入西欧后，促进了"文艺复兴"运动的早日到来。阿拉伯人的医学、天文学、数学、化学、光学等方面的著作传入西欧后，至 18 世纪在自然科学领域占主导地位，为欧洲近代自然科学的兴起奠定了科学思想基础。阿拉伯的哲学著作传入欧洲后，促进了基督教经院哲学内部唯名论反对唯实论的斗争，并形成了阿维罗伊学派。中国同阿拉伯有着长期的传统友谊及经济文化交流。自唐代以来，随着中阿之间经济贸易及使节、商人、旅行家、航海家、传教师的互相往来，进一步促进了中阿之间的文化交流。伊斯兰教于 7 世纪中期开始传入中国，历经唐宋元明时期的发展演变，中国有 10 个少数民族先后信奉了伊斯兰教，伊斯兰文化与中国的传统文化相结合，丰富了中华民族的思想宝库。同时，阿拉伯的天文学、历法、数学、医学等自然科学相继传入中国后，对中国自然科学的发展产生了很大影响。中阿之间科学文化的交流不仅起了相互促进作用，而且互相辉映，沟通了东、西方文化交流，共同对世界文明做出了重大贡献。（杨克礼）

伊斯兰文化学会 见中国回教文化学会。

伊斯兰现代主义（Islamic Modernism） 近现代伊斯兰社会思潮与社会运动之一。19 世纪下半叶产生于印度、埃及等伊斯兰国家和地区，系在西方思想影响下产生的一种同传统主义相对立的宗教社会改良主义思潮。主要代表人物有印度的赛义德·艾哈迈德汗（1817～1898）、穆罕默德·伊克巴尔（1876～1938）、埃及的穆罕默德·阿布笃（1849～1905）等。主张根据时代与社会条件的变化，以新的观点来重新解释伊斯兰教义，改革陈规陋习，吸收先进的科学文化，以增强其活力，适应时代与社会发展新潮流。

伊斯兰现代主义系特定历史环境下的产物，其产生有多种复杂的因素：（1）社会危机加深。近代以来，伊斯兰国家大部分沦为西方帝国主义的殖民地和列强的附庸，封建自然经济遭到了破坏，传统的伊斯兰文化日趋衰落，引起穆斯林的强烈不满，要求社会变革的呼声日强。（2）阶级分化加剧。欧洲殖民统治促使阶级分化加剧，依附帝国主义的封建买办资产阶级控制政权，社会财富集中在极少数人手里。民族资产阶级及其知识分子开始要求提高自身的权利和地位，成为现代主义主要的社会基础。（3）欧洲思想文化的传入和影响。随着欧洲殖民主义的入侵，伊斯兰国家闭关锁国的封闭状态被打破。西方先进的科学技术、思想文化相继传入和渗透，唤起了伊斯兰民族意识的觉醒。在知识界，兴起向西方学习的新观念、新思潮运动。各国的现代派宗教思想家便在发展科学教育、振兴民族文化、弘扬伊斯兰传统精神等口号下，发起现代主义的改革运动。

伊斯兰现代主义企图通过使宗教信仰、教法、仪礼、制度适应现代化，来全面复兴伊斯兰文化，并以此为基础来实现社会政治、经济、宗教和文化教育的改革，达到富国强民的目标。其基本观点和改革主张包括：（1）以现代主义的观点和眼光重新认识和对待中世纪伊斯兰传统。认为当代伊斯兰国家贫困、衰落的原因之一是墨守传统的陈规，教内因循守旧思想束缚了理性和科学文化的发展。因此，需要批判旧传统、旧观念。穆罕默德·阿布笃曾明确指出，今人有条件吸取古人的经验、教训，比古人更聪明、更有知识，应反对盲目因袭古人之宗教传统。艾哈迈德汗认为伊斯兰教内部的因循守旧思想离开了《古兰经》的真谛，阻碍了穆斯林社会的发展。他指责中世纪伊斯兰学者"以物配主，另立伪神；摈弃真经，编造伪典；无视真圣，崇拜伪圣”。这些批判为宗教传统的调整、革新提供了理论依据。(2)以进化、发展的观点重新解释经、训涵义和教理。艾哈迈德汗和阿布笃等现代派宗教思想家，都倡导尊重科学，推崇理性，认为《古兰经》和伊斯兰教教义的精神同科学和理性相一致，主张坚持伊斯兰教正道，简化仪礼，批判异端邪说，变革历史遗留下来的蓄奴制、一夫多妻制，以及圣徒和圣墓崇拜等陈规陋习。(3)以灵活变通的观点重新解释伊斯兰教法的理论基础，以恢复其活力。认为经训为行教、立法的根本依据，但经训含有两类不同的内容，其中纯系宗教信仰的内容具有永恒价值，而社会立法性内容则需根据时代条件的变化作出新的解释。并认为圣训律例多为后人假托、伪造，数量庞大，真伪难辨，应取审慎态度。对具有连贯的传述线索、真实可靠的圣训律例应遵循；对类比方法应解释为“创制”或“独立判断”(伊智提哈德)，认为它是恢复教法活力和理性主义传统的重要手段。有的还把这种灵活变通的方法称之为伊斯兰教的“运动原理”(伊克巴尔语)。主张对公议应进行具体分析和应用。中世纪流行的“公议不谬”说和“创制大门关闭”说束缚了教法思想的发展，故应审慎对待旧的公议原则；但要根据新情况、新问题，借用公议的判断形式，作为现代法制改革的手段。主张扩大公议的范围，公议应由社会各党派、教法学家、各阶层人士参加的现代制宪会议或立法会议来作出。

伊斯兰现代主义运动只在少数伊斯兰国家和地区的知识阶层中间流行，尚未形成统一的思想学说和统一的群众运动，它带有明显的地域性、分散性、妥协性。其基本特征是：(1)提倡弘扬传统的伊斯兰文化，纯洁宗教信仰，恢复伊斯兰教初创时期的活力。为此，现代派普遍重视现代科学文化教育，但所追求的目标不尽相同。有的主张用进化与发展的观点来对待本民族的伊斯兰文化遗产，培养一批有理想、有文化的现代穆斯林知识阶层，作为宗教与社会改革的中坚；有的从急功近利出发，强调按西方国家的模式，造就一批穆斯林文职官员，充实到政府部门中去，通过参政议政，提高穆斯林民众的社会福利。(2)调和宗教与科学。现代派提倡现代科学，试图用科学的观点来弥合宗教信仰，以调和宗教与科学的矛盾。阿布笃坚持“双重真理说”，认为安拉降示了两本书：创造的自然之书和启示的神圣经典，后者引导人们用智慧来了解自然界的奥秘，故宗教与科学是一致的，宗教是科学的良师益友。艾哈迈德汗深受达尔文的生物进化论的影响，他相信万物之间有因果联系，自然界处在不断运动之中，天体运行、人的生老病死皆受自然规律的支配。他主张在坚持伊斯兰教认主独一前提下，对《古兰经》中谈及的末世论、宇宙说、天使说、恶魔说等作出自然主义的解释。(3)调和信仰与理性。现代派尊重理性，但反对以理性主义观点审视一切。阿布笃宣称，在判定真理与谬误上，理性具有最后的权威；但他又认为，天启是不谬的，而理性是易错的，理性需要天启的指导和核准。伊克巴尔强调用理性主义观点来审视伊斯兰传统；但他又认为，哲学需要承认宗教的中心地位，因为理性只能认识局部，直觉才能认识全体。艾哈迈德汗亦推崇理性。但认为理性有局限性，理性不能用以解释伊斯兰教基本信仰。现代以来，伊斯兰现代主义思潮曾对伊斯兰世界产生过重要影响，对各国的宗教、社会法制改革曾起过推进作用，在部分国家或地区一度成为占主导地位的思潮，极大地影响和决定了伊斯兰教意识形态发展的趋向。但由于现代派过分强调原旨教义和托古改制，其思想渊源主要是以复古主义为特征的原教旨主义，因而二者有许多共同点。20世纪初，随着土耳其资产阶级民主革命的胜利，民族主义、世俗化和政教分离主义影响日增，现代主义开始同复古主义结合，其影响亦大不如前。目前，现代主义思潮仍被一些伊斯兰国家的当政者作为推行社会改革的理论依据。

(吴云贵)

《伊斯兰学生》 中国伊斯兰教地方性学术文化刊物。1930年由上海伊斯兰经学研究社创办。编辑部设在上海青莲街222号。编辑主任为金志晏，编辑有马鸿祥、何恩朋等。该杂志不定期出版，以赠阅为主。1930年6月发行创刊号，先后共出5期，至1936年8月停刊。以发表上海伊斯兰师范学校学生和青年的作品为主，并进行写作指导。其宗旨是“练习文字，研究教义，提倡宗教教育，鼓吹爱国思想”，主张宗教学术研究与和平宣教相结合，鼓励对教义、学说、理论的自由探讨，提倡以平等态度以理服人。该杂志刊载有《古兰经》、圣训、教法和经注的介绍；探讨伊斯兰教义、教法及学术文化；注重发表有关改进中国伊斯兰教经堂教育、激发穆斯林青年爱国热忱方面的文章。还辟有翻译、论著、常识、短讯、读者信箱等专栏，向国内穆斯林青年介绍伊斯兰教基本常识，报导国内外伊斯兰教在政治、经济、文化以及教育等方面的消息和动态。

(张志诚)

伊斯兰音乐 伊斯兰经典赞词诵读乐调。穆斯林在吟诵《古兰经》和各种赞词时根据经文内容和经文的阿拉伯语读音、发声规律创制的一种特殊的音乐体系，一般没有乐器伴奏，其音调抑扬顿挫、淳朴清雅，充满着阿拉伯民族的特点和风格。它的主要内容是：“唤拜词”，这是宣礼员在每日五次礼拜前，召唤大家礼拜时吟诵的。伊斯兰教发展初期，唤拜词的曲调是统一的。后来，随着伊斯兰教在世界范围内传播，其曲调也具各国民族特点。吟诵《古兰经》，早期的诵读者只是带有简单的曲调朗读。在发展中，朗诵越来越接近歌唱，出现了曲调的起伏，乐律的渲染，并渗入了阿拉伯音乐的音调。唱诵者没有标准的文字乐谱，全靠口授心传。所唱曲调有一定的旋律和乐理，它可鉴定唱诵者艺术水平的高低。根据阿拉伯语在各国、各地区的差异，

《古兰经》等的诵读可分埃及调、巴格达调等。在节日和纪念日赞主赞圣是穆斯林的善功之一。赞词由简单的音调连串在一起，较唤拜词、《古兰经》吟诵的旋律更为丰实、活跃和富于音乐感。苏非派把赞念真主和穆罕默德作为启迪信徒心灵的门径，他们的赞念活动分“迪克尔·加利”（即高声赞颂）和“迪克尔·哈菲”（即低声赞颂）两种，他们把音乐、歌舞、诗歌引入赞颂仪式中，认为美好的音乐、优美的舞蹈能使人主相交融，人主合为一体，信徒们也可在这一活动中自责和忏悔以往不良的言行。中国穆斯林在吟诵《古兰经》和节日赞词时也较多地受到伊斯兰世界的影响。特别是华北、西北和西南诸省区又各具特色和风格，音调都较优美。

（张广麟）

《伊斯兰音乐》 研究伊斯兰音乐艺术的著作。日本岸边成雄著。原名《音乐的西流——从萨拉森到欧洲》。1952年由日本音乐之友社用日文出版。全文约83000字。书分5章，分别阐述伊斯兰音乐的起源、变迁、乐器及理论、伊斯兰音乐与欧洲音乐的交流、伊斯兰音乐对东方音乐的影响。文末附录阿拉伯音乐研究的历史与现状的资料。作者应用比较音乐学的研究方法，对具有一千多年悠久历史，且“像一条纽带似地将东西方音乐联结起来”的伊斯兰音乐，作了寻根、探源并指明来龙去脉的论述，阐述了伊斯兰音乐的形成与发展、交流过程；介绍了伊斯兰音乐的理论及其流行于伊斯兰地域的几种主要乐器的特点；辨析了阿拉伯音乐与希腊音乐、波斯音乐及印度音乐的渊源关系；阐述了伊斯兰音乐对欧洲与东方各国音乐发展的影响。作者认为，由于伊斯兰教把音乐作为信仰的禁条，阿拉伯—伊斯兰音乐没有作为宗教音乐而积极地被利用，但作为阿拉伯地区传统的娱乐音乐存在于生活中则是被认可的。作者还认为，622年9月20日穆罕默德从麦加迁徙麦地那，既奠定了伊斯兰教及文化的基础，也是阿拉伯音乐被称为伊斯兰音乐的开始。作者把穆斯林每天五次礼拜时高声吟诵的宣礼词当作伊斯兰音乐旋律的典型。为了说明这一观点，作者在书后附有宣礼词的拉丁文译音及配有五线谱曲调的图片。关于伊斯兰音乐的形成与发展，作者认为可以分为3个时期：(1)蒙昧时代，从上古至6世纪；(2)是伊斯兰音乐时代，从7世纪至现代；(3)世界音乐时代，展望未来将有一个广泛具有伊斯兰音乐特色的世界音乐体系。关于伊斯兰音乐时代，作者又分为3个时期：(1)兴盛期(622～750)；(2)全盛期(750～847)；(3)停滞期(848～现代)。作者认为，西欧近代音乐中的东方主义是以伊斯兰音乐为基点的；伊斯兰乐器扩散到东方各国，对近世东方音乐以深刻影响；并且“触及了近代及现代中国音乐的根基”。1983年郎樱译为中文，书名为《伊斯兰音乐》，由上海文艺出版社出版。

（郭清祥）

伊斯兰银行（al-Bank al-Islāmi） 现代部分阿拉伯、伊斯兰国家依据《古兰经》禁止利息的原则在国内建立的金融信贷机构的统称。亦称“伊斯兰银行运动”。它是第三世界的伊斯兰国家为在国际社会中获得经济上、金融上的独立自主，调动国内的经济力量，促进民族金融业的成长，为发展民族经济和文化教育事业而建立的新的金融体制。按照《古兰经》和伊斯兰教法规定，利息属不合法的收入，必须禁止。故此类银行的信贷不计利息，即贷款不收利息，存款不付利息。其资金来源主要靠客户存款、政府无息贷款。大多为国家所办的金融机构，少量为私人金融机构。伊斯兰银行的金融信贷活动一般采取4种方式：(1)参与股份制。银行向借方的发展项目提供贷款时，以股份的形式投入，双方按协议分配利润。(2)盈亏分摊制。银行与顾客（即存款者和借贷者）结为伙伴关系，双方按照协议共同分担经营的亏损或参加利润的分配。(3)加价制。银行在资助贸易时，从标高价格中获取收入。当客户申请贷款购买某种货物时，双方达成协议，由银行出资购买，在到期偿还贷款时，银行收取高于原先物品的价格，其中的差额就是银行收益。(4)手续费制。凡汇款、信用证、中长期贷款、外贸贷款等均按款额和期限，由银行收取2～4%的手续费，用以支付银行的管理费和通货膨胀的差额。为了鼓励扩大存款，对存款人可按银行经营的情况和存款额的多少，参加利润分成、获得存款奖金和货币的保值金，并在申请贷款、使用支票等方面给予优待。

伊斯兰银行出现于20世纪50年代末。最早在巴基斯坦和印度北部的穆斯林中开始出现一种没有利息金融往来，客户与银行分摊盈亏的银行机构，很快传到阿拉伯世界。1963年埃及出现了第一家无息银行：米特贾姆斯储蓄银行。但当时这类银行资金少，规模小，仅属于实验性质。1975年以后，伊斯兰银行在各地大规模兴起。中东地区著名的阿联酋迪拜伊斯兰银行、沙特阿拉伯的伊斯兰开发银行、埃及和苏丹的费萨尔伊斯兰银行、科威特的金融社等一批拥有大量资金的伊斯兰银行在70年代中期先后建立起来。至今几乎所有的伊斯兰国家都建立了某种形式的伊斯兰银行。中东地区是伊斯兰银行运动的中心，在东南亚的马来西亚、印度尼西亚、文莱、南亚的印度、巴基斯坦和孟加拉国，非洲的喀麦隆、尼日利亚等国都出现了伊斯兰银行。此外，在欧洲的卢森堡、瑞士、丹麦和英国也设有伊斯兰金融机构，进入国际金融市场。为了加强和促进现有各国伊斯兰银行的合作和协调，1981年成立了“伊斯兰银行国际联盟”，总部设在埃及开罗市郊的米斯尔·贾底达。1983年该组织在塞浦路斯开办了一所“国际伊斯兰银行学院”，为各国培养合格的专业人员。

（杨克礼）

伊斯兰与西方协会（Jam'iyyah al-Islām wa al-Gharb） 法国伊斯兰学术团体。1980年成立，总部设在巴黎。该会设有执行委员会和指导委员会，成员大部是法国穆斯林。其宗旨是推动和发展伊斯兰世界与西方之间在文化、社会和经济等方面的联系与合作。1991年11月曾在西班牙科尔多瓦召开过以研究“巴基斯坦当代伊斯兰思想家伊克巴尔”为主要议题的国际学术讨论会，有34个国家的代表出席了会议。该会同伊斯兰世界联盟和中国伊斯兰教协会建有友好联系。（马云福）

伊斯兰原教旨主义（Islamic Fundamentalism） 近现代伊斯兰社会思潮与社会运动之一。系西方学者对“伊斯兰复古主义”的称谓。主张严格遵循伊斯兰教初创时期的原旨教义和传统，用伊斯兰教的本来精神作为改良、复兴宗教与社会的动力，以消除腐败，纯洁信仰，清除外来的各种异端学说以及西方腐朽文化和生活方式的污染，重建以伊斯兰教法为基础，以古代麦地那哈里发国家为楷模的理想伊斯兰国家、伊斯兰社会、伊斯兰秩序。系与世俗主义、民族主义、伊斯兰现代主义相对立的一种传统的宗教、社会改良学说。

伊斯兰原教旨主义系伊斯兰历史文化传统的一部分，是其内在精神的体现，其思想渊源可追溯到中世纪。约于9世纪，伊斯兰教就形成了以《古兰经》、圣训、教法为基础的基本教义、礼仪和各项制度，成为必须遵循的“定制”，要求穆斯林继承、弘扬其光荣传统，在任何情况下不偏离安拉指引的“正道”。随着社会的发展，在经济、文化、生活方式或传统价值观念发生剧变时，伊斯兰教内部出现了新与旧两种观念和派别间的激烈冲突，而力主“革新”的派别就会以坚持“正道”为名，实行某些改革。伊斯兰改革和复兴运动经常表现为教派冲突、教义学和教法学争论、圣战者运动、信仰唯一真主运动、马赫迪（即期待的救世主）运动等形式。其特点是复古、返璞、正本清源，即以伊斯兰早期的原旨教义为立法、行教和处理全部社会问题的根本依据，并企望恢复伊斯兰教初期比较民主、平等、公正的社会制度。按穆斯林原教旨主义者的解释，其早期的思想源泉是9世纪罕百里法学派及13～14世纪该派著名教法学家、教义学家伊本·泰米叶提出的“回归古兰经去”的一系列宗教改良主张，其学说以坚持安拉的“正道”，抨击各种“邪说”、提倡“创制”和直接以经训精神立法、行教为宗旨。近代以来，原教旨主义思潮在局部地区有所发展。18世纪末发生于阿拉伯半岛的瓦哈比教派运动，为近代历史上规模最大的一次原教旨主义运动，其复古主义思想传统与伊本·泰米叶一脉相承，曾对近代各国的伊斯兰复兴运动有广泛的影响。19世纪印度的“圣战者运动”、印尼的“巴德利运动”、埃及和北非的“原教旨主义运动”，皆同瓦哈比原教旨主义思想传统直接相关。

20世纪20年代后，伊斯兰原教旨主义开始形成较系统的理论学说，具有明确的政治目标、行动纲领和严密的组织形式。其发展、演变大致可分为3个时期：（1）在第二次世界大战前为活跃时期。1928年，由埃及苏菲派学者哈桑·班纳（1906～1949）创建和领导的“埃及穆斯林兄弟会”，成为当代最有影响的原教旨主义组织。在其推动下，叙利亚、伊拉克、约旦、黎巴嫩、巴勒斯坦、利比亚、阿尔及利亚、突尼斯、摩洛哥、苏丹、土耳其、巴基斯坦等地，都相继创建了穆斯林兄弟会组织。这些组织曾以各种形式强烈反对帝国主义、殖民主义的入侵和掠夺，积极参与本国民族解放运动；猛烈抨击西方的政治制度和腐朽的生活方式；抵制资产阶级民族主义理论，反对执政当局的政教分离政策和政治上依附于西方，要求全面恢复伊斯兰法治，号召同一切非伊斯兰化的意识形态彻底决裂。（2）第二次世界大战后至60年代为低落时期。战后获得独立的伊斯兰国家，大多奉行阿拉伯民族主义的政策，实行政教分离，并实行了包括土地改革和企业国有化在内的广泛的社会改革，以振兴民族经济，摆脱贫困。随之出现了各种形式的社会思潮和理论学说，诸如纳赛尔主义、布尔吉巴主义、阿拉伯社会主义等思潮的影响日增，原教旨主义思潮的影响逐渐衰微，有些组织甚至遭到镇压。（3）20世纪70年代后为复兴与急剧发展时期。由于阿拉伯国家在中东战争中蒙受了失地辱国的惨败，大部分伊斯兰国家在现代化经济建设中陷入了困境，使人们对各种民族主义理论产生了怀疑和动摇。这时原教旨主义者们认为，伊斯兰国家出现的危机，其根本原因是伊斯兰社会的世俗化、西方化，摆脱逆境的唯一出路是“全面伊斯兰化”，恢复伊斯兰教“正道”和法制，反对本国封建政体。从此，各国原教旨主义派别再度崛起，成为一些国家政府的政治反对派和伊斯兰复兴运动的组织者、领导者。1979年伊朗“伊斯兰革命”的胜利，为原教旨主义思潮的广泛传播提供了契机，成为伊斯兰复兴运动的精神支柱和样板。

当代伊斯兰原教旨主义同历史上的原教旨主义有明显的区别，具有一系列新特点：（1）在性质上，它已从一般宗教复兴思潮发展为广泛的社会政治运动，显示出积极干预政治的倾向。（2）在规模上，它已不限于局部地区，表现出泛伊斯兰运动倾向。其社会基础更加广泛，除一般穆斯林民众外，亦包括一批受过现代教育的知识分子和青年学生。（3）其斗争方式灵活多变，派别更为复杂。既有主张以合法方式争取社会舆论支持的传统派；也有同政府有某种联系，主张通过同官方合作逐步实现伊斯兰化的温和派；还有采取暗杀、恐怖等活动，企图以暴力夺取政权的激进派。目前温和派为主流派。但原教旨主义未形成统一的理论学说，其主张因派别而异。各种不同主张主要是通过一些著名宗教领袖的言论、著作阐述的，其代表性人物有埃及穆斯林兄弟会领导人赛义德·库特布、阿亚图拉霍梅尼、巴基斯坦大毛拉杜迪等。其带有共同性的理论观点是：（1）伊斯兰教不仅是一种信仰体系，也是一种道德、社会运动和社会生活方式。为此，需要实行广泛的改革，使《古兰经》、伊斯兰基本信仰成为穆斯林个人、群体和社会行为规范的基础，成为重建公正的伊斯兰社会秩序的最高准则。(2)伊斯兰教是一种意识形态运动。作为"普世性"宗教，它不受民族、地域的限制，全世界穆斯林应当团结起来，共同实现自己的目标。(3)伊斯兰教法为安拉之法度，采取公议和创制原则，加以灵活的解释，伊斯兰国家必须实行伊斯兰法治，以适应当今时代。(4)伊斯兰教是源远流长的一种历史文化传统之体现。它既重视现代文明，亦珍视传统文化价值。它并不排斥现代化，但现代化并非世俗化、西方化，只能是在伊斯兰文明基础上去实现现代化。

(吴云贵)

伊斯兰葬礼 伊斯兰教殡葬仪则。教法规定穆斯林实行土葬。《古兰经》云："凡有血气者，都要尝死的滋味，我以祸福考验你们，你们只被召归我"(21：35)。认为穆斯林死亡为一个人最后的必然归宿，是肉体的消失和精神的升华，是人生的复命归真，不是生命的终结。穆罕默德说："你们宜速埋亡人，如属幸福者，宜早使其获福；如系不幸者，亦当尽快使其远避火狱之灾。""如早晨死了，不可停放过午；黄昏死了，不可过夜。"因故滞留不得超过3日。教法规定速葬为"穆斯泰哈布"(Mustahabb，即嘉许的行为)。伊斯兰教葬礼三项基本要求是土葬、从速、从俭。教法规定善葬亡人，是活人的善举义务。在亡人待葬期间，不宴客，不服孝，禁止袭用非教法规定的一切习俗。

伊斯兰教殡葬的仪式是：(1)病人归真前应做的4项事务：1.病人留遗嘱。穆罕默德说："凡身负重病的穆斯林，只要他还能活两天的时间，就把遗嘱留下来"。病人亡故前，在清醒时应叮嘱家人为自己偿还债务，分配遗产和施舍，请人们原谅过错及讨咐口唤等。病人自己可请阿訇代为念"讨白"，向真主悔罪求得饶恕。2.病危时依据圣训，守候人要给病人提念"清真言"，务使病人记念真主，勿留恋尘世，切勿强求以防病人因临终痛苦而伤其诚信。3.诵读《古兰经·雅辛章》。该章概述伊斯兰教信仰的三大原则，即作证真主，承认先知和信复活日。为临终病人诵读，使其从容死去归主，同时使活人受其教诫和回赐。4.病人绝气后，脱去衣服，合其双眼，闭其口齿，顺其四肢，整理容发，使亡人面向"克尔白"天房，覆盖白布单。(2)病人去世后应做的4项主要工作：1.准备亡人的殓衣(即克凡)。根据圣训、教法规定，殓衣要用白棉布，不宜用色、丝绸(无白棉布时，妇女可通融使用)。男殓服3件。2.净礼(俗称"洗埋体")，为亡人冲洗大净。一般由3人操作，其顺序先净下，后洗头部，用白布或棉花沾水擦口齿和鼻孔，以代替漱口，呛鼻，再洗脸和两手至肘，然后以从头至足、先右后左的顺序冲洗全身3遍，擦干后可为亡人涂抹香料，如麝香、樟脑粉、冰片末等，礼浴即成。3.殡礼。即站"者那则"。教法规定举行殡礼是"副天命"(Farid Kifayah)。穆罕默德说："你们为亡人做礼拜时要竭诚地为他作祈祷"。穆斯林均有参加站"者那则"的义务，尤其亡人的亲属更应参加。凡参加站"者那则"的人，都须沐浴净身、洗衣，其仪不同于拜主，仅有举意、抬手、大赞、不躬、不叩、不跪坐。4.埋葬。穆斯林都有抬送亡人的传统美德，参加送葬被视为圣行，抬送"埋体"为应尽义务。一般埋葬亡人的坟坑宜深，在中国是南北向，长为6尺，宽3尺，墓深5～6尺，墓坑里再偏穿穴，有的直穿穴，以区别非穆斯林的直坑埋葬。旅行者中途死于海船上，按规定的仪式举办后，即可投入水中水葬；战争时期穆斯林战士牺牲后，可免去洗礼、穿殓衣等规定，允许着原血衣举行殡礼后埋葬。将亡人置入坟坑时应诵念："谨奉安拉之名与钦差的圣行"。然后解下亡人的腰带，盖好盖板，坟墓中不准有随葬物品。墓用土筑为长方马背形。禁止以水泥、石灰等物修饰。最后诵读《古兰经》章节，参加者做"都阿"(即祈祷辞)，为亡人求赦宥。

中国穆斯林把伊斯兰教葬礼习惯称为清水洗、白布裹、简短殡礼、深土埋葬，简称为洗、穿、站、埋四项副天命。教法规定3日之中，除远来亲友外，不在丧主家中吃饭，以免增加丧家负担。至于中国穆斯林习惯上在亡人入土前后举行的一系列宗教仪式如点香、传经、诵经，做"都阿"，念"七窍米"、写护心"都阿"，念土块"都阿"、下土经、回头经，过七日、月头、四十日、百日、周年、三年，及生殁之辰等纪念活动，多为亡人亲属对死者表示追思怀念的一种形式，或代亲赎补罪过、祈求真主恕饶人生前过失的一种善良愿望，并非教法规定必须遵守的圣行或义务。

(达应庚)

伊斯兰哲学(al-Falsafah al-Islāmiyyah) 阐述伊斯兰教义及有关对自然、社会和人类思维的哲学基本问题的学说或世界观体系。阿拉伯语亦称哲学为"伊勒姆·希克迈"('Ilm al-Ḥikmah，即智慧之学)。是以伊斯兰教的基本信仰为前提，以安拉创世说为中心，在探讨教义问题的基础上，融汇穆斯林各民族多样性的文化，吸收古希腊等外来哲学思想和自然科学成果，借助理性思辨和逻辑论证，运用与教义学不同的哲学概念术语、范畴命题、论证方法，说明造物主与被造物、理性与启示、知识与信仰、人与现实世界等之间的关系，而逐渐形成和发展起来的宗教哲学及自然哲学思想。它是中世纪以来伊斯兰教国家各族人民和学者，在长期的社会斗争、宗教论争和生活实践中，在伊斯兰社会文化传统和特定的历史环境中，共同创造的、独特发展的哲学形态。伊斯兰哲学是伊斯兰文化的精华，也是世界哲学思想史的重要组成部分。

伊斯兰哲学是中世纪阿拉伯帝国政治、经济、文化和宗教发展的必然产物。7世纪初，穆罕默德在阿拉伯半岛创立了伊斯兰教，是由多神信仰向唯一神信仰的思想升华。穆罕默德的后继者率穆斯林军先后向外扩张，到8世纪中期，形成地跨亚非欧三洲的阿拉伯哈里发帝国，伊斯兰教发展为多民族信仰的世界性宗教。帝国政治的统一和封建生产关系的全面确立，促进了农业、手工业、商业和海陆交通的发展。随着经济的繁荣，文化科学事业日益活跃，在天文学、数学、医学、化学等学科取得了重大成就。帝国实行博采诸家、兼容并蓄的文化政策，大力赞助翻译和介绍外国的科学和哲学著作。9世纪初，阿拔斯王朝哈里发马蒙(813～833在位)在首都巴格达创立"智慧馆"，对希腊的科学和哲学著作进行了有组织和大规模的翻译和注释。10世纪时，柏拉图的《国家篇》、《蒂迈欧篇》、《智者篇》，亚里士多德的《形而上学》、《物理学》、《伦理学》、《范畴篇》、《解释篇》、《前分析篇》、《后分析篇》，普罗提诺的《九章集》，波菲利的《亚里士多德〈范畴篇〉导论》，阐述新柏拉图主义流溢说的主要哲学著作《亚里士多德神学》和《原因篇》等已被译为阿拉伯文并加以注释。同时波斯、印度的古典学术著作也被译成阿拉伯文。这些著作的流传，开阔了阿拉伯思想家的思维，希腊哲学的唯理论、逻辑思维和演绎法提供了认识世界的理论和方法，促进了阿拉伯自然科学和哲学研究的发展，出现了大批哲学家和哲学派别。在哈里发帝国内，伊斯兰教作为官方的意识形态一直居于统治地位。《古兰经》和圣训被遵奉为神圣的经典及社会生活的准则。在伊斯兰教初期，由于政治和宗教斗争的需要，出现了不同的政治宗教派别，对《古兰经》和教义进行了种种解释，展开了辩论，提出了与信仰有关的哲学问题，称为"凯拉姆"。后在希腊哲学和其他宗教思想的影响下，不少教义学家、经注学家和学者对伊斯兰教义作了种种烦琐的哲学论证，使哲学开始从教义学中独立出来，形成了伊斯兰教经院哲学。

伊斯兰哲学的思想渊源及其特点。其思想渊源是：(1)《古兰经》和圣训。《古兰经》中关于安拉绝对独一、反对多神信仰的思想，关于安拉本体与属性关系的思想，关于安拉创世及宇宙生成的思想，关于造物主与被造物关系的思想，关于安拉前定的思想，关于以赏善罚恶为核心坚持顺从、坚忍、公正、平等、宽恕的伦理思想，关于今、后世并重的两世幸福的思想，关于灵魂不灭和末日审判的思想等，奠定了伊斯兰宇宙观、人生观和伦理观的哲学思想基础。(2)继承以古希腊哲学为主体的东西方哲学思想，并经过加工改造，赋予伊斯兰特色。其中亚里士多德的唯理论和逻辑思维，毕达哥拉斯的数论，柏拉图的灵魂论和理想国，新柏拉图主义的流溢说等影响较大。另外还吸收了基督教的神爱说和神智论，波斯光明与黑暗的二元论哲学和印度佛教哲学的某些理论。(3)吸收了自然科学的宇宙结构学说和自然观，对宇宙的形成，万物的起源，物质的构造，事物的运动、形式和规律，物体与时空的关系，自然界的同一性和多样性，肉体与灵魂的关系等进行了探讨和研究，确立了自然哲学理论。其特点是：(1)以伊斯兰教的基本信仰和教义为前提，以安拉独一和安拉创世的宇宙论为中心，以抽象的思辨和烦琐的论证为特征，展开与教义有关的哲学问题的讨论，调和哲学与宗教、理性与信仰，使哲学为信仰服务。(2)注重哲学与自然科学的结合，以自然科学的成果论证哲学。阿拉伯哲学家，大多是自然科学家兼哲学家，用自然哲学观点阐述自然观，使哲学脱离教义学而独立。教义学家也通晓和重视自然科学知识，将自然科学的理论加工改造，作出符合宗教信仰的解释，以论证宗教哲学问题。(3)将继承与创新相结合。伊斯兰哲学是在伊斯兰固有文化的基础上，吸收、消化和融合以古希腊哲学思想为主的东西方哲学思想遗产，给外来的哲学概念、术语、范畴、命题赋予新的涵义，在哲学的重大问题上发挥了创见，并结合伊斯兰社会的特定历史条件，创立了独立发展的具有伊斯兰特色的哲学思想体系。(4)伊斯兰哲学的发展同社会政治斗争和宗教斗争紧密相联系。伊斯兰教历史上，各派别在教义和哲学上的不同论争，是政治和宗教思想斗争在意识形态领域的反映。各派的哲学思想在政治斗争和宗教斗争中获得不同程度的发展。凡适应统治阶级政治需要的派别，其哲学思想受到推崇，成为占主导地位的统治思想。(5)伊斯兰哲学从未形成统一的思想体系。不同的哲学派别，提出了不同的思想观点和理论形态。他们对《古兰经》及伊斯兰教义进行不同的解释，对外来的各种哲学流派的思想，各取所需，加以剪裁。对哲学的基本问题，各派观点各异，展开论战，互相攻讦。在方法论上，采用不同的概念、命题和论证方法，以说明本派的正确性。伊斯兰哲学对伊斯兰文化的各学科产生了不同程度的影响。伊斯兰哲学的发展可分为中世纪时期和近现代时期两大历史阶段。

中世纪阿拉伯帝国时期的哲学，是伊斯兰哲学的主干，各民族的哲学家人才辈出，学派林立，著述宏富，诸家争鸣，哲学思想丰富多彩。它由经院哲学、神秘主义哲学和自然哲学3部分所组成。

(1)经院哲学以伊斯兰教欧莱玛(即宗教学者)阶层为主体，在探讨基本信仰和教义(即凯拉姆)的基础上而形成的不同哲学流派。经院哲学主要流派分为两支：1. 穆尔太齐赖派。它形成于8世纪初，是伊斯兰教早期反对宿命论的盖德里叶派思想的继承者。它吸收古希腊哲学的唯理主义思想，提倡运用理性解释《古兰经》和自由讨论教义问题。该派还提出了含有辩证法因素的哲学概念、范畴，给伊斯兰教义引进了逻辑思维的新方法。该派的主要代表人物有瓦绥勒·本·阿塔、伊本·欧拜德、伊本·胡载里、奈萨姆、贾希兹和穆阿迈尔等。2. 艾什尔里派。10世纪初，由从穆尔太齐赖派中分化出来的艾什尔里(873～935)所奠基，其追随者后形成艾什尔里派。该派的哲学思想以维护伊斯兰教基本信仰为宗旨，调和理性与信仰，以理性论证正统派的信条。11世纪后，该派的学说得到统治者的推崇，成为官方的经院哲学。后安萨里将其与神秘主义调和，成为正统经院哲学的最终理论形式。该派的主要代表人物还有巴基拉尼(?～1013)、巴格达迪、朱韦尼、舍赫拉斯塔尼等。

(2)神秘主义的苏菲哲学。它是以经训的某些内容为依据，在新柏拉图主义和其他宗教神秘主义思想影响下，以著名的苏菲为主体形成的神秘主义派别。主要讨论的问题是安拉与人的关系问题，安拉与自然界的统一问题，人与安拉的合一问题，人的本原及灵魂如何复归安拉的问题。从9世纪中叶起，逐渐形成了神爱论、神智论、人主合一论、泛神论和真主之光照理论。苏菲哲学最著名的代表人物有拉比尔·阿德维娅、达拉尼(? ～850)、穆哈西比、左农·米斯里、比斯塔米、哈拉智、祝奈德、萨拉吉(? ～988)、侯吉维里、库萨伊里(? ～1074)、安萨里、叶海亚·苏哈拉瓦迪、伊本·阿塔尔、伊本·阿拉比、伊本·法里德、鲁米、萨迪、哈非兹、巴哈丁·纳格什班迪、贾米等。此外，什叶派伊斯玛仪支派的宗教哲学思想也具有浓厚的神秘主义思想。他们将新柏拉图主义的流溢说和毕达哥拉斯的数论相结合，给《古兰经》赋予神秘主义的隐义，倡导内学，用神秘主义的数字"七"论证宇宙生成和历史发展周期的七阶段，以此比附该派七位伊玛目的圣职传系，确立了与其他派别不同的宇宙生成论。其代表人物有奈赛斐(? ～942)和哈米德丁·基尔曼尼(? ～1021)等。

(3)自然哲学。以阿拉伯亚里士多德学派为代表，分东方和西方两大支系。东方支系以巴格达为中心，代表人物有肯迪、伊本·法拉比、伊本·西那和拉齐；西方支系以科尔多瓦为中心，代表人物有伊本·巴哲、伊本·图菲利、伊本·路世德和伊本·赫勒敦等。他们深受亚里士多德哲学的影响，精通各门自然科学，谙熟伊斯兰教义，多为百科全书式的学者。他们注重研究自然科学和逻辑学，推崇自然哲学，强调理性的作用。在不违背宗教信仰的前提下，力图使哲学脱离宗教教义学，变为理性的知识体系，具有明显的世俗倾向。另外，10世纪由巴士拉政治上倾向什叶派伊斯玛仪派的世俗知识分子组成的"精诚兄弟社"，阐发了自然哲学思想。他们提出伊斯兰教已被愚昧和无知所污染，陷入迷误，须用哲学和科学知识加以洗涤和医治。他们主张研究和汲取对人类有益的一切宗教、哲学思想和科学知识，建立包罗人类一切学问和智慧的哲学，以启迪人们的理智。该团体编纂的"论文集"，集希腊哲学、伊斯兰各派学说和自然科学之大成，对伊斯兰哲学的发展起了推动作用。

近现代伊斯兰哲学思想。1798年法国殖民者占领埃及后，伊斯兰世界先后沦为西方列强的殖民地，伊斯兰教随之进入近代历史时期。随着西方意识形态和社会生活方式的冲击和渗透，伊斯兰国家的社会生活出现了世俗化和西方化的倾向。为了争取民族独立，维护伊斯兰教的文化传统和价值观念，出现了伊斯兰教复兴和改革的运动，形成了以救亡图存为宗旨的诸多思想派别和社会运动，主要有：(1)伊斯兰复古主义。以瓦哈比派为代表，坚持"认主独一论"，提出"恢复正教"、"回到《古兰经》去"的口号，主张恢复伊斯兰教早期原教旨精神和质朴风尚，严格遵从经、训教导，清除一切外来及异端思想影响，否认人与真主之间存在"中介"，改革陈规陋习，纯洁宗教，净化社会，抵制外来侵略。(2)泛伊斯兰主义。以阿富汗的哲马鲁丁·阿富汗尼为代表，他认为应抵制西方殖民主义及物质文明对伊斯兰世界的威胁。在政治上，主张全世界穆斯林团结起来，拥戴一个共同的哈里发，建立超民族、超地域的伊斯兰大帝国。在宗教上，既要坚持伊斯兰原教旨，又要对宗教和社会进行改革，主张学习先进的科学与文化，发展宗教和现代教育，用理智巩固信仰，改变伊斯兰国家的落后状态。(3)伊斯兰现代主义。它是主张变革传统宗教和社会制度，使伊斯兰教适应时代发展需要的现代主义思潮，以埃及的穆罕默德·阿布笃和印度的赛义德·艾哈迈德汗为代表。20世纪初，伊斯兰教哲学家伊克巴尔吸取西方哲学和科学的成果，对伊斯兰教的形式主义和定命论进行了批判。二次世界大战后，伊斯兰国家纷纷获得独立，穆斯林学者将如何振兴民族经济，发展现代科学和教育，全面复兴伊斯兰教文化，以应付现代各种思潮的挑战，作为研究探讨的主要课题。有的调和现代科学和宗教，认为宗教和现代科学没有矛盾，提出发展现代教育和科学文化是强国之策。有的主张摆脱伊斯兰社会危机的出路，不是向西方学习，而是恢复伊斯兰教的传统，全面实行伊斯兰教法和政教合一制度。有的提出"伊斯兰社会主义"，作为民族复兴和发展社会经济的手段。

伊斯兰哲学对欧洲哲学的发展曾产生过重要影响。12～13世纪，通过西班牙的科尔多瓦、托莱多及西西里的大学和翻译机构，西方学者负笈来此学习，并将希腊哲学著作的阿拉伯文译本和阿拉伯哲学家的大量论著翻译传入西欧，促进了西欧的哲学研究和科学文化的发展。在巴黎和意大利的主要大学推崇伊本·路世德的哲学著作，形成了阿威罗伊学派，并对基督教经院哲学的唯名论派以深刻影响，曾在西欧思想界占重要地位。伊本·赫勒敦被推崇为历史哲学的奠基人。安萨里的著作传入西欧后，其思想被基督教哲学家广泛引用。

7世纪中叶，伊斯兰教开始传入中国，伊斯兰教经院哲学和苏菲神秘主义也随后传入。11世纪，中国新疆的喀喇汗王朝首府喀什噶尔为伊斯兰学术文化中心。维吾尔学者优素福·哈斯·哈吉布的《福乐智慧》和马哈茂德·尤格纳克的《真理的入门》等著作，阐述伊斯兰教的自然观、知识论、伦理观及出世派和入世派的人生哲学。元至明中叶，伊斯兰教正统派及苏菲主义的哲学经籍(阿拉伯文和波斯文本)先后传入新疆和内地。从元代始，在广州、泉州、济南、定州等地清真寺，出现了用儒、释、道语言阐述伊斯兰教义及哲理的碑文。明清之际，随着经堂教育的倡兴、汉文译著经籍活动的开展及苏菲主义门宦派别的出现，伊斯兰教经院哲学和苏菲哲学以更大的规模在中国各族穆斯林中传播。在经堂教育中多采用阿拉伯文或波斯文的原著《教心经注》、《归真要道》、《昭元秘诀》、《归真总义》等教义和哲学著作，并有汉译本。在汉文译著活动中，以王岱舆的《清真大学》、《正教真诠》、马注的《清真指南》、刘智的《天方性理》、马德新的《大化总归》和《四典要会》及苏菲各门宦的道统史、传教箴言和歌诀等为代表，将伊斯兰教义和中国传统思想相结合，借儒、道、佛语汇，阐释伊斯兰哲学和伦理学，建立了中国伊斯兰教宗教哲学思想体系，成为中国哲学思想史的组成部分，丰富了中国思想文化的宝库。（杨克礼）

《伊斯兰政府》（Hukumat-i Islami） 当代伊斯兰教政治著作。伊朗什叶派宗教领袖、伊玛目霍梅尼著。波斯文，原为1970年1月至2月霍梅尼流亡伊拉克期间于纳贾夫所作的几篇讲演稿，后由其学生据录音稿汇集整理出书，秘密运往伊朗散发，流传广泛，成为伊朗"伊斯兰革命"的纲领性文献。全书分为4部分，约10万字。第1部分为导论。简要阐述建立伊斯兰政府（又称"教法学家的政府"）的社会背景，认为今天之所以要重申这个常识性的话题，主要是因为帝国主义的欺骗宣传曲解了富于战斗性、政治性、革命性的伊斯兰教的本来精神，使青年一代穆斯林产生思想混乱和困惑，而腐败无能的统治者则屈服于外部势力，将政教分离和西方法制强加于伊斯兰国家，故欲推翻王权和专制，首先需要确立神圣法制，建立执行安拉之法的"伊斯兰政府"。第2部分为伊斯兰政府的必要性。以《古兰经》、圣训、伊斯兰传统、伊玛目制度、理性为据，论证建立伊斯兰政府的必要性，认为仅有法律不足以达到改革社会、求得幸福的目的，还必须建立实施伊斯兰教法的司法、行政机构，这些也是伊斯兰政府的基本职能；宣称伊斯兰政府始自先知时代，为伊斯兰传统所固有，但先知去世后，这一传统被中断，继任的哈里发们以王权和专制代之，直至今天的巴列维政权，故伊斯兰学者们有义务领导人民，推翻不义的君主专制，恢复先知的治国传统。第3部分为伊斯兰政府的形式，是本书的主体。以什叶派历史和教法传统为据，详尽地论述了伊斯兰政府的性质、构成、特征及其同其他一切政府体制的根本区别，宣称伊斯兰政府是由教法学家主持的政府，它并非任何人的创造，而是什叶派教法传统的继续；认为伊斯兰政府不同于当今一切君主立宪制或共和制政府，其神圣立法权和国家主权仅属安拉，国家政府必须忠于安拉之法，故为"法制政府"，统治者除有行政才干外，必须精通律法、伸张正义，政府以司法、行政为主要职能并受伊玛目和教法学家的监护、指导。第4部分为建立伊斯兰政府的计划。论证为实现这一目标可采取的途径和做法，主要是宣传和指导。号召什叶派教法学家，特别是圣城库姆和马什哈德的伊斯兰学者，要向人民宣传伊斯兰教教义、历史传统、政治体制、社会制度并提供咨询、指导，提高人民的宗教意识，批驳犹太教、基督教和唯物论者对伊斯兰真理的曲解，为最终建立伊斯兰政府做好准备，对伊朗伊斯兰革命产生过重要影响。本书有法文、阿拉伯文、土耳其文、乌尔都文译本和两个英文译本。

（吴云贵）

伊斯兰政治观 伊斯兰教关于政治与宗教关系问题的理论和观点。由8世纪中期阿拔斯王朝以来的伊斯兰学者所阐释，不同时代各有侧重，不同教派、学派各有差异，其内容包括国家体制、政治制度、社会制度、法律制度、统治者与臣民的关系、生活方式等。伊斯兰政治观以《古兰经》、圣训、伊斯兰教法为思想渊源，以早期阿拉伯哈里发国家为先例，经后世学者的解释、扩展不断充实，形成包罗万象的理论体系和观点，产生了深远的历史和现实的影响。伊斯兰教从认主独一的宇宙观出发，认为宇宙万物皆为安拉所创，人类社会秩序为安拉所定制，以主命为转移，相信精神与物质、政治与宗教、国家体制与宗教法制无从分割，它们皆以独一的安拉"启示"为据，系安拉意志之体现；如同信仰者必须听从主命一样，国家与人类社会只有遵循源自安拉启示的、神圣的伊斯兰教法，才能不偏离正道，建立一个公正、理想的国家政权和社会制度，保障穆斯林大众今生和后世的福利，国家与社会才能兴旺发达、长治久安。

伊斯兰政治观的形成和发展，经历了漫长曲折的历史过程。按不同时期的内容，可分为中世纪政治观和近现代政治观。中世纪政治观始自伍麦叶王朝末期至阿拔斯王朝初期，系由马沃尔迪、巴格达迪、安萨里、伊本·泰米叶等学者所系统阐述，以王权与教权的结合为主要内容，它的核心是哈里发学说。主要有5种不同观点。(1)正统哈里发学说。由后世学者在总结四大哈里发时期（632～661）的国家体制的基础上而提出。认为：1.政教合一的哈里发制是唯一公正、合法的政治制度，国家主权仅属安拉，教法为最高指导原则。2.国家即以穆斯林大众联合而成的共同体"乌玛"，尊重民意、维护民众的利益为国家的根本宗旨。3.以穆斯林大众推举方式产生哈里发，为安拉使者在世间的代理人，凡德高望重、主持正义、信仰虔诚的穆斯林可任此职。(2)阿拔斯时代的哈里发学说。马沃尔迪、巴格达迪等为驳斥哈瓦利吉派、穆尔太齐赖派和什叶派政治观点而提出，既坚持正统哈里发学说某些原则，又据新的时代条件作了某些新的解释，以王权与教制相结合为特色。其修改包括：以君主与臣民间的契约制来代替哈里发的推举制，可以废黜不义暴君方式取得哈里发位，哈里发需精通教法，民众必须绝对服从，不得犯上作乱等。这一时期的哈里发学说最为系统、完整。(3)象征哈里发学说。安萨里为协调有名无实的阿拔斯哈里发与握有实权的地方素丹政权的关系而提出。认为：1.哈里发仅为权威的象征，但为了穆斯林大众的最高利益，仍须坚持义务性的哈里发制。2.教法"命人行善，止人作恶"的宗旨须以强权为保障，这一强权制度即素丹制。但素丹为哈里发的臣属，素丹只要在名义上宣誓效忠哈里发，即为合法。3.哈里发不一定精通律法，在教法事务上应尊重教法学家的意见。(4)没有哈里发的哈里发学说。伊本·泰米叶在阿拔斯哈里发国家灭亡后所提出，对这一学说加以全面修正：1.哈里发制不复为义务性制度。代行安拉权力的职责，自先知去世后，便转移至教法学家，他们有权重释教法，以适应新情况。2.握有实权的素丹虽非哈里发，但据圣训，有权实施教法、维持社会治安。3.一个时代可同时有几个各自为政的哈里发。哈里发不一定出身于古莱什族，无须有高尚的品德、渊博的知识，这些严格要求有悖伊斯兰精神。以契约制代替哈里发的推举制。(5)素丹即哈里发学说。奥斯曼帝国时期的政治学说。以君权神授论为基础。认为素丹制与哈里发制实为一个，只是称谓不同。素丹是安拉在大地上的"影子"，为世间的"绝对主宰"、"世界的统治者"。奥斯曼末期一度以泛伊斯兰主义为理论依据，宣称素丹为"信仰者的统帅"、"全世界穆斯林的哈里发"，号召以圣战抗击西方殖民者。

近现代伊斯兰政治观约产生于18世纪末，到20世纪有所发展，形成民族主义、现代主义、原教旨主义三大流派。民族主义者以现代民族主义国家观、社会观、民族观为政治观的基石，视伊斯兰教为思想信仰，以政教事实上的分离为基本国策，反对宗教干预政治，但仍把伊斯兰教视为穆斯林民族历史文化传统的重要组成部分，有时仍以伊斯兰教为号召来推行内外政策。现代主义者对中世纪伊斯兰政治观持批判态度，反对因循守旧，主张实行改革，并接受某些外来政治观念，但他们多主张托古改制，以早年伊斯兰的政治传统为楷模，提倡民主、自由、平等等政治原则，但大多反对西方化、世俗化。原教旨主义者亦对中世纪政治观持否定态度，认为统治者的昏庸腐败、欧莱玛的因循守旧、西方列强的侵略扩张是近代以来穆斯林民族政治衰落的根源，只有复兴伊斯兰文化传统，包括其政治原则、思想观念、伦理准则、生活方式等，穆斯林国家才能国泰民安、兴旺发达。其政治观仅以《古兰经》和正统哈里发时期的社会实践为根据，并据当代条件加以新的解释，形成更广泛的政治学说。主要原则是：(1)重申安拉的绝对主权、法权。国家须以安拉之法(即教法)为根本大法，并据此制定各项具体法律制度。(2)重申先知穆罕默德的权威。认为先知的言、行为国家的基本指导原则之一。(3)承认国家的有限主权。国家作为"安拉的代理人"有权代行安拉的司法权、行政权，但无立法权，为"有限主权国家"。(4)承认政治协商原则。鉴于教法未就协商(舒拉)方式作过明确规定，可采取全体穆斯林直接协商制或间接代表协商制两种形式，决定国家大事，称为"伊斯兰民主制"。认为世界上尚未有真正体现伊斯兰精神的国体、政体，号召创造条件，建立"名副其实"的伊斯兰国家、伊斯兰社会、伊斯兰秩序。此外，什叶派根据该派的伊玛目制度和该派教法传统，也提出该派以教权为核心的政治学说，在伊朗影响尤为显著。 (吴云贵)

伊斯兰之家(Bayt al-Islām) 见艾尔盖姆会。

《伊斯兰宗教思想之重建》(The Reconstruction of Religious Thought in Islam) 现代伊斯兰教理论著作。巴基斯坦伊斯兰著名哲学家、诗人穆罕默德·伊克巴尔(1876～1938)著。原为1929年作者在印度海德拉巴德和阿利迦尔所作6次讲演的讲稿，次年汇集成书以英文在拉合尔出版。共7章。内容涉及政治、历史、法律、文化等，尤为强调恢复理性主义传统，"重建"伊斯兰教思想，以适应现代生活的需要。作者从东、西方文化互补的观点出发，对伊斯兰文化传统的形成过程作了回顾和分析，提出了许多新观点、新思想，阐述了改革和调整伊斯兰教思想的若干基本原则，并就伊斯兰教思想的形态、本质和功能作了新的解释：他认为，伊斯兰教不仅是一种思想信仰，而且是人生的全部体现，包括宗教思想、宗教情感、宗教行为3方面；伊斯兰教本质上是一种文化运动，它充分体现了进化和发展的观点，拒绝静止不变的形而上学的宇宙观、人生观；历史上伊斯兰教内部由于对唯理主义的穆尔太齐赖派的压制、苏菲神秘主义派别的兴起及外族的入侵，导致其活力的丧失，思想日趋保守、僵化。为要复兴伊斯兰文化传统，必须重新肯定理性的地位和能动作用。为此，首先需要对伊斯兰教法的四大法源加以灵活的解释：(1)《古兰经》作为律法的基础，应予遵循，但它仍为后人的立法留有广阔的余地，应根据时代条件的变化，对经义作新的解释。(2)圣训虽为重要法源，但它只揭示隐含于个例中的原理，而未就不同民族的特殊性作出规定，故不应墨守成规，而应予灵活运用。(3)公议虽为最重要的法源，但它从未在任何国家形成永久性制度，故应在穆斯林国家建立有各党派、各阶层代表参加的立法议会，作为当代公议的体现。(4)关于类比。历史上教法学家虚构的教法"创制之门关闭"之说，使教法思想日趋僵化，今人有权根据类比原则重开教法"独立判断"的大门。作者还从重建伊斯兰教思想原则角度，将宗教生活划分为信仰、思想、发现3个时期：信仰只对一个民族的历史发生影响；思想表现为对信仰的理解，即为信仰寻求哲学基础；发现即心理学基础，表现为领悟启示法则后的自由。他还认为，伊斯兰教思想的重建需确立3个基础：对宇宙生成作精神而非物质的解释、个体精神自由和以宗教精神为人类社会的指导原则。书中亦有某些自相矛盾的观点，诸如：既强调理性的地位，又认为经验和理性不能取得完全的认识，还必须靠直觉才能认识全体；既宣称哲学能够判断宗教，又承认哲学必须以宗教为中心等。本书被誉为伊斯兰现代主义代表作之一，在穆斯林知识阶层中有广泛影响。本书于1934年在英国剑桥大学出版修订本，1944年和1962年两次再版，1957年出乌尔都文版本。 (吴云贵)

伊斯玛仪（Ismā'il）《古兰经》中记载的古代先知之一。一译"易司马仪"。阿拉伯语音译。《旧约全书》称"以实玛利"（Ishmael）。先知易卜拉欣之长子，为哈哲尔（Hājar，《旧约全书》称"夏甲"）所生。《古兰经》中12次提到其名，多与众先知并提，主要说明他们均系在先知穆罕默德之前曾接受过安拉"启示"和"引导"的使者（如4：163，6：86），是独一的真主的崇拜者（2：133），是"坚忍的"、得到真主恩惠的"善人"（21：85、86）。集中表述伊斯玛仪身份和品德的经文是第19章第54～55节："你当记念在这部经典里提及的伊斯玛仪，他确是重然诺的，他是使者，又是先知。他以拜功和天课命令他的家属，他在他的主那里是可喜的。"关于其事迹，《古兰经》中记述有二：①在其父易卜拉欣遵从主命决心宰子献祭时，他毫不犹豫，欣然从命，以其对安拉的忠诚和对父亲的孝顺，表现了大无畏的气概。后因获准以羊代替，他遂得以脱身（37：102～110）。此即伊斯兰教宰牲节的由来。因此节之意义在于纪念和学习古代先知的忠孝精神，故中国部分地区的穆斯林亦称之为"忠孝节"。②与其父易卜拉欣同为麦加天房的奠基人（2：127），并曾奉安拉之命同其父一起为朝觐者清扫天房（2：125）。此系对朝觐由来的追溯。伊斯玛仪被阿拉伯人尊奉为祖先，其故事在穆斯林中广为流传。今朝觐中的许多礼仪，如在米那的射石打鬼和宰牲，在赛法与麦尔卧两丘之间的奔走，饮用宰姆宰姆泉水等，均源于伊斯玛仪及其父母在麦加时的活动。《古兰经》讲述易卜拉欣及其子伊斯玛仪的故事，具有启迪他们的后裔温故而知新的意义和作用。 （杨宗山）

伊斯玛仪·本·贾法尔·萨迪格（Ismā'il ben Ja'far al-Ṣādiq） 伊斯兰教什叶派伊斯玛仪支派尊奉的最后一位伊玛目。系什叶主流派后来形成为十二伊玛目派第六位伊玛目贾法尔·萨迪格的长子，被其确定的伊玛目继任人。据阿拉伯史书载，因伊斯玛仪有酗酒癖好，贾法尔·萨迪格遂根据教法废除其伊玛目继任权，改由次子穆萨·卡兹姆继任。760年，伊斯玛仪在麦地那先其父去世后，他的追随者人数虽少，但仍坚持伊斯玛仪是原命定的第七位伊玛目，认为饮酒为当时伊拉克地区部分什叶派人的习惯，而伊斯玛仪又具有免罪性，饮酒无损于他的人格，故拒不承认穆萨·卡兹姆为合法继任人。他们还从教义、理论上加强研究，进行宣传、鼓动，宣称伊斯玛仪未死，而是隐遁了的伊玛目，将来要复临人间执事，主持正义。765年，贾法尔·萨迪格逝世后什叶主流派因此而发生分裂，形成了以穆萨·卡兹姆为第七位伊玛目的十二伊玛目派和以伊斯玛仪为最后一位伊玛目的伊斯玛仪派，亦称"七伊玛目派"（Sab'iyyah）。因之，该派认为"七"这个数字在教义上具有神圣的重要意义。

（马忠杰）

伊斯玛仪派（al-Ismā'iliyyah） 伊斯兰教什叶派主要支派之一。亦称"七伊玛目派"。它是什叶派中的一个极端派别。该派产生于8世纪中叶，9世纪末形成独立的教义学说和组织形式。据阿拉伯文献载，8世纪中叶，什叶派第六代伊玛目贾法尔·萨迪格（约699～765）最初指定其长子伊斯玛仪（？～760）为继任伊玛目，后因伊斯玛仪有酗酒恶习被废除其继位权，改立次子穆萨·卡兹姆（约745～799）为伊玛目继承人。什叶派的多数人承认这个变更，少数人则主张，即使伊斯玛仪酗酒，也无损于他继承伊玛目职位的权利，因为伊玛目是安拉任命的，遂引起什叶派内部分歧。760年，伊斯玛仪逝世后，其父曾邀集麦地那各方面的著名人物，在清真寺公证伊斯玛仪确已亡故，然后下葬。但少数伊斯玛仪追随者拒不承认穆萨·卡兹姆是合法的第七代伊玛目，认为伊斯玛仪并没有死，他将作为"隐遁伊玛目"（即马赫迪）重临世上；一部分人接受他去世的事实，认为伊玛目位已通过伊斯玛仪传给他的儿子穆罕默德·本·伊斯玛仪。765年，贾法尔·萨迪格去世后，什叶派分裂，伊斯玛仪（或其子穆罕默德·本·伊斯玛仪）的追随者形成了伊斯玛仪派。该派只承认可见的伊玛目世系从阿里至伊斯玛仪只有7位，故又称"七伊玛目派"。

伊斯玛仪派的核心成员多为波斯和伊拉克籍的什叶派学者和传教师，政治上反对阿拔斯王朝的统治和逊尼派的教义主张。由于阿拔斯王朝对什叶派的镇压和迫害，该派初以伊拉克的库法为基地，分散各地进行秘密布道活动。9世纪中叶，阿拔斯王朝各种矛盾日益激化，地方封建主称雄割据，各地人民起义此起彼伏。伊斯玛仪派的布道活动便趁机发展，由达伊（即传道师）组成秘密布道组织，逐渐走向公开活动。波斯籍的总传教师阿卜杜拉·本·麦蒙（？～874）是伊斯玛仪派神秘思想体系和秘密组织的奠基人。他最初在艾赫瓦兹和耶路撒冷等地活动，后在巴士拉设立该派的传教总部，后又迁至叙利亚北部的赛莱米叶，领导各地的传教活动。伊本·麦蒙宣称，穆罕默德·本·伊斯玛仪作为伊玛目已经"隐遁"，不久他将临世治理人间。在伊玛目暂时隐遁期间，由属于"霍加"（即宣传领袖）品级的成员代理伊玛目领导宣教活动。他和他的继任者从总部向各地秘密派遣传教师，传播该派的教义，组织和动员什叶派加入该派组织，以期夺取阿拔斯王朝哈里发的政权。从877年起，该派的传教师哈姆丹·卡尔马特在库法、哈拉夫在赖伊地区、阿布丹在法尔斯先后布道并建立秘密宣道组织。881年，总部派传教师阿里·本·法德尔和伊本·哈萨布在也门马斯瓦山建立据点，得到当地部落支持。883年，伊本·哈萨布从也门派其侄子海萨姆到印度信德布道。随着传教师在波斯各地的广泛活动，使呼罗珊地区、内沙布尔和马尔·鲁德成了该派新的传教中心。10世纪初，呼罗珊地区该派的传教师纳萨菲的弟子又将该派教义传到锡吉斯坦。10世纪中叶，呼罗珊的传教师使基尔曼的库夫斯部落归信该派。伊斯玛仪派在各地力量的不断壮大，为它以后建立政权打下了基础。

9世纪末，该派的传教师哈姆丹·卡尔马特在库法创建卡尔马特支派。899年，卡尔马特派的传教师艾布·赛义德·詹奈比，在波斯湾西岸的巴林建立卡尔马特国(899～1077)，在阿拉伯半岛东南部、叙利亚、伊拉克、波斯有广泛的影响。893年，也门伊斯玛仪派传教师艾布·阿卜杜拉·侯赛因到北非传教，取得成功。909年，该派叙利亚赛莱米叶总部的新领袖欧拜杜拉·马赫迪以阿里和法蒂玛之后裔的名义到达北非，建立法蒂玛王朝(909～1171)。969年法蒂玛朝军队占领埃及，哈里发在开罗设伊斯玛仪派官方传道总会作为中心，自诩为当然的领袖，各地传道会接受其领导。从第六代哈里发哈基姆(996～1026在位)执政后起，伊斯玛仪派逐渐分裂，有些地区的传道组织另立中心，先后分化出许多新的分支派别。其主要分支有：叙利亚、黎巴嫩的德鲁兹派；埃及的穆斯塔里派；波斯、叙利亚的尼扎尔派；也门、印度和中亚的波豪拉派及霍加派；土耳其、叙利亚的努赛尔派；伊拉克、巴林、阿曼的卡尔马特派等。13世纪以后，有些支派逐渐消失。19世纪下半叶，尼扎尔派分支霍加派首领阿迦汗由伊朗迁到印度，在孟买建立宣道中心，并派出传教师到各地传教，后在北非建立了传道组织。现世界各地的伊斯玛仪派大多承认阿迦汗为精神领袖。中国新疆塔吉克族的穆斯林，属伊斯玛仪派系，有阿迦汗的信徒。

10～11世纪初，伊斯玛仪派的传教师纳萨菲、哈米德丁·基尔曼尼，吸收了新柏拉图主义流溢说、穆尔太齐赖派的唯理主义和毕达哥拉斯派的数论，使该派的教义更加哲理化和神秘化。教法学家努尔曼著的《伊斯兰教基础》，完善了该派的教法学理论。该派的宗教哲学思想主要是：数字“7”神圣说、宇宙流出说、《古兰经》隐义说、隐遁伊玛目即将复临说。

(1)数字“7”神圣说。该派为了论证其信仰的7位可见伊玛目和隐遁伊玛目即将复临的信条，给数字“7”赋予神圣的性质，把宇宙的生成和历史的进程均以“7”进行分期，从而推演出该派的圣职历史传系。该派认为，宇宙是从安拉流出的，宇宙的生成经历了7个步骤：安拉→宇宙精神→宇宙灵魂→原始物质→空间→时间→大地和人的世界。与宇宙起源论相适应，认为历史发展的周期也经历7个时代，历史周期发展到第7个时代结束时，人类历史遂告结束。每个时代开始都有一位由安拉所授命的纳提格(Naṭiq，即发言人)出现，作为新时代开始的标志。这7位纳提格是：阿丹(亚当)、努哈(诺亚)、易卜拉欣(亚伯拉罕)、穆萨(摩西)、伊萨(耶稣)、穆罕默德、穆罕默德·本·伊斯玛仪。纳提格是世界理性的体现。每个时代的纳提格之后有7位萨米特(Ṣāmit，即沉默者)，萨米特是纳提格的特别助手，由他们把安拉启示给纳提格的经典的隐义秘传给信众。各时代的萨米特有伊斯玛仪、哈伦(亚伦)、彼得、阿里、阿卜杜拉·本·麦蒙等。每个时代的第7位伊玛目(萨米特)品位逐步提高，成为下一时代的纳提格，他们废除前一代先知所立的律法而代之以新的律法。纳提格去世后其灵魂仍然存在，它要转到新的纳提格身上。第六周期的纳提格穆罕默德和萨米特阿里已去世，他们的灵魂继续存在，到第七个循环周期时，这些灵魂分别转到穆罕默德·本·伊斯玛仪和阿卜杜拉·本·麦蒙的身上。穆罕默德·本·伊斯玛仪是第七位萨米特，并将重现而成为第七位纳提格，开创第七个历史时代，而且将废除原有的律法，带来新的启示经文和对隐义真理的全面揭示，他将结束物质世界，对人类进行最后审判。在他未复临之前，由12位霍加(即宣传领袖)代表他主持教务。

(2)宇宙流出说。这个学说于10世纪时由该派传教师纳萨菲所提出。认为安拉是唯一的最高的实在，安拉既不具有一定形象，也不具有任何属性和名称，它是超乎人的理解力的，超越一切存在和非存在物的。安拉按自己的意旨(或神智)创造了宇宙理性，它是第一原始实在，是安拉的神智的表现形式；从宇宙理性中流出宇宙灵魂，由宇宙魂中产生7个拥有众星的天体，各天体各有星宿并各自运转；通过天体运转，其干、湿、冷、热等因素(或性质)混合一起而形成土、水、空气、以太四元素；这些合成物结合在一起，就产生有生长灵魂的植物，从植物中产生有感觉灵魂的动物，从动物中又产生有理性灵魂的人。这个宇宙体系强调了物质是从精神派生出来的，小宇宙的人和大宇宙的物质世界类同，精神、星辰和物质世界统一于安拉的创造。11世纪初，传教师哈米德丁·基尔曼尼(？～1021)提出了略有不同的宇宙论体系，他把宇宙形成分成10个理性阶段，强调了精神的重大作用。

(3)《古兰经》隐义说。该派为了论证其教义是以安拉启示的神圣真理为依据，以确立本派的宗教权威，提出了《古兰经》隐义说。该派认为，安拉启示的《古兰经》具有表义(Ẓāhir，即扎希尔)和隐义(Bāṭin，即巴颓尼)、外延和内涵的区别。表义包括对经文的明义公认的解释以及根据经文所确定的教法；这种解释和教法，随先知和时代的不同会发生一定的变化。隐义是隐藏在经文和教法中的内在的奥义，隐义才是经文的真正内涵，是伊斯兰教的真理。隐义是任何时代也不会变更的，它只有通过受秘传者的阐释或用譬喻、暗示、象征等方法加以解释，才能揭示出其奥义，达到领悟内在真理的境界。而阐释这种隐义，唯有赖于获得对经文字母和数字隐秘含义的神秘方法的秘传。由于经文中关于宗教真理的内在含义被表面的形式所掩蔽，没有受过秘传的人，不能揭开它的帷幕，无法探究宗教的奥秘。该派的传教师和经注学家，为了给此说寻找根据，他们对《古兰经》的章节编排、章首的缩写字母、各章节经文的内容，均作了附会其教义主张的解释，并论证了其教义的来源是《古兰经》的隐义。

(4)隐遁伊玛目即将复临说。该派发展了什叶派的伊玛目学说，认为该派所信奉的第七代伊玛目伊斯玛仪或其子穆罕默德·本·伊斯玛仪是暂时隐遁的伊玛目，他们具有安拉赋予的神智和隐秘知识，他们即将奉安拉之命，以马赫迪（即救世主）的身份复临世间，惩治邪恶，揭示新的真理，主持正义，开创新时代。在隐遁伊玛目未复临前，由"霍加"代行领导教务。后该派的分支派别首领，多神化自己，确立其宗教权威。法蒂玛王朝的创建者欧拜杜拉自称是马赫迪，是隐遁伊玛目的代表；第六代哈里发哈基姆进一步神化自己，自诩是世界灵魂的体现，是安拉在大地上的代理人，是现世的伊玛目（即活主）。尼扎尔派第四代谢赫哈桑·本·穆罕默德，自称是从安拉那里得到无限权力的伊玛目，他是真理的代表，甚至宣称世界末日已经到来，他奉安拉之命行使末日审判权。

在中世纪伊斯兰教史上，伊斯玛仪派在思想、政治、军事上均产生了广泛深刻的影响。现在，伊斯玛仪派的信徒计700多万，主要分布在伊朗、伊拉克、阿富汗、叙利亚、巴基斯坦、印度、黎巴嫩、巴勒斯坦等地。

（杨克礼）

伊斯玛仪一世（Ismā'il I，1487～1524）　中世纪伊朗萨法维王朝的创建者、什叶派萨法维教团谢赫。亦译"伊斯梅尔一世"或"易斯玛仪一世"。全名伊斯玛仪·伊本·海达尔。为阿塞拜疆的阿达比尔（Ardabil）地区部落酋长、苏菲派谢赫萨菲·丁（Safavi al-Din，1252～1334）的六世孙。其先祖自称是什叶派第七代伊玛目穆萨·卡兹姆的后裔。伊斯玛仪父亲海达尔为基齐尔巴什（Kizilbash，即红头巾）萨法维教团谢赫，其母为白羊王朝素丹的公主。1488年，其父同土库曼人作战时阵亡，其全家遭到拘禁。后全家获释，伊斯玛仪被信众保护隐居在基兰，7岁时从师受宗教教育。1497年他带领随从回原籍继承遗产，遭土库曼素丹阿里·贝格的拒绝，遂又到里海边的阿斯塔拉，并以此为基地，宣传什叶派教义，重新改组萨法维苏菲教团，并派其助手到小亚细亚的7个突厥土库曼部落中进行宣传，发展信徒，组织军事力量。1499年被拥立为萨法维教团谢赫。1500年在古里斯坦打败白羊王朝素丹希尔万·沙。1501年占据巴库后转战阿塞拜疆，向白羊王朝素丹阿尔万德进攻。1502年打败白羊王朝，占据阿塞拜疆南部，定都大不里士，被拥立为波斯"沙"（Shah，即国王），建立萨法维王朝，并宣布什叶派为国教，命令臣民尊奉什叶派十二伊玛目派教义。1502～1508年，相继占领伊朗大部、亚美尼亚、库尔德斯坦和伊拉克。1510年，击败乌兹别克汗，夺得呼罗珊，并将势力伸展于中亚。1514年，同奥斯曼帝国素丹赛利姆一世（1512～1520在位）的近卫军在加勒迪兰（Chaldiran，今伊朗西北部）作战，败于奥斯曼军队，丧失了库尔德斯坦和亚美尼亚西部，一度失去大不里士。伊斯玛仪一世致力于国家治理，对内注意发展经济，保护工商业；鼓励发展伊斯兰学术文化，保护学者；加强中央集权，建立行政管理制度；派出传教师（达伊）到各地主持教务，举办宗教学校，传播什叶派教义，在清真寺聚礼中为阿里祝福，从而确立了什叶派的十二伊玛目派在伊朗的统治地位。1524年5月在访问故乡阿达比尔的途中逝世，终年38岁。他逝世后，什叶派尊他为赛义德（即圣裔），史学家称其为"真正的波斯伊斯兰什叶派国家的缔造者"。

（杨克礼）

伊斯梅尔一世　见伊斯玛仪一世。

伊斯纳德（Isnād）　伊斯兰教圣训学术语。亦称"赛奈德"。阿拉伯语音译，意为"传述世系"、"传述系统"。专指传述先知穆罕默德言行的门弟子及再传弟子的名次线索。8世纪时，圣训学家所搜集、整理和辑录的圣训，将穆罕默德的言论和门弟子的话予以混同，在圣训正文前没有考证确认可靠的传述人和传述线索。又由于政治原因，伪造圣训的现象相当普遍，故辑录的圣训真伪难辨。9世纪初，随着研究审定圣训真伪的圣训学的创立，权威圣训学家确认，凡所汇编的圣训，必须对其传述世系加以考证、辨伪和筛选，每条圣训正文前要附有传述人及传述线索。要根据传述人的信仰、品行、学识等确定其传述的权威性，传述世系以连贯而不间断、并能追溯到先知本人者为可信。在判断真伪时，还应考虑所传圣训与《古兰经》不矛盾，才被确认为真实可靠。同时将辑录圣训中穆罕默德的言论和门弟子的话严格加以区别，称为"穆斯奈德"。圣训传述世系的格式为："据某甲（多为圣门弟子）对某乙说，某乙对某丙说，某丙对某丁说，穆罕默德说：（正文）"。如《布哈里圣训实录》所载的一段圣训，其传述人的名次线索是：据阿卜杜拉·本·祖拜尔说，苏福扬告诉他：叶海亚·本·赛义德传述说，穆罕默德·本·易卜拉欣听阿拉格·瓦嘎斯传述，听欧麦尔传达说："先知说：'万般行事，惟视意图；人之所得，乃其所求'"。什叶派圣训的传述世系，除部分与逊尼派相同外，大多以阿里及追随者的传述世系为辑录圣训的原则。

（杨克礼）

伊斯泰赫里（al-Iṣṭakhri，？～957）　10世纪阿拉伯地理学家。本名艾布·伊斯哈格·易卜拉欣·本·穆罕默德。生于波斯的伊斯泰赫尔（即波利斯），故名。生年不详，活动于10世纪。青年时受过伊斯兰传统教育，酷爱地理和历史学，曾研究过托勒密的《地理学》。从951年起，先后到波斯、中亚、印度、埃及、马格里布、西西里岛和安达卢西亚等地的名城和古迹进行实地考察，并拜访了各地的地理、历史学家。他根据自己的见闻和有关文献资料，撰成地理学巨著《省道图志》（Masālik al-Mamālik，一译《列国道路志》）。在该书中，他把地球分为20个地区，记载了各地的地形、山川、河流、名胜古迹、交通及城市，附彩绘地图19幅。该书被称为"人类地理的第一部著作"。另一部著作是

《省道和省区》(al-Masālik W-al-Mamālik),书中记载了从印度西部到安达卢西亚的伊斯兰国家的地理位置、地形、历史、交通及政治情况,附有各国的地形图29幅,地图21幅。与其同时代的地理学家伊本·豪盖勒(ibn Ḥawqal),也著有同名地理著作,故后人认为《省道和省区》一书是经伊本·豪盖勒修订并以自己的名义发表。12世纪阿拉伯地理学家雅古特在编纂《地名词典》时,引用了伊斯泰赫里地理著作的大量资料。1873年,《省道和省区》被译成英文,在伦敦出版。(杨克礼)

伊斯坦布尔(Istanbul) 土耳其古都、最大城市和港口、伊斯坦布尔省首府。旧名君士坦丁堡。位于巴尔干半岛东端,博斯普鲁斯海峡南口西岸,扼黑海咽喉,地跨亚、欧两洲,是古代丝绸之路的终点。人口285万(1980)。公元前658年为希腊人始建,称"拜占庭"。330年,改建为东罗马帝国国都,改名为君士坦丁堡,别称"新罗马"。此后数百年,一直是地中海东部政治、经济和基督教文化中心。13世纪初,十字军东侵时该城被破坏。1453年土耳其人灭拜占庭后建立奥斯曼帝国时,迁都于此,改名伊斯坦布尔。1923年土耳其从此迁都到安卡拉。现市区已扩大到金角湾以北,博斯普鲁斯海峡的于斯屈达尔等地。旧城区有丰富多彩的文物古迹。建于1478年的托普卡珀宫,现辟为博物馆,收藏有奥斯曼帝国历史上许多奇珍异宝和大量伊斯兰教文物,还藏有中国唐宋至明清时的古名瓷器1万多件及丝绸纺织品等。建于1853年的多尔玛巴赫切宫为素丹王宫和1865年所建的贝勒贝宫,建筑精美,以精湛的雕刻和华丽的壁画著称,既具有伊斯兰教建筑的特点,又吸收了欧洲建筑的风格。全城有清真寺450座,其中著名的有素丹艾哈迈德清真寺、努鲁奥斯曼尼耶清真寺、纳勒利清真寺、法蒂赫清真寺、居尔清真寺、卡里耶清真寺、伊姆拉霍尔清真寺等,大多由著名建筑师锡南设计。这些寺院大都建在旧城区的7座小山上,建筑风格各异。市内有著名的伊斯坦布尔大学、土耳其大学、理工大学、海峡大学及伊斯兰教经学院等34所高等学校,国际性的"伊斯兰历史、艺术与文化研究中心"的总部也设在该城。伊斯兰教学术文化十分发达。市内还建有喷泉404处,74所医院,300多个研究机构,多座图书馆、博物馆、天文台和20多家新闻机构。(杨克礼)

《伊斯提布赛》(al-Istibṣār) 见四大圣训经。

伊斯提尔加(Istirjā') 《古兰经》中一段祈祷词的代称。阿拉伯语音译,原意为"收回"、"召回",引申义为"祈求回归到真主"。指穆斯林在遭遇不幸时所读的一节《古兰经》文,即:"我们确是真主所有的,我们必定只归依他"(2∶156),以表示一心归主之意念。"伊斯提尔加"一词成为上述祈祷词的代称,源于一段圣训。据传,先知穆罕默德在一天晚上灯火突然熄灭时,便诵读了上述经文,正在一旁的阿伊莎问道:"为什么要伊斯提尔加?"先知说:"凡使信士感到不快之事,均属不幸之事,应该伊斯提尔加。"从此,念诵"伊斯提尔加",即成为穆斯林的礼俗之一。中国穆斯林在习惯上只有在听到噩耗时,才念诵"伊斯提尔加",即俗译为:"他人死,报我讯",以此激励多干善功。(马恩信)

伊斯提哈桑(Istiḥsān) 见优选法。

伊斯提斯哈布(Istiṣḥāb) 伊斯兰教法专用语。教法中证据法的基本原则之一。阿拉伯语音译,意为"寻找联系",即同已知的、明确无疑的某件事物间的联系,引申为"连续性"原则,亦即在法律上确认已知事物的本来状态将继续存在下去,直到相反的情况得到证实为止。专指通过辨认确定法律原则的过程,为沙里亚法院法律推定和去疑的基本原则之一。例如,法院在受理诉讼案件时,首先据此原则推定被告是无罪的,直到原告举出证据、法院查明犯罪事实以后,才能宣判被告有罪。"连续性"原则主要适用于财产法规,尤为沙斐仪教法学派所重视和广泛应用。例如,某人长期下落不明,人们对其生死说法不一,而根据连续性原则,则应推定他还活着,故有关其人身、财产等法规依然有效,其财产仍受法律保护,不得作为遗产由其子女、亲属继承,亦不得作为无主财产收归国有。此外,失踪者还有权继承在其失踪期间死亡的亲属的遗产。逊尼派其他三大教法学派也承认此原则,但解释不同,认为连续性原则只能据以维护失踪者的财产所有权,不能据以取得新的产权;一旦法院下达推定死亡(失踪时间超过常人的寿命以后即可推定死亡)的法令以后,其财产所有权即自行终止,而法令下达之时亦即遗产继承开始生效的时间。(吴云贵)

伊斯提斯拉赫(Istiṣlāḥ) 见公益。

伊札布(Ijāb) 伊斯兰教用语。阿拉伯语音译,意为"确认"、"确定"。专指确认穆斯林男女间的婚姻关系为符合教法规定的有效婚姻。穆斯林在举行婚礼前,由伊斯兰教长依据教法规定主持仪式,首先征得男女双方表示其婚姻为自愿结合,有两名证婚人在场作证,并取得双方家长允许,然后教长念"尼卡哈",正式宣布婚姻有效。中国穆斯林结婚时,由清真寺阿訇主持婚礼,用阿拉伯语念"伊札布"或写"伊札布"证书。(马忠杰)

伊智(al-Iji,1281～1355) 中世纪波斯逊尼派教义学家、哲学家、教法学家。全名阿杜德丁·阿卜杜·拉赫曼·本·艾哈迈德·伊智,因出生于伊智地方,故以出生地闻名。他曾在设拉子任法官,后弃官讲学,并从事伊斯兰教各学科的研究,培养了不少优秀弟子。晚年，因受基尔曼王政治事件牵连而被捕，死于狱中，终年 75 岁。他精通伊斯兰教义学、“内学”、法理学、哲学、逻辑学和教派史等。他在教义学上，坚持艾什尔里学派的主张，在教法学上，崇尚沙斐仪学派的法学观点。在思想方法上，他侧重于用逻辑学的推理、归纳方法将教义学与哲学加以结合、沟通，以阐述教义学与哲学的各种命题。他认为教义学的研究对象主要是论证真主的存在及其独一性和超绝性，故教法学和法理学均应以教义学为基础。他对柏拉图的思想学说亦有精深的研究，指出：精神能够脱离可感知的事物而独立存在。他强调，人类还应积极从事智力和精神生活，他说：人应当劳动，人在劳动后休息同无生物一样，在滋养发育方面同植物一样，在感觉与欲望方面同动物一样，故人类应当为智力和精神生活而努力。他的代表作《麦瓦吉府》(al-Mawāqif)是一部宗教哲学著作，内容丰富，涉及教义学、哲学、自然科学、伦理学等学科。共分 6 个“栈道”(章)，每个“栈道”分若干“关隘”(节)，每个“关隘”又分若干“宗旨”。主要论题有：知识及其分类；形而上学家关于存在、虚无、精神的主张；自然科学家对于四行、天体诸星的作用及日食、月食的观点；教义学家关于真主的本体及其德性、人类行为美丑与善恶的探讨和论证；其中不少篇幅论及穆罕默德的传教使命、哈里发和伊玛目的条件以及有关复生、后世、天园、火狱等问题。该著传世以来，在各国伊斯兰学界影响较大，有不少人为其作注，1892 年在印度出版的艾布·阿里的《麦瓦吉府诠释》较为有名，在中国西北地区一些清真寺中亦有流传。伊智还有《阿杜德丁凯拉姆学》、《伊本·哈吉布法理学纲要解》、《历史撮要》等传世。 (马忠杰)

伊智玛尔(Ijmā‘) 见公议。

伊智提哈德(Ijtihād) 见创制。

伊兹密尔(Izmir) 土耳其第三大城，伊兹密尔省首府。旧称“士麦那”(Smyrne)。位于爱琴海伊兹密尔湾湾头，市区位于海湾南北两岸，为一天然良港。人口 75.8 万(1980)。始建于公元前 11 世纪，屡遭地震和兵燹，多次重建。曾为罗马帝国亚洲各行省的主教区中心。1425 年被奥斯曼帝国并吞，土耳其人大量迁入后，伊斯兰教得到传播。第一次世界大战后，被希腊占领。1923 年，凯末尔击败希腊占领军，收复伊兹密尔，使其复归土耳其版图。伊兹密尔地处爱琴海古代文明发祥地域，至今保留有不少古迹。市中心有近百年历史的钟楼，为该城的象征。有公元 2 世纪的古罗马市场遗迹。市内有伊斯兰教清真寺达 60 多座，其中 15 世纪建造的希萨尔清真寺，16 世纪建造的萨德尔凡清真寺和凯梅拉特清真寺，至今犹存，是奥斯曼时期建筑艺术的珍品。其他有罗马大道、克泽勒朱卢克拱形水渠桥、阿塔图尔克(凯末尔的尊称，意为“土耳其之父”)的雕像、考古博物馆等。世界古代七大奇迹之一的阿台密斯神庙遗迹就在以弗所发掘出土。 (杨克礼)

《医典》(al-Qānūn fi al-Ṭibb) 中世纪阿拉伯医学百科全书式的著作。著名医学家伊本·西那(980～1037)所著。约于 1011～1013 年间在里海边的戈尔丹地方写成。《医典》内容十分丰富，全书约 100 万字，共分 5 卷。每卷又分若干章节。第 1 卷为总论，综合概述了医学定义、基本学说和一般方法，着重论述了人体构造、疾病与自然环境的关系，首创性地把人的疾病分为脑科、内科、神经科、胸科、妇科、外科、眼科等，并分门别类地对各种疾病的起因、症状的治疗加以详细记述。第 2 卷为药物学，书中列举的药物达 670 种之多，对各种药物性质、功效、用途作了详细的叙述，还记载了将水过滤或煮沸的蒸馏法以及酒精制造法等。第 3 卷为病理学，书中对脑膜炎、中风、胃溃疡等病因、病理有过科学的分析。特别是提出了鼠疫、肺结核、麻疹、天花等病是由肉眼看不见的病原体造成的，致病的物质(即微生物)是通过土壤、水和空气传播的。第 4 卷为各种发热病、流行病及外科等病状。书中提出了对流行病的预防和保健卫生措施。第 5 卷为诊断、治疗方法及配方。书中主张对疾病的治疗应采取养生、药物和手术三者兼施并用，记述了切脉、观察症候、检验粪尿等诊断方法。对切脉列举了 48 种脉象，其中有 35 种同中国晋代太医令王叔和所著的《脉经》相吻合。中国医学中诊治糖尿病的方法，在《医典》中也有类似记述。还记载了膀胱结石的摘除术、气管切开和外伤、疮疖等治疗方法。对药物的膏、丹、丸、散、液、剂的配方、剂量、制作等作了详细介绍。《医典》不仅总结了阿拉伯医学临床的丰富经验，而且建立了较系统的医学理论体系。它直接继承了古希腊的医学遗产，也吸收了中国、印度、波斯等国医药学的成就，汇集了欧亚两洲许多民族的医学成果，体现了当时世界医学和药物学的先进水平。《医典》问世后被世界医学界奉为“医学经典”。12 世纪西班牙人首先将其译成拉丁文，继而犹太人加以注释，以手抄本的形式传到欧洲。15 世纪随着中国印刷术在欧洲的传播，《医典》更被欧洲和中亚各国广为印行，仅西欧就印行 27 次之多。意大利、法国、德国、英国等各大学的医学教育，把《医典》作为基本教材，代替了希腊盖伦的医学著作，一直继续到 18 世纪末。 (杨克礼)

依禅(Ishān) 中亚与中国新疆地区伊斯兰教苏非派首领的尊称。该词原系波斯语第三人称复数代词，意即“他们”，开始为外界对该派的指称，后经中亚操突厥语诸民族吸收转化为对苏非派首领的专门称谓。一说为阿拉伯语“伊尔沙德”(Irshād)的音译，意为“指导”、“师长”、“导师”等。在中亚和新疆地区，凡苏非派即统称为“伊禅派”，其首领称为“依禅”。信仰

什叶派伊斯玛仪支派教义的塔吉克族穆斯林，也以“依禅”尊称他们的宗教首领。（陈国光）

依禅八教律 中国新疆地区伊斯兰教依禅派虎非耶学派在20世纪50年代向信徒规定的关于信仰、功修及伦理道德方面的8条教律。其内容是：(1)认主独一，要念在口，铭在心。(2)顺主命，奉圣行，爱国家。(3)道乘功修，持之以恒。(4)夜深人静，虔诚干功。(5)不贪图富贵享受，要苦修禁欲。(6)不做伪证，力戒邪恶。(7)遇事谦让，切忌纷争。(8)尊妇爱幼，严教子女。为该派穆斯林必须遵行的信条和行为准则。（陈国光）

依禅卡朗(Ishan-i-Kalan) 中国明末新疆伊斯兰教依禅派创传者之一、白山派始祖。喀什噶尔和卓家族伊沙尼耶先祖。原名穆罕默德·伊敏和卓。“依禅卡朗”为其尊号，“卡朗”意为“雄狮”。他是中亚纳格什班迪耶教团第五代谢赫麦赫杜姆·阿扎姆的长子，以“大和卓”著称于世。据有关和卓传记记载，依禅卡朗以长子身份享有教主职位合法继承权，1543年麦赫杜姆·阿扎姆去世前还履行了教权交接的正式仪式。但他在其父去世后离开故乡达赫比德，投于和卓祖巴尔门下效力22年，经祖巴尔多次劝退，方返回故里，在追随者们支持下与弟伊斯哈格争夺教权发生分裂，在河中地区形成两大对立的派系，以依禅卡朗为首的一派在新疆伊斯兰教史上俗称“白山派”。依禅卡朗在宗教上除坚持纳格什班迪耶教团传统的虎非耶仪式外，还保留了圣徒崇拜、自然崇拜、祖先崇拜的神秘主义仪式。依禅卡朗在17世纪初逝世，其教派由4个儿子广泛传布于中亚撒马尔罕、布哈拉以及阿富汗与中国新疆地区。（陈国光）

依禅派 伊斯兰教苏非派在中亚与中国新疆地区的别称。因其首领被尊称为“依禅”(Ishan)而得名。中亚苏非派纳格什班迪耶教团创始者白哈乌丁(1318～1389)去世后即被尊奉为“哈兹拉特依禅”(哈兹拉特，即阁下、大师)。15世纪以来，苏非派在中亚有很大发展，一些苏非主义教团创传者的“凯拉玛特”(即奇迹)成为吸引群众的一种力量；圣徒崇拜与麻札朝拜的仪式十分盛行；苏非派对穆斯林社会生活的影响日益显著；教团首领作为精神领袖的地位与世俗政治有了密切的联系。在纳格什班迪耶教团发展到第三代大依禅和卓阿赫拉尔(？～1490)时，他就以宗教领袖身份参与中亚侯赛因王朝宫廷政治活动，获得很高的声望，而且拥有众多的土地和财富。至第五代大依禅和卓麦赫杜姆·阿扎姆(1461～1543)时，以纳格什班迪耶教团为主的依禅派已成为中亚占统治地位的宗教组织和社会力量。从阿赫拉尔开始，该教团通过加强与东察合台系王朝的政治关系打开了向中国新疆传教的大门。麦赫杜姆·阿扎姆于1533年后亲自到新疆的喀什、叶尔羌等地宣教，获得成功，从而为依禅派在新疆的传播打下了基础。麦赫杜姆·阿扎姆去世后，其子嗣为争夺宗教继承权发生分裂。幼子伊斯哈格(？～1599)另立门户，称“伊斯哈格耶”，并在1580年末到新疆，在叶尔羌汗国马哈茂德汗支持下扩大本派势力，逐渐取代了原亚萨维教团与乌瓦伊西耶教团的优势地位。同伊斯哈格相对立的是其长兄依禅卡朗，其追随者称为“依禅卡朗派”，原词为“伊沙尼耶”(Ishaniya，即依禅的势力范围)，汉译“依禅派”。该派在中亚布哈拉、撒马尔罕以及阿富汗均有传播。1620年，依禅卡朗之第四子穆罕默德·优素福进入中国新疆喀什噶尔传教，从此开始了依禅卡朗与伊斯哈格两系和卓及其领导的白山派与黑山派在新疆长达300年之久的宗教政治斗争，对新疆社会历史影响巨大。至近代以来黑山派与白山派间的教权角逐方告平息。由于早期教团纽带的松弛，导致各个有实力的依禅形成各自独立的苏非主义分支组织，通称为“依禅派”，分布于南疆和北疆部分地区。

新疆依禅派在教义上遵奉逊尼派教义，教法上坚守哈乃斐学派传统规定，宗教思想上与苏非派基本相同。同时，也吸收了什叶派和本地区某些民族传统中的宗教因素。喀什噶尔和卓家族各支系依禅派组织，在道乘上均渊源于中亚纳格什班迪耶教团，其教义以认主独一论为基础，奉行“修道于众，巡游于世，谨慎于行，享乐于时”的原则，其各分支在修道方式上仍各具特点。17世纪新疆依禅派有“依乃克耶”、“伊斯哈格耶”、“达瓦尼耶”和“米斯克耶”等4个门宦组织，其中“依乃克耶”、“米斯克耶”保持着虎非耶默诵“迪克尔”的仪式，“伊斯哈格耶”则采用了高声诵念的哲赫林耶仪式。依禅派重视什叶派推崇的伊玛目教义与赛义德身份，突出阿里之子侯赛因的伊玛目地位和作用，提倡尊崇“吾里”。在节日礼仪方面，除举行伊斯兰教开斋节和古尔邦节活动外，还重视什叶派的“阿舒拉节”。依禅卡朗派朝谒喀什噶尔的哈兹拉特麻札，与之对立的伊斯哈格派则以叶尔羌的阿尔腾麻札为朝谒地。有的也在叶尔羌的乞里坦七和卓麻札祈祷、诵经。在组织上，依禅派各组织都程度不同地存在着德尔维什(Darwish)与海兰答尔等苦修者的活动。依禅派活动的场所除麻札外，主要是罕尼卡(Khaniga，即道堂)，各个组织都有其固定的活动时间和特定的静修及念“迪克尔”仪式。有的依禅派在举行集体念“迪克尔”时还伴以宗教音乐和舞蹈。有的依禅派还规定有遵守的原则、戒律(如虎非耶的依禅信仰三原则与依禅八戒律)和修炼阶梯(如嘎迪林耶的依禅修炼十律)等。在吸收新教徒时举行专门仪式，在授权传教者时要发给专门的“证书”(即伊尔夏提纳麦)。依禅派还根据修炼的程度，分为不同品位，最高品位曰“古土布”(Quṭb，即宇宙的中枢)，只有宗教首领和高足弟子才能获得。依禅派的教职次第有：依禅(即首领和导师)、谢赫(即长老，原先地位与依禅相似，现大多为麻札管理人)、哈里发

(即依禅助手或代理人)、苏皮(即修炼弟子)、阿皮孜(即举行宗教仪式时的诵经弟子)、布维(即女诵经弟子)、穆里德(即一般信徒)。依禅与谢赫职位一般实行世袭制度。在清代,“世袭的谢赫”曾高于一般阿訇、毛拉的教职。依禅派首领自称圣裔(赛义德或和卓)而博得教徒的尊崇,并能以预见未来和显示某种“迹象”吸引信众。

在新疆伊斯兰教史上,依禅派还在政治、经济上享有特权,形成具有政教合一性质的制度。在16~17世纪,依禅派首领与东察合台后裔汗国统治者们结成政教联盟,历代汗王依靠依禅派首领的支持巩固其政权,曾赏赐给依禅派首领及其“罕尼卡”大量瓦克夫土地,赋予其赋税豁免权和玉石加工开采权。和卓与依禅家族积累有大量财富,形成和卓封建庄园经济。依禅各派首领辖有固定的教区领地(白山派以喀什噶尔为中心,黑山派以叶尔羌为中心)。17世纪末,依禅各派为争夺教权和扩大传教地区发生征战,导致社会动乱,经济和文化遭到破坏,从而动摇了叶尔羌王朝,导致准噶尔贵族的入侵,又形成新疆历史上的和卓封建主政教合一统治时期(1682~1759)。依禅派首领建有军事武装组织,统辖着包括阿奇木伯克在内的官吏,控制了新疆穆斯林社会生活的各个方面。清朝统一新疆后较长的时期,依禅派和卓家族在中亚浩罕贵族军事力量的支持下屡起叛乱,对国家的统一曾构成严重威胁。

依禅派在新疆维吾尔、哈萨克、乌兹别克、柯尔克孜以及回回等民族中广为传播,影响较大。新疆依禅派领袖阿帕克和卓亦曾到甘肃、宁夏、青海等地传教,是中国内地伊斯兰教苏非各门宦重要渊源之一。在现代新疆维吾尔等民族中,以纳格什班迪耶为主的依禅派组织,包括不同时期传入的虎非耶、嘎迪林耶、哲赫林耶、契斯提耶、斯拉木耶、苏哈拉瓦迪耶、伊玛目·兰巴尼等支系的流派,仍有着众多的信徒。

(陈国光)

依禅信仰三原则 中国新疆地区伊斯兰教依禅派虎非耶学派规定其信徒应遵行的三条信仰和行为准则。即:(1)虔诚信主、认主,随时随地不忘祈祷真主。(2)真主在《古兰经》中明谕的天命五功和各项教律必须身体力行。(3)听从依禅的教导,遵行依禅的戒律,每逢聚礼日(即主麻日)信徒必须谒见依禅1次。

(陈国光)

依禅修炼阶梯 中国新疆地区伊斯兰教依禅派嘎迪林耶学派在宗教功修中必须恪守和履行的十条准则及程序。(1)敬畏真主(即虔信和顺从真主之诫命,坚信真主会赏善罚恶)。(2)见物认主(即从自身和被造物中认识真主的万能创造和至大)。(3)寻师求学(即师从导师的指引,获得秘传的真知)。(4)时刻悔过(即时刻做“讨白”,祈祷真主赦宥自己的过失)。(5)禁欲苦行(即杜绝世俗的物质享受,以守贫苦行磨炼其意志)。(6)纯洁灵魂(即洗涤一切私欲和邪恶之念,使灵魂纯净无染)。(7)忘却自我(即失去自我意志,消融于对真主的信仰中,达到无我境界)。(8)复命归真(即人为真主所造化,最后必定复归真主)。(9)人主合一(即修道者达到最高精神境界,与真主合一)。(10)听命定夺(即在末日审判时接受真主的裁决)。该派认为,修道者按此10条身体力行进行精神修炼,可求得灵魂的纯净,成为高品位的大贤(或完人),达到修持的最高目标——与真主合一。

(陈国光)

仪姆兰的家属(Āl‘Imrān) 《古兰经》中所载古代先知仪姆兰的后代。阿拉伯语“阿勒·仪姆兰”的意译。又译“仪姆兰的后裔”、“尔母兰的家眷”等。指古代先知仪姆兰直系后代中的先知穆萨、哈伦、尔撒等。相传仪姆兰为古代先知易卜拉欣之次子伊斯哈格一支的直系后裔,为以色列民族中的一位先知,《旧约全书》称“阿姆兰”(‘Amram),即先知穆萨和哈伦之父。《古兰经》第3章以“仪姆兰的家属”作为篇名,并在33~34节讲述了他们在世人中的优越地位:“真主确已拣选阿丹、努哈、易卜拉欣的后裔,和仪姆兰的后裔,而使他们超越世人。那些后裔,是一贯的血统。真主是全聪的,是全知的。”经文强调易卜拉欣和仪姆兰的后裔之“一贯的血统”,旨在向麦地那信奉天经的以色列犹太教徒说明历代先知一脉相承的谱系关系,指出以色列人与先知穆罕默德同属一个先祖——易卜拉欣的后代(相传先知穆罕默德系易卜拉欣之长子伊斯玛仪一支的直系后裔),从而要求他们应像崇奉古代先知穆萨一样,承认穆罕默德的先知地位。《古兰经》第3章35节再次提到的仪姆兰,则指古代先知尔撒之祖父。据经注学家解释,该仪姆兰之妻名哈娜(Ḥannah),经向真主祈求,老来生女麦尔彦,即先知尔撒之母,他们亦系33节经文所述“仪姆兰的后裔”。

(杨宗山)

遗赠 伊斯兰教法概念。指被继承人临终前以遗嘱方式转让其部分遗产的行为。系介于伊斯兰教赠予法与遗嘱法之间的一个法律概念,受这两个门类的有关规定的制约。按赠予法的惯例,被继承人生前有权以赠予方式将财产赠予任何人,其数额不受限制,而按遗嘱法,被继承人仅有权将全部净资产(即清偿亡人生前债务、扣除安葬费后的余额)的1/3分配予法定继承人以外的非亲属。但《古兰经》规定,留遗嘱时不得妨害继承人的权利(4∶12)。历史上因经常发生混乱,中世纪的教法学家们曾就“临终”的含义作过原则规定,以明确立遗嘱的时间和效力(健康人立遗嘱为生前赠予,病危者立遗嘱为遗赠)。其原则有三:(1)“临终”指患有直接导致被继承人死亡之疾病。(2)所患之症必须是使患者产生死亡恐惧感之疾病。(3)必须是有外部征兆之重病。虽有明确规定,但一个人有时难以预料到自己会突然死亡,故仍难以确定立遗嘱的时间。

这类纠纷通常由教法法院判决。其基本审判原则是:(1)临终前遗赠必须符合赠予法的规定,必须转移财产实体的占有权。(2)必须符合遗嘱法的规定,所赠遗产数额仅限于全部净财产的1/3,不得转让予法定继承人。(吴云贵)

遗嘱继承 伊斯兰教法概念。系法定继承的对称。指继承人及所继承遗产的份额由被继承人生前以遗嘱规定的继承方式。仅为逊尼派穆斯林所遵循,是对该派法定继承制(亦称"份额继承制")的一种调节和补充。被继承人死亡后遗嘱开始生效,但须首先清偿亡人生前债务,之后才开始分割遗产。其有关规定以《古兰经》律例(2∶180～182,4∶8等)和圣训律例为据。其基本原则是:(1)以遗嘱方式处分遗产仅限于被继承人全部净资产(即清偿亡人生前债务、扣除安葬费后的余额)的1/3,其余的2/3以法定继承方式分配予亡人的直系血亲和姻亲。(2)被继承人生前必须秉公遗嘱,不得为"法定"(即经、训、教法所规定)继承人立遗嘱,这种处分遗产的原则和方式,系在合法继承人范围外处分部分遗产,用以周济亡人的邻里、生前友好和无依无靠的贫民,为古阿拉伯人的一种乐善好施的习惯。但它减少了遗产的数额,造成财产外流,损害了法定继承人的权益。近代以后经过法制改革,一些国家(如埃及等)的有关立法容许为法定继承人立遗嘱,以维护亡人直系血亲和姻亲的合法权利。(吴云贵)

以儒诠经 中国学术界对明清之际穆斯林学者用宋明理学阐释伊斯兰教经籍的称谓。亦称"用儒释教"。明末清初江南与云南等地有一批穆斯林宗教学者,既通晓伊斯兰教教义,谙熟阿拉伯文、波斯文、又熟读儒家典籍,兼及佛、道各家义理。他们以阿拉伯文、波斯文的伊斯兰教经籍为蓝本,吸取中国宋明理学的思想,运用儒家学说的概念、范畴、语词与表述方式,著书立说,解释经籍,宣扬伊斯兰教教义,故有此称。中国穆斯林将其称为"汉学派"。"以儒诠经"的主要表现形式和特点有不同看法:(1)以伊附儒说。即以伊斯兰教教义附和儒家学说立论。它首见于元至正八年(1348)立河北省定州《重建礼拜寺记》碑,碑文云:伊斯兰教"以事天为本而无象设","夫不惟无形无象与周雅无声无臭之旨吻合,抑且五伦全备,与周书五典五惇之义又符契而无所殊焉。"从信仰、社会伦理等方面阐述了伊斯兰教与儒家思想的一致性。学术界有人认为此碑文是"伊斯兰教附儒"的开始。明嘉靖七年(1528)山东济南清真大寺的《来复铭》碑,从"无极太极,两仪五行"起文,通篇谈心性、气化与存心养性事天之说。开清代以来的汉文著述中用伊斯兰教的伦理道德附和儒家的"忠孝"、"忠恕"思想之先河。(2)以儒释伊说。认为"清真一教,不偏不倚,直与中国圣人之教理同道合"。王岱舆、刘智等人采用儒家义理解说伊斯兰教是"会通儒书,详明注释",有的认为是吸收儒家学说,或采用了儒家思想与伊斯兰教相结合的方式,如用儒家的"三纲五常"解释伊斯兰教的天命五功。(3)伊儒互补说。认为"天方之经,大同孔孟之旨",或"儒言中天而不言先天与后天,清真兼言先后天"。因此伊斯兰教"有补于儒教"、"隐与儒教相表里"。(4)利用宋儒的哲学表达形式,宣扬伊斯兰教教义。如"太一"是中国古代哲学概念,译著特别重视"正教贵一",以之与真、数、体合用,出现了真一、数一、体一等哲学概念,构建了译著的理论框架,突出了伊斯兰教一神论哲学,也丰富了中国传统哲学概念。前人称之为"用儒文传西学"或"原儒语以明大义"。此说在上述各家著述的序言中多有提及,有的还是汉族士大夫的看法。(5)外儒内伊说或称为装饰说。认为在儒家思想占统治地位的中国封建社会里,一种外来思潮与学说,不乔装打扮,采用一种"保护色",就不会见容于当时。伊斯兰教译著也是这样,"义以穆为主,文以孔为用"。杨仲明的《四教要括》就采用这种方法。"以儒诠经"开始于元末,大盛于明末清初中国封建社会改朝换代之际,代表人物是《正教真诠》的作者王岱舆。之后,张中、伍遵契、刘智、马德新、马联元等人接踵而起,他们数十位学者的近百种著作相继问世,建立起了中国伊斯兰教的理论基础。结束了千余年来中国穆斯林只依赖于"习俗之渲染,口头之授受,血统之遗传,阿拉伯文之讲解"的传习方式。从此,中国人可以直接通过汉译经籍学习和了解教义、教法、教史,"以儒诠经"有利于伊斯兰教的传播发展,为当时中国伊斯兰教学术文化的发展开拓了道路,也为中国和阿拉伯世界的学术文化交流做出了贡献。

(罗万寿)

以色列的后裔(Banū Isrā'il) 《古兰经》中对犹太教徒的称谓。一译"伊斯拉衣来的子孙"。阿拉伯语"白努·以色列"的意译。"以色列"一词源自希伯来语 Yisra'el,是古代先知叶尔孤白(《旧约全书》称雅各)的别称,意为"真主的仆人",与阿拉伯语"阿卜杜拉"('Abdullāh)同义。叶尔孤白即穆斯林和犹太教徒共同尊奉的古代先知和圣祖易卜拉欣之孙,伊斯哈格之子,为犹太人的第三代祖先。《古兰经》中有40余处提到"以色列的后裔",多用于指称古代先知穆萨的教民,有的则指居住在麦地那四周的古莱扎(Qurayẓah)、奈迪尔(Naḍir)和盖尼嘎尔(Qayniqā')等犹太教部落,反映了先知穆罕默德自麦加迁徙至麦地那后向当地犹太教徒传教并与之进行斗争的史实。(杨宗山)

以思呢老人会 中国近代广州穆斯林的丧济互助社团。康熙五十一年(1712),由沙柱臣、杨畹孟、撒叅之、杨宇昌等回族穆斯林老人发起创建,会址设在广州怀圣寺内。其宗旨是"醵金置产收息以为各家丧葬之用"。发起人后代沙璟、撒播玉、杨元茂等于乾隆二十六年(1761)所镌碑刻至今仍保存在怀圣寺内,碑刻对该会创建的始末和活动都有记述。该会在宗教生活范围内积极进行经济互助，办理丧葬事务，在加强教胞间的团结和联络等方面也发挥了重要作用，在当时颇有影响。该会在持续了约半个世纪后，因其负责人星散而中止活动。（杨　棠）

义务遗嘱　伊斯兰教法学概念。自由遗嘱的对称。20世纪埃及、苏丹、突尼斯、摩洛哥等国为引进代位继承原则而提出的法律概念，意指被继承人按法定义务为继承人立遗嘱。系为维护孤孙子女的继承权而提出。伊斯兰教逊尼派法定继承制度以父系血缘关系为基础，子女只能通过父母的纽带继承遗产，父母双亡的孤孙子女无权继承祖父母的遗产。为弥补这一缺陷，埃及等国的有关立法（如埃及1946年《遗嘱处分法》）规定，祖父生前有义务为孤孙子女立遗嘱，允许孤孙子女以父母的身份继承各自在净资产的1/3（另2/3适用法定继承）中应得的份额；如祖父母生前未立遗嘱，法律上以留过遗嘱对待。这项规定的法律依据是《古兰经》关于"应当为双亲和至亲而秉公遗嘱"（2∶180）的经文，但据中世纪逊尼派教法学家们的公议，这节经文已停止使用，所言的"定制"和"义务"已为经中所言的法定份额继承制（4∶7）所代替。埃及等国的立法者以"独立判断"为据，对此节经文的含义作了新的解释，重申其拘束力，并据此提出义务遗嘱的新规定。（吴云贵）

亦思巴奚事件（1357～1366）　14世纪中叶来自波斯中亚定居中国泉州的穆斯林同当地汉族乡绅之间的武装冲突。"亦思巴奚"源于波斯文Ispah，意为大军，系由民兵、骑士组成的军队。元末，中国各地局势动荡不安，绅豪纷纷组织义兵，维护地方治安。定居泉州的穆斯林赛甫丁和阿迷里丁组织了以穆斯林海商、水手为核心的名为"亦思巴奚"的义军，以维护泉州港的治安，被元朝封为义兵万户。但不久这支军队即被蒙古贵族所利用，卷入了福建军、政和地方绅豪之间的矛盾中。至正二十二年（1362），驻守福州的亦思巴奚军被汉族绅豪的军队击败，赛甫丁渡海逃走。在泉州的穆斯林舶商首领那兀纳杀死阿迷里丁，夺取亦思巴奚军权。那兀纳率军继续与汉族地方武装战斗于仙游、蒲田、惠安等地。由于连年战争，有限的亦思巴奚军力遭到了削弱。至正二十六年（1366）四月，元朝派遣陈友定军在蒲田城外歼灭亦思巴奚军主力数千人；五月攻占泉州，擒杀那兀纳。亦思巴奚军败散，战争遂告平息。亦思巴奚事件涉及福州、仙游、蒲田、泉州等地，历时10年多，破坏了泉州港的安定，严重地影响了海外贸易活动，激化了穆斯林与汉族之间的矛盾，以致陈友定军进入泉州后，"凡西域人尽歼之，胡发高鼻有误杀者"，最终酿成穆斯林自身的一场大悲剧，并导致泉州港从此而衰落。（陈达生）

亦思替非文字　中国元代官方对阿拉伯语的称谓。为阿拉伯语Isṭifā'之音译，其意为"选择"。因该词系穆罕默德别称"穆斯塔法"（Muṣṭafā，即被选择者）的词根，故被引申指穆罕默德之文字。元代随蒙古人入华的回回人，多为操波斯语或受波斯文化影响，而其母语为突厥语的中亚穆斯林，他们的书面语主要是波斯文。至元中，元政府中会亦思替非文字的人已经很少，经曾任回回译史的麦术丁的请求，元世祖至元二十六年（1289）设回回国子学，主要教习波斯文，同时亦由翰林院益福的哈鲁丁教授"亦思替非文字"。整个亦思替非文字的教育教学活动由麦术丁本人负责。元仁宗延祐元年（1314），别置回回国子学，以掌"亦思替非文字"官属归之。学术界亦有人认为亦思替非文字是波斯文或粟特文。（刘迎胜）

异端　见比德阿。

异端审判（Miḥnah）　阿拔斯王朝统治者对持不同教义观点的派别及个人采取的一种严厉审判制度。系阿拉伯语"米哈奈"的意译，原意为"考验"、"甄别"，转意为"审讯"。9世纪初，阿拔斯王朝哈里发马蒙（813～833在位）为巩固其统治，将穆尔太齐赖派教义奉为统治思想，用法制手段强制推崇该派提出的《古兰经》受造说，压制不同意此学说的逊尼派及其伊斯兰学者阶层。马蒙曾4次下敕书给巴格达总督伊斯哈格，责令对其辖区内全部教法官进行审讯。经过甄别，赞同官方教义的教法官再对出庭作证的证人和审判助手作类似的审判和甄别，由此建立起各级"异端审判所"（即米哈奈）。凡拒绝《古兰经》受造说而坚持《古兰经》为安拉的无始语言者，皆以"异端罪"论处。这项命令还以谕旨方式下达给埃及、库法、大马士革各省总督。首批受到传讯的巴格达7名著名伊斯兰教学者，后被押解朝廷，由哈里发亲自审讯，于高压之下，全部屈服。此后，巴格达大部分伊斯兰学者皆受到伊斯哈格总督的审讯，结果部分学者被迫宣誓承认穆尔太齐赖派学说，部分学者仍坚持正统教义，最后经过进一步的审讯和甄别，伊本·罕百勒和伊本·努哈二人被解往塔尔苏斯（Tarsus，土耳其境内）营地监押。途中获悉哈里发病逝，又将其押解回巴格达。伊本·努哈死于押解途中，伊本·罕百勒后被监禁于巴格达狱中。其间新任哈里发穆尔泰绥姆（833～842在位）曾亲自对伊本·罕百勒进行审讯，历时3天之久，并令部下暗示其可采取"塔基亚"（即在高压下允许暂时隐瞒其真实信仰）方式求得解脱，但他始终坚贞不屈。哈里发因担心会引起逊尼派穆斯林哗变，于严刑拷打后将其释放。后新任哈里发瓦西格（842～847）当政时期，再度恢复马蒙时代的异端审判，要求各地的高官显贵公开宣誓承认《古兰经》受造说。伊本·罕百勒为免遭再次迫害，被迫辞去巴格达学校的教学工作。哈里发穆泰瓦基勒（847～861）当政初期，继续奉行异端审判政策，851年后迫于时局压力，停止实施异端审判，并确立了继续依靠逊尼派伊斯兰学者阶层的基本国策。长达近40年之久的异端审判，使以罕百里教法学派为首的大批逊尼派伊斯兰学者受到压制，不敢公开表明自己的宗教观点，而受到统治者支持的穆尔太齐赖派教义一度取得统治地位。但其后随着异端审判的终止和艾什尔里学派的兴起，逊尼派教义再度复兴，而穆尔太齐赖派则渐趋衰落。异端审判的结果反而提高了罕百里教法学派的社会地位，在统治者高压下不屈不挠的伊本·罕百勒，后来深受穆斯林民众的尊敬和爱戴，成为伊斯兰原教旨主义早期的楷模和思想源泉。（吴云贵）

异密 见埃米尔。

易巴德派 见艾巴德派。

易卜拉欣（Ibrāhim） 《古兰经》中记载的著名古代先知，伊斯兰教尊崇的圣祖。一译“伊布拉欣”。阿拉伯语音译。《旧约全书》称“亚伯拉罕”（Abraham）。与阿丹、努哈、穆萨、尔撒和穆罕默德并称为安拉的六大使者，亦系犹太教和基督教推崇的圣人和希伯来人的祖先。《古兰经》中关于易卜拉欣的记载较详，经文中提及其名者约有70处，第14章即以其名作为篇名。经文涉及到的主要内容有：(1)突出易卜拉欣在伊斯兰教思想渊源方面的正统主导地位。《古兰经》明确指出伊斯兰教源于“易卜拉欣的宗教”：“你应当遵守信奉正教的易卜拉欣的宗教，他不是以物配主的”（16：123），“你们应当遵循你们的祖先易卜拉欣的宗教，以前真主称你们为穆斯林，在这部经典里他也称你们为穆斯林”（22：78）。故易卜拉欣享有“圣祖”之称。(2)记述易卜拉欣在信仰上从迷惘到觉悟，最后发展成为坚定的“认主独一者”的成长过程。他曾冥思苦索应受崇拜的主宰，从最初以为日月星辰是主，发展为最终领悟到只有安拉才是唯一的主宰，遂“崇正地专向天地的创造者”（6：76～79）。(3)记述易卜拉欣同多神教势力坚决斗争的事迹。他劝告族人及其父阿宰尔抛弃偶像崇拜，归信独一万能的安拉，遭到拒绝和驱逐（19：41～48，26：69～88）。他因亲手捣毁本族人供奉的所有偶像，并戏称系其中最大的一尊偶像（故意保留未予砸毁）所为，而被族人投入烈火中，为安拉所救，安然脱险逃走（21：51～70，37：83～99）。他还向古巴比伦王奈姆鲁德（《旧约全书》称“宁录”）传教，并与之激烈争辩（2：258）。(4)指出易卜拉欣及其子伊斯玛仪系麦加天房的奠基人。《古兰经》称安拉“为世人而创设的最古的清真寺”即是麦加天房，其地址系由安拉为易卜拉欣所指定，说安拉曾命易卜拉欣向众人“宣告朝觐”，并令其父子为朝觐者清扫天房，令穆斯林“当以易卜拉欣的立足地为礼拜处”（3：96、97，2：125～131，22：26～28）。经文中提到的“立足地”，在天房门对面不远处，系一块巨石，上面有一足印，穆斯林认为即是易卜拉欣当年留下的痕迹，迄今为朝觐者所景仰。(5)概述易卜拉欣奉主命决心宰杀爱子伊斯玛仪，后又以羊代替的过程（37：99～110）。伊斯兰教宰牲节即源于此。易卜拉欣亦因其对安拉的无限忠诚而享有“安拉的至交”（Khalilullāh，哈利卢拉）之美称（4：125）。此外，部分经文还记述了易卜拉欣独受安拉恩赐，晚年喜生次子伊斯哈格等内容。古代先知易卜拉欣及其子伊斯玛仪，被阿拉伯人尊奉为祖先。易卜拉欣及其家属在麦加的活动亦被视为神圣。今朝觐中的许多礼仪，如在赛法与麦尔卧两山之间奔走、在米那射石打鬼和宰牲等，均具有仿效祖先以示纪念的含义。伊斯兰教产生之前在阿拉伯半岛上出现的哈尼夫运动，即受到了易卜拉欣倡导的“认主独一”的影响。《古兰经》以较多篇幅反复讲述易卜拉欣的故事，旨在阐明伊斯兰教的思想渊源，贬斥阿拉伯多神教徒对祖先的背叛，指出先知穆罕默德创传以“认主独一”为核心内容的伊斯兰教，正是承袭和继承了阿拉伯祖先的正统思想信仰和道路。（杨宗山）

易卜拉欣立足处（Maqām Ibrāḥim） 见麦加圣寺。

易卜劣厮（Iblis） 《古兰经》中记载的恶魔。阿拉伯语音译，原意为“穷凶极恶者”。属于“精灵”之类（18：50），为安拉用烈火所创造（15：26～27）。当安拉用泥土创造了人类始祖阿丹之后，曾命令众天使向阿丹叩头致意，只有混迹在众天使中的易卜劣厮不服从命令。不久，他又教唆阿丹夫妇接近禁树偷尝禁果，以致失误犯罪。安拉便下令让阿丹夫妇和易卜劣厮离开天国，说：“你们互相仇视地下去吧。大地上有你们暂时的住处和享受”（2：30～38）。于是，大地上出现人类的同时，敌对势力恶魔也相伴紧随，信仰坚定者对恶魔高度警惕，意志薄弱者受其蛊惑，人类与恶魔之间始终贯穿着正与邪、善与恶的较量。恶魔的存在，正是对人类良知的严峻考验。易卜劣厮作为恶魔之名，在《古兰经》中有10章共提名11次。中国穆斯林常借“易卜劣厮”作为贬斥坏人坏事的语汇，有时鬼迷心窍干了不该干的事情，清醒时表示忏悔，多认为行动失误是受易卜劣厮的教唆。易卜劣厮有时同另一词汇“晒衣陀乃”（亦译“撒旦”、“色旦”）同义，两者的区别在于易卜劣厮是恶魔中的首恶者的名字，晒衣陀乃在一般情况下是泛指恶魔。参见晒衣陀乃。（林 松）

易德立斯（Idris） 《古兰经》中记载的古先知之一。又译“易德里斯”、“以得雷斯”、“一德礼斯”等。阿拉伯语音译。经文中仅有几处简略的叙述，如第19章《麦尔彦》56～57节说：“你应当在这部经典里提及易德立斯，他是一个老实人，又是一个先知，我把他提高到一个崇高的地位”。第21章《众先知》第85～86节说：“易司马仪，易德立斯，助勒基福勒都是坚忍的。我使他们进入我的恩惠之中，他们确是善人”。可知他是为人诚实、性格坚忍、品德高尚的先知。文献资料中对这个人物缺乏具体记载，生平事迹不详。有些学者认为他是阿丹之后，努哈之前的早期的先知，据说曾发明了书写法和缝纫术。还有人说他没有死，以肉身被接纳进入天园。《古兰经》第21章34节云："在你之前的任何人，我没有为他注定永生，如果你死了，难道他们能够长生吗?"可见长生不死之说毫无根据。有些学者认为易德立斯就是《旧约全书·创世纪》第5章中提到的以诺士(Enoch)，他是亚当的孙子，是塞特之子，按该章的记述："以诺士共活了九百零五岁就死了。"也未见长生不死之记载。穆斯林经学家认为:《古兰经》中的人物与《旧约全书》所述人物，不可混淆。

(林　松)

易夫里特('Ifrit)　《古兰经》中记载的一类精灵。阿拉伯语音译，见于第27章关于古代先知、以色列国王苏莱曼的故事中，译作"强梁的精灵"。它是苏莱曼的由精灵、人类、鸟类组成的大军(27∶17)中的一员，曾在转瞬之间将也门赛伯邑女王的宝座窃至苏莱曼面前(27∶38～40)。在伊斯兰传说中，此类精灵力大而狡诈，躯体雄伟而质如烟，生有两翼，或雌或雄，长住地下，出没于废墟之间。它们的社会与古代阿拉伯部族相同，有国王、部族和氏族之分。它们通常与同类通婚，偶尔胁迫与人通嫁娶。凡俗的武器和力量不能制服它们，但可以用魔法杀死或捕获。如同其他精灵一样，易夫里特既可以是穆斯林，亦可以是异教徒，善恶兼能，但多为邪魔。　(杨克礼)

易勒雅斯(Ilyās)　《古兰经》中记载的古代先知之一。一译"伊洛押司"。阿拉伯语音译。《旧约全书》称"以利雅"(Elias)。《古兰经》中列举众先知名字时，曾将其名同宰凯里雅、叶哈雅和尔撒平列，指出"他们都是善人"(6∶85)。当时易勒雅斯的族人多崇拜"白耳利"(Ba'l，即腓尼基人崇奉的太阳神)，视之为万能的权威，他作为安拉派遣的使者曾进行劝阻和警告。《古兰经》中对其事迹记述不详，较集中的几节提到他"确是使者"，曾劝告其宗族要"敬畏真主"，不要祈祷白耳利，遭到其族人的拒绝，故"他们必定要被拘禁"(37∶123～130)。有人认为，易勒雅斯即《旧约全书》中的以利雅，穆斯林经注学家认为不能将二者类比等同。

(林　松)

易司哈格　见伊斯哈格。

易司马仪　见伊斯玛仪。

易真　中国伊斯兰教术语。系批判教内"异端"思想著述而言。王岱舆《正教真诠·易真》云："所谓易真者，若播糠迷目，皂白不分。""缘吾道之异端，外托正教之名，而内演空玄之理，以讹易正，泾渭不分。"他指出当时的两本书：一名《省迷真原》，是"唯以道听途说，妄自纂而成编者"；一名《证主默解》系"精于文翰，鲜知经义者"编纂而成的"异端之学"。王岱舆就两书在认主学上类似"三位一体"、"三清一点"的"诳说"加以批驳，阐发了"认主独一"的理论。并指出"须知人为万物之灵"，"因有明智能辨是非真伪"，"若相遇而不能辨，或知之而不即言，其愚尤甚于禽兽也远矣。"表明了他反对宗教异端，维护伊斯兰教信仰的思想立场。

(罗万寿)

意大利伊斯兰文化中心(Centro Islamico Culturale D'italia)　意大利全国性伊斯兰文化机构。1970年初由伊斯兰国家驻罗马使节共同建立，总部设在罗马。宗旨：努力维护意大利穆斯林的宗教认同，促进伊斯兰世界与天主教界的对话。主要任务：努力通过多种渠道筹集资金，建造罗马清真大寺及伊斯兰中心。主要活动：营办伊斯兰学校，录制伊斯兰教的电视节目，抵制对伊斯兰教的敌意宣传，组织各种宗教节庆活动和朝觐，出版伊斯兰教书籍和机关刊物《通讯》(阿拉伯文、英文双月刊)。　(黄陵渝)

意见派(Ahl al-Ra'y)　伊斯兰教逊尼派法学派别之一。阿拉伯语意译，亦称"自决派"，与"圣训派"和"经典派"相对。约产生于8世纪初，系早期以地域为基础的诸教法学派中一种带有普遍性的法学思想倾向。强调理性的重要地位，主张以法学家和执法者个人的意见为立法和执法的依据，使之与《古兰经》相辅相成。穆罕默德去世后，"天启"中断，而穆斯林大众面临的社会问题和民事纠纷日趋复杂，其门弟子在无经典明文可依的情况下，遂主张按自己的意见创制、解释律例，排解民事纠纷，处理国务、教务。相传哈里发艾布·伯克尔、欧麦尔等都曾以意见裁决案件、处理民事纠纷，并留下一些著名的判例。后经伊本·麦斯欧德提倡，意见律例日趋流行于伊拉克的库法、巴士拉等地。8世纪后，随着早期诸教法学派的兴起，意见律例更为流行，成为创制和解释教法学说的重要方法之一，每个教法学家均可发表意见，自由探讨社会法制问题。意见派的主要代表人物是哈乃斐教法学派创始人艾布·哈尼法及其弟子艾布·优素福和穆罕默德·谢巴尼。在其后的发展中，该派曾遭到"圣训派"的严厉批评，但仍保留了自己的特色。9世纪以后，随着沙斐仪提出更严谨的法源理论体系，意见派所主张的意见立法在理论上受到限制，某些未表述为圣训传说的律例，则以"优选"原则(伊斯提哈桑)作为公认的类比原则(格亚斯)的例外得以保留下来。　(吴云贵)

意志自由派　见盖德里耶派。

因沙安拉(Inshā'allāh)　见凯利玛特·迪克里拉。

银川南关清真大寺 中国伊斯兰教清真寺。位于宁夏回族自治区银川市南关。据传原寺始建于明朝末叶，系一中国古典式建筑群。规模宏大，布局严整。礼拜大殿有前厦后室。殿堂门窗为红松木，雕刻工艺精美。南北厢房布置得体。“文化大革命”中被拆毁。1981年8月重建。新建寺面积为2074平方米，分上下两层。礼拜大殿设于楼上，呈正方形，长宽各21米，宏伟壮丽。中部有绿色瓷砖饰面的4根方柱，殿顶为直径9.5米的巨型穹顶。穹顶底部与方柱之间为一段圆柱体的鼓座，上开24扇高窗，宽敞明亮，视野开阔。穹顶正中高悬月形灯，跨地面22米，高耸入云。下层为小礼拜殿、男女沐浴室、会客室、宿舍等。其间有回廊相连，自成一体。整个建筑典雅华美，庄重宏伟，呈现出典型的阿拉伯建筑特色。 （罗万寿）

尹广源（1888～1962） 中国现代穆斯林学者。字伯清，号在山，经名希拉伦丁，笔名柳河村隐。回族。北京牛街人。幼读私塾，及长，即随父松轩经营玉器。学习兴趣广泛，曾进补习学校自修历史、地理、数学等中学课程，进美术学校学习国画、西洋画及书法，在国画、水彩画、油画、书法等方面有一定造诣。曾先后任山东临清县（今临清市）某小学、北京三胜观小学及市立第二十小学教员，西北公学文牍员，中国回教协会秘书，《回协》月刊主编。1949年新中国成立后，在北京回民学院教导处及玉行商会任职，曾当选为北京市宣武区第一届政协委员。长期在回民团体工作，热心回民教育，曾追随王宽阿訇办新学，认为回民新式教育之所以倡兴，皆为王宽“阿訇倡率之功有以致之”。对伊斯兰教历史、文化有较深的研究。在族教关系问题上，认为宗教与民族“二者不相混淆”。在教派问题上，认为新、旧两派“都是出于卫道的热诚”，互有长短，主张双方共同“抓住真主的绳索而不分歧，精诚团结”。著述较多，尤擅长传记作品。文风朴实，取材丰富，文字精练，记述翔实。代表作有《回教与回族辨》、《新旧派平议》、《经堂用语研究》、《王浩然阿衡传》、《哈德成阿衡传略》、《回教先正轶事》、《伍郁堂先生传》、《牛街礼拜寺说略》、《伊川龙王屯寺产案》等。早年曾撰《临清方言》，后散佚。 （冯今源）

《引支勒》（al-Injil） 《古兰经》对一部天启经典的称谓。伊斯兰教承认它同《古兰经》、《讨拉特》和《宰逋尔》是安拉启示的4部经典。《古兰经》第3、5、7、9、48和57章中多次提到《引支勒》，常把它跟《讨拉特》平列并举，说它是安拉赏赐麦尔彦之子尔撒的经典（57：27），指出“其中有向导和光明，能证实在它之前的《讨拉特》，并作敬畏者的向导和劝谏。信奉《引支勒》的人，当依真主在《引支勒》中所降示的律例而判决”（5：46～47）。奉行《引支勒》的基督教徒，被称为“有经典的人”。一般认为《引支勒》即《福音书》，也有人认为指《新约圣经》。但穆斯林认为，《引支勒》在流传过程中已被篡改，不能将二者等同齐观。 （林 松）

隐遁伊玛目（al-Imām al-Maktūm） 见什叶派。

印度阿利迦尔穆斯林大学伊斯兰研究所（Institute of Islamic Studies, Aligarh Muslim University） 南亚地区伊斯兰学术研究机构。1954年3月在阿利迦尔大学创立，由阿拉伯—伊斯兰研究学者阿卜杜·阿里姆教授指导。其宗旨是：研究伊斯兰文化与文明；西亚、北非和现代阿拉伯经济、社会与文化趋势；波斯和土耳其语言及文学。其研究领域还包括西亚、北非各国伊斯兰历史与文化。该所分阿拉伯、伊朗、土耳其研究等专题小组，每个小组负责一个地理区域。1957年起，出版英文年刊《伊斯兰学术研究所通讯》，介绍伊斯兰教及伊斯兰世界当代发展趋势的研究成果。1960年起出版乌尔都文半年刊《伊斯兰学科杂志》，介绍有关中世纪伊斯兰文化与文明的研究成果。1968年起，该所除负责指导学士、硕士生伊斯兰专业必修课外，还承担现代阿拉伯语、波斯语、土耳其语教学任务。迄今已出版近30部学术著作，并建立了一个伊斯兰研究专业图书馆。该所还经常举办国际性、全国性学术会议和大小规模的学术研讨会。该所在国际伊斯兰学术界具有一定影响。 （黄陵渝）

《印度穆斯林离婚条例》 英国殖民当局统治印度时制定的关于印度穆斯林离婚事体的单行法规。1939年颁布执行。共5条。主要内容为确认已婚的穆斯林妇女有权依法终止不公正的婚姻。法律上确认正当的离婚理由包括丈夫下落不明（4年）、丈夫拒绝供养妻子（2年）、丈夫被判处徒刑（7年以上）、丈夫残酷虐待妻子或拒绝履行法定婚姻义务（3年以上）、丈夫患有性病、精神病或其他不治之症、婚姻系在未成年时期由父亲或其他监护人包办等。此外还规定，已婚的穆斯林妇女不因背叛伊斯兰教或改奉其他宗教信仰而自动解除婚姻关系，不因依法离婚而丧失其应得的聘礼或离仪。此法经过少量修改，曾在今巴基斯坦和孟加拉国的穆斯林中实行过。 （吴云贵）

印度穆斯林联盟（India Moslem League） 印度伊斯兰教政治性组织。亦称“全印伊斯兰联盟”。1906年12月在达卡成立。初期成员主要是商业资产阶级、贵族、地主。宗旨和任务是：服从英国政府，保护和增进全印穆斯林的各种政治权益。1907年12月在卡拉奇召开的第一届年会起草了联盟章程，1908年在阿利加尔特别会议上通过，并选举阿迦汗为联盟主席。在全国主要地区和英国伦敦都设有分支机构。1913年3月在勒克瑙年会上通过新盟章，提出“同其他教派合作，以建立一个适合印度的自治制度”的目标。1915

年以后，以真纳为首的一派取代旧领导，开始与国大党接近，并参加民族运动。1916 年 12 月与国大党达成《勒克瑙公约》，规定印度应达到在英联邦内与自治领平等的自治。一贯主张按不同的宗教划分选民单位，实行单独选举。20 世纪 30 年代开始，倡导在印度西北部和东北部穆斯林居民占多数的地区建立单独的巴基斯坦国家。1940 年 3 月在拉合尔年会上通过《巴基斯坦决议》。1947 年实行印巴分治。巴基斯坦国成立后，改名伊斯兰联盟，成为该国执政党，60 年代分裂为 3 派，失去政治上的支配地位。（杨克礼）

印度尼西亚伊斯兰教 印度尼西亚共和国位于亚洲东南部。面积 190.4569 万平方公里。人口 1.7914 亿（1989）。有 100 多个民族，其中爪哇人占 47%，巽他人占 14%，马都拉人占 7%。通用印尼语，此外有各族语言 200 多种。居民中 90%信奉伊斯兰教。首都雅加达。

印尼在室利佛逝王国和满者伯夷王国（1293～1478）统治时，居民大多信奉印度教和佛教。11 世纪初，大批阿拉伯、印度的商人由海路到苏门答腊的一些地区，同当地居民通婚定居下来，并在巴赛、亚齐、霹雳等地建立穆斯林商业城邦。一般根据史籍记载认为，伊斯兰教于 13 世纪通过印度古吉拉特的穆斯林商人首先传入苏门答腊北部，后传至马六甲、爪哇等地。13 世纪后期，须文达剌—巴赛建立伊斯兰教王国，成为向东南亚传播伊斯兰教的中心。据考古发现，于 1297 年去世的须文达剌—巴赛第一个国王的墓碑上刻有伊斯兰教历 635 年和教名“素丹·马立克·沙”。马欢在《瀛涯胜览》中记述了苏门答腊等地的见闻，称其“国王国人皆为回回人”。13 世纪末，伊斯兰教由苏门答腊的印度和阿拉伯穆斯林商人开始传入爪哇北部沿海地区，并和当地居民通婚，使爪哇的穆斯林人数剧增。在须文达剌—巴赛王国的印度、阿拉伯的苏菲派传教师到爪哇传教，兴建清真寺和学校，教授念诵《古兰经》，其中著名的伊斯兰传教师有苏南·马立克·易卜拉欣（？～1419）等 9 人，被尊为“九大吾里”，他们对伊斯兰教的传播起了很大作用。

15 世纪信奉佛教的满者伯夷王国衰落，加速了伊斯兰教向各地的传播，各主要岛屿兴起强大的伊斯兰教王国。1478 年东爪哇的淡目国攻占满者伯夷王国首都，1527 年占领谏义里，灭满者伯夷王国，建立最大的伊斯兰教淡目素丹国（1527～1582）。16 世纪初，在苏门答腊北部，阿里·穆罕雅特·沙建立了亚齐素丹国（1521～1913）。在素丹伊斯坎达尔·沙（1607～1636 在位）统治时期，亚齐成为东南亚的伊斯兰文化中心和前往麦加朝觐的启程地。1568 年，西爪哇的万丹统治者沙哈鲁丁趁淡目王国内乱，宣布独立，建万丹素丹国（1568～1813）。后攻占雅加达、井里汶等地，于 1579 年灭西爪哇的印度教巴亚查兰王国。16 世纪后期，梭罗的封建主推翻巴章的印度教王国，建立巴章素丹国。1575 年，日惹地区的封建主苏多威佐约（？～1601）被巴章国封为该地的政教领袖。1582 年他率军击败巴章国，建立强大的马打蓝素丹国（1582～1755）。17 世纪初，在素丹阿贡统治时期，几乎统一全爪哇并将势力扩展至巨港、占卑、马辰和苏卡达腊。1639 年灭东爪哇印度教的巴拉班安王国。马打蓝国以伊斯兰教为国教，实行伊斯兰教法，采用伊斯兰教历以代替塞种纪元，修建清真寺、宗教学校和苏菲长老的陵墓，发展伊斯兰学术文化，使整个爪哇岛完成了伊斯兰化的过程。

15 世纪，已归信伊斯兰教的马六甲和爪哇商人将伊斯兰教传入马鲁古群岛，最先改奉伊斯兰教的是蒂多雷国王里加图，改名哲马尔丁，臣民也随之归信伊斯兰教。后德那底、巴赞、查依洛洛等小王国相继改奉伊斯兰教，并建立伊斯兰教王朝。后通过传教师将伊斯兰教传入马鲁古群岛的其他岛屿。16 世纪初，马六甲穆斯林商人将伊斯兰教传入加里曼丹北部沿海地区。1550 年，来自苏门答腊的传教师将伊斯兰教传入加里曼丹西部的苏加达纳王国，1590 年国王吉里·库苏玛改奉伊斯兰教，臣民也随之改宗。加里曼丹南部的马辰王国由淡目传入伊斯兰教。群岛的内地部落民于 18 世纪改奉伊斯兰教。17 世纪初，伊斯兰教通过商人和传教师传入苏拉威西，后建立望加锡、布吉斯、波朗等伊斯兰教小王国。

16 世纪，荷兰殖民主义者开始入侵印尼。1619 年，荷东印度公司占领雅加达，开始了长达 350 年的对印尼的殖民掠夺。印尼各族人民展开了反抗斗争，其中规模较大、历时较长，由伊斯兰教领袖领导的反抗有蒂博·尼哥罗起义（1825～1830）、伊玛目·朋佐尔领导的比达里教派起义（1821～1837）和亚齐战争（1873～1913），沉重地打击了荷兰殖民主义者。1912 年“印尼伊斯兰联盟”建立后，在领导和推动民族解放运动中发挥了重大作用。20 世纪初伊斯兰教现代主义思潮由埃及传入印尼，以伊斯兰教学者塔希尔·哲拉鲁丁（1869～1957）和艾哈迈德·达赫兰（1868～1923）为代表的革新派，创办宗教刊物，建立伊斯兰文化教育组织，开办新式学校、医院和图书馆，发展现代教育。1942 年日本占领印尼。1945 年印尼宣布独立，同年制定的宪法规定，实行政教分离原则，信教自由；并规定了印尼建国的“五项原则”，即信仰唯一的真主、人道主义、民族主义、民主和社会公道。1950 年 8 月，苏加诺宣布成立统一的印尼共和国。1959 年他倡导“纳沙贡”，即民族主义、宗教和共产主义三大思潮合作。

印尼穆斯林绝大多数属于逊尼派，遵奉沙斐仪学派教法。来自印度和巴基斯坦的穆斯林多属什叶派。苏菲派和瓦哈比教派的学说和礼仪在一部分穆斯林中有一定影响。目前全国各岛屿共有清真寺和小礼拜寺 369760 座，仅首都雅加达有清真寺 1194 座，小礼拜寺 4617 座。1978 年在雅加达兴建成国家独立清真寺，为东南亚最大的清真寺，可容 10 万人礼拜。各地建有

14 所伊斯兰学校和大学。在雅加达设有“伊斯兰研究中心”,经常举办伊斯兰学术讨论会。印尼的伊斯兰教组织派代表参加世界和地区性的伊斯兰会议和学术活动。印尼的伊斯兰教政党主要有:印尼伊斯兰联盟、伊斯兰教师联合会、伊斯兰真谛协会,上列组织组成建设团结政党。伊斯兰教群众团体有:印尼伊斯兰教协会、印尼中华伊斯兰协会(华裔穆斯林组织)。各宗教组织均办有宗教报刊。印尼是伊斯兰会议组织、世界伊斯兰大会、伊斯兰世界联盟成员国。(杨克礼)

印度伊斯兰教 印度共和国位于南亚次大陆。面积 297.47 万平方公里。人口 8.16 亿(1988)。有 10 个大民族和许多小民族。首都新德里。居民主要信奉印度教(约占总人口的 83%),其次为伊斯兰教(11%)、基督教(3%)、锡克教(2%)和耆那教等。印地语和英语同为官方语。此外,各民族都有自己的民族语言。穆斯林人口约 8 千万,主要分布在北方邦、西孟加拉邦、比哈尔邦和安德拉邦。印度是世界四大文明古国之一。早在公元前 2000 年前后就创造了灿烂的印度河文明,后经吠陀时代,到孔雀王朝形成统一的奴隶制国家。8 世纪起,阿拉伯、阿富汗等外族人开始入侵,伊斯兰教传入。于 1206 年建立德里素丹王朝,奉伊斯兰教为国教,引进了伊斯兰文化。1526 年外族人巴布尔建立莫卧儿帝国,成为世界上最强大的国家,将伊斯兰文明推向一个新的高度。1849 年后,印度沦为英国的殖民地。19 世纪末,印度穆斯林中出现改良主义运动和不同的思想派别,最为著名的是阿利迦运动、艾哈迈迪亚运动、秋班德复古派。1906 年“全印穆斯林联盟”成立,它与国大党联合反对英国殖民统治,推进民族解放运动;后因政治分歧,“穆盟”于 1932 年提出“两个民族”理论,号召创建独立的伊斯兰国家。1947 年 8 月印巴分治,大部分穆斯林上层人士和中产阶级移居独立后的巴基斯坦,留在印度的除少数王公贵族外,多是处于最贫困阶层的农民和城市贫民。90%以上的印度穆斯林属于逊尼派,另有少数属于什叶派和苏菲派。全国性伊斯兰教政党和组织有:穆斯林全国阵线(1983)、印度联邦穆斯林联盟(原名为全印穆斯林联盟,1948 年易名)、印度伊斯兰教理事会(1981)、印度伊斯兰学者协会、印度伊斯兰教协会、全印穆斯林协会、穆斯林教法创制委员会等。20 世纪 60 年代中期以前,印度穆斯林在政治上一直追随印度国大党,后亦参与竞选,谋求自身的权益。一些穆斯林上层人士在历届内阁和议会中任要职。印度宪法保障信教自由、各教平等,国家实行政教分离原则。但因信仰、文化、习俗差异很大,加之少数教权主义者挑动,印度教徒与穆斯林经常发生教派冲突,酿成多起暴力与流血事件,20 世纪 80 年代以来愈演愈烈。印度全国有几千座清真寺,其中包括最古老的德里清真大寺(16 世纪)、海德拉巴麦加清真寺(17 世纪)。许多清真寺同时又是传授伊斯兰教知识的文化、教育中心。此外,有数千所经学堂。高等伊斯兰学府有阿利迦尔穆斯林大学、德里伊斯兰大学、德里阿格拉哈巴德伊斯兰研究院、马都拉尔大学、萨哈兰普尔经学院、秋班德经学院、勒克瑙伊斯兰学者书院等。德里素丹国和莫卧儿帝国留有许多精美壮观的文物古迹,包括莫卧儿旧都红堡、世界闻名的泰姬·玛哈尔陵。许多印度穆斯林组织与伊斯兰世界联盟、世界伊斯兰大会保持密切联系。

(黄陵渝)

印尼伊斯兰联盟(Indonesia Islamic League) 印度尼西亚第一个穆斯林的民族主义政治组织。亦称“全印尼穆斯林联盟”,又译“回教联盟”。1912 年成立于泗水。其前身系 1911 年成立的伊斯兰商业联盟,创始人为佐克罗·阿米诺托(Umar Said Tjokro Aminoto)。该联盟起初要求奖励民族企业,组织经济互助,提高穆斯林的文化素养与物质福利,振兴伊斯兰教,同时主张“与政府合作,尽力协助政府”。第一次世界大战期间,发展为群众性的反殖民主义组织,1916 年会员人数达 30 万左右。被列宁称为“土著人的民族协会”(列宁《亚洲的觉醒》)。1917 年第二次代表大会通过的宣言提出人民参与政治,取消种族歧视,各宗教平等,以成立自治政府为目标,同时反对“可恶的资本主义”。由于一些著名革命者的参与和努力,1921 年 3 月第五次代表大会决议指出:殖民压迫是资本主义统治的结果,必须以工农力量反对资本主义。此时,该盟实质上具有民族统一战线组织的性质。同年 10 月,在第六次代表大会上,由于右翼势力的操纵,会议通过“会员不准跨党”的决议。印尼革命者退出联盟,使其力量大为削弱。1927 年联盟决定对殖民当局实行不合作的政策。1921 年改名伊斯兰联盟党,1930 年又改名为印度尼西亚伊斯兰教联盟党。1942 年日本侵略军占领印尼,联盟被迫停止活动。(杨克礼)

英国暨爱尔兰穆斯林组织联盟(The Union of Muslim Organization of U. K. and Ire.) 英国全国性伊斯兰教民间组织。1970 年由移居英国的穆斯林移民团体共同发起成立。为英国 160 多万穆斯林唯一的代表机构。现任秘书长赛义德·阿齐兹·帕夏。总部设在伦敦,下设清真寺管理委员会、穆斯林学者委员会。该联盟有近 200 个成员组织。宗旨是:动员全英穆斯林发挥才智,为伊斯兰教与穆斯林服务。主要任务是就有关穆斯林权益的重大问题同英国当局进行交涉;协调全英穆斯林组织的活动;举办宗教教育,培养造就穆斯林青年。主要活动:每年组织召开全英穆斯林代表大会,邀请海外穆斯林领袖、学者来英讲学。该会与伊斯兰世界联盟、世界穆斯林大会均有联系。(黄陵渝)

英国伊斯兰教 英国位于欧洲西部。面积 24.4100 万平方公里。人口 5706.5 万(1988)。官方和通用语均为英语。首都伦敦。居民多信奉基督教新教。此外还有570万天主教徒，150万穆斯林，40万犹太教徒和2万佛教徒。穆斯林皆为外籍移民及其后裔，取得英国国籍者80万，占全国总人口的1.5%。分布在伦敦、伯明翰、曼彻斯特、贝德福德、利物浦、考文垂、诺丁汉、普雷斯顿、利兹、累斯特、格拉斯哥、约克夏等大都市区。其中以巴基斯坦人(35万)、孟加拉人(8万)居多，其次是来自印度、印尼、塞浦路斯、土耳其、马来西亚及阿拉伯、北非地区的穆斯林移民。20世纪初，伊斯兰教随首批来自印巴次大陆和也门的穆斯林移民传入英国。50年代以来，不断有外籍穆斯林劳工迁移英国。自60年代后期，英国出自对中东石油的需求，加强了与阿拉伯国家的联系，伊斯兰教愈益受到社会的重视。英国穆斯林大多重视同其母体的联系，依然保留其原有的宗教传统。绝大多数属逊尼派的哈乃斐学派，少数遵循什叶派的贾法尔学派或伊斯玛仪派传统。主要组织有：联合王国暨爱尔兰穆斯林组织、联合王国伊斯兰宣教会、英国伊斯兰全国教育委员会、英国伊斯兰基金会等。伊斯兰教在英国尚未取得与基督教同等的地位，但穆斯林已形成一个相对独立的少数派社会群体。他们在政治上大多倾向于工党。1989年英国穆斯林首先发起抗议拉什迪的《撒旦诗篇》的出版，引起社会舆论的重视。少数阿拉伯和印度原籍的穆斯林商人比较富裕。大部分穆斯林多从事体力劳动和服务工作，失业者很多。但伊斯兰教作为一种外来文化，深受英国教育界、学术界的重视。英国是最早研究伊斯兰教的欧洲国家之一，有一支相当强的科研与教学相结合的队伍，出版了大量学术专著和通俗知识读物，牛津、剑桥、伦敦、爱丁堡等著名大学皆开设伊斯兰教课程，培养各级学位的研究生。全国有1300多座清真寺和伊斯兰文化设施。70年代在沙特阿拉伯等国资助下建造的英国伦敦伊斯兰中心，是世界上最大的伊斯兰文化中心之一。在利物浦、伯明翰、曼彻斯特、累斯特、格拉斯哥、考文垂、诺丁汉等地也有规模宏大的清真寺和伊斯兰文化中心。它们同遍及各地的基督教建筑形成强烈反差，使人感受到伊斯兰文化的魅力和影响。此外，英国穆斯林还开办了10余所经文学校和穆斯林中学；高等院校有伊斯兰研究学院、阿维森纳学院。英文、阿拉伯文《古兰经》及其他伊斯兰教出版物数目众多，极为发达。报刊、广播、电视节目中亦时常有关于中东和伊斯兰教的内容。欧洲伊斯兰教理事会、世界穆斯林少数派委员会的总部都设在伦敦。英国穆斯林与欧洲各国穆斯林及伊斯兰世界联盟、世界伊斯兰大会均保持联系。　（黄陵渝）

营口清真寺　中国伊斯兰教清真寺。坐落在辽宁省营口市区。据寺内碑刻记载，该寺于清同治四年(1865)，由驻守营口的回族统领马子文首倡集资购置一宅院改建而成。光绪十一年(1885)，又由总兵左宝贵捐资及当地穆斯林集资扩建。至光绪二十六年(1900)，几经扩展，已建有大殿5间，后殿窑亭1座，水房5间，南北讲堂各5间，殿前抱厦3间，六角形楼亭1座及对厅、山门等，并建女寺5间。全寺占地面积4800平方米，分前后院。院内筑花墙、月亮门，地面铺十字形青石甬道。大殿外门楣上悬有左宝贵所题“道合中庸”匾额及“扶持正教要在循规蹈矩，挽救颓风先宜诚意修身”的楹联。“文化大革命”期间，该寺遭破坏。1981年，营口市伊斯兰教协会集资重建了面积达310平方米的礼拜殿，殿基高0.9米，前加台阶7层，大殿平顶四周有花墙，前殿为阿拉伯式穹隆顶，后殿为16米高的六角楼亭，上有新月标志。整个建筑群布局紧凑合理，庄严肃穆。　（陈进惠）

庸常　中国伊斯兰教学者对一般信众的称谓。凡信仰伊斯兰教的一般穆斯林被称为“庸常”或称“信士”。清代刘智《天方典礼择要解·原教篇》称：“人区九品，道宗一脉。”刘氏按照穆斯林所能达到的宗教“品级”层次，将其分为九等：“圣四：曰圣、曰钦圣、曰大圣、曰至圣。次于圣者曰大贤、曰知者、曰廉士、曰善人、曰庸常。”九品中最高的品级即“至圣”，特指先知穆罕默德1人；最低品位即“庸常”。“庸常”“又曰信士，乃信主业一而从圣人之教者，其于教礼义者趣味，则未识也。”　（冯增烈）

《永乐敕谕》　中国伊斯兰教历史文献。系明成祖朱棣(1403～1424在位)关于保护伊斯兰教的诏令。1956年在江苏扬州普哈丁墓园世袭伊玛目兰晓阳墓葬处发现。诏令原件为帛书，高72厘米、宽100.5厘米，已经裱褙珍存于北京民族文化宫。上有汉、波斯、蒙古3种文字。汉文全文是：“谕米里哈只：朕唯人能诚心好善者，必能敬天事上，劝率善类，阴翊皇度。故天锡以福，享有无穷之庆。尔米里哈只，早从马哈麻之教，笃志好善，导引善类，又能敬天事上，益效忠诚。眷兹善行，良可嘉尚。今特授尔以敕谕，护持所在。官员军民一应人等，毋得慢侮欺凌。敢有故违朕命，慢侮欺凌者，以罪罪之。故谕。永乐五年五月十一日。”文末盖有御玺，阴刻4字：“敕命之宝”。此外，在全国其他清真寺发现此诏令尚有5处，其中福建泉州艾苏哈卜清真寺、福州清真寺、苏州砂皮巷惠敏清真寺，敕谕均刻于寺内石碑上，陕西西安化觉巷清真大寺则在木匾上镌刻。另1处则见于江苏松江云间清真寺，清康熙十六年(1677)《重修真教寺碑记》中述及，同为《永乐皇帝敕谕》。6处行文略有不同：泉州、福州的碑刻与扬州的帛书相同；苏州碑刻受谕者是“米里闪思丁”；西安木匾所刻、松江碑记所引受谕者则是赛亦的哈马鲁丁；1881年出版的《清真释疑补辑》中亦收录了《永乐敕谕》，受谕者与西安、松江所刻音近而字不同，是“赛一忒哈马鲁丁”。研究者认为：《永乐敕谕》是明成祖为配合郑和下西洋而采取的保护国内穆斯林和清真寺的重要措施，受到当时穆斯林的普遍欢迎，各地清真寺多加

以翻刻，视为“护寺之宝”，有的在翻刻中将受谕者换成本寺伊玛目的名字。（陈达生）

永宁纳家户清真寺 中国伊斯兰教清真古寺。坐落在宁夏回族自治区永宁县城西北的杨和乡纳家户村。始建于明嘉靖三年(1524)。纳家户在历史上是一个闻名遐迩的回族村庄。据《陕西通志》记载：“元初，贵族瞻思丁、纳速拉丁，子孙甚多，分为纳、速、拉、丁四姓，居留各省，故宁夏有纳家户，长安有拉家村，今宁夏纳氏最盛。”《甘宁青史略》中亦有类似记述。该寺初建匾文曰：“吾家弃秦移居西夏。”清真寺建筑总面积为8000多平方米，由礼拜大殿、邦克楼、望月楼、厢房、沐浴堂等几部分组成。建筑采用中国传统木构大屋顶风格，并融合了伊斯兰教装饰艺术。大殿建筑为“卷棚歇山勾搭连”式，由4个尖歇山脊和3卷棚歇山脊组成，远看殿顶错落有致，鳞次栉比，十分壮观。大殿前后左右有柱廊，廊沿飞檐斗拱，雕梁画栋，用各种形态的木刻花纹装饰。礼拜大殿面阔20米，深43米，建筑面积为860平方米，可容纳1500人同时礼拜。该寺建立迄今已450余年，曾是伊斯兰经学的传播中心之一，于清同治、光绪年间两次维修。1984年又由政府资助全面修缮，并重建了3层重檐歇山顶的邦克楼。（余振贵）

优努斯(Yūnus) 《古兰经》中记载的古代先知之一。一译“郁奴司”。阿拉伯语音译。亦称“左农”(Dhu al-Nūn，意为“鱼人”)。《旧约全书》称“约拿”(Jonah)。《古兰经》中提及其名的经文共有6处，并以其名作为第10章篇名。在6处经文中，有2处系将其与众先知并提，指出他是接受过安拉“启示”和“引导”的使者之一(4：163，6：86)，其余4处均为概述其事迹和应从中吸取的教训。结合经注学家的解释，其事迹的主要情节是：他奉安拉之命在美索不达米亚平原北部的尼尼微(Niniwi，今伊拉克境内)部族中传教，劝告族人抛弃偶像崇拜，信仰独一万能的安拉。因劝化无效，便在未经安拉准许的情况下愤然乘船出走。船至深海突遇风暴，为减轻船体重量，经多次拈阄，均拈中他必须离船。他若有所悟，毅然纵身投海，当即被巨鲸吞之入腹。他在腹中痛心疾首，忏悔自己擅离职守的错误，请求安拉宽恕。安拉准其所求，“拯救他脱离忧患”，使鲸鱼将其吐至海滩上，并使其身旁长出瓠瓜，从而使其得以生还。后安拉令其继续向族人传教，终于使10多万民众认主独一(37：139～148，21：87～88)。《古兰经》讲述以上故事旨在：(1)告诫先知穆罕默德面对麦加多神教徒的刁难要有耐心和毅力，“不要向那个葬身鱼腹的人一样”知难而退(69：48～50)。(2)劝告麦加多神教徒应以优努斯的宗族为榜样，及早归信伊斯兰教，以免遭“今世生活中凌辱的刑罚”(10：98)。《古兰经》中所载的优努斯，在情节上虽与《旧约全书》中的约拿有某些相似之处，但其中相异之点亦多，且引述之意义迥然不同，故穆斯林经学家认为不宜将二者混淆等同。（杨宗山）

优努斯的宗族(Qawm Yūnus) 《古兰经》中记载的古代部族之一。阿拉伯语“高目·优努斯”的意译，一译“郁奴司的族人”。因古代先知优努斯曾劝教于该部族，故名。相传为美索不达米亚平原北部(今伊拉克境内)古代亚述王国都城尼尼微(Niniwi)的居民。《古兰经》第10章第98节提到该部族。据经注学家解释，他们起初曾拒绝接受先知优努斯的劝教，后因从狂风大作预感到灭顶之灾的降临，立即悔悟，“信仰正道”，从而幸免于难。此节经文旨在劝告麦加多神教徒，要他们以优努斯的宗族为榜样，及早抛弃偶像崇拜，信仰独一的安拉，以免遭“今世生活中凌辱的刑罚”。（杨宗山）

优努斯汗(Yūnus Khan，1416～1487) 东察合台汗国可汗。《明史》作羽奴思。1428年其父乌韦斯(《明史》作歪思)去世后，优努斯汗长期与其兄也先不花争夺汗位，后失利逃往塔什干，又被部下带往撒马尔罕投靠帖木儿王朝素丹兀鲁伯，在国外度过了20多年流亡生活。1455年被帖木儿后王素丹侯赛因立为蒙兀儿斯坦汗，令其回国牵制也先不花对河中的进攻。1468年取得东察合台汗国大汗的地位。优努斯汗在国外流亡期间，受到帖木儿王朝诸素丹的礼遇，曾跟随著名学者大毛拉谢里夫丁·阿里·耶济德(《帖木儿武功记》作者)从习伊斯兰文化知识12年之久，后又前往波斯、伊拉克等地游历求学，定居于设拉子。由于他阅历丰富，熟悉伊斯兰文化，学识渊博，被誉为“优努斯大师”。他极力倡导蒙兀儿人摒弃游牧习俗，到集镇和农业区定居，并将自己的都帐设置于塔什干。此举遭到多数保守的游牧贵族的反对，被部下囚禁一年之多。获释后，他又坚持在阿克苏小镇设立牙帐，仍遭到部下反对。晚年他终于放弃汗位，带领少数随从定居在赛兰。据《中亚蒙兀儿史—拉失德史》称，当时新疆的蒙兀儿人虽信仰伊斯兰教已有100多年，但未被中亚各穆斯林国家所承认，仍被当作“异教徒”在奴隶市场贩卖。为此，优努斯汗拜访了中亚伊斯兰教界领袖纳速拉丁·欧拜杜拉和卓，向其说明原委。欧拜杜拉和卓观优努斯汗谈吐优美，举止文雅，并精通伊斯兰教的学问，遂写信给各国穆斯林君主，接纳蒙兀儿人为伊斯兰世界的成员。（李进新）

优素福(Yūsuf) 《古兰经》中记载的古代先知之一。一译“郁素福”。阿拉伯语音译。《旧约全书》称“约瑟”(Joseph)。先知叶尔孤白之子。《古兰经》第12章以其名作为篇名，并专章集中讲述了他的以下故事：他聪明、英俊，天真无邪，深得其父钟爱。某夜，他梦见有11颗星和太阳、月亮向他鞠躬致意，便如实禀告其父。其父知道这是喜兆，将来会灵验，便叮嘱他严守秘密，不要告诉他的异母哥哥们。他有10个同父异母哥哥，一直嫉恨他受老父钟爱。一天，他们谎称带弟弟外出游玩，将他推入深井中，却用假血染红的衬衣诡称他不幸被狼吞噬。叶尔孤白悲痛欲绝，长年思念爱子，以致双目失明。优素福被过路客商汲水之际从井中捞出，廉价卖到埃及权贵葛图斐尔府中当仆人，权贵夫妇见其相貌非凡，待之如同义子。及长，更显得英俊魁梧，权贵年轻美貌的妻子祖莱哈遂生邪念，伺机将他诱入卧室，遭拒绝后，竟动手拉扯，从后面将其衬衣撕破，他夺门而逃，恰遇外出回府的权贵。妇人恼羞成怒，当即反诬男仆向主母施暴，欲行强奸。权贵深知优素福人品素质，且家丑不便外扬，遂未予深究。后优素福终被诬陷入狱，度过了多年的铁窗岁月。在牢房中，他曾为两个难友圆梦，说其中一人将被判处死刑，另一人将恢复原职，到王宫斟酒。不久，果然应验。几年后，国王做一怪梦不得其解，经被释出狱的斟酒人推荐，国王以清白无罪释放优素福出狱为之圆梦，其内容大致为：该国将连续7年丰收，而后又会连遭灾荒，故需贮备粮食，以度饥荒。国王遂任命优素福为主管粮食的大臣。他忠于职守，居安思危，储粮务荒。7年后果然灾荒严重，遍及邻国，他便开仓赈济灾民。当年迫害他的异母哥哥们也从远地赶来求救，见他仍健在人间，且成为举足轻重的贵臣，羞愧得无地自容。他宽大为怀，不咎既往，将全家老幼全部接到埃及团聚，同享天伦之乐。他幼年时所梦11颗星(代表10兄1弟)和太阳、月亮(代表父母)向他鞠躬致意的预兆终于变成现实。这是《古兰经》中讲述最完整的集中而系统的故事。注疏家认为之所以详尽讲述，是因为优素福同先知穆罕默德处境相似，前者被弟兄嫉恨谋害，后者遭到古莱什族人的仇视暗算，但两位先知都善于坚忍，不怨天尤人，在获胜后都表现出宽容大度、不咎既往的胸怀，具有圣哲的优秀品质。有人认为优素福即《旧约全书·创世纪》第37章讲的约瑟，穆斯林经注学家认为不宜将二者完全等同。 (林　松)

优素福·卡迪尔汗(Yūsuf Qādir Khan，？～1032)　喀喇汗王朝可汗，中国新疆和田地区第一位穆斯林统治者。全名优素福·本·哈桑·卡迪尔汗。《宋史·于阗传》称之为"黑韩王"。回鹘(今维吾尔)族。喀什噶尔(今新疆喀什市)人。出身于喀喇汗王朝王族，其父是著名的河中地区征服者哈桑·布格拉汗。自幼受王室和伊斯兰教教育。早年经历不详。称汗前，以王族成员和将领身份参与喀喇汗王朝同于阗佛教王朝的宗教战争。998年，在王朝首领阿里·阿尔斯兰汗于英吉沙同于阗佛教徒的战斗中阵亡后，奉命乞师于中亚布哈拉，得到穆哈伊丁等4位伊玛目所募4万(一说2.4万)名穆斯林志愿军援助，遂打败于阗军队，收复喀什噶尔。继而挥师东进，相继攻占叶尔羌(今新疆莎车县)、叶城(今新疆叶城县)，直抵于阗首府和田城。经长期围困后，于11世纪初陷之，终灭于阗李氏王朝，把伊斯兰教传播到和田地区，并成为该地区第一位穆斯林统治者。宋真宗大中祥符二年(1009)，首次向宋朝派出使团进贡，正式建立了同宋朝的关系。后以叶尔羌为中心发展势力，将王朝大可汗艾哈迈德·托干汗逐出喀什噶尔，成为喀喇汗王朝东部地区的实际统治者。在叶尔羌、喀什噶尔以卡迪尔汗优素福的名义铸造钱币。1025年，正式成为喀喇汗王朝大可汗。旋赴河中地区，与伽色尼王朝素丹马哈茂德结成军事联盟，打败河中地区统治者阿里特勤，但因马哈茂德另有图谋，未能夺取河中地区。后在伽色尼王朝支援下战胜艾哈迈德·托干汗二世，夺取巴拉沙衮。阿拔斯王朝哈里发赐予他的伊斯兰封号是："东方之王"(Malik al-mashriq)、"宗教的辅助者"(Nāṣir al-millah)、"真理的支持者"(Nāṣir al-Ḥaqq)、"国家的辅助者"(Nāṣir al-Dawlah)。12世纪阿拉伯著名历史学家伊本·艾西尔在其《全史》中，称赞他"笃信宗教，尊敬学者与宗教信徒，他们从四面八方到他这里来，他接纳他们并使他们幸福"。1032年优素福去世，葬于喀什噶尔，其墓至今犹存。 (马品彦)

优素福·卡迪尔汗麻札　中国新疆地区伊斯兰教麻札名。喀喇汗王朝著名首领、和田征服者优素福·本·哈桑·卡迪尔汗的陵墓。在新疆喀什市。始建于1032年。后曾多次整修和扩建。现存建筑奠基于清同治十三年(1874)。属阿拉伯式建筑。由墓室、礼拜殿等组成。墓室坐落在后院，砖砌，底部方形，以蓝底白花琉璃砖贴面。顶作穹隆式，表面覆以苍绿色琉璃砖。礼拜大殿系砖木结构，由内、外殿组成。外殿平顶，内殿为圆顶。大门和墓门两侧、庭院四隅等共建有圆筒形邦克塔楼10余座，塔顶均作圆亭状，但形式各异。整个建筑群布局严整，高低主次分明，具有浓厚的伊斯兰艺术风格。 (马品彦)

优素福·伊本·塔什芬(Yūsuf ibn Tāshifin，？～1106)　北非穆拉比特王朝的创建者。为北非柏柏尔人，属桑哈贾部落的莱姆图奈部族。其叔叶哈雅为部落酋长。信奉伊斯兰教逊尼派教义，为虔诚的苦行者。约1050年，伊斯兰教长伊本·雅辛来到该部落传播"维护伊斯兰教纯洁性"的教义时，举家与其共同结盟，建扎维叶，并由其叔叶哈雅领导组成宗教武装力量。1056年其叔叶哈雅去世，他与另一叔父艾布·伯克尔共掌军权。他们曾以塞内加尔河一小岛为基地，先征服了附近的柏柏尔和一些黑人部落，后又北进，攻占摩洛哥南部的塔鲁丹特、艾格马特等城市。1059年伊本·雅辛在战斗中阵亡，不久撒哈拉的莱姆图奈部落骚乱，艾布·伯克尔率军南返平乱。

1061年伊本·塔什芬掌握全部权力，成为第一代国王。1062年，他兴建马拉喀什城，作为首都。1068年北进占领非斯，1078年攻克丹吉尔。1080～1082年将领土向东扩张到阿尔及尔，控制了整个西北非。

1087年艾布·伯克尔去世后,他又控制撒哈拉地区。1086年,西班牙塞维利亚国王穆尔台米德因遭基督教卡斯提尔国王的进攻,遣使求援,他率军渡海登陆,在宰拉盖决战中,击败阿尔封索六世的军队,后因丧子而返回马拉喀什。1090年他又率军攻入格拉纳达,夺取塞维利亚及其他城市,灭塞维利亚王国,并将塞维利亚作为陪都。他执政后,集行政、军事和宗教大权于一身,自称"穆斯林的长官",名义上承认阿拔斯王朝哈里发的宗教权力。他铸造的钱币第纳尔,正面为"穆斯林长官",背面为巴格达哈里发的名字。他重用伊斯兰教法学家,经常发布"法特瓦"(即教法决定),命令穆斯林严守教律,对不同意其教义和教法主张的学者,斥为"异教徒"予以迫害。对犹太教和基督教徒的宗教活动明令加以限制,对其反抗者予以流放和屠杀。对农牧民和城市居民征收沉重赋税,致使他们依旧过着苦难生活,引起各地普遍不满。1106年伊本·塔什芬逝世后,王朝衰落。(杨克礼)

优选法(Istiḥsān) 伊斯兰教法专用语。一译"佳纳"、"衡平"、"唯美"。阿拉伯文"伊斯提哈桑"的意译。哈乃斐教法学派辅助立法、司法原则。指法学家在创制律例,教法官(即卡迪)在受理案件、决定法律意见时,出于实际考虑,可不拘泥于类比方法,而采取灵活变通的方法、原则,以求得更公正的结论或判决。此方法、原则是对公认的类比方法的一种有条件的保留,只限于无经、训明文可依的特殊情况下采用此原则。例如,按照伊斯兰教商法的惯例,租赁或雇佣的租金或佣金须以黄金、白银等可替代物支付,但法律上亦允许以提供衣食、住宿等方便来雇佣保姆。(吴云贵)

《幽玄之钥》(Mafātiḥ al-Ghayb) 见《拉齐古兰经注》。

油香 中国穆斯林食品之一。油香,即是圆形油炸面饼。制作方法:先将面粉和成,加少许烫面,发酵,然后加碱、菜油、香豆等,面和好,擀成一两或两公斤的圆饼,在饼心压一孔或划两刀,以便中心熟透,放入油锅炸熟即成。还有一种"烫面油香",是将面烫熟后如法炮制,只是每个约一两,以涂上蜂蜜热食为佳。凡逢宗教节日,婚丧大事等隆重场合,穆斯林都炸油香款待宾客,馈赠亲友。(冯增烈)

游坟(Ziyārah al-Qubūr) 伊斯兰教宗教礼俗。穆斯林纪念亡人的一种仪式。"游坟"即谒墓,俗称"走坟"、"上坟"。穆罕默德曾经说过:"谁进了坟园,念十一遍《忠诚》章,把其回赐舍给亡人,那么真主便把代价给予所有的亡人。"又说:"凡是亡人,活人给他念《雅辛》章,真主便使他轻爽。"据此,穆斯林便把游坟作为一种"逊奈"遵行。通过游坟,以示对亡故者的纪念和缅怀,并祈求真主"恕饶罪过",升高他的品级。伊斯兰教认为活着的人亲临墓地,见坟生感,由亡人的死亡联系到末日的审判,会激励自己多干善功,弃绝行恶,作一个正直、虔诚的穆斯林。中国穆斯林大多在聚礼、会礼之后,或在亡人生辰、亡故日期,个人或集体请阿訇前往墓地游坟念经,以尽"搭救"之诚。中国穆斯林也到圣哲、先贤墓游坟,以表示景仰。各派对游坟的看待和作法大同小异,只有苏菲"门宦"各派对游"拱北"尤其重视,仪式隆重,规模也较大。(冯增烈)

有经人(Ahl al-Kitāb) 《古兰经》中对信奉"天启"经典者的泛称。阿拉伯语"艾赫勒·克塔卜"的意译。亦译有经典者、信奉天经的人。指犹太教徒和基督教徒。因他们分别为"天启"经典《旧约》和《新约》的信奉者,故名。《古兰经》中有30余处以"有经人"称之,反映了先知穆罕默德传教时期对他们既有团结与联合,又有警告和斗争的情况。参见耶乎德、奈萨拉。(杨宗山)

有效婚姻(Nikāḥ Ṣaḥiḥ) 伊斯兰教法概念。指符合教法规定的婚姻。阿拉伯语意译,意为"有效的"。系由早期的教法学家根据经、训、教法提出的婚姻法律规范。有效婚姻受法律的保护,并规定夫妻间应享的权利和应尽的义务。主要是:(1)丈夫在婚前或婚后必须赠予妻子一定数额的聘礼,离异时必须给妻子离仪,以示对妻子的关怀和尊重,并充分履行赡养妻子和子女等义务。(2)妻子有义务服从和服侍丈夫,哺育、监护未成年的子女,同时有权管理、支配夫妻共有财产和个人的私产。(3)夫妻双方有互相继承遗产的权利,所生子女为合法婚生子女,有继承父母遗产的权利。(4)建立在有效婚姻基础上的两性关系,为夫妻间合法的性关系,受法律的保护。(5)超出此范围外的男女间的私情,为教法所不容,构成通奸罪,要受到法律的追究和处罚。(吴云贵)

郁奴司 见优努斯。

郁奴司的族人 见优努斯的宗族。

御制至圣《百字赞》 中国明朝皇帝敕赐伊斯兰教清真寺的赞文。因赞文整100字,故名。元末,大批回回人的后裔参加了朱元璋领导的农民起义,不少回回将领建立了殊勋,成为明王朝的开国功臣,著名的有常遇春、沐英、冯胜、蓝玉等。因此,明太祖朱元璋对穆斯林采取怀柔政策,对伊斯兰教持宽容保护态度。他称帝后于洪武元年(1368)便下谕敕建南京三山街及西安子午巷清真寺,并御制至圣《百字赞》赐清真寺。《百字赞》称颂伊斯兰教是"仁覆天下,道冠古今",同时也赞安拉,赞至圣穆罕默德。其赞文曰:"乾坤初始,天籍注名。传教大圣,降生西域。授受天经,三十部册,普化众生。亿兆君师,万圣领袖。协助天运,保庇国民。

五时祈佑，默祝太平。存心真主，加志穷民。拯救患难，洞彻幽冥。超拔灵魂，脱离罪孽。仁覆天下，道冠古今。降邪归一，教名清真。穆罕默德，至贵圣人。”(刘智《天方至圣实录》卷二十)《百字赞》除在南京净觉寺、西安化觉寺、杭州等地清真寺存有碑刻外，在全国穆斯林中广为流传，并载于中国伊斯兰教典籍之中。《百字赞》是否为朱元璋撰赐，在学术界尚有所质疑。有的学者提出佐证：现存的南京净觉寺系明洪武二十一年(1388)奉朱元璋敕谕，为安置归附的回回人亦卜剌金、哈马鲁丁而建。王鏊于明弘治五年(1492)撰文记其事，碑已不存，而此文收于清代刘智所著《天方至圣实录》内。净觉寺原有砖刻门楼1座，上有“敕赐”2字，它足以印证《百字赞》为朱元璋撰赐。

(杨克礼)

袁汝琦 中国清康熙年间伊斯兰教经师。字懋昭。金陵(今南京)卢妃巷人。回族。出身于经学世家，生卒年不详。活动于17世纪下半叶和18世纪初。父盛之为胡登洲五传弟子，谦恭、饱学，深孚众望。髫龄时从父习读伊斯兰经籍。父病危时嘱令弟子马进益代为指示以终其所学。他谙熟阿拉伯文，精通伊斯兰教义。居家授徒，恪守经训，洁己惠人，宽而多忍，名重一时。推崇阿拉伯学者查密、阿补德·欧默尔等人“学识超凡，品德几圣”，所著《密迩索德》、《勒瓦一合》、《额史尔》等，是“阐明造化之体用，人物之知能，以作道者践趋之程式”。在伊斯兰教认主学方面，主张“造物主欲见其全体大用，而生人焉，则人也者，造物主之镜。镜明则见全，镜昏则见亏，是见全见亏，只在人之心镜明与不明尔”。曾据经禁断拜中起指，本方之众咸遵革之。全力支持汉文译著事业，高度赞扬其弟子刘智是当时之“伟人”，不仅以“考经”身份协助译著《天方性理》，且亲自为之作序。曾为马注《清真指南》赠诗云：“先生明月腹中藏，照尽妍媸未损光”，以资鼓励。

(冯今源)

原教旨主义派 见罕百里教法学派。

圆经 中国穆斯林宗教仪式。“圆经”是念完全部《古兰经》30本后举行的仪式，又称“完经”。圆经的仪式是念“法蒂哈”、“百格勒”后捧手祈祷即成。如果由1名阿訇圆经，上述仪式则由其一人进行。如果集体开经，当场诵完“一匣”或“几匣”，就由3名阿訇分别念“法蒂哈”、“百格勒”和祈祷。如果集体开经当场念不完，则由指定的阿訇于事后补念完毕，然后再请阿訇圆经。参见开经。

(冯增烈)

援例 见类比。

远寺(al-Masjid al-Aqṣā) 见阿克萨清真寺。

约旦伊斯兰教(al-Islām fi al-Urdunn) 约旦哈希姆王国，位于亚洲西部，面积9.139万平方公里(不含约旦河西岸)。人口301万(1988)。居民大多是阿拉伯人，其余为土库曼、亚美尼亚和吉尔吉斯人。居民90%以上信仰伊斯兰教，伊斯兰教为国教。阿拉伯语为国语。通用英语。首都安曼。约旦是一个君主立宪国，国王自称是先知穆罕默德的哈希姆家族之后裔。637年穆斯林军进入约旦后伊斯兰教随之传入，约旦成为阿拉伯哈里发国家的一部分。8世纪约旦东部(外约旦)仅有少数阿拉伯部落信仰伊斯兰教，大部分部落信仰基督教。10世纪已实现阿拉伯化和伊斯兰化。1517年，奥斯曼帝国占领约旦，属帝国的大马士革省所辖，土耳其人在当地穆斯林居民中传播逊尼派哈乃斐教法学派。18世纪末，约旦部分贝都因部落参加瓦哈比派宗教政治运动，但其教义在约旦阿拉伯居民中并未得到广泛传播，现在该派穆斯林很少。1920年，汉志国王侯赛因为恢复被英国占领的巴勒斯坦地区，派其次子阿布杜拉·本·侯赛因率军到安曼，遂成为该地区一支强大军事力量，成为统治者。1923年，约旦成为英国委托统治下的半独立埃米尔国。1950年，约旦国王阿卜杜拉宣布将约旦河西岸大部分地区纳入本国版图，改国名为约旦哈希姆王国。约旦90%穆斯林属逊尼派，伊斯兰教在约旦的政治社会生活中起着重要作用。宪法规定国王必须是穆斯林，设有宗教法庭，宗教领袖为国家大穆夫蒂。宗教刊物有《伊斯兰月刊》、《伊斯兰教法双周刊》。国民教育中宗教教育占很大比重。约旦是阿拉伯国家联盟创始国之一，为伊斯兰会议组织、世界伊斯兰大会和伊斯兰世界联盟的成员国。

(杨克礼)

约柜(al-Tābūt) 见塔布特。

月碑 中国伊斯兰教阿拉伯文天文碑铭。现藏陕西省西安化觉巷清真大寺内。因碑文内容是关于观新月以确定斋戒起讫日期的铭文，故称“月碑”。据传作者为“小西宁”，生平不详，系当时该寺掌教阿訇。碑额用汉文镌刻有：“见月凭证”4字。月碑高230厘米，宽80厘米，置有底座。月碑左侧刻有汉文“陕西西安府长安县子午巷清真大寺碑志”，右侧为清“雍正十年三月十三日勒石”。碑刻正文为阿拉伯文，文中引用圣训关于确定封斋开斋日期的五段论述及伊斯兰教经学大师的注释。伊斯兰教法规定，伊斯兰教历9月(Ramadan，即莱麦丹)为斋戒月，对这个月起讫除计算之外，还要以见新月为凭，确定封斋和开斋具体日期。中国穆斯林因居住分散，随历史之变迁，形成多种确定斋月日期的方法，致使各地封斋和开斋的日期不尽相同。一些地区的穆斯林坚持“见新月封斋，见新月开斋”等有关圣训规定，被称为“遵经派”；大部分地区的穆斯林一般不观看新月，将封斋开斋的日期固定在中国农历(太阴历)与伊斯兰教历斋月相应月份的初二或初三，即称“老初二派”或“老初三派”。为遵从经训，求得斋日统一，月碑认为，确定封斋、开斋的具体日期，应依据《古兰经》、圣训的规定和伊斯兰先贤的方法，恪守“见新月封斋，见新月开斋”的圣训，不能偏离和随意变动。碑文引经据典，旁征详释，推导出关于确定斋日的若干原则：(1)以观察到新月的第二天，作为封斋、开斋的准确日期。(2)是否观察到新月，必须有两人以上作证方为有效。(3)如在先一日晚间未见到新月，翌日见到新月，则封斋、开斋的起讫日期应是昼晨见月的次日。(4)在伊斯兰教历8月(Sha'ban，即舍尔班)29日若逢阴雨天气不见新月时，次日为“不确定日子”，不予封斋，8月为大建(30天)，次日进入斋期。(5)教历8月29日傍晚如见新月，翌日为9月1日进入斋期，8月乃为小建(29天)。(6)教历9月29日傍晚，亦需看月。如见新月，翌日即为10月(Shawwal，即绍瓦勒)1日，即开斋节；如9月28日晚见月，次日即为开斋之日，后必须补斋一日。(7)在教历8月或9月的小建或大建，如连续阴雨见不到新月，其斋期不能超过30天，封斋和开斋的日期决不许延迟到中国农历的初四或初五。月碑阿文书法娟秀，镌艺精湛，是中国伊斯兰重要的天文文物，是伊斯兰文化在中国传播和发展的历史见证。在陕西省咸阳市东郊胡登洲墓遗址上，也立有同一内容的《月碑》，可供比较研究。（冯增烈）

《月华》 中国伊斯兰教综合性学术刊物。1927年1月在北平创刊。原为旬刊，1947年改为月刊，由设在成达师范学校的“月华报社”编辑出版，主编赵振武。抗日战争时期曾迁至桂林、重庆，一度停刊。1947年迁回北平继续出版发行。其第1、2两卷为报纸形式，8开，4个版面。自第3卷起改作杂志形式。原以卷期计算，自1947年变月刊后改以年度计算。该刊主要登载伊斯兰教学术文化方面的论文和资料，内容包括中国伊斯兰文化之演进、伊斯兰学术思想之研究、中国各地穆斯林情况调查、中国伊斯兰教史料、伊斯兰国家的历史及现状、回民教育问题等，是国内探讨伊斯兰学术文化的一个重要论坛。该刊登载过金吉堂的《中国回教历史问题》、马心泉的《中国回教教育的过去、现在与将来》、王静斋的《中国回教掌故》、马松亭的《回教与人生》、《中国回教的现状》、尹伯清的《王浩然阿訇传》、傅统先的《追求中的真宰》，以及庞士谦译作《回教法学史》和马坚译作《认主学大纲》等许多重要学术性文章。此外，还连载了《全国清真寺调查表》和《北京市清真寺调查》，收集和保存了大批珍贵的历史资料。该刊栏目除论著、调查、译丛外，还辟有社论、时事述评、言论坫坛、学术讲座、讲演录、回教世界、笔记、史料及文艺等专栏。每期刊首都刊有一段“古兰诠注”。1936年曾出过一期《北平教案始末》。该刊还报道海内外专题消息，篇末附有《中外教闻》和《穆民写真》。在迁出北平以前，该刊刊首还经常登载学术活动及清真寺照片。在抗日战争时期，该刊虽处境困难，但仍刊登了大量宣传抗日救国的文章和报道，并公布了发表文章的立论原则为：“激励回民之国民气节，发扬回教杀身成仁之抗战美德，说明抗战建国必能成功之理由，联络回教世界，俾得国际上之同情，而予侵略者以政治上、经济上打击。”该刊是辛亥革命后，中国穆斯林先进知识分子为振兴民族，弘扬教义，致力文化建设，维护民族合法权益而兴办的舆论阵地。它在介绍伊斯兰学术文化，启迪民智，增进民族团结，宣传爱国主义等方面，做出了很大贡献。（余振贵）

《月华周报》 中国伊斯兰教新闻报刊。1947年8月22日创刊，由月华报社周报编辑委员会编印。自第23期起改为六日刊，全体工作人员均系学生。社址在北平(今北京)东四牌楼清真寺内。该刊每期4个版面，为8开面。其宗旨是配合《月华》杂志报道国内外伊斯兰学术研究新动态和伊斯兰的有关新闻，介绍伊斯兰知识，促进对伊斯兰问题的全面探讨和研究，扩大穆斯林的社会影响。周报以报导国内外伊斯兰新闻迅速准确而著称。对各地伊斯兰教务活动也及时反映。刊登主要学术性论著有：马金声的《重视回族妇女教育》、蓼华的《小西湖畔的西北中学》等。还报导过1948年6月“中国回民援助阿拉伯圣战大同盟”游行情况。其栏目有新闻、论著、译丛、每周文摘、月华信箱、文艺(连载小说、诗歌)、游记、卫生知识、新天方夜谭、回民之声、阿衡轶事、体育消息等。该报是40年代北方较有影响的中国穆斯林报纸。（余振贵）

《乐府诗集》(Kitāb al-Aghāni) 阿拉伯古典诗歌汇集。又译《诗歌集成》。由艾布·法拉吉·伊斯法哈尼(Abu al-Faraj al-Isfahāni，897～967)在阿勒颇用近50年时间搜集汇编成册。全部诗集共20卷，内容以阿拔斯王朝第五任哈里发哈伦·拉希德(786～809在位)时期的宫廷艺人易卜拉欣·穆绥里编辑的《百声》(百首歌曲)为基础，广泛搜集伊斯兰教国土范围内前后几个世纪的古词时调汇编而成。诗集对每一支名曲的曲牌名称、调式特点、歌词内容、创作背景以及流传过程等，都一一作了介绍，对于作曲者、填词者或演唱家的生平事迹也尽量作了交代。诗集内容丰富，题材多样化，以诗词歌赋为主，穿插以征战故事、宫廷趣闻、爱情传说或名人格言等。全书以大量篇幅描绘了阿拉伯人和早期穆斯林社会的政治、历史、文化、宗教和风俗习惯。它是研究阿拉伯中世纪社会生活、文学艺术和民间风俗的珍贵文献，为历代文史学家重视和推崇。该书阿拉伯文版于1868年在埃及出版，共20卷。后美国东方学家鲁德里夫·布鲁诺在欧洲发现了艾布·法拉吉的一些散佚诗稿，随即译成德文，增补1卷作为第21卷。1900年，意大利学者朱伟迪又以法文增补详细索引1卷。后在埃及出版的阿拉伯文版全书为21卷，另有索引两册，分为4卷。1925～1927年，埃及著名学者穆罕默德·胡祖里选订的《乐府诗集选》问世，为11卷本。（赛生发）

云间白鹤寺 见松江清真寺。

云南明德学校 中国云南第一所回民现代中等学校。1929年由云南回教促进会和振学社创办于昆明。杨士敏为首任校长。它是在清真寺经堂教育、中阿并授基础上创建的新型学校。包括普通中、小学和阿文专修部。成立后回族中知名人士及不少造诣颇深的汉族学者曾相继担任校长、主任和教师。中、小学校按当时国家教育制度,为正规的普通教育,除开设国家规定的全部课程外,加设阿拉伯文、伊斯兰教义两门功课,毕业生可报考高等学校;阿文专修部是学校重要组成部分,以培养翻译人才为主。回族学者沙国珍、马玉龙、马占魁和穆斯林著名经师沙平安、纳明安等,以及大批省内知名的回、汉族教师均曾在此任教。创办以来,造就了一批优秀人才。1931年起,为加强中国与阿拉伯世界的文化交流,该校曾先后选送留学生8名到埃及爱资哈尔大学深造。其中有的回国后服务于母校任教,如纳忠曾任校长,纳训任教务主任。他们中译述甚丰者不仅驰名于省内外,而且成为国际知名的教授、学者。抗日战争时期,因敌机空袭,该校曾一度迁往嵩明县杨林镇,后又迁回昆明,并在建国新村兴建校舍。解放后,由私立改为公立,并改名为昆明市第十三中学,继续为招收以回族为主、兼收汉族和其他兄弟民族学生的全日制中学,为新中国社会主义建设培养了大批人才。该校是中国回族地区创办较早、影响较大的现代学校之一。20世纪80年代末,经教育主管部门批准,恢复原校名。继续为云南省回族及其他各民族培养建设人才。 (林 松)

《云南清真禁烟放足俚言》 20世纪初中国云南穆斯林提倡严禁吸鸦片烟和禁止妇女缠足的宣传读物。清光绪三十三年(1907)八月,云南省城五坊清真寺掌教等首事编撰。主要内容:(1)钦命头品顶戴、陆军部尚书、都察院都御史、总督云贵等处地方军务、兼理粮饷、兼管云南巡抚事锡某的《督部堂示》,指出吸食鸦片与妇女缠足"损精神,坏身体",历数吸烟、缠足的种种危害,剀切晓谕百姓醒悟,力戒此弊。(2)《清真天足会俗歌》,共10段,从伊斯兰教教义的角度宣传"缠足未免伤天和,不缠方是遵圣道",号召大家"劝戒缠足并鸦片,振起精神图自强,风俗必为之一变"。(3)云南清真寺天足会同人公启的《劝勿缠足说帖》指出:"旷览五洲万国皆无缠脚之女,惟我中原有此恶习";"夫人生之初百骸完备,乃因争妍取媚,缠其两足,致使周身血脉不能流通,天癸则往往不调,生产则每多困苦,一切重事均难自做";从宗教角度讲,"缠足之女拜跪艰难,每日五时势必因此疏忽,至于大小净时洗涤必难到位","凡缠足之女,归顺后必用火烙平方得脱离"。故号召回民大众效法"泰西妇女",以不缠足为然,树立一代新风。(4)《清真对亲柬式》,男家、女家各一份,文字略异,基本内容都是强调"女子永不缠足","以期变易土风而符天方之制"。(5)《后叙》,回顾滇省回民劝戒缠足过程和取得的成绩,希望各地回民"踊跃争先,视为快举,以期改此恶习,实为吾教幸甚,滇民幸甚"。通篇从爱国爱教、自强自立的立场出发,劝戒吸鸦片烟与缠足陋习,态度诚恳真切,语言通俗易懂,有说服力和感染力,对当时当地移风易俗和社会进步有一定积极影响。现有云南省巍山县马米厂米崇高家藏本,木刻板,白棉纸。1985年10月,全文收入中国少数民族社会历史调查资料丛刊《云南回族社会历史调查(二)》,云南民族出版社出版。 (冯今源)

云南学派 中国伊斯兰教经堂教育的教学派别之一。因以云南著名经堂教育家马复初、马联元为代表,故名。由陕西学派中分化而出,亦属胡登洲传授系统。兼有陕西学派与山东学派之长,精通阿拉伯语教学,亦兼授一些波斯语典籍。常以5本经《满俩》(阿拉伯语语法),《白亚尼》(阿拉伯语修辞学),《者俩赖尼》(古兰经注疏),《伟戛业》(伊斯兰教法),《尔歌一德》(认主学)为必修课本,其余经典,听凭经生自修。其影响范围不及陕西、山东两大学派,基本上限于云南、贵州各地,但因其独具之教学特色及云南穆斯林学者之丰富著述,故在经堂教育史上占有重要地位。

(冯今源)

云南伊斯兰教经籍木雕版 中国云南省珍藏的19世纪后半叶伊斯兰教经籍木刻版版本。历史上中国穆斯林学习《古兰经》及其他伊斯兰教经籍,一般都采用手抄本或从阿拉伯国家传入的印刷本。清代道光二十一年(1841),云南著名经师马德新赴阿拉伯国家游学。约10年后归来。为弘扬伊斯兰文化,咸丰年间(1851～1861)曾与其弟子译著伊斯兰教经籍,并镌刻、刊印了大量阿拉伯文、波斯文、汉文经籍。清同治元年(1862)杜文秀建立云南大理反清政权后,下令颁刊"大元帅杜新镌"的《宝命真经》30卷,是中国最早的阿拉伯文木刻本《古兰经》。光绪二十一年(1895),云南经堂教育家马联元在当地富豪马启元、马启华兄弟赞助下,第二次镌刻阿拉伯文《宝命真经》及《亥听》、《杂学》。其后云南提督马如龙及一些回族巨富也先后捐资刊印经籍。虽经变迁散佚,但保存下来的仍不少。1984年,云南省及昆明市伊斯兰教协会组织专人搜集、清理了旧藏经籍雕版。现存留的有:(1)阿拉伯文《宝命真经》(即《古兰经》)30卷雕版共1946片,计3571页面,全卷完整无缺。此版系马联元镌刻版,已将近100年历史。经文由著名经师、书法家田家培手书,继由马联元核对校正,然后将经文粘贴于木版上,用布包严,仅露一行在外,渐次收发刊刻,以免玷污。刻工系由四川招聘的高级技师共30余人,集中在昆明南城清真寺"经亭"内刻制,历时3年始成。中国体阿拉伯文书法遒媚健劲，刀法精美，是中国穆斯林最珍贵的文化遗产与历史文物。至于杜文秀颁刊的《宝命真经》，大理政权被镇压后，均被焚毁，现仅发现民间私藏的断笺残篇。(2)其他有阿拉伯文、波斯文、汉文的经籍木雕版百余种。完整无缺者70余种，如《真诠要录》、《指南要言》、《天方典礼择要解》、《五功释义》、《天方字母解义》、《大化总归》、《四典要会》、《寰宇述要》、《朝觐途记》等中国伊斯兰教经籍的汉文雕版。这些木雕版经籍是中国穆斯林的珍贵文化遗产，现珍藏在昆明市南城清真寺内。（罗万寿）

Z

扎夫鲁拉汗(Muḥammad Zafrulla Khan, 1893～) 现代巴基斯坦穆斯林政治家、国际法学家。出身于拉合尔律师家庭。毕业于拉合尔行政管理学院。1914年在伦敦皇家学院获得法学学士学位,后在锡亚尔科特和拉合尔担任律师。1926年被选为旁遮普立法议会议员。1930～1932年曾3次出席英国伦敦圆桌会议。1931～1932年任全印穆斯林联盟主席。1939年率印度代表团出席国际联盟会议。1941～1947年任印度联邦法院法官。巴基斯坦独立后,任出席联合国巴基斯坦代表团团长(1947～1954)。1954～1961年任海牙国际法院法官,1961～1964年再度任巴基斯坦驻联合国代表。1962～1963年任联合国大会主席。1964年返回国际法院,1970年任国际法院主席。著有《伊斯兰:它对现代人的意义》(1962)等。

(杨克礼)

扎维亚 见扎维叶。

扎维叶(Zāwiyah) 伊斯兰教苏菲派修道场所的称谓。阿拉伯语音译,一译“扎维亚”。原意为物体的角或建筑物内部的一个角落,后引申为修道场所。亦称“里巴特”(Ribāṭ)、“台基叶”(Takiyyah)。中国宗教学者译为修道所或修道院。系苏菲派修士进行道乘修炼,举行“迪克尔”诵念聚会(Ḥalaqāt al-Dhikr),并招收门徒,讲授苏菲教理的宗教潜修教育组织和相应的建筑物。中国西北地区一些苏菲派门宦较大的拱北、道堂和麻札与此有某些相似之处。扎维叶的形成经历了一个较长时期的发展演变过程。最初指清真寺内专供虔诚的穆斯林个人隐居冥想、记主赞圣、举行副功拜的角落;后指苏菲派修士隐居修行的地方,多为远离世俗繁华的偏僻角落,可供“德尔维什”(即苏菲云游者)和流浪的穷人栖身之用;最后逐步形成为一种具有一定建筑规模和人员组织体系的苏菲修道场所。7世纪末重修的阿克萨清真寺中始有专供穆斯林个人在斋月后10日静坐记主、诵经礼拜之用的扎维叶建筑,开罗和非斯的一些古寺中至今仍保存有这种建筑。早期阿拉伯王朝的一些哈里发为了静养和礼拜时的安全,在清真寺近旁兴建的个人住所,亦称“扎维叶”。11世纪以后,在一些大城市的边沿建有式样不等、小巧玲珑的扎维叶建筑,用于礼拜和研讨宗教学,或举行苏菲派“迪克尔”诵念聚会;也有的是单一的宗教私塾和学校,用来教读《古兰经》和宗教常识。摩洛哥卡拉维因大学就是在此基础上发展起来的。12世纪以后,扎维叶逐步发展成为苏菲派各教团的正式修道场所,且具有了较大规模。随着苏菲派嘎迪林耶、苏哈拉瓦迪耶、里法伊耶、沙兹林耶、毛拉维耶等教团的相继建立,在巴格达、大马士革、开罗和其他城市及其郊野出现了大型的扎维叶建筑群,大都同苏菲派导师、修士或其亲属的墓庐建在一起,既用于朝谒,又用于潜修,其中包括供修道、礼拜、秘传苏菲教义、讲学、藏书和招待游学人员、过往旅客及穷人暂住的各部分建筑物。扎维叶分属各教团,并以教团为中心形成一定的势力范围,一般都有一定数量的土地、牲畜和其他资产。人员组成有导师(Murshid)和门徒(Murid)等,同周围远近住家的普通教徒群众在宗教上有着密切的联系,对他们具有很大的影响。它在历史上对于传播苏菲思想和神秘主义起了重要作用,培养了不少苏菲学者和诗人。14～15世纪,苏菲派的扎维叶已遍及西亚、北非、马格里布、中亚、安纳托利亚和南亚次大陆等地区。15～16世纪,马格里布沿海地区的不少扎维叶曾一度成为一些团体号召圣战,抵御外敌入侵的指挥部和军事堡垒。近代建立的提贾尼教团和赛努西教团也建有不少扎维叶,组织体系更加庞大和完善。 (马忠杰)

扎希里教法学派(al-Ẓāhiriyyah) 古代伊斯兰教法学派之一。亦称“字面派”、“直解学派”。得名于该派的基本法学主张,即仅以经、训的“字面”意义为立法、释法的依据。产生于9世纪,为伊本·罕百勒的弟子达伍德·本·海莱夫(Dāwūd ben Khalaf, 816～884)所创。曾盛行于呼罗珊(今伊朗境内)、马格里布和西班牙,现已不存在。在法学思想倾向上深受圣训派的影响,主张从文字学的角度了解经、训的真义,轻视意见、创制、类比、注释、引申等任何形式的理智,相信人的理性活动易导致谬误的结论。但有时亦采用推理方法，只是宣称其结论寓含于经、训原文之中。只承认圣门弟子的公议。其法学思想是，否认公议不谬说，坚持独立解释经、训的观点。历史上曾发生过广泛的影响，为伊斯兰原教旨主义早期的思想源泉之一。11世纪生活在西班牙的著名教法学家伊本·哈兹姆曾以该派法学思想为基础撰写过大量著作。11～13世纪北非的阿尔穆拉维德王朝、北非和西班牙的阿尔穆哈德王朝均以该派法学思想为主。13～14世纪罕百里派著名教法学家伊本·太米叶及其弟子伊本·盖伊姆亦深受该派的影响。而近代的瓦哈比教派运动、埃及和北非的赛莱菲耶运动，其思想渊源也都可追溯至该派的原教旨主义传统。（吴云贵）

《杂学本》 中国明末清初撒拉族伊斯兰学者摘要翻译和注释的伊斯兰教常识读本。撒拉语称“土尔克文菲扎伊勒”或“土尔克文穆乎塔孜尔”。土尔克文系指用阿拉伯文和波斯文字母拼写撒拉语的一种拼音文字。“菲扎伊勒”意为简要的、摘要的读本；“穆乎塔孜尔”意为恩赐。其主要内容是对《古兰经》、圣训有关内容的简要注释、翻译，并讲述如何履行“五功”的基本常识。此外，也涉及本民族历史等内容，故称《杂学本》。撒拉族民间流传着许多此种手抄读本，影响较广泛。（孔祥录）

栽德·本·阿里（Zayd ben ʻAli，698～740） 伊斯兰教什叶派领袖，栽德派奠基人。全名栽德·本·阿里·本·侯赛因·本·阿里·本·艾比·塔利卜。生于麦地那，出身于麦加古莱什部落哈希姆家族。为第四任哈里发阿里曾孙，什叶派第三任伊玛目侯赛因之孙。自幼在麦地那从名师接受传统的伊斯兰教育，后到伊拉克巴士拉师从穆尔太齐赖派创始人瓦绥勒·本·阿塔，学习该派教义和教法，深受唯理论思想影响，主张人有“意志自由”，承认“古兰经被造”说。他熟读经训，精通教义、教法，思路敏捷，善于演说辩论。曾旅居大马士革，广交学者，交流学术，评论时政。因抨击伍麦叶王朝哈里发希沙姆（724～743在位）的政策，而被囚禁5个月。后返麦地那定居，从事圣训学和教法学的研究和著述，并与伊拉克什叶派人保持联系，伺机反对伍麦叶王朝。739年，被伊拉克什叶派人请到库法，拥戴为领袖。经过一年的秘密策划和组织，于740年以伊玛目的名义领导了反对伍麦叶王朝的武装起义。提出的宗教、政治纲领是：继承先知穆罕默德和阿里的遗训，传播《古兰经》、圣训；向当政的暴虐者进行“圣战”，平反冤狱，恢复正义；保护弱小，赈济贫困者，公平分配战利品；恢复圣裔的合法政治地位。他率军同伊拉克总督军队在库法巷战中中箭阵亡，起义失败。其拥护者后来逐渐形成“栽德派”，他被尊为什叶派第五任伊玛目。

栽德的宗教思想基本上接近逊尼派，教法上倾向早期麦地那学派。政治上，除确认其曾祖阿里为穆罕默德的合法继承人外，也承认艾布·伯克尔、欧麦尔、奥斯曼前三任哈里发的合法性。主张哈里发应由品学兼优、德高望重的圣裔担任，并经过选举产生，反对世袭制。在伊玛目问题上，他认为伊玛目的继承没有经、训明文规定，也没有默示的指定。主张伊玛目必须是圣裔，是学者、修行者、勇士，阿里的直系后裔均有权出任伊玛目。他否认伊玛目隐遁说和不谬说，认为伊玛目必须亲自领导“圣战”，具有武力进攻和防御的能力，年幼者和隐遁者均无法胜任。伊玛目应具备一定的完美学识和德行，否则就不能正确地行使其权力和职责。认为伊玛目不可能世代相袭，世间可能暂缺伊玛目或有几个伊玛目同时存在。他不主张“塔基亚”（即受迫害时可以隐瞒其信仰）原则和“穆塔尔”（即临时婚姻制）。他承袭哈瓦利吉派的学说，认为信仰必须伴以修行及相应的宗教功课；任何一个犯了不赎之罪的穆斯林，都无权成为穆斯林公社的成员。栽德著有《教法纲要大全》一书，但原著已散佚，流传有1919年格里芬尼（E. Griffini）编纂的意大利米兰版《栽德·本·阿里教法学文集》。他的宗教学说主张散见于栽德派学者撰写的文献中。（杨宗山）

栽德·本·哈里塞（Zayd ben Ḥārithah，?～629） 伊斯兰教先知穆罕默德的门弟子，最早信奉伊斯兰教者之一。全名栽德·本·哈里塞·本·舍拉希勒·凯勒比。曾是麦加富孀赫蒂彻的奴隶。595年赫蒂彻同穆罕默德结婚后，将其赠予丈夫为仆，后穆罕默德将他释放并收为义子。610年穆罕默德开始在麦加秘密传教时，他即信教。曾娶穆罕默德的姑表妹栽娜卜为妻，后因夫妻不和，调解无效而离异。《古兰经》第33章37～40节经文曾述及此事，致使栽德成为唯一在《古兰经》中被提到名字的圣门弟子。他因在同麦加古莱什多神教徒的历次战役中作战勇敢，而受到穆罕默德的赏识。穆罕默德亲率穆斯林军远征塔布克时，曾命他镇守麦地那。629年他奉派率军出征拜占庭帝国属地叙利亚，在穆乌泰战役中阵亡。（杨宗山）

栽德·本·萨比特（Zayd ben Thābit，611～665） 伊斯兰教先知穆罕默德的门弟子，《古兰经》经文主要汇集者之一。全名栽德·本·萨比特·本·达哈克·安萨里。生于麦地那，出身于海兹拉吉部族的达哈克（al-Ḍaḥḥāk）家族。幼年生活在麦加，6岁丧父，622年11岁时随穆斯林大众迁徙至麦地那。他自幼受益于穆罕默德的教诲，曾遵照其指示，攻读并掌握了古叙利亚语和希伯来语。能背诵全部《古兰经》，有较深的宗教学识，谙熟伊斯兰教法和古兰经诵读法，传述有近百段圣训。他于665年病故于麦地那，终年54岁。

栽德对伊斯兰教的最大贡献是，主持汇集、整理出

第一部完整的《古兰经》，使之得以保存并流传于世。他对古兰经文的汇集工作，主要分为3个阶段：(1)记录和初步整理启示原文阶段。集中于穆罕默德在世时期。他是穆罕默德的随身文书之一，专负记录古兰经文之责。他把每次听到的启示原文及时记录在石片、兽皮、椰枣树叶或驼羊的肩胛骨上，并根据穆罕默德的传授，初步整理出每章中各节的次第，附注在原始记录上。(2)搜集、编排和整理全部经文阶段。集中在首任哈里发艾布·伯克尔当政时期。633年，因一些能背诵全部古兰经文的圣门弟子在叶麻麦平叛战役中牺牲，为抢救、保存古兰经文，使之免于散佚失传，栽德奉艾布·伯克尔之命，率领一个由圣门弟子伍拜伊、阿里和奥斯曼等人参加的专门小组，主持了对经文的全面搜集和整理工作。整理的原则是：以记录的启示原文为主，辅以圣门弟子的背记为佐证，两者完全一致，即确认为准确无误。凡只有背记资料而无原始记录的经文，非经找到原始记录印证，一律不予确认。以栽德为首的专门小组经过反复查找原始记录和走访圣门弟子，终于把分散记录并注有章节的全部经文搜集在一起，经与抄录圣门弟子所背记的经文相互校对、印证无误后，即按章节进行编排、整理，汇集成第一部完整的《古兰经》，交由艾布·伯克尔和欧麦尔先后保存。(3)核正全文和誊抄定本阶段。由第三任哈里发奥斯曼领导进行。646年，因叙利亚和伊拉克等各地穆斯林为《古兰经》的读音而发生争执，为统一经文的词语和读音，以根除后世可能发生的更大分歧，栽德奉奥斯曼之命，再次率领一个有圣门弟子伊本·祖拜尔、塞伊德和阿卜杜·拉赫曼等人参加的专门小组，主持了对经文的进一步核正和誊抄工作。他们把穆罕默德之妻哈芙赛受其父欧麦尔委托保管的全部古兰经文，依照古莱什人的语言统一词语和读音后，誊抄7部，除1部保存在麦地那外，其余各部由奥斯曼派人分发到麦加、大马士革、也门、库法、巴士拉、巴林各地，作为《古兰经》统一标准本，其他抄本全部焚毁。标准本《古兰经》，史称"奥斯曼定本"(al-Muṣḥaf al-'Uthmāni)，即今《古兰经》。栽德因参加《古兰经》从记录、搜集、整理到定本的全过程而受到圣门弟子的尊敬，被誉为"穆斯林民众的学者"(Ḥibr Ummah al-Muslimin)。早期古兰经注权威之一伊本·阿拔斯、圣训主要传述人艾布·胡莱赖等，均经常向其求教。 （杨宗山）

栽德派(al-Zaydiyyah) 伊斯兰教什叶派主要分支派别之一。亦称"五伊玛目派"。8世纪中叶，由什叶派第三任伊玛目侯赛因之孙栽德·本·阿里(699～740)的追随者所组成。栽德为第四任伊玛目阿里·栽因·阿比丁之子。早年曾师从穆尔太齐赖派领袖瓦绥勒·本·阿塔，颇受该派"意志自由"和"《古兰经》被造"说的影响。他为取得什叶派伊玛目的继承权，宣称阿里和法蒂玛的任何一个后裔都有继承伊玛目的权利；要奉行《古兰经》和先知的逊奈，反对不义的统治者；主张替被剥夺年金的人主持正义，并平均分配政府的收入。他的政治主张得到库法许多什叶派和穆尔太齐赖派成员的响应和支持，拥戴栽德为库法伊玛目。740年，栽德在库法领导了反对伍麦叶王朝哈里发希沙姆的武装起义，在巷战中阵亡。其追随者尊其为"殉教者"(即舍希德)，奉栽德为什叶派第五任伊玛目，并称伊玛目职位传至栽德为止，故又称"五伊玛目派"。起义失败后，栽德的后裔及追随者逃往各地继续组织力量，为取得伊玛目的地位而进行政治斗争。从743年起，栽德后裔和哈桑系后裔结盟，曾先后在伊朗呼罗珊、达伊拉姆、伊拉克、希贾兹、也门等地，发动和参加了什叶派反对阿拔斯王朝的多次武装起义，均遭镇压。但当时其追随者尚未形成统一的组织和教义主张。9世纪初起，栽德的后裔和该派的宗教学者在进行政治斗争的同时，重点转入宣教活动和教义研究。为该派奠定了教义理论基础的是栽德的学生艾布·哈里德·栽德之孙艾哈迈德·本·伊萨，以及该派的著名学者卡西姆·拉西·本·伊布拉欣(?～860)。他们培养宣教师(达伊)派往各地宣教，并著书立说，阐发该派的教义、教法和社会政治主张。据载，卡西姆曾将栽德撰写的《教法纲要大全》整理成书，并在自己的大量著作中引用了栽德的言论，在信徒中广泛传播。从此，该派才逐渐形成统一的独立教派。9世纪下半叶，该派势力发展壮大，经过起义建立了栽德派的教权国家。864年，哈桑·本·栽德在伊朗北部的泰伯里斯坦、德利姆和吉梁地区，建立栽德派国家(864～1126)，其统治持续了近300年，前后有20位伊玛目和达伊执政。卡西姆的孙子叶海亚·本·侯赛因(?～911)率该派穆斯林由麦地那到北也门山区传播其教义，发展信徒，组建武装。901年，叶海亚在也门建立栽德派伊玛目国家。后虽经内部争权和外部入侵，几经朝代更迭，但从近代以来大部分时间由叶海亚家族担任伊玛目职务，从此确立了栽德派在也门的长期统治地位。栽德派主要分布在北也门和伊朗。在北也门栽德派信徒占总人口的大半。伊朗的信徒多集中在吉梁和马赞达兰等地，被称为"努克塔维派"。其他阿拉伯国家也有少数栽德派信徒。

栽德派在教义上最接近逊尼派的观点，被称为什叶派的温和派。该派在教义上吸取穆尔太齐赖派的"意志自由说"和理性主义原则，在教法上有选择地接受哈乃斐学派的主张和律例，对什叶派的伊玛目教义阐发了与十二伊玛目派及伊斯玛仪派不同的观点。其主要教义主张有：(1)关于哈里发问题。该派承认伊斯兰早期的3位哈里发艾布·伯克尔、欧麦尔及奥斯曼同阿里一样，经穆斯林推选产生，是先知穆罕默德的合法继承人；阿里是学识渊博、德行高尚、武功卓著的最优秀、最称职的哈里发，而其他几位、特别是奥斯曼在德行上较之阿里稍为"逊色"。(2)关于伊玛目教义。该派认为伊玛目是最虔诚信仰安拉、严格尊奉《古兰经》和教法、传播和保卫伊斯兰教、继承先知穆罕默德之遗训、引导穆斯林尊奉“安拉之道”的“正确的导师”和“精神领袖”，他不具有什么超人的神性。否认伊玛目隐遁说，认为伊玛目必须在位领导宗教活动和武装斗争，隐瞒者或儿童均无法胜任。主张伊玛目的条件是：凡阿里和法蒂玛的直系后裔，不论其世系，优秀者都有继任伊玛目的权利；伊玛目必须信仰虔诚，品行高尚；具有渊博的宗教知识和独立判断的能力，勇敢善战，能驾驭军事上的进攻和防御。承认伊玛目世系可能中断，出现无伊玛目存在的可能，也容许几个伊玛目同时并存，每个伊玛目在自己的领土上独立自主地行使其权力。(3)关于信仰问题。该派吸取哈瓦利吉派的宗教观点，认为信仰必须伴以相应的宗教实践，履行法定的宗教功课和善行；任何一个犯了不赎之罪的穆斯林，都无权再成为穆斯林公社的成员。该派反对苏菲神秘主义和崇拜卧里及圣墓，不赞同“塔基亚”，即穆斯林在受迫害时隐瞒自己的宗教信仰和主张。(4)关于教法问题。该派主张在《古兰经》和真传的圣训为立法原则的前提下，运用类比推理创制教法律例的大门是敞开的，不仅伊玛目有创制之权，凡具备一定条件的教法学者也可创制。禁止杂婚，不允许临时婚姻(即穆塔尔)。在教法的细则上，接近逊尼派的哈乃斐学派，但各地学者之间存在着分歧。　　（杨克礼）

栽娜卜(Zaynab，590～641)　伊斯兰教先知穆罕默德的妻室之一。又译“宰乃白”、“宰纳白”、“斋乃甫”等。全名栽娜卜·宾特·杰赫什·本·里阿卜·艾塞迪娅。生于麦加，出身于古莱什部落的艾塞德(Asad)家族，为穆罕默德的姑表妹，有“麦加最佳美女”之称。初经穆罕默德劝说，曾嫁给其释奴栽德·本·哈里塞为妻，因夫妻感情不合，经多次调解无效同栽德离婚，后改嫁穆罕默德。《古兰经》第33章第37～40节经文即论述此事。栽娜卜原名芭拉(Barrah)，同穆罕默德婚后居住在麦地那，直到641年病故。她以慷慨好施著称，生前曾将第二任哈里发欧麦尔馈赠给她的1.2万枚银币全部施济给贫民。参见圣妻。

（杨宗山）

栽娜卜·宾特·胡宰迈(Zaynab bint Huzaymah)　见圣妻。

栽突那清真寺　见宰桐清真大寺。

栽因·阿比丁(Zayn al-‘Ābidin)　见阿里·本·侯赛因。

《宰逋尔》(Zabūr)　《古兰经》对安拉降示给先知达乌德的经典的称谓。源自希伯来语Zimrāh(希姆拉)，意为“圣诗”或“赞词”。它同《古兰经》、《讨拉特》和《引支勒》并称为四部天启的经典。《古兰经》多次提到《宰逋尔》(4：163；17：55)。有的学者认为，《宰逋尔》就是《大卫诗篇》，即《旧约全书》中的《诗篇》。达乌德即《圣经》中的大卫，是希伯来统一王国的第一任国君。有些学者认为，《诗篇》中“义人必承受地土，永居其上”的语句，与《古兰经》中“大地必为我的善仆所继承”(21：105)内容相近，但不宜将大卫《诗篇》和达乌德《宰逋尔》完全等同。　　（林　松）

宰赫拉威(al-Zahrāwi，约936～1013)　中世纪阿拉伯著名外科医生。全名艾布·卡西姆·赫莱弗·本·阿拔斯·宰赫拉威。拉丁名Albucasis。生于科尔多瓦郊区的宰赫拉。为阿拉伯人后裔，信奉伊斯兰教逊尼派教义。曾担任后伍麦叶王朝哈里发哈凯姆二世的宫廷御医，对希腊医学和阿拉伯东方医学各学科的著作有广泛深入的研究，尤精于外科学。他的成名作是《医学宝鉴》(一译《医学方法论》)。该书是一部综合性的医学巨著，全书计30章，其内容分两大部分：前一部分总结了希腊和阿拉伯著名医学家的医学理论、对各科病理的分析及治疗方法；后一部分综合了当时外科学的基本知识，并结合自己的临床经验，着重介绍了伤口烧灼术、膀胱结石破碎术等新疗法以及解剖术和活体解剖术的重要性，记述了多种外科手术的程序。最后一章附有200多种医疗器械的插图，是阿拉伯第一本带插图的外科学专著。《医学宝鉴》的外科部分，12世纪由克里莫纳人杰拉德译成拉丁文，在瑞士、意大利、法国、英国等地多次刊行。19世纪前在意大利的萨勒诺、法国的蒙彼利埃等地的早期医科学校(包括教会大学)一直用作外科学教科书，为欧洲的外科学奠定了理论基础。被誉为“外科学的开创者”。

（杨克礼）

宰凯里雅(Zakariyyā)　《古兰经》中记载的古代先知之一。一译“翟克赁亚”。阿拉伯语音译。《新约》称“撒迦利亚”(Zacharias)。先知叶尔孤白的后裔，叶哈雅之父。相传他是一个崇奉安拉、勤于拜功、乐善好施的老人。据《古兰经》记述，他年迈尚无子嗣，曾祈求安拉赏赐善良的子嗣以继承自己。安拉启示他三天三夜不要同人谈话，只作手势，他便暗示族人“应当朝夕赞颂真主”。后来，这对老夫妻果然生了一个男孩，即叶哈雅，并成长为一个“尊贵的、克己的人”，“一个善良的先知”(3：38～41，19：2～15)。《古兰经》讲述宰凯里雅老来得子的故事，旨在阐明安拉的万能和对善者的慈恩。此外，《古兰经》还提到宰凯里雅曾抚育过仪姆兰妇女所生女儿麦尔彦(3：35～37)。有人认为宰凯里雅即《新约》中的撒迦利亚，穆斯林经注学家认为不宜将二者完全等同。　　（林　松）

宰洛克福里　见左勒基福勒。

宰迈赫舍里(al-Zamakhshari，1075～1144)　伊斯兰教经注学家、教法和教义学家。全名马哈茂德·本·欧麦尔·本·穆罕默德·宰迈赫舍里。别号艾布·卡西姆。祖籍波斯，因出生于花剌子模的宰迈赫舍尔(今乌兹别克斯坦境内的乌尔根奇)，故名。他少时聪慧过人，从师著名文学家艾布·曼苏尔·奈斯里学习语言文学，在老师悉心教授和培养下，刻苦修完各门功课，为他以后的写作打下了坚实的基础。及长，前往学术文化中心布哈拉求学深造，研究伊斯兰经学，途中摔坏腿骨，仍坚持学习研究多年。后到巴格达等地游学，常与哈乃斐派法学家一起研讨伊斯兰教法，并在麦加居住数年，因而被称为"安拉的邻人"。在麦加期间与埃及亚历山大的沙斐仪派法学家艾哈迈德·艾布·塔希尔·赛莱菲来往频繁，交流学术思想，使眼界思路更为开阔。从此，他便开始了伊斯兰经学和语言修辞、诗韵学的研究写作生涯。1119 年开始，他用 3 年时间完成了自己的《阿拉伯语法详解》一书，并为古典阿拉伯语法学家西拜韦(? ～796)的古诗和典雅的阿拉伯成语、格言作过很多注疏，自己也写有不少诗篇。此外，在辞书编纂学上，他还创立了用阿拉伯语字母表顺序排列词条的新方法。他重要的学术成果是《卡沙夫古兰经注》，此经用唯理思辨的思想方法和穆尔太齐赖派的学术观点写成，在伊斯兰教《古兰经》经注学中占有一定地位。宰迈赫舍里思想活跃，富有钻研精神，是穆尔太齐赖派后期的重要学者，对教义学家艾什尔里的思想和著作亦颇有研究。成名后声望很高，各地学子纷纷投门求教。其主要著作还有：《圣训冷僻词语解》、《教法首要问题》、《修辞学基础》、《文学绪论》及《木卡姆》诗文集等。 (马忠杰)

宰姆宰姆泉(Mā'Zamzam) 见渗渗泉。

宰乃白 见栽娜卜。

宰牲节('Īd al-Aḍḥā) 伊斯兰教主要节日之一。与开斋节、圣纪并称为伊斯兰教的三大节日。系阿拉伯语"尔德·艾祖哈"的意译，亦称"古尔邦节"('Id al-Qurbān)。"古尔邦"意为"献祭"、"献牲"，为朝觐功课的主要仪式之一。中国通用汉语的穆斯林又称"忠孝节"。时间是伊斯兰教历 12 月 10 日，即朝觐期的最后一天。古尔邦节的宰牲，起源于古代先知易卜拉欣的传说。易卜拉欣独尊安拉并无比忠诚，他常以大量牛、羊、骆驼作为牺牲献礼，人们对他无私的虔诚行为大惑不解。易卜拉欣当众郑重表示，倘若安拉降示命令，即使以爱子伊斯玛仪做牺牲，他也决不痛惜。安拉为了考验易卜拉欣的忠诚，几次在梦境中默示他履行诺言。于是他先向爱子伊斯玛仪说明原委，并带他去麦加城米纳山谷，准备宰爱子以示对安拉忠诚。途中，恶魔易卜劣斯几次出现，教唆伊斯玛仪抗命和逃走，伊斯玛仪拒绝魔鬼的诱惑，愤怒地抓起石块击向恶魔，最后顺从地躺在地上，遵从主命和其父的善举。正当易卜拉欣举刀时，天使吉卜利勒奉安拉之命降临，送来一只黑头羝羊以代替牺牲。安拉并默示："'易卜拉欣啊！你确已证实那个梦了。'我必定要这样报酬行善的人们。这确是明显的考验。"(《古兰经》37：104～106)。为纪念这一事件和感谢真主，先知穆罕默德继承了这一传统，列为朝觐功课礼仪之一。教法规定：凡经济条件宽裕的穆斯林，每年都要奉行宰牲礼仪。朝觐者在 12 月 10 日举行宰牲，其他各地的穆斯林自 10～12 日，期限为 3 天。超逾期限，宰牲无效。穆罕默德在麦加传播伊斯兰教时，真主降示："我确已赐你多福，故你应当为你的主而礼拜，并宰牺牲"(《古兰经》108：1～2)。穆罕默德顺主命，效发易卜拉欣宰牲献祭，于伊斯兰教历 2 年(633)12 月 10 日定制会礼，即今宰牲节。宰牲与朝觐同义，目的为求接近真主。

宰牲节主要仪式有：(1)会礼。会聚于中心寺或郊野，举行盛大的会礼仪式和庆祝活动。世界各地穆斯林，每年逢此日，戒食半日，俟会礼后进食。(2)朝觐者于 12 月 10 日晨射石并举行会礼后，在麦加附近的米纳山谷宰牲。各地穆斯林于节日前备牲，所宰之牲必须健壮，牲为骆驼、牛、羊 3 种，大户用驼，中户用牛，小户用羊，无力宰牲者免。羊为 1 人 1 只，牛为 7 人 1 头，驼同于牛。宰牲肉分为三份，一份留为自用，一份馈赠亲友，1 份施散穷人。宰牲时必须高念"泰克比尔"(Takbīr，即真主至大)，宰牲方为有效。教法定为"穆斯泰哈卜"(Mustaḥabb，即可嘉圣行)。中国新疆地区突厥语系及其他语种的各族穆斯林特别重视此节日。是日皆盛装参加会礼，宰牲宴请亲友、宾客，并与前来祝贺节日的其他各族人民一起，举行丰富多彩的文艺联欢，欢庆歌舞延续数日，故称为"大尔德"(al-'Id al-kabir，即大节日)。通用汉语的穆斯林，是日盛装赴寺会礼，家中熏香，有条件者宰牲宴请亲友，游坟诵经，缅怀先人。有的地区穆斯林还于节日前斋戒 10 日，与莱麦丹月 30 天斋相比，少其 2/3，故有"小尔德"(al-'Id al-Ṣaghir，即小节日)之称。这一节日，已成为中国信仰伊斯兰教的 10 个少数民族的传统民族节日。

(达应庚)

宰桐城(Madinah al-Zaytūn) 中国唐代四大对外通商港口之一。古代泉州的别称。自古就是海外贸易的重要商埠。宋、元时期是泉州港的鼎盛时期，与世界 70 余国和地区有政治和经济上交往，其贸易额居全国各港之首，亚、非、欧各国的商人云集侨寓泉州的数以万计。摩洛哥穆斯林旅行家伊本·白图泰赞誉泉州是"世界唯一之大港"。泉州是伊斯兰教初传中国的地区之一，城东郊灵山保存着唐初的三贤、四贤墓(即灵山圣墓)。侨居泉州的外商中穆斯林尤多，早在宋代他们就在泉州创建艾苏哈卜寺和清净寺，并在城郊构筑穆斯林公墓(见《泉州东坂葬蕃商记》)。他们与当地居民和睦相处，互通婚姻，并积极参与市政建设和公益事业。元代是泉州伊斯兰教的黄金时代，城内建筑的清真寺增至六七座(见《清净寺记》);穆斯林执掌泉州市船舶事务,把泉州港的海外贸易活动推向高潮,为泉州的繁荣做出了贡献。13～14世纪的阿拉伯、波斯文献,如伊本·赛义德的《地理书》、拉希德丁的《史集》、艾布·菲达的《地理书》、伊本·白图泰的《游记》等,都称泉州为“宰桐城”。1956年在泉州出土的1322年的艾哈迈德墓碑,混刻波斯文、阿拉伯文和汉文,其中波斯文记载艾哈迈德出生于宰桐城(见艾哈迈德墓碑),为考证宰桐城即泉州提供了直接的物证。中世纪的欧洲文献,如马可·波罗的《游记》、鄂多立克的《东游录》、约翰·柯拉的《大可汗国记》等引用穆斯林对泉州的称呼“宰桐城”。中世纪销往西方的中国绸缎多经泉州港出口,外商称之为“宰桐缎”,久而久之“宰桐”一词在西班牙文、英文、德文、意大利文和法文等欧洲文字中成了绸缎的代名词,沿袭至今。在阿拉伯文、波斯文中“宰桐”意译作油橄榄,当年伊本·白图泰就提出了“中国(泉州)并不生长油橄榄,但却以油橄榄命名”的问题。日本学者桑原骘藏在《蒲骘寿庚考》中认为“宰桐”一名与泉州古称刺桐城有关:《泉州府志》记载,946年(即五代时)留从效扩建泉州城时,“环城皆植刺桐,衢巷夹道,有号桐城”,“宰桐”与“刺桐”音相近。学者中对此尚存不同意见。油橄榄象征和平与安宁,穆斯林以此隐喻泉州港的太平盛世。宰桐城名称反映了伊斯兰文化对宋、元时期泉州港繁荣的影响。

(陈达生)

宰桐清真大寺(Jāmi‘al-Zaytun)　突尼斯伊斯兰教著名清真古寺和宗教大学。又译“宰图那”或“栽突那清真寺”。位于突尼斯市旧城中心。阿拉伯语“宰桐”意为“油橄榄”,汉语译为“刺桐”。8世纪由伍麦叶王朝驻北非总督穆萨·伊本·努赛尔兴建。840年艾格莱卜王朝埃米尔下令翻建。全寺面积5000平方米。礼拜大殿内有184根石柱,是从迦太基遗址上拆迁而得。寺内有15个中殿,能容纳2000人礼拜。宣礼塔高达44米。附设有较大而规范的图书馆,珍藏有《古兰经》及早期伊斯兰学术著作的手抄本。该寺曾是突尼斯宗教、教育和学术研究中心,也是北非伊斯兰教最高学府之一,曾有全国各地及马格里布地区和西班牙的留学生在此求学,培养了大批人才。突尼斯著名历史学家、哲学家伊本·赫勒敦于1331年出生于距清真寺150米处(即今杜尔贝特·贝伊街33号),并曾在寺中受教。该寺今仍为举行主麻聚礼和节日等盛大宗教活动的中心。每年伊斯兰教历9月(斋月)的“盖德尔之夜”,国家总统、总理、议长、党政军高级官员及伊斯兰教长老们都到此参加隆重的礼拜和祈祷仪式。

(杨克礼)

《在中国土地上的战争》　中国清代新疆社会历史叙事诗作品。亦译《穆斯林在中国土地上的圣战》。维吾尔文。作者是维吾尔诗人、历史学家毛拉·比拉勒·本·毛拉·优素福。成书于1875～1876年。诗歌体,兼以散文,5400行,用喀什噶尔萨尔特人方言写成。间有蒙语、哈萨克语、汉语词汇。阿拉伯语和波斯语亦常被借用。着笔精细,描绘生动。作者曾亲身参加过19世纪伊犁地区的农民反清起义,亦曾同入侵伊犁的沙俄军队刀兵相见。作品记述了清乾隆以来新疆伊犁地区几次农民战争的起因、发展情况和最后结局;详细地描绘了1864年前后固尔扎(今伊犁)河谷100余年来的历史演变,各族人民的苦难,维吾尔族、回族、哈萨克族农牧民组成的伊斯兰部队反对清政权剥削压迫的历次起义交战的情况;抗击沙俄1871年入侵伊犁的事件;伊犁素丹政权的建立及其覆灭;记述了从南疆云城等地迁来伊犁河谷从事农耕,为清军达官王公提供军粮、肉食和差役的“塔兰奇”人的遭遇和苦难生活;农民起义者的内部矛盾,上层人士之间的纠葛等。全书由“伊犁城的战争”、“巴彦岱的战争”、“夺取益得峡之战”、“惠远的东庄子之战”、“霍尔果斯战役”、“乌拉斯台之战”、“俄罗斯人的所作所为”等7部分组成。1877年在中亚喀山出版,为察合台文。新疆社会科学院已将其译成现代维吾尔文和汉文。　(宝文安)

赞卜(Dhanb)　阿拉伯语音译,意为“罪恶”。参见古纳赫。

赞吉起义(Intifāḍah al-Zanj)　9世纪巴士拉黑人奴隶反对阿拔斯王朝统治的起义。亦译津芝人起义、巴士拉黑奴起义。阿拔斯王朝时期,阿拉伯贵族、巨商从东非桑给巴尔岛奴隶市场买进大批黑奴,遣发到幼发拉底河下游的盐渍地从事排干沼泽、采集盐硝、开辟耕地等繁重的劳动。因阿拉伯语称桑给巴尔岛为“赞吉”,故称黑奴为“赞吉”。869年,波斯籍的哈瓦利吉派传教师阿里·伊本·穆罕默德利用巴格达的动荡局势和矿工暴动,在巴士拉附近领导发动了震撼帝国心脏的黑奴大起义。他自称是阿里和法蒂玛的后裔,安拉派遣的使者;他的使命是传播哈瓦利吉派教义,使黑奴获得自由,享有应得的政治权力和社会财富。他号召奴隶们起来以圣战废除无道的阿拔斯王朝哈里发,实行人人平等,提出凡是遵奉“安拉之道”、正直善良的人,即使是黑奴,也可任哈里发。他的号召吸引成群结队的黑奴加入了起义,多达数万人。后附近各地的奴隶、贝都因人、农民及镇压起义的黑人雇佣军,也相继响应参加起义队伍,起义军发展壮大到30多万人,以迅猛之势,屡败哈里发讨伐军,控制了巴士拉四周,建穆赫塔拉城为根据地,先后占领了俄波拉商港和胡泽斯坦的阿瓦士。871年9月,起义军趁巴士拉军民举行聚礼之时,出兵奇袭攻取该城,将该城洗劫一空。后起义军势力不断壮大,控制了底格里斯河下游,占据了伊拉克南部和伊朗西南部,切断巴格达东南交通线,对王朝造成很大威胁。872年4月,哈里发穆尔泰米德(870～892在位)派摄政王穆瓦法格亲自率兵征讨，起义军利用沼泽芦塘的有利地形，屡战屡胜。878年，起义军趁王朝军队平定东部萨法尔人的起义之机，攻占军事重镇瓦西特。翌年，进至巴格达地区。880年，穆瓦法格率水师乘战船，攻占起义军第二个城市曼尼亚，进逼胡泽斯坦。穆瓦法格派人去劝降，被伊本·穆罕默德拒绝。881年2月，王朝军队围攻起义军大本营穆赫塔拉，起义军遂又以穆瓦法吉亚城为据点固守。但起义军将领将肥沃的土地攫为己有，农民仍须缴纳租税。起义的奴隶获得了自由，但却将各地俘掳的一般平民沦为奴隶。还将战俘和非作战人员处死，不利于瓦解敌人。伊本·穆罕默德自称哈里发，仍实行奴隶制，从而丧失人心。883年7月，叙利亚割据势力将领陆鲁率军投靠穆瓦法格，帮助哈里发军队攻城。8月，穆赫塔拉城陷落，伊本·穆罕默德被杀，起义最终失败。但这次长达14年的起义，动摇了阿拔斯王朝的统治。（杨克礼）

赞吉王朝（Sulālah Zangid） 叙利亚和伊拉克北部由突厥人建立的伊斯兰教王朝(1127～1262)。亦称“努尔王朝”。奠基者为突厥奴隶出身的军事将领伊马德丁·赞吉(1127～1146在位)，故名。赞吉原是塞尔柱王朝素丹麦立克沙的突厥奴隶，后担任过塞尔柱朝王子的太傅。在担任巴士拉总督时，镇压了一次企图推翻素丹的叛乱。1127年，素丹封他为摩苏尔(毛绥勒)艾塔伯克(Atabeg，即太傅、保护人)称号，领有阿勒颇、哈兰、摩苏尔3大城市。从此他以摩苏尔为首府，建立了赞吉王朝。他以素丹艾勒卜·艾尔斯兰的太傅和保护人的身份独立施政，不断扩充自己的势力范围。1144年，他率军收复十字军占领的埃德萨城，标志着西亚人民反击十字军时期的开始。1146年，赞吉去世时，王朝领有叙利亚大部和美索不达米亚，成为强大的穆斯林王朝。他死后其子平分了王朝的领地。长子赛福丁·加齐袭用艾塔伯克称号，以摩苏尔为首府，领有美索不达米亚；次子努尔丁·马哈茂德以阿勒颇为首府，领有叙利亚地区。努尔丁(1146～1172在位)继其父捍卫伊斯兰教的事业，在抗击十字军的斗争中取得重大胜利。1151～1164年，努尔丁同其兄组成联军，夺取十字军建立的埃德萨伯国、大马士革和安提俄克公国的一部分，俘虏了埃德萨伯国统治者佐塞林二世、的黎波里伯国的统治者雷蒙三世和安提俄克公国的统治者菩希蒙德三世，从而遏制了十字军的大规模进攻。1164年，努尔丁应埃及法蒂玛王朝哈里发之请援，遣派将领希尔库及其侄萨拉丁率军到埃及迎战十字军，多次取得胜利，后叔侄二人先后任法蒂玛王朝大臣。1171年，萨拉丁推翻法蒂玛王朝，在埃及建立阿尤布王朝，但仍臣属努尔丁。努尔丁在巩固边防、重点抗击法兰克人的同时，重视国内建设。他广建城墙、碉堡、城门、官邸、客店、医院以及清真寺、宗教学校和苏非道堂等宗教建筑。在大马士革兴建了一所努尔丁圣训学校，聘请著名的圣训学家伊本·阿萨基尔等专门讲授圣训学。在阿勒颇、霍姆斯、哈马和巴勒贝克等城市兴建清真寺附属的高等学校，采用巴格达尼采米亚大学的规章制度，为学生免费提供食宿，传授逊尼派教义和沙斐仪派教法学说，抵消什叶派在叙利亚地区的影响。在大马士革还创建有努尔丁医院，为兵士和贫寒者免费治疗，后发展成一所高等医学院，西亚各地的学生负笈来此学习。努尔丁所采取的内外政策，巩固了伊斯兰世界的前哨阵地。1172年努尔丁逝世后，其子伊斯玛仪·麦利克·萨利赫(1172～1181在位)继位，因其年幼，由摩苏尔的伯父赛福丁·加齐保护，迁到大马士革。后法兰克人威胁伊斯玛仪退至阿勒颇。同年萨拉丁率军占领大马士革、哈马和霍姆斯，后逼进阿勒颇，强迫伊斯玛仪缔结和约，限其仅在阿勒颇行使权力，并宣布埃及独立。1181年伊斯玛仪去世前将阿勒颇的权力交给其堂兄弟伊兹丁·麦斯欧德。1183和1185年，萨拉丁先后攻占阿勒颇和摩苏尔，赞吉王朝在叙利亚和美索不达米亚的各地领主臣服于阿尤布王朝。1262年赞吉后裔在各地的封建领主政权，被马木鲁克王朝灭亡。（杨克礼）

赞念 中国穆斯林宗教功修之一。指个人或集体对安拉和先知的赞颂。《古兰经》曰：“你应当赞颂你的主超绝万物”(110：3)。圣训中也多次要求诵念感赞词，认为常念“我赞颂至大的安拉，我赞颂和赞美安拉”的回赐无穷。穆斯林除赞颂安拉外，还编有赞颂先知穆罕默德的颂诗。故“赞念”专指赞主、赞圣。中国穆斯林常念的赞颂主、圣的赞词有“清真言”、“作证词”、“泰克比尔”、“迪克尔”、“泰斯比哈”(Tasbiḥ)、“奥拉德”(Awrād)、“穆罕迈斯”(al-Mukhammas)以及自编的“赞圣词”等。但各派偏重选择不同。以上各种颂词，除个人可以随时念诵外，集体念诵或高念则大抵在晨、晡礼之后，或斋月的“泰拉威哈”(al-Tarāwiḥ)拜之间、会礼前，以及某些集会如过“圣纪”、“尔麦里”之时。赞念的方式有心中的“默念”、小声的“低念”(或称“小赞”)和大声的“高念”(即大赞)。念颂词必须语音准确，声调抑扬顿挫，婉转动听，感人至诚。各派别对于高念、低念的主张不一，动作也不同，因而各行其是，表现出多种形式。参见迪克尔。（冯增烈）

赞珠(Subḥah，Masbaḥah，Misbaḥah) 穆斯林赞主赞圣时用以计数的珠串。阿拉伯语“苏卜哈”、“迈斯拜哈”、“米斯拜哈”的意译。中国、伊朗、巴基斯坦、印度等地区的穆斯林称赞珠为“泰斯比哈”(Tasbiḥ)。伊拉克又称珊瑚做的赞珠为“尤斯尼”(Yusni)。苏非派在赞主赞圣、念“迪克尔”和为“吾里”祈祷时，均以赞珠计数，无赞珠者以手指节计数赞念。中国门宦教众过“尔麦里”时，以小石子计数赞念。赞珠的来历和使用说法有三：(1)伊斯兰教初传时期，据传先知穆罕默德及其妻阿伊莎、圣门弟子艾布·胡莱赖等都使用过赞珠。(2)最早广泛使用赞珠，始自15

世纪后苏菲派穆斯林。(3)据西方学者称,穆斯林使用赞珠系受佛教念珠影响。在十字军东侵时,又从伊斯兰世界传给基督教徒。赞珠贯穿成串,有的用宝石、玛瑙、琥珀、象牙等精制而成,也有用角、骨、木、皮革、椰枣核或玻璃等品制成者,有圆形、锥形、菱形等多种。赞珠有33颗串,45、51、66、99、100、297颗串不等。安拉除本名外尚有体现其德性(Ṣifāt)的99个尊名,虔诚的穆斯林使用赞珠,每念一个尊名时拨动一颗赞珠,故通常使用的赞珠多为99或100颗串。逊尼派不主张将赞珠挂在颈项上,以有别于佛教徒。苏菲派的一些高级修士及巡游苦修者将赞珠挂在颈项上,以示其身份。瓦哈比派早期视赞珠为"异端"。 (达应庚)

藏回 见卡力岗藏族。

早期教法学派 伊斯兰教初期地域性法学派别的统称。亦称"古代教法学派"。逊尼派四大法学派的前身。约产生于8世纪上半叶伍麦叶王朝的末期。以地域为中心,主要有伊拉克教法学派(库法、巴士拉)、希贾兹教法学派(麦加、麦地那)和叙利亚教法学派(大马士革)。埃及最初未形成独立的教法学派,在法学思想上沿袭麦地那教法学派的传统。早期的教法学家皆为虔诚的伊斯兰学者,他们大多不满于伍麦叶王朝统治者的世俗化倾向,认为法院的司法实践未能如实地体现伊斯兰教的本来精神。为此,他们以各地的清真寺为中心,结成松散的学术团体,经常抨击朝政,讨论何为应予遵循的伊斯兰教行为准则。他们经常以《古兰经》律例为准则来审核伍麦叶时代的行政法规和民俗习惯,提出自己的见解,积累了大量的判例,形成初期伊斯兰教法的学说和实体。这种带有民间学术色彩的活动,为后来教法学说的系统化和规范化奠定了思想基础,也使行将形成的伊斯兰教法从一开始就带有地域性、多样性,并普遍重伦理道德规范和法院的司法实践。故此教法又有"法学家的法"之称。早期教法学派创制、解释教法的活动,使伊斯兰教法沿着否定伍麦叶时代司法实践和民俗习惯的方向发展,从而掩盖了伊斯兰教法的实际渊源。 (吴云贵)

则卡特(al-Zakāt) 见天课。

札吉尔(Jagir) 中世纪印度穆斯林王朝实行的一种土地制度。其意义与阿拉伯语"伊克塔"相同,为土地分封制或军事采邑。始出现于13世纪德里素丹国时期。素丹国占领的土地在名义上属国有,但素丹王室的直辖地产(称"卡利沙")只占一小部分,而大部分土地作为"札吉尔"分封给穆斯林贵族或军事首领管理。受封领有"札吉尔"的贵族称"穆克提"或"瓦利"。早期的札吉尔不得世袭,受封者在自己领有的札吉尔里享有与素丹相同的权力和地位。他们管理札吉尔的所有事务,享有征收所封地中租税和徭役的权利,其税收保留大部分,交一小部分给素丹王室。受封者根据封地的大小,建立相应数目的一支军队,必须服从素丹命令,随时应诏出征。13世纪以后,在札吉尔下面又分为"斯克",由称为"斯克达尔"领有。斯克下面有"帕尔格纳",最小的行政单位仍然是村社,村社由世袭的官吏或"潘查耶特"(即五人委员会)管理。14世纪后期,札吉尔已转变为贵族的世袭财产,从而加速了地方封建贵族割据势力的形成,造成国内的动乱。莫卧儿帝国时期,仍袭用这一制度,为帝国封建土地占有制的主要形式。随着帝国的衰落,札吉尔逐渐变成世袭领地。 (杨克礼)

札鲁特(Jālūt) 《古兰经》中所载古代先知达乌德故事中的人物。又译"查鲁特"、"迦路特"。阿拉伯语音译。同古以色列国王塔鲁特所率军队作战的敌军统帅,其名曾3次出现于《古兰经》第2章第249~251节。相传他勇猛无敌,曾多次打败以色列军队。塔鲁特国王为除掉这一凶神恶煞的敌军将领,曾发出悬赏令:凡能杀死札鲁特者,可娶国王之女为妻,日后还可继承王位。多日已过,帐下无人敢于应召。此时,在塔鲁特军中服役的先知达乌德挺身而出,他以对安拉坚定的信仰和无比的自信,请求上阵杀敌。阵前,狂傲不可一世的札鲁特十分蔑视年轻瘦弱的达乌德,要他先行动手,结果猝不及防,被达乌德用石弩突射的石块击中左目,继而为连珠般的飞石所击毙,即《古兰经》所云:"达乌德杀死札鲁特"(2:251)。《古兰经》以此故事阐明:力量和勇气来自对安拉坚定的信仰和高度的自信心。只要具备这一根本条件,在安拉的佑助下,弱者同样可以战胜强者。 (杨宗山)

札马鲁丁(Jamāl al-Dīn) 中国元代回回天文学家。一译"札马剌丁",今译"哲马鲁丁"。生卒年不详。据考证,札马鲁丁可能是札马鲁丁·伊本·穆罕默德·纳查里(Jamāl al-Dīn ibn Muḥammad al-Najjāri)。原为波斯大不里士附近马拉格城穆斯林天文学家,精于历算。忽必烈即帝位前,曾下令征召西域"回回为星学者",札马鲁丁等由伊儿汗旭烈兀派遣应召入华。中统四年(1263)元政府设西域星历之司,札马鲁丁奉命在该司主持编纂《万年历》。至元四年(1267)《万年历》编成,忽必烈下令颁行,是第一部获准正式使用的回回历。其内容史籍无详细记载,据宋濂谓:"西域札马剌丁者,献万年历。其测候之法,但用十二宫而分三百六十度,若不闻二十八宿次舍之说。及推日月之食,颇与中国合。"可能是经过修订的波斯《哲拉勒历》。元代天文学家郭守敬后来编制的《授时历》吸取了《万年历》的科学内容和计算方法。同年,札马鲁丁还制造了7种天文、地理观测仪器,即地球仪、浑天仪、经纬仪、天球仪、观象仪、斜纬仪、平纬仪,供回回司天台使用。《元史·天文志》记载了这七种仪器的波斯语名称及其形制和用法,它们同波斯天文学家纳绥尔丁·图西在马拉格天文台配备的仪器基本相同。至元八年(1271),元政府在上都(今内蒙正蓝旗境内)设回回司天台,任命札马鲁丁为提点(即台长),并主持回回历书的编制工作,由回回天文学家可马剌丁、苫思丁等协助,据说参照纳绥尔丁·图西编制的《伊儿汗历表》,每年编印数千本回回历颁行,供各地穆斯林宗教活动使用。至元十年(1273),回回司天台拨属秘书监管理,札马鲁丁即以司天台提点兼职秘书监事。后官至集贤院大学士中奉大夫行秘书监事。至元二十三年(1286),元世祖命札马鲁丁、虞应龙主持编修全国地理志书,经近10年的努力完成巨著《大元一统志》。札马鲁丁最早将阿拉伯天文历算传入中国,编制的回回历流传元、明、清3代,对发展元代科学事业,促进中阿文化交流做出了重要贡献。 (杨克礼)

札希勒(Jāhil) 中国穆斯林用语。阿拉伯语音译,意为"文盲"、"无知者"。一般指不懂《古兰经》文的内容、缺乏伊斯兰教基本知识、未受过系统的经堂教育的人。中国穆斯林常以该词自称或相称,以表示谦虚求教和实事求是之意。 (马恩信)

札伊兹(Jā'iz) 见艾哈卡姆。

乍得伊斯兰教 乍得共和国位于非洲中部内陆,乍得湖大盆地的东半部。面积128.4万平方公里。全国人口550万(1988)。全国有140多个部族,主要有阿拉伯人、柏柏尔人、图布人、颇尔人、巴吉尔米人、萨拉人和马萨人等。居民中52%信奉伊斯兰教。北方通用乍得化的阿拉伯语,南部居民通用苏丹语系的萨拉语。官方语言为法语和阿拉伯语。首都恩贾梅纳。9~10世纪伊斯兰教在乍得北部开始传播。11世纪时,乍得北部的卡涅姆王朝,由于受到利比亚和埃及阿拉伯人的影响,国王欧麦尔改信了伊斯兰教,从此伊斯兰教在上层和王族中得到传播。12世纪时,卡涅姆王国向南部扩展,伊斯兰教也获得进一步传播。14世纪,在乍得东部建立了达瓦伊王国,后来由苏丹科尔多凡和达富尔地区的阿拉伯人将伊斯兰教传入,并建立了穆斯林政权,促进了该地区的伊斯兰化。16世纪,伊斯兰教通过卡涅姆—博尔努王国传入乍得西南部的巴基米尔王国,第一位穆斯林国王素丹·阿卜杜拉(1568~1608在位)仿效博尔努的政教合一体制建立了国家管理制度。18世纪瓦达伊和巴基米尔两王国强盛起来,互相争雄,并不断向博尔努王国进攻。同时,一些已归信伊斯兰教的富拉尼牧民移居乍得西部地区,带来了伊斯兰文化。19世纪初,奥斯曼·丹·福迪奥在尼日利亚北部发动"圣战"建立的富拉尼伊斯兰帝国,也对乍得伊斯兰教的发展产生了较大影响。1902年,法国殖民者占领乍得全境。1960年宣告独立,成立乍得共和国。乍得的穆斯林属于逊尼派,教法上遵从马立克法学派。苏菲派教团占有较重要的地位,主要有提加尼、卡迪里和赛努西等教团。全国现有清真寺200多座,以首都恩贾梅纳大清真寺最为著名。乍得为伊斯兰会议组织、世界伊斯兰大会、伊斯兰世界联盟成员国,与阿拉伯国家有广泛联系。

(杨克礼)

斋功 见斋戒。

斋戒(al-Ṣawm,al-Ṣiyām) 伊斯兰教的五项基本功课之一。中国旧译为"斋功",俗称"封斋"、"闭斋"。阿拉伯语"索姆"的意译。波斯语为"肉孜"(Rooze),中国新疆地区突厥语系的各族穆斯林亦称斋戒为"肉孜"。斋戒即戒止食色、嗜欲之意,为穆斯林必尽的宗教义务。穆罕默德在麦加传教时,斋戒尚未成为定制。622年迁徙麦地那后,为与犹太教徒友好相处,曾仿效他们的教习,定穆萨得救的阿舒拉日(伊斯兰教历1月10日)为斋戒日。直到安拉降示"信道的人们啊!斋戒已成为你们的定制,犹如它曾为前人的定制一样,以便你们敬畏"(《古兰经》2:183)的经文后,斋戒始成为穆斯林必遵的五大天命功课之一。《古兰经》云:"莱麦丹月中,开始降示《古兰经》,指导世人,昭示明证,以便遵循正道,分别真伪,故在此月中,你们应当斋戒;害病或旅行的人,当依所缺的日数补斋。真主要你们便利,不要你们困难"(2:185)。先知穆罕默德依据这一启示,于伊斯兰教历二年宣布定制莱麦丹月(9月)为斋月,即穆斯林每年应封斋一个月。

伊斯兰教法规定,凡成年男女(男11岁,女9岁)穆斯林,在莱麦丹月中必须封斋,即每日于黎明前至日落时,严禁饮食、吸烟、滴剂,戒房事或任何嬉狎非礼行为,还禁止放血、拔罐或输液。斋戒者必须保持身心洁净,诚心立意,于黎明前进用封斋饭,称为"赛哈尔"(al-Saḥar);日落后进用开斋饭,称为"菲图尔"(al-Fiṭr);宵礼后礼20拜"泰拉威哈拜"(Ṣalāt al-Tarawiḥ,意为"间歇拜");有条件者要到清真寺内坐静。斋戒者自晓发后,除礼拜外,食色不亲,要静思默语,不可妄听、妄视、妄思、妄语,举止要唯恭唯敬,唯省察己躬,洗涤罪过而已。若违犯禁项即谓破斋,破斋必须罚赎;若非故意而进饮食,发觉后立即停止,则不属破斋。教法依据《古兰经》和圣训规定,凡患疾病不宜封斋者,长途旅行者,老弱体虚者,孕妇,正在行经的妇女和休养中的产妇,哺乳妇女,神志不正常者,可不斋戒,但需根据各自情况补斋或施舍。每缺一日斋的罚赎为施给一个贫民一餐饭。除衰老者、病危者只纳赎资不再补斋外,属其他原因而缺斋者一律按所缺日数补斋。故意破斋一日又任意不补者,除补一日斋外,还须罚连斋60日,如间断或无故破斋一日,前斋尽废,后必重新补之。

莱麦丹月斋戒的期限,根据圣训的规定,为29天。始于该月新月的出现,结束于下月(伊斯兰教历10月)见新月时为止。即在斋满29天的当晚寻看新月。如看到,翌日即为开斋节;否则继续封斋一日。穆罕默德曾以“你们见新月封斋，见新月开斋”指示穆斯林完成莱麦丹的全月斋。观察新月的出现必由两位享有威望的见证人观证为据方为有效，一地见新月后，快速通过各种方式向他地报月，以达到如期入斋。如阴晦不能见月，次日再观察新月，仍不能见，则第三日即行斋戒。由于国家、地区等诸方面原因，宣布斋戒开始的方法也各不相同。有的根据教法官或被委以这种权力的其他人的指示，有的鸣炮，有的在宣礼塔上升旗，现代伊斯兰教国家通过电台、电视台宣布，世界伊斯兰教组织则公布其精确推算出的每年伊斯兰教历莱麦丹月封、开斋的日期，供世界穆斯林参考。斋月期满，翌日即为开斋节。

伊斯兰教的斋戒可分为：(1)天命斋(Ṣawm al-Farīdah)，即莱麦丹月斋。(2)圣行斋(Ṣawm al-Sunnah)，即根据先知穆罕默德的言行而提倡的斋戒。按伊斯兰教历的先后顺序，有1月10日的阿舒拉日斋戒，7月17日的先知升霄日斋戒，8月15日的白拉特日斋戒，10月前6日的斋戒，12月前10日的斋戒以及每星期一、四的斋戒等。(3)副功斋(al-Ṣawm al-Nāfil)，即穆斯林出于虔诚、许愿而履行的斋戒，天旱求雨的斋戒等等。履行圣行斋和副功斋为嘉许行为(Mustaḥabb)，不履行无罪。(4)禁止的斋戒(al-Ṣawm al-Muḥarram)：开斋节和古尔邦节及其后三日为向真主感恩和欢乐的日子，故严禁封斋；星期五(主麻日)、星期六(犹太教礼拜日)和星期日(基督教礼拜日)封斋要受到谴责。

伊斯兰教认为，斋戒的意义在于制欲检行，磨炼意志，惩赎己过，体念贫困、弱者，以示敬畏真主，认识穆斯林向真主应尽之责。斋戒是罚赎穆斯林一年所犯恶行的最好手段。著名教义学家安萨里(al-Ghazzālī)认为斋戒是抑制强烈情感的最好方法。

（达应庚　杨宗山）

斋月(Ramaḍān)　指伊斯兰教历9月。阿拉伯语音译为“莱麦丹月”、“赖买丹月”。是月，全世界穆斯林均须按教规履行封斋功课，故名。《古兰经》云：“莱麦丹月中，开始降示《古兰经》，指导世人，昭示明证，以便遵循正道，分别真伪，故在此月中，你们应当斋戒”(2：185)。按圣训规定，见新月封斋，见新月开斋。此月第27日夜为“盖德尔夜”(见盖德尔夜)，故该月被认为是最尊贵、最吉祥的月份。阿拉伯、伊斯兰国家在此月放假。　（罗万寿）

翟克赁亚　见宰凯里雅。

翟梨利(Jalil，1674～1759)　中国维吾尔族著名古典诗人。本名穆罕默德·斯迪克，笔名翟梨利。出生于新疆莎车。青年时曾入喀什罕里克经学院学习。通晓阿拉伯文、波斯文，酷爱文学。40岁时因贫穷和出于“瞻仰名胜，装点心灵”之目的，曾遍游喀什、阿图什，深入和田等地。10多年的漫游生活，使他接触了社会实际，为他的创作提供了广泛的源泉。主要诗作有长诗《游记》、《四十圣徒传》、《和卓穆罕默德·谢里甫传》等。作品题材广泛，语言精练，抒发了对人民和故乡山河所倾注的无限深情，揭露了社会的黑暗，充满了人道主义思想。他的早期创作曾受到苏菲派神秘主义的影响，反映了借宗教求得解脱的思想。他的作品对于研究18世纪维吾尔文学具有重要价值。他的著述稿现存新疆博物馆，有3种手抄本。部分作品已被整理出版。　（杨金祥）

翟丽哈　见祖莱哈。

占莱·哲拉卢乎(Jalla Jalāluhu)　穆斯林用语。阿拉伯语音译，意为“他的威严好伟大！”根据《古兰经》和圣训关于赞颂真主的规定，穆斯林每当听到或自己提到、读到“安拉”尊名时，应立即说出“占莱·哲拉卢乎”，以示对真主的敬畏和崇奉。书写到“安拉”一词时，亦应随之写出上述同样的话，有时还要加上“阿宰·塞纳乌乎”(‘Azza—Thanā’uhu)，意为“他的赞美多庄严啊！”。此外还有“台阿拉”(Ta‘ālā，即他崇高)等多种赞颂形式。　（马恩信）

占纳特(Jannāt)　见天园。

占纳特·阿德恩(Jannāt‘Adn)　见天园。

占纳特·斐尔道斯(Jannāt al-Firdaws)　见天园。

占奈·胡勒德(Jannah al-khuld)　见天园。

占奈·麦厄瓦(Jannah al-Ma’wā)　见天园。

占奈·奈伊姆(Jannah al-Na‘im)　见天园。

张格尔(？～1828)　中国清代新疆伊斯兰教白山派和卓。维吾尔族。大和卓波罗泥都之孙。清乾隆时平定大小和卓之乱后，波罗泥都之子萨尔萨克逃居中亚浩罕，生3子，张格尔为其次子。张格尔自幼在其父强烈复仇思想熏陶下，时图返回南疆，复辟其先辈和卓家族的统治，并受到浩罕封建统治者与英国殖民者的支持。1820年后，张格尔多次潜入南疆进行骚扰与叛乱。道光六年(1826)，张格尔纠集安集延、布鲁特500余人，窜至距喀什噶尔百余里的阿图什庄，借口朝拜其祖先“麻札”，以“圣战”为名，煽惑当地维吾尔族白山派穆斯林群众叛乱，并勾结浩罕军队攻陷喀什噶尔，建立伊斯兰教政权，自称赛义德·张格尔素丹，先后攻陷了英吉沙、叶尔羌、和田等地，对各族人民进行封建剥削和压榨，遭到广大穆斯林坚决反抗。道光十年

(1830)初，清政府从内地调集援军3万人，命伊犁将军长龄等大举反攻，击败叛军，收复喀什噶尔等地。道光七年(1827)，张格尔兵败后逃至喀尔铁盖山，被清军总兵胡超等擒获，解至北京处死。（马汝珩）

张家川西大寺 中国伊斯兰教清真寺。位于甘肃省张家川回族自治县张川镇。据传始建于清同治八年(1869)。原寺为中国古典殿宇式建筑风格，砖木结构，主体建筑礼拜大殿包括前殿、中殿和后殿。3殿以108根红漆明柱承立，整个大殿建筑协调、典雅、大方。另有总门、牌楼、南北厢房等建筑物。1958年该寺被拆除，1979年恢复重建。现寺占地面积2600平方米，仍采用古典殿宇式建筑风格，大门呈拱形，5门7柱，大殿宏伟壮丽，可容纳千余人同时礼拜。殿顶呈弧形三角飞檐，上竖“弦月”。总体规模虽不及原寺，但建造却更为精美别致。（王学仁）

张杰(1917～1987) 中国穆斯林社会活动家、回族教育工作者。原名玉珍，又名恩科，经名穆罕默德·阿里。回族。河北沧县人。1935～1937年间，在原籍清真寺学习伊斯兰教经典、教义，获教长职称。抗日战争开始后，奔赴延安参加民族民主革命。1938～1941年间在甘肃省兰州市、榆中县及徽县等地宣传抗日救亡，组建回民教育促进会，任主任。1941～1945年间重返延安任清真寺教长、陕甘宁边区回民救国协会代理主任。1946～1947年，在晋察冀边区从事民族教育工作。1949年中华人民共和国成立后，先后任中国伊斯兰教协会秘书长、副主任、主任、顾问，中国伊斯兰教经学院院长。为第四、第五届全国人民代表大会代表，第六届全国人民代表大会常务委员会委员。还担任国家民族事务委员会委员、中巴(巴基斯坦)、中埃(埃及)友好协会副会长、中国非洲友好协会理事等职。曾率团出席在印度尼西亚雅加达举行的亚非伊斯兰会议、在巴基斯坦拉合尔举行的伊斯兰学术讨论会；并曾率中国穆斯林朝觐团赴麦加朝觐。先后到埃及、苏丹、伊拉克、伊朗等10多个亚非地区的伊斯兰国家进行友好访问，在开展同各国穆斯林友好往来方面做出了贡献。在工作中一贯倡导发扬伊斯兰爱国、爱教、爱和平的优良传统，为团结广大伊斯兰教界人士和各族穆斯林群众积极参加国家现代化建设做出了重要贡献。（马忠杰）

张凌翔、马河图反清起义 中国清代咸丰、同治年间贵州西南部回族穆斯林反清起义。因义军以白色方旗为帜，故又称“白旗起义”。领导人为伊斯兰教阿訇张凌翔、马河图。张凌翔系贵州省普安厅(即今普安县)大坡铺华家屯清真寺阿訇，信奉哲赫林耶派学理，曾到甘肃求学习经，且擅长武术。当时正值太平天国革命运动及云南杜文秀反清起义斗争时期，当地农民因不堪清政府的压迫屠杀和地方豪绅高发扬的欺凌，于咸丰八年(1858)十一月八日，张凌翔、马河图领导大坡铺回族各教坊穆斯林在清真寺首先发动起义，先后攻克沙陀、亦资孔等地，兴义府所属各厅、州、县回、汉、布依、苗、彝等族人民纷纷响应。义军以大坡铺为据点，在铺中七屯五寨筑石为墙，以华家屯为主要堡垒，与清兵坚持斗争。翌年9月攻占新城(今兴仁县)，建立根据地，推举张凌翔、马河图为元帅府正副元帅。此后与曾广依领导的太平军和云南杜文秀领导的回民起义军相配合，先后攻占兴义、安龙、安南(今晴隆)、贞丰、归化等州县，前锋达镇宁、罗甸等地，人数达10余万，声势浩大。同治元年(1862)，云南新兴(今玉溪)龙门村哲赫林耶派阿訇金万照(1838～1872)，因在云贵一带回民中有一定影响，受云贵总督徐之铭所派，入黔“招抚”义军领袖张凌翔等，因目睹清廷腐败，遂参加起义，被推为“经略大臣”。同治三年(1864)，清廷对义军采取剿抚兼施的分化瓦解政策，诱使义军驻兴义府的都督马忠部降清，10月清军占领兴义。张凌翔、马河图率兵前往追击，遭清军伏击牺牲。起义军改由金万照、张定中领导，其各路起义军将领马斯骏、马仲、黑猫、哈冬狗、张福禄、张福荫等在各驻守地继续坚持斗争，多次打败清军，并于同治五年(1866)三月收复兴义府，诱杀马忠于新城。至同治十一年(1872)四月，清军攻陷兴义，金万照退守新城，其他各地起义军相继失利。十月初，在英、法侵略分子的支持下，贵州巡抚周壁光和总兵何世华纠集云贵两省10多万兵力围剿义军，义军因弹尽粮绝，兴仁失守。巡抚周壁光施“和谈”阴谋，诱金万照到清军营，遂押解贵阳。金万照于10月17日在六广门外就义。此次起义坚持斗争14年，以数万之众，转战数百里，攻克府、厅、州、县城池10余座，配合声援了云南杜文秀起义，给清王朝封建统治以沉重打击。（冯今源）

张掖南关清真寺 中国伊斯兰教清真寺。原称甘州清真寺。位于甘肃省张掖市南关。《甘州府志》载：“甘州清真寺即回人礼拜祠也”。据称，始建于清康熙十年(1671)，初建于甘州城西门内，称“甘州清真寺”。清乾隆末期迁至北大街(今张掖四中所在地)。同治年间，左宗棠镇压回民起义时遭焚毁。民国2～3年(1913～1914)马廷襄任甘凉道观察使，马安良任甘州提督后，重新筹建，由原址迁至南关，改名南关清真寺。全寺采用中国传统古典式建筑风格，占地面积1100平方米，主体建筑为宽敞的四合院，礼拜大殿居中，庄严肃穆，宏伟壮观。另设唤礼楼、讲经堂、学堂、会客室等。1958年被拆除。1981年重建。现寺改称“张掖南关清真寺”，占地面积1776平方米，大门朝东，礼拜大殿居中，占地370平方米，为阿拉伯建筑风格，钢筋混凝土框架结构，殿顶中部设一圆顶，高13米，前柱为大理石贴面，铝合金门窗，壁纸墙面，覆板墙裙，木质地板，整体庄重大方，素雅美观。唤礼楼居殿前，两角对称，结构相同，呈六角形，高18米，与大殿联为一体，完整和谐。另设有现代设备的沐浴室5间，殡仪室1间。该寺为河西走廊地区较有影响的清真寺之一。

（王学仁）

张中（约1584～1670） 中国明清之际伊斯兰教经师、学者。又名时中，字君时，号寒山叟。回族。江苏苏州人。出身于伊斯兰教经学世家。自幼学习经典，后师从胡登洲三传弟子张少山及陆见子、非非子等经师学习。曾在扬州、苏州等地讲经授徒。明崇祯十一年（1638），印度伊斯兰教传教师阿师格来华，在南京讲学传教，他去南京师从阿师格学习3年。阿师格主要讲授认主学，张中根据他的讲解，用汉文反复阐释，写成《伊玛尼解》（即《归真总义》）。该书认为，认主的关键在伊玛尼（即信仰），树立了伊玛尼后，才能认识真主的大能、真主的动静与真主的“断法”，进而达到认识真主的本体。并认为人的存在体现了真主的“妙用”，人通过对自身的认识，就可以达到对真主的认证。这是中国伊斯兰教史上早期的一部关于教义学的汉文启蒙著作，对其后中国伊斯兰学者汉文译著中普遍出现的“体认说”有一定影响。《归真总义》于清顺治十八年（1661）出版。另有一从波斯语译述的《四篇要道》4卷，有清代刻印本。 （罗万寿）

掌教世袭制 中国伊斯兰教清真寺掌教制度之一。①14世纪后半叶，中国回族地区清真寺在前代3掌教（伊玛目、海推布、穆安津）基础上出现的一种新的世袭掌教制。当时，正值回族形成时期，穆斯林人数增多，清真寺掌教成为穆斯林信仰的表率和精神领袖，并得到官方的承认。如北京、济南等地礼拜寺的掌教都领有礼部发给的“札副”，可以冠带荣身，准免差徭，使其个人权威和政治经济地位得到加强。同时，由于汉文化的影响与渗透，掌教子弟有相对良好的受教育的环境，而一般穆斯林的宗教知识都比较贫乏，从而为掌教世袭制创造了条件。最早见于记载并比较典型的世袭制存在于东南地区的泉州清净寺。元代中叶夏布鲁罕丁始任该寺掌教，洪武三年（1370）他逝世后，其子夏软“习教，继其业”，担任清净寺掌教，直到明万历三十五年（1607）夏日禹主持清净寺止，前后约300年。同时在山东、陕西、青海等地都有类似典型事例。②中国伊斯兰教苏菲主义门宦发展后期的世袭制。即各代教主将该教派以及它的各个支系门宦的教权交由其子侄继承，如此世袭罔替，形成门宦制度的一个重要标志。如哲赫林耶派从第三代教主马达天开始，把教权传给他的儿子马以德。马以德去世后，又由其子马化龙继承教权。 （余振贵）

赵明远（1893～1974） 中国穆斯林知名人士、军政官员。名赵光，以字行，经名艾布·伯克尔。回族。山东益都人。出身于伊斯兰教世家。自幼秉承家训，笃信伊斯兰教。青年时投効湖北督军王占元，入学兵营。毕业后，累迁旅长，后在河南督军寇英杰部下任师长。1930年在山东省主席兼省民团总指挥韩复榘手下任鲁东民团指挥，兼鲁北农垦局局长。任职期间，鼓励并资助家乡及辖区人民垦荒种粮，免征粮税。自愿捐款并积极筹集资金重修益都东关元建真教寺，深得当地穆斯林好评。他还创办了益都电灯公司和永年面粉厂，便利当地人民生活。并资助青州基督教会建成了麻风病院，为根除病患做出了贡献。1934年他支持在益都南关清真寺成立回民武术队，捐款建起武术室，培养了近百名回民武术人才。1935年，益都新老教派纷争，他特赴北京聘请著名阿訇王静斋到益都讲经，以消除教派隔阂，促进穆斯林之间的团结。他为成达师范学校资助经费，倡导为振兴伊斯兰教培养人才。还在益都兴办了回民女子学校。抗日战争初期，在重庆担任中国回教协会常务理事，与伊斯兰教知名人士唐柯三、马松亭、白寿彝、达浦生、纳忠等一起，致力于组织、动员穆斯林进行抗日救亡活动，并主持兴建重庆十八梯清真寺，抗日战争胜利前夕，他回到山东，参与接收日伪山东省政府，任省合作总处处长。抗日战争胜利后，他参加了南京国民大会。1948年秋，他携眷去台湾，出任台湾国民党林业局局长，兼任台湾“中国回教协会”执行主席。1974年逝世于台北市，年逾八旬。赵明远毕生倡导并支持回民文化教育和穆斯林公益事宜，做了不少有益的工作。 （张志诚）

赵铭周（1896～1982） 中国现代伊斯兰教阿訇、阿拉伯文书法家。名贵祥，以字行。经名穆萨·易卜拉欣。回族。辽宁省沈阳市人。出身于伊斯兰教经学世家，其父赵瑞恒系清代东北地区著名阿訇，素有“谢海”之称。他自幼受家庭熏陶，在读完公立小学和中学之后，于1912年起先后到北京、天津、河北、山东等地清真寺学习伊斯兰经典，曾受教于王秉恒、李希真、李长贵、杨知献、萧月恒等知名阿訇，学习刻苦，成绩卓著，于1920年挂幛毕业。1922年以来，先后在辽宁、吉林、黑龙江、河北等地20余处清真寺任职讲学，主持教务。中华人民共和国成立后，积极协助人民政府贯彻宗教信仰自由政策，在穆斯林中深孚众望。他学识渊博，热心兴办经堂教育，培养接班人，“有聘即应，就任必讲”，故随其求学者甚多。精通古兰经诵读法，通晓汉语文。主张用普及教育的方法提高穆斯林群众的文化道德素养和对伊斯兰教义的认识水平，并经常用通俗的语言向教众宣讲教义。为中国东北地区颇有名望的阿拉伯文书法家，其书法作品具有清秀雅致、布局匀称、舒展大方等特点，在中国伊斯兰书法界颇有影响。中国伊斯兰教协会曾精裱印制了他的书法作品，用来馈赠国际友人。他的阿文墨宝曾在1983年巴基斯坦举办的国际伊斯兰书展上展出。曾任中国伊斯兰教协会常务委员、辽宁省伊斯兰教协会主任。

（陈进惠）

照明学派(al-Ishrāqiyyah) 伊斯兰教苏菲神秘主义哲学学派。亦称"光照学派"。12世纪波斯苏菲学者希哈布丁·苏哈拉瓦迪(1153～1191)创建。其产生和发展经历了漫长复杂的过程,系由多种因素所促成。在古代的东方世界,人们把太阳升起的东方视为光明之地,把智慧、知识比作光明,而把日落的西方视为黑暗之所,把愚昧、无知比作黑暗,形成最初的照明与启迪之说。10世纪,苏菲学者开始著书立说,探索、阐释精神修炼道路和功修方法,促进了苏菲神秘主义教义的发展。后通过翻译运动,希腊哲学思想渗入伊斯兰教思想领域,尤其是新柏拉图学派的"流溢说",不仅影响到法拉比、伊本·西那等伊斯兰哲学家,而且愈益为伊斯兰教学者所关注。11世纪,借安拉光的照明而获取"真知"或"真理"的思想在苏菲派中已广为流传,它的系统化和理论化过程系由照明学派所完成。苏哈拉瓦迪吸取了古希腊哲学家的思想和波斯祆教善恶与光明、黑暗之说,又在苏菲前驱者,尤其是在哈拉智和安萨里(主要是《光的壁龛》)的思想基础上,对伊斯兰世界存在已久的神光思想加以归纳和提炼,创立了照明学说。后世的苏菲学者和神秘主义哲学家沿用其说,形成照明学派,广泛流行于中亚、西亚等地。该学派认为:安拉的本质为绝对、终极之说,宇宙万物因光的照明而生存、显现;光是宇宙万物之本原,安拉之光主宰着整个宇宙,决定着宏观宇宙、天体、星云的秩序,宇宙万物由程度不同的光暗而合成;离开光的照明,一切皆不复存在。光又是人类知识的源泉;人类在光的照明下,获得知识和真理,反之则处于愚昧和无知的境界。人的认识过程即安拉"绝对之光"照射、启蒙的过程,而照明则是以诸天体的精神(天使)为媒介。照明之所以可能,概因在人的灵魂中存有先天的原型和光明。人类灵魂源自可见的天体世界,由于灵魂在光的照射下会有不同的反应,因而灵魂的机能不尽相同。人生在世,即灵魂受囚之日,只有断绝人世间的物欲,灵魂才能在重返天体世界后获得自由。为此,人类需以苦行和功修净化灵魂,而精神修炼之路即是寻求光之照明的过程。照明学派将苏菲修炼上升到苏菲神秘主义哲学的层次,产生了广泛而持久的影响。17世纪,在伊朗兴起的伊斯法罕学派和该派所提倡的"神智学"运动及其后的谢赫学派,尽管在学说上互有差异,但其思想渊源皆可推溯至照明学派。 (吴云贵)

罩幕(Kiswah) 覆盖麦加克尔白天房的黑色锦幔。因克尔白殿为神圣之处,故在先知穆罕默德时代曾用也门的条纹布做幔予以覆盖。在哈里发欧麦尔和奥斯曼时期用埃及的亚麻布,在阿拔斯王朝时期用巴格达工艺精湛的丝幔。埃及法蒂玛王朝时期由开罗制成白色(后为黑色)的精致丝绒幔,用专门的"麦哈米勒"(即骆驼牵拉的轿车)运往麦加,并举行隆重的送迎仪式。罩幕每年更换1次,现罩幕仍由埃及预先制好,每年朝觐前(伊斯兰教历11月25～28日)由驼队运到麦加。罩幕上有金线绣织的"清真言",并以金色《古兰经》文为边饰,用钢环固定在石殿底座上。旧罩幕在朝觐时取下,换上与朝觐者的戒衣颜色相同的白幔,以示受戒。朝觐活动结束时,取下白幔,换上新制的黑罩幕。旧罩幕分成小片,分给朝觐者。克尔白殿门上另有一块罩幕,也产于埃及。 (杨克礼)

哲卜拉伊勒(Jabrā'il) 见吉卜利勒。

哲罕南(Jahannam) 见火狱。

《哲罕耶道统史传》(al-Kitāb al-Jahri) 中国伊斯兰教哲赫林耶派史志著述。主要记载该派道统传承谱系和历代教主的生平事迹、宗教功修和传教活动,亦涉及该派的发展演变情况和所经历的一些重大历史事件。该书于1934年石印出版。编著者马学智(1850～1923),经名穆罕默德·曼苏尔。回族。今宁夏回族自治区吴忠市金积堡人。系该派沙沟门宦的知名阿訇,为银川、金积一带的"热依斯"(即教主委派的区域性教务主持人)。1915年赴麦加朝觐。他经学知识渊博,精通阿拉伯语和波斯语,注重教派史的研究,《史传》即他长期搜集、撰写的有关该派大量史料和教内传说资料的汇集,并参考该派《热什哈》一书用阿拉伯语扩写而成,命名为《哲罕耶道统史传》,未定稿作者去世。1923年,马震武商同郭福金将其遗稿集中,由田大玺整理誊写,于1934年脱稿刊印。郭福金写有序言并题写了书名。

全书1册,约30万言,由前言和正文9门(章)两部分组成。前言内容主要讲述编著此书的目的:(1)介绍哲赫林耶派的由来和传承渊源,其教乘系秉承哈乃斐学派的学理,道乘秉承嘎迪林耶和纳格什班迪耶两教团的苏菲主义学说,而在中国则形成为哲赫林耶派。(2)强调该派是"中国最具奥秘的教派",其宗教功修"细腻而深奥"。(3)概述该派历代教主的生平事迹和"嘉言懿行",以供教徒效法、传颂。(4)介绍该派宗教功修的特点是高声诵念"迪克尔"(即赞诵词)和按照乐调朗诵《穆罕麦斯》(五联诗集)、《麦达伊亥》(赞美诗集)两经,这能"在听者心中产生影响"。(5)阐明该派主张教乘、道乘、真乘相互渗透而不能分离的缘由,甚至认为教乘更为重要而隐于道乘之中。正文部分,第一门叙说该派第一代教主马明心(1721～1781)的家世和他少时投奔也门纳格什班迪耶道堂学习苏菲经籍,进行"修行炼性"的修道生涯和他回国后于乾隆二十六年(1761)在青海循化、甘肃安定(今定西)等地讲学、传教的情况,称他是"替真主行道的革新者"。后在乾隆四十六年(1781)事件中被清廷残杀于兰州的经过。第二门简述该派第二代教主穆宪章(1745～1812)曾在甘肃平凉上寺坊任"海推布"(三掌教之一)教职,后被马明心培养为道统继承人的情况。第三门介绍该派第三代教主灵州(今宁夏灵武)马达天(1757～1817)接受穆宪章委以传教的过程,并叙及当时在清政府“杀尽新教”的民族压迫和宗教歧视下,马达天虽采取秘密传教,仍遭搜捕,被发配吉林船厂地方服苦役的情景。第四门讲述该派第四代教主马以德(1778～1849)由其父马达天接受道统及其模拟“天人合一”论者做法的情形。第五门讲述该派第五代教主马化龙(1810～1871)的为人及其品节,着重谈到他于清同治间(1862～1871)率众起义,反抗清廷民族压迫的斗争,以及最后失败全家罹难的概况。第六门讲述该派追认为第六代教主的马进成(1865～1899)被清廷阉割后充军汴梁为奴致死的始末。第七门讲述该派第七代教主马元章由滇赴陇重整哲赫林耶教派的业绩,说他是“宗教的复兴者”,为人“意志坚韧,待人宽厚”,于1920年殁于地震的情况。第八门历叙各代教主弟子和助手们的事迹、言谈说事和奔波情况,重点记叙了马明心的大弟子苏四十三(?～1781)及义女赛利麦于乾隆四十六年(1781)率领教众3000余人围攻兰州,要求清政府释放马明心的斗争情节,以及他们与清军作战,拒不投降,全部壮烈牺牲于华林山的情景。第九门讲解历代教主的“奇迹”和道德风尚。

该书从总体上大略记述了哲赫林耶派道统传承更易、内部矛盾和同其他教派的纷争,以及该派的教义、教规和历史传统,也谈到了历代教主的治教情况及其门下不少重要人物的活动等。反映出自清乾隆四十六年(1781)至同治十年(1871)间,中国穆斯林农民群众为反抗清王朝的民族压迫和经济剥削而进行的斗争及所遭受的苦难和牺牲。它是中国穆斯林依照自己的记事方法和书写传统辑录、定本的教派史稿之一,在教内被视为极贵重的教史经传,备受敬重。其中保存了不少未见史书、教内代代相传的口碑资料,对研究中国伊斯兰教的教派史有一定的参考价值。 (马忠杰)

哲赫林耶(al-Jahriyyah) 中国伊斯兰教苏菲主义四大学派之一。阿拉伯语音译,原意为“公开的”、“高声的”,引申为“高声诵念迪克尔的”,故有“高念派”之称,与“虎非耶”(即低念派)相对。16世纪经中亚传入新疆莎车、喀什等地区。1744年由马明心(1719～1781)传入甘肃、宁夏、青海。马明心曾于1728年随叔父去麦加朝觐,后到也门纳格什班迪耶教团谢赫扎比德·穆罕默德·布鲁赛尼道堂求学。1744年回国后先在青海循化、甘肃河州等地宣教传道,后因与华寺门宦发生冲突,而清廷地方政府介入,加剧了矛盾,终于在乾隆四十六年(1781)爆发了著名的“苏四十三起义”,马明心亦因此被杀害于兰州城,其家属被发配云南、新疆等地。1784年,以田五、张文庆为首的哲赫林耶派群众发动了为马明心复仇的石峰堡反清起义,仍以寡不敌众而遭惨败。此后,清廷对该派采取了更残酷的镇压政策,其第二、三代教主穆宪章、马达天相继被折磨而死。从此,该派失去了河湟和官川两个传教基地,开始陷于衰落。在1817～1869年的半个世纪中,宁夏马以德、马化龙父子相继任哲赫林耶派第四、第五代教主,以灵州为宣教基地,趁清廷面临列强侵侮,无力西顾之机,先后在云南、新疆找到了马明心的后裔,促其分头复教。马化龙又在宁夏西海固、甘肃平凉、陕西三边以及内蒙等地一面经商,一面宣教,信众比前几代有了发展,成为马明心之后该派第二次大发展时期。1862年,陕西、甘肃回民大起义,马化龙以金积堡为根据地,举起反清义旗,控制宁夏、灵州地区达8年之久。1870年失败后,马化龙及其亲属300多人惨遭杀害,10数万教众死伤大半,该派又一次陷入困境。1871年,云南东沟哲赫林耶穆斯林反清失败,马明心的四世孙马元章受其父马世麟之嘱,率教众10多人逃出云南,潜回甘肃张家川,苦心经营,重振教业。马元章吸取祖先历次反清失败的教训,一面致力于复兴经济实力,一面与官府及地方势力妥协,注意民族团结,使该派实力有所发展,成为继马化龙之后的又一次全盛时期。1920年马元章逝世,由其子马震武主持教务。但哲赫林耶各支系业以形成,各自独立行教。马震武以沙沟为传教中心,掌握兰州马明心拱北和吉林船厂马达天拱北;马元超以张家川北山为传教中心,掌握葬有马化龙、马元章等人的宣化岗拱北;马进西以宁夏金积板桥为传教中心,掌握马以德拱北和张家川南川道堂。从此,该派分化,形成多中心。哲赫林耶派从1745年始传至1949年,历经两姓(马、穆)、三家(阶州马、平凉穆、灵州马)、四个分支门宦(沙沟、宣化岗、南川、板桥)。共传7代教主,依次为:马明心、穆宪章、马达天、马以德、马化龙、马进成、马元章。教众分布中国西北地区及云南、贵州等13个省区,最多时达到20多万人。苏联的哈尔湖东干人中也有其信众。

哲赫林耶遵奉逊尼派教义和哈乃斐学派教法。它是在吸收、融合嘎迪林耶和纳格什班迪耶教团修道理论与诵念“迪克尔”方式的基础上形成的。其教义主张是:“敬主赞圣、遵经从训”。在教乘和道乘的关系上,主张先“教乘”,后“道乘”,认为没有“教乘”作基础,“道乘”也不复存在。同时“道乘”修持只限于极少数有条件、有决心的继承人,不要求一般信众都做道乘功修。在宗教礼仪方面,主张简化聚礼拜数,只礼10拜;注重赞圣词的韵调,马明心时为“也门调”,马达天时发展为“灵州调”,马化龙时又改为“也门调”;传教者须单独静修,信众随五时礼拜集体高念“迪克尔”;教众以戴黑白六角帽和不留鬓须为明显特征。教务管理实行道堂、教区和教坊三级制,形成教主、热依斯和开学阿訇三位一体的管理体系;教主的产生,初采用传贤制,后为世袭制所取代;教众须尊崇拱北和教主的“口唤”。该派早期反对利用宗教聚敛财富;主张清真寺庄严肃穆,反对采饰华丽。由于历史的原因,该派还形成了较为强烈的“为主殉教”的观念。 (马　通)

《哲拉莱尼古兰经注》(Tafsir al-Jalālayn)

15世纪伊斯兰教简明经注之一。因注释者是两个名为哲拉鲁丁的埃及经注学家，故有“两个哲拉勒的注释”之称。注释的前一部分是哲拉鲁丁·穆罕默德·本·艾哈迈德·马哈里(Jalāl al-Din Muḥammad ben Aḥmad al-Maḥalli，？～1459或1460)所写，但未能完成全部注释。续成者名叫哲拉鲁丁·阿卜杜·拉赫曼·本·艾比·拜克尔·苏尤蒂(1445～1505)。两人都属逊尼派，释文观点不仅相同，文字体例也相近。注解包括对经文词汇、句子的阐释，简明扼要，通俗易懂，多引用圣训参证。各章均标明所属类别(“麦加”类或“麦地那”类)、全章所含的节数，以及颁降的次序。对章首字母，一律不随意解释、引申，只注明“安拉至知”字样。对《古兰经》中涉及的事件，包括正文中省略而不提的人名、地名，则据史实或传说予以补充。此外，续成者苏尤蒂的释文中，还增加了一项新内容：把某些章节颁降的缘由作了必要的交代，以便研习者了解当时的社会环境和历史背景。该简注对初学《古兰经》者颇有帮助，400多年来，被逊尼派穆斯林广泛采用，影响很大。在中国穆斯林经堂教育中，一直被列为研习《古兰经》的必读课本，手抄或翻刻者甚多。中国伊斯兰教协会于1982年以黎巴嫩贝鲁特刊印本为蓝本，影印发行。该本每页中间是《古兰经》正文，注释文字按节次刊载于正文左、右两侧，有关段落的“颁降缘由”作为脚注附于页尾。（林　松）

哲拉鲁丁·鲁米(Jalāl al-Din al-Rūmī，1207～1273)　波斯伊斯兰教苏菲派著名学者、诗人，毛拉维教团创始人。全名哲拉鲁丁·穆罕默德·本·穆罕默德·本·侯赛因·鲁米。别号贾勒比·阿凡提。生于巴尔赫(今阿富汗境内)。其父巴哈乌丁·瓦利德(1148～1230)为花剌子模汗国治下呼罗珊的伊斯兰教学者和教师。鲁米少年时受其父传统的伊斯兰教育。13岁从父去麦加朝觐，途经内沙布尔时，拜访著名的苏菲派诗人伊本·阿塔尔，深受其神秘主义思想影响。后在巴格达、大马士革、阿勒颇等地求学，掌握了波斯语、阿拉伯语及文学知识。1218年蒙古人西征逼近，其父带着全家去麦加朝觐，后浪迹近东，在塞尔柱罗姆苏丹国治下的科尼亚定居。其父在科尼亚伊斯兰学校执教，于1231年去世，鲁米接替其父教职。约于1244年，鲁米投师于著名苏菲派思想家舍姆斯丁·穆罕默德·大不里士(？～1247)门下，学习苏菲学理奥义，接受道乘修持训练，成为苏菲派著名学者和诗人。后独立门户，招收门徒，传授苏菲派学说和独特的修持仪式，创建了“毛拉维教团”，其影响波及安纳托利亚。因其门徒尊称他为“我们的毛拉”，故名。鲁米将音乐、舞蹈引入该教团仪式，奉行苦修和禁欲。他在文学、哲学、语言学、修辞学等方面都具有较深的造诣。其主要著作有叙事诗《玛斯纳维》、抒情诗《舍姆斯丁诗集》、鲁拜诗和一些散文。《玛斯纳维》为双行哲理训谕长诗，凝聚了鲁米全部的知识和智慧，集中地阐述了苏菲主义的认主独一说、真主流溢说、人主合一说等思想观点，被该教团遵奉为经典，贾米(1414～1492)称它为“波斯文的古兰经”、“知识的海洋”。鲁米以其导师名义发表的《舍姆斯丁诗集》，通过对人生、爱情、鲜花、醇酒的描写，抒发了作者对美好人生的向往和追求，委婉含蓄地表达对真主的至爱和虔信，阐发“人主合一”的观点。他还著有《无中生有》、《书信集》等散文作品，主要阐释苏菲教义和功修。他的作品多用隐喻、象征、借比等手法，援引《古兰经》、圣训、故事、传说、格言，其内涵深邃，感情充沛，语言流畅，韵味十足，充满哲理，为苏菲派神秘诗的典范。

鲁米在波斯文学史上享有很高的声望。他与费尔多西、萨迪、哈菲兹齐名，有“诗坛四柱”之称。德国哲学家黑格尔和诗人歌德在他们的著作中，对鲁米在哲学和文学上的贡献给予高度评价，认为鲁米使造物主、灵性、理性、人间的伦理道德得到完美的综合，把人的“精神和独一的真主合一”。他的著作被译成多种文字，对后世苏菲主义的文学和宗教运动以很大影响。鲁米的《玛斯纳维》在中国各族穆斯林中有所流传，新疆依禅派奉其为经典之一，作为念“迪克尔”的内容。其他著作还有随谈录《其中者自在其中》，集中了其诗作的思想，涉及到社会生活的各个领域，反映了神秘主义的灵性感受，充满人性味。1273年殁后葬于科尼亚，其陵墓今已辟为博物馆，拜谒者络绎不绝。（马忠杰）

哲拉鲁丁·苏尤蒂(Jalāl al-Din al-Suyūṭi，1445～1505)　埃及伊斯兰教经注学家、史学家、语言学家。生于上埃及艾斯尤特，出身于逊尼派伊斯兰教法官家庭。自幼随父在开罗师从一位苏菲派学者受教。他聪颖笃学，博览群书，能背诵《古兰经》和数千段圣训，通晓伊斯兰教各学科的知识，擅长阿拉伯文书法。17岁时在开罗宗教学校执教。1486年，被马穆鲁克王朝素丹赛福丁·嘎伊特贝任命为开罗拜伯尔斯清真寺长老和宗教大学的首席教授，讲授《古兰经》学、教法、历史和语言学，并从事学术研究和著述。1501年，因削减清真寺苏菲派学生的津贴，引起骚乱。他受审后，素丹干骚·奥里下令，将他软禁在开罗附近的劳达岛上，直至去世。他是一个多产作家，其著作涉及古兰经学、圣训学、教法学、哲学、历史学、语言学、修辞学等领域。其著作目录约有560种，传下来的有100多部。他的名著是《哲拉莱尼古兰经注》，是同哲拉鲁丁·马哈里合著，全书对《古兰经》进行逐词逐句解释，着重对难懂词义、语言结构及上下经文间的联系给以阐释，简明扼要，为逊尼派著名经注之一。他的《埃及史》是一部史学专著，记述了埃及上古史、伊斯兰时期的历史及开罗的掌故，历代君主的本纪。《华枝集》(一译《语言学指南》)，是一部通俗简明的语言学百科全书，内容包括阿拉伯语言史、语音学、语言学和词法。主要取材于先辈语言学家伊本·吉尼和伊本·法里斯的语言学作

品，保存了该二人已散失的语言学资料。他还著有《古兰经学通论》、《哈里发列传》等，被列为宗教学校教科书。 （杨克礼）

哲拉伊尔王朝(al-Sulālah al-Jalā'iriyyah) 14世纪蒙古人在伊拉克建立的伊斯兰王朝。创立者为哈桑·布祖克(1336～1356在位)。哈桑原为西迁的蒙古哲拉伊尔部落首领，其先祖曾支持旭烈兀创建伊儿汗国，先在阿塞拜疆一带从事游牧，在合赞汗时信奉伊斯兰教，后迁小亚细亚同当地突厥人逐渐融合。在伊儿汗艾布·赛义德(1317～1335在位)执政时，哈桑·布祖克担任安纳托利亚总督。赛义德死后，伊儿汗国发生分裂，1336年，哈桑遂以巴格达为中心宣布独立，自立为汗，建立哲拉伊尔王朝(1336～1432)，领有今伊拉克大部分土地。1356年其子乌韦斯汗一世(1356～1374在位)继位后，向伊朗扩张。1360年攻占大不里士，并吞阿塞拜疆地区，迫使法尔斯的穆扎法尔王朝向其称臣纳贡，从而扩大了自己的版图。王朝统治者实行军事分封制，各地官员多由其部落王族担任。信奉逊尼派教义，但对什叶派采取宽容政策，苏菲派在各地有广泛的传播。王朝注重发展农业和畜牧业。统治者赞助文学和艺术，使巴格达细密画派得到发展。王朝后期多受到突厥人、蒙古人和土库曼人的不断侵袭，国力逐渐衰落。后该王朝向帖木儿的后裔称臣，丧失伊朗领地，统治区只剩伊拉克地区。1432年被土库曼黑羊王朝所灭。 （杨克礼）

哲理大学 见智慧馆。

哲利尔(Jarir，653～733) 阿拉伯伍麦叶王朝诗人。生于阿拉伯半岛纳季德附近的叶麻麦，在贝都因部族中一虔诚穆斯林家庭长大。幼时家贫，以放牧为生。因父母爱诗，从小能吟诵，15岁时能作出矜夸诗，赞美部族的历史和光荣。青年时期在伊拉克各地谋生并向宗教学者和诗人求教，后定居巴士拉。信奉逊尼派教义。曾参加当地市场赛诗会，与著名诗人法拉兹达格对阵，表现出丰富的想象力和讽刺才能，进入当时著名诗人的行列。写了大量颂诗、情诗、哀诗、矜夸诗和讽刺诗，被引荐到大马士革充当哈里发宫廷诗人。其诗大多采用伊斯兰教前阿拉伯诗歌的主题和形式，歌颂阿拉伯人的勇敢和慷慨，描绘贝都因人所怀恋的沙漠生活、遗址和旅程，抒写游子思乡和友人念旧之情，风格清丽、婉约、平易。为哈里发、总督等权贵写过不少颂诗，辞藻华美；也赞颂伊斯兰教及穆罕默德。反映出部落诗人对政治、宗教的热情，以及对权力的依赖和屈从。其讽刺诗和辩驳诗被认为是阿拉伯讽刺艺术的佳品。曾与几十名同时代的诗人对诗。对诗时分为两方：一方规定格律、限韵；另一方按规定应和，双方进行激烈的对驳。几十年内大部分诗人在对诗中失败，最后只剩法拉兹达格、艾赫泰勒和他3人，因而被称为伍麦叶王朝“三诗王”。 （杨克礼）

哲麻尔提(Jamā'at) 伊斯兰教用语。阿拉伯语音译，意为“集体”，汉文意译为“教坊”、“寺坊”，指以清真寺为中心的穆斯林聚居区。参见教坊。 （余振贵）

哲马鲁丁·阿富汗尼(Jamāl al-Dīn al-Afghāni，1838～1897) 近代伊斯兰哲学家、社会活动家，泛伊斯兰主义的倡导者。全名哲马鲁丁·穆罕默德·本·赛夫达尔·阿富汗尼。生于伊朗哈马丹，在阿富汗喀布尔以东的艾萨达巴德城长大。其父赛义德·赛夫达尔，自称是逊尼派著名圣训学家提尔密济的后裔。哲马鲁丁幼年时在当地学校读书，后在波斯、阿富汗各地求学。通晓伊斯兰教历史、教义、苏菲主义及哲学、逻辑学、物理学、天文学和医学等，还掌握阿拉伯文、波斯文和土耳其文。18岁时到印度学习英语和科学文化，后游历了阿拉伯诸国，曾目睹殖民主义者的侵略暴行。1857年到麦加朝觐，以此机会在各国朝觐者中间宣传“伊斯兰世界大同盟”思想，并在麦加发起成立了由各国穆斯林参加的“温姆·古拉协会”(温姆·古拉为麦加古称)，并创办《温姆·古拉》杂志。他提出将宗教改革和社会改革相结合，呼吁全世界穆斯林联合起来，建立一个统一的伊斯兰国家，抵制西方殖民主义的侵略。1866年他被阿富汗国王穆罕默德·阿扎姆汗任命为首相，不久，遭新任国王敌视，又去麦加朝觐，后颠沛流离，到过印度。1871年定居埃及开罗，在爱资哈尔大学任教，继续从事宗教和社会改革的政治宣传活动，培养了穆罕默德·阿布笃、赛尔德·扎格卢勒等一批青年追随者。1879年被埃及总督陶菲格驱逐出境，流落印度后又遭英殖民当局软禁。1884年，在巴黎与其弟子穆罕默德·阿布笃创立了“牢不可破的关系协会”(一译“坚柄协会”)，并出版了同名阿文周刊，抨击殖民主义，对唤起伊斯兰各国人民的民族觉醒产生了颇大影响。1886年旅居俄国，并会见沙皇尼古拉二世。1889年，应伊朗国王纳绥尔丁之邀，任国防部长及首相，主持宗教事务和社会改革。因其主张危及到国王的权利，并遭反对派的抵制，其改革失败终被逐出，后流亡巴士拉和伦敦。1892年应土耳其素丹阿卜杜勒·哈米德二世之聘到伊斯坦布尔，被冠以“伊斯兰长老”的称号。素丹利用哲马鲁丁推行泛伊斯兰主义，企图获得世界穆斯林的支持，以维护奥斯曼帝国摇摇欲坠的统治。哲马鲁丁后遭统治者的猜疑而被软禁。终生独身。1897年3月9日因病在伊斯坦布尔的尼山塔什狱中逝世。1944年移葬于阿富汗喀布尔。

哲马鲁丁是泛伊斯兰主义的创始人，终生致力于社会和宗教改革。在政治方面，为了反对西方殖民主义的侵略和奴役，争取伊斯兰国家的民族独立，他主张全世界穆斯林联合起来，不分民族和国界，在一个哈里发的领导之下，建立一个统一的伊斯兰教帝国。首先以埃及为主体建立一个伊斯兰国家，进而统一苏丹和伊朗，最后统一奥斯曼帝国的全部领土，使穆斯林摆脱西方殖民主义的统治。这个国家在伊斯兰教统一旗帜下，以伊斯兰教法治国，进行宗教、社会、政治方面的改革，以实现国家的富强。在宗教思想方面，他认为，真主是独一的超越的绝对存在，主张穆斯林在信仰、道德、政治方面要恢复到四大正统哈里发时代。他认为伊斯兰教的基本教义、教法和文化形态适用于任何时代，它能够回击任何异端思想文化的挑战，但需要对非伊斯兰化的世俗观念和陈规陋习进行改革，这种改革应与社会改革相结合。他认为早期的伊斯兰教是纯真的，自中世纪以来随着历史变迁，外来的各种异端思想相继渗入伊斯兰教，使信仰偏离了“安拉的正道”；伊斯兰教内部出现的宿命论派、苏菲派和保守派，及主张消极避世，因循守旧等，关闭了创新的大门，使穆斯林丧失了积极进取的精神，导致了穆斯林社会经济和文化的衰落。为使伊斯兰教复兴，适应新的社会历史条件，他认为，一方面要以伊斯兰教的原教旨精神，从思想上清除各种异端邪说的影响，抵制西方腐朽文化和生活方式的渗透，净化和纯正宗教信仰，把伊斯兰教思想作为穆斯林教育第一课题，以理智来巩固信仰，提高伊斯兰教学者和教法官在社会生活中的地位，发扬伊斯兰教义中“富有生机的原则”。另一方面，他认为应从教法入手进行宗教改革。他引证《古兰经》指出，伊斯兰教是善于吸取新知识和不断变革的宗教，创制新教律的大门是敞开的，前辈法学家制定的律例只能适应过去，不可能说明今天的一切。他提倡根据《古兰经》和圣训的精神，运用科学和理智演绎创制新的教法，规定穆斯林新的道德行为规范和教律，使伊斯兰教适应新的社会历史条件。他还倡导穆斯林要学习西方先进的科学技术和文化，掌握新的思想方法，大力发展教育和经济，改变伊斯兰国家贫穷落后的状态。在哲学思想方面，他认为宗教和科学并不矛盾，伊斯兰教能够兼容并蓄先进的科学文化，通过改革而达到现代文明。唯物论和无神论同宗教信仰是不相容的。他认为人与动物有本质区别，动物无理智、灵性和信仰，只能适应环境，而“人为万物之灵，是世界的统治动物”，人有理智，能驾驭自然，变革社会。他提倡入世主义，反对宿命论和苏菲派的消极厌世及“现实世界是最末时光”的观点，提倡人应有积极进取的精神，铸造自己现实生活的新方式，“追求现实社会的幸福生活”。哲马鲁丁的泛伊斯兰主义学说在伊斯兰世界产生了广泛的影响，随之形成了泛伊斯兰思潮和社会运动，并在国际上建立了泛伊斯兰组织。哲马鲁丁的主要著作有《反驳自然主义者》、《哲学的利益》及论文《英国与阿富汗》、《东方政府》等。（杨克礼）

哲热甫哈热阿吉（1858～1956） 中国伊斯兰学者、历史学家、翻译家。乌孜别克族。生于中亚塔什干。就读于该城库坎塔什经文学校，15 岁迁徙新疆，先后居于喀什、莎车、阿克苏、乌什、伊宁等地。曾随父赴麦加朝觐。通晓阿拉伯文、波斯文。曾任多所清真寺伊玛目，门生遍及新疆天山南北。他认为伊斯兰教应随着时代的发展而前进，不断吸收现代科学知识，改变束缚人们的陈规陋习，调整人们之间的关系，发展科学技术和教育，促进穆斯林社会的进步。在信仰上，主张应以《古兰经》和先知穆罕默德的遗训行教，遵从教法和履行“五功”，批判了朝拜麻扎、占卜、吸麻烟、酗酒和以诵经赚取钱物等违犯伊斯兰信条的行为，从而受到保守派的排斥。提倡入世主义，注重现实生活，认为伊斯兰的要义在于现世的一切都是安拉赐予的恩典，通过劳动创新，应尽情享受人世间的幸福。提倡穆斯林要学习其他民族语言文化，团结非穆斯林。他的译著丰富，曾将《古兰经》译为维吾尔文与乌兹别克文，译文准确、流利。还译有伊斯兰教法及法规的汇集《法典注译》，并将《祈祷集》、《历史精选》由阿拉伯文译为维吾尔文。著有《费尔干纳—喀什噶尔史》、《法规之真谛》等。1956 年殁于伊犁。生前曾任新疆维吾尔自治区政协委员。（卡德尔·艾克拜尔）

《哲学家的矛盾》（Tahāfut al-Falāsifah） 伊斯兰教教义学及哲学著作。一译《反驳哲学家》。有的西方学者译为《哲学家的崩溃》。安萨里著。系阿拉伯文本，1095 年前写成于巴格达尼采米亚大学。是继《哲学家的宗旨》后又一论战性的著作，旨在反对哲学家伊本·西那和法拉比等为代表的理性主义及希腊哲学家的观点，系统地阐述了他的宗教哲学观点。全书从维护伊斯兰教逊尼派的基本信仰和教义出发，提出哲学家和教义学家争论的 20 个问题，指出哲学家对这些问题的论证结论是与伊斯兰教的基本教义相矛盾的，是犯了叛教和异端的错误。他还举例证明哲学家对信仰问题是无法用理性主义加以证实的。该书集中讨论了下列问题：真主与被造物的关系、定命论与意志自由的关系、世界有始与无始的关系、肉体与灵魂的关系、信仰和理性的关系、今世与后世的关系、原因与结果的关系、道德与教育的关系、习惯与品德的关系等。安萨里指出，无神论者、自然科学家、希腊哲学家均不承认真主的存在，不承认自然界及人类是真主创造出来的，不承认世界在时间上是有始的，不承认灵魂不灭、死后复活、末日审判等。安萨里认为，世界的一切是真主创造的，世界万事万物的存在证明了真主的存在；世界是在有始的时间中被创造的，离开了时间就没有世界，时间是由于世界的运动而存在的；世界的有始，说明时间和运动都是真主的创造；真主是一切存在的“终极原因”，他创造了因，以后又创造了果，因果之间无必然联系，乃是真主的“意志”。他指出，人的理性活动和逻辑推理只能认识现象界的事物，只有凭借真主所启示的灵知，并通过严格的宗教修持和苦行，限制感官的各种欲望，通过直觉的领悟，才能达到认识真主。他还认为，人死后灵魂不灭，要回归到真主那里去。该书还对什叶派支派伊斯玛仪派的观点进行了批驳。12世纪，阿拉伯哲学家伊本·路世德（1126～1198）写成论著《哲学家矛盾的矛盾》一书，回驳了安萨里对哲学家的批驳和对唯理论的攻击，阐述了阿拉伯亚里士多德学派的唯理主义观点。安萨里的《哲学家的矛盾》等书12世纪以后被译成拉丁文，给基督教经院哲学以深刻的影响。该书有伊斯坦布尔法提哈图书馆收藏注明伊斯兰教历"448年1月11日著成"字样的原手抄本。现代有1927年贝鲁特版本和1947年埃及学者苏莱曼·敦亚校订出版的开罗版本。20世纪40年代以来，该书的阿拉伯文本在中国亦有流传。

（马忠杰）

者那则（Janāzah） 伊斯兰教殡礼仪式。阿拉伯语意为"殡礼"、"葬礼"。伊斯兰教法学家根据《古兰经》"你要为他们祈祷；你的祈祷确是对他们的安慰"（9：103）的经文，规定穆斯林亡故后必须举行"者那则"。由洗礼人将亡人用清水进行大净、穿裹"克凡"（殓衣）后举行殡礼。其仪程：（1）将亡人抬至宽敞洁净之地，头北足南面向克尔白（天房），参站殡礼者亦面向克尔白排站班次。（2）举意："主啊！为你礼拜为亡人祷告，回赐归亡人。"（3）跟随领拜者抬手赞念4次"大赞"（即真主至大）。仪毕土葬。清刘智《天方典礼》云："殡礼者，众人代尸拜主，以谢其脱尘归净也。首领对尸胸前而立，男妇皆然。众人分班次于首领之后，一拜，不躬不叩不跪，但摹想形仪全其四赞而已"。首领指本地长官。长官不至即由教坊掌教领拜，掌教不至即由本家主人，主人有独任殡礼之责。若无家主人之意，他人可领拜，仪毕主人再拜，或另择复礼。在中国，习惯上则由掌教或阿訇领拜。参站"者那则"，除表示为死者拜主脱尘归净、祈求真主恕饶亡人罪过外，还敬告教育活人不忘敬畏真主，必须履行宗教功课，行善止恶，并求真主恕饶自己的过错。中国穆斯林如遇"者那则"必争相参加，以示穆斯林兄弟之哀悼告别，被视为一种义务。

（达应庾）

真乘（Ḥaqiqah） 见三乘。

真赐 中国伊斯兰教哲学概念。指伊斯兰教的基本信仰。首先提出这一概念的是明末清初伊斯兰教学者王岱舆。他说："真赐者即所谓以一妈纳（即伊玛尼）也"（《正教真诠·真赐》）。伊玛尼是穆斯林对真主赐予穆罕默德的"启示"及其基本信条的确信和承认。王岱舆在论证这一概念时，借用中国儒家经典《大学》中"明明德"之说，谓之"明德之源"。其认识过程为"真赐之兆有三，乃'恐惧'也、'仰望也'、'真乐也'"，"真赐之义有三，曰'顺一'、曰'认一'、曰'成一'"。表达了信仰过程的内悟与深化所达到的境界，是穆斯林认主过程的概括。

（罗万寿）

《真光》 中国伊斯兰教地方性宣教月刊。1928年3月创刊，由昆明清真公会主办。社址设在昆明市东门清真寺内。现存第2期系1928年4月23日刊印，16开版面，4版。刊载内容为对伊斯兰教义和经学教育的探讨，伊斯兰格言选登，省内外宗教活动报导，清真公会会务报告等。该刊有鲜明的地方特色，保存了20世纪20年代末期昆明伊斯兰文化教育及教务活动的第一手资料。

（余振贵）

真光论 伊斯兰教苏菲派教义之一。亦称"真主之光论"。就安拉的本质、宇宙万物的起源提出的一套系统的理论观点，为苏菲神秘主义宇宙观、认识论的基础和主要内容。真光论系以《古兰经》有关经文为依据，经后世苏菲学者不断阐释、论证，形成较完善的理论体系。《古兰经》第24章经文指出：真主是"天地的光明"，他的光明犹如坐落在一座灯台上的"一盏明灯"，它不是东方的，也不是西方的，它那用作燃料的"吉祥的橄榄油"，即使没有点火也几乎发光，真主以"光上加光"引导他所意欲者走向真主的光明（24：35）。经典中这一就安拉本质所作的比喻式的描述，经后世经注学家诠释，以"光明"构成安拉的99个美名之一。关于"真主之光"的思想，早在8世纪初，什叶派学者在诗歌中就述及"真主之光"通过先知穆罕默德照射到阿里家族，为之带来光明，驱走黑暗。该派第五代伊玛目巴基尔进而认为，穆罕默德及其后裔为安拉面前的"光的幻影"，而什叶派诸伊玛目也都有"真主之光"相伴，并相信"真主之光"可从一个伊玛目转移至另一伊玛目的躯体。9世纪，"真主之光"说为苏菲派学者所接受。萨赫尔·图斯塔里（Shahr Tustari，818～896）在对《古兰经》第24章经文所作的注释中指出，穆罕默德为安拉以其真光所造，阿丹等诸先知的本质、宇宙万物的本原亦来自"真主之光"的照射，由此产生"穆罕默德之光"说。10世纪以后，苏菲学者著书立说，系统地阐述"真主之光"说，使之上升为理论体系。苏哈拉瓦迪（1153～1191）提出，安拉为"至上之光"，它是宇宙万物的本原，宇宙万物由程度不同的光与暗构成，世间的一切生命、事物的生成及彼此间品格、性质上的差异，皆为"真主之光"不断照射的结果。伊斯兰教权威教义学家安萨里在所著《光的壁龛》中，充分肯定"真光"的思想，将"真主之光"的信仰发展为对真主的内心体认和虔信不移，视为苏菲功修的领域之一。伊本·阿拉比以"真主之光"来解释苏菲"圣徒"、"穆罕默德的精神"和苏菲"完人"等观念，使之扩及更广泛的领域。

"真光论"既是苏菲神秘主义的宇宙观，又是它的认识论，也是苏菲功修和"人主合一论"的基础。其主要内容是：（1）以"真主之光"为本原的宇宙观。认为真主最重要的本质属性是"光"，称之为"绝对之光"、"至上之光"、"圣光"、"真光"等。"真主之光"既为真主所固有，又是真主最初的造化物，它是真主创造先天和后天、物质世界和精神世界的唯一根源，宇宙万物皆源于此光，皆为“真主之光”不断照明的结果。但因照明过程中光暗度不同，由此形成宇宙万物间形态、品格、性质上的千差万别，宇宙万物实为明、暗互异的光点所构成。(2)先知穆罕默德为先在之光。认为穆罕默德为特殊的造化物，他在现世取肉身形式，被尊为先知和“封印使者”；他在生前的精神世界则是一种先在的无形之光，为真主的“余光”在先天照射的结果。因此，他具有先天造化的一切先知、天使的美德。他的使命在于为信士指明“正道”，使之得以返本还真。(3)以神秘内心体验为特征的认识论。认为人对真主的信仰和认知，不能靠后天学习，不能以逻辑推导、理性论证等外在的方式取得，而只能靠“真主之光”的赐予和启迪。人在被造化的过程中，其灵魂中已摄入了“真主之光”的“余光”，亦称“信仰之光”或“闪光”，为人在后天参悟、体认真主的根据，借此信士得以回归真主。但并非人人皆可返本归真，因人们在尘世受到各种欲望的诱惑，灵魂中的“内光”渐趋黯淡，只有靠不断学习《古兰经》、领悟安拉的启示，才能借“外光”来启迪“内光”，从而最终回归真主。

真光论为苏菲神秘主义信仰提供了理论基础，对宇宙万物的本体和现象作了“一元论”的解释，为苏菲派的“人主合一”说提出了理论依据，因而极大地促进了苏菲主义的发展。真光论后经发展形成照明学派，将其理论推向一个新的高度。17世纪，照明派的学说与什叶派宗教思想相结合，形成“神智学”(HikmatuIlah)运动，企图将启示和传述的知识(经、训)、理性推导的知识与直觉和入迷的神秘知识融为一体。伊朗什叶派的谢赫学派，也曾受真光论的影响。真光论因强调对经典作隐义的、神秘主义的解释，而同欧莱玛的传统注释相背，曾遭到逊尼派和什叶派学者的谴责，被指责为“异端邪说”。 (吴云贵)

真回老人 见王岱舆。

真教寺 中国伊斯兰教部分清真寺的别称。因中国穆斯林学者自元代以来习用“清”、“净”、“真”等词语表征伊斯兰教，故各地清真寺命名时亦常以此冠之，如泉州“清净寺”、西安“清修寺”、南京“净觉寺”等。见于史载或碑铭称“真教寺”的有杭州凤凰寺、嘉兴清真寺和西安小皮院清真寺等。 (杨宗山)

《真境花园》 见《蔷薇园》。

《真理的入门》 中国伊斯兰教哲理性的劝喻长诗作品。一作《真理的献礼》。12世纪末喀喇汗王朝维吾尔族盲诗人艾哈迈德·尤格拉克(1110～1180)著。共14章，512行(包括按语中的3篇诗)。诗歌采用阿鲁孜韵律中的木塔卡里甫格律，用中古西部维吾尔语喀什噶尔方言写成。主要阐述维吾尔等突厥民族的伊斯兰哲学及伦理思想，寓意深刻，韵律优美，富有哲理性。书中的引子部分为赞颂安拉德性(Sifāt)及伊斯兰教义的诗篇，正文主要阐述穆斯林应遵奉的道德准则及修身处世之道。在宇宙观上，作者认为只有真主是永恒的，宇宙万物为真主所造化，日月星辰与时间围绕大地轮回运转，人类及万物都在真主的主宰下不断运动。世间的富有和贫穷、年轻与衰老、多与少、新与旧、欢与悲、甜与苦等互相矛盾的事物常处于转化的过程之中。作者认为，往昔的繁华与伊斯兰教良好的道德秩序均已消逝，人生短暂犹如旅途，祸福乃受天命支配，穆斯林应当遵照真主所指引的道路去生活。在伦理观上，作者认为，穆斯林的道德修养和行为，应以《古兰经》为准则，以先知穆罕默德为楷模，要做到信仰真主，始终不渝；要恪守教规，止恶扬善；要尊重智者，明达事理；要平等待人，不嫌贫爱富；要谦虚和蔼，不骄不躁；要诚实正直，不讲假话；要谨言慎行，知而后言，言谈有度，不哗众取宠，言而无信；要宽厚待人，以德报怨；要敬老爱幼，彬彬有礼；要宽仁慷慨，怜悯弱者，施济穷人；要清贫知足，不贪图荣华享乐。书中还斥责了贪婪、伪善、愚昧和狂妄之人。在求知问题上，作者认为求知乃是穆斯林之天职，人们因是否努力学习而上进或沉沦，掌握知识者才能虔信真主可以走向通往两世幸福的大道。作者把当时社会的黑暗和穆斯林大众的苦难归咎于统治者对伊斯兰教信仰的动摇和背离，希图唤醒穆斯林对伊斯兰教坚定信仰的热忱。作者的宗教伦理观点属于中世纪伊斯兰教逊尼派。这部作品曾在中国新疆、中亚、西亚一带的突厥语各族穆斯林中流传，有广泛的社会影响，在中国伊斯兰文化史上占有重要地位。该书现存有3种较完整的抄本，即15世纪回鹘文的撒马尔罕甲本，回鹘文和阿拉伯字母的维吾尔文合璧的伊斯坦布尔乙本和阿拉伯字母的维吾尔文伊斯坦布尔丙本。1981年，中国新疆人民出版社出版了汉文译本。 (杨克礼)

真理派 见艾赫勒·哈格派。

真纳墓(Ḍariḥ Jinnah) 巴基斯坦国创建者穆罕默德·阿里·真纳(1876～1948)的陵墓。位于卡拉奇市中心。建于1970年。陵墓建筑为伊斯兰风格，四周是白色的围墙，墓由白色大理石砌成，呈四方形，顶部巨大的白色圆顶，高高耸立。墓地右侧有清澈的水道。进入墓室，中间是两层银色栏杆围绕的长方形白色大理石墓葬结构，上面镌刻着乌尔都文和英文的墓志铭以及精致的花纹图案。墓室内天蓝色圆顶，如苍穹笼罩，一盏由中国周恩来总理生前赠送的巨大镏金花枝形吊灯，从寝陵内的穹顶下垂，映得满室通明。真纳于1948年9月11日在卡拉奇逝世。每年是日，巴基斯坦人民来此谒陵，诵经祈祷，并举行纪念活动。 (杨克礼)

真一 中国伊斯兰教哲学概念。指“真主独一无偶”。是王岱舆在《正教真诠》与《清真大学》中所提出的命题。他指出“真主止一，无有比拟，乃无始之原有，非受命之有也”。并阐明“故首明单另之一，乃造化天地万物之真主，而与天地万物无干，兹为无始之原有也”。肯定了真主独一无偶，真主造化天地万物这一伊斯兰教认主学的根本点，并强调指出“真乃独一耳，因道契于真，故能不更不易，始终一理。不得真一，则根不深；根不深，则道不定；道不定，则信不笃”，“所以正教唯遵兹真一也”。并同时提出了“数一”、“体一”两个概念，与真一构成一个系列，阐述了真主的本体与德性、真主的存在及大能和人体认真主、笃信正道的途径。王岱舆的学说，紧密结合中国宋明理学的原理立论并运用其某些概念进行论证，是伊斯兰教哲学与中国传统哲学早期结合的论述。 （罗万寿）

真有 中国伊斯兰教哲学概念。即指伊斯兰教所信奉的独一真主。王岱舆《正教真诠》谓：“真主止一，无有比拟，乃无始之原有，非受命之有也”。王岱舆《清真大学·真一》谓：“真有不落有无，原来有，故超然长有”。伊斯兰教认为，“无”不是“有”的本原，万有的发生都始于“有”，即宇宙万物及人类均始于一个实有的创造者。这个创造者既非万物的本体，也非其中任何一物，而是在宇宙万物本质之外，独一无偶、无始无终、无所比拟的“原有”，这就是“真一”，或曰“真宰”，即伊斯兰教信仰的真主安拉。《古兰经》云：“凡在大地上的，都要毁灭；惟有你的主的本体，具有尊严与大德，将永恒存在”(55：26～27)。《清真大学》又云：“须知无黑暗不可以悟光明，非生死怎知真有？果能了彻生死，生亦非生，因其有死；死亦非死，因其复生。超此两关，再无生死。凡受制生死者乃众生，为其由性命而建立；不落生死者乃真一，为其无起始而原有”。

（冯今源）

真宰 见安拉。

真忠 中国伊斯兰教宗教伦理概念。王岱舆在《正教真诠·真忠》中云，伊斯兰教不拜偶像，不崇邪说，“尊独一无二主，方谓之真忠”。他认为，认识了这一点，才能认识自身，认识了社会，才能立身处世。这种“大本真忠”，从君王、臣僚到一般穆斯林都应具有，表达对真忠的“至礼”是“拜独一之真主”。同时认为人生在世有三大“正事”，即“顺主、顺君、顺亲”。首要任务是“认主”，“认主之凭”是“拜主”，对真主“正面而拜焉”。对君亲“侧首而拜”，对尊长“跪拜”，一般人“揖拜而已”。这是王岱舆将伊斯兰教伦理与中国封建社会伦理规范加以调和，他既批驳了佛家的“无父无君”，又适应了穆斯林在中国社会的伦理需要。（罗万寿）

真主 见安拉。

真主的尊名 见安拉的美名。

真主台阿拉 见台阿拉。

振学社 现代中国云南伊斯兰教文化教育社团之一。民国初期由沙平安、马熙堂、白耀明等发起创建。社址在昆明南城清真寺。其宗旨是振兴回民文化，发展民族、宗教教育。最初属滇垣清真公会(后改称昆明清真寺产董事会)，1927 年起并入中国回教俱进会滇支部。该社《章程》规定：“振学社司学校之设置管理及推广教育、研究教义、翻译经典、发行经书等事，因事务较繁，得分教育、教务、翻译、出版四股办理之”。沙平安、马观政先后任社长，马生凤任副社长。在各方经费协助下，该社曾校印木刻版《古兰经》，印制、发行各类经书报刊，经销有关回民起义之历史资料，举办经堂教育及经书并授的新式学校，曾创办了含普通中小学教育和阿拉伯语专科的明德学校(后发展为明德中学)，培养造就了不少人才，并选派学生多人赴埃及爱资哈尔大学留学深造，还支持云南全省回族教育的发展和回民青少年的培养教育工作。在辛亥革命后至抗日战争前这一历史阶段，办了大量实事，对继承与发扬云南回族文化传统起了承先启后的重要作用，对促进云南回族穆斯林文化教育事业颇有贡献。 （林 松）

《震宗报》 中国伊斯兰教综合性月刊。1927 年在北平(今北京)创刊。主编唐易尘。社址设在天桥西市场大街路南 24 号，稿件总务部在先农坛福长街 5 巷 3 号。1931 年 1 月因改组而刊期另起，抗日战争后期停刊。该刊称其宗旨是：“宣传回教真谛，巩固回教基础，俾以导人类于乐园的‘伊斯兰’在世昌明永存”。其工作任务是：“鼓吹教胞爱国，阐扬回教真理，探讨文化学术，提倡普及教育，振兴生利实业，改革相沿陋习，联络教胞感情，传达教务消息。”但在日本侵占北平时期，迫于日伪新闻检查的压力，曾刊载过一些错误言论。该刊由于创办时间长，篇幅大，内容多，在当时华北穆斯林中有一定影响。其特点，一是栏目多，常见的有社评、教义、译述、论著、漫谈、研究、问答、教育、实业、体育、卫生、史传、纪事、调查、笔记、文艺、小说、笑林、琐闻等，每期卷首都附有照片专页。二是刊载有关于北方穆斯林民间风俗的介绍和人物传说，如《回教人用的柏木汤瓶壶》、《回教中的一种礼节——拿手》、《回教人不贴春联》、《舞台上的回教》、《回教营业中之发明家》、《王四巴巴斩狐》、《常巴巴夜挪量天尺》、《带刀巴巴传》、《石阿訇舍身求雨》等为人所喜闻乐见的小文章。

（余振贵）

镇江城西清真寺 中国伊斯兰教清真寺。位于江苏省镇江市城西，故名。简称“西大寺”，亦称“山巷清真寺”。据明万历年修《镇江府志》载，系唐贞观二年

(628)始建，但无可考。清初仅有茅舍3间，康熙年间扩建后始具规模。咸丰三年(1853)毁于兵燹，同治十二年(1873)、光绪二十八年(1902)和1982年数度重修。寺院建筑布局近似菱形，占地面积2000多平方米。大门朝西，南北两侧砌有斜形八字式小照壁各1方，屋檐下有5个木质彩色斗拱装饰，大门对面立有总面积为77平方米的长方形大照壁，上书“敬天爱人”4字。门额上朱漆匾书“清真寺”3字。院落为东西向长方形，南面是讲堂，北边是走廊，东边为对厅，西边是中国传统宫殿式礼拜大殿。中为158平方米的天井，铺有十字甬道。大殿正面为5开间，有玻璃长窗20扇。大殿主体高9米，内部彩绘图案近千幅。总面积440平方米，可容500人同时礼拜。哈德成、买俊三、马品三等著名阿訇曾在该寺学习和任教长。该寺曾经是中国伊斯兰教汉文经籍的刻印中心之一，印行过《天方性理》、《天方典礼》、《正教真诠》、《四典要会》等20多种木刻版汉文典籍，为伊斯兰教在中国的传播和发展发挥过重要作用。1937年，由马仁山、夏容光等发起劝募资金，在该寺内创办了“回教施诊所”，每年端午节至重阳节为施诊期，回汉族患者均可免费就诊。抗日战争时期，“回民穆源小学”曾迁入该寺。现寺内存有明万历庚申年(1620)进士李一阳撰“古润礼拜寺”石碑1块。镇江伊斯兰教协会设于此。该寺被列为镇江市文物保护单位。 (米寿江　郭承真)

镇尼(Jinn)　《古兰经》中记载的一种与人类并存而不为人所见之物。阿拉伯语音译，通译“精灵”。在古代阿拉伯传说中，它是一种像人类一样有生命、有理智、能思维而不显露形迹之物，活跃于人迹罕至的荒野。还有人认为镇尼系指古怪的异族人或异邦人，近似所谓“天外人”和“外星人”之类的揣测。据《古兰经》载，镇尼存在于宇宙之中，是有质而无形、理智发达的被创造物，有男女性别之分和好坏善恶之别；在今世与人类同时并存，在后世同人类一起接受安拉的审判。关于镇尼的起源，《古兰经》有关章节中说：人为安拉用黑色黏土所造，精灵为安拉用烈火所造(15∶26～27)；又说：安拉“用陶器般的干土创造人”，“用火焰创造精灵”(55∶14～15)。关于镇尼的存在，《古兰经》第55章把人类和镇尼类并列，全章用边叙述、边反问的口吻，质问人和镇尼说：“你们究竟否认你们的主的哪一件恩典呢?”这个反问句贯穿全章，前后出现31次，表明人类社会以外尚有与之并列的精灵社会。关于镇尼有善恶之分，《古兰经》第72章以其为篇名，自第1～15节讲述了几个镇尼倾听《古兰经》的事和它们的议论，其中用镇尼自述的口吻表明，它们中分为许多阶层派别：有顺从安拉者，有作恶者，各自受到善报或恶报。还记载了几个穆斯林镇尼倾听《古兰经》后去向同类宣传劝告的情况(46∶29～32)。《古兰经》在讲述古代先知苏莱曼的故事时，提到在他指挥的队伍中包括有镇尼在内，镇尼曾为他取来也门赛伯邑女王的宝座(27∶17，39)，在他周围服务(34∶12～14)。《古兰经》中几次提到的曾违抗安拉之命拒不向阿丹叩头，后又蛊惑阿丹夫妇误食禁树之果的易卜劣厮，经文中明确说它本属镇尼一类(18∶50)，并指出：“精灵中的恶魔为每个先知的仇敌”(6∶112)。伊斯兰教认为，天使、精灵、魔鬼和灵魂等，均属安拉所造而不为人所见的精神世界范畴。正如信仰天使的存在为伊斯兰教的六大信仰之一，作为穆斯林，亦应遵循《古兰经》的教诲，对精灵的存在确信无疑，并时刻同原属精灵的专唆人类做坏事的魔鬼作斗争。 (林　松　杨宗山)

《征西纪略》　中国清朝镇压西北回族穆斯林起义的史料汇集。作者曾毓瑜(湖南湘乡人，字干襄)。成书于清光绪十九年(1893)。全书4卷，包括《陕甘靖寇记》3卷，《新疆靖寇记》1卷，文末附《新疆兵变记》1篇。该书以编年体例，依次记述了从清同治元年(1862)到光绪十年(1884)期间陕西、甘肃、新疆地区回民起义及清统治阶级镇压起义的经过，同时记述了新疆建省经过，书中贯穿了左宗棠西征用兵的方略。其记述文字虽简，但事实经过具体。可资参考。该书由京师官书局印行。 (马启成　丁　宏)

正朝(al-Ḥajj)　见朝觐。

正道(Hudā)　伊斯兰教用语。阿拉伯语“胡达”的意译。指“认主独一”的信仰纲领及其宗教实践。穆罕默德在麦加传教时期用“安拉之正道”以区别多神崇拜。《古兰经》云：“这是真主的正道，他以它引导他所欲引导的仆人。假若他们以物配主，那么，他们的善功必定变成无效的”(6∶88)。在麦地那时期则用“安拉之正道”以区别犹太教与基督教。《古兰经》云：“行善者，谨守拜功，完纳天课，且确信后世。这等人，是遵守他们的主的正道的”(31∶4～5)。中国明代陕西《修建胡太师佳城记》云：胡登洲自阿拉伯朝觐归来后“慨然以发明正道为己任”，即指兴办经堂教育，弘扬伊斯兰教理而言。清代伊斯兰教学者王岱舆《希真正答》云：“正道有三：真主之明命，圣人之正训，本性之明德，缺一则不备”。当时一些伊斯兰教学者，在“以儒诠经”中，援引宋、明理学的“性命之学”来说明伊斯兰教是“明心见性”的道学，以区别于理气空无之说，亦称“正道”。 (罗万寿)

《正道》　中国伊斯兰教刊物。原为月刊，后改为半月刊。1931年创刊，由北平“追求学会”主编。社址在牛街清真书报社内。该刊出至第4卷第19期后停刊，1946年11月复刊，卷期另起。其宗旨是研究伊斯兰教史乘、教义、经典，介绍国外伊斯兰教现状，刊登《古兰经》译解、宗教习俗及少量文艺作品。曾在创刊号上登过寻真的《北平清真寺的调查》，第2卷第6期刊有知途的《清真寺和伊斯兰民众》，以及北平德胜门外马甸等清真寺的详细调查。该刊还辟有大事评述、宇宙光(介绍伊斯兰各国风俗)、历史珍闻、琐闻择录、野叟集实、格言选录、各地简讯等内容活泼的专栏。

(余振贵)

正教(al-Din al-Qayyim) 穆斯林对伊斯兰教的尊称。《古兰经》云:“他已为你们制定正教,就是他所命令努哈的、他所启示你的、他命令易卜拉欣、穆萨和尔撒的宗教”(42∶13)。明末清初,中国伊斯兰教学者王岱舆说,为“显正道之光明,驱异端之讹谬,特著《正教真诠》”,其中《正教》章就是为了阐明“清真教为世界之正教论”,即认为伊斯兰教是“认主独一”、力行宗教义务与纲常的“正教”。

(罗万寿)

《正教理论》 中国伊斯兰教知识性通俗读物。作者马骏,字君图。山西阳人。回族。前清举人,曾留学英国,历任山西政务厅、教育厅、河东观察使、河东道等职。1922年在山西河东道尹官廨著此书,铅印出版,全1册。卷前自叙中谓:“方今民智大开,学术日进,我教忧时之士,群起奋兴,谋宗教之发达,顺世界之潮流,设立学校,启迪后进”,但“无适宜课,长此以往,势必科学未窥津涯,大道先趋沦亡”。“余不揣固陋,本诸经义,著《正教理论》一书,作为中学、高小课本,俾我教青年学子,认识真主,知所趋向。”全书共分18篇章,书末附有4则《古兰经》节录。各篇章长短不一,以浅显的道理和通俗易懂的宗教传说故事为素材,用提问的口气作开头,结合实际生活例证加以解释。书中主要阐述伊斯兰教义及穆斯林必须遵循的教规,如《回回教之哲学与世界之始终》、《念礼斋课朝》、《真光与人之灵光》等篇章,阐明伊斯兰教大同之音,指出迷信之不足恃,偶像之虚无荒诞,劝诫教友反璞归真,不滞于物质诱惑。另一部分篇章阐明了伊斯兰教的社会观及作者本人的见解,探讨了科学技术发展与人类的关系,以及婚姻、妇女等问题,提倡一夫一妻制,主张“赶紧设立女子学校”,让女孩子读书。本书内容通俗浅显,流传较广,有一定的社会影响。

(余振贵)

《正教真诠》 中国伊斯兰教汉文著作。王岱舆撰。系结合中国传统哲学思想系统阐释伊斯兰教义的宗教哲学专著。全书分上下两卷,共40篇。上卷有《真一》、《原始》、《前定》、《普慈》、《真慈》、《性命》、《正教》等20篇。下卷有《五常》、《真忠》、《至孝》、《参悟》、《正命》、《今世》、《后世》等20篇。上卷讲述伊斯兰教哲学,下卷讲述宗教功修、伦理及两世论等。该著特点为:(1)“理道悉本尊经,参以典籍”。其理论根据是以《古兰经》、圣训为本,并参考历代伊斯兰教义学家、教法学家的著作。(2)作者娴熟地运用中国思想史的有关资料,阐明伊斯兰教的教义、功修与礼仪规范,具有浓郁的中国色彩。(3)从维护伊斯兰教的立场出发,对佛教与道教的“空无寂灭”之论与宋儒的理、气之说的某些观点作了辨析,以“大明正教之理”。(4)构建了中国伊斯兰教哲学思想的基本框架,提出了教义学的有关命题、概念、范畴,奠定了中国伊斯兰教的理论基础。该书使伊斯兰教义与中国传统思想相结合,对宣扬教义、促进民族之间的了解与团结,都有一定的良好作用。同时也丰富了中国哲学思想的宝库。有明崇祯壬年(1642)本,收有明朝太祖、成祖、武宗、世宗等对伊斯兰教及回回的褒扬之词及其他书籍对“回回教”、天方国、回回历等的记述资料。清代嘉庆年间有粤东城南重刻本,民国时期有马福祥刊印本(与《清真大学》、《希真正答》合刊)、中华书局刊印本等。1988年宁夏人民出版社刊印了余振贵点校的《正教真诠》、《清真大学》、《希真正答》合刊本。

(罗万寿)

正统哈里发时代(‘Ahd al-Khulafā’ al-Rāshidin) 见四大哈里发时期。

正统派 见逊尼派。

正学 中国伊斯兰教哲学概念。指穆斯林通过学习《古兰经》、圣训以达到认己、明心、认主。王岱舆《正教真诠·正学》谓:正学者“以遵经为鼻祖,以圣教为乳母,兹旨之外,别无学也”。王岱舆对此作了系统的论述:(1)他首先引用“正教之男妇,习学乃明命也”的圣训,从天命的高度,规定了学习是穆斯林男女必须履行的一项重要宗教义务。(2)他指出学识是“指南”,是“准绳”,“教律无论是男女,无正从,无老少,俱宜学道,直与此身同尽方已,不可一日间断。”说明了学习是穆斯林男女老少毕生的义务。(3)在学与行的关系上,他强调学和行的统一观,指出“有学无行,如无果之花,有行无学,若无门之屋”。(4)他说学习的过程分为3个阶段,即“大学”、“中学”、“常学”。大学学习认主学,中学学习明心见性的修持之学,常学学习修身治国之学。学习时必须从“当体正情之学”开始以“认己”,并要学习先贤言行,参察天地万物变化以变通。王岱舆把学习目的从修身治国到明心见性、认主归真贯穿在一起,把学习经、训与体察自然社会结为一体,特别是把学习视为穆斯林男女老幼“直与此身同尽方已”的毕生义务。

(罗万寿)

证人信誉(‘Adālah al-Shāhid) 伊斯兰教法概念。阿拉伯语“阿达赖·沙希德”的意译。历史上沙里亚法院据教法对出庭作证的证人规定的基本条件,主要是信仰虔诚、品质高尚、诚实公正、从未发伪誓、作伪证等。这些道德标准源自伊斯兰教信念,相信一个虔诚的穆斯林必定会在庄严的“安拉之法律”面前讲真话、秉公作证。由于法院重视证人证词,故对证人的品行、信誉提出严格要求,其作证对法院判决有重要影响。法院对辖区内的有资格作证者的品行保有案卷,有信誉良好的证人的花名册以备随时查阅,诉讼中当事人如对证人信誉提出疑问，法院有权进行核查，再行审判。信誉良好的证人后来称为“阿迪勒”（‘ādil），既指证人品行，亦指公证人身份，在商事诉讼中尤为重要。（吴云贵）

郑和（1371～1435） 中国明代著名穆斯林航海家、外交家。原姓马，小字三保（一作三宝）。回族。生于云南昆阳州和代村（今昆明市南晋宁县境内）。据《抄郑氏家谱首叙》及《赛典赤家谱》载，郑和为元代云南行省平章政事赛典赤·赡思丁之六世孙。出身于显贵的王侯世家，世代信奉伊斯兰教，其祖父察尔·米的纳被元朝封为滇阳侯，其父米里金袭封滇阳侯。因其祖父和父亲曾到麦加朝觐，故被尊为“马哈只”。明洪武十四年（1381），朱元璋派兰玉、沐英等率兵攻取元贵族统治下的云南时，郑和被兰玉部所掠送往南京，明太祖将他赐予燕王朱棣，“入宫为监”。后在朱棣与建文帝朱允炆争夺帝位的“靖难之役”中，郑和“有智略，知兵习战”，屡建奇功，深得燕王赏识重用。朱棣称帝后，于永乐二年（1404）御书赐姓为“郑”，乃名为郑和，并被选为内官监太监。后官至南京守备。

明成祖朱棣为显示明王朝的威力和影响，吸引外国来朝贡，决定派遣大规模船队出使西洋各国。永乐三年（1405），郑和被任为正使，王景弘为副使，第一次奉命出使西洋，至宣德八年（1433）计 28 年间 7 下西洋，率领当时世界上最大的船队，以指南针导航，航海人员阵容整齐，有官兵、采办、水手、工匠、翻译、医官等 2.7 万多人。据《明史》载：最大的海船长 44.4 丈，宽 18 丈，有 9 根桅杆，12 张船帆。船队满载大量的珍贵物品和著名特产，如金银、丝绸、瓷器、铁器、布匹、茶叶、玉雕、大明铜钱等，与所到之国进行贸易。曾先后访问了东南亚、印度洋、波斯湾、红海及非洲东海岸的 30 多个国家和地区。总航程为 7 万多海里。其中访问过的伊斯兰国家和地区有淡目（爪哇）、满拉加（马来西亚）、渤泥（文莱）、苏禄国（菲律宾）、古里（印度）、忽鲁谟斯（伊朗）、阿丹、剌撒（也门）、祖法儿（阿曼）、木骨都束、卜剌哇（索马里）、麻林（肯尼亚）、秩达、天方（沙特阿拉伯）、榜葛剌（孟加拉）、米昔儿（埃及）等。担任随行通事的马欢、郭崇礼、费信、哈三、沙班等为穆斯林。宣德八年（1433），郑和第七次远航到红海东岸的秩达（今吉达），派信仰伊斯兰教的通事等 7 人到默伽（麦加）朝觐，并“画天堂图真本回京”。郑和远洋航行时，还绘制了“航海图”，详细记录了所经航线的航向、各国沿岸的地理位置、港口、暗礁、浅滩、岛屿、山川、海岸地形等，是中国第一部关于海洋地理的世界地图。随郑和同行的马欢、费信、巩珍还根据航海见闻分别著有《瀛涯胜览》、《星槎胜览》、《西洋番国志》，记载了所到亚非各地的山川、气候、物产、社会组织、政治、宗教、民俗等情况，具有重要的史料价值。

郑和出身于伊斯兰世家，深受其熏陶和影响。永乐九年（1411），正值伊斯兰斋月之际，他奉命回云南晋宁到“祖宗坟茔祭扫追荐”，立有碑记，对伊斯兰先贤予以缅怀敬仰。据《泉州灵山回教先贤墓行香碑》载：“钦差总兵太监郑和，前往西洋忽鲁谟斯等国公干，永乐十五年五月十六日于此行香，望灵圣庇佑。镇抚蒲和日记立。”郑和曾重修西安清真寺，并奏请重建南京礼拜寺。据《西安府志》载，永乐十一年（1413），郑和重修西安子午巷清真寺。据宣德五年（1430）明宣宗“敕书”，“恩准”郑和奏请重建南京城内三山街礼拜寺。

郑和七下西洋，开辟了横渡印度洋到东非洲的航道，促进了中外交通和经济文化的交流，增进了中国同亚非各国人民友好交往。自郑和出使后，先后有 30 多个亚非国家派使者到中国访问，其中有 10 位国王。苏禄国穆斯林国王于 1417 年来中国访问，后因病逝世葬于德州。至今在南洋各地保留有郑和的文物古迹。一般认为郑和于 1435 年卒于南京。但据清同治年修《上江两县志》载：“卒于古里，赐葬[牛首]山麓”。现人民政府修复了南京牛首山郑和陵墓，并在云南省晋宁县修建了“郑和纪念馆”。（杨克礼）

郑和墓 中国回族穆斯林航海家郑和之墓。在江苏省南京市江宁区谷里乡周昉村牛首山南麓。因郑和之父名马哈麻，人称马哈只，当地人以为郑和原姓马，故称为“马回回墓”。墓冢所在之山，亦称为“回回山”。墓圹呈长方形，南北走向，长约 150 米，东西宽约 60 米，墓顶高约 8 米。1985 年为纪念郑和首航 580 周年，南京市人民政府拨款重修，建亭立碑。新建的郑和墓可拾级而上，顶部有青石所制塔式墓盖，镌有阿拉伯文“泰斯米叶”。墓后脑墙上镶有大理石，上刻“明郑和墓”4 个喷金大字。现为江苏省文物保护单位。国内各族群众及国外旅游人士前往观光瞻仰者络绎不绝。（米寿江）

郑和行香碑 中国明代回族航海家郑和拜谒泉州灵山圣墓的纪念碑。竖立于福建省泉州市东郊灵山圣墓回廊西侧。辉绿岩石雕琢而成，高 99.5 厘米、宽 42.5 厘米、厚 9.3 厘米。碑面阴刻汉字 5 竖行，全文为：“钦差总兵太监郑和，前往西洋忽鲁谟斯等国公干，永乐十五年五月十六日（1417 年 5 月 30 日）于此行香，望灵圣庇佑。镇抚蒲和日记立。”福建永春《蒲氏族谱》记载立碑者蒲和日（谱作蒲日和）是泉州阿拉伯富商蒲寿庚的后裔，随郑和下西洋立功，官封泉州卫镇抚。郑和第四、第五两次下西洋主要访问印度洋以西的伊斯兰国家，值此时间内，郑和率部卒拜谒灵山圣墓具有特殊的意义和影响。该碑是国内现存有关郑和航海史的 7 方珍贵碑刻之一。（陈达生）

知秘人（‘Uqqāl） 什叶派德鲁兹教派对其宗教领导阶层的称谓。阿拉伯语“欧卡勒”的意译。专指该派的首领、传教师及高阶层的信徒。他们受过导师的秘传，获知其“隐遁伊玛目”哈基姆所传述的关于真主奥秘的知识，通晓德鲁兹派的隐秘教义，懂得宗教礼仪，能阅读德鲁兹派秘传的经籍，具有一般信徒不可能知道的隐秘的宗教知识，享有特殊的地位和权势。知秘人一旦受秘传，便穿特殊服装，头缠白布，行为虔诚严谨，注重德操；禁止烟酒和淫乱；每星期四在寺院举行秘密礼拜。知秘人还要持守德鲁兹派的七条束身原则，即：(1)承认哈基姆是真主的化身，是“活主”，绝对顺从他的作为。(2)遵从哈基姆所秘传的一切旨意和教训。(3)除了为避免被害，在必要时可隐瞒自己的宗教信仰外，都要绝对忠诚。(4)凡德鲁兹信徒要同仇敌忾。(5)驳斥异教徒对德鲁兹的攻击。(6)回避非德鲁兹教徒，保守秘密。(7)知秘人逐步深入领会德鲁兹教义，循级而进，即可达到完美至善。（杨克礼）

知认 中国伊斯兰教哲学概念。指体认真主的一种途径。王岱舆在阐释教义时，参照中国儒典《大学》“明明德”的义理，提出“明德明而后真知”的要求。明明德需要通过人自身去体认。知认是体认的组成部分。《清真大学·知认》云：“所谓知认者，仿效圣贤之参证，推详正教之真经，譬之睹物思情，故此由诸缘而体认真主。”即人通过对自然界的观察，可以感知天地之广大，日月之升沉，昼夜之晦明，四时之往来，草木之荣枯等等，对这些奇妙的自然现象的观察与思考，就此“诸缘”而体会到冥冥中真主创造宇宙万物的“至妙安排”，达到“见天地足以证真主之大能”，就可以获得真知，达到体认真主的目的。（罗万寿）

《知识城》(Madinah al-‘Ilm) 见五大圣训经。

直解学派 见扎希里教法学派。

《指迷集》(Majālis Irshādiyyah) 见《伊尔沙德》。

至道 见三乘。

至圣 见使者。

《至圣书》(al-Kitāb al-Aqdas) 白哈教派的经典著作。于19世纪下半叶成书于伊朗。为白哈教派创始人米尔札·侯赛因·阿里(1817～1868)在40年流放和囚禁生活中撰著。米尔札自称是“真主的光辉”(白哈乌拉)、“领受真主启示者”，该书即以真主启示之名而作。书中就白哈教派的教义、礼仪、制度和社会学说作了系统的论述。宣称至圣的普世宗教只有一个，真主是独一无二的，宗教信仰是一元的，人类是一体的；真主可以取不同的名称，诸如上帝、天主、佛陀、安拉等，其旨意是统一的、一致的，即通过差遣的诸先知不断地显现自身，亚伯拉罕、克里希南(印度教)、摩西(犹太教)、琐罗亚斯德(火祆教)、释迦牟尼、耶稣基督、穆罕默德皆为承天命的先知；认为正确的人生包括不危害他人，人与人应互爱、互助，勿以暴力反抗不义者，谦卑、一心向善和救助患者等。主张忠于统治者，遵从国家的法制、政令、政策，号召以博爱来消除贫富差别、人与人之间的不平等，最终实现人类一体、世界大同。该书对研究巴布教派、白哈教派有重要史料价值。20世纪初，有两个版本，分别编辑、出版于印度的孟买和俄国的圣彼得堡。（吴云贵）

至元寺 见沈丘槐店清真寺。

《治疗论》 见《灵魂治疗大全》。

致八国书 见致邻国君主书。

致邻国君主书(Mukātabah al-Mulūk Wal-Umarā’) 628年5月伊斯兰教先知穆罕默德以穆斯林国家元首身份致周围邻国君主的宣教书。亦称“致八国书”。这批国书是穆罕默德在以麦地那为首都的穆斯林国家初步形成并获得和平间隙的形势下发出的。628年4月，穆罕默德率领1500名门弟子从麦地那前往麦加履行副朝功课，被麦加古莱什多神教徒的武装阻于麦加近郊的侯代比亚小平原，双方经过谈判，签署了为期10年的《侯代比亚和约》。和约的签署，标志着穆斯林由劣势转为优势，使伊斯兰教和穆斯林公社进入了一个新的历史阶段，从而获得了向半岛以外的国家和地区宣传伊斯兰教，以扩大麦地那国家政治影响的有利时机。同年5月，穆罕默德相继派遣使者，携带国书，向阿比西尼亚、埃及、波斯、拜占庭、巴林、叶麻麦、大马士革和阿曼8国君主发出宣教书，劝他们接受安拉的旨意，归信伊斯兰教。致书前，穆罕默德接受同仁的建议，令人制作了一枚刻有“真宰的使者穆罕默德”的银质印章，用以加盖国书。

穆罕默德致八国书的内容：(1)阿慕尔·本·伍麦叶·德木里(?～675)奉穆罕默德之命致书阿比西尼亚王尼加斯：“奉至仁至慈真宰之名。真宰使者穆罕默德致书阿比西尼亚王尼加斯阁下：敬启者，颂彼唯一真宰，圣洁，健安，至神无上之主”，“吾今劝君及君之将士，其唯奉真宰，不以他物二之，信吾之教，信吾乃受命于真宰者。今吾已忠告于君，愿君纳之。唯彼遵循正道者得享和平也”。尼加斯复书表示友善，但仍信奉基督教。(2)哈蒂布·本·艾比·拜勒特尔(586～650)奉命致书埃及亚历山大王居鲁士(摩高基斯)：“奉至仁至慈真宰之名。真宰之仆人、使者穆罕默德致书埃及亚历山大王居鲁士阁下：敬启者，遵循正道得享和平矣！吾以伊斯兰教劝君，愿君奉之，则君得安，真宰将赐君双倍之赏。苟君背之，则科普特民之罪，君其负之！‘有经之人啊！尔当来于尔我彼此共遵之训：吾人唯拜真宰，吾人不以他物二之，吾人不在真宰之外互为主仆，苟彼等背，则尔等其证吾人乃顺从者也’”。书至，居鲁士善待来使，归时给以厚赠，但并未信教。(3)阿卜杜拉·本·侯宰法奉命致书波斯皇帝克斯拉："奉至仁至慈真宰之名。真宰使者穆罕默德致书波斯国王克斯拉阁下：遵循正道者得享和平也！彼奉真宰，奉使者，彼证：万物非主，唯有独一、无匹之真宰，彼证：穆罕默德乃真宰之仆人、使者。吾以真宰劝君，愿君奉之，吾乃真宰派诸人类之使者，以警活人，俾不奉道者备受刑罚之判决。愿君奉之，则君得安！苟君背之，则祆教徒之罪，君其负之"。波斯帝接书后，当来使面撕毁，以辱来使。(4)狄哈叶·本·哈里发·凯勒比(？～665)奉命致书拜占庭皇帝希拉克略(？～641)："奉至仁至慈真宰之名。真宰之仆人、使者穆罕默德致书拜占庭皇帝希拉克略阁下：遵循正道者得享和平矣！愿君奉之，则君得安！真宰将赐君双倍之赏；苟君背之，则亚里森人之罪，君其负之！'有经之人啊！尔当来于尔我彼此共遵之训：吾人唯拜真宰，吾人不以他物二之，吾人不在真宰之外互为主仆，苟彼等背，则尔等其证吾人乃顺从者也'"。致巴林、叶麻麦、大马士革和阿曼4国君主的国书，内容、措辞大体相同。其中唯致巴林王孟迪尔·本·萨威的书中特意提出："凡坚奉犹太教、祆教者，当纳丁赋"；致书大马士革王哈利思·本·艾比·舍木尔·加萨尼(？～580)后，回书称："谁欲夺取吾国权者，吾将同谁拼到底！"哈利思终未信教。这批国书发出后，使穆斯林国家第一次同邻国发生了外交关系，使邻国朝野都正式得知穆罕默德本人及其所传伊斯兰教的真实情况，并预示了穆罕默德的后继者们后来对外采取的一系列军事行动(al-Maghāzi)，在当时产生了重大影响。　　(马忠杰)

智慧馆(Bayt al-Ḥikmah)　中世纪阿拉伯阿拔斯王朝在巴格达建立的全国性的综合学术机构。亦称"益智宫"、"哲理大学"。由翻译局、科学院和图书馆等机构组成。它是哈里发马蒙(813～833在位)为组织领导全国的翻译运动及学术研究活动，在哈里发曼苏尔和哈伦·拉希德时期所设的宫廷翻译研究机构和皇家图书馆的基础上，约于830年敕令正式创建，成为伊斯兰世界第一所国家级的综合性学术机构及高等教育学府。其领导人均由学识渊博、造诣很深的学者担任。著名的基督教医学家和翻译家叶海亚·伊本·马赛维(777～857)被马蒙任命为第一任馆长。景教徒的翻译家和学者侯奈因·伊本·易司哈格(809～873)被任命为翻译局局长，誉为"翻译家的长老"。著名的穆斯林数学家和天文学家花剌子密(780～约850)也担任过图书馆的馆长和天文台长。马蒙在学术上采取大力倡导赞助、兼容并蓄和学术争鸣的方针，用重酬从各地聘请数十名学识渊博的学者和翻译家，在智慧馆从事译述和研究。其中有阿拉伯人，也有非阿拉伯人；有穆斯林，也有基督、犹太、萨比和祆教徒。

智慧馆创建200多年来，为阿拉伯—伊斯兰学术文化的繁荣与发展做出了巨大贡献。主要是：(1)将古希腊科学文化遗产从即将断送殆尽的环境中拯救、挖掘出来，从各地搜集了数百种古希腊哲学和科学著作的原本和手抄本，并加以整理、校勘和收藏。为了搜集珍本和校勘写本，马蒙先派翻译家萨拉姆到君士坦丁堡拜占庭皇帝宫廷重金索取希腊语著作珍本，后又派侯奈因遍访伊拉克、叙利亚和埃及等地征集古籍。智慧馆的图书馆收藏有希腊语、古叙利亚语、波斯语、希伯来语、奈伯特语、梵语、阿拉伯语等有关哲学、自然科学、人文科学、文学及语言学的原本和手抄本数万册，为学者进行翻译、研究和教学提供了大量珍贵文献。(2)智慧馆创立后，将翻译工作集中到翻译局进行，使翻译运动进入高潮。翻译局的学者多通晓几种语言，既是翻译家，又是研究工作者。他们将100多种古希腊、波斯和印度的学术古籍进行了译述，并对早期已译出的有关著作进行了校正、修改和重译工作。在翻译的同时，还作了大量校勘、注释、质疑、补正、摘要、评论等方面的工作，借题发挥了自己的创见；对经过多次转译而曲解了原意的著作，经过校勘改译恢复了原著本来的面目。据统计，翻译局将各门学科译成阿拉伯语的名著有数百部之多。其中，从希腊语译过来的，包括亚里士多德、柏拉图、希波克拉底、盖伦、欧几里德、托勒密、克罗丢、普林尼、普罗提诺等希腊著名哲学家、医学家、数学家、天文学家的著作100多部；从波斯语翻译过来的有关历史、语言、文学方面的作品约20部；从印度梵语翻译过来的有关医学、天文学、数学方面的著作约30部；从奈伯特语翻译过来的有关农业、园艺方面的著作约20部；此外，从古叙利亚语、希伯来语翻译过来的有关文学、艺术和科技方面的著作也有几十部。(3)智慧馆经常举行各种学科的学术报告会和辩论会，内容涉及哲学、宗教学、天文学、医学和文学等领域。辩论会上，各派畅所欲言，各抒己见，自由探讨的学术气氛十分浓厚。据史载，智慧馆曾举行过一次有关基督教和伊斯兰教的神学辩论会，马蒙以学者身份出席了这次学术活动。基督教主教西乌杜斯慷慨陈词，毫不隐讳地阐述与伊斯兰教义相悖的观点，马蒙及伊斯兰教学者对其并不介意，只是以平等的态度发表自己的意见。智慧馆还奖励学者著书立说，对其成果酬以重金。(4)智慧馆也是培养人才的中心。该馆附设有天文台、医学及天文学学校。各地学生负笈慕名到智慧馆拜著名学者为师，学习各科知识。一些著名学者游学到巴格达，如哲学家肯迪、文学家贾希兹、历史地理学家麦斯欧迪、数学家花剌子密等曾在智慧馆教授高级课程。智慧馆培养的学生，成绩优良，博学多才，学者和翻译家辈出，提高了帝国的科学文化水平。伊斯兰教的宗教学科，也借助翻译运动，吸收了大量外来的思想资料。1065～1067年，塞尔柱王朝宰相尼扎姆·穆勒克在巴格达创建尼采米亚大学后，智慧馆并入该校，仍为伊斯兰学术中心。后世学者誉智慧馆为中世纪阿拉伯"科学的源泉，智慧的宝库，学者的圣殿"。　　(杨克礼)

滞布特 见吉卜特。

中道 见三乘。

中国回教法鲁克留埃学生团 见中国回教留埃学生团。

中国回教公会 中国伊斯兰教民间团体。1929年10月，由哈少夫、马乙棠、沙善余、伍特公、孙燕翼、达浦生等人发起在上海成立。其宗旨是：(1)联络国内穆斯林情谊，共谋回民公益事业。(2)团结全国穆斯林，辅助国家。其工作任务是：(1)造就优良阿訇，以发扬伊斯兰教教义，砥砺道德。(2)广设学校，以振兴平民教育，启牖民智。(3)兴办职业教育，以提高回民生活。(4)延请名人讲演，以实施公民训练。(5)创设医院、图书馆等慈善福利事业，以利于穆斯林身心健康。在上海穆斯林中有一定影响。 （冯今源）

中国回教近东访问团 20世纪30年代中国穆斯林的一次有组织的出国访问活动。该团简称“近东访问团”，由中国回教救国协会派遣，1937年12月组团于武汉。出国前曾发表《中国回教近东访问团宣言》，提出出访目的在于向近东各回教国家“宣传我国一致抗敌之决心，及日本侵略之实况，并陈述中国回教同胞在中国地位之重要，及负担救亡责任之重大，冀以引起其〔被访国〕同情心，而为有力之声援”。团长王曾善，团员马天英、薛文波、张兆理、王世明。1938年1月10日访问团经香港出国，同年2月7日首抵麦加，遂同先期抵达的达浦生一起开展抗日宣传活动。3月9日至5月16日访问埃及，拜访了埃及首相马哈茂德帕夏、世界回教青年会会长哈密得萨、爱资哈尔大学校长麦拉额，并组织成立了“中埃文化协会”。5月17日起访问了黎巴嫩、叙利亚、伊拉克、伊朗等国，7月初抵印度，经土耳其、巴勒斯坦，于1939年1月25日返回重庆。该团先后访问了8个国家，散发了阿、土、英3种文字的《中国回教近东访问团敬告世界回教教友书》，作了43次演讲，拜会了所到各国的政府要员和学者名流，接触了11个党派及伊斯兰教团体，参观了18所高等学府，参加了各著名清真寺的聚礼。回国后编辑出版了《中国回教近东访问团日记》。该团此次出访近东各国，对宣传中国抗战具有积极意义，也增进了中外穆斯林之间的了解。 （郭清祥）

中国回教经书局 中国伊斯兰教经书出版发行机构。1928年由买俊三(1888～1967)发起创办于上海西门内西仓桥华兴里43号。以“宣扬发展圣教，沟通回汉文化”为宗旨。买俊三任主编，黄承才任副主编。书局附设印刷装订工场。初建时期，主要经销埃及哈勒比书局原版《古兰经》、圣训经，及有关教义、教法、经注和语言、修辞等各学科的经书。1930年书局扩大编译经书范围，设立编译、印刷、装订、营业等业务。先后编译出版了《中阿对照拼音读本》、《中阿对照连五本》、《中阿对照六大信仰问答》、《中阿对照礼拜必读》、《汉译赫提》、《中阿模范会话》、《字源学》、《初级回语读本》、《高级回语读本》、《清真沐浴教科书》等，后应广大读者要求，重印了明清伊斯兰学者王岱舆、张中、伍遵契、马注、刘智、马德新、马联元以及现代学者杨仲明、王静斋、马坚、金吉堂等重要著译多种。1934年，书局进一步扩大，遂更名为中国回教书局。1937年上海沦陷，书局印刷、装订设备及经书毁于日军炮火。买、黄即往甘肃河州(今临夏)建立了中国回教书局分局，并亲自主持业务。1949年全国解放后，上海书局恢复业务，至1956年结束。该书局出版发行阿、汉文经书约20万部(册)，销行全国各地，对中阿文化交流，传播伊斯兰知识发挥了一定作用。 （张志诚）

中国回教救国协会 见中国回教协会。

《中国回教救国协会会刊》 中国伊斯兰教综合性学术文化月刊。1939年10月5日创刊于重庆，由中国回教救国协会主办。社址在张家花园62号。1945年抗日战争胜利后，迁回南京太平路310号继续出版。该刊自第3卷1期起改名为《中国回教协会会报》。先后出版过8卷，1948年末停办。该刊宗旨是“提高教胞国家与民族意识，集中抗战建国力量，阐扬教义，推行教务”。刊载的内容有伊斯兰经训、教义介绍、学术论著、文艺作品、会务消息、分支会活动情况、国内外宗教动态及伊斯兰名人介绍等。它从创刊号起，经常登载政界有关人物如白崇禧等的论述或讲演，刊首均选登汉译“古兰经”经文，还刊出过歌曲《中国穆斯林抗敌曲》和《乌拉山前》等。 （余振贵）

中国回教俱进会 中国穆斯林的民间文化团体。1912年7月由王宽、侯德山等人发起在北平(今北京)成立。其宗旨是：“联合国内回民，发扬回教教义，提高回民知识，增进回民福利。”总会(后改称“本部”)设在北平，各省区设支会(部)。总部设理事长1人，副理事长2人，理事若干人；名誉理事长2人，名誉理事若干人；参议长1人，副参议长2人，参议若干人。第一任理事长王宽；第二任理事长常耀奎，副理事长侯德山、杨开甲；参议长马邻翼，副参议长刘景山。总会下设8股：交际股、会计股、调查股、庶务股、教务股、编译股、文牍股、总务股。正副理事长、参议长及各股股长，均由大会选举产生，任期3年，可连选连任。会员的入会金、常年捐资及特别捐资为主要经费来源。该会成立后进行的主要工作有：延请王静斋等著名阿訇翻译《古兰经》；设立清真中小学及阿拉伯文专科学校，普及回民教育；设立讲演社；刊行《穆光》半月刊；倡设男女工艺厂并力谋改进回民之生计，发展慈善事业；调解回民内部意见冲突及教条之争议;维护回民信教的自由等。该会会员多为各地回族官员、商绅及清真寺教长,在回族穆斯林中颇有影响。各地伊斯兰教团体纷纷建立后,其影响遂日渐衰弱。1936年5月,在呈请北平市政府重新审核备案过程中,当局以"中央以准中华回教公会之组织并发给证书在案","同一性质之人民团体以一个为限"为由,强令取消该会。　(冯今源)

中国回教留埃学生部　20世纪30年代中国穆斯林留埃学生机构。全称"埃及爱资哈尔大学中国学生部"。1933年5月1日由云南明德中学伊斯兰学者沙国珍倡导创办,并任部长。该部设于爱资哈尔大学内,其主要任务是"为中国造就健全师资,以供国内回教教育上的需求"。入校条件和接洽办法是:凡"中国回教各团体、各学校,若有志来埃留学者,须于事前由派遣学生之团体或学校,用函向本校直接接洽,后核准复函"方可入校。该部由该校聘请有关人员负责部务及留学生管理、训育和中国伊斯兰教文化咨询等事宜,并附设有图书馆。1938年庞士谦继任部长。1947年中国"法鲁克留埃学生团"归国后,该部遂自行解散。

(郭清祥)

中国回教留埃学生团　中国伊斯兰教留学生团体。据庞士谦著《埃及九年》记述,中国穆斯林赴埃及爱资哈尔大学留学的人,有史可考的首推马复初阿訇。他曾于1836年在该大学学习1～3年。20世纪后,王浩然、哈德成、王静斋等阿訇,均先后赴埃及游学或在爱大就读。到1930年止,中国留埃学生皆系个人自发自费前往,组成"留埃学生团"者则自1931年起到1945年止,共有6届:第一届由上海伊斯兰师范与云南明德中学派遣,由明德中学训育主任、留埃学生部部长沙国珍率领,团员有马坚、纳忠等4人。第二届由私立成达师范学校派遣,团员有韩宏魁等5人。第三届由云南明德中学派遣,团员有纳训等3人。第四届由上海伊斯兰师范派遣,团员有金子常等5人。第五届由印度勒克脑大学资助转学,赴埃留学的只有海维谅。第六届是由埃及国王法鲁克资助,由成达师范学校经过考试后于1938年选派的,团长是成达师范学校教师、留埃学生团团长、埃及法鲁克东方事务顾问、爱大中国文化讲座讲师庞士谦,团员有张怀德、李鸿清等15人及1940年孟买新疆同乡会所派遣的穆罕默德·哈桑等4人。同时新疆入爱大留学的尚有葛西穆父女及赛尔丁等11人。中国留埃学生对学习阿拉伯语言文学、研究伊斯兰教教义、翻译介绍阿拉伯文及汉文典籍等做出了突出贡献,他们的译著多达30余种,是中阿文化交流史上的杰出开拓者。　(郭清祥)

中国回教南洋访问团　20世纪30年代中国穆斯林出国访问代表团。简称"南洋访问团"。1939年受中国回教救国协会派遣,与"中国回教近东访问团"先后组成。团长马天英,团员吴建勋、马达五。其任务是:(1)揭露日本军国主义侵略中国的种种罪行,宣扬中国人民抗战到底的决心。(2)向东南亚各界介绍中国穆斯林的情况、历代穆斯林对国家的贡献以及与各族同胞共同坚持抗日的英勇事迹。(3)加强东南亚地区与中国穆斯林之间的相互了解与友谊。访问团于1939年12月首抵新加坡,1942年2月返回重庆,先后访问了马来联邦、马来属邦、海峡殖民地(今属马来西亚)以及今文莱、沙捞越等地。在出访期间,用英文、马来亚文编写了《告南洋教胞书》,广为宣传;又散发图片《中国之回教》和《回教浅说》等,共2.2万册;摄影600余帧。在马来亚所属星洲、怡保、槟城3市组织成立了"中马文化协会"3处。在新加坡及上述三市又分别组成"南洋回教援华募药委员会"及"马来回教援华募药委员会",募集救亡药品、医药代金及献金共折合当时中国法币80余万元。出访团在出访期间还编写了《中国回教南洋访问团马来亚记》与《中国回教南洋访问团婆罗洲访问记》,分别在新加坡与香港出版。出访团受到南洋各地穆斯林社团及大小埠头147处的隆重接待,组织讲演会500余次,听众达30万人(次)。此次出访使东南亚各界深刻了解到日本军国主义的凶残暴行及中国抗日战争的正义性、持久性及最后必胜的道理,赢得了他们对中国抗战的同情与支持。

(郭清祥)

中国回教青年团　日伪组织。中国抗日战争时期,日本侵略者以"回教保护者"、"回民青年的导师"为名实行奴化教育而建立的团体。为此,继"中国回教总联合会"日伪组织之后,又于1938年初在北平成立了"中国回教青年团",以日本特务机关长茂川秀和为主监。在该伪组织下又设"中国回教青年团指导员训练所"。开设有"防共"、日语等课程。其目的是:"团结全国回教健全之青年,养成干部防共人才"。中国穆斯林为保卫祖国,反抗日本侵略,在"中国回教救国协会"领导下,很快成立了全国统一的以抗日救国为宗旨的"中国伊斯兰青年会"组织,各省设有分会,抵制和反对日伪组织的反动行径。　(马云山)

中国回教青年学会　①20世纪30年代中国伊斯兰教青年文化团体。1931年由王曾善等人在南京发起成立,曾得到唐柯三、孙燕翼、鲁忠翔、艾沙、石觉民、马继周等人的赞助和支持,会员多为受过中等以上教育的穆斯林青年。会址设在南京太平路清真寺。其宗旨是:"联络感情,研究学术,促进教务,服务社会"。其工作纲领是:(1)联络穆斯林青年之情谊。(2)研究有关伊斯兰教之各种学术。(3)为回民青年介绍职业。(4)征集、介绍有关伊斯兰教之书报。(5)编译伊斯兰教著作。(6)研究三民主义,俾使之与伊斯兰教教义互相参照,并行不悖。(7)推行教务,筹办民众教育。(8)改进回民生活。1936年5月,该会曾开办回民学术研究会,聘请著名阿訇和穆斯林学者举办学术讲演,讨论伊斯兰教学识。同年9月,编辑出版了《中国回教青年学会会报》,刊登回民学术研究会上的讲演,选载《古兰经》和圣训,还辟有回教常识、教义研究等栏目,主编王曾善。中国回教救国协会成立后,该学会遂不复存在。②20世纪20年代四川伊斯兰教青年文化团体。1927年冬由成都几所大学的穆斯林学生在东鹅市巷清真寺发起成立。该会设执行委员会,由苏仁庆、周天柱、铁汝宗、杨敬之等人组成,实行集体领导。其宗旨是:发动青年学生共同阐扬伊斯兰教文化。后因主要负责人相继离川求学,成立不到一年即解散。(冯今源)

《中国回教青年学会会报》 中国回教青年学会机关报。1936年9月在南京创刊。不定期出版。总编辑王曾善,副总编辑周仲仁。刊址设在南京太平路301号。该刊先后出过3期,第3期于1937年4月刊印。创刊宗旨是:促进回民教育,传播伊斯兰教知识,发扬回教文化,并报导中国回教青年学会的活动情况。多由会员撰稿,也发外稿。刊物栏目有译丛、论著、讲演词、伊斯兰教常识(历法、持斋用语等)、回民快览(斋月功课时间表、伊斯兰教历与公历、农历对照表等)、伊斯兰教杂谭、回民通信、伊斯兰教调查、穆斯林青年新闻、国内外新闻、会务活动、学会往来公函摘要、会员通信以及职业与婚姻介绍等。该刊具体地反映了中国回教青年学会的组织和活动情况以及当时伊斯兰教方面的动态。(余振贵)

《中国回教史》 中国伊斯兰教历史著作。陈汉章撰。1926年3月发表于《史学与地学》第1期。全书分为两大部分。第一部分以《明史》所记回教传入中国之史料为据,引证多种史书,辩证历史上中国人对于回教源流的误解。说明回回非回纥、回教非景教也非摩尼教。第二部分叙述回教在中国的传播过程,从唐代大食人李彦升登进士第起,历述唐代与大食的关系,宋、辽、金各代史书关于回回的记载,元代回回的大盛,并根据《元史》及《新元史》中列传或未列传的回回50余人列表述其简历。对于明代采用回回历法,西北回回徙居江南及明时天方来朝贡,清人关于回回的记载,清代回回的起义及清廷镇压起义的谕旨等,均有引述。全书旁征博引,系统地叙述了伊斯兰教自唐代传入中国后,千余年来的简要历史情况。作者通过区分回教与景教、摩尼教的不同,回回与回纥的不同,概述了中国回教史,旁及中国古代的民族关系史、中西交通史、摩尼教与景教史等各个方面,是20世纪初期史学界关于回教史的一部力作。1948年白寿彝教授将其收入《中国伊斯兰史纲要参考资料》。1958年出版的《中国伊斯兰教史参考资料选编》也将其收入。

(罗万寿)

《中国回教史》 中国伊斯兰教史专著。傅统先著。成书于1940年。全书共分7章。主要内容为:(1)叙述伊斯兰教的兴起、穆罕默德的传教过程、伊斯兰教义以及中国伊斯兰教的传播与发展情况。在阐述教义时,首先提出穆罕默德是“社会改造家”、“复兴宗教之伟人”。(2)对中国唐、宋、元、明、清及民国以来伊斯兰教史上的重大活动与事件,均作了系统的叙述。并把中国伊斯兰教史发展的特征概括为:唐宋时期以穆斯林经济上之兴盛为特征;元明以穆斯林政治上之兴盛为特征;清代以经济、政治之衰落为特征;民国以来则以思想文化趋于复兴为特征。(3)记述中国伊斯兰教学者对学术文化的贡献。对伊斯兰教传入中国后的中阿文化交流,如造纸术的西传,中国丝绸、瓷器与阿拉伯香料、犀象、珊瑚等的交易,阿拉伯天文、历法、医药、火炮等对中国的影响等,均有较详细的叙述。对明代胡登洲创办经堂教育和明末至清代王岱舆等10多位中国伊斯兰学者用汉文译著伊斯兰教经籍活动的意义作了评价,认为“康乾间回教学者辈出,回教义理乃得大白于中国”。(4)对清代各族穆斯林的起义和清廷对伊斯兰教的政策亦有评述。(5)对辛亥革命后伊斯兰教育、学术文化组织、《古兰经》的翻译等,作了专门记述和较高评价。认为中国伊斯兰教已由历来无统一组织而趋于有组织;已由单一的阿拉伯文教育而发展为与中国传统文化相结合的教育;已由阿拉伯文经典之诵念而趋于《古兰经》之汉译;已由不向外宣传而趋于扩大宣传。该书内容丰富,史料翔实,叙述客观,在学术界有一定影响。1940年由商务印书馆出版。

(罗万寿)

《中国回教史鉴》 中国伊斯兰教史著作。作者马以愚。该书是一部类似《通鉴纲目》式的中国伊斯兰教史籍辑要纂编。作者除汇集中国有关史籍、实地考察各地名寺古墓外,还于1940年在香港专门阅读了15部有关典籍,最后选定272部为主要参考,经比较研究、反复考证后写成该书。全书共8章,约10万字。内容包括:穆罕默德传记、伊斯兰教义、礼法制度、历代史志、回纥源流、回回历法、文章勋业、名寺古墓等。该书首先综述伊斯兰教简史,包括穆罕默德创传伊斯兰教、四大哈里发继位、东大食、西大食、南大食等各个时期的历史。其次阐释伊斯兰教义、教法及宗教制度。并考证中国史籍关于伊斯兰教的记载,记述伊斯兰教传入中国的时间、路线、入华的民族及历代穆斯林的重要贡献及文化遗产等。其特点为:(1)广泛搜集中国史籍,对伊斯兰教历史作了翔实叙述。如载穆罕默德于陈宣帝太建三年(571)生于麦加,隋炀帝大业六年(610)40岁时传播伊斯兰教,唐高祖武德五年(622)“开国纪元”,唐太宗贞观六年(632)逝世于麦地那,辨正了伊斯兰教陈隋之间传入中国及以“回纥”之名为教名的谬误,并以穆罕默德与孔子作比较,赞扬其“动而世为天下道,行而世为天下法,言而世为天下则”,对穆罕默德的历史功绩作了高度的评价。全书旁征博引,内容丰富，堪称集中国有关伊斯兰教史料之大成。(2)作者精研各种历法，经深入考证后，认为唐代《西域九执历》是回回历书，宋代《武经总要》中占候部分受伊斯兰教历影响，并对元代札马鲁丁进《万年历》、明代马沙亦黑和马哈麻译《万年历》的贡献，均引证中国史籍加以肯定，认为伊斯兰教入华"以历学显"。并引史学家陈垣"欲知回回教进中国的源流，应先知中回历法之不同"之说，以证其观点。(3)作者经实地考察与参阅地方志书及有关记载，对中国早期著名清真寺与先贤墓作了考证与详细记载，特别是对东南沿海及西北地区的名寺均有考察记述，并通过对重庆十八梯清真寺碑石的考证，证明明代名臣马文升确系穆斯林。全书体例严谨，文字流畅典雅。书后附有《中国历代年表》、伊斯兰教重要人名、地名等异译表及英、汉文对照表。书末附录马介泉著《回教考略书后》及作者所写《回教要指》。1941年商务印书馆在长沙初版发行，1948年在上海刊行修订本。(马肇曾)

《中国回教史研究》 中国伊斯兰教史专著。金吉堂撰。原为作者在北平成达师范学校的讲稿。1935年夏出版。全书分上、下两卷。上卷为"中国回教史学"，共3章。第一章论述回回与回纥之辨析、回教民族说与伊斯兰教何时传入中国3个问题。第二章叙述历代对伊斯兰教徒之不同称谓、有关译名与译意的表述及中历、回历之不同。第三章在评价已刊有关伊斯兰教史著作的基础上，提出了中国伊斯兰教史的基本内容、历史分期与资料搜集的组织与方法。下卷3章，分别为回回在中国历史上的侨居时代、同化时代与遍布各地时代。作者从评价前人有关伊斯兰教史研究中的某些论断来阐述自己的观点。他首先考证了"回回"一词的来源，辨析其与回纥的区别，认为回回既非回纥子孙，又非汉人信教，而是来自中亚与西亚各国不同的民族，因共同信仰伊斯兰教，久居中国，互相通婚，繁衍生息而形成回回民族。关于伊斯兰教传入中国的时间，作者经过辨析，否定了隋开皇中说、唐武德中说、贞观六年说、永徽二年说等，而引证中外有关文献，"断定回教入华在唐太宗贞观二年(628)"。作者提出中国伊斯兰教史可分为3个时期：第一时期自唐初至南宋，为回回在中国侨居时代；第二时期自蒙古人灭宋至明代中叶，为回回在中国的同化时代；第三时期自明中叶至清末，为回回在中国遍布各地的时代。作者在书中指出，自清末以来，中国伊斯兰教出现衰落，"教义不彰，教理不讲；甚至教人之自信，与教外人对回教之认识，舍不吃猪肉之外，仅如普通社会之称之'隔教不隔理'而已"。书后附有引用书目。全书观点明确，史料丰富，考证翔实，是一部学术性较强的教史专著。(罗万寿)

《中国回教书目》 中国伊斯兰教历史文献英文书目。又名《中国伊斯兰教经典文献书目简述(1925年前)》。伊斯哈格·梅逊编，1929年北京文殿阁书庄发行。该书搜集了自明末清初至1925年近300多年间的318种中国伊斯兰教经典文献和部分伊斯兰教刊物的名称。这些著作除少数为阿拉伯文外，大部分是用汉语写成。编者根据自己当时所搜集到的原著，分别作了介绍，包括原著的作者、页码、出版年月、序跋情况、主要内容、版本和简单的评价。该书按英文字母顺序编排，其中有些书目因有两个名称而重复收录。所收书目内容包括：历史、教义、五功、《古兰经》、圣训、科学、教育、地理、语言、答辩等诸方面。书末附有6张图表，分别为"伊玛尼的支柱"、"水罐"、"克尔白图"、"家谱表"、"圣印闭邪"、"结婚证书"等。该书是收录较丰富的一部中国伊斯兰教著作目录，其中保留了不少迄今为止难以见到的轶作，如《贵圣辞世遗言》、《创建穆民总教院表》、云南《清真月报》和《清真旬刊》等，故具有较高的参考价值。但因全书用英文写成，未译成汉文，故鲜为人知。(余振贵)

中国回教文化协会 中国现代伊斯兰教民间文化团体。1934年由马天英、鲁忠翔、王义、马辅国、傅统先等人在上海呈报市社会局批准成立。其宗旨为提高中国伊斯兰教学术文化水平。拟定进行的主要工作有：发行伊斯兰教学术研究刊物，编辑《伊斯兰文化》丛书，沟通各伊斯兰国家的文化交流。其目的是"欲于真、美、善三方面发扬中国回教之文化思想"。后由于经费匮乏，并"未得一般教友之理解，卒至事与愿违，无能为力"，除傅统先于1937年7月撰写出一部《中国回教史》之外，其他成果并不显著。(冯今源)

中国回教文化学会 中国穆斯林学术文化团体。1938年冬，由白寿彝、杨敬之、谢澂波等人在广西桂林发起成立。其宗旨是：弘扬伊斯兰教文化，翻译或介绍伊斯兰教著作。负责人为白寿彝、马坚、杨敬之。1941年改名为"伊斯兰文化学会"。会员有白寿彝、马坚、纳忠、张秉铎、哈德成、庞士谦、穆广文、马宗融、马继高、白亮诚、薛文波、马汝邻等。该会成立后，曾分别在中央大学、云南大学开设伊斯兰文化讲座，由白寿彝、纳忠分别讲授；出版伊斯兰文化丛书10余种，其中有马坚译著的《回教哲学》、《回教教育史》，白寿彝的《中国回教史纲要》，杨敬之的《日本之回教政策》等。经费由会员自筹。该会在当时较有影响，对中国伊斯兰教文化事业及学术研究做出了贡献。(冯今源)

《中国回教小史》 中国伊斯兰教简史著作。白寿彝撰。该书主要根据中国文献资料，历述唐、宋、元、明、清各代伊斯兰教在中国的传播、发展概况及辛亥革命后回族穆斯林的觉醒。全书共分9章。第1～3章叙述伊斯兰教兴起前中国与阿拉伯国家之间的海陆交通、伊斯兰教兴起后大食商人的东来和中阿经济文化交流等情况，亦涉及唐宋时期中国史书关于伊斯兰教的文字记载。第4～6章从清真寺与公共墓地的创建、元代回回人的大批来华与政治、经济、学术界人才的涌现，说明伊斯兰教在中国的传布和“在中国生了根”，并论及元、明、清各代统治阶级对伊斯兰教的歧视与迫害。第7～9章叙述明清两代清真寺经堂教育与汉译伊斯兰教经籍活动的兴起及其成就。作者认为中国伊斯兰教史可分为两个时期：第一时期为唐、宋、元时期，中国境内主要是以外籍穆斯林为主，是中国伊斯兰教史上的移植时期。第二时期为明、清两代，中国境内的各族穆斯林都是中华民族的组成部分，人数比前大增，但受到封建统治阶级与士大夫的歧视与迫害，是中国伊斯兰教史上的厄难时期。最后叙述了20世纪上半叶伊斯兰教逐渐受到当时社会的重视及宗教教育、学术文化的发展状况。该书内容翔实，观点明确，是一部简明通俗的中国伊斯兰教史纲要。1943年发表于《边政公论》杂志。1944年经作者修改，由商务印书馆出版。1982年收入《中国伊斯兰教史存稿》，宁夏人民出版社出版。　　（罗万寿）

中国回教协会　中国抗日战争时期成立的伊斯兰教团体。前身为“中国回民抗日救国协会”，于1937年由王静斋、时子周等人在河南发起成立。1938年春，会址迁往武汉，改组为“中国回民救国协会”，唐柯三、孙绳武等政府官员纷纷加入，性质遂由民办变为官办。1939年1月召开第一次全国代表大会，更名为“中国回教救国协会”，在各地建立分、支会。同年7月，会址迁至重庆。1946年再迁会址于南京，并改名为“中国回教协会”。第一任理事长白崇禧，副理事长唐柯三、时子周。经费来源主要靠国民政府当局拨款。该会以“兴教建国”为宗旨，宣称以提高中国穆斯林知识水准，增强中国穆斯林的经济能力为己任。在当时的中国伊斯兰教界曾产生一定影响，在一些省设有分会。先后出版过几种刊物：在重庆出版有《中国回教救国协会会刊》（1939～1946）和《回教文化》（1942）；在南京出版有《中国回教协会会报》（1946～1948）；各地分会也曾出版过一些宗教性刊物。1949年该会随国民党政府迁往台北。会址设在台北市丽水街清真寺。迁台后，先后兴建了台北、高雄市的几座清真寺；现任理事长许晓初；会内增设了青年、教务、宗教宣传、国际事务、福利慈善、妇女、康乐活动等7个委员会；培植了一批阿拉伯语人才；出版了一些伊斯兰教书籍；出版机关刊物《中国回教》季刊，孙绳武、定中明、刘恩霖等人先后任主编。　　（冯今源）

中国回教学会　中国伊斯兰教学术文化团体。1925年6月成立于上海，发起人为哈德成、马刚侯、沙善余、伍特公、金子云等。马刚侯、哈德成分别任正、副干事长。1935年2月，改为委员制，速子翔、马晋卿、伍咏霞、哈德成、沙善余、石子藩、杨稼山、伍特公、达浦生等15人为执行委员，分工负责各项会务。学会为当时中国较大的伊斯兰学术文化组织。其宗旨是：阐明伊斯兰教义，提倡回民教育，联络穆斯林情谊，开展中外伊斯兰文化交流，扶助同教公益事业。成立后所做主要工作有：（1）资助哈德成、沙善余、伍特公等人翻译汉文《古兰经》。（2）出资刊行清代马复初《汉译宝命真经》5卷。（3）编辑出版学会月刊，宣传伊斯兰教义、教理。（4）创办上海伊斯兰师范学校及敦化小学，组织派遣学生赴埃及留学。（5）设立宗教图书馆，传播伊斯兰文化知识。（6）设立中学奖学金，选送优秀青年升学。（7）开办阿拉伯文补习学校，讲授宗教学科。该会在中国伊斯兰教界颇有影响，赵振武赞其“规模之备，作用之宏，为有史冠”。1926年创办会刊《中国回教学会月刊》，1927年改为季刊。1939年中国回教救国协会成立后，该学会停止活动。　　（冯今源）

《中国回教学会月刊》　中国伊斯兰教综合性学术刊物。1925年10月，由设在上海的中国回教学会创办，主编沙善余。1926年1月1日出版发行创刊号，至同年12月共出12期。1927年1月～1929年9月一度停刊。1929年10月复刊时改为《中国回教学会季刊》，仅出一期又停刊。该刊物曾面向全国穆斯林发行，印数3000份，辟有教义、论说、译著、史传等栏目。刊载阐释伊斯兰教义和翻译介绍外国伊斯兰学者的论文居多，也注重发表伊斯兰学术研究及经训介绍、教义教法研讨、伊斯兰教与基督教和摩尼教之比较研究、伊斯兰哲学与欧洲哲学之比较研究等方面的文章。从1926年6月份起开始连载哈德成、伍特公和沙善余合译的汉语白话体《古兰经》前3卷，还连载了阿米尔·阿里著《阿拉伯简史》（又译作《大食国简史》），对近现代伊斯兰革新思潮的研究动态亦有所介绍。此外，也发表过一些伊斯兰文学作品及中国回教学会会务活动情况的报导。　　（张志诚）

中国回教总联合会　日伪组织。中国抗日战争时期，日本侵略者为分裂回回民族、破坏中国人民抗战，达到它奴役中华民族的目的而建立。该伪组织是1938年1月由日本华北方面军派顾问高垣信协助回奸马良及王瑞兰、刘锦标等在北京组建，并选择广安门大街东北大学旧址为会所。同年2月，在中南海怀仁堂召开成立大会，在日本特务机关长喜多诚一、汉奸政治头目王克敏、汤尔和的主持参加下正式成立。其章程云：“本会对外主张中日满三国紧密提携，坚决反对共产主义，绝对拥护新政府，发扬亚洲文化，维护固有之宗教；对内联络本教教胞，设法解救本教教胞之疾苦。”该伪组织建立后，遭到全国各族穆斯林的强烈谴责和抵制，各地伊斯兰教团体纷纷发表通电，声讨马良等的投敌卖国行为。　　（马云山）

中国回民教育促进会　20世纪30年代中国回民教育团体。1933年5月经国民政府教育部批准在南京成立，选定马鸿逵、邵力子、马麟、褚民谊、方觉慧、金世和、唐柯三、孙绳武、马邻翼、虎臣、王曾善、时子周、伍特公等13人为委员。据称其宗旨是“促进回民教育之普及与健全”。其工作大纲是：(1)普及义务教育。(2)提倡人才教育。(3)力促各地回民学校的改进和发展。(4)在回民众多的地区计划筹建回民学校。(5)建议政府提倡边远地区穆斯林与汉族子弟相互沟通，并树为政策。(6)奖励边疆穆斯林学生升学以求深造。该会成立后，因经费等困难，事实上并未能改变回民教育落后的总局面，不久便自行消失。

（冯今源）

中国回民救国协会 见中国回教协会。

中国回民救国协会陕甘宁边区分会 中国抗日战争时期陕甘宁边区回族穆斯林抗日救国团体。由金浪白、马文良、马青年、王占魁、王谦、苏汝智、苏冰、马尔撒等人发起，于1940年1月8日在延安召开筹备会，并发出告示：“希望全边区的穆民一致动员热烈参加，特别希望各寺的阿訇参加领导，届时延安的穆斯林弟兄们竭诚欢迎。”同年3月分会正式成立。边区各地设有支会。10月，陕甘宁边区召开了第一届回民代表大会，谢觉哉、朱德等到会作了重要讲话，初步总结了边区回民获得民族平等、团结抗战和宗教信仰自由的经验。

（马云山）

中国回民抗日救国协会 见中国回教协会。

中国回民青年会 中国现代回族青年团体。其前身是“中国伊斯兰青年会”，1939年成立于武汉。1945年11月4日，在南京召开的临时全国代表大会上易名。主要负责人有马汝邻、薛文波、闪克行、马焕文、吴建勋、王农村等。其宗旨是：“团结全国回民，增进回民利益，融洽民族感情，共负建国任务。”主要工作目标与方针是：(1)争取回民利益，提高回民地位。(2)提倡科学，普及教育，主张男女平等，破除愚昧的风俗习惯，促进回民社会的现代化。(3)组织发动回民力量，发挥其固有的团结、勇敢、勤劳等美德，从事和平建国工作。(4)争取民族融合的前途。(5)援助世界穆斯林解放运动。总会会址原在重庆，后迁至南京。总会以会员代表大会为最高权力机关，设理事会、常务理事会、监事会、常务监事会，实行集体领导。总会下设五部：总务部、组织部、宣传部、文化部、社会服务部。各省及直辖市设立分会，各有关县市、乡镇、机关、学校、工厂设立支会。经费来源：会员入会费、常年会费、自由捐助及特别捐助。出版《回民青年》刊物，1946年5月出版新1号。该刊曾公开发表《临时全国代表大会宣言》，论证回回是一个民族，处处“表现出浓厚的民族意识与民族特性”，驳斥了蒋介石“以政治上需要便倡回民不成民族”之说及“中国回民都是汉人信仰回教的”等言论。该会在全国有一定影响，《新华日报》为该会发了消息。后来，随着解放战争的胜利进行及中国政局的根本变革，该会自行解散。

（冯今源）

中国回民文化协进会 中国回族群众性的文化团体。于1953年5月在北京成立。第一次代表会的代表由各地人民政府推荐，会上选举产生了中国回民文化协进会委员会；制定并通过了协进会章程；决定每4年召开一次代表会。第一任会长是国家民族事务委员会副主任委员刘格平。协进会的宗旨是：根据中国人民政治协商会议制定的《共同纲领》基本精神，协助人民政府贯彻民族政策；研究和发展回族文化教育事业；加强爱国主义与社会主义教育；调查研究回族的历史与现状；举办各种文化成就展览；开展国际友好往来，以及处理各项议案，接待回民群众来信来访等。该会在1958年10月宁夏回族自治区正式成立后宣布结束。协进会存在的4年间主要活动有：出版了数期《通讯》，编辑出版了彩色摄影画册；在银川市筹办了有关回族政治、经济、文化的大型展览。1957年还印刷了《回回民族的历史和现状》小册子。

（马云山）

《中国纪行》(Khatāy nāmeh) 16世纪波斯人系统介绍中国社会情况的见闻录。中亚穆斯林学者阿里·阿克巴尔(Seid Ali Akbar Khatai)著。为波斯文。1516年(明武宗正德十一年)成书于奥斯曼帝国都城君士坦丁堡，作为礼物先后献给土耳其素丹赛利姆一世(1470～1520)和苏莱曼·沙(1496～1566)。全书共21章，系作者于1500年(明孝宗弘治十三年)来华游历的见闻录。该书系统介绍了当时中国社会各方面情况，对中国的省份、军队、法律、经济管理、城市建设、历史、地理、文化艺术、宫廷礼仪、宗教信仰、社会习俗等作了生动有趣的描述。作者出于穆斯林的宗教感情，以较多的篇幅着重介绍了明代中国伊斯兰教的情况，记述了穆斯林的社会生活和宗教活动，综述了明代皇帝重用穆斯林文武官员及这些人对明王朝开国的贡献，并指出明统治者在崇奉佛教的同时，对伊斯兰教采取兼容并蓄的政策，以及景泰帝之子归信伊斯兰教等情况。内容丰富，所记有关中国伊斯兰教的材料较为珍贵，弥补了汉文史籍记载尚缺的资料，对当时西亚人了解中国起过一定作用，具有重要的文献价值。在开罗和巴黎有波斯文抄本。19世纪在伊斯坦布尔托勒卡普宫档案库始为世人发现。先后被译成土耳其、德、英等文字，受到西方与东方学者的普遍重视与研究。被视为自13世纪《马可·波罗游记》、14世纪《伊本·白图泰游记》至17世纪后半叶耶稣会传教士报告中国情况之间唯一而全面描述中国的文献，犹如第2部《马可·波罗游记》。20世纪30年代，中国学者张星烺(1888～1951)与德文翻译者保尔·卡莱(Paul Kahle)教授曾一度合作进行研究，写出《德文译本阿里·阿克巴尔之〈中国志〉(Khataynameh)之介绍》一文，惜事业未竟而因故搁浅。20 世纪 80 年代，张至善继承乃父遗志，与张铁伟、岳家明合作，分别以保尔·卡莱、哈米杜拉(Muḥammed Hamidullah)的德、英文译文手稿及伊朗阿夫沙尔(Iraj Afshar)的新波斯文本为据，编译成汉文本，附有国际上对该书研究之论文 13 篇、照片及图表 7 幅，1988 年 3 月由三联书店在北京出版。

（冯今源）

中国留埃学生朝觐团 中国抗日战争时期由留学埃及爱资哈尔大学的穆斯林学生组成的朝觐团。又名"中国回教朝觐团"。任务是履行朝觐宗教功课，并宣传中国人民的抗日爱国斗争及其决心。1939 年抗日战争进入相持阶段时，华北日伪当局派出唐易尘、刘仲全、张英等 5 人去麦加朝觐。对此，中国回教救国协会唐柯三、孙燕翼、达浦生、马松亭等 4 人当即致电留埃学生部组织朝觐团赴麦加朝觐，向世界穆斯林宣传抗日，抵制和揭露华北日伪当局所派代表的阴谋活动。中国留埃学生朝觐团由庞士谦、马坚率领，留埃学生 28 人全体参加，于 2 月 23 日自开罗出发，沿途向同船的各国穆斯林散发传单，发表演说，揭露日本帝国主义侵华、屠杀各族穆斯林的暴行。26 日抵麦加后，除履行朝觐功课外，还拜会了沙特国王及大臣，并与各国著名人士及学者广泛接触；在电台广播了日本飞机轰炸中国各省及回民区域和清真寺的惨况，揭露日本侵略者扶植伪"中国回教总联合会"，利用回族中的个别败类为其侵略服务、欺骗世界穆斯林的阴谋。并同日伪政权华北朝觐团进行说理斗争。朝觐功课完成后，由马坚用阿拉伯文和中文撰写了《告世界回教同胞书》，分别寄给阿拉伯各国和国内各大报刊，进一步揭露了日军侵华和残杀各族穆斯林的罪行，表达了中国伊斯兰教界高涨的抗日爱国决心，赢得了各国穆斯林对中国抗日战争的广泛同情和支持。 （罗万寿）

中国穆士林抗敌曲 中国抗日战争时期穆斯林爱国歌曲。1938 年 2 月在重庆成立了全国性的穆斯林抗日团体"中国回教救国协会"，发表了动员全国穆斯林起来抗战的《抗日救亡宣言》，并谱写了《中国穆士林抗敌曲》作为会歌。由王梦扬作词曲，F 调，4/4 拍。歌词是："起来吧，中国的穆士林！捧起我们的古兰，追踪我们的至圣，打起正义的旗帜，光大卫道的精神，认清我们的敌人——日本。他装起伪善的面貌，他欺骗全世的教亲，要把世界一网打尽，我们决不受他的蒙混，穆士林！前进！前进！起来吧，中国的穆士林！举起我们的宝剑，发出我们的吼声，贯彻爱国的信德，负起保族的使命，认清我们的敌人——日本。他施放无情的炮火，他残杀我国的国民，要把中华一口并吞，我们决不受他的侵凌。穆士林！前进！前进！"此歌在全国传唱，表达了中国穆斯林当时的爱国热情和抗战决心。刊载于 1940 年《中国回教救国协会会刊》第 2 卷第 5 期。 （郭清祥）

中国穆斯林社团 中国清末至民国时期穆斯林宗教和文化团体的总称。明末清初回族穆斯林社会已进入一个新阶段，农业经济和城市商业及手工业都得到了相应发展。在此背景下，中国伊斯兰教经堂教育兴起并发展，汉文译著活动展开，苏菲门宦教派在西北地区出现，表明中国伊斯兰教和穆斯林文化已在社会文化领域占有一定地位。清代，中国封建社会已进入晚期，各种社会矛盾日趋尖锐，在顺治、康熙、雍正及乾隆前期，虽然统治阶级从维护全国稳定出发，把伊斯兰教视为先代遗留的"家风土俗"允许其存在，但各代统治者及文人学士，都认为它"原一无足取"，认为回回"守其国俗终不肯变"，"以累朝之德化而不能驯其顽犷之习"，基本上持歧视态度，并由歧视而压迫屠杀。至清代后期，回回民族处于极端贫困地位，伊斯兰教日趋衰落。尤其在东南沿海地区，回回礼俗方面的普遍汉化，民族意识日益模糊。回族内部一部分先进知识分子出于振兴民族、振兴宗教的愿望而开始组织社团，兴办文化教育事业即为其主要任务。中国穆斯林社团的发展可分为三个阶段。

(1)清代初期至辛亥革命前。早在康熙五十一年(1712)，在广州就成立了以办理穆斯林丧葬事宜为主的"以思呢老人会"。这反映了穆斯林群体意识的萌芽。此后由于接踵而来的清廷对西北、西南穆斯林的多次屠杀，在近 200 年的时间里，穆斯林的此类社会活动一直寂然无闻。直到辛亥革命前夕，随着资产阶级革命运动的风起云涌，回族穆斯林的社团才纷纷出现，如东亚清真教育总会、留东清真教育会、上海清真商团、清真保路同志会，等等。这些团体是在当时中国资产阶级革命运动影响下，有的以发展教育、改良宗教、振兴民族为宗旨，与当时资产阶级"教育救国"的道路相一致，有的如"清真商团"等是穆斯林工商界人士与工人阶级、小资产阶级走到了革命前沿，以实际行动参加推翻清朝封建统治的革命团体，表明了中国穆斯林的民主革命觉悟与现代民族意识达到了空前的高度。

(2)1911 年辛亥革命至 1936 年抗日战争前夕。在这 25 年的时间里，穆斯林社团以上海、北平等大城市为主在全国各地纷纷成立，按其性质可分为：(1)文化团体，如：中国回教俱进会等。(2)学术团体，如：清真学社等。(3)宗教团体，如：中国回教公会等。(4)教育团体，如：常德回教教育辅助会等。(5)青年团体，如：中国回教青年学会等。(6)慈善团体，如：广东回教慎终会等。这些团体的成员，有的以宗教界人士为主，有的以学术文化界人士为主，有的以工商界人士为主，有的以青年学生为主。除回族穆斯林外，还有少数维吾尔族、东乡族穆斯林参加。其工作任务为出版发行书刊，举办现代教育，改革经堂教育，翻译、出版伊斯兰教经籍，向中近东伊斯兰教国家派遣留学生，促进同外国穆斯林之间的文化交流，加强国内穆斯林团结与交流等等。反映了当时中国社会在资产阶级革命、北伐战争以至抗日战争影响下，中国各族穆斯林推翻封建帝制和军阀，统一国家，反对日本帝国主义侵略，挽救国家民族危亡等历史任务的愿望。20世纪30年代初期，由于国民党政府推行民族歧视政策，侮教案不断发生，伊斯兰教界领袖及社会名人，以当时北平、上海的穆斯林社团为后盾，团结各族广大穆斯林为反对民族压迫，维护穆斯林的正当权益，进行了不屈不挠的斗争，在斗争中穆斯林社团起到了团结、组织和领导的作用。

(3)1937年抗日战争爆发至1949年中华人民共和国成立。1937年"七七事变"中，北平回族穆斯林即组织了"北平回民守土后援会"，积极展开对抗日将士的后勤支援。当年冬，由时子周、王静斋等在河南郑州发起成立"中国回民抗日救国协会"，以后演变为"中国回教救国协会"，在大后方各省、市、县设立分、支会，高举"兴教建国"旗帜，为反对日本帝国主义的民族分裂阴谋，打败日本帝国主义侵略而贡献力量。各解放区也成立了抗日救亡团体，如：冀中回民抗战救国联合会等成为各抗日根据地的重要力量。大后方的穆斯林社团还领导回民同国民党政府不承认回回是一个民族实体的大汉族主义政策进行了坚决斗争。（罗万寿）

《中国穆斯林书画集》 当代中国穆斯林书画作品集锦。中国伊斯兰教协会编，人民美术出版社1985年12月出版。该集是中国伊斯兰教协会邀请中国各族穆斯林著名书画家为赞助残疾人福利事业所贡献的优秀作品的荟萃，反映了中国穆斯林宗教和文化艺术生活的新风尚。全集分绘画和书法两大部分，共66幅作品，其中绘画34幅，书法32幅。作者包括回、维吾尔、哈萨克、东乡、撒拉等民族著名书画家和宗教学者。作品在一定程度上展示了穆斯林书画艺术方面的新成就，赢得了海内外同胞和国际友人的赞誉。

（高占福）

《中国穆斯林》杂志(Majallah al-Muslim al-Ṣini) 中国伊斯兰教协会主办的综合性刊物。创刊于1957年。现为双月刊，有汉文和维吾尔文两种文字版本，向国内外发行。该刊为宣传中国伊斯兰教协会的方针任务服务，其宗旨是：协助人民政府宣传、介绍中国的宗教信仰自由、民族平等以及改革、开放等方针政策，团结各民族穆斯林积极参加社会主义物质文明和精神文明建设，报道全国各地伊斯兰教方面的有关消息和重大活动，发扬伊斯兰教的优良文化传统和道德传统，传播伊斯兰学术文化知识。主要内容有：宣传和报道国内各民族穆斯林在政治、经济、文化、教育和科技各领域为国家现代化建设做贡献的活动情况及模范先进人物事迹；介绍国内外伊斯兰教经书典籍和有关教义、教法、教史、教制的研究成果及著名学者、经师的思想学说；探讨清真寺的经堂教育和讲学传统；介绍清真寺的历史沿革、建筑风格和伊斯兰书法艺术；报道伊斯兰教方面的对外友好往来和学术文化交流等。该刊在反映教内动态、交流思想、沟通信息和横向联系等方面发挥着重要作用，受到各族穆斯林的欢迎。

（马忠杰）

《中国清真菜谱》 介绍中国穆斯林饮食及烹调技术的撰述。由北京著名穆斯林厨师马石奎口述，马书林笔录整理，民族出版社1982年出版。全文12.5万字。详述北京市及陕西、甘肃、宁夏、青海、新疆5个省区各具特殊风味的清真菜点250多种。菜谱分为9类：山珍海味、鸡鸭、鱼虾、牛羊肉、冷荤、素菜、甜菜、汤菜及新疆菜点。专节介绍了各种面食点心。对常用于国宴及豪华宴席的"红烧净翅"、"鸡蓉燕窝"、"清蒸飞龙"，介绍尤为详细。对新疆各族穆斯林的特产"新疆包子"、"烤羊肉串"及"帕热莫西"(Paremxi)，兰州地区的"甘肃炒鸡块"，银川地区的"麻辣羊羔肉"，青海地区的"手抓羊肉"，西安地区的"羊肉泡馍"，北京地区的"炸肉火烧"与"羊肉糕"的制作工艺，都分别作了细致的介绍。由于马石奎曾师承清代末年御膳房著名的回族穆斯林厨师褚连祥，得其口授秘传，身怀绝技，加上他本人60年的实践经验，创造了60多种全新的清真菜点。此书不仅详录了北京及大西北穆斯林菜肴的特异风味与烹制工艺，而且是研究中国各族穆斯林饮食文化和民俗学的重要资料。（郭清祥）

中国清真寺建筑 中国伊斯兰教清真寺建筑形制和艺术形式。分为两大体系：一是以木结构为主，体现中国传统建筑风格的清真寺，属中国特有形制的伊斯兰教建筑；二是以阿拉伯建筑风格为主，糅以中国地方的或民族的某些特色的清真寺。现存中国清真寺绝大多数为元、明、清以来创建或重建。明代所建之寺，在整体布局、建筑形制、建筑装饰、庭院处理等方面已具有鲜明的中国特色；清代是中国伊斯兰教发展时期，中国特有的清真寺建筑形制于此时完成。

具有中国传统建筑风格的清真寺有以下特点：(1)寺院布局的完整性，多采用中国传统的四合院并往往是一串四合院制度，即沿东西中轴线有次序、有节奏地布置若干进四合院，形成一组完整的空间序列，每一进院都有自己独具的功能要求和艺术特色，有主有次，循序渐进，层层引深，是一个完整的建筑艺术群体。(2)中国化的寺院建筑形制：寺门多采用中国式的庙门制度，三五开间，大式大木结构，起脊，门前有影壁、八字墙或牌楼等附属建筑；邦克楼多在二门或寺院正中处，为中国传统楼阁式，2层或3层，用料壮实，斗拱朴拙，有曲廊；大木起脊式的礼拜大殿，由前卷棚、大殿、后窑殿3部分组成，顶上用勾连搭式的独特建筑形式将这3部分连为一体，形成一座完整统一又灵活起伏的殿堂建筑；大殿一般进深大于面阔，其平面形制呈多样化，有矩形、十字形、凸字形、工字形、六边形等；后窑殿一般不采用砖砌圆拱的早期做法，而是亦木亦砖，搭配使用，其式样有单檐、重檐、三重檐的十字脊或各种亭式脊，变化较多。(3)中阿合璧的建筑装饰，将伊斯兰教装饰风格与中国传统装饰手法融汇贯通，把握住建筑群的色彩基调，突出伊斯兰的宗教内容，或彩绘，或书法，或木雕、砖雕、石刻，或悬匾挂联，或富丽堂皇，或淡雅明快，艺术珍品不胜枚举。(4)富有中国情趣的庭院处理，寺院内遍植花草树木，设置香炉、鱼缸，修亭建阁，立碑悬匾，堆石叠翠，掘池架桥，九曲回廊，碎石甬道，分明一尘不染之佳境。(5)坚持伊斯兰教建筑的基本原则：在建筑设置方面一般都有大殿、水房、讲经堂、邦克楼或望月楼(台)，大殿内正向墙正中均设米哈拉布(凹壁)，西北角置敏拜尔(即宣礼楼)；在朝向方面，无论寺址位于何种方向，大殿内的米哈拉布一律坐西朝东，以保证穆斯林礼拜时朝向麦加克尔白；寺内，尤其是殿堂内绝无任何偶像，无任何人物、动物的画像、塑像或照片，有些寺甚至突破了中国古建筑传统使用的龙、凤及五脊六兽制度，以植物叶茎的形式塑成殿顶的正脊、大吻，从而补充丰富了中国古建筑的装饰内容。

以阿拉伯建筑风格为主的中国清真寺主要分为3类：内地某些始建于元代以前的古寺、当代的新建寺、具有新疆维吾尔等民族特色的清真寺。

唐宋时期是伊斯兰教建筑向中国的移植时期。迄今遗存的那一时期古寺已为数不多，且都在东南沿海地区。其主要建筑特点：(1)工程用料多为砖石结构。(2)平面布置多非左右对称式，不甚注意中轴线，邦克楼或望月楼多建于寺前右隅。(3)外观造型具阿拉伯情调，外表光洁古朴"望之如银笔"的"番塔"，长方形寺门的门楣、门顶及葱头状尖拱，都给人以异国建筑的印象。(4)在细部处理上也是阿拉伯风格。广州怀圣寺的光塔砖砌双蹬道，泉州清净寺门外有门楼、尖拱大门的发券作法、蜂巢状的小尖拱雕饰、砖砌拱北等，均具阿拉伯地区伊斯兰建筑特色。(5)融有一些中国传统的民族风格和地方特色，如以中国人民素来喜爱的某些吉祥物(麒麟、凤凰、狮子、仙鹤、金鸡等)为寺命名或作为饰物，柱上雕刻中国式云纹、卷草等图饰。

当代新建以阿拉伯风格为主的清真寺建筑特点：(1)外观造型不取大木起脊的传统庙宇形制，多为阿拉伯穹顶式建筑，大殿上面一组(1大4小)浑厚饱满的绿色穹顶，顶上一弯银白色新月，形象上相互呼应，尺度上恰成比例，组成了丰富的天际线，颇具鲜明的艺术效果。(2)平面布置不用传统四合院制度，而采用集中式构图，不强调平面的中轴线，而强调整座建筑的垂直轴线，体形完整，轮廓稳定，邦克楼建于寺院前方。(3)殿堂装饰多求淡雅素洁，雕塑、彩画较少，注意建筑物整体色彩的把握和运用。(4)使用当代新型建筑材料和建筑手段，现代化照明、音响、计时设备，具有强烈的时代精神。

新疆维吾尔地区清真寺，按其规模大小和不同功能，一般分为5种类型：可作节日会礼的艾提卡尔清真大寺；可作主麻日聚礼的加曼清真大寺、普通的小巷清真寺、麻札清真寺；便于旅途游子途中礼拜的耶提木寺(即孤寺)。其建筑特点主要是：(1)分布密集化，特别在南疆地区，几乎每个村镇、每条街巷都有一座或若干座清真寺，其拥有的清真寺总数远远多于内地任何一个省、市、自治区。(2)平面布置简单明了，比较随意，注重实用，外面一座门楼，门内不远处即是礼拜大殿，附属建筑不多；不甚注意寺院建筑的中轴线和左右对称，有些寺甚至故意打破左右对称的格局。(3)建筑形制与回族寺不同：门楼高大，两侧或一侧建尖塔与拱状大门相连；砖砌尖塔平面为圆形，底部大，逐渐向上收分，顶建穹隆式圆亭，亭上立一新月；大殿为平顶结构，由棚檐、外殿、内殿3部分组成，面阔大于进深，外殿呈敞廊式，内殿严紧但采光一般较差，殿内木柱较多，以支持硕大的平顶。(4)维吾尔装饰艺术风格浓郁，其表现手法主要有木雕、砖花、石膏浮雕、彩绘等，装饰纹样则有谢德纹、伊斯力玛纹、巴旦木纹、石榴纹、花蕾纹、花朵纹、小花纹、叶纹、卐字纹、回字纹，装饰图案有阿拉伯文字、几何图形、风景、水果、花卉、花瓶及生活日用品等；色彩多浓艳鲜明且相互协调，尤多用蓝、绿、褐、黄、红、白诸色，花团锦簇，体现了维吾尔族强烈的色彩观念和浓厚的生活气息。

中国各地的清真寺建筑，无论以何种风格为主，都是中阿文化相互交流的产物，是历代各族穆斯林智慧的结晶。它们既有别于中国佛寺、道观、文庙、基督教堂，又与国外清真寺建筑风格有一定差异，程度不同地体现着中国的建筑风格和气派。它们是长期以来中国人民与阿拉伯人民友好交往的历史见证，是中华民族文化的宝贵财产和重要组成部分。　(冯今源)

中国伊斯兰布道会　中国伊斯兰教的文化团体。1933年由马君图、尹光宇、马子静、马淳夷等人发起成立，会长马君图。会址设在山西省太原市东米市街清真寺。其宗旨是："固在布道……以扬伊斯兰之真理，而维世界之和平。"具体布道方法：(1)译印标准本《古兰经》。(2)在《太原日报》上刊登宣传教义之广告。(3)选印古今伊斯兰教之名著，如《归真要道》等。(4)对外宣传伊斯兰教义。该会曾派尹光宇出席耶路撒冷世界伊斯兰教大会、赴麦加朝觐并发表宣言。该会在国内穆斯林中有一定影响，抗日战争太原沦陷前即停止活动。　(冯今源)

中国伊斯兰教　7世纪中叶伊斯兰教开始由阿拉伯传入中国，经过长期的传播、发展和演变而形成具有民族特色的中国伊斯兰教。它是中、阿人民间长期经济、文化交流和传统友谊的纽带。唐、宋、元三代是伊斯兰教在中国传播的主要时期，迄止明代，中国先后有回、维吾尔、哈萨克、乌孜别克、柯尔克孜、塔吉克、塔塔尔、东乡、撒拉、保安等10个少数民族信奉伊斯兰教。伊斯兰教对各穆斯林民族的历史文化、伦理道德、生活方式和习俗产生了深刻影响。伊斯兰文化同中国传统文化交流融合，成为各穆斯林民族文化不可分割的组成部分，并丰富了中华民族的历史文化宝库。据统计，中国大陆 10 个穆斯林民族的总人口约计 2100 万人。遍布全国各省区的大多数城乡，主要聚居于西北的新疆、宁夏、甘肃、青海，以及陕西、河南、河北、云南、山东、山西、安徽、北京等省市的部分地区，在台湾、港澳地区亦有穆斯林分布，以大分散小集中为特征。凡穆斯林聚居区，均建有规模不等的清真寺，形成以清真寺为中心的穆斯林社区网络。中国穆斯林绝大多数属逊尼派，遵行哈乃斐学派教法；新疆极少数为什叶派的伊斯玛仪派。苏菲主义各学派在西北地区有广泛影响。历史上，由于伊斯兰教传入各民族地区的时间、途径以及各民族的社会历史环境和文化背景不同，伊斯兰教在中国的传播与发展又分为内地伊斯兰教(汉语系)和新疆地区伊斯兰教(突厥语系)两大系。

(1)内地伊斯兰教。伊斯兰教传入中国内地的年代，学术界尚无定论。一般以唐永徽二年(651)作为标志。据中国史籍《旧唐书》与《册府元龟》记载，这一年伊斯兰教第三任哈里发奥斯曼(644～656 在位)派使节到唐朝首都长安，晋见了唐高宗并介绍了伊斯兰教义和阿拉伯国家统一的经过。阿拉伯帝国第一次正式派使节来华，对后来中阿两国在政治、经济和文化上的广泛交流，以及穆斯林商人的东来都产生了重大影响，故历史学家一般将这一年作为伊斯兰教传入中国的开始。另外，中国史料中还有“隋开皇中”、“唐武德中”、“唐贞观初年”、“八世纪初年”传入等诸说。这些说法多为一些学者的一家之言或对明、清以来穆斯林民间传说的记述，因此还难以定论。

唐宋时期。从唐永徽二年(651)到南宋末年的 600 余年间，是伊斯兰教在中国内地早期传播时期。这时唐朝同阿拉伯帝国(大食)均为兴盛时期，中阿两国东西相望，横贯东西的陆上“丝绸之路”和南中国海至波斯湾的海上“香料之路”，使两国保持着频繁友好往来。大食使节和“贡使”不断前来中国，据《旧唐书》载，自 651～798 年间阿拉伯来唐使节达 39 次之多。阿拉伯、波斯穆斯林商人来华更是络绎不绝。他们来华后多集中在中国东南沿海的广州、泉州、扬州、杭州、明州(宁波)并深入内地的长安、开封等地，从事香料、象牙、珠宝、药材和犀牛角等的贩卖，并带回中国的丝绸、茶叶、瓷器和其他商品。中国人称他们为“蕃客”、“蕃商”和“胡贾”等。由于唐、宋政府鼓励商业贸易，因而有不少人在中国久居不归，称之为“住唐”。唐时，侨居或在中国安家落户的阿拉伯、波斯人为数不少。据《资治通鉴》贞元三年条记载，玄宗天宝年间(742～756)以来，大食国的“胡商”，“留长安久者或四十年”，“安居不欲归”、“有田宅者”“凡得四千人”。肃宗上元元年(760)之前，居住扬州一带的大食“贾胡”至少也有一二千人。据唐代僧人鉴真在《唐大和尚东征传》中说，天宝年间居住在海南岛上的波斯人村寨“南北三日行，东西五日行，村村相次”。9 世纪阿拉伯商人苏莱曼的《中国印度见闻录》也说，唐末黄巢领导的农民起义军攻占广州，居住在此地的阿拉伯人、波斯人、犹太人和基督教徒有 12 万之多。宋时，对外通商贸易的规模又有了发展，来华的阿拉伯、波斯人比唐时剧增。他们多集中在广州和泉州，仅泉州一地就数以万计。中国地方当局为照顾他们的生活习惯，设立诸国蕃客聚居区“蕃坊”，并允许他们和汉人通婚，繁衍后代。据宋代朱彧《萍州可谈》记载，北宋末广东有刘姓阿拉伯人娶宗室女者，因而出现“土生蕃客”和“五世”土生蕃客的记载。清代学者顾炎武的《天下郡国利病书》载：“自唐设‘结好使’于广州，自是商人立户，迄宋不绝，诡服殊音，多流寓海滨湾泊之地，筑石连城，以长子孙。”据近人考证，广州蕃坊在“府城之南”、“珠江北岸”，泉州在“此市南郊，地临晋江”。南宋时，这两个地方还出现了不少大食巨商，“富盛甲一时”，具有相当的社会经济地位。大食国的穆斯林商人在中国寓居或定居，把伊斯兰教传入中国。在“蕃坊”中，由中国当局任命一位年高德劭的穆斯林为“蕃长”，负责管理蕃坊事务，主持礼拜等宗教活动，处理穆斯林间民事诉讼，并招揽外商来华贸易。蕃客的宗教信仰、风俗习惯和道德规范，“皆以《古兰经》、圣训及伊斯兰教习惯行事”。《萍州可谈》又载：“蕃人衣装与华异，饮食与华同”，“至今蕃人但不食猪肉而已”，“非手刃六畜则不食”。他们还在居住地建立了礼拜寺及穆斯林公共墓地，伊斯兰教影响随之扩大。今广州怀圣寺、泉州清净寺、扬州仙鹤寺、杭州真教寺等，都是这一时期建成的伊斯兰教古寺。《诸蕃志》卷上记载泉州墓地说：“有蕃商曰施那帏，大食人也，寓泉南，轻财乐施，有西土风习，作丛冢于城外之东南隅，以掩胡贾之遗骸。”唐人杜环《经行记》称伊斯兰教为“大食法”、宋人赵汝适的《诸蕃志》称“大食教度”。这时伊斯兰教在中国还只局限于来华侨居的阿拉伯、波斯商人中信奉，广大汉族人对其相当陌生，因此一些汉文文献往往把穆斯林念经、礼拜等宗教活动，不确切的理解为“拜天”、“叫佛”等。

唐宋时期来华的穆斯林，保持他们的宗教信仰与生活方式，与当地人通婚，安居乐业，繁衍子孙，由侨民而演变为“土生蕃客”，成为中国穆斯林的先民。外来穆斯林从事正当商业活动，不向教外人传教，避免了与中国传统思想的冲突。宋代沿袭此一政策，且更进一步依赖海舶收入，为“蕃客”的往来定居与商业活动提供不少便利条件，使伊斯兰教深深植根于中国土地上。唐宋时期来华穆斯林虽人数不多，但大都往来于沿海通商口岸与长安、开封、北京等大城市从事贸易活动。他们及其后裔与中国人民友好相处，学习中国传统文化，有的还应试为官；有的以其雄厚资财发展商业和贸易，为朝廷提供大量财政收入。他们是阿拉伯伊斯兰文化与中国文化交流的友好使者，中国的造纸术、炼丹术、印刷术、火药等从这一时期起先后传入阿拉伯，随后又由阿拉伯人介绍到西方。

元代至明代前期。是伊斯兰教在中国内地广泛传播和全面发展的重要时期。南宋末年，蒙古汗国兴起后，成吉思汗及其继承者在1219～1260年间发动了3次大规模的对外西征。在近半个世纪内，蒙古人先后征服了中亚和西亚信仰伊斯兰教的各个国家和民族，1258年灭阿拉伯帝国阿拔斯王朝。蒙古人西征中，将一批批中亚各族人、波斯人、阿拉伯人作为战俘而被征调到中国来，参加蒙古征服和统一中国的战争。其中有被签发的军士、工匠和被俘掠的妇孺，也有一些宗教学者、社会上层及其部属等，大约有几十万。被签发的军士被编入“探马赤军”，战时从征，平时屯聚牧养，分驻各地，以西北的陕、甘、青为多，有的则迁往西南、江南和中原各地。蒙古人的西征及占领中亚、西亚等地，使中西交通大开，“无此疆彼界”，自愿来华的商人、传教师、旅行家、学术人士络绎不绝。他们与唐宋时期寓居中国的大食、波斯人的后裔都是穆斯林，故被称为“回回”或“木速蛮”(Musliman，即波斯语穆斯林)，成为元代色目人中的重要成分。《蒙兀儿史》载：“蒙兀西征，不暇深辩，举天山南北，葱岭东西，凡奉摩诃末(即穆罕默德)信徒，不以波斯、吐火罗、康居、乌孙、大食、突厥，通谓之回纥，而又不能正言，声讹为‘回回’。”东来的回回人，入居元朝后，“乐居中土，皆以中原为家”，“不复回首故国也”。他们仍保持着伊斯兰教信仰和文化。他们“居中土也，服食中土也，而惟其俗是泥也”；“虽适殊域，传子孙”，其宗教信仰“累世不敢易焉”。这些人当时遍布全国各地。元初，马可·波罗在其游记中就曾多次提到中国各省都有穆斯林。他说押赤(今昆明)“人有数种，有回教徒，偶像教徒，及若干聂斯脱里派之基督教徒。”元末来中国的摩洛哥旅游家伊本·白图泰在其游记中载：“中国各城市，都有专供穆斯林居住的地区，区内有供行聚礼等用的清真大寺。”他还具体记述了刺桐(今泉州)和杭州穆斯林的情况。宋末元初周密在《癸辛杂识》中说：“今回回皆以中原为家，江南尤多”。凡穆斯林居住的地方，均修建有礼拜寺。元代礼拜寺的建筑规模和数量远远超过前代。据元至正八年(1348)定州(今河北省定州市)《重建礼拜寺记》碑文云：“回回之人遍天下”，“近而京城，外而诸路，其寺万余，供西向以行拜天之礼。”此时的大都(今北京)、广州、泉州、扬州、温州、庆元(今宁波)、上海、上都、长安等地，是穆斯林商人云集之地，礼拜寺及其他伊斯兰建筑更为集中，如泉州在元代增建礼拜寺就有六七座之多。在和林，也有两座礼拜寺。一些回回穆斯林官吏在自己的行政管辖区内也修建了不少寺，如赛典赤·赡思丁在昆明建寺多达12座，保存至今的尚有正义路南城寺和金碧路永宁寺。元代的诏令、典章等文献中，称礼拜寺为“密昔吉”(Masjid，麦斯吉德)或俗称“回回寺”；称掌教为“答失蛮”(Danisnmara，即学者)或称“回回掌教”、“回回大师”；把伊斯兰教法称之为“回回法”、“回回家体例”，等等。从元末明初起，回回穆斯林遍及全国，他们的宗教信仰和风俗习惯被人们广泛注意，故把伊斯兰教称为“回回教”、“回回教门”，一直沿袭到近现代。

元代至明代前期，还有相当数量的汉、蒙古、维吾尔等族人因政治的、经济的和通婚等原因改信了伊斯兰教，成为回回穆斯林。元代回回人入华后，他们在各地定居和汉族杂居，同汉族的妇女通婚，凡嫁给回回人的妇女，均改宗伊斯兰教。元代，蒙古人从宗王贵族到所属军民，有因接受伊斯兰教而日益融合到回回人中，元世祖忽必烈之孙阿难答自幼归信伊斯兰教，其所率官兵多数为穆斯林，从而使其辖区(包括陕、甘、宁、青等地)伊斯兰教得到广泛传播和发展。据明代文献载，明初哈密地区有3种人杂居：“一是回回人，一是畏兀儿，一是哈拉灰”。哈拉灰原为蒙古人，明正德年间(1506～1521)，他们曾两次迁至肃州(今甘肃酒泉)，到万历年间(1573～1620)由于受到回族的影响，已经“不食猪肉，与回回同俗”了。

从元代至明代前期，也是各种不同来源的回回人形成一个民族的时期。他们来华后，屯垦牧养，或做工经商，在一定的经济基础上，伊斯兰教对回回人的社会发展和民族共同体的形成曾起了重要的纽带作用。(1)由于回回人信仰伊斯兰教，共同的信仰增强了凝聚力，从而促进了民族共同心理状态的形成。(2)教坊组织把处于大分散之中的回回穆斯林结成一个个群体或社团。教坊即是以礼拜寺为中心的穆斯林的聚居区。根据文献记载，元代，规模较大的礼拜寺，除设有掌教外，还有执掌教法、传呼礼拜和执掌寺务的各类教职人员。明代，教坊制度下的礼拜寺管理组织更趋完善。寺坊内有阿訇(伊玛目)和“三掌教”。教坊的出现和发展，从组织上巩固了宗教信仰，起到了团结这一坊穆斯林的社会作用。(3)伊斯兰教在很大程度上影响了回族的风俗习惯，包括婚姻、家庭、丧葬、饮食、节日、礼仪及道德行为等，多遵从《古兰经》的有关规定演变而来。伊斯兰教对回回民族的政治、经济、文化教育，以及思维方式、心理结构和价值观念都发生了深刻的影响。另外，居住在今甘肃和青海省的东乡族、保安族和撒拉族，他们的祖先也是元明时期从中亚等迁入的各族穆斯林。他们进入这一地区与汉、藏、蒙古等族杂居，能在汉藏文化或蒙藏文化的包围之中独立发展，正是伊斯兰教的信仰和文化所起的重要作用。

元代回回的社会地位仅次于蒙古人。穆斯林在军事、政治、经济、文化领域都占有重要地位和影响，其中一些人跻身于统治者行列。元代统治者对伊斯兰教持宽容态度，设立了“回回国子学”进行宗教及文化教育，建立了“回回掌教哈的所”管理伊斯兰教事务。穆斯林所到之处普遍兴建礼拜寺，对前代所建寺也进行了修葺和重建。伊斯兰教成为与佛、道教并驾齐驱的“清教”与“真教”。此时阿拉伯的科学文化通过来华的穆斯林传入中国。元政府设回回司天监、回回药物院等机构，穆斯林学者在天文、历法、医药、建筑、军工、文学艺术上对中国科学文化的发展和中外文化交流做出了贡献。明代开国功臣中，有不少是穆斯林，如著名将领常遇春、胡大海等，故朱元璋对穆斯林实行怀柔政策，任用穆斯林将领及学者在朝廷担任军政要职，颁布圣旨保护伊斯兰教，敕建各地清真寺。明太监、穆斯林航海家郑和奉命率船队 7 次“下西洋”。于 1430 年最后一次下西洋时，派随行的穆斯林到麦加朝觐，绘制了“天房图”，加强了中阿人民之间的友谊。

明代后期至清代前期。明末清初之际，随着回回民族的社会发展，伊斯兰文化同中国传统文化相结合，从而形成了中国伊斯兰教的特点。这一时期，为适应回族社会经济发展和解决宗教人才缺乏的问题，明嘉靖年间(1522～1566)陕西著名经师胡登洲开创经堂教育之先河，先在陕西，后在山东、河南、河北、云南等地出现了由清真寺阿訇招收学生传习经典，以培养宗教人才和普及宗教知识的经堂教育制度。各地经堂教育在其发展演变过程中，形成各自的中心和特点。在西北地区以冯养吾、张少山为代表的陕西学者，推行寺院宗教教育，多以阿拉伯文读本为主，攻读认主学为特点。以常志美为代表的山东及内地诸省，阿拉伯文和波斯文兼授，多攻教法学。云南派创始人马复初，兼有陕西、山东两派特点。继经堂教育的发展之后，一些著名阿訇、经师、学者，为改变以往“教义不彰，教理不讲”的状况，相继开展了汉文译著伊斯兰教经籍的活动。这时以江南的南京和云南为中心，以汉语译述和阐发伊斯兰教义，弘扬伊斯兰学术文化，使教内外了解伊斯兰教。译著活动的前一阶段，以王岱舆、刘智、张中、马注、伍遵契为代表，译著内容多为教义、教法、典制、历史、哲学等。后一阶段以马复初、马联元等为代表，内容除教义、教法外，涉及阿拉伯语法、修辞学、地理、天文、历法等，并开始汉译《古兰经》。有的学者还用阿拉伯文书写，或汉阿两种文字并用。这些穆斯林学者大多通晓儒、佛、道学说，被称为“中阿兼通”、“学通四教”、“长攻儒者之学”的“回儒”。他们的译著“悉本尊经”，参考了不少苏菲典籍，大都采用了使伊斯兰教义与中国传统文化相结合的“以儒诠经”的方式，从而形成了中国伊斯兰教的宗教哲学思想体系。这一时期，在回族、撒拉、东乡、保安等穆斯林聚居的甘肃、宁夏、青海地区，由于伊斯兰教苏菲主义思想的传入，形成苏菲“门宦”派别。早在宋末元初，伊斯兰教苏菲派的修道者在中国东南沿海及内地某些要地已有传教活动，但并没有形成门宦和派别。明末清初以来，海禁开放后，中西交通畅行，西亚和中亚的一些苏菲派传教师来到中国西北地区，传播苏菲主义教义；也有中国穆斯林因朝觐麦加及游学阿拉伯各国接受苏菲主义思想后回国传道的。苏菲派关于现实虚幻、净化灵魂以求人主合一的说教，以及提倡坚忍、苦行、节欲、修炼的做法，对于穷困的穆斯林有巨大的吸引力。随着门宦创始人声誉的不断提高，信仰者日渐增多，门宦也就应运而生，先后形成大小门宦有 33 个，按其宗教主张，主要有嘎迪林耶、哲赫林耶、虎非耶和库布林耶，习称“四大门宦”。门宦的特点，首先是尊崇该门宦的创始人，称为“老人家”、“谢赫”，信徒视他们为通向“安拉之道的引领人”。在世时受到教众的崇敬，殁后要在其墓地修建“拱北”墓庐，信徒每年在其忌日前往拜谒、念经等。其次各门宦管辖许多教坊。为了管理广大教众，教主便委派“热依斯”为代理人，到各教坊的中心清真寺担任教长，从而形成了层层有隶属关系的扩大教坊制度。第三，有的门宦教主实行世袭制，“以始传者之子孙世世为掌教”。少数门宦倡导传贤制，但教主的继承者也多出自其亲族。

(2)新疆伊斯兰教。约于五代北宋之际伊斯兰教从中亚开始传入新疆地区。在传播方式上与内地不同。据文献记载，10 世纪初，回鹘西迁时一支回鹘人(即今维吾尔族祖先)在汗族庞特勤率领下与居住在中亚七河流域至楚河流域(今吉尔吉斯斯坦及哈萨克斯坦部分地区)的葛逻禄、样磨、乌古斯、处月等古代突厥语族的各族人民，在西域建立了喀喇汗王朝(约 940～1211)。汗国实行游牧民族常见的“双汗制”，大汗称“阿尔斯兰”(突厥语意为“狮子”)可汗，驻地巴拉沙衮(今吉尔吉斯斯坦的托克马克)；副汗称“布格拉”(即公驼)可汗，驻地初在怛逻斯(今哈萨克斯坦的江布尔)，后迁至喀什噶尔(今新疆喀什)。据 14 世纪维吾尔历史学家杰马尔·卡尔西《苏拉赫词典补编》记载，10 世纪上半叶，王朝第一任大汗毗伽阙·卡迪尔汗之孙、驻喀什噶尔的萨图克·布格拉汗，受避居喀什北部阿图什的中亚萨曼王朝(874～996)王室成员艾布·奈斯尔·萨曼尼的影响而首先接受伊斯兰教信仰，经与其叔父奥古斯勒恰克进行斗争并取得胜利，使汗国的东支率先归信伊斯兰教，开喀喇汗王朝伊斯兰化之先河。955 年，其子穆萨·阿卜杜勒·凯里姆即汗位后，将伊斯兰教定为国教，在争夺王位的斗争中把伊斯兰教推行到大汗驻地一带。11 世纪阿拉伯史学家伊本·米斯凯韦和 12 世纪历史学家伊本·艾西尔在《历史大全》中提到，960 年有 20 万帐突厥游牧民族归信了伊斯兰教。11 世纪初期，穆萨之子哈桑·布格拉汗及其孙优素福·卡迪尔汗都以喀什噶尔为中心，向新疆东北和东南部继续扩充其势力，在占据英吉沙、叶尔羌等地后，优素福曾向于阗(今和田)佛教地区发动“圣战”。经过 20 年的战争才灭掉了于阗李氏王朝，把疆域扩大到约昌城以东(今新疆若羌县境内)，使于阗古老的佛教重地后来逐渐伊斯兰化。12 世纪中叶，地跨葱岭东西的喀喇汗王朝被东来的契丹人所占据，包括今新疆在内。这时奉不同宗教信仰的回鹘人还处在西辽(1132～1218)政权的统一管辖之下。西辽上层信仰佛教，但对其他宗教并不严加排斥(篡夺西辽政权的乃蛮部屈出律采取敌视态度除外)，因此这一时期伊斯兰教仍有所发展。据《长春真人西游记》载，迄元朝建立之前，当时伊斯兰教与佛教在新疆以昌八剌(今吉木萨尔)为界，以东为佛教势力；以西以喀什噶尔为中心，北路沿塔里木盆地北缘到阿克苏、库车之间，南路沿莎车、叶城、和田到且末一带，都为伊斯兰教势力范围。费志尼《世界征服者史》说，13世纪西辽末代君主屈出律强迫穆斯林放弃伊斯兰教信仰时，和田的伊玛目同他据理辩论，表明伊斯兰教在这一地区已有牢固基础。西辽末年，伊犁河流域的阿力麻里地区还出现了伊斯兰化的小王国，这是伊斯兰教第一次传播到天山以北的游牧区。《世界征服者史》又载，阿力麻里地区这时还有人信奉伊斯兰教苏菲派。元朝后期，伊斯兰教在占据新疆和中亚河中地区的蒙古东察合台汗国继续发展，伊斯兰教播及天山南北。据16世纪米尔扎·穆罕默德·海达儿的《拉失德史》等书记载，秃黑鲁帖木儿（1347～1363在位）即汗位前后，在谢赫·哲马鲁丁及其子阿儿沙都丁的劝谕和影响下，由大毛拉黑的马特为他主持了入教仪式，成为新疆地区第一个信奉伊斯兰教的蒙古察合台后王。随后，他派遣伊玛目前往各地宣教，其属下从宗王、贵族到农牧民，约16万帐蒙古人"剪掉长发归信伊斯兰教"。明洪武十六年（1383），黑的儿和卓称汗后即亲自向东部哈喇火州和吐鲁番等佛教地区发动"圣战"，采取强硬措施"强迫当地居民皈依"。从此，这两个地方被称为"达尔·伊斯兰"（即伊斯兰化地区）。黑的儿和卓即汗位前后，今新疆境内分裂为许多割据政权，统治者仍为察合台蒙古贵族的后裔。为了争夺权利，别失八里的马哈麻汗继黑的儿和卓之后，继续在蒙古人中推行伊斯兰教。在他统治时期，新疆地区所有的察合台蒙古人都改宗了伊斯兰教。

15～16世纪，伊斯兰教在新疆地区长足发展，不仅信仰的人数增加和地区扩大，而且成为各民族的主要意识形态。在新疆的吐鲁番、哈密地区伊斯兰教占据优势，成为不同地区维吾尔人的统一宗教，对其语言文字、风俗习惯、道德规范和心理素质等方面产生了深刻影响。察合台蒙古人信仰伊斯兰教后，与维吾尔人通婚并逐渐走向定居，并与当地维吾尔人逐渐所融合。在北疆的伊犁河谷和中亚草原的哈萨克游牧社会中，伊斯兰教也逐渐占据了统治地位。一位奥斯曼土耳其人赛非于1582年写的著作说，哈萨克人是伊斯兰教哈乃斐法学派的信奉者。在哈萨克汗国头克汗时期（1680～1718）制定的《七项法典》中，伊斯兰教法成为立法的依据，规定"侮蔑真主者，经七人证明属实判死刑"，"如背叛伊斯兰教改奉基督教者，要没收其所有财产"等等。伊斯兰教在新疆地区的传播和发展，有如下特点：1.各王朝均实行政教合一制，推行伊斯兰教法，宗教上层人物如谢赫、毛拉、卡迪等享有较高社会地位，喀喇汗王朝君主和察合台后王尊他们为导师和宗教顾问。在统治者的支持下，宗教领袖人物都拥有很大的权利，如14世纪后期劝谕秃黑鲁·帖木儿入教的谢赫·哲马鲁丁及其子阿尔沙、都丁传教于天山南北，后来家族被赋予库车、阿克苏和乌什等地伊斯兰教"喀孜"（即教法官）的世袭特权，一直到别失八里与亦力巴里政权时期。宗教上层把喀喇汗朝以来为传播伊斯兰教殉教者的坟墓加以重修，称为"麻札"，被信徒奉为"圣地"。历代察合台后王都赐予大量土地和其他教产作为"麻札"的宗教公产。同时，清真寺也被赐予大量"瓦克夫"地产。2.17世纪初以来，中亚苏菲派著名和卓麦赫杜姆·阿扎姆的子嗣，先后来到新疆传教，他们凭借和卓的特殊身份，在南疆叶尔羌汗国统治者的支持下，广收门徒，聚敛财富，形成了一股强大的宗教政治势力。为争夺宗教领导权，和卓家族从开始就分为两个不同的宗教派别，即伊斯哈格系的黑山派和伊禅卡朗系的白山派。两派为争夺势力范围，相互对立。在斗争中失利的白山派和卓凭借北疆准噶尔贵族的军事征服铲除异己，推翻叶尔羌汗国的统治，在南疆建立起依附于准噶尔汗国的"伊斯兰教神圣国家"。直至18世纪中期清朝平定准噶尔贵族的叛乱，收复新疆后，和卓家族势力才分崩离析。3.与和卓势力发展的同时，伊斯兰教苏菲派神秘主义得到进一步传播和发展。它与新疆突厥语各民族原有的宗教影响和传统文化相结合，产生了诸多苏菲神秘主义的依禅派。其中影响较大的有纳格什班迪耶、虎非耶、嘎迪林耶、捷日耶、契斯提耶、苏哈拉瓦迪耶和斯拉木耶等派别。这些依禅派别的出现和发展，促进了崇拜圣徒、圣墓（即麻札朝拜）的发展和麻札建筑的大型化，形成了新疆地区伊斯兰教礼仪制度上的一大特色。

近现代中国伊斯兰教。进入近代以后，伊斯兰教适应历史发展的要求，在内地和新疆都发生了一些新变化，主要表现在：1.为反抗清朝的阶级压迫和民族歧视，中国穆斯林同全国人民一起，进行了多次反压迫起义和斗争，其中1856～1874年由杜文秀领导的云南回族穆斯林起义，1862～1877年的西北回族穆斯林起义和1864～1866年库车维吾尔族穆斯林联合回族等穆斯林在乌鲁木齐、伊犁、哈密等地掀起的武装斗争等规模最大，时间最长。西北穆斯林起义在一定意义上是清顺治五年（1648）米喇印、丁国栋领导的"甘州起义"和乾隆四十六年（1781）、四十九年（1784）苏四十三、田五反清起义的继续和发展。这些起义多以伊斯兰教作为斗争的思想旗帜和联络纽带，教坊是起义者最基本的组织形式；有的由阿訇或门宦教主领导，礼拜寺为起义队伍进行斗争的据点。同时，伊斯兰教提倡的"舍希德"（即圣战）精神，鼓舞了他们英勇顽强的斗争意志。这些起义和斗争沉重地打击了清王朝的民族压迫，是近代中国各民族人民反帝、反封建斗争的组成部分。但各次起义均被清朝统治者残酷镇压，致使人口锐减，大批穆斯林或被发配边疆或被迁徙穷乡僻壤之地，居住愈来愈分散，生活环境和社会环境更为艰苦，中国穆斯林蒙受厄难。2.清末民国初，由于社会矛盾和教派矛盾的发展，甘肃东乡人马万福等阿訇，在"尊经革俗"、"凭经行教"的宗旨下，传播瓦哈比派的宗教主张和经典，在西北的甘肃、青海、宁夏地区创立伊赫瓦尼派，后来传至河南、山东、河北和新疆等地区。这是中国伊斯兰教自明末清初以来继苏菲派传入之后发生的第二次教派分化。经过这两次分化，形成了近代中国伊斯兰教派别格局。至1949年，中国伊斯兰教内部分为格迪目、苏菲主义门宦(包括虎非耶、嘎迪林耶、哲赫林耶、库布林耶)、西道堂、伊赫瓦尼派、赛莱菲耶派以及依禅派。中国穆斯林大都属于逊尼派的哈乃斐教法学派。各派别在基本信仰、教义上是相同的，只是在某些教律和修行礼仪细节上有所区别。分布在新疆的塔吉克族穆斯林，在15世纪末至16世纪初，已改宗什叶派伊斯玛仪支派。3.从清末民国初年以来，受近代中国民族资产阶级"教育救国"、"科技救国"潮流的影响，一批穆斯林学者、经师如王宽、阿卜杜勒·卡迪尔等，提倡改革宗教教育，实行"经书两通"，创办新式学堂，促进了中国穆斯林寺院经堂教育向现代教育的转化。新式学堂早期有北京牛街清真寺的清真两等小学堂和回文师范学堂(1908)、北平成达师范(1925)、上海伊斯兰师范(1927)、四川万县伊斯兰师范(1928)、云南明德中学(1929)和杭州穆兴中学等。20世纪30年代以后，在全国各地回族穆斯林分布较多的地方，兴办的各类普通小学达四五百所，普通中学和师范专科学校也有二三十所。同时在旧式经堂教育中，课程设置也在逐步改变，普遍增设汉语文、常识等课。在新疆地区，经堂教育由小型分散的私塾形式，发展到专门的宗教学校(麦德莱赛)，在教学形式、讲授内容和管理方式上，颇具该地区民族特色。同时派留学生到埃及爱资哈尔大学及土耳其等伊斯兰国家留学。为发展伊斯兰教育和文化，中国穆斯林的宗教教育及文化社团组织也陆续建立。最早为清末镇江童琮发起成立的"东亚清真教育总会"和留日回族学生组织的"留东清真教育会"。1912年王宽和马邻翼在北京发起组织的"中国回教俱进会"，其支部遍及全国许多省、县。其后，伊斯兰教各种社会团体和学术文化机构日渐增多，学术活动广泛开展。为适应现代社会的发展，振兴民族和伊斯兰文化，许多穆斯林知识分子还在各地创办了许多刊物，并先后抽译、选译和全译出版《古兰经》及其他典籍的汉语译本和维吾尔文译本，从而形成了继明末清初以来中国伊斯兰学术文化研究的新高潮，涌现了一批对《古兰经》学、圣训学、教法学和伊斯兰哲学研究造诣精湛的学者、经师。其中以王宽、王静斋、达浦生、哈德成、马松亭、杨仲明、虎嵩山、杨明远、马良骏、庞士谦、马坚、舍姆斯丁、泰剑立·萨依布等比较著名，他们对中国近现代伊斯兰文化的传播和发展都做出过重要贡献。

新中国的穆斯林。1949年中华人民共和国建立后，中国各民族穆斯林在政治上获得平等权利。由于共同纲领和宪法规定的宗教信仰自由政策的贯彻，首先废除了历史上对伊斯兰教的各种贬称、蔑称及不正确的称谓。穆斯林的宗教信仰、宗教活动和风俗习惯受到法律保护和尊重。国家实施民族区域自治政策，在穆斯林聚居地区，分别建立各有关民族的自治区2个，自治州4个，自治县16个。自治地方的行政主要领导人都由各有关民族干部担任，管理本民族的事务，促进了民族团结和社会进步。1953年，在北京成立了中国各族穆斯林全国性的宗教团体中国伊斯兰教协会。此后，在各省、自治区、直辖市和穆斯林分布较多的市、县也建立了地方性的伊斯兰教协会，管理教务。同时，出版、发行《中国穆斯林》杂志，印行《古兰经》、圣训、教法等多种伊斯兰教典籍计100多万册。为有计划地培养年轻一代阿訇、毛拉等教职人员，1955年在北京创办了中国伊斯兰教经学院，后又在新疆、宁夏、昆明、兰州、郑州、青海、沈阳、河北和北京市等地也办有地区性的经学院9所。据统计，全国有大小清真寺37000多座，阿訇、毛拉等教职人员4万多人。从20世纪70年代末以来，国家进一步落实宗教政策，平反了冤假错案，修复开放清真寺、拱北和道堂，宗教文物古迹受到保护，一大批穆斯林爱国宗教上层人士和学者，分别在各级人大、政协和伊协团体中任职。经过社会改革和落实宗教信仰自由政策，伊斯兰教在中国同其他宗教一样，与社会主义社会建立了相协调关系。伊斯兰教界人士的思想面貌发生了根本变化，成为爱国统一战线的一部分。广大穆斯林爱国爱教，过着正常的宗教生活。每年的开斋节、古尔邦节和圣纪节，政府规定给穆斯林放假，各地在保证物资供应和庆祝活动等方面都予以照顾。穆斯林的风俗习惯受到尊重，各地多设有专门的穆斯林丧葬服务处，并划出专用土地作为公墓。随着我国改革开放的深入发展，各族穆斯林地区社会稳定，经济不断发展。每年前往麦加朝觐的人数不断增加，在平等友好的基础上同伊斯兰国家及海外宗教团体的友好交往日益频繁，伊斯兰学术文化交流活跃，增进了国内外穆斯林之间的了解和友谊。 (马启成)

《中国伊斯兰教概论》 伊斯兰教基本知识著作。作者马邻翼。1934年1月被列入王云五主编的丛书，由商务印书馆出版，1947年3月印刷第3版。全书共5章，分正文与附录两部分。正文内容包括：伊斯兰教之原始、传统、名称及其意义；五功、五典及饮食之特点和礼制之异同。它是中国近代穆斯林学者较系统地论述伊斯兰教义、教规、伦理的一本专著，通俗全面，在中国穆斯林中有一定影响。其中关于五典的论述，将夫妇关系放在君臣之先，体现了伊斯兰教的特色。附录部分系成达师范学校师生研讨教义和教史的发言，由马邻翼修饰润色，名为"伊斯兰教概论附编"，缀著书末，作为正文的补充。其中附有周仲仁的《古兰经要略》，王国华的《穆罕默德史略》，李荣昌的《爱补白克史略》和《欧墨尔史略》，马忠海的《奥斯曼史略》，李德俊的《阿里史略》，韩宏魁的《阿拉伯王朝统治下的伊斯兰教》和《土耳其王朝统治下之伊斯兰教》，金殿桂的《伊斯兰的政治制度》，马忠山的《伊斯兰的经济制度》等。 (余振贵)

《中国伊斯兰教建筑》 有关中国伊斯兰教建筑

艺术的著述。作者刘志平。该书32开本,图文并茂,20余万言。分《绪论》、《建筑实例》和《各种建筑作法综论》等3大部分,比较全面、系统地叙述了中国上自唐宋时期,下至近现代各种伊斯兰教建筑的风格、特点以及建筑材料、技术、艺术价值等方面的内容。主要内容集中在《建筑实例》篇,作者把中国伊斯兰教建筑分门别类列为《清真寺建筑》、《教经堂建筑》、《道堂建筑》、《陵墓(拱北、麻札、圣墓)建筑》等专章,对各自的建筑年代、历史沿革和建筑特点,都分别参考有关碑刻、典籍、方志等文献加以详细考证,并附有平面和剖面测绘图或照片图例。该书系作者率领考察组于20世纪60年代初深入中国穆斯林地区,对200余座清真寺、道堂和陵墓进行实地考察,并在多年研究的基础上写成,具有较高的学术价值,对研究中国建筑史、中国伊斯兰教史提供了重要资料。该书初稿完成于1965年,后经中国建筑历史研究所邱玉兰等有关人员集体进行整理,并征得作者同意,于1985年由新疆人民出版社出版。 (马启成 丁 宏)

《中国伊斯兰教教派门宦史略》 中国伊斯兰教史著作。马通著。全书26万字,系作者在经过长期调查广泛搜集整理民间资料的基础上,参阅国内外有关伊斯兰教的史料撰写的第一部研究中国伊斯兰教派与门宦制度史的著作。全书共分4章,第1～2章简要叙述伊斯兰教的创传、发展及其在中国的传播等。第3～4章较系统、全面地介绍了中国伊斯兰教格迪目、伊赫瓦尼、西道堂等3大派别与虎非耶、嘎迪林耶、哲赫林耶、库布林耶等4大苏菲学派及近40个支系门宦的产生、发展的历史过程以及宗教思想和宗教礼仪方面的特点。书后附有伊斯兰教大事记、伊斯兰教派与门宦概况表、各教派与门宦传教世袭谱等,资料丰富。该书对于研究中西文化交流、中国少数民族思想史、中国伊斯兰教史、回回等民族史、陕、甘、宁、青地方史等,均有一定的参考价值。宁夏人民出版社1983年1月出版。作者还撰有《中国伊斯兰教派门宦溯源》一书,为该书的姊妹篇。 (高占福)

中国伊斯兰教经堂教育 中国伊斯兰教传统教育制度。因此种教育在清真寺内举行,故亦称"寺院教育"。其宗旨是传授经学知识,培养讲学经师和从事宣教及率众举行宗教活动的宗教教职人才。经堂教育系源于中世纪阿拉伯伊斯兰国家清真寺内"麦德莱赛"(即宗教学校)的教育传统,后在中国结合私塾特色形成的教育制度。为明朝嘉靖年间(1522～1566)陕西伊斯兰教经学家胡登洲(1522～1597)所开创。他有感于教内"经文匮乏,学人寥落,既传译之不明,复阐扬之无自",遂"慨然以发明正道为已任",在自己家中招徒授业,讲经论道,培养了众多有才学的弟子,从而开创了经堂教育的艰辛历程。其后这种形式的教育逐步发展、形成为以清真寺为场所的经堂教育制度,世代相传,延续至今。

经堂教育分为两部制:(1)小学部,亦称"经文小学",一般招收6～7岁儿童入学,主要教习初级阿拉伯语拼读和宗教常识。教师多由寺内"二阿訇"担任,也有现任开学阿訇担任的。其课程有:1.阿拉伯语字母发音及拼读。由教师将阿文字母表写在牛肩胛骨上或硬纸片上,称为"黄本",学生照此念诵背记,达到能拼音会读经文。2.《凯里迈》。即基本宗教信条,要求反复拼读原文,领会老师口译意思,称作"编凯里迈",系对各种拼音方法的综合运用与对学童进行宗教信条的基本训练。3.《亥听》。即《古兰经》选读本,要求达到熟练地背诵,以为礼拜诵念和为以后诵读整本《古兰经》打下基础。4.《凯赫甫》。即《古兰经》第18章,共110节经文,学会带韵诵读,供以后参加有关的宗教活动诵念。5.《乜帖》。系阿拉伯语、波斯语的各种拜中念词和祷词,为初级宗教知识的普及读物,变称"杂学"。小学部只进行宗教知识和启蒙教育,没有严格的管理制度,入学、退学自由,不分班次与级别,也不规定年限,一般需3～4年时间。学习期间年龄大的学生可参加礼拜、封斋,但不参加对外的宗教活动。学完上述课程后,自愿深造且具备条件者,可升入大学部深造。(2)大学部,亦称"经文大学",即进行系统的宗教专业教育和道德陶冶,入学手续较简便,一般在主麻日的聚礼后,由小学老师及主管乡老领学生到开学阿訇面前去"接经",举行拜师和开课仪式后即为入学。学生被称为"海里凡"或"满拉",可以取得礼拜缠头(即戴斯塔尔)资格,享受"供养"(即助学金),参加对外宗教活动,接受穆斯林邀请料理宗教事务,成为经堂教育主要的培养对象。但各地自由择师"投学"以选攻某门专业课者居多。经文大学的主要课程有:阿拉伯和波斯两种语文的经典,学波斯语经典称为"过法尔西"。在全部课程中,波斯语经典课程,因地区不同所占比重多少不一。开设课程分为基础课与专业课两大类,基础课有阿、波语语法学、修辞学、逻辑学3门,基本上没有宗教内容。在此期间,学员的宗教知识与修养,主要是通过日常的宗教生活实践与阿訇的言传身教去培养。专业课包括《古兰经》及经注学、圣训及圣训学、凯拉姆学、教法学、苏菲哲学和古典宗教训谕性文学等课程,为各地经堂教育的必修课。采用的课本有13种,通称为"13本经":1.《连五本》,共5卷,为阿拉伯语词法、语法的基础课本。2.《遭五·米斯巴哈》,为阿拉伯语中级语法课本,系《连五本》的诠释。3.《满俩》,又名《舍莱哈·卡非耶》,为阿拉伯语法的理论课本。4.《白亚尼》,系阿拉伯语修辞学课本。5.《阿嘎伊德》,又名《阿嘎伊德·奈赛非》,为认主学课本,有杨仲明的《教心经注》和马坚的《教典诠释》汉译本。6.《舍莱哈·伟戛业》,系哈乃斐学派的教法著作(共4卷),有王静斋阿訇的《伟戛业》汉译本(节选)。7.《海瓦依·米诺哈吉》,波斯语语法学名著,中国学者常志美著。8.《虎托布》,系对40段圣训的波斯文注释,侧重于宗教道德修养，有李虞宸阿訇的《圣谕详解》汉译本。9.《艾尔白欧》：波斯文本，系对另外 40 段圣训的注释，侧重于人生哲理。10.《古洛司汤》，波斯语文学著作。中国流传颇广，有王静斋的《真境花园》汉译本。11.《米尔萨德》：波斯文本，着重讲解苏菲派修身养性，认主、近主之道的哲学著作。有伍遵契的《归真要道》汉译本。12.《艾什阿・莱麦阿特》，为波斯文的苏菲主义理论著作，有舍起灵的《昭元秘诀》汉译本。13.《古兰经》，参照各种经注通讲全经。现代，有些城镇的大寺经堂教育还设有汉语和普通文化课程。大学部的修业年限也不固定，一般需要 6～7 年时间，在学完上述课程后，经讲学阿訇鉴定认可、管事乡老同意，方可"穿衣挂幛"毕业，才有资格应聘到各地清真寺担任开学阿訇或任教。

经堂教育一贯重视德育，讲求"知"、"行"并进，其培养目标，《经学系传谱》总结为：(1)有学有传：苦志力学，学有所成，并掌握言传身教、传道授业的教育思想与教学方法。(2)有德：洁身自好，循规蹈矩，有较高的品德修养与操守。(3)有言：既能言教，且能著书立说。(4)有守：甘于贫困，坚持纯正信仰，致力于宗教教育事业，矢志不渝，富于追求"两世富贵"的情操。明末清初一批著名的伊斯兰经师和学者，如冯养吾、海巴巴、常志美、舍起灵以及马德新、马伯良等，都是经常教育培养出的杰出人才，他们的学识、德行及贡献，至今为各族穆斯林所追念。

经堂教育在各地发展演变过程中，逐步形成了各自的中心和特点，早期有：(1)以冯养吾、张少山为代表，以精研细讲凯拉姆学、《古兰经》注为特点的陕西派。(2)以常志美、李延龄、舍起灵等为代表，以讲授阿、波文 13 本经并注重苏菲哲学见长的山东派。(3)以马德新、马联元为代表，以改进经堂教育、主张阿、汉经书并授为特点的云南派。(4)清末和民国初期，在西北地区形成了以河州(今甘肃临夏)为中心并以通讲《戛最古兰经注》、《米什卡特・麦萨比哈圣训集》、《宗教学科的复兴》等大部头经典为特点的河州派。(5)新疆地区的宗教教育，大多属小型分散的私塾形式，大清真寺附设有独立的"麦德莱赛"(即宗教学校)，在教学形式、讲授内容及管理方式上都具有该地区的民族特点。辛亥革命前后，穆斯林中的宗教学者和留日学生提出了"教育普及和宗教改良"的主张，各地在经堂教育基础上，先后创办了一批新式宗教学校和师范学校。1909 年在北京牛街创办的京师第一两等小学堂，1925 年创办的成达师范，1927 年创办的上海伊斯兰师范，1928 年创办的四川万县伊斯兰师范等学校，为培养具有现代科学文化知识、经书两通的人才开辟了道路。中国伊斯兰教育随之步入了现代历程。

经堂教育是中国穆斯林创办的一种带有中国特色的宗教教育形式，它对于培养经学人才及宗教教职人员和伊斯兰教在中国的传播、发展起了一定的作用。随着经堂教育的发展而兴起的经堂语与"小儿锦"，则是中国穆斯林对中国文化与阿拉伯文化的亲和交融所做出的历史贡献。中华人民共和国成立以来，在人民政府的关怀与支持下，各地相继建立了 9 所高等伊斯兰教经学院，专事培养爱国爱教、具有较高宗教学识文化和道德素养的中青年宗教教职人员，以解决中国伊斯兰教所需合格的后继人问题。这是在新的历史条件下，对经堂教育基本宗旨的继承与发展。

（马忠杰　罗万寿）

中国伊斯兰教经学院　中国伊斯兰教协会主办的全国性伊斯兰教高等专业学校。1955 年成立，设于北京回民聚居的牛街地区南横西街 103 号。建筑面积为 9442 平方米，分主楼、宿舍楼和食堂 3 部分。主楼为三层，包括教室、办公室、图书馆、礼堂、礼拜殿、大小净室等。图书馆现藏书 3 万余册，有汉文、阿拉伯文、波斯文、英文、乌尔都文等语种，还有一些珍贵的阿拉伯文古兰经抄本。礼拜殿可容 500 人同时礼拜。主楼建筑形式有浓郁的阿拉伯建筑艺术特点。在楼层的顶端建有 1 大 4 小共 5 个绿色圆包，中间大圆顶象征着圆际天穹，4 个小绿包象征东西南北、四方归一，大绿圆顶顶部镶有一弯新月，高悬在距离地面 32.25 米以上，为伊斯兰教的象征。该院办学宗旨为：培养热爱社会主义祖国、拥护社会主义制度、具有较高伊斯兰教学识和阿拉伯语、汉语文化水平的伊斯兰教专业人才。学制 5 年。教学采用现代课堂讲授方法，注意理论与实践的结合，坚持"在教言教"原则。课程设置分为伊斯兰教专业课和大学文科基础课两类，分别约占全部课程的 70%和 30%。专业课开设有《古兰经》(包括古兰学、古兰注释和古兰读法)、圣训(包括圣训学)、教法(包括教法原理和教法史)、教义学、中外伊斯兰教史、阿拉伯语、阿文书法、教务实习等。基础课开设有政治(包括民族宗教政策和形势教育)、汉语(包括写作指导和古汉语)、历史、地理等。招生对象为具有高中文化程度、立志从事伊斯兰教事业、年龄在 18～25 周岁、已入清真寺学习的男性穆斯林青年。面向全国定向招生，经过统一考试，择优录取。学生毕业后主要担任各地清真寺阿訇或从事伊斯兰教事务及教学、研究工作。该院实行多层次办学。除本科班外，还举办大专班、在职阿訇进修班、研究班和留学生补习班等。该院自 1966 年起，曾一度停办，1982 年恢复招生。至 1991 年，已毕业各类学生 337 名。他们来自全国 29 个省、市、自治区，包括回、维吾尔、哈萨克、乌孜别克、柯尔克孜、东乡、撒拉等 7 个少数民族。学院还陆续选派学生到埃及、利比亚、巴基斯坦等国留学深造。还选派学生参加伊斯兰国家举办的《古兰经》诵读比赛会。每年选派学生赴麦加朝觐。在国际友好交往中，该院先后接待了许多伊斯兰国家访华的专家、学者和知名人士。

（撒承德）

《中国伊斯兰教史》(Zur Geshichte dos Islam In China)　西方学者概括介绍中国伊斯兰教及

19世纪中国西北穆斯林反清起义的历史著作。由德国学者哈特曼(Martin Hartmann)于1914年撰写出版,1921年收入《关于地理学与文化学资料与研究》丛书第10册。该书虽名为《中国伊斯兰教史》,但除了概括介绍早期中国与阿拉伯关系、伊斯兰教传入中国情况以及有关中国地理历史、社会状况外,着重论述的是19世纪下半期清政府对中国穆斯林政策、穆斯林内部的教派斗争以及1864年西北回民起义与1895年甘肃回民起义。对上述两次回民起义的论述,作者主要依据两名法国旅行家多伦(d'olone)和博宁(Bonin)于1911年发表的两篇考察报告而撰写的,并将两篇考察报告全部译成德文收入书中,作为该书的重要组成部分。多伦和博宁是在19世纪末甘肃回民起义失败不久来中国西北地区旅行的,对西北地区穆斯林的社会状况、宗教派别、清政府对穆斯林的政策以及两次回民起义都做了广泛调查与深入采访,搜集了大量珍贵资料,对研究19世纪中国伊斯兰教以及西北地区的回民起义仍具有一定的参考价值。 (达素彬)

《中国伊斯兰教史参考资料选编》 中国伊斯兰教史论文资料选集。李兴华、冯今源编。上、下两册。该书收入了1911～1949年全国各地中文报刊所载有关伊斯兰教的论文、调查、散记、报导、译文等197篇,分为史略概述、寺院古迹、人物掌故、教派门宦、文化教育、经著学说、各地概况、其他等8类。在史略概述中,不仅辑入了白寿彝、杨志玖、金吉堂等回族穆斯林学者关于中国伊斯兰教史的论著,还辑入了陈垣等汉族著名历史学家的有关论述。寺院古迹中,搜集了广州、北京及新疆等地的清真古寺、陵墓及碑铭,保存了丰富的文化遗存。人物掌故中,不仅有王岱舆、马复初、王浩然、哈德成等著名学者、阿訇的史略,还有《中国历代回教名贤事略汇编》。教派门宦类反映了清代与民国初西北地区的伊斯兰教派别。文化教育部分反映了经堂教育的沿革与现代教育之兴起。经著学说反映了中国伊斯兰教思想史。为了方便读者,该书编者还将未能选入书中的480多篇文章和资料,按篇名、作者、出处3项内容列表,作为附录1;将1911～1949年中国伊斯兰教主要中文刊物列表,作为附录2。该书是迄今一部广博的中国伊斯兰教史论文资料选集。所选辑的文章内容丰富,学术价值较高,反映了民国时期中国伊斯兰教史的研究成果和水平。是研究中国伊斯兰教学术文化的重要资料。1985年8月宁夏人民出版社出版。 (冯今源)

《中国伊斯兰教史纲要》 中国伊斯兰教历史著作。白寿彝著。撰写于昆明普坪村,1946年8月由文通书局在重庆初版,1947年3月在上海再版。全书共20章,提纲形式,每章由800～1000字组成,简明扼要,可供高小及初中学生阅读。内容包括:《总论》、《大食人的来华》、《意外的收获》、《宋代的大食商人》、《伊斯兰教移植中国的开始》、《元明回回的政治地位》、《元时回回学术的输入》、《元代回回在中国学术上的贡献》、《伊斯兰教移植中国的成功》、《明清时回回政治地位的低落》、《明清回回中的学人和名宦》、《明清的回回军人和回回农村》、《寺院教育的提倡》、《宗教学术运动》、《清代回回的惨祸》、《清末回回的文化工作》、《伊斯兰教在厄难中的生长》、《结论》等。书末附有参考书举要。1948年11月,文通书局出版了一部该书的参考书《中国伊斯兰教史纲要参考资料》,作为教员的教学辅导材料。该《资料》共包括15篇文章,其中《记明清时之回回文人》及《记明清时的回将》,系作者随笔之作,最后一篇是史料辑录,其余各篇则为作者本人及其他著名学者的专论,包括以下各篇:陈汉章的《中国回教史》、陈垣的《回回教入中国史略》、杨志玖的《"回回"一词的起源和演变》、《元代回汉通婚举例》、庞士谦的《中国回教寺院教育之沿革及课本》、赵振武的《三十年来之中国回教文化概况》,以及作者所著的《怛逻斯战役和它的影响》、《宋时大食商人在中国的活动》、《元代回教人与回教》、《跋吴鉴"清净寺记"》、《跋"重建怀圣寺记"》、《柳州伊斯兰与马雄》等。书中于各篇章附有"西安大学习巷的明洪武圣旨碑"、"云南昆阳马哈只墓志铭"、"古兰经最早之中国刻本"等照片。《纲要》和《资料》互相配合,比较系统地勾勒出中国伊斯兰教的发展脉络,是研究中国伊斯兰教历史的代表著作。

(余振贵)

中国伊斯兰教协会 中国各民族穆斯林的全国性爱国宗教团体。会址设于北京。该会于1952年7月,由穆斯林知名人士包尔汉·沙希迪、刘格平、赛福鼎·艾则孜、达浦生、马坚、庞士谦、杨静仁、马玉槐等在北京发起筹建,翌年5月11日,在北京召开的中国伊斯兰教第一次全国代表会议上宣告成立,选举产生了由74人组成的第一届委员会及其常设机构常务委员会,制定并通过了协会章程,选举包尔汉·沙希迪为主任。协会在人民政府和穆斯林之间发挥桥梁纽带作用,促进伊斯兰教与当今社会制度和法制相适应、相协调。其宗旨是:协助政府宣传贯彻我国的宗教信仰自由政策;高举爱国主义旗帜,发扬伊斯兰教的基本精神和优良传统,代表各民族穆斯林的合法权益,独立自主自办教务;拥护中国共产党的领导和社会主义制度;在邓小平理论和"三个代表"重要思想指引下,坚持科学发展观,推动各民族穆斯林积极参加社会主义物质文明、政治文明和精神文明建设,为构建和谐社会和实现全面建设小康社会的奋斗目标而努力;促进祖国统一大业;发展和加强同各国穆斯林的友好联系和往来,维护世界和平。协会最高机构是中国伊斯兰教全国代表会议,每4年召开1次,其职权是听取和审查协会的工作报告,修改协会章程,改选委员会。委员会每2年召开1次,其职权是研究讨论工作,推进会务,增选委员和常务委员。常务委员会每年召开1次,其职权是研究执行全国代表会议和委员会的决议，制定协会工作任务，总结交流工作经验，研究解决新情况、新问题、讨论决定重大事项，处理委员倡议和建议，组织召开全国代表会议和委员会会议。

在第一届委员会届内，协会派遣了中国穆斯林朝觐团，开办了中国伊斯兰教经学院。随着国家经济建设和社会的不断发展，协会先后于 1956 年 12 月和 1963 年 10 月在北京分别组织召开了第二次和第三次全国代表会议，确定进一步协助人民政府宣传、贯彻宗教信仰自由政策，印刷出版《古兰经》和创办《中国穆斯林》杂志。1966 年，“文化大革命”中工作陷于停顿，1979 年恢复了活动，并于 1980 年 4 月在北京召开了第四次全国代表会议，全面总结了自协会成立以来伊斯兰教工作正反两个方面的经验教训，确定围绕国家经济建设中心，继续协助人民政府全面、正确地贯彻、落实宗教信仰自由政策，开放清真寺，恢复中国伊斯兰教经学院和《中国穆斯林》杂志，出版经书典籍，开展伊斯兰学术研究。会议选举张杰为主任。1987 年 3 月在北京召开了第五次全国代表会议，提出：要推动各民族穆斯林积极参加国家的社会主义建设，加强各民族、各教派之间的团结，积极开展同港澳、台湾同胞及海外侨胞中穆斯林和宗教界人士间的往来和联系，本着“一国两制”的构想，为促进祖国统一大业共同努力。协会于 1993 年 12 月、2000 年 1 月和 2006 年 5 月在北京分别召开了第六、七、八次全国代表会议。

协会自成立以来，积极协助政府宣传、贯彻、落实国家的民族、宗教政策，促进各民族、各教派之间的团结，办理教务，组织朝觐服务工作和其他宗教功课，出版发行经书典籍，发掘、整理伊斯兰教的优良文化传统和道德传统，从事社会公益服务活动，举办伊斯兰教育事业，派遣留学生，开办北京华伊穆斯林经济开发公司和其他企事业。还同全国各有关省、市、自治区及州、县的 200 多个地方伊斯兰教协会和 9 所伊斯兰教经学院建立了业务工作关系。对外积极开展同阿拉伯、伊斯兰国家和第三世界各国伊斯兰组织、学者和人士之间的友好往来和学术文化交流，出席国外有关单位举办的国际伊斯兰学术讨论会。协会已同伊斯兰世界联盟、世界伊斯兰宣教协会等几十个国家的伊斯兰机构、国际和地区性的组织、学术团体和大学建立了友好联系和往来关系。协会一贯同情并支持阿拉伯各国和巴勒斯坦穆斯林人民收复失地、恢复民族权利的正义斗争，支持各国穆斯林人民反抗外来侵略、维护民族独立的斗争，为维护世界和平与人类安宁而积极努力。

（马忠杰）

中国伊斯兰教学术研究 中国穆斯林学者和汉族学者对伊斯兰教的教义、哲学、教法、教制、历史、文化等所作的探讨和研究。伊斯兰教自唐代传入中国后，除杜环《经行记》作过较准确的描写外，学术思想界一直寂然无闻。元末明初，回回等民族已经形成，伊斯兰教已跻身于佛、道教同等地位。在海禁大开，学术思想空前活跃，外来的基督教传教士，向朝野介绍西方物质文明，大力传播基督教的情况下，江南地区的回族学者，出于对教内外各界人士全面介绍伊斯兰教，使之正确理解和对待穆斯林的宗教信仰和生活，便开始结合中国传统思想文化，阐释伊斯兰教的教义、教理、哲学、教史与文化。这一学术活动，大约开始于明末，经清代、民国直至中华人民共和国成立后，300 余年。可分为三个时期。

（1）明清时期。南京王岱舆写出了《正教真诠》、《清真大学》、《希真正答》，开始了“以中土之汉文，展天方之奥义”的学术研究活动。继起者为云南马注，著有《清真指南》。刘智撰著了《天方典礼》、《天方性礼》、《天方至圣实录》等礼法、哲学、教史专著。其他如张中的《归真总义》和《四篇要道补注启蒙浅说》，伍遵契的《归真要道译本》，都是这一时期重要著作。同治年间，马德新用阿拉伯文、波斯文、汉文写成的著述多达 30 余种，其中以《四典要会》和用阿拉伯文所写《朝觐途记》更为后人所称道。马联元的著作多用阿拉伯文写成，有些还在国外出版。他所编写的《穆希莫提》（教款捷要）、《尔姆德》（清真玉柱）等教材，在中国穆斯林经堂教育中流传甚广。他的《亥听译解》和马德新的《宝命真经真解》，被公认为是《古兰经》在中国最早的汉文选译本。中国早期研究伊斯兰教的穆斯林大都是“学通四教”的学者，其主要特点是通过“以儒诠经”的形式，来宣传、弘扬伊斯兰教义、文化，创立了中国伊斯兰学者所阐发的凯拉姆学体系，即宗教哲学思想体系。他们的著作对当时内地伊斯兰教起了振兴的作用，在国内外学术界均有较大影响。

（2）民国时期。中国伊斯兰教学术研究领域有了新的开拓。首先李铁铮、姬觉弥、王静斋、刘锦标、杨仲明等人的多种《古兰经》汉文通译本相继问世。同时，一些回、汉族学者开始对中国伊斯兰教历史、文化进行全面考察和科学研究。陈垣的《回回教入中国史略》、《西域色目人华化考》、傅统先的《中国回教史》、马邻翼的《伊斯兰教概论》、白寿彝的《中国伊斯兰教史纲要》、陈汉章的《中国回教史》、金吉堂的《中国回教史研究》等一批具有相当学术价值的著作和文章相继出版和发表。马坚、王静斋、庞士谦等人翻译出版了《回教真相》、《回教教育史》、《回教法学史》、《真境华园》、《回教基督教与学术文化》、《回教哲学》等国外伊斯兰教名著，深化了中国对伊斯兰教的了解和研究。1941 年，以“民族问题研究会”名义，由延安解放出版社出版的《回回民族问题》一书，对中国伊斯兰教问题写了专章。这一时期，研究伊斯兰教的期刊，前后出版发行过近百种，其中影响较大的有《月华》、《伊光》、《晨熹》、《清真铎报》等。民国时期伊斯兰教的研究特点为：1.《古兰经》的翻译由清代的片断摘译进而为整章整节的翻译，乃至发展到多种通译本的出现。2. 多种阿拉伯文经籍的翻译由译著发展到整本翻译与独立著述，拓宽了中阿文化交流的领域。3.研究内容的基调与时代紧密结合，如抗日战争时期突出了爱国主义内容，解放战争时期突出了争取国内民族平等与信教自由的内容等。4.研究队伍从一部分宗教界“在教言教”，扩大为历史、文化、民族、宗教等研究领域的回、汉族学者，学术成果不断出现。

(3)中华人民共和国时期。1949年，中华人民共和国成立后，马坚译《古兰经》(上册)。陈裕著译《薄寿庚考》、纳忠译《阿拉伯—伊斯兰文化史》1、2、3册、白寿彝《中国穆斯林的历史传统》、马坚《中国与阿拉伯各国之间又古老又年青的友谊》等译著与论文先后出版。西北各省区文史资料选辑和少数民族调查资料汇集中，都辑录了不少有关中国伊斯兰教的历史资料。1980年开始，在西北五省区相继召开了伊斯兰教学术讨论会，使中国伊斯兰教学术研究走上了繁荣、发展的新阶段。在这一时期，研究局面有所扩大，研究队伍不断壮大。回、维吾尔、哈萨克、东乡等少数民族的研究人员迅速成长，一些高等院校和研究机构已开始培养青年一代研究人员，一些民族院校也相继开设了伊斯兰教专业课。北京、新疆、甘肃、宁夏、云南等伊斯兰教经学院也讲授伊斯兰教义、哲学、历史、文化等课，培养新一代伊斯兰教研究人员和宗教教职人员。这一时期，对经堂教育、汉文译著、教派门宦、教史、伊斯兰教对回族等民族形成和发展的关系、清真寺及其社会作用、历史上穆斯林的社会运动、学者制度、东南沿海各地伊斯兰教文史、碑刻和匾联等等方面的研究，有了新的进展和深入。1979年以来，全国性和省(市)自治区的学术刊物，如《世界宗教研究》、《西亚非洲》、《阿拉伯世界》、《西南亚研究》、《中东》、《中国穆斯林》、《甘肃民族研究》、《回族研究》、《西北民族研究》、《新疆社会科学》等刊物，先后发表或重点刊载研究中国伊斯兰教各个方面的文章千余篇。各地出版社出版了上百种涉及伊斯兰教和信教少数民族的书籍。1980年以来还相继出版了《中国少数民族简史》丛书、《自治地方概况》丛书。在宁夏“中国回族古籍丛书编委会”和青海、云南、新疆、甘肃等省区“少数民族古籍整理规划办公室”的积极努力下，目前已推出几十种整理出版的伊斯兰教古籍。被列入国家“六五”和“七五”期间哲学社会科学重点研究项目的《中国回族伊斯兰教制度概论》、《新疆地区伊斯兰教史》、《中国伊斯兰教史》等即将出版。国外伊斯兰教研究的著述在中国不断翻译出版，中外学者进行互访，增进了同各国学术界的交流和友谊，促进了中外伊斯兰教研究界的相互了解和交流。

(高占福)

中国伊斯兰教译著活动 中国穆斯林学者用汉文译著伊斯兰教经籍和介绍伊斯兰学术文化的活动。明代以前中国穆斯林经师的宣教和讲学方式，主要是根据原本阿拉伯文和波斯文经典，以特有的经堂语口译讲解。既没有汉文经籍可参考，又不能以汉语文表达，致使“教义不彰，教理不讲”。明代一般回族穆斯林已经通晓汉语文，而渐渐忘记原来使用的阿拉伯文和波斯文。为了在教内宣传教义，使穆斯林自立图强，维护伊斯兰教信仰；对教外扩大影响，使更多人能够了解伊斯兰教，做到“隔教不隔理”，从明末至清末，以南京为中心的江南地区与云南省，先后出现了一批“回而兼儒”、“学通四教”的回族穆斯林学者，开始以典雅的古汉语，翻译介绍伊斯兰教的教义、哲学，在学术思想界引起关注。并推动了其后伊斯兰学术研究的广泛开展。

译著活动可分为两个时期：(1)从明崇祯十五年(1642)王岱舆的《正教真诠》刊印，至清宣统三年(1911)清朝灭亡的250多年时间里，回族穆斯林学者有近百种译著先后出版。其代表人物与著作有：王岱舆的《正教真诠》、《清真大学》与《希真正答》；张中的《归真总义》与《四篇要道》；伍遵契的《修真蒙引》与《归真要道》；马注的《清真指南》；刘智的《天方性理》、《天方典礼》与《天方至圣实录》；马德新的《四典要会》、《大化总归》与《道行究竟》；马联元的《辨理明证》与汉译《赫听》。其译著内容前期包括，伊斯兰哲学、教义学、教史、典制及教法、先知传记、苏菲学；后期扩及到天文、历法、地理、阿拉伯语法及修辞学等。在翻译中大量糅合儒家学说，也包括佛道两家的概念、语汇，并吸取其某些思想素材，予以融化和加工。经过他们的再创造，多角度地引入伊斯兰教的教义学说和学术文化，创立了具有中国特色的伊斯兰教宗教哲学体系。他们在阐发伊斯兰教理时，“悉本尊经”，也受到苏菲主义典籍的影响，因之苏菲神秘主义思想在译著中有所反映。既发展了伊斯兰教传统的教义与哲学，也发展了中国传统思想。(2)从清朝末年到中华人民共和国建立前的约50年间，随着新文化运动的兴起、中国社会的发展变化，穆斯林知识分子纷纷致力于伊斯兰文化的振兴。有的到土耳其、埃及留学，有的借去麦加朝觐之便，到中近东伊斯兰国家游学考察。回国后他们有的与穆斯林学者一起，共同致力于《古兰经》的翻译；有的用汉语独立著述，阐述伊斯兰教义；有的从事于学术专著的翻译，并根据社会需要编写出了多种学习阿拉伯语文的教本与工具书。这一时期内，《古兰经》的多种汉语选译及全译本先后出版；《圣谕详解》、《伟嘎业》、《教心经注》、《回教哲学》、《伊斯兰教概论》、《四教要括》等有关圣训和教义学、哲学、教法、教史等方面的专著或译本不断刊印；适应中国穆斯林学习的阿拉伯语文教本与工具书如《回语教本》、《中阿双解中阿新字典》、《阿文新文法》等陆续编印。旧式清真寺经堂教育也演进为中阿文兼授并学习科学文化的现代教育。在清代译著活动的基础上，中国伊斯兰学术文化进入全面发展阶段，结束了千余年来寂然无闻的封闭状态，使中国伊斯兰教跻身于佛、道、耶等宗教行列，涉足于中国的思想文化论坛。这一时期维吾尔族穆斯林学者阿布杜·卡德尔(?～1924)在经文大学执教时，用维吾尔文编写出《佳瓦黑罗力尼康》，泰剑立·萨伊布(1856～1926)创作出《拜尔给泰剑立和赛比给穆剑立》和《托哈派托勒拜尔赖因》等阐述伊斯兰教义的作品。

译著活动经过了约300年时间，在几代人的努力下，大量引进了阿拉伯伊斯兰文化，使伊斯兰文化与中国传统思想巧妙地结合起来，建立了有中华民族特色的伊斯兰教文化，对中国信奉伊斯兰教的10个少数民族产生了深远影响。各族穆斯林学者在思想文化领域中的这些活动，促进了中阿文化的交流，推动了中国各民族思想文化的沟通，丰富了中华民族的文化宝库。

（罗万寿）

《中国伊斯兰教研究》 当代中国伊斯兰教研究论文集。青海省宗教局编。全书收入论文25篇，30余万字。内容包括伊斯兰教与回族的关系；明清之际回回等民族伊斯兰教特点的形成；苏菲派的传播与西北各地区教派、门宦的形成；穆斯林教育及宋代的蕃客；汉文伊斯兰著述的问世等。该书是1982年举行的西北五省区伊斯兰教学术讨论会西宁会议论文选编。所辑文章观点新颖，具有一定的学术价值。反映出20世纪80年代初期中国伊斯兰教研究的新成果。青海人民出版社1987年7月出版。（高占福）

《中国伊斯兰教研究文集》 当代中国伊斯兰教研究论文汇集。全书收入论文33篇，约34万字。书中主要内容为：苏菲哲学思想与中国伊斯兰教门宦；对什叶派、格迪目、伊赫瓦尼及赛来菲耶等教派的探讨和研究；伊斯兰教在中国各地的传播及与各民族穆斯林的关系；伊斯兰文化、教育、文学、经济、婚姻制度、人口控制；郑和等著名穆斯林人物考证、中国与阿拉伯各国科技文化交流等。该集是1983年举行的西北五省区伊斯兰教学术讨论会西安会议学术研究成果的选编。具有内容丰富、观点新颖等特点。宁夏人民出版社1988年5月出版。（高占福）

中国伊斯兰青年会 现代中国回族穆斯林青年文化团体。1939年成立于武汉，各地设有分会，会员一度发展到4000余人。1945年11月，改名为“中国回民青年会”，总会迁址于南京。参见中国回民青年会。（冯今源）

《中国伊斯兰史存稿》 中国伊斯兰教历史论著。白寿彝著。书中辑录了作者有关中国伊斯兰教研究的11篇文章。内容包括：(1)伊斯兰教史略。如《中国回教小史》、《中国穆斯林的历史传统》、《从怛逻斯战役说到伊斯兰教之最早的华文记录》、《宋时大食商人在中国的活动》、《元代回教人与回教》。(2)伊斯兰教著名人物考证。如《赛典赤·赡思丁考》、《柳州伊斯兰与马雄》。(3)为重要清真古寺的碑记所写的跋。如《跋吴鉴“清净寺记”》、《跋“重建怀圣寺记”》。(4)为一些伊斯兰教经籍书刊所作的序文。如《〈古兰经〉马译本序》、《泉州伊斯兰教石刻序》。该书附录部分收有国内学者所撰的5篇论著，其中有陈垣的《回回教入中国史略》、庞士谦的《中国回教寺院教育之沿革及课本》、王宽的《〈中国回教俱进会本部通告〉序》、赵振武的《三十年之中国回教文化概况》、王静斋的《五十年求学自述》，以及从《醒回篇》中摘录出来的一篇重要史料——《清真教育会纪事》。全书共24万余字，既有对中国伊斯兰教史的概括描述，也有对若干重大史实的精辟评论，是中国伊斯兰教学术研究领域的重要成果之一。1982年由宁夏人民出版社出版。（余振贵）

中国伊斯兰现代教育 中国回族穆斯林为启迪民智、培养人才而采取现代教育方式兴办的学校教育。清朝末年回族穆斯林的有识之士开始兴办现代教育。从1906年江苏镇江穆斯林知名人士童淙创办“穆原学堂”、1909年王宽阿訇倡导穆斯林现代教育，并在北京创办“京师第一两等小学堂”到1949年中华人民共和国成立的近半个世纪里，回族穆斯林的现代教育从无到有，逐渐兴起并扩展至全国各地。其过程可分为两个阶段：(1)从1906年至1936年抗日战争前夕的30年时间，为现代教育的兴起阶段。其中：1.小学教育有：宛平民立初级小学(1906年，北平)、清真偕进小学(1907年，湖南邵阳)、固原清真第一高初两等小学校(1913年，宁夏固原)、云南沙甸鱼峰小学及玉溪育才小学等。1913年甘肃教育促进会成立后，共办回民小学9所。20年代宁夏创办回民小学49所。1921年青海成立回教教育促进会，开始兴办现代教育。到30年代后期，青海省共办小学116所，宁夏130余所，北平及南京各有回民小学7所。其他地方也普遍办起了清真小学。2.普通中学有：崇实中学(职业性质，1926年，山西晋城)、穆兴中学(1928年，杭州)、西北公学(1929年，北平)、明德中学(1929年，昆明)、昆仑中学(1932年，西宁)、新月女中(1935年，北平)、宁海回教教育促进会第一附中(1934年，西宁)，其中新月女中是中国回族第一所女子中学。3.师范学校有：成达师范(1925年创办于济南，1928年迁至北平)、万县伊斯兰师范(1928年，四川万县)、上海伊斯兰师范(1929年，上海)、宁夏云亭师范(1932年，银川)。1930年经中国和埃及双方有关部门同意，云南明德中学和上海伊斯兰师范派出5名学生到埃及爱资哈尔大学留学。其后，成达师范、明德中学及新疆又相继派出，至1945年已正式派遣留学生近46名，除回族穆斯林外，还有11名维吾尔族穆斯林，包括女生1名。1936年成达师范从埃及请来两名阿拉伯教师，并建立了第一个中国回族穆斯林图书中心——福德图书馆。(2)1937年抗日战争爆发后，大批回民学校遭到破坏，成达师范、崇实中学、新月女中、上海伊斯兰师范等学校，或被迫关闭、被迫流亡，或遭日本飞机炸毁。同时东南沿海及北方沦陷区大批学校及文化机关内迁，人才内流，大西北及西南后方的穆斯林教育事业随之有所发展。1938年甘肃回民教育促进会改组,在有关县设立分会,加强发展现代教育。临夏分会1938年在临夏八坊16处清真寺内设立了小学,40年代临夏地区小学达175所,普通中学5所,中等师范1所。西南地区成都、昆明、贵阳等地,回民中小学也有一定发展。据不完全统计,1949年全国有回民中学20多所,比抗战前增加了1倍,各地已有一批批大学生进入高等学校学习。

现代教育具有如下特点:(1)以振兴民族为出发点。回族在历史上只有清真寺经堂教育,没有现代学校。清代,民族文化与宗教教育都处于落后状态。清末回族先进分子提出"提倡教育普及、宗教改良"的主张,各地清真寺附设的清真小学,都增加了汉语文、算术、史地等文化课程,改革了教学方法,从旧式经堂教育向现代教育转变。1925年成立的成达师范,提出以培养现代"三长"(校长、教长、会长)为目标,课程设置除阿拉伯语、宗教课程外,还增设了多门文化课及专业课。其他师范学校,也都以"中阿文兼授"、培养"经书两通"人才为目标,使现代教育得以发展。(2)提倡爱国主义教育。回族穆斯林现代教育的起步和发展是与中华民族现代史同步前进的。辛亥革命前后、民国时期、抗日战争时期,回族各类学校的课程设置、教学内容与思想教育,都紧密结合当时形势,贯穿了爱国主义的内容。抗日战争时期,山西崇实中学创办人马君图,率领该校师生及回族群众千余名,在太行山区坚持流亡教学和游击战争,他坚贞不屈,以身殉国。留埃及学生积极向世界穆斯林宣传抗战,表现了高度的爱国主义觉悟。(3)提倡社会办学。民国初年,甘肃成立了"兰州回教劝学所",其后发展成为"甘肃回教教育促进会",青海也成立了"宁海回教教育促进会",这些民间组织在宣传兴办教育、募集资金、支持办学等方面都起了积极作用。成达师范、西北公学等都是在回族穆斯林中的著名阿訇、学者及工商业者与社会知名人士的赞助下成立的。一些汉族著名教育家如蔡元培、顾颉刚等积极支持发展回族教育文化事业,对社会各界起了良好的影响。(4)发展了国际交流。中国伊斯兰学者和阿拉伯世界早有联系,这种联系通过留学生得到进一步加强。庞士谦曾担任埃及国王法鲁克一世的东方事务顾问。马坚、纳忠等在留学期间进行了世界名著的翻译,增进了中国和阿拉伯世界的文化交流。

(罗万寿)

《中国印度见闻录》 中世纪阿拉伯人所著最早关于中国和印度的旅游记。原著为阿拉伯文抄本,系根据唐代来华的阿拉伯商人苏莱曼等人的见闻所撰,851年汇集,880年续成。该书是先于《马可·波罗游记》约4个半世纪问世的关于远东的一部最重要的著作。1983年由穆根来、汶江、黄倬汉根据法、日两种译本翻译成汉文出版。全书分为两卷。卷1系根据法国索瓦杰1948年的阿拉伯文、法文对照本译出,共73节,分为两部分:(1)叙述阿拉伯商人从波斯湾经印度洋和马六甲海峡到中国沿途航线上所见的港湾、岛屿、居民、风物、货币、交易方式等自然和社会情况。(2)广泛叙述印度诸邦、中国皇帝以及两国的城市、官制、司法、税收、物产、交易、交通、军队、婚姻、宗教信仰等社会和自然概况,取名为"关于印度、中国及其国王的情况"。卷2系根据日本滕本胜次的日译本译出,分为3部分:(1)记述中国唐代黄巢举兵反叛朝廷,攻陷、洗劫广州城,杀害当地居民与外籍穆斯林客商,以及中国皇帝求救回纥王派兵平乱等有关情况。(2)记述巴士拉城一个名叫伊本·瓦哈卜的穆斯林晋见中国皇帝时的情景:一同观看皇帝收藏的一些先知画像,谈论有关伊斯兰教规的信条等。(3)分别讲述了关于爪哇城故事、中国见闻续记,印度见闻数则、印度诸王的传说等专题。全书内容丰富,资料翔实,反映了以下一些基本历史事实:(1)唐代东西海上交通日益发达,中国和阿拉伯之间的商业往来已经开始。(2)阿拉伯穆斯林来华人数日趋增多,他们与华人和睦相处,对中阿之间的经济文化交流起到了促进作用。(3)中国官方对伊斯兰教持宽容态度,不仅不干涉外籍穆斯林的宗教信仰和生活习惯,而且在他们比较集中的地区如广州,还授予了他们自行管理自己内部事务的权力,从而使伊斯兰教在广州及其他地区得以广泛传播。上述记载有的与中国史书互相印证,有的补充了中国历史记载中的某些不足,为研究中国伊斯兰教史、中西交通史提供了极有价值的珍贵资料,为中外学者所注目。本书自18世纪以来,曾有多种语言的译本问世,为东西方学者广泛引用。20世纪初,中国学者张星烺在其《中西交通史料汇编》中曾多次提及此书,并摘译过其中若干章节。30年代刘半农父女曾合译此书,题名为《苏莱曼东游记》。译自法、日两种译本的《中国印度见闻录》,内容更加完整、充实,为中华书局中外关系史名著译丛之一。译者在原注基础上增加了若干中译者注,对读者更有裨益。

(罗万寿)

《中国之回教》 中国伊斯兰教摄影图册。1940年由中国回教南洋访问团编印。16开本,每幅图片有中、英两种文字说明。封面为一幅清真寺图片,图下用阿拉伯文、英文和中文写道:日军侵华后,将"221座如是美观的回教堂、唤醒楼毁灭了"。封二印有《古兰经》文3段和《布哈里圣训》1段。卷首刊印有蒙藏委员会委员兼中国回教救国协会副理事长唐柯三写的英文序言及英文《告南洋伊斯兰同胞书》。图册照片有五方面内容:第一部分介绍中国政界人物及伊斯兰教上层人士、著名学者的情况,其中包括孙中山、哈德成、王静斋、达浦生、马松亭等人的照片。第二部分介绍国内伊斯兰教团体或组织以及抗日军民的活动情况,如"回教的巾帼英雄"、"回教战地孤儿唱爱国歌曲"、"在开罗的中国穆斯林留学生"等照片。第三部分介绍国内著名伊斯兰教建筑及遭受日本帝国主义毁坏的惨状,如"开斋节时被炸坏的西安大寺"、"被日人改成妓院的汉口回教堂"、"两次被炸的万县回教堂与伊斯兰学校"、"重庆古回教堂被炸"等照片。第四部分反映了日本军国主义分子屠杀群众的场面和中国各界人民的抗敌斗争。第五部分系叶浅予先生赠予的21幅教内外画家创作的抗日宣传画。书末附有"中国回民与礼拜寺的分布图"和"中国地图"。该图册所选用的照片,大多已成为重要的历史资料,形象地反映了中国穆斯林抗日爱国的史实。（余振贵）

中华回教公会筹备会 中国伊斯兰教全国性组织。1934年9月由马良、童仁甫等人发起在南京组织,经国民党中央党部备案并颁发许可证,指派马良为筹备委员会主任委员,唐柯三、王曾善、艾沙、马宏道等10人为委员。会址设在南京市净觉寺。江苏、河北、陕西、甘肃、河南、山东、湖北等省分会先后筹备。原拟在此基础上由各地分会推派代表选举总会负责人,但因各地穆斯林对该组织的政治背景多提出异议和质疑,更兼唐柯三、达浦生、王曾善等在报刊毅然公开发表声明,函请辞去筹备委员的职务,遂使总会正式选举工作陷入困境。1936年3月,马良亦因人事矛盾激化,向国民党中央党部呈请辞职。该会自行消失。（杨　毅　冯今源）

中华回教教师协会 中国穆斯林的学术文化团体。1934年11月,由南京、北京、山东、安徽等地阿訇和知识界李廷相、马宏道等40人发起,12月1日在南京市雨花路清真女学举行成立大会,选李廷相为理事长。会址设在南京市下浮桥清真寺。该会以研究孙中山的三民主义、伊斯兰教义,探讨各种学术问题,交换知识,砥砺品行,联络感情,协进会务,发展文化,共谋会员公益为宗旨。该会于1935年3～6月在南京大胶巷清真女学举办过1期教师训练班,课程有教义、常识等,有南京市14位阿訇参加学习。该会活动约于1937年12月日军侵占南京时停止。（杨　毅）

中华民国回教联合会 中国全国性伊斯兰教团体。1912年初,由南京回族代表人物蒋新吾、刘维霖、沙仰之、杨质卿、陈沛生、改实君、白苹洲、沙丹如、马和阶、艾峻斋、马鉴臣、陶润之、金峙生、马绍岭、伍玉田、金殿臣、袁钜桥等30人发起组织。开始用"中华民国回族联合会"名称,呈报南京临时政府内务部,该部批复改称"回教联合会"。该会于1912年5月正式成立。其宗旨是:团结回族,赞助共和,维护宗教,联络声气。会长金峙生,副会长沙丹如、梁义成。会址设在南京草桥礼拜寺内。全国各省、县陆续组织支部40余处。1913年5月,联合会召集各支部代表在南京举行了该会成立周年纪念大会。1922年12月会长金峙生病逝,翌年3月推选金世和为会长,沙丹如、李之滨为副会长。该会成立后在南京市推动各清真寺开办回民小学7所,并致力于废除清真寺掌教世袭制度。该会在袁世凯窃据大总统定都北京以后,称"回教联合会南京总部",至1927年停止活动。（郑志强）

《中西交通史料汇编》 中外关系史学术研究名著选集。张星烺(1881～1951)编注。为17世纪中叶(明末)以前中国与欧、亚、非洲各国和地区往来关系的史料摘编。原出版于1930年。1977年7月,中华书局出版了朱杰勤整理的校订本,对原书进行了一些增补、删削与校正。编注者从中外文42种史籍中辑录大量有关中外关系史的资料,以地区和国家分类,按时间顺序先后排列,并对其中某些地名和史事详加考释。辑录资料广泛,内容丰富,多为世界名著荟萃。全书6册,共分8个部分,依次叙述古代中国与欧洲、非洲、阿拉伯、亚美尼亚、犹太、伊兰、中亚、印度半岛之交通史。各章节中的附录为作者的专题研究论著和考证注释。其中第3编《古代中国与阿拉伯之交通》,还以专章收录了伊斯兰教传入中国的有关资料,介绍了阿拉伯地理、历史著作《省道志》、《黄金草原》、《伊本·白图泰游记》等有关对中国的记载,对中国伊斯兰教史的研究具有重要学术价值,该书的资料多为研究中外关系史的学者所引用。（冯今源）

《中亚蒙兀儿史—拉失德史》 见《拉失德史》。

忠孝节 见宰牲节。

仲裁人 见哈凯姆。

重利 见里巴。

周译《古兰经》 当代汉译本《古兰经》之一。译者周仲羲,经名奥斯曼,系寓居巴基斯坦的华侨穆斯林学者,祖籍安徽。1990年出版,以阿拉伯文、汉文对照形式按章节次序排列。每章(或两章)前均有引言,主要介绍启示日期、背景、章名主题及同各章的关系等,每页均有脚注。译文用浅显易懂的白话语体,文从字顺,为连贯语势而增补之字样改排斜体字以示与正文相区别。译本的主要特点是对《古兰经》中意义隐晦的经文(Mutashābihāt),参照注疏家揣测性解释进行翻译,如第36章的章首字母"雅·希尼",汉译为"完善的领导者";将第20章首节"塔·哈"两个字母译为"具有完全力量的男子啊"等等,均有尾注说明所依据的资料来源。有些专门词汇,译文也与众不同,如对第72章首节及章名中的"精灵"(Jinn,亦译为"神类",与"人类"并举)一词,除章名音译为"精纳"外,译文中译为"陌生人";而在第46章第29节和第114章第6节中出现的这个词汇,又译为"大人物",其尾注中则注明指的是"纳西宾 Nasibin 的犹太人",或"莫塞尔 Mousai 的犹太人",或"伊拉克的尼维维 Niveveh 人"。此外,脚注也有其特色，内容大都采自艾哈迈迪耶教派学者马立克·欧拉姆·沙里德的英文本《古兰经译释》。周译本之风格，以第103章《时光》为例，以见一斑："我以飞逝的时光作证，人确是在损失的状态中，只有那些信仰、行善、以真理相促、坚定相勉的人例外"。全书译文均用简化汉字横排，释文中引用阿拉伯文语汇均改排为拉丁字母拼音，书末附有《索引》等资料。1990年由英国伊斯兰教国际出版社出版，新加坡佳艺彩印公司刊印。（林　松）

朱赖哈　见祖莱哈。

朱韦丽娅(Juwayriyyah)　见圣妻。

朱韦尼(al-Juwaini，1028～1085)　伊斯兰教逊尼派教义学家，艾什尔里派的主要代表之一。一译"楚瓦伊尼。"全名艾布·麦阿利·阿卜杜勒·麦利克·本·阿卜杜拉·朱韦尼。生于波斯内沙布尔附近一小镇，出身于宗教学者家庭。其父为内沙布尔沙斐仪学派领袖，并讲授教法学。早年随父学习经训、教法。1046年，其父去世后继承教职在内沙布尔清真寺讲授教法，时年18岁。他一边教学，一边跟随艾什尔里派教师学习该派教义，遂成为该派学者。1054年迁居巴格达，致力于哲学、逻辑学、教义学研究。次年，塞尔柱人入主巴格达后，禁止宣传艾什尔里派教义和沙斐仪教法，约于1059年，他被迫逃亡希贾兹。在麦加和麦地那宣传艾什尔里教义的正统性，推崇沙斐仪派教法学说，反对什叶派和穆尔太齐赖派的教义主张，因其在教法和教义方面造诣较深，其名声大噪，成为麦加、麦地那两圣地的伊玛目，故有"伊玛目·哈拉迈因"(Imam al-Haramayn，即两圣地教长)之称。1063年，塞尔柱王朝素丹艾勒卜·艾尔斯兰执政后，艾什尔里派的学者受到礼遇，王朝首相尼扎姆·穆勒克聘请朱韦尼担任内沙布尔尼采米亚大学首席教师。他在教学活动中，以逻辑学的概念和范畴，阐明沙斐仪派教法和艾什尔里派的新凯拉姆学的基本原则，培养了大批学者，其中著名的有安萨里，从此使艾什尔里派教义广泛传播，成为正统的官方信仰。朱韦尼一生著有教义学、教法学、哲学、伦理学大量著作，但大多散佚。

朱韦尼继巴基拉尼、巴格达迪之后，进一步发展了艾什尔里派的教义学说。他在论证教义时注重理性思辨，运用逻辑概念推断，具有哲理性。其主要思想观点是：(1)关于世界的本原。他认为，所谓"世界"('Ālam)是指除了真主以外的一切存在物的总称。世界是由永恒的、无始的造物主所创造的实体和偶性构成的。实体和偶性是有始的，故世界也是有始的。世界的存在证明了造物主的存在。(2)关于真主的属性。他认为，真主的属性可分为两类：一为本原性的(Nafsi)，一为叙述性的(Ma'nawi)。本原性的属性是指真主是永恒的，独一的存在者。真主的独一性有两层意思：第一，教法上所谓"一"(al-Wahid)意味着完美不可分，即不能分割真主；第二没有同真主可匹配的东西，即不能将真主拟人拟物，反对多神崇拜。叙述性的属性是指真主有能力、有知识、有意志，但真主的这些属性是创造者的属性，不能与人的属性等同，它不能被意欲，只能用语言比喻叙述。《古兰经》是真主无始的永恒的语言，它是真主内在的灵知，不能与世人一般所谓的语言相提并论。(3)关于认识论。他把认识('Ilm，即知识)区分为永恒的(Qadim)和偶成的(Hadith)两类。前者是造物主的内在属性，是一种超时空的绝对的无限知识(灵知之灵知)；后者是人类在有限范围在后天获得的认识(Kasbi)，它是偶成的有比量的(Nazari)，是由正确的推理而得到的。认识的推理要有论据，而论据包括基于理性的和基于传闻的两种。理性的论据是得到所存在的对象所证明了的，传闻性的论据是指可靠的传述系统提供的证据。理性是必然性的认识，是推理的依据，但理性又不是必然知识的全部。(4)关于善恶观。他反对穆尔太齐赖派关于善恶之判断标准取决于理性的观点，认为善和恶并不是事物本身是善或是恶的属性，它由真主的令行或禁止来判定。真主所令行的就是善，真主所禁止的就是恶，真主以其规定的教律赏善罚恶。把人们的一般习惯、自然意向、常规俗理作为判断善恶的标准是错误的。（杨克礼　秦惠彬）

朱仙镇北寺　中国伊斯兰教清真寺。位于河南省开封市朱仙镇。始建于明朝嘉靖十年(1531)，重修于乾隆九年(1744)，1986年再次修葺。占地面积9000多平方米。大门外有石狮子1对，大门正面石柱上刻有门对，上联是"主恩弥大地跪拜处毋忘蹐厚跼高"，下联是"圣教炳中天趋跄时须守言规行矩"。门内有精美雕花石柱12根。大门背面石柱上有一联："与地同流与天合化悠也久也运千百世之清真；所传有圣所述唯贤教之诲之育亿万人之灵秀"。门上悬挂鎏金大匾3块：中匾题"恪守清真"，左匾题"至教真源"，右匾题"至诚无息"。大门内有阿文、汉文碑楼各1座。进内是宽敞的天井院，南北两侧各有10间对称的讲经堂厢房。正对大门是主体建筑礼拜大殿，高20米，前有卷棚，后有窑殿，三部分浑然一体，面积1030平方米。山门卷棚和大殿雕梁画栋，全部绿色琉璃瓦，垂脊扎兽，龙凤脊檐角飞翘。大殿隔扇门上装镶透明鱼鳞代替玻璃，别具风格。大殿正脊中心矗立一座2米多高的紫铜宝瓶，光照四方，周围20里内都可看到。整个建筑庄严肃穆，雄伟壮观，带有浓厚的民族色彩与装饰风格，现已列为河南省文物保护单位。（罗万寿）

朱兹伍(Juz')　划分《古兰经》卷次的称谓。阿拉伯语音译，意为"卷"或"册"。全经114章划分为30个朱兹伍(即30卷)。《古兰经》各章的篇幅长短不一，为分册装订的方便，全经被划分为30卷。长章一般被划入前后连续的2卷或3卷中，如第2章《黄牛》长达286节，载入被划分的卷1、卷2和卷3的前半卷中。短章则大量汇聚在同一卷中，如第30卷即包括第78～114章，共36个整章。各卷之划分，以普遍流通于各国的版本为据。穆斯林读者查阅某段经文时，一般习惯于先弄清在第几卷中，再依卷查阅。亦有人直接按章名章次查找。在中国，《古兰经》的手抄本或刻印本，多按卷分别缮写、刊刻，装订为30册，以便在举行隆重的宗教礼仪时各自手持一卷诵读。在伊朗、巴基斯坦、印度等国，情况大体类似。阿拉伯世界各国刊印的《古兰经》30卷合订本，均按章序先后排列，在分卷处有特殊标志，并将带有"朱兹伍"字样和卷次的图案附于经文左侧或右侧。还有一些精心设计的版本，均将每一卷的卷首从新的一页开始，而将卷尾正好安排在若干页后的末行末字位置，使各卷相互衔接，紧密连贯，毫无空隙或密行拥挤之痕迹。这种版本能分能合，既可分册散装，又能全经配套，查阅某卷时特别方便。附表于后。 （林　松）

附:《古兰经》卷次、章次对照表

朱兹伍(卷)	包括章次	朱兹伍(卷)	包括章次
一	1～2上	十六	18下～20
二	2中	十七	21～22
三	2下～3上	十八	23～25上
四	3下～4上	十九	25下～27上
五	4中	二十	27下～29上
六	4下～5上	二十一	29下～33上
七	5下～6上	二十二	33下～36上
八	6下～7上	二十三	36下～39上
九	7下～8上	二十四	39下～41上
十	8下～9上	二十五	41下～45
十一	9下～11上	二十六	46～51上
十二	11下～12上	二十七	51下～57
十三	12下～14	二十八	58～66
十四	15～16	二十九	67～77
十五	17～18上	三十	78～114

朱祖里教团(al-Ṭariqah al-Juzūliyyah)　摩洛哥伊斯兰教苏菲派兄弟会组织。一译"加苏里教团"。沙兹里教团的分支。创始人为穆罕默德·本·苏莱曼·朱祖里(Muḥammad ben Sulayimān al-Juzūli,? ～1465)。据传，他生长于柏柏尔人部落，系圣裔，在摩洛哥南部经人指引加入了沙兹里教团。后在摩洛哥西部进行传教活动，以阿斯非(Asfi,今萨非)为传教中心。他以渊博的宗教知识宣传苏菲学理，严格履行道乘修持，广泛接纳信众，其势力和影响日益强大，被尊为"吾里"(Wali)，结果招致当地统治者的不满，被逐出该地。他于1470年去世，其门徒怀疑他是被当局毒害，因而进行了长达20年之久的反抗斗争。1523年，萨阿德王朝依靠该教团的支持上台执政。素丹艾哈迈德·阿拉吉(Aḥmad al-A'raj)为尊崇朱祖里，将其父也葬于其墓旁。1529年又将二人的遗骸迁往马拉喀什，并建有陵墓。朱祖里著有《祝福的证明》(Dalā'il al-Khairāt)，被该教团奉为经典。有的学者认为，朱祖里建立的不是一个教团，而是一个有着新的目标和趋势的派别，其基础建立在对先知的专心和权力的获得上，办法是背诵《祝福的证明》。规定信徒除背诵《古兰经》外，每天要念1.4万遍"泰斯米叶"(即奉普慈特慈的安拉之名)，两遍《祝福的证明》；每晚念1遍《祝福的证明》和1/4的《古兰经》。该教团在马格里布有较大影响，因在反对葡萄牙殖民主义的斗争中起了很大作用，故声望大增。朱祖里的门弟子和再传弟子建立了许多"塔伊法"宗教，但该教团没有在马格里布以外的地方得到传播。 （王怀德）

《诸蕃志》　中国宋代海外地理名著。亦名《诸蕃记》。南宋赵汝适撰。作者系南宋宗室。于宋宁宗嘉定(1208～1224)末至理宗宝庆(1225～1227)初任泉州市舶司提举时，于“暇日阅诸蕃图”并“询诸贾胡，俾列其国名，道其风土与夫道理之联属，山泽之蓄产，译以华言。”据此采辑成书。成书于宋理宗宝庆元年(1225)，分上、下两卷。记载了东自日本、西至东非索马里、北非摩洛哥及地中海东岸诸国的风土物产及自中国沿海至海外各国的航线里程及所达航期。其中记大食国“王与官民皆事天。有佛名麻霞勿。七日一削发剪甲，岁首清斋，念经一月。每日五次礼天”，“唐永徽以后，屡来朝贡。其王盆泥末换之前，谓之白衣大食。阿婆罗拔之后，谓之黑衣大食。”关于穆斯林商人来华情况曰：“有番商曰施那帏，大食人也。侨寓泉南，轻财乐施，有西土气习，作丛冢于城外之东南隅，以掩胡贾之遗骸。”该书内容丰富，其中有关海外诸国风土人情，多采自周去非《岭外代答》，有些资料得自向海外商人的调查，其中虽有讹误之处，仍不失为研究宋代海上交通和对外关系的重要文献。对研究中国伊斯兰教史、回族史及中国与阿拉伯地区的关系史均有一定价值。该书原本已佚，今本从《永乐大典》中辑出。已被译为英文和德文。1956年中华书局出版有冯承钧《诸蕃志校注》本。 (罗万寿)

主麻拜(Ṣalāt al-Jumʻah) 伊斯兰教规定的天命拜功之一。通译“主麻”。亦称“聚礼”。阿拉伯语音译。因在每周主麻日(星期五)举行，故名。《古兰经》云：“信道的人们啊！当聚礼日召人礼拜的时候，你们应当赶快去记念真主，放下买卖，那对于你们是更好的，如果你们知道”(62：9)。伊斯兰教法规定，穆斯林在每主麻日午后晌礼时间内，须聚集在当地最大的清真寺内举行聚礼。据传，从阿丹至伊萨，历代先知皆遵聚不辍。之后，人类迷误盛行崇拜偶像，此仪遂止。伊斯兰教历元年(622)穆罕默德迁徙麦地那后，奉安拉之命始复聚礼，遂为定制。聚礼仪式初由先知穆罕默德领导举行，继而由正统哈里发领礼，早期政教合一的伊斯兰教国家由国王主持举行。主麻仪式有：(1)宣礼员午后登上宣礼塔高声宣礼，晓众赴聚。自王至民皆洁诚洁体，盛服佩香，闻宣后即赴寺。入寺登殿礼二谒礼拜(属副功拜)，然后端跪赞主。(2)聚礼者集齐，各礼主麻圣行拜4拜。礼毕，宣礼员赞礼，殿内外肃静，止赞颂，禁语，坐者跪，拜者止，准备悉心恭听“呼图白”(即宣教)。(3)首领出位持杖登宣讲台三级，宣礼员对台再次赞礼，示众默听“呼图白”。(4)首领宣讲“呼图白”。(5)“呼图白”毕，宣礼员再次赞礼，合殿起立列班，由首领领礼两拜主麻天命拜。礼毕，各自再礼4拜主麻圣行拜。最后，首领率众祝辞，祈主准其所祷，赦免已往过失。

法定聚礼条件：(1)一般认为聚礼必须在伊斯兰教国家的首都举行，只有政教合一的穆斯林国王所在地，才能完成聚礼之义。另一说认为非国王所在地都可聚礼，只要其城市有“穆夫提”(即教法说明官)和“卡迪”(即教法官)即可聚礼。(2)聚礼必须由穆斯林王臣在位主持，否则，必有代位或世袭者。(3)各地方由其首领主持，如无，则由推举出的贤哲学者主持。如无王臣、府州县首领及“穆夫提”、“卡迪”等，聚礼不能全其义，义不全其礼亦不全。因律例不全，故必复晌礼，以补其缺。(4)非主麻日不聚礼。因万物聚成于六日而著盛于午后之时，人因其聚而聚礼，以成天人会合之义，故聚礼非其日其时不可，误缺聚礼不补。(5)四人以上即成聚礼。聚礼而复晌礼，聚礼有效。因而，非伊斯兰教国家穆斯林聚礼并复晌礼天命拜4拜，圣行拜两拜，以补其缺。中国穆斯林学者根据教法规定，认为在非伊斯兰教国家举行聚礼，不一定符合规定的条件，故在聚礼拜之外，还单独礼晌礼10拜。聚礼“呼图白”由“海推布”(即宣教者)担任，主麻拜由“伊玛目”(即教长)领礼。因讲“呼图白”系阿拉伯语，中国穆斯林大多不懂其内容，故在宣读“呼图白”前由教长或阿訇讲“卧尔兹”(即讲经传道)以补其缺。

关于聚礼之义，中国伊斯兰学者刘智认为：“聚礼者，敛众归一，以示敛性归真之义也”。“大化元功，七日告成。天机迭运，七日来复。至于人寿长短，亦以七数计之。七日周复，一大瞻礼，以答真主化成之恩也”。伊斯兰早期，主麻日“王不视朝，官不理政，士解业，民罢市，各宜私处，修齐内外，以备赴聚。释拘械，宽责谴，厚施，丰馔”。是日为一切吉日之总，安拉于是日降祥较他日多厚，人于是日利民济物，以感真主之恩，体念真主仁爱之义，故穆斯林婚喜祝庆聚会皆选是日举办，求得吉庆。故聚礼日为伊斯兰教国家的一周休息日。 (达应庚)

主命拜 见礼拜。

祝奈德(Shaykh Junayd，约1430～1460) 伊朗伊斯兰教苏菲派萨法维教团第四代谢赫。生于阿塞拜疆东部阿达比尔(Ardabil)的苏菲派长老世家。为萨法维教团创始人谢赫·伊斯哈格·萨菲丁的四世孙。其父和卓·阿里(？～1447)为该教团的第三代谢赫。祝奈德幼承家学，熟读《古兰经》、圣训，受到良好的苏菲主义教育，信奉什叶派教义。1447年，其父逝世后继教团谢赫位，由其叔父谢赫·贾法尔给以指教和监护。成年后以阿里后裔的威望，重振什叶派，扩大教团组织，夺取世俗的权力，自称素丹，组织军队，扩展领地，为争夺教权同其叔反目，导致教团分裂。由于该教团的军事活动触犯黑羊王朝统治势力范围，祝奈德被素丹贾汉·沙从阿达比尔驱逐。1448年，祝奈德率其信徒辗转到达阿勒颇，发展信徒，传播什叶派教义，后为信奉逊尼派的马穆鲁克王朝素丹赛福丁·哲格麦格所不容，被迫率部逃到黑海边的詹尼克。1456年，率部进攻奥斯曼帝国的属国特里比桑德公国失利，请求白羊王朝素丹乌宗·哈桑予以庇护，后娶乌宗·哈桑之女为妻，并在白羊王朝领地传播萨法维教团教义，发展信徒，振兴教团组织。1459年，祝奈德率部离阿米德前往收复阿达比尔，被黑羊王朝优势兵力所阻。祝奈德率部转而向北，袭击塔巴萨兰（在苏联境内）信奉基督教的切尔克斯人。1460年在卡拉苏河遭希尔万·沙军队的伏击，祝奈德阵亡。其子海达尔继承其政策，坚持什叶派教旨和苏菲主义学理，实行军事征战。其孙伊斯玛仪一世在伊朗建立了什叶派的萨法维王朝。（杨克礼）

《祝天大赞真经》 伊斯兰教赞颂安拉的诗篇。原作系马复初赴麦加朝觐时携回国内并翻译。有清光绪敬畏堂刻本，全1册。但作序时间为同治癸亥年（1863）。译者在序中揭示了翻译宗旨："仆游天方，得授救劫真经，睹此乱世，特译为《祝天大赞》一篇。天，即吾教所谓万有之真宰也。诚能斋戒沐浴，朝夕虔诵，自可回天之心，遇难成祥，转祸为福，岂如土木偶像，呼之而不应也哉"。全篇由60句、303字组成，内容丰富，言简意赅。按内容可分为7部分：(1)先颂真主本体至玄难知，其妙用浩茫无际，其作为微妙莫测，其造化堂皇伟大，一切人神的智慧，难于窥测于万一。(2)在坚信真主实有而独一的基础上，进而揭示真主本体"寂而非空虚，再而表明真主超绝宇宙万物，隐寂无象，故不可以形色求"。(3)认为惟有真主属于自然之有，即真有或原有，严格区别于一切有形无形的幻有，无而化有，有而化无，显示真主无所不能。(4)讲继宇宙形成之后人类社会的出现。真主造化万有，自然而然，不假借外物。穆斯林的尘世实践，即是"伊玛尼"的耕耘和种植，也就是"明德"。(5)讲穆斯林应对真主衷心感赞，一切归顺真主，可以抵御形形色色的异端邪说，永葆纯洁无瑕的"伊玛尼"。(6)表明物质世界的和谐与统一，决定于大仁大义大慈的真主，所以谓之曰："万美出于天"。同时，由于人们"存天理，去人欲"的道德修养互异，反映在对真主的认识各有千秋。(7)指出愚者一旦幡然觉悟，首先必须向真主作"讨白"，改正前愆，从此"敬天、事天，使天之命"。由于《祝天大赞》以音调和谐的译文高度概括了伊斯兰教真主的本体、全能、妙用、作为等信仰问题，世后在回族穆斯林中争相传诵。（余振贵）

抓饭 中国新疆维吾尔、哈萨克、乌孜别克等穆斯林民族喜食的传统饭食。因盛入大餐盘中以手抓食而得名。维吾尔语称"泡劳"。唐代史籍中译作"孛锣"。其制作过程为：先将带骨羊肉切成核桃大小的块，放入清油中煎炒，再加入胡萝卜、葱头以及调料，焖至五六成熟，将淘好的大米放置肉上，添水将米漫过，文火焖熟即可。有时也用杏干、葡萄干、木瓜等做成甜抓饭。是款待宾客的上等饭食。每逢古尔邦、肉孜等节日以及其他喜庆日子，几乎家家都要做抓饭。食堂、餐馆多以抓饭配上薄皮包子出售，若再佐以奶茶和烤肉，则更具民族特色和地方风味。清代《西疆杂述诗》曾记载与上述大致相同的抓饭做法，称"若烹稻米，喜将羊肉细切，或加鸡蛋与饭交炒，佐以油盐椒葱，盛于盘，以手掇食之，谓之抓饭。遇喜庆事，治此待客为敬"。（刘文性）

爪哇人（Javanais） 印度尼西亚的穆斯林民族之一。人口7630万（1983），占全国人口的46.2%。主要居住在爪哇岛，部分散居在苏门答腊、加里曼丹等岛屿。原讲爪哇语，以中爪哇方言为标准语，属南岛语系印度尼西亚语族。现多讲印度尼西亚国语（苏门答腊东部占碑地区的一种马来语方言）。爪哇人与巽他人、马都拉人、米南卡保人等民族同被认为是公元前1000～300年之后移入的具有蒙古人血统的新马来人的后裔。据文献记载，公元2～3世纪时，爪哇人已建立了早期封建制王国，当时与中国已有友好往来。7～15世纪，曾建诃陵、占婆、爪哇麻喏巴歇等城邦国家。历史上受中国和印度文化影响。17世纪初，受荷兰殖民主义者统治。1945年独立。经济以农业为主，80%以上人口从事水稻种植业，兼种玉米、木薯、花生、大豆、甘蔗、烟草等作物，沿海地区居民从事捕鱼业。20%人口居住城市，有的在政府机关、工厂工作，有的经商或开设各种手工业作坊。手工业以制作银器、花裙布纺织闻名。13世纪前后，伊斯兰教通过来自印度北部的穆斯林商人传入爪哇各沿海地区，由于王室贵族的归信、印度穆斯林商人同当地居民的通婚，以及中国穆斯林商人如彭瑞父子的传教活动，伊斯兰教得到广泛传播。现爪哇人中有1/3的人属逊尼派的沙斐仪教法学派，他们被认为"桑特里"。另有一些属于印度教化的穆斯林，被称为"普里阿伊"，信仰较为淡漠。但割礼、婚礼、葬礼都按伊斯兰教规进行。其他各种节日、喜庆活动和社会礼俗仍多保留印度教的传统。爪哇岛是印尼伊斯兰教传入较早的地区之一，在农村普遍建有清真寺，据统计，仅在爪哇人城乡共有大小清真寺6000多座。在城市还设有若干伊斯兰组织和团体，与国外伊斯兰组织建有友好往来关系。近年来，到圣地麦加朝觐的人数不断增加。（伊力奇）

转化制（Tā'ṣib） 伊斯兰教逊尼派继承法规定的制度或原则之一。阿拉伯语"泰阿隋卜"的意译。即《古兰经》规定的有优先顺序的份额继承人中的部分女性亲属，在与相应的男性亲属同为继承人时，不再作为份额继承人对待，而作为假定的父系继承人对待。因她们系因男性继承人的存在而被暂时"转化"为父系身份的，故名。这项制度适用于3种情况：(1)女儿同儿子同为继承人。(2)同胞姊妹与同胞兄弟同为继承人。(3)异母姊妹同异母兄弟同为继承人。系为维护同一亲等的男子得2倍于女子的份额的遗产处分原则而采取，将对女子产生不利影响。例如，女儿的固定份额为1/2，但如亡人还遗有一子，女儿则因儿子的存在而被

“转化”为父系继承人，结果女儿得 1/3，儿子得 2/3。（吴云贵）

准白(Jubbah) 穆斯林宗教生活用大衣。阿拉伯语音译，有小领、大领两种，下摆宽大过膝，亦称“加潘”。一般在履行宗教功课或举行宗教典礼仪式等场合穿着，以示庄重。印度、巴基斯坦和中国西北地区穆斯林较为常用。新疆地区更为普遍。（马忠杰）

酌定刑(Ta‘zir) 伊斯兰教刑法用语。阿拉伯语“泰阿齐尔”的意译，原意为“阻止”、“防止”，即为制止犯罪而规定的刑罚。与固定刑对称。《古兰经》里未提及此刑，但谈及“谁犯过或犯罪”，谁应负“责任”(4：113)，此刑系由教法学家们据经典精神而制定，作为固定刑的补充。酌定刑被视为“世人的权利”，可由教法官卡迪或世俗统治者据犯罪情节酌情处以适当的刑罚，包括鞭刑、当众训斥、没收财产、流刑、监禁等，适用于未规定固定刑的一切轻微犯罪行为，如疏忽“五功”、诽谤、欺诈、作伪证、小偷小摸、私入民宅等。除马立克教法学派外，其他法学派认为，酌定刑原则上应轻于固定刑，但统治者往往突破这一原则界限。酌定刑审判程序较简单，本人招供或两名证人举证，即可定罪，了解案情的执法官亦可直接定罪。为纠正卡迪任意裁断的倾向，一些伊斯兰国家的政府制定、颁布了许多成文法，如著名的《奥斯曼帝国法规》等。（吴云贵）

字面派 见扎希里教法学派。

字母派 见侯鲁菲派。

《宗教和世俗礼法》(Adab al-Din wa al-Dunyā) 伊斯兰教伦理学古籍。为 11 世纪伊拉克伊斯兰法学家马沃尔迪著。共分 5 章，第 1 章论述理性的优越性，即论述理性在伦理、道德观中的主导作用；同时对人际间各种私欲作了贬斥。第 2 章论述知识礼法，提出有关求知和传授知识所应持的正确态度。第 3～4 章为全书的核心，分别论述宗教礼法和世俗礼法及对人的不同影响，提出人们处世应树立勇敢、豪爽、节制、同情等美德。第 5 章论述心性礼法，即对人的品德、气质修养与锻炼的各种要求。作者在书中收录伊斯兰教先知穆罕默德及其门弟子的不少富有哲理的格言，企望除法律对人的社会行为予以约束外，还想通过伦理、道德修养的方式，达到对社会治本治末的目的。反映出作者的宗教伦理学思想和主张均源于伊斯兰教经、训的规定。该书于 1906 年用阿拉伯文活字初版于开罗，1925 年第 16 次印刷，曾被埃及、叙利亚等国用作各学校的伦理学教科书。（马忠杰）

《宗教学大全》(al-Kāfi fi‘Ilm al-Din) 见四大圣训经。

《宗教学科的复兴》(Iḥyā’‘ulūm al-Din) 伊斯兰教义学论著。又译《圣学复苏》。伊斯兰教权威教义学家安萨里(1058～1111)著。约成书于 11 世纪末，系作者在大马士革隐修期间所撰。阿拉伯文。内容涉及伊斯兰教义学(凯拉姆)、苏菲主义和希腊哲学。作者认为，由于亚里士多德哲学、凯拉姆学的影响，伊斯兰教义学日益面临危机，本书正是为复兴伊斯兰教正统信仰的地位而作。安萨里从宗教信仰两个相辅相成的方面，即外部行为和内心信仰的相互关系出发，试图创建伊斯兰教新的包容一切的教义学体系。全书分为 4 大卷，每卷分为 10 个论题(称为“书”)，共 40 部书。前 2 卷以信仰者对安拉的义务性的行为(al-‘Ibādāt)和实际生活习俗(al-‘Ādāt)为主题，论述遵从伊斯兰教法、坚持伊斯兰教基本教义与社会习俗的关系；后 2 卷以宗教功德为出发点，论述了人生中的恶行(al-Muhlikat)和善行(Munjiyat)。40 部书从知识、教义学、苏菲主义、音乐、舞蹈、安拉之爱直至末日审判，涉及各个方面，用以调和艾什尔里学派与苏菲神秘主义，既主张以理性思辨来论证信仰，又反对完全以理性认知信仰；既肯定以教法为外部行为的规范，又强调内心体认信仰的重要意义。全书各卷的内容和篇目如下：第 1 卷主要阐述基本信仰和法定的宗教功课，有学问、信仰、洁净、拜功、天课、斋戒、朝觐、恭诵《古兰经》、祷词、成拜赞词等奥义。第 2 卷主要阐述教律与穆斯林的行为规范，有求知、婚姻、交友、贸易、饮食、旅游、应行与当禁、避世与入世、劝善戒恶、圣训遗教等。第 3 卷主要阐述修身养性与信仰的关系，有修身、养性、制怒、悭吝、矜夸、骄傲、欺骗、奢侈、欲望等。第 4 卷主要阐述伊斯兰教的伦理道德问题，有忏悔、忍耐、知主恩、畏主罚、祈主慈、禁欲、诚实、托靠真主，安分守己，反省参悟等。全书通篇贯串了伊斯兰教教乘、道乘与真乘的精神。其特点是力图把信仰、教律、伦理道德融合成一个实用哲学体系。该书在伊斯兰世界影响很大，经后世教义学家不断注释，成为逊尼派教义学的权威著作，虽曾遭到伊本·太米叶等原教旨主义者的非难，但最终确立了以调和理性与信仰、教法与苏菲神秘主义为特色的艾什尔里学派的地位。18 世纪阿拉伯著名学者穆尔塔达·扎比迪(1732～1792)特为撰写了一部名为《宗教学科复兴解注》的诠释性著作共 10 大册；大马士革学者卡希姆于 1905 年摘编了书中有关劝谕性的论文，汇辑出版，题名《穆民教训》，1932 年，中国成达师范学校毕业生王国华编译出版了这本辑录选本。《宗教学科的复兴》早在中国各地流行，西北地区不少清真寺已作为经堂教育的重要课本之一。该书被译为波斯文、英文等出版。（吴云贵 赛生发）

《宗教原理》(Uṣūl al-Din) 伊斯兰教逊尼派教法名著。艾什尔里学派学者巴格达迪著。成书于 10 世纪末至 11 世纪初，系为捍卫逊尼派的哈里发学说，批驳哈瓦利吉派、什叶派和穆尔太齐赖派的政治学说而作。本书从9个方面系统论述了哈里发学说:(1)设置哈里发职位的必要性。(2)哈里发的任命。(3)哈里发的数目。(4)哈里发的族籍。(5)哈里发的资格。(6)哈里发的不谬性。(7)哈里发的就职方式。(8)先知穆罕默德去世后哈里发的任命。(9)哈里发的遗言和继承权。认为哈里发制度是由神圣的天启律法所规定、经四大哈里发一致确认的一项制度,为实施伊斯兰教法所规定的义务性制度,它可用理性予以论证,但其必要性只能以天启加以解释;哈里发只有一个,必须出身于古莱什族;具有丰富的教法知识;虔诚、公正无私的品格;良好的判断是非和施政的能力;哈里发可以任命或推举的方式产生;哈里发同民众之间是一种互相承诺权利和义务的契约式关系。该书提出的基本思想和主张,为逊尼派哈里发学说奠定了基础,对马沃尔迪、安萨里等后世学者有重要影响。 (吴云贵)

《宗教原理大全》(Ibānah ʻan Uṣūl al-Diyānah) 伊斯兰教义学著作。逊尼派教义学奠基人艾什尔里著。约成书于10世纪初,为艾什尔里的早期著作。本书以简明的信纲形式阐述了逊尼派信仰,并以论辩方法分专题驳斥穆尔太齐赖派、哈瓦利吉派、盖德里耶派(反宿命论派)、贾赫姆派(宿命论派)和穆尔吉埃派(唯信德论派)的教义观点。作者在书中明确表示,他将忠于《古兰经》,遵循圣门弟子和后世圣训学家传述的圣训,维护伊本·罕百勒的主张,反对各派歧异的观点。书中援引大量经、训,讨论了当时各派对教义学争论的重大问题,如安拉的本体与德性的关系、前定说与人的意志自由、信仰表白与行为功德的关系、安拉是否有形体等问题。作者沿用穆尔太齐赖派的理性思辨方法,用以反驳该派的意志自由说,批驳其完全否认善恶行为由安拉前定的观点和否认安拉具有德性的观点,亦反对视安拉本体与德性为一体的主张;肯定逊尼派关于安拉有7种基本德性(知识、能力、意志、生命、能言、能听、能视)的教义,认为人有能力体认安拉,人的信仰是后天"获得"的。作者在重申罕百里学派观点的同时,并不排斥理性思辨的方法,而以理性论证正统信仰,将理性与信仰融为一体,而以信仰为基础。如在批驳否认安拉有诸多德性的观点时,认为既然凡属存在之物皆可视见,安拉既为存在,信仰者当然亦可见安拉,作证真主的恩典,但见主需待后世、需有功德,今世不能见主,叛教者不能见主,进而肯定安拉有手、脸等肢体的经文应作无方式性的解释。该书所开创的以理性思辨和逻辑论证的方法来论证正统信仰的思想传统,虽曾在一个半世纪内被罕百里学派斥为"异端"而予以排斥,但后经巴格达迪、安萨里等教义学家的发展,终于取得主导地位。此书对研究艾什尔里学派教义学体系的形成过程有重要史料价值。原为手抄本,1903首次于印度海德拉巴德出版,1904年于美国纽黑文出版W. C. Klein的英译本。 (吴云贵)

总教法官 见卡迪·库达特。

祖拜尔(al-Zubayr,596~656) 伊斯兰教先知穆罕默德的门弟子,军事将领,早期争夺哈里发权位斗争中的派系领袖之一。全名祖拜尔·本·阿瓦姆·本·胡韦利德·艾塞迪。生于麦加,出身于古莱什部落的艾塞德(Asad)家族。穆罕默德的表弟和内侄。自幼习武,精于狩猎和骑术。14岁时经其姑母赫蒂彻和表弟阿里的引荐,成为少数最早信奉伊斯兰教者之一。信教后因受其信奉多神教家族的迫害,曾奉穆罕默德之命,同少数穆斯林一起迁移阿比西尼亚(今埃塞俄比亚)避难。因其在伊斯兰教传播最艰难时期信教,并表现虔诚、坚定,故成为穆罕默德以天园相许诺的十大弟子之一,并被誉为"哈瓦里"(Ḥawāriy,即使徒、得力门生)。622年迁徙麦地那后,积极参加穆斯林公社的创建工作,曾参与一系列重大宗教和军事的决策,为辅佐穆罕默德的重要领导成员之一。他曾参加穆罕默德传教期间所有战役,以骁勇善战著称。因屡建战功,深为穆罕默德所器重,在进军麦加时曾被委任为左翼指挥官。穆罕默德逝世后,他在各派争夺哈里发权位的斗争中,积极追随阿里,曾一度拒不承认艾布·伯克尔当选为第一任哈里发的合法地位。第二任哈里发欧麦尔执政时期,他成为著名军事将领之一,曾多次参加对罗马人作战,后在征服埃及的战争中,成功地指挥了围攻巴比伦(Bābylon)城堡的战役。644年欧麦尔临终前,他被提名为由6位候选人组成的协商确定哈里发人选委员会(Shūrā)成员之一。奥斯曼当选为第三任哈里发后,祖拜尔弃政经商,一跃而成为当时阿拉伯巨富之一。他曾反对过奥斯曼的任人唯亲,在酝酿推翻其统治的过程中,他赢得了伊拉克巴士拉地方势力的拥护,成为竞争哈里发权位的一方派系领袖。该派曾联合库法地区的泰勒哈派,派员参加了以埃及阿里派势力为主组成的请愿团于656年4月在麦地那围困并杀害奥斯曼的暴力行动。同年12月,祖拜尔因向第四任哈里发阿里求官未遂,又与泰勒哈一起,联合穆罕默德遗孀阿伊莎,在巴士拉附近发动了反对阿里的"骆驼战役",从而揭开了伊斯兰教史上内战的序幕。战败后被阿里部下一个名叫伊本·朱尔穆兹的人所暗杀,葬于巴士拉。祖拜尔除曾参与《古兰经》文的搜集和整理外,还传有圣训多段。 (杨宗山)

祖赫德(Zuhd) 见苦行。

祖莱哈(Zulaykhā) 《古兰经》所载先知优素福故事中的人物。又译"朱赖哈"、"翟丽哈"等。阿拉伯语音译。埃及权贵葛图斐尔(Qaṭfir)之妻,优素福被变卖到埃及为仆后的女主人。《古兰经》中两次(12:30、51)提到的"权贵的妻子"(Imraʻah al-ʻAziz,伊姆拉艾·阿齐兹),即指祖莱哈。据《古兰经》载,先知优素福被同父异母的众兄长推入深井后为过路客商汲水时捞出，被廉价卖到埃及权贵葛图斐尔府中当仆人。长大成人后，其英姿为年轻貌美的女主人祖莱哈所倾倒。难以遏制的情欲邪念驱使她把优素福诱入内室，以其妩媚的风姿进行勾引。而内心也倾慕祖莱哈的优素福则用理智战胜了临艳时的恍惚，严词拒绝了女主人的要求。正当他夺门欲逃时，其衬衣被紧紧拽住他不放的祖莱哈从后面撕破。此时，恰遇权贵回府，祖莱哈反诬男仆欲行强奸，而权贵因见优素福的衬衣系从后面被撕破，遂知其妻有诈，为避免家丑外扬而未予深究。但权贵夫人的丑闻不胫而走，成为豪门贵妇们讥讽奚落的笑料。为表明自己之所为系在情理之中，祖莱哈精心安排所有贵妇人来家做客，并令优素福出面招待。贵妇们个个为优素福的英俊而如醉如痴，正在削着水果的小刀不由自主地削到了手上。后祖莱哈继续勾引乃至强迫优素福满足其情欲，优素福因拒不服从，终被诬陷入狱(12：21～34)。优素福临艳不惑，临危不惧，表现了刚直正派的美德和纯洁高尚的情操，堪称世人之楷模。此即《古兰经》概述以上故事的教育意义之所在。该故事经过经注家的解释和渲染，情节生动，引人入胜，在世界穆斯林中广为流传。有的国家还将其编成歌剧在舞台上演出，收到了较强的艺术效果。

（杨宗山）

遵古派 见格迪目。

左勒盖尔奈英(Dhu al-Qarnayn) 《古兰经》中记载的人物。阿拉伯语音译，意为“双角人”、“有两个犄角者”。一般认为系指古希腊马其顿的亚历山大(Alexander the Great，公元前336～前323在位)；亦有人认为指古波斯的大流士(Darius)；或认为是与易卜拉欣同时代的萨堪达王(Sakandar)。所谓“双角人”，一说是此人权势达于东、西方；一说是他控制两个国家的统治权；另一说是他的王冠上有左右突起之装饰，或前额有一对发鬈。据《古兰经》载，他在大地上很有权势，善于处理万事。他曾远出抵达日落之处，发现被日晒而无避暑设施的人群。后途经两山之间的达尔邦地区，语言不相通的居民前来向他诉说雅朱者和马朱者扰民之苦，请求他建筑壁垒，以防两害侵扰。他在居民协助下用铁块熔铜筑成一座坚不可摧的壁垒，陡峭不能攀登，牢固不能凿孔。要等末日来临，这座铜墙铁壁才会化为平地(18：83～98)。该故事既记述了左勒盖尔奈英为人们排难解忧的品德，也提到“信道而且行善者，将享受最优惠的报酬”，还预示了末日来临的迹象，旨在告诫麦加多神教徒要迅即改邪归正，归信伊斯兰教。

（林　松）

左勒基福勒(Dhu al-kifl) 《古兰经》中提到的古代先知之一。阿拉伯语音译，又译“助勒基福勒”、“宰洛克福里”等。《古兰经》中只在两处将其名字同伊斯玛仪、易德立斯和业赛尔等先知并列，说他们“都是坚忍的”，“确是善人”(21：85)，“都是纯善的”(38：48)。该名称意为“承担责任者”，《古兰经》中未具体记载其事迹。有人说他是《圣经》中的以赛亚(Isajah)，也有人认为他是《圣经》中的以西结(Ezekiel)，穆斯林经注学家认为，不宜将《古兰经》中的人物与基督教《圣经》中的人物等同或相混。

（林　松）

左农(Dhu al-Nūn) 《古兰经》中记载的古代先知优努斯的别称。阿拉伯语音译，意为“鱼人”。因其一度曾被鲸鱼吞之入腹，故名。《古兰经》第21章第87～88节简述了他因向族人传教受阻“愤愤不平地离去”而被鲸鱼吞没的故事，说他在鱼腹的“重重黑暗中”频频不停地赞主，祈求宽恕，后安拉准其所求，“拯救他脱离忧患”。见优努斯。

（杨宗山）

左农·米斯里(Dhu al-Nūn al-Miṣri，约796～860) 伊斯兰教苏菲派早期著名代表人物。本名骚班·艾卜勒·斐德·伊本·易卜拉欣。左农(一译“祖奴”，意为“渔人”)为其外号。生于上埃及。其父母均为奴比亚人。青年时曾学习医学、炼金术、巫术和古希腊语，曾对埃及古迹中神秘主义的象形文字进行研究辨认。后到麦加、大马士革、库法、巴士拉等地游学，受教于各地著名伊斯兰教学者和苏菲苦修者，并体验过苏菲的禁欲苦修的宗教生活。据载，他是著名教法学家马立克门弟子，还从师于当时著名苏菲伊斯拉菲尔，遂成为苏菲教义学家。因赞成逊尼派关于《古兰经》为安拉的永恒语言，并非被造之作的主张，遭到穆尔太齐赖派的敌视。晚年在巴格达因宣传他的神秘主义主张，被逊尼派学者指责为“异端”，阿拔斯王朝哈里发穆泰瓦基勒(847～861在位)下令将他拘捕审讯。释放后回到埃及，在开罗附近的吉萨(Jiza)去世。其追随者尊他为“古土布”(Qutb，即宇宙的中枢)。左农是苏菲神智学说的奠基者。他首创了只有“入神”(Wajd)才能真正认识安拉这一观念，从而使苏菲主义得以定型。他把知识和神智加以区别。他认为，一般知识可通过个人的感官感觉或理性思维而获得；而神智却不同，它既不是“天启”，也不是理性思维，而是源自安拉一种直觉的“知识”。神智的核心是安拉的精神之光与人的心灵幸运交融，是苦修者经过精神修炼达到丧失自我，心灵沉思净化时由安拉赐予的一种知识。他认为，人生活的目的是最终达到与安拉合一，为达到这种精神境界，必须认识安拉所恩赐的神智，以直觉的入神沉思，获得安拉的真光照明，使心灵闪光，将自我完全消失在安拉的神智之中，从而达到入神的状态。在这种状态下，认识者和被认识者，爱者和被爱者复而为一，人的个体语言、意志及欲念完全丧失。左农还认为，哲学家、辩证学家用推理和证明无法获得关于安拉的真正知识，这类知识只属于安拉的圣徒(或神智者)才能领悟。左农的完整著作未留传下来，其学说仅散见于别人的著作中。900年，巴格达苏菲派学者朱奈德将他的零散学说主张经搜集、整理和注释，辑录成书，公诸于世。左农关于神秘主义炼金术的著作，流传至今。（杨克礼）

作证词(al-Shahādah) 伊斯兰教基本信仰的表白词。阿拉伯语"舍哈代"的意译。即指穆斯林必须口舌招认，内心诚信，虔诚表白信奉真主与使者的作证词："我作证'万物非主，唯有真主，独一无偶'；我作证'穆罕默德是真主的仆人与使者'"。凡欲归信伊斯兰教者，只要认识伊斯兰教基本信仰的意义，并心诚口诵此词，以示接受伊斯兰教的基本信仰，即成为穆斯林。清刘智著《天方典礼》释义谓："心念者，聚精会神，以至于本原之地。此无形无声之念也。口念者，称扬赞颂，以不忘无始之真。此有形有声之念也。口之所至，必须心至，其念始不落于虚浮。心之所至，必须口至，亦足以迪心而生其诚敬也。礼法在口念，近主在心，故念之一功，为修道之首务也"。归信伊斯兰教，要心诚口诵"作证词"，并在履行宗教功课和生活中随时诵念，临终前更须诵念，以终生保持"纯正"的信仰。（达应庚）

坐静(I'tikaf) 伊斯兰教功修之一。阿拉伯语意译。《古兰经》云："你们在清真寺里幽居的时候，不要和她们交接。这是真主的法度，你们不要临近它"(2∶187)①指在伊斯兰教历莱麦丹(斋月)的后10日，斋戒者在清真寺礼拜殿内日夜隐居，礼拜、诵经和静修，与外界隔绝，非特殊情况，不得离开。但在殿内可与来寺礼拜者交谈。若清真寺殿宽大并具备各种条件，斋戒者可入寺坐静。一般坐静者多属伊玛目或寺内其他教职人员。②中国伊斯兰教某些苏菲门宦经常举行一种道乘功课，意在去欲守静，不动尘念，举止唯敬，语默唯恭，有的连续27天，有的40天，少饮食，少睡眠，多念"迪克尔"(即赞词)，以求达到纯洁心灵，爱主近主之目的。（达应庚）

坐夜 见盖德尔之夜。

做都阿 见都阿。

附录 1

条目汉字音序目录

说明

一、本目录按汉语拼音字母的顺序排列，全卷条目的编排即依此目录为序。

二、条目顺序的编排，首先以第一字的拼音字母先后为序。如："艾敏"(Aimin)在前，"奥斯曼"(Aosiman)在后。第一字相同时，按第二字。如："阿代"(Adai)在前，"阿丹"(Adan)在后。余类推。

三、同音的字，以四声先后为序。以同为 Hu 音的四个词首字为例，其先后顺序是："呼德"(Hūde)—"胡达"(Húda)—"虎非耶"(Hǔfeiye)—"扈代"(Hùdai)。

四、四声完全相同的字，以汉字笔画由少到多为序。如："伊智"(Yizhi)在前，"依禅"(Yichan)在后。笔画数亦相同的以起笔笔形一(横)、丨(竖)、丿(撇)、丶(点)、乛(折，包括乚亅等)的顺序排列。如："袁汝琦"(Yuán Ruqi)在前，"圆经"(Yuánjing)在后。

A

B

C

D

E

F

G

H

L

M

N

O

P

T

附录 2

条目首字笔画索引

说　明

一、本索引供读者按条目标题的首字笔画查检条目。

二、首字笔画由少到多依次排列，笔画数相同的按起笔笔形一（横）、丨（竖）、丿（撇）、丶（点）、乛（折，包括亅㇆乚㇛等）的顺序排列。

一　画

二　画

三　画

四　画

五　画

六　画

附 录 3

伊斯兰教大事年表

公 元	大 事 记
约570年	△伊斯兰教创始人穆罕默德在麦加诞生
595年	△穆罕默德与麦加富孀赫蒂彻结婚
610年	△穆罕默德获安拉"启示"，授命为使者
611年	△穆罕默德组建秘密传教的"艾尔盖姆会"
612年	△穆罕默德在麦加公开传播伊斯兰教
614～615年	△麦加古莱什贵族迫害穆斯林，两批穆斯林先后避居阿比西尼亚
619年	△穆罕默德之妻赫蒂彻、伯父艾布·塔利卜相继逝世，史称"悲痛之年"
621年	△穆罕默德同叶斯里布的哈兹拉吉部落代表签订《阿克巴盟约》
622年	△穆罕默德率穆斯林从麦加迁徙麦地那；伊斯兰教历纪元开始
	△穆罕默德在库巴修建第一座清真寺；又在麦地那建"先知圣寺"
	△穆罕默德制定《麦地那宪章》，创建穆斯林公社
623年	△穆罕默德定麦加克尔白为穆斯林礼拜朝向
624年	△白德尔之战；犹太盖尼嘎尔部落被逐出麦地那
625年	△吴侯德之战；犹太奈迪尔部落被逐出麦地那
627年	△壕沟之战；穆斯林军歼助战麦加贵族的犹太古莱扎部落
628年	△穆罕默德同麦加贵族签订双方休战10年的《侯代比亚和约》
	△穆斯林军征服犹太人的据点海巴尔绿洲；斐达克、瓦吉古拉、泰玛犹太人请降
630年	△穆罕默德派使节向邻国君主致国书，劝其归信伊斯兰教
	△穆罕默德率穆斯林军光复麦加，麦加贵族及居民请降并归信伊斯兰教
	△穆斯林军在侯奈因击败塔伊夫部落联军；远征塔布克，诸犹太部落降服
631年	△阿拉伯半岛各部落派代表到麦地那向穆罕默德归服，史称"代表团之年"
632年	△穆罕默德率10万余穆斯林到麦加朝觐，史称"辞别朝觐"；同年穆罕默德在麦地那逝世
	△麦地那塞基法会议
632～634年	△伊斯兰教第一任哈里发艾布·伯克尔在位，平定了阿拉伯半岛诸部落叛乱
633年	△艾布·伯克尔命栽德·本·萨比特等搜集整理《古兰经》文，并辑录成册
	△穆斯林军奉命征服希拉城
634～644年	△伊斯兰教第二任哈里发欧麦尔在位
635～636年	△阿拉伯穆斯林军征服叙利亚，连克布斯拉、大马士革、巴勒贝克、霍姆斯、哈马等城；在叶尔穆克战役中全歼拜占庭军队
637年	△阿拉伯穆斯林军征服伊拉克，在卡迪西亚战役打败波斯萨珊王朝军队，攻占其首都泰西封；建巴士拉、库法军事营地
	△阿拉伯将领赛尔德·本·艾布·瓦嘎斯在库法建伊拉克第一座清真寺
638年	△阿拉伯军队进占圣城耶路撒冷
639年	△哈里发欧麦尔下令将622年希吉来(迁徙)定为伊斯兰教历纪元
639～642年	△阿拉伯将领阿慕尔·本·阿斯征服埃及，建弗斯塔特营地；始建埃及第一座清真寺——阿慕尔

公元	大事记
	清真寺
640年	△阿拉伯军队征服波斯，占领胡泽斯坦和伊斯法罕等地
642年	△阿拉伯将领努尔曼率军在波斯哈马丹以南的尼哈万德打败波斯萨珊王朝军队，继而征服波斯全境
642～728年	△伊斯兰教圣训学家哈桑·巴士里在世
644年	△麦地那舒拉会议
644～656年	△伊斯兰教第三任哈里发奥斯曼在位
647年	△阿拉伯军队征服的黎波里地区
650年	△叙利亚总督穆阿维叶派舰队对拜占庭发动海战，史称“船桅之役”，占领塞浦路斯岛和艾尔瓦德岛
651年	△哈里发奥斯曼遣使节到长安，与中国唐朝通好
651～798年	△阿拉伯帝国派使节来华达39次
653年	△奥斯曼命栽德·本·萨比特等校订统一《古兰经》，称“奥斯曼定本”，流传至今
656～661年	△伊斯兰教第四任哈里发阿里在位；从麦地那迁都库法
7世纪中叶	△穆尔吉埃派出现
656年	△骆驼之战；伊斯兰教史上第一次内战开始
657年	△隋芬之战；阿里队伍分裂
658年	△哈瓦利吉派脱离阿里队伍，在哈鲁拉村推举阿卜杜拉·拉西比为哈里发
	△穆阿维叶令阿慕尔率军夺取埃及
	△阿里与穆阿维叶双方派代表在哈兹鲁哈举行仲裁会议
659年	△纳赫拉万之战
660年	△穆阿维叶于耶路撒冷被拥戴称哈里发
661年	△阿里被哈瓦利吉派刺杀，正统哈里发时期结束
	△伊拉克阿里的追随者拥戴阿里长子哈桑为哈里发
661～750年	△阿拉伯帝国伍麦叶王朝时期，建都大马士革，中国史称“白衣大食”
661～680年	△伍麦叶王朝第一任哈里发穆阿维叶一世在位
663～670年	△阿拉伯军队征服呼罗珊
669年	△阿里长子哈桑逝世
670年	△阿拉伯军事将领欧格白·伊本·纳菲尔率军征服西北非，建凯鲁万城，始建造北非第一座欧克白清真大寺
674年	△阿拉伯军队越阿姆河，侵入中亚布哈拉
678年	△穆罕默德之妻阿伊莎逝世，生前传述有圣训2千余条
680年	△穆阿维叶一世生前宣布其子耶济德继哈里发位，开创哈里发制度之世袭制
	△卡尔巴拉惨案，阿里次子侯赛因被杀；此后什叶派形成
	△库法阿里派的“忏悔者运动”出现
680年	△什叶派穆赫塔尔占领库法
680～683年	△伍麦叶王朝第二任哈里发叶济德在位
683～692年	△阿卜杜拉·伊本·祖拜尔于麦加自称哈里发，任命盖斯人首领达哈克为叙利亚临时摄政者
683年	△叙利亚阿拉伯部落的盖斯人与凯勒卜人之间展开战争
684～685年	△伍麦叶王朝第四任哈里发麦尔旺一世在位，麦尔旺家族系任哈里发开始
685～687年	△穆赫塔尔在库法领导什叶派起义，后其追随者形成凯桑尼派
685～705年	△伍麦叶王朝第五任哈里发阿卜杜勒·麦利克在位，推行阿拉伯化的一系列政策
691年	△阿卜杜勒·麦利克敕令修建耶路撒冷阿克萨清真寺
692年	△哈贾吉奉命率兵攻占麦加，阿卜杜拉·祖拜尔被杀；随后镇压了哈瓦利吉派在各地的叛乱
695年	△哈贾吉在库法铸造金币第纳尔
约699～765年	△什叶派第六任伊玛目贾法尔·萨迪格在世，从事圣训和教法研究
699～767年	△逊尼派教法学家艾布·哈尼法在世
	△伊斯兰教艾巴德派形成
约699年	△阿里庶出之子穆罕默德·本·哈奈菲叶逝世；凯桑尼派遵其为伊玛目
703年	△突尼斯栽图那清真寺建成，附设有宗教大学
705～715年	△伍麦叶王朝第六任哈里发瓦利德

公元	大事记
	一世在位，为伊斯兰教史上的第二次对外征服时期
	△古太白·本·穆斯林任呼罗珊总督，率军征服中亚，数年内先后攻占吐火罗斯坦、巴里黑、布哈拉、撒马尔罕、花剌子模、拔汗那
710～713年	△穆罕默德·伊本·卡西姆率军先征服莫克兰，通过俾路支，次年由海路攻入印度，占领信德；713年征服木尔坦
711年	△塔立克·本·齐亚德从北非率军渡海征服安达卢西亚
712年	△穆萨·本·努赛尔率军进入安达卢西亚，次年与塔立克会师
712～795年	△逊尼派教法学派马立克·本·艾奈斯在世，编有《穆宛塔圣训集》
715年	△哈里发瓦利德在大马士革建成伍麦叶清真大寺
715～717年	△伍麦叶王朝第七任哈里发苏莱曼在位
717～720年	△伍麦叶王朝第八任哈里法欧麦尔二世在位，实行税制改革，大批异教徒改宗伊斯兰教
718年	△穆斯林军攻入法兰克，在纳尔本建立军事营地
720～724年	△伍麦叶王朝第九任哈里发耶济德二世在位
724～743年	△伍麦叶王朝第十任哈里发希沙姆在位
732年	△图尔——普瓦提埃战役，穆斯林军被法兰克人击败，阿拉伯穆斯林军西征结束
733年	△哈里斯·伊本·苏拉吉任呼罗珊总督，后起兵反对伍麦叶人
740年	△阿里曾孙栽德在库法领导什叶派起义，在巷战中阵亡，其追随者形成栽德派
742～891年	△赛义德·拉赫曼·艾什尔里家族为库姆什叶派公社族长时期
743年	△栽德之子叶海亚再次发动起义
	△阿拔斯曾孙穆罕默德·本·阿里逝世
745年	△哈瓦利吉派运动复起，推选达哈克·盖斯·舍巴尼为哈里发
	△贾卜里叶派代表人物贾赫姆·伊本·沙夫旺逝世
746年	△哈希姆家族族长易卜拉欣派遣艾布·穆斯林到呼罗珊组织推翻伍麦叶王朝起义
747～749年	△艾布·穆斯林在呼罗珊发动起义，先后攻占内沙布尔、木鹿、库法，率众向艾布·阿拔斯宣誓效忠
748年	△穆尔太齐赖派创始人之一瓦绥勒·伊本·阿塔逝世
750年	△艾布·穆斯林起义军攻占大马士革，伍麦叶王朝灭亡
750～1258年	△阿拉伯帝国阿拔斯王朝时期，初建都伊拉克北部安巴尔，中国史称“黑衣大食”
750～754年	△阿拔斯王朝第一任哈里发艾布·阿拔斯在位，人称“赛法哈”(屠夫)
750年	△哈里发艾布·阿拔斯以“谋反罪”密令杀害开国元勋艾布·萨马拉
751年	△穆斯林军征服中亚赭时(今塔什干)
	△唐将高仙芝率兵攻阿拉伯军队于怛逻斯(今江布尔)城，大败而归；被俘唐军中有造纸工匠，造纸术遂传阿拉伯
752年	△哈里发军队镇压哈瓦利吉派起义
	△苏菲派女吾里拉比尔·阿德维娅去世，始创神爱论学说
753～850年	△穆尔太齐赖派思想家艾布·胡栽勒在世
754～775年	△阿拔斯王朝第二任哈里发艾布·贾法尔·曼苏尔在位
754年	△曼苏尔为消除异己，击败其叔父易卜拉欣并监禁致死；杀害开国元勋艾布·穆斯林
	△哈瓦利吉派在叙利亚东北部的哲齐赖(河洲)再次发动起义
755年	△伍麦叶王子阿卜杜·拉赫曼逃至马格里布，后抵达西班牙
756～1031年	△安达卢西亚后伍麦叶王朝时期，建都科尔多瓦，中国史称“西大食”
756～788年	△后伍麦叶王朝第一任埃米尔阿卜杜·拉赫曼一世在位
757年	△唐肃宗借大食、回鹘军平定“安史之乱”；后大食兵留居中国
	△文学家伊本·穆卡法被哈里发曼苏尔以“伪信者”罪处以焚刑
758年	△阿拉伯和波斯海商在广州暴动，

公元	大事记
	驱走刺史韦见利，旋即浮海而去
758～761年	△哈瓦利吉派的艾布·哈塔布领导北非柏柏尔人起义
760年	△什叶派伊玛目贾法尔·萨迪格长子伊斯玛仪逝世，其追随者形成伊斯玛仪派
	△唐平卢兵马使田神功掠扬州，杀大食、波斯商人数千人
762年	△哈里发曼苏尔建成并迁新都巴格达城，后发展成阿拉伯帝国的政治、经济、宗教和文化中心
	△穆尔太齐赖派创始人之一阿慕尔·本·欧拜德逝世
	△哈桑重孙穆罕默德·伊本·阿卜杜拉起义失败后被杀
	△中亚怛罗斯之战中被俘的杜环游历阿拉伯10余年后，从广州回国，将其见闻撰成《经行记》，为中国最早记载伊斯兰教的史籍
763年	△哈桑重孙易卜拉欣发动起义失败被杀
767～820年	△逊尼派法学家沙斐仪在世，创建了伊斯兰教法学体系
768年	△历史学家伊本·伊斯哈格逝世，著有《先知传》
774年	△法学家、表义学派的奠基者奥扎仪逝世
775～785年	△阿拔斯王朝第三任哈里发马赫迪在位
776～854年	△穆尔太齐赖派教法学家、大法官伊本·艾布·杜尔德在世
776年	△化学家贾比尔·伊本·哈彦享誉于库法，以禁欲主义著称
776～908年	△北非提阿雷特艾巴德派罗斯图姆王朝时期
776～783年	△呼罗珊穆盖奈尔起义
778年	△巴里赫王子、苏菲禁欲主义者易卜拉欣·本·艾德罕逝世
780～850年	△数学家、天文学家穆罕默德·本·穆萨·花拉子密在世
780～855年	△逊尼派教法学家穆罕默德·本·罕百勒在世
781～857年	△苏菲派著名教义学家穆哈西比在世
785年	△哈桑曾孙伊德里斯·本·阿卜杜拉于麦加参加什叶派起义，失败后逃至北非
785～786年	△阿拔斯王朝第四任哈里发哈迪在位
786年	△阿拉伯语法学的创始人哈利勒·伊本·艾哈迈德逝世
786～803年	△阿拔斯王朝时波斯巴尔马克家族掌权的时期
786～809年	△阿拔斯王朝第五任哈里发哈伦·拉希德在位
788～974年	△北非非斯什叶派伊德里斯王朝时期
793年	△西班牙科尔多瓦清真大寺建成，附设有宗教大学
	△阿拉伯著名语言学家西拜韦逝世
796～822年	△西班牙后伍麦叶王朝第三任埃米尔哈凯姆一世在位
798年	△逊尼派哈乃斐派教法学家艾布·优素福逝世
800～909年	△北非艾格莱卜王朝时期
801～873年	△阿拉伯哲学家肯迪在世
803年	△哈里发哈伦·拉希德罢黜巴尔马克家族
809年	△摩洛哥非斯卡拉维因清真大寺建成
809～813年	△阿拔斯王朝第六任哈里发艾敏在位；艾敏和马蒙阋墙之争
810～870年	△圣训学家布哈里在世，辑有《布哈里圣训实录》
813～833年	△阿拔斯王朝第七任哈里发马蒙在位，倡导赞助伊斯兰学术文化
816～838年	△阿塞拜疆巴贝克起义
816～817年	△哈里发马蒙宣布立什叶派第八任伊玛目阿里·里达为王储，并以女嫁之
817～889年	△圣训学家艾布·达乌德在世，辑有《艾布·达乌德圣训集》
820～872年	△波斯塔希尔王朝时期
821～874年	△圣训学家穆斯林·本·哈贾吉在世，辑有《穆斯林圣训实录》
822年	△历史学家瓦基迪逝世，著有《武功记》
822～852年	△西班牙后伍麦叶王朝第四任埃米尔阿卜杜·拉赫曼二世在位
824～887年	△圣训学家伊本·马哲在世，辑有《伊本·马哲圣训集》
827年	△马蒙推崇穆尔太齐赖派教义，下敕令宣布“《古兰经》受造说”为官方信条

公　元	大　事　记
830 年	△马蒙在巴格达创建综合学术机构“智慧馆”，掀起翻译运动高潮
831 年	△北非艾格莱卜王朝军队攻占西西里岛巴勒莫
832 年	△马蒙设宗教裁判所，审讯和迫害对穆尔太齐赖派学说持异议者
833 年	△诵经学家伊本·穆罕默德·加扎里去世，著有《加扎里概论》
833～842 年	△阿拔斯王朝第八任哈里发穆尔台绥姆在位，始建突厥奴隶近卫军
836 年	△阿拔斯王朝从巴格达迁都萨马拉城
836/845 年	△穆尔太齐赖派学者奈萨姆逝世
838～923 年	△历史学家、古兰经注家泰伯里在世，著有《历代先知与帝王史》、《古兰经注》
847～861 年	△阿拔斯王朝第十任哈里发穆泰瓦基勒在位，迫害穆尔太齐赖派
848 年	△唐代入华的阿拉伯人李彦升中进士
850～941 年	△阿拉伯诗人鲁达基在世
851 年	△阿拉伯商人苏莱曼将其在中国、印度之见闻，整理编成《苏莱曼游记》，为阿拉伯人最早的中国游记
852～886 年	△后伍麦叶王朝第五任埃米尔穆罕默德一世在位
859 年	△穆罕默德一世下令处死反伊斯兰教的科尔多瓦基督教主教攸罗吉阿斯，平息了动乱
859～935 年	△诵经学家伊本·穆扎希德在世，著有《七种诵读法》
860 年	△栽德派教义学家卡西姆·拉西·本·易卜拉欣逝世
	△苏菲派神智论的奠基人左农·米斯里逝世
860～940 年	△阿拉伯文学家伊本·阿卜杜·赖比在世
864～925 年	△阿拉伯著名医学家、哲学家拉齐在世
864～1126 年	△里海南部什叶派的栽德派王朝时期
867～908 年	△波斯萨法尔王朝时期
868～906 年	△埃及、叙利亚的图伦王朝时期
869～883 年	△巴士拉赞吉(黑奴)起义
870～950 年	△阿拉伯著名哲学家法拉比在世
873～935 年	△伊斯兰教逊尼派教义学家艾什尔里在世，后其追随者形成艾什尔里派
874 年	△伊斯玛仪派总传教师阿卜杜拉·伊本·麦蒙逝世
874～999 年	△中亚、波斯萨曼王朝时期
875 年	△苏菲派著名学者巴耶济德·比斯塔米逝世
877 年	△艾哈迈德·伊本·图伦占领叙利亚
878 年	△伊斯玛仪派传教师哈姆丹·卡尔马特在库法传播其教义，追随者形成卡尔马特派
881 年	△卡尔马特派于也门马斯瓦山建立传道据点
883 年	△伊斯玛仪派传教师赫萨姆到印度信德传教
886～940 年	△阿拉伯语法学家、书法家伊本·穆格莱在世，他确定了《古兰经》文本的统一书写法
889 年	△历史学家伊本·古太白逝世
890 年	△卡尔马特派在伊拉克活动
892 年	△圣训学家提尔密济逝世，辑有《提尔密济圣训集》
	△历史学家白拉左里逝世，著有《诸国征服记》、《贵族谱系》
893 年	△也门伊斯玛仪派传教师艾布·阿卜杜拉·侯赛因受遣赴马格里布传播该派教义
899 年	△赛义德·伊本·麦蒙任叙利亚伊斯玛仪派总部总传教师，自称欧拜杜拉·马赫迪
899～1077 年	△巴林卡尔马特国时期
900 年	△哈姆丹·卡尔马特脱离叙利亚伊斯玛仪总部，在库法建传道中心“迁士之家”
901～1962 年	△也门栽德派伊玛目国时期
909～1171 年	△北非什叶派法蒂玛王朝时期，初建都马赫迪叶城
909～934 年	△法蒂玛王朝第一任哈里发欧拜杜拉·马赫迪在位
910 年	△苏菲派著名学者祝奈德逝世
911 年	△欧拜杜拉·马赫迪下令以“谋反罪”杀害开国元勋艾布·阿卜杜拉·侯赛因
约 912 年	△地理学家伊本·胡尔达兹贝去世，著有《道程及郡国志》
912～961 年	△西班牙后伍麦叶王朝第八任埃米尔阿卜杜拉·拉赫曼三世在位

公元	大事记
913～942年	△萨曼王朝埃米尔奈斯尔二世在位
10世纪初～1212年	△中亚喀喇汗王朝时期
914年	△法蒂玛王朝军队攻占埃及亚历山大城
915～965年	△阿拉伯诗人穆泰纳比在世
915年	△圣训学家奈萨仪逝世,辑有《奈萨仪圣训集》
922年	△苏菲派学者哈拉智被宗教法庭判以"异端",处以焚刑
929年	△阿卜杜·拉赫曼三世宣布自称哈里发;后伍麦叶王朝遂称为科尔多瓦哈里发国
	△阿拉伯天文学家白塔尼逝世
	△叙利亚哈姆丹王朝时期
930年	△卡尔马特派攻占麦加,劫走克尔白黑石,30年后归还
931年	△西班牙神秘主义哲学家伊本·麦萨赖逝世
934年	△布韦希人攻占波斯法尔斯,以设拉子为首府
935～969年	△埃及伊赫什德王朝时期
939年	△什叶派圣训编纂家库莱尼逝世,汇编有《宗教学大全》
940～1020年	△波斯著名诗人费尔多西在世,编著有英雄史诗《王书》
942年	△逊尼派教义学家塔哈维逝世
944年	△逊尼派教义学家马图里迪逝世
945～1055年	△波斯和伊拉克的什叶派布韦希王朝时期
945年	△阿拔斯王朝哈里发穆斯泰克菲授予布韦希人艾哈迈德"大元帅"官职和"穆仪兹·道莱"(国家的支持者)称号
955年	△喀喇汗王朝素丹萨图克·布格拉汗去世
957年	△历史学家、地理学家麦斯欧迪逝世,著有《黄金草原》
960年	△中亚突厥人20万帐归信伊斯兰教
961～964年	△鲁穆(罗姆)穆斯林天文学家马依泽入华修历法,被授钦天监正,落居泾阳
962～1186年	△阿富汗伽色尼王朝时期
962年	△穆仪兹·道莱下令确定什叶派节日
962～1013年	△西班牙历史学家伊本·法拉吉在世,著有《安达卢西亚学者列传》
969年	△法蒂玛王朝军队占领埃及,始建开罗城
约970～972年	△巴士拉哲学团体精诚兄弟社出现,在巴格达设有分社
970年	△塞尔柱突厥人入侵西亚
972年	△法蒂玛王朝将领昭海尔奉命建开罗爱资哈尔清真寺,成为伊斯玛仪派的教育和宗教中心
973年	△法蒂玛王朝从北非马赫迪叶迁都开罗,王朝统治中心转入埃及
973～1050年	△历史学家、天文学家比鲁尼在世,著有《古代遗迹》、《印度志》、《天文学和占星学原理》
974年	△伊斯玛仪派著名教法家努尔曼逝世,著有《伊斯兰教基础》
975～996年	△法蒂玛王朝第五任哈里发阿齐兹在位
980～1037年	△哲学家、医学家伊本·西那(阿维森纳)在世
990年	△地理学家麦格吉西去世,著有《各地知识的最佳分类》
991～1096年	△摩苏尔乌卡勒王朝时期
约992年	△什叶派圣训编纂家伊本·巴拜韦·库米逝世,辑有《教法学家不予光顾的人》
991～992年	△喀喇汗王朝攻占撒马尔罕和布哈拉
994～1064年	△西班牙哲学家、文学家伊本·哈兹姆在世
995年	△中国北京牛街礼拜寺创建
995～1067年	△什叶派圣训编纂家伊本·哈桑·图西在世,辑有《圣训辨异》和《教法修正》
995～1231年	△中亚、波斯花剌子模沙王朝时期
996年	△喀喇汗王朝军队击败于阗佛教军队,收复喀什噶尔城
996～1021年	△法蒂玛王朝第六任哈里发哈基姆在位,什叶派德鲁兹派兴起
996年	△阿拉伯回回大师谢赫·纳速鲁丁请宋太宗赐建北京牛街礼拜寺,为掌教
998～1030年	△伽色尼王朝国君马哈茂德在位,阿拔斯王朝哈里发封其"素丹"称号
999～1006年	△喀喇汗王朝征服新疆于阗、叶尔羌佛教地区,伊斯兰教得到传播
1001～1026年	△伽色尼王朝占领印度北部
1003～1088年	△什叶派伊斯玛仪派传教师纳绥

公元	大事记
	尔·霍斯鲁在世
1009年	△中国泉州圣友寺创建
1009～1070年	△苏菲派著名学者侯吉维里在世
1012～1090年	△西班牙格拉纳达齐理王朝时期
1012～1150年	△伊拉克希拉马兹亚德王朝时期
1013年	△艾什尔里派著名学者艾布·伯克尔·巴基拉尼逝世
1016～1081年	△西班牙马拉加哈穆德王朝时期
1017年	△波斯什叶派传教师德拉齐、哈姆扎、伊本·阿里到埃及开罗传道，神化哈里发哈基姆，创德鲁兹教派
1021年	△伊斯玛仪派传教师哈米德丁·基尔曼尼逝世
1023～1079年	△叙利亚阿勒颇米尔达斯王朝时期
1023～1091年	△西班牙塞维利亚阿巴德王朝时期
1027～1031年	△西班牙后伍麦叶王朝末代哈里发希沙姆三世在位
1030年	△哲学家米斯凯韦逝世
1031年	△后伍麦叶王朝哈里发希沙姆三世被废除，从此哈里发国分裂为20多个地方割据王朝
1032～1085年	△西班牙托莱多的左农王朝时期
1037年	△塞尔柱突厥人攻占伽色尼王朝辖地木鹿、内沙布尔等地
1039～1141年	△西班牙萨拉戈萨呼德王朝时期
1047年	△阿拉伯文献编纂家伊本·奈迪姆去世，编有《书目大全》
1055年	△塞尔柱突厥将领突格里勒率军入主巴格达，灭布韦希王朝，哈里发嘎伊姆封他为“储王之王”，授予“素丹”称号，哈里发仅保留宗教权力
1055～1194年	△塞尔柱帝国时期
1058年	△布韦希王朝突厥将领白萨西里从埃及率兵攻占巴格达，胁持哈里发达10个月之久
1058～1111年	△伊斯兰教权威教义学家安萨里在世
1060年	△塞尔柱人战胜布韦希将领白萨西里，以叛国罪处以死刑
1061～1147年	△北非柏柏尔人的穆拉比特王朝时期
1061～1106年	△穆拉比特王朝奠基者优素福·伊本·塔什芬在世
1063～1072年	△塞尔柱帝国素丹艾勒卜·艾尔斯兰在位

公元	大事记
1063～1092年	△塞尔柱帝国著名首相尼扎姆·穆勒克在位，奉艾什尔里派教义为官方信条
1065～1067年	△尼扎姆·穆勒克在巴格达创建尼采米亚大学，传播艾什尔里派教义和沙斐仪学派教法
1067年	△伊斯玛仪派传教师艾布·阿拉自也门到印度传道
1069～1070年	△喀喇汗王朝学者优素福·哈斯·哈吉布撰《福乐智慧》成书
1071年	△塞尔柱人在曼西科特战役中打败拜占庭军队，开始定居小亚细亚
	△苏菲派著名学者侯吉维里逝世
1072～1074年	△喀喇汗王朝著名学者马哈茂德·喀什噶里编写的《突厥语大词典》成书
1072～1092年	△塞尔柱帝国素丹麦利克沙在位
1074～1075年	△麦利克沙下令修改波斯历法，哲拉里历法问世
1074年	△艾什尔里派学者库萨姆逝世
1074～1153年	△哲学家、史学家舍赫拉斯塔尼在世
1075～1144年	△穆尔太齐赖派著名经学家宰迈赫舍里在世
1076年	△穆拉比特军队征服加纳，伊斯兰教传入
	△塞尔柱人攻占大马士革
1077～1308年	△小亚细亚塞尔柱罗姆素丹国时期
1078年	△塞尔柱人攻占耶路撒冷
1078～1130年	△北非穆瓦希德运动的奠基者伊本·突麦尔特在世
1080～1150年	△苏菲派学者、诗人萨纳伊在世
1085年	△艾什尔里派著名学者、两圣地教长朱韦尼逝世
1086年	△优素福·本·塔什芬打败西班牙国王阿尔封索六世
1086～1091年	△穆拉比特王朝征服西班牙诸小穆斯林王朝，以塞维利亚为陪都
1090～1256年	△波斯伊斯玛仪支派尼扎尔派以阿拉木特要塞为中心的伊玛目国时期，中国史称“木乃夷国”
1091年	△塞尔柱素丹将统治中心从伊斯法罕迁到巴格达
	△尼扎姆·穆勒克任命安萨里为巴格达尼采米亚大学首席教授，享有盛名
1094年	△埃及伊斯玛仪派分裂为尼扎尔派

公元	大事记
	和穆斯塔利派
1097～1166年	△苏菲派著名学者阿卜杜勒·卡迪尔·吉拉尼在世，其追随者组成卡迪里教团
1097～1168年	△苏菲派著名学者艾布·纳吉布·苏哈拉瓦迪在世，其追随者形成苏哈拉瓦迪教团
1098～1408年	△伊拉克北部阿尔图格王朝时期
1099年	△第一次十字军东侵，占领耶路撒冷
1101年	△伊拉克希拉城成为什叶派的宗教学术中心
1106～1182年	△苏菲派著名学者艾哈迈德·本·阿里·里法伊在世，其追随者组成里法伊教团
1113年	△西亚伊斯兰教各国人民发动向十字军反击
1120年	△北非穆瓦希德王朝的奠基者伊本·突麦尔特自称马赫迪，传播认主独一教义
1123/1124年	△天文学家、诗人欧麦尔·赫亚姆逝世
1124年	△尼扎尔派奠基人哈桑·伊本·萨巴赫逝世
1126～1198年	△西班牙著名哲学家、医学家伊本·路世德(阿维罗伊)在世
1127～1262年	△叙利亚赞吉王朝时期，抗击十字军东侵
1138年	△西班牙哲学家伊本·巴哲逝世
1140～1260年	△叙利亚尼扎尔派控制卡德穆斯、马西亚德等要塞，其首领称“山中长老”
1144年	△赞吉率穆斯林军反击十字军东侵，夺回鲁哈城
1145～1229年	△苏菲派学者、诗人法里德丁·穆罕默德·阿塔尔在世
1145年	△什叶派学术中心由希拉转到叙利亚阿勒颇
1146～1147年	△赞吉之子努尔丁战胜第二次十字军入侵
1147～1269年	△北非、西班牙穆瓦希德王朝时期
1150～1206年	△阿富汗、印度的古尔王朝时期
1153～1191年	△苏菲照明学派的创始人希哈布丁·叶海亚·苏哈拉瓦迪在世
1157年	△塞尔柱帝国素丹桑贾尔逝世，在巴格达统治结束
1160～1234年	△历史学家伊本·艾西尔在世，著有《历史大全》、《莽丛群狮》

公元	大事记
1162～1166年	△尼扎尔派伊玛目哈桑·阿拉·吉克里希·萨拉姆在位
1165～1240年	△苏菲派著名哲学家伊本·阿拉比在世
1166年	△中亚苏菲派亚萨维教团创始者艾哈迈德·亚萨维逝世
	△地理学家伊德里斯逝世
1169年	△赞吉素丹努尔丁派兵协助埃及法蒂玛王朝抗击十字军
	△谢赫拉希德丁·息南改组叙利亚尼扎尔派
1170年	△穆瓦希德王朝迁都西班牙的塞维利亚
1171～1250年	△埃及、叙利亚阿尤布王朝时期
1171～1193年	△阿尤布王朝素丹萨拉丁在位，在埃及恢复逊尼派统治
1176年	△萨拉丁进军叙利亚尼扎尔派要塞，后双方达成协议
1178～1228年	△历史和地理学家雅古特在世，著有《地名辞典》、《文学家传记》
1181～1235年	△苏菲派学者、诗人欧麦尔·伊本·法里德在世
1185年	△西班牙哲学家、文学家伊本·图菲利逝世
	△古尔王朝灭伽色尼王朝
1187年	△萨拉丁在哈丁击败十字军，收复耶路撒冷
1189～1192年	△第三次十字军东侵
1196～1258年	△苏菲派沙兹里教团创始人哈桑·阿里·沙兹里在世
1200年	△古兰经注学家伊本·朱济逝世，著有《经学艺术撷精》、《古兰诸学问之撮要》
1200～1276年	△苏菲派巴达维教团创始人艾哈迈德·拜达维在世
1200～1220年	△花剌子模沙阿拉丁·穆罕默德在位
1200～1273年	△什叶派学者、天文学家纳绥尔丁·图西在世
1206～1526年	△印度德里素丹国时期
1206～1290年	△德里素丹国奴隶王朝时期
1207～1273年	△苏菲派毛拉维教团创立者、著名诗人哲拉鲁丁·鲁米在世
1209～1291年	△波斯著名苏菲诗人萨迪在世
1211年	△西辽屈出律下令强制穆斯林改宗，毁清真寺
1211～1279年	△云南平章政事赛典赤·赡思丁

公　元	大　事　记
	在世
1211～1282 年	△历史学家、哲学家伊本·赫里康在世
1212 年	△穆瓦希德王朝 60 万军队被西班牙卡斯提尔基督教王国军队打败，哈里发逃往北非
1215 年	△古尔王朝为花剌子模所灭
1218 年	△花剌子模沙杀蒙古成吉思汗所派贸易商队，掠其货物
1220～1221 年	△蒙古成吉思汗率大军西侵，攻克撒马尔罕、花剌子模首府玉龙杰赤；其部将攻占马鲁、内沙布尔等，屠城；俘获穆斯林工匠数万人解蒙古
1226 年	△中亚苏菲派库布拉维教团创始人奈迪姆丁·库布拉维逝世
1228～1574 年	△突尼斯柏柏尔人的哈夫斯王朝时期
1232～1492 年	△西班牙格拉纳达奈斯尔王朝时期
1233 年	△巴格达穆斯坦绥里耶大学创办
1235～1660 年	△西非马里帝国时期
1235～1554 年	△阿尔及利亚特累姆森的阿卜德·瓦德王朝时期
1248～1254 年	△第七次十字军东侵，法王路易九世进攻埃及被俘
1248～1569 年	△摩洛哥非斯马林王朝时期
1250～1517 年	△埃及、叙利亚马穆鲁克王朝时期
1250～1382 年	△马穆鲁克河洲系统治时期
1255～1296 年	△苏菲派杜苏给教团创始人杜苏给在世
1256～1353 年	△中亚波斯的蒙古伊儿汗国时期
1256 年	△蒙古人攻占波斯尼扎尔派阿拉木特等要塞，伊玛目鲁克尼丁·库尔沙被杀
1258 年	△蒙古旭烈兀军攻占巴格达，灭阿拔斯王朝，阿拉伯帝国历史结束
1259 年	△蒙古旭烈兀令纳绥尔丁·图西在波斯马拉格建天文台，后编成“伊儿汗历”
1260 年	△马穆鲁克军队在艾因·扎鲁特战役中击败蒙古军的西侵，杀其统帅怯的不花
	△马穆鲁克素丹拜伯尔斯立阿拔斯王室后裔艾布·卡西姆为傀儡哈里发，至 1517 年埃及共立 16 任哈里发
1263 年	△中国西安大学习巷清修寺创建
1263～1268 年	△马穆鲁克王朝以重兵给入侵西亚的十字军以沉重打击，收复部分失地
1263～1328 年	△罕百里派教法学家伊本·泰米叶在世
1265 年	△素丹拜伯尔斯在埃及确立逊尼派四大法学派的法官制度
1266 年	△古兰学家艾布·沙麦逝世，著有《古兰学简引》
	△元代回回建筑学家亦黑迭儿丁任茶迭儿局总管府达鲁花赤
1267 年	△元代穆斯林天文学家扎马鲁丁撰“万年历”，并制造天文仪器 7 种
1269 年	△北非马林人占领马拉喀什，灭穆瓦希德王朝
1270 年	△元政府在大都（今北京）设广惠司，专掌修制御用回回药物及和剂
1271 年	△元世祖令设立回回司天台，秩从五品
1278 年	△元世祖授予回回炮手阿老瓦丁宣武将军、管军总管
1280 年	△霍姆斯战役，马穆鲁克王朝军队大败蒙古军
1281 年	△元政府在京师设置回回炮手都元帅府
1289 年	△元政府设回回国子学，教习亦思替非文字
1290～1321 年	△德里素丹国卡尔基王朝时期
1291 年	△马穆鲁克王朝军队攻占十字军最后据点阿克，十字军东侵以失败告终
1292 年	△印度古吉拉特穆斯林商人将伊斯兰教传入印尼须文达剌
1295～1304 年	△伊儿汗国合赞汗在位，推行伊斯兰化政策
1299 年	△奥斯曼一世创建奥斯曼国家
1304～1377 年	△阿拉伯旅行家伊本·白图泰在世，撰有《伊本·白图泰游记》
1307～1332 年	△马里帝国君主曼萨·穆萨在位
1313 年	△伊儿汗国历史学家拉希德丁主编《伊儿汗的中国科学宝藏》
1314 年	△元政府正式设立回回国子监，定学官及生员 50 人
1314～1393 年	△波斯穆扎法尔王朝时期
1317～1389 年	△中亚苏菲派纳格什班迪耶教团创始人巴哈乌丁·纳格什班迪在世

公元	大事记
1320～1389年	△波斯苏菲派诗人舍姆斯丁·穆罕默德·哈菲兹在世
1320～1414年	△德里素丹国图格鲁克王朝时期
约1322年	△察合台后王秃黑鲁·帖木儿改宗伊斯兰教
1325年	△马里廷巴克图桑科尔大学建成
1332～1406年	△历史哲学家伊本·赫勒敦在世
1334年	△萨法维教团创立者萨菲丁逝世
1336～1411年	△伊拉克哲拉伊尔王朝时期
1336～1576年	△印度孟加拉素丹国时期
1336～1405年	△帖木儿在世
1345～1346年	△印尼须文达剌——巴赛王国统治者宣布奉行沙斐仪教法
1346～1589年	△克什米尔素丹国时期
1347～1527年	△印度巴赫马尼王朝时期
1348年	△中国元代杨受益撰成河北定州《重建礼拜寺记》碑文
1349年	△中国元代吴鉴撰成泉州《重立清净寺碑》
1350年	△中国元代郭嘉撰成广州《重建怀圣寺记》碑文
1359～1389年	△奥斯曼帝国素丹穆拉德一世在位
1362年	△奥斯曼军队占领亚得里亚堡
1368年	△中国明太祖朱元璋敕赐清真寺《至圣百字赞》文
1370～1507年	△帖木儿帝国时期
1370～1601年	△印度坎德什素丹国时期
1375～1468年	△波斯什叶派黑羊王朝时期
1378～1508年	△波斯土库曼白羊王朝时期
1382年	△中国明太祖敕令钦天监回回大师马沙亦黑等人译回回天文书
1382～1517年	△马穆鲁克碉楼系统治埃及
1389～1403年	△奥斯曼帝国素丹巴耶济德一世在位
1394～1479年	△印度江普尔素丹国时期
1398年	△帖木儿率12万大军侵入印度，劫德里等城
1401～1531年	△印度马尔瓦素丹国时期
1403年	△帖木儿在安卡拉战役中击败奥斯曼军队，俘获素丹巴耶济德一世
1403～1641年	△马来亚马六甲王国时期
1403～1414年	△马六甲王国国王拜里迷苏剌在位
1405～1430年	△中国明代回族航海家郑和七下西洋，访问亚、非30多个国家
1405～1447年	△帖木儿帝国素丹沙哈鲁在位
1408年	△勃泥(文莱)国王麻那惹加乃率眷属、陪臣150多人来华访问，病故于南京，葬于乌龟山南麓
1414～1451年	△德里素丹国赛义德王朝时期
1414～1492年	△苏菲派学者、诗人努尔丁·阿卜杜·拉赫曼·贾米在世
1417年	△苏禄国东王巴都葛叭答剌等率领340多人使团访问中国，在归途中病故于山东德州，明永乐皇帝下令厚葬，建墓立碑
1421～1451年	△奥斯曼帝国素丹穆拉德二世在位
1430年	△撒马尔罕兀鲁伯天文台建成
约1433年	△郑和下西洋的随行穆斯林助手数人到麦加朝觐，绘制了“天房图”
1444年	△奥斯曼军队在瓦尔纳战役打败波、匈联军
1445～1505年	△经注学家哲拉鲁丁·苏尤提在世，著有《经注学大观》、《古兰学通论》
约1447年	△北京东四清真寺创建
1451～1481年	△奥斯曼帝国素丹穆罕默德二世在位
1451～1510年	△中亚乌兹别克汗国昔班尼汗在位
1451～1526年	△德里素丹国罗第王朝时期
1453年	△奥斯曼军队攻占君士坦丁堡，拜占庭帝国灭亡
1464～1680年	△西非桑海帝国时期
1464～1492年	△桑海帝国创建者桑尼·阿里在位
1489～1588年	△奥斯曼帝国著名建筑师锡南在世
1492年	△西班牙奈斯尔王朝灭亡，后穆斯林被逐出西班牙
1493～1528年	△桑海帝国国王穆罕默德·杜尔在位
约1500～1873年	△印度尼西亚齐国时期
1500～1920年	△中亚布哈拉汗国时期
1502～1772年	△波斯萨法维王朝时期
1502～1524年	△萨法维王朝创建者伊斯玛仪一世在位，奉什叶派的十二伊玛目派为国教
1504～1821年	△非洲芬吉素丹国时期
1512～1920年	△奥斯曼帝国素丹赛利姆一世在位
1514～1680年	△中国新疆叶尔羌汗国时期
1517年	△奥斯曼军队征服埃及，灭马穆鲁克王朝，俘获傀儡哈里发
	△也门诸埃米尔王朝及麦加谢里夫臣服奥斯曼素丹
1519年	△奥斯曼帝国派兵控制北非
1520～1566年	△奥斯曼帝国素丹苏莱曼一世在位
1522～1597年	△中国伊斯兰教清真寺经堂教育的

公元	大事记
	莫基者胡登洲在世
1526～1857 年	△印度莫卧儿帝国时期
1526～1530 年	△莫卧儿帝国的创建者巴布尔在位
1527～1582 年	△印度尼西亚淡目国时期
1528 年	△中国山东济南清真南大寺掌教陈思撰成《来复铭》碑，以理学阐扬伊斯兰教
1538～1568 年	△奥斯曼帝国控制阿拉伯半岛东南部地区
1540～1555 年	△印度苏尔王朝时期
1551 年	△奥斯曼帝国占领的黎波里和马斯喀特
1556～1605 年	△印度莫卧儿帝国皇帝阿克巴在位
1563～1624 年	△印度苏菲主义学者谢赫·艾哈迈德·希尔信迪在世
1568～1813 年	△印度尼西亚爪哇万丹国时期
约 1570～1658 年	△中国伊斯兰教著名学者王岱舆在世
1575～1619 年	△西非卡涅姆—博尔鲁王国国王伊德里斯·阿娄马在位
1581 年	△阿克巴颁布宗教改革法令，推行“神圣信条”
1582～1755 年	△印度尼西亚马打篮素丹国时期
1583～1598 年	△布哈拉汗国君主阿卜杜拉汗二世在位
1584～1670 年	△中国伊斯兰教学者张中在世
1587～1629 年	△萨法维王朝国王阿拔斯一世在位
1590～1635 年	△黎巴嫩埃米尔法赫鲁丁二世在世
1591 年	△摩洛哥灭桑海帝国
1598～1698 年	△中国伊斯兰教经师伍遵契在世
1605～1627 年	△莫卧儿帝国皇帝贾罕杰在位
1611～1682 年	△土耳其旅行家埃弗利亚·谢莱比在世，著《游记》10 册
1617 年	△土耳其伊斯坦布尔素丹·艾哈迈德清真寺建成
1627～1658 年	△莫卧儿帝国皇帝沙·贾汉在位
1630～1710 年	△中国伊斯兰教经师舍起灵在世
1631～1653 年	△印度阿格拉泰姬·玛哈尔陵建成
1633 年	△也门卡希姆率兵逐出土耳其人，重建栽德派伊玛目国
	△印尼马打蓝素丹国制定第一部法典，改用伊斯兰教历
1638 年	△奥斯曼帝国占领巴格达，控制美索不达米亚
1640～1711 年	△中国伊斯兰教著名经师马注在世
1641 年	△荷兰殖民者占领马六甲
1643～1663 年	△希瓦汗国君主阿卜杜勒·哈兹·巴哈杜尔汗在位
1644 年	△中国清廷敕赐北京东四清真寺掌教札副
1648 年	△中国米喇印、丁国栋举行反清起义
1656～1719 年	△中国伊斯兰教嘎迪林耶大拱北门宦创始人祁静一在世
1658～1707 年	△莫卧儿帝国皇帝奥朗则布在位
1662～1722 年	△中国伊斯兰教经师常志美在世
约 1662～1731 年	△中国伊斯兰教著名学者刘智在世
1666 年	△摩洛哥萨阿德王朝灭亡
1668 至今	△摩洛哥阿拉维王朝
1673 年	△巴基斯坦拉合尔巴德夏希清真大寺建成
1677 年	△印尼马打篮素丹与荷兰签订奴役性条约
1681～1766 年	△中国苏菲学派华寺门宦创始人马来迟在世
1684 年	△荷兰殖民者在印尼万丹确立统治
1689 年	△伊斯兰教入华传教师和卓阿卜杜拉在四川阆中逝世
1693 年	△中国新疆伊斯兰教白山派首领阿帕克和卓去世
1700 年	△波斯什叶派著名学者穆罕默德·巴基尔·马吉里西逝世
1703～1763 年	△印度伊斯兰教著名学者瓦利·阿拉沙在世
1703～1792 年	△伊斯兰教瓦哈比派创始人穆罕默德·本·阿卜杜勒·瓦哈卜在世
1705～1957 年	△突尼斯侯赛因王朝时期
1710 年	△中国云南省穆斯林严禁“革烂得之属”
1710～1876 年	△中亚浩罕汗国时期
1711～1835 年	△利比亚卡拉曼利王朝时期
1718～1730 年	△奥斯曼帝国历史上有名的“郁金香时期”，文化艺术有较大发展
1719～1781 年	△中国伊斯兰教苏菲学派哲赫林耶创始人马明心在世
1723～1735 年	△中国清朝在西北穆斯林聚居区推行乡约制度
1729 年	△清雍正皇帝颁布保护回民谕旨，北京花市清真寺建“上谕亭”
1736～1747 年	△波斯阿富沙尔王朝时期
1736～1747 年	△波斯国王纳迪尔沙在位
1737～1815 年	△苏菲派提加尼教团创始者艾哈迈德·提加尼在世
1740 年	△瓦哈卜与纳季德阿纳扎部落首领

公元	大事记
	伊本·沙特结盟,推行瓦哈比派教义
1741～1826年	△什叶派谢赫学派奠基者谢赫·艾哈迈德·阿萨伊在世
1747～1794年	△波斯南部赞德王朝时期
1747～1773年	△阿富汗杜兰尼王朝国王艾哈迈德沙·杜兰尼在位
1750年	△印度尼西亚万丹穆斯林反荷起义
1765～1803年	△阿卜杜·阿齐兹·沙特一世在世
1772～1823年	△印度尼西亚抗荷伊斯兰领袖伊玛目·朋佐尔在世
1781年	△中国青海循化苏四十三领导穆斯林举行反清起义
1782年	△中国清代以文字狱迫害穆斯林的"海福润事件"
1784年	△中国甘肃田五、张文庆领导穆斯林举行反清起义
1794～1874年	△中国伊斯兰教学者马德新在世
1796～1925年	△伊朗卡扎尔王朝时期
1798～1801年	△法国拿破仑侵占埃及,伊斯兰近代史开始
1801年	△瓦哈比派攻占卡尔巴拉,毁侯赛因陵墓
1803～1804年	△瓦哈比派攻占麦加和麦地那,毁先知陵墓
1803～1833年	△印度尼西亚比达利教派运动
1805～1952年	△埃及穆罕默德·阿里王朝时期
1806～1856年	△阿曼素丹赛义德·伊本·苏尔坦在位
1808年	△奥斯曼·丹·弗迪奥在西非索科托创建富拉尼帝国
1808～1883年	△阿尔及利亚抗法民族英雄阿卜杜勒·卡迪尔在世
1811～1818年	△奥斯曼驻埃及总督穆罕默德·阿里实行政治经济改革;并多次出兵镇压瓦哈比派
1817～1898年	△印度伊斯兰教现代主义倡导者赛义德·艾哈迈德汗在世
1818年	△沙特埃米尔阿卜杜拉战败投降,后于伊斯坦布尔被处决
1820年	△英、埃军队入侵苏丹
1825年	△奥斯曼帝国素丹马哈茂德二世颁布敕令实行改革,解散比克塔什教团,限制宗教公产和基金
1825～1830年	△印尼蒂博·尼哥罗领导穆斯林举行反荷起义
1830年	△法国军队侵入阿尔及利亚
1837年	△穆罕默德·伊本·赛努西在麦加建立道堂,创赛努西教团,随后在北非出现赛努西运动
1839年	△英国军队强占也门亚丁
1839～1876年	△奥斯曼帝国"坦吉麦特"(改革)时期
1839～1897年	△泛伊斯兰主义的倡导者哲马鲁丁·阿富汗尼在世
1841～1903年	△中国伊斯兰教学者马联元在世
1844年	△伊朗什叶派谢赫学派学者米尔扎·穆罕默德·阿里自称"巴布",创立巴布教派
1848～1852年	△伊朗巴布教派起义
1848～1885年	△苏丹马赫迪派创始者穆罕默德·马赫迪在世
1848～1919年	△中国伊斯兰新式教育的倡导者王宽阿訇在世
1849～1905年	△伊斯兰现代主义的倡导者穆罕默德·阿卜笃在世
1849～1934年	△中国伊赫瓦尼派创始者马万福在世
1852年	△哈吉·欧麦尔创建西非图库洛尔王国
1854～1902年	△阿拉伯文化复兴运动倡导者之一阿卜杜·拉赫曼·卡瓦基比在世
1856～1873年	△中国云南杜文秀领导穆斯林举行反清起义
1856～1926年	△中国伊斯兰教学者泰剑立萨依布在世,著有维吾尔文《古兰经注释》
1857～1914年	△中国伊斯兰教西道堂的创始者马启西在世
1858年	△中国贵州张凌翔、马河图领导穆斯林举行反清起义
1860年	△法国军队入侵黎巴嫩
1862～1873年	△中国西北各族穆斯林举行反清起义
1863年	△巴哈乌拉创巴哈教派,后发展为巴哈教
1865～1935年	△伊斯兰教赛莱菲叶运动倡导者拉希德·里达在世
1866年	△《古兰经》节选汉语译本《经汉注解赫听》刊行
1867年	△印度穆罕默德·卡希姆创建秋班德伊斯兰学院
1869～1957年	△印度尼西亚伊斯兰教革新派学者塔希尔·哲拉鲁丁在世

公元	大事记
1871年	△哲马鲁丁·阿富汗尼在埃及爱资哈尔大学任教，传播泛伊斯兰主义
1872年	△奥斯曼帝国军队再次占领也门
1873～1913年	△印尼亚齐穆斯林抗荷战争
1876～1909年	△奥斯曼帝国素丹阿卜杜勒·哈米德二世在位，自称哈里发，鼓吹泛伊斯兰主义
1876年	△奥斯曼帝国颁布第一部宪法，规定伊斯兰教为国教，土耳其语为国语
1876～1938年	△印度伊斯兰教哲学家、诗人伊克巴尔在世
1876～1948年	△俄国吞并浩罕汗国
	△巴基斯坦国创建者穆罕默德·阿里·真纳在世
1878年	△印度赛义德·艾哈迈德汗创建阿里迦伊斯兰大学
1880～1953年	△沙特国王阿卜杜·阿齐兹·伊本·沙特在世
1881年	△法国殖民者侵占突尼斯
	△苏丹马赫迪派反英起义
	△法国军队占领突尼斯
1882年	△卡塔尔沦为英国保护国
1885～1900年	△苏丹马赫迪国家时期
1887年	△加里曼丹岛渤泥国沦为英国保护国
1888～1943年	△中国伊斯兰教著名阿訇哈德成在世
1888年	△印度古拉姆·艾哈迈德汗创立艾哈迈迪亚教派
1891～1941年	△什叶派古兰学家艾布·阿卜杜拉·赞加尼在世，著有《古兰经历史》
1892年	△马万福创伊赫瓦尼派
1895～1896年	△中国甘肃河湟穆斯林举行反清起义
1898年	△几内亚穆斯林领袖萨摩里·杜尔领导抗法斗争
1900年	△非洲卡涅姆—博尔努王国灭亡
1902年	△马启西在甘肃创立西道堂
1903～1979年	△巴基斯坦著名伊斯兰教学者赛义德·毛杜迪在世
1904年	△也门栽德派伊玛目叶海亚·马哈茂德·穆泰瓦基勒领导反对奥斯曼帝国的起义
1906年	△全印伊斯兰教联盟建立
	△伊朗卡扎尔王朝颁布国家宪法，规定伊斯兰教为国教
	△浙江童琮创建"东亚清真教育总会"
1906～1949年	△埃及穆斯林兄弟会创始人哈桑·班纳在世
1907年	△《正宗爱国报》在天津创刊
	△中国留日穆斯林学生创建的"留东清真教育会"在东京成立，次年刊行《醒回篇》
1910年	△瓦哈比派阿卜杜勒·阿齐兹二世创建"认主独一兄弟会"，推行"伊赫万运动"
1911年	△印尼西爪哇建立"伊斯兰教师联盟"
	△法国侵占摩洛哥
	△印尼梭罗建立"伊斯兰教商人联合会"，次年更名"全印尼伊斯兰教联盟"
	△意大利军队入侵利比亚
1911～1924年	△印度发起支持奥斯曼帝国的哈里发运动
1912年	△印尼日惹建立"穆罕默迪亚协会"
	△王宽、马邻翼在北京发起成立"中国回教俱进会"
1914年	△土耳其与英国签订协定分割也门为南北两部分
1917年	△清真学社在北京成立
1919年	△马魁麟、杨德元《宝命真经》选译本刊行
1919～1923年	△土耳其凯末尔革命
1923年	△土耳其共和国成立
	△印尼"伊斯兰教联盟"改名"伊斯兰教联盟党"
1923～1938年	△凯末尔任土耳其共和国总统
1924年	△土耳其凯末尔宣布废除素丹制和哈里发制，废除总教法官职务，解散苏菲教团，实行政教分离
1925～1979年	△伊朗巴列维王朝时期
1925年	△马松亭、唐柯三在济南创办成达师范，后迁北京
	△中国回教学会在上海成立，并发行同名会刊
1925～1941年	△伊朗国王巴列维·礼萨汗在位
1926年	△世界伊斯兰大会成立，分别在开罗和麦加举行会议
	△印尼伊斯兰教师联合会在泗水

公元	大事记
	成立
1927年	△《伊光》杂志在天津创刊
	△《震宗报》在北京创刊
	△李铁铮汉语通译本《可兰经》刊行
1928年	△埃及哈桑·班纳创建穆斯林兄弟会，后在一些国家设有分会
	△中国回教经书局在上海创办
	△伊斯兰学友会在北京成立
	△上海伊斯兰回文师范学校、四川万县伊斯兰师范学校开办
1929年	△阿尔及利亚伊斯兰学者联合会建立
	△《月华》杂志在北京创刊
	△云南回教俱进会主办的《清真铎报》在昆明创刊
1930～1931年	△埃及政府恢复各级伊斯兰教法庭，审理宗教、民事案件
1930年	△中国第一批穆斯林青年赴埃及开罗爱资哈尔大学留学
	△《穆士林》杂志在香港创刊
1931年	△姬觉弥译《汉译古兰经》刊行
1932年	△中国上海北新书局与《南华文艺》侮教案
	△沙特阿拉伯王国建立，奉瓦哈比派教义为国教
1932～1946年	△王静斋译《古兰经译解》甲、乙、丙三种译本先后刊行
1933年	△中国回民教育促进会在南京成立
	△中国伊斯兰布道会在山西省太原成立
1934年	△中国回教文化协会在上海成立
	△《突厥》杂志在南京创刊
1936年	△《回教青年》杂志在南京创刊
	△《伊理月刊》在汉口创刊
1938年	△中国回教救国协会在武汉成立
	△《回教大众》杂志在武汉创刊
1939年	△《中国回教救国协会会刊》在重庆创刊
	△《回教论坛》杂志在重庆创刊
	△《绿旗》杂志在上海租界创刊
1941年	△印度毛杜迪创建伊斯兰教促进会
	△《回教文化》杂志在重庆创刊
1942年	△李廷相译《天经译解》刊行
1943年	△刘锦标译《可兰经汉译附传》刊行
1945年	△阿拉伯国家联盟在开罗成立，1979年后总部迁到突尼斯
1946年	△沙特阿拉伯《伊斯兰大团结》杂志创刊
1947年	△印度、巴基斯坦分治，巴基斯坦建国
	△杨敬修译《古兰经大义》刊行
	△中国《北平新报》侮教事件
1948年	△世界伊斯兰大会恢复活动
	△巴基斯坦制宪会议任命知名学者组成伊斯兰教顾问委员会
1949年	△埃及政府下令解散穆斯林兄弟会
1950年	△土耳其政府恢复伊斯兰教高等学校教育
1953年	△中国伊斯兰教协会在北京成立
1954年	△巴基斯坦卡拉奇白努里大学创办
	△埃及穆斯林兄弟会成员刺杀纳赛尔未遂，遭到镇压
1955年	△中国伊斯兰教经学院在北京正式成立
1957年	△《中国穆斯林》杂志在北京创刊
1958年	△时子周译《古兰经国语译解》刊行
1959年	△利比亚赛努西大学在贝达城创办
1962年	△伊斯兰世界联盟在麦加成立
1964～1979年	△伊朗什叶派领袖大阿亚图拉·霍梅尼因抨击巴列维国王被放逐，先后流亡土耳其、伊拉克和法国，继续领导反国王的斗争
1969年	△伊斯兰国家最高首脑会议在拉巴特举行
1970年	△世界伊斯兰宣教协会在利比亚的黎波里成立
1971年	△伊斯兰会议组织在吉达正式成立
1972年	△非洲伊斯兰教中心在苏丹喀土穆成立
1974年	△伊斯兰发展银行在吉达成立
	△巴基斯坦国民议会通过决议，正式取缔艾哈迈迪耶教派
1975年	△世界清真寺最高理事会在麦加成立
	△孟加拉国宣布独立
1976年	△巴基斯坦伊斯兰堡国际伊斯兰大学建成
1979年	△伊朗发生“伊斯兰革命”，推翻巴列维王朝，建立伊朗伊斯兰共和国
1980～1988年	△伊拉克和伊朗两国之间进行长达8年的战争
1980年	△苏联军队侵入阿富汗
1981年	△伊斯兰银行国际联盟在开罗成立
	△沙特阿拉伯麦地那伊斯兰大学建成

公元	大事记
	△马坚汉译《古兰经》出版
1982年	△伊斯兰历史、艺术和文化研究中心在土耳其伊斯坦布尔成立
1983年	△沙特阿拉伯麦地那印经局成立
	△马来西亚国际伊斯兰大学在吉隆坡附近的必打查亚城建成
1985年	△阿富汗圣战者伊斯兰联盟(七党联盟)成立
1987年	△巴勒斯坦国宣告成立,阿拉法特任总统
1988年	△苏联从阿富汗撤军
1989年	△中国伊斯兰教协会名誉会长包尔汉·沙希迪逝世
	△英国籍印度人萨尔曼·拉什迪著污蔑伊斯兰教小说《撒旦诗篇》,受到世界穆斯林强烈谴责

附录4

伊斯兰教主要王朝世系表

阿拉伯帝国世系表

(622～1258)

(1)麦地那穆斯林公社

(622～661)

任次	称谓	人名	在位年代
	安拉使者	穆罕默德	622～632
1	哈里发	艾布·伯克尔	632～634
2	哈里发	欧麦尔	634～644
3	哈里发	奥斯曼	644～656
4	哈里发	阿里	656～661

(2)伍麦叶王朝哈里发世系表

(661～750)

任次	人名	在位年代
1	穆阿维叶一世	661～680
2	耶济德一世	680～683
3	穆阿维叶二世	683～684
4	麦尔旺一世	684～685
5	阿卜杜勒·麦利克	685～705
6	瓦利德一世	705～715
7	苏莱曼	715～717
8	欧麦尔二世	717～720
9	耶济德二世	720～724
10	希沙姆	724～743
11	瓦利德二世	743～744
12	耶济德三世	744,4～9月
13	易卜拉欣	744,9～12月
14	麦尔旺二世	744～750

(3)阿拔斯王朝哈里发世系表

(750～1258)

1	艾布·阿拔斯(赛法哈)	750～754
2	艾布·贾法尔(曼苏尔)	754～775
3	马赫迪	775～785
4	哈迪	785～786
5	哈伦·拉希德	786～809
6	艾敏	809～813
7	马蒙	813～833
8	穆尔台绥姆	833～842
9	瓦西格	842～847
10	穆泰瓦基勒	847～861
11	蒙泰绥尔	861～862
12	穆斯泰因	862～866
13	穆尔塔兹	866～869
14	穆赫泰迪	869～870
15	穆尔台米德	870～892
16	穆尔台迪德	892～902
17	穆克泰菲	902～908
18	穆格泰迪尔	908～932
19	嘎希尔	932～934
20	拉迪	934～940
21	穆泰基	940～944
22	穆斯泰克菲	944～946
23	穆蒂尔	946～974
24	塔伊尔	974～991
25	嘎迪尔	991～1031
26	嘎伊姆	1031～1075
27	穆格泰迪	1075～1094
28	穆斯泰兹希尔	1094～1118
29	穆斯泰尔什德	1118～1135
30	拉希德	1135～1136
31	穆格泰菲	1136～1160
32	穆斯坦吉德	1160～1170
33	穆斯泰迪	1170～1180
34	纳绥尔	1180～1225
35	扎希尔	1225～1226
36	穆斯坦绥尔	1226～1242
37	穆斯泰尔绥姆	1242～1258

西班牙后伍麦叶王朝埃米尔(哈里发)世系表

(756～1031)

任次	人　　名	在位年代
1	阿卜杜·拉赫曼一世	756～788
2	希沙姆一世	788～796
3	哈凯姆一世	796～822
4	阿卜杜·拉赫曼二世	822～852
5	穆罕默德一世	852～886
6	蒙济尔	886～888
7	阿卜杜拉	888～912
8	阿卜杜·拉赫曼三世①	912～961
9	哈凯姆二世	961～976
10	希沙姆二世	976～1009，1010～1013
11	穆罕默德二世	1009～1010
12	苏莱曼	1009～1010，1013～1016
13	阿卜杜·拉赫曼四世	1016～1018
14	阿卜杜·拉赫曼五世	1018，1023～1024
15	穆罕默德三世②	1018～1021，1023～1025
16	希沙姆三世	1027～1031

注:①阿卜杜·拉赫曼三世在位时,929年由埃米尔改称哈里发。

②1025～1027年,哈里发职位为哈穆德的叶海亚所篡夺。

北非、埃及法蒂玛王朝哈里发世系表

(909～1171)

任次	人　　名	在位年代
1	欧拜杜拉·马赫迪	909～934
2	嘎伊姆	934～946
3	曼苏尔	946～953
4	穆仪兹	953～975
5	阿齐兹	975～996
6	哈基姆	996～1021
7	扎希尔	1021～1036
8	穆斯坦绥尔	1036～1094
9	穆斯塔利	1094～1101
10	阿米尔	1101～1130
11	哈菲兹*	1131～1149
12	扎菲尔	1149～1154
13	法伊兹	1154～1160
14	阿迪德	1160～1171

* 1130～1131年哈里法空位。

伊朗塔希尔王朝埃米尔世系表

(820～872)

任次	人　　名	在位年代
1	塔希尔一世	820～822
2	泰勒哈	822～828
3	阿卜杜拉	828～845
4	塔希尔二世	845～862
5	穆罕默德	862～872

中亚萨曼王朝埃米尔世系表

(874～999)

任次	人　　名	在位年代
1	奈斯尔·伊本·艾哈迈德	874～892
2	伊斯玛仪	892～907
3	艾哈迈德	907～914
4	奈斯尔二世	914～943
5	努哈一世	943～954
6	阿卜杜勒·麦利克一世	954～961
7	曼苏尔一世	961～976
8	努哈二世	976～997
9	曼苏尔二世	997～999
10	阿卜杜勒·麦利克二世	999

伊朗萨法尔王朝埃米尔世系表

(867～910)

任次	人　　名	在位年代
1	叶尔孤白·本·莱伊斯·萨法尔	867～879
2	阿慕尔·本·莱伊斯	879～901
3	穆罕默德·本·阿慕尔	901～908
4	莱伊斯·本·阿里	908～910
5	穆罕默德·本·阿里	910

阿富汗伽色尼王朝埃米尔世系表

(962～1186)

任次	人　　名	在位年代
1	阿勒普特勤	962～976
2	苏布克特勤	976～997
3	伊斯玛仪	997～998
4	马哈茂德*	998～1030
5	穆罕默德	1030,1041

任次	人　　名	在位年代
6	麦斯欧德一世	1030～1041
7	毛杜德	1041～1050
8	麦斯欧德二世	1050
9	阿里	1050
10	阿卜杜·拉希德	1051～1053
11	法鲁赫·扎德	1053～1059
12	易卜拉欣	1059～1099
13	麦斯欧德三世	1099～1114
14	希尔扎德	1114～1115
15	艾尔斯兰沙	1115～1118
16	拜赫拉姆沙	1118～1152
17	胡斯鲁沙	1152～1160
18	胡斯鲁·麦利克	1160～1186

＊马哈茂德被阿拔斯王朝哈里发授予“素丹”称号。

伊朗、伊拉克大塞尔柱王朝素丹世系表

(1037～1157)

任次	人　　名	在位年代
1	图格鲁勒·贝克	1037～1063
2	艾勒卜·艾尔斯兰	1063～1072
3	麦立克沙一世	1072～1092
4	马哈茂德	1092～1094
5	白尔基雅鲁格	1094～1104
6	穆罕默德·伊本·麦立克沙	1104～1118
7	艾哈迈德·桑贾尔	1118～1157

哈姆丹王朝素丹世系表

(929～1004)

(1)摩苏尔支系

任次	人　　名	在位年代
1	纳绥尔·道莱·哈桑	929～968
2	艾布·泰格利卜	968～989
3	易卜拉欣和侯赛因	989～1010

(2)阿勒颇支系

任次	人　　名	在位年代
1	赛弗·道莱·阿里	945～967
2	赛尔德·道莱·谢里夫	967～991
3	塞伊德·道莱·塞伊德	991～1002
4	阿里二世	1002～1004
5	谢里夫	1004

中亚花剌子模沙王朝国王(沙赫)世系表

(1097～1231)

任次	人　　名	在位年代
1	库特布丁·穆罕默德	1097～1127
2	阿拉丁·艾特西兹	1127～1156
3	伊勒·艾尔斯兰	1156～1172
4	阿拉义丁·台卡史	1172
5	台卡史	1172～1200
6	阿拉义丁·穆罕默德	1200～1220
7	札兰丁·明布尔努	1220～1231

＊台卡史于1194年自称素丹。

伊朗和伊拉克布韦希王朝埃米尔世系表

(932～1055)

(1)法尔斯和胡泽斯坦系

(932～1055)

任次	人　　名	在位年代
1	伊玛德·道莱·阿里	932～949
2	阿杜德·道莱·法那·胡斯鲁	949～983
3	谢里夫·道莱·舍兹赖	983～990
4	萨木萨木·道莱·麦尔祖班	990～998
5	伯哈义·道莱·菲鲁兹	998～1012
6	苏尔坦·道莱	1012～1021
7	穆萨里夫·道莱·哈桑	1021～1024
8	伊玛德丁·麦尔祖班	1024～1048
9	麦利克·拉希姆·胡斯鲁·菲鲁兹	1048～1055

(2)克尔曼系

(936～1048)

任次	人　　名	在位年代
1	穆仪兹·道莱·艾哈迈德	936～949
2	阿杜德·道莱·法那·胡斯鲁	949～983
3	萨木萨木·道莱·麦尔祖班	983～998
4	伯哈义·道莱·菲鲁兹	998～1012
5	盖旺·道莱	1012～1028
6	伊玛德丁·麦尔祖班	1028～1048

(3)哈马丹和伊斯法罕系

(932～1029)

任次	人　　名	在位年代
1	伊玛德·道莱·阿里	932～947
2	鲁克恩·道莱·哈桑	947～977

任次	人　　名	在位年代
3	穆艾叶德·道莱·布韦希	977～983
4	法赫·道莱·阿里	983～997
5	舍木斯·道莱	997～1021
6	萨玛·道莱	1021～约1029

(4)**伊拉克支系**

(945～1055)

任次	人　　名	在位年代
1	穆仪兹·道莱·艾哈迈德·布韦希*	945～967
2	伊兹·道莱·巴赫蒂亚尔	967～978
3	阿杜德·道莱·法那·胡斯鲁	978～983
4	萨木萨木·道莱·麦尔祖班	983～987
5	谢里夫·道莱·舍兹赖	987～989
6	拜哈义·道莱·菲鲁兹	989～1012
7	苏尔坦·道莱	1012～1021
8	穆萨里夫·道莱·哈桑	1021～1025
9	贾拉勒·道莱·舍兹赖	1025～1044
10	伊玛德丁·麦尔祖班	1044～1048
11	麦利克·拉希姆·胡斯鲁·菲鲁兹	1048～1055

* 945年艾哈迈德率军入主巴格达，阿拔斯王朝哈里发穆斯泰克菲封其为“大元帅”，掌管实权，哈里发仅保留宗教领袖的名义。

埃及图伦王朝埃米尔世系表

(868～905)

任次	人　　名	在位年代
1	艾哈迈德·伊本·图伦	868～884
2	胡马腊韦	884～895
3	贾伊什	895～896
4	哈伦	896～905
5	舍伊班	905

埃及伊赫什德王朝埃米尔世系表

(935～969)

任次	人　　名	在位年代
1	穆罕默德·本·突格吉·伊赫什德	935～946
2	乌鲁朱尔	946～960
3	阿里	960～966
4	艾布·米斯克·卡夫尔*	966～968
5	艾哈迈德	968～969

* 太监卡夫尔摄政。

叙利亚赞吉王朝素丹世系表

(1127～1222)

任次	人　　名	在位年代
1	伊玛德丁·赞吉①	1127～1146
2	赛福丁·加齐一世	1146～1149
3	古特布丁·毛杜德	1149～1169
4	赛福丁·加齐二世	1169～1176
5	伊兹丁·麦斯欧迪一世	1176～1193
6	努尔丁·艾尔斯兰·谢赫一世	1193～1211
7	伊兹丁·麦斯欧迪二世	1211～1218
8	努尔丁·艾尔斯兰·谢赫二世	1218～1219
9	纳绥尔丁·马哈茂德	1219～1222
1	努尔丁·马哈茂德②	1146～1174
2	努尔丁·伊斯玛仪	1174～1181

注:①为摩苏尔支系。 ②为阿勒颇支系。

埃及、叙利亚阿尤布王朝素丹世系表

(1174～1252)

(1)**埃及系**

(1174～1250)

任次	人　　名	在位年代
1	纳绥尔·萨拉丁	1174～1193
2	阿齐兹·奥斯曼	1193～1198
3	曼苏尔·穆罕默德	1198～1199
4	阿迪勒一世	1199～1218
5	卡米勒一世	1218～1238
6	阿迪勒二世	1238～1240
7	萨利赫·艾优卜	1240～1249
8	穆阿扎姆·突兰沙	1249～1250

(2)**大马士革系**

(1193～1260)

任次	人　　名	在位年代
1	艾弗达勒	1193～1196
2	阿迪勒一世	1196～1218
3	穆阿扎姆	1218～1227
4	纳绥尔·达乌德	1227～1229
5	艾什赖弗·穆萨	1229～1237
6	萨利赫·伊斯玛仪	1237～1238，1239～1245
7	卡米勒一世	1238～1239
8	萨利赫·艾优卜	1239，1245～1249
9	穆阿扎姆·突兰沙	1249～1250
10	纳绥尔·萨拉丁二世	1250～1260

(3)也门系
(1174～1229)

任次	人　　名	在位年代
1	穆阿扎姆·舍姆斯	1174～1181
2	阿齐兹·扎希尔丁·突格特勤	1181～1197
3	穆仪兹丁·伊斯玛仪	1197～1202
4	纳绥尔·艾优卜	1202～1214
5	穆扎法尔·苏莱曼	1214～1215
6	麦斯欧迪·萨利赫丁	1215～1229

埃及、叙利亚马穆鲁克王朝素丹世系表
(1250～1516)

(1)伯海里(河洲)系马穆鲁克素丹世系表
(1250～1382)

任次	人　　名	在位年代
1	谢杰莱·杜尔(女)	1250
2	艾伊拜克	1250～1257
3	阿里·本·艾伊拜克	1257～1259
4	古突兹	1259～1260
5	拜伯尔斯一世	1260～1277
6	白赖凯汗	1277～1279
7	赛拉米什	1279
8	盖拉温	1279～1290
9	哈利勒	1290～1293
10	纳绥尔·穆罕默德	1293～1294，1298～1308，1309～1340
11	怯的不花(凯特布阿)	1294～1296
12	拉金	1296～1298
13	拜伯尔斯二世	1308～1309
14	艾布·伯克尔	1340～1341
15	库祝克	1341～1342
16	艾哈迈德	1342
17	伊斯玛仪	1342～1345
18	卡米勒·舍尔班一世	1345～1346
19	穆扎法尔·哈吉一世	1346～1347
20	纳绥尔·哈桑	1347～1351，1354～1361
21	萨利赫	1351～1354
22	穆罕默德·本·哈吉	1361～1363
23	艾什赖弗·舍尔班二世	1363～1376
24	曼苏尔·阿里	1376～1381
25	萨利赫·哈吉二世	1381～1382

(2)布尔吉(碉楼)系马穆鲁克素丹世系表
(1382～1516)

任次	人　　名	在位年代
1	扎希尔·赛福丁·拜尔古格	1382～1398
2	纳绥尔·法拉吉一世	1398～1405，1405～1412
3	阿卜杜勒·阿齐兹	1405
4	谢赫·马哈茂迪	1412～1421
5	穆扎法尔·艾哈迈德	1421
6	扎希尔·赛福丁·塔塔尔	1421
7	萨利赫·穆罕默德	1421～1422
8	艾什赖弗·赛福丁·巴尔斯贝伊	1422～1438
9	阿齐兹·哲马鲁丁·优素福	1438
10	扎希尔·赛福丁·哲格麦格	1438～1453
11	曼苏尔·法赫鲁丁·奥斯曼	1453
12	艾什赖弗·赛福丁·伊纳勒	1453～1460
13	艾哈迈德·伊本·伊纳勒	1460
14	扎希尔·赛福丁·胡什盖德木	1460～1467
15	扎希尔·赛福丁·叶勒贝伊	1467～1468
16	扎希尔·帖木儿不花	1468
17	艾什赖弗·赛福丁·卡伊特贝伊	1468～1496
18	纳绥尔·穆罕默德	1496～1497，1497～1498
19	扎希尔·干骚	1497，1498～1499
20	艾什赖弗·占比拉特	1499～1500
21	阿迪勒·图曼贝伊一世	1500～1516
22	艾什赖弗·图曼贝伊二世	1516

伊朗萨法维王朝国王(沙阿)世系表
(1502～1736)

任次	人　　名	在位年代
1	伊斯玛仪一世	1502～1524
2	塔赫马斯普一世	1524～1576
3	伊斯玛仪二世	1576～1578
4	穆罕默德·胡达班达	1578～1588
5	阿拔斯一世	1588～1629
6	萨菲一世	1629～1642
7	阿拔斯二世	1642～1666
8	萨菲二世	1666～1694
9	侯赛因	1694～1722
10	塔赫马斯普二世	1722～1732
11	阿拔斯三世	1732～1736

印度德里素丹国世系表

（1206～1526）

（1）奴隶王朝素丹世系表

（1206～1290）

任次	人　　名	在位年代
1	库特布丁·艾伊拜克	1206～1210
2	阿拉姆沙	1210～1211
3	伊杜米斯沙	1211～1236
4	洛库—乌德丁·菲鲁兹	1236
5	纳佳女王	1236～1240
6	穆仪兹丁·巴赫拉姆	1240～1242
7	阿拉—乌德丁·欧苏德	1242～1246
8	纳绥尔丁·马哈茂德	1246～1266
9	吉亚斯丁·巴勒班	1266～1287
10	凯科巴德	1287～1290

（2）卡尔基王朝素丹世系表

（1290～1320）

任次	人　　名	在位年代
1	哲拉鲁丁·菲鲁兹·卡尔基	1290～1296
2	洛库—乌德丁·易卜拉欣	1296
3	阿拉丁	1296～1316
4	希哈布丁·欧麦尔	1316
5	穆巴拉克	1316～1320

（3）图格鲁克王朝素丹世系表

（1320～1413）

任次	人　　名	在位年代
1	吉亚斯丁·图格鲁克	1320～1325
2	穆罕默德·伊本·图格鲁克	1325～1351
3	菲鲁兹·沙	1351～1388
4	吉亚斯丁二世	1388～1389
5	艾布·伯克尔	1389～1390
6	纳绥尔丁·穆罕默德	1390～1394
7	阿拉丁	1394
8	纳绥尔丁·马哈茂德·沙	1394～1413

（4）赛义德王朝素丹世系表

（1414～1451）

任次	人　　名	在位年代
1	吉兹尔汗·赛义德	1414～1421
2	穆仪兹丁·穆巴拉克	1421～1434
3	法里德汗·穆罕默德·沙	1434～1445
4	阿拉丁·阿拉姆·沙	1445～1451

（5）罗第王朝素丹世系表

（1451～1526）

任次	人　　名	在位年代
1	巴鲁尔·罗第	1451～1489
2	希坎达尔·罗第	1489～1517
3	易卜拉欣·罗第	1517～1526

中亚帖木儿帝国素丹世系表

（1370～1506）

任次	人　　名	在位年代
1	帖木儿	1370～1405
2	哈利勒	1405～1409
3	沙哈鲁	1405～1447
4	兀鲁伯	1447～1449
5	阿卜杜·拉蒂夫	1449
6	阿卜杜拉·米尔扎	1450～1451
7	艾布·赛义德	1451～1469
8	艾哈迈德	1469～1494
9	侯赛因·拜哈拉	1468～1506

南印度巴曼王朝素丹世系表

（1347～1525）

任次	人　　名	在位年代
1	阿拉丁·巴曼·沙	1347～1358
2	穆罕默德一世	1358～1377
3	穆贾希德	1377～1378
4	达乌德	1378
5	穆罕默德二世	1378～1397
6	菲鲁兹	1397～1422
7	艾哈迈德	1422～1435
8	阿拉丁·艾哈迈德	1435～1457
9	胡马雍	1457～1461
10	尼扎姆	1461～1463
11	穆罕默德三世	1463～1482
12	马哈茂德	1482～1518
13	卡里穆拉	1518～1525

印度莫卧儿帝国皇帝世系表

（1526～1858）

任次	人　　名	在位年代
1	巴布尔	1526～1530

任次	人　　名	在位年代
2	胡马雍*	1530～1539，1555～1556
3	阿克巴	1556～1605
4	贾汗季	1605～1627
5	沙·贾汗	1627～1658
6	奥朗则布	1658～1707
7	巴哈杜尔·沙	1707～1712
8	法鲁克·什亚	1713～1719
9	穆罕默德·沙	1719～1748
10	艾哈迈德	1748～1754
11	阿拉姆·希尔	1754～1759
12	沙·阿拉姆	1759～1806
13	阿克巴二世	1806～1837
14	巴哈杜尔·沙二世	1837～1858

* 1540～1555 年由舍尔沙建立的苏尔王朝统治。

阿富汗杜兰尼王朝国王(沙阿)世系表

(1747～1818)

任次	人　　名	在位年代
1	艾哈迈德·沙·杜兰尼	1747～1772
2	帖木儿·沙	1772～1793
3	贾曼·沙	1793～1800
4	沙·马哈茂德	1800～1803，1809～1818

阿富汗巴拉克查依王朝国王世系表

(1818～1973)

任次	人　　名	在位年代
1	突斯特·穆罕默德	1818～1839，1842～1863
2	沙·舒贾尔(夺位)	1839～1842
3	舍尔·阿里	1863～1866，1869～1879
4	穆罕默德·艾弗扎尔	1866～1867
5	穆罕默德·艾扎姆	1867～1869
6	穆罕默德·叶库布	1879
7	阿卜杜·拉赫曼	1880～1901
8	哈比布	1901～1919
9	阿曼努拉	1919～1929
10	巴蒂·萨高	1929
11	穆罕默德·纳迪尔·沙	1929～1933
12	穆罕默德·贾希尔	1933～1973

伊朗卡加尔王朝国王世系表

(1779～1924)

任次	人　　名	在位年代
1	阿迦·穆罕默德	1779～1797
2	法塔赫·阿里·沙	1797～1834
3	穆罕默德	1834～1848
4	纳绥尔丁	1848～1896
5	穆扎法尔丁	1896～1907
6	穆罕默德·阿里	1907～1909
7	艾哈迈德	1909～1924

北非、西班牙穆拉比特王朝埃米尔世系表

(1061～1147)

任次	人　　名	在位年代
1	优素福·伊本·塔什芬	1061～1106
2	阿里	1106～1143
3	塔什芬	1143～1146
4	易卜拉欣	1146
5	伊斯哈格	1146～1147

奥斯曼帝国素丹世系表

(1299～1922)

任次	人　　名	在位年代
1	奥斯曼一世	1299～1324
2	奥尔汗	1324～1360
3	穆拉德一世	1360～1389
4	巴耶济德一世*	1389～1402
5	穆罕默德一世	1413～1421
6	穆拉德二世	1421～1451
7	穆罕默德二世	1451～1481
8	巴耶济德二世	1481～1512
9	赛利姆一世	1512～1520
10	苏莱曼一世	1520～1566
11	赛利姆二世	1566～1574
12	穆拉德三世	1574～1595
13	穆罕默德三世	1595～1603
14	艾哈迈德一世	1603～1617
15	穆斯塔法一世	1617～1618，1622～1623
16	奥斯曼二世	1618～1622
17	穆拉德四世	1623～1640
18	易卜拉欣一世	1640～1648
19	穆罕默德四世	1648～1687

任次	人　　名	在位年代
20	苏莱曼二世	1687～1691
21	艾哈迈德二世	1691～1695
22	穆斯塔法二世	1695～1703
23	艾哈迈德三世	1703～1730
24	马哈茂德一世	1730～1754
25	奥斯曼三世	1754～1757
26	穆斯塔法三世	1757～1774
27	阿卜杜勒·哈米德一世	1774～1789
28	赛利姆三世	1789～1807
29	穆斯塔法四世	1807～1808
30	马哈茂德二世	1808～1839
31	阿卜杜勒·麦吉德一世	1839～1861
32	阿卜杜勒·阿齐兹	1861～1876
33	穆拉德五世	1876
34	阿卜杜勒·哈米德二世	1876～1909
35	穆罕默德五世	1909～1918
36	穆罕默德六世	1918～1922

* 1402 年巴耶济德一世在安卡拉战役中败于帖木儿被俘，诸子争权，素丹空位。1413 年穆罕默德一世统一全国，继任素丹。

阿拉伯沙特家族世系表

（1745～迄今）

任次	称谓	人　　名	在位年代
1	酋长	穆罕默德·伊本·沙特	1745～1765
2	酋长	阿卜杜勒·阿齐兹·本·沙特(一世)	1765～1803
3	酋长	沙特·伊本·沙特	1803～1814
4	酋长	阿卜杜拉·伊本·沙特	1814～1818
5	酋长	麦沙里	1818～1824
6	酋长	图尔基·本·阿卜杜拉·沙特	1824～1834
7	酋长	费萨尔·本·图尔基	1834～1838， 1843～1854
8	酋长	哈立德	1838～1842
9	酋长	阿卜杜拉	1843
10	酋长	阿卜杜拉·本·费萨尔	1865～1871
11	酋长	沙特	1871～1874
12	国王	阿卜杜勒·阿齐兹·本·沙特(二世)	1932～1953
13	国王	沙特	1953～1964
14	国王	费萨尔	1964～1975
15	国王	哈立德	1975～1982
16	国王	法赫德	1982～2005

埃及穆罕默德·阿里王朝世系表

（1805～1952）

任次	人　　名	在位年代
1	穆罕默德·阿里	1805～1848
2	阿拔斯一世	1848～1854
3	赛义德	1854～1863
4	伊斯玛仪	1863～1879
5	陶菲格	1879～1892
6	阿拔斯二世	1892～1914
7	侯赛因·卡米勒	1914～1917
8	艾哈迈德·福阿德	1917～1936
9	法鲁克	1936～1952

附录5

什叶派十二伊玛目世系表

次序	名称	生卒年代
1	阿里	约600～661
2	哈桑	624～669
3	侯赛因	约626～680
4	栽因·阿比丁	659～714
5	巴基尔	676～733
6	贾法尔·萨迪格	约699～765
7	穆萨·卡兹姆	约745～799
8	阿里·里达	765～818
9	穆罕默德·贾瓦德	810～835
10	阿里·哈迪	？～865
11	哈桑·阿斯凯里	？～874
12	穆罕默德·蒙泰扎尔	？～875

附录 6

中国信仰伊斯兰教少数民族概况表

(2000)

族　名	人　数	语　言　文　字	分　布　地　区
回　族	9816805	汉语文	宁夏回族自治区、甘肃省、河南省、新疆维吾尔自治区、青海省、云南省、河北省、山东省、安徽省、辽宁省、天津市、陕西省等
维吾尔族	8399393	维吾尔语、文	新疆维吾尔自治区、湖南省
哈萨克族	1250458	哈萨克语、文	新疆维吾尔自治区伊犁哈萨克自治州
东乡族	513805	东乡语,通用汉语、文	甘肃省东乡族自治县新疆维吾尔自治区
柯尔克孜族	160823	柯尔克孜语、文	新疆维吾尔自治区柯孜勒苏柯尔克孜自治州、黑龙江省
撒拉族	104503	撒拉语,通用汉语、文	青海省循化撒拉族自治县、甘肃省
塔吉克族	41028	塔吉克语,通用维吾尔语文,柯尔克孜语	新疆维吾尔自治区塔什库尔干塔吉克自治县
乌孜别克族	12370	乌孜别克语文,通用维吾尔语文	新疆维吾尔自治区伊犁、塔城、喀什
保安族	16505	保安语,通用汉语文	甘肃省积石山保安族东乡族撒拉族自治县
塔塔尔族	4890	塔塔尔语,通用维吾尔、哈萨克语文	新疆维吾尔自治区伊犁、塔城、乌鲁木齐
合　计	20320580		

注:本表所列各民族人口数来自2000年第五次全国人口普查。

后　记

《中国伊斯兰百科全书》出版以来，广受读者的欢迎，并荣获第二届国家图书奖、首届国家辞书奖，在海内外享有盛誉。

此次再版，考虑到本书的体例统一问题，不便作大的修改，作者依据当代伊斯兰学术文化研究发展的趋势，仅对全书部分条目的内容作了补充和修订，编排体例作了调整，数据作了更新。我们按照国家最新规范在语言文字和标点符号的使用等方面对原书某些地方进行了修改。

本书经过修订，总体上更臻完善，但由于修订时间较短，工作中一定会有不足之处，恳请读者提出宝贵意见。

四川辞书出版社

2007年4月

图书在版编目(CIP)数据

中国伊斯兰百科全书/宛耀宾主编;《中国伊斯兰百科全书》编辑委员会编.—2版.—成都:四川辞书出版社,2007.4(2023.2重印)

ISBN 978-7-80682-309-5-02

Ⅰ.①中… Ⅱ.①宛… ②中… Ⅲ.伊斯兰教—中国—百科全书 Ⅳ.B969.2-61

中国版本图书馆CIP数据核字(2007)第026788号

中国伊斯兰百科全书

ZHONGGUO YISILAN BAIKE QUANSHU

《中国伊斯兰百科全书》编辑委员会 编

责任编辑 / 罗韵希 帅初阳 陈秀娟 郝育英
封面设计 / 戴 晓
阿文题名 / 陈进惠
版式设计 / 黄汉庭
责任校对 / 李小平等
责任印制 / 肖 鹏
出版发行 / 四川辞书出版社
地　　址 / 成都市锦江区三色路238号
邮政编码 / 610023
印　　刷 / 成都国图广告印务有限公司
版　　次 / 2007年4月第2版
印　　次 / 2023年2月第6次印刷
开　　本 / 787 mm×1092 mm 1/16
印　　张 / 56.5
插　　页 / 32
书　　号 / ISBN 978-7-80682-309-5-02
定　　价 / 1000.00元

· 发行部电话:(028)86361832 86361824